# LIBERTÉS ET DROITS FONDAMENTAUX 2023

## MAÎTRISE DES CONNAISSANCES ET DE LA CULTURE JURIDIQUE

# LIBERTÉS ET DROITS FONDAMENTAUX 2023

## MAÎTRISE DES CONNAISSANCES ET DE LA CULTURE JURIDIQUE


**Sous la direction de**
**Rémy Cabrillac**

par

*Christophe Albiges*
*Jérémy Antippas*
*Bernard Beignier*
*Florence Benoît-Rohmer*
*Alexandra Bensamoun*
*Romain Boffa*
*Maxime Brenaut*
*Rémy Cabrillac*
*Lise Casaux-Labrunée*
*Dany Cohen*
*Stéphanie Damarey*
*Xavier Dupré de Boulois*
*Dominique Fenouillet*
*Didier Ferrier*
*Nicolas Ferrier*
*Natalie Fricero*
*Léna Gannagé*
*Jean-Éric Gicquel*
*Catherine Ginestet*
*Gérard Gonzalez*
*Jean-Louis Halpérin*
*Anne d'Hauteville*
*Hervé Henrion*
*Christine Hugon*
*Jean Paul Jacqué*
*Mélanie Jaoul*
*Paul Lagarde*
*Yves Lequette*
*Rémy Libchaber*
*Pascal Lokiec*
*Fabien Marchadier*
*Jean-Pierre Marguénaud*
*Marie-Laure Mathieu*
*Mustapha Mekki*
*Philippe Pédrot*
*Xavier Philippe*
*Florian Poulet*
*Dominique Rousseau*
*Christophe Roux*
*Olivier Salati*
*Philippe Ségur*
*René Sève*
*Marie-Christine Sordino*
*Yves Strickler*
*François Terré*
*Emmanuel Terrier*
*Didier Thomas*
*Raymonde Vatinet*
*Pierre-Yves Verkindt*
*Patrick Wachsmann*



**29e édition**
**Revue et augmentée**
**2023**

DALLOZ

Le pictogramme qui figure ci-contre mérite une explication. Son objet est d'alerter le lecteur sur la menace que représente pour l'avenir de l'écrit, particulièrement dans le domaine de l'édition technique et universitaire, le développement massif du photocopillage.
Le Code de la propriété intellectuelle du 1er juillet 1992 interdit en effet expressément la photocopie à usage collectif sans autorisation des ayants droit. Or, cette pratique s'est généralisée dans les établissements d'enseignement supérieur, provoquant une baisse brutale d'achat de livres et de revues, au point que la possibilité même pour les auteurs de créer des œuvres nouvelles et de les faire éditer correctement est aujourd'hui menacée.
Nous rappelons donc que toute reproduction, partielle ou totale, de la présente publication est interdite sans autorisation de l'auteur, de son éditeur ou du Centre français d'exploitation du droit de copie (CFC, 20 rue des Grands-Augustins, 75006 Paris).

Éditions Dalloz, Tour Lefebvre Dalloz
10, place des Vosges, CS 90358, 92 072 Paris La Défense CEDEX

DALLOZ



ISBN : 978-2-247-22360-2

# SOMMAIRE

## SOMMAIRE

# Avant-propos

Les *Libertés et droits fondamentaux* ont reçu une consécration pédagogique par leur mise au programme de l'épreuve d'exposé-discussion de l'examen d'accès aux centres régionaux de formation professionnelle des avocats, lors de la réforme consécutive à la fusion des professions d'avocat et de conseil juridique. Jusqu'alors, les étudiants — des filières de droit public, la plupart du temps —, connaissaient les seules *libertés publiques*, qui ne font que croiser les *libertés et droits fondamentaux*.

Cet état de choses était regrettable, tant les *libertés et droits fondamentaux* occupent une position essentielle dans le droit contemporain. L'importance fondatrice des droits de l'homme, l'affermissement de la démocratie, la part toujours plus grande du droit et le rôle sans cesse accru des textes, des juges et des principes législatifs, font de ces libertés et droits le socle sur lequel les systèmes juridiques occidentaux se réordonnent. L'insertion de la nouvelle question prioritaire de constitutionnalité dans l'ordre juridique français en atteste de manière éclatante.

L'examen d'accès aux CRFPA constituait l'une des meilleures occasions pour aborder les *libertés et droits fondamentaux*. Les candidats y ont en principe une formation juridique solide qui leur permet d'accéder pleinement aux problématiques techniques des *libertés et droits fondamentaux*. Ils sollicitent l'accès à une profession dont le rôle en la matière est éminent. Cette profession pourra donc s'enorgueillir d'avoir été la première à consacrer, pédagogiquement, les *libertés et droits fondamentaux*. Leur entrée dans le programme du « pré-capa » conforte leur existence comme discipline d'enseignement et de recherche.

C'est à partir de ces considérations qu'a été conçu le présent ouvrage. Son but est d'aider à la préparation de l'examen d'entrée aux centres régionaux de formation professionnelle des avocats et d'insister sur la constitution de la discipline *libertés et droits fondamentaux*. Les deux objectifs sont étroitement liés, c'est pourquoi l'examen des libertés et droits fondamentaux est précédé d'une méthodologie de l'épreuve orale.

Les différentes contributions rassemblées dans l'ouvrage reflètent la diversité des opinions qui font la richesse de la doctrine et fondent la plus emblématique des libertés fondamentales, la liberté d'expression, dont celle des universitaires constitue la quintessence. L'éventail des sensibilités a délibérément été voulu le plus large possible, chacune se manifeste sous la seule responsabilité de son auteur.

L'ouvrage est né d'une collaboration amicale avec mes collègues Marie-Anne Frison-Roche et Thierry Revet qui a conduit au succès des dix-huit premières éditions. Même s'ils ont préféré ne pas continuer cette belle aventure, l'actuel millésime conserve l'empreinte de leur talent. Qu'ils en soient remerciés.

*Rémy Cabrillac*

# Méthodologie de l'épreuve orale d'admission relative à la protection des libertés et des droits fondamentaux

## PRÉSENTATION GÉNÉRALE : LE « GRAND ORAL »

L'examen d'accès au centre régional de formation professionnelle d'avocats a été reformé il y a quatre ans. L'arrêté du 17 octobre 2016, en effet, a modifié le programme et les modalités de cet examen, notamment l'épreuve orale d'admission que l'on a coutume d'appeler le « grand oral », qui ressort assez nettement valorisée de la réforme puisque c'est désormais la seule épreuve juridique de l'admission, qui plus est affectée d'un coefficient 4, et non plus 3 comme auparavant.

## LE TEXTE DE BASE

Aux termes de l'article 7 de l'arrêté du 17 octobre 2016 fixant le programme et les modalités de l'examen d'accès au centre régional de formation professionnelle d'avocats, les épreuves d'admission comprennent notamment :
« 1° Un exposé de quinze minutes après une préparation d'une heure, suivi d'un entretien de trente minutes avec le jury, sur un sujet relatif à la protection des libertés et des droits fondamentaux permettant d'apprécier les connaissances du candidat, la culture juridique, son aptitude à l'argumentation et à l'expression orale.
Cette épreuve se déroule en séance publique.
La note est affectée d'un coefficient 4. »

## ANALYSE DES POINTS CLÉS

– Le grand oral est d'abord « un exposé » d'un sujet, c'est-à-dire un développement par lequel le candidat devra porter à la connaissance et à la compréhension du jury un ensemble de faits, de règles juridiques, d'idées, sous la forme d'une analyse globale qui peut également, si la matière relatée s'y prête, comporter une dimension historique, sociale ou sociétale.
Le candidat doit avoir à l'esprit, pendant sa préparation, que le jury attend que cet exposé soit véritablement construit, même s'il reste oral. Il doit être ordonné avec la meilleure logique possible, et comporter une progression pour parvenir à convaincre le jury que cette présentation du sujet est la meilleure. Si une dynamique est trouvée, une dialectique dégagée, le candidat a de bonnes chances d'emporter l'adhésion des examinateurs, quelle que soit, par ailleurs, l'opinion que ceux-ci peuvent se faire du sujet. Il ne s'agit pas, en effet, de vérifier que le candidat a pris le « bon » parti — le droit est relatif et changeant, les avocats, les magistrats et les universitaires le savent mieux que quiconque — mais plutôt d'apprécier son savoir-faire dans la construction d'un exposé.

– D'une durée « de quinze minutes ». On le voit, l'arrêté du 17 octobre 2016 détermine expressément le temps qui est imparti au candidat pour effectuer sa présentation, et cette durée constitue donc un paramètre objectif de l'épreuve, un aspect dont le respect sera contrôlé par le jury, pour ne pas dire « noté ». Le candidat doit bien comprendre que ce critère n'est pas anodin ou artificiel, créé pour les besoins de l'épreuve et répondant à la volonté de le mettre « sur le gril ». Il est en réalité le résultat d'un équilibre, et a au moins deux justifications : l'une théorique, et l'autre pratique ; cette dernière, le candidat la vérifiera assez vite lors de l'exercice de la profession d'avocat.

La justification théorique correspond à une exigence minimale de substance, de maîtrise des connaissances, c'est-à-dire qu'il est tout de même difficile, en moins de quinze minutes (une petite dizaine de minutes, par exemple), de faire le point sur un sujet qui est souvent d'une certaine ampleur. Il suffit de songer à un sujet relatif au conflit classique entre droit à la liberté d'expression et droit au respect de la vie privée, par exemple dans le cas où un journaliste est condamné pénalement en raison de la publication d'un article divulguant des pièces couvertes par le secret de l'instruction, notamment la correspondance du prévenu avec le juge et les déclarations de son médecin… En d'autres termes, il y a un temps minimum, incompressible, en deçà duquel un sujet relatif aux droits et libertés fondamentaux n'est pas « traité », mais seulement évoqué superficiellement, et le candidat qui se présente au jury doit avoir à l'esprit ce qu'implique cette réalité quant à la teneur de son exposé. Ce n'est pas tant « tenir » quinze minutes qui constitue l'objectif, mais plutôt comprendre que le type de sujet proposé lors du grand oral est généralement vaste, et se doit donc d'être expliqué dans toutes ses dimensions. Lorsque le candidat commence son exposé, il n'est pas déjà en partance : il doit poser les bases fondamentales de son sujet dans une introduction de quelques minutes (deux, voire trois), et prendre le temps nécessaire pour procéder à une analyse approfondie de celui-ci dans le « corps » de son argumentation, analyse que les examinateurs écouteront avec d'autant plus d'intérêt qu'elle sera riche.

À l'inverse, la durée de quinze minutes ne doit pas être comprise comme une durée-plancher, au sens où il serait de bon ton d'aller au-delà pour être bien noté sur le paramètre du temps. On le voit parfois avec certains candidats, aller au bout du sujet est une chose, s'« éterniser » ou traîner — presque volontairement — en longueur en est une autre, et c'est ici rejoindre la deuxième justification de la durée qui est fixée par le texte, c'est-à-dire l'aspect de pratique professionnelle de l'épreuve dont le candidat doit avoir conscience.

Les exigences de la justice moderne, en effet, pour ne pas dire de masse ou de flux, ne s'accommodent plus de plaidoiries longues à l'excès lorsqu'un dossier ne le mérite pas et peut être brièvement exposé au tribunal, et ce même dans une procédure orale où la parole à l'audience a une primauté de principe sur les écritures (tribunal de commerce, par exemple). À une époque où les audiences — quand elles sont conservées, V. COJ, art. L. 212-5-1, la procédure dite « sans audience » — doivent traiter de nombreux dossiers par journées ou par demi-journées, on plaide désormais beaucoup plus par simples observations, particulièrement en matière civile et dans les procédures écrites où il s'agit d'une simple mise en lumière des aspects saillants des écritures qui ont été prises, et il peut même arriver, devant certaines juridictions, que les audiences soient planifiées en fonction du temps de plaidoirie indiqué par les avocats, l'audience de telle matinée de la semaine étant par exemple réservée aux dossiers se plaidant « vingt minutes à deux ». Cela veut dire que la maîtrise du temps est capitale en pratique, et qu'une plaidoirie trop longue devant le tribunal peut presque devenir contre-productive.

C'est aussi ce réflexe qui est recherché lors du « grand oral » : la maîtrise de la durée est avant tout maîtrise de soi-même, le candidat doit prendre garde à ne pas se répéter ou « délayer », et montrer qu'il a compris ce que sont les exigences de sa future profession, maturité à laquelle l'avocat et le magistrat composant le jury seront particulièrement sensibles. Quant à l'universitaire présidant l'épreuve, il n'est pas exclu qu'il coupe la parole au candidat pour lui demander de terminer très rapidement son exposé si, au terme des quinze minutes, celui-ci est visiblement loin d'être achevé. Dans cette hypothèse d'un net dépassement du temps, voire d'une interruption du candidat par le jury, l'objectif essentiel d'un exposé équilibré n'aura pas été atteint…

Il reste que cette durée ne peut pas non plus être conçue comme un absolu à respecter à la trentaine de secondes près. Il est difficile de se calibrer sur quinze minutes exactement, du fait des circonstances particulières à chaque passage : ampleur plus ou moins grande du sujet, débit de parole naturel du candidat, qui peut être rapide ou à l'inverse plus lent, *etc.*, et dans ces conditions, une fourchette raisonnable de temps peut se situer entre treize et seize minutes environ, le jury comprenant parfaitement qu'une certaine souplesse est nécessaire, et inévitable en « situation ».

– « Après une préparation d'une heure ». C'est cette durée octroyée pour construire et organiser l'exposé qui doit, nous semble-t-il, conduire à rassurer le candidat. De prime abord, celui-ci aura peut-être tendance à considérer qu'elle est courte, et il est vrai qu'en conditions d'examen, la perception du temps de préparation qui lui est imparti pour boucler son sujet est différente d'une heure envisagée à tête reposée.

Ceci dit, si l'on part de l'idée que l'épreuve n'est quand même pas conçue pour être une pure récitation ou un énoncé linéaire de connaissances encyclopédiques, mais se présente plutôt comme un exercice à partir d'un document que le candidat a sous ses yeux (arrêt, texte, article d'un journal, *etc.*), et qu'il doit exploiter afin d'en rendre compte au jury, une heure de préparation paraît suffisante pour prendre connaissance du sujet, le comprendre, et coucher noir sur blanc les règles qu'il met en application ainsi que les grandes lignes d'un argumentaire. Il ne s'agit pas d'être exhaustif dans la mesure où les sujets de droits et libertés fondamentaux sont vastes et difficilement épuisables, mais plutôt d'être capable d'en faire ressortir les aspects principaux et les grands enjeux du point de vue d'un futur auxiliaire de justice.

Le traitement du sujet consiste donc toujours, peu ou prou, en une synthèse, le temps de préparation d'une heure doit être utilisé pour en dégager les contours, et c'est sur cette base qu'à l'oral, le candidat développera son exposé, la parole prenant alors le relais des notes écrites qui, encore une fois, peuvent difficilement présenter un caractère d'achèvement dans le délai de préparation imparti. Si l'on veut éviter une lecture morne, cela ne semble pas d'ailleurs souhaitable…

Concrètement, la durée d'une heure permettra de réfléchir à un plan de base de l'exposé, en deux grandes parties en général (des sous-parties pouvant utilement décomposer, pour la compréhension du jury, les différents aspects de l'argumentaire), parties conçues comme dialectiques, ou en tout cas devant mettre en exergue les enjeux ou balancements du sujet, ainsi qu'à une introduction de quelques minutes (à peu près deux minutes, voire un petit peu plus), importante pour situer celui-ci dans son contexte et mettre en lumière sa problématique générale. Pour faire ce travail, le candidat à l'épreuve orale d'admission pourra au demeurant utiliser les codes et recueils de lois et décrets annotés. Plus précisément, la règle aujourd'hui décidée par l'Association des directeurs d'IEJ est la suivante : « lors de la préparation de l'épreuve orale d'admission relative à la protection des droits et des libertés fondamentaux, les étudiants peuvent utiliser les recueils de normes législatives, supra-législatives ou infra-législatives, ne contenant aucune indication de doctrine et notamment les codes annotés, mais non commentés, ainsi que les recueils de texte qui, en application de cette règle, auront été validés par l'Association des directeurs d'IEJ ». S'il en était encore besoin, cette possibilité de consulter les textes pendant le temps de préparation montre qu'au-delà de la maîtrise — sous-entendue — des connaissances de base, c'est un positionnement de « juriste professionnel » qui est attendu du candidat : un exposé et une analyse du sujet dans toutes ses dimensions, accompagné d'une appréciation personnelle critique, non une récitation scolaire et linéaire, sans grand intérêt.

– « Suivi d'un entretien de trente minutes avec le jury ». C'est si l'on peut dire la deuxième partie de l'épreuve orale, peut-être la plus difficile pour un certain nombre de raisons, particulièrement sa longueur.

En effet, cette discussion vient après l'exposé de quinze minutes, lui-même effectué après une préparation d'une heure, et le candidat, même s'il ne le ressent pas forcément, est peut-être déjà dans un état de relative fatigue qui risque de diminuer son aptitude à s'entretenir avec chaque examinateur composant le jury pendant trente minutes, voire même parfois à comprendre les questions qui lui seront posées. Il lui faudra donc être capable de changer de positionnement pour, d'« exposant », devenir « écoutant » et « répondant ». C'est là, à notre sens, que réside peut-être la difficulté principale de l'épreuve orale pour le candidat, car, jusqu'à présent, les examinateurs ne sont pas encore intervenus, restant observateurs attentifs, mais vont maintenant apprécier sa capacité à répondre en temps réel à des questions que le sujet pose, que leur pratique professionnelle d'avocat ou de magistrat les a peut-être amenés à connaître, et dont ils aimeraient avoir le point de vue du candidat au travers d'une sorte de mise en situation.

Celui-ci doit donc absolument garder à l'esprit que l'exposé ne représente qu'une « petite moitié » de l'épreuve orale, et que tout relâchement est proscrit car la deuxième partie de celle-ci, différente pour lui, longue, commence, celle sur laquelle les examinateurs professionnels seront peut-être les plus tatillons car elle les amènera à évaluer les capacités de futur avocat du candidat. Il y a, nous semble-t-il, beaucoup à gagner à être conscient qu'« au bout de quinze minutes tout commence » et que tout va se jouer maintenant : le candidat qui démissionne pendant l'entretien, ou, plus gravement, dont le jury perçoit qu'il a mentalement arrêté l'exercice après l'exposé, n'a pas saisi la « psychologie » de l'épreuve qui est le contraire même du renoncement, et tout le sens de la profession d'avocat : une « discussion » constante avec les magistrats et avec ses confrères... Il risquerait ainsi d'être sanctionné. Il faut le répéter : l'avocat est un perpétuel contradicteur pour la défense des intérêts ses clients, le candidat doit montrer aux examinateurs qu'il l'a compris et qu'il veut en faire son métier, positionnement d'autant plus important si la deuxième partie de l'épreuve doit rattraper un exposé qu'il sait avoir été moyen...

– « Sur un sujet relatif à la protection des libertés et des droits fondamentaux ». C'est peut-être l'aspect le plus conventionnel de l'épreuve : un programme à connaître, mais la maîtrise de ces connaissances, vastes, transversales et au-delà des spécialités de chaque candidat, est primordiale pour la profession à laquelle il se destine. L'avocat, plus que jamais, est aujourd'hui en première ligne pour la défense des droits et libertés fondamentaux de ses clients, et les examinateurs, particulièrement l'avocat en exercice composant le jury, seront particulièrement attentifs à vérifier que le candidat a acquis une solide connaissance de leur contenu, même si, encore une fois, l'épreuve orale d'exposé-discussion est plus que cela.

Sous le bénéfice de cette observation, le programme est relativement étendu. Au titre des « libertés et droits fondamentaux », l'annexe de l'arrêté du 17 octobre 2016 le décline en quatre grandes rubriques : la première est nouvelle, il s'agit de la « culture juridique générale » (nous y reviendrons plus loin). Les autres n'ont pas changé : le candidat devra avoir assimilé l'« origine et (les) sources des libertés et droits fondamentaux », connaître le « régime juridique des libertés et droits fondamentaux », et enfin pouvoir parler des « principales libertés et (des) principaux droits fondamentaux ». Sur la base de cette tétralogie, qu'il paraît indispensable d'approfondir à partir d'une bibliographie solide et des enseignements dispensés par les IEJ, les sujets pourront porter sur des domaines assez variés pourvu qu'ils illustrent la mise en œuvre d'une liberté fondamentale, sa sanction, pouvant également renfermer des aspects de culture juridique générale, et les candidats peuvent donc s'attendre à ce qu'ils revêtent diverses formes : décision de justice rendue par une juridiction nationale ou internationale, article d'une loi, texte relatif à un sujet d'actualité ou de sociologie juridique, article d'un journal, *etc.*

Cette diversité constitue une difficulté pour le candidat, qui doit s'attendre à travailler à partir de documents ne présentant pas toujours des points communs : on n'aborde pas de la même façon une décision de justice ou une coupure de presse, et la préparation ainsi que l'exposé lui-même doivent être adaptés au type de sujet proposé, même si le cadre général de l'épreuve, la protection des libertés et droits fondamentaux, reste inchangé.

L'article d'un quotidien, par exemple, sera en général moins précis qu'une décision de justice sur les aspects juridiques d'une liberté fondamentale que tel fait ou tel événement met en cause, et le candidat devra alors être attentif, dans cette configuration, à leur mise en valeur dans son exposé. Inversement, une décision de justice sera taisante sur les conséquences sociétales ou sociales de la solution qu'elle renferme, et le candidat, pour faire vivre son exposé et lui donner la profondeur nécessaire, devra veiller à les faire apparaître. Cette adaptation à la forme du sujet est capitale, parce qu'elle est à l'image de l'adaptation permanente qu'exige la profession d'avocat, notamment à l'audience face aux magistrats ou avec les confrères, parce que « rien ne se passe jamais comme prévu » et qu'il faut, en temps réel et en conditions de rapidité, « faire avec » pour assurer au mieux la défense du client. Le jury y sera naturellement attentif.

– « Permettant d'apprécier les connaissances » du candidat. La réforme opérée par l'arrêté du 17 octobre 2016 a également voulu mettre l'accent sur l'idée de contrôle des connaissances, puisqu'auparavant, sous l'empire de l'arrêté du 11 septembre 2003, le terme de « connaissances » n'apparaissait pas dans l'article 8. Désormais, il vient en premier dans l'appréciation du candidat, et sans pour autant considérer que les critères d'« aptitude à l'argumentation et à l'expression orale » font l'objet d'un certain déclassement (ce n'est bien entendu pas le cas), on peut tout de même en déduire que le texte nouveau souhaite que le jury prête une attention particulière au niveau de connaissances du candidat durant les trente minutes d'entretien. Pour dire les choses autrement, il ne doit plus y avoir de place pour le hasard au grand oral, car lorsqu'un justiciable confie un dossier à son avocat pour la défense de ses intérêts, y compris les plus immédiats (désignation lors d'un placement en garde à vue, par exemple), il ne veut pas, justement, s'en remettre au hasard. C'est pour l'éliminer qu'il s'adresse à un auxiliaire de justice, professionnel du droit. Autrement dit, l'exigence — l'objectif — de maîtrise des connaissances lors de l'épreuve orale d'admission est une garantie de sécurité pour plus tard, lors de l'exercice professionnel, la garantie que l'avocat, quelle que soit sa spécialité, n'est en principe ignorant d'aucune des règles de base pouvant assurer la défense du client dans les situations où les enjeux sont importants pour ce dernier. Le candidat ne pourra pas se permettre d'être en deçà de ce plancher lors de l'épreuve, dont le coefficient a été rehaussé, sans doute pas par hasard…

– « La culture juridique ». Cet aspect complète le précédent : si le candidat doit avoir des « connaissances », on peut également attendre de lui qu'il possède une « culture juridique » de base en matière de libertés et droits fondamentaux, « générale » ainsi que le précise le I du programme de cette épreuve figurant en annexe de l'arrêté de 2016. Il semble que l'on puisse interpréter cette notion de deux manières, qui se complètent. D'abord, exiger d'un candidat, futur auxiliaire de justice, qu'il possède une « culture juridique », c'est logiquement attendre une culture judiciaire de base en matière d'institutions judiciaires, de procédure civile, pénale ou administrative contentieuse. Comment un futur avocat, même avec un cursus très spécialisé, pourrait-il ignorer, par exemple, les plus élémentaires des principes directeurs du procès civil, ou ceux contenus dans l'Article préliminaire du Code de procédure pénale, ou dans le Titre préliminaire du Code de justice administrative ? Peut-il vraiment se présenter à un jury de professionnels du droit sans être capable de dire quelques mots sur ces principes structurants des trois procédures ? Là aussi, il s'agit d'un « bagage minimum » attendu du candidat, exigence qui permet de rejoindre la deuxième façon de concevoir la notion de culture juridique « générale » (en matière de libertés et droits fondamentaux, *cf.* annexe à l'arrêté du 17 octobre 2016, I), entendue comme ce qu'il est impossible de ne pas connaître sur la matière du sujet tiré par le candidat, c'est-à-dire sur les notions fondamentales qui se rattachent au sujet principal. Si celui-ci, par exemple, est relatif à un cas en matière d'appel civil où le conseiller de la mise en état, qui a déclaré l'appel irrecevable, se retrouve dans la formation de la Cour appelée à connaître de cette décision sur déféré, on imagine mal que le candidat, lorsque le jury lui demandera son avis sur la composition de cette formation, ne fasse pas état de l'article 6 § 1 de la Convention européenne des droits de l'homme et de la notion de tribunal impartial, ou ne puisse pas répondre à une question générale sur la notion d'impartialité objective tant elle se rattache à la question principale portant sur la composition régulière ou non de la cour d'appel. On imagine également mal qu'un candidat, sur un sujet relatif à la liberté de la presse et au pouvoir de celle-ci, ne puisse pas répondre à une question élémentaire sur le journal *L'Aurore* et le « célèbre » article qu'il publia dans une affaire non moins célèbre... La maîtrise de ce fonds de connaissances était déjà logique avant la réforme, elle est désormais nécessaire, et le candidat doit se préparer aux « fondamentaux » de la culture juridique processuelle et judiciaire en vue de l'épreuve.

– « Son aptitude à l'argumentation ». Nous le disions plus haut, l'épreuve orale de protection des libertés et des droits fondamentaux n'est pas conçue comme la reprise morne du sujet tiré par le candidat, accompagnée d'une simple récitation des textes et de la jurisprudence qui peut s'y rapporter. Au contraire, elle a pour but affiché d'apprécier l'aptitude du candidat à argumenter à partir de ce sujet, à mettre en place dans son exposé les bases d'une dialectique qui permettront d'établir une discussion — de trente minutes — avec le jury. Autrement dit, lors de sa préparation d'une heure, le candidat doit être attentif à ne pas s'enfermer dans une simple paraphrase du sujet qui, agrémentée de quelques illustrations jurisprudentielles, sera déclamée pendant quinze minutes ; plus que cela, il doit construire son exposé en forme de discussion qui fera apparaître tous les aspects, positifs et négatifs, d'une décision rendue par un juge ou une autorité administrative, d'une position prise par une association ou une autorité politique, d'une coupure de presse éventuellement polémique, *etc.* Ce qui est attendu, c'est une réflexion personnelle, accompagnée d'un point de vue critique : celui d'un juriste qui souhaite devenir professionnel du droit, et ne peut donc plus se permettre, à ce stade crucial de l'épreuve d'admission, d'avoir une vision scolaire, réductrice, ou même de n'aller que dans un sens, celui — confortable ou estimé tel — que le sujet semble privilégier.

L'article 7 de l'arrêté le dit bien, le sujet relatif à la protection des libertés et des droits fondamentaux « permet » d'apprécier l'aptitude à l'argumentation du candidat : ce sujet est donc un prétexte, quel qu'il soit, à évaluer cette aptitude dans la construction d'un exposé ouvrant un dialogue, et développant des idées qui permettront ensuite d'échanger avec le jury lors de l'entretien. C'est en cela que l'exercice consiste, et ce à quoi le candidat doit se préparer : qu'est-ce qu'une plaidoirie ou des observations devant une juridiction sinon une argumentation sur les points sensibles d'un dossier, ramassée en quelques minutes pour attirer l'attention du tribunal, et peut-être emporter sa conviction ?

– « Et à l'expression orale » du candidat. Ce paramètre est lui aussi d'une grande importance : comment communiquer et convaincre des examinateurs qui chaque jour, au prétoire ou dans les amphithéâtres, doivent s'exprimer au mieux pour exercer leur profession, si l'expression orale du candidat n'est pas soignée ou en tout cas pas surveillée ? Il faut être bien conscient que « tout » — contenu de l'exposé, impression sur la personnalité — passe par la parole lors de cette épreuve, qui ne se termine pas par le dépôt, par le candidat, de ses notes, lesquelles fonderaient l'évaluation du jury. C'est le règne de l'oralité pure et de l'impression laissée.

Dans ces conditions, la qualité de l'expression orale du candidat sera particulièrement appréciée à l'aune de la force de conviction et de persuasion qu'elle véhicule. C'est une évidence de le rappeler, mais une expression morne qui ne cherche pas à convaincre, sans intonations ni percussion, ne sera pas à la hauteur des attentes du jury mais montrera seulement que le candidat, au-delà d'un état de stress inhibant mais compréhensible, n'a pas compris le sens de l'épreuve, voire l'esprit de la profession à laquelle il se destine qui est tout autant communication que compétence. La qualité de l'expression orale sera également tributaire de sa « forme » : du choix des mots, de la maîtrise de leur débit et du

volume de la parole, de la constance du timbre, de la surveillance d'un éventuel accent prononcé, toutes choses qui, ensemble, forment un tout qui doit être mis au service du contenu du message.
On est ici aussi dans le domaine des évidences, mais le candidat doit s'efforcer de s'exprimer avec simplicité et sobriété, librement mais sans aucune familiarité de langage, avec le plus de clarté possible pour être compris et permettre à la discussion de s'engager. L'écueil à éviter nous paraît être, comme on le voit parfois, de trop vouloir « substantialiser » le propos : d'abord, un discours « compliqué » sera plus difficile à maîtriser pour le candidat en temps réel, et surtout la juridicité du discours ne dépend pas de sa complication. En un mot, ce qui se conçoit bien s'énonce clairement, simplement et sans emphase, ce qui n'empêche pas, bien au contraire, d'exprimer une conviction : plus l'expression sera fluide, mieux celle-ci apparaîtra. Les mots trop recherchés sont souvent des mots creux, ils seront en décalage avec la tenue d'un « entretien », d'une conversation que le candidat doit avoir avec le jury…

## CONCLUSION

L'épreuve orale d'exposé-discussion est donc un exercice d'une relative difficulté, l'épreuve-phare de l'admission au CRFPA puisqu'elle est désormais affectée d'un coefficient 4. Ses trois volets : préparation, exposé du candidat, discussion avec le jury, étalés sur une durée d'une heure quarante-cinq, nécessitent une appréhension réfléchie et une approche professionnelle. C'est aussi une épreuve fatigante nerveusement et physiquement. Les candidats n'ont en principe jamais été confrontés, dans leur cursus universitaire, à un oral de ce type, et il est donc hautement souhaitable qu'ils suivent les entraînements à cette épreuve dispensés par les Instituts d'études judiciaires, mais aussi que de leur côté, en amont, ils aient assimilé les points fondamentaux qui viennent d'être rappelés. Il n'y a toutefois rien d'insurmontable : un « exposé » reste toujours, peu ou prou, une présentation structurée, qui doit comporter une introduction générale et un plan de base permettant de traiter le sujet dans toutes ses dimensions, et l'entretien qui suit avec le jury ne doit pas être conçu comme la confrontation à un peloton d'exécution, bien au contraire. Celui-ci est toujours bien disposé à l'égard du candidat qui a dépassé le stade des épreuves d'admissibilité, prêt à l'écouter avec intérêt et à discuter avec lui d'une « belle » question de protection des libertés et des droits fondamentaux, et, sauf accident ou insuffisance avérée, à l'« accueillir » dans la profession…

*Olivier Salati*
*Maître de conférences HDR Aix-Marseille Université*
*Laboratoire de droit privé et de sciences criminelles (EA 4690)*
*Directeur de l'Institut d'études judiciaires*
*de la Faculté de droit et de science politique d'Aix-en-Provence*
*Directeur du Master II P*
*Contentieux et procédures civiles d'exécution*

# Partie 1

# NOTIONS ET SOURCES

Thème 1

# Sur la notion de libertés et droits fondamentaux

François Terré
*Membre de l'Institut*

Les affirmations successives de libertés de plus en plus nombreuses et antagonistes, si réconfortantes soient-elles, ont été de pair avec les proclamations, nationales ou internationales de droits de l'homme. Au fil des temps, la reconnaissance de droits fondamentaux, nappe nouvelle de garanties, s'accompagne de contrôles juridictionnels tendant à recouvrir toutes les manifestations de la vie sociale dans un contexte qui finit par mettre en cause l'existence même du droit. Ainsi va une pensée unique.

**1** ***Liberté.*** La soif qu'elle inspire est toujours exaltante et son discours est plus porteur d'espoir que le silence et l'oppression. Encore faudrait-il ne jamais oublier qu'elle est un bien fragile et qu'à vouloir trop souffler sur la flamme, on risque de l'éteindre.

**2** La liberté a toujours eu, aux yeux des hommes, de multiples significations. Et si l'on devait en isoler une seule, cela pourrait être celle, élémentaire et instinctive, qui s'exprime ainsi : est libre celui qui n'a besoin de personne ni de quoi que ce soit. L'ermite dans sa retraite, Robinson sur son île se rapprochent de cet idéal. Mais cette liberté extrême ne se découvre qu'au prix de la solitude.

**3** Ce n'est pas cette liberté ainsi purifiée qui intéresse notre monde toujours plus peuplé et où le « prochain » se fait chaque jour plus proche. Mais c'est une liberté relative, s'exprimant par rapport aux autres hommes et au sein d'une société, à laquelle s'attache le droit, cette sorte de lien entre les solitudes. Sa mission primordiale est d'équilibrer les antagonismes en préservant la sphère de chacun. Ce fut encore possible, et d'ailleurs non sans mal, aussi longtemps que la sphère de liberté de chacun garda des proportions raisonnables, à l'intérieur d'un espace global limité par l'ordre nécessaire au fonctionnement de la société. Mais ce fut de plus en plus difficile à mesure que l'on voulut étendre indéfiniment les libertés individuelles.

**4** Quels jalons ont marqué cette extension ? Jadis, en prenant la Bastille, la liberté, c'était de pouvoir aller et venir, de n'être pas arbitrairement enfermé, d'avoir un domicile inviolable, de participer aux élections, bref d'avoir liberté de conscience, d'opinion et d'expression. Plus tard, surtout quand s'approcha le XX$^{e}$ siècle, la liberté entraîna dans son sillage la revendication de multiples droits : droit à l'instruction, pour éveiller les citoyens à la conscience de leurs prérogatives, droit de se syndiquer, pour mieux lutter en faveur des intérêts professionnels, droit de grève, aux mêmes fins…

**5** Ensuite, sous le pavillon de cette liberté vinrent se ranger de nouvelles exigences, un certain nombre de garanties positives et d'ordre économique : droit au travail (protection contre le chômage), droit à la santé (protection contre l'adversité naturelle), droit à la solidarité (protection contre les calamités rompant l'égalité de tous devant les sujétions publiques), droit à la non-discrimination (protection contre les préjugés). Puis il s'agit de toutes ces prérogatives diffuses que l'on range toujours sous le vocable de liberté, mais qui expriment surtout des aspirations au confort, aux loisirs, aux assistances de toutes sortes. Et l'on ne s'arrête pas là. Devenu prétexte à la manie de la revendication, ce mot magique de liberté peut couvrir toutes les outrances. Pourquoi pas le droit au soleil ou, si l'on craint le bronzage, le droit à la pluie ?

***

**6** Cette évolution atteste une perpétuelle adjonction de droits tendant à prolonger et à renforcer de précédentes conquêtes, à élargir de plus en plus la marge de liberté de chacun. De ces excès, résultent pour la liberté les plus pernicieuses menaces.

**7** Menace d'abord, parce que, comme toutes les richesses, et dans la société humaine, elle n'est pas illimitée. L'élargissement démesuré des prérogatives multiplie les antagonismes, développe exagérément l'interdépendance des sphères individuelles et asphyxie finalement la société globale. A-t-on besoin de la psychanalyse pour comprendre que l'interdit, loin d'être contraire à la liberté, en est constitutif ?

Menace ensuite, parce que, sous l'écume du mot « liberté », c'est bien plutôt d'égalité qu'il s'agit. Que l'évolution économique et industrielle ait multiplié entre ces deux valeurs essentielles les occasions de conflit paraît évident. Il n'en existe pas moins un glissement préoccupant. L'idée de bonheur dont parlait Saint-Just s'est de plus en plus déplacée : au bonheur d'être soi-même se substitue le bonheur d'être comme les autres.

Menace enfin, parce que, dans un monde inquiétant, le besoin de sécurité s'affirme de plus en plus à travers les revendications et les programmes. Or il développe dans les esprits une mentalité d'assistés et d'irresponsables et il appelle une bureaucratie de plus en plus oppressante, ce qui est très exactement contraire à la liberté, sans cesse invoquée.

**8** Sans cesse invoquée… car tel est le pouvoir d'un mot, d'un mot trahi par tant d'impostures. Est-ce ainsi que les Français veulent recommencer leur vie ? Qu'ils retiennent, pendant qu'il est encore temps, le message de Rousseau : « Il n'y a point d'assujettissement si parfait que celui qui garde l'apparence de la liberté ; on captive ainsi la volonté même. »

**9** La notion de *droit subjectif* se distingue malaisément de celle de *liberté publique*. Entre elles, le rapprochement s'opère naturellement à la lecture des déclarations des droits. Quand il est précisé, à l'article 2 de la Déclaration de 1789, que les droits naturels et imprescriptibles de l'homme « sont la liberté, la propriété, la sûreté, et la résistance à l'oppression », il apparaît que, notamment, la liberté aspire à un exercice aussi étendu qu'il est possible, du fait de la coexistence entre les hommes, et se montre rebelle à un cadre précis ordonnant son existence et sa destinée. Au contraire, la propriété se coule dans la forme d'une prérogative dont les caractères sont nettement précisés par le droit positif : « la propriété est le droit de jouir et disposer des choses de la manière la plus absolue, pourvu qu'on n'en fasse pas un usage prohibé par les lois ou par les règlements » (C. civ., art. 544).

**10** Reste qu'il peut être parfois difficile de distinguer les droits subjectifs des libertés publiques. La distinction se révèle pourtant d'autant plus nécessaire que des textes, déclarations et conventions internationales, plus nombreux que par le passé, s'ajoutant les uns aux autres, ont imposé une référence plus fréquente, dans tous les domaines du droit, y compris en droit privé, à des libertés publiques et à des droits de l'homme.

**11** Dans certains secteurs, il est vrai, la matière sur laquelle porte la prérogative facilite le partage. Ainsi en est-il quand il s'agit de la participation des *citoyens à* l'activité politique, par l'électorat ou l'éligibilité. Aussi bien l'article 7 du Code civil dispose-t-il que « l'exercice des droits civils est indépendant de l'exercice des droits politiques, lesquels s'acquièrent et se conservent conformément aux lois constitutionnelles et électorales ». L'attribution de la qualité de national français ou de citoyen français — ce qui n'est pas nécessairement identique — relève du même ordre de considérations. Ainsi en est-il du *droit à la nationalité*, affirmé à l'article 5 de la Déclaration universelle des droits de l'homme (1948).

**12** Si l'on envisage d'autres droits, c'est encore dans le cadre des libertés publiques qu'on peut en traiter : liberté d'aller et de venir, liberté de parole, de pensée, d'expression, liberté de l'imprimerie, de la presse, de la communication audiovisuelle, liberté de conscience, liberté syndicale… Le fait que ces *prérogatives* soient souvent affirmées ou consacrées dans des préambules, des déclarations ou des dispositions générales n'exclut pas qu'elles puissent trouver leur prolongement dans des droits subjectifs : ainsi la liberté de l'écrivain se prolonge dans le droit, matériel et surtout moral, de l'auteur sur son œuvre. Reste que les prérogatives considérées se manifestent avant tout dans les rapports de l'individu avec la puissance publique, dont les agents protègent contre les empiétements de l'État les libertés indispensables.

**13** Les *droits subjectifs* se manifestent sinon exclusivement du moins principalement dans la perspective des relations entre les particuliers — individus ou groupements — soit dans leurs rapports entre eux, soit dans leurs rapports avec les biens. Ils sont de ce fait dotés d'une structure et d'un contenu caractérisé : droit de créance, droit de propriété, d'usufruit, de servitude… Mais force est de reconnaître que, plus l'on se rapproche du statut de la personne humaine en tant que telle, y compris dans sa vie privée ou familiale, plus le relief inhérent à la notion de droit subjectif s'atténue, sans que pour autant diminue la force de la prérogative reconnue au sujet de droit. Ainsi l'article 9, alinéa 1er, du Code civil dispose que « chacun a droit au respect de sa vie privée ».

**14** La distinction de la liberté publique et du droit subjectif se manifeste notamment au sujet de la condition du justiciable. Celui-ci dispose de la *liberté* d'ester en justice, c'est-à-dire de saisir les tribunaux français pour obtenir justice : il s'agit d'une liberté publique si fondamentale que le pouvoir d'accès aux tribunaux français est reconnu non seulement aux Français, mais aussi aux étrangers. En outre, le justiciable est investi d'un droit subjectif : *l'action en justice*, qui « est le droit, pour l'auteur d'une prétention, d'être entendu sur le fond de celle-ci afin que le juge la dise bien ou mal fondée » (C. pr. civ., art. 30, al. 1er) ; « pour l'adversaire, l'action est le droit de discuter le bien-fondé de cette prétention » (al. 2).

**15** Aux concepts de *libertés publiques et* de *droits de l'homme* — ceux-ci étant sous-tendus par la notion de droit subjectif —, s'en est ajouté un autre, à notre époque, sous l'influence grandissante du droit constitutionnel. Il s'agit de ce qu'il est convenu d'appeler les *droits fondamentaux.*

**16** Ceux-ci se caractérisent de diverses manières. Tout d'abord et plus encore qu'au sujet des droits de l'homme — comme le droit à l'honneur —, ils sont reconnus aussi bien, et de manière en quelque sorte égalitaire, aux personnes morales tout autant qu'aux personnes physiques.

Leurs thuriféraires avancent surtout un faisceau de caractères. Certains d'entre eux — il est vrai — n'emportent pas la conviction. Ainsi n'est-il pas convaincant d'observer que les droits fondamentaux concerneraient non seulement, à la verticale, les rapports entre les individus et la puissance publique mais aussi, à l'horizontale, les relations des individus entre eux, car on pourrait en dire autant de certaines libertés (liberté de conscience, de réunion, de manifestation…) ou de certains droits de l'homme, tel le droit de propriété.

**17** Plus significatifs sont, en définitive, des critères de nature organique, manifestant essentiellement une supériorité de la Constitution : « les droits et libertés fondamentaux sont, en premier lieu, protégés contre le pouvoir exécutif mais aussi contre le pouvoir législatif ; alors que les libertés publiques — au sens du droit français classique — sont essentiellement protégées contre le pouvoir exécutif… En deuxième lieu, les droits fondamentaux sont garantis en vertu non seulement de la loi mais surtout de la Constitution ou des textes internationaux ou supranationaux. En troisième lieu, la protection des droits fondamentaux nécessite, pour être assurée contre les pouvoirs exécutif et législatif, en application des textes constitutionnels (ou internationaux), qu'en soient chargés, non plus seulement les juges ordinaires, mais aussi les juges constitutionnels et même les juges internationaux » (L. Favoreu, « Universalité des droits fondamentaux et diversité culturelle », *in L'effectivité des droits fondamen-*

*taux dans les pays de la communauté francophone*, colloque international de l'Île Maurice, 29 sept.-1er oct. 1993, éd. Aupelf-Uref, 1994, p. 48).

**18** Rien d'étonnant alors si l'on retrouve pêle-mêle, parmi ces droits fondamentaux : le droit à l'égalité, le droit au développement, la liberté de conscience, les droits de la personnalité, le droit d'accès à la justice… Et cela ne facilite pas nécessairement la réflexion du juriste. On en dira autant de l'observation suivant laquelle les droits fondamentaux ne seraient jamais absolus, car il en va pratiquement de même de presque tous les droits. Raison de plus pour procéder à leur étude de manière analytique.

**19** On a vu, hélas, se développer chez ces thuriféraires un véritable fondamentalisme des droits fondamentaux. Gardons-nous d'en présenter quelque caricature qui pourrait susciter leur courroux. Certains fanatiques se plaignent d'être méprisés par leurs contradicteurs. Mais ceux-ci, fidèles à la liberté de pensée, d'opinion et d'expression, rappellent simplement qu'un néocolonialisme occidental ne peut servir une cause en elle-même libératrice ; l'absence de toute autorité souveraine sur les juridictions internationales est, par exemple, la source de leur infirmité congénitale. N'en déplaise à ceux qui en font leur commerce en oubliant cette tolérance sans cesse menacée par la pensée unique. Mais il y a le Conseil constitutionnel, surtout depuis 2008…

réductrice. Les déclarations modernes des droits sont, en réalité, le résultat des apports successifs de la civilisation occidentale. Elles portent l'empreinte de la pensée politique antique, du christianisme et de la philosophie des Lumières. Il faut donc considérer avec nuance le régime des libertés avant la Révolution (***I.***). Il sera ensuite possible d'apprécier la nouveauté des droits proclamés en 1789 (***II.***) et de dessiner leur évolution ultérieure (***III.***).

# I • Le régime des libertés avant 1789

**21** ***L'ancienneté des libertés.*** Malgré le sort peu enviable souvent réservé à l'individu, l'Antiquité, le Moyen Âge et l'Ancien Régime n'ont pas ignoré la notion de liberté et un certain exercice pratique de celle-ci. On relèvera même, dans l'Antiquité, l'existence de textes écrits proclamant des droits et des devoirs pour certains groupes humains : le Code d'Hammourabi à Babylone (XVIIIe siècle av. J.-C.), le Décalogue (Xe siècle av. J.-C.), le Livre de la Loi de Li Kui (IVe siècle av. J.-C.) ou les Lois de Manu (IIe siècle). Ces textes définissent les principes organisateurs de la société en fonction d'une idée universelle qui procède de la volonté divine transcendantale (chez les Hébreux), du Tao (en Chine) ou du Dharma (en Inde). S'agissant de la culture européenne, on peut procéder à un examen rapide des libertés antiques (**A.**), médiévales (**B.**) et d'Ancien Régime (**C.**).

## A • Les libertés antiques

### 1 • Les libertés à Athènes

**22** ***La notion grecque de liberté.*** À Athènes, aux Ve et IVe siècles avant Jésus-Christ, la démocratie se fonde explicitement sur la notion de liberté. Celle-ci est à la fois une *liberté civile* et une *liberté politique*. Elle est civile, parce que chaque citoyen est garanti dans sa personne et dans ses biens du moment qu'il n'enfreint pas les lois de la cité. Elle est politique, parce que tous les citoyens sont habilités à participer aux affaires publiques sous les mêmes conditions. La liberté se conçoit négativement comme l'absence d'asservissement et positivement comme une situation d'autarcie. Sur le plan individuel, l'autarcie est valorisée sous l'angle domestique. L'homme libre est le citoyen qui ne dépend économiquement que de lui-même et qui peut se consacrer aux affaires de la cité, à la vie politique (*bios politikos*). Sur le plan collectif, l'autarcie est synonyme d'indépendance. Elle implique que le groupe ait la faculté de choisir son destin, comme l'affirme Aristote dans le *Politique*. Ainsi en 472 av. J.-C., huit ans après la victoire de Salamine sur l'armée perse de Xerxès, le tragédien Eschyle écrit au sujet des Athéniens : « Nul mortel ne les a pour esclaves ni pour sujets » (*Les Perses*, 242).
La liberté entretient un rapport étroit avec l'égalité ou *isonomia* au point que ce terme est quelquefois utilisé pour désigner le régime. Il renvoie prioritairement à l'égal accès à l'activité publique, qui est garanti par la loi. Il se traduit par un certain nombre d'applications concrètes : *isègoria* (égal droit à la parole devant les assemblées politiques), *isogonia* (égalité par la naissance) et *isokratia* (égalité de pouvoir). Il en résulte une circularité de l'espace public dont chaque citoyen est théoriquement voué à occuper les différents points successivement, selon la formule de Jean-Pierre Vernant. Ainsi conçus, les droits des citoyens ne sauraient néanmoins constituer de purs avantages. D'une part, ils sont inséparables de devoirs : obéissance aux lois, service militaire (de dix-huit à soixante ans), impôt. Les plus riches se doivent d'assumer les charges les plus lourdes comme la construction des bâtiments publics, le financement des allocations pour les indigents ou des « services publics » (*leitourgia*). D'autre part,

les citoyens sont soumis à une responsabilité très étendue qui les rend passibles de déchéance civique (*atimie*), c'est-à-dire de privation de leurs droits politiques en cas de non-respect de leurs devoirs. En définitive, les Grecs de l'époque classique ne revendiquaient pas leur liberté contre la cité, mais grâce à elle. Dès lors, le contenu des lois non écrites de la cité constitue « comme une charte de l'homme » (Jacqueline de Romilly).

**23** ***Une conception spécifique de l'égalité.*** L'égalité enfin n'est pas fondée sur une identité naturelle entre les hommes comme le veut le personnalisme moderne. Elle est établie à partir d'une identité artificielle — la qualité de citoyen — qui définit les individus dans leur particularité et qui, partant, les distingue. Seuls les citoyens mâles bénéficient donc de l'*isonomia*, à l'exclusion des femmes, des étrangers et des esclaves. Cependant, il faut se garder des visions simplificatrices. Les femmes, si elles ne sont pas admises à participer à la vie publique, appartiennent à la communauté civique et se voient reconnaître un rôle important tant pour la transmission de la qualité de citoyen à leurs enfants que pour les rituels religieux à caractère national dont certains leur sont réservés. De leur côté, les étrangers ne sont pas sans statut, puisque, selon qu'ils sont domiciliés à Athènes (métèques) ou seulement de passage (*xénoi*), ils profitent d'une tradition d'hospitalité héritée des milieux aristocratiques. Quant aux esclaves, bien que réduits à l'état de marchandises, leur sort s'avère moins rude qu'ailleurs à la même époque en raison des possibilités d'affranchissement qui s'offrent à eux et du souci grec de la bonne gestion domestique.

## 2 • L'égalité et la liberté à Sparte

**24** ***Un système totalitaire avant la lettre.*** Au VII^e^ avant J.-C., le réformateur Lycurgue impose à Sparte une constitution non écrite, la Grande Rhétra, qui instaure l'*eunomia*, c'est-à-dire le bon ordre. Elle se comprend comme soumission constante de chacun à la règle établie dans l'intérêt de la cité. Les terres sont redistribuées en parts égales entre les citoyens. L'habitat, le mobilier, la nourriture, le mode de vie sont strictement identiques pour tous. Il n'y a pas de monnaie, pas de commerce, pas d'art. Les enfants sont sélectionnés à la naissance (eugénisme), retirés à leurs parents à l'âge de sept ans et éduqués collectivement pour en faire des guerriers. Dès lors, les Spartiates s'appellent entre eux les Égaux (*homoioi*). Au prix d'une négation des libertés individuelles, ils semblent donc avoir réalisé une égalité absolue et permis la liberté de la cité au sens grec du terme. Preuve en serait que ce régime politique a été d'une stabilité remarquable : quatre cents ans sans crise politique ou sociale majeure.

**25** ***Un système en trompe-l'œil.*** En réalité, les institutions spartiates étaient oligarchiques. L'assemblée des guerriers (*apella*) n'était qu'une chambre d'enregistrement, tandis que le pouvoir réel était détenu par le Conseil des Anciens (*Gérousia*) et les cinq magistrats exécutifs (*éphores*) sous l'autorité de deux rois. L'égalité était d'autant plus fictive que l'oliganthropie, ou décroissance démographique, et le système d'héritage foncier avaient permis de reconstituer des fortunes patrimoniales. La liberté spartiate reposait quant à elle sur une stratification sociale impitoyable : des serfs (les *hilotes*) travaillaient les terres et pourvoyaient aux besoins des citoyens et des hommes libres, dépourvus de droits civils et politiques (les *périèques*), assuraient les tâches interdites aux guerriers : l'artisanat et le commerce. Comme l'écrira plus tard Thomas More, « tant que le droit de propriété sera le fondement de l'édifice social, la classe la plus nombreuse et la plus estimable n'aura en partage que disette, tourments et désespoir » (*L'Utopie*, 1516).

**26** ***La postérité ambiguë du modèle spartiate.*** La radicalité du régime spartiate explique qu'il ait pu séduire aussi bien les tenants de la démocratie jacobine que les partisans du totalitarisme d'extrême-droite. Rousseau y a vu un modèle forçant les citoyens à la vertu : « Quand Sparte a prononcé sur ce qui est ou n'est pas honnête, la Grèce n'appelle pas de ses jugements » (*Du contrat social*, IV, chap. VII). Robespierre en retient le système éducatif contraignant : « La patrie a seule le droit d'élever ses enfants ; elle ne peut confier ce dépôt à l'orgueil des familles, ni aux préjugés des particuliers »

(Séance de la Convention du 18 floréal an II, 7 mai 1794). Gracchus Babœuf en surestime le caractère égalitaire : « L'égalité de fait n'est pas une chimère. L'essai pratique en fut heureusement entrepris par le grand tribun Lycurgue » (*Le Tribun du Peuple*, mars 1795). Mais Sparte deviendra ensuite l'une des références de l'extrême-droite, ce qui le discréditera aux yeux de la gauche. Hitler verra dans ses pratiques eugénistes la manifestation du premier État racialement pur de l'histoire (A. Hitler, *Zweites Buch*, 1928) et Reinhard Heydrich, vice-gouverneur du IIIe Reich en Bohême-Moravie déclarera que les Slaves vaincus devront « travailler aux grands projets de notre culture, comme des hilotes » (discours du 2 octobre 1941). Plus largement, l'histoire de la cité lacédémonienne a fait l'objet d'une récupération par les idéologies nationalistes et suprémacistes. Après la Seconde Guerre mondiale, l'écrivain fasciste Maurice Bardèche y fera encore référence (*Sparte et les Sudistes*, 1969) et à l'heure actuelle, le parti politique grec d'extrême droite Aube dorée s'en réclame ouvertement.

## 3 • Les libertés à Rome

**27** ***La liberté romaine.*** À Rome, du Ve siècle au Ier siècle av. Jésus-Christ, la notion de liberté occupe également une place centrale. Elle permet, en effet, de distinguer le peuple qui vit sous ses propres lois de celui qui est soumis à un tyran, et des simples esclaves. Fortement liée à la notion de propriété, la *libertas* s'entend juridiquement comme la libre disposition de soi dans une société organisée. Il ne s'agit pas de la faculté d'agir à sa guise, qui serait la licence, ainsi que le rappelait Tacite. En réalité, le mot « liberté » évoque simultanément la faculté de jouir de droits civiques et la situation du peuple délivré du pouvoir monarchique. Les libertés publiques, au sens romain, ne se conçoivent par conséquent que sous réserve de garanties solides que seule peut apporter la république. Selon Cicéron, cette dernière est, en effet, une société d'hommes qui fait corps grâce au ciment du droit et qui est dotée à ce titre de l'autorité souveraine. Points importants : elle s'incarne dans le peuple et « le droit a son fondement, non dans une convention, mais dans la nature » (*Lois*, I, X). Il en découle un principe d'intangibilité absolue de la liberté des hommes libres, c'est-à-dire des citoyens. « L'homme libre ne peut être estimé à aucun prix », écrira ainsi le jurisconsulte Modestin au IIIe siècle (*Sententiae Pauli*, 5, 1, 1).
**28** ***La citoyenneté romaine.*** L'appartenance à cette communauté politique est déterminée par la possession de la qualité de citoyen. Cette dernière est réservée aux hommes de 17 ans au moins, appartenant à l'une des 35 tribus qui composent le *populus* à l'apogée de la République. La règle exclut les femmes, les étrangers et les esclaves sans toutefois interdire à l'esclave (*manumission*) ou à l'étranger (*naturalisation*) de se voir octroyer la citoyenneté sous de strictes conditions et à titre exceptionnel. Une fois recensé, le citoyen possède des droits politiques (électorat, éligibilité) et des droits civils (droit d'acquérir et d'aliéner, droit d'épouser une fille de citoyen, droit d'ester en justice). Comme dans le reste du monde antique, ces droits vont de pair avec des devoirs : paiement de l'impôt, obligations militaires, lesquelles ne pèsent que sur les plus fortunés, les pauvres n'étant appelés qu'en cas de levée en masse.
Cette conception de la citoyenneté s'est heurtée à l'extension considérable de la zone d'influence romaine au fil des conquêtes. La soumission de populations nombreuses et hétérogènes a donné naissance à un système à deux vitesses : d'un côté, les citoyens de plein droit (*cives optimo iure*) et, de l'autre, les citoyens de droit restreint (*cives sine suffragio*). Ces derniers, considérés comme des hommes libres, vivaient en dehors de la cité romaine, et ne possédaient que les droits civils du citoyen sans pour cela être dispensés des obligations militaires. Cette situation fortement inégalitaire sur de très vastes territoires a fini par provoquer un conflit dans la péninsule italique. C'est la Guerre sociale qui éclate au Ier siècle avant Jésus-Christ. Rome y répondra en 90 avant Jésus-Christ par la Loi *Julia de civitate sociis danda* qui accorde la citoyenneté aux alliés latins demeurés ou devenus neutres. L'année suivante, la Loi *Plautia-Papiria* offre le statut de citoyen à tous ceux qui en font la demande en Italie. La Rome républicaine ne deviendra pas pour autant démocratique. Il faudra, par ailleurs, attendre la période impériale pour qu'en 212 après Jésus-Christ, l'édit de Caracalla attribue la citoyenneté à tous les hommes libres de l'empire.

## B • Les libertés médiévales

### 1 • La formation des libertés médiévales

**29** ***Une nature coutumière.*** Au Moyen Âge, les libertés sont coutumières. La coutume se présente comme un instrument de limitation du pouvoir par répétition du passé. La première acception du terme *consuetudo* (coutume) est fiscale. Au VIII$^e$ siècle, il s'agit d'un impôt reconnu au pouvoir seigneurial de manière limitative par une décision royale. Les redevances non prévues par les usages sont alors qualifiées d'*exactiones*, de *malae consuetudines* ou encore d'*injusta consuetudines*. Dans le domaine pénal, la coutume permet une réduction de l'arbitraire seigneurial grâce à l'adoption de règles de procédure et d'un tarif pour les peines. Il est donc clair qu'elle limite le droit en même temps qu'elle le confère. L'évolution sémantique le confirme, puisque le mot « coutume » finira par désigner une exemption (franchise, liberté) au profit des habitants de la seigneurie.

**30** ***Un aspect hétérogène.*** Vers l'an mil, les « villes neuves », « bourgs neufs », « bourgs francs » ou « villes franches » se multiplient. Ce sont des territoires libérés de tout service arbitraire, dispensés d'impôts et soustraits à toute justice extérieure pour un délai donné. À ces zones franches, s'ajoutent les sauvetés, périmètres protégés incluant monastères et villages, créés par les autorités cléricales. Progressivement, les villes chercheront à s'émanciper du pouvoir seigneurial. Les jurandes, qui organisent le travail au sein d'un même métier et qui en fixent les règles, protégeront leurs membres à la fois contre la concurrence et contre les autorités. Dès le début du XIII$^e$ siècle, les professeurs et les étudiants qui font partie d'une communauté (*universitas*) jouissent, par ailleurs, d'exemptions d'impôts ou d'obligation militaire. Les *scolares* obtiennent la possibilité de se défendre en corps et possèdent une certaine liberté intellectuelle.

Il faut également mentionner l'asile religieux dont les origines remontent à la plus haute Antiquité et qui renaît sous une forme chrétienne au IV$^e$ siècle. En 1139, le canon 15 du second concile de Latran consacre un droit d'asile général dans les églises et les cimetières. Celui-ci est considéré comme un privilège destiné à préserver les lieux sacrés de toute activité profane. Les réfugiés, coupables notamment d'homicides involontaires, doivent pouvoir y trouver protection sous peine d'excommunication. Ce droit d'asile religieux, s'il fut effectif, connut toutefois des fortunes diverses selon les lieux et les époques comme en témoignent les violations nombreuses et les restrictions en augmentation constante à partir du *Décret* de Gratien au XII$^e$ siècle.

### 2 • Les caractères des libertés médiévales

**31** ***Des libertés inégalitaires.*** Elles résultent de privilèges (du latin *priva lex*) qui ne sont accessibles qu'à certains individus en fonction de leur statut, c'est-à-dire à la noblesse et au clergé, à l'exclusion des membres du tiers état.

**32** ***Des libertés collectives.*** Ce caractère atténue la rigueur du précédent dans la mesure où, à chaque échelon de l'organisation sociale, les libertés sont reconnues pour des groupes entiers. Ce ne sont pas les individus isolés qui sont titulaires de droits, mais les collectivités qui leur assurent une protection. Les particuliers sont, à ce titre, tenus de se subordonner aux besoins communs.

**33** ***Des libertés garanties.*** Lors du sacre, le roi prête le serment de les respecter. Or, le monarque, loin d'être tout-puissant, n'a qu'un rôle conservatoire qui l'autorise éventuellement à abolir les coutumes « iniques » ou « corrompues ». Il ne peut influer sur celles qui apparaissent comme consubstantielles au groupe social. Si le roi n'est pas absolument souverain, c'est que la souveraineté ne peut appartenir qu'à Dieu selon les mots de saint Paul (*non est potestas nisi a deo*). Dès lors, on va considérer que le Prince est simultanément libre des liens de la loi et soumis à la loi. Il est *imago aequitatis* et *servus aequitatis*, seigneur et serf du droit, parce que soumis à la raison.

## C • Les libertés d'Ancien Régime

### 1 • Les restrictions aux libertés

**34** ***La diversité des restrictions.*** Sous l'Ancien Régime, la religion d'État s'oppose à la liberté de conscience et des cultes. Il existe des tolérances qui vont disparaître de la révocation de l'édit de Nantes en 1685 jusqu'à l'édit de tolérance en 1787. La politique de ségrégation religieuse implique alors des restrictions d'accès à certaines activités publiques et privées tant pour les protestants que pour les Juifs. L'édit de 1787, ouvrant l'accès des protestants à l'état-civil, traduit la volonté de Louis XVI d'introduire un certain pluralisme religieux. La liberté d'expression est réduite du fait du privilège royal d'imprimerie et de la censure de la Librairie. Rousseau est ainsi banni pour la publication de l'*Émile* (1762) dont les exemplaires sont brûlés en place publique. Au XVII$^{e}$ siècle, le cabinet noir contrôle la correspondance. La propriété privée ne saurait être garantie, puisque le roi est réputé être le propriétaire des biens de ses sujets. Liberté du travail et liberté du commerce ne sont qu'imparfaitement reconnues. Depuis l'ordonnance de 1670, la procédure criminelle est rigoureuse, les droits de la défense limités et l'échelle des peines particulièrement sévère. Les tortures les plus cruelles sont en usage et le choix de la sanction pénale procède souvent de l'arbitraire du juge. Les sujets peuvent être privés à tout moment de leur liberté par lettres de cachet émanant du roi. L'Église, institution de pouvoir, cautionne la plupart de ces restrictions et profite des privilèges tout en étant traversée, depuis le Moyen Âge, par de profonds mouvements de contestation qui préparent les Lumières.

**35** ***Les causes des restrictions.*** Si l'idée d'une liberté individuelle est étrangère à l'Ancien Régime, c'est avant tout parce que le concept de droit absolu est inconnu des juristes de l'époque. Ces derniers ne sont pas des théoriciens. Ils ne formulent pas des principes généraux, mais partent des faits pour découvrir le droit. Dans cette optique, la notion abstraite de liberté opposable au pouvoir est inconcevable. Elle relève seulement du domaine de la morale et de la religion. Si certains auteurs l'évoquent, ils n'en tirent pas de conséquence juridique. Enfin, l'Ancien Régime a hérité des anciennes libertés médiévales qui sont solidaires d'un type de société fondée sur des liens de dépendance et de subordination excluant l'idée d'égalité. On comprend dès lors que n'ait pu être consacrée une notion de liberté individuelle inséparable, à nos yeux, de celle d'égalité.

### 2 • L'existence de certaines libertés

**36** ***Les libertés en matière judiciaire.*** Les libertés d'Ancien Régime, malgré tout, n'étaient pas inexistantes et certaines pratiques judiciaires semblent aujourd'hui avoir été jugées avec une sévérité excessive. Ainsi en va-t-il des lettres de cachet qui étaient souvent expédiées dans l'intérêt des familles ou d'une communauté après enquête sérieuse et qui permettaient de pallier les insuffisances et les lenteurs de la justice. De même la justice criminelle, tout en méritant nombre de critiques, a-t-elle parfois fait les frais d'une présentation réductrice. L'arbitraire des juges pouvait être un moyen d'individualiser la sanction et de l'adoucir en l'absence d'incrimination légale et de sanctions applicables. Quant au recours à l'équité, il permettait parfois de tempérer la rigueur des lois et d'humaniser les coutumes, tandis que les droits de la défense se voyaient garantis par la maxime selon laquelle la faculté de se défendre ne pouvait être refusée à personne (*defendendi facultas nemini est deneganda*).

Le barreau était indépendant, puisque l'ordre était organisé par les avocats eux-mêmes. Ceux-ci, sans plaider au grand criminel, disposaient d'une liberté de parole certaine et avaient la possibilité de déposer des mémoires et de publier des *factums*. À plusieurs reprises, aux XVII$^{e}$ et XVIII$^{e}$ siècles, la force qu'ils représentaient a contraint le pouvoir à composer avec eux. En 1707, l'ordonnance, dite de Lorraine, leur octroya le droit de parler librement quelle que fut la qualité de leur adversaire (J.-L. Gazzaniga, « Notes sur la liberté de parole de l'avocat », *Mélanges J. Mourgeon*, Bruylant, 1998, p. 39-52). Les juges, de leur côté, bénéficiaient d'une inamovibilité apparue avec la vénalité des offices. Elle traduisait, malgré ses défauts, une forme d'indépendance à l'égard du monarque. Il faut également signaler que les voies de recours étaient reconnues. Le droit d'appel, hérité du droit romain et corrigé par le droit canonique, s'était peu à peu imposé au XIIIe siècle alors que se développait la justice royale. De même existait-il un pourvoi en cassation devant le conseil du roi.

**37** ***La liberté en matière politique.*** Le monarque absolu, en réalité, n'était pas un monarque arbitraire, puisque ses ordres devaient être empreints de modération et garantir au peuple « une honnête liberté » (Guy Coquille). Du reste, on se souvient qu'au XVIe siècle, l'indignation suscitée par les massacres de la Saint-Barthélémy fit naître les thèses des monarchomaques (Théodore de Bèze, Philippe Duplessis-Mornay, François Hotman) selon lesquels le peuple pouvait déposer un roi devenu tyran lorsqu'il ne respectait plus la justice, le Bien commun et le droit. Or, préserver les libertés du peuple supposait le maintien des privilèges et des franchises, d'où l'impossibilité de parvenir à une unification du droit. À la fin de l'Ancien Régime, il soufflait indéniablement un vent de liberté. Le droit de réunion ou d'association n'était pas consacré, mais les clubs, les académies de province, les loges maçonniques et les salons s'étaient multipliés. La liberté d'expression n'était pas proclamée, mais un nombre considérable de traités, de gazettes, de journaux et de libelles circulaient alors même que l'instruction arrivait dans un certain nombre de petites écoles. Ces éléments ont sans conteste favorisé la diffusion des idées qui devaient entraîner la Révolution.

# II • L'avènement des droits de l'homme en 1789

**38** ***Les antécédents.*** Malgré son caractère fondateur, la Déclaration des droits de l'homme et du citoyen du 26 août 1789 ne jaillit pas du néant. Les premiers textes adoptés ont été britanniques : Grande Charte (1215, 1225), Pétition des droits (1628), *Habeas corpus act* (1679) *act* (1679) et *Bill of Rights* (1689). Cependant, il s'agissait encore d'énoncés de droits concrets sans ambition universelle ou conceptualisante. Au sens moderne, la première déclaration des droits figure dans la Constitution de l'État de Virginie adoptée le 12 juin 1776. Quelques jours plus tard, le 4 juillet 1776, est adoptée la Déclaration d'Indépendance des États-Unis d'Amérique. Ce texte majeur, rédigé par Thomas Jefferson et John Adams, marque le triomphe des idées libérales, des théories du *self-government* et de la doctrine du droit naturel. Il affirme que « tous les hommes sont créés égaux ; ils sont dotés par leur Créateur de certains droits inaliénables ; parmi ces droits se trouvent la vie, la liberté et la recherche du bonheur ». Inspiré par un mémoire de James Madison datant de 1785, le *Virginia Statute for Religious Freedom*, rédigé par Thomas Jefferson et adopté par l'Assemblée de Virginie le 16 janvier 1786, est le premier texte américain à instaurer la liberté de conscience. L'impact de ces divers textes sur la France est évident. En 1789, elle adopte à son tour une Déclaration dont il convient d'examiner l'élaboration (**A.**) avant d'en étudier la signification (**B.**), puis la critique (**C.**).

## A • L'élaboration de la Déclaration de 1789

### 1 • Le contexte de la Déclaration de 1789

**39** ***Une œuvre magistrale.*** La Déclaration des droits de l'homme et du citoyen a été élaborée dans une grande effervescence. Les uns voulaient une promulgation immédiate, d'autres préféraient temporiser. Les projets étaient nombreux. Plusieurs commissions furent mises en place. Le texte sera finalement rédigé en neuf jours après maints débats et compromis. Adopté le 26 août 1789 par l'Assemblée nationale constituante, il est promulgué en tête de la Constitution française du 3 septembre 1791. Il a été rédigé sous la coordination de Champion de Cicé, archevêque de Bordeaux. Le préambule est signé

Duport et Mirabeau. En dix-sept articles, ce document affiche une ambition universaliste et une volonté d'abstraction si remarquables qu'on peut le qualifier de messianique. Ce qui est proclamé, ce sont des droits généraux indépendamment de leur finalité, de leurs conditions d'application et de leurs garanties juridiques. L'intention affichée est la recherche du bonheur de l'homme et l'affirmation des droits du genre humain dans le respect de la transcendance divine.

## 2 • Le contenu de la Déclaration de 1789

**40** ***Les droits proclamés.*** Placée sous les auspices de l'Être suprême, la Déclaration affirme que les hommes sont libres et égaux (art. 1er). Ils jouissent de droits naturels et imprescriptibles : liberté, propriété, sûreté et résistance à l'oppression (art. 2). La loi, expression de la volonté générale, fixe seule les bornes à cette liberté (art. 4). Elle détermine les crimes et les peines (art. 7, 8). *Sur le plan de la vie privée*, on proclame l'égalité devant la loi (art. 6), la non-détention arbitraire (art. 7), la présomption d'innocence (art. 9), la liberté d'opinion (art. 10), la liberté d'expression (art. 11), la propriété privée (art. 17), *etc. Sur le plan de la vie publique*, la souveraineté est reconnue à la Nation (art. 3), la séparation des pouvoirs est consacrée comme une notion essentielle (art. 16), le principe d'une contribution commune est posé pour l'entretien de la force publique et les dépenses de l'Administration (art. 13) et celui du consentement à l'impôt est clairement affirmé (art. 14).

**41** ***La primauté de la liberté.*** Dans ce système des droits, une place centrale est réservée à la liberté qui trouve son origine dans le christianisme. Celui-ci invite, en effet, le chrétien à ne pas s'attacher aux errements du monde et à chercher le salut personnel en se tournant vers le royaume des cieux. Cette prescription impliquait une liberté nouvelle de l'individu face au pouvoir temporel et cette idée se retrouve en 1789 : la liberté suppose une autonomie individuelle vis-à-vis de l'État. Telle que la consacre l'article 4 de la Déclaration, elle rend justice à la définition que Kant donnait du droit : « l'ensemble des conditions qui permettent à la liberté de chacun de s'accorder à la liberté de tous ».
Selon la formule de Montesquieu, « la liberté politique consiste dans la sûreté ou du moins dans l'opinion que l'on a de sa sûreté ». Il n'y a donc pas lieu de s'étonner si la Déclaration s'intéresse au droit pénal et à la procédure pénale. La légalité des incriminations et des peines est nouvelle. En revanche, ni la présomption d'innocence ni l'échelle des peines ne le sont. Quant à la résistance à l'oppression, elle possède des origines très anciennes qui remontent à Antigone et aux monarchomaques en passant par Thomas d'Aquin. Une attention spéciale doit être accordée à la liberté d'expression, « pierre angulaire des droits de l'homme » d'après Mirabeau. L'article 10 de la Déclaration dispose que « nul ne doit être inquiété pour ses opinions, même religieuses, pourvu que leur manifestation ne trouble pas l'ordre public établi par la loi ». La présence de l'adverbe « même » traduit la nécessité d'un compromis entre les partisans d'une absolue liberté religieuse et les adversaires d'une liberté de tous les cultes. Sans doute, comme l'avait remarqué Léon Duguit, faut-il y voir une insistance particulière destinée à marquer l'assimilation des opinions religieuses aux opinions politiques, philosophiques et sociales. La démarche est alors d'autant plus restrictive pour la liberté de religion qu'elle se voit subordonnée au respect de l'ordre public. En matière de tolérance, cependant, bien que l'édit royal de 1787 à l'intention des sujets "qui ne professent point la religion catholique" ait accordé quelques concessions aux protestants (ouverture de l'état civil), c'est la Révolution qui marque une avancée décisive.

**42** ***Le caractère relatif de l'égalité.*** L'idée d'égalité fait également partie de l'héritage chrétien. Mais, en 1789, ce « principe moteur de la Révolution », selon Mme de Staël, n'est encore qu'une égalité juridique et une égalité de citoyens. Elle ne profite pas aux femmes, au point qu'Olympe de Gouges écrira en 1791 une *Déclaration des droits de la femme et de la citoyenne* dont le préambule commence par ces mots : « Homme, (...) qui t'a donné le souverain empire d'opprimer mon sexe ? ». La Déclaration de 1789 ne profite pas davantage aux Juifs. Si les protestants se voient reconnaître la qualité de citoyens électeurs et éligibles ainsi que l'accès aux emplois publics dès 1789, les Juifs devront attendre le décret du 27 septembre 1791 pour obtenir le statut de citoyens actifs sous condition d'assimilation. L'idée sera alors, selon la fameuse formule de Clermont-Tonnerre, qu'« il faut refuser tout aux Juifs comme nation et accorder tout aux Juifs comme individus ». Quant aux Noirs des colonies, ils demeurent soumis au Code noir de Colbert qui autorise leur traite ainsi que l'esclavage. Par ailleurs, le suffrage censitaire réserve le droit de vote aux plus fortunés. En 1795, Boissy d'Anglas affirme que « l'égalité absolue est une chimère » et qu'il est préférable de confier aux riches le soin de gouverner, car ils sont plus respectueux des lois. N'a-t-on pas considéré, dans la Déclaration, que le droit de consentir à l'impôt était fonction des capacités contributives individuelles, c'est-à-dire du volume de propriété dont chacun peut réclamer la protection ?

## 3 • Les caractères de la Déclaration de 1789

**43** ***Les droits consacrés sont individuels.*** Il n'est fait mention d'aucun groupe, d'aucune communauté, susceptible de les exercer. Ce trait s'inscrit dans une logique de rejet du corporatisme d'Ancien Régime. Il se retrouve dans d'autres textes de l'époque : décret d'Allarde des 2 et 17 mars 1791 qui abolit les jurandes et les corporations, et loi Le Chapelier du 14 juin 1791 qui pose le principe de la liberté d'entreprendre et interdit les syndicats professionnels et toute forme d'action collective.

**44** ***Les droits consacrés sont absolus.*** Par principe, ils ne sauraient être limités. L'État ne se voit pas imposer d'obligations positives. Il lui est fait défense de s'immiscer dans la sphère individuelle et privée. Pour cette raison, les droits de 1789 ont souvent été présentés comme des « libertés-barrières » ou des « libertés-résistance » à l'égard du pouvoir (J. Rivero).

**45** ***Les droits consacrés sont privatifs.*** Ils reposent avant tout sur la « liberté civile » dont les droits politiques ne font que découler. La liberté, placée au cœur du texte, est issue de la loi et ne peut être limitée que par elle. Les révolutionnaires paraissent adopter la formule de Rousseau : « L'impulsion du seul appétit est esclavage, l'obéissance à la loi qu'on s'est prescrite est liberté. » L'importance accordée à la loi traduit aussi un déplacement de souveraineté au profit de l'institution parlementaire que vient d'investir une élite ascendante, libérale et bourgeoise. Cette prééminence législative sera à l'origine du légicentrisme français.

## 4 • Les influences de la Déclaration de 1789

**46** ***La controverse sur les sources.*** La question de savoir quelle a été l'influence principale de la Déclaration de 1789 a été abondamment débattue. En 1902, une controverse célèbre opposa l'allemand Georg Jellinek, partisan du modèle américain et, par-delà, de l'influence protestante de Luther, à Émile Boutmy qui, déniant toute influence extérieure, se fit le défenseur du « génie français » issu de la philosophie des Lumières. En réalité, il paraît difficile de raisonner en termes de causalité univoque. Certes, il faut compter avec l'anglomanie du XVIIIe siècle et avec le souvenir de la guerre d'Indépendance à laquelle des Français ont participé. Lafayette n'appelait-il pas de ses vœux l'adoption d'un texte français en lui réservant, dans son bureau, un cadre vide face à celui de la déclaration américaine ? Cependant, en 1789, Rabaut Saint-Étienne avait affirmé devant l'Assemblée nationale : « Si l'Assemblée se décide pour une déclaration, elle ne doit pas suivre servilement et se borner à l'exemple des États-Unis ». De plus, les textes anglo-saxons sont avant tout pragmatiques, alors que la déclaration française est idéologique. Quant à la philosophie du XVIIIe siècle, sa trace est évidente : culte de la loi (Rousseau), de la propriété (physiocrates), séparation des pouvoirs et sûreté (Montesquieu), tolérance et liberté de conscience (Voltaire, Diderot). Mais la filiation n'est pas non plus parfaite. Par ailleurs, il faut ajouter aux facteurs d'influence le christianisme, dont l'apport est fondamental en matière de personnalisme, de liberté et d'égalité, ainsi que les doctrines du droit naturel et la réaction à l'ordre ancien comme en témoignent les cahiers de doléances. Les sources de la Déclaration sont donc multiples et contradictoires. Il faut convenir, comme l'affirmait Édouard Herriot, qu'elle « sort des profondeurs de la pensée française ».

## B • La signification de la Déclaration de 1789

### 1 • La limitation de l'État par le droit

**47** ***Le cantonnement juridique de l'État***. La Déclaration de 1789 s'est vue reconnaître un rôle majeur dans la consécration de l'État de droit. Selon une formule classique, celui-ci consiste en *une limitation de l'État par le droit*. Il est souvent présenté comme une garantie supérieure apportée aux droits et libertés, puisqu'il s'agit de limiter le pouvoir et d'assurer par là même la protection des droits individuels. Cette conception néglige cependant l'existence de deux modèles de cantonnement juridique de l'État : celui de la *monarchie absolue* qui triomphait sur le continent européen avant 1789 et celui de la *monarchie constitutionnelle* qu'expérimentait alors la Grande-Bretagne. Un seul des deux emportait des conséquences favorables à la notion de droits et libertés telle que nous la concevons aujourd'hui.

**48** ***Le modèle français.*** Sous l'Ancien Régime, la monarchie absolue était le système politique le plus répandu en Europe. Malgré son caractère de droit divin, elle n'était pas théocratique, mais autocratique. La légitimité monarchique résultait, en effet, de sa propre ancienneté, puisqu'elle était censée remonter à la création du monde. Ce régime n'était absolu que dans son principe, car la souveraineté royale était limitée par la loi divine, par la loi naturelle et par la constitution coutumière de l'État. En France, les Lois fondamentales du Royaume résultaient des coutumes que produisait le pouvoir monarchique lui-même et qui le liaient. Les actes du monarque étaient soumis à une sorte de contrôle de constitutionnalité. Les lois devaient être déposées auprès des parlements qui vérifiaient leur compatibilité avec la constitution coutumière et qui disposaient d'un *droit de remontrance* auprès du souverain en cas de contrariété. Le roi conservait néanmoins le dernier mot grâce à sa faculté de tenir un lit de justice pour faire enregistrer malgré tout ses ordonnances. Cet État de droit monarchique était donc fondé sur la préservation de l'intérêt de l'État et non sur la sauvegarde des intérêts des sujets.

**49** ***Le modèle britannique.*** C'est dans la tradition juridique anglaise qu'est apparue la notion d'État de droit revêtue d'un sens prioritairement favorable aux individus. En France, le modèle de la monarchie absolue s'est confirmé et imposé après l'échec de la Fronde au XVIIe siècle. Mais en Angleterre, c'est le modèle de la monarchie constitutionnelle qui l'a emporté. Après avoir tenté de déployer sa souveraineté « en son conseil » (*king in council*), le roi s'est vu imposer par la révolution de 1688 une souveraineté parlementaire, conçue à l'époque comme celle du roi « au sein du parlement » (*king in parliament*). À la différence de la France, le monarque ne pouvait donc plus être un exécutif législateur. Il n'était souverain qu'à la condition de respecter la volonté des organes législatifs dans un système très largement structuré par les coutumes. Tandis que, sur le continent, ces dernières étaient réduites par un pouvoir royal soucieux de se réserver une capacité normative exclusive, elles étaient en Angleterre préservées et même renforcées par le magistère du juge. Cette différence est considérable.

### 2 • Le triomphe du modèle britannique

**50** ***La primauté de l'individu***. En Grande-Bretagne, le droit allait pouvoir continuer de se développer comme un droit de *common law*, fruit d'une longue pratique dominée par la jurisprudence. De ce fait, il allait privilégier les droits individuels des sujets et ne laisser qu'une marge beaucoup plus réduite à l'acte unilatéral d'origine étatique qui caractérise le droit continental. De ce point de vue, la Déclaration de 1789 a scellé le triomphe du modèle constitutionnel anglais depuis longtemps favorable à l'individu. Contrairement aux idées reçues, la notion moderne d'État de droit, centrée sur les droits des personnes, est née au sein d'un régime de légitimité traditionnelle, le régime politique britannique. Elle a précédé la démocratie politique à laquelle on a désormais tendance à l'identifier de façon exclusive. Dans ce schéma d'évolution, l'Angleterre a donc devancé le reste de l'Europe et ouvert la voie en adoptant un schéma institutionnel de nature à favoriser un équilibre entre la société civile et l'État. Par sa portée universelle, la Déclaration de 1789 a été, dans cette logique, un nouveau point de départ.

## C • La critique de la Déclaration de 1789

**51** ***La pensée réactionnaire.*** Comme tout mouvement social radical, la Révolution a engendré un phénomène de rejet. Avec elle, ce sont parfois le nouveau système politique et les droits proclamés qui se sont vus contestés comme en témoignent ces mots d'Antoine Rivarol : « Le peuple ne goûte de la liberté, comme de liqueurs violentes, que pour s'enivrer et devenir furieux ». En 1839, Balzac se fera encore l'écho de ce droit d'inventaire critique : « En proclamant l'égalité de tous, on a promulgué la *déclaration des droits de l'Envie*. Nous jouissons aujourd'hui des saturnales de la Révolution transposées dans le domaine, paisible en apparence, de l'esprit, de l'industrie et de la politique ; aussi, semble-t-il aujourd'hui que les réputations dues au travail, aux services rendus, au talent, sont des privilèges accordés aux dépens de la masse » (*Beatrix*).

### 1 • La critique contre-révolutionnaire

**52** ***Le rejet de l'œuvre révolutionnaire.*** La critique de la Déclaration de 1789 a été tout aussi immédiate que son succès. Elle s'est d'abord exprimée au sein du courant contre-révolutionnaire. En 1790, Edmund Burke a noté le premier la nature ambiguë de ces droits, qualifiés de naturels, mais trop « métaphysiques » pour avoir une véritable effectivité. Joseph de Maistre a également rejeté la conception abstraite et individualiste d'un homme auquel des droits permettent de s'opposer à la société. Cet auteur défend, au contraire, l'existence de devoirs envers Dieu et envers l'organisation sociale qu'il a voulue. Louis de Bonald, à son tour, n'aura pas de mots assez durs pour ce qu'il considérait comme une série de « propositions vagues, où la logique des passions trouve seule un sens clair et précis ». De son côté, l'Église catholique avait très vite marqué son opposition. Le 10 mars 1791, Pie VI avait dénoncé la « licence de penser, de dire, d'écrire et même de faire imprimer, en matière de religion, tout ce que peut suggérer l'imagination la plus déréglée ». Sans doute l'adoption, en 1790, de la Constitution civile du clergé n'était pas étrangère à cette vive réaction et les nombreuses exécutions de prêtres réfractaires ne firent rien pour arranger les choses. Néanmoins, l'Église rejettera longtemps la liberté de conscience, puisqu'au milieu des années 1950, elle mettra encore à l'Index les œuvres de Sartre, de Gide ou de Benedetto Croce. Quant à lui, Henri Lacordaire, fondateur du catholicisme libéral, souvent mal compris et surtout mal lu, se méfiera du droit purement humain. En 1848, il affirmera ainsi que « tout droit mobile est à la merci des plus forts », que ce droit procède de la volonté d'un seul ou qu'il soit issu d'une majorité délibérante, car il laisse la minorité sans protecteur. Sa fameuse formule « entre le fort et le faible, entre le riche et le pauvre, entre le maître et le serviteur, c'est la liberté qui opprime et la loi qui affranchit » ne se rapporte donc pas au droit d'origine étatique, mais à la loi immuable et universelle, d'origine divine, inscrite dans la Bible (Conférences de Notre-Dame de Paris, t. III, *Du double travail de l'homme*, 16 avril 1848). Enfin, comme l'a montré Yannick Bosc, les droits de l'homme identifiés à un système d'écrasement égalitariste de l'individu, responsable de la Terreur, seront rejetés par les tenants du libéralisme économique tels Jérémy Bentham et Jean-Baptiste Say.

### 2 • La critique de Nietzsche

**53** ***Le rejet des valeurs de la Déclaration des droits de l'homme.*** La philosophie de Nietzsche est aussi en opposition avec l'esprit de la Déclaration. Le philosophe allemand exalte le dépassement de l'humain dans le surhumain, car ce dernier représente à ses yeux le plein épanouissement de l'individualité par l'affranchissement de la morale ordinaire. Dès lors, le christianisme d'abord, les droits de l'homme ensuite, apparaissent comme une « morale de ressentiment », une morale de faibles, qui vient entraver le développement du type humain supérieur. Orientées tendancieusement et déformées après sa mort par sa sœur, Élisabeth Förster-Nietzsche, les conceptions de Nietzsche influencèrent partiellement le fascisme et le national-socialisme dans leur rejet de la démocratie représentative, bien que ces deux doctrines se soient davantage opposées à la philosophie des droits de l'homme par leur caractère anti-individualiste et totalitaire. Ainsi, pour Mussolini, « l'individu n'existe qu'autant qu'il fait partie de l'État et qu'il demeure subordonné aux nécessités de l'État ». La pensée de Nietzsche, méfiante à l'égard du nationalisme et de toute emprise de l'État sur l'individu, se situe, au contraire, à l'opposé de cette vision et n'est pas dénuée d'humanité malgré son intransigeance : « Je n'aime pas votre froide justice ; et dans l'œil de vos juges, je vois toujours le regard du bourreau et son couperet froid. [...] Inventez-la-moi, cette justice qui acquitte tout le monde, excepté celui qui juge » (*Ainsi parlait Zarathoustra*). En réalité, au-delà de la consécration d'un individualisme dont il est philosophiquement proche, Nietzsche a pressenti et rejeté l'avènement des masses toutes-puissantes qui, enrégimentées, vont faire le lit du pouvoir.

### 3 • La critique de Marx

**54** ***Le rejet de l'idéologie bourgeoise.*** Pour Marx, l'État peut être libre sans que l'homme concret soit réellement affranchi. En effet, l'État n'est pas l'expression du corps social, mais une fraction de la société qui s'érige au-dessus d'elle. Dès lors, son universalité est imaginaire et n'est proclamée que pour lui permettre d'assurer sa domination. Il en résulte une séparation artificielle entre l'homme et le citoyen, entre l'homme public et l'homme privé. Chaque individu mène une double vie : l'une dans la société politique sur le mode d'un universalisme imaginaire, l'autre dans la société civile sur le mode du particularisme réel des intérêts égoïstes. L'égalité n'est donc affirmée que dans son principe juridique. Marx affirme que cette division est littéralement inscrite dans la Déclaration de 1789. Les *droits du citoyen* au sein de l'État (droit de consentir à la loi, à l'impôt, *etc.*) ne lui donnent qu'une fausse souveraineté. Les *droits de l'homme*, quant à eux, sont essentiellement les droits du propriétaire et ils séparent les individus au lieu de les unir. La liberté est conçue sur le modèle de la propriété bourgeoise : elle s'arrête où commence celle d'autrui sans être définie collectivement. Elle est établie « sur la séparation de l'homme avec l'homme ».
Cette critique, dans certains de ses éléments, aura une influence notable sur l'évolution ultérieure des droits. En effet, Marx considère que les droits de 1789 sont fallacieux pour deux raisons : d'une part, ils sont déconnectés des enjeux et affrontements réels de la société qui sont, avant tout, de nature économique ; d'autre part, ils sont proclamés sans considération pour les conditions véritables de leur exercice, ce qui rend leur effectivité illusoire. Il en résulte que ce sont des *libertés formelles* auxquelles Marx veut opposer des *libertés réelles* garanties par la mise à disposition de moyens matériels de les exercer.

## III • L'évolution des droits et libertés après 1789

**55** ***Des revendications différentes.*** En 1789, les revendications étaient essentiellement individualistes et d'ordre économique et politique (impôt, droit de vote). Aux XIXᵉ et XXᵉ siècles, elles seront davantage collectives et orientées vers l'amélioration des conditions d'existence, notamment dans le monde du travail. Au XXᵉ siècle, les deux phénomènes majeurs seront l'apparition de l'État providence qui va justifier la socialisation des droits et l'internationalisation des échanges qui va conduire à les interpréter comme des problèmes globaux (santé, environnement, sécurité, migrations, *etc.*). Cette évolution passe par l'enracinement des droits et libertés (**A.**), puis par leur renouvellement (**B.**) et enfin par leur expansion (**C.**).

## A • L'enracinement des droits et libertés

### 1 • L'héritage de la Déclaration dans les constitutions ultérieures

**56** ***Une moindre ambition jusqu'en 1875.*** En 1789, certains souhaitaient que la Déclaration ait une valeur éminemment constitutionnelle. Cette conception ne l'a pas emporté. La Déclaration a été formellement détachée de la Constitution de 1791 tout en voyant son sort lié au sien. Placée à sa tête, elle a disparu avec elle.

La Constitution du 24 juin 1793 propose une nouvelle Déclaration. En trente-cinq articles, elle définit de nouveaux droits naturels et imprescriptibles au nom de la recherche du « bonheur commun ». Elle marque pour la première fois une préoccupation sociale, puisqu'elle affirme que « la société doit la subsistance aux citoyens malheureux, soit en leur procurant du travail, soit en assurant les moyens d'exister à ceux qui sont hors d'état de travailler » (art. 21). Le texte mentionne, en outre, l'égalité avant la liberté tout en maintenant l'essentiel des principes posés en 1789 et ajoute le droit à l'insurrection (art. 35) à la résistance à l'oppression. Moins solennel que celui de 1789, il ne survivra pas à la Constitution de 1793 qui ne fut jamais appliquée.

La Constitution du 22 août 1795 contient une déclaration des droits accompagnée d'un code des devoirs. Cette solution résulte d'un compromis. Nombre de constituants redoutaient qu'une nouvelle déclaration ne favorisât un surcroît d'agitation. Le texte reprend la plupart des libertés de 1789 tout en y ajoutant exaltation de l'ordre et considérations morales. Il instaure ainsi un suffrage censitaire destiné à exclure les plus démunis de « l'exercice des droits du citoyen pour la sûreté de tous » (Lanjuinais). On notera que quelques mois plus tôt, le décret du 21 février 1795 avait affirmé, dans une formule que l'on retrouvera presque à l'identique dans la loi de séparation de 1905, que « la République ne paie plus les frais ni les salaires d'aucun culte ». Quatre ans plus tard, la Constitution du 13 décembre 1799 entend procéder par rupture. Elle s'accompagne d'une proclamation des consuls (Bonaparte, Sieyès, Ducos) affirmant que « la Révolution est fixée aux principes qui l'ont commencée. Elle est finie ». Il n'y a aucune déclaration des droits. La liberté individuelle ou l'inviolabilité du domicile sont prévues, mais les libertés de conscience, d'opinion et d'expression sont passées sous silence et le régime s'empressera de les nier. Sous la Restauration, les acquis révolutionnaires sont édulcorés dans leur nouveauté historique et intégrés par les deux chartes du 4 juin 1814 et du 14 août 1830 aux droits « octroyés » par le roi.

La Constitution du 4 novembre 1848 n'entend pas rompre avec la Déclaration de 1789, mais la compléter en remédiant aux maux de la classe ouvrière. Imprégné d'humanitarisme chrétien, son préambule affirme que « La France [...] s'est proposée pour but [...] d'assurer une répartition de plus en plus équitable des charges et des avantages de la société, d'augmenter l'aisance de chacun par la réduction graduée des dépenses publiques et des impôts ». Après le coup d'État de Louis-Napoléon Bonaparte, la Constitution du 14 janvier 1852 « reconnaît, confirme et garantit les grands principes proclamés en 1789, et qui sont la base du droit public des Français ». Une fois l'Empire rétabli, Napoléon III déclare néanmoins le 14 février 1853 que « la liberté n'a jamais aidé à fonder d'édifice politique durable ; elle le couronne quand le temps l'a consolidé ». Le régime sera donc un régime autoritaire qui acceptera progressivement de se libéraliser à partir de 1860.

**57** ***L'exception de la Commune de Paris.*** Le mouvement insurrectionnel de la Commune de Paris, grande oubliée de l'histoire des droits et libertés, mérite ici une mention, car la brièveté de son existence (18 mars-28 mai 1871) ne l'a pas empêchée d'accomplir, par décrets révolutionnaires, une œuvre importante : séparation de l'Église et de l'État, proclamation de la laïcité, gratuité de l'enseignement, abolition des intérêts sur les dettes, moratoire sur le paiement des loyers, réquisition des logements abandonnés, réduction du temps de travail pour les ouvriers, gestion des usines par les

salariés, *etc.* Le décret du 2 avril 1871 proclame que « dans une république démocratique il ne peut y avoir ni sinécure ni exagération de traitement » et plafonne la rémunération des employés communaux. Corollairement, le décret du 19 mai 1871 affirme qu'« à chaque fonction doit être allouée une indemnité suffisante pour assurer l'existence et la dignité de celui qui la remplit ». Dans le même temps, la prostitution vue comme une exploitation des êtres humains est interdite, l'union libre est légalisée, l'éducation des femmes est promue, l'égalité de salaire entre hommes et femmes chez les instituteurs est décidée, les enfants nés hors mariage sont reconnus, *etc.* En matière judiciaire, les innovations ne sont pas moins importantes, puisque les principes de l'élection des magistrats au suffrage universel et de la gratuité des actes de justice sont consacrés. Le décret du 14 avril 1871 affirme qu'il importe « d'empêcher tout acte arbitraire ou attentatoire aux libertés individuelles » et prévoit à ce titre la notification de toute arrestation dans les vingt-quatre heures au délégué de la Commune à la justice sous peine de poursuites (art. 1 et 2). Dans les derniers jours, les insurgés exécuteront cependant 47 otages, pour la plupart des religieux, parmi lesquels l'archevêque de Paris, en réaction contre l'offensive des troupes régulières du gouvernement provisoire dirigé par Thiers (R. Tombs, 2014, p. 357 s).
Le fait que la Commune se soit achevée par une répression impitoyable — environ 20 000 morts au cours de la Semaine sanglante, suivis de près de 10 000 exécutions et de 5 000 déportations — et que le spectre de la guerre civile demeure dans l'inconscient collectif comme une vision difficilement soutenable des contradictions du régime républicain, explique sans doute le silence tenace à son sujet (v. A. Dalotel, « La place de la semaine sanglante dans la commémoration du centenaire de la Commune en France », *Revue d'histoire du XIX<sup>e</sup> siècle.*, 1989, 5, p. 107-113). Ses événements demeurent cependant dans la mémoire populaire comme le rappelle *Le Tombeau des Fusillés*, chanson écrite en 1887 par Jules Jouy en hommage aux 147 fusillés du Père-Lachaise : « Loups de la semaine sanglante, /Sachez-le, l'agneau se souvient. /Du peuple, la justice est lente, /Elle est lente, mais elle vient ! » (1887).

**58** ***Le débat doctrinal sous la III<sup>e</sup> République.*** Les lois constitutionnelles du 24, 25 février et du 16 juillet 1875 ne font aucune allusion à la Déclaration. De nombreux juristes estiment alors qu'elle doit être considérée comme une règle de nature *supra* constitutionnelle. Pour Léon Duguit, les déclarations énonçaient des principes supérieurs à caractère jusnaturaliste qui fondaient la société et s'imposaient à l'État. « Ces principes supérieurs, la Déclaration des droits ne les crée point ; elle les constate et les proclame solennellement [...] Le législateur constituant est soumis aux déclarations et le législateur ordinaire au législateur constituant. » Maurice Hauriou le rejoignait sur ce point en considérant que « la constitution sociale d'un pays est plus importante que sa constitution politique » et que ses « principes sont toujours au-dessus des textes ». Adhémar Esmein et Raymond Carré de Malberg, quant à eux, s'opposaient à ces idées. Ils estimaient que la Déclaration de 1789 ne pouvait être considérée comme un texte fondateur, porteur d'une vérité philosophique immuable. En effet, on ne pouvait omettre qu'il avait été abrogé et remplacé par d'autres textes traitant de la même matière dans un sens différent. Selon Carré de Malberg, il ne pouvait exister qu'une alternative : ou bien on considérait la Déclaration comme intégrée à la Constitution de 1791 et ayant, de ce fait, une valeur normative et, dans ce cas, il fallait admettre qu'elle avait disparu avec elle ; ou bien on considérait que la Déclaration était un document distinct et, dans cette hypothèse, il s'agissait d'un énoncé de principes philosophiques à valeur dogmatique, mais sans portée juridique.

## 2 • L'effectivité des droits et libertés jusqu'à la Seconde Guerre mondiale

**59** ***Les atteintes persistantes aux droits et libertés.*** Dans la pratique, les proclamations des droits n'ont pas eu une grande portée tout au long du XIX<sup>e</sup> siècle. La liberté d'expression mal appliquée sous la Révolution fut fréquemment brimée. Les garanties judiciaires ont vite cédé devant la justice révolutionnaire souvent expéditive. Robespierre au pouvoir, ce sont plusieurs milliers de personnes qui vont à la guillotine. Par la suite, la justice pénale du XIX<sup>e</sup> siècle s'est montrée aussi sévère, sinon plus, que celle de l'Ancien Régime. L'indépendance de la magistrature est souvent remise en cause à l'occasion des changements de régime, des révolutions et des épurations. L'indépendance des avocats aura elle aussi à souffrir. Si la liberté de la défense n'est pas niée lorsque le décret des 2 et 11 septembre 1790 supprime l'ordre des avocats, Napoléon n'admettra pas la liberté de parole d'hommes susceptibles d'attaquer le gouvernement. Quant à l'esclavage qui jette une ombre sur le libéralisme révolutionnaire, il a été supprimé au début de la Ire République, puis rétabli sous le Consulat. Le 27 avril 1848, le décret Victor Schoelcher l'abolit dans les colonies françaises comme le réclamait depuis 1788 la Société des Amis des Noirs où militèrent Condorcet, Mirabeau, La Fayette et Sieyès.

**60** ***L'œuvre fondatrice de la IIIe République.*** C'est à la IIIe République qu'il revient, à défaut de posséder sa propre déclaration, d'avoir développé les libertés publiques par la voie législative : liberté de réunion (30 juin 1881), liberté de la presse (29 juillet 1881), liberté syndicale (21 mars 1884), liberté d'association (1er juillet 1901), séparation des Églises et de l'État (9 décembre 1905). En dépit des droits proclamés, la condition ouvrière atteste cependant de la grande vulnérabilité des classes laborieuses. « Le Capital mourrait si on ne graissait pas, chaque matin, ses rouages avec de la graisse d'homme », affirme ainsi l'ancien communard Jules Vallès (*L'Insurgé*, 1886).

**61** ***La difficile évolution des droits politiques.*** Sur le plan politique, l'évolution des droits au XIXe siècle et dans la première moitié du XXe siècle va passer essentiellement par une démocratisation du système représentatif, réalisant ainsi ce « compromis démo-libéral » que Mussolini considérera avec mépris. L'introduction du suffrage universel en est le facteur capital. Il est utilisé pour la première fois en septembre 1792 pour l'élection de la Convention et enregistre alors un taux d'abstention considérable. Il connaît ensuite une longue éclipse avant d'être consacré par la Constitution de 1848. Napoléon III tirera prétexte de sa défense pour réaliser le coup d'État du 2 décembre 1851. Après le succès du plébiscite des 20 et 21 décembre 1851, la France, prétend-il, « a compris que je n'étais sorti de la légalité que pour entrer dans le droit. Plus de sept millions de suffrages viennent de m'absoudre ». Malgré le coup de force initial, la souveraineté populaire s'exprimera à plusieurs reprises et massivement en faveur du changement de régime jusqu'à l'ultime plébiscite du 8 mai 1870. Malgré les critiques relatives au bonapartisme plébiscitaire, c'est paradoxalement le Second Empire qui permettra d'acclimater le suffrage universel. Il s'installera ensuite tout à fait dans les mœurs politiques sous la IIIe République. Si certains y voient encore « l'élection du père de famille par ses enfants » (Léon Bloy), il devient partie intégrante du système des libertés politiques. Le régime de Vichy apparaît alors comme une parenthèse au terme de laquelle, enfin, le suffrage universel se féminise (ordonnance du 21 avril 1944).

## B • Le renouvellement des droits et libertés

### 1 • La socialisation des droits et libertés

**62** ***L'origine du renouvellement.*** La critique socialiste, marxiste et non marxiste, du XIXe siècle et l'émergence de l'État providence au lendemain de la Première Guerre mondiale ont contribué à l'éclosion d'une nouvelle demande sociale. Il est apparu nécessaire de compléter les droits abstraits de 1789 par des droits tenant compte des conditions réelles d'existence de l'« homme situé » (G. Burdeau). Aux libertés individuelles de la Déclaration, fondées sur l'abstention de l'État, sont venus s'ajouter des « droits-créances » à caractère collectif qui supposent l'obtention d'interventions positives de l'État. On date généralement l'apparition de cette nouvelle catégorie au lendemain de la Seconde Guerre mondiale. En réalité, il existe des textes précurseurs. La Constitution du 24 juin 1793 propose déjà une Déclaration audacieuse sur ce point. Sa préoccupation sociale est indéniable : « La société doit la subsistance aux citoyens malheureux, soit en leur procurant du travail, soit en assurant les moyens d'exister à ceux qui sont hors d'état de travailler » (art. 21). Ce texte est la première manifestation de droits collectifs perçus en opposition avec les droits de l'individu. C'est aussi le premier signe d'une hiérarchisation des intérêts, entre ceux de la nation et ceux des particuliers. Le préambule de la Constitution du 4 novembre 1848 est un autre texte fondateur. Imprégné d'humanitarisme chrétien, inspiré par les débats du socialisme français non marxiste, il consacre les droits des groupes au même titre que ceux de l'individu. Il s'agit « d'assurer une répartition de plus en plus équitable des charges et des avantages sociaux » (art. I) et à ce titre, le mot « Fraternité » apparaît pour la première fois à côté de la liberté et de l'égalité comme un principe fondateur du système politique, « les trois marches du perron suprême » selon le mot de Victor Hugo (*Avant l'Exil*, 1875).

**63** ***Le débat à la Libération.*** En 1946, les débats furent assez vifs sur la nécessité d'adopter une nouvelle déclaration des droits. Les uns jugeaient que c'était indispensable compte tenu du fait que la société avait évolué et que la Déclaration de 1789, loin d'être absolue, était déterminée historiquement. Les autres la considéraient comme indépassable et souhaitaient qu'elle soit reprise intégralement en tête de la nouvelle constitution. Les plus modérés proposaient de la conserver tout en la mettant à jour. Le premier projet de Constitution du 19 avril 1946 comporta finalement une nouvelle Déclaration des droits très développée en matière sociale. Ce projet fut toutefois rejeté par référendum le 5 mai 1946.

## 2 • Le préambule de la Constitution du 27 octobre 1946

**64** ***Le contenu du préambule.*** Le préambule du texte finalement adopté et promulgué le 27 octobre 1946 procède d'une volonté de compromis. D'abord, on réaffirme « solennellement les droits et libertés de l'homme et du citoyen, consacrés par la Déclaration des droits de 1789 ». Puis, on rend hommage aux « principes fondamentaux reconnus par les lois de la République » dans le but de marquer la continuité des institutions et des libertés républicaines malgré Vichy. Enfin, on proclame un certain nombre de « principes politiques, économiques et sociaux particulièrement nécessaires à notre temps ». Parmi ceux-ci, on relèvera l'égalité des sexes (al. 3), le droit d'asile (al. 4), le droit au travail et la non-discrimination en matière d'emploi (al. 5), le droit syndical (al. 6), le droit de grève (al. 7), le principe des nationalisations (al. 9), le droit à la protection sociale et à la protection de la santé (al. 11), le droit à l'instruction (al. 13). Certaines dispositions sont très vagues : on prévoit de mettre en œuvre les conditions nécessaires au développement de l'individu et de la famille (al. 10), de garantir le droit aux loisirs (al. 11).

**65** ***La valeur juridique du préambule.*** Ce préambule n'a eu aucune effectivité. Certes, Georges Vedel considérait en 1949 dans son manuel de *Droit constitutionnel* qu'il fallait distinguer les principes dont le caractère imprécis ne pouvait faire de véritables règles de droit, de ceux qui étaient susceptibles de trouver une application pratique. Il ajoutait que l'exclusion du préambule du champ du contrôle de constitutionnalité ne modifiait en rien son caractère obligatoire, l'absence de sanction juridictionnelle ne faisant pas perdre à la règle sa nature juridique. Mais nombre de constituants estimaient que les principes posés n'avaient qu'une valeur indicative. Compte tenu de l'inefficacité du contrôle de constitutionnalité sous la IVe République et des conséquences de cette défaillance pour le régime, ce débat apparaît aujourd'hui spécieux. Le préambule de 1946, à l'évidence, était dénué de toute portée juridique. Cela n'empêcha pas le Conseil d'État de s'y référer pour définir l'étendue et les limites du droit de grève dans la fonction publique, par exemple (CE 7 juill. 1950, *Dehaene*).

## 3 • Le préambule de la Constitution du 4 octobre 1958

**66** ***Le tournant de 1971.*** La Constitution du 4 octobre 1958 ne revint pas sur cette situation. Son préambule affirmait de manière lapidaire que « le peuple français proclame solennellement son attachement aux droits de l'homme et aux principes de la souveraineté nationale tels qu'ils sont définis par la Déclaration de 1789, confirmée et complétée par le préambule de la Constitution de 1946 ». Cette brève introduction n'avait pas de valeur juridique explicite et, dans un premier temps, la controverse à ce sujet s'est poursuivie. Elle a été tranchée par le Conseil constitutionnel dans sa décision fondatrice du 16 juillet 1971 (*Liberté d'association*). Depuis cette date, le préambule fait partie intégrante de la norme de référence pour le contrôle de constitutionnalité. Avec lui, les textes de renvoi (Déclaration de 1789, préambule de 1946, Charte de l'environnement depuis 2005) acquièrent une valeur positive, le tout formant ce qu'il est convenu d'appeler le « bloc de constitutionnalité » (L. Favoreu). En 2008, le Comité Veil de réflexion sur le préambule de la Constitution a été chargé par le président de la République, Nicolas Sarkozy, de vérifier si le préambule ne méritait pas d'être complété par la déclaration de principes nouveaux. Se refusant tant à consacrer des principes seulement symboliques qu'à codifier la jurisprudence constitutionnelle, le Comité a conclu à l'inutilité d'une réforme en estimant que « le vice principal de l'arsenal des droits fondamentaux n'est pas d'être insuffisant, mais d'être méconnu » (*Redécouvrir le préambule de la Constitution*, Rapport du Comité présidé par Simone Veil, La Documentation française, 2008, p. 98).

## C • L'expansion des droits et libertés

### 1 • Le ralliement des anciens opposants

**67** ***L'effet d'attraction des droits et libertés.*** L'Église, d'abord, a reconnu — par la voix de Pie XII en 1942 — l'existence de « droits fondamentaux de la personne humaine ». Les encycliques de Jean XXIII (*Pacem in Terris*, 1963), de Paul VI lors du concile Vatican II (*Gaudium et Spes*, 1965) et les positions adoptées par Jean-Paul II sont allées dans le même sens. En 2004, le *Compendium* (condensé) de la doctrine sociale de l'Église réaffirme la valeur et la spécificité des droits de l'homme (chap. IV, 152-155). Dans son message du 10 décembre 2018, le pape François a appelé à « mettre les droits de l'homme au centre de toutes les politiques, y compris celles de coopération au développement ». Ce ralliement tardif de l'Église paraît toutefois impuissant à endiguer un phénomène massif de réaction à son égard si l'on en croit le philosophe Marcel Gauchet qui affirmait en 2001 : « la communauté catholique est la seule minorité persécutée, culturellement parlant, dans la France contemporaine ». On constate ensuite que des pays jusque-là indifférents aux valeurs des démocraties libérales s'y sont ralliés. C'est le cas de certains États d'Europe du sud au sortir de la dictature. Après la Révolution des œillets qui a mis fin au régime salazariste, la Constitution portugaise du 25 avril 1976 comprend une déclaration des droits et devoirs d'inspiration socialiste. La Constitution espagnole du 29 décembre 1978 qui opère la transition démocratique après la dictature franquiste énonce, quant à elle, un certain nombre de droits et libertés parmi lesquels le droit à l'autonomie des nationalités et des régions est particulièrement notable. Par ailleurs, l'effondrement général des systèmes communistes en Europe a valorisé les principes démocratiques qui servent de support aux droits et libertés. Ainsi la Constitution de la Fédération de Russie du 12 décembre 1993 comporte-t-elle une déclaration des droits qui se présente à la fois comme une rupture avec l'ancien régime soviétique (proclamation de la propriété privée, droit à un procès équitable, droit à une information fiable sur l'état de l'environnement, *etc.*) et comme apparentée avec la tradition occidentale dont elle reprend nombre d'éléments jusque dans l'intitulé de son chapitre 2 (« *Droits et libertés de l'homme et du citoyen* »).

### 2 • L'internationalisation des droits et libertés

**68** ***Une diffusion constante.*** Au lendemain des deux guerres, la Déclaration de 1789 a encore inspiré de nombreuses constitutions européennes : Constitution de Weimar (1919) ; Constitution de la République italienne (1947) ; Loi fondamentale allemande (1949). Après le second conflit mondial, l'Assemblée générale des Nations unies a adopté le 10 décembre 1948 la Déclaration universelle des droits de l'homme. La Convention européenne de sauvegarde des droits de l'homme et des libertés fondamentales a été signée le 4 novembre 1950 et nombre d'autres textes ont suivi parmi lesquels il faut citer la Charte des droits fondamentaux de l'Union européenne adoptée le 7 décembre 2000. Ce texte qui a acquis force contraignante depuis la signature du traité de Lisbonne le 13 décembre 2007 (entré en vigueur le 1er décembre 2009), reprend les grands droits connus et y ajoute notamment la liberté des arts et des sciences, l'intégration des personnes handicapées et de nombreux droits sociaux sous le couvert de la solidarité. Inaugurant de manière flamboyante l'ère des textes déclaratifs à vocation générale et universelle, la Déclaration de 1789 est donc formellement à l'origine du mouvement de mondialisation des droits de l'homme et de l'idéologie qui l'inspire. En cela, ce texte qui, selon Dupont de Nemours, devait « durer autant que les siècles » connaît une postérité étonnante qui a d'ores et déjà répondu aux vœux de ses rédacteurs.

## 3 • Les menaces actuelles pour les droits et libertés

**69** ***Un contexte difficile.*** Bien qu'il ne s'agisse pas ici d'étudier les atteintes factuelles aux droits, mais seulement leur évolution juridique et idéologique, la difficulté d'une société démocratique à enrayer certaines violations individuelles de ces mêmes droits peut constituer un indice de l'éventuel affaiblissement des valeurs inhérentes à sa culture juridique. Dès lors, il est difficile de ne pas mentionner que la France a connu une augmentation des faits à caractère raciste et xénophobe de 13 % en 2021 par rapport à 2019. Dans un contexte d'attentats terroristes répétés (270 morts de mars 2012 à octobre 2020), les chiffres sont révélateurs d'une tension sociale qui est à la fois la cause et la conséquence d'un certain nombre de mouvements de contestation. Le rapport sur *Les actes antireligieux en France*, remis le 29 mars 2022 au Premier ministre, révèle toutefois qu'en 2021, ce sont les faits antichrétiens (857 faits) qui l'emportent sur les faits antimusulmans (213 faits) et, dans une moindre mesure, sur les faits antisémites (589 faits). Par ailleurs, le développement des biotechnologies, qui accroissent les facultés naturelles des êtres humains et promettent de leur en offrir de nouvelles, représente sans doute l'un des défis majeurs pour le système des droits. En effet, le transhumanisme, parce qu'il se traduit par une « domination des volontés individuelles sur la nature humaine », semble menacer le fondement personnaliste et universel des droits de l'homme (Grégor Puppinck). Le danger est alors de voir la science s'ériger en critère exclusif de vérité du jugement légal ou judiciaire, voire en critère de la décision politique, ce que le philosophe Michel Henry a pu autrefois identifier comme une forme nouvelle de « barbarie » (*La Barbarie*, Grasset, 1987).

**70** ***La contestation intégriste.*** Les mouvements islamistes intégristes s'opposent à l'exercice d'un certain nombre de droits reconnus : liberté de changer de religion, égalité entre hommes et femmes, respect de l'intégrité du corps humain. Ces réserves ou oppositions sont confirmées par des déclarations à portée internationale. En 1948, plusieurs pays musulmans avaient refusé de s'associer sans réserve à la Déclaration universelle des droits de l'homme. Le 19 septembre 1981, une Déclaration islamique universelle des droits de l'homme a été proclamée à Paris par le Conseil islamique pour l'Europe. Ce texte affirme que la raison à elle seule ne saurait constituer un guide infaillible pour organiser la société et qu'une révélation est nécessaire (préambule). Il en découle que la loi musulmane fixe les limites des droits fondamentaux en matière, notamment, de droit à la vie (art. 1), droit à la liberté (art. 2), liberté de croyance, de pensée et d'expression (art. 12).

Cette position est réaffirmée par la Déclaration sur les droits de l'homme en Islam adoptée le 5 août 1990 au Caire. Tout en reprenant les libertés et les droits proclamés dans la Déclaration de 1948, ce texte précise qu'ils « sont soumis aux dispositions de la Charia » (art. 24) et que celle-ci « est l'unique référence pour l'explication ou l'interprétation de l'un quelconque des articles contenus dans la présente Déclaration » (art. 25). Enfin, le 14 septembre 1994, le Conseil de la Ligue des États arabes a adopté la Charte arabe des droits de l'homme dans une optique identique. La forme politique extrême de cette conception se manifeste alors par ce qu'il est convenu d'appeler le « djihadisme ». Celui-ci préconise la guerre par tous moyens, notamment terroristes, contre les démocraties occidentales et leur système de valeurs. Ce mouvement intégriste ne saurait toutefois être à lui seul tenu pour représentatif de l'islam au sein duquel coexistent aussi une pensée modérée et des courants réformateurs (Z. Hattab, *Droits et libertés fondamentaux en droit musulman : le paradoxe de l'universalité*, thèse, université d'Avignon, 2018, p. 266).

**71** ***La contestation extrémiste.*** Certains mouvements d'extrême-droite, s'appropriant notamment les idées de Carl Schmitt, tentent à nouveau de faire prévaloir une conception du politique fondée sur des notions à caractère discriminatoire. Il s'agirait de faire admettre que le lien social se fonde sur le critère naturel d'appartenance/exclusion vis-à-vis de la communauté historique ou ethnique, ce qui justifierait une remise en cause du principe égalitaire qui sous-tend le système issu de 1789. Ainsi en va-t-il de l'ethno-différentialisme du chantre de la Nouvelle Droite, Alain de Benoist, qui fait reposer le lien social non sur le *demos* de la communauté politique, mais sur l'*ethnos* de la communauté culturelle (F. Lowenfeld). Cette conception qui prône un traitement différencié des peuples et des cultures, conduit à remettre en cause l'universalisme et l'humanisme des droits de l'homme au nom du « pluralisme intégral ». Sur le terrain politique, la laïcité devient, par exemple, un marqueur identitaire. Instrumentalisée par l'extrême droite pour réaffirmer l'autorité de l'État et justifier une politique migratoire restrictive, elle se présente comme le moyen d'une protection des racines chrétiennes de la France ou comme celui d'une politique antimusulmane plus ou moins affirmée. Dans les deux cas, elle s'éloigne considérablement de l'idéal révolutionnaire forgé en 1789.

**72** ***La contestation libertarienne.*** Le libertarianisme est une forme paradoxale de contestation des droits et libertés. Il en revendique une interprétation maximaliste qui finit par battre en brèche la conception classique des droits et certains de leurs principes fondateurs. Pour les libertariens, la dignité fondamentale de l'individu « réside dans l'exercice souverain de la liberté de choix dans le cadre d'un système cohérent de droits » (C. Arnsperger, Ph. Van Parijs). Poussant jusqu'à sa plus extrême conséquence l'idée de John Locke selon laquelle « chaque homme a une propriété en sa propre personne : sur cela personne n'a aucun droit sinon lui-même », ils affirment le paradigme absolu de la libre possession de soi. Cette position entraîne au moins deux conséquences. D'une part, l'énonciation même de droits sous forme de déclaration ou de tout autre texte à caractère unilatéral est remise en cause. Elle se révèle l'instrument d'oppression de la minorité, *in fine* de l'individu, par la majorité. La puissance législative de l'État et le principe démocratique fondé sur le primat de la volonté générale empêchent, en réalité, l'individu de mener la vie qu'il estime lui convenir. Comme Friedrich Hayek, Bruno Leoni prône ainsi un droit « qui se découvre et non qui se décrète », un droit revenant aux sources du droit romain ou de la *common law*, qui serait de nature pragmatique et d'inspiration judiciaire. Cette conception s'oppose alors à celle d'un État de droit protecteur, issu historiquement de droits proclamés au profit des sujets par le souverain. D'autre part, l'absolue libre disposition de soi en vient en contredire le principe d'unité du corps et de la personne. Certains libertariens considèrent, en effet, que, propriétaire de son corps, l'individu doit demeurer libre de l'aliéner et d'en faire commerce, ce qui justifie notamment activité prostitutionnelle et cession d'organes à titre onéreux. Cependant, cette aliénation volontaire de soi ne peut que saper l'un des postulats logiques des droits, car comme l'avait vu Rousseau, « renoncer à sa liberté, c'est renoncer à sa qualité d'homme » (*Du Contrat social*, t. III).

**73** ***Les limites étatiques.*** Elles résultent d'abord factuellement des mutations des structures étatiques et du déclin de l'État providence qui rendent plus difficile, sinon plus aléatoire, la protection des droits et qui apparaissent à certains égards comme une régression de leur dimension sociale. Ces limites proviennent ensuite d'un mouvement de réaction devant une menace terroriste qui s'est installée progressivement dans les États démocratiques à compter des années 1980 pour s'accentuer depuis les attentats perpétrés le 11 septembre 2001 sur le sol américain. En France, l'état d'urgence a ainsi été instauré après les attentats de Paris du 13 novembre 2015, maintenu par la voie législative jusqu'au 1er novembre 2017, puis « normalisé » par la loi du 30 octobre 2017 renforçant la sécurité intérieure et la lutte contre le terrorisme.

Devant les risques d'agressions, les gouvernements occidentaux ont donc développé, avec le soutien d'une partie de leur opinion publique, une législation très restrictive en matière de liberté, notamment dans le domaine de la protection de la vie privée, sur le terrain pénal et sur celui de la liberté d'aller et venir. La crise sanitaire ouverte en 2020 par la pandémie de covid-19 s'inscrit dans la même logique. Un état d'urgence sanitaire, institué par la loi du 23 mars, prorogé par les lois du 11 mai, du 14 novembre 2020, et du 15 février 2021, puis par les lois de sortie de l'état d'urgence sanitaire du 31 mai, du 5 août et du 11 novembre 2021, a autorisé un régime d'exception justifiant des restrictions inédites aux libertés (restrictions de la liberté d'aller et venir, de la liberté de circuler, de la liberté d'entreprendre, de la liberté de se réunir, *etc.*). Ces évolutions récentes font alors surgir de manière inédite sur le terrain juridique une contradiction qu'avait bien vue Tocqueville : celle qui fait de l'exigence collective de sécurité un instrument de réduction des libertés individuelles. Elle met également en lumière la confusion qui peut exister entre les notions de démocratie et de liberté tant il est vrai, comme l'a remarqué Fareed Zakaria, que si la démocratie gagne partout du terrain, ce n'est pas toujours le cas de la liberté.

**74** ***La réduction de la liberté d'expression.*** Le législateur français a adopté depuis une trentaine d'années une série de textes qui restreignent la liberté d'expression en créant des délits d'opinion dans le but de protéger certaines catégories de personnes et de lutter contre toutes les formes de discrimination sur le terrain même de la culture (loi Gayssot du 13 juillet 1990 tendant à réprimer tout propos raciste, antisémite, xénophobe ou révisionniste ; loi du 30 décembre 2004 qui réprime les « provocations à la discrimination, à la haine ou à la violence homophobes ou sexistes » ainsi que les injures envers « une personne ou un groupe de personnes à raison de leur sexe ou de leur orientation sexuelle »). Dans le même temps, l'État multiplie les instruments de contrôle de la contestation politique aussi bien dans l'espace numérique (loi contre la manipulation de l'information du 22 décembre 2018, loi contre les contenus haineux sur Internet du 24 juin 2020) que dans l'espace physique (loi du 10 avril 2019 visant à renforcer et garantir le maintien de l'ordre public lors des manifestations, loi pour une sécurité globale du 25 mai 2021) au risque d'une censure du Conseil constitutionnel (Cons. const. 21 déc. 2020, décis. n° 2020-810 DC, délit d'entrave dans les universités).

Par ailleurs, certains types de comportement constituant un mode d'expression des idées ou des convictions font désormais l'objet d'une interdiction — au contraire des États-Unis où la jurisprudence du « *burning flag* » conduit à protéger ces comportements au même titre que l'expression verbale (US Supreme Court, *Texas vs. Johnson*, 491 US 397). Ainsi la loi française du 11 octobre 2010 interdit-elle la dissimulation du visage dans l'espace public, c'est-à-dire en priorité le port du *niqab*. Ces divers textes sont, à l'évidence, une forme de réaction et de protection du système des droits contre les attaques idéologiques dont il fait l'objet à la fois depuis l'extrême droite (révisionnisme, doctrines discriminatoires) et depuis certains mouvements religieux (intégrisme). S'ils ne l'inventent pas, ces textes radicalisent le conflit de cultures juridiques qui existe entre la conception américaine et la conception française de la liberté d'expression. La conception américaine en fait un absolu sur le fondement du premier amendement à la Constitution de 1787 et manifeste par là sa confiance dans l'individu, dans sa faculté critique née de son libre arbitre et dans les vertus de la pédagogie. La conception française, au contraire, consacre une vision jacobine et autoritaire qui privilégie la censure à l'éducation et constitue, de ce fait, une forme de régression dans le projet d'édification, issu des Lumières, d'un individu éclairé, libre et responsable. Ces conflits entre droits nationaux apparaissent aujourd'hui d'autant plus vifs avec l'Internet, espace sans frontières de communication et d'expression, car les positions s'y révèlent en pratique inconciliables.

**75** ***Conclusion.*** Au-delà de sa sacralisation de principe, la liberté d'expression apparaît aujourd'hui comme une liberté doublement menacée. Elle l'est par les mouvements communautaires qui prétendent redéfinir le pacte social non plus en fonction de ce que les individus peuvent avoir en commun (un espace public neutre, libre et tolérant), mais en fonction de ce qui les différencie (les identités collectives particulières, qu'elles soient religieuses, ethniques, sexuelles ou autres). La manifestation la plus extrême de cette tendance, qui ne doit pas occulter les autres, est l'action terroriste, comme l'a montré l'attentat du 7 janvier 2015 contre la rédaction de *Charlie-Hebdo* ou l'assassinat de l'enseignant Samuel Paty le 16 octobre 2020. Mais la liberté d'expression est aussi menacée par l'État lui-même. Dans un contexte national et international troublé, celui-ci semble tenté de restaurer, au nom de la préservation de l'ordre public, une forme de censure. Celle-ci ressurgit alors soit par des mesures d'interdiction préventive de spectacles, soit par un régime de blocage d'accès administratif de certains sites Internet sans contrôle judiciaire préalable, notamment en matière de lutte contre le terrorisme. Si, comme l'affirmait Kelsen, la liberté est « à la racine de l'idée de démocratie » et si la liberté d'expression en constitue le cœur, l'avenir seul dira si le système démocratique parviendra à traverser ces fortes turbulences sans y perdre sinon son intégrité, du moins son inspiration initiale. Comme Royer-Collard le disait des constitutions, les déclarations « ne sont pas des tentes dressées pour le sommeil » et la pérennité des grands textes n'est jamais à elle seule une garantie de la survie des droits. Reste également à savoir si, comme l'affirme Jean-Louis Harouel, en s'érigeant en nouvelle religion séculière centrée à l'excès sur le principe de non-discrimination, les droits de l'homme ne portent pas en eux les ferments contre-productifs d'une régression de la liberté individuelle.

## BIBLIOGRAPHIE INDICATIVE

### Sur l'histoire générale des droits et libertés

– L. ACTON, *Le pouvoir corrompt* (v., chap. 2. « De l'histoire de la liberté dans l'Antiquité » ; chap. 3. « De l'histoire de la liberté dans le christianisme »), Les Belles Lettres, 2018.
– D. AVON, *La liberté de conscience. Histoire d'une notion et d'un droit*, Presses Universitaires de Rennes, 2020.
– Y. BOSC, *La terreur des droits de l'homme. Les républicains de Thomas Paine et le moment thermidorien*, éd. Kimé, coll. « L'Esprit des Lumières », 2016.
– J. FERRAND, H. PETIT, *L'odyssée des droits de l'homme*, t. 1, *Fondations et naissances des droits de l'homme*, L'Harmattan, coll. « La librairie des humanités », 2004.
– O. de GOUGES, *Déclaration des droits de la femme et de la citoyenne*, Belin, 2021.
– J.-P. GROSS, *Égalitarisme jacobin et droits de l'homme*, éd. Kimé, coll. « L'Esprit des Lumières et la Révolution », 2016.
– R. HERMON-BELOT, *Aux sources de l'idée laïque. Révolution et pluralité religieuse*, Odile Jacob, 2015.
– W. NIPPEL, *Liberté antique, liberté moderne. Les fondements de la démocratie de l'Antiquité à nos jours*, PU du Mirail, 2011.
– B. STIRN, D. FAIRGRIEVE, M. GUYOMAR, *Droits et Libertés en France et au Royaume-Uni*, Odile Jacob, coll. « Sciences humaines », 2006.
– R. TOMBS, *Paris, bivouac des Révolutions. La Commune de 1871*, éd. Libertalia, 2014.
– V. ZUBER, *Le culte des droits de l'homme*, Gallimard, coll. « Bibl. des sciences humaines », 2014.
– V. ZUBER, *L'origine religieuse des droits de l'homme : le christianisme face aux libertés modernes (XVIIIe-XXIe siècles)*, Labor et Fides, 2017.

### Sur le devenir des droits de l'homme


- A. S. ADOUA-MBONGO, *La lutte contre le terrorisme et le respect des droits de l'homme. Les droits de l'homme à l'épreuve du terrorisme international*, Presses académiques francophones, 2012.
- G. BRAIBANT, G. MARCOU (dir.), *Les droits de l'homme : universalité et renouveau, 1789-1989*, L'Harmattan, coll. « Logiques juridiques », 2000.
- C. COURNIL, C. COLARD-FABREGOULE (dir.), *Changements environnementaux globaux et droits de l'homme*, Bruylant, 2012.
- S. DOUMBÉ-BILLÉ (dir.), *Nouveaux droits de l'homme et internationalisation du droit*, Bruylant, 2012.
- G. FELLOUS, *Les droits de l'homme, une universalité menacée*, La Documentation française, coll. « Études », 2010.
- D. LOCHAK (dir.), *Mutations de l'État et protection des droits de l'homme*, PU de Paris, 2006.
- J. YACOUB, *Les droits de l'homme sont-ils exportables ? Géopolitique d'un universalisme*, Ellipses, 2004.
- F. ZAKARIA, *L'avenir de la liberté : la démocratie illibérale aux États-Unis et dans le monde*, Odile Jacob, coll. « Histoire et Document », 2003.


### Analyses, points de vue et critiques


- V. CHAMPEIL-DESPLATS, *Révolutions et droits de l'homme*, Fondation Varenne, 2016.
- E. DUFOURCQ, *L'Invention de la loi naturelle*, Éd. du Cerf, 2019.
- E. V. FIGUEROA-GUTARRA, *Pandémie, gouvernance et droits de l'homme*, Éd. Notre Savoir, 2021.
- M. GAUCHET, *La Révolution des droits de l'homme*, Gallimard, 1989.
- J.-L. HAROUEL, *Les droits de l'homme contre le peuple*, Desclée de Brouwer, 2016.
- S. HENNETTE-VAUCHEZ, J.-M. SOREL (dir.), *Les droits de l'homme ont-ils constitutionnalisé le monde ?*, Bruylant, 2011.
- P. HOUNSOUNON-TOLIN, *Droits de l'homme et droits de la femme. Regard historique, philosophique et politique ou évidence d'une secondarité*, L'Harmattan, 2016.
- J. LACROIX, J.-Y. PRANCHÈRE, *Le procès des droits de l'homme. Généalogie du scepticisme démocratique*, Le Seuil, 2016.
- J. LACROIX, J.-Y. PRANCHÈRE, *Les droits de l'homme rendent-ils idiots ?*, Le Seuil, 2019.
- P. MANENT, *La loi naturelle et les droits de l'homme*, PUF, 2020.
- W. MASTOR, La Déclaration des droits de l'homme et du citoyen, Dalloz, 2021.
- G. PUPPINCK, *Les droits de l'homme dénaturé*, Le Cerf, 2018.
- M. M. SALAH, *L'irruption des droits de l'homme dans l'ordre économique international : mythe ou réalité ?*, LGDJ, 2012.
- F. DE SMET, *Les droits de l'homme. Origines et aléas d'une idéologie moderne*, Le Cerf, coll. « Humanités », 2001.
- G. STOURZH, *L'isonomie moderne. Protection des droits de l'homme et participation démocratique comme système d'égalité des droits*, Presses universitaires de Rennes, 2018.


## PISTES DE RÉFLEXION

- L'histoire atteste-t-elle l'idée de Thomas Hobbes selon laquelle le libre exercice des droits naturels serait dangereux ?
- « La tranquillité ne fait pas partie des droits de l'homme ». Que vous inspire ce propos de l'écrivain et académicien Jacques Laurent ?

Thème 3

# La philosophie des droits de la personne humaine

René Sève
*Président de l'Association française de philosophie du droit,*
*Directeur des Archives de philosophie du droit*

La théorie des droits de la personne humaine (et non de l'homme, pour éviter les biais de genre), comme fondement de l'ensemble des normes juridiques, suppose que l'on admette une forte distinction de principe entre le juridique, à dimension universelle et ne traitant que de la coexistence pacifique d'individus libres, le moral, qui envisage les questions du Bien et/ou du Bonheur, et le religieux, qui envisage le Salut, ici-bas et/ou au-delà. Cette distinction peut sembler artificielle, ou trop occidentale, car elle a en effet pour but d'autonomiser les questions juridiques et politiques afin de garantir la démocratie. Elle reste néanmoins capitale même si la question théorique des droits de la personne ne doit pas occulter celle de leur application pratique.



## I • Histoire

**76** ***Naissance aux XVI^e^ et XVII^e^ siècles.*** La doctrine des droits de l'homme (aujourd'hui des « droits de la personne humaine » ou des « libertés et droits fondamentaux ») est issue du mouvement de la pensée politique moderne, d'abord, au XVI^e^ siècle, dans l'Église catholique avec la seconde scolastique espagnole (Vitoria, Suarez, Las Casas…), puis, au XVII^e^ siècle, dans le monde protestant, avec les représentants de l'École moderne du droit naturel (Grotius, Hobbes, Locke, Pufendorf, Thomasius…). La doctrine des droits de la personne humaine décline l'idée de dignité individuelle qui s'attache à tout individu et s'exprime sur le plan juridique par un certain nombre de prérogatives. De ce point de vue, les droits de la personne humaine résultent, historiquement, d'une conception chrétienne, même s'ils peuvent s'en détacher ultérieurement (*cf. infra*).

**77** ***Le Bien comme principe***. Pour comprendre la spécificité épistémologique des droits de la personne, on peut rappeler qu'en Occident, avant le christianisme, sont admises, pour ainsi dire prioritairement, des différences naturelles, génétiques et éducatives, de caractère et de capacités entre les individus, que la bonne organisation politique doit refléter en accordant aux meilleurs un rôle prépondérant dans l'exercice du pouvoir et aux autres la place, productive ou militaire, qui leur convient le mieux. C'est ce que *La République* de Platon suggère en situant, à la base du processus social et politique, un dispositif eugénique puis éducatif qui forme, sélectionne et oriente les hommes et les femmes vers les fonctions pour lesquelles ils seront les plus utiles aux autres comme à eux-mêmes. Évidemment, ni Platon ni d'ailleurs Aristote ne sont naïfs : la difficulté que doit affronter la science politique réside en ce que les individus réels ont naturellement tendance à surestimer leurs capacités comme à sous-estimer celles d'autrui et, ce faisant, préfèrent en général tous commander qu'obéir. Un gouvernement des sages qui monopoliserait l'essentiel des droits politiques et distribuerait les droits civils en fonction des mérites apparaît donc utopique, voire essentiellement contradictoire.

Il s'ensuit qu'une bonne constitution doit limiter les effets de la liberté ou des préférences des individus comme des groupes sociaux qui doivent être habilement encadrés et canalisés par des lois et des dispositifs institutionnels adaptés aux circonstances afin d'atteindre le meilleur ordre social possible.

**78** ***La Liberté comme principe***. La perspective moderne peut aboutir au niveau du droit positif à des institutions ou des règles directement inspirées par les Anciens : l'éducation publique, la démocratie indirecte exercée par des élus, le bicamérisme, le contrôle de constitutionnalité, le régime d'assemblées *vs* le régime monarchique ou présidentiel, des règles sophistiquées sur l'organisation des votes et *a fortiori* des référendums, bref, tout dispositif visant à limiter les biais populistes de la démocratie, *i.e.* l'ochlocratie ou tyrannie des foules. La modernité s'appuie néanmoins sur des prémisses différentes. La société est davantage conçue, comme le montre le modèle du contrat social, en tant que moyen et la liberté en tant que principe premier (*cf.* l'art. 2 de la Déclaration de 89 qui semble mettre l'association politique au service des droits naturels). Cette inversion de priorité semble provenir de la modification apportée à la compréhension de la personne par le christianisme. À la Raison par laquelle la philosophie grecque (l'amour de la sagesse) cherche à faire accéder l'individu à la vie divine, le christianisme substitue la Grâce apportée par le Christ. Il s'ensuit, comme l'illustrent bien les *Béatitudes* de l'Évangile, une véritable déconnexion entre les caractéristiques naturelles et sociales de l'individu et sa valeur ultime. L'enfant ou l'esclave peuvent ainsi être plus proches de Dieu que l'homme cultivé et policé, au grand scandale de l'élite romaine (*cf.* le *Discours véritable contre les chrétiens* de Celse qui exprime l'incompréhension d'un aristocrate envers l'égalitarisme chrétien).

Cette promotion de tout individu en tant que tel indépendamment de ses rôles et qualités n'a pas abouti à des bouleversements juridiques et politiques immédiats en matière de droits de la personne, par réalisme et par souci de ne pas polluer le message d'une égalité spirituelle (une attitude que remettront en cause les diverses théologies de la libération). On le voit avec l'esclavage : Saint Paul appelle les esclaves à se satisfaire de leur condition et l'Église ne revendique pour eux que le droit à suivre le culte ou à exercer des fonctions pastorales (parfois première étape de leur affranchissement). Le résultat politique et juridique du paradigme chrétien fut donc moins individuel que collectif. Pour des raisons théologiques et sociologiques, c'est l'Église et ses clercs qui ont bénéficié à l'égard du pouvoir civil, de l'État, des garanties et immunités, que l'époque moderne accordera progressivement à partir de la Renaissance, de la Réforme puis des Lumières à chaque individu[1].

La politique moderne et l'affirmation principielle des droits individuels sont donc nées de la critique de l'Église de Rome, et ce, dès le Moyen Âge avec les partisans de l'Empereur. Il serait néanmoins abusif

1. V. R. Sève, « Christianisme et hellénisme », *Archives Phil. dr.* 1993, pp. 49-63.

d'en déduire une incompatibilité entre catholicisme et droits de l'homme (que les encycliques *ad hoc* s'efforceraient maladroitement de dissimuler) pour faire de ceux-ci le produit de la Réforme. La république de Genève de Calvin, la politique religieuse selon Hobbes et même la théorie de la tolérance de Locke (refusée aux catholiques ou papistes) ne plaident pas en ce sens. De manière plus œcuménique, considérons donc que les droits de l'homme ont été défendus et développés par des philosophes chrétiens, catholiques ou protestants, lorsqu'ils ont examiné les principes de l'organisation politique dans des situations historiques où leurs dogmes ne bénéficiaient pas ou plus d'un consensus largement majoritaire : protestants, évidemment, face à d'autres églises protestantes ou au catholicisme, ou catholiques, protégeant les intérêts de leurs coreligionnaires menacés (Suarez contre Jacques Ier d'Angleterre dans le *De juramento fidelitatis*) ou confrontés à d'autres civilisations (en Amérique du Sud ou en Chine).
Mais en deçà de ces compromis sociologiques, qui ont favorisé la sécularisation du politique et de proche en proche les institutions républicaines dans le monde occidental, se pose la question du rôle de la raison ou de la science comme légitimes à construire sur le monde et la société : a) un discours vrai, indépendamment de la religion, et donc universel, là où les religions s'affrontent entre elles ou chacune en leur propre sein, b) qui conserve cependant un « ADN religieux », accordant à l'individu un statut de personne, donc une transcendance, permettant d'éviter un retour au naturalisme et à une vision plus biologique des droits individuels (voir par exemple l'exposition/élimination des enfants difformes dans la cité grecque ou les positions eugénistes de Platon que la science contemporaine vient affleurer voire réaliser).

## II • Justifications

**79** ***Argumentaire général.*** La théorie religieuse des droits de l'homme pose donc *a contrario* le problème de leur fondement purement rationnel. En d'autres termes, d'un point de vue philosophique, il faut penser la dignité de la personne sans référence à sa qualité de créature de Dieu.
**80** ***Les modes de justification***. Une première tendance, illustrée surtout par la pensée utilitariste et donc les tendances pré-utilitaristes du XVIIe siècle (Hobbes, Spinoza, Leibniz…) justifie les droits fondamentaux, intégrés dans un système juridique (Bentham, le fondateur de l'utilitarisme moderne au XIXe siècle, niera vigoureusement leur existence présociale), par leur capacité à contribuer au bien-être collectif, en particulier en protégeant les citoyens contre les excès du pouvoir, ou les minorités des majorités. Les droits de la personne seraient donc justifiés parce qu'outre des raisons morales, ils présenteraient pour les sociétés qui les adoptent des avantages économiques et politiques démontrés directement et *a contrario* par la comparaison avec les régimes inégalitaires (aristocratiques) ou les despotismes même dits « éclairés ». En d'autres termes, les sociétés fondées sur les droits de l'homme seraient plus justes, plus prospères et plus stables, au moins en général, car elles considèrent comme impossible (beaucoup trop coûteux) de gérer les droits de chacun par une connaissance détaillée de ses capacités.
Pour les théories du droit dites précisément *rights-oriented*, ce type de justification par les conséquences est censé se prêter, au moins dans certaines situations, à des compromis et des renoncements (par exemple tolérer la torture pour prévenir un attentat terroriste) et à une diversification des droits en fonction des aptitudes naturelles. Stuart Mill, utilitariste, raffinant la distinction de Sieyès ou de Kant entre citoyens actifs et passifs (passifs car pourvus de droits civils mais pas de droits politiques), envisageait avec faveur un droit de vote double pour les citoyens et citoyennes diplômés[2]. Les adversaires de l'euthanasie « utile » (pour les proches ou la sécurité sociale) dénoncent aussi dans le même esprit les risques d'une fondation trop utilitariste des droits.

2. Se pose aujourd'hui la question, pour protéger les générations futures, d'accorder un droit de vote supplémentaire aux parents, au nom de leurs enfants, suggestion qui peut rencontrer de nombreuses difficultés d'application pratique (nombre impair d'enfants, familles recomposées, *etc.*)

Même si ce type d'objections n'est pas sans réponses, on peut cependant préférer une fondation de principe aux droits de la personne humaine, sans la rattacher à une transcendance divine. C'est la démarche suivie par la doctrine politique la plus célèbre de la seconde moitié du XX^e^ siècle, celle de John Rawls, dans sa *Théorie de la justice*, complétée par ses articles rassemblés dans *Le libéralisme politique*. Cherchant, dans la lignée des théories du contrat social ou de Kant, les règles de base d'une coopération sociale entre agents rationnels, qui connaissent à la fois leurs besoins fondamentaux et la diversité de leurs points de vue sur les valeurs (religieuses, intellectuelles, esthétiques…), J. Rawls montre que les seuls principes susceptibles de réunir un consensus sont ceux qui définissent des libertés analogues à celles exprimées dans les déclarations des droits.
En termes pratiques, les droits de la personne constituent la meilleure base juridique dans une société diverse ou pluraliste. Cela signifie donc qu'une telle société est un endroit souvent inconfortable et dérangeant (*cf.* la question des caricatures en matière religieuse) pour tous ceux qui rêveraient d'un monde plus fusionnel et moins désenchanté, évidemment rassemblé par leurs propres valeurs et croyances.
Cette conception a été néanmoins l'objet de critiques, pour simplifier, morales et politiques, issues d'auteurs rassemblés sous l'étiquette commode de « communautariens », qui réactualisent en fait certaines objections d'inspiration historiciste, comme celles de Burke, Joseph de Maistre, Hegel ou Marx[3].

## III • Critique morale

**81** ***Une doctrine fondée sur le scepticisme.*** La doctrine des droits de la personne est supposée, par ses partisans, neutre sur le plan éthique et indépendante de toute conception du Bien et du Vrai. Elle dissimulerait en réalité des présupposés cachés, ceux propres à une morale et une rationalité modernes teintées d'un protestantisme diffus. Par exemple, un partisan des droits de l'homme s'opposant à toute discrimination à l'égard des homosexuels peut se voir reprocher par un croyant traditionaliste de véhiculer une certaine morale de la sexualité, dissociant celle-ci de la reproduction. De même, les libertés d'opinion et d'expression en matière de religion relèveraient non pas de la simple neutralité mais du scepticisme à l'égard d'une Révélation supérieure à la Raison.
**82** ***Une doctrine plus politique que morale***. Historiquement et sociologiquement, il est possible que les promoteurs des droits de l'homme aient été ou soient souvent des sceptiques. Mais cet argument *ad homines* ne nous semble pas atteindre la doctrine comme telle. Dans cette dernière, il ne s'agit pas d'affirmer que, moralement ou religieusement, chacun doit adopter vis-à-vis de lui-même un point de vue impersonnel, lui faisant percevoir ses propres valeurs et convictions comme contingentes, et donc celles d'autrui comme tout aussi vraisemblables et respectables. La théorie des droits fondamentaux véhiculerait alors en effet une conception de l'individu pour ainsi dire détaché de lui-même c'est-à-dire d'un moi transcendant ses propres déterminations. On pourrait donc lui objecter que si l'individu peut effectivement percevoir ses goûts, même très déterminants pour la conduite de sa vie, voire certaines de ses idées comme détachables de lui et donc sans valeur absolue, il en va très différemment de ses croyances plus fondamentales (quand elles existent) : la formule de Rawls « le moi est antérieur aux fins qu'il poursuit » ne saurait donc s'appliquer à une foi dans laquelle le croyant se sent appartenir à Dieu et non pas à lui-même, et considère ses fins comme constitutives de lui et non choisies par sa liberté. Beaucoup d'auteurs, en premier lieu Michael Sandel, ont ainsi objecté à la doctrine de Rawls de mettre à la base de sa conception des droits de l'homme (elle-même partie de sa théorie de la justice) une conception biaisée du sujet moral (ou religieux).

3. V. sur ce sujet le recueil *Libéraux et communautariens* par A. Berten, P. Da Silveira et H. Pourtois, PUF, 1997.

La réponse consiste à rappeler que les droits de l'homme ne relèvent pas de la morale mais de la théorie politique. Le point de vue extérieur adopté par le sujet à l'égard des valeurs morales est requis lorsque ce dernier se pose la question politique de ce qui peut être l'objet d'un accord entre des sujets aux points de vue éthiques et religieux différents. Même le croyant, sauf à refuser de rentrer dans le jeu d'une conception politique commune, perçoit ses fins et même sa foi du dehors, puisque, s'interrogeant sur les règles qui doivent régir sa coopération avec autrui, il doit prendre en compte la position de ce dernier qui ne partage pas les mêmes convictions. C'est là où l'on touche toutefois les limites de l'argumentation rationnelle qui aboutit forcément à la coexistence des religions et des non-religions, donc à la tolérance. Elle ne peut toucher celui qui (alors pourtant qu'il bénéficie de la tolérance des autres) croit avoir le devoir de ne pas être tolérant et de ne pas admettre un discours non-religieux en général. C'est aussi le problème du refus de l'enseignement du darwinisme comme base de la biologie, qui va toutefois rarement jusqu'à refuser les soins médicaux dispensés par une science aux fondements impies. *In fine*, la défense des droits de la personne repose sur le principe de non-contradiction qui fonctionne mieux dans les faits quand il n'existe pas une majorité ou une minorité solidaire de croyants pour substituer la Foi à la Raison, le Mystère à la Logique, l'Ineffable au Dialogue.

## IV • Critique politique

**83** ***La citoyenneté.*** Cette seconde critique est pour ainsi dire un corrélat de la précédente, portant non plus sur la structure du sujet moral, mais sur les conditions de viabilité d'une société libérale fondée sur les droits de la personne.

Ainsi, pour mémoire, la cité antique et ses théoriciens mettaient en valeur une participation forte des citoyens (certes minoritaires dans la population) aux affaires de la cité : exercice de tout ou partie du pouvoir législatif, judiciaire et exécutif, tant gouvernemental qu'administratif. Il y avait là une exigence politique (l'autogouvernement garantissant contre la tyrannie) et morale (l'excellence humaine se réalisant dans le service de l'intérêt général). La dissolution de petites communautés politiques dans de vastes empires et les idéaux extra-mondains du christianisme ont eu tendance à séparer participation aux affaires de la cité et réalisation de soi.

**84** ***L'individu égoïste***. La préoccupation de la philosophie politique moderne semble donc prioritairement porter sur une conception défensive de la citoyenneté. En bref, selon la typologie de B. Constant, à la citoyenneté active des Anciens, les Modernes substituent une citoyenneté de protection, les droits de la personne résumant ainsi les garanties dont dispose l'individu.

Beaucoup se sont demandés si cette conception était viable, en particulier dans les périodes de crise[4]. La théorie des droits de l'homme, prise à la lettre, serait, en privilégiant l'individuel sur le collectif, incapable de susciter le patriotisme ou le sens de la solidarité dont toute société a besoin pour se défendre et progresser. En dehors de ces situations dramatiques, un minimum de civisme semble nécessaire pour éviter une confiscation larvée du pouvoir par une élite administrative et économique, à moins que nos sociétés n'aient à suivre le modèle américain où, comme le suggère un Charles Taylor, la défense des intérêts de chacun s'exprime moins dans le débat politique classique sur l'intérêt général que dans le contentieux judiciaire ou le lobbying.

En bref, définissant la société comme association d'égoïsmes, la doctrine des droits de l'homme devrait se voir prolongée par une philosophie civique qui rendrait d'ailleurs mieux compte des pratiques effectives par lesquelles la communauté politique maintient sa cohésion (cérémonies commémoratives, enseignement de la culture et de l'histoire nationales, *etc.*).

4. V. après Hegel, Marx *in La question juive*, Paris, 1968, pp. 39-40.

**85** ***L'homme comme être social.*** Ce type de critique ne doit pas être trop naïvement perçu comme formulant un complément républicain à la doctrine juridique des droits fondamentaux, ce que tout le monde peut admettre. Au-delà, se profile l'idée que la présentation, inhérente au libéralisme, de l'individu comme agent rationnel moralement indépendant de la société à laquelle il appartient, méconnaît sa dimension primitivement sociale et la constitution de son identité à partir d'une tradition collective (y compris d'origine libérale : c'est ici la source de tous les paradoxes du trumpisme). Pratiquement, elle sous-entend qu'il peut exister des contradictions insolubles entre la défense d'une société démocratique particulière et certains droits universels quand la première se sent menacée par l'ennemi extérieur ou sa cinquième colonne.
Il nous semble toutefois que cette critique souffre sans doute d'une approche trop simplifiée du sujet, pour lequel l'universalisme cosmopolite des droits de la personne et l'attachement à une communauté située constitueraient une alternative. Il semble plus raisonnable de considérer que l'individu est capable de se diriger selon une hiérarchie de normes, où la préférence pour sa Nation vaut jusqu'à certaines limites. Il n'est ainsi pas évident, contrairement à ce que suggère A. MacIntyre[5], « que de bons soldats ne doivent pas être libéraux », et doivent s'interdire de mesurer le bien-fondé des décisions de leur pays « selon quelque critère neutre et impartial, faisant équitablement référence aux intérêts de leur communauté et à ceux d'autres communautés ». À ce compte, le bon soldat devrait, si l'intérêt de la patrie l'exige, massacrer des populations civiles hostiles et exterminer les prisonniers de guerre. Au-delà de la question de principe, selon laquelle les droits de la personne forment l'idéal du droit alors que leur applicabilité est une question de fait distincte (v. ss 82), on peut se demander si la vision des communautariens, ou de l'éthique des vertus qui l'accompagne, ne manque pas aussi de quelques fondements empiriques. Il n'est pas certain que les personnes disposent d'une sorte de soi moral en partie inconscient, forgé par l'éducation et les interactions sociales, qui, partagé, formerait une sorte de tradition ou mémoire collective substantielle (l'esprit du peuple). Comme l'illustre la déstabilisation rapide des sociétés traditionnelles par l'arrivée des technologies numériques (comme jadis par l'alcool), le moi social est influençable et fragile et l'esprit du peuple moins profondément ancré dans les profondeurs du cerveau qu'on peut le croire[6].

## V • Critique féministe

**86** Même si l'on peut intellectuellement faire des ponts entre les critiques qui viennent d'être retracées et la critique féministe des droits de l'homme, il demeure qu'à la racine, les droits de la personne humaine se sont déclinés au masculin. Comme l'a montré Alfred Dufour[7], les jusnaturalistes modernes partent d'un égalitarisme réel entre l'homme et la femme sur le plan du droit naturel, mais qu'ils considèrent comme peu approprié à l'ordre social quand ils envisagent le droit civil. En pratique, peu sont favorables au divorce, et un seul, Christian Thomasius, considère la polyandrie pas plus illégitime que la polygamie. La situation est la même chez Rousseau, qui tout à fait égalitariste dans le *Discours sur l'origine de l'inégalité parmi les hommes*, développe les principes d'une éducation séparée et ancillaire pour les filles dans l'*Émile* ou dans la *Lettre à d'Alembert*[8]. Dans les deux cas, c'est la défense de l'ordre familial, l'éducation des enfants légitimes et la crainte des adultérins (surtout chez Rousseau) qui justifient une position des femmes, maîtresses du foyer (dans le meilleur des cas), et sujets passifs,

5. *In* Berten, *op. cit.*, pp. 306-307, ce qui suppose que le « bon soldat » ne se pose pas trop de questions sur la justice de la guerre dans laquelle il est engagé.
6. V. L. Rozenblit et F. Keil, « *The misunderstood of folk science : an illusion of explanatory depth* », *Cognitive Science*, vol. 26, pp. 521-562, 2002.
7. A. Dufour, *Le mariage dans l'École Moderne du Droit Naturel*, Genève, Droz, 1972.
8. Sur cette problématique générale, v. R. Sève, « Rousseau et les droits de l'homme et de la femme », *in Rousseau et la Nature*, Genève, Droz, 2018, pp. 101-127.

voire transparents, dans l'ordre externe, civil et politique[9]. C'est contre cette injustice principielle, ce biais de genre originel, que s'élèvera la première Mary Wollstonecraft, dans sa *Défense des Droits de la Femme* (1792), et toutes les revendications ultérieures en matière d'émancipation et d'égalité des droits. Le combat féministe est alors un combat pour tous les droits, restreints par une autorité illégitime, comme dans l'anarchisme de Voltairine de Cleyre[10].

Il demeure, comme l'a observé Mona Ozouf[11], qu'au-delà de ce vice historique initial, corrigé graduellement ensuite, subsiste une tension entre un féminisme de principe, universaliste et abstrait, pour ainsi dire asexué, celui d'une Simone de Beauvoir, et un féminisme, notamment américain ou tiersmondiste, plus engagé dans la défense des droits spécifiques des femmes en situation, dans leur vie biologique et sociale (contraception, avortement, maternité, santé[12]), comme dans leur vie professionnelle (que la première ne devrait pas en théorie contrecarrer). À l'avantage de la seconde approche, on remarquera que, tous droits de la personne confondus, les approfondissements des droits de la personne (par exemple la protection de la vie privée, la protection des lanceurs d'alerte) ne se sont jamais effectués sans luttes et sans remise en cause des droits existants (de propriété notamment). L'opposition entre les deux approches est d'ailleurs plus relative qu'absolue : si l'individu est au-delà de son sexe (il peut en changer éventuellement), un combat féministe situé socialement n'est qu'une concrétisation historique, et nécessaire, d'une affirmation universelle dont la valeur de vérité est intemporelle.

## VI • Vers de nouveaux défis

**87** ***Un noyau dur limité***. L'approche philosophique des droits de la personne, comme l'indique d'ailleurs J. Rawls lui-même, ne doit pas faire oublier qu'ils sont l'objet d'une institutionnalisation complexe qui procède, à différents niveaux, à leur interprétation, et ce, non seulement eu égard aux fins de la liberté, mais également d'autres valeurs sociales, politiques, économiques, voire scientifiques et culturelles[13].

À vrai dire, les déclarations des droits expriment davantage une série de priorités que d'exigences absolues. Mis à part les droits fondamentaux dits non dérogatoires, *in fine*, celui de ne pas subir des traitements inhumains et dégradants, si l'on s'en tient aux textes des conventions internationales[14], les autres sont plutôt l'objet de présomptions qui font incomber la charge de la preuve à celui qui veut les limiter.

**88** ***Une interprétation sensible au contexte***. Il faut observer qu'au sein même de nos sociétés la mise en pratique des principes fondamentaux exprimés dans les déclarations réintroduit ce qu'en général leurs partisans simplistes préfèrent occulter, à savoir la téléologie utilitariste et le relativisme historique. En effet, ce ne sont pas seulement les textes qui protègent, par exemple, le droit des homosexuels, celui des suspects en garde à vue ou des représentants d'une idéologie politique marginale, c'est aussi un certain état des mœurs, auquel se conforment lois, règlements et jurisprudence, et selon lequel tel comportement ne porte pas atteinte à la morale publique (ou lui est contraire), telle situation pénible est (ou n'est pas) le résultat d'un traitement inhumain et dégradant, tel parti ne menace pas

9. Cette polarisation de la femme sur la dignité propre à son sexe et sur son honneur aboutit toutefois à ce que les jusnaturalistes et Rousseau considèrent comme légitime qu'une femme puisse tuer son agresseur pour se protéger d'un viol.
10. *Cf.* les textes de V. de Cleyre réunis par N. Baillargeon et C. Santerre, *Écrits d'une insoumise*, Montréal, 2018.
11. *M. Ozouf, Les mots des femmes*, Paris, 1999, spéc. pp. 392 s. et 409 s.
12. Afin d'éviter par exemple que les panels de test de médicaments pour des pathologies générales, par exemple cardiaques, soient biaisés en genre, donc trop masculins, dissimulant ainsi les effets négatifs éventuels des molécules sur les femmes, ces derniers apparaissant trop tard après l'homologation.
13. En ce sens, v. T. Nagel, « La fragmentation de la valeur », *in Questions mortelles*, PUF, 1983, pp. 151-166.
14. Sur ce point, v. R. Sève, « Les droits de l'homme sont-ils vraiment fondamentaux » *in Éthique et droits fondamentaux*, Presses de l'Université d'Ottawa, 1989, pp. 16-29.

l'ordre démocratique (ou lui est opposé), tous jugements pouvant se modifier avec l'évolution des mentalités et des circonstances (par exemple des attentats terroristes ou des manifestations à répétition). Nous avons souvent tendance à identifier les droits de l'homme à un ensemble de significations naturelles. Or celles-ci, excepté peut-être quand elles concernent un noyau à la signification « évidente », sont en partie floues, le sens naturel n'étant que ce qui semble normal à la majorité ou à une partie influente de la population. Quand il fut beaucoup question de la protection contre la covid-19, on oublia de rappeler que l'enfermement, qui semblerait spontanément à beaucoup constituer une atteinte intolérable aux libertés, est explicitement prévu par la Convention Européenne des Droits de l'Homme « s'il s'agit de la détention régulière d'une personne susceptible de propager une maladie contagieuse ». La protection des libertés ne dépend donc pas des règles mais aussi des faits, du « sentiment général de la communauté juridique » comme l'écrivait Gény, ou — car ce sentiment général est parfois insaisissable — de l'efficacité d'un groupe de pression attaché à élargir l'interprétation des libertés qui lui sont chères. À l'heure des réseaux sociaux, la « communauté juridique » ressemble donc davantage à un écosystème darwinien, où des groupes parfois éphémères, manipulés sinon par des puissances étrangères, du moins organisé par des algorithmes, des médias, associations, syndicats professionnels ou de salariés, partis, administrations et juges aboutissent à un équilibre toujours instable, puisque, dans une « économie de l'attention », la production et la diffusion du faux sont moins coûteuses que celle du vrai. Au sommet, s'ajoute le positionnement des juges de dernier ressort, pour la France, ceux de la CEDH, toujours sous la menace du chantage au retrait d'un pays membre du Conseil de l'Europe, et qui doivent donc placer avec prudence (au sens d'Aristote) le curseur entre droits de l'individu et exercice des prérogatives de la souveraineté.

En définitive, les droits de l'homme, précisément parce qu'ils sont du droit, laissent en permanence des questions ouvertes sur leur portée, comme on le voit bien aujourd'hui en matière de droit à l'information où protection des sources ou droits de propriété intellectuelle peuvent être malmenés ou « challengés » par le « droit à l'accès ». À l'occasion d'événements tragiques (l'attentat contre *Charlie-Hebdo*), on a pu aussi constater paradoxalement des appels à la modération dans la critique des religions, voire des comportements d'autocensure dans certaines manifestations culturelles dans le but de ne pas heurter un culte « sensible ». Il est vrai que le terrorisme aussi rebat les cartes de l'ordre public et donne aux autorités des possibilités, d'une part, de modérer une liberté d'expression susceptible de susciter des troubles impossibles (ou extrêmement coûteux) à pallier par des mesures habituelles de sécurité publique, d'autre part, de renforcer l'arsenal pénal et les méthodes d'investigation des services spécialisés, précisément dans les situations d'urgence.

**89** ***Sciences du comportement et Droits de l'homme.*** Le développement des sciences contemporaines, notamment de l'informatique (intelligence artificielle, *big data*), de la biologie (génomique, neurosciences, biologie synthétique), de la psychologie sociale et de l'économie comportementale donnent néanmoins des dimensions nouvelles à ces problématiques, d'une part en permettant de mieux cerner les tenants et aboutissants de ce sentiment général, soit au niveau des groupes, soit à celui des individus, d'autre part en reposant sur des bases empiriques renouvelées les questions traditionnellement posées par le naturalisme et le matérialisme[15]. Le raisonnement juridique abstrait, le discours des droits, apparaît alors clairement comme un discours idéal, déconnecté des processus réels de raisonnement et d'action, déterminés, quant à eux, par des processus mentaux, cognitifs et émotifs, d'origine génétique et socio-environnementale[16].

La problématique générale est la suivante. Les valeurs, le devoir-être, les droits fondamentaux sont considérés comme rationnels indépendamment des faits. La question est de savoir comment ils rentrent

15. Sur ces questions, v. R. Sève, *Philosophie du droit*, Dalloz, 2017.

16. On trouvera une défense de ce point de vue réaliste, sans références kantiennes, dans T. Nagel, *L'esprit et le cosmos*, trad. fr. par D. et F. Loth, Paris, 2018, p. 150 s. en réponse au néo-darwinisme dominant (entendre dans la philosophie américaine contemporaine).

dans les faits et y sont reconnus et appliqués. Or cette reconnaissance n'implique pas seulement une connaissance. Un adversaire des droits de l'homme peut décrire avec précision l'édifice des droits de l'homme, voire écrire un bon article dans ce livre, et parallèlement ne pas souhaiter les voir appliquer car lui-même n'y adhère pas, par exemple parce qu'il pense, un peu comme un platonicien, que dans la réalité, dans la nature, les hommes ne sont pas égaux, que certains sont supérieurs à d'autres : bref, il ne voit pas autrui comme son semblable. Il s'ensuit que la reconnaissance n'est pas purement affaire de raison mais aussi d'adhésion et que cette dernière dépend aussi de nos émotions (c'est « l'émo-rationalité » du jugement). Par exemple, il y a de très bons arguments rationnels pour considérer beaucoup d'animaux, pas seulement domestiques, comme des personnes *sui generis* mais aussi d'autres pour le nier ou le refouler : les émotions collectives majoritaires vont aujourd'hui plutôt dans le second sens, même si le nombre des *vegans* augmente. Mais puisque les émotions sont conditionnées par nos gênes mais aussi par notre éducation et nos habitudes, et elles-mêmes par la société, il y a donc un fort déterminisme biologique et culturel dans l'adhésion à la doctrine des droits fondamentaux en tant qu'elle ne concerne que les humains mais tous les humains (on a rappelé que les droits de la personne ont été également longtemps déclinés seulement au masculin, pour des raisons sociales et culturelles). Les questions aujourd'hui se posent dans deux directions : restriction des droits aux seuls êtres humains, en entendant ceux dotés d'une conscience au moins minimale ou potentielle (c'est la question de l'euthanasie des patients en mort cérébrale, et de la définition de celle-ci, comme du stade du développement de l'embryon jusqu'auquel est autorisé l'avortement), ou extension vers les animaux, les écosystèmes ou les robots. Dans ce dernier cas, va se poser la question de la conscience numérique qui serait derrière les actes et les paroles des robots, car tout le monde est d'accord pour considérer que l'intelligence artificielle permettra de plus en plus aux robots d'écrire, coder, parler, ou chanter, comme des êtres humains, voire beaucoup mieux.

**90** ***La Science confirme le caractère normatif des droits.*** Après celles de Milgram, les expériences de P. Zimbardo[17], dans lesquelles l'homme civilisé semble devenir en quelques heures un loup pour l'homme, et, en vraie grandeur, la barbarie des armées et des bandes mafieuses ou les difficultés de la (re)construction de l'État de droit dans les pays dévastés par les guerres[18], montrent que la reconnaissance et le respect de l'autre, au-delà des liens immédiats de la famille ou du groupe d'appartenance (qu'une exigence morale ou religieuse forte peut venir d'ailleurs aussi briser), sont des dispositions socialement construites, certes sur des bases biologiques, mais cependant fragiles. Mais sauf à confondre fait et valeur, les sciences contemporaines ne font ainsi que confirmer le caractère normatif des droits de la personne. Leur bien-fondé serait ainsi seulement prouvé *a contrario* par l'impossibilité de construire, en raison pure, un discours alternatif cohérent qui respecte le critère d'universalité[19].

**91** ***Vers un néo-paternalisme ?*** Cette distance thématisée par Kant ou les réalistes en morale, entre la réalité anthropologique empirique et le raisonnement sur les principes, concerne de nombreux débats publics : comment articuler le respect pour l'individu, comme être libre, et les méthodes prédictives de son comportement, statistiquement et même « psycho-biologiquement » déterminé ? Quelles méthodes, basées sur la connaissance de mécanismes psychologiques dont l'individu n'est pas conscient (victime de sa conception naïve de sa propre liberté) peut-on utiliser pour provoquer sa « désistance » ? C'est le dilemme classique de la criminologie et du droit pénal que renouvellent les puissants instruments statistiques de l'analyse factorielle[20] comme de la psychologie et de la psychiatrie. On pourrait même

17. *The Lucifer effect*, New York, 2007.
18. V. M. Klotz et *al.*, *Reconstruction*, Cerem, 2009.
19. Construire ou développer, selon que l'on considère que les valeurs, morales, juridiques ou même esthétiques, dépendent des règles de l'échange des discours, thèse constructiviste, ou existent en soi et sont découvertes, thèse réaliste. Sur ce point v. Rochelau-Houle, « Réalisme moral », version académique, dans M. Kristanek (dir.), *l'Encyclopédie philosophique*, ss : http://encyclo-philo.fr/realisme-moral-gp/.
20. V. I. Dréan-Rivette, *De la criminologie en Amérique*, L'Harmattan, 2011 ; J. Bonta, J. Blais, H. A. Wilson, « Prédiction du risque de récidive chez les délinquants », Sécurité publique/Canada, 2013.

aller plus loin en appliquant les connaissances disponibles sur la rationalité limitée et les biais émotifs et cognitifs des agents pour évaluer la qualité du jugement des magistrats et des fonctionnaires de la Justice, tous sujets indirectement en débat aujourd'hui, par exemple dans le programme de la Banque mondiale, *Data and Evidence for Justice Reform*.

Cette polarisation entre mécanismes anthropologiques et droits des individus, comme le montrent d'autres contributions à ce volume, traverse aussi le droit du travail, le droit de la consommation ou le droit de la parentalité. À titre d'illustration, un concept comme celui d'addiction, qui renvoie à des analyses extrêmement précises portant sur les circuits de la décision et de la récompense, peut servir à éclairer aussi bien le marketing que la clinique. Il encourage des approches nouvelles de la dépendance, soit à des fins de prévention (du jeu par exemple), ou de protection (de la publicité), soit à des fins de traitement, y compris chimiothérapiques. Il éclaire des phénomènes complexes et douloureux, paradoxaux d'un point de vue platement utilitariste, auxquels sont confrontés les juges et les travailleurs sociaux, comme la double addiction au sein du couple, d'un de ses membres à l'alcool ou à la drogue, de l'autre par effet miroir et attachement au premier, trop souvent au détriment des enfants. Une attention toute particulière doit être en effet accordée dans ce domaine aux publics fragiles, notamment les enfants, dans leurs rapports aux parents, leurs activités de jeux ou leurs relations sociales numériques. À ce jour, l'enfant est encore un angle mort de la théorie des droits fondamentaux, du moins dans les pratiques institutionnelles qui en découlent.

Montrer plus généralement les mécanismes qui président aux attitudes et aux actions, par exemple les biais de recrutement ou de promotion, ou l'influence de la publicité sur l'organisation neuronale de la perception, de la mémoire, de l'acte d'achat, comme celle des jeux vidéo sur la violence, *etc.*, peut conduire alors à imaginer de nouvelles régulations qui garantissent moins une liberté, réduite alors à un horizon de principe, qu'elles ne protègent des intérêts que l'individu n'apparaît plus apte à protéger lui-même parce que la liberté conférée aux autres contourne ses défenses[21], *a fortiori* s'il s'agit d'un enfant. Si la norme juridique devient plus soucieuse d'efficience en matière de liberté individuelle, il est probable que dans les années qui viennent des réflexions s'ouvriront sur une gestion plus subtile des effets de seuil (âges minimaux d'accès ou de consommation), en fonction des données disponibles sur les conduites à risques et les dépendances précoces, et pourraient même rouvrir le débat sur l'égalité des sexes, cette fois sans doute en faveur des femmes, et sur les droits parentaux à partir d'approches renouvelées épistémologiquement et administrativement de la maltraitance.

**92** ***La question du transhumanisme et des droits des non-humains***. Si la science peut favoriser le développement d'une protection plus efficace des individus à l'égard des « forces du marché » (y compris des marchés de produits voire d'idées illicites), elle peut aussi tracer les voies d'une nouvelle humanité, transhumaine, s'attaquant ainsi à un présupposé sous-jacent à la théorie des droits de la personne, non seulement la relative égalité de capacités entre elles mais leur commune identité. Or si l'on envisage que des individus voient, par la génétique ou la bio-ingénierie, leurs capacités, non pas seulement physiques mais mentales, augmentées (mémoire, capacités de calcul, contrôle de soi…), ou que des ordinateurs humanoïdes ou non, manifestent des capacités équivalentes, y compris le sentiment de soi (c'est la problématique de la conscience numérique) ou la reconnaissance d'autrui, voire que des individus réels construisent de leur vivant, ou fassent construire par un légataire, un double numérique, on peut s'interroger sur les conséquences de ces évolutions sur les droits de l'homme et les institutions qui en découlent.

Une première ligne de réflexion consisterait à considérer que ces changements étant inégalement diffusés, une « surhommocratie » ou même une IA-cratie viendrait à naître, reléguant l'humanité non évoluée à l'état de dominée par nature. De ce point de vue, on retrouverait ainsi dans l'avenir une tendance à rétablir le schéma platonicien de l'organisation sociale (*cf. supra* 73), fondée sur l'inégalité des

21. V. *Archives Phil. Dr.*, t. 55, « Sciences de l'Esprit et Droit », 2012 ; t. 59, « Vers de nouvelles humanités ? », 2017.

capacités et non sur l'égale dignité, à cette différence près qu'au sommet de la pyramide on trouverait non des humains mais des intelligences suprahumaines connectées à quelques intelligences humaines résiduelles (c'est le problème des IA pilotant d'autres IA). En pratique, si l'on considère les animaux, qui, alors que la science leur découvre de plus en plus des qualités de raisonnement, de conscience de soi et d'autrui développées, subissent tous les jours des traitements cruels et dégradants, on ne peut par analogie que s'inquiéter de l'indifférence ou de la dureté que les transhumains (les IA, les super-robots, *etc.*) pourront manifester à l'égard des humains moins évolués, à moins de mener de front les deux combats (dignité des animaux et des hommes « normaux »).

Inversement, l'égale dignité renvoyant à un mélange de raison et d'émotions (la sensibilité), une vaste extension du domaine des droits de l'homme serait envisageable en faveur des robots, des ordinateurs empathiques et des animaux (compte tenu de certaines pratiques d'élevage, l'urgence serait d'ailleurs de commencer par-là), voire des plantes et des écosystèmes[22]. Juridiquement, la question se pose déjà de reconnaître un droit de « survie » à un ordinateur qui contiendrait des traces développées, — écrits, paroles, images, voix, voire simulations numériques —, d'un individu décédé (ce qui pose la question de la transposabilité de la personnalité humaine dans un support numérique, avatar ou non du corps). À l'autre extrémité, plutôt que d'envisager seulement les dangers des progrès scientifiques, on pourrait aussi s'interroger sur la portée d'un eugénisme qui éliminerait ou soumettrait à la raison précisément les tendances des individus à la violence ou à l'absence d'empathie.

Enfin, on remarquera que le débat est intense parmi les scientifiques, notamment les astrophysiciens, mais pas démocratiquement très partagé, pour savoir si l'humanité doit activement ou non rechercher d'autres civilisations dans l'Univers, prenant le risque d'en rencontrer qui, par crainte ou sentiment de supériorité (analogue au nôtre à l'égard des animaux), ne nous feraient pas bénéficier des argumentaires rationalistes ci-dessus et donc du respect qui serait logiquement dû à toute intelligence, même limitée.

## PISTES DE RÉFLEXION

- Les droits de la personne sont-ils une morale minimale ?
- Les droits de la personne sont-ils propres à la « civilisation » occidentale ?
- La science menace-t-elle les droits de la personne ou en élargit-elle la portée ?
- Le transhumanisme, menace ou utopie utile ?

22. Sur ce point, v. E. Coccia, « Le jardin cosmogonique », *in* Q. Herniaux et B. Timmermans, *Philosophie du végétal*, Paris, 2018, p. 133-147. L'écosystème étant une entité collective, l'analogie devrait plutôt s'effectuer avec les droits politiques et culturels des peuples. Au niveau de l'individu, il s'agit de l'alternative classique : faut-il mieux être un animal sauvage/un autochtone dans son milieu naturel avec une espérance de vie plus courte ou dans un milieu artificiel mais plus protégé (un zoo, une ville).

Thème 4

# La dimension internationale et européenne des libertés et droits fondamentaux

FABIEN MARCHADIER
*Professeur à l'Université de Poitiers,*
*Équipe de recherche en droit privé (ERDP)*

JEAN-PIERRE MARGUÉNAUD
*Agrégé de droit privé et de sciences criminelles*
*Institut de droit européen des droits de l'homme (EA 3976),*
*Université Montpellier I*

Historiquement et symboliquement, la Déclaration universelle des droits de l'homme est l'acte fondateur de la protection internationale des droits humains. Elle a inspiré et continue d'inspirer nombre de textes internationaux garantissant les droits fondamentaux. Les conventions régionales, telle que la Convention européenne des droits de l'homme, s'inscrivent dans un rapport de filiation avec la vénérable Déclaration onusienne. La multiplication des textes, à l'échelle mondiale ou régionale et singulièrement européenne, n'est pas qu'un exercice de répétition. Tous ces textes œuvrent au dépassement de la symbolique et à l'effectivité toujours plus grande des droits fondamentaux parce qu'ils sont susceptibles d'être utilement invoqués devant les juridictions internes, qu'ils s'accompagnent d'un mécanisme de contrôle du respect de leurs dispositions par les États parties et que la réalisation de ce contrôle international provoque des évolutions du droit et des pratiques internes.

**93** ***Les sources du droit international et européen des droits de l'homme.*** En matière de protection internationale et européenne des droits fondamentaux, tout semble devoir découler de l'emblématique Déclaration universelle des droits de l'homme (DUDH). Bâtie pour tirer les leçons de la Seconde Guerre mondiale, dont les ruines étaient encore sanglantes et nauséabondes, elle est le fruit du travail et de la volonté d'une commission de neuf membres dont l'Histoire commence malheureusement à oublier les noms de sa présidente, Eleanor Roosevelt, et de René Cassin alors qu'elle devrait pourtant se souvenir aussi de ceux de son rapporteur libanais, Charles Malik, de son vice-président chinois, l'ardent défenseur de l'universalisme des droits de l'homme Peng Chun Chang, du défenseur des droits sociaux, le Chilien Hernan Santa Cruz, et de sa cheville ouvrière canadienne, John Peter Humphrey. Adoptée par l'Assemblée générale des Nations unies le 10 décembre 1948, elle se trouve, en effet, au frontispice de la plupart des instruments internationaux ou régionaux de protection des droits de l'homme qui ont été élaborés depuis. On la trouve sans surprise dans les préambules des deux pactes de New York du 16 décembre 1966 destinés à promouvoir les droits qu'elle énonce : le Pacte international relatif aux droits civils et politiques et le Pacte international relatif aux droits économiques, sociaux et culturels. La référence à la Déclaration universelle des droits de l'homme figure également dans la plupart des autres textes onusiens à vocation universelle (Convention internationale sur l'élimination de toutes les formes de discriminations raciales du 21 décembre 1965, Convention internationale sur l'élimination de toutes les formes de discrimination à l'égard des femmes du 18 décembre 1979, Convention contre la torture et autres peines ou traitements cruels, inhumains ou dégradants du 10 décembre 1984, Convention internationale des droits de l'enfant du 20 novembre 1989, Convention internationale pour la protection de toutes les personnes contre les disparitions forcées du 18 décembre 1990, Convention internationale sur la protection des droits de tous les travailleurs migrants et de leur famille du 18 décembre 1990, Convention relative aux droits des personnes handicapées du 13 décembre 2006).

Les plus importants des textes régionaux protecteurs des droits de l'homme ont également été placés sous son parrainage pour justifier leur nécessité et parfois leur contenu. C'est ainsi que la Convention américaine des droits de l'homme du 22 novembre 1969 s'appuie sur le principe d'indivisibilité des droits de l'homme promu par la DUDH pour garantir à la fois des droits civils et politiques et des droits de nature économique et sociale. C'est ainsi encore que la Convention de sauvegarde des droits de l'homme et des libertés fondamentales (Conv. EDH) du 4 novembre 1950 réunit les premières mesures propres à assurer la garantie collective de certains des droits énoncés dans la Déclaration universelle. Quant à la Charte africaine des droits de l'homme, elle s'inscrit dans le prolongement de l'engagement pris par les États parties de favoriser la coopération internationale dans le respect de la Charte des Nations unies et de la Déclaration universelle des droits de l'homme. Il faut noter cependant que l'utilisation symbolique n'est pas toujours dépourvue d'ambiguïté comme le montre la Charte arabe des droits de l'homme du 14 septembre 1994 qui se réfère à la fois à la Déclaration universelle et à la Déclaration du Caire sur les droits de l'homme en Islam qui fait allégeance à la charia. Il arrive aussi qu'il ne soit fait référence qu'à d'autres textes qui y renvoient : seule la Convention européenne des droits de l'homme apparaît dans le préambule de la Charte sociale européenne révisée du 3 mai 1996 ; la Charte des droits fondamentaux de l'Union européenne ne rend hommage qu'aux instruments européens de protection des droits de l'homme et aux traditions constitutionnelles communes aux États membres, même si elle réaffirme l'attachement des États membres aux principes d'universalité et d'indivisibilité des droits de l'homme.

**94** ***Exigence d'effectivité.*** La forte charge symbolique de la DUDH lui permet donc d'irradier l'ensemble des textes internationaux qui sont destinés à la protection des droits de l'homme. Elle ne suffit pas, bien entendu, à les rendre concrets et effectifs. Or, c'est bien en termes d'effectivité que doit aujourd'hui se mesurer la dimension internationale et européenne des droits fondamentaux.

C'est pourquoi, délaissant la beauté du symbole pour la quête de l'effectivité, il faudra adopter une démarche qui permettra de comprendre suivant quelle(s) technique(s) les droits de l'homme deviennent de plus en plus concrets et effectifs. Ils commencent à le devenir grâce à l'application nationale des textes internationaux qui les consacrent (***I.***) ; ils le seront davantage encore si leur application fait l'objet d'un contrôle international (***II.***) ; ils le deviendront pleinement si le contrôle international peut avoir des retombées nationales (***III.***).

## I • L'application nationale des textes internationaux protecteurs des droits fondamentaux

**95** ***Signature.*** Dans un État d'inspiration moniste comme la France, l'application des textes internationaux suppose d'abord qu'ils soient signés. Cette condition d'évidence mérite d'autant plus d'être rappelée que certains d'entre eux ont un fort retentissement alors pourtant que la France ne s'est pas donné la peine de les signer. Tel est le cas à ce jour du Protocole additionnel n° 12 à la Convention européenne des droits de l'homme, en vigueur depuis le 1er avril 2005, dont l'article 1er porte interdiction générale de la discrimination.

**96** ***Ratification.*** Il faut ensuite qu'ils aient été régulièrement ratifiés ou approuvés. Il peut d'ailleurs s'écouler un délai considérable entre le moment de la signature et le moment de la ratification : plus de vingt-trois ans pour la Conv. EDH, presque quinze ans pour la Convention d'Oviedo du 4 avril 1997 sur les droits de l'homme et la biomédecine. La procédure de ratification se déroule en deux temps : l'autorisation législative de procéder à la ratification et la ratification proprement dite qui résulte d'un décret du président de la République assurant la publication du texte international au *Journal officiel.* Or, il peut advenir un certain nombre d'interférences ou de confusions entre ces deux phases. C'est ainsi, d'une part, que l'autorisation de ratifier la Conv. EDH délivrée par la loi n° 73-1227 du 31 décembre 1973 n'a été suivie d'une publication au *Journal officiel* du 4 mai 1974 qu'après un « coup de force » auprès des services administratifs du président de la République par intérim Alain Poher. C'est ainsi, d'autre part, que la DUDH ne peut pas, aux termes d'une jurisprudence constante du Conseil d'État, initiée par un arrêt du 18 avril 1951 rendu dans l'affaire *Élection de Nolay*, être considérée comme ayant été ratifiée puisqu'elle a seulement fait l'objet d'une publication au *Journal officiel* du 9 février 1949.

**97** ***Entrée en vigueur.*** La ratification ne suffit pas toujours à entraîner l'engagement international de l'État. En effet, la plupart des conventions internationales et plus particulièrement celles qui visent la protection des droits de l'homme fixent par une disposition finale le nombre de ratifications nécessaires à leur entrée en vigueur. Tant que ce nombre n'est pas atteint, les premiers États à avoir procédé à la ratification n'assument encore aucune obligation. C'est ainsi, par exemple, que le Protocole d'amendement à la Convention pour la protection des personnes à l'égard du traitement automatisé des données à caractère personnel signé à Strasbourg le 10 octobre 2018 prévoit qu'il entrera en vigueur le premier jour du mois qui suit l'expiration d'une période de trois mois après la date à laquelle toutes les Parties à la Convention (STE n° 108) auront exprimé leur consentement à être liées par le Protocole (art. 37, § 1). Or, au 16 janvier 2023, ce Protocole additionnel, signé par quarante-trois États (dont 4 extérieurs au Conseil de l'Europe), a été ratifié par seulement vingt d'entre eux. Il est encore nécessaire d'attendre des mois voire des années avant que de nouvelles ratifications provoquent l'entrée en vigueur de ce Protocole modernisant et améliorant la protection des personnes au regard du traitement de données à caractère personnel en tenant compte des nouveaux défis qui ont vu le jour en matière de depuis l'adoption de la Convention (STE n° 108) en 1980. À supposer que la ratification suffise à l'entrée en vigueur, il faut encore s'assurer que toutes les dispositions sont visées par la ratification et que certaines d'entre elles n'ont pas fait l'objet d'une réserve ou d'une déclaration.

**98** ***Déclarations et réserves.*** Alors que tous les praticiens se réfèrent chaque jour à la Conv. EDH, beaucoup ignorent sans doute que la France a émis des réserves au moment de sa ratification. En 1974, elle a notamment précisé : d'une part, que les circonstances déterminant la mise en œuvre de l'article 16 de la Constitution ou motivant une déclaration d'état de siège ou d'état d'urgence « doivent être comprises comme correspondant à l'objet de l'article 15 » de la Convention qui est d'autoriser les États à déroger temporairement aux droits et libertés conventionnellement garantis « en cas de guerre ou en cas d'autre danger public menaçant la vie de la Nation » ; d'autre part, que les termes restrictifs de l'article 15, « dans la stricte mesure où la situation l'exige », ne sauraient limiter les pouvoirs exceptionnels qu'exerce le président de la République au titre de l'article 16. Ultérieurement, et de façon très significative, la France a accompagné sa ratification du Protocole n° 7 d'une réserve destinée à préserver les dispositions de droit local en Nouvelle-Calédonie, à Mayotte et à Wallis-et-Futuna malgré leur singularité, notamment à l'égard du couple et de la famille. Il n'est donc pas exclu que les juridictions françaises appliquent des dispositions particulièrement choquantes comme l'illustre un arrêt de la première chambre civile de la Cour de cassation rendu le 25 février 1997[1]. L'affaire avait trait à la succession d'un individu d'origine comorienne décédé à Mayotte en 1975. Plusieurs enfants du défunt, dont la filiation était incertaine, prétendaient avoir été exclus à tort de la succession. Faute d'une renonciation dûment établie à leur statut personnel, il convenait d'écarter les dispositions du Code civil français relatives à la possession d'état d'enfant légitime au bénéfice du droit musulman. Or, dans la mesure où il ne connaît que la filiation légitime, le tribunal supérieur d'appel ne pouvait leur attribuer les mêmes droits successoraux qu'aux autres héritiers sans avoir préalablement vérifié qu'ils étaient nés des mariages réguliers de leur père. La censure prononcée par la Haute juridiction, au visa de l'article 75 de la Constitution et des règles du statut civil de droit local applicable à la cause, équivalait à tolérer la polygamie, à admettre que des citoyens français soient privés du droit de faire établir leur filiation hors mariage et, par conséquent, à accepter les discriminations successorales entre les enfants naturels et légitimes. C'est bien en raison de la réserve que la France ne se serait pas exposée à un constat de violation de la part de la Cour de Strasbourg, laquelle n'hésite pas cependant à neutraliser des réserves pourtant très explicites[2]. Dans le même ordre d'idées, en ratifiant la Convention internationale des droits de l'enfant, la France a précisé qu'aucune disposition de cette Convention, singulièrement l'article 6 relatif au droit à la vie, n'était susceptible d'affecter le droit de recourir à une interruption volontaire de grossesse. La France a également formulé, à l'égard de l'article 30 relatif aux enfants appartenant à une minorité, une réserve destinée à écarter purement et simplement son application en raison de son incompatibilité avec la Constitution. Dès lors, et comme le Conseil d'État a eu l'occasion de le préciser dans une affaire *Paturel*[3], ce texte ne peut être utilement invoqué devant les tribunaux.

Pourtant, il a pu arriver que la France ait oublié de tenir compte de ses propres réserves puisqu'elle n'a pas hésité à se référer à la Conv. EDH pour réformer la transmission du nom de famille alors que, lors de la ratification du Protocole additionnel n° 7, elle avait soustrait cette question à l'influence de l'article 5 consacré à l'égalité entre époux. De même, la déclaration destinée à prémunir le droit local de ce même principe d'égalité n'a plus guère de sens depuis la loi n° 2003-660 du 21 juillet 2003 modifiant la loi n° 2001-616 du 11 juillet 2001 relative à Mayotte, à laquelle a succédé l'ordonnance n° 2010-590 du 3 juin 2010 portant dispositions relatives au statut civil de droit local applicable à Mayotte et aux

1. Civ. 1re, 25 févr. 1997, *Cts Abdallah c/ M. Y. Abdallah et a.*, *Rev. crit. DIP* 1998. 602, note G. A. L. Droz ; *D.* 1997. 453, note H. Fulchiron ; *Dr fam.* 1997/5. 12, obs. P. M. ; *JCP* 1997. II. 22968, note L.-A. Barrière et T. Garé.
2. CEDH 4 mars 2014, *Grande Stevens c/ Italie*, req. n° 18640/10. En revanche, le CE applique le traité international en tenant compte des réserves mais sans pouvoir apprécier leur validité (CE, ass., 12 oct. 2018, n° 408567).
3. CE 3 juill. 1996, *Paturel*, *JCP* 1996. I. 2279, obs. M.-C. Rouault.

juridictions compétentes pour en connaître. En particulier, l'article 1er alinéa 2 de cette ordonnance prévoit que « l'exercice des droits, individuels ou collectifs, afférant au statut civil de droit local ne peut, en aucun cas, contrarier ou limiter les droits et libertés attachés à la qualité de citoyen français ». En ce sens, son article 2 précise que « la collectivité départementale et l'État mettent en œuvre conjointement les actions destinées à assurer, à Mayotte, l'égalité des femmes et des hommes ». Outre les dispositions en faveur de l'indépendance et de l'autonomie des femmes (art. 10), sont prohibées la polygamie (art. 9), la répudiation (art. 11) et les discriminations successorales (art. 12).

Une fois ces éléments vérifiés, l'application des textes internationaux devant les juridictions internes peut enfin concrètement se réaliser en fonction des dispositions de l'article 55 de la Constitution et de la reconnaissance de leur effet direct.

**99** ***Primauté.*** Selon l'article 55, « les traités ou accords régulièrement ratifiés ou approuvés ont, dès leur publication, une autorité supérieure à celle des lois, sous réserve, pour chaque accord ou traité, de son application par l'autre partie ». Les traités relatifs aux droits de l'homme obéissent, à cet égard, à un régime dérogatoire : ils ne sont pas concernés par la condition de réciprocité. Nul État partie ne peut en effet échapper à ses obligations en excipant de la violation des droits fondamentaux par un autre État partie. L'exception tirée du défaut de réciprocité est inopérante devant les juridictions internes et le serait tout autant devant les organes internationaux chargés de veiller au respect de tel ou tel texte international, en particulier la Conv. EDH en raison du caractère objectif de ses dispositions. L'ancienne Commission européenne des droits de l'homme (Commission EDH) a clairement exprimé cette idée dans sa décision *Autriche c/ Italie* en affirmant que « les obligations souscrites par les États contractants dans la Convention ont essentiellement un caractère objectif, du fait qu'elle vise à protéger les droits fondamentaux des particuliers plutôt qu'à créer des droits subjectifs et réciproques entre ces derniers »[4]. Cet élément caractéristique a maintes fois été réaffirmé, notamment dans une décision du 6 décembre 1983 où il apparaît avec une particulière netteté, la Commission EDH énonçant que « le principe général de réciprocité en vigueur en droit international et la règle figurant à l'article 21 § 1 de la Convention de Vienne sur le droit des traités relative aux relations bilatérales aux termes d'un traité multilatéral, ne s'appliquent pas aux obligations découlant de la Convention européenne des droits de l'homme »[5]. En précisant, à propos du traité portant statut de la Cour pénale internationale, que « les obligations nées de tels engagements s'imposent à chacun des États parties indépendamment des conditions de leur exécution par les autres États parties », le Conseil constitutionnel a adopté une position similaire qui vaut d'une manière générale puisqu'il vise tous les engagements garantissant les droits humains[6]. La neutralisation de cette condition de réciprocité illustre ainsi le caractère objectif des droits de l'homme[7]. C'est donc indépendamment de la réciprocité que les traités relatifs aux droits de l'homme jouissent de la primauté sur les lois internes qui leur sont contraires, qu'elles soient antérieures ou postérieures à l'entrée en vigueur du texte international. Cette solution, unanimement admise par les juridictions de l'ordre judiciaire comme de l'ordre administratif, est à l'origine d'une des plus célèbres controverses ayant opposé la Cour de cassation et le Conseil d'État. La première, par son arrêt de Chambre mixte du 24 mai 1975 rendu dans l'affaire *Société des cafés Jacques Vabre*[8] a admis très tôt la primauté des traités dûment ratifiés sur toutes les lois contraires tandis que le Conseil d'État, invoquant la théorie de l'écran législatif et la doctrine Matter, avait décidé, par son arrêt *Syndicat national des fabricants de semoule* du 1er mars 1968 que les traités n'avaient primauté que lorsque leur ratification correspondait à la dernière expression de la volonté nationale et qu'ils devaient par conséquent s'incliner lorsque, après

4. Comm. EDH 11 janv. 1961, *Autriche c/ Italie*, req. n° 788/60.
5. Comm. EDH 6 déc. 1983, *France c/ Turquie*.
6. Cons. const. 22 janv. 1999, n° 98-408 DC, Traité portant statut de la Cour pénale internationale.
7. V. F. Sudre, L. Milano, H. Surrel, *Droit européen et international des droits de l'homme*, 14e éd., PUF, 2019, n° 36 et s.
8. Cass., Ch. mixte, 24 mai 1975, *D.* 1975. 497, concl. Touffait ; *JCP* 1975. II. 18180 *bis*, concl. Touffait ; *AJDA* 1975. 567, note J. Boulouis ; *Rev. crit. DIP* 1976. 347, note J. Foyer et D. Holleaux.

leur entrée en vigueur, le législateur avait adopté une loi venant les contredire. Ce n'est que par son désormais célèbre arrêt *Nicolo* du 20 octobre 1989[9] que le Conseil d'État s'est aligné sur son homologue de l'ordre judiciaire. Les traités internationaux protecteurs des droits de l'homme bénéficient eux aussi de cette primauté. Encore convient-il de préciser qu'il ne s'agit pas d'une primauté générale et absolue. Elle ne vaut pas, en effet, à l'égard des dispositions de nature constitutionnelle. C'est ce qu'ont décidé le Conseil d'État par son arrêt d'Assemblée rendu le 30 octobre 1998 dans l'affaire *Sarran et Levacher* et la Cour de cassation dans un arrêt d'assemblée plénière *Mademoiselle Fraisse*. C'est ainsi que les moyens tirés de la violation de la Conv. EDH et du Pacte international des droits civils et politiques (PIDCP) ont été écartés en tant qu'ils étaient respectivement dirigés contre une disposition législative à laquelle faisait référence un article de la Constitution[10] et contre une disposition d'une loi organique[11]. À la lumière de la jurisprudence récente de la chambre criminelle de la Cour de cassation, les rapports entre les traités internationaux relatifs aux droits de l'homme et les normes constitutionnelles paraissent cependant moins nets[12].

**100 *Effet direct*.** Toutefois, la primauté en elle-même n'est rien. Encore faut-il déterminer et connaître les moyens permettant d'en tirer profit. Le plus important et le plus général est celui que l'on pourrait appeler le plein effet direct qui permet d'abord et surtout aux particuliers d'invoquer devant les tribunaux nationaux le respect d'un droit octroyé par le texte international.

Traditionnellement, l'effet direct des dispositions internationales découle de la conjugaison de deux éléments. Le premier, plutôt subjectif, consiste à vérifier que les États parties n'ont pas seulement entendu s'obliger mutuellement, mais qu'ils ont manifesté leur intention de créer des droits au profit des individus. Ce premier élément se ramène souvent à une question de terminologie. Ainsi que le soulignait la CEDH dans son arrêt *Irlande c/ Royaume-Uni*[13], « en substituant le mot "reconnaissent" à "s'engagent à reconnaître" dans le libellé de l'article 1, les rédacteurs ont voulu indiquer [...] que les droits et libertés du Titre I seraient directement reconnus à quiconque relèverait de la juridiction des États contractants ». Le second, plutôt objectif, tient au caractère complet et précis des dispositions en cause, de sorte qu'aucun autre acte, notamment étatique, n'est nécessaire pour permettre leur mise en œuvre. L'exigence de précision pourrait être un obstacle à la reconnaissance de l'effet direct des dispositions garantissant des droits de l'homme tant leur énoncé est général et l'emploi de notions floues, vagues et indéterminées fréquent. Bien souvent, en effet, c'est la condition même d'un accord par le plus grand nombre d'États. Il est toujours plus simple de s'entendre sur des grands principes, sur lesquels l'unanimité existe sincèrement, que de se prononcer directement sur ce qu'impliquent la réalisation concrète et le respect de ces grands principes, face auxquels les particularismes nationaux s'affirment le plus sûrement. Pour autant, cette particularité n'est pas en elle-même décisive. D'une part, parce que l'objection disparaît toutes les fois qu'il existe un organe chargé d'interpréter le texte et de veiller à son respect par les différents États parties. D'autre part, et surtout, parce que la généralité n'exclut pas nécessairement la précision aux fins de reconnaissance de l'effet direct. Les textes garantissant le droit au nom, le droit au respect de la vie privée et familiale ou élevant l'intérêt de l'enfant en considération primordiale pour toutes les décisions le concernant sont incontestablement d'effet direct alors même qu'ils ne permettent pas d'identifier avec certitude leur contenu. L'article 8 de la Convention européenne des droits de l'homme n'est pas moins ésotérique que l'article 9 du Code civil[14]. Néanmoins, chaque fois qu'un acte complémentaire

---

9. CE 20 oct. 1989, *RFDA* 1989. 813, concl. P. Frydman ; *Clunet* 1990. 105 ; *Rev. crit. DIP* 1990. 125, concl. P. Frydman, note P. Lagarde.
10. CE, ass., 30 oct. 1998, *Sarran, Levacher et a.*, *D.* 2000. 152, note Aubin.
11. Cass., ass. plén., 2 juin 2000, *M^lle^ Fraisse*, *Gaz. Pal.* 2000, n° 359-363, p. 7, note J.-F. Flauss ; *D.* 2000. 865, note B. Matthieu et M. Verpeaux.
12. V. Cass., ass. plén., 15 avr. 2011, évoquant l'obligation de se conformer immédiatement au droit européen, repris par Crim. 31 mai 2011, *D.* 2011. 2086, note H. Matsopoulou : malgré la décision du Cons. const. qui avait reporté au 1^er^ juill. 2011 ses effets, la Cour considère que l'art. 6 § 3 devait être appliqué immédiatement, justifiant l'annulation des gardes à vue, y compris en matière douanière, ne respectant pas les droits de la défense.
13. CEDH 18 janv. 1978, *Irlande c/ Royaume-Uni*, req. n° 5310/71, § 235.
14. Comp. CE 4 juill. 2012, req. n° 341533, à propos des art. 27 et 29 de la convention du 13 déc. 2006 relative aux droits des personnes handicapées.

sera nécessaire à la réalisation de telle ou telle stipulation, elle ne produira aucun effet direct. C'est ainsi que ni les articles 15, 17, § 1[15] et 24[16] de la Charte sociale européenne, ni les articles 5, § 3 et 19 de la convention du 13 décembre 2006 relative aux droits des personnes handicapées ne sauraient être utilement invoqués[17].

Cette double condition comporte une part d'arbitraire si bien qu'il est parfois difficile d'identifier ce qui, dans une convention internationale relative aux droits de l'homme, est doté de l'effet direct et ce qui en est privé, lorsque ce n'est pas le texte lui-même, dans son intégralité, qui est dépourvu de ce caractère. Pour certains d'entre eux, l'hésitation n'est guère permise. Malgré quelques décisions dissonantes et désormais anecdotiques[18], l'effet direct de la Conv. EDH a été admis sans difficulté[19]. Cette reconnaissance est d'autant plus remarquable que la CEDH n'a jamais imposé l'effet direct des dispositions de la Convention dans l'ordre juridique interne. Tout au plus a-t-elle manifesté sa préférence pour cette solution dans l'arrêt *Irlande c/ Royaume-Uni* lorsqu'elle précise que l'intention des rédacteurs de la Convention « se reflète avec une fidélité particulière là où la Convention a été incorporée dans l'ordre juridique interne »[20]. Il en va de même du Pacte international relatif aux droits civils et politiques[21]. D'autres textes ont suscité davantage de difficultés. Plus que tout autre, la Convention internationale des droits de l'enfant (CIDE) et son traitement par les juridictions françaises illustrent la profonde indétermination qui sous-tend les critères de l'effet direct. D'abord, c'est au texte lui-même que la Cour de cassation a dénié l'effet direct par le célèbre arrêt *Lejeune* de 1993[22]. Elle avait alors sèchement rejeté le pourvoi qui reprochait à la cour d'appel d'avoir fixé les modalités d'exercice d'un droit de visite et d'hébergement d'un enfant âgé de onze ans sans avoir procédé à son audition en méconnaissance des articles 1er, 3, 9 et 12 de la CIDE en énonçant que « les dispositions de la Convention relative aux droits de l'enfant, signée à New York le 26 janvier 1990, ne peuvent être invoquées devant les tribunaux, cette Convention, qui ne crée d'obligations qu'à la charge des États parties, n'étant pas directement applicable en droit interne ». Sa position tranchait avec celle du Conseil d'État qui, développant une jurisprudence tout en nuance, analysait chaque disposition invoquée par les requérants avant de se prononcer sur leur effet direct. Dans l'affaire *Camara*[23], c'est à l'aune des articles 9 et 19 de la CIDE qu'il a examiné la légalité d'un arrêté de reconduite à la frontière visant un ressortissant malien marié et père de deux fillettes alors en bas âge. Par la suite, ce sont les articles 3, § 1, relatif à la prise en compte de l'intérêt de l'enfant dans les décisions le concernant[24] et 16 relatif au respect de la vie privée[25] qui ont été dotés de l'effet direct. Ce n'est qu'en 2005 que la Cour de cassation a opéré un revirement de jurisprudence et qu'elle a adopté la même méthodologie que le Conseil d'État[26]. C'est une douloureuse et médiatique affaire d'enlèvement international d'enfant qui a offert à la Cour de cassation l'occasion d'énoncer solennellement : « l'article 3-1 de la Convention de New York relative aux droits de l'enfant, disposition qui est d'application directe devant la juridiction française ». Il est vrai que la Cour de cassation avait annoncé son revirement en censurant, un mois auparavant, un arrêt de cour d'appel qui n'avait pas

15. Civ. 1re, 21 nov. 2019, n° 19-15.890.
16. Cass. ass. plén., 17 juill. 2019, n° 19-70.010.
17. CE 4 juill. 2012, req. n° 341533, préc.
18. Civ. 1re, 1er oct. 1986, n° 84-17.090, affirmant « que les dispositions de l'art. 1er de la loi du 11 germinal an XI ne sont pas contraires aux articles précités de la CEDH qui se bornent à poser des principes généraux relatifs au respect de la vie privée et familiale, à la liberté de conscience et à l'interdiction des discriminations entre les individus ».
19. Crim. 3 juin 1975, *Respino*, *Bull. crim.* n° 141 et plus nettement Crim. 30 juin 1976, *D.* 1977. 1, note P. Coste-Floret.
20. CEDH 18 janv. 1978, *Irlande c/ Royaume-Uni*, req. n° 5310/71, § 235, préc.
21. V. par ex. Civ. 1re, 13 déc. 1989, *D.* 1990. 273, rapp. J. Massip.
22. Civ. 1re, 10 mars 1993, *D.* 1993. 361, note J. Massip ; *ibid. Chron.* 203, M.-C. Rondeau-Rivier ; *ibid.* 1994. Somm. 34, obs. F. Dekeuwer-Défossez ; *RDSS* 1993. 533, note F. Monéger ; *Rev. crit. DIP* 1993. 449, note P. Lagarde ; *RTD civ.* 1993. 361, obs. J. Hauser.
23. CE 30 juin 1993, req. n° 136601.
24. CE 22 sept. 1997, *Cinar*, *JCP* 1998. II. 10051, note A. Gouttenoire-Cornut ; *RTD civ.* 1997. 908, obs. J. Hauser.
25. CE 10 mars 1995, *Demirpence*, *D.* 1995. 617, concl. R. Abraham, note Y. Benhamou.
26. Civ. 1re, 14 juin 2005, *D.* 2005. 2790, note F. Boulanger ; *Rev. crit. DIP* 2005. 679, note D. Bureau ; *JDI* 2005. 1131, note C. Chalas ; *RTD civ.* 2005. 556, obs. R. Encinas de Munagorri ; *JCP* 2005. II. 10115, concl. C. Petit, note C. Chabert.

répondu à la demande de l'enfant d'être entendu au cours d'une procédure engagée par son père aux fins d'obtenir une modification de sa résidence[27]. La cassation se fondait notamment sur l'article 12, § 2 de la CIDE qui accorde à l'enfant le droit d'être entendu dans toute procédure judiciaire ou administrative le concernant et auquel le Conseil d'État avait, en 1996, refusé tout effet direct au prétexte qu'il créait seulement des obligations entre les États sans ouvrir de droits aux intéressés[28]. C'est seulement en 2008 que le Conseil d'État a estimé, sans autres justifications que l'improbable et commode force de l'évidence, « que les stipulations du 2 de l'article 12 étant d'effet direct, un requérant peut utilement s'en prévaloir à l'appui d'un recours pour excès de pouvoir »[29]. C'est cette même casuistique qui est à l'œuvre à propos du Pacte international relatif aux droits économiques, sociaux et culturels (PIDESC) ou de la Charte sociale européenne. Par exemple, si les dispositions qui ont trait à la protection sociale[30] n'ont pas d'effets directs dans l'ordre interne[31], le Conseil d'État ne se prononce pas d'une manière générale et ménage donc l'avenir. Le droit des salariés à ne pas être licenciés sans motif valable reconnu par l'article 24 de la Charte sociale européenne bénéficie de l'effet direct[32], de même que le droit à des conditions de travail équitables (art. 2)[33]. La Cour de cassation manifeste une réticence similaire à l'égard des dispositions économiques, sociales et culturelles du pacte de New York, considérant, par exemple, que, « eu égard à leur contenu, les dispositions de l'article 11 du Pacte international relatif aux droits économiques sociaux et culturels du 16 décembre 1966, [...] ne produisent pas d'effet direct dans l'ordre juridique interne » et, par conséquent, ne peuvent être utilement invoquées pour contester le taux d'imposition frappant les contribuables redevables de l'ISF[34]. En revanche, elle a explicitement admis l'effet direct de certaines dispositions du PIDESC (l'article 6, § 1 qui reconnaît le droit au travail et garantit le droit qu'a toute personne d'obtenir la possibilité de gagner sa vie par un travail librement choisi ou accepté[35] et, implicitement, l'article 9 qui reconnaît le droit à la sécurité sociale[36]) ou encore de la Convention OIT n° 158 sur le licenciement (singulièrement son article 10[37]).

L'imprévisibilité et l'insécurité engendrées par ces critères ont sans doute motivé le Conseil d'État à entreprendre une redéfinition des conditions d'octroi de l'effet direct par un arrêt *GISTI et FAPIL* rendu en Assemblée plénière le 11 avril 2012[38]. Dans un considérant de principe, le Conseil d'État affirme que, « sous réserve des cas où est en cause un traité pour lequel la Cour de justice de l'Union européenne dispose d'une compétence exclusive pour déterminer s'il est d'effet direct, une stipulation doit être reconnue d'effet direct par le juge administratif lorsque, eu égard à l'intention exprimée des parties et à l'économie générale du traité invoqué, ainsi qu'à son contenu et à ses termes, elle n'a pas pour objet exclusif de régir les relations entre États et ne requiert l'intervention d'aucun acte complémentaire pour produire des effets à l'égard des particuliers ; que l'absence de tels effets ne saurait être déduite de la seule circonstance que la stipulation désigne les États parties comme sujets de l'obligation qu'elle définit ». Ainsi, le Conseil d'État ne ménage aucunement un régime particulier en faveur des traités relatifs à la protection

27. Civ. 1re, 18 mai 2005, *Rev. crit. DIP* 2005. 679, note D. Bureau ; *D.* 2005. 1909, note v. Égéa ; *AJ fam.* 2005. 274, obs. T. Fossier ; *RTD civ.* 2005. 556, obs. R. Encinas de Munagorri ; *ibid.* 585, obs. J. Hauser ; *ibid.* 627, obs. P. Théry.
28. CE 3 juill. 1996, *Paturel, JCP* 1996. I. 2279, obs. M.-C. Rouault.
29. CE 27 juin 2008, *Etarh*, req. n° 291561.
30. PIDESC, art. 9 et 10 ; Charte sociale européenne, art. 11, 12, 13 et 17.
31. CE 7 juin 2006, req. n° 285576.
32. CE 10 févr. 2014, req. n° 358992, *Dr soc.* 2014. 474, note J. Mouly. Au contraire, la Cour de cassation, insistant sur l'importante marge d'appréciation laissée aux parties contractantes par ce texte, lui a dénié tout effet direct dans un litige entre particuliers (Cass. ass. plén., avis, 17 juill. 2019, n° 19-70.000 et 19-70.001, *D.* 2019. 1916 note T. Sachs)
33. CE 20 févr. 2013, req. n° 351316.
34. Com. 25 janv. 2005, n° 03-10.068, *Bull. civ.* IV, n° 16.
35. Soc. 16 déc. 2008, *Eichenlaub c/ Axia France*, n° 05-40.876, *Dr soc.* 2009. 236, note J. Mouly ; *RDT* 2009. 239, note R. de Quénaudon, s'agissant du refus d'accorder une compensation financière à un salarié, licencié pour faute grave pour ne pas avoir respecté une clause de non-concurrence.
36. Soc. 16 mars 2011, n° 09-69.792.
37. Cass., ass. plén., avis, 17 juill. 2019, préc.
38. CE, ass., 11 avr. 2012, *RTD civ.* 2012. 487, obs. P. Deumier ; *RFDA* 2012. 547, concl. G. Dumortier et 560, note M. Gautier ; *D.* 2012. 1712, note B. Bonnet ; *AJDA* 2012. 729, note Y. Aguila ; *ibid.* 936, note X. Domino et A. Bretonneau ; *JCP A* 2012, n° 2171, note A. Minet.

des droits de l'homme. Il ne reprend pas l'idée souvent avancée selon laquelle ils devraient bénéficier d'une présomption d'effet direct[39]. Les critères nouvellement proposés ne sont pas nécessairement d'un maniement aisé et n'éclairent sans doute pas beaucoup plus que la jurisprudence antérieure par laquelle le Conseil d'État lui-même et la Cour de cassation se contentaient d'affirmer ou au contraire de dénier le caractère d'effet direct du texte international. Par conséquent, cette nouvelle approche n'augure pas un recul significatif de l'arbitraire[40]. Le seul véritable apport concerne la relativisation des termes du traité. Ils ne sont plus (s'ils ne l'ont jamais été) suffisamment déterminants pour exclure l'effet direct, sauf à envisager le cas d'une rédaction parfaitement claire et non équivoque qui ruinerait la seule certitude qui semblait se déduire de l'arrêt *GISTI et FAPIL*. C'est ainsi que la Charte des droits fondamentaux de l'Union européenne comporte une distinction très nette entre les droits et les principes, même si une telle différenciation peut apparaître plus ou moins convaincante et plus ou moins facile à établir en pratique dans la mesure où elle ne figure pas dans le corps du texte mais seulement dans le titre VII consacré aux dispositions générales régissant l'interprétation et l'application de la Charte. L'article 51 précise en effet que les institutions, organes et organismes de l'Union, dans le respect du principe de subsidiarité, ainsi que les États membres lorsqu'ils mettent en œuvre le droit de l'Union (soit les entités auxquelles la Charte s'adresse) respectent les droits, observent les principes et en promeuvent l'application. Entre le respect et l'observation, il n'y a pas qu'une différence de mots. Chaque terme renvoie à un régime juridique particulier que révèle l'article 52, § 5. Selon ce texte, « les dispositions de la présente Charte qui contiennent des principes peuvent être mises en œuvre par des actes législatifs et exécutifs pris par les institutions, organes et organismes de l'Union, et par des actes des États membres lorsqu'ils mettent en œuvre le droit de l'Union, dans l'exercice de leurs compétences respectives. Leur invocation devant le juge n'est admise que pour l'interprétation et le contrôle de la légalité de tels actes ». En d'autres termes, les droits sont d'effet direct tandis que les principes ne créent aucun droit subjectif et ne confèrent aucune prérogative individuelle pour laquelle les tribunaux pourraient être sollicités afin d'en assurer la sanction. Le droit subjectif ne naît pas de la norme internationale mais de la disposition interne adoptée en vue de sa concrétisation. Pour autant, les principes ne sont pas dépourvus de tout effet dans l'ordre juridique interne. S'ils ne sont pas dotés d'un plein effet direct et ne produisent donc aucune conséquence du point de vue subjectif, ils ne sauraient demeurer sans portée du point de vue de la légalité objective. Car, même s'ils ne créent aucun droit directement au profit des individus, les traités d'une manière générale et les traités relatifs aux droits de l'homme en particulier imposent des obligations à la charge de l'État. Toute autre solution nierait leur primauté. Ils ne seraient plus que des bouts de papier sans aucun effet utile.

**101** ***Invocabilité***. Ainsi que le suggère la Charte des droits fondamentaux de l'Union européenne, à défaut d'effet direct, les dispositions internationales protectrices des droits de l'homme sont néanmoins invocables par les individus. La Charte en mentionne deux versions : l'invocabilité aux fins d'interprétation du droit interne, d'une part, l'invocabilité aux fins de contrôle de la compatibilité du droit interne avec la norme internationale, d'autre part. Sont ainsi visées l'invocabilité d'interprétation conforme et l'invocabilité d'exclusion. Ces deux variantes n'épuisent pas totalement l'invocabilité des normes internationales. S'y ajoute encore l'invocabilité de réparation[41].

**102** ***Invocabilité d'interprétation conforme.*** L'invocabilité d'interprétation conforme permet aux justiciables de conduire le juge à choisir, entre plusieurs interprétations concevables d'une même disposition, celle qui ne heurte pas les dispositions du texte international. La norme interne doit être

39. V. par ex. A. Rouyère, « Le juge administratif et les règles garantissant les libertés », *J.-Cl. Liberté*, fasc. 250, n^os^ 39 s. ; P. Deumier, *RTD civ.* 2012. 493.
40. Pour un exemple flagrant, Cass., ass. plén., avis, 17 juill. 2019, préc. : alors que l'article 24 de la Charte sociale européenne et l'art. 10 de la Convention OIT n° 158 sont rédigés de façon très similaire (en cas de licenciement injustifié, le premier exige « une indemnité adéquate ou une réparation appropriée » et le second « indemnité adéquate ou toute autre forme de réparation considérée comme appropriée »), seul le second est reconnu d'effet direct.
41. Même si elle est dépourvue d'effet direct et même si elle n'est pas invocable (par ex., les décisions des comités non juridictionnels), une norme internationale peut encore être prise en considération par le juge (sur ce phénomène, v. P. Deumier, « La prise en considération d'une norme par le juge : le chaînon manquant ? », *D.* 2022. 1668).

lue à la lumière de la norme internationale. Cette technique présente deux intérêts. Le premier intérêt est d'assurer une articulation harmonieuse entre les normes de source interne et internationale sans remettre en cause l'existence même de la norme interne. Dans certains cas, en effet, il est inopportun d'effacer de l'ordre juridique interne une norme octroyant un avantage aux individus. C'est pourquoi l'invocabilité d'interprétation conforme est générale et peut être utilisée à l'égard de toutes les normes, y compris celles qui sont dotées d'un effet direct. C'est ainsi que l'Assemblée plénière de la Cour de cassation a approuvé les juges du fond d'avoir interprété l'une des conditions d'octroi d'une prestation sociale en gommant son caractère discriminatoire[42]. La technique de l'interprétation conforme est au cœur d'un arrêt de la Cour de cassation du 29 janvier 2002 (nº 99-21.135) par lequel elle a étendu aux enfants naturels l'action en retranchement et sa finalité protectrice. De façon caractéristique, l'arrêt est rendu au visa de l'article 1527 al. 2 du Code civil tel qu'il doit être interprété au regard de l'article 1-P1 (Protocole nº 1) et de l'article 14 de la Conv. EDH[43]. Le second intérêt est de préserver l'effet utile des engagements internationaux de l'État qui n'ont pas d'effets directs dans l'ordre juridique interne.

**103** ***Invocabilité d'exclusion.*** L'invocabilité d'exclusion intéresse quant à elle la légalité objective. C'est la forme la plus commune du contrôle de conventionnalité. Il aboutira, le cas échéant, à écarter la norme interne y compris lorsqu'elle n'est pas en elle-même incompatible avec les droits de l'homme, mais que son application concrète produit un tel résultat[44]. Cette invocabilité d'exclusion permettra ainsi de contester un dispositif incompatible avec les droits de l'homme, même si la norme internationale qui les consacre est dépourvue d'effet direct. C'est ainsi que le Conseil d'État a accepté d'examiner la légalité de l'ordonnance instituant le contrat « nouvelle embauche » au regard de la convention de l'Organisation internationale du travail nº 158 et de l'article 24 de la Charte sociale européenne[45]. En cas d'incompatibilité, le texte interne est inapplicable. Si sa légalité était l'objet même du contentieux, il n'y a pas de difficulté. En revanche, si elle n'était que l'occasion du contentieux, il conviendra parfois d'envisager une norme de substitution. La relative indétermination des textes relatifs aux droits de l'homme compromet leur mise en œuvre. Qu'exige, concrètement, le droit au respect de la vie privée en matière de responsabilité parentale ? Une jurisprudence de l'organe chargé de veiller au respect de la norme est très rarement un prescrit, mais seulement un constat que la situation soumise à son examen viole les droits garantis. Et lorsqu'il suggère des pistes pour se conformer à sa décision, rien ne dit qu'elles sont exclusives ni même qu'elles valent pour tous les États. Même en présence d'une discrimination, un choix est théoriquement concevable entre l'octroi du droit pour tous ou le refus du droit à tous. Il est alors nécessaire de trouver, dans l'ordre interne, les instruments permettant de combler le vide ainsi créé. Le juge n'a guère d'autres choix que d'écrire la loi, ne serait-ce que pour les besoins de la cause, en attendant que le législateur se saisisse de la difficulté et exerce son office. Par exemple, en constatant, dans un arrêt du 3 mai 2007[46], que l'insaisissabilité de la pension de retraite qui résultait de l'article L. 30 du Code des pensions de retraite des marins contrevenait, dans les circonstances concrètes de l'affaire, à l'article 14 de la Convention combiné avec l'article 1er du Protocole nº 1, il était indispensable de déterminer les modalités de la saisie. Le retour au droit commun de la

---

42. Cass., ass. plén., 16 avr. 2004, nº 02-30.157, *Dr soc.* 2004. 776 ; *RJPF* 2004-6/24, note B. Bossu ; *RDSS* 2004. 964, note I. Daugareilh ; *RLDC* 2004/6, nº 39, note A. Decoux ; *Dr fam.* 2004, nº 135, obs. A. Devers ; *RGDIP* 2005. 47, note P. Klotgen ; *RJS* 2004. 574, nº 849.
43. V. égal. Cass., 19 juin 2019, nº 19-70.007, estimant que l'intérêt de l'enfant peut conduire le tribunal à rejeter la demande de déclaration judiciaire de délaissement parental alors même que les conditions légales en seraient réunies et alors même que cette procédure est censée répondre à l'intérêt de l'enfant ; ou encore, Soc. 3 avr. 2019, nº 17-15.568 interprétant les articles 2224 et 2232 du C. civ. à la lumière du droit d'accès au juge pour permettre à un salarié d'agir contre son employeur pour manquement à son obligation d'affiliation à un régime de retraite complémentaire et d'échapper ainsi au délai butoir de 20 ans.
44. Pour la distinction du contrôle *in abstracto* et *in concreto*, v. spéc. en matière d'empêchement à mariage Civ. 1re, 8 déc. 2016, nº 15-27.201, *D.* 2017. 953, note F. Chénédé ; *AJ fam.* 2017. 71, note J. Houssier ; *JCP* 2017. II. 166, note J. Hauser, et chron. 186, spéc. nº 1, note M. Lamarche ; rappr. Civ. 1re, 4 déc. 2013, nº 12-26.066, *D.* 2014. 179, note F. Chénédé ; *RTD civ.* 2014. 88, obs. J. Hauser, et 307, obs. J.-P. Marguénaud.
45. Pour conclure cependant à l'absence de méconnaissance de ces normes internationales, CE 19 oct. 2005, req. nº 283471.
46. Civ. 2e, 3 mai 2007, *Bull. civ.* II, nº 121, *RTD civ.* 2007. 644, obs. R. Perrot ; *D.* 2007. 2344, obs. V. Vigneau ; *ibid.* 1168, obs. A. Leborgne ; *Ann. dr. eur.* 2007. 842, obs. F. M.

saisie-attribution aurait exposé le débiteur à la saisie de l'intégralité de ses moyens de subsistance. En autorisant « la saisie des pensions dans les conditions et les limites de la saisie des rémunérations du travail », le juge a opté pour une solution médiane assurant la meilleure conciliation des intérêts contradictoires des deux parties. Cette solution d'équilibre sera nécessairement le fruit d'un dialogue entre l'avocat et le juge.

**104** ***Invocabilité de réparation.*** L'invocabilité de réparation permet d'engager, devant les juridictions administratives, la responsabilité de l'État pour violation des conventions internationales auxquelles il est partie[47]. Ce nouveau cas de responsabilité du fait des lois résulte du célèbre arrêt *Gardedieu*[48]. Et ce sont désormais deux catégories de fautes qui permettent d'engager la responsabilité de l'État du fait de ses lois. Au traditionnel fondement de la rupture d'égalité devant les charges publiques[49] s'ajoute celui de la méconnaissance des engagements internationaux de l'État, notamment en matière de protection et de promotion des droits de l'homme. Ce second cas ouvre des perspectives d'indemnisation plus larges puisqu'il couvre tous les préjudices découlant de l'intervention du législateur et pas seulement ceux qui présentent un caractère grave et spécial. De surcroît, la possibilité d'exclure toute indemnisation n'existe que dans le premier cas, pas dans le second. Dans l'affaire *Gardedieu*, une loi du 25 juillet 1994 avait rétroactivement validé le système de cotisation au régime d'assurance-vieillesse complémentaire des chirurgiens-dentistes dont la légalité avait été contestée par le requérant. Estimant que cette intervention législative en cours de procès n'était pas justifiée par d'impérieux motifs d'intérêt général, le Conseil d'État constate qu'elle méconnaît le droit au procès équitable garanti par l'article 6, § 1 de la Conv. EDH. Dès lors, le requérant est fondé à demander la condamnation de l'État à réparer les conséquences dommageables liées à cette loi adoptée en violation de la Conv. EDH. Il reste à savoir, d'une part, si cette responsabilité ne pourrait pas être étendue à l'hypothèse du maintien en vigueur d'une loi devenue contraire à la Conv. EDH[50] ainsi qu'à l'absence d'adoption des textes qu'impose la concrétisation de tel ou tel droit énoncé de façon programmatoire et, d'autre part, si elle concerne la seule Conv. EDH ou l'ensemble des traités internationaux protecteurs des droits de l'homme. Pour l'heure, cette responsabilité est cantonnée aux interventions législatives positives (ainsi, le Conseil d'État stigmatise « l'intervention d'une loi adoptée en méconnaissance des engagements internationaux de la France »), mais elle pourrait s'étendre à d'autres textes que la Conv. EDH (parce que le Conseil d'État vise, sans distinction et sans nuance, les « engagements internationaux de la France »).

**105** ***Dialogue des juges.*** L'entrée en vigueur du Protocole n° 16 a rénové la compétence consultative de la Cour européenne des droits de l'homme en permettant aux plus hautes juridictions nationales de lui adresser une demande d'avis consultatif sur une question de principe relative à l'interprétation et à l'application des droits et libertés conventionnellement garantis. Ce protocole renforce l'interaction entre la juridiction strasbourgeoise et les autorités nationales et tend à consolider la mise en œuvre de la Convention conformément au principe de subsidiarité. La Cour de cassation est pionnière dans l'utilisation de cette nouvelle procédure[51]. Plus précisément, elle a invité la Cour de Strasbourg, qui a accepté la demande, à préciser la portée de sa jurisprudence *Mennesson*[52] et à apprécier l'évolution

---

47. Sur cette question, v. A. Roblot-Troizier et M. Verpeaux, « La responsabilité du fait des lois inconstitutionnelles ou inconventionnelles (France) », *RFDA* 2019. 393.
48. CE 8 févr. 2007, *Gardedieu*, *RTD civ.* 2007. 297, obs. J.-P. Marguénaud ; *JCP* 2007. II. 10045, note M.-C. Rouault.
49. CE 14 janv. 1938, *SA des produits laitiers la Fleurette*.
50. J.-F. Lachaume, H. Pauliat, S. Braconnier, C. Defigier, *Droit administratif. Les grandes décisions de la jurisprudence*, 17ᵉ éd., PUF, 2017.
51. Cass., ass. plén., 5 oct. 2018, n° 10-19.053 ; *AJ fam.* 2018. 569, obs. A. Dionisi-Peyrusse ; *RTD civ.* 2018. 847, note J.-P. Marguénaud.
52. *Mennesson c/ France*, 26 juin 2014, n° 65192/11 ; *D.* 2014. 1797, note F. Chénedé ; 1773, Chron. H. Fulchiron et C. Bidaud-Garon ; 1787, obs. P. Bonfils et A. Gouttenoire ; 1806, note L. d'Avout ; 2015. 702, obs. F. Granet-Lambrechts ; 755, obs. J.-C. Galloux ; 1007, obs. A. Dionisi-Peyrusse ; 1056, obs. H. Gaudemet-Tallon ; *AJDA* 2014. 1763, Chron. L. Burgorgue-Larsen ; *AJ fam.* 2014. 499, obs. B. Haftel ; 396, obs. A. Dionisi-Peyrusse ; *RDSS* 2014. 887, note C. Bergoignan Esper ; *Rev. crit. DIP* 2015. 1, note H. Fulchiron et C. Bidaud-Garon ; 144, note S. Bollée ; *RTD civ.* 2014. 616, obs. J. Hauser ; 835, obs. J.-P. Marguénaud.

du droit français qui permet désormais à la mère d'intention d'établir sa filiation en adoptant l'enfant de son conjoint[53]. Même s'ils ne sont pas contraignants, il est peu probable que ces avis motivés n'influencent pas de manière décisive le sens de la décision qui sera rendue par l'autorité à l'origine de la procédure[54]. Ce protocole semble se diriger vers sa vitesse de croisière puisque l'Arménie, la Lituanie et la Slovaquie ont transmis des demandes.
En résumé, tout ou en tout cas beaucoup porte à considérer désormais qu'en matière de protection internationale des droits de l'homme, le premier juge international est le juge français. Il n'est pas certain malheureusement que cette vérité soit reçue par tous les barreaux de France qui, à l'exception de quelques-uns d'entre eux, toujours à la pointe du combat pour les droits de l'homme, ont encore tendance à adopter vis-à-vis d'un argument tiré du droit international ou du droit européen des droits de l'homme la perplexité dubitative caractéristique de l'attitude du chien qui chasse le hérisson.
Cette seule phase nationale en pleine effervescence serait déjà suffisante pour assurer l'effectivité et la concrétisation des droits fondamentaux. Il y a cependant plus et mieux.

## II • Le contrôle international

**106** En matière de contrôle supranational de l'application des textes internationaux, s'opposent le système des rapports (**A.**) et celui du droit d'action internationale (**B.**).

### A • Le contrôle sur rapport

**107** Le contrôle sur rapport, quelles que soient les modalités de sa mise en œuvre, est le moins contraignant pour les États parties. Rédigé à l'initiative, et à défaut de réelle sanction, selon le bon vouloir des États parties, ou à la suite d'une enquête menée par des agents indépendants, le rapport est remis à l'autorité chargée de veiller au respect du traité. La procédure est souvent confidentielle et ménage la souveraineté des États. L'opinion publique n'est pas sensibilisée ou seulement très peu à un éventuel dysfonctionnement du système national. Par exemple, dans le prolongement de l'article 3 de la Conv. EDH, les États membres du Conseil de l'Europe ont élaboré une Convention pour la prévention de la torture et des peines ou traitements inhumains ou dégradants. Entrée en vigueur en 1989 et ratifiée par l'ensemble des États membres du Conseil de l'Europe, elle est dotée d'un organe non judiciaire de contrôle, le Comité de prévention de la torture. Son rôle est de prévenir les traitements incompatibles avec l'article 3 de la Conv. EDH dont pourraient faire l'objet les personnes privées de liberté et, par conséquent, placées sous la surveillance et la responsabilité des autorités publiques. À cette fin, il peut visiter n'importe quel lieu de détention. L'exercice de sa mission suppose une bonne coopération de l'État. Son issue donne lieu à la rédaction d'un rapport comportant l'ensemble des constatations opérées et des améliorations recommandées. L'État est invité à y répondre en formulant des observations. Normalement secrets, le rapport et la réponse sont fréquemment rendus publics. La publicité est au demeurant la sanction mise à la disposition du comité si l'État refuse de coopérer ou s'il ne tient aucunement compte des recommandations qu'il a pu formuler. Le comité n'est pas une commission d'enquête, son rôle n'est pas de sanctionner l'État, mais de protéger les individus. Il n'en reste pas moins que les résultats de son travail se trouvent amplifiés en raison de leur fréquente utilisation par la CEDH

53. Civ. 1re, 5 juill. 2017, nos 15-28.597, 16-16.901, 16-16.455, 16-16.495, 16-20.052 ; *D.* 2017. 1737, note H. Fulchiron.
54. Ainsi, en matière de GPA, la Cour de cassation a suivi : Cass., ass. plén., 4 oct. 2019, n° 10-19.053 ; l'avis rendu par la Cour de Strasbourg : CEDH, gr. ch., 10 avr. 2019, req. n° P16-2018-001.

lorsqu'elle est saisie d'une requête dénonçant un traitement contraire à l'article 3. Dans le même ordre d'idées, le rôle du Comité des droits de l'enfant apparaît de prime abord relativement limité. Il est chargé d'examiner les rapports que les États ont l'obligation de lui transmettre périodiquement sur la situation des droits des enfants et sur les efforts accomplis en vue de mettre en œuvre et de se conformer aux droits garantis par la Convention internationale des droits de l'enfant. Le mécanisme tel qu'il se présente à l'origine apparaît ainsi peu contraignant. Il est cependant en voie d'évolution, pas indirectement à l'image du renforcement du rôle du Comité européen de prévention de la torture, mais directement, par l'adoption d'un nouveau Protocole facultatif qui l'autorise à examiner des communications individuelles. En vigueur depuis le 14 avril 2014, le Comité est compétent pour examiner les communications émanant de particuliers invoquant la violation d'un droit garanti par la CIDE commise à leur encontre par un État partie. Le Comité des droits de l'enfant a ainsi rejoint la désormais longue liste des comités onusiens (le Comité des droits de l'homme, le Comité contre la torture, le Comité pour l'élimination des discriminations à l'égard des femmes et le Comité des droits des personnes handicapées, le Comité des droits économiques, sociaux et culturels) pouvant examiner, à la demande d'un individu, le respect par l'un des États parties des conventions relatives aux droits de l'homme sur l'application desquelles ils ont pour mission de veiller.

## B • Le droit d'action internationale

**108** ***Origine.*** Le droit d'accès de l'individu aux organes supranationaux de protection des droits de l'homme gagne en épaisseur et l'individu s'affirme de plus en plus dans l'ordre international, un ordre qui ne le destinait pourtant pas à devenir un véritable sujet de droits.

Cette évolution n'était pas totalement imprévisible et ses grandes lignes avaient déjà été tracées en 1948. L'annexe B de la DUDH concevait alors le droit de pétition dans les termes les plus larges possibles. Il devait permettre aux individus ou à des groupes d'individus de saisir une autorité d'une question relative aux droits de l'homme. En somme, en un sens générique, le droit de pétition évoque le droit d'action internationale des individus agissant seuls ou conjointement. La reconnaissance d'un droit d'action, réservée en 1948, s'est progressivement affermie. Certes, la sanction du droit n'est pas un élément indispensable de sa définition, mais il n'en reste pas moins qu'une norme qui n'est pas accompagnée d'un mécanisme garantissant la sanction de sa violation risque de demeurer largement ineffective. Au fil du temps, la plupart des instruments de protection des droits de l'homme, internationaux comme régionaux, ont été dotés d'une autorité chargée de veiller à leur respect par les États parties. Cependant, toutes ces autorités ne s'imposent pas de la même façon. Ménageant encore beaucoup la susceptibilité des États, la compétence de nombre d'entre elles est subordonnée à la ratification d'un Protocole additionnel facultatif (Comité des droits de l'homme, Comité pour l'élimination de la discrimination à l'égard des femmes, Comité des droits des personnes handicapées, Comité des droits de l'enfant) ou à une acceptation expresse (Comité contre la torture[55], Comité pour l'élimination de la discrimination raciale[56]). D'autres, en revanche, ont connu une évolution menant du respect de la souveraineté à la juridictionnalisation. L'évolution du mécanisme de contrôle de la Conv. EDH est, à tous égards, remarquable. À l'origine, tant la compétence de la Cour que le droit de recours individuel étaient facultatifs. Les requêtes dénonçant un manquement à l'un quelconque des droits et libertés conventionnellement garantis étaient examinées par la Commission européenne des droits de l'homme. Elle jugeait de leur recevabilité et, si elle rendait un rapport constatant une violation de la Conv. EDH, elle décidait de transmettre l'affaire ou à la Cour, si sa compétence avait été acceptée par l'État défendeur, ou au

55. Convention contre la torture et autres peines ou traitements cruels, inhumains ou dégradants de 1984, art. 22.
56. Convention sur l'élimination de toutes les formes de discrimination raciale de 1965, art. 14.

Comité des ministres du Conseil de l'Europe ce qui donnait lieu à un règlement politique de l'affaire. Désormais, la Commission EDH a disparu, le Comité des ministres n'a plus de pouvoir décisionnel sur le fond, son rôle étant cantonné à la surveillance de l'exécution par les États défendeurs des arrêts rendus par la Cour, et la Cour est devenue une véritable juridiction internationale dont le succès n'est plus à démontrer (en 2022, la Cour a clôturé environ 40 000 requêtes [augmentation de 10 % par rapport à l'année précédente] et a rendu plus de 4 000 arrêts [hausse de 33 % par rapport à l'année précédente] ; 74 000 requêtes sont pendantes devant l'une de ses formations judiciaires ; les nouvelles méthodes de travail adoptées par la Cour ont permis, ces dernières années, une augmentation spectaculaire de la productivité et une réduction du nombre des affaires pendantes). Surtout, sa compétence est obligatoire tout comme la reconnaissance du droit de recours individuel que la France a si tardivement accepté. Aucun État membre du Conseil de l'Europe ne saurait s'y soustraire autrement qu'en se retirant de l'organisation internationale, puisque la ratification de la Conv. EDH est l'une des conditions permettant de l'intégrer. Divers dans son impérativité, le droit d'action ne renvoie pas davantage à une réalité uniforme. Selon les cas, il se matérialise en un simple droit de communication (*1.*), en un véritable droit de recours juridictionnel (*2.*) ou en droit de réclamation collective (*3.*).

## 1 • Les communications

**109** Le système de la communication permet de soumettre une question à une autorité désignée. Il est par exemple organisé par la Convention du 21 décembre 1965 sur l'élimination de toutes les formes de discrimination raciale (art. 14), par les protocoles facultatifs se rapportant au PIDCP et au PIDESC du 16 décembre 1966, par la Convention contre la torture et autres peines ou traitements cruels, inhumains ou dégradants (art. 22) ou encore par la Convention internationale sur la protection des droits des travailleurs migrants et des membres de leur famille. Il présente l'inconvénient d'être facultatif et peu contraignant. La procédure est largement confidentielle. Le consentement de l'État est constamment requis même lorsque l'autorité souhaite mener une enquête sur les faits qui lui ont été communiqués. Les autorités compétentes se contentent d'adresser leurs recommandations et leurs suggestions aux États concernés et aux pétitionnaires.

Toutefois, les constatations du Comité des droits de l'homme relatives à la violation par la France de la liberté religieuse et du principe de non-discrimination pourraient conduire les autorités françaises, voire les juridictions européennes, à réviser l'équilibre auquel elles étaient parvenues entre l'expression des convictions religieuses dans l'espace public, protection de l'ordre public et respect des droits et libertés d'autrui[57]. Il faut également tenir compte de ce que, sous des apparences destinées à ménager la susceptibilité des États, il existe certaines procédures de contrôle qui mettent formellement en œuvre un droit de pétition mais qui, en réalité, ont une nature quasi juridictionnelle. Tel est le cas du mécanisme de suivi du respect de la convention d'Aarhus[58] confié, en vertu de l'article 15, à un comité saisi de communications émanant de particuliers ou d'associations de protection de l'environnement dont les constatations tendent progressivement à devenir de véritables décisions et le portent à s'immiscer dans le dialogue des juges européens[59].

57. Sur ces affaires, v. les commentaires particulièrement complaisants S. Hennette Vauchez, « Pour une lecture dialogique du droit international des droits humains. Remarques sur les constatations du Comité des droits de l'homme dans l'affaire Baby-Loup et quelques réactions qu'elles ont suscitées », *Rev. dr. homme,* 5 sept. 2018 ; égal. M.-P. Conaré, S. Amchi dit Yakoubat, C. Bert Lazli, C. Lenouvel, A. Banus and M. Osbert, « Le vivre ensemble en France : notion inclusive ou exclusive pour les femmes musulmanes ? Analyse des constatations du Comité des droits de l'homme des Nations Unis du 23 oct. 2018 sur la loi du 11 oct. 2010 interdisant la dissimulation du visage dans l'espace public », *Rev. dr. homme,* 28 janv. 2019.

58. Convention sur l'accès à l'information, la participation du public au processus décisionnel et l'accès à la justice en matière d'environnement des 23-25 juin 1998. Sur laquelle, v. entre autres, M. Prieur, « La convention d'Aarhus, instrument universel de la démocratie environnementale », *RJ envir.* 1999. 22, n° spécial « La convention d'Aarhus ».

59. J. Bétaille, « Accès à la justice de l'Union européenne, le Comité d'examen du respect des dispositions de la convention d'Aarhus s'immisce dans le dialogue des juges européens : à propos de la décision n° ACCC/C/2008/32 du 14 avr. 2011 », *RJ envir.* 2011. 547.

## 2 • Les recours juridictionnels

**110** ***L'exemple du système européen (Conv. EDH/CEDH)***. Les recours contentieux autorisant la saisine d'organes juridictionnels concernent la Cour interaméricaine des droits de l'homme (CADH), la Conv. EDH (Cour européenne des droits de l'homme) et la Charte africaine des droits de l'homme et des peuples (Cour africaine des droits de l'homme). Cette voie d'action est la plus achevée et permet, seule, de faire respecter l'exercice effectif des droits de l'homme et d'obtenir, le cas échéant, une réparation. Le système européen de protection des droits de l'homme, par sa proximité, servira d'illustration.

**111** ***Conditions de recevabilité des requêtes.*** Toute personne relevant de la juridiction de l'un des États parties[60] pouvant se prétendre victime d'une violation de l'un quelconque des droits et libertés conventionnellement garantis peut saisir la Cour européenne des droits de l'homme d'une requête individuelle. Le droit de saisir la Cour est soumis à la limite de l'abus. Le recours abusif s'entend de deux façons. D'un point de vue substantiel, l'individu sera déchu de son droit d'action toutes les fois que la Conv. EDH est utilisée non pas pour assurer la promotion des droits de l'homme, mais pour entreprendre leur destruction[61]. D'un point de vue procédural, l'absence d'abus manifeste figure parmi les conditions de recevabilité des requêtes. Pour l'essentiel, l'abus sera caractérisé lorsque le requérant manque de sincérité et de loyauté dans l'exposé des faits, lorsque le langage employé par le requérant excède « les limites d'une critique normale, civique et légitime », lorsque le requérant a manqué à son obligation de confidentialité[62] et plus généralement lorsqu'il met en œuvre le droit de recours en dehors de sa finalité d'une manière préjudiciable[63]. L'intervention de la CEDH est subsidiaire par rapport aux États parties dont les juridictions sont, faut-il le rappeler, les premiers juges du droit européen des droits de l'homme. C'est à l'autorité publique que doit s'adresser la toute première réclamation. Tous les recours internes raisonnablement accessibles, utiles et adéquats doivent avoir été, en principe, épuisés avant d'envisager la saisine de la Cour de Strasbourg. En revanche, si aucun recours n'est disponible, si aucun d'entre eux ne permet d'envisager une éventuelle reconnaissance de la violation d'un droit garanti (par exemple, parce que l'incompatibilité dénoncée se heurte à une jurisprudence inflexible) ou si aucun d'eux n'offre la perspective d'un remède efficace à la situation dénoncée (par exemple parce que seule une action en cessation serait efficace alors que le système juridique interne n'offre qu'un recours indemnitaire ou parce que les requérants contestent la conventionnalité d'une loi et que, dans l'ordre juridique interne, les déclarations d'incompatibilité des tribunaux ne lient pas celui qui a le pouvoir d'amender le texte), la difficulté peut être directement soumise à l'examen de la Cour. Ces critères sont de nature à disqualifier la question prioritaire de constitutionnalité (QPC) au titre des voies de recours à épuiser en principe préalablement à la saisine de la Cour, car la décision de soumettre une question au Conseil constitutionnel n'appartient pas à l'individu, mais aux juridictions suprêmes des ordres judiciaire et administratif[64]. Dans le même ordre d'idées, il est impératif que le

---

60. La juridiction est essentiellement territoriale, mais elle peut s'étendre à des zones sur lesquelles l'État exerce un contrôle effectif (v. CEDH 23 mars 1995, *Loizidou c/ Turquie*, req. n° 15318/89 ; CEDH, gr. ch., 12 déc. 2001, *Bankovic et a. c/ Belgique et a.*). Peu importe, ainsi, la nationalité ou le lieu de résidence de l'individu.
61. V., en ce sens CEDH 24 juin 2003, *Garaudy*, s'agissant d'un individu revendiquant la protection du droit à la liberté d'expression pour développer des thèses négationnistes.
62. V., par ex., CEDH 20 janv. 2012, *Mandil, Deceuninck, Barreau et a. c/ France*, req. n$^{os}$ 67037/09 s., la Cour déclarant abusives les requêtes déposées par certains membres de l'organisation des « faucheurs volontaires » en raison de la violation de la règle de confidentialité des négociations dans la phase de règlement amiable entre l'État défendeur et les requérants ; à la suite d'un arrachage de cultures transgéniques, les requérants avaient été pénalement condamnés et, sur le fondement des art. 8 et 7, § 1 de la Conv. EDH, ils contestaient l'obligation de se soumettre à un prélèvement biologique en vue de leur inscription sur le fichier national automatisé des empreintes génétiques.
63. CEDH 7 oct. 2021, *Zambrano c/ France*, pour contester l'obligation du passe sanitaire, le requérant avait pour curieuse stratégie de paralyser le fonctionnement de la Cour en provoquant un afflux massif de requêtes ayant le même objet.
64. V. CEDH 26 sept. 1995, *Spadéa et Scalabrino c/ Italie ;* en outre, un tel système ne paraît pas incompatible avec le droit d'accès au juge dès lors que la Cour de cassation ou le Conseil d'État prend en compte les arguments des parties en motivant leur refus de transmettre la question au Conseil constitutionnel (en ce sens, CEDH 17 sept. 2015, *Renard et a. c/ France*, req. n$^{os}$ 3569/12, 9145/12, 9161/12 et 37791/13). v. *mutatis mutandis*, à propos du système belge, CEDH 5 nov. 2002, *Wynen et centre hospitalier interrégional Edith-Cavell c/ Belgique*, req. n° 32576/96.

requérant se soit prévalu, ne serait-ce qu'en substance, d'une violation de la Convention devant les autorités internes. S'il appartient d'abord à l'État de redresser les violations de la Conv. EDH commises sous sa juridiction, encore faut-il lui donner l'opportunité de les constater, d'y mettre un terme et de réparer, le cas échéant, leurs conséquences préjudiciables. Hormis les hypothèses dans lesquelles la violation de la Convention présente un caractère continu, la requête doit être introduite dans un délai de quatre mois (raccourci de deux mois avec l'entrée en vigueur du Protocole additionnel n° 15, ce nouveau délai est applicable depuis le 1er févr. 2022) suivant la décision interne définitive. Enfin, dans le but de juguler le flot de requêtes qui risque, à terme, de submerger la Cour et de noyer son œuvre, les États ont récemment entrepris de durcir les conditions de recevabilité[65]. Depuis l'entrée en vigueur du Protocole n° 14 le 1er juin 2010[66], le requérant doit convaincre la Cour qu'il a subi un préjudice, matériel autant que moral[67], important. Quoi qu'il en soit, il ne s'agit que d'une règle procédurale qui ne conditionne en aucun cas la réalité d'une violation de la Convention. Elle renforce la subsidiarité. Cette nouvelle condition de recevabilité souligne que, au sens du droit européen des droits de l'homme, la qualité de victime n'est pas liée à l'existence d'un préjudice[68]. Elle reçoit une interprétation autonome et elle ne dépend pas des règles de droit interne relatives à l'action telles que la qualité pour agir ou l'intérêt à agir[69] : il suffit qu'un acte ou une pratique affecte les droits fondamentaux d'un individu. À ce titre, et pour peu qu'il en subisse directement les effets, un individu peut contester, devant la Cour de Strasbourg, la conventionnalité d'une loi. La Cour a parfois admis la recevabilité d'une requête émanant d'une victime simplement potentielle, entrouvrant alors la voie, malgré ses dénégations répétées, à l'*actio popularis*[70].

**112** ***Les mesures provisoires.*** Dès qu'elle est saisie, la Cour est susceptible d'adopter d'office ou à la demande du requérant une mesure provisoire qui oblige l'État défendeur. Son inobservation constituerait une violation autonome de la Conv. EDH puisqu'elle nuirait à l'effectivité du droit de recours individuel[71]. Les mesures provisoires ont pour finalité de préserver les droits du requérant en attendant l'issue de l'examen de son affaire par la Cour. Leur durée est variable selon la spécificité de chaque affaire et la Cour peut n'accéder à la demande d'un requérant que de manière temporaire[72]. Elles s'imposent tout particulièrement dans les affaires urgentes et/ou graves dans lesquels les requérants risquent

65. Durcissement que confirmerait le Protocole n° 15 (protocole d'amendement signé par 41 États membres et ratifié par 26 d'entre eux, au 15 févr. 2016) en réduisant à quatre mois le délai de saisine de la Cour et en facilitant le rejet d'une requête pour absence de préjudice important.

66. V. art. 35, § 3, b : « la Cour déclare irrecevable toute requête individuelle introduite en application de l'article 34 lorsqu'elle estime : [...] que le requérant n'a subi aucun préjudice important, sauf si le respect des droits de l'homme garantis par la Convention et ses protocoles exige un examen de la requête au fond et à condition de ne rejeter pour ce motif aucune affaire qui n'a pas été dûment examinée par un tribunal interne ».

67. V. CEDH 19 oct. 2010, *Rinck c/ France*, à propos d'un avocat contestant une amende pour excès de vitesse et un retrait de points, la Cour confirme l'approche patrimoniale, « bien que, eu égard à l'entrée en vigueur récente du Protocole n° 14, la notion de "préjudice important" n'ait à ce jour fait l'objet que d'une jurisprudence limitée, cette notion, issue du principe de *minimis non curat praetor*, renvoie à l'idée que la violation d'un droit doit atteindre un seuil minimum de gravité pour justifier un examen par une juridiction internationale. L'appréciation de ce seuil est, par nature, relative et dépend des circonstances de l'espèce. Cette appréciation doit tenir compte tant de la perception subjective du requérant que de l'enjeu objectif du litige. Elle renvoie ainsi à des critères tels que l'impact monétaire de la question litigieuse ou l'enjeu de l'affaire pour le requérant ». Comp. CEDH 18 oct. 2011, *Giusti c/ Italie*, req. n° 13175/03, par lequel la Cour estime « qu'afin de vérifier si la violation d'un droit atteint le seuil minimum de gravité, il y a lieu de prendre en compte notamment les éléments suivants : la nature du droit prétendument violé, la gravité de l'incidence de la violation alléguée dans l'exercice d'un droit et/ou les conséquences éventuelles de la violation sur la situation personnelle du requérant. Dans l'évaluation de ces conséquences, la Cour examinera, en particulier, l'enjeu de la procédure nationale ou son issue » (§ 34).

68. CEDH 28 oct. 1999, *Brumarescu et a. c/ Roumanie*, req. n° 28342/95, § 50.

69. CEDH 27 avr. 2004, *Gorraiz Lizarraga et a. c/ Espagne*, req. n° 62543/00.

70. V. en particulier CEDH 29 oct. 1992, *Open Door et Dublin Well Woman c/ Irlande*, req. nos 14234/88 et 14235/88, s'agissant de mesures étatiques restreignant la diffusion d'informations relatives à l'IVG, la Cour accepte d'examiner la requête d'une femme du seul fait qu'elle est en âge de procréer. Et plus récemment, la Cour a accepté la possibilité de contester directement une loi lorsqu'elle organise une surveillance secrète des communications sans offrir de recours disponibles et effectifs pour prévenir et sanctionner les éventuels abus (CEDH, gr. ch., 4 déc. 2015, *Zakharov c/ Russie*, § 171).

71. Comp. à propos de la mesure provisoire ordonnée par le Comité onusien des droits des personnes handicapées enjoignant à l'État français de ne pas porter atteinte à la vie de Vincent Lambert ; la Cour de cassation estime que l'inobservation de cette mesure n'est pas constitutive d'une voie de fait (Cass., ass. plén., 28 juin 2019, nos 19-17.330 et 19-17.342).

72. V. l'affaire *Gary McKinnon* (req. n° 36004/08) dont l'extradition était demandée au gouvernement britannique par le gouvernement américain car il était soupçonné d'activités informatiques frauduleuses ; il invoquait principalement l'atteinte à l'art. 3 du fait des conditions de détention qu'il devrait subir dans les prisons américaines s'il était reconnu coupable de l'infraction pour laquelle il était poursuivi.

de subir un dommage irréversible. Ainsi, lorsque le requérant allègue un risque sérieux et avéré de subir un traitement ou une peine incompatible avec l'article 3 dans un État tiers ou lorsque sa vie est menacée, la Cour demandera à l'État défendeur de surseoir à l'expulsion ou à l'extradition jusqu'à ce qu'elle se soit prononcée sur la recevabilité et, le cas échéant, sur le fond de la requête. C'est ainsi encore que, dans l'affaire *Evans c/ Royaume-Uni*[73], la Cour a demandé aux autorités nationales de ne pas procéder à la destruction des embryons *in vitro* avant de déterminer si l'intérêt de Mme Evans à avoir des enfants, protégé au titre de l'article 8, ne devait pas l'emporter malgré le retrait du consentement de son compagnon à la procédure de procréation médicalement assistée. Le 21 août 2020 la Cour a fait droit à une demande de mesures provisoires au nom d'Alexeï Navalny, indiquant au gouvernement russe de permettre à sa famille et à ses médecins de le consulter afin d'évaluer si son état de santé autorise un transfert vers l'Allemagne pour y être soigné. Le risque de mort n'assure cependant pas que la Cour accordera une mesure provisoire. Elle a par exemple refusé de prononcer une telle mesure pour inciter les autorités italiennes à neutraliser les effets d'une décision de la cour d'appel de Milan autorisant l'interruption de l'alimentation et de l'hydratation artificielles d'une personne lourdement handicapée et en état végétatif depuis plusieurs années[74]. Sur ce point encore, le système européen de garantie des droits de l'homme est victime de son succès au point d'inciter la Cour à exprimer à plusieurs reprises son inquiétude face à l'augmentation constante des demandes formulées au titre de l'article 39 de son règlement. Le 21 décembre 2007, le greffe de la Cour a publié un communiqué dénonçant « l'usage indu des demandes de mesures provisoires ». Le 11 février 2011, le président Costa s'alarmait de l'augmentation du nombre de demandes de mesures provisoires dans les affaires d'expulsion (+ 4 000 %) et exhortait les gouvernements, les requérants et leurs avocats à coopérer pleinement avec la Cour, notamment en transmettant toutes les informations permettant d'apprécier la gravité ou l'urgence de la situation[75]. Les requérants et leurs conseils sont ainsi vivement invités à consulter les instructions pratiques relatives aux demandes de mesures provisoires disponibles sur le site internet de la Cour.

**113** ***Examen au fond.*** Une fois passée l'étape de la recevabilité, la Cour EDH entreprend son examen au fond. Une étude précise et exhaustive de sa jurisprudence dépasserait de loin l'objet de la présente contribution. L'état du droit européen sur telle ou telle question sera développé dans la suite de l'ouvrage. Il est pourtant nécessaire d'évoquer quelques traits saillants du contentieux strasbourgeois.

**114** ***La synergie des sources.*** Du point de vue des sources, tout d'abord, il est capital de relever que la Conv. EDH n'est pas l'unique norme à laquelle la Cour se réfère pour mener son contrôle. Certes, la Cour de Strasbourg refuse catégoriquement de s'ériger en interprète officiel d'autres conventions internationales, notamment celles élaborées par la conférence de droit international privé de La Haye. Ainsi qu'elle l'a affirmé à l'occasion de la très médiatique affaire *Gettliffe*[76], « aux termes de l'article 19 de la Convention, elle n'a compétence que pour appliquer la Convention et ses protocoles. Elle ne saurait donc dépasser le cadre de la référence et examiner *in concreto* les violations des articles des Conventions précitées alléguées par la requérante », en l'occurrence la Convention internationale des droits de l'enfant et la convention de La Haye du 25 octobre 1980 sur les aspects civils de l'enlèvement international d'enfants[77]. Cependant, parce que, en vertu d'une jurisprudence constante, la Cour estime que « la Convention doit s'appliquer en accord avec les principes du droit international » et plus généralement « avec les autres règles du droit international », elle n'exclut pas de se référer à leurs

73. CEDH, gr. ch., 10 avr. 2007, req. n° 6339/05.
74. *Ada Rossi*, req. n° 55185/08. La Cour a jugé différemment dans l'affaire *Vincent Lambert* en demandant au gouvernement français de faire suspendre l'exécution de l'arrêt rendu par le Conseil d'État autorisant l'arrêt de l'alimentation et de l'hydratation de Vincent Lambert (req. n° 46043/14).
75. Communiqué n° 127, 14 févr. 2011.
76. CEDH 24 oct. 2006, *Gettliffe et Grant c/ France*, req. n° 23547/06.
77. V. égal., Commission, rapp., 2 déc. 1998, *Scozzari et Giunta c/ Italie*, req. n[os] 39221/98 et 41963/98 : « La Commission rappelle avant tout "qu'elle est compétente uniquement pour appliquer la Convention européenne des droits de l'homme et qu'elle n'est pas compétente pour faire application d'autres conventions internationales en tant que telles". Elle n'a donc aucune compétence, en l'espèce, pour contrôler le respect de la convention de La Haye de 1960 » (§ 171).

dispositions pour apprécier un éventuel manquement aux droits garantis par la Conv. EDH. Il suffit qu'elles intéressent le domaine matériel de la Conv. EDH, soit qu'elles s'inscrivent dans un rapport de mise en œuvre avec la Conv. EDH en assurant la concrétisation de l'un des droits qu'elle énonce (ainsi, les mécanismes conventionnels ou de l'Union européenne prévoyant un retour immédiat de l'enfant en cas d'enlèvement international donnent corps au droit fondamental pour un parent et un enfant d'être ensemble), soit qu'elles permettent d'identifier la progression d'un consensus des États sur telle ou telle question justifiant une interprétation progressiste de tel ou tel droit. C'est ainsi que la Cour rattache à l'article 11 de la Conv. EDH, qui n'en dit pourtant rien, le droit à la négociation collective[78]. Cette interprétation évolutive et extensive s'appuie sur des normes de l'Organisation Internationale du Travail (OIT) que l'État défendeur n'avait pourtant pas ratifiées. La Cour s'explique longuement sur ce qui pourrait apparaître comme une incongruité. En toute hypothèse, en effet, la CEDH n'applique jamais que la Conv. EDH.

**115** ***La subsidiarité du contrôle européen.*** Du point de vue de l'exercice de son contrôle, ensuite, la Cour n'est sûrement pas une juridiction démoniaque prompte à laminer les traditions juridiques nationales et sourde aux spécificités locales. Ainsi, dans la période récente, elle a fait preuve d'une très grande retenue en renvoyant aux parlements nationaux (pour peu qu'ils en aient le temps et le courage[79]) le soin de discuter et de trancher les questions sociales, morales et éthiques les plus sensibles telles que le respect de laïcité[80], le droit à l'interruption volontaire de grossesse[81], l'accès aux techniques de procréations médicalement assistées[82], l'accès au diagnostic prénatal[83], le sort des embryons[84], le mariage et la parenté des couples homosexuels[85], l'enfant né d'une gestation pour autrui à l'étranger[86] ou encore la question de l'accouchement anonyme[87]. Les États ont néanmoins souhaité inscrire le principe de subsidiarité et la marge nationale d'appréciation dans le préambule de la Convention (conséquence de l'entrée en vigueur du protocole additionnel n° 15 à la CEDH le 1er août 2021), espérant ainsi desserrer l'étreinte du contrôle européen. D'une manière générale, lorsque, fondamentalement, l'affaire concerne les relations interindividuelles et, par conséquent, la conciliation entre deux intérêts privés d'une égale légitimité, la Cour limite les obligations pesant sur les États. Le respect du droit européen des droits de l'homme se traduit par une double obligation positive. Dans l'immense majorité des hypothèses, la première est déjà satisfaite : l'État doit mettre en place un système de juridictions dont les décisions sont contrôlées par une juridiction suprême. La seconde est relative à l'application du principe de proportionnalité dans les rapports horizontaux, qui subit nécessairement une adaptation puisque l'auteur de l'ingérence n'est pas une autorité publique et, par conséquent, il n'est pas possible de raisonner purement et simplement en termes de légalité, légitimité et nécessité de l'ingérence. On parle alors de proportionnalité privatisée. Les juridictions doivent opérer une mise en balance des intérêts, en prenant dûment en compte le droit fondamental atteint[88] et en examinant avec rigueur les

78. CEDH, gr. ch., 12 nov. 2008, *Demir et Baykara c/ Turquie*, req. n° 34503/97.
79. V. en ce sens les articles 61-5 et suivants du C. civ., issus de la loi n° 2016-1547 du 18 nov. 2016 de modernisation de la justice au XXIe siècle, organisant la modification de la mention de sexe à l'état civil, en particulier pour les transsexuels.
80. CEDH 26 nov. 2015, *Ebrahimian c/ France*, req. n° 64846/11.
81. CEDH 20 mars 2007, *Tysiac c/ Pologne*, req. n° 5410/03 ; CEDH, gr. ch., 16 déc. 2010, *A., B. et C. c/ Irlande*, req. n° 25579/05.
82. CEDH, gr. ch., 3 nov. 2011, *S. H. et a. c/ Autriche*, req. n° 57813/00.
83. CEDH 28 août 2012, *Costa et Pavan c/ Italie*, req. n° 54270/10.
84. CEDH, gr. ch., 10 avr. 2007, *Evans c/ Royaume-Uni*, req. n° 6339/05 ; CEDH, gr. ch., 27 août 2015, *Parillo c/ Italie*, req. n° 46470/10.
85. CEDH 24 juin 2010, *Shalk et Kopf c/ Autriche*, req. n° 30141/04 ; CEDH 29 mars 2012, *Gas et Dubois c/ France*, req. n° 25951/07.
86. CEDH 26 juin 2014, *Mennesson c/ France*, req. n° 65192/11, *AJ fam.* 2014. 499, obs. B. Haftel et CEDH, gr. ch., 24 janv. 2017, *Paradiso et Campanelli c/ Italie*, req. n° 25358/12, *D.* 2017. 897, obs. P. Le Maigat ; *AJ fam.* 2017. 301, obs. C. Clavin.
87. CEDH, gr. ch., 13 févr. 2003, *Odièvre c/ France*, req. n° 42326/98.
88. V. les arrêts du 23 sept. 2010, *Obst*, req. n° 425/03, § 45 et *Schuth*, req. n° 1620/03, § 59, en relevant l'étrange nuance introduite par la Cour dans l'affaire *Schuth* par laquelle la Cour précise que la mise en place du système juridictionnel permet seulement de respecter « en principe » l'obligation positive qui pèse sur l'État sous-entendant que cela pourrait ne pas être suffisant ; pour la mise en balance des intérêts, v. CEDH 16 déc. 2008, *Kusrshid Mustafa et Tarzibachi c/ Suède*, req. n° 23883/06 et 16 juin 2011, *Pascaud c/ France*, req. n° 19535/08.

moyens qui ont trait aux droits et libertés[89]. La CEDH n'est pas un troisième ou un quatrième degré de juridiction, bien que certains de ses arrêts se révèlent, à l'examen, très ambigus[90]. La méthode suggérée semble porteuse d'instabilité et d'insécurité, la norme ne pouvant être connue ou n'étant valable qu'à la condition de réaliser un juste équilibre entre les intérêts contradictoires des parties. Le juste équilibre ne pourrait jamais être connu à l'avance. Seul l'examen des circonstances concrètes de l'affaire permettrait de le révéler. La condamnation de principe de l'application mécanique des règles de droit dans l'affaire *Velcea et Mazare c/ Roumanie*[91] a pu nourrir jusqu'à l'écœurement une telle crainte. Elle a pourtant été opportunément démentie postérieurement par l'affaire *Almeida Ferreira*[92] qui concernait l'impossibilité pour les requérants de résilier le contrat par lequel ils avaient loué un logement depuis plus de vingt ans pour y installer leur fils et sa famille. La Cour ne constate aucune méconnaissance du droit de propriété par l'application de la législation portugaise visant à réguler le marché du logement alors pourtant qu'elle joue automatiquement et exclut toute mise en balance des intérêts et toute prise en considération des données particulières de l'affaire. Soucieuse de promouvoir la sécurité juridique, la Cour affirme que, en soi, une telle législation n'est pas incompatible avec la Convention dès lors qu'elle réalise un juste équilibre entre les intérêts contradictoires des intéressés. Ainsi, parmi les éléments qui ont emporté la décision de la Cour, figure le fait que la loi en cause était déjà en vigueur au moment de la conclusion du bail. Les requérants connaissaient donc les conséquences si le bail se prolongeait au-delà de vingt années.

**116** ***Relations avec le droit de l'Union européenne.*** Du point de vue des rapports entre le droit européen des droits de l'homme et le droit de l'Union européenne, enfin, la Cour s'efforce d'assurer la coexistence harmonieuse et la conciliation des deux systèmes. Il s'agit d'éviter que les États qui sont à la fois parties à la Conv. EDH et membres de l'Union européenne ne soient placés devant des engagements contradictoires et ne soient contraints de choisir entre le respect de la Conv. EDH et le respect du droit de l'Union. Si les États demeurent responsables des mesures qu'ils adoptent en vertu d'obligations juridiques internationales, y compris lorsque ces obligations découlent de leur appartenance à une organisation internationale, telle que l'Union européenne, à laquelle ils ont transféré une partie de leur souveraineté, la Cour prévoit un régime de faveur lorsque l'organisation en question accorde aux droits fondamentaux une protection équivalente, c'est-à-dire non pas identique, mais comparable à celle assurée par la Convention. Alors, en effet, existe ce qu'il est convenu d'appeler la « présomption *Bosphorus* » résultant d'un arrêt du 30 juin 2005[93] suivant laquelle « une mesure prise en exécution de telles obligations doit être réputée justifiée »[94]. Le champ d'application de la présomption *Bosphorus* a cependant été réduit. Encore faut-il en effet que la Cour de justice de l'Union européenne ait été mise en mesure d'exercer un contrôle juridictionnel sur les actes en cause au regard des droits fondamentaux dont elle assure le respect. Ainsi, dans l'affaire *Michaud c/ France*[95], relative aux obligations de déclaration de soupçon imposées aux avocats par des directives de l'Union tendant à lutter contre le blanchiment de capitaux, la Cour de Strasbourg a estimé qu'il lui appartenait de contrôler la transposition de ces textes

---

89. Sur la nécessité pour le juge national d'appliquer le principe de proportionnalité, v. tout particulièrement, CEDH 21 avril 2016, *Ivanova et Cherkezov c/ Bulgarie*, n° 46577/15, § 52 et s. (comp. Civ. 3e, 17 déc. 2015 n° 14-22.095, *D.* 2016. 72, *AJDA* 2015. 2467, *RDI* 2016. 100, obs. P. Soler-Couteaux, *JCP* 2016. 189, note P.-Y. Gautier). Pour une lecture différente, v. M. Afroukh, « Le contrôle de conventionnalité *in concreto* est-il vraiment dicté par la Convention européenne des droits de l'homme ? », *RDLF* 2019, chron. 4

90. V. CEDH 15 janv. 2013, *Eweida et a. c/ Royaume-Uni*, req. nos 48420/10 s., à propos du droit de manifester sa religion sur son lieu de travail dans un contentieux opposant des salariés à leurs employeurs ; CEDH, gr. ch., 17 févr. 2004, *Maestri c/ Italie*, req. n° 39748/98, et tout particulièrement l'opinion dissidente commune à M. Bonello, Mme Straznicka, M. Birsan, M. Jungwiert et Mme Del Tufo, juges.

91. CEDH 1er déc. 2009, req. n° 64301/01.

92. CEDH 21 déc. 2010, *Almeida Ferreira et Melo Ferreira c/ Portugal*, req. n° 41696/07.

93. CEDH, gr. ch., 30 juin 2005, *Bosphorus Hava Yollari Turizm ve Ticaret Anonim Sirketi c/ Irlande*, req. n° 45036/98.

94. Comp. la position du Comité européen des droits sociaux (déclaration de recevabilité, 23 juin 2010, *Confédération générale du travail (CGT) c/ France*, Réclamation n° 55/2009, § 33-38, v. Diane Roman, « Articulation des sources européennes protectrices des droits fondamentaux », *in Lettre « Actualités Droits-Libertés » du CREDOF*, 2 févr. 2011) qui rejette toute présomption de cette nature.

95. CEDH 6 déc. 2012, req. n° 12323/11.

opérée par la France au regard de l'article 8 de la Convention parce que « cette question n'avait [pas] été préalablement tranchée par la Cour de justice ni lors d'un renvoi préjudiciel [...], ni à l'occasion de l'un des recours [...] ouverts aux États membres et aux institutions de l'Union européenne » (§ 114). Même si, en l'espèce, la Cour ne constate aucune violation de la Conv. EDH, elle démontre qu'elle n'a pas l'intention d'abdiquer son contrôle et qu'elle entend veiller, même dans le contexte de l'Union européenne, au respect des droits fondamentaux[96].

### 3 • Les réclamations collectives

**117** ***L'exemple du Comité européen des droits sociaux.*** L'engouement pour le système des requêtes individuelles devant la Cour européenne des droits de l'homme laisse malheureusement dans l'ombre d'autres techniques qui pourraient pourtant utilement permettre la progression d'un certain nombre de droits de l'homme, et tout particulièrement des droits sociaux. Il s'agit pour l'essentiel du système de réclamation collective auprès du Comité européen des droits sociaux institué par le Protocole additionnel de 1995 à la Charte sociale européenne (révisée le 3 mai 1996). Il offre la possibilité à des organisations internationales et nationales représentatives d'employeurs ou de travailleurs de soulever, devant le Comité européen des droits sociaux, la méconnaissance d'une disposition de la Charte par une norme générale ou une pratique[97]. C'est ainsi que, par une décision sur le bien-fondé du 28 juin 2011, se prononçant sur la réclamation collective présentée par le Centre sur les droits au logement et les expulsions[98], le Comité européen des droits sociaux a estimé que la mise en œuvre énergique du discours de Grenoble relatif au démantèlement des campements illicites de Roms au cours de l'été 2010 avait conduit la France à commettre des atteintes si graves aux valeurs fondamentales communes aux États membres du Conseil de l'Europe qu'elle se devait d'offrir des assurances et des garanties de non-répétition[99].
Par où l'on voit que le contrôle international appelle des retombées nationales pour une complète effectivité des droits fondamentaux.

## III • Les retombées nationales du contrôle international

**118** Les retombées nationales du contrôle international dépendent très largement de l'autorité attachée à l'acte adopté par l'organe de contrôle à l'issue de son examen. Un simple avis ou de simples suggestions ne sont guère incitatifs, et d'autant moins lorsqu'ils sont confidentiels. Même s'ils sont rendus publics, ils seront très vite oubliés et noyés dans le torrent d'informations déversées quotidiennement. L'émoi qu'ils susciteront éventuellement sera chassé dès le lendemain par une nouvelle indignation. C'est donc à l'abri de toute contrainte que l'État entendra les remarques qui lui auront été faites. La situation est toute différente lorsque la procédure permettant de dénoncer les violations des dispositions d'une convention relative aux droits de l'homme a un caractère juridictionnel et se conclut par le prononcé d'un arrêt obligatoire pour l'État défendeur. Celui-ci est alors conduit à tenir compte du dispositif qui intéresse au premier chef le requérant, à moins qu'il ne s'engage dans une politique d'opposition frontale à l'image de la Pologne, dont le Tribunal constitutionnel a récemment affirmé

96. V. dans le même sens, CEDH, gr. ch., 21 janv. 2011, *MSS c/ Belgique et Grèce*, req. n° 30696/09.
97. V. sur l'intérêt du système des réclamations collectives en particulier, J.-P. Marguénaud, J. Mouly, « Le Comité européen des droits sociaux, un laboratoire d'idées sociales méconnu », *RD publ.* 2011. 685, spéc. 706 s.
98. *RDSS* 2012. 669, note J.-P. Marguénaud, J. Mouly.
99. Comme l'a rappelé la Cour internationale de justice (CIJ 3 févr. 2012, *Allemagne c/ Italie*, § 138), cette exigence présente un caractère exceptionnel, la bonne foi des États étant présumée.

(24 nov. 2021) que l'application des exigences de l'article 6, § 1, aux procédures se déroulant devant lui était incompatible avec la Constitution polonaise[100]. L'affaire dépasse parfois le seul cas individuel soumis à l'autorité chargée de veiller au respect du texte international parce qu'elle révèle une défaillance structurelle. C'est alors que la décision a une incidence générale profitant à tous parce que le respect des droits de l'homme et des libertés fondamentales suppose d'amender un texte ou de modifier une pratique administrative. Et le système sera d'autant plus performant qu'il anticipera les réticences de l'État en instaurant ou en développant un mécanisme de surveillance de l'exécution des décisions constatant une violation des droits de l'homme. Une fois encore, le système européen de garantie collective des droits de l'homme est un modèle d'efficacité. Les arrêts de la CEDH ont évidemment une portée individuelle (**A.**). Ils sont également, dans certains cas, revêtus d'une portée générale (**B.**). Ils bénéficient enfin de l'appui du Comité des ministres du Conseil de l'Europe pour s'assurer que les États s'y conforment (**C.**).

## A • La portée individuelle

**119** ***Le principe : la liberté de moyens et l'autonomie procédurale accordée aux États.*** Aux termes de l'article 46 de la Conv. EDH, les arrêts de la Cour de Strasbourg sont obligatoires et, selon la jurisprudence *Marckx*[101], déclaratoires pour l'essentiel. La Cour n'a pas le pouvoir de remettre en cause l'acte incompatible avec les droits et libertés conventionnellement garantis ou la décision de justice rendue à l'issue d'une procédure inéquitable. En principe, donc, et conformément aux enseignements du droit international général, les États bénéficient d'une autonomie procédurale pour se conformer aux décisions de la Cour dans les litiges auxquels ils sont parties. Cette liberté de moyens découle autant de l'absence d'un véritable pouvoir d'injonction au profit de la Cour de Strasbourg[102] que de la relative imprécision de ses décisions[103]. À l'égard de l'individu, la portée d'un arrêt de la Cour de Strasbourg varie selon le chef de dispositif envisagé. Cette distinction, qui n'apparaît pas clairement dans la Convention, a pu, à l'occasion, inspirer la Cour de cassation. La Chambre criminelle[104] a ainsi opposé les arrêts déclaratoires et les arrêts de prestation. Si les premiers sont « sans incidence sur la validité des procédures relevant du droit interne », les seconds, en revanche, permettent « à celui qui s'en prévaut de demander réparation ». En d'autres termes, le constat de violation de la Convention n'emporte directement aucune conséquence alors que l'octroi d'une satisfaction équitable autorise le requérant à en réclamer le paiement. En particulier, lorsque la méconnaissance de la Convention prend sa source dans une décision de justice ou dans la procédure dont elle est issue, l'État n'est pas tenu d'ordonner le réexamen de l'affaire. Le Conseil d'État a rappelé cette règle dans un arrêt du 4 octobre 2012[105] en énonçant « que l'autorité qui s'attache aux arrêts de la Cour implique en conséquence non seulement que l'État verse à l'intéressé les sommes que la Cour lui a allouées au titre de la satisfaction équitable prévue par l'article 41 de la Convention mais aussi qu'il adopte les mesures individuelles et, le cas échéant, générales nécessaires pour mettre un terme à la violation constatée ; que l'exécution de l'arrêt de la Cour ne

100. En paralysant le constat de violation de l'arrêt *Xero Flor w Polsce sp. z o.o.* (CEDH 7 mai 2021), cette décision a paru suffisamment inquiétante pour que le Secrétaire général du Conseil de l'Europe requiert des explications sur la manière dont la Pologne entend désormais assurer l'application effective de la Convention.

101. CEDH 13 juin 1979, *Marckx c/ Belgique*, req. n° 6833/74.

102. CEDH, gr. ch., 1er mars 2006, *Sejdovic c/ Italie*, req. n° 56581/00, § 83, 94 et 119.

103. CEDH 13 juin 1979, *Marckx c/ Belgique*, req. n° 6833/74, § 31, préc.

104. Crim. 3 févr. 1993, *Kemmache*, *D.* 1993. 515, note J.-F. Renucci.

105. CE 4 oct. 2012, *M. Gilbert B.*, req. n° 328502, *JCP A* 2013, n° 2060, comm. F. Hoffmann ; *JCP* 2013/6, p. 273, note G. Eveillard ; *RGDIP* 2013. 164, note T. Fleury Graff ; *RFDA* 2013. 103, note F. Sudre ; *Dr adm.* 2013. 40, obs. J. Sirinelli ; *Procédures* 2012/12. 34, obs. S. Deygas ; *AJDA* 2012. 2162, Chron. X. Domino et A. Bretonneau.

peut toutefois, en l'absence de procédures organisées pour prévoir le réexamen d'une affaire définitivement jugée, avoir pour effet de priver les décisions juridictionnelles de leur caractère exécutoire ». En conséquence, l'arrêt de la Cour constatant le caractère inéquitable de la procédure ayant conduit à la condamnation pécuniaire du comptable public ne remet pas en cause les diligences accomplies aux fins d'exécution du jugement. Au demeurant, le Conseil d'État ne manque pas de souligner que la non-communication des pièces au requérant ayant motivé le constat de violation de l'article 6 n'a eu aucune incidence sur le fond, puisqu'elles n'ont pas servi à fonder la décision. La solution était donc d'autant plus simple à admettre. C'est une solution contraire que le législateur français a retenue en matière pénale, par l'institution d'une procédure de « réexamen d'une décision pénale consécutif au prononcé d'un arrêt de la Cour européenne des droits de l'homme »[106], et, plus récemment, en matière civile[107]. Par leur domaine limité (la matière pénale et l'état des personnes) et par leurs conditions d'ouverture restrictives, ces initiatives constituent somme toute une avancée timide dans l'effectivité de la Conv. EDH. Un peu plus d'audace semble néanmoins devoir résulter de la jurisprudence instaurée par les arrêts d'Assemblée plénière de la Cour de cassation du 15 avril 2011[108] reconnaissant l'autorité interprétative des arrêts de la Cour de Strasbourg impliquant l'annulation de procédures internes diligentées en méconnaissance de règles précisées par des arrêts rendus contre d'autres États que la France[109].

**120** ***L'exception : le renforcement de la contrainte.*** La Cour européenne des droits de l'homme relève quant à elle que, dans des circonstances exceptionnelles, « la nature même de la violation constatée n'offre pas réellement de choix parmi différentes sortes de mesures susceptibles d'y remédier et [qu'elle est] conduite à indiquer exclusivement l'une de ces mesures »[110]. La Cour ne manque donc pas d'exprimer sa préférence sur l'attitude que devrait adopter l'État à l'égard du requérant dont la violation des droits fondamentaux a été officiellement constatée. Par exemple, elle souligne régulièrement que, lorsqu'un individu a été condamné par un tribunal ne présentant pas les garanties d'indépendance et d'impartialité requises par l'article 6 de la Convention, un nouveau procès ou la réouverture du procès, à la demande de l'intéressé, est un moyen approprié de redresser la violation constatée. Parfois, une telle indication ne déroge pas au mécanisme traditionnel de l'exécution des arrêts par les États parties. La Cour reconnaît qu'elle ne fait que suggérer un moyen qui n'est pas le seul envisageable. Elle réserve les circonstances particulières de la cause et rappelle que les États disposent d'une confortable marge d'appréciation pour se conformer à ses décisions[111]. D'autres fois, dans les situations les plus préoccupantes, la Cour abandonne toute réserve et intime à l'État de prendre la seule mesure apte à redresser la situation et à restaurer la prééminence du droit. Contrairement à l'hypothèse précédente, la mesure indiquée par la Cour figure alors dans le dispositif de son arrêt. À ce titre, elle a déjà sommé un État d'assurer la remise en liberté du requérant dans les plus brefs délais eu égard aux circonstances particulières de l'affaire et au besoin urgent de mettre fin à la violation des articles 5 § 1 et 6 § 1 de la Convention[112], de réintégrer le requérant dans ses fonctions de juge à la Cour suprême dans les plus brefs délais[113] ou d'aménager le droit de visite du requérant à l'égard de sa fille en tenant compte de ses horaires de travail et en déterminant un

---

106. C. pr. pén., art. 622-1 et s.
107. COJ, art. L. 452-1 et s. Pour une première application, dans le contentieux de la transcription sur le registre central de l'état civil des actes de naissance d'enfants nés à l'étranger d'une mère porteuse, v. Cass., cour de réexamen, 16 févr. 2018, n° 17-RDH-001 ; *D.* 2018. 825, note J. Guillaumé (après avoir sollicité l'avis de la Cour de Strasbourg, l'assemblée plénière de la Cour de cassation a ordonné la transcription des actes de naissance établis à l'étranger ; v. supra note 50).
108. Cass., ass. plén., 15 avr. 2011, préc.
109. Crim. 31 mai 2011, *D.* 2011. 2086, note H. Matsopoulou.
110. CEDH, gr. ch., 8 avr. 2004, *Assanidzé c/ Georgie*, req. n° 71503/01, § 202.
111. V., par ex., CEDH, gr. ch., 12 mai 2005, *Ocalan c/ Turquie*, req. n° 46221/99, § 210.
112. CEDH, gr. ch., 8 avr. 2004, *Assanidzé c/ Georgie*, préc. ; v. égal., à propos d'un journaliste, CEDH 22 avr. 2010, *Fatullayev c/ Azerbaïdjan*, req. n° 40984/07.
113. CEDH 9 janv. 2013, *Oleksandr Volkov c/ Ukraine*, req. n° 21722/11.

lieu convenable compte tenu du besoin urgent de mettre fin à la violation du droit au respect de la vie familiale[114].

**121** ***Le cas des arrêts de prestation.*** Le meilleur sort réservé à la satisfaction équitable peut se comprendre (parce que de telles décisions sont parfaitement claires et d'une exécution aisée), mais étonne quelque peu, car, contrairement à ce qui se rencontre dans d'autres conventions internationales, la Conv. EDH n'attribue en aucune façon la force exécutoire aux décisions rendues par la Cour, ni expressément[115], ni tacitement[116], pas plus qu'elle ne décrit la façon dont les décisions acquièrent force exécutoire dans l'ordre interne[117]. Cependant, la Cour s'est arrogé un pouvoir de contrainte en développant une jurisprudence audacieuse qu'elle intégrera par la suite dans son règlement intérieur. Ainsi, aux termes de l'article 75, § 3, du règlement intérieur, « lorsque la chambre ou le comité accordent une satisfaction équitable au titre de l'article 41 de la Convention, ils peuvent décider que, si le règlement n'intervient pas dans le délai indiqué, des intérêts moratoires seront dus sur les sommes allouées ». La contrainte qu'ils décrivent se présente sous la forme d'une simple faculté, mais la Cour en use systématiquement. Son objet est double : elle consiste en l'indication d'un délai dans lequel l'État défendeur doit acquitter sa dette, d'une part (selon une formule récurrente, la Cour précise que l'État défendeur doit acquitter sa dette « dans les trois mois à compter du jour où l'arrêt sera devenu définitif conformément à l'article 44, § 2, de la Convention »), et en la détermination d'une sanction financière en cas de dépassement de ce délai, d'autre part (depuis 2002, quel que soit l'État et quelle que soit la monnaie dans laquelle est demandée la satisfaction équitable[118], le taux des intérêts moratoires est invariablement basé « sur le taux d'intérêt de la facilité de prêt marginal de la Banque centrale européenne majoré de trois points de pourcentage »). L'État n'est donc pas seulement invité à agir promptement, il y est également incité. Tant que le montant des indemnités allouées par la Cour était relativement modeste, les États et notamment la France exécutaient spontanément leurs obligations. Les principales difficultés consistaient à déterminer le ministère sur le budget duquel la dépense devait être imputée. Les résistances apparaîtront peut-être si la Cour persiste dans la voie de la mercantilisation parfois dénoncée[119] des droits de l'homme en allouant aux victimes des sommes considérables[120].

## B • La portée générale

**122** ***L'autorité relative de la chose jugée.*** À s'en tenir à la lettre de l'article 46 de la Conv. EDH, les arrêts de la Cour de Strasbourg sont revêtus d'une autorité relative de la chose jugée. Leur caractère obligatoire s'impose au(x) seul(s) État(s) partie(s) au litige et ne vaut qu'à l'égard de la situation soumise au contrôle de la Cour. C'est dire que, formellement, les arrêts de la Cour n'ont qu'une portée individuelle et sont dépourvus de toute portée générale. Ce serait pourtant une erreur de croire que

114. CEDH 12 avr. 2011, *Gluhakovic c/ Croatie*, req. n° 21188/89.
115. Comp. avec l'art. 39 du Statut du tribunal international du droit de la mer, Ann. VI à la Convention des Nations unies sur le droit de la mer du 10 déc. 1982 : « Exécution des décisions de la Chambre : Les décisions de la Chambre sont exécutoires sur le territoire des États Parties au même titre que les arrêts ou ordonnances de la plus haute instance judiciaire de l'État Partie sur le territoire duquel l'exécution est demandée ».
116. V. art. 68 § 2 de la Convention américaine relative aux droits de l'homme : « le dispositif de l'arrêt accordant une indemnité pourra être exécuté dans le pays intéressé conformément à la procédure interne tracée pour l'exécution des jugements rendus contre l'État ».
117. V. l'art. 280 TFUE qui précise que « les arrêts de la Cour de justice ont force exécutoire dans les conditions fixées à l'article 299 », c'est-à-dire que « la formule exécutoire est apposée, sans autre contrôle que celui de la vérification de l'authenticité du titre, par l'autorité nationale que le gouvernement de chacun des États membres désignera à cet effet ».
118. CEDH 21 févr. 2006, *Yuce c/ Turquie*, req. n° 75717/01 (sommes libellées en dollars américains).
119. J.-F. Flauss, « Réquisitoire contre la mercantilisation excessive du contentieux de la réparation devant la Cour européenne des droits de l'homme. À propos de l'arrêt *Beyeler c/ Italie* du 28 mai 2002 », *D.* 2003. Chron. 227.
120. 2 750 000 euros dans l'affaire *Pascaud c/ France* (CEDH 8 nov. 2012, req. n° 19535/08) ; 4 590 295 euros dans l'affaire *Association les témoins de Jehovah c/ France* (CEDH 5 juill. 2012, req. n° 8916/05) ; 14 300 000 euros dans l'affaire *Yianopulu c/ Turquie* (CEDH 31 mai 2016, req. n° 12030/03) ; 27 000 000 d'euros dans l'affaire *Agrokompleks c/ Ukraine* (CEDH 25 juill. 2013, req. n° 23465/03).

les arrêts de la Cour ne contiennent aucun enseignement général. Bien que le contrôle opéré par la Cour et les raisonnements qu'elle mobilise impriment à la décision un caractère contextualisé, voire hypercontextualisé, il arrive fréquemment que le constat de violation intéresse un nombre indéterminé de situations et même un nombre indéterminé d'États.

**123** ***L'objectivation du contentieux européen***[121]. Les arrêts dont la portée générale est la plus évidente sont ceux dans lesquels le constat de violation de la Convention se fonde sur les imperfections d'un acte de portée générale, telle une loi ou une jurisprudence bien établie. Les circonstances concrètes de l'affaire n'expliquent que marginalement, voire pas du tout, la décision de la Cour. Ainsi, chaque nouvelle application d'une disposition ou d'une jurisprudence dont la Cour a constaté qu'elle était incompatible avec l'un quelconque des droits et libertés conventionnellement garantis expose l'État à une nouvelle déconvenue strasbourgeoise. Il est alors nécessaire de modifier la norme. C'est ainsi que la France a été contrainte d'améliorer la condition de l'enfant adultérin lorsque, pour déterminer sa part dans la succession de son auteur, il entrait en concours avec un enfant né du mariage[122]. Dans d'autres situations, le constat de violation porte moins sur le fond que sur la méthode, ainsi que l'illustre tout particulièrement le contentieux de l'expulsion des étrangers. Hormis l'article 4 du Protocole additionnel n° 4 qui prohibe l'expulsion collective des étrangers, aucune disposition de la Convention ne traite directement de cette question. Indirectement, cependant, elle est susceptible d'affecter la Conv. EDH parce que l'expulsion trouble la vie privée et le cas échéant familiale de l'intéressé. Avant de décider de l'expulsion, il est nécessaire de mettre en balance l'intérêt général à procéder à l'expulsion et l'intérêt individuel ainsi sacrifié. Et, plus généralement, lorsque le litige oppose deux particuliers et qu'il parvient devant la Cour en mettant plus ou moins artificiellement en cause un État parce que sa législation permet ou n'interdit pas à un particulier de porter atteinte aux droits fondamentaux d'un autre particulier, elle impose alors une méthodologie particulière. Ces affaires qui touchent parfois le cœur du droit privé nécessitent de procéder à des arbitrages difficiles entre des intérêts concurrents, souvent contradictoires et d'une égale valeur. Conformément à la logique de subsidiarité qui anime le droit européen des droits de l'homme, il n'appartient pas à la Cour de se substituer à l'État pour procéder à la conciliation des intérêts privés. Cette tâche relève de sa marge d'appréciation et la Cour n'exerce qu'un contrôle restreint limité à l'arbitraire. Elle exige cependant que les droits fondamentaux de l'une quelconque des parties ne soient pas d'emblée sacrifiés et qu'ils soient, au contraire, dûment pris en considération.

**124** ***L'autorité interprétative des arrêts de la Cour***[123]. Les arrêts de la Cour ont encore une portée générale parce qu'ils n'intéressent pas simplement l'État défendeur, mais bien tous les États dont le système serait similaire à celui dont la Cour constate la contrariété à la Conv. EDH. De la sorte, les arrêts de la Cour jouissent d'une autorité interprétative qui constitue l'une des manifestations de la mission qui lui est dévolue dans son rôle de gardienne de la Conv. EDH. Elle estime en effet que « ses arrêts servent non seulement à trancher les cas dont elle est saisie, mais plus largement à clarifier, sauvegarder et développer les normes de la Convention, et à contribuer de la sorte au respect, par les États des engagements qu'ils ont assumés en leur qualité de Parties contractantes »[124]. En conséquence, il apparaît qu'au-delà des litiges qui lui sont soumis, l'interprétation des dispositions à laquelle elle se livre fait corps avec le texte lui-même et s'impose dès lors à l'ensemble des États parties. C'est dire encore que l'autorité de ses arrêts visée à l'article 46 de la Convention ne se limite pas au dispositif de la décision mais s'étend aux motifs qui en constituent le soutien nécessaire. La Cour

121. Sur ce phénomène, v. J. Arlettaz et J. Bonnet, *L'objectivation du contentieux des droits et libertés fondamentaux. Du juge des droits au juge du droit*, Pédone, 2015.
122. V. CEDH 1er févr. 2000, *Mazurek c/ France*, req. n° 34406/97, et la réaction de la France deux ans plus tard avec l'adoption de la loi n° 2001-1135 du 3 déc. 2001 relative aux droits du conjoint survivant et des enfants adultérins et modernisant diverses dispositions de droit successoral.
123. Sur cette notion, v. O. Dubos, « Les arrêts des juridictions européennes : quelles forces ? », *in Liber amicorum Joël Molinier*, LGDJ, 2012, p. 175.
124. CEDH 18 janv. 1978, *Irlande c/ Royaume-Uni*, req. n° 5310/71.

rappelle, le cas échéant, que ses interprétations valent *erga omnes*. Ainsi, dans l'affaire *Modinos c/ Chypre*[125], relative à la contrariété à l'article 8 de la Convention d'une loi chypriote réprimant pénalement les relations homosexuelles entre adultes mâles consentants et en privé, la Cour se réfère à son arrêt Dudgeon[126] rendu dans des circonstances similaires, contre un autre État, pour fustiger l'attitude de Chypre. Tout d'abord, elle constate que, en dépit de sa jurisprudence, la Cour suprême de Chypre a estimé que la législation en cause ne violait pas la Convention[127]. Ensuite, bien qu'aucune poursuite pénale n'ait été exercée sur ce fondement depuis son arrêt *Dudgeon*, la Cour n'en considère pas moins que la seule existence de tels textes constitue une ingérence permanente dans les droits du requérant[128]. Enfin, sur la question de la justification de l'ingérence, elle exprime alors l'autorité qu'il convient d'attribuer à ses arrêts, en soulignant simplement, que « vu [...] la jurisprudence de la Cour [...] il ne s'impose pas de réexaminer la question »[129]. Cette affirmation lapidaire témoigne une fois encore de l'attitude volontariste de la Cour dans la promotion effective d'un ordre régional fondé sur le respect des droits de l'homme et la prééminence du droit. Par conséquent, la connaissance et l'étude des seuls arrêts prononcés contre la France sont nettement insuffisantes et ne permettraient pas aux praticiens de délivrer des conseils pleinement éclairés et pertinents à leurs clients. C'est bien l'ensemble de la jurisprudence de la Cour qui mérite considération, quel(s) que soi(en)t l'État ou les États défendeurs. Il le mérite d'autant plus que la Cour de cassation a expressément reconnu l'autorité interprétative des arrêts de la Cour par ses arrêts d'Assemblée plénière du 15 avril 2011[130], tandis que le Conseil d'État[131], préférant quant à lui, par la bouche de son vice-président Jean-Marc Sauvé, parler de force persuasive des arrêts de la Cour, et même le Conseil constitutionnel[132] n'hésitent plus à fonder leurs décisions sur des arrêts de la Cour en les citant expressément dans les visas ou dans le corps de leur décision[133].

**125** ***Procédure des arrêts pilotes.*** Toute la difficulté est alors de savoir quelles mesures l'État doit adopter ou de déterminer dans quel sens il doit amender sa législation afin de respecter la Conv. EDH. Cette difficulté est d'autant plus aiguë que le respect de la Conv. EDH s'impose immédiatement ainsi que le rappelle régulièrement la Cour de Strasbourg[134] et ainsi que l'a rappelé la Cour de cassation, contre le Conseil constitutionnel, en ce qui concerne la nécessité de réformer la garde à vue afin que soient pleinement garantis les droits de la défense[135] ou encore de sanctionner des conditions de détention incompatible avec la prohibition des traitements inhumains et dégradants[136]. Or, traditionnellement, lorsqu'elle rend un arrêt constatant la violation d'un droit ou d'une liberté, la Cour estime qu'il ne lui incombe pas de dicter à l'État défendeur les mesures à adopter afin qu'il respecte ses obligations internationales. Cette position procède de la subsidiarité du contrôle supranational. Les autorités nationales sont les mieux placées pour apprécier la situation. Chaque État peut ainsi répondre à l'incitation de la Cour avec les moyens qui lui sont propres et qu'il juge les plus appropriés. Cependant, il n'est pas certain que la réponse soit toujours adéquate. La retenue dont

125. CEDH 22 avr. 1993, req. n° 15070/89.
126. CEDH 22 oct. 1981, *Dudgeon c/ Royaume-Uni*, req. n° 7525/76.
127. *Modinos*, § 20.
128. *Ibid.*, § 24.
129. *Ibid.*, § 25.
130. Cass., ass. plén., 15 avr. 2011, préc., citant les arrêts *Salduz* et *Dayanan* rendus l'un et l'autre contre la Turquie (CEDH 27 nov. 2008, *Salduz c/ Turquie*, req. n° 36391/02 ; CEDH 13 oct. 2009, *Dayanan c/ Turquie*, req. n° 7377/03).
131. V. par ex. CE 25 mai 2007, *Courty, AJDA* 2007. 1424, concl. R. Keller.
132. V., tout particulièrement, Cons. const. 19 nov. 2004, n° 2004-505 DC, *Traité établissant une Constitution pour l'Europe*.
133. V. cependant, la volonté de la Cour de cassation de renouveler la rédaction de ses arrêts et de procéder à une motivation enrichie (pour une illustration, adoptant une structure apparente en paragraphes numérotés, une rédaction en style direct et citant les précédents de la Cour de Strasbourg, Cass., ass. plén., 25 oct. 2019, n° 17-86.605, dans une affaire éprouvant les limites de la liberté d'expression).
134. CEDH 29 nov. 1991, *Vermeire c/ Belgique*, req. n° 12849/87, § 26.
135. V. Cass., ass. plén., 15 avr. 2011, préc., et Crim. 31 mai 2011, préc.
136. Crim. 8 juill. 2020, n° 20-81.739. Rappr. CEDH 30 janv. 2020, *J.M.B. et a. c/ France*, req. n° 9671/15 et a. ; Déc. n° 2020-858/859 QPC du 2 oct. 2020, *Conditions d'incarcération des détenus ; CE* 19 oct. 2020, n° 439372, *Section française de l'Observatoire international des prisons*.

la Cour fait preuve laisse les États parties dans l'incertitude et engendre une forme d'insécurité juridique régulièrement stigmatisée. Certains déplorent ce « jeu de colin-maillard juridique »[137] tandis que d'autres regrettent ces « diagnostics sans thérapie » qui négligent la fonction pédagogique attachée aux décisions de la Cour[138]. C'est pourquoi, dans un premier temps, la Cour a dispensé quelques conseils sur la façon de respecter la Convention guidant ainsi le travail que doit accomplir le législateur. Ainsi, dans l'affaire *Airey*[139], la requérante se plaignait d'une violation de son droit d'accéder au juge en raison des frais prohibitifs qu'aurait entraîné la saisine de la *High Court* pour demander une séparation judiciaire. En constatant un manquement à l'article 6, § 1, de la Convention, la Cour indique qu'il existe plusieurs remèdes concevables. L'octroi de l'aide judiciaire en est un, mais la simplification de la procédure en est un autre tout aussi pertinent (§ 26). Ces occasions demeuraient cependant trop rares et insuffisantes pour la mettre à l'abri d'un flot continu de requêtes identiques menaçant la pérennité du système de garantie collective des droits de l'homme en Europe. C'est la raison pour laquelle, dans un second temps, la Cour a développé, à partir de l'arrêt *Broniowski c/ Pologne*[140], une technique permettant d'indiquer à l'État les modifications qu'il lui faut apporter à son droit interne dans les affaires révélant un problème structurel sous-jacent affectant un grand nombre de personnes, soit les affaires dans lesquelles des mesures générales s'imposent sans aucun doute. La procédure de l'arrêt pilote permet de remédier aux défaillances systémiques. Une fois mise en œuvre, cette procédure entraîne généralement l'ajournement de l'examen des requêtes nées de la même défaillance générale. Car, conformément à la logique du système, il s'agit de favoriser la subsidiarité et le règlement national de la difficulté. Le recours que l'État mettra en place pour répondre aux injonctions de l'arrêt pilote devra en principe être épuisé avant d'envisager une nouvelle saisine de la Cour, sauf si ce recours apparaît inefficace[141]. En 2011, la Cour a entrepris de codifier la procédure applicable aux arrêts pilotes en intégrant les principaux apports des arrêts rendus selon cette procédure[142] et en clarifiant ses conditions d'ouverture, son déroulement et ses effets. Elle figure désormais à l'article 61 du règlement (février 2023) de la Cour[143]. Cette technique révolutionnaire semble bien acceptée et même saluée. Par la déclaration de Brighton adoptée à l'issue de la conférence de haut niveau sur l'avenir de la Cour européenne des droits de l'homme organisée les 19 et 20 avril à l'initiative de la présidence britannique du Comité des ministres du Conseil de l'Europe, les États se félicitent que la Cour « continue d'appliquer des mesures proactives, en particulier la procédure de l'arrêt pilote, pour traiter les violations répétitives avec efficacité » (point 20, c). Les apparences sont cependant trompeuses. La teneur très encourageante de la déclaration de Brighton ne saurait faire oublier les vives tensions entre la Cour et le Royaume-Uni depuis qu'elle a rendu, en 2010, un premier arrêt pilote à son encontre dans l'affaire *Greens et MT*[144] constatant une nouvelle fois, cinq ans après l'arrêt *Hirst*[145], que la privation du droit de vote frappant les détenus emporte violation du droit à des élections libres (art. 3-P1).

---

137. J.-P. Marguénaud, *La Cour européenne des droits de l'homme*, 7e éd., Dalloz, coll. « Connaissance du droit », 2016, p. 176.
138. S. Van Drooghenbroeck, *La proportionnalité dans le droit de la convention européenne des droits de l'homme. Prendre l'idée simple au sérieux*, Bruylant, 2001, p. 608 s., nos 846 s.
139. CEDH 9 oct. 1979, *Airey c/ Irlande*, req. n° 6289/73.
140. CEDH 22 juin 2004, *Broniowski c/ Pologne*, req. n° 31443/96.
141. Exemple du remède indemnitaire instauré par la loi Pinto en Italie pour dépassement du délai raisonnable des procédures judiciaires. V. CEDH 21 déc. 2010, *Gaglione et a. c/ Italie*, req. n° 45867/07, la Cour intime à l'Italie une budgétisation urgente des fonds nécessaires à la mise en œuvre du recours fondé sur la loi Pinto et au regard de l'examen en cours devant le Parlement italien, elle estime ne pas cautionner toutes les mesures envisagées.
142. V. not. les arrêts rendus dans l'affaire *Hutten-Czapska c/ Pologne* (req. n° 35014/97, arrêt de Grande chambre sur le fond du 19 juin 2006 et de radiation du rôle après règlement amiable du 28 avr. 2008) et celui rendu dans l'affaire *Rumpf c/ Allemagne* (2 sept. 2010, req. n° 46344/06).
143. Sur la technique de l'arrêt pilote, v. J.-F. Renucci, N. Fricero, Y. Strickler, « L'arrêt pilote : le pragmatisme au service des droits de l'homme », *D.* 2013. 201.
144. CEDH 23 nov. 2010, *Greens et MT c/ Royaume-Uni*, req. n° 60041/08.
145. CEDH, gr. ch., 6 oct. 2005, *Hirst c/ Royaume-Uni*, req. n° 74025/01 (n° 2).

## C • La surveillance de l'exécution des arrêts

**126** ***Le rôle du Comité des ministres du Conseil de l'Europe.*** D'une manière générale, l'article 46 § 2 de la Convention investit le Comité des ministres de la mission de surveiller la bonne exécution des arrêts définitifs de la Cour. Il appartient donc au Comité de s'assurer que les États ont tiré les conséquences individuelles et/ou générales éventuellement précisées par la Cour dans son arrêt, qu'ils ont acquitté la satisfaction équitable ou qu'ils se sont conformés aux engagements, notamment financiers, auxquels a été subordonné le règlement amiable. Du point de vue des conséquences financières, le contrôle porte sur le paiement du principal et sur les éventuels intérêts moratoires. À cette fin, il exige une preuve écrite de la liquidation de la somme et le cas échéant une confirmation par le requérant du versement effectif.

**127** ***Exercice du contrôle.*** De prime abord, son rôle paraît assez modeste, car il se limite à une simple surveillance de l'exécution. Il ne consiste aucunement à faire exécuter directement les obligations de l'État. Cette limite, toutefois, n'est pas exclusive de la notion de contrainte. Celle-ci se révèle à travers la façon dont le Comité des ministres mène sa mission de surveillance. Il l'initie en invitant l'État intéressé à l'informer des mesures prises à la suite d'un arrêt ou d'un règlement amiable et l'achève en prenant une résolution finale qui atteste que ce même État a respecté ses obligations. D'une phase à l'autre, le Comité ne se cantonne pas à un rôle purement passif. Il exerce sur l'État une pression de nature essentiellement politique qui se traduit par l'adoption de résolutions intérimaires dont la pertinence et l'efficacité ont été renouvelées après l'entrée en vigueur du Protocole n° 11. Jusqu'alors, en effet, la publication du rapport de la Commission et de la décision du Comité des ministres était suspendue à l'adoption de la résolution finale. Le développement de la pratique des résolutions intérimaires permettait ainsi de contourner le secret entourant la violation de la Conv. EDH constatée sur le fondement de l'ancien article 32. En stigmatisant son attitude, la pratique des résolutions intérimaires pressait l'État à se conformer à ses engagements conventionnels. Dès lors que la fonction décisoire relève de la seule Cour et que l'ensemble de ses arrêts définitifs sont publiés, cet aspect contraignant a disparu. Un autre lui a succédé sur la base de l'ancien article 54 et de l'actuel article 46, § 2. C'est désormais uniquement par leur fréquence et par leur ton que les résolutions intérimaires contraignent l'État. Le but est une fois encore de souligner le comportement inacceptable de l'État, mais leur efficacité demeure somme toute relative comme l'illustre l'affaire *Loizidou c/ Turquie* (req. n° 15318/89). Le Comité a d'abord invité « instamment »[146] la Turquie à payer la satisfaction équitable prévue par l'arrêt du 28 juillet 1998. Puis, déplorant à nouveau l'inexécution, il a fermement réagi face à cette situation « sans précédent »[147] en déclarant « que le refus de la Turquie d'exécuter l'arrêt de la Cour témoigne d'un mépris manifeste pour ses obligations internationales, à la fois en tant que Haute Partie contractante à la Convention et en tant qu'État membre du Conseil de l'Europe » (*ibid.*). L'inertie du gouvernement turc se prolongeant, il s'est enfin déclaré « résolu à assurer, par tous les moyens à la disposition de l'organisation, le respect des obligations de la Turquie en vertu »[148] de l'arrêt de la Cour. Son exécution n'interviendra cependant que le 2 décembre 2003. Hormis cette affaire au contexte très particulier, les résolutions intérimaires permettent en général d'obtenir rapidement l'exécution de l'arrêt et élèvent le Comité au rang de véritable organe d'impulsion de la bonne exécution de l'arrêt. Ainsi, dans l'affaire *Raffineries grecques Stran et Stratis Andreadis* (req. n° 13427/87), le gouvernement grec a répondu promptement[149] à

146. Résolution intérimaire DH (99) 680, adoptée le 6 oct. 1999.
147. Résolution intérimaire DH (2000) 105, adoptée le 24 juill. 2000.
148. Résolution intérimaire DH (2001) 80, adoptée le 26 juin 2001 ; de tels propos seront réitérés dans la résolution intérimaire DH (2003) 174, adoptée le 12 nov. 2003.
149. En sept. 1996, le ministre grec des Affaires étrangères a informé le Comité qu'il s'engageait personnellement à résoudre la question afin de sauvegarder pleinement la crédibilité et l'efficacité des institutions du Conseil de l'Europe.

l'invitation instante que lui avait adressée le Comité des ministres[150] avant de verser la satisfaction équitable quatre mois plus tard.

**128** ***Renforcement des pouvoirs du Comité des ministres.*** Le Protocole n° 14 amplifie encore le rôle du Comité des ministres aux fins d'exécution des arrêts définitifs de la Cour. Les nouveaux paragraphes 4 et 5 de l'article 46 instituent une procédure en manquement dont le déclenchement appartient au Comité lorsqu'il estime qu'une Haute Partie contractante refuse de se conformer à un arrêt définitif rendu dans un litige auquel elle est partie. Cette procédure a été utilisée pour la première fois le 5 décembre 2017 contre l'Azerbaïdjan en raison du refus persistant des autorités de ce pays de se conformer au constat de violations multiples formulé par la CEDH en 2014 à la requête de Monsieur Mammadov[151].

**129** ***Rôle de la Cour dans la surveillance de l'exécution de ses propres arrêts.*** Cette procédure ouvre la voie à un contrôle, par la Cour elle-même, de l'exécution de ses propres arrêts, l'inobservation d'un arrêt constituant une violation autonome de la Convention justifiant la saisine de la Cour. La surveillance de l'exécution quitterait ainsi la sphère politique pour intégrer la sphère juridique ainsi que l'illustre l'affaire *Emre*. Dans un premier temps, la Cour avait estimé que l'interdiction d'entrer en Suisse frappant le requérant sans limitation de durée emportait violation de son droit au respect de la vie privée et familiale. À la suite de cette décision, les juridictions suisses réexaminèrent la situation du requérant. Tout en maintenant l'interdiction d'entrer sur le territoire suisse, elles fixèrent sa durée à dix ans. Saisie une nouvelle fois, la Cour constate une violation combinée de l'article 8 et de l'article 46[152] estimant que la durée de dix années est considérable dans la vie d'une personne et ne peut, en l'espèce, passer pour nécessaire dans une société démocratique. Surtout, elle considère que, afin d'exécuter son premier arrêt et de remédier à la violation de l'article 8, les juridictions suisses auraient dû annuler purement et simplement l'interdiction de territoire contre M. Emre, avec effet immédiat. La Cour n'a pas entendu l'argument du gouvernement suisse estimant qu'il appartenait au seul Comité des ministres de se prononcer sur l'adéquation de la mesure interne adoptée à la suite du premier constat de violation. Pour autant, la Cour se défend de concurrencer le Comité des ministres et rappelle qu'elle ne peut connaître d'une affaire dont elle a déjà eu à connaître qu'à la condition qu'elle présente un fait nouveau (Conv. EDH, art. 35, § 2, *b*)[153]. Dans l'affaire *Emre*, elle remarque que le Comité n'a adopté aucune résolution relative à l'exécution du premier arrêt datant du 22 mai 2008. Le souci de ménager les prérogatives du Comité des ministres apparaissait déjà dans l'affaire *Verein Gegen Tierfabriken Schweiz* et la question de savoir si la Suisse avait correctement et entièrement appliqué l'arrêt rendu le 28 juin 2001 par lequel la Cour estimait que le refus des autorités suisses de diffuser le spot télévisé délibérément provocateur d'une association protectrice des animaux était contraire à la liberté d'expression garantie par l'article 10 de la Conv. EDH. La Cour relève que le Comité avait mis un terme à sa mission en adoptant une résolution finale[154] et qu'il n'avait pas pris en compte, faute d'en avoir été informé par l'État défendeur, l'arrêt du Tribunal fédéral ayant rejeté la demande de révision émanant de l'association requérante[155].

150. Résolution intérimaire DH (96) 251, adoptée en mai 1996.
151. L'arrêt en manquement a été rendu en 2019 (CEDH, gr. ch., 29 mai 2019, req. n° 15172/13).
152. CEDH 11 oct. 2011, *Emre c/ Suisse*, req. n° 5056/10 (n° 2).
153. Comp. CEDH, gr. ch., 5 févr. 2015, *Bochan c/ Ukraine*, req. n° 22251/08 (n° 2).
154. Résolution DH (2003) 125.
155. CEDH, gr. ch., 30 juin 2009, *Verein Gegen Tierfabriken Schweiz c/ Suisse*, req. n° 32772/02 (n° 2).

## BIBLIOGRAPHIE INDICATIVE


- L. Burgorgue-Larsen, *La Convention européenne des droits de l'homme*, LGDJ, coll. « Systèmes », 3e éd., 2019.
- P. Ducoulombier, *Les conflits de droits fondamentaux devant la Cour européenne des droits de l'homme*, Bruylant, 2011.
- X. Dupré de Boulois, *Droit des libertés fondamentales*, PUF, 3e éd., 2022.
- C. Gauthier, S. Platon, D. Szymczak, *Droit européen des droits de l'homme*, Sirey U, coll. « Sirey université », 2016.
- C. Laurent-Bouthot, Y. Lecuyer, D. Tharaud, *Dictionnaire thématique de la Convention européenne des droits de l'homme*, Pedone, 2022
- Y. Lécuyer, *Jurisprudence de la CEDH*, Hachette Supérieur, coll. « Les fondamentaux du droit », 2e éd., 2018.
- J.-P. Marguénaud, *La Cour européenne des droits de l'homme*, Dalloz, coll. « Connaissance du droit », 7e éd., 2016.
- C. Nivard, *La justiciabilité des droits sociaux. Étude de droit conventionnel européen*, Bruylant, 2012.
- J.-F. Renucci, *Droit européen des droits de l'homme. Droits et libertés fondamentaux garantis par la CEDH*, LGDJ, 9e éd., 2021.
- C. Sciotti-Lam, *L'applicabilité des traités internationaux relatifs aux droits de l'homme en droit interne*, Bruylant, 2004.
- F. Sudre, L. Milano, H. Surrel, B. Pastre-Belda, *Droit européen et international des droits de l'homme*, PUF, 15e éd., 2021.
- F. Sudre, J. Andriantsimbazovina, G. Gonzalez, A. Gouttenoire, F. Marchadier, L. Milano, A. Schahmaneche, H. Surrel, D. Szymczak, *Les grands arrêts de la Cour européenne des droits de l'homme*, PUF, 10e éd., 2022.
- L. Hennebel et H. Tigroudja, *Traité de droit international des droits de l'homme*, Pédone, 2e éd., 2018.
- P. Wachsmann, *Les droits de l'homme*, Dalloz, coll. « Connaissance du droit », 6e éd., 2018.


## CHRONIQUE DE JURISPRUDENCE DE LA COUR EUROPÉENNE DES DROITS DE L'HOMME

- *AJDA* : J.-F. Flauss (2000-2010) ; L. Burgorgue-Larsen (depuis 2011).
- *AFDI* : R. Pelloux ; V. Coussirat-Coustère ; E. Lambert-Abdelgawad et S. Touzé, D. Szymczak et S. Touze (depuis 2012).
- *JDI* : P. Rolland ; P. Rolland et P. Tavernier ; E. Decaux, P. Tavernier (depuis 1978) et M. Boumghar (depuis 2012).
- *JCP* : F. Sudre (depuis 1993), L. Milano, B. Pastre-Belda (depuis 2019) et A. Schahmaneche (depuis 2021).
- *RDLF* : M. Afroukh, C. Boiteux-Picheral et C. Husson-Rochcongar.
- *RJ envir.* : J.-P. Marguénaud et S. Nadaud (depuis 2010).
- *RSC* : L.-E. Pettiti, R. Koering-Joulin, F. Tulkens et F. Massias ; J.-P. Marguénaud et D. Roets (depuis 2008).
- *RTD civ.* : J.-P. Marguénaud (depuis 1996).

## PISTES DE RÉFLEXION

- L'effectivité des droits sociaux
- L'obligation faite aux États de se conformer aux arrêts de la Cour européenne des droits de l'homme
- La subsidiarité du contrôle de la Cour européenne des droits de l'homme
- Le droit de l'Union européenne devant la Cour européenne des droits de l'homme
- L'invocabilité de la Convention européenne des droits de l'homme dans les litiges de droit privé
- Les figures du principe de proportionnalité
- La concurrence des organes supranationaux de protection des droits de l'homme
- Droits de l'homme et démocratie
- La résolution des conflits de droits fondamentaux
- Contrôle de conventionnalité et contrôle de proportionnalité par le juge judiciaire (méthodologie et mutations institutionnelles)

# Thème 5
# Les droits fondamentaux dans l'Union européenne

**Florence Benoît-Rohmer**
*Professeur émérite de l'Université de Strasbourg,*
*Présidente honoraire de l'Université Robert-Schuman*

**Jean Paul Jacqué**
*Professeur émérite à l'Université de Strasbourg,*
*Directeur général honoraire au Conseil de l'Union européenne*

La protection des droits fondamentaux dans le cadre de l'Union européenne a d'abord été assurée par la Cour de justice au titre des principes généraux du droit en l'absence de dispositions expresses dans les traités. Ce n'est que progressivement que le principe d'une protection a été introduit dans les traités au fil des révisions successives de ceux-ci. Le système a pris sa forme définitive dans le traité de Lisbonne qui donne à la Charte des droits fondamentaux la même valeur que les traités. Depuis l'entrée en vigueur de ce traité, la Cour de justice a été amenée à préciser la portée de la Charte sans que pour autant toutes les questions soient résolues. Le traité de Lisbonne prévoit également l'adhésion de l'Union à la Convention européenne des droits de l'homme, mais la Cour de justice a estimé dans son avis 2/13 que l'accord négocié relatif à l'adhésion était incompatible avec les traités. La question reste donc encore ouverte.

# I • Introduction

**130** Le traité de Rome instituant la Communauté économique européenne ne contenait aucune disposition relative à la protection des droits fondamentaux. Ces derniers ont fait leur entrée dans le droit communautaire grâce à la Cour de justice des Communautés européennes, par le truchement des principes généraux du droit. Puis, les États membres ont accepté d'introduire cette solution prétorienne dans les traités. Cette démarche purement communautaire a soulevé des questions quant aux relations entre la garantie des droits dans l'Union et celle offerte par la Convention européenne des droits de l'homme. En effet, même si la Communauté n'était pas partie à la Convention, les États membres l'étaient. Il était possible qu'un acte communautaire voie sa conformité avec la Convention mise en cause à travers une mesure nationale de mise en œuvre. Aussi, à défaut d'une adhésion de la Communauté à la Convention, laquelle aurait exigé une révision des traités, il a été décidé de renforcer la protection des droits fondamentaux dans l'Union par l'établissement d'une liste des droits protégés dans une Charte des droits fondamentaux de l'Union européenne. La reconnaissance du caractère contraignant de la Charte des droits fondamentaux de l'Union européenne et l'adhésion de l'Union à la Convention européenne des droits de l'homme ont constitué les principales innovations apportées, en la matière, par le traité de Lisbonne.

## A • Une protection prétorienne pour pallier le silence initial des traités

### 1 • Le silence des traités

**131** Les traités communautaires ne contenaient à l'origine aucune disposition générale quant à la protection des droits fondamentaux, même si certains principes comme ceux de la non-discrimination ou les quatre libertés du marché intérieur pouvaient coïncider avec des dispositions relatives aux droits de

l'homme. L'explication de ce silence est simple. En raison de la nature économique des traités, leurs auteurs n'ont sans doute pas envisagé qu'un risque d'interférence puisse exister entre la législation communautaire et les droits de l'homme. À l'époque, la vision des droits de l'homme se limitait aux droits civils et politiques et l'on percevait mal les interactions qui pouvaient se produire entre une réglementation de nature économique et les droits de l'homme.
L'expérience a montré combien l'appréciation des auteurs des traités sur l'absence de liens entre une communauté économique et les droits fondamentaux était erronée, car elle méconnaissait le fait que ces droits s'appliquent transversalement à l'ensemble des activités des pouvoirs publics, voire aux rapports entre particuliers. Ainsi, dès l'origine, les interférences entre les activités des Communautés et le droit de propriété furent manifestes[1].
Plus tard, la Cour, saisie d'une demande préjudicielle sur la compatibilité avec le droit communautaire d'une mesure irlandaise interdisant la diffusion d'informations sur les conditions dans lesquelles des cliniques d'un autre État membre pratiquaient légalement l'avortement, a jugé que la question pouvait être envisagée sous l'angle de la prestation de services[2]. Le lien entre le marché intérieur et un droit aussi fondamental que le droit à la vie était établi et l'arrêt suscita de fortes réactions hostiles en Irlande. L'arrêt montre qu'il n'est pas possible d'exclure *a priori* toute interférence entre l'activité de l'Union et la protection des droits fondamentaux. Les risques d'interférence se sont, bien entendu, accrus, après l'entrée en vigueur du traité sur l'Union européenne, dans le cadre de la coopération en matière de justice et d'affaires intérieures.

## 2 • L'intervention de la Cour de justice

**132** À défaut de dispositions des traités, la question des droits fondamentaux s'est posée devant la Cour de justice. Dans ses premiers arrêts, cette dernière a refusé d'apprécier les actes communautaires au regard des droits fondamentaux[3]. Cette jurisprudence posait un certain nombre de problèmes. Tout d'abord, la conséquence en était que la création des Communautés se traduisait par un déficit dans la protection des droits fondamentaux. En effet, des compétences dont l'exercice par les États était soumis au respect des droits fondamentaux garantis par les constitutions nationales échappaient à cette contrainte dès lors qu'elles étaient exercées par la Communauté. En outre, des compétences dont l'exercice, au sein de cinq États membres, se trouvait limité par les obligations contractées dans le cadre de la Convention européenne des droits de l'homme, échappaient à toute limitation au lendemain de leur transfert aux Communautés et les individus qui disposaient auparavant du droit de recours individuel devant les instances de Strasbourg perdaient ce droit à l'égard des compétences transférées. Les juridictions nationales ne pouvaient rester indifférentes à une telle situation et la Cour constitutionnelle allemande, dans un arrêt célèbre — l'arrêt *Solange I* —, subordonnait son acceptation de la primauté du droit communautaire sur le droit national à l'existence d'une protection satisfaisante des droits fondamentaux dans le cadre des Communautés[4]. Cette attitude fut également celle de la Cour constitutionnelle italienne[5]. Cette situation a conduit la Cour de justice à faire évoluer sa jurisprudence dans un sens protecteur et à reconnaître que les droits fondamentaux faisaient partie du droit communautaire en tant que principes généraux du droit. Dans un arrêt du 17 décembre 1970, elle affirmait que le respect des droits fondamentaux faisait partie des principes généraux du droit dont elle assurait le respect et qu'il convenait de s'inspirer en ce qui concerne la définition de ces droits, des traditions

1. 13 déc. 1979, *Hauer c/ Land Rheinland-Pfalz*, aff. 44/79.
2. CJCE 4 oct. 1991, *Society for the Protection of Unborn Children c/ Grogan et a.*, aff. 159/90.
3. CJCE 4 févr. 1959, *Stork c/Haute Autorité de la CECA*, aff. 1/58.
4. 18 oct. 1967, BVerfGE 22, p. 293 ; 29 mars 1974, dit *Solange I*, BVerfGE 37, p. 271.
5. CJCE 27 déc. 1973, *Frontini et Pozzani*, *CDE* 1975. 114.

constitutionnelles communes aux États membres[6]. Puis, en 1975, elle affinait sa jurisprudence en faisant référence aux instruments internationaux auxquels les États membres ont coopéré ou adhéré et en particulier à la Convention européenne des droits de l'homme[7].
C'est en 1986, au vu de l'évolution de la jurisprudence de la Cour de justice, que la Cour constitutionnelle allemande devait désarmer en estimant qu'aussi longtemps que la protection des droits fondamentaux serait assurée de la sorte dans l'ordre communautaire, il n'y aurait pas lieu de remettre en cause la primauté[8]. De son côté, la Cour de justice n'a cessé d'affirmer l'importance des droits fondamentaux qu'elle qualifie dans l'arrêt *Kadi* de « principes constitutionnels » les situant dès lors au même niveau que les autres dispositions du traité[9].

## B • L'insertion progressive des droits de l'homme dans les traités

**133** Si l'élévation des droits fondamentaux au rang de principe général du droit communautaire est avant tout l'œuvre de la Cour, les institutions et les États membres ont accompagné cette évolution.
Tout d'abord, une déclaration commune du Parlement européen, de la Commission et du Conseil, le 5 avril 1977, fait état de l'importance que les institutions attachent au respect des droits fondamentaux tels qu'ils résultent des constitutions des États membres et de la Convention européenne des droits de l'homme. Ensuite, dans le préambule de l'Acte unique européen, les États se déclarent décidés à promouvoir ensemble « la démocratie en se fondant sur les droits fondamentaux reconnus dans les constitutions et lois des États membres, dans la convention de sauvegarde des droits de l'homme et des libertés fondamentales et dans la Charte sociale européenne ». Le traité de Maastricht a marqué une étape importante puisque l'article F § 2 (aujourd'hui 6 TUE) reprenait la jurisprudence de la Cour en faisant du respect des droits fondamentaux un des principes généraux du droit communautaire et en reproduisant la référence à la Convention européenne des droits de l'homme et aux traditions constitutionnelles communes aux États membres comme sources des droits fondamentaux.
Lors des négociations du traité d'Amsterdam, la question des droits fondamentaux ne pouvait être éludée à la suite de l'avis négatif de la Cour de justice relatif à l'absence de compétence communautaire pour adhérer à la Convention européenne des droits de l'homme (V. avis 2/94 du 28 mars 1996). S'il n'a pas été possible de trouver un accord quant à l'adhésion, le traité d'Amsterdam modifie cependant la situation de manière importante. Tout d'abord, il impose explicitement aux États candidats le respect des principes de l'article 6 parmi lesquels figurent les droits de l'homme et l'État de droit. Ensuite, il instaure une procédure de suspension des droits de vote et des droits découlant du traité lorsqu'un État membre viole de manière « grave et persistante » les principes énoncés à l'article 6 (TUE, art. 7, § 2). Par la suite, le traité de Nice introduira une procédure permettant en cas de « risque clair de violation grave par un État membre » d'adresser des recommandations à ce dernier (TUE, art. 7, § 1). Enfin, le traité d'Amsterdam autorise la Communauté à prendre des mesures positives pour lutter contre la discrimination fondée « sur le sexe, la race ou l'origine ethnique, la religion ou les croyances, un handicap, l'âge ou l'orientation sexuelle » ainsi qu'à promouvoir l'égalité entre les hommes et les

6. CJCE 17 déc. 1970, *Internationale Handelsgesellschaft*, aff. 11/70.
7. CJCE 28 oct. 1975, *Rutili*, aff. 36/75. Pour une formulation type de la jurisprudence, v. 19 juill. 1989, *Wachauf*, aff. 5/88.
8. 22 oct. 1986, dit *Solange II*, BVerfGE, p. 339. La Cour constitutionnelle allemande a, par la suite, assoupli encore sa position en indiquant qu'elle n'examinerait le grief de violation des droits fondamentaux par la Communauté dans un cas particulier qu'à condition qu'il soit établi que le niveau général de protection des droits fondamentaux dans la Communauté s'est dégradé par rapport au niveau atteint depuis l'arrêt *Solange II* (BVerfGE, 2/BVL 1/97). Elle accorde ainsi une immunité quasi-totale au droit de l'Union, sous réserve d'une improbable dégradation du niveau général de protection au sein de l'Union, et laisse le contrôle des droits fondamentaux entre les mains de la Cour de justice.
9. CJCE 3 sept. 2008, aff. 402/05P.

femmes (art. 141 ; TFUE, art. 157). L'article 136 (TFUE, art. 151), relatif à la politique sociale, contient une référence aux droits sociaux fondamentaux, tels que ceux énoncés par la Charte sociale européenne et par la Charte communautaire des droits sociaux fondamentaux des travailleurs. Le traité d'Amsterdam instaure également une protection des personnes physiques à l'égard du traitement des données à caractère personnel par la Communauté (art. 286 ; TFUE, art. 16). Il consacre le principe de l'accès des citoyens communautaires aux documents du Parlement, de la Commission et du Conseil (art. 255 ; TFUE, art. 15).

Suivant la voie ouverte par le projet de constitution européenne, l'article 6 TUE tel que révisé par le traité de Lisbonne marque une évolution fondamentale. Tout d'abord, l'article 6 accorde à la Charte des droits fondamentaux « la même valeur juridique que les traités ». Elle est ainsi intégrée dans le droit primaire de l'Union et constitue l'instrument fondamental de protection des droits fondamentaux dans l'Union. Cependant, l'article 6 maintient la disposition ancienne selon laquelle « les droits fondamentaux tels qu'ils sont garantis par la Convention européenne des droits de l'homme (...) et tels qu'ils résultent des traditions constitutionnelles des États membres, font partie du droit de l'Union en tant que principes généraux ». Les principes généraux du droit constituent donc une porte ouverte qui permet de compléter, le cas échéant, la protection offerte par la Charte. Enfin, l'article 6 prévoit que l'Union adhère à la Convention européenne des droits de l'homme. Cette dernière constituera donc un standard minimum auquel le droit de l'Union ne saurait se soustraire. Lorsque la Charte offrira une protection plus étendue que la Convention, ce qui est déjà le cas dans de nombreuses hypothèses, elle s'appliquera. En revanche, si d'aventure la Convention offrait une meilleure protection, l'Union devrait respecter la Convention.

Ainsi, les sources en matière de droits fondamentaux dans l'Union européenne sont constituées par : 1° la Charte des droits fondamentaux de l'Union européenne ; 2° les principes résultant des traditions constitutionnelles communes aux États membres et de la Convention européenne des droits de l'homme en tant que principes généraux du droit ; 3° la Convention européenne des droits de l'homme en tant que telle lorsque l'Union aura adhéré à celle-ci.

Deux États membres ont exprimé leurs réserves à l'égard de la Charte, la Pologne et le Royaume-Uni. S'agissant de la Pologne, les questions qui la préoccupaient concernaient essentiellement le statut de la famille, et notamment le mariage homosexuel, ainsi que le droit de propriété en raison de la crainte de revendications en restitution de la part des Allemands expulsés de Pologne après la Seconde Guerre mondiale. Cependant, il s'agit de droits protégés par la Convention européenne des droits de l'homme à laquelle la Pologne est partie et qui n'ont pas suscité jusqu'à présent de difficultés dans ce cadre. Pour sa part, le Royaume-Uni avait toujours exprimé des craintes en ce qui concerne les droits sociaux dont il redoutait qu'ils nuisent à la compétitivité de l'économie britannique. La Charte, élaborée avec la contribution du Royaume-Uni, ne justifie sans doute pas ces craintes. En effet, la grande majorité des droits sociaux garantis par la Charte s'exercent dans les conditions prévues par le droit communautaire ou les lois et pratiques nationales. Cependant, pour ces raisons, un protocole sur l'application de la Charte des droits fondamentaux de l'Union européenne à la Pologne et au Royaume-Uni a été joint au Traité de Lisbonne (v. ss 141). Il ne s'applique aujourd'hui qu'à la Pologne en raison du Brexit.

## II • La compétence de l'Union en matière de droits fondamentaux

**134** Si, comme la Cour de justice l'avait constaté dans son avis n° 2/94 du 28 mars 1996, l'Union a l'obligation de respecter les droits fondamentaux, cela n'implique pas qu'elle dispose d'une compétence générale pour légiférer dans ce domaine. Les États ne souhaitent pas que l'Union puisse étendre ses compétences dans des domaines qu'ils considèrent être au cœur du contrat social qui fonde leur souveraineté. En attestent les mentions répétitives selon lesquelles l'incorporation de la Charte ou l'adhésion à la Convention européenne des droits de l'homme n'étend pas et ne modifie pas les compétences de l'Union (TUE, art. 6 ; art. 51 de la Charte). Cependant, la réalité est différente selon que l'on se place dans le cadre des compétences internes ou externes de l'Union.

## A • Sur le plan interne à l'Union

**135** À l'exception de quelques dispositions spécifiques des traités (égalité entre les hommes et les femmes, transparence, protection des données...), il n'existe aucune attribution spécifique de compétence en la matière. Certains ont cependant soutenu que la protection des droits fondamentaux constituait un objectif horizontal des traités et qu'à ce titre, l'Union était autorisée à légiférer en se fondant sur l'article 352 TFUE (Traité CE, ex-art. 308). Cet argument se heurte à plusieurs obstacles. Tout d'abord, la protection des droits de l'homme ne constitue pas un objectif de l'Union, mais une obligation à laquelle celle-ci est soumise. De ce que l'Union a le devoir de respecter les droits de l'homme, il n'en découle pas qu'elle dispose de la compétence d'adopter des législations spécifiques en ce domaine. Ce qui pèse sur l'Union, c'est l'obligation de s'assurer, lorsqu'elle adopte une législation, qu'il ne soit pas porté atteinte à ces droits. Ainsi, l'Union ne dispose pas par exemple de la compétence pour adopter une législation sur l'inviolabilité du domicile, mais elle doit, lorsqu'elle définit les pouvoirs de la Commission dans le domaine de la concurrence, veiller à ce que soit respectée l'inviolabilité du domicile. De même, l'Union ne peut adopter une législation relative à la liberté religieuse, mais lorsqu'elle a réglementé l'abattage des animaux, elle s'est assurée qu'il ne soit pas porté atteinte à la liberté religieuse et y a inséré à cette fin des règles spécifiques relatives à l'abattage rituel.

Il existe certes des cas limites dans lesquels l'adoption d'une législation spécifique s'impose pour permettre la réalisation du marché intérieur. Parfois, les divergences dans les règles nationales relatives aux droits fondamentaux peuvent constituer un obstacle à l'harmonisation d'une matière. Dans ce cas, il est nécessaire pour permettre le fonctionnement du marché intérieur de procéder à une harmonisation des droits fondamentaux applicables en la matière. Ce fut le cas pour favoriser la libre circulation des données, alors qu'il n'existait à l'époque aucune disposition dans les traités sur la protection des données. Il a alors été nécessaire d'harmoniser les législations nationales en matière de protection des données.

Dans d'autres cas, une mesure d'harmonisation doit être accompagnée de dispositions protectrices pour éviter que son application ne conduise à une atteinte aux droits garantis. Ainsi, dans l'affaire *Digital Rights Ireland,* la Cour a jugé qu'une directive sur la rétention des données devait comporter des dispositions imposant le respect des droits fondamentaux alors même que cette directive était adoptée sur la base du marché intérieur : « Ainsi, la réglementation de l'Union en cause doit prévoir des règles claires et précises régissant la portée et l'application de la mesure en cause et imposant un minimum d'exigences de sorte que les personnes dont les données ont été conservées disposent de garanties suffisantes permettant de protéger efficacement leurs données à caractère personnel contre les risques d'abus ainsi que contre tout accès et toute utilisation illicites de ces données »[10].

Mais il s'agit d'hypothèses qui s'expliquent par la nécessité de supprimer des entraves à la libre circulation et n'ont rien à voir avec un quelconque objectif horizontal en matière de droits de l'homme. D'ailleurs, chaque fois, qu'un objectif revêt un caractère horizontal, le traité a pris soin de le mentionner[11]. Or il n'existe pas de disposition de ce type en ce qui concerne les droits fondamentaux.

10. CJUE 8 avr. 2014, aff. C-293 et 594/12.
11. V. art. 8 à 13 TFUE.

On ne peut guère trouver d'arguments convaincants en faveur d'une compétence générale de l'Union pour adopter des mesures relatives aux droits de l'homme. Si l'on prend en considération la jurisprudence de la Cour de justice, celle-ci a conclu certes dans l'avis n° 2/94 que la seule base possible pour une action dans ce domaine serait l'article 308 (TFUE, art. 352), mais elle a souligné l'impossibilité d'utiliser cette voie pour étendre les compétences de l'Union. Dans une affaire ultérieure, la Cour souligne que l'obligation de respect des droits fondamentaux ne pouvait amener à élargir le champ d'application des dispositions des traités au-delà des compétences communautaires, même par l'utilisation de l'article 308[12]. L'obligation de respecter les droits fondamentaux ne donne aucunement compétence à l'Union pour légiférer en la matière sauf lorsque le traité le prévoit expressément.
Cependant une nouvelle voie devait s'ouvrir à travers la protection des valeurs mentionnées à l'article 2 TUE et qui comportent le respect de l'État de droit et, notamment la protection de l'indépendance et de l'impartialité des juges. Devant les atteintes à ce principe en Pologne et en Hongrie, le législateur de l'Union a adopté un règlement qui prévoit la suspension des paiements aux États dans lesquels des atteintes à l'État de droit portent préjudice à la bonne gestion du budget de l'Union (Règlement du 16 décembre 2020 relatif à un régime général de conditionnalité pour la protection du budget de l'Union). Cette mesure vise en premier lieu à protéger le budget de l'Union, mais elle apparaît aussi comme un moyen de sanctionner financièrement les États qui portent atteinte à l'indépendance judiciaire. Saisie par la Hongrie et la Pologne, la Cour de justice a validé le règlement dans des termes qui font de son jugement un arrêt fondamental[13]. Tout d'abord, elle considère que les valeurs énoncées à l'article 2 font partie de l'identité de l'Union. À ce titre, elles viennent encadrer et limiter l'identité constitutionnelle des États. Ces valeurs s'imposent aux membres de l'Union puisqu'ils les ont acceptées lorsqu'ils sont devenus membres de celle-ci. Elles revêtent une valeur contraignante et créent pour les membres une obligation de résultat. Il en résulte qu'ils ne peuvent revenir sur le niveau de protection atteint lors de l'adhésion. Certes le législateur de l'Union ne peut instaurer une procédure de sanction puisque ce pouvoir est exclusivement réservé au Conseil européen par l'article 7 TUE, mais lui est loisible d'instituer un régime de conditionnalité financière, puisque l'objectif n'est pas de sanctionner des atteintes aux valeurs, mais de protéger le budget de celle-ci. Il en résulte que, dès lors qu'est établi un lien concret entre une violation des valeurs par un État et une norme de droit de l'Union, une intervention de cette dernière est possible. Cette jurisprudence ne remet pas en cause le fait que l'Union ne dispose pas de compétence directe pour légiférer en matière de droits fondamentaux, mais elle confirme que la protection des droits fondamentaux peut être prise en compte dans l'exercice par celle-ci de ses compétences, en l'espèce l'exécution du budget de l'Union

## B • Sur le plan externe

**136** En ce qui concerne l'action externe de l'Union, la situation est plus claire. L'article 20 TUE qui définit les objectifs de l'action extérieure de l'Union mentionne expressément la consolidation et le soutien de « la démocratie, l'État de droit, les droits de l'homme et les principes du droit international ». En vertu de son obligation de respect des droits fondamentaux, l'Union peut insérer dans les accords qu'elle conclut avec des tiers des clauses par lesquelles les parties s'engagent à respecter les droits de l'homme. La pratique bien établie est de faire du respect de ces clauses un élément essentiel de l'accord, ce qui permet, par référence implicite aux dispositions de la convention de Vienne sur le droit des traités, la suspension ou la dénonciation de l'accord lorsque ces clauses sont violées. Jusqu'à quel point cet objectif permet-il de mener des actions spécifiques dans le domaine

12. CJCE 3 déc. 1996, *République portugaise c/Conseil*, aff. C-268/94, *Rec.* I. 6177.
13. CJUE 16 févr. 2022, *Hongrie c/ Parlement et Conseil*, C-156/21 et du même jour, *Pologne c/Parlement et Conseil*, C-157/21

des droits de l'homme ? La réponse n'est pas claire. Dans son arrêt du 3 décembre 1996[14], la Cour de justice considérait qu'un accord conclu dans le cadre de la coopération au développement pouvait poursuivre un objectif touchant au respect des droits de l'homme, mais elle a constaté que l'accord en question, tout en poursuivant un tel objectif, n'instituait pas de coopération spécifique en ce domaine et de ce fait n'était pas contraire au traité. Il semblait alors qu'il était possible de poursuivre un objectif relatif aux droits de l'homme tant que des moyens spécifiques pour l'atteindre n'étaient pas prévus par l'accord. Du fait de la fusion opérée par le traité de Lisbonne entre l'Union et la Communauté, la référence aux droits de l'homme à l'article 21 TUE s'applique à l'ensemble de l'Union et donne à celle-ci la compétence d'œuvrer en faveur du respect des droits fondamentaux dans le cadre de sa politique extérieure.

## III • Le champ d'application de la Charte des droits fondamentaux de l'Union européenne

**137** En l'absence d'adhésion à la Convention européenne des droits de l'homme, il était apparu indispensable dans un souci de transparence d'offrir aux citoyens une liste de droits garantis dans le cadre de l'Union. Aussi, le Conseil européen de Cologne a-t-il approuvé, en juin 1999, la mise en chantier d'un processus de rédaction, avec la participation du Parlement européen, des Parlements nationaux et des représentants des gouvernements des États membres, d'une déclaration des droits fondamentaux, laquelle pourrait être insérée ultérieurement dans les traités. Les travaux entrepris en décembre 1999 furent achevés en temps utile pour le Conseil européen de Nice en décembre 2000. Les rédacteurs de la Charte ont choisi de rédiger celle-ci dans une forme juridique de telle sorte qu'elle puisse, le cas échéant, être intégrée dans les traités sans modifications. Le traité de Lisbonne incorpore la Charte dans l'article 6 en lui donnant la même valeur que les traités. À cette fin, quelques modifications ont été opérées dans le texte de la Charte. Le texte incorporé est celui de la Charte dans sa version du 12 décembre 2007. Il est accompagné d'explications qui selon l'article 6 doivent être prises en considération en vue de l'interprétation et de l'application de la charte.
La question du champ d'application de la Charte a été vivement débattue après Lisbonne, notamment en ce qui concerne son application aux États membres et la jurisprudence est venue progressivement apporter des réponses aux questions contestées.

### A • Le champ d'application matériel

**138** En ce qui concerne le champ d'application de la Charte, l'article 52 précise que celle-ci s'applique aux institutions et organes de l'Union ainsi qu'aux États membres uniquement lorsque ceux-ci mettent en œuvre le droit de l'Union. S'il ne fait aucun doute que la Charte s'applique à toutes les actions des institutions, organes et organismes de l'Union, la Cour ayant même jugé qu'elle s'appliquait aux actions des institutions en dehors du cadre du traité[15] la question a été plus débattue en ce qui concerne les États membres. En effet, la formule de l'article 52 est certes restrictive, mais la

14. Cité note précédente.
15. Arrêt du 20 sept. 2016, gr. ch., *Ledra Advertising Ltd*, aff. C-8/15 P à C-10/15 P, ECLI : EU : C : 2016 :701, « la Charte s'adresse aux institutions de l'Union, y compris, ainsi que M. l'avocat général l'a relevé au point 85 de ses conclusions, lorsque celles-ci agissent en dehors du cadre juridique de l'Union ».

Charte n'est pas à l'opposé de la Convention européenne de droits de l'homme, un instrument destiné à s'appliquer à l'ensemble de l'action des États membres. Elle concerne l'action de l'Union que celle-ci soit mise en œuvre par les institutions de l'Union ou par l'intermédiaire des États membres. La difficulté résidait cependant dans l'interprétation qu'il convenait de donner à la notion de « mise en œuvre » du droit de l'Union. Selon les explications annexées à la Charte, l'expression devait être entendue comme faisant référence au champ d'application du droit de l'Union. La Charte devrait s'appliquer chaque fois que le droit de l'Union est applicable. Cependant, l'utilisation dans l'article 52 de l'adverbe « uniquement » invitait à une interprétation limitative. La Cour de justice semble avoir dans un premier temps fait preuve d'une certaine prudence. Celle-ci était justifiée par le fait que tant l'article 6 TUE que la Charte elle-même indiquent que celle-ci n'étend pas les compétences de l'Union. Or, en donnant au champ d'application sa pleine extension, on risquait de limiter, par le biais des droits fondamentaux de l'Union, la liberté laissée aux États membres d'exercer leurs compétences propres comme ils l'entendaient.

Finalement, la situation s'est clarifiée et, selon la jurisprudence actuelle, la Charte s'applique aux États membres dans les circonstances suivantes :

1) Lorsqu'un État membre prend des mesures nationales de mise en œuvre du droit de l'Union qu'il s'agisse de mesures normatives (transposition d'une directive par exemple) ou de l'application d'un acte de l'Union à un particulier, il est bien entendu soumis au respect de la Charte puisqu'il agit en quelque sorte comme un agent de l'Union[16]. Lorsque le droit de l'Union laisse aux États membres une marge d'appréciation, les mesures prises par ceux-ci dans le cadre de cette marge doivent respecter les droits garantis par la Charte[17]. En revanche, la Charte ne s'applique pas aux domaines non couverts par la législation de l'Union[18]. Ainsi, lorsqu'un État membre en transposant une directive adopte des mesures plus protectrices que celles prévues par la directive dans un domaine comme la protection sociale ou l'environnement pour lesquelles le traité autorise de telles mesures, la Charte ne s'applique pas à ces mesures[19]. La notion de mise en œuvre du droit de l'Union ne concerne pas seulement les États membres, mais s'étend également aux partenaires sociaux lorsqu'une directive permet à ceux-ci de mettre en œuvre ses dispositions[20].

2) Selon la jurisprudence antérieure au traité de Lisbonne, une limitation apportée par un État membre à l'application d'un acte de l'Union doit également respecter les droits fondamentaux. Cette hypothèse qui était mentionnée dans les explications jointes à la Charte, a été confirmée par la Cour de justice dans l'arrêt *Pfleger*[21]. Il en résulte qu'un État doit non seulement respecter les droits garantis par la Charte lorsqu'il applique positivement le droit de l'Union, mais aussi lorsqu'il déroge à l'application de celui-ci.

3) Le problème, le plus délicat était de savoir si la notion de mise en œuvre couvrait les cas dans lesquelles une action d'un État, sans constituer une mise en œuvre stricto sensu, se situait dans le champ d'application du droit de l'Union, solution retenue par la Cour dans sa jurisprudence antérieure à Lisbonne. Dans l'arrêt *Akerberg Fransson,* la Cour de justice confirme sa jurisprudence antérieure : « En effet, il résulte, en substance, de la jurisprudence constante de la Cour que les droits fondamentaux garantis dans l'ordre juridique de l'Union ont vocation à être appliqués dans toutes les situations

16. C'est l'hypothèse classique, mentionnée dans les explications jointes à la Charte, de l'arrêt *Wachauf* du 13 juin 1989 (aff. 5/88). Pour la transposition d'une directive, V. par ex. CJUE 24 nov. 2011, *Asociación Nacional de Establecimientos Financieros de Credito (ASNEF)*, aff. C-468/10 : « il incombe aux États membres, lors de la transposition de la directive 95/46, de veiller à se fonder sur une interprétation de cette dernière qui leur permette d'assurer un juste équilibre entre les différents droits et libertés fondamentaux protégés par l'ordre juridique de l'Union ».
17. CJUE 21 déc. 2011, *N.S.*, aff. C-411/10.
18. CJUE, 4e ch., 15 sept. 2011, *Procédures pénales c/ Magatte Gueye*, aff. C-483/09 et *Valentín Salmerón Sánchez*, aff. C-1/10 ; CJUE 8 sept. 2011, *Sabine Hennigs c/Eisenbahn-Bundesamt, Land Berlin et Alexander Mai*, aff. jtes C-297/10 et C-298/10 ; CJUE 10 juill. 2014, *Julian Hernandez*, aff. C-198/13.
19. CJUE, gr.ch., 19 nov. 2019, Terveys – ja sosiaalialan neuvottelujärjestö (TSN) ry, aff. C-609/17 et C-610/17.
20. CJUE 13 sept. 2011, *Prigge et autres*, aff. C-447/09 ; V. aussi CJUE 8 sept. 2011, *Hennigs*, aff. C-297/10.
21. CJUE 30 avr. 2014, aff. C-390/12.

régies par le droit de l'Union, mais pas en dehors de telles situations. C'est dans cette mesure que la Cour a déjà rappelé qu'elle ne peut apprécier, au regard de la Charte, une réglementation nationale qui ne se situe pas dans le cadre du droit de l'Union. En revanche, dès lors qu'une telle réglementation entre dans le champ d'application de ce droit, la Cour, saisie à titre préjudiciel, doit fournir tous les éléments d'interprétation nécessaires à l'appréciation, par la juridiction nationale, de la conformité de cette réglementation avec les droits fondamentaux dont elle assure le respect »[22]. En l'espèce, la Cour de justice a estimé que la question de l'application du principe *non bis in idem* pour sanctionner une fraude à la TVA devait être examinée par rapport à la Charte alors que les directives TVA ne contenaient aucune référence aux sanctions. Cependant la Cour a estimé que la question avait un lien direct avec le droit de l'Union.

Il n'en résulte pas pour autant que toute situation ayant un rapport avec le droit de l'Union tombe dans le champ d'application de la Charte. Selon la Cour, le lien doit être substantiel. En l'état actuel de la jurisprudence, pour que le lien soit établi, il doit exister des normes de l'Union spécifiques à la matière, la mesure nationale doit intervenir dans le cadre des objectifs poursuivis par le droit de l'Union et être susceptible de l'affecter directement[23]. Une affectation indirecte n'est donc pas suffisante.

4) Le champ d'application de la Charte peut se combiner avec celui d'autres dispositions du traité. Cette situation s'est manifestée de manière éclatant dans le récent contentieux relatif aux réformes judiciaires en Pologne. Alors que le droit à une protection juridictionnelle effective reconnu à l'article 49 de la Charte ne s'applique aux États membres que lorsqu'ils mettent en œuvre le droit de l'Union, l'article 19 TUE garantit ce droit dans les « domaines couverts par le droit de l'Union ». La Cour s'est appuyée sur cette seconde disposition pour appréhender la situation polonaise et éviter l'argumentation selon laquelle l'organisation judiciaire relevait exclusivement de la compétence nationale. Les tribunaux nationaux sont appelés à appliquer le droit de l'Union dans leur activité quotidienne et agissant ainsi naturellement dans des domaines couverts par le droit de l'Union. Dans la mesure où il n'est pas possible de distinguer entre les hypothèses où ils statuent exclusivement sur des cas purement nationaux et celles où ils sont amenés à faire appel au droit de l'Union, leur statut doit garantir leur indépendance telle qu'elle est définie par le droit de l'Union. Cette analyse a permis à la Cour de statuer sur la situation en Pologne et d'autoriser la suspension de l'exécution d'un mandat d'arrêt européen au cas où l'indépendance des juges ne serait pas garantie[24]. De la même manière, en s'appuyant sur l'article 19 TUE et sur la Charte, elle a condamné la Pologne pour manquement dans l'affaire relative à l'abaissement de l'âge de la retraite des juges à la Cour suprême[25]. De même, dans les affaires hongroises relatives à la législation sur la transparence associative[26] et à celle sur les universités[27], la Commission, dans le cadre de recours en manquement a dû s'appuyer sur des dispositions du droit de l'Union afin de permettre l'application de la Charte, la libre circulation des capitaux (art. 63 TFUE) dans le premier cas et l'Accord général sur le commerce des services dans le second. C'est après avoir constaté une violation du droit de l'Union que la Cour s'est penchée sur une violation des droits garantis par la Charte, soit la liberté d'association et la liberté académique.

22. CJUE 26 févr. 2013, aff. C-617/13.
23. CJCE 18 déc. 1997, *Annibaldi*, aff. C-309/96 et 6 mars 2014, *Siragusa*, aff. C-206/13 : « Pour déterminer si une réglementation nationale relève de la mise en œuvre du droit de l'Union au sens de l'article 51 de la Charte, il y a lieu de vérifier, parmi d'autres éléments, si elle a pour but de mettre en œuvre une disposition du droit de l'Union, le caractère de cette réglementation et si celle-ci ne poursuit pas des objectifs autres que ceux couverts par le droit de l'Union, même si elle est susceptible d'affecter indirectement ce dernier, ainsi que s'il existe une réglementation du droit de l'Union spécifique en la matière ou susceptible de l'affecter ».
24. CJUE, gr. ch., 27 févr. 2018, *Associação Sindical dos Juízes Portugueses*, aff. C-64/16, ECLI :EU : C :2018:117 et CJUE, gr. ch., 25 juill. 2018, *L.M.*, ECLI :EU :C :2018:586.
25. CJUE, gr.ch., 24 juin 2019, *Commision c/ Pologne*, aff. C-619/18.
26. CJUE, gr. ch., 18 juin 2020, *Commission, c/ Hongrie,* C-78/18, ECLI :EU :C :2020:476.
27. CJUE, gr. ch., 6 oct. 2020, *Commission c/ Hongrie,* C-66/18, ECLI :EU :C :2020:792.

## B • L'application *rationae personae*

**139** Les titulaires des droits garantis sont des personnes privées. La plupart des droits protègent toutes les personnes qu'elles soient ou non des ressortissants des États membres. La seule exception concerne certains droits énumérés dans le chapitre « Citoyenneté » dans lequel les droits ne peuvent être invoqués que par les citoyens de l'Union (droit de vote, liberté de circulation). La seule incertitude concerne le point de savoir si la protection s'applique aussi aux personnes morales. La Charte n'apporte pas une réponse claire sur ce point. La version française utilise l'expression « toute personne » ce qui couvre aussi bien les personnes physiques que les personnes morales. La version anglaise est proche de la version française puisqu'elle fait ap pel à l'expression « *everyone* ». On pouvait conclure que l'intention des auteurs n'était pas de priver les personnes morales de protection, étant entendu que certains droits, comme le droit au mariage, ne leur sont pas applicables. Le doute a été levé par la Cour de justice dans l'affaire *DEB*[28] à propos de l'aide juridictionnelle lorsqu'elle a estimé que le bénéfice des personnes morales à cette aide, mentionnée à l'article 47 de la Charte ne pouvait être exclu dès lors qu'il s'agissait d'assurer à celles-ci une protection juridictionnelle effective.

## C • L'application dans les rapports entre particuliers

**140** La question de l'application horizontale est classique en matière de droits fondamentaux. Elle a été souvent résolue sur la base de l'obligation positive qui incombe aux États membres d'assurer le respect de ces droits dans les rapports entre particuliers. La Charte est restée silencieuse sur ce point et seule la Cour pouvait apporter une réponse. Dans un premier temps, elle a éludé la difficulté. Saisie de l'invocation de la Charte dans le cadre des rapports entre une salariée et son employeur à propos du droit aux congés payés et confrontée aux conclusions négatives de l'avocat général, elle ne s'est pas prononcée sur la question et a donné raison à la requérante sur la seule base de la directive de l'Union relative aux congés payés annuels et du principe qui impose au juge national d'interpréter le droit national en conformité avec le droit de l'Union[29]. Il a fallu que la Cour de cassation revienne à la charge pour que la situation soit éclaircie. Dans son arrêt *Association de médiation sociale*[30], la Cour n'exclut pas l'application horizontale de certaines dispositions de la Charte tout comme elle l'avait admis pour certains principes généraux du droit[31]. En effet, pour qu'un droit garanti par la Charte puisse être invoqué dans les rapports entre particuliers, il doit être inconditionnel ce qui n'est pas le cas du droit à l'information et à la consultation des travailleurs (art. 27 de la Charte) dont la Charte elle-même indique qu'il s'exerce dans les conditions prévues par le droit de l'Union et les droits et les pratiques nationales. L'article 27 seul n'est donc pas susceptible d'application horizontale. Il ne l'est pas plus lorsqu'il est précisé par une directive en raison de l'absence d'effet direct horizontal des directives. L'article 27 ne peut donc être invoqué pour exclure l'application d'une disposition nationale contraire dans les rapports entre particuliers (effet direct d'exclusion)[32]. L'application de la Charte dans les rapports entre particuliers doit donc être appréciée au regard de la formulation du droit en cause.

---

28. CJUE 22 déc. 2010, aff. C-279/09.
29. CJUE 24 janv. 2012, *Maribel Dominguez*, aff. C-282/10.
30. CJUE 15 janv. 2014, aff. C-176/12.
31. V. CJUE 19 janv. 2010, *Kücükdeveci*, aff. C-555/07.
32. Comme le souligne la Cour, le particulier dispose de la possibilité de faire jouer la responsabilité de l'État pour obtenir réparation en application de la jurisprudence *Frankovitch* (CJCE 19 nov. 1991, aff. C-6 et 9/90).

Cette solution a été confirmée dans un sens positif lorsque la Cour a constaté le caractère « impératif et inconditionnel » du droit à un congé payé annuel consacré par l'article 31, paragraphe 2, de la Charte lequel est applicable horizontalement dans les relations entre particuliers bien que la directive portant sur le même sujet ne le soit pas[33]. Tout droit présentant un caractère inconditionnel, c'est-à-dire ne nécessitant pas d'être précisé par d'autres dispositions produit donc un effet horizontal.

## D • L'effet du protocole n° 30 relatif à l'application de la Charte au Royaume-Uni et à la Pologne

**141** Ce protocole institue-t-il un système dérogatoire et, si tel est le cas, quelle est la portée de celui-ci ? L'ambiguïté a parfois régné sur ce point. Le protocole souligne, en premier lieu, que la Charte « réaffirme les droits, les libertés et principes reconnus dans l'Union et les rend plus visibles, sans toutefois créer de nouveaux droits et principes ». En second lieu, il précise qu'il n'affecte pas les obligations des États en vertu des traités et du droit de l'Union. Dans cette hypothèse, si les droits garantis par la Charte font partie de l'acquis ce qui n'est pas toujours évident — mais le protocole en fait une vérité juridique — et si le protocole ne remet pas en cause le respect de l'acquis, les États bénéficiaires d'un prétendu *opting out* devront respecter en tout cas les droits garantis par la Charte sur la base de la primauté dès lors qu'ils interviendront dans le champ d'application du droit de l'Union.
L'autre élément important contenu dans le protocole est relatif à la compétence juridictionnelle. Il est précisé que la Charte n'étend pas la compétence de la Cour ou des juridictions nationales. Cependant ne pas étendre ne signifie pas restreindre et le juge pourra toujours contrôler, comme auparavant, le respect des droits fondamentaux par le canal des principes généraux du droit. En réalité, l'objet principal du protocole était de limiter le recours aux droits sociaux puisqu'il est expressément interdit au juge national ou de l'Union d'apprécier une mesure nationale au regard du titre IV de la Charte (solidarité) dès lors que le droit invoqué n'est pas consacré par le droit national. Cependant, l'effet de cette disposition est limité puisque dans de nombreux cas, notamment en matière sociale, la Charte elle-même a subordonné l'invocation d'un droit à l'existence de mesures d'application de l'Union ou nationales. S'il existe une mesure prise par l'Union, elle s'imposera aux États dans le champ d'application du droit de l'Union en raison de la primauté. À défaut, l'État membre restera libre d'agir comme il l'entend. Dans ces conditions, le protocole ne se limite-t-il pas à consacrer des évidences ?
La Cour de justice n'a pas tardé à se pencher sur la portée exacte du protocole. Tout en réservant sa réponse en ce qui concerne les droits sociaux (Charte, titre IV) dont elle n'était pas saisie, elle a confirmé l'opinion généralement retenue par la doctrine : « le protocole n° 30 ne remet pas en question l'applicabilité de la charte au Royaume-Uni ou en Pologne, ce qui est conforté par les considérants dudit protocole... Dans ces conditions, l'article 1er, § 1, du protocole (n° 30) explicite l'article 51 de la Charte, relatif au champ d'application de cette dernière, et n'a pas pour objet d'exonérer la République de Pologne et le Royaume-Uni de l'obligation de respecter les

33. CJUE 6 nov. 2018, *Bauer*, aff. C-569 et aff. C-570/16, ECLI :EU :C :2018:871, « Le droit à une période de congés annuels payés, consacré dans le chef de tout travailleur par l'article 31, paragraphe 2, de la Charte, revêt ainsi, quant à son existence même, un caractère tout à la fois impératif et inconditionnel, cette dernière ne demandant en effet pas à être concrétisée par des dispositions du droit de l'Union ou de droit national, lesquelles sont seulement appelées à préciser la durée exacte du congé annuel et, le cas échéant, certaines conditions d'exercice de ce droit. Il s'ensuit que ladite disposition se suffit à elle-même pour conférer aux travailleurs un droit invocable en tant que tel dans un litige qui les oppose à leur employeur dans une situation couverte par le droit de l'Union et relevant, par conséquent, du champ d'application de la Charte ».

dispositions de la charte, ni d'empêcher une juridiction de l'un de ces États membres de veiller au respect de ces dispositions »[34]. De la même manière, elle a estimé que le protocole n'excluait l'application de la Charte à la Pologne[35]. Après le retrait du Royaume-Uni, le protocole ne s'applique plus qu'à la Pologne.

# IV • Le contenu de la Charte

**142** Le contenu de la Charte reproduit pour partie, mais pour partie seulement, celui de la Convention européenne des droits de l'homme, mais elle contient des droits non garantis ou indirectement garantis par la Convention. Pour faire accepter l'incorporation des droits sociaux, elle a dû opérer une distinction entre droits et principes. En outre, elle comporte un régime spécifique de limitations.

## A • Les droits garantis

**143** Sans examiner chaque droit en particulier, il convient de noter que la Charte comporte six titres qui correspondent aux valeurs sur lesquelles l'Union européenne est fondée (TUE, art. 2) et qui sont consacrés à la dignité de la personne humaine, aux libertés, à l'égalité, à la solidarité, à la citoyenneté et à la justice. Un septième titre contient des dispositions générales relatives à l'interprétation et à l'application de la Charte. Bon nombre de ces droits reprennent des droits garantis par la Convention européenne des droits de l'homme dans une rédaction parfois modernisée pour tenir compte des évolutions jurisprudentielles, sociales ou technologiques qui se sont produites depuis l'adoption de la Convention européenne des droits de l'homme. Elle consacre ainsi certains droits qui ne trouvaient pas expressément place dans la convention (bioéthique, accès aux documents, protection des données, droits à l'égard de l'administration…) ou donne une portée plus large à certains droits qui y figurent (droit au mariage, liberté d'association, droit à l'éducation, droit à un recours effectif, règle *ne bis in idem*…). La Charte s'inspire également de la Charte sociale européenne adoptée dans le cadre du Conseil de l'Europe en ce qui concerne les droits sociaux.

## B • Droits et principes

**144** Pour la première fois, sont réunis dans un même texte des droits civils et politiques et des droits économiques et sociaux donnant ainsi corps au principe d'indivisibilité des droits de l'homme. L'équilibre réalisé entre ces deux catégories de droits définit ce que sont, à l'heure actuelle, les valeurs partagées par tous les États membres. Cet équilibre a été difficile à atteindre, car c'est précisément, en matière de droits sociaux, que se manifestent les différences entre les modèles de société des États membres.
L'accord trouvé sur ce point n'en revêt que plus d'importance. Il repose sur une distinction entre droits et principes. Les premiers peuvent être directement invoqués par les particuliers, les seconds ne le peuvent qu'à travers les mesures qui les mettent en œuvre. Les principes ont une vocation programmatique et ils sont appelés à être concrétisés par le droit dérivé et, selon l'article 52, paragraphe 5,

34. CJUE 21 déc. 2011, *N.S.*, aff. C-411/10.
35. « Enfin, et quant au protocole no 30, il convient de relever qu'il ne concerne pas l'article 19, paragraphe 1, second alinéa, TUE et de rappeler, au demeurant, qu'il ne remet pas davantage en question l'applicabilité de la Charte en Pologne et n'a pas pour objet d'exonérer la République de Pologne de l'obligation de respecter les dispositions de la Charte », aff. C-619/18, citée note 24.

c'est la norme qui concrétise le principe qui créera un droit subjectif justiciable. Mais cette constatation n'épuise pas la fonction du principe. Puisqu'il s'agit d'objectifs, ceux-ci doivent être respectés par l'Union dans son action. Les principes doivent être respectés par la législation de l'Union. En effet, la Cour de justice estime depuis longtemps que, dans son action, l'Union doit respecter les objectifs et les principes établis par le traité[36]. Il est donc possible d'attaquer devant la Cour la validité d'un acte de l'Union qui irait à l'encontre d'un principe. Par exemple, une législation de l'Union qui entraînerait des conséquences nuisibles pour la santé pourrait être annulée pour violation du droit à la santé. Il est également possible de justifier une restriction à une liberté résultant du traité par la nécessité de respecter un principe. En effet, selon la Cour de justice, à propos du droit à la protection de la santé garanti par la Charte, « il ressort de l'article 52, paragraphe 1, TFUE que la protection de la santé publique peut justifier des restrictions à la liberté d'établissement »[37]. Mais un particulier ne pourra invoquer ce droit pour obtenir une prestation que dans la mesure où la législation organise les modalités de cette prestation. Il reviendra au juge d'identifier les principes, car la Charte n'établit pas une distinction claire entre droits et principes tandis que les explications se limitent à une liste indicative. En outre, tous les droits sociaux ne constituent pas des principes. Par exemple, la garantie de maintien de l'emploi en cas de maternité (article 33), le droit à un congé payé annuel (article 27) ou l'interdiction du licenciement injustifié (article 30) devraient donner naissance à un droit directement justiciable.

## C • Le régime des limitations aux droits garantis

**145** Sur ce point la Charte se distingue de la Conv. EDH. Alors que dans cette dernière, un régime de limitations spécifique à chaque droit a été institué, la Charte contient à son article 52, paragraphe 1, un régime uniforme de limitation applicable à tous les droits et principes garantis. Les limitations doivent répondre à un objectif d'intérêt général ou avoir pour objet de protéger les droits et libertés d'autrui, être prévues par la loi, respecter le contenu essentiel du droit et respecter le principe de proportionnalité. Ces conditions reproduisent largement la jurisprudence antérieure à la Charte.

En ce qui concerne les objectifs d'intérêt général, il s'agit des objectifs assignés à l'Union par les traités ce qui inclut les objectifs de la politique étrangère et de sécurité commune. La Cour devrait, dans le cadre de son examen, identifier l'objectif précis poursuivi par chaque limitation. Ce n'est pas toujours le cas et elle se contente parfois d'une analyse sommaire sans expliquer réellement sa démarche[38]. Mais cette attitude n'est guère différente de celle suivie par la Cour européenne des droits de l'homme. L'objectif de protection des droits et libertés d'autrui conduit fréquemment la Cour à arbitrer des conflits entre des droits contradictoires et à trouver, selon les faits de l'espèce, un juste équilibre entre ces droits, voire à établir une hiérarchie entre eux[39].

Le fait que la restriction doit être prévue par la loi ne semblait pas à l'origine renvoyer à une conception formelle de la loi. La limitation devait être prévue par un texte de portée générale. Mais, aujourd'hui, la Cour considère que les limitations importantes aux droits fondamentaux font partie des éléments essentiels d'un texte et ne sauraient être traitées par des actes délégués ou des mesures d'application[40]. Il devrait

36. V., parmi une abondante jurisprudence en matière agricole, CJCE 22 janv. 1986, *Eridiana*, aff. 250/84, et, dans le domaine de l'environnement, à propos du principe de précaution, l'arrêt du Tribunal qui impose l'application du principe à toutes les politiques, TPICE 26 nov. 2002, *Artegodan*, aff. T-74/ 00, T-76/00, T-83/00, T-85/00, T-132/00, T-137/00 et T-141/00.

37. CJUE 5 déc. 2013, aff. C-159 à 161/12 afin de justifier la restriction apportée à la liberté d'établissement par un régime d'autorisation d'ouverture des pharmacies, V. aussi CJUE 6 sept. 2012, *Deutsche Weintor*, aff. C-544/10.

38. CJUE 17 oct. 2013, *Schwartz*, aff. C-291/12.

39. Dans l'affaire *Deutsche Weintor*, la protection de la santé, prévue à l'article 35 de la Charte justifiait une restriction au droit à la liberté d'entreprise également protégé par la Charte (v. ss 144, note 36). Dans d'autres cas, la Cour a été amenée à mettre en balance la protection de la vie privée, la liberté d'expression, les droits de propriété intellectuelle et la liberté d'entreprendre (par ex., CJUE 24 nov. 2011, *Scarlett extended*, aff. C-70/10).

40. CJUE 5 déc. 2012, *Frontex*, aff. C-355/10. A été considérée comme importante en l'espèce l'attribution de pouvoirs coercitifs aux gardes-frontières.

en résulter qu'en ce qui concerne l'Union, seule une loi au sens formel, c'est-à-dire adoptée selon la procédure législative ordinaire ou une procédure législative spéciale devrait pouvoir restreindre de façon importante les droits garantis, l'appréciation du caractère important de la limitation se faisant au cas par cas. Par contre, s'agissant des limitations apportées par les États membres, l'autonomie procédurale est de rigueur et il leur appartient d'appliquer leurs règles nationales dans le respect de la Convention européenne des droits de l'homme. Exiger que la restriction soit prévue par la loi a également des incidences quant à la qualité de la loi. En application du principe de sécurité juridique, la Cour exige que toute législation ayant des conséquences pour les particuliers soit claire, précise et prévisible dans ses effets[41]. Ces critères s'imposent également à l'évidence lorsqu'il s'agit d'apprécier une restriction.
La limitation ne doit pas porter atteinte au contenu essentiel du droit, c'est-à-dire qu'elle ne doit pas conduire à anéantir le droit protégé. Il est vrai que l'analyse de ce type d'atteinte est difficile et qu'elle ne confond parfois avec celle de la proportionnalité puisqu'il s'agit d'apprécier si l'étendue de la restriction par rapport au droit garanti. Parfois la Cour estimera qu'une atteinte reste légitime tant qu'elle n'est pas d'une ampleur exceptionnelle[42] et s'accompagne de l'existence de garanties quant au contrôle de sa mise en œuvre[43], voire de procédures juridictionnelles. D'autres fois, quand il s'agit d'une privation individuelle, comme la privation du droit de vote, c'est le caractère individuel de cette privation qui évitera une atteinte à l'essence[44] même du droit[45].
Enfin le dernier élément de l'analyse porte sur la proportionnalité et consiste à vérifier si la limitation n'excède pas ce qui est strictement nécessaire pour atteindre le but poursuivi. La méthode suivie ne diffère pas fondamentalement de celle qui est suivie par la Cour européenne des droits de l'homme et consiste à mettre en balance la gravité de l'ingérence et le but poursuivi. Mais la Cour vérifie également si le même objectif ne pouvait être atteint par des mesures moins restrictives et n'hésite pas parfois à donner des indications au législateur en vue de l'adoption de telles mesures. Ainsi, à propos de la publication des données relatives aux bénéficiaires de subventions agricoles, elle annule la législation de l'Union au motif qu'il existait des moyens plus protecteurs de la vie privée de poursuivre l'objectif légitime de transparence à l'origine de la mesure[46]. La Cour peut ainsi utiliser le contrôle de proportionnalité pour intervenir dans l'activité législative en indiquant au législateur quel doit être le contenu d'un acte afin que celui-ci soit conforme à la Charte. Dès lors qu'un droit garanti par la Charte a le même sens et la même portée qu'un droit garanti par la Convention, l'article 52, paragraphe 3, de la Charte impose à la Cour de substituer la protection offerte par la Convention à celle garantie par la Charte à moins que cette dernière ne soit plus protectrice. En ce cas, le régime de limitations prévu par la Convention sera applicable (v. ss 149).

## V • La mise en œuvre de la Charte

**146** Il appartient au juge de sanctionner les violations de la Charte dans le cadre du système juridictionnel propre à l'Union. La Charte ne crée pas de nouvelles voies de recours. On pourra donc utiliser le recours direct en annulation devant la Cour de justice dans les conditions prévues à l'article 263 TFUE.

---

41. V., par ex., CJUE 11 juin 2015, *Burlington Hungary*, aff. C-99/14 : « À cet égard, il y a lieu de souligner que le principe de sécurité juridique, qui a pour corollaire celui de la protection de la confiance légitime, exige, notamment, que les règles de droit soient claires, précises et prévisibles dans leurs effets, en particulier lorsqu'elles peuvent avoir sur les individus et les entreprises des conséquences défavorables ».
42. CJUE 26 sept. 2014, *Texdata Software*, aff. C-418 /11. En revanche une législation qui permet l'accès d'une manière généralisée aux données personnelles porte atteinte au contenu essentiel du droit à la protection des données personnelles (CJUE 6 oct. 2015, *Schrems*, aff. C-362/14).
43. CJUE 8 avr. 2014, *Digital Rights Ireland*, aff. C-293/12 ; V. aussi *Schrems*, préc.
44. Pour un exemple, V. *Digital Rights Ireland* préc.
45. CJUE 8 oct. 2015, *Delvigne*, aff. C-650/13.
46. Pour un exemple, V. CJUE 9 nov. 2010, *Volker et Schecke*, aff. C-92/09 et 93/09.

Un particulier pourra invoquer la violation de la Charte par un acte de l'Union ou un acte d'un État membre dans le champ d'application du droit de l'Union devant un juge national lequel pourra ou devra éventuellement solliciter la Cour de justice par un renvoi préjudiciel dans les conditions prévues par l'article 267 TFUE et la jurisprudence y relative. Le contentieux relatif à la Charte a connu une croissance notable puisqu'en 2018, la Cour de justice a fait référence à la Charte dans 356 affaires contre 27 en 2010. La Charte a été évoquée dans 84 affaires préjudicielles contre 19 en 2010, et le mouvement s'est poursuivi depuis. De même, les références faites à la Charte par les tribunaux nationaux se sont multipliées[47].

Cependant les institutions de l'Union se sont attachées dès l'adoption de la Charte à assurer la mise en œuvre effective de celle-ci en s'assurant à titre préventif de la conformité des actes de l'Union de telle sorte que la protection des droits devienne une préoccupation essentielle du législateur. Dès 2001, la Commission décidait que toute proposition d'acte législatif ou réglementaire ferait l'objet d'un contrôle *a priori* de sa compatibilité avec la Charte[48]. Elle ajoutait que les propositions ou projets ayant un lien avec les droits fondamentaux feraient l'objet d'un considérant spécifique attestant de cette compatibilité. Cette précaution devait conduire, en cas de doute, d'inciter à opter au moment de l'application d'un acte pour une interprétation de celui-ci conforme à la Charte. La seconde étape a consisté à perfectionner le contrôle en mettant en place une méthodologie. La communication de 2005 propose une méthode d'évaluation qui n'implique pas la création d'instances spécifiques, mais est menée dans le cadre du processus normal de préparation des propositions et des projets, notamment lors des consultations interservices, sous la responsabilité du service juridique[49]. L'introduction d'un considérant relatif à la Charte n'est pas systématique. Elle dépend du rapport entre le texte et la proposition, mais est obligatoire lorsque le texte limite un droit ou lorsqu'il porte spécifiquement sur un droit. Dans un but de transparence et afin de s'assurer que la démarche a bien été suivie dès le début, lorsqu'un considérant est inséré, l'exposé des motifs doit contenir un exposé détaillé de la question. Enfin, la Commission profite de la mise en place des études d'impacts pour y introduire des questions relatives aux droits fondamentaux. Sur la base de rapports sur la mise en œuvre de sa politique en ce domaine, la Commission publie en 2010 une nouvelle communication qui reprend ses préoccupations antérieures et met l'accent sur divers aspects : renforcer la culture des droits fondamentaux au sein de ses services, assurer la prise en compte des droits fondamentaux lors des études d'impact, présenter de manière synthétique la question dans l'exposé des motifs de ses propositions, suivre la manière dont les États membres prennent en compte les droits fondamentaux lors de la mise en œuvre des actes et développer l'information des citoyens. La communication comporte une brève « boîte à outils » comportant une série des questions que doivent se poser les services chargés de la vérification de la conformité[50]. Parallèlement, la méthodologie à suivre pour évaluer la prise en compte des droits fondamentaux lors des études d'impact est précisée. L'accord interinstitutionnel « mieux légiférer » mentionne la prise en compte des droits fondamentaux dans ces études[51]. Mais ce sont surtout les lignes directrices adoptées pour la mise en œuvre des études qui développent la manière dont doit être assurée la prise en compte de la Charte[52]. Elles comportent notamment une

47. Commission, Rapport annuel 2018 sur l'application de la Charte des droits fondamentaux, COM (2019) 257 final.
48. SEC (2001) 380/3, 13 mars 2001, Application de la Charte des droits fondamentaux de l'Union européenne.
49. COM (2005) 172 final, 27 avr. 2005. Le respect de la Charte des droits fondamentaux dans les propositions législatives de la Commission, Méthodologie pour un contrôle systématique et rigoureux : « La conformité avec les droits fondamentaux des actions de la Commission est un des aspects primordiaux de la légalité constitutionnelle de celles-ci ; son examen doit rester partie intégrante du contrôle de la légalité en général. Il ne paraît pas nécessaire ni approprié de créer de nouvelles structures ou procédures administratives particulières pour cet aspect du contrôle de la légalité ».
50. Communication de la Commission, 19 oct. 2010, Stratégie pour la mise en œuvre effective de la Charte des droits fondamentaux par l'Union européenne COM(2010) 573 final.
51. Accord du 13 avr. 2016, *JOUE*, L 123, 12 mai 2016, p. 1-14.
52. Commission staff working paper, Operational Guidance on taking account of Fundamental Rights in Commission Impact Assessments, SEC (2011) 567 final, 6 mai 2011, Commission staff working document, Better regulation guidelines, SWD(2017)350, 7 juill. 2017.

boîte à outils qui explique la démarche à suivre[53]. Des mesures similaires ont été progressivement mises en œuvre par le Parlement européen et le Conseil. Enfin, en 2020, la Commission a publié une stratégie globale pour assurer une application effective de la Charte[54]

## VI • Charte, droit constitutionnel national et Convention européenne des droits de l'homme

**147** Trois types de dispositions relatives aux droits fondamentaux sont applicables dans le cadre national. Les dispositions nationales s'appliquent aux mesures purement nationales. Les droits fondamentaux garantis par le droit de l'Union s'appliquent aux mesures nationales qui entrent dans le champ du droit d'application du droit de l'Union. Enfin, les dispositions de la Convention européenne des droits de l'homme s'appliquent dans tous les cas puisque tous les États membres de l'Union sont parties à la Convention et que l'article 6, § 3, du traité sur l'Union européenne impose à l'Union de respecter la Convention en tant que principe général du droit. Cette situation rend possible des conflits entre ces normes de référence. Le conflit entre le droit national et la Convention peut être tranché en dernier recours par la Cour européenne des droits de l'homme. Mais, s'agissant des conflits entre le droit de l'Union et la Convention, la Cour de Strasbourg n'est pas compétente pour le moment puisque l'Union n'est pas encore partie à la Convention. Il a donc appartenu aux juges saisis d'éventuelles difficultés de trouver des réponses pragmatiques à des situations conflictuelles.

### A • Droit national et droit de l'Union

**148** La relation entre les droits fondamentaux tels que garantis par le droit national et par le droit de l'Union a été au cœur du débat sur la primauté du droit de l'Union comme en atteste la jurisprudence des Cours constitutionnelles allemande et italienne. Dans quelle mesure la primauté pourrait-elle s'opposer à des mesures nationales de protection des droits fondamentaux ? Pour la Cour de justice, il a toujours été clair que la primauté du droit de l'Union jouait à l'égard de toute disposition nationale, fut-elle de rang constitutionnel[55]. Cette vision n'est pas partagée par l'ensemble des juridictions constitutionnelles nationales. Les risques de conflit sont certes atténués par le fait que l'article 6 TUE indique expressément que l'Union respecte les droits fondamentaux qui résultent des « traditions constitutionnelles communes aux États membres », mais cette formule n'exclut pas tout conflit notamment lorsqu'une constitution nationale garantit des droits qui ne se retrouvent pas dans les autres États membres ou lorsqu'elle offre une protection plus extensive que

---

53. Parmi une série d'outils, on trouve le document #tool 28 qui concerne spécifiquement les droits fondamentaux, https://ec.europa.eu/info/sites/info/files/file_import/better-regulation-toolbox-28_en_0.pdf

54. Stratégie visant à renforcer l'application de la Charte des droits fondamentaux dans l'Union européenne, COM (2020) 711 final du 2 décembre 2020.

55. V. *Internationale HandelsGesellschaft*, cité 5 ss 132, note 2 : « qu'en effet, le droit né du traité, issu d'une source autonome, ne pourrait, en raison de sa nature, se voir judiciairement opposer des règles de droit national quelles qu'elles soient, sans perdre son caractère communautaire et sans que soit mise en cause la base juridique de la Communauté elle-même ; que, dès lors, l'invocation d'atteintes portées, soit aux droits fondamentaux tels qu'ils sont formulés par la constitution d'un État membre, soit aux principes d'une structure constitutionnelle nationale, ne saurait affecter la validité d'un acte de la Communauté ou son effet sur le territoire de cet État ». Cette jurisprudence est constante et a été rappelée récemment, la Cour indiquant que le juge national doit laisser inappliquées les décisions d'une Cour constitutionnelle contraire au droit de de l'Union, CJUE 21 déc. 2021, C 357/19, C-379/19, C-547/19, C-811/19 et C-840/19.

celle garantie par le droit de l'Union. Dans ces cas, il appartient au législateur de l'Union de prendre cette circonstance en considération afin d'éviter le conflit. En outre, la Cour constitutionnelle allemande admet pour sa part que les divergences ne mettent pas en cause la primauté dès lors que le niveau global de protection offert par le droit de l'Union ne tombe en deçà de celui qui existait lors de son arrêt *Solange II*, mais cette position n'est pas partagée par tous ses homologues. En France, le Conseil constitutionnel s'est refusé à apprécier la constitutionnalité des mesures nationales de transposition dès lors qu'elles n'entraient pas en conflit avec une règle ou une disposition « inhérente à l'identité constitutionnelle de la France »[56]. Cette position conciliante laisse subsister d'éventuelles poches de conflit.

De son côté, la Cour de justice paraît avoir fait évoluer sa position dans le sens d'une plus grande souplesse. Dans l'affaire *Omega*[57], elle a admis qu'une interprétation nationale d'un droit fondamental, qui n'était pas partagée par tous les États membres, puisse être invoquée pour déroger à la libre prestation de services (liberté fondamentale garantie par le traité) en se fondant sur l'ordre public. En l'espèce, il s'agissait de l'interdiction par l'Allemagne des jeux de tirs simulés sur des personnes humaines en vue de protéger la dignité de la personne humaine. Le respect de la dignité humaine constituant un droit protégé par l'Union au titre des principes généraux du droit, l'interprétation donnée à ce droit en Allemagne constituait un motif valable de dérogation, même si les autres États membres n'avaient pas une vision aussi large de la protection de la dignité. Ainsi, malgré des positions radicalement opposées sur les solutions théoriques d'un conflit (primauté de la constitution pour certaines cours constitutionnelles, primauté du droit de l'Union pour la Cour de justice de l'Union), la coopération entre juges nationaux et juge de l'Union permet d'élaborer des solutions pragmatiques fondées sur un compromis entre des vues divergentes quant à l'interprétation d'un droit.

La question se pose également lorsque la protection offerte par la Charte ne coïncide pas avec celle garantie par les constitutions nationales. L'article 53 de la Charte ne règle pas le problème puisqu'il prévoit que les dispositions de la Charte ne limitent pas les droits de l'homme reconnus par les constitutions nationales, mais il ajoute dans leur « champ d'application respectif ». Cette formule pouvait suggérer que la Charte l'emportait lorsque le conflit se situait dans le champ d'application du droit de l'Union. Telle n'est pas la solution retenue par la Cour qui a procédé à une reconstruction de l'article 53. La primauté du droit de l'Union s'impose lorsque l'acte contesté contient des dispositions impératives. Ainsi, dans l'affaire *Melloni*, la règle constitutionnelle nationale en cause allait directement à l'encontre de la décision-cadre sur le mandat européen. Dès lors que cette décision n'était pas contraire à la Charte, la primauté imposait d'écarter la règle constitutionnelle nationale. L'existence d'une protection nationale supérieure n'autorise pas l'État à laisser inappliquée une règle impérative du droit de l'Union[58]. En revanche, dans les cas où il n'existe pas de règles impératives, la protection nationale supérieure peut bien entendu s'appliquer[59]. Cependant, dans la mesure où le droit de l'Union doit respecter l'identité constitutionnelle des États membres, même en présence d'une règle impérative, la disposition constitutionnelle nationale permettrait d'écarter la primauté si cette disposition relève de l'identité constitutionnelle[60]. Dans l'affaire *Taricco*, la Cour de justice était confrontée à un conflit éventuel entre le droit de l'Union et les principes constitutionnels italiens. Dans un premier arrêt, elle avait jugé que la législation italienne relative à la prescription était contraire au droit de l'Union parce qu'elle s'opposait à une application

56. Cons. const. 27 juill. 2006, n° 2006/540 DC.
57. CJUE 14 oct. 2004, *Omega Spielhallen*, aff. C-36/02.
58. CJUE 28 févr. 2013, *Melloni*, aff. C-399/11.
59. CJUE 30 mars 2013, *Jérémy F.*, aff. C-168/13 PPU.
60. CJUE 22 sept. 2010, *Ilonka Sayn-Wittgenstein*, aff. C-208/09.

effective de celui-ci[61]. La Cour constitutionnelle italienne saisissait la Cour de justice d'un renvoi préjudiciel parce qu'elle estimait qu'appliquer cette solution aux délits déjà commis contrevenait « aux principes suprêmes de l'ordre constitutionnel de l'État membre ou aux droits inaliénables de la personne reconnus par la Constitution », en l'occurrence le principe de légalité des délits et des peines. Tout en maintenant sa position au fond, la Cour de justice a reconnu qu'il n'était pas possible d'appliquer celle-ci aux délits déjà commis lorsque cela entraînait une violation du principe de légalité des délits et des peines ou une application rétroactive de la loi pénale[62]. Le juge national n'est donc pas tenu d'appliquer le droit de l'Union lorsque cela pourrait entraîner une violation de la Charte. En se référant à la seule Charte, la Cour a prudemment évité de se prononcer sur le conflit avec le droit constitutionnel national.
La difficulté essentielle provient du fait que les droits garantis par la Charte recoupent très largement ceux contenus dans les constitutions nationales. Il en résulte que certaines cours constitutionnelles craignent de se voir dépossédées de leur pouvoir d'interpréter leurs dispositions constitutionnelles au profit de la Cour de justice statuant sur la base de la Charte. D'autre part, les juridictions ordinaires saisies d'une législation nationale contraire tant à la Charte qu'à leur constitution peuvent préférer saisir la Cour de justice que leur cour constitutionnelle, c'est la question de la double préjudiciabilité qui a donné lieu à une ligne de jurisprudence de la Cour de justice qui n'exclut pas le renvoi à la Cour constitutionnelle pour autant que le juge ordinaire conserve le pouvoir à tout moment de saisir la Cour de justice[63]. Le débat a été particulièrement vif en Italie[64] et en Allemagne[65]. Dans ces deux pays, les cours constitutionnelles ont rappelé la centralité de leur contrôle au regard de la charte tout en admettant, après quelques hésitations en Italie, le pouvoir des juges ordinaires d'user librement du droit de renvoi préjudiciel à la Cour de justice et en rappelant qu'elles useraient elles-mêmes de ce droit[66] lorsqu'elles seraient amenées à appliquer la Charte. La Cour constitutionnelle allemande a indiqué qu'elle appliquerait la Charte, et non la loi fondamentale, dans les domaines totalement intégrés et au contraire la loi fondamentale lorsque le droit de l'Union laisse un pouvoir d'appréciation aux États à moins que le droit de l'Union n'impose expressément le recours à la Charte[67].

## B • Droit de l'Union et Convention européenne des droits de l'homme

**149** L'article 6, paragraphe 3, du traité impose à l'Union de respecter la Convention européenne des droits de l'homme au titre des principes généraux du droit. Ainsi, sans que l'Union soit partie à la Convention, les règles matérielles de celle-ci lui sont applicables. L'insertion de la Charte dans les traités avec la même valeur que ceux-ci donne cependant au paragraphe 3 de l'article 6 une valeur subsidiaire puisque le recours aux principes généraux du droit ne devrait intervenir que dans le silence de la Charte. Le véritable problème réside dans la potentialité d'un conflit direct entre la Charte et la Convention. Dans cette hypothèse, l'article 52, paragraphe 3, de la Charte impose de donner aux droits garantis par la Charte qui correspondent à des droits garantis par la Convention, le même sens

61. CJUE 8 sept. 2015, *Taricco*, aff. C-105/14.
62. CJUE 5 déc. 2017, *M.A.S, M.B.*, aff. C-42/17.
63. CJUE, gr. ch., 22 juin 2010, *Melki et Abdeli*, C-188 et 189/10, ECLI :EU :C :2010:363 ; 11 sept. 2014, *A. contre B. e. a.*, C-112/13, ECLI :EU :C :2014:2195 ; 20 déc. 2017, *Global Starnet*, C-322/16, ECLI :EU :C :2017:985.
64. 7 nov. 2017, 269/17 ; 23 janv. 2019, 20/19, 20 févr. 2019, 63/2019.
65. 6 nov. 2019, 1 BvR 7/13 et 1 BvR 276/17, droit à l'oubli.
66. Ce qu'elles font largement aujourd'hui.
67. Jurisprudence confirmée dans la décision du 1 déc. 2020, 2 BvR 1845/18, 2 BvR 2100/18.

et la même portée que ceux qu'ils revêtent dans le cadre de la Convention à moins que la Charte offre une protection plus étendue. Cette démarche est suivie par la Cour de justice qui, en cas d'identité entre les droits garantis par la Charte et la Convention, accepte en principe d'appliquer la Convention telle qu'interprétée par la Cour européenne des droits de l'homme.[68] Dans ce cas, les limitations aux droits garantis sont celles prévues par la Convention.

L'article 52, paragraphe 3, de la Charte n'implique pas qu'un requérant puisse invoquer directement une violation de la Convention devant la Cour de justice puisque, pour le moment, l'Union n'est pas partie à celle-ci. Le recours doit être fondé sur la Charte seule, mais au moment d'interpréter la Charte, la Cour en présence d'un droit ayant le même sens et la même portée qu'un droit garanti par la Convention prendra en considération l'interprétation donnée par la Cour européenne des droits de l'homme afin d'assurer une protection au moins équivalente à celle garantie par la Convention[69]. Aujourd'hui, la Cour de justice fait largement référence aux arrêts de la Cour européenne de droits de l'homme dans ses propres arrêts.

Cependant, la Convention n'est qu'un standard minimum et son application est subordonnée au fait que l'Union n'offre pas une protection supérieure. Dans toutes ces hypothèses, tant que l'Union n'est pas partie à la Convention, la Cour de justice de l'Union est le juge ultime de l'application et de l'interprétation de la Convention au sein de l'Union puisque l'Union en tant que telle ne peut être attaquée devant la Cour européenne des droits de l'homme.

## VII • L'adhésion de l'Union à la Convention européenne des droits de l'homme

**150** La Commission avait proposé en 1979 l'adhésion de la Communauté à la Convention européenne des droits de l'homme. Cette proposition, renouvelée en 1994, a conduit le Conseil à solliciter l'avis de la Cour de justice sur la compatibilité de l'adhésion de la Communauté à la Convention européenne des droits de l'homme avec les traités communautaires. Dans son avis n° 2/94 du 28 mars 1996, la Cour, tout en constatant que les institutions communautaires étaient tenues de respecter les droits fondamentaux, a conclu que la Communauté ne disposait pas, même sur la base de l'article 235 CE (TFUE, art. 352), de la compétence pour adhérer à la convention. L'adhésion était donc subordonnée à une révision préalable des traités pour créer la compétence nécessaire. Les négociateurs des révisions successives des traités jusqu'à Lisbonne n'ont pas voulu introduire, dans le traité, la base juridique nécessaire à l'adhésion. Ceci a eu pour conséquence qu'il n'était pas impossible que, malgré la bonne volonté des deux cours, des divergences de jurisprudence entre la Cour de Strasbourg et la Cour de Luxembourg se produisent. Concrètement, ces divergences ont été rares et les plus sérieuses ont concerné des cas dans lesquels la Cour de Luxembourg a été amenée à se prononcer alors que la portée de la jurisprudence de Strasbourg n'était pas évidente. Il en allait ainsi de l'inviolabilité du domicile professionnel, mais la jurisprudence de la Cour de justice a évolué sur ce point[70]. Dans d'autres cas, la Cour de justice a estimé que la jurisprudence de la Cour européenne des droits de l'homme n'était pas applicable en l'espèce[71].

---

68. CJUE 5 oct. 2010, *J. McB.*, aff. C-400/10 PPU.
69. Pour une application au principe *ne bis in idem*, V. CJUE, gr. ch., 20 mars 2018, *Menci*, aff. C-124/15.
70. CJCE 22 oct. 2002, *Roquette frères*, aff. C-94/00.
71. CJCE, ord., 4 févr. 2000, C-17/98, *Emesa Sugar*. La CEDH s'est refusée à sanctionner la divergence de vue sur ce point en considérant qu'elle ne constituait pas une insuffisance manifeste de protection de nature à renverser la présomption de conformité du droit communautaire à la convention, V. Déc. sur la recevabilité, 20 janv. 2009, n° 13645/05, *Cooperatieve Producentenorganisatie Van de Nederlandse Kokkelvisserij U.A.*

## A • Pourquoi adhérer ?

**151** Les raisons qui militent en faveur de l'adhésion à la Convention européenne des droits de l'homme sont d'abord d'ordre politique. La Convention représente le socle commun de valeurs auquel adhèrent tous les États européens, membres ou non de l'Union européenne. Est-il concevable que l'Union n'adhère pas à l'instrument qui exprime ces valeurs ? La contrainte serait faible sur le plan normatif puisque de toute façon, en vertu de l'article 6, § 3, TUE l'Union s'est elle-même déclarée liée par les droits garantis par la Convention en tant que principes généraux du droit. On a également fait valoir que l'adhésion ouvrirait aux particuliers un droit de recours individuel contre l'Union devant la Cour européenne des droits de l'homme. De la sorte, le régime applicable aux particuliers serait harmonisé puisque, qu'il s'agisse de législations nationales ou de législation de l'Union, le droit de recours individuel pourrait jouer dans tous les cas. Cette solution présenterait aussi l'avantage d'aligner le régime des États membres et celui de l'Union qui seraient, dans tous les cas soumis à un contrôle externe, celui de la Cour de Strasbourg, en matière de droits fondamentaux.
À ces arguments politiques sont venus s'ajouter des éléments plus techniques. Actuellement, la Cour de Strasbourg exerce un contrôle indirect sur le droit de l'Union par l'intermédiaire des mesures nationales de mise en œuvre de celui-ci[72]. La Cour n'a pas exclu à l'époque, la possibilité de contrôler directement le respect des droits fondamentaux par des actes des institutions en rendant les États membres responsables des violations commises par l'Union.
C'était la conclusion que certains tiraient de l'arrêt *Matthews* dans lequel la Cour européenne des droits de l'homme a déclaré le Royaume-Uni responsable de la contradiction entre l'Acte portant élection des représentants au Parlement européen au suffrage universel direct et la Convention européenne des droits de l'homme[73]. L'arrêt de la Cour est plus prudent. Il se fonde sur le fait que l'Acte est assimilable à un accord international constitutif de droit primaire et n'est pas de ce fait soumis au contrôle de la Cour de justice des Communautés. Cependant la tendance était de plus en plus forte parmi les requérants de forcer le passage et d'obtenir un contrôle indirect des actes de l'Union en attaquant les mesures de mise en œuvre prises par les États membres. Après avoir longtemps hésité, la Cour de Strasbourg a finalement décidé de franchir le pas et de soumettre à son contrôle les actes des États membres lorsqu'ils mettent en œuvre le droit communautaire et qu'ils ne disposent d'aucune marge d'appréciation.
Dans l'arrêt *Bosphorus*, elle s'est jugée compétente pour statuer sur des mesures irlandaises d'application d'un règlement bien que le droit communautaire ne laissait aucune marge d'appréciation à l'Irlande[74]. Cependant, elle a adopté une position fort proche de celle de la Cour constitutionnelle allemande dans l'arrêt Solange II. En effet, elle indique que, si de telles requêtes sont recevables, elle n'exercera son contrôle que lorsque le droit de l'Union n'offre pas une protection équivalente à celle garantie par la Convention européenne des droits de l'homme. Pour la Cour, équivalence ne signifie pas identité mais absence d'insuffisance manifeste de protection. Le droit de l'Union bénéficie donc d'une présomption de conformité qui peut être écartée si la protection qu'il offre est manifestement insuffisante au regard de la Convention. La solution retenue revient à laisser entre les mains de la Cour européenne des droits de l'homme le soin de décider de l'adéquation de la protection au sein de l'Union. Dans ces conditions, ne serait-il pas plus sage que l'Union adhère et qu'elle soit directement partie aux litiges qui la concernent ? Dans le cas contraire, le risque est de voir le droit de l'Union mis en cause à Strasbourg à travers les mesures nationales de mise en œuvre. L'Union sera jugée sans pouvoir participer en qualité de partie puisque la requête est dirigée contre un État membre.

72. CEDH 15 nov. 1996, *Cantoni c/France*, *Rec.* 1996.V.
73. CEDH 18 févr. 1999.
74. CEDH 30 juin 2005.

Les réserves à l'égard de l'adhésion tiennent pour l'essentiel à la volonté de préserver l'autonomie du droit de l'Union et à réserver le contrôle du respect des droits fondamentaux à la Cour de justice de l'Union. Elles portent également sur la complexité des difficultés techniques à résoudre afin de modifier la Convention et de permettre l'adhésion. Malgré ces réserves, le courant favorable à l'adhésion a gagné du terrain au sein de l'Union et l'accord s'est fait autour de l'insertion dans la constitution d'une clause permettant à l'Union de devenir partie à la Convention européenne des droits de l'homme (TUE, art. 6, § 2). Un protocole annexé au traité contient des indications générales quant à la portée de l'adhésion (protocole n° 8).
Ce protocole prévoit notamment que l'adhésion ne doit affecter « ni les compétences de l'Union, ni les attributions de ses institutions ». Le § 2 de l'article 6 TUE précise par ailleurs que l'adhésion ne doit pas modifier les compétences de l'Union. Il s'agit avant tout d'éviter que la Cour européenne des droits de l'homme soit amenée à se prononcer sur l'étendue des compétences de l'Union ou qu'elle porte atteinte au monopole d'interprétation du droit de l'Union qui appartient selon le traité à la Cour de justice de l'Union.

## B • L'échec (temporaire ?) du processus d'adhésion

**152** Les négociations en vue de l'adhésion se sont engagées au sein d'un groupe d'experts en juillet 2010 et se sont terminées par l'adoption d'un projet d'accord en avril 2013.
L'une des questions essentielles lors des négociations concernait le moyen d'éviter que la Cour de Strasbourg se prononce sur la répartition des compétences entre l'Union et ses États membres, portant ainsi atteinte à l'autonomie constitutionnelle de l'Union. En effet, la Cour européenne des droits de l'homme pourrait être amenée à statuer sur ce point dans le cas où un particulier introduirait une requête contre un État membre et où ce dernier arguerait que la compétence appartient en l'espèce à l'Union qui devrait seule être tenue pour responsable. La situation inverse est également envisageable. Pour statuer sur la recevabilité, la Cour de Strasbourg devrait trancher alors la question de compétence et intervenir dans une matière qui relève de l'ordre constitutionnel de l'Union. Pour éviter une telle situation, le projet établit la possibilité pour l'Union ou les États de se porter défendeur à côté de l'entité attaquée. L'Union pourrait se porter codéfendeur au côté de l'État ou des États membres attaqué(s) dès lors qu'il est allégué que la requête « met en cause la compatibilité d'une disposition du droit de l'Union européenne… avec les droits de la Convention en question, notamment lorsque cette violation n'aurait pu être évitée qu'en méconnaissant une obligation découlant du droit de l'Union européenne ». À l'inverse, un ou plusieurs États membres pourraient se porter codéfendeur auprès de l'Union lorsqu'il est allégué qu'est mise en cause « la compatibilité avec les droits de la Convention en question d'une disposition du traité sur l'Union européenne, du traité sur le fonctionnement de l'Union européenne ou de toute autre disposition ayant la même valeur juridique conformément à ces instruments, notamment lorsque cette violation n'aurait pu être évitée qu'en méconnaissant une obligation découlant de ces instruments ». Dans ce cas, la question de répartition des compétences ne se pose plus à ce stade. Si condamnation il y a, elle pourrait être supportée solidairement, à charge ensuite pour l'Union et ses États membres de régler au sein de l'Union le problème de la répartition des responsabilités. L'octroi du statut de codéfendeur serait décidé par la Cour de Strasbourg au vu d'une appréciation *prima facie* de la demande.
En ce qui concerne la protection de l'uniformité du droit de l'Union et du monopole d'interprétation de la Cour de justice, la Cour européenne des droits de l'homme a déclaré à plusieurs reprises qu'il ne lui appartenait pas d'interpréter le droit national, mais de prendre celui-ci en considération tel qu'il était interprété par les autorités nationales. Mais, si la Cour est saisie d'une mesure nationale de mise en œuvre du droit de l'Union, alors que le juge national n'a pas jugé utile de saisir la Cour de

justice de l'interprétation ou de la validité de l'acte de l'Union qui fonde les mesures attaquées, la Cour de Strasbourg se prononcera sur l'interprétation donnée par le juge national portant ainsi atteinte au monopole d'interprétation de la Cour de justice. Dans ce cas, le projet d'accord prévoit la possibilité pour la Cour de justice de l'Union de se prononcer sur quoi à titre préalable dans un bref délai dans les cas où l'Union a obtenu le statut de codéfendeur.

Dans la mesure où l'adhésion porte sur l'ensemble de l'action de l'Union, les activités menées dans le cadre de la PESC seront soumises au contrôle de la Cour européenne des droits de l'homme alors que la Cour de justice de l'Union n'est compétente qu'exceptionnellement (TFUE, art. 275). Certains États se sont émus de cette situation. Afin d'éviter que la Cour des droits de l'homme ne puisse avoir à connaître d'activités PESC qui ne pourraient être auparavant traitées dans le cadre de l'Union ou dans le cadre national, les actions imputables à une personne agissant lors d'une opération menée sur la base d'une décision de l'Union seront imputées à l'État qui les emploie, libre à l'Union de se porter codéfendeur.

Consultée par la Commission sur l'accord envisagé en application de l'article 218, paragraphe 11, TFUE, la Cour de justice a sans ambiguïté estimé que l'accord en sa forme actuelle était incompatible avec les traités parce qu'il ne protégeait pas suffisamment les spécificités de l'Union. La critique systématique porte sur des points précis de l'accord :

— Selon la Cour, le recours au mécanisme du codéfendeur est soumis à l'autorisation de la Cour européenne des droits de l'homme. Même si cette dernière ne se livre qu'à un examen *prima facie* du lien de l'affaire avec le droit de l'Union, il existe un risque que la Cour européenne des droits de l'homme en se livrant à cet examen ne statue sur la répartition des compétences entre l'Union et ses États membres.

— En ce qui concerne l'implication préalable de la Cour de justice, celle-ci serait limitée par l'accord envisagé à la seule vérification de la compatibilité du droit dérivé avec les traités et, selon une lecture littérale et restrictive de l'accord envisagé, ne pourrait intervenir lorsque la seule interprétation de ce droit est en cause. La Cour de justice y voit donc une atteinte à son monopole d'interprétation du droit de l'Union.

— La Cour reproche à l'accord de ne pas prohiber les requêtes interétatiques entre États membres à Strasbourg dans la mesure où de telles requêtes sont contraires à l'article 344 TFUE qui réserve à la Cour de justice le soin de trancher les différends entre États membres relatifs à l'interprétation ou à l'application des traités.

— Dans un même ordre d'idée, la Cour de justice craint que les États membres utilisent la faculté de demander un avis à la Cour européenne des droits de l'homme, nouvellement prévue par le protocole n° 16 à la Conv. EDH, comme un moyen de contourner l'obligation de renvoi préjudiciel à Luxembourg.

— La Cour de justice craint que les États membres n'utilisent la faculté offerte aux parties par l'article 53 Conv. EDH d'adopter des règles plus protectrices que celles de la Convention pour opposer leurs règles nationales plus protectrices que la Charte à la primauté du droit de l'Union, ce qui remettrait en cause sa jurisprudence selon laquelle le droit de l'Union l'emporte sur les dispositions nationales plus favorables lorsque celles-ci mettaient en cause sa primauté[75].

— La Cour de justice estime que la jurisprudence de Strasbourg va à l'encontre du principe de confiance mutuelle qui impose à un État d'appliquer des décisions, notamment juridictionnelles, prises dans un État membre ou de renvoyer un demandeur d'asile dans un autre État membre sans contrôle préalable parce que tous les États sont supposés offrir une protection équivalente des droits fondamentaux. La Cour européenne des droits de l'homme semble ne pas admettre cette présomption d'équivalente qu'impose la Cour de justice sauf en cas de circonstances exceptionnelles[76].

75. *Melloni*, aff. C-399/11, préc.

76. Voir la contradiction entre la jurisprudence *N.S.* (v. ss 138, note 2) de la Cour de justice et l'arrêt du 4 nov. 2014, *Tarakhel c/ Suisse* de la CEDH.

— Enfin, dans la mesure où la Cour de Strasbourg sera appelée à connaître de requêtes relatives à la politique étrangère et de sécurité commune alors que la compétence de celle de Luxembourg est limitée sur ce point, cette dernière estime qu'il serait incompatible avec les traités de soumettre les actes, actions ou omissions de l'Union exclusivement à une juridiction extérieure à l'Union.

L'avis de la Cour oblige l'Union à demander la réouverture des négociations si elle veut respecter l'obligation d'adhérer telle qu'elle résulte de l'article 6 TUE. Mais, pour tenir compte des objections contenues dans l'avis, certains changements substantiels s'imposent. Outre les modifications nécessaires pour protéger l'article 344, éviter l'application de l'article 53 de la Conv. EDH, étendre le champ de l'implication préalable, la Cour européenne des droits de l'homme devra accepter d'abandonner une partie de son contrôle sur sa procédure lorsque l'Union et un État membre se constituent codéfendeurs. Une solution pour la PESC pourrait être trouvée grâce au jeu de la coresponsabilité qui permettra à l'Union de s'associer aux États membres dès lors que sera soulevée une question relative à ce domaine et de faire valoir ses arguments. En ce qui concerne le principe de confiance mutuelle, la position des deux Cours semble s'être rapprochée. D'une part la Cour européenne des droits de l'homme a admis le jeu du principe de confiance mutuelle en l'absence de tout grief sérieux d'absence manifeste de protection des droits fondamentaux[77]. D'autre part, La Cour de justice a précisé sa position et admet que le principe de confiance mutuelle ne peut être appliqué en cas de risque sérieux de violation des droits fondamentaux[78]. Sur ce point au moins, l'accord pourrait être aisément trouvé.

Pour le reste, il n'est pas évident que les actuelles parties à la Conv. EDH acceptent des modifications. Si l'Union n'adhère pas, elle sera quand même soumise indirectement au contrôle de Strasbourg en application de la jurisprudence *Bosphorus*. Dans ce cas, l'Union ne sera pas partie à la procédure, aucune des garanties réclamées par la Cour ne sera applicable et la Cour européenne pourra statuer sur la PESC. L'Union serait alors dans une situation plus défavorable que celle qui aurait résulté d'une adhésion sur la base de l'accord envisagé à l'exception du fait que, dans ce cas, l'arrêt de la Cour serait dirigé contre un État membre et ne lierait pas l'Union puisque celle-ci ne serait pas partie à la procédure. Mais si l'État est condamné à Strasbourg pour avoir appliqué une règle de droit de l'Union contraire à la Convention, il devra soit exécuter l'arrêt de la Cour européenne des droits de l'homme et violer le droit de l'Union, soit ne pas exécuter et violer la Convention ce qui le place face à un difficile dilemme. Le projet d'adhésion n'est pas abandonné et les négociations en vue d'élaborer un nouvel accord ont repris en 2021.

## BIBLIOGRAPHIE INDICATIVE


- F. Benoît-Rohmer, « La Charte des droits fondamentaux de l'Union européenne », *D.* 2001. 1483 ; « L'adhésion à la Convention européenne des droits de l'homme, un travail de Pénélope ? À propos de l'avis 2/13 de la Cour de Justice », *RTD eur.* 2015. 593 ; « Les relations entre la Charte des droits fondamentaux et la CEDH : entre cohérence et autonomie (à propos de l'article 52, paragraphe 3, de la Charte », dans *Évolution des rapports entre les ordres juridiques de l'Union européenne, international et nationaux, Liber amicorum Jiri Malenovski*, Bruylant, 2020).
- G. Braibant, *La Charte des droits fondamentaux de l'Union européenne. Témoignages et commentaires*, Seuil, coll. « Points essais », 2001.
- Commission européenne, Rapports annuels sur l'application de la Charte des droits fondamentaux de l'Union européenne, depuis 2010.


77. CEDH, gr. ch., 23 mai 2016, *Avotins c/ Lettonie*, req. nº 17502/07.
78. CJUE, gr. ch., 5 avr. 2016, *Pál Aranyosi et Robert C ˇald ˇararu*, aff. C-404/15 et C-659/15 PPU.

- J. Dutheil de la Rochère, « La Charte des droits fondamentaux de l'Union européenne », *J.-Cl. Europe*, Fasc. 120.
- J. P. Jacqué, « La Charte et les droits fondamentaux dans l'Union, un premier bilan sur l'application des dispositions horizontales », *in L'homme et le droit. Mélanges Flauss*, Pedone, 2014, p. 403 ; « *Pride and/or Prejudice*. Les lectures possibles de l'avis 2/13 de la Cour de justice », *CDE* 2015. 19 ; « Cour de justice de l'Union européenne, Cours constitutionnelles nationales, et juridictions ordinaires : quel est le juge des droits fondamentaux garantis par le droit de l'Union ? », *Mélanges Patrick Wachsmann*, Dalloz, 2021.
- H. Labayle, F. Sudre, « L'avis 2/13 de la Cour de justice, sur l'adhésion de l'Union à la Convention européenne des droits de l'Homme : pavane pour une adhésion défunte », *RFDA* 2015. 3.
- C. Picheral, L. Coutron, *Charte des droits fondamentaux de l'Union européenne et Convention européenne des droits de l'homme*, Bruylant, 2012.
- F. Picod et S. Van Drooghenbroek, *Charte des droits fondamentaux de l'Union européenne, commentaire article par article*, 3e éd., Bruylant, 2022.
- J. Rideau, « Le rôle de l'Union européenne en matière de protection des droits de l'homme », *Rec. Cours La Haye*, 1997, t. 265, p. 9.
- F. Sudre, *Droit européen et international des droits de l'homme*, PUF, coll. « Droit fondamental », 14e éd., 2019.

## PISTES DE RÉFLEXION

- La contribution du juge à la protection des droits fondamentaux dans l'Union européenne
- L'application de la Charte des droits fondamentaux aux États membres
- L'effet horizontal de la Charte des droits fondamentaux
- Les limitations aux droits fondamentaux dans l'Union européenne
- Charte des droits fondamentaux et constitution des États membres
- Les difficultés relatives à l'adhésion de l'Union à la Convention européenne des droits de l'homme

Thème 6

# La dimension constitutionnelle des libertés et droits fondamentaux

**Jean-Éric Gicquel**
*Professeur à l'Université Rennes 1*

Si la montée en puissance du contrôle de conventionnalité de la loi a renouvelé profondément les contours de la protection des droits et libertés fondamentaux, la dimension constitutionnelle ne peut être pour autant négligée. D'abord, parce que la Constitution est, en droit interne, au sommet de la hiérarchie des normes. Ensuite parce que les modalités de contrôle du Conseil constitutionnel, substantiellement modifiées par l'insertion de la question prioritaire de constitutionnalité depuis le 1er mars 2010, assurent aussi une garantie effective et diversifiée des droits et libertés fondamentaux. Devenue « l'affaire des citoyens »[1], la Constitution est donc pleinement celle des justiciables et de leurs avocats.



1. J.-L. Debré, « Entretien », *Le Monde*, 6-7 mars 2011.

**153** La protection constitutionnelle des droits et libertés fondamentaux incombe principalement au Conseil constitutionnel. Pourtant, il n'a jamais été dans l'intention des constituants de 1958 de conférer une telle fonction à un organe dont la nature politique était à l'époque indiscutable. Rappelons que tandis que la loi du 3 juin 1958 consacrait, comme une des cinq bases s'imposant au pouvoir constituant, le principe selon lequel « l'autorité judiciaire doit demeurer indépendante pour être à même d'assurer le respect des libertés essentielles telles qu'elles sont définies par le préambule de la Constitution de 1946 et par la Déclaration des droits de l'homme à laquelle il se réfère », il était expressément indiqué, en juillet 1958, que « le Conseil constitutionnel [...] ne sera pas en réalité le gardien de la Constitution, mais permettra de régler certains litiges d'ordre juridique opposant les grands organes de l'État »[2]. Plus concrètement, conçu comme une « arme contre la déviation du régime parlementaire »[3], il se voit attribuer principalement les attributions suivantes : a) veiller au respect de la nouvelle répartition des compétences entre les domaines de la loi (Const., art. 34) et du règlement (art. 37) ; b) examiner la constitutionnalité des règlements des assemblées parlementaires partant du constat établi sous les Républiques précédentes qu'ils avaient « souvent plus d'importance que la Constitution elle-même sur la marche des affaires publiques »[4] et enfin c) assurer un contrôle juridictionnel des élections législatives et sénatoriales afin « de faire disparaître le scandale des invalidations partisanes »[5]. En revanche, qu'il puisse, en outre, garantir le respect des droits et libertés constitutionnels était loin d'être acté et tandis que le Comité consultatif constitutionnel rejetait un amendement proposant que la loi soit votée « dans le respect des principes généraux et des droits et libertés individuels définis par le préambule »[6], R. Janot, commissaire du Gouvernement, affirmait devant ce même comité l'absence de valeur constitutionnelle du préambule[7].

Le chemin parcouru depuis est phénoménal et, en fin de compte, la prudence initiale de René Cassin (« avant de créer un grand système, il serait peut-être désirable de faire un essai »[8]) fut rétrospectivement la posture la plus judicieuse tant l'influence du légicentrisme était encore prégnante en 1958. L'essai sera transformé par le franchissement de paliers successifs dont la liste est bien connue : consécration du bloc de constitutionnalité en 1971[9] ; extension du droit de saisine à soixante députés par la révision constitutionnelle de 1974[10] ; apparition puis banalisation de l'alternance dans les années 1980 permettant à la politique d'être « remplacée »[11] ou « saisie »[12] par le droit et, enfin telle la dernière marche de l'escalier, instauration, par la révision du 23 juillet 2008, du contrôle de constitutionnalité *a posteriori* (soit la QPC — la « question citoyenne » selon le président Fabius qui entend, notamment grâce à des audiences publiques « foraines » tenues en province, assurer sa plus grande diffusion). Le Conseil constitutionnel a réussi à s'affirmer « vis-à-vis de lui-même d'abord, en précisant l'étendue et les limites du rôle qu'il tenait pour le sien et, simultanément, envers le pouvoir

2. F. Luchaire, « Compte rendu de la réunion du groupe de travail du 8 juillet 1958 », *in Documents pour servir à l'histoire de l'élaboration de la Constitution du 4 octobre 1958*, La Documentation française, vol. I, 1987, p. 383.
3. M. Debré, « Discours devant le Conseil d'État, 27 août 1958 », *in Documents pour servir à l'histoire de l'élaboration de la Constitution du 4 octobre 1958*, préc., vol. III, 1991, p. 260.
4. E. Pierre, *Traité de droit politique, électoral et parlementaire*, 2e éd., Librairies-imprimeries réunies, 1902, p. 490.
5. M. Debré, « Discours devant le Conseil d'État », préc.
6. « Comité consultatif constitutionnel, 7 août 1958 », *in Documents pour servir à l'histoire de l'élaboration de la Constitution du 4 octobre 1958*, préc., vol. II, 1988, p. 254.
7. « Le préambule a une valeur juridique, mais n'a pas une valeur constitutionnelle. Il a une certaine forme législative, il lie le gouvernement, il ne lie pas le Parlement » : R. Janot, « Comité consultatif constitutionnel, 7 août 1958 », *in ibid.*, p. 256.
8. R. Cassin, « Assemblée générale du Conseil d'État, 27-28 août 1958 », *in* Documents pour servir à l'histoire de l'élaboration de la Constitution du 4 octobre 1958, préc., vol. III, p. 377.
9. Cons. const. 16 juill. 1971, no 71-44 DC, *Liberté d'association*, *Rec.* 29.
10. L. const. 29 oct. 1974.
11. B. Mirkine-Guetzevitch, Les nouvelles tendances du droit constitutionnel, *RDP*, 1928, p. 28.
12. L. Favoreu, *La politique saisie par le droit*, Economica, 1988.

exécutif, le Parlement et enfin l'opinion »[13], ainsi que le souhaitait ardemment son premier président, Léon Noël. Finalement, grâce à lui, la loi « n'exprime la volonté générale que dans le respect de la Constitution »[14].

Il est désormais une institution carrefour dans la régulation juridique des pouvoirs publics. Ses décisions sont régulièrement attendues, remarquées et parfois controversées. Cela concerne les décisions rendues dans le cadre du contrôle *a priori* (conformité globale à la Constitution des lois relatives au mariage pour tous[15], au renseignement[16], à la transparence de la vie politique[17] et mettant fin au cumul des fonctions exécutives locales avec un mandat de parlementaire[18] ; des lois luttant contre la manipulation de l'information[19] — le Conseil étant la première juridiction au monde intervenant sur cette question ; invalidation de certaines restrictions imposées à la liberté de manifester[20] ou à la liberté de communication au nom de la lutte contre les contenus haineux sur internet[21]). Cela est aussi logiquement visible pour les décisions rendues dans le cadre des QPC (renforcement des exigences imposées à une loi de validation[22], consécration de la liberté de divorcer[23], limites imposées à la lutte contre le terrorisme[24] ; maintien d'une conception française du principe *non bis in idem*[25] ; consécration du principe constitutionnel de la fraternité[26], de gratuité de l'enseignement supérieur[27] et de l'objectif de valeur constitutionnelle de protection de l'environnement, patrimoine commun des êtres humains[28] ; première délimitation des contours de l'identité constitutionnelle de la France[29]). Par ailleurs, si les modalités législatives établissant, modifiant et prorogeant l'état d'urgence[30], l'état d'urgence sanitaire ainsi que les régimes de sortie de l'état d'urgence sanitaire[31] ont toutes, à quelques modalités près, déclarées conformes à la Constitution, le Conseil constitutionnel, dans son rôle de garant du respect, par le législateur, des droits et libertés fondamentaux[32], a continuellement exercé une influence dissuasive sur les différents gouvernements dans la préparation de leurs réformes. Enfin, les préoccupations environnementales guident de plus en plus sa jurisprudence. Il a ainsi récemment jugé que la préservation de l'environnement doit être recherchée au même titre que les autres intérêts fondamentaux de

13. L. Noël, *De Gaulle et les débuts de la Ve République*, Plon, 1976, p. 29.
14. Cons. const. 23 août 1985, n° 85-197 DC, *Nouvelle-Calédonie*, *Rec.* 70.
15. Cons. const. 17 mai 2013, n° 2013-669 DC, *Loi relative au mariage pour tous*, *Rec.* 721.
16. Cons. const. 23 juill. 2015, n° 2015-713 DC, Loi relative au renseignement, *JO* 26 juill., p. 12751.
17. Cons. const. 9 oct. 2013, n° 2013-675 et n° 2013-676 DC, *Lois relatives à la transparence de la vie publique*, *Rec.* 956 et 972 ; *JO* 12 oct., p. 16838 et 16847 ; nos 2017-753 DC et 2017-752 du 8 sept. 2017, *Lois pour la confiance de la vie publique*.
18. Cons. const. 13 févr. 2014, n° 2014-689 DC, *Cumul des mandats*, *JO* 16 févr., p. 2706.
19. Cons. const. 20 déc. 2018, nos 2018-773 et 774 DC, *Lois relatives à la lutte contre la manipulation de l'information*, *JO* 23 déc.
20. Cons. const. 4 avr. 2019, n° 2019-780 DC, *Loi visant à renforcer et garantir le maintien de l'ordre public lors des manifestations*, *JO* 11 avr.
21. Cons. const. 18 juin 2020, n° 2020-801 DC, Loi visant à lutter contre les contenus haineux sur internet, *JO* 25 juin.
22. Cons. const. 14 févr. 2014, n° 2013-366 QPC, *SELARL PJA*. *Rec.* 130.
23. Cons. const. 29 juill. 2016, n° 2016-557 QPC, *M. Bruno B.*, *JO 31 juill.*
24. Le Conseil a invalidé, à deux reprises, le délit de consultation des sites « djihadistes » (Cons. const. 10 févr. 2017, n° 2016-611 QPC, *M. David P.*, *JO* 12 févr. et n° 2017-682 QPC, 15 déc. 2017, *M. David P.*, *JO 16 déc.*) mais a estimé toutefois conforme à la constitution, à une réserve près, le délit d'entreprise individuelle terroriste (7 avr. 2017, n° 2017-625 QPC, *M. Amadou S.*, *JO* 9 avr.).
25. Cons. const. 18 mars 2015, n° 2014-453/454 et 462 QPC, *M. John L. et autres*, *JO 20 mars, p. 5183* ; 24 juin 2016, n° 2016-546 QPC, *M. Jérôme Cahuzac*, *JO* 30 juin ; 24 mai 2019, n° 2019-783 QPC, *M. Nicolas Sarkozy*, *JO* 18 mai.
26. Cons. const. 6 juill. 2018, n° 2018-717/718 QPC, *M. Cédric H.*, *JO 7 juill.*
27. Cons. const. 11 oct. 2019, n° 2019-809 QPC, *Union nationale des étudiants en droit*, *JO* 12 oct.
28. Cons. const., 31 janv. 2020, n° 2019-823 QPC, *Union des industries de la protection des plantes*, *JO* 1er févr.
29. Cons. const. 15 oct. 2021, n° 2021-940 QPC, Société Air France, *JO* 16 oct. – voir note n° 153
30. Not. Cons. const. 22 déc. 2015, no 2015-527 QPC, M. Cédric D. (à propos des assignations à résidence) *JO* 26 déc.
31. Not. Cons. const. 11 mai 2020, no 2020-800 DC, Loi prorogeant l'état d'urgence sanitaire et complétant ses dispositions, *JO* 12 mai.
32. Rajoutons que le Conseil est aussi chargé d'assurer la régularité des élections nationales (Const., art. 58, 59 et 60). Concernant l'élection présidentielle (Const., art. 58), il a, dans une décision remarquée, confirmé en 2013 la décision de rejet du compte de campagne de N. Sarkozy prononcée par la Commission nationale des comptes de campagne et des financements politiques (Cons. const. 4 juill. 2013, n° 2013-156 PDR, *JO* 6 juill., p. 11289). Par ailleurs, après avoir admis la conformité de la proposition de loi visant à interdire la privatisation des Aéroports de Paris (Cons. const. 9 mai 2019, n° 2019-1 RIP, *JO* 15 mai), il appartient au Conseil de vérifier la régularité des opérations de recueil des soutiens tendant à l'organisation d'un référendum d'initiative partagée (art. 11 C).

la Nation et que les choix destinés à répondre aux besoins du présent ne doivent pas compromettre la capacité des générations futures à satisfaire leurs propres besoins »[33].
Pour se convaincre pleinement du rôle essentiel assumé désormais par le Conseil constitutionnel, seront successivement abordées les modalités du contrôle de constitutionnalité des lois (***I.***) puis son effectivité (***II.***).

# I • Les modalités du contrôle de constitutionnalité des lois

**154** En mettant de côté l'examen de compatibilité des traités à la Constitution (Const., art. 54), du contrôle de constitutionnalité des règlements des assemblées parlementaires (Const., art. 61) et des lois du pays de Nouvelle-Calédonie (Const., art. 77), la norme juridique au cœur du contrôle de constitutionnalité est, en France, la loi[34] dont le contrôle incombe au Conseil constitutionnel (**A.**) mais aussi, de façon feutrée et subtile, aux juridictions ordinaires (**B.**).

## A • Le contrôle de constitutionnalité effectué par le Conseil constitutionnel

**155** La dissociation entre les contrôles *a priori* (Const., art. 61) et *a posteriori* (art. 61-1) comporte d'indiscutables avantages. C'est en effet un critère à la fois simple (l'examen ayant lieu avant ou après la promulgation de la loi par le président de la République, art. 10) et s'imposant sans contestation. Tandis que l'article 61 dispose que « les lois peuvent être déférées au Conseil constitutionnel, avant leur promulgation, par le président de la République, le Premier ministre, le président de l'Assemblée nationale, le président du Sénat ou soixante députés ou soixante sénateurs »[35], l'article 61-1 prévoit de son côté que « lorsque, à l'occasion d'une instance en cours devant une juridiction, il est soutenu qu'une disposition législative porte atteinte aux droits et libertés que la Constitution garantit, le Conseil constitutionnel peut être saisi de cette question sur renvoi du Conseil d'État ou de la Cour de cassation [...] ».
Une autre approche est pourtant envisageable. Le contrôle objectif et abstrait se distingue du recours subjectif et concret. Le premier se réalise à l'occasion de la collation des normes législatives et constitutionnelles. Il s'agit pour le juge de faire protéger *le* droit en dehors de tout litige individuel — cet examen pouvant s'effectuer aussi bien avant (comme en France) qu'après (en Allemagne) l'entrée en vigueur du texte législatif. Le second s'opère à l'occasion d'un litige de « chair et de sang », pour reprendre une expression juridique américaine (*flesh and blood controversies*), lorsqu'un citoyen excipe de l'inconstitutionnalité de la loi pour faire valoir la défense de *son* droit, lors d'un procès devant des juridictions ordinaires.

33. Cons. const. 12 août 2022, n° 2022-843 DC, *Loi portant mesures d'urgence pour la protection du pouvoir d'achat*, *JO* 17 août.
34. Le droit comparé montre qu'il est aussi possible qu'une Cour constitutionnelle assujettisse, via le mécanisme d'un recours direct porté devant elle (le Verfassungsbeschwerde en Allemagne, l'amparo en Espagne), les actes administratifs et les décisions juridictionnelles au respect des prescriptions constitutionnelles. v. « L'accès des personnes à la justice constitutionnelle : droit, pratique, politiques. » Études réunies et présentées par Otto Pfersmann, Cah. Cons. const. 2001, n° 10, p. 23.
35. Une multiple saisine est possible. C'est en ce sens, par exemple, que le Premier ministre, le Président du Sénat, 60 députés et 60 sénateurs se sont adressés conjointement au Conseil à propos de la loi Sapin II en 2016.

En réalité, ces modalités convergent plus qu'il n'y paraît. Le Conseil constitutionnel, lorsqu'il est saisi *a priori*, est souvent amené à prendre en compte des circonstances de fait. Tel est le cas notamment lorsqu'il recourt aux techniques du contrôle de proportionnalité et de la réserve d'interprétation (v. *infra*). Grâce à cette dernière, il anticipe toutes les difficultés pratiques (*i.e.* concrètes) que pourraient rencontrer aussi bien l'administration que les juridictions ordinaires dans la future mise en œuvre de la loi et écarte préventivement toute interprétation non conforme à la Constitution. Dans une approche inversée, si un justiciable est toujours à l'origine de la procédure permettant la mise en œuvre du contrôle *a posteriori* (v. *infra*), cette dimension initiale purement subjective finit par s'effacer puisque l'examen du juge constitutionnel se focalise *in fine* exclusivement sur la seule conformité de la disposition législative à la Constitution ; bref, il devient abstrait.

Incontestablement, la QPC se déploie principalement dans une dimension abstraite. On constatera que, d'une part, le Conseil constitutionnel, qui ne dispose pas de l'intégralité des pièces du dossier, ne se prononce pas sur le point de savoir si la disposition législative contestée est applicable au litige, à la procédure ou si elle constitue le fondement des poursuites. Ces considérations relèvent du seul office des juridictions judiciaires et administratives[36]. Il n'est « pas juge du litige mais seulement de la conformité de la disposition législative à la Constitution »[37]. D'autre part, le Conseil, en application de l'article 62 de la Constitution, s'est vu reconnaître la capacité d'abroger la disposition inconstitutionnelle avec des effets immédiats ou différés (v. *infra*). Sa décision n'a donc pas d'effet *inter partes* mais bel et bien *erga omnes* puisque la norme législative disparaît de l'ordonnancement juridique et, qu'en principe, elle ne peut plus être appliquée dans les instances en cours à la date de la publication de la décision du Conseil constitutionnel. Toutefois, la discussion est toujours possible[38]. C'est ainsi que la logique concrète de la QPC s'exprime aussi lors du prononcé d'une déclaration d'inconstitutionnalité qui doit bénéficier, en principe, au justiciable à l'origine du recours[39] (v. ss 169, note 234).

Ainsi, préféra-t-on, pour des commodités de présentation, traiter le dédoublement du contrôle de constitutionnalité des lois sous le prisme d'un examen se déployant *a priori* (*1.*) et, depuis le 1er mars 2010, *a posteriori* (*2.*).

## 1 • Le contrôle *a priori* de constitutionnalité des lois

**156** « Organe régulateur de l'activité des pouvoirs publics »[40], le Conseil constitutionnel s'est attelé à la mission d'imposer le respect de la Constitution au législateur[41]. La tâche n'était pas aisée puisque le principe même d'un contrôle de la loi remettait en cause brutalement le légicentrisme des IIIe et IVe Républiques ayant conduit au « parlementarisme absolu » selon l'expression classique de Carré de Malberg[42]. Pouvant être saisi en 1958 par le président de la République, le Premier

36. « Considérant qu'il n'appartient pas au Conseil constitutionnel, saisi d'une question prioritaire de constitutionnalité, de remettre en cause la décision par laquelle le Conseil d'État ou la Cour de cassation a jugé, en application de l'article 23-5 de l'ordonnance du 7 novembre 1958 susvisée, qu'une disposition était ou non applicable au litige ou à la procédure ou constituait ou non le fondement des poursuites » (Cons. const. 27 nov. 2010, n° 2010-71 QPC, *Mme Danielle S.*, *Rec.* 343).
37. Conseil constitutionnel, « La notion de "disposition applicable au litige" », « À la une », oct. 2012, site Internet du Conseil.
38. V. M. Fatin-Rouge Stefanini, « La singularité du contrôle exercé *a posteriori* par le Conseil constitutionnel : la part de concret et la part d'abstrait », *Cah. Cons. const.* 2013, n° 38, p. 211.
39. À titre d'illustration, l'abrogation de l'art. L. 7 du Code électoral, interdisant l'inscription sur la liste électorale, permet aux intéressés (et donc au citoyen à l'origine de la procédure) de demander, à compter du jour de publication de la présente décision, leur inscription immédiate sur la liste électorale : Cons. const. 11 juin 2010, n° 2010-6/7 QPC, *M. Stéphane A.*, *Rec.* 111.
40. Cons. const. 6 nov. 1962, n° 62-20 DC, *Élection du chef de l'État*, *Rec.* 27.
41. Le contrôle politique exercé par le Sénat sous les Empires (v. not. l'art. 25 de la Constitution de 1852 disposant que « le Sénat est le gardien du pacte fondamental et des libertés publiques. Aucune loi ne peut être promulguée avant de lui avoir été soumise ») et l'ersatz de contrôle mis en place sous la IVe République avec l'installation du comité constitutionnel relèvent d'une logique franchement différente de celle posée en 1958.
42. R. Carré de Malberg, *La loi, expression de la volonté générale*, Sirey, 1931, p. 196.

ministre, les présidents des assemblées, auxquels seront adjoints, par la révision constitutionnelle de 1974, soixante députés ou soixante sénateurs, le Conseil est la seule autorité compétente pour déclarer contraire à la Constitution tout ou partie d'une loi ordinaire[43] avant sa promulgation par le chef de l'État. Si, originellement, la défense des droits et libertés constitutionnels s'exprimait seulement à travers la protection de l'indépendance des magistrats de l'ordre judiciaire reconnue par l'article 64 de la Constitution[44], l'avènement du « bloc de constitutionnalité » en 1971 (une expression purement doctrinale — apparue du reste en 1970[45] — et que le Conseil n'utilise pas[46]) constitua un changement capital dans les circonstances de droit. Nul besoin de s'appesantir sur ce point.

Le contrôle *a priori* est, malgré sa rusticité, performant, d'abord parce que son champ d'action est étendu. L'acception de loi ordinaire s'entend, en effet, largement et englobe aussi les lois financières[47], celles autorisant la ratification d'un engagement international, habilitant le gouvernement à agir par le biais d'ordonnances ou ayant pour objet de ratifier celles-ci. En sus, le Conseil peut vérifier la constitutionnalité de la loi du pays de Nouvelle-Calédonie (Const., art. 77[48]). Inversement, ne sont pas concernées : la loi promulguée[49] (même si le Conseil s'est accordé, de manière abusive pour certains[50], le droit de la contrôler à l'occasion « de l'examen des dispositions législatives qui la modifient, la complètent ou affectent son domaine »[51]), la loi constitutionnelle[52], référendaire[53] ainsi que celles transposant fidèlement les dispositions précises et inconditionnelles d'une directive européenne[54] ou

43. La loi organique est, quant à elle, soumise à un contrôle obligatoire (Const., art. 46 et 61). Il est à indiquer que le Conseil constitutionnel dispose (enfin !) depuis le 1er juillet 2022, d'un règlement relatif au contrôle de constitutionnalité des lois *a priori*. (Cons. const. 11 mars 2022, n° 2022-152 ORGA, *JO* 12 mars).

44. Cons. const. 26 janv. 1967, n° 67-31 DC, *Loi organique relative aux magistrats*, *Rec.* 19 et 9 juill. 1970, n° 70-40 DC, *Loi organique relative aux magistrats*, *Rec.* 25.

45. Cl. Emeri et J.-L. Seurin, « Vie et droit parlementaire », *RDP* 1970. 678.

46. Son utilisation par le juge administratif est rarissime (v., par ex., CAA Marseille, 4 nov. 2008, n° 07MA03964). Il en va de même dans quelques décisions de renvoi de QPC d'une juridiction ordinaire à la Cour de cassation (Soc., 6 juin 2019, n° 19-40.008).

47. Soit, la loi de finances de l'année, la loi de finances rectificative, la loi de finances de fin de gestion, la loi relative aux résultats de la gestion et portant approbation des comptes de l'année (anciennement dénommée loi de règlement), la loi de financement de la sécurité sociale de l'année, la loi de financement rectificative de la sécurité sociale, la loi d'approbation des comptes de la sécurité sociale et, enfin, la loi de programmation des finances publiques.

48. Ici, l'intégration de l'accord de Nouméa dans les normes de référence du juge produit des situations juridiques pour le moins inédites. V. à cet égard, la décision 21 novembre 2014, n° 2014-4 LP, *Loi du pays relative à l'accès à l'emploi titulaire des fonctions publiques de Nouvelle-Calédonie (JO 23 nov., p. 19674)* où sont censurées certaines règles au motif qu'elles « ne comportent aucune disposition favorisant l'accès à l'emploi dans la fonction publique au bénéfice des citoyens de la Nouvelle-Calédonie et des personnes qui justifient d'une durée suffisante de résidence ; que, par suite, elles méconnaissent le principe de préférence locale pour l'accès à l'emploi en Nouvelle-Calédonie consacré par l'accord de Nouméa ».

49. « Une loi promulguée, même non encore publiée, ne peut être déférée au Conseil constitutionnel en application des dispositions précitées » : Cons. const. 7 nov. 1997, n° 97-292 DC, *Saisine tardive*, *Rec.* 235.

50. P. Blachèr, « Le Conseil constitutionnel en fait-il trop ? », *Pouvoirs* 2003, n° 105, p. 20.

51. Cons. const. 25 janv. 1985, n° 85-187 DC, *Loi relative à l'état d'urgence en Nouvelle-Calédonie*, *Rec.* 43. Par exemple, le Conseil a, dans un premier temps, invalidé l'art. 40 de la loi de finances rectificative pour 2012 relatif au traitement du président de la République et des membres du Gouvernement. Estimant ensuite que l'art. 40 modifiait les dispositions du paragraphe I de l'art. 14 de la loi du 6 août 2002 susvisée, celles-ci ont été à leur tour déclarées contraires à la Constitution : Cons. const. 9 août 2012, n° 2012-654 DC, *Loi de finances rectificative pour 2012, Rec. 461.* Cette jurisprudence, jusqu'ici moribonde connaît depuis 2012 un net regain (v. Cons. const. l, « Contrôle des lois déjà en vigueur à l'occasion du contrôle *a priori* des lois », « À la une », juin 2013, site Internet du Conseil). La mise en place de la QPC suscite une compétition vertueuse entre les deux modalités de contrôle.

52. Cons. const. 26 mars 2003, n° 2003-469 DC, *Révision constitutionnelle relative à l'organisation décentralisée de la République*, *Rec.* 293. Reste que le Conseil constitutionnel maintient depuis 1992 (Cons. const. 2 sept. 1992, n° 92-312 DC, *Maastricht II*, *Rec.* 76) que le pouvoir constituant est souverain « sous réserve, d'une part, des limitations touchant aux périodes au cours desquelles une révision de la constitution ne peut pas être engagée ou poursuivie [...] et, d'autre part, du respect des prescriptions du cinquième alinéa de l'article 89 [...] ».

53. Cons. const. 6 nov. 1962, n° 62-20 DC, *Élection du président de la République*, *Rec.* 27.

54. Initiée à partir de 2004, la jurisprudence s'est cristallisée en 2006 : Cons. const. 27 juill. 2006, n° 2006-540 DC, *Loi DAVSI*, *Rec.* 88. Toutefois, une réserve de souveraineté juridique a été fixée en ce sens que la transposition ne peut aller « à l'encontre d'une règle ou d'un principe inhérent à l'identité constitutionnelle de la France, sauf à ce que le constituant y ait consenti ». Les contours de cette identité constitutionnelle ont été précisés pour la première fois en 2021. En relève, en application de l'article 12 de la Déclaration de 1789, « l'interdiction de déléguer à des personnes privées des compétences de police administrative générale inhérentes à l'exercice de la « force publique » nécessaire à la garantie des droits ». Cons. const. 15 oct. 2021, n° 2021-940 QPC, *Société Air France*, *JO* 16 oct.

adaptant le droit interne à un règlement européen[55]. Ensuite, le Conseil se prononçant dans un délai d'un mois maximum (huit jours en cas d'urgence)[56] — le délai moyen d'examen a été de 17 jours en 2021, le débat est rapidement tranché. Enfin, les justiciables (et notamment les opérateurs privés), l'administration et les juges savent alors à quoi s'en tenir. En effet, la disposition législative déclarée inconstitutionnelle ne peut produire le moindre effet faute de pouvoir être promulguée. La sécurité juridique s'en voit renforcée.

Par ailleurs, la fameuse prise de position du député André Laignel visant en 1981 un membre de l'opposition (présentement Jean Foyer) — « Il a juridiquement tort car il est politiquement minoritaire »[57] — résonne encore suffisamment dans les esprits pour se persuader de tout l'intérêt du contrôle *a priori*. Dès lors que depuis 1974, le droit de saisine revient *de facto* essentiellement à l'opposition parlementaire[58], celle-ci conteste les lois, autant pour satisfaire les besoins de porter le combat politique sur d'autres fronts que de s'assurer du respect, par le gouvernement appuyé par sa majorité, des contraintes constitutionnelles. Sont concernés, d'une part, les droits et libertés et, d'autre part, les règles de procédure législative[59].

Le contrôle *a priori* se trouve-t-il désormais « ringardisé » par l'instauration de la QPC ? Il n'en est absolument rien et il pourrait même s'en trouver revivifié[60]. En effet, sachant qu'une disposition législative ayant été déclarée conforme à la Constitution ne peut faire l'objet d'un recours en QPC (v. *infra*), les autorités politiques de saisine sont désormais incitées à saisir préventivement le Conseil, même si cela, de l'aveu du Premier ministre, « est toujours risqué »[61]. La saisine inédite effectuée, en 2015, par le président de la République sur la loi relative au renseignement, est tout à fait emblématique. Par ailleurs, on notera que si le contrôle en QPC des modalités du régime de l'état d'urgence a été privilégié, le Conseil constitutionnel a quasiment toujours été sollicité *a priori* à propos des lois relatives à la lutte contre l'épidémie de covid-19 (voir les décisions rendues sur les lois du 11 mai 2020 prorogeant l'état d'urgence sanitaire ; du 9 juillet 2020 organisant la sortie de l'état d'urgence ; du 14 novembre 2020 autorisant la prorogation de l'état d'urgence sanitaire ; du 31 mai 2021 et du 5 août 2021 relatives à gestion de la sortie crise sanitaire ; du 10 novembre 2021 portant diverses dispositions de vigilance sanitaire et, enfin (espérons-nous) du 30 juillet 2022 mettant fin aux régimes d'exception créés pour lutter contre l'épidémie liée à la covid-19[62]).

Sur le plan technique, il s'agit d'éviter que des contestations ultérieures de la loi entrée en vigueur ne se développent ultérieurement sur le fondement de QPC médiatisées et parfois soutenues par des groupes de pression. Ici, l'absence de saisine sur la loi du 15 mars 2004 encadrant, en application

55. Cons. const. 12 juin 2018, n° 2018-765 DC, *Loi relative à la protection des données personnelles*, *JO* 21 juin.
56. V. par exemple, la demande en ce sens formulée, en 2021, par le Premier ministre, Cons. const. 9 nov. 2021, n° 2021-828 DC, *Loi portant diverses dispositions de vigilance sanitaire*, *JO* 11 nov.
57. *JOAN*, déb., Seconde séance du 13 oct. 1981, p. 1730.
58. V. A. Roux (dir.), *Trente ans de saisine parlementaire*, Economica-PUAM, 2006 ; Nouveaux cahiers du Conseil constitutionnel, *2004-2014 : dix années de saisine parlementaire*, n° 48, 2015. En mettant de côté la saisine de la loi IVG en 1975 émanant d'une fraction dissidente de la majorité, c'est en 2014, à propos d'une loi relative à la géolocalisation que le Conseil a été saisi, pour la première fois, par des députés de la majorité ayant soutenu le texte (Cons. const. 25 mars 2014, n° 2014-693 DC, *Rec.* 208). On retrouve cette situation avec la loi Molac relative aux langues régionales (Cons. Const, 21 mai 2021, n° 2021-818 DC, JO 23 mai). Il arrive aussi que le Premier ministre, afin de rassurer sa majorité, décide de s'en remettre au Conseil constitutionnel (par ex : Cons. const, 8 décembre 2016, n° 2016-741 DC, *Loi Sapin II*, JO 10 décembre.
59. Cons. const. 23 juill. 1975, n° 75-57 DC, *Loi supprimant la patente*, *Rec.* 24. Parmi celles-ci, le Cons. const. attache une importance particulière au respect des règles relatives à l'exercice du droit d'amendement par le Gouvernement et les parlementaires (Const., art. 44). Ainsi, les art. issus d'amendements dépourvus de lien avec le texte (*cavaliers*) sont déclarés inconstitutionnels.
60. On a observé une augmentation du nombre de saisines facultatives entre 2009 et 2014 : 26 en 2009, 24 en 2010, 23 en 2011, 24 en 2014, contre 16 par an en moyenne sur la période 1998-2008. L'effet s'est depuis quelque peu dissipé (18 saisines en 2015 et 2016 ; 12 en 2017, 15 en 2018, 10 en 2019, idem en 2020).
61. M. Valls, *JO* Sénat, déb., séance du 20 nov. 2015, p. 11148.
62. Respectivement Cons. const. 11 mai 2020, n° 2020-800 DC, JO 12 mai ; 9 juill. 2020, n° 2020-803 DC, *JO* 10 juill. ; 13 nov. n° 2020-808 DC, *JO* 14 nov. ; 31 mai 2021, n° 2021-819 DC, *JO* 1er juin ; 5 août 2021, n° 2021-824 DC, *JO* 6 août ; 9 nov. 2021, n° 2021-828 DC, *JO* 11 nov ; 30 juillet 2022, n° 2022-840 DC, *JO* 31 juillet.

du principe de laïcité, le port de signes ou de tenues manifestant une appartenance religieuse dans les écoles, collèges et lycées publics tranche avec celle, conjointe et blanche, des deux présidents des assemblées permettant, en 2010, au Conseil de se prononcer sur la loi interdisant la dissimulation du visage dans les lieux publics[63]. Malgré tout, qu'un monopole soit réservé à des acteurs politiques (qui peuvent donc toujours, et pour des raisons d'opportunité, décider de s'abstenir[64]) n'était intrinsèquement pas satisfaisant. L'émancipation des justiciables par rapport à de tels tuteurs était nécessaire. Elle fut enfin réalisée en droit en 2008 et, en pratique, à partir du 1er mars 2010. Un nouveau cycle a débuté pour le Conseil constitutionnel[65].

## 2 • Le contrôle *a posteriori* de constitutionnalité des lois

**157** Si en 1958, il n'était « ni dans l'esprit du régime parlementaire ni dans la tradition française de donner à la justice, c'est-à-dire à chaque justiciable, le droit d'examiner la valeur de la loi »[66], la logique de l'État de droit, impliquant la mise à disposition des citoyens de mécanismes juridictionnels aptes à protéger efficacement leurs droits et libertés, en a décidé autrement. Il fallut être patient et après deux échecs (1990 et 1993)[67] remettre l'ouvrage sur le métier. La troisième tentative (loi constitutionnelle du 23 juillet 2008) fut la bonne car les esprits parlementaires étaient mûrs. La désacralisation de la loi (amplifiée par le développement du contrôle de conventionnalité) répondait en écho à l'insatisfaction d'une situation où la Constitution, supposée être au sommet de la hiérarchie des normes en droit interne[68], était délaissée par les justiciables et leurs avocats au profit de normes internationales plus facilement invocables devant les juridictions ordinaires. Il n'était franchement pas sain « que le contrôle de conventionnalité, et donc les traités, prenne dans l'ordre interne plus de place que le contrôle de constitutionnalité et donc que notre Constitution »[69].
La réforme tant attendue vit enfin le jour et grâce à l'insertion de l'article 61-1 de la Constitution complété par la loi organique n° 2009-1523 du 10 décembre 2009 modifiant l'ordonnance n° 58-1067 du 7 novembre 1958 portant loi organique sur le Conseil constitutionnel puis par les décrets d'application nos 2010-148 et 2010-149 du 16 février 2010, la QPC est devenue une réalité contentieuse dont le succès ne s'est toujours pas démenti[70]. C'est ainsi que, de manière symbolique, le seuil des 1 000 décisions a été franchi en juin 2022. Au 1er janvier 2023, on recense 1 029 décisions QPC pour 847 décisions DC rendues depuis 1958 (contrôle *a priori* incluant aussi le contrôle

63. Cons. const. 7 oct. 2010, n° 2010-613 DC, *Rec.* 276.
64. Hormis la loi du 15 mars 2004 (v. ss 156), on pensera principalement aux lois du 22 juill. 1992 instituant le nouveau Code pénal et du 13 juill. 1990 incriminant la tenue de propos négationnistes. Il en a été de même, plus récemment, de la loi de programmation militaire du 18 déc. 2013, étendant significativement les prérogatives des services de sécurité intérieure relevant du ministère de l'Intérieur, de la Défense et de l'Économie, la loi du 13 nov. 2014 renforçant les dispositions relatives à la lutte contre le terrorisme, celle du 20 nov. 2015 prorogeant l'état d'urgence et renforçant ses modalités ou encore celle du 23 mars 2020 d'urgence pour faire face à l'épidémie de covid-19. Quant à la loi du 30 oct. 2017 renforçant la sécurité intérieure et la lutte contre le terrorisme, elle aussi concernée, le Président de la République, estimant que « la qualité du travail a permis d'aboutir à un texte pleinement satisfaisant », n'a souhaité saisir le Conseil. Pourtant, celui-ci y a trouvé à redire (Cons. const. 16 févr. 2018, n° 2017-691 QPC, *M. Farouk B.* (*JO* 18 févr.) et 29 mars 2018, n° 2017-695 QPC, *M. Rouchdi B.* (*JO 30 mars*)).
65. J.-C. Colliard, « Un nouveau Conseil constitutionnel », *Pouvoirs* 2011, n° 137, p. 153 et D. Schnapper, « ... Vu du « vieux » Conseil », *Mélanges Jean-Claude Colliard*, 2014, p. 375.
66. M. Debré, « Discours devant le Conseil d'État », préc.
67. V. principalement les contributions au n° spécial *RFDC* 1990, n° 4, et G. Conac (dir.), L'exception d'inconstitutionnalité. Expériences étrangères, situation française, éd. STH, 1990.
68. CE, ass., 30 oct. 1998, Sarran, Levacher et a., *Lebon* 368 ; Cass., ass. plén., 2 juin 2000, *Mme Fraisse*, n° 99-60.274 ; Cons. const. 19 nov. 2004, n° 2004-505 DC, *Traité établissant une constitution pour l'Europe*, *Rec.* 173.
69. J.-L. Debré, « Le Conseil constitutionnel aujourd'hui et demain », intervention du 14 mai 2008, disponible sur le site Internet du Conseil constitutionnel, p. 10.
70. V. not. les numéros spéciaux consacrés à la QPC par les *Cahiers du Conseil constitutionnel* 2013, n° 40 ; 2010, n° 29 et « QPC 2020, Les dix ans de la question citoyenne », Titre VII, Hors-série, oct. 2020. .

obligatoire des lois organiques et des règlements des assemblées parlementaires ainsi que l'examen facultatif des traités). C'est dire le succès de la QPC qui absorbe désormais les trois quarts des activités du Conseil ! Notons que parallèlement le budget avait baissé de 20 % depuis sept ans, avant d'être substantiellement relevé à partir de 2017 (en raison des coûts liés au contrôle de l'élection présidentielle et surtout au développement des relations internationales souhaité par le nouveau président du Conseil) puis en 2019 (en raison des coûts engendrés par l'organisation du référendum d'initiative partagée portant sur l'interdiction de privatisation des Aéroports de Paris)[71].
La QPC relève pour partie de la technique de l'exception d'inconstitutionnalité qui déploie ses effets aux États-Unis et avec des variantes au Portugal, en Grèce et dans les pays scandinaves[72] en ce sens qu'un justiciable, lors d'un procès devant une juridiction ordinaire, peut exciper, par la voie d'un recours incident, l'inconstitutionnalité d'une disposition législative. Toutefois, elle s'en écarte au niveau des prérogatives de la juridiction saisie d'une telle argumentation. Dans les États pratiquant l'exception d'inconstitutionnalité, il relève de son office de ne pas appliquer, dans le procès en cours, la loi qu'il juge inconstitutionnelle ; la Cour suprême, pour prendre l'exemple américain, saisie par voie de recours successifs sera conduite à trancher définitivement si une question de droit fédéral importante le justifie. La QPC, à l'image des mécanismes visibles *mutatis mutandis* notamment en Belgique et en Italie, combine une exception d'inconstitutionnalité avec un renvoi préjudiciel devant la juridiction constitutionnelle. En conséquence, le juge ordinaire français (*a quo*) confronté à la contestation constitutionnelle de la loi n'a pas la capacité d'écarter celle-ci[73]. Une fois certaines conditions remplies, il procédera à un renvoi prioritaire devant sa juridiction suprême (*a.*) qui, à son tour, pourra, sous conditions, s'adresser au Conseil constitutionnel (*ad quem*) (*b.*).

### a) La QPC soumise aux juges administratifs et judiciaires

**158** En accompagnement de l'article 61-1 de la Constitution (« lorsque, à l'occasion d'une instance en cours devant une juridiction, il est soutenu qu'une disposition législative porte atteinte aux droits et libertés que la Constitution garantit, le Conseil constitutionnel peut être saisi de cette question sur renvoi du Conseil d'État ou de la Cour de cassation qui se prononce dans un délai déterminé »), la loi organique du 10 décembre 2009 établit un cadre procédural garantissant « le droit de déposer une question prioritaire de constitutionnalité »[74] dans le respect de l'objectif à valeur constitutionnelle de bonne administration de la justice.
Concrètement, la juridiction relevant du Conseil d'État ou de la Cour de cassation[75] saisie, en première instance ou en appel, par la voie d'un écrit « distinct et motivé » (art. 23-1 de l'ordonnance du

71. Au 1er janvier 2021, le Conseil compte 76 collaborateurs avec une forte proportion de personnels de catégorie A. En comparaison, 300 personnes sont affectées à la Cour constitutionnelle allemande.
72. On mesure à quel point la distinction classique entre les modèles américain et européen de justice constitutionnelle (L. Favoreu, *Les Cours constitutionnelles*, PUF, 1986, p. 3) a vécu. Pour s'en persuader complètement, v. not. M. Fromont, *La justice constitutionnelle dans le monde*, Dalloz, 1996 ; « La diversité de la justice constitutionnelle en Europe », *in Mélanges Ardant*, 1999, p. 55 ; C. Grewe, « À propos de la diversité de la justice constitutionnelle en Europe : l'enchevêtrement des contentieux et des procédures », *in Mélanges Fromont*, 2001 ; L. Favoreu et W. Mastor, *Les Cours constitutionnelles*, Dalloz, 2011.
73. V. « La question préjudicielle de constitutionnalité en droit comparé (France, Allemagne, Autriche, Belgique, Espagne et Italie) », *AIJC* 2007. 11.
74. Cons. const. 3 déc. 2009, n° 2009-595 DC, *Loi organique relative à la mise en application de l'article 61-1 de Constitution, Rec.* 206.
75. En revanche, le dépôt d'une QPC n'est possible ni devant le Tribunal des conflits (T. confl. 4 juill. 2011, *M. Jacques B. c/ ministre du Budget*, n° 3808) ni devant la Haute Cour jugeant le chef de l'État (Const., art. 68) et la Cour supérieure d'arbitrage. L'art. 23-1 prévoit que ce moyen ne peut être soulevé devant une cour d'assises. Cependant, une QPC peut être posée au cours de l'instruction pénale qui précède le procès criminel ; puis à l'occasion de la déclaration d'appel d'un arrêt rendu par la cour d'assises en premier ressort ou lors du pourvoi en cassation formé contre un arrêt rendu par la cour d'assises en appel. L'écrit accompagnant la déclaration est immédiatement transmis à la Cour de cassation. Par ailleurs, à titre dérogatoire, le Conseil constitutionnel, lorsqu'il est saisi en tant que juge électoral, accepte d'examiner directement la QPC donc sans renvoi préalable du Conseil d'État ou de la Cour de cassation (Cons. const. 12 janv. 2012, n° 2011-4538 SEN, *Loiret*, *JO* 14 janv., p. 750).

7 nov. 1958), ce qui « implique une argumentation spécifique afin d'éviter la multiplication des recours non motivés et purement dilatoires »[76], vérifie que trois conditions sont remplies (art. 23-2) :
1. La disposition législative[77] doit être applicable au litige ou à la procédure[78], ou constituer le fondement des poursuites. Un travail de délimitation du champ de la QPC est effectué. Le juge ordinaire n'indiquant pas toujours expressément la version dans laquelle la disposition est renvoyée, le Conseil juge régulièrement que la QPC « doit être considérée comme portant sur la disposition applicable au litige à l'occasion duquel elle a été posée »[79]. Il est à rajouter, d'une part, que « la modification ou l'abrogation ultérieure de la disposition contestée ne fait pas disparaître l'atteinte éventuelle à ces droits et libertés ; qu'elle n'ôte pas son effet utile à la procédure voulue par le constituant »[80] et surtout, d'autre part, « qu'en posant une question prioritaire de constitutionnalité, tout justiciable a le droit de contester la constitutionnalité de la portée effective qu'une interprétation jurisprudentielle constante confère à cette disposition »[81]. Autrement dit, le Conseil constitutionnel peut être conduit à examiner la disposition telle qu'elle est interprétée par la Cour de cassation, le Conseil d'État et le Tribunal des conflits — en précisant qu'une seule décision est de nature à établir une interprétation « constante »[82]. Un contrôle de constitutionnalité de la jurisprudence des juridictions ordinaires est ainsi institué[83]. En revanche, s'il s'agit d'une création jurisprudentielle non assise sur une disposition législative, le renvoi

76. P. Blachèr, J.-É. Gicquel, P. Jan, *Droits et libertés constitutionnels*, Hachette, 2012, p. 20.

77. La disposition législative, pour laquelle aucune limite temporelle n'a été fixée, s'entend à la fois organiquement (disposition votée par le Parlement — en revanche, une disposition issue d'une loi référendaire ne peut être contestée, Cons. const. 25 avr. 2014, n° 2014-392 QPC, *Province Sud de Nouvelle-Calédonie, JO* 27 avr., p. 7360) mais aussi matériellement. À cet égard, sont des actes à valeur législative : l'ordonnance ratifiée de l'art. 38 de la Constitution (Cons. const. 29 avr. 2011, n° 2011-124 QPC, *Mme Catherine B., Rec.* 215) mais aussi désormais, selon une jurisprudence contestée en doctrine, l'ordonnance intervenant dans le domaine législatif après l'expiration du délai d'habilitation législative (Cons. const. 28 mai 2020, n° 2020-843 QPC, *Force 5, JO* 29 mai) ; une disposition législative d'habilitation à intervenir par voie d'ordonnances de l'article 38 C (Cons. const. 3 juillet 2020, n° 2020-851/852 QPC, *M. Sofiane A, JO* 4 juillet) ; le décret dit Loi du gouvernement de Vichy (Cons. const. 14 oct. 2010, n° 2010-52 QPC, *Compagnie agricole de la Crau, Rec.* 278) ; le décret-loi (Cons. const. 14 avr. 2016, n° 2016-533 QPC, *M. Jean-Marc P., JO* 16 avr.) ; l'ordonnance prise par le Gouvernement provisoire de la République française (Cons. const. 27 janv. 2012, n° 2011-211 QPC, *M. Éric M., Rec.* 87) ou le Comité français de libération nationale (Cons. const. 26 juin 2012, n° 2012-259 QPC, *M. Mouloud M., Rec.* 320) ; l'ordonnance de l'ex-art. 92 Const. (Cons. const. 5 oct. 2012, n° 2012-278 QPC, *Mme Élisabeth B., Rec.* 511) ; la décision prise dans le domaine législatif par le chef de l'État au titre de l'art. 16 de la Constitution. En revanche, le décret (Cons. const. 22 juill. 2011, n° 2011-152 QPC, *M. Claude C., Rec.* 381) ; l'ordonnance de l'art. 38 C prise pendant la période d'habilitation ou ne régissant que des matières réglementaires (Cons. const. 28 mai 2020, n° 2020-843 QPC, *Force 5, JO* 29 mai) ; la disposition législative modifiée par décret en application de l'art. 37 al. 2 de la Constitution (CE 1er juill. 2011, *M. et Mme Raymond A.*, req. n° 348413) ne sont pas contestables par le biais d'une QPC. Il en est de même pour une loi de programmation (en raison de son absence de normativité, CE 18 juill. 2011, *Fédération nationale des chasseurs*, req. n° 340512), une loi d'habilitation (CE 23 janv. 2015, *M. B.*, req. n° 380339) et celle autorisant la ratification d'un engagement international (CE 14 mai 2010, *Rujovic*, req. n° 312305). Une disposition dépourvue de normativité (telle celle reconnaissant l'existence du génocide arménien) ne peut faire l'objet d'une contestation en QPC (CE 19 oct. 2015, *Association pour la neutralité de l'enseignement de l'histoire turque*, req. n° 392400). Il en va logiquement de même pour une jurisprudence du Conseil d'État (CE, réf., 11 janv. 2014, *Dieudonné M'Bala M'Bala*, req. n° 374552 ; Civ., 4 févr. 2015, QPC n° 14-21.309, *Bull.* 2015, I, n° 30).

78. Dans le sens inverse, une décision de refus d'aide juridictionnelle ne peut fonder une QPC (Cons. const. 21 nov. 2014, n° 2014-440 QPC, *Jean-Louis M., JO 23 nov., p. 19679*). Il y a lieu de préciser que lorsque le défaut d'intérêt à agir du requérant est soulevé par la partie adverse « le Conseil d'État n'est pas tenu, lorsqu'à l'appui d'une requête est soulevée devant lui une question prioritaire de constitutionnalité (…) de statuer au préalable sur la recevabilité de cette requête » (CE 22 juill. 2016, La *Quadrature du Net et autres*, n° 394922).

79. V. Cons. const., « La notion de "disposition applicable au litige" », oct. 2012, site Internet du Conseil constitutionnel.

80. Il est cependant nécessaire que la disposition législative produise encore des effets sur la situation juridique du justiciable. V. Cons. const. 23 juill. 2010, n° 2010-16 QPC, *M. Philippe E., Rec.* 164. Pour citer un autre exemple : Cons. Const. 16 nov. 2018, n° 2018-744 QPC, *Mme Murielle B. (JO 17 nov.)* (à propos du régime de la garde à vue des mineurs).

81. Cons. const. 6 oct. 2010, n° 2010-39 QPC, *Mmes Isabelle D. et Isabelle B., Rec.* 264.

82. En pratique, l'interprétation « constante » peut être déduite de la décision de transmission de la QPC par la Cour de cassation ou le Conseil d'État (v. not. (sol. impl.) Cons. const. 9 mars 2017, n° 2016-615 QPC, *Epoux V. (JO* 11 mars)).

83. Par exemple, le Conseil constitutionnel a jugé que l'interprétation que donnait la Cour de cassation de l'art. 93-3 de la loi du 29 juill. 1982 sur la communication audiovisuelle relativement à l'étendue de la responsabilité d'un producteur de site Internet expose celui-ci « à des peines privatives ou restrictives de droits et affecte l'exercice de la liberté d'expression et de communication protégée par l'article 11 de la Déclaration de 1789 » : Cons. const. 16 sept. 2011, n° 2011-164 QPC, *M. Antoine J., Rec.* 448. Il en va identiquement de l'interprétation de l'article L. 2314-18 du Codedu travail privant certains travailleurs de la qualité d'électeur aux élections professionnelles et méconnaissant alors le principe de participation des travailleurs par l'intermédiaire de leurs délégués à la détermination des conditions de travail à la gestion des entreprises protégé par l'alinéa 8 du préambule de la Constitution du 27 octobre 1946 : Cons. const. 19 nov. 2021, n° 2021-947 QPC, *Syndicat national de l'encadrement du groupe Carrefour CFE-CGC, JO, 20 nov.*

de la QPC au Conseil constitutionnel n'est pas effectué[84]. Au surplus, il est toujours envisageable pour une juridiction suprême de procéder à une nouvelle interprétation conforme aux exigences constitutionnelles et de ne pas, en conséquence, effectuer de renvoi de la QPC[85].

2. La disposition ne doit pas avoir été déjà déclarée conforme à la Constitution dans les motifs et le dispositif d'une décision du Conseil constitutionnel[86] sauf en raison « de changements intervenus, depuis la précédente décision, dans les normes de constitutionnalité applicables »[87] ou de survenance de changements dans les circonstances de droit[88] ou de fait[89] appréciées telles par le juge[90].

3. La question ne doit pas être dépourvue de caractère sérieux. C'est la condition la plus exigeante. Il s'agit, à ce stade, d'écarter les argumentations fantaisistes ou totalement infondées.

Statuant « sans délai », c'est-à-dire « dans le plus bref délai afin de ne pas retarder la procédure[91] — soit, en pratique, entre deux et trois mois », le juge *a quo*, une fois les trois conditions remplies, prononce un sursis à statuer[92] et transmet la QPC soit au Conseil d'État, soit à la Cour de cassation. La décision de refus de transmission peut être contestée par un mémoire distinct et motivé, à l'occasion du pourvoi formé contre la décision statuant sur le litige au fond[93].

Il convient de souligner que la question préjudicielle posée devant le juge est qualifiée de « prioritaire ». Qu'est-ce à dire ? En mettant de côté les exigences de célérité imposées tout aussi bien aux juges *a quo* qu'aux juridictions suprêmes (v. *infra*), la coexistence d'un contrôle de conventionnalité bien maîtrisé par les juges administratifs et judiciaires, leur octroyant le droit d'écarter directement la

84. Tel est le cas du « principe jurisprudentiel suivant lequel est nulle une clause d'indexation qui exclut la réciprocité de la variation et stipule que le loyer ne peut être révisé qu'à la hausse » (Civ. 3e, 15 févr. 2018, nos 17-40.069 à 17-40.075 QPC). Dans une approche confinant au byzantinisme, la Cour de cassation a tendance à distinguer « l'interprétation jurisprudentielle » d'une disposition législative pouvant faire l'objet d'une QPC et ce contrairement à la « règle jurisprudentielle ».

85. V. le changement d'interprétation de l'article L. 243-6 du Code de la sécurité sociale quant à la date de début du délai de prescription de l'action en restitution des cotisations (Civ. 2e, 10 juill. 2014, n° 13-25.985, *Bull. civ.* 2014, II, n° 170).

86. Une disposition jugée conforme à la Constitution dans les seuls motifs ne fait donc pas obstacle au dépôt d'une QPC (Cons. const. 17 mars 2011, n° 2010-104 QPC, *Époux B.*, *Rec.* 145).

87. Cons. const. 3 déc. 2009, n° 2009-595 DC, *Loi organique relative à l'application de l'article 61-1 de la Constitution*, *Rec.* 206. On pensera ici, par exemple, à l'insertion, par la révision constitutionnelle de 2008, d'un nouvel alinéa à l'art. 4 disposant que « La loi garantit les expressions pluralistes des opinions et la participation équitable des partis et groupements politiques à la vie démocratique de la Nation » ayant justifié le réexamen d'une disposition de la loi organique du 18 juin 1976 relative à la publicité des parrainages aux candidats à l'élection présidentielle : Cons. const. 21 févr. 2012, n° 2012-233 QPC, *Marine Le Pen*, *Rec.* 130.

88. On pourra mentionner le domaine de la garde à vue où le Conseil a jugé que les modifications textuelles ont « contribué à banaliser le recours à la garde à vue, y compris pour des infractions mineures ; qu'elles ont renforcé l'importance de la phase d'enquête policière dans la constitution des éléments sur le fondement desquels une personne mise en cause est jugée ; que plus de 790 000 mesures de garde à vue ont été décidées en 2009 » (Cons. const. 30 juill. 2010, n° 2010-14/22 QPC, *M. Daniel W.*, *Rec.* 179) et que ce changement dans les circonstances de droit et de fait justifiait un réexamen.

89. *Ibid.*

90. Le Conseil considère ainsi qu'une modification de sa propre jurisprudence est de nature à constituer un changement dans les circonstances de droit (Cons. const. 11 oct. 2013, n° 2013-346 QPC, *Sté Schuepbach Energy LLC*, *Rec.* 988 ; 20 mai 2020, n° 2020-841 QPC, *La Quadrature du Net.*, *JO* 21 mai ; 25 juin 2021, n° 2021-922 QPC, *M. Jérôme H.*, *JO* 26 juin) ainsi que la survenance d'une difficulté dans la détermination du champ d'application d'une réserve d'interprétation précédemment émise (Cons. const. 7 juill. 2017, n° 2017-642 QPC, 7 juill. 2017, *M. Alain C.*, *JO 9 juill.*) ou encore lorsque la Cour de cassation ou le Conseil d'État procède à une interprétation de la disposition législative contestée postérieure à la déclaration de conformité (Cons. const. 19 juin 2020, n° 2020-845 QPC, *M. Théo S.*, *JO* 20 juin). En revanche, quant à la question de savoir si une jurisprudence de la CEDH peut constituer un changement dans les circonstances de droit et de fait, le Conseil constitutionnel a botté en touche (Cons. const. 18 mars 2015, n° 2015-462 QPC, *M. John L.*, *JO 20 mars*) contrairement à la position affirmative de la Cour de cassation (Crim. 28 janv. 2015, QPC n° 14-90.049).

91. Cons. const. 3 déc. 2009, n° 2009-595 DC, préc.

92. Toutefois, l'art. 23-3 prévoit des hypothèses où le juge *a quo* ne prononce pas de sursis à statuer. D'abord, lorsque l'intéressé est privé de liberté à raison de l'instance (par ex., dans deux arrêts distincts, la Cour de cassation renvoie une QPC portant sur le régime de prolongation de plein droit des détentions provisoires et tranche sur le fond, au regard de la CEDH, sur la situation de personnes placées en détention provisoire (Cass. crim, 13 mai (20-90.003) et 26 mai 2020 (20-81.910)). Ensuite, lorsque le juge est contraint par les textes à statuer dans un délai déterminé (tel l'art. L. 441-2-3-1 du Code de la construction et de l'urbanisme imposant au juge administratif, pour une requête en matière de droit au logement opposable, de statuer dans un délai de deux mois) ou en urgence. Dans l'hypothèse où l'instance à l'occasion de laquelle le Conseil constitutionnel a été saisi d'une QPC aurait fait l'objet d'une décision définitive du juge *a quo*, le justiciable pourra introduire une nouvelle instance afin que la décision du Conseil puisse être prise en compte (Cons. const. 3 déc. 2009, n° 2009-595 DC, préc.).

93. Il est alors possible que le justiciable obtienne finalement la transmission de la QPC au Conseil constitutionnel (par ex. CE 23 déc. 2015, n° 387277, M. A).

loi inconventionnelle, et de la QPC pouvait être de nature à compromettre le succès de la réforme. Aussi a-t-il été décidé qu'une juridiction « saisie de moyens contestant la conformité d'une disposition législative d'une part aux droits et libertés garantis par la Constitution et d'autre part aux engagements internationaux de la France [doit] se prononcer par priorité sur la transmission de la question de constitutionnalité » (art. 23-2 et 23-5 de l'ordonnance du 7 nov. 1958).

L'articulation avec le droit de l'Union européenne n'en reste pas moins complexe. Suite à un renvoi préjudiciel décidé par la Cour de cassation (arrêts *Melki et Abdelli* du 16 avril 2010), la CJUE a considéré le mécanisme de la QPC compatible, sous réserve, avec les exigences propres de primauté du droit européen[94]. La Cour de cassation, arguant de ses spécificités procédurales (l'impossibilité de mettre en œuvre des mesures provisoires ou conservatoires), estime cependant que le caractère prioritaire de la QPC cède devant elle en cas d'atteinte à la supériorité du droit de l'Union[95]. Assurer la cohérence des systèmes juridiques n'en reste pas moins essentiel pour le Conseil constitutionnel. De manière inédite, il a été conduit à saisir la CJUE d'une question préjudicielle[96] afin que celle-ci se prononce sur l'interprétation à donner de la décision-cadre du 13 juin 2002 relative au mandat d'arrêt européen. Cette interprétation était, on l'a compris, indispensable pour permettre l'examen au fond de la QPC. Une fois la décision de la CJUE rendue, il a pu statuer au fond[97]. Par ailleurs, le Conseil constitutionnel, afin de préserver le caractère prioritaire de la QPC, ne peut pas déclarer une disposition législative conforme à la Constitution au seul motif que celle-ci a été interprétée précédemment par la Cour de cassation (ou le Conseil d'État) de façon à être compatible avec les exigences de la CEDH[98].

Pour revenir à des conditions de procédure plus classiques, les juridictions suprêmes (qui peuvent être saisies en premier lieu[99]) apprécient, à leur tour, dans un délai de trois mois[100], les conditions posées par le législateur organique. Si les deux premières sont identiques, la troisième est légèrement différente. Elle se conçoit de façon alternative : « la question est nouvelle ou présente un caractère sérieux » (art. 23-4). Par question nouvelle[101], on entend soit une contestation portant sur une dispo-

94. Pour cela, les juridictions nationales doivent rester libres « de saisir, à tout moment de la procédure qu'elles jugent approprié, et même à l'issue de la procédure incidente de contrôle de constitutionnalité, la Cour de toute question préjudicielle qu'elles jugent nécessaire ; d'adopter toute mesure nécessaire afin d'assurer la protection juridictionnelle provisoire des droits conférés par l'ordre juridique de l'Union, et de laisser inappliquée, à l'issue d'une telle procédure incidente, la disposition législative nationale en cause si elles la jugent contraire au droit de l'Union. » (CJUE 22 juin 2010, *Melki et Abdeli*, aff. C-188/10 et C-189/10).

95. Cass., ass. plén., 29 juin 2010, *Melki et Abdeli*, n° 10-40.001 : « Attendu que, dans l'hypothèse particulière où le juge est saisi d'une question portant à la fois sur la constitutionnalité et la conventionnalité d'une disposition législative, il lui appartient de mettre en œuvre, le cas échéant, les mesures provisoires ou conservatoires propres à assurer la protection juridictionnelle des droits conférés par l'ordre juridique européen ; qu'en cas d'impossibilité de satisfaire à cette exigence, comme c'est le cas de la Cour de cassation, devant laquelle la procédure ne permet pas de recourir à de telles mesures, le juge doit se prononcer sur la conformité de la disposition critiquée au regard du droit de l'Union en laissant alors inappliquées les dispositions de l'ordonnance du 7 novembre 1958 modifiée prévoyant une priorité d'examen de la question de constitutionnalité ». V. not. H. Labaye, « Question prioritaire de constitutionnalité et question préjudicielle : ordonner le dialogue des juges », *RFDA* 2010. 659. Dans des cas très particuliers de droit fiscal (où, pour faire simple, il est nécessaire, avant d'examiner l'irrespect du principe constitutionnel d'égalité, de s'assurer préalablement que les mesures législatives mettant en œuvre le droit de l'Union européenne entraînent une discrimination à rebours — situation où la mesure nationale se révèle plus favorable à non-national qu'à un national), le Conseil d'État, confronté à une difficulté sérieuse d'interprétation du droit de l'Union européenne, a été conduit à poser une question préjudicielle à la CJUE et a jugé qu'il n'y avait pas lieu, en l'état, de renvoyer la QPC. Il a toutefois précisé qu'une fois la décision de la CJUE rendue, le requérant pourra déposer une nouvelle QPC (CE, ass., 31 mai 2016, *M. Jacob*, n° 393881).

96. Cons. const. 4 avr. 2013, n° 2013-314 P QPC, *M. Jérémy F.*, *Rec.* 523.

97. Cons. const. 14 juin 2013, n° 2013-314 QPC, *M. Jérémy F.*, *Rec.* 824.

98. En conséquence, le Conseil n'a pas à « tenir compte de cette interprétation pour conclure à la conformité aux droits et libertés que la Constitution garantit » (Cons. const. 2 oct. 2020, n° 2020-858/859 QPC, *M. Geoffrey F*, *JO* 3 oct.).

99. Pour la période mars 2010-nov. 2012, 53 % des QPC ont été soumises directement devant le Conseil d'État et 38 % devant la Cour de cassation : M. Guillaume, Audition devant la commission des lois de l'Assemblée nationale, 21 nov. 2012, Compte rendu n° 16, p. 4. Indépendamment de ce qui peut relever de la stratégie de l'avocat, on rappellera que dans un certain nombre de litiges, le Conseil d'État est compétent sur le fond en premier et dernier ressort.

100. En application de l'art. 23-7 de l'ord. n° 58-1067 du 7 nov. 1958, le dépassement du délai de trois mois entraîne la transmission d'office de la QPC au Conseil constitutionnel. Quatre cas sont seulement à signaler : Cons. const. 16 déc., 2011, n° 2011-206 QPC, *M. Noël C.*, *Rec.* 593 ; 23 nov. 2012, n° 2012-283 QPC, *M. Antoine de M.*, *Rec.* 605, 31 janv. 2014, n° 2013-363 QPC, *M. Michel P.*, *JO 2 févr.*, 7 sept. 2018, n° 2018-729 QPC, *Société Tel and Com*, JO, *8 sept.*

101. J.-É. Gicquel, « La question nouvelle, condition de renvoi d'une question prioritaire de constitutionnalité au Conseil constitutionnel (un critère technique au service de politiques jurisprudentielles) », *LPA* 8 déc. 2011, p. 6.

sition constitutionnelle n'ayant jamais fait l'objet de décisions de la part du Conseil constitutionnel[102], soit une question dont l'intérêt propre conduit le Conseil d'État ou la Cour de cassation à décider de s'en remettre à la rue de Montpensier[103]. Sur le caractère sérieux de la question, les approches sont subtiles et reflètent des visions différentes entre juridictions[104] (v. *infra*). Pour terminer, on notera la mise en place, depuis le 1er janvier 2023, du portail QPC 360°, permettant notamment d'avoir accès à l'ensemble des décisions des juridictions ordinaires (incluant donc celles de refus de transmission) ayant statué sur une QPC.

### b) La QPC soumise au Conseil constitutionnel

**159** La décision du Conseil peut potentiellement faire l'objet d'un ultime recours devant la Cour européenne des droits de l'homme au regard du respect du droit à un procès équitable garanti par l'article 6 de la Convention[105]. Les risques sont limités puisque les principes du contradictoire, l'égalité des armes, le respect des droits de la défense, l'exigence de publicité, le caractère raisonnable des délais et de la durée de la procédure ainsi que le principe d'impartialité sont garantis par l'ordonnance du 7 novembre 1958 et le règlement du 4 février 2010.

Pour l'essentiel, le Conseil, une fois saisi (dans 55 % des cas par la Cour de cassation et 45 % par le Conseil d'État), avise les parties à l'instance mais aussi le président de la République, le Premier ministre, les présidents de l'Assemblée nationale et du Sénat, qui sont invités à présenter des observations écrites (art. 23-8 de l'ordonnance[106]). Le déport et la demande de récusation sont possibles[107] (art. 4 du règlement). Des mémoires en intervention de tiers (une vingtaine par an en moyenne) sont admis à condition de disposer d'un « intérêt spécial »[108]. (art. 6 du règlement). La procédure est contradictoire avec un échange d'argumentations écrites puis orales (limitées, *de facto*, à quinze minutes), publique par le biais d'une retransmission audiovisuelle diffusée en direct (art. 8) et enfin diligente, le Conseil disposant de trois mois pour se prononcer (art. 23-10 de l'ordonnance) sans pour autant qu'un éventuel dépassement n'entraîne de conséquences juridiques[109]. Le délai moyen de jugement a été de 74 jours en 2022.

Sur le fond, différentes variétés de décisions QPC sont rendues : a) la décision de conformité ; b) la décision de conformité sous réserve ; c) la décision de non-conformité totale ou partielle (donc avec

---

102. Tel, par ex., l'art. 75-1 de la Constitution disposant que « les langues régionales appartiennent au patrimoine de la France » (CE 21 mars 2011, *Mme Cécile Lang*, req. n° 345193) ou encore le dernier alinéa de l'art. 4 de la Constitution aux termes duquel « La loi garantit les expressions pluralistes des opinions et la participation équitable des partis et groupements politiques à la vie démocratique de la Nation » (CE 2 févr. 2012, *Marine Le Pen*, req. n° 355137).

103. Not. en cas de présence d'affaires de série : CE 23 avr. 2010, *Cachard*, req. nos 327174 et 2 juin 2010, *Assoc. des pensionnés civils et militaires en Nouvelle-Calédonie*, req. n° 326444. Par ailleurs, le caractère sensible de la thématique du mariage entre personnes de même sexe a conduit la Cour de cassation (Civ. 1re, 16 nov. 2010, *Mme Corinne C. et a.*, n° 10-40.042) et le Conseil d'État (CE 18 sept. 2013, *M. Franck M. et a.*, req. n° 369834) à se défausser sur le Conseil constitutionnel. On pourra aussi citer la décision de renvoi du Conseil d'État (19 juill. 2017, n° 411070) concernant le mécanisme par lequel le vice-président du Conseil d'État est compétent pour adopter la charte de déontologie alors que la légalité de celle-ci ne peut être contestée que devant le Conseil d'État.

104. À titre de pierre d'attente, on notera que le Conseil d'État refuse qu'un justiciable présente un moyen supplémentaire distinct de celui-ci considéré comme sérieux par la juridiction subordonnée ayant effectué le renvoi (CE 29 avr. 2015, *Clinique d'Occitanie*, n° 387773). Cette attitude rigoriste n'est pas celle du Conseil constitutionnel (par ex. Cons. const. 8 janv. 2016, n° 2016-512 QPC, *M. Vincent R.*).

105. CEDH 23 juin 1993, *Ruiz-Matéos c/ Espagne*, n° 12952/87. Relativement à la contestation d'une décision du Conseil constitutionnel portée devant la Cour au motif que l'intéressé n'a pu bénéficier des effets de l'inconstitutionnalité constatée, la CEDH a rendu une décision d'irrecevabilité en raison de l'absence d'un préjudice important (C.E.D.H., 10 novembre 2016, *Kiril Zlatkov Nikolov c. France*, n° 70474/11 et 68038/12).

106. En mettant de côté le justiciable à l'origine du recours en QPC, le Premier ministre (représenté par le secrétariat général du gouvernement) est, en pratique, la seule autorité présentant des observations devant le Cons. const. V. E. Cartier, « Le secrétariat général du Gouvernement, défenseur attitré de la loi dans le cadre du contentieux de la QPC », *LPA* 21 févr. 2013, p. 4.

107. Entre 2010 et 2022, 70 déports ont été constatés entre 2010 et 2022 et 11demandes de récusation formulées (dont 5 repoussées par le Conseil (M. Guillaume, QPC, *Répertoire de contentieux administratif*, Dalloz, 2022, n° 393).

108. À cet égard, le Conseil déclare irrecevable le mémoire en intervention déposé par l'auteur ou le rapporteur d'une proposition de loi dont une disposition est contestée dans le cadre d'une QPC (Cons. const. 2 juin 2017, n° 2017-632 QPC, *Union nationale des associations de familles de traumatisés crâniens et de cérébro-lésés*, *JO* 4 juin ; Cons. const., 1er févr. 2018, n° 2018-761 QPC, *Association Médecins du monde et autres*, *JO* 2 févr.).

109. La loi organique du 30 mars 2020 d'urgence pour faire face à l'épidémie de covid-19 (déclarée conforme à la Constitution nonobstant l'irrespect de la procédure fixée par l'article 46C) a suspendu le délai de trois mois jusqu'au 30 juin 2020. Sur les dix décisions rendues pendant la période, six d'entre-elles ont été rendues avec un retard moyen de onze jours. Seules celles en lien direct avec la « législation covid-19 » ont été rendues en moins de trois mois.

un effet immédiat) ; d) la décision de non-conformité totale ou partielle avec effet différé et, enfin, e) le non-lieu à statuer[110]. En dix ans, on recense 54 % de décisions de conformité, 12 % de conformité sous réserve, 13 % de non-conformité totale, 11 % de non-conformité totale ou partielle avec un effet différé, 6 % de non-conformité partielle, et 4 % d'autres solutions (non-lieu à statuer, recours en rectification d'erreur matérielle[111]). Les décisions QPC interviennent principalement en droit fiscal (22 %), en droit pénal (21 %) et en droit public (19 %)[112].

Si le Conseil s'est accordé lui-même le droit de différer dans le temps les effets d'une décision rendue dans le cadre du contrôle *a priori*[113], l'article 62 de la Constitution l'a expressément prévu pour la QPC : « une disposition déclarée inconstitutionnelle sur le fondement de l'article 61-1 est abrogée à compter de la publication de la décision du Conseil constitutionnel ou d'une date ultérieure fixée par cette décision. Le Conseil constitutionnel détermine les conditions et limites dans lesquelles les effets que la disposition a produits sont susceptibles d'être remis en cause ». Ici, il appartient aux Sages de s'assurer que le respect du principe de constitutionnalité (impliquant la disparition immédiate de la disposition non conforme aux droits et libertés) n'entraîne pas de « conséquences manifestement excessives » notamment sur la sécurité juridique[114], les objectifs de prévention des atteintes à l'ordre public et de recherche des auteurs d'infractions[115], la protection de la santé[116] ou le principe fondamental reconnu par les lois de la République en matière de justice pénale des mineurs[117]. Si tel est le cas, l'abrogation n'est pas immédiate et une période variable est donnée au Parlement pour remédier à l'inconstitutionnalité dénoncée en adoptant une nouvelle règle législative[118]. Une nouvelle interaction existe ainsi entre le Parlement et le Conseil constitutionnel[119].

---

110. Le non-lieu à statuer est prononcé si la disposition législative a déjà été déclarée conforme à la Constitution dans le cadre du contrôle *a priori* (Cons. const. 2 juill. 2010, n° 2010-9 QPC, *Observatoire international des prisons*, *Rec.* 128) ou à l'occasion d'une décision QPC (Cons. const. 6 août 2010, n° 2010-30/34/35/47/48/49/50 QPC, *M. Miloud K.*, *Rec.* 215). Il en est de même à l'égard d'une disposition se bornant à tirer les conséquences nécessaires de dispositions inconditionnelles et précises d'une directive européenne ne mettant en cause aucune règle ni aucun principe inhérent à l'identité constitutionnelle de la France (Cons. const. 17 déc. 2010, n° 2010-79 QPC, *M. Kamel D.*, *Rec.* 406 — solution étendue en cas d'adaptation du droit interne à un règlement européen (Cons. const. n° 2018-765 DC, 12 juin 2018, *Loi relative à la protection des données personnelles*, *JO* 21 juin)), d'une contestation dirigée contre un décret (Cons. const. 22 juill. 2011, n° 2011-152 QPC, *M. Claude C.*, *Rec.* 381), une ordonnance de l'art. 38 de la Constitution non ratifiée (Cons. const. 10 févr. 2012, n° 2012-219 QPC, *M. Patrick E.*, *Rec.* 113) ou une disposition jamais entrée en vigueur (*ibid.*).

111. « QPC 2020 : Les statistiques du Conseil constitutionnel », *Titre VII* [en ligne], Hors-série, QPC 2020 : les dix ans de la question citoyenne, octobre 2020.

112. *Ibid.*

113. Cons. const. 19 juin 2008, n° 2008-564 DC, *Loi relative aux OGM*, *Rec.* 313.

114. Cons. const. 6 oct. 2010, n° 2010-45 QPC, *M. Mathieu P.*, *Rec.* 270. Notons que l'approche est subtile puisque le Conseil refuse d'accorder une valeur constitutionnelle au principe de sécurité juridique (pour une illustration : Cons. const. 17 mai 2013, n° 2013-669 DC, *Loi relative au mariage pour tous* (JO *18 mai*)).

115. Cons. const. 30 juill. 2010, n° 2010-14/22 QPC, *M. Daniel W.*, *Rec.* 179.

116. Cons. const. 26 nov. 2010, n° 2010-71 QPC, *M^lle^ Danielle S.*, *Rec.* 343.

117. Cons. const. 8 juill. 2011, n° 2011-147 QPC, *M. Tarek J.*, *Rec.* 343.

118. En fonction des circonstances de droit et de fait, plusieurs méthodes sont envisageables lorsque le Conseil constitutionnel émet une déclaration d'abrogation différée dans le temps. En premier lieu, il peut se borner à cette déclaration : « Il y a lieu de reporter au… cette abrogation ». On soulignera que le juge ordinaire est en capacité d'écarter, pendant la période, la disposition législative inconstitutionnelle encore provisoirement en vigueur en raison de son inconventionnalité (v. notamment Cass., ass. plén., 15 avr. 2011, n° 10-17.049 (en matière de garde à vue) ; CE 29 mars 2017, *S^té^ Layher*, n° 399506 (en matière fiscale)). En deuxième lieu, il peut indiquer que les juridictions ordinaires auront à prononcer un sursis à statuer dans les instances dont l'issue dépend de l'application des dispositions déclarées inconstitutionnelles et, éventuellement, que le législateur devra prévoir une application des nouvelles dispositions aux instances en cours à la date de la décision (Cons const. 28 mai 2010, n° 2010-1 QPC, *Consorts L.*, *Rec.* 91). En troisième lieu, il est possible de « *combiner une abrogation reportée dans le temps et une réserve d'interprétation transitoire neutralisant les effets inconstitutionnels de la disposition en cause jusqu'à son remplacement par une loi nouvelle* » (Cons. const., *Les effets dans le temps des décisions QPC*, La Une, sept. 2014). L'originalité de cette « *réserve d'interprétation transitoire* » (id.) consiste en ce qu'elle vise une disposition législative inconstitutionnelle et qu'elle a vocation à disparaître lors de l'abrogation de la disposition législative (v. par ex. Cons. const. 9 oct. 2014, n° 2014-420/421 QPC, *M. Maurice L. et autre*, *JO* 12 oct., p. 16578 — à propos de la garde à vue de 96 heures maximum pour les délits d'escroquerie en bande).

119. P. Blachèr, « Le Parlement et la QPC », *RFDC* 2018. 933 et groupe de recherche, « Procédure législative et QPC : recherche pluridisciplinaire sur de nouvelles interactions institutionnelles », Titre VII [en ligne], Hors-série, QPC 2020 : les dix ans de la question citoyenne, octobre 2020. Concernant la question sensible des conditions matérielles de détention des prisonniers, le Conseil avait fixé au 1^er^ mars 2021 la date d'abrogation du second alinéa de l'article 144-1 du Codede procédure pénale (Cons. const. 2 oct. 2020 v. note de bas de page n° 97). La disposition de remplacement a été insérée par la loi du 8 avril 2021 d'origine parlementaire.

## B • Le contrôle de constitutionnalité assuré par les juridictions judiciaires et administratives

**160** L'intitulé peut surprendre. Pourtant, il ne le devrait pas car comme l'énonçait le doyen Vedel, « il est, en un certain sens, impossible à un juge, c'est-à-dire à un organe indépendant chargé de trancher des oppositions de prétentions par l'application de la règle de droit, de ne pas être un juge constitutionnel »[120]. Dit autrement, les juges judiciaires et surtout administratifs peuvent être conduits, dans le cadre des litiges qu'ils ont quotidiennement à examiner, à faire respecter les droits et libertés constitutionnels (*1.*). Par ailleurs, il sera expliqué que le mécanisme de la QPC les a transformés en « juges constitutionnels négatifs » (*2.*).

### 1 • Les juridictions judiciaires et administratives : des juges constitutionnels positifs

**161** La théorie de la loi-écran est connue. Les juges ordinaires refusent d'apprécier indirectement la constitutionnalité d'une loi à l'occasion d'un recours pour excès de pouvoir dirigé contre un acte administratif trouvant son fondement dans celle-ci ou résultant de ses termes mêmes (devant l'ordre administratif)[121] ; visant à remettre en cause la mise en application d'une disposition législative (relative, par exemple, à l'état des personnes[122]) ou encore à l'appui d'une argumentation en défense basée sur l'inconstitutionnalité d'une infraction ou d'une peine fixée par elle (devant l'ordre judiciaire)[123]. L'autorité et la primauté de la norme constitutionnelle s'en trouvent donc fortement relativisées. Toutefois, des voies parallèles ont été sollicitées.

Le juge administratif accepte, en effet, de contrôler directement la constitutionnalité des actes administratifs lorsqu'aucune disposition législative (avec la nuance apportée par le rare écran législatif transparent)[124] ne s'intercale entre la décision administrative et la Constitution. Aussi, une circulaire du ministère de l'Intérieur établissant une politique d'évacuation des campements illicites en désignant spécialement certains de leurs occupants en raison de leur origine ethnique est-elle annulée, *via* un recours pour excès de pouvoir, par le Conseil d'État pour violation du principe d'égalité garanti par l'article 1er de la Constitution de 1958[125]. Pareillement, un contrôle de constitutionnalité peut, sous conditions, être exercé à l'égard d'une norme réglementaire procédant à la transposition d'une directive européenne[126].

---

120. Préface à la thèse de F. Batailler, *Le Conseil d'État, juge constitutionnel*, LGDJ, 1966, p. I. V. not. J. Bonnet, *Le juge ordinaire français et le contrôle de la constitutionnalité des lois. Analyse critique d'un refus*, Dalloz, 2009 ; G. Drago (dir.), *L'application de la Constitution par les Cours suprêmes*, Dalloz, 2007 ; J.-É. Gicquel, « Constitution », *J.-Cl. Adm.*, fasc. n° 10, 2020, spéc. n° 160-269 ; B. Mathieu et M. Verpeaux (dir.), *L'examen de la constitutionnalité de la loi par le Conseil d'État*, Dalloz, 2011.
121. CE, sect., 6 nov. 1986, *Arrighi*, *Lebon* 966 ; 5 janv. 2005, *Deprez et Baillard*, *Lebon*. L'apparition de la QPC n'a rien changé puisqu'« en dehors des cas et conditions où il est saisi sur le fondement de l'article 61-1 de la Constitution, il n'appartient pas au Conseil d'État, statuant au contentieux, de se prononcer sur un moyen tiré de la non-conformité de la loi à une norme de valeur constitutionnelle » (CE 1er févr. 2012, *SARL Société des logements modulaires*, n° 339387). V. M. Canedo-Paris, « La QPC et l'avenir (heureux ?) de la théorie de l'écran législatif », *LPA* 6-7 sept. 2011, p. 7.
122. La Cour de cassation, à l'occasion d'un litige relatif au refus de retranscription d'un prénom par un officier d'état civil, a rappelé que « les tribunaux doivent appliquer la loi sans pouvoir en écarter certaines dispositions en raison de leur prétendue contrariété à des principes de caractère constitutionnel et en particulier aux dispositions de la Déclaration des droits de l'homme et du citoyen du 26 août 1789 auxquelles le préambule de la constitution du 4 octobre 1958 s'est borné à renvoyer » (Cass. 1re civ., 1er oct. 1986, n° 84-17.090).
123. T. Crim. 18 fructidor an V ; Crim. 11 mai 1833, *Paulin*, S. 1833. 1.
124. À titre exceptionnel, le Conseil d'État se reconnaît la possibilité de confronter directement l'acte à la Constitution nonobstant la présence d'une loi si celle-ci « tout en renvoyant à l'autorité réglementaire le soin de définir certaines règles, ne contient en elle-même aucune règle de fond de nature à faire obstacle à ce que soient critiquées les dispositions réglementaires adoptées au regard des règles de fond de niveau *supra*-législatif » : R. Abraham, concl. CE 17 mai 1991, *Quintin*, *RD publ.* 1991. 1430. V. CE, ass., 11 avr. 2012, *GISTI*, req. n° 322326.
125. CE 7 avr. 2011, *Assoc. SOS Racisme*, req. n° 343387. Voir aussi l'article R750-1 du Codede procédure civile considéré comme étant « de nature à porter atteinte au droit d'exercer un recours effectif devant une juridiction, garanti par l'article 16 de la Déclaration des droits de l'homme et du citoyen » (CE 22 septembre 2022, *Conseil national du Barreau*, n° 436939)
126. CE, Ass., 8 févr. 2007, Société Arcelor, Lebon 55.

Il est aussi loisible, au Conseil d'État, et ce dans une logique d'unité du droit public, de renoncer à ses propres principes généraux du droit (tel celui proclamant l'égalité d'accès aux emplois publics)[127] et s'appuyer directement sur la norme constitutionnelle (ici l'article 6 de la Déclaration de 1789)[128]. Enfin, une analogie existe entre les droits et libertés constitutionnels et les libertés fondamentales au sens du référé-liberté (CJA, art. L. 521-2).

De son côté, la Cour de cassation[129] applique au coup par coup, avec retenue et circonspection, les normes constitutionnelles. On pensera ici notamment à l'article 66 de la Constitution relatif à l'autorité judiciaire gardienne de la liberté individuelle[130], à l'alinéa 7 du préambule de la Constitution de 1946 garantissant le droit de grève[131] ou encore à l'interprétation de l'article 68 de la Constitution concernant l'étendue de la responsabilité du président de la République[132]. Par ailleurs, on peut isoler des occurrences où la Cour invoque des principes constitutionnels, tel celui de la sauvegarde de la dignité humaine[133] ou du respect des droits de la défense[134] tout en n'hésitant pas à façonner les siens[135], sans prendre le soin de citer un texte de référence. Malgré leurs embarras, ambiguïtés et prudences, force est de constater que le Conseil d'État et la Cour de cassation se sont aussi approprié la norme constitutionnelle et, sans insister sur le fait que de fortes similitudes existent entre les blocs de constitutionnalité et de conventionnalité.

## 2 • Les juridictions judiciaires et administratives : des juges constitutionnels négatifs

**162** La mise en place du contrôle *a posteriori* a transformé l'office des juridictions ordinaires. En effet, le refus de transmission d'une QPC les conduit à se comporter tels des juges constitutionnels négatifs. Deux hypothèses sont à distinguer.

D'abord, on sait que le justiciable doit arguer de la violation d'un droit ou d'une liberté « que la Constitution garantit » (Const., art. 61-1). On se tourne alors logiquement, en premier lieu, vers le Conseil constitutionnel qui opère un tri parmi les dispositions constitutionnelles dont toutes ne sont pas invocables dans un procès QPC[136]. Au surplus, l'occasion peut lui être donnée d'affi-

---

127. CE 28 mai 1954, *Barel, Lebon* 308.

128. CE 2 mars 1988, *Blet et Sabiani*, req. n° 61534 ; CE, ass., 16 déc. 1988, *Bleton, Lebon* 451.

129. V. R. de Gouttes, « L'application de la constitution par la Cour de cassation : aspects généraux et perspectives de droit civil » *in* G. Drago (dir.), *L'application de la constitution par les Cours suprêmes*, Dalloz, 2007, p. 55 ; D. Commaret, « L'application de la constitution par la Cour de cassation : perspectives de droit pénal », *in ibid.*, p. 73 ; O. Desaulnay, *L'application de la constitution par la Cour de cassation*, Dalloz, 2009 ; A. Martinon et F. Petit (dir.), *Le juge judiciaire et la Constitution*, Dalloz, 2012.

130. Crim. 25 avr. 1985, *Bogdan et Vuckovic, Bull. crim.* n° 159.

131. Soc. 28 juin 1951, *Société d'impression sur étoffes du Grand Lemps c/ Geoffroy* et *Maïseries de la Méditerranée c/ Dame Roth*, DS 1951. 532.

132. Cass., ass. plén., 10 oct. 2001, *Breisacher, Bull. ass. plén.*, n° 11.

133. Civ. 1re, 9 oct. 2001, *Bull. civ.* I, n° 249. La Cour a été plus explicite en 2018. Elle a jugé que « le principe du respect de la dignité de la personne humaine édicté par l'article 16 du Codecivil est un principe à valeur constitutionnelle dont il incombe au juge de faire application pour trancher le litige qui lui est soumis » (Civ. 1re, 26 sept. 2018, n° 17-16.089).

134. Soc. 27 mai 1999, *El Kallita, Bull. civ.* V, n° 246.

135. Tel le principe constitutionnel de la liberté du travail (Soc. 19 nov. 1996, *Bull. civ.* V, n° 392).

136. En mettant de côté les règles propres à la procédure législative (la volonté expresse du constituant étant naturellement respectée par le Conseil constitutionnel : Cons. const. 22 juill. 2010, n° 2010-4/17 QPC, *M. Alain C., Rec.* 156), ne sont notamment pas invocables : les objectifs d'intelligibilité et d'accessibilité de la règle de droit (Cons. const. 22 juill. 2010, n° 2010-4/17 QPC, *M. Alain C.*, préc.) de sauvegarde de l'ordre public (Cons. const. 17 oct. 2014, n° 2014-422 QPC, *Chambre syndicale des cochers chauffeurs CGT-taxis*), les principes de péréquation entre collectivités territoriales (art. 72-2 al. 5 de la Constitution) (Cons. const. 22 sept. 2010, n° 2010-29/37 QPC, *Commune de Besançon, Rec.* 248), de consultation des électeurs pour la modification des limites des collectivités (art. 72-1, dernière phrase du 3e alinéa, de la Constitution) (Cons. const. 2 juill. 2010, n° 2010-12 QPC, *Commune de Dunkerque, Rec.* 134), du consentement à l'impôt garanti par l'art. 14 de la Déclaration de 1789 (Cons. const. 30 juill. 2010, n° 2010-19/27 QPC, *Époux P., Rec.* 190), l'art. 75-1 de la Constitution disposant que « les langues régionales appartiennent au patrimoine de la France » (Cons. const. 20 mai 2011, n° 2011-310 QPC, *Cécile Lang et a., Rec.* 242), l'art. 13 de la Constitution relatif au pouvoir de nomination des fonctionnaires par le chef de l'État (Cons. const. 12 oct. 2012, n° 2012-281 QPC, *Syndicat de défense des fonctionnaires, Rec.* 536) et le second al. de l'art. 1er de la Constitution aux termes duquel « La loi favorise l'égal accès des femmes et des hommes aux mandats électoraux et fonctions électives, ainsi qu'aux responsabilités professionnelles et sociales » (Cons. const. 24 avr. 2015, n° 2015-465 QPC, *Conférence des présidents d'université, JO 26 avr. 2015, p. 7355*). Quant à la Charte de l'environnement, ne sont pas invocables ni les sept alinéas précédant les articles (Cons. const. 7 mai 2014, n° 2014-394 QPC, *Société Casuca, JO* 10 mai) ni l'article 6 (Cons. const. 23 novembre 2012, n° 2012-283 QPC, *M. Antoine de M.*, Rec. 605)

ner sa jurisprudence sur des droits et libertés antérieurement consacrés[137] ou en consacrer de nouveaux[138].

Toutefois, dès lors qu'un filtrage en amont a été institué, le Conseil doit partager l'interprétation de l'article 61-1 avec les juridictions ordinaires, puisque ces dernières doivent aussi s'interroger sur le point de savoir si le droit ou la liberté invoqué par le requérant est effectivement garanti par la Constitution. Ainsi, les justiciables se sont-ils vus dénier le droit d'arguer de la méconnaissance de la liberté de concurrence[139], des principes de la sécurité juridique[140], de la confiance légitime et de non-rétroactivité en matière fiscale[141], de sincérité des lois de finances[142], d'annualité budgétaire[143], d'unité territoriale de la France[144], de péréquation financière entre collectivités territoriales[145], du droit pour un étranger d'acquérir la nationalité d'un État signataire de la CEDH et de la conserver[146], du principe selon lequel « tout bien, toute entreprise, dont l'exploitation a ou acquiert les caractères d'un service public national ou d'un monopole de fait, doit devenir la propriété de la collectivité »[147], de l'exercice du pouvoir réglementaire à l'échelon national par le Premier ministre (art. 21 de la Constitution[148]) ; de la possibilité pour une loi ou le règlement de comporter des dispositions à caractère expérimental (art. 37-1 de la Constitution[149]) ; de la méconnaissance directe de la séparation des pouvoirs garantie par l'article 16 de la Déclaration de 1789[150] (celle-ci ne pouvant être invoquée que dans le cas où elle affecte par elle-même un droit ou une liberté que la Constitution garantit) ou encore de celui, énoncé à l'article 1er de la Constitution de 1958, selon lequel l'organisation de la République est décentralisée[151]. Autant de positions s'imposant au Conseil constitutionnel puisque celui-ci ne sera pas saisi.

Ensuite, l'examen opéré sur le caractère sérieux d'une QPC facilite l'émergence d'un contrôle de constitutionnalité rampant. Rappelons préalablement que si devant le juge *a quo*, la question ne doit pas être « dépourvue de caractère sérieux » ; elle doit, devant le Conseil d'État et la Cour de cassation, « présente[r] un caractère sérieux ». La différence est fine et académique même si l'on peut estimer que la condition s'avère « légèrement plus exigeante »[152] pour les juridictions suprêmes. La répartition des tâches au sein de l'ordre juridictionnel judiciaire s'effectue comme suit : « les cours et tribunaux se bornent le plus souvent à vérifier que la demande n'a pas de caractère fantaisiste ou dilatoire et que le grief est appuyé par une argumentation cohérente, tandis que la Cour de cassation se livre à un examen nécessairement plus approfondi des conditions posées par la loi »[153]. On peut penser qu'il en est de même au sein de l'ordre administratif.

---

137. À titre d'illustrations, le Conseil a précisé le sens du principe de laïcité (Cons. const. 21 févr. 2013, n° 2012-297 QPC, *Association pour la promotion et l'expansion de la laïcité*, *JO* 23 févr.) et effectué une distinction entre les privations de propriété relevant des art. 2 ou 17 de la Déclaration de 1789 (Cons. const. 13 janv. 2012, n° 2011-208 QPC, *Consorts B.*, *Rec.* 75)
138. On songera tout particulièrement au principe de fraternité découlant des art. 2 et 72-3 de la Constitution (Cons. const. 6 juill. 2018, n° 2018-717/718 QPC, *M. Cédric H.*, *JO* 7 juill.)
139. CE 2 mars 2011, *Sté Manyris*, req. n° 345288.
140. CE 17 déc. 2010, *Synd. mixte chargé de la gestion du contrat urbain de cohésion sociale de l'agglomération de Papeete*, req. n° 343800. V. cependant la formulation plus ambiguë retenue dans CE 21 janv. 2015, *EURL 2B*, n° 382902.
141. CE 25 juin 2010, *M. François A.*, req. n° 326363.
142. CE 15 juill. 2010, *Région Lorraine*, req. n° 340492.
143. *Ibid.*
144. Civ. 2e, 12 oct. 2011, n° 11-40.064.
145. CE 23 déc. 2010, *Commune de Lisses*, n° 343993.
146. CE 11 mai 2015, *M.A.*, n° 383664.
147. CE 22 juill. 2015, *M. A et autres*, n° 389902.
148. CE, 26 avr. 2017, *Société Enedis*, n° 407516.
149. CE 11 déc. 2019, *Société Orange*, n° 434741.
150. CE, 9 juin 2020, *Société locale d'épargne de Haute-Garonne Sud-Est*, n° 438822.
151. CE 15 sept. 2010, *Thalineau*, req. n° 330734.
152. M. Guillaume, « QPC : textes applicables et premières décisions », *Cah. Cons. const.* 2010, n° 29, p. 47.
153. V. Lamanda, Audition devant la commission des lois de l'Assemblée nationale, 21 nov. 2012, Compte rendu n° 16, p. 26.

Des différences d'approche existent toutefois entre la Cour de cassation qui exige d'avoir un « doute manifeste »[154] sur la constitutionnalité de la disposition tandis que le Conseil d'État se contente d'un « doute raisonnable »[155] (qui peut, selon les litiges, se transmuer en un « doute radical »[156] ou « un doute raisonnable sans certitude »[157]). Finalement, le taux de transmission des QPC au Conseil est, en 2018, de 11 % pour le Cour de cassation, et 22 % pour le Conseil d'État[158].
Inversement, refuser de qualifier une question de sérieuse revient à juger la disposition législative conforme à la Constitution. Pour ce faire, les juridictions suprêmes appliquent parfois directement la jurisprudence constitutionnelle telle celle relative au principe de légalité des peines, appliqué en dehors du droit pénal[159] ou celle encadrant les pouvoirs de sanction d'une autorité administrative indépendante[160]. Ici, même s'il est fréquent que les décisions du Conseil constitutionnel ne soient pas citées, son autorité s'en trouve indiscutablement renforcée.
Les juges ordinaires peuvent aussi être amenés à effectuer un contrôle très approfondi de la constitutionnalité de la disposition législative. Ainsi, le Conseil d'État, pour juger une question non sérieuse vérifie qu'une loi de validation poursuit un but d'intérêt général suffisant, a une portée strictement définie et ne méconnaît pas une règle ou un principe de valeur constitutionnelle[161], que telle imposition respecte le principe d'égalité devant les charges publiques[162] ou encore que l'atteinte à l'égalité entre contribuables n'est pas caractérisée[163]. De son côté, la Cour de cassation s'assure, en entrant dans les détails, que le législateur a correctement assuré la conciliation entre le principe de la liberté d'entreprendre et l'objectif de valeur constitutionnelle de sauvegarde de l'ordre public[164], que l'exception législative au principe d'égalité entre créanciers est justifiée par la poursuite d'un objectif économique et ne constitue pas une limitation à la liberté d'entreprendre[165] ou que le droit de propriété n'est pas méconnu par la prescription acquisitive[166]. Il lui arrive aussi, fréquemment, d'expliquer dans sa décision de renvoi les raisons qui l'ont conduit à considérer la question comme sérieuse[167].
Le contrôle de constitutionnalité des lois se développe donc dans une dimension polycéphale au sein de laquelle la rue de Montpensier n'est pas toujours assurée de disposer du dernier mot. De manière particulièrement remarquée, la Cour de cassation a ainsi jugé que l'incrimination de la contestation de crimes contre l'humanité fixée par la loi Gayssot du 13 juillet 1990 ne porte pas atteinte aux principes constitutionnels de liberté d'expression et d'opinion[168]et n'a donc pas transmis la QPC. Le débat constitutionnel fut clos sans que le Conseil n'ait eu la possibilité d'agir. Le juge constitutionnel négatif s'était prononcé avant, même si l'occasion se présenta plus tard pour lui permettre, *in fine*, de confirmer la constitutionnalité de la loi[169].

---

154. D. Lévy, Audition devant la commission des lois de l'Assemblée nationale, 19 déc. 2012, Compte rendu n° 29, p. 14.
155. J.-M. Sauvé, Audition devant la commission des lois de l'Assemblée nationale, 1er sept. 2010, Compte rendu n° 81, p. 18.
156. C. Vigouroux, « Les modalités d'examen de constitutionnalité pour la question prioritaire de constitutionnalité », *in* B. Mathieu et M. Verpeaux (dir.), L'examen de la constitutionnalité de la loi par le Conseil d'État, Dalloz, 2011, p. 29.
157. *Ibid.*
158. Sénat, *Avis sur le projet de loi de finances pour 2019*, t. XI, 22 nov. 2018, p. 37.
159. CE 23 juill. 2010, *M. Philippe A. Synd. professionnel dentistes solidaires et indépendants*, req. n° 339595.
160. CE 16 juill. 2010, *M. Jean-Sébastien A.*, req. n° 321056.
161. CE 24 avr. 2012, *Commune de Saint-Langis-les-Mortagne*, req. n° 336745.
162. CE 12 nov. 2016, *Mme A.*, n° 390265
163. CE 7 févr. 2011, *Caisse régionale de Crédit Agricole mutuel*, req. n° 321072.
164. Crim. 9 mars 2011, n° 10-87.542.
165. Com. 20 mars 2012, n° 11-23.822.
166. Civ. 2e, 12 oct. 2011, n° 11-40.055.
167. La doctrine parle, à cet égard, de « renvois directifs ». D. Rousseau, J. Bonnet, P.-Y. Gadhoun, *Droit du contentieux constitutionnel*, Lextenso, 12e éd., 2020, p. 250.
168. Crim. 7 mai 2010, n° 09-80.774.
169. Cons. const. 8 janv. 2016, *M. Vincent R.*, n° 2016-512 QPC, *JO* 10 janv.

## II • L'effectivité du contrôle opéré par le Conseil constitutionnel

**163** L'effectivité s'apprécie sous plusieurs angles : le Conseil constitutionnel est en capacité de dégager un ensemble considérable de droits et libertés dotées d'une valeur constitutionnelle (**A.**) dont le respect s'impose au législateur (**B.**) en raison de l'autorité de ses décisions (**C.**).

### A • La consécration de droits et libertés à valeur constitutionnelle

**164** Depuis la décision fondatrice du 16 juillet 1971 (v. ss 153), il est commun d'évoquer l'existence d'un bloc de constitutionnalité[170] composé, aux côtés de la Constitution du 4 octobre 1958, de la Déclaration des droits de l'homme de 1789, du préambule de la Constitution du 27 octobre 1946 (dont sont issus les principes politiques économiques et sociaux et les principes fondamentaux reconnus par les lois de la République) et, plus tard, de la Charte de l'environnement de 2004[171]. Naturellement, il incombe au Conseil de concilier ces règles établies à des périodes différentes et selon des philosophies divergentes (tels le droit de propriété, « inviolable et sacré » proclamé en 1789 et le principe de la nationalisation garanti par l'alinéa 9 du préambule de la Constitution de 1946[172]). Il lui faut renoncer à la quête des intentions des auteurs des textes (qui, il faut le rappeler, n'avaient pas — sauf pour la Charte de l'environnement — comme volonté de fonder des normes dont le respect serait imposé au législateur) et plutôt chercher à conférer un sens moderne aux droits et libertés. C'est par cette attitude réaliste que le Conseil constitutionnel affirme, par exemple, que la liberté de communication des pensées et des opinions garantie en 1789, implique celle d'accéder à Internet et de se s'y exprimer[173], que la protection du droit de propriété bénéficie aussi aux biens incorporels tels les actions ou les marques[174] ou encore que le principe de non-rétroactivité des peines et délits, lui aussi posé dès 1789, s'étend aux sanctions prononcées par des organes non juridictionnels[175]. Le champ des droits et libertés garantis est donc potentiellement très large. Le Conseil en a fait la preuve éclatante en 2018 en affirmant la valeur constitutionnelle du principe de fraternité en se fondant sur le préambule, l'article 2 et l'article 72-3 de la Constitution[176].

Pour apprécier à quel point l'office du Conseil constitutionnel est étendu, appuyons-nous sur les propos du révolutionnaire Daunou, repris par F. Mitterrand dans son message au Parlement du 16 avril 1986, « La Constitution, toute la Constitution, rien que la Constitution ».

---

170. Notons que le terme, qui n'a jamais été repris à son compte par le Conseil constitutionnel, a davantage de valeur pédagogique que juridique. En effet, ce bloc n'est pas uniforme en ce sens que son contenu varie selon les normes contrôlées par le Conseil constitutionnel (lois organiques, lois ordinaires (dont les lois de finances et de financement de la sécurité sociales), lois de pays de Nouvelle-Calédonie et règlements des assemblées parlementaires). V. not. J.-M. Blanquer, « Bloc de constitutionnalité ou ordre constitutionnel ? », *in Mélanges Jacques Robert*, Montchrestien, 1998, p. 227.
171. « Les catégories de normes constitutionnelles », *Titre VII*, n° 8, 2022.
172. Cons. const. 16 janv. 1982, n° 81-132 DC, *Loi de nationalisation*, *Rec.* 18.
173. Cons. const. 10 juin 2009, n° 2009-580 DC, *Loi favorisant la diffusion et la protection de la création sur Internet*, *Rec.* 107 ; 18 juin 2020, n° 2020-801 DC, *Loi visant à lutter contre les contenus haineux sur internet*, *JO*, 25 juin.
174. C'est-à-dire les actions (Cons. const. 16 janv. 1982, n° 81-132 DC, *Loi de nationalisation*, *Rec.* 18), la marque de fabrique, de commerce ou de service (Cons. const. 8 janv. 1991, n° 90-283 DC, *Loi Évin*, *Rec.* 11), la propriété intellectuelle (Cons. const. 27 juill. 2006, n° 2006-540 DC, *Loi Davsi*, *Rec.* 88) et le droit des créanciers (Cons. const. 10 juin 2010, n° 2010-607 DC, *Loi relative à l'entrepreneur individuel à responsabilité limitée*, *Rec.* 101).
175. Cons. const. 30 déc. 1982, n° 82-155 DC, *Loi de finances rectificative pour 1982*, *Rec.* 88.
176. Cons. Const. 6 juill. 2018, n° 2018-717/718 QPC, *M. Cédric H.*, *JO* 7 juill.

## 1 • La Constitution ?

**165** Oui, clairement. Le Conseil examine seulement les argumentations juridiques remettant en cause la constitutionnalité de la disposition législative. Aussi, n'est-il pas en capacité de confronter deux lois successives[177] ni émettre des propositions au Gouvernement lors de la préparation d'un projet de loi[178]. Par ailleurs, il refuse depuis la fameuse décision *Interruption volontaire de grossesse*[179] de protéger le bloc de conventionnalité (« le moyen tiré du défaut de compatibilité d'une disposition législative aux engagements internationaux et européens de la France ne saurait être regardé comme un grief d'inconstitutionnalité »[180]). Cette contestation ne peut prospérer ni *a priori* ni *a posteriori*[181]. Il en va autrement si la norme internationale est explicitement présente dans la Constitution[182]. Par ailleurs, le Conseil s'efforce le plus souvent de statuer en prenant en compte la jurisprudence de la Cour européenne des droits de l'homme. Il s'agit de faire en sorte que la délivrance d'un brevet de constitutionnalité conduise à celle d'un brevet de conventionnalité. L'évolution de sa jurisprudence sur les validations législatives est topique à cet égard[183].

## 2 • Toute la Constitution ?

**166** Pas vraiment. Le contrôle de conventionnalité, articulé autour de la supériorité conditionnée du traité sur la loi, n'en est pas moins assis sur une norme constitutionnelle (l'article 55 de la Constitution) dont l'effectivité au quotidien n'est pas assurée par le Conseil. Avec sa décision *IVG*, il s'est finalement défaussé sur les juridictions judiciaires[184] et administratives[185]. Par ailleurs, il refuse d'invalider une disposition législative (au champ d'application essentiellement régi par l'article 34) en raison de son intrusion dans le domaine réservé au pouvoir réglementaire (art. 37). La répartition constitutionnelle des compétences est seulement virtuelle et si des doutes sur la pérennité de la jurisprudence fondatrice *Blocage des prix et des revenus*[186] étaient un temps apparus[187], ils se sont définitivement dissipés depuis[188]. Enfin, mais cette fois-ci conformément à la volonté du constituant (Const., art. 61-1), il ne peut, dans le cadre de la QPC, imposer le respect de l'ensemble de la Constitution mais des seuls droits et libertés que celle-ci garantit (ce qui rend inopérantes les contestations relatives à la méconnaissance de la procédure législative[189]).

---

177. Cons. const. 3 sept. 1986, n° 86-216 DC, *Conditions d'entrée et de séjour des étrangers en France*, *Rec.* 135. Si une loi de finances doit être effectivement votée conformément à la loi organique relative aux lois de finances du 1er août 2001 (Cons. const. 11 août 1960, n° 60-8 DC, *Loi de finances rectificative pour 1960*, *Rec.* 25, à propos de l'ordonnance du 2 janv. 1959 à valeur de loi organique à laquelle s'est substituée la LOLF du 1er août 2001), comme il en est de même pour une loi de financement de la sécurité sociale à l'égard de la loi organique relative aux lois de financements de la sécurité sociale du 2 août 2005, cette solution particulière conférant, *de facto*, auxdites lois organiques, une valeur *supra*-législative se justifie par les renvois effectués par la Constitution elle-même dans l'art. 34. Dit autrement, le Conseil confronte une loi ordinaire à une loi organique seulement si cela est prévu par la Constitution elle-même. *Contra* Cons. const. 17 juill. 2003, n° 2003-474 DC, *Loi de programme pour l'outre-mer*, *Rec.* 389.
178. Cons. const. 18 nov. 1986, n° 86-218 DC, *Circonscriptions électorales de l'Assemblée nationale*, *Rec.* 167.
179. Cons. const. 15 janv. 1975, n° 75-54 DC, *IVG*, *Rec.* 19.
180. Cons. const. 12 mai 2010, n° 2010-605 DC, *Jeux d'argent et de hasard en ligne*, *Rec.* 78.
181. Cons. const. 22 juill. 2010, n° 2010-4/17 QPC, *M. Alain C.*, *Rec.* 156.
182. Ainsi, l'article 88-3 C, disposant que le droit de vote et d'éligibilité des citoyens de l'Union aux élections municipales est accordé « selon les modalités prévues par le Traité sur l'Union européenne », a, selon le Conseil Constitutionnel, « expressément subordonné la constitutionnalité de la loi organique prévue pour son application à sa conformité aux normes communautaires » (Cons. const. 20 mai 1998, n° 98-400 DC, *Loi organique déterminant les conditions d'application de l'article 88-3 C*, *Rec.* 251). Dans une logique similaire, le Conseil estime, en s'appuyant sur l'article 88-1 C, que « la transposition en droit interne d'une directive communautaire résulte d'une exigence constitutionnelle ». Cela lui permet donc de s'assurer qu'une disposition législative n'est pas manifestement incompatible avec la directive qu'elle a pour objet de transposer (Cons. const. 27 juill. 2006, n° 2006-540 DC, *DAVSI*, Rec. Cons. const., 88).
183. Cons. const. 14 févr. 2014, n° 2013-366 QPC, *SELARL PJA, ès qualités de liquidateur de la société Maflow France*, *JO* 16 févr., p. 2724.
184. Cass., Ch. mixte, 24 mai 1975, *Administration des douanes c/ Café Jacques Vabre*.
185. CE, ass., 20 oct. 1989, *Nicolo*, *Lebon* 190.
186. Cons. const. 30 juill. 1982, n° 82-143 DC, *Blocage des prix et des revenus*, *Rec.* 57.
187. Cons. const. 21 avr. 2005, n° 2005-512 DC, *Avenir de l'école*, *Rec.* 72.
188. Cons. const. 15 mars 2012, n° 2012-649 DC, *Simplification du droit*, *Rec.* 142.
189. À titre de compensation, il est désormais fréquent que le Cons. const. soulève des moyens et conclusions d'office dans le domaine de la procédure législative lorsqu'il est saisi dans le cadre du contrôle *a priori*.

## 3 • Rien que la Constitution ?

**167** C'est la question la plus difficile. S'il est arrivé au Conseil de se référer à la théorie de l'acte clair (« ces règles constitutionnelles, claires et précises, qui n'appellent aucune interprétation »)[190], il serait amené, pour certains, à se comporter tel un interprète authentique de la Constitution selon la vision kelsenienne. L'interprétation ne serait pas un acte de connaissance mais de volonté émise par une autorité habilitée à fixer des interprétations s'imposant à tous car pourvues d'une force juridiquement contraignante. Ici, l'enjeu ne serait pas de savoir si elles sont correctes ou erronées mais d'admettre leur force juridique parce que déterminées par une autorité statuant en dernier lieu[191].

C'est ainsi qu'à l'occasion de l'examen de la loi, le Conseil confère, de sa seule autorité, aux différents éléments du bloc de constitutionnalité un sens précis, ce qui est de nature à lui permettre d'en extraire une série de droits et libertés. Reste que l'expression d'une telle volonté est bornée. Afin d'éviter d'être accusé d'instituer un gouvernement des juges, qui, pour le doyen Vedel, « commence quand (les juges) ne se contentent pas d'appliquer ou d'interpréter des textes, mais imposent des normes qui sont en réalité des produits de leur propre esprit »[192], il veille à fonder sa jurisprudence exclusivement sur des références textuelles qui figurent dans les motifs de sa décision.

Si cette précaution est salutaire[193], elle ne doit pas être surestimée. En effet, d'une part, les énoncés constitutionnels contiennent intrinsèquement une dose variable d'indétermination (et ce notamment lorsqu'un texte comme la Déclaration de 1789 énonce surtout des énoncés philosophiques ou moraux) et, d'autre part, le Conseil dispose d'une marge d'appréciation dans le choix des textes qu'il sollicite. On pourra s'en convaincre avec : 1) la création des principes fondamentaux reconnus par les lois de la République[194] dont les critères d'identification, s'ils ont le mérite d'exister, n'en ont pas moins été discrétionnairement établis par le Conseil lui-même[195] ; 2) l'affirmation de l'existence du principe de la sauvegarde de la dignité de la personne humaine déduit généreusement des premiers mots du prologue du préambule de la Constitution du 27 octobre 1946 (« Au lendemain de la victoire remportée par les peuples libres sur les régimes qui ont tenté d'asservir et de dégrader la personne humaine [...] »[196]) ; 3°) le sens extensif donné à « la liberté » issue des articles 2 et 4 de la Déclaration

190. Cons. const. 23 août 1985, n° 85-197 DC, *Évolution de la Nouvelle-Calédonie*, *Rec.* 70.

191. V. plus spécialement M. Troper, *Le droit, la théorie du droit, l'État*, PUF, 2001, p. 69-84.

192. G. Vedel, « Neuf ans au Conseil constitutionnel », *Le Débat*, mars-août 1989, n° 55 (consultable sur le site Internet du Conseil constitutionnel).

193. Grâce à l'influence du doyen Vedel devenu membre en 1980, le Conseil a ainsi cessé de créer des principes généraux du droit à valeur constitutionnelle (tel le principe de continuité du service public : Cons. const. 25 juill. 1979, n° 79-105 DC, *Droit de grève*, *Rec.* 33) qui, à l'instar des PGD créés par le Conseil d'État (CE, ass., 26 oct. 1945, *Aramu*, *Lebon* 213) étaient totalement dépourvus de soubassement écrit.

194. Liberté d'association (1971), d'enseignement (1977), indépendance du professeur d'université (1984), existence et étendue de la compétence de la juridiction administrative (1980 et 1987), attributions du juge judiciaire dans le domaine de la propriété immobilière (1989), juridiction et responsabilité adaptées pour les mineurs (2002) et particularités du droit alsacien-mosellan (2011). Le Conseil a la capacité de faire évoluer cette liste dans le sens inverse — la liberté individuelle (1977) est désormais rattachée à l'art. 66 de la Constitution, les droits de la défense (1976) à l'art. 16 de la Déclaration de 1789 et la liberté de conscience à l'art. 10 de la Déclaration et au cinquième al. du Préambule de la Constitution de 1946 — et de l'affiner — le principe d'indépendance des professeurs d'université est devenu plus tard celui des enseignants-chercheurs. V. C.-E. Sénac, «Y a-t-il encore place pour la découverte de nouveaux principes fondamentaux reconnus par les lois de la République ? », *Titre VII*, n° 8, 2022

195. Plus particulièrement, on pensera à la précision subitement rajoutée en 2013 selon laquelle la règle législative ne peut constituer un PFRLR si elle « n'intéresse ni les droits et libertés fondamentaux, ni la souveraineté nationale, ni l'organisation des pouvoirs publics » (Cons. const. 17 mai 2013, n° 2013-669 DC, *Loi relative au mariage pour tous*, *Rec.* 721). Relevons, par ailleurs, la référence exceptionnelle faite à l'existence de droits et libertés « fondamentaux ».

196. Cons. const. 27 juill. 1994, n° 94-343/344 DC, *Bioéthique*, *Rec.* 100. De son côté, le Conseil d'État après avoir jugé que le respect de la dignité humaine est une composante de l'ordre public (CE, ass., 27 oct. 1995, *Commune de Morsang-sur-Orge*, *Lebon* 372) fait état de « valeurs et principes, notamment de dignité de la personne humaine, consacrés par la Déclaration des droits de l'homme et du citoyen et par la tradition républicaine » (CE, sect. avis, 16 févr. 2009, *M<sup>me</sup> Madeleine Hoffman-Gleman*, n° 315499). Cette référence a été de nouveau sollicitée dans l'affaire Dieudonné (CE, réf., 9 janv. 2014, *Dieudonné M'Bala M'Bala*, req. n° 374508). Ce faisant, le Conseil d'État occulte volontairement la décision susmentionnée du Conseil constitutionnel et ne favorise pas ainsi une approche unitaire du droit public.

de 1789[197] ou à « la garantie des droits » posée par son article 16[198] et 4°) la technique des objectifs de valeur constitutionnelle (tels la prévention des atteintes à l'ordre public et la recherche des auteurs d'infraction, la lutte contre la fraude et l'évasion fiscales, le pluralisme des courants d'expression socioculturels ou encore la protection de l'environnement, patrimoine commun des êtres humains) qui permet d'imposer, sans pour autant que des droits soient créés, une série variable de contraintes au législateur et autorise à limiter l'effectivité d'autres droits et libertés[199]. Gardons de surcroît à l'esprit que le Conseil n'est pas à l'abri d'attitudes louvoyantes et se réfugie parfois dans les délices du laconisme et de l'« obscure clarté » pour reprendre Corneille. On pensera notamment à la liberté contractuelle, longtemps caractérisée par les hésitations sur son existence et ses contours[200] ou à la sécurité juridique, dont toutes les virtualités sont protégées[201], sans pour autant se voir conférer une valeur constitutionnelle.

Ce pouvoir souverain s'apprécie aussi de manière négative, à travers les refus que le Conseil oppose aux demandes de consécration d'un nouveau droit ou liberté. Ainsi n'a-t-il pas, faute de soubassement textuel, accepté d'intégrer dans le bloc notamment, le double degré de juridiction[202], le principe dit « de faveur » en droit du travail[203], la prohibition de la rétroactivité en matière contractuelle[204] ou encore le droit au secret des échanges et correspondances des avocats ainsi que le droit au secret des sources des journalistes[205]. Sa jurisprudence n'est pas pour autant immuable ; le principe de confiance légitime, soit le principe de sécurité juridique du point de vue des particuliers, a été finalement implicitement reconnu[206] après un refus initial[207].

Cette sollicitation, jusqu'ici réservée aux autorités politiques qui, de manière schizophrénique, stigmatisent régulièrement les risques du gouvernement des juges[208] tout en suggérant au Conseil de fonder de

197. Le Conseil en a déduit le respect de la vie privée (Cons. const. 23 juill. 1999, n° 99-416 DC, *Couverture maladie universelle*, *Rec.* 100), le secret des correspondances, l'inviolabilité du domicile privé (Cons. const. 2 mars 2004, n° 2004-492 DC, *Loi Perben 2*, *Rec.* 66) et la liberté personnelle, dont la liberté d'aller et venir (Cons. const. 16 juin 1999, n° 99-411 DC, *Sécurité routière*, *Rec.* 75), la liberté de mariage (Cons. const. 9 nov. 2006, n° 2006-542 DC, *Contrôle de la validité des mariages*, *Rec.* 112) et la liberté de mettre fin aux liens du mariage (Cons. const. 29 juill. 2016, n° 2016-557 QPC, *M. Bruno B.*, *JO 31 juill.*) sont des composantes. Ceci entraîne des conséquences importantes dans la répartition des fonctions entre l'ordre juridictionnel administratif et son homologue judiciaire. On pensera principalement à l'impact des lois sécuritaires votées depuis 2015 (v. O. Le Bot, État d'urgence et compétences juridictionnelles, *RFDA*, 2016, p. 436).

198. En découle le droit à un recours juridictionnel effectif (Cons. const. 21 janv. 1994, n° 93-335 DC, *Loi portant diverses dispositions en matière d'urbanisme et de construction*, *Rec.* 40 ; 9 avr. 1996, n° 96-373 DC, *Polynésie Française*, *Rec.* 43) — comprenant le droit d'obtenir l'exécution des décisions juridictionnelles (Cons. const. 10 nov. 2017, n° 2017-672 QPC, *Association Entre Seine et Brotonne et autre*, *JO 11 nov.*) ; le droit à un procès équitable (avec le droit à être jugé dans un délai raisonnable) (Cons. const. 20 janv. 2005, n° 2004-510 DC, *Juridictions de proximité*, *Rec.* 41) ; le principe du contradictoire qui était naguère présenté comme le corollaire des droits de la défense (Cons. const. 29 déc. 1989, n° 89-268 DC, *Loi de finances pour 1990*, *Rec.* 110 ; 23 juill. 1999, n° 99-416 DC, *Couverture maladie universelle*, *Rec.* 100) avant de finir par acquérir son autonomie (Cons. const. 9 juin 2011, n° 2011-631 DC, *Loi relative à l'immigration, à l'intégration et à la nationalité*, *Rec.* 252) ; le principe de publicité des audiences devant les juridictions civiles et administratives (Cons. const. 21 mars 2019, n° 2019-778 QPC, *Loi de programmation 2018-2022 et de réforme pour la justice*, *JO 24 mars)*

199. G. Sutter, « Utilité et limites des objectifs de valeur constitutionnelle sur le plan contentieux », *Titre VII*, n° 8, avr. 2022.

200. Après avoir jugé qu'« aucune norme de valeur constitutionnelle ne garantit le principe de la liberté contractuelle » (Cons. const. 3 août 1994, n° 94-348 DC, *Protection sociale complémentaire*, *Rec.* 117) il décidera plus tard qu'elle « découle de l'article 4 de la Déclaration de 1789 » (Cons. const. 3 août 1994, n° 94-348 DC, *Protection sociale complémentaire*, *Rec.* 117) tout en reconnaissant qu'il est possible au législateur d'y déroger à des fins d'intérêt général (Cons. const. 19 déc. 2000, n° 2000-437 DC, *LFSS 2001*, *Rec.* 176).

201. Not. lors du contrôle d'une loi de validation ou d'une loi rétroactive n'intervenant pas en matière pénale (Cons. const. 14 déc. 2006, n° 2006-544 DC, *Loi de financement pour la sécurité sociale de 2007*, *Rec.* 129), dans l'examen de l'étendue des modifications apportées par le législateur à la loi antérieure (Cons. const. 29 juill. 1986, n° 86-210 DC, *Entreprises de presse*, *Rec.* 110) ou encore à travers la création de l'objectif d'intelligibilité et d'accessibilité de la règle de droit (Cons. const. 16 déc. 1999, n° 99-421 DC, *Codification*, *Rec.* 136).

202. Cons. const. 12 févr. 2004, n° 2004-491 DC, *Loi complétant le statut d'autonomie de la Polynésie française*, *Rec.* 60.

203. Cons. const. 20 mars 1997, n° 97-388 DC, *Loi créant les plans d'épargne-retraite*, *Rec.* 31.

204. Cons. const. 4 juill. 1989, n° 89-254 DC, *Privatisations*, *Rec.* 41.

205. Cons. const. 24 juill. 2015, n° 2015-478 QPC, *Association French Data Network*, *JO* 26 juill., p. 12798.

206. Cons. const. 19 déc. 2013, n° 2013-682 DC, *Loi de financement de la sécurité sociale pour 2014*, *Rec.* 1094 : le législateur « ne saurait, sans motif d'intérêt général suffisant, ni porter atteinte aux situations légalement acquises ni remettre en cause les effets qui peuvent légitimement être attendus de telles situations ».

207. Cons. const. 30 déc. 1996, n° 96-385 DC, *Loi de finances pour 1997*, *Rec.* 145.

208. Pour quelques exemples, v. P. Devedjian, « Entretien », *Le Monde*, 12 janv. 2010 ; Y. Braun-Pivet, « Le Conseil constitutionnel a tout intérêt à changer », Entretien, *Le Figaro*, 9 nov. 2020.

nouveaux principes[209], est désormais aussi aux mains des justiciables avec la QPC. Ici, on s'intéressera plus particulièrement au critère de la question nouvelle invocable devant les juridictions suprêmes[210]. Parmi les acceptions envisageables[211], le législateur organique a entendu « imposer que le Conseil constitutionnel soit saisi de l'interprétation de toute disposition constitutionnelle dont il n'a pas encore eu l'occasion de faire application »[212]. Si l'on pense spontanément à des règles vierges de toute intervention juridictionnelle en raison de leur arrivée tardive dans le bloc de constitutionnalité tel l'article 1er de la Charte de l'environnement de 2004 (« Chacun a le droit de vivre dans un environnement équilibré et respectueux de la santé »)[213], l'article 66-1 de la Constitution (« Nul ne peut être condamné à la peine de mort »)[214] ou encore l'article 75-1 (« Les langues régionales appartiennent au patrimoine de la France »)[215], il est aussi envisageable, pour un requérant, de prétendre qu'un principe constitutionnel est nouveau faute d'avoir été explicitement consacré par le Conseil constitutionnel. Avec une argumentation solide et étayée, il est alors envisageable qu'un doute ou une hésitation soit instillé dans l'esprit des juridictions ordinaires. C'est ainsi que le Conseil d'État a renvoyé trois nouvelles questions articulées autour de la possible existence de PFRLR en matière de prescription de poursuites disciplinaires[216] et de crime de séquestration[217] ou d'un principe de valeur constitutionnelle « en vertu duquel des corps de fonctionnaires ne pourraient être constitués et maintenus qu'en vue de pourvoir à l'exécution de missions de service public »[218]. Le Conseil constitutionnel s'est toutefois refusé, à chaque fois, de consacrer ces principes[219]. En revanche, lorsque les juridictions suprêmes s'opposent à la transmission[220], la figure du juge constitutionnel « négatif » réapparaît.

## B • Un assujettissement variable du législateur au respect du bloc de constitutionnalité

**168** Il ne suffit pas que la Constitution (puis le juge grâce à l'interprétation qu'il en donne) affirme (ou découvre) des droits et libertés pour que ceux-ci puissent, sans encombre, déployer tous leurs effets. En effet, deux garanties supplémentaires doivent être présentes.

---

209. V. , par exemples, les invocations infructueuses, par les parlementaires, de l'existence d'un PFRLR aux termes duquel les administrés ont le droit d'obtenir une décision de l'administration (Cons. const. 8 mars 2018, n° 2018-763 DC, *Loi relative à l'orientation et à la réussite des étudiants*, *JO* 9 mars) ou d'un autre relatif à l'existence d'un monopole de l'État pour la collation des grades et diplômes nationaux (Cons. const. 15 décembre 2022, 2022-844 DC, *Loi relative au fonctionnement du marché du travail en vue du plein emploi*, JO 22 décembre).
210. Si devant les juges *a quo*, la question ne doit pas être dépourvue de caractère sérieux (v. *supra*), une alternative existe pour les juridictions suprêmes : la question doit être nouvelle ou présenter un caractère sérieux (art. 23-4 de l'ordonnance de 1958).
211. V. J.-É. Gicquel, « La question nouvelle, condition de renvoi d'une question prioritaire de constitutionnalité au Conseil constitutionnel (un critère technique au service de politiques jurisprudentielles) », *LPA* 8 déc. 2011, p. 6.
212. Cons. const. 3 déc. 2009, n° 2009-595 DC, *Loi organique relative à l'article 61-1 C*, *Rec.* 206.
213. Civ. 3e, 27 janv. 2011, n° 10-40.056. En revanche, ne peuvent relever d'une question nouvelle les art. 2, 3, 4 (compte tenu de la décision Cons. const. 29 déc. 2009, n° 2009-599 DC, *Loi de finances pour 2010*, *Rec.* 218), 5 (Cons. const. 19 juin 2008, n° 2008-564 DC, *Loi OGM*, *Rec.* 313), 6 (Cons. const. 28 avr. 2005, n° 2005-514 DC, *Registre international français*, *Rec.* 78) et 7 (*Loi OGM*, préc.).
214. CE 8 oct. 2010, *M. Daoudi*, req. n° 338505.
215. CE 21 mars 2011, *Mme Céline Lang et a.*, req. n° 345193. V. J.-É. Gicquel, « Les langues régionales à l'épreuve des contentieux constitutionnel et administratif », *LPA* 15 juin 2011, p. 17.
216. CE 21 sept. 2011, *M. Michel Gourmelon*, req. nos 350385, 350386, 350387.
217. CE 28 févr. 2019, *M. Mario S.*, req. n° 424993.
218. CE 23 juill. 2012, *Syndicat de défense des fonctionnaires*, req. n° 356381.
219. V. respectivement, Cons. const. 25 nov. 2011, n° 2011-199 QPC, *M. Michel G.*, *Rec.* 555 ; 24 mai 2019, n° 2019-785 QPC, *M. Mario S.*, *JO* 25 mai et 12 oct. 2012, n° 2012-281 QPC, *Syndicat de défense des fonctionnaires*, *Rec.* 536
220. On pensera ici plus particulièrement à l'attitude de la Cour de cassation à l'égard de la prescription de l'action publique qui, selon elle, « ne revêt pas le caractère d'un principe fondamental reconnu par les lois de la République et ne procède pas des articles 7 et 8 de la Déclaration des droits de l'homme et du citoyen du 26 août 1789, ni d'aucune disposition, règle ou principe de valeur constitutionnelle » : Cass., ass. plén., 20 mai 2011, nos 11-90.025, 11-90.032, 11-90.033 et 11-90.042. B. Mathieu, « La prescription de l'action publique ne constitue pas un principe constitutionnel », *JCP* 2011, n° 24, 670. Rajoutons que l'obligation d'établir l'imposition foncière sur des bases nettes (CE 30 mai 2012, *GFA Fielouse-Cardet*, req. n° 355287) ainsi que le respect du secret professionnel en cours de procès (Com. 13 avr. 2012, n° 12-40.009) n'ont pas été considérés comme des questions nouvelles.

En premier lieu, il faut s'assurer que le pouvoir constituant dérivé ne puisse, par un simple trait de plume, remettre en cause brutalement leur existence. L'étude du droit comparé démontre que cette préoccupation a guidé notamment l'Allemagne[221] ou encore le Portugal[222] et, d'une manière différente, l'Espagne qui prévoit un double mécanisme de révision[223], le mode renforcé devant être sollicité en cas d'atteintes portées aux droits et libertés.

Le système français ne s'est pas orienté vers ces solutions puisque la procédure de révision est unique (article 89 de la Constitution en mettant de côté le recours, contesté, par le général de Gaulle, à l'article 11 en 1962 et 1969) et que l'effectivité juridique des limites posées par la Constitution est pour le moins fragile. Sur ce dernier aspect qui suscite un débat compliqué, et en se bornant à l'essentiel, le Conseil constitutionnel s'est déclaré incompétent pour contrôler une loi constitutionnelle[224] tout en affirmant que le pouvoir constituant est souverain… sous réserve (mais comment peut-on être tout à la fois souverain et encadré par des restrictions ?) de respecter les limites posées aux articles 7, 16 et 89[225]. Or, parmi celles-ci, figure l'interdiction de toucher à « la forme républicaine du Gouvernement », qui, dans une acception large, pourrait inclure les principes même de la République structurés autour de la liberté et de l'égalité. Dès lors, une atteinte grave portée aux droits et libertés par le pouvoir constituant dérivé s'en trouverait censurée. Mais on retombe alors sur la question de la sanction et du refus du Conseil de contrôler la loi constitutionnelle. Le raisonnement circulatoire finit donc dans l'impasse[226].

En second lieu, la protection des droits et libertés doit être juridictionnellement garantie. Si les dérives d'un gouvernement des juges sont à stigmatiser, gardons-nous toujours des excès inverses. Une posture timorée, réservée et pusillanime du juge à l'égard d'un gouvernement disposant du soutien indéfectible d'une majorité parlementaire est toute aussi inquiétante pour l'État de droit. Le combat politique donne des ailes aux vainqueurs et l'arrogance puis l'aveuglement ne sont jamais bien loin. Pensons ici, en Pologne, à la mise au pas, par le parti au pouvoir « Droit et Justice » (PiS), du Tribunal constitutionnel et de l'appareil juridictionnel ordinaire ou encore de l'action de D. Trump nommant trois juges conservateurs pendant son mandat. Sans aller si loin, on méditera l'attitude, en février 2017, du Parlement rétablissant trois jours plus tard, certes sous une forme aménagée, le délit de consultation habituelle des sites « djihadistes » qui venait juste d'être invalidé par le Conseil. Celui-ci a logiquement censuré cette seconde mouture[227]. *Errare humanum est, perseverare diabolicum.*

Or, une juridiction n'échappe pas au subjectivisme dans la détermination de l'étendue de la contrainte imposée au législateur et, en mettant de côté les effets induits par les changements dans sa composition, effectue des choix, qui ne sont pas fixés *ne varietur*, dans les degrés de protection accordés aux droits et libertés[228]. Autrement dit, certains d'entre eux sont plus ou moins contraignants pour les acteurs publics ; d'autres, en revanche, sont plus affirmés que protégés. De même, l'approche du juge varie s'il s'agit de confronter une liberté à un intérêt général bénéficiant d'un fondement constitutionnel (telle « la

---

221. L'art. 69 de la Loi fondamentale du 23 mai 1949 interdit toute atteinte aux droits fondamentaux (*Grundrechte*) énumérés aux art. 1er à 20. C'est la « garantie de la pérennité constitutionnelle » (*Ewigkeitsgarantie*).

222. L'art. 288 de la Constitution du 2 avr. 1976 prescrit qu'une révision constitutionnelle doit respecter « les droits, les libertés et les garanties des citoyens ». De telles « clauses d'éternité », pour reprendre une expression de la doctrine allemande, impliquent logiquement que la juridiction constitutionnelle puisse contrôler la constitutionnalité d'une loi constitutionnelle. V. plus particulièrement, le contrôle (en pratique limité) effectué par le Cour constitutionnelle allemande : O. Lepsius, « Le contrôle par la Cour constitutionnelle des lois de révision constitutionnelle dans la République fédérale d'Allemagne », *Cah. Cons. const.* 2010, n° 27, p. 13.

223. Art. 167 et 168 de la Constitution du 27 déc. 1978.

224. Cons. const. 26 mars 2003, n° 2003-469 DC, *Organisation décentralisée de la République*, *Rec.* 293.

225. Cons. const. 2 sept. 1992, n° 92-312 DC, *Maastricht II*, *Rec.* 76.

226. Pour une vision d'ensemble, v. « Le contrôle de constitutionnalité des lois constitutionnelles », *Cah. Cons. const.* 2010, n° 27.

227. Cons. const. 10 févr. 2017, n° 2016-611 QPC, *M. David P. JO* 12 févr. et n° 2017-682 QPC, 15 déc. 2017, *M. David P.*, *JO* 16 déc.

228. Ainsi, il est clair que la Cour suprême américaine a toujours protégé de façon quasi absolue la liberté d'expression, intrinsèquement liée à l'histoire de la civilisation américaine, ce qui l'a conduite notamment à déclarer inconstitutionnelles des législations réprimant la profanation du drapeau national (*Texas v. Johnson*, 1989) ou interdisant aux entreprises le droit de dépenser de manière illimitée dans les campagnes électorales (*Citizens United v. FEC*, 2010). En revanche, les politiques de discrimination positive (*affirmative action*), initialement acceptées au nom d'un sentiment inavoué de repentance, sont désormais clairement menacées (*Parents Involved in Community Schools v. Seattle School*, 2007 ; *Ricci v. DeStefano*, 2009).

lutte contre l'évasion et la fraude fiscales »[229]) ou seulement défini subjectivement par le législateur (par exemple favoriser la production laitière). Au surplus, en raison d'un bloc de constitutionnalité stratifié en textes conçus à des époques différentes, rédigés avec plus ou moins d'emphase, structurés par des philosophies politiques, économiques et sociales dissemblables et surtout non-pensés par leurs concepteurs comme des normes invocables dans le cadre d'un contrôle de constitutionnalité[230] (sauf pour la Charte de l'environnement de 2004), le Conseil, qui n'a jamais reconnu l'existence d'une hiérarchie interne, se meut dans un environnement juridique plus complexe que ses homologues étrangers. Enfin, le sens des réalités politiques et les conséquences de ses décisions[231] ne lui échappent pas, surtout lors de l'examen *a priori*, et c'est dans cette logique qu'il affirme régulièrement qu'il « ne dispose pas d'un pouvoir général d'appréciation et de décision identique à celui du Parlement ». Aussi, tout tableau jurisprudentiel se présente-t-il en nuances et dégradés de couleurs accompagnés d'effets de lumière et de transparence.

En se contenant ici de quelques coups de crayon rapides, la liberté d'expression et de communication, garantie par l'article 11 de la Déclaration de 1789 (et donc découle la liberté de manifestation en tant que « droit d'expression collective des idées et des opinions »[232]) fait l'objet d'une attention soutenue de la part du Conseil. Celui-ci, en effet, n'hésite pas à la qualifier de « liberté fondamentale, d'autant plus précieuse que son exercice est l'une des garanties essentielles du respect des autres droits et libertés et de la souveraineté nationale »[233] et une « condition de la démocratie »[234] ce qui lui permet d'être des plus stricts tant sur les atteintes portées à la réception par les citoyens des informations émises (dimension passive) que sur leur émission (dimension active). À cet égard, il a ainsi jugé, en 2009, « qu'en l'état actuel des moyens de communication et eu égard au développement généralisé des services de communication au public en ligne (Internet) ainsi qu'à l'importance prise par ces services pour la participation à la vie démocratique et l'expression des idées et des opinions, ce droit (à la libre communication des idées et des pensées) implique la liberté d'accéder à ces services »[235] ainsi que de s'y exprimer[236]. Comme à l'égard de la liberté individuelle (au sens de la sûreté — soit l'interdiction de la détention arbitraire[237]), la liberté d'association, la liberté d'aller et venir, le droit au respect de la vie privée et le droit à mener une vie familiale normale, l'examen du Conseil est exigeant (c'est le contrôle dit de proportionnalité) car il s'assure que les atteintes portées à son exercice soient, tout à la fois, « adaptées, nécessaires et proportionnées aux objectifs poursuivis ». Par ailleurs, et dans une démarche inédite, il a aussi l'occasion d'affirmer que l'indivisibilité de la République, l'égalité des citoyens et l'unicité du peuple français sont des « principes fondamentaux »[238], instillant le doute quant à l'existence d'une possible supra-constitutionnalité.

Dans une logique diamétralement opposée, le Conseil est moins exigeant à l'égard des libertés économiques et notamment la liberté d'entreprendre, déduite de l'article 4 de la déclaration de 1789[239] et qui « comprend non seulement la liberté d'accéder à une profession ou à une activité économique mais également la liberté dans l'exercice de cette profession ou de cette activité[240] ». Certes, il a sensiblement renforcé les contraintes

229. Cons. const. 23 sept. 2011, n° 2011-166 QPC, *M. Yannick N.*, *Rec.* 455.

230. V. en ce sens les interrogations de R. Janot : « Je vous demande si vous estimez que les règles normatives qui ont été édictées en 1789 peuvent devenir normatives au siècle où nous sommes, au XX$^e$ siècle ? Croyez-vous que la structure de la société moderne est comparable à celle du XVIII$^e$ siècle ? ». Comité consultatif constitutionnel, 7 août 1958, *Op cit.*

231. S. Salles, *Le conséquentialisme dans la jurisprudence du Conseil constitutionnel*, LGDJ, 2016.

232. Cons. const. 18 janv. 1995, n° 94-352 DC, *Loi d'orientation et de programmation relative à la sécurité*, Rec. Cons. const., 170. Le Conseil a ainsi eu l'occasion de déclarer non conforme à la Constitution un mécanisme permet d'établir une interdiction préventive de participer à une manifestation. Il a jugé que le législateur avait porté au droit d'expression collective des idées et des opinions une atteinte qui n'était pas « adaptée, nécessaire et proportionnée » ; Cons. const. 4 avr. 2019, n° 2019-780 DC, *Loi visant à renforcer et garantir le maintien de l'ordre public lors des manifestations*, *JO* 11 avr.

233. Cons. const. 11 oct. 1984, n° 84-181 DC, *Entreprises de presse*, *Rec.* 78.

234. Cons. const. 10 juin 2009, n° 2009-580 DC, *Loi favorisant la diffusion et la protection de la création sur Internet*, *Rec.* 107.

235. *Ibid.*

236. Cons. const. 18 juin 2020, n° 2020-801 DC, Loi visant à lutter contre les contenus haineux sur internet, *JO* 25 juin.

237. V. à l'égard de l'hospitalisation sans contentement (Cons. const. 26 nov. 2010, n° 2010-71 QPC, *M$^{lle}$ Danielle S.*, *Rec.* 343) et la rétention d'un étranger (Cons. const. 9 juin 2011, n° 2011-631 DC, *Loi relative à l'immigration*, *Rec.* 252).

238. Cons. const. 15 juin 1999, n° 99-412 DC, *Charte européenne des langues régionales ou minoritaires*, *Rec.* 71.

239. Cons. const. 16 janv. 1982, n° 81-132 DC, *Nationalisations*, *Rec.* 18.

240. Cons. const. 30 nov. 2012, n° 2012-285 QPC, *M. Christian S.*, *Rec.* 636.

en ce sens que si, initialement, seules les restrictions arbitraires ou abusives étaient sanctionnées, au motif pris que « la liberté d'entreprendre n'est ni générale ni absolue »[241], il s'est ensuite orienté vers davantage de fermeté[242]. Reste que sa jurisprudence est *in fine* conciliante puisque, sauf à de rares exceptions près[243], les motifs d'intérêt général avancés par le législateur (tels « la lutte contre le chômage », « la préservation des éléments du patrimoine archéologique ») ou les exigences constitutionnelles (« la protection de la santé publique », « la lutte contre la fraude fiscale », « le droit au repos et aux loisirs », « le droit pour chacun d'obtenir un emploi ») sont de nature à justifier les atteintes portées à la liberté d'entreprendre.
Par ailleurs, force est d'admettre que la jurisprudence pénale du Conseil se caractérise, pour partie, par la prudence. Si depuis 1981, le Conseil impose, au nom de l'article 8 de la Déclaration de 1789, que l'infraction soit définie « en termes suffisamment clairs et précis pour exclure l'arbitraire »[244], il refuse, mettant en avant le principe qu'il ne dispose pas de ce « pouvoir général d'appréciation et de décision identique à celui du Parlement », de substituer sa propre vision à celle du législateur pour ce qui concerne la nécessité des peines attachées aux infractions définies par celui-ci. Il se contente de sanctionner les disproportions manifestes entre l'infraction et la peine. Un tel contrôle restreint ne conduit qu'à de rares invalidations[245]. De même, la règle *non bis in idem* est appréciée de manière souple (et ce contrairement à la position stricte de la Cour européenne des droits de l'homme, v. not. 4 mars 2014, *Grande Stevens c/ Italie*), puisque le principe même du cumul d'une sanction administrative (non pécuniaire) et pénale continue d'être accepté. Il est seulement encadré, le Conseil exigeant, au titre du contrôle de proportionnalité, que le montant global des sanctions éventuellement prononcées ne dépasse pas le montant le plus élevé de l'une des sanctions encourues[246]. Bref, entre le discours dithyrambique et la critique systématique, il faut savoir être réaliste.

## C • Le respect de l'autorité des décisions du Conseil constitutionnel

**169** Les vecteurs de l'imprégnation constitutionnelle sont pluriels. Celle-ci, avant toute chose, ne se réduit pas à son seul versant juridictionnel. Le *soft power* de la rue de Montpensier est une réalité observable en raison du fait que la procédure législative s'oriente dans une logique prophylactique. En clair,

241. Cons. const. 16 janv. 1986, n° 85-200 DC, *Cumul entre pensions de retraite et revenus d'activité*, *Rec.* 9.
242. Le considérant de principe est fixé en 2001 (Cons. const. 16 janv. 2001, n° 2000-439 DC, *Loi relative à l'archéologie préventive*, *Rec.* 42) : « Considérant qu'il est loisible au législateur d'apporter à la liberté d'entreprendre, qui découle de l'article 4 de la Déclaration des droits de l'homme et du citoyen de 1789, des limitations liées à des exigences constitutionnelles ou justifiées par l'intérêt général, à la condition qu'il n'en résulte pas d'atteintes disproportionnées au regard de l'objectif poursuivi ».
243. V. récemment l'invalidation de l'incompatibilité de l'exercice de l'activité de conducteur de taxi avec celle de conducteur de VTC (Cons. const. 15 janv. 2016, n° 2015-516 QPC, M. Robert M., *JO* 17 janv. ).
244. Cons. const. 20 janv. 1981, n° 80-127 DC, *Sécurité et liberté*, *Rec.* 15. V., à titre d'exemples, les décisions du 17 février 2012 (n° 2011-222 QPC, *M. Bruno L.*, *Rec.* 123 — sur le délit d'atteintes sexuelles incestueuses et du 4 mai 2012, (n° 2012-240 QPC, *M. Gérard D., Rec. 233 — sur le délit de harcèlement sexuel).* Il arrive parfois que le contrôle soit plus elliptique. Concernant la notion de « bande organisée », le Conseil s'est contenté de s'appuyer sur la définition donnée par la jurisprudence pénale et la Convention des Nations unies contre la criminalité transnationale organisée. « Autrement dit, le Conseil reconnaît l'insuffisance du texte mais s'en remet, pour éviter la censure, à des compléments d'information qui n'entrent pas, traditionnellement, dans le champ de la légalité criminelle. Cette position laisse d'autant plus perplexe que le Conseil ne s'est pas demandé si la Convention en question ou la jurisprudence interne revêtent, elles-mêmes, les qualités rédactionnelles voulues » : B. de Lamy, « Le principe de légalité criminelle dans la jurisprudence du Conseil constitutionnel », *Cah. Cons. const.* 2009, n° 26, p. 23.
245. Citons principalement la décision par laquelle le Conseil a censuré l'intégration de l'infraction d'aide à l'entrée et au séjour irrégulier d'un étranger (si elle est intentionnellement en relation avec une entreprise individuelle ou collective ayant pour but de troubler gravement l'ordre public par l'intimidation ou la terreur) dans le champ des actes de terrorisme (Cons. const. 16 juill. 1996, n° 96-377 DC, *Loi tendant à renforcer la répression du terrorisme*, *Rec.* 87) ; celle, en droit fiscal répressif, d'une amende encourue en cas de divulgation du montant des revenus d'une personne, égale, en toute hypothèse, au montant des revenus divulgués (Cons. const. 30 déc. 1987, n° 87-237 DC, *Loi de finances pour 1988*, *Rec.* 63).
246. Cons. const. 28 juill. 1989, n° 89-260 DC, *Loi relative à la sécurité et à la transparence du marché financier*, *Rec.* 71. Le cumul est possible si « les mêmes faits commis par une même personne (font) l'objet de poursuites différentes aux fins de sanctions de nature différente en application de corps de règles distincts » (Cons. const. 24 juin 2016, n° 2016-546 QPC, *M. Jérôme Cahuzac, JO 30 juin*).

le gouvernement dans la préparation de ses projets[247], le Conseil d'État lors de son examen consultatif obligatoire (Const., art. 39) puis les parlementaires et, une nouvelle fois, le gouvernement pendant la discussion en commission et en hémicycle, intériorisent la contrainte constitutionnelle même si cela ne se fait pas sans anicroches[248]. Toute la difficulté est d'évaluer correctement le risque d'invalidation (et la tâche est complexe en raison d'un fonds résiduel d'imprévisibilité de la jurisprudence notamment au regard du principe d'égalité) car sa surestimation systématique conduit à la paralysie et au renoncement des décideurs politiques.

En application de l'article 62 de la Constitution, les décisions du Conseil constitutionnel « s'imposent aux pouvoirs publics et à toutes les autorités administratives et juridictionnelles »[249]. Les effets diffèrent selon les modalités de contrôle : une déclaration d'inconstitutionnalité *a priori* d'une disposition législative conduit à ce qu'elle ne puisse être ni « promulguée ni mise en application » (art. 62, al. 1) tandis que, dans l'hypothèse d'une abrogation *a posteriori*, le Conseil détermine, lui-même, « les conditions et limites dans lesquelles les effets que la disposition a produits sont susceptibles d'être remis en cause »[250] (art. 62, al. 2). Si la première occurrence, par son efficace simplicité, ne suscite pas de difficultés sauf dans l'hypothèse où le législateur souhaiterait rétablir ce qui avait été précédemment invalidé[251], il en va différemment pour « le service après-vente » d'une QPC dont la mise en œuvre peut faire tomber l'observateur, ainsi que le justiciable, dans les tréfonds du byzantinisme[252]. Par ailleurs, il appartient depuis 2020 au Conseil constitutionnel, depuis que le Conseil d'État a admis le principe de responsabilité de l'État en raison d'une loi inconstitutionnelle[253], de s'opposer à l'engagement de cette responsabilité ou d'en déterminer les conditions ou limites particulières.

Plus globalement, les contours de l'attitude des juridictions ordinaires à l'égard d'une décision du Conseil s'apprécient, dans le cadre du contrôle *a priori*, selon une double approche.

L'article 62 C s'impose strictement si la disposition législative ayant fait l'objet d'une décision du juge constitutionnel est directement applicable au litige en cours. À première vue, les effets sur les juges ordinaires devraient être limités puisque soit la norme législative est déclarée contraire à la Constitution et ne peut donc entrer en vigueur, soit elle est déclarée conforme. L'office du juge (faire respecter une

---

247. La première référence explicite date de 1988 : « Il convient de tout faire pour déceler et éliminer les risques d'inconstitutionnalité susceptibles d'entacher les projets de loi, les amendements et les propositions de loi inscrites à l'ordre du jour. Cette préoccupation doit être la nôtre même dans les hypothèses où une saisine du Conseil constitutionnel est peu vraisemblable » (Circ. 25 mai 1988, dite « Rocard », relative à la méthode de travail du gouvernement, *JO* 27 mai 1988, p. 7381).

248. Il n'est pas rare de voir les parlementaires, soutenus parfois implicitement par le gouvernement, de revenir à la charge en adoptant des dispositions reprenant des règles précédemment invalidées par le Conseil nonobstant l'autorité de la chose jugée de ses décisions (art. 62 C) — V. *infra*.

249. V. « L'autorité des décisions du Conseil constitutionnel », *Cah. Cons. const.* 2011, n° 30. V. S. Benzina, *L'effectivité des décisions QPC du Conseil constitutionnel*, LGDJ, 2017 et G. Drago, *l'exécution des décisions du Conseil Constitutionnel*, LGDJ, 1991.

250. La politique jurisprudentielle du Conseil se résume comme suit : « D'une part, l'effet abrogatif de la déclaration d'inconstitutionnalité interdit que les juridictions appliquent la loi en cause, non seulement dans l'instance ayant donné lieu à la QPC, mais aussi dans toutes les instances en cours à la date de cette décision ; d'autre part, toute exception ou dérogation à cette orientation générale, de quelque nature qu'elle soit, ne peut résulter que des dispositions expresses de la décision du Conseil » (M. Guillaume, Audition devant la commission des lois de l'Assemblée nationale, 21 nov. 2012, Compte rendu n° 16, p. 8).

251. Le Conseil affirme depuis 1989 que « si l'autorité attachée à une décision du Conseil constitutionnel déclarant inconstitutionnelles des dispositions d'une loi ne peut en principe être utilement invoquée à l'encontre d'une autre loi conçue en termes distincts, il n'en va pas ainsi lorsque les dispositions de cette loi, bien que rédigées sous une forme différente, ont, en substance, un objet analogue à celui des dispositions législatives déclarées contraires à la Constitution » (Cons. const. 8 juill. 1989, n° 89-258 DC, *Loi portant amnistie*, *Rec.* 48). Le paragraphe de principe a été allégé en 2017 : « si l'autorité attachée à une décision du Conseil constitutionnel ne peut en principe être utilement invoquée à l'encontre d'une autre loi, il n'en va pas ainsi lorsque les dispositions de cette loi ont un objet analogue à celui des dispositions législatives sur lesquelles le Conseil constitutionnel s'est déjà prononcé » (Cons. Const. 24 févr. 2017, n° 2016-612 QPC, *SCI Hyéroise*, *JO* 25 févr.). On notera que l'autorité de la chose jugée des décisions du Conseil a été particulièrement malmenée par le Parlement en 2013 (v. Cons. const. 29 déc. 2013, n° 2013-685 DC, *Loi de finances pour 2014*, *Rec.* 1127). Lors des vœux présentés au chef de l'État en janv. 2014, le président du Conseil constitutionnel a estimé que « cette situation est préoccupante. L'État de droit est fondé sur le respect de la règle de droit et des décisions de justice […] Le respect de la Constitution n'est pas un risque, c'est un devoir. Chacun doit y veiller à la place qui est la sienne » (site Internet du Conseil).

252. On pensera ici plus particulièrement aux positions divergentes du Conseil d'État et de la Cour de cassation quant aux conséquences à tirer sur les instances en cours de l'abrogation de la disposition transitoire de la loi dite « anti-Perruche » (Cons. const. 11 juin 2010, n° 2010-2 QPC, *Mme Viviane L.*, *Rec.* 105).

253. CE, ass., 24 déc. 2019, Société Paris Clichy, Société Hôtelière Paris Eiffel Suffren, M. Laillat, n° 425981, n° 425983 et n° 428162.

disposition dont la constitutionnalité a été reconnue)[254] s'en trouve particulièrement simplifié. En réalité, la situation est plus complexe.

On isolera le cas où une décision du Conseil constitutionnel intervenue dans le cadre de l'article 37, al. 2, de la Constitution (soit dans la procédure de délégalisation où il examine seulement si la disposition législative relève du domaine de la loi — art. 34 C — ou de celui du règlement — art. 37 C[255]) peut contraindre le Conseil d'État à modifier sa jurisprudence[256], pour se pencher davantage sur les réserves d'interprétation.

On sait que, grâce à cet outil, apparu dès 1959 mais dont le recours ne se banalise qu'à partir des années 1980, le Conseil constitutionnel s'est octroyé la capacité d'aller au-delà de l'alternative binaire (annuler/ne pas annuler ; puis avec la QPC, abroger/ne pas abroger) à laquelle la Constitution semblait pourtant le confiner. Afin de sauver une disposition d'une déclaration d'inconstitutionnalité ou parce que l'annulation de la disposition défectueuse n'aurait pas de sens[257] le Conseil décide d'accompagner sa décision de conformité (qu'elle soit rendue *a priori* ou *a posteriori*) d'une réserve d'interprétation[258]. Ces réserves s'imposant aux juges chargés de l'application de la loi[259], l'influence du Conseil, et notamment le sens qu'il entend donner aux droits et libertés constitutionnellement garantis, se diffuse irrésistiblement.

Il n'en reste pas moins que l'application de l'article 62 s'entend strictement puisque son autorité ne bénéficie qu'à la seule décision portant sur la loi soumise au Conseil constitutionnel. Bref, l'interprétation générale de la Constitution effectuée par ce dernier ne contraint pas les juges ordinaires. La Cour de cassation, dans un arrêt remarqué, a rappelé que « si l'autorité des décisions du Conseil

---

254. Il est à relever que le juge ordinaire peut parfaitement écarter une disposition législative pour inconventionnalité nonobstant le fait qu'elle ait été déclarée conforme à la Constitution. Ainsi, la Cour de cassation (Crim. 19 oct. 2010, n° 10-82.902 ; Cass., ass. plén., 15 avr. 2011, n^os^ 10-17.049, 10-30.242, 10-30.313, 10.30.316) a-t-elle jugé que les limitations à l'intervention d'un avocat dans les gardes à vue relatives aux infractions relevant du crime et la délinquance organisées jugées conforme à la Constitution par le Conseil étaient incompatibles avec l'art. 6 de la Convention européenne des droits de l'homme.

255. Il ne peut se prononcer, sur forme d'avis, sur la constitutionnalité d'une disposition (CC, n° 80-113 L, 14 mai 1980, *Nature juridique des diverses dispositions du Code général des impôts relatives à la procédure contentieuse en matière fiscale*, *Rec.* 61).

256. Concrètement, la décision n° 82-124 L du 23 juin 1982, par laquelle le Conseil jugea que les redevances perçues par les agences financières de bassin ne constituent pas des taxes parafiscales mais des impositions de toute nature conduisit le Conseil d'État à un revirement de jurisprudence (CE, ass., 20 déc. 1985, *Établissements Outters*, *Lebon* 382).

257. Par ex., l'article LO 141-1 du Code électoral a déterminé la liste des fonctions exécutives locales devenues incompatibles, à compter de 2017, avec l'exercice d'un mandat parlementaire. Réparant un oubli du législateur, le Conseil indique que la fonction de vice-président de l'Assemblée de Corse est aussi concernée (Cons. const. 13 févr. 2014, n° 2014-689 DC, *Cumul des mandats*, *JO 26 févr., p. 2706*). Identiquement, le législateur ne pouvait exclure les professions libérales du régime permettant aux commerçants et artisans de bénéficier d'une remise de plein de droit des pénalités, majorations de retard et frais de poursuite dus par le redevable à la date du jugement d'ouverture en cas de procédure de sauvegarde ou de redressement ou de liquidations judiciaires (Cons. const. 11 févr. 2011, n° 2010-101 QPC, *M^me^ Monique P.*, *Rec.* 116).

258. Selon les hypothèses, la réserve est dite « neutralisante » en retirant tout effet juridique à la disposition (lorsque, par exemple, le juge indique que la qualification de « pays d'outre-mer » pour la Polynésie française « *n'emporte aucun effet de droit* » : Cons. const. 12 févr. 2004, n° 2004-490 DC, *Polynésie française*, *Rec.* 41) ; « constructive » en complétant la règle posée par le législateur (par ex., en y adjoignant une garantie procédurale supplémentaire : est imposé au Conseil supérieur de l'audiovisuel de mettre en demeure les titulaires d'autorisation avant d'utiliser ses pouvoirs de sanction : Cons. const. 17 janv. 1989, n° 88-248 DC, *CSA*, *Rec.* 18) et « directive » en imposant une grille de lecture aux autorités chargées de sa mise en œuvre. Ainsi, les perquisitions nocturnes ne peuvent-elles être décidées par le juge judiciaire ou par l'administration (dans le cadre de l'état d'urgence) que si les circonstances l'exigent : Cons. const., 2 mars 2004, n° 2004-492 DC, *Perben II*, *Rec.* 66 et 19 févr. 2016, n° 2016-536 QPC, *Ligue des droits de l'homme*, *JO 21 févr.* ; le cumul de sanctions fiscales et pénales pour insuffisance de déclaration est possible seulement pour les « *cas les plus graves* » : Cons. const. 24 juin 2016, n° 2016-546 QPC, *M. Jérôme Cahuzac*, *JO 24 juin*). En sus, le Conseil, dans le cadre de la QPC, a forgé la catégorie de la réserve d'interprétation transitoire (v. n° 95). V. T. di Manno, *Le juge constitutionnel et la technique des décisions interprétatives en France et en Italie*, PUAM, 1997.

259. V. not. CE, ass., 1^er^ mars 1994, *SA La Cinq*, *Lebon* 118. V. not. CE 8 déc. 2000, *Conseil supérieur de l'administration des biens*, req. n° 217826 ; 6 mai 2009, *Association FNATH et autres*, req. n° 312462 ; 17 mars 2010, *CGT*, req. n° 319785 ; 8 juin 2016, *Association française des entreprises privées*, n° 383259 Il appartient au juge administratif de faire application d'une réserve d'interprétation, le cas échéant, d'office (CE 15 mai 2013, *Commune de Gurmençon*, n° 340554). Le Conseil d'État énonce ainsi régulièrement que « les réserves d'interprétation dont une décision du Conseil constitutionnel assortit la déclaration de conformité à la Constitution d'une disposition législative sont revêtues de l'autorité absolue de la chose jugée et lient le juge administratif pour l'application et l'interprétation de cette disposition » (*Ibid*). Pour un exemple récent : CE 7 mars 2019, *Ste Zimmer*, req. n° 421688. Pour la Cour de cassation : Civ. 2^e^, 28 juin 1995, *JCP* 1995. II. 22504, concl. Sainte-Rose ; Crim. 10 oct. 1996, *Bull. crim.* n° 356 ; Civ. 1^re^, 22 mars 2005, n° 04-50.024. En revanche, la réserve par ricochet (émise sur une loi à l'occasion du contrôle d'une autre loi) n'est pas prise en compte par les juges ordinaires (CE, sect., 22 juin 2007, *Lesourd*, req. n° 288206).

constitutionnel s'attache non seulement au dispositif, mais aussi aux motifs qui en sont le soutien nécessaire, ces décisions ne s'imposent aux pouvoirs publics et aux autorités administratives et juridictionnelles qu'en ce qui concerne le texte soumis à l'examen du Conseil »[260]. Aussi, les divergences d'interprétation sont-elles toujours possibles ; les contours de la responsabilité pénale du chef de l'État furent, jusqu'à la révision constitutionnelle de 2007, un exemple topique de désaccord entre le quai de l'Horloge et la rue de Montpensier.

Mais il faut reconnaître que cette jurisprudence dispose, à tout le moins d'une « autorité morale [qui] est fonction de la force de conviction du raisonnement suivi »[261] et que les juges doivent s'appuyer sur de solides justifications pour décider de s'en écarter. La tendance générale du Conseil d'État, l'attitude de la Cour de cassation étant nettement plus ambivalente, est de s'efforcer de statuer, en recourant à ses propres méthodes de raisonnement, dans un sens compatible avec la règle de droit posée par le Conseil constitutionnel[262].

Concernant le contrôle de constitutionnalité *a posteriori*, l'autorité de la chose jugée des décisions du Conseil constitutionnel[263] s'impose aux juridictions ordinaires en amont (en leur permettant de s'y fonder afin de rejeter le caractère sérieux d'une QPC[264]) et en aval (lorsque notamment le juge constitutionnel juge que la déclaration d'inconstitutionnalité frappant la disposition législative est applicable à toutes les affaires non jugées définitivement).

Pour conclure, constatons que le débat sur la constitutionnalisation du droit se trouve renouvelé avec la QPC.

Longtemps cantonné à l'art politique et présenté par le recteur Prélot, comme une « science des règles juridiques suivant lesquelles s'établit, se transmet et s'exerce l'autorité politique, ou encore, plus brièvement, de droit de l'autorité politique »[265], le droit constitutionnel est devenu une discipline pleinement juridique puisque « sanctionné par un juge »[266]. Partant de là, la rhétorique de la constitutionnalisation des branches du droit a pu se développer[267], et il pouvait être soutenu, notamment par l'école d'Aix, que le droit jurisprudentiel constitutionnel irriguait progressivement tous les secteurs juridiques et diffusait, tel un droit matriciel, un socle commun de référence. L'influence était principalement remarquée dans le domaine des droits et libertés fondamentaux.

La résistance doctrinale s'organisa et, soutenue par les postures parfois ambiguës du Conseil d'État et de la Cour de cassation, certains auteurs défendirent la thèse inverse ; à savoir que la réalité juridique se traduisait par une « civilisation », une « administrativisation » ou une « pénalisation » du droit constitutionnel. Ce dernier finissait par se transformer sous l'effet de l'influence des autres branches

---

260. Cass., ass. plén., 10 oct. 2001, *Breisacher*, n° 01-84.922.

261. B. Genevois, « Le Conseil constitutionnel et le droit international pénal », *RFDA* 1999. 721.

262. Le respect de la dignité humaine est consacré comme un principe à valeur constitutionnelle (Cons. const. 27 juill. 1994, n° 94-343/344 DC, *Bioéthique*, *Rec.* 100) avant d'être considéré comme « une des composantes de l'ordre public » que le maire doit faire respecter sur le territoire de sa commune (CE, ass., 27 oct. 1995, *Commune de Morsang s/Orge*, *Lebon* 372). Dans un domaine tout à fait différent, la démarche suivie par le Conseil constitutionnel pour le contrôle de constitutionnalité d'une loi de transposition de directive européenne (Cons. const. 27 juill. 2006, n° 2006-540 DC, *Loi DAVSI*, *Rec.* 88) est reprise par le Conseil d'État pour l'examen de constitutionnalité d'actes administratifs de transposition (CE, ass., 8 févr. 2007, *Sté Arcelor*, *Lebon* 55). Enfin, la diminution des ressources publicitaires de France Télévision, en la privant d'une part significative de ses ressources, affecte, pour les deux juridictions, la garantie de ses ressources qui constitue un élément de son indépendance et relève donc de la loi (Cons. const. 3 mars 2009, n° 2009-577 DC, *Loi relative à la communication audiovisuelle*, *Rec.* 64 ; CE 11 févr. 2010, *Mme Nicole U. et a.*, req. n° 324233).

263. V. S. Benzina, *L'effectivité des décisions QPC du Conseil constitutionnel*, LGDJ, 2017.

264. V., par exemple, la Cour de cassation faisant référence à l'interprétation à donner d'une disposition législative « au sens de la décision du Conseil constitutionnel » (Crim. 29 sept. 2020, n° 20-83.539).

265. *Précis de droit constitutionnel*, 1re éd., Dalloz, 1948, p. 19.

266. L. Favoreu, « Droit de la constitution et constitution du droit », *RFDC* 1990. 83. V. not. P. Avril, « La constitution, Lazare ou Janus », *RD publ.* 1990. 949 ; O. Beaud, « Constitution et droit constitutionnel », *in* D. Alland, S. Rials (dir.), *Dictionnaire de culture juridique*, PUF, coll. « Quadrige », 2003, p. 257 ; J. Chevallier, « Droit constitutionnel et institutions politiques : les mésaventures d'un couple fusionnel », *in Mélanges Avril*, Montchrestien, 2001, p. 183.

267. V. not. L. Favoreu, « La constitutionnalisation du droit », *in Mélanges Roland Drago*, Economica, 1996, p. 25 ; N. Molfessis, *Conseil constitutionnel et droit privé*, LGDJ, 1997.

du droit. La discussion est connue. Elle s'est apaisée[268] au moment où une partie non négligeable de la communauté universitaire commença à voir dans la Cour européenne des droits de l'homme le nouvel oracle du Droit. La thématique de la conventionnalisation du droit prit alors son essor[269] et elle semblait d'autant plus irrésistible que le contrôle de conventionnalité apportait une garantie capitale dans la protection des droits et libertés, à savoir qu'il était aux mains des justiciables aussi bien devant les juridictions nationales que devant la Cour de Strasbourg. La mise en place de la QPC a changé la situation et le débat sur la constitutionnalisation du droit peut désormais reprendre[270].

## BIBLIOGRAPHIE INDICATIVE


- P. Avril, J. Gicquel, *Le Conseil constitutionnel*, Montchrestien, 6e éd., 2011.
- P. Blachèr, J.-É. Gicquel, P. Jan, *Droits et libertés constitutionnels*, Hachette, 2012.
- S. Benzina, *L'effectivité des décisions QPC du Conseil constitutionnel*, LGDJ, 2017.
- J. Bonnet et P.-Y. Gadhoun, *La question prioritaire de constitutionnalité*, PUF, 2014.
- M. Disant, *L'autorité de la chose interprétée par le Conseil constitutionnel*, LGDJ, 2010.
- G. Drago (dir.), *L'application de la Constitution par les Cours suprêmes*, Dalloz, 2007.
- G. Drago, *Contentieux constitutionnel français*, PUF, 5e éd., 2020.
- P. Esplugas, *Le Conseil constitutionnel*, Dalloz, 9e éd., 2020.
- L. Favoreu, L. Philip *et al.*, *Les grandes décisions du Conseil constitutionnel*, Dalloz, 20e éd., 2022.
- K. Foucher (dir.), *L'apport de la QPC à la protection des droits et libertés*, Dalloz, 2020.
- J.-É. Gicquel, « Constitution », *J.-Cl. Adm.*, Fasc. n° 10, 2020.
- M. Guillaume, « Question prioritaire de constitutionnalité », Dalloz, Répertoire de contentieux administratif, avril 2022.
- P. Jan, *Le procès constitutionnel*, LGDJ, 2010.
- B. Mathieu, M. Verpeaux (dir.), *L'examen de la constitutionnalité de la loi par le Conseil d'État*, Dalloz, 2011.
- B. Mathieu, D. Rousseau, *Les grandes décisions de la question prioritaire de constitutionnalité*, LGDJ, 2013.
- C. Maugüé, J.-H. Stahl, *La question prioritaire de constitutionnalité*, Dalloz, 3e éd., 2017.
- E. Picard, « L'émergence des droits fondamentaux en France », *AJDA* 1998. 6, n° spécial juill.-août.
- D. Rousseau, J. Bonnet, P.-Y. Gahdoun, *Droit du contentieux constitutionnel*, Lextenso, 12e éd., 2020.
- B. Stirn, *Les sources constitutionnelles du droit administratif*, LGDJ, 10e éd., 2019 ; *Les libertés en question*, LGDJ, 11e éd., 2019.


268. Ainsi D. de Béchillon et N. Molfessis écrivaient-ils, en 2004, que « la phase de croissance du Conseil constitutionnel est sans doute derrière nous et avec elle, il faut l'espérer, les logiques d'affrontement disciplinaire que cette zone frontalière du droit a pu connaître. La question de l'insertion du droit constitutionnel dans notre système juridique devrait désormais être traitée avec moins de passion et plus de technique, le temps des craintes et de l'inconnu étant, sans nul doute, révolu » : « Le Conseil constitutionnel et les autres branches du droit. Propos introductifs », *Cah. Cons. const.* 2004, n° 16, p. 3.

269. V. not. A. Debet, *L'influence de la Convention européenne des droits de l'homme sur le droit civil*, Dalloz, 2002 ; J.-P. Marguénaud (dir.), *CEDH et droit privé. L'influence de la jurisprudence de la Cour européenne des droits de l'homme sur le droit privé français*, La Documentation française, coll. « Perspectives sur la justice », 2001.

270. « Le droit privé s'est approprié la question prioritaire de constitutionnalité, il s'est décentré vers le droit constitutionnel, tandis que celui-ci s'est lui-même insinué dans des domaines qui semblaient lui échapper jusqu'alors » : V. Lamanda, Audition devant la commission des lois de l'Assemblée nationale, 21 nov. 2012, Compte rendu n° 16, p. 21. V. K. Foucher (dir.), *L'apport de la QPC à la protection des droits et libertés*, Dalloz, 2020 et « QPC 2020, Les dix ans de la question citoyenne », *Titre VII*, Hors-série, oct. 2020

## DOSSIERS

- « La jurisprudence du Conseil Constitutionnel et les différentes branches du droit », *Jus Politicum*, n° 20-21, juill. 2018.
- « Le Conseil constitutionnel : cinq ans de QPC », *Cah. Cons. const.* 2015, n° 47.
- « Le Conseil constitutionnel et le droit social », *Cah. Cons. const.* 2014, n° 45.
- « Le Conseil constitutionnel : trois ans de QPC », *Cah. Cons. const.* 2013, n° 40.
- « La Constitution et le droit des personnes et de la famille », *Cah. Cons. const.* 2013, n° 39.
- « Le Conseil constitutionnel et le droit administratif », *Cah. Cons. const.* 2012, n° 37.
- « Le Conseil constitutionnel et l'impôt », *Cah. Cons. const.* 2011, n° 33.
- « Le Conseil constitutionnel et le droit des biens et des obligations », *Cah. Cons. const.* 2011, n° 31.
- « L'autorité des décisions du Conseil constitutionnel », *Cah. Cons. const.* 2011, n° 30.
- « La Question prioritaire de constitutionnalité », *Pouvoirs* 2011, n° 137 et *Cah. Cons. const.* 2010, n° 29.
- « La Constitution et le droit pénal », *Cah. Cons. const.* 2009, n° 26.
- « Le Conseil constitutionnel et les autres branches du droit », *Cah. Cons. const.* 2004, n° 16.
- « Le Conseil constitutionnel », *Pouvoirs* 2003, n° 105.
- « Le principe d'égalité », *Titre VII,* n° 4, 2020.
- « La sécurité juridique », *Titre VII,* n° 5, 2020.
- « Le droit des étrangers », *Titre VII,* n° 6, 2021.
- « La liberté individuelle », *Titre VII,* n° 7, 2021.
- « Les catégories de normes constitutionnelles », *Titre VII,* n° 8, 2022.
- « QPC 2020, Les dix ans de la question citoyenne », *Titre VII, Hors-série,* oct. 2020.

## PISTES DE RÉFLEXION

- Juge ou juges constitutionnel(s) ?
- Les modalités d'examen d'une QPC par les juridictions judiciaires et administratives
- La défense des droits et libertés constitutionnellement garantis
- L'efficacité de la protection constitutionnelle des droits et libertés garantis par la Constitution
- Le Conseil constitutionnel a-t-il institué un gouvernement des juges ?
- Le Conseil constitutionnel tend-il, grâce à la QPC, à devenir une Cour suprême ?

Thème 7

# Le droit international privé et les droits fondamentaux

Yves Lequette*
*Professeur à l'Université Panthéon-Assas (Paris II)*

Jusqu'à une époque relativement récente, les internationalistes privatistes ne se préoccupaient guère de l'incidence des droits fondamentaux sur leur discipline. Seule la question de l'entrée et du séjour des étrangers en France avait subi de manière significative l'empreinte de ceux-ci. Mais, en dépit du caractère neutre et indirect des règles de conflit de lois, la question de leur compatibilité avec les droits fondamentaux est de plus en plus souvent débattue. Surtout, l'application en France de normes étrangères — règles ou décisions, émaneraient-elles d'États qui ne sont pas parties à la Convention européenne —, n'est admissible que si elles en respectent les prescriptions. D'où une influence croissante des droits fondamentaux sur le droit international privé contemporain qui n'est pas sans soulever des difficultés au regard des objectifs traditionnels de la discipline, notamment l'harmonie internationale des solutions.



**170** ***Un monde divisé : le phénomène de la frontière.*** Le monde est divisé en États souverains et indépendants. Mais, bien loin de se tenir enfermés dans le cadre national, les hommes nouent des relations de plus en plus nombreuses à travers les frontières. Des ressortissants de pays différents se marient, ont des enfants, divorcent, contractent, se causent des dommages… On pourrait imaginer qu'existe pour répondre à ces problèmes, en marge ou au-dessus des États, une société internationale, constituée en ordre juridique autonome, qui assumerait pour le bien de ses membres la réglementation des relations qui se développent simultanément dans plusieurs milieux nationaux. Tel n'est pas le cas. Dès lors, il revient aux États eux-mêmes de répondre aux multiples interrogations que suscite le phénomène de la frontière. De quel État chaque individu est-il le ressortissant ? C'est la nationalité. Étrangers et nationaux sont-ils traités sur un pied d'égalité ? C'est la condition des étrangers. Comment réglementer les relations privées qui débordent le cadre national ? C'est le conflit de lois.

* Mise à jour par Léna Gannagé, Professeur à l'Université Panthéon-Assas (Paris II).

Lorsque ces relations prennent un tour contentieux, quelles sont les juridictions compétentes pour en connaître et quels effets les décisions qu'elles rendent produisent-elles dans les autres États concernés ? C'est le conflit de juridictions.

**171** ***La réponse du droit international privé français : la continuité de traitement des relations privées internationales.*** Formant dans la tradition juridique française ce qu'on a coutume d'appeler le droit international privé, la réponse à ces questions est actuellement guidée par l'idée que l'homme est naturellement doué d'une certaine mobilité sociale qui lui permet de s'accomplir non seulement dans son propre pays mais encore à l'étranger. Aussi, soucieuse de promouvoir les relations privées internationales, la jurisprudence française a fait sauter, il y a maintenant plus d'un demi-siècle, les verrous qui avaient longtemps entravé la participation des étrangers à la vie juridique française : l'incompétence des tribunaux français pour connaître des litiges entre étrangers qu'on déduisait traditionnellement de l'interprétation *a contrario* des articles 14 et 15 du Code civil a été abandonnée[1] ; les étrangers ont été assimilés aux Français sur le terrain de la jouissance des droits privés[2]. Il en est résulté un environnement juridique beaucoup plus favorable à l'épanouissement des relations privées internationales. La méthode qu'une longue tradition historique avait progressivement forgée pour apporter un traitement approprié à ces relations a ainsi pu prendre son plein essor. Au lieu de soumettre systématiquement au droit français les relations privées internationales dont elles ont à connaître, les juridictions françaises font application de lois étrangères lorsque ces relations entretiennent avec un autre ordre juridique des liens particulièrement étroits et significatifs. Corrélativement, les décisions intervenues à l'étranger à propos de ces mêmes relations pourront éventuellement développer leurs effets en France. On cherche ainsi à éviter que les frontières ne soient à l'origine d'une véritable rupture dans le traitement des relations privées internationales. Il est évident, en effet, que si chaque État applique sa propre loi à une relation qui se développe à cheval sur plusieurs ordres juridiques, cela ne peut conduire qu'à la traiter de manière fragmentaire et à créer une discontinuité radicale entre les ordres juridiques. Mariés dans un pays, les époux pourront ne pas l'être dans un autre. Valable dans un pays, le contrat pourra ne pas l'être dans un autre, *etc.* En soumettant chaque relation privée internationale à la loi du pays avec lequel elle entretient les liens les plus étroits, on pose une directive qui doit permettre de parvenir à l'harmonie internationale des solutions, c'est-à-dire au fait qu'une situation internationale sera traitée de la même façon dans tous les États concernés.

**172** ***La limite : la défense de la cohésion de la société française.*** Le préjugé favorable que nourrit le droit international privé français à l'égard du développement des relations privées internationales trouve néanmoins une limite dans la nécessité qu'éprouve chaque État d'assurer la défense de la société qu'il représente. L'insertion des relations internationales dans le contexte des ordres juridiques nationaux doit s'opérer de telle façon que leur cohésion ne soit pas altérée. Organisations humaines parmi les plus achevées, les sociétés étatiques sont « plus existantes » que la société internationale[3]. Elles forment pour l'heure le cadre naturel dont relève la majeure partie de la population mondiale. Aussi ne faudrait-il pas qu'à la faveur du développement des relations privées internationales, cette existence puisse être remise en cause. D'où l'appel à toute une série d'instruments qui ont pour but de préserver les sociétés étatiques des atteintes qui pourraient leur être portées à l'occasion de l'insertion des relations internationales dans les ordres juridiques nationaux : lois de police qui n'entrent pas en concurrence avec les lois étrangères et qui s'appliquent directement dans toute la mesure où cela est nécessaire à la défense des intérêts vitaux dont l'État qui les édicte a la charge ; exception d'ordre public international qui permet de faire échec aux normes étrangères — règles ou décisions — dont

1. Civ. 21 juin 1948, *Patino*, *JCP* 1948. II. 4422, note Lerebours-Pigeonnière, *S.* 1949. 1. 121, note Niboyet, *Rev. crit. DIP* 1949. 557, note Francescakis.
2. Civ. 27 juill. 1948, *Lefait*, *D.* 1948. 535, *Rev. crit. DIP* 1949. 75, note Batiffol, *Les grands arrêts de la jurisprudence française de droit international privé (GAJDIP)*, par B. Ancel et Y. Lequette, 5e éd., 2006, n° 20.
3. Francescakis, *Archives Phil. dr.* 1958. 205.

l'introduction dans un ordre juridique serait de nature à porter atteinte aux valeurs essentielles de la société considérée ; police des étrangers qui a pour but de réguler l'entrée et le séjour des étrangers en fonction des besoins de la société d'accueil et de s'opposer à la présence d'étrangers jugés indésirables. En bref, le droit international privé est la résultante du délicat équilibre que chaque État cherche à établir entre la prise en compte de la spécificité et de la légitimité des relations privées internationales et la nécessaire défense de la cohésion de la société dont il a la charge.

**173** ***L'impact limité des droits fondamentaux jusqu'au milieu du XX^e^ siècle.*** L'irruption, sur la scène du droit international privé, des droits de l'homme et plus généralement des droits dits fondamentaux est-elle de nature à renouveler les données du problème ? Au premier abord, une réponse positive paraît devoir prévaloir. La prise en compte des droits de l'homme ne peut, en effet, qu'apparaître prometteuse à ceux qui appellent de leurs vœux un développement toujours plus intense des relations privées internationales. Ces droits étant définis en considération de « l'homme en soi », abstraction faite des particularités que lui imprime chaque société nationale, leur prise en compte ne peut semble-t-il qu'aider à percer les écrans que les États opposent au développement des relations privées internationales. Aussi bien doit-on constater que les internationalistes ont été les premiers à se préoccuper de l'incidence des droits de l'homme sur le droit positif. C'est ainsi que, dans les *Études offertes à Georges Ripert* qui donnent un excellent panorama du « droit privé au milieu du XXe siècle », la seule contribution à s'inscrire dans cette problématique a trait au droit international privé. Dans un article intitulé « La Déclaration universelle des droits de l'homme et le droit international privé français », Paul Lerebours-Pigeonnière s'interrogeait, en effet, sur les conséquences qu'il convient d'attacher à l'éventuelle violation des droits fondamentaux par les règles du droit international privé français ainsi que par les normes étrangères auxquelles celles-ci donnent compétence[4]. Dictées par le contexte juridique dans lequel elles étaient élaborées, les réponses à cette double interrogation étaient très contrastées. Alors que le juge français ne pouvait, selon lui, déduire aucune conséquence de la contrariété du droit international privé français aux droits fondamentaux, il pouvait en revanche puiser dans ceux-ci d'utiles directives afin de féconder l'exception d'ordre public international.

**174** ***L'influence croissante des droits fondamentaux.*** Ces solutions sont assez rapidement apparues très en retrait par rapport à celles qui avaient cours dans plusieurs pays voisins : Italie et plus encore Allemagne. Assez tôt en effet les plus hautes juridictions de ces pays se sont préoccupé de la conformité de leurs propres règles de droit international privé avec leurs normes fondamentales. La distorsion s'expliquait, sans doute, d'abord par des raisons institutionnelles : alors que, dans ces pays, un recours constitutionnel peut être formé contre un texte en vigueur, il n'en allait pas de même, à l'époque, en France. En outre, codifiées dans ces droits, les règles de conflit de lois sont, en France, longtemps restées presque exclusivement jurisprudentielles, ce qui permettait des ajustements plus discrets. Enfin, peut-être faut-il voir dans cette différence d'attitude le signe d'une certaine mauvaise conscience, de la part de pays qui s'étaient donnés à des régimes qui avaient perdu le sens des droits de l'individu pour ne plus obéir qu'à leurs instincts collectifs.

Quoi qu'il en soit de ces raisons, cette distorsion s'est progressivement estompée. L'influence croissante exercée, au sein de l'ordre juridique français, par la Convention européenne de sauvegarde des droits de l'homme et des libertés fondamentales a conduit les auteurs à reprendre la réflexion amorcée par Lerebours-Pigeonnière et à se demander si une plus grande perméabilité du droit international privé aux droits fondamentaux n'était pas de nature à réduire la distance entre l'origine nationale des règles de droit international privé et l'objet international de celui-ci ainsi qu'à favoriser l'élaboration d'un ordre public non plus national mais réellement international qui faciliterait l'accueil en France des normes étrangères et par là même assurerait une meilleure continuité de traitement aux relations

4. P. Lerebours-Pigeonnière, « La Déclaration universelle des droits de l'homme et le droit international privé français », in *Le droit privé français au milieu du XXe siècle, Études offertes à Georges Ripert*, 1950, p. 255.

privées internationales, sans pour autant remettre en cause la cohésion des sociétés nationales considérées[5]. C'est à cette double interrogation qu'on essaiera de répondre en s'interrogeant successivement sur la conformité aux droits fondamentaux des règles françaises de droit international privé puis des normes étrangères désignées par ces mêmes règles.

## I • Règles françaises de droit international privé et droits fondamentaux

**175** ***La diversité des méthodes.*** Traditionnellement on identifie le droit international privé à la méthode des conflits de lois. Par cette méthode, il s'agit non de réglementer directement les relations privées à caractère international mais de désigner au moyen de règles de conflit de lois les ordres juridiques auxquels cette réglementation doit être empruntée. Prépondérante au sein de la discipline, cette méthode n'est cependant pas exclusive. Il existe, en effet, en droit international privé, des règles matérielles qui répondent directement au problème posé : droit de la nationalité, droit de la condition des étrangers, règles définissant la compétence internationale des juridictions françaises, règles substantielles qui traitent de manière originale des relations privées internationales, notamment commerciales, lorsque les règles internes se révèlent inaptes à les organiser. En outre, lorsqu'un juge étranger est déjà intervenu, le droit international privé français définit à quelles conditions la décision étrangère peut être accueillie au sein de l'ordre juridique français et peut y produire effet.
La distinction des règles matérielles et des règles de conflit de lois présente un intérêt certain au regard de la question de l'incidence des droits fondamentaux sur le droit international privé français. Alors que le contrôle de la compatibilité des règles matérielles avec ces droits ne pose aucun problème méthodologique particulier (**A.**), celui des règles de conflit de lois soulève, du fait de leur caractère propre, des interrogations spécifiques (**B.**). Quant à la méthode de la reconnaissance des décisions étrangères, elle paraissait devoir échapper, sauf éventuellement en ce qui concerne la définition des contours de l'exception d'ordre public international (v. ss 192), à l'emprise des droits fondamentaux. Mais leur expansion continue conduit à se demander s'ils ne sont pas appelés à se substituer, en ce domaine, au moins partiellement, aux outils traditionnels du droit international privé (**C.**).

### A • Règles matérielles et droits fondamentaux

**176** ***Présentation.*** Nationalité, condition des étrangers, conflits de juridictions constituent le domaine d'élection de la méthode dite des règles matérielles[6]. Le droit de la nationalité faisant l'objet dans cet

5. B. Goldman, « La protection internationale des droits de l'homme et l'ordre public international dans le fonctionnement de la règle de conflit de lois », in *Mélanges R. Cassin*, 1969, p. 449 ; D. Cohen, « La Convention européenne des droits de l'homme et le droit international privé français », *Rev. crit. DIP* 1989. 451 ; P. Mayer, « La Convention européenne des droits de l'homme et l'application des normes étrangères », *Rev. crit. DIP* 1991. 651 ; P. Hammje, *La contribution des principes généraux du droit à la formation du droit international privé*, thèse Paris I, 1994 ; P. Courbe, « Le droit international privé et les difficultés d'insertion de la Convention dans le système français », in *Quelle Europe pour les droits de l'homme ?*, 1996, p. 249.
6. Batiffol et Lagarde, *Traité de droit international privé*, t. 1, 8e éd., nos 4 s. Ce qui ne veut pas dire qu'il n'y a pas des règles matérielles de fond dont la compatibilité avec les droits fondamentaux puisse parfois poser problème. V. par ex., à propos d'une éventuelle contrariété des règles matérielles posées par la Convention de La Haye du 25 oct. 1980 sur les aspects civils de l'enlèvement international d'enfants avec l'art. 8 de la Convention européenne des droits de l'homme, CEDH 6 nov. 2008, *JCP* 2009. I. 104, n° 12, obs. Sudre. V. aussi Cons. const. 5 août 2011, *D.* 2011. 2035 ; *Dr fam.* 2011, n° 173, note D. Boulanger ; *JDI* 2012. 135, note Godechot-Patris ; *Rev. crit. DIP* 2013. 457, note B. Ancel, déclarant contraire au principe constitutionnel d'égalité devant la loi le droit de prélèvement prévu, en matière successorale, au profit de l'héritier français par l'art. 2 de la loi du 14 juill. 1819 relative à l'abolition du droit d'aubaine. La question ressurgit aujourd'hui avec le prélèvement compensatoire introduit à l'article 913 alinéa 3 du C. civ. par la loi du 24 août 2021 confortant le respect des principes de la République. Sur la constitutionnalité de cette disposition, v. S. Ramaciotti, « Le prélèvement compensatoire du projet d'article 913 du Code civil à l'épreuve des exigences européennes et constitutionnelles », *Rev. crit. DIP* 2021. 310.

ouvrage de développements autonomes[7] et la question de la compatibilité des règles françaises de compétence judiciaire internationale avec les droits fondamentaux n'ayant pour l'instant donné lieu qu'à un contentieux relativement limité[8], on traitera ici exclusivement de la condition des étrangers.

À quelles conditions les étrangers peuvent-ils pénétrer en France et y séjourner ? Y jouissent-ils des mêmes droits et libertés que les Français ? Telles sont les interrogations auxquelles il est habituellement répondu sous la rubrique de la condition des étrangers. On ne saurait, dans le cadre nécessairement limité de cette contribution, reprendre l'ensemble de la question du statut des étrangers au regard des libertés et droits fondamentaux. Celle-ci est, au demeurant, traitée incidemment dans cet ouvrage, au fil des développements consacrés à chaque liberté ou droit fondamental. En indiquant si et dans quelle mesure ces libertés et droits bénéficient aux ressortissants étrangers, chaque étude contribue à dessiner leur condition. Aussi bien, s'en tenant dans les lignes qui suivent à ce qui constitue le cœur de la matière, se demandera-t-on uniquement si la prise en compte des droits fondamentaux est de nature à remettre en cause le droit traditionnellement reconnu aux États de réglementer l'entrée et le séjour des étrangers.

**177** ***Entrée et séjour des étrangers.*** C'est un principe bien établi du droit international qu'il appartient à chaque État de régler l'entrée et le séjour des étrangers sur son territoire. À la différence des nationaux qui ont le droit de résider sur le territoire de l'État dont ils sont les ressortissants, les étrangers doivent y avoir été autorisés par les autorités compétentes. Institué à la fin du XIXe siècle pour faire face à une immigration croissante, ce contrôle a pour objet de réguler le flux des étrangers en fonction des besoins de l'économie et des problèmes que pourrait soulever la présence sur le territoire de groupes étrangers qui n'entendraient pas s'assimiler à court ou moyen terme à la communauté nationale[9]. En outre, « bien avant les problèmes posés par l'immigration contemporaine, il a été admis que la loi devait, à défaut de contrôle de l'admission des étrangers en France, permettre du moins au Gouvernement d'expulser du territoire un étranger indésirable : il ne fait pas partie de la collectivité constitutive en droit de l'État français ; s'il la trouble, l'État se doit de l'exclure »[10]. Touchant à l'essence même des pouvoirs de l'État, ces questions devaient — enseignait-on traditionnellement — être traitées en faisant prévaloir « à tout moment la seule chose qui compte, c'est-à-dire l'intérêt général sur l'intérêt particulier, l'intérêt national surtout »[11]. Comme y insistait Niboyet, « de pareilles questions ne sont pas de celles qui se traitent avec des sentiments, mais uniquement avec les lumières de la raison »[12]. Mais l'exclusivité traditionnellement reconnue, en la matière, à l'intérêt national doit aujourd'hui céder au moins partiellement devant le respect dû aux droits et libertés fondamentaux.

**178** ***Statut constitutionnel de l'étranger.*** C'est ainsi qu'à l'occasion du contrôle de constitutionnalité qu'il exerce sur les textes qui lui sont déférés, le Conseil constitutionnel a, dans une décision du

7. P. Lagarde, « Le droit à une nationalité », v. ss 200.
8. Sur la non-contrariété de la compétence exclusive, déduite du privilège de l'art. 15 du C. civ., aux art. 6 § 1 (droit à un procès équitable) et 14 (interdiction des discriminations fondées sur la nationalité) de la Convention européenne des droits de l'homme, v. Civ. 1re, 30 mars 2004, *JCP* 2004. II. 10097, note V. Égéa, *Defrénois* 2004. 1236, obs. J. Massip, *Bull. civ.* I, n° 100, p. 81 ; v. déjà en ce sens, Soc. 10 juill. 2001, n° 99-43.495, inédit ; rappr. CEDH 29 avr. 2008, *Rev. crit. DIP* 2008. 830, note P. Kinsch, *JDI* 2009. 193, note F. Marchadier. Ce caractère exclusif n'en a pas moins été supprimé ultérieurement par la Haute juridiction (Civ. 1re, 23 mai 2006, *Prieur*, *GAJDIP*, 5e éd., n° 87). Les auteurs se sont interrogés sur la compatibilité des privilèges de juridiction des art. 14 et 15 du C. civ. prévoyant que les tribunaux français sont internationalement compétents dès lors qu'un Français est demandeur ou défendeur avec le droit à un procès équitable et le principe d'égalité. v. P. Hammje, thèse préc., n° 177, p. 391 ; D. Cohen, art. préc. p. 455 ; P. Courbe, art. préc., p. 260 ; P. Kinsch, « Droits de l'homme, droits fondamentaux et droit international privé », *Rec. cours La Haye*, t. 318, 2005, p. 81 s. Rappr. M.-P. Puljak, *Le droit international privé à l'épreuve du principe communautaire de non-discrimination en raison de la nationalité*, thèse Paris-II, éd. 2003, p. 111 s., n[os] 186 s. La QPC relative à la compatibilité de l'art. 14 du C. civ. avec le droit à un procès équitable, en tant que droit garanti par la Constitution, et avec le principe d'égalité posé à l'art. 6 de la Déclaration des droits de l'homme de 1789 ne présente pas, pour la Cour de cassation, un caractère sérieux (Civ. 1re, 29 févr. 2012, *Rev. crit. DIP* 2012. 884 et Chron. L. Usunier, p. 775).
9. Batiffol et Lagarde, *op. cit.*, t. 1, n° 61. V. aussi Y. Lequette, « La nationalité française dévaluée », *Mélanges Terré*, 1999, p. 352 ; « Réflexions sur la nationalité française », *Cah. Cons. const.* 2007, n° 23, p. 75 s.
10. Batiffol et Lagarde, *op. cit.*, t. 1, n° 167.
11. Niboyet, traité, t. 2, n° 623, p. 67.
12. Niboyet, traité, t. 2, n° 623, p. 68.

13 août 1993, élaboré un véritable « statut constitutionnel de l'étranger ». Après avoir rappelé « qu'aucun principe non plus qu'aucune règle de valeur constitutionnelle n'assure aux étrangers des droits de caractère général et absolu d'accès et de séjour sur le territoire national ; que les conditions de leur entrée et de leur séjour peuvent être restreintes par des mesures de police administrative conférant à l'autorité publique des pouvoirs étendus et reposant sur des règles spécifiques ; que le législateur peut ainsi mettre en œuvre les objectifs d'intérêt général qu'il s'assigne ; que dans ce cadre juridique les étrangers se trouvent placés dans une situation différente de celle des nationaux », il a posé que « si le législateur peut prendre à l'égard des étrangers des dispositions spécifiques, il lui appartient de respecter les libertés et droits fondamentaux de valeur constitutionnelle reconnus à tous ceux qui résident sur le territoire de la République ; [...] figurent parmi ces droits et libertés, la liberté individuelle et la sûreté, notamment la liberté d'aller et de venir, la liberté du mariage, le droit de mener une vie familiale normale ; en outre les étrangers jouissent des droits à la protection sociale dès lors qu'ils résident de manière stable et régulière sur le territoire français ; [...] ils doivent bénéficier de l'exercice de recours assurant la garantie de ces droits et libertés »[13].

**179** ***Regroupement familial.*** Parmi les droits fondamentaux reconnus aux étrangers, il en est un, le droit au respect de la vie familiale, dont la conciliation avec la compétence reconnue aux États de régler l'entrée et le séjour des étrangers sur leur territoire ne s'opère pas sans difficultés. Affirmer que tout étranger séjournant en France a droit à une vie familiale normale, sans avoir égard à aucune autre considération, c'est en effet prendre le risque d'ouvrir de larges brèches dans le contrôle traditionnellement exercé sur l'entrée et le séjour des étrangers : les membres de la famille de l'étranger auront vocation à le rejoindre en France et ceux-ci étant eux-mêmes apparentés à d'autres personnes pourront à leur tour les faires venir, et ainsi de suite... Afin d'éviter un tel résultat, le Conseil constitutionnel a posé qu'« il appartient au législateur d'assurer la conciliation entre la sauvegarde de l'ordre public qui constitue un objectif à valeur constitutionnelle et les exigences de la liberté individuelle et du droit à une vie familiale normale »[14]. Cette conciliation avait été réalisée en termes particulièrement favorables au regroupement familial par la loi du 24 août 1993 et plus encore par celle du 11 mai 1998[15]. La loi du 24 juillet 2006 y a apporté certaines restrictions[16] : l'étranger peut se faire rejoindre en France par son conjoint et ses enfants de moins de dix-huit ans dès lors qu'il y réside depuis au moins dix-huit mois (un an auparavant) et est titulaire d'un titre de séjour d'une durée de validité d'au moins un an (CESEDA, anc. art. L. 411-1, v. auj. art. L. 434-2). Le texte énonce limitativement les motifs pour lesquels ces personnes peuvent se voir refuser l'entrée et le séjour en France : absence de ressources stables, logement inadapté, ordre public, santé. La loi du 24 juillet 2006 a ajouté une condition relative à l'intégration du demandeur, qui doit se conformer aux « principes fondamentaux reconnus par les lois de la République ». Celle-ci a fait l'objet d'une réserve d'interprétation par le Conseil constitutionnel, lequel a précisé qu'il fallait entendre par là « les principes essentiels qui, conformément aux lois de la République, régissent la vie familiale en France, pays d'accueil » (CESEDA, anc. art. L. 411-5, v. auj. art. L. 434-7). Cette réserve avait été entérinée par la loi du 20 novembre 2007, laquelle prévoit des mesures destinées à favoriser l'intégration républicaine des étrangers dans la société française (évaluation du degré de connaissance de la langue française et des valeurs de la République ainsi que formation éventuelle, contrat d'accueil et d'intégration) (CESEDA, art. L. 411-8). Cette disposition a été abrogée par la loi du 7 mars 2016.

Prenant le contre-pied du Conseil d'État qui avait jugé que la venue en France de la deuxième épouse d'un étranger polygame n'était pas contraire du seul fait de cette polygamie à l'ordre public[17], la loi

13. Cons. const. 13 août 1993, *Rev. crit. DIP* 1993. 597.
14. Cons. const. 13 août 1993, préc.
15. H. Fulchiron, « La rose et la (loi) RESEDA », *Dr fam.* 1998. Chron. 7.
16. V. D. Turpin, « La loi n° 2006-911 du 24 juillet 2006 relative à l'immigration et à l'intégration : choisir pour ne plus subir ? », *Rev. crit. DIP* 2007. 1.
17. CE 11 juill. 1980, *Montcho*, *Rev. crit. DIP* 1981. 658, note Bischoff, *JCP* 1981. II. 19629, concl. Rougevin-Baville.

du 24 août 1993 refuse à l'étranger polygame résidant en France avec un premier conjoint le bénéfice du regroupement familial pour un autre conjoint, solution approuvée par le Conseil constitutionnel aux motifs que « les conditions d'une vie familiale normale sont celles qui prévalent en France, pays d'accueil, lesquelles excluent la polygamie »[18] (CESEDA, art. L. 411-7). Le Conseil d'État, considérant que l'article 3-1 de la Convention de New York sur les droits de l'enfant était d'application directe, a annulé au nom de « l'intérêt supérieur de l'enfant » la décision d'un préfet qui avait rappelé que l'enfant séjournant irrégulièrement en France ne pouvait bénéficier du regroupement familial[19].
Le droit français fait montre, en la matière, d'un libéralisme très supérieur à celui de la plupart des autres pays européens. Ceux-ci laissent, en effet, à leur administration le soin d'apprécier si les intérêts de la société considérée, sa prospérité économique et son ordre social permettent au regroupement familial de s'opérer[20]. Après avoir décidé, à plusieurs reprises, que les mesures prises en application de ces dispositions n'étaient pas contraires à l'article 8 de la Convention européenne de sauvegarde des droits de l'homme et des libertés fondamentales, le droit à une vie familiale normale ayant vocation à s'exercer par priorité sur le territoire de l'État dont les intéressés sont les ressortissants[21], la Cour européenne de Strasbourg a pu donner l'impression dans certains arrêts de vouloir consacrer, sous couvert de ce texte, un véritable droit au regroupement familial[22] même si elle s'en défend expressément[23]. La jurisprudence reste en toute hypothèse difficile à systématiser.
Récemment, enfin, la Cour a découvert, pour les ressortissants communautaires, dans l'article 8, lequel doit alors être lu à la lumière du droit communautaire, non seulement le droit de séjourner en France mais aussi celui de s'y voir délivrer un titre de séjour, en sorte que la non-délivrance de celui-ci pendant quatorze ans constitue une ingérence contraire au respect dû à la vie privée de l'intéressé[24].

**180** ***Reconduite à la frontière, expulsion.*** Permettant à un étranger de pénétrer et de séjourner en France à certaines conditions définies par le législateur, le droit à une vie familiale normale l'autorise-t-il à s'y maintenir[25] alors même qu'il serait l'objet d'une mesure de reconduite à la frontière ou d'expulsion ? Longtemps une réponse négative a prévalu[26]. Mais cette solution a été remise en cause par la Cour européenne de Strasbourg. Non sans avoir au préalable rappelé le droit qu'ont les États « de contrôler en vertu d'un principe de droit international bien établi [...] l'entrée, le séjour et l'éloignement des non-nationaux », celle-ci a, en effet, posé à partir de 1991 que ces mesures d'éloignement, « là où elles porteraient atteinte à un droit protégé par le paragraphe 1 de l'article 8 » devraient être justifiées

---

18. Cons. const. 13 août 1993, préc. Depuis lors, la loi du 24 août 2021 confortant le respect des principes de la République à introduit au sein du CESEDA des dispositions prévoyant qu'aucun document de séjour ne peut être délivré à un étranger qui vit en France en situation de polygamie (L. 412-6), lequel peut, par ailleurs, faire l'objet d'une décision d'expulsion (L. 631-2 et L. 631-3).
19. CE 22 sept. 1997, *JCP* 1997. IV. 2532, *Dr fam.* 1998, n° 56, 2e arrêt, obs. P. Murat.
20. La comparaison avec le droit allemand est, à cet égard, intéressante. L'immigré doit avoir vécu en Allemagne 8 ans (et non 18 mois) avant de pouvoir y faire venir sa famille. Fort logiquement, les Allemands considèrent que « la famille ne peut s'intégrer facilement que si la personne qu'elle rejoint est déjà elle-même intégrée » (F. Jault-Seseke, *Le regroupement familial en droit comparé français et allemand,* 1996, n° 296).
21. CEDH 14 févr. 1996, *JCP* 1997. I. 4000, n° 36, obs. Sudre (la décision suisse refusant à un couple turc, séjournant et travaillant dans ce pays depuis plusieurs années, d'y faire venir leur enfant âgé de 6 ans n'est pas contraire à l'art. 8 de la Convention européenne car « il n'existe pas à proprement parler d'obstacle au développement d'une vie familiale en Turquie »).
22. CEDH 21 déc. 2001, *Sen c/ Pays-Bas*, req. n° 31465/96, *JCP* 2002. I. 105, n° 13, obs. Sudre, *RTD civ.* 2002. 394, obs. Marguénaud et Raynard ; CEDH 12 oct. 2006, *Mubilanzila Mayeka et Kaniki Mitunga c/ Belgique*, req. n° 13178/03, *RTDH* 2007. 823, note B. Masson ; CEDH 14 juin 2011, *Osman c/ Danemark*, *JCP* 2011. 914, obs. Sudre ; rappr. CEDH 29 juill. 2010, *Mengesha Kimfe c/ Suisse*, req. n° 24404/05, *JCP* 2010. Actu. 904, obs. Sudre ; 3 oct. 2014, *Jeunesse c/ Pays-Bas*, req. n° 12738/10, *Dr fam.* 2014. Alerte 54.
23. V. encore récemment, CEDH, gr. ch., 24 mai 2016, *Biao c/ Danemark*, n° 38590/10, spéc. § 117.
24. CEDH 17 janv. 2006, *Aristimuno Mendizabal*, *JCP* 2006. I. 164, n° 9, obs. Sudre. On citera seulement pour mémoire la jurisprudence de la Cour de Luxembourg décidant qu'un État membre ne peut refuser « à un ressortissant d'un État tiers, qui assume la charge de ses enfants en bas âge, citoyens de l'Union, le séjour dans l'État membre de ces derniers et dont ils ont la nationalité », car elle est fondée non sur les droits fondamentaux mais sur la qualité de citoyen de l'Union (TFUE, art. 20) : CJUE 8 mars 2011, *D.* 2011. 1325, note S. Corneloup, *Rev. crit. DIP* 2012. 352, note J. Heymann ; rappr. CJUE 8 nov. 2012, *D.* 2013. 329, obs. F. J.-S.
25. CEDH 10 nov. 2011, *Mallah c/ France*, req. n° 29681/08, *Dr fam.* 2012, n° 3, obs. M. Bruggeman, décidant que l'art. L. 622-1 du CESEDA sanctionnant le délit d'aide au séjour irrégulier ne contrevient pas au droit au respect de la vie familiale reconnu par l'art. 8 Conv. EDH.
26. CE 8 mars 1939, *Nouv. rev. DIP* 1939. 456. Une étrangère mariée à un Français ne peut invoquer l'art. 214 ancien du C. civ. lui imposant d'habiter avec son mari pour se soustraire à l'expulsion.

par « un besoin social impérieux et, notamment, proportionnées au but poursuivi »[27]. S'alignant sur les positions de la juridiction européenne, le Conseil d'État a entrepris d'exercer un contrôle plénier sur les arrêtés d'expulsion et de reconduite à la frontière dont il vérifie qu'ils ne portent pas une atteinte disproportionnée à la vie familiale de celui qui en est l'objet[28].

La Cour européenne de Strasbourg a, dans l'ensemble, conduit ce contrôle dans un sens très favorable aux étrangers. S'agissant d'immigrés de la deuxième génération, elle a en effet décidé que ni le nombre considérable des infractions commises par ceux-ci[29] ni leur gravité[30] n'étaient susceptibles de justifier des mesures d'expulsion, et ce alors même que le lien de famille en cause apparaissait sensiblement plus lâche que celui qui autorise le regroupement familial — enfants majeurs, parents en ligne collatérale[31] — et que son effectivité était toute relative[32]. Cette position l'a, au reste, parfois amenée à condamner la France pour des mesures d'éloignement que les juridictions administratives avaient jugé fondées[33]. Après être revenue un temps à une appréciation plus respectueuse des exigences de la sécurité des sociétés concernées[34], la Cour de Strasbourg sacrifie de nouveau celles-ci sur l'autel du droit au respect de la vie familiale[35].

Considérant que la protection qui était ainsi assurée aux délinquants étrangers était insuffisante, plusieurs associations ont développé une intense campagne médiatique[36], qui réclamait pour ceux-ci une

27. CEDH 18 févr. 1991, *Moustaquim*, *D.* 1992. Somm. 326, obs. Renucci, *JDI* 1992. 771, obs. P. T. L'expulsion peut également constituer une violation de l'art. 3 de la Conv. EDH qui garantit l'intégrité physique et morale de la personne, lorsque l'étranger encourt des risques de mauvais traitements dans son pays de destination : CEDH 20 juill. 2010, *JCP* 2011. 94, n° 4, obs. Sudre (expulsion d'une femme de Suède vers l'Afghanistan).

28. CE 19 avr. 1991, 2 arrêts, *Belgacem*, *Babas*, *D.* 1991. 399, note Prétot, *JCP* 1991. II. 21757, note Nguyen Van Tuong, *Rev. crit. DIP* 1991. 677, note Turpin.

29. CEDH 18 févr. 1991, préc. (147 infractions reprochées dont 82 vols qualifiés, 39 tentatives de vols qualifiés et 5 vols avec violence).

30. CEDH 26 mars 1992, *Bedjoudi*, *D.* 1993. Somm. 388, obs. Renucci, *JCP* 1993. II. 3654, n° 22, obs. Sudre (condamnation en moins de 17 ans à près de 11 ans de prison, dont 8 de réclusion criminelle par une cour d'assise pour un acte qualifié de crime).

31. CEDH 18 févr. 1991, préc.

32. V. Renucci, obs. *D.* 1992. Somm. 326, *ibid.* 1993. Somm. 389.

33. Dans l'affaire *Bedjoudi*, le Conseil d'État avait jugé que la décision d'expulsion « fondée sur la défense de l'ordre public était, eu égard au comportement du requérant et à la gravité des actes commis par lui, nécessaire pour la défense de cet ordre » (CE 18 janv. 1991, *Lebon* 18).

34. CEDH 24 avr. 1996, *Boughanemani* et 7 août 1996, *Chorfi*, *JCP* 1997. 1. 4000, n° 37, obs. Sudre, *RTD civ.* 1996. 1025, obs. Marguénaud (expulsion d'un Tunisien condamné à 4 ans d'emprisonnement dont 3 pour proxénétisme aggravé alors qu'il est arrivé en France à l'âge de 8 ans, y a résidé régulièrement pendant 20 ans puis clandestinement pendant 6 ans et y a ses parents, ses frères et sœurs ainsi que sa concubine française dont il a un enfant qu'il a reconnu). CEDH 29 janv. 1997, *Bouchelkia*, *JCP* 1997. 11. 22924, note M. Levinet, *RTD civ.* 1997. 540, obs. Marguénaud (expulsion d'un Algérien qui avait purgé une peine de réclusion de 5 ans pour un crime — viol aggravé — qu'il avait commis alors qu'il était mineur et qui était revenu clandestinement en France pour rejoindre la femme qui allait lui donner un enfant et qu'il allait épouser). CEDH 19 févr. 1998 (Algérienne condamnée à 10 ans de réclusion pour trafic de stupéfiant et à l'interdiction définitive du territoire français qui, séjournant irrégulièrement en France, donne naissance à un enfant français et voit rejeter sa demande de relèvement de l'interdiction du territoire). CEDH 30 nov. 1999, *Baghli*, *JCP* 2000. I. 203, n° 23, obs. Sudre, *JDI* 2000. 137, obs. Tavernier (Algérien arrivé en France à l'âge de 2 ans et y ayant toujours résidé à l'exception de 2 ans passés en Algérie pour y effectuer son service militaire, à l'encontre duquel sont prononcées pour trafic de stupéfiants une peine de 3 ans d'emprisonnement dont 2 ans avec sursis et une interdiction du territoire français de 10 ans et qui a noué en prison une relation sentimentale avec une femme française qu'il connaissait depuis plusieurs années) ; v. cep. CEDH 26 sept. 1997, *D.* 1998. Somm. 210, obs. Renucci (la France est condamnée pour avoir pris une mesure d'interdiction définitive du territoire à l'encontre d'un Algérien qui se livrait sur le territoire français « au trafic de stupéfiant à titre principal » et « qui avait volontairement opté pour la nationalité algérienne à sa majorité » car cette mesure avait pour effet de le séparer de son épouse et de ses enfants mineurs).

35. CEDH 13 févr. 2001, *Ezzoudhi*, *JCP* 2001. I. 342, n° 21, obs. Sudre (Marocain, célibataire et sans enfant ayant en France sa mère et cinq frères et sœurs, condamné à 2 ans de prison et à une interdiction définitive du territoire pour infraction à la législation sur les stupéfiants. La Cour de Strasbourg conclut à la violation de l'art. 8) ; CEDH 23 juin 2008, *Maslov*, *JCP* 2008. I. 167, n° 17, obs. Sudre (Bulgare arrivé en Autriche à l'âge de 6 ans et frappé d'une interdiction de séjour de 10 ans puis expulsé à la suite de condamnations pour des infractions répétées. La Cour conclut à la violation de l'art. 8 en raison du caractère non violent des infractions et du jeune âge — 14 et 15 ans — auquel elles ont été commises). Rappr. CEDH 9 oct. 2003, *JCP* 2004. I. 107, obs. Sudre, qui voit, dans les mesures d'éloignement des étrangers, une ingérence dans « la vie privée sociale » des intéressés contraire à l'art. 8. V. cep. CEDH 18 oct. 2006, *JCP* 2007. I. 106, n° 12, obs. Sudre. Parfois, sous couvert de l'art. 8, c'est non le droit à une vie familiale de la personne expulsée qui est protégé mais l'intérêt supérieur de ses enfants : CEDH 28 juin 2011, *Nunez c/ Norvège*, *JCP* 2011. 914, n° 16, obs. Sudre, *D.* 2012. 2273, obs. A. G. ; CEDH 24 juill. 2014, *Kaplan c/ Norvège* et 3 oct. 2014, *Jeunesse c/ Pays-Bas*, *Dr fam.* 2015. Chron. 2 par A. Gouttenoire, n° 21.

36. Appuyée par un film de M. Bertrand Tavernier, cette campagne intitulée « Une peine point barre » entendait stigmatiser la « double peine », alors même que cette expression est juridiquement impropre. L'expulsion n'est pas une peine mais une mesure de police ; quant à l'interdiction du territoire, elle est une peine complémentaire (C. pén., art. 131-10) propre aux étrangers, comme il est des peines complémentaires spécifiques aux Français, par exemple, l'interdiction des droits civiques. Au regard de la science politique, l'épisode est intéressant. Il témoigne, en effet, de l'extraordinaire aptitude de la droite parlementaire à faire la politique de ses adversaires et des dérives auxquelles peuvent conduire les préoccupations médiatiques de certains ministres. Le phénomène n'est, au demeurant, pas nouveau. Dans ses *Souvenirs*, A. de Tocqueville écrivait : « Ce que j'appelle l'esprit littéraire en politique consiste à voir ce qui est [...] neuf plus que ce qui est vrai, à aimer ce qui fait un tableau intéressant [...] indépendamment des conséquences [...], et à se décider enfin par des impressions plutôt que par des raisons » (*Œuvres complètes*, t. XII, p. 88). Remplaçons le qualificatif « littéraire » par « médiatique » et nous avons une description très fidèle de l'action de certains hommes politiques contemporains.

protection absolue, les mettant à l'abri de mesures d'expulsion. Tel a été l'un des objets de la loi du 26 novembre 2003 sur la maîtrise de l'immigration. Modifiant l'article 26 de l'ordonnance du 2 novembre 1945, celle-ci prévoit que, sauf en cas de comportements de nature à porter atteinte aux intérêts fondamentaux de l'État, ou liés à des activités à caractère terroriste, ou constituant des actes de provocation à la discrimination, à la haine ou à la violence à raison de l'origine ou de la religion des personnes, les étrangers ayant des liens personnels ou familiaux forts avec la France[37] ne pourront plus faire l'objet d'une mesure d'expulsion, alors même que les infractions commises témoignent d'une dangerosité certaine pour la société civile française (trafic de drogue, proxénétisme, grand banditisme, *etc.*) (CESEDA, art. L. 521-3).

**181** ***Appréciation.*** On regrettera cette évolution. Tendant à aligner la situation des immigrés sur celle des ressortissants, ce choix s'inscrit dans un courant plus général qui cherche à neutraliser les effets juridiques de la nationalité et à créer une nouvelle catégorie, celle de « quasi-français »[38]. Si une telle démarche est concevable, à l'égard des étrangers qui, établis de longue date en France, respectent les lois de la République[39], il en va différemment à l'égard de ceux qui les transgressent au point d'encourir des condamnations pénales d'une certaine gravité. Il est, en effet, des signes plus probants de l'intégration d'un étranger à la société française...

En outre, si la vie internationale doit être encouragée, cette ouverture ne doit pas s'effectuer au détriment de la cohésion des sociétés nationales concernées. Il ne faudrait pas oublier, en effet, qu'il existe dans chaque société des intérêts collectifs qui doivent être sauvegardés pour le bien même de tous les individus qui la composent. Décider que la menace que des délinquants étrangers endurcis représentent pour l'ordre public ne justifie pas leur expulsion au prétexte de l'étroitesse des liens familiaux et personnels qu'ils entretiennent avec la France, c'est faire bon marché des intérêts de la collectivité concernée puisqu'elle prive les autorités françaises du seul moyen d'empêcher à coup sûr leur récidive[40]. Comme le soulignait Michel Villey dans ses *Carnets*, « c'est un vice courant que de raisonner sur les cas individuels. Il s'ensuit qu'on accorde tout à la liberté, au plaisir de l'individu. On s'apitoie sur sa condition. On oublie les autres. Manque à notre temps, la réflexion sur le général, le bien commun, l'intérêt de la totalité sociale ou cosmique »[41].

## B • Règles de conflit de lois et droits fondamentaux

**182** ***Contrôle de la compatibilité des règles de conflit de lois avec les droits fondamentaux.*** Lorsqu'on s'efforce de caractériser les règles de conflit de lois, on insiste sur deux traits. Ce sont des règles indirectes : ne résolvant pas directement la question de droit posée, elles se contentent de désigner l'ordre

37. Étranger qui justifie par tous moyens résider habituellement en France depuis qu'il a atteint au plus l'âge de 13 ans ; étranger qui réside régulièrement en France depuis plus de 20 ans ; étranger qui réside régulièrement en France depuis plus de 10 ans et qui, ne vivant pas en état de polygamie, est marié depuis au moins 4 ans avec un ressortissant français, ou avec un ressortissant étranger résidant habituellement en France depuis qu'il a atteint l'âge de 13 ans, à condition que la communauté de vie n'ait pas cessé ; étranger qui réside régulièrement en France depuis plus de 10 ans et qui, ne vivant pas en état de polygamie, est père ou mère d'un enfant français mineur résidant en France (CESEDA, art. L. 521-3).
38. Rappr. F. Sudre, *JCP* 1993. I. 3654, n° 22 ; Renucci, *D.* 1993. Somm. 388 ; J.-Y. Carlier, « Vers l'interdiction d'expulsion des étrangers intégrés ? », *RTDH* 1993. 449.
39. Encore qu'elle apparaisse paradoxale de la part d'une majorité qui prétend vouloir renforcer « la conscience de l'identité de la Nation française », car « l'intégration sera d'autant plus aisée que la conscience d'une identité française sera plus forte » (J.-P. Courtois, *Rapport Sénat* 2003-2004, n° 1, p. 38 et 39). L'emploi, par le rapporteur de la loi au Sénat, du terme « bannissement », lequel dans une langue exacte désigne « la peine interdisant à un citoyen de séjourner dans son pays », pour viser les mesures d'éloignement frappant les étrangers témoigne, au demeurant, de la confusion mentale qui a présidé à l'adoption de ces mesures (J.-P. Courtois, *Rapport Sénat* 2003-2004, n° 1, p. 32).
40. Selon M. Jean-Patrick Courtois, le rapporteur du texte au Sénat, il convenait de supprimer cette « double peine », car elle était « contre-productive », nombre d'étrangers ne respectant pas la mesure dont ils étaient frappés (*Rapport Sénat* 2003-2004, n° 1, p. 23). Outre que le raisonnement est singulier puisqu'il revient à légitimer toute violation de la loi, il fait totalement l'impasse sur la dimension normative et pédagogique de la mesure, nombre d'étrangers pouvant être incités à ne pas commettre d'infractions en raison de la menace d'expulsion qui pesait sur eux.
41. M. Villey, *Carnets*, XXI, 57.

juridique auquel sera empruntée la solution. Ce sont des règles neutres : elles désignent la loi applicable en raison non de l'excellence ou de la simple supériorité de la solution qu'elle pose mais de l'étroitesse des liens que le rapport entretient avec un ordre juridique donné. Les lois en conflit sont tenues pour équivalentes sauf intervention de l'ordre public. De ce caractère purement instrumental des règles de conflit de lois, on a longtemps déduit que leur compatibilité avec les exigences des droits fondamentaux ne pouvait faire l'objet d'aucun contrôle. Mais l'analyse contraire l'ayant emporté dans plusieurs pays étrangers, il importe de rechercher quelle pourrait être son incidence sur le droit international privé français.

**183** 1. ***Le débat de principe.*** Selon une opinion longtemps majoritaire, aucun contrôle de la compatibilité des règles de conflit de lois avec les droits fondamentaux ne pourrait être opéré car, du fait de leur neutralité, elles ne pourraient violer l'« essence » de ces droits. Les droits fondamentaux, à contenu matériel, et les règles de conflit de lois, sans teneur matérielle propre, « n'évolueraient pas dans les mêmes sphères, elles seraient incommensurables »[42]. De surcroît, procéder à un tel contrôle, alors que le choix de la loi applicable s'opère sans avoir égard aux considérations matérielles, pourrait conduire à des résultats absurdes. C'est ainsi que la règle de conflit soumettant les rapports familiaux à la loi nationale du mari — rattachement contraire au principe d'égalité des époux — peut conduire à la désignation d'une loi respectant parfaitement cette égalité. À l'inverse, une règle de conflit soumettant ces mêmes rapports à la loi du domicile commun des époux — rattachement conforme au principe d'égalité — peut entraîner l'application d'une loi qui méconnaît cette même égalité. Seules donc les règles matérielles pourraient être confrontées aux exigences posées par les droits fondamentaux.

**184** ***Expériences étrangères.*** Généralement reçue en Europe au début des années 70, cette analyse a été remise en cause par la jurisprudence du tribunal constitutionnel fédéral d'Allemagne. Dans une décision dont on a pu écrire qu'elle était la plus importante du XXe siècle en matière de droit international privé, cette juridiction a admis, par des motifs généraux dépassant le cadre de l'affaire dont elle avait à connaître, le principe de la confrontation de l'ensemble des règles du droit international privé, y compris donc les règles de conflit de lois, aux exigences du droit constitutionnel allemand[43]. S'engouffrant dans la brèche qu'il avait ainsi lui-même ouverte, le tribunal constitutionnel fédéral a ensuite déclaré plusieurs des dispositions de la loi d'introduction du Code civil allemand qui soumettaient certains rapports familiaux à la loi nationale du mari (art. 15 et 17), nulles et non avenues parce que contraires au principe constitutionnel d'égalité[44]. Emboîtant le pas à la jurisprudence allemande, la Cour constitutionnelle d'Italie s'est prononcée dans le même sens[45]. Ces décisions ont puissamment contribué au renouvellement des droits internationaux privés allemand et italien. En créant au sein de ceux-ci un véritable vide juridique, elles ont rendu nécessaire leur refonte qui a été opérée par des lois de 1986[46] et de 1995[47].

**185** ***Les arguments avancés.*** Ce changement d'attitude s'est accompagné d'un renouvellement des analyses. Afin de justifier le contrôle de compatibilité auquel les règles de conflit de lois sont désormais soumises, plusieurs raisons sont avancées. Tout d'abord, on relève que la valeur éminente des droits fondamentaux veut que ceux-ci règnent sans partage sur toutes les règles, y compris les règles de conflit de lois. Partant, celles-ci ne sauraient utiliser des indices de rattachement qui méconnaissent les orientations définies par les droits fondamentaux. Ensuite, on souligne que la neutralité habituellement prêtée aux règles de conflit de lois est toute relative. Le droit international privé n'étant, selon une image chère à Bartin, que la projection du droit civil interne au plan international, la règle de conflit

42. B. Ancel, *Rev. crit. DIP* 1987. 569 s., note ss Cour constitutionnelle d'Italie 26 févr. 1987.
43. Déc. du 4 mai 1971, *Rev. crit. DIP* 1974. 56 et l'article de C. Labrusse « Droit constitutionnel et droit international privé en Allemagne fédérale », p. 1. V. aussi P. Hammje, *La contribution des principes généraux du droit à la formation du droit international privé*, thèse Paris I, 1994, p. 276 s., nos 496 s.
44. Déc. du 22 févr. 1983, *JDI* 1984. 648 et du 8 janv. 1985, *IPRW* 1985. 290.
45. Cour constitutionnelle d'Italie 26 févr. 1987, *Rev. crit. DIP* 1987. 563, note B. Ancel.
46. Loi allemande du 25 juill. 1986, *Rev. crit. DIP* 1987. 170.
47. Loi italienne du 31 mai 1995, *Rev. crit. DIP* 1996. 174.

est dans la dépendance directe de « l'esprit » des institutions du droit interne. C'est ainsi que la soumission des rapports de famille à la loi nationale du mari reflète une conception du droit selon laquelle la cohésion du groupe familial est assurée par l'attribution au mari de la qualité de chef de famille. Cette conception étant désormais contraire aux droits fondamentaux, il devrait en aller de même du résultat de sa projection au plan international. Enfin, on note que la soumission des rapports familiaux à la loi nationale du mari n'est pas sans avantager celui-ci parce qu'elle entraîne l'application d'une loi qui lui est, en principe, plus familière, de telle sorte qu'elle le place en meilleure position pour défendre ses intérêts. Mieux, le rattachement par la loi nationale du mari met la femme dans la dépendance et à la merci de celui-ci, puisqu'il peut à son gré modifier par sa seule volonté la loi de la famille en changeant de nationalité[48].

**186** 2. ***La mise en œuvre.*** Ce renversement des analyses est, pour l'instant, resté sans conséquence sur le droit international privé français. Des recherches doctrinales ont certes été conduites. Mais aucune décision n'a encore écarté une règle de conflit de lois française au motif qu'elle serait contraire à un droit fondamental.

Cela tient, sans doute, d'abord au fait que l'environnement institutionnel français se prêtait peu jusqu'à ces derniers temps à l'exercice d'un tel contrôle. Alors qu'en Allemagne et en Italie un recours constitutionnel peut être formé contre un texte en vigueur, il n'en allait pas de même en France jusqu'à la réforme opérée par la loi constitutionnelle du 23 juillet 2008 introduisant la question prioritaire de constitutionnalité (QPC). Une fois les lois promulguées, un contrôle de conventionnalité était seul envisageable. De prime abord, la Convention européenne des droits de l'homme pourrait être l'instrument de ce contrôle. Directement applicable en France, elle permettrait aux juges français ainsi éventuellement qu'à la Cour européenne de Strasbourg de vérifier si les règles de conflit de lois françaises respectent les droits fondamentaux. Un doute est néanmoins permis quant à la praticabilité d'un tel contrôle. On sait, en effet, que le contrôle de conformité à la Convention européenne s'opère *in concreto* : « la règle ou la pratique mise en cause n'est pas jugée dans l'abstrait mais sur le résultat concret qu'elle engendre »[49]. Partant, il ne s'agit pas de confronter abstraitement les rattachements utilisés par la règle de conflit aux exigences des droits fondamentaux, comme dans l'hypothèse du contrôle de constitutionnalité, mais de s'attacher au seul résultat produit par la règle de conflit. Or, du fait de son caractère indirect et de sa neutralité, ce résultat dépend de la teneur du droit désigné. La prise en compte de la Convention européenne paraît donc plus propre à s'opposer à l'introduction en France de normes étrangères dont l'application à l'espèce conduit à un résultat qui heurte les droits fondamentaux qu'à vérifier la conformité des rattachements utilisés à ces mêmes droits. Le développement contemporain de la QPC pourrait néanmoins conduire le Conseil constitutionnel à connaître de la constitutionnalité de certaines règles de conflit.

À supposer ce premier obstacle surmonté, il faut bien reconnaître que la question de la conformité des règles de conflit aux droits fondamentaux n'est pas, en droit international privé français, d'une brûlante actualité. Les règles de conflit y ont été longtemps d'origine presque exclusivement jurisprudentielle. Or, faisant preuve d'une indéniable prescience, la Cour de cassation avait su mettre sur pied un ensemble de règles de conflit de lois respectant parfaitement les exigences des droits fondamentaux et ce, alors même que cette préoccupation n'était pas au centre du débat juridique. Notamment, à une époque où le mari était encore chef de famille, elle avait découvert, en soumettant les rapports entre époux de nationalité différente à la loi de leur domicile commun[50], un rattachement respectant parfaitement le principe d'égalité. Aussi bien les réformes du droit international privé allemand[51] ou

48. Sur cette discussion, v. P. Hammje, thèse préc., n$^{os}$ 460 s., p. 259 s. ; D. Bureau, *Les sources informelles du droit dans les relations privées internationales*, thèse Paris II, n$^{os}$ 743 s., p. 476 s. ; P. Kinsch, cours préc., *Rec. cours La Haye*, 2005, p. 135 s.
49. D. Cohen, art. préc., *Rev. crit. DIP* 1989. 453.
50. Civ. 1$^{re}$, 17 avr. 1953, *Rivière*, *Rev. crit. DIP* 1953. 412, note Batiffol, *GAJDIP*, n° 27.
51. Art. 14, loi du 25 juill. 1986.

italien[52] se sont-elles inspirées très directement de cette jurisprudence. Et il aura fallu, paradoxalement, l'intervention du législateur français, dans une période où le souci du respect des droits fondamentaux devenait pressant, pour qu'on puisse s'interroger sérieusement sur la conformité de certaines de nos règles de conflit avec ces mêmes droits fondamentaux[53] ! L'article 311-14 du Code civil a longtemps concentré, sur ce terrain, l'essentiel des interrogations, mais plus récemment, à la suite de l'adoption de la loi du 17 mai 2013 ouvrant le mariage aux couples de même sexe, la question de la conformité de l'article 202-1, al. 2, du Code civil au principe d'égalité s'est posée devant le Conseil constitutionnel. On envisagera tour à tour chacune de ces dispositions.

**187** ***Loi nationale de la mère et égalité des sexes.*** Aux termes de l'article 311-14 du Code civil issu de la loi du 3 janvier 1972, « la filiation est régie par la loi personnelle de la mère au jour de la naissance de l'enfant ». Auparavant scindé en deux règles de conflit, l'une soumettant la filiation légitime à la loi des effets du mariage, l'autre la filiation naturelle à la loi personnelle de l'enfant, l'établissement de la filiation est désormais régi par une loi unique, la loi de la mère. Aussi bien pour justifier ce changement a-t-on fait valoir qu'il était imposé par le souci de respecter le principe de l'égalité des filiations. L'affirmation apparaît pour le moins contestable. Comme l'écrit le doyen Carbonnier, « l'égalité des enfants ne saurait signifier l'assimilation des filiations »[54]. Et de fait, sauf à supprimer le mariage, on ne pourra jamais empêcher que les parents de l'enfant légitime soient ou aient été mariés alors que les parents de l'enfant naturel ne le sont pas l'un à l'autre et ne l'ont jamais été. De là, en droit interne, des différences irréductibles : quant à l'établissement de la filiation, pour lequel il est possible de prendre appui sur le mariage des parents dans un cas mais non dans l'autre ; quant à ses effets, divisibles pour la filiation naturelle, indivisibles pour la filiation légitime. Dès lors, en quoi serait-il choquant de prolonger ces différences sur le terrain du droit international privé ? Aussi bien, le législateur de 1972, si préoccupé de l'égalité des filiations dans l'article 311-14, avait-il ensuite fait abstraction de celle-ci dans certains des articles suivants (C. civ., art. 311-15 et 311-16, réd. L. 3 janv. 1972). Il est vrai que la loi du 16 janvier 2009 ratifiant l'ordonnance du 4 juillet 2005 réformant la filiation, animée par une conception compulsive de l'égalité des filiations[55], a supprimé la distinction des filiations légitime et naturelle, et les traces qui en subsistaient au sein des conflits de lois. Mais tel n'est pas le cas de certains droits étrangers, pourtant très attentifs au respect des droits fondamentaux. Ils consacrent, en effet, des règles de conflit différentes pour la filiation légitime et la filiation naturelle[56].

En réalité, plutôt que de couvrir ses innovations du manteau de l'égalité des filiations, le législateur de 1972 aurait été mieux inspiré de s'interroger sur leur conformité avec le principe de l'égalité des sexes. En donnant compétence à la loi nationale de la mère, l'article 311-14 paraît, en effet, heurter ce principe très directement. Encore faut-il distinguer selon que l'on est en présence d'une filiation hors mariage ou en mariage.

Dans le premier cas, le rattachement par la loi nationale de la mère peut se recommander de solides appuis. La mère occupe, en effet, une place prééminente au sein de la « famille naturelle ». Sans être toujours établie, comme pourrait le laisser croire l'adage *mater semper certa est*, la filiation maternelle l'est le plus souvent. Et si la mère n'est plus seule en charge de l'autorité parentale sur le ci-devant enfant naturel, elle n'en conserve pas moins en fait une place prépondérante. Il n'est donc pas choquant que la règle de conflit reflète cette prééminence. En revanche, plus surprenante est la soumission

52. Art. 29, loi du 31 mai 1995.
53. Y. Lequette, « L'évolution du droit international privé de la filiation et du divorce, rapport français », *Travaux de l'Association Henri Capitant*, Journées turques 1988, t. nouveau IX, 1990, p. 467.
54. Carbonnier, *Droit civil, La famille*, n° 253.
55. Y. Lequette, « Observations sur le "nominalisme législatif" en matière de filiation », *Mélanges G. Viney*, 2008, p. 645 s.
56. Art. 19 et 20, loi allemande du 25 juill. 1986 ; art. 33 et 35, loi italienne du 31 mai 1995. V. aussi loi néerlandaise du 14 mars 2002, réglant les conflits des lois en matière de filiation, *Rev. crit. DIP* 2002. 389.

de la filiation en mariage à la loi nationale de la mère. Si le mari a perdu la qualité de chef de famille, son épouse ne l'a pas pour autant acquise. Les parents se trouvant sur un pied de stricte égalité, rien ne justifie la prépondérance accordée à l'un d'entre eux[57].

La solution est, au reste, d'autant plus regrettable qu'elle constitue une absurdité au regard des directives traditionnelles du droit international privé. On sait que cette discipline met en avant l'idée de liens les plus étroits pour désigner la loi applicable. Or il n'est pas rare aujourd'hui qu'une étrangère épouse un Français, que les époux vivent en France et qu'ils y aient des enfants eux-mêmes de nationalité française. Soumettre l'établissement de la filiation de ces enfants à la loi nationale de la mère, c'est soumettre une situation qui est française par tous ses rattachements, hormis la nationalité de la mère, à une loi étrangère, ce qui n'est pas de bonne méthode. L'absurdité du système est à son comble lorsque la femme acquiert ultérieurement la nationalité française[58]. Donnant compétence à la loi nationale de la mère au jour de la naissance de l'enfant, l'article 311-14 désigne une loi étrangère alors que la situation, reliée dès l'origine de manière prépondérante à la France, est devenue au jour où le juge statue exclusivement française. Censée désigner la loi qui présente les liens les plus étroits avec la relation considérée, la règle de conflit donne en réalité compétence ici à une loi sans lien. On le voit, il n'était nul besoin des droits fondamentaux pour écarter la solution contestable énoncée par l'article 311-14. Les directives les plus classiques du droit international privé y suffisaient. Encore eût-il fallu que les rédacteurs du texte les connaissent. Bien que l'article 311-14 pèche par son manque de réalisme et par méconnaissance du principe de l'égalité des sexes, les auteurs de l'ordonnance du 4 juillet 2005 ont curieusement choisi de maintenir ce texte en l'état.

Le débat sur la conformité des règles de conflit françaises aux droits fondamentaux aurait pu, de ce fait, perdre une bonne partie de son intérêt si la question de la constitutionnalité des règles de droit international privé n'avait pas ressurgi à l'occasion de l'adoption de la loi relative au mariage homosexuel.

**188** ***Règle de conflit propre au mariage homosexuel et principe d'égalité.*** La loi du 17 mai 2013, en ouvrant le mariage aux couples de même sexe, a introduit à l'article 202-1, al. 2 du Code civil une règle de droit international privé propre au mariage.

L'alinéa 1er du texte qui prévoit que « les qualités et conditions requises pour pouvoir contracter mariage sont régies, pour chacun des époux, par sa loi personnelle » reprend la solution classiquement retenue jusque-là par la jurisprudence dont la conformité aux droits fondamentaux n'a jamais été contestée.

L'alinéa 2, en revanche, introduit une règle propre au mariage homosexuel qui prévoit que « deux personnes de même sexe peuvent contracter mariage lorsque, pour au moins l'une d'elles, soit sa loi personnelle, soit la loi de l'État sur le territoire duquel elle a son domicile ou sa résidence le permet ».

À l'évidence, cette disposition, dont la nature méthodologique a été discutée[59], a pour effet de favoriser la validité des mariages entre couples de même sexe dans les relations internationales. Il suffit, en effet, que l'un des époux entretienne un lien avec un État qui autorise le mariage homosexuel pour que celui-ci puisse être célébré[60]. Il peut s'agir de l'État de la nationalité, de la résidence ou du domicile

57. Comp. P. Kinsch, « Principe d'égalité et conflits de lois », *Trav. Com. fr. DIP* 2002-2004, p. 117 s., spéc. p. 122, et intervention H. Gaudemet-Tallon, p. 135.

58. Ce qui pourra être aisément le cas car l'art. 21-2 du C. civ. (réd. L. 24 juill. 2006) prévoit que cette acquisition ne peut intervenir que quatre ans, voire parfois cinq, après le mariage.

59. Pour une qualification de cette disposition de règle matérielle, v. D. Bureau et H. Muir Watt, *Droit international privé*, 4e éd., PUF, Thémis, 2017, no 723, p. 125 ; P. Mayer et V. Heuzé, *Droit international privé*, 11e éd., Montchrestien, 2014, no 572, p. 401 ; v. aussi pour cette analyse, B. Audit et L. D'Avout, *Droit international privé*, 8e éd., LGDJ, 2018, no 773, p. 650, qui n'excluent pas cependant la qualification de « règle de conflit bilatérale fondée sur un rattachement alternatif à la nationalité ou au lieu d'établissement de l'un des conjoints » ; v. encore, B. Haftel, *Droit international privé*, 7e éd., Dalloz, coll « Cours », 2018, p. 227, qui y voit une règle alternative *in favorem*.

60. V. sur ce point, H. Fulchiron, « Le mariage pour tous. Un enfant pour qui ? Loi no 2013-404 du 17 mai 2013 », *JCP* 2013. 1123 s, spéc. p. 1127, no 24.

de l'un ou de l'autre des futurs conjoints. Les rattachements retenus sont au nombre de six, ils sont alternatifs de sorte que l'interdiction de célébrer le mariage homosexuel ne s'imposera que si elle est prévue cumulativement par la loi de la nationalité, de la résidence et du domicile de l'un et de l'autre des époux.

C'est précisément la conformité de cette disposition à la Constitution qui a fait l'objet d'un recours devant le Conseil constitutionnel. Les requérants invoquaient à la fois sa contrariété au principe d'égalité et au principe de sécurité juridique. Si ce dernier grief avait peu de chances de prospérer[61], le premier reposait, en revanche, sur un argumentaire relativement solide. Il était en effet soutenu que l'atteinte au principe d'égalité devant la loi se trouvait caractérisée par la consécration au profit des couples de même sexe d'une règle de conflit distincte de celle applicable aux couples de sexe différent. Et de fait, le principe d'égalité ayant été invoqué pour justifier l'ouverture du mariage aux personnes de même sexe[62], on aurait pu s'attendre à ce que son application soit poussée jusqu'à son terme pour garantir un régime juridique identique aux mariages homosexuels et hétérosexuels[63], y compris dans les relations internationales.

Le Conseil constitutionnel a pourtant rejeté cette interprétation en affirmant que l'atteinte au principe d'égalité n'était pas caractérisée dès lors que « le législateur qui n'était pas tenu de retenir les mêmes règles pour les mariages contractés entre personnes de sexe différent, n'a pas traité différemment des personnes se trouvant dans des situations semblables ». Autrement dit, la différence de traitement des couples homosexuels et des couples hétérosexuels dans les relations internationales peut se justifier par le fait qu'ils se trouvent dans des situations différentes.

Le Conseil constitutionnel avait auparavant rappelé dans la même décision que le principe d'égalité « impose de traiter de la même façon des personnes qui se trouvent dans la même situation », mais qu'« il n'en résulte pas pour autant qu'il oblige à traiter différemment des personnes se trouvant dans des situations différentes »[64]. Aussi en fonction des arbitrages opérés par le législateur[65], ce principe pourrait s'accommoder tout aussi bien d'un traitement différent que d'un traitement identique des personnes se trouvant dans des situations dissemblables.

Il reste toutefois paradoxal de retenir simultanément ces deux lectures de l'égalité pour justifier à la fois l'identité de la réglementation applicable aux couples homosexuels et hétérosexuels au stade de l'accès au mariage et de ses effets et la différence de celle-ci au stade de la détermination de la loi applicable au mariage[66]. Aussi, c'est en vertu d'une approche fonctionnelle de l'égalité, dont la force de persuasion est loin d'être évidente, que la constitutionnalité de la loi du 17 mai 2013, et plus loin celle de ses dispositions de droit international privé, a finalement été affirmée.

---

61. V. sur ce point, D. Bureau, « Le mariage international pour tous à l'aune de la diversité », *in Mélanges en l'honneur du Professeur Bernard Audit*, LGDJ. 2014, p. 155 et s, spéc. 163.
62. V. not. les arguments mis en avant par la garde des Sceaux dans son discours du 29 janv. 2013 à l'Assemblée Nationale lors de la présentation du projet de loi sur le mariage homosexuel. Assemblée nationale, compte-rendu intégral de la séance du 29 janvier 2013, http://www.assemblee-nationale.fr/14/cri/2012-2013/20130118.asp#INTER_30 : « En vous présentant aujourd'hui ce projet de loi qui contient des dispositions ouvrant le mariage à droits constants et l'adoption à droits constants aux couples homosexuels, le gouvernement choisit de permettre aux couples de même sexe d'entrer dans cette institution et de pouvoir composer une famille comme les couples hétérosexuels (…) Oui, c'est bien le mariage, avec toute sa charge symbolique et toutes ses règles d'ordre public, que le Gouvernement ouvre aux couples de même sexe, dans les mêmes conditions d'âge et de consentement de la part de chacun des conjoints, avec les mêmes interdits, les mêmes prohibitions, sur l'inceste, sur la polygamie, avec les mêmes obligations d'assistance, de fidélité, de respect, instaurées par la loi de 2006, avec les mêmes obligations pour chaque conjoint vis-à-vis l'un de l'autre, les mêmes devoirs des enfants vis-à-vis de leurs parents et des parents vis-à-vis de leurs enfants. Oui, c'est bien ce mariage que nous ouvrons aux couples de même sexe ».
63. V. D. Bureau, art. préc. p. 164-165 ; P. Mayer et V. Heuzé, *Droit international privé*, *op. cit.*, n° 596, p. 417.
64. Déc. n° 2013-669 DC, 17 mai 2013, § 15.
65. V. sur ce point, F. Chénédé, « La nouvelle leçon de démocratie du Conseil constitutionnel », *AJ fam.* 2013. 332 et s, spéc. n° 6, rappelant que « les arbitrages nécessaires à l'application » du principe d'égalité « relèvent de la compétence des élus du Peuple et non du juge constitutionnel ».
66. V. sur ce point, D. Bureau, art. préc., spéc. p. 165 : « Là pourrait cependant apparaître la limite du raisonnement : car après tout, pourquoi ne pas tenir compte aussi bien de l'hypothèse dans laquelle une législation étrangère empêcherait la célébration d'un mariage hétérosexuel pour des raisons ignorées du droit français (différence de religion par exemple) ? Pourquoi la règle de droit international privé ne faciliterait-elle la célébration du mariage qu'en présence d'un empêchement tiré de la condition homosexuelle des époux ? ».

## C • Méthode de la reconnaissance et droits fondamentaux

**189** ***Contrôle des décisions étrangères.*** Comme les lois étrangères, les jugements prononcés au nom d'un État étranger se heurtent au phénomène de la frontière. Mais le traitement qui leur est appliqué relève d'une méthode différente. Alors qu'il existe plusieurs lois potentiellement applicables entre lesquelles la règle de conflit opère un choix, il n'est le plus souvent qu'une décision rendue à l'étranger dont il faut savoir si l'ordre du for consent ou non à la reconnaître. À cet effet, la jurisprudence française a, en l'absence de textes, élaboré un système qui permet de contrôler les décisions étrangères en vérifiant leur conformité à un certain nombre de conditions. Énoncée initialement par l'arrêt *Munzer*[67], la liste de ces conditions a été ultérieurement réaménagée par quelques grands arrêts, *Bachir*[68], *Simitch*[69], *Cornelissen*[70], en sorte que le juge français vérifie aujourd'hui la compétence du juge étranger, la conformité de la décision étrangère à l'ordre public procédural et à l'ordre public de fond ainsi que l'absence de fraude. Si on laisse de côté le jeu de l'ordre public qui sera envisagé dans la deuxième partie de ces développements, il semblait qu'aucune interférence ne pouvait s'opérer entre cette méthode et les droits fondamentaux. Or il est permis de se demander si les derniers développements de la jurisprudence de la Cour de Strasbourg ne conduisent pas à sa remise en cause, au moins en certains domaines.

**190** ***Droit à une vie familiale normale et accueil d'une adoption étrangère.*** Par un arrêt *Wagner*, la Cour de Strasbourg a analysé le refus d'exequatur comme constituant une ingérence dans un droit substantiel, plus particulièrement le droit au respect de la vie familiale. En la circonstance, une Luxembourgeoise domiciliée au Luxembourg, célibataire mais vivant en concubinage et mère de deux enfants, avait souhaité étendre sa famille au moyen d'une adoption. Elle s'était heurtée au refus des autorités luxembourgeoises, la loi luxembourgeoise ne permettant pas la réalisation d'une adoption à une célibataire. Désireuse de tourner cette prohibition et de « partir en croisade contre le droit prohibitif de son pays », elle entreprit une adoption « bâton de pèlerin », prospectant différents pays susceptibles d'accéder à sa demande et obtint gain de cause au Pérou[71]. Grâce à l'assistance d'une association privée, l'association Luxembourg-Pérou, et malgré la prohibition de sa loi personnelle, elle obtint au Pérou le prononcé de l'adoption plénière d'un enfant péruvien abandonné. De retour au Luxembourg, elle demanda l'exequatur de la décision péruvienne. Celui-ci lui fut refusé au motif que le jugement péruvien avait été rendu en violation de la loi luxembourgeoise, applicable selon les règles luxembourgeoises de droit international privé, et en fraude de cette même loi. La demanderesse forma alors un recours devant la Cour de Strasbourg fondé, entre autres, sur l'article 8 de la Convention européenne posant le droit au respect de la vie familiale. Par un arrêt du 28 juin 2007, la Cour de Strasbourg condamne le Luxembourg au motif que la décision de refus de l'exequatur « omet de tenir compte de la réalité de la situation[72] ». L'« intérêt supérieur de l'enfant » aurait dû conduire le juge luxembourgeois à ne pas « passer outre au statut valablement créé à l'étranger » et à reconnaître la décision péruvienne alors même que celle-ci a été demandée et prononcée en sachant que la loi luxembourgeoise y faisait obstacle. Autrement dit, dès qu'un ordre juridique a accepté de consacrer concrètement, en matière familiale, un droit subjectif au profit d'une personne, cette « situation » doit être reconnue par les États-tiers sans que ceux-ci puissent lui opposer leur système de contrôle. Le point de vue de « l'ordre juridique le plus favorable » s'impose ainsi à tous[73].

---

67. Civ. 1re, 7 janv. 1964, *Munzer*, *GAJDIP*, n° 41.
68. Civ. 1re, 4 oct. 1967, *Bachir*, *GAJDIP*, n° 45, définissant les modalités du contrôle de la régularité du procès devant le juge étranger.
69. Civ. 1re, 6 févr. 1985, *Simitch*, *GAJDIP*, n° 70, définissant les modalités du contrôle de la compétence du juge étranger.
70. Civ. 1re, 20 févr. 2007, *Cornelissen*, *D.* 2007. 1115, note S. Bollée et L. d'Avout, supprimant le contrôle de la loi appliquée.
71. L. d'Avout, note, *JDI* 2008. 189.
72. CEDH 28 juin 2007, *Wagner*, *D.* 2007. 2700, note Marchadier, *JDI* 2008. 183, note L. d'Avout ; *Rev. crit. DIP* 2007. 807, note P. Kinsch ; rappr. CEDH 3 mai 2011, *Négrépontis*, *Rev. crit. DIP* 2011. 889 et Chron. P. Kinsch, *ibid.* 817.
73. L. d'Avout, note préc.

Un an plus tard, la Cour de Strasbourg a accentué son contrôle en analysant, dans un arrêt *Mc Donald*[74], le refus d'exequatur comme représentant une ingérence dans le droit à un procès équitable édicté par l'article 6 de la Convention européenne. C'est alors le respect dû aux jugements étrangers en tant que tels et indépendamment des droits substantiels éventuellement impliqués, qui est censé suffire pour fonder le droit à leur reconnaissance internationale[75]. Dès lors qu'un jugement étranger aura été rendu dans des circonstances compatibles avec les garanties du procès équitable, il devra être reconnu.

Dans le prolongement de cette jurisprudence, et en s'appuyant conjointement sur les articles 6 et 8 de la Convention européenne, la Cour a pu décider dans un arrêt *Négrépontis*, que le refus des tribunaux grecs d'accorder l'exequatur à un jugement américain d'adoption emportait violation de la Convention[76]. Les juridictions grecques avaient pourtant invoqué, en l'occurrence, l'ordre public international pour faire échec à l'accueil de la décision étrangère. Une telle évolution, qui atteint également le droit de l'arbitrage,[77] n'est pas sans inquiéter. Elle risque de conduire en effet à une sorte de désarmement unilatéral des sociétés étatiques, et partant à leur fragilisation, face aux comportements de certains individus qui cherchent à user de la diversité des ordres juridiques pour se soustraire aux contraintes de celui dont ils relèvent naturellement. C'est ainsi que l'arrêt *Wagner*, à supposer qu'il porte bien en lui le système décrit ci-dessus, est de nature à ébranler l'ordre juridique français. Usant des facilités que leur accorde cette jurisprudence, des Français domiciliés en France ont entrepris de triompher des dispositions de la loi civile et de la loi pénale françaises prohibant les gestations pour autrui[78], en ayant recours à celles-ci dans des pays à la législation complaisante. S'est alors posée la question du statut, au regard de l'ordre juridique français, des enfants nés de telles pratiques.

**191** ***Droit au respect de la vie privée et gestation pour autrui.*** La Cour de cassation s'est d'abord opposée à l'établissement de la filiation des enfants issus de conventions de gestation pour autrui exécutées à l'étranger, à l'égard de leurs parents d'intention, alors même que le couple commanditaire y avait été désigné comme parents légaux de l'enfant par une décision de justice ou par un acte de l'état civil. À cet effet, la Cour de cassation a successivement retenu deux motivations. Par trois arrêts en date du 6 avril 2011, elle a refusé de reconnaître la filiation à l'égard de la mère d'intention au nom du principe d'ordre public d'indisponibilité de l'état des personnes[79]. Par des décisions ultérieures, elle a pris pour fondement de son refus non plus l'exception d'ordre public international mais la fraude, ce qui lui a permis de renforcer l'interdiction en annulant la reconnaissance du père biologique : « lorsque la naissance est l'aboutissement en fraude à la loi française, d'un processus d'ensemble comportant une convention de gestation pour le compte d'autrui, convention qui, fut-elle licite à l'étranger, est nulle d'une nullité d'ordre public aux termes des articles 16-7 et 16-9 » du Code civil, la filiation ne peut plus être inscrite sur le registre français de l'état civil, la fraude à la loi entraînant au surplus la nullité de la reconnaissance paternelle et ayant pour conséquence que ni l'intérêt supérieur de l'enfant que garantit l'article 3-1 de la Convention de New York relative aux droits de l'enfant, ni le respect de la

74. CEDH 29 avr. 2008, *Rev. crit. DIP* 2008. 830, note P. Kinsch.
75. P. Kinsch, note, *Rev. crit. DIP* 2008. 839.
76. CEDH 3 mai 2011, *Négrépontis* ; *Rev. crit. DIP* 2011. 889 et Chron. P. Kinsch, *ibid.* 817.
77. CEDH 30 juin 2022, *BTS Holding c./Slovaquie*, n° 55617/17, condamnant la Slovaquie pour le refus « injustifié » selon la Cour « d'exécuter une sentence arbitrale définitive et contraignante rendue contre le Fonds des biens nationaux », conduisant ainsi à la violation de l'art. 1 du Protocole n° 1 à la Conv. EDH sur la protection de la propriété.
78. Il est difficile de trouver exemple d'une prohibition plus clairement posée : énoncée par la Cour de cassation dans sa formation la plus solennelle à la suite d'un pourvoi formé dans l'intérêt de la loi (Cass., ass. plén., 31 mai 1991, *D.* 1991. 417, rapp. Y. Chartier, note D. Thouvenin, *GAJC*, t. 1, 13e éd., 2015, n° 51), elle a ensuite été consacrée par le législateur, qui a introduit dans le C. civ. en 1994 l'art. 16-7, dont les dispositions ont été maintenues inchangées, après débat devant le Parlement, par les lois bioéthiques de 2004 et de 2011. Quant au Conseil constitutionnel, il a rappelé que la loi du 17 mai 2013 ouvrant le mariage aux personnes de même sexe n'avait eu « ni pour objet ni pour effet de modifier la portée des dispositions de ce texte » (Cons. const. 17 mai 2013, *GAJC*, t. 1, 13e éd., 2015, n° 34, cons. 44).
79. Civ. 1re, 6 avr. 2011, *D.* 2011. 1522, note D. Berthiau et L. Brunet, *Rev. crit. DIP* 2011. 722, note P. Hammje, *ibid.* 340, obs. J. Hauser.

vie privée et familiale de la Convention européenne « ne sauraient être utilement invoqués »[80]. Tel n'a pas été l'avis de la Cour de Strasbourg. Celle-ci a, en effet, considéré que le refus d'inscription à l'état civil d'enfants nés d'une gestation pour autrui pratiquée à l'étranger, en ce qu'il les prive de filiation à l'égard du parent biologique commanditaire, porte atteinte à leur vie privée et à leur intérêt supérieur[81]. Autrement dit, s'il « ne condamne pas l'interdiction de la gestation pour autrui par l'article 16-7 du Code civil », l'arrêt en « annule peu ou prou la portée puisque le contournement se fait par l'intérêt de l'enfant devenu pur "fait accompli" »[82], ce qui a conduit la Cour de cassation à modifier la solution qu'elle avait posée.

Par deux arrêts rendus le 3 juillet 2015, l'Assemblée plénière a ainsi mis de côté la fraude et l'ordre public international et décidé au visa de l'article 47 du Code civil et de l'article 8 de la Convention européenne que la convention de gestation pour autrui ne faisait pas obstacle à la transcription à l'état civil de l'acte de naissance établi à l'étranger[83]. A suivre le raisonnement retenu par la Cour, la transcription devait être autorisée dès lors qu'en application de l'article 47 du Code civil, les juges du fond n'avaient pas constaté que l'acte de naissance « était irrégulier, falsifié ou que les faits qui y étaient déclarés ne correspondaient pas à la réalité ».

On observera à cet égard que dans les espèces soumises à la haute juridiction, l'acte de naissance désignait le père biologique en qualité de père de l'enfant et la mère porteuse en qualité de mère. Autrement dit, la mère mentionnée à l'état civil était bien celle qui avait accouché de l'enfant. Aussi les faits figurant dans l'acte de naissance, dressé à l'étranger, correspondaient-ils à la réalité au sens de l'article 47 du Code civil. La Cour de cassation appréciait alors cette réalité au regard du droit français, c'est-à-dire des concepts de père et de mère en vigueur en France.

Les décisions de l'Assemblée plénière laissaient toutefois dans l'ombre le statut du parent d'intention, notamment celui de la mère. Il faudra attendre l'avis consultatif rendu le 10 avril 2019 par la Cour européenne des droits de l'homme à la demande de la Cour de cassation française pour voir clarifier celui-ci[84]. À cette occasion, la Cour de Strasbourg affirme en substance que l'article 8 de la Convention européenne impose de reconnaître un lien de filiation entre l'enfant et la mère d'intention tout en laissant aux États parties le choix des moyens pour y parvenir. La désignation de la mère d'intention à l'état civil comme étant la mère de l'enfant, tout comme la possibilité pour celle-ci de l'adopter relèvent de la marge d'appréciation reconnue aux États. Aussi l'ordre juridique français pouvait-il continuer de refuser la transcription intégrale à l'état civil d'un acte de naissance étranger, mentionnant comme mère la mère d'intention, dès lors qu'il reconnaissait à celle-ci la possibilité de procéder à l'adoption de l'enfant[85]. Une telle analyse sera au demeurant confirmée quelques mois plus tard par la Cour de Strasbourg dans un arrêt rendu le 12 décembre 2019[86].

Cette solution en demi-teinte, qui conduisait le plus souvent à admettre une transcription partielle des mentions figurant sur l'acte de naissance étranger, était loin de faire l'unanimité, mais elle avait au moins le mérite de ménager un certain équilibre entre le souci de protéger l'intérêt de l'enfant né d'une

80. Civ. 1re, 13 sept. 2013, *D.* 2013. 2377, avis C. Petit et note M. Fabre-Magnan, Chron. H. Fulchiron et C. Bidaud-Garon, p. 2349, *Rev. crit. DIP* 2013. 909, note P. Hammje ; 19 mars 2014, *D.* 2014. 905, note H. Fulchiron et C. Bidaud-Garon, *JCP* 2014. 613, note J. Heymann.
81. CEDH 26 juin 2014, *Mennesson c. France, D.* 2014. 1797, note F. Chénedé, 1806, note L. d'Avout, 1773, Chron. H. Fulchiron et C. Bidaud-Garon, *RTD civ.* 2014. 616, obs. J. Hauser, 835, obs. J.-P. Marguénaud. Comp. CEDH 24 janv. 2017, *Paradiso et Campanelli c. Italie* ; *Rev. crit. DIP* 2017. 426, note T. Kouteeva-Vathelot ; *D.* 2017. 663, note F. Chénédé.
82. J. Hauser, *RTD civ.* 2014. 617.
83. Cass., ass. plén., 3 juill. 2015 (2 arrêts), *D.* 2015. 1819, note H. Fulchiron et C. Bidaud-Garon ; Civ. 1re, 5 juill. 2017, *D.* 2017. 1423, *JCP* 2017. 984, note Gouttenoire.
84. CEDH, gr. ch., Avis consultatif, 10 avr. 2019, n° P16-2018-001 ; D. 2019. 1084, note Fulchiron ; D. 2019. 1016, obs S. Clavel et F. Jault-Seseke ; adde J. Heymann et F. Marchadier, « la filiation de l'enfant né d'une gestation pour autrui pratiquée à l'étranger (à propos de l'avis consultatif de la CEDH grande chambre du 10 avr. 2019) », *JDI* 2019. 1149 s.
85. Civ. 1re, 5 juill. 2017, *Bull. civ.* I, n° 16 ; *Rev. crit. DIP.* 2018. 143, note S. Bollée ; *JDI* 2017. 1291, note J. Guillaumé ; D. 2017. 1737, note H. Fulchiron ; Civ. 1re, 4 nov. 2020 (deux espèces), n° 19-15.739 et n° 19-50.042
86. CEDH 12 déc. 2019, C. c/France et E. c/France, req nos 1462/18 et 17348/18.

gestation pour autrui à l'étranger et celui de ne pas bouleverser les fondements du droit français de la filiation.

Cet équilibre a été provisoirement ébranlé par une volte-face de la Cour de cassation qui, dans deux arrêts rendus le 18 décembre 2019[87], a admis la transcription intégrale à l'état civil français de l'acte de naissance établi à l'étranger quelle que soit la qualité du parent qui y est mentionné. Le père biologique, mais aussi son époux ou son compagnon, la mère porteuse, la mère d'intention et plus généralement le parent d'intention bénéficiaient ainsi d'un traitement identique. Aussi, le fait que l'acte de naissance étranger puisse désigner, comme père, le père biologique et comme parent son époux ou son compagnon ne constituait plus un obstacle à sa transcription intégrale sur les registres de l'état civil.

Un tel changement de cap ne pouvait s'opérer sans que la haute juridiction abandonne la lecture qu'elle retenait jusque-là de l'article 47 du Code civil. La conformité à la réalité des mentions qui figurent dans l'acte de naissance n'était plus appréciée, en effet, au regard de l'ordre juridique français et des définitions qu'il retient de la maternité ou de la paternité. Elle l'était au regard de l'ordre juridique étranger[88] dont les conceptions prévalaient sur celles de la loi française, alors même qu'elles avaient vocation à régir la force probante des actes d'état civil étrangers en France. Il en résultait une faveur beaucoup plus grande à la transcription de l'acte de naissance étranger à l'état civil français. Ajoutée à la désactivation de la fraude et de l'ordre public international, cette faveur conduisait à remettre en cause dans les relations internationales la prohibition de la gestation pour autrui en vigueur dans l'ordre interne[89].

Cette évolution a paru suffisamment préoccupante pour inciter le législateur à introduire dans la loi du 2 août 2021 relative à la bioéthique, un article 7 prévoyant d'insérer à l'article 47 du Code civil une phrase précisant que « la réalité » visée par le texte « est appréciée au regard de la loi française »[90]. Les solutions des arrêts du 18 décembre 2019 de la Cour de cassation se trouvent ainsi privées d'effet pour l'avenir en vertu de la loi. Ce faisant, la transcription en France de l'intégralité de l'acte de naissance établi à l'étranger n'est plus autorisée. Elle doit se limiter à la mention du seul parent biologique. Pour voir figurer son nom à l'état civil, le second parent d'intention devra donc recourir à la procédure d'adoption[91].

## II • Normes étrangères et droits fondamentaux

**192** ***Données du problème.*** Se proposant d'assurer un traitement approprié aux relations qui se développent simultanément dans plusieurs milieux nationaux, le droit international privé n'entend pas pour autant sacrifier à cette recherche la cohésion des sociétés étatiques concernées. D'où deux directives. La première inspirée par un esprit d'ouverture recommande l'application de lois étrangères, lorsqu'elles paraissent mieux à même de régir telle ou telle situation, ainsi que l'accueil de décisions émanant de juges étrangers lorsque ceux-ci sont bien placés pour connaître d'un litige. L'autre inspirée par un esprit de défiance prévoit que ces lois ou ces décisions peuvent être écartées lorsque leur

87. Civ. 1re, 18 déc. 2019, nos 18-11.815, 18-12.327 ; *D.* 2020. 426, note S. Paricard ; *ibid.* 506, obs. M. Douchy-Oudot ; *ibid.* 843, obs. Régine ; *AJ fam.* 2020. 131 ; *ibid.* 9, obs. A. Dionisi-Peyrusse ; *RTD civ.* 2020. 81, obs. A.-M. Leroyer ; *Dr fam.* 2020, comm. 39, note J.-R. Binet ; *Adde.* S. Bollée et B. Haftel, « L'art d'être inconstant._Regards sur les récents développements de la jurisprudence en matière de gestation pour autrui », *Rev.crit. dr. pr.* 2020. 267 et s.

88. La Cour de cassation relève dans l'arrêt du 18 déc. 2019, n° 18-12.327 que l'acte d'état civil étranger était « régulier, exempt de fraude et avait été établi *conformément au droit de l'État du Névada* » (souligné par nous)

89. Pour un rappel récent de la réalité de cette prohibition dans l'ordre interne et des sanctions attachées à la violation de l'article 16-7 du Code civil, v. Civ. 1re ., 12 septembre 2019, *D.* 2019. 2112, note A. Etienney-de Sainte Marie ; *RTD civ.* 2019. 838, obs. A.-M. Leroyer ; *AJ. Fam.* 2019. 531, note F. Chenede *; ibid.* 531, obs. P. Salvage-Gerest ; *ibid.* 487, obs. A. Dionisi-Peyrusse ; *JCP* 2019, n° 1010, note J.-R. Binet ; *Dr fam.* 2019, n° 216, note H. Fulchiron.

90. E. Supiot, « Loi de bioéthique : les grandes lignes d'une réforme attendue », *D. actu.*, 7 septembre 2021.

91. M. Hervieu, « Filiation des enfants nés d'une GPA : coup d'arrêt pour la transcription totale des actes d'état civil étrangers », Dalloz actu étudiants, 27 septembre 2021.

introduction dans l'ordre du for est de nature à conduire à un résultat qui heurte les valeurs de celui-ci. Il est alors fait usage de l'exception d'ordre public international.

Traditionnellement, on enseigne que les droits fondamentaux constituent l'une des composantes qui contribuent à dessiner les contours de cette exception. La Cour de cassation n'a-t-elle pas posé, dans son arrêt *Lautour*, qu'une norme étrangère doit être évincée lorsqu'elle heurte les « principes de justice universelle considérés dans l'opinion française comme doués de valeur internationale absolue »[92]. Mais les données du problème ont été profondément renouvelées par la montée en puissance de la Convention européenne de sauvegarde des droits de l'homme. Celle-ci a, en effet, suscité deux séries d'interrogations. En premier lieu, le fait que les droits fondamentaux aient leur origine dans une convention internationale n'exclut-il pas leur intervention à l'encontre de normes émanant d'États qui ne sont pas parties à celle-ci ? En second lieu, la primauté matérielle dont on gratifie volontiers ces mêmes droits ne devrait-elle pas conduire à leur application directe et immédiate ou du moins à une redéfinition des contours de l'exception d'ordre public international ? Alors que, dans le premier cas, l'interrogation touche au principe même de l'intervention des droits fondamentaux, elle a trait dans le second aux modalités de celle-ci.

## A • Le principe de l'intervention des droits fondamentaux

**193** ***Domaine d'application.*** Les droits fondamentaux posés par une convention internationale peuvent-ils faire échec uniquement à l'application de normes issues d'un État partie à cette convention ou sont-ils susceptibles de s'opposer à l'application de toute norme étrangère quelle qu'en soit l'origine ?

La première réponse semble, de prime abord, imposée par la règle de l'effet relatif des conventions. En prenant en compte la contrariété d'une norme étrangère avec un droit fondamental d'origine conventionnelle, alors que l'État dont émane cette norme n'est pas partie à la convention, le juge du for imposerait à celui-ci le respect de prescriptions qui lui sont extérieures parce qu'il n'y a pas souscrit. Mais raisonner ainsi serait méconnaître la signification exacte du contrôle exercé par le juge du for sur les normes étrangères. Celui-ci a, en effet, pour objet non de sanctionner la méconnaissance par un État étranger des règles conventionnelles qui s'imposent à lui mais de vérifier si l'introduction d'une norme étrangère dans l'ordre du for ne conduit pas à une violation de la convention par ce dernier. Le juge du for doit donc uniquement rechercher si, en mettant en œuvre telle norme étrangère, il contrevient ou non à un droit fondamental que l'ordre juridique auquel il appartient doit respecter parce que l'État dont il relève est partie à la convention qui l'édicte. Peu importe donc que l'État dont émane la norme qui doit être introduite en France soit ou non partie à cette convention[93].

Désignée par les commentateurs de la Convention européenne sous l'appellation d'« effet extraterritorial de la convention », cette analyse a été expressément consacrée par la Cour de Strasbourg dans l'arrêt qu'elle a rendu le 7 juillet 1989 dans l'affaire *Sœring*[94]. Le Royaume-Uni, État partie à la convention, ayant décidé l'extradition vers les États-Unis, État non partie, d'un individu accusé d'assassinat, il avait été allégué que le traitement que cette personne aurait à subir aux États-Unis en cas de condamnation risquait d'être inhumain puisque la peine de mort était encourue. Le Royaume-Uni ayant fait valoir que la Cour de Strasbourg n'était pas compétente pour se prononcer sur les obligations d'un État qui ne comparaissait pas devant elle puisqu'il n'était pas partie à la convention, celle-ci répondit : « Il ne

92. Civ. 25 mai 1948, *Rev. crit. DIP* 1949. 89, note Batiffol, *D.* 1948. 357, note P. L.-P., S. 1949. 1. 21, note Niboyet, *GAJDIP*, n° 19. Plus récemment, la Cour de cassation, Civ. 1re, 15 janv. 2020, n° 18-24.261, a affirmé de manière explicite que l'ordre public international français « inclut les droits reconnus par la Convention de sauvegarde des droits de l'homme et des libertés fondamentales ».

93. P. Mayer, art. préc., *Rev. crit. DIP* 1991. 67.

94. *Recueil* série A, n° 161.

s'agit pas de constater ou prouver la responsabilité de ce pays en droit international général, en vertu de la convention ou autrement. Dans la mesure où une responsabilité se trouve ou peut se trouver engagée sur le terrain de la convention, c'est celle de l'État contractant qui extrade à raison d'un acte qui a pour résultat direct d'exposer quelqu'un à des mauvais traitements prohibés. »

**194** ***Normes étrangères issues d'États parties ou non à la Conv. EDH.*** C'est à cette solution que la Cour de cassation française s'est finalement ralliée, non sans avoir au préalable montré quelques hésitations.

Dans une affaire *Pistre* où il était allégué que les dispositions de la loi brésilienne prohibant l'adoption d'un enfant en forme plénière par un étranger ne résidant pas au Brésil étaient contraires au droit au respect de la vie familiale consacré par la Convention européenne des droits de l'homme, la Haute juridiction a accepté de vérifier la compatibilité de cette loi avec les droits fondamentaux consacrés par cette convention[95]. Elle a donc considéré que le fait que le droit étranger en cause soit celui d'un État non partie à la Convention européenne (le Brésil) ne mettait pas obstacle à l'application de celle-ci. Mais six mois plus tard, à propos de l'introduction en France non plus d'une règle mais d'une décision étrangère, elle a adopté la solution contraire. Le défendeur à une action en exequatur d'un jugement gabonais ayant allégué que celui-ci avait été rendu en violation de l'article 6 de la Convention européenne posant le droit à un procès équitable, la Cour de cassation dans un arrêt du 6 juillet 1990 a refusé de faire application de celle-ci au motif que « la Convention européenne des droits de l'homme ne crée d'obligations qu'à l'égard des États qui y sont parties ce qui n'est pas le cas du Gabon[96] ».

On pourrait être tenté de concilier ces deux décisions en relevant qu'y étaient en cause des normes étrangères de nature différente : loi dans le premier cas, jugement dans le second. Et de fait, la violation du droit garanti qui résulte de l'application d'une norme étrangère par le juge du for est plus visible lorsque cette norme est une loi étrangère désignée par la règle de conflit qu'un jugement à exequaturer. Dans le premier cas, le juge du for procède à une application concrète de la règle étrangère. Partant, si le résultat de cette application méconnaît un droit fondamental garanti, il rend lui-même une décision contraire à ce principe. Dans le second cas, la décision concrète qui transgresse ces mêmes droits fondamentaux a été rendue par le juge étranger, le juge français se contentant de lui accorder l'exequatur. Mais on ne saurait s'en tenir à une telle analyse. En donnant effet à cette décision, le juge de l'exequatur prend la responsabilité d'introduire en France une norme qui consacre une solution contraire aux droits fondamentaux[97]. Une hésitation est certes permise lorsque, comme dans l'affaire précitée, la décision étrangère transgresse un droit fondamental en raison non de son contenu mais de la procédure qui l'a précédée, celle-ci étant contraire au droit à un procès équitable. Ce n'est pas alors, en effet, à proprement parler, le jugement étranger mais la procédure qui y a conduit qui est en cause. Néanmoins, il est permis de se demander si une telle analyse ne pèche pas par excès de formalisme. En posant le droit à un procès équitable, la Convention européenne cherche à éviter le prononcé d'une décision injuste au fond. Dès lors, accueillir une décision issue d'un procès inéquitable, c'est prendre le risque de consacrer une solution incompatible avec les engagements internationaux du for[98]. Autant dire que le juge de l'exequatur qui donne effet à une décision contraire à un droit fondamental, par son contenu ou par la procédure qui l'a précédée, prête la main à la violation de celui-ci. Aussi bien la Cour de cassation s'est-elle finalement ralliée à cette analyse puisqu'elle n'a pas hésité à contrôler la conformité d'une décision étrangère de répudiation à l'article 5 du Protocole n° 7 de la Convention européenne bien que celle-ci ait été rendue

95. Civ. 1re, 31 janv. 1990, *Rev. crit. DIP* 1990. 519, note Poisson-Drocourt, *JCP* 1991. II. 21635, note H. Muir Watt, *GAJDIP*, n° 69.
96. Civ. 1re, 6 juill. 1990, *Rev. crit. DIP* 1991. 757.
97. P. Mayer, art. préc., *Rev. crit. DIP* 1991. 657.
98. P. Mayer, « Droit à un procès équitable et conflit de juridictions », *in Les nouveaux développements du procès équitable au sens de la Convention européenne des droits de l'homme*, éd. du Seuil, 1996, p. 125.

par les juridictions d'un pays qui n'avait pas souscrit à celui-ci[99]. Telle a été, au reste, la solution ultérieurement consacrée par la Cour de Strasbourg dans une affaire *Pellegrini* : l'exequatur d'une décision émanant d'une juridiction du Vatican, lequel n'est pas partie à la Convention européenne, ayant été demandé aux juridictions italiennes, celles-ci doivent vérifier si la procédure qui est à l'origine de la décision qui leur est présentée remplit les garanties du procès équitable[100].

## B • Les modalités de l'intervention des droits fondamentaux

**195** ***Présentation.*** Se proposant de protéger les valeurs essentielles de la société française contre les atteintes que pourrait leur porter l'introduction de normes étrangères, règles ou décisions, l'exception d'ordre public international semble être l'instrument idéal pour défendre, contre ces mêmes dangers, les droits fondamentaux consacrés par les conventions auxquelles la France est partie. Ceux-ci ne sont-ils pas une composante essentielle de ces valeurs ? Mais la primauté matérielle que l'opinion dominante s'accorde à reconnaître aux droits fondamentaux devrait, selon certains, conduire à leur attribuer une emprise beaucoup plus forte sur la vie internationale. Cette emprise se traduirait de manière différente selon que le juge du for applique directement et immédiatement les droits fondamentaux ou ne les envisage qu'à travers l'exception d'ordre public international.

**196** 1. ***Application directe et immédiate des droits fondamentaux.*** Dans le cas où le juge français est directement saisi d'une affaire, un courant doctrinal qui s'est concrétisé dans certaines décisions soutient que les dispositions constatant des droits fondamentaux devraient être appliquées directement et immédiatement par le juge du for aux situations présentant des éléments d'extranéité. Opérant sans la médiation des règles ordinaires de conflits de lois, l'application des règles consacrant des droits fondamentaux s'effectuerait, selon un processus qui n'est pas sans rappeler celui des lois d'application immédiate. Les droits fondamentaux ne se contenteraient pas de faire échec à l'application des lois étrangères qui les heurtent, ils excluraient préventivement, dans leur domaine, l'appel au droit étranger[101].

Le meilleur exemple de cette démarche est probablement donné par l'arrêt rendu par la Cour de Paris le 14 juin 1994[102]. Dans cette affaire, un individu né en 1952 en Argentine et possédant la nationalité de ce pays avait été déclaré à l'état civil argentin comme de sexe masculin. S'étant perçue dès l'enfance comme de sexe opposé, cette personne s'était soumise à partir de sa vingtième année à un traitement hormonal et avait subi l'ablation des organes génitaux externes en 1985 au Maroc. Désireux de mettre son état civil en conformité avec sa nouvelle apparence, l'intéressé demanda en 1988 au tribunal de grande instance de Bobigny d'ordonner la rectification de son acte de naissance régulièrement dressé à l'étranger et la transcription du jugement sur le répertoire tenu à cet effet par le service central de l'état civil à Nantes. Raisonnant très classiquement, celui-ci repoussa cette demande au motif que la loi argentine, applicable en l'espèce et qui ignore le changement de sexe, n'était pas contraire à la conception française de l'ordre public international français. Cette décision fut infirmée par la Cour de Paris qui déclara l'action recevable aux motifs que la Convention européenne, dont l'article 8 tel qu'interprété par la Cour de Strasbourg et la Cour de cassation consacre le droit de changer de sexe, est « d'application directe en droit français », que « la matière des droits de l'homme

99. Civ. 1re, 1er juin 1994, *Rev. crit. DIP* 1995. 103, note Déprez, *Defrénois* 1995. 310, obs. Massip, *GAJDIP*, 4e éd., 2001, no 64 ; 11 mars 1997, *D.* 1997. 400, note M.-L. Niboyet, *JCP* 1998. I. 101, note H. Fulchiron ; 5 janv. 1999, *JCP* 1999. IV. 1298 ; 17 févr. 2004, *D.* 2004. 824, concl. Cavarroc, Chron. 815. P. Courbe, *JCP* 2004. II. 10128, note H. Fulchiron, *Rev. crit. DIP* 2004. 424, note P. Hammje, *JDI* 2004. 1200, note L. Gannagé, *Defrénois* 2004. 812, obs. J. Massip, *GAJDIP*, 5e éd., 2006, no 64.

100. CEDH 20 juill. 2001, *Pellegrini*, *Rev. crit. DIP* 2004. 106, note L.-L. Christians.

101. Sur ce courant doctrinal surtout présent dans la doctrine allemande, v. P. Hammje, thèse préc., nos 824 s., p. 475 s.

102. Paris 14 juin 1994, *Rev. crit. DIP* 1995. 308, note Y. Lequette. Rappr. Direction générale des registres et du notariat (ministère de la Justice du royaume d'Espagne), 24 janv. 2005, *Rev. crit. DIP* 2005. 614, note S. Sanchez Lorenzo.

est d'ordre public et que la protection de ces droits doit être assurée tant à l'égard des nationaux qu'à l'égard des ressortissants des États non parties s'ils sont domiciliés sur le territoire national » et ceci « sans considération du statut personnel de l'intéressé ». Autrement dit, l'ordre public joue ici non plus comme correctif mais comme circonstance de rattachement. En raisonnant comme si la situation était purement interne, une telle démarche revient à nier la différence entre les relations internationales et les relations purement internes[103].

**197** ***Exequatur d'une décision étrangère.*** S'agissant de donner effet à des décisions étrangères, la primauté matérielle reconnue aux droits fondamentaux s'est traduite par l'idée que les conventions relatives aux droits fondamentaux constitueraient du *jus cogens*, c'est-à-dire des règles fondamentales d'origine coutumière que les États ne pourraient méconnaître ou modifier par leurs conventions[104]. Elle a été plus particulièrement invoquée pour résoudre le conflit qui peut se nouer entre deux conventions dont l'une consacre l'existence des droits fondamentaux et dont l'autre prévoit l'accueil de décisions étrangères qui violent ces mêmes droits fondamentaux. Ainsi en irait-il par exemple de la Convention européenne ou plus précisément de son Protocole n° 7 proclamant l'égalité de l'homme et de la femme dans le mariage, et de la Convention franco-marocaine du 10 août 1981 qui prescrit au juge français de reconnaître les effets d'une répudiation prononcée au Maroc par un époux marocain à l'encontre de sa femme marocaine. Bien que plus spéciale par son objet, la seconde ne prévaudrait pas sur la première car celle-ci constituerait du *jus cogens*. À la différence de la précédente, cette analyse n'a rencontré aucun écho en jurisprudence, tant les contours du *jus cogens* restent en ce domaine difficiles à déterminer[105]. Aussi bien, les magistrats ont-ils préféré résoudre la difficulté en décidant que la Convention du 10 août 1981 réservait le jeu de la Convention franco-marocaine du 5 octobre 1957 laquelle fait expressément référence à l'ordre public[106].

**198** ***Transsexualité et respect de la vie privée : le sexe boiteux.*** Reste à savoir si une conception aussi impérialiste des droits fondamentaux est compatible avec les nécessités de la vie internationale ? Il ne le semble pas. On a vu que le droit international privé se fixe pour objectif d'assurer la continuité de traitement des situations internationales. Or les analyses précédentes conduisent à des résultats diamétralement opposés. La décision rendue par la Cour de Paris en matière de transsexualité est, à cet égard, particulièrement symptomatique.

Pour le comprendre, il est nécessaire d'avoir présent à l'esprit une règle universellement reçue : les autorités qui détiennent les registres de l'état civil sont seules compétentes pour les rectifier. Aussi bien, le demandeur en avait-il pris conscience puisque sa demande initiale qui visait à la rectification de l'acte régulièrement dressé à l'étranger ne tendait plus en appel qu'à lui conférer « un titre dans l'ordre juridique français, déclarant son changement de sexe ». Mais en faisant droit à cette demande alors que la loi nationale de l'intéressé prohibait un tel changement, les magistrats ont créé une figure juridique inédite, le « sexe boiteux », c'est-à-dire le sexe qui change avec la frontière[107]. Par l'emploi du qualificatif « boiteux », on veut en effet marquer que l'individu n'a pas le même statut dans tous les pays concernés. La décision obtenue en France n'ayant aucune chance d'être jamais accueillie dans son pays d'origine ni l'acte de naissance modifié, cette femme sera dans les autres pays et notamment dans son pays d'origine un homme. La claudication pourrait, au reste, s'accentuer si le transsexuel

103. M.-C. Najm, Principes directeurs du droit international privé et conflits de civilisations, thèse Paris II, éd. 2005, n° 548, p. 516 ; rappr. N. Nord, Ordre public et lois de police en droit int. privé, thèse Strasbourg, 2003, p. 200, n° 369.

104. D. Ruzié, *RFDA* 1991. 362 ; M.-L. Niboyet, « La mise en œuvre du droit international privé conventionnel », *Nouveaux juges, nouveaux pouvoirs, Mélanges R. Perrot*, Dalloz, 1995, p. 313 s.

105. L. Gannagé, *La hiérarchie des normes et les méthodes du droit international privé*, thèse Paris II, éd. 2001, n° 355.

106. V. par ex. Civ. 1re, 1er juin 1994, préc. ; 11 mars 1997, préc. Pour une explication fondée sur le jeu des principes généraux, l'ordre public international l'emportant ici sur l'harmonie internationale des solutions, v. L. Gannagé, thèse préc., n° 362.

107. M. Droz préfère parler à ce propos de « double sexe » (« Transsexualisme, état civil et droit international privé », *OP recht* 1996, p. 43). L'expression nous paraît inadéquate. À la différence de l'hermaphrodite, le transsexuel n'a pas, en effet, dans l'hypothèse en cause deux sexes au même lieu et au même moment. Il a un sexe dont la nature juridique change avec le passage de la frontière, ce qui est très exactement le propre des situations boiteuses.

venait à se marier. L'union ainsi célébrée risquant fort de ne pas être reconnue dans son pays d'origine, on serait en présence d'un mariage boiteux.

**199** ***Conséquences au plan international de l'impérialisme des droits fondamentaux.*** L'exemple de la transsexualité montre le danger qu'il peut y avoir à accorder aux droits fondamentaux une compétence exorbitante. Ériger en valeur suprême s'imposant à tous, les droits fondamentaux, c'est risquer de creuser une discontinuité radicale entre les ordres juridiques alors qu'on se proposait par l'appel à des valeurs non nationales communes de favoriser le développement des relations privées internationales. Le danger est d'autant plus redoutable que les droits fondamentaux sont en passe d'envahir la quasi-totalité de la scène juridique. Pour s'en tenir à la Convention européenne des droits de l'homme, la Cour de Strasbourg y a découvert des droits que ses rédacteurs n'avaient manifestement pas entendu y inscrire. Le droit au respect de la vie privée est devenu le droit de changer de sexe[108], le droit au respect de la vie familiale est devenu le « droit à une vie familiale potentielle » lequel confère au père naturel les moyens de combattre la présomption de paternité qui pèse sur l'enfant qu'il entend reconnaître[109], le droit au respect du domicile est devenu le droit à un environnement sain[110], le droit à l'autonomie personnelle est devenu celui d'entretenir des relations sadomasochistes[111].

Au plan interne, une telle démarche ne va pas sans dangers. Ainsi qu'on l'a justement souligné, « le risque est considérable de voir des dispositions précises, importantes, utiles, non contestées, remises en cause au nom d'un intérêt aussi supérieur que vague ». Le droit de la famille, pour ne citer que lui, risque d'être réduit « à un catalogue de pieux principes dans lesquels le juge puisera à volonté, appliquant le général pour écarter le particulier ou le contraire selon les cas, jouant d'une disposition contre l'autre, le tout se réduisant à un rituel apparent dissimulant l'arbitraire le plus total où tout est plaidable faute de règles de fond préalables »[112].

Au plan international, la boulimie interprétative précédemment décrite est de nature à réduire comme une « peau de chagrin », l'espace traditionnellement abandonné au jeu des conflits de lois. Tout étant potentiellement droits de l'homme et ceux-ci s'appliquant directement aux étrangers établis en France, les lois étrangères n'auraient plus lieu de jouer que de manière résiduelle dans les interstices non encore envahis par les juges européens. Les fruits d'un tel système pourraient bien être amers puisqu'ils conduisent à la ruine de l'effort que le droit international privé poursuit depuis plusieurs siècles pour assurer une plus grande continuité à la vie juridique des sujets de droit. Aussi, à l'analyse retenue par la Cour de Paris faut-il préférer le détour par l'exception d'ordre public, laquelle est d'ailleurs invoquée à titre subsidiaire par l'arrêt[113].

**200** 2. ***Exception d'ordre public international et droits fondamentaux.*** Selon une première opinion, la défense des droits fondamentaux n'appellerait sur le terrain de l'ordre public aucun traitement particulier. Comme le souligne M. Pierre Mayer, la Cour de cassation n'attachant aucune importance dans le jeu de l'exception d'ordre public international au fait que le principe considéré ait « valeur constitutionnelle », il devrait en aller de même des droits fondamentaux issus d'instruments qui, dans la hiérarchie des sources formelles, sont situés à un niveau inférieur à la Constitution[114]. La

108. CEDH 25 mars 1992, *D.* 1993. 101, note J.-P. Marguénaud ; Cass., ass. plén., 11 déc. 1992, *JCP* 1992. II. 21991, concl. Jéol, note Mémeteau, *GAJC*, t. 1, 13e éd., 2015, no 27, par F. Terré et Y. Lequette.

109. CEDH 27 oct. 1994, *Kroon*, *JCP* 1995. II. 3823, no 32, obs. Sudre ; *contra* CEDH 20 juin 1999, *Nylund*.

110. CEDH 9 déc. 1994, *JCP* 1995. I. 3823, no 33, obs. Sudre.

111. CEDH 15 févr. 2005, et la Chron. de M. Fabre-Magnan, *D.* 2005. 2973.

112. J. Hauser, *RTD civ.* 1993. 814 ; v. aussi M.-T. Meulders-Klein, « Internationalisation des droits de l'homme et évolution du droit de la famille, un voyage sans retour ? », *in Internationalisation des droits de l'homme et évolution du droit de la famille*, 1996, p. 179 s.

113. Il a été soutenu que le détour par l'ordre public ne serait nullement nécessaire à une mise en œuvre modérée des droits de l'homme, leur cantonnement dépendant « moins des modalités de leur intervention que de considérations purement idéologiques et de l'engouement qu'ils suscitent […] auprès des magistrats ». Aussi bien la question pourrait-elle trouver une solution dans l'exigence d'une « antinomie strictement caractérisée entre la loi étrangère et les droits fondamentaux » (L. Gannagé, *op. cit.*, no 335).

114. P. Mayer, art. préc., *Rev. crit. DIP* 1991. 663.

contrariété à l'ordre public devrait toujours être appréciée en fonction du seul résultat concret auquel conduit l'application de la norme étrangère dans l'hypothèse considérée[115].

Selon une autre opinion, le concept d'ordre public devrait être l'objet d'un « affinement » afin de « coller aux impératifs des normes fondamentales internationales ». Plus précisément, les conditions mises au déclenchement de l'exception d'ordre public international devraient être assouplies, la « supériorité » des principes fondamentaux commandant une application préférentielle de ceux-ci[116]. En d'autres termes, l'exception d'ordre public devrait être entendue de façon plus sévère lorsqu'elle se propose de défendre les droits fondamentaux. C'est ainsi, selon M. Paul Lagarde, que la condition de nationalité française à laquelle la jurisprudence subordonne parfois le jeu de l'ordre public international, dans le domaine du statut personnel, devrait être écartée si « les principes menacés par l'application de la loi étrangère sont des principes fondamentaux, imposés par le respect des droits de l'homme[117] ».

**201** ***Contrariété automatique à l'ordre public international.*** Allant jusqu'au bout de cette logique, certaines décisions posent qu'une loi étrangère doit être évincée dès lors qu'elle ne connaît pas tel ou tel droit de l'homme, la décision rendue sur le fondement de cette loi constituant nécessairement la violation de ce droit et par là même de l'ordre public. C'est ainsi que la Cour de Paris, usant à titre subsidiaire dans l'affaire précitée de l'exception d'ordre public, a posé que « l'application de la loi argentine qui paraît ignorer le syndrome du transsexualisme, conduirait à une décision constituant en elle-même la violation d'un droit de l'homme protégé tant par la convention que par le droit positif interne dans son état le plus récent[118] ». C'est ainsi encore que la Cour de cassation a écarté le régime légal suisse de l'union des biens au motif que prévoyant un partage inégal des biens au détriment de la seule épouse, il serait contraire au principe de l'égalité des époux[119].

De telles analyses sont excessives. Elles conduisent, en effet, à l'égal de la précédente, au refoulement du droit étranger et à l'érection de cloisons hermétiques entre les ordres juridiques[120]. Or rien ne paraît l'imposer. Nombre de règles aujourd'hui couvertes par l'étiquette des droits de l'homme sont des créations totalement artificielles, commandées non par la nature de l'homme mais par le « prêt à penser » ambiant. Inconnues il y a peu encore des systèmes juridiques qui les consacrent, ces règles conduisent à des solutions dont il n'est pas certain qu'elles soient supérieures à celles qui résultaient des dispositions qui les ont précédées. La transsexualité est, à cet égard, topique. En refusant de l'admettre en 1990, la Cour de cassation avait suivi les conclusions de son avocat général soulignant qu'« une réponse affirmative était de nature à faire vaciller les bases sur lesquelles repose une société »[121], formule qui n'est pas sans rappeler l'une des composantes de l'ordre public

---

115. J. Foyer, « Droits internationaux de l'homme et ordre public international », *Mélanges R. Goy*, 1998, p. 333.
116. P. Hammje, thèse préc., n° 851, p. 494, n° 869, p. 506.
117. Batiffol et Lagarde, t. 1, n° 360.
118. Paris 14 juin 1994, préc.
119. Civ. 1re, 24 févr. 1998, *Rev. crit. DIP* 1998. 637, note Droz, *JDI* 1998. 730, note Kerckhove, *D.* 1999. Somm. 290, obs. Audit, *Defrénois* 1999. 1173, note R. Crone.
120. V. à titre d'exemple, Civ. 1re, 28 janv. 2015, mettant en avant l'ordre public international pour écarter la loi marocaine qui prohibe le mariage homosexuel ; *Rev. crit. DIP* 2015. 400, notes D. Boden ; S. Bollée ; B. Haftel ; P. Hammje ; P. de Vareilles-Sommières ; *JDI* 2015. 597, note J. Guillaumé et S. Godechot-Patris ; *D.* 2015. 464, note H. Fulchiron ; *JCP* 2015. 318, note L. Gannagé. La solution conduit à un véritable cloisonnement des ordres juridiques dans les relations avec les États de tradition musulmane. Si l'arrêt de la Cour de cassation ne donne pas de précisions particulières sur les principes essentiels de l'ordre du for heurtés par la loi marocaine, le communiqué de la Cour de cassation, publié le même jour, met néanmoins en avant la liberté fondamentale de se marier qui aurait été violée par le droit marocain. C'est d'une certaine manière aller plus loin que la Cour européenne qui, dans les arrêts *Schalk et Kopf c/ Autriche* : CEDH 24 juin 2010, n° 30141/04 ; puis, *Orlandi c/ Italie* : CEDH 14 déc. 2017, n° 26431/12, a estimé que l'article 12 de la Convention qui protège le droit de se marier n'impose pas aux États parties l'obligation d'ouvrir le mariage aux couples de même sexe. Ce que la Cour impose en revanche aux États parties c'est la nécessité de garantir aux couples homosexuels un statut juridique protecteur. C'est parce que ce statut n'était pas garanti avant 2016 en Italie, que le refus de reconnaître les mariages homosexuels célébrés à l'étranger constitue une violation de l'article 8 de la Convention.
121. *JCP* 1990. II. 21588.

international. Pourquoi faudrait-il écarter systématiquement les lois des pays qui restent fidèles à cette analyse ? De même, rien ne permet d'affirmer de manière générale que la vérité biologique aujourd'hui érigée en droit fondamental conduira dans telle ou telle affaire à un résultat meilleur que la vérité sociologique. Comme le souligne le juge espagnol dans l'opinion dissidente qu'il a émise dans l'affaire *Kroon*, en découvrant dans l'article 8 de la Convention européenne l'obligation positive pour chaque État de reconnaître au père naturel le droit « de combattre la présomption de paternité du père légal (le mari de la mère) », la Cour fait « primer les liens biologiques sur la cohésion et l'harmonie de la famille et sur l'intérêt essentiel de l'enfant ». La Cour de Strasbourg semble d'ailleurs, sur ce point, avoir opéré une marche arrière[122]. Ainsi, parmi les droits qualifiés de fondamentaux, il en est qui ne présentent que fort peu ce caractère et dont la seule méconnaissance ne saurait, sauf circonstances particulières, déclencher le jeu de l'exception d'ordre public. Aussi bien, a-t-il été souligné que « la prolifération des droits fondamentaux est telle qu'il devient urgent de repenser la définition d'un concept qui permet désormais de coiffer des droits individuels dont le caractère fondamental est pour le moins contestable »[123].

Au surplus, une telle démarche peut entraîner dans des complications inextricables. Le régime légal suisse de l'union des biens choisi tacitement par les époux est écarté comme contraire au principe d'égalité. Qu'en ira-t-il des clauses de partage inégal dont l'article 1497, 5° du Code civil prévoit qu'elles peuvent être insérées par les époux dans leur contrat de mariage ? Qu'en ira-t-il de nombreux régimes légaux étrangers, tels ceux des droits hébraïque, musulman, catalan, grec *etc.*, qui ne permettent pas à l'épouse de bénéficier pleinement des profits de l'union ? L'interrogation est d'autant plus préoccupante que les conséquences de l'éviction du droit étranger ne sont nullement évidentes. La Haute juridiction invite les juges du fond à « rétablir l'égalité des droits entre époux ». Que faut-il entendre par là ? Le régime matrimonial étant une « machinerie complexe dont chaque rouage s'ajuste aux autres et est solidaire de l'ensemble »[124], il a été suggéré que les juges du fond seront tentés de remplacer le régime suisse par le régime de communauté d'acquêts du droit français[125]. S'agissant d'époux qui ont été mariés pendant quinze ans, on imagine la complexité d'une telle entreprise ainsi que l'insécurité qu'elle ne manquerait pas d'engendrer. Il faut, comme on l'a justement souligné, savoir « raison garder »[126].

**202** ***Intérêts s'attachant à une application raisonnable des droits fondamentaux au plan international.*** Ce n'est pas à dire que la notion de droit fondamental soit, en la matière, dépourvue d'intérêt. Témoignant de ce qu'il est, dans une société, des points sur lesquels celle-ci ne saurait transiger sans se perdre, elle est de nature à rappeler aux juges trop sensibles aux sirènes de la vie internationale qu'il est des bornes à ne pas franchir[127]. Nombre d'entre eux ne trouvent plus, d'ailleurs, le courage de défendre les valeurs de la société française qu'à la condition de les peindre aux couleurs des droits fondamentaux ou encore d'un ordre public européen[128]. L'évolution qu'a connue la jurisprudence française en ce qui concerne l'accueil des répudiations étrangères illustre à merveille cette tendance. Après avoir

122. CEDH 20 juin 1999, *Nylund* c/Finlande.

123. L. Gannagé, « Le relativisme des droits de l'homme dans l'espace méditerranéen », *RID comp.* 2006. 101 s., spéc. p. 115 ; rappr. du même auteur « À propos de l'"absolutisme" des droits fondamentaux », *in Mélanges H. Gaudemet-Tallon*, 2008, p. 265 s.

124. B. Ancel et Y. Lequette, *GAJDIP*, 5e éd., Dalloz, 2006, p. 130.

125. Droz, *Rev. crit. DIP* 1998. 643.

126. Droz, *Rev. crit. DIP* 1998. 644.

127. Il est permis de se demander si ces bornes n'ont pas été franchies par l'arrêt rendu par la première chambre civile le 10 mai 2006 (*JCP* 2006. II. 10165, note T. Azzi, *ibid.* 2007. I. 109, n° 3, obs. L. Corbion) décidant que n'est pas contraire à l'ordre public français une loi étrangère ne permettant pas l'établissement d'une filiation naturelle, dès lors que l'enfant n'est pas français ou ne réside pas en France et alors même que le prétendu père était de nationalité française et domicilié en France. Ce sont alors les principes fondamentaux de la société française (principe d'égalité des filiations) qui sont en cause. Rappr. L. Gannagé, « À propos de l'"absolutisme" des droits fondamentaux », *in Mélanges H. Gaudemet-Tallon*, Dalloz, 2008, p. 266 et 276. V. d'ailleurs, ultérieurement, Civ. 1re, 26 oct. 2011, *JDI* 2012. 176, note J. Guillaumé.

128. Comp. B. Audit, *D.* 1999. Somm. 290.

fait montre d'un libéralisme excessif[129], la Cour de cassation est revenue, non sans intermède[130], à des positions plus strictes au nom de l'égalité des sexes et du respect des droits de la défense[131].
Plus récemment, c'est le recours au contrôle de proportionnalité qui a permis à la Haute juridiction d'esquisser les modalités d'une application mesurée des droits fondamentaux dans les relations internationales, à l'occasion d'une affaire relative à la filiation. Il s'agissait d'une action en recherche de paternité naturelle intentée par une enfant adoptive à l'encontre de son père biologique. La question se posait de savoir si l'action était recevable alors que le lien de filiation, à le supposer établi, aurait pour effet de remettre en cause l'adoption. Le droit anglais applicable au litige faisait obstacle à l'établissement du lien de filiation. La cour d'appel de Paris l'avait néanmoins écarté en invoquant, à l'issue d'une pesée des intérêts en présence, la violation du droit de l'enfant d'accéder à ses origines et, partant, celle du droit au respect de sa vie privée et familiale, garanti par l'article 8 de la Convention européenne des droits de l'homme.
Au rebours de la lecture proposée par les juges du fond, la Cour de cassation a estimé, dans une décision rendue le 14 octobre 2020[132], que l'atteinte au droit au respect de la vie privée de l'enfant n'était pas disproportionnée au regard des intérêts concurrents impliqués dans le litige : ceux de l'enfant légitime du père biologique, ceux de la famille adoptive ainsi que « l'intérêt général attaché à la sécurité juridique et à la stabilité des liens de filiation adoptifs ». Le contrôle de proportionnalité, on le voit, permet, en l'occurrence, de tempérer les effets attachés à la mise en œuvre des droits fondamentaux dans une affaire où il semblerait que les juges aient procédé à une application directe de l'article 8 de la Convention européenne[133]. Mais la décision montre aussi les limites inhérentes à la technique de la proportionnalité et le risque de subjectivité qui l'accompagne. La pesée des intérêts en présence s'opère, en effet, de manière radicalement différente devant les juges du fond et la Cour de cassation[134]. La sécurité juridique s'en ressent inévitablement.
Il apparaît ainsi qu'il existe une certaine antinomie entre le droit international privé et les droits fondamentaux. Alors que le droit international privé, qui vise à organiser la coordination de systèmes juridiques ne reposant pas nécessairement sur les mêmes valeurs, requiert pour prospérer un sens certain de la « relativité », les droits fondamentaux évoquent l'idée d'« absolu »[135]. Relativement aisée à surmonter tant que les droits fondamentaux n'étaient que des bornes destinées à rappeler qu'il est des limites à ne pas dépasser, cette antinomie a pris un tour aigu depuis que la Cour de Strasbourg « est sortie de son lit » et a entrepris de construire un corps de droit autonome[136]. Aussi bien n'est-il aujourd'hui pour la résoudre d'autres moyens que de renouer avec une conception des droits fondamentaux qui n'aurait jamais dû être abandonnée. Définissant les fondements intangibles d'une société, la qualification de droit fondamental ne devrait jamais être appliquée à des règles qui ne sont que l'écume d'une époque.

---

129. Civ. 1re, 3 nov. 1983, *Rohbi*, *Rev. crit. DIP* 1984. 325, note Fadlallah, *JDI* 1984. 329, note Kahn, *JCP* 1984. II. 20131, concl. Gulphe, *GAJDIP*, n° 63.
130. Civ. 1re, 3 juill. 2001, *D.* 2001. 3378, note M.-L. Niboyet, *Rev. crit. DIP* 2001. 704, note L. Gannagé, *JDI* 2002. 181, note Ph. Kahn, *JCP* 2002. II. 10039, note Vignal et la résistance de la Cour de Paris, 13 déc. 2001, *AJ fam.* 2002, n° 3, p. 105. Rappr. Civ. 2e, 14 mars 2002, *JCP* 2002. II. 10095, note Fulchiron. Sur cette question, v. H. Fulchiron, « Droits fondamentaux et règles de droit international privé : conflit de droits, conflit de logiques ? », *in Le droit au respect de la vie familiale au sens de la CEDH* 2002, p. 353 s. ; G. Canivet, « La convergence des systèmes juridiques du point de vue du droit privé français », *RID comp.* 2003. 19 s. ; A. Mezghani, « Le juge français et les institutions du droit musulman », *JDI* 2003. 721 s., spéc. p. 759. Pour une analyse renouvelée de la question, v. R. El-Husseini, *Le droit international privé français et la répudiation islamique*, thèse multigr., Paris II, 1999 ; v. aussi « Le droit international privé français et la répudiation islamique », *Rev. crit DIP* 1999. 427.
131. Civ. 1re, 1er juin 1994, préc. ; 11 mars 1997, préc. ; 17 févr. 2004, préc.
132. Civ. 1re, 14 oct. 2020, n° 19-15.783. Sur cette décision, v. Ch. Guillard, *Justice matérielle et justice conflictuelle, pertinence et pérennité de la distinction*, thèse dactylographiée, Paris II, 2021, n° 577 et s, p. 501 et s. V.aussi la note de R. Legendre, *Rev.crit. DIP* 2021. 859
133. La démarche retenue par la Cour de cassation se rapproche ainsi sensiblement des orientations défendues par R. Legendre, *Droits fondamentaux et droit international privé. Réflexion en matière personnelle et familiale*, préface L. Gannagé, Dalloz, 2020, spéc. pp. 273 et s. qui préconise une application directe des droits de l'homme aux litiges internationaux assortie d'un contrôle de proportionnalité.
134. Sur le caractère inédit de la démarche de la Cour de cassation en l'espèce, v. Ch. Guillard, *op.cit.*, n° 579, p. 503.
135. P. Mayer, « Droit à un procès équitable et conflits de juridictions », *in Les nouveaux développements du procès équitable au sens de la Convention européenne des droits de l'homme*, 1996, p. 125.
136. J. Carbonnier, *Droit et passion du droit sous la Ve République*, Flammarion, 1996, p. 55.

Le jeu de l'exception d'ordre public international pourrait être, pour le bien même de la notion, l'instrument de cette prise de conscience et le moyen d'identifier parmi les droits dits fondamentaux ceux qui méritent réellement cette qualification. Une telle solution aurait le mérite de favoriser l'émergence de véritables « valeurs universelles ». Comme on l'a justement souligné : dans les relations entre les pays relevant de traditions culturelles différentes, « la coordination effective des systèmes ne pourra valablement s'opérer sans l'adhésion à un minimum de valeurs communes », que les droits de l'homme peuvent seuls contribuer à définir. Encore faut-il pour cela qu'on revienne à une acception raisonnable de ceux-ci[137]. Au demeurant, en tous domaines, l'inflation a pour corollaire la dévaluation[138].

**203** ***Conclusion.*** En définitive, on constate que les droits fondamentaux jouent en droit international privé des rôles parfaitement contradictoires. Tantôt, en leur nom, on reconnaît à certaines personnes une sorte de droit à la continuité internationale des situations qui les concernent, alors même que ces situations ont été constituées en usant des facilités qu'offre un droit étranger permissif et que le pays d'origine de ces personnes les considère comme illégales (v. ss 190). Tantôt, on érige ces mêmes droits fondamentaux en une sorte d'absolu qui conduit au cloisonnement des ordres juridiques. Autrement dit, il est possible de faire en leur nom tout et son contraire[139], en sorte que le droit international privé dégénère en un conflit de droits fondamentaux[140]. Il n'est pas sûr que le traitement des relations privées internationales et la coordination des ordres juridiques qui sont l'objet du droit international privé en sortent améliorés[141].

## BIBLIOGRAPHIE INDICATIVE


- A. ALOUANE, *Le droit international privé à l'épreuve du droit au respect de la vie privée et familiale,* thèse Paris II, 2023.
- L. D'AVOUT, « Droits fondamentaux et coordination des ordres juridiques en droit privé », in E. DUBOUT, S. TOUZÉ (dir.), *Les droits fondamentaux : charnière entre ordres et systèmes juridiques*, Pedone, 2010, p. 165.
- D. BUREAU, *Les sources informelles du droit dans les relations privées internationales*, thèse multigr., Paris II, 1992.
- D. COHEN, « La Convention européenne des droits de l'homme et le droit international privé français », *Rev. crit. DIP* 1989. 451.
- P. COURBE, « Le droit international privé et les difficultés d'insertion de la Convention dans le système français », *in* P. TARVERNIER (dir.), *Quelle Europe pour les droits de l'homme ?,* Bruylant, 1996, p. 249.
- V. ÉGÉA, « Les droits fondamentaux ont-ils simplifié les solutions de droit international privé ? », *in* J.-M. PONTIER (dir.), *La simplification du droit,* PU Aix-Marseille, 2006, p. 49.
- J. FOYER, « Droits internationaux de l'homme et ordre public international », *in Mélanges Raymond Goy*, PUR, 1998, p. 333.


137. L. Gannagé, art. préc., *RID comp.* 2006. 116 ; du même auteur, « Les méthodes du droit international privé à l'épreuve des conflits de cultures », *Rec. cours La Haye*, t. 357, 2013, p. 235, sqq. 455 s. Rappr. A. Supiot, « Lier l'humanité : du bon usage des droits de l'homme », *Esprit* févr. 2005, p. 134.
138. Y. Lequette, « Des juges littéralement irresponsables… », *Mélanges Jacques Héron*, 2008, p. 309, spéc. p. 311 s.
139. L. Gannagé, « Droits fondamentaux et droit international privé de la famille : quelques remarques sur une cohabitation difficile », *in La famille en mutation, Archives Phil. dr.*, t. 57, 2014, p. 229 s.
140. Pour un exemple, CEDH 6 juill. 2010, *Rev. crit. DIP* 2011. 664.
141. Pour une autre lecture, v. F. Marchadier, *Les objectifs généraux du droit international privé à l'épreuve de la Convention européenne des droits de l'homme*, Bruylant, 2007.

- H. FULCHIRON, « Droits fondamentaux et règles de droit international privé : conflit de droits, conflit de logiques ? », *in* F. SUDRE (dir.), *Le droit au respect de la vie familiale au sens de la Convention européenne des droits de l'homme*, Némésis et Bruylant, 2002, p. 353.
- S. FULLI LEMAIRE, *Le droit international privé de la famille à l'épreuve de l'impératif de reconnaissance des situations*, LGDJ, 2022.
- L. GANNAGÉ, *La hiérarchie des normes et les méthodes du droit international privé*, thèse, Paris II, éd. 2001 ; « Le relativisme des droits de l'homme dans l'espace méditerranéen », *RID comp.* 2006. 101 ; « À propos de l'"absolutisme" des droits fondamentaux », *in Mélanges H. Gaudemet-Tallon*, Dalloz, 2008, p. 265 ; « Droits fondamentaux et droit international privé de la famille : quelques remarques sur une cohabitation difficile », *in La famille en mutation*, Dalloz, coll. « Archives Phil. dr. », t. 57, 2014, p. 229 s.
- B. GOLDMAN, « La protection internationale des droits de l'homme et l'ordre public international dans le fonctionnement de la règle de conflit de lois », *René Cassin amicorum discipulorumque liber, t. I, Problèmes de protection internationale des droits de l'homme*, 1969, p. 449.
- P. HAMMJE, *La contribution des principes généraux du droit à la formation du droit international privé*, thèse multigr., Paris I, 1994 ; « Droits fondamentaux et ordre public », *Rev. crit. DIP* 1997. 1.
- P. KINSCH, « Droits de l'homme, droits fondamentaux et droit international privé », *Rec. cours La Haye*, t. 318, 2005, p. 13.
- C. LABRUSSE, « Droit constitutionnel et droit international privé en Allemagne fédérale », *Rev. crit. DIP* 1971. 1.
- R. LEGENDRE, *Droits fondamentaux et droit international privé, réflexion en matière personnelle et familiale*, Dalloz, 2020.
- P. LEREBOURS-PIGEONNIÈRE, « La Déclaration universelle des droits de l'homme et le droit international privé français », *Le droit privé français au milieu du XXe siècle, Études offertes à Georges Ripert*, LGDJ, 1950, p. 255.
- F. MARCHADIER, *Les objectifs généraux du droit international privé à l'épreuve de la Convention européenne des droits de l'homme*, Bruylant, 2007 ; « La contribution de la CEDH à l'efficacité des conventions de La Haye de coopération judiciaire et administrative », *Rev. crit. DIP* 2007. 677.
- P. MAYER, « La Convention européenne des droits de l'homme et l'application des normes étrangères », *Rev. crit. DIP* 1991. 651 ; « Droit à un procès équitable et conflit de juridictions », *Les nouveaux développements du procès équitable au sens de la Convention européenne des droits de l'homme*, Le Seuil, 1996, p. 125.

## PISTES DE RÉFLEXION

- Les modalités de mise en œuvre de l'ordre public international à l'épreuve des droits fondamentaux.
- L'application de la Convention EDH aux relations de droit international privé qui se nouent entre la France et les États non parties à la Convention.
- La prohibition de la gestation pour autrui face aux exigences du droit au respect de la vie privée et familiale.

## Thème 8

# La mondialisation de la protection juridique des droits fondamentaux

JEAN-LOUIS HALPÉRIN
*Professeur à l'École normale supérieure PSL,*
*Centre de théorie et analyse du droit (UMR 7074)*

Sous l'expression « mondialisation des droits de l'homme » se mêlent différents phénomènes affectant le droit positif de tous les États du monde aujourd'hui : la constitutionnalisation des droits fondamentaux dans de nombreux ordres juridiques, la circulation des jurisprudences et des idées qui l'accompagne et enfin le développement d'un réseau de plus en plus dense de traités, certains sanctionnés par des mécanismes juridictionnels internationaux, qui sont destinés à protéger ces droits de l'homme.

La mondialisation de la protection conventionnelle fait apparaître des liens entre les conventions à vocation universelle et les conventions à portée régionale, en même temps que de forts contrastes entre les continents, relativement à la pression exercée sur les États par ces conventions. L'essor d'instruments internationaux ayant pour but l'abolition de la peine de mort est significatif à la fois de la singularité du modèle européen et de sa force d'expansion à travers le monde.

Pour être efficace, la reconnaissance conventionnelle des droits fondamentaux par des instruments internationaux doit être complétée par des mécanismes de contrôle et de sanction. À l'égard des États, les organes de supervision des conventions universelles passent de plus en plus au second plan derrière les organes juridictionnels à caractère régional comme la Cour de Strasbourg. À l'égard des personnes physiques ou des personnes morales de droit privé, la justice pénale internationale et la justice pénale ou civile « transnationale » se trouvent encore dans une position de subsidiarité par rapport aux juridictions nationales.

**204** Les droits fondamentaux, comme d'autres phénomènes juridiques, font l'objet, depuis quelques décennies, d'une circulation intense à travers le monde. Plusieurs aspects peuvent être distingués, sinon séparés, dans cette mondialisation. Les ordres juridiques nationaux ont connu, spécialement depuis les années 1990 (avec l'effondrement du bloc soviétique et de nombreuses situations de « transition démocratique » en Amérique du Sud, en Afrique ou en Asie), des processus de « constitutionnalisation » des droits fondamentaux qui sont, pour une grande part, liés à des transplants (ou transferts, si l'on veut éviter la métaphore trop connotée de la « transplantation ») juridiques, c'est-à-dire à « l'emprunt » par un système juridique national d'énoncés ou d'idées juridiques pris dans un ou plusieurs autres systèmes nationaux[1]. Par exemple, l'Afrique du Sud post-apartheid s'est inspirée, dans la rédaction de sa Constitution (intérimaire en 1993, « confirmée » en 1996) puis dans plusieurs décisions de sa Cour constitutionnelle, des règles de protection des droits fondamentaux en Allemagne[2]. Ou la Cour suprême d'Israël, dans une décision « révolutionnaire » de 1995 (*Bank Mizrahi*), s'est attribué le pouvoir de contrôler la conformité des lois avec les *Basic Laws*, qui tiennent lieu de constitution en Israël et dont deux textes votés en 1992 (sur la liberté professionnelle et sur la dignité humaine) concernent les droits fondamentaux, en s'inspirant de l'établissement du *judicial review* aux États-Unis par la décision de la Cour suprême *Marbury v. Madison* (1803) et des développements du contrôle de constitutionnalité dans de nombreux pays.

Ces « emprunts » faits à des systèmes étrangers sont aujourd'hui largement diffusés et alimentent — notamment dans les controverses judiciaires — des arguments tirés du droit comparé qui jouent un rôle croissant dans les démocraties constitutionnelles. En même temps, les migrations de populations — qui affectent plus de 200 millions de personnes (3 % de la population mondiale), dont plus de 400 000 nouveaux demandeurs d'asile chaque année — suscitent des règles et des litiges (y compris à propos des personnes poursuivies pour des crimes internationaux qui cherchent à échapper à un jugement en se réfugiant dans un pays étranger[3]), dont les implications en matière de droits fondamentaux et de « circulation des droits » n'échappent à personne.

Il ne faut pas confondre ces phénomènes, parfois amalgamés dans une appréhension globale de « l'internationalisation des droits fondamentaux », avec la densification des règles du droit international concernant les droits fondamentaux. En dépit de quelques précédents antérieurs (les conventions de Genève de 1864, 1906 et 1929 sur les blessés de guerre et les prisonniers, la convention de la SDN relative à l'esclavage en 1926), les droits de l'homme ont pénétré le droit international à partir de 1945, entrant en tension (dans le texte même de la Charte des Nations unies, signée à San Francisco le 26 juin 1945, qui assigne comme but à l'organisation mondiale le développement du « respect des droits de l'homme et des libertés fondamentales pour tous sans distinction de race, de sexe, de langue ou de religion », art. 1.4 de la Charte) avec le principe de non-ingérence « dans les affaires qui relèvent essentiellement de la compétence d'un État » (art. 2.7 de la Charte).

Depuis plus de soixante ans, le nombre des traités, comme des déclarations et résolutions des organisations internationales, qui concernent les droits de l'homme n'a cessé de croître. Il faut y ajouter, pour les conflits armés, le droit humanitaire international fondé sur les quatre conventions de Genève adoptées en 1949, complétées par deux protocoles additionnels en 1977 et un troisième protocole sur

1. La théorie des « *legal transplants* » a été défendue par Alan Watson, *Legal Transplants : An Approach to Comparative Law*, 1re éd., 1974, 2e éd., Athens-London, University of Georgia, 1993. Pour une critique de cette notion, Pierre Legrand, « The Impossibility of "Legal Transplants" », *Maastricht Journal of European and Comparative Law*, 1997, 4, p. 111-124. Pour une réponse à cette critique, Alan Watson, « Legal Transplants and European Private Law », *Electronic Journal of Comparative Law*, 2000, 9. Pour une utilisation de la notion d'emprunt (« *borrowing* ») concernant les droits fondamentaux, Michel Rosenfeld, Andras Sajo (dir.), *The Oxford Handbook of Comparative Constitutional Law*, Oxford University Press, 2012.
2. Laurie W. H. Ackermann, « Constitutional Comparatism *in* South Africa », *in* Basil Markesinis, Jörg Fedtke (dir.), *Judicial Recourse to Foreign Law*, UCL Press, 2006, p. 263-286.
3. Un des exemples les plus fameux est l'affaire Pinochet (1998-2000) au Royaume-Uni : David Sugarman, « The Pinochet Case : International Criminal Justice *in* the Gothic Style », *The Modern Law Review* 64/6, 2001, p. 890-910.

l'emblème du Cristal rouge en 2005[4]. Cette mondialisation de la protection conventionnelle (***I.***) ne signifie pas un ralliement de tous les pays du monde aux valeurs des démocraties constitutionnelles, ni aux conceptions des droits de l'homme développées en Occident depuis les Temps modernes. Elle doit être nuancée en fonction de l'impact variable des conventions universelles et des conventions régionales. De même, les manquements de nombreux États à leurs engagements ne privent pas de portée, notamment en droit interne, ces règles de droit international relatives aux droits fondamentaux. Le cas de la peine de mort illustre les phénomènes d'imbrication entre droit international, transferts juridiques et évolutions des droits nationaux. Plus récente, la régionalisation puis la mondialisation de la sanction judiciaire des droits fondamentaux (***II.***) ont donné naissance à une jurisprudence internationale sur les droits de l'homme qui est aussi susceptible d'interagir avec l'ordre juridique français.

# I • La mondialisation de la protection conventionnelle

## A • Protection universelle et protection régionale

**205** La Déclaration universelle des droits de l'homme, votée lors d'une réunion de l'Assemblée générale des Nations unies au palais de Chaillot à Paris le 10 décembre 1948 (le vote réunit 56 États, 48 pour et 8 abstentions venant des pays socialistes autour de l'URSS, de l'Afrique du Sud et de l'Arabie Saoudite), constitue une référence pour l'entrée des droits de l'homme dans le champ du droit international, entrée qui avait été annoncée dans la Charte de l'ONU en 1945 (alors que le pacte de la SDN en 1919 n'utilisait pas l'expression « droits de l'homme »). Rédigé par la commission des droits de l'homme (au sein de l'ECOSOC), avec notamment la participation de René Cassin, Eleanor Roosevelt et du Canadien John Humphrey[5], le texte est le fruit d'un compromis entre les membres fondateurs des Nations unies, alors que la Guerre froide opposait déjà les positions des pays occidentaux (en faveur des droits civils politiques « classiques » ou droits de l'homme de la première génération) et celles des pays socialistes (en faveur des droits économiques, sociaux et culturels ou droits de l'homme de la seconde génération). Précédés par un préambule sur « la dignité inhérente à tous les membres de la famille humaine » et sur l'engagement des États membres de l'ONU en faveur du « respect universel et effectif des droits de l'homme et des libertés fondamentales », les 30 articles de la DUDH affirment que tous les êtres humains naissent libres et égaux en droits, peuvent se prévaloir sans discrimination aucune, du droit à la vie, à la liberté et à la sûreté de leurs personnes (l'esclavage et la torture faisant l'objet d'une prohibition absolue), du respect de leur vie privée et familiale, du droit de circuler dans et hors de leur pays (avec un « droit à la nationalité »), du droit d'asile, de la liberté de conscience, de pensée et de religion, de la liberté de réunion et d'association, du droit de se marier et de fonder une famille, du « droit à la propriété » (individuelle ou collective), du droit de participer aux affaires publiques par des représentants librement choisis, du droit à la sécurité sociale, au travail, à la santé, à l'éducation ainsi que de prendre part à la vie culturelle de la communauté.

4. Sur l'histoire du droit humanitaire, Philippe Ryfman, *Une histoire de l'humanitaire*, La Découverte, coll. « Repères », 2008. Pour un bilan, v. Abdelwahad Biad, Paul Tavernier (dir.), *Le droit international humanitaire face aux défis du XXI*e *siècle*, Bruylant, 2012. 195 États (dont le Vatican, les îles Cook et la Palestine qui ne sont pas membres pleins de l'ONU) ont ratifié les quatre conventions de Genève, qui constituent ainsi un droit universel, protégeant les militaires blessés, les prisonniers et les civils (y compris dans les conflits armés non internationaux, comme les guerres civiles, en vertu de l'art. 3 commun aux quatre conventions). La protection des civils dans les conflits armés non internationaux a été renforcée dans le Protocole n° II, ratifié par 168 pays.
5. Une controverse s'est développée sur la part qui revient respectivement à René Cassin (Prix Nobel de la paix en 1968), à John Humphrey ou à d'autres acteurs de ce processus : Johannes Morsink, *The Universal Declaration of Human Rights : Origins, Drafting and Intent*, University of Pennsylvania Press, 1999. On lira avec profit, sur les jalons de la reconnaissance de la « dignité humaine » dans les textes nationaux ou internationaux, Christopher McCrudden, « Human Dignity and Judicial Interpretation of Human Rights », *European Journal of International Law* 2008, 19/4, p. 655-724. L'influence de la Déclaration américaine des droits et des devoirs de l'homme, adoptée quelques mois plus tôt en avril 1948, n'est pas à négliger.

## 1 • Un réseau de plus en plus dense de conventions internationales contraignantes

**206** En tant que résolution de l'Assemblée générale des Nations unies, la DUDH est dépourvue d'effet contraignant. Elle a pu être critiquée pour ses fondations sur des valeurs occidentales et pour un processus d'adoption par le « club » des membres fondateurs de l'ONU, alors que de très nombreux peuples restaient sous la domination coloniale. L'engagement de tous les membres des Nations unies à respecter ce texte a, toutefois, été rappelé dans la Déclaration finale de la Conférence mondiale des droits de l'homme de Vienne (1993, ce texte adopté par 171 États est le résultat d'un compromis entre la réaffirmation de l'universalité des droits de l'homme et la reconnaissance ou la prise en compte des « particularismes nationaux et régionaux »). Certains internationalistes considèrent que la DUDH (ou une partie d'entre elle) est devenue obligatoire au titre du droit international coutumier ou des principes généraux du droit international[6].

La Commission des droits de l'homme des Nations unies a bataillé pendant plusieurs années pour compléter la DUDH par deux traités liant les États membres, qui ont été signés en 1966 (en période de « coexistence pacifique », la distinction des deux traités et des deux générations de droits de l'homme a permis de satisfaire les deux blocs) : le Pacte international relatif aux droits civils et politiques (PIDCP) et le Pacte international relatif aux droits économiques, sociaux et culturels (PIDESC) qui sont entrés en vigueur en 1976. Ratifié par 173 États (dont la France en 1980 avec des réserves sur l'application de l'article 16 de la Constitution, l'entrée des étrangers en France et l'absence de reconnaissance de « minorités » ethniques, religieuses ou linguistiques), le PIDCP est le plus important de ces deux textes, en raison du contrôle de son application (*monitoring*) par un comité de 18 experts indépendants qui examinent les rapports des États et les plaintes individuelles (venues des 116 États qui ont ratifié le Protocole n° I). Le PIDESC ratifié par 171 États (dont la France en 1980 avec des réserves sur l'accès des étrangers au travail) donne lieu aussi à l'examen de rapports nationaux par un comité depuis 1985 (le Protocole signé en 2008 pour autoriser les plaintes individuelles est entré en vigueur en 2013 avec seulement 25 États l'ayant ratifié).

Sous les auspices des Nations unies, de nombreuses conventions à vocation universelle ont été conclues qui touchent le domaine des droits de l'homme. Outre la convention pour la prévention et la répression du crime de génocide, adoptée en 1948 à la suite du procès de Nuremberg (avec la participation de Raphaël Lemkin, l'inventeur du terme de génocide et d'Henri Donnedieu de Vabres) et ratifiée par 153 États, au moins quatre traités ont aujourd'hui une portée quasi universelle. Il s'agit de la Convention internationale sur l'élimination de toutes les formes de discrimination raciale (adoptée en 1966, entrée en vigueur en 1969, ratifiée par 182 États, avec un comité examinant les rapports périodiques des États et pouvant recevoir certaines plaintes individuelles), de la Convention sur l'élimination de toutes les formes de discrimination à l'égard des femmes (adoptée en 1979, entrée en vigueur en 1981, ratifiée par 189 États, les États-Unis faisant partie des États qui n'ont pas ratifié), de la Convention contre la torture et autres peines ou traitements cruels, inhumains ou dégradants (adoptée en 1984, entrée en vigueur en 1987, ratifiée par 173 États, dont les États-Unis sous réserve d'une compatibilité avec l'interprétation de la Constitution et la France qui a accepté la possibilité de soumettre des plaintes individuelles au comité *ad hoc*) et de la Convention relative aux droits de l'enfant (adoptée en 1989, entrée en vigueur en 1990, ratifiée par 196 États, les États-Unis faisant seuls exception).

À côté de la présence d'institutions internationales de supervision (*monitoring*), ces conventions sont susceptibles d'être invoquées devant les tribunaux nationaux, à partir du moment où elles ont été introduites dans les droits nationaux et que leur effet direct (*self-executing*) a été reconnu (en France

6. Jaime Oraá Oraá, « The Universal Declaration of Human Rights », *in* Felipe Gomez Isa, Koen de Feyter (eds.), *International Human Rights Law in a Global Context*, University of Deusto, 2009, p. 225-229.

la Convention relative aux droits de l'enfant s'est vue reconnaître un effet direct par le Conseil d'État dès 1997[7], puis par la Cour de cassation seulement depuis 2005[8]). L'avis du Comité international des droits des personnes handicapées, fondé sur la convention du même nom (adoptée en 2006, entrée en vigueur en 2008, ratifiée par 185 États dont la France) a ainsi été invoqué dans l'affaire *Vincent Lambert* par la cour d'appel de Paris (Paris 20 mai 2019, cassé par Cass., ass. plén., 28 juin 2019 refusant de voir dans l'arrêt des traitements une voie de fait). En revanche, d'autres conventions, comme celle de 1990 sur la protection des droits de tous les travailleurs migrants et de leur famille, ratifiée par seulement 58 États (pour la plupart des pays d'émigration et non les pays occidentaux qui accueillent ces travailleurs migrants), relèvent davantage du « droit régional » que du droit international général.

## 2 • Un impact des conventions régionales variable selon les continents

**207** L'Europe est, incontestablement, le continent où cette protection universelle des droits de l'homme est la plus renforcée par des instruments de portée régionale. Le plus important de ces instruments est, bien sûr, la Convention de sauvegarde des droits de l'homme et des libertés fondamentales, traité signé à Rome le 4 novembre 1950 (entré en vigueur en 1953) entre les États du Conseil de l'Europe. L'histoire de cette convention, d'abord ratifiée exclusivement par les États de l'Europe de l'Ouest qui s'engageaient à respecter les droits de l'homme « de la première génération » (qui figurent seuls, à l'exception du droit d'association rattachable à la « famille » des droits de deuxième génération, dans les 13 premiers articles de cette convention) pendant l'époque de la Guerre froide (les « démocraties populaires » de l'Est n'étant pas membres du Conseil de l'Europe, de même que le Portugal et l'Espagne durant les régimes autoritaires de Salazar ou Franco, la Grèce étant suspendue durant la dictature des colonels de 1967 à 1971), a d'abord permis son acclimatation par les ratifications successives des États signataires (pour la France, un des derniers États de l'Europe de l'Ouest avec la Suisse, seulement en 1974, pour le Portugal et l'Espagne après la démocratisation en 1978 et 1979), l'installation (en 1959) de la Cour européenne des droits de l'homme à Strasbourg et ses premières décisions, l'acceptation progressive des recours individuels devant la Commission des droits de l'homme (qui servait de filtre) et la Cour (pour la France en 1981). Ensuite, la chute du mur de Berlin a été suivie de l'admission (sous condition d'examen de la transition démocratique par l'Assemblée du Conseil de l'Europe) des États de l'Europe de l'Est (pour la ratification de la Conv. EDH, de la République tchèque dès 1992 à la Serbie en 2004 en passant par la Russie en 1996, le Belarus avec le statut d'observateur de 1992 à 1997 a été suspendu à cette date pour non-respect des droits de l'homme), élargissant à 47 le nombre des États membres, désormais tous amenés à signer, en même temps que la convention, le Protocole n° 11 (entré en vigueur en 1998) qui rend la juridiction de la Cour (saisie par des recours individuels) obligatoire et supprime le filtre de la Commission. À la suite de l'invasion de l'Ukraine, la Russie a été exclue du Conseil de l'Europe (ramené à 46 membres) et a cessé d'être partie à la Convention européenne des droits de l'homme au 16 septembre 2022, alors que plus de 17 000 requêtes introduites devant la Cour avant cette date restent à examiner.

Le succès de la Cour de Strasbourg a quelque peu éclipsé les autres traités passés sous l'égide du Conseil de l'Europe, comme la Charte sociale européenne (signée en 1961, révisée en 1996) qui comprend un système de rapports périodiques des États et a été complétée, pour la protection des droits sociaux, par un mécanisme (Protocole de 1995 ratifié par 13 États, dont la France) de plaintes collectives devant un comité. L'Union européenne (avec ses 27 membres depuis la mise en œuvre du

---

7. CE 22 sept. 1997, *Mlle Cinar*, *JCP* 1998. II. 10051, note A. Gouttenoire-Cornut. Le Conseil d'État a, en revanche, refusé l'applicabilité directe au PIDESC : CE 5 mars 1999, *Rouquette et Lipietz*, *RFDA* 1999. 357, concl. C. Maugüé.
8. Civ. 1re, 18 mai 2005, *Bull. civ.* I, nos 211 et 212 (2 arrêts). Dans l'arrêt Soc. 16 déc. 2008, *Einchenlaub c/ Axia France*, la Cour de cassation a reconnu l'applicabilité directe de l'art. 6.1 du PIDESC (sur le droit de gagner sa vie par un travail librement choisi) en écartant un article du Code de commerce local (privant un salarié licencié pour faute grave de l'indemnité en contrepartie d'une obligation de non-concurrence).

Brexit) garantit, par plusieurs articles de ses traités, les droits fondamentaux et la Charte des droits fondamentaux de l'Union européenne (signée à Nice en 2000, élevée au même rang que les traités en 2007, sauf pour le Royaume-Uni, la Pologne et la République tchèque) condense les droits civils, politiques, économiques et sociaux des citoyens de l'Union.

Le continent américain a été le premier à mettre en place, par la charte de Bogotá (1948), une organisation régionale (avec 21 États à l'origine, 35 aujourd'hui couvrants tout le continent, le Canada a rejoint l'OEA seulement en 1990, la Guyana et le Belize en 1991) qui s'est fixé comme objectif la défense des droits de l'homme. Bien que couvrant un très large spectre, avec ses 38 articles, la Déclaration américaine sur les droits et les devoirs de l'homme n'est pas un traité et n'a pas un caractère contraignant. La Commission des droits de l'homme, établie de fait en 1959 et institutionnalisée en 1970 à Washington, peut toutefois recevoir des plaintes individuelles et faire des recommandations. La Guerre froide (avec l'opposition entre les États-Unis et Cuba) et la présence de nombreux régimes dictatoriaux en Amérique du Sud ont retardé l'adoption (en 1969) de la Convention interaméricaine des droits de l'homme comparable à la CEDH. De plus, cette Convention n'est aujourd'hui ratifiée que par 23 des États de l'OEA, avec les exceptions remarquables des États-Unis et du Canada (Trinité-et-Tobago a suspendu sa ratification en 1998, le Venezuela s'en est retiré en 2017). La Cour interaméricaine des droits de l'homme n'a été mise en place qu'en 1979 (à San José, au Costa Rica) et 20 États ont accepté sa juridiction. Le fait que les recours doivent passer (comme en Europe avant 1998) le filtre de la Commission des droits de l'homme (qui joue ainsi, à Washington, un double rôle pour tous les États membres de l'OEA, ou seulement pour les parties à la Convention de 1969) explique le moindre succès, du moins en termes quantitatifs, de la Cour de San José par rapport à celle de Strasbourg, mais le développement de la jurisprudence de cette Cour a contribué aux processus de démocratisation à partir des années 1990[9].

L'organisation régionale des États africains est la troisième en date à avoir mis en place des conventions de protection des droits de l'homme. Créée en 1963, à l'issue de la grande vague de décolonisation, l'Organisation de l'unité africaine est à l'origine de la Charte africaine des droits de l'homme et des peuples (elle reconnaît non seulement les droits civils, politiques, sociaux et économiques et culturels, mais aussi le droit à l'autodétermination des peuples et un certain nombre de devoirs) signée en 1981 à Nairobi. Ratifiée aujourd'hui par 54 États (presque tous les États africains, à l'exception notable du Maroc qui s'est retiré de l'Organisation du fait de sa position sur le Sahara occidental, a été réadmis en 2017 dans l'Union africaine, mais n'a toujours pas signé la Charte), la Charte africaine dépend de l'Union africaine qui a remplacé l'OUA en 2002. Une commission africaine des droits de l'homme, composée de 11 experts (dont l'indépendance a été renforcée en 2005), peut examiner des plaintes individuelles pour violation de la Charte. La création d'une Cour, suivant les modèles européen et américain, est plus récente : le Protocole a été signé en 1998, il est entré en vigueur en 2004 (il y a actuellement 30 ratifications). La Cour africaine des droits de l'homme et des peuples, dont la compétence a été acceptée par 31 pays (mais avec seulement 6 d'entre eux acceptant la saisie directe par leurs citoyens, la Cour pouvant être saisie par les États ou la Commission africaine des droits de l'homme), a été constituée (avec l'élection des 11 premiers juges) et établie à Arusha (Tanzanie) en 2006. Sa première décision au fond est intervenue en mars 2011 par une ordonnance sur des mesures provisoires contre la Libye du colonel Kadhafi[10]. En septembre 2022, la Cour a jugé illégale l'occupation du Sahara occidental par le Maroc.

L'Asie et l'Océanie ne connaissent pas à ce jour de convention régionale (ou sous-régionale) sur les droits de l'homme qui ait mis en place des mécanismes institutionnels de protection, ce qui laisse de

9. L. Burgogue-Larsen, A. Úbeda de Torres, *Les grandes décisions de la Cour interaméricaine des droits de l'homme*, Bruylant, 2008 est aujourd'hui la meilleure référence en langue française. Du même auteur, sur les Cours européenne, américaine et africaine, *Les 3 Cours régionales des droits de l'homme in context*, Pedone, 2020.

10. F. Viljoen, *International Human Rights in Africa*, Oxford University Press, 2e éd., 2012, p. 409. Fin 2018, la Cour avait traité une soixantaine d'affaires.

grands pays comme l'Australie, le Japon, l'Inde et la Chine soumis seulement aux conventions du droit international général qu'ils ont ratifiées. Pour le monde musulman, il faut signaler les tentatives de développement de dispositifs protecteurs des droits de l'homme par la Ligue arabe (créée en 1945) : la création en 1967 d'une commission des droits de l'homme dont les membres (qui ne sont pas des experts indépendants) peuvent adresser seulement des recommandations aux États, l'adoption en 2004 (après une première tentative en 1994 qui n'avait pas atteint le nombre minimum de ratifications en 1994) d'une Charte arabe des droits de l'homme, entrée en vigueur en 2008 et ratifiée par 10 États (dont la Syrie et l'Arabie Saoudite). Cette convention ne s'applique qu'aux nationaux des États concernés et ménage la supériorité des lois internes[11]. L'Organisation de la coopération islamique, avec 57 États, est également à l'origine de la Déclaration des droits de l'homme en Islam (1990), sans valeur contraignante, qui limite le droit de choisir ou d'abandonner une religion.

En Asie du Sud-Est, l'Association des nations de l'Asie du Sud-Est (ASEAN), fondée par 5 membres en 1967 et élargie depuis à 10 membres avec des buts essentiellement économiques (pour associer des États avec une économie de marché comme les Philippines ou Singapour et des États à l'économie collectivisée comme le Vietnam et le Laos), a adopté en 2012 une Déclaration des droits de l'homme. Cette Déclaration n'a pas de valeur contraignante et elle a été critiquée par les organes de l'ONU comme par les ONG en raison des nombreuses exceptions apportées aux droits de l'homme.

L'articulation de ces différents instruments internationaux soulève aujourd'hui plusieurs questions. Dans l'énumération des droits fondamentaux, les divergences ne sont pas extrêmement nombreuses. En revanche, l'absence de ratification d'instruments « universels » par des pays aussi puissants que les États-Unis, ou la ratification de ces conventions avec des réserves qui font prévaloir le droit national (comme dans l'adhésion des mêmes États-Unis à la convention des Nations unies contre la torture), affaiblissent la portée des traités et mettent certains pays hors de portée de tout contrôle international. Si l'on considère en général que la protection la plus favorable (souvent régionale) l'emporte sur une protection plus faible (de caractère « universel »), l'article 103 de la Charte des Nations unies est censé faire prévaloir ce texte sur tout autre accord international. L'interprétation des textes conventionnels permet de distinguer, comme l'a fait Mireille Delmas-Marty[12], des droits fondamentaux indérogeables en toutes circonstances et donc « à protection absolue » (comme l'interdiction de la torture), des droits auxquels il peut être dérogé en cas de guerre ou de situation de crise (droits « à protection quasi absolue » comme le procès équitable), et des droits à protection relative qui comportent des exceptions ou limitations consenties aux droits nationaux par les conventions internationales. L'exemple des sanctions prises, à la suite des attentats du 11 septembre 2001 et de la résolution 1267 du Conseil de sécurité de l'ONU, à l'égard de personnes physiques et morales inscrites sur des « listes noires » par le Comité des sanctions des Nations unies, a révélé la possibilité de conflit entre les décisions d'application de ces sanctions prises par l'Union européenne et les droits fondamentaux reconnus en Europe[13].

L'incorporation de ces conventions internationales dans les droits internes dépend des règles constitutionnelles propres à chaque État. L'opposition traditionnelle entre pays monistes (intégrant directement les traités ratifiés dans leur droit national, comme en France) et pays dualistes (dans lesquels cette incorporation nécessite, après la ratification, une loi spécifique comme au Royaume-Uni, avec l'exemple du *Human Rights Act* transposant en 1998 la CEDH dans le droit britannique) tend aujourd'hui à s'effacer : les juridictions des pays monistes ne considèrent pas toujours que les

11. *Ibid.*, p. 14.
12. M. Delmas-Marty, *Les forces imaginantes du droit. Le relatif et l'universel*, Le Seuil, 2004, p. 128-129.
13. CJCE 3 sept. 2008, *Kadi et Al Barakaat c/ Conseil et Commission*, aff. jtes C-402/05 P et C-415/05 P. Les requérants, un citoyen saoudien et une fondation dont les avoirs en Europe avaient été gelés, contestaient la validité des règlements européens pris en application des décisions du Comité des sanctions de l'ONU. La CJCE a annulé, pour l'avenir, ces règlements à l'égard des requérants pour violation des principes fondamentaux du droit européen (droit à un procès équitable, droit d'être entendu) : N. Krisch, *Beyond Constitutionalism : the Pluralist Structure of Posnational Law*, Oxford University Press, 2010, p. 163-166.

dispositions internationales sur les droits de l'homme ont un effet direct (*self-executing*) et celles des pays dualistes utilisent de plus en plus le droit international comme guide d'interprétation des règles nationales. Dans certains cas (leur nombre, relativement faible, reste à déterminer) les juridictions nationales ont pu (comme en France avec le « contrôle de conventionnalité ») écarter une norme nationale jugée contraire au droit international[14].

## B • L'exemple de l'abolition de la peine de mort

**208** Le mouvement d'abolition de la peine de mort, qui a débuté au XVIIIe siècle avec l'œuvre de Beccaria (et ses premiers impacts, en Toscane où la peine de mort a été abandonnée dès 1786) et a trouvé ses premières concrétisations dans le droit positif au XIXe siècle en Europe (Grèce en 1862, Roumanie en 1864, Portugal en 1867, Pays-Bas en 1870) et en Amérique (Michigan en 1846, Wisconsin en 1853, Venezuela en 1863)[15] est, sans doute, un des meilleurs exemples du rôle joué aujourd'hui par la mondialisation de la protection universelle des droits de l'homme. La circulation des idées, les pressions exercées par l'opinion publique à travers le monde et les « transferts de droit » peuvent expliquer la nette augmentation ces dernières années du nombre des pays abolitionnistes. En 2022, on comptait 110 pays abolitionnistes, 73 pays rétentionnistes (ayant maintenu la peine de mort dans leur arsenal pénal, dont une vingtaine ayant procédé à des exécutions en 2021) et 14 pays dont la situation peut être considérée « en suspens » (soit parce qu'ils ont aboli partiellement la peine de mort, en la maintenant dans des circonstances exceptionnelles, soit parce qu'ils ne recourent pas à des exécutions à la suite de moratoires respectés depuis de nombreuses années). C'est maintenant le droit international, à l'échelle mondiale en suivant le modèle régional européen, qui est utilisé comme instrument de diffusion de l'abolition et même de l'interdiction (pour rendre impossible un revirement de la législation nationale) de la peine de mort.

### 1 • Le modèle européen

**209** Depuis l'adoption de la Convention européenne des droits de l'homme, qui en 1950 laissait le choix aux États en vertu de son article 2, alinéa 2 sur le droit à la vie et la possibilité d'infliger légalement la mort par un « recours à la force rendu absolument nécessaire »[16], les États membres du Conseil de l'Europe (tous situés à « l'Ouest » jusqu'en 1989) ont aboli la peine de mort, du moins en période de paix : le Royaume-Uni en 1973 (1969 pour la Grande-Bretagne et 1973 pour l'Irlande du Nord), le Luxembourg en 1979 et la France (pour tous les crimes) en 1981. Tenant compte de cette vague abolitionniste et de l'absence d'exécution dans les pays de l'Europe de l'Ouest maintenant la peine de mort dans leur arsenal pénal (comme la Belgique jusqu'en 1996), le Conseil de l'Europe adopta en 1983 le Protocole nº 6 de la Conv. EDH abolissant la peine de mort (tout en laissant aux États la possibilité de sanctionner par la peine de mort des crimes commis en temps de guerre ou dans l'imminence d'une guerre). Ratifié entre 1983 et 1998, le Protocole, qui a la même valeur que la Conv. EDH, mit fin

14. Jaime Oraá Oraá, *op. cit.*, (note 2), p. 162 donne l'exemple d'une décision de la *High Court* de Tanzanie, en 1990, qui a écarté une règle du droit coutumier (discriminatoire à l'égard des femmes) au nom de la primauté de la Déclaration universelle des droits de l'homme.

15. R. Badinter, « Vers l'abolition universelle de la peine de mort », *in* Conseil de l'Europe, *Peine de mort : après l'abolition*, Éditions du Conseil de l'Europe, 2004, p. 7-11 et R. Hood, « Pourquoi abolir la peine de mort ? », *eod. loco*, p. 13-22. Aux États-Unis, 23 des États fédérés ont aboli la peine de mort, la Virginie étant le dernier à l'avoir fait en 2021.

16. En 1950 la peine de mort avait été abolie pour les crimes de droit commun à Saint-Marin, au Portugal et aux Pays-Bas (depuis le XIXe siècle), en Norvège (depuis 1905), en Suède (depuis 1921, pour les crimes commis en temps de guerre en 1976), en Islande (depuis 1928), au Danemark (depuis 1933), en Suisse (depuis 1942-1944), en Italie (en 1947, il s'agissait de rétablir l'abolition de 1889, rapportée sous le régime fasciste), en Allemagne et en Finlande (en 1949), en Autriche en 1950 (en temps de guerre en 1968). Les exécutions étaient devenues rarissimes en Belgique dès 1863, la dernière exécution (pour crime de guerre commis par un Allemand) intervenant en 1950.

aux exécutions dans toute l'Europe occidentale et entraîna dans son sillage l'abrogation des dernières législations pénales prévoyant la peine de mort pour les crimes de droit commun (Belgique en 1996) ou les crimes commis en temps de guerre (au Royaume-Uni en 1998).
À la suite de l'effondrement du rideau de fer, l'Assemblée parlementaire du Conseil de l'Europe a pris la décision, en 1994 (résolution 1044), de lier l'adhésion des États d'Europe centrale et orientale à la Conv. EDH, d'abord à un moratoire immédiat des exécutions (des exécutions avaient eu lieu en Pologne et en Hongrie jusqu'en 1988, dans les pays baltes au début des années 1990), puis à l'adoption du Protocole nº 6 dans les trois ans de l'entrée dans le Conseil de l'Europe. L'abolition a ainsi été étendue à toute l'Europe de l'Est, à l'exception de la Biélorussie (non admise dans le Conseil de l'Europe, après avoir été observatrice) et de la Russie, cette dernière ayant signé le Protocole nº 6 lors de son adhésion à la Conv. EDH en 1996, déclaré en 1999 un moratoire sur les exécutions jusqu'à l'introduction du jury criminel dans toutes les régions (ce qui fut achevé en 2009), mais n'ayant pas encore ratifié le Protocole nº 6 (en 2009, la Cour constitutionnelle russe a décidé que tout retour vers la peine de mort serait incompatible avec les engagements internationaux de la Russie).
Le Protocole nº 13 de la Conv. EDH, signé par 36 États à Vilnius en 2002, a pour but d'abolir la peine de mort en toutes circonstances, c'est-à-dire même en cas de guerre. Ce Protocole a été ratifié par 44 États (dont la France en 2007), l'Azerbaïdjan et la Russie ne l'ont pas signé, l'Arménie ne l'a pas ratifié. La ratification du Protocole nº 13 consolide l'abrogation de la peine de mort, notamment dans les États qui accordent la prééminence aux normes du droit international sur leur droit national (*a fortiori*, quand il y a eu révision de leur constitution, comme en France par la loi constitutionnelle du 23 février 2007 insérant dans l'article 66-1 de la Constitution la phrase « nul ne peut être condamné à la peine de mort »), et transforme cette abrogation en interdiction pratiquement irréversible (sauf révision constitutionnelle et dénonciation des accords européens). Les membres de l'Union européenne sont allés dans le même sens en souscrivant (à l'exception du Royaume-Uni, de la Pologne et de la République tchèque) à la Charte des droits fondamentaux de l'Union européenne (ayant même valeur que les traités depuis 2007), dont l'article II-62 affirme : « toute personne a droit à la vie. Nul ne peut être condamné à la peine de mort ni exécuté ».

## 2 • La pression croissante des conventions internationales

**210** Au niveau mondial (à côté d'un Protocole à la Convention interaméricaine des droits de l'homme pour abolir la peine de mort, adopté en 1990, et ratifié par 13 États, les derniers étant le Honduras et la République dominicaine), l'instrument destiné à fortifier le courant abolitionniste est le deuxième Protocole facultatif du Pacte international relatif aux droits civils et politiques. Adopté en 1989, ce Protocole a été ratifié, en 2019, par 88 États et admet pour seule réserve possible le maintien de la peine de mort en temps de guerre pour un crime militaire d'une particulière gravité. Ce Protocole a, lui aussi, été ratifié par la France en 2007, suite à la révision constitutionnelle exigée par le Conseil constitutionnel, la France consentant ainsi une limitation de souveraineté en s'interdisant par un engagement international de rétablir la peine de mort[17]. L'Assemblée générale des Nations unies (dont le Conseil de sécurité avait écarté la peine de mort pour les tribunaux pénaux internationaux créés en 1993 et 1994) a, en outre, adopté le 18 décembre 2007 une résolution (nº 62/149, l'appel a été renouvelé en 2008, 2010, 2014, 2016, 2018, 2020 et 2022 avec un vote en sa faveur de 125 États) appelant à un moratoire universel sur la peine de mort.

17. Cons. const. 13 oct. 2005, nº 2005-524/525 DC : le Conseil constitutionnel a distingué l'adhésion au Protocole européen nº 13 qui peut être dénoncée (et ne porte donc pas atteinte à la souveraineté) et celle au Protocole au Pacte international qui ne peut pas être dénoncée et lie la France par un engagement irrévocable (et donc par une limitation de souveraineté nécessitant une révision constitutionnelle).

Cet ensemble de plus en plus dense de conventions internationales est susceptible d'avoir aussi des effets sur les États abolitionnistes, qui n'ont pas ratifié ces traités (ou, comme les États-Unis, la convention relative aux droits de l'enfant qui interdit la condamnation et l'exécution de personnes qui étaient mineures au moment des faits punis). Dès 1989, dans l'affaire *Sœring c/ Royaume-Uni* (un citoyen allemand, résident au Royaume-Uni, accusé d'un meurtre en Virginie et dont les États-Unis réclamaient l'extradition en vue d'un jugement pouvant entraîner la peine capitale), la Cour de Strasbourg considérait que la perspective d'un long séjour dans le couloir de la mort exposerait la personne extradée vers un pays appliquant la peine de mort à un risque réel de traitement inhumain en violation de l'article 3 de la Conv. EDH[18]. Dans l'arrêt *Öcalan c/ Turquie* (12 mars 2003), concernant la situation du chef du parti kurde PKK condamné à mort en 1999 (puis ayant vu sa peine commuée en prison à perpétuité, suite à un moratoire des exécutions, puis à l'abolition de la peine de mort en 2002-2004), la Cour européenne des droits de l'homme a qualifié la peine de mort de « sanction inacceptable, voire inhumaine, qui n'est plus autorisée » et constaté une violation de l'article 3 de la Conv. EDH dans une condamnation prononcée à la suite d'un procès inéquitable[19]. En 2010, la Cour de Strasbourg a parachevé cette jurisprudence, en jugeant que la peine de mort constituait un traitement inhumain et dégradant, proscrit par la Conv. EDH en toutes circonstances (aff. *Al-Saadoon et Mufdhi c/ Royaume-Uni* concernant deux Irakiens accusés d'avoir tendu une embuscade mortelle à des militaires britanniques, arrêtés par les Britanniques et transférés aux autorités irakiennes pour un jugement où ils pouvaient risquer la peine de mort)[20]. L'évolution entre ces trois arrêts tient compte de la ratification du Protocole n° 13 par presque tous les États du Conseil de l'Europe et se fonde sur la responsabilité par ricochet d'un État européen qui transfère un détenu à un État tiers appliquant la peine de mort.

Des décisions comparables ont été prises par des organes internationaux, qu'il s'agisse de la Cour interaméricaine des droits de l'homme ou du Comité des droits de l'homme du Pacte international sur les droits civils et politiques[21]. Ce dernier a, d'abord (dans l'affaire *Pratt et Morgan c/ Jamaïque*, 6 avril 1989), considéré qu'un long séjour dans le couloir de la mort, entraînant la dégradation de l'état psychologique du condamné, pouvait constituer un traitement inhumain et dégradant au sens de l'article 7 du PIDCP, puis (dans l'affaire *Kindler c/ Canada*, 30 juillet 1993) qu'une exécution capitale faisant endurer une souffrance « particulièrement » horrible au condamné pourrait constituer (ce n'était pas le cas en l'occurrence, s'agissant de l'extradition par le Canada d'un citoyen américain vers la Pennsylvanie) une violation de l'article 7, enfin (dans l'affaire *Roger Judge c/ Canada*, 5 août 2002) qu'un État abolitionniste (c'est le cas du Canada, sauf pour des crimes commis en temps de guerre) extradant un accusé vers un État rétentionniste (il s'agissait à nouveau d'un citoyen des États-Unis) viole ses obligations à l'égard du PIDCP. Si ces décisions n'ont pas de caractère contraignant, elles vont dans le même sens que les arrêts de la CEDH et peuvent avoir des effets tangibles (la Cour suprême du Canada a effectué un revirement de jurisprudence sur ce point entre 1991 et 2001).

Dans l'affaire *LaGrand* (mesures provisionnelles en 1999, décision sur le fond le 27 juin 2001), la Cour internationale de justice, saisie d'une action de l'Allemagne contre les États-Unis pour violation de la convention de Vienne sur les relations consulaires (l'Allemagne n'ayant pu procurer, faute d'information des autorités américaines, sa protection consulaire à deux frères de nationalité allemande condamnés à mort et exécutés aux États-Unis), a tenté (en vain) d'enjoindre aux autorités américaines

18. CEDH 7 juill. 1989, *Sœring c/ Royaume-Uni*, série A, n° 161, *RSC* 1989. 768-792, comm. L.-E. Pettiti.
19. CEDH, gr. ch., 12 mars 2003, *Öcalan c/ Turquie*, req. n° 46221/99. En octobre 2016, le gouvernement turc a annoncé le dépôt prochain au Parlement d'un projet rétablissant la peine de mort. Le Président Duterte a également proposé au Parlement des Philippines le rétablissement de la peine de mort.
20. CEDH, sect. IV, 2 mars 2010, *Al-Saadoon et Mufdhi c/ Royaume-Uni*, req. n° 61498/08.
21. L'art. 6 du PIDCP ménage la possibilité pour les pays qui ont maintenu la peine de mort de l'infliger pour les crimes les plus graves.

de surseoir aux exécutions, puis condamné les États-Unis[22]. S'il ne s'agit pas d'une décision portant sur la validité de la peine de mort, cet arrêt atteste la prise en compte des arguments abolitionnistes par les juridictions internationales et les avancées de la protection judiciaire qui, avec la mondialisation, peut maintenant concerner l'ensemble des droits de l'homme.

# II • La mondialisation de la sanction judiciaire

**211** Quelle que soit la « densification » des instruments conventionnels reconnaissant les droits de l'homme, au niveau mondial ou au niveau régional, l'impact de cette mondialisation risquerait d'être limité aux effets directs de ces règles internationales en droit interne (avec la possibilité d'invoquer ces règles devant les juridictions nationales et, dans plusieurs pays dont la France, d'espérer que les juges constatent une violation de ces textes par les autorités nationales, qu'elles soient administratives, exécutives, judiciaires ou même législatives), si n'avaient pas été mis en place des comités chargés d'examiner des rapports périodiques des États, voire des plaintes de personnes lésées dans leurs droits de l'homme et, plus encore, des juridictions spécialisées dans la protection (*a posteriori*, en cas de violation pouvant entraîner, à titre de sanction, la condamnation de l'État responsable) des droits de l'homme (dans le cadre des conventions régionales) ou, avec le statut de Rome, une Cour pénale internationale susceptible de sanctionner les responsabilités individuelles pour des crimes contre l'humanité ou des crimes de guerre qui constituent les violations les plus graves des droits de l'homme.
Jugeant exclusivement les litiges entre États, la Cour internationale de justice est moins à même de juger ces violations des droits de l'homme, même si certaines de ces décisions — comme la condamnation de la Serbie pour refus de coopérer à la poursuite des auteurs du génocide commis à Srebrenica en Bosnie en violation de ses obligations dérivant de la convention pour la répression et la prévention du crime de génocide (CIJ 27 févr. 2007, *Bosnie-Herzégovine c/ Serbie et Monténégro*)[23] — ont rappelé que les États pouvaient être sanctionnés pour le non-respect de leurs obligations internationales en matière de droits de l'homme. En 2019 a débuté devant la CIJ une action de la Gambie (mandatée par les pays de l'Organisation de la coopération islamique) contre le Myanmar pour crimes de génocide commis à l'égard des Rohingyas. La complicité ou la tolérance des États les uns à l'égard des autres, particulièrement ceux qui respectent le moins leurs engagements sur les droits de l'homme, rendent peu efficaces les mécanismes de sanction activés par les États (ces mécanismes n'ont pratiquement jamais été mis en œuvre dans le cadre des conventions régionales). Les actions intentées par les victimes de violations des droits de l'homme — ou du moins en leur nom — constituent aujourd'hui le facteur décisif pour parvenir à des sanctions effectives, dont on peut espérer qu'elles aient à l'avenir une portée dissuasive.

## A • L'effectivité variable des mécanismes de sanction

**212** En commençant à nouveau par les institutions mondiales, il faut tenir compte de l'activité de la Commission des droits de l'homme de l'ONU, devenue Conseil des droits de l'homme en 2006. À partir de 1967, la Commission a examiné les rapports périodiques des États et elle a pu désigner des rapporteurs spéciaux, attirant ainsi l'attention de la communauté internationale sur des violations massives

22. E. Decaux, « La peine de mort, nouvel enjeu des relations internationales », *Annuaire français de relations internationales* 2004, vol. V, p. 196-214.
23. La Cour internationale de justice, suivant la jurisprudence du TPIY (qu'il cite abondamment) considère qu'un génocide a été commis à Srebrenica en 1995, que l'État serbe ne peut en être jugé responsable, mais qu'en refusant de coopérer à l'arrestation et à la poursuite des personnes (se cachant en Serbie) qui avaient perpétré ce massacre il a violé les obligations (contractées par l'ex-Yougoslavie) de la convention de 1948 sur le génocide.

des droits de l'homme, par exemple en Afrique du Sud ou au Chili. À partir de 1970, la Commission a pu recevoir aussi des plaintes individuelles de personnes dont les droits fondamentaux étaient lésés et, après l'étude de ces plaintes (un peu plus de 800 en 35 ans) et des observations des États, elle a pu constater (sans que ces recommandations aient un caractère contraignant) le non-respect des engagements internationaux par de nombreux États. Toutefois, la composition de la Commission, avec ses 53 membres représentant des États dont beaucoup avaient un caractère autoritaire, a affaibli la crédibilité de cet organe des Nations unies.

En 2006, une réforme voulue par le Secrétaire général de l'ONU a remplacé la Commission par un Conseil des droits de l'homme (UNHRC en anglais), composé des représentants de 47 États élus pour trois ans par l'Assemblée générale des Nations unies (la France en a été membre jusqu'en 2011 puis de 2013 à 2016, les États-Unis y siègent depuis 2012 après avoir boycotté cet organe sous l'Administration Bush). Le Conseil doit désormais procéder à un examen périodique universel des rapports présentés tous les quatre ans par tous les États de l'ONU sur la situation des droits de l'homme (48 rapports sont ainsi examinés par an). Il peut également recevoir des plaintes individuelles (examinées par des experts) et désigner des rapporteurs spéciaux sur certains thèmes ou certains pays. Les premières années du nouveau Conseil ont été très controversées, plusieurs pays et le Secrétaire général de l'ONU lui-même lui reprochant de focaliser son action sur Israël (32 résolutions du Conseil entre 2006 et 2010, soit presque de la moitié de celles qui sont consacrées à un État déterminé, la désignation de Richard Falk comme rapporteur spécial sur la Palestine en 2008 et le rapport *Goldstone* sur la guerre de Gaza en 2009 ont été aussi très critiqués) et les résolutions adoptées sur la « lutte contre la diffamation des religions » paraissant, aux yeux des Occidentaux, menacer la liberté d'expression. Depuis 2009, le Conseil s'est inquiété des violations des droits de l'homme au Sri Lanka, au Kirghizistan, en Corée du Nord, Guinée, Côte d'Ivoire, Iran et Syrie, tandis qu'une résolution adoptée en mars 2011 sur l'intolérance religieuse[24] paraissait marquer un repli sur le terrain de la « diffamation des religions ». Les élections des nouveaux membres du Conseil en novembre 2013, faisant entrer la Chine, la Russie, l'Arabie Saoudite, le Vietnam et l'Algérie dans cette institution, ont ravivé les inquiétudes sur la partialité des examens. Depuis cette date, les élections annuelles donnent lieu à d'intenses controverses et les États-Unis se sont retirés du CDH en juin 2018[25], avant d'y revenir en février 2021.

Organe du Pacte international relatif aux droits civils et politiques, le Comité des droits de l'homme fonctionne, depuis 1976-1977, avec 18 experts indépendants, désignés pour quatre ans par les États ayant ratifié le Pacte (la Française Christine Chanet était membre pour la période 2011-2014 du Comité qu'elle a présidé en 1997-1998 et 2005-2006, c'est désormais la Professeure Hélène Tigroudja jusqu'au 31 décembre 2026). Ce comité examine, lui aussi, des rapports périodiques fournis par les États membres et des plaintes individuelles émanant de ressortissants d'États ayant signé le Protocole n° 1 du PIDCP (11 États). Après des années de blocage jusqu'en 1992, le Comité a pu déployer son action de manière plus efficace. Il avait reçu plus de 2 000 communications de 1977 au 1er août 2009, dont 46 % avaient été déclarées recevables[26] (c'est-à-dire qu'elles émanaient de particuliers, victimes de violation de leurs droits garantis par leur pacte, sous la juridiction d'un des États ayant ratifié le Protocole et ayant épuisé les voies de recours internes).

24. Résolution du 12 avr. 2011 (A/HRC/RES/16/18), confirmée par une résolution du 15 mars 2012 (A/HRC/RES/19 L. 7).

25. En 2020, la France et le Royaume-Uni ont été élus aux côtés de la Bolivie, de la Chine, de la Côte d'Ivoire, de Cuba, de la Russie (exclue en 2022, un rapporteur spécial étant chargé d'examiner la situation des droits de l'homme en Russie), de l'Ouzbékistan et de l'Ukraine. En 2022 ont notamment élus l'Allemagne, la Belgique, l'Algérie, le Maroc, le Chili et le Vietnam. En février 2019, trois rapporteurs spéciaux du Conseil des droits de l'homme ont considéré que la liberté de manifester avait été restreinte de manière disproportionnée en France.

26. N. Bouziri, *La protection des droits civils et politiques par l'ONU*, L'Harmattan, 2003 ; *Rapport du Comité des droits de l'homme* (A/66/40), 100e, 101e et 102e sessions (2010-2011), vol. I, p. 94 ; F. Sudre, *Droit européen et international des droits de l'homme*, PUF, coll. « Droit fondamental », 10e éd., 2011, p. 847.

Le Comité traite aujourd'hui autour d'une centaine d'affaires par an et, une fois la recevabilité reconnue, il adresse (dans 90 % des cas) des « constatations » de violations des droits de l'homme garantis par le pacte à l'État concerné. Ces constatations ne sont pas exécutoires comme une décision judiciaire, mais elles font l'objet d'une procédure de « suivi » (avec désignation d'un rapporteur spécial) et de publicité qui peut amener les États à changer leur législation ou leurs pratiques. Outre les décisions déjà citées sur la peine de mort, la jurisprudence du Comité en faveur de la libération de prisonniers politiques en Uruguay (et de la non-application d'une loi d'amnistie des tortionnaires, *Rodríguez c/ Uruguay*, déc., 9 août 1994, sur une communication de 1988, ce qui montre la lenteur de la procédure), de la revalorisation de la pension des anciens combattants sénégalais par la France (*Gueye c/ France*, déc., 3 avr. 1989), de l'abrogation des lois anti-sodomie contre les homosexuels en Australie (*Toonen c/ Australie*, déc., 31 mars 1994) ou de la réforme des procédures de vérification des compétences linguistiques des candidats aux élections en Lettonie (*Ignatane c/ Lettonie*, déc., 25 juill. 2001) a été suivie d'effets. Des décisions de non-violation ont pu également alimenter les débats internes internationaux sur les droits de l'homme, comme dans l'affaire *Faurisson c/ France* (8 nov. 1996), où le Comité n'a pas relevé de violation du PIDCP par la France dans la condamnation de l'intéressé pour négationnisme, mais a émis des critiques sur la portée de la « loi Gayssot ». Le 10 août 2018 (*Afif c/ France*), le Comité a estimé que le licenciement pour port du foulard dans une crèche (affaire *Baby Loup*) portait atteinte à la liberté religieuse avec un caractère discriminatoire[27]. Le 22 octobre 2018 (*Yaker et Hebadj c/ France*), le Comité a considéré que la loi du 11 octobre 2010, interdisant la dissimulation du visage dans l'espace public, constituait une violation du Pacte. Si l'impact de la jurisprudence du Comité ne doit pas être exagéré (ces constatations ne sont guère suivies d'effets dans les États qui se livrent aux violations les plus massives des droits de l'homme, sans parler de ceux qui n'ont pas ratifié le Protocole n° 1 et sont susceptibles seulement d'observations sur les rapports présentés en principe périodiquement sur l'application du Pacte), il constitue l'organe de surveillance (*monitoring*) des droits de l'homme le plus actif au niveau mondial. L'affaire *Vincent Lambert* a donné lieu à l'intervention du Comité des droits des personnes handicapées, créé par la convention de 2006 relative aux droits des personnes handicapées (ratifiée par 181 États dont la France). La portée des recommandations de ce Comité a été discutée par les juridictions françaises.

La Cour européenne des droits de l'homme est, sans conteste, l'organe judiciaire qui est parvenu en un peu plus de cinquante ans (sa première décision, *Lawless c/ Irlande*, arrêt 1er juillet 1961 portait sur un internement administratif pour atteinte à la sûreté de l'État, l'arrêt a conclu à une non-violation de l'article 7) à développer la jurisprudence la plus riche sur les droits de l'homme et à imposer son autorité dans tous les pays membres du Conseil de l'Europe, voire à rayonner (par des citations de ces décisions) hors d'Europe. Ce succès est attesté par l'augmentation impressionnante du nombre des requêtes et des décisions : d'une cinquantaine de requêtes par an dans les années 1960 et 1970 (la Cour a rendu 46 décisions de 1960 à 1974), l'on est passé à plusieurs centaines dans les années 1980 pour atteindre un premier palier de 5 000 requêtes en 1997 (avant la disparition du filtrage par la Commission des droits de l'homme) et de plusieurs centaines de décisions par an. L'emballement s'est poursuivi dans les années 2000 avec le dépassement des chiffres de 40 000, puis 50 000 requêtes par an[28] et une moyenne annuelle de 1 000 à 1 500 décisions par an (soit 20 fois le nombre de cas décidés chaque année par la Cour suprême des États-Unis). Entraînant un arriéré considérable (plus de 150 000 affaires), cette envolée des recours a conduit (par le Protocole n° 14, entré en vigueur le 1er juin 2010) à organiser de nouveaux modes de filtrage des requêtes (par un ou trois juges) et

27. S. Hennette-Vauchez, « Pour une lecture dialogique du droit international des droits humains. Remarques sur les constatations du Comité des Droits de l'Homme dans l'affaire Baby Loup, et quelques réactions qu'elles ont suscitées », *Rev. dr. Homme*, sept. 2018.

28. *La Cour européenne des droits de l'homme en faits et en chiffres, 2021*, publication par la Cour indique les chiffres pour 2021 de 44 250 requêtes (un chiffre relativement stable depuis 2018), donnant lieu (du fait des examens conjoints) à 1 105 arrêts (en augmentation par rapport à 2020).

elle suscite des pressions de certains États pour réduire les saisines de la Cour au profit d'instances nationales. Au cours des années 2015 et 2016, des positions critiques à l'égard de la CEDH ont été présentées par des candidats aux élections en France.

Quelque 800 millions de justiciables, citoyens des 47 États membres du Conseil de l'Europe et étrangers sous la « juridiction » de ces États (qui sont nombreux parmi les requérants, et pas seulement sur des questions relatives au droit des immigrés[29]), se sont habitués (malgré les lenteurs[30] et les difficultés, en partie grâce à des possibilités d'aide judiciaire et à la représentation par toute personne habilitée à assister en justice les plaignants dans les États membres) à ce dernier recours en vue de contester des décisions judiciaires, administratives, voire législatives qu'ils estiment violer leurs droits. Les États, dont le juge national participe toujours aux affaires les concernant, ont pu constater qu'ils étaient tous susceptibles d'être condamnés par la Cour de Strasbourg (même si certains le sont plus que d'autres, la Turquie, l'Italie et la France jusqu'en 2006, la Turquie, la Russie, l'Ukraine, la Roumanie, la Pologne depuis 2005, dix ou vingt fois plus que l'Irlande, la Norvège, la Suède, l'Espagne, les Pays-Bas, la Suisse, la Belgique ou l'Allemagne).

Il est bien connu aussi que la Cour de Strasbourg, en cas de constatation de violation de la CEDH par l'État défendeur, ne peut prononcer à son encontre que la *restitutio in integrum* (censée effacer toutes les conséquences de la violation, mais laissée à la discrétion de l'État condamné pour le choix des moyens selon le droit interne, c'est la question par exemple du réexamen de décisions pénales réglée en France par la loi du 15 juin 2000) ou une indemnisation pécuniaire versée à la victime par l'État défendeur (qui a trois mois pour s'acquitter de son obligation). Au-delà des parties concernées, l'impact de la jurisprudence de la Cour, qui réunit plus de 10 000 arrêts, vient surtout de ses effets dissuasifs (le risque de recours répétitifs et d'une multiplication de condamnations, processus pendant longtemps à l'œuvre contre la France, dont on peut espérer qu'il portera aussi ses fruits à l'égard d'États comme la Russie), de sa publicité et de sa « réception » par les juridictions nationales (et les « communautés épistémiques » des juristes agissant dans le champ juridique)[31].

Avec des variations dans le temps et dans l'espace (entre les États), le mouvement d'ensemble est bien celui d'une acceptation croissante de la jurisprudence de la Cour et d'une intégration (au moins partielle) dans les droits nationaux, aussi bien d'ailleurs dans les pays de tradition moniste (comme la France, les Pays-Bas ou l'Espagne) que de tradition dualiste (Allemagne, Italie, Norvège, Suède)[32]. L'incorporation de la CEDH dans le droit britannique par le *Human Rights Act* en 1998 est un bon exemple de cette convergence entre États dualistes et monistes. Selon les cas, la jurisprudence de la Cour a pu suppléer l'absence (aux Pays-Bas, au Royaume-Uni) ou les faiblesses (en Suède et en Norvège, ou en France avant la QPC) du contrôle de constitutionnalité en jouant le rôle de « constitution fantôme » (*shadow constitution*). Elle a enrichi la protection des droits de l'homme, notamment à travers ses décisions sur l'article 8 (atteinte à la vie privée et familiale), dans des domaines où les droits nationaux étaient souvent lacunaires (droits des étrangers, des prisonniers, des homosexuels et transsexuels...). Elle a révolutionné les droits procéduraux à travers les multiples applications du procès équitable de l'article 6 (représentant un tiers des constatations de violation). On peut se demander si elle permettra d'enrayer, notamment par la technique de l'arrêt « pilote » (*Broniowski c/ Pologne*, arrêt du 22 juin 2004 où la Cour a donné des directives à l'État pour l'indemnisation des propriétaires privés

29. J.-L. Halpérin, « Law Internationalization and Justice for Citizens and Non Citizens *in* France », *in* É. Balibar, S. Mezzadra, R. Samaddar (eds.), *The Borders of Justice*, Temple University Press, 2011, p. 167-180 pose la question de savoir si les étrangers ne jouent pas, dans certains cas, le rôle d'agents (*proxies*) pour la reconnaissance de droits qui ne leur profitent pas nécessairement.

30. Il existe une procédure de traitement prioritaire, réformée en 2005 (art. 41 du règlement de la Cour), qui a permis, par exemple, le jugement en quatre mois de l'affaire *Pretty c/ Royaume-Uni* (arrêt 29 avr. 2002).

31. S. Hennette-Vauchez, J.-M. Sorel (dir.), *Les droits de l'homme ont-ils constitutionnalisé le monde ?*, Bruylant, 2011.

32. H. Keller, A. Stone Sweet, « Assessing the Impact of the ECHR on National Legal Systems », *in* H. Keller, A. Stone Sweet (eds.), *A Europe of Rights. The Impact of the ECHR in National Legal Systems*, Oxford University Press, 2008, p. 677-712.

abusivement de leurs biens), les violations massives des droits de l'homme commises dans les États qui alimentant aujourd'hui le plus grand nombre de requêtes.

Avec un démarrage plus tardif (sa première décision, d'ailleurs sous forme d'avis, date de 1986) et des moyens plus limités (un faible budget pour un petit nombre de juges[33], des recours obligatoirement filtrés par la Commission interaméricaine des droits de l'homme qui reçoit maintenant plus de 1 000 requêtes par an), la Cour interaméricaine des droits de l'homme n'a rendu qu'une centaine d'arrêts en un peu plus de 25 ans de fonctionnement et ne peut prétendre au même rayonnement que la Cour de Strasbourg. Dès 1988, la Cour de San José a attiré l'attention sur la gravité des disparitions forcées et sur le besoin d'alléger la charge de la preuve (la certitude de la mort de la victime est souvent impossible à établir pour le requérant, parent de cette victime) quand ces disparitions sont tolérées ou encouragées par l'État (*Velásquez Rodríguez c/ Honduras*, arrêt du 29 juill. 1988, puis parmi plusieurs décisions *Goiburú c/ Paraguay*, arrêt du 22 sept. 2006 sur le devoir d'enquête de l'État, y compris après la chute des dictatures qui ont participé à l'opération « Condor »). Depuis, cette question a fait l'objet, à l'initiative du Conseil des droits de l'homme, d'une convention des Nations unies adoptée en 2006 (entrée en vigueur en 2010, avec les ratifications de 36 États dont celle de la France). La Cour a également insisté sur la préservation de l'État de droit même dans des circonstances exceptionnelles de crise ou d'état d'urgence (avis du 6 octobre 1987 concernant l'Uruguay) et sur l'incompatibilité des lois d'auto-amnistie avec la convention (*Barrios Altos c/ Pérou*, arrêt du 14 mars 2001 sur des exécutions extrajudiciaires)[34].

La Cour africaine des droits de l'homme, qui a prononcé sa première condamnation en 2013 (contre la Tanzanie pour refus d'admettre les candidatures non partisanes aux élections), a la difficile tâche d'amplifier, dans le domaine proprement judiciaire, le mouvement esquissé par la Commission africaine des droits de l'homme qui a bien constaté plusieurs dizaines de violations de la Charte africaine des droits de l'homme dans les années 1990 et 2000, mais n'est pas parvenue à imposer le respect de ses constatations, ni la reddition régulière des rapports par les États[35].

## B • La justice pénale internationale, sanction suprême ?

**213** L'avènement d'un droit international pénal (distingué du droit pénal international relatif aux conflits de lois et dépassant les critères classiques de compétence, territoriale ou personnelle, des justices étatiques) est l'histoire d'un long processus qui trouve ses origines doctrinales dans l'idée d'une « obligation universelle de punir » les crimes les plus graves (chez Grotius, puis dans un projet de l'association internationale de droit pénal en 1926), ses premières concrétisations après la Seconde Guerre mondiale dans les tribunaux militaires internationaux établis par les Alliés à Nuremberg et à Tokyo (les jugements du tribunal de Nuremberg des 30 septembre et 1er octobre 1946, les premiers prononcés contre des personnes pour crimes de guerre, crimes contre l'humanité et crimes contre la paix, confirmés par la résolution 95 de l'Assemblée générale des Nations unies du 11 décembre 1946[36]), l'établissement par le Conseil de sécurité des Nations unies des tribunaux pénaux internationaux pour l'ex-Yougoslavie (1993) et le Rwanda (1994) et enfin le traité de Rome instituant la Cour

33. Les sept juges peuvent être choisis dans tous les États de l'Organisation des États américains. Thomas Buergenthal, citoyen des États-Unis, a ainsi été juge à la Cour de San José (désigné par le Costa Rica) de 1979 à 1991 avant d'être juge à la Cour internationale de justice (de 2000 à 2010) : *Jo* M. Pasqualucci, *The Practice and Procedure of the Inter-American Court of Human Rights*, Cambridge University Press, 2003, p. 8.

34. L. Burgogue-Larsen, A. Úbeda de Torres, *op. cit.*, p. 291 et 667.

35. Ch. Heyns, M. Killander, « The African Regional Human Rights System », *in* F. Gomez Isa, K. de Feyter (eds.), *op cit.*, p. 855-898.

36. Ph. Sands (dir.), *From Nuremberg to The Hague. The Future of International Justice*, Cambridge University Press, 2003, p. 83 ; B. Broomhall, *International Justice and the International Criminal Court : Between Sovereignty and the Rule of Law*, Oxford University Press, 2003, p. 19-28. La Convention sur la prévention et la répression du crime de génocide (1948) envisageait, dans ce sillage, la création d'une juridiction pénale internationale qui fut bloquée par la Guerre froide.

pénale internationale (1998). Les étapes de cette histoire doivent être retracées avant d'envisager l'institution de la Cour pénale internationale.

La justice pénale internationale ne peut sanctionner, bien entendu *a posteriori* (l'instauration même des juridictions *ad hoc* pour l'ex-Yougoslavie et le Rwanda est la manifestation de l'échec tragique de la communauté internationale pour empêcher des génocides à la fin du XX^e^ siècle), que les violations les plus graves des droits de l'homme. En faisant reculer l'impunité, jusque-là accordée aux responsables, notamment aux chefs d'État ou de gouvernement, cette justice peut espérer exercer un effet dissuasif pour prévenir de futurs crimes de guerre ou crimes contre l'humanité. Elle ne peut, en tout état de cause, sanctionner toutes les violations (même massives) des droits de l'homme et ne doit pas servir à exempter les États (et les juridictions régionales) de leurs responsabilités. Il convient donc de s'interroger sur le principe de subsidiarité et sur le rôle des juridictions nationales ou régionales dans le jugement de ces crimes.

Les procès de Nuremberg, qui ont concerné 22 responsables militaires et civils de l'Allemagne nazie jugés par un Tribunal militaire international (composé de 4 juges, en fait civils, nommés par les États-Unis, l'URSS, le Royaume-Uni et la France) pendant presque un an (oct. 1945-sept. 1946), ont indubitablement fait progresser l'idée de justice pénale internationale. Malgré les critiques adressées à une « juridiction de vainqueurs », dans laquelle quatre puissances alliées désignaient les juges et les procureurs, une procédure contradictoire (avec le respect des droits de la défense) et internationale (avec l'expression d'opinions différentes de la part de juges indépendants) a abouti à des condamnations fondées sur de « nouvelles » (ce qui pose le problème, éludé dans la Déclaration du 8 août 1945, de la rétroactivité des délits et des peines, même si l'on peut plaider l'existence de règles antérieures sur les crimes de guerre et la formation d'un droit coutumier sur la base de la « clause Martens » relative au droit humanitaire[37]) incriminations de droit international pénal : le crime d'agression (ou contre la paix) et surtout les « crimes contre l'humanité » (définis dans l'accord de Londres en 1945 comme des meurtres, exterminations, mises en esclavage, déportations de civils prescrits sur des bases politiques, raciales ou religieuses en exécution ou en lien des crimes contre la paix). Pour la première fois, la responsabilité pénale de personnes physiques ou morales (des groupements criminels comme la SS) a été reconnue pour de tels crimes, sans tenir compte des traditionnelles immunités.

L'adoption de la convention des Nations unies en 1948 marque, malgré l'échec du projet alors envisagé d'une juridiction pénale internationale, la reconnaissance comme un crime spécifique (indépendant de l'état de guerre entre États) du génocide, selon une expression inventée au sortir de la guerre par l'universitaire Rafaël Lemkin (et utilisée dans l'acte d'accusation des procès de Nuremberg)[38]. Le génocide est défini, dans cette convention, comme le meurtre des membres d'un groupe national, ethnique, racial ou religieux (il peut être constitué également de sérieuses atteintes corporelles ou mentales, d'actes de destruction physique ou de détérioration grave des conditions de vie, de transferts forcés d'enfants ou de mesures destinées à empêcher les naissances frappant les membres d'un tel groupe) en vue de la destruction de ce groupe. Après la paralysie provoquée par l'affrontement des Blocs, les crimes de guerre, les crimes contre l'humanité et le génocide ont repris leur place comme éléments fondamentaux (*core crimes*) du droit international pénal avec la création, décidée par le Conseil de sécurité des Nations unies au nom du maintien de la paix, des tribunaux pénaux pour l'ex-Yougoslavie (TPIY) en 1993 et le Rwanda (TPIR) en 1994. chargés tous les deux de juger les responsables (aussi bien civils que militaires) de violations massives des droits de l'homme commises dans le cadre de deux conflits internes qui venaient de se dérouler ou étaient encore en cours (pour l'ex-Yougoslavie).

---

37. En 1915, une déclaration des gouvernements de la France, du Royaume-Uni et de la Russie avait qualifié les massacres des Arméniens ordonnés et exécutés par le gouvernement de l'Empire ottoman comme des crimes « contre l'humanité et la civilisation » (selon l'expression du ministre français Delcassé).
38. M. Jacquelin, *L'incrimination de génocide : étude comparée du droit de la Cour pénale internationale et du droit français*, Varenne, 2013.

Les deux juridictions ont été conçues sur le même modèle, avec des statuts comparables (définissant les infractions et les peines, avec l'exclusion de la peine de mort et une grande latitude laissée aux juges pour proportionner les peines d'emprisonnement) et un procureur commun jusqu'en 2003.
Malgré les difficultés pour faire aboutir plusieurs procédures contre les responsables politiques et militaires du plus haut niveau (Miloševi´c mort en 2006 avant la fin de son procès, Karadži´c condamné en 2016 à 40 ans d'emprisonnement, Mladi´c condamné à la perpétuité en 2017), le Tribunal criminel international pour l'ex-Yougoslavie a fonctionné activement à La Haye depuis sa création en 1993. Il a conclu jusqu'à sa dernière audience en novembre 2017 (marquée par le suicide de Slobodan Praljak à la lecture de sa condamnation) des procès concernant 161 personnes accusées dont 90 ont été condamnées. Il a qualifié, en 2001, les massacres de Srebrenica comme un génocide commis contre un groupe de musulmans bosniaques (presque tous des adultes mâles).
Avec des moyens plus limités et le choix délibéré de poursuivre les responsables jugés les plus importants (les autres participants du génocide étant laissés sous la juridiction des autorités et des tribunaux du Rwanda), le TPIR, qui a siégé à Arusha (Tanzanie) pour la plus grande partie de son activité, a laissé lui aussi une contribution au renforcement de la justice internationale qui va au-delà de son bilan qualitatif : 93 accusés et 62 condamnations. Il a été la première juridiction internationale à juger des crimes de génocide et à considérer que des viols pouvaient entrer dans la définition de ce « crime des crimes » (TPIR, *Akayesu*, 2000).
Avec le renforcement des institutions internationales, directement ou indirectement liées aux Nations unies, le fonctionnement de ces deux tribunaux a été un argument de poids pour relancer, à l'initiative du gouvernement de Trinidad-et-Tobago, le projet d'établissement d'une cour pénale internationale. Un texte rédigé par la Commission du droit international de l'ONU (CDI) a pu être ainsi discuté par les délégués de 160 États à la conférence diplomatique tenue à Rome en 1998. Le traité (ou statut) de Rome est le fruit d'un compromis, tenant compte partiellement des demandes des organisations non gouvernementales de défense des droits de l'homme et du souci de préserver la souveraineté des États à travers le principe de subsidiarité. Le traité est entré en vigueur le 1er juillet 2002 et a été, à ce jour, ratifié par 123 États, un succès plutôt inattendu malgré l'absence de signature de la Chine, de l'Inde, d'Israël, des États-Unis (dont la signature d'abord souscrite par le président Clinton a été retirée par le président Bush) et d'environ la moitié des États africains. En 2016, la Russie, signataire du traité, a décidé de retirer sa signature tandis que le Burundi, l'Afrique du Sud et la Gambie, annonçaient leur retrait de la compétence de la Cour. Alors qu'en 2017, l'Afrique du Sud et la Gambie ont retiré leur retrait, les Philippines et le Burundi se sont retirés de la CPI. Fin 2019, la République des Kiribati a ratifié le statut de Rome.
Composée de 18 juges élus pour neuf ans par l'assemblée des États membres du traité (qui ne dépend pas des Nations unies et choisit aussi le procureur et ses assistants[39]), la Cour pénale internationale (CPI, ICC en anglais) est compétente pour juger les crimes de guerre, les crimes contre l'humanité (incluant les ravages écologiques), les génocides commis à partir du 1er juillet 2002 (date de son installation) et pour les crimes d'agression (définis plus tardivement en 2010 par un amendement qui est entré en vigueur en 2018) à partir de 2017 seulement. Ces infractions sont punissables au maximum d'un emprisonnement à perpétuité. La Cour peut être saisie d'accusations contre des personnes suspectées d'avoir commis de tels crimes par un État membre du traité, par une décision du Conseil de sécurité des Nations unies (considérant qu'il y a menace pour la paix et la sécurité internationale) ou par le procureur (à la suite d'informations qui lui sont parvenues de victimes ou d'organisations non-gouvernementales), à la condition dans ce dernier cas que l'enquête ait été autorisée par une chambre de préjugement (le procureur est placé en outre sous le contrôle de la chambre d'appel qui

39. L'assemblée générale des États-parties a élu en décembre 2020 six nouveaux juges et élu le Britannique Karim Khan comme nouveau procureur en juin 2021.

peut procéder à sa disqualification, prélude à une éventuelle révocation par la majorité de l'assemblée des États membres)[40].

La grande originalité de la Cour pénale internationale réside dans un système de subsidiarité ou de complémentarité. La juridiction internationale est appelée à juger seulement les infractions du droit international pénal que les juridictions nationales (compétentes en raison de la nationalité des victimes ou des auteurs de ces crimes) ne veulent ou ne peuvent pas juger (il est tenu compte de l'incapacité notoire d'un ou plusieurs États à poursuivre et juger ces crimes). De plus, la juridiction internationale ne s'applique, en règle générale, qu'aux accusés nationaux d'un État partie ou qu'aux infractions commises sur le territoire d'un État partie. Néanmoins, la saisine par le Conseil de sécurité des Nations unies constitue une exception à ces règles : elle peut concerner des accusés nationaux d'un État non partie au traité, constituant ainsi un pas inédit vers l'imposition d'un droit international à des États qui n'y ont pas consenti.

Depuis son établissement, la Cour pénale internationale a ouvert dix-sept enquêtes (dont dix en Afrique), dont deux sur saisine du Conseil de sécurité des Nations Unies (Soudan et Libye). Les procédures achevées ont donné lieu à six condamnations et quatre acquittements (dont celui de Jean-Pierre Bemba en appel en 2018, après une condamnation de première instance et celui de Laurent Gbagbo le 15 janvier 2019)[41]. En 2012, la chambre de jugement a rendu sa première sentence (confirmée par la chambre d'appel en décembre 2014) en condamnant Thomas Lubanga Dyilo, chef d'une rébellion armée en *RDC*, à quatorze ans de prison pour crime de guerre consistant dans l'enrôlement forcé de mineurs de moins de 15 ans. La procédure avait donné lieu, en 2008, à un affrontement entre le procureur et la chambre de jugement à propos d'informations non révélées à la défense. La Cour pénale internationale a finalement considéré qu'il n'y avait pas d'atteinte aux règles du procès équitable.

Ces premières procédures — ainsi que celles dirigées contre Germain Katanga ayant donné lieu en 2014 à une décision définitive de condamnation (à 7 ans de prison pour un massacre de civils en *RDC*) ou contre l'ancien président de la Côte d'Ivoire Laurent Gbagbo, dont le procès a donné lieu à un acquittement en première instance (15 janvier 2019) et en appel en mars 2021 suite au recours de la procureur Fatou Bensouda — ont suscité des débats sur les tensions entre droits de la défense et répression des crimes internationaux, comme sur la concentration des affaires dont la CPI est saisie en Afrique. Le nouveau procureur général, le Britannique Karim Khan désigné en 2021 par les États-parties, est attendu sur des réformes améliorant l'efficacité de la Cour. Depuis son élection, l'Ougandais Dominic Ongwen a été condamné (avec confirmation en appel en décembre 2022) à 25 ans d'emprisonnement pour meurtre, viol et esclavage sexuel, alors qu'il était enfant-soldat. Une enquête a été ouverte sur les crimes de guerre et crimes contre l'humanité en Ukraine, alors que la Russie ne reconnaît pas la compétence de la CPI. Des questions comparables se sont posées pour les poursuites intentées devant le Tribunal spécial pour la Sierra Leone (TSSL dont une chambre « dépaysée » à La Haye a condamné en 2012 l'ancien président du Liberia Charles Taylor), pour la chambre extraordinaire de Dakar (avec deux juges sénégalais et un président du Burkina Faso) condamnant en 2016 Hissène Habré (mort en prison en 2021) et pour une juridiction siégeant à La Haye avec l'accord du Kosovo pour juger les crimes de guerre commis sur ce territoire[42].

Ces développements de la justice pénale internationale ont redonné de l'actualité aux cas dits de « compétence universelle » (sans lien avec la nationalité des auteurs des crimes ou de leurs victimes)

40. K. Calvo-Goller, *La procédure et la jurisprudence de la Cour pénale internationale*, Lextenso, 2012.
41. R. Nollez-Goldbach, *La Cour pénale internationale*, PUF, coll. « Que sais-je ? », 2018. La procureur a également fait appel de la décision de trois juges de la CPI de ne pas enquêter sur les crimes de guerre et crimes contre l'humanité commis en Afghanistan.
42. Une autre juridiction mêlant juges nationaux et juges internationaux est constituée par les « chambres extraordinaires au sein des tribunaux cambodgiens » (CETC) créées en 2001 avec le soutien de l'ONU et qui, après une période de blocage, ont commencé à juger des responsables du génocide à partir de 2006.

prévus par les conventions de Genève, par la convention contre la torture (selon le principe *aut dedere, aut judicare* qui oblige à extrader ou à juger les accusés de crimes de guerre)[43], ou sur le génocide (dans ce cas seule l'extradition est prévue, en dépit du précédent du procès Eichmann en Israël en 1962). En 1993, une loi a donné compétence aux tribunaux belges (et, en cas de jugement des crimes concernés, à des cours d'assises composées de citoyens belges) pour juger les crimes de guerre (commis en violation des conventions de Genève), puis les crimes contre l'humanité et les génocides (en vertu d'une modification de la loi intervenue en 1999 après l'affaire Pinochet), sans que soit requis le rattachement à un accusé (ou suspect) belge, à une victime belge ni la présence de la personne mise en cause sur le territoire belge (le critère du *forum deprehensionis* qui, à défaut de compétence active ou passive, peut justifier dans d'autres États des procédures relevant du droit international pénal pour juger ou livrer les personnes accusées de tels crimes). Complétée par la suppression des immunités en faveur des responsables politiques, y compris des chefs de gouvernement ou d'État, cette loi a attiré vers la Belgique des plaintes dirigées contre des personnes suspectées d'avoir participé au génocide rwandais, le Premier ministre israélien Ariel Sharon ou le président Bush. Critiquée, pour l'atteinte à l'immunité d'un ministre des Affaires étrangères du Congo, par la Cour internationale de justice (affaire *Yerodia, Congo c/ Belgique*, 2002), cette loi a été partiellement abrogée en 2003, suite à une forte pression américaine (les États-Unis ayant menacé de déplacer le siège de l'OTAN)[44]. L'Espagne reste, depuis 2005, le seul État qui admet aussi largement la compétence universelle en matière pénale. Le droit français ne connaît une telle compétence qu'à l'égard de personnes se trouvant en France[45] et même, selon la loi du 9 août 2010 (relative au statut de la CPI), résidant habituellement en France (C. pr. pén., art 627-1 à 627-3 pour la coopération avec la CPI, art. 689-11 modifié par la loi du 23 mars 2019 dans les autres cas).

Une compétence extraterritoriale, fondée sur le droit international, peut également exister, dans certains États, en matière civile pour obtenir réparation de violations des droits de l'homme commises à l'étranger. C'est le cas aux États-Unis, depuis l'interprétation qui a été donné de l'*Alien Tort Statute* (ou *Alien Torts Claim Act*, voté en 1789) en 1980 dans l'affaire *Filártiga* concernant un policier du Paraguay accusé de torture (puis dans l'affaire *Kadic c/ Karadži ´c* sur l'ex-Yougoslavie en 1995)[46]. Des actions ont même été intentées contre des sociétés privées (avec quelques succès sous forme de transaction) pour les faire condamner à indemniser les victimes de violations des droits de l'homme dont elles se seraient rendues complices. La Cour suprême des États-Unis a entendu limiter cette forme de justice « transnationale », par la décision *Sosa v. Alvarez Machain* (29 juin 2004, à propos de la capture au Mexique d'un citoyen mexicain), aux seules violations du droit des gens connues à la fin du XVIIIe siècle (piraterie, atteintes aux ambassadeurs)[47]. La décision de la Cour internationale de justice, le 3 février 2012, dans l'affaire des « immunités juridictionnelles » opposant l'Allemagne et l'Italie (des actions civiles portées devant les tribunaux italiens contre l'État allemand en réparation des crimes commis par les forces allemandes de 1943 à 1945) a refusé d'écarter l'immunité juridictionnelle des États au profit d'une sanction civile des règles sur les crimes de guerre, censées relever du *jus cogens*, montrant à nouveau la difficile articulation entre répression des crimes internationaux et protection des droits de l'homme.

43. C'est ainsi que le Comité judiciaire de la Chambre des lords avait estimé les juridictions britanniques compétentes pour répondre au mandat d'arrêt lancé par le juge Garzón en Espagne en 1998 contre Pinochet, la convention contre la torture ayant été ratifiée par le Royaume-Uni, l'Espagne et le Chili.

44. A. Bailleux, *La compétence universelle au carrefour de la pyramide des normes*, Bruylant, 2005.

45. La décision de la Chambre criminelle de la Cour de cassation (en 2002), qui a refusé de tenir compte d'une loi mauritanienne d'amnistie, a été jugée conforme à la Conv. EDH par la Cour de Strasbourg, 17 mars 2009, *Ely Ould Dah c/ France*, req. n° 13113/03. L'article 689-11 du C. pr. pén. a été réformé par la loi du 23 mars 2019, mais les amendements votés au Sénat pour élargir les conditions de cette compétence ont été repoussés par l'Assemblée nationale.

46. B. Frydman, Ludovic Hennebel, « Le contentieux transnational des droits de l'homme : une analyse stratégique », *RTDH* 2009. 73-136, not. p. 88-89.

47. M. Delmas-Marty, *Les forces imaginantes du droit. Le relatif et l'universel*, *op. cit.*, p. 207-208.

## BIBLIOGRAPHIE INDICATIVE


- E. Decaux, O. de Frouville, *Droit international public*, Dalloz, coll. « Hypercours », 13e éd., 2022.
- M. Delmas-Marty, *Les forces imaginantes du droit. Le relatif et l'universel*, Le Seuil, 2004 ; *Libertés et sûreté dans un monde dangereux*, Le Seuil, 2010.
- F. Sudre, L. Milano, H. Surrel, B. Pastre-Belda *Droit européen et international des droits de l'homme*, PUF, coll. « Droit fondamental », 15e éd., 2021.


## PISTES DE RÉFLEXION

- Universalisme et relativisme, protection universelle ou protection « régionale » des droits fondamentaux
- Les tensions entre la justice pénale internationale et la protection des droits fondamentaux

# Partie 2

# L'ÊTRE

Thème 1

# La personne humaine, vie et mort

EMMANUEL TERRIER
*Maître de conférences de droit privé à l'Université de Montpellier*

Le droit à la vie, posé par de nombreux textes internationaux, se présente comme un principe premier, attribut inaliénable et intangible de la personne humaine. Spécialement affirmé par l'article 2 de la Convention européenne de sauvegarde des droits de l'homme, le droit à la vie impose aux États non seulement de s'abstenir de provoquer la mort, mais encore de protéger, autant que cela soit possible, la vie des personnes.
L'énonciation d'un tel principe soulève naturellement la question de la légitimité de la peine de mort pour les États. Cela soulève également la question de la reconnaissance d'un droit à la mort et ouvre, en cela, le débat sur la légitimité d'une mort que l'on souhaiterait se donner, ou celle que l'on demande à des tiers. Dans l'hypothèse spécifique de la fin de la vie, le législateur français a opté pour un encadrement précis, qui porte davantage sur le fait de mourir que sur la mort en elle-même.

**I. La prééminence de la vie**

**A. L'affirmation du droit à la vie des personnes**

1. L'affirmation du principe
2. Les atténuations au principe

**B. L'illégitimité d'une mort-sanction ?**

1. Le droit national
2. Le droit international

**II. Le refus d'une reconnaissance d'un droit à la mort**

**A. Le refus d'une mort souhaitée**

1. Le droit au suicide
2. Le droit à une assistance au suicide

**A. L'affirmation des droits en fin de vie**

1. Le droit à la mort demandée : la dépénalisation de l'euthanasie
2. Le droit aux prérogatives individuelles en fin de vie
   a. La notion de dignité dans le refus de soins
   b. La notion de dignité dans l'accompagnement de la personne

# I • La prééminence de la vie

## A • L'affirmation du droit à la vie des personnes

### 1 • L'affirmation du principe

**214** ***Le principe général*** du « droit à la vie », qui pourrait sembler comme une donnée commune à tous les hommes, ne fait pas moins l'objet d'un certain nombre de consécrations solennelles au plan national, comme au niveau international. La Déclaration universelle des droits de l'homme de 1948 énonce en son article 5 que « tout individu a droit à la vie », droit dont une formulation similaire est énoncée par la Convention européenne de sauvegarde des droits de l'homme. L'article 6 du Pacte international sur les droits civils et politiques énonce un principe très proche, selon lequel « Le droit à la vie est inhérent à la personne humaine. Ce droit doit être protégé par la loi. Nul ne peut être arbitrairement privé de la vie ». Au plan de la législation nationale, c'est par la loi du 29 juillet 1994, relative au respect du corps humain[1] que l'article 16 du Code civil affirme que : « la loi […] garantit le respect de l'être humain dès le commencement de sa vie ». Pour autant, si la notion de « vie » semble commune à tous les hommes, aucun texte juridique n'en donne de définition. Aussi, le cadre de ces formules ne peut-il être mesuré qu'à l'aune d'une définition préalable de la notion. L'approche traditionnelle et littéraire définit classiquement la vie comme « l'état des êtres animés tant qu'ils ont en eux le principe des sensations et des mouvements »[2] soit « en général, l'état d'activité de la substance organisée »[3]. Le droit se calque sur ces définitions, mais entend la vie au sens de la « période qui s'étend de la naissance, (et même de la conception), jusqu'à la mort »[4]. S'il n'est pas l'objet de nos propos ici de s'interroger sur l'épineuse difficulté du commencement de la vie[5], sous-jacent à l'énoncé de l'article 16 du Code civil[6], du moins peut-on tenter de dresser une vision sommaire et transversale de cette notion de droit à la vie. La référence à la protection de la vie de la personne humaine s'inscrit en droit français dans les dispositions de l'article 16 du Code civil, mais elle trouve néanmoins une légitimation antérieure dans la lettre même de l'article 2 de la Convention européenne des droits de l'homme, qui stipule que : « Le droit de toute personne à la vie est protégé par la loi. La mort ne peut être infligée à quiconque intentionnellement, sauf en exécution d'une sentence capitale prononcée par un tribunal au cas où le délit est puni de cette peine par la loi ». Ce droit est présenté comme « la valeur suprême dans l'échelle des droits de l'homme sur le plan international »[7], en d'autres termes, un droit dont la garantie est préalable à l'exercice de tous les autres. C'est en tout cas ainsi que l'avait affirmé la Cour de Strasbourg, dans son arrêt *Mac Cann* en énonçant qu'il « se place parmi les articles primordiaux de la Convention, auquel aucune dérogation ne saurait être autorisée en temps de paix, en vertu de l'article 15. Combiné à l'article 3 de la Convention, il consacre l'une des valeurs fondamentales des sociétés démocratiques qui forment le Conseil de l'Europe »[8]. Il constitue l'un des attributs inaliénables de la personne humaine et est comme

1. L. n° 94-653, 29 juill. 1994 relative au respect du corps humain, *JO* 30 juill. 1994.
2. V° « Vie », *in Dictionnaire de l'Académie*, 1821. Ce qui n'est pas sans rappeler Voltaire, pour qui la vie, « C'est la végétation avec le sentiment dans un corps organisé », Voltaire, *Dialogue de Pégase et du vieillard, in Collection d'anciens Évangiles, ou Monumens du premier siècle du christianisme, extraits de Fabricius, Grabius & autres Savans par l'Abbé B.*, (*sic*), Londres, 1769.
3. Littré, *Dictionnaire de la langue française*, Hachette, 1889.
4. V° « Vie », *in Dictionnaire de vocabulaire juridique Cornu*, 9e éd., PUF, coll. « Quadrige », 2011.
5. V. CEDH 8 juill. 2004, *v° c/ France*, req. n° 53924/00, F. Sudre, J.-P. Marguénaud, J. Andriantsimbazovina, A. Gouttenoire, M. Levinet, *Les grands arrêts de la Cour européenne des droits de l'homme*, PUF, coll. « Thémis », 2011, n° 10.
6. V. dans cet ouvrage, A. Lamboley, « Les droits fondamentaux de l'enfant », ss 429 s. V. égal. sur cette question : F. Sudre, *Droit européen et international des droits de l'homme*, PUF, coll. « Droit fondamental », 11e éd., 2012, n° 194. Notons que certains textes se réfèrent explicitement à l'idée d'un droit à la vie dès la conception (V. la Convention interaméricaine relative aux droits de l'homme, art. 4, § 1).
7. CEDH 22 mars 2001, *Streletz, Kessler et Krenz c/ Allemagne*, req. nos 34044/96, 35532/97 et 44801/98.
8. CEDH 27 sept. 1995, *Mac Cann c/ Royaume-Uni*, série A, n° 324, § 147. V. sur cet arrêt la chronique de F. Sudre, *RUDH* 1996. 9.

tel intangible, au même titre que l'est le droit de ne pas subir de tortures ou de traitements inhumains et dégradants ou le droit de ne pas être placé en esclavage ou en servitude. Pour autant c'est généralement le constat d'une mise en œuvre toute relative qui est généralement dressé au regard d'une application réaliste de ce texte[9].

**215** ***Application.*** En effet, et d'une part, l'énoncé d'un droit à la vie protégé par la loi amène à considérer qu'il s'agit d'une obligation que la Convention n'énonce pas de manière absolue et purement théorique mais comme une obligation qui pèse concrètement sur les États signataires. La formulation générale de l'article 2 laisse bien entendre qu'il incombe à l'État et à lui seul de faire respecter, par sa loi, la protection de la vie. Cela implique donc, comme l'a souligné la Commission dès 1993 « l'idée que le droit à la vie de toute personne […] enjoint non seulement de s'abstenir de donner la mort intentionnellement, mais aussi de prendre les mesures adéquates à la protection de la vie »[10]. La protection instaurée de manière pragmatique par la Cour passe avant tout par la lutte contre l'atteinte à la vie d'autrui, pour laquelle le droit pénal national sera l'instrument privilégié. Mais la mise en œuvre de l'article 2 fait peser également, sur les États une obligation matérielle et processuelle de prendre toutes mesures nécessaires à la protection positive de la vie des êtres humains. De fait, la Cour considère qu'un État ne doit pas simplement se contenter d'empêcher toute atteinte arbitraire à la vie : il doit aussi adopter une attitude active en vue de protéger la vie des personnes relevant de sa juridiction[11]. Dès lors on peut imaginer toute forme de protection indirecte allant du manquement à des règles sanitaires visant à protéger les individus contre un risque de maladie[12] à la garantie de la sécurité routière ou urbaine[13]. On peut y trouver là l'un des éléments qui corroborent le droit à la protection de la santé, tel qu'il est posé par l'alinéa 11 du Préambule de la Constitution de 1946, qui justifierait des atteintes imposées par l'État à d'autres libertés en période de crise sanitaire[14].

C'est là un premier point remarquable, mais il convient de souligner, d'autre part, toute la relativité de cette affirmation. Si les États ont l'obligation positive de protéger la vie, tout au plus doit-on considérer qu'il ne peut s'agir là que d'une obligation de moyens qui pèse sur eux, qui limite leur engagement à la reconnaissance d'une violation fondée sur une base raisonnable[15]. C'est un principe qui fut rappelé dans l'arrêt *Osman c/ Royaume-Uni* en 1998, les juges européens ayant alors encadré la recevabilité de la demande au constat que les autorités n'avaient pas fait « tout ce que l'on pouvait raisonnablement attendre d'elles pour empêcher la matérialisation d'un risque certain et immédiat pour la vie »[16]. Il incombe en effet de rendre sa mise en œuvre réaliste, en faisant en sorte que cette obligation de protection de la vie ne soit pas à l'égard des États signataires « un fardeau insupportable ou excessif »[17]. Le respect du droit à la vie est donc conditionné non seulement à la constatation d'un risque certain et immédiat pouvant atteindre la vie d'une personne et dont les autorités auraient dû prendre connaissance, mais encore à une incurie de l'État, celui-ci n'ayant pas pris les mesures qu'il aurait dû pour protéger les individus[18]. Tout ceci pose bien évidemment, en amont, la question de la preuve de la qualité de « victime » pouvant se prévaloir de l'atteinte au droit à la vie[19].

---

9. L. Sermet, « Le droit à la vie, valeur fondamentale des sociétés démocratiques, et le réalisme jurisprudentiel », *RFDA* 1999. 988.
10. CEDH 9 juin 1998, *LCB c/ Royaume-Uni*, *JCP* 1999. I. 105, n° 7, obs. F. Sudre. V. déjà en ce sens : Comm. EDH, 12 juill. 1978, *Assoc. X. c/ Royaume-Uni*, DR 14. 31.
11. CEDH 9 juin 1998, *LCB c/ Royaume-Uni*, préc., § 36.
12. CEDH 1er mars 2001, *Berktay c/ Turquie*, *JCP* 2001. I. 342, n° 1, note F. Sudre. V. aussi CEDH 17 janv. 2002, *Calvelli et Ciglio c/ Italie*, *JCP* 2002. I. 157, n° 1, note F. Sudre.
13. CEDH 14 juin 2011, *Ciechonska c/ Pologne*, *JCP* 2011, n° 914, obs. F. Sudre (à propos de la chute d'un arbre sur le domaine public).
14. V. à ce titre les mesures prises par la Loi n° 2020-290 du 23 mars 2020 d'urgence pour faire face à l'épidémie de covid-19.
15. L. Sermet, « Le droit à la vie, valeur fondamentale des sociétés démocratiques, et le réalisme jurisprudentiel », préc.
16. CEDH 28 oct. 1998, *Osman c/ Royaume-Uni*, req. n° 23452/94, § 116.
17. *Ibid.*
18. V. F. Sudre, *Droit européen et international des droits de l'homme*, nos 197 s.
19. V. dans le cas de personnes ayant survécu à une mise en danger de leur vie : CEDH 4 nov. 2008, *Evrim Öktem c/ Turquie*, req. n° 9207/03, § 40. Sur cette question : P. Wachsmann, *J.-Cl. Europe*, fasc. 6520 : CEDH — Droits garantis — Libertés de la personne physique, n° 5.

### 2 • Les atténuations au principe

**216** ***Il existe sinon des exceptions, du moins des atténuations*** au droit à la vie, qui viennent de plus en limiter la reconnaissance. Celles-ci sont énumérées par le paragraphe 2 de l'article 2 de la Convention européenne des droits de l'homme, lequel énonce que « la mort n'est pas considérée comme infligée en violation de cet article dans les cas où elle résulterait d'un recours à la force rendu absolument nécessaire : a) pour assurer la défense de toute personne contre la violence illégale ; b) pour effectuer une arrestation régulière ou pour empêcher l'évasion d'une personne régulièrement détenue ; c) pour réprimer, conformément à la loi, une émeute ou une insurrection ». Appelée à déterminer l'ampleur de l'interprétation de ces exceptions, la Commission européenne dans sa décision du 10 juillet 1984, *Kathleen Stewart c/ Royaume-Uni*[20], avait considéré la liste ainsi posée par le paragraphe 2 comme exhaustive et devant s'interpréter strictement.

Ainsi ces exceptions doivent-elles s'inscrire d'une part dans un cadre légal adéquat mais encore répondre à une exigence de proportionnalité particulièrement stricte qui s'apprécie au regard du danger pour les vies humaines mises en jeu. C'est dans son arrêt *Mac Cann* du 27 septembre 1995[21] que la Cour a précisé son interprétation de ces dispositions. Soucieuse d'assurer au droit à la vie une protection effective eu égard à ce qu'il représente pour une société démocratique, elle exerce un contrôle strict de toutes les circonstances qui ont conduit les agents de l'État à porter atteinte à la vie et à observer si celles-ci entrent dans le cadre des exceptions énoncées par le paragraphe 2 de l'article 2. C'est pourquoi elle a pu sanctionner l'usage de mitraillettes pour disperser des manifestations[22] ou d'armes à feu pour une arrestation[23]. La Cour souligne que le paragraphe 2 ne définit pas les situations dans lesquelles il est permis d'infliger intentionnellement la mort, mais décrit celles où il est possible d'avoir « recours à la force », ce qui peut conduire à considérer qu'une opération de maintien de l'ordre bien organisée a assuré le degré requis de protection des personnes[24]. Toutefois, dans l'hypothèse du décès d'une personne, si le caractère volontaire ou involontaire de l'acte ayant entraîné la mort n'est pas décisif[25], le recours à la force doit néanmoins avoir revêtu un caractère absolument nécessaire. Partant de là, il devient indispensable de s'interroger sur la légitimation du recours à la force pour annihiler la vie à titre de sanction, et d'observer la compatibilité entre les dispositions qui visent à proclamer le droit à la vie et la peine de mort.

## B • L'illégitimité d'une mort-sanction ?

### 1 • Le droit national

**217** ***En droit français***, le droit de la sanction capitale est marqué par le sceau d'une certaine passion, peut-être plus médiatique que juridique. Le débat n'est pas l'apanage du XX$^{e}$ siècle, puisqu'il a donné lieu à d'ardents conflits au sein de la Convention, dans ses derniers actes législatifs où il fut finalement proclamé que, « à dater du jour de la publication de la paix générale, la peine de mort sera abolie dans toute la République française », encore que le Code des délits et des peines du 3 brumaire de l'an IV,

20. Comm. EDH, 10 juill. 1984, *Kathleen Stewart c/ Royaume-Uni*, DR 39. 162.
21. CEDH 27 sept. 1995, *Mc Cann et a. c/ Royaume-Uni*, préc.
22. CEDH 14 déc. 2000, *Gül c/ Turquie*, req. n° 22676/93.
23. CEDH 9 oct. 2007, *Saoud c/ France*, *JCP* 2008. I. 110, n° 2, obs. F. Sudre.
24. CEDH 24 mars 2011, *Guiliani et Gaggio c/ Italie*, *JCP* 2011. Actu. 4549, note G. Gonzalez, à propos d'affrontements entre altermondialistes et carabiniers au cours d'une manifestation violente.
25. Comm. EDH, 10 juill. 1984, *Kathleen Stewart c/ Royaume-Uni*, préc.

s'y réfère, en attendant son abolition définitive[26]. La paix non retrouvée, le Code pénal de 1810 la rétablit. Aussi, même si elle fut abrogée dès 1848 en matière politique, faudra-t-il attendre la loi du 9 octobre 1981 pour que, portée par la volonté de son garde des Sceaux Robert Badinter[27], la France abolisse la peine de mort[28]. La révision constitutionnelle adoptée le 23 février 2007[29] a introduit dans la Constitution du 4 octobre 1958 le principe d'interdiction de la peine capitale ; désormais c'est en vertu de l'article 66-1 de ce texte que « Nul ne peut être condamné à la peine de mort ». Reste la question indirecte de l'extradition à destination d'un État qui sanctionne par la peine capitale[30]. Le Conseil d'État a considéré la prohibition de la peine de mort comme un élément de l'ordre public français[31] et exige un contrôle sur l'effectivité des garanties obtenues par le gouvernement au cas où la peine de mort serait encourue dans l'État requérant[32]. Cela va dans le sens de la Cour de Strasbourg pour laquelle l'extradition d'une personne condamnée à mort au terme d'un procès inéquitable par les juridictions de l'État requérant viole les articles 2 et 3 de la Convention[33].

## 2 • Le droit international

**218** ***La question s'est réglée de manière progressive au sein du Conseil de l'Europe :*** exception traditionnelle énoncée par l'article 2 de la Convention européenne des droits de l'homme[34], la peine de mort a été longtemps tolérée par la Cour de Strasbourg, qui refusait de la qualifier de traitement inhumain et dégradant tout en reconnaissant néanmoins « l'idée virtuellement commune aux systèmes d'Europe occidentale [selon laquelle], dans les circonstances actuelles, la peine capitale ne cadre plus avec les normes régionales de justice »[35]. L'entrée en vigueur en 1999 du Protocole 6, prohibant le recours à la peine de mort en temps de paix, a largement porté atteinte à la sentence capitale comme exception, amenant la Cour à opérer un revirement remarqué dans un arrêt du 12 mars 2003, *Ocalan c/ Turquie*[36]. Finalement c'est le Protocole additionnel n° 13 à la Convention, entré en vigueur le 1er juillet 2003, qui a procédé à l'abolition de la peine de mort en toutes circonstances. En tenant compte de l'évolution du droit, de la pratique des États membres et des protocoles évoqués, la Cour considère désormais que la peine de mort, qu'elle présente comme l'anéantissement délibéré et prémédité d'un être humain par les autorités de l'État et qui provoque des douleurs physiques et d'immenses souffrances psychologiques chez les personnes qui savent qu'elles vont la subir, est non seulement contraire à l'article 2 de la Convention en toutes circonstances, mais peut également passer pour un traitement inhumain et dégradant[37].

**219** ***Au plan mondial***, le droit relatif à l'abolition de la peine de mort est plus contrasté, mais va dans le sens d'un abolitionnisme en marche[38]. Le Pacte international relatif aux droits civils et politiques du

---

26. Loi du 4 brumaire an IV et Code des délits et des peines du 3 brumaire an IV, not. art. 612 : « Toutes conspirations et complots tendant à troubler la République par une guerre civile, en armant les citoyens les uns contre les autres, ou contre l'exercice de l'autorité légitime, seront punis de mort, tant que cette peine subsistera ; et de vingt-quatre années de fers, quand elle sera abolie. »
27. Lors des débats, M. Badinter avait terminé son discours en énonçant que « cette justice d'élimination, cette justice d'angoisse et de mort, décidée avec sa marge de hasard, nous la refusons. Nous la refusons parce qu'elle est pour nous l'anti justice, parce qu'elle est la passion et la peur triomphant de la raison et de l'humanité », séance à l'Assemblée du 8 juill. 1981, cité *in* J. Garrigues, *Les grands discours parlementaires de la Cinquième République*, A. Colin, 2006, p. 25 s.
28. Art. 1er, L. n° 81-908, 9 oct. 1981 portant abolition de la peine de mort, *JO* 10 oct. 1981.
29. L. constit. n° 2007-239, 23 févr. 2007 relative à l'interdiction de la peine de mort, *JO* 24 févr. 2007.
30. P. Wachsmann, *J.-Cl. Europe*, fasc. 6520, *op. cit.*, n° 12.
31. CE, sect., 27 févr. 1987, *Fidan*, *Lebon* 81.
32. CE, ass., 15 oct. 1993, *Aylor*, *Lebon* 283, concl. Vigouroux ; CE 8 avr. 1998, *Stacy*, *Lebon* 960.
33. CEDH 8 nov. 2005, *Bader et Kanbor c/ Suède*, req. n° 13284/04.
34. L'article 2 Conv. EDH énonce que « la mort ne peut être infligée à quiconque intentionnellement, sauf en exécution d'une sentence capitale prononcée par un tribunal au cas où le délit de cette peine est puni par la loi ».
35. CEDH 7 juill. 1989, *Soering c/ Royaume-Uni*, série A, n° 161, § 102.
36. CEDH 12 mars 2003, confirmé ensuite, CEDH, gr. ch., 12 mai 2005, n° 46221/99, *Ocalan c/ Turquie*, *Rec. CEDH* IV. Notons qu'entre-temps la peine de mort avait été abolie en Turquie par une loi du 3 août 2002.
37. CEDH, sect. IV, 2 mars 2010, *Al-Saadoon et Mufdhi c/ Royaume-Uni*, req. n° 61498/08 ; *JCP* 2010. Actu. 327, note K. Grabarczyk.
38. D. Breillat, « L'abolition mondiale de la peine de mort », *RSC* 1991. 261.

16 décembre 1966 prévoit, en son article 6, que la peine de mort ne peut être imposée que pour « les crimes les plus graves ». La portée de l'article 6 est très forte puisque la rédaction du Pacte ne prévoit de possibilité de déroger au Pacte que « dans le cas où un danger public exceptionnel menace l'existence de la nation », dérogation sommes toutes assez proche de la Convention européenne. Le Comité des droits de l'homme, dans son observation du 27 juillet 1982, considère les termes de l'article 6 du Pacte de New York comme porteurs sans ambiguïté d'une abolition souhaitable[39]. De fait, le Comité a précisé que la validité d'une sentence de mort devait être subordonnée au respect rigoureux des garanties d'un procès équitable[40] et qu'un système de condamnation obligatoire à la peine capitale en cas de crime, indépendamment de toute analyse casuelle des circonstances était incompatible avec l'article 6 du Pacte de New York[41]. L'Assemblée générale des Nations unies a adopté par une résolution en date du 15 décembre 1989 un deuxième Protocole facultatif se rapportant au Pacte international sur les droits civils et politiques, visant à abolir la peine de mort[42], incitant chaque État, en son article 1er, à prendre toutes les mesures voulues pour abolir la peine de mort dans le ressort de sa juridiction exception faite d'une condamnation en cas de guerre pour un crime d'une gravité extrême. Ce texte, véritablement abolitionniste[43], est entré en vigueur le 11 juillet 1991. Il a pour l'instant été ratifié par 78 des États membres de l'Organisation[44] mais n'y figurent ni la Chine, ni le Japon, ni les États-Unis…, ni bien d'autres encore, puisqu'on estime à plus de soixante-dix États ceux qui maintiennent la peine capitale, y compris pour les mineurs[45].

Le continent américain offre un exemple illustratif intéressant, en ce que la Convention interaméricaine relative aux droits de l'homme énonce au paragraphe 2 de son article 4 que « dans les pays qui n'ont pas aboli la peine de mort, celle-ci ne pourra être infligée qu'en punition des crimes les plus graves en vertu d'un jugement définitif rendu par un tribunal compétent en application d'une loi prévoyant cette peine qui était en vigueur avant la perpétration du crime ». Or, appelée à interpréter ces dispositions, la Cour interaméricaine des droits de l'homme, dans son avis consultatif du 8 septembre 1983 a considéré que ce texte contenait une interdiction absolue faite à tout État partie d'appliquer la peine de mort à des crimes pour lesquels elle n'était pas prévue auparavant dans son droit national, mais encore devait être exclusive de la commission de certains crimes[46].

Les États-Unis, non signataires de cette convention, ont également connu une évolution intéressante de leur droit relatif à la peine capitale, en vagues qui, comme cela fut élégamment présenté, « s'amorcent, arrivent avec plus ou moins de force, s'éclatent et, enfin, reculent »[47]. Considérée comme un châtiment qui n'était ni cruel ni exceptionnel lors de l'adoption du 8e amendement à la Constitution en 1791, la peine de mort a connu une évolution allant dans le sens d'une application importante jusqu'en 1935 pour devenir quasi nulle en 1968. Un moratoire de fait s'est instauré jusqu'en 1977, date à laquelle les exécutions ont repris. Néanmoins si l'on comptait une moyenne d'environ 300 prononcés de peines capitales à la fin du siècle dernier, leur nombre chute aujourd'hui à une centaine, pour une quarantaine d'exécutions[48]. En 1972, la Cour suprême fédérale a considéré que le manque de critères rationnels

---

39. Nations unies, *Manuel relatif à l'établissement des rapports sur les droits de l'homme*, New York, 1992, p. 69.
40. V. par ex. *P. Kelly c/ Jamaïque*, déc. 8 avr. 1991, A/46/40, 1991, p. 251.
41. F. Sudre, *Droit européen et international des droits de l'homme*, *op. cit.*, n° 203.
42. Résolution n° 44/128 du 15 déc. 1989, consultée sur le site www.un.org/fr. Pour une analyse de ce texte, v. D. Breillat, « L'abolition mondiale de la peine de mort », *RSC* 1991. 261.
43. Sur les différentes dispositions non conventionnelles qui ont précédé ce Protocole, v. D. Breillat, « L'abolition mondiale de la peine de mort », préc.
44. État du traité consulté sur le site treaties. un. org.
45. En 2021, selon les organisations non gouvernementales (v. par ex. www.amnesty.org/fr), 18 pays ont exécuté officiellement 579 personnes. En dehors de la Chine (près de 1 000 exécutions non déclarées), les 4 autres pays ayant exécuté le plus grand nombre de prisonniers dans le monde sont l'Iran (au moins 314 exécutions reconnues officiellement), L'Égypte, l'Arabie saoudite (65 exécutions), et la Syrie. À la fin de l'année 2021, au moins 28 670 personnes se trouvaient sous le coup d'une condamnation à mort. V. Amnesty International, rapport 2021.
46. V. F. Sudre, *Droit européen et international des droits de l'homme*, *op. cit.*, n° 203.
47. N. Norberg, « La peine de mort aux États-Unis : évolutions jurisprudentielles et sociales », *RSC* 2008. 575.
48. *Ibid.*

pour l'application de la peine de mort rendait l'application de cette peine contraire aux 8e et 14e amendements à la Constitution[49]. Toutefois à la suite de cette décision, la plupart des États ont modifié leurs procédures pénales et ont introduit des garanties supplémentaires pour réduire l'arbitraire évoqué par la Cour suprême, laquelle a, alors, approuvé ces modifications[50]. Depuis, si l'inconstitutionnalité de la peine capitale n'est plus remise en question en elle-même, la Cour a cependant rendu d'importantes décisions sur l'application de la sanction. Ainsi, en juin 2002 a-t-elle interdit l'exécution des handicapés mentaux d'une part[51], et imposé d'autre part que la peine ne soit pas prononcée par un juge unique, mais par un jury[52]. Puis, elle a jugé dans un arrêt du 1er mars 2005[53] que lorsque le crime a été commis par un mineur, la condamnation de celui-ci à la peine capitale est contraire à la Constitution, et notamment au 8e amendement, qui interdit les sanctions cruelles ou exagérées. Par ailleurs, la Cour suprême aborde, depuis une décision du 25 juin 2008, la question de la peine de mort sous l'angle d'un contrôle sur la proportionnalité entre la gravité du crime commis et celle de la sanction en la déclarant inconstitutionnelle pour les actes n'ayant pas causé la mort des victimes[54]. Toutefois elle ne remet pas en question l'exécution en elle-même et ne la considère pas comme contraire à l'amendement n° 8. La question s'est posée à propos des injections létales qui se voyaient contestées dans plusieurs États. Dans sa décision du 16 avril 2008[55], elle a jugé que les injections létales ne constituent pas un châtiment « cruel » au sens de la constitution. Il convient de constater qu'un doute plane dans l'opinion américaine quant à la peine capitale, et qu'un certain nombre d'États fixent aujourd'hui, néanmoins, un moratoire quant à son application[56].

Il apparaît dès lors que la vie demeure une valeur fondamentale, voire suprême[57], du droit à l'échelle des droits de l'homme, valeur devant laquelle même la légitimité de la sanction souveraine de l'État tend à s'effacer. Il semble dès lors à tout le moins difficile d'évoquer l'existence d'un droit à la mort…

## II • Le refus d'une reconnaissance d'un droit à la mort

**220** ***Présentation.*** Le droit, par principe, protège la vie et s'il n'évoque la reconnaissance de la mort, ce n'est essentiellement que pour en déterminer les critères. La mort en effet est avant tout un fait biologique que le droit doit prendre en compte[58]. C'est pour cela qu'il incombe au droit d'en définir les critères : les dispositions de l'article R. 1232-1 et suivants du Code de la santé publique déterminent les critères du constat de la mort, comme un préalable au prélèvement d'organes. Trois critères sont posés pour déterminer le décès d'une personne qui serait en situation de mort « naturelle » c'est-à-dire qui présente un arrêt cardiaque et respiratoire persistant : d'abord l'absence totale de conscience et d'activité motrice spontanée, ensuite l'abolition de tous les réflexes du tronc cérébral et enfin l'absence totale de ventilation spontanée. En revanche, lorsque la personne est assistée aux plans ventilatoire et hémodynamique, il convient de dresser un constat plus complexe. L'article R. 1232-2 du Code de la santé publique précise alors que si la personne est assistée, il faut observer l'absence de ventilation

49. *Furman c/ Georgia*, (1972, US) 408 US 238.
50. *Gregg c/ Georgia*, (1976, US) 428 US 153.
51. *Atkins c/ Virginia*, (2002, US) 536 US 304.
52. Notons qu'un débat est ouvert quant à l'exclusion dans les jurys de personnes en opposition à la peine de mort (v. N. Norberg, « La peine de mort aux États-Unis : évolutions jurisprudentielles et sociales », préc.).
53. V. *Roper c/ Simmons* (2005, US) 543 US 551. Notons que la décision concerne les meurtriers âgés de 16 à 18 ans, tandis que l'arrêt *Thompson c/ Oklahoma* (1987, US) 487 US 815, avait déjà prohibé la peine capitale pour les meurtriers âgés de moins de 16 ans.
54. En l'espèce, il s'agissait de viol d'enfants, V. *Kennedy c/ Louisianna*, (2008, US) 554 US 407.
55. V. *Baze c/ Rees*, 533 US 2008, énonçant que le Protocole d'injection létale de l'État du Kentucky n'est pas contraire à la Constitution.
56. V. Richard, C. Dieter, "*A Crisis in Confidence : Americans' Doubts About the Death Penalty*", rapport, *Death Penalty Information Center* (juin 2007), p. 7, consulté sur le site www.deathpenaltyinfo.org.
57. CEDH 22 mars 2001, *Streletz, Kessker et Krenz c/ Allemagne*, préc.
58. E. Terrier, « La perception juridique de la mort », *in* « Ethos et Thanatos », *RGDM* 2004. 29.

spontanée par une épreuve d'hypercapnie, c'est-à-dire de constatation du taux de gaz carbonique dans le sang. Il faut alors, en complément des trois critères cliniques constatant la mort naturelle précédemment évoquée, observer le caractère irréversible de la destruction encéphalique (la mort cérébrale) soit par deux électroencéphalogrammes nuls et aréactifs effectués à un intervalle minimal de quatre heures, soit procéder à une angiographie objectivant l'arrêt de la circulation dans le cerveau et médicalement interprétée. Par-delà cette technicité toute scientifique, liée au fait que le droit ne connaît plus d'autre mort que la mort physique de l'individu[59], on peut constater que la mort peut faire disparaître certains droits, en créer de nouveaux, voire, au pire, être indifférente aux droits. Et de fait, au constat classique de l'existence d'un certain nombre de droits liés à la mort il est tout aussi classique de considérer qu'il n'y a pas, à ce jour, de droit à la mort qui puisse être évoqué, selon une approche purement juridique.

## A • Le refus d'une mort souhaitée

### 1 • Le droit au suicide

**221** ***Le suicide n'est pas sanctionné pénalement en droit français.*** Cela n'a pas toujours été le cas, puisqu'il était fréquent, sous l'Ancien droit, de faire comparaître une personne qui avait tenté de se suicider, voire de juger post mortem une personne qui s'était suicidée afin de la priver de sépulture. Ainsi, les annales du Parlement de Bretagne conservent-elles les minutes du procès posthume de Pierre Fresnel, à Rennes, 10 mars 1724, qui fut probablement le dernier du genre. Mais sous-jacent à la sanction pénale c'est encore un droit mêlé de religion qui s'applique, le châtiment visé par-là étant la privation de repos éternel. La suppression de sanctions pénales au suicide ou à la tentative de suicide a disparu avec l'instauration du Code pénal français en 1810, le droit pénal républicain et laïc n'osant plus « pénétrer au cœur des consciences et demander à un juge de condamner cette décision intime qui a pu pousser un individu à essayer de mettre fin à ses jours »[60].
Depuis cette date il n'y a plus de qualification pénale à l'acte de suicide ou à sa tentative. La jurisprudence de la Cour de cassation a confirmé, tardivement, cette situation dans deux affaires, une première fois en 1971, la Cour énonçant que l'article 63-1 du Code pénal (ancien) ne s'applique pas au suicide qui n'est ni un crime ni un délit[61]. Elle a par la suite confirmé cette position, dans un arrêt du 3 janvier 1973[62], allant alors jusqu'à reconnaître l'existence d'un droit pour une personne de ne pas suivre les prescriptions d'un médecin et d'absorber massivement des somnifères qui lui étaient également prescrits. Mais il ne faut toutefois pas reconnaître à partir de là l'existence d'un droit au suicide. D'une part, parce que ce serait sûrement l'affirmation la plus proche de celle, plus générale, d'un droit à la mort. Or, le droit français et le respect de l'ordre public ne peuvent affirmer un tel droit[63]. D'autre part, et plus concrètement, parce que le droit limite cette supposée prérogative lorsque le suicide va au-delà de l'action totalement isolée de la personne[64]. Ainsi en est-il lorsqu'il a été causé par la faute d'un tiers, voire sa négligence. À titre d'illustration, il convient de rappeler qu'il arrive que les juridictions administratives sanctionnent l'administration pénitentiaire sur le fondement d'un défaut de vigilance lorsque celui-ci a concouru au suicide d'un détenu[65]. Il en va de même quant à la responsabilité

59. La loi n° 1854-05-31 du 31 mai 1854 (*Bulletin des lois* 11$^e$ S., B. 180, n° 1534) a aboli la mort civile et les art. 22, 23, 25, 718 et 719 du Code civil de 1804.
60. E. Dreyer, *Droit pénal spécial*, 2$^e$ éd., Ellipses, 2012, n° 24.
61. Crim. 23 avr. 1971, *Bull. crim.* n° 116 ; *RSC* 1972. 114, n° 3, note G. Vasseur. En l'espèce il s'agissait de viser la complicité de celui qui avait laissé se suicider la personne. La qualification n'ayant de ce fait pas été retenue.
62. Crim. 3 janv. 1973, *Bull. crim.* n° 2 ; *D.* 1973. 591, note Levasseur.
63. M. Gheza, « Essai de déconstruction juridique du droit à la mort », *RDSS* 2008. 1071.
64. V. M. Fabre-Magnan, « Le domaine de l'autonomie personnelle. Indisponibilité du corps humain et justice sociale », *D.* 2008. 31.
65. Pour un détenu : CE 9 juill. 2007, *M. D*, *AJDA* 2007. 2094, note H. Arbousset.

des établissements de santé pour n'avoir pas pris toutes les précautions pour éviter un suicide : par exemple, la responsabilité d'un médecin pour ne pas avoir averti la clinique du risque suicidaire d'un patient[66]. De la même manière, un suicide sur le lieu de travail peut-il être requalifié en « accident du travail » lorsqu'il a été causé par la dureté des conditions de travail, notamment psychologiques[67].

**222** ***Au plan européen***, les principes dégagés à partir de l'article 2 de la Convention amènent la Cour européenne des droits de l'homme à avoir une politique jurisprudentielle qui, tout en protégeant le droit à la vie, n'affirme pas la prérogative de l'individu sur celle-ci. Du moins, le fait-elle sans ambiguïté sur une approche générale, au niveau des responsabilités qui pèsent sur les États. En effet, la Cour de Strasbourg incite elle aussi les États à protéger les personnes contre le risque suicidaire. Cette affirmation vise les cas où des personnes se trouveraient dans une situation difficile ou dans un cadre susceptible, en lui-même, de les pousser à se suicider. Ainsi en est-il, par exemple, dans l'hypothèse des gardes à vue ou des détentions pénales[68] ou encore du service militaire, lorsque celui-ci existe[69] et qu'il offre tout particulièrement à un sous-officier la possibilité de brimer un appelé psychologiquement fragile[70].

Dans la mesure où la Cour européenne sanctionne l'État qui ne prendrait pas des mesures positives pour protéger l'individu dans ces situations, il y a lieu de déduire qu'elle réfute l'idée d'une prérogative absolue de l'individu sur sa vie, lui permettant d'en disposer, ce qui va de pair avec l'affirmation d'un droit à la vie qu'elle considère comme supérieur. Toutefois la Cour européenne, sans remettre en question cette primauté, pose néanmoins les bases d'une certaine prérogative de l'individu sur lui-même, à travers la notion d'autodétermination.

**223** ***L'autodétermination.*** C'est à l'occasion de l'arrêt *Pretty*, rendu par la Cour le 29 avril 2002[71], qu'a pu émerger cette notion. Diane Pretty, ressortissante britannique, était atteinte d'une sclérose latérale amyotrophique, maladie neuro-dégénérative qui la paralysait et la condamnait à une mort certaine par asphyxie. Madame Pretty avait demandé aux juridictions britanniques de pouvoir accéder à une assistance à la mort, provoquée par son mari ou ses médecins, mais cette demande d'euthanasie ne lui avait pas été accordée par les juges nationaux. Elle s'est donc tournée vers la Cour de Strasbourg en se fondant sur l'article 2 de la Conv. EDH pour évoquer l'idée qu'il existe dans l'affirmation d'un droit à la vie, son corollaire, qui est la reconnaissance d'un « droit à la mort ». La ressortissante britannique, devait évoquer par ailleurs, l'obligation, pour les États, d'aménager le droit interne pour faciliter un droit s'inscrivant dans un principe général qui serait l'autodétermination des personnes sur leur corps. La CEDH a débouté la demanderesse en ses deux arguments, refusant à la requérante le droit à l'autodétermination tout en déniant l'existence d'un droit à la mort. Pour les juges strasbourgeois, il était clair que la Cour, dans sa jurisprudence en la matière, a constamment mis l'accent sur l'obligation pour l'État de protéger la vie. Dans ces conditions, la Cour ne s'est pas montrée persuadée que le « droit à la vie » garanti par l'article 2 puisse s'interpréter comme comportant un aspect négatif. L'article 2 ne pouvant être, selon elle, « sans distorsion de langage, interprété comme conférant un droit diamétralement opposé, à savoir un droit à mourir ; il ne saurait davantage créer un droit à l'autodétermination en ce sens qu'il donnerait à tout individu le droit de choisir la mort plutôt que la vie. » Toutefois, la juridiction européenne a remarqué qu'à défaut de constituer un droit par elle-même, la notion d'autonomie personnelle « reflète un principe important qui sous-tend

66. Civ. 1re, 20 janv. 1982, n° 80-17.229.

67. Civ. 2e, 10 mai 2007, *D.* 2007. AJ 1599.

68. V. en ce sens CEDH 30 juill. 1998, *Aerts c/ Belgique, Rec. CEDH* 1966, § 66 ; 16 juin 2000, *Tanribilir c/ Turquie,* req. n° 21422/93 ; 3 avr. 2001, *Keenan c/ Royaume-Uni*, req. n° 27229/95, § 111 ; 11 juill. 2006, *Rivière c/ France*, req. n° 33834/03, § 63.

69. CEDH 11 janv. 2011, *Servet Gündüz et a. c/ Turquie*, req. n° 4611/05.

70. CEDH 17 juin 2008, *Abdullah Yilmaz c/ Turquie*, req. n° 22427/06, § 7.

71. CEDH 29 avr. 2002, *Pretty c/ Royaume-Uni,* req. n° 2356/02 ; *D.* 2002. IR 1596 ; *RSC* 2002. 645, note Massias ; *RTD civ.* 2002. 482, obs. Hauser ; *ibid.* 858, obs. Marguénaud ; *AJDA* 2003. 1383, note Le Baut-Ferrarèse ; *JCP* 2003. II. 10062, note Girault ; *Gaz. Pal.* 14-15 août 2002, p. 2, note Garay ; *RDSS* 2002. 475, note Pédrot ; P. Sargos, C. Esper, *Les grands arrêts du droit de la santé*, 2e éd., Dalloz, 2016, n° 15.

l'interprétation des garanties de l'article 8 » de la Convention[72]. Elle érige donc, à partir de cet article un droit à pouvoir opérer de véritables choix sur son propre corps[73], pouvant être entendus très largement, y compris le droit à pouvoir s'adonner à des activités perçues comme dangereuses pour la personne voire potentiellement mortelles[74]. La Cour rappelle, ce faisant, l'impossibilité pour un État d'y contrevenir. Elle y inclut alors le droit pour Madame Pretty d'éviter ce qui constitue pour cette dernière une fin de vie indigne et pénible.
Cependant, en ce qui concerne la question spécifique du droit à l'autodétermination dans un cadre où l'enjeu est celui de la mort de la personne[75], la Cour renvoie généralement les requérants à cette question vers les législations des États[76]. Dans ce mouvement et par un arrêt remarqué en date du 20 janvier 2011, *Haas c/ Suisse*[77], l'approche de l'autodétermination évoquée au regard de la Convention européenne de sauvegarde des droits de l'homme s'est trouvée réaffirmée. Les faits étaient différents, puisque le requérant n'était pas au stade terminal d'une maladie incurable dégénérative mais souffrait d'une affection maniaco-dépressive sévère. Il avait revendiqué auprès d'associations le droit à bénéficier d'une assistance médicale au suicide, laquelle lui avait été refusée tant par les associations visées que par le Tribunal fédéral. Se tournant alors vers la Cour européenne, il évoque la nécessité de recourir à une assistance au suicide au nom de la protection de sa dignité. La Cour, tout en soulevant que la dignité de la fin de la vie ne peut entrer dans le champ de ce texte, reconnaît *a priori* au seul visa de l'article 8 de la Convention la possibilité pour les individus de pouvoir choisir de quelle manière et à quel moment leur vie doit prendre fin. La Cour européenne conditionne pour autant cette faculté à une décision qui serait « prise librement et en toute connaissance de cause »[78] et elle met en balance ce droit avec le devoir, pour les États, de protéger les individus.

## 2 • Le droit à une assistance au suicide

**224** ***Le droit français.*** Se pose alors la question de savoir s'il est possible de pouvoir assister voire d'aider une personne suicidaire ? En droit interne, la question peut légitimement se poser et a été rappelée par le rapport rendu par le Professeur Didier Sicard au président de la République en 2012[79], est celle de la possibilité de bénéficier d'un accompagnement ou d'une aide à mettre un terme à ses jours. L'hypothèse n'est pas celle d'un acte d'euthanasie, où le geste létal sera donné par un tiers, mais celle d'un geste suicidaire, guidé, aidé ou favorisé par un tiers, *a priori* médecin. Il va de soi que cette hypothèse s'inscrit dans le cadre de personnes en fin de vie, et son lien avec les situations proches de celle des demandes d'euthanasie est certain. Si l'analyse éthique qui en avait été faite par la commission *Sicard* soulignait en 2012 combien l'assistance médicale au suicide « ne saurait être une solution proposée comme une alternative » à l'absence de soins palliatifs et d'accompagnement, tout en reconnaissant qu'elle pourrait répondre à la volonté de certaines personnes, au stade terminal d'une maladie incurable, de « disposer d'un recours ultime » — quitte à ce qu'elles n'utilisent pas les médicaments ainsi prescrits[80], le Comité consultatif national d'éthique en revanche, dans son avis n° 139 du 15 septembre 2022

72. V. égal. dans d'autres domaines CEDH 20 mars 2007, *Tysiac c/ Pologne*, préc., *RDSS* 2007. 643, note D. Roman ; *RTDH* 2007. 855, note J.-M. Larralde, § 107. — CEDH, gr. ch., 10 avr. 2007, *Evans c/ Royaume-Uni*, *RDSS* 2007. 810, note D. Roman.
73. La formule est celle de M^me^ Fabre-Magnan, dans sa note s^s^ CEDH 17 févr. 2005, *K.A. et A.D. c/ Belgique*, *D.* 2005. 2973.
74. V. M. Fabre-Magnan, « Le domaine de l'autonomie personnelle. Indisponibilité du corps humain et justice sociale », préc.
75. Sur la question V. par ex. : E.-U. Goût, « *Somme nous propriétaires de notre corps ?* », *RTD civ.* 2020, p. 315. Plus spécifiquement P. Bordais, *Essai d'une théorie générale de l'autodétermination de la personne humaine*, Thèse Montpellier, 2019.
76. V. par ex. C. Byk, « Euthanasie, la nécessité d'une loi au regard du droit européen des droits de l'homme », *in* « Ethos et Thanatos », *RGDM*, préc.
77. CEDH 20 janv. 2011, *Haas c/ Suisse*, req. n° 31322/07 ; *JCP* 2011, n° 914, F. Sudre.
78. *Ibid.*, § 54.
79. Rapport de la Commission de réflexion sur la fin de vie en France, *Penser solidairement la fin de vie*, 18 déc. 2012, La Documentation française, 2013, p. 94 s., consulté sur le site www.social-sante.gouv.fr.
80. M. Lamoureux, *in La Croix*, 18 déc. 2012.

considère désormais « qu'il existe une voie pour une application éthique de l'aide active à mourir »[81]. En droit, la question amène toutefois à s'interroger sur l'éventuel risque pénal qu'une telle assistance pourrait susciter.

En effet, en l'état actuel du droit, il n'existe pas de texte spécifique qui vise l'idée d'une assistance médicale au suicide, ni pour sanctionner spécifiquement ces actes, ni pour les autoriser. À cet égard des interrogations pourraient être soulevées, le Conseil d'État rappelant la volonté traditionnelle du droit de rester à l'écart de cette question[82]. En effet, la liberté reconnue tacitement à chacun de se donner la mort, affirmée négativement par l'absence de textes qualifiant pénalement le suicide, assure l'impunité de ceux qui y auraient participé. On ne peut, de manière stricte, sanctionner un acte d'aide au suicide au titre de la complicité, puisqu'il n'y a pas d'infraction principale punissable. De même, l'infraction de « non-obstacle à la commission d'un suicide » ne peut exister puisque le suicide n'est ni un crime, ni un délit ainsi que l'a rappelé la Cour de cassation[83]. Pour autant certains comportements, qui auraient alors tendance à s'insérer dans cette faille législative, pourraient se montrer dangereux. D'autant que l'arsenal législatif commun du droit pénal, peut offrir des éléments de réponse, mais assez imparfaits. À défaut de sanctionner l'acte positif d'assistance au suicide, il semble toujours possible de se tourner vers les omissions de porter secours ou non-assistances à la personne suicidaire, qui est par nature est en péril. Il s'agit là des classiques délits d'omission, dont le droit pénal médical n'est pas exempt. Toutefois, l'absence de rapports personnels et quelquefois durables avec la personne suicidaire, tend à limiter la connaissance du médecin de la réalité des projets de suicide et de la volonté de la personne de passer à l'acte. De la même manière, la mise en danger de la personne ne répond que très imparfaitement à cette situation. L'article R. 4127-9 du Code de la santé publique énonce que tout médecin qui se trouve en présence d'un malade ou d'un blessé en péril doit lui porter assistance ou s'assurer qu'il reçoit les soins nécessaires. À travers le Code de la santé publique, c'est le droit disciplinaire qui se fait l'écho des principes classiques du droit répressif et notamment de la non-assistance à personne en péril énoncée à l'article 223-6 du Code pénal. Mais là encore, il s'agit de sonder la conscience de l'individu en danger quelquefois masquée par la sérénité de celui qui a décidé de passer à l'acte. Demeurerait alors la possible qualification de mise en danger d'autrui de l'article 223-1 du Code pénal ou la simple faute d'imprudence. Le droit répressif considère qu'il s'agit d'un délit d'omission délictueuse, lié toutefois à l'idée d'un péril imminent lequel suppose, en amont, l'existence de son élément matériel, à savoir le danger. Mais là encore, l'obstacle du droit commun réside en la difficulté de sonder l'âme de la personne. Car il faut en ce cas aussi que le médecin ait conscience du péril, à défaut de quoi il n'aurait pas d'élément intentionnel de l'infraction. À cet égard, la chambre criminelle de la Cour de cassation a-t-elle pu affirmer que le refus obstiné et matérialisé du patient de recevoir les soins serait de nature à délier le professionnel de son obligation[84].

Face à la partielle impuissance du droit pénal commun, et dans le contexte médiatisé de la publication du livre *Suicide, mode d'emploi*[85] le législateur, par la loi du 31 décembre 1987 a créé deux infractions visant les délits liés à la provocation et au prosélytisme à l'égard du suicide.

L'incitation au suicide, par le fait de le provoquer, est donc désormais punie par l'article 223-13 du Code pénal, de trois ans d'emprisonnement et 45 000 € d'amende. Toutefois cette infraction est conditionnée à un suicide ou à une tentative judiciairement constatée car ce délit est une infraction matérielle et non une infraction obstacle. L'on perçoit ainsi toute l'ambiguïté de notre droit qui admet tacitement la faculté de se suicider, puisque seule la réalité d'une provocation constatée *a posteriori* peut être

81. V. D. Necib, « Le Comité national d'éthique ouvre la porte au suicide assisté », *AJDA* 2022, p. 1708.
82. CE, « Révision de la loi de bioéthique : quelles options pour demain ? » Étude, 11 juillet 2018, https://www.conseil-etat.fr/ressources/etudes-publications/rapports-etudes/etudes.
83. V. Crim. 23 avr. 1971, préc.
84. Crim. 3 janv. 1973, préc.
85. C. Guyon, Y. Le Bonniec, *Suicide, mode d'emploi. Histoire, technique, actualité*, éd. Alain Moreau, 1982.

poursuivie, afin de sanctionner l'aide apportée à celui qui n'aurait pas choisi « librement » de se suicider. Il faut une aide directe voire de réelles manœuvres pour acculer la victime au suicide, car de simples conseils[86], voire la seule remise de fourniture de moyens[87] ne sont pas constitutifs de l'infraction.
De la même manière, tout acte de propagande ou de publicité, quel qu'en soit le vecteur (produit, objet, méthode) est également punissable, aux termes de l'article 223-14 du Code pénal, des mêmes sanctions que l'incitation au suicide. Cependant, et contrairement à la provocation au suicide, il s'agit ici d'une infraction « médiatique » qui vient sanctionner celui qui fait l'apologie du suicide par n'importe quel vecteur de communication, du simple tract jusqu'au site Internet « gothique », en songeant bien sûr aux réseaux sociaux, et ce, quels qu'en soient les destinataires. C'est sur la base de ce texte qu'a été condamné non plus les auteurs mais l'éditeur de l'ouvrage *Suicide, mode d'emploi* précédemment évoqué, pour avoir tenté de rééditer le livre frappé d'interdiction à la vente[88], comme il en a été de la simple publicité d'un livre similaire vendu outre-Manche[89]. Il s'agit ici de sanctionner la valorisation de moyens précis de se donner la mort mais de manière formelle, puisque le délit est constitué du seul fait de le rendre accessible au public, et indépendamment de l'obtention d'un résultat.
**225** ***D'un point de vue international***, l'État de l'Oregon a adopté le 8 novembre 1994, le *Death with Dignity Act,* loi sur le droit de mourir dans la dignité, qui institutionnalise l'aide au suicide, par fourniture de produits létaux[90]. Bien que la Cour suprême ait jugé le 26 juin 1997 que si l'individu a le droit de mourir dans la dignité, la Constitution ne garantit pas un droit général à l'assistance au suicide[91], elle a validé ce dispositif dans un arrêt du 17 janvier 2006, en considérant, sans se prononcer au fond, que la question relève de la compétence des États fédérés[92]. En Europe, le cadre de l'assistance au suicide est variable. Les Pays-Bas (en 2001), la Belgique (en 2002) et le Luxembourg (loi du 16 mars 2009) ont dépénalisé l'assistance au suicide dans des conditions assez strictes. Plus récemment, à leur suite, le Portugal et l'Espagne en 2021, l'Autriche depuis le 1er janvier 2022 ont dépénalisé l'assistance au suicide, tout comme la Cour constitutionnelle italienne, qui, par une ordonnance et deux importantes décisions[93] a réformé son droit pénal qui prohibait l'aide à mourir.
L'assistance médicale au suicide n'est pourtant pas sans ambiguïtés comme en témoigne l'expérience suisse, où le débat s'était ouvert sur une interprétation *a contrario* des dispositions du Code pénal. L'article 115 de ce Code affirme en effet que « celui qui, poussé par un mobile égoïste, aura incité une personne au suicide, ou lui aura prêté assistance en vue du suicide, sera, si le suicide a été consommé ou tenté, puni d'une peine privative de liberté de cinq ans au plus ou d'une peine pécuniaire ». De ce texte on peut donc déduire une absence de sanction pour celui qui aura agi par « non-égoïsme ». L'élément qualifiant de l'infraction entièrement axé sur le mobile est donc appréciable au cas par cas ce qui n'est pas exempt de difficultés. Parmi celles-ci se pose avant tout la détermination de la situation à laquelle est applicable cette loi. Si le tribunal fédéral avait admis, dans un arrêt du 3 novembre 2006[94], la faculté de pouvoir offrir le droit à chacun de décider de sa propre mort, il s'était néanmoins opposé à y inclure le droit à l'assistance au suicide de la part de l'État ou d'un tiers, l'individu qui désire mourir « ne détenant pas un droit de se voir accorder une assistance au suicide ». La juridiction helvétique avait alors refusé d'en faire bénéficier le malade bipolaire. Saisie de cette affaire, la CEDH, tout en déniant un droit au suicide comme une prérogative individuelle portée par l'article 2 de la Convention[95], avait

86. Crim. 5 mars 1992, *Gaz. Pal.* 1993. Somm. 486.
87. TGI Lille, 5 avr. 1990, *D.* 1993. Somm. 14, obs. G. Azibert.
88. TGI Paris, 11 avr. 1995, *JCP* 1996. II. 22729, note I. Lucas-Gallay.
89. Paris, 18 janv. 2001, *Dr. pénal* 2001, n° 84, obs. Véron ; *RSC* 2002. 615, obs. Francillon. V. égal. dans la même affaire Crim. 13 nov. 2001, obs. Véron.
90. V. C. Baron, « De *Quinlan* à *Schiavo* : le droit à la mort et le droit à la vie en droit américain », *RTD civ.* 2004. 673.
91. *Washington c/ Glucksberg et al.*, (1997, US) 521 US 702.
92. *Gonzalez c/ Oregon*, (2006, US) 546 US 243.
93. Cour const. italienne, ord., n° 207/2018, 24 oct. 2018 ; n° 242/2019, 25 sept. 2019 ; n° 50/2022, 15 févr. 2022.
94. Arrêt du Tribunal fédéral n° 03.11.2006 2A. 48/2006, à l'origine de l'arrêt CEDH 20 janv. 2011, *Haas c/ Suisse*, préc., consulté sur le site www.bger.ch/fr.
95. CEDH 20 janv. 2011, *Haas c/ Suisse*, préc.

néanmoins admis la possibilité pour les États de légiférer en ce sens, en considérant la volonté des États signataires d'accorder plus de poids à la protection de la vie de l'individu qu'à son droit d'y mettre fin[96]. Il convient de préciser, cependant, que par son arrêt *Gross c/ Suisse*, le 14 mai 2013[97], la Cour de Strasbourg a déterminé les contours de la pratique. La requérante âgée souhaitait mourir pour échapper au déclin de ses facultés physiques et mentales. Contestant l'impossibilité de se procurer une dose de produit mortel dans le cadre du suicide assisté tel qu'il est admis en Suisse, du fait qu'elle n'est atteinte d'aucune pathologie mortelle, elle a décidé d'agir devant les juridictions de la Confédération. La Cour européenne vers laquelle la requérante s'est finalement tournée, s'est demandée en l'espèce « si l'État avait omis de fournir des directives suffisantes définissant si et, dans l'affirmative, dans quelles circonstances, les médecins étaient autorisés à délivrer une prescription médicale à une personne ». Or comme cela fut observé, le Code pénal suisse ne sanctionne pas l'assistance altruiste au suicide. De ce fait, la décision des médecins dont le but était de permettre à la vieille dame l'accès au produit mortel n'était pas, au moment des faits, suffisamment précisée. Et il fut remarqué tout particulièrement que l'assistance au suicide ne s'appliquait pas au requérant dont le pronostic vital n'est pas engagé. Il a donc été observé que face à cette situation quelque peu évasive, les médecins ne peuvent se référer à aucune source matérielle susceptible de leur fournir les directives susceptibles d'aider leur prise de décision dans l'hypothèse de l'aide au suicide d'une personne ne souffrant que de son âge. Sur ce fait, la Cour a considéré que cette incertitude avait placé la requérante dans un état d'angoisse « considérable » accentué par le fait que « les difficultés à trouver le consensus politique nécessaire sur des questions controversées [...] sont inhérentes à tout processus démocratique et ne peuvent dispenser les autorités de s'acquitter de leur responsabilité ». En d'autres termes, à partir du moment où l'État a autorisé l'assistance au suicide, il doit en définir précisément les conditions d'accès[98]. À défaut de quoi, la Cour de Strasbourg reconnaît qu'une telle imprécision constitue pour le justiciable une atteinte à l'article 8 de la Convention. Il est intéressant de constater que si l'on ne reconnaît pas directement un droit opposable à l'assistance au suicide, la juridiction des droits de l'homme considère néanmoins qu'il peut y avoir une sujétion pour les États à s'en acquitter, et ce, sans pour autant qu'il y ait une atteinte au droit à la vie.

Il est néanmoins reproché à la Cour un certain flottement sur cette question, celle-ci jouant sur l'absence de consensus des États parties à la Convention sur le suicide assisté. Et d'aucuns pourraient voir dans la subsidiarité un moyen pour la Cour européenne de ne pas unifier le cadre qu'elle entend donner à la question. En effet, si, dans l'arrêt *Haas*, elle met à la charge des États une obligation positive d'adopter les mesures permettant de faciliter un suicide dans la dignité, en revanche, elle se retranche derrière l'absence de consensus interétatique dans un autre arrêt *Koch* en date du 19 juillet 2012[99]. Il était reproché dans cette affaire aux autorités allemandes de n'avoir pas délivré à l'épouse tétraplégique défunte du requérant l'autorisation de se procurer une dose létale de médicaments afin de mettre fin à ses jours. C'est en invoquant la subsidiarité que la Cour s'est limitée à un examen du volet procédural de l'article 8, pour en conclure à la violation de cette disposition par les autorités locales qui n'avaient pas examiné la demande, sans pour autant statuer sur la question de fond de l'affaire[100], laissant alors planer un doute sur son éventuelle reconnaissance[101]. Par-delà l'utilisation, fut-elle opportune, du prin-

96. Dès lors et spécifiquement en Suisse, il relève de chaque canton de pouvoir décider de l'application d'un texte spécifique sur l'aide médicalisée qui peut être apportée à une personne souhaitant se suicider. Ainsi dans l'article 27 de la loi du 17 juin 2012 de Santé publique, le Canton de Vaud a-t-il conditionné l'assistance médicale au suicide au fait que la personne qui demande l'assistance au suicide doit souffrir « d'une maladie grave incurable et doit être capable de discernement ».

97. CEDH 14 mai 2013, *Gross c/ Suisse*, req. n° 67810/10.

98. V. F. Sudre, « Droit de la Convention européenne des droits de l'homme », *JCP* 2013, n° 855 ; V. égal. G. Gonzalez, « Quand vous serez bien vieille... : suicide assisté sans raison médicale », *JCP* 2013. Actu. 650.

99. CEDH 19 juill. 2012, *Koch c/ Allemagne*, § 70, *JCP* 2012. Actu. 915, M. Afroukh.

100. F. Sudre, « Droit de la Convention européenne des droits de l'homme », *JCP* 2013, n° 64.

101. Ainsi, en invoquant le contrôle formel de « *proportionate interference with Article 8* », la Cour a-t-elle pu déclarer irrecevables des requêtes qui plaidaient l'incompatibilité de l'interdiction du suicide assisté avec le droit à la vie privée et familiale garanti par l'article 8 de la Conv. EDH (CEDH 16 juill. 2015, req. n^os^ 2478/15 et 1787/15, *Nicklinson et Lamb c/ Royaume-Uni*, *Dalloz actualité*, 27 juill. 2015, obs. Th. Coustet).

cipe de subsidiarité, il semble que la juridiction européenne ne se positionne plus véritablement sur l'existence d'un droit à la mort en opposition avec l'article 2 de la Convention mais véritablement sur la reconnaissance d'un droit au suicide assisté fondé sur le droit à la vie privée et familiale des requérants. Est-il dès lors possible d'aller au-delà et de reconnaître un droit à la mort au nom de la dignité ? Rien n'est moins certain, alors qu'il est envisageable de reconnaître l'affirmation de prérogatives dans la fin de vie des personnes, fondées sur le respect de la dignité.

## B • L'affirmation des droits en fin de vie

**226** ***Le cadrage du problème*** est le suivant. Pourrait-on évoquer, ne serait-ce qu'en se fondant sur le principe de respect de la dignité de la personne humaine, un droit à demander la mort ? La question ainsi posée fait figure de slogan propagandiste et la réponse juridique qui peut en être donnée risque de n'être que parcellaire. Peut-être et avant tout parce qu'il s'agit d'une question éthique. Mais le Comité consultatif national d'éthique, qui s'est maintes fois prononcé sur l'euthanasie, n'a jamais offert qu'une position aux avis assez contrastés. Ainsi, l'avis n° 26 du 24 juin 1991 se montrait-il assez critique sur l'idée d'une législation même pour des actes exceptionnels, considérant qu'une telle loi serait source d'interprétations abusives et incontrôlables. Pour autant, dans son avis n° 63, du 27 janvier 2000, il avait émis une opinion favorable à la reconnaissance d'un système assez complexe proposant qu'avant de juger au fond, une juridiction pénale saisie d'un procès pour euthanasie puisse disposer d'une « exception d'euthanasie » qui permettrait la relaxe ou l'acquittement. Cette proposition, assez critiquée[102], se ramenait somme toute, comme il fut très justement remarqué, à une variante sur l'état de nécessité[103]. Enfin l'avis n° 121 du 1er juillet 2013 met-il surtout en exergue la méconnaissance des dispositions issues de la loi « Leonetti » du 22 avril 2005[104] et propose un renforcement de ce dispositif législatif sans véritablement trancher la question de la dépénalisation d'un acte visant le faire mourir ou le laisser mourir, selon les termes mêmes des débats. L'on pourrait alors considérer par-delà l'éthique que la question peut relever d'une approche déontologique : depuis 1941, sur la base des fondements hippocratiques, les codes de déontologie prohibent tout fait volontaire visant à donner la mort à un patient[105]... Mais l'euthanasie pourrait tout aussi bien relever d'une approche économique ou sociale qui nous en donnerait alors une vision encore différente. Les interférences avec le droit sont multiples, tant la question traduit, en elle-même, un conflit entre les droits spécifiquement invoqués du patient, et les devoirs classiques des soignants. Elle soulève, comme cela fut remarqué, une tension entre les droits subjectifs et les droits objectifs, entre le principe de liberté et celui de la dignité[106]. Pour autant si l'on se borne à l'examiner avec tout ce qui peut être envisageable de matérialité de sa mise en œuvre, il s'agit, avant tout, d'une question qui relève du droit.

### 1 • Le droit à la mort demandée : la dépénalisation de l'euthanasie

**227** ***La question de l'euthanasie*** est aussi ancienne que la pratique de la médecine elle-même. L'origine du mot en est en elle seule une illustration, puisque dans le sens initial du terme, il s'agit d'une bonne mort : le préfixe ευ (eu), accolé à celui de la mort en son sens grec classique de Θανατοσ (Thanatos) laisse entendre l'idée d'une mort calme et exempte de souffrance du sujet, survenue naturellement, grâce à l'emploi de substances calmantes et stupéfiantes[107]. Dans le sens commun le plus

102. G. Mémeteau, « La mort aux trousses », *RRJ* 2000. 913.
103. N. Aumonier, B. Beigner, P. Letellier, *L'euthanasie*, PUF, 2001. V. aussi, B. Beigner, *J.-Cl. Civ.*, fasc. 70 : Respect du corps humain — La mort, n° 47.
104. L. n° 2005-370, 22 avr. 2005 relative aux droits des malades et à la fin de vie, v. ss 228.
105. CSP, art. R. 4127-38.
106. A. Laude, B. Mathieu, D. Tabuteau, *Droit de la santé*, PUF, coll. « Thémis », 2012, nos 550 s.
107. V° « Euthanasie », *in* Garnier et Delamare, *Dictionnaire des termes techniques de médecine*, 29e éd., Maloine, 2006.

courant, il s'agit de la mort procurée au malade (généralement avec, mais éventuellement sans son consentement), dans le but d'abréger ses souffrances.
Au plan international, il n'existe pas plus de consensus sur l'euthanasie tant en médecine qu'en droit. Aux États-Unis, l'euthanasie est illégale dans tous les États[108]. En Grande-Bretagne, en l'absence de loi, la Haute Cour de justice et la Chambre des lords se sont fondées sur le droit à l'autodétermination du malade pour ouvrir la voie à l'euthanasie passive par l'arrêt des traitements à la demande du patient dans des arrêts des 4 février 1993[109] et 22 mars 2002[110]. Mais ces juridictions avaient refusé d'assurer l'immunité pénale au mari de Diane Pretty, dans l'hypothèse où il l'aurait aidé à se suicider[111]. En revanche, les Pays-Bas ont adopté la loi du 12 avril 2001[112] dépénalisant l'acte du médecin qui peut provoquer la mort du patient qui en fait la demande, dans un cadre médical précis et sous le contrôle du procureur royal. Dans le même esprit, la Belgique a adopté une loi similaire le 28 mai 2002[113] laquelle dépénalise une euthanasie par l'arrêt des traitements. Comme en matière d'assistance au suicide, l'aide médicale à mourir se légalise au Luxembourg depuis 2009, en Espagne depuis le 25 juin 2021, ou au Portugal en juin 2022. Amenée à se positionner sur la question de l'euthanasie dans une affaire concernant la mise en œuvre d'une assistance à mourir en Belgique, la Cour européenne des droits de l'Homme semble ouvrir la voie à une évolution jurisprudentielle. Alors qu'il était reproché à la Belgique d'avoir violé l'article 2 de la Convention, la Cour a estimé que, « s'il n'est pas possible de déduire de l'art. 2 de la Convention un droit de mourir [...], le droit à la vie consacré par cette disposition ne saurait être interprété comme interdisant en soi la dépénalisation conditionnelle de l'euthanasie » à condition que soient mises en place des garanties adéquates et suffisantes[114], contrôlées notamment par une commission indépendante.
En France, même si le débat devient sociétal et public[115], le droit s'inscrit, à ce jour, dans le refus d'une dépénalisation. En effet, quelle qu'en soit la manifestation, tout acte ayant provoqué la mort d'une personne relève d'une qualification infractionnelle pour laquelle le consentement de la victime ne peut constituer, en aucune manière, un fait justificatif. Cela porte avant tout sur tout acte qui relèverait de ce que certains nomment une « euthanasie active ». À savoir un geste positif tel que l'arrêt de machine ou une injection létale. Un tel acte sera au minimum qualifié d'homicide simple (C. pén., art. 221-1) ou d'assassinat (C. pén., art. 221-3) voire, le cas échéant, d'empoisonnement (C. pén., art. 221-5). Ainsi, le médecin qui pratique l'injection d'une dose de chlorure de potassium destinée à provoquer immédiatement la mort commet une faute pénale dont l'intention criminelle demeure, même si la victime y a consenti et peut même apparaître comme un traitement inhumain ou dégradant au sens de l'article 3 de la Convention européenne des droits de l'homme[116]. Au-delà, la qualification pénale serait tout autant applicable à toute forme dite « passive » d'euthanasie. À ce titre, le fait d'arrêter brutalement un acte médical pourrait apparaître comme d'une omission délictueuse, au sens de l'article 226-3 du Code pénal[117], voire plus spécifiquement en violation du devoir médical de porter secours à autrui selon l'article R. 4127-9 du Code de la santé publique. Toutefois il convient de préciser que cette abstention de soigner doit se faire hors du champ des dispositions spécifiques d'arrêts de traitements de l'article L. 1111-4 du Code de la

108. V. C. Baron, « De *Quinlan* à *Schiavo* : le droit à la mort et le droit à la vie en droit américain », préc.
109. *Airedale NHS Trust V. Bland*, consulté sur le site www.e-lawresources.co.uk.
110. *Ms B V. an NHS Hospital*, consulté sur le site lexisweb. co. uk.
111. House of Lords, 29 nov. 2001, *Pretty*, jugement consulté sur le site www.publications.parliament.uk.
112. Loi hollandaise du 12 avr. 2001 relative au contrôle de l'interruption de vie pratiquée sur demande et au contrôle de l'assistance au suicide et portant modification du Code pénal ainsi que de la loi sur les pompes funèbres.
113. L. 28 mai 2002, *Moniteur belge*, 22 juin 2002.
114. CEDH 4 oct. 2022, n° 78017/17, *Mortier c/ Belgique* ; A. Dionisi-Peyrusse, *AJ fam.* 2022.569.
115. Le président de la République a demandé au Conseil économique et social de tirer au sort les 150 membres d'une « convention citoyenne » qui s'interrogera sur la question de l'euthanasie et de la fin de vie entre déc. 2022 et mars 2023 (V. v. *AJ fam.* 2022. 457).
116. CE 29 déc. 2000, *Duffau*, req. n° 212813, *Lebon* 1065.
117. Crim. 19 févr. 1997, n° 96-82.377, *D.* 1998. 236, note Legros (à propos d'un anesthésiste ayant mis un terme à une réanimation contre l'avis de l'équipe soignante).

santé publique, énoncées par la loi du 22 avril 2005. Il n'existe pas d'exception d'euthanasie. Malgré une demande sociale faisant suite à des affaires médiatisées (donnant parfois lieu à un refus de poursuites pénales, tel le non-lieu rendu le 27 février 2006 dans l'affaire *Vincent Humbert*), le droit positif français n'offre pas de cadre dépénalisé et les causes d'irresponsabilités objectives existantes, telles que l'état de nécessité ou le consentement de la victime, ne sauraient pleinement justifier aucun acte médical visant à mettre fin à la vie d'une personne à sa demande. C'est pourquoi il est généralement admis que si l'exception d'euthanasie devait être consacrée, il s'agirait d'une cause justificative sui generis propre aux cas médicaux visés par la loi[118]. Le débat relancé par le président de la République au cours de l'année 2012 a amené une commission, présidée par le professeur Sicard, à s'interroger sur la question. Mais son rapport n'ouvre pas vraiment la voie d'une reconnaissance d'exception d'euthanasie, laquelle apparaît selon le rapport comme un « acte médical qui, par sa radicalité [...], interrompt soudainement et prématurément la vie »[119]. Ce n'est donc pas vers ce fondement que s'est tourné le droit français, qui, pour autant et en se fondant tant sur la notion de dignité que sur les droits des malades en fin de vie, ébauche des prérogatives dont sont titulaires les personnes en fin de vie.

## 2 • Le droit aux prérogatives individuelles en fin de vie

**228** ***La France a choisi, non pas de légiférer sur l'acte de mort***, mais plus véritablement sur le fait de mourir. Aussi est-ce par l'encadrement de la fin de la vie des personnes, qu'il a été choisi de prendre des dispositions législatives en optant pour une autre voie que celle de la dépénalisation de l'euthanasie. L'ambition du législateur a été de poursuivre les avancées amorcées sous l'angle de la reconnaissance des droits de la personne malade. S'inscrivant dans la volonté de tenir « compte de manière humaine et cohérente des aspects les plus délicats des pratiques médicales »[120], la loi du 22 avril 2005, dite loi « Leonetti »[121], a visé avant tout à répondre aux situations concrètes les plus fréquentes[122] et à assurer un cadre législatif suffisamment protecteur pour les professionnels de soins. Son objectif a été complété par la loi du 2 février 2016[123] Ces deux textes ont donc non seulement poursuivi l'avancée amorcée par la loi du 9 juin 1999[124] visant à mettre la douleur des personnes « hors la loi », mais encore affirmé la reconnaissance des droits des malades spécialement dans l'affirmation du droit à avoir « une fin de vie digne » selon la formule de l'article L. 1110-5 du Code de la santé publique[125]. L'axe central tourne par conséquent autour de la notion de dignité, qu'il s'agisse de son expression dans le refus de soins, ou dans l'accompagnement de la personne.

### a) La notion de dignité dans le refus de soins

**229** ***L'affirmation du refus de soins.*** Dès le texte préparatoire de la loi du 4 mars 2002 était évoquée l'idée du « droit à une mort digne » que l'on ne retrouve pas dans les dispositions de l'article L. 1110-5 du Code de la santé publique. La formule d'une « vie digne jusqu'à la mort » qui lui fut préférée semble peu audacieuse au regard de l'affirmation de cette prérogative dont tout un chacun est titulaire y compris dans la mort au titre de l'article 16 du Code civil. Mais peut-être doit-elle être lue dans le sens qu'a voulu donner l'Assemblée parlementaire du Conseil de l'Europe à cette situation

---

118. C. André, « Euthanasie et droit pénal : la loi peut-elle définir l'exception ? », *RSC* 2004. 43.
119. Rapport de la Commission de réflexion sur la fin de vie en France, *Penser solidairement la fin de vie*, préc.
120. S. Beloucif, E. Hirsch et J. Marty, « Fin de vie : la voie française », *Le Figaro* 28 janv. 2005, p. 14.
121. L. n° 2005-370, préc. ; V. égal. L. n° 2016-87 du 2 févr. 2016, créant de nouveaux droits en faveur des malades et des personnes en fin de vie, *JO* 3 févr.
122. É. Alfandari, Ph. Pedrot, « La fin de vie et la loi du 22 avril 2005 », *RDSS* 2005. 751.
123. L. n° 2016-87, 2 févr. 2016 créant de nouveaux droits en faveur des malades et des personnes en fin de vie. V. P. Mistretta, « De l'art de légiférer avec tact et mesure, à propos de la loi n° 2016-87 du 2 février 2016 » : *JCP G* 2016. 240 ; E. Terrier, Première lecture de la loi *Léonetti 2*, *GP* 29 mars 2016, 13.
124. L. n° 99-477, 9 juin 1999 visant à garantir le droit à l'accès aux soins palliatifs.
125. I. Copart, « Nouvelle loi sur la fin de vie : début d'un changement », *Dr. fam.* 2005, n° 6, p. 7.

particulière de la fin de vie, dans sa décision du 21 mai 1999 selon laquelle « respecter et protéger la dignité d'un malade incurable ou d'un mourant, c'est avant tout créer autour de lui un environnement approprié lui permettant de mourir dans la dignité ».[126]

C'est par le refus de soins que se manifeste l'idée d'un droit au respect de la dignité de la personne, comme premier élément dont peut se prévaloir celui qui est en fin de vie. Déjà, la loi du 4 mars 2002 posait dans les dispositions initiales de l'article L. 1111-4 du Code de la santé publique, le principe d'une codécision à l'acte médical. Le texte énonce l'idée selon laquelle l'acte médical n'est plus imposé par le professionnel de santé au regard de ses compétences et de ses constatations, mais relève de la manifestation de volonté de « toute personne, [prenant] avec le professionnel de santé et compte tenu des informations et des préconisations qu'il lui fournit, les décisions concernant sa santé »[127]. Le patient est, au vu de ce texte, seul décisionnaire à l'acte médical et peut même refuser les traitements proposés par le médecin, qui n'a alors d'autre possibilité que de « respecter la volonté de la personne après l'avoir informée des conséquences de ses choix »[128]. Le patient se voit donc titulaire du droit de refuser les actes médicaux sans que désormais il soit possible, comme cela fut le cas avant la loi de 2016 de faire accepter « les plus indispensables ». Le législateur fait état ici d'une volonté marquée de respecter le droit au refus de soins, puisqu'il est l'un des fondements de la « démocratie sanitaire » et l'outil d'un patient plus acteur qu'objet des processus et protocoles de soins. De son côté, le Comité consultatif national d'éthique, dans un avis du 9 juin 2005[129], avait souligné l'importance du respect de la volonté du patient dans l'administration des soins. L'on sait pour autant que la jurisprudence, confrontée à la mise en œuvre de ce refus de soins, a affirmé, spécifiquement dans l'hypothèse des témoins de Jéhovah, l'absence de sanctions pour les médecins qui accomplissent, dans le but de sauver le patient, « un acte indispensable à sa survie et proportionné à son état »[130]. La pratique prétorienne battant en brèche la faculté de pouvoir refuser d'être soigné pour celui que la science peut sauver, ce qui en rendait l'application complexe.

**230** ***La mise en œuvre du refus de soins.*** Les lois du 22 avril 2005 et du 2 février 2016 ont dû trouver un équilibre entre la position des juges, qui prône le respect de la survie de l'individu quand cela est possible, et la nécessité de réaffirmer la prérogative de pouvoir refuser les actes de santé[131], applicable spécifiquement pour la personne en fin de vie. L'article L. 1111-4 du Code de la santé publique offre à toute personne non seulement la faculté de refuser « tout traitement » c'est-à-dire tous les traitements, y compris ceux qui mettraient en péril la santé de la personne défiante, ou des actes tels que l'alimentation ou l'hydratation artificielle[132], mais elle offre aussi la possibilité de ne même pas les commencer. Dans un second temps, la loi détermine le champ dans lequel le refus de soins s'imposera, de la seule volonté du malade. C'est le respect du refus de soins énoncé par celui dont le pronostic ne laisse que peu d'espoir et pour lequel, si la personne décide de limiter ou d'arrêter tout traitement, « le médecin respecte sa volonté après l'avoir informée des conséquences de son choix ». La situation ainsi évoquée est intéressante en ce qu'elle offre une consécration d'un droit à l'abstention d'agir, fondée sur la seule demande de la personne mourante. Si, au plan du droit de la santé, il n'y a pas d'autre justification à évoquer que le simple respect de la volonté de la personne, du point de vue du droit pénal,

126. Assembly. coe. it, rapp., doc. 8421, cité par B. Beigner, *J.-Cl. Civ.*, fasc. 70 : Respect du corps humain — La mort, n° 53.
127. CSP, art. L. 1111-4, al. 1er.
128. CSP, art. L. 1111-4, al. 2.
129. Avis CCNE n° 87, recommandation n° 11, consulté sur le site www.ccne-ethique.fr : le refus de traitement clairement exprimé par une personne majeure ayant encore le gouvernement d'elle-même ne peut être que respecté, même s'il doit aboutir à sa mort.
130. CE 16 août 2002, *D.* 2002. IR 2581, obs. M.-C. M. ; *AJDA* 2002. 723 ; *J.-Cl. Adm.* 2002, n° 1, p. 27, note A. Mersch ; *Gaz. Pal.* 15-17 sept. 2002, p. 9, note F.-J. Pansier ; *LPA* n° 61, 26 mars 2003, obs. C. Clément. TA Lille 25 août 2002, *JCP* 2003. II. 10098, note Vialla et *al.* ; *D.* 2002. IR 2581. V. avant la L. du 4 mars 2002, CAA Paris, 9 juin 1998, *Gaz. Pal.* 16-17 juin 1999, p. 85.
131. J. Penneau, « Le médecin face au refus du patient de subir un acte médical », *D.* 2002. Chron. 2877 ; E. Terrier, « Obligations de soins, autopsie de conflits juridiques », *RGDM* 2010. 186 s.
132. CSP, art. L. 1110-5-1, al. 2.

le point est plus nuancé. En effet, le respect de la volonté du patient justifie ce qui serait — hors cette hypothèse — l'éventuelle commission par un médecin d'une infraction d'omission de porter secours, d'homicide par imprudence, voire d'homicide intentionnel. Mais la légitimation de l'acte ne se trouve pas dans le consentement de la victime. Celui-ci ne produit un effet justificatif que par délégation de la loi. Il faut donc y voir un ordre de la loi imposé au médecin de respecter la volonté ou le consentement du patient[133].

Toute la question est alors de savoir comment doit se manifester cette volonté du patient. La loi met en place une alternative, relevant de la faculté ou non qu'a la personne en fin de vie de s'exprimer.

— Dans l'hypothèse où la personne est consciente, il faut distinguer deux situations. Il y a d'abord celle où *la personne demande* l'arrêt des soins thérapeutiques ou curatifs. Dans cette hypothèse, la personne est maître de la décision d'arrêt des actes médicaux et l'article L. 1111-4 al. 2 du Code de la santé publique précise que sa décision s'impose au(x) médecin(s). La loi veille à ce que cet acte de volonté soit vraiment réfléchi et propose, en cela, que la prise de décision se fasse éventuellement après le conseil d'un autre membre du corps médical. La loi impose, formellement, la réitération de la demande d'arrêt de la personne après un « délai raisonnable ». Cette demande devra être inscrite dans le dossier médical du patient.

Il peut aussi être *considéré par l'équipe médicale* en charge du patient que les soins sont devenus déraisonnables c'est-à-dire qu'ils sont devenus « inutiles, disproportionnés ou lorsqu'ils n'ont d'autres effets que le seul maintien artificiel de la vie » (CSP, art. L. 1110-5-1). Cette décision médicale d'arrêt des soins peut être mise en place sans que la loi ne prévoit de recueillir le consentement de la personne, mais amène néanmoins à en informer et à consulter les proches et/ou la personne de confiance (CSP, art. L. 1111-6). Il est à noter qu'à l'inverse, si le patient refuse l'arrêt des soins ou insiste afin d'exiger des soins qui relèveraient d'une obstination médicale déraisonnable, rien, à ce jour, n'est précisément prévu dans la loi.

— Dans l'hypothèse où la personne en fin de vie est dans l'incapacité de manifester sa volonté, la décision d'arrêt des traitements sera envisagée sur l'évaluation médicale lorsqu'ils apparaîtront comme déraisonnables c'est-à-dire, comme précédemment énoncé, « inutiles, disproportionnés ou lorsqu'ils n'ont d'autre effet que le seul maintien artificiel de la vie ». Cette décision d'arrêt des traitements est une décision médicale, qui appartient à l'équipe en charge de la personne en fin de vie, dans le cadre d'une procédure collégiale définie dans les dispositions du Code de déontologie aux termes des articles R. 4127-37-1 et suivants du Code de la santé publique. Cette procédure collégiale, qui peut être initiée par le médecin en charge du patient, prend la forme d'une concertation avec les membres présents de l'équipe de soins, si elle existe, et de l'avis motivé d'au moins un médecin, appelé en qualité de consultant. L'équipe médicale est tenue de respecter la volonté exprimée par le patient dans les directives anticipées, qu'il a éventuellement pu rédiger[134]. Visées par l'article L. 1111-11 du Code de la santé publique, ces directives anticipées sont des documents écrits, datés et signés par leur auteur. Toutefois, comme cela fut souligné par différents rapports, il convient de constater que ces directives anticipées restent mal connues du public et ne sont que rarement rédigées[135]. Quant à leur caractère contraignant, il est tout relatif, puisqu'en situation d'urgence vitale, l'application des directives anticipées ne s'impose pas pendant le temps nécessaire à l'évaluation complète de la situation médicale. Plus encore, si le médecin en charge du patient juge les directives anticipées manifestement inappropriées ou non conformes à

---

133. V. F. Rousseau, « Le médecin face à la mort. De quelques aspects techniques de la responsabilité pénale médicale », *AJ pénal* 2012. 372 s. ; F. Alt-Maes, « La loi sur la fin de vie devant le droit pénal », *Dr. pénal* 2006. I. 119 ; A. Prothais, « Accompagnement de la fin de vie et droit pénal », *JCP* 2004. I. 130.

134. G. Raoul-Cormeil, « Les directives anticipées sur la fin de vie médicalisée », *RLDC* 2006/30, p. 57 s.

135. I. Corpart, « Nouvelle loi sur la fin de vie : début du changement », Chron. préc. V. égal. le rapport « Sicart » préc. et le rapport de présentation et texte de la proposition de loi de MM. Alain Claeys et Jean Leonetti créant de nouveaux droits en faveur des malades et des personnes en fin de vie, 19 déc. 2014, La Documentation française, 2015.

la situation médicale, l'équipe médicale pourra ne pas les respecter en motivant sa décision, possibilité que le Conseil Constitutionnel, dans sa décision du 10 novembre 2022, vient de valider[136]. Dès lors, en l'absence de directives anticipées ou si l'équipe les juge inappropriées, la décision d'arrêt des soins ou traitements sera prise après qu'a été recueilli auprès de la personne de confiance ou, à défaut, auprès de la famille ou de l'un des proches le témoignage de la volonté telle qu'elle aurait été exprimée par le patient lui-même. Le rôle de cette personne de confiance ou de l'entourage, est, il faut le rappeler, d'exprimer le souhait de la personne elle-même, et non leur propre avis, même s'il fut justement constaté le caractère utopique d'une totale objectivité de leur part[137]. On a pu s'interroger sur le caractère volontairement flou laissé par le législateur, quant à la définition de cet entourage familial, tant au regard du droit (sa confrontation avec proche titulaire d'un mandat de protection future, par exemple[138]) que de la réalité de familles. La terrible saga judiciaire « Vincent Lambert » a souligné la difficulté qu'il pouvait y avoir face à un entourage non consensuel[139]. Cela amène à rester réticent sur l'éventualité de donner à cet entourage familial un véritable pouvoir décisionnel comme cela fut proposé[140].

### b) La notion de dignité dans l'accompagnement de la personne

**231** ***Le droit à l'accès aux soins palliatifs.*** L'apport de la loi du 22 avril 2005 ne se résume pour autant pas à la seule réaffirmation du droit de pouvoir renoncer à un Protocole médical. La grande ambition de la loi fut également de pouvoir assurer le respect de sa dignité à la personne et, selon les dispositions déontologiques de l'article R. 4127-38 du Code de la santé publique, de lui garantir « la qualité d'une vie qui prend fin ». Aussi, la loi condamne-t-elle toute forme d'acharnement thérapeutique, terme assez paradoxal auquel la loi préfère celui d'« obstination déraisonnable ». L'article L. 1110-5, al. 1 du Code de la santé publique, tout en garantissant l'accès le meilleur aux soins que doit recevoir tout malade, précise que « Ces actes ne doivent pas être poursuivis par une obstination déraisonnable. Lorsqu'ils apparaissent inutiles, disproportionnés ou n'ayant d'autre effet que le seul maintien artificiel de la vie, ils peuvent être suspendus ou ne pas être entrepris ». Plus encore que le respect de la volonté de la personne d'arrêter les traitements, il s'agit ici de consacrer le droit à ne plus recevoir de soins de nature curative (c'est-à-dire visant à chercher à soigner la personne) et surtout dans la nécessité d'accompagner cet arrêt médical curatif d'un volet de soins d'accompagnements secondaires ou palliatifs : il s'agit de soins visant non seulement à soulager de la douleur physique, mais encore psychique, à sauvegarder la dignité de la personne malade et à soutenir son entourage. Ces soins apparaissent véritablement comme un droit pour la personne[141] dont l'apport majeur des lois de 2005 et de 2016 réside en ce que le Code de la santé publique impose aux professionnels de santé de mettre en œuvre tous les moyens à leur disposition pour que ce droit soit respecté et que la souffrance soit « prévenue, prise en compte, évaluée et traitée »[142].

C'est avant tout la possibilité de recourir à une sédation profonde et continue posée par l'article L. 1110-5-2 qui permet la mise en place d'un protocole de sédation à la demande d'un patient

---

136. Cons. const. 10 nov. 2022 n° 2022-1022, QPC, *AJDA* 2022. 2205 ; *D.* 2022. 2043 ; *ibid.* 2216, entretien A. Batteur et G. Moutel.
137. V. Perotin, « Fin de vie et obstination déraisonnable du législateur », *Médecine palliative*, Elsevier Masson, 2017, p. 208 s.
138. V. Perotin, *ibid.*, p. 212.
139. À ce titre, l'affaire *Vincent Lambert* illustre parfaitement la difficulté à trouver un entourage familial consensual : V. TA Châlons-en-Champagne, 11 mai 2013, *AJDA* 2013. 1842, étude F.-X. Bréchot ; *D.* 2013. 1216, obs. A. Mirkovic. Et *ibid.*, 16 janv. 2014, n° 1400029, *Dalloz actualité*, 23 janv. 2014, obs. D. Poupeau ; *AJDA* 2014. 132, obs. D. Poupeau. V. dans la même affaire, CE 14 févr. 2014, req. n° 375081, *D.* 2014. 488 ; *AJDA* 2014. 374, 790, Chron. A. Bretonneau et J. Lessi, et 1225, tribune P. Cassia ; *AJ fam.* 2014. 145, obs. A. Dionisi-Peyrusse ; *RFDA* 2014. 255, concl. R. Keller ; *RDSS* 2014. 506, note D. Thouvenin. — CE 24 juin 2014, req. n° 375081, *D.* 2014. 1385 ; *AJDA* 2014. 1293, et 1484, Chron. A. Bretonneau et J. Lessi ; *AJ fam.* 2014. 396, obs. A. Dionisi-Peyrusse ; D. Truchet, « L'affaire *Lambert* », *AJDA* 2014. 1669. Pour une vision générale du contentieux « Lambert » V. par ex. V.-O. Dervieux, « La fin de vie… des autres », Dalloz Actualités, 28 mai 2019.
140. Rapport de la Commission de réflexion sur la fin de vie en France, *Penser solidairement la fin de vie*, préc. p. 93.
141. L'art. L. 1110-9 du CSP n'est pas seulement lié à la fin de vie, mais à l'état de la personne, quel qu'il soit, ce qui induit tacitement un recours à la proportionnalité dans ce domaine.
142. CSP, art. L. 1110-5-3.

atteint d'une affection grave et incurable dans le but d'éviter toute souffrance et de ne pas subir d'obstination déraisonnable. La loi conditionne le recours à la sédation à deux hypothèses : d'une part lorsque le pronostic vital du patient est engagé à court terme et qu'il présente une souffrance réfractaire aux traitements, d'autre part dans la décision du patient d'arrêter un traitement ce qui pourrait entraîner une souffrance insupportable.

Est ensuite offerte la faculté de pouvoir recourir à des soins analgésiques ou antalgiques pour le patient qui peuvent « avoir pour effet d'abréger sa vie »[143]. Il s'agit là de la mesure la plus marquante de la loi, puisqu'elle offre la possibilité de recourir à un traitement ou un soin, dont on sait qu'il provoquera indirectement le décès de la personne. Pour autant, il ne faut pas y voir une dépénalisation d'une forme passive d'euthanasie[144]. Sans entrer dans un débat complexe, relevons qu'au plan pénal, cette administration de soins palliatifs pourrait certes constituer matériellement un acte d'homicide. Mais pour autant, elle se heurte à l'absence de mobile, puisque l'intention liée à cet acte est la volonté de soulager la douleur et non de tuer. Au demeurant, quand il s'agirait même d'un homicide intentionnel — plus précisément d'un empoisonnement — celui-ci se verrait toutefois justifié par la loi dès lors qu'il s'agit pour le médecin de soulager la douleur de son patient. Le texte ne pose donc pas une dépénalisation d'une euthanasie indirecte, mais d'une autorisation de la loi, fondée sur la nécessité de soulager la douleur d'autrui et c'est à ce titre qu'elle doit être entendue.

Le cadre de la loi concernant l'arrêt des actes à finalité médicale et le basculement vers un accompagnement palliatif n'est pas sans poser des difficultés de mise en œuvre, dont les praticiens se font l'écho, d'abord et avant tout au plan de la pratique, y compris au plan économique[145]. Spécifiquement et d'un point de vue purement juridique, ces problèmes apparaissent comme souvent liés aux incertitudes des actes et des mots qui s'y réfèrent. La loi doit-elle contraindre par la précision de ses mots ? Certainement pas. C'est le problème principal auquel la loi « Leonetti » s'était trouvée confrontée dès 2005, et probablement le principal reproche qui lui est encore aujourd'hui adressé.

Ce fut ainsi le cas des mots soin et traitement. La question a souvent été évoquée quant à l'hydratation ou la nutrition artificielle pour des patients âgés[146] et a été au cœur de l'affaire *Lambert* pour laquelle le Conseil d'État avait considéré que l'emploi du mot « soin » ou du mot « traitement » devait être considéré comme équivalent[147]. Saisie dans le cadre de cette même affaire, la Cour de Strasbourg a considéré que la loi du 22 avril 2005 et ses dispositions, telles qu'interprétées par le Conseil d'État, constituent un « cadre législatif suffisamment clair, aux fins de l'article 2 de la Convention, pour encadrer de façon précise la décision du médecin » et offre « un cadre réglementaire propre à assurer la protection de la vie des patients »[148]. Pour autant les nouvelles dispositions de l'article L. 1110-5-3 du Code de la santé publique ont-elles jugé nécessaire de préciser qu'il s'agit là de « traitements » qui peuvent être arrêtés.

Certes, des faiblesses demeurent dans le texte peut-être davantage quant à sa perception du savoir-faire médical que du « faire-savoir » de l'existence de la loi C'est pourquoi le nouveau texte tend à faciliter l'accès et le recours aux directives anticipées des personnes sur ses choix d'arrêts des traitements[149]. Ces documents, véritables actes unilatéraux de volonté[150], ont pour but de participer à la décision médicale d'arrêt de soin, quasiment comme si le patient était conscient, ce qui relève une fois

---

143. CSP, art. L. 1110-5, dernier al. À noter que l'art. R. 4127-37, III, du CSP énonce que le médecin peut mettre en œuvre des traitements antalgiques et sédatifs, même lorsque la souffrance du patient ne peut pas être évaluée du fait de son état cérébral.
144. Sur cette question, V. par ex. D. Bailleul, « Le droit de mourir au nom de la dignité humaine à propos de la loi relative aux droits des malades et à la fin de vie », *JCP* 2005. I. 142.
145. V. à ce propos les très pertinentes analyses du Dr. V. Pérotin, par ex. « Fin de vie et obstination déraisonnable du législateur », *op. cit.*, p. 217.
146. S. Blanchard, « Laisser mourir… de faim », *Le Monde*, 5 févr. 2006 ; du même auteur, « Six jours pour mourir », *Le Monde*, 18 mars 2008.
147. CE 24 juin 2014, préc. V. désormais l'art. L. 1110-5-1 nouveau du CSP sur cette question.
148. CEDH 5 juin 2015, req. n° 46043/14, *Lambert et autres c/ France ; Dalloz actualité*, 8 juin 2015, obs. D. Poupeau ; *D.* 2015. 1212 ; *AJ fam.* 2015. 364, obs. A. Dionisi-Peyrusse.
149. L. n° 2016-87, 2 févr. 2016, préc. V. en particulier les art. L. 1110-5-1 et s., L. 1111-11 et L. 1111-12 du CSP.
150. V. Décr. n° 2016-1067, 3 août 2016 relatif aux directives anticipées.

encore de la volonté de lui garantir la maîtrise de sa vie, et du respect de sa dignité… Gageons que si les modifications apportées contre les écueils du texte initial atteignent leur but, cela ne saurait empêcher la révélation d'autres problèmes que la pratique seule fera découvrir, ce qui est l'essence même de toute règle qui tend à vouloir encadrer ce qui relève purement de l'humain.

## BIBLIOGRAPHIE INDICATIVE

**Ouvrages**

- N. Aumonier, B. Beigner, P. Letellier, *L'euthanasie*, PUF, 2017.
- C. Castaing, *Les droits de la personne face à la mort. Perspective française et expériences étrangères*, LexisNexis, coll. « Actualité », 2021.
- D. Folscheid, B. Feuillet-Le Mintier, J.-F. Mattéi, *Philosophie, éthique et droit de la médecine*, PUF, 1997.
- E. Hirsch, *Fin de vie, éthique et société*, Érès, 2017.
- M. Lévinet (dir.), *Le droit au respect de la vie au sens de la Convention européenne des droits de l'homme*, « Droit et Justice », n° 93, Bruylant-Nemesis, 2010.
- B. Mathieu, *Le droit à la vie*, éd. du Conseil de l'Europe, 2005.
- I. Marin, *Allez donc mourir ailleurs ! Un médecin, l'hôpital et la mort*, Buchet-Chastel, 2004.
- B. Py (dir.), *La Mort et le Droit*, Presses universitaires de Nancy, 2010.

**Articles**

- É. Alfandari, Ph. Pedrot, « La fin de vie et la loi du 22 avril 2005 », *RDSS* 2005. 751.
- D. Breillat, « L'abolition mondiale de la peine de mort », *RSC* 1991. 261.
- CCNE, *Questions éthiques relatives aux situations de fin de vie : autonomie et solidarité*, avis n° 139, sept. 2022.
- C. Castaing, « Brèves remarques sur la légalisation des pratiques euthanasiques », *RDSS* 2021. 500.
- G. Gonzalez, « Quand vous serez bien vieille… : suicide assisté sans raison médicale », *JCP* 2013. Actu. 650.
- L. Sermet, « Le droit à la vie, valeur fondamentale des sociétés démocratiques, et le réalisme jurisprudentiel », *RFDA* 1999. 988.
- F. Sudre, « Les incertitudes du juge européen face au droit à la vie », *in Mél. C. Mouly*, Litec, 1998, p. 375.

## PISTES DE RÉFLEXION

- Existe-t-il un droit à la mort ?
- Faut-il dépénaliser l'euthanasie ?
- Le droit au suicide

Thème 2
# Le corps humain

RÉMY CABRILLAC
*Professeur à l'Université Montpellier I*

Est-on son propre corps ou a-t-on un droit sur son propre corps ? L'interrogation hante l'homme et en particulier le juriste depuis la nuit des temps. Mais les progrès fulgurants de la médecine depuis une cinquantaine d'années ont renouvelé le débat. L'expérimentation médicale, le don d'organe, les procréations médicalement assistées ou l'étude génétique de la personne ont obligé les organisations internationales comme le législateur interne à intervenir, encadrant le développement de la bioéthique. Des questions aussi fondamentales que pratiques apparaissent, auxquelles le juriste doit répondre, se référant à une disposition spécifique ou puisant dans les principes de droit commun. La pandémie de covid-19, à travers l'éventualité d'une obligation vaccinale, a renouvelé les débats sur l'inviolabilité du corps humain.

**I. L'inviolabilité du corps humain**

**A. Contenu du principe**

1. Prohibition des atteintes au corps humain sans le consentement de la victime
2. Prohibition des atteintes au corps humain malgré le consentement de la victime

**B. Dérogations au principe**

1. Dérogations fondées sur l'intérêt général
2. Dérogations fondées sur un intérêt médical

**II. L'indisponibilité du corps humain**

**A. Contenu du principe**

1. Interdiction de l'aliénation totale du corps
2. Interdiction de l'aliénation d'un organe, d'un produit ou d'un élément du corps

**B. Dérogations au principe**

1. Un consentement renforcé
2. Un intérêt médical
3. La gratuité
4. L'anonymat

**232** ***Problématique.*** « *Omne autem jus quo utimur vel ad personas pertinet vel ad res vel ad actiones* » (« l'ensemble du droit que nous utilisons concerne, soit les personnes, soit les choses, soit les actions en justice »). Toutes les difficultés d'appréhension juridique du corps humain viennent de l'impossibilité de le réduire à l'une des catégories fondamentales que sont les personnes ou les choses qu'évoquent ainsi les *Institutes* (1, 3 pr.) : être ou avoir, le corps humain est-il le prolongement de la personne ou constitue-t-il une chose ? Est-on son propre corps ou a-t-on un droit sur son propre corps et, dans cette dernière hypothèse, est-ce un droit de propriété ?

Si la thèse de la propriété du corps a encore des défenseurs[1], elle est très critiquée aujourd'hui car elle va à l'encontre des importantes limites apportées au pouvoir de disposer de son corps. L'opinion dominante tend à considérer le corps humain, ensemble de cellules et d'organes, comme le « *substratum* de la personne[2] » : « Je ne suis pas propriétaire de mon corps, puisque mon corps c'est moi en tant que je suis une personne juridique[3] ». Cette sacralité du corps humain en raison de son lien avec la personne est défendue par différentes religions : par exemple, l'Église catholique enseigne que « le corps de l'homme participe à la dignité de l'image de Dieu : il est corps humain précisément parce qu'il est animé par l'âme spirituelle, et c'est la personne humaine tout entière qui est destinée à devenir, dans le corps du Christ, le temple de l'Esprit[4] ». De même, le Coran conseille : « Jeûnez et rompez le jeûne et mettez-vous debout avec dévotion (pendant la nuit) et dormez, car votre corps a un droit sur vous…[5] ».

**233** ***Évolution du droit positif français.*** Ainsi s'explique que, à l'instar d'autres législations récentes[6], le législateur français ait voulu consacrer le respect dû au corps humain. Fruit d'un long processus d'élaboration initié avec les rapports *Braibant* (1988), *Lenoir* (1991) et *Mattei* (1993)[7], souhaitée par le Comité national d'éthique, une loi du 29 juillet 1994[8] inclut dans le Code civil, à une place symbolique, au sein du livre Ier, titre Ier, un chapitre II intitulé « Du respect du corps humain », commençant par un article 16 qui proclame à la manière d'un frontispice : « La loi assure la primauté de la personne, interdit toute atteinte à la dignité de celle-ci et garantit le respect de l'être humain dès le commencement de sa vie ». Saisi par des parlementaires et le président de l'Assemblée nationale, le Conseil constitutionnel a reconnu, en se fondant sur le préambule de la Constitution de 1946, que « la sauvegarde de la dignité de la personne humaine » était un principe constitutionnel[9], la dignité de la personne humaine étant le « principe matriciel » d'où découlent, entre autres, les règles protectrices du corps humain. Cet article 16 du Code civil a une valeur normative, comme l'a expressément posé la Cour de cassation[10]. De nombreux textes internationaux consacrent le respect dû au corps humain[11], en particulier la Convention d'Oviedo du 4 avril 1997 « pour la protection des droits de l'homme et de la dignité de l'être humain à l'égard des applications de la biologie et de la médecine » (applicable en France depuis le 1er avril 2012). Pour n'évoquer qu'un des plus récents, la Charte des droits fondamentaux de l'Union européenne, dans un chapitre Ier, « Dignité », consacre notamment le droit à l'intégrité de la personne (art. 3). Il faut ajouter qu'en 1994 le Parlement avait expressément prévu que, dans les cinq ans de son entrée en vigueur, la loi n° 94-654 du 29 juillet 1994 ferait l'objet d'un nouvel examen après évaluation de son application. Ce nouvel examen a débouché sur la loi n° 2004-800 du

1. Défendue au XVIIe siècle par Locke, elle est soutenue par certains auteurs libéraux (B. Lemennicier, « Le corps humain, propriété de soi, propriété de l'État », *Droits* n° 13, 1991, p. 111 s.). Comp. F. Zénati-Castaing et T. Revet, *Manuel de droit des personnes*, PUF, 2006, n° 277 : chacun est propriétaire de son corps, ce droit de propriété découlant de la libre disposition du corps humain. *Adde* : T. Revet, « Le corps humain est-il une chose appropriée ? », *RTD civ.* 2017. 587.
2. J. Carbonnier, *Droit civil. Les personnes*, PUF, coll. « Thémis », 21e éd., 2000, n° 4.
3. F. Terré et D. Fenouillet, *Droit civil. Les personnes*, Dalloz, coll. « Précis », 8e éd., 2012, n° 17.
4. Catéchisme de l'Église catholique, Plon, 1992, n° 364. *Adde* : P. Debergé, *Ce que dit la Bible sur le corps*, Nouvelle cité, 2015.
5. Verset 105, chapitre V.
6. Ex. : le nouveau Code civil du Québec, entré en vigueur le 1er janv. 1994, dispose dans son article 10 : « Toute personne est inviolable et a droit à son intégrité. Sauf dans les cas prévus par la loi, nul ne peut lui porter atteinte sans son consentement libre et éclairé ». D'autres articles donnent un contenu concret à ce principe (v. R. Cabrillac, « Le nouveau Code civil du Québec », *D.* 1993. 267, nos 10 s.). De même, le nouveau Code civil et commercial argentin dispose que « La personne humaine est inviolable et en toutes circonstances a droit à la reconnaissance et au respect de sa dignité » (art. 51, v. R. Cabrillac, « Le nouveau Code civil et commercial argentin, un audacieux pari réussi », *D.* 2015. 2397).
7. Rapport du Conseil d'État, *Sciences de la vie. De l'éthique au droit*, La Documentation française, 1988 ; N. Lenoir, *Aux frontières de la vie : une éthique biomédicale à la française*, La Documentation française, 1991 ; J.-F. Mattei, *La vie en question : pour une éthique biomédicale*, La Documentation française, 1994.
8. Loi n° 94-653 relative au respect du corps humain, complétée par la loi n° 94-654 relative au don et à l'utilisation des éléments et produits du corps humain, à l'assistance médicale, à la procréation et au diagnostic prénatal. Elles avaient été précédées par la loi n° 94-548 relative aux traitements de données nominatives ayant pour fin la recherche dans le domaine de la santé.
9. Cons. const. 27 juill. 1994, n° 94-343, *JO* 29 juill. 1994, p. 11024 ; *JCP* 1994. III. 66974 *bis* ; *D.* 1995. 238, note B. Mathieu ; *RFDC* 1994. 799, note L. Favoreu.
10. Civ. 1re, 26 sept. 2018, *RTD Civ.* 2018. 863, obs. A.-M. Leroyer ; ad. C. Saint-Pau, « La normativité civile du principe constitutionnel de dignité humaine », *JCP* 2019. 12.
11. V. N. Lenoir et B. Mathieu, *Les normes internationales de la bioéthique*, 2e éd., PUF, coll. « Que sais-je ? », 2004.

6 août 2004, qui prévoyait également un réexamen de ses dispositions dans le même délai de cinq ans. Des états généraux de la bioéthique ouverts en 2008 et clôturés le 1er juillet 2009[12] ont préludé à cette nouvelle révision[13], qui est intervenue par la loi du 7 juillet 2011[14]. De nouveaux états généraux de la bioéthique se sont terminés courant 2018, donnant lieu à un rapport diffusé en juin 2018[15], prélude à une nouvelle révision intervenue par la loi du 2 août 2021.

La reconnaissance d'un statut juridique du corps humain trouvant son fondement dans ses liens avec la personne, on peut en ébaucher les frontières[16]. Le corps disparaît après la mort[17], même si certaines dispositions applicables au corps humain s'étendent au cadavre, une loi du 19 décembre 2008 ayant renforcé ce rapprochement, intégrant dans le Code civil un nouvel article 16-1-1 disposant que « le respect dû au corps humain ne cesse pas avec la mort [al. 1er] », la jurisprudence ayant précisé que ce principe préexistait à la loi du 19 décembre 2008[18], « Les restes des personnes décédées, y compris les cendres de celles dont le corps a donné lieu à crémation, doivent être traitées avec respect, dignité et décence [al. 2] »[19]. Quant à l'éventuelle application du statut du corps humain à l'embryon, elle dépend de la réponse à la fondamentale question de la date d'apparition de la personnalité juridique, mais certaines règles protectrices de l'embryon sont parfois calquées sur celles du corps humain. Enfin, les prothèses, appareils destinés à remplacer un membre ou un organe défaillant, parfois considérées comme le prolongement du corps, peuvent suivre son régime[20].

**234** ***Plan.*** Les droits de tout individu sur son propre corps sont érigés en droits subjectifs : « Chacun a droit au respect de son propre corps » (C. civ., art. 16-1, al. 1er). Ce texte, calqué sur l'article 9 du Code civil reconnaissant le droit au respect de la vie privée, est complété par l'article 16-2 du Code civil qui octroie d'importantes prérogatives au juge autorisé à « prescrire toutes mesures propres à empêcher ou faire cesser une atteinte illicite au corps humain ou des agissements illicites portant sur des éléments ou des produits de celui-ci, y compris après la mort ».

Les deux alinéas suivant de l'article 16-1 du Code civil consacrent deux principes fondamentaux découlant du respect dû au corps humain : l'inviolabilité (***I.***), et l'indisponibilité (***II.***).

# I • L'inviolabilité du corps humain

## A • Contenu du principe

**235** ***Consécration du principe.*** « *Noli Me tangere* », disait le Christ ressuscité à Marie Madeleine[21] (« Ne Me touche pas »)… Le principe d'inviolabilité protège le corps humain contre autrui, ce qui explique que le suicide ne fasse l'objet d'aucune incrimination légale, pas plus que l'automutilation.

12. V. Rapport final, *Les Annonces de la Seine* 30 juill. 2009, n° 47.
13. J. Bonnard, « La révision des lois de bioéthique », *D.* 2010. 846. *Adde : Lois de bioéthique : réexamen, enjeux et débats*, La Documentation française, 2010.
14. A. Cheynet de Beaupré, « La révision de la loi relative à la bioéthique », *D.* 2011. 2217.
15. Cf. https://etatsgenerauxdelabioethique. fr
16. V. A. Marais, *Droit des personnes*, Dalloz, coll. « Cours », 4e éd., 2021, n° 23 sur l'embryon et n° 61 sur le cadavre.
17. Illustration : la protection du corps disparaissant après la mort, la non-patrimonialité du corps humain ne fait pas obstacle à l'application à un vestige humain figurant dans une collection de musée national (tête maorie) de l'art. L. 451-5 du C. patr. qui déclare que les biens constituant les collections des musées de France font partie du domaine public et sont inaliénables, sauf déclassement (CAA Douai, 24 juill. 2008, *JCP* 2008. II. 10181, note Saujot).
18. Civ. 1re, 29 oct. 2014 (v. D. Mainguy, « À propos d'un principe préexistant à une loi », *D.* 2015. 246).
19. En se fondant sur cet article, la jurisprudence a interdit l'exposition *Our body, à corps ouvert* : l'exposition de cadavre à des fins commerciales méconnaît l'exigence de l'art. 16-1-1 du Code civil (Civ. 1re, 16 sept. 2010, n° 09-67.456, *D.* 2010. 2750, note G. Loiseau). Le contrat d'assurance garantissant la tenue de l'exposition a également été considéré comme nul (Civ. 1re, 29 oct. 2014, préc.)
20. Par exemple, l'article 5 de la loi du 5 juill. 1985 relative aux accidents de la circulation prévoit que « les fournitures et appareils délivrés sur prescription médicale donnent lieu à indemnisation selon les règles applicables à la réparation des atteintes à la personne ». Ad. C. Lazaro, *La prothèse et le droit, Essai sur la fabrication juridique des corps hybrides*, PUF, 2016.
21. Évangile selon Saint Jean, XX, 17.

Ce principe se joint à celui de la liberté de création pour admettre les manifestations les plus extrêmes du *Body art* qui conçoit le corps humain comme une œuvre d'art : Orlan a pu ainsi organiser et mettre en scène plusieurs de ses opérations-performances, subies pour transformer son visage en figures mythiques (Mona Lisa, Vénus de Boticelli…)[22].
Fondant depuis longtemps de nombreuses solutions de droit positif, le principe d'inviolabilité a été expressément consacré en tant que tel par la loi du 29 juillet 1994 dans l'article 16-1, alinéa 2, du Code civil : « Le corps humain est inviolable ». Le législateur a élargi le domaine de la protection, l'article 16-4 du Code civil disposant que « nul ne peut porter atteinte à l'intégrité de l'espèce humaine » (al. 1), précisant que « Toute pratique eugénique tendant à l'organisation de la sélection des personnes est interdite » (al. 2) et que « Sans préjudice des recherches tendant à la prévention et au traitement des maladies génétiques, aucune transformation ne peut être apportée aux caractères génétiques dans le but de modifier la descendance de la personne » (al. 4). L'objectif est de protéger l'espèce humaine contre les manipulations génétiques, en particulier les pratiques eugéniques, rendues aujourd'hui possibles par les progrès de la médecine : le législateur a voulu éviter que le cauchemar décrit par Aldous Huxley dans *Le Meilleur des Mondes* ne puisse devenir réalité… Il reste que, comme dans d'autres domaines, les « progrès » de la science médicale transforment parfois la science-fiction en réalité, comme en témoigne l'exemple récent de la reproduction d'êtres vivants par clonage, dont les deux formes, clonage reproductif et clonage thérapeutique, ont été prohibées par le législateur français, la première dans l'article 16-4, alinéa 3, du Code civil qui proclame qu'« est interdite toute intervention ayant pour but de faire naître un enfant génétiquement identique à une autre personne vivante ou décédée », la seconde dans l'article L. 2151-4 du Code de la santé publique. Une panoplie de sanctions pénales assure le respect de ces interdictions (par exemple, le fait de procéder à une intervention ayant pour but de faire naître un enfant génétiquement identique à une autre personne vivante ou décédée est puni de trente ans de réclusion criminelle et de 7 500 000 euros d'amende : C. pén., art. 214-2).
Le corps humain est protégé contre des atteintes perpétrées sans le consentement de la victime (*1.*), mais également malgré son consentement (*2.*).

## 1 • Prohibition des atteintes au corps humain sans le consentement de la victime

**236** ***Un principe pénalement et civilement sanctionné.*** Les atteintes au corps humain constituent une infraction pénale : le livre deuxième du Code pénal égrène les crimes et délits contre les personnes, en particulier dans son titre II, « Des atteintes à la personne humaine » : *homicide* (art. 221-1 à 221-7), *coups et blessures* (art. 222-7 à 222-16, 222-19 et 222-20), *tortures et actes de barbarie* (art. 222-1 à 222-6), *violences* (art. 222-7 à 222-16), *agressions sexuelles* (art. 222-22 à 222-33)… N'échappent à ces sanctions que les comportements commis en présence d'un fait justificatif ou très exceptionnellement excusés par l'usage (exemple : droit de correction modérée des parents, encore cette exception n'est-elle pas sans soulever de contestations et une proposition de loi interdisant les châtiments corporels, comme la fessée, a été adoptée en première lecture par l'Assemblée nationale en novembre 2018. La loi n° 2019-721 du 10 juillet 2019 a précisé d'une manière plus générale que « l'autorité parentale s'exerce sans violences physiques ou psychologiques » C. civ., art. 371-1, al. 3). L'excision et l'infibulation pratiquées sur les petites filles restent des atteintes à l'intégrité physique condamnées. La question reste en débat pour la pratique de la circoncision rituelle, à la suite d'une décision d'un tribunal

---

22. V. *Les assises du corps transformé, Les Études hospitalières*, 2009, spéc. « Transformation corporelle voulue », p. 137 s., les contributions de F. Vialla, S. Joly, A. Vollerin, J. Mateu, F. Wilder et M. Marzanno.

allemand qui l'a considérée comme une atteinte à l'intégrité corporelle[23]. Les atteintes au corps humain ouvrent également droit à réparation civile : le versement de dommages-intérêts réparera les préjudices corporels qu'il s'agisse de dommages matériels (frais médicaux, manque à gagner correspondant à une incapacité totale ou partielle, permanente ou temporaire de travailler…) ou de dommages moraux (*pretium doloris*, préjudice d'affection, préjudice esthétique…).

**237 *Autres applications.*** La prohibition des atteintes au corps va au-delà de ces sanctions civiles et pénales et fonde des règles éparses de notre droit. Une personne peut refuser d'être soumise à un examen médical au cours d'un procès civil[24] ; le débiteur d'une obligation de faire présentant un caractère personnel ne peut en principe être contraint à s'exécuter (C. civ., art. 1142 ancien repris de l'adage « *Nemo praecise cogi potest ad factum* » [« Nul ne peut être contraint de faire une chose »], qui ne devrait pas être remis en cause par le nouvel article 1221 consacrant l'exécution forcée en nature qui exclut l'exécution forcée en cas d'impossibilité : on ne peut forcer quelqu'un à faire quelque chose) ; une victime peut refuser de suivre un traitement médical ou de se soumettre à une opération qui diminuerait l'indemnité due par l'auteur du dommage[25]. Le principe d'inviolabilité du corps humain est sauf… même s'il est contourné. La pression sur l'individu s'exerce indirectement, par des moyens qui laissent le corps à l'abri : le risque de voir interprété comme un aveu le refus de se soumettre à un examen médical, la menace d'une astreinte pour être contraint à exécuter son obligation qui, de toute façon, se résoudra par le versement de dommages-intérêts, une possible diminution des dommages-intérêts pour tenir compte du préjudice imputable au refus de soins.

## 2 • Prohibition des atteintes au corps humain malgré le consentement de la victime

**238 *Un principe général.*** L'atteinte à l'intégrité du corps humain ne disparaît pas avec le consentement de la victime[26], l'interdiction des actes portant atteinte à son intégrité physique rejoignant le principe du droit pénal selon lequel le consentement de la victime ne supprime pas l'infraction. La règle a été dégagée très tôt par la jurisprudence pour priver d'effet une convention par laquelle des duellistes voulaient soustraire le vainqueur à toute poursuite civile et pénale : « Une convention par laquelle deux hommes […] s'attribuent le droit de disposer mutuellement de leur vie […] rentre évidemment dans la catégorie des conventions contraires aux bonnes mœurs et à l'ordre public[27] ». Cette jurisprudence peut directement s'appliquer, par exemple, aux pratiques sadomasochistes[28], malgré le principe de liberté sexuelle[29].

Un cas plus topique concerne l'intervention chirurgicale pratiquée par pure convenance personnelle. Dans la célèbre affaire des stérilisés de Bordeaux, la jurisprudence avait décidé qu'une stérilisation ayant été pratiquée sans aucune nécessité médicale, le consentement des patients n'empêchait pas la constitution de l'infraction[30]. S'il est vrai que les faits de l'espèce étaient particuliers puisque cette stérilisation

23. Tribunal de Cologne, 7 mai 2012. *Ad.* : R. Libchaber, « Circoncision, pluralisme et droits de l'homme », *D.* 2012. 2044. Comp. Paris 29 sept. 2000, *D.* 2001. 1585, note Duvert : responsabilité du médecin qui a pratiqué une circoncision rituelle sur un enfant, en dehors de toute nécessité médicale, en se contentant du consentement d'un seul des parents.
24. V. sur ce point, J. Carbonnier, *Droit civil, Les personnes*, 21e éd., PUF, coll. « Thémis », 2000, n° 9 et les décisions citées.
25. *Cf.* par ex., R. Cabrillac, *Droit des obligations*, Dalloz, 15e éd., 2021, n° 345.
26. D. Roman, « "À corps défendant". La protection de l'individu contre lui-même », *D.* 2007. 1284.
27. Crim. 22 juin 1837, *S.* 1837. 1. 465.
28. Sans que puisse être invoquée la protection de la vie privée prévue par l'article 8 de la Conv. EDH pour s'opposer aux sanctions étatiques (CEDH 19 févr. 1997, *D.* 1998. 97, note Larralde ; *RTD civ.* 1997. 1013, obs. J.-P. Marguénaud ; *JCP* 1998. I. 107, n° 32, obs. F. Sudre). *Adde* M. Fabre-Magnan, « Le sadisme n'est pas un droit de l'homme », *D.* 2005. 2973, et CEDH 17 févr. 2005, *K. A. et A. D. c/ Belgique*, citée par l'auteur.
29. V. D. Roman, « Le corps a-t-il des droits que le droit ne connaît pas ? La liberté sexuelle et ses juges : étude de droit français et de droit comparé », *D.* 2005. 1508 ; M. Fabre-Magnan, « Le domaine de l'autonomie personnelle, Indisponibilité du corps humain et justice sociale », *D.* 2008. 31.
30. Crim. 1er juill. 1937, *S.* 1938. 1. 193, note Tortat ; *DH* 1937. 537.

avait été pratiquée non par un médecin mais par… un coiffeur, le principe posé semblait demeurer[31]. Mais une loi du 4 juillet 2001 a autorisé, tout en l'encadrant sévèrement, la stérilisation volontaire à visée contraceptive par ligature des trompes ou des canaux déférents (CSP, art. L. 2123-1).
Cette dérogation ne saurait toutefois remettre en cause la portée générale du principe de prohibition des atteintes au corps humain malgré le consentement de la victime. Par exemple, l'euthanasie reste un homicide volontaire même si le médecin qui l'a pratiquée a agi avec le consentement du patient, comme en témoignent de manière récurrente des affaires médiatisées (*Humbert, Sébire, Lambert, Cocq*…) et ni les lois du 22 avril 2005 relatives aux droits des malades en fin de vie et du 2 février 2016 créant de nouveaux droits en faveur des malades et des personnes en fin de vie ne bouleversent fondamentalement ce principe, comme ne devrait sans doute pas le faire non plus la nouvelle loi actuellement envisagée en la matière. L'interdiction de porter atteinte à son intégrité physique par pure convenance personnelle explique également les obligations renforcées des chirurgiens esthétiques[32].

## B • Dérogations au principe

**239** ***Plan.*** Des dérogations sont parfois apportées à l'inviolabilité du corps humain, certaines fondées sur l'intérêt général (*1.*), d'autres sur un intérêt médical (*2.*).

### 1 • Dérogations fondées sur l'intérêt général

**240** ***Des atteintes corporelles prohibées au cours de la procédure ou à titre de sanction.*** L'intérêt général exige parfois une atteinte au corps humain : le droit pénal, en édictant des peines de prison, n'est-il pas par excellence le droit de la contrainte corporelle ? En réalité, la prison est plus une atteinte à la liberté d'aller et venir du condamné qu'une atteinte à son corps. Le supplice de Damiens décrit par Michel Foucault dans les premières pages de *Surveiller et Punir* n'est heureusement plus de mise aujourd'hui, les peines corporelles *stricto sensu* ayant progressivement disparu avec l'humanisation des sanctions pénales : en France, le carcan, la marque au fer rouge et l'amputation du poing du parricide ont été abolis en 1832, l'exposition publique en 1848, la peine de mort par la loi du 9 octobre 1981. La Convention européenne des droits de l'homme (art. 3) et la Charte des droits fondamentaux de l'Union européenne (art. 4) proclament d'une même voix que « nul ne peut être soumis à la torture ni à des peines ou traitements inhumains ou dégradants ».
Les atteintes corporelles sont d'abord interdites au cours de la procédure. Les atteintes à l'intégrité corporelle des prévenus et des accusés, comme le recours à l'injection d'un « sérum de vérité » (penthotal) dans le but de faire avouer le suspect, sont prohibées[33]. La loi du 29 juillet 1994 n'a autorisé l'identification d'une personne par ses empreintes génétiques qu'avec son consentement et « dans le cadre de mesures d'enquête ou d'instruction diligentées lors d'une procédure judiciaire ou à des fins médicales ou de recherche scientifique… » (C. civ., art. 16-11), seuls les services ou organismes de police technique ou scientifique ou les experts judiciaires ayant fait l'objet d'un agrément étant habilités à procéder à ce type de test (C. civ., art. 16-12). En matière civile, cette identification ne peut être décidée par le juge comme mesure d'instruction que pour l'établissement ou la contestation d'un lien de filiation ou

31. Cass., avis, 6 juill. 1998, *Bull. civ.*, n° 10 : une atteinte à l'intégrité du corps humain, telle la ligature des trompes de Fallope, pratiquée en dehors de toute nécessité thérapeutique et à des fins strictement contraceptives, est prohibée par l'article 16-3 du Code civil. Comp. Crim. 6 févr. 2001, *D.* 2001. IR 1216 : la stérilisation d'une patiente sans son consentement ne caractériserait pas le délit de violences, faute d'élément intentionnel.

32. V. l'obligation d'information édictée par l'article L. 6322-2 CSP, issu de la loi du 4 mars 2002, initiée par Paris, 22 janv. 1913, *D.* 1919. 2. 73, note L. Denisse ; *S.* 1918. 2. 97, note E. H. Perreau. (v. P. Sargos, « Le centenaire jurisprudentiel de la chirurgie esthétique : permanence de fond, dissonances factuelles et prospective », *D.* 2012. 2903).

33. B. Bouloc, *Procédure pénale*, Dalloz, coll. « Précis », 28ᵉ éd., 2021, n° 36.

l'établissement ou la suppression de subsides, le consentement de l'intéressé devant être au préalable expressément recueilli (C. civ., art. 16-11, al. 2). En matière pénale, la comparaison des empreintes génétiques d'une personne avec celles qui ont été retrouvées sur les lieux d'une infraction qui facilite ainsi l'identification du coupable ne peut qu'être décidée par le juge d'instruction. Le non-respect de ces conditions est pénalement sanctionné (C. pén., art. 226-25 s.).
Les châtiments corporels sont également interdits : par exemple, des sanctions comme la castration, la stérilisation ou la lobotomie, admises par certains pays, ne le sont pas en France, même du consentement de l'intéressé. Toutefois, le refus par une personne condamnée à certaines infractions de se soumettre à un prélèvement biologique destiné à permettre l'analyse d'identification de son empreinte génétique est passible de sanctions pénales (C. pr. pén., art. 706-56-1) Si certaines mesures de sûreté comme la désintoxication des alcooliques ou des toxicomanes paraissent heurter l'interdiction de toute peine corporelle, il s'agit de mesures au domaine d'application limité et qui présentent un incontestable aspect thérapeutique[34]. C'est en effet surtout au nom de l'intérêt médical que la société contemporaine multiplie les atteintes à l'inviolabilité du corps humain.

## 2 • Dérogations fondées sur un intérêt médical

**241** ***Des atteintes corporelles encadrées au nom de l'intérêt médical du patient.*** La jurisprudence avait depuis longtemps admis que le médecin pouvait porter atteinte à l'intégrité physique de son patient, exigeant un intérêt thérapeutique pour le patient et, lorsque cela était possible, son consentement. Ces principes ont été inscrits dans l'article 16-3 du Code civil, l'alinéa 1er disposant qu'« Il ne peut être porté atteinte à l'intégrité du corps humain qu'en cas de nécessité médicale pour la personne ou à titre exceptionnel dans l'intérêt thérapeutique d'autrui », l'alinéa 2 ajoutant : « Le consentement de l'intéressé doit être recueilli préalablement, hors le cas où son état rend nécessaire une intervention thérapeutique à laquelle il n'est pas à même de consentir » et repris dans le Code de la santé publique en vertu d'une loi du 4 mars 2002. Ainsi l'article L. 1111-4, alinéa 4, du Code de la santé publique dispose que : « Aucun acte médical ni aucun traitement ne peut être pratiqué sans le consentement libre et éclairé de la personne et ce consentement peut être retiré à tout moment », écho du principe posé à l'alinéa 2 (« Toute personne a le droit de refuser ou de ne pas recevoir un traitement »). Cette exigence fait concrètement difficulté pour la transfusion sanguine pratiquée sur un témoin de Jéhovah qui s'y oppose : la jurisprudence considère traditionnellement qu'elle ne peut être pratiquée sans le consentement du malade que si, après avoir mis tout en œuvre pour le convaincre d'accepter, les soins pratiqués sont indispensables à la survie et proportionnés à l'état du patient[35], mais cette jurisprudence semble aujourd'hui menacée par les exigences de la loi du 4 mars 2002[36]. De même, l'interruption d'un traitement médical en fin de vie ne peut être imposée au malade s'il tend à assurer de façon artificielle le maintien des fonctions vitales du patient[37]. L'importance de ce consentement est renforcée par les développements récents de l'obligation d'information du patient, la jurisprudence ayant été confirmée par le législateur (*cf.* CSP, art. L. 1111-2, al. 1er, issu d'une loi du 4 mars 2002 : « [...] Cette information porte sur les différentes investigations, traitements ou actions de prévention qui sont proposées, leur utilité, leur urgence éventuelle, leurs conséquences, les risques fréquents ou graves normalement prévisibles qu'ils comportent ainsi que sur les autres solutions possibles et sur les conséquences prévisibles en cas de refus [...] »). L'information fournie au patient permet un consentement éclairé de

34. Sur ces mesures, v. B. Bouloc, *Pénologie*, Dalloz, coll. « Précis », 4e éd., 2011, nos 531 s.
35. V. CE, réf., 16 août 2002, *D.* 2002. 2417 ; *RTD civ.* 2003. 781, obs J. Hauser. *Adde* : S. Porchy-Simon, « Le refus de soins vitaux à l'aune de la loi du 4 mars 2002 », *RCA* 2002. Chron. 21.
36. V. Edel, « Le refus de soin », *LPA* 14 déc. 2007, no 250, p. 9 s.
37. Sur cette question, v. E. Terrier, « La personne humaine, vie et mort », v. ss 230.

sa part[38]. Enfin, l'étude génétique des caractéristiques d'une personne, test génétique dont le rôle est de faire apparaître les caractéristiques biologiques d'une personne et son éventuelle prédisposition à une maladie, ne peut être entreprise qu'à « des fins médicales ou de recherche scientifique » (C. civ., art. 16-10), sous peine de poursuites pénales (C. pén., art. 226-25 : peines d'un an d'emprisonnement et de 15 000 euros d'amende). Une réglementation similaire a été instaurée pour les techniques d'imagerie cérébrale (C. civ., art. 16-14).

Il reste que l'exigence d'un intérêt médical est parfois entendue avec beaucoup de souplesse. Par exemple, si la jurisprudence de la Cour de cassation n'admettait la rectification de l'état civil d'un transsexuel que si le changement de sexe avait été effectué dans un but thérapeutique[39], on pouvait douter de la réalité du contrôle exercé par les tribunaux sur cette exigence. La loi du 18 novembre 2016 a supprimé cette condition, toute personne peut demander à changer de sexe si la mention ne correspond pas à l'état dans lequel elle se présente et dans lequel elle est connue (C. civ., art. 61-5).

**242** ***Des atteintes corporelles encadrées au nom de l'intérêt médical de la société.*** L'inviolabilité du corps humain s'efface parfois devant l'intérêt médical de la société : tel est par exemple le cas des vaccinations obligatoires, imposées dans un but de prévention sanitaire[40]. Mais ces atteintes doivent rester exceptionnelles : ainsi s'explique que le législateur ait préféré faciliter le dépistage facultatif du sida en le rendant anonyme et gratuit, plutôt que d'imposer un dépistage obligatoire (CSP, art. L. 3121-2). Dans le même sens, la vaccination contre la covid-19 n'a pas été rendue obligatoire, les pouvoirs publics préférant inciter qu'obliger.

D'une manière plus spécifique, des dérogations sont apportées à l'inviolabilité du corps humain en vue de favoriser la recherche médicale, mais elles sont strictement encadrées : les horreurs pratiquées au nom de la science par les médecins nazis restent dans la mémoire de tous. Les textes du Code de la santé publique, issus des lois du 20 décembre 1988, du 23 janvier 1990, du 25 juillet 1994 et du 5 mars 2012, prévoient que la recherche biomédicale ne peut être effectuée que si elle vise « à étendre la connaissance scientifique de l'être humain et les moyens susceptibles d'améliorer sa condition » (CSP, art. L. 1121-2). Toute recherche doit répondre à des garanties scientifiques (CSP, art. L. 1121-2) : être fondée sur le « dernier état des connaissances scientifiques et sur une expérimentation préclinique suffisante » ; ne pas comporter de risque prévisible « hors de proportion avec le bénéfice escompté » ; avoir pour objet d'« étendre la connaissance scientifique de l'être humain et les moyens susceptibles d'améliorer sa condition » ; réduire « au minimum la douleur, les désagréments, la peur et tout autre inconvénient prévisible ». Des conditions supplémentaires sont posées pour les personnes vulnérables : personnes privées de liberté, mineurs, femmes enceintes, majeurs ne disposant pas de toutes leurs facultés mentales (CSP, art. L. 1121-5 et s.). Les conditions médicales de la recherche sont strictement encadrées (CSP, art. L. 1121-3) et un avis favorable du comité de protection des personnes est nécessaire (CSP, art. L. 1121-4). Les recherches ne peuvent être effectuées qu'avec le consentement écrit ou attesté par une personne de confiance de celui qui s'y prête, dûment informé au préalable (CSP, art. L. 1122-1-1), des règles spécifiques étant posées pour le consentement des mineurs ou des majeurs protégés. Aucune recherche biomédicale ne peut être effectuée sur une personne décédée sans son consentement exprimé de son vivant ou par le témoignage de sa famille (CSP, art. L. 1121-14). Les recherches médicales sur l'embryon sont aujourd'hui en principe permises (CSP, art. L. 2151-5). Mais elles doivent être autorisées par l'Agence de la biomédecine, qui vérifie le respect de certaines conditions : pertinence scientifique de la recherche, finalité médicale, nécessité de la recherche en considération des connaissances scientifiques ; respect des principes éthiques, consentement préalable écrit du couple dont les embryons sont issus.

---

38. V. pour une application, F. Vialla, « Bref retour sur le consentement éclairé », *D.* 2011. 292, note s/s Toulouse, 25 oct. 2010.
39. Cass., ass. plén., 11 déc. 1992, *JCP* 1993. II. 21991, concl. M. Jeol, note G. Mémeteau ; *RTD civ.* 1993. obs. J. Hauser. *Adde* Civ. 1re, 13 févr. 2013, *D.* 2013. 499, note I. Gallmeister et 1097, J.-J. Lemouland et V. Larribau-Terneyre.
40. V. en ce sens CE 26 nov. 2001, *RFDA* 2002. 164. Elles viennent d'être jugées conformes à la Constitution (Cons. const. 20 mars 2015, n° 2015-458 QPC).

Des sanctions pénales garantissent le respect de ces règles (C. pén., art. 223-8 : peine de trois ans d'emprisonnement et de 45 000 euros d'amende en cas de violation des règles en matière de consentement ou protégeant les personnes vulnérables[41] ; C. pén., art. 511-19 : peine de deux ans d'emprisonnement et de 30 000 euros d'amende en cas de recherche non autorisée sur l'embryon).

# II • L'indisponibilité du corps humain

## A • Contenu du principe

**243** ***Un principe indirectement consacré.*** L'indisponibilité du corps humain signifie que le corps humain ne peut faire l'objet de convention : selon la formule consacrée, le corps humain est hors du commerce juridique.

Le principe de l'indisponibilité du corps humain a été forgé par les tribunaux en s'appuyant sur plusieurs textes du droit des obligations : l'article 6 du Code civil disposant qu'« On ne peut déroger par des conventions particulières, aux lois qui intéressent l'ordre public et les bonnes mœurs », les articles 1131 et 1133 anciens du Code civil prévoyant la nullité de la convention fondée sur une cause illicite et l'article 1128 ancien du Code civil disposant que l'objet doit être licite, l'essence de ces derniers textes étant repris par l'article 1161 exigeant que le contenu du contrat soit conforme à l'ordre public. L'indisponibilité du corps humain apparaît ainsi comme une limite à la liberté fondamentale de disposer de soi-même ou à la liberté contractuelle, d'où les critiques — excessives — de certains auteurs qui proposent d'abandonner ce principe[42].

Le législateur a renoncé à le consacrer expressément en raison des dérogations qu'il lui apportait, mais il en a retenu les applications essentielles : « Le corps humain, ses éléments et ses produits ne peuvent faire l'objet d'un droit patrimonial » (C. civ., art. 16-1, al. 3) et, plus précisément, « Les conventions ayant pour effet de conférer une valeur patrimoniale au corps humain, à ses éléments ou à ses produits sont nulles » (C. civ., art. 16-5). On peut y rattacher la règle de l'article L. 611-18 du Code de la propriété intellectuelle selon laquelle « Le corps humain, aux différents stades de sa constitution et de son développement, ainsi que la seule découverte d'un de ses éléments, y compris la séquence totale ou partielle d'un gène, ne peuvent constituer des inventions brevetables », même si la loi du 6 août 2004 a permis la brevetabilité d'une invention constituant l'application technique d'une fonction d'un élément du corps humain.

L'indisponibilité du corps humain s'impose qu'il s'agisse de l'aliénation de la totalité du corps humain (*1.*) ou d'un de ses organes, produits ou éléments (*2.*).

### 1 • Interdiction de l'aliénation totale du corps

**244** ***Le corps humain est hors commerce juridique.*** Les applications sont nombreuses. La convention par laquelle une personne se donnerait en esclavage est incontestablement nulle. S'il est vrai que l'abolition de l'esclavage par le décret du 27 avril 1848, relayé par de nombreux textes internationaux, en fait une hypothèse d'école, le recours au principe d'indisponibilité du corps humain reste utile pour l'annulation d'autres conventions qui se développent malheureusement aujourd'hui, comme les « ventes » d'enfants entre pays du tiers-monde et pays développés pour alimenter le marché de l'adoption. L'indisponibilité s'applique également à l'embryon : un embryon ne peut être conçu ou utilisé « à

41. Ex. : Crim. 24 févr. 2009, *D.* 2009. 2087, note J.-P. Delage (condamnation d'un médecin qui a testé un nouveau médicament sur un patient arrivé dans le service depuis une heure, affaibli et dans l'impossibilité de donner un consentement libre, éclairé et exprès).
42. B. Lemennicier, article cité.

des fins commerciales ou industrielles », la loi sanctionnant le fait d'obtenir un embryon humain contre paiement (C. pén., art. 511-15 : peine de sept ans d'emprisonnement et de 100 000 euros d'amende).
L'éventuelle application de l'indisponibilité du corps humain au contrat de travail a pu faire difficulté au XIXe siècle : l'ouvrier ne loue-t-il pas son corps ? Elle reposerait sur une mauvaise qualification : le salarié ne loue pas son corps mais ses services, sa force de travail, comme le suggère l'article 1780 du Code civil aux termes duquel « On ne peut engager ses services qu'à temps, ou pour une entreprise déterminée[43] » (al. 1er). Un raisonnement équivalent pourrait être conduit pour la convention de prostitution, dont l'objet n'est pas le corps lui-même, mais la nullité du contrat repose en l'espèce sur l'immoralité de la cause[44].
On pourrait également songer par analogie à valider le contrat de maternité pour autrui : la convention de mère porteuse ne serait pas une aliénation du corps de cette dernière mais une location de ses facultés gestationnelles. C'est oublier que l'enfant à naître est inclus dans l'objet du contrat de maternité pour autrui. Aussi doit-on approuver la jurisprudence d'avoir prononcé la nullité du contrat avant l'intervention du législateur, en se fondant sur l'indisponibilité du corps humain : « La convention par laquelle une femme s'engage, fût-ce à titre gratuit, à concevoir et à porter un enfant pour l'abandonner à sa naissance contrevient tant au principe d'ordre public de l'indisponibilité du corps humain qu'à celui de l'indisponibilité de l'état des personnes[45] ». Les travaux préparatoires de la loi du 29 juillet 1994 montrent clairement que le législateur a voulu rattacher le nouvel article 16-7 du Code civil, qui confirme la solution jurisprudentielle en disposant que « Toute convention portant sur la procréation ou la gestation pour le compte d'autrui est nulle », au principe d'indisponibilité du corps humain.

## 2 • Interdiction de l'aliénation d'un organe, d'un produit ou d'un élément du corps

**245** ***Extension du principe aux organes, produits ou éléments du corps humain.*** L'indisponibilité du corps humain trouve également à s'appliquer en cas d'aliénation d'un organe (exemples : rein, foie...), d'un produit (exemples : sang, lait...), d'un élément (exemples : bras, jambe...) du corps humain. Serait certainement nulle au regard du droit français la promesse faite par Antonio à Shylock d'une livre de sa chair, dans *Le Marchand de Venise*. La jurisprudence a par exemple annulé une convention par laquelle une mineure devait se faire tatouer les fesses, une clause précisant que « le tatouage, une fois ôté de votre corps, restera notre propriété pleine et entière[46] ». Au-delà de cette espèce, la question est particulièrement d'actualité avec le développement du trafic d'organes dont font périodiquement état les médias. L'affaire *Moore* qui a éclaté il y a quelques années aux États-Unis en témoigne : un patient s'apercevant que ses médecins lui prélèvent des cellules rares pour fabriquer et commercialiser des produits pharmaceutiques intente une *action for conversion*, qui s'apparente à une action en revendication de ses cellules, et obtient gain de cause, la cour d'appel de Californie jugeant qu'un homme a un véritable droit de propriété sur les produits de son corps[47]. Il est vrai que le droit américain est plus sensible aux impératifs économiques que ne pourrait l'être le droit français...
Les auteurs s'accordent pourtant à considérer que le principe d'indisponibilité du corps humain est moins strict lorsqu'il s'agit d'un organe, d'un élément ou *a fortiori* d'un produit de ce corps : « La

43. V. T. Revet, *La force de travail*, n° 28, Litec, coll. « *Bibl. dr. entr.* », 1992, préf. F. Zenati.
44. V. TGI Paris, 8 nov. 1973, *D.* 1975. 401, note M. Puech : nullité pour immoralité d'une convention de *strip-tease*.
45. Cass., ass. plén., 31 mai 1991, *D.* 1991. 417, rapp. Y. Chartier, note D. Thouvenin ; *JCP* 1991. II. 21752, communic. J. Bernard, concl. F. Dontenwille, note F. Terré ; *RTD civ.* 1991. 517, obs. D. Huet-Weiller ; *ibid.* 1992. 489, obs. M. Gobert.
46. TGI Paris, 3 juin 1969, *D.* 1970. 136.
47. *J. Moore V. Regents of the University of California*, 31 juill. 1988 (*v.* M.-A. Hermitte, « L'affaire *Moore*, ou la diabolique notion de droit de propriété », *Le Monde diplomatique*, déc. 1988). L'arrêt a été réformé par une décision de la cour suprême de Californie en date du 9 juill. 1990, refusant à J. Moore et à ses héritiers le droit de revendiquer la propriété de ces cellules, devenues la propriété de ceux qui en avaient établi la valeur marchande, et qui ont pu ainsi déposer des brevets et en faire une exploitation industrielle.

validité doit être souvent admise : toutes les fois que la combinaison répond à des fins légitimes éprouvées[48] ». Le principe d'indisponibilité du corps humain connaît en effet des dérogations en nombre croissant.

## B • Dérogations au principe

**246** ***Des dérogations aujourd'hui plus nombreuses.*** Depuis toujours certains produits du corps humain peuvent faire l'objet de conventions, possibilité aujourd'hui consacrée par le législateur dans l'article L. 1211-8 du Code de la santé publique[49].
Mais les dérogations à l'indisponibilité du corps humain ont été multipliées par des lois récentes, manifestation d'un phénomène plus large de recul du sacré sous la pression des progrès de la science et du mercantilisme, à tel point qu'il est aujourd'hui devenu banal de parler de « réification » du corps humain : loi du 7 juillet 1949 relative au prélèvement de cornée, loi du 21 juillet 1952 modifiée par la loi du 4 janvier 1993 relative aux prélèvements sanguins, loi du 22 décembre 1976 relative au prélèvement d'organes. Les lois du 29 juillet 1994 et du 6 août 2004 elles-mêmes, tout en consacrant implicitement le principe d'indisponibilité du corps humain, s'attachent paradoxalement davantage à préciser ses limites, à travers l'instauration de règles générales relatives au don d'éléments et produits du corps humain, complétées par un régime propre au don d'organes et un autre propre à l'utilisation des tissus, cellules et produits du corps humain, les prélèvements sanguins restant également régis par des dispositions spécifiques.
Ces dérogations apportées au principe d'indisponibilité du corps humain sont enfermées dans des conditions strictes : un consentement renforcé (*1.*), un intérêt médical (*2.*), la gratuité (*3.*), l'anonymat (*4.*).

### 1 • Un consentement renforcé

**247** ***Modalités du consentement.*** Le consentement préalable du donneur est une condition indispensable à tout prélèvement d'organe, d'élément ou de produit du corps humain. Mais le consentement généralement imposé n'est pas celui du droit commun des contrats : il est soumis à des exigences particulières.
Ce consentement est toujours librement révocable (CSP, art. L. 1211-2 pour les éléments et produits du corps humain ; art. L. 1231-1 III pour les dons d'organes).
En ce qui concerne le prélèvement d'organes sur une personne vivante, « le donneur, préalablement informé [...] des risques qu'il encourt et des conséquences éventuelles du prélèvement, [...] doit exprimer son consentement [...] devant le président du tribunal judiciaire ou le magistrat désigné par lui [...]. En cas d'urgence vitale, le consentement est recueilli, par tout moyen, par le procureur de la République [...] » (CSP, art. L. 1231-1 III). L'intervention de l'autorité judiciaire permet d'éviter que la liberté du donneur ne soit troublée par des pressions affectives qui pourraient s'exercer sur lui. Les incapables sont particulièrement protégés : aucun prélèvement d'organes en vue d'un don ne peut en principe avoir lieu sur un mineur ou un majeur protégé (CSP, art. L. 1231-2). Les mêmes règles de protection des incapables sont applicables au prélèvement de tissus ou de cellules (CSP, art. L. 1241-2) et des règles voisines régissent les prélèvements sanguins (CSP, art. L. 1221-5).
Le prélèvement d'organes sur une personne décédée « peut être effectué dès lors que la personne concernée n'a pas fait connaître, de son vivant, son refus d'un tel prélèvement » (CSP, art. L. 1232-1,

48. J. Carbonnier, *op. cit.*, n° 6.
49. Conformément à ce texte, la liste de ces produits a été fixée par le décret n° 95-904 du 4 août 1995 : cheveux, ongles, poils et dents.

al. 3). Le consentement exprès redevient la règle lorsque la personne décédée est un mineur ou un majeur incapable (CSP, art. L. 1232-2). Dans tous les cas, le respect dû au cadavre se traduit par l'obligation faite aux médecins de la « meilleure restauration possible » du corps (CSP, art. L. 1232-5). Ces règles s'appliquent au prélèvement de tissus ou cellules effectué sur une personne décédée (CSP, art. L. 1241-6). Elles permettent de concilier le respect de la volonté du défunt avec le besoin croissant de greffes d'organes dans un but thérapeutique.
L'exigence d'un consentement renforcé est protégée par plusieurs sanctions pénales : l'article 511-3 du Code pénal réprime le prélèvement d'un organe sur une personne vivante majeure sans son consentement ou sur un donneur vivant incapable (peine de sept ans d'emprisonnement et de 100 000 euros d'amende) ; l'article 511-5 du Code pénal réprime le prélèvement de tissus de cellules ou de produit effectué dans les mêmes conditions (peine de cinq ans d'emprisonnement et de 75 000 euros d'amende).

## 2 • Un intérêt médical

**248** ***Un intérêt thérapeutique ou scientifique.*** La volonté du législateur est de ne permettre une atteinte à l'indisponibilité du corps humain que si elle est justifiée par un intérêt thérapeutique ou scientifique : le don d'un organe, élément ou produit du corps doit être justifié par l'intérêt du receveur, voire l'intérêt général.
Le prélèvement d'organes sur une personne vivante « ne peut être opéré que dans l'intérêt thérapeutique direct d'un receveur », qui ne peut être que le père ou la mère du donneur ou par dérogation, avec l'autorisation d'un comité d'experts, un parent proche, une personne vivant depuis au moins deux ans avec lui ou une personne pouvant apporter la preuve d'un lien affectif étroit et stable depuis au moins deux ans avec le preneur (CSP, art. L. 1231-1, al. 1 et 2). Le « don croisé » est également autorisé (CSP, art. L. 1231-1, al. 3). Le prélèvement d'organes sur une personne décédée ne peut être effectué qu'à des fins « thérapeutiques ou scientifiques » (CSP, art. L. 1232-1). L'exigence d'un intérêt « thérapeutique ou scientifique » est également posée pour les prélèvements de cellules et tissus autres que les déchets opératoires effectués sur une personne vivante (CSP, art. L. 1241-1). De même, la transfusion sanguine s'effectue « dans l'intérêt du receveur » (CSP, art. L. 1221-1), « par un médecin ou sous sa direction et sa responsabilité » (CSP, art. L. 1221-3).
Pour garantir que l'intérêt médical soit respecté, la loi impose certaines exigences aux établissements effectuant les prélèvements ou transplantations d'organes ou les prélèvements de tissus et cellules, notamment une autorisation administrative (CSP, art. L. 1233-1 et L. 1242-1).

## 3 • La gratuité

**249** ***Le refus de la marchandisation.*** La gratuité repose incontestablement sur de bons sentiments, décourager toute volonté de profit sur le corps humain, et éviter l'apparition de « donneurs » professionnels, d'un marché des organes humains.
L'atteinte à l'indisponibilité du corps humain ne doit pas donner lieu à rémunération, la gratuité transparaissant d'ailleurs dans le langage utilisé, puisqu'on ne parle que de « don » du sang, du sperme… Déjà posé par certains textes spéciaux (art. 3, art. L. 1976), le principe a été réaffirmé solennellement d'une manière générale par l'article 16-6 du Code civil : « Aucune rémunération ne peut être allouée à celui qui se prête… au prélèvement d'éléments de son corps ou à la collecte de produits de celui-ci », et repris par l'article L. 1211-4 du Code de la santé publique pour l'utilisation d'éléments et produits du corps humain qui réserve simplement le remboursement des frais engagés. Une disposition similaire concerne les prélèvements sanguins : « aucune rémunération ne peut être allouée au donneur, sans préjudice du remboursement des frais exposés » (CSP, art. L. 1221-3). Le principe de gratuité s'étend aux

médecins pratiquant les prélèvements d'organes, de tissus et cellules qui ne peuvent recevoir aucune rémunération pour cette tâche (CSP, art. L. 1233-2). Corollaire de la gratuité, la publicité en faveur d'un don qui serait destiné à une personne, un établissement ou à un organisme déterminé est interdite (CSP, art. L. 1211-3).
Enfin, le paiement d'organes constitue une infraction pénale (C. pén., art. 511-2 : peine de sept d'emprisonnement et de 100 000 euros d'amende), comme le paiement de tissus, cellules ou de produits du corps (C. pén., art. 511-4 : peine de cinq ans d'emprisonnement et de 75 000 euros d'amende).

### 4 • L'anonymat

**250** ***L'anonymat en question.*** Le principe de l'anonymat du don d'éléments ou produits du corps humain est affirmé d'une manière générale par le nouvel article 16-8 du Code civil, et repris par l'article L. 1211-5 du Code de la santé publique pour les dons d'organes et produits du corps humain : « Le donneur ne peut connaître l'identité du receveur, ni le receveur celle du donneur » et « Aucune information permettant d'identifier à la fois celui qui a fait don d'un élément ou d'un produit de son corps et celui qui l'a reçu ne peut être divulguée ». Ce principe d'anonymat a été consacré par le législateur afin d'éviter tout tapage médiatique, toute pression du receveur sur le donneur, voire toute pression du donneur sur le receveur. Il ne peut être dérogé à ce principe qu'en cas de nécessité thérapeutique (C. civ., art. 16-8, al. 2 ; CSP, art. L. 1211-5, al. 2) : les médecins du donneur et du receveur peuvent alors avoir accès aux informations permettant l'identification de ceux-ci. L'anonymat s'impose également pour les transfusions sanguines (CSP, art. L. 1221-1). Il reste que ce principe d'anonymat pourrait heurter le droit de chacun à connaître ses origines[50]. Aussi, la suppression de l'anonymat a été envisagée à l'occasion de la révision des lois de bioéthique, mais il a finalement été maintenu dans le texte.
Des sanctions pénales renforcent ce principe d'anonymat (C. pén., art. 511-10 : peine de deux ans d'emprisonnement et de 30 000 euros d'amende).

## Conclusion

**251** Paraphrasant André Gide, on a pu s'interroger sur l'opportunité d'une législation générale sur le corps humain : peut-on faire de la bonne législation avec seulement de bons sentiments ? « Ou bien, la loi pose des principes très généraux, sans caractères normatifs ; ou bien, elle énonce une réglementation tatillonne et paperassière[51] ». Un statut protecteur du corps humain n'était-il pas suffisamment élaboré par des textes spéciaux et par la jurisprudence, encadrés par les principes fondamentaux posés par les normes internationales ? C'est oublier que les principes généraux formulés dans la loi ne sont pas dépourvus de normativité et traduisent symboliquement les idéaux de la société qui les engendrent. La question mérite d'ailleurs d'être posée pour d'autres droits et libertés fondamentaux…

---

50. Comp., à propos de l'accouchement sous X, CEDH 13 févr. 2003, *Odièvre c/ France*, *JCP* 2003. II. 10049, note A. Gouttenoire-Cornut et F. Sudre, qui considère que le droit français, assoupli par la loi du 22 janv. 2002 sur l'accès aux origines, n'a pas violé l'article 8 de la Convention.
51. P. Malaurie, « L'homme, être juridique », *D.* 1994. 97 s. *Adde* G. Raymond, « L'assistance médicale à la procréation », *JCP* 1994. I. 3796 : « On espérait une déclaration des droits de l'homme face à la science […] On se retrouve avec des petits bouts de bougie à la flamme vacillante qui ne tardera pas à s'éteindre au grand vent des bouleversements de la science biomédicale ».

## BIBLIOGRAPHIE INDICATIVE


- S. AGACINSKI, *Le corps humain et sa propriété face aux marchés*, Institut Diderot, 2021.
- I. ARNOUX, *Les droits de l'être humain sur son corps, thèse*, Bordeaux, 1994.
- J.-P. BAUD, *L'affaire de la main volée, une histoire juridique du corps*, Le Seuil, 1993 ; « Le corps, personne par destination », *in Mélanges Huet-Weiller*, LGDJ, 1994, p. 13 s.
- P. BORDAIS, *Essai d'une théorie générale de l'autodétermination*, thèse, Montpellier, 2019.
- C. BOUGLE-LEROUX (dir.), *Corps et droit, des cheveux du roi mérovingien à l'homo numericus*, préf. C. LABRUSSE-RIOU, Lexisnexis, 2020.
- F. CABRILLAC, *Le droit civil et le corps humain*, thèse, Montpellier, 1962.
- B. EDELMAN, « L'homme aux cellules d'or », *D.* 1989. 225 s. ; « La recherche biomédicale dans l'économie de marché », *D.* 1991. 203 s.
- M. FABRE-MAGNAN, *La gestation pour autrui, fictions et réalité*, Fayard, 2014 ; *L'institution de la liberté*, PUF, 2018.
- S.-M. FERRIÉ, *Le droit à l'autodétermination de la personne humaine, essai en faveur d'un renouvellement des pouvoirs de la personne sur son corps*, IRJS, t. 92, 2018, préf. G. LOISEAU.
- J.-C. GALLOUX, « Le corps humain dans le Code civil », *in 1804-2004. Le Code civil, un passé, un présent, un avenir*, Dalloz, 2004, p. 381 s.
- L. JOSSERAND, « La personne humaine dans le commerce juridique », *DH* 1932. 1 s.
- M. LAMARCHE, « De la Vénus Hottentote aux cadavres chinois. Peut-on exposer des corps humains ? », *Dr. fam.* 2009. Focus 37.
- P. MALAURIE, « L'homme, être juridique », *D.* 1994. 97 s.
- M. MARZANO (dir.), *Dictionnaire du corps*, PUF, 2007.
- A. MIRCOVIC, « La protection de la personne en son corps en droit civil », *Dr. fam.* 2018. 12.
- A. QUESNE, *Le contrat portant sur le corps humain*, thèse, préf. G. RAOUL-CORMEIL, Mare & Martin, 2021.
- R. SAVATIER, « *De sanguinis jus* », *D.* 1954. 141 s.
- E. TERRIER, « Bioéthique — Corps humain », *Encyclopédie Dalloz*, 2019.
- D. TISSIER, *La protection du corps humain sous l'angle de la procréation assistée, Regards croisés des droits français et nord-américains*, L'Harmattan, 2013.
- D. VIGNEAU (dir.), *Dictionnaire permanent bioéthique et biotechnologies*, Éditions Législatives.


## PISTES DE RÉFLEXION

- Faut-il autoriser la gestation pour autrui ?
- Faut-il interdire les châtiments corporels des enfants comme la fessée ?
- Faut-il interdire la circoncision rituelle ?
- Faut-il maintenir l'anonymat du don de produits ou éléments du corps humain ?
- Pour ou contre une vaccination obligatoire contre la covid-19 ?

Thème 3

# La protection de la vie privée

JEREMY ANTIPPAS
*Professeur des Universités, Faculté de droit de Vannes*

BERNARD BEIGNIER*
*Professeur des Universités,*
*Doyen honoraire de la Faculté de droit de Toulouse*



**252** Si la vie privée[1] protège la personnalité entendue dans un sens spécifique, il faut prendre garde à ne pas réduire celle-ci à celle-là. Par exemple, le droit moral de l'auteur, sanctionné par le Code de la propriété intellectuelle, est un droit de la personnalité[2] puisque l'article L. 121-1 de ce recueil dispose que « l'auteur jouit du droit au respect de son nom, de sa qualité et de son œuvre. Ce droit est attaché à

* Bernard Beignier fut le rédacteur de ce chapitre dès la première édition de l'ouvrage en 1994. La structure générale demeure conforme à cette version initiale. Toutefois depuis 2012, Jeremy Antippas a pris en charge la mise à jour ainsi que l'évolution de ce chapitre et l'on doit considérer, désormais, qu'il en est le principal auteur.

1. J.-P. Gridel, « Liberté de la presse et protection civile des droits modernes de la personnalité en droit positif français », *D.* 2005. 391 : T. Hassler, « Les progrès de la liberté de l'image des personnes en 2004 », *D.* 2005. 739.

2. F. Pollaud-Dulian, « Droit moral et droits de la personnalité », *JCP* 1994. I. 3780. Vérification *a contrario* : « Le droit moral de l'auteur d'œuvres littéraires est seulement celui de faire respecter soit l'intégrité de ses œuvres, soit son nom et sa qualité en tant qu'auteur de celles-ci, mais il est entièrement étranger à la défense des autres droits de la personnalité protégés par la loi » (10 mars 1993, *JCP* 1993. II. 22161, obs. J. Raynard ; *D.* 1994. 78, note Francon). « Des autres… » donc il en est.

sa personne […] ». Le nom est quant à lui le premier des droits inhérents à la personne[3]. Ce n'est pas, non plus, en vain que la sanction civile de l'atteinte à la présomption d'innocence est venue se nicher à l'ombre de l'article 9 du Code civil. Mais précisément parce que ce principal aspect des droits de la personnalité a de vastes horizons et que « qui trop embrasse, mal étreint », c'est à la seule protection de la vie privée que ce chapitre sera consacré.

La protection de la personnalité, ainsi entendue en somme comme l'intégrité morale de la personne, est une idée moderne en droit. Non pas que l'ancien droit, en Occident, fût indifférent à cette question, mais elle était entrevue d'une tout autre manière que dans notre civilisation. Il y avait à cela de multiples raisons. La première était l'absence de la notion de vie privée. La seconde tenait à ce que les moyens de lui porter atteinte, même en l'admettant, ne permettaient pas de la violer comme cela est aujourd'hui possible.

**253** ***Le temps de l'intimité.*** La vie privée découle d'une conception de la civilisation à compter du XVIIIe siècle. On peut citer quelques exemples qui démontrent largement l'absence de cette idée dans le passé : jusqu'à un édit d'Henri IV les Parisiens ont l'habitude de se baigner nus dans la Seine, la reine de France accouche en public[4], les palais royaux sont ouverts à tous ou presque, dans les habitations règnent, surtout dans les milieux ruraux, une promiscuité que nous jugerions intolérable. En 1787, visitant le château de Versailles, Arthur Young note dans son journal de voyage : « Lors de ma visite à l'appartement du roi, qu'il avait quitté depuis à peine un quart d'heure, avec toutes ces légères marques de désordre qui montraient qu'il y vivait, c'était un amusant spectacle de voir les têtes de voyous, qui se promenaient, sans être surveillés, dans le palais et même dans la chambre à coucher du roi, des hommes dont les haillons montraient qu'ils se trouvaient au dernier degré de la pauvreté, et j'étais la seule personne à se demander avec étonnement comment diable ils pouvaient s'y trouver. Il est impossible de ne pas aimer ce sans-souci, ce laisser-aller, cette absence de toute suspicion. On aime le maître de la maison qui ne serait ni choqué, ni offensé de voir sa chambre ainsi occupée, s'il y retournait soudain ; car, si on pouvait redouter qu'il en fût autrement, on s'opposerait à cette intrusion. C'est certainement une manifestation de cette facilité d'humeur qui m'apparaît si visible partout en France[5]. »

Mais il faut ajouter que la distinction entre « vie privée » et « vie publique » n'a pas de sens non plus. L'homme forme un tout indissociable. Louis XIV est roi dès son lever et jusque dans le détail de son existence[6]. Au XVIIe siècle encore la robe n'est pas pour le magistrat un simple costume d'audience, mais une tenue quotidienne et en France, les officiers ne sont plus tenus de porter constamment l'uniforme que depuis le début de ce siècle. L'idée, d'une part, qu'il puisse y avoir une « vie privée » et, d'autre part, que cette « vie privée » s'oppose à la « vie publique » est donc moderne[7].

Pourquoi l'apparition de cette conception de la vie ? Il faut aujourd'hui compter avec la montée constante de l'individualisme. Opposer à autrui cette immunité de la « vie privée », c'est admettre, pour partie, la justesse de la remarque de Sartre : « L'enfer, c'est les autres ». Il y a, d'une certaine manière, une contradiction de la société contemporaine, que le droit révèle, entre les désirs de *transparence* et de *secret*.

**254** ***Le siècle des médias.*** Dans l'apparition de la notion juridique de vie privée, il faut tenir compte aussi des moyens d'atteinte avec le développement considérable à partir du XIXe siècle de la presse à grand tirage puis de l'apparition de la presse « à sensation ». À l'origine, la presse était un moyen

---

3. D'où, par assimilation : « Le pseudonyme, dès lors que, par son usage prolongé et notoire dans le domaine de l'art culinaire, il s'identifie aux yeux du public à l'individu qui le porte, constitue un attribut de la personnalité qui, à l'égal du patronyme, est protégé ». Paris, 11 sept. 1996, *D.* 1996. IR 249.
4. Scène décrite par Mme Campan dans ses *Mémoires*, Mercure de France, 1999, p. 170 s.
5. A. Young, *Voyages en France en 1787, 1788 et 1789*, trad. SEE, Paris, 1931, t. I, p. 199.
6. C'est vraiment avec Louis XV que le roi de France dispose d'une vie privée. V. P. Verlet, *Versailles*, Fayard, 1961, et les chapitres sur la vie privée et la vie publique du roi. Louis XV avait deux signatures : Louis (lorsqu'il signait comme roi) et Louis de Bourbon (lorsqu'il signait à titre de particulier — dans certains actes notariés par ex.).
7. B. Beignier, « Vie privée et vie publique », *Archives Phil. dr.*, t. 41. *Le public et le privé*, 1997, p. 393 s.

de communication très intellectuel[8]. Déjà parce que, jusqu'à la fin du XIXe siècle, elle est réservée à une certaine élite. Cette presse a donc pour vocation l'information et la polémique politique. Un journaliste se dénomme encore un « publiciste ». Puis, lorsque la société est largement alphabétisée, les journaux se répandent dans toutes les classes de la société. Ce sera l'âge d'or de la presse que l'on peut dater de la première moitié du XXe siècle. Tous ceux qui savent lire ne sont plus nécessairement ceux qui étudient. Le lectorat se modifie et des journalistes vont satisfaire ses besoins. On va donc s'intéresser aux petites choses de la vie, aux états d'âmes des artistes, aux fredaines des hommes politiques. Aujourd'hui la presse écrite est en crise, mais les médias audiovisuels et les réseaux sociaux ont envahi la vie quotidienne. Or l'atteinte à la vie privée est souvent réalisée par l'image, ce qui explique, on le verra plus bas, le lien étroit entre « vie privée » et « protection de l'image ».
Quelle fut la réaction du droit ? Pendant longtemps, la législation sur cette question fut absolument muette. Il fallut, pour que sa langue se déliât, attendre le Second Empire : l'article 11 de la loi du 11 mai 1868 relative à la presse punit en effet d'une peine contraventionnelle « toute publication dans un écrit périodique relative à un fait de la vie privée » ; mais le texte, peu appliqué, fut abrogé par la loi du 29 juillet 1881 qui ne reprit pas ces dispositions. Celle-ci n'accorda à la vie privée qu'une place très modeste, en se bornant à poser qu'en cas de diffamation, l'agent ne pouvait s'exonérer de sa responsabilité pénale même en établissant la vérité des propos, dès lors que ceux-ci avaient trait à la vie privée de la victime (art. 35, a). Sans doute cette loi réprime-t-elle la diffamation[9] et l'injure. Mais, d'une part, elle le fait avec une telle faveur pour la liberté de la presse qu'elle est assez dérisoire ; d'autre part, et surtout, la diffamation se distingue notablement de l'atteinte à la vie privée. En tout état de cause, la notion de vie privée doit être circonscrite (***I.***) pour aborder les moyens de protection qu'elle permet (***II.***).

# I • La notion

**255** Avant d'étudier plus particulièrement le droit au respect de la vie privée et celui « à l'image » qui sont les plus déterminants (**B.**), il convient d'avoir une vue plus générale de la catégorie des droits de la personnalité (**A.**).

## A • Des droits de la personnalité

**256** Il s'agit de droits variés, mais qui ont pour point commun d'être fondamentaux et extrapatrimoniaux.

### 1 • Droits diversifiés

**257** ***Apparition.*** Cette notion juridique de droits de la personnalité ne s'introduisit en droit français qu'à la fin du XIXe siècle. On soutient assez ordinairement dans la plupart des ouvrages que l'origine de la notion est germanique et que ce serait la forte influence des juristes allemands (le Code civil allemand, le BGB, est promulgué en 1900 et sa préparation suscita dans l'Empire de vastes controverses doctrinales qui eurent leur écho en France, en partie grâce à Saleilles). Ce point de vue est contestable. L'idée d'une protection de la personnalité et de la vie privée apparaît, semble-t-il, au même instant dans plusieurs pays occidentaux d'Europe mais aussi d'Amérique (1890 : Samuel D. Warren et

---

8. Commode et rapide : « Histoire du droit de la presse et des médias » (p. 9-53) *in* B. Beignier, E. Dreyer et B. de Lamy (dir.), *Traité du droit de la presse et des médias*, Litec, 2009.
9. J. Antippas et B. Beignier, « La diffamation d'une entreprise », *Mél. P. Serlooten*, Dalloz, 2015, p. 113 s.

Louis D. Brandeis développent la notion, riche d'avenir, d'un *right of privacy*), les mêmes causes ayant nécessairement les mêmes effets. Un nom et un titre à retenir : E.-H. Perreau, « Des droits de la personnalité », *RTD civ.* 1909. 501. Il est en France le tout premier véritablement à consacrer une étude complète à cette question. La première thèse en la matière sera celle du doyen Nerson soutenue à Lyon en 1939 et intitulée *Les droits extrapatrimoniaux*.
Ces deux études sont à retenir car elles ont marqué durablement doctrine et jurisprudence. Perreau soutient qu'il existe non pas un droit général de protection de la personnalité, mais « des droits ». Nerson théorisera l'idée que ces droits sont « extrapatrimoniaux ».
Il fallut attendre la loi du 17 juillet 1970 pour voir consacré dans le Code civil, dans un nouvel article 9 et sous la forme délicate d'un alexandrin, le principe selon lequel « chacun a droit au respect de sa vie privée » (historiquement cette loi est votée à la suite d'une scandaleuse campagne de presse contre le président de la République). Ajoutons le pendant de ces dispositions au pénal : les articles 226-1[10] et suivants du Code pénal ; et depuis la loi du 4 janvier 1993 l'article 9-1 du Code civil sanctionne l'atteinte à la présomption d'innocence sur le modèle de l'article 9 précité.
**258** ***Diversité des droits de la personnalité.*** On ne perdra pas de vue que jurisprudence et doctrine dominante parlent en France « des » droits de la personnalité, parmi les multiples et prolifiques « droits-créances », « droits à... »[11] (notion née de la rencontre entre les droits subjectifs classiques et les droits de l'homme dans leur version moderne). Il est donc requis, pour exposer le droit contemporain, de s'en tenir à cette donnée. Ainsi la jurisprudence, on va y revenir, découvre-t-elle un droit « à l'image » et un droit à la protection de la vie privée (avant même l'adoption de la version actuelle de l'article 9 du Code civil), mais aussi un droit « à la voix », voire parfois un droit à l'oubli ou plus exactement au déréférencement qui a récemment été reconnu par la CJUE[12], *etc.* (illustrations : voir les références sous l'article 9 du Code civil dans les Codes annotés). Toutefois, dans l'ensemble, la conception française est de réduire les droits de la personnalité à la seule personnalité morale.
Il existe pourtant une conception plus extensive qui englobe, non sans quelques raisons, dans cette catégorie tous les droits relatifs à l'intégrité de la personne (certains à la suite d'ailleurs de Perreau y incluent donc les droits sur le corps). On retiendra en ce sens l'article 3 du Code civil du Québec de 1994 : « Toute personne est titulaire de droits de la personnalité, tel le droit à la vie, à l'inviolabilité et à l'intégrité de sa personne, au respect de son nom, de sa réputation et de sa vie privée. »
Même en restreignant les droits de la personnalité à la seule protection de l'intégrité morale de la personne humaine, pourquoi parler de « droits » ? Cette palette ne s'explique que par l'origine prétorienne de la protection de la personnalité[13]. On pourrait soutenir qu'il existe un « droit de la personnalité » qui protège les divers aspects de celle-ci. C'est la position de la jurisprudence allemande fondée sur l'article 2 de la Loi fondamentale de la République fédérale : « Chacun a droit au libre développement de sa personnalité, pourvu qu'il ne porte pas atteinte aux droits d'autrui, à l'ordre constitutionnel ou à la loi morale[14] ». Cette conception proposée en 1951 par la Commission de réforme du Code civil n'a

---

10. Texte conduisant le juge civil à juger que : « constitue une atteinte à l'intimité de la vie privée, que ne légitime pas l'information du public, la captation, l'enregistrement ou la transmission sans le consentement de leur auteur des paroles prononcées à titre privé ou confidentiel » (Civ. 1re, 6 oct. 2011, CCE 2012, nº 6, obs. A. Lepage).
11. Lecture utile : D. Cohen, « Le droit à... », *in Mélanges François Terré*, PUF, 1999, p. 393 s. Une remarquable thèse : M. Pichard, *Le droit à. Étude de législation française*, Paris II, 2004.
12. CJUE 13 mai 2014, *Google Spain*, C-131/12, *D.* 2014. 1476, Chron. V.-L. Benabou et J. Rochfeld, et 1481, Chron. N. Martial-Braz et J. Rochfeld, jugeant (§ 88) que « l'exploitant d'un moteur de recherche est obligé de supprimer de la liste de résultats, affichée à la suite d'une recherche effectuée à partir du nom d'une personne, des liens vers des pages web, publiées par des tiers et contenant des informations relatives à cette personne, également dans l'hypothèse où ce nom ou ces informations ne sont pas effacés préalablement ou simultanément de ces pages web, et ce, le cas échéant, même lorsque leur publication en elle-même sur lesdites pages est licite. ». *Adde*, CJUE 10 juill. 2018, *Tietosuojavaltuutettu c/ Jehovan todistajat*, aff. nº C 25/17, jugeant qu'une communauté religieuse collectant des données à l'occasion d'un prêche effectué en porte-à-porte est comme ses membres responsable du traitement de celles-ci.
13. Ex. d'une décision qui, par renvoi à la vie privée, protège, en fait, la liberté religieuse (Civ. 1re, 6 mars 2001, *D.* 2002. 248, note C. Duvert).
14. F. Ferrand, *Droit privé allemand*, Dalloz, coll. « Précis », 1997, nº 55.

jamais été reprise, mais on peut considérer qu'elle inspire les positions des juristes. L'expression au singulier contribue d'ailleurs à souligner l'existence d'un même objet général : protéger l'intégrité morale de l'individu ou lui réserver l'utilisation de ses attributs de la personnalité. Mais elle gagne aussi à être complétée par une identification de droits déterminés ayant un objet spécifique. Le droit au respect de la vie privée a ainsi un objet spécifique par rapport au droit sur le nom de famille. Quoi qu'il en soit de la dénomination retenue, leurs traits communs tendent à montrer que les droits de la personnalité forment une catégorie juridique à part entière. Catégorie, plus précisément, de droits fondamentaux.

## 2 • Droits fondamentaux

**259** ***Nature des droits protégeant la personnalité.*** Quelle est la valeur du principe inscrit dans l'article 9 du Code civil ? Il ne fait aucun doute qu'il s'agit d'un texte législatif en tant que *norme* juridique mais quelle est sa *valeur* ? On a longtemps pu douter de la réponse. La doctrine était divisée. Certains estimaient que la jurisprudence du Conseil constitutionnel entérinait la notion de protection de la vie privée en se fondant sur l'article 66 de la Constitution : « Nul ne peut être arbitrairement détenu. L'autorité judiciaire, gardienne de la liberté individuelle, assure le respect de ce principe dans les conditions prévues par la loi[15] », d'autres jugeaient qu'il convenait « plus sûrement, d'affirmer que le Conseil constitutionnel n'a jamais consacré le droit au respect de la vie privée[16] ».
Ultime hésitation, la décision du 13 août 1993 *Maîtrise de l'immigration*[17] : « Considérant que les députés, auteurs de la seconde saisine, soutiennent que cette disposition méconnaît le principe d'égalité entre nationaux et étrangers et porte atteinte au respect de la vie privée qui, selon eux, constituerait un principe de valeur constitutionnelle. »
L'objection selon laquelle les « principes fondamentaux reconnus par les lois de la République » s'arrêteraient en 1958 ne repose sur aucune raison définitive[18]. Mais, il est contestable de dire qu'un principe est « fondamental » parce qu'il est inscrit dans une loi de la République : c'est parce qu'il est fondamental qu'il est proclamé par le législateur qui ne fait que le *révéler* par le droit positif et non pas le *créer*. Le législateur ne « fait » pas le droit, il le « dit » (étymologie stricte du mot *legis lator*). Selon une antique formule du droit romain, ce n'est pas le droit qui découle de la loi, mais la loi qui prend sa source dans le droit. *Un principe fondamental a sans doute une valeur constitutionnelle, la réciproque n'est pas vraie.* Ce qui est plus encore certain, c'est que ce n'est pas dans le texte de la Constitution française qu'un tel principe puise sa source car un principe fondamental du droit n'est pas « français », il est *universel ;* ensuite, un principe purement constitutionnel peut toujours être aboli par le constituant lui-même (la Constitution est une norme juridique bien plus fragile que ne l'imagine la doctrine néoconstitutionnelle) alors qu'un principe fondamental s'impose au constituant lui-même[19]. Une phrase de M. Picard résume tout : « Ce n'est pas de la Constitution que découle le droit, mais c'est le droit qui engendre la Constitution ».

---

15. Ainsi, L. Favoreu, « Le Conseil constitutionnel et la protection de la liberté individuelle et de la vie privée » *in Mélanges Kayser*, Aix, 1979, t. II, p. 411 s. ; P. Kayser, « Le Conseil constitutionnel, protecteur du secret de la vie privée à l'égard des lois », *in Mélanges Raynaud*, Paris-Toulouse, 1985, p. 330.
16. Impossible à ignorer : N. Molfessis, *Le Conseil constitutionnel et le droit privé*, thèse, LGDJ, coll. « Bibliothèque de droit privé », 1998, n^os^ 157 s., spéc. n° 161 : thèse la plus remarquable sur cette question.
17. *JCP* 1993. III. 66372, *in fine*.
18. Clair et précis : H. Roussillon et P. Esplugas, *Le Conseil constitutionnel*, Dalloz, coll. « Connaissance du droit », 7^e^ éd., 2011, spéc. p. 61 s. Sur cette question qui a des extensions avec d'autres domaines : à lire, B. Mathieu « Droit constitutionnel et droit civil », *RTD civ.* 1994. 59 s. Sur ce point se souvenir de l'arrêt notable du Conseil d'État du 9 juill. 1996 (invention d'un nouveau « principe fondamental reconnu par les lois de la République », l'arrêt ne peut être ignoré, *D.* 1996. 509, note F. Julien-Laferrière).
19. Sur la question de la notion de droit fondamental (outre le chapitre contenu dans ce manuel dû à la plume de F. Terré), une lecture roborative (parmi une littérature parfois aussi lumineuse que la forêt d'Amazonie) : V. Champeil-Desplats, « La notion de "droit fondamental" et le droit constitutionnel français », *D.* 1995. Chron. 323 s. ; E. Picard, « L'émergence des droits fondamentaux en France », *AJDA* n° spécial 20 juill.-20 août 1998, p. 6 s. Ces deux articles suffisent à avoir des idées nettes et justes. Question doctrinale en débat à approfondir, utile pour d'autres thèmes : distinguer « droit fondamental » et « principe général du droit » (J.-P. Gridel « La Cour de cassation française et les principes généraux du droit », *D.* 2002. Chron. 228 s., 345 s. ; P. Sargos « Les principes généraux du droit privé dans la jurisprudence de la Cour de cassation. Les garde-fous des excès du droit », *JCP* 2001. I. 306). Une thèse : Patrick Morvan, *Le principe de droit privé*, Éd. Panthéon-Assas, 1999. La notion entre en conflit avec une

À travers le débat sur la valeur de l'article 9 alinéa premier du Code civil, on s'aperçoit donc qu'il s'agit d'une discussion de fond sur les sources du droit et la hiérarchie des normes[20].

La jurisprudence indique d'ailleurs : « Vu l'article 8 de la Cour européenne des droits de l'homme, l'article 9 du Code civil, l'article 9 du nouveau Code de procédure civile et l'article L. 120-2 du Code du travail » (arrêt *Nikon* du 2 octobre 2001 consacrant la liberté fondamentale du salarié au respect de sa vie privée sur le lieu de son travail, v. ss 269) ; « Vu l'article 10 de la Cour européenne des droits de l'homme, *ensemble* les articles 9 et 16 du Code civil » (arrêt *RER Saint-Michel* du 20 févr. 2001, v. ss 268). Le droit fondamental surgit ainsi de la confrontation de plusieurs sources du droit : Cour européenne des droits de l'homme (traité), Code civil ou Code du travail (loi), voire le cas échéant nouveau Code de procédure civile (décret)…

L'évolution était d'autant plus souhaitable que dans ses « Propositions pour une révision de la Constitution », le comité consultatif pour la révision de la Constitution, présidé par le doyen G. Vedel (en 1993) avait proposé l'adjonction d'un article 66 ainsi libellé : « Chacun a droit au respect de sa vie privée et de la dignité de sa personne. » Il n'était pas, non plus, négligeable de considérer que certains pays avaient consacré la protection de la vie privée dans leur Constitution (exemples : Allemagne, Espagne, Portugal, Andorre dans la Constitution de 1993, ou Suisse dans la nouvelle Constitution de 1999) ou dans une Charte particulière (Québec). On peut ainsi citer l'article 23 de la Constitution russe du 12 décembre 1993 : « Chacun a droit à l'inviolabilité de la vie privée, au secret professionnel et familial, à la défense de son honneur et de sa réputation. Chacun a droit au secret de la correspondance, des entretiens téléphoniques, des communications postales, télégraphiques et autres. La limitation de ce droit n'est permise que sur la base d'une décision judiciaire. » Par ailleurs, on ne pouvait oublier que le respect de la vie privée figure dans la Convention européenne de sauvegarde des droits de l'homme et des libertés fondamentales (art. 8), comme dans le Pacte international relatif aux droits civils et politiques (art. 17), qui, en tant que traités, ont une valeur *supra-législative* dans notre pays. La Déclaration universelle des droits de l'homme, quoique constituant quant à elle un texte simplement politique et déclaratif, comporte également une référence à la vie privée (art. 12).

La question est désormais tranchée par plusieurs décisions du Conseil constitutionnel[21]. La première du 18 janvier 1995 rendue à propos de la loi d'orientation et de programmation relative à la sécurité[22] dont on retiendra le principal attendu : « La prévention d'atteintes à l'ordre public, notamment d'atteintes à la sécurité des personnes et des biens, et la recherche des auteurs d'infractions sont nécessaires à la sauvegarde de principes et droits à valeur constitutionnelle. Il appartient au législateur d'assurer la conciliation entre ces objectifs de valeur constitutionnelle, garanties au nombre desquelles figurent la liberté individuelle, la liberté d'aller et de venir, l'inviolabilité du domicile et le droit d'expression collective des idées et des opinions. La méconnaissance du droit au respect de la vie privée peut être de nature à porter atteinte à la liberté individuelle » ; la deuxième du 23 juillet 1999[23] relative à la CMU et dont le considérant est repris par la troisième relative au Pacs[24], du 9 novembre 1999 (consid. 73) : considérant qu'aux termes de l'article 2 de la Déclaration des droits de l'homme et du citoyen : « Le but de toute association politique est la conservation des droits naturels et imprescriptibles de l'homme. Ces droits sont la liberté, la propriété, la sûreté et la résistance à l'oppression que la liberté proclamée par cet article implique le respect de la vie privée. ». Jurisprudence réaffirmée par la décision du 2 mars

vision purement géométrique du droit, celle de la hiérarchie des normes : B. Beignier, « Hiérarchie des normes et hiérarchie des valeurs : les principes généraux du droit et la procédure civile », *Mélanges P. Catala*, Litec, 2001, p. 153 s. ; P. Puig, « Hiérarchie des normes : du système au principe », *RTD civ.* 2002. 749 s. (article substantiel, lecture enrichissante).

20. Sur cette question importante, un remarquable article de P. Puig, *RTD civ.* 2001. 749.
21. Bon article de droit comparé : X. Bioy, « Le libre développement de la personnalité en droit comparé », *RIDC* 2003. 123.
22. *JCP* 1995. II. 22525, obs. F. Lafay ; et obs. Rousseau à la *RD publ.* précitées.
23. *D.* 2000. Somm. 265, note L. Marino.
24. *Dr fam.*, hors série « Pacs », déc. 1999.

2004 (consid. 75) relative à la loi « Perben II », puis confirmée à l'occasion de l'examen de diverses questions prioritaires de constitutionnalité[25].

Que retenir de cette jurisprudence ?

— En premier, qu'elle rattache bien le respect de la vie privée au principe de la liberté individuelle (mais par rattachement tantôt à l'article 66 de la Constitution ; tantôt à l'article 2 de la Déclaration des droits de l'homme de 1789 intégrée au bloc de constitutionnalité depuis la décision du 16 juillet 1971) et non aux « principes fondamentaux reconnus par les lois de la République ».

— En second, la prudence de la décision : le respect de la vie privée n'est pas absolu. On notera qu'il s'agit de « concilier » deux objectifs à valeur constitutionnelle : la sûreté publique et la liberté individuelle. Cette notion de « conciliation de principes » est, tout à la fois, classique et courante, dans la jurisprudence du Conseil constitutionnel. À retenir un important arrêt (affaire du *feuilleton romancé du Figaro*) de la première chambre civile du 9 juillet 2003[26] : « Les droits au respect de la vie privée et à la liberté d'expression, revêtant, eu égard aux articles 8 et 10 de la Convention européenne de sauvegarde des droits de l'homme et des libertés fondamentales et 9 du Code civil, une *identique valeur normative*, font ainsi devoir au juge saisi de rechercher leur *équilibre* et, le cas échéant, de privilégier la solution la plus protectrice de l'intérêt le plus légitime ». La Cour de cassation a par exemple considéré licite la révélation de l'orientation sexuelle d'un dirigeant politique de rang national, approuvant une cour d'appel d'avoir effectué un rapport raisonnable de proportionnalité entre la protection de la vie privée de l'intéressé et le but légitime d'intérêt général d'information poursuivi par le média[27].

La question n'est plus tellement aujourd'hui du rapport entre le Code civil et la Constitution mais plutôt entre le Code civil et la Convention européenne des droits de l'homme (directement invocable devant le juge judiciaire). On retiendra, en particulier, un arrêt de la première chambre civile du 12 mars 2000[28] : cet arrêt déclare que les dispositions de l'alinéa 2 de l'article 9 du Code civil, qui permettent la publication de la décision de condamnation en cas de violation du secret de la vie privée, sont conformes à l'article 10 (liberté d'expression) de la Convention européenne des droits de l'homme.

La Cour de justice de l'Union européenne opère désormais elle aussi cet équilibre entre, d'une part, le droit à la protection de la vie privée et même des données personnelles et, d'autre part, droit à l'information[29]. À noter également que les droits de la personnalité se trouvent dans un processus de conquête croissante du droit administratif : le juge et même les autorités administratifs les protègent en effet de plus en plus, à la suite et sur le modèle du droit privé, y compris d'ailleurs parfois sans le secours d'un texte particulier ; cela contribue ainsi à confirmer leur caractère fondamental[30]. Pour fondamental qu'il soit, le droit au secret de la vie privée ne bénéficie toutefois qu'aux personnes physiques. Dans une affaire en effet, une société exploitant une boulangerie se plaignait d'une atteinte à sa vie privée du fait de l'installation, par un voisin, d'un système de vidéosurveillance donnant notamment sur l'accès à son fournil. La Cour de cassation a cependant jugé à cet égard que « si les personnes morales disposent, notamment, d'un droit à la protection de leur nom, de leur domicile, de leurs correspondances et

25. V. not. : Cons. const. 16 sept. 2010, n° 2010-25 QPC, consid. 6, confirmant à l'égard de l'art. 2 de la DDHC que « la liberté proclamée par cet article implique le respect de la vie privée » (formule également reprise par : Cons. const. 30 mars 2012, n° 2012-227 QPC, consid. 6, *JO* 31 mars 2012, p. 5918, et Cons. const. 16 mai 2012, n° 2012-248 QPC, consid. 6, *JO* 17 mai 2012, p. 9154). V. égal. : Cons. const. 13 juill. 2012, n° 2012-264 QPC, consid. 6, *JO* 14 juill. 2012, p. 11636 : « ni le respect de la vie privée ni aucune autre exigence constitutionnelle n'impose que le conjoint d'une personne de nationalité française puisse acquérir la nationalité française à ce titre ».

26. *Bull. civ.* I, n° 172. V. égal., sur cette notion d'équilibre des droits : Civ. 1re, 23 avr. 2003, *Bull. civ.* I, n° 98 ; *D.* 2004. 1539, note A. Lepage. *Adde*, Civ. 1re, 30 sept. 2015, n° 14-16.273, *D.* 2015. 2008 : « Le droit au respect de la vie privée, prévu par les articles 8 de la Convention de sauvegarde des droits de l'homme et des libertés fondamentales et 9 du Code civil, et le droit à la liberté d'expression, régi par l'article 10 de la Convention, ont la même valeur normative. Il appartient au juge saisi de rechercher un équilibre entre ces droits et, le cas échéant, de privilégier la solution la plus protectrice de l'intérêt le plus légitime ».

27. Civ. 1re, 9 avr. 2015, n° 14-14.146 ; *RTD civ.* 2015. 583, obs. J. Hauser ; *JCP* 2015. 1191, n° 13, obs. J. Antippas ; *D.* 2016. 278, obs. E. Dreyer.

28. *D.* 2001. 2434, note J.-C. Saint-Pau.

29. CJUE 16 juill. 2015, *Coty Germany GmbH*, aff. C-580/13 ; *D.* 2015. 2168, note C. Kleiner ; *AJ pénal* 2015. 544, note J. Lasserre Capdeville.

30. V. J. Antippas, *Les droits de la personnalité. De l'extension au droit administratif d'une théorie fondamentale de droit privé*, th. Paris II, PUAM, 2012.

de leur réputation, seules les personnes physiques peuvent se prévaloir d'une atteinte à la vie privée au sens de l'article 9 du Code civil »[31]. Même si la Cour de cassation reconnaît ici la protection de certains attributs aux personnes morales et fait référence au nom plutôt qu'à la dénomination sociale et au domicile par préférence au siège social, la solution pourrait tout à fait poser premiers jalons d'une dissociation entre les droits de la personnalité, dont le droit au secret de la vie privée de l'article 9 du Code civil est le prototype, qui seraient reconnus aux seules personnes physiques, et les droits des personnes morales qui ne seraient quant à eux nullement constitutifs de droits de la personnalité[32].

## 3 • Droits extrapatrimoniaux

**260** ***Discussions sur l'extrapatrimonialité.*** Le « droit à l'image » est réputé avoir un aspect patrimonial et un autre extrapatrimonial. Cette « ambiguïté[33] » du droit à l'image démontre si besoin était la faiblesse d'une division abusive entre droits patrimoniaux et droits extrapatrimoniaux. Le droit français, l'esprit français plus encore, aime les catégories : le droit public s'oppose au droit privé, les meubles aux immeubles, les obligations de moyens à celles de résultat. Les choses sont plus relatives : il existe un droit public économique, des immeubles par destination et des obligations de moyens renforcées. De même, la césure entre droits patrimoniaux et droits extrapatrimoniaux n'a-t-elle de validité que tempérée[34] ?

D'un côté, on pourrait douter de l'extrapatrimonialité des droits de la personnalité. En effet, quelle est la principale conséquence de l'extrapatrimonialité ? L'absence de vénalité. Le droit extrapatrimonial est conçu comme le droit pur, intact de toute alliance avec l'argent. C'est une définition purement négative. Or on a déjà constaté que le droit de la personnalité qui porte sur l'image, est de plus en plus appréhendé comme ayant une variante « patrimoniale ». La vie quotidienne et la jurisprudence semblent à certains égards le montrer.

D'abord, chacun fait ce qu'il veut de son portrait, ou, en tout cas, peut librement passer des contrats relatifs à l'utilisation de ses traits : si ce droit était *indisponible* nul ne pourrait en disposer. Le corps humain est indisponible, la conséquence en est qu'on ne peut le vendre. L'image devrait l'être, et pourtant ce n'est pas le cas. L'on admet en effet très volontiers la validité du « contrat d'image » : une solution a énoncé que « dès lors que le droit à l'image revêt les caractéristiques essentielles des attributs d'ordre patrimonial, il peut valablement donner lieu à l'établissement de contrats soumis au régime général des obligations entre le cédant, lequel dispose de la maîtrise juridique sur son image, et le cessionnaire, lequel devient titulaire des prérogatives attachées à ce droit »[35]. La Cour de cassation a d'ailleurs confirmé que les contrats portant sur l'image de la personne « relèvent de la liberté contractuelle »[36]. Au demeurant, c'est la seule responsabilité contractuelle qui, en vertu du principe de non-option, est alors susceptible d'être mise en œuvre[37]. Aussi bien, un individu peut-il autoriser l'utilisation de son image par

31. Civ. 1re, 17 mars 2016, n° 15-14.072, à paraître au *Bull.* ; *D.* 2016. 1116, note G. Loiseau ; *JCP* 2016. Doctr. 1225, n° 9, obs. J. Antippas.
32. J. Antippas, *JCP* 2016. 1225, n° 9. Comp. G. Loiseau, *D.* 2016. 1116, considérant que les autres droits de la personnalité seraient reconnus aux personnes morales.
33. Une chronique un peu ancienne mais toujours utile, et relativement classique : D. Acquarone, « L'ambiguïté du droit à l'image », *D.* 1985. Chron. 130 s. (plan : I — L'image, moyen de porter une atteinte à la personnalité d'autrui ; II — L'image, moyen de porter une atteinte au patrimoine d'autrui).
34. Il serait ainsi possible d'envisager une échelle de la patrimonialité, partant de la non patrimonialité et allant jusqu'à la pleine patrimonialité en cas de réunion de trois critères (la possibilité d'évaluation en argent, la cessibilité et la transmissibilité pour cause de mort), et passant par une semi-patrimonialité en cas de présence d'un ou de deux desdits critères. V. à cet égard : P. Catala, « La transformation du patrimoine dans le droit civil moderne », *RTD civ.* 1966. 185.
35. Versailles, 22 sept. 2005, *D.* 2006. 2705, obs. L. Marino.
36. Civ. 1re, 11 déc. 2008, *RTD civ.* 2009. 295, obs. J. Hauser ; *ibid.* 342, obs. T. Revet ; *RTD com.* 2009. 141, obs. F. Pollaud-Dulian ; *JCP* 2009. II. 10025, note G. Loiseau. V. égal. Civ. 1re, 28 janv. 2010, *Bull. civ.* I, n° 21 ; *D.* 2011. 780, obs. E. Dreyer ; *RTD civ.* 2010. 299, obs. J. Hauser : « attendu que la cour d'appel a retenu que Mme X… avait librement consenti à la reproduction des clichés de son image précisément identifiés, de sorte que l'autorisation ainsi donnée à l'exploitation de celle-ci n'était pas illimitée » ; et Civ. 1re, 4 nov. 2011, *RTD civ.* 2012. 90, obs. J. Hauser ; *CCE* 2012, n° 33, obs. A. Lepage, faisant référence, au visa de l'art. 1134 du C. civ., à « l'accord donné par une personne pour la diffusion de son image ». V. également Civ. 1re, 20 oct. 2021, n° 20-16.343, Légipresse, 2021, p. 517
37. Civ. 1re, 20 oct. 2021, n° 20-16.343, Légipresse, 2021, p. 517 ; JCP 25 juill. 2022, chron. 925, n° 14, obs. J. Antippas : une personne participant à une émission de téléréalité ayant contractuellement autorisé l'utilisation de son image sauf dégradante ne peut invoquer les art. 9 et 1240 du Code

un tiers, y compris moyennant finances. Le droit sur le nom permet de vérifier la même solution (arrêts *Bordas* puis *Ducasse*[38]). De même chacun peut révéler ce qu'il veut de sa vie privée. Ainsi la Cour de cassation, par un arrêt de sa première chambre civile du 10 octobre 1995 (affaire de l'épouse du dernier empereur de Chine) observe qu'il n'y avait pas atteinte à la vie privée dans la rédaction d'une biographie qui reprenait des « révélations faites par l'empereur lui-même dans des écrits autobiographiques sur certains aspects de sa vie intime[39] ». Rien, partant, ne fait obstacle à ce qu'une personne monnaie la divulgation de sa vie privée.

Ensuite, *l'imprescriptibilité* est également très relative. Nombreux sont les arrêts à admettre qu'une longue tolérance peut certes prendre fin, de la volonté de celui qui tolère (l'inaction prolongée de la victime en cas d'atteinte à ses droits de la personnalité ne la prive pas du droit d'agir[40]), mais on ne peut revenir sur le passé.

Enfin, pour ce qui est de la *transmissibilité*, certaines décisions rendues par les juridictions du fond l'ont admise, en particulier la célèbre affaire *Raimu* dans laquelle le tribunal avait énoncé : « le droit à l'image a un caractère moral et patrimonial ; [...] le droit patrimonial qui permet de monnayer l'exploitation commerciale de l'image n'est pas purement personnel et se transmet aux héritiers »[41]. La solution avait été confirmée par la cour d'appel considérant que, s'agissant du droit sur l'image, « la valeur patrimoniale de ce droit a vocation à se transmettre »[42].

De toute manière, la protection des droits de la personnalité aboutit souvent à une conséquence patrimoniale qui se traduit par le versement de dommages-intérêts qui vont bel et bien enrichir le patrimoine d'une personne.

Mais, de l'autre côté, on peut tout aussi bien considérer que l'aspect économique des droits de la personnalité n'implique pas de reconnaître en la matière des droits qui auraient en eux-mêmes un caractère patrimonial[43].

D'ailleurs, la Cour de cassation, si elle reconnaît la licéité des contrats relatifs aux attributs de la personnalité, n'a jamais clairement consacré de véritables droits patrimoniaux de la personnalité, en dépit des nombreux appels doctrinaux en ce sens (*cf. infra*). Elle a même précisé que le droit au respect de

---

civil, non invocables lorsque l'utilisation de l'image se rattache à un contrat, en cas de diffusion d'images la représentant en état de diarrhée lors du tournage, mais ne peut disposer que d'une action contractuelle en vertu du principe de non-cumul des responsabilités, l'intéressée n'ayant par ailleurs pas invoqué l'atteinte à la dignité humaine.

38. L'arrêt *Bordas* (du nom de l'éditeur) est un « grand arrêt » à connaître : Com. 12 mars 1985, *Bull. com.* IV, n° 95 ; *D.* 1985. 471, note Ghestin ; *JCP* 1985. II. 20400 concl. Montanier, note Bonet. Attendu de principe : « Le principe de l'inaliénabilité et de l'imprescriptibilité du nom patronymique, qui empêche son titulaire d'en disposer librement pour identifier au même titre une autre personne physique, ne s'oppose pas à la conclusion d'un accord portant sur l'utilisation de ce nom comme dénomination sociale ou nom commercial ». Une thèse à parcourir : G. Loiseau, *Le nom, objet d'un contrat*, t. 274, LGDJ, « Bibl. dr. privé ». Jurisprudence confirmée depuis lors par l'arrêt *Ducasse* de la chambre commerciale du 6 mai 2003 (*D.* 2003. 2228, note Loiseau) mais avec un bémol : « Le consentement donné par un associé fondateur, dont le nom est notoirement connu, à l'insertion d'un patronyme dans la dénomination d'une société exerçant son activité dans le même domaine, ne saurait, sans accord de sa part et en l'absence de renonciation expresse ou tacite à ses droits patrimoniaux, autoriser la société à déposer ce patronyme à titre de marque pour désigner les mêmes produits ou services ». Formule reprise et complétée par Com. 24 juin 2008 (affaire *Beaud*), *D.* 2008. 2569, note A. Mendoza-Caminade ; *RTD com.* 2009. 116, obs. J. Azéma (« le consentement donné par un associé fondateur dont le nom est notoirement connu sur l'ensemble du territoire national, à l'insertion de son nom de famille dans la dénomination d'une société exerçant son activité dans le même domaine, ne saurait, sans accord de sa part, et en l'absence de renonciation expresse ou tacite à ses droits patrimoniaux, autoriser la société à déposer ce patronyme à titre de marque pour désigner les mêmes produits ou services »). Autre arrêt : « le droit d'utiliser le nom de famille qui constitue le signe distinctif d'une EURL est cédé en même temps que celle-ci » (Com. 12 juin 2007, *Bull. civ.* IV, n° 161).
39. *Bull. civ.* I, n° 356 ; *JCP* 1997. II. 22765, obs. J. Ravanas.
40. V. par ex. : Paris, réf., 7 avr. 1965, *Gaz. Pal.* 1966. 40 (l'abstention, de la part du père d'une chanteuse mineure, d'engager des poursuites à l'encontre des organes de presse ayant révélé des éléments de la vie privée de l'intéressée, ne l'empêche pas d'exercer des poursuites ultérieures).
41. TGI Aix-en-Provence, 24 nov. 1988, *JCP* 1989. II. 21329, note J. Henderycksen ; *RTD civ.* 1990. 126, obs. J. Patarin.
42. Aix-en-Provence, 21 mai 1991, *RJDA* 1991, n° 756, p. 665 ; *BICC* 15 sept. 1991, n° 1478.
43. V. J. Antippas, « Propos dissidents sur les droits dits "patrimoniaux" de la personnalité », *RTD com.* 2012. 35. On peut, en effet, considérer que les droits de la personnalité, tout en permettant à leur titulaire d'effectuer une exploitation économique des attributs de sa personnalité, n'en demeurent pas moins des droits extrapatrimoniaux ; à l'instar notamment des libertés, qui ne sont pas incluses dans le patrimoine, à tout le moins dans la conception traditionnelle d'Aubry et Rau. Comp. T. Gisclard, *La personnalité humaine comme élément du patrimoine*, th. Paris 1, 2012, dir. G. Loiseau, montrant, notamment à travers le droit comparé, la dimension patrimoniale des droits de la personnalité. V. également : J.-M. Bruguière, « Droits patrimoniaux de la personnalité. Plaidoyer en faveur de leur intégration dans une catégorie des droits de notoriété », *RTD civ.* 2016/1, p. 1.

la vie privée et le droit sur l'image ne bénéficient qu'aux seuls vivants. Il faut en effet connaître l'arrêt (affaire *Mitterrand*) de la première chambre civile du 14 décembre 1999[44] qui fixe en principe que : « Le droit d'agir pour le respect de la vie privée s'éteint au décès de la personne concernée, seule titulaire de ce droit ». Le droit au respect de la vie privée ne se transmet donc pas. L'important arrêt de la même chambre du 20 décembre 2000[45] (arrêt *Érignac*) a en effet préféré — la Cour d'appel s'était quant à elle fondée sur la vie privée des demandeurs[46] — juger que la publication du cadavre d'une personne pouvait être illicite comme « attentatoire à la dignité de la personne humaine » (jurisprudence confirmée[47] et étendue également au droit sur l'image : Civ. 1re, 15 févr. 2005[48], 22 oct. 2009[49] puis 1er juill. 2010[50]). Le Conseil d'État a d'ailleurs suivi cette position de principe de l'intransmissibilité des droits de la personnalité, en jugeant que « le droit d'agir pour le respect de la vie privée s'éteint au décès de la personne concernée, seule titulaire de ce droit, et n'est pas transmis aux héritiers ; que si les proches d'une personne peuvent s'opposer à la reproduction de son image après son décès, c'est à la condition d'en éprouver un préjudice personnel, direct et certain »[51].

Il faut en déduire, et approuver cette analyse, que d'abord seul le sujet de droit (qui ne peut être que le vivant) peut solliciter un droit subjectif pour protéger sa vie privée (droit qui disparaît à la mort) et qu'ensuite toute personne y ayant intérêt (en clair les héritiers) peut demander l'interdiction de la publication

44. *JCP* 2000. II. 10241, concl. Petit, *D.* 2000. 372 et la note. Cet arrêt anéantit la jurisprudence *Jean Gabin* (Crim. 21 oct. 1980, *Bull. crim.* n° 262 ; *D.* 1981. 72, note Lindon) qui avait admis le contraire. Les deux décisions sont à connaître.

45. *Bull. civ.* I, n° 341 ; *JCP* 2001. II. 10488, concl. J. Sainte-Rose, note J. Ravanas. *D.* 2001. 885 et Chron. J.-P. Gridel, *ibid.* 872, *D.* 2001. Somm. 1990, obs. A. Lepage ; Diane de Bellescise « Droit à l'image et attentats », *LPA* 2 oct. 2001, p. 5 s. Arguments : dans cette affaire on a pu soutenir que l'assassinat du préfet de Corse était un événement dépassant la personne de la victime et appartenant à l'actualité, au-delà à l'histoire de France, ce faisant l'image de « l'assassinat » l'emporterait sur celle de « l'assassiné ». Ce raisonnement, pour exact qu'il soit, ne suffit pas à donner la solution. Il est normal de publier (et même souhaitable pour montrer le visage criminel de certains) une telle photographie, mais cette publication doit se faire selon ce qu'exige la pudeur. Cela signifie qu'un journal peut respecter un minimum de délai de deuil pour une famille sous le choc (ne pas confondre information et sensationnalisme) et peut aussi choisir, parmi d'autres clichés du même événement, celui qui permet une distance de respect envers la victime (ne pas confondre information et voyeurisme). Vérification de l'analyse dans l'arrêt de *l'attentat du RER Saint-Michel* (Crim. 20 févr. 2001 : « … alors qu'elle relevait que la photographie était dépourvue de recherche de sensationnel et de toute indécence et qu'ainsi, elle ne portait pas atteinte à la dignité de la personne représentée… »). Conseil pour un exposé : mettre en parallèle ces deux arrêts du 20 févr. 2001, en n'oubliant pas que l'un est de la première chambre civile (*Érignac*) et l'autre de la chambre criminelle (*RER*). Ne pas oublier l'arrêt Civ. 1re, 12 juill. 2001 (v. ss 264). En fait la question n'est pas d'ordre juridique mais déontologique : « À la dignité correspondrait une certaine déontologie dont les médias ont bien besoin. À ce prix le sacrifice du droit à l'image aurait une légitime contrepartie » (J. Hauser, *RTD civ.* 2002. 852). Pour compléter la réflexion : J.-C. Bertrand, *La déontologie des médias*, PUF, coll. « Que sais-je ? » n° 3255 ; D. Cornu, *Éthique de l'information*, PUF, coll. « Que sais-je ? » n° 3252. Se souvenir de l'article 35 *quater* de la loi du 29 juill. 1881 (sur la presse) tel que modifié par la loi du 15 juin 2000 (présomption d'innocence) : « La diffusion, par quelque moyen que ce soit et quel qu'en soit le support, de la reproduction des circonstances d'un crime ou d'un délit, lorsque cette reproduction porte gravement atteinte à la dignité de la victime et qu'elle est réalisée sans l'accord de cette dernière, est punie de 15 000 euros d'amende » (à ce propos, TGI Paris, 8 mars 2000, *D.* 2000. 502 et la note).

46. Paris, 24 févr. 1998, *D.* 1998. 225, note B. Beignier : « la publication de [la] photographie, au cours de la période de deuil des proches parents de Claude Érignac, constitue, dès lors qu'elle n'a pas reçu l'assentiment de ceux-ci, une profonde atteinte à leurs sentiments d'affliction, partant à l'intimité de leur vie privée ».

47. Civ. 1re, 11 mai 2022, n° 20-23.390, *Légipresse* 2022.404.

48. *D.* 2005. IR 597 : « attendu que le droit d'agir pour le respect de la vie privée ou de l'image s'éteint au décès de la personne concernée, seule titulaire de ce droit » (il s'agissait d'ailleurs en l'espèce principalement de l'aspect économique du droit sur l'image — les héritiers demandant à être indemnisés pour la reproduction de l'image de leur auteur sur une pochette de disque —, ce qui contribue à montrer l'absence de droit patrimonial sur l'image qui se transmettrait aux héritiers).

49. *Bull. civ.* I, n° 211 ; *CCE* 2010, n° 7, p. 43, note A. Lepage ; *RLDC*, janv. 2011, n° 78, p. 39, note J. Antippas : « si les proches d'une personne peuvent s'opposer à la reproduction de son image après son décès, c'est à la condition d'en éprouver un préjudice personnel établi, déduit le cas échéant d'une atteinte à la mémoire ou au respect dû au mort ».

50. Civ. 1re, 1er juill. 2010, *JCP* 2010. 1778, note G. Loiseau ; *D.* 2010. 2044, note P.-J. Delage ; *RTD civ.* 2010. 526, obs. J. Hauser ; *CCE* 2010, n° 126, obs. A. Lepage ; *D.* 2011. 782, obs. E. Dreyer. Attendu de principe : « Les proches d'une personne peuvent s'opposer à la reproduction de son image après décès, dès lors qu'ils en éprouvent un préjudice personnel en raison d'une atteinte à la mémoire ou au respect dû au mort » […]. La cour d'appel « estimant que la publication de la photographe litigieuse, qui dénotait une recherche de sensationnel, n'était nullement justifiée par les nécessités de l'information, […] en a justement déduit que, contraire à la dignité humaine, elle constituait une atteinte à la mémoire ou au respect dû au mort et dès lors à la vie privée des proches, justifiant ainsi que soit apportée une telle restriction à la liberté d'expression et d'information ». Cette décision est à rapprocher de celle du 16 sept. 2010 (par la même chambre, *CCE* 2010, n° 112, note A. Lepage ; *RLDI*, févr. 2011, n° 68, p. 63, note J. Antippas) au sujet de la sensationnelle affaire *Our Body. À corps ouvert*, une exposition de cadavres humains traités par « plastination », interdite par autorité de justice : « Aux termes de l'article 16-1-1, alinéa 2, du Code civil, les restes des personnes décédées doivent être traités avec respect, dignité et décence ; que l'exposition de cadavres à des fins commerciales méconnaît cette exigence ».

51. CE 27 avr. 2011, *JCP* 18 juill. 2011, p. 1435, note J. Antippas ; *RLDI*, juill. 2011, n° 73, p. 6, note J.-M. Bruguière.

intempestive de la photographie d'un mort s'il y a pour elle préjudice personnel (tiré notamment d'une atteinte à la mémoire du mort) ou encore s'il y a atteinte au principe de la dignité de la personne, principe qui transcende la personne pour protéger à travers elle l'humanité et qui, par voie de conséquence, s'applique aussi aux morts. *Les morts ne sont plus des êtres vivants mais appartiennent toujours à l'humanité.* Certes, dans l'affaire de publication par *Paris Match*, de la photographie de la dépouille mortelle du président Mitterrand, la jurisprudence, en particulier un arrêt de la chambre criminelle du 20 octobre 1998[52], a semblé reconnaître aux héritiers du défunt, l'action en protection de l'image de ce dernier. Mais la décision, jugeant que « la fixation de l'image d'une personne, vivante ou morte, sans autorisation préalable des personnes ayant pouvoir de l'accorder, est prohibée et que la diffusion ou la publication de ladite image sans autorisation entre nécessairement dans le champ d'application des articles 226-1, 226-2 et 226-6 du Code pénal », ne va pas jusqu'à admettre clairement une transmission, pour cause de mort, du droit sur l'image ou au respect de la vie privée. Elle peut dès lors être considérée comme protégeant la vie privée des ayants droit, atteinte par le truchement de la publication de l'image du cadavre[53]. Plus récemment, la loi pour une République numérique du 7 octobre 2016 permet à l'individu d'exprimer sa volonté sur le sort, à son décès, de ses données à caractère personnel (collectées notamment à l'occasion de la constitution et de la gestion des réseaux internet dits sociaux) en établissant un régime légal de dévolution en l'absence de volonté exprimée[54]. Où l'on peut percevoir un tempérament à l'intransmissibilité du droit au respect de la vie privée.

En tout état de cause, sans nier la séparation entre patrimonial et extrapatrimonial, on pourrait simplement dire qu'il est des droits à dominante morale (droit moral de l'auteur…) et d'autres dominés par la matière économique (l'action oblique d'un créancier par exemple…). De ce point de vue, il n'est pas certain que la rigide conception, issue de la doctrine, du patrimoine soit parfaite.

À partir de là pourquoi ne pas définir le patrimoine d'une personne comme l'ensemble de ses *droits* plutôt que l'ensemble de ses *biens* ?

## B • Des droits parmi les droits de la personnalité

**261** Parmi les droits de la personnalité, deux doivent être privilégiés en raison spécialement, outre leur fréquente invocation devant le juge, de leurs liens étroits : le « droit à l'image » et le droit au respect de la vie privée.

### 1 • Le « droit à l'image »

**262** ***Discussion sur les deux faces du « droit à l'image ».*** La jurisprudence a consacré depuis longtemps un « droit à l'image » ; plus récemment, inspirée par la doctrine[55] elle a distingué, du moins s'agissant de la position des juridictions du fond, deux variantes du droit « à » l'image : « patrimoniale » et « extrapatrimoniale » (v. ss 260 notamment l'affaire *Raimu* dans laquelle le tribunal avait énoncé : « Le droit

52. *D.* 1999. 106 et la note (et références pour les décisions de première instance et d'appel également publiées). Dans l'affaire *Mitterrand*, ne pas confondre l'instance pénale et l'instance civile, d'une part ; l'affaire *Gubler (Le Grand Secret)* et l'affaire *Paris Match* (la photographie de la dépouille mortelle), d'autre part.

53. V. J. Antippas, « L'intransmissibilité des droits de la personnalité et les conditions de l'action des proches pour s'opposer à la publication de l'image du défunt », *RLDC*, janv. 2011, n° 78, p. 39. V. égal. : G. Loiseau, « Le mort et son image », note sous Crim. 20 oct. 1998, *JCP* 1999. II. 10044, n° 3.

54. C. Pérès, « Les données à caractère personnel et la mort. Observations relatives au projet de loi pour une République numérique », *D.* 2016. 90. *Adde*, J. Groffe, « La mort numérique », *D.* 2015. 1609.

55. Chronique classique à connaître : E. Gaillard « La double nature du droit à l'image et ses conséquences en droit positif français », *D.* 1984. Chron. 161 ; M. Serra, *L'image des personnes et des biens*, thèse Paris II, Economica, 1997 ; G. Loiseau, « Des droits patrimoniaux de la personnalité en droit français », *McGill Law Journal*, 1997, vol. 42, p. 319. Si on le peut, lire les deux remarquables fascicules (2000) d'Emmanuel Dreyer sur « l'image de la personne » (et non « le droit à l'image ») dans l'encyclopédie « Droit de la presse » publiée par Litec, qui met à terre la dichotomie doctrinale (très bon panorama de la jurisprudence). Un colloque « L'image », Assoc. H. Capitant, Journées nationales, Grenoble, t. VIII, Dalloz, 2005, p. 29 s.

à l'image revêt un caractère, non seulement moral, strictement personnel à son titulaire, […] mais aussi patrimonial, puisque de nombreuses célébrités se livrent, selon des rémunérations allant croissant avec leur notoriété, à une exploitation commerciale de leur propre image. »). On peut néanmoins considérer qu'un même droit peut aisément être utilisé par son titulaire à des fins tantôt morales (protéger son intégrité morale, par exemple en s'opposant à ce que son image soit associée à telle ou telle idée politique ou philosophique), tantôt économiques (monnayer directement l'utilisation de ses traits ou se plaindre en justice d'un manque à gagner résultant de l'utilisation non autorisée et non rétribuée de son image). D'ailleurs — outre que la Cour de cassation n'a jamais consacré de droit patrimonial sur l'image — certaines solutions l'indiquent clairement, en énonçant par exemple que chacun « dispose d'un droit exclusif […] sur son image et peut s'opposer à […] son utilisation, *même à des fins commerciales*, sans son autorisation »[56]. La célèbre affaire du *Baiser de l'Hôtel de ville de Doisneau* fut aussi l'occasion de le montrer : « Attendu qu'à l'instar de chacun, le modèle est maître de son effigie ; qu'il possède en effet sur son image *un droit exclusif qui* lui permet d'en fixer, seul, les usages et *lui confère le droit de poursuivre la réparation du préjudice causé par l'exploitation commerciale non autorisée de ses traits ;* attendu cependant que *ce droit de la personnalité* ne peut être mis en œuvre qu'à condition que le sujet photographié soit reconnaissable ». Un même droit peut donc comporter un aspect moral et un aspect économique ; sans qu'il soit vraiment nécessaire, semble-t-il, de distinguer un droit patrimonial et un droit extrapatrimonial.

**263** ***L'impropriété du terme « droit à l'image ».*** D'une part, dénommer d'un même terme, « droit à l'image », deux droits subjectifs que l'on veut opposer peut sembler singulier. Mais on a vu qu'il s'agit en réalité davantage de deux aspects — moral et économique ou commercial — d'un même droit que de deux droits foncièrement différents. D'autre part, et surtout, il est inexact de parler d'un droit « à quelque chose » s'agissant de droits subjectifs. Ainsi il n'y a pas de « droit à l'honneur ». Personne n'est en mesure d'exiger de quiconque qu'il lui rende honneur. Il n'y a ainsi pas un « droit à la propriété », mais « le droit de propriété » qui doit être protégé. De même, nul ne peut revendiquer une image. Chacun est né avec la figure et les traits qui sont siens. On ne peut qu'exiger le respect de cette image, et du monopole de principe dans son utilisation, reconnu à son titulaire (la CEDH juge que l'image d'une personne constitue l'un des principaux attributs de sa personnalité, car elle révèle ses caractéristiques uniques et la distingue de ses pairs ; le droit de chaque personne à la protection de son image présuppose le droit de contrôler l'utilisation de cette image. Si, dans la plupart des cas, il implique la possibilité de refuser la publication de l'image, il couvre également le droit de la personne de s'opposer à l'enregistrement, à la conservation et à la reproduction de l'image[57]). Première inexactitude : il serait préférable de parler d'un « droit de chacun sur son image » ou d'un « droit à la protection de son image », ou, au minimum, d'un « droit de l'image », plutôt que d'un « droit à l'image ». L'évolution, sémantique, en ce sens est parfois tangible[58].

**264** ***La question de l'exactitude d'un « droit à l'image ».*** Mais par ailleurs est-ce l'image qui est l'enjeu de ce droit ? On peut, d'un côté, être sceptique, qu'il s'agisse de l'aspect moral ou de l'aspect commercial.

Lorsqu'il s'agit de l'aspect moral, la lecture des décisions démontre en effet que l'atteinte à l'image est très souvent le moyen d'une atteinte, soit à la vie privée, soit à l'honneur. Il suffit de quelques illustrations, notamment : « … qu'il s'agisse de veiller au respect du droit à l'image de leur personne saisie dans l'intimité de leur vie privée […] ou plus généralement de la notion de respect de l'intimité de leur vie privée (Toulouse, 15 janv. 1991)[59] ». Et la jurisprudence fait aussi ressortir des conditions communes nécessaires à l'invocation des droits sur l'image et au respect de la vie privée, par exemple celle de l'identification

56. Versailles, 2 mai 2002, *LP*, n° 192. I. 69.
57. CEDH 1er juill. 2021, *Hajovsky c/ Slovaquie*, n° 7796/16, Légipresse, 2021, p. 441, n° 15, obs. C. Bigot.
58. Civ. 1re, 12 déc. 2000, *D.* 2001. 2434, note J.-C. Saint-Pau, visant un « droit de chacun sur son image ».
59. *D.* 1991. 600.

suffisante du sujet, comme le montre notamment une affaire récente dans laquelle la Cour de cassation juge, à propos de parents qui s'étaient plaint de la diffusion par un médecin de l'image de leur enfant, « que la photographie litigieuse qui représentait une main d'adulte enfonçant une seringue dans un orteil de nourrisson ne permettait pas d'identifier [l'enfant] de sorte qu'elle ne pouvait constituer l'atteinte à la vie privée et à l'image invoquée »[60]. Il existe donc une certaine connexité entre l'image et la vie privée. D'ailleurs, la Cour européenne des droits de l'homme protège le droit sur l'image à travers l'article 8 de la Convention et, ainsi, à travers la notion de vie privée (*cf. infra*). Il faut cependant admettre que la jurisprudence interne — du moins judiciaire[61], car la jurisprudence administrative semble davantage hésitante[62] — distingue souvent ces deux notions de droit sur l'image, d'une part, et de droit au respect de la vie privée, d'autre part. Mais cette vue des choses est certainement discutable dans plusieurs hypothèses où les deux droits se trouvent protégés ensemble. On peut d'ailleurs considérer que ce n'est pas vraiment l'image, en tant que telle, qui est protégée mais la tranquillité de l'existence de celui dont l'image est publiée (*cf. infra* les décisions récentes citées), ou la dignité de la personne humaine.

On trouvera la vérification de cette analyse dans un arrêt de la première chambre civile du 12 juillet 2001[63] qui use de la même motivation que celle de l'arrêt *Érignac* (v. ss 260) : « La liberté de communication des informations justifie la publication de l'image d'une personne impliquée dans une affaire judiciaire, sous réserve du respect de la *dignité* de la personne humaine ». Cet arrêt démontre excellemment que ce n'est pas l'image, en tant que telle, qui est protégée mais la dignité de la personne. D'ailleurs, la loi d'orientation et de programmation pour la sécurité intérieure (loi LOPPSI 2) n° 2011-267 du 14 mars 2011 a créé un nouvel article 226-4-1 du Code pénal qui punit « Le fait d'usurper l'identité d'un tiers ou de faire usage d'une ou plusieurs données de toute nature permettant de l'identifier en vue de troubler sa tranquillité ou celle d'autrui, ou de porter atteinte à son honneur ou à sa considération ». Par où l'on voit un lien entre l'image et la tranquillité ou l'honneur. Les limites apportées au droit sur l'image sont, par ailleurs, également celles-là mêmes qui sont posées au droit au respect de la vie privée. La liberté d'information et la contribution à un débat d'intérêt général limitant le droit au respect de la vie privée (v. *infra*) limitent aussi le droit sur l'image. Un arrêt récent l'illustre parfaitement. Une personne avait consenti une interview pour un documentaire à propos de la parution d'un ouvrage polémique, tout en se réservant un droit de regard avant diffusion. À la suite de la communication des images par une chaîne de télévision en violation de ce droit de regard préalable, l'intéressé assigna le producteur et le diffuseur du programme pour violation de son droit sur l'image. La Cour de cassation approuva néanmoins la cour d'appel d'avoir « déduit que l'implication de M. X dans ce débat justifiait d'illustrer son témoignage par la diffusion de son image [...] sans qu'il y ait lieu de recueillir son autorisation et peu important, dès lors, que les stipulations [...] aient été méconnues »[64]. Cette identité des limites apportées aux droits, d'une part, sur l'image et, d'autre part, au respect de la vie privée rapproche donc irrésistiblement ces deux droits de la personnalité.

Cela étant, d'un autre côté, on peut aussi distinguer les concepts, d'une part, de droit sur l'image, et, d'autre part, de droit au respect de la vie privée (d'ailleurs, rappelons que pour la jurisprudence : « L'atteinte au respect dû à la vie privée et l'atteinte au droit de chacun sur son image constituent des

---

60. Civ. 1re, 9 avr. 2014, *JCP* 3 nov. 2014, n° 45, Doctr. 1163, n° 11, obs. J. Antippas.
61. Ex. : Civ. 1re, 12 déc. 2000, *D.* 2000. IR 284, « L'atteinte au respect dû à la vie privée et l'atteinte au droit de chacun sur son image constituent des sources de préjudice distinctes, ouvrant droit à des réparations distinctes ». V. égal. Civ. 1re, 16 mai 2012, CCE 2012, n° 114, obs. A. Lepage « la publication de photographies représentant une personne pour illustrer des développements attentatoires à sa vie privée porte nécessairement atteinte à son droit au respect de son image » ; Civ. 1re, 31 oct. 2012, CCE 2013, n° 18, obs. A. Lepage : visant, à l'endroit d'une personnalité politique, la « violation du respect dû à sa vie privée et de son droit sur son image ».
62. V. en dernier lieu : CE 27 avr. 2011, préc. : « le droit à l'image, lequel est une composante du droit au respect de la vie privée... ». Comp. CAA Nantes, 6 déc. 2007, inédit, visant « le droit d'agir pour le respect de la vie privée ou de l'image » ; TA Melun, 26 mai 2005, *AJDA* 2005. 1856, concl. S. Dewailly : « Considérant que toute personne a droit, aux termes de l'article 8 de la Convention européenne de sauvegarde des droits de l'homme et des libertés fondamentales, au respect de sa vie privée et familiale, et, selon l'article 9 du Codecivil, au respect de sa vie privée et de son image ».
63. *Bull. civ.* I, n° 222 ; *D.* 2001. 2365 ; *RTD civ.* 2002. 852, obs. Hauser.
64. Civ. 1re, 9 avr. 2015, n° 14-13.519 ; *JCP* 2015. 1191, n° 16, obs. J. Antippas ; *D.* 2016. 277, obs. E. Dreyer.

sources de préjudices distinctes, ouvrant droit à des réparations distinctes[65] »), d'honneur et de dignité de la personne. Au demeurant, si c'est bien seulement la dignité de la personne qui est protégée par la jurisprudence dans les cas où la liberté de communication ou d'information peut justifier la publication de l'image, c'est-à-dire le plus souvent lorsque l'individu est impliqué dans un événement public (attentat, accident, affaire judiciaire…), en revanche, dans les autres cas, le droit sur l'image semble retrouver son empire et la preuve de l'atteinte à la dignité ne paraît alors plus nécessaire pour que le requérant obtienne satisfaction. La Cour de cassation n'est, en effet, à ce jour pas encore allée jusqu'à affirmer que « la publication d'images des personnes est toujours libre sauf lorsqu'elle est attentatoire à la dignité de la personne humaine ». Diffuser sans autorisation, ni aucune justification légitime la photographie d'un individu inconnu du public et qui n'est impliqué dans aucun événement, mais qui ne fait par exemple que marcher dans une rue banale, c'est dès lors, semble-t-il, porter atteinte à son seul droit sur l'image, quitte à considérer que celui-ci tend à préserver la tranquillité de l'individu ou sa personne même.

La Cour de cassation a énoncé : « la cour d'appel, ayant relevé que M. X… avait été photographié sans son autorisation, en dehors de tout événement d'actualité le concernant, en a exactement déduit que la diffusion de cette photographie, sur laquelle M. X… était reconnaissable, portait en raison de la teneur de l'article qu'elle illustrait, une *atteinte à sa personne* que ne pouvait légitimer la liberté de communication des informations »[66].

Cela étant, au-delà de la question de l'enveloppe sémantique retenue pour désigner le droit sur l'image, et des liens que celui-ci peut entretenir avec le droit au respect de la vie privée, l'honneur, la tranquillité et la dignité de la personne, certaines solutions rendues par des juridictions du fond ont, récemment, eu tendance à en réduire la substance. Non plus seulement en confrontation avec la liberté d'information, conformément, sur ce point, à la jurisprudence de la Cour de cassation et de la Cour européenne des droits de l'homme (*cf. infra*), mais également au regard de la liberté artistique[67]. Les juges ont ainsi reconnu à l'artiste un droit de prendre et de diffuser l'image de personnes, pourtant inconnues du public, évoluant certes dans un lieu public, mais dans le cadre de scènes leur vie quotidienne (en l'espèce : assises sur un banc public en tenant leur chien en laisse, ou empruntant les transports en commun…). Or il n'est pas certain que cette position soit absolument indiscutable[68] : spécialement, à partir de quand, et qui pourra légitimement considérer que l'utilisation de l'image d'autrui est bien effectuée à des fins artistiques ? N'y a-t-il pas là un risque pour l'existence du droit sur l'image et, au fond, pour la tranquillité de la personne ? Ces solutions semblent en effet conduire à amoindrir le droit de chacun sur son image pour reconnaître, en présence de la liberté artistique, un véritable droit à l'image… d'autrui.

## 2 • Le « droit au respect de la vie privée »

**265 Quid *de l'intimité ?*** Il est un débat qui ressurgit de temps en temps en jurisprudence et en doctrine. L'article 9 alinéa premier du Code civil fait référence à la « vie privée » mais l'alinéa deux semble qu'à l'« intimité de la vie privée ». La question est de savoir si la « vie privée » est un tout, dans lequel on trouve une partie qui est l'« intimité ».

La Cour de cassation, à ce sujet, a une jurisprudence fluctuante. Tantôt elle se réfère à l'intimité de la vie privée dans un dessein restrictif, le meilleur exemple étant l'arrêt de la première chambre civile

65. Civ. 1re, 12 déc. 2000, préc.
66. Civ. 1re, 16 janv. 2013, *D.* 2013. 555, note E. Dreyer.
67. V. TGI Paris, 2 juin 2004, *LP*, n° 214, sept. 2004, III, p. 156, note C. Bigot ; TGI Paris, 9 mai 2007, (deux jugements), *D.* 2008. 57, note A. Tricoire ; *LP*, n° 246, nov. 2007, III, p. 234, note A. Fourlon ; Paris, 5 nov. 2008, *D.* 2009. 470, note C. Bigot : « Considérant que le droit à l'image doit céder devant la liberté d'expression chaque fois que l'exercice du premier aurait pour effet de faire arbitrairement obstacle à la liberté de recevoir ou de communiquer des idées qui s'expriment spécialement dans le travail d'un artiste, sauf dans le cas d'une publication contraire à la dignité de la personne ou revêtant pour elle des conséquences d'une particulière gravité ».
68. V. à cet égard J. Antippas, « Le droit de la personne sur son image face à la liberté artistique : plaidoyer pour une résistance », *RRJ* 2010. 735.

du 20 octobre 1993[69] à propos de la publication de renseignements relatifs aux revenus ; tantôt elle se fonde sur la « vie privée » sans autre précision (ainsi dans l'arrêt du 13 avril 1988)[70].

**266** ***Vie privée et vie publique.*** Si l'on fait abstraction de ce distinguo, plus utile au cas par cas que systématisé en jurisprudence, il n'en demeure pas moins que la vie privée s'oppose à la vie publique. *A priori* la vie privée est la vie cachée, à tout le moins discrète, et la vie publique celle qui se déroule dans la rue ou dans un endroit accessible à tous ou à beaucoup. Le critère n'est pas facile à mettre en œuvre. Si la distinction entre vie privée et vie publique d'un monarque a pu être faite par la Cour de cassation (arrêt précité du 13 avril 1988), rien n'est toutefois plus incertain que cette distinction entre les deux facettes de la vie. Prenons l'exemple simple d'un mariage d'un homme politique ou d'un artiste. Cet acte de la vie civile ne peut être qualifié, par lui-même, de public ou de privé. Il l'est selon la volonté et le statut (car la liberté d'information permet, ainsi qu'on le verra, de diffuser des éléments d'intérêt public) de la personne. Se marier en grande pompe à la Madeleine et sortir en cortège est la manifestation qu'à ce moment de la cérémonie, il s'agit d'un acte public. Le faire discrètement, en semaine, dans une mairie de province est la preuve qu'il s'agit d'un acte privé. Et pourtant l'acte religieux, par nature, est privé alors que l'échange des consentements devant un officier d'état civil est, par nature, public. Le critère est donc inexact, et il serait préférable de ne pas se référer à la « vie privée » (terme source d'ambiguïté) et de se fonder sur un « droit à la tranquillité d'existence », au fond c'est un « droit à la tranquillité », ce que les Américains dénomment plus justement que nous le *right to be left alone (V. infra)*. On trouve la vérification de cette analyse dans un arrêt de la cour d'appel de Paris du 6 octobre 1999[71] : « La publication d'une vidéo, filmant un couple à l'issue de la cérémonie de leur mariage, sans leur consentement, constitue une atteinte au droit que les époux ont sur leur image, et même si la séquence a été tournée dans un lieu public, une atteinte à leur vie privée par la révélation de circonstances intimes de leur union. » Ce qui permet de critiquer la position de la Cour de cassation qui estime (arrêt précité) que la publication des revenus d'une personne n'est pas une atteinte à l'intimité de sa vie privée. Ce n'est peut-être pas un fait de la vie privée, il n'en demeure pas moins qu'une telle divulgation est un trouble de l'existence (critique de cette jurisprudence par Jean Hauser)[72]. Toutefois la jurisprudence, sur ce point opère une distinction : la révélation de la fortune n'est pas une atteinte à la vie privée à condition qu'elle ne porte pas également « sur le mode de vie et la personnalité » de l'intéressé (Civ. 1re, 30 mai 2000)[73]. Par ailleurs, la libre communicabilité des archives publiques doit se concilier avec la protection de la vie privée des personnes qu'elle ne chasse pas[74]. La Cour de cassation avait confirmé son attachement à la distinction entre

69. *Bull. civ.* I, n° 295.
70. *Bull. civ.* I, n° 98, relatif à l'impératrice d'Iran.
71. *D.* 2000. Somm. 268, note A. Lepage.
72. *RTD civ.* 1994. 77. Connaître l'affaire des « Cent Français les plus riches » dans *L'Expansion*. TGI Paris, réf., 12 et 13 janv. 1987, *D.* 1987. 231, note Lindon et Paris, 15 janv. 1987, *D.* 1987. 231, note Lindon. Civ. 1re, 31 mai 1988, *Bull. civ.* I, n° 167. Résistance Amiens (inédit), Civ. 1re, 20 oct. 1993, *Bull. civ.* I, n° 295, *D.* 1994. 594, note Y. Picod ; *RTD civ.* 1994. 77, n° 5, obs. J. Hauser. Renvoi aud. sol. Versailles : « Ne constitue nullement une immixtion dans l'intimité à la vie privée et familiale protégée par l'article 9 du Code civil, la publication dans un journal de textes contenant des indications chiffrées de la participation de personnes à des sociétés cotées en Bourse, informations recueillies dans des documents publiés et ne contenant aucun renseignement secret et personnel ni aucune allusion à leur vie privée, la mention relative à la fortune immobilière d'une personne ne pouvant être considérée comme une révélation de fait ayant un caractère d'intimité relevant de l'article 9 ». Versailles, 17 mai 1995, *D.* 1996. 409, note (particulièrement complète sur ce sujet) J. Ravanas. V. CEDH 21 janv. 1999 (*D.* 1999. IR 46) : « Les questions patrimoniales concernant une personne menant une vie publique, tel un dirigeant d'une grande entreprise, ne relèvent pas du domaine de la vie privée » (*affaire Calvet*), *RTD civ.* 1994. 77. Lire l'excellente chronique de F. Deboissy et J.-C. Saint-Pau, « La divulgation d'une information patrimoniale », *D.* 2000. 267.
73. « … alors que les informations publiées portaient non seulement sur la situation de fortune, mais aussi sur le mode de vie et la personnalité de X… », *Bull. civ.* I, n° 167, *LPA* 20 avr. 2001, p. 15, note Sylvia Morvan ; *JCP* 2001. II. 10524, note B. Montels. *Adde*, J. Lasserre Capdeville, « La protection des informations sur le patrimoine par l'article 9 du Code civil », *RLDC* n° 115, mai 2014, p. 41 s.
74. Civ. 1re, 18 oct. 2017, n° 16-19.740, à paraître au *Bull.* ; *D.* 2017. 2098 : « S'il résulte […] du Code du patrimoine, dans sa rédaction issue de la loi n° 2008-696 du 15 juillet 2008 relative aux archives, que les registres de naissance de l'état civil constituent, à l'expiration d'un délai de soixante-quinze ans à compter de leur clôture, des archives publiques communicables de plein droit à toute personne qui en fait la demande, certaines des informations qu'ils contiennent et, notamment, celles portant sur les modalités d'établissement de la filiation, relèvent de la sphère de la vie privée et bénéficient, comme telles, de la protection édictée par les articles 9 du Code civil et 8 de la Convention de sauvegarde des droits de l'homme et des libertés fondamentales ».

vie privée et vie publique, en censurant pour manque de base légale un arrêt d'appel qui avait conclu à l'absence de violation du droit au respect de la vie privée d'un dirigeant de société du fait de la révélation par la presse, dans le cadre d'une affaire financière ayant abouti à la spoliation de l'épargne publique, de la vie sentimentale de l'intéressé avec sa nouvelle compagne après un divorce. La Haute juridiction reprocha en effet à la cour d'appel de ne pas avoir tiré les conséquences de « l'absence de toute fonction sociale de [la compagne de l'intéressé] dans les sociétés en cause » et de ne pas avoir justifié en quoi les éléments ainsi divulgués « présentaient un intérêt général de nature à éclairer le public sur les mécanismes et les responsabilités de la malversation financière dénoncée »[75]. Cependant, après résistance de la cour d'appel de renvoi, la Haute juridiction revint sur sa position en exposant « que, si la relation existant entre M. Z et M$^{me}$ A relève, par nature, de leur vie privée, l'évocation des liens personnels unissant les protagonistes de l'opération de rachat de la société [...] se trouve justifiée par la nécessaire information du public au sujet des motivations et comportements de dirigeants de sociétés commerciales impliquées dans une affaire financière ayant abouti à la spoliation de l'épargne publique et paraissant avoir agi en contradiction avec la loi »[76]. Ce soudain revirement pourrait étonner. Sa source figure dans la jurisprudence de la Cour européenne des droits de l'homme, favorable à la liberté d'expression, expressément mentionnée par la Cour de cassation précisant « qu'il résulte de la jurisprudence de la Cour européenne des droits de l'homme (CEDH, gr. ch., 10 nov. 2015, *Couderc et Hachette Filipacchi Associés c/ France*, req. n° 40454/07, § 102 et 103) que, pour vérifier qu'une publication portant sur la vie privée d'autrui ne tend pas uniquement à satisfaire la curiosité d'un certain lectorat, mais constitue également une information d'importance générale, il faut apprécier la totalité de la publication et rechercher si celle-ci, prise dans son ensemble et au regard du contexte dans lequel elle s'inscrit, se rapporte à une question d'intérêt général ; qu'ont trait à l'intérêt général les questions qui touchent le public dans une mesure telle qu'il peut légitimement s'y intéresser, qui éveillent son attention ou le préoccupent sensiblement, notamment parce qu'elles concernent le bien-être des citoyens ou la vie de la collectivité ». Reste que la Haute juridiction judiciaire vise des critères d'une extrême généralité (« question d'intérêt général », « questions qui touchent le public dans une mesure telle qu'il peut légitimement s'y intéresser », « information d'importance générale » et « totalité de la publication [...] dans son ensemble »...) pour juger la publication légitime. Aussi peut-on s'interroger sur la place — très résiduelle — ainsi laissée à la vie privée, qui semblerait désormais pouvoir faire l'objet d'une atteinte licite dans une publication servant globalement ou principalement l'intérêt du public ; ce alors même que la liberté d'expression et la vie privée ont la même valeur normative[77]. Cette tendance a été confirmée à l'occasion d'une affaire dans laquelle avait été révélée, par un ouvrage, l'homosexualité notamment du secrétaire général d'un parti politique. La Cour de cassation, mentionnant de nouveau l'arrêt précité de la CEDH, jugea « d'une part, les interrogations de l'auteur sur l'évolution de la doctrine d'un parti politique, présenté comme plutôt homophobe à l'origine, et l'influence que pourrait exercer, à ce titre, l'orientation sexuelle de plusieurs de ses membres dirigeants, relevaient d'un débat d'intérêt général et que, d'autre part, M. Z... était devenu un membre influent de ce parti dans la région Nord-Pas-de-Calais »[78]. Elle censura ainsi au visa des articles 9 du Code civil et 8 de la Conv. EDH, pour violation de la loi, une solution d'appel ayant condamné l'auteur de l'ouvrage car celui-ci partait « du principe, pour le moins sommaire, que [le secrétaire général du parti] avait participé, du fait de son appartenance à la communauté homosexuelle, à la prise de position du parti relative au projet de loi sur le mariage pour

75. Civ. 1$^{re}$, 30 oct. 2013, n° 12-15.187, *CCE* 2013, n° 130, note A. Lepage ; *JCP* 3 nov. 2014, n° 45, Doctr. 1163, n° 8, obs. J. Antippas.

76. Civ. 1$^{re}$, 1$^{er}$ mars 2017, n° 15-22.946, à paraître au *Bull.*, *D.* 2017. 508; *RTD civ.* 2017. 352, obs. J. Hauser ; *CCE*, juill. 2017, comm. n° 64, obs. A. Lepage ; *RTD civ.* 2017. 352, obs. J. Hauser ; *JCP* 13 nov. 2014, *Doctr.* 1204, n° 9, obs. J. Antippas.

77. Civ 1$^{re}$, 9 juill. 2003, n° 00-20.289, *Bull. civ.* I, n° 17.

78. Civ. 1$^{re}$, 11 juill. 2018, n° 17-22381, à paraître au *Bull.;* CCE oct. 2018, n° 10, p. 33, obs. A. Lepage ; *JCP* 19 nov. 2018, Doctr. 1222, n° 7, obs. J. Antippas. *Adde*, Civ. 1$^{re}$, 21 mars 2018, n° 16-28.74 ; *RTD civ.* 2018. 362, obs. D. Mazeaud (à propos de la publication d'un article dans un magazine, accompagné de photographies, et relatant le mariage religieux du membre d'une famille princière et le baptême de l'enfant du couple : cassation pour manque de base légale d'un arrêt d'appel n'ayant, pour retenir l'atteinte à la vie privée, pas recherché si le public avait un intérêt légitime à être informé du mariage religieux d'un membre d'une monarchie héréditaire et du baptême de son fils).

tous [et] déduit que cette révélation n'est pas justifiée par le droit à l'information légitime du public, ni proportionnée à la gravité de l'atteinte portée à la sphère la plus intime de sa vie privée ». Dans une affaire encore plus récente où des informations relatives à la propriété d'un dirigeant de grande société avaient été diffusées à l'occasion d'une émission télévisée, la Cour de cassation jugea qu'« après avoir retenu que les indications fournies dans la séquence litigieuse, qui permettent une localisation exacte du domicile de M. C..., caractérisent une atteinte à sa vie privée, l'arrêt relève, d'abord, que le reportage en cause évoque, notamment, la mobilisation des producteurs laitiers contre le groupe Lactalis, accusé de pratiquer des prix trop bas, et compare la situation financière desdits producteurs à celle du dirigeant du premier groupe laitier mondial ; qu'il ajoute que l'intégralité du patrimoine immobilier de M. C... n'est pas détaillée, les informations délivrées portant exclusivement sur le bien que ce dernier possède en Mayenne, où résident les fermiers présentés dans le reportage, de sorte que ces informations s'inscrivent dans le débat d'intérêt général abordé par l'émission ; qu'il énonce, ensuite, par motifs propres et adoptés, que M. C..., en sa qualité de dirigeant du groupe Lactalis, est un personnage public et que, bien que le nom et la localisation de sa résidence secondaire aient été à plusieurs reprises divulgués dans la presse écrite, il n'a pas, par le passé, protesté contre la diffusion de ces informations ; qu'il constate, enfin, que la vue d'ensemble de la propriété de M. C... peut être visionnée grâce au service de cartographie en ligne Google Maps et que, pour réaliser le reportage incriminé, le journaliste n'a pas pénétré sur cette propriété privée ; que la cour d'appel, qui a ainsi examiné, de façon concrète, chacun des critères à mettre en œuvre pour procéder à la mise en balance entre le droit à la protection de la vie privée et le droit à la liberté d'expression et qui n'avait pas à effectuer d'autres recherches, a légalement justifié sa décision de retenir que l'atteinte portée à la vie privée de M. C... était légitimée par le droit à l'information du public »[79]. On assiste donc à une tendance marquée à la relégation de la vie privée au rang d'exception de fait de la liberté d'expression. Cela étant, celle-ci semble devoir s'incliner toutes les fois que le débat d'intérêt général ne peut être utilement invoqué. Ainsi en va-t-il en cas d'évocation de la vie sentimentale de deux anciens ministres et de la publication sans leur consentement de leurs photos de vacances en dehors de tout rattachement à la vie publique des protagonistes[80] ayant par suite droit, comme chacun, à la tranquillité.

**267** ***Vie privée et tranquillité de l'existence.*** Le droit français ne connaît que la notion de « vie privée ». Cette notion est aujourd'hui trop réductrice par rapport à ce qui est vraiment objet de la protection judiciaire. Mot à mot la « vie privée » ce n'est que la « vie domestique », c'est-à-dire la vie à huis clos à son domicile (ce qui explique qu'au XIX^e^ siècle, avant l'apparition de la notion, les juridictions préservèrent en somme la vie privée par la sanction de la violation du domicile).

Mais, il va sans dire qu'on ne peut réduire la vie privée à ce « huis clos domestique ». Respecter la vie d'autrui c'est principalement lui reconnaître un « droit à la sérénité de vie ». Le Code pénal connaît la notion de « harcèlement ». Il est remarquable de noter que bien des jugements relatifs à la protection de la vie privée font allusion à cette idée de « harcèlement[81] ».

Respecter la vie privée, c'est donc ne pas mettre sur la place publique (par le biais des médias essentiellement) la vie de quelqu'un même lorsqu'il s'agit d'actes par ailleurs publics mais, on retiendra ce point, qui n'étaient pas appelés à un « retentissement » ou que le temps a assoupi[82]. Une personne ne

---

79. Civ. 1re, 10 oct. 2019, n° 18-21.871, *D.* 2019.1991.

80. Civ. 1re, 11 mars 2020, n° 19-13.716, à paraitre au *Bull.* ; *D IP/IT* 2020. 325, note E. Dreyer ; *JCP G* 2020. 874, n° 3, obs. J. Antippas ; *RTD civ.* 2020. 353, obs. A.-M. Leroyer ; *Gaz. Pal.*, 22 sept. 2020, n° 32, p. 23 ; *Légipresse* 2020, p. 427, note G. Loiseau.

81. Cette notion pourrait être davantage utilisée par les juges. Au sujet de l'affaire *Princesse de Galles*, V. *Dr fam.* 1998, n° 11, « Réflexions sur la protection de la vie privée ».

82. Divergence entre la Cour de cassation et les cours d'appel. Refus du droit à l'oubli par la première : « Lorsque les faits relatés dans un ouvrage et touchant à la vie privée d'une personne avaient été livrés, en leur temps, à la connaissance du public par des comptes rendus de débats judiciaires parus dans la presse locale et avaient été ainsi licitement révélés, ils échappent à la vie privée de cette personne et elle ne peut se prévaloir d'un droit à l'oubli pour empêcher qu'il en soit de nouveau fait état » (Civ. 1re, 20 nov. 1990, *Bull. civ.* I, n° 256) ; *JCP* 1992. II. 21908, obs. crit. Ravanas qui explique très bien que la publicité de la justice a une finalité précise et limitée. V. égal., plus récemment, à propos de la diffusion non autorisée, sur Internet, d'un film pornographique tourné par une personne plusieurs années auparavant : TGI Paris, ord. réf., 15 févr. 2012, CCE 2012, n° 54, obs. A. Lepage, énonçant que « ce film témoigne à une époque donnée de la vie de la jeune femme laquelle entend bénéficier du droit à l'oubli », pour juger, dès lors,

peut se contenter de réduire sa vie privée à sa « vie domestique ». La vie privée n'est pas un succédané de la réclusion criminelle. La vie privée n'est pas la vie cachée… sinon quelle vie ! En revanche, une personne peut légitimement souhaiter que ce qui compose sa vie ne soit pas connu *urbi et orbi* de tout le monde. C'est une chose que certains éléments de la vie privée soient connus des voisins, c'en est une autre qu'ils le soient de tout le pays.

Dès lors on comprend mieux que ce « droit à la tranquillité » (notion dégagée en droit américain : *right to be left alone*) dépasse la petite notion de « droit au respect de la vie privée ». On en a la démonstration dans un arrêt de la première chambre civile du 9 juillet 2003[83]. *Le Figaro* avait publié un épisode d'une « série » estivale en puisant son inspiration dans une affaire judiciaire irrésolue : la disparition d'un couple et de ses enfants. Les enfants d'un premier mariage de l'épouse disparue obtinrent du juge des référés la suspension de la parution des autres épisodes. La Cour de cassation approuve la décision. À proprement parler, il n'y a pas eu violation de la vie privée « réelle » puisqu'il s'agissait d'une aventure romancée ; toutefois l'amalgame possible entre la réalité et la fiction était bien constitutif d'un possible trouble à la sérénité de la vie (*a contrario* : TGI Paris, 9 déc. 2002[84], « rien n'interdit à un écrivain de s'inspirer d'une affaire judiciaire particulièrement exceptionnelle au regard des aspects sociaux qu'elle révèle et de livrer au public sa propre vision des caractères et des circonstances qui en font le ressort »). Une décision récente peut illustrer ce droit à la tranquillité en jugeant attentatoire au droit au respect de la vie privée la divulgation au public, par un consultant sportif radiophonique, du numéro de téléphone mobile du président du conseil d'administration d'un club de football quand bien même ce numéro serait utilisé en partie pour des besoins professionnels : la condamnation fut de 10 000 euros de dommages et intérêts du fait des très nombreux appels et SMS reçus par la victime sur son mobile conséquemment à cette divulgation[85].

**268** ***Limites du droit à la vie privée.*** En outre, la vie privée n'est pas la même pour tous. Si l'on prend le cas des hommes politiques et des artistes, on peut dire qu'elle est à la fois conçue très strictement mais aussi avec des dérogations. Strictement, en ce sens que pour un « homme public » ce droit à la vie privée est quasiment vital sauf à sombrer dans le tourbillon des médias. Dérogatoire, car la vie privée ne peut être absolument coupée de la vie publique. Aux États-Unis d'Amérique et fréquemment dans les pays de civilisation anglo-saxonne, l'engagement dans la vie politique suppose une introspection de la vie privée que les Français jugent inadmissible[86]. Pourtant le Code électoral impose aujourd'hui aux candidats de révéler l'état de leur patrimoine, et il est admis que le chef de l'État tienne le pays au courant de sa santé.

Mais l'essentiel est de bien retenir que *chacun est maître de déterminer les limites de sa vie privée* et d'en rendre public ce qu'il veut. La jurisprudence le redit à longueur de temps[87]. On a en un remarquable exemple dans un arrêt de la deuxième chambre civile de la Cour de cassation du 5 mars 1997[88]. Un avocat d'un homme politique célèbre est pris en photographie par un journaliste. Contre la publication de ce document, il entend se prévaloir de l'article 9 du Code civil. La cour d'appel d'Aix-en-Provence par un arrêt (inédit) du 23 février 1995 avait constaté que « le caractère privé de la soirée visée dans

---

que « l'atteinte au respect du droit à la vie privée de Mme Diana Z. est manifeste ». V. désormais : CJUE 13 mai 2014, *Google Spain*, préc. Doctrine : R. Letteron, « Le droit à l'oubli », *RD publ.* 1996. 385 ; C. Costaz « Le droit à l'oubli », *Gaz. Pal.*, n° 207-208/1995, p. 2 s.

83. *Bull. civ.* I, n° 172 ; *JCP* 2003. II. 10139, obs. J. Ravanas.

84. *D.* 2003. 1715, note C. Caron.

85. Versailles 17 mars 2016, n° 14/0491.

86. D. de La Burgade, *La vie privée des hommes politiques*, thèse dactyl., Paris II, 2001.

87. « C'est dans l'exercice de son pouvoir souverain d'appréciation que la cour d'appel a relevé que les faits rapportés par l'hebdomadaire étaient déjà connus et que, peu de temps avant son décès, le défunt avait lui même laissé complaisamment révéler des éléments de sa vie sentimentale, de sorte que le préjudice invoqué par sa dernière compagne n'est pas établi. L'atteinte à la vie privée au sens de l'art. 9 C. civ. et de l'article 8 Conv. EDH suppose l'existence d'une référence ou d'une allusion à la vie de la personne qui entend se prévaloir de cette atteinte. A justifié sa décision, la cour d'appel qui a relevé que l'article de l'hebdomadaire ne comportait d'intrusion ni dans la vie privée de la demanderesse, ni dans celle de son fils » (Civ. 2e, 22 mai 1996, *JCP* 1996. IV. 1571).

88. *Bull. civ.* II, n° 66.

l'article litigieux ne peut être sérieusement discuté » mais elle ajoutait que « la relation dans un article de presse de la participation d'une personne à une soirée ne saurait cependant, par elle-même, être constitutive d'une faute génératrice d'un dommage, sauf à priver les organes de presse de toute possibilité de porter à la connaissance du public la tenue de telles réunions (privées) alors même que leur importance et leur relief se trouvent rehaussés par la présence de personnalités politiques nationales ou locales de premier rang, circonstances faisant qu'elles rentrent alors dans le champ du droit à l'information légitime du public sur un événement d'actualité ».

La cassation d'une telle décision est nette. La cour régulatrice notant que la cour d'appel avait bien relevé qu'il s'agissait d'une réunion à caractère privé, lui reproche de n'avoir pas donné de base légale à son arrêt faute d'avoir recherché si le plaignant « avait donné son accord à la publication d'une photographie d'amateur le représentant accompagné d'une légende révélant son identité ». Comment ne pas souligner ici que la vie privée est, par nature, une liberté civile (notion que l'on distinguera des libertés publiques, celles reconnues et protégées par la puissance publique, exemple : la liberté d'association ou de commerce) ?

Cette décision est à mettre en parallèle avec un arrêt du 25 janvier 2000[89] : « C'est à juste titre qu'une cour d'appel a rejeté la demande d'indemnisation formée, à la suite de la publication, à propos d'une opération de police, de la photographie d'un groupe, par une personne figurant sur cette photographie et y étant identifiable, dès lors que la photographie était prise sur le seuil d'un bâtiment public et que rien ne venait isoler le demandeur du groupe de personnes représentées sur la photographie, centrée non sur sa personne, mais sur un événement d'actualité, auquel il se trouvait mêlé par l'effet d'une coïncidence due à des circonstances tenant exclusivement à sa vie professionnelle » ; ainsi que par un autre du 20 février 2001[90] : « La publication d'un tract, comportant la photographie d'un policier dans l'exercice de ses fonctions lors d'une opération d'expulsion est légitime, dès lors que, diffusé quelques jours après l'événement, il est en relation directe avec celui-ci » et un autre, important (affaire *des victimes de l'attentat de la station Saint-Michel*) du même jour (à mettre en relation avec l'arrêt *Érignac*) : « La liberté de communication des informations autorise la publication d'images des personnes impliquées dans un événement, sous la seule réserve du respect de la dignité de la personne humaine[91]. »

Révélateur de l'actuelle jurisprudence, un arrêt de la première chambre civile du 16 mai 2006[92] : « Met en œuvre la recherche d'équilibre qu'il lui incombait de mener entre la liberté d'expression ou d'information et le respect dû à la vie privée, l'arrêt qui dit justifiées par la notoriété et la popularité d'un artiste les narrations de l'événement d'actualité qu'avait constitué un accident de santé dont il avait été victime, divulgué par des communiqués de presse émanés des autorités hospitalières ou de famille, mais juge que l'organe de presse a excédé les limites de la légitime information du public en évoquant, de façon vraie ou supposée, des circonstances factuelles ayant entouré un autre accident antérieur de plusieurs années, et le comportement alors adopté par l'entourage le plus proche. » Le même arrêt se poursuit en prononçant derechef la cassation, sur le double fondement des articles 9 du Code civil et 10 de la Conv. EDH en faisant valoir que les photographies prises lors de l'évacuation du blessé par hélicoptère étaient en relation directe avec l'article, lequel rapportait donc « un événement d'actualité » et que ces photographies « ne caractérisaient aucune atteinte à la dignité de la personne ».

---

89. *JCP* 2000. II. 10257 concl. J. Sainte-Rose. Mettre en parallèle avec Versailles, 4 mars 1999 (*BICC* 1er mars 2000, n° 280). Photographie de la famille de Monaco, à l'occasion d'un événement sportif. La photographie est donc prise en public, mais il ressort du reportage que ce n'est pas l'événement sportif qui est pris en considération. Le désir du photographe n'est que de montrer qu'une princesse se trouve y assister en compagnie de telle personne : il y a atteinte à la vie privée car « le consentement ne saurait être déduit du caractère public des lieux ». Arrêt de la fête folklorique : « Viole l'article 9 du Code civil, la cour d'appel qui, pour rejeter la demande tendant à l'indemnisation du préjudice résultant pour leur fils mineur de la publication et de l'exploitation d'une photographie le représentant, retient qu'il s'agit d'un cliché d'information pris lors d'une fête folklorique à laquelle participait l'enfant, qui n'a subi aucune atteinte à sa vie privée, alors que l'image de l'enfant était isolée de la manifestation au cours de laquelle elle avait été prise et que le photographe avait procédé à une publication de cette image, sans l'autorisation des parents », Civ. 1re, 12 déc. 2000, *JCP* 2001. II. 10572, obs. S. Abravanel-Jolly.
90. Affaire du policier de l'église Saint-Bernard : *Bull. civ.* I, n° 43, *D.* 2000. 1119, note Gridel, *JCP* 2001. II. 10533, note J. Ravanas.
91. *Ibid.*, *Bull. civ.* I, n° 42.
92. *Bull. civ.* I, n° 247 ; *D.* 2006. IR 1565, *RTD civ.* 2006. 535, obs. J. Hauser, *D.* 2006. 2707, obs. L. Marino.

Enfin l'on retiendra un arrêt de la première chambre civile du 3 avril 2002[93] relatif à la redivulgation d'informations liées à la vie privée mais tombées dans le domaine public : « Justifie légalement sa décision la cour d'appel qui, pour rejeter une demande fondée sur une atteinte à la vie privée, relève que l'une des informations relatées constitue un fait public, et que les autres présentent un caractère anodin » et un autre de la même chambre du 23 avril 2003 : « Le rappel par un journal d'un divorce, qui constituait un fait d'actualité, officiel et notoire, n'excède pas les limites de la liberté d'expression »[94].
De même un arrêt important, du 13 novembre 2003, de la première chambre civile de la Cour de cassation[95] (à propos de l'affaire *Ranucci* qui donna lieu à une polémique à la suite du livre et du film *Le Pull-over rouge*) fixe la jurisprudence : « La liberté de communiquer des informations autorise la publication d'images de personnes impliquées dans un événement, sous la seule réserve du respect de leur dignité ». Toutefois, l'exception de l'atteinte à la dignité de la personne semble devoir être très strictement cantonnée par la jurisprudence de la Cour de cassation. Voir à ce propos l'arrêt de la deuxième chambre civile du 4 novembre 2004[96]. Dans cet arrêt, si la Cour rappelle que « le principe de la liberté de la presse implique le libre choix des illustrations d'un débat général de phénomène de société sous la seule réserve du respect de la dignité de la personne humaine », elle n'en censure pas moins une cour d'appel qui avait condamné un magazine à payer des dommages-intérêts aux proches de la victime d'un accident de la circulation dont il avait publié une photographie, sans rechercher (contrôle de la motivation) si l'information des lecteurs justifie la publication de cette photographie, ni caractériser l'atteinte portée par celle-ci à la dignité de la victime[97]. Ce cantonnement de l'atteinte à la dignité a été confirmé, notamment à l'occasion d'un litige dans lequel avait été publiée, sans autorisation de la part de l'intéressée, l'image de la veuve d'un fonctionnaire de police affligée et assistant aux obsèques de ce dernier. La Cour de cassation énonce alors « que la cour d'appel a retenu, d'abord, qu'en consacrant un article aux policiers concernés par la violence et aux conséquences dramatiques en résultant pour leurs proches, le magazine *Paris Match* ne fait que satisfaire le droit des lecteurs à une légitime information d'actualité, actualité dans laquelle M^me^ X… s'est trouvée impliquée de par ses liens avec l'une des victimes, ensuite, que les deux photographies prises lors de l'enterrement en présence d'autorités officielles illustrent de façon appropriée l'article avec lequel elles sont en lien direct, enfin que ces clichés, ne portent pas atteinte à sa dignité »[98]. Même une scène *a priori* très intime, comme le fait d'assister à l'enterrement d'un proche, peut donc parfois être révélée et montrée au public. La *liberté d'information* peut en effet conduire à restreindre la vie privée et à publier librement l'image des individus, dès lors qu'aucune atteinte à la dignité de la personne n'est commise.
À mettre en parallèle avec un arrêt de la cour d'appel de Versailles, du 31 mars 2002[99] : « S'il est de principe que la publication d'une manifestation publique[100] ne nécessite pas d'autorisation particulière, il n'en est pas de même pour la publication de photographies de manifestations homosexuelles lorsque cette publication n'est pas justifiée par l'information du public sur cet événement. »
L'atteinte à la dignité comme les contours de la liberté de communication, notions de droit visées respectivement par les articles 16 du Code civil et 10 de la Conv. EDH, sont contrôlés par la Cour de cassation

93. *Bull. civ.* I, n° 110, *D.* 2002. 3164, note C. Bigot.
94. *CCE* 2003, n° 65. Dans le même sens : Civ. 2^e^, 30 juin 2004, *JCP* 2004. II. 10160, note D. Bakouche. Ou encore : Civ. 2^e^, 11 déc. 2003 et 19 févr. 2004, *D.* 2004. 2596, note C. Bigot.
95. *RCA* 2004 comm. n° 26, *LPA* 29 juill. 2004, p. 14, note I. Paulik.
96. *D.* 2005. 696, note I. Corpart.
97. Sur la dignité humaine : Versailles, 24 nov. 2004, *D.* 2005. 388 (un jouet moquant les schizophrènes porte atteinte à leur dignité).
98. Civ. 1^re^, 7 mars 2006, *CCE*, sept. 2006, p. 47, note A. Lepage ; *JCP* 2006. II. 10105, obs. E. Dreyer : « attendu que la cour d'appel a retenu, d'abord, qu'en consacrant un article aux policiers concernés par la violence et aux conséquences dramatiques en résultant pour leurs proches, le magazine Paris Match ne fait que satisfaire le droit des lecteurs à une légitime information d'actualité, actualité dans laquelle M^me^ X… s'est trouvée impliquée de par ses liens avec l'une des victimes, ensuite, que les deux photographies prises lors de l'enterrement en présence d'autorités officielles illustrent de façon appropriée l'article avec lequel elles sont en lien direct, enfin que ces clichés, ne portent pas atteinte à sa dignité ».
99. *D.* 2003. 1533, note C. Caron.
100. Civ. 2^e^, 11 déc. 2003, *CCE* 2004, n° 36, note A. Lepage.

elle-même. Dans une affaire, un reportage avait été diffusé sur une chaîne de télévision, puis sur le site internet de celle-ci, concernant l'histoire d'une jeune femme qui avait fait croire sur internet qu'elle était atteinte d'affections graves. Il comportait une séquence filmée en caméra cachée. L'intéressée invoqua l'atteinte à son droit sur l'image. La cour d'appel accueillit la demande de réparation en retenant que la séquence litigieuse était précédée et suivie d'un commentaire en voix *off* de nature à dévaloriser la personne ainsi montrée au public et que le sujet n'était pas utile à l'information des téléspectateurs. La Cour de cassation la censura cependant en rappelant : « La liberté de la presse et le droit à l'information du public autorisent la diffusion de l'image de personnes impliquées dans un événement d'actualité ou illustrant avec pertinence un débat d'intérêt général, dans une forme librement choisie, sous la seule réserve du respect de la dignité de la personne humaine », et en ajoutant : « en statuant ainsi, par des motifs tirés des propos tenus par les journalistes, relevant, comme tels, de la loi du 29 juillet 1881 sur la liberté de la presse, mais impropres à caractériser une atteinte à la dignité de la personne représentée, au sens de l'article 16 du Code civil, la cour d'appel a violé les articles 9 et 16 du Code civil et 10 de la Convention de sauvegarde des droits de l'homme et des libertés fondamentales »[101].

À noter que les limites du droit au respect de la vie privée ont tendance à s'étendre et à se diversifier. Récemment, la Cour de cassation a en effet censuré un arrêt d'appel qui avait dénié au demandeur le droit de produire une lettre missive sans l'autorisation du rédacteur de celle-ci. La Cour de cassation jugeant, en référence au droit du demandeur, « qu'en statuant ainsi, sans rechercher si la production litigieuse n'était pas indispensable à l'exercice de son droit à la preuve, et proportionnée aux intérêts antinomiques en présence, la cour d'appel n'a pas donné de base légale à sa décision »[102]. En quoi l'on voit le droit au respect de la vie privée limité par le *droit à la preuve*[103]. De même, la Cour de cassation a-t-elle jugé licite la filature d'un assuré par son assureur, effectuée dans les lieux publics et aux fins de vérifier la sincérité des déclarations de l'intéressé, en énonçant « les atteintes portées à la vie privée de M. X..., sur la voie publique ou dans des lieux ouverts au public, sans provocation aucune à s'y rendre, et relatives aux seules mobilités et autonomie de l'intéressé, n'étaient pas disproportionnées au regard de la nécessaire et légitime préservation des droits de l'assureur et des intérêts de la collectivité des assurés »[104]. Plus récemment, la Cour de cassation a confirmé la possibilité de porter une atteinte à la vie privée proportionnée au besoin d'administrer une preuve. Il s'agissait d'une personne qui imputait à un institut de beauté un préjudice oculaire qu'elle prétendait avoir subi à la suite d'un soin, mais qui avait été prise en photo par un détective privé alors qu'elle effectuait, sans porter de lunettes, diverses activités de la vie quotidienne. La Haute juridiction énonça que l'atteinte à la vie privée n'était « pas disproportionnée lorsque, eu égard au droit à la preuve de toute partie en procès, elle se réduit [...] à la simple constatation de l'absence de port de lunettes lors de la conduite d'un véhicule ou lors du ménage et rangement d'un balcon »[105]. Également, après avoir posé un attendu de principe en vertu duquel « le droit à la preuve ne peut justifier la production d'éléments portant atteinte à la vie privée qu'à la condition que cette production soit indispensable à l'exercice de ce droit et que l'atteinte soit proportionnée au but poursuivi », la Cour de cassation a censuré un arrêt d'appel qui avait admis la preuve (s'agissant de la question du préjudice corporel d'un assuré) par rapport d'enquête privé, la Haute juridiction

101. Civ. 1re, 29 mars 2017, n° 15-28.813, *D.* 2017. 761 ; *CCE* n° 6, juin 2017, comm. 55, obs. A. Lepage ; *RTD civ.* 2017. 609, obs. J. Hauser.
102. Civ. 1re, 5 avr. 2012, *D.* 2012. 1596, note G. Lardeux ; *RTD civ.* 2012. 506, obs. J. Hauser.
103. *Adde*, Civ. 1re, 5 févr. 2014, *D.* 2014. 856, note G. Lardeux. À l'occasion d'une demande de nullité du contrat d'assurance présentée par l'assureur du fait de la découverte de fausses déclarations de l'assuré grâce à un rapport d'enquête privée établissant que c'était le fils de l'assuré, non titulaire du permis de conduire, qui était en réalité le conducteur habituel du véhicule, la Haute juridiction juge que la considération des éléments retenus par la cour d'appel, « quand bien même ils affecteraient la vie privée [...], n'[était] pas disproportionnée au regard du droit de l'assureur d'établir en justice la nullité du contrat pour le motif retenu ».
104. Civ. 1re, 31 oct. 2012, *D.* 2013. 227, note N. Dupont ; *JCP* 19 nov. 2012, p. 2085, note S. Abravanel-Jolly. Dans le même sens : Paris 20 nov. 2012, *CCE* 2013, n° 35, note A. Lepage.
105. Civ. 1re, 10 sept. 2014, n° 13-22.612, *Bull. civ.* I, n° 143 ; *RTD civ.* 2014. 856, obs. J. Hauser ; *D.* 2015. 342, obs. E. Dreyer ; *JCP* 2015. 1191, n° 14, obs. J. Antippas.

relevant que « les investigations, qui s'étaient déroulées sur plusieurs années, avaient eu une durée allant de quelques jours à près de deux mois et avaient consisté en des vérifications administratives, un recueil d'informations auprès de nombreux tiers, ainsi qu'en la mise en place d'opérations de filature et de surveillance à proximité du domicile de l'intéressé et lors de ses déplacements, ce dont il résultait que, par leur durée et leur ampleur, les enquêtes litigieuses, considérées dans leur ensemble, portaient une atteinte disproportionnée au droit au respect de la vie privée de [l'intéressé] »[106]. Par ailleurs, la Haute juridiction a confirmé sa position à propos d'une enquête réalisée par un assureur afin de vérifier les déclarations relatives à un assuré blessé lors d'un accident de la circulation. Elle jugea qu'« après avoir décidé, à bon droit, que les opérations de surveillance et de filature menées par les enquêteurs mandatés par l'assureur étaient, par elles-mêmes, de nature à porter atteinte à la vie privée de M. X et de Mme Y, la cour d'appel a énoncé qu'il convenait d'apprécier si une telle atteinte était proportionnée au regard des intérêts en présence, l'assureur ayant l'obligation d'agir dans l'intérêt de la collectivité des assurés et, pour ce faire, de vérifier si la demande en réparation de la victime était fondée. Ayant constaté que les opérations de surveillance avaient concerné l'intérieur du domicile de M. X et de sa mère, que les enquêteurs avaient procédé à la description physique et à une tentative d'identification des personnes s'y présentant et que les déplacements de Mme Y avaient été précisément rapportés, elle a pu en déduire que cette immixtion dans leur vie privée excédait les nécessités de l'enquête privée et que, dès lors, les atteintes en résultant étaient disproportionnées au regard du but poursuivi »[107].

Enfin, la Cour de cassation a jugé que le droit à la preuve peut justifier la production d'éléments portant atteinte à la vie personnelle du salarié à la condition que cette production soit nécessaire à l'exercice de ce droit et que l'atteinte soit proportionnée au but poursuivi ; en l'espèce, il s'agissait des documents obtenus par un délégué du personnel dans l'exercice de ses fonctions de représentation afin de vérifier si la société respectait la règle légale relative au repos dominical et se conformant à une décision de justice lui faisant interdiction de faire travailler ses salariés le dimanche[108]. La cour régulatrice a également admis, en cas de nécessité liée au droit à la preuve, l'utilisation d'images de salariés pourtant prises de manière illicite[109]. Elle a même jugé que l'absence de licéité d'un moyen de preuve, n'entraîne pas nécessairement son rejet des débats, le juge devant apprécier si son utilisation porte atteinte au caractère équitable de la procédure dans son ensemble, en mettant en balance le droit au respect de la vie personnelle du salarié et le droit à la preuve, lequel peut justifier la production d'éléments portant atteinte à la vie personnelle d'un salarié à la condition que cette production soit indispensable à l'exercice de ce droit et que l'atteinte soit strictement proportionnée au but poursuivi[110].

En résumé, à côté de cette question émergente de l'articulation de ce droit de la personnalité et du droit à la preuve, l'état de la jurisprudence actuelle est le suivant : le droit au respect de la vie privée autorise toute personne, quelle que soit sa notoriété, à s'opposer à la diffusion, sans son autorisation, d'informations, vraies ou fausses, entrant dans la sphère de sa vie privée ; de même, chacun peut s'opposer à la fixation de son image ou à sa reproduction sans autorisation préalable ; toutefois ces droits lorsqu'ils sont invoqués au profit d'une personne que sa naissance ou ses fonctions exposent à la notoriété et donc à la curiosité du public, ou qui a elle-même divulgué certains faits relatifs à sa vie privée, ne peuvent s'apprécier avec la même rigueur que lorsqu'il s'agit d'un citoyen anonyme éloigné des médias. Vérification *a contrario* : « Considérant que lorsqu'un article, consacré à une personnalité, évoque des faits qui ne sont pas déjà connus du public ou comportent des commentaires qui ne peuvent être considérés comme

106. Civ. 1re, 25 févr. 2016, n° 15-12.403, *Bull.* civ. I, n° 997 ; *D.* 2016. 884, note J.-C. Saint-Pau. *Adde*, en cas de constat privé à l'intérieur d'un domicile sans autorisation.

107. Civ. 1re, 22 sept. 2016, n° 15-24.015, *D.* 2017. 490, note B. Beignier et S. Ben Hadj Yahia.

108. Soc. 9 nov. 2016, n° 15-10.203, *D.* 2017. 37, note G. Lardeux ; *RTD civ.* 2017. 96, obs. J. Hauser.

109. Soc. 25 nov. 2020, n° 17-19.523, *Légipresse* 2021. 8 ; *ibid.* 2022.58, n° 5, obs. G. Loiseau ; *D.* 2021. 117, note G. Loiseau ; *Dalloz IP/IT* 2020. 655, obs. C. Crichton ; *ibid.* 2021. 356, obs. G. Péronne ; *RTD civ.* 2021. 413, obs. H. Barbier.

110. Soc., 10 nov. 2021, n° 20-12.263, *Dalloz IP/IT* 2022.157, note E. Daoud et I. Bello.

anodins, le droit à la vie privée doit prévaloir sur le principe de la liberté d'expression quand cet article n'apporte aucune contribution à un débat d'intérêt général pour la société »[111].

Cette jurisprudence semble bien confirmée par un important arrêt de la Cour européenne des droits de l'homme du 24 juin 2004 (arrêt *Princesse de Hanovre*)[112]. L'on peut de manière plus générale résumer la jurisprudence actuelle de la CEDH :

— la notion de vie privée comprend des éléments se rapportant à l'identité d'une personne tels que le nom d'une personne ou son « droit à l'image » (la Convention EDH ne comportant pas de référence au droit sur l'image, la CEDH le rattache à la vie privée protégée quant à elle expressément par l'article 8 de la Convention) ;

— la sphère de la vie privée telle que la Cour la conçoit, couvre l'intégrité physique et morale d'une personne ; la garantie offerte par l'article 8 de la Convention est principalement destinée à assurer le développement sans ingérences extérieures, de la personnalité de chaque individu dans les relations avec ses semblables (la Cour fait référence ici au célèbre arrêt *Niemietz* du 16 décembre 1992) ;

— il existe donc une zone d'interaction entre l'individu et les tiers qui, même dans un contexte public, peut relever de la vie privée ;

— la cour rappelle que, dans certaines circonstances, une personne disposait d'une « espérance légitime » de protection et de respect de sa vie privée ;

— la cour rappelle, bien entendu, que la liberté d'expression constitue un fondement essentiel d'une société démocratique ;

— l'essentiel de l'arrêt de 2004 précité se trouve, ensuite, au n° 59 : « Si la liberté d'expression s'étend également à la publication de photos, il s'agit là néanmoins d'un domaine où la protection de la réputation et des droits d'autrui revêt une importance particulière. En l'occurrence, il s'agit de la diffusion non pas d'idées mais d'images contenant des informations très personnelles, voire intimes, sur un individu. De plus, les photos paraissant dans la presse à sensation sont souvent réalisées dans un climat de harcèlement continu, entraînant pour la personne concernée un très fort sentiment d'intrusion dans sa vie privée et même de persécution. Dans les affaires relatives à la mise en balance de la protection de la vie privée et de la liberté d'expression dont la cour a eu à connaître, elle a toujours mis l'accent sur la contribution que la parution de photos ou d'articles dans la presse apportait au débat d'intérêt général. » À ce sujet la cour fait un rappel à un autre arrêt important et touchant la France, l'arrêt *Gubler* (18 mai 2004) : « De même dans une affaire récente portant sur la publication par l'ancien médecin personnel du Président Mitterrand d'un livre comportant des révélations sur l'état de santé de ce dernier, la cour a considéré que plus le temps passait, plus l'intérêt public du débat lié à l'histoire des deux septennats accomplis par le Président Mitterrand l'emportait sur les impératifs de la protection des droits de celui-ci au regard du secret médical » (motif assez sidérant !) ;

— la cour poursuit en disant « qu'il convient d'opérer une distinction fondamentale entre un reportage relatant des faits — même controversés — susceptibles de contribuer à un débat dans une société démocratique, se rapportant à des personnalités politiques, dans l'exercice de leurs fonctions officielles par exemple, et un reportage sur les détails de la vie privée d'une personne qui, de surcroît, comme en l'espèce[113], ne remplit pas de telles fonctions. Si dans le premier cas la presse joue son rôle essentiel de "*chien de garde*"[114] dans une démocratie en contribuant à "communiquer des idées et des informations sur des questions d'intérêt public", il en va autrement dans le second cas » ; ainsi la contribution à des questions d'importance générale d'un article accompagné de photographies sur une naissance donnée par une

111. Paris, 25 janv. 2006, *D.* 2006. 2706, obs. C. Bigot. Il s'agit de trois arrêts de cette cour, statuant après renvoi. On peut donc considérer que la cour applique parfaitement les critères dégagés par la Cour de cassation.

112. J.-L. Halpérin, « Anecdote monégasque ou européanisation de la *privacy ?* », *D.* 2005. 340 ; *CCE* 2004, n° 147, note A. Lepage.

113. La princesse de Hanovre était prise en photo hors de toute représentation officielle.

114. C'est une expression à connaître et que la Cour emploie souvent au sujet de la presse, depuis l'affaire *Handyside c/ Royaume-Uni* (CEDH 7 déc. 1976, req. n° 5493/72).

personnalité est moindre par rapport aux articles qui font progresser le débat politique ou autre débat public à l'égard desquels la presse exerce son rôle vital de « chien de garde public » ; si donc l'événement peut donc être divulgué, ce n'est pas nécessairement le cas des photographies présentant un caractère privé[115] ;
— en conclusion : « De même, s'il existe un droit du public à être informé, droit essentiel dans une société démocratique qui, dans des circonstances particulières, peut même porter sur des aspects de la vie privée de personnes publiques, notamment lorsqu'il s'agit de personnalités politiques, cela n'est pas le cas en l'espèce : en effet, celui-ci se situe en dehors de la sphère de tout débat politique ou public, car les photos publiées et les commentaires les accompagnant se rapportent exclusivement à des détails de la vie privée de la requérante. Comme dans d'autres affaires similaires dont elle a eu à connaître, la Cour estime, dès lors qu'en l'espèce la publication des photos et des articles litigieux ayant eu pour seul objet de satisfaire la curiosité d'un certain public sur les détails de la vie privée de la requérante, ne saurait passer pour contribuer à un quelconque débat d'intérêt général pour la société, malgré la notoriété de la requérante. Dans ces conditions, la liberté d'expression appelle une interprétation moins large. »
La CEDH a depuis lors pu juger notamment que la condamnation d'une société de presse ayant, à l'occasion d'une campagne politique, publié l'image du frère de l'assistant d'un candidat avec la référence à la condamnation passée de l'intéressé dans le cadre d'activités néonazies mais sans la précision que cette peine avait entre temps été rayée de son casier judiciaire, doit s'inscrire au nombre des limites non disproportionnées de la liberté d'expression au nom de la protection des droits d'autrui et notamment de la vie privée (d'autant plus que la sanction était limitée à une interdiction de publication de l'image si elle était accompagnée d'une référence aux activités passées de l'intéressé)[116].
Cela étant, la Cour européenne des droits de l'homme a, depuis lors, eu l'occasion de tempérer sa position et d'amoindrir ainsi les droits au respect de la vie privée et sur l'image, au profit de la liberté d'expression. En effet, dans un arrêt de grande chambre du 7 février 2012 *Princesse de Hanovre 2*[117], des photographes avaient pris et publié des clichés de l'intéressée en compagnie de son mari lors de leurs vacances. Certes, la Cour énonce d'abord que les droits à la liberté d'expression, d'une part, et au respect de la vie privée, d'autre part, méritent *a priori* un égal respect (consid. 106). Mais elle énumère ensuite les critères à prendre en compte pour la mise en balance de ces deux droits : contribution à un débat d'intérêt général, notoriété de la personne visée et objet du reportage, comportement antérieur de la personne concernée, contenu, forme et répercussions de la publication et circonstances de la prise des photos. Or, elle constate que les juridictions nationales ont en l'espèce procédé à une mise en balance circonstanciée, d'une part, du droit des sociétés d'édition à la liberté d'expression avec, d'autre part, le droit des requérants au respect de leur vie privée. Elle estime, en effet, que les photos, considérées à la lumière des articles les accompagnant et relatifs à la maladie du prince, avaient apporté une contribution à un débat d'intérêt général. La Cour en conclut que les juridictions nationales n'ont pas manqué à leurs obligations positives au titre de l'article 8 de la Convention (droit au respect de la vie privée et familiale).
Les limites apportées à la protection de la vie privée à l'échelle européenne ont d'ailleurs été confirmées récemment par un arrêt *Princesse de Hanovre 3* rendu par la Cour européenne des droits de l'homme le 19 septembre 2013[118]. Les juges de Strasbourg ont en effet conclu à l'absence de violation de l'article 8 de la Convention par l'Allemagne dont les juridictions n'avaient pas condamné la diffusion par la presse d'un « article qui rendait compte d'une nouvelle tendance parmi les célébrités de mettre leurs résidences de vacances en location », en tant que cela contribuait à un « débat d'intérêt général ». De même, la

115. CEDH 19 nov. 2020, n° 18068/11 Légipresse, 2021, p. 441, n° 15, obs. C. Bigot.
116. CEDH (4e sect.), 26 avr. 2022, n° 37713/18, *Mediengruppe Österreich GmbH c/ Autriche*, *Légipresse*, 2022.279.
117. *D.* 2012. 1040, note J.-F. Renucci ; *RTD civ.* 2012. 779, obs. J.-P. Marguénaud. V. égal. : CEDH, gr. ch., 7 févr. 2012, affaire *Axel Springer AG c/ Allemagne* (*ibid.*) où la Cour estime que le droit au respect de la réputation d'un acteur, incarnant à l'écran un commissaire de police mais arrêté à la ville pour détention de drogue, cède devant le droit du public à l'information.
118. CEDH, sect. V, 19 sept. 2013, req. n° 8772/10 (spéc. § 48 et 53), *CCE* 2013, n° 119, note A. Lepage.

CEDH a jugé qu'une publication révélant l'existence d'un enfant hors mariage du prince Albert II de Monaco, enfant qui n'avait fait l'objet d'aucune reconnaissance publique, ainsi que la nature des relations entre les protagonistes, était justifiée par la liberté d'information[119]. Elle estima ainsi que les juridictions françaises, qui avaient au contraire retenu une atteinte à la vie privée du souverain, avaient outrepassé leur marge d'appréciation. À l'inverse, la Cour de Strasbourg a jugé que la consultation par la SNCF des fichiers personnels contenus dans un ordinateur professionnel d'un agent répondait à un but légitime de protection des droits de l'employeur : s'assurer que ses salariés utilisent les équipements informatiques qu'il met à leur disposition en conformité avec leurs obligations contractuelles et la réglementation applicable[120]. La Cour de Strasbourg a également admis, à rebours d'une prohibition nationale, la licéité du recours à la vidéosurveillance de salariés non avertis du dispositif, en cas de suspicions légitimes et graves de la part de leur employeur[121]. De son côté, la Cour de cassation a récemment jugé que la retranscription par un journal de conversations téléphoniques objet d'écoutes judiciaires entre une personnalité politique et sa fille, ainsi que la révélation de l'identité de la fille, constituait certes une atteinte à la vie privée des protagonistes, mais était justifiée par la liberté d'information[122]. Cependant, ces dernières positions n'empêchent pas de constater par ailleurs une certaine extension de la vie privée.

**269** ***Extension de la vie privée.*** La vie privée connaît une extension mesurée. Mesurée, car le droit au respect de la vie privée ne s'est pas encore dilué — et dénaturé — jusqu'au point de devenir un droit à la vie publique. En témoigne une affaire dans laquelle, à la suite de la publication d'une nécrologie rédigée à la mémoire d'un journaliste et écrivain, la veuve et fille de ce dernier s'étaient plaintes de ne pas avoir été mentionnées, cependant que l'existence d'un enfant adultérin, disparu et peu connu de l'intéressé avait été portée à la connaissance du public. La Cour de cassation refusa de considérer que la vie privée pût constitue le fer de lance d'une telle revendication[123]. Mais la vie privée connaît par ailleurs une certaine extension tout de même. En effet, d'abord — outre la jurisprudence de la CEDH protégeant le droit sur l'image à travers la notion de vie privée, laquelle fait ainsi l'objet d'une conception extensive (v. ss 264) — la jurisprudence interne est parfois conduite à utiliser la protection de la vie privée en réponse à l'émergence de problématiques nouvelles susceptibles de menacer plus généralement les intérêts de l'individu. On retiendra à cet égard une décision du TGI Paris du 24 nov. 2010 jugeant que la création d'un « faux profil » sur un réseau social au détriment d'un personnage des médias avait « porté atteinte à la vie privée et au droit à l'image de celui-ci »[124]. Certes, des informations personnelles avaient bien été diffusées sans le consentement de l'intéressé, mais il s'agissait aussi, et peut-être surtout, d'une usurpation d'identité que le droit positif ne prohibait que partiellement (était seulement puni pénalement par l'art. 434-23 du C. pén. « le fait de prendre le nom d'un tiers, dans des circonstances qui ont déterminé ou auraient pu déterminer contre celui-ci des poursuites pénales »). La décision a donc mobilisé la vie privée pour pallier une insuffisance de protection juridique spécifique que la loi LOPPSI 2 a finalement ultérieurement en partie comblée (v. ss 264).

Ensuite et surtout, le « droit à la vie privée » est de plus en plus un « droit à l'indépendance » voire « à l'individualisme », un « droit à la différence ». Il ne s'agit plus alors de prétendre vivre caché mais de vivre différemment. Le « droit à la vie privée » n'est plus là pour empêcher le simple regard d'autrui, mais plus encore, et surtout, son jugement. Dès lors, en dépit de l'extension des limites apportées à la vie privée,

---

119. CEDH 10 nov. 2015, *Hachette Filipacchi Associés c/ France*, *D.* 2016. 116, note (crit.) J.-F. Renucci (qui se demande ce qu'il reste de la protection de la vie privée devant en principe être reconnue à chacun).

120. CEDH 22 févr. 2018, *Libert c/ France*, req. n° 588/13 ; *D.* 2018. 1291, note J.-P. Marguénaud et J. Mouly. Les autorités françaises, en concluant à l'absence de constat de l'atteinte à la vie privée, n'ont pas excédé la marge d'appréciation dont elles disposaient et n'ont donc pas violé l'article 8 de la Conv. EDH.

121. CEDH, gr. ch., 17 oct. 2019, *Lopez Ribalda et a. c/ Espagne*, req. n° 1874-13, *D.* 2019. 2039.

122. Civ. 1re, 8 déc. 2021, n° 20-13.560, *Légipresse*, 2022.93, note H. Leclerc ; *ibid.* 2022.253, n° 2, obs. N. Mallet-Poujol ; *JCP* 25 juill. 2022, chron. 925, n° 15, obs. J. Antippas.

123. Civ. 1re, 1er oct. 2014, n° 13-21.287, *JCP* 2015. 1191, n° 15, obs. J. Antippas.

124. CCE 2011, n° 28, obs. A. Lepage.

celle-ci s'étend elle-même. Plus précisément, avec l'essor des droits de l'homme en général et de l'application de l'article 8 de la Conv. EDH en particulier, le droit au respect de la vie privée s'étend jusqu'à en changer de nature : d'un droit au *secret* de la vie privée, qui a seul été souhaité par les rédacteurs de la loi du 17 juillet 1970 créant l'actuel article 9 du Code civil, il devient un droit à la *liberté* de la vie privée. D'importantes solutions ont récemment montré une partie du potentiel d'une telle liberté[125].

D'ailleurs, c'est par le biais du respect de la vie privée que la Cour de cassation a renversé sa jurisprudence relative aux transsexuels. Dans une série d'arrêts du 21 mai 1990[126], la première chambre civile avait exposé que « l'article 8, alinéa 1er de la Convention européenne des droits de l'homme, qui dispose que toute personne a droit au respect de sa vie privée et familiale, n'impose pas d'attribuer au transsexuel un sexe qui n'est pas en réalité le sien ». L'arrêt de 1992 revira brutalement, suivant ainsi la position de la CEDH[127], cette jurisprudence elle-même sans finesse, en déclarant que « lorsque, à la suite d'un traitement médico-chirurgical, subi dans un but thérapeutique, une personne présentant le syndrome du transsexualisme ne possède plus tous les caractères de son sexe d'origine et a pris une apparence physique la rapprochant de l'autre sexe, auquel correspond son comportement social, le principe dû à la vie privée, posé par l'article 8 de la Convention européenne de sauvegarde des droits de l'homme et des libertés fondamentales et l'article 9 du Code civil, justifie que son état civil indique désormais le sexe dont elle a l'apparence, le principe de l'indisponibilité de l'état des personnes ne faisant pas obstacle à une telle modification »[128].

Mais la notion de « vie privée » au sens de « droit à la différence »[129] finit toujours par se traduire comme un « droit à la liberté individuelle » et donc comme une revendication contre la société. Insensiblement on passe d'un « droit-liberté » (le droit « de ») à un « droit-créance » (le droit « à »).

Par ailleurs, le droit au respect de la vie privée est parfois utilisé pour sanctionner des propos qui, pourtant, y semblent assez étrangers. En effet, dans une affaire, lors d'une émission radiophonique, un humoriste avait imité une mineure, fille et petite-fille de personnalités politiques nationales, en lui faisant dire que son grand-père la berçait avec des chansons pour enfants mais parodiées par l'animateur afin de leur donner un tour nazi. Saisie par la mère de l'intéressée invoquant une atteinte à la vie privée de sa fille, la cour d'appel la débouta en justifiant soigneusement sa décision : propos tenus lors

---

125. V. spéc. : Civ. 1re, 4 déc. 2013, *D.* 2014. 179, note F. Chénedé, jugeant, au visa de l'art. 8 de la Conv. EDH, à propos d'un mariage entre une personne et son ex-bru, que « le prononcé de la nullité du mariage de Raymond Y… avec Mme Denise X… revêtait, à l'égard de cette dernière, le caractère d'une ingérence injustifiée dans l'exercice de son droit au respect de sa vie privée et familiale dès lors que cette union, célébrée sans opposition, avait duré plus de vingt ans ». *Adde* : CEDH 26 juin 2014, req. nos 65941/11 et 65192/11, *Labassée* et *Mennesson*, *D.* 2014. 1797, note F. Chénedé et 1806, note L. d'Avout ; *ibid.* 1773, Chron. H. Fulchiron et C. Bidaud-Garon, condamnant la France pour sa violation de l'art. 8 de la Conv. EDH du fait de son refus d'établir juridiquement le lien de filiation entre un parent biologique et un enfant né à la suite d'une convention de GPA conclue à l'étranger. V. également : CE, ass., 31 mai 2016, no 396848, *Rec.* ; *D.* 2016. 1472, note H. Fulchiron ; *ibid.* 1477, note B. Haftel, jugeant que, dans des circonstances particulières de décès de son compagnon, le refus opposé par la France à l'exportation vers l'Espagne de gamètes post-mortem du défunt était contraire au droit au respect de la vie privée de la requérante (« en l'absence de toute intention frauduleuse de la part de la requérante, dont l'installation en Espagne ne résulte pas de la recherche, par elle, de dispositions plus favorables à la réalisation de son projet que la loi française, mais de l'accomplissement de ce projet dans le pays où demeure sa famille qu'elle a rejointe, le refus qui lui a été opposé sur le fondement des dispositions […] du Code de la santé publique — lesquelles interdisent toute exportation de gamètes en vue d'une utilisation contraire aux règles du droit français — porte, eu égard à l'ensemble des circonstances de la présente affaire, une atteinte manifestement excessive à son droit au respect de la vie privée et familiale protégé par les stipulations de l'article 8 de la Convention européenne de sauvegarde des droits de l'homme et des libertés fondamentales. Il porte, ce faisant, une atteinte grave et manifestement illégale à une liberté fondamentale »).

126. *JCP* 1990. II. 21588, rapport Massip, concl. Flippo.

127. CEDH 25 mars 1992 ; *JCP* 1992. II. 21955, note T. Garé ; *D.* 1993. 101, note J.-P. Marguénaud.

128. Cass., ass. plén., 11 déc. 1992, *Bull. ass. plén.*, no 13 et *Grands arrêts* par F. Terré et Y. Lequette, 12e éd., 2007, no 25-26. Autres arrêts : Paris, 14 juin 1994, *D.* 1994. IR 208 ; Toulouse, 30 avr. 1996, *JCP* 1997. IV, no 726 ; Rennes, 26 oct. 1998, *D.* 1999. 508, note M. Friant-Perrot. Sur cette question, consulter la thèse d'A. Debet, *L'influence de la Convention européenne des droits de l'homme sur le droit civil*, Paris II, Dalloz, coll. « Nouvelle bibliothèque de thèses », 2002, spéc. 286 s. Au-delà, la consultation de cette riche thèse (qui se lit très agréablement) sera d'un grand profit pour la préparation du reste du « grand oral ».

129. « Droit à la différence, droit à l'indifférence », G. Koubi, *RTDH* 1993. 243. C'est évidemment ce droit à la différence qui explique largement la jurisprudence du Conseil d'État sur le « foulard islamique », derniers arrêts : CE 27 nov. 1996, *LPA* 10 mars 1997, no 30, note Nguyen van Tuong ; *JCP* 1997. II. 22808, obs. B. Seiller ; CE 20 mai 1996 (*JCP* 1996. IV. 2196, obs. C. Rouault ; et, dans cet ouvrage, V. le chapitre relatif à cette question). Se reporter, pour plus de réflexion, au stimulant petit ouvrage de Charles Taylor, *Multiculturalisme. Différence et démocratie*, Flammarion, coll. « Champs », no 372, 1997 ; plus, encore du même, *Les sources du moi. La formation de l'identité moderne*, Le Seuil, 1998.

d'une séquence humoristique par un imitateur, scène imaginaire caricaturale exclusive de tout risque de confusion avec une séquence informative, recours à l'enfant seulement pour brocarder un homme politique devant d'autant plus faire preuve de tolérance qu'il est connu pour ses positions polémiques, absence d'utilisation de la voix même de la fillette et absence d'information sur le compte de cette dernière. Pourtant, la Cour de cassation censure pour violation de la loi, au visa des articles 9 du Code civil et 8 de la Conv. EDH, jugeant que « le droit de chacun au respect de sa vie privée et familiale s'oppose à ce que l'animateur d'une émission radiophonique, même à dessein satirique, utilise la personne de l'enfant et exploite sa filiation pour lui faire tenir des propos imaginaires et caricaturaux à l'encontre de son grand-père ou de sa mère, fussent-ils l'un et l'autre des personnalités notoires et dès lors légitimement exposées à la libre critique et à la caricature incisive » et qu'en rendant cet « arrêt, qui relève que, si les noms (...) n'étaient pas cités, l'enfant était identifiable en raison de la référence à son âge, à son prénom exact, à celui de sa mère Marine et d'un tic de langage de son grand-père, la cour d'appel, méconnaissant les conséquences légales de ses propres constatations, a violé les textes susvisés »[130]. Le recours à ce droit de la personnalité peut ainsi s'effectuer pour sanctionner des propos portant atteinte aux intérêts des personnes, spécialement mineures, alors pourtant que ni le secret, ni la liberté de la vie privée ne sont véritablement en cause. Cela apparaît de nature à contribuer à diluer la notion de vie privée.

La jurisprudence de la chambre sociale de la Cour de cassation distingue quant à elle nettement la « vie privée » du salarié et sa « vie personnelle »[131]. Cette distinction est d'autant plus utile que la chambre sociale fait, pertinemment, référence tantôt à la « vie privée », tantôt à la « vie personnelle »[132]. Ainsi on ne peut ignorer un important arrêt *Nikon*, du 2 octobre 2001[133] : cet arrêt pose, pour la première fois, en principe, que l'employeur, même lorsqu'il interdit une utilisation non professionnelle de l'ordinateur dont dispose un salarié, ne peut prendre connaissance des messages personnels émis par le salarié et reçus par lui à partir de cet outil de travail : « le salarié a droit, même au temps et au lieu de travail au respect de sa vie privée [...], celle-ci implique en particulier le secret des correspondances ; [...] l'employeur ne peut dès lors sans violation de cette *liberté fondamentale* prendre connaissance des messages personnels émis par le salarié et reçus par lui grâce à un outil informatique mis à sa disposition pour son travail et ceci même au cas où l'employeur aurait interdit une utilisation non professionnelle de l'ordinateur ».

En sus de l'arrêt précité de la Cour de cassation du 17 mars 2016 qui désolidarise la vie privée, de la protection des correspondances, la jurisprudence *Nikon* a connu un sérieux bémol depuis le 17 mai 2005[134] : « Sauf risque ou événement particulier, l'employeur ne peut ouvrir les fichiers identifiés par le salarié comme personnels contenus dans le disque dur de l'ordinateur mis à sa disposition *qu'en présence de ce dernier ou celui-ci dûment appelé* ». La Cour de cassation a d'ailleurs restreint la possibilité de renverser la présomption de caractère professionnel des fichiers figurant sur un outil informatique de travail : « si les fichiers créés par le salarié à l'aide de l'outil informatique mis à sa disposition par l'employeur pour les besoins de son travail sont présumés avoir un caractère professionnel, de sorte que l'employeur est en droit de les ouvrir en dehors de sa présence, sauf s'ils sont identifiés comme étant personnels, la dénomination donnée au disque dur lui-même ne peut

130. Civ. 1re, 20 mars 2014, *JCP* 2014, actu. 417, obs. N. Dissaux ; *ibid.* 579, note A. Latil ; *ibid.* Doctr. 1163, n° 10, obs. J. Antippas.
131. Soc. 14 mai 1997, *Bull. civ.* V, n° 175 — 16 déc. 1997, *Bull. civ.* V, n° 441, *JCP* 1998. II. 10101, note Escande-Varniol — 10 mars 1998, *D.* 1998. IR 98 — 24 juin 1998, *Bull. civ.* V, n° 338 — 16 déc. 1998. Jurisprudence établie : « Chacun a droit au respect de sa vie privée ; qu'il en résulte qu'il ne peut être procédé à un licenciement pour une *cause tirée de la vie privée du salarié* que si le comportement de celui-ci a créé un *trouble objectif caractérisé au sein de l'entreprise* » (Soc. 30 nov. 2005, *JCP* S 2006. 26, note Gauriau ; *adde* 25 janv. 2006, *Bull. civ.* V, n° 26, *D.* 2006. IR 394 ; *D.* 2006. 2709, obs. A. Leborgne).
132. C. Mathieu, *La vie personnelle du salarié*, thèse Lyon II, 2004.
133. Soc. 2 oct. 2001, *Bull. civ.* V, n° 291, *D.* 2001. IR 944, *ibid.* 3148, note P.-Y. Gautier ; « Courrier électronique et vie privée au travail », *D.* 2001. 3286 ; *LPA* 10 déc. 2001, p. 6 S. note G. Picca. Deux autres arrêts de 2001 à mettre en parallèle. Soc. 15 mai 2001, *Bull. civ.* V, n° 168 : l'employeur est en droit de contrôler la facture de téléphone pour savoir quel usage en fait l'employé, la facture démontre l'usage frauduleux mais ne trahit pas les messages ou les conversations. Soc. 2 oct. 2001 (2e arrêt du même jour), *Bull. civ.* V, n° 292 : l'employeur ne peut, sans porter atteinte à la vie privée du salarié, imposer à ce dernier de travailler à son domicile.
134. *D.* 2005. IR 1448 ; comm. n° 121, obs. Lepage, *D.* 2005. 2649, obs. C. Bigot.

conférer un caractère personnel à l'intégralité des données qu'il contient »[135] (en l'espèce, la dénomination « D :/données personnelles » du disque dur de l'ordinateur du salarié ne pouvait ainsi lui permettre d'utiliser celui-ci à des fins purement privées et d'en interdire l'accès à l'employeur). La Cour de cassation a récemment confirmé sa position, en jugeant que l'employeur peut accéder au contenu des messages et fichiers figurant sur le disque dur de l'ordinateur mis à la disposition du salarié, même si ceux-ci proviennent de la messagerie personnelle de ce dernier[136]. De même, a-t-elle décidé, est licite le contrôle effectué sur les courriels issus de la messagerie électronique mise à la disposition du salarié par l'entreprise dès lors qu'ils ne sont pas identifiés comme personnels, même si l'adresse de la messagerie n'indique pas le nom de l'entreprise[137]. Encore, la Haute juridiction judiciaire a récemment admis la preuve par l'employeur au moyen de la production de SMS émis et reçus par des salariés avec des téléphones portables mis à disposition des intéressés pour leurs besoins professionnels[138]. Cela étant, la Cour de cassation vient tout juste de poser une importante limite à cette jurisprudence en jugeant que l'employeur ne saurait utiliser à titre de preuve les courriels émis ou reçus par le salarié au moyen de la messagerie électronique personnelle de ce dernier, même si les courriels en question figurent dans le disque dur de l'ordinateur professionnel de l'intéressé et ne sont pas mentionnés comme étant « personnels »[139]. La dernière tendance de la Cour de cassation semble ainsi être une meilleure protection du secret des correspondances et, plus généralement, de la vie privée du salarié au travail.

De manière générale, les plaideurs utilisent la jurisprudence de la Cour de Strasbourg, se fondant sur l'article 8 de la Convention européenne. Cette juridiction fait état désormais d'une « vie privée sociale »[140]. L'on retiendra les termes de sa jurisprudence à partir de l'important arrêt *Niemietz c/ Allemagne* du 16 décembre 1992 : « La Cour ne juge ni possible, ni nécessaire de chercher à définir de manière exhaustive la notion de "vie privée". Il serait toutefois trop restrictif de la limiter à un "cercle intime" où chacun peut mener sa vie personnelle à sa guise et d'en écarter entièrement le monde extérieur à ce cercle. Le respect de la vie privée doit aussi englober, dans une certaine mesure, le droit pour l'individu de nouer et développer des relations avec ses semblables. Il paraît, en outre, n'y avoir aucune raison de principe de considérer cette manière de comprendre la notion de "vie privée" comme excluant les activités professionnelles ou commerciales : après tout, c'est dans leur travail que la majorité des gens ont beaucoup, voire le maximum d'occasions de resserrer leurs liens avec le monde extérieur ». Cette jurisprudence, constante, a été, incidemment réitérée dans l'arrêt *Odièvre* du 13 février 2003 (question de l'accouchement sous X, consid. 29)[141].

La CEDH est de manière générale de plus en plus conduite à trancher des questions de vie privée ; elle a notamment pu juger que le système britannique d'interception massive de données sans garantie suffisante était contraire à l'article 8 de la Convention[142]. Elle a également pu juger notamment que la condamnation d'une société de presse à divulguer les données personnelles d'utilisateurs

---

135. Soc. 4 juill. 2012, CCE 2013, n° 10, obs. E. Caprioli. V. l'onction strasbourgeoise dans cette affaire : CEDH 22 févr. 2018, préc.

136. Soc. 19 juin 2013, n° 12-12.138, *CCE*. 2013, n° 110, note E. Caprioli (le salarié avait en l'espèce lui-même transféré ses courriels sur son disque dur professionnel ; la solution a ainsi été circonscrite par un arrêt ultérieur du 26 janvier 2016, v. *infra*).

137. Soc. 16 mai 2013, n° 12-11.866, *CCE* 2013, n° 109, note E. Caprioli : « les courriels adressés et reçus par le salarié à l'aide de l'outil informatique mis à sa disposition par l'employeur pour les besoins de son travail sont présumés avoir un caractère professionnel en sorte que l'employeur est en droit de les ouvrir hors la présence de l'intéressé, sauf si le salarié les identifie comme personnels ».

138. Com. 10 févr. 2015, n° 13-14.779 ; *D*. 2015. 959, note J. Lasserre Capdeville ; *D*. 2016. 167, obs. J.-D. Bretzner.

139. Soc. 26 janv. 2016, n° 14-15.360, à paraître au *Bull.* : « attendu qu'ayant constaté que les messages électroniques litigieux provenaient de la messagerie personnelle de la salariée distincte de la messagerie professionnelle dont celle-ci disposait pour les besoins de son activité, la cour d'appel en a exactement déduit que ces messages électroniques devaient être écartés des débats en ce que leur production en justice portait atteinte au secret des correspondances ».

140. Se reporter au très utile livre de F. Sudre, J.-P. Marguénaud, J. Andriantsimbazovina, A. Gouttenoire et M. Levinet, *Les grands arrêts de la Cour européenne des droits de l'homme*, PUF, coll. « Thémis », 6e éd., 2011.

141. Note de Gouttenoire et Sudre, *JCP* 2003. II. 10049.

142. CEDH 13 sept. 2018, *Big Brother Watch et autres c/ Royaume-Uni*, req. nos 58170/13, 62322/14 et 24960/1.

de son site internet s'étant exprimés à l'occasion d'un débat politique, avec des accusations de liens de personnalités avec des activités de corruption et néonazies mais sans appel à la haine ou à la violence, constitue une atteinte disproportionnée à la vie privée et à la liberté d'expression des intéressés[143].

**270** ***Théorie des ensembles.*** Si l'on veut appliquer, périlleusement peut-être, au droit la fameuse théorie des ensembles des mathématiques modernes (mais on peut lui préférer la plus sympathique métaphore des poupées russes), il est permis de résumer les choses de la sorte :

— 1er ensemble : liberté d'être soi-même, droit au respect de la vie privée (*Right of privacy*) ;

— 2e ensemble (inclus dans le 1er) : droit à la tranquillité de vie (*To be left alone*) ;

— 3e ensemble (*idem*) : respect de la vie privée domestique (C. civ., art. 9, al. 1er) ;

— 4e ensemble (*idem*) : secret de l'intimité de la vie privée (C. civ., art. 9, al. 2).

# II • La protection

**271** Tant il est vrai qu'il vaut mieux prévenir que guérir, il faut étudier les moyens juridiques qui permettent d'empêcher une atteinte à l'intégrité de la personnalité (**A.**) avant d'examiner ceux qui permettront une éventuelle réparation (**B.**).

## A • La prévention

**272** Cette prévention peut être le résultat d'incriminations pénales (*1.*), mais il faut aussi compter avec le rôle désormais déterminant du juge des référés au civil (*2.*).

### 1 • Le droit pénal

**273** ***Droit pénal.*** Cette prévention s'effectue essentiellement par le droit pénal. Le Code de 1994 consacre, dans le titre II relatif aux atteintes à la personne humaine, un chapitre VI *Des atteintes à la personnalité.* Ce chapitre punit l'atteinte à la vie privée, la représentation de la personne, la dénonciation calomnieuse, l'atteinte au secret et la réglementation des fichiers et traitements informatiques. Ainsi est-ce une atteinte à la vie privée d'un salarié que d'installer un microphone dans le bureau d'une attachée de presse car « cette installation avait pour but et pour résultat de permettre à l'employeur d'entendre tout ce qui se disait, sans distinction des propos professionnels des propos privés »[144]. Dans tous ces cas, il s'agit de circonstances où celui qui portera atteinte à la personnalité d'autrui est averti qu'il en court telle pénalité. La jurisprudence est nettement plus rare que la jurisprudence civile mais, du moins, est-elle stricte : le droit pénal n'a pas la souplesse du droit civil[145]. Une solution récente

---

143. CEDH, 7 déc. 2021, n° 39378/15, *Standard Verlagsgesellschaft mbH c/ Autriche*, *Légipresse* 2022.80.

144. Paris, 19 mars 2002, *D.* 2003. 1534, note L. Marino.

145. « Le seul fait de fixer, enregistrer et transmettre sans le consentement d'une personne se trouvant dans un lieu privé, constitue une atteinte volontaire à l'intimité de la vie privée » : Crim. 16 févr. 2010, *CCE* 2011, n° 66, note A. Lepage. *Adde*, Civ. 1re, 2 juill. 2014, *D.* 2014. 1497 : jugeant à propos de l'intimité de la vie privée que « la loi pénale prohibe et sanctionne le fait d'y porter volontairement atteinte, au moyen d'un procédé de captation, sans le consentement de leur auteur, de paroles prononcées à titre privé ou confidentiel, comme de les faire connaître du public, le recours à ces derniers procédés constitue un trouble manifestement illicite, que ne sauraient justifier la liberté de la presse ou sa contribution alléguée à un débat d'intérêt général, ni la préoccupation de crédibiliser particulièrement une information, au demeurant susceptible d'être établie par un travail d'investigation et d'analyse couvert par le secret des sources journalistiques, la sanction par le retrait et l'interdiction ultérieure de nouvelle publication des écoutes étant adaptée et proportionnée à l'infraction commise, peu important, enfin, que leur contenu, révélé par la seule initiative délibérée et illicite d'un organe de presse de les publier, ait été ultérieurement repris par d'autres ».

l'a confirmé de manière éclatante. À propos de la question de la répression pénale de la diffusion (sur internet), sans autorisation de la personne intéressée, d'un cliché (de nu) effectué avec le consentement de cette dernière, la Cour de cassation a rappelé le principe de l'interprétation stricte de la loi pénale[146].
La loi n° 2016-1321 du 7 octobre 2016 pour une république numérique (art. 67) a ainsi, pour modifier l'état du droit positif sur la question, créé un article 226-2-1 du Code pénal posant :
« Lorsque les délits prévus aux articles 226-1 et 226-2 portent sur des paroles ou des images présentant un caractère sexuel prises dans un lieu public ou privé, les peines sont portées à deux ans d'emprisonnement et à 60 000 € d'amende.
Est puni des mêmes peines le fait, en l'absence d'accord de la personne pour la diffusion, de porter à la connaissance du public ou d'un tiers tout enregistrement ou tout document portant sur des paroles ou des images présentant un caractère sexuel, obtenu, avec le consentement exprès ou présumé de la personne ou par elle-même, à l'aide de l'un des actes prévus à l'article 226-1. »

**274** ***Secret professionnel.*** À propos du secret professionnel[147], le Code pénal énonce que le délit est constitué par « la révélation d'une information à caractère secret par une personne qui est dépositaire soit par état ou par profession, soit en raison d'une fonction ou d'une mission temporaire » (art. 226-13).
À la suite d'un très célèbre arrêt de la chambre criminelle du 19 décembre 1885[148] (aff. *Watelet*) la Cour de cassation maintient une jurisprudence d'une absolue rigueur en se tenant au critère du « confident nécessaire » : le secret ne peut d'aucune manière être assoupli, celui qui le détient doit être une tombe. On doit connaître l'attendu de principe : « Le délit de violation du secret professionnel est institué, non seulement dans *l'intérêt* général, pour assurer la confiance qui s'impose dans l'exercice de certaines professions, mais également dans *l'intérêt* des particuliers, pour garantir la sécurité des confidences que ceux-ci sont dans la nécessité de faire à certaines personnes du fait de leur état ou dans leur profession ». Un tel secret n'est pas le monopole de telle ou telle profession, il est le secret professionnel c'est-à-dire qu'il s'impose, normalement, pour toute profession, mais ici la Cour de cassation a plutôt tendance à réduire la liste de tels détenteurs.
Cette jurisprudence a fait l'objet de critiques. Absolutiste, le secret professionnel serait plus conçu comme l'apanage de certaines professions qui en tirent fierté que dans l'intérêt des particuliers. Y aura-t-il une évolution ? On peut citer un arrêt de la première chambre civile du 9 juin 1993[149] invoquant la nécessité d'un « intérêt légitime » à protéger (il s'agissait de la production d'un certificat médical dans un contentieux relatif à une assurance, la question étant de savoir si l'assuré, victime d'une maladie, avait ou non rempli son devoir de renseignement vis-à-vis de son assureur). On sera également attentif à ce que la loi moderne apporte des limites inconnues jusqu'alors (ainsi en cas de sévices envers des enfants, C. pén., art. 226-14), mais la dénonciation de tels faits est simplement permise : elle n'est pas une obligation (à noter : la loi du 2 janvier 2004 sur l'enfance qui limite encore le secret en cas de sévices envers des enfants)[150]. Certains auteurs estiment que, sous l'influence spécialement de la position récente de la CJUE[151], la Cour de cassation devrait désormais revenir sur l'absolutisme de la protection du secret professionnel pour concilier celui-ci avec d'autres intérêts juridiquement protégés

146. Crim. 16 mars 2016, n° 15-82.676, *Bull. crim.*, n° 86 ; *D.* 2016. 1597, note A. Serinet.
147. B. Beignier, B. Blanchard, J. Villacèque (dir.), *Droit et déontologie de la profession d'avocat*, PUF, coll. « Droit fondamental », 2002, spéc. chap. 5, « Le secret professionnel », par A. Viala, p. 221 s. (ne pas oublier qu'un avocat est dans le jury) ; S. Abravanel-Jolly, *La protection du secret en droit des personnes et de la famille*, coll. « Doctorat et notariat », 2001/06 (permet de faire le tour complet de la question). Autres lectures : M.-A. Frison-Roche (dir.), *Secrets professionnels*, Essais, coll. « Autrement », 1999 ; « Transparence et secret », *Pouvoirs*, n° 97, avr. 2001 (en particulier un bel article de J.-D. Bredin)
148. *DP* 1886. 1. 347 ; *S.* 1886. 1. 86, rapport Tanon (remarquable). À compléter le non moins célèbre arrêt du *Roi des Gitans* (Crim. 20 déc. 1967, *Bull. crim.*, n° 218) : le secret peut être entamé pour la défense du praticien contre son client.
149. *Bull. civ.* I, n° 214. Cet arrêt est important car il maintient le caractère absolu du secret professionnel mais fondé sur une condition de « légitimité ».
150. On ne peut ignorer l'affaire (plus délicate qu'il n'y paraît) de l'évêque de Bayeux-Lisieux : TGI Caen, 4 sept. 2001, *Gaz. Pal.*, 7-8 nov. 2001, p. 47 et la puissante chronique de Y. Mayaud, *D.* 2001. Chron. 3454.
151. CJUE 16 juill. 2015, *Coty Germany GmbH*, préc.

comme le droit à la preuve, spécialement lorsque ces secrets protègent des intérêts privés comme le droit au respect de la vie privée[152].

On peut en tout état de cause méditer sur ce paradoxe de notre société « permissive » et « répressive » qui reprend d'une main ce qu'elle donne de l'autre : « La transparence[153] est, sans surprise, l'autre valeur de référence du monde tel que les experts le façonnent. C'était naguère un des mots-clés du langage totalitaire. Imposée aujourd'hui comme un devoir, elle a beau conduire à inverser la charge de la preuve en obligeant chacun à rendre à tout instant des comptes ; elle a beau respecter de moins en moins la vie privée, et violer jusqu'à la mémoire, jusqu'au secret des familles ; elle a beau donner prétexte, dans la presse, à une vague d'inquisition digne des procès staliniens, il n'est pas un discours politique qui soit jugé digne de foi, s'il ne présente la transparence comme une obligation » (Alain-Gérard Slama, *in Peut-on débattre en France ?*).

Au-delà du secret professionnel, il faut évoquer d'autres secrets protecteurs de la vie intime, les fameux « secrets de famille ». Le plus terrible pour la mère et l'enfant est le secret de l'accouchement sous X. À ce propos, on connaîtra dans ses grandes lignes la loi du 22 janvier 2002 relative à l'accès aux origines des personnes adoptées et pupilles de l'État[154]. L'article L. 551-2 du Code l'action sociale et des familles devient désormais : « Toute femme qui demande, lors de son accouchement, la préservation du secret de son admission et de son identité par un établissement de santé est informée des conséquences juridiques de cette demande et de l'importance pour toute personne de connaître ses origines et son histoire. Elle est donc invitée à laisser, si elle l'accepte, des renseignements sur sa santé et celle du père, les origines de l'enfant et les circonstances de sa naissance ainsi que, sous pli fermé, son identité. [...] ». Conflit entre la vie privée de la mère et celle de l'enfant, où est la juste solution ? Difficile compromis sur lequel se prononça la Cour de Strasbourg dans son arrêt *Odièvre* du 13 février 2003 pour conclure à l'absence de violation du droit au respect de la vie privée et familiale du demandeur. Plus récemment, la CEDH condamna cependant un État, au nom de la vie privée et familiale du requérant, du fait de l'impossibilité *absolue* pour ce dernier d'accéder à ses origines (aff. *Godelli c/ Italie* : CEDH 25 sept. 2012, req. nº 33783/09).

**275 *Droit des fichiers et des données personnelles.*** Il faudrait également longuement s'attarder sur la législation relative aux fichiers et à l'informatique[155]. En effet, les avancées de l'informatique ont eu leur revers. Dans les années 1970, en particulier, un projet de Système Automatisé pour les Fichiers Administratifs et le Répertoire des Individus (SAFARI) prévoyait de réunir au moyen de l'informatique la totalité des données concernant chaque Français, à l'aide d'un numéro unique et différent pour chacun : celui de la sécurité sociale. Aussi, face à l'émoi suscité par le projet, la loi du 6 janvier 1978 dite « Informatique et libertés »[156] a été adoptée ; depuis ce texte, qui trouve sa sanction pénale pour les manquements les plus graves dans les articles 226-16 et suivants du Code pénal, la France est dotée d'une législation appropriée qui, dans l'ensemble, donne satisfaction. Son article premier dispose que « l'informatique doit être au service de chaque citoyen. [...] Elle ne doit porter atteinte ni à l'identité humaine, ni aux droits de l'homme, ni à leur vie privée, ni aux libertés individuelles ou publiques. » (On notera que cette législation, au Québec, se trouve dans le Code civil). Ce texte a précédé et même inspiré la directive européenne nº 95/46 le 24 octobre 1995 relative à la protection des personnes physiques à l'égard du traitement des données à caractère personnel et à la libre circulation de ces données[157]. Cependant, le déjà célèbre règlement européen général sur la protection des données (RGPD) du 27 avril 2016, entré en vigueur le 25 mai 2018, remplace la

152. G. Lardeux, « Secrets professionnels et droit à la preuve : de l'opposition déclarée à la conciliation imposée », *D.* 2016. 96.
153. V. sur le sujet les actes du colloque « Le secret à l'ère de la transparence », *JCP* 19 nov. 2012, p. 3 s.
154. *D.* 2002. 458.
155. A. Lucas, J. Devèze et J. Frayssinet, *Droit de l'informatique et de l'Internet*, PUF, coll. « Thémis », 2001. Lire au moins le chapitre préliminaire « Quels dangers ? Quelles libertés ? ». Plus rapide : T. Piete-Coudol et A. Bertrand, *Internet et le droit*, PUF, coll. « Que sais-je ? », nº 3504.
156. J. Frayssinet, *Informatique, fichiers et libertés*, Paris, 1992.
157. *JOCE* L 281, 23 nov. 1995.

directive et complète largement le dispositif existant en droit français. En effet, le développement exponentiel du numérique avait conduit à une insuffisance du dispositif juridique existant. Parmi plusieurs exemples, les sanctions encourues en cas d'utilisations illégales des données personnelles n'étaient pas assez dissuasives pour les géants du numérique. Mais surtout, le RGPD fut adopté pour des raisons principalement économiques tenant à la volonté de permettre l'émergence d'un marché numérique commun entravée par des législations nationales trop disparates (ce que n'avait pas suffi à éviter la directive).

Ainsi le texte traduit pour l'essentiel le passage d'une logique de formalité préalable à une logique de conformité continue, avec une baisse du contrôle effectué *a priori* et corrélativement un renforcement des sanctions encourues *a posteriori*. Au-delà de la reprise des anciens droits de contrôle sur les données personnelles, à travers les droits de principe d'opposition au traitement de telles données, de rectification et de retrait du consentement au traitement, le RGPD en consacre deux nouvelles variantes à l'ère numérique : un droit de l'individu à la portabilité des données (soit la possibilité de récupérer une partie de ses données en vue de leur réutilisation à des fins personnelles), et surtout le fameux droit à l'oubli numérique, ou plus exactement à la désindexation numérique (que la solution *Google Spain* précitée de CJUE avait reconnu sur le fondement de la directive de 1995).

Le règlement octroie (art. 22), dans la lignée de la directive (art. 15), à l'individu le droit de ne pas faire l'objet d'une décision fondée exclusivement sur un traitement automatisé et produisant à son égard des effets juridiques ou l'affectant de manière significative. Ce droit avait déjà son importance ; mais il s'avère de première importance dans un contexte de *Big Data* et des algorithmes prédictifs. En effet, il interdira que ceux-ci puissent, par leurs prévisions (par exemple, la très forte probabilité qu'une personne développe une maladie compte tenu des données de santé de ses ancêtres), être le seul fondement d'une décision (par exemple, un refus de prêt d'argent).

Bien que sa nature de règlement lui confère une applicabilité directe, il a donné lieu à une loi n° 2018-493 du 20 juin 2018 relative à la protection des données personnelles (*JO* 21 juin, texte n° 1) et à une ordonnance n° 2018-1125 du 12 décembre 2018 (*JO* 13 déc., texte n° 5) afin de modifier la loi de 1978.

Toujours est-il que toute constitution d'un fichier suppose un contrôle spécialement de la Commission créée à cette fin — en France, dès la loi de 1978 précitée — et qui est une autorité administrative indépendante (la loi n° 2017-55 du 20 janvier 2017 portant statut général des autorités administratives indépendantes et des autorités publiques indépendantes, ne modifie pas cela). La Commission veille tout particulièrement à ce que chaque fichier reste indépendant et que l'on n'arrive pas, par d'abusifs recoupements, à un fichage méthodique de tous. Le fichier doit être constitué selon certaines règles dont la méconnaissance est délictueuse (C. pén., art. 226-16 et s.). Il est aussi par principe, sauf exception légale, interdit « de procéder ou faire procéder à un traitement de données à caractère personnel incluant parmi les données sur lesquelles il porte le numéro d'inscription des personnes au répertoire national d'identification des personnes physiques » (C. pén., art. 216-1-16).

Les données ne doivent, en outre, pas être collectées d'une manière frauduleuse, déloyale ou illicite (C. pén., art. 226-18). De même, est puni le « fait de procéder à un traitement de données à caractère personnel concernant une personne physique malgré l'opposition de cette personne, lorsque ce traitement répond à des fins de prospection, notamment commerciale, ou lorsque cette opposition est fondée sur des motifs légitimes » (C. pén., art. 226-18-1). Encore, est un acte délictueux (C. pén., art. 226-19) le « fait, hors les cas prévus par la loi, de mettre ou de conserver en mémoire informatisée, sans le consentement exprès de l'intéressé, des données à caractère personnel qui, directement ou indirectement, font apparaître les origines raciales ou ethniques, les opinions politiques, philosophiques ou religieuses, ou les appartenances syndicales des personnes, ou qui sont relatives à la santé ou à l'orientation sexuelle ou à l'identité de genre de celles-ci » (disposition qui tend à se généraliser, à comparer avec l'art. 12-2 de l'ord. du 22 décembre 1958 relative au statut des magistrats modifiés par le décret du 25 févr. 1992). La référence à ces données sensibles, dont le traitement est par principe subordonné au consentement exprès (et non plus au seul consentement) de l'intéressé, n'est pas sans rappeler la référence, au sein du droit au respect de la vie privée, à l'intimité de celle-ci, c'est-à-dire à son noyau dur. Mais parmi les cas « prévus par la loi », il faut tenir compte notamment des décrets du 14 octobre 1991 sur les fichiers des services de renseignement de la police (la conservation de tels renseignements est limitée dans le temps). Une des trois lois dites de bioéthique, celle du 1er juillet 1994[158], est par ailleurs venue régler l'exploitation des fichiers sanitaires. Lutter contre la maladie suppose l'information des médecins et des chercheurs (l'épidémiologie). Mais cette information doit préserver les libertés individuelles : c'est tout le problème à résoudre. La question a quelque peu évolué avec la révision de la loi de bioéthique du 6 août 2004[159] modifiée une nouvelle fois le 7 juillet 2011. Retenir que la loi impose une grande discrétion quant à l'utilisation de ces fichiers. La jurisprudence pénale montre par ailleurs que l'application de la loi ne dépend pas du nombre de fichiers en cause. Un arrêt rendu à propos de l'enregistrement, dans le répertoire informatique d'une secrétaire, de deux notes faisant état d'une appréciation personnelle d'un agent administratif qui en était l'objet, énonce que la loi « n'exige pas le franchissement d'un seuil de données ou de fichiers »[160]. À l'instar du droit français, la directive (le RGPD en reprend la substance sur le point en question) envisageait une protection renforcée en ce qui concerne les données sensibles. L'article 8 prévoyait déjà que les États de l'Union s'interdisent le traitement de ces données sauf diverses exceptions dont la première est le consentement de la personne. Les autres cas sont liés à l'intérêt général (santé, sûreté). Une autre exception avait été prévue pour les traitements de données personnelles effectués par une personne physique pour l'exercice d'activités exclusivement personnelles ou domestiques (art. 3, 2 de la directive précitée). La Cour de justice de l'UE a récemment interprété cette directive en jugeant que « l'exploitation d'un système de caméra, donnant lieu à un enregistrement vidéo des personnes stocké dans un dispositif d'enregistrement continu tel qu'un disque dur, installé par une personne physique sur sa maison familiale afin de protéger les biens, la santé et la vie des propriétaires de la maison, ce système surveillant également l'espace public, ne constitue pas un traitement des données effectué pour l'exercice d'activités exclusivement personnelles ou domestiques, au sens de cette disposition »[161]. Cette juridiction joue en tout état de cause un rôle croissant en matière de protection de la vie privée et des données personnelles. Elle a récemment jugé qu'« il appartient aux États membres de déterminer si les personnes physiques (...) peuvent demander à l'autorité chargée de la tenue, respectivement, du registre central, du registre du commerce ou du registre des sociétés de vérifier, sur la base d'une appréciation au cas par cas, s'il est exceptionnellement justifié, pour des raisons prépondérantes et légitimes tenant à leur situation particulière, de limiter, à l'expiration d'un délai suffisamment long après la dissolution de la société concernée, l'accès aux données à caractère personnel les concernant, inscrites dans ce registre, aux tiers justifiant d'un intérêt spécifique à la consultation de ces données »[162]. Elle a également jugé que les dispositions de la directive du 24 octobre 1995 lue à la lumière de la Charte des droits fondamentaux de l'Union européenne, ne s'oppose pas à des dispositions nationales (en l'espèce, le droit roumain) qui autorisent la mise en place d'un système de vidéosurveillance, installé dans les parties communes d'un immeuble à usage d'habitation, aux fins de poursuivre des intérêts légitimes consistant à assurer la garde et la protection des personnes et des biens, sans le consentement des personnes concernées, si le traitement de

158. *D.* 1994. 358.
159. J.-R. Binet, *Le nouveau droit de la bioéthique*, Litec, coll. « Carré droit », 2005.
160. Crim. 8 sept. 2015, nº 13-85.587, *D.* 2015. 1896.
161. CJUE 11 déc. 2019, *TK c/ Asociatia de Proprietari bloc M5A-ScaraA*, aff. C-708/18, *D.* 2019. 2409.
162. CJUE 9 mars 2017, aff. C-398/15, *D.* 2017. 647 ; *Dalloz IP/IT* 2017. 345, obs. G Péronne et E. Daoud ; *RTD com.* 2017. 379, obs. A. Lecourt.

données à caractère personnel opéré au moyen du système de vidéosurveillance en cause répond aux conditions posées par la directive, ce qu'il incombe à la juridiction de renvoi de vérifier[163]. La Cour de justice jouera un rôle croissant en matière de vie privée et de données personnelles avec l'entrée en vigueur du RGPD. Elle a d'ores et déjà eu l'occasion de se prononcer sur la portée du droit au déréférencement ou droit à l'oubli numérique (issu de l'arrêt *Google Spain* précité et désormais consacré par l'art. 17 de ce Règlement) en jugeant que, par principe, celle-ci était territoriale : concrètement, seules les versions européennes («.fr », «.it » mais désormais plus, depuis le Brexit ayant pris effet au 31 janvier 2020, «.uk »...) des pages des moteurs de recherche sont donc concernées par un tel droit[164]. La Cour de Luxembourg a également jugé, par une décision du même jour que la précédente[165], que d'une part, les restrictions au traitement des données sensibles s'appliquent également aux moteurs de recherche et, d'autre part, lorsque l'exploitant d'un moteur de recherche est saisi d'une demande de déréférencement portant sur un lien vers une page web sur laquelle des données à caractère personnel sensibles sont publiées, il doit vérifier si l'inclusion de ce lien dans la liste de résultats, apparaissant à la suite d'une recherche effectuée à partir du nom d'une personne, s'avère strictement nécessaire pour protéger la liberté d'information des internautes potentiellement intéressés à avoir accès à cette page web au moyen d'une telle recherche. Concrètement, c'est un contrôle de proportionnalité entre, d'un côté, le droit à la protection de la vie privée ainsi que des données personnelles et, de l'autre, la liberté d'expression qui doit encore être effectué. La Cour de cassation en a immédiatement tiré les conséquences en appliquant la même solution à une affaire où un expert-comptable et commissaire aux comptes s'était plaint de ce que l'information de sa condamnation judiciaire pour escroquerie figurait encore sur des pages web accessibles depuis une recherche sur un moteur à partir de son nom de famille[166]. La cour d'appel avait rejeté la demande de déréférencement au motif que « même si l'infraction d'escroquerie au préjudice de l'administration fiscale avait été commise par l'intéressé dans la sphère privée, le référencement des liens litigieux conservait un caractère pertinent en raison de sa profession d'expert-comptable, l'amenant à donner des conseils de nature fiscale à ses clients, et de ses fonctions de commissaire aux comptes appelant une probité particulière ». L'arrêt ajoute qu'en tant que membre d'une profession réglementée, l'intéressé devait être considéré comme ayant un rôle dans la vie publique. Cela n'était cependant pas suffisant pour éviter la cassation : la haute juridiction estime qu'il incombait aux juges du fond de rechercher, si, compte tenu de la sensibilité des données en cause et, par suite, de la particulière gravité de l'ingérence dans les droits de l'intéressé au respect de sa vie privée et à la protection de ses données à caractère personnel, l'inclusion des liens litigieux dans la liste des résultats était strictement nécessaire pour protéger la liberté d'information des internautes potentiellement intéressés à avoir accès aux pages internet concernées. La Cour de cassation considère qu'à défaut, un trouble manifestement illicite serait caractérisé. Les juges du Quai de l'Horloge ont de même pu juger que prive sa décision de base légale la cour d'appel qui écarte l'existence d'une atteinte à la vie privée d'une personne qui se plaignait qu'une page web fasse état de condamnations pénales le concernant, en retenant que celles-ci ont été rendues

163. CJUE 11 déc. 2019, *TK c/ Asociatia de Proprietari bloc M5A-ScaraA*, préc.

164. CJUE 24 sept. 2019, *Google LLC c/ CNIL*, aff. C-507/17, *D.* 2019. 1828, note J.-L. Sauron. La Cour nuance cependant en énonçant qu'« une autorité de contrôle ou une autorité judiciaire d'un État membre demeure compétente pour effectuer, à l'aune des standards nationaux de protection des droits fondamentaux (...) une mise en balance entre, d'une part, le droit de la personne concernée au respect de sa vie privée et à la protection des données à caractère personnel la concernant et, d'autre part, le droit à la liberté d'information », ce qui pourrait conduire à « enjoindre, le cas échéant, à l'exploitant du moteur de recherche de procéder à un déréférencement portant sur l'ensemble des versions dudit moteur » (point 72).

165. CJUE 24 sept. 2019, *GC e.a. c/ Commission nationale de l'informatique et des libertés*, aff. C-136/17.

166. Civ. 1re, 27 nov. 2019, n° 18-14.675, *D.* 2019. 2298, point n° 9 « lorsqu'une juridiction est saisie d'une demande de déréférencement portant sur un lien vers une page internet sur laquelle des données à caractère personnel relatives aux infractions, condamnations et mesures de sûreté sont publiées, elle doit, pour porter une appréciation sur son bien-fondé, vérifier, de façon concrète, si l'inclusion du lien litigieux dans la liste des résultats, affichée à la suite d'une recherche effectuée à partir du nom d'une personne, répond à un motif d'intérêt public important, tel que le droit à l'information du public, et si elle est strictement nécessaire pour assurer la préservation de cet intérêt ».

publiquement et concernent son activité professionnelle et que celui-ci ne peut alléguer de l'ancienneté des faits et d'un droit à l'oubli, sans rechercher, comme il le lui incombait, si la publication en cause s'inscrivait dans un débat d'intérêt général, justifiant la reproduction des condamnations pénales[167].

En tout état de cause, le règlement attribue désormais des droits de contrôle aux personnes visées qui peuvent demander une rectification ou une suppression. Il est également prévu, pour l'effectivité même des droits ainsi reconnus, l'ouverture de recours juridictionnels. En France, il est possible de saisir directement le juge judiciaire pour assurer leur respect, mais aussi de saisir la CNIL. L'avantage de cette dernière possibilité réside notamment dans l'absence de coût de cette procédure, et dans les sanctions administratives sur lesquelles celle-ci peut le cas échéant déboucher. Toutefois, les décisions de cette autorité administrative relèvent de la compétence de la juridiction administrative dans le cadre d'un recours pour excès de pouvoir (pour l'annulation) ou d'un recours de pleine juridiction (pour la modulation). Il en résulte que le Conseil d'État est amené à jouer un rôle croissant, non seulement en matière de protection du droit au secret de la vie privée de manière générale, mais aussi à propos du droit de contrôle des données personnelles. Il a à cet égard été saisi d'un recours contre le refus implicite de la CNIL de mettre en demeure la société exploitant un célèbre moteur de recherche, de déréférencer le lien vers des contenus révélant des faits anciens : une relation qu'avaient entretenue la demanderesse avec un président de la République et un vol qui lui avait été imputé. La Haute juridiction administrative effectua alors une distinction : si elle débouta la requérante s'agissant les informations relatives au vol, elle annula en revanche le refus de mise en demeure par l'autorité administrative de contrôle s'agissant de celle concernant la relation intime de l'intéressé, seule la première relevant de « l'intérêt prépondérant du public à avoir accès à ces informations »[168].

De nombreux éléments invitent ainsi à ranger le droit au contrôle des données personnelles comme prolongement du droit au secret de la vie privée non pas comme droit de propriété comme d'aucuns l'affirment, mais dans la catégorie des droits de la personnalité.

Quoi qu'il en soit, avant le règlement qui sur ce point en reprend et améliore encore la substance, la directive envisageait aussi le transfert de ces données à des États tiers à l'Union en distinguant selon le cas où ces États ont ou non une législation protectrice équivalente. À la suite de la célèbre affaire *Snowden*, lanceur d'alerte américain ayant révélé les failles de sécurité dans la collecte et la conservation de données par les autorités américaines, la CJUE montre la portée potentiellement dévastatrice de ce principe et la fragilité du « *Safe harbour* » : elle invalida en effet pour la première fois, pour absence de protection équivalente, cette décision de la Commission en accord avec le Département du commerce du gouvernement américain qui en 2000 avait organisé le cadre juridique des transferts de données de l'Europe vers les États-Unis[169]. En effet, le *Safe harbour* permettait l'accès et l'utilisation par les États-Unis de données personnelles de ressortissants européens sur la déclaration de respect des principes de l'Union européenne relatifs à la protection de ces données, sans fournir de réels moyens de contrôle. Cette invalidation n'a pas été neutre sur le plan politique. À la suite de cela, un autre accord a, en 2016, été adopté par la Commission et les États-Unis : le « *Privacy shield* » (« bouclier de protection de la vie privée »). Celle-ci constituait une avancée : les autorités américaines s'engageaient à ne plus procéder à la surveillance massive et aveugle des données personnelles transférées mais à ne procéder qu'à des demandes ponctuelles et ciblées envers les opérateurs ; les parties convenaient d'un examen annuel du

167. Civ. 1re, 17 févr. 2021, n° 19-24.780, *Bull.* ; *Légipresse,* 2021.212, étude C. Bigot ; *ibid.* 240, étude N. Mallet-Poujol : *ibid.* 2022.58, n° 1, obs. G. Loiseau ; *D.* 2021. 424.

168. CE 6 déc. 2019, req. n° 393769, *Rec.*, *Gaz. pal.* 11 févr. 2020, n° 6, p. 29, note P. Piot.

169. CJUE, gr. ch., 6 oct. 2015, *Schrems c/ Data Protection Commissioner*, aff. C-362/14, *D.* 2016. 88, point de vue C. Castets-Renard et *ibid.* 111, note B. Haftel. En l'espèce, les autorités américaines pouvaient accéder aux données à caractère personnel transférées au-delà de ce qui était strictement nécessaire et proportionnée à la protection de la sécurité nationale, et aucun recours administratif ni judiciaire n'était ouvert aux personnes concernées.

bon fonctionnement de l'accord ; de nouvelles prérogatives avaient été conférées aux citoyens européens, notamment un droit de réponse dans un certain délai (25 jours) de la part des entreprises américaines ; les autorités de contrôle européennes pouvaient saisir au besoin le Département du commerce et la FTC ; un mode alternatif de résolution des litiges gratuit était prévu ; un médiateur (Ombudsman) avait été créé pour les requêtes concernant l'accès aux données par les autorités de l'intelligence nationale ; le traitement des données sensibles supposait le consentement exprès de l'intéressé… Pour autant, ce nouveau dispositif n'était pas exempt de critiques. En particulier parce qu'il reposait sur les standards de la directive de 1995 aujourd'hui abrogée[170]… Il a ainsi à son tour été invalidé par la justice européenne[171].

Retenir en tout état de cause que le développement exponentiel du numérique a entraîné une modification du droit des données personnelles.

**276** ***Secret des communications.*** Pour ce qui est du secret des correspondances, sanctionné par l'article 226-15 du Code pénal, on retiendra, qu'à la suite d'une jurisprudence très contestable de la Cour européenne de Strasbourg qui reprochait à la France de ne disposer d'aucune réglementation en la matière, notre pays a cru bien faire en légalisant ce qui, jusqu'à présent était interdit, par la loi du 10 juillet 1991. Désormais sont non seulement autorisées les écoutes téléphoniques ordonnées par un juge d'instruction mais également les écoutes administratives, ce qui est assez curieux. Qu'il y ait quelques motifs à écouter ceux qui peuvent mettre en péril la sécurité de l'État n'est pas scandaleux, mais tout laisse penser que les abus antérieurs n'ont guère varié.

## 2 • Le droit civil[172]

**277** ***Le recours au juge des référés.*** Mais la prévention, pour revenir au domaine plus traditionnel de la presse, peut s'effectuer d'une autre manière. Voici un personnage connu qui apprend que tel périodique va prochainement publier des photographies portant atteinte à sa vie privée ou qui même s'aperçoit que cette publication est en vente. Que peut-il faire ? L'article 9 alinéa 2 du Code civil dispose que : « Les juges peuvent, sans préjudice de la réparation du dommage subi, prescrire toutes mesures, telles que séquestre, saisie et autres, propres à empêcher ou faire cesser une atteinte à l'intimité de la vie privée ; ces mesures peuvent, s'il y a urgence, être ordonnées en référé. »

Cet alinéa est, dans la pratique, d'une grande utilité. Il permet une sorte de censure privée. La personne dont la vie privée est atteinte peut demander la saisie du journal (mais également d'un film ou tout autre moyen de communication). Première affaire, célèbre, celle du fils de Gérard Philipe[173]. Cette mesure est radicale, elle est la seule vraiment efficace. Les juges ne l'ordonnent qu'avec prudence. D'où des motifs qui rappellent constamment qu'il s'agit là de *l'ultima ratio*. Deux exemples : « Le juge des référés tient des articles 9 du Code civil et 809 du nouveau Code de procédure civile, le pouvoir de prescrire toutes mesures, y compris la saisie, propres soit à empêcher une atteinte à l'intimité de la vie privée, soit à prévenir un dommage imminent ou à faire cesser un trouble manifestement illicite ; la proximité immédiate de la publication d'un écrit de nature à porter de telles atteintes justifie que soit demandée une mesure d'interdiction ou de saisie ; cependant, une demande d'interdiction et de saisie d'une publication doit être appréciée au regard à la fois de la liberté d'expression, principe à valeur constitutionnelle, et du respect des droits fondamentaux de la personne ; la limitation radicale et irréversible à la liberté d'expression qu'implique une saisie ne se justifie que si aucune autre disposition n'apparaît de nature à protéger la personne visée contre une agression dont les conséquences seraient, sans cette mesure, au moins en

170. Sur l'ensemble de la question : C. Castets-Renard, « Adoption du *Privacy Shield* : des raisons de douter de la solidité de cet accord », *Dalloz IP/IT* 2016. 444.
171. CJUE, gr. ch., 16 juill. 2020, C-311/18, *Data Protection Commissioner.*
172. C. Gauvin, « Les sanctions des droits de la personnalité, une étude de droit civil », *CCE* 2004, étude n° 8.
173. Paris 13 mars 1965 qui donna lieu à Civ. 2e, 12 juill. 1966, *D.* 1967. 181.

partie irrémédiables. »[174] « Pour être susceptible de justifier la saisie ou la suppression d'un chapitre entier de l'ouvrage, l'atteinte à l'intimité de la vie privée doit présenter des caractères d'une agression intolérable d'une exceptionnelle gravité, qu'aucune réparation ultérieure ne pourrait compenser. »[175]

En 1996, l'affaire la plus remarquable fut celle de la publication de l'ouvrage *Le Grand Secret* par l'ancien médecin de Mitterrand (mais qui entraîna une condamnation de la France par la CEDH, le 18 mai 2004[176], v. ss 268).

On y adjoindra l'affaire de la « saisie préventive » de la biographie d'Alain Delon : « Le principe à valeur constitutionnelle de la liberté d'expression s'oppose à ce que le tribunal, qui ne dispose pas d'un pouvoir général de contrôle préalable des publications, interdise la mise en vente d'un ouvrage encore non écrit dont la teneur réelle demeure incertaine ou détermine *a priori* les faits qui, dans une éventuelle biographie d'un artiste, ne devraient pas être évoqués »[177].

À ce propos, quelques problèmes juridiques.

— Le premier, assez formel et théorique : l'article 9 du Code civil a-t-il créé, un nouveau cas de référé ? Réponse négative, l'article 9 du Code civil ne fait que renvoyer à la procédure ordinaire du référé. On peut même soutenir que si l'article 9 du Code civil n'avait jamais vu le jour, les seuls textes de procédure civile auraient suffi à donner la solution idoine.

— Le deuxième : peut-on se fonder sur un texte réglementaire pour limiter une liberté établie par une loi ? En effet, le Code de procédure civile relève, au terme de la Constitution, des décrets « autonomes » alors que la liberté de la presse est proclamée par la loi de 1881. Cette idée[178] ne paraît pas fondée sur une vue exacte de la hiérarchie des normes. Il importe peu en effet que la liberté de la presse soit contenue dans une loi et la procédure dans un décret puisque c'est la Constitution qui l'ordonne. Il ne s'agit pas ici d'un conflit entre une loi et un décret d'application mais entre une loi et un décret autonome c'est-à-dire de deux normes qui ont valeur égale depuis 1958. Il s'agit donc d'un faux débat puisqu'il reviendrait à admettre qu'un juge n'est jamais compétent pour user du référé lorsqu'il s'agit de mettre en œuvre le Code civil !

— Le troisième est de savoir quel est le cas de référé qui convient : il ne peut s'agir que de l'article 809 alinéa 2 du nouveau Code de procédure civile visant le cas du « dommage imminent » (à noter qu'on trouvera sous cet article un large éventail des références jurisprudentielles relatives à la protection de droits de la personnalité et qui viendront en complément de celle figurant sous l'article 9 du Code civil). À noter[179] : « La seule constatation de l'atteinte au respect dû à la vie privée et à l'image par voie de presse caractérise l'urgence et ouvre droit à réparation. Aussi, la forme de cette réparation est laissée à la libre appréciation du juge, qui tient tant de l'article 809, alinéa 2, du nouveau Code de procédure civile que de l'article 9, alinéa 2, du Code civil, le pouvoir de prendre en référé toutes mesures propres à empêcher ou à faire cesser l'atteinte, ainsi qu'à réparer le préjudice qui en résulte. »

— Le quatrième est de savoir comment associer la procédure pénale relative à la diffamation et celle issue du référé. En effet, rapidement les victimes d'atteintes à la personnalité se sont tournées vers le juge des référés, délaissant le juge pénal. Mais la Cour de cassation, par un important arrêt (aff. *J.-C. Mitterrand*) de sa deuxième chambre civile du 5 février 1992[180] a déclaré que « le juge des référés ne peut condamner un journaliste, auteur d'un article diffamatoire, à verser une provision à la victime, sans respecter le délai d'ordre public de 10 jours après la signification de l'assignation, dont

174. Décision intéressante : TGI Paris, 18 nov. 1998, *D.* 1999. 462, note D. Rebut (le juge ne peut interdire la mise en vente d'un ouvrage non encore écrit).
175. TGI Paris, 7 févr. 1992, *Légipresse*, n° 99-1-29.
176. *CCE* 2004, n° 96, note Lepage.
177. TGI Paris, 18 nov. 1998, *préc.*
178. Développée par P. Kayser, *D.* 1989. Chron. 11. Plus généralement : E. Derieux « Référé et liberté d'expression », *JCP* 1997. I. 4053.
179. Civ. 1re, 12 déc. 2000 (2 arrêts), *JCP* 2001. IV. 1253 et 1254, *D.* 2001. 2434, note préc. J.-C. Saint-Pau (arrêts importants).
180. Affaire *J.-C. Mitterrand*, *Bull. civ.* II, n° 44 ; *Gaz. Pal.* 1992, Doctr. 242, Bertin, concl. Dubois de Prisque ; *D.* 1992. 442, note Burgelin ; *D.* 1993. 53, note P. Waschmann ; J.-N. Bruntz et M. Domingo, *Gaz. Pal.* 1992, Doctr. 599 ; C. Korman, *ibid.* Doctr. 601. Plus généralement sur cette question : V. David et D. Boccara, « Légitimité du "référé-diffamation" et conditions de ses prescriptions », *Gaz. Pal.* 7 mars 1995, Doctr. Pour la suite de l'affaire : Civ. 2e, 27 janv. 1993, *D.* 1993. 190, note Burgelin. Jurisprudence réitérée par : Civ. 2e, 14 nov. 2002, *RTD civ.* 2003. 345, obs. J. Normand.

dispose la partie assignée (aux termes de la loi de 1881) qui veut être admise à prouver la vérité des faits diffamatoires. » Cette décision avait pour effet de cantonner l'action du juge des référés à la seule protection de la vie privée, au sens strict de cette notion.
Reste la question de la réparation dans le cas où l'atteinte est consommée et toute prévention impossible.

## B • La réparation

**278** Il s'agit alors de l'application pure et simple de la responsabilité civile qui pose deux problèmes. Selon la réponse apportée, les dommages-intérêts versés seront augmentés ou réduits.

### 1 • Réparation accrue

**279** La première question, ancienne et fondamentale, peut donner lieu à des discussions sans fin : peut-on réparer un dommage d'ordre moral ?[181] La jurisprudence de la Cour de cassation depuis 1833 et celle, beaucoup plus tardive, du Conseil d'État depuis 1961 admettent cette réparation. Mais on peut sérieusement douter qu'il s'agisse là, à proprement parler, d'une réparation. Lorsque l'article 1382 du Code civil parle d'un « dommage » il n'est que trop certain que les rédacteurs envisageaient uniquement le dommage matériel, pour la simple raison qu'il est le seul à pouvoir être estimé en argent. Comment faire autrement que d'avoir recours à l'argent ? En fait les dommages-intérêts versés pour un préjudice moral n'ont pas un rôle de réparation mais de satisfaction pour la victime et pour le coupable, il s'agit plus d'une peine privée qu'autre chose.
Cette logique de la peine privée était mieux connue de l'ancien droit qui distinguait les dommages-intérêts de la « réparation civile », ainsi qu'à l'heure présente des droits anglo-saxons et du droit québécois avec l'idée des « dommages-intérêts punitifs ». En quoi consiste ce système ? Les dommages-intérêts sont conçus en l'espèce comme une amende civile, une punition et non une réparation. Ceci explique les montants parfois très élevés qu'ils peuvent atteindre.
Cette pratique est ignorée, en droit, par la France[182]. En fait, le montant de la réparation relevant de l'appréciation souveraine des juges du fond, il faut bien admettre que c'est l'arbitraire (au sens exact de ce mot) qui joue.
Or, un arrêt important de la deuxième chambre civile du 5 novembre 1996 abonda en ce sens[183]. Il s'agissait d'un litige opposant la princesse Caroline de Monaco au journal *Voici*. Ce dernier avait été condamné à verser un fort montant de dommages-intérêts. Devant l'instance de cassation, il était « reproché à la cour d'appel d'avoir accordé une indemnité s'apparentant à une amende civile, indépendamment de tout dommage réparable, en violation du principe d'adéquation de la réparation accordée au préjudice subi, et sans motiver sa décision qui procède par simple affirmation. »
La Cour de cassation rejette le pourvoi : « Mais attendu que selon l'article 9 du Code civil, la seule constatation de l'atteinte à la vie privée ouvre droit à réparation ; que la cour d'appel, après avoir constaté l'atteinte

181. Lire les propositions ingénieuses de M.-D. Douaoui : « La réparation du trouble médiatique », *D.* 2001. Chron. 1333. V. déjà : G. Ripert, « Le prix de la douleur », *D.* 1948. Chron. 1.
182. « Les profits réalisés par le journal sont étrangers à l'évaluation du préjudice », TGI Paris, 5 mai 1999, *D.* 2000. Somm. 168, note A. Lepage. À noter cependant que le principe des dommages-intérêts punitifs n'est pas ignoré par les projets de réforme du droit des obligations, V. nota. l'art. 1371 de l'avant-projet Catala : « L'auteur d'une faute manifestement délibérée, et notamment d'une faute lucrative, peut être condamné, outre les dommages-intérêts compensatoires, à des dommages-intérêts punitifs dont le juge a la faculté de faire bénéficier pour une part le Trésor public. La décision du juge d'octroyer de tels dommages-intérêts doit être spécialement motivée et leur montant distingué de celui des autres dommages-intérêts accordés à la victime. Les dommages-intérêts punitifs ne sont pas assurables » (*Avant-projet de réforme du droit des obligations et de la prescription*, La Documentation française, 2006), et l'art. 69 al. 2 du projet de M. Terré de réforme de la responsabilité civile : « Lorsque le dommage est causé par une faute intentionnelle, le juge peut condamner l'auteur de celle-ci, par une décision spécialement motivée, à une réparation exemplaire » (*Pour une réforme du droit de la responsabilité civile*, Dalloz, coll. « Thèmes et commentaires », 2011, p. 13).
183. *Bull. civ.* I, n° 378 ; *RCA* 1997, n° 1, p. 9 ; *JCP* 1997. II. 22805, obs. J. Ravanas ; *D.* 1997. 403, note S. Laulom.

portée au droit de Mme Grimaldi au respect de sa vie privée par la publication litigieuse révélant sa vie sentimentale, a souverainement évalué le montant du préjudice subi. » Il faut considérer cette jurisprudence comme établie car un second arrêt de la première chambre civile a repris également le même attendu, le 25 février 1997[184]. Au reste, le juge administratif semble, là encore, en passe de s'en inspirer. À propos spécialement d'un autre droit de la personnalité, le droit moral de l'auteur (v. ss 252), il jugea que l'« atteinte constitue en elle-même le préjudice dont les requérants sont fondés à demander réparation »[185].
La meilleure preuve que le dédommagement n'est pas une réparation vient de ce que, d'une part, la victime peut se contenter de réclamer l'octroi d'un franc symbolique et peut, d'autre part, solliciter une réparation en nature, par exemple la publication de la décision[186].

## 2 • Réparation restreinte

**280** Deuxième question, posée plus récemment par la jurisprudence : les principes de la responsabilité civile doivent-ils céder le pas devant le droit fondamental de la liberté d'expression ? Ce débat opposa la cour de Paris et la Cour de cassation (affaire des scouts se livrant à des jeux érotiques).
Dans un arrêt du 19 novembre 1990[187], la juridiction d'appel parisienne déclara qu'« il résulte de l'article 2 de la Déclaration des droits de l'homme et du citoyen que la libre communication des pensées et des opinions est un des droits les plus précieux de l'homme [...] que ce principe fondamental à valeur constitutionnelle qui figure également dans la Déclaration universelle des droits de l'homme n'est limité que par la répression d'abus commis dans les cas prévus par la loi ; il impose donc que l'application en matière de presse des dispositions de l'article 1382 du Code civil, soit restreinte aux cas où la publication litigieuse constitue un tel abus qu'elle porte atteinte aux droits fondamentaux de la personne ». Cet arrêt encourut la censure par un arrêt de la deuxième chambre civile le 5 mai 1993[188] qui refusa d'admettre qu'en matière de presse la portée générale de l'article 1382 du Code civil puisse être limitée dès lors qu'une faute est commise.
Mais finalement revirement... Par une série d'arrêts très importants de l'Assemblée plénière du 12 juillet 2000[189], la Cour de cassation a posé en principe que « les abus de la liberté d'expression prévus et réprimés par la loi du 29 juillet 1881 ne peuvent être réparés sur le fondement de l'article 1382 du Code civil ». Cela signifie donc que l'on ne peut utiliser le *droit commun* (C. civ., art. 1382) lorsque la faute commise est l'un des cas de délits de presse prévus par la loi de 1881. Il est, alors, toujours possible de plaider devant le juge civil mais en se fondant uniquement sur la loi de 1881 et, par voie de conséquence, en respectant la procédure prévue par cette loi. L'article 1382 ne sert donc plus à contourner la loi de 1881, loi de faveur pour la presse[190] (V. égal. Civ. 1re, 10 avr. 2013, no 12-10.177, *Bull. civ.* I, no 67 ; *Gaz. Pal.* 19 mai 2013, no 199-143, p. 5, note E. Dreyer, jugeant de manière plus exclusive que « la liberté d'expression est un droit dont l'exercice ne revêt un caractère abusif que dans les cas

184. *JCP* 1997. IV, no 886 : « Selon l'article 9 du Code civil, la seule constatation de l'atteinte à la vie privée ouvre droit à réparation. La cour d'appel a exactement retenu l'atteinte à l'intimité de la vie privée et déduit le droit à une indemnisation dont elle a souverainement évalué le montant [...] ».
185. CE 27 avr. 2011, préc.
186. Arrêt de principe : Com. 5 déc. 1989, *Bull. civ.* IV, no 307. Le journal *Voici* en fait les frais quasiment régulièrement, parfois sur la page de couverture.
187. *D.* 1991. IR 9. Le mensuel *New Look* avait fait paraître, sous le titre « Scout toujours — Souvenirs d'une partie de jambes en l'air dans le Vercors », une série de photographies représentant des jeunes gens revêtus de l'uniforme scout, et se livrant à des jeux érotiques. Divers mouvements de scoutisme demandèrent réparation du préjudice subi.
188. *Bull. civ.* II, no 167. Attendu principal : « En limitant en matière de presse la portée générale de l'article 1382 du Code civil à une atteinte aux droits fondamentaux des personnes, tout en constatant que les photographies représentaient des jeunes gens revêtus de l'uniforme de scout se livrant à des jeux érotiques, et que les légendes grivoises reprenaient, en les parodiant, certaines expressions du vocabulaire utilisé par les scouts, ce qui caractérisait une faute, la cour d'appel a, par refus d'application, violé le texte susvisé ». Depuis lors la cour de Versailles, désignée comme cour de renvoi, a suivi la solution indiquée par le Cour de cassation. *Adde*, Civ. 2e, 24 janv. 1996, *D.* 1997. 268, note Ravanas.
189. *Bull. ass. plén.*, no 8 (2 arrêts) ; *LPA* 2000/161, 4, note E. Derieux. Confirmation de la jurisprudence par d'autres arrêts : Civ. 2e, 29 mars 2001, *Bull. civ.* I, no 67 ; Civ. 1re, 6 nov. 2001 ; Civ. 2e, 10 mars 2004, *CCE* 2004, no 80, note A. Lepage.
190. Jurisprudence constante depuis Civ. 1re, 30 oct. 2008, *Bull. civ.* I, no 244, *JCP* 2009. II. 10006, note E. Dreyer ; *CCE*, déc. 2008, no 12, p. 44, note A. Lepage ; *RTD civ.* 2009. 331, obs. P. Jourdain. Pour faire le point à ce sujet une excellente note d'E. Dreyer, sous Civ. 2e, 9 oct. 2003, *D.* 2004. 590.

préalablement déterminés par la loi », puis : Civ. 1re, 2 juill. 2014, *JCP* 3 nov. 2014, n° 45, Doctr. 1163, n° 12, obs. E. Dreyer, jugeant que « hors restriction légalement prévue, la liberté d'expression est un droit dont l'exercice, sauf dénigrement de produits ou services, ne peut être contesté sur le fondement de l'article 1382 du Code civil »).

## Conclusion

**281** Le(s) droit(s) de la personnalité est ou sont un droit de la modernité : droit des médias et du juge des référés. Droit de l'agitation et des vanités de ce monde.
C'est en pratique non sans paradoxe un contentieux très parisien, alors que les droits de la personnalité sont reconnus à tout individu et que les plus humbles ont aussi droit et intérêt à protéger leur intimité et leur personnalité. La matière en général et la protection de la vie privée en particulier impactent également sur bien des aspects du droit, au-delà, au demeurant, de la distinction traditionnelle entre droit privé et droit public.
C'est un droit de conflits entre des libertés. Mieux que tout il démontre que le rôle du juge est celui de mesurer, de tempérer, de modérer, bref d'arbitrer.

### BIBLIOGRAPHIE INDICATIVE


- D. Acquarone, « L'ambiguïté du droit à l'image », *D.* 1985. Chron. 129.
- J. Antippas, « Le droit de la personne sur son image face à la liberté artistique : plaidoyer pour une résistance », *RRJ* 2010. 735-754 ; « Propos dissidents sur les droits dits "patrimoniaux" de la personnalité », *RTD com.* 2012. 35-54 ; *Les droits de la personnalité. De l'extension au droit administratif d'une théorie fondamentale de droit privé*, PUAM, 2012 ; Les droits de la personnalité opposés aux personnes publiques, *Juris.-Cl. comm.*, n° 2850, 2019.
- B. Beignier, *Le droit de la personnalité*, PUF, coll. « Que sais-je ? », 1992 ; *L'honneur et le droit*, LGDJ, coll. « Bibl. dr. privé », t. 234, 1995 ; « Réflexions sur la protection de la vie privée », *Dr. fam.* 1997. Chron. 11.
- B. Beignier, B. de Lamy et E. Dreyer (dir.), *Traité de droit de la presse et des médias*, Litec, 2009.
- D. Chauvet, *La vie privée. Étude de droit privé*, th. Paris Sud, dir. E. Dreyer, 2014.
- E. Dreyer, « Le respect de la vie privée, objet d'un droit fondamental », *CCE* 2005. Étude 18 ; « Image des personnes », *J.-Cl. Com.* Fasc. n° 3750.
- E. Gaillard, « La double nature du droit à l'image et ses conséquences en droit positif français », *D.* 1984. Chron. 161.
- T. Gisclard, *La personnalité humaine comme élément du patrimoine*, th. Paris 1, dir. G. Loiseau, 2012.
- J.-P. Gridel, « Protection de la vie privée : rupture ou continuité ? », *in Les droits de la personnalité, bilan et perspectives*, actes du colloque organisé à la cour d'appel de Paris le 13 nov. 2006, *Gaz. Pal.* 2007. 1461.
- T. Hassler, « Contribution à la nature juridique du droit "patrimonial" à l'image », *RLDI*, avr. 2010, n° 59, p. 70.

- P. KAYSER, *La protection de la vie privée par le droit. Protection du secret de la vie privée*, Economica, 3e éd., 1995, préf. H. MAZEAUD.
- A. LEPAGE, « Personnalité (Droits de la) », *Rép. civ.*, sept. 2009.
- G. LOISEAU, « Des droits patrimoniaux de la personnalité en droit français », *McGill Law Journal* 1997, vol. 42, p. 319.
- R. NERSON, *Les droits extrapatrimoniaux*, LGDJ, 1939, préf. P. ROUBIER.
- J. RAVANAS, *La protection des personnes contre la réalisation et la publication de leur image*, LGDJ, coll. « Bibl. dr. privé », t. CLIII, 1978, préf. P. KAYSER.
- J.-C. SAINT PAU (dir.), *Droits de la personnalité*, LexisNexis, 2013.
- F. TERRÉ, « La vie privée », *in* P. TABATONI (dir.), *La protection de la vie privée dans la société de l'information*, t. III-V, PUF, 2002, p. 135.
- Code civil annoté Dalloz, exposé de la jurisprudence sous l'article 9.
- Code de la communication annoté et commenté, 5e éd. Dalloz, 2022.

Thème 4

# La vie familiale

**Dominique Fenouillet**
*Professeure de droit privé à l'Université Paris-Panthéon-Assas (Paris II)*
*Directrice du Laboratoire de sociologie juridique*

La matière familiale obéissait traditionnellement à de *fortes considérations d'intérêt général* — encadrement de l'union sexuelle et de l'éducation des enfants — qui expliquaient le peu de considération du droit pour la personne. Le Code civil de 1804 en était l'excellente illustration, tant les principes généraux posés par la Déclaration des droits de l'homme et du citoyen[1] n'y avaient guère essaimé. La liberté individuelle, proclamée à l'article 2, y était toute relative : le Code civil n'admettait que le mariage, n'ouvrait le divorce qu'avec précaution, et soumettait l'enfant à une puissance paternelle assez stricte. En dehors de la matière successorale, l'égalité n'y prospérait guère : inégalité des sexes dans le mariage, inégalité des enfants dans la filiation

Il faut attendre le XX^e^ siècle pour que la famille s'ouvre à la petite musique des droits fondamentaux. *Les réformes Carbonnier* veilleront à introduire au sein de la famille les principes de liberté (loi du 11 juill. 1975 relative au divorce) et d'égalité (lois du 13 juill. 1965 sur les régimes matrimoniaux, du 3 janv. 1972 sur la filiation, du 4 juin 1970 sur l'autorité parentale). Cette « révolution tranquille » a été suivie d'une succession de réformes ponctuelles, de source législative ou jurisprudentielle, souvent menée au nom des droits des uns et des autres (droit des pères divorcés, des enfants accouchés sous X, des couples de personnes de même sexe, des enfants issus d'une gestation pour autrui, *etc.*). Le phénomène trouve son explication dans de multiples facteurs, tels l'individualisme, la mondialisation, le relativisme moral. Il puise aussi à des facteurs juridiques.



1. Désormais visé par son acronyme : DDHC.

**282** ***La profusion de textes internationaux protecteurs des droits fondamentaux relatifs à la famille***[2]**.** Pionnière en la matière, mais dotée d'une seule valeur morale, la Déclaration universelle des droits de l'homme adoptée le 10 décembre 1948 a été suivie de plusieurs textes généralistes : la Convention de sauvegarde des droits de l'homme et des libertés fondamentales signée à Rome le 4 novembre 1950 (convention à laquelle il faut ajouter les Protocoles n° 7 et 12, signés le 22 nov. 1984 et le 4 nov. 2000) ; le Pacte international sur les droits civils et politiques adopté le 16 déc. 1966 ; la Charte des droits fondamentaux de l'Union européenne signée le 18 déc. 2000[3]. Tous ces textes appréhendent la question familiale sous deux angles. À titre général, ils consacrent *le droit au respect de la vie familiale* (art. 8 Conv. EDH, art. 7 Charte UE), parfois appréhendé sous la forme d'une prohibition des ingérences (art. 17 PIDCP), ainsi qu'*un principe d'égalité*, plus ou moins généralement formulé (PIDCP, art. 2, 3, 14, 24, 26[4] ; Charte UE, art. 20), et parfois appréhendé sous la forme d'une prohibition des discriminations (Conv. EDH, art. 14[5], Charte UE, art. 21). À titre spécial, ils se soucient du mariage, en consacrant *un droit au mariage* (PIDCP, art. 23 ; Conv. EDH, art. 12 ; Charte UE, art. 9), dans des termes similaires mais pas nécessairement identiques, par exemple s'agissant de la différence de sexe. Les textes sont en revanche silencieux sur les questions de filiation, mais la jurisprudence européenne est parvenue à saisir l'institution, via le prisme du droit à la vie privée et familiale. La Charte des droits fondamentaux consacre une disposition particulière aux droits de l'enfant (art. 24). À cet égard, il faut aussi compter avec la Convention européenne sur l'exercice des droits de l'enfant, signée à Strasbourg le 25 janvier 1996, et surtout avec la *Convention internationale sur les droits de l'enfant* (sur laquelle, v. *infra*, « Les droits fondamentaux de l'enfant »), Convention qui consacre notamment des droits et principes en matière familiale. Parmi ceux-ci, on citera notamment : « le droit de l'enfant de connaître ses parents et d'être élevé par eux dans la mesure du possible » (art. 7) ; « le droit de l'enfant de préserver son identité, y compris sa nationalité, son nom et ses relations familiales, tels qu'ils sont reconnus par la loi, sans ingérence illégale » (art. 8) ; le principe selon lequel « nul enfant ne fera l'objet d'immixtions arbitraires ou illégales dans sa vie privée, sa famille, son domicile… » (art. 16) ; la commune responsabilité des parents dans la prise en charge de l'enfant, étant précisé qu'ils doivent être guidés avant tout par l'intérêt supérieur de l'enfant (art. 5 et 18) ; « le droit de l'enfant à la liberté de pensée, de conscience et de religion » (art. 14, § 1), associé au droit et devoir « des parents… de guider (l'enfant) dans l'exercice du droit susmentionné d'une manière qui corresponde aux développements de ses capacités » (§ 2) ; le devoir pour les États parties de veiller « à ce que l'enfant ne soit pas séparé de ses parents contre leur gré », à moins que cette séparation ne soit « nécessaire dans l'intérêt supérieur de l'enfant », et de respecter « le droit qu'a l'enfant séparé de ses parents ou de l'un d'eux d'entretenir régulièrement des relations personnelles et des contacts directs avec ses deux parents »,

2. On ne traitera pas ici de l'incidence familiale des libertés économiques consacrées par les traités européens, telle la liberté de circulation. Sur quoi, v. *infra*, « La liberté d'aller et venir ».
3. Désormais visés par leur acronyme : Conv. EDH, PIDCP, CIDE, Charte UE.
4. Égalité dans la jouissance des droits protégés par le Pacte, des hommes et des femmes, devant la justice, des enfants mineurs, devant la loi.
5. V. Protocole n° 7, art. 5. — V. Protocole n° 12, art. 1.

sauf si cela est contraire à son intérêt supérieur (art. 9) ; le principe selon lequel l'intérêt supérieur de l'enfant doit être la considération primordiale en matière d'adoption, et ses corollaires (art. 21). À quoi il faut ajouter les articles 3 et 12, qui posent des normes générales dont les conséquences familiales sont nombreuses, et qui consacrent, l'un le principe selon lequel « dans toutes les décisions qui concernent les enfants, qu'elles soient le fait des institutions publiques ou privées de protection sociale, des tribunaux, des autorités administratives ou des organes législatifs, l'intérêt supérieur de l'enfant doit être une considération primordiale » et l'autre « le droit de l'enfant capable de discernement d'exprimer son opinion sur toute question l'intéressant, ces opinions étant prises en considération eu égard à son âge et à son degré de maturité » (art. 12).

Cette profusion normative internationale explique d'autant mieux le bouillonnement fondamentaliste contemporain qu'elle s'accompagne d'une *profusion jurisprudentielle*. Profusion dans *l'ordre européen*, d'abord, car la Cour européenne[6] a rapidement fait preuve d'audace, le célèbre arrêt *Marckx*, du 13 juin 1979, préfigurant d'autres décisions destinées elles aussi à la postérité : l'arrêt *Mazurek* du 1er févr. 2000, l'arrêt *Goodwin* du 11 juill. 2002, l'arrêt *Odièvre* du 13 févr. 2003, les arrêts *Mennesson* et *Labassee* du 26 juin 2014, *etc.* Profusion dans *l'ordre interne*, ensuite, car les plus hautes juridictions se sont engagées dans une promotion des droits fondamentaux. Une fois acquise la primauté des traités sur les lois, Conseil d'État et Cour de cassation ont rapidement fait prévaloir la Convention européenne sur les textes internes, en la dotant d'un effet direct. L'application directe de la CIDE a pris plus de temps, la Cour de cassation l'ayant au départ refusé, en considérant que le texte ne s'adressait qu'aux États, à la différence du Conseil d'État ; mais dès 2005, elle abandonnait sa réserve[7]. Une dizaine d'années plus tard, les deux juridictions ont franchi un pas supplémentaire, en décidant de procéder désormais à un double contrôle de conventionnalité : au *contrôle abstrait*, qui porte sur la conformité abstraite de la norme interne, en elle-même et indépendamment de toute circonstance concrète, à la Conv. EDH, elles ont ajouté un *contrôle concret*, qui porte sur la conformité concrète à la Conv. EDH des conséquences de l'application de la norme interne dans le cas d'espèce, en raison des circonstances propres à ce cas. Ce contrôle a été inauguré en matière familiale : le 4 décembre 2013, la Cour de cassation a décidé d'écarter la nullité d'un mariage consenti entre un homme et l'ex-épouse de son fils, en affirmant, au visa de l'article 8 Conv. EDH et par substitution de motifs, « que cette union, célébrée sans opposition, avait duré plus de vingt ans »[8] ; le Conseil d'État a emboîté le pas le 31 mai 2016, dans la célèbre affaire *Gonzalez-Gomez*, en considérant que les articles L. 2141-2 du Code de la santé publique (qui réserve l'assistance médicale à la procréation aux couples de personnes vivantes) et L. 2141-11-1 (qui interdit d'exporter des gamètes prélevés en France s'ils sont destinés à être utilisés à l'étranger à des fins prohibées sur le territoire national), en eux-mêmes conformes à la Conv. EDH, étaient en l'espèce contraires au droit au respect de la vie privée, et devaient donc être écartés à raison des circonstances particulières du cas[9].

L'essor du contrôle de constitutionnalité ajoute à cette profusion de normes fondamentales. Les textes constitutionnels étant discrets sur la question familiale, le Conseil s'est lancé dans une œuvre assez comparable à celle de la CEDH : prenant appui sur des textes qui n'avaient pas été écrits dans cette perspective positive, et notamment l'alinéa 10 du préambule de la Constitution de 1946, qui affirme que « La Nation assure à l'individu et à la famille les conditions nécessaires à leur développement »[10] et l'article 2 de la DDHC, sur lequel il fonde la liberté personnelle[11], il a découvert dès 1993[12] le droit

6. On la désignera désormais sous l'acronyme CEDH.
7. Sur quoi, v. *supra*, « La dimension internationale et européenne des libertés et droits fondamentaux »
8. Civ. 1re, 4 déc. 2013, n° 12-26.066. V. Civ. 1re, 8 déc. 2016, n° 15-27.201, sur la critique, v. F. Chénédé, *D.* 2014. 179 et *D.* 2016. 736.
9. Sur la critique, v. P. Delvolvé, *RFDA* 2016. 754.
10. *Adde* al. 11.
11. Créée pour échapper à la liberté individuelle et la compétence judiciaire : Déc. n° 88-244 DC, 20 juill. 1988.
12. Déc. n° 93-325 DC du 13 août 1993, cons. 3.

à la vie familiale[13] et la liberté du mariage[14]. L'ouverture de la question prioritaire de constitutionnalité a décuplé ce pouvoir : la liberté de mettre fin aux liens du mariage est apparue le 29 juillet 2016[15] et l'intérêt de l'enfant est devenu une « exigence à valeur constitutionnelle » le 17 mai 2013[16]. À quoi s'ajoute l'application, en matière familiale, de normes générales : le principe d'égalité, ou encore par exemple le droit à un recours juridictionnel effectif[17].

De cette profusion normative, résulte l'essor d'un *contentieux familial fondamentaliste* : toute question est désormais scrutée au prisme du droit à la vie familiale, du droit de devenir parent, de l'interdiction des discriminations, de l'intérêt de l'enfant, *etc.* Ces griefs ne conduisent pas toujours à la censure des solutions législatives internes. C'est particulièrement vrai s'agissant du grief d'inconstitutionnalité, le Conseil s'abritant souvent derrière le joker bien connu selon lequel « l'article 61 de la Constitution ne confère pas au Conseil constitutionnel un pouvoir général d'appréciation et de décision de même nature que celui du Parlement »[18]. Mais l'impact constitutionnel des droits fondamentaux pourrait bien se renforcer en droit de la famille[19]. En outre, la jurisprudence de la CEDH, et surtout celle du Conseil d'État et de la Cour de cassation, attestent la fragilisation des structures familiales juridiques contemporaines. Quelques exemples illustreront le propos : la mise à l'écart de la nullité d'un mariage incestueux au motif qu'il avait duré plus de vingt ans[20] ; l'admission de la filiation d'un enfant conçu par gestation pour autrui, tant à l'égard de son parent biologique sur le fondement du droit au respect de la vie privée de l'enfant[21], qu'à l'égard de son parent d'intention en raison du droit au respect de la vie familiale de l'enfant[22] ; l'exportation de gamètes en France pour permettre à une femme de recourir à une assistance médicale à la procréation *post mortem*, interdite en France[23]. Et certaines pratiques administratives et décisions des juridictions ordinaires confirment le phénomène : célébration du mariage de Bègles par un officier d'état civil prétextant que la condition de différence de sexe constituait une discrimination fondée sur l'orientation sexuelle[24] ; admission du double établissement d'une filiation incestueuse au motif du droit à la vie privée et de l'égalité des enfants[25] ; établissement de la maternité d'un parent transgenre alors que l'enfant a déjà un lien de filiation maternelle établie à l'égard de la femme qui l'a mis au monde (Toulouse, 9 février 2022, https://www.cours-appel.justice.fr/toulouse/communique-de-presse-du-9-fevrier-2022).

Se profile alors une *mutation conceptuelle* du droit familial. Appréhender la famille sous l'angle subjectif des droits fondamentaux modifie radicalement le cadre de pensée. Partir du sujet, de ses droits et libertés, de la réalité familiale dans laquelle il vit et à laquelle il aspire, au lieu de raisonner en termes d'institution familiale, soumise à des conditions de fond et de forme déterminées par le législateur au regard

13. Initialement fondé sur l'alinéa 10 du Préambule de la Constitution du 27 oct. 1946, le droit à une vie familiale normale est aujourd'hui indissociable du droit au respect de la vie privée que le Conseil fonde sur la liberté personnelle.
14. Hier fondée sur la liberté individuelle (Déc. n° 93-325 DC, préc., cons. 107), elle l'est aujourd'hui sur la liberté personnelle pour éviter le jeu de l'article 66 de la Constitution et échapper ainsi à une compétence judiciaire exclusive : Déc. n° 2003-484 DC, 20 nov. 2003, cons. 94.
15. Déc. n° 2016-557 QPC, 29 juill. 2016, *M. Bruno B.*, cons. 5.
16. Exigence fondée sur l'alinéa 10 du préambule de la Constitution de 1946 et d'abord limitée au prononcé de l'adoption (Déc. n° 2013-669 DC, 17 mai 2013, cons. 53 et 54), avant d'être transformée en règle générale applicable par exemple dans le divorce par consentement mutuel contractuel (Déc. n° 2016-739 DC, 17 nov. 2016, cons. 51 et s.).
17. V ainsi, à propos de l'acquisition de la nationalité française par mariage et de la sanction de la fraude, Déc. n° 2012-227 QPC, 30 mars 2012 ; Déc. n° 2012-264 QPC, 13 juill. 2012. V. à propos de l'arrêté d'admission d'un enfant comme pupille de l'État, Déc. n° 2012-268 QPC, 27 juill. 2012, cons. 8 et 9.
18. Ou souligne « qu'il n'appartient pas au Conseil constitutionnel de substituer son appréciation à celle du législateur sur la prise en compte… de cette différence de situation ».
19. D. Fenouillet, « La jurisprudence du Conseil constitutionnel en droit civil des personnes : promotion ou déformation ? », *in La jurisprudence du Conseil constitutionnel et les différentes branches du droit.*
20. Civ. 1re, 4 déc. 2013, n° 12-26.066.
21. Cass., ass. plén., 3 juill. 2015, nos 14-21.323 et 15-50.002.
22. Civ. 1re, 5 juill. 2017, nos 15-28.597, 16-16.901, 16-50.025, 15-28.597.
23. CE 31 mai 2016, *Gonzalez-Gomez c/ APHP.*
24. Mariage annulé dans l'ordre interne, avec l'aval de la CEDH : Civ. 1re, 13 mars 2007, n° 05-16.627 ; CEDH 9 juin 2016, *Chapin et Charpentier.*
25. Caen, 8 juin 2017, *D.* 2017. 2107, note A. Batteur.

de la fonction, symbolique et pratique, qu'il attache à ladite institution produit deux conséquences. La première est que le droit de la famille se trouve sommé de justifier toutes les limites et distinctions qu'il impose dans la structuration familiale : pourquoi l'interdiction de l'inceste ? ; pourquoi fonder la filiation sur la réalité charnelle de l'engendrement et non sur la parenté d'intention ? Ce renversement de perspective est considérable, car l'individu en chair et en os appelle toujours plus facilement la compassion qu'un intérêt général désincarné, et car les intérêts concrets du sujet sont plus faciles à mettre en lumière que le soubassement symbolique des structures familiales[26]. Les considérations d'intérêt général se replient dans un droit de la famille qui s'évertue à satisfaire les désirs du sujet. La seconde est que les structures familiales s'effacent derrière les réalités factuelles et aspirations sociales, notamment à raison de la jurisprudence élaborée par la CEDH sur le fondement de l'article 8 Conv. EDH.

La CEDH juge en effet que *le droit au respect de la vie privée et familiale* « présuppose une famille » (*Marckx*, 13 juin 1979, § 31), mais la conception qu'elle a des notions de respect et de vie familiale a permis d'étendre la portée du texte bien au-delà de sa signification initiale.

La vie familiale repose en principe sur deux éléments cumulatifs : un lien de famille et l'effectivité de ce lien[27]. Mais la Cour n'exige pas qu'un lien institutionnel existe : ainsi, la vie familiale protégée peut aussi bien être celle d'un couple marié que d'un couple de concubins, hétérosexuels[28] ou homosexuels[29] ; de même, la vie familiale peut s'appuyer sur une filiation juridiquement établie[30] ou sur une parenté biologiquement avérée[31], voire sur la vie que l'enfant partage avec un tiers qui se comporte comme un parent, même s'il ne l'est ni juridiquement ni biologiquement[32]. Quant à l'effectivité du lien familial considéré, elle peut résulter d'une vie commune de l'enfant et de son auteur, mais une vie commune passée suffit[33] et n'est même pas nécessaire, des relations personnelles plus limitées étant susceptibles de relever de l'article 8[34].

Le respect, quant à lui, interdit d'abord les ingérences de l'État et conduit ainsi à un contrôle étroit des mesures de séparation des membres de la famille[35] mais il oblige aussi à protéger activement, voire à consacrer juridiquement le lien considéré. Si la CEDH affirme que le droit de mener une vie familiale normale n'implique pas le droit d'adopter[36], elle juge en revanche que les États doivent permettre l'intégration de l'enfant dans sa famille par l'établissement d'un lien de filiation[37]. Le droit au respect de la vie privée et familiale permet ainsi, dans l'ordre de la parenté, de passer du fait au droit, de la réalité vécue à l'institution familiale.

La solution est d'autant plus marquante que cette transformation pourra intervenir alors même que le fait initial serait illicite : la CEDH a ainsi considéré qu'un enfant conçu par adultère[38], issu d'une union

---

26. Sur la critique, v. T. Marzal, *RTD civ.* 2017. 789.
27. *Marckx*, § 31.
28. *Johnston c/ Irlande*, 18 déc. 1986.
29. *Schalk et Kopf c/ Autriche*, 24 juin 2010.
30. Qu'elle soit légitime ou naturelle (*Marckx*, § 31) ou adoptive (*Pini et Bertani, Manera et Atripadi c/ Roumanie*, 22 juin 2004).
31. Père ayant ignoré la naissance : *Gorgülüc/ Allemagne*, 26 févr. 2004 ; mère ayant accouché sous X : *Kearns c/ France*, 10 janv. 2008 ; enfant adopté et famille d'origine : *I. et U. c/ Norvège*, 21 oct. 2004. Lorsque l'absence de relation familiale procède de la volonté de l'auteur, il n'y a pas de vie familiale (V. par ex. *Odièvre c/ France*, 13 févr. 2003, § 44), mais le droit à la vie privée peut prendre le relais, par ex. au profit du père biologique de l'enfant (*Anayo c/ Allemagne*, 21 déc. 2010) ou d'un homme prétendant être le père biologique de l'enfant (*Schneider c/ Allemagne*, 15 sept. 2011).
32. Ex : le transsexuel qui vit avec l'enfant que sa compagne a eu par assistance médicale à la procréation avec don de gamète : *X, Y et Z. c/ RU*, 22 avr. 1997. Ex : l'homme ayant perdu la qualité de père juridique après avoir révélé qu'il n'était pas le père biologique de l'enfant, mais qui a développé un lien affectif étroit pendant de nombreuses années avec sa « fille » et qui a cru être père : *Nazarenko c/ Russie*, 16 juill. 2015. Il est difficile de déterminer à partir de quand les relations factuelles sont suffisantes pour être appréhendées via la vie familiale : V. ainsi l'affaire *Paradiso et Campanelli c/ Italie*, 24 janv. 2017.
33. *Marckx*, préc.
34. Une seule visite du père à la maternité : *Keegan c/ Irlande*, 26 mai 1994. Visites régulières chez la mère de l'enfant : *Lebbink c/ Pays Bas*, 1er juin 2004.
35. Sur ses conséquences à l'égard des étrangers et des détenus, v. *G. Gonzalez*, *in GACEDH*, PUF, 2017, p. 654 s.
36. *E. B. c/ France*, 22 janv. 2008. Même solution devant le Conseil constitutionnel (Déc. n° 2010-39 QPC du 6 oct. 2010, cons. 8), qui juge aussi que le droit à une vie familiale n'implique pas le droit de se marier (Déc. n° 2010-92 QPC du 28 janv. 2011, cons. 8). V. Civ. 1re, 18 janv. 2011 et 28 févr. 2018, v. ss 324.
37. *Kroon et autres c/ Pays Bas*, 27 oct. 1994.
38. *Johnston et autres c/ Irlande*, 18 déc. 1986.

bigame[39] ou d'une gestation pour autrui interdite[40] ou ayant fait l'objet à l'étranger d'une adoption unilatérale interdite par la loi nationale de l'adoptant[41] pouvait se prévaloir de l'article 8 Conv. EDH. Le Conseil constitutionnel semble plus soucieux de respecter le cadre légal, si l'on en croit le qualificatif qu'il accole au droit fondamental en matière de regroupement familial : droit à la vie familiale « normale ».

Ainsi entendu, on mesure combien le droit au respect de la vie privée et familiale est un puissant facteur de destruction *des institutions*, car la conception factuelle qui ressort de la jurisprudence européenne conduit petit à petit à imposer aux États la transformation du fait en droit. Sans même se soucier, ni des circonstances qui ont entouré la naissance de ce fait, ni du point de savoir si la réalité invoquée s'est constituée en violation de la loi. Que les droits de l'homme puissent ainsi se transformer en outil de consolidation des situations illicites est fort étrange, quand la *sécurité juridique* et *le principe démocratique* devraient plutôt conduire à *sanctionner l'illicite en leur nom*.

À cette mutation conceptuelle, s'ajoute *une mutation formelle*. Le droit de la famille est *une question d'état civil fondamentale, d'où résulte que l'article 34 de la Constitution la réserve au pouvoir législatif*. L'irruption des droits fondamentaux modifie la donne en conférant au juge le pouvoir de censurer toute loi qui les contrarierait. La CEDH ne s'est pas privée d'user de ce pouvoir, en maniant avec adresse l'interprétation constructive, en réduisant à peu de chose le principe de subsidiarité[42], en usant de la notion de consensus de façon très opportuniste, au point d'avoir été accusée d'être une cour tyrannique… Et les juridictions nationales se sont résolument engagées dans la même voie. Le phénomène peut légitimement inquiéter. Il est en effet permis de penser qu'il n'appartient pas au juge de définir les contours de l'interdit de l'inceste, ou les critères de la filiation. Ces questions, hautement politiques, doivent être débattues dans le cadre parlementaire, et non dans le cénacle juridictionnel. De surcroît, il est douteux que cette recherche d'équité systématique soit efficace, car le contrôle de proportionnalité sur lequel elle s'appuie renvoie à des appréciations éminemment subjectives et fluctuantes, peu propice à l'égalité réelle des justiciables et à la prévision des solutions. Le droit de la famille doit pourtant, comme les autres, tendre à la justice et à la sécurité.

Dans cette voie, une double directive devrait conduire à une réorientation de la jurisprudence. L'organisation constitutionnelle des pouvoirs publics, qui impose le respect de la souveraineté nationale (art. 3, Const. 1958) et *en même temps* le respect des traités (art. 55), associée au principe de subsidiarité récemment réaffirmé (Protocole additionnel n° 15 à la Conv. EDH) devrait conduire le Conseil constitutionnel, la CEDH ainsi que les juridictions internes à ne sanctionner un texte interne que lorsque sa contrariété aux droits fondamentaux est « manifeste » : dans ce cas en effet, il n'y a pas de place pour une quelconque appréciation du législateur national. Quant au contrôle concret de proportionnalité, il devrait être abandonné : si une loi est jugée non contraire aux droits fondamentaux à l'issue d'un contrôle abstrait de légitimité et de proportionnalité, l'écarter dans un cas d'espèce n'est rien d'autre que livrer un jugement d'équité, à tout le moins faire la part belle aux considérations morales et appréciations subjectives du juge saisi de l'espèce. L'exemple de l'Ancien régime doit dissuader d'entrer dans une voie aussi périlleuse pour la sécurité juridique et l'égalité des justiciables[43].

L'intérêt supérieur de l'enfant atteste combien les droits fondamentaux peuvent soutenir des causes que l'on pensait perdues d'avance eu égard à la force des principes qu'elles méconnaissent : transcription intégrale de l'acte de naissance de l'enfant issu d'une gestation pour autrui (v. infra, n° 354) ;

39. *A. et A. c/ Pays Bas*, 6 janv. 1992.
40. *Mennesson et autres c/ France* et *Labassee c/ France*, 26 juin 2014.
41. *Wagner c/ Luxembourg*, 28 juin 2007.
42. À telle enseigne que les États ont jugé bon signer à Strasbourg le 24 juin 2013 un Protocole additionnel n° 15, dont l'article 1er introduit explicitement le principe de subsidiarité en ajoutant un dernier considérant au préambule de la Convention de sauvegarde. — Mais dans le même temps, un protocole additionnel n° 16 a été signé à Strasbourg, le 2 nov. 2013, qui institue une procédure de demande « d'avis consultatifs sur des questions de principe relatives à l'interprétation ou à l'application des droits et libertés définis par la Convention ou ses protocoles », ce qui est de nature à renforcer le pouvoir de la CEDH.
43. Sur quoi, v. F. Chénedé, « Le Droit à l'épreuve des droits de l'homme », *in Mélanges G. Champenois*, « Contre-révolution tranquille à la Cour de cassation », *D.* 2016. 796 ; A. Bénabent, « Un culte de la proportionnalité… un brin disproportionné », *D.* 2016. 137 ; F. Boulanger, *AJ fam.* 2016. 250.

admission d'une délégation volontaire d'autorité, réalisée par les parents d'un nouveau-né, au profit d'un couple étranger malgré l'article 377[44].
Le danger est d'autant plus grand que *l'outrance appelle à son tour l'outrance*. La dévotion pour les droits de l'homme est aussi excessive que leur rejet en bloc. La protection des droits individuels est une préoccupation légitime, et il est indispensable de veiller à ce que l'État n'opprime pas injustement les sujets dans la sphère familiale. Mais il faut s'employer à le faire sans mettre à terre les structures familiales, parce qu'elles sont de première importance, tant pour les membres de la famille (mode d'épanouissement personnel, lieu d'intimité, source de solidarité, *etc.*) que pour la société (mode d'éducation, prise en charge des plus faibles, structuration sociale, *etc.*). L'article 23 du Pacte international relatif aux droits civils et politiques le dit lui-même : « La famille est l'élément naturel et fondamental de la société et a droit à la protection de la société et de l'État ». Là est bien, ici comme ailleurs, toute la difficulté : promouvoir les droits du sujet tout en préservant une institution familiale indispensable eu égard à ses multiples fonctions, symboliques et pratiques, patrimoniales et personnelles, individuelles et sociales.

# I • La relation de couple

**283** Les questions de couple sont appréhendées, dans l'ordre européen, sur le fondement de la liberté du mariage (CSDF, art. 12), du droit au respect de la vie familiale (CSDF, art. 8) et du principe d'égalité dans l'exercice des droits et libertés reconnus par la Conv. EDH (art. 14 Conv. EDH). La CEDH attache à ce principe d'égalité d'une part l'obligation de traiter de la même façon des personnes qui se trouvent dans la même situation[45] et d'autre part l'obligation de traiter différemment des personnes se trouvant dans des situations différentes (*Thlimmenos c/ Grèce*, 6 avr. 2000). Le Conseil constitutionnel s'en tient quant à lui à la première exigence[46]. En outre, et pour reprendre la formule usuelle du Conseil, ce principe ne s'oppose pas à ce que des situations différentes soient traitées différemment, ni à ce que la loi déroge au principe d'égalité pour des raisons d'intérêt général, pourvu que dans ces deux cas, la différence de traitement soit en rapport direct avec l'objet de la loi qui l'établit. De façon comparable, la CEDH juge que la différence de traitement est admissible s'il existe un rapport objectif et raisonnable avec la différence de situation[47].

## A • Droits et libertés fondamentaux dans le mariage

### 1 • La formation du mariage

**284** ***Liberté du mariage. Liberté du consentement.*** La liberté du mariage implique d'abord que le mariage suppose *la volonté des époux* : pas de mariage sans accord des volontés des deux membres du couple. C'est bien ce qu'exprime l'article 146 du Code civil, en affirmant qu'il n'y a point de mariage s'il

44. Civ. 1re, 21 sept. 2022, nos 21-50-048 à 21-50.052, nos 21-50.040 et 042, refusant de faire application en l'espèce d'un revirement de jurisprudence, au motif qu'elle porterait atteinte au principe de sécurité juridique et de confiance légitime mais aussi à l'intérêt de l'enfant : « la remise en cause des situations existantes serait de nature à affecter irrémédiablement les liens qui se sont tissés *ab initio* entre l'enfant et les délégataires. En effet, la fin de la mesure de délégation d'autorité parentale, en supprimant tout lien juridique entre eux, peut conduire à une rupture définitive des relations de l'enfant avec ceux qui l'élèvent depuis sa naissance, dans un contexte où le projet a été construit en accord avec les parents légaux et où ceux-ci conservent la faculté de solliciter la révocation de la mesure, si tel est l'intérêt de l'enfant » ; la Cour en a déduit qu'il convenait d'écarter l'application immédiate de la jurisprudence nouvelle qui « porterait également une atteinte disproportionnée à l'intérêt supérieur de l'enfant, garanti par l'article 3, § 1, de la Convention internationale des droits de l'enfant, ainsi qu'au droit au respect de la vie privée et familiale des personnes concernées, garanti par l'article 8 de la Convention de sauvegarde des droits de l'homme et des libertés fondamentales ».
45. Affaire *linguistique belge*, 23 juill. 1968 : la discrimination suppose une différence de traitement et un manque de justification objective et raisonnable.
46. Déc. n° 2006-641 DC du 28 sept. 2006 : « si, en règle générale, le principe d'égalité impose de traiter de la même façon des personnes qui se trouvent dans la même situation, il n'en résulte pas pour autant qu'il oblige à traiter différemment des personnes se trouvant dans des situations différentes ».
47. Affaire *linguistique belge*, § 10.

n'y a point de consentement. Les diverses règles qui visent à préserver la qualité du consentement matrimonial concourent à cette liberté fondamentale. Ainsi, le dispositif de lutte contre la violence, « loin de méconnaître la liberté du mariage », « tend à en assurer la protection » (déc. n° 2012-261 QPC du 22 juin 2012, cons. 11). La loi n° 2021-1109 du 24 août 2021 confortant le respect des principes de la République s'inscrit dans le droit fil de cette liberté, en renforçant le dispositif de lutte contre les mariages forcés. Il en va de même des solutions législatives (C. trav., art. L. 1121-1[48]) et jurisprudentielles qui anéantissent les stipulations d'actes juridiques portant atteinte à la liberté du mariage, qu'il s'agisse du principe même du mariage ou du choix du conjoint. On songe aux célèbres décisions rendues par les juridictions civiles et administratives, à l'égard des hôtesses de l'air[49], des employés d'établissement d'enseignement confessionnel qui se remarieraient après divorce[50], ou encore des agents diplomatiques et consulaires[51].

**285** ***Liberté encadrée. Contrôle du cadre national.*** Comme le souligne la Conv. EDH, le droit de se marier et de fonder une famille existe « selon les lois nationales régissant l'exercice de ce droit » (art. 12). L'admission de la compétence des États membres pour encadrer la liberté de se marier ouvre ainsi la voie à des restrictions potentielles à la liberté matrimoniale, dans les conditions habituelles de finalité légitime et de proportionnalité[52]. Comme le dit la CEDH, il faut vérifier que « la limitation ne soit pas telle que le droit serait atteint dans sa substance même »[53]. Le Conseil constitutionnel statue identiquement : « la liberté du mariage ne restreint pas la compétence que le législateur tient de l'article 34 de la Constitution pour fixer les conditions du mariage dès lors que, dans l'exercice de cette compétence, il ne prive pas de garanties légales des exigences de caractère constitutionnel »[54].

**286** ***Le mariage des majeurs protégés.*** La question du mariage des personnes protégées a posé problème. Elle était limitée, hier, pour *garantir leurs intérêts*. Le mariage du majeur sous curatelle supposait ainsi l'autorisation du curateur, éventuellement suppléée par celle du juge (art. 460). Le Conseil constitutionnel avait jugé que le texte ne portait pas d'atteinte disproportionnée à la liberté du mariage, en soulignant que la décision (du juge était) prononcée après un débat contradictoire, devait « être motivée en fonction de *l'aptitude de l'intéressé à consentir au mariage* » et qu'elle était « susceptible de recours, la personne en curatelle jouissant » des garanties nécessaires à l'exercice effectif de ces recours (Déc. n° 2012-260 QPC du 29 juin 2012, cons. 7 et 8 ; V. Civ. 1re, 5 déc. 2012, n° 11-25.158 ; CEDH 25 oct. 2018, req. n° 37646/13, *Delecolle c/ France*, *AJ fam.* 2018. 693). Cette délimitation de l'objet du contrôle du juge (vérifier l'aptitude de l'intéressé à consentir au mariage) et ces garanties juridictionnelles (motivation, recours) valaient aussi dans la tutelle[55], où le texte imposait l'autorisation du juge (ou du conseil de famille s'il avait été constitué), l'audition préalable des futurs conjoints et le recueil éventuel de l'avis des parents et de l'entourage. La loi n° 2019-222 du 23 mars 2019 a abandonné ces solutions. Le mariage du majeur protégé n'est plus soumis à aucune autorisation préalable. La loi exige seulement que le tuteur ou le curateur soient informés du projet de mariage (art. 460) et impose aux candidats au mariage de verser la preuve de cette information au dossier remis en mairie avant la célébration (art. 63, 1°). Aucune sanction n'étant explicitement prévue, il semble que la seule réaction possible soit le refus de célébration par l'officier d'état civil. La loi reconnaît désormais au tuteur et au curateur de faire opposition à la célébration, sans que l'on sache précisément quels sont les motifs qu'ils peuvent invoquer (art. 175). Rien n'empêche en outre les personnes auxquelles la loi donne

48. V. le principe de non-discrimination de l'art. L. 1132-1 C. trav.
49. Paris, 30 avr. 1963, *JCP* 1963. II. 13205 *bis*.
50. Ass. plén., 19 mai 1978, *D.* 1978. 541, *GAJC* n° 31, p. 214. — La jurisprudence européenne s'inscrit dans la même logique : une entreprise de tendance peut limiter les libertés du salarié, mais il faut que la limite vise à une finalité légitime et soit proportionnée. En ce sens, V. CEDH 23 sept. 2010, *Schuth c/ Allemagne*, *Obst c/ Allemagne*, req. nos 1620/03, 425/03.
51. CE 18 janv. 1980, *D.* 1980. 297, obs. Delvolvé.
52. La Cour a ainsi jugé qu'il était impossible de contraindre un État à reconnaître le mariage d'un mineur de 14 ans : *Z. H. et R. H. c/ Suisse*, 8 déc. 2015.
53. V. ainsi *Rees c/ RU*, 17 oct. 1986 ; *B L c/ RU*, 15 sept. 2005 ; *Frasik c/ Pologne*, 5 janv. 2010.
54. Déc. n° 2010-92 QPC du 28 janv. 2011, cons. 7.
55. Civ. 1re, 2 avr. 2014, n° 13-10.758. — Pour une illustration dans une espèce soumise au droit antérieur, V. Civ. 1re, 26 juin 2019, n° 18-15.830.

par ailleurs le droit de former opposition d'utiliser cette prérogative : père et mère et à défaut aïeuls et aïeules du majeur protégé (art. 173) ; frères et sœurs, oncles et tantes, cousins et cousines de l'intéressé (art. 174, 2°) ; ministère public (art. 175-1).

**287** ***La nullité pour erreur.*** La nullité pour erreur sur les qualités essentielles *protège la liberté* du mariage en protégeant le consentement de la victime. Mais elle pourra le cas échéant *entamer les droits fondamentaux* du conjoint, par exemple sa liberté de conscience (si la religion figure parmi les qualités essentielles attendues du conjoint) ou son droit à la vie privée (si la virginité du conjoint devient un critère déterminant), ou heurter l'interdiction des discriminations (si les origines ethniques du conjoint sont jugées essentielles), *etc.* Le droit positif en offre quelques illustrations passées, par exemple en matière religieuse[56]. Le droit contemporain y semble rétif, car la notion de qualités essentielles renvoie désormais à une double exigence : la qualité considérée doit être abstraitement essentielle en mariage pour le commun des mortels, et concrètement déterminante pour le conjoint considéré, comme le montre la jurisprudence relative à la virginité de l'épouse[57]. Dans une perspective pragmatique (quel est l'intérêt de maintenir un tel mariage, qui est voué au divorce faute de nullité ?) mais aussi politique (au regard de l'importance de la loyauté dans les relations conjugales), on se demande si l'erreur sur de telles qualités concrètement essentielles pour le sujet ne pourrait justifier la nullité du mariage lorsque l'erreur a été déterminée par le mensonge, voire les manœuvres du conjoint ? N'est-il pas temps d'abandonner l'adage de Loysel, selon lequel « en matière de mariage, il trompe qui peut » ?

**288** ***La lutte contre la fraude.*** Dès 1963, la Cour de cassation affirmait la nullité du mariage célébré sans le consentement des époux, mais la validité de celui dont les époux voulaient seulement limiter les effets, en écartant telle ou telle conséquence légale (le devoir de fidélité, ou de vie commune, *etc.*), seule la stipulation restrictive étant alors nulle[58]. La question s'est déplacée depuis les années 90, l'objectif étant désormais de lutter contre les mariages contractés par des étrangers afin de bénéficier de l'effet acquisitif de nationalité. À cette fin, un dispositif préventif a été institué et modifié à diverses reprises, tant pour les mariages célébrés en France[59] que pour ceux célébrés à l'étranger[60]. Le Conseil constitutionnel considère que « la protection constitutionnelle de la liberté du mariage ne confère pas le droit de contracter mariage à des fins étrangères à l'union matrimoniale »[61] et que « la liberté du mariage, composante de la liberté personnelle protégée par les articles 2 et 4 de la Déclaration des droits de l'homme et du citoyen de 1789, ne fait pas obstacle à ce que le législateur prenne des mesures de prévention ou de lutte contre les mariages contractés à des fins étrangères à l'union matrimoniale » (Déc. n° 2006-542 DC, 9 nov. 2006, cons 4). Mais il s'efforce de veiller à *l'équilibre entre liberté du mariage et protection de l'intérêt général*[62]. Il a donc invalidé les dispositions qui n'offraient pas suffisamment de garanties : ainsi en 1993 lorsqu'aucune voie de recours n'était prévue contre la décision par laquelle le procureur de la République pouvait surseoir à la célébration du mariage (Déc. n° 93-325 DC, 13 août 1993, cons 107) ; ainsi en 2003 des textes qui, d'une part prévoyaient que le fait pour un étranger de ne pouvoir justifier de la régularité de son séjour constituait dans tous les cas un indice sérieux de l'absence de consentement[63], car « le respect de la liberté du mariage, composante de la liberté personnelle protégée par les

56. V. ainsi Civ. 1re, 2 déc. 1997, *Dr. fam.* 1998. 35, obs. H. Lécuyer.
57. Douai, 17 nov. 2008, infirmant TGI Lille, 1er avr. 2008.
58. Civ. 1re, 20 nov. 1963, *Bull. civ.* n° 506.
59. Audition des époux ; pouvoir de l'officier d'état civil de saisir le procureur de la République lorsque des indices sérieux laissent présumer un défaut de consentement matrimonial ; pouvoir de ce dernier de diligenter une enquête, de surseoir au mariage ou de former opposition ; action en nullité absolue du mariage ouverte à l'époux de bonne foi et au ministère public.
60. Certificat de capacité nuptiale ; audition ; pouvoir de l'officier d'état civil de saisir le procureur de la République ; *etc.*
61. Déc. n° 2012-261 QPC du 22 juin 2012, *M. Thierry B.*, cons 7. Comp. CEDH 28 mai 1985, *Abdulaziz et autres c/ RU*, cons. 62 ; Civ. 1re, 1er juin 2017, n° 16-13.441, le mariage fictif contracté par un homme avec la fille de sa maîtresse, à des fins successorales, ne relève pas de la sphère protégée par les art. 8 et 12 CEDH.
62. Comp. CEDH 14 déc. 2010, *O'Donoghue et autres c/ RU.*
63. En revanche, « le caractère irrégulier du séjour d'un étranger peut constituer dans certaines circonstances, rapproché d'autres éléments, un indice sérieux laissant présumer que le mariage est envisagé dans un autre but que l'union matrimoniale » : *ibid.*, cons. 95.

articles 2 et 4 de la Déclaration de 1789, s'oppose à ce que le caractère irrégulier du séjour d'un étranger fasse obstacle, par lui-même, au mariage de l'intéressé », et d'autre part organisaient le signalement à l'autorité préfectorale de la situation d'un étranger accomplissant les formalités de mariage sans justifier de la régularité de son séjour et prévoyait la transmission au préfet de la décision du procureur de la République de s'opposer à la célébration du mariage, d'ordonner qu'il y soit sursis ou de l'autoriser, de telles dispositions étant « de nature à dissuader les intéressés de se marier » et portant ainsi « atteinte au principe constitutionnel de la liberté du mariage » (Déc. n° 2003-484 DC, 20 nov. 2003, cons. 96, 95, 94). Il a en revanche validé les mesures respectueuses de l'équilibre entre liberté du mariage et considérations d'ordre public, « compte tenu des garanties instituées » (ainsi, en 2003, de l'article 75-2[64] ; en 2012, de l'article 175-1[65]) ou « eu égard à l'ensemble des précautions [...] prises par le législateur » (ainsi en 2006 du dispositif institué à l'égard des mariages célébrés à l'étranger par une autorité étrangère lorsqu'un des deux conjoints au moins est français)[66].

**289** ***La différence des sexes.*** *Le Code civil de 1804* restreignait l'accès au mariage en imposant une condition d'altérité sexuelle. Évidente en 1804, cette condition procédait implicitement des divers textes du Code civil qui évoquaient alors « l'homme et la femme » contractant mariage : ainsi de l'article 143, selon lequel « l'homme et la femme ne peuvent contracter mariage avant dix-huit ans révolus », ou surtout de l'article 75, qui dans son alinéa 6, prévoyait que l'officier d'état civil recevait de chaque partie « la déclaration qu'elles veulent se prendre pour mari et femme ». Cette condition posait problème pour les transsexuels et les homosexuels.

**290** ***Les transsexuels.*** L'admission du changement de sexe du transsexuel par l'assemblée plénière de la Cour de cassation en 1992, sous la pression européenne, a conduit à *ouvrir le mariage à l'intéressé* dans son nouveau sexe : eu égard aux conditions alors exigées pour admettre ce changement d'état civil[67] et à la solution que la CEDH avait retenue dans l'affaire *Goodwin c/ RU*, au moyen d'une redéfinition du mariage (l'incapacité pour un couple de concevoir ou d'élever un enfant ne doit pas le priver de son droit au mariage), la question ne faisait guère débat. Le devenir d'un éventuel mariage antérieur n'ayant été réglé ni par la loi ni par la jurisprudence[68], on suggérait parfois sa caducité. La loi du 17 mai 2013 a renouvelé la question : l'ouverture du mariage aux couples de personnes de même sexe a supprimé une condition objective de validité du mariage. Pourtant, le mariage antérieurement célébré ne pourra pas être anéanti sur la *seule constatation* d'un éventuel changement de sexe. Mais le conjoint du transsexuel pourra sans doute faire valoir le cas échéant l'erreur qu'il aura commise sur une qualité essentielle de son époux.

**291** ***Les couples de personnes de même sexe.*** Procédant hier de l'évidence, la fermeture du mariage aux couples d'homosexuels est progressivement apparue à certains comme contraire à la liberté du mariage, au droit à une vie privée et familiale et à l'interdiction des discriminations. La solution positive fut pourtant prudemment avalisée par la Cour de cassation[69] puis par le Conseil constitutionnel[70] et la CEDH, cette dernière jugeant que la question relevait de la marge d'appréciation

64. Déc. n° 2003-484 DC du 20 nov. 2003, cons. 93.
65. Déc. n° 2012-261 QPC du 22 juin 2012, M. Thierry B., cons. 9 et 11.
66. Déc. n° 2006-542 DC du 9 nov. 2006, cons. 12 et 13.
67. Preuve médicale apportée en justice du syndrome du transsexualisme et de la réassignation corporelle du transsexuel dans son sexe psycho-social.
68. Comp. CEDH 28 nov. 2006, *R. et F. et Parry c/ RU*, req. n[os] 35748/05, 42971/05, jugeant conventionnelle la législation anglaise qui conditionne le changement de sexe au célibat du transsexuel, et CEDH 13 nov. 2012, *H. c/ Finlande* et 16 juill. 2014, *Hämäläinen c/ Finlande*, validant la législation finlandaise qui subordonne le changement de sexe au consentement du conjoint et prévoit la transformation automatique du mariage en un pacte civil de solidarité, mais n'ouvre pas le mariage aux couples de personnes de même sexe (V. notamment § 48 et s., mettant en balance « le droit du transsexuel à voir sa vie privée respectée et l'intérêt de l'État à "maintenir intacte l'institution traditionnelle du mariage" »).
69. Civ. 1re, 13 mars 2007, n° 05-16.627 : « selon la loi française », le mariage est l'union d'un homme et d'une femme, et ce principe n'est contraire à aucune des dispositions de la Conv. EDH.
70. Déc. n° 2010-92 QPC du 28 janv. 2011, cons. 5 : « l'article 61-1 de la Constitution, à l'instar de l'article 61, ne confère pas au Conseil constitutionnel un pouvoir général d'appréciation et de décision de même nature que celui du Parlement ; cet article lui donne seulement compétence pour se prononcer sur la conformité d'une disposition législative aux droits et libertés que la Constitution garantit ».

nationale des États membres[71] : dans une célèbre décision *Schalk et Kopf c/ Autriche*, elle jugeait, le 24 juin 2010, que le refus d'ouvrir le mariage aux couples de personnes de même sexe n'était pas contraire au droit au mariage protégé par l'article 12 Conv. EDH, et ne constituait pas une discrimination (prohibée par l'article 14 Conv. EDH) dans le droit au respect de la vie familiale protégé par l'article 8 Conv. EDH[72]. La loi du 17 mai 2013 a supprimé cette condition, et explicitement ouvert le mariage aux couples de même sexe (art. 143), d'où en a résulté l'ouverture de l'adoption, simple ou plénière, étant précisé par ailleurs que le mariage et la filiation adoptive produisent les mêmes effets, que les époux ou parents soient de sexe différent ou de même sexe, exception faite des effets « prévus au titre VII du livre Ier du présent code », c'est-à-dire des règles relatives à la filiation par procréation charnelle (art. 6-1). Déférée au Conseil constitutionnel (sur l'adoption, v. ss 324 et 336), la loi a été jugée conforme à la Constitution dans une décision du 17 mai 2013[73]. Le Conseil a rejeté les arguments tenant au fait que le mariage était « naturellement » l'union d'un homme ou d'une femme (cons. 21)[74] ou à la violation du principe d'égalité (cons. 22 et 29)[75], ou à la liberté du mariage et au droit au maintien des conventions légalement conclues[76]. Plus curieusement, il a écarté le grief de violation du « principe fondamental reconnu par les lois de la République selon lequel le mariage est l'union d'un homme et d'une femme », en affirmant que « si la législation républicaine antérieure à 1946 et les lois postérieures ont, jusqu'à la loi déférée, regardé le mariage comme l'union d'un homme et d'une femme, *cette règle qui n'intéresse ni les droits et libertés fondamentaux*[77], ni la souveraineté nationale, ni l'organisation des pouvoirs publics, ne peut constituer un principe fondamental reconnu par les lois de la République au sens du premier alinéa du Préambule de 1946 ». Il a jugé que le risque de détournement ou d'abus lors de l'application de la loi n'entachait pas celle-ci d'inconstitutionnalité, car il appartenait aux juridictions compétentes d'empêcher, de priver d'effet et, le cas échéant, de réprimer de telles pratiques. On sait ce que les juridictions ont fait de l'invitation : v. ss 350 s. sur la GPA.

**292** ***La condition d'exogamie.*** L'interdit de l'inceste, ce « principe fondateur du droit de la famille »[78], qui ne procède pas tant de raisons biologiques (éviter les tares liées à la consanguinité), que de raisons anthropologiques (passer de la nature à la culture), symboliques (assurer le respect des places généalogiques), sociales (assurer la paix familiale), morales (éviter les passions troubles), est consacré par le droit civil dans des termes différents selon qu'il est question du lien d'alliance ou du lien de parenté

71. 24 juin 2010, *Schalk et Kopf c/ Autriche*, V. not. § 108.
72. La Cour a innové en considérant que l'évolution sociale survenue dans de nombreux États membres conduisait à admettre que la cohabitation de fait stable d'un couple homosexuel relève de la notion de « vie familiale » au même titre que celle d'un couple hétérosexuel se trouvant dans la même situation (§ 93 et 94). Mais elle a refusé de voir dans le refus du mariage une discrimination affectant les homosexuels dans leur droit à une vie familiale, en se fondant d'une part sur la possibilité désormais ouverte en Autriche de souscrire un partenariat enregistré et d'autre part sur l'absence de consensus européen, ce qui interdisait de reprocher à l'Autriche de ne pas l'avoir admis avant cette date (§ 102 et s.). Si les États conservent la liberté de ne pas ouvrir le mariage aux couples de personnes de même sexe, ils sont aujourd'hui tenus d'offrir un cadre juridique aux couples de personnes de même sexe qui souhaitent bénéficier d'une protection juridique : 16 juill. 2014, *Hämäläinen c/ Finlande ;* 7 nov. 2013, *Vallianatos et autres c/ Grèce ;* 21 juill. 2015, *Oliari et autres c/ Italie ;* 14 déc. 2017, *Orlandi et autres c/ Italie.*
73. Déc. n° 2013-669 DC du 17 mai 2013.
74. Les requérants invoquaient « l'enracinement naturel du droit civil » : cons. 19.
75. Aux motifs qu'il ne lui appartenait pas de substituer son appréciation à celle du législateur qui avait estimé que la différence de situation existant entre les couples formés d'un homme et d'une femme et les couples de personnes de même sexe ne justifiait plus que ces derniers ne puissent accéder au statut et à la protection juridique attachés au mariage (cons 22), et que la loi, en prévoyant des dispositions spécifiques destinées aux mariages de couples de personnes de même sexe de nationalité étrangère en droit international privé, n'avait pas méconnu non plus le principe d'égalité en traitant différemment des couples se trouvant dans une même situation (cons. 29).
76. Il a souligné « que les dispositions de l'article 1er ne port(ai)ent aucune atteinte aux droits acquis nés de mariages antérieurs », ce qui conduisait à écarter le grief tiré de l'atteinte à la liberté du mariage, composante de la liberté personnelle protégée par les articles 2 et 4 de la Déclaration de 1789, et au droit au maintien des conventions légalement conclues, qui résulte de son article 4 (cons. 23). Non sans rapport, il a décidé que la validation des mariages antérieurement célébrés ne portait « atteinte à aucun droit acquis » et qu'il était « loisible au législateur d'instaurer une exception à la règle selon laquelle la validité d'un mariage s'apprécie au jour de sa célébration, en faisant produire des effets en France aux mariages célébrés à l'étranger antérieurement à la promulgation de la loi » (cons. 86).
77. Ce qui est absurde. Il aurait mieux valu considérer qu'il existait un principe fondamental ouvrant le mariage aux couples de personnes de sexe différent, mais que ce principe n'interdisait nullement d'ouvrir plus largement le mariage.
78. Selon la formule d'A. Batteur, *RTD civ.* 2000. 759 s.

(et de son degré), de la filiation de l'enfant procréé ou de l'enfant adopté. L'interdit existe sans dispense possible entre parents en ligne directe ou au sein de la fratrie (art. 161 et 162 ; V. art. 356 dans l'adoption plénière). L'interdit concerne également l'alliance en ligne directe (interdiction du mariage entre beau-parent et bel enfant : art. 161) mais il est susceptible de dispense en cas de décès de la personne qui créait l'alliance (art. 164). Le mariage est encore prohibé entre collatéraux au troisième degré (oncle ou tante et neveu ou nièce), sous réserve de dispense (art. 163 et 164). Dans l'adoption simple (art. 366)[79], l'interdit est absolu entre adoptant et adopté (et ses descendants), ainsi qu'entre les enfants de l'adoptant (enfants par la filiation du titre VII ou par l'adoption), mais susceptible d'être levé par dispense entre le conjoint (ou partenaire) de l'adoptant et l'enfant adopté (et réciproquement entre l'adoptant et le conjoint ou partenaire de l'adopté). Dans tous les cas, l'interdit est sanctionné par une nullité absolue, ouverte dans les trente ans de la célébration du mariage aux époux, à tout intéressé[80] et au ministère public[81] (art. 184), le droit d'opposition étant ouvert au ministère public (art. 175-1).

La conventionnalité de l'interdit matrimonial a été soumise à la CEDH. Le 13 septembre 2005, elle a jugé que l'interdiction anglaise du mariage entre alliés en ligne directe (sous réserve d'une autorisation délivrée par le Parlement anglais, ou de la mort de l'ex-conjoint qui fonde l'alliance) était contraire à l'article 12 Conv. EDH : certes, elle visait un but légitime (la protection de l'intégrité de la famille) ; mais rien n'indiquait qu'elle empêchait de telles relations de se nouer en fait, l'absence d'autres dispositions ou de sanctions pénales ne garantissant pas que la règle civile parvienne à supprimer le risque de confusion ou d'insécurité affective allégué chez l'enfant ; la procédure d'autorisation devant le Parlement était lourde, onéreuse, et rien n'établissait qu'elle s'accompagne d'enquêtes approfondies sur la situation familiale, et elle n'offrait pas au demandeur une voie accessible et effective lui permettant de faire valoir ses droits ; la Cour se disait en outre réservée à l'encontre d'une procédure imposant à une personne jouissant de ses pleines facultés mentales de se soumettre à une enquête envahissante pour apprécier le caractère approprié du mariage[82]. Inversement, le 12 avril 2012, la CEDH a jugé que la condamnation pénale d'un homme pour inceste avec sa sœur n'était pas contraire au droit à la vie privée et familiale en soulignant l'absence de consensus européen sur ce sujet et l'existence dans certains pays — dont l'Allemagne — d'une incrimination pénale[83]. De cette jurisprudence, semble ressortir que l'interdit entre proches parents (entre parents en ligne directe et au sein de la fratrie) n'encourt pas le risque de censure s'il est accompagné de sanction pénale, mais que l'empêchement à mariage existant entre alliés en ligne directe risque d'être déclaré inconventionnel s'il n'est soutenu par aucune disposition répressive ni tempéré par une procédure permettant effectivement d'accéder au mariage. Il est difficile de pronostiquer l'avenir du droit français, puisque l'interdit civil n'est soutenu par aucune disposition pénale (le droit pénal appréhende seulement les viols et agressions sexuelles), mais qu'une procédure de dispense est prévue dans les cas de parenté plus lointaine.

La Cour de cassation a été saisie de la question de la conventionnalité de la sanction de l'inceste à deux reprises. Le 4 décembre 2013, elle a écarté la nullité d'un mariage contracté entre un homme et son ex-belle-fille, nullité que demandait le fils du mari, après le décès de celui-ci[84]. La cour d'appel avait soigneusement argumenté le prononcé de la nullité : l'interdit « est justifié en ce qu'il répond à des finalités légitimes de sauvegarde de l'homogénéité de la famille en maintenant des relations saines et stables à l'intérieur du cercle familial » et en ce « que cette interdiction permet également de préserver les enfants, qui peuvent être affectés, voire perturbés, par le changement de statut et

79. Dans l'adoption plénière, l'interdit demeure dans la famille d'origine et est transposé tel quel dans la famille adoptive : art. 356.
80. L'article 187 ouvre même l'action aux collatéraux et enfants nés d'un autre lit, en exigeant toutefois qu'ils aient un intérêt né et actuel s'ils agissent du vivant des époux.
81. Il doit même agir et les faire condamner à se séparer : art. 190.
82. CEDH, *B. L. c/ RU*, req. n° 36536/02.
83. CEDH 12 avr. 2012, *Stübing c/ Allemagne*.
84. Civ. 1re, 4 déc. 2013, n° 12-26.066.

des liens entre les adultes autour d'eux » ; tel était le cas dans l'espèce considérée, dans la mesure où le premier mariage avait duré onze ans et où la célébration du second mariage avait engendré une regrettable confusion entre son père et son grand-père dans la tête de sa fille, alors âgée de dix ans ; il existait en l'espèce une procédure d'autorisation exceptionnelle ; la présence d'un conjoint survivant avait pour le fils, unique enfant et héritier réservataire, des conséquences préjudiciables quant à ses droits successoraux, si bien qu'il avait bien un intérêt né et actuel à agir en nullité. Soulevant d'office l'article 8 de la Conv. EDH, la Cour de cassation a cassé l'arrêt pour violation de la loi au motif « que le prononcé de la nullité du mariage… revêtait, à l'égard de (l'épouse survivante), le caractère d'une ingérence injustifiée dans l'exercice de son droit au respect de sa vie privée et familiale dès lors que cette union, célébrée sans opposition, avait duré plus de vingt ans ». Salué par certains comme la première décision procédant au contrôle concret de proportionnalité désormais opéré par la Cour de cassation, l'arrêt a été accueilli avec stupeur par ceux qui voient dans l'interdit de l'inceste un principe fondateur du droit de la famille et attachent encore une certaine foi au principe, affirmé à l'article 34 de la Constitution de 1958, selon lequel le législateur a compétence exclusive en matière d'état des personnes (et donc en matière de droit de la famille). La doctrine a quasi unanimement souligné combien une telle mise en balance concrète des intérêts donnait au juge des pouvoirs considérables, au détriment de la sécurité juridique et de l'égalité des justiciables. Ces craintes ont été rapidement confirmées par une décision rendue dans une affaire assez comparable le 8 décembre 2016[85] : après avoir affirmé que le droit au mariage n'avait pas été atteint « dès lors que leur mariage a été célébré sans opposition et qu'ils ont vécu maritalement jusqu'au décès de l'époux »[86], la Cour de cassation a jugé que l'atteinte à la vie privée et familiale de l'intéressée n'était pas disproportionnée au regard du but légitime poursuivi, en reprenant les nombreux éléments de fait sur lesquels la cour d'appel s'était appuyée : le fait que l'intéressée « avait 9 ans quand X… a[vait] épousé sa mère en troisièmes noces », et qu'« elle avait 25 ans lorsque ce[s] dernier[s] avai[ent] divorcé et 27 ans lorsque son beau-père l'a[vait] épousée » ; d'où résultait que « l'intéressée a vécu, alors qu'elle était mineure, durant neuf années, avec celui qu'elle a ultérieurement épousé et qui représentait nécessairement pour elle, alors qu'elle était enfant, une référence paternelle, au moins sur le plan symbolique » ; le fait « que son union avec X… n'avait duré que huit années lorsque les consorts X… ont saisi les premiers juges aux fins d'annulation » et « qu'aucun enfant n'est issu de cette union prohibée ». La doctrine a souligné l'incertitude dans laquelle une telle mise en balance des intérêts laissait le justiciable[87] : entre 8 et 20 ans, où s'arrête la proportionnalité et où commence l'excès ?

**293** ***Mariage et condition de monogamie.*** La loi interdit de célébrer un second mariage avant la dissolution du premier (art. 147) ; la sanction est une nullité absolue, que les époux, tout intéressé et le ministère public peuvent demander pendant un délai de trente ans à compter de la célébration du mariage (art. 184) et les collatéraux et enfant d'un autre mariage peuvent agir en nullité du vivant des époux, s'ils y ont un intérêt né et actuel (art. 187). Dans le prolongement de cet interdit, « clef de voûte de la civilisation occidentale »[88], le droit français limite aussi l'entrée et le séjour des étrangers. Pour fondée qu'elle soit sur de fortes valeurs politiques[89], la condition de monogamie a été critiquée sur le terrain des droits fondamentaux. Le 13 août 1993, le Conseil constitutionnel a ainsi jugé conformes à la Constitution certaines dispositions de la loi dite « Pasqua », qui sanctionnaient la polygamie en refusant la délivrance d'une carte de résident à l'étranger vivant ainsi sur le territoire national et limitaient en outre le droit au regroupement familial : il a jugé que « les conditions d'une vie familiale normale sont celles qui prévalent en France, pays d'accueil, lesquelles excluent la polygamie », d'où résultait que la loi n'était pas

85. Civ 1re, 8 déc. 2016, no 15-27.201.
86. L'argument surprend car la nullité du mariage semble tout de même de nature à entamer la liberté de se marier.
87. F. Chénedé, « Nullité du mariage entre alliés, Regard rétrospectif sur le contrôle de conventionnalité *in concreto* », *D.* 2017. 953.
88. Carbonnier, *Droit de la famille*, Thémis.
89. Représentation culturelle du couple, égalité des sexes, intérêt des enfants, *etc.*

contraire au droit à une vie familiale[90]. Dans une perspective comparable, la Cour de cassation a refusé le 4 mai 2017 de transmettre au Conseil une QPC qui reprochait à l'article 187[91] d'être contraire au droit de mener une vie familiale normale prévu à l'article 10 du Préambule de 1946 et à la liberté du mariage résultant des articles 2 et 4 de la DDHC : « l'annulation du mariage à la demande des enfants nés d'un autre mariage, après le décès de l'un des époux, n'a pas pour effet d'empêcher les membres d'une même famille de vivre ensemble » ; « la liberté de se marier n'est pas en cause, les dispositions contestées n'instaurant aucune restriction à la célébration du mariage[92] et ayant pour finalité de le protéger, du vivant des époux », la putativité permettant en outre de préserver les effets du mariage à l'égard des enfants et de l'époux de bonne foi, « de sorte que la disposition critiquée *n'est pas susceptible*[93] de porter une atteinte disproportionnée à la liberté du mariage, au regard de l'objectif de sauvegarde de l'ordre public poursuivi ». Le silence de la Cour sur la durée du mariage bigame considéré (il avait duré 33 ans) doit être rapproché de la justification retenue le 4 décembre 2013, pour refuser la nullité du mariage incestueux, à savoir le fait qu'il avait duré plus de vingt ans (v. ss 296). Signe de l'abandon de la prise en compte de la durée d'un mariage illicite pour écarter sa sanction ? Conséquence de la plus grande légitimité de l'interdit de la bigamie ? Incidence du jeu du mariage putatif (mais il est tout aussi possible en cas d'inceste) ? Nul ne le sait[94]. La loi n° 2021-1109 du 24 août 2021 confortant le respect des principes de la République a renforcé l'interdit, sur le terrain du titre de séjour et des pensions de réversion.

**294** ***Formalisme. Célébration par l'officier d'état civil.*** La CEDH considère que les États ne sont pas tenus de reconnaître *le mariage religieux*[95]. Le droit français encadre seulement sa célébration en exigeant la célébration préalable du mariage civil. Le mariage civil est encadré par *des règles de forme* (audition des époux, publicité du projet de mariage, célébration en mairie par un officier d'état civil, publicité sur les registres de l'état civil), qui visent à *protéger les époux*[96] et/ou les tiers[97] et *la société*[98], sont parfois susceptibles de dispense (publicité antérieure, célébration en mairie, *etc.*), ne constituent pour certaines qu'un empêchement prohibitif, mais sont pour d'autres sanctionnées par une nullité absolue, éventuellement dépourvue d'effet passé à l'égard des enfants et du conjoint de bonne foi. Les limites qu'elles imposent à la liberté du mariage ont donné lieu à quelques décisions du Conseil constitutionnel en matière de fraude (v. ss 288). La constitutionnalité du dispositif a également été contestée en France au regard de *la liberté de conscience des officiers d'état civil*, auquel la loi n'offre aucune clause de conscience comparable à celle qui peut exister au profit du personnel médical ou scientifique en matière d'interruption de grossesse, de stérilisation contraceptive ou de recherches sur l'embryon (art. L. 2212-8, 2213-2, 2123-1, al. 5 et 2151-7-1 CSP). Le Conseil a souligné à juste titre « qu'en ne permettant pas aux officiers de l'état civil de se prévaloir de leur désaccord avec les dispositions de la loi du 17 mai 2013 pour se soustraire à l'accomplissement des attributions qui leur sont confiées par la loi pour la célébration du mariage, le législateur a(vait) entendu assurer l'application de la loi relative au mariage et garantir ainsi le bon fonctionnement et la neutralité du service public de l'état civil », avant d'affirmer catégoriquement « qu'eu égard aux fonctions de l'officier de l'état civil dans la célébration du mariage », le législateur n'avait « pas porté atteinte à la liberté de conscience » (Déc. n° 2013-353 QPC du 18 oct. 2013, cons. 10). Plus justement, la CEDH a jugé qu'imposer à un officier d'état civil

90. Déc. n° 93-325 DC du 13 août 1993, cons. 32 et 77.
91. Civ. 1re, 4 mai 2017, n° 17-40.026.
92. L'analyse consistant à soutenir que la liberté du mariage n'est pas en cause puisque les dispositions contestées n'empêchent pas sa célébration est artificielle, car l'annulation du mariage aboutit en principe à anéantir cette célébration, ce que la Cour reconnaît d'ailleurs elle-même en soulignant que l'atteinte à la liberté du mariage n'est pas disproportionnée eu égard au bénéfice du mariage putatif.
93. Faut-il déduire de cette formule que la Cour ferme la voie à tout contrôle de proportionnalité *in concreto* ?
94. V. Civ. 1re, 19 oct. 2016, n° 15-50.098.
95. Gr. ch., 20 janv. 2009 et 2 nov. 2010, *Serife Yigit*.
96. L'audition doit permettre à l'officier d'état civil de déceler la contrainte éventuellement exercée sur l'un des futurs époux.
97. La publicité sur les registres de l'état civil informe les tiers du nouvel état matrimonial des époux.
98. L'audition permet de lutter contre la fraude. La célébration par l'officier d'état civil marque symboliquement l'enjeu social du mariage et permet pratiquement de garantir le respect des conditions de fond ; *etc.*

d'enregistrer un partenariat civil portait bien atteinte à la liberté de conscience (art. 14 et 9 CEDH) mais que cette atteinte était justifiée par la considération des droits d'autrui, le besoin de reconnaissance juridique des couples homosexuels et leur protection juridique (*Ladele c/ RU*, 15 janv. 2013).

## 2 • Les effets du mariage

**295** ***Droits fondamentaux des époux.*** Le mariage produit des effets tant personnels que patrimoniaux[99]. Les effets patrimoniaux, qui surviennent en cours de mariage[100] ou lors de sa dissolution par décès, n'éprouvent guère les droits fondamentaux des époux (sur les droits fondamentaux des enfants, v. *infra*, la question de l'égalité successorale des enfants)[101], ou du moins ne sont pas pour l'heure perçus comme tels[102]. Il en va différemment *des devoirs personnels de mariage*, qui entravent la liberté individuelle de chacun : les devoirs de communauté de vie et de fidélité entament la liberté sexuelle, en imposant d'entretenir des relations charnelles avec le conjoint, et avec lui seul ; le devoir de communauté de vie, en imposant aux époux de vivre sous le même toit, restreint la liberté de la vie privée et supprime le libre choix du domicile ; *etc.* L'essor de la liberté individuelle explique le repli de ces devoirs : la liberté sexuelle et de disposer de son corps explique que les relations sexuelles imposées par la contrainte par l'un des conjoints reçoivent désormais la qualification de viol[103]. Cet essor explique aussi la contestation de certains d'entre eux, alors pourtant que *leur finalité, tant institutionnelle que personnelle, et leur source volontaire sont de nature à leur fournir une solide justification.* Ce d'autant plus que la liberté de divorcer permet à chacun de retrouver assez aisément son autonomie sexuelle ou de domicile. La jurisprudence a été saisie de conflits délicats, entre liberté de disposer de son corps de l'un et désir de procréation de l'autre[104], entre liberté de conscience de l'un et devoir d'assistance de l'autre, entre liberté professionnelle de l'un et devoir de vie commune de l'autre, *etc.* Elle s'est efforcée de faire la part entre les contraintes inhérentes à l'union matrimoniale et la liberté de chacun, par *une mise en balance* qui n'est pas sans rappeler le contrôle de proportionnalité opéré en matière de droits fondamentaux. La nouvelle politique jurisprudentielle consistant à opérer un contrôle de proportionnalité *in casu* ne devrait donc pas changer profondément la donne. Réciproquement d'ailleurs, les droits et libertés fondamentaux sont susceptibles de fonder certains devoirs de mariage, comme l'illustre le devoir mutuel de respecter l'autre, apparu en jurisprudence pour soustraire la femme aux pleins pouvoirs de son époux au temps de l'inégalité matrimoniale, et consacré par la législation afin de garantir le droit à l'intégrité corporelle et morale de chacun (art. 212 réd. L. 4 avr. 2006 ; art. 515-9 s. réd. L. 9 juill. 2010 ; *adde* les modifications apportées au dispositif civil par la loi n° 2019-1480 du 28 déc. 2019, par la loi n° 2020-936 du 30 juill. 2020, par la loi n° 2022-52 du 24 janvier 2022).

Le statut matrimonial est d'ailleurs également éprouvé, le cas échéant, par les droits et libertés des tiers. L'exclusion de la responsabilité du tiers complice d'adultère ou l'admission de l'indemnisation du dommage résultant de la mort du concubin adultère ont ainsi été justifiées par l'argument du droit à la vie privée du tiers ou du concubin. De même, la Cour de cassation a approuvé une décision d'appel ayant refusé d'interdire la campagne publicitaire d'un site de rencontres en ligne vantant l'« amanturière », « la femme mariée s'accordant le droit de vivre sa vie avec passion » au motif, notamment, qu'une telle interdiction porterait une atteinte disproportionnée au droit à la liberté d'expression (Civ. 1re, 16 déc. 2020, n° 19-19.387).

99. Sur le regroupement familial, v. *supra*, « Droit international privé et droits fondamentaux ».
100. Effets procédant du régime primaire impératif ou du régime matrimonial à proprement parler.
101. Pour une illustration de la mise à l'écart d'une loi étrangère inégalitaire entre mari et femme, V. Civ. 1re, 24 févr. 1998, nos 95-18.646 et 95-18.647. — *Adde* Cons. const. déc. n° 2021-949/950 QPC du 24 nov. 2021, censurant la confiscation de bien à titre de peine complémentaire pour violation du droit à exercer un recours juridictionnel effectif et des droits de la défense du conjoint commun en biens.
102. Comp. en matière de pacs : Déc. n° 99-419 DC du 9 nov. 1999, cons. 87 et 88.
103. CEDH 22 nov. 1995, *RTD civ.* 1996. 512, obs. J.-P. Marguénaud.
104. Sur la question de l'avortement, V. CEDH 5 sept. 2002, *Boso c/ Italie*.

**296** ***Égalité des époux.*** Le mariage fut longtemps une institution profondément inégalitaire en matière personnelle, patrimoniale et parentale. Des lois successives ont *égalisé le statut* des époux : capacité de la femme mariée par la loi du 18 février 1938 ; choix partagé du domicile conjugal par la loi du 11 juillet 1975 ; égalisation des pouvoirs dans le régime matrimonial par les lois du 13 juillet 1965 et 23 décembre 1985 ; égalisation des pouvoirs parentaux par les lois du 4 juin 1970, 4 mars 2002 et 23 décembre 1985. Ici ou là, malgré tout, demeurent des dispositions qui écartent l'égalité[105].

**297** ***L'égalité des sexes.*** L'égalité en matière de nom[106] est désormais assurée au sein du couple conjugal : chacun peut user du nom de l'autre, par substitution ou adjonction (art. 225-1). Elle ne l'est toujours pas en revanche s'agissant du nom de l'enfant du couple[107].

**298** ***L'égalité des couples.*** La loi procède parfois à *des distinctions entre couples mariés*, sans consacrer nécessairement de discrimination, comme le montrent divers exemples, puisés dans le droit non civil[108] du mariage ou dans le droit des régimes matrimoniaux. La loi prévoit que le changement de régime prend effet au jour de la convention si celle-ci n'est pas homologuée, et au jour de l'homologation si celle-ci est requise. Or l'identification de la date peut être déterminante, par exemple si l'un des époux décède après réception de la convention modificatrice par le notaire mais avant homologation. Saisi d'une QPC qui soutenait qu'une telle différence de date était contraire à l'égalité, le Conseil a répondu que les couples considérés ne se trouvaient pas dans la même situation (présence d'enfant mineur ou opposition au changement) et que le législateur avait établi une différence de traitement en rapport direct avec l'objet de la loi[109].

## B • Droits et libertés fondamentaux hors mariage

### 1 • La dissolution du mariage

**299** ***Droits et libertés individuels lors de la dissolution du mariage.*** Pour préserver la stabilité du mariage, afin de protéger les époux, les enfants, les tiers et la société, la loi encadre la dissolution du mariage en énumérant limitativement les cas de dissolution et en attachant à cette dissolution certains effets, comme l'attribution d'une prestation financière pour compenser la disparité résultant du divorce. Mais les réformes (lois du 11 juill. 1975, du 30 juin 2000, du 26 mai 2004, du 18 nov. 2016 et du 23 mars 2019[110]) ont continûment *élargi l'ouverture du divorce*, en assouplissant les conditions de fond[111] et de forme[112] de son prononcé, en supprimant certains obstacles[113], et *renforcé son effet abolitif.*

**300** ***Les droits fondamentaux, obstacle au divorce ?*** La loi s'efforce de préserver *les droits fondamentaux des époux* en encadrant le divorce sur *le plan procédural et probatoire.* Ainsi, la procédure obéit

105. Sur la nécessaire égalité des époux contribuables au regard du traitement fiscal de la contribution aux charges du mariage, V. déc. n° 2020-842 QPC du 28 mai 2020.
106. Sur l'égalité impérative, V. CEDH 16 nov. 2004, *Ünal Tekeli c/ Turquie.* Sur le rejet de la discrimination successorale fondée sur la charia, V. CEDM, 19 déc. 2018, *Molla Sali c/ Grèce*, gr. ch.
107. Le père de l'enfant reste avantagé si la filiation est établie selon le titre VII : son nom sera automatiquement transmis à l'enfant, si les deux liens de filiation ont été simultanément établis et que les parents n'ont pas choisi le nom que l'enfant devait porter (art. 311-21). L'égalité des parents est totale, en revanche, dans l'adoption : v. art. 357 et 363.
108. Une jurisprudence assez conséquente concerne notamment les nombreuses dispositions fiscales ou sociales qui traitent les couples mariés en distinguant selon l'existence d'une vie commune, d'un divorce, *etc.*
109. Déc. n° 2016-560 QPC du 8 sept. 2016, cons. 5.
110. Et de la loi de programmation 2018-2022 et de réforme pour la justice adoptée par l'Assemblée nationale le 23 janvier 2019, le texte ayant donné lieu à saisine du Conseil constitutionnel.
111. Par ex. suppression des conditions de délai dans le divorce par consentement mutuel, réduction du délai de la séparation dans le divorce pour altération du lien conjugal.
112. Par ex. suppression de la procédure judiciaire dans le consentement mutuel.
113. Par ex. suppression de la clause de dureté qui permettait hier au juge de refuser le prononcé du divorce pour rupture de la vie commune si ses conséquences étaient trop rigoureuses pour le conjoint ou les enfants.

aux règles fondamentales qu'impose l'article 6.1 Conv. EDH : impartialité du juge, respect du contradictoire, principe de l'égalité des armes, publicité de la décision, *etc.* De même, la loi encadre la preuve, en mettant hors-jeu les constats dressés à la demande d'un époux « s'il y a eu violation de domicile ou atteinte illicite à la vie privée » (art. 259-2). Le libéralisme avec lequel les juges du fond accueillent toutes sortes de preuves (journal intime, SMS, courrier électronique, *etc.*) suscite les critiques doctrinales, mais peut se comprendre au regard du droit à la preuve. Il convient toutefois de veiller à la proportionnalité entre ce droit à la preuve et les droits fondamentaux du conjoint, par exemple le droit à garder secrets des faits tenant à sa santé qui résulte du droit au respect de la vie privée[114].
La conformité du *cadre substantiel* a également été discutée. Le Conseil constitutionnel a été saisi de la loi du 18 novembre 2016, qui a remplacé l'homologation judiciaire du divorce par consentement mutuel par un divorce contractuel[115]. Les requérants faisaient valoir la violation du principe d'égalité[116] et l'atteinte portée au « caractère d'ordre public du droit de la famille », à la nécessaire protection du conjoint le plus faible et à l'intérêt de l'enfant. Le Conseil a botté en touche, en affirmant que le législateur pouvait substituer une convention à une procédure judiciaire, qu'il avait assorti les procédures de garanties destinées à protéger les époux, et que la protection de l'intérêt de l'enfant était assurée. Les failles du dispositif, que le Conseil fait semblant de ne pas voir (cons. 51)[117], sont pourtant bien réelles sur ce dernier point. Le Conseil constitutionnel a également été saisi de la constitutionnalité de la loi n° 2019-222 du 23 mars 2019, et notamment de la suppression de l'obligation de tenter une conciliation des époux en dehors du consentement mutuel : le Conseil a jugé que la réforme n'était contraire ni à l'intérêt supérieur de l'enfant ni au droit de mener une vie familiale normale (n° 2019-778 DC du 21 mars 2019). La Cour de cassation a elle aussi eu à connaître de ce contentieux. Le 13 février 1991, la première chambre civile a considéré que « le prononcé du divorce pour rupture de la vie commune n'est pas contraire aux dispositions de sauvegarde de l'article 8 de la Convention européenne des droits de l'homme et des libertés fondamentales »[118]. Le 9 octobre 1996, elle rejetait également un pourvoi faisant valoir que le prononcé d'un divorce pour faute, lorsque la faute procédait de l'exercice par un conjoint de sa liberté religieuse, était une atteinte à la liberté de conscience que protège l'article 9 Conv. EDH[119]. Dans les deux cas, la Cour a procédé par affirmation catégorique. Plus récemment, elle s'est montrée soucieuse de motivation : ainsi, le 15 avril 2015, elle a affirmé que « le prononcé du divorce pour altération définitive du lien conjugal ne peut être contraire aux dispositions de l'article 8 de la Convention de sauvegarde des droits de l'homme et des libertés fondamentale »[120], car ce divorce « implique une cessation de la communauté de vie entre des époux séparés depuis deux ans lors de l'assignation en divorce ».

**301** ***Les droits fondamentaux, au soutien du divorce.*** Sans surprise, on constate que les droits fondamentaux facilitent le divorce plus qu'ils ne l'entravent. Dès la loi du 26 mai 2004, la doctrine s'était interrogée sur l'existence d'un éventuel droit au divorce. Elle concluait souvent par la négative, en soulignant que l'encadrement s'effaçait mais demeurait, et qu'il fallait toujours invoquer des cas au fond,

---

114. CEDH 10 oct. 2006, *LL c/ France*, req. n° 7508/02.
115. Déc. n° 2016-739 DC du 17 nov. 2016.
116. Entre les couples, en renchérissant le coût du divorce, entre les enfants, seuls ceux munis de discernement étant à même de demander leur audition par le juge. À quoi le Conseil a répondu qu'il n'existait aucune différence de traitement entre les couples, et que la différence de traitement entre les enfants était justifiée par une différence de situation et en rapport direct avec l'objet de la loi. La CEDH aurait-elle la même analyse ?
117. Il a souligné que l'enfant capable de discernement est informé par ses parents de son droit à être entendu par le juge, que mention de cette information est faite dans la convention et que le notaire doit s'en assurer, que la procédure redevient judiciaire si le mineur demande à être entendu, que le juge vérifie alors que la convention ne préjudicie pas aux intérêts du mineur, et que le juge aux affaires familiales peut être saisi après le divorce des dispositions de cette convention relatives à l'exercice de l'autorité parentale. Mais *quid* des enfants dépourvus de discernement ? Il faut lire le considérant 43 pour comprendre ce qui, selon le Conseil, les protège : ils « bénéficient en tout état de cause de la protection qui découle des exigences de l'autorité parentale » … Autrement dit, ce sont les parents qui auront à cœur de protéger leurs enfants contre ce qu'eux-mêmes, parents, pourraient vouloir contre leurs intérêts ! Il est douteux que la solution soit conforme à la jurisprudence européenne.
118. Civ. 1re, 13 févr. 1991, n° 89-19.900.
119. Civ. 2e, 9 oct. 1996, n° 95-10.461.
120. Civ. 1re, 15 avr. 2015, n° 13-27.898.

et respecter une procédure en la forme, pour obtenir la dissolution du mariage. La CEDH n'était pas d'un grand secours, puisqu'elle niait l'existence d'un droit au divorce, et se contentait d'exiger qu'une procédure permette aux époux de vivre séparés (v. ss 303). C'était sans compter avec le Conseil constitutionnel. Des diverses décisions rendues à ce sujet, il résulte en effet d'abord que *les effets patrimoniaux du divorce* doivent être compatibles avec les droits et libertés fondamentaux, mais aussi qu'il existe plus largement *une liberté de divorcer*, nouvelle facette de la liberté personnelle fondée sur l'article 2 DDHC.

**302** ***Les effets du divorce et les droits fondamentaux.*** Plusieurs dispositions relatives à *la prestation compensatoire* ont posé problème[121]. L'article 270 a été accusé, sans succès, de porter atteinte au droit au respect des biens[122]. L'article 271 s'est vu reprocher de prévoir « tout à la fois dans les éléments d'appréciation de la prestation compensatoire l'exclusion des droits successoraux réservataires d'un époux dont les parents sont encore en vie, et l'inclusion de l'actif reçu par l'autre par succession de ses parents déjà décédés », et d'entraîner ainsi une rupture d'égalité des époux devant la loi, mais la première chambre civile a refusé de transmettre la QPC[123] L'article 272 a été l'objet de deux QPC. La première reprochait au texte, qui permet d'imposer au débiteur d'une prestation compensatoire l'attribution de biens en pleine propriété (sous réserve que le débiteur y consente s'il s'agit de biens reçus par donation ou succession), d'être contraire aux articles 2 et 17 de la DDHU[124]. Le 13 juillet 2011, le Conseil constitutionnel a rejeté ces griefs[125] et jugé que le texte était conforme à l'article 2 car il poursuit « un motif d'intérêt général » (« garantir la protection du conjoint dont la situation économique est la moins favorisée » et « limiter, autant que possible, les difficultés et les contentieux postérieurs au prononcé du divorce »[126]) et que « l'atteinte au droit de propriété qui en résulte peut être regardée comme une mesure proportionnée au but d'intérêt général poursuivi » au regard des conditions textuelles qui l'encadrent[127], mais seulement sous réserve qu'« elle constitue une modalité subsidiaire d'exécution de la prestation compensatoire en capital » (cons. 8)[128]. La seconde reprochait à l'alinéa 2 de l'article 272, d'exclure des sommes devant être prises en compte dans le calcul de la prestation compensatoire les sommes versées au titre de la réparation des accidents du travail et celles versées au titre du droit à compensation d'un handicap : une telle exclusion était contraire au principe d'égalité, eu égard à la jurisprudence de la Cour de cassation qui prenait en compte des sommes versées au titre des pensions militaires d'invalidité, et eu égard aux textes eux-mêmes puisque l'article 271 faisait obligation au juge de prendre en compte l'état de santé des époux. Le 2 juin 2014[129], le Conseil considérait que « l'interdiction de prendre en considération, pour fixer le montant de la prestation compensatoire, les sommes versées à l'un des époux au titre de la réparation d'un accident du travail ou au titre de la compensation d'un handicap institu(ait) entre les époux des différences de traitement qui (n'étaient) pas en rapport avec l'objet de la prestation compensatoire qui est de compenser la disparité que la rupture du mariage crée dans leurs conditions de vie respectives », et qu'elle méconnaissait donc l'égalité devant la loi. Conscient de l'impact pratique de sa décision, il précisait que cette déclaration d'inconstitutionnalité jouerait à compter de la publication de la décision, mais qu'elle ne remettait pas en cause les

121. Déc. n° 2019-824 QPC du 31 janv. 2020, M. Thuierry A, censurant pour rupture d'égalité devant les charges publiques le traitement fiscal désavantageux de la prestation compensatoire sous forme de capital versé sur une période inférieure à douze mois et accompagné d'une rente.
122. Civ. 1re, 30 nov. 2022, n° 21-12.128.
123. Civ. 1re, 16 févr. 2022, n° 21-20.362.
124. Civ. 1re, 31 mars 2010, n° 09-13.811 : le texte n'est pas contraire au droit au respect des biens protégé par l'article 1er du Protocole additionnel n° 1. Pour la transmission de la QPC, V. Civ. 1re, 17 mai 2011, n° 11-40.005.
125. Déc. n° 2011-151 QPC du 13 juill. 2011. Il n'y avait pas privation de propriété : cette disposition « n'entrait pas dans le champ d'application de l'article 17 de la Déclaration de 1789 » car elle constitue « une modalité de paiement d'une obligation judiciairement constatée » (cons. 5).
126. Le législateur a entendu « faciliter la constitution d'un capital, afin de régler les effets pécuniaires du divorce au moment de son prononcé » et « assurer le versement de la prestation compensatoire » : cons. 6.
127. Elle est ordonnée par le juge ; les parties ont la possibilité de débattre contradictoirement devant ce juge de la valeur du bien attribué ; l'accord de l'époux débiteur est exigé pour l'attribution en propriété de biens qu'il a reçus par succession ou donation : cons. 7.
128. CEDH 10 juill. 2014, *Milhau c/ France*, condamnant la France ; pour une application de cette réserve, V. Civ. 1re, 4 juill. 2018, n° 17-22.645.
129. Déc. n° 2014-398 QPC du 2 juin 2014.

prestations attribuées par des décisions judiciaires définitives. L'article 274, qui prévoit que le prononcé du divorce peut être subordonné par le juge à la constitution, par le débiteur de la prestation compensatoire attribuée sous forme monétaire, de garantie de paiement[130], a également été soumis au Conseil constitutionnel le 29 juillet 2016[131]. Le Conseil a souligné que « les époux peuvent, avant le prononcé du divorce, saisir le juge afin que celui-ci statue sur les modalités de leur résidence séparée et prenne des mesures provisoires relatives aux enfants », que « le droit de mener une vie familiale normale est distinct du droit de se marier », et que « les dispositions contestées n'ont ni pour objet ni pour effet d'empêcher les membres d'une même famille de vivre ensemble » (cons. 9). Le Conseil a également écarté le grief de violation de la liberté du mariage, composante de la liberté personnelle : après avoir consacré la liberté de divorcer, sur le fondement de la liberté personnelle (v. ss 303), il a admis que le législateur pouvait lui apporter des limitations liées à des exigences constitutionnelles ou justifiées par l'intérêt général, à la condition qu'il n'en résulte pas d'atteintes disproportionnées au regard de l'objectif poursuivi ; il a alors estimé que le texte poursuivait un objectif d'intérêt général (la protection du créancier de la prestation compensatoire), que le juge avait le pouvoir « d'apprécier la nécessité de subordonner le prononcé du divorce à la constitution de garanties et à la capacité du débiteur à constituer celles-ci », et surtout a précisé que « les dispositions contestées ne peuvent donc avoir d'autre effet que de retarder le prononcé du divorce », d'où résultait que « l'atteinte à la liberté de mettre fin aux liens du mariage résultant des dispositions contestées (était) proportionnée à l'objectif poursuivi » (cons. 7). Le Conseil a également été saisi de la constitutionnalité des dispositions relatives à *l'indemnité exceptionnelle* que l'article 280-1 du Code civil permettait, dans sa rédaction issue de la loi du 11 juillet 1975, d'attribuer exceptionnellement à l'époux exclusivement fautif, lorsqu'il paraissait manifestement contraire à l'équité de lui refuser toute compensation pécuniaire à la suite du divorce, compte tenu de la durée de la vie commune et de sa collaboration à la profession de l'autre époux[132]. Il a jugé qu'il n'y avait pas atteinte au principe d'égalité[133] et a également écarté le grief d'atteinte à la vie privée et au droit de mener une vie familiale normale[134], en jugeant qu'« en elle-même » la charge financière résultant d'une rente viagère ne porte pas atteinte au droit à mener une vie familiale normale, et pas davantage à la vie privée (cons. 14).

La Cour de cassation a également saisi le Conseil constitutionnel de deux questions prioritaires de constitutionnalité relatives à l'article 33 de la loi n° 2004-439 du 26 mai 2004 relative au divorce, qui contient diverses dispositions transitoires : Civ. 1re, 15 oct. 2020, n° 20-14.584, relatif à l'article 33, IV (qui permet de supprimer une rente viagère fixée par décision judiciaire ou convention avant l'entrée en vigueur de la loi nouvelle, texte suspecté d'être contraire à la garantie des droits et à l'égalité protégées par les articles 6 et 16 DDHC) ; *adde* Civ. 1re, 5 nov. 2020, n° 20-11.03, relatif à l'article 33, I et II, prévoyant l'application des nouvelles règles relatives aux avantages matrimoniaux aux avantages consentis avant l'entrée en vigueur de la loi, texte suspecté d'être contraire à la garantie des droits protégée par l'article 16 DDHC. Dans les deux cas, le Conseil constitutionnel a jugé que les dispositions étaient conformes à la Constitution : Cons. const., déc. n° 2020-871 QPC du 15 janvier 2021, déc. n° 2020-880 QPC du 29 janvier 2021.

---

130. Comp. Civ. 1re, 13 mars 2007, jugeant que l'ancien article 275, qui permettait de différer certains effets du divorce en cas de risque de non-paiement de la prestation compensatoire, ne créait aucun empêchement au remariage contraire à l'article 12 de la Conv. EDH.

131. Déc. n° 2016-557 QPC du 29 juill. 2016.

132. Déc. n° 2015-488 QPC du 7 oct. 2015.

133. Car « le débiteur d'une indemnité allouée à titre exceptionnel et celui de la prestation compensatoire étaient dans une situation différente » (cons. 8), et que la différence de traitement… instituée s'agissant de la possibilité de réviser l'une et non l'autre lorsqu'elles étaient fixées sous forme de rente, était en rapport direct avec l'objet de la loi qui l'établissait, après avoir souligné que le refus jurisprudentiel de révision procédait « des conditions d'attribution et de la nature particulières de l'indemnité allouée à titre exceptionnel » (cons. 9) ; que les réformes opérées par la loi du 30 juin 2000 et du 26 mai 2004 ont accentué la différence de traitement mais qu'elles n'ont pas eu pour effet de priver cette différence de traitement de rapport direct avec l'objet de la loi qui l'a initialement établie en raison de la nature distincte de ces deux créances consécutives au divorce (cons. 11).

134. La requête soutenait que le refus de révision avait un tel effet « en raison de la charge financière excessive que pourrait représenter le paiement de l'indemnité exceptionnelle pour le débiteur dès lors que sa situation financière se serait détériorée » : cons. 12.

**303** ***Consécration du caractère fondamental de la liberté de divorcer.*** La CEDH refuse de consacrer un droit au divorce (*Johnston c/ Irlande*, 18 sept. 1986) mais exige des États qu'ils mettent en place un moyen pour les époux de ne plus vivre ensemble (*Airey c/ Irlande*, 9 oct. 1979). Le Conseil constitutionnel a plus radicalement consacré *le caractère fondamental de la liberté de divorcer* dans la décision précitée du 29 juillet 2016. Alors que la requête suggérait de la rattacher à la liberté du mariage, le Conseil a préféré l'appuyer directement sur les articles 2 et 4 DDHC : « Il résulte de ces dispositions une liberté pour chacun de se marier ainsi qu'une liberté de mettre fin aux liens du mariage, composantes de la liberté personnelle » (cons. 5). Mais il a également admis qu'il lui soit apporté des limites, dans les conditions habituelles : « il est cependant loisible au législateur d'apporter à la liberté de mettre fin aux liens du mariage des limitations liées à des exigences constitutionnelles ou justifiées par l'intérêt général, à la condition qu'il n'en résulte pas d'atteintes disproportionnées au regard de l'objectif poursuivi »[135]. La solution n'a produit aucune conséquence pratique dans l'espèce considérée (v. ss 302). Mais elle est importante. Symboliquement, parce qu'elle marque le repli de l'institution matrimoniale, en rattachant à la même liberté personnelle, la liberté de se marier et la liberté de divorcer, ce qui revient implicitement à leur conférer la même valeur, alors que la liberté matrimoniale est traditionnellement analysée comme fondant l'institution matrimoniale, d'intérêt général, quand la liberté de divorcer est traditionnellement appréhendée comme permettant à l'individu de sortir de l'institution. Pratiquement, car elle pèse sur toutes les contraintes qui entourent la dissolution du mariage par divorce, et impose à l'avenir de les justifier précisément. Plus généralement, on se demande si l'affirmation d'une liberté de divorcer est compatible avec un texte qui énumère limitativement les cas de divorce.

**304** ***Protection de l'égalité dans le divorce.*** Les règles relatives au divorce doivent également se conformer à l'égalité. La question ne se pose pas vraiment en droit interne à l'égard des époux[136], car le droit français du divorce traite également les deux époux, sauf à préciser que certaines règles relatives aux effets du divorce, parfaitement neutres dans leur énoncé formel, sont particulièrement destinées à protéger, en pratique, la femme[137], à laquelle le divorce cause souvent un grand préjudice patrimonial, la vie matrimoniale l'ayant souvent conduite à limiter son activité professionnelle, pour prendre en charge le foyer. Si ces solutions sont parfois contestées dans l'ordre social, en ce qu'elles conforteraient une inégalité professionnelle regrettable, elles ne soulèvent pas de difficulté juridique, car elles ne sont pas contraires à l'égalité formelle, et se bornent à prendre en compte la situation réelle des époux. La question est différente en *droit international privé*, car certains droits étrangers confèrent aux conjoints des droits inégaux, que ce soit dans la liquidation de leur régime matrimonial ou dans les conditions du prononcé de leur divorce[138]. Sur quoi, v. « Droit international privé et droits fondamentaux ».

## 2 • La liberté des autres couples

**305** ***Pacte civil de solidarité et droits fondamentaux.*** L'ouverture du pacte civil de solidarité par la loi du 15 novembre 1999 a permis à la France de respecter avant l'heure la jurisprudence européenne qui impose désormais aux États d'ouvrir aux couples de personnes de même sexe, sinon le mariage, du moins un statut permettant leur reconnaissance et assurant leur protection. L'adoption de cette loi a donné lieu à l'une des plus célèbres décisions du Conseil constitutionnel en matière familiale[139],

135. Déc. n° 2016-557 QPC du 29 juill. 2016.
136. Sur la question d'inégalité engendrée par le divorce par consentement mutuel, dont l'encadrement laisse les enfants dépourvus de discernement sans protection, v. ss 300.
137. V. not. les critères d'attribution et de calcul de la prestation compensatoire, art. 270 et 271.
138. Ex. Civ. 1re, 1er juin 1994, n° 92-13.523. *Adde* Civ. 1re, 17 mars 2021, n° 20-14506 : « lorsqu'une décision de divorce a été prononcée à l'étranger en application d'une loi qui n'accorde pas à l'un des époux, en raison de son appartenance à l'un ou l'autre sexe, une égalité d'accès au divorce, sa reconnaissance ne heurte pas l'ordre public international, dès lors qu'elle est invoquée par celui des époux à l'égard duquel sont prévues les règles les moins favorables, que la procédure suivie n'a pas été entachée de fraude et que l'autre époux a pu faire valoir ses droits ».
139. Déc. n° 99-419 DC du 9 nov. 1999.

notamment à raison des *multiples réserves d'interprétation* que le Conseil a formulées pour écarter le grief d'incompétence négative (récapitulées dans le cons. 91)[140], procédant ainsi en réalité à une véritable réécriture de la loi[141]. Certaines *dispositions civiles* ont été explicitement *rattachées aux droits fondamentaux* : ainsi du jeu de la responsabilité civile délictuelle, que l'article 515-7, alinéa 10, ouvre lors de la dissolution, fondée sur « l'exigence constitutionnelle posée par l'article 4 DDCH, dont il résulte que tout fait quelconque de l'homme qui cause à autrui un dommage oblige celui par la faute duquel il est arrivé, à le réparer » (cons. 70) ; ainsi de la faculté de résiliation unilatérale, rattachée à la liberté individuelle que protège l'article 2 DDCH (cons. 61) ; ainsi de la cessation du pacte à la date du mariage de l'un des partenaires, rattachée au « principe de valeur constitutionnelle de la liberté du mariage » (cons. 62 et 69). L'analyse contractuelle que le Conseil a adoptée, et réitérée depuis, de façon très discutable[142], l'a également conduit à vérifier la conformité de diverses dispositions aux droits et libertés fondamentaux en matière contractuelle, et notamment au regard de la liberté contractuelle[143]. Le Conseil constitutionnel a également vérifié la *conformité de la loi à d'autres droits et libertés fondamentaux* : ainsi des règles de forme, dont il a vérifié qu'elles ne portaient pas atteinte à la vie privée en s'appuyant sur l'objet[144] et les finalités[145] de l'enregistrement, ainsi que sur les garanties qu'offrait la législation relative à l'informatique et aux libertés[146] et sur la nécessité pour le pouvoir réglementaire de veiller au respect de la vie privée des intéressés lorsqu'il préciserait les règles relatives à la publicité (cons. 37) ; ainsi du silence des textes sur le sort des enfants, dont il a considéré qu'il n'était pas contraire aux alinéas 10 et 11 du Préambule de la Constitution de 1946, du fait de l'application du droit commun de la filiation ou de l'autorité parentale (cons. 78) ; ainsi des dispositions relatives à l'indivision, dont il a jugé qu'elles n'étaient contraires ni au droit de propriété[147] ni aux droits des créanciers (cons. 86 et s., et spéc. 87 et 88).

Dans l'état actuel du droit, *les conditions* de formation du pacte sont assez proches de celles du mariage, que ce soit au fond (prohibition de l'inceste[148] et de la bigamie, capacité pacsale, condition de consentement, protection des majeurs), ou en la forme (réception du consentement par un officier d'état civil, publicité ultérieure). À suivre l'analyse retenue par le Conseil constitutionnel, ces diverses conditions constituent des limites à la liberté contractuelle, mais les raisons, d'intérêt général et ou particulier, qui les fondent semblent de nature à les justifier. Elles ne semblent pas non plus contraires au principe d'égalité : s'il demeure quelques différences entre pacs et mariage[149], ces différences de traitement s'expliquent au regard des conditions et effets différents des deux types de couple[150]. S'agissant ensuite

140. Notion de vie commune (cons. 26), sanction des empêchements à pacs (cons. 27), caractère d'ordre public de nombreuses dispositions (cons. 28 et 62) mise en conformité des dispositions relatives au célibat et à la vie maritale (cons. 30), modalités de l'aide matérielle (cons. 31), régime de l'indivision (cons. 32), limites à la solidarité (cons. 33), formalités de publicité (cons. 74, 75).

141. N. Molfessis, « La réécriture de la loi par le Conseil constitutionnel », *JCP N* 2000. 270.

142. D. Fenouillet, *ibid.*

143. Ainsi du rattachement de la faculté de résiliation unilatérale à la liberté individuelle que protège l'article 2 DDCH (cons. 61) ou du rejet du grief d'atteinte à cette liberté et à l'égalité par les empêchements à pacs procédant d'un lien de parenté ou du placement d'un partenaire sous curatelle ou tutelle en soulignant que le législateur avait entendu ainsi « prendre en compte l'intérêt général tenant à la prohibition de l'inceste » (cons. 55).

144. Qui n'était pas de révéler les préférences sexuelles des personnes liées par le pacte.

145. L'enregistrement des pactes civils de solidarité vise à assurer le respect des règles d'ordre public régissant le droit des personnes, au nombre desquelles figure, en particulier, la prohibition de l'inceste, et à conférer date certaine au pacte civil de solidarité pour le rendre opposable aux tiers.

146. S'agissant du traitement, de la conservation et de l'accessibilité aux tiers des informations relatives au pacte : cons. 74 et 75.

147. Le Conseil a souligné que les partenaires pouvaient mettre fin à l'indivision à tout moment (cons. 87), et que « en toute hypothèse », les partenaires qui voulaient éviter les effets juridiques attachés au régime de l'indivision et, en particulier, les difficultés de gestion auxquelles il peut conduire, pouvaient librement choisir de soumettre à un autre régime l'ensemble des biens qu'ils viendraient à acquérir à titre onéreux après la conclusion du pacte (cons. 88).

148. CEDH 12 déc. 2006, *Burden c/ RU*, et gr. ch., 29 avr. 2008 : il n'y a pas discrimination à refuser à un couple de fait constitué de deux sœurs les effets du partenariat civil.

149. Les dispenses que les articles 145 et 164 admettent en matière d'empêchement à mariage fondé sur le défaut de capacité ou sur la parenté ne se retrouvent pas dans les articles 515-1 et 2 pour le pacs ; la protection des majeurs n'est pas assurée de la même façon par les articles 460 et 460-1 ; le mariage est célébré quand le pacs est signé puis enregistré, *etc.*

150. Les dispenses sont fondées sur un motif grave qui renvoyait, dans l'esprit du législateur de 1804, à la naissance à venir d'un enfant, et il est logique qu'elles soient sans équivalent dans le pacs, qui est dépourvu de fonction familiale. De même, la différence de situation existant entre le mariage (qui n'est pas toujours précédé d'un contrat de mariage) et le pacs (qui suppose toujours conclue préalablement à son enregistrement la signature d'une convention)

*des effets* du pacte civil de solidarité, l'indigence de ses effets personnels (communauté de vie, devoir d'assistance) limite l'entrave qu'il pourrait constituer pour la liberté individuelle[151]. Quant aux effets patrimoniaux, les limites éventuelles que le pacs assigne au droit de propriété de chacun, d'ores et déjà validées par le Conseil constitutionnel, semblent conformes aux exigences conventionnelles[152]. Reste là encore le grief éventuel d'atteinte à l'égalité au regard des effets respectifs du mariage et du pacs, en matière successorale, ou sociale, ou de droit des étrangers[153], *etc.* Mais de solides justifications semblent pouvoir expliquer les différences subsistantes.

**306** ***Concubinage et droits fondamentaux.*** Quoique progressivement encadré par le droit, qui l'a défini en même temps qu'il l'introduisait dans le Code civil à l'occasion de la loi du 9 novembre 1999[154], le concubinage reste une situation de fait produisant des effets épars et limités. Alors même qu'il n'est visé par aucun texte, ni de la Conv. EDH ni du « bloc » de constitutionnalité, le concubinage peut bénéficier du soutien des droits fondamentaux.

En premier lieu, naturellement, *du droit à la vie familiale*, CEDH et Conseil constitutionnel adoptant de cette notion une définition factuelle, qui permet d'y intégrer la vie commune des couples non mariés. Parce qu'il ne fonde aucun droit à la reconnaissance juridique de la situation familiale considérée et impose seulement le respect, par l'État et les tiers, de la liberté qu'ont les intéressés de vivre cette relation factuelle, en leur interdisant de les empêcher de vivre ensemble[155], le droit à une vie familiale est rarement directement entamé[156] sauf à l'égard des étrangers, dont les conditions d'entrée et de séjour sont susceptibles de porter une atteinte excessive à la possibilité de cette vie commune[157], ou d'être contraires au principe d'égalité en introduisant entre les types de couples des différences de traitement ne reposant pas sur une différence suffisante de situation[158]. Et encore faut-il rappeler ici que le Conseil constitutionnel réduit considérablement la portée de ce droit à une vie familiale en exigeant qu'elle soit « normale », et en jugeant que « les conditions d'une vie familiale normale sont celles qui prévalent en France, pays d'accueil », « lesquelles excluent la polygamie »[159].

Le cadre juridique du concubinage peut également mettre à l'épreuve *le droit à la vie privée* : parce qu'il ne repose sur aucune forme préalable, le concubinage ne produira ses effets qu'une fois rapportée la preuve de son existence. D'où le risque que ne soit diligentée une procédure attentatoire à la vie privée de celui qui demande le bénéfice de tel droit ou telle prestation. La législation y remédie parfois de façon préventive, en exigeant un concubinage notoire. Au risque de violer le principe d'égalité. La même difficulté résulte d'ailleurs de ce que certaines mairies acceptent de délivrer des certificats de concubinage, qui sont très utiles en pratique mais n'ont aucun fondement légal et portent atteinte à l'égalité des administrés.

---

peut justifier qu'une autorisation du curateur ou à défaut du juge soit nécessaire pour célébrer un mariage (sur cette question, V. Déc. n° 2012-260 QPC du 29 juin 2012, cité *supra*), quand l'assistance du curateur n'est requise que pour la signature du pacte. De même, on comprend que la célébration soit réservée au mariage, car la reconnaissance symbolique de l'union matrimoniale s'explique au regard de la vocation familiale de l'institution.

151. Pour l'exclusion de tout devoir conventionnel de fidélité, par égard pour la liberté individuelle, v. J. Hauser, *RTD civ.* 2000. 296.

152. Civ. 1re, 4 juill. 2018, n° 17-22.934, jugeant que l'acte par lequel deux partenaires se lèguent mutuellement tous leurs biens est nul en vertu de l'article 968 du Code civil, qui prohibe les testaments conjonctifs et exige le recueil des dernières volontés dans un acte unilatéral, ce afin de préserver la liberté de tester et d'assurer la possibilité de la révoquer des dispositions testamentaires, et considérant que cette exigence de forme « ne porte atteinte ni au droit à la vie privée et familiale ni au droit de propriété, dès lors que le testateur conserve la libre disposition de ses biens », étant par ailleurs précisé que « l'article 1er du Protocole n° 1 additionnel à la Convention ne garantit pas le droit d'acquérir des biens par voie de succession *ab intestat* ou de libéralités », si bien que la cour d'appel n'était pas tenue de rechercher si ce texte portait atteinte au droit au respect des biens de la requérante.

153. Déc. n° 2013-312 QPC du 22 mai 2013 — V. Déc. n° 2013-358 QPC du 29 nov. 2013.

154. Sur la critique de cette définition, et sa validation, V. Déc. n° 99-419 DC du 9 nov. 1999.

155. Déc. n° 2010-39 QPC du 6 oct. 2010, cons. 8 ; Déc. n° 2010-92 QPC du 28 janv. 2011, cons. 8.

156. Pour la sanction d'un refus de dispense de tégmoignage, V. CEDH 3 avr. 2012, *Van der Heijden c/ Pays-Bas*, req. n° 42857/05.

157. Par exemple à raison des modalités de l'assignation à résidence de l'étranger faisant l'objet d'un arrêté d'expulsion : Déc. n° 2017-674 QPC du 30 nov. 2017, cons. 11, imposant à l'autorité administrative de retenir des conditions et des lieux d'assignation à résidence tenant compte, dans la contrainte qu'ils imposent à l'intéressé, du temps passé sous ce régime et des liens familiaux et personnels noués par ce dernier.

158. Déc. n° 2013-358 QPC du 29 nov. 2013.

159. Déc. n° 93-325 DC du 13 août 1993, cons. 77. Solution ultérieurement limitée aux seuls « étrangers vivant en France dans cet état » : Déc. n° 97-389 DC du 22 avr. 1997, cons. 37.

On rappellera également que les conventions de concubinage doivent respecter les droits fondamentaux, ce qui est susceptible d'affecter la validité de stipulations d'ordre personnel (par exemple instituant un devoir de communauté de vie, ou de fidélité, *etc.*, faute de pouvoir être justifiée sur les considérations personnelles et familiales propres au mariage, v. ss 295) et limite également la liberté des stipulations patrimoniales. À titre d'exemple, la jurisprudence a sanctionné une clause prévoyant le versement, par un concubin à l'autre, de la moitié de ses revenus après rupture, au motif que la stipulation était contraire, soit au droit des aliments, qui ne sont dus qu'à proportion des ressources et des besoins respectifs des intéressés, si on l'analysait comme assurant l'exécution du devoir parental d'entretien, soit au « principe de la liberté individuelle » de rompre, si on l'analysait comme instituant une indemnité de rupture[160].

**307** ***Égalité et droit du couple.*** L'égalité se déploie entre les personnes et entre les couples.

*Égalité des personnes.* L'égalité des personnes peut être écartée par les conditions qui, *restreignant l'accès aux divers statuts* (mariage, pacs, concubinage), interdisent à tel ou tel d'y prétendre (hier les homosexuels, aujourd'hui les mineurs, les membres d'une même famille, *etc.*), mais aussi par les effets attachés à ces statuts, qu'ils soient bénéfiques (par exemple l'octroi de tel ou tel avantage fiscal par rapport à un célibataire) ou préjudiciables (par exemple l'interdiction pour un élu d'employer son conjoint, partenaire pacsé ou concubin). L'attachement de la société française à l'égalité explique que le grief de discrimination soit souvent invoqué, alors même que ces distinctions peuvent être justifiées, soit par la différence de situation, soit par la recherche d'un objectif d'intérêt général[161].

*Égalité des couples.* Plus souvent, l'argument d'égalité consiste à faire valoir *les conditions différentes d'accès* aux divers statuts de couple, ou *les effets différents* que ces statuts produisent dans l'ordre civil. Le meilleur exemple tient sans doute dans les différences de traitement importantes qui subsistent, en cas de décès d'un des membres du couple, entre le mariage d'un côté, le pacs et le concubinage de l'autre, civilement (vocation successorale, réserve héréditaire, droit à la jouissance du logement) mais aussi socialement car le conjoint survivant a droit à une pension de réversion, qui est refusée au partenaire pacsé et au concubin. Le Conseil constitutionnel a jugé que cette dernière différence de traitement procédait des différences importantes séparant les couples (Déc. n° 2011-155 QPC du 29 juill. 2011). Le Conseil a commencé par identifier l'objet de la pension de réversion : compenser la perte de revenus subie du fait du décès (cons. 4). Il a ensuite mis en valeur les différences entre le concubinage (aucune solidarité financière entre concubins et aucune obligation réciproque : cons. 5), le pacte civil de solidarité (devoirs de vie commune, d'aide matérielle et d'assistance entre pacsés, solidarité à l'égard des tiers ; mais ni compensation pour perte de revenus en cas de cessation du pacte ni vocation successorale au survivant en cas de décès : cons. 6) et enfin le mariage (qui a pour objet non seulement d'organiser les obligations personnelles, matérielles et patrimoniales des époux pendant la durée de leur union, mais également d'assurer la protection de la famille, et assure aussi une protection en cas de dissolution du mariage : cons. 7). Il a alors logiquement considéré « par suite », que le législateur a, dans l'exercice de la compétence que lui reconnaît l'article 34 de la Constitution, défini trois régimes de vie de couple qui soumettent les personnes à des droits et obligations différents, et que « la différence de traitement quant au bénéfice de la pension de réversion entre les couples mariés et ceux qui vivent en concubinage ou sont unis par un pacte civil de solidarité ne méconnaît pas le principe d'égalité » (cons. 8).

Il a en revanche considéré que l'article 335, en réservant la dispense de serment au conjoint (et ex-conjoint) de l'accusé appelé à témoigner dans une procédure pénale était contraire au principe

160. Civ. 1re, 20 juin 2006, n° 05-17.475.

161. Pour des exemples, V. Déc. n° 99-419 DC du 9 nov. 1999, cons. 57 et 81 validant les avantages conférés aux pacsés et refusés à des étrangers ou à d'autres membres de la famille, et Décision n° 2017-752 DC du 8 sept. 2017, validant les limitations apportées à la possibilité, pour un membre du Parlement ou du gouvernement d'employer un conjoint, partenaire ou concubin, la différence de traitement en résultant tant entre les employeurs qu'entre les salariés étant justifiée par un objectif d'intérêt général et la distinction opérée reposant sur des critères objectifs et rationnels en rapport direct avec l'objet de la loi.

d'égalité protégé par l'article 6 DDHC (déc. n° 2019-828/829 QPC du 28 févr. 2020, M. Raphaël S. et a.). Le Conseil a commencé par analyser la raison d'être de la disposition : une telle dispense est destinée à « préserver le conjoint appelé à témoigner du dilemme moral auquel il serait exposé s'il devait choisir entre mentir ou se taire, sous peine de poursuites, et dire la vérité, pour ou contre la cause de l'accusé ». Or, a-t-il estimé, « si l'intensité des droits et obligations qui s'imposent aux membres du couple diffèrent selon qu'ils choisissent l'une ou l'autre de ces unions », « les concubins ou les partenaires liés par un pacte civil de solidarité ne sont pas moins exposés que les conjoints au dilemme moral dont le législateur a entendu préserver ces derniers lorsqu'ils sont appelés à témoigner au procès de leur conjoint accusé ». Le Conseil a poursuivi en soulignant que « si la limitation de la liste des personnes susceptibles d'être dispensées de la formalité du serment, à raison de leur proximité avec l'accusé, peut être justifiée par l'intérêt qui s'attache à ce que la cour d'assises puisse facilement s'assurer de l'existence ou non du lien du témoin avec l'accusé », ce qui « est notamment le cas du mariage, compte tenu de la publicité dont il fait l'objet », « tel est aussi le cas du pacte civil de solidarité qui fait l'objet d'un enregistrement en mairie » ; rappelant ensuite la définition du concubinage que donne l'article 515-8 du Code civil (une union de fait, caractérisée par une vie commune présentant un caractère de stabilité et de continuité, entre deux personnes qui vivent en couple), il a considéré que « compte tenu de ces critères de stabilité et de continuité, la cour d'assises est en mesure, au regard notamment des éléments recueillis lors de l'instruction, de s'assurer de l'existence d'une vie commune constitutive d'un concubinage ». Il en a déduit que « l'intérêt qui s'attache à faciliter la connaissance par la juridiction des liens unissant l'accusé et le témoin ne saurait, à lui seul, justifier la différence de traitement établie par les dispositions contestées entre le mariage, le concubinage et le pacte civil de solidarité ».

## II • La vie familiale et la relation entre parent et enfant

**308** La parenté est appréhendée par le prisme *du droit au respect de la vie privée et familiale* (art. 8 Conv. EDH) et *du principe d'égalité*. La Conv. EDH ne mentionne pas *l'intérêt de l'enfant*, à la différence de la Convention européenne sur l'exercice des droits de l'enfant de 1996, la CIDE ou la Charte UE (art. 24, § 2). Mais la CEDH s'y réfère constamment dans les relations parent/enfant, en soulignant qu'il existe un large consensus autour de ce principe (*Neulinger et Shuruk c/ Suisse*, 6 juill. 2010). Selon elle, cet intérêt implique de garantir une évolution dans un environnement sain et de maintenir les liens de l'enfant avec sa famille, sauf dans les cas où celle-ci s'est montrée particulièrement indigne (*Gnahoré c/ France*, 19 sept. 2000 ; *Maumousseau et Washington c/ France*, 6 déc. 2007 ; *Neulinger et Shuruk c/ Suisse*, préc.). Elle y recourt plus spécifiquement dans deux cas : lorsqu'il s'agit de statuer sur une atteinte à la vie familiale, par exemple en cas de séparation, et lorsqu'il est question de l'établissement de la filiation de l'enfant, par exemple en cas de gestation pour autrui.

### A • Établissement de la parenté

#### 1 • La filiation

**309** ***Cadre européen de la filiation.*** La CEDH a progressivement consacré *un droit à faire établir la filiation fondée sur la parenté biologique*. Conformément à la théorie des obligations positives inhérentes à un « respect » effectif de la vie familiale, elle impose aux États de permettre l'intégration de l'enfant dans sa famille biologique par l'établissement d'un lien de filiation (*Kroon c/ Pays-Bas*, 27 nov. 1994). Elle affirme en outre que le droit au respect de la vie privée fonde le droit de chaque personne à connaître ses origines personnelles, voire à faire établir juridiquement le lien qui l'unit à son parent biologique : après avoir jugé dans l'affaire *Gaskin*, que chacun a un intérêt primordial à accéder aux informations relatives à son enfance (*Gaskin c/ RU*, 7 juill. 1989, § 49), elle protège aujourd'hui un droit à la connaissance des origines personnelles en considérant que les origines personnelles sont un élément fondamental du droit à l'identité qui résulte du droit au respect de la vie privée (gr. ch., *Odièvre c/ France*, 13 févr. 2003, § 44). Elle affirme même désormais que le respect de la vie privée exige que chacun puisse établir les détails de son identité d'être humain (*Mikulic c/ Croatie*, § 35 ; *Mennesson et Labassee c/ France*, 26 juin 2014 ; *Foulon c/France*, 21 juill. 2016 ; *Bouvet c/France*, 21 juill. 2016 ; *Laborie c/ France*, 19 janv. 2017). Encore faut-il souligner les limites et ambiguïtés de la jurisprudence européenne en matière de filiation[162], la Cour européenne admettant que le droit à la vie privée de l'enfant soit limité, ou encore qu'il soit invoqué par d'autres que l'enfant. Ainsi déployé au service de la reconnaissance juridique de la parenté biologique, le droit à la vie privée peut notamment être invoqué par les parents (*Znamenskaya c/ Russie*, 2 juin 2005, § 27). La CEDH a également fondé sur le droit à la vie privée et familiale le droit qu'a l'enfant issu d'une gestation pour autrui de faire reconnaître la filiation établie à l'égard de la mère d'intention (v. infra, n° 353), ce qui conduit à se demander si la Cour européenne protège alors l'identité « sociologique » de l'enfant, ou son identité « légale » étrangère. Et ce qui donne à voir combien le droit à la vie privée et familiale est un standard flou que la Cour manie au gré de la décision qu'elle pense juste.

La CEDH veille en outre au respect de *l'égalité*. Conformément à l'article 14 Conv. EDH en effet, aucune discrimination ne peut exister dans la jouissance des droits et libertés reconnus par la Convention. Le droit au respect de la vie privée et familiale imposant aux États de permettre l'intégration de l'enfant dans sa famille par l'établissement d'un lien de filiation ou le droit à faire établir les détails de son identité d'être humain, la CEDH vérifie que les modes d'établissement de la filiation respectent l'égalité[163].

**310** ***Cadre légal de la filiation.*** Les réformes successives (lois du 3 janv. 1972, du 8 janv. 1993, du 3 déc. 2001, du 23 juin 2006, ordonnance du 4 juill. 2015, loi du 16 janv. 2009) ont conduit à consacrer ces principes dans l'ordre interne. Le droit de la filiation repose d'abord sur *le principe d'égalité des enfants*. La filiation dépendait hier de l'existence du mariage des parents : elle s'établissait différemment selon que l'enfant était légitime (issu du mariage de ses auteurs) ou naturel « simple » (les parents non mariés auraient pu se marier), ou naturel « adultérin » (l'enfant était le fruit de l'adultère) ou « incestueux » (ses père et mère ne pouvaient se marier pour cause de parenté). Elle s'est progressivement détachée du mariage, pour parvenir à l'égalité des enfants. Explicite s'agissant des effets de la filiation[164], le principe est sous-jacent pour l'établissement de la filiation : les modes d'établissement ne distinguent plus selon que l'enfant est né en ou hors mariage ; hors contentieux, la filiation est établie par l'acte de naissance, de reconnaissance, ou de notoriété de possession d'état ; en contentieux, elle est établie ou détruite par décision de justice, dans les mêmes conditions probatoires, et principalement grâce à l'identification génétique. Le droit de la filiation repose ensuite sur *le principe de réalité biologique* : la filiation juridique se fonde en principe sur l'engendrement. Ce fondement, implicite lorsque la filiation est établie hors contentieux[165], est apparent dans le cadre contentieux, car la loi renvoie alors à

---

162. Sur quoi, v. D. Fenouillet, « L'exacerbation de la volonté de l'enfant : le droit aux origines personnelles, soutien de la vérité biologique au détriment de la vie familiale ? », *Dr. fam.* 2019, numéro spécial.

163. La Cour européenne jugeait hier « en soi légitime, voire méritoire, de soutenir et encourager la famille traditionnelle », mais insistait sur le fait que de telles mesures ne devaient pas conduire à léser la famille « naturelle » (*Marckx c/ Belgique*, 13 juin 1979, § 40). Comp. *Vermeire c/ Belgique*, 29 nov. 1991, § 44.

164. V. art. 310.

165. Si l'acte de naissance, la reconnaissance ou l'acte de notoriété établissent juridiquement la filiation, c'est parce que la situation de fait à laquelle ils correspondent donne à penser que le parent légalement désigné est bien en fait celui qui a engendré l'enfant.

la preuve de ce que tel homme est ou non le père de l'enfant (art. 327 et 332), ou de ce que telle femme a ou non accouché de l'enfant (art. 325 et 332)[166].

**311** ***Distinction des couples mariés et non mariés.*** Des différences de traitement demeurent. Rapidement acquise *du côté maternel* dans l'ordre européen (*Marckx c/ Belgique*, 13 juin 1979, préc.), l'égalité est plus récente dans l'ordre interne : la loi de 1972 imposait à la mère de reconnaître l'enfant s'il était conçu hors mariage ; les mentions de l'acte de naissance ne suffisent à son égard que depuis l'ordonnance du 4 juillet 2005. La solution est importante pour l'autorité, la vocation successorale[167], le nom, mais aussi la nationalité. L'ordonnance du 4 juillet 2005 avait prévu que la règle nouvelle valait même pour les enfants nés avant l'entrée en vigueur du droit nouveau, sous une réserve : pour la stabilité de l'état civil, la maternité ainsi établie n'avait aucun effet sur le nom des enfants nés avant l'entrée en vigueur de l'ordonnance (art. 20, II, 3°). L'ordonnance du 24 juillet 2005 a ajouté que cette maternité n'aurait aucun effet non plus sur la nationalité des personnes majeures à la date de son entrée en vigueur (art. 20, II, 6°). Le Conseil constitutionnel a validé ce dispositif transitoire (Déc. n$^{os}$ 2011/186/187/188/189 QPC du 21 oct. 2011)[168].

*Du côté paternel*, l'égalité est acquise pour la contestation de la paternité[169], mais connaît des limites en matière d'établissement : l'homme marié bénéficie d'une présomption de paternité qui lui est réservée (art. 312 s.)[170]. Mais cette différence de traitement s'appuie sur une différence de situation et est proportionnée à l'objectif poursuivi : la filiation juridique paternelle se fondant sur la paternité biologique, il est raisonnable de présumer que le mari est le père des enfants que sa femme met au monde car l'homme marié au moment de la conception (ou qui s'est marié avec la mère dans les 300 jours de celle-ci) est le plus souvent effectivement l'auteur biologique de l'enfant ; une telle vraisemblance fait défaut en matière de concubinage — la liberté étant la règle juridique, il serait excessif de déduire systématiquement d'une vie partagée l'existence d'un lien de filiation — et de pacs — car aucun devoir de fidélité n'accompagne le devoir de vie commune. Telle est d'ailleurs la position de la Cour européenne (*Lucile Marie De Mot et autres c/ Belgique*, 13 mai 1986 ; *N. c/ Danemark*, 9 oct. 1989 ; *Boeckel et Gessner-Boeckel c/ Allemagne*, 7 mai 2013).

**312** ***Enfant incestueux.*** L'enfant incestueux, conçu par des personnes entre lesquelles il existe un interdit absolu à mariage (parents en ligne directe, frère et sœur), est soumis à *un statut dérogatoire* : sa filiation ne peut être établie qu'unilatéralement, le droit interdisant l'établissement d'un second lien de filiation (art. 310-2). La solution est souvent contestée au motif qu'elle porte atteinte au droit qu'à un enfant de faire établir sa parenté biologique et à l'interdiction des discriminations et la doctrine pronostique sa condamnation européenne, en invoquant les arrêts *Mazurek*, *Mennesson* et *Labassee*. La solution est pourtant justifiée par *des finalités légitimes* (en refusant d'inscrire l'inceste à l'état civil, le droit protège l'enfant de la consécration officielle d'une vérité symboliquement néfaste et qui perturbe fortement sa place familiale, et assure la sanction de la prohibition de l'inceste, dont on sait

166. Civ. 1re, 14 oct. 2020, n° 19-12.373 et n° 19-18.791 : l'ingérence dans le droit à la vie privée et familiale d'une femme que constitue l'action en contestation de paternité exercée par son mari, action fondée sur le fait que l'enfant est issu d'une assistance médicale à la procréation réalisée après séparation des époux, a une finalité légitime en ce qu'elle tend à permettre l'accès de l'enfant à la réalité de ses origines.

167. La jurisprudence en a fait une sorte d'application rétroactive : Civ. 1re, 15 déc. 2010, n° 09-16.968. Mais la cour d'appel de renvoi a rejeté la revendication successorale au motif que la succession était déjà liquidée (comp. art. 20, II, 1°) : *Droit de la famille*, coord. M. Cresp, M. Ho-Dac, Bruylant, 2017 p. 593.

168. Civ. 1re, 14 mars 2012, n° 11-15.290, Civ. 1re, 26 oct. 2011, n° 11-15.290 ; Civ. 1re, 14 mai 2020, n° 19-10.966. *Quid* d'une exclusion, sur le fondement du contrôle concret de conventionnalité ? — Sur la question de la conformité au principe d'égalité des dispositions de droit transitoire réservant l'application du nouveau délai de prescription de dix ans, applicable à l'action en recherche de paternité aux enfants majeurs depuis moins de dix ans au jour de l'entrée en vigueur du droit nouveau : Civ. 1re, 12 avr. 2012, n° 11-25.205.

169. V. Civ. 1re, 12 avr. 2012, n° 11-25.205, cité préc.

170. V. art. 329 qui ouvre l'action en rétablissement de la filiation aux époux et à l'enfant, quand la recherche de paternité est réservée à l'enfant. La solution pourrait se comprendre au regard de l'objet de l'action (« rétablir » la présomption), mais l'objet de la preuve (établir la paternité du mari) fragilise le dispositif.

l'importance, v. ss 292)[171] et *proportionnée à cet objectif*, car elle ne porte que sur un lien et car les conséquences pratiques d'un vide unilatéral de parenté sont limitées grâce au jeu de l'action à fins de subsides (art. 342 ; voire d'une action en responsabilité ou d'une libéralité). Pour mieux asseoir cette proportionnalité, il conviendrait de l'élargir, en l'ouvrant contre la mère (si la première filiation établie est la paternité) et en autorisant l'enfant à l'exercer après sa majorité. Certains suggèrent d'abandonner la solution actuelle en laissant l'enfant libre de faire établir la filiation ou en donnant au juge le pouvoir de décider en fonction de l'intérêt de l'enfant (ce qui est une bien mauvaise solution, v. ss 324). Le texte a d'ores et déjà été écarté par des juges du fond qui ont admis l'établissement du double lien à l'issue d'un contrôle concret de conventionnalité[172].

**313** ***Distinction entre paternité et maternité.*** En droit positif, *paternité et maternité s'établissent et se contestent différemment.* L'interruption de grossesse ne dépend que du consentement de la mère et l'accouchement sous X lui permet de cacher son identité lors de l'accouchement (art. 326), ce qui complique la recherche de maternité (qu'elle n'interdit pas en droit : art. 325) ; en revanche aucune disposition ne permet au père d'enfanter sous X, d'où résulte que la paternité pourra facilement lui être imposée (art. 327)[173]. L'acte de naissance suffit à établir la maternité s'il porte mention de l'identité de la mère (art. 311-25), alors que la mention du père n'établit la paternité que si l'homme est marié avec la mère (art. 312), le père hors mariage devant reconnaître l'enfant ou faire établir un acte de notoriété de possession d'état, et l'enfant ayant la possibilité d'agir en recherche de paternité. L'objet de la preuve judiciaire diffère également : l'accouchement dans la maternité, l'engendrement dans la paternité (art. 325, 327, 332[174]). Mais ces distinctions tiennent à ce que *la mère est à la fois génitrice et gestatrice, quand le père n'est que géniteur*, et que la gestation est une facette suffisamment importante de la maternité (pour les intéressés comme pour les tiers) pour que le droit en fasse un élément déterminant, à la fois pour reconnaître à la mère la liberté d'interrompre sa grossesse et d'accoucher sous X (pour éviter l'interruption de grossesse, l'accouchement clandestin, *etc.*, v. ss 316) et pour faire de l'accouchement un élément déterminant, tant positivement que négativement, pour prouver la maternité ou la détruire. La différence de traitement procède ainsi d'une différence de situation et est proportionnée à l'objectif poursuivi par le législateur, à savoir fonder la filiation juridique sur la parenté biologique. La CEDH admet d'ailleurs que père et mère soient différemment traités en matière d'établissement de la filiation (*Rasmussen c/ Danemark*, 28 nov. 1984 : la contestation de la paternité peut être ouverte plus longtemps à la mère qu'au père, au regard de l'intérêt de l'enfant, qui rejoignait celui de la mère). Le Conseil constitutionnel a jugé, quant à lui, qu'il n'était pas contraire à l'égalité de traiter identiquement le père et la mère s'agissant du délai pendant lequel l'enfant né sous X doit leur être restitué[175].

**314** ***Limites à la réalité biologique.*** Le principe de réalité biologique connaît lui aussi *diverses limites.* La parenté biologique ne suffit pas et la filiation juridique doit être établie en produisant l'un des actes prévus par la loi, ce à des fins de sécurité juridique (art. 310-1, 310-3). Le droit à l'expertise génétique consacré en jurisprudence reste un droit encadré par diverses conditions (art. 16-11 s.). Le droit refuse parfois de s'appuyer sur cette réalité pour établir une filiation juridique ou détruire une filiation établie qui lui serait contraire, voire refuse de discuter de cette filiation. *La loi compose ainsi entre les multiples intérêts en présence :* intérêt personnel et patrimonial, pratique et symbolique, de l'enfant et de son auteur, des familles respectives et des tiers, intérêt général. Il s'agit, selon les cas, de protéger la sécurité et de la stabilité de l'état, la paix des familles, l'intimité des auteurs de l'enfant, l'intérêt de ce dernier… Justifiées dans leur finalité, ces dispositions semblent apporter à la réalité biologique des limites raisonnables.

171. Sur ce point, la question est très différente de celle de l'enfant adultérin.

172. Caen, 8 juin 2017, *D.* 2017. 2107, note A. Batteur.

173. Pour le rejet de l'argument de discrimination, V. Civ. 1re, 2 déc. 2015, nº 15-18.312 ; Civ. 1re, 9 nov. 2016, nº 15-20.547. — Comp. Civ. 1re, 22 mars 2017, nº 15-20.547. — V. le rejet de l'argument au sujet de l'action à fins de subsides : Civ. 1re, 22 févr. 2017, nº 16-40.251.

174. Déc. nº 2011-173 QPC du 30 sept. 2011, *M. Louis C. et autres.*

175. Déc. nº 2019-826 QPC, 7 févr. 2020, *M. Justin A.*

Est-ce suffisant pour qu'elles passent le tamis des droits fondamentaux, au regard de la jurisprudence européenne ? La CEDH interprète largement le droit au respect de la vie privée et familiale en considérant que *l'existence d'un lien biologique suffit à constater une vie familiale*, alors même qu'il n'existerait ni lien juridique ni vécu commun. L'article 8 peut ainsi s'appliquer à une parenté biologique invoquée par un auteur souhaitant établir un contact avec son enfant, qu'il s'agisse d'un père ayant ignoré la naissance[176] ou d'une mère ayant accouché sous X[177]. Éventuellement compréhensible, en équité, lorsque l'absence de lien juridique et de vécu commun est imposée à l'auteur, la solution semble malvenue dans le cas contraire, et la Cour semble alors plutôt se placer sur le terrain du droit à la vie privée[178] : ainsi au profit du père biologique de l'enfant[179] ou d'un homme prétendant être le père biologique de l'enfant[180]. Sur cette base, la CEDH analyse *les différents obstacles* opposés à l'établissement d'une filiation conforme à la parenté biologique comme *des ingérences dans le droit au respect de la vie privée et familiale* : ainsi des règles empêchant la contestation de paternité[181] et interdisant d'établir quel est le véritable père[182] ; ainsi des règles limitant le recours à l'expertise génétique[183] ; ainsi des règles laissant à la mère toute liberté pour accoucher sous X[184] ; ainsi des textes qui feraient obstacle à l'établissement de la filiation fondée sur l'engendrement après l'adoption de l'enfant[185]. *Elles ne seront acceptables qu'à condition de respecter les exigences posées à l'article 8 § 2.* La Cour a admis que diverses ingérences poursuivaient une finalité légitime : ainsi, l'impossibilité pour la femme ayant accouché sous X de faire établir sa maternité passé le délai de deux mois que la loi lui laisse pour revenir sur sa décision est une ingérence admissible dans sa vie familiale dès lors que son consentement était libre et éclairé[186] ; ainsi, la limitation temporelle de l'action en contestation de paternité peut se justifier par le souci de garantir la sécurité juridique des rapports familiaux et protéger l'intérêt de l'enfant[187]. Mais la poursuite d'une finalité légitime ne suffira pas, s'il y a disproportion entre l'ingérence et la finalité poursuivie : ainsi de la brièveté de la prescription de la contestation de filiation[188]. Que penser, alors, du droit français ?

**315** ***Encadrement du recours à l'expertise génétique.*** Le droit limite le recours à l'expertise génétique[189] : l'expertise doit être autorisée en justice, dans des cas limitativement énumérés ; la réalisation matérielle de l'identification est réservée à des centres agréés ; le consentement des intéressés doit être « préalablement et expressément recueilli » ; « sauf accord exprès de la personne manifesté de son vivant », aucune identification ne peut être réalisée après son décès (art. 16-11) ; le principe selon lequel « l'expertise biologique est de droit en matière de filiation » cède en cas de « motif légitime de ne pas y procéder »[190]. Le 30 septembre 2011, *le Conseil constitutionnel* a jugé l'article 16-11 conforme à la Constitution[191], en considérant qu'« en disposant que les personnes décédées sont présumées ne pas avoir consenti à une identification par empreintes génétiques, le législateur a entendu faire obstacle aux exhumations afin d'assurer le respect dû aux morts » et « qu'il n'appartenait pas » au Conseil constitutionnel de substituer son appréciation à celle du législateur sur la prise en compte, en cette matière, du « respect dû au corps humain » (Déc. n° 2011-173 QPC, cons. 6). La CEDH semble portée à

176. *Gorgülüc/ Allemagne*, 26 févr. 2004.
177. *Kearns c/ France*, 10 janv. 2008.
178. V. par ex. *Odièvre c/ France*, 13 févr. 2003, § 44.
179. *Anayo c/ Allemagne*, 21 déc. 2010.
180. *Schneider c/ Allemagne*, 15 sept. 2011.
181. *Shofman c/ Russie*, 24 nov. 2005 ; *Mizzi c/ Italie*, 12 janv. 2006 ; *Paulik c/ Slovaquie*, 10 oct. 2006 ; *L.D. et P.K. c/ Bulgarie*, 8 déc. 2016.
182. *Kroon*, 27 oct. 1994 ; *Znamenskaya c/ Russie*, § 31 ; *Rozanski c/ Pologne*, 18 mai 2006.
183. *Mikulic c/ Croatie*, 7 févr. 2002 ; *Jäggi c/ Suisse*, 13 juill. 2006 ; *Pascaud c/ France*, 16 juin 2011.
184. *Godelli c/ Italie*, 25 sept. 2012.
185. Sur quoi, V. Civ. 1re, 14 oct. 2020, n° 19-15.783.
186. *Kearns*, préc.
187. *Mizzi c/ Italie*, préc. ; *Paulik c/ Slovaquie*, préc.
188. *Mizzi c/ Italie*, préc. ; *Paulik c/ Slovaquie*, préc.
189. Sur la critique, v. P. Hilt, *RTD civ.* 2017. 27.
190. Civ. 1re, 28 mars 2000, n° 98-12806.
191. Comp. Civ. 1re, 8 juin 2016, n° 15-16.696, refusant de transmettre une QPC.

moins d'indulgence sur ce point[192]. Il n'est pas sûr que l'admission d'une expertise visant à comparer l'empreinte génétique de l'enfant avec celle d'un parent « par le sang » du père ou de la mère défunte[193] suffise à sauver le droit français de la censure européenne. *La CEDH* a été saisie à diverses reprises du cadre légal. Elle a jugé que le droit français, qui subordonne l'identification au consentement de l'intéressé tout en permettant de retenir son refus contre lui, s'il est accompagné d'autres éléments, était équilibré[194]. Elle a également considéré qu'un enfant peut refuser de s'y soumettre lorsque la contestation est le fait d'un tiers qui souhaite faire établir sa parenté biologique[195]. Mais elle a aussi condamné la France le 16 juin 2011, pour avoir refusé, dans une affaire assez trouble[196], de prendre en compte les résultats d'une expertise génétique ordonnée en justice et concluante au motif que le père prétendu n'avait pas consenti à cette mesure. L'avenir du texte est d'autant plus incertain que *la Cour de cassation* souffle le chaud et le froid : à diverses reprises, elle a refusé de considérer que l'article 16-11 portait aux droits fondamentaux d'un enfant une atteinte disproportionnée[197] ; mais elle a semblé créer une nouvelle action en justice ayant pour objet « la reconnaissance d'une ascendance génétique par voie d'expertise », en se fondant sur l'article 8 Conv. EDH, dans une décision isolée, il est vrai[198].

**316** ***Réalité biologique. Accouchement sous X.*** S'il n'est plus une fin de non-recevoir à l'action en recherche de maternité, l'accouchement sous X reste *en pratique un obstacle sérieux* à l'établissement du lien : en permettant à toute mère, lors de l'accouchement, de demander le secret de son admission et de son identité (art. 326 ; art. L. 222-6 CASF), le droit complique en effet singulièrement l'identification par l'enfant de la femme dont il est né, et l'identification par le père de l'enfant qu'il a engendré. *La loi du 22 janvier 2002* s'est efforcée de préserver les intérêts de l'enfant, et ceux du père[199], mais la volonté de la mère reste prépondérante[200].

**317** ***Droit à la filiation de l'enfant.*** La CEDH a validé le dispositif dans une décision *Odièvre* du 13 février 2003[201] en considérant que le législateur français n'avait pas excédé la marge d'appréciation qui devait lui être reconnue en raison du caractère complexe et délicat de la question que soulevait le secret des origines au regard du droit de chacun à son histoire, du choix des parents biologiques, du lien familial existant et des parents adoptifs et des divers intérêts en jeu[202]. Dans une perspective semblable, le Conseil constitutionnel a jugé le 16 mai 2012 qu'il ne lui appartenait pas de substituer son appréciation à celle du législateur sur l'équilibre défini par la loi entre les intérêts de la mère de

192. *Jäggi c/ Suisse*, 13 juill. 2006, jugeant que le droit à la connaissance des origines prime sur le respect de la dépouille. *Contra* CEDH 5 mai 2009, *Menendez Garcia c/ Espagne*.
193. V. par ex., Civ. 1re, 3 mars 2021, n° 19-21.384, autorisant la comparaison avec l'empreinte génétique de la prétendue grand-mère de l'enfant.
194. CEDH 25 juin 2015, *Canonne c/ France ; Mandet c/ France*, 14 janv. 2016.
195. CEDH 6 déc. 2011, *Iyilik c/ Turquie*.
196. CEDH 8 nov. 2012, *Pascaud c/ France*. Le père prétendu avait promis de reconnaître son fils, semblait avoir de temps en temps des relations avec lui, avait été placé sous sauvegarde de justice puis curatelle aggravée après avoir consenti à l'expertise génétique, avait légué ses biens à la mairie, *etc.*
197. Civ. 1re, 2 déc. 2015, n° 15-18.312. — V. Civ. 1re, 8 juin 2016, n° 15-16.696. *Adde* Civ. 1re, 8 juill. 2020, n° 18-20961, jugeant que « même au regard du droit au procès équitable », l'absence de décision irrévocable sur la recevabilité de l'action en recherche de paternité naturelle ne peut constituer un motif légitime de refuser l'expertise génétique.
198. 13 nov. 2014, n° 13-21.018. En l'espèce, elle a rejeté la demande, aux motifs que, « en matière d'état des personnes, les fins de non-recevoir ont un caractère d'ordre public », que « la recevabilité d'une (telle) action, lorsque celle-ci nécessite une exhumation, est subordonnée à la mise en cause des ayants droit du défunt » et qu'en l'espèce les ayants droit du père prétendu n'avaient pas été mis en cause. Mais elle a ensuite réaffirmé le caractère limitatif des actions dans lesquelles le recours à l'expertise génétique est possible : Civ. 1er, 14 mars 2018, n° 17-12.060.
199. En lui donnant le droit de saisir le procureur de la République pour que ce dernier l'aide dans les démarches qu'il déciderait d'engager pour identifier l'enfant et ainsi établir sa paternité à son égard.
200. La mère est seulement « invitée à laisser, si elle l'accepte, des renseignements sur sa santé et celle du père, les origines de l'enfant et les circonstances de la naissance ainsi que, sous pli fermé, son identité ». En outre, elle « est informée de la possibilité qu'elle a de lever à tout moment le secret de son identité et, qu'à défaut, son identité ne pourra être communiquée que dans les conditions prévues à l'article L. 147-6 ». Elle est également « informée qu'elle peut à tout moment donner son identité sous pli fermé ou compléter les renseignements qu'elle a donnés au moment de la naissance ».
201. CEDH 13 févr. 2003, *Odièvre c/ France*.
202. « L'intérêt d'une femme à conserver l'anonymat pour sauvegarder sa santé en accouchant dans des conditions médicales appropriées », le droit à la vie privée et familiale des tiers, essentiellement les parents adoptifs et le père ou le restant de la famille biologique (§ 44), la protection de la santé de la mère et de l'enfant lors de la grossesse et de l'accouchement, le droit au respect de la vie, via la prévention des avortements, en particulier des avortements clandestins, ou des abandons « sauvages » (§ 45).

naissance et ceux de l'enfant et que les dispositions contestées n'avaient ni privé de garanties légales les exigences constitutionnelles de protection de la santé ni porté atteinte au respect dû à la vie privée et au droit de mener une vie familiale normale[203].

**318** ***Droit au respect de la vie privée et familiale des parents de l'enfant.*** L'accouchement sous X est de nature à porter atteinte au droit au respect de la vie familiale de la femme elle-même (elle ne pourra plus faire établir sa maternité une fois l'enfant placé aux fins d'adoption plénière), du père biologique (en échouant à identifier rapidement l'enfant, il ne parviendra pas à bloquer le processus d'adoption grâce à la reconnaissance qu'il aurait faite). Le droit s'efforce de préserver les adultes : la mère reçoit diverses informations lors de l'accouchement et elle a le droit de se rétracter ; le père peut reconnaître l'enfant et demander l'aide du procureur de la République pour pouvoir l'identifier, ce qui lui permettra de demander sa restitution et de faire obstacle à l'adoption. Mais la vulnérabilité dans laquelle se trouvent souvent les femmes qui recourent à l'accouchement sous X (mineure, majeure protégée, situation familiale compliquée à l'égard de ses parents ou du père, *etc.*) pèse naturellement sur la liberté des femmes en question[204]. En outre, les délais laissés aux pères et mère pour interrompre le processus d'adoption sont très brefs, ce qui limite considérablement la protection ainsi instituée. La CEDH a jugé que le court délai pendant lequel la femme qui accouche peut se rétracter ne portait pas une atteinte excessive au droit à la vie familiale de la mère au motif notamment que « l'intérêt de l'enfant… (à) bénéficier le plus rapidement possible de relations affectives stables dans sa nouvelle famille » justifiait la solution[205]. Le Conseil constitutionnel a jugé que les articles 351 et 352 du Code civil n'étaient contraires ni au droit de mener une vie familiale normale ni à l'exigence constitutionnelle de protection de l'intérêt supérieur de l'enfant : par ces dispositions, le législateur a entendu concilier les intérêts des parents de naissance et l'intérêt de l'enfant dépourvu de filiation à être adopté dans un délai qui ne soit pas de nature à compromettre son développement » et « garantir à l'enfant, déjà remis aux adoptants, un environnement familial stable »[206]. La Cour de cassation, après avoir été très attentive aux droits du père[207], adopte désormais le même raisonnement à l'égard de la mère et du père, en soulignant la nécessité de veiller à l'intérêt de l'enfant[208]. Mais la conventionnalité abstraite du dispositif n'exclut pas sa censure, dans un cas particulier, comme l'illustre une décision rendue par la première chambre civile de la Cour de cassation le 27 janvier 2021 (Civ. 1re, 27 janv. 2021, n° 19-15.921, n° 19-24.608, 20-14.012). Une décision d'appel avait jugé irrecevable l'intervention volontaire du père de naissance dans la procédure d'adoption plénière de l'enfant né sous X, définitivement immatriculé comme pupille de l'État et placé en vue de son adoption, en s'appuyant sur le défaut de qualité à agir du père de naissance, dès lors qu'aucun lien de filiation n'existait à l'égard de l'enfant. Mais elle avait souligné elle-même que cet homme avait « démontré sa détermination, par les nombreuses démarches qu'il a[vait] engagées pendant les mois qui ont suivi la naissance de l'enfant, à faire reconnaître sa paternité ». La Cour de cassation a cassé la décision pour manque de base légale : la cour d'appel aurait dû « rechercher, comme il le lui était demandé, si l'irrecevabilité de l'action du père de naissance, qui n'avait pu, en temps utile, sans que cela puisse lui être reproché, faire valoir ses droits au cours de la phase administrative de la procédure, ne portait pas, eu égard aux différents intérêts en présence, une atteinte disproportionnée au droit au respect de sa vie privée et familiale en ce qu'elle interdisait l'examen de ses demandes ».

---

203. Déc. n° 2012-248 QPC du 16 mai 2012, M. Mathieu E.
204. On trouvera d'autant plus contestable la solution consistant à soustraire la remise de l'enfant au service de l'aide sociale à l'enfance au consentement de l'intéressée. En ce sens, V. Civ. 1re, 5 nov. 1996, *Bull. civ.* n° 368, Civ. 1re, 5 nov. 1996, n° 96-11.073 : « en l'absence de reconnaissance, la filiation n'était pas établie de sorte que le consentement de Mlle Y… n'avait pas à être constaté lors de la remise de l'enfant au service de l'Aide sociale à l'enfance ».
205. CEDH 10 avr. 2008, *Kearns c/ France*, § 80. — Comp. CEDH 13 janv. 2009.
206. Déc. n° 2019-826 QPC, 7 févr. 1920, *M. Justin M.*
207. Civ. 1re, 7 avr. 2006, n° 05-11.285. Dans la célèbre affaire Benjamin, la Cour de cassation avait validé la reconnaissance faite par le père, qui n'était parvenu à identifier l'enfant qu'après son placement à des fins d'adoption, et elle avait privé d'effet le consentement à l'adoption qu'avait donné le conseil de famille des pupilles de l'État alors qu'il connaissait les démarches du père.
208. Civ. 1re, 1er juin 2011, nos 11-01.9028, 10-20.554.

**319** ***Droit à un recours juridictionnel effectif.*** L'accouchement sous X pèse aussi sur les familles des père et mère biologiques, qu'il prive de la possibilité d'établir avec l'enfant des relations personnelles. Le Conseil constitutionnel a jugé que le législateur devait définir les cas et conditions dans lesquels toute personne justifiant d'un lien avec l'enfant pouvait former une contestation pendant un délai de trente jours à compter de l'arrêté d'immatriculation de l'enfant comme pupille de l'État (déc. n° 2012-268 DC, 27 juill. 2012, cons. 9)[209]. La loi du 26 juillet 2013 a précisé les conditions de contestation de cet arrêté d'immatriculation (art. 224-8 CASF).

**320** ***Encadrement des actions.*** Le droit encadre enfin les actions par diverses *conditions*, *personnelles* (qui peut agir ?)[210] et *temporelles* (pendant quel délai ?), les textes posant un cadre général (art. 321 et 322[211], art. 318[212]), mais également des règles particulières, en distinguant selon que l'action vise à établir judiciairement la filiation[213] ou à faire constater une possession d'état[214], ou selon qu'elle vise à contester une filiation établie par un acte de naissance, ou par une reconnaissance[215], ou par une possession d'état constatée par acte de notoriété[216], ou par un titre corroboré par la possession d'état[217]. La Cour de cassation vérifie *leur compatibilité abstraite* avec les normes européennes et constitutionnelles[218], et se livre aussi à *un contrôle concret de proportionnalité*[219] et exige des juges du fond qu'ils procèdent de même[220]. Pour l'heure, aucune disposition n'a été évincée. Mais tout porte à penser que l'hypothèse surviendra. Ainsi, alors même qu'elle procède du souci de préserver la paix des familles d'une action dépourvue d'enjeu pratique puisque l'enfant qui n'est pas né viable n'a pas la personnalité juridique, la fin de non-recevoir attachée à la non-viabilité de l'enfant semble bien susceptible d'être censurée, la CEDH ayant déjà statué en ce sens[221]. Il en va de même de l'article 333, qui peut priver en pratique l'enfant du droit de contester la filiation en retenant un court délai de cinq ans, et en n'admettant aucune suspension à son profit. Plus généralement, sont susceptibles d'être ainsi écartés les divers textes retenant un délai de prescription de dix ans sans prévoir la suspension pendant la minorité de l'enfant au profit de ce dernier (art. 330 et 335). Comme le souligne la Cour de cassation elle-même, « l'application d'un délai de prescription ou de forclusion, limitant le droit d'une personne à faire reconnaître son lien de filiation paternelle, constitue une ingérence dans l'exercice du droit au respect de sa vie privée et familiale garanti à l'article 8 de la Convention de sauvegarde des droits de l'homme et des libertés fondamentales »[222].

---

209. V. Civ. 1re, 9 avr. 2013, n° 11-27.071.
210. Comp. Civ. 1re, 5 juill. 2017, n° 16-16.901, s'appuyant sur le droit au respect de la vie privée et familiale pour refuser à une association le droit d'intervenir en justice dans une action relative à la transcription d'un acte de naissance étranger établi relativement à un enfant issu d'une gestation pour autrui.
211. L'action est en principe possible pendant dix ans à compter du jour où l'enfant a été privé de sa filiation s'il s'agit d'une action en recherche, ou du jour où il a joui de cette filiation s'il s'agit d'une action en contestation, mais la prescription de l'action appartenant à l'enfant est suspendue jusqu'à sa majorité : art. 321. Conformément au droit commun procédural, tout intéressé peut agir (art. 31 C. pr. civ.), et les héritiers le peuvent également s'ils exercent l'action de leur auteur avant l'expiration du délai pour agir imparti à ce dernier : art. 322.
212. Fin de non-recevoir tenant à la non-viabilité de l'enfant, empêchant d'examiner la demande de celui qui agit aussi bien en contestation de la filiation établie qu'en établissement du lien.
213. L'action est attitrée : elle est réservée à l'enfant ; pendant sa minorité, le parent à l'égard duquel la filiation est établie peut agir : art. 325 et 327 et 328. Le parent peut agir pendant toute la minorité de l'enfant ; l'enfant a dix ans à compter de sa majorité.
214. Art. 330.
215. Tout intéressé peut agir, dans le délai de l'article 321.
216. Art. 335.
217. Art. 333.
218. V. Civ. 1re, 15 mai 2013, n° 11-25.205 ; Civ. 1re, 2 avr. 2014, n° 13-16.487 — sur l'article 321 : Civ. 1re, 7 nov. 2018, n° 17-25.938 — sur l'article 320 : Civ. 1re, 2 avr. 2014, préc. — sur l'article 333 : Civ. 1re, 28 mai 2014, n° 13-17.619 — Comp. Civ. 1re, 1er févr. 2017, n° 15-27.245 — Civ. 1re, 7 mars 2018, n° 17-70.039, rappelant que le contrôle de conventionnalité échappe à la procédure de demande d'avis.
219. Pour l'article 333 : Civ. 1re, 6 juill. 2016, n° 15-19.853 — pour l'article 320 : Civ. 1re, 5 oct. 2016, n° 15-25.507 — sur l'article 321 : Civ. 1re, 7 nov. 2018, n° 17-25.938 — Pour l'article 336 du Code civil et les articles 422 et 423 du Code de procédure civile : Civ. 1re, 10 juin 2015, n° 14-20.790.
220. Pour la cassation d'un arrêt ayant omis de procéder au contrôle de conventionnalité concret en s'en tenant à un contrôle abstrait, sommaire de surcroît, à propos de l'article 321, V. Civ. 1re, 21 nov. 2018, n° 17-21.095.
221. CEDH 2 juin 2005, *Znamenskaya c/ Russie* : atteinte au droit à la vie privée de la mère en refusant d'établir la paternité biologique et de modifier le nom de l'enfant.
222. Civ. 1re, 6 juill. 2016, 5 oct. 2016, préc. Adde Civ. 1re, 2 mars 2022, n° 20-23.282.

**321** ***Enfant né d'une personne transgenre.*** L'application des principes de vie privée et d'égalité suscite *de délicates questions* en matière de transsexualité. La loi du 18 novembre 2016 prévoit que le changement de sexe du père juridique ou de la mère juridique ne produit aucun effet sur les filiations antérieurement établies[223]. Mais cet enfant ne pourrait-il pas invoquer son droit au respect de sa vie privée et familiale et demander, pour des raisons d'identité, à ce que sa filiation juridique coïncide avec le nouveau sexe juridique de son parent ? Quel sera en outre l'impact du changement de sexe sur la filiation d'un enfant né antérieurement mais qui n'aurait pas encore été établie au jour du changement de sexe, ou sur celle d'un enfant qui naîtra après le changement de sexe ? Si le changement de sexe civil a été accompagné d'une réassignation sexuelle du parent, la filiation pourra être établie aisément à partir des règles de droit commun. Il en ira différemment dans le cas contraire : l'enfant aura alors été accouché par une personne de sexe biologique féminin quoique désignée comme étant un homme à l'état civil, ou enfanté par une personne de sexe biologique masculin quoique désignée comme étant de sexe féminin à l'état civil. Comment résoudre la difficulté tenant à la discordance entre leur parenté biologique et la parenté civile de leur auteur ? Peut-on dans l'acte de naissance désigner comme mère le parent qui n'a pas accouché et comme père le parent qui a accouché ? La difficulté est d'autant plus grande que l'article 320 bloque l'établissement d'une filiation paternelle lorsque l'enfant est déjà doté d'un père, et réciproquement côté maternel. Le droit de l'enfant à voir établie sa filiation, l'égalité des enfants, mais aussi la vie privée de l'enfant, sont alors engagés. *Quid*, en outre, de l'identité de l'enfant : la CEDH rattache à la vie privée la connaissance des ascendances génétiques de l'enfant ; dans le même temps, le droit européen consacre la notion d'identité de genre au profit du transsexuel : comment concilier les deux ? La doctrine plaide pour un droit spécial de la filiation[224]. Une décision remarquée de la cour d'appel de Montpellier a considéré que le père biologique de l'enfant, après être devenu une femme à l'état civil, pouvait obtenir la transcription de la reconnaissance prénatale qu'il avait effectuée, et être mentionné dans l'acte de naissance de l'enfant comme étant le « parent biologique » de l'enfant tout en étant désigné sous son sexe féminin (14 nov. 2018, RG n° 16/06059 ; *JCP* 2019. 95 ; *D.* 2019. 110). La décision a été cassée par la Cour de cassation (Civ. 1re, 16 sept. 2020, n° 18-50.080 et 19-11.251). La Cour a en effet jugé que la loi française ne permettait pas de désigner dans les actes de l'état civil un « parent biologique », que la cour d'appel ne pouvait ainsi créer une nouvelle catégorie à l'état civil, et que le droit au respect de la vie privée et familiale des intéressées, loin d'imposer cette mention sur l'acte de naissance, y faisait obstacle. La Cour a par ailleurs jugé qu'« en l'état du droit positif » (et plus précisément des art. 61-8, 311-25 et 320), « une personne transgenre homme devenu femme qui, après la modification de la mention de son sexe dans les actes de l'état civil, procrée avec son épouse au moyen de ses gamètes mal n'est pas privée du droit de faire reconnaître un lien de filiation biologique avec l'enfant, mais ne peut le faire qu'en ayant recours aux modes d'établissement de la filiation réservés au père ». Elle a poursuivi en estimant que ces dispositions avaient un but légitime (assurer la sécurité juridique et prévenir les conflits de filiation), étaient conformes à l'intérêt supérieur de l'enfant (en respectant le droit à la connaissance de ses origines et en évitant toute discrimination au sein de la fratrie) et qu'elles ne portaient pas une atteinte disproportionnée au droit au respect de la vie privée et familiale de cette personne, qu'elles ne contraignaient pas à renoncer à son identité de genre. La Cour d'appel de Toulouse a résisté à la Cour de cassation en admettant l'établissement de la maternité alors que l'enfant avait déjà un lien de filiation maternelle établie à l'égard de la femme qui l'a mis au monde : Toulouse, 9 février 2022, https://www.cours-appel.justice.fr/toulouse/communique-de-presse-du-9-fevrier-2022.

**322** ***Rôle de l'intérêt de l'enfant.*** L'intérêt de l'enfant explique le cadre légal de la filiation du titre VII (la loi consacre juridiquement une filiation fondée sur la parenté biologique car elle juge cette filiation conforme à son intérêt) mais ne constitue jamais le critère sur lequel le droit interne appuie directement

223. V. déjà Civ. 1re, 14 nov. 2006, n° 04-10.058.
224. S. Paricard, *D.* 2018. 75.

la filiation elle-même. Il en va différemment dans l'ordre européen, car la CEDH fait de l'intérêt de l'enfant l'un des critères déterminants dans les décisions relatives à l'établissement d'un lien de filiation (ou sa contestation) sur le fondement du droit à la vie privée. Elle s'est ainsi explicitement fondée sur lui pour condamner la France en matière de GPA, en considérant que les décisions refusant l'établissement du lien de filiation entre l'enfant et le couple commanditaire étaient contraires à sa vie privée et à son intérêt. Mais la malléabilité du standard est dangereuse : elle permet tout aussi bien de critiquer les dispositions refusant d'aligner le lien juridique sur la parenté biologique, que celles qui l'acceptent. Si l'intérêt de l'enfant consiste *a priori* à faire établir juridiquement la réalité biologique, et coïncide ainsi avec son droit à la vie privée[225], il n'est pas exclu qu'il puisse dans certains cas pencher du côté de l'admission d'une filiation détachée du lien charnel et ainsi entrer en conflit avec le droit à la vie privée[226]. Est-il acceptable que l'intérêt de l'enfant puisse ainsi peser sur le lien de filiation au gré des circonstances du cas : âge de l'enfant, intérêt personnel ou patrimonial en jeu, durée de la vie commune, existence d'autres enfants, relations entretenues avec les autres membres de la famille, et pourquoi pas défaut de qualités du parent contesté, qualités du parent revendiqué, importance de son patrimoine, éventuels problèmes de santé, *etc.* ? On mesure le gouffre qui s'ouvre devant la filiation… La Cour de cassation semble parfois convaincue du danger : elle a ainsi jugé que « l'intérêt supérieur de l'enfant ne constitue pas en soi un motif légitime de refus de l'expertise biologique »[227]. On aimerait qu'elle soit aussi prudente dans son contrôle de la conformité du droit de la filiation à l'article 8 Conv. EDH.

## 2 • L'adoption

**323** ***Cadre légal.*** Le droit subordonne l'adoption à diverses conditions légales et impose son prononcé en justice, le juge étant chargé de vérifier le respect de ces conditions et la conformité de l'adoption à l'intérêt de l'enfant. Au-delà de ce cadre général invariant, il reçoit deux types d'adoption : l'adoption plénière, qui remplace la filiation d'origine par une filiation adoptive, et l'adoption simple qui ajoute aux liens d'origine des liens de filiation adoptive. Les effets radicaux de la première expliquent qu'elle soit plus rigoureusement encadrée que la seconde. Un tel encadrement s'efforce de concilier les droits et intérêts en présence, c'est-à-dire ceux de l'adopté, de la famille d'origine, de l'adoptant. Les lois récentes donnent à voir le renforcement, à maints égards, de la liberté d'adopter. Ainsi de la loi n° 2022-219 du 21 février 2022, qui a ouvert l'adoption aux couples de pacsés ou de concubins, réduit la durée nécessaire de vie commune ou l'âge minimum pour adopter, *etc.* L'ordonnance n° 2022-1292 du 5 octobre 2022 a essentiellement procédé à des modifications formelles.

### a) L'adopté

**324** ***Intérêt de l'enfant.*** La CIDE fait de l'intérêt de l'enfant *le principe directeur de l'adoption* (art. 21, § 1) et la CEDH y veille. Le Conseil constitutionnel a également jugé à l'occasion de la loi ouvrant le mariage aux couples de personnes de même sexe que les dispositions de l'article 353

225. V. par ex. *Mandet c/ France*, 14 janv. 2016 : un enfant, sa mère et l'époux de celle-ci reprochaient à une décision judiciaire d'avoir détruit la paternité du mari de la mère à la demande du père biologique de l'enfant, au motif que ces mesures étaient disproportionnées au regard de l'intérêt supérieur de l'enfant qui exigeait le maintien de la filiation établie depuis plusieurs années et la préservation de la stabilité affective dont il bénéficiait. La Cour a conclu à la non-violation de l'article 8 en soulignant que les juridictions françaises avaient placé l'intérêt supérieur de l'enfant au cœur de leurs considérations et avaient jugé que l'intérêt de l'enfant était avant tout de connaître la vérité sur ses origines, même s'il considérait le mari de sa mère comme son père : ce faisant, elles n'avaient pas fait indûment prévaloir l'intérêt du père biologique sur celui de l'enfant mais avaient considéré que l'intérêt de l'enfant et du père biologique se rejoignaient en partie.

226. L'intérêt de l'enfant est un critère déterminant pour apprécier la légitimité d'une limite à la réalité biologique. V. ainsi à propos de l'impossibilité de faire établir sa paternité lorsque l'enfant bénéficie d'une vie familiale harmonieuse auprès du frère de sa mère décédée : *Yousef c/ Pays Bas*, 5 nov. 2002.

227. Civ. 1re, 13 juill. 2016, n° 15-22.848. Mais V. Civ. 1re, 14 oct. 2020, n° 19-12.373 et n° 19-18.791 : justifie légalement sa décision au regard des articles 8 CEDH et 3, &1, CIDE, la cour d'appel qui accueille l'action en contestation de paternité exercée par un homme marié et fondée sur le fait que l'enfant est issu d'une assistance médicale à la procréation réalisée après la cessation de la vie commune entre les époux en estimant que l'intérêt supérieur de l'enfant réside dans l'accès à ses origines personnelles et que la destruction du lien de filiation à l'égard du mari de sa mère n'exclut pas pour l'avenir et de façon définitive l'établissement d'un nouveau lien de filiation. *Adde* la jurisprudence relative à la gestation pour autrui, v. ss°347 s.

« mettent en œuvre l'exigence résultant du dixième alinéa du Préambule de la Constitution de 1946 selon laquelle l'adoption ne peut être prononcée que si elle est conforme à l'intérêt de l'enfant » (Déc. nº 2013-669 DC du 17 mai 2013, cons. 54). Des lois récentes ont d'ailleurs été ordonnées à cette considération, comme la loi du 14 mars 2016 relative à la protection de l'enfance, qui a renforcé la prise en compte de cet intérêt et de la parole de l'enfant. Les limites de ce critère sont importantes. Elles tiennent d'abord à *la confusion trop fréquente de deux ordres distincts, l'ordre de la parenté et l'ordre de la parentalité*, le premier destiné à intégrer l'enfant dans un système de parenté, et le second à assurer sa charge affective et matérielle, éducative et alimentaire. Parce que l'adoption est l'un (inscription dans un ordre généalogique par la filiation) et l'autre (conséquences pratiques en termes d'autorité parentale, d'obligation alimentaire, de vocation successorale, de nom, *etc.*), elle doit être configurée de telle sorte qu'elle puisse remplir ces deux fonctions, ce qui n'est malheureusement pas toujours le cas, le désir d'adoption des adultes prenant progressivement le pas sur l'intérêt de l'adopté. La disparition de la condition d'altérité sexuelle du couple procédant à une adoption conjointe à la suite de l'ouverture du mariage aux couples de personnes de même sexe par la loi du 17 mai 2013 en est une illustration, car elle peut compliquer l'intégration symbolique de l'enfant dans un système de parenté traditionnellement structuré par la différence des sexes et des générations[228]. Et la décision rendue le 17 mai 2013 par le Conseil constitutionnel confirme ce glissement, puisque le Conseil a considéré que rien (et donc pas même l'intérêt de l'enfant)[229] n'imposait « que les liens de parenté établis par la filiation adoptive imitent ceux de la filiation biologique » (Déc. nº 2013-669 DC du 17 mai 2013, cons. 51)[230]. Elles tiennent ensuite au *caractère insaisissable de l'intérêt de l'enfant concrètement appréhendé* : les intérêts d'un enfant sont en réalité multiples, changeants, difficiles à saisir objectivement, *etc.* Si l'on essaie de préciser l'intérêt de l'enfant en matière d'adoption, il semble possible de distinguer trois niveaux.

**325** ***L'intérêt à être adopté en soi.*** La filiation adoptive est *subsidiaire* par rapport à la filiation fondée sur l'engendrement charnel, conformément à l'article 7 de la CIDE : « l'enfant est enregistré dès sa naissance et a, dès celle-ci, le droit à un nom, le droit d'acquérir une nationalité et, dans la mesure du possible, le droit de connaître ses parents et d'être élevé par eux ». Ce n'est donc que par exception, lorsque la nécessité s'en fait sentir, que le droit ouvre l'adoption. Ainsi s'expliquent les deux situations qui rendent l'enfant « adoptable » (comp. art. 21 CIDE) : lorsque sa famille d'origine y consent (c'est qu'elle estime ne pas pouvoir prendre en charge l'enfant) ou lorsque la situation de l'enfant révèle une carence parentale (pupille de l'État, refus abusif de consentement, délaissement parental, *etc.*).

**326** ***L'intérêt à être adopté par cette personne.*** L'intérêt de l'enfant impose de veiller à *l'aptitude du candidat à l'adoption à endosser le rôle de parent.* À cet effet la loi pose des conditions abstraites, tenant à l'âge de l'adoptant, à sa situation familiale. Plus concrètement, il impose parfois au candidat à l'adoption d'obtenir un agrément[231] et charge surtout le juge de vérifier que l'adoption est conforme à l'intérêt de l'enfant (art. 353-1), le placement de l'enfant, c'est-à-dire sa remise à l'adoptant, étant destiné à vérifier la faisabilité du projet d'adoption (art. 351 s.). Depuis la loi n° 2022-219 du 22 février 2022 visant à réformer l'adoption, ces conditions (art. 343 et 343-1) ont été assouplies : large ouverture de l'adoption au couple de conjoints, pacsés ou concubins, diminution du délai de vie commune nécessaire (1 an) ou de l'âge minimum (26 ans).

---

228. V. pourtant : gr. ch., *X et autres c/ Autriche*, 19 févr. 2013, condamnant la législation qui refuse aux couples homosexuels l'adoption conjointe. V. ss 326.

229. Outre l'intérêt supérieur de l'enfant, les requérants invoquaient le « principe de valeur constitutionnelle de la filiation bilinéaire fondée sur l'altérité sexuelle », proclamé par les lois de la République, le droit constitutionnel de tout enfant à voir sa filiation établie à l'égard de son père et de sa mère, et le droit de mener une vie familiale normale.

230. Il eût mieux valu considérer que l'intérêt de l'enfant imposait bien en principe une telle imitation, mais que le législateur pouvait apporter des limites à ce principe, aux conditions habituelles.

231. Art. 353 ; art. L. 225-2 et 17 CASF. Il s'agit de pallier l'absence ou la légèreté de la vérification de l'aptitude à adopter du candidat par les parents d'origine de l'enfant.

**327** ***L'intérêt à être adopté dans certaines conditions.*** Certaines situations appellent *une vigilance particulière*, ou au contraire *une faveur particulière*. Vigilance lorsque l'enfant a moins de deux ans : pour éviter qu'un marché de l'adoption ne se constitue, la loi exige alors qu'il ait été remis au service de l'aide sociale à l'enfance ou à un organisme autorisé pour l'adoption[232], mais elle réserve le cas dans lequel il existe un lien de parenté ou d'alliance jusqu'au sixième degré inclus entre l'adoptant et l'adopté, car le risque évoqué plus haut fait alors défaut. Faveur lorsqu'il s'agit de l'adoption de l'enfant du conjoint (ou du partenaire pacsé ou du concubin), car cette adoption permet à l'enfant de bénéficier d'une double filiation comparable à celle qu'aurait un enfant issu charnellement d'un couple : le droit facilite donc son prononcé, en assouplissant les conditions d'âge auxquelles elle est soumise[233]. Sur les dangers de cette adoption pour le droit au respect de la vie familiale avec les parents d'origine, v. ss 331.

**328** ***Droit de l'enfant à consentir et à être entendu.*** Les réformes successives ont renforcé la place et la parole de l'enfant. *Il doit être auditionné par le juge* chargé de prononcer l'adoption (art. 353-1) : l'enfant capable de discernement est personnellement entendu, selon des modalités adaptées à son âge et son degré de maturité ; il peut être entendu seul ou avec une personne de son choix, le juge pouvant désigner un tiers si le choix du mineur n'est pas conforme à son intérêt ; l'audition directe du mineur est remplacée par celle d'un tiers, désigné par le tribunal, si l'intérêt de l'enfant le commande ; si l'enfant refuse d'être entendu, le tribunal apprécie le bien-fondé du refus. L'enfant doit parfois *consentir à l'adoption*[234] : s'il a plus de treize ans, son consentement est nécessaire (art. 349) ; s'il est majeur, il consentira seul à son adoption selon la jurisprudence[235] ; la loi encadre le consentement en la forme et par une faculté de rétractation pour protéger la qualité de ce consentement. L'adopté doit également *consentir à l'adjonction de nom* résultant de l'adoption simple, s'il est majeur ; s'il a plus de treize ans, il doit consentir *aux choix opérés* par le ou les adoptants s'agissant du choix du nom accolé, de l'ordre des noms accolés, ou de la substitution de nom souhaitée par l'adoptant (art. 363).

**329** ***Droit au respect de la vie familiale de l'adopté.*** L'adoption porte d'abord atteinte à *la vie familiale de l'adopté dans sa famille d'origine*. Le droit de l'enfant à être élevé par ses parents n'existe que « dans la mesure du possible », mais la CEDH veille à ce que la séparation soit justifiée (v. ss 360 s.). Le cadre légal obéit à cette logique en veillant à la nécessité de l'adoption (v. ss 325) et en l'écartant dans certaines situations pour éviter la rupture familiale (v. ss 331)[236].

Le droit au respect de la vie familiale de l'adopté peut aussi *soutenir l'intégration de l'enfant* dans sa famille adoptive. Une fois prononcée, l'adoption engendre une vie familiale que l'État et les tiers doivent respecter (sur quoi, v. ss 360 s.)[237]. En outre, le droit au respect de la vie familiale de l'adopté dans sa famille adoptive peut fonder le prononcé de l'adoption, lorsque l'enfant a tissé un lien préalable avec sa famille adoptive[238]. La jurisprudence rendue en matière de procréation assistée illicite en fut une excellente illustration : jusqu'à ce que la première chambre civile décide, le 18 décembre 2019,

---

232. À défaut, le consentement ne sera pas valable (art. 348-4).

233. Aucune condition d'âge de l'adoptant (art. 370-1), exigence d'une différence d'âge de 10 ans seulement (art. 370-1-1).

234. Ce consentement est un acte strictement personnel, si bien que l'adoption sera impossible si l'altération des facultés de l'adopté potentiel l'empêche de consentir à son adoption (Civ. 1re, 8 oct. 2008, no 07-16.094). On se demande si cette solution ne pourrait pas être écartée comme contraire à l'intérêt de l'enfant.

235. La solution, retenue au sujet de l'adoption simple, toujours possible si l'adopté est majeur (art. 345-1), est difficilement applicable à l'adoption plénière, exceptionnellement possible à l'égard d'un enfant majeur (art. 345), car elle détruit le lien de parenté, il est difficile d'imaginer que cette destruction puisse être imposée aux parents.

236. Ainsi, l'enfant ne sera pas déclaré délaissé s'il a été accueilli par un membre de la famille d'origine. V. aussi les cas limitatifs de l'adoption plénière de l'enfant du conjoint, pour éviter une rupture familiale.

237. La loi du 14 mars 2016 a renforcé cette protection : si l'adopté est mineur, la révocation de l'adoption simple ne peut plus être demandée que par le ministère public. Elle peut être demandée par l'adopté ou l'adoptant si le premier est majeur : art. 368. L'anéantissement d'une adoption frauduleuse sur tierce opposition des enfants de l'adoptant n'est pas contraire au droit à la vie familiale de l'adopté : Civ. 1re, 13 juin 2019, no 18-19.100 — Comp. l'art. 353-2 du Code civil, qui limite la tierce-opposition contre la décision d'adoption au cas de dol ou de fraude des adoptants, limitation jugée conventionnelle au regard des art. 6 et 13 de la Conv. EDH, en ce qu'elle poursuit une finalité légitime (« l'objectif de sécurité et de stabilité de la filiation adoptive ») et est « proportionnée au regard de cet objectif d'intérêt général » : Civ. 1re, 28 juin 2018, nos 16-24.430 et 16-24.756.

238. Comp. art. 352-2, prévoyant que le placement fait obstacle à l'établissement du lien de filiation et à la restitution de l'enfant à ses auteurs.

d'autoriser la transcription de l'acte de naissance étranger s'agissant de la filiation rattachant l'enfant à son parent d'intention, la Cour de cassation rendit plusieurs décisions dans lesquelles elle ouvrit l'adoption à l'enfant né d'une assistance médicale à la procréation pratiquée à l'étranger par une femme célibataire (afin de permettre le rattachement de cet enfant à la femme vivant en couple avec la mère) ainsi qu'à l'enfant issu d'une gestation pour autrui pratiquée à l'étranger (pour permettre son rattachement au parent d'intention biologiquement étranger à l'enfant). Dans ce second cas, elle le fit en invoquant explicitement le droit au respect de la vie familiale de l'enfant : « (le) refus de transcription [...] ne porte pas une atteinte disproportionnée au droit au respect de la vie privée et familiale des enfants, au regard du but légitime poursuivi », grâce à trois éléments, parmi lesquels figurait l'adoption, « qui permet, si les conditions légales en sont réunies et si elle est conforme à l'intérêt de l'enfant, de créer un lien de filiation » entre l'enfant et le parent d'intention[239].

**330** ***Droit au respect de la vie privée.*** L'adoption engage aussi *la vie privée de l'adopté.* L'effacement de la filiation d'origine en cas d'adoption plénière pose d'abord problème au regard du droit aux origines personnelles consacré par la CEDH. Le système français essaie de parvenir à une côte bien mal taillée (comp. la validation du dispositif de l'accouchement sous X, v. ss 316)[240]. Le caractère adoptif de la filiation relève en outre, d'après la Cour de cassation, de la vie privée de l'intéressé[241] : si les tiers ont accès aux actes d'état civil et peuvent donc connaître cet élément, il leur est en revanche interdit de le révéler publiquement[242].

### b) La famille d'origine

**331** ***Droit au respect de la vie familiale de la famille d'origine.*** L'adoption engage *le droit à la vie familiale de la famille d'origine*, dans des conditions assez différentes selon le type d'adoption utilisé et selon ses modalités. Parce que l'adoption plénière détruit en principe le lien de filiation, elle prive l'enfant de sa famille d'origine et réciproquement la famille d'origine de l'enfant, et constitue donc une atteinte au droit au respect de la vie familiale de l'enfant dans sa famille d'origine et de celle-ci. La CEDH a ainsi jugé que l'adoption plénière, par le concubin de la mère, d'un enfant majeur handicapé, (et l'effacement de la filiation d'origine qui en résultait) était une ingérence dans le droit à la vie familiale de la mère[243]. Mais l'adoption simple est elle aussi problématique, en ce qu'elle conduit en principe au transfert de la charge de l'enfant sur les adoptants et prive la famille d'origine de la présence ce dernier. Il convient donc de veiller aux conditions qui entourent l'adoption. Le droit français s'inscrit dans cette logique de protection de la famille d'origine en soumettant en principe l'adoption au *consentement des parents d'origine* et en veillant à la qualité de ce consentement (art. 348 s.)[244], et en encadrant *le placement de l'enfant* pour qu'il n'intervienne qu'une fois vérifié la défaillance ou le consentement de cette famille (art. 351). Le droit français s'inscrit aussi dans la jurisprudence de la CEDH qui admet aujourd'hui que l'adoption soit prononcée en l'absence du consentement des parents d'origine en vérifiant soigneusement les circonstances[245] : le parent auquel l'autorité a été retirée perd le pouvoir de consentir à

239. Comp. Civ. 1re, 21 sept. 2022, n° 20-18.687 : un père avait été débouté de la demande de retrait d'autorité parentale qu'il avait formé contre la mère porteuse d'un enfant né en Inde ; il reprochait à cette décision de porter atteinte au droit à la vie privée et familiale de l'enfant. La Cour répond que « la voie de l'adoption des enfants par le conjoint du père demeure ouverte, si les conditions en sont remplies, ce qui suppose en particulier que le juge vérifie la validité et la portée de la déclaration du 30 juillet 2010 par laquelle la mère a renoncé à ses droits parentaux et qu'il s'assure de sa conformité avec l'intérêt de l'enfant ».

240. Sur le caractère proportionné de l'atteinte à la vie privée de l'adopté résultant de l'impossibilité de faire établir le lien de filiation fondé sur l'engendrement, au regard des circonstances du cas (connaissance effective de ses origines personnelles par l'adopté, qui n'est pas privée d'un élément essentiel de son identité ; intérêts du père allégué et de la famille adoptive ; intérêt général attaché à la sécurité juridique et à la stabilité des liens de filiation adoptifs), V. Civ. 1re, 14 oct. 2020, n° 19-15.783.

241. Sur l'absence de secret de l'adoption imposé par la loi, et de disposition légale ou réglementaire prévoyant que le caractère adoptif de la filiation soit dissimulé lors de la délivrance de copies intégrales d'actes de naissance, V. Civ. 1re, 31 mars 2016, n° 15-13.147.

242. Civ. 1re, 18 oct. 2017, n° 16-19.740.

243. *Emonet c/ Suisse*, 13 déc. 2007.

244. Civ. 1re, 21 sept. 2022, n° 20-18.687, préc.

245. *Söderbäch c/ Suède*, 28 oct. 1998 ; *Gorgülü c/ Allemagne*, 26 févr. 2004.

l'adoption ; le juge peut juger abusif le refus de consentement (art. 348-7) ou déclarer l'enfant délaissé (art. 388-1 s.). Des réformes récentes ont renforcé la protection de la famille d'origine : *limitation du recours à l'adoption plénière* de l'enfant du conjoint (art. 370-1-3)[246] ; *préservation des droits de la famille d'origine dans la procédure d'immatriculation d'un enfant comme pupille de l'État* (art. L. 224-4 s. CASF), après déclaration d'inconstitutionnalité (Déc. n° 2012-268 QPC du 27 juill. 2012) ; affirmation par la loi du 14 mars 2016 relative à la protection de l'enfance de ce que « le maintien de l'enfant dans sa famille doit être privilégié ». Certaines solutions peuvent poser problème : ainsi de la soumission de l'adoption simple de l'enfant majeur au consentement de l'adopté, et non à celui des parents d'origine, dont les intérêts ne pourront être pris en considération par le juge lors du prononcé de l'adoption, que de façon indirecte, sous couvert de l'intérêt de l'enfant[247] ; ainsi du refus d'annuler une adoption prononcée alors que le consentement des parents d'origine a été vicié[248] ; ainsi encore de l'ouverture restrictive de la tierce opposition (il faut qu'il y ait dol ou fraude imputable aux adoptants : art. 353-2)[249] ; ainsi des effets de l'accouchement sous X (v. ss 318). Leur justification abstraite par l'intérêt de l'enfant à bénéficier de stabilité dans la famille de l'adoptant n'exclut pas qu'il soit invoqué, dans un cas concret, que de telles solutions portent une atteinte disproportionnée au droit de la famille d'origine. La Cour de cassation a ainsi censuré une décision d'appel qui avait rejeté l'intervention volontaire du père de naissance dans la procédure d'adoption plénière de l'enfant né sous X, définitivement immatriculé comme pupille de l'État et placé en vue de son adoption. La Cour d'appel avait considéré que cette intervention volontaire était irrecevable, faute de qualité à agir du père de naissance, dès lors qu'aucun lien de filiation n'existait à l'égard de l'enfant, tout en soulignant elle-même que cet homme avait « démontré sa détermination, par les nombreuses démarches qu'il a[vait] engagées pendant les mois qui ont suivi la naissance de l'enfant, à faire reconnaître sa paternité ». La cassation est intervenue pour manque de base légale : la cour d'appel aurait dû « rechercher, comme il le lui était demandé, si l'irrecevabilité de l'action du père de naissance, qui n'avait pu, en temps utile, sans que cela puisse lui être reproché, faire valoir ses droits au cours de la phase administrative de la procédure, ne portait pas, eu égard aux différents intérêts en présence, une atteinte disproportionnée au droit au respect de sa vie privée et familiale en ce qu'elle interdisait l'examen de ses demandes » (Civ. 1re, 27 janv. 2021, n° 19-15.921, n° 19-24.608, 20-14.012).

#### c) L'adoptant

**332** ***Problématique générale.*** Le droit ne consacre aucun droit à l'enfant, mais protège le désir d'adopter.

**333** ***Refus d'un droit à l'adoption.*** La CEDH considère que le droit au respect de la vie privée et familiale n'ouvre pas le droit de voir juridiquement protégé un simple désir de parenté qui ne s'appuierait ni sur une parenté biologique, ni sur une relation personnelle factuelle : le texte n'ouvre donc aucun droit à adopter[250]. Le Conseil constitutionnel a adopté la même position, lorsqu'il a été saisi de la constitutionnalité de l'article 356, ce texte civil sur lequel se fondait la Cour de cassation pour refuser au partenaire ou concubin d'un parent biologique le droit de demander à adopter, sous la forme plénière, l'enfant en question : il a rejeté le grief en relevant « que le droit de mener une vie familiale normale n'implique pas que la relation entre un enfant et la personne qui vit en couple avec son

---

246. On soulignera que le droit ne prête attention, dans la famille d'origine, qu'à la vie familiale du parent biologique qui sera écarté par l'adoption, et à celle de ses ascendants. Pas un mot sur la protection des relations de l'enfant avec d'éventuels frère et sœur.

247. Le rejet de la demande pourra donc intervenir, mais il devra n'être motivé que par l'intérêt de l'enfant, et par le fait que cette façon de nier les parents d'origine constitue une sorte de meurtre symbolique qui aura des effets désastreux sur l'ordre familial, et préjudiciera donc par ricochet à l'adopté lui-même. V. ainsi Civ. 1re, 6 mars 2013, n° 12-17.183.

248. Civ. 1re, 27 nov. 2001, *Bull. civ.* n° 292. La loi ouvre seulement la voie de la tierce opposition en cas de fraude ou de dol. Comp. CEDH 19 févr. 2013 et 18 juin 2013, condamnant des États qui recourent à l'adoption malgré l'état psychique de la mère ou sa précarité matérielle.

249. Le texte est conforme au droit au tribunal protégé par l'article 6, § 1 selon Civ. 1re, 8 oct. 2014, nos 13-10.109, 13-10.622.

250. Commission 8 févr. 1993, *JRM c/ Pays Bas* ; 22 janv. 2008, *E. B. c/ France*.

père ou sa mère ouvre droit à l'établissement d'un lien de filiation adoptive »[251]. La Cour de cassation retient également cette interprétation, comme l'illustre la décision rendue le 12 janvier 2011 au sujet de l'adoption par les beaux-parents, nouveaux conjoints respectifs des parents : la Cour a jugé que « que le droit au respect de la vie privée et familiale [...] ne commande (pas) de consacrer par une adoption, tous les liens d'affection, fussent-ils anciens et bien établis »[252]. La même solution a été réaffirmée au sujet d'un enfant issu d'une gestation pour autrui réalisée en Inde[253].

**334** ***Droit au respect de la vie familiale.*** La CEDH considère que l'adoption relève du droit au respect de la vie familiale *lorsqu'il existe, avant l'adoption, un lien entre l'enfant et l'auteur considéré*. Elle analyse alors les obstacles à l'adoption comme constituant des ingérences dans le droit à la vie familiale. Ainsi lorsqu'un État refuse de reconnaître sur son territoire une adoption prononcée à l'étranger[254], ou qu'il rejette la demande d'adoption formée par un couple marié auquel un enfant a été provisoirement confié pendant un an et demi, sans aucun examen ni aucune motivation[255]. Mais le refus de prononcer une adoption à l'égard d'un enfant accueilli ou de reconnaître une adoption obtenue à l'étranger sera jugé conventionnel s'il poursuit une finalité légitime et est proportionné à cet objectif (art. 8, § 2), comme le révèle la jurisprudence européenne relative à la « kafala »[256] ; il ne conduira à la condamnation de l'État que s'il ne répond à aucun besoin social impérieux ou n'est pas proportionné au but poursuivi[257].

**335** ***Droit au respect de la vie privée et interdiction des discriminations.*** La CEDH considère en outre que l'adoption relève de la sphère de *la vie privée*, si bien que le cadre juridique de l'adoption (qu'il s'agisse de ses conditions ou de ses effets) doit être respectueux du *principe de non-discrimination* : la distinction est acceptable si elle procède d'une finalité légitime et est proportionnée. La jurisprudence européenne est assez fournie : nationalité du requérant[258] ; orientation sexuelle du requérant[259] ; exclusion des couples non mariés[260] ; exclusion des couples homosexuels[261] ; célibat de l'adoptant[262] ; âge de l'adoptant[263]. La CEDH prend en compte la qualité de la procédure d'adoption, la souplesse d'appréciation des conditions, l'appréciation concrète des circonstances du cas, l'intérêt supérieur des enfants. Les conditions que la loi française consacre, et les distinctions auxquelles elles conduisent inéluctablement, obéissent aux exigences européennes.

**336** ***Indifférence de l'orientation sexuelle des adoptants.*** L'indifférence du droit de l'adoption à l'homosexualité de l'adoptant a été *obtenue par étapes*. L'adoption a d'abord été fermée, en fait, aux homosexuels, car l'administration refusait de leur délivrer l'agrément nécessaire à leur projet, ce que le Conseil d'État avait admis, lorsque le rejet de la demande procédait d'une analyse *in concreto* des

---

251. Déc. n° 2010-39 QPC, 6 mars 2010, *Gas et Dubois*, cons. 8.
252. N° 09-16.527. Même attendu de principe dans, Civ. 1re, 28 févr. 2018, n° 17-11.069 à propos du refus de l'adoption plénière d'un enfant par l'ancien concubin de la mère biologique.
253. Civ. 1re, 21 sept. 2022, n° 20-18.687, préc.
254. *Wagner et J.M.W.L. c/ Luxembourg*, 28 juin 2007 ; *Negrepontis-Giannisis c/ Grèce*, 3 mai 2011.
255. *Moretti et Benedetti c/ Italie*, 27 avr. 2010.
256. Ainsi de l'impossible adoption par une française d'une enfant algérienne recueillie au titre de la « kafala », un juste équilibre ayant été ménagé entre l'intérêt public et l'intérêt de la requérante, les autorités cherchant, dans le respect du pluralisme culturel, à favoriser l'intégration des enfants recueillis en vertu de la kafala, sans les couper immédiatement des règles de leur pays d'origine : *Harroudj c/ France*, 4 oct. 2012 ; sur cette question, V. *Chbihi Loudoudi et autres c/ Belgique*, 16 déc. 2014.
257. *Negrepontis-Giannisis*, préc.
258. *A. H. et autres c/ Russie*, n° 6033/13 et 22 autres requêtes, 17 janv. 2017.
259. *E. B. c/ France*, 22 janv. 2008.
260. Il n'est pas discriminatoire de rejeter la demande, formée par une femme vivant en concubinage avec une autre, et portant sur l'adoption simple de l'enfant de la seconde, en l'absence de différence de traitement basée sur l'orientation sexuelle des requérantes puisque les couples hétérosexuels pacsés se voient également refuser les adoptions simples : *Gas et Dubois c/ France* 15 mars 2012.
261. Les États ne sont pas obligés d'étendre l'adoption coparentale aux couples non mariés, mais ils ne peuvent réserver aux couples hétérosexuels la faculté d'adopter l'enfant de l'autre sans que cela n'entraîne de rupture de la filiation d'origine sans fournir de raisons convaincantes propres à établir que la différence de traitement est nécessaire à la préservation de la famille ou à la protection de l'intérêt de l'enfant : gr. ch., 19 févr. 2013, *X et autres c/ Autriche*. La justification est discutable, au regard des fonctions de l'adoption, V. *supra*, n° Erreur ! Source du renvoi introuvable.
262. *Wagner et J.M.W.L. c/ Luxembourg*, 28 juin 2007.
263. *Schwizgebel c/ Suisse*, 10 juin 2010.

conditions de vie que le requérant pouvait offrir à l'enfant[264]. Après avoir jugé la solution conforme à la Convention[265], la CEDH l'a sanctionnée, au motif qu'elle constituait bien une discrimination, puisque le droit français admettait l'adoption unilatérale par un célibataire[266]. Le Conseil d'État a alors abandonné sa position initiale et permis aux homosexuels célibataires d'adopter un enfant. Dans la foulée, l'encadrement de l'agrément administratif a été renforcé pour assurer le respect des droits fondamentaux du candidat à l'adoption (art. L. 225-2 CASF)[267]. Mais l'adoption restait fermée aux *couples d'homosexuels*, qu'il s'agisse de l'adoption conjointe (inaccessible car réservée aux couples mariés, le mariage étant réservé aux couples hétérosexuels jusqu'à la loi du 17 mai 2013) ou unilatérale (l'adoption plénière car elle faisait disparaître la filiation à l'égard du parent biologique et l'adoption simple car la jurisprudence refusait un montage qui privait le parent biologique de son autorité parentale)[268]. L'argument de discrimination avait donc été soulevé au soutien d'une QPC formée à l'encontre de l'article 365 ; mais tant le Conseil constitutionnel que la CEDH avaient rejeté l'argument dans l'affaire *Gas et Dubois*, le premier le 6 mars 2010 (Déc. n° 2010-39 QPC, cons. 9)[269] et la seconde le 15 mars 2012 (req. n° 25951/07). C'est l'ouverture du mariage aux couples de personnes de même sexe qui a permis aux couples homosexuels d'accéder à l'adoption, conjointe ou unilatérale, le Conseil constitutionnel ayant jugé qu'une telle solution n'était nullement contraire à l'intérêt de l'enfant. Sur quoi, v. *supra* n° 324.

**337** ***Persistance de conditions et distinctions justifiées.*** La loi encadre l'adoption en posant des *conditions d'âge* : en cas d'adoption conjointe, les deux époux, pacsés ou concubins doivent justifier d'une vie commune ayant duré au moins un an ou avoir l'un et l'autre plus de vingt-six ans (art. 343) ; l'adoption unilatérale suppose que l'adoptant a plus de vingt-six ans (art. 343-1) ; conjointe ou unilatérale, l'adoption suppose que l'adoptant ait en principe quinze ans de plus que l'enfant adopté ; l'adoption plénière est en principe réservée aux enfants ayant moins de quinze ans (art. 345). Mais ces conditions poursuivent des finalités légitimes au regard de l'adoption (assurer la distance générationnelle propre au lien de filiation, garantir la maturité de l'adoptant[270], attester la pertinence d'une adoption plénière qui efface en principe la filiation d'origine) et admettent divers aménagements, notamment[271] mais pas seulement[272] en cas d'adoption de l'enfant du conjoint (ou du partenaire pacsé ou du concubin). La loi pose également des conditions relatives à *la situation familiale* des parties. Une personne seule peut adopter, mais le droit impose le consentement du conjoint ou partenaire ou concubin de l'adoptant[273]. L'adoption conjointe était hier réservée aux couples mariés (qu'ils soient ou

---

264. CE 9 oct. 1996, n° 168342.

265. *Fretté c/ France*, 26 févr. 2002 : le rejet de la demande d'agrément en vue d'une adoption n'est pas contraire à l'article 14 (interdiction de la discrimination) combiné avec l'article 8 (droit au respect de la vie privée) de la Conv. EDH, les autorités nationales ayant légitimement et raisonnablement pu considérer que le droit de pouvoir adopter dont le requérant se prévalait trouvait sa limite dans l'intérêt des enfants susceptibles d'être adoptés, nonobstant les aspirations légitimes du requérant et sans que soient remis en cause ses choix personnels.

266. *E. B. c/ France*, 22 janv. 2008. Le raisonnement est peu convaincant : il faudrait commencer par se demander si une telle ouverture est bien conforme à l'intérêt de l'enfant, avant de vouloir l'élargir ainsi ; il est en outre discutable de procéder par analogie, car les deux situations diffèrent sur le plan symbolique de l'altérité sexuelle. De surcroît, on soulignera que la candidate à l'adoption portait seule son projet d'adoption, sa partenaire ne semblant guère y adhérer. Bref, l'intérêt de l'enfant, tant abstraitement que concrètement analysé, était de nature à justifier la solution. Ce sont les intérêts des adultes qui l'ont emporté.

267. De surcroît, l'article 353, alinéa 2, donne au tribunal le droit de prononcer l'adoption malgré le refus d'agrément.

268. Civ. 1re, 19 déc. 2007, n° 06-21.369.

269. « En maintenant le principe selon lequel la faculté d'une adoption au sein du couple est réservée aux conjoints, le législateur a, dans l'exercice de la compétence que lui attribue l'article 34 de la Constitution, estimé que la différence de situation entre les couples mariés et ceux qui ne le sont pas pouvait justifier, dans l'intérêt de l'enfant, une différence de traitement quant à l'établissement de la filiation adoptive à l'égard des enfants mineurs » et « il n'appartient pas au Conseil constitutionnel de substituer son appréciation à celle du législateur sur les conséquences qu'il convient de tirer, en l'espèce, de la situation particulière des enfants élevés par deux personnes de même sexe » : Déc. n° 2010-39 QPC, cons. 9.

270. Y a-t-il discrimination à imposer au célibataire d'avoir 26 ans quand l'adoptant marié peut avoir moins de vingt-six ans s'il est déjà marié depuis 1 an et s'il procède à une adoption conjointe ?

271. Aucune condition d'âge de l'adoptant (art. 370-1), différence d'âge de 10 ans seulement (art. 370-1-1).

272. La condition de différence de quinze ans saute en cas de « justes motifs » : art. 345. L'enfant de plus de quinze ans peut être adopté sous la forme plénière s'il a été accueilli avant cet âge par les adoptants ou s'il s'agit de transformer une adoption simple en adoption plénière.

273. Parce que l'adoption introduit un enfant dans la famille de l'adoptant, conduit souvent à la cohabitation sous le même toit, crée une obligation alimentaire, *etc.*

non de même sexe)[274] et la CEDH avait jugé que cette disposition ne constituait pas une discrimination à l'égard d'un couple non marié d'homosexuels[275]. La loi du 22 février 2022 a étendu l'adoption conjointe aux couples de pacsés ou de concubins. Quant à la Cour de cassation, elle a jugé « que le droit au respect de la vie privée et familiale n'interdit pas de limiter le nombre d'adoptions successives dont une même personne peut faire l'objet »[276]. Dans tous ces cas, le droit espère garantir l'aptitude de l'adoption à remplir sa double fonction, de parenté et de parentalité. La souplesse de ce cadre, qui admet telle ou telle exception, conduit le cas échéant à escamoter la fonction généalogique de l'institution et sème ainsi le désordre dans le droit. On se demande si elle est de nature à convaincre la CEDH[277] ou à transformer telle condition en discrimination.

## 3 • La procréation

**338** ***Un droit à devenir parent ? Jurisprudence européenne. Assistance médicale à la procréation. Cadre légal national.*** La Cour européenne a certes affirmé que « le droit au respect des décisions de devenir ou de ne pas devenir parent » relevait « de la sphère personnelle protégée par l'article 8 » (*Evans c/ RU*, 10 avr. 2007, § 71), puis que la vie privée et familiale englobait un droit à voir respecter leur décision de devenir parents génétiques (*Dickson c/ RU*, 4 déc. 2007, § 66), ou encore qu'il existait un droit de procréer un enfant qui ne soit pas atteint par la maladie génétique dont les parents sont porteurs sains et de recourir pour ce faire à la procréation médicalement assistée et au diagnostic préimplantatoire (*Costa et Pavan c/ Italie*, 28 août 2012, § 57). Mais elle refuse de considérer qu'il existe un droit à devenir parent. Le 3 novembre 2011, dans une affaire S. *H. et autres c/ Autriche*, la grande chambre de la CEDH a ainsi jugé que la législation autrichienne, qui interdisait la fécondation *in vitro* avec tiers donneur n'était pas contraire au droit au respect de la vie privée, car la fécondation *in vitro* « continue à susciter de délicates interrogations d'ordre moral, éthique et sociétal dans lesquelles il faut faire entrer la dignité humaine, le bien-être des enfants ainsi que la prévention des abus possibles » et qu'il convenait de laisser aux États une large marge d'appréciation pour déterminer les modalités d'assistance admissibles, *eu égard à l'importance des considérations d'ordre moral et de l'acceptabilité sociale des techniques en question, et en l'absence d'un consensus européen sur ces questions*[278]. Plus récemment, le 12 novembre 2019 (n° 23038/19 § 16 et 20), elle a considéré que le champ d'application de l'article 8 de la Convention précitée ne comprend pas le droit de fonder une famille et ne saurait englober, en l'état de sa jurisprudence, le droit à une descendance pour des grands-parents. C'est dans cette perspective que le cadre légal de l'assistance médical à la procréation doit être analysé. Ce cadre légal a profondément évolué depuis les deux lois du 29 juillet 1994 : les textes qui fixent les conditions et les effets de l'assistance médicale à la procréation sont issus de la loi du 2 août 2021 relative à la bioéthique, loi complétée sur un point par la loi du 21 février 2022 visant à réformer l'adoption.

**339** ***Droit antérieur. Les conditions.*** Hier, le droit réservait l'assistance médicale à la procréation à *certains bénéficiaires* : les couples mariés ou justifiant d'une vie commune[279], de personnes de sexe différent, vivantes, en âge de procréer et justifiant d'un motif médical (risque de transmission à l'enfant ou à un membre du couple d'une maladie d'une particulière gravité ou d'une infertilité pathologique médicalement constatée : art. L. 2141-2). Il encadrait aussi *les modes d'assistance autorisés* : interdiction du clonage reproductif (art. 16-4) et de la gestation pour autrui (art. 16-7) ; utilisation des techniques répondant à la définition générale que le Code donnait de l'assistance médicale à la procréation, énumérées par les textes

---

274. Silence des textes sur l'adoption (art. 343 et 346) et affirmation explicite de l'égalité des effets du mariage (art. 6-1).
275. *Gas et Dubois c/ France*, 15 mars 2012 ; *X et autres c/ Autriche*, gr. ch., 19 févr. 2013.
276. Civ. 1re, 12 janv. 2011, n° 09-16.527. *Adde* Civ. 1re, 28 févr. 2018, n° 17-11.069.
277. Comp. CEDH 10 juin 2010, *Schwizgebel c/ Suisse*.
278. Sur le premier round, v. *S. H.* et *autres*, 1er avr. 2010.
279. L'assistance sera refusée en cas de rupture du couple. Sur la question du consentement de l'homme, CEDH 10 avr. 2007, *Evans c/ RU*.

réglementaires (art. L. 2141-1 s.)[280], et obéissant aux diverses conditions posées par les textes propres à tel ou tel procédé[281].

**340** ***Droit antérieur. Les effets.*** Le droit désignait comme *seuls parents* les deux membres du couple bénéficiaire, la filiation étant établie selon les modes de la filiation du titre VII (art. 311-20) et une action étant ouverte contre l'homme qui ne reconnaissait pas l'enfant : la filiation se fondait alors sur la procréation volontairement réalisée[282]. À l'égard du *tiers donneur*, aucun lien ne pouvait être établi ; aucune action en responsabilité ne pouvait être engagée (art. 311-19). La question de la filiation de l'enfant qui est conçu et naît à l'issue d'une *assistance à la procréation contraire au cadre légal* s'était rapidement posée. Dans le prolongement de la solution retenue en assemblée plénière en 1991 en matière de gestation pour autrui, il semblait logique de fermer la voie de l'adoption ainsi que celle de la filiation du titre VII, le ministère public ayant le droit de contester une filiation en cas de fraude (art. 336). La Cour de cassation en avait décidé autrement, s'agissant d'enfants issus d'assistances médicales à la procréation ou de gestations réalisées à l'étranger, dans des pays qui ouvrent l'assistance à des bénéficiaires exclus par la loi française ou qui admettent la gestation pour autrui. L'impact de ces décisions sur une assistance illicite réalisée en France posait problème (v. ss 338 et 346).

**341** ***Difficultés d'application.*** Ce cadre légal suscitait diverses questions. Les personnes transsexuelles avaient-elles accès à l'assistance médicale à la procréation ? *La différence de sexe* qu'imposait le Code de la santé publique pour accéder à l'assistance médicale renvoyait-elle au sexe mentionné à l'état civil ou au sexe biologique ? Concrètement, le couple formé de deux femmes, dont l'une était devenue civilement homme sans réassignation sexuelle, pouvait-il y avoir recours ? La question de la conformité de ce cadre à la jurisprudence européenne, au droit de devenir parent génétique et à l'égalité, semblait incertaine au regard du raisonnement adopté par la CEDH dans l'affaire *Goodwin*. Sur quoi, v. ss 290.

**342** ***Critiques.*** On accusait ce cadre de méconnaître le « droit de devenir parent » que la CEDH fonde sur le droit au respect de la vie privée. La Cour a affirmé d'abord que « le droit au respect des décisions de devenir ou de ne pas devenir parent » relevait « de la sphère personnelle protégée par l'article 8 » (*Evans c/ RU*, 10 avr. 2007, § 71). Puis elle est allée au-delà en jugeant que la vie privée et familiale englobait un droit à voir respecter leur décision de devenir parents génétiques (*Dickson c/ RU*, 4 déc. 2007, § 66). Plus récemment, elle a ajouté un droit de procréer un enfant qui ne soit pas atteint par la maladie génétique dont les parents sont porteurs sains et de recourir pour ce faire à la procréation médicalement assistée et au diagnostic préimplantatoire (*Costa et Pavan c/ Italie*, 28 août 2012, § 57). On lui reprochait aussi de violer l'art. 14 Conv. EDH, en instituant des discriminations à l'encontre de tous ceux auxquels elle refusait l'assistance : les célibataires, les couples ne partageant pas de vie commune, les couples homosexuels, les veufs et veuves, les femmes ménopausées, celles qui souffraient d'une infertilité interdisant toute gestation, *etc.* L'accusation était d'autant plus grave que les différences de traitement ainsi instituées se fondaient sur des éléments particulièrement sensibles : l'orientation sexuelle, la situation de famille, l'âge, la santé. Enfin, on reprochait à la loi d'être contraire, en cas d'assistance exogène (don de sperme ou d'ovule, accueil d'un embryon conçu par un autre couple), au droit qu'avait l'enfant de connaître son ascendance génétique, puisque le droit interdisait d'établir toute filiation à l'égard du (ou des) donneur(s) et garantissait son (leur) anonymat.

**343** ***Justifications.*** Un tel raisonnement faisait fi de ce que le droit de devenir parent et celui de faire établir son ascendance génétique sont susceptibles de recevoir *des limites aux conditions habituelles de l'article 8, § 2 Conv. EDH*, et que des différences de traitement peuvent être instituées dès lors qu'elles

280. Soit l'insémination artificielle, la conception *in vitro* d'embryon, le transfert *in vivo* d'un embryon conçu *in vitro*.

281. Conception *in vitro* d'un embryon (art. L. 2141-3), accueil d'un embryon conçu par un autre couple (art. L. 2141-5 et 6), recours à un don de gamètes (art. L. 2141-7), diagnostic préimplantatoire (art. L. 2131-4 s.). À quoi s'ajoutent diverses exigences éthiques tenant aux gamètes utilisables (art. L. 1244-1 s.), et aux règles de sécurité sanitaire, aux établissements (art. L. 2142-1 s.).

282. D'où la critique de la solution jurisprudentielle qui, en cas d'assistance endogène, retient la paternité de l'homme ayant fait apport de ses gamètes, alors même qu'il a retiré son consentement : Civ. 1re, 16 mars 2016, no 15-13.427.

reposent sur une *différence de situation* et qu'il y a *proportionnalité* entre la distinction opérée en droit et la différence de situation existant en fait. Il était possible de considérer que le droit de l'assistance médicale à la procréation poursuivait un *but légitime et respectait la proportionnalité*, dans ses conditions comme dans ses effets. Si le droit de devenir parent était limité, en effet, cela tenait au fait que le droit refusait de s'engager dans un processus de fabrication des êtres relevant de la seule volonté des adultes et conduisant à une forme de réification de l'enfant, appelé à la vie sans se soucier du sens que ce *processus de fabrication* pouvait avoir pour lui ; cet alignement de la procréation assistée sur la procréation naturelle, que réalisaient les conditions relatives au bénéficiaire, poursuivait *l'intérêt* (abstraitement défini) *de l'enfant* (art. 3 CIDE). De même, si la loi refusait l'établissement de la filiation à l'égard du donneur, c'était dans l'intérêt de l'enfant, qui n'avait pas été engendré par le donneur mais par le couple ayant recours à l'assistance médicale à la procréation ; quant à l'anonymat, il était garant de la gratuité du don, évitait toute confusion des rôles entre les divers intervenants, et encourageait au don en assurant la sécurité des donneurs. De même, les différences de traitement instituées l'étaient en considération des différences de situation, et les distinctions opérées semblaient en adéquation avec ces différences factuelles. En somme le législateur s'était efforcé de composer entre les droits en présence : le droit du sujet à procréer, le droit de l'enfant à connaître ses parents et à faire établir son ascendance biologique, l'intérêt de l'enfant à être engendré dans des conditions favorables, *etc.*

**344** ***Cadre légal. Contrôle juridictionnel opéré.*** Nonobstant la légitimité de ces choix politiques qui ne devaient pas grand-chose à une prétendue « loi naturelle » mais procédaient d'une réflexion raisonnée, l'obsession contemporaine des droits fondamentaux conduisait à une recherche d'équité systématique, qui fragilisait le cadre légal.

*Le cadre légal avait bien été validé à plusieurs reprises.* Le 17 mai 2013, le Conseil constitutionnel avait jugé, à propos de la loi ouvrant le mariage aux couples de personnes de même sexe, « que les couples formés d'un homme et d'une femme sont, au regard de la procréation, dans une situation différente de celle des couples de personnes de même sexe », et que « le principe d'égalité ne s'oppose pas à ce que le législateur règle de façon différente des situations différentes dès lors que la différence de traitement qui en résulte est en lien direct avec l'objet de la loi qui l'établit »[283]. Le 3 novembre 2011, dans une affaire *S. H. et autres c/ Autriche*, la grande chambre de la CEDH avait jugé que la législation autrichienne, qui interdisait la fécondation *in vitro* avec tiers donneur n'était pas contraire au droit au respect de la vie privée, car la fécondation *in vitro* « continue à susciter de délicates interrogations d'ordre moral, éthique et sociétal dans lesquelles il faut faire entrer la dignité humaine, le bien-être des enfants ainsi que la prévention des abus possibles » et qu'il convenait de laisser aux États une large marge d'appréciation pour déterminer les modalités d'assistance admissibles, *eu égard à l'importance des considérations d'ordre moral et de l'acceptabilité sociale des techniques en question, et en l'absence d'un consensus européen sur ces questions*[284]. Par ailleurs, dans l'affaire *Gas et Dubois*, le 15 mars 2012, la CEDH avait considéré que la loi ne procédait à aucune discrimination en réservant l'assistance médicale à la procréation aux couples hétérosexuels, après avoir relevé qu'elle était également subordonnée à l'existence d'un but thérapeutique (remédier à une infertilité dont le caractère pathologique a été médicalement constaté ou éviter la transmission d'une maladie grave), et que cette situation n'était pas comparable à celle des requérantes (§ 63). Le 13 juin 2013, le Conseil d'État avait quant à lui jugé que les articles L. 1273-3 et L. 1211-5 CSP n'étaient pas contraires au droit au respect de la vie privée du receveur et de l'enfant, car ils entendaient préserver la vie privée du donneur et de sa famille et préserver la vie familiale dans la famille légale et que les États bénéficiaient d'une grande marge d'appréciation en l'absence de consensus (req. n° 362981 ; CE 12 nov. 2015, req. n° 372121 ; CE 28 déc. 2017, req. n° 396571). Il avait pareillement considéré, le 28 septembre 2018, que la condition d'hétérosexualité était conventionnelle (req. n° 421899).

283. Déc. n° 2013-669 DC du 17 mai 2013, cons. 44.
284. Sur le premier round, v. *S. H.* et *autres*, 1er avr. 2010.

Pour autant, *une certaine fragilité affectait le dispositif*, à raison du caractère évolutif de la jurisprudence européenne et des potentialités du contrôle concret de conventionnalité. Une décision rendue par la CEDH le 8 février 2018 illustrait parfaitement combien la jurisprudence *Gas et Dubois* ne sécurisait pas définitivement le cadre légal de l'assistance médicale à la procréation (CEDH 8 févr. 2018, *Charron et Merle-Montet c/ France*, req. n° 22612/15). Un couple marié constitué de deux femmes, auquel un centre hospitalier avait refusé l'accès à l'assistance médicale à la procréation en se fondant sur la condition légale de différence de sexe, reprochait au Code de la santé publique d'être contraire aux articles 8 et 14 CEDH. Aucun recours pour excès de pouvoir n'ayant été formé contre la décision de refus considérée, la Cour avait jugé la requête irrecevable. La motivation était particulièrement intéressante : la CEDH avait souligné que les voies de recours internes n'étaient pas de toute évidence vouées à l'échec, car le Conseil constitutionnel n'avait statué que de manière indirecte sur la constitutionnalité du dispositif puisqu'il n'était saisi que de la loi du 17 mai 2013, qu'il n'avait pas vérifié la conformité de l'article L. 2141-2 du CSP au droit à une vie familiale normale et au droit au respect de la vie privée, et enfin qu'à supposer même cette disposition jugée constitutionnelle, rien n'empêchait les « juges ordinaires » de considérer que la mesure individuelle prise en application de cette loi était incompatible avec la Conv EDH au regard de son caractère disproportionné dans l'espèce. Le Conseil d'État n'avait d'ailleurs pas attendu l'invitation européenne pour écarter l'une des conditions légales, dans le cadre du contrôle concret de conventionnalité. Dans une célèbre affaire *Gonzalez-Gomez c/ APHP*, il avait jugé, le 31 mai 2016 (req. n° 396848), que l'interdiction de l'assistance *post mortem* posée à l'article L. 2141-2 (et son corollaire, à savoir l'interdiction d'exporter des gamètes prélevés en France pour réaliser à l'étranger une telle assistance : art. L. 2141-11-1) ne portait pas atteinte *en elle-même* au droit au respect de la vie privée et familiale de l'intéressé, mais qu'elle conduisait *en l'espèce* à une ingérence disproportionnée dans le droit de la demanderesse, au regard des circonstances concrètes de l'affaire[285]. Il convenait donc de l'écarter, dans le cas concret, et d'enjoindre l'administration à autoriser l'exportation des gamètes considérés vers l'Espagne, pour permettre à la requérante d'y mener à bien son projet de maternité. Cette solution avait rapidement suscité d'autres prétentions, que la haute juridiction administrative avait contenues, en fait. Le 13 juin 2018, le Conseil d'État avait ainsi été saisi d'un recours formé contre une ordonnance du juge des référés du tribunal administratif de Paris qui avait rejeté une demande comparable d'exportation de gamètes présentée par une femme, après décès de son partenaire pacsé : le Conseil avait rejeté le recours au motif que le partenaire pacsé avait été informé de ce que l'assistance ne pourrait avoir lieu après décès de l'un des membres du couple et que la demanderesse était de nationalité française, résidait en France et n'avait pas de lien particulier avec l'Espagne, étant observé qu'elle y avait pris contact avec un établissement d'assistance médicale à la procréation après le décès de son compagnon (req. n° 421333). La haute juridiction administrative avait reconduit ce double contrôle de conventionnalité le 4 décembre 2018 (req. n° 425446). Un homme avait procédé à un recueil préventif de gamètes après l'annonce d'une maladie dont il est mort deux ans plus tard. Après son décès, sa mère a demandé que les gamètes soient exportés en Israël ; elle se prévalait de ce que son fils avait exprimé, devant ses proches et ses médecins, son désir d'être père et d'avoir une descendance, y compris en cas de décès, et faisait valoir que la législation israélienne autorise l'assistance médicale à la procréation *post mortem* y compris à la demande des parents. Le président du CECOS de l'hôpital Cochin ayant refusé de transmettre à l'Agence de la biomédecine sa demande de transfert des gamètes, elle avait saisi le juge des référés du tribunal administratif de Paris en invoquant le droit au respect de la vie privée et familiale de son fils ainsi que le sien propre. Le juge des référés du tribunal administratif de Paris ayant rejeté sa demande, elle avait saisi le Conseil

285. Absence de fraude, extranéité des époux, résidence de la demanderesse en Espagne, volonté avérée des deux époux de recourir à une assistance *post mortem*, impossibilité pour l'époux de se déplacer en Espagne pour procéder au recueil de gamètes à raison de son état de santé, possibilité d'exporter les gamètes si les époux avaient été vivants, évolution rapide de l'état de santé de l'époux.

d'État. Ce dernier a certes rejeté le recours formé contre l'ordonnance. Mais ce rejet avait procédé de ce que « les circonstances » n'étaient « pas suffisantes » pour considérer que le refus portait une atteinte manifestement excessive aux droits invoqués ; avait notamment été invoqué le fait « qu'il n'apparaît pas que l'intéressé ait eu un projet parental précis, pour lequel il aurait procédé, à titre préventif, à un prélèvement de gamètes en vue de bénéficier d'une assistance médicale à la procréation… ni qu'il ait explicitement consenti, à cette fin, au cas où les tentatives réalisées de son vivant se seraient révélées infructueuses, à l'utilisation de ses gamètes après son décès ». La CEDH a rejeté le recours formé par la mère du défunt, le 5 décembre 2019, aux motifs que le droit à la vie privée et familiale ne comprend pas le droit de fonder une famille et ne saurait englober le droit à une descendance pour des grands-parents (CEDH, 5 déc. 2019, req. 23038/19)
À cela s'ajoutait que la Cour de cassation avait *renoncé à sanctionner la violation de cet encadrement légal*, du moins sur le terrain de *la filiation de l'enfant ainsi conçu*. Le 22 septembre 2014, la Cour de cassation avait été d'avis, à deux reprises, que « le recours à l'assistance médicale à la procréation, sous la forme d'une insémination artificielle avec donneur anonyme à l'étranger, ne fait pas obstacle au prononcé de l'adoption, par l'épouse de la mère, de l'enfant né de cette procréation, dès lors que les conditions légales de l'adoption sont réunies et qu'elle est conforme à l'intérêt de l'enfant » (n^os^ 14-70.006 et 14-70.007)[286]. Le 18 décembre 2019, la première chambre civile de la Cour de cassation avait été au-delà, en admettant la transcription de l'acte d'état civil étranger d'un enfant issu d'une assistance médicale à la procréation réalisée en Angleterre dans un couple de femmes (n^os^ 18-14.751, 18-50.007)[287] : elle avait jugé qu'« en présence d'une action aux fins de transcription de l'acte de naissance étranger d'un enfant, qui n'est pas une action en reconnaissance ou en établissement de la filiation, ni la circonstance que l'enfant soit né d'une assistance médicale à la procréation ni celle que cet acte désigne la mère ayant accouché et une autre femme en qualité de mère ou de parent ne constituent un obstacle à sa transcription sur les registres français de l'état civil, lorsque l'acte est probant au sens de l'article 47 du Code civil ». Elle avait donc cassé l'arrêt d'appel qui avait rejeté la demande de transcription de l'acte de naissance de M… s'agissant de la désignation de Mme A… comme parent et la demande de transcription de l'acte de naissance de O… s'agissant de la désignation de Mme Y… comme parent, « en retenant que les actes de naissance, bien que réguliers et non falsifiés, désignent respectivement Mmes A… et Y… comme parent sans qu'une adoption n'ait consacré le lien de filiation à l'égard de la conjointe de la mère et alors qu'un enfant ne peut avoir qu'une seule mère biologique » : « en statuant ainsi, alors qu'il résultait de ses constatations que les actes de l'état civil étrangers étaient réguliers, exempts de fraude et avaient été établis conformément au droit en vigueur en Angleterre, la cour d'appel a violé les articles 3, § 1, de la Convention de New York du 20 novembre 1989 relative aux droits de l'enfant, 8 de la Convention de sauvegarde des droits de l'homme et des libertés fondamentales et 47 du Code civil. Ces solutions trouvaient leur limite dans l'accord nécessaire du couple de femmes : faute d'un tel accord, en effet, ni l'adoption, ni même une délégation-partage de l'autorité parentale à l'égard de l'enfant n'était possible (ni même, le cas échéant, la préservation des relations personnelles de la mère d'intention avec l'enfant, une telle préservation pouvant être jugée contraire à l'intérêt de l'enfant selon l'intensité du conflit existant au sein du couple de femmes : sur cette impasse sur le terrain de l'autorité parentale, v. Civ. 1re, 31 mars 2021, n° 19-19.275).

---

286. Comp. J. Hauser, *RTD civ.* 2014. 872 ; A.-M. Leroyer, *D.* 2014. 2031. En évitant de parler de fraude, la Cour donnait à penser qu'elle n'avait pas entendu écarter cette qualification mais seulement traiter cette hypothèse différemment de celle de la gestation pour autrui, suivant l'une des pistes tracées par le rapporteur, selon lequel « Les degrés dans l'atteinte à l'ordre public familial justifieraient un traitement différencié de l'insémination artificielle avec donneur et de la gestation pour autrui » : rapport de Madame le conseiller référendaire Rachel Le Cotty, p. 72. Sur l'application de ces solutions, V. Versailles, 15 févr. 2018, nos 17/05286 et 17/05285, censurant TGI Versailles, 29 juin 2017, n° 17/01099, qui avait refusé l'adoption au motif que le silence de l'acte de naissance de l'enfant sur le père biologique ne suffisait pas et que le prononcé de l'adoption plénière revenait à interdire au père de faire établir sa parenté et à le priver d'un droit indisponible. La cour d'appel a jugé que la possibilité d'une reconnaissance était « purement hypothétique » et que le silence de l'acte de naissance sur la filiation parentale permettait de prononcer l'adoption.

287. Pour la réitération de la solution, V. Civ. 1re, 18 mars 2020, n° 18-15.368.

**345** ***Réforme opérée par la loi n° 2021-2017 du 2 août 2021 relative à la bioéthique. Ajout par la loi n° 2022-219 du 21 février 2022 visant à réformer l'adoption.*** Le nombre grandissant d'États ouvrant plus largement l'assistance médicale à la procréation et l'existence d'avis favorables à l'ouverture de l'assistance médicale à la procréation aux couples de femmes et aux femmes célibataires[288] laissaient présager un élargissement de l'ouverture de l'assistance médicale à la procréation. Mais l'adoption de la réforme a été difficile, les deux chambres peinant à s'accorder sur le dispositif. Le 15 octobre 2019, les députés avaient adopté en première lecture un texte qui modifiait profondément le système juridique : redéfinition de l'assistance médicale, désormais « destinée à répondre à un projet parental » ; ouverture de l'assistance à « tout couple d'un homme et d'une femme, de deux femmes et à toute femme non mariée » ; établissement de la filiation de l'enfant issu d'un couple de femmes par la reconnaissance faite conjointement par ces femmes devant le notaire lors du recueil de leur consentement ; possibilité pour l'enfant issu d'un don d'accéder, s'il le souhaitait, à sa majorité, aux informations non-identifiantes et à l'identité du tiers donneur. Le 4 février 2020, le Sénat votait un texte bien différent, tant sur l'ouverture de l'assistance (affirmation dans le Code civil d'un article selon lequel « Nul n'a de droit à l'enfant » ; ouverture de l'assistance aux couples de femmes et aux femmes non mariées mais encadrement de l'assistance médicale à la procréation au sein des couples formés d'un homme et d'une femme, car il devait alors s'agir de remédier à une infertilité dont le caractère pathologique était médicalement diagnostiqué ou d'éviter la transmission à l'enfant ou à un membre du couple d'une maladie d'une particulière gravité ; remboursement réservé à cette dernière) que sur le statut de l'enfant procréé (sa filiation devait être établie par adoption à l'égard du parent d'intention en cas de recours à un tiers donneur ; il pouvait accéder à sa majorité aux données non-identifiantes du tiers donneur mais n'avait accès à l'identité du tiers donneur qu'avec le consentement exprès de ce dernier). Le désaccord ayant persisté en seconde lecture, le vote n'est intervenu qu'après réunion d'une commission mixte paritaire. La loi nouvelle a été promulguée le 2 août 2021.

L'assistance médicale est désormais destinée à répondre à un projet parental, qu'il émane d'un couple constitué d'un homme et d'une femme ou de deux femmes, ou qu'il soit le fait d'une femme non mariée, étant explicitement précisé que cet accès ne peut faire l'objet d'aucune différence de traitement, notamment au regard du statut matrimonial ou de l'orientation sexuelle des demandeurs (art. L. 2141-2). Les hommes célibataires ou couples d'hommes n'ont donc pas accès à l'assistance médicale à la procréation. Et l'exclusion s'explique, car la solution contraire impliquerait d'admettre la gestation pour autrui, ce qui serait contraire à la dignité de l'enfant et à la liberté des femmes. Il est donc impossible d'analyser la solution légale comme une discrimination. Saisi par le Conseil d'État d'une QPC posée par l'association Groupe d'information et d'action sur les questions procréatives et sexuelles, le Conseil constitutionnel a ainsi décidé, le 8 juillet 2022 (déc. n° 2022-1003, QPC), que les dispositions qui ouvrent l'accès à l'assistance médicale à la procréation aux couples formés d'un homme et d'une femme ou de deux femmes ainsi qu'aux femmes non mariées « privent ainsi de cet accès les hommes seuls ou en couple avec un homme », qu'il « s'ensuit que les personnes, nées femmes à l'état civil, qui ont obtenu la modification de la mention relative à leur sexe tout en conservant leurs capacités gestationnelles, en sont exclues », qu'il « ressort des travaux préparatoires que, en adoptant ces dispositions, le législateur a entendu permettre l'égal accès des femmes à l'assistance médicale à la procréation, sans distinction liée à leur statut matrimonial ou à leur orientation sexuelle », que « ce faisant, il a estimé, dans l'exercice de sa compétence, que la différence de situation entre les hommes et

---

288. « Filiation, origines, parentalité, Le droit face aux nouvelles valeurs de responsabilité générationnelle », rapport I. Théry, A.-M. Leroyer, 2014 ; avis du Haut Conseil à l'égalité du 26 mai 2015 ; avis n° 15-18 du Défenseur des droits du 3 juillet 2015 ; avis n° 126 du CCNE du 15 juin 2017 sur les demandes sociétales de recours à l'assistance médicale à la procréation ; avis n° 129, du 18 septembre 2018, Contribution du Comité consultatif national d'éthique à la révision de la loi de bioéthique 2018-2019. Comp. « L'assistance médicale à la procréation, quelles perspectives d'avenir ? », dir. D. Fenouillet, *in La famille en mutation*, *APD* 2014. 157.

les femmes, au regard des règles de l'état civil, pouvait justifier une différence de traitement, en rapport avec l'objet de la loi, quant aux conditions d'accès à l'assistance médicale à la procréation », et qu'« il n'appartient pas au Conseil constitutionnel de substituer son appréciation à celle du législateur sur la prise en compte, en cette matière, d'une telle différence de situation ». La loi maintient l'interdiction de procéder à une assistance après décès d'un des membres du couple[289] ainsi que des conditions d'âge qui « prennent en compte les risques médicaux de la procréation liés à l'âge ainsi que l'intérêt de l'enfant à naître » (art. L. 2141-2), conditions fixées par décret en Conseil d'État, après avis de l'Agence de la biomédecine (43 ans maximum pour la femme et 60 ans maximum pour l'homme, s'agissant d'un prélèvement aux fins d'assistance ; 45 ans pour l'insémination ou le transfert d'embryon pour la femme appelée à porter l'enfant, 60 ans pour l'autre membre du couple : art. R. 2141-36 à 38 rédac. Décr. n° 2021-1243 du 28 sept. 2021). Mais le contrôle de conventionnalité *in concreto* pourrait, le cas échéant, permettre de l'écarter dans un cas particulier (sur quoi, v. *supra*, n° 344).

Lorsque l'assistance a été réalisée avec les gamètes d'un tiers, la loi permet à l'enfant majeur d'accéder à deux sortes d'informations relatives au donneur (art. L. 2143-2) : des informations non-identifiantes énumérées par la loi (âge, état général tel que décrit par le donneur au moment du don, caractéristiques physiques, situation familiale et professionnelle, pays de naissance, motivations du don, rédigées par les soins du donneur : art. L. 2143-3, I) et l'identité du donneur. Elle organise le consentement anticipé de tout donneur (que le don concerne des gamètes ou un embryon) : il doit être informé de ce droit préalablement au don (art. L. 1244-2), et le don est impossible en cas de refus (art. L. 2143-2, al. 2). La loi organise le recueil, par le médecin recevant le consentement du donneur, des informations relatives au donneur, à l'enfant et au(x) bénéficiaire(s) de l'assistance (art. L. 2143-3), prévoit leur conservation par l'Agence nationale de la biomédecine (art. L. 2143-4), et charge la commission d'accès aux données non-identifiantes et à l'identité du tiers donneur placée auprès du ministre de la Santé de permettre cet accès mais aussi d'informer et d'accompagner les demandeurs et les tiers donneurs (art. L. 2143-5 s.). La loi veille à ce que le couple ou la femme qui recourt à l'assistance médicale à la procréation soit informé, avant l'assistance, de ce droit qu'a l'enfant d'accéder à des informations relatives au donneur (art. L. 2141-10, al. 2, 4° et 6°). L'application de ce nouveau dispositif dans le temps est organisée par plusieurs règles, prévues à l'article 5, VII et VIII, de la loi du 2 août 2021. Le droit d'accès n'existe qu'à compter du premier jour du treizième mois suivant la promulgation de la loi (soit le 1er septembre 2023). À compter d'une date fixée par décret, seuls pourront être utilisés ou réimplantés les gamètes et embryons pour lesquels les donneurs auront consenti à ce que l'enfant ait accès aux informations non-identifiantes les concernant et à leur identité, le texte précisant qu'il est mis fin à la conservation des autres gamètes et embryons la veille de cette date. La loi permet en outre aux donneurs antérieurs de transmettre à la commission d'accès ou aux établissements auprès desquels ils ont procédé au don des informations non-identifiantes et identifiantes les concernant. Ce droit transitoire complexe risque de susciter un contentieux important, notamment sur le terrain des droits fondamentaux.

La filiation de l'enfant issu d'un couple hétérosexuel ou d'une femme mariée est établie selon les voies du droit commun du titre VII du livre premier du Code civil. La loi précise, comme hier, qu'aucune

289. CEDH, 12 nov. 2019, req. 23038/19 § 16 et 20 : « le sort des gamètes déposés par un individu et la question du respect de sa volonté qu'elles soient mises en œuvre après sa mort concernent le droit d'un individu de décider de quelle manière et à quel moment il souhaite devenir parent qui relève de la catégorie des droits non transférables » ; rejet de la demande d'exportation des gamètes, présentée par la mère de l'homme après son décès. *Adde* Civ. 1re, 15 juin 2022, n° 21-17.554 : rejet de la demande visant à enjoindre l'APHP de restituer les gamètes de son fils, en l'absence de voie de fait et eu égard à son incompétence : « des gamètes humains ne constituent pas des biens au sens de l'article 1er du protocole additionnel n° 1 à la Convention de sauvegarde des droits de l'homme et des libertés fondamentales, eu égard à la portée économique et patrimoniale attachée à ce texte (CEDH, 27 août 2015, n° 46470/11, § 215) » ; « seule la personne peut en disposer » ; « la liberté de procréer n'entre pas dans le champ de la liberté individuelle au sens de l'article 66 de la Constitution » ; « c'est (donc) à bon droit et sans être tenue de procéder à une recherche inopérante que la cour d'appel, faisant application de l'article R. 2141-18 du Code de la santé publique, a retenu que le refus opposé par l'APHP à la restitution des gamètes se rattachait à ses prérogatives ».

action en contestation n'est possible et qu'aucun lien de filiation ne peut être établi à l'égard du donneur. Elle écarte aussi toute action en responsabilité. La loi a en revanche opté pour des règles spécifiques s'agissant de la filiation de l'enfant issu d'un couple de femmes. L'article 342-11 du Code civil prévoit que le couple procède à une reconnaissance conjointe de l'enfant au moment du recueil du consentement à une assistance avec tiers donneur (al. 1er). Mais cet acte n'a qu'un effet unilatéral : « la filiation est établie, à l'égard de la femme qui accouche, conformément à l'article 311-25 » (al. 2) ; la reconnaissance conjointe ne produit effet qu'à l'égard de l'autre femme. Pour ce faire, cette reconnaissance conjointe est remise par l'une des deux femmes ou, le cas échéant, par la personne chargée de déclarer la naissance à l'officier de l'état civil, qui l'indique dans l'acte de naissance (al. 2). La loi interdit d'établir une autre filiation, tant que celle-ci n'a pas été préalablement contestée avec succès (art. 342-11) et prévoit la responsabilité de la femme qui fait obstacle à la remise à l'officier d'état civil de la reconnaissance conjointe (art. 342-13, al. 3). La reconnaissance conjointe peut en outre être communiquée à l'officier de l'état civil par le procureur de la République à la demande de l'enfant majeur, de son représentant légal s'il est mineur ou de toute personne ayant intérêt à agir en justice. Elle est portée en marge de l'acte de naissance de l'enfant, sauf s'il a déjà une filiation établie à l'égard d'un tiers, par présomption, reconnaissance volontaire ou adoption plénière : il faut alors d'abord contester en justice cette filiation (art. 342-13, al. 4). Le nom de l'enfant est choisi par déclaration conjointe émanée des deux femmes, la loi prévoyant que le double nom dans l'ordre alphabétique est donné à l'enfant en cas de désaccord ou en l'absence de déclaration conjointe (art. 342-12). On regrette une telle solution, qui crée une institution étrange (une reconnaissance conjointe qui ne produit effet qu'à l'égard d'un seul de ses auteurs) et distingue l'enfant issu d'un couple de femmes des autres enfants nés d'une assistance médicale à la procréation, la différence de situation ne paraissant pas de nature à justifier la différence de traitement.

Le législateur s'est également soucié du sort des enfants issus d'une assistance médicale à la procréation antérieurement réalisée, à l'étranger, au sein d'un couple de femmes. L'article 6, IV, de la loi n° 2021-2017 du 2 août 2021 relative à la bioéthique leur ouvre la possibilité, dans les trois années de la publication de la loi, de « faire, devant le notaire, une reconnaissance conjointe de l'enfant dont la filiation n'est établie qu'à l'égard de la femme qui a accouché », étant précisé que « cette reconnaissance établit la filiation à l'égard de l'autre femme », et qu'elle est inscrite en marge de l'acte de naissance de l'enfant sur instruction du procureur de la République, qui s'assure que les conditions prévues par la loi sont bien réunies. Cette disposition, qui suppose une reconnaissance conjointe, n'est d'aucune utilité pour la mère d'intention lorsque la femme ayant accouché de l'enfant refuse son concours. L'article 9 de la loi n° 2022-219 du 21 février 2022 visant à réformer l'adoption a donc prévu une solution « à titre exceptionnel, pour une durée de trois ans à compter de la promulgation de la présente loi ». « Lorsque, sans motif légitime, la mère inscrite dans l'acte de naissance de l'enfant refuse la reconnaissance conjointe prévue au IV de l'article 6 de la loi n° 2021-1017 du 2 août 2021 relative à la bioéthique », la femme qui n'a pas accouché peut « demander à adopter l'enfant » : elle doit alors « rapporter la preuve du projet parental commun et de l'assistance médicale à la procréation réalisée à l'étranger avant la publication de la même loi, dans les conditions prévues par la loi étrangère ». La loi précise que l'on ne pourra lui opposer ni l'absence de lien conjugal ni la condition de durée d'accueil prévue au premier alinéa de l'article 345 du Code civil. Il appartient alors au tribunal de prononcer l'adoption, mais seulement, dit la loi, « s'il estime que le refus de la reconnaissance conjointe est contraire à l'intérêt de l'enfant et si la protection de ce dernier l'exige », et la décision doit être « spécialement motivée ». L'adoption entraîne alors « les mêmes effets, droits et obligations qu'en matière d'adoption de l'enfant du conjoint, du partenaire d'un pacte civil de solidarité ou du concubin ». On observera que : 1) la réciproque n'est pas vraie (la femme qui a accouché de l'enfant ne peut imposer à la mère d'intention d'assumer l'enfant, alors même qu'elle a concouru à cette procréation),

et que 2) l'enfant ne peut pas agir pour faire établir sa filiation à l'égard de cette mère d'intention. Le dispositif est-il conforme au droit à la vie privée et familiale de l'enfant tel que l'entend la CEDH ? Et *quid* de l'égalité entre les deux femmes, notamment lorsque l'enfant, conçu à partir des gamètes de l'une, a été accouché par l'autre ?
Sur la filiation des enfants issus d'une gestation pour autrui, v. § suivant.

**346** ***Avenir. On s'interroge sur l'avenir de ce cadre juridique.*** La réforme fragilise l'encadrement de l'assistance médicale à la procréation. L'abandon du modèle antérieur (de la procréation charnelle) porte à s'interroger sur le devenir des conditions et interdits qui ont été maintenus : condition d'âge, condition de vie des deux membres du couple, interdiction du clonage et de la maternité pour autrui. Faut-il y voir des ingérences dans le droit à la vie privée et familiale des adultes, voire des discriminations entre adultes, et, si oui, l'avenir consistera-t-il à laisser chaque adulte décider discrétionnairement quand, pourquoi et comment il recourt à telle assistance médicale à la procréation ? Une telle solution conduirait à imposer à l'État de soutenir une assistance qui pourra s'avérer très préjudiciable à l'enfant. L'objection consistant à souligner que la procréation charnelle n'est pas toujours favorable à l'intérêt de l'enfant est absurde : le fait n'est jamais, en lui-même, un modèle pour le droit ; l'analogie doit consister à étendre une solution juridique favorable, et non pas préjudiciable[290] ; les deux situations sont tout à fait différentes en fait, puisqu'il s'agit seulement dans un cas de refuser d'aider l'individu à procréer (refuser d'accéder à l'assistance à la procréation conduit à une abstention étatique), quand dans l'autre il faudrait mettre en place des mesures terriblement attentatoires à la liberté individuelle (empêcher des procréations charnelles contraires à l'intérêt de l'enfant impliquerait des actions étatiques extrêmement intrusives et tout simplement impensables)[291]. Les parlementaires semblent d'ailleurs conscients du danger d'une liberté illimitée, puisqu'ils ont maintenu le dispositif antérieur, qui, à titre exceptionnel, permettait au médecin de refuser son concours s'il estimait qu'un délai de réflexion supplémentaire était nécessaire dans l'intérêt de l'enfant à naître (v. art. L. 2141-10, al. 5). On s'interroge sur l'usage que les médecins feront de ce texte à l'avenir. La doctrine s'était émue, hier, de la perspective de « permis de procréer »[292]. À juste titre, car une vérification concrète, au cas par cas, de l'intérêt de l'enfant, ouvre sur le terrain vaseux des multiples intérêts, à court ou long terme, personnel ou patrimonial, à être gâté ou élevé dans l'austérité, accueilli par telle personne bien portante ou à la santé fragile, exerçant telle activité dangereuse ou telle activité lucrative, vivant au sein de tel ou tel couple tumultueux, avec d'autres enfants en bonne santé ou très malades, *etc.* Terrain d'autant plus incertain qu'il concerne un enfant non encore conçu. En imposant au médecin qui refuse d'accéder à la demande d'assistance de motiver son refus (art. L. 2141-10, al. 7), la loi a permis un contrôle juridictionnel de cette décision médicale, mais ce contrôle s'avérera tout aussi délicat à exercer. Un tel système de contrôle individuel de la procréation est-il plus protecteur de l'enfant et des adultes qu'un encadrement général à partir d'un modèle abstrait ? Il est de nature à susciter un contentieux non négligeable au regard des droits fondamentaux.

## 4 • La gestation pour autrui

**347** ***La gestation pour autrui, transgression de principes fondamentaux***[293]. La gestation pour autrui est doublement *attentatoire aux principes et droits fondamentaux*. En ce qu'elle procède d'un accord passé entre un commanditaire (ou un couple de commanditaires) et une femme, qui s'engage à porter et mettre au monde (aussi parfois à concevoir) un enfant pour le ou les commanditaires, et à l'abandonner à la naissance pour le leur remettre, elle est en effet contraire aux principes de

290. Les dispositions odieuses sont interprétées *a contrario*. L'analogie *ad pejus* doit être rejetée.
291. On oublie d'ailleurs que la stérilisation contraceptive répond en partie à cette logique.
292. C. Labrusse-Riou, *Études de bioéthique*, PUF, 2007, présentation M. Fabre-Magnan, p. 79.
293. M. Fabre-Magnan, *La gestation pour autrui, mythes et réalités*, Fayard, 2013.

dignité et d'indisponibilité, du corps humain[294] et de l'état[295] : elle instrumentalise le corps de la femme, qu'elle réifie en la transformant en matrice procréatrice ; elle réifie directement l'enfant, dont elle fait une chose à fabriquer puis livrer ; elle conduit à un pacte sur la filiation de l'enfant, en contenant une renonciation de la mère porteuse à sa maternité, quelles que soient les formes et la portée de la renonciation. Elle fut condamnée à juste titre par la Cour de cassation réunie en assemblée plénière : le 31 mai 1991, elle jugeait au visa des articles 6, 1128 et 353, que « la convention par laquelle une femme s'engage, fût-ce à titre gratuit, à concevoir et à porter un enfant pour l'abandonner à la naissance » est nulle comme contrevenant tant au principe d'indisponibilité du corps humain qu'à celui de « l'indisponibilité de l'état des personnes ». L'interdit fut consacré par la loi du 29 juillet 1994 : « toute convention portant sur la procréation ou la gestation pour le compte d'autrui » (art. 16-7).

**348** ***La gestation pour autrui. Une nécessaire sanction.*** Parce que l'opération viole tant l'intérêt général que les intérêts privés, de la mère porteuse (et des siens, notamment de ses enfants) et de l'enfant ainsi appelé à la vie, cet interdit appelle de fortes sanctions. Outre *la nullité absolue* de toute convention contraire, diverses *sanctions* pourront éventuellement intervenir. Des sanctions civiles d'abord : la première chambre civile a ainsi condamné l'hébergeur d'un site internet étranger « manifestement illicite en ce qu'il contrevenait explicitement aux dispositions, dépourvues d'ambiguïté, du droit français prohibant la GPA et qu'il avait vocation à permettre à des ressortissants français d'avoir accès à une pratique illicite en France », pour n'avoir pas promptement réagi à la demande d'une association visant à le rendre inaccessible en France, et ayant ainsi manqué aux obligations prévues à l'article 6-I-2, de la loi du 21 juin 2004[296]. Des sanctions pénales ensuite : les délits de simulation et dissimulation d'enfant (C. pén., art. 227-13), de faux en écriture publique (C. pén., art. 441-4) ou encore de provocation à l'abandon (C. pén., art. 227-12) peuvent s'appliquer ; plus spécifiquement, pourra être incriminé « le fait de s'entremettre entre une personne ou un couple désireux d'accueillir un enfant et une femme acceptant de porter en elle cette enfant en vue de le leur remettre » (C. pén., art. 227-12), ou « de procéder à une insémination artificielle par sperme frais ou mélange de sperme » (C. pén., art. 511-12) ; mais seuls des tiers (l'intermédiaire ou celui qui pratique l'insémination) pourront ainsi être condamnés, les commanditaires et la mère porteuse ne pouvant être poursuivis que comme complices. Cet arsenal pénal a interdit la constitution en France d'un « marché privé de la procréation » mais il peine à dissuader les commanditaires de recourir à une gestation pour autrui à l'étranger, le principe de territorialité de la loi pénale faisant souvent[297] obstacle au jeu des incriminations[298]. De ce point de vue, l'application du crime de réduction en esclavage, défini depuis la loi du 5 août 2013, comme « le fait d'exercer à l'encontre d'une personne l'un des attributs du droit de propriété » (C. pén., art. 224-1) pourrait être bien plus efficace[299]. La dernière sanction à laquelle on peut recourir est le refus d'établissement de *la filiation de l'enfant*, mais elle est aujourd'hui incertaine à

294. On nie son existence, en confondant la libre disposition de soi et le droit de propriété (la liberté individuelle du sujet *en* son corps ne signifie pas que le corps est *la propriété* du sujet), en escamotant toutes les différences subtiles qu'opère le droit positif, entre le rapport du sujet à son corps (il s'exprime aujourd'hui sous la forme d'un droit extra-patrimonial : art. 16-1) ou au corps d'autrui, et en oubliant que le cadre légal de la santé publique fait de la disponibilité une exception étroitement encadrée par de nombreuses conditions (parmi lesquelles la gratuité mais aussi la finalité légitime, de santé publique). Sur quoi, v. D. Fenouillet, « La personne dans le commerce juridique », *in Un ordre juridique nouveau ?*, Dialogue avec Louis Josserand, dir. W. Dross, Th. Favario, Mare Marin, 2014 p. 43 à 72.

295. Là encore, quoi qu'on en dise et qu'on en pense, l'état est indisponible. D'une part la volonté est impuissante à dessiner abstraitement les éléments constitutifs de l'état (ex. le sujet peut bien trouver que la religion est un élément déterminant de son état, ce n'est pas un élément de l'état civil) et leurs critères de détermination (ex. être marié implique d'avoir fait célébrer un mariage dans les conditions des articles 142 et s. du Code civil, et le concubin pourra bien se sentir marié et se vouloir marié, le droit le considérera comme un concubin et non comme un conjoint). D'autre part il n'est possible pour le sujet de changer de nom, de prénom, de sexe, de nationalité, de conjoint, *etc.* que dans les conditions prévues par la loi : le principe est que le nom que l'on a est immuable, que l'on ne peut répudier son conjoint, *etc.* Que les textes réduisent les conditions considérées n'y change rien.

296. Civ. 1re, 23 nov. 2022, n° 21-10.220.

297. Quelques exceptions : TGI Bordeaux, 1er juill. 2015, Lexbase n° 621, 16 juill. 2015, obs. A. Gouttenoire ; T. corr. Blois, 22 mars 2016, *Dr. fam.* 2016, ét. 18.

298. TGI Créteil, 30 sept. 2004, D. 2005. 476.

299. M. Fabre-Magnan, « Les nouvelles formes d'esclavage et de traite, ou le syndrome de la ligne Maginot », *D.* 2014. 491.

l'égard des enfants issus de gestations pour autrui pratiquées à l'étranger dans des pays qui l'acceptent, voire pratiquées en France.

**349** ***Le refus initial de filiation par la Cour de cassation.*** La Cour de cassation a d'abord refusé l'établissement de la filiation à l'égard des commanditaires *par la voie de l'adoption* : en 1991, elle interdisait le recours à l'adoption plénière, au motif que « cette adoption n'était que l'ultime phase d'un processus d'ensemble destiné à permettre à un couple l'accueil à son foyer d'un enfant en exécution d'un contrat tendant à l'abandon à sa naissance par sa mère » et « portant atteinte au principe de l'indisponibilité du corps humain et de l'état des personnes », d'où résultait un véritable « détournement de l'institution de l'adoption »[300]. Trois ans plus tard, la solution était très logiquement étendue à l'adoption simple[301].

Confrontée à *des gestations pour autrui réalisées dans des pays étrangers qui l'admettent*, la Cour de cassation a ensuite *refusé, sur des fondements variés, la transcription* sur les registres de l'état civil français des actes établis à l'étranger et porteurs de filiation, écartant aussi le cas échéant le jeu de l'article 47 du Code civil, qui prévoit la transcription sauf si « l'acte est irrégulier, falsifié ou que les faits qui y sont déclarés ne correspondant pas à la réalité »[302]. La Cour de cassation a d'abord refusé de transcrire *en se fondant sur l'ordre public*[303] : le 6 avril 2011[304], dans trois décisions de principe, elle s'appuyait sur le principe de l'indisponibilité de l'état, principe essentiel du droit français, pour juger qu'il était contraire à ce principe « de faire produire effet, au regard de la filiation, à une convention » de mère porteuse. Deux ans plus tard, le 13 septembre 2013, elle substituait l'argument de la fraude à celui de l'ordre public[305], interdisait la transcription « lorsque la naissance est l'aboutissement, en fraude à la loi française, d'un processus d'ensemble comportant une convention de gestation pour le compte d'autrui, convention qui, fût-elle licite à l'étranger est nulle d'une nullité d'ordre public » et jugeait qu'il convenait d'annuler la reconnaissance effectuée par le père d'intention qui était également le père biologique de l'enfant, le ministère public ayant la possibilité d'agir sans avoir à établir que l'auteur de la reconnaissance n'était pas le parent biologique de l'enfant. La sanction de la fraude s'opposait ainsi à toute filiation : peu importait que le ou les commanditaires aient apporté leurs gamètes, que la filiation soit adoptive ou fondée sur le lien biologique, qu'il s'agisse de transcrire un acte d'état civil étranger ou d'établir directement en France la filiation.

**350** ***La question des droits fondamentaux.*** Ces solutions furent critiquées au nom des droits fondamentaux : droit à la vie familiale des parents commanditaires, droit à la vie privée de l'enfant, interdiction des discriminations, intérêt de l'enfant. Avec raison, la Cour de cassation avait partiellement balayé ces critiques, en soulignant « qu'en présence de cette fraude, ni l'intérêt supérieur de l'enfant que garantit l'article 3, paragraphe 1, de la Convention internationale des droits de l'enfant, ni le respect de la vie privée et familiale au sens de l'article 8 de la Convention de sauvegarde des droits de l'homme et des libertés fondamentales ne sauraient être utilement invoquées ». Peut-être la Cour aurait-elle pu convaincre la CEDH en expliquant combien l'établissement de la filiation revenait à consacrer une opération profondément transgressive, en ce qu'elle porte *gravement atteinte aux droits fondamentaux de deux des parties en présence* : le droit de l'enfant à être traité comme un sujet et non comme un objet, à ne pas être abandonné à la naissance par celle qui l'a mis au monde, et à être élevé

---

300. Ass. plén., 31 mai 1991, préc.
301. Civ. 1re, 29 juin 1994, *RTD civ.* 1994. 842. Le recours à une expertise génétique permettait la démonstration de la fraude : Civ. 1re, 16 févr. 1999, *D.* 1999. 692.
302. Ce qu'il convient d'établir, sans que cela ne présente de difficulté eu égard aux indices parfois laissés derrière eux par les intéressés (voyages fréquents à l'étranger et retour en France avec un nouveau-né ; mentions de l'acte étranger lui-même ; *etc.*).
303. En 2008, elle autorisait le ministère public à agir en nullité d'une transcription intervenue alors que les énonciations de l'acte indiquaient qu'il y avait nécessairement eu recours à une gestation pour autrui : Civ. 1re, 17 déc. 2008, *D.* 2009. 166.
304. Civ. 1re, 6 avr. 2011, nos 09-66.486, 10-19.053 et 09-17.130.
305. Civ. 1re, 13 sept. 2013, nos 12-30.138 et 12-18.315. V. Civ. 1re, 19 mars 2014, no 13-50.005.

par ses deux parents ; le droit de la mère porteuse à être respectée dans son intégrité, à ne pas être réifiée, et à faire établir et respecter sa maternité.

**351** ***Gestation pour autrui à l'étranger. Filiation à l'égard du parent biologique. Solutions jurisprudentielles.*** La CEDH a condamné la France, le 26 juin 2014, dans deux arrêts célèbres (*Mennesson* et *Labassee*)[306], au motif que les parents ne pouvaient invoquer une violation de leur droit au respect de leur vie familiale, mais que le droit français méconnaissait le droit au respect de la vie privée de l'enfant[307]. S'agissant du couple commanditaire, la CEDH relevait l'absence de consensus européen en matière de GPA puis estimait que les requérants n'établissaient pas se heurter à des difficultés insurmontables et ne prouvaient pas qu'ils ne pouvaient pas bénéficier de leur droit au respect de leur vie familiale en France. À l'égard de l'enfant en revanche, elle estimait que le refus de transcrire l'acte de l'état civil étranger manifestait que le lien de filiation n'était pas reconnu par l'ordre juridique français, ce qui portait atteinte à l'identité de l'enfant, à trois égards, sur le terrain de la filiation, de la nationalité, et de la succession. Elle admettait que les autorités françaises pouvaient souhaiter dissuader les ressortissants de recourir à un tel mode de conception, mais relevait que cette mesure « affect(ait) significativement » le droit au respect de la vie privée, « qui implique que chacun puisse établir la substance de son identité, y compris sa filiation », ce qui posait donc « une question grave de compatibilité de cette situation avec l'intérêt supérieur des enfants, dont le respect doit guider toute décision les concernant ». Elle soulignait que « cette analyse prend un relief particulier lorsque, comme en l'espèce, l'un des parents d'intention est également géniteur de l'enfant. Au regard de l'importance de la filiation biologique en tant qu'élément de l'identité de chacun…, on ne saurait prétendre qu'il est conforme à l'intérêt d'un enfant de le priver d'un lien juridique de cette nature alors que la réalité biologique de ce lien est établie et que l'enfant et le parent concerné revendiquent sa pleine reconnaissance ». Elle concluait donc à la violation du droit au respect de la vie privée (*Mennesson*, § 101 ; *Labassee*, § 80). Réitérée à plusieurs reprises, dans des conditions de fait le cas échéant assez différentes[308], ces solutions étaient artificielles lorsqu'elles distinguaient la situation des parents et celle des enfants : dénier aux parents le droit de se plaindre du non-établissement de la filiation en France, tout en autorisant l'enfant à le faire est une affirmation de pure façade car l'enfant incapable est représenté par ses parents d'intention et que de toute façon la filiation est un lien réciproque dont les parents pourront se prévaloir une fois qu'il aura été établi. Elles faisaient en outre l'impasse sur les droits fondamentaux auxquels la gestation pour autrui porte atteinte. Pourtant, le 3 juillet 2015, saisie de deux pourvois formés contre des décisions ayant rejeté une demande de transcription, la Cour de cassation s'alignait sans état d'âme sur la jurisprudence européenne, sans même juger nécessaire de prescrire une mesure d'identification génétique pour vérifier que le parent biologique prétendu était bien l'auteur de l'enfant, comme l'y invitait pourtant l'avocat général et la motivation adoptée par la Cour européenne[309]. Aux visas de l'article 47 du Code civil, de l'article 7 du décret du 3 août 1962 modifiant certaines règles relatives à l'état civil, et de l'article 8 de la Convention de sauvegarde des droits de l'homme et des libertés fondamentales, elle jugeait « que l'acte de naissance concernant un Français, dressé en pays étranger et rédigé dans les formes usitées dans ce pays, est transcrit sur les registres de l'état civil sauf si d'autres actes ou pièces détenus, des données extérieures ou des éléments tirés de l'acte lui-même établissent, le cas échéant après toutes vérifications utiles, que cet acte est irrégulier, falsifié ou que les faits qui y sont déclarés ne correspondent pas à la réalité »[310].

306. Dans une profusion de notes, quelques références : *D.* 2014. 1773, 1797, 1806 et les notes de H. Fulchiron, F. Chénédé, L. d'Avout ; *RTD civ.* 2014. 616, obs. J. Hauser.

307. Irrecevabilité de l'argument de discrimination, non soulevé devant les juridictions internes : § 110.

308. V. notamment les affaires *Foulon c/ France*, 21 juill. 2016, et *Bouvet c/ France*, 21 juill. 2016, où le recours à la gestation pour autrui est le fait d'hommes ; *Laborie c/ France*, 19 janv. 2017.

309. N$^{os}$ 14-21.323 et 15-50.002.

310. Pour la réitération de cette solution en matière de transcription : Civ. 1$^{re}$, 29 nov. 2017, n° 16-50.061.

La portée de ces décisions posait problème à deux égards. L'abandon de la sanction de la fraude conduisait d'abord à se demander si la Cour n'était pas disposée à autoriser l'établissement direct, en France, de la filiation à l'égard du père d'intention ayant fourni ses gamètes pour la conception de l'enfant. La Cour de cassation devait répondre positivement à cette question deux ans plus tard[311]. La formule employée par la réserve (« sauf si [...] les faits qui y sont déclarés ne correspondent pas à la réalité ») portait ensuite à s'interroger sur le point de savoir si la « réalité » désignait la réalité « biologique » (seule pouvait être transcrite la mention de la filiation de l'enfant à l'égard de son parent biologique) ou la réalité « juridique » (la transcription pouvait aussi, le cas échéant, porter sur l'adoption prononcée à l'étranger à l'égard du parent d'intention, voire sur la mention du parent d'intention sur l'acte de naissance de l'enfant).

**352** ***Gestation pour autrui à l'étranger. Ouverture de l'adoption au parent d'intention. Solutions jurisprudentielles.*** La CEDH semblait moins favorable à la filiation lorsque l'enfant issu de la GPA n'avait aucun lien biologique avec les deux membres du couple. Dans une décision *Paradiso et Campanelli c/ Italie*, du 24 janv. 2017[312], la grande chambre avait jugé que les requérants ne pouvaient se prévaloir du droit au respect de la vie familiale vu les faits[313] et que les mesures prises (éloignement de l'enfant et prise en charge par les services sociaux) constituaient bien une ingérence dans leur vie privée mais poursuivaient une finalité légitime (défense de l'ordre et protection des droits et libertés d'autrui) et pouvaient être jugées nécessaires dans une société démocratique car accepter de laisser l'enfant avec les requérants revenait à légaliser la situation créée par eux en violation de règles importantes du droit italien. La CEDH avait donc considéré que les juridictions italiennes avaient ménagé un juste équilibre entre les intérêts en présence. Le 5 juillet 2017, pourtant, la Cour de cassation rendait quatre nouvelles décisions, qui confirmaient la transcription des mentions relatives à la filiation de l'enfant à l'égard de son parent biologique et réglaient en outre la question de la filiation susceptible d'unir l'enfant à son parent d'intention. La Cour refusait la transcription de la filiation maternelle d'intention[314] mais précisait qu'il était possible de recourir à l'adoption dans les conditions du droit commun, s'efforçant de justifier la solution au regard des droits fondamentaux, en soulignant que le refus de transcription portait atteinte au droit au respect de la vie privée et familiale des enfants, mais que la loi poursuivait un but légitime (protéger l'enfant et la mère porteuse ; prévenir la gestation pour autrui) et que l'atteinte était proportionnée au regard de trois éléments : d'abord « l'accueil des enfants au sein du foyer constitué par leur père et son épouse n'est pas remis en cause par les autorités françaises, qui délivrent des certificats de nationalité française aux enfants nés d'une gestation pour autrui à l'étranger » ; « ensuite, en considération de l'intérêt supérieur des enfants déjà nés, le recours à la gestation pour autrui ne fait plus obstacle à la transcription d'un acte de naissance étranger, lorsque les conditions de l'article 47 du Code civil sont remplies, ni à l'établissement de la filiation paternelle » ; et « enfin, l'adoption permet, si les conditions légales en sont réunies et si elle est conforme à l'intérêt de l'enfant, de créer un lien de filiation entre les enfants et l'épouse de leur père » (n$^{os}$ 15-28.597 ; 16-16.901 ; 16-50.025 ; 15-28.597).

L'admission de l'adoption, qui entérinait une pratique gravement contraire à nos principes fondamentaux et ne semblait pas imposée par les droits fondamentaux (la CEDH considérant qu'il est tout à fait

311. Civ. 1$^{re}$, 5 juill. 2017, n$^{os}$ 16-16.901, 16-50.025, 15-28.597.

312. Un enfant né en Russie d'une gestation pour autrui commanditée par un couple d'italiens, qui n'avait aucun lien biologique avec le couple, avait été enregistré à l'état civil en Russie comme né de ce couple et était rentré en Italie avec lui. Mais une procédure pénale avait été immédiatement diligentée pour altération d'état civil, usage de faux et infraction à la loi sur l'adoption (les intéressés avaient amené l'enfant en Italie sans respecter la procédure légale). Et cinq mois plus tard, le tribunal ordonnait la prise en charge de l'enfant par les services sociaux et son placement à des fins d'adoption, ce qui devrait aboutir effectivement à l'adoption de l'enfant.

313. Eu égard à l'absence de tout lien biologique entre eux et l'enfant, à la courte durée de la cohabitation avec l'enfant (six mois en Italie et deux en Russie) et à la précarité juridique des liens existant entre eux, et ce malgré l'existence d'un projet parental et la qualité des liens affectifs.

314. Civ. 1$^{re}$, 14 mars 2018, n° 17-50.021, cassant pour violation de la loi l'arrêt d'appel ayant retenu « que la réalité, au sens de l'article 47 du Code civil, est la réalité matérielle de l'événement déclaré, mais également celle qui existe juridiquement au jour où l'acte de naissance étranger est dressé ».

possible de refuser de consacrer par l'adoption un lien factuel dès lors que le refus poursuit une finalité légitime et qu'il est proportionné, ainsi en matière de kefala, v. ss 333 et 334) avait paru regrettable à beaucoup.

Certains avaient pourtant applaudi une *décision jugée équilibrée*, considérant qu'elle protégerait l'enfant tout en refusant de valider n'importe quelle situation, la procédure d'adoption permettant au tribunal de prendre en compte toutes les conditions entourant la gestation pour autrui, et notamment le consentement de la gestatrice. On pouvait ne pas être convaincu par un raisonnement *qui revenait en réalité implicitement à juger que la gestation pour autrui peut être acceptable dans certaines conditions*, alors qu'elle est *par essence même* contraire aux principes et droits fondamentaux : contraire à la dignité de la femme, qu'elle transforme en matrice procréatrice ; contraire à la dignité de l'enfant qu'elle réifie ; contraire à l'indisponibilité de l'état, qu'elle abandonne aux accords privés.

Loin de se satisfaire de cette solution, d'autres auteurs avaient vu dans le renvoi au droit commun de l'adoption une violation des droits fondamentaux : seul un couple marié pouvait bénéficier d'une adoption plénière, puisqu'en l'absence de mariage, l'adoption par le parent d'intention détruit le lien de filiation d'origine avec le parent biologique ; en outre le contrôle de l'intérêt de l'enfant paraissait inacceptable au regard de la vie privée et discriminatoire, puisque la filiation fondée sur la parenté biologique ne faisait pas l'objet d'un tel contrôle ; à quoi ils ajoutaient que le consentement de la mère porteuse à l'adoption était nécessaire, ce qui fragilisait la position du parent d'intention.

La jurisprudence avait hésité La cour d'appel de Paris avait jugé que l'adoption plénière, théoriquement possible, ne devait pas être prononcée en l'espèce, rien ne permettant d'apprécier les circonstances entourant la conception et la naissance (Paris, 30 janv. 2018, *D. Actu* 14 févr. 2018, obs. M. Borde). Mais nombre de juges du fond avaient accepté de prononcer l'adoption, simple ou plénière (lorsque le mariage des commanditaires la rendait possible).

Soucieuse de tarir une nouvelle source potentielle de contentieux, en fermant la perspective d'une condamnation européenne éventuelle de cette solution française, la Cour de cassation s'est promptement emparée de la procédure de saisine de la Cour européenne pour avis consultatif inaugurée par le Protocole additionnel n° 16. Le 5 octobre 2018, l'assemblée plénière de la Cour de cassation (n° 10-19.053) posait deux questions à la Cour : le refus de transcription de l'acte de naissance de l'enfant en ce qu'il désigne la mère d'intention comme étant sa mère légale, alors que la transcription est admise en tant que l'acte désigne le père d'intention, père biologique de l'enfant, excède-t-il la marge d'appréciation dont l'État dispose au regard de l'article 8, et y a-t-il lieu de distinguer selon que l'enfant a été conçu ou non avec les gamètes de la mère d'intention ? En cas de réponse positive à l'une des deux questions précédentes, la possibilité pour la mère d'intention d'adopter l'enfant de son conjoint, père biologique, ce qui constitue un mode d'établissement à son égard, permet-elle de respecter l'article 8 de la Convention ? Dans l'attente de la réponse de la Cour européenne, la première chambre civile avait, le 20 mars 2019, sursis à statuer dans deux affaires de gestation pour autrui (n^os^ 18-50.008 et 18-12.327, 18-50.006 et 18-11.815 ; *adde* dans une affaire d'assistance médicale à la procréation au sein d'un couple de femmes : n^os^ 18-14.751 et 18-50.007).

**353** ***Gestation pour autrui à l'étranger. Ouverture de l'adoption au parent d'intention. Avis de la Cour européenne du 10 avril 2019***. Le 10 avril 2019, la Cour européenne rendait un avis relativement prudent.

Elle commençait par reformuler les questions au regard des circonstances de fait du litige concret (v. *supra* n^os^ 333 s.). Elle rappelait le litige interne : il portait « sur la reconnaissance dans l'ordre juridique français, eu égard au droit au respect de la vie privée des enfants, d'un lien de filiation entre une mère d'intention et des enfants nés à l'étranger par gestation pour autrui et issus des gamètes du père d'intention et d'une tierce donneuse, dans un cas où l'acte de naissance étranger peut faire l'objet d'une transcription en ce qu'il désigne le père d'intention dès lors qu'il est le père biologique des enfants ».

Partant, d'une part l'avis ne concernerait ni le cas où l'enfant né d'une gestation pour autrui pratiquée à l'étranger est issu des gamètes de la mère d'intention, ni l'hypothèse d'une procréation pour autrui (enfant issu des gamètes de la mère porteuse ; mais v. *infra*, la précision incidente apportée par la Cour en fin d'avis) et d'autre part il ne porterait ni sur le droit au respect de la vie familiale des enfants ou des parents d'intention ni sur le droit au respect de la vie privée des parents d'intention. Elle entendait donc répondre à deux questions (§ 32 et 33) : 1°) le droit au respect de la vie privée, au sens de l'article 8 de la Convention, d'un enfant né à l'étranger à l'issue d'une gestation pour autrui, qui requiert la reconnaissance en droit interne du lien de filiation entre celui-ci et le père d'intention lorsqu'il est le père biologique, requiert-il également la possibilité d'une reconnaissance en droit interne d'un lien de filiation entre cet enfant et la mère d'intention, désignée dans l'acte de naissance légalement établi à l'étranger comme étant la « mère légale », dans la situation où l'enfant a été conçu avec les gamètes d'une tierce donneuse, et où le lien de filiation entre l'enfant et le père d'intention a été reconnu en droit interne ? » ; 2°) dans l'affirmative, le droit au respect de la vie privée de l'enfant, au sens de l'article 8 de la Convention, requiert-il que cette reconnaissance se fasse par la transcription sur les registres de l'état civil de l'acte de naissance légalement établi à l'étranger, ou s'il admet qu'elle puisse se faire par d'autres moyens, tels que l'adoption de l'enfant par la mère d'intention ?

S'agissant de la première question, la Cour était d'avis que le droit devait offrir une possibilité de reconnaissance du lien de filiation légalement établi à l'étranger à l'égard de la mère d'intention. La Cour considérait « que l'impossibilité générale et absolue d'obtenir la reconnaissance du lien entre un enfant né d'une gestation pour autrui pratiquée à l'étranger et la mère d'intention n'est pas conciliable avec l'intérêt supérieur de l'enfant, qui exige pour le moins un examen de chaque situation au regard des circonstances particulières qui la caractérise » (§ 42). Elle poursuivait en estimant que la marge d'appréciation des États, que l'absence de consensus en Europe sur la possibilité d'une reconnaissance juridique du lien de filiation entre les enfants nés d'une gestation pour autrui pratiquée à l'étranger et les parents d'intention pouvait conduire à apprécier largement (§ 43), devait être atténuée dès lors qu'un aspect particulièrement important de l'identité d'un individu se trouvait en jeu, à savoir la filiation (§ 44) et que « d'autres aspects essentiels de leur vie privée » étaient concernés puisqu'il était question de « l'environnement dans lequel (les enfants) vivent et se développent » et des « personnes qui ont la responsabilité de satisfaire à leurs besoins et d'assurer leur bien-être » (§ 45). Elle concluait donc que, dans une situation telle que celle visée par la Cour de cassation dans ses questions (§ 9 et 32 ci-dessus) et délimitée par la Cour au paragraphe 36 ci-dessus, le droit au respect de la vie privée, au sens de l'article 8 de la Convention, d'un enfant né à l'étranger à l'issue d'une gestation pour autrui, requiert que le droit interne offre une possibilité de reconnaissance d'un lien de filiation entre cet enfant et la mère d'intention, désignée dans l'acte de naissance légalement établi à l'étranger comme étant la « mère légale » (§ 46). Elle ajoutait que la reconnaissance du lien de filiation s'imposerait *a fortiori* si la mère d'intention avait fourni les gamètes ayant permis la conception de l'enfant (§ 47).

Quant au point de savoir si la transcription était nécessaire ou s'il était possible de recourir à d'autres moyens, et notamment à l'adoption, elle retenait une solution laissant aux États une liberté assez encadrée. « Vu la marge d'appréciation dont disposent les États s'agissant du choix des moyens », elle reconnaissait qu'il était possible d'opter pour « d'autres voies que la transcription, notamment l'adoption par la mère d'intention ». Encore fallait-il que « les modalités prévues par le droit interne garantissent l'effectivité et la célérité de leur mise en œuvre, conformément à l'intérêt supérieur de l'enfant » (§ 55). La Cour estimait d'abord que la durée de l'incertitude dans laquelle l'enfant se trouve quant à sa filiation à l'égard de la mère d'intention devait être « aussi brève que possible », mais que l'on ne pouvait en « déduire » que la transcription des actes de naissance légalement établis à l'étranger était obligatoire (§ 50). Soulignant à nouveau l'absence de consensus européen sur cette question, la Cour estimait que le choix des moyens à mettre en œuvre pour permettre la reconnaissance du lien enfant-parents d'intention relevait de la marge d'appréciation des États (§ 51). Elle ajoutait que les États n'étaient pas tenus de « reconnaître *ab initio* un lien de filiation entre l'enfant et la mère d'intention » : il convenait seulement que « ce lien, légalement établi à l'étranger, puisse être reconnu au plus tard lorsqu'il s'est concrétisé », ce qu'il appartenait aux autorités nationales d'apprécier « à la lumière des circonstances particulières de l'espèce » § 52). L'intérêt supérieur de l'enfant n'imposait donc pas la transcription de l'acte de naissance étranger, en ce qu'il désigne la mère d'intention comme étant la mère légale : « selon les circonstances de chaque cause, d'autres modalités (pouvaient) également servir convenablement cet intérêt supérieur, dont l'adoption, qui, s'agissant de la reconnaissance de ce lien, produit des effets de même nature que la transcription de l'acte de naissance étranger » (§ 53). Il importait seulement qu'au plus tard », « lorsque le lien entre l'enfant et la mère d'intention s'est concrétisé », « selon l'appréciation des circonstances de chaque cas », il y ait « un mécanisme effectif permettant la reconnaissance de ce lien » et la Cour précisait qu'une procédure d'adoption *pouvait* « répondre à cette nécessité *dès lors* que ses conditions [étaient] adaptées et que ses modalités permett[ai]ent une décision rapide, de manière à éviter que l'enfant soit maintenu longtemps dans l'incertitude juridique quant à ce lien » ; elle ajoutait même qu'il « va de soi que ces conditions doivent inclure une appréciation par le juge de l'intérêt supérieur de l'enfant à la lumière des circonstances de la cause » (§ 54). La voie de l'adoption, qu'autorisait ainsi la Cour européenne, est encore parfois empruntée pour faire établir la filiation à l'égard du parent d'intention, et la Cour de cassation en a profité pour formuler le principe selon lequel, en vertu des articles 16-7, 353, alinéa 1er, 345-1 et 47 du Code civil, « le droit français n'interdit pas le prononcé de l'adoption, par l'époux du père, de l'enfant né à l'étranger de cette procréation lorsque le droit étranger autorise la convention de gestation pour autrui et que l'acte de naissance de l'enfant, qui ne fait mention que d'un parent, a été dressé conformément à la législation étrangère, en l'absence de tout élément de fraude »[315]. Il appartient donc aux tribunaux saisis de la demande d'adoption de vérifier ces différentes conditions[316]. Mais la Cour de cassation a privé cette voie de l'adoption d'une partie de son utilité, puisqu'elle admet désormais la transcription intégrale de l'acte étranger.

**354** ***Gestation pour autrui à l'étranger. Transcription des mentions de l'acte de naissance étranger relatives à la parenté d'intention. Solution d'espèce procédant d'un contrôle* in concreto *de l'Assemblée plénière le 4 octobre 2019. Revirement de jurisprudence opéré par la Première chambre civile le 18 décembre 2019.*** L'avis européen n'a pas arrêté la fuite en avant de la Cour de cassation qui a réussi le tour de force, d'admettre la transcription, d'abord pour des raisons de fait et seulement au regard de l'espèce considérée le 4 octobre 2019, mais ensuite pour des raisons de droit et à titre de principe général, le 18 décembre 2019, soit 75 jours plus tard…

Le 4 octobre 2019, dans l'affaire *Mennesson*, l'assemblée plénière de la Cour de cassation réaffirmait la solution de principe (n° 10-19.053) : exclusion de la transcription de l'acte s'agissant des mentions relatives au parent d'intention ; ouverture de l'adoption au parent d'intention. Elle précisait même que, « eu égard à l'intérêt supérieur de l'enfant, il convient de privilégier tout mode d'établissement de la filiation permettant au juge de contrôler notamment la validité de l'acte ou du jugement d'état civil étranger au regard de la loi du lieu de son établissement, et d'examiner les circonstances particulières dans lesquelles se trouve l'enfant » (§ 16). Mais, elle écartait cette solution, en l'espèce, au motif qu'il n'était pas possible d'imposer aux requérants de déposer une demande d'adoption « alors que l'acte de naissance des deux filles a été établi en Californie, dans un cadre légal, conformément au droit de cet État, après l'intervention d'un juge, la Cour supérieure de l'État de Californie, qui a déclaré M. N… D…, père génétique et Mme V… D…, « mère légale » des enfants, aurait, au regard du temps écoulé depuis la concrétisation du lien entre les enfants et la mère d'intention, des conséquences manifestement excessives en ce qui

315. V. ainsi Civ. 1re, 4 nov. 2020, n° 19-15.739.
316. V. ainsi Civ. 1re, 4 nov. 2020, préc. ; *adde* Civ. 1re, 4 nov. 2020, n° 19-50.042.

concerne le droit au respect de la vie privée » (des deux enfants) (§ 17). Elle refusait ensuite le recours à la possession d'état : rappelant que l'avis européen insistait « sur la nécessité de ne pas fragiliser la situation de l'enfant dès lors que la gestation pour autrui a été réalisée dans les conditions légales du pays étranger et que le lien avec la mère d'intention s'est concrétisé », elle estimait que le recours à une possession d'état constaté par un acte de notoriété « ne présent[ait] pas les garanties de sécurité juridique suffisantes dès lors qu'un tel lien de filiation [pouvait] être contesté en application de l'article 335 du Code civil » (§ 18). Elle en déduisait que, « s'agissant d'un contentieux qui perdure depuis plus de quinze ans, en l'absence d'autre voie permettant de reconnaître la filiation dans des conditions qui ne porteraient pas une atteinte disproportionnée au droit au respect de la vie privée » des enfants, « et alors qu'il y a[vait] lieu de mettre fin à cette atteinte », il convenait de ne pas annuler la transcription des actes de naissance établis à l'étranger sur les registres de l'état civil de Nantes (§ 19).

Le 18 décembre 2019 — donc deux mois et demi après la décision rendue en assemblée plénière — la première chambre civile rendait deux arrêts dans lesquels elle jugeait, au visa des articles 3, § 1, de la Convention de New York du 20 novembre 1989 relative aux droits de l'enfant, 8 de la Convention de sauvegarde des droits de l'homme et des libertés fondamentales et 47 du Code civil, qu'il convenait de faire évoluer la jurisprudence et de procéder à la transcription pure et simple de l'acte de naissance étranger (n$^{os}$ 18-12.327 et 18-11.815).

Elle commençait elle aussi par rappeler l'avis européen (transcription de l'acte à l'égard du père biologique de l'enfant ; reconnaissance du lien de filiation à l'égard de la mère d'intention mentionnée dans l'acte étranger, laquelle doit intervenir au plus tard lorsque ce lien entre l'enfant et la mère d'intention s'est concrétisé), se contentant alors de citer la décision rendue en assemblée plénière le 4 octobre 2019 entre parenthèses, ce qui permettait de la minorer symboliquement. Elle précisait alors que « le raisonnement n'a pas lieu d'être différent lorsque c'est un homme qui est désigné dans l'acte de naissance étranger comme « parent d'intention ».

Elle affirmait ensuite que la voie ouverte par la Cour de cassation le 5 juillet 2017, validée par la Cour européenne, et reprise en assemblée plénière « ne peut trouver application lorsque l'introduction d'une procédure d'adoption s'avère impossible ou inadaptée à la situation des intéressés ». Elle rappelait alors que « l'assemblée plénière de la Cour de cassation a[vait ainsi] admis, au regard des impératifs susvisés et des circonstances de l'espèce, la transcription d'actes de naissance étrangers d'enfants nées à l'issue d'une convention de gestation pour autrui, qui désignaient le père biologique et la mère d'intention ». Mais au lieu d'emprunter ce même chemin, elle optait pour un revirement de jurisprudence. Invoquant les « mêmes impératifs » et la volonté « d'unifier le traitement des situations », elle jugeait qu'« il convient de faire évoluer la jurisprudence en retenant qu'en présence d'une action aux fins de transcription de l'acte de naissance étranger de l'enfant, qui n'est pas une action en reconnaissance ou en établissement de la filiation, ni la circonstance que l'enfant soit né à l'issue d'une convention de gestation pour autrui ni celle que cet acte désigne le père biologique de l'enfant et un deuxième homme comme père ne constituent des obstacles à la transcription de l'acte sur les registres de l'état civil, lorsque celui-ci est probant au sens de l'article 47 du Code civil ». Elle cassait donc la décision d'appel qui n'avait admis qu'une transcription partielle tout en constatant que l'acte de naissance étranger « était régulier, exempt de fraude et avait été établi conformément au droit de l'État du Nevada ou de Californie ».

Le même jour, elle adoptait une solution identique à l'égard d'un enfant issu d'une assistance médicale à la procréation réalisée en Grande Bretagne par un couple de femmes, car « ni la circonstance que l'enfant soit né d'une assistance médicale à la procréation ni celle que cet acte désigne la mère ayant accouché et une autre femme en qualité de mère ou de parent ne constituent un obstacle à sa transcription sur les registres français de l'état civil, lorsque l'acte est probant au sens de l'article 47 du Code civil » (n$^{os}$ 18-14.751, 18-50.007).

La solution a été ultérieurement réitérée (Civ. 1$^{re}$, 13 janv. 2021, n° 19-17.929 et n° 19-50.046).

**355** ***Un revirement problématique.*** Admettre que l'acte étranger doit être transcrit « lorsqu'il est probant au sens de l'article 47 du Code civil » et considérer que tel est le cas lorsque « l'acte était régulier », « exempt de fraude » et qu'il a « été établi conformément au droit de l'État » considéré appelle deux observations : c'est remplacer la condition de conformité de l'acte à la réalité par la condition de conformité au droit étranger, ce qui appelait une explication ; c'est exiger l'absence de fraude de façon totalement artificielle puisque, dans la plupart des cas, la délocalisation procréative a précisément été opérée pour pouvoir contourner l'interdit français, en recourant à la gestation pour autrui et en faisant établir à l'étranger la filiation. Il est en outre paradoxal de viser l'article 3, § 1, de la Convention de New York du 20 novembre 1989, pour adopter une décision qui précisément soustrait la filiation à tout contrôle de l'intérêt concret de l'enfant. On s'étonne notamment de voir la Cour de cassation adopter une solution qui fait l'impasse totale sur le droit de l'enfant à la connaissance de ses origines… Enfin, la solution retenue a pour résultat de permettre à tout Français, sans aucun obstacle ni aucun contrôle, de contourner, en pratique, l'interdiction nationale de la gestation pour autrui en bénéficiant en toute tranquillité en France de tous les fruits d'une telle opération dès lors qu'il a eu la prudence d'y recourir dans un pays étranger qui admet le procédé. Malvenue au fond, la décision est particulièrement critiquable sur le plan des sources. Un tel revirement de jurisprudence, moins de trois mois après la consolidation en assemblée plénière d'une solution adoptée un an et demi avant et validée huit mois avant par la Cour européenne, donne à voir une première chambre civile bien peu soucieuse de sécurité juridique. Ce d'autant plus que l'argument avancé de l'unification peine à convaincre : il est absurde s'il renvoie à l'idée d'égalité de traitement car l'égalité ne réclame pas de traiter également des choses inégales ; il est très regrettable s'il donne à voir une Cour soucieuse d'éradiquer définitivement et radicalement un contentieux embarrassant autour de la GPA. Sans oublier qu'une telle prise de position est démocratiquement illégitime, en ce qu'une telle décision relève, par essence, du politique. Une analyse sociologique permettrait peut-être de comprendre quels facteurs sociaux et individuels ont conduit à la solution. Elle ne saurait pour autant lui trouver une justification.

**356** ***La gestation pour autrui. L'intervention législative à l'occasion de la loi n° 2021-1017 du 2 août 2021 relative à la bioéthique.*** Le législateur s'est dans un premier temps abstenu d'intervenir relativement à la filiation de l'enfant issu d'une gestation pour autrui, se contentant, par *une loi du 18 novembre 2016*, de créer une procédure permettant à toute personne ayant été partie à l'instance et disposant d'un intérêt à le solliciter, de demander à bénéficier du *réexamen d'une décision civile définitive rendue en matière d'état des personnes* lorsqu'il résulte d'un arrêt rendu par la CEDH que cette décision a été prononcée en violation de la CSDHLF et que cette violation, par sa nature et sa gravité, entraîne, pour cette personne, des conséquences dommageables auxquelles la satisfaction équitable accordée en application de l'article 41 de la même Convention ne pourrait mettre un terme (art. L. 452-1 COJ)[317]. Le 16 février 2018, les deux premières décisions de la Cour de réexamen ont justement porté sur des affaires de gestation pour autrui, dont la Cour de cassation avait eu à connaître le 6 avril 2011 (n° 10-19.053) et le 13 septembre 2013 (n° 12-30.138), les deux décisions ayant conduit à une condamnation européenne de la France, la première le 26 juin 2014 (req. n° 65192/11), la seconde le 21 juillet 2016 (req. n° 10410/14). Dans les deux cas, la Cour de réexamen a jugé qu'il convenait de rejuger l'affaire (décisions n^os^ 001 et 002). En conséquence de quoi l'assemblée plénière de la Cour de cassation a jugé, dans la seconde affaire, qu'il convenait de transcrire l'acte étranger en ce qu'il désigne comme père le père d'intention qui est aussi le parent biologique de l'enfant (5 oct. 2018, n° 12-30.138) et, dans la première affaire, une fois rendu l'avis de la CEDH, qu'il convenait de transcrire l'acte, en l'espèce, (v. ss 352 et 354). Il a fallu

317. Cette procédure est entrée en vigueur le 15 mai 2017 mais il était possible à titre transitoire de former une demande de réexamen dans l'année de cette entrée en vigueur lorsque cette demande était motivée par une décision de la CEDH rendue avant cette date (art. 42, II et III de la loi du 18 novembre 2016 et art. 7 du décret n° 2017-396 du 24 mars 2017). La Cour de cassation a jugé qu'il n'était pas possible de saisir le juge des référés pour obtenir la transcription de l'acte étranger : Civ. 1re, 5 juill. 2017, Déc. n° 16-20052.

attendre la loi n° 2021-1017 du 2 août 2021 relative à la bioéthique pour que le législateur se saisisse de la question et modifie l'article 47 du Code civil, ce texte en vertu duquel la Cour de cassation a imposé la transcription intégrale de l'acte étranger. La loi s'est contentée d'ajouter au texte initial, en vertu duquel « tout acte de l'état civil des Français et des étrangers fait en pays étranger et rédigé dans les formes usitées dans ce pays fait foi, sauf si d'autres actes ou pièces détenus, des données extérieures ou des éléments tirés de l'acte lui-même établissent, le cas échéant après toutes vérifications utiles, que cet acte est irrégulier, falsifié ou que les faits qui y sont déclarés ne correspondent pas à la réalité », la phrase suivante : « Celle-ci est appréciée au regard de la loi française ». L'efficacité de cet ajout reste à démontrer, en raison de l'ambiguïté du terme de « réalité », qui peut désigner soit la réalité « matérielle » (en l'occurrence le fait que la femme désignée comme mère légale par le droit étranger a bien accouché de l'enfant) soit la réalité « juridique » (en l'occurrence le fait que telle femme est légalement la mère de l'enfant, au regard du droit étranger) que l'acte est censé constater. À supposer que le législateur ait entendu ne permettre la transcription que pour la filiation reposant sur l'engendrement de l'enfant (donc le père dit « biologique »), quel sera l'effet du texte à l'égard de la femme qui a donné les gamètes ayant permis la conception de l'enfant mais ne l'a pas porté et n'en a pas accouché ? Le texte résistera-t-il à l'argument du droit à la vie privée de la mère « génétique », du droit à la vie privée de l'enfant, de l'égalité entre les femmes, *etc.* ?

**357** ***La gestation pour autrui en France.*** Les solutions jurisprudentielles et législatives dégagées ci-dessus, au-delà des critiques qu'elles suscitent, ne permettent nullement de régler définitivement la question.

Que faire ainsi d'un enfant conçu, porté et né en France d'une gestation pour autrui réalisée dans l'Hexagone ? La question a été posée à la Cour de cassation à propos d'un enfant conçu par insémination artisanale et vendu deux fois, à deux couples successifs. Un couple de pacsés avait conclu avec une femme mariée une convention aux termes de laquelle celle-ci devait porter, contre rémunération, l'enfant qu'elle concevrait à l'aide du sperme de l'un ou de l'autre des deux partenaires. L'enfant, conçu après insémination artisanale, avait été reconnu pendant la grossesse par celui des deux hommes qui n'était pas son père biologique. La mère porteuse avait alors prétendu que l'enfant était mort à la naissance. Elle l'avait en réalité remis dès sa naissance à un autre couple marié. La filiation de l'enfant avait été établie, côté maternel à l'égard de la mère porteuse et côté paternel à l'égard de l'homme marié appartenant au second couple. L'enfant vivait depuis sa naissance au foyer conjugal. Le premier couple avait découvert la supercherie et le père biologique avait alors porté plainte pour escroquerie contre la mère porteuse. Tous les protagonistes avaient été condamnés pénalement. Le père biologique contestait la reconnaissance effectuée par l'homme constituant le second couple et agissait pour faire établir sa paternité. La Cour d'appel avait considéré que l'action en contestation de la reconnaissance de paternité, destinée à lui permettre d'établir sa propre filiation sur l'enfant, reposait sur la convention de gestation pour autrui qu'il avait conclue, et que la demande était irrecevable comme reposant sur un contrat prohibé par la loi. Elle avait estimé que la réalité biologique n'était pas une raison suffisante pour accueillir la demande, au regard du vécu de l'enfant : celui-ci vivait depuis sa naissance chez l'auteur de la reconnaissance et son épouse et il y était élevé dans d'excellentes conditions, de sorte qu'il n'était pas de son intérêt supérieur de voir remettre en cause le lien de filiation avec celui-ci, ce qui ne préjudiciait pas au droit de l'enfant de connaître la vérité sur ses origines. Le père biologique soutenait d'abord qu'il n'existait aucune fin de non-recevoir à son action, ensuite qu'il n'était pas possible de se fonder sur une telle fin de non-recevoir pour rejeter sa demande et maintenir une reconnaissance opérée en exécution d'un contrat de mère porteuse, enfin que le refus d'établir sa paternité était une ingérence dans le droit à la vie privée de l'enfant et que le juge devait donc procéder à un contrôle de conventionnalité *in concreto*, ce qui n'avait pas été fait. Le 12 septembre 2019 (n° 18-20.472), la première chambre civile de la Cour de cassation rejetait sèchement le pourvoi. Elle relevait d'abord que la cour d'appel avait « exactement déduit » des articles 16-7 et 16-9 du Code civil que « la demande en contestation de la reconnaissance de paternité de M. K..., destinée à lui permettre d'établir sa propre filiation sur l'enfant était irrecevable comme reposant sur un contrat prohibé par la loi ». Elle estimait ensuite que la Cour avait mis en balance les intérêts en présence, dont celui de l'enfant, qu'elle avait fait prévaloir, et n'avait donc pas méconnu les exigences conventionnelles résultant de l'article 8 de la Convention de sauvegarde des droits de l'homme et des libertés fondamentales. Elle prenait soin par ailleurs de souligner, d'une part que la Cour d'appel avait observé qu'il en allait ainsi « même si la façon dont ce lien de filiation avait été établi par une fraude à la loi sur l'adoption n'était pas approuvée » et d'autre part qu'elle avait précisé que le procureur de la République, seul habilité désormais à contester la reconnaissance de M. K.., avait fait savoir qu'il n'entendait pas agir à cette fin.

La création de cette fin de non-recevoir, procédant de la conception de l'enfant par gestation pour autrui, suscite la perplexité, ne serait-ce que parce qu'il est paradoxal de refuser l'établissement de la filiation à l'égard du père *biologique* au motif que la demande procède du *contrat* de mère porteuse, et de maintenir la paternité de l'homme qui *n'a pas engendré l'enfant* et se l'est vu *remettre en exécution du contrat* de mère porteuse. On se demande en outre ce qu'il adviendrait en d'autres circonstances : *quid* ainsi, si la mère porteuse avait voulu « conserver » l'enfant ? *Quid* encore d'une reconnaissance qu'opérerait le père biologique : devrait-elle être annulée comme procédant d'un contrat illicite ? Quel serait alors l'impact du droit au respect de la vie privée de l'enfant ? Et celui de son droit à une vie familiale ?

**358** ***Gestation pour autrui. Avenir.*** L'embarras que les pouvoirs publics manifestent en la matière et les hésitations successives du droit s'agissant de la filiation de l'enfant pèsent naturellement sur l'interdit de la gestation pour autrui. Et l'on ne peut manquer de s'interroger sur le point de savoir s'il parviendra à *résister dans son principe même ?* Ce d'autant plus qu'il est aujourd'hui doublement contesté. D'abord au nom de *l'effectivité* et de *la cohérence* : il ne servirait à rien de maintenir un interdit alors que l'on consacre le fruit de sa violation. C'est oublier que l'interdit conserve son effectivité dans l'ordre interne, et que les incriminations pénales de la gestation pour autrui et l'interdiction d'un système organisé expliquent sans doute que la gestation pour autrui ne soit guère pratiquée sur le territoire hexagonal et que le droit ait ainsi empêché l'apparition en France d'un marché de la procréation pour autrui. Mais pour combien de temps ? Ensuite au nom du *droit des femmes à disposer d'elles-mêmes* (c'est à elles seules qu'il conviendrait de décider de prêter ainsi leurs facultés procréatrices à autrui) et de la nécessité d'encadrer le phénomène *pour éviter les abus*. À quoi l'on répondra : que le cadre n'empêchera pas les abus ; que la réalité donne à voir à l'étranger une gestation pour autrui peu éthique, qui met les femmes les plus vulnérables à la disposition d'autrui ; que, serait-elle en situation de consentir librement, la femme n'a pas la liberté de se réduire en esclavage ; qu'elle n'a en toute hypothèse aucun droit sur l'enfant qui lui permette ainsi d'en disposer ; que l'éventuelle liberté (?) de quelques-unes ne doit pas conduire à oublier la contrainte qui pèse sur le plus grand nombre[318] ; que la gratuité d'un acte illicite ne le rend pas licite ; *etc.* La notion même de GPA « éthique » est un non-sens[319].

On regrette que la Cour de cassation n'ait pas choisi *la voie de la résistance*, alors que les décisions européennes étaient éminemment contestables : au regard *du droit qu'a l'enfant de faire établir sa filiation*, ce droit admettant des limites aux conditions habituelles, de finalité légitime et de proportionnalité, et la CEDH n'ayant pas hésité à en faire diverses applications dans des hypothèses où les valeurs en question n'étaient pas plus importantes (par exemple l'accouchement sous X, V. *Odièvre c/ France*, cité *supra*, n° 317) que celles qui fondent l'interdit de la GPA ; mais aussi au regard de *l'intérêt de l'enfant*, un peu trop vite invoqué par les adeptes des droits fondamentaux, tant il est étrange de juger qu'il est de l'intérêt de l'enfant d'être rattaché à des personnes qui ont commandé sa fabrication moyennant finances, le traitant ainsi comme un objet et non comme un sujet. Sans oublier l'impact de la pratique

318. Sur ce raisonnement, consistant à valider l'interdiction de telle pratique, majoritairement adoptée sous la contrainte, alors même que quelques-uns pourraient s'y adonner librement, V. Déc. n° 2018-761 QPC, 1er févr. 2019, *Association Médecins du monde et autres*, cons. 12.

319. M. Fabre-Magnan, « L'impossibilité d'une GPA "éthique" », *in La famille en mutation*, préc., p. 465 s.

sur l'intérêt général des enfants[320]. Le regret est d'autant plus vif qu'il existait d'autres solutions pour assurer la prise en charge de l'enfant : le CCNE avait ainsi souligné que la voie de la délégation était opportune car « elle respecte la réalité des conditions de sa naissance » (avis n° 129, Contribution du CCNE à la révision de la loi de bioéthique, 27 sept. 2018, p. 124).

À tout le moins, la Cour de cassation aurait-elle pu *rappeler l'article 16-7 et les principes d'indisponibilité du corps* (V. art. 16-1, al. 3) et *de l'état* (explicité par l'article 323 en matière de filiation)[321], voire subordonner la transcription de l'acte étranger à la preuve de la réalité du lien biologique fondant la filiation. La doctrine a aussi considéré qu'il aurait mieux valu, si l'on souhaitait s'incliner devant l'intérêt de l'enfant, concrètement entendu — à supposer qu'on adhère à cette justification, hautement discutable au regard de cette notion, v. *supra* n$^{os}$ 346, 349 —, refuser de transcrire l'acte étranger, point d'aboutissement de la fraude commise à l'étranger, et exiger du parent biologique *une reconstruction en France de la filiation*, au moyen de l'un des modes d'établissement organisés par le titre VII[322].

Les rapports et avis du Conseil d'État (CE 28 juin 2018, Révision de la loi de bioéthique : quelles options pour demain ?) et du Comité consultatif national d'éthique (avis 15 juin 2017, n° 126 sur les demandes sociétales de recours à l'assistance médicale à la procréation ; avis 27 sept. 2018, n° 129, contribution du CCNE à la révision de la loi de bioéthique) se sont montrés hostiles à la légalisation du procédé et favorables au maintien de l'interdit. Pour donner corps à cette prohibition, nonobstant le progrès de l'idée de « droit à l'enfant », le vent libéral venant d'Outre Atlantique et le poids économique du marché de la procréation, il convient de *renforcer les sanctions pénales*, en abandonnant le principe de territorialité de la loi pénale et en élargissant les incriminations au couple commanditaire[323]. Repousser cette solution, au prétexte qu'elle ne changera rien dans l'ordre international, et que la question ne peut être résolue que dans cet ordre et par une convention internationale est absurde (une effectivité minimale est mieux qu'une ineffectivité totale) et n'est qu'un prétexte à l'inaction : nul n'a protesté contre le renforcement du droit pénal interne pour lutter dans l'ordre interne contre la traite d'êtres humains au motif qu'il existait des réseaux internationaux.

**359** ***Gestation pour autrui. Cas topique de la dérive des droits fondamentaux.*** Comment est-il possible, dans une société qui se dit soucieuse de l'intérêt de l'enfant et tient de grands discours sur l'amélioration du sort de la femme, que l'on en soit arrivé là ? Les facteurs sont multiples : incapacité d'une société où règne le relativisme à penser ses fondamentaux (la tolérance n'est pourtant pas l'abandon des valeurs essentielles) ; pensée politiquement correcte inapte à penser le social autrement que par la juxtaposition de droits fondamentaux (mais que devient le lien social dans une telle perspective ?) ; efficacité des groupes de pression qui manient la communication avec une grande habileté (opprimées hier, les minorités dictent désormais la loi ; cet excès-là n'est pas plus démocratique que ne l'était le mépris qu'on leur portait hier) ; lâcheté d'un pouvoir politique plus soucieux de paraître *in* que d'assurer la protection de l'ordre social ; usurpation de pouvoir par une Cour européenne devenue seule maître à bord, sans garde-fou démocratique ; perte de vue des avantages de la démocratie législative par la société et course à l'équité du cas ; oubli par les juges eux-mêmes de ce qu'il leur appartient de faire respecter et de respecter eux-mêmes la loi votée par la majorité, la fondamentalisation du droit leur tenant lieu désormais de boussole, et leur donnant l'illusion de défendre la veuve et l'orphelin ; crainte des uns et des autres de passer pour des conservateurs, voire des réactionnaires, et lâcheté qui l'accompagne ; *etc.* Sans oublier le danger d'une telle utilisation des droits fondamentaux, opérant en quelque sorte contre leur propre camp. Comment est-il possible d'inclure le corps des femmes et la personne des enfants dans le commerce juridique au nom des droits fondamentaux ?

---

320. Sur les différents niveaux d'appréciation de l'intérêt de l'enfant, v. M. Fabre-Magnan, *D.* 2015. 224.
321. Sur ce rappel opportun, v. Civ. 1re, 21 sept. 2022, préc.
322. L. d'Avout, *D.* 2014. 1806 — V. Deschamps, *L'engendrement comme fondement de la filiation, Étude sur la cohérence du titre VII du Livre premier du Code civil*, th. Paris II, « Thèse droit privé », LGDJ, 2019.
323. Sur quoi, V. Ch. Blanchard, *in L'assistance médicale…*, *APD* 2014, préc., p. 349 s.

## B • Effets du lien de parenté

### 1 • Statut spécifique de l'enfant mineur

**360** ***Statut spécifique de l'enfant mineur.*** Le droit organise *la protection de l'enfant mineur*, que son immaturité place en situation de faiblesse, en le confiant à ses parents. Ils lui doivent des aliments, jusqu'à ce qu'il soit en mesure de pourvoir seul à ses intérêts[324]. Ils sont dotés à son égard d'une autorité parentale, qui leur confère droit et devoir d'éducation, et les charge de veiller à sa santé, sa sécurité et sa moralité, et d'assurer son développement. Dans la droite ligne de ce gouvernement personnel, les parents ont l'administration légale des biens, c'est-à-dire que ce sont eux qui gèrent le patrimoine de l'enfant. Mais ces deux principes — incapacité du mineur, pouvoirs des parents — ne sont pas absolus. D'une part en effet le droit contemporain soustrait de plus en plus l'enfant au pouvoir parental, en lui conférant une autonomie grandissante. D'autre part, loin de s'en remettre totalement aux parents, il place ceux-ci sous une surveillance plus ou moins étroite de l'État, dans l'espoir d'assurer effectivement le respect de l'intérêt de l'enfant. Ce standard de *l'intérêt de l'enfant* est en effet devenu omniprésent, conformément aux exigences internationales.

#### a) L'impact des libertés et droits fondamentaux

**361** ***Statut de l'enfant mineur. Jurisprudence européenne relative à la séparation.*** La CEDH juge qu'« être ensemble représente un élément fondamental de la vie familiale » (*Olsson c/ Suède*, 24 mars 1988, § 59)[325]. Elle contrôle donc toute séparation parent/enfant[326]. L'intérêt supérieur de l'enfant est déterminant, qu'il s'agisse de mesures étatiques de séparation enfant/parent (*Gnahoré c/ France*, 19 sept. 2000 ; *Hokkanen c/ Finlande*, 23 sept. 1974) ou de l'enlèvement international de l'enfant par l'autre parent (*Maumousseau et Washington*, préc. ; *Neulinger et Shuruk*, préc.)[327].

**362** ***Vérification de la mesure étatique de séparation.*** La CEDH contrôle le principe même de la séparation, en l'analysant comme une ingérence dans le droit au respect de la vie familiale. Au fond, la décision doit être prévue par une loi de qualité suffisante[328], justifiée par un *but légitime* constitué par l'intérêt de l'enfant[329] et *proportionnée* au but recherché[330], la Cour européenne y voyant une sorte de mesure subsidiaire de protection. Sur le *plan procédural*, la CEDH veille à ce que les parents et enfants aient bénéficié d'une procédure satisfaisante[331] : le processus doit être rapide et équitable ; la mise à l'écart des parents lors de la décision initiale doit être indispensable pour protéger l'enfant dans l'urgence ; les parents ont droit à la communication des pièces, sauf nécessaire protection de l'enfant.

**363** ***Contrôle de l'organisation de la séparation.*** Il faut veiller autant que possible à *préserver les droits parentaux malgré la séparation*, seules des restrictions procédant de *l'intérêt supérieur de l'enfant* étant admissibles[332]. Interrompre trop longtemps les relations familiales met en péril la réunion familiale[333], et supprimer tout droit de visite avec le parent détenu n'est possible qu'en présence d'une situation exceptionnelle[334] et il n'est pas possible de supprimer automatiquement l'autorité parentale à

324. L'inaction étatique dans le recouvrement des aliments est une violation de l'article 6, § 1 : CEDH 18 nov. 2010, *Romanczyk c/ France*.
325. *B., H., O. R. et W c/ RU*, 8 juill. 1987.
326. Sur quoi, V. *GAJCEDH*, A. Gouttenoire, p. 618 s.
327. La CEDH a incorporé la Convention de La Haye du 25 oct. 1980 à l'article 8 Conv. EDH et elle considère que cette Convention ne doit pas être interprétée isolément mais en harmonie avec les principes généraux du droit international : *Ignaccolo-Zenide c/ Roumanie*, 25 janv. 2000.
328. La généralité des conditions d'une mesure d'assistance éducative n'est pas problématique : *Schmidt c/ France*, 26 juill. 2007.
329. *Gnahoré c/ France*, 19 sept. 2000.
330. Ex. appartenance sectaire de la mère conduisant au fait qu'elle est embrigadée, coupée du monde, et atteinte dans son intégrité physique : *Schmidt c/ France*, préc.
331. CEDH 26 juill. 2007, *Schmidt c/ France*.
332. *Johansen c/ Norvège*, 7 août 1996.
333. *Olsson*, préc. ; *Gnahoré*, préc.
334. *Messina c/ Italie*, 28 sept. 2000. Sur l'impact de la détention, v. D. Fenouillet, « Peut-on être parent en prison ? », *in La vie privée en prison ;* dir F. Safi, colloque 17 sept. 2017, Lexbase 2018.

titre de peine accessoire[335]. La Cour européenne exerce aussi un contrôle étroit sur les modalités d'organisation de la séparation consécutive à la séparation des parents. Le parent divorcé auquel l'enfant n'est pas confié doit avoir un droit de visite et des contacts avec l'enfant, et la CEDH met à la charge des États l'obligation positive de garantir le respect du droit de visite, tout en prenant en considération le contexte factuel[336]. Là encore, des limites sont envisageables aux conditions habituelles de fond et de procédure[337] : finalité de la mesure, proportionnalité de la mesure, protection procédurale (sans les imposer, elle est attentive à l'audition de l'enfant, à la tenue de l'audience, aux expertises diligentées, *etc.*). Pour la Cour, en matière de garde d'un enfant, l'intérêt supérieur de l'enfant peut avoir un double objet : « lui garantir une évolution dans un environnement sain » ; « maintenir ses liens avec sa famille, sauf dans les cas où celle-ci s'est montrée particulièrement indigne »[338]. L'obligation de réunion peut céder devant l'intérêt supérieur de l'enfant, et la Cour prend en compte la volonté des enfants : ainsi du refus d'exécution forcée du jugement d'adoption en cas d'opposition des enfants[339] ; ainsi du refus opposé par un enfant à l'exercice du droit de visite de son père[340] ; *etc.*

**364** ***Séparation consécutive à un enlèvement international.*** En cas d'enlèvement international de l'enfant, les États doivent prendre toutes les mesures nécessaires pour *assurer effectivement le retour* de l'enfant[341]. La CEDH considère néanmoins qu'il ne peut pas être reproché à un État de prendre en compte *l'ensemble de la situation familiale, l'évolution de celle-ci dans le temps et l'intérêt supérieur de l'enfant*[342]*, la volonté qu'il exprime* étant un élément clé à prendre en considération[343]. Allant au-delà, le droit français s'efforce de prévenir cette situation. Le Conseil d'État avait jugé, en 1999, que chaque parent exerçant l'autorité parentale pouvait demander l'inscription de l'enfant sur son passeport, ce qui revenait à faire une application très souple de la qualification d'acte usuel (art. 372-2)[344] ; puis il avait décidé en 2002 qu'exiger de façon générale l'accord des parents séparés constituait une atteinte grave à la liberté personnelle et à la liberté d'aller et de venir des membres de la famille[345]. Désormais, le JAF peut ordonner l'interdiction de sortie du territoire national sans l'autorisation des deux parents (art. 373-2-6, al. 3).

**365** ***Autorité parentale.*** Au-delà de cet encadrement étroit de la séparation de l'enfant et de ses auteurs, quel impact les droits fondamentaux ont-ils sur le statut du mineur ? L'autorité parentale est une pièce de choix sous l'angle des droits fondamentaux, car elle est tout à la fois la traduction pratique du droit qu'ont les parents à élever leur enfant et de la nécessaire protection de l'intérêt de ce dernier, un mode d'exercice des droits fondamentaux de l'enfant et une entrave à l'autonomie de l'enfant.

**366** ***L'expression des droits des parents.*** La CIDE et la Charte UE font aux parents une place de choix dans la prise en charge du mineur. La CIDE reconnaît aux parents *le droit de guider l'enfant dans l'exercice des droits reconnus par la CIDE*, en fonction de son discernement (art. 5) et affirme que la responsabilité d'élever l'enfant et d'assurer son développement appartient avant tout aux parents et qu'elle leur est commune, que les États doivent les aider à assurer cette responsabilité, mais que les parents doivent respecter *l'intérêt supérieur de l'enfant* (art. 18). La Charte UE, quant à elle, consacre *le droit des parents d'assurer l'éducation et l'enseignement de l'enfant* (art. 14.3). On observera que les normes

335. *Sabou et Pircalab c/ Roumanie*, 28 sept. 2004.
336. *Fourchon c/ France*, 28 sept. 2005 ; *Bove c/ Italie*, 30 juin 2005.
337. *Elsholz c/ Allemagne*, 13 juill. 2000.
338. *Mamousseau et Washington c/ France*.
339. *Pini et Bertani et autres c/ Roumanie*, 2 juin 2004.
340. *Hokkanen c/ Finlande*, 23 sept. 1994.
341. *Ignacollo-Zenide c/ Roumanie*, 25 janv. 2000 ; *Iglesias Gil et A. U. I. c/ Espagne*, 29 avr. 2003 ; *Maire c/ Portugal*, 26 juin 2003 ; *Sylvester c/ Autriche*, 24 avr. 2003.
342. *Neulinger et Shuruk c/ Suisse*, préc., fait de l'intégration de l'enfant un obstacle au retour.
343. *M.K. c/ Grèce*, nº 51312/16, 1er févr. 2018.
344. CE 8 févr. 1999, nº 173126.
345. CE, réf., 4 déc. 2002, nº 252051.

constitutionnelles sont beaucoup moins fournies à cet égard[346]. L'autorité parentale semble en phase avec cette perspective internationale, tant dans son principe que dans sa mise en œuvre[347], les diverses limites existantes répondant *a priori* aux exigences européennes : une base légale ; une finalité légitime (c'est toujours l'intérêt de l'enfant) ; une proportionnalité entre atteinte au droit fondamental et finalité. C'est vrai *des règles d'attribution et d'exercice de l'autorité parentale*. Les cas d'exercice unilatéral sont étroitement définis, fondés sur l'intérêt de l'enfant, présumé (art. 372, al. 2) ou avéré (art. 373-2-1). La séparation parentale est organisée de façon à préserver les droits de chacun (art. 373-2-1 et 9) : les droits de visite et d'hébergement ne seront refusés que pour des motifs graves et pourront être organisés selon des modalités respectueuses de l'intérêt de l'enfant (espaces de rencontre, assistance d'un tiers de confiance, *etc.*) ; le droit de surveiller l'entretien et l'éducation de l'enfant est accompagné d'un droit d'être informé des choix importants de vie ; la résidence peut être organisée en alternance. La loi s'efforce d'éviter un enlèvement international de l'enfant en permettant au juge d'ordonner l'interdiction de sortie du territoire national sans l'autorisation des deux parents (art. 373-2-6, al. 3)[348].

C'est vrai aussi des *diverses mesures qui limitent les pouvoirs parentaux* : assistance éducative, retrait partiel ou total d'autorité[349], délégation d'autorité, enfant confié à un tiers[350], *etc.* Les réformes successives n'ont eu de cesse de veiller au respect des droits des parents lorsque l'enfant leur est « enlevé » et plus généralement lorsque leur autorité est entamée. Le Code de procédure civile veille également au respect des droits processuels des parents, tout particulièrement en matière d'assistance éducative, où le décret du 24 mai 2013 a renforcé les droits des parents : droit d'être entendu ; droit de consulter le dossier ; droit de choisir un conseil ; droit d'être informé de la procédure et de ces divers droits (art. 1181 s.)[351].

Il va de soi que les droits et libertés des parents ne sont pas sans limites. Ainsi du droit de l'éducation et de la santé publique qui limitent la liberté des parents, comme l'illustrent bien l'obligation vaccinale et l'obligation scolaire. Les questions religieuses révèlent également combien l'intérêt de l'enfant est susceptible de justifier des limites à l'exercice par les parents de leurs droits et libertés individuelles[352]. C'est que l'autorité parentale « appartient » aux parents du fait de leur parenté même, mais qu'elle n'est pas un droit subjectif conféré aux parents dans leur intérêt propre : elle constitue un pouvoir ayant pour finalité l'intérêt de l'enfant.

**367** ***Un pouvoir ordonné à l'intérêt de l'enfant.*** Depuis *la loi du 4 juin 1970*, la loi ne parle plus de la puissance paternelle, mais de l'autorité parentale, et l'article 371-1 précise que cette autorité

346. D'où l'approche de questions de ce type sous d'autres prismes. Par exemple l'obligation de vaccination a été lue au prisme du droit à la santé de l'enfant : Déc. n° 2015-458 QPC du 20 mars 2015.

347. D'où la possibilité pour les parents de demander aux tiers la réparation du préjudice résultant de l'atteinte à leur autorité : Civ. 1re, 27 févr. 2017, n° 06-14.273.

348. Civ. 1re, 8 mars 2017, n° 15-26.664 : l'interdiction de sortie n'est pas contraire à la liberté de circulation des personnes.

349. Civ. 1re, 21 sept. 2022, n° 20-18.687 : un père avait été débouté de la demande de retrait d'autorité parentale qu'il avait formée contre la mère porteuse d'un enfant né en Inde ; il reprochait à cette décision d'être contraire à l'intérêt supérieur de l'enfant et de porter atteinte au droit à la vie privée et familiale de ce dernier. La Cour rejette l'argument aux motifs « qu'un défaut de soins ou un manque de direction ne peut justifier le retrait de l'autorité parentale que s'il met en danger la sécurité, la santé ou la moralité de l'enfant », que la cour d'appel « a rappelé que le retrait de l'autorité parentale, qui est une mesure de protection de l'enfant, suppose la démonstration par le requérant d'un danger manifeste pour la santé, la sécurité ou la moralité de ce dernier » , qu'elle a « relevé que l'ensemble des pièces communiquées démontrait qu'[E] et [N] étaient équilibrés, heureux et parfaitement pris en charge » et que « procédant aux recherches prétendument omises, elle a souverainement retenu qu'il n'était produit aucune pièce propre à démontrer que l'absence de leur mère soit source de danger pour eux et que M. [P] n'établissait pas en quoi la protection de l'intérêt supérieur de ces deux enfants commandait le retrait d'autorité parentale de Mme [K], le dispositif conventionnel et législatif n'ayant pas vocation à faciliter ses démarches administratives ». Sur la question de l'adoption et du droit à la vie privée et familiale de l'enfant, v. *supra*, n° 329.

350. Sur la nécessité de respecter le caractère exceptionnel du pouvoir, conféré au tiers, d'accomplir des actes d'autorité parentale, dans le temps ou dans l'objet, V. Civ. 1re, 10 janv. 2018, nos 16-27.230 et 17-12.521, étant observé que la Cour vise uniquement des textes internes, et notamment l'article 375-7, alinéa 2, et l'art. 1202 C. pr. civ., quand les pourvois invoquaient la Conv. EDH.

351. Civ. 1re, 28 mars 2018, n° 16-28.010, rappelant que les convocations doivent informer les parents de leur possibilité de consulter le dossier, étant observé que la cassation intervient au visa du Code de procédure civile et non de la Conv. EDH.

352. Sur la liberté parentale, V. CEDH 10 janv. 2017, *Osmanoglu et Kocabas c/ Suisse*. Sur les libertés, V. Civ. 1re, 24 oct. 2000, n° 98-14.386 ; Civ. 1re, 22 févr. 2000, n° 98-12.338.

« est un ensemble de droits et de devoirs ayant pour finalité l'intérêt de l'enfant » (*i.e.* sécurité, santé, moralité). *L'intérêt de l'enfant* n'est pas seulement *la finalité de l'autorité*, il en est aussi *la limite*, tant abstraitement dans la loi (elle limite l'autorité en considération de cet intérêt, en déduisant de certains éléments qu'il convient d'opter pour telle ou telle solution dans l'intérêt de l'enfant) que concrètement pour le juge (souvent chargé de décider dans le cas d'espèce en fonction de cet intérêt). On citera ainsi : le principe de l'exercice conjoint de l'autorité par les deux parents (art. 372), qui procède d'un choix législatif, fondé sur l'égale vocation des parents à prendre en charge l'enfant et sur l'intérêt présumé de l'enfant à être élevé par ses deux parents ; la possibilité de retirer l'exercice de l'autorité à l'un des parents « si l'intérêt de l'enfant le commande » (art. 373-2-1). Sur tous ces points, le droit français s'inscrit dans la lignée de la jurisprudence européenne et de la CIDE, qui font de l'intérêt de l'enfant le critère essentiel de résolution de toute question relative à l'enfant. On rappellera ainsi que la CIDE reconnaît que la responsabilité d'élever appartient avant tout aux parents, mais dispose aussi que les parents doivent respecter l'intérêt supérieur de l'enfant (art. 18). Les débats relatifs à l'opportunité d'une interdiction explicite de la « fessée »[353] ont donné à voir la diversité des avis s'agissant de l'intérêt de l'enfant et la psychologisation du droit, les uns se prévalant de l'impact destructeur de la violence sur l'enfant, quand les autres invoquaient la nécessité de donner aux parents les moyens de leur autorité, et l'importance de cette autorité sur la construction psychique de l'enfant[354]. La loi nº 2019-721 du 10 juillet 2019 relative à l'interdiction des violences éducatives ordinaires a inséré un nouvel alinéa après l'alinéa 2 de l'article 371-1, en vertu duquel « l'autorité parentale s'exerce sans violences physiques ou psychologiques ». *Adde* les mesures de protection contre les violences familiales résultant des lois n° 2019-1480 du 28 décembre 2019 et n° 2020-936 du 30 juillet 2020.

**368** ***Mode d'exercice de l'autorité et entrave aux droits fondamentaux de l'enfant.*** Les relations de l'autorité parentale avec les droits fondamentaux de l'enfant sont ambivalentes. L'autorité parentale permet aux parents d'exercer les droits fondamentaux de l'enfant, par exemple son droit à la santé, à l'éducation, *etc.* Ils pourront donc s'en prévaloir à l'encontre de tiers qui ne respecteraient pas les droits et libertés de l'enfant, par exemple la liberté de conscience de celui-ci[355]. Mais comme tout pouvoir, elle constitue aussi une limite à l'autonomie de l'enfant. Dans l'ordre interne, la tendance consiste à développer cette autonomie : un pouvoir général d'être entendu lui a été reconnu, en procédure civile et en droit civil (art. 388-1 et 371-1, al. 3) ; des dispositions ponctuelles nombreuses lui donnent le droit de décider, seul ou assisté de ses auteurs, à partir de tel âge précis ou selon son discernement, dans le domaine personnel (santé, mariage, reconnaissance d'un enfant, *etc.*) et patrimonial (testament, contrat de travail, *etc.*). On soulignera l'apport de la loi du 8 janvier 1993 et surtout de celle du 4 mars 2002, à propos de laquelle la doctrine a parfois évoqué la « démocratie familiale ». Que faire si des conflits surviennent entre l'enfant et ses auteurs ? La CIDE s'efforce de concilier autorité des parents et droits des enfants en reconnaissant aux parents le droit de guider l'enfant dans l'exercice des droits reconnus par la CIDE, en fonction de son discernement (art. 5). Ici comme ailleurs, le prisme des droits fondamentaux conduit à une pesée d'intérêts, entre le droit des parents à éduquer leur enfant, le droit de l'enfant à décider pour lui-même, et surtout l'intérêt de l'enfant. Les questions de liberté religieuse[356] attestent la difficulté d'une telle pesée, surtout lorsque le conflit se

353. Sur quoi, V. art. 371, al. 2, destiné à expliciter l'interdiction des violences éducatives ordinaires.

354. Sur l'interdiction des violences parentales, V. CEDH, *A. c/ RU*, 23 sept. 1998 ; Défenseur des droits, Rapport annuel 2017, *Droits de l'enfant*, Recommandation du Comité pour les droits de l'enfant, févr. 2016. V. Déc. nº 2016-745 du 26 janv. 2017, consid. 54, censurant la disposition interdisant « tout traitement cruel, dégradant ou humiliant, y compris tout recours aux violences corporelles », introduite dans la loi relative à l'égalité et à la citoyenneté, loi votée le 22 décembre 2016, au motif que cette disposition était sans lien avec celle figurant dans le projet de loi initial.

355. Civ. 1re, 21 juin 2005, nº 02-19.831, au sujet d'un règlement intérieur interdisant aux élèves le port du voile.

356. Civ. 1re, 11 juin 1991, nº 89-20.878. Repousser à la majorité de l'enfant la mise en pratique d'une religion différente de celle dans laquelle l'enfant a été élevé revient à faire prévaloir, sans le dire, le choix initial parental. Cette solution est-elle encore de droit positif ? Comp. Versailles, 19 nov. 2015, *Dr. fam.* 2016. 51.

complique d'un désaccord parental[357], renvoyant ainsi à la question d'égalité parentale. Les questions de santé et de fin de vie sont particulièrement épineuses aussi. Une décision rendue par la CEDH, le 23 janvier 2018, dans une affaire *Afiri et Bidarri c/ France*, l'illustre bien. Des parents reprochaient au droit français de ne pas imposer au médecin de respecter leur refus de l'arrêt de traitement décidé par l'équipe collégiale à l'égard de leur fille, âgée quatorze ans, le Code de la santé publique imposant de les consulter et de s'efforcer d'obtenir leur consentement[358]. La CEDH a jugé que rien ne permettait d'imposer aux États l'obligation de parvenir à un accord à l'issue de la procédure collégiale (§ 35) et qu'en l'absence de consensus la détermination de la personne ayant le pouvoir de décider relevait de la marge d'appréciation nationale (§ 38).

### b) Statut de l'enfant mineur et égalité

**369** ***Statut de l'enfant mineur. Naissance de l'idée d'égalité.*** *Le Code civil de 1804* avait consacré en matière successorale l'égalité des sexes et des enfants selon l'ordre des naissances, égalité acquise par la Révolution, l'abandon des privilèges d'aînesse et de masculinité ayant été l'une des plus symboliques victoires de 1789. Pour le reste, le statut de l'enfant mineur était dominé par l'inégalité : inégalité entre les père et mère puisque la puissance paternelle était, comme son nom l'indique, exercée par le père ; inégalité entre les enfants puisque le droit traitait différemment les enfants selon qu'ils étaient légitimes ou naturels, c'est-à-dire issus ou non du mariage de leurs auteurs. L'évolution s'est faite petit à petit.

**370** ***L'autorité parentale et généralisation de l'égalité.*** L'égalité est désormais assurée entre les parents et les enfants, quel que soit leur sexe, leur situation de famille, leur religion, leur orientation sexuelle, leur situation professionnelle. L'égalité a d'abord été acquise *entre les père et mère*, en même temps que se développait l'idée d'égalité entre les sexes. La loi du 4 juin 1970 a été la pierre fondatrice d'un nouveau statut, en remplaçant la puissance paternelle par l'autorité parentale. Elle maintenait diverses différences de traitement, par exemple en matière de gestion des biens, ou à l'égard de l'enfant né hors mariage, différences devenues étranges avec le progrès de l'idée selon laquelle il convenait de *traiter également tous les parents*, qu'ils soient mariés ou divorcés, ou concubins, ou célibataires, et, plus généralement, quelles que soient leurs diverses caractéristiques, nationalité, religion, orientation sexuelle, âge, santé, *etc.* Le mouvement a été soutenu par l'apparition parallèle *des droits de l'enfant*, par l'affirmation de *l'égalité des enfants*, et par la consécration du critère de *l'intérêt de l'enfant*, l'argument consistant à faire valoir que l'intérêt de l'enfant était d'être également pris en charge par ses père et mère. D'où l'apparition d'une politique active d'égalité : égalité dans l'administration des biens avec la loi du 23 décembre 1985 ; égalité après divorce avec la célèbre loi dite « Malhuret » du 22 juillet 1987 ; égalité entre couple marié et non marié avec la loi du 8 janvier 1993 ; égalité avant comme après la séparation avec la loi du 4 mars 2002[359] ; sans compter les réformes intervenues depuis, en matière de résidence de l'enfant, d'administration légale des biens (art. 382 s., réd. ord. n° 2015-1288 du 15 oct. 2015). *Cette politique active ne porte pas toujours ses fruits,* car elle peine à modifier les mentalités et habitudes, qui donnent à voir combien il est encore naturel, pour certains, que les mères prennent la plus grande part de la charge de l'enfant, d'où résultent des conséquences importantes en termes d'investissement professionnel, de salaire, de retraite, d'organisation de la vie après divorce, d'éducation de l'enfant, *etc.* On regrette une succession de mini-réformes qui rend le droit insaisissable alors que les parents et la société ont besoin de repères fixes. Surtout, on observe

357. Civ. 1re, 13 juill. 2000, n° 98-13.673 ; 23 sept. 2015, n° 14-23.724.

358. Art. R. 4127-42 CSP. Dans l'affaire en cause, le Conseil d'État avait précisé qu'il incombait au médecin « de rechercher l'accord des parents..., d'agir dans le souci de la plus grande bienfaisance à l'égard de l'enfant et de faire de son intérêt supérieur une considération primordiale » : CE ord., 5 janv. 2018, n° 416689.

359. L'exercice conjoint de l'autorité cède dans les conditions de l'article 372. Pour une condamnation du système allemand, assez comparable, CEDH 3 déc. 2009, *Zaunegger*.

qu'*elle procède parfois d'une confusion conceptuelle*, l'égalité entre les parents devenant une fin en soi, détachée de l'intérêt de l'enfant. Les discussions relatives à la résidence alternée semblent ainsi parfois plus soucieuses d'une égalité mathématique de temps parental que de l'intérêt de l'enfant. Par où apparaît la portée légitime de cette exigence d'égalité : l'égalité est un principe que le droit de la famille doit respecter, voire promouvoir ; mais sa fonction première, s'agissant du statut de l'enfant mineur, est d'assurer la protection d'un enfant inapte à défendre lui-même ses intérêts à raison de son immaturité. On a vu plus haut que les parents avaient le droit de prendre en charge l'enfant, sous réserve d'agir dans son intérêt (v. ss 362). Le même raisonnement doit ici prévaloir : l'égalité de traitement s'impose, dans la mesure où elle ne vient pas heurter l'intérêt de l'enfant, car c'est alors ce dernier qui doit l'emporter.

Telle est la perspective du droit européen. Est interdite toute discrimination dans la parenté et dans les droits qui lui sont attachés (exercice de l'autorité parentale, droit de visite, *etc.*). Posé par l'arrêt *Hoffman c/ Autriche* du 23 juin 1993, qui sanctionnait une décision judiciaire ayant attribué l'exercice de l'autorité au père en se fondant sur l'appartenance de la mère aux Témoins de Jéhovah, le principe a été maintes fois réaffirmé, en matière de religion (*Palau-Martinez c/ France*, 16 déc. 2003), de sexe des parents (*Zaunegger c/ Allemagne*, 3 déc. 2009), d'orientation sexuelle d'un parent (*Salgueiro Da Silva Mouta c/ Portugal*, 21 déc. 1999), d'existence ou d'absence de mariage entre les parents (*Elsholz c/ Allemagne*, 13 juill. 2000 ; *Emonet c/ Suisse*, 13 déc. 2007). Toute prise en compte abstraite de ce genre de critère est interdite par l'exigence de proportionnalité, qui impose de fonder sur des éléments précis et concrets les limites au droit à la vie familiale que la CEDH protège, ce en démontrant les conséquences négatives de la religion ou l'activité professionnelle sexuelle du parent… sur l'intérêt de l'enfant. Une différence de traitement concrètement justifiée reste possible, si elle procède d'une disposition légale ou d'une décision judiciaire, et obéit à une justification concrète et proportionnée. Ainsi, les incidences éventuelles de la religion d'un parent sur la vie et l'éducation des enfants seront de nature à justifier la décision qui privera le parent considéré de l'exercice de l'autorité parentale (*Palau Martinez*, préc.). De même encore, le transsexualisme du père devenu femme peut justifier une restriction des visites si l'instabilité émotionnelle consécutive à son changement de sexe impose, dans l'intérêt de l'enfant, de permettre à ce dernier de s'habituer progressivement au changement de sexe de son géniteur (*P.V. c/ Espagne*, req. nº 35159/09, 30 nov. 2010).

## 2 • Statut général de l'enfant dans sa famille

**371** ***Statut général de l'enfant dans sa famille.*** Indépendamment de ce besoin spécifique de protection lié à son jeune âge, l'enfant a *un statut dans sa famille* qui façonne son identité, lui confère des droits, le charge de devoirs. Première manifestation importante de la parenté, l'état civil de l'enfant est étroitement lié à sa famille : la nationalité dépend pour partie de sa filiation ; son nom dépend de ceux de ses auteurs et des choix qu'ils auront opérés ; son prénom lui est donné par eux. Seconde manifestation importante de la parenté, les vocations alimentaire et successorale (le cas échéant réciproques) qu'il a à l'égard de ses plus proches parents. Sans oublier, le cas échéant, la charge de la tutelle et, plus généralement, de la protection des majeurs. Ce statut pose des questions de droits fondamentaux, notamment au regard du principe d'égalité, qui s'applique dans tous les domaines, qu'il s'agisse de l'acquisition de la nationalité française par l'enfant né de parents français[360], du calcul du quotient familial en cas de résidence alternée[361], ou encore de la matière successorale.

**372** ***Égalité successorale.*** La CEDH veille au respect de l'égalité dans les effets attachés à la parenté, et principalement en matière de vocation successorale. Si elle hésite sur le fondement textuel

360. Sur quoi, V. Déc. nº 2018-737 QPC, Transmission de la nationalité française aux enfants légitimes nés à l'étranger d'un parent français.
361. Sur quoi, V. Déc. nº 2018-753 QPC, Attribution de la majoration de quotient familial pour enfant mineur en résidence alternée.

de l'égalité, entre le droit à la vie privée et familiale (art. 8 CEDH)[362], le droit au respect des biens (article 1er du protocole additionnel n° 1)[363] ou les deux fondements associés[364], sa jurisprudence est claire sur le fond : l'égalité des droits des enfants s'impose en matière de successions et de libéralités. En matière successorale, elle joue dans la succession des auteurs (*Marckx* : succession de la mère)[365] comme dans celle des autres parents, et notamment des grands-parents (*Vermeire*), bénéficie à l'enfant né hors mariage comme à l'enfant adopté (*Negrepontis-Giannisis*), interdit tant la privation des droits successoraux que leur réduction, quantitative (*Mazurek*) ou qualitative, par exemple en matière d'attribution préférentielle (*Inze*). En matière de libéralités, elle concerne aussi bien la capacité de recevoir des donations (*Merger et Cros c/ France*, 22 déc. 2004 : égalité au profit de l'enfant adultérin) que celle d'être gratifié par disposition testamentaire (*Pla et Puncernau c/ Andorre*, 13 juill. 2004 : égalité au profit de l'enfant adopté). Tout au plus la CEDH accepte-t-elle que l'égalité ne conduise pas à remettre en cause toutes les situations antérieures, afin de préserver les droits acquis et la paix des familles.
Dès la loi de 1972, l'enfant naturel simple a bénéficié du même statut successoral que l'enfant légitime. Il en allait différemment de l'enfant adultérin, du moins s'il était en concours avec le conjoint victime de l'adultère ayant conduit à la naissance de l'enfant ou avec les enfants du mariage considéré[366]. La Cour de cassation avait refusé de sanctionner cette inégalité au motif que « la vocation successorale est étrangère au respect de la vie privée et familiale dont le droit est reconnu par l'article 8 de la CEDH »[367]. *La CEDH a censuré cette discrimination* en se fondant sur l'article 1er du protocole additionnel n° 1 (1er févr. 2000, *Mazurek c/ France*), contraignant ainsi le législateur national à intervenir. *La loi du 3 décembre 2001* a supprimé les textes qui amputaient les droits successoraux des enfants adultérins. Dans un souci d'application optimale de la nouvelle solution, elle a imposé l'égalité successorale non seulement dans les successions ouvertes après l'entrée en vigueur de la nouvelle loi mais aussi dans celles qui auraient été ouvertes au 4 décembre 2001 dès lors qu'aucun partage n'aurait été réalisé et qu'il ne serait intervenu ni accord amiable ni décision judiciaire irrévocable (art. 25, I et II, 2°). Après avoir appliqué cette disposition transitoire automatiquement et sans limite[368], la Cour de cassation suit aujourd'hui le cap fixé par la CEDH[369] : elle n'applique le texte qu'après avoir vérifié sa conventionnalité en *opérant un contrôle concret de proportionnalité*[370]. Si la succession a d'ores et déjà été partagée, elle dénie à l'enfant le bénéfice de l'article 887-1 ainsi que la possibilité de se prévaloir des droits que sa filiation lui confère dans la succession de son père conformément à la loi du 3 décembre 2001[371].
Dans la foulée, la loi du 3 décembre 2001 a également modifié l'article 1527 pour étendre la protection que ce texte institue contre les avantages matrimoniaux, que la jurisprudence réservait autrefois aux enfants légitimes issus d'un autre lit. La Cour de cassation a fait application de la nouvelle règle de l'article 1527 par anticipation, en considérant que « l'article 1527, alinéa 2, du Code civil devait être interprété au regard de l'article 1er du Protocole additionnel à la Convention européenne de sauvegarde des droits de l'homme et des libertés fondamentales et de l'article 14 de cette Convention », et « que les enfants légitimes nés d'un précédent mariage et les enfants naturels nés d'une précédente liaison se trouvant dans une situation comparable quant à l'atteinte susceptible d'être portée à leurs droits successoraux en cas de remariage de leur auteur sous le régime de la communauté universelle,

362. Le domaine des successions et des libéralités est « intimement associé à la vie familiale » : *Marckx c/ Belgique*, préc. ; *Vermeire c/ Camp* et *Bourimi c/ Pays Bas*, 3 oct. 2000 ; *Pla et Puncernau c/ Andorre*, 13 juill. 2004.
363. *Mazurek c/ France ; Inze c/ Autriche*, 28 oct. 1987 ; *Negrepontis-Giannisis c/ Grèce* 3 mai 2011.
364. *Merger et Cross c/ France*, 22 déc. 2004.
365. Sur la question de l'application temporelle de l'effet de filiation de l'acte de naissance à l'égard de la mère naturelle, et ses conséquences successorales, V. Civ. 1re, 15 déc. 2010, n° 09-16.968.
366. V. not. anc. art. 759 et 760 et s., V. anc. art. 908 s.
367. Civ. 1re, 25 juin 1996, n° 94-14.858.
368. Civ. 1re, 7 juin 2006, n° 04-19.176 ; Civ. 1re, 14 nov. 2007, n° 06-13.806.
369. CEDH 28 mai 2009, *Brauer c/ Allemagne* ; 21 juill. 2011, *Fabris c/ France ; Merger et Cros c/ France*, préc.
370. Civ. 1re, 22 mars 2017, n° 16-13.946.
371. Civ. 1re, 11 avr. 2018, n° 17-19.313.

la finalité de la protection assurée aux premiers commande qu'elle soit étendue aux seconds, au regard du principe de non-discrimination selon la naissance édicté par la Convention européenne des droits de l'homme »[372].

De façon assez malencontreuse, la Cour de cassation a en revanche fermé l'action en retranchement à l'enfant ayant fait l'objet d'une adoption simple unilatérale par le conjoint de son parent biologique au motif qu'il devait être considéré comme un enfant du couple[373], la conséquence étant qu'il ne peut pas protester contre les avantages consentis par son parent biologique à son parent adoptif au moment de l'ouverture de la succession du premier mais qu'il pourra aussi être écarté de la succession du parent adoptif si ce dernier obtient en justice la révocation de l'adoption simple[374]. Quelles que soient les circonstances de l'espèce, peu favorables à l'intéressé — la révocation avait été prononcée à ses torts —, on regrette que le particularisme de l'adoption simple (qui est révocable) n'ait pas conduit la Cour de cassation à le traiter comme un enfant non commun du couple, ce qui lui aurait ouvert l'action en retranchement.

On rappellera ici que l'enfant incestueux ne bénéficiant que d'une filiation, n'a *a priori* de vocation successorale que dans la famille de cet auteur légal, mais que cette solution semble justifiée (sur la discussion, v. ss 312). Et que, inversement, l'enfant issu d'une assistance à la procréation interdite bénéficie désormais de sa filiation (v. ss 344 et 351 s.), tant à l'égard de son auteur biologique, qu'à l'égard de son parent d'intention (si le juge accepte de prononcer l'adoption, après vérification de l'intérêt de l'enfant), d'où résulte une double vocation successorale. On soulignera aussi que l'enfant ayant bénéficié d'une adoption simple n'est pas héritier réservataire à l'égard des ascendants de l'adoptant : on peut se demander si la spécificité de l'adoption simple (certains effets de la filiation sont exclus à l'égard des ascendants de l'adoptant : interdit à mariage, obligation alimentaire) suffira aux yeux de la CEDH pour justifier la différence.

**373** ***Vocation successorale et succession internationale. Égalité. Absence de droit à hériter.*** La question de l'égalité successorale s'est également posée en matière de succession internationale. Dans une décision du 5 août 2011, *le Conseil constitutionnel* a abrogé l'article 2 de la loi du 14 juillet 1819, qui permettait à un Français de réclamer sur des biens situés en France la part successorale que lui avait octroyée la loi française et dont il aurait été exclu par la loi successorale étrangère, ce qu'on appelait *le droit de prélèvement* (Déc. n° 2011-159 QPC). Contraire à l'égalité entre citoyen français et personne étrangère[375], cette disposition avait le mérite de pouvoir rétablir une égalité violée par le droit étranger, ou du moins de venir tempérer l'inégalité attachée au droit étranger. Il aurait donc été plus judicieux de rétablir l'égalité en permettant un tel prélèvement à tous les héritiers considérés. En abrogeant purement et simplement le texte, le Conseil a privé le droit français d'un outil efficace de protection des héritiers contre les droits étrangers qui ignorent la réserve héréditaire.

Alors qu'elle jugeait hier le contraire, la Cour de cassation décide désormais qu'« une loi étrangère désignée par la règle de conflit qui ignore *la réserve héréditaire* n'est pas en soi contraire à l'ordre public international français », d'où résulte qu'elle sera appliquée, sauf, réserve la Cour, « si son application concrète, au cas d'espèce, conduit à une situation incompatible avec les principes du droit français considérés comme essentiels », étant entendu que cette réserve semble de peu d'ampleur si l'on s'en tient aux éléments relevés en l'espèce pour l'écarter[376] : installation ancienne et durable à l'étranger, célébration de ses unions à l'étranger, situation du dernier domicile du défunt à l'étranger, et inexistence d'une situation de précarité économique ou de besoin des Français ainsi déshérités. Partant, le *de cujus* qui aura organisé un transfert de ses intérêts dans un pays étranger qui ne connaît pas la réserve

372. Civ. 1re, 29 janv. 2002, nos 99-21.134, 99-21.135.
373. Civ. 1re, 7 juin 2006, n° 03-14.884.
374. Civ. 1re, 9 juill. 2014, n° 13-19.013.
375. Raison pour laquelle elle a été censurée : cons. 6.
376. Civ. 1re, 27 sept. 2017, n° 16-17.198.

héréditaire pourra rompre l'égalité entre ses enfants, en déshériter certains et en favoriser d'autres. Et il est douteux que la limite consacrée par le même arrêt rende le sacrifice plus acceptable, car la vocation successorale ne se confond pas avec la vocation alimentaire, et qu'elle remplit d'autres fonctions, pratiques, sociales, symboliques. Mais il est vrai que le droit européen ne protège *aucun droit à succéder*… comme le répète régulièrement la Cour européenne : « le droit au respect des biens garanti par l'article 1er du Protocole n° 1 additionnel à la Convention de sauvegarde des droits de l'homme et des libertés fondamentales ne garantit pas celui d'en acquérir par voie de succession *ab intestat* ou de libéralités »[377]. On regrette le sacrifice de l'égalité républicaine et de la solidarité familiale sur l'autel de la liberté de disposer de ses biens[378].

Complétant l'article 913 du Code civil, la loi n° 2021-1109 du 24 août 2021 confortant le respect des principes de la République a créé un prélèvement compensatoire sur les biens existants situés en France au jour du décès au profit de l'enfant qui *est, au moment du décès, ressortissant d'un État membre de l'Union européenne ou y réside habituellement, lorsque la loi étrangère applicable à la succession ne permet aucun mécanisme réservataire protecteur des enfants* : il s'agit de le rétablir dans les droits réservataires octroyés par la loi française, dans la limite de ceux-ci. Le dispositif suscite la perplexité de la doctrine.

**374** ***Égalité et types de filiation.*** Le droit opère également diverses distinctions entre *les institutions juridiques* elles-mêmes : l'adoption simple échappe à certaines conditions de l'adoption plénière ; elle ajoute la filiation adoptive à la filiation d'origine au lieu de procéder à une substitution ; l'adoption ne génère pas exactement les mêmes effets que la filiation du titre VII. Mais ces différences de traitement semblent justifiées au regard des différences de situation qu'elles présupposent. Ainsi, des exceptions au principe selon lequel l'adoption produit tous les effets de la filiation du titre VII, par exemple en matière civile s'agissant des questions de nom[379] ou de révocabilité de la filiation[380], ou encore en matière fiscale[381]. Ainsi de la différence de traitement existant, hier, entre adoption, réservée aux couples mariés, et assistance médicale à la procréation, ouverte aux couples mariés et à tous les couples justifiant d'une vie commune[382]. Ainsi encore, de toutes les différences de statut entre adoption simple et adoption plénière.

**375** ***Droit au respect de la vie familiale au-delà de la parenté et du couple.*** Pour la CEDH, la vie familiale peut également exister au-delà des relations de couple et de parenté : ainsi entre frère et sœur (CEDH 24 mars 1988, *Olsson c/ Suède*), grands-parents et petits-enfants (CEDH, *Bronda*

---

377. Argument repris par la Cour de cassation : *Ibid.* — Pour la réaffirmation de ce que « l'article 1er du Protocole n° 1 additionnel à la Convention ne garantit pas le droit d'acquérir des biens par voie de succession *ab intestat* ou de libéralités », entre partenaires d'un pacte civil de solidarité cette fois, V. Civ. 1re, 4 juill. 2018, n° 17-22.934.

378. Sur l'ordre public et la réserve héréditaire, v. M. Grimadi, *Defrénois* 2012, nos 15-16, p. 755.

379. Comp. art. 311-21, al. 1er *in fine*, 357, al. 4 et 363, al. 1er. L'enfant prend le nom du premier parent à avoir établi sa filiation charnelle en l'absence d'accord de ses auteurs et leurs deux noms accolés en cas de désaccord ; il prend les noms de l'adoptant et de son conjoint (ou des deux adoptants) dans l'adoption plénière en l'absence de déclaration conjointe ; il prend le premier nom de l'adopté accolé au premier nom de l'adoptant ou des deux adoptants (dans l'adoption simple) en l'absence de déclaration conjointe. Pourquoi avoir distingué absence d'accord et désaccord à propos de l'enfant charnel seulement ? Ces solutions, qui datent de la loi du 17 mai 2013, ont été avalisées par le Conseil constitutionnel, qui a rejeté le grief d'inégalité invoqué par les requérants (cons. 67), aux motifs « qu'en réservant l'application de cette règle au cas de désaccord entre les parents signalé par l'un d'eux à l'officier de l'état civil au plus tard au jour de la déclaration de naissance, le législateur a instauré une différence de traitement rendue nécessaire par la différence entre des formalités relatives à la dévolution du nom de famille, d'une part, en cas de filiation et, d'autre part, en cas de filiation adoptive et que cette différence de traitement ne méconnaît pas le principe d'égalité » (cons. 68).

380. Irrévocabilité de la filiation dite charnelle (sous réserve d'une adoption plénière, mais il faut trouver de nouveaux parents à l'enfant) et de l'adoption plénière (sous réserve, art. 346), révocabilité de l'adoption simple. La différence de traitement peut se comprendre, car la révocation de l'adoption simple ne prive pas l'enfant de toute filiation, étant donné qu'il conserve ses parents d'origine.

381. Les droits de mutation à titre gratuit ne prennent pas en compte le lien de parenté existant avec l'enfant ayant bénéficié d'une adoption simple (sous réserve du cas des adoptés ayant reçu de l'adoptant des secours et des soins non interrompus dans les conditions prévues par le cinquième alinéa de l'article 786 du Code général des impôts), à la différence de la filiation charnelle ou de l'adoption plénière. La distinction a été validée par le Conseil constitutionnel : Déc. n° 2013-361 QPC du 28 janv. 2014, cons. 9 et 10. — Comp., Com. 6 mai 2014, nos 13-13.301 et 13-13.302.

382. Réserver l'adoption aux couples mariés est destiné à préserver l'intérêt de l'enfant, en lui offrant une cellule plus stable que celle de l'union dite « libre » ou du pacs, caractérisé par la précarité. La comparaison avec l'assistance médicale à la procréation tombe à plat, car le modèle y est l'engendrement charnel.

*c/ Italie*, 9 juin 1988 ; *Vermeire*, 29 nov. 1991 ; *Pla et Puncernau c/ Andorre*, 13 juill. 2004 ; 26 avr. 2015), ou même oncle ou tante et neveu ou nièce (CEDH, *Boyle c/ RU*, 28 févr. 1994). L'article 8 Conv. EDH impose donc aux États de respecter ces relations, au minimum en s'abstenant d'y faire obstacle, mais aussi au-delà via les obligations positives, en les protégeant. Le droit français, qui consacre les relations personnelles de l'enfant mineur avec ses ascendants (art. 371-4) et sa fratrie (art. 371-5), et admet des vocations successorales réciproques s'inscrit dans cette logique. Quant aux autres tiers (par exemple en cas de famille recomposée, ou de lien tissé avec un enfant par son parent légal avant destruction de la filiation), ils pourront bénéficier d'un droit de visite (art. 371-4), qui permettra de préserver là aussi le droit qu'ils ont au respect de leur vie familiale (CEDH, *Söderback c/ suède*, 28 oct. 1998 ; *Schneider c/ Allemagne*, 15 sept. 2011). Encore faut-il que l'octroi d'un tel droit de visite et d'hébergement soit conforme à l'intérêt de l'enfant. Tel n'est pas le cas lorsque le comportement violent de l'ex-compagne de la mère, qui forme la demande, est de nature à perturber l'équilibre psychique de l'enfant, étant en outre observé que la preuve d'une relation forte et d'un lien d'affection durable avec l'enfant n'est pas rapportée[383].

## BIBLIOGRAPHIE INDICATIVE


- F. SUDRE, dir., *Les grands arrêts de la Cour européenne des Droits de l'homme*, PUF, 8e éd., 2017.
- *Le droit au respect de la vie familiale au sens de la CEDH*, Bruylant, coll. « Droit et Justice », 2002.


## PISTES DE RÉFLEXION

- L'égalité et la liberté suffisent-elles à fonder le droit de la famille ?
- Quel avenir pour la diversité des statuts de couple à l'heure des droits fondamentaux ?
- Quel avenir pour l'inceste en droit de la famille à l'heure des droits fondamentaux ?
- Quel avenir pour l'égalité en droit de la parenté ?
- Les interdits ont-ils encore une place en droit de la famille ?
- Gestation pour autrui : les droits fondamentaux justifient-ils l'intégration de l'enfant dans la famille des commanditaires ?
- Le juge et la loi en droit de la famille à l'heure des droits fondamentaux
- Le rôle de l'équité en droit de la famille à l'heure des droits fondamentaux
- Le général et le particulier en droit de la famille à l'heure des droits fondamentaux
- Comparez l'impact de la jurisprudence européenne et de la jurisprudence constitutionnelle sur le droit de la famille
- Les droits fondamentaux conduisent-ils à la suppression de l'ordre public de direction et à la promotion d'un ordre public de protection en matière de vie familiale ?
- Peut-on concilier structures familiales et droits fondamentaux ?
- À partir de l'accouchement sous X, montrer les limites d'un raisonnement fondé sur les droits fondamentaux
- La marge d'appréciation nationale dans la jurisprudence européenne en matière familiale

383. V. Civ. 1re, 24 juin 2020, no 19-15.198.

## Thème 5

# Droits fondamentaux et internet

ALEXANDRA BENSAMOUN
*Professeur à l'Université Paris-Saclay (Évry)*

La relation entre droits fondamentaux et Internet est ambivalente, faite d'oppositions et de fertilisations réciproques. Et toutes les libertés sont touchées : liberté d'expression, liberté d'aller et venir, liberté du commerce et de l'industrie, droit à la vie privée et à la protection des données personnelles, *etc.* Loin de soutenir une réécriture de ces droits, la présente contribution met en exergue, au décours de la vie d'une personne, quelques-unes des prérogatives topiques qui trouvent à s'appliquer sur l'Internet.



**376** ***Gouvernance des nombres et droits (fondamentaux).*** « La révolution numérique va (…) de pair avec celle qui se donne à voir en matière juridique, où l'idéal d'une gouvernance des nombres tend à supplanter celui du gouvernement par les lois », alertait Alain Supiot[1]. « *Code is law* », écrivait encore Lawrence Lessig. La normativité d'Internet et du Web est ainsi très liée à la spécificité du support, à sa technicité et à son architecture. Certains prônent d'ailleurs un changement de paradigme sur le réseau, d'une logique de réglementation à une logique de régulation, où règles de droit en forme de principes côtoient *soft law* et autorégulation des acteurs[2], ou responsabilisation de ceux-ci et mise en conformité, sur le modèle du Règlement général sur la protection des données d'avril 2016[3]. Mais alors, quelle

1. A. Supiot, *La gouvernance par les nombres, Cours au Collège de France (2012-2014)*, Fayard, coll. « Poids et mesures du monde », 2015.
2. Par ex., E. Geffray, « Droits fondamentaux et innovation : quelle régulation à l'ère numérique ? », *Les nouveaux Cahiers du Conseil Constitutionnel*, juin 2016, n° 52, p. 7.
3. Règl. (UE) 2016/679 du Parlement européen et du Conseil du 27 avr. 2016 relatif à la protection des personnes physiques à l'égard du traitement des données à caractère personnel et à la libre circulation de ces données, et abrogeant la direct. 95/46/CE (dit « Règlement général sur la protection des données », RGPD).

place pour les droits fondamentaux dans cet environnement numérique ? Le code — numérique — est-il en capacité d'assurer leur protection[4] ? La régulation en amont — par l'éthique et la « compliance » — doit-elle remplacer la réglementation ? La réponse est incontestablement négative. Quels que soient l'intérêt et la pertinence des mécanismes *ex ante* et quel que soit leur degré de juridicité (règles contraignantes ou non), ceux-ci ne peuvent suppléer le « droit dur »[5] et la réglementation en aval, notamment les règles de responsabilité civile extracontractuelle pour la réparation du dommage causé par un objet numérique, comme un système d'intelligence artificielle (IA)[6].

Le sujet du numérique est à la mode ; on parle de disruption, de fracture numérique, de transformation « digitale » des entreprises... C'est que le numérique irrigue aujourd'hui toutes les disciplines. Et les droits de l'Homme n'y font pas exception[7]. Aussi, la révolution numérique invite « à une vigilance constante et à un examen continuellement renouvelé de la pertinence et de l'adéquation des instruments juridiques de protection des droits et libertés fondamentaux »[8]. Dans son étude annuelle de 2014, sur *Le numérique et les droits fondamentaux*, le Conseil d'État avait d'ailleurs mis en lumière la nécessité de repenser la protection des droits fondamentaux afin de mettre le numérique au service des droits individuels et aussi de l'intérêt général[9]. La transformation numérique ne saurait en effet se faire au mépris des droits de l'Homme. C'est ce qu'indique aussi la Déclaration européenne sur les droits et principes numériques pour la décennie numérique, publiée par la Commission le 15 décembre 2022, qui rappelle que l'Union européenne est aussi une « union de valeurs », « fondée sur le respect de la dignité humaine, la liberté, la démocratie, l'égalité, l'État de droit et le respect des droits de l'homme, y compris les droits des personnes appartenant à des minorités », notamment garanties par la Charte des droits fondamentaux de l'UE[10]. Si cet instrument n'est pas contraignant, la Conseil de l'Europe a obtenu le mandat d'élaborer un projet de traité international (dit convention) sur l'IA depuis janvier 2022, dans le but de créer un standard juridique contraignant fondé sur les droits de l'homme, la démocratie et l'État de droit, en privilégiant les droits fondamentaux.

**377** ***Relation entre les termes du sujet.*** Comment appréhender la confrontation proposée par ce thème ? Dans les termes choisis comme dans la relation mise à jour ?

D'abord, d'évidence, les termes sont asymétriques : d'un côté, les droits de l'Homme — on préfère parfois parler de « droits humains », par anglicisme ou par volonté d'égalité (réelle ou supposée) entre les femmes et les hommes —, droits fondamentaux parce qu'essentiels à la démocratie et inhérents à la personne humaine, de l'autre, la technicité d'un mode de communication, du réseau des réseaux. D'un côté, l'ancrage séculaire de la norme suprême, de l'autre, l'outil de la modernité. Le point de rencontre, s'il fallait en trouver un, serait sans doute la transnationalité qui les caractérise. Les droits

4. L'idée d'une régulation par le code peut être nuancée. V. notamment J. Groffe-Charrier, « La loi est-elle dictée par le code ? », *Dalloz IP/IT* 2020, p. 602.
5. V. not. G. Loiseau, « La norme en droit du numérique : de la règlementation à la régulation », *in Entre art et technique : les dynamiques du droit, Mélanges en l'honneur de Pierre Sirinelli*, Dalloz, 2022, p. 715.
6. Pour preuve, le plan de la Commission européenne, dévoilée en sept. 2022, sur la responsabilité civile extracontractuelle, visant à adapter les règles de responsabilité à l'ère numérique, à l'économie circulaire et à l'impact des chaînes de valeur mondiales et comprenant deux propositions visant à adapter les règles de responsabilité à l'ère numérique, à l'économie circulaire et à l'impact des chaînes de valeur mondiales : Proposition de directive relative à la responsabilité du fait des produits défectueux, COM(2022) 495 final, 28 sept. 2022 ; Proposition de directive relative à l'adaptation des règles en matière de responsabilité civile extracontractuelle au domaine de l'intelligence artificielle, COM(2022) 496 final, 28 sept. 2022. — V. A. Bensamoun, « Maîtriser les risques de l'IA : entre éthique, responsabilisation et responsabilité », *JCP G* 2023, doctr., 181, p. 280.
7. C. Paul et C. Féral-Schuhl, *Numérique et libertés : un nouvel âge démocratique*, Rapport n° 3119, Commission de réflexion et de propositions sur le droit et les libertés à l'âge du numérique, Assemblée nationale, 2015 ; Étude annuelle du Conseil d'État, *Le numérique et les droits fondamentaux*, 2014 ; A. Lepage, *Libertés et droits fondamentaux à l'épreuve de l'Internet*, Litec, 2002. — Plus spécifiquement, A. Bensamoun, « Vers un droit de l'intelligence artificielle fondamentaliste ? », *in Intelligence artificielle & droits fondamentaux*, dir. V. Barbé et S. Mauclair, éd. L'Epitoge, coll. L'Unité du Droit, 2022, p. 9.
8. A. Rouvroy, *Des données et des hommes. Droits et libertés fondamentaux dans un monde des données massives*, Conseil de l'Europe, T-PD-BUR (2015) 09REV, 2016, p. 45.
9. Étude annuelle du Conseil d'État, *Le numérique et les droits fondamentaux*, 2014, p. 262 : « Mettre le numérique au service des droits individuels, tel devrait être le premier principe directeur de la protection des droits fondamentaux dans les usages numériques ».
10. V. cons. 1 de la Déclaration.

de l'Homme cultivent une ambition d'universalisme (au moins pour le socle), pendant que l'Internet a réduit le monde à un village planétaire.

Ensuite, quel rapport retenir ? Existe-t-il une quelconque opposition entre les deux termes de la relation ? Ou doit-on privilégier la conciliation ? L'Internet libère-t-il ou aliène-t-il les droits fondamentaux ? La réponse est très certainement nuancée. L'Internet, parce qu'il modifie les comportements, parce qu'il contribue à remodeler notre société, influence logiquement le champ et la substance de certains droits fondamentaux, voire contribue à la naissance de nouveaux droits. À l'inverse, les droits de l'Homme inhibent certaines pratiques numériques ou en favorisent d'autres[11]. Fertilisations croisées, influences réciproques, à n'en pas douter.

**378** ***Enjeux du sujet***. Les enjeux de la relation entre les droits fondamentaux et l'Internet sont multiples. En termes de libertés individuelles par exemple, l'Internet constitue désormais un lieu incontournable — un « outil sans précédent »[12] — d'exercice de la liberté de communication et d'information[13] ; mais c'est aussi un catalyseur de risques anciens — pour la vie privée et les données personnelles — et un facteur de risques nouveaux. Songeons au développement de la cybercriminalité ou encore aux dangers de la désinformation ou des « *fake news* », notamment en période électorale, comme dénoncé à l'occasion des élections américaines de 2016, ou encore en période pandémie mondiale[14]. Le risque de manipulation de l'information et de déviance démocratique a d'ailleurs poussé la France à adopter un dispositif de lutte fin 2018[15]. De même, la Commission européenne a émis une Communication relative à la lutte contre la désinformation en avril 2018[16] et soutenu la réalisation par les acteurs du numérique d'un « Code de bonnes pratiques contre la désinformation en ligne », outil de *soft law* dont la première version date de septembre 2018 et visant à la mise en place de mesures concrètes grâce à l'implication volontaire des plateformes en ligne, des annonceurs et du secteur publicitaire[17]. Dans ses Orientations de mai 2021[18], elle recommande, en outre, des engagements plus fermes de la part des signataires, afin notamment de réduire les incitations à la désinformation et de responsabiliser les acteurs en les impliquant dans la prévention. Suivant ces orientations, la deuxième version du Code de bonnes pratiques en matière de désinformation a été présentée et signée le 16 juin 2022. Dans une démarche d'autorégulation 34 signataires y ont adhéré : les principales plateformes en ligne, les plateformes émergentes et spécialisées, les acteurs du secteur de la publicité, les vérificateurs de faits, les organisations de recherche et de la société civile.

La liberté d'expression a également pris une tournure toute particulière sur l'Internet, dans ce qu'elle a de plus grand comme de plus vil — permettant par exemple aux réseaux de résistance à l'oppression

---

11. Adoptant cette approche de mise à l'épreuve réciproque, de manière générale, v. M.-A. Cohendet, « Sciences et droits de l'Homme, quelles implications réciproques ? », *in Sciences et droits de l'homme*, dir. R. Encinas de Munagorri, A. Bensamoun, E. Brosset et M.-A. Cohendet, Mare & Martin, 2017, p. 11 — Comp. I. Falque-Pierrotin, « La Constitution et l'Internet », *Les nouveaux cahiers du Conseil constitutionnel*, juin 2012, n° 36, p. 31 ; S. Platon, « Propos conclusifs », *in Les métamorphoses des droits fondamentaux à l'ère du numérique*, *Revue Politeia*, n° 31, printemps 2017, p. 289 ; « *Le droit constitutionnel à l'épreuve du numérique et réciproquement…* », *Les nouveaux Cahiers du Conseil constitutionnel*, oct. 2017, n° 57.
12. V. CEDH, 1er déc. 2015, *Cengiz et autres c/ Turquie*, req. nos 48226/10 et 14027/11, § 49 et 52 : « [L]'Internet est aujourd'hui devenu l'un des principaux moyens d'exercice par les individus de leur droit à la liberté de recevoir ou de communiquer des informations ou des idées : on y trouve des outils essentiels de participation aux activités et débats relatifs à des questions politiques ou d'intérêt public. (…) Par ailleurs, en ce qui concerne l'importance des sites internet dans l'exercice de la liberté d'expression, (…) "grâce à leur accessibilité ainsi qu'à leur capacité à conserver et à diffuser de grandes quantités de données, les sites internet contribuent grandement à améliorer l'accès du public à l'actualité et, de manière générale, à faciliter la communication de l'information" (…) La possibilité pour les individus de s'exprimer sur Internet constitue un outil sans précédent d'exercice de la liberté d'expression. »
13. Se reporter à la section sur la liberté d'expression. — *Adde* C. Féral-Schuhl, « Liberté d'expression sur Internet : un mirage ? », *in L'exigence de justice. Mélanges en l'honneur de Robert Badinter*, Dalloz, 2016, p. 389 ; H. Oberdorff, « La liberté d'expression à l'ère numérique en Europe », *in Les métamorphoses des droits fondamentaux à l'ère du numérique*, *op. cit.*, p. 195.
14. P. Mouron, « Coronavirus et fausses informations. Les aléas de la liberté d'expression en période de crise sanitaire », *RDLF* 2020, chron. 33.
15. L. n° 2018-1202 et L. org. n° 2018-1201 du 22 déc. 2018 relatives à la lutte contre la manipulation de l'information (V. aussi Cons. const. 20 déc. 2018, n° 2018-773 DC).
16. Communication de la Commission, *Lutter contre la désinformation en ligne : une approche européenne*, COM(2018) 236 final, 26 avr. 2018.
17. Le « code » a notamment été signé par Google, Facebook et Twitter.
18. Orientations de la Commission européenne sur le renforcement du Code de bonnes pratiques contre la désinformation, COM(2021) 262 final, 26 mai 2021.

d'exister et aux pires dérives humaines de s'épanouir, notamment sur le *Darkweb*[19]. La France a d'ailleurs tenté de se doter d'une législation pour lutter contre les contenus haineux sur internet, avec la volonté d'impliquer les plateformes en vue d'obtenir un retrait rapide (24 heures) de tels contenus[20]. Si la censure du Conseil constitutionnel a remis en cause ce dessein, des événements subséquents (notamment l'assassinat du professeur Samuel Paty en octobre 2020) ont relancé le débat et la loi du 24 août 2021, confortant le respect des principes de la République[21], instaure un nouveau dispositif de lutte contre la haine en ligne, notamment par la création d'un délit de révélation d'informations relatives à la vie privée aux fins d'exposer la personne à un risque d'atteinte, par un suivi des mesures judiciaires de blocage sur les sites miroirs ou encore par une obligation de modération des contenus à la charge des plateformes en ligne. Il faut dire que le sentiment d'anonymat[22], et peut-être d'impunité, désinhibe trop facilement la parole et l'image. Or, le dommage peut être d'autant plus important que le message reçoit un écho mondial.

En matière économique, l'Internet a permis le développement de nouveaux marchés et de nouveaux modèles. En ce sens, il a non seulement modifié les économies nationales, redynamisant la liberté d'entreprendre ou encore celle de circulation, mais il a également suscité l'émergence de nouveaux acteurs, dont l'épanouissement a été possible du fait des progrès de la technique et aussi parce que le droit a cru utile de suspendre sa rigueur au bénéfice des intermédiaires techniques de l'Internet, notamment des hébergeurs[23]. Ces acteurs sont devenus des puissances comparables aux États, au point que l'on regrette la perte de souveraineté numérique[24] de ces derniers. La France en prend douloureusement conscience[25], tout comme l'Union européenne, qui, pour tenter de prendre en compte ces nouveaux équilibres, a adopté deux nouvelles législations, sous forme de règlements : le *Digital Services Act*[26] se substitue partiellement à la directive « commerce électronique » et ambitionne d'accentuer la responsabilité des plateformes en ligne et des moteurs de recherche, et le *Digital Market Acts*[27], visant à corriger les déséquilibres concurrentiels liés à la domination de certains géants du Net, appelés pour l'occasion « contrôleurs d'accès ».

D'un point de vue démocratique, les espoirs suscités, notamment par la création d'un rapport démocratique horizontal, sont à la hauteur des désillusions, par exemple s'agissant de la campagne présidentielle sur le réseau[28]. L'Internet est par ailleurs un formidable outil d'accès au droit[29]. La loi nº 2016-1321 pour une République numérique du 7 octobre 2016 a d'ailleurs institué la mise à

19. V. « Le dark web. La face cachée d'Internet », *Dalloz IP/IT*, févr. 2017. 70 (dossier). *Adde* « Darknets : éclairage et démystification », *Dalloz IP/IT*, févr. 2021. 68 (dossier).
20. Proposition de loi nº 1785 du 20 mars 2019 visant à lutter contre la haine sur internet : adoption en lecture définitive par l'AN le 13 mai 2020, saisine du Conseil Constitutionnel le 18 mai 2020, déclaration d'inconstitutionnalité de 12 des 19 articles de la proposition de loi, notamment de l'article 1er prévoyant le retrait rapide des contenus haineux par les plateformes (CC, 18 juin 2020, nº 2020-801 DC), puis promulgation de la loi amputée des articles déclarés inconstitutionnels le 24 juin 2020 (Loi nº 2020-766 visant à lutter contre les contenus haineux sur internet). — V. aussi le rapport *Créer un cadre français de responsabilisation des réseaux sociaux : agir en France avec une ambition européenne*, de la mission « Régulation des réseaux-sociaux — Expérimentation Facebook », remis au secrétaire d'État chargé du Numérique le 10/05/19.
21. Loi n° 2021-1109 du 24 août 2021 confortant le respect des principes de la République, art. 36 à 48.
22. Pour contrer cette réalité, une proposition de loi visant à obliger les utilisateurs des réseaux sociaux à s'y inscrire sous leur identité réelle (nº 1776) a été déposée le 20 mars 2019.
23. V. dir. 2000/31, art. 14 (abrogé par le règlement *DSA*, v. *infra*). La responsabilité conditionnée a été appliquée à des catégories très diverses d'intermédiaires, au-delà du simple stockage, la CJUE ayant mis en évidence un critère de neutralité et de passivité (connaissance et pouvoir sur les contenus stockés), à l'avantage de ces acteurs.
24. Sur le sujet, v. P. Türk et C. Vallar (dir.), *La souveraineté numérique, le concept, les enjeux*, Mare & Martin, 2017 ; A. Blandin-Obernesser (dir.), *Droits et souveraineté numérique en Europe*, Bruylant, 2016.
25. V. Sénat, rapp. nº 7 (2019-2020) de M. Gérard Longuet, fait au nom de la commission d'enquête sur la souveraineté numérique, déposé le 1er oct. 2019.
26. Règlement (UE) 2022/2065 relatif à un marché unique des services numériques et modifiant la directive 2000/31/CE (règlement sur les services numériques), dit *Digital Servics Act* (*DSA*), 19 oct. 2022.
27. Règlement (UE) 2022/1925 relatif aux marchés contestables et équitables dans le secteur numérique et modifiant les directives (UE) 2019/1937 et (UE) 2020/1828 (règlement sur les marchés numériques), dit *Digital Markets Act* (*DMA*), 14 sept. 2022.
28. P. Jensel Monge, « La campagne présidentielle sur internet : une illusion démocratique », *LPA* avr. 2017, p. 13.
29. S. Turgis, « L'accès au droit par internet. Les obligations posées par la Convention européenne des droits de l'homme en matière de diffusion du droit », *AJDA* 2015. 142.

disposition du public en *open data* (à titre gratuit) de l'ensemble des décisions de justice[30]. Mais cette ouverture doit se faire dans le respect des droits des tiers, notamment du droit à la vie privée des personnes concernées[31].

On pourrait ainsi multiplier à l'envi les exemples d'interaction entre les droits fondamentaux et l'Internet, au risque de céder à l'« effet-catalogue »… On terminera en mentionnant — s'il était encore nécessaire de convaincre de l'importance du sujet — l'adoption, le 28 avril 2022, d'une « déclaration pour l'avenir de l'Internet », charte mondiale, certes à valeur seulement politique, impliquant l'Union européenne, les États-Unis et de nombreux autres partenaires, en vue de « faire de l'Internet un lieu sûr et un espace digne de confiance pour tous et de veiller à ce que l'Internet serve notre liberté individuelle »[32].

**379** ***Approche globale du sujet.*** Est-ce à dire que l'Internet réinventerait les droits fondamentaux ? L'Internet serait-il à ce point disruptif qu'il justifierait une réécriture des droits fondamentaux, une sorte d'*habeas corpus* — ou d'*habeas data* — du numérique[33] ? Certains ont pu l'évoquer, comme le Parlement européen, dans sa Résolution sur les programmes de surveillance massive de la NSA à la suite de l'affaire *Snowden*[34]. D'autres ont fait des propositions, par exemple la *Charte des droits de l'homme et principes de l'internet* (Charte IRPC)[35] ou la *Déclaration des droits de l'homme numérique*[36]. D'autres enfin se sont clairement engagés dans cette voie normative. Tel est le cas du Brésil ou encore de l'Italie. En France, la voie avait été ouverte avec le projet de « Charte du numérique », qui aurait été adossée à la Constitution de 1958, comme l'est la Charte de l'environnement depuis 2004[37]. Mais le projet de loi constitutionnelle pour une démocratie plus représentative, responsable et efficace[38] a été retiré et les projets subséquents[39] ne contiennent pas, pour l'heure, de « Charte du numérique ». Pour autant, l'idée est régulièrement remise à l'honneur[40], notamment sous la pression du développement de l'intelligence artificielle, tant en France[41] qu'au niveau européen[42].

On peut aussi douter de la nécessité d'un *corpus* spécial[43]. Certes, la voie révolutionnaire est tentante et la soutenir présente toujours plus d'attrait, comme étant plus moderne, moins « conservatrice ». Mais au-delà

30. L. n° 2016-1321, 7 oct. 2016, art. 20 et 21. Le régime de délivrance de copies des décisions de justice a cependant été modifié par l'art. 33 de L. n° 2019-222 du 23 mars 2019 de programmation 2018-2022 et de réforme pour la justice. En application de cette disposition, v. le décr. n° 2020-797 du 29 juin 2020 relatif à la mise à la disposition du public des décisions des juridictions judiciaires et administratives et, pour le calendrier, l'arrêté du 28 avril 2021 pris en application de l'article 9 du décr. n° 2020-797 du 29 juin 2020 relatif à la mise à la disposition du public des décisions des juridictions judiciaires et administratives.

31. Raison pour laquelle un rapport avait été demandé sur ce point par la ministre de la Justice au Pr Cadiet : *L'open data des décisions de justice*, Mission d'étude et de préfiguration sur l'ouverture au public des décisions de justice, nov. 2017.

32. Déclaration de la présidente de la Commission européenne, Ursula von der Leyen.

33. V. sur le sujet, F. Musiani, « Une "charte" pour les droits des internautes ? Perspectives et alternatives », *Revue Droit et société* 2012/2, n° 81, p. 425 ; C. Castets-Renard, G. Azzaria et C. Lachance, « Faut-il reconnaître des droits fondamentaux au numérique ? », *in Sciences et droits de l'homme*, *op. cit.*, p. 53.

34. Résolution du Parlement européen du 12 mars 2014 sur le programme de surveillance de la NSA, les organismes de surveillance dans divers États membres et les incidences sur les droits fondamentaux des citoyens européens et sur la coopération transatlantique en matière de justice et d'affaires intérieures, (2013/2188 (INI)). — *Adde* Résolution du Parlement européen du 29 oct. 2015 sur le suivi de la résolution du Parlement européen du 12 mars 2014 sur la surveillance électronique de masse des citoyens de l'Union européenne (2015/2635 (RSP)).

35. *Coalition Dynamique Droits et Principes de l'Internet* (*IRPC — Internet Rights and Principles Dynamic Coalition*), *Charter of Human Rights and Principles for the Internet*, 7e éd., nov. 2019, https://internetrightsandprinciples.org/wp-content/uploads/2020/03/IRP_booklet_Eng_7ed_Nov2019.pdf — La Coalition est un réseau ouvert d'individus et d'organisations, basé à l'IGF (Internet Governance Forum, ONU).

36. Projet dévoilé en 2014 lors du Forum d'Avignon : www.ddhn.org.

37. Une « Charte du numérique » a été proposée le 21 juin 2018 par le groupe de travail informel commun de l'Assemblée nationale et du Sénat en vue de « réfléchir à l'inclusion des droits et libertés numériques dans la Constitution ». Cette Charte a été rejetée par la Commission des lois de l'Assemblée nationale le 27 juin 2018, et lors de l'étude en 1re lecture par l'Assemblée nationale, le 11 juill. 2018, de la proposition de réforme constitutionnelle pour une démocratie plus représentative, responsable, et efficace. Le projet de réforme a été retiré.

38. Projet n° 911, déposé le 9 mai 2018.

39. Projet de loi constitutionnelle pour un renouveau de la vie démocratique, n° 2203, 29 août 2019 ; proposition de loi constitutionnelle pour une nouvelle démocratie citoyenne et participative, n° 4661, 10 nov. 2021, qui comporte un article sur la reconnaissance d'un droit d'accès à Internet.

40. Pour un état des lieux, v. A. Latil, « En attendant la Déclaration de droits fondamentaux du numérique », *Dalloz IP/IT* 2020. 593.

41. Proposition de loi constitutionnelle relative à la Charte de l'intelligence artificielle et des algorithmes, n ° 2585, déposée à l'AN le 15 janv. 2020.

42. V. le rapp. de l'agence européenne FRA : European Union Agency for Fundamental Rights, *Getting the future right — Artificial Intelligence and fundamental rights*, 2020.

43. En ce sens, C. Castets-Renard, G. Azzaria, et C. Lachance, *op. cit.* ; S. Platon, « Propos conclusifs », *op. cit.*

du *buzz*, en termes d'écho et de viralité, créé par cette prise de position, est-elle pertinente ? Sans doute l'Internet oblige-t-il, sur certains points, à renouveler en partie l'analyse fondamentaliste, mais il ne nécessite pas de procéder à un *aggiornamento* complet des droits fondamentaux, bien au contraire. D'ailleurs, comment soutenir cette voie de la refonte, à un temps *t*, alors que la technique évolue sans cesse ?
Aussi le sujet des droits fondamentaux et de l'Internet se nourrit-il nécessairement de nombreuses autres analyses de cet ouvrage, tant dans l'aspect sources que dans les différents regards portés sur la personne humaine, comme être[44], citoyen, justiciable ou acteur économique et social.

**380** ***Approche ciblée du sujet. Plan.*** La transversalité du thème d'étude et sa spécificité d'approche, par le prisme d'un outil technique, lieu d'exercice de nombreuses libertés fondamentales, imposent de faire des choix et, surtout, de déterminer un point d'entrée de la relation. La focale choisie est celle de la personne humaine, bénéficiaire naturelle des droits fondamentaux, qui ouvrira la voie à une approche des spécificités fondamentalistes du réseau. L'Internet, comme dynamique de progrès, sera donc soumis au mouvement de la vie : exister sur le réseau (***I.***), mourir sur le réseau (***II.***).

# I • Exister sur le réseau

**381** ***Plan.*** L'Internet est devenu un lieu de vie de la personne humaine. Exister sur le réseau, c'est y participer, comme individu, comme citoyen (**A.**). Mais le réseau, dont le fonctionnement est assis sur l'exploitation des données, présente également un risque pour la personne. Aussi, il importe de conserver la maîtrise de son être, par la défense son identité numérique (**B.**).

## A • Participer au réseau

**382** ***Plan.*** Positivement, avoir une vie numérique implique de pouvoir utiliser le réseau, d'y manifester sa présence numérique, à l'extrême de participer par ce biais à la vie démocratique (*2.*). Mais pour pouvoir s'y exprimer, encore faut-il pouvoir y accéder librement (*1.*).

### 1 • Accéder à l'Internet

**383** ***L'accès à l'Internet, nouveau droit fondamental ou corollaire de la liberté d'expression ?*** L'accès au réseau est-il un droit fondamental[45] ? Il est vrai que dans sa décision nº 2009-580 du 10 juin 2009, le Conseil constitutionnel a reconnu l'accès des citoyens à l'Internet comme une modalité d'exercice de l'article 11 de la Déclaration des droits de l'homme et du citoyen[46]. Le Conseil était ici saisi d'une loi qui ambitionnait de confier à la Haute autorité pour la diffusion des œuvres et la protection des droits sur Internet (Hadopi)[47], autorité publique indépendante, le pouvoir de prononcer une sanction administrative de suspension de l'accès à Internet à l'encontre d'un abonné qui aurait manqué à son obligation de vigilance, laquelle implique que cet accès ne soit pas utilisé en violation des droits d'auteur. Le Conseil a censuré la disposition en considérant — ce qui peut paraître critiquable au vu du pouvoir de sanction accordé à d'autres autorités indépendantes — que seule une autorité judiciaire avait le pouvoir de prononcer une telle peine. D'aucuns en ont déduit que les sages avaient reconnu un

---

44. V. not. la section sur la protection de la vie privée.
45. V. sur le sujet, C. Castets-Renard, G. Azzaria et C. Lachance, *op. cit.*, spéc. p. 60 s. ; T. Shulga-Morskaya, « Droit d'accès à Internet, droit fondamental ? », *in Les métamorphoses des droits fondamentaux à l'ère du numérique*, *op. cit.* p. 275.
46. Déc. nº 2009-580 DC du 10 juin 2009, *Loi favorisant la diffusion et la protection de la création sur Internet.*
47. La loi nº 2021-1382 du 25 octobre 2021 relative à la régulation et à la protection de l'accès aux œuvres culturelles à l'ère numérique a mis en place la fusion du CSA et de l'Hadopi, donnant naissance à l'ARCOM (Autorité de régulation de la communication audiovisuelle et numérique).

droit d'accès à Internet à valeur constitutionnelle. L'affirmation n'est pourtant pas si nette. La décision ne consacre pas, de manière autonome, un tel droit, d'où d'ailleurs le fondement de la liberté d'expression. Le droit d'accès à Internet est essentiel dans notre société, mais il n'existe que comme moyen de réalisation, d'exercice, de la liberté d'expression. D'ailleurs, c'est encore sur le fondement de l'article 11 de la DDHC, à l'occasion de l'examen de la loi visant à lutter contre les contenus haineux sur internet, que le Conseil constitutionnel a proclamé « la liberté d'accéder [aux services de communication en ligne] et de s'y exprimer »[48]. Dans la même veine, c'est en retenant une violation de l'article 10 de la Convention européenne des droits de l'homme, que la Cour européenne des droits de l'homme a soutenu, dans un arrêt *Kalda c/ Estonie*, de janvier 2016, que « l'accès à l'Internet est de plus en plus compris comme un droit [...] »[49]. De l'accès au réseau à l'accès aux réseaux sociaux... Par extension, la Cour suprême des États-Unis s'est aussi fondée sur le droit à l'information et la liberté d'expression, garantis par le premier amendement de la Constitution, pour consacrer l'accès aux réseaux sociaux[50]. Il faut néanmoins reconnaître que l'accès au réseau mondial dépasse aujourd'hui largement le cadre de la liberté d'expression. En effet, comme on peut le lire dans un rapport à l'Assemblée générale des Nations Unies, « l'accès à internet est indispensable non seulement à l'exercice du droit à la liberté d'expression mais aussi à celui d'autres droits, dont le droit à l'éducation, le droit de s'associer librement avec d'autres et le droit de réunion, le droit de participer pleinement à la vie sociale, culturelle et politique et le droit au développement économique et social »[51].

L'idée d'une autonomisation de l'accès à l'Internet, comme un droit fondamental dégagé de tout autre fondement, est dans l'air du temps et certains États, comme la Nouvelle-Zélande ou l'Équateur, se sont clairement engagés dans cette voie. De même, dès juillet 2012, l'ONU a adopté une Résolution par laquelle elle « engage tous les États à promouvoir et faciliter l'accès à l'Internet [...] »[52]. En France, la constitutionnalisation d'un tel droit d'accès à l'Internet avait été proposée à l'occasion de la réflexion sur la réforme constitutionnelle pour une démocratie plus représentative, responsable et efficace[53], abandonnée en août 2019, mais l'idée est régulièrement remise à l'ordre du jour[54].

**384** ***Accès et qualité de l'accès.*** Le lien du droit d'accès à l'Internet avec la liberté d'expression apparaît naturel tant l'accès au réseau contribue à l'exercice de cette liberté, permettant de recevoir et d'atteindre l'information, mais aussi de communiquer ses opinions. Pourtant, ce n'est peut-être pas tant l'accès qu'il faut garantir que la qualité de cet accès. D'un point de vue matériel comme d'un point de vue intellectuel.

D'un point du matériel, il faudrait s'assurer que l'État est en capacité de couvrir son territoire à des coûts raisonnables[55]. La loi dite « ELAN », de novembre 2018, contient d'ailleurs des dispositions visant à sim-

48. Cons. const., 18 juin 2020, n° 2020-801 DC, pt. 4.

49. CEDH 19 janv. 2016, n° 17429/10, *Kalda c/ Estonie*, *AJ pénal* 2016. 224, obs. V. Chovgan ; *Dalloz IP/IT* 2016. 266, obs. L. Saenko. — *Adde* CEDH, 17 janv. 2017, n° 21575/08, AJ *Pénal* 2017. 146, obs. J. Falxa : condamnation du refus des autorités pénitentiaires d'autoriser l'accès d'un détenu à un site Internet contenant des informations relatives à la possibilité d'effectuer des études supérieures à distance.

50. *Packingham v. North Carolina*, 582 U.S. (2017), P. Mouron, « L'accès aux réseaux sociaux est un droit constitutionnel selon la Cour suprême des États-Unis », *La REM*, n° 44, automne 2017 : la-rem.eu/2018/02/01/lacces-aux-reseaux-sociaux-droit-constitutionnel-selon-cour-supreme-etats-unis.

51. F. La Rue, Rapporteur spécial sur la promotion et la protection du droit à la liberté d'opinion et d'expression, *Promotion et protection du droit à la liberté d'opinion et d'expression*, A/66/290, 10 août 2011, p. 19 — Comp. Conseil d'État, Étude annuelle préc., 2014, sur le droit à une « existence numérique » de l'entreprise, « qui implique différents attributs : droit à un nom de domaine, droit à fournir des services sur internet, droit d'utiliser certains instruments tels que la publicité, la cryptographie ou les contrats conclus par voie électronique » (p. 104).

52. Conseil des droits de l'Homme de l'ONU, 5 juill. 2012, Résolution 20/8, *La promotion, la protection et l'exercice des droits de l'homme sur Internet*.

53. L'art. 1er du projet de « Charte du numérique » (préc.), pour l'heure rejetée, énonçait que « La loi garantit à toute personne un droit d'accès aux réseaux numériques libre, égal, et sans discrimination ». — V. C. Féral Schuhl, « Vers un droit fondamental de l'accès à l'Internet dans la Constitution de 1958 ? », *Éd. Multimédia*, n° 194, 23 juill. 2018, p. 8.

54. V. proposition de loi constitutionnelle pour une nouvelle démocratie citoyenne et participative, n° 4661, 10 nov. 2021, qui comporte un article sur la reconnaissance d'un droit d'accès à Internet.

55. La couverture numérique du territoire est une préoccupation en France également. V. sur le sujet, L. de La Raudière et E. Bothorel, *Rapport d'information sur la couverture numérique du territoire*, Commission des affaires économiques, Assemblée nationale, n° 213, sept. 2017.

plifier le déploiement des réseaux de communications électroniques à très haute capacité[56]. Et certains acteurs privés de l'Internet se sont déjà engagés dans cette voie, pour apporter l'Internet dans des zones isolées. Mais les techniques utilisées (drones, satellites et même ballons dirigeables) sont coûteuses.
D'un point de vue intellectuel surtout, l'accès à Internet ne garantit pas la liberté et la diversité de l'information. Pour cette raison, le principe de neutralité de l'Internet est essentiel à la garantie de la liberté d'expression. Accéder à l'Internet, mais pas à n'importe quel Internet.

**385** ***Le principe de neutralité du Net.*** Le droit d'accès à l'Internet n'a de sens que s'il s'épanouit sans entrave, sans manipulation aussi. Le principe de neutralité du Net impose en ce sens que les données soient acheminées sans priorisation des contenus, et sans discrimination, par les fournisseurs d'accès à Internet (FAI).

**386** ***L'intégration du principe à la Constitution ?*** L'idée d'inscrire la neutralité du Net dans la Constitution a été portée par le président de l'Assemblée nationale, François de Rugy, en janvier 2018, dans le cadre de débats sur la révision du texte fondamental. Il s'agissait, selon lui, de promouvoir « un accès libre, égal et universel aux réseaux numériques »[57]. D'ailleurs, le groupe de travail à l'Assemblée nationale sur la démocratie numérique avait proposé dans son rapport *La démocratie numérique et les nouvelles formes de participation citoyenne*, de décembre 2017, d'inscrire dans la Constitution le principe de la neutralité du Net, en complétant l'article 1er par l'alinéa suivant : « la loi garantit l'accès libre, égal et universel à des réseaux numériques ouverts et la formation des citoyens à leur utilisation »[58]. Le principe avait été repris dans le projet avorté de « Charte du numérique » qui énonçait en son article 2 : « Dans les limites et les conditions fixées par la loi, les réseaux numériques sont développés dans l'intérêt collectif et respectent le principe de neutralité qui implique un trafic libre et l'égalité de traitement ». L'abandon du projet a mis en sommeil la priorité.
L'idée avait sans doute aussi germé en réaction à la décision de la Commission fédérale américaine des communications (FCC), en décembre 2017, de revenir sur ce principe. La raison en est que l'accès à Internet est un service d'information (et non un service de télécommunications, au sens de la loi américaine), soumis à ce titre à une régulation légère. Pour autant, il ne faudrait pas en conclure trop rapidement que les FAI américains pourraient brider ou privilégier certains contenus. D'abord, les opérateurs américains ont une obligation de transparence sur leurs pratiques et la sanction, en cas de manquement, est redoutable. Ensuite, le droit de la concurrence et le droit de la consommation devraient permettre d'éviter les dérives.

**387** ***Cadre européen.*** En réalité, graver le droit d'accès à l'Internet dans le marbre de la Constitution relèverait davantage du symbole, car la législation européenne impose déjà un Internet ouvert et neutre. Ainsi, le Règlement du 25 novembre 2015 établissant des mesures relatives à l'Internet ouvert[59] prescrit la mise en œuvre de « règles communes destinées à garantir le traitement égal et non discriminatoire du trafic dans le cadre de la fourniture de services d'accès à l'Internet [...] » (art. 1.1). Précisément, l'article 3 a pour objectif de « garantir l'accès à un Internet ouvert ». À cette fin, le premier point énonce que « les utilisateurs finals ont le droit d'accéder aux informations et aux contenus et de les diffuser, d'utiliser et de fournir des applications et des services et d'utiliser les équipements terminaux de leur choix, quel que soit le lieu où se trouve l'utilisateur final ou le fournisseur, et quels que soient le lieu, l'origine ou la destination de l'information, du contenu, de l'application ou du service, par l'intermédiaire de leur service d'accès à l'internet ».

56. L. n° 2018-1021, 23 nov. 2018 portant évolution du logement, de l'aménagement et du numérique : v. titre IV, chap. VII, art. 219 s.
57. www.lemonde.fr/pixels/article/2018/01/11/le-president-de-l-assemblee-veut-inscrire-la-neutralite-du-net-dans-la-constitution_5240615_4408996.html
58. *Pour une nouvelle Assemblée nationale, Les rendez-vous des réformes 2017-2022, Première conférence des réformes, Propositions des groupes de travail*, déc. 2017, Rapport du groupe de travail sur la démocratie numérique, proposition n° 1, p. 287 s. : www2.assemblee-nationale.fr/qui/pour-une-nouvelle-assemblee-nationale-les-rendez-vous-des-reformes-2017-2022/democratie-numerique.
59. Règl. (UE) 2015/2120 du Parlement européen et du Conseil du 25 nov. 2015 établissant des mesures relatives à l'accès à un internet ouvert et modifiant la dir. 2002/22/CE concernant le service universel et les droits des utilisateurs au regard des réseaux et services de communications électroniques et le règl. (UE) n° 531/2012 concernant l'itinérance sur les réseaux publics de communications mobiles à l'intérieur de l'Union.

Pour autant, ces dispositions n'empêchent pas les fournisseurs d'accès à Internet « de mettre en œuvre des mesures raisonnables de gestion du trafic » (art. 3.3, al. 2), dès lors qu'elles sont transparentes, non discriminatoires, proportionnées et objectivement fondées en raison de la qualité nécessaire à certains services spécifiques (services de santé, par exemple). Ceux-ci ne peuvent cependant pas fonder de telles restrictions sur des considérations commerciales. Le CJUE a ainsi eu l'occasion d'interpréter le règlement 2015/2120 et le principe de neutralité du Net, considérant que les exigences de protection des droits des utilisateurs d'Internet et de traitement non discriminatoire du trafic s'opposent à ce qu'un fournisseur d'accès à Internet privilégie certaines applications et certains services au moyen d'offres faisant bénéficier ces applications et services d'un « tarif nul » et soumettant l'utilisation des autres applications et services à des mesures de blocage ou de ralentissement[60].
Le droit d'accès au réseau bénéficie donc de garanties. Cet aspect est essentiel à la garantie des droits fondamentaux, car accéder au réseau, c'est aussi avoir l'opportunité de contribuer à la vie démocratique.

## 2 • Contribuer à la vie démocratique

**388** ***Démocratie numérique.*** Être sur Internet, c'est aussi exister en tant que citoyen. Sur ce point, l'Internet facilite l'essor de la démocratie participative[61]. C'est en ce sens qu'un groupe de travail sur la démocratie numérique de l'Assemblée nationale a recommandé, en décembre 2017, d'inscrire dans la Constitution un principe de participation citoyenne à l'édiction des normes et à la définition des politiques publiques, laquelle serait d'ailleurs conditionnée à la consécration d'un droit d'accès à Internet[62]. La proposition de loi constitutionnelle de novembre 2021[63] ne disait rien d'autre, conditionnant l'effectivité de la participation citoyenne à la vie démocratique à la consécration d'un tel droit d'accès.
**389** ***L'exemple de la LRN.*** Le réseau est le terreau naturel de cette démocratie numérique : utiliser l'outil numérique pour réglementer le numérique. Telle a été la méthode mise en œuvre, à l'initiative de la secrétaire d'État au numérique d'alors, Axelle Lemaire, pour la loi pour une République numérique d'octobre 2016, qui a proposé une fabrication « 2.0 » de la norme, comme empruntant les techniques et aussi la culture du *Web* 2.0[64].
La participation des citoyens à l'expression démocratique était sollicitée grâce à un site contributif (republique-numerique.fr), où chacun était appelé à réagir et à agir sur le projet initial. L'ambition était affichée : « Écrivons ensemble la loi numérique ».
**390** ***Évaluation. Approche générale.*** Dans une approche légistique objective, la démarche empruntée enrichit les méthodes qui peuvent être mobilisées pour la formation de la législation et contribue à la promotion de la démocratie participative, désormais pratiquée au niveau européen[65], avec pour ambition celle de « mieux légiférer »[66]. Elle s'inscrit également dans le « Partenariat pour un gouverne-

---

60. CJUE, 15 sept. 2020, aff. jointes C-807/18 et C-39/19.
61. V. en ce sens, en matière environnementale, J. Vieira, « Le numérique, catalyseur du principe de participation ? », *in Les métamorphoses des droits fondamentaux à l'ère du numérique*, *op. cit.*, p. 211.
62. Sur le droit d'accès, v. *supra* n^os^ 383 s. — Sur le principe de participation citoyenne, v. rapp. préc. (déc. 2017) : il s'agit de la proposition n° 3, p. 302 s. — V. aussi, pour une proposition d'application du principe de participation citoyenne au budget étatique : *Pour une nouvelle Assemblée nationale, Les rendez-vous des réformes 2017-2022, Deuxième conférence des réformes*, Propositions des groupes de travail, juin 2018, *Rapport du groupe de travail sur la démocratie numérique*, propositions n^os^ 5 et 6, p. 285 s. — Et v. les projets et propositions cités *supra*.
63. V. supra proposition n° 4661, 10 nov. 2021.
64. Sur la méthode, v. V. Lasserre, « Investiture de la société civile au Parlement. — Analyse d'une nouvelle méthode législative », *JCP G* 2016. 181 ; S. Chatry, « La loi pour une République numérique et la cocréation de la norme », *in Numérique. Nouveaux droits, nouveaux usages*, Mare et Martin, 2017, p. 17 ; A. Bensamoun, « Réflexion méthodologique sur la norme : l'exemple de la "République numérique" », *in Liber Amicorum en l'honneur de Gilles Vercken*, dir. F. Gaullier, éd. Cabinet Vercken et Gaullier, 2017, p. 65.
65. Pour un exemple en propriété intellectuelle, v. A. Bensamoun et C. Zolynski, « La promotion du droit négocié en propriété intellectuelle : consécration d'une conception dialogique du droit », *D.* 2011. 1773.
66. Accord interinstitutionnel entre le Parlement européen, le Conseil de l'Union européenne et la Commission européenne, « Mieux légiférer », 13 avr. 2016. V. aussi le programme visant à améliorer la réglementation, recensant les voies : https://ec.europa.eu/info/law/law-making-process/planning-and-proposing-law/better-regulation-why-and-how_fr

ment ouvert » (PGO) — en anglais *Open Government Partnership* (OGP) — initiative multilatérale, qui regroupe 75 États membres, des collectivités territoriales, ainsi que des ONG et représentants de la société civile, et que la France a rejoint en avril 2014, en vue de promouvoir un mode de gouvernance transparent et ouvert à la participation citoyenne. Plusieurs initiatives proposent en ce sens d'inscrire la participation citoyenne dans la Constitution.

Pour autant, on ne peut occulter l'aspect *marketing* et le risque d'instrumentalisation[67] lié au procédé participatif. Par ailleurs, la loi pour une République numérique, prise en exemple, a ensuite retrouvé la procédure classique et, en définitive, la consultation a eu un faible impact sur le texte final.

**391** ***Évaluation. Approche quantitative.*** Le bilan de la consultation citoyenne relative au projet de loi pour une République numérique faisait état d'une « audience exceptionnelle ». L'affirmation est sans doute à nuancer lorsque l'on entre dans le détail des interventions. Certes, le site s'est enrichi de plus de 21 000 participants, avec 8 500 contributions et plus de 147 000 votes. Pourtant, rapportés à la population française, les chiffres paraissent dérisoires : seul 0,03 % de la population française s'est finalement exprimée. La représentativité est sans doute ailleurs...

Le prisme est même déformant, car les chiffres sont encore à nuancer du fait de la concentration des actions : notamment, la proposition la plus populaire et qui a donc reçu le plus de votes (4 000) est celle relative à la reconnaissance d'un statut particulier pour le e-sport (les compétitions de jeux vidéo). Sans compter que le contributeur le plus actif, un chercheur en astrophysique, a réalisé à lui seul 1 500 propositions.

**392** ***Évaluation. Approche qualitative.*** La qualité de la consultation est aussi à évaluer, d'abord s'agissant du profil des contributeurs. Quelques associations représentant des intérêts catégoriels ont fait des propositions, peu nombreuses, mais très suivies (par exemple *La Quadrature du Net*, qui a recueilli entre 1 500 et 2 000 votes pour chacune de ses propositions, à 98 % favorables). Les représentants des professions juridiques et judiciaires ont en revanche tenu un rôle très marginal : deux propositions qui ont recueilli 13 votes pour l'Ordre des avocats de Paris et une proposition qui a obtenu moins de 10 votes pour le Conseil supérieur du notariat. La masse des interventions — 95 % — vient en réalité des particuliers, avec une forte représentation de la région Île-de-France (46 % des connexions). Sur le fond ensuite, la qualité des contributions est variable : on trouve un certain nombre de propositions vagues, voire redondantes avec le droit positif[68] ; d'autres apparaissent trop catégorielles (par exemple celle réclamant le « droit d'avoir un pseudo numérique »), voire peuvent se révéler inadaptées dans le contexte actuel (notamment la demande de chiffrement obligatoire des courriers électroniques par les différents prestataires).

**393** ***Transition.*** Une existence sur le réseau suppose donc, positivement, de pouvoir y participer. Elle renvoie aussi, dans une approche défensive, à la nécessaire protection de son identité numérique.

## B • Défendre son identité numérique

**394** ***Plan.*** Exister sur le réseau, c'est aussi, négativement, pouvoir contenir sa présence. Or l'Internet présente un risque accru de perte de maîtrise de son identité numérique[69]. Pour défendre cette dernière, deux outils principaux peuvent être mobilisés : le droit des données à caractère personnel, en

67. Très critique sur le procédé, E. Derieux, « Avant-projet de loi "pour une République numérique" », *RLDI* 2015, n° 119, p. 31.

68. Par ex., on peut dénombrer plus de 6 000 votes pour trois propositions proches, liées à la promotion des logiciels libres dans l'administration. L'incitation existe déjà : v. circulaire n° 5608-SG du Premier ministre du 19 sept. 2012, *Usage du logiciel libre dans l'administration*. L'ensemble des logiciels libres préconisés se présente sous la forme du SILL (socle interministériel de logiciels libres).

69. Nous n'ignorons pas le caractère flou, car peu borné de la notion, mais faisons le choix de l'utiliser pour sa force évocatrice — Sur le sujet, v. D. Forest, « L'identité numérique : un concept introuvable », *Expertises* 2011, n° 357, p. 135 ; C. Hennion, J.-M. Mis, *Rapport d'information sur l'identité numérique*, n° 3190, Mission d'information commune sur l'identité numérique, Assemblée nationale, 8 juill. 2020.

vue de conserver le contrôle sur la circulation et l'usage de ces données (*1.*), et, dans le prolongement, la sanction pénale de l'usurpation d'identité numérique (*2.*).

## 1 • Protéger ses données personnelles

**395** ***Importance des données personnelles dans l'environnement numérique.*** Les données à caractère personnel[70] sont considérées comme l'or noir du XXIe siècle. C'est surtout le *Big data* et la multiplication des capacités de calcul et d'analyse, combinée aux capacités de stockage offertes par l'informatique en nuage (*cloud computing*), qui ont modifié l'attractivité des données personnelles et surtout la capacité de traitement, et obligé à revoir l'approche traditionnelle fondée sur la protection « passive » des individus.

« La maîtrise de nos vies dépendra de l'usage et de la protection des données personnelles », peut-on lire dans un rapport dédié au numérique et aux libertés et remis à l'Assemblée nationale[71]. C'est dire si la protection des données personnelles est aussi profondément liée à la liberté individuelle, à une époque de « datification » du monde et de digitalisation de la vie, où les outils numériques qui se nourrissent massivement de données personnelles sont utilisés au quotidien (smartphones, objets connectés ou « intelligents » divers, *etc.*), avec désormais des facultés d'anticipation des comportements humains. Étendant le concept de gouvernementalité, développé par Michel Foucault, des auteurs ont même décrit un phénomène de « gouvernementalité algorithmique »[72].

Enfin, l'environnement numérique met aussi à jour un « paradoxe de la vie privée » (*privacy paradox*), marqué par une tendance à l'exposition de soi, notamment sur les réseaux sociaux, par la diffusion de données personnelles, pour avoir une existence publique. D'où une certaine porosité de l'espace privé et public.

**396** ***Cadre fondamental***. Le droit au respect de la vie privée et la protection des données personnelles sont érigés, de manière autonome, au rang de droits fondamentaux aux articles 7 et 8 de la Charte des droits fondamentaux de l'Union européenne du 7 décembre 2000, à laquelle le Traité de Lisbonne du 13 décembre 2007 a conféré une valeur juridique contraignante[73].

Dans l'environnement numérique, c'est surtout le droit des données à caractère personnel, qui a manifesté son emprise, transformant même la discipline, la faisant passer de droit technique, réservé à la compétence des publicistes, à droit pratique et familier au monde de l'entreprise, intéressant tout autant les privatistes.

L'article 8 de la Charte dispose :

« 1. Toute personne a droit à la protection des données à caractère personnel la concernant.

2. Ces données doivent être traitées loyalement, à des fins déterminées et sur la base du consentement de la personne concernée ou en vertu d'un autre fondement légitime prévu par la loi. Toute personne a le droit d'accéder aux données collectées la concernant et d'en obtenir la rectification.

3. Le respect de ces règles est soumis au contrôle d'une autorité indépendante. »

---

70. La définition en est donnée à l'art. 4 du RGPD (à laquelle renvoie désormais la LIL, art. 2, après la modification issue de l'ord. du 12 déc. 2018) : « toute information se rapportant à une personne physique identifiée ou identifiable [...] ; est réputée être une « personne physique identifiable » une personne physique qui peut être identifiée, directement ou indirectement, notamment par référence à un identifiant, tel qu'un nom, un numéro d'identification, des données de localisation, un identifiant en ligne, ou à un ou plusieurs éléments spécifiques propres à son identité physique, physiologique, génétique, psychique, économique, culturelle ou sociale »). — V. aussi J. Rochfeld, « La définition des données à caractère personnel », *in La proposition de règlement européen relatif aux données à caractère personnel : propositions du réseau Trans Europe Experts*, dir. N. Martial-Braz, éd. SLC, coll. « TEE », vol. 9, p. 151.

71. C. Paul et C. Féral-Schuhl, *Numérique et libertés : un nouvel âge démocratique*, Rapport n° 3119, *op. cit.*, p. 13.

72. A. Rouvroy et T. Berns, « Le nouveau pouvoir statistique. Ou quand le contrôle s'exerce sur un réel normé, docile et sans événement car constitué de "corps numériques"... », *Multitudes* 2010/1, n° 40, p. 88.

73. Ces prérogatives ne sont pas énoncées dans le bloc de constitutionnalité, mais le Conseil constitutionnel les a rattachées à la liberté individuelle de l'article 2 de la DDHC de 1789. — Comp. : la CEDH a déduit la protection des données personnelles du droit au respect de la vie privée mentionné à l'art. 8 de la Conv. EDH.

Et la Cour de justice de l'Union européenne a eu l'occasion de rappeler avec fracas, en invalidant une directive, le caractère fondamental du droit à la protection des données personnelles[74]. Dans le même sens, exigeant un très haut niveau de protection notamment s'agissant des transferts internationaux de données, la CJUE n'a pas hésité à invalider les décisions d'adéquation avec les États-Unis prises par la Commission européenne[75].

**397** ***Contenu de la protection.*** Cette disposition fondamentale est traduite par des textes européens de droit dérivé récents. Le droit français des données personnelles, réglementé dans la loi dite « Informatique et libertés »[76] (abrégée « LIL »), a été profondément remanié du fait du Règlement européen sur la protection des données personnelles, dit « RGPD »[77], qui est entré en vigueur le 25 mai 2018[78].

Par rapport à la législation antérieure, le texte européen consacre un renforcement des droits de la personne concernée[79]. Outre le droit à l'information[80], le droit d'accès et de rectification[81], le droit d'opposition[82] ou encore le droit de ne pas faire l'objet d'une décision algorithmique[83], le RGPD a surtout reconnu de nouvelles prérogatives : le droit à l'effacement[84] et le droit à la portabilité[85].

Le premier, le droit à l'effacement, est cependant décevant (et déceptif par son titre qui mentionne entre parenthèses le « droit à l'oubli », sans doute par référence à l'hypothèse jurisprudentielle) par rapport aux attentes suscitées lors du processus de discussion. En effet, il permet principalement la suppression de données dont le traitement est ou est devenu illicite (données qui ne sont plus nécessaires au regard des finalités, retrait du consentement et absence de base juridique au traitement, opposition au traitement, traitement illicite, respect d'une obligation légale) et ignore, dans le corps de l'article, le « droit à l'oubli numérique » ou droit au déréférencement, tel que dégagé par la CJUE[86].

Le second, le droit à la portabilité[87], constitue un apport majeur du RGPD, non seulement en termes de maîtrise de ses données par la personne concernée, mais encore, et surtout, comme instrument d'une meilleure concurrence entre les acteurs (réseaux sociaux, services de messagerie instantanée...). Il permet la récupération des données « fournies à un responsable de traitement » (volontairement ou du fait de l'activité en ligne[88]) dans un format structuré, couramment utilisé et lisible par la machine.

---

74. CJUE, 8 avr. 2014, aff. C-293/12, *Digital Rights*, *AJDA* 2014. 773 ; *ibid.* 1147, Chron. M. Aubert, E. Broussy et H. Cassagnabère ; *D.* 2014. 1355, note C. Castets-Renard ; *ibid.* 2317, obs. J. Larrieu, C. Le Stanc et P. Tréfigny ; *RTD eur.* 2015. 117, étude S. Peyrou ; *ibid.* 168, obs. F. Benoît-Rohmer ; *ibid.* 786, obs. M. Benlolo Carabot.
75. CJUE, 6 oct. 2015, aff. C-362-14 (invalidation du *Safe Harbor*) et CJUE 16 juill. 2020, aff. C-311/18 (invalidation du *Privacy shield*).
76. L. n° 78-17, 6 janv. 1978 relative à l'informatique, aux fichiers et aux libertés, dite « Loi Informatique et Libertés » — « LIL ». Modifiée par l'ord. n° 2018-1125 du 12 déc. 2018 prise en application de l'art. 32 (habilitation) de la L. n° 2018-493 du 20 juin 2018 relative à la protection des données personnelles et portant modification de la L. n° 78-17 du 6 janv. 1978 relative à l'informatique, aux fichiers et aux libertés et diverses dispositions concernant la protection des données à caractère personnel. L'ordonnance est entrée en vigueur le 1er juin 2019.
77. Règl. (UE) 2016/679 du Parlement européen et du Conseil du 27 avr. 2016 relatif à la protection des personnes physiques à l'égard du traitement des données à caractère personnel et à la libre circulation de ces données, et abrogeant la direct. 95/46/CE (dit « Règlement général sur la protection des données », « RGPD »). — V. not. *Le RGPD*, Dalloz, coll. « Grand angle », 2018. Plus largement : A. Debet, J. Massot et N. Metallinos, *Informatique et Libertés. La protection des données à caractère personnel en droit français et européen*, Lextenso éditions, coll. « Les intégrales », 2015.
78. Et donnant lieu à la loi du 20 juin 2018, préc.
79. N. Martial-Braz, « Le renforcement des droits de la personne concernée », *Dalloz IP/IT* 2017. 253.
80. Art. 12 à 14 du RGPD.
81. Art. 15 et 16 du RGPD.
82. Art. 21 du RGPD.
83. Art. 22 du RGPD. Ce droit, qui existait déjà dans la législation antérieure (art. 15 de la direct. 95/46/CE du 24 oct. 1995), prend un écho particulier à l'ère du *Big data* et du profilage commercial.
84. Art. 17 du RGPD.
85. Art. 20 du RGPD.
86. Pour plus de précisions, v. *infra* n^os^ 407 s.
87. Ce droit a, par anticipation, été intégré au droit français par la loi pour une République numérique. V. N. Martial-Braz, « Les nouveaux droits des individus consacrés par la loi pour une République numérique. Quelles innovations ? Quelle articulation avec le Règlement européen ? », *Dalloz IP/IT* 2016. 525.
88. V. en ce sens les Lignes directrices relatives au droit à la portabilité des données du G29 (groupe de travail de l'article 29, réunissant les autorités de contrôle européennes), WP 242 rev. 01, version révisée, 5 avr. 2017. — Le G29 a été remplacé par le Comité européen de la protection des données (EDPB), institué par le RGPD.

Il permet également la transmission directe des données à caractère personnel d'un responsable de traitement à un autre.
Il faut enfin relever que le RGPD opère un changement de paradigme du point de vue de la logique mise en œuvre par la réglementation. En effet, les formalités préalables de la loi Informatique et Libertés, pour autoriser un traitement de données personnelles, ont disparu au bénéfice d'une logique de responsabilisation — dite « *accountability* »[89]. Les entreprises doivent se mettre en conformité et en rendre compte à demande[90].

**398** **Quid *de l'autodétermination informationnelle ?*** Autre droit émergent et lié à l'Internet, le droit à l'autodétermination informationnelle[91] se présente comme un outil permettant, dans l'environnement numérique, la maîtrise par l'individu de ses données personnelles. Inspirée de la jurisprudence constitutionnelle allemande[92], cette approche par l'autonomisation individuelle, qui donne aussi au droit un « contenu positif » et non plus seulement défensif[93], a été implicitement consacrée dans la loi pour une République numérique du 7 octobre 2016, modifiant ici la loi Informatique et libertés. L'article 1er de la LIL (version de l'ordonnance du 12 décembre 2018[94]) prévoit que toute personne dispose du droit « de décider et de contrôler les usages qui sont faits des données à caractère personnel la concernant », droit qui désormais s'exerce dans le cadre du RGPD. Texte de consensus, le règlement européen ne reprend cependant pas matériellement l'existence d'une telle prérogative. De son côté, la Cour européenne des droits de l'Homme a reconnu que « l'article 8 de la Convention consacre (…) le droit à une forme d'auto-détermination informationnelle, qui autorise les personnes à invoquer leur droit à la vie privée en ce qui concerne des données qui, bien que neutres, sont collectées, traitées et diffusées à la collectivité, selon des formes ou modalités telles que leurs droits au titre de l'article 8 peuvent être mis en jeu »[95].
Ce droit à l'autodétermination informationnelle participe aussi d'une vision personnaliste du droit des données personnelles.

**399** ***Nature du droit ?*** Le droit français a privilégié une approche personnaliste, où la donnée personnelle est considérée « comme le support indirect d'un droit fondamental et inaliénable reconnu à l'individu dont elle émane et non comme un objet économique »[96]. Mais le débat sur la nature des droits sur les données à caractère personnel est régulièrement ravivé. Le constat, partagé, est que la monétisation des données personnelles constitue la principale source de revenus des GAFAs, sans que l'individu concerné en tire un quelconque profit, ni que le droit positif ait réussi à endiguer « une aspiration et une commercialisation exponentielles des données personnelles »[97].

---

89. V. notamment L. Marignol, « Principe de responsabilité et action en responsabilité dans le Règlement général sur la protection des données », (I) et (II), *RLDI* 2020, n° 166 et n° 167, p. 44 et 54.
90. A. Debet, « Les nouveaux instruments de conformité », *Dalloz IP/IT* 2016. 592.
91. P. Türk, « Les droits émergents dans le monde numérique : l'exemple du droit à l'autodétermination informationnelle », *in Les métamorphoses des droits fondamentaux à l'ère du numérique*, *op. cit.*, p. 253 et « L'autodétermination informationnelle : un droit fondamental émergent ? », *Dalloz IP/IT* 2020. 616 ; J.-P. Foegle, « Le "droit" à l'autodétermination informationnelle et les réseaux numériques », *in Sciences et droits de l'homme*, *op. cit.*, p. 85.
92. 65BVerfGE, 1, 41-52 (1983).
93. En ce sens, Étude annuelle du Conseil d'État, préc., 2014, p. 264 s.
94. L'ordonnance citée (entrée en vigueur le 1er juin 2019) a été prise sur habilitation de la L. du 20 juin 2018, adaptant la LIL au RGPD et à la direct. (UE) 2016/680 du 27 avr. 2016 relative à la protection des personnes physiques à l'égard du traitement des données à caractère personnel par les autorités compétentes à des fins de prévention et de détection des infractions pénales, d'enquêtes et de poursuites en la matière ou d'exécution de sanctions pénales, et à la libre circulation de ces données, et abrogeant la décision-cadre 2008/977/JAI du Conseil. L'art. 32 de la L. du 20 juin 2018 prévoyait en effet une habilitation pour le gouvernement à passer par voie d'ordonnance pour parvenir à « la réécriture de l'ensemble de la loi n° 78-17 du 6 janvier 1978 relative à l'informatique, aux fichiers et aux libertés afin d'apporter les corrections formelles et les adaptations nécessaires à la simplification et à la cohérence ainsi qu'à la simplicité de la mise en œuvre par les personnes concernées des dispositions qui mettent le droit national en conformité avec [le paquet « données »], telles que résultant de la présente loi ».
95. CEDH, gr. ch., 27 juin 2017, *Satakunnan et autres c/ Finlande*, req. n° 931/13, § 137.
96. C. Paul et C. Féral-Schuhl, *Numérique et libertés : un nouvel âge démocratique*, Rapport n° 3119, *op. cit.*, p. 132.
97. D. Cohen, « Le juge européen et les données personnelles », *in Mélanges en l'honneur de Robert Badinter*, *op. cit.*, p. 249, spéc. p. 255. — Sur le sujet en général, v. V.-L. Benabou et J. Rochfeld, *À qui profite le clic ?*, Odile Jacob, 2015.

Pour y remédier, certains proposent d'introduire un droit de propriété sur les données personnelles, qui permettrait de les vendre en redonnant à l'individu un pouvoir de négociation[98]. Cette approche propriétaire est économiquement et juridiquement contestée[99]. D'abord, la détermination du titulaire du droit ne serait pas toujours évidente. Ensuite, les données n'acquièrent de véritable valeur (monétaire) qu'une fois agrégées à des milliers d'autres. Surtout, elles n'ont pas qu'une valeur économique, elles sont le reflet de notre personne, à la fois dans l'intimité comme dans les rapports sociaux[100]. Dans tous les cas, les données personnelles constituent déjà, au sens du droit de la consommation, une contrepartie non pécuniaire permettant de caractériser le contrat lié.

## 2 • S'opposer à l'usurpation

**400** ***Cadre légal.*** Protéger son identité numérique, c'est encore s'opposer à l'usurpation par un tiers de cette identité. En cela, le délit d'usurpation de l'identité numérique[101] participe d'une même logique que le droit des données personnelles[102].

C'est la loi n° 2011-267 d'orientation et de programmation pour la performance de la sécurité intérieure (dite « LOPPSI 2 »), entrée en vigueur le 14 mars 2011, qui a créé le délit d'usurpation d'identité, à l'article 226-4-1 du Code pénal, selon lequel « le fait d'usurper l'identité d'un tiers ou de faire usage d'une ou plusieurs données de toute nature permettant de l'identifier en vue de troubler sa tranquillité ou celle d'autrui, ou de porter atteinte à son honneur ou à sa considération, est puni d'un an d'emprisonnement et de 15 000 euros d'amende »[103]. L'alinéa 2 ajoute que l'infraction est punie des mêmes peines « lorsqu'elle est commise sur un réseau de communication au public en ligne ». Précision superflue dans la mesure où l'incrimination comme la peine sont indifférentes à l'outil. Pour autant — et au vu d'une jurisprudence nourrie —, l'Internet constitue un terrain d'élection de l'infraction.

**401** ***Élément matériel de l'infraction. Comportements infractionnels.*** Le délit est constitué par deux comportements distincts : par le fait d'usurper l'identité d'un tiers, mais également par le fait de faire usage d'une ou plusieurs données « de toute nature » permettant d'identifier un tiers. La victime peut être soit la personne dont l'identité est usurpée, soit le tiers trompé.

Techniquement, l'infraction recouvre, pour l'essentiel, deux types de situations sur Internet : d'une part, le *phishing* ou hameçonnage, par lequel l'usurpateur obtient, par des manœuvres frauduleuses consistant à utiliser une identité qui ne lui appartient pas, des données d'une personne et commet, en les utilisant à son insu, des actes qui lui sont préjudiciables ; d'autre part, la création d'un faux site web ou d'un faux profil, sous l'identité d'une tierce personne[104].

**402** ***Élément moral de l'infraction***. Afin d'atténuer la rigueur du dispositif, le législateur a choisi de doter l'infraction d'un dol spécial. L'usurpation n'est ainsi punissable que si elle a été faite « en vue de troubler [la] tranquillité [de la victime] ou celle d'autrui, ou de porter atteinte à son honneur ou à sa considération ».

---

98. V. par ex., Rapport du *Think tank Génération Libre*, « Mes données sont à moi. Pour une patrimonialité des données personnelles », janv. 2018. — V. en réponse, J. Rochfeld, J. Farchy, P. Forteza et V. Peugeot, « Les internautes réclament un usage moins opaque et une maîtrise de leurs données personnelles », Tribune au journal *Le Monde*, 7 févr. 2018.
99. V. A. Anciaux, J. Farchy et C. Méadel, « L'instauration de droits de propriété sur les données personnelles : une légitimité économique contestable », *Revue d'économie industrielle 2017/2*, n° 158, p. 9 ; J. Rochfeld, « Contre l'hypothèse de la qualification des données personnelles comme des biens », *in Les biens numériques*, dir. E. Netter et A. Chaigneau, CEPRISCA, coll. « Colloques », p. 221 (disponible en ligne).
100. V. aussi les critiques formulées par le CNNum, « Neutralité des plateformes. Réunir les conditions d'un environnement numérique ouvert et soutenable », mai 2014, p. 37, et celles de l'Étude annuelle du Conseil d'État 2014, préc., p. 264 s.
101. L. Saenko, « Le nouveau délit d'usurpation d'identité numérique », *RLDI*, 2001, n° 72, p. 63 ; M. Monteil, « L'usurpation d'identité à l'épreuve du numérique », *D.* 2020, p. 101.
102. Ce que confirme du reste la localisation du nouveau texte, dans une section du Code pénal dédiée aux « atteintes à la vie privée ».
103. La loi n° 2020-936 du 30 juill. 2020 a aggravé la peine lorsque les faits sont commis par le conjoint, le concubin ou le partenaire de PACS.
104. La jurisprudence a précisé que la qualification n'est pas acquise si le site qui reprend l'identité d'une personne laisse clairement apparaître qu'il s'agit d'un site critique, sans confusion possible. — V. TGI Paris, 17e ch. corr., 18 avr. 2019, https://www.legalis.net/jurisprudences/tgi-de-paris-17e-ch-corr-jugement-correctionnel-du-18-avril-2019/.

La notion de trouble à la tranquillité est déjà connue ; elle est utilisée pour sanctionner les appels téléphoniques ou les envois de messages malveillants et réitérés[105]. En outre, l'atteinte à l'honneur ou à la considération renvoie à l'article 29, alinéa 1er, de la loi du 29 juillet 1881, qui définit le délit de diffamation comme « toute allégation ou imputation d'un fait qui porte atteinte à l'honneur ou à la considération de la personne ou du corps auquel le fait est imputé ».
Pour autant, l'usurpation d'identité numérique est une infraction formelle. En ce sens, il y a délit dès lors que l'intention spécifique est établie ; il n'est pas nécessaire que le trouble se soit réalisé. Aussi, on peut se demander si ce dol spécial a une réelle portée ou si sa constatation ne traduira pas la constitution d'une autre infraction.

**403** ***Usurpation d'identité et liberté d'expression.*** Par un arrêt du 16 novembre 2016[106], la Chambre criminelle de la Cour de cassation a appliqué cette qualification, condamnant un informaticien qui avait profité d'une faille de sécurité dans le site Internet de la maire du 7e arrondissement de Paris pour créer un faux site qui, ayant toutes les apparences du site officiel (photographie de la victime, reprise des principaux éléments de la charte graphique…), permettait aux internautes de publier de faux communiqués de presse, obscènes et outrageants, apparemment émis par cette femme politique, les internautes passant sans s'en rendre compte du site usurpateur au site officiel. Si l'arrêt est remarquable, c'est parce qu'il contient une affirmation notable : le délit prévu à l'article 226-4-1 du Code pénal est une « infraction exclusive de l'application de l'article 10 de la Convention européenne des droits de l'homme ». La formule est rapide et elle peut tromper. En effet, il ne s'agit pas de dire que le délit d'usurpation d'identité n'a aucun rapport avec la liberté d'expression ; l'infraction en est bien une limitation. L'assertion doit être en réalité comprise comme plaçant l'infraction hors de la justification de la liberté d'expression. L'usurpation vise à créer une confusion et, en cela, elle ne contribue en rien à l'information du public[107]. La Chambre criminelle a ainsi pu préciser, refusant le renvoi d'une QPC devant le Conseil constitutionnel, que « la disposition contestée [art. 226-4-1 du Code pénal] porte, à la liberté d'expression, une limitation justifiée par la nécessité de garantir le respect de la vie privée […] et par la poursuite de l'objectif de valeur constitutionnelle de sauvegarde de l'ordre public, cette limitation étant proportionnée aux objectifs poursuivis »[108].

**404** ***Transition. De la vie à la mort.*** Les traces semées sur le réseau, volontairement ou non, sont autant de preuves de vie. Mais l'Internet a une mémoire éternelle, qui ne s'élime ni avec le temps, ni même avec la mort. Vivre sur le réseau, mourir sur le réseau.

# II • Mourir sur le réseau

**405** ***Plan.*** L'espace numérique mondial suscite de nouvelles réflexions liées à la dissémination des données sur les individus et à leur durée de vie, que ces données soient collectées automatiquement, mises en ligne par la personne elle-même ou par des tiers. L'hypermnésie numérique a ainsi fait naître des revendications d'« embargo numérique »[109].

---

105. C. pén., art. 222-16 : « Les appels téléphoniques malveillants réitérés, les envois réitérés de messages malveillants émis par la voie des communications électroniques ou les agressions sonores en vue de troubler la tranquillité d'autrui sont punis d'un an d'emprisonnement et de 15 000 euros d'amende. »
106. Crim., 16 nov. 2016, n° 16-80.207, *Comm. com. électr.* 2017, comm. n° 6, note A. Lepage ; *RLDI* janv. 2017, n° 133, obs. L. Costes. — V. aussi Crim. 7 févr. 2016, n° 15-80.211, *Dr. pén.* 2016. 76, P. Conte , *Rev. sc. crim.* 2016, p. 68, obs. Y. Mayaud. On compte aussi un certain nombre de décisions des juges du fond.
107. V. en ce sens, A. Lepage, note sous arrêt, préc.
108. Crim., 20 juin 2018, n° 18-90.012 (QPC).
109. V. not. N. Mallet-Poujol, « Une forme d'embargo numérique est nécessaire pour ne pas sombrer dans la tyrannie de la transparence », *Légipresse*, 2012, n° 297, p. 510.

Mourir sur le réseau, c'est d'abord se faire oublier. Le droit à l'oubli numérique[110] permet alors de faire disparaître ou de rendre moins visibles des informations (**A.**). Au-delà, le législateur français a souhaité organiser la mort numérique (**B.**).

## A • Un peu : le droit à l'oubli numérique

**406** ***Plan***. « À la mémoire éphémère du papier s'est substituée une mémoire inaltérable et universelle qui ne laisse aucune chance à l'oubli », affirmait déjà en 2011 un ancien Bâtonnier[111]. L'expression même de « droit à l'oubli », devenue commune, est trompeuse[112]. Ce qu'on a coutume de nommer le « droit à l'oubli numérique » n'est, en réalité, qu'un simple droit au déréférencement, d'origine prétorienne, qui n'autorise pas la suppression de l'information (*1.*). Mais le droit à l'oubli — que l'on retrouve cette fois dans la loi française — permet aussi un effacement des données personnelles litigieuses (*2.*).

### 1 • Le droit au déréférencement jurisprudentiel

**407** ***Mémoire et oubli.*** L'Internet autorise une conservation quasi illimitée des informations. Le moteur de recherche, par sa fonction de référencement, permet alors une (sur-)exposition, grâce à l'association de mots qui facilite la recherche et est susceptible de lui garder une certaine actualité pendant de nombreuses années. Aussi, il peut sembler légitime de souhaiter qu'une information ne soit plus mise en exergue. La question posée ici est celle de la mémoire. Notre société est fondée sur l'oubli — le mécanisme de la prescription en est la manifestation topique —, alors que le Net n'oublie rien, il accumule les informations et les organise pour les rendre plus facilement accessibles. Dans ces conditions, doit-on aussi aménager l'oubli ?

**408** ***Arrêt Google Spain.*** C'est le sens de la demande de Mario Costeja González, avocat espagnol, qui se plaignait qu'en entrant son nom dans le moteur de recherche Google, ce dernier proposait comme résultats deux liens permettant d'accéder à des articles de *La Vanguardia*, pour des faits de saisie de ses biens immobiliers pour non-paiement de dettes de sécurité sociale, 12 ans avant (1998, recherche en 2010) et alors qu'il a acquitté ces dettes depuis longtemps. On comprend que la diffusion de ces informations puisse le gêner. Il demande donc au site source la suppression de ces informations et à Google Spain l'occultation des résultats contrariants. L'autorité de protection des données espagnole (AEDP) rejette la demande contre *La Vanguardia*, d'autant que la publication avait été ordonnée par le ministère du travail, mais reçoit la réclamation contre Google. Elle enjoint à la firme, indépendamment de la présence des informations sur le site source, de retirer les liens concernés des résultats de recherche. Google attaque la décision devant la Cour nationale, laquelle décide d'interroger la CJUE par la voie du recours préjudiciel.

Le CJUE consacre alors, sans le nommer, ce « droit à l'oubli numérique », dans une décision du 13 mai 2014, dite *Google Spain*[113] : un internaute dispose ainsi du « droit à ce que l'information […] relative à

---

110. Sur lequel V. not. M. Boizard, « Le temps, le droit à l'oubli et le droit à l'effacement », *Les cahiers de la justice*, 2016/4, p. 619 ; M. Kheloufi, « Le "droit à l'oubli" numérique : ce que cachent les mots », *in Les métamorphoses des droits fondamentaux à l'ère du numérique*, *op. cit.*, p. 265.

111. C. Charrière-Bournazel, « Propos autour d'Internet : l'histoire et l'oubli », *Gaz. Pal.* 21 avr. 2011, p. 6.

112. Sur le sujet général, v. J. Groffe, « Du droit à l'oubli jurisprudentiel au droit à l'effacement (« droit à l'oubli ») dans le RGPD et la loi française. Retour sur l'histoire du droit à l'oubli », *in Le règlement général sur la protection des données. Aspects institutionnels et matériels*, dir. A. Bensamoun et B. Bertrand, Mare & Martin, 2020, p. 167.

113. CJUE, 13 mai 2014, aff. C-131/12, *Google Spain*, *JCP E* 2014. 1326, note M. Griguer et 2014. 1327, note G. Busseuil ; *JCP G* 2014. 768, note L. Marino ; *D.* 2014. 1476, note V.-L. Benabou et J. Rochfeld (responsable de traitement) et 1481, note N. Martial-Braz et J. Rochfeld (droit à l'oubli) ; *CCE* 2014, Étude 13, A. Debet ; *RLDI* 2014, n° 106, Dossier spécial, D. Forest, et n° 109, R. Perray et P. Salen ; *D.* 2014. Pan. 2324, obs. P. Tréfigny ; *AJDA* 2014. 1147, chron. M. Aubert, E. Broussy et H. Cassagnabère ; *RTD eur.* 2014. 283, édito. J.-P. Jacqué ; *ibid.* 879, étude

sa personne ne soit plus […] liée à son nom par une liste de résultats affichée à la suite d'une recherche effectuée à partir de son nom » (pt. 99). Plus qu'un droit à l'oubli numérique, c'est un droit à la rupture du lien d'accessibilité qui est ici consacré, un droit au déréférencement.
Ce faisant, la Cour reconnaît, en amont de son raisonnement, que le moteur de recherche a bien la qualité de responsable de traitement[114] et qu'il est donc, à ce titre, tenu aux obligations liées à cette qualité (dont l'obligation de déréférencer, découverte ici). Le responsable de traitement est, en vertu de l'article 2, *d)* de la directive 95/46/CE, celui qui « détermine les finalités et les moyens du traitement de données à caractère personnel »[115]. Dans cette affaire, l'avocat général s'opposait à cette qualification, relevant la nécessaire conscience, l'intention, qui doit animer un responsable de traitement. La Cour ne l'a pas suivi et a donc décidé que l'exploitant du moteur de recherche définit bien, par l'algorithme qu'il construit et dont il a le secret et la maîtrise, les moyens et les finalités du traitement (pts. 33 et 40).
**409** ***Fondement.*** Sur quel fondement ce droit au déréférencement repose-t-il ? C'est difficile à dire… Ni la directive 95/46/CE ni même le RGPD[116] ne contiennent une telle règle. La CJUE renvoie quand même à des dispositions de la directive (texte alors en vigueur) et elle active les articles 7 et 8 de la Charte des droits fondamentaux, relatifs au droit au respect de la vie privée et à la protection des données personnelles.
**410** ***Conditions.*** Deux types de conditions, internes et externes, ont été dégagés par la CJUE pour imposer ce déréférencement.
S'agissant des conditions internes, la Cour renvoie d'abord à la qualité des données litigieuses. En effet, il ne suffit pas que des données personnelles soient présentes sur un site pour pouvoir en obtenir le déréférencement. Les données doivent être inadéquates, pas ou plus pertinentes, ou excessives au regard des finalités pour lesquelles elles ont été traitées et du temps qui s'est écoulé (pt 92). L'appréciation devra être réalisée au cas par cas, « eu égard à l'ensemble des circonstances caractérisant le cas d'espèce » (pt 94). Pour autant, la personne concernée n'aura pas à faire la démonstration d'un préjudice. La CJUE indique en ce sens que « la constatation d'un tel droit ne présuppose pas que l'inclusion de l'information en question dans la liste de résultats cause un préjudice à la personne concernée » (pt 96). Enfin, il faut préciser — et c'est là un apport essentiel de la décision — que l'information pour laquelle on supprime le lien n'est pas nécessairement illicite ou illégitime. C'était d'ailleurs le cas en l'espèce et la Cour l'admet expressément, évoquant un « traitement initialement licite de données exactes » (pt 93).
S'agissant des conditions externes, la solution devra résulter d'une pesée des intérêts en présence, entre les droits fondamentaux de la personne concernée et l'accès à l'information des internautes. La Cour mentionne néanmoins la prévalence de principe des droits à la vie privée et à la protection des données à caractère personnel des articles 7 et 8 de la Charte des droits fondamentaux, même si elle ajoute, dans des cas particuliers, la prise en compte de « la nature de l'information en question et de sa sensibilité pour la vie privée de la personne concernée ainsi que de l'intérêt du public à disposer de cette information, lequel peut varier, notamment, en fonction du rôle joué par cette personne dans la vie

---

B. Hardy ; *ibid.* 2016. 249, étude O. Tambou. — *Adde* M. Boizard, « Le droit à l'oubli face aux moteurs de recherche, une parenthèse ? », *in Sciences et droits de l'homme*, *op. cit.*, p. 69 ; J.-M. Bruguière, « Droit à l'oubli numérique des internautes ou… responsabilité civile des moteurs de recherche du fait du référencement ? (retour sur l'arrêt de la CJUE du 13 mai 2014) », *Comm. com. électr.* 2015, nº 5, étude 10, et « Le "droit à" l'oubli numérique, un droit à oublier », *D.* 2014. 299.

114. La Cour vérifie bien que le moteur de recherche effectue un traitement de données personnelles, au sens de la directive de 1995. L'article 2, *b)* en donne une définition tellement accueillante qu'il est bien difficile d'exclure ici les opérations réalisées par le moteur de recherche. En ce sens, la CJUE relève qu'« en explorant de manière automatisée, constante et systématique Internet à la recherche des informations qui y sont publiées, l'exploitant d'un moteur de recherche "collecte" de telles données qu'il "extrait", "enregistre" et "organise" par la suite dans le cadre de ses programmes d'indexation, "conserve" sur ses serveurs et, le cas échéant, "communique à" et "met à disposition de" ses utilisateurs sous forme de listes des résultats de leurs recherches » (pt 28), toutes opérations que la directive de 1995 vise expressément.

115. La direct. nº 95/46/CE, du 24 oct. 1995, relative à la protection des personnes physiques à l'égard du traitement des données à caractère personnel et à la libre circulation de ces données a été abrogée par le RGPD, qui définit de manière identique le responsable de traitement à l'art. 4.

116. À l'époque de la décision, le règlement était en discussion et si le droit à l'oubli était intégré à la première version (2012), il avait ensuite été supprimé (depuis 2014), pour ne laisser finalement qu'un droit à l'effacement, essentiellement lorsque le traitement n'est pas ou plus légitime.

publique » (pt 81). C'est aussi dire que le principe pourrait être inversé au vu de la situation publique d'une personne[117].

**411** ***Interdiction d'injonction générale.*** Si le droit à l'oubli est un outil de protection précieux sur l'Internet, il doit cependant rester contenu. En France, la Cour de cassation a censuré un arrêt de cour d'appel qui avait prononcé à l'encontre d'un moteur de recherche une injonction d'ordre général, sans procéder à la mise en balance des intérêts en présence. Dans cet arrêt du 14 février 2018[118], la Cour de cassation rappelle que la juridiction saisie d'une demande de déréférencement est tenue, pour chacune des pages web dont la suppression de lien est sollicitée, « de porter une appréciation sur son bien-fondé, et de procéder, de façon concrète, à la mise en balance des intérêts en présence ». Or, la cour d'appel empêche *de facto* cette mise en balance au cas par cas lorsqu'elle ordonne par anticipation « une mesure d'injonction d'ordre général, conférant un caractère automatique à la suppression de la liste de résultats, affichée à la suite d'une recherche effectuée à partir du nom d'une personne, des liens vers des pages internet contenant des informations relatives à cette personne »[119].

**412** ***Mise en œuvre pratique.*** En pratique, le droit à l'oubli numérique s'est traduit par un formulaire, mis en ligne notamment par Google, grâce auquel une personne concernée peut demander la suppression d'un résultat de recherche associé à sa personne. D'un point de vue théorique, il faut relever ici une nouvelle manifestation de la tendance à la privatisation de la norme. On délègue à un acteur privé l'évaluation de l'adéquation ou l'inadéquation des données, faisant de l'exploitant « le véritable arbitre de l'information acceptable »[120]. Des critères d'appréciation des demandes de déréférencement ont été dégagés par le Comité consultatif mis en place par Google[121] ainsi que par des Lignes directrices du G29[122]. En cas de refus de déréférencement, la CJUE propose de saisir l'autorité de contrôle nationale, en France la CNIL, ou l'autorité judiciaire. Cette dernière dispose ici d'un pouvoir complémentaire, notamment du fait du trouble causé par le référencement et qui justifiera l'intervention du juge des référés, en application de l'article 873 du Code de procédure civile.

**413** ***Champ territorial du déréférencement.*** Par ailleurs, s'est posée la question de l'étendue géographique du déréférencement. Sur ce point, il existait une opposition entre Google et la CNIL. Le déréférencement opéré par le moteur de recherche était effectif sur l'ensemble des extensions européennes (Espace économique européen — EEE —, champ d'application territorial de la directive 95/46/CE). En outre, grâce à une mesure de blocage, Google empêchait un internaute situé en France d'avoir accès aux liens litigieux sur toutes les extensions de son moteur de recherche dans le monde. Pour ce faire, Google redirigeait automatiquement les internautes souhaitant effectuer leurs recherches sur google.com vers google.fr. Ainsi, un déréférencement français ou européen assurait une effectivité certaine au droit au déréférencement, sans toutefois que la coupure du lien soit mondiale. C'est aussi le signe d'un choc des cultures : aux États-Unis, « le "droit de savoir" passe avant le "droit à l'oubli" et un retrait d'information sur internet s'analyse comme une censure, là où les Européens y voient le respect de la vie privée »[123].

---

117. Sur l'équilibre entre l'information et l'oubli, v. M. Clément-Fontaine, « Faut-il se réjouir de la percée du droit à l'oubli numérique » (commentaire des arrêts de la Cour de cassation de Belgique, 29 avr. 2016, n° C. 15.0052.F, et de la Cour de cassation française, Civ. 1re, 12 mai 2016, n° 15-17.729), *Auteurs & Media*, 2016/5-6, p. 464.
118. Civ. 1re, 14 févr. 2018, n° 17-10. 499 ; *Comm. com. électr.* 2018, Comm. n° 48, note A. Debet ; *Dalloz IP/IT* 2018. 250, obs. E. Derieux.
119. La CA avait confirmé le jugement qui considérait que Google devait supprimer « *les liens qui conduisent, lors de recherches opérées sur le moteur Google.fr incluant les nom et prénom de M. Thierry B., à toute adresse URL identifiée et signalée à Google Inc. par M. Thierry B. comme portant atteinte à sa vie privée, dans un délai de 7 jours à compter de la réception par la société Google Inc. [de ce] signalement* », sous astreinte de 10 000 euros par infraction constatée (Aix-en-Provence, 15 sept. 2016, rôle n° 15/13987).
120. J. Rochfeld et N. Martial-Braz, *note au D.* 2014. 1481.
121. https://static.googleusercontent.com/media/archive.google.com/fr//advisorycouncil/advisement/advisory-report.pdf (déc. 2020).
122. *Guidelines on the implementation of Justice of The European Union Judgment on Google Spain and Inc. vs Agencia espanola de proteccion de datos (AEPD) and Mario Costeja Gonzalez*, document WP 225, 26 nov. 2014 — La CNIL propose également un texte en français : *Droit au déréférencement. Les critères communs utilisés pour l'examen des plaintes* : www.cnil.fr/sites/default/files/typo/document/Droit_au_dereferencement-criteres.pdf (déc. 2020).
123. M. de Saint Pulgent et J. Richard, « Numérique : les rapports de droit sont des rapports de forces », *AJDA* 2014. 1625.

La CNIL a cependant estimé qu'une telle solution n'était pas suffisante. Google ayant refusé d'étendre le déréférencement à toutes les extensions de son moteur de recherche, l'autorité a prononcé, le 10 mars 2016, une sanction pécuniaire de 100 000 euros à l'encontre de l'entreprise[124]. Cette décision a été déférée au Conseil d'État, lequel a saisi le 19 juillet 2017, la CJUE de trois questions préjudicielles sur la portée territoriale du déréférencement (le monde ou l'UE) et, en complément, sur la pratique de géoblocage[125].

La question était essentielle tant du point de vue pratique, pour cerner la mise en œuvre concrète et les extensions visées, que du point de vue théorique, pour fixer le champ territorial du droit — et donc son éventuelle extra-territorialité. Dans une décision du 24 septembre 2019[126], la CJUE répond à ces interrogations. Elle reconnaît d'abord qu'un déréférencement mondial répondrait parfaitement aux objectifs protecteurs du RGPD. Elle ajoute cependant que certains États tiers ne connaissent pas le droit à l'oubli ou l'appliquent différemment ; en outre, le droit à la protection des données à caractère personnel n'est pas absolu et doit être mis en balance avec les autres droits fondamentaux, conformément au principe de proportionnalité. Dans ces conditions, la CJUE retient le déréférencement à l'échelle de l'Union (sur les versions du moteur de recherche concerné correspondant à l'ensemble des États membres, et pas seulement à l'État de résidence du bénéficiaire), couplé, le cas échéant, à des mesures de géoblocage. Elle envisage néanmoins deux dérogations à ce principe, dans le sens d'une extension et d'une restriction de la portée du déréférencement. Premièrement, l'autorité de contrôle ou l'autorité judiciaire nationale peut décider, à l'issue de la mise en balance entre, d'une part, le droit à la vie privée et au respect des données personnelles et, d'autre part, la liberté d'information, que le déréférencement doit porter sur l'ensemble des versions du moteur de recherche en cause. Deuxièmement, la Cour relève que « l'intérêt du public à accéder à une information peut, même au sein de l'Union, varier d'un État membre à l'autre, de sorte que le résultat de la mise en balance à effectuer entre celui-ci, d'une part, et les droits au respect de la vie privée et à la protection des données à caractère personnel de la personne concernée, d'autre part, n'est pas forcément le même pour tous les États membres, d'autant plus que, en vertu de l'article 9 de la Directive 95/46 et de l'article 85 du Règlement 2016/679, il appartient aux États membres de prévoir, notamment pour les traitements aux seules fins de journalisme ou d'expression artistique ou littéraire, des exemptions et des dérogations nécessaires pour concilier ces droits avec, notamment, la liberté d'information ». Faisant application de cette grille d'analyse à la sanction prononcée par la CNIL en 2016, le Conseil d'État a en conséquence annulé cette dernière[127].

**414** ***Mode d'emploi du droit à l'oubli.*** Par treize arrêts du 6 décembre 2019[128], le Conseil d'État a fourni un « mode d'emploi » du droit à l'oubli, fixant les conditions dans lesquelles doit être respecté le droit au déréférencement. Rendus à la lumière de la jurisprudence de la CJUE, les décisions posent un certain nombre de principes, parmi lesquels :

« Le juge se prononce en tenant compte des circonstances et du droit applicable à la date à laquelle il statue.

— Le déréférencement d'un lien associant au nom d'un particulier une page web contenant des données personnelles le concernant est un droit.

124. Délibération de la formation restreinte n° 2016-054 du 10 mars 2016 prononçant une sanction pécuniaire à l'encontre de Google Inc.

125. CE, 19 juill. 2017, n° 399922.

126. CJUE, gr. ch., 24 sept. 2019, aff. C-507/17, not. J.-L. Sauron, « Données personnelles : portée du droit au déréférencement », *D.* 2019. 2022 ; C. Le Goffic, « Importantes précisions de la CJUE sur le régime du déréférencement », *Lexbase Hebdo*, éd. Aff., 2019, p. 609. Il est à noter que la Grande Chambre de la CJUE a rendu deux décisions le même jour concernant la portée du droit à l'oubli. L'autre affaire (C-136/17) concerne les conditions de déréférencement de sites contenant des données sensibles, c'est-à-dire qui « révèlent l'origine raciale ou ethnique, les opinions politiques, les convictions religieuses ou philosophiques, l'appartenance syndicale, ainsi que le traitement des données relatives à la santé et à la vie sexuelle » (dir. 95/46, art. 8.1).

127. CE, 10e et 9e ch. réun., 27 mars 2020, n° 399922, *Google Inc.*

128. CE, sect. contentieux, 10e et 9e ch. réun., 6 déc. 2019, req. nos 391000, 393769, 395335, 397755, 399999, 401258, 403868, 405464, 405910, 407776, 409212, 423326, 429154.

— Le droit à l'oubli n'est pas absolu. Une balance doit être effectuée entre le droit à la vie privée du demandeur et le droit à l'information du public.
— L'arbitrage entre ces deux libertés fondamentales dépend de la nature des données personnelles. »[129]
En fonction de la catégorie de données concernées — sensibles, pénales ou touchant à la vie privée sans être sensibles —, la grille de lecture fournie est différente. Pour les deux premières catégories, la protection est maximale et il ne peut être fait échec à une demande de déréférencement que si le nom du demandeur est « strictement nécessaire à l'information du public ». S'agissant de la troisième catégorie, l'équilibre est plus marqué et « il suffit qu'il existe un intérêt prépondérant du public à accéder à l'information en cause ». Enfin, le CE relève les paramètres à prendre en compte, au-delà des caractéristiques des données personnelles en cause, pour apprécier la situation : « le rôle social du demandeur (sa notoriété, son rôle dans la vie publique et sa fonction dans la société) et les conditions dans lesquelles les données ont été rendues publiques (par exemple, si l'intéressé a de lui-même rendu ces informations publiques) et restent par ailleurs accessibles ».
À côté de ce droit au déréférencement d'origine jurisprudentielle, le droit à l'oubli s'illustre également dans la loi.

## 2 • Le droit à l'effacement légal

**415** ***Disparition de l'information.*** Le droit à l'oubli vise encore des hypothèses où l'oubli conduit non plus à un simple déréférencement mais à un effacement de l'information. L'atteinte potentielle à la liberté d'information est ici plus importante puisque le droit conduit à la disparition de l'information source, contrairement au droit au déréférencement, où seul le lien d'accessibilité disparaît.
**416** ***Cadre légal européen. RGPD.*** L'intitulé de l'article 17 du RGPD — « Droit à l'effacement ("droit à l'oubli") » — manifeste la tension qui a entouré l'adoption de cette disposition, laquelle a connu de multiples rédactions. De quoi parle-t-on exactement ? Par l'utilisation des guillemets, la disposition semble renvoyer au sens commun de l'expression, par référence à la jurisprudence *Google Spain*. En réalité, il n'en est rien. L'article 17 reste silencieux sur le droit au déréférencement, tel que dégagé par la CJUE[130]. Ce qui a pu un temps interroger sur sa vocation à s'appliquer après l'entrée en vigueur du RGPD. En effet, la parole législative était récente, postérieure à la jurisprudence de la CJUE, et on ne pouvait ignorer qu'elle ne consacrait pas la règle jurisprudentielle. La jurisprudence la plus récente ne permet cependant plus d'hésiter sur la positivité du droit au déréférencement.
**417** ***« Fausses » hypothèses de droit à l'effacement.*** D'emblée, il faut souligner la confusion de l'article 17, qui fait entrer dans le cadre du droit à l'effacement des hypothèses dans lesquelles le traitement est ou est devenu illicite. Or, « il n'y a de véritable droit à l'oubli que si l'effacement concerne des données traitées licitement »[131]. La disposition permet ainsi l'oubli lorsque « les données à caractère personnel ne sont plus nécessaires au regard des finalités pour lesquelles elles ont été collectées ou traitées d'une autre manière » (art. 17.1, *a)*), lorsque « la personne concernée retire le consentement sur lequel est fondé le traitement (…) et il n'existe pas d'autre fondement juridique au traitement » (art. 17.1, *b)*), lorsque « les données à caractère personnel ont fait l'objet d'un traitement illicite » (art. 17.1, *d)*), lorsque « les données à caractère personnel doivent être effacées pour respecter une obligation légale qui est prévue par le droit de l'Union ou par le droit de l'État membre auquel le responsable du traitement est soumis » (art. 17.1, *e)*).
**418** ***« Vraies » hypothèses de droit à l'effacement.*** À ces « fausses » hypothèses de droit à l'oubli sur des traitements illicites (originellement ou devenus tels), il faut ajouter deux cas d'ouverture à un

129. https://www.conseil-etat.fr/actualites/actualites/droit-a-l-oubli-le-conseil-d-etat-donne-le-mode-d-emploi/.
130. V. cependant Lignes directrices 5/2019 sur les critères du droit à l'oubli au titre du RGPD dans le cas des moteurs de recherche (partie 1), EDPB, v. 2.0, 7 juill. 2020, opérant un rapprochement entre l'article 17 et la jurisprudence européenne.
131. N. Martial-Braz, « Le renforcement des droits de la personne concernée », *op. cit.*

véritable droit à l'effacement, sans considération de l'illicéité du traitement, exposés aux points *c)* et *f)* de l'article 17.1.

Le droit à l'oubli peut d'abord être demandé (art. 17.1 *c)*) lorsque « la personne s'oppose au traitement des données à caractère personnel en vertu de l'article 21, paragraphe 1, et il n'existe pas de motif légitime impérieux pour le traitement, ou la personne concernée s'oppose au traitement des données à caractère personnel en vertu de l'article 21, paragraphe 2 ». La disposition est particulièrement efficace ; elle permet un effacement des données, à la suite d'une procédure d'opposition au traitement, dans deux situations : d'une part, en considération de la situation particulière de la personne concernée (art. 21.1[132]), et il appartiendra alors au responsable de traitement de rapporter la preuve de motifs légitimes justifiant son refus ; d'autre part, lorsque les données sont traitées à des fins de prospection et/ou de profilage (art. 21.2[133]).

Le droit à l'effacement peut ensuite être mobilisé (art. 17,1 *f)*) lorsque les données « ont été collectées dans le cadre de l'offre de services de la société de l'information visée à l'article 8, paragraphe 1 ». Si le renvoi suscite un doute quant à son interprétation[134], il semble que le texte s'adresse aux mineurs de plus de 16 ans qui auraient consenti au traitement de leurs données ainsi qu'aux mineurs de moins de 16 ans autorisés à transmettre leurs données par le titulaire de l'autorité parentale. On pense ici clairement aux données personnelles laissées par les mineurs par le biais des réseaux sociaux. C'est d'ailleurs en ce sens que l'ordonnance du 12 décembre 2018 a précisé l'hypothèse à l'article 51 de la LIL[135].

**419** ***RGPD. Régime.*** Le dispositif mis en place par le RGPD envisage la création d'une sorte de « droit de suite », puisque le responsable du traitement qui a rendu publiques les données personnelles, premier tenu à l'effacement, doit prendre « des mesures raisonnables », « compte tenu des technologies disponibles et des coûts de mise en œuvre », pour informer les autres responsables de traitement traitant ces mêmes données de la demande d'effacement (art. 17.2).

Enfin, ce droit à l'effacement devra se concilier avec les autres droits et libertés. Aussi, il ne sera pas exigible lorsque le traitement est nécessaire « à l'exercice du droit à la liberté d'expression et d'information » (art. 17.3, *a)*), « pour respecter une obligation légale qui requiert le traitement prévue par le droit de l'Union ou par le droit de l'État membre auquel le responsable du traitement est soumis, ou pour exécuter une mission d'intérêt public ou relevant de l'exercice de l'autorité publique dont est investi le responsable du traitement » *(b)*), « pour des motifs d'intérêt public dans le domaine de la santé publique (...) » *(c)*), « à des fins archivistiques dans l'intérêt public, à des fins de recherche scientifique ou historique ou à des fins statistiques (...) » *(d)*) et « à la constatation, à l'exercice ou à la défense de droits en justice » *(f)*).

**420** ***Cadre légal français.*** Alors que le RGDP est entré en vigueur le 25 mai 2018, le législateur français est intervenu, dans la loi pour une République numérique (art. 63), du 6 octobre 2016, modifiant sur ce point la loi Informatique et Libertés, pour imposer un droit à l'oubli, en forme de droit à l'effacement des données collectées licitement, au bénéfice des personnes mineures au moment de la

132. « La personne concernée a le droit de s'opposer à tout moment, pour des raisons tenant à sa situation particulière, à un traitement des données à caractère personnel la concernant fondé sur l'article 6, paragraphe 1, point e) ou f), y compris un profilage fondé sur ces dispositions. Le responsable du traitement ne traite plus les données à caractère personnel, à moins qu'il ne démontre qu'il existe des motifs légitimes et impérieux pour le traitement qui prévalent sur les intérêts et les droits et libertés de la personne concernée, ou pour la constatation, l'exercice ou la défense de droits en justice. »

133. « Lorsque les données à caractère personnel sont traitées à des fins de prospection, la personne concernée a le droit de s'opposer à tout moment au traitement des données à caractère personnel la concernant à de telles fins de prospection, y compris au profilage dans la mesure où il est lié à une telle prospection. »

134. V. N. Martial-Braz, « Le renforcement des droits de la personne concernée », *op. cit.*

135. « II. — En particulier, sur demande de la personne concernée, le responsable du traitement est tenu d'effacer dans les meilleurs délais les données à caractère personnel qui ont été collectées dans le cadre de l'offre de services de la société de l'information lorsque la personne concernée était mineure au moment de la collecte. »

collecte[136]. On pouvait s'étonner de la méthode qui consistait à légiférer, sur un cas précis et alors qu'un règlement européen, contenant des dispositions plus générales sur le sujet, était en cours d'adoption. À ce titre, cette intervention anticipée a pu être critiquée, le Conseil d'État considérant la transposition comme « partielle et approximative, tant [s'agissant] de la définition des données concernées par ce droit, que de l'étendue de ce droit »[137]. L'ordonnance du 12 décembre 2018 (entrée en vigueur le 1er juin 2019) a rectifié le positionnement en renvoyant, pour le droit à l'effacement, à l'article 17 du RGPD dans son ensemble (hypothèses et limitations ; art. 51-I de la LIL), mais tout en conservant la mention spéciale pour les mineurs de moins de 15 ans[138] (art. 51-II).
S'agissant du régime, l'article 51-II de la LIL mentionne expressément, dans les mêmes conditions que le RGPD, une sorte de « droit de suite », en cas de transmission des données en cause à un tiers lui-même responsable de traitement[139]. Enfin, le texte prévoit qu'en cas de refus ou de silence du responsable de traitement dans un délai d'un mois à compter de la demande, la personne concernée peut saisir la CNIL qui se prononce dans les trois semaines.
**421** ***Transition.*** Au-delà de cette disparition numérique volontaire de la personne concernée, la loi appréhende désormais la mort numérique, comme une conséquence de la mort physique.

## B • Beaucoup : la mort numérique

**422** ***Situation avant la LRN.*** Les droits décrits dans la LIL ne sont ouverts qu'à la personne concernée, celle à qui se rapportent les données à caractère personnel qui font l'objet du traitement. Les ayants droit sont donc exclus de la catégorie. Avant la loi pour une République numérique (LRN), le cadre légal ne permettait aux héritiers qu'une actualisation des données du défunt, auprès du responsable de traitement, pour que ce dernier « prenne en considération le décès et procède aux mises à jour qui doivent en être la conséquence »[140]. Dans ces conditions, ceux-ci n'étaient pas habilités à accéder aux données à caractère personnel du *de cujus*[141]. En vertu de la jurisprudence administrative, ils n'étaient admis à obtenir communication des données personnelles de la personne concernée décédée qu'en cas de « nécessité », par exemple pour établir la dette fiscale et liquider la succession[142]. Ce qui ne leur permettait pas, par exemple, de demander la clôture du compte utilisateur de la personne décédée ou de récupérer des photographies ou des vidéos partagées.
**423** ***Solution posée par la LRN.*** Le sujet devient presque philosophique. Comment échapper à l'éternité numérique[143] permise par l'Internet ? La loi pour une République numérique du 7 octobre 2016 a aussi encadré le devenir des données personnelles après la mort de la personne concernée[144]. La

136. N. Martial-Braz, « Les nouveaux droits des individus consacrés par la loi pour une République numérique. Quelles innovations ? Quelle articulation avec le Règlement européen ? », *op. cit.* ; M. Péron, « Libres propos sur le droit à l'oubli numérique », *RDLF* 2017, chron. n° 15.
137. Avis consultatif du Conseil d'État, n° 390741, *République numérique*, point 40. V. aussi la critique de la CNIL sur la disposition, Délibération n° 2015-414 du 19 nov. 2015 portant avis sur un projet de loi pour une République numérique, p. 19. — Synthétisant la critique, T. Dautieu et E. Gabrié, « Analyse de l'apport de la loi pour une République numérique à la protection des données à caractère personnel (2e partie) — les droits des personnes et les missions et pouvoirs de la CNIL », *Comm. com. électr. 2017*, étude 1, spéc. n° 10.
138. Sur le seuil de 15 ans : art. 45 nouveau de la LIL (version ordonnance 12 déc. 2018).
139. « Lorsqu'il a transmis les données en cause à un tiers lui-même responsable de traitement, il prend des mesures raisonnables, y compris d'ordre technique, compte tenu des technologies disponibles et des coûts de mise en œuvre, pour informer le tiers qui traite ces données que la personne concernée a demandé l'effacement de tout lien vers celles-ci, ou de toute copie ou de toute reproduction de celles-ci. »
140. Ancien art. 40 de la LIL, modifiée par la L. n° 2004-801 du 6 août 2004, relative à la protection des personnes physiques à l'égard des traitements de données à caractère personnel.
141. V. en ce sens, CE, 8 juin 2016, n° 386525 : P.-D. Vignolle, « Mort numérique : l'imbroglio ne fait que commencer », *RLDI* 2017, n° 131.
142. CE, sous-sect. 10 et 9 réunies, 29 juin 2011, n° 339147.
143. L. Castex, « Les éternités numériques : un essai d'analyse prospective », *RLDI* 2016/126, n° 3986.
144. J. Groffe, « La mort numérique », *D.* 2015. 1609 (avant la loi) ; C. Pérès, « Les données à caractère personnel et la mort », *D.* 2016. 90 ; A. Favreau, « Mort numérique : précisions sur la nature et le régime du contrôle *post mortem* des données à caractère personnel collectées », *RLDI* 2016/132 ; N. Martial-Braz, « Les nouveaux droits des individus (…) », *op. cit.*, spéc. p. 528.

disposition a été reprise par l'ordonnance du 12 décembre 2018, créant au sein de la LIL un chapitre dédié, le chapitre V du titre II intitulé « Dispositions régissant les traitements de données à caractère personnel relatives aux personnes décédées » (art. 84 à 86). À la manière des directives anticipées du domaine médical, l'article 85-I prévoit un droit pour toute personne concernée de définir des « directives relatives à la conservation, à l'effacement et à la communication de ses données à caractère personnel après son décès ». Il s'agit donc de déterminer, de son vivant, les usages *post mortem* de ses données personnelles. Comme l'a indiqué la CNIL, dans son avis sur le projet de loi, « une telle faculté constitue le prolongement naturel du droit de disposer librement de ses données »[145], consacré par cette même loi[146]. À nouveau, on peut s'étonner de l'intervention française alors même que le droit européen, avec le RGPD, réforme en profondeur le droit des données personnelles. En réalité, la marge de manœuvre existe bien ; le législateur européen n'a pas souhaité se prononcer sur la question, alors qu'il avait un temps envisagé de le faire, laissant aux États membres la faculté de légiférer au niveau national[147].

**424** ***Régime.*** Il ne s'agit pas ici d'activer un droit à la vie privée *post mortem*. On le sait, la vie privée s'éteint avec la mort[148]. C'est d'ailleurs ce que confirme l'alinéa 2 de l'article 84 de la LIL, qui énonce : « Les droits mentionnés au chapitre II s'éteignent au décès de la personne concernée. » Toutefois, poursuit la même disposition, « ils peuvent être provisoirement maintenus dans les conditions fixées à l'article 85. » Deux hypothèses doivent alors être distinguées : soit la personne défunte a défini des directives avant sa mort, soit elle s'est abstenue.

**425** ***En présence de directives.*** Dans le premier cas, les directives « définissent la manière dont la personne entend que soient exercés, après son décès, les droits mentionnés au chapitre II du présent titre » (art. 85-I, al. 5), à savoir les droits relatifs à l'information, l'accès, la rectification, l'effacement, la limitation du traitement, la portabilité, l'opposition (art. 48 à 56 de la LIL).

Ces directives peuvent être « générales »[149] ou « particulières »[150]. Dans le premier cas de figure, elles appréhendent l'ensemble des données personnelles se rapportant à la personne concernée et peuvent être enregistrées auprès d'un « tiers de confiance numérique »[151]. Dans le second, elles visent des traitements de données spécifiques et sont alors directement enregistrées auprès des responsables de traitement intéressés.

La personne concernée peut désigner une personne chargée de l'exécution des directives, y compris auprès des responsables de traitement concernés. À défaut, les héritiers ont qualité pour prendre connaissance des directives au décès de leur auteur et en demander la mise en œuvre auprès des responsables de traitement concernés (art. 85-I, al. 8).

Enfin, le régime posé est d'ordre public : les conditions générales d'utilisation ne pourront plus, comme c'était le cas antérieurement, dénier l'exercice de ces droits aux utilisateurs[152].

**426** ***En l'absence de directives.*** Dans le second cas, en l'absence de directives par le défunt ou de mention contraire dans celles-ci, ses héritiers sont habilités à exercer ses droits. Pour autant, cette

---

145. Délibération n° 2015-414 du 19 nov. 2015 portant avis sur un projet de loi pour une République numérique.
146. V. le droit à l'autodétermination informationnelle, *supra* n° 398.
147. Règl. (UE) n° 2016/679 du Parlement et du Conseil du 27 avr. 2016, préc., consid. 27 : « Le présent règlement ne s'applique pas aux données à caractère personnel des personnes décédées. Les États membres peuvent prévoir des règles relatives au traitement des données à caractère personnel des personnes décédées. »
148. Civ. 1re, 14 déc. 1999, n° 97-15.756, *Bull. civ.* I, n° 345 ; *D.* 2000. 372, note B. Beignier, et 266, obs. C. Caron ; *RTD civ.* 2000. 291, obs. J. Hauser, et 342, obs. P. Jourdain.
149. Art. 85-I, al. 2 : « les directives générales concernent l'ensemble des données à caractère personnel se rapportant à la personne concernée et peuvent être enregistrées auprès d'un tiers de confiance numérique certifié par la Commission nationale de l'informatique et des libertés. »
150. Art. 85-I, al. 4 : « Les directives particulières concernent les traitements de données à caractère personnel mentionnées par ces directives. Elles sont enregistrées auprès des responsables de traitement concernés. Elles font l'objet du consentement spécifique de la personne concernée et ne peuvent résulter de la seule approbation par celle-ci des conditions générales d'utilisation. »
151. Les notaires ont demandé à être désignés comme un des tiers de confiance en capacité de recevoir les directives générales. — V. G. Marraud des Grottes, « 113e Congrès des notaires de France : les propositions de la commission #Numérique », *RJPF* n° 10, 1er oct. 2017.
152. Art. 85-I, al. 9 : « Toute clause contractuelle des conditions générales d'utilisation d'un traitement portant sur des données à caractère personnel limitant les prérogatives reconnues à la personne en vertu du présent article est réputée non écrite. »

« dévolution » n'est pas générale puisque les héritiers ne peuvent exercer les droits du *de cujus* que « dans la mesure nécessaire » à la réalisation de deux objectifs.
Le premier vise à assurer le bon déroulement de la succession du défunt. Pour cela, les héritiers peuvent accéder aux traitements de données qui le concernent et obtenir communication des informations utiles à la liquidation et au partage. Ils peuvent aussi « recevoir communication des biens numériques[153] ou des données s'apparentant à des souvenirs de famille, transmissibles aux héritiers » (art. 85-II, 1°). On peut ici s'interroger sur le sens qui sera retenu de l'expression « souvenirs de famille », étranger au droit des données personnelles et rapprochant le régime du droit des successions[154]. On peut surtout douter de la mise en œuvre d'une telle disposition. En effet, la preuve de la qualification de « souvenirs de famille » appartiendra aux héritiers, qui devront donc en faire la démonstration aux prestataires du Net pour récupérer les informations en cause…
Le second objectif a pour finalité la prise en compte, par les responsables de traitement, du décès de la personne concernée. Les héritiers peuvent alors « procéder à la clôture des comptes utilisateurs du défunt, s'opposer à la poursuite des traitements de données à caractère personnel le concernant ou faire procéder à leur mise à jour » (art. 85-II, 2°).
**427** ***Différences.*** Les droits qui peuvent être exercés en lieu et place du défunt sont différents dans le premier et dans le second cas. En effet, lorsque la personne concernée a formulé des directives, les droits, qui peuvent être accordés à des héritiers ou à des tiers, sont circonscrits à la conservation, à l'effacement et à la communication de ses données (art. 85-I, al. 1er). En revanche, en l'absence de directives, les héritiers seuls peuvent exercer les droits du *de cujus*, mais avec des finalités assignées. On peut alors légitimement se demander si une personne qui n'aura pas établi de directives accordera plus de droits à ses héritiers que si elle en avait définies. En outre, en présence de directives, les héritiers auront-ils le droit d'accéder aux données de santé du défunt ou de réclamer les données et les biens numériques transmissibles[155] ?
**428** ***Conclusion. Et demain ?*** L'avenir prophétisé est au monde « tout-numérique », un monde augmenté par l'intelligence artificielle (IA)[156]. Rêve, fantasme, cauchemar… Un des plus grands esprits scientifiques de ce siècle, Stephen Hawking, ne disait rien d'autre lorsqu'il affirmait que l'intelligence artificielle serait « soit la meilleure soit la pire chose jamais arrivée à l'humanité » (oct. 2016). Pour l'heure, la science ne maîtrise qu'une intelligence artificielle faible. Le temps de l'intelligence artificielle forte, consciente, si elle existe un jour, relèvera de l'application des juristes de demain (et même d'après-demain). Mais la réflexion appartient déjà aux juristes d'aujourd'hui… Car la confrontation des droits fondamentaux et de l'IA suscite de nombreuses interrogations, notamment d'ordre fondamentaliste, que l'on voit poindre dans les différents instruments plus ou moins normatifs des autorités intergouvernementales.

## PISTES DE RÉFLEXION

- L'Internet oblige-t-il à réinventer les droits fondamentaux ?
- Existe-t-il un droit à l'Internet ?

153. On pense ici aux œuvres de l'esprit (photographies par ex.), sur lesquelles existe un droit d'auteur.
154. Favorable à ce rapprochement, C. Pérès, *op. cit.*, spéc. n° 15 ; J. Groffe, « La mort numérique », *op. cit.* (position prise en amont de la discussion parlementaire), spéc. n° 14. — *Contra* A. Favreau, *op. cit.*, en faveur d'une qualification contractuelle, le mandat *post mortem*.
155. Formulant ces interrogations, P.-D. Vignolle, *op. cit.*
156. V. not. A. Bensamoun et G. Loiseau, « L'intégration de l'intelligence artificielle dans l'ordre juridique en droit commun : questions de temps », *Dalloz IP/IT* 2017. 239 ; « L'intégration de l'intelligence artificielle dans certains droits spéciaux », *Dalloz IP/IT* 2017. 294 ; « La gestion des risques de l'intelligence artificielle. De l'éthique à la responsabilité », *JCP G* 2017, Doctr. 1203, p. 2063 — V. plus généralement A. Bensamoun et G. Loiseau (dir.), *Droit de l'intelligence artificielle*, LGDJ-Lextenso, Les Intégrales, 2e edition, 2022.

- La personne et l'Internet ?
- Internet favorise-t-il ou fragilise-t-il l'épanouissement des droits fondamentaux ?
- Protection de son identité et Internet.
- La liberté d'expression sur l'Internet.
- Peut-on se faire oublier sur l'Internet ?

# Partie 3

# LE CITOYEN

Thème 1
# Le droit à une nationalité

PAUL LAGARDE
*Professeur émérite de l'Université Panthéon-Sorbonne (Paris 1)*

Sans nationalité, une personne physique est presque un paria. Elle ne jouit d'aucun droit politique, elle n'a de droit au séjour garanti dans aucun État, elle ne bénéficie pas de la protection diplomatique, de nombreuses professions lui sont partout fermées, *etc.* Aussi, certains textes internationaux en viennent-ils à considérer comme un droit de l'homme le droit d'être pourvu d'une nationalité, de n'en être pas privé arbitrairement et même de pouvoir en changer. La positivité de ces textes est toutefois freinée par le principe général qu'il appartient à chaque État de déterminer qui sont ses nationaux. Dans quelle mesure le droit français de la nationalité respecte-t-il ce droit à une nationalité ?



**429** ***Une exigence de la conscience universelle.*** La nationalité, appartenance juridique à la population constitutive d'un État, conditionne, pour chaque individu, l'étendue des droits dont il a la jouissance. Même si ce critère de rattachement des droits de l'individu n'est plus aujourd'hui aussi exclusif que par le passé[1], il reste que la nationalité demeure le support naturel de la citoyenneté (y compris européenne)[2] et que le national d'un État déterminé est le plus souvent le seul à jouir, sur le territoire de cet État, de la plénitude des droits civils et politiques, au premier rang desquels le droit au séjour et au travail. Si une personne se rend à l'étranger ou si elle y vit, elle demeure sous la protection de son État national et peut se prévaloir des droits garantis par les traités conclus entre ledit État et l'État de séjour. À l'inverse l'individu sans nationalité, sans patrie (*heimatlos*, disait-on jadis), est par définition un étranger en tout pays, et un étranger de la pire condition, puisqu'il ne bénéficie de la protection d'aucun État et ne peut se prévaloir d'aucun traité diplomatique conclu par son État d'origine. Aussi le droit à une nationalité surgit-il comme une exigence de la conscience universelle.

Le corollaire d'un tel droit est assurément celui de n'être pas privé de sa nationalité quand on a la chance d'en posséder une. Mais faut-il aller plus loin ? Le droit d'avoir une nationalité implique-t-il celui d'avoir la nationalité de son choix ? Dans une conception élective extrême de la nationalité, selon laquelle la Nation n'existerait que par le consentement de ceux qui la composent et serait ouverte à tous ceux qui manifesteraient la volonté d'y entrer, une réponse affirmative serait concevable. Mais un tel libéralisme méconnaîtrait le fait que la nationalité repose, comme l'a affirmé la Cour internationale de justice dans le célèbre arrêt *Nottebohm* du 6 avril 1955, sur un fait social de rattachement. Aussi le droit dont il est ici question devrait-il se limiter au droit de changer de nationalité lorsque le fait social de rattachement a évolué au cours de la vie de l'individu et le rattache désormais à un État autre que son État d'origine.

**430** ***Les textes internationaux et européens.*** Les considérations qui précèdent ont trouvé leur expression au lendemain de la Seconde Guerre mondiale dans l'article 15 de la Déclaration universelle des droits de l'homme, aux termes duquel :

« 1. Tout individu a droit à une nationalité.

2. Nul ne peut être arbitrairement privé de sa nationalité, ni du droit de changer de nationalité. »

Dans le même esprit, le Pacte des Nations unies relatif aux droits civils et politiques du 19 décembre 1966 (art. 24, § 3) et la convention de New York du 20 novembre 1989 relative aux droits de l'enfant (art. 7) disposent que l'enfant a dès sa naissance le droit d'acquérir une nationalité[3]. Ces mêmes textes, ainsi que d'autres, et notamment la Convention des Nations unies du 7 mars 1966 sur l'élimination de toutes les formes de discrimination raciale, interdisent toute discrimination dans l'attribution du droit à une nationalité (art. 5, d, iii)[4]. Les mêmes principes sont affirmés par la convention européenne du 6 novembre 1997 sur la nationalité[5], mais celle-ci ne semble pas devoir être ratifiée par la France dans un avenir prévisible[6].

1. V. E. Pataut, *La nationalité en déclin*, Odile Jacob, 2014.
2. V. les diverses études réunies *in* M.-P. Lanfranchi, O. Lecucq et D. Nazet-Allouche (dir.), *Nationalité et citoyenneté*, Bruylant, 2012. Sur la distinction des deux notions, v. aussi F. Jault-Seseke, S. Corneloup et S. Barbou des Places, *Droit de la nationalité et des étrangers*, PUF, 2015, n[os] 34 s. ; J.-D. Mouton et P. Kovacs (dir.), *Le concept de citoyenneté en droit international*, Académie de droit international de La Haye, Brill I Nijhoff, 2018, particulièrement les deux premiers chapitres. En Europe, le Brexit a mis en lumière la distinction entre les deux notions : les sujets britanniques ont conservé leur nationalité du Royaume-Uni mais ils ont perdu leur citoyenneté européenne et du même coup le droit de vote et d'éligibilité aux élections municipales en France, v. Civ. 2e, 1er oct. 2020, n° 20-16901, publié au *Bulletin*.
3. Disposition répétée dans la convention de New York du 30 mars 2007 relative aux droits des personnes handicapées (Décr. n° 2010-356, 1er avr. 2010), art. 18-2.
4. Le Conseil constitutionnel suit le même principe (v. la décision n° 2018-737 QPC du 5 oct. 2018, déclarant contraire à la Constitution pour atteinte au principe d'égalité la disposition de la loi du 10 août 1927 subordonnant l'attribution de la nationalité française à l'enfant légitime d'une mère française et d'un père étranger à la condition qu'il soit né en France. V. déjà la déci. n° 2013-360 du QPC du 9 janv. 2014 qui a condamné l'art. 87 du C. nat. dans sa rédaction de l'ord. du 19 oct. 1945, pour avoir écarté, uniquement pour les Français du sexe masculin, la perte de plein droit de la nationalité française en cas d'acquisition volontaire d'une nationalité étrangère (*Rev. crit. DIP* 2014.329, note P. Lagarde). Cette jurisprudence est désormais bien établie(v. encore Cons. const., n° 21-954 QPC du 10 déc. 2021 (*JO* 11 déc. 2021, texte n° 137), déclarant contraire à la Constitution l'art. 153 du C. nat. (loi du 28 juill. 1960), duquel il résultait que seule la déclaration de reconnaissance de la nationalité française souscrite par le père produisait des effets à l'égard des enfants du couple et distinguait parmi ceux-ci selon qu'ils étaient légitimes ou naturels.
5. Cette convention du Conseil de l'Europe est entrée en vigueur le 1er mars 2000 et lie, au 23 déc. 2022, 21 États, dont 13 de l'Union européenne.
6. Sur ce point, v. les explications de A. Fontana, *in La nationalité, enjeux et perspectives*, (A. Dionisi-Peyrusse, F. Jault-Seseke, F. Marchadier et V. Parisot, dir.), 2019, p. 297.

Les droits proclamés par ces textes internationaux se heurtent encore aujourd'hui, dans leur réalisation, à la fois à la faible autorité que le droit français reconnaît à certains d'entre eux[7] et aux restrictions dont ils sont assortis en matière de nationalité[8].

Même si l'on a pu observer un « recul de la discrétionnarité du pouvoir de l'État » en raison des obligations procédurales et même substantielles imposées à l'État[9], le principe demeure de la souveraineté quasi absolue des États dans la détermination de leur nationalité[10] et, comme on a pu l'écrire, les sources internationales demeurent « dans un rapport de subsidiarité au regard des sources internes »[11]. Le principe de la compétence étatique, énoncé par l'article 1er de la convention de La Haye du 12 avril 1930[12], est repris par l'article 3 de la Convention européenne sur la nationalité du 6 novembre 1997, dans les termes suivants :

« 1. Il appartient à chaque État de déterminer par sa législation quels sont ses ressortissants.

2. Cette législation doit être admise par les autres États, pourvu qu'elle soit en accord avec les conventions internationales applicables, le droit international coutumier et les principes de droit généralement reconnus en matière de nationalité. »

Les restrictions effectives à ce principe pourraient venir du droit européen, tant celui de l'Union européenne que celui du Conseil de l'Europe.

Côté Union européenne, si la Cour de justice ne manque pas une occasion de rappeler que la définition des cas d'acquisition et de perte de la nationalité relève de la compétence de chaque État membre[13], elle ajoute avec insistance que cette compétence doit s'exercer dans le respect du droit de l'Union et notamment des droits attachés à la qualité de citoyen européen[14]. Elle en a déjà tiré quelques conséquences concernant les conflits de nationalités[15], le refus[16] et le retrait de naturalisation[17] et la perte de nationalité par établissement prolongé à l'étranger[18].

---

7. Adoptée par une simple résolution de l'Assemblée générale des Nations Unies du 10 déc. 1948 et non ratifiée par la France dans les conditions de l'article 55 de la Constitution, la Déclaration universelle n'a pas valeur de traité international. Le Conseil d'État refuse de la considérer comme tel et ne permet pas aux requérants de se prévaloir de ses dispositions (jurisprudence constante depuis CE 11 mai 1960, *JDI* 1961. 404, note Pinto ; v. encore CE 11 mars et 23 sept. 2013, req. nos 332886 et 360070 ; 13 juin 2016, no 372721, *Rec. Tables*). Quant à la Convention relative aux droits de l'enfant, il a fallu attendre 2005 pour que la Cour de cassation, revenant sur une position de refus très controversée (Civ. 1re, 10 mars 1993, *Le Jeune*, *Rev. crit. DIP* 1993. 449, note Lagarde ; *D.* 1993. 361, note Massip), accepte finalement l'application directe de certains articles de la Convention, notamment de l'art. 3-1 sur la prise en considération de l'intérêt supérieur de l'enfant (Civ. 1re, 18 mai et 14 juin 2005, *Rev. crit. DIP* 2005. 679, note D. Bureau ; *JDI* 2005. 1131, note C. Chalas ; 8 et 22 nov. 2005, *D.* 2006. 554, note F. Boulanger ; 13 mars 2007, *Rev. crit. DIP* 2007. 603, note E. Gallant). L'application directe du Pacte du 19 déc. 1966 sur les droits civils et politiques est admise par la Cour de cassation (v. précisément en matière de nationalité, Civ. 1re, 22 févr. 2000, *Rev. crit. DIP* 2000. 681, note Fulchiron).
8. V. l'art. 1er, § 3 de la Convention du 7 mars 1966 : « Aucune disposition de la présente Convention ne peut être interprétée comme affectant de quelque manière que ce soit les dispositions législatives des États parties à la Convention concernant la nationalité, la citoyenneté ou la naturalisation, à condition que ces dispositions ne soient pas discriminatoires à l'égard d'une nationalité particulière. »
9. J. Lepoutre, *Nationalité et souveraineté*, Dalloz, 2020, p. 423-608.
10. V. P. Lagarde, « Les compétences de l'État en matière d'octroi et de déchéance de la nationalité » *in* SFDI, *Droit international et nationalité*, Pedone, 2012. 81.
11. F. Marchadier, « L'articulation des sources du droit de la nationalité », *in* SFDI, *Droit international et nationalité*, Pedone, 2012. 59.
12. *Rev. crit. DIP* 1930. 337.
13. CJCE 7 juill. 1992, *Micheletti*, aff. C-360/90, *Rec. CJCE* I-4239 ; CJCE 20 févr. 2001, *Margit Kaur*, aff. C-192/99, *Rec. CJCE* I-1237. Sur l'ensemble, v. E. Pataut, « Citoyenneté de l'Union européenne et nationalité étatique », *RTD eur.* 2010. 617 ; S. Corneloup, « Réflexions sur l'émergence d'un droit de l'Union européenne en matière de nationalité », *JDI* 2011. 491.
14. V. F. Marchadier, « L'européanisation du droit à la nationalité », *in* S. Doumbé-Billé (dir.), *La régionalisation du droit international*, Bruylant, 2012, p. 361-374.
15. CJCE 2 oct. 2003, *Garcia Avello*, aff. C-148/02, *Rev. crit. DIP* 2004. 184, note P. Lagarde ; *D.* 2004. 1476, note M. Audit ; *JDI* 2004. 1219, note S. Poillot-Peruzzetto ; CJCE 16 juill. 2009, *Hadidi*, aff. C-168/08, *Rev. crit. DIP* 2010. 184, note C. Brière ; *JDI* 2010. 157, note L. d'Avout ; *RTD eur.* 2010. 769, note P. Lagarde ; v. E. Pataut, « Les conflits de nationalités face au droit de l'Union », note sous CJUE 14 nov. 2017, *Toufik Lounes c/ Secretary of State for the Home Department*, aff. C-165/16, *Rev. crit. DIP* 2018. 241.
16. CJUE 18 janv. 2022, aff. C-118/20, *JY c. Wiener Landesregierung*, *Rev. crit. DIP* 2022.331, et note E. Pataut (« Contrôle de proportionnalité et nationalité : L'extension du domaine du juge européen »), *JDI* 2022.925, note F. Jault-Seseke, *D.* 2022. 933 et note J. Lepoutre (« Promesse oblige ? Révocation par un État membre de l'Union de l'assurance de naturalisation ») *D.* 2023.201, obs. O. Boskovic.
17. CJUE 2 mars 2010, *Rottmann*, aff. C-135/08, *Europe 2010*. Étude 7, par J. Heymann ; *Rev. crit. DIP* 2010. 540, note P. Lagarde ; *JDI* 2011. 491, obs. D. Dero-Bugny.
18. CJUE, gr. Ch., 12 mars 2019, Tjebbes, aff. C-221/17, D. 2019. 875, note J. Lepoutre ; *RTD eur.* 2019. 709, obs. Pataut ; sur cet arrêt, v. aussi A. Rigaux, « Retrait de la nationalité d'un État membre. Recherche d'un équilibre entre les prérogatives d'un État membre et les exigences de l'Union », *Europe*, mai 2019, p. 7-10 ; *adde* S. Platon, « L'insoutenable légèreté de la citoyenneté européenne : l'arrêt *Tjebbes* et la perte de nationalité pour les personnes résidant à l'étranger », *Journal d'actualité des droits européens* 2019, no 18.

Côté Conseil de l'Europe, bien que la nationalité ne figure pas parmi les droits protégés par la Convention de sauvegarde des droits de l'homme et des libertés fondamentales, la Cour européenne des droits de l'homme a néanmoins jugé à plusieurs reprises que le refus arbitraire d'accorder une nationalité (ou le droit au séjour y afférent) pourrait soulever des difficultés au regard des articles 8 (droit au respect de la vie familiale) et 14 (interdiction de discrimination) de la Convention, compte tenu des répercussions qu'un tel refus pourrait avoir sur la vie privée[19]. La Cour a réitéré la même affirmation à propos du retrait d'une nationalité acquise par fraude, mais a jugé que dans l'espèce ce retrait n'était pas arbitraire et avait été prononcé à l'issue de procédures respectant les exigences de l'équité procédurale[20]. Elle a eu recours au même raisonnement pour ne pas condamner des décrets de déchéance de la nationalité française prononcés contre des individus condamnés pour participation à des actes de terrorisme[21].

Interprétant ces mêmes textes, la Cour de cassation a jugé que « la détermination par un État de ses nationaux par application de la loi sur la nationalité ne peut constituer une discrimination, même au sens de l'article 14 [...], dès lors qu'est assuré le droit à une nationalité »[22] v. ss 446. Le Conseil d'État, quant à lui, a toujours nié l'inclusion de la nationalité dans le champ d'application matériel de la Convention[23], mais il admet aujourd'hui qu'une décision en matière de nationalité puisse porter atteinte à un droit protégé par la Convention, tel que le droit au respect de la vie privée ou familiale (art. 8, *infra,* n° 441).

Sous réserve de ces avancées européennes dont on peut espérer la consolidation, il n'apparaît pas que, dans le droit international positif actuel, les individus disposent d'un droit à la nationalité opposable aux États. Aussi est-ce sous la forme interrogative qu'il convient d'examiner si le droit français respecte les différentes composantes de ce droit à la nationalité.

## I • Tout individu a-t-il droit à une nationalité ?

**431** ***Absence d'obligation des États en droit international positif.*** On ne peut considérer aujourd'hui comme de droit international positif l'existence d'une obligation pour tout État de conférer sa nationalité à un individu qui en est dépourvu et qui le lui demande. Un droit effectif à la nationalité impliquerait l'existence d'une répartition internationale impérative des individus entre les différents États sur la base de rattachements précis comme la filiation à l'égard d'un national ou la naissance, voire la résidence, sur le territoire, ce qu'on appelle souvent le *jus sanguinis et* le *jus soli.*

---

19. CEDH 12 janv. 1999, req. n° 31414/96, *Karassev c/ Finlande*, cité par Verwilghen, *Rec. cours La Haye 1999*, t. 277, n° 157, p. 166. *Adde* CEDH 23 janv. 2002, *Slivenko c/ Lettonie*, req. n° 486321/99, et 9 oct. 2003, *Fedorova c/ Lettonie,* cités par A. Dionisi-Peyrusse, cité note 23 ; CEDH 16 juin 2005, *Sissoyeva c/ Lettonie, req.* n° 60654/00 ; 22 juin 2006, *Kaftailova c/ Lettonie*, req. n° 59643/00 ; 13 juill. 2010, *Kuric c/ Slovénie*, req. n° 26828/06 ; sur ces décisions, v. H. Fulchiron, *Mél. P. Courbe*, p. 215 s. V. aussi CEDH 11 oct. 2011, *Genovese c/ Malte*, condamnant une ancienne loi maltaise discriminant les enfants nés hors mariage dans l'attribution de la nationalité, *CEDH* 13 oct. 2011, obs N. Hervieu ; *Rev. crit. DIP* 2012. 79 ; F. Marchadier, « L'attribution de la nationalité à l'épreuve de la Convention européenne des droits de l'homme », *ibid.* 61.
20. CEDH 21 juin 2016, req. n° 76136/12, *Ramadan c/ Malte, Rev. crit. DIP* 2021.93, note P. Lagarde, validant un retrait de la nationalité maltaise obtenue par fraude. V. aussi, J. Lepoutre, « La déchéance de nationalité à l'épreuve de la CEDH », note sous CEDH 7 févr. 2017, req n° 42387/13, *Rev. crit. DIP* 2017. 381, validant la déchéance de la nationalité britannique d'un Soudanais soupçonné d'activités terroristes en Somalie.
21. CEDH 25 juin 2020, *Ghoumid et autres c. France,* n° 52273/16 et 4 autres décisions ; *Rev. crit. DIP* 2021. 93°, note P. Lagarde, *JDI* 2021. 243, note J. Lepoutre.
22. Civ. 1re, 25 avr. 2007, n° 04-17.632, *Bull. civ.* I, n° 159 ; v. déjà Paris 30 nov. 1990, *Rev. crit. DIP* 1992. 681, note Lagarde. V. aussi, Civ. 1re, 9 sept. 2015, n° 14-19.196, (*Rev. crit. DIP* 2016. 331, note Boskovic, *JDI* 2016. 1175, note Fulchiron et Panet) prenant en considération un grief fondé sur la violation de l'article 8 de cette convention.
23. Pour l'application de l'art. 14, v. CE 18 juin 2003, req. n° 251299 ; CE 11 mai 2015, req. n° 383664 ; pour l'art. 6, v. CE 7 juill. 1995, *Rev. crit. DIP* 1996. 83, note P. Lagarde ; v. toutefois, pour l'art. 8, *infra,* ss 441 et CE 6 nov. 2019, req. nos 430209 et 427657, écartant l'article 8 Conv. EDH pour des retraits de réintégration et de naturalisation n'ayant pas porté une atteinte disproportionnée au droit au respect de la vie privée.

Une telle répartition n'existe pas ou pas encore. Même si un auteur a récemment plaidé pour une détermination objective de la nationalité — et donc pour le droit de la personne de se voir reconnaître sa nationalité objective[24] —, l'individu ne dispose pas aujourd'hui d'une règle de droit international lui permettant d'opposer à un État déterminé un droit à sa nationalité. De ce point de vue, le droit à la nationalité ne peut être comparé, par exemple, au droit de mener une vie familiale normale, qui permet à un individu menacé d'expulsion d'obliger un État à renoncer à prendre contre lui une mesure d'éloignement prévue par sa législation. En matière de nationalité, l'individu ne peut opposer à un État que le droit de cet État. Toutefois la Convention européenne sur la nationalité, non ratifiée par la France, impose à tout État partie de prévoir dans son droit interne l'acquisition de plein droit de sa nationalité, notamment par les personnes suivantes : enfants dont l'un des parents possède au moment de la naissance la nationalité de cet État partie[25] ; enfants nés sur son territoire et qui n'acquièrent pas à la naissance une autre nationalité. Dans le cas particulier de la succession d'États, la Convention européenne du 19 mai 2006 sur la prévention des cas d'apatridie en relation avec la succession d'États[26] pose le principe — dont elle fixe les modalités — que tout individu qui possédait la nationalité de l'État prédécesseur et qui deviendrait apatride par suite de la succession d'États a droit à la nationalité de l'un des États concernés.

S'agissant du droit français, on peut dire que, même s'il est dans son ensemble assez libéral et cherche à éviter l'apatridie, il ne garantit pas le droit à une nationalité, alors que, paradoxalement en apparence, il reconnaît le droit à une double nationalité[27].

## A • Le droit français cherche à éviter l'apatridie

**432** ***Les liens attributifs de nationalité sont définis largement***. Les liens de rattachement définis par le droit français de la nationalité pour attribuer à un individu la nationalité française d'origine sont assez larges pour ne pas laisser hors de celle-ci une personne se rattachant à la France, soit par sa filiation, soit par sa naissance. Cela explique peut-être que la France n'ait pas éprouvé le besoin de ratifier la Convention des Nations unies du 30 août 1961 sur la réduction des cas d'apatridie[28], dont les prescriptions sont globalement en deçà des solutions françaises, sauf pour la déchéance de la nationalité française. D'ailleurs, la France, en signant la convention, s'est réservée d'utiliser à l'encontre de celui qui a eu un « comportement de nature à porter un préjudice grave aux intérêts essentiels de l'État ».

### 1 • Nationalité française par filiation

**433** ***Le* jus sanguinis *longtemps bloqué par le droit de la filiation.*** Le Code Napoléon n'attachait qu'à la filiation paternelle légitime[29] la transmission de la nationalité française. L'enfant d'une mère française et d'un père apatride pouvait donc être lui-même apatride. L'égalité des sexes et des filiations dans la transmission de la nationalité a été admise progressivement et a fini par s'imposer totalement avec la loi du 9 janvier 1973. Elle figure aujourd'hui dans le Code civil :

---

24. A. Dionisi-Peyrusse, *Essai sur une nouvelle conception de la nationalité*, 2008, n^os^ 867 s.
25. Sous réserve, il est vrai, des « exceptions qui peuvent être prévues en droit interne pour les enfants nés à l'étranger. »
26. Cette Convention est entrée en vigueur le 1^er^ mai 2009. Non signée par la France, elle est au 19 mars 2023 ratifiée par sept États, dont quatre de l'Union européenne. V. aussi le « projet d'articles sur la nationalité des personnes physiques en relation avec la succession d'États » élaboré en 1999 par la Commission du droit international des Nations unies. Sur ces deux textes et sur les décisions citées ss 430, note 19, v. P. Lagarde, « Succession d'États, apatridie et nationalité. Développements récents », *in Le monde du droit. Écrits rédigés en l'honneur de J. Foyer*, 2008, Economica, p. 619 s. V. déjà l'article 10 de la Convention du 30 août 1961.
27. Cf F. Marchadier, « Le droit à une nationalité au service de l'éradication de l'apatridie », *JDI* 2018. 1117 s.
28. Pourtant ratifiée au 28 déc. 2022 par 78 États.
29. L'enfant naturel est mentionné pour la première fois à l'article 8 du Code civil par la loi du 26 juin 1889 sur la nationalité.

« Est français l'enfant dont l'un des parents au moins est français » (C. civ., art. 18).
« Toutefois, si un seul des parents est français, l'enfant qui n'est pas né en France a la faculté de répudier la qualité de Français dans les six mois précédant sa majorité et dans les douze mois la suivant » (C. civ., art. 18-1, al. 1er).
L'exercice de la faculté de répudiation ne risque pas de rendre l'enfant apatride, car « nul ne peut répudier la nationalité française s'il ne prouve qu'il a par filiation la nationalité d'un pays étranger » (C. civ., art. 20-3).
Pour que l'enfant obtienne la nationalité française par filiation, il faut évidemment que la filiation de l'enfant à l'égard du parent français soit établie et qu'elle le soit durant la minorité de l'enfant (C. civ., art. 20-1). Ces règles se comprennent d'elles-mêmes. Encore faut-il que, dans leur application, elles ne rendent pas impossible l'établissement d'une filiation non douteuse et ne privent pas en fait une personne de son droit fondamental à établir sa nationalité. Ce risque n'est pas illusoire. Il est arrivé que la filiation d'un enfant à l'égard d'un parent français ne puisse être établie, soit, de façon générale, en application de la loi applicable à l'établissement de la filiation, soit, plus spectaculairement, dans les hypothèses de gestation pour autrui. Sur ces deux points, la Cour de cassation a depuis peu assoupli ses positions, qui aboutissaient à des refus sévères de la nationalité française.

### a) Règle de conflit applicable à la filiation

**434** La filiation qui, sous l'empire du Code de la nationalité de 1945 (art. 27), devait avoir été établie selon la loi civile française, doit l'être aujourd'hui, depuis les lois du 3 janvier 1972 et du 9 janvier 1973, selon la loi désignée par la règle de conflit française (C. civ., art. 311-14 rendant applicable en règle générale la loi personnelle de la mère). Entendue strictement, la nouvelle règle conduisait à refuser la nationalité française à l'enfant d'un père français et d'une mère étrangère, lorsque la loi nationale de celle-ci ou la loi à laquelle elle renvoyait[30] ne permettait pas *in casu* l'établissement de la filiation paternelle. Plus grave encore, si l'enfant était né à l'étranger et que sa mère ne lui avait pas transmis sa nationalité, il se trouvait dans la situation, heureusement exceptionnelle, d'être l'enfant d'un Français et d'être apatride[31]. La Cour de cassation a entendu les critiques adressées à cette jurisprudence. Des arrêts récents ont opposé l'ordre public international à des lois étrangères frappant d'irrecevabilité l'action en recherche de paternité hors mariage et privant de ce fait l'enfant de l'attribution de la nationalité française de son père[32].

S'agissant de la filiation maternelle attributive de nationalité française, la Cour de cassation, devançant l'entrée en vigueur le 1er juillet 2006 du nouvel article 311-25 du Code civil[33] et se fondant sur les articles 8 et 14 de la Convention européenne de sauvegarde des droits de l'homme et des libertés fondamentales, avait jugé que l'indication du nom de la mère dans l'acte de naissance suffisait à établir la filiation[34]. Le législateur a réduit la portée temporelle de cette jurisprudence en privant l'article 311-25

30. Mettant fin à une controverse, la Cour de cassation a admis de compléter par le renvoi l'article 311-14 du C. civ. : Civ. 1re, 4 mars 2020, n° 18-26.661, *D.* 2020.951, note S. Clavel et F. Jault-Seseke, *Rev. crit. DIP* 2020. 369, note D. Bureau, *JCP* 2020, n° 818, note E. Fongaro.

31. V. Civ. 1re, 10 mai 2006, *Bull. civ.* I, n° 209, *D.* 2006. 2890, note G. Kessler et G. Salamé ; 25 avr. 2007, *Rev. crit. DIP* 2008. 81, 2e esp., note P. Lagarde. Ces arrêts refusaient d'opposer l'ordre public international français à des lois étrangères empêchant un enfant de rechercher sa filiation paternelle envers un Français, alors qu'il y allait de l'établissement de sa nationalité française.

32. Civ. 1re, 27 sept. 2017, n° 16-19.654, *D.* 2017. 2518, note J. Guillaumé. V. déjà Civ. 1re, 26 oct. 2011, n° 09-71.369, *AJ fam.* 2012. 50, note E. Viganotti, opposant l'ordre public international à la loi ivoirienne prohibant la recherche de la paternité adultérine. V. encore, plus généralement, Civ. 1re, 16 déc. 2020, n° 19-20.948, publié au *Bulletin*, énonçant que « si la filiation est en principe régie par la loi personnelle de la mère au jour de la naissance de l'enfant, la loi étrangère {en l'enpèce la loi marocaine} qui ne permet pas l'établissement d'une filiation hors mariage doit être écartée comme contraire à l'ordre public international lorsqu'elle a pour effet de priver un enfant mineur du droit d'établir sa filiation ».

33. Issu de de l'ord. n° 2005-759 du 4 juill. 2005.

34. Civ. 1re, 14 févr. 2006, n° 05-13.006, *Bull. civ.* I, nos 73 et 78, *D.* 2006. 1029, note G. Kessler ; *Defrénois* 2006. 38415, note Massip ; v. encore Civ. 1re, 25 avr. 2006, deux arrêts, nos 04-19.341 et 05-16.841 ; 23 mai 2006, n° 05-13.737 ; 12 déc. 2006, n° 05-14.049 ; 13 mars 2007, n° 06-16.675, *Rev. crit. DIP* 2008. 81, 1re esp., note P. Lagarde ; 25 avr. 2007, n° 06-13.284, *Bull. civ.* I, n° 158 ; 8 juill. 2010, n° 09-10.585, *Rev. crit. DIP* 2010. 698, note P. Lagarde ; v. Hauser, *RTD civ.* 2006. 294.

d'effet en matière de nationalité pour les enfants majeurs lors de l'entrée en vigueur de l'ordonnance du 4 juillet 2005[35].

### b) Hypothèses de gestation pour autrui

**435** La Cour de cassation a longtemps fait preuve au contraire d'une extrême rigueur dans les hypothèses de gestation pour autrui, s'agissant d'enfants d'un père français et d'une mère porteuse étrangère. Elle a longtemps refusé la transcription sur les registres français de l'acte de naissance établi à l'étranger et mentionnant comme mère légale la mère d'intention française[36]. Ce refus s'étendait même à la reconnaissance prénatale de l'enfant par son père français, alors que cette filiation paternelle ne faisait aucun doute sur les plans biologique et affectif[37].

Une conséquence de cette jurisprudence était de priver l'enfant de la transmission *jure sanguinis* de la nationalité française de ses parents d'intention et de condamner l'enfant à vivre en France comme un étranger. Pour éviter cette injustice, une circulaire du garde des Sceaux, M^me^ Taubira, du 25 janvier 2013[38], validée par le Conseil d'État[39], prescrivit de délivrer un certificat de nationalité à ces enfants au vu de leur acte de naissance étranger attestant d'un lien de filiation avec un Français, en précisant que « le seul soupçon du recours à une convention de gestation pour autrui conclue à l'étranger ne peut suffire à opposer un refus aux demandes de CNF ».

Les assauts successifs portés contre cette jurisprudence rigoureuse, à qui l'on avait justement reproché de sacrifier l'enfant et de le rejeter « dans les limbes du droit », ont fini par en provoquer le quasi-abandon. Une première étape, la plus facile, a concerné la filiation paternelle de l'enfant. La Cour européenne des droits de l'homme a condamné le refus par la France de reconnaître le lien de filiation unissant ces enfants à leur père[40]. La Cour de cassation, statuant en assemblée plénière, s'est inclinée sur ce point[41], tout en maintenant son refus de transcrire sur les registres français la filiation de l'enfant à l'égard de la mère française d'intention.

La seconde étape, plus longue et plus difficile, concernait la filiation maternelle. Un premier assouplissement de la position de la Cour de cassation était venu d'un avis qu'elle avait donné le 22 septembre 2014[42], selon lequel le recours à la gestation pour autrui à l'étranger ne fait pas en lui-même obstacle au prononcé de l'adoption par la mère d'intention[43] ni par l'époux du père de l'enfant né de cette procréation[44].

---

35. Art. 20, II, 6°, inséré dans Ord. 4 juill. 2005 par L. n° 2006-911, 24 juill. 2006, déclaré conforme à la Constitution par Cons. const. 21 oct. 2011, n^os^ 2011-186 à 193 QPC, *Rev. crit. DIP* 2011. 825, note P. Lagarde ; v. Civ. 1^re^, 17 déc. 2010, n° 10-10.906, *Rev. crit. DIP* 2011. 49, note P. Lagarde et, sur l'ensemble, P. Lagarde, « L'établissement de la filiation attributive de nationalité : quelques problèmes d'actualité », *AJ fam.* 2012. 37.
36. Civ. 1^re^, 6 avr. 2011, 3 arrêts, n^os^ 10-19.053, 09-66.486 et 09-17.130, *D.* 2011. 1522, note D. Berthiau et L. Brunet ; *Rev. crit. DIP* 2011. 722, note P. Hammje. V. déjà, dans l'une de ces affaires et laissant prévoir la solution, Civ. 1^re^, 17 déc. 2008, *Rev. crit. DIP* 2009. 320, note P. Lagarde.
37. Civ. 1^re^, 13 sept. 2013, n^os^ 12-18.315 et 12-30.138, *D.* 2013. 2377, avec, dans le sens de ces arrêts, l'avis de l'avocat général Petit et la note de M. Fabre-Magnan, et, en sens opposé et très critique, H. Fulchiron et C. Bidaud-Garon, « Dans les limbes du droit. À propos de la situation des enfants nés à l'étranger avec l'assistance d'une mère porteuse », *ibid.* 2349 ; Reconnaissance ou reconstruction : à propos de la filiation des enfants nés par GPA, au lendemain des arrêts Labassée, Mennesson et Campanelle-Paradiso de la Cour européenne des droits de l'homme, *Rev. crit. DIP* 2015. 1 ; comp. note J. Guillaumé, *JDI* 2014. 133. *Adde* Civ. 1^re^, 19 mars 2014, n° 13-50.003.
38. Circ. NOR JUSC 1301528C du 25 janv. 2013 ; v. C. Neirinck, « La circulaire sur les certificats de nationalité française ou l'art de contourner implicitement la loi », *Dr. fam.* 2013, n° 42.
39. CE 12 déc. 2014, req. n^os^ 367624 et autres.
40. CEDH 26 juin 2014, req. n° 65192/11, *Mennesson c/ France* et req. n° 65941/11, *Labassée c/ France*. V. les notes de F. Chenedé, *D.* 2014. 1797, L. d'Avout, *ibid.* 1806 et S. Bollée, *Rev. crit. DIP* 2015. 154. *Adde* H. Fulchiron et Ch. Bidaud-Garon, « Ne punissez pas les enfants des fautes de leur père », *D.* 2014. 1773. V. encore dans le même sens, CEDH 19 janv. 2017, req. n° 44024/13, *JDI* 2017. 831, chron. Lorenzini. Sur la procédure de réexamen d'une décision civile en matière d'état des personnes prononcée en violation de la Convention de sauvegarde des droits de l'homme et des libertés fondamentales, dès lors que, par sa nature et sa gravité, la violation constatée entraîne, pour cette personne, des conséquences dommageables auxquelles la satisfaction équitable accordée en application de l'article 41 de la même Convention ne pourrait mettre un terme, v. L. n° 2016-1547, 18 nov. 2016 ; v. Civ. 1^re^, 5 juill. 2017, n° 16-20.052, *D.* 2017. 1737, note H. Fulchiron ; *AJ fam.* 2017. 547, obs. F. Berdeaux.
41. Cass., ass. plén., 3 juill. 2015, n^os^ 15-50.002 et 14-21.323, *JDI* 2016. 103, note J. Guillaumé. Sur ces arrêts, v. H. Fulchiron et C. Bidaud-Garon, « Gestation pour autrui internationale : changement de cap à la Cour de cassation », *D.* 2015. 1819. v. encore Cass., ass. plén., 5 oct. 2018, n° 10-19.053.
42. Avis n° 14-70.007, *Rev. crit. DIP* 2015. 153, 2^e^ esp., note Bollée. Cet avis, favorable à l'adoption, concernait des enfants nés à l'étranger après une insémination artificielle avec donneur anonyme.
43. Civ. 1^re^, 5 juill. 2017, n° 16-16.901 et 16-50025, *D.* 2017. 1737, note H. Fulchiron ; *AJ fam.* 2017. 482.
44. Civ. 1^re^, 5 juill. 2017, n° 16-16.455, *ibid.*

Allant plus loin, un nouvel arrêt de l'Assemblée plénière a adressé à la CEDH une demande d'avis consultatif sur le point de savoir si le refus de transcription de l'acte de naissance étranger, désignant comme mère légale la mère d'intention, excédait ou non la marge d'appréciation laissée aux États par l'article 8 de la Conv. EDH et si, dans l'affirmative, la possibilité pour la mère d'intention d'adopter l'enfant de son conjoint, père biologique, ce qui constitue un mode d'établissement de la filiation à son égard, permet de respecter les exigences dudit article[45].

Selon l'avis consultatif de la CEDH, en date du 10 avril 2019[46], « l'article 8 de la Convention requiert que le droit interne offre une possibilité de reconnaissance d'un lien de filiation entre cet enfant et la mère d'intention, désignée dans l'acte de naissance légalement établi à l'étranger comme étant la "mère légale", mais il ne requiert pas que cette reconnaissance se fasse par la transcription sur les registres de l'état civil de l'acte de naissance légalement établi à l'étranger ; elle peut se faire par une autre voie, telle que l'adoption de l'enfant par la mère d'intention, à la condition que les modalités prévues par le droit interne garantissent l'effectivité et la célérité de sa mise en œuvre, conformément à l'intérêt supérieur de l'enfant ». Par un nouvel arrêt du 4 octobre 2019[47], l'Assemblée plénière de la Cour de cassation, mettant un terme à l'affaire *Mennesson*, prend acte de ce que, « selon la Cour [européenne], le choix des moyens à mettre en œuvre pour permettre la reconnaissance du lien enfant-parents d'intention tombe dans la marge d'appréciation des États (§ 51) » et valide la transcription sur les registres de l'état civil de Nantes, ordonnée par la cour d'appel, des actes de naissance des enfants établis à l'étranger. Dans deux autres affaires, la CEDH a validé l'adoption faite en France de deux enfants nés d'une GPA en Floride pour l'un, au Ghana pour l'autre, mais elle a maintenu qu'il n'était pas obligatoire de transcrire l'acte de naissance étranger sur les registres français de l'état civil[48]. Allant plus loin que la CEDH, la Cour de cassation a censuré un arrêt ayant refusé la transcription d'un acte de naissance américain mentionnant comme « père » et comme « parent » d'un enfant deux Français de sexe masculin mariés l'un avec l'autre, qui avaient eu recours à une GPA au Nevada[49]. Dans une affaire assez voisine opposant au ministre de l'Intérieur un couple homosexuel masculin marié, le Conseil d'État s'est placé dans la même ligne[50]. Il a admis que le lien de filiation d'enfants nés d'une gestation pour autrui au Colorado, nécessaire pour que la naturalisation française de l'un des époux produise son effet collectif, était suffisamment établi par l'ordonnance de parenté prise par le juge américain avant la naissance des enfants et déclarant les deux époux demandeurs pères des enfants[51].

Ces développements sont importants pour le droit de la nationalité : la reconnaissance par la Cour de cassation de la filiation paternelle des enfants nés d'une gestation pour autrui, la légitimité de leur adoption par leur mère d'intention et aujourd'hui, la reconnaissance de la filiation maternelle desdits enfants par transcription de l'acte de naissance étranger dans les registres français d'état civil feront bénéficier ceux-ci de la transmission de la nationalité française de l'un et/ou de l'autre de leurs parents.

45. Cass., ass. plén., 5 oct. 2018, n° 10-19.053.
46. CEDH, gr. ch., avis consult., 10 avr. 2019, n° 16-2018-001, *JCP* 2019. 551, note Sudre et Gouttenoire ; *D.* 2019. 1084, note Fulchiron ; *RTD civ.* 2019. 286, obs. Marguénaud, *JDI* 2020.1382, obs. A. L. ; v. aussi, J. Heymann et F. Marchadier, « La filiation de l'enfant né d'une gestation pour autrui pratiquée à l'étranger (à propos de l'avis consultatif de la CEDH, grande chambre du 10 avril 2019) », *JDI* 2019. 1149.
47. Cass., ass. plén., 4 oct. 2019, n° 10/19053, *D.* 2019. 2228, note H. Fulchiron et C. Bidaud, et 1985, édito. G. Loiseau, *AJ fam.* 2019.592, obs. J. Houssier et G. Kessler, *RTD civ.* 2019. 817, obs. J.-P. Marguénaud et 841, obs. A.-M. Leroyer sous le titre : « La victoire des Mennesson » ; dans le même sens, Rennes, 25 nov. 2019, *D.* 2019. 2351, obs. L. de Saint-Pern. Même solution dans le dernier arrêt rendu sur cette question par la Cour de cassation, Civ. 1re, 18 nov. 2020, n° 19-50043., publié au *Bulletin*.
48. CEDH 12 déc. 2019, *C. c/ France* et *E. c/ France*, nos 1462/18 et 17348/18.
49. Civ. Ire, 18 déc. 2019, n° 18-12.327. Par un autre arrêt du même jour (n° 18-14.751, 18-50.007), elle a jugé de même pour la transcription d'un acte de mariage anglais indiquant respectivement, comme mère et comme parent de deux enfants, deux femmes françaises ayant eu recours tour à tour à une aide médicale à la procréation.
50. CE 31 juill. 2019, n° 411984, *Rec. Lebon*, *AJDA* 2019.1672 et 2246, concl. Odinet, *AJ fam.* 2019.439, obs. A. Dionisi-Peyrusse, *RTD civ.* 2019. 835, obs. A.-M. Leroyer, *Rev. crit. DIP*, 2020. 83, note F. Jault-Seseke.
51. Les certitudes en cette matière très sensible ne sont jamais définitives. Un nouvel arrêt de la CEDH (9 déc. 2021, n° 56846/15 et 56849/15, *Rev. crit. DIP* 2022.719, note F. Marchadier [« La nationalité de l'enfant né d'une gestation pour autrui »] suscite des interrogations, en ce qu'il n'a pas censuré le refus par les autorités polonaises de confirmer la nationalité polonaise d'enfants nés d'une GPA aux États-Unis à l'initiative d'un couple d'hommes mariés, l'un polonais, l'autre israélien).

## 2 • Nationalité française par la naissance en France

**436** ***Le droit du sol comme moyen de prévention de l'apatridie.*** Si la simple naissance d'un individu en France, non renforcée par d'autres éléments, tels que la naissance en France du père ou de la mère, ou une résidence prolongée en France, n'est pas en soi une cause d'attribution de la nationalité française, il en est précisément autrement lorsque, en l'absence de tout autre élément de rattachement, l'individu né en France court le risque d'être apatride. Déjà la loi du 26 juin 1889 (C. civ., art. 8, 2°) déclarait français tout individu né en France de parents inconnus ou dont la nationalité est inconnue. La règle a traversé les différentes réformes et se trouve aujourd'hui aux articles 19 et 19-1 du Code civil.

« Article 19. — Est français l'enfant né en France de parents inconnus.

Toutefois, il sera réputé n'avoir jamais été français si, au cours de sa minorité, sa filiation est établie à l'égard d'un étranger et s'il a, conformément à la loi nationale de son auteur, la nationalité de celui-ci.

Article 19-1. — Est français :

1° l'enfant né en France de parents apatrides ;

2° l'enfant né en France de parents étrangers pour lequel les lois étrangères de nationalité ne permettent en aucune façon qu'il se voie transmettre la nationalité de l'un ou de l'autre de ses parents (réd. L. n° 2003-1119 du 26 nov. 2003).

Toutefois, il sera réputé n'avoir jamais été français si, au cours de sa minorité, la nationalité étrangère acquise ou possédée par l'un de ses parents vient à lui être transmise (réd. L. 16 mars 1998). »

L'article 19-1, 2° a trouvé à s'appliquer à l'enfant naturel né en France d'une mère algérienne et d'un père algérien ou marocain[52]. D'après la loi algérienne, la mère ne transmet pas sa nationalité à son enfant né à l'étranger, et la filiation paternelle naturelle, ignorée par les droits algérien et marocain, ne peut transmettre à l'enfant la nationalité de son père. L'attribution de la nationalité française à un tel enfant le sauve donc de l'apatridie[53].

Dans d'autres situations, où le risque d'apatridie n'apparaît pas, la naissance en France d'un enfant né de parents étrangers qui n'y sont pas nés, si elle est complétée par une résidence en France dont la durée est en règle générale de cinq ans, fait acquérir, sans rétroactivité, la nationalité française de plein droit à la majorité (C. civ., art. 21-7) ou même, moyennant une déclaration de l'enfant ou de ses parents, dès l'âge de seize ou treize ans (C. civ., art. 21-11). Cette règle qui, dans son principe, remonte à la loi du 26 juin 1889, a été contestée à la fin du siècle dernier et une loi du 22 juillet 1993, abrogée sur ce point en 1998, avait subordonné l'acquisition de la nationalité française par les enfants nés en France de parents étrangers et y résidant, à une manifestation de volonté des intéressés, jugée plus conforme à une conception élective de la nationalité.

Plus récemment, en considération d'une immigration massive et mal contrôlée à Mayotte, en provenance des îles voisines de l'Archipel des Comores, la loi n° 2018-778 du 10 septembre 2018 a subordonné l'application de l'article 21-7 du Code civil pour les enfants nés à Mayotte de parents étrangers à la condition que l'un des parents au moins, à la date de la naissance, résidait en France régulièrement et de manière ininterrompue depuis plus de trois mois (C. civ., art. 2493)[54]. Le Conseil constitutionnel

---

52. V. TGI 21 mars 1975, Avesnes s/ Helpe, *Rev. crit. DIP* 1975. 623, note P. Lagarde ; Civ. 1re, 18 juill. 2000, n° 98-15.265, *Bull. civ.* I, n° 215.

53. Le texte antérieur de l'art. 19-1, 2°, déclarait français « l'enfant né en France de parents étrangers et à qui n'est attribuée par les lois étrangères la nationalité d'aucun des deux parents ». La modification, présentée par le rapporteur au Sénat comme « un amendement de précision » (*Déb. Sénat*, 16 oct. 2003, p. 6774) et adoptée sans débat, restreint en réalité l'attribution de la nationalité française. S'il existe pour l'enfant une possibilité d'obtenir la nationalité de l'un de ses parents, par ex. par une déclaration (v. le Code de la nationalité malgache du 22 juill. 1960, art. 16, *in* Decottignies et de Biéville, *Les nationalités africaines*, 1963, p. 216), la nationalité française ne lui sera pas attribuée, même si la déclaration n'est pas faite. Le risque d'apatridie n'est donc pas éliminé. Et que décider si la déclaration de nationalité ne peut être souscrite, selon la loi étrangère, que dans l'année qui précède la majorité de l'enfant (v. le Code de la nationalité mauritanienne du 12 juin 1961, art. 13, *ibid.*, p. 259) ?

54. La mention de la résidence régulière en France du parent est portée à sa demande sur l'acte de naissance de l'enfant (C. civ., art. 2495, réd. L. n° 2018-778, 10 sept. 2018) et décr. n° 2019-136, 27 févr. 2019, *JO* 28 févr. Sur l'application dans le temps de cette disposition, v. C. civ., art. 2494.

a jugé cette disposition non contraire à la constitution, l'inégalité qu'elle instituait entre les enfants nés à Mayotte et ceux nés sur le reste du territoire de la République tenant compte des caractéristiques et contraintes propres à Mayotte[55].

### 3 • Nationalité française par la proche parenté et la résidence habituelle en France

**437** Des textes récents ont étendu la faculté de réclamer la nationalité française, sous réserve de l'opposition du gouvernement, à des personnes qui, sans remplir jusque-là les conditions de filiation à l'égard d'un Français ou de naissance en France, ont des liens étroits avec la France en raison de leur proche parenté avec une personne de nationalité française ou de leur résidence prolongée en France.
Ainsi la loi n° 2015-1776 du 28 décembre 2015 a accordé cette faculté à des personnes âgées de 65 ans au moins résidant habituellement et régulièrement en France depuis au moins 25 ans et qui sont les ascendants directs d'un ressortissant français[56]. La loi n° 2016-274 du 7 mars 2016 a accordé la même faveur, à leur majorité, à des personnes résidant habituellement en France depuis l'âge de 6 ans et scolarisées en France, si elles ont un frère ou une sœur ayant acquis la nationalité française en raison de sa naissance et résidence en France[57].

## B • Le droit français ne confère pas un droit illimité à la nationalité française

**438** ***Apatridie résiduelle et condition des apatrides.*** Même si le droit français est plutôt généreux en matière de nationalité, il ne peut conférer la nationalité française qu'à une personne se trouvant dans une situation prédéfinie à laquelle la loi attache cet effet. C'est ce que l'article 30-4 du Code civil exprime en creux en indiquant qu'« en dehors des cas de perte ou de déchéance de la nationalité française, la preuve de l'extranéité d'un individu peut seulement être établie en démontrant que l'intéressé ne remplit aucune des conditions exigées par la loi pour avoir la qualité de Français ».
On comprend dans ces conditions que la cour d'appel de Paris, statuant sur le sort d'un Indien de Madagascar qui, après l'indépendance, était rejeté tant par les lois indiennes que par les lois malgaches sur la nationalité, ait pu juger que : « le fait que ni le Gouvernement de l'Inde, ni le Gouvernement de Madagascar, après l'accession de ces territoires à l'indépendance, n'ont attribué leur nationalité à l'intimé, d'origine indienne, fixé depuis sa naissance dans la Grande Île, ne saurait justifier une extension, à son profit, des règles d'octroi de la nationalité française »[58].
Pas plus qu'il ne veut ou ne peut donner asile à « toute la misère du monde », le droit français ne veut ni ne peut attribuer sa nationalité à tous les apatrides du monde.
Sans leur attribuer la nationalité française, le droit français s'efforce seulement de ne pas rendre trop intolérable la situation des apatrides[59]. La France se conforme aux obligations découlant de la Convention de New York du 28 septembre 1954 relative au statut des apatrides[60] et les fait bénéficier du régime qu'elle accorde aux étrangers en général (art. 7) et même parfois d'un régime plus favorable. Ainsi, le Code de l'entrée et du séjour des étrangers et du droit d'asile (Ord. n° 2004-1248, 24 nov. 2004) leur

55. Cons. const. 6 sept. 2018, Déc. n° 2018-778 DC, *JO* 6 sept. 2018.
56. C. civ., art. 21-13-1, L. n° 2015-1776, 28 déc. 2015.
57. C. civ. art. 21-13-2, L. n° 2016-274, 7 mars 2016. Sur ces deux textes, v. aussi le décret n° 2016-872 du 29 juin 2016.
58. Paris 13 avr. 1972, *Rev. crit. DIP* 1972. 603, note P. Lagarde.
59. Sur la situation des apatrides en droit français, v. P. Lagarde, *Rép. internat.*, v. *Apatride*, déc. 2021.
60. Décr. 4 oct. 1960, *JO* 6 oct. 1960, *Rev. crit. DIP* 1960. 640.

donne droit, dès l'admission au statut, à la carte de séjour pluriannuelle (art. L. 424-18, création ord. n° 2020-1733 du 16 déc. 2020) et, après quatre ans de résidence régulière en France, à la carte de résident d'une durée de dix ans (art. L. 424-21, ord. 16 déc. 2020)[61]. Ils peuvent demander à bénéficier de la réunification familiale (art. L. 582-5, ord. n° 2020-1733 du 16 déc. 2020) et accéder, sans autre condition que de diplôme, à la profession d'avocat à laquelle les étrangers autres que les ressortissants de l'Union européenne ou de l'Espace économique européen n'ont accès que sous la condition de réciprocité législative (art. 11, 1° *in fine* Loi n° 71-1130, 31 déc. 1971, réd. Ord. n° 2018-310, 27 avr. 2018).

## C • Le droit français reconnaît le droit à une double nationalité[62]

**439** ***Le droit à la plurinationalité***. S'il existait une répartition internationale des individus entre les États, tout individu aurait une nationalité, mais n'en aurait qu'une seule. C'est précisément parce que cette répartition internationale n'existe pas qu'il y a des apatrides, comme on a vu, et qu'il y a aussi des personnes ayant deux nationalités ou même davantage.

De nombreux droits étrangers, sans pouvoir empêcher le phénomène de la double nationalité qui est largement hors de leur contrôle, s'efforcent de le limiter. Ainsi, le droit allemand subordonne-t-il en principe l'acquisition par un étranger de la nationalité allemande à la perte de sa nationalité étrangère, sauf s'il a été préalablement autorisé à la conserver[63]. Une telle condition n'a jamais été posée par le droit français. De même aujourd'hui, depuis la loi du 9 janvier 1973, l'acquisition, même volontaire, par un Français d'une nationalité étrangère ne lui fait pas perdre de plein droit sa nationalité française. Il ne la perdra que s'il souscrit une déclaration à cette fin, et encore ne pourra-t-il la souscrire que s'il réside habituellement à l'étranger (C. civ., art. 23 ; v. ss 453).

C'est seulement lorsqu'il existe un embryon d'organisation internationale que la double nationalité est écartée. La France a été longtemps partie à la Convention du Conseil de l'Europe sur la réduction des cas de pluralité de nationalités, signée à Strasbourg le 6 mai 1963. La disposition essentielle de cette convention est précisément que le ressortissant majeur d'un État contractant qui acquiert volontairement la nationalité d'un autre État contractant perd de plein droit sa nationalité antérieure et ne peut être autorisé à la conserver.

Toutefois, paradoxalement, le droit international, qui n'a pu imposer le droit effectif à une nationalité, admet pratiquement aujourd'hui le droit à une double nationalité. Au sein du Conseil de l'Europe, on s'est aperçu que l'élimination des cas de double nationalité recherchée par la Convention de 1963 nuisait en réalité aux ressortissants des États membres, souvent double nationaux, qui acceptaient mal d'être privés de la possibilité de se prévaloir de leurs deux nationalités. Au surplus, les dispositions de la Convention sont aujourd'hui sur ce point en contradiction avec le droit de certains États membres, dont la France depuis la loi du 9 janvier 1973. Aussi la France, précédée ou suivie par sept autres États[64], s'est-elle résolue le 3 mars 2008 à dénoncer, avec effet au 5 mars 2009, les dispositions de la

61. Le bénéfice des articles L. 313-11 et L. 314-11 est étendu sous certaines conditions au conjoint et aux enfants de l'apatride dans l'année qui suit leur dix-huitième année.
62. V. P. Lagarde, « La double nationalité », *Commentaire*, 2012. 441.
63. StAG, § 25, réd. L. du 28 oct. 2015. Quant à l'enfant né en Allemagne de parents étrangers y résidant habituellement de façon régulière depuis huit ans, il acquiert la nationalité allemande depuis la loi du 15 juill. 1999 mais il doit déclarer, après avoir atteint l'âge de 21 ans, celle des deux nationalités qu'il veut conserver. S'il choisit la nationalité allemande, il doit, dans les deux ans, établir qu'il a renoncé ou qu'il a perdu sa nationalité étrangère (§ 29). Cette obligation de choix ne s'applique pas lorsque l'intéressé possède la nationalité d'un autre État membre de l'Union européenne ou la nationalité suisse (§ 12,2). Cette réforme concerne principalement les trois millions d'immigrés turcs vivant en Allemagne. V. N. Bouche, « La réforme de 1999 du droit allemand de la nationalité », *Rev. int. dr. comp.* 2002. 1035-1072.
64. État au 18 janvier 2022.

Convention relatives à la nationalité, ainsi qu'un Protocole du 2 février 1993, qui en limitait déjà les effets.
La Convention européenne de 1997 accentue le revirement par rapport à celle de 1963. Tout en réservant l'application de cette dernière entre les États liés par elle, elle laisse à tout État partie l'entière liberté de « déterminer dans son droit interne si : a) ses ressortissants qui acquièrent ou possèdent la nationalité d'un autre État gardent ou perdent la nationalité de cet État partie ; b) l'acquisition ou la conservation de sa nationalité est subordonnée à la renonciation ou la perte d'une autre nationalité » (art. 15).
Ce mouvement favorable à la double nationalité s'est récemment manifesté dans les rapports entre la France et l'Espagne. Une convention entre les deux États sur la double nationalité, signée à Montauban le 15 mars 2021, est entrée en vigueur le 1er avril 2022[65]. Cette convention reconnaît la double nationalité franco-espagnole et permet, de façon rétroactive, aux Espagnols qui avaient perdu leur nationalité d'origine en acquérant la nationalité française, de réintégrer la nationalité espagnole, sans perdre évidemment la nationalité française. Réciproquement, les Français résidant en Espagne depuis au moins dix ans pourront devenir des citoyens espagnols sans renoncer à leur nationalité française.

## II • Un individu peut-il être arbitrairement privé de sa nationalité ?

### A • Considérations historiques

**440** ***Les privations massives de nationalité au XXe siècle.*** La privation de nationalité est une mesure d'une extrême gravité dont l'histoire a montré qu'elle conduisait aux pires catastrophes. Dans la période de l'entre-deux-guerres et de la Seconde Guerre mondiale, des privations massives de nationalité ont jeté par milliers des hordes de réfugiés apatrides sur les routes d'Europe. Hannah Arendt a décrit ce drame dans un beau texte paru en 1941, dont voici quelques extraits :
« Les apatrides en provenance de Russie suivirent les Hongrois ; puis ce fut le tour des réfugiés italiens et quelque temps après les Allemands et les Autrichiens suivirent le mouvement, si bien qu'aujourd'hui il n'y a aucune Nation européenne — excepté l'Angleterre — dont un nombre plus ou moins important de citoyens n'ait été spolié de son statut de citoyen, qui ne soit pourchassé à l'étranger et qui n'ait été abandonné, sans aucune protection consulaire ou juridique, au bon vouloir ou à la malveillance des autres États […].
S'agissant de cette absence fondamentale de droits, aucune naturalisation ne pouvait plus donner le change en Europe. Il y avait toujours plus de naturalisés et il n'échappait à personne d'averti que le moindre changement de Gouvernement pouvait suffire à annuler toutes les naturalisations octroyées sous le précédent Gouvernement. Naturalisé ou pas : les camps de concentration demeuraient opérationnels. Riche ou pauvre, on appartenait à la couche toujours plus nombreuse des parias européens[66]. »
En droit français, des lois de Vichy avaient suivi cette voie. Une loi rétroactive du 23 juillet 1940 prévoyait la déchéance par décret de la nationalité des Français ayant quitté la France entre le 10 mai et le 30 juin 1940[67].

65. Publiée par Décr. n° 2022-943 du 27 juin 2022, *JO* 29 juin 2022, texte 19.
66. Texte publié le 28 nov. 1941, reproduit *in La tradition cachée*, C. Bourgois, 1987, p. 51 et 52.
67. *JO* 24 juill. 1940, p. 4569.

Et c'est en application de ce texte qu'un décret du 8 décembre 1940 déclara le général de Gaulle déchu de la nationalité française[68]. Le texte le plus infâme fut sans doute dans cette ligne la loi du 22 juillet 1940, relative à la révision des naturalisations[69]. Cette loi prévoyait la révision de toutes les acquisitions de la nationalité française intervenues depuis la promulgation de la loi du 10 août 1927 sur la nationalité. Sur avis d'une simple commission, le retrait de la nationalité française pouvait être prononcé, avec effet rétroactif, par simple décret, et étendu à la femme et aux enfants de l'intéressé. Privées de la nationalité française, les victimes de cette loi[70] ont pu être facilement livrées à l'occupant.

De nos jours, il faut tout de même signaler qu'un parti politique avait naguère osé inscrire dans sa « contribution au règlement du problème de l'immigration » une proposition tendant à réexaminer certaines naturalisations survenues depuis 1974, afin de pouvoir ensuite éloigner du territoire les personnes ainsi « réexaminées » et redevenues étrangères[71].

Ces excès ne sont ici rappelés que pour montrer que le danger n'est jamais écarté.

## B • Droit positif

**441** ***Un début de contrôle de conventionnalité et de constitutionnalité des privations de nationalité.*** On ne trouve pas dans le droit français de disposition comparable à celle, claire et nette, qui figure dans l'article 16 de la *Grundgesetz* allemande :

« La nationalité allemande ne peut être retirée. La perte de la nationalité ne peut intervenir que sur le fondement de la loi ; si elle intervient contre la volonté de l'intéressé, c'est à la condition qu'il ne devienne pas de ce fait apatride. »

Le constituant français est resté jusqu'à présent plus timide[72]. En droit français, si la perte de la nationalité ne peut assurément intervenir que sur le fondement de la loi, elle peut cependant se produire dans certains cas contre la volonté de l'intéressé et elle pouvait, jusqu'à une époque récente, entraîner son apatridie. Sur ce point, on pourrait débattre de la conformité du droit français aux textes internationaux, notamment l'article 8 de la Convention européenne des droits de l'homme (droit au respect de la vie privée et familiale)[73] et, si elle entre un jour en vigueur pour la France, l'article 7 de la Convention européenne sur la nationalité[74].

Le Conseil d'État a longtemps coupé court à la discussion en jugeant, à propos de la déchéance de la nationalité française, que « le droit pour un étranger d'acquérir la nationalité d'un État signataire [de la Convention européenne des droits de l'homme] et de la conserver n'est pas au nombre des droits et libertés reconnus par celle-ci » et, en conséquence, que « le moyen tiré d'une méconnaissance des stipulations de l'article 8 de la Convention est inopérant à l'appui de conclusions dirigées contre un décret

---

68. *JO* 10 déc. 1940, p. 6043.
69. *JO* 23 juill. 1940, p. 4567. Tous ces textes sont reproduits dans le recueil de Dominique Rémy, *Les lois de Vichy*, Éd. Romillat, 1992.
70. Environ 15 000, dont 6 000 de religion juive, v. Rémy, *op. cit.* (note 69), p. 49, note 2. Sur cette loi et sur le fonctionnement de la Commission de révision des naturalisations, v. P. Weil, *Qu'est-ce qu'un Français ? Histoire de la nationalité française depuis la Révolution*, Grasset, 2002, p. 117 s. Sur ces textes, v. aussi C. Kessedjian, « Le Juif déchu de la nationalité française », *in Le droit antisémite de Vichy,* Le genre humain, 1996, p. 231-242.
71. V. l'intervention de M. Bruno Mégret, alors haut dignitaire du Front national, au colloque « Immigration : les solutions » — Contribution au règlement du problème de l'immigration — 50 mesures concrètes (nov. 1991) : « 13. Remettre en cause les naturalisations accordées depuis 1974. — La loi a théoriquement interdit l'immigration depuis 1974. Des pratiques illégitimes ont permis l'acquisition de la nationalité par des immigrés durant cette période. Il conviendra, en conséquence, de réexaminer les conditions d'octroi de la nationalité française depuis cette date et d'attribuer à l'État la possibilité de réexaminer tous les dossiers selon des fondements juridiques qui seront précisés le moment venu. »
72. En mars 2016, le projet gouvernemental insérant dans la Constitution une disposition sur la déchéance de nationalité s'est heurté à tant de critiques qu'il a été abandonné. Sur ce projet, v. P. Lagarde, « Le débat sur la déchéance de nationalité. Essai de clarification », *JCP* 2016. 105, p. 197 et s. P. Cassia, « Déchéance de nationalité : clap de fin », *D.* 2016. 697.
73. V. les arrêts de la CEDH cités *supra*, note 18.
74. L'art. 7 énumère limitativement les cas dans lesquels un État peut prévoir dans son droit interne la perte de sa nationalité de plein droit ou à son initiative. On y trouve le comportement portant un préjudice grave aux intérêts essentiels de l'État et l'engagement volontaire dans des forces militaires étrangères. Les quatre cas prévus par l'art. 25 du Code civil n'entrent pas tous dans ce cadre restreint.

portant déchéance de la nationalité française[75] ». Le Conseil d'État s'oriente toutefois vers un contrôle plus sérieux des décrets de déchéance. Dans cinq arrêts du 8 juin 2016[76], il énonce, dans des termes très proches de ceux utilisés au même moment par l'arrêt *Ramadan c/ Malte* de la Cour européenne des droits de l'homme[77], que si un décret portant déchéance de la nationalité française est par lui-même dépourvu d'effet sur la présence sur le territoire français de celui qu'il vise, comme sur ses liens avec les membres de sa famille, et n'affecte pas, dès lors, le droit au respect de sa vie familiale[78], « en revanche, un tel décret affecte un élément constitutif de l'identité de la personne concernée et est ainsi susceptible de porter atteinte au droit au respect de sa vie privée ». En conséquence, il se réserve d'exercer un contrôle de proportionnalité et d'apprécier au cas par cas « si le décret attaqué, eu égard à la gravité des faits commis par le requérant, n'a pas porté une atteinte disproportionnée au droit au respect de sa vie privée garanti par l'article 8 de la Convention européenne de sauvegarde des droits de l'homme et des libertés fondamentales ». Dans un sens voisin, la Cour de cassation a validé la perte de la nationalité résultant de l'annulation pour fraude d'un acte de naissance étranger sur lequel était fondée une déclaration acquisitive de la nationalité française, en relevant que l'intéressé « ne prouvait ni son état civil, ni l'existence de conséquences disproportionnées consécutives à la perte de la nationalité qu'il revendiquait »[79] Cette jurisprudence se rapproche des décisions précitées de la Cour européenne des droits de l'homme[80].
Le Conseil constitutionnel, de son côté, a validé l'extension par la loi du 22 juillet 1996 de la déchéance de nationalité pour actes de terrorisme, eu égard à leur gravité, sans que la différence de traitement qui en résulte entre Français d'origine et Français d'acquisition viole le principe d'égalité[81]. Il se réserve donc un certain contrôle de proportionnalité qui aurait pu s'exercer sur les nouvelles extensions de la déchéance de nationalité prévues puis abandonnées par le projet de loi ayant abouti à la loi n° 2011-672 du 16 juin 2011 relative à l'immigration, à l'intégration et à la nationalité.

**442** ***Les cas de privation de la nationalité française.*** La privation de nationalité peut être la conséquence, soit d'une indignité, soit d'un défaut de loyalisme aggravé par une désobéissance aux ordres du Gouvernement, soit d'un changement de souveraineté, soit encore d'un établissement prolongé à l'étranger (perte par désuétude) ou, bien que l'analyse juridique soit différente, d'un retrait de naturalisation. Sans qu'il s'agisse à proprement parler d'une privation de nationalité, la contestation de la nationalité française d'une personne par le ministère public peut, elle aussi, aboutir au même résultat.

## 1 • Déchéance de la nationalité française

**443** ***La déchéance n'entraîne plus l'apatridie.*** L'hypothèse la plus spectaculaire de perte de la nationalité française à titre de sanction est l'institution connue sous le nom de déchéance de la nationalité française, dont l'origine directe, sous sa forme moderne, se trouve dans la loi du 10 août 1927 (art. 9, 5°)[82].

---

75. CE 18 juin 2003, req. n° 251299, *Gaz. Pal.* 2004. Somm. 1358. *Adde* CE 29 sept. 2007, req. n° 301145, justifiant la solution par la considération qu'un décret de déchéance « est dépourvu d'effet sur la présence sur le territoire français de celui qu'il vise comme sur les liens de ce dernier avec les membres de sa famille ». Comp., à propos de l'imprescriptibilité de l'action négatoire de nationalité française, Cons. const. 22 nov. 2013, n° 2013-354 QPC, *JO* 24 nov. 2013 *Rev. crit. DIP* 2014. 85, note P. Lagarde. V. toutefois CEDH 11 oct. 2011, *Genovese c/ Malte*, préc. v. *supra* note 18.
76. Arrêts n$^{os}$ 394348, 394350, 394352, 394354 et 394356, *D.* 2016. som. 1310, obs. Pastore ; *RFDA* 2016. 1188, note Lepoutre, *AJDA* 2016. 1148, *D.* 2017. 261, v. J. Guiorguieff, « Droit international et renforcement du droit de retrait de la nationalité face aux actes terroristes », *RTDH, janv.* 2016. 107, p. 617-638. V. encore CE 31 juill. 2019, n° 411984, préc. *supra,* note 50.
77. CEDH 21 juin 2016, req. n° 76136/12, préc. ; 25 juin 2020, n° 52273/16, *Ghoumid c. France,* préc. *supra,* note 21.
78. On pourrait objecter que la déchéance est souvent aussi la condition de l'expulsion, en raison de la règle française interdisant l'expulsion des nationaux, v. J. Lepoutre, « Le bannissement des nationaux », *Rev. crit. DIP*, 2016. 107, spéc. 108.
79. Civ. 1$^{re}$, 9 sept. 2015, *Rev. crit. DIP* 2016. 331, note O. Boskovic, *JDI* 2016. 1175, note H. Fulchiron et A. Panet.
80. V. ss 430.
81. Cons. const. 16 juill. 1996, n° 96-377 DC, *JO* 23 juill. 1996, p. 11108, pt 23 ; 23 janv. 2015, n° 2014-439 QPC, *JO* 25 janv. 2015, p. 1150, *Rev. crit. DIP* 2015. 115, note P. Lagarde ; *JCP* oct. 2015. 122, obs. P. Spinosi.
82. On cite aussi comme origine lointaine de la déchéance un décret des 27 avr.-3 mai 1848 qui avait prévu la perte de la nationalité française à l'encontre de ceux qui se livraient au trafic d'esclaves. V. A. Giudicelli, « La déchéance de la nationalité française », *in Mélanges offerts à P. Couvrat. La sanction du droit*, PUF, 2001, p. 333.

La déchéance est encourue lorsque l'intéressé a été condamné pour un certain nombre d'infractions énumérées par l'article 25 du Code civil[83] ou lorsqu'il « s'est livré au profit d'un État étranger à des actes incompatibles avec la qualité de Français et préjudiciables aux intérêts de la France ». La gravité de la sanction aurait justifié l'intervention de l'autorité judiciaire. Le texte se contente d'un décret pris après avis conforme du Conseil d'État (C. civ., art. 25). Sur le contrôle du Conseil d'État et des Cours européennes sur les mesures de déchéance, v. *supra,* notes 12 à 17, 72-73.
Le trait le plus notable de la déchéance de nationalité est qu'elle ne peut frapper que les Français « qui ont acquis la nationalité française » si les faits reprochés à l'intéressé se sont produits antérieurement à l'acquisition de la nationalité française[84] ou dans le délai de dix ans à compter de cette acquisition (C. civ., art. 25-1)[85]. Il y a là une discrimination entre les Français d'acquisition et les Français d'origine sur laquelle il y aurait lieu de s'interroger[86].
Mais du point de vue du droit à la nationalité, il faut souligner que la loi française ne se préoccupait pas de savoir, avant la loi du 16 mars 1998, si le déchu avait conservé sa nationalité d'origine. Or, il pouvait très bien l'avoir perdue du fait de l'acquisition de la nationalité française. La loi du 16 mars 1998 a modifié l'article 25 du Code civil et écarté la déchéance si elle devait avoir pour résultat de rendre apatride l'individu qui en serait frappé. On s'est aperçu depuis lors que la déchéance, sans rendre apatride celui qui en est l'objet, pouvait lui faire perdre sa citoyenneté européenne[87].
Il faut ajouter que la déchéance n'a plus aujourd'hui qu'un effet individuel. La loi du 9 janvier 1973 a fait disparaître la règle très injuste et contraire au principe de la personnalité des peines qui permettait d'étendre la déchéance à la femme (*sic*) et aux enfants mineurs de l'intéressé (C. nat., ex-art. 100).

## 2 • Emploi dans un service public étranger

**444** ***La sanction de la désobéissance à une injonction du Gouvernement.*** Aux termes de l'article 23-8 du Code civil (C. nat., ex-art. 97), dont les origines sont anciennes[88] :
« Perd la nationalité française le Français qui, occupant un emploi dans une armée ou un service public étranger ou dans une organisation internationale dont la France ne fait pas partie ou plus généralement leur apportant son concours, n'a pas résigné son emploi ou cessé son concours nonobstant l'injonction qui lui en aura été faite par le Gouvernement. »
La perte de la nationalité résulte alors d'un décret en Conseil d'État, ce qui est certes une garantie, mais la loi n'exige pas, à la différence du cas de perte fondé sur l'article 23-7 du Code civil (cas du Français

83. Atteinte aux intérêts fondamentaux de la Nation, actes de terrorisme (L. 22 juill. 1996), atteintes à l'Administration publique ou aux particuliers par des personnes exerçant des fonctions publiques, manquements au devoir de probité (notamment corruption).
84. Cette précision date de la loi du 26 nov. 2003 relative à la maîtrise de l'immigration et traduit un élargissement du domaine de la déchéance. Avant cette loi, les faits antérieurs à l'acquisition de la nationalité française ne pouvaient fonder une déchéance (CE 23 mai 1986, *de Souza*, *Lebon* 787).
85. Délai porté à 15 ans par la loi du 23 janv. 2006 en cas d'atteinte aux intérêts fondamentaux de la Nation ou d'acte de terrorisme. Dans ces cas, la déchéance peut être prononcée dans les quinze années (et non plus dix) qui suivent la perpétration des faits.
86. V. ss 441, note 81, les décisions du Conseil constitutionnel. Les discriminations étaient bien plus importantes à l'époque, encore récente, où les naturalisés étaient soumis, pendant une période allant selon les cas de 5 à 10 années, à diverses incapacités politiques et professionnelles. La loi du 16 mars 1998 a fait disparaître une autre discrimination du même ordre, qui réservait aux Français d'origine le bénéfice de la réintégration par déclaration (C. civ., art. 24-2 ; v. ss 452).
87. C'est la situation sur laquelle a statué la CJUE dans l'arrêt *Rottmann*, 2 mars 2010, aff. C-135/08, préc., n° 430, note 17 ; rappr. CJUE 18 janv. 2022, aff. 118/20, préc. note 17. Fréquemment saisi de cette question, le Conseil d'État, dans la même ligne que la Cour de justice, a jugé « que la définition des conditions d'acquisition et de perte de la nationalité relève de la compétence de chaque État membre de l'Union européenne ; que, toutefois, dans la mesure où la perte de la nationalité d'un État membre a pour conséquence la perte du statut de citoyen de l'Union, la perte de la nationalité d'un État membre doit, pour être conforme au droit de l'Union, répondre à des motifs d'intérêt général et être proportionnée à la gravité des faits qui la fondent, au délai écoulé depuis l'acquisition de la nationalité et prendre en compte la possibilité pour l'intéressé de recouvrer une autre nationalité » (CE 24 sept. 2018, n° 415136. V. aussi, CE 9 nov. 2017, n° 409782, *Lebon T.)*
88. L'art. 17-2° du Code Napoléon attachait déjà la perte de la nationalité française à l'acceptation de fonctions publiques à l'étranger et la loi du 26 juin 1889 avait attaché le même effet à la prise de service militaire à l'étranger sans l'autorisation du Gouvernement. La loi de 1927 (art. 9, 4°) avait étendu le premier cas à l'« emploi dans un service public », même sans caractère politique dangereux pour la France (on avait cité les chemins de fer), dans le but, semble-t-il, d'éviter les cumuls afférents à deux nationalités. v. Batiffol-Lagarde, *Traité de droit international privé*, t. I, 8ᵉ éd., LGDJ, 1993, n° 143.

« qui se comporte en fait comme le national d'un pays étranger ») et de la déchéance (v. ss 443), que l'intéressé possède la nationalité d'un pays étranger. Il serait néanmoins logique d'étendre à ce cas de perte de la nationalité française, par identité de motifs, la disposition de la loi du 16 mars 1998 écartant la déchéance en cas de risque d'apatridie. Au reste, la Convention européenne du 6 novembre 1997 proscrit la perte de la nationalité qui pourrait rendre apatride la personne concernée (art. 7, § 3), mais il faut rappeler que cette convention n'a pas été ratifiée par la France.
Selon une réponse déjà ancienne du ministère de la Justice, « aucune procédure n'a jamais été mise en œuvre sur ce fondement depuis 1973 »[89], mais il semble que des injonctions aient déjà été adressées avec cette menace et que les personnes visées se soient inclinées.

## 3 • Cession de territoire et accession à l'indépendance

**445** ***La cession de territoire et le risque d'apatridie.*** Une autre hypothèse dans laquelle un individu peut être privé contre son gré de sa nationalité est celle du changement de souveraineté du territoire sur lequel il est établi.
La règle posée par l'article 17-8 du Code civil est que les nationaux français domiciliés dans les territoires cédés au jour du transfert de la souveraineté perdent cette nationalité, à moins qu'ils n'établissent effectivement leur domicile hors de ces territoires. Comme il n'est pas sûr que l'État cessionnaire accorde sa nationalité auxdites personnes, la règle pourrait être génératrice d'apatridie. Aussi ces problèmes sont-ils le plus souvent réglés par voie de traité international[90].
**446** ***La décolonisation* et *la perte par les populations locales de la nationalité française.*** À la cession de territoire on a pu assimiler l'accession à l'indépendance de territoires étant antérieurement sous souveraineté française. La loi du 28 juillet 1960, pour l'Afrique noire et Madagascar, puis l'ordonnance du 20 juillet 1962 pour l'Algérie ont ainsi, sur des bases différentes, établi une distinction entre les personnes à qui la nationalité française était maintenue de plein droit[91] et celles qui, pour conserver cette nationalité, devaient fixer leur domicile en France et y souscrire une déclaration de reconnaissance de la nationalité française. Ont ainsi conservé de plein droit la nationalité française, pour l'Afrique noire et Madagascar, les originaires du territoire de la République française ainsi que leurs descendants et conjoints, et pour l'Algérie les personnes de statut civil de droit commun. L'application de ces textes a suscité et continue à susciter des difficultés, pour les premiers quant à la notion d'originaire[92], pour les secondes quant à la preuve de leur statut civil de droit commun[93] et de la chaîne de filiation les reliant à un ancêtre ayant bénéficié de ce statut.
Pour éviter précisément les cas d'apatridie, ces textes ont également prévu le maintien de plein droit de la nationalité française aux personnes à qui la nationalité du nouvel État ne serait pas attribuée par la loi de cet État (C. civ., art. 32-3 ; C. nat., ex-art. 55-1).
Il reste cependant que, même si elles ont obtenu la nationalité du nouvel État, ces personnes ont été privées de la nationalité française. Certaines personnes originaires d'Algérie ayant perdu la nationalité française, faute par elles ou par leurs parents d'avoir souscrit une déclaration de reconnaissance, ont essayé de contester ce résultat, souvent pour prévenir ou faire échec à une mesure d'éloignement du territoire. Se fondant selon les cas sur l'article 14 de la Convention européenne des droits de l'homme

89. Rép. min., *JO Sénat CR*, 2 mars 2006, p. 634.
90. V. l'étude des dispositions figurant dans les traités ayant modifié le territoire de la France *in* P. Lagarde, *La* nationalité *française*, 4e éd., Dalloz, 2011, nos 62.11 s. *Adde*, pour le futur, la convention de 2006 du Conseil de l'Europe sur la prévention des cas d'apatridie en relation avec la succession d'États, v. *supra*, ss 431, note 26.
91. V. aujourd'hui C. civ., art. 32 et 32-1. Sur l'ensemble, v. P. Lagarde, « De quelques conséquences de la décolonisation sur le droit français de la nationalité », *in Mélanges offerts à R. Savatier*, Dalloz, 1965, p. 511 s.
92. V. encore Civ. 1re 9 sept. 2015, n° 14-50.052, *Rev. crit. DIP* 2016. 335, note F. Jault-Seseke ; 4 déc. 2019, n° 18-24.201.
93. Qui ne peut être rapportée que par la production d'un décret ou d'un jugement d'admission au statut civil de droit commun, v. encore Civ. 1re, 13 avr. 2016, n° 15-50.019 ; 26 mai 2021, n° 20-502016 et 20-502017, inédits.

(interdiction de toute discrimination dans la mise en œuvre des droits consacrés par la convention) et sur l'article 3 de son 4e Protocole additionnel (garantie des ressortissants d'un État contre l'expulsion), sur l'article 26 du Pacte de New York sur les droits civils et politiques ou sur la Convention du 7 mars 1966 sur l'élimination de toutes les formes de la discrimination raciale, elles ont soutenu qu'elles avaient été privées de cette garantie par une mesure discriminatoire, puisque le critère de distinction retenu par les lois françaises était fondé en réalité sur l'origine ethnique des personnes concernées et sur leur appartenance religieuse.

Ces recours ont tous été rejetés. La cour d'appel de Paris, la première, a rejeté cette argumentation. Elle a relevé que la Convention européenne ne garantit pas le droit à une nationalité particulière et elle a ajouté que les discriminations condamnées par l'article 14 de la convention sont celles qui sont privées d'une justification objective et raisonnable, ce qui n'était pas le cas en l'espèce[94]. Ensuite, et plus généralement, la Cour de cassation a jugé à plusieurs reprises que « la détermination, par un État, de ses nationaux, par application de la loi sur la nationalité, ne peut constituer une discrimination au sens du Pacte de New York du 19 décembre 1966 sur les droits civils et politiques[95], [ni au sens de la convention du 7 mars 1966], dès lors qu'est assuré le droit à une nationalité »[96]. La contestation de la distinction a été reprise à l'appui d'une question prioritaire de constitutionnalité, mais la Cour de cassation a refusé de la transmettre au Conseil constitutionnel au motif que « les dispositions légales critiquées, fussent-elles fondées sur l'origine, découlaient nécessairement de l'accession à l'indépendance de certains territoires, laquelle ne pouvait que conduire, dans un but d'intérêt général, à distinguer la population restant de plein droit celle de la République française de celle des nouveaux États indépendants, dont les nationaux étaient soumis à une manifestation de volonté pour rester Français »[97]. Saisi d'une question prioritaire de constitutionnalité portant sur un autre texte, le Conseil constitutionnel a saisi l'occasion pour affirmer qu'en adoptant ces dispositions, le législateur n'a pas porté atteinte au principe d'égalité devant la loi[98].

Il ne faudrait pas interpréter cette jurisprudence comme une autorisation donnée au législateur d'utiliser n'importe quel critère pour attribuer sa nationalité[99]. Si le critère de l'origine adopté par la loi du 28 juillet 1960 a paru raisonnable à toutes les juridictions saisies, c'est parce que tout critère juridique de distinction entre Français de plein droit et Français sous condition de reconnaissance devait nécessairement recouper globalement la distinction sociologique entre Français de la métropole et populations locales. Aussi cette dernière solution n'était-elle pas critiquable et s'apparentait-elle plutôt à un changement forcé de nationalité résultant du changement des circonstances géopolitiques.

## 4 • Désuétude

**447** Le Code Napoléon avait posé la règle selon laquelle la qualité de Français se perdra par « tout établissement fait en pays étranger sans esprit de retour » (art. 17, 4°). L'idée était que la nationalité transmise par filiation perdait son effectivité en cas d'établissement prolongé à l'étranger. Le concept d'esprit de retour étant difficile à cerner[100], le Code de la nationalité de 1945 a reformulé, en le quantifiant, ce cas de perte de la nationalité française. Aujourd'hui, la perte de nationalité est constatée par jugement lorsque l'intéressé, français d'origine par filiation, n'en a point la possession d'état et n'a jamais eu sa résidence en France, si les ascendants dont il tenait la nationalité française (C. civ.,

94 Paris, 1re ch., 30 nov. 1990, *Rev. crit. DIP* 1992. 681, note P. Lagarde.

95. Civ. 1re, 22 févr. 2000, *Rev. crit. DIP* 2000. 681, note H. Fulchiron ; 8 janv. 2002, *Rev. crit. DIP* 2003. 77, 1er arrêt, note P. Lagarde ; Civ. 1re, 25 avr. 2007, n° 04-17.632, *Bull. civ.* I, n° 159 ; 4 nov. 2020, n° 19-17559 (à propos de la cession des anciens comptoirs français de l'Inde).

96. Civ. 1re, 19 févr. 2002, *Rev. crit. DIP* 2003. 77, 2e arrêt, note P. Lagarde ; 4 nov. 2020, n° 19-15150, publié au Bulletin.

97. Cass., ass. plén., 16 juill. 2010, n° 10-40.014.

98. Cons. const. 29 juin 2012, n° 2012-259 QPC, *JO* 30 juin 2012, pt 5.

99. V. la note Fulchiron citée *supra*, note 95. On pourrait penser à une exclusion de nationalité fondée sur l'appartenance à une certaine religion.

100. V. G. Légier, *Histoire du droit de la nationalité française des origines à la veille de la réforme de 1889*, t. II, 2014, nos 959.

art. 23-6) n'ont eux-mêmes ni possession d'état de Français ni résidence en France depuis un demi-siècle (C. civ., art. 23-6). Ce cas de perte est complété par une fin de non-recevoir à la preuve de la nationalité française par filiation pour la personne se trouvant dans cette situation (C. civ., art. 30-3). Ces textes sont d'un maniement difficile et ont été peu utilisés. Ils ont récemment trouvé un regain d'application du fait de l'écoulement d'un délai de cinquante ans depuis l'accession à l'indépendance de territoires autrefois sous souveraineté française. Les descendants de personnes restées sur ces territoires, mais demeurées de plein droit françaises, ont cherché à faire établir leur nationalité française en demandant un certificat de nationalité ou, en cas de refus, en formant une action déclaratoire de nationalité française. Elles invoquaient des faits de possession d'état (par exemple immatriculation au consulat français) postérieurs à l'expiration du délai de cinquante ans. Le ministère public a opposé à ces demandes la fin de non-recevoir de l'article 30-3. Il invoquait le caractère irrévocable de la présomption de perte de la nationalité française attachée à l'écoulement du délai, tandis que les intéressés soutenaient que le juge devait apprécier les conditions d'application de la fin de non-recevoir au moment où il statuait, moment auquel la possession d'état était avérée. La question a visiblement embarrassé la Cour de cassation[101] qui a adopté alternativement les deux solutions[102], avant de se fixer récemment sur la plus sévère[103]. La CJUE exerce un certain contrôle de la perte de nationalité par établissement à l'étranger[104].

## 5 • Retrait et refus de naturalisation

**448** ***Le risque d'abus des retraits de naturalisation.*** Le retrait de naturalisation, utilisé à grande échelle par le régime de Vichy (v. ss 440), subsiste dans le droit actuel (C. civ., art. 27-2, réd. L. n° 2011-672, 16 juin 2011), mais il est encadré par des conditions de procédure (il faut un avis conforme du Conseil d'État) et de délai (deux ans à compter de la publication du décret au *Journal officiel* si l'intéressé ne répondait pas aux conditions légales, deux ans en cas de mensonge ou de fraude, à compter de leur découverte). Bien que le retrait ne soit pas à proprement parler un cas de perte de la nationalité française, car l'individu dont la naturalisation est retirée est censé n'avoir jamais acquis la nationalité française, il y ressemble en fait et peut avoir également pour conséquence la perte de la citoyenneté européenne[105].

Le danger vient, dans le premier cas de retrait, de ce que le Conseil d'État admet que le retrait puisse être fondé sur des faits dont l'administration avait déjà connaissance au moment du décret[106] et place l'intéressé, pendant le délai de retrait, sous la menace d'une réévaluation, sans fait nouveau, des conditions de recevabilité de sa demande. Dans le cas de mensonge ou de fraude[107], le retrait peut intervenir très longtemps après le décret, d'autant plus que le Conseil d'État apprécie de façon libérale pour l'administration le moment auquel celle-ci a eu connaissance du mensonge ou de la fraude[108].

---

101. V. P. Lagarde, « La perte de la nationalité française pour désuétude en zone de turbulence », *Rev. crit. DIP* 2019. 529.
102. Dans le sens de la sévérité, Civ. 1re, 23 févr. 1977, n° 75-12.799, *Rev. crit. DIP* 1978. 483, note Lagarde ; dans le sens favorable aux demandeurs Civ. 1re, 28 févr. 2018, n° 17-14.239, *Rev. crit. DIP* 2019. 529, 2e esp. ; v. déjà E. Reiser, « De quelques règles de preuve en matière de nationalité », *Rev. crit. DIP* 2018. 801 ; B. Clauss et S. Calvo, « Désuète désuétude ? Actualité du droit de la nationalité française ou comment l'article 30-3 du Code civil s'invite dans le tortueux débat sur l'identité nationale », *La revue des droits de l'homme* [en ligne], Actualités Droits-libertés, 11 oct. 2018.
103. Civ. 1re, 13 juin 2019, n° 18-16.838, *Rev. crit. DIP* 2019. 529, 3e esp. ; *JDI* 2020.161, 2e esp., note E. Cornut ; 10 févr. 2021, n° 19-19.050, inédit au Bulletin. ; 14 oct. 2021, n° 21-10.810, refusant en outre de déférer au Conseil constitutionnel une QPC sur l'article 30-3 du Code civil. Sur ces décisions, v. aussi les observations critiques de O. Boskovic, *D.* 2022, p. 245.
104. CJUE, gr. Ch., 12 mars 2019, aff. C-221/17, *Tjebbes, préc.* ss note 17 (à propos de la perte de la nationalité néerlandaise en cas de résidence de dix ans en dehors de l'Union européenne).
105. CE 19 juill. 2017, req. n° 405897, *Rec. T,* qui exerce un contrôle de proportionnalité.
106. CE 10 janv. 1992, *D.* 1993. 159, note P. Guiho (détention d'armes prohibées).
107. Exemple de fraude : CE 18 déc. 2021, n° 4987, inédit au Rec. Lebon : dissimulation du mariage de l'intéressé et de l'existence de ses quatre enfants nés avant la demande de naturalisation
108. CE 28 oct. 1994, *Suleman Patel, D.* 1995. 262, faisant courir le délai du retrait pour fausse déclaration, non pas de la date à laquelle le ministre des Affaires étrangères a eu connaissance de l'existence des enfants de l'intéressé, mais de celle à laquelle ce ministre en a informé son collègue des Affaires

Le retrait de naturalisation est même, d'une certaine façon, plus grave que les décrets de perte de la nationalité française car, à la différence de ces derniers, il se répercute sur les enfants de l'intéressé qui perdent, au moins s'ils sont encore mineurs lors du retrait, le bénéfice de l'effet collectif attaché à la naturalisation de leur père ou mère[109].

Enfin, le retrait de naturalisation peut entraîner parfois l'apatridie, soit que le naturalisé ait été antérieurement apatride, soit qu'il ait perdu du fait de sa naturalisation sa nationalité antérieure, sans pouvoir la récupérer[110].

**449** ***Refus de naturalisation.*** Distinct du retrait, le refus de naturalisation est souvent la conséquence du très large pouvoir dont dispose l'Administration pour apprécier l'intérêt que présenterait pour le pays l'octroi de la nationalité française à l'étranger qui la demande[111]. Toutefois, le refus de naturalisation, comme son retrait, peut exceptionnellement entraîner l'apatridie ou la perte de la citoyenneté européenne. Dans l'affaire C 118/20, jugée par la CJUE le 18 janvier 2022[112], une femme estonienne avait demandé la naturalisation autrichienne. Conformément à la loi autrichienne qui n'admet pas la double nationalité, les autorités autrichiennes ont prié la demanderesse de rapporter la preuve de la perte de la nationalité estonienne et lui ont donné l'assurance que la nationalité autrichienne lui serait alors accordée. Cette preuve ayant été rapportée, la demanderesse s'est vu opposer un refus de la nationalité autrichienne, au motif qu'elle avait été condamnée entre temps en Estonie pour des infractions administratives et ne remplissait donc plus les conditions d'octroi de la nationalité autrichienne. L'intéressée avait de ce fait perdu sa nationalité estonienne sans avoir acquis la nationalité autrichienne. Elle se trouvait donc en situation d'apatridie et avait également perdu sa citoyenneté européenne, qui suppose la possession de la nationalité d'un État membre. Sur une question préjudicielle posée par la Cour administrative d'Autriche, la CJUE a jugé que la décision des autorités autrichiennes ne respectait pas le principe de proportionnalité en ce qu'elle entraînait la perte du statut de citoyen européen et n'était pas justifiée par des infractions administratives au Code de la route qui, selon le droit national applicable, entraînaient une simple sanction pécuniaire.

## 6 • Contestation de la nationalité française

**450** ***Le danger des contestations tardives.*** La nationalité française d'une personne peut être contestée par le ministère public lorsqu'elle lui a été attribuée ou octroyée à la suite d'une fraude ou d'une erreur. Ce peut être le cas lorsque la nationalité repose sur une déclaration de nationalité ou lorsqu'elle a été constatée par un certificat de nationalité. Si nul n'a droit au maintien d'une nationalité obtenue par erreur ou fraude, il convient néanmoins de ne pas laisser toute personne sous la menace permanente d'une contestation et d'un retrait de sa nationalité, qui l'obligerait à conserver, sa vie durant, les éléments lui ayant permis d'obtenir la nationalité française. On pourrait même soutenir que par l'enregistrement d'une déclaration de nationalité ou par la délivrance d'un certificat de nationalité française, l'administration a procédé aux vérifications nécessaires et que, sauf le cas de fraude qui fait exception à toutes les règles, le titre délivré à l'intéressé ne peut plus, après une courte période, être remis en cause par l'administration. Dans le contexte différent de la libération d'allégeance accordée par décret, sur sa demande, au Français possédant une autre nationalité (C. civ., art. 23-4, ex. C. nat., art. 91), le Conseil d'État a solennellement énoncé que « le principe de sécurité juridique, qui implique

sociales, autorité compétente pour proposer la naturalisation. Un arrêt récent retient la date à laquelle la mention du jugement de divorce avait été portée en marge de l'acte de mariage (Civ. 1re, 27 sept. 2017, n° 16-50.044, *D.* 2017. 1911 ; *AJ fam.* 2017. 654, obs. M. Saulier ; Civ. 1re, 30 janv. 2019, n° 17-30.967 : le délai de l'action en annulation de la déclaration pour fraude court de la date à laquelle le ministère public a découvert la fraude).

109. Pour un exemple, v. CE 7 mars 2018, req. n° 412507.

110. C'était le cas dans l'affaire *Rottmann*, CJUE 2 mars 2010, préc. n° 465, note 16.

111. V. encore CE 8 avr. 2021, n° 436264, *AJDA* 2021.768 et 2050, note J. Lepoutre, *D.* 2022.245, obs. O. Boskovic.

112. Préc. *supra*, note 16.

que ne puissent être remises en cause sans condition de délai des situations consolidées par l'effet du temps, fait obstacle à ce que puisse être contestée indéfiniment une décision administrative individuelle qui a été notifiée à son destinataire, ou dont il est établi, à défaut d'une telle notification, que celui-ci a eu connaissance »[113]. Pourtant, la possibilité de contester une déclaration enregistrée, supprimée sauf en cas de fraude par la loi du 22 juillet 1993, a été rétablie par la loi n° 2003-1119 du 26 novembre 2003. La contestation est possible pendant un délai de deux ans à compter de l'enregistrement de la déclaration (Loi n° 2006-911, 24 juill. 2006) ou de la découverte de la fraude (C. civ., art. 26-4, al. 2 et 3). En outre, même en cas de délivrance d'un certificat de nationalité, l'article 29-3 du Code civil permet au ministère public d'engager une action négatoire de nationalité française, que la Cour de cassation juge imprescriptible[114]. Le Conseil constitutionnel a jugé l'article 29-3 ainsi interprété conforme à la Constitution[115].

## III • Un individu a-t-il le droit de changer de nationalité ?

**451** ***Les deux faces du changement de nationalité.*** Affirmé par la Déclaration universelle des droits de l'homme, le droit d'un individu déterminé de changer de nationalité ne peut être mis en œuvre par un seul État. Le changement de nationalité implique par hypothèse l'acquisition d'une nouvelle nationalité et la perte de l'ancienne et dépend donc pour sa pleine réalisation du droit des deux États concernés.
Si l'on se place du point de vue du droit français, il faut rechercher si le droit français permet à un étranger d'acquérir la nationalité française et, inversement, à un Français d'abandonner la nationalité française lorsqu'il acquiert ou possède une nationalité étrangère.

### A • Droit pour un étranger d'acquérir la nationalité française

**452** ***Le contrôle du Gouvernement notamment sur les acquisitions par mariage.*** Le droit français entend placer les principales voies d'accès à la nationalité française sous contrôle du Gouvernement. Il convient de mettre à part le cas des enfants nés en France de parents étrangers et scolarisés en France, qui deviennent de plein droit français à leur majorité (C. civ., art. 21-7)[116]. Pour eux, l'acquisition est bien moins le premier acte d'un changement de nationalité que la confirmation d'une nationalité, certes juridiquement acquise, mais dérivant en fait de leur origine et de leur formation.
Le mariage avec une personne de nationalité française est et a été un moyen d'acquisition de la nationalité française très utilisé, trop utilisé sans doute, ce qui explique les entraves qui lui ont été mises depuis la loi du 22 juillet 1993, en vue de déjouer les fraudes auxquelles il avait donné lieu. Le délai avant l'expiration duquel le conjoint étranger ne pourra souscrire sa déclaration acquisitive de nationalité française a été sans cesse allongé et il est actuellement de quatre ans à compter du mariage, délai porté à cinq ans si l'intéressé ne peut justifier depuis cette date d'une résidence ininterrompue

113. CE 29 nov. 2019, req. n° 411145, *Rec.* qui fixe d'autorité un délai de 3 ans pour le recours contre un décret de libération d'allégeance.
114. Civ. 1re, 1er juill. 2003, n° 01-02.242 ; 22 juin 2004, n° 02-10.105 ; 6 oct. 2010, n° 09-15.7920 ; 13 juin 2019, n° 18-16238; 13 mai 2020, n° 19-50.025, publié au *Bulletin*, *Rev. crit. DIP*, 2020. 743, note P. Lagarde, D.2020.1780, note V. Lassalle-Byhet.
115. Cons. const. 22 nov. 2013, n° 2013-354 QPC, *Rev. crit. DIP* 2014. 85, note P. Lagarde. Comp. Cons. const. 30 mars 2012, v. *infra*, note 122.
116. La règle remonte à la loi du 26 juin 1889 et a traversé tous les régimes, sauf pendant la courte période 1994-1998 où, du fait de la loi du 22 juill. 1993, ces personnes ont dû manifester leur volonté d'acquérir la nationalité française, v. ss 436.

et régulière en France d'au moins trois ans[117]. Le Gouvernement peut, dans le délai de deux ans, faire opposition à cette acquisition pour indignité[118] ou défaut d'assimilation[119] autre que linguistique (art. 21-4, réd. L. 24 juill. 2006[120]) et il peut également contester la validité de la déclaration dans ce même délai de deux ans, dont le point de départ est retardé, en cas de mensonge ou de fraude, au jour de la découverte de ce mensonge ou de cette fraude (art. 26-4)[121]. De plus, la séparation des époux dans l'année suivant l'enregistrement de la déclaration fera présumer la fraude et permettra la contestation de la déclaration (art. 26-4). Le Conseil constitutionnel, conscient de l'avantage exorbitant accordé au ministère public par cette présomption, a décidé qu'elle ne saurait s'appliquer que dans les deux années de la date de l'enregistrement de la déclaration et que, passé ce délai, le ministère public devra rapporter la preuve du mensonge ou de la fraude[122].

Si le mariage a été célébré à l'étranger, il ne sera opposable aux tiers — et donc ne permettra de souscrire la déclaration acquisitive de nationalité — que s'il a été transcrit sur les registres de l'état civil français (C. civ., art. 171-5, réd. L. 14 nov. 2006). Cette transcription est elle-même soumise à de lourdes vérifications (art. 171-6 à 171-9, réd. loi 14 nov. 2006, et loi n° 2021-1109 du 24 août 2021). La hantise de la fraude et la crainte de l'immigration non contrôlée ont ainsi faussé le droit de la nationalité et même, d'une certaine façon, le principe de la liberté du mariage.

**453** ***La condition de monogamie.*** Une condition, dont le défaut est fréquemment utilisé par l'Administration pour contester la nationalité française acquise par mariage, est que, « à la date de la déclaration, la communauté de vie, tant affective que matérielle, n'ait pas cessé entre les époux depuis le mariage et que le conjoint français ait conservé sa nationalité » (C. civ., art. 21-2, 1er al.). Cette condition a pour effet d'exclure l'étranger polygame de ce mode d'acquisition de la nationalité française, mais ce n'est qu'une application d'une règle générale, particulièrement en matière de condition des étrangers[123]. Sur le terrain de la nationalité, la jurisprudence est abondante[124]. L'état de bigamie du conjoint étranger du Français est un obstacle absolu à l'acquisition de la nationalité française par mariage, mais l'article 21-2 du Code civil permet aussi d'écarter l'acquisition de la nationalité française, hors de mariage polygamique valablement célébré, en cas de concubinage adultérin prolongé du conjoint étranger, faisant obstacle à une communauté de vie[125].

**454** ***Le caractère discrétionnaire de la naturalisation.*** Le procédé le plus courant pour changer de nationalité est de déposer une demande de naturalisation dans un autre État que le sien. Certaines

---

117. Sauf si le conjoint français a été inscrit pendant la durée de communauté de vie au registre des Français établis hors de France (C. civ., art. 21-2, al. 2, réd. L. nº 2006-911 du 24 juill. 2006).
118. CE 30 janv. 2019, req. nº 417548, *Rec. T* : condamnations d'un Guinéen pour conduite en état alcoolique, délit de fuite et acte de rébellion.
119. CE 11 avr. 2018, req. nº 412462, *Rec. T* : refus d'une Algérienne de serrer la main du secrétaire général de la préfecture lors de la cérémonie d'accueil.
120. La « connaissance suffisante » de la langue française est devenue depuis la loi du 26 nov. 2003 une condition de recevabilité de la déclaration acquisitive par mariage de la nationalité française (C. civ., art. 21-2, dern. al. ; réd. L. nº 2011-672, 16 juin 2011), comme elle demeure une condition de la naturalisation (v. ss 452), sauf pour certains réfugiés et apatrides (C. civ., art. 21-24 et 21-24-1). Le décret nº 93-1362 du 30 décembre 1993 (art. 14 et 37 modifiés par le décret nº 2019-1507 du 30 déc. 2019) fixe le niveau de langue française exigé et les diplômes et attestations en justifiant.
121. La détermination de la date de découverte de la fraude donne lieu à un important contentieux, v. Civ. 1re, 28 mars 2012, nº 11-30.071, *Rev. crit. DIP* 2012. 819, note S. Corneloup ; 5 juill. 2012, nº 11-18.132 ; 26 juill. 2012, nº 11-30.084 ; 26 sept. 2012, nº 10-28.032 ; 27 sept. 2017, nº 16-50.044, jugeant que « le délai biennal d'exercice de l'action court à compter de la date à partir de laquelle le procureur de la République territorialement compétent a été mis en mesure de découvrir la fraude ou le mensonge ». ; Civ. 1re, 13 mai 2020, n° 19-50025, qui retient comme point de départ la lettre envoyée au ministère de la justice par les autorités consulaires françaises au Cameroun.
122. Cons. const. 30 mars 2012, nº 2012-227 QPC, *JO* 31 mars 2012, *Rev. crit. DIP* 2012. 560, note P. Lagarde ; 13 juill. 2012, nº 2012-264 QPC, *JO* 14 juill. 2012 ; et, depuis, appliquant ces décisions, Civ. 1re, 7 nov. 2012, nº 11-17.237, *Bull. civ.* I, nº 234 ; 15 mai 2013, nº 12-18.003.
123. Rappr. le nouvel art. L. 412-6, CESEDA, issu de la loi nº 2021-1109 du 24 août 2021 confortant le respect des principes de la République : « Aucun document de séjour ne peut être délivré à un étranger qui vit en France en état de polygamie. Tout document de séjour détenu par un étranger dans une telle situation est retiré ». La situation du conjoint d'un étranger mentionné au premier alinéa fait l'objet d'un examen individuel. Pour statuer sur son droit au séjour, l'autorité administrative tient compte du caractère non consenti de la situation de polygame.
124. V. dans les décis. les plus récentes, Civ. 1re, 12 janv. 2022, n° 20-50036 et 9 mars 2022, n° 20-22129, *Rev. crit. DIP* 2022. 730 et la note approfondie É. Ralser, intitulée « La bigamie de droit ou de fait constitue un obstacle à l'acquisition de la nationalité française par mariage », *RTD civ.* 2022.367, obs. A.-M. Leroyer.
125. Civ. 1re, 9 mars 2022, préc. et l'analyse approfondie d'É. Ralser, préc. (note précédente). Et déjà Civ. 1re, 10 févr. 2021, nº 19-50.027 et 20-11.694, *RTD civ.* 2021.382, obs. A.-M. Leroyer, *AJ fam.* 2021.241, obs. Saulier, *D.* 2022.246, obs. O. Boskovic.

conditions de recevabilité doivent être remplies dont les plus importantes sont, d'une part, la condition de résidence en France au moment de la signature du décret de naturalisation et dans les cinq années qui précèdent le dépôt de la demande (C. civ., art. 21-16 et 21-17) ; d'autre part, l'assimilation à la communauté française, notamment par une connaissance suffisante, selon sa condition, de la langue, de l'histoire, de la culture et de la société françaises ainsi que des droits et devoirs conférés par la nationalité française (C. civ., art. 21-24)[126]. La conception restrictive que l'Administration, le Conseil d'État et la Cour de cassation se font de la résidence de nationalité, entendue comme « une résidence présentant un caractère effectif et stable et coïncidant avec le centre des attaches familiales et des occupations de l'intéressé »[127], entraîne souvent l'irrecevabilité de la demande[128]. La demande est également souvent écartée pour défaut d'assimilation de l'étranger, notamment en raison de sa connaissance insuffisante de la langue française[129], ou de son état de polygamie[130] ou encore d'une pratique radicale de la religion, « incompatible avec les valeurs essentielles de la communauté française et notamment avec le principe de l'égalité des sexes »[131]. La loi du 16 juin 2011 a ajouté comme élément de la condition d'assimilation « l'adhésion aux principes et aux valeurs essentiels de la République », manifestée par la signature de la Charte des droits et devoirs du citoyen français (C. civ., art. 21-24 ; Décr. n° 2012-127, 30 janv. 2012) remise à l'intéressé au cours d'une cérémonie d'accueil dans la citoyenneté française (C. civ., art. 21-28, réd. L. n° 2011-672, 16 juin 2011). Lorsque toutes ces conditions sont remplies, la naturalisation, acte discrétionnaire du Gouvernement, est totalement sous contrôle de celui-ci, même si l'obligation désormais faite à l'Administration de motiver les décisions de refus de naturalisation (C. civ., art. 27)[132] a eu indirectement pour effet de réduire quelque peu sa marge d'appréciation[133].
C'est seulement en matière de réintégration que le droit français se montre très favorable au changement de nationalité. L'ancien Français[134], qui avait perdu sa nationalité à raison du mariage avec un étranger ou de l'acquisition par mesure individuelle d'une nationalité étrangère, peut en effet, par un nouveau changement de nationalité, se faire réintégrer dans la nationalité française par simple déclaration.

## B • Droit pour un Français de perdre la nationalité française

**455** ***La perte volontaire de la nationalité française.*** Le droit français, qui fit jadis de l'acquisition volontaire d'une nationalité étrangère un cas de perte de plein droit de la nationalité française, prévoit aujourd'hui en ce cas une possibilité de perte de cette nationalité par simple déclaration (C. nat.,

---

126. Le niveau de connaissances requis sur ces points est fixé par les articles 14 et 37 du décret no 93-1362 du 30 déc. 1993 (dernière rédaction issue du décret n° 2019-1507, 30 déc. 2019, v. ss 451, note 112).
127. Civ. 1re, 10 avr. 1996, *D.* 1997. 105, note Guiho.
128. CE 28 févr. 1986, *Rev. crit. DIP* 1986. 457, concl. Denoix de Saint-Marc, note Lagarde. *Adde* les autres décisions citées *in* Lagarde, *La nationalité française*, *op. cit.*, nos 34.41 s.
129. CE 5 févr. 1986, *Lebon* 529 et les décisions citées *in* Lagarde, *op. cit.*, n° 34.81.
130. CE 11 févr. 1994, D. 1995. 108, note P. Guiho, *Rev. crit. DIP* 1994. 317, note Lagarde. La loi du 24 juill. 2006 qualifie la situation effective de polygamie de « constitutive du défaut d'assimilation » (C. civ., art. 21-4, al. 2). Dans une espèce assez rare où le conjoint polygame était le mari français, la déclaration acquisitive de la femme, algérienne, a été annulée pour défaut de communauté de vie, bien que les époux aient vécu ensemble pendant vingt ans et donné naissance à cinq enfants (Civ. 1re, 10 févr. 2021, n° 19-50027, publié au *Bulletin*)
131. CE 27 juin 2008, req. n° 286797, *D.* 2009. 35, note C. Vallar.
132. Et de les motiver « selon les modalités prévues à l'article 3 de la loi n° 79-587 du 11 juill. 1979 relative à la motivation des actes administratifs et à l'amélioration des relations entre l'Administration et le public » (L. 16 mars 1998, art. 27), c'est-à-dire en énonçant par écrit « les considérations de droit et de fait qui en constituent le fondement. » Le Conseil d'État a jugé qu'une décision de rejet fondée sur ce que la naturalisation demandée « n'est pas justifiée du point de vue de l'intérêt national » ne satisfait pas à cette obligation (CE 28 janv. 1998, *Rev. crit. DIP* 1998. 269, concl. Abraham, note P.L. V. l'art. 11 de la Convention européenne de 1997, exigeant une motivation écrite).
133. Selon des déclarations du ministre de l'Intérieur en décembre 2011, la proportion des décisions favorables à la naturalisation aurait reculé cette même année de 70 à 40 %.
134. Jusqu'à la loi du 16 mars 1998, cette faculté de réintégration par déclaration était réservée à l'ancien Français d'origine.

art. 23, réd. L. 9 janv. 1973, même pour un mineur[135]). Il ne s'oppose donc pas au droit de changer de nationalité, mais il y pose tout de même certaines conditions dont la légitimité ne paraît pas douteuse.

Le changement de nationalité ne doit pas être l'instrument d'une fraude aux lois militaires françaises, d'où la condition pour les Français de moins de trente-cinq ans d'être en règle avec les obligations du livre II du Code du service national (C. civ., art. 23-2, réd. L. 16 mars 1998), lesquelles se limitent aujourd'hui, depuis la suppression du service militaire obligatoire par la loi n° 97-1019 du 28 octobre 1997, à l'obligation de recensement.

Le changement de nationalité doit coïncider avec le déplacement à l'étranger du centre de vie de l'intéressé, d'où la condition pour celui qui répudie la nationalité française d'avoir fixé sa résidence habituelle à l'étranger (art. 23). La même condition est posée par l'article 23-5 du Code civil à la répudiation de la nationalité française par le conjoint français d'un étranger, après qu'il aura acquis la nationalité étrangère de son conjoint.

Enfin, la perte de la nationalité française doit suivre de près l'acquisition de la nationalité étrangère. L'article 23-1 du Code civil fixe un délai d'un an à compter de la date de cette acquisition. Après l'expiration de ce délai, ou dans le cas où l'intéressé possède de naissance une nationalité étrangère en plus de la nationalité française, il ne pourra perdre la nationalité française que si le Gouvernement français y consent (C. civ., art. 23-4). Et, dans la pratique, cette libération de l'allégeance française ne sera accordée que si ce Français double national s'est expatrié à l'étranger[136], ce que permet expressément la Convention européenne de 1997 (art. 8, § 2).

**456** ***Conclusion : bilan assez contrasté du droit français.*** Au regard de la question posée du « droit à la nationalité », le bilan législatif du droit français apparaît dans l'ensemble satisfaisant. Dans la détermination des cas d'attribution de la nationalité française d'origine, la place qu'il fait au *jus soli* écarte tout risque d'apatridie pour les enfants nés en France. Mais il ne suffit pas d'être apatride pour avoir, en dehors des cas prévus par le législateur, droit à la nationalité française. Pour ce qui concerne la perte de la nationalité française, si l'on peut juger excessives les facilités de contestation par le ministère public de la nationalité résultant d'une déclaration ou constatée par un certificat de nationalité, la disposition la plus choquante, qui pouvait à titre de sanction rejeter un individu dans l'apatridie, a disparu, bien que subsiste encore sur ce point une discrimination entre Français d'origine et Français d'acquisition. Enfin, sur la question du changement de nationalité, le droit français ne s'oppose pas au changement pour le Français qui acquiert une nationalité étrangère, dès lors qu'il met le fait en accord avec le droit et va s'établir à l'étranger.

Par contraste avec le caractère relativement libéral de la législation française sur la nationalité, l'application du droit de la nationalité par les autorités administratives françaises fait souvent preuve d'une grande sévérité, tant pour l'appréciation des conditions d'attribution de la nationalité d'origine et l'acquisition de la nationalité française par mariage ou par naturalisation que pour la preuve de la perte de cette nationalité.

---

135. V. pour un exemple, CE 29 nov. 2019, req. n° 411145, préc. ss 449, note 105.

136. V. les décisions citées *in* Lagarde, *op. cit.*, n° 42.22.

## BIBLIOGRAPHIE INDICATIVE


En plus des ouvrages généraux de droit international privé, qui contiennent presque tous, quoiqu'inégalement, des développements sur la nationalité, on pourra consulter plus spécialement :

- R. BOULBÈS, *Droit français de la nationalité*, Sirey, 1957.
- J.-Y. CARLIER, « Droits de l'homme et nationalité », *Annales de Droit de Louvain*, vol. 63, 2003, p. 243.
- A. DIONISI-PEYRUSSE, *Essai sur une nouvelle conception de la nationalité*, préface P. Courbe, Defrénois, 2008.
- A. DIONISI-PEYRUSSE, F. JAULT-SESEKE, F. MARCHADIER et V. PARISOT (dir.), *La nationalité, enjeux et perspectives, Institut universitaire*, Varenne, coll. « Colloques et Essais », 2019.
- H. FULCHIRON, *La nationalité française*, PUF, coll. « Que sais-je ? », n° 3567, 2000.
- GISTI (Groupe d'information et de soutien des immigrés), *Le guide de la nationalité française*, La Découverte, 2013.
- F. JAULT-SESEKE, S. CORNELOUP et S. BARBOU DES PLACES, *Droit de la nationalité et des étrangers*, PUF, coll. « Thémis », 2015, n^os^ 34 s.
- P. LAGARDE, *La nationalité française*, Dalloz, 4^e^ éd., 2011.
- J. LEPOUTRE, *Nationalité et souveraineté*, Dalloz, 2020.
- J.-D. MOUTON et P. KOVACS (dir.), *Le concept de citoyenneté en droit international*, Académie de droit international de La Haye, Brill I Nijhoff, 2018.
- E. PATAUT, *La nationalité en déclin*, Paris, Odile Jacob, 2014.
- SOCIÉTÉ FRANÇAISE POUR LE DROIT INTERNATIONAL, *Droit international et nationalité*, Pédone, 2012.
- V. TCHEN, *Droit des étrangers*, LexisNexis, 2019.
- « La Nationalité », *Pouvoirs*, n° 160 (janvier 2017).
- J.-P. THIELLAY, *Les clés de la nationalité française*, Berger-Levrault, 2^e^ éd., 2005.

V. aussi le rapport de la Commission de la nationalité, intitulé *Être français aujourd'hui et demain*, 2 vol., La Documentation française, 1988.

L'histoire de la politique française de la nationalité a été écrite par Patrick WEIL, *Qu'est-ce qu'un Français ? Histoire de la nationalité française depuis la Révolution*, Grasset, 2002. V. aussi, pour le XIX^e^ s., la monumentale *Histoire du droit de la nationalité française des origines à la veille de la réforme de 1889* de G. LÉGIER, 2 vol., PU d'Aix-Marseille, 2014.

Les textes français, depuis 1790, ont été rassemblés par le ministère de la Justice dans le volume : *La nationalité française, Recueil des textes législatifs et réglementaires, des conventions internationales et autres documents*, La Documentation française, dont la dernière édition est de 2007.

**Sur divers points généraux abordés dans cette section, on pourra consulter**

- B. AUDIT, « Le Code civil et la nationalité française », *in 1804-2004. Le Code civil, un passé, un présent, un avenir*, Dalloz, 2004, p. 731-748.
- S. CORNELOUP, « Réflexions sur l'émergence d'un droit de l'Union européenne en matière de nationalité », *JDI* 2011. 491.
- J.-F. FLAUSS, « L'influence du droit international des droits de l'homme sur la nationalité », *in Perspectives du droit public. Études offertes à J.-C. Hélin*, Litec, 2004, p. 269-286.
- H. FULCHIRON, « Droit à une nationalité, droit à la nationalité, droit à sa nationalité ? (Variations sur le thème de l'évolution contemporaine des rapports entre individu et nationalité) », *in Le droit entre tradition et modernité. Mélanges à la mémoire de Patrick Courbe*, Dalloz, 2012, p. 205-225.

- H. FULCHIRON (dir.), *La famille du migrant*, LexisNexis, 2020.
- G. DE GEOUFFRE DE LA PRADELLE, « Nationalité française, extranéité, nationalités étrangères », *in Mélanges D. Holleaux*, *Litec*, 1990, p. 135 s.
- P. LAGARDE, « Succession d'États, apatridie et nationalité. Développements récents », *in Le monde du droit. Écrits rédigés en l'honneur de J. Foyer*, Economica, 2008, p. 619 s. ; « Nationalité », *in* D. ALLAND et S. RIALS (dir.), *Dictionnaire de la pensée juridique*, PUF, 2003, p. 1051 s. ; « La double nationalité », *Commentaire*, 2012. 441 ; « Le débat sur la déchéance de nationalité : essai de clarification », *JCP G*, févr. 2016, étude 105, p. 197-200 ; « La perte de la nationalité française pour désuétude en zone de turbulence », *Rev. crit. DIP* 2019. 529 ; « Sur l'imprescriptibilité de l'action négatoire de nationalité », *Rev. crit. DIP* 2020. 529.
- J. LEPOUTRE, « Le bannissement des nationaux », *Rev. crit. DIP* 2016. 107.
- Y. LEQUETTE, « Réflexions sur la nationalité française », *Cah. Cons. const.* 2008, n° 23.
- F. MARCHADIER, « L'attribution de la nationalité à l'épreuve de la Convention européenne des droits de l'homme. Réflexions à partir de l'arrêt *Genovese c/ Malte* », *Rev. crit. DIP* 2012. 61 ; « Le droit à une nationalité au service de l'éradication de l'apatridie », *JDI* 2018. 1117 et s.
- O. OZER, « La citoyenneté de l'Union européenne et la nationalité », *in* J.-D. Mouton et P. Kovacs (dir.), *Le concept de citoyenneté en droit international.* 2018, préc.
- E. PATAUT, « Citoyenneté de l'Union européenne et nationalité étatique », *RTD eur.* 2010. 617 ; « Les conflits de nationalités face au droit de l'Union », note sous CJUE 14 nov. 2017, *Toufik Lounes c/ Secretary of State for the Home Department*, aff. C-165/16, *Rev. crit. DIP* 2018. 241 ; « Contrôle de l'État ou protection de l'individu ? Remarques sur l'effectivité de la nationalité », *Rev. crit. DIP,* 2021.747.
- E. RALSER, « La bigamie de droit ou de fait constitue un obstacle à l'acquisition de la nationalité française par mariage », *Rev. crit. DIP* 2022.730.
- F. TERRÉ, « Réflexions sur la notion de nationalité », *Rev. crit. DIP* 1975. 197.


## PISTES DE RÉFLEXION

- La place faite à la volonté individuelle dans le droit de la nationalité
- Le droit à une nationalité implique-t-il celui d'établir sa filiation ?
- Le droit français de la nationalité est-il conforme au principe de non-discrimination ?
- Les incidences possibles du droit européen sur le droit français de la nationalité
- Droit au mariage et nationalité
- Contestation et retrait de nationalité au regard des droits de l'homme
- La double nationalité
- Le contrôle juridictionnel des cas de perte de la nationalité

Thème 2

# Liberté politique et droit de vote

**Dominique Rousseau**
*Professeur à l'Université Paris 1 (Panthéon-Sorbonne),*
*Membre de l'Institut universitaire de France*

Considéré comme une fonction dans la logique de la souveraineté nationale et comme un droit dans la logique de la souveraineté populaire, le vote est l'instrument par lequel, aujourd'hui, les citoyens expriment une volonté et désignent les personnes qui vont agir à leur place. D'abord accordé seulement à ceux qui payaient des impôts - suffrage censitaire - le vote fut étendu aux hommes — 1848 - puis aux femmes — 1944 - puis aux jeunes — 1974 - mais reste encore réservé aux nationaux. Depuis quelques années, une question revient régulièrement : le vote suffit-il à qualifier un régime de démocratique ? À côté de l'origine électorale des pouvoirs, le contrôle des pouvoirs, en particulier au regard du respect des droits fondamentaux, devient un critère également déterminant d'une société démocratique.



**457** Quelques mois après le décret du 5 mars 1848 qui établit le suffrage universel pour les hommes, une gravure devenue célèbre représente un ouvrier abandonnant son fusil pour déposer un bulletin de vote dans l'urne. Autrement dit, lorsque les artistes ont eu à symboliser le droit de vote, ils l'ont immédiatement fait par l'idée de pacification de la vie sociale qu'introduisait nécessairement, selon eux, le droit de vote. Désormais, la satisfaction des besoins des citoyens, des électeurs, des gens, n'avait plus besoin de passer par l'insurrection, les barricades, mais pouvait s'exprimer par le suffrage universel, par le bulletin de vote. Cette gravure va évidemment circuler tout au long du XIX$^{e}$ siècle. Cent vingt ans plus tard, on trouve en mai 1968 une affiche qui représente un pavé parisien et qui proclame à l'adresse des moins de vingt ans : « Voici votre bulletin de vote ». Entre ces deux gravures, entre ces deux symbolisations, entre ces deux moments (1848-1968), à travers ces deux représentations du droit de vote, se glisse toute l'histoire du suffrage universel. Le droit de vote a été un droit conquis à la suite de luttes politiques, à la suite de luttes sociales et de luttes parfois violentes. Le droit de vote n'est pas un droit qui a été spontanément accordé aux individus ; ce n'est pas un droit naturel au sens où il appartiendrait par nature à l'homme ; il a fallu que les hommes se battent pour conquérir ce droit d'exprimer leurs opinions, leurs pensées par un bulletin de vote. Ce droit symbolise la puissance ou le pouvoir du peuple comme en témoigne pendant le XIXe siècle l'assimilation du vote, l'assimilation du suffrage à la force imposante du lion. Dans les campagnes électorales, pour signifier la force du suffrage universel, on montre un lion, force sinon tranquille, en tout cas force imposante pour faire reculer les inégalités. Dès le début du XXe siècle l'éloge du vote comme force du peuple commence à céder le pas devant la dénonciation de l'illusion électorale qui fait du citoyen, selon l'expression de l'époque, « le souverain d'un jour tous les cinq ans ». Cette dénonciation de l'illusion électorale va se poursuivre tout au long de ce siècle, se poursuit aujourd'hui encore et s'approfondit même avec ce qu'il est convenu d'appeler la crise de la démocratie représentative, la crise de la démocratie électorale et la recherche d'une nouvelle forme de démocratie que certains nomment démocratie délibérative ou démocratie participative. En somme, un peu plus de cent vingt ans après l'introduction du suffrage universel, la question qui se pose est simple : est-ce qu'il n'y a pas un essoufflement du droit de vote, est-ce que le droit de vote suffit toujours pour qualifier un régime politique démocratique ? Voilà la question philosophique à laquelle notre modernité se trouve confrontée. Ce droit qui a été conquis par des luttes, ce droit pour lequel des gens sont morts et ont lutté, est-ce aujourd'hui un droit qui suffit encore pour distinguer les dictatures des démocraties, pour avoir la garantie que le régime est démocratique.

Avant de répondre à cette question, il en est une autre qui peut paraître paradoxale : le droit de vote existe-t-il vraiment ? L'expression est couramment employée par les hommes politiques, les journalistes, la doctrine, les juristes, par les électeurs eux-mêmes. Sur le plan juridique, la justesse de l'expression est discutable. En effet, le vote s'inscrit dans une relation nécessaire avec les deux grandes théories de la souveraineté, c'est-à-dire la théorie de la souveraineté nationale ou la théorie de la souveraineté populaire et le suffrage prend un sens différent selon qu'il est rattaché à l'une ou l'autre théorie.

— Dans la logique de la souveraineté nationale, le titulaire de souveraineté c'est la Nation, c'est-à-dire une personne abstraite. Dès lors elle possède le pouvoir de désigner ceux qui vont avoir la responsabilité de désigner les porte-parole de la Nation. Dans cette logique, la Nation peut donc choisir parmi les individus ceux et ceux seulement qu'elle estime capables de la représenter : le suffrage n'est pas un droit, c'est une fonction que la Nation accorde à certains individus.

— Au contraire, dans la logique de la souveraineté populaire, celui qui dispose de tous les pouvoirs, c'est le peuple, et chacun des individus physiques qui composent le peuple est donc nécessairement titulaire d'une partie de la souveraineté et par conséquent du vote. Dans cette logique-là, le suffrage, le vote est un droit qui appartient à chaque citoyen.

Deux théories de la souveraineté, deux doctrines du suffrage : le suffrage comme fonction ou le suffrage comme droit. En 1789, Sieyès l'emporte sur Rousseau, le choix se fait sur la souveraineté nationale et par conséquent sur le vote comme fonction et va constamment être repris pendant tout le XIXe siècle. Ce choix de la souveraineté nationale est-il toujours celui de la France ? La réponse doit être nuancée. En 1946, en effet, la Constitution française, celle de la IVe République, proclame que la souveraineté nationale appartient au peuple et la Constitution de 1958 reprend mot pour mot dans son article 3 ce dispositif constitutionnel. Il s'agit là d'une formule qui se veut de synthèse entre la souveraineté nationale et la souveraineté populaire, une espèce de croisement entre les deux théories qui mériterait de nombreux commentaires. Il suffit de remarquer que, derrière cette formule de synthèse, beaucoup

de mécanismes juridiques sont encore redevables à la notion de souveraineté nationale comme, par exemple, le mandat représentatif : la Constitution de 1958 en effet considère comme nul tout mandat impératif, les députés sont totalement libres à l'égard de leurs électeurs qui n'ont pas le droit de donner des ordres à leurs élus, ces derniers ayant l'obligation de délibérer librement en dehors de toute pression du corps électoral. Un député représente la France quel que soit le lieu où il est élu, il est le représentant de la Nation et non de ses électeurs. De même, autre exemple, la question du vote des étrangers sur laquelle on reviendra, peut se comprendre comme une fonction que la Nation souveraine ne veut pas voir accordée à cette catégorie de personnes.
Cette discussion juridique, nécessaire, sur la qualité du suffrage, droit ou fonction, ne doit cependant pas conduire à négliger le fait que les électeurs se représentent l'acte de voter comme étant un droit qui leur appartient et non pas comme étant une fonction qui leur est accordée. Cette représentation de l'acte de voter, qu'elle soit vraie ou qu'elle soit fausse, est constitutive de la réalité du citoyen et de la démocratie. Les gens vivent l'acte de voter comme étant un droit et, à partir de ce moment-là, la manière dont ils se représentent l'acte de voter influe sur la réalité de l'acte de voter : même si juridiquement il est une fonction, l'acte de voter devient sociologiquement un droit. Pour chacun, le vote est un droit qui appartient au citoyen et qui définit la démocratie. Ces deux caractéristiques doivent être discutées, non pas pour le simple plaisir de la critique mais tout simplement parce que Descartes a appris à mettre en doute ce qui se donne pour évident et aussi parce que les sociétés politiques modernes vacillent aujourd'hui sur leur fondement : abstention importante, déclin du militantisme politique, perte des valeurs… Les points de repère s'effacent, obligeant aujourd'hui à prendre les deux attributs du droit de vote non plus comme des affirmations mais comme des questions.

# I • Le droit de vote est-il un droit qui appartient au citoyen ?

**458** La Révolution de 1789 a marqué un tournant dans l'histoire politique et constitutionnelle de la France en ce qu'elle a donné naissance à une nouvelle figure, celle du citoyen. La figure de l'Ancien Régime est celle du sujet : la figure de la société qui se crée en 1789 est celle du citoyen. Cette figure va, tout au long du XIXe siècle, se modifier par une extension des droits et notamment du droit de vote à des individus qui jusqu'alors en étaient exclus. On assiste à une progression parallèle du droit de vote et de la figure du citoyen, les deux allant de paire, l'extension continue du droit de vote entraînant parallèlement une extension de la figure du citoyen. Est-ce que cette extension continue du droit de vote est aujourd'hui terminée ? Est-ce qu'il n'y a plus personne à qui accorder le droit de vote et par conséquent à qui reconnaître la qualité du citoyen ?

## A • L'extension continue de la figure du citoyen

**459** Deux périodes doivent être distinguées.

### 1 • Première période : 1789-1848, le suffrage censitaire

**460** Mise à part la Constitution de 1793 qui affirme le caractère universel du suffrage et qui reconnaît le droit de vote à tous les hommes, même les étrangers dès lors qu'ils sont nés et domiciliés en France et qu'ils sont âgés de 21 ans, la période 1789-1848 est celle du suffrage censitaire, c'est-à-dire du suffrage accordé seulement à ceux qui paient un certain montant d'impôt que l'on appelait à l'époque le « cens ». Cette attribution sélective du suffrage se fonde sur la doctrine de la souveraineté nationale : le vote est une fonction. La Nation, qui est souveraine, considère en 1789 que les plus aptes à remplir la fonction d'électeurs sont ceux qui paient un impôt car c'est là la garantie d'un bon fonctionnement politique du pays parce que les gens qui paient des impôts sont des gens riches, dont les affaires privées marchent bien et qui ont donc tout intérêt à ce que les affaires publiques marchent bien également. Le suffrage censitaire est un gage de stabilité et de sécurité juridique.

Mais la question de l'électorat n'est pas réglée pour autant. En effet, tout dépend de la fixation d'un montant de l'impôt, tout dépend aussi de la fixation de l'assiette de l'impôt pour se voir accorder la fonction de voter. Si l'assiette de l'impôt est la terre, la fonction de voter est donnée aux aristocrates ou propriétaires terriens ; si l'assiette de l'impôt est la patente, la fonction de voter est donnée aux commerçants, aux entrepreneurs, à la bourgeoisie. Le XIXe siècle, en tout cas jusqu'en 1848, va donc voir se dérouler une lutte politique pour la détermination de la nature de l'impôt.

Quelques exemples : dans la Constitution de 1791, pour pouvoir voter aux assemblées primaires, il fallait payer un impôt équivalent à trois jours de travail ; et, pour pouvoir désigner les membres de l'Assemblée nationale, il fallait payer un cens correspondant à près de deux mois de travail. En chiffres, cela représentait 43 000 électeurs. Dans les constitutions napoléoniennes, Sieyès a inventé un système qui combine l'élection par la base mais la désignation des représentants par l'empereur. Les électeurs désignent des représentants sur des listes de confiance et c'est ensuite Bonaparte, puis Napoléon, qui choisit sur ces listes ceux qui vont siéger dans les assemblées parlementaires. Là encore, il s'agit de montrer que le vote n'est pas un droit mais une fonction que le souverain reconnaît à telle ou telle catégorie de personnes. Avec la Restauration (1814), la Chambre des députés est constituée à partir d'élections organisées de la manière suivante : il faut payer un impôt de trois cents francs pour être électeur et de mille francs pour être éligible. En 1830, Charles X édicte une ordonnance visant à modifier l'assiette de l'impôt accordant un privilège au propriétaire foncier contre la bourgeoisie industrielle et commerçante. Cette ordonnance va provoquer la révolution de 1830 et le départ de Charles X. Le nouveau roi Louis-Philippe va évidemment tenir compte de cet épisode révolutionnaire en abaissant le cens électoral de trois cents à deux cents francs pour être électeur et de mille à cinq cents francs pour être éligible. Les chiffres représentent, aux alentours de 1840, 240 000 électeurs. Telle est la situation de 1789 à 1848 : un suffrage censitaire et une bataille politique autour de la détermination du cens à payer pour pouvoir exercer cette fonction.

## 2 • Seconde période : 1848 à 1974, le suffrage universel

**461** De 1848 à 1974, c'est l'affirmation du suffrage universel. Trois dates importantes marquent cette longue période. D'abord, celle du 5 mars 1848. À la fin de la monarchie de Louis-Philippe, la bourgeoisie va demander à nouveau un abaissement du cens électoral afin de participer davantage au fonctionnement de l'État. Guizot, qui est alors Premier ministre, va constamment refuser cette ouverture du droit de vote. Pour lui, « le vote est une récompense de la réussite sociale, ce n'est pas un droit ». Ce refus de modifier, d'élargir le droit de vote va à nouveau provoquer, comme en 1830, la révolution de 1848. En février 1848, la révolution éclate et une des grandes revendications des révolutionnaires est le droit de vote, le suffrage universel, qu'ils s'empressent de proclamer dès le 5 mars 1848… pour les hommes seulement. À partir de cette date, on ne reviendra plus jamais sur le suffrage universel masculin. Le Second Empire ne supprimera pas le suffrage universel, il essaiera de le canaliser par les fameuses candidatures officielles, mais le suffrage universel ira même en s'approfondissant et sera à l'origine de la transformation profonde du Second Empire dans la période 1860-1869.

Une deuxième date importante est celle du 21 avril 1944 : l'extension du droit de vote aux femmes. La France est un des derniers grands pays occidentaux à avoir accordé le droit de vote aux femmes.

Le Danemark l'a accordé en 1915, la Grande-Bretagne en 1918, l'Allemagne en 1919, les États-Unis en 1920, l'Union soviétique en 1918, le Canada en 1929… Le retard de la France s'explique par plusieurs raisons. D'abord, des raisons tenant à la conception du rôle de la femme dans la société : elles doivent s'occuper des affaires domestiques, des affaires privées et ne peuvent par conséquent pas avoir une opinion sur les affaires publiques ; elles ne sont donc pas dignes d'exercer la fonction de voter. À partir du moment en effet où c'est la Nation qui désigne ceux qui sont aptes à exercer la fonction de voter, elle est libre de considérer que la fonction de la femme n'est pas de participer aux affaires publiques mais de participer aux affaires privées. L'Église a joué également un rôle très important comme frein à cette reconnaissance du droit de vote des femmes en s'interrogeant même sur le point de savoir si la femme était dotée d'une âme. Il faut ajouter encore que, sous la IIIe République, la gauche radicale a été prise dans une contradiction. Elle était, par ses conceptions philosophiques, favorable au droit de vote pour la femme, mais les radicaux n'ont jamais voulu accorder le droit de vote aux femmes au motif qu'elles étaient encore plus que les hommes sous la domination de l'église ; et la gauche avait peur qu'en donnant le droit de vote aux femmes, cela favorise la victoire de la droite.
Enfin le 5 juillet 1974 est votée la loi qui abaisse la majorité électorale de vingt et un à dix-huit ans. C'est une des premières mesures prises par Giscard d'Estaing.
On a là, avec ces différentes dates, une extension continue du vote et, chaque fois, sous la pression de la rue. Cette extension est-elle aujourd'hui terminée ? Est-on arrivé à la fin de la citoyenneté, n'y a-t-il plus personne à faire entrer dans la catégorie de la citoyenneté ?

## B • Une extension interdite aux étrangers ?

**462** Selon l'article 3 de la Constitution de 1958, « sont électeurs tous les nationaux français ». La Constitution établit donc, apparemment, un lien de nécessité entre la nationalité et la citoyenneté. Pour pouvoir voter en France, il faut être français.
Cette liaison nationalité/citoyenneté connaît des exceptions (1.) et est peut-être en train d'être remise en cause aujourd'hui (2.).

### 1 • La reconnaissance spécifique du droit de vote aux étrangers

**463** Par exception au principe selon lequel le droit de vote est réservé aux nationaux français, il est admis que les étrangers peuvent voter en France à deux types d'élections : les élections sociales et les élections européennes.
— Dans un arrêt du 12 mai 1978, le Conseil d'État a admis que les étudiants étrangers pouvaient participer à l'élection des membres du Conseil d'administration du CROUS. En l'espèce, il s'agissait du CROUS de l'académie de Nancy-Metz. Cette jurisprudence s'est étendue à toutes les élections dites « professionnelles » (élections sociales, élections mutuelles…) et le Conseil constitutionnel, dans une décision du 14 décembre 1982, a jugé que les étrangers pouvaient voter pour élire les représentants des assurés sociaux aux conseils d'administration des caisses de Sécurité sociale.
— Pour les élections européennes, le Conseil constitutionnel, dans sa décision du 9 avril 1992, à propos de l'examen du traité de Maastricht, a jugé que les étrangers communautaires pouvaient être électeurs et éligibles en France.
Ces deux exceptions s'expliquent par le caractère particulier des élections en cause. En effet, ni les élections sociales, ni les élections européennes ne concernent la souveraineté nationale. Ces deux élections ne servent pas à désigner les titulaires de l'exercice de la souveraineté nationale. L'argumentation du Conseil constitutionnel, dans sa décision du 9 avril 1992, est particulièrement nette et instructive à cet égard. Le Conseil admet la constitutionnalité du droit de vote des étrangers communautaires en France

pour les élections européennes parce que le Parlement européen a pour fondement juridique non pas la Constitution de 1958 mais des engagements internationaux : le traité de Rome, l'Acte unique, le traité de Maastricht. Ces engagements internationaux définissent ses attributions. Dès lors, le Parlement européen n'appartient pas à l'ordre institutionnel de la République française, et, par conséquent, l'élection au Parlement européen ne met pas en cause l'exercice de la souveraineté nationale.
Ces deux exceptions, limitées jusqu'à présent aux élections sociales et aux élections européennes, peuvent-elles conduire à la disparition de la nationalité comme condition de la citoyenneté ?

## 2 • Vers la disparition du critère de nationalité ?

**464** Cette question a été directement posée au Conseil constitutionnel à l'occasion du contrôle de la constitutionnalité du traité de Maastricht. Ce traité prévoyait d'accorder le droit de vote aux étrangers communautaires pour les élections municipales, ce que le Conseil constitutionnel a déclaré contraire à la Constitution dans sa décision du 9 avril 1992. Selon quel raisonnement ? Le Conseil a conjugué l'article 3 et les articles 24 et 72 de la Constitution. Les élections municipales servent à élire des conseillers municipaux qui vont ensuite élire les sénateurs ; or le Sénat est une assemblée de la république qui participe à l'exercice de la souveraineté nationale ; permettre aux étrangers communautaires d'élire les conseillers municipaux, c'est leur permettre, indirectement, d'élire les sénateurs et, par conséquent, de participer à l'exercice de la souveraineté nationale que l'article 3 réserve aux seuls nationaux français. Le Conseil constitutionnel a donc, sur la base de ce raisonnement, déclaré contraire à la Constitution la disposition du traité de Maastricht sur le droit de vote aux élections municipales des étrangers communautaires.
Le Gouvernement a en conséquence provoqué une révision constitutionnelle adoptée, le 25 juin 1992, au terme de laquelle est reconnu aux étrangers communautaires le droit de voter aux élections municipales. La nationalité n'apparaît donc plus comme une condition nécessaire et suffisante pour acquérir le droit de vote en France. Pour les élections municipales, qui sont des élections politiques, le Conseil l'a clairement affirmé dans sa décision du 18 novembre 1982, le corps électoral peut être composé de nationaux français et de non-nationaux. L'opposition de droite a saisi à nouveau le Conseil constitutionnel pour lui demander de déclarer contraire à la Constitution la révision du 25 juin 1992 qui accordait le droit de vote aux étrangers communautaires. Mais dans sa décision du 2 septembre 1992, le Conseil a refusé de se prononcer aux motifs que le constituant était libre, qu'il était souverain et qu'il pouvait en conséquence décider d'adopter n'importe quel dispositif constitutionnel nouveau.
Aujourd'hui, donc, à côté des deux exceptions (élections sociales, élections européennes), une brèche est introduite par la révision constitutionnelle du 25 juin 1992 dans ce lien jusque-là parfait entre la nationalité et la citoyenneté. Jusqu'où cette brèche s'ouvrira-t-elle ? Dans combien de temps cette brèche s'élargira-t-elle ? Sur cette question, chacun peut avoir des souhaits de rapidité ou au contraire d'éloignement. Ce qui est certain, en revanche, c'est qu'au niveau de l'analyse et de manière presque caricaturale, on retrouve dans le discours des adversaires du droit de vote aux étrangers, les mêmes arguments, au mot près, qui étaient utilisés pour refuser le droit de vote aux femmes avant 1944 ; il suffit de remplacer le mot « femme » par « étranger ». En d'autres termes, il n'est pas impossible que la construction européenne contribue à étendre encore davantage le droit de vote et à modifier en conséquence toujours plus la figure du citoyen qui ne serait plus simplement nationale mais qui deviendrait aussi européenne.

# II • Le droit de vote est-il toujours un droit qui définit la démocratie ?

**465** Pendant très longtemps, et encore très largement aujourd'hui, le paradigme démocratique reposait sur l'assimilation de la démocratie au vote : le régime démocratique est celui où les citoyens ont le droit de vote. Ce paradigme est aujourd'hui en discussion et nombre d'auteurs accordent davantage d'importance pour qualifier un régime démocratique aux conditions dans lesquelles le droit de vote s'exerce dans un pays. Le droit de vote n'est plus suffisant, encore faut-il qu'il respecte un certain nombre de conditions pour que l'on puisse parler d'un exercice démocratique du droit de vote. Mais, même si les conditions idéales du droit de vote sont réunies, est-ce qu'aujourd'hui ce droit-là, même parfait, est toujours un critère suffisant pour définir un régime démocratique ?

## A • Les conditions d'un exercice démocratique du droit de vote

**466** On peut les résumer à deux : il n'y a exercice démocratique du droit de vote que lorsque le vote est libre (1.), et qu'il est sincère (2.).

### 1 • La liberté du vote

**467** Elle est considérée par tous les auteurs comme l'élément capital d'un régime démocratique et signifie la possibilité pour les électeurs de choisir entre plusieurs candidatures, voire de ne pas choisir, c'est-à-dire d'être libre de ne pas voter. Cette liberté, qui comprend donc la liberté de ne pas prendre part au scrutin, s'exprime à travers plusieurs caractéristiques habituellement reconnues au vote.

La première caractéristique de la liberté du vote est l'égalité, formule qui se traduit par le principe : un électeur = une voix. Ce principe suscite sur le plan du droit un certain nombre de difficultés comme on a pu le voir lorsque le législateur a voulu favoriser la participation politique des femmes aux élections municipales. Le Parlement avait en effet voté une loi qui accordait un quota de 25 % de places pour le sexe féminin sur les listes de candidature aux élections municipales. Dans sa décision du 18 novembre 1982, le Conseil constitutionnel a censuré cette disposition au motif que le principe d'égalité interdisait toute division des électeurs par catégorie. Le Conseil constitutionnel privilégie ici une conception abstraite de l'égalité refusant de voir les inégalités politiques ou sociales existant entre les individus et d'admettre la nécessité de discrimination positive pour rétablir l'égalité. Cette égalité s'est également étendue à la question de la délimitation des circonscriptions électorales. Le scrutin majoritaire à deux tours oblige en effet à découper les départements en circonscriptions électorales. Pour que le vote soit libre, pour que le vote de chaque citoyen pèse d'un poids égal, il faut évidemment qu'un député représente le même nombre d'électeurs ou à peu près le même nombre d'électeurs. Si dans une circonscription, il y a 200 000 électeurs et dans une autre 70 000, l'égalité ne sera pas respectée puisqu'il y aura dans l'une, un député pour 200 000 électeurs et dans l'autre, un député pour 70 000 électeurs. Le Conseil constitutionnel vérifie donc, de manière très attentive, que le découpage des circonscriptions effectué par le Gouvernement ne procède d'aucun arbitraire politique ; malgré ce contrôle, il existe encore de profondes inégalités

de représentation entre les circonscriptions. Ce principe d'égalité est donc davantage un idéal, un objectif à atteindre qu'une réalité.
La liberté du vote implique également, aujourd'hui en tous les cas, le secret du vote. C'est là un phénomène relativement nouveau. En 1789 et jusqu'en 1793, le vote était public et les révolutionnaires considéraient le secret du vote comme un moyen pour les individus de cacher leurs opinions aux yeux de leurs concitoyens. Mais, progressivement, les révolutionnaires se sont aperçus que le vote public était aussi un moyen pour l'aristocratie, pour les nobles, de faire pression sur les électeurs en les menaçant d'être renvoyés s'ils ne votaient pas pour tel ou tel candidat ; de sorte que progressivement le secret du vote a été considéré comme un élément capital pour exprimer la liberté politique des citoyens. L'isoloir est ainsi devenu le symbole du secret du vote et le Conseil constitutionnel annule régulièrement les résultats dans les communes où le maire n'a pas installé un isoloir.
La liberté du vote implique que l'électeur lui-même, en personne, vote ; cette disposition a été renforcée récemment par la limitation des possibilités du vote par procuration.
Reste un dernier caractère qui est le caractère facultatif du vote, au moins en France et dans un certain nombre de pays. Mais il faut savoir que dans d'autres pays (Danemark, Belgique, Grèce…) le vote est obligatoire et l'abstention punie d'une contravention.
La première condition pour que l'on puisse parler d'un exercice démocratique du droit de vote est donc que ce vote puisse s'exercer librement. Encore faut-il que le vote puisse s'exprimer également de manière sincère.

## 2 • La sincérité du vote

**468** Elle signifie que la liberté de choix des électeurs doit être intégralement respectée, rien ne devant venir altérer l'expression du suffrage. Cet aspect du droit de vote est le plus délicat car il conduit à entrer dans une discussion sur les déterminants du vote, sur les facteurs psychologiques, sociologiques, culturels, économiques qui conduisent un électeur à voter pour tel candidat plutôt que pour un autre. En effet, les campagnes électorales ont précisément pour objet d'influencer l'électeur, d'influencer son vote. Il convient cependant que cela n'aboutisse pas à truquer les résultats, à ce que l'électeur soit privé au terme de la campagne d'une véritable liberté de choix. Or, les campagnes électorales sont toujours des moments un peu particuliers où les partis politiques se livrent une concurrence acharnée pour influencer le choix de l'électeur. Les irrégularités de campagne électorale sont diverses : tract injurieux, diffusion de fausse information sur la vie privée d'un candidat, fermeture anticipée des bureaux de vote, dépouillement à huis clos. Il y a donc une multitude de faits qui peuvent altérer la sincérité du scrutin par des influences déloyales sur la liberté de choix de l'électeur.
La position du Conseil constitutionnel est très délicate dans ces affaires car le juge ne sait jamais jusqu'où l'électeur a pu être influencé par une irrégularité, aussi le Conseil constitutionnel, compétent pour contrôler la sincérité des élections politiques, a pris pour étalon l'écart des voix : ou l'écart des voix est faible (35, 40, 50 voix) et le Conseil peut considérer qu'une irrégularité a pu altérer la sincérité du scrutin ou bien l'écart de voix est fort (300, 400, 500 voix) et le Conseil a tendance à considérer que les irrégularités, pour regrettables qu'elles soient, n'ont pas altéré la sincérité du résultat. C'est une jurisprudence critiquable car elle consiste à dire : « si vous fraudez, mettez le paquet, vous êtes sûr que ça passe ».
Pour éviter précisément que les électeurs soient trop influencés par l'argent dans leur choix d'un candidat, le Parlement a voté plusieurs lois visant à limiter le plafond des dépenses électorales. Aux élections législatives de 1988, un conflit naît entre Bernard Tapie et son concurrent Pierre Teissié qui reproche au nouveau député des Bouches-du-Rhône d'avoir dépassé le plafond autorisé par la loi. Le Conseil

constitutionnel reconnaît la faute (dépassement de 500 000 F) mais, en même temps, il constate que Pierre Teissié a également dépassé le plafond pour une importance comparable à celle de Bernard Tapie et conclut que l'irrégularité financière étant également partagée n'a donc pas pu porter atteinte à la liberté de choix des électeurs. Voilà un exemple qui montre que le contrôle de la sincérité du scrutin devrait être plus ferme et plus exigeant.
Ces histoires, qui font sourire, sont cependant graves car la qualité démocratique d'un régime, si elle dépend du droit de vote, doit entourer son expression de toutes les garanties possibles de rectitude et de rigueur. La démocratie peut mourir d'une succession d'élections truquées, la croyance des citoyens en la qualité de leur régime peut s'effondrer si l'acte de vote est par trop manipulé par les différentes techniques financières ou de campagnes électorales. La qualité du vote est un enjeu capital pour la qualité et la légitimité de la démocratie.
Admettant ces conditions réunies, c'est-à-dire admettant que le vote s'exerce librement et que l'électeur puisse s'exprimer sans que les campagnes électorales ne viennent altérer la sincérité de son suffrage, est-ce que, malgré tout, le droit de vote reste le critère suffisant de la démocratie ?

## B • Le droit de vote : critère suffisant de la démocratie ?

### 1 • Les ambivalences du droit de vote

**469** Plusieurs auteurs d'opinions politiques différentes mais s'appuyant sur une méthode sociologique voisine ont pu faire observer les ambivalences politiques du droit de vote.
La première ambivalence politique du droit de vote est qu'il a deux faces contradictoires. Le droit de vote exprime d'abord le pouvoir du citoyen, la participation du citoyen à la vie politique : il donne non pas son avis, il exprime sa décision. La souveraineté s'exprime par ce droit de suffrage, ce droit de décision électorale donné aux citoyens. Mais, dans le même temps où il est l'expression du pouvoir du citoyen, le droit de vote est aussi l'instrument par lequel le citoyen délègue son pouvoir aux représentants, abandonne son pouvoir pour élire des représentants qui vont agir à sa place. Le vote est donc à l'origine de la forme représentative de la démocratie, c'est-à-dire d'une forme où ceux qui vont prendre les décisions sont les représentants élus par le peuple, non les citoyens. Cette première ambivalence est à l'origine de nombreuses désillusions politiques car, avec le temps, les représentants politiques ont tendance à oublier les besoins, les aspirations, les volontés, les souhaits de leurs électeurs et à privilégier la satisfaction de leurs intérêts de représentants, de professionnels de la politique ; le citoyen, au bout de ce processus, se considère comme dépourvu du pouvoir et comme incapable de « se rebrancher » sur le corps politique de la Nation. D'où la désaffection à l'égard du vote, d'où l'utilisation du vote par les citoyens comme exutoire de leur mécontentement, de leur exclusion du système politique puisque l'élection ne fait plus lien entre les électeurs et les élus. Les électeurs ont tendance à utiliser « n'importe comment » leur vote, c'est-à-dire à l'utiliser pour manifester leur désapprobation à l'égard de ce changement de signification du vote, il n'y a plus de stabilité du corps électoral car l'élection ne fait plus lien social.
Une deuxième ambivalence, plus classique, est que l'origine électorale du pouvoir ne garantit pas nécessairement le caractère démocratique d'un régime. L'histoire politique enseigne effectivement que le vote n'a pas toujours permis d'attribuer aux citoyens l'ensemble des libertés traditionnelles qui caractérisent aussi la démocratie. Dès la fin de la II$^{e}$ République, Proudhon qui au début s'était pourtant montré favorable au suffrage universel, écrit « le plus sûr moyen de faire mentir un peuple c'est l'institution du suffrage universel ». Il faut rappeler que le suffrage universel, introduit en 1848, a donné naissance non pas à la démocratie mais à l'empire, à la dictature napoléonienne (1851). Plus généralement, le droit de vote est reconnu dans tous les régimes dictatoriaux : il y avait des élections

législatives sous Franco, sous la Grèce des colonels, il y avait des élections législatives au scrutin majoritaire à deux tours en Union soviétique jusqu'en 1989. L'origine électorale des pouvoirs n'est peut-être donc pas, du point de vue politique, la garantie suffisante d'un régime démocratique. Condorcet, déjà, s'interrogeait sur les rapports entre la loi du nombre et la raison. Doit-on soumettre au vote le point de savoir si c'est la terre qui tourne autour du soleil ou l'inverse ? Dans un sondage, 33 % des Français répondaient que c'était le soleil qui tournait autour de la terre. Quel est le rapport entre la loi du nombre et la démocratie ? Est-ce que la démocratie ne se définit pas autrement que par le simple jeu d'une majorité électorale ?

## 2 • Quel nouveau paradigme démocratique ?

**470** Ces deux ambivalences politiques du droit de vote conduisent de plus en plus aujourd'hui les philosophes qui s'intéressent à la vie politique, qui s'intéressent au droit, à imaginer ce que pourrait être un nouveau paradigme démocratique.
Le paradigme classique est l'assimilation de la démocratie au droit de vote et il reste vrai que le droit de vote demeure un élément nécessaire, indispensable de classification d'un régime dans la catégorie démocratique. L'Afrique du Sud, par exemple, n'a pu rentrer dans la catégorie des régimes démocratiques qu'à partir du moment où le droit de vote a été accordé à chacun des citoyens de la république de l'Afrique du Sud. Il ne s'agit donc pas de détruire, de supprimer le droit de vote ; il s'agit simplement de s'interroger sur la nécessité de compléter la définition de la démocratie moderne par l'affirmation d'autres droits aussi nécessaires et aussi indispensables que le droit de vote pour qu'un régime soit qualifié de démocratique. Ces droits qui feraient partie du nouveau paradigme démocratique sont les droits fondamentaux de la personne humaine, et particulièrement la liberté d'opinion et les droits de la défense parce que ce qui distingue une dictature d'une démocratie, c'est que dans la démocratie il y a une circulation ininterrompue de la communication afin « d'établir les règles de la vie bonne ». Cette circulation ininterrompue de la communication implique en effet que chacun puisse exprimer son opinion, que chacun puisse argumenter sa thèse (d'où la liberté d'opinion), implique aussi que chacun puisse la défendre sans être persécuté, que chacun puisse être défendu pour avoir proclamé telle ou telle thèse (d'où les droits de la défense). La modalité spécifiquement démocratique est celle de la discussion, ce qui rejoint les vieilles démocraties athéniennes ou africaines : la palabre. La démocratie c'est la discussion, la délibération, l'échange d'arguments ; ce n'est pas nécessairement le vote ou c'est le vote comme conclusion non définitive d'un processus de circulation de la communication entre les citoyens. D'où la thèse, assez révolutionnaire dans les sociétés politiques occidentales, que le juge remplit une fonction démocratique non pas parce qu'il serait plus démocratique que les autres acteurs institutionnels mais parce que sa fonction de juge l'oblige à faire respecter entre deux moments électoraux les droits fondamentaux qu'une majorité politique pourrait être tentée de diminuer.
Ce nouveau paradigme démocratique met donc en avant, à côté du droit de vote, la nécessité de développer les procédures de délibération publique comme moyen d'approfondir, d'aller au plus près de la qualité de citoyen actif en réduisant la délégation de pouvoir qui est au principe du droit de vote. Le citoyen vote le dimanche mais le lundi il continue son métier de citoyen en participant dans différents lieux à la délibération qui pèsera sur le député au moment de sa prise de décision. Cette nouvelle figure de la démocratie qui combine le droit de vote avec le nécessaire respect des droits fondamentaux vient retrouver la figure classique de la démocratie athénienne, vient retrouver aussi les réflexions des philosophes et en particulier d'un philosophe français, Alain, qui écrivait en 1910 qu'après avoir beaucoup cherché une définition à la démocratie, il pouvait affirmer « que son critère est le contrôle continu et permanent que les gouvernés exercent sur les gouvernants. » Le respect

des droits fondamentaux et par conséquent le contrôle de leur respect par le juge sont précisément des instruments que les citoyens peuvent utiliser contre leurs représentants entre deux moments électoraux. Le droit de vote n'est donc certainement pas un droit archaïque dépassé ; c'est un droit qui doit se renouveler, retrouver un souffle nouveau en s'intégrant dans une procédure plus large de délibération publique.

# Thème 3
# La liberté d'aller et de venir

XAVIER PHILIPPE
*Professeur à l'Université Paris 1 Panthéon-Sorbonne,*
*École de droit de la Sorbonne, ISJPS (CNRS UMR 8103)*

La liberté d'aller et de venir reste une des figures emblématiques des droits fondamentaux. Laissée pendant longtemps à la seule protection du juge ordinaire, sa consécration constitutionnelle et conventionnelle lui a donné une nouvelle dimension tant à l'intérieur de notre pays que lors du franchissement de ses frontières. Si cette liberté bénéficie d'une solide protection à l'égard des nationaux et ne donne plus lieu à un contentieux très fourni, la question de l'entrée et du séjour des étrangers en France place cette liberté au cœur d'un débat récurrent. Les modifications fréquentes et nombreuses des textes qui s'y rapportent ont donné au régime juridique de la liberté d'aller et de venir un aspect très technique et complexe, laissant souvent une impression d'arbitraire et d'insécurité juridique. La crise sanitaire du covid-19 que traverse la planète a relancé le débat avec l'adoption d'un nouvel état d'urgence : jamais depuis la fin de la deuxième guerre mondiale, la liberté d'aller et de venir n'avait été autant limitée. Cette contribution se propose d'étudier ces aspects récents en les replaçant dans leur cadre général et en évaluant leur portée réelle. La mise en place des états d'urgence suite aux attentats de novembre 2015 suivie par la crise des « gilets jaunes » puis la crise sanitaire du covid-19 qui a émergé en mars 2020 ont profondément et visiblement affecté l'exercice de cette liberté. Les différentes prolongations de l'état d'urgence sanitaire ont confirmé la possible limitation temporaire de cette liberté en créant des restrictions à géométrie variable en fonction du statut sanitaire des titulaires de ce droit. Chaque année apporte son lot de controverses nouvelles à l'égard de cette liberté auxquelles toutes les juridictions sont confrontées.

**471** ***Problématique.*** La liberté d'aller et de venir est une composante de la liberté individuelle au sens large. Elle est consubstantielle à la personne humaine : se mouvoir, stationner et séjourner font partie intégrante de ses fonctions vitales. Juridiquement, la détermination du contenu de cette liberté est complexe. Si elle peut se définir de façon générique comme la liberté de se déplacer ou de s'établir, les aménagements ou restrictions à l'exercice de ses manifestations sont assez nombreux. Ils forment un ensemble de règles assez disparates dont le seul lien concerne le *déplacement* ou l'*établissement* de l'individu.
Historiquement, la liberté d'aller et de venir a connu de multiples réglementations et fait l'objet d'un encadrement. La liberté de déplacement a été longtemps soumise à un régime de péages et d'autorisations[1]. Aujourd'hui encore, pouvoir se déplacer librement et sans contrainte, sans autorisation de la puissance étatique ou sans enregistrement des déplacements, constitue un privilège des sociétés démocratiques.
La liberté d'aller et de venir a conquis ses lettres de noblesse par le *renforcement de son statut juridique* et notamment par la reconnaissance de son statut constitutionnel, relayé par certaines conventions internationales. Au fur et à mesure, cette liberté a été encadrée non plus par le seul pouvoir exécutif mais par le pouvoir législatif, tenu de mettre en œuvre les règles et principes constitutionnels. Cette transformation, pour logique et légitime qu'elle apparaisse aujourd'hui, s'est imposée progressivement mais non sans difficulté.

# I • Les sources de la liberté d'aller et de venir

**472** Par son rattachement à la liberté individuelle au sens large, la liberté d'aller et de venir possède un *fondement constitutionnel bien ancré*[2]. Cela signifie qu'elle est intégrée dans l'ensemble des droits fondamentaux protégés par le bloc de constitutionnalité. Ce fondement n'a pas pour effet de conférer

1. Outre les droits de péage formellement abolis sous la Révolution, Louis XI imposa l'existence de passeports intérieurs qui furent généralisés. Au XIXe siècle, les personnes sans domicile fixe devaient posséder un carnet de circulation et les ouvriers un livret ouvrier qui servait de fiche policière d'immatriculation.
2. V., L. Favoreu et *al.*, *Droit constitutionnel*, 21e éd., Dalloz, coll. « Précis », 2018, n[os] 1275 s. ; *Code constitutionnel*, commenté par M. de Villiers, X. Magnon et T. S. Renoux, 6e éd., Litec, 2017, p. 794 s.

l'exclusivité de la formation du régime juridique de cette liberté au seul pouvoir constituant, mais d'encadrer rigoureusement son organisation par les pouvoirs législatif et réglementaire. Par ailleurs, la liberté d'aller et de venir a *également été intégrée dans le texte de certaines conventions internationales*, dont certaines peuvent être directement invoquées devant le juge ordinaire.

## A • Les sources constitutionnelles

**473** ***Fondements constitutionnels de la liberté d'aller et de venir.*** La liberté d'aller et de venir peut textuellement se rattacher à l'article 4 de la Déclaration des droits de l'homme et du citoyen de 1789 qui consacre le *principe général de liberté*[3]. Il a fallu toutefois attendre l'intervention de la jurisprudence constitutionnelle pour que son statut soit consacré, le Conseil d'État ne s'étant pas prononcé formellement[4]. Par une décision du 12 juillet 1979, *Ponts à péage*, le Conseil constitutionnel lui a explicitement reconnu le statut d'un principe à valeur constitutionnelle[5]. Une telle consécration a conduit à s'interroger sur l'autonomie de la source de protection de cette liberté. La jurisprudence antérieure (implicitement) et postérieure (explicitement) l'a toutefois englobée dans la protection de la liberté individuelle offerte au titre de la Déclaration de 1789[6]. Cette reconnaissance a semblé placer également pendant quelque temps *la liberté d'aller et de venir sous la garantie offerte par l'article 66 de la Constitution du 4 octobre 1958* qui reconnaît notamment la compétence exclusive de l'autorité judiciaire pour protéger la liberté individuelle[7]. Ce fondement a toutefois été remis en cause par la jurisprudence ultérieure (non sans hésitation) qui a privilégié une conception plus restrictive de la « liberté individuelle placée sous la protection de l'article 66 de la Constitution ». Il ne remet pas en cause le statut de la liberté d'aller et de venir puisque le Conseil constitutionnel se référait aux articles 1er, 2 et 4 de la Déclaration des droits de l'homme pour la garantir[8]. Aujourd'hui, la liberté d'aller et de venir constitue donc une liberté attachée à l'individu à part entière — le Conseil constitutionnel la rattache à la liberté personnelle[9] (par opposition aux libertés collectives) et se distingue de la liberté individuelle — sûreté placée sous le contrôle exclusif du juge judiciaire (article 66 de la Constitution de 1958) et bénéficie d'une protection constitutionnelle que le juge judiciaire et le juge administratif doivent faire respecter (ce qui ôte l'exclusivité de compétence du juge judiciaire pour connaître des atteintes à cette liberté)[10].

---

3. V. sur l'insertion de la liberté d'aller et de venir dans les préoccupations des auteurs de la Déclaration de 1789, M.-A. Latournerie concl. sur T. confl. 9 juin 1986, *Eucat*, *RFDA* 1987. 53 ; G. Conac, M. Debène et G. Teboul (dir.), *La Déclaration des droits de l'homme et du citoyen de 1789, histoire analyse et commentaires*, Economica, 1993.
4. V. en ce sens L. Richer, *Les droits de l'homme et du citoyen*, Economica, 1987, p. 43.
5. Cons. const. 12 juill. 1979, n° 79-107 DC, Rec. Cons. const. 31 ; cette reconnaissance n'empêche pas le législateur d'instituer des péages sur certains ouvrages.
6. V. Cons. const. 12 janv. 1977, n° 76-75 DC, *Fouille des véhicules*, Rec. Cons. const. 23 ; Cons. const. 20-21 janv. 1981, n° 80-127 DC, *Sécurité et liberté*, Rec. Cons. const. 15 ; Cons. const. 25 févr. 1992, n° 92-307 DC, *Zones de transit*, Rec. Cons. const. 48 ; Cons. const. 13 août 1993, n° 93-325 DC, *Maîtrise de l'immigration*, *GDCC* 32, *RJC* I-539 ; Cons. const. 18 janv. 1995, n° 94-352 DC, *Loi d'orientation et de programmation relative à la sécurité*, Rec. Cons. const. 170, *RJC* I-634.
7. V. L. Favoreu et *al.*, *Droit constitutionnel*, *op. cit.* n° 1282. Le Conseil constitutionnel a semblé revenir sur cette assimilation automatique dans sa décision n° 99-411 DC du 16 juin 1999 relative à la *Sécurité routière et aux infractions sur les agents des exploitants de réseau de transport public de voyageurs*, Rec. Cons. const. 75, *JCP* 2000. I. 201, note B. Mathieu et M. Verpeaux.
8. V. Cons. const. 27 juill. 1994, nos 94-343 et 94-344 DC, *Bioéthique*, *GDCC* 33, spéc. § 16 (consid. 3 : Considérant que la liberté individuelle est proclamée par les articles 1er, 2 et 4 de la Déclaration des droits de l'homme et du citoyen : qu'elle doit toutefois être conciliée avec les autres principes de valeur constitutionnelle). Le Conseil constitutionnel semble avoir abandonné la référence à l'art. 1er de la Déclaration : Cons. const. 19 janv. 2006, n° 2005-532 DC, *Lutte contre le terrorisme*, Rec. Cons. const. 31 (consid. n° 16 de la décision . « […] la liberté d'aller et venir protégée par les articles 2 et 4 de la Déclaration de 1789 »).
9. V ; not Cons. const. 16 juin 1999, n° 99-411 DC *Sécurité routière*.
10. Tribunal des Conflits, 12 févr. 2018, M. A, aff. C4110, « si en retenant les documents d'identité de M. A.. la police des frontières est susceptible d'avoir porté atteinte à la liberté d'aller et venir de l'intéressé, cette liberté n'entre pas dans le champ de la liberté individuelle au sens de l'article 66 de la Constitution… »

Le statut constitutionnel de la liberté d'aller et de venir engendre deux conséquences sur la physionomie de ses sources : d'une part, le juge constitutionnel a tracé les contours de son régime juridique en précisant son contenu ; d'autre part, les autorités législatives et exécutives chargées de sa mise en œuvre sont tenues de respecter les directives contenues dans les dispositions constitutionnelles interprétées par le Conseil constitutionnel. Tout ceci s'opère sous le contrôle du pouvoir juridictionnel[11] qui vérifiera le respect des conditions fixées par le juge constitutionnel pour que la liberté soit respectée. Les *normes de référence* traitant de la liberté d'aller et de venir sont *peu nombreuses* alors que les *conditions interprétées* (et dégagées) *par le juge constitutionnel* sont *multiples*[12].

## B • Les sources internationales

**474** ***Les différentes catégories de sources internationales.*** Les sources internationales de la liberté d'aller et de venir peuvent être classées en deux catégories.
La première concerne l'hypothèse d'accords internationaux classiques par lesquels les États s'engagent à respecter, à travers leur réglementation, la liberté d'aller et de venir. Tel est le cas, par exemple, de l'article 12 du paragraphe 1 du *Pacte des Nations unies relatif aux droits civils et politiques* de 1966[13]. Sans méconnaître l'importance de cette source[14], elle reste souvent complémentaire aux sources internes qui lui sont préférées par les plaideurs[15]. Il faut par ailleurs souligner qu'en matière de liberté d'aller et de venir, les textes internationaux généraux sont peu nombreux et lorsqu'ils existent, ne possèdent pas toujours une densité normative suffisante pour générer des droits immédiatement invocables par les individus[16]. Il ne faut toutefois pas conclure trop vite à leur inapplicabilité : ainsi, la *Convention internationale relative à la protection des droits de l'enfant* a été reconnue susceptible de générer des droits directs touchant à la liberté d'aller et de venir[17]. Dans le même sens, le groupe de travail des Nations unies sur la détention arbitraire a eu l'occasion de se prononcer, en février 2016, sur la situation de Julian Assange et a estimé qu'il se trouvait dans une situation de détention arbitraire en violation avec le droit international des droits de l'homme[18].
La deuxième catégorie de sources internationales est représentée par les textes internationaux à caractère « régional » et spécialement par les textes européens. Leur particularisme tient à leur effet direct : l'individu peut les invoquer directement devant un juge national, comme il le ferait pour une norme de droit interne. Plusieurs textes peuvent être ici évoqués comme l'article 5 de la *Convention de sauvegarde des droits de l'homme et des libertés fondamentales*[19] ou encore plus précisément *l'article 2 du Protocole*

---

11. C'est-à-dire du juge judiciaire ou du juge administratif. Bien que le juge judiciaire soit désigné par la Constitution de 1958 comme le garant de la liberté individuelle, le juge administratif peut être amené à statuer sur des actes administratifs mettant en cause la liberté individuelle de façon médiate. V. *infra* — le contrôle et les sanctions des atteintes à la liberté d'aller et de venir.
12. Cons. const., n° 2015-527 QPC du 22 décembre 2015, M. Cédric D. [Assignations à résidence dans le cadre de l'état d'urgence]
13. V. Civ. 1re, 28 nov. 1984, *Bonnet*, *JCP* 1986. II. 20600, note M. Lombard.
14. Elle peut, en effet, donner lieu à une plainte d'un individu devant le Comité des droits de l'homme institué par ce pacte et ses protocoles pour autant que l'État partie ait accepté le droit de pétition individuelle.
15. Ceci s'explique également par l'obligation d'épuiser les voies de recours internes avant de porter tout litige devant une instance internationale de contrôle (juridiction ou organe consultatif).
16. Ainsi la *Déclaration universelle des droits de l'homme* du 10 déc. 1948 n'est pas directement invocable devant le juge : CE 11 mai 1960, *Car*, *Lebon* 319.
17. CE 22 sept. 1997, *Mlle Cinar*, *RFDA* 1998. 1212, décision portant sur le droit au regroupement familial et la Convention internationale des droits de l'enfant. Il s'agissait en l'espèce d'une jeune célibataire turque titulaire d'une carte de résident, ayant irrégulièrement ramené son enfant de 4 ans en France. Le préfet de la Moselle avait refusé le droit de séjour de l'enfant et enjoint à la mère de renvoyer l'enfant en Turquie. Le Conseil d'État, après avoir relevé qu'aucun parent proche de l'enfant ne pouvait le recevoir en Turquie, estime « dans ces conditions ; la décision du Préfet de renvoyer le jeune Tolga en Turquie et de le séparer de sa mère, porte atteinte à l'intérêt supérieur de l'enfant et doit être regardée comme contraire à l'article 3-1 de la Convention internationale des droits de l'enfant ». V. cependant CE 12 janv. 2006, *M. X et Mme Y.*, req. n° 288774, inédit : « ces stipulations créent seulement des obligations entre États sans ouvrir de droits aux intéressés et ne peuvent donc être utilement invoquées ».
18. Bien que dénuée de valeur juridique contraignante, cette décision est un appel aux gouvernements suédois et britanniques à changer leur ligne de conduite.
19. Appelée couramment Convention européenne des droits de l'homme.

*additionnel n° 4 du 16 septembre 1963* reconnaissant la liberté de circulation et d'établissement ainsi que de l'article 1er du *Protocole n° 7 du 22 novembre 1984* relatif aux *garanties reconnues aux étrangers résidant régulièrement sur le territoire d'un État en cas d'expulsion.*
L'Union européenne est loin d'être absente de cette consécration de la liberté d'aller et de venir. En premier lieu, le traité de Rome du 25 mars 1957 instituant la Communauté économique européenne avait originairement reconnu, parmi les grandes libertés, la libre circulation des personnes (article 39, ex-article 48) et la liberté d'établissement (article 43, ex-article 52) qui représentent le noyau dur de la liberté d'aller et de venir. En second lieu, ce même traité instituant la Communauté européenne consolidé par ceux de Maastricht du 7 février 1992 puis celui d'Amsterdam du 2 octobre 1997, a reconnu le droit pour tout citoyen de l'Union de circuler et de séjourner librement dans les États membres dans son article 18 (ex-article 8-A)[20]. Aujourd'hui, la liberté de circulation est garantie par l'article 3 alinéa 2 du Traité sur l'Union européenne[21]. Ces différentes règles fournissent non seulement un cadre à la protection de la liberté d'aller et de venir mais permettent sa garantie concrète. Il faut y ajouter les actes particuliers par lesquels les États membres de la Communauté européenne se sont engagés dans la mise en œuvre concrète de la liberté d'aller et de venir. Ainsi, les *accords de Schengen*[22] instituent la suppression des contrôles aux frontières à l'intérieur de l'Union européenne[23]. Ces accords internationaux instituent de nouvelles modalités pour l'exercice de la liberté d'aller et de venir et élargissent à de nouvelles catégories de personnes un régime de circulation et de séjour plus favorable. Ce régime se trouve intégré dans le titre IV du *traité relatif à la Communauté européenne* aux articles 61 à 69, intitulé « Visas, asile, immigration et autres politiques rattachées à la libre circulation des personnes ». Il a été repris dans le traité sur l'Union européenne de Lisbonne au sein de chapitre II du titre IV, intitulé « *Politiques relatives aux frontières, à l'asile et à l'immigration* », entré en vigueur le 1er décembre 2009. Enfin, la Charte des droits fondamentaux, modifiée en 2007 et à laquelle le traité de Lisbonne donne valeur juridique, garantit en son article 45 la liberté de circulation et de séjour des citoyens de l'Union sur le territoire des États membres. La Cour de justice de l'Union européenne complète cet arsenal de protection de la liberté[24].
Discrète il y a une quinzaine d'années, l'invocation de ces sources par les plaideurs est devenue aujourd'hui courante et doit faire l'objet d'une attention méticuleuse de la part du juge comme des plaideurs, tant sur la hiérarchie que sur l'articulation entre les différentes normes applicables.

## C • Les sources législatives

**475** ***Nature de l'intervention du législateur.*** Si les sources constitutionnelles et conventionnelles de la liberté d'aller et de venir constituent son fondement, *les sources législatives permettent sa concrétisation et sa mise en œuvre.* En d'autres termes, elles donnent un contenu à cette liberté. La richesse de la source législative s'explique par sa diversité. Chaque aspect de la liberté d'aller et de venir peut faire l'objet d'une organisation voire d'une réglementation spécifique.
En droit interne, cette physionomie est organisée autour de l'idée de conciliation nécessaire entre les droits et libertés. Cela se traduit par l'obligation pour le législateur de garantir la liberté d'aller et de venir tout en la limitant afin que les autres droits et libertés de même valeur puissent également

20. Sous réserve des limitations et conditions prévues par traité en question.
21. L'Union offre à ses citoyens un espace de liberté, de sécurité et de justice sans frontières intérieures, au sein duquel est assurée la libre circulation des personnes, en liaison avec des mesures appropriées en matière de contrôle des frontières extérieures, d'asile, d'immigration ainsi que de prévention de la criminalité et de lutte contre ce phénomène.
22. Accords du 14 juin 1985 complétés par la Convention du 19 juin 1990.
23. Pour les États ayant adhéré à la Convention et baptisé « Espace Schengen ».
24. Cour de justice, 17 sept. 2002, Baumbast, aff. C-413/99.

s'exercer. Les lois organisant la liberté d'aller et de venir doivent respecter cet impératif d'ordre constitutionnel[25].

Suivant l'adage « la liberté est la règle et la restriction l'exception », la tâche du législateur consiste à *n'intervenir pour organiser le régime de la liberté d'aller et de venir que si celle-ci entre en conflit avec un autre droit, une autre liberté ou un impératif de même valeur*. Ceci permet de comprendre la justification des discriminations opérées entre le national et l'étranger, entre la personne poursuivie pénalement et celle qui ne l'est pas, entre celle possédant l'intégralité de ses facultés mentales et celle nécessitant un placement pour raison médicale... L'idée à retenir réside dans la *nécessité de l'intervention législative* dont le degré variera suivant les domaines.

On relèvera par ailleurs que l'intervention du législateur pour assurer l'exercice de la liberté d'aller et de venir n'est pas uniquement liée à l'édiction de mesures d'interdiction ou d'abstention. Il peut également s'agir de favoriser l'exercice de cette liberté en prescrivant certains comportements comme l'obligation faite dans les lieux ouverts au public de prévoir des dispositifs spécifiques d'accès pour les personnes handicapées[26].

## D • Les sources réglementaires

**476** ***Une source tarie ?*** Les sources réglementaires de la liberté d'aller et de venir sont constituées de l'ensemble des textes normatifs émanant du pouvoir exécutif. Elles ont été fréquentes par le passé en raison de l'absence de contrôle de constitutionnalité et de conventionnalité des lois[27]. Elles le sont moins aujourd'hui puisqu'*elles ne peuvent que préciser les actes législatifs qui organisent la liberté*[28]. Cet encadrement constitutionnel, conventionnel et législatif a donc réduit leur influence. Il ne faut toutefois pas négliger leur existence car si le législateur, d'une façon générale, a renforcé le degré de précision des prescriptions qu'il édicte, il ne peut pas tout prévoir. Les actes réglementaires constituent donc le prolongement logique des prescriptions contenues dans la loi organisant la mise en œuvre de la liberté d'aller et de venir et demeurent une nécessité[29]. Par ailleurs, il se peut que certaines dispositions réglementaires anciennes concernant la liberté d'aller et de venir subsistent. Bien qu'illégales voire inconstitutionnelles, elles subsistent tant qu'un requérant ne les a pas contestées. Ainsi dans une décision d'Assemblée du 20 décembre 1995 *Vedel et Jannot*[30], le Conseil d'État a estimé que le gouvernement était tenu d'abroger les dispositions d'un décret du 27 avril 1939 réglementant l'admission et le séjour des Français en Polynésie française au motif que ces dispositions apportent des restrictions injustifiées

25. À cet égard, v. la décision du Cons. const., n° 2014-450 QPC du 27 févr. 2015, *M. Pierre T. et autre [Sanctions disciplinaires des militaires — Arrêts simples]*, *JO* 1er mars 2015, p. 4021 : « que, compte tenu des obligations particulières attachées à l'état militaire et des restrictions à l'exercice de la liberté d'aller et de venir qui en résultent, en prévoyant au e) du 1° de l'article L. 4137-2 du Code de la défense la sanction des arrêts parmi les sanctions disciplinaires applicables aux militaires sans en définir plus précisément les modalités d'application, le législateur n'a pas méconnu l'étendue de sa compétence ».
26. Loi du 30 juin 1975 mise en œuvre par l'art. R. 111-18-4 du CCH.
27. Jusqu'en 1958, le contrôle de constitutionnalité des lois n'existait pas en France. En conséquence, une loi qui portait atteinte à la liberté d'aller et de venir ne pouvait faire l'objet d'aucune remise en cause. Cette situation était d'autant plus dommageable que la même solution prévalait lorsqu'il s'agissait de la contrariété à un traité puisque le juge ordinaire refusait (au moins jusqu'en 1975) de se prononcer sur le rapport de compatibilité ou de contrariété entre le traité et la loi. Ce blocage a aujourd'hui disparu.
28. Ainsi par ex., le Conseil constitutionnel dans sa décision n° 98-399 DC du 5 mai 1998, *Entrée et séjour des étrangers (RESEDA)*, a estimé que le nouveau régime relatif à la responsabilité pénale applicable aux associations à vocation humanitaire n'était pas conforme à l'art. 34 de la Constitution, parce « [...] qu'en soumettant à l'appréciation du ministre de l'Intérieur la "vocation humanitaire" des associations, notion dont la définition n'a été précisée par aucune loi et de la reconnaissance de laquelle peut résulter le bénéfice de l'immunité pénale en cause, la disposition critiquée fait dépendre le champ d'application de la loi pénale de décisions administratives ; que, dès lors, nonobstant le pouvoir du juge pénal d'apprécier, conformément aux dispositions de l'article 111-5 du Code pénal, la légalité de tout acte administratif, ladite disposition porte atteinte au principe de légalité des délits et des peines et méconnaît l'étendue de la compétence que le législateur tient de l'article 34 de la Constitution » (souligné par nous).
29. V. par ex. à cet égard, le décret n° 96-926 du 17 oct. 1996 mettant en œuvre la réglementation relative à la vidéosurveillance, modifié par le décret n° 2006-929 du 28 juill. 2006.
30. CE, ass., *Mme Vedel et M. Jannot*, *rec. Lebon* 440.

à la liberté de circulation. On remarquera toutefois que ces dernières années, certains actes réglementaires aient pu restreindre (sans la supprimer) la liberté d'aller et de venir pour des raisons le plus souvent contingentes (risque ou danger particulier lié à une situation météorologique) ou pour prévenir les risques d'accident dans des sites particulièrement fréquent : ainsi l'accès au Mont-Blanc a-t-il pu être réglementé pendant la saison estivale en raison de questions de sécurité[31]. Le recours récurrent à l'état d'urgence que ce soit dans un cadre sécuritaire (Loi du 3 avril 1955 modifiée) ou sanitaire (Loi du 23 mars 2020) a également permis aux autorités réglementaires de réinvestir les restrictions à la liberté d'aller et de venir soit dans le cadre du pouvoir réglementaire national ou du pouvoir réglementaire local.

## II • Les manifestations de la liberté d'aller et de venir

**477** Les manifestations de la liberté d'aller et de venir en droit français peuvent s'analyser autour du principe et de ses exceptions. Le principe est simple puisque la *liberté d'aller et de venir* est la règle ; elle « doit s'entendre non seulement de la liberté de circuler sur le territoire mais également du droit de le quitter »[32]. Cette liberté est générale pour les citoyens[33]. Elle est en revanche réglementée pour l'entrée et le séjour des étrangers, soumis à un régime spécifique. Cette ligne directrice doit être relativisée par un certain nombre de cas particuliers justifiés par la nécessité de concilier cette liberté soit avec le maintien de l'ordre public, soit avec l'exercice d'autres libertés.

### A • Les restrictions à la liberté d'aller et de venir

**478** La liberté d'aller et de venir apparaît ici dans son acception la plus pure. Elle comporte néanmoins un certain nombre de restrictions dont les justifications sont pour certaines parfaitement compréhensibles[34], pour d'autres beaucoup plus contestables.

#### 1 • Les règles générales

**479** ***La détention.*** Une première catégorie de restrictions regroupe celles *imposées à la liberté d'aller et de venir en cas de détention régulière* (emprisonnement, mesures d'interdiction de séjour, mesures de contrôle judiciaire). Cet aspect de la liberté se rapproche de la sûreté protégée par l'article 2 de la Déclaration des droits de l'homme et du citoyen[35]. Ces mesures restrictives qui constituent une condition d'efficacité de la procédure pénale ou de la peine pénale elle-même (principale ou accessoire) sont consubstantielles au système pénal[36]. Cela ne signifie pas pour autant que l'atteinte à la liberté puisse

31. V. arrêté du 31 juillet 2019 PREF/CABSIDPC/2019/108 disponible sur https://www.chamoniarde.com/images/files/vnmontblanc2019.pdf
32. Cons. const. 12-13 août 1993, n° 93-325 DC, *Maîtrise de l'immigration*, consid. n° 103, préc. ; *GDCC* 32.
33. Français mais également ressortissants de l'Union européenne.
34. Par ex., le Conseil d'État estime que des notes circulaires du garde des Sceaux, fixant les astreintes et horaires de travail du titulaire du poste de concierge du tribunal de grande instance de Montpellier ne sont pas contraires à l'art. 2, Protocole 4 de la Conv. EDH dans le sens ou cet article « ne fait pas obstacle à ce qu'un agent public soit astreint à résider, pendant certaines périodes, dans le logement de fonction mis par l'administration à sa disposition, par nécessité de service » ; CE 1er juill. 1998, *Union syndicale autonome de justice*, req. n° 180941, *RFDA* 1999. 811.
35. La sûreté est le droit de tout homme à n'être ni arrêté, ni détenu en dehors des cas prévus par la loi.
36. Ainsi, par ex., la chambre criminelle de la Cour de cassation a estimé qu'une chambre d'accusation méconnaissait la portée de l'art. 5, § 3, de la Conv. EDH accordant une mise en liberté sous contrôle judiciaire d'un individu poursuivi pour viol en se fondant sur l'art. 148-1, al. 3, du C. pr. pén. Les dispositions conventionnelles ne redeviennent applicables qu'à l'issue de l'examen du pourvoi en cassation jusqu'à ce qu'il ait été à nouveau jugé au fond : Crim. 18 nov. 1998, *Procureur général près la cour d'appel de Poitiers c/ Chambre d'accusation de la cour d'appel de Poitiers dans la procédure suivie c/ Philippe X.*, *D.* 1999. 98.

opérer dans n'importe quelle condition et que la gravité de cette atteinte ne doive pas être proportionnée à la finalité poursuivie ou à la gravité des faits reprochés. Ceci explique l'existence de certaines garanties ainsi que de différents degrés de privation de la liberté.

**480** ***Les mesures de police.*** Constituent également des restrictions à la liberté d'aller et de venir les mesures de police prises en vue de la prévention ou de la répression des troubles à l'ordre public. Ces mesures traditionnelles de police administrative ou de police judiciaire se matérialisent notamment par les contrôles d'identité[37]. Si les contrôles réalisés en vue de réprimer les infractions pénales n'ont pas suscité de difficultés particulières[38], ceux organisés en dehors de la commission de toute infraction ont engendré certaines critiques. Inaugurés avec la loi de 1981 *Sécurité et liberté*, ces contrôles administratifs ont fait l'objet de profondes réformes en 1983, 1986, 1993 et 2003. Ils autorisent les autorités de police à effectuer des contrôles d'identité sans autre justification précise que la protection de la sécurité des personnes et des biens, notamment dans le cadre des « opérations coup de poing », dispositif instauré en 1993[39]. Le Conseil constitutionnel a progressivement assoupli ses exigences quant aux conditions dans lesquelles ces contrôles doivent être effectués. Il a ainsi validé[40] la disposition de la loi « Sécurité intérieure » n° 2003-239 du 18 mars 2003 en vertu de laquelle un contrôle d'identité peut être effectué en présence d'une « raison plausible de soupçon » à l'encontre d'un individu, alors qu'un indice de commission d'une infraction était auparavant requis. Le juge constitutionnel a cependant toujours condamné les contrôles d'identité généralisés et discrétionnaires. La confirmation de cette analyse a pu être observée avec la loi relative à l'installation de systèmes de vidéosurveillance sur la voie publique[41]. Si le juge constitutionnel a admis que le législateur puisse sous certaines conditions utiliser de tels moyens, il a en revanche refusé que leur installation puisse être fondée sur une autorisation tacite de l'autorité administrative[42]. La Cour de cassation s'est prononcée pour la première fois sur la question des contrôles d'identité discriminatoires dans une série de décisions de novembre 2016[43]. Elle a estimé qu'un contrôle d'identité présente un caractère discriminatoire notamment lorsqu'il est « réalisé selon des critères tirés de caractéristiques physiques associées à une origine, réelle ou supposée, sans aucune justification objective préalable »[44]. Elle a, par la même occasion, précisé la manière dont la discrimination devait être prouvée : il appartient à celui qui s'en prétend victime « d'apporter des éléments de fait de nature à traduire une différence de traitement et laissant présumer l'existence d'une discrimination »[45], l'administration doit ensuite prouver soit l'absence de différence de traitement, soit une différence de traitement justifiée par des éléments objectifs. La charge de la preuve est ainsi aménagée en la matière. Dans le cas de la loi renforçant la sécurité intérieure et la lutte contre le terrorisme du 30 octobre 2017, le Conseil constitutionnel a déclaré inconstitutionnelles les dispositions autorisant l'extension des contrôles d'identité en raison du manque de limitation de l'application de la loi[46]. Plus récemment, le Conseil constitutionnel, saisi d'une question prioritaire de constitutionnalité, a estimé que les termes dans lesquels étaient organisées les « visites douanières » sur le fondement de l'article 60 du Code des douanes étaient inconstitutionnels en raison de la formulation trop générale des conditions dans lesquelles les autorités compétentes pouvaient réaliser de telles visites[47].

---

37. Ce n'est pas la seule hypothèse, v. *infra* les développements sur la police de la circulation.
38. En raison notamment de leur rattachement au maintien et à la sauvegarde de l'ordre public dans le cadre d'une opération de police judiciaire.
39. V. Cons. const. 5 août 1993, n° 93-323 DC, *Contrôles d'identité*, *RFDC* 1993. 835, obs. L. Favoreu ; *AJDA* 1993. 815, note P. Wachsmann ; égal. L. Favoreu et L. Philip, *GDCC* 12-29.
40. Cons. const. 13 mars 2003, n° 2003-467 DC, *Sécurité intérieure*, Rec. Cons. const. 211, *RFDC* 2003. 573, obs. Ghevontian.
41. L. n° 95-73, 21 janv. 1995, *JO* 23-24 janv. 1995.
42. Cons. const. 18 janv. 1995, n° 94-352 DC, *Sécurité-Vidéo-surveillance*, *JO* 21 janv. 1995, p. 1155.
43. Civ. 1re, 9 nov. 2016, nos 1239, 1241, 1244, 1245.
44. Civ. 1re, 9 nov. 2016, n° 1239.
45. Civ. 1re, 9 nov. 2016, n° 1239.
46. Cons. const. 1er déc. 2017, n° 2017-677 QPC, Ligue des droits de l'homme (Contrôles d'identité, fouilles de bagages et visites de véhicules dans le cadre de l'état d'urgence), par. 6.
47. Décis. n° 2022-1010 QPC, 22 sept. 2022, *M. Mounir S.*

Les contrôles d'identité peuvent également résulter de la mise en œuvre de nouvelles facilités de déplacement. Ainsi, dans le cadre européen, la suppression des contrôles douaniers n'empêche pas un État membre de l'Union de demander à toute personne entrant sur son territoire de prouver son identité et sa nationalité sous peine de sanctions pénales : une telle exigence n'est pas contraire à la liberté de circulation[48]. Ces contrôles peuvent également être réalisés sur un territoire donné et ne pas apparaître inconstitutionnels au regard de la situation particulière que connaît ce territoire : tel fut le cas pour le département ultra-marin de Mayotte confronté à une crise migratoire et interne de sécurité tout à fait spécifique. Le Conseil constitutionnel, saisi dans le cadre d'une QPC, a réitéré sa position classique en soulignant que la conciliation nécessaire entre respect de la liberté d'aller et de venir et protection de l'ordre public devait être respectée sous réserve qu'il n'y ait guère de discrimination[49].

La pratique des contrôles d'identité ne doit cependant pas masquer la réalité : si l'on peut considérer que la liberté d'aller et de venir est directement touchée par de telles pratiques, le degré de l'atteinte qui lui est portée ne méconnaît pas l'existence de la liberté. Il s'agit davantage d'une conciliation de cette liberté avec l'exigence de maintien de l'ordre public que d'une véritable atteinte.

La liberté d'aller et venir s'est également trouvée au cœur de la problématique de la dissimulation du visage dans l'espace public, associée à d'autres règles ou principes constitutionnels tels que la liberté de conscience, de religion ou d'expression. La question concernait particulièrement le cas du port du voile intégral ou *burqa*. Le Conseil constitutionnel fut saisi le 14 septembre 2010 de la loi visant à interdire la dissimulation du visage dans l'espace public[50]. S'appuyant notamment sur l'article 4 de la Déclaration de 1789, le Conseil a estimé que le législateur, au regard de l'objectif qu'il poursuivait à travers cette interdiction ainsi que de la peine instituée de manière corrélative, avait adopté des dispositions qui assuraient une conciliation non manifestement disproportionnée entre la sauvegarde de l'ordre public et les droits constitutionnels concernés[51]. En résonance à cette première affaire, le Conseil d'État a été amené à se prononcer sur les arrêtés « anti-*burkini* »[52]. Il a alors estimé que ces arrêtés, qui visaient à interdire le port du *burkini*[53] sur les plages de la commune de Villeneuve-Loubet, portaient atteinte à la liberté d'aller et de venir. Cette décision est notamment fondée sur l'absence de risque réel d'atteinte à l'ordre public résultant de la tenue adoptée en vue de la baignade. En outre, le Conseil d'État souligne que « l'émotion et les inquiétudes résultant des attentats terroristes, et notamment de celui commis à Nice le 14 juillet dernier, ne sauraient suffire à justifier légalement la mesure d'interdiction contestée »[54].

La crise dite des « gilets jaunes » et les événements survenus durant les mois de novembre, décembre 2018 et janvier 2019 ont également amené le gouvernement et le parlement à vouloir renforcer et durcir la législation relative aux manifestations sur la voie publique en raison des débordements qui avaient pu être constatés de part et d'autre. Le projet de loi adopté en mars 2019 visant à renforcer et garantir le maintien de l'ordre public couramment dénommé « loi anti-casseurs » a cependant fait l'objet d'une censure de la part du Conseil constitutionnel sur le fondement d'une atteinte disproportionnée à la liberté de manifestation. Plus précisément, le Conseil constitutionnel a estimé que l'interdiction administrative faite à une personne en raison de son comportement antérieur de participer à toute

48. CJCE 21 sept. 1999, *Arrondissementsrechtbank te Rotterdam c/ Wijsenbeek*, aff. C-378/97, *D.* 1999. IR 241.
49. Décis. n° 2022-1025 QPC du 25 nov. 2022, *Mme Anrifati A.*
50. Cons. const. 7 oct. 2010, n° 2010-613 DC, *Loi interdisant la dissimulation du visage dans l'espace public* ; X. Philippe et M. Fatin-Rouge Stefanini, « Jurisprudence du Conseil constitutionnel octobre 2010-mars 2011 », *RFDC* 3/2011, n° 87, p. 548-560.
51. V. égal. CEDH 1er juill. 2014, *SAS c/France*, req. n° 43835/11. La CEDH a admis que la France pouvait interdire, par la loi du 11 oct. 2010, la dissimulation du visage dans l'espace public au regard de l'ampleur de la marge d'appréciation dont dispose l'État en l'espèce. La Cour conclut donc que « l'interdiction que pose la loi du 11 octobre 2010 peut passer pour proportionnée au but poursuivi, à savoir la préservation des conditions du "vivre ensemble" en tant qu'élément de la "protection des droits et libertes d'autrui" ».
52. CE 26 août 2016, *Ligue des droits de l'homme et autres — association de défense des droits de l'homme collectif contre l'islamophobie en France*, req. nos 402742, 402777.
53. Maillot de bain intégral proche d'une combinaison de plongée
54. CE 26 août 2016, *Ligue des droits de l'homme et autres — association de défense des droits de l'homme collectif contre l'islamophobie en France*, req. nos 402742, 40277, cons. 6.

manifestation sur le territoire national pendant une durée d'un mois était inconstitutionnelle[55]. La loi du 10 avril 2019 fût donc promulguée amputée de certaines de ses dispositions.
La crise sanitaire qui a émergé en 2020 a également généré nombre de mesures restreignant la liberté d'aller et de venir tant sur à l'échelle nationale que locale. Si les mesures de police ont été ciblées et justifiées par la situation sanitaire, elles ont permis des réductions parfois drastiques de la liberté de circulation soit en exigeant une attestation de sortie pour des motifs précis et vérifiables, soit ont exigé que la liberté s'exerce sous certaines conditions (port du masque) dans certains périmètres. Ces mesures temporaires illustrent que le pouvoir de police continue de régir dans les situations exceptionnelles la liberté d'aller et de venir.
**481** ***La délivrance du passeport.*** L'octroi (ou le refus) du passeport peut également être rattaché à une certaine forme d'organisation ou de restriction de la liberté d'aller et de venir. Le principe est celui de la liberté et de l'octroi inconditionné du passeport dès lors qu'aucun motif relatif à la sécurité nationale ou à l'ordre public ne peut être avancé pour refuser la demande[56]. Cette situation libérale s'explique par le contenu de la liberté : ne se limitant pas au territoire national, mais y englobant également le droit de le quitter, *la mise en œuvre de la liberté d'aller et de venir impose la délivrance du titre qui permet le déplacement hors du territoire.* Les juridictions tant judiciaires qu'administratives ont adopté cette position en s'appuyant sur la Déclaration des droits de l'homme de 1789 ainsi que sur l'article 2 du quatrième Protocole additionnel à la Convention européenne des droits de l'homme. Le retrait ou le refus non justifié de renouveler le passeport méconnaît donc la liberté d'aller et de venir et doit être considéré comme contraire aux articles 2 de la Déclaration de 1789 et 66 de la Constitution de 1958[57]. Plus rarement, les juridictions ordinaires appliquent la *théorie classique de la voie de fait* : si cela n'affecte en rien la solution rendue par la juridiction, le fondement juridique de la protection de la liberté apparaît moins solide.

## 2 • Les cas particuliers des personnes sans domicile fixe, internées ou mineures

**482** Il est également nécessaire de recenser à l'égard des nationaux un certain nombre de restrictions à la liberté d'aller et de venir liées à la situation de certains individus. Ainsi les personnes sans domicile fixe (marchands ambulants, nomades, forains) sont-elles assujetties à une réglementation spéciale. Cette réglementation, qui possède une origine souvent ancienne, apparaît — par certains aspects — assez archaïque et traduit une volonté de contrôle de l'autorité publique sur des individus longtemps considérés comme marginaux[58]. Le régime actuel est fixé par les lois du 3 janvier 1969 et du

---

55. Cons. const. 4 avr. 2019, n° 2019-780 DC ; O. Le Bot, « Loi anti- casseurs : censure des interdictions administratives de manifester », *Rev. Constitutions* 2019, p. 241. On remarquera que le Conseil constitutionnel a reconnu une certaine autonomie à la liberté de manifestation qu'il dégage de plusieurs libertés — la liberté d'aller et de venir mais également la liberté d'expression collective.

56. Ainsi le Conseil d'État a annulé une décision administrative de refus de délivrance d'un passeport français au motif que la requérante refusait de produire des photos d'identités la représentant tête nue. Aucune prescription de ce type ne figurant dans le texte relatif aux conditions de délivrance des passeports, le Conseil d'État estime qu'une telle exigence n'est pas nécessaire pour maintenir la sécurité ou l'ordre public ; CE 9 juin 1999, *M^lle Bouayad*, *RFDA* 1999. 882. V. égal. CE 26 avr. 2005, *Saïd M'Lamali*, req. n° 279842 : la liberté d'aller et venir implique le droit de quitter le territoire et tout citoyen français doit pouvoir se voir délivrer un passeport. V. cependant CE 20 juill. 2004, *M^me X.*, req. n° 270044, inédit : « si le refus de délivrance ou de renouvellement d'un passeport à un citoyen français porte atteinte à la liberté d'aller et venir, qui constitue une liberté fondamentale, aucune disposition législative ou réglementaire ne fixe, à peine de l'éventuelle illégalité de la décision implicite de rejet, de délai pour la délivrance ou le renouvellement d'un passeport ». Plus anecdotique, mais révélant le lien entre la liberté d'aller et de venir et les documents nécessaires à ce déplacement, la cour administrative d'appel de Nantes a estimé que l'identification de la signature faisait partie des critères de preuve de l'identité et qu'en conséquence un dessin ne pouvait remplacer une signature en lettres, même stylisées ; CAA Nantes 24 mars 2009, *LPA* 10 nov. 2009, n° 224, p. 13.

57. Sur ce point précis, on remarquera que le refus de passeport est avant tout une atteinte à la liberté individuelle qui se traduit par une restriction de la liberté d'aller et de venir : ceci explique que dans cette hypothèse soient invoqués les articles 66 (liberté individuelle) et 2 de la Déclaration de 1789

58. Ainsi, la cour administrative d'appel de Paris a jugé que le préfet de police de Paris pouvait contraindre des sans-abri à dormir dans des centres d'hébergement provisoire sans que cela porte une atteinte excessive à leur liberté d'aller et de venir ou que cela puisse être considéré comme une procédure d'internement d'office déguisée (CAA Paris, 4^e ch., 21 déc. 2004, *Association Droit au Logement*, req. n° 03PA03824, inédit).

26 mai 1977, qui exigent un livret de circulation pour ceux ne disposant pas de résidence ni de domicile fixe. L'augmentation du nombre de personnes sans domicile fixe a suscité une réaction de l'autorité publique au regard des difficultés qu'elles rencontraient en cas de contrôle d'identité. Un décret du 12 octobre 1994 a institué un système permettant la délivrance de la carte nationale d'identité au profit de ces personnes en les rattachant à leur centre d'accueil[59]. Ce texte facilite non seulement l'exercice de la liberté mais aussi toutes les démarches auxquelles peut être assujettie une personne sans domicile fixe. La loi nº 90-449 du 31 mai 1990, dite loi Besson a, par ailleurs, créé dans son article 28, une obligation d'accueil des gens du voyage dans les communes de plus de 5 000 habitants[60]. Cette obligation ne doit pas se limiter à un accueil formel des gens du voyage mais leur offrir des conditions décentes de séjour, sous peine d'engager la responsabilité de la collectivité publique[61]. Le Conseil constitutionnel fut saisi d'une question prioritaire de constitutionnalité portant sur certaines dispositions de la loi du 5 juillet 2000 relative à l'accueil et à l'habitat des gens du voyage. Cette dernière prévoyait notamment, sous certaines conditions et garanties, l'évacuation forcée des résidences mobiles[62]. Le juge constitutionnel, saisi d'un moyen invoquant une rupture d'égalité, a pris en compte la particularité de la situation des personnes susceptibles d'être concernées par de telles mesures et a estimé que la distinction opérée par les dispositions législatives contestées se fondait sur des critères objectifs et rationnels en rapport avec l'objet de la loi, écartant ainsi le moyen invoqué[63]. En fin d'année 2012, le Conseil constitutionnel a, une nouvelle fois, été saisi de la constitutionnalité du régime de circulation des gens du voyage[64]. Il a profité de cette occasion pour déclarer la conformité de principe d'un livret de circulation à la liberté constitutionnelle d'aller et de venir[65], tout en estimant que les sanctions prévues en cas de circulation sans livret ou qui ne serait pas supervisées par l'administration, portaient une atteinte disproportionnée à la liberté d'aller et de venir. Le Conseil a également jugé conforme à la liberté d'aller et de venir l'obligation de rattachement à une commune imposée aux personnes sans résidence fixe depuis plus de six mois. Bien que ce régime ait ainsi été reconnu conforme à la Constitution par le Conseil constitutionnel, la loi relative à l'égalité et la citoyenneté du 27 janvier 2017 est venue l'abroger. Ont ainsi été supprimées les dispositions relatives à la commune de rattachement et au livret de circulation[66].

La situation des *personnes* dont le placement *en hôpital psychiatrique* est demandé doit aussi être mentionnée. La Cour de cassation, saisie d'une action en responsabilité, a rappelé en 2013 que sous le régime d'hospitalisation libre pour troubles mentaux, le principe qui s'applique est celui de la liberté d'aller et de venir reconnaissant ainsi qu'il ne pouvait être porté atteinte à cette liberté de manière contraignante par voie de « protocolisation » des règles de sortie de l'établissement[67]. Souvent, le placement de ces personnes s'opère (et pour cause) en absence de leur volonté. Cette hospitalisation s'opère soit à la demande du patient, soit à la demande d'un tiers (parent, ami ou ce qui est plus important — préfet)[68]. La loi nº 90-527 du 27 juin 1990 a actualisé la vieille loi Esquirol du 30 juillet 1938, en renforçant les

59. Décr. nº 94-876, 12 oct. 1994 modifiant le décret nº 55-1397 du 22 oct. 1955 instituant la carte nationale d'identité, *JO* 14 oct. 1994, p. 14566.

60. V., E. Aubin, « L'accueil des gens de voyage par les communes de plus de 5 000 habitants », *AJDA* 1996. 965.

61. V. en ce sens CAA Nancy 4 déc. 2003, *Commune de Verdun*, *AJDA* 2004. 82.

62. Cons. const. 9 juill. 2010, nº 2010-13 QPC, *M. Orient O. et a. (Gens du voyage)*, *JO* 10 juill. 2010, p. 12841.

63. Il a en effet estimé que ces mesures étaient « fondées sur une différence de situation entre les personnes, quelles que soient leurs origines, dont l'habitat est constitué de résidences mobiles et qui ont choisi un mode de vie itinérant et celles qui vivent de manière sédentaire ».

64. Cons. const. 5 oct. 2012, nº 2012-279 QPC, *M. Jean-Claude P. (régime de circulation des gens du voyage)*, *JO* 6 oct. 2012, p. 15655. O. Le Bot, « Règles de circulation des gens du voyage : un régime archaïque censuré par le Conseil », *Constitutions* 2012. 635.

65. Le Conseil a rappelé que l'imposition de ce titre de circulation était destinée à « l'identification et la recherche de ceux qui ne pouvaient être trouvés à un domicile ou à une résidence fixe d'une certaine durée, tout en assurant aux mêmes fins un moyen de communiquer avec ceux-ci » (consid. 18).

66. L. nº 2017-86, 27 janvier 2017 relative à l'égalité et la citoyenneté, entrée en vigueur le 29 janvier 2017.

67. Civ. 1re, 29 mai 2013, nº 12-21.194.

68. La loi du 27 juin 1990, met un terme au doute existant relatif à la compatibilité de la loi ancienne et de l'art. 5 de la Conv. EDH. Le Conseil d'État a ainsi eu à connaître d'une affaire dans laquelle le tribunal administratif de Dijon avait annulé un arrêté préfectoral de placement d'office datant du 5 févr. 1983, sur le fondement de l'art. 5, § 2, de la Conv. EDH. Après avoir vérifié que l'arrêté litigieux énonçait les motifs de mise en placement d'office (danger pour l'ordre public et la sûreté des personnes) en se référant à un certificat annexé détaillant l'état mental de la personne au moment des faits, la Haute juridiction estime que l'arrêté satisfait aux exigences de motivations de l'art. L. 343 CSP et de l'art. 5, § 2, de la Conv. EDH. Ainsi,

garanties entourant l'admission de la personne faisant l'objet de l'une ou l'autre de ces procédures. La loi Kouchner n° 2002-303 du 4 mars 2002 a amélioré les conditions de séjour des personnes hospitalisées sous contrainte et a consacré de nouveaux droits au bénéfice de ces dernières, sans toutefois que leur statut soit assimilé à celui des hospitalisés volontaires. Le projet de loi relatif à la Prévention de la délinquance, examiné à la fin 2006, prévoyait en outre de modifier le régime de l'hospitalisation sous contrainte, en instaurant une « période de diagnostic » de 72 heures. Au cours de ce délai, la personne devait être placée en observation afin de déterminer si son état justifiait une hospitalisation psychiatrique. Cette disposition controversée a néanmoins été retirée au cours des débats, et ne figure pas dans le texte adopté en 2007, qui a laissé intactes les dispositions des lois de 1990 et 2002. On rangera également dans cette catégorie — bien qu'elle emprunte à différentes hypothèses visées précédemment — la *rétention de sûreté et la déclaration d'irresponsabilité pénale pour cause de trouble mental*[69]. Le Conseil constitutionnel a rappelé dans sa décision n° 2008-562 DC du 21 février 2008 que de telles mesures, prises à l'égard de personnes présentant une particulière dangerosité caractérisée par une probabilité très élevée de récidive en raison d'un trouble grave de la personnalité, constituaient une mesure *adaptée, nécessaire et proportionnée* à l'objectif de prévention poursuivi et satisfaisait aux exigences des articles 9 de la Déclaration des droits de l'homme de 1789 et 66 de la Constitution[70]. Cette question apparemment récurrente a obligé le législateur à intervenir à plusieurs reprises depuis une remise en cause de la législation en 2020, législation qui a été elle-même remise en cause depuis et qui dans sa dernière version datant de la loi n° 2022-46 du 22 janvier 2022 fait actuellement l'objet d'une QPC transmise par la Cour de cassation[71]. Dans tous les cas mentionnés, l'hospitalisation psychiatrique sans consentement est sanctionnée au titre de l'absence de garanties à l'égard des restrictions aux libertés fondamentales qu'elle génère.

On relèvera également la situation particulière des *mineurs* donnant parfois lieu à des restrictions de circulation liées au souci de protection de cette catégorie mais également à l'existence de risques particuliers dans les secteurs où la liberté de circulation est restreinte. Le Conseil d'État s'est ainsi prononcé sur les décisions de certains maires restreignant la circulation des mineurs le soir pendant une certaine période dans des secteurs délimités de la commune (sauf accompagnés d'une personne majeure). Le Conseil d'État a admis la légalité de telles restrictions dont le but était de protéger lesdits mineurs contre certaines atteintes dont ils pourraient être victimes ou dans lesquelles ils pourraient être impliqués. La restriction est ici justifiée par la conciliation nécessaire entre la protection de l'enfance et la liberté de circulation. Le juge a admis la conformité de telles restrictions mais en les soumettant à des conditions strictes bien qu'assez classiques de justification, de proportionnalité et de limitation dans le temps et dans l'espace[72]. En outre, le Conseil constitutionnel a validé le dispositif législatif faisant de cette restriction d'aller et de venir, une sanction éducative susceptible d'être prononcée par un tribunal pour enfants[73]. Ceci étant, cette exception ressemble davantage à une adaptation de la règle à une catégorie particulière qu'à une dérogation à ladite règle.

---

en combinant les contrôles de conventionnalité et de légalité, le Conseil d'État accepte la compatibilité de la disposition interne aux exigences du droit international et interne ; CE 3 nov. 1997, *Min. de l'Intérieur c/ M. G.*, *RFDA* 1998. 190.

69. Loi n° 2008-174, 25 févr. 2008 relative à la rétention de sûreté et à la déclaration d'irresponsabilité pénale pour cause de trouble mental.

70. Il a confirmé cette position dans la décision n° 2010-71 QPC du 26 nov. 2010, *Hospitalisation sans consentement (Danièle S.)*, à propos de l'hospitalisation pour troubles mentaux à la demande d'un tiers en estimant que l'absence de garanties judiciaires était contraire à la Constitution. Position réitérée à plusieurs reprises, décision n° 2011-135/140 QPC du 9 juin 2011, *Hospitalisation d'office (Abdellatif B.)* ; décision n° 2011-174 QPC du 6 oct. 2011, *Hospitalisation d'office en cas de péril imminent (Oriette P.)* ; décision n° 2011-202 QPC du 2 déc. 2011, *Hospitalisation sans consentement antérieure à la loi n° 90-527 du 27 juin 1990 (Lucienne Q.)*.

71. Civ. 1re, 26 janv. 2023, *FS-B*, n° 22-40.019

72. V. par ex. CE 29 juill. 1997, *Préfet de Vaucluse*, *RFDA* 1998. 383, note P.-L. Frier ; CE 9 juill. 2001, *Préfet du Loiret*, *D.* 2002. 1582, note A. Legrand ; CAA Paris 17 déc. 2002, *Commun de Yerres c/ Préfet de l'Essonne*, *AJDA* 2003. 296, concl. V. Haïm. Cette dernière décision est intéressante par le détail de la motivation reproduite dans l'arrêt permettant de comprendre pourquoi le juge refuse de considérer une telle restriction comme contraire à la liberté d'aller et de venir.

73. Cons. const. 10 mars 2011, n° 2011-625 DC, *Loi d'orientation et de programmation pour la performance de la sécurité intérieure*, *JO* 15 mars 2011, p. 4630, cons. 35.

## 3 • Les refus de rapatriement des nationaux sur le sol national

**483** La liberté de circulation des nationaux sur le sol français comporte également le droit de quitter le territoire mais également la capacité d'y rentrer. Si cette composante intrinsèque de la liberté de mouvement se conçoit sans difficulté, certaines situations ont pu révéler des difficultés particulières à admettre des nationaux sur le sol national. L'article 3, § 2, du Protocole n° 4 additionnel à la Convention européenne de sauvegarde des droits de l'Homme suivant lequel nul ne peut être privé du droit d'entrer sur le territoire de l'État dont il est le ressortissant. Cela devrait logiquement conduire tout national à pouvoir rentrer sur le territoire de son propre État. L'affaire dite du rapatriement des djihadistes françaises et de leurs enfants a révélé combien cette question pouvait être délicate. Le fondement de cette affaire repose sur la détention en Syrie de femmes de nationalité française et de leurs enfants nés durant le conflit ayant opposé DAECH et les différentes coalitions luttant contre ce groupe armé non-étatique. Si les mères des enfants étaient parties volontairement combattre ou soutenir les combattants de DAECH, les enfants, nés durant le conflit d'au moins un parent français, pouvaient être considérés comme des nationaux. Le refus dans un premier temps, puis l'acceptation — très mesurée — du gouvernement français de les rapatrier au compte-goutte a conduit les requérants à se tourner vers le juge national puis la Cour européenne des droits de l'Homme pour demander à ce que cette entrée sur le territoire français soit considérée comme un droit d'accès au territoire pour les nationaux.
La Cour européenne des droits de l'homme, dans un arrêt de Grande Chambre du 22 septembre 2022[74] a exigé sur le fondement du texte de l'article 3 § 2 ssusvisé que la France examine individuellement chaque situation de demande de rapatriement mais, qu'en revanche, cette obligation n'engendrait nullement un droit au retour automatique sur le sol national. Si cette situation pouvait générer quelque interrogation pour les mères, la situation des enfants — qui avaient reçu des promesses d'accueil dans leurs familles — apparaissait beaucoup plus contestable. La logique de la liberté d'aller et de venir implique que l'État doive accepter l'accès à son territoire par ses propres ressortissants, à charge pour lui de les poursuivre s'ils ont commis des infractions[75]. Il en résulte un droit de contrôle de l'État sur l'accès à son territoire par ses propres ressortissants que les juridictions n'ont pas voulu reconnaître comme un droit substantiel absolu mais comme un droit procédural. On peut le regretter du point de vue de la stricte logique juridique.

## 4 • Les mesures adoptées dans le cadre de l'état d'urgence

**484** Face à une situation de crise extrême, l'État est amené à prendre des mesures « hors normes ». Celles-ci ont souvent un cadre normatif établi au préalable visant à limiter les risques de dérive. En ce sens, un certain nombre d'instruments internationaux de protection des libertés fondamentales, prévoient des mécanismes permettant aux États de déroger au cadre normatif ordinaire en cas de crise. De manière générale, trois grands principes encadrent ce type de mécanisme : la légalité exigeant qu'il soit prévu à l'avance, la nécessité limitant la mise en place de ce régime dérogatoire à certaines situations et la proportionnalité impliquant de n'utiliser ces pouvoirs que dans la stricte nécessité de l'objectif poursuivi. En France, trois régimes de crise en présence de circonstances exceptionnelles sont prévus : les pleins pouvoirs du chef d'État de l'article 16 de la Constitution de 1958, l'état de siège et les états d'urgence. Seuls les deux premiers possèdent un statut constitutionnel ; les états d'urgence relèvent du domaine législatif.
À la suite des attentats de novembre 2015, l'état d'urgence a été déclaré en France. Son régime est fixé par la loi n° 55-385 du 3 avril 1955 (modifiée par la loi n° 2015-1501 du 20 novembre 2015). L'état

74. CEDH, gr. ch., 14 sept. 2022, n^os^ 24384/19 et 44234/20
75. CEDH, *Mørck Jansen c. Danemark* du 18 oct. 2022, n° 60785/19

d'urgence peut être déclaré, sur tout ou partie du territoire, dans deux hypothèses : « soit en cas de péril imminent résultant d'atteintes graves à l'ordre public, soit en cas d'événements présentant, par leur nature et leur gravité, le caractère de calamité publique » (article 1er). La déclaration de l'état d'urgence se fait en conseil des ministres. Sa prorogation au-delà de douze jours ne peut être autorisée que par la loi (article 2). Celle-ci fixe alors la durée définitive de son application (article 3). À l'occasion de la loi prorogeant l'état d'urgence, le Parlement a apporté certaines modifications au texte de 1955. Si l'on se fie à l'exposé des motifs, celle-ci comporte deux grandes orientations : d'une part, rendre plus efficace les mesures prises, d'autre part, renforcer le contrôle juridictionnel. Le premier axe se traduit par le renforcement des pouvoirs de police et la clarification des conditions de mise en œuvre. Le second axe de la loi est pour sa part purement cosmétique. L'article 14-1 nouveau ne fait que rappeler la possibilité de former un recours devant le juge administratif qui lui préexistait. L'état d'urgence confère aux autorités civiles de l'État des pouvoirs spéciaux. Ainsi, des mesures de police administrative d'ordinaire illégales sont autorisées durant la période d'application de l'état d'urgence. Le ministre de l'Intérieur et le préfet disposent alors de la faculté de prendre certaines mesures : interdire la circulation des personnes ou des véhicules dans les lieux et à l'heure fixés par arrêté, instaurer des zones de protection ou de sécurité où le séjour des personnes est réglementé, interdire de séjour dans tout ou partie du département toutes personnes cherchant à entraver l'action des pouvoirs publics, fermer provisoirement les salles de spectacles, débits de boissons et lieux de réunion de toute nature, interdire à titre général ou particulier des réunions de nature à provoquer ou entretenir le désordre, ordonner la remise des armes et munitions. Les pouvoirs en matière d'assignation à résidence et de perquisition à domicile sont étendus.

Concernant les assignations à résidence dans le cadre de l'état d'urgence, leur régime a été largement modifié par la loi du 20 novembre 2015 portant modification de la loi du 3 avril 1955 qui élargit considérablement les pouvoirs du ministre de l'Intérieur en matière d'assignation à résidence[76]. Dans son avis préalable à l'adoption de la loi, le Conseil d'État s'est « assuré de ce que les contraintes nouvelles assortissant l'assignation à résidence seraient : réservées aux personnes à l'égard desquelles il existe des raisons sérieuses de penser que leur comportement constitue une menace ; tempérées par des garanties »[77]. Le régime juridique des assignations à résidence dans le cadre de l'état d'urgence a été précisé à travers trois étapes importantes[78]. Dans un premier temps, le juge des référés a eu à se prononcer sur le caractère urgent des demandes en référé-liberté et l'existence d'une atteinte grave et manifestement illégale à une liberté fondamentale. Si les tribunaux administratifs ont rejeté les demandes de mesures conservatoires principalement du fait de l'absence de caractère urgent[79], le Conseil d'État, statuant en tant que juge d'appel des référés, a estimé qu'un référé en vue de faire suspendre l'application d'une

76. Ainsi, le ministre de l'Intérieur peut : faire conduire la personne assignée à résidence par les services de police ou les unités de gendarmerie sur les lieux de l'assignation ; astreindre les personnes assignées à résidence à demeurer dans leur lieu d'habitation pendant la plage horaire qu'il fixe dans la limite de 12 heures par 24 heures ; prescrire à la personne assignée à résidence l'obligation de se présenter périodiquement aux services de police ou aux unités de gendarmerie, ainsi que de remettre son passeport ou tout document justificatif de son identité ; interdire à la personne assignée de se trouver en relation directe ou indirecte avec certaines personnes.

77. CE, avis, 17 nov. 2015, n° 390786.

78. Suite aux attentats de nov. 2015, l'état d'urgence a été instauré à compter du 14 nov. 2015 par le décret n° 2015-1475 en France continentale et en Corse. Dans le cadre de l'état d'urgence, le ministre de l'Intérieur ou le représentant de l'État dans le département peut, par arrêté, interdire la circulation des personnes ou des véhicules dans les lieux et à l'heure fixés, instituer, par arrêté, des zones de protection ou de sécurité où le séjour des personnes est réglementé, interdire le séjour dans tout ou partie du département à toute personne cherchant à entraver, de quelque manière que ce soit, l'action des pouvoirs publics. Le décret instaurant l'état d'urgence peut également fixer des zones dans lesquelles des mesures complémentaires peuvent être mises en œuvre. Les préfets peuvent alors y ordonner la fermeture provisoire des salles de spectacle, débits de boissons et lieux de réunion de toute nature et interdire les réunions de nature à provoquer ou entretenir le désordre. Le ministre de l'Intérieur peut y ordonner la remise d'armes et prononcer des assignations à résidence.

79. Les juges des référés des tribunaux administratifs de Rennes et de Cergy-Pontoise ont estimé par ordonnance le 30 nov. 2015 que les demandes ne présentaient pas un caractère d'urgence. Seul le juge des référés du tribunal administratif de Melun s'est fondé sur l'absence d'atteinte grave et manifestement illégale à une liberté fondamentale pour rejeter la demande. Sur ce point, v. « Assignations à résidence prononcées à l'occasion de la COP 21 dans le cadre de l'état d'urgence », Communiqué du Conseil d'État, 11 déc. 2015.

assignation à résidence présente, en principe, un caractère urgent et qu'il appartient au juge administratif de déterminer s'il existe une atteinte grave et manifestement illicite à une liberté fondamentale[80]. Le Conseil constitutionnel a été simultanément saisi d'une question prioritaire de constitutionnalité[81] sur la conformité des neuf premiers alinéas de l'article 6 de la loi de 1955 modifiée à la Constitution. Sur la violation de la liberté d'aller et de venir, le Conseil constitutionnel raisonne en trois temps. Dans un premier temps, il s'attache à vérifier que le législateur a suffisamment encadré les pouvoirs conférés à l'autorité administrative[82]. Il examine ensuite le contrôle exercé par l'autorité administrative qui doit vérifier que la mesure est adaptée, nécessaire et proportionnée au but poursuivi[83]. Finalement, le juge constitutionnel procède à l'examen particulier de la durée de la mesure en vue de vérifier qu'elle est limitée dans le temps[84]. Sur tous ces fondements, le Conseil constitutionnel déclare donc conforme l'article 6 de la loi de 1955 telle que modifiée par la loi du 20 novembre 2015. Le Conseil a, par ailleurs confirmé cette analyse dans sa décision du 16 mars 2017, *M. Sofiyan I*[85]. En outre, la décision n° 2015-527 QPC relative à l'assignation à résidence dans le cadre de l'état d'urgence ne retient pas la qualification de mesure privative de liberté[86].

Finalement, tirant les conséquences des jurisprudences précédentes, le Conseil d'État statuant en tant que juge d'appel des référés, a suspendu une assignation à résidence. Il a estimé qu'au regard des éléments de l'instruction en l'état, il n'existait pas de raisons sérieuses de penser que l'individu présentait une menace pour la sécurité et l'ordre public[87]. Depuis 2015, le Conseil constitutionnel a rendu neuf décisions précisant l'application des mesures prises dans le cadre de l'état d'urgence[88]. Le 1er novembre 2017, la France est sortie de l'état d'urgence sécuritaire, mais certaines mesures issues de ce régime dérogatoire ont été incorporées dans le régime de droit commun[89].

L'adoption de la loi n° 2017-1510 du 30 octobre 2017 renforçant la sécurité intérieure et la lutte contre le terrorisme (dite loi SILT) a été perçue par certains comme une forme d'institutionnalisation permanente de règles temporaires pour lesquelles des restrictions à la liberté d'aller et de venir pouvaient être légitimement prononcées en raison de la gravité de la menace pesant sur l'ordre public. Initialement

---

80. CE 11 déc. 2015, *M. H. X.*, consid. 20.
81. Le Conseil d'État a transmis la QPC par sa décision du 11 déc. 2015, *M. H. X.*, préc.
82. Il constate alors que les conditions de mise en œuvre des mesures d'assignations à résidence sont de deux natures : celles qui encadrent la mise en œuvre de l'état d'urgence et celles qui découlent des motifs susceptibles de fonder une mesure d'assignation à résidence. Cette double condition constitue, pour le Conseil constitutionnel, une limitation suffisante du pouvoir de l'autorité administrative (consid. 11).
83. Il vérifie notamment que le juge administratif est en mesure d'effectuer un contrôle de proportionnalité, en prenant particulièrement en compte les obligations complémentaires qui pèsent sur l'assigné à résidence (consid. 12).
84. Ils soulignent alors, d'une part, que la mesure d'assignation à résidence peut être limitée dans le temps et, d'autre part, que l'état d'urgence est lui-même limité dans le temps. S'il venait, le cas échéant, à être prolongé, les mesures individuelles d'assignation à résidence ne seraient pas prolongées de manière automatique. Cette analyse de la temporalité de la mesure est, par ailleurs, remise en perspective par rapport à la situation particulière que constitue l'état d'urgence (consid. 13).
85. Cons. const. 16 mars 2017, n° 2017-624 QPC, M. Sofiyan I (Assignations à résidence dans le cadre de l'état d'urgence II).
86. Cons. const. 22 déc. 2015, n° 2015-527 QPC, *M. Cédric D.* Si le requérant soutenait que l'assignation à résidence dont il faisait l'objet constituait une mesure privative de liberté (au sens de l'art. 66 de la Constitution et de l'art. 5 de la Conv. EDH), le Conseil a quant à lui estimé que, dans la mesure où l'assignation est restreinte à une plage horaire, elle ne constitue pas une mesure privative de liberté. Sur ce point on peut souligner la formulation employée par le Conseil constitutionnel dans son consid. 6 : « que la plage horaire maximale de l'astreinte à domicile dans le cadre de l'assignation à résidence, fixée à douze heures par jour, ne saurait être allongée sans que l'assignation à résidence soit alors regardée comme une mesure privative de liberté, dès lors soumise aux exigences de l'art. 66 de la Constitution ».
87. CE 22 janv. 2016, *M. A. B.*, req. n° 396116.
88. Cons. const. 22 déc. 2015, n° 2015-527 QPC, Cédric D. (Assignations à résidence dans le cadre de l'état d'urgence) ; 19 févr. 2016, n° 2016-535 QPC, Ligue des droits de l'homme (Police des réunions et des lieux publics dans le cadre de l'état d'urgence) ; 19 févr. 2016, n° 2016-536 QPC, Ligue des droits de l'homme (Perquisitions et saisies administratives dans le cadre de l'état d'urgence) ; 23 sept. 2016, n° 2016-567/568 QPC, Georges F. et autre (Perquisitions administratives dans le cadre de l'état d'urgence II) ; 2 déc. 2016, n° 2016-600 QPC, M. Raïme A. (Perquisitions administratives dans le cadre de l'état d'urgence III) ; 16 mars 2017, n° 2017-624 QPC, M. Sofiyan I (Assignations à résidence dans le cadre de l'état d'urgence II) ; 9 juin 2017, n° 2017-635 QPC, M. Émile L. (Interdiction de séjour dans le cadre de l'état d'urgence) ; 4 août 2017, n° 2017-648 QPC, La Quadrature du Net et autres (Accès administratif en temps réel aux données de connexion) ; 1er déc. 2017, n° 2017-677 QPC, Ligue des droits de l'Homme (Contrôles d'identité, fouilles de bagages et visites de véhicules dans le cadre de l'état d'urgence) et 11 janv. 2018, n° 2017-684 QPC, (Associations La cabane juridique / Legal Shelter et autre Zones de protection ou de sécurité dans le cadre de l'état d'urgence).
89. L. n° 2017-1510, 30 oct. 2017 renforçant la sécurité intérieure et la lutte contre le terrorisme, *JO* n° 0255 du 31 oct. 2017.

limitée dans le temps au 31 décembre 2020, elle a d'abord fait l'objet d'une prorogation de sept mois avant que ne soit adoptée la loi du 30 juillet 2021 relative à la prévention d'actes de terrorisme et au renseignement qui pérennise et adapte certaines mesures prévues par la loi SILT[90]. Toutefois, le Conseil constitutionnel a tenu à encadrer la mise en œuvre de cette nouvelle législation en fixant un certain nombre de barrières. Saisi d'une question prioritaire de constitutionnalité, il a transposé sa jurisprudence antérieure relative à l'état d'urgence et estimé que les assignations à résidence prononcées dans le cadre de la lutte contre le terrorisme ne peuvent prévoir, une durée totale, continue ou non, supérieure à 12 mois sans méconnaître la liberté d'aller et venir (réserve d'interprétation)[91]. De même, dans le cadre de l'établissement d'un périmètre de protection par le préfet en prévision d'un événement ou d'une manifestation, le renouvellement du périmètre ne peut être décidé par le préfet sans que celui-ci établisse la persistance du risque sans méconnaître la liberté d'aller et venir[92].

**485** ***Une nouvelle forme d'état d'urgence : l'urgence sanitaire.*** Alors que la loi de 1955 était dans sa formulation destinée à couvrir différentes hypothèses de l'état d'urgence, la crise sanitaire du covid-19 a donné naissance à une nouvelle forme d'état d'urgence. L'adoption par le législateur de la loi n° 2020-290 du 23 mars 2020 d'urgence pour faire face à l'épidémie de covid-19 a créé un « état d'urgence sanitaire » pour endiguer la pandémie ayant pris naissance en Chine durant le deuxième semestre de l'année 2019. Devant faire face à une menace d'une ampleur inconnue depuis un siècle, le chef du Gouvernement, suite à la décision du chef de l'État, a dans un premier temps pris des mesures immédiates de restriction de circulation par décret sur le fondement de la théorie des circonstances exceptionnelles[93], avant de faire adopter par le Parlement un nouveau régime législatif d'état d'urgence[94]. La liberté d'aller et de venir a été la cible la plus visible et la plus immédiate de ce régime restrictif des droits et libertés fondamentaux. Les développements créés par cette crise sur l'ensemble des droits et libertés fondamentaux pourraient justifier à eux seuls le développement d'un chapitre spécifique à cette période. Ils ont mis en évidence la situation complexe et contradictoire dans laquelle le droit des libertés pouvait se trouver.

Ce nouvel état d'urgence a transféré au pouvoir exécutif la possibilité de prendre des mesures dans le domaine législatif en permettant notamment le recours aux ordonnances prévues par l'article 38 de la Constitution de 1958. Ces mesures ont d'abord consisté en un confinement généralisé de la population impliquant l'interdiction de sortir de chez soi ainsi que l'arrêt généralisé des activités commerciales non-nécessaires[95]. Il s'est agi pour nombre de personnes de la première interdiction tangible d'exercer leur liberté d'aller et de venir. Cette interdiction de sortie du domicile privé était cependant assortie d'exceptions diverses qui furent toutefois limitées. Enfreindre cette interdiction pour des

---

90. La loi n° 2020-1671 du 24 décembre 2020 relative à la prorogation des chapitres VI à X du titre II du livre II et de l'article L. 851-3 du Code de la sécurité intérieure : elle prolongeait différentes mesures de lutte contre le terrorisme dont le Parlement avait autorisé la mise en œuvre jusqu'au 31 décembre 2020 (fermeture administrative des lieux de culte, mesures de surveillance, technique de renseignement dite « algorithme ») ; Loi n° 2021-998 du 30 juillet 2021 relative à la prévention d'actes de terrorisme et au renseignement. *JORF 0176du 31 juillet 2021.*
91. Cons. const., 16 févr. 2018, n° 2017-691 QPC, *M. Farouk B.*
92. Cons. const., 29 mars 2018, n° 2017-695 QPC, *M. Rouchdi B. et autre* [Mesures administratives de lutte contre le terrorisme] (réserve d'interprétation).
93. Décret n° 2020-260 du 16 mars 2020 portant réglementation des déplacements dans le cadre de la lutte contre la propagation du virus covid-19.
94. Loi 2020-290du 23 mars 2020 d'urgence pour faire face à l'épidémie de covid-19 ; Loi organique n° 2020-365 du 30 mars 2020 d'urgence pour faire face à l'épidémie de covid-19.
95. Article 1 du décret n °2020-260 du 16 mars 2020 : Afin de prévenir la propagation du virus covid-19, est interdit jusqu'au 31 mars 2020 le déplacement de toute personne hors de son domicile à l'exception des déplacements pour les motifs suivants, dans le respect des mesures générales de prévention de la propagation du virus et en évitant tout regroupement de personnes :
    1° Trajets entre le domicile et le ou les lieux d'exercice de l'activité professionnelle et déplacements professionnels insusceptibles d'être différés ;
    2° Déplacements pour effectuer des achats de fournitures nécessaires à l'activité professionnelle et des achats de première nécessité dans des établissements dont les activités demeurent autorisées par arrêté du ministre chargé de la santé pris sur le fondement des dispositions de l'article L. 3131-1 du Code de la santé publique ;
    3° Déplacements pour motif de santé ;
    4° Déplacements pour motif familial impérieux, pour l'assistance des personnes vulnérables ou pour la garde d'enfants ;
    5° Déplacements brefs, à proximité du domicile, liés à l'activité physique individuelle des personnes, à l'exclusion de toute pratique sportive collective, et aux besoins des animaux de compagnie.

motifs injustifiés était passible d'une peine d'amende dont le montant s'alourdissait fortement en cas de récidive ou de récidives multiples. Le régime juridique d'exception ainsi créé aboutissait à ne laisser subsister la liberté d'aller et de venir qu'en cas de nécessité avérée. D'autres libertés furent également restreintes par le confinement imposé par les pouvoirs publics.

La mise en œuvre de ce régime de confinement opérationnel à compter du 17 mars 2020 pendant 55 jours fut appliquée strictement. Elle fut ensuite progressivement levée à compter du 11 mai 2020 mais cependant pas généralisée : elle fut maintenue sur certains territoires (Mayotte) et au sein de certaines institutions hébergeant des personnes à « risque » au regard de la propagation du virus.

Le régime qui s'ensuivit fut une succession de prolongations et de restrictions. La loi initiale du 23 mars 2020 relative à l'état d'urgence sanitaire fut prolongée par celle du 11 mai 2020 prorogeant l'état d'urgence sanitaire et complétant ses dispositions puis par une nouvelle loi du 9 juillet 2020 organisant la sortie de l'état d'urgence sanitaire. La fin de l'été 2020 fut marquée par une recrudescence des contaminations qui donna lieu d'abord à des mesures de couvre-feu dans certains départements particulièrement touchés par une recrudescence des contaminations, puis par une nouvelle mesure de confinement généralisé à compter du 30 octobre jusqu'au 15 décembre 2020. Comme lors du premier confinement, le régime fut d'abord institué par décret (n° 2020-1257 du 14 oct. 2020 déclarant l'état d'urgence sanitaire) avant d'être à nouveau soumis au législateur (loi n° 2020-1379 du 14 nov. 2020 autorisant la prorogation de l'état d'urgence sanitaire et portant diverses mesures de gestion de la crise sanitaire). À l'issue de cette période, il fut remplacé par un régime national de couvre-feu entre 20 h et 6 h qui fût renforcé par des horaires plus larges en janvier 2021 (décr. n° 2020-1582 du 14 déc. 2020 modifiant les décrets n° 2020-1262 du 16 oct. 2020 et n° 2020-1310 du 29 oct. 2020 prescrivant les mesures générales nécessaires pour faire face à l'épidémie de covid-19 dans le cadre de l'état d'urgence sanitaire). En 2021, un nouveau processus d'extension de l'état d'urgence sanitaire fut engagé qui donna naissance tout au long de l'année à une série de lois qui maintinrent le régime d'urgence en l'aménageant au fil des vagues de contamination de covid-19. Furent successivement adoptées la loi n° 2021-160 du 15 février 2021 prorogeant l'état d'urgence sanitaire, la loi n° 2021-689 du 31 mai 2021 relative à la gestion de la sortie de la crise sanitaire, la loi n° 2021-1040 relative à la gestion de la crise sanitaire, la loi n° 2021-1172 du 11 septembre 2021 autorisant la prorogation de l'état d'urgence sanitaire dans les outre-mer et la loi n° 2021-1465 du 10 novembre 2021 portant diverses dispositions de vigilance sanitaire. Cette dernière loi proroge le régime juridique de sortie de la crise sanitaire jusqu'au 31 juillet 2022. Cet usage répété des régimes dérogatoires fondés sur l'urgence sanitaire a profondément affecté la liberté d'aller et de venir.

Si la liberté d'aller et de venir a été suspendue dans son principe — que ce soit pour la totalité des horaires quotidiens ou limitée aux sorties nocturnes —, en pratique elle a connu des dérogations d'abord très strictes pendant le premier confinement puis plus larges durant le deuxième où les entreprises et les écoles ont pu continuer à fonctionner. Il n'en reste pas moins que ces dérogations nécessitaient de se munir d'une attestation de déplacement dérogatoire et des justificatifs du déplacement ou de la sortie. Il est vrai que si certains motifs dérogatoires nécessitaient une preuve particulière, d'autres en revanche étaient laissées à l'initiative de chaque individu (achat de denrées de première nécessité, sortie d'aération…). Il faut ajouter que ces autorisations de sortie étaient remplies par chaque individu qui s'établissait en quelque sorte une « autorisation de sortie ». La situation était différente de celles de nombre d'autres États où la règle oscillait entre l'interdiction de sortie totale à certaines périodes (Inde, Afrique du sud) et la nécessité d'obtenir une autorisation préalable de sortie de la part des autorités publiques (Grèce, Argentine).

Ces restrictions furent soumises pour nombre d'entre elles au contrôle juridictionnel et les décisions rendues furent assez nombreuses, le plus souvent rendues selon une procédure d'urgence, justifiée par la spécificité du contexte et l'atteinte aux droits et libertés[96]. On remarquera tout d'abord que les mesures

96. L'une des premières décisions rendues en la matière fût l'ordonnance en référé du 22 mars 2020 Syndicat jeunes médecins par laquelle les requérants demandaient aux autorités publiques (le gouvernement) de prendre des mesures beaucoup plus contraignantes en matière de déplacements que

de restriction prises l'ont été au nom de l'État et que les collectivités territoriales qui réclamaient un pouvoir d'adaptation, voire la possibilité de prendre des mesures plus strictes, furent fortement encadrées : nombre de mesures locales furent considérées comme illégales avant parfois d'être adoptées au niveau national par le gouvernement. Ce fut par exemple initialement le cas lorsque le maire de la commune de Sceaux imposa en avril 2020 le port du masque sanitaire aux personnes se déplaçant en extérieur sur le territoire de sa commune, mesure invalidée par une ordonnance n° 440057 du 17 avril 2020 du Conseil d'État *Ligue des droits de l'homme* dans le cadre d'un recours en référé-liberté. Par ailleurs, il faut souligner ici que la jurisprudence développée à l'occasion de l'état d'urgence sanitaire ne s'est pas écartée du cadre classique appliqué à l'égard du contrôle juridictionnel durant les périodes d'urgence : le juge ne modifie pas la logique de son contrôle mais accepte un seuil de tolérance aux restrictions plus important en fonction de la nature de la menace qui génère l'urgence. S'il maintient cette exigence d'adaptation de la restriction au regard du péril encouru, il peut cependant difficilement évaluer la réalité du risque justifiant la restriction à la liberté d'aller et de venir. Ceci explique notamment que si certaines décisions emblématiques ont été rendues estimant que la restriction allait trop loin[97], dans la grande majorité des cas, le juge accepte les restrictions prises par l'autorité publique nationale[98] et se montre au contraire très pointilleux sur les mesures de restriction locales. Le juge a également mis fin à certains excès de zèle de l'administration lorsqu'une restriction supplémentaire imposée ne figurait pas expressément dans le texte initial[99]. La lutte contre la pandémie de covid-19 a engendré progressivement des conséquences inattendues — mais somme toute assez logiques — à l'égard de la liberté d'aller et de venir. Alors que les progrès de la science médicale ont permis la mise sur le marché de vaccins contre le virus, la France n'a pas choisi d'imposer une obligation vaccinale comme ont pu le faire d'autres États (Autriche par exemple) mais s'est orientée vers une politique d'incitation (contraignante) dont le résultat s'est traduit par une modulation de la liberté d'aller et de venir à travers la nécessité de présenter un certificat de vaccination ou de non-contamination baptisé « passe sanitaire ». Ce certificat permettait à ses titulaires d'accéder à des lieux — le plus souvent des espaces fermés — de culture, de loisirs, de socialisation (bars, restaurants…) restreignant l'accès de ceux qui ne disposaient pas d'un tel certificat. Si les personnes non-vaccinées pouvaient néanmoins accéder à ces lieux en montrant des tests de dépistage ou des certificats de guérison, il n'en fut plus de même lorsque le certificat se transforma en « passe vaccinal » à la fin de l'année 2021. Ce durcissement, justifié par une recrudescence des contaminations liée à l'apparition d'un nouveau variant « omicron », conduisait tout simplement à exclure les personnes non-vaccinées de l'accès à certains lieux. Ces restrictions à la liberté d'aller et de venir conduisaient à créer un régime asymétrique en fonction du statut sanitaire puis vaccinal des personnes souhaitant se rendre dans certains lieux. Bien que ce phénomène soit dénoncé par les opposants à cette discrimination en fonction du statut, le Conseil constitutionnel en admit la constitutionnalité dans une décision du 21 janvier 2022[100] par laquelle il refusa de se substituer à l'appréciation du législateur tout en constatant que la mesure était temporaire et qu'elle n'était pas manifestement inadéquate.

---

celles déjà prises au nom de la protection du « droit à la vie ». Le Conseil d'état enjoignit de prendre un certain nombre de mesures sans accéder à la demande principale de la requête, Ord. n° 439674

97. V. par exemple sur l'obligation de port du masque dans les zones urbaines, l'ordonnance en référé du Conseil d'État du 6 septembre 2020 Ministre des solidarités et de la santé c. M. D et autres, ordonnance par laquelle le Conseil d'État enjoint au représentant de l'État dans le département de modifier son arrêté considéré comme trop général et ne respectant pas l'exigence de proportionnalité.

98. V. par exemple l'ordonnance en référé du Conseil d'État du 27 mars 2020 GISTI, refusant de prononcer une injonction de fermeture des centres de rétention administrative aux autorités publiques en estimant qu'aucun droit ou liberté fondamental n'était menacé. (Ord. n° 439720).

99. V. par exemple l'ordonnance en référé du Conseil d'État du 30 avril 2020 Fédération française des usagers de la bicyclette par laquelle il reconnait l'illégalité de la verbalisation des personnes circulant à bicyclette dans le cadre des dérogations autorisées aux règles de confinement. Le juge établit une distinction entre le contenu de la dérogation (autorisation de sortie) et les moyens utilisés lors de ces déplacements. CE, ord. réf., 30 avr. 2020, no, ECLI :FR :CEORD :2020:440179.20200430, Mentionné aux Tables du Recueil Lebon, *Gaz. Pal.* 19 mai 2020, n° 379e9, p. 46 obs. N. Finck.

100. Cons. const. déc. n° 2022-835 DC du 21 janvier 2022 Loi renforçant les outils de gestion de la crise sanitaire et modifiant le Code de la santé publique. Le Conseil constitutionnel confirme ici sa jurisprudence antérieure à l'égard du passe sanitaire Décision n° 2021-824 DC du 5 août 2021 *Loi relative à la gestion de la crise sanitaire*

Les restrictions à la liberté d'aller et de venir dans le cadre de l'urgence sanitaire ont touché tous les domaines et toutes les personnes. Il est encore trop tôt pour apprécier l'impact que générera sur le long terme cet ensemble de restrictions. Il est cependant nécessaire de s'interroger sur le caractère temporaire ou pérenne de certaines mesures qui semblent vouées à une certaine postérité.

## B • Les restrictions à la liberté d'aller et de venir des étrangers

**486** Comparée à la situation des nationaux, la liberté d'aller et de venir des étrangers connaît des restrictions beaucoup plus sévères. Ce régime restrictif n'est pas propre à la France : tous les États mettent en œuvre une politique d'immigration permettant le contrôle des entrées et sorties des étrangers sur leur territoire national. Ces restrictions ne possèdent pas toutes les mêmes justifications ni le même degré de contrainte. Deux situations doivent être distinguées. D'une part, celle où l'étranger se trouve régulièrement en France : dans ce cas, sa liberté d'aller et de venir possède les mêmes traits dominants que celle des nationaux. Seul le régime juridique et les modalités de contrôle pourront varier ; d'autre part, celle de l'étranger en situation irrégulière, pour lequel la liberté est souvent réduite à sa négation. Le régime actuel de l'entrée et du séjour des étrangers en France est organisé par l'ordonnance du 2 novembre 1945, modifiée de nombreuses fois, notamment par la loi n° 2003-1119 du 26 novembre 2003 relative à la maîtrise de l'immigration, au séjour des étrangers en France et à la nationalité dite « Sarkozy I », complétée par la loi n° 2003-1176 du 10 décembre 2003 relative au droit d'asile[101], la loi n° 2006-911 du 24 juillet 2006 relative à l'immigration et à l'intégration dite « Sarkozy II », la loi n° 2007-1631 du 20 novembre 2007 dite « Hortefeux » relative à la maîtrise de l'immigration, à l'intégration et à l'asile, qui ne fait qu'ajuster les textes antérieurs, puis la loi n° 2011-672 du 16 juin 2011 relative à l'immigration, à l'intégration et à la nationalité et enfin la loi n° 2016-274 du 7 mars 2016 sur le droit des étrangers en France. En février 2023, le gouvernement a présenté un nouveau projet de loi relatif au contrôle de l'immigration. Ces modifications d'abord motivées par les alternances politiques après 1980, sont apparues aux yeux de tous les gouvernements successifs de plus en plus nécessaires pour mettre en œuvre concrètement et efficacement des règles dont l'efficacité a laissé à désirer dans la mise en œuvre[102]. *Il faut distinguer dans ce régime l'entrée, le séjour et la sortie du territoire.*

### 1 • Les règles relatives à l'entrée des étrangers sur le territoire français

**487** **Entrée des étrangers et des demandeurs d'asile.** L'entrée proprement dite sur le sol français est soumise à un certain nombre de conditions liées à la volonté de préserver l'ordre public mais aussi de s'assurer des conditions d'existence de l'étranger durant son séjour[103]. L'entrée en France est soumise à l'obligation de présenter un passeport revêtu d'un visa[104], ainsi que les preuves relatives aux moyens d'existence et aux garanties d'hébergement[105]. L'étranger doit également posséder ou être en

101. L. n° 2003-1119, 26 nov. 2003 relative à la maîtrise de l'immigration, au séjour des étrangers en France et à la nationalité, dite loi « Sarkozy I », *D.* 2003. 3012, complétée par L. n° 2003-1176, 10 déc. 2003 relative au droit d'asile, *D.* 2004. 35. V. sur la loi « Sarkozy I », F. Julien-Lafferrière, « Une modification d'ampleur de l'ordonnance du 2 novembre 1945 », *AJDA* 2004. 260-271.

102. V. en sens D. Turpin, « La loi n° 2003-1119 du 26 novembre 2003 relative à la maîtrise de l'immigration, au séjour des étrangers en France et à la nationalité », *D.* 2004. Chron. 283.

103. V. en ce sens, CEDH 11 juin 2009, *S.D. c/ Grèce*, req. n° 53541/07 et CEDH 21 janv. 2011, *MSS c/ Belgique et Grèce*, req. n° 30696/09, sur la condamnation des États au titre des mauvaises conditions d'hébergement du demandeur d'asile.

104. Aujourd'hui délivré dans le cadre de l'Espace Schengen, ce qui permet à un étranger non ressortissant d'un État membre de se déplacer dans tous les pays membres de cet espace sans avoir à faire la demande d'un nouveau visa. Le visa n'est parfois pas obligatoire notamment lorsqu'il existe un accord de réciprocité de dispense de visa.

105. V. art. 5-3 de l'ord. du 2 nov. 1945 modifiée. La loi du 26 nov. 2003 a confirmé l'exigence d'un certificat d'hébergement établi par la personne qui le prend en charge mais cette attestation doit faire l'objet d'une validation par la mairie. Ce système est donc plus contraignant que ne l'était celui de la loi de 1998. Par ailleurs le nouvel art. 5-3 fixe avec précision les conditions qui doivent motiver un refus de validation.

mesure de posséder un titre de transport de retour[106]. Le respect de ces conditions n'exclut pas le refus d'entrée de l'étranger pour des motifs tirés des risques de trouble à l'ordre public, qui peut être opposé par les autorités de police compétentes. En revanche, le Conseil constitutionnel s'est opposé à une tentative du législateur, par le biais d'un amendement déposé à l'Assemblée nationale lors de l'adoption de la loi Hortefeux, d'introduire des statistiques ethniques dans la politique d'immigration. Dans sa décision, le Conseil a considéré que « si les traitements nécessaires à la conduite d'études sur la mesure de la diversité des origines des personnes, de la discrimination et de l'intégration peuvent porter sur des données objectives, ils ne sauraient, sans méconnaître le principe énoncé par l'article 1er de la Constitution, reposer sur l'origine ethnique ou la race »[107], censurant ainsi l'article 63 de la loi déférée. Dans certaines situations, il est possible de mettre en place des zones d'attentes. Celles-ci constituent une « fiction juridique permettant de considérer qu'un étranger, bien que physiquement présent sur le territoire français, n'a pas été juridiquement admis à entrer sur ce territoire »[108]. La loi de 2011 complète par ailleurs la possibilité d'étendre de telles zones lorsque plus de dix étrangers arrivent sur le territoire français en dehors d'un point de passage frontalier. Au vu des conditions limitatives importantes, le Conseil constitutionnel a déclaré ces nouvelles dispositions conformes à la Constitution[109]. La réforme de 2016 a déterminé le cadre juridique de l'accès des journalistes à ces zones d'attente. L'article 45 de la loi du 7 mars 2016 précise ainsi que « sous réserve de ne pas porter atteinte à la dignité des personnes et aux exigences de sécurité et de bon fonctionnement de la zone d'attente, les journalistes titulaires de la carte d'identité professionnelle [...] peuvent être autorisés à y accéder dans des conditions fixées par décret en Conseil d'État. »

Par ailleurs, les *réfugiés* possèdent également un droit d'entrée sur le territoire en vertu de la valeur constitutionnelle du droit d'asile[110]. Le régime juridique du droit d'asile est issu de la loi du 25 juillet 1952 modifiée. La loi du 10 décembre 2003 a confirmé la rénovation du droit d'asile opérée en 1998[111], en reconnaissant à côté de l'asile traditionnel issu de la convention de Genève du 28 juillet 1951[112], l'asile constitutionnel issu des dispositions du préambule de la Constitution de 1946[113] et la protection subsidiaire (anciennement appelé « asile territorial » par la loi de 1998) accordée par l'OFPRA (Office français de protection des réfugiés et apatrides) à un étranger dont la vie serait menacée ou exposé à la torture ou des traitements inhumains ou dégradants[114]. À cet égard, le Conseil d'État a accordé le statut de réfugié à une personne mineure menacée d'excision dans son pays d'origine mais a refusé d'étendre cette protection à ses parents[115]. La loi « Sarkozy II » de 2006, complétée par la loi de 2015, avalise une liste de pays « sûrs »[116], dans le but de permettre un traitement rapide des demandes

106. La convention de Schengen du 19 juin 1990 a imposé aux transporteurs aériens et maritimes de s'assurer que les personnes qu'ils transportent sont en possession des documents de voyage requis. Le non-respect de cette disposition est susceptible d'entraîner des sanctions à l'encontre du transporteur. Art. 35 *ter* de l'ordonnance de 1945.

107. Cons. const. 15 nov. 2007, n° 2007-557 DC, Loi relative à la maîtrise de l'immigration, à l'intégration et à l'asile, consid. 29.

108. F.-N. Buffet, Rapport fait au nom de la commission des lois sur le projet de loi, adopté par l'Assemblée nationale, relatif à l'immigration, à l'intégration et à la nationalité, Sénat, session ordinaire 2010-2011, n° 239, t. I, 19 janv. 2011, p. 72.

109. Cons. const. 9 juin 2011, n° 2011-631 DC, préc.

110. Outre sa présence et sa reconnaissance dans le préambule de la Constitution de 1946, le Conseil constitutionnel dans sa décision n° 93-325 DC du 13 août 1993, *Maîtrise de l'immigration* (*RJC* I-539), a déclaré contraires au droit d'asile certaines des dispositions de la loi. Afin de mettre en conformité l'ordre juridique français avec les engagements internationaux (not. les conventions de Schengen et de Dublin), une révision constitutionnelle est intervenue en 1993 pour intégrer le droit d'asile dans le corps de la Constitution de 1958 (art. 53-1).

111. V. L. n° 52-893, 25 juill. 1952 relative au droit d'asile, modifiée par L. n° 2003-1176, 10 déc. 2003. L'ordonnance du 20 mars 2002 a remodelé et précisé les dispositions relatives à l'entrée et au séjour des étrangers en Nouvelle-Calédonie. Elle n'empêche cependant pas l'application de la loi de 2003 au territoire de Nouvelle-Calédonie.

112. Amendée par le Protocole de New York de 1967 et publiée au *JO* 18 avr. 1971.

113. Art. 29 de la loi du 11 juill. 1998 : « La qualité de réfugié est reconnue [...] à toute personne en raison de son action en faveur de la liberté ». Ces termes reprennent ceux du préambule de 1946.

114. Art. 13 de la loi n° 52-893 du 25 juill. 1952 modifiée relative au droit d'asile.

115. CE 21 déc. 2012, req. n°s 332491, 332492, 332607.

116. Actuellement, la liste actualisée comporte treize pays : l'Albanie, l'Arménie, la Bosnie-Herzégovine, le Cap-Vert, la Géorgie, l'Inde, le Kosovo, la Macédoine du Nord, Maurice, la Moldavie, la Mongolie, le Monténégro et la Serbie.

déposées en France : sauf exceptions, les demandes émanant de ressortissants de ces pays sont rejetées. Le 29 juillet 2015, la loi n° 2015-925 relative à la réforme du droit d'asile a été adoptée. Elle fait écho aux directives européennes de juin 2013[117] en vue de renforcer les garanties des personnes ayant besoin d'une protection internationale et de favoriser un traitement diligent des demandes d'asile. Cette réforme a notamment amené de nouvelles garanties procédurales, la réforme du contentieux de l'asile et de nouvelles protections des droits des demandeurs[118].

La difficulté générée par la situation des demandeurs d'asile tient au fait qu'ils ne peuvent pas, dans la plupart des cas, se voir immédiatement accorder le statut de réfugié. Ils disposent donc d'un titre d'entrée et de séjour provisoire[119] valable jusqu'à ce que les instances compétentes[120] aient statué. Le droit d'accès au territoire français est une des composantes du droit d'asile[121]. Pour pouvoir être effectif, il doit être accordé non seulement au bénéficiaire du droit mais aussi au demandeur en attente d'une décision quant à son statut. Néanmoins, si le ressortissant d'un État tiers qui demande l'asile prive l'État membre de le considérer comme étant en situation irrégulière, le droit de l'Union ne fait pas obstacle à ce que le demandeur fasse l'objet d'une rétention administrative dès lors que cette demande semble être déposée dans le but de faire obstruction à une mesure d'éloignement[122]. On remarquera par ailleurs que si seul l'OFPRA peut accorder juridiquement le statut de réfugié, la qualité de réfugié en ce qui concerne le prononcé d'une sanction pénale peut être appréciée par le juge saisi au regard des critères fixés par la convention de Genève du 28 juillet 1951[123].

Promise par le gouvernement, la loi du 10 septembre 2018 intitulée *pour une immigration maîtrisée, un droit d'asile effectif et une intégration réussie* a réformé un certain nombre de dispositions antérieures. Ce texte complète les dispositions précédentes dont certaines possèdent un effet direct sur l'exercice de la liberté d'aller et de venir.

Un recours contre une décision relative à une demande d'asile ne permettra plus de suspendre une mesure d'éloignement pour les personnes originaires de pays dit « sûrs ». De plus, un demandeur débouté ne pourra plus solliciter une autre demande de séjour excepté en cas de circonstances nouvelles. Pendant le délai de recours accordé aux déboutés, qui auront obligation de quitter le territoire, le recours à l'assignation à domicile sera possible.

La durée maximale de la rétention a été doublée et passe de 45 à 90 jours. La retenue administrative pour vérification du droit de séjour est passée de 16 à 24 heures. Le Conseil constitutionnel estime que ces modifications ne sont pas contraires à la liberté d'aller et de venir en raison d'une « conciliation qui n'est pas déséquilibrée » entre cette liberté, la liberté individuelle et l'objectif de valeur constitutionnelle de protection de l'ordre public[124].

Le délit de franchissement non autorisé des frontières extérieures à l'espace européen est sanctionné d'un an de prison et 3 750 € d'amendes. La loi prévoit des échanges d'informations entre *l'Office français de l'immigration et de l'intégration* (Ofii) et les services d'hébergement d'urgence, concernant les demandeurs d'asile et les réfugiés.

La loi vise également à sécuriser le droit au séjour des bénéficiaires de la protection internationale ainsi que des membres de leur famille, en allongeant à quatre ans (au lieu d'un an actuellement) la durée

117. Not. la directive n° 2013/32.
118. L. n° 2015-925, 29 juill. 2015 relative à la réforme du droit d'asile.
119. À cet égard, v. TA Nantes, 16 sept. 2014, req. n° 1407765 : le juge des référés a jugé que portait une atteinte grave et manifestement illégale à une liberté fondamentale le refus de délivrer un visa à une famille syrienne qui souhaitait demander l'asile en France.
120. L'OFPRA et la commission des recours des réfugiés (juridiction administrative spécialisée) sont devenus les uniques interlocuteurs en matière de demandes d'asile et de recours contre les refus d'octroi de ces demandes.
121. La demande d'asile est bien génératrice d'un droit ; en effet la Cour de cassation refuse d'y voir une manœuvre dilatoire et abusive de la part d'un étranger, souhaitant faire obstruction à l'arrêté de reconduite à la frontière le concernant (Civ. 1re, 29 juin 2011, n° 10-21.431).
122. CJUE 30 mai 2013, *Mehmet Arslan c/ Policie CR*, aff. C-534/11.
123. Toulouse 15 févr. 2001, *D.* 2003. Somm. 175, obs. M.-H. Gozzi.
124. Cons. const. 6 sept. 2018, n° 2018-770 DC, *Loi pour une immigration maîtrisée, un droit d'asile effectif et une intégration réussie*, (§ 98).

du titre de séjour pour les bénéficiaires de la protection subsidiaire et les apatrides, dès leur première admission au séjour et lors de son renouvellement. Elle uniformise les conditions de délivrance des titres de séjour prévues pour les membres de la famille des bénéficiaires d'une protection internationale et étend le bénéfice de la réunification familiale aux frères et sœurs du mineur réfugié.
La loi prévoit également une protection renforcée pour les jeunes filles qui risquent toute forme de violence sexuelle mutilante et contient des dispositions protectrices pour les victimes de violences conjugales. Le texte étend le passeport « talent » aux salariés d'entreprises innovantes. La mobilité des étudiants et chercheurs entre leur pays d'origine et la France sera facilitée, mais aussi dans le cadre de programmes de mobilité intra-européens. La recherche d'emploi sera facilitée pour ceux qui auront terminé leurs études en France et justifieront d'un niveau suffisant.
Enfin, en nouvelle lecture, l'Assemblée nationale a adopté un amendement visant à transposer la décision du Conseil constitutionnel du 6 juillet sur le délit d'aide à l'entrée, à la circulation ou au séjour irréguliers d'un étranger (dit « délit de solidarité »)[125]. L'amendement prévoit que l'aide au séjour ou à la circulation d'un étranger en situation irrégulière ne pourra être poursuivi « s'il n'a donné lieu à aucune contrepartie directe ou indirecte et a consisté à fournir des conseils, accompagnements juridiques, linguistiques ou sociaux, ou tout autre aide apportée dans un but exclusivement humanitaire ». L'aide à l'entrée reste sanctionnée[126].

## 2 • Les règles relatives au séjour des étrangers sur le territoire français

**488** ***Les règles applicables en fonction du délai du séjour.*** Les règles relatives au *séjour* sont plus complexes. En deçà de trois mois, le visa touristique figurant sur le passeport suffit. Au-delà de ce terme, il est nécessaire de disposer d'une carte de séjour. Il en existe de différents types.
La loi du 7 mars 2016 amène, sur ce point, un certain nombre de modifications. Elle prétendait poursuivre trois objectifs : améliorer l'accueil et l'intégration des étrangers régulièrement admis au séjour, renforcer l'attractivité de la France en facilitant la mobilité des talents internationaux et lutter plus efficacement contre l'immigration irrégulière.
Pour un séjour ne dépassant pas un an, une carte de séjour temporaire suffit. La loi « Sarkozy II » du 24 juillet 2006 est revenue sur la « prime à la clandestinité », grâce à laquelle un étranger qui justifiait par tout moyen résider en France depuis plus de dix ans bénéficiait de plein droit d'une carte de séjour temporaire. La loi de 2006 opte pour une régularisation « au cas par cas ». La réforme de 2016 ne revient pas sur ce point. Depuis la loi « Sarkozy II », l'octroi d'une carte de séjour temporaire est subordonné, en principe, à la production par l'étranger d'un visa de long séjour (c'est-à-dire supérieur à trois mois), sous réserve des exceptions prévues par la loi, exceptions réduites par la loi Hortefeux. Un amendement à ce dernier texte a, par ailleurs, introduit la possibilité au bénéfice d'un demandeur de visa de long séjour pour raisons familiales de prouver au moyen d'un test ADN sa filiation avec l'un de ses parents, lorsque ce demandeur est ressortissant d'un pays dans lequel l'état civil présente des carences. Le Conseil constitutionnel a émis sur ce point deux réserves d'interprétation (consid. 9 et 16) dans sa décision du 15 novembre 2007, encadrant ainsi rigoureusement la possibilité de recours à un test ADN pour obtenir un visa de long séjour.
Au-delà de ce délai d'un an, il est nécessaire de posséder une carte de résident[127]. La loi du 24 août 1993 a globalement restreint les cas d'automaticité de délivrance de la carte de résident ou a émis

125. Cons. const. 6 juill. 2018, n° 2018-717/718 QPC, *M. Cédric H. et autre* [Délit d'aide à l'entrée, à la circulation ou au séjour irréguliers d'un étranger].
126. V. Crim. 25 janv. 2023, *F-B*, n° 21-86.839.
127. Il en existe de deux types, ordinaire ou privilégié ; elles sont visées aux art. 14 et 15 de l'ordonnance de 1945. Celles visées à l'art. 14 de l'ordonnance sont délivrées discrétionnairement par l'administration alors que celles de l'art. 15 sont délivrées de plein droit en cas de séjour et d'entrée régulière en France. Cela vise notamment le regroupement familial, c'est-à-dire la possibilité pour un étranger résidant régulièrement en France de faire venir son conjoint et ses enfants.

des conditions de délivrance plus strictes ; la loi du 11 mai 1998[128] avait assoupli certaines de ces conditions qui ont été renforcées par la loi du 26 novembre 2003. Cette loi rend l'obtention de la carte de résident plus difficile, notamment en cas de regroupement familial. Les lois Sarkozy II et Hortefeux ont encore rigidifié les conditions du regroupement familial, notamment en faisant passer de douze à dix-huit mois la durée du séjour nécessaire pour pouvoir demander le regroupement familial et en modifiant le plancher des ressources nécessaires ainsi que la condition de logement pour accueillir la famille. La réforme de 2016 a généralisé l'usage de la carte pluriannuelle de séjour. Initialement réservée aux visas étudiants, cette carte de séjour à durée variable en fonction du statut de l'étranger, vise à réduire le nombre de passages en préfecture. Elle est renouvelable à condition que la situation du demandeur n'ait pas changé mais ne donne pas de droit automatique à une carte de résident.

La délivrance de la première carte de résident est soumise et subordonnée à *l'intégration républicaine de l'étranger dans la société française*, condition qui implique une connaissance suffisante de la langue française et des principes régissant la République française[129]. La loi Sarkozy II de 2006 a ainsi rendu obligatoire pour tous les étrangers non-communautaires arrivant en France et souhaitant s'y maintenir la signature d'un « Contrat d'accueil et d'intégration » (CAI), qui était facultatif sous l'empire de la loi du 26 novembre 2003. La loi Hortefeux de 2007 s'est inscrite dans la même logique, en entendant démarrer le parcours d'intégration avant l'arrivée en France. Ce même texte prévoit cependant qu'à l'expiration de la première carte de résident, c'est-à-dire dix ans, l'étranger *peut* obtenir une carte de résident permanent de durée *illimitée* (CESEDA, art. 314-14). La loi du 7 mars 2016 relative au droit des étrangers en France n'a pas remis en cause ce dispositif, mais a renforcé l'articulation entre le suivi et le respect du contrat, d'une part et le droit de séjourner de façon stable, d'autre part.

Le cas des réfugiés doit également être mentionné. En application de la convention de Genève du 28 juillet 1951, la reconnaissance du statut de réfugié entraîne le droit d'asile sur le territoire de la République. En conséquence, le réfugié a le droit de séjourner en France[130] et dispose pour cela d'une carte de résident ordinaire valable dix ans et renouvelable. La carte de réfugié a été supprimée par la loi du 10 décembre 2003 : le réfugié pourra justifier de sa qualité grâce à sa carte de résident sur laquelle sera portée la mention « réfugié », devenue « reconnu réfugié » depuis la réforme de 2015.

La tendance générale est actuellement orientée vers la recherche d'un contrôle plus effectif de l'entrée et du séjour des étrangers[131]. Il faut souligner que l'actuel projet de loi de 2023 sur le contrôle de l'immigration maintient ce cap tout en ouvrant de nouvelles perspectives d'accueil ou de régularisation pour des ressortissants étrangers qui posséderaient certaines qualifications dans les métiers en tension. L'autorité administrative a retrouvé une marge d'appréciation discrétionnaire qu'elle avait eu tendance à perdre. Il faut souligner que si les motifs de maintien et de prévention des troubles à l'ordre public demeurent pour refuser l'entrée sur le territoire ou retirer un titre de séjour, en revanche, certaines justifications du retrait traduisent nettement la volonté du pouvoir politique de s'opposer à certaines pratiques jugées sociologiquement dangereuses à un moment donné, comme la polygamie[132].

128. Art. 6 modifié de l'ordonnance du 2 nov. 1945.
129. La loi du 11 mai 1998 RESEDA a institué la délivrance de nouvelles cartes de séjour temporaire valables un an, à des catégories de personnes déterminées : scientifiques, artistes, grands malades ainsi qu'aux individus disposant de « liens personnels et familiaux » en France. Ces dispositions ont été confirmées avec quelques restrictions par la loi du 26 nov. 2003.
130. Le Conseil d'État a même admis la procédure de regroupement familial au profit d'enfants placés sous tutelle d'un réfugié, et ce même en l'absence d'un lien de filiation (CE 10 juin 2011, req. n° 336287).
131. Les alternances politiques qui se sont succédé depuis 1981 ont donné lieu régulièrement à des modifications de l'ordonnance du 2 nov. 1945 allant tantôt dans un sens plus restrictif, tantôt plus libéral. Quelle que soit la tendance, la volonté d'efficacité du contrôle demeure.
132. Ceci ressort clairement de plusieurs articles de l'ordonnance de 1945 modifiée comme l'art. 15 *bis* par ex.

## 3 • Les règles concernant les ressortissants de l'Union européenne

**489** ***Les conditions d'entrée et de séjour des ressortissants de l'Union.*** Ces règles relatives à l'entrée et au séjour ne sont pas uniformément appliquées à tous les étrangers. Les ressortissants de l'Union européenne bénéficient d'un régime plus favorable compte tenu des libertés de circulation et d'établissement dont ils bénéficient[133]. Les conditions de circulation et de séjour des citoyens de l'Union et des membres de leur famille ont été modifiées en profondeur par la directive n° 2004/38/CE du 29 avril 2004[134], transposée par la loi « Sarkozy II » du 24 juillet 2006. Cette directive est particulièrement importante, puisqu'elle abroge et remplace toutes les directives antérieures en la matière depuis 1964. *Pour une période de trois mois*, tout ressortissant communautaire a le droit de se rendre dans un autre État membre en disposant d'une carte d'identité ou d'un passeport en cours de validité, aucun visa d'entrée ou de sortie ne pouvant lui être imposé. Il appartient cependant aux autorités douanières de l'État membre de vérifier si la présence de l'intéressé constitue une menace réelle, actuelle et suffisamment grave affectant un intérêt fondamental de la société[135], la seule inscription sur le fichier Schengen de non-admission n'étant pas un motif suffisant de refus d'entrée[136]. À la suite des attentats du 13 novembre 2015, la France a temporairement rétabli les contrôles d'identité à ses frontières. Si cette mesure visait, initialement, à sécuriser la conférence de Paris sur le climat, la mesure a été renforcée à la suite des attentats de Nice du 14 juillet 2016. Cette mesure est prévue dans les Accords de Schengen et permet aux États membres de rétablir le contrôle d'identité à leurs frontières en cas de menaces à l'ordre public ou à la sécurité. Face à la « crise des migrants », d'autres pays européens ont décidé de réintroduire le contrôle à leurs frontières[137]. Les règles relatives à l'entrée des citoyens d'États tiers à l'Union mais ayant un lien familial avec un ressortissant communautaire connaissent en outre un assouplissement constant. Ainsi, la Cour de justice des Communautés européennes a jugé que le ressortissant d'un État tiers qui a un lien familial avec un citoyen de l'Union s'étant installé dans un autre État membre jouit automatiquement du droit de séjourner dans l'État membre d'accueil[138]. La Cour de justice de l'Union européenne semble avoir franchi une nouvelle étape en ce domaine en détachant ce droit au séjour né d'un lien familial avec un citoyen de l'Union de la libre circulation. En effet, dans un arrêt *Ruiz Zambrano* du 8 mars 2011, elle considère que les dispositions du Traité sur le fonctionnement de l'Union européenne relatives à la citoyenneté européenne « doivent être interprétées en ce sens qu'elles confèrent à l'ascendant, ressortissant d'un État tiers, qui assume la charge de ses enfants en bas âge, citoyens de l'Union, un droit de séjour dans l'État membre dont ceux-ci ont la nationalité et dans lequel ils résident »[139]. Ainsi, ce droit de séjour se trouve désormais rattaché directement à la citoyenneté européenne et non plus à la libre circulation qui justifiait jusqu'alors la reconnaissance de ce droit. Des mesures nationales allant dans un sens contraire seraient considérées comme privant les personnes concernées « de la jouissance effective de l'essentiel des droits attachés au statut de citoyen de l'Union »[140]. Néanmoins, la Cour de justice semble vouloir circonscrire la portée de l'arrêt *Ruiz Zambrano* et le reléguer à un cas d'espèce justifié par le bas âge du citoyen de l'Union. En effet, elle rappelle dans

---

133. Toutefois, cette liberté d'établissement peut emporter des conséquences indirectes sur la libre circulation, en ce que la CJUE a pu juger qu'il était possible d'interdire à un ressortissant d'un État membre de quitter le territoire au motif que celui-ci ne se serait pas acquitté d'une dette fiscale de la société dont il est l'un des gérants (CJUE 17 nov. 2011, *Petar Aladzhov*, aff. C-434/10).
134. *JOUE* L. 158/77, 30 avr. 2004.
135. CJCE 28 oct. 1975, *Rutili*, aff. 36/75 et CE 1er oct. 2014, req. n° 365054, *Mme B.A.* (les faits d'escroquerie visant une personne ayant déjà fait l'objet de signalements pour des faits similaires sont constitutifs d'une « menace réelle, actuelle et suffisamment grave pour la sécurité publique »).
136. CJCE 31 janv. 2006, *Commission c/ Royaume d'Espagne*, aff. C-503/03, *RTD eur.* juill. 2006, comm. Martin.
137. C'est le cas notamment de l'Italie, de la République Tchèque, de la Slovaquie, de l'Allemagne, de la Belgique ou encore de la Pologne.
138. CJCE 9 janv. 2007, *Jia*, aff. C-1/05, *AJDA* 2007. 295, Chron. Broussy, Donnat, Lambert.
139. CJUE 8 mars 2011, *M. Ruiz Zambrano*, aff. C-34/09. Pour une application, v. CE 9 déc. 2014, req. n° 386029.
140. Position confirmée par l'arrêt de la CJUE du 5 mai 2011, *Shirley McCarthy*, aff. C-434/09, *JCP* 2011, n° 27, note S. Hennion ; et même précisée par l'arrêt de la CJUE du 15 nov. 2011, *Murat Dereci et a. c/ Bundesministerium für Inneres*, aff. C-256/11, *Europe* 2012, n° 1, note A. Rigaux.

deux arrêts que les ressortissants de pays tiers ne bénéficient que d'« un droit dérivé » au regroupement familial rattaché à l'exercice de la liberté de circulation dont jouit le citoyen de l'Union. Ainsi, l'article 20 du Traité sur le fonctionnement de l'Union européenne n'est pas opposable au refus d'un État membre de délivrer un titre de séjour à un ressortissant d'un pays tiers alors que celui-ci veut bénéficier du regroupement familial auprès d'un citoyen de l'Union qui n'a jamais fait usage de sa liberté de circulation dès lors que ce refus ne prive pas ledit citoyen de la jouissance effective de cette liberté[141]. Ajoutons que la Cour a pris le soin de préciser que la demande de séjour doit être présentée dans l'État où réside le citoyen européen[142].

Au-delà de cette période de trois mois, le droit de séjour est conditionné par certaines qualités[143] : soit exercer une activité économique, en qualité de travailleur salarié ou non, soit disposer de ressources suffisantes et d'une assurance-maladie, soit suivre une formation professionnelle en tant qu'étudiant, soit être membre de la famille d'un membre de l'Union disposant de l'une de ces qualités. Tout ressortissant de l'Union européenne acquiert un droit de séjour permanent dans l'État membre d'accueil après y avoir légalement résidé pendant une période ininterrompue de cinq ans (une absence de plus de deux années consécutives fait perdre le bénéfice de ce droit), pour autant qu'il n'ait pas fait l'objet d'une mesure d'éloignement. La carte de séjour permanent ainsi délivrée possède une durée illimitée, et est renouvelable tous les dix ans. Cependant, le refus d'octroi ou de renouvellement de cette carte reste possible s'il est fondé sur des risques de troubles à l'ordre public[144]. Il faut encore relever que cette liberté de circulation et de séjour reconnue à tout citoyen de l'Union européenne n'est pas absolue. Ainsi, la CJCE a considéré qu'une clause de résidence imposée aux chômeurs de plus de cinquante ans comme condition du maintien de leur droit à l'allocation-chômage n'était pas contraire aux dispositions du traité[145].

En outre, si les ressortissants de l'Union européenne ne jouissent pas d'une liberté totale de mouvement et de déplacement lorsqu'ils ont été poursuivis pour une infraction pénale[146], la Cour de justice des Communautés européennes avait néanmoins estimé que l'extinction des poursuites dans un État membre contre un ressortissant empêchait un autre État membre d'engager des poursuites conformément au principe *non bis in idem*[147]. Ceci illustre la façon dont la Cour de justice développe sa propre jurisprudence en matière de liberté d'aller et de venir, laquelle peut engendrer des conséquences conflictuelles sur la jurisprudence interne des États membres en la matière qui devront s'y conformer en raison du principe de primauté. La loi du 26 novembre 2003 a, par ailleurs, dans un domaine voisin, transposé la directive n° 2001/40/CE du 28 mai 2001 (*JOCE* 2 juin 2002) en insérant un article 28 *bis* à l'ordonnance du 2 novembre 1945 prévoyant que la reconduite à la frontière peut être décidée par le préfet lorsqu'un étranger non-ressortissant d'un État membre de l'Union européenne, qui se trouve sur le territoire français, a fait l'objet d'une décision d'éloignement exécutoire prise par l'un des autres États membres de l'Union européenne.

141. CJUE 6 déc. 2012, *O. et S. c/ Maahanmuuttovirasto et Maahanmuuttovirasto c/ L.*, aff. jtes C-356/11 et C-357/11 ; 8 mai 2013, *Kreshnik Ymeraga et a.*, aff. C-87/12.
142. CJUE 8 nov. 2012, *Yoshikazu Iida c/ Stadt Ulm*, aff. C-40/11.
143. V. CJCE 11 avr. 2000, *Arben Kaba*, aff. C-356/98, *JDI* 1er avr. 2001, comm. Luby.
144. V. en ce sens CJCE 26 nov. 2002, *Aitor Oteiza Olazabal*, aff. C-100/01, *Dr. adm.* 2003, n° 13, *AJDA* 2003. 386, Chron. Belorgey, Gervasoni et Lambert.
145. CJCE 18 juill. 2006, *De Cuyper*, aff. C-406/04, *JCP S* 2006, n° 41, note Willmann.
146. V. par ex. récemment l'arrêt de la CJUE du 17 nov. 2011, *Hristo Gaydarov*, aff. C-430/10, qui tolère — sous conditions — la restriction de la libre circulation d'un ressortissant d'un État membre au motif de sa condamnation pénale pour trafic de stupéfiant au sein d'un autre État.
147. CJCE 11 févr. 2003 *Gozütok et Brügge*, *AJDA* 2003. 384, Chron. Belorgey, Gervasoni et Lambert.

## 4 • Les règles relatives à la sortie des étrangers du territoire français

**490** La *sortie du territoire* ne pose pas de difficultés lorsqu'elle est volontaire[148]. Elle devient beaucoup plus délicate lorsqu'elle est la résultante d'une décision autoritaire. Trois cas de figure sont susceptibles de se présenter : *la reconduite à la frontière, l'expulsion et l'extradition.*

### a) La reconduite à la frontière

**491** La *reconduite à la frontière* se définit comme la mesure administrative par laquelle un étranger ne disposant pas ou plus de titre de séjour régulier, se trouve enjoint de quitter le territoire français. Cette sanction recouvre des cas de figure assez différents pouvant aller de l'entrée irrégulière sur le territoire au refus de renouvellement du titre de séjour (temporaire ou définitif) en passant par la falsification de documents relatifs au titre de séjour ou encore de l'interdiction de territoire français. Cette dernière communément dénommée « double peine » en raison de sa complémentarité avec la peine pénale principale en cas d'infraction pénale[149] commise par un étranger a vu son champ d'application se réduire considérablement dans la loi du 26 novembre 2003 et son prononcé devenir étroitement encadré[150]. La reconduite à la frontière est prononcée par le préfet[151] qui doit statuer en prenant un arrêté motivé correspondant aux hypothèses visées par la loi[152] : il se trouve donc en situation de compétence liée. Matériellement, la reconduite à la frontière comporte deux phases : la première est celle de la rétention administrative[153], la seconde est la reconduite à la frontière proprement dite (qui comporte elle-même deux aspects : la décision d'éloignement et le choix du pays de renvoi[154]).

La loi du 7 mars 2016 relative au droit des étrangers en France a fait de l'assignation à résidence la règle et de la rétention l'exception en la matière. La rétention n'est utilisée que si la situation ne permet pas d'avoir recours à une assignation à résidence, c'est-à-dire une décision par laquelle l'administration ou le juge oblige une personne à résider dans un lieu déterminé et à se présenter périodiquement aux services de police ou de gendarmerie. Ce dispositif est utilisé dans trois types de situations : comme alternative à une peine d'emprisonnement à l'encontre des personnes mises en examen ou condamnées à une peine inférieure à deux ans, dans le cadre de la rétention administrative d'étrangers, et dans la situation spécifique de l'état d'urgence. L'assignation à résidence

---

148. Elle constitue, au même titre que pour le national, un droit pour l'étranger ; l'institution d'un visa de sortie pour étranger a été jugée illégale : CE 22 mai 1992, *GISTI*, *RFDA* 1993. 567, concl. R. Abraham ; égal. l'institution d'une taxe de sortie du territoire sur tous les voyageurs : CE 9 nov. 1992, *Prés. du gouv. du territoire de la Polynésie française*, *RFDA* 1993. 570. Par ailleurs, la sortie du territoire peut se faire à l'endroit du choix de l'étranger si elle est volontaire et non subie (Cons. const. 22 avr. 1997, n° 97-389 DC, *Certificats d'hébergement*, *RJC* I-707, consid. 9 à 12).

149. V. en ce sens par ex. pour une interprétation restrictive Civ. 2e, 3 juill. 2003, *D.* 2003. IR 2124.

150. On notera sur ce point que le Conseil constitutionnel s'est prononcé sur la question de la réhabilitation à la suite d'une interdiction du territoire français dans le cadre d'une peine pénale et admis que l'impossibilité de réhabilitation ne violait pas les droits et libertés que la Constitution garantit (Cons. const. 27 nov. 2015, n° 2015-501 QPC, *M. Anis T. [Computation du délai pour former une demande de réhabilitation judiciaire pour une peine autre que l'emprisonnement ou l'amende]*).

151. Art. 22 de l'ordonnance de 1945.

152. Sept cas sont visés par l'art. 22 de l'ordonnance de 1945.

153. La durée de la rétention administrative, qui ne pouvait initialement excéder 12 jours, a été modifiée par l'ordonnance n° 2004-1248 du 24 nov. 2004. La décision initiale du préfet de placement est prise pour une durée de 48 heures. Sur intervention du juge des libertés et de la détention, elle peut être prolongée une première fois pour une durée de 15 jours, et éventuellement une seconde fois pour une durée de 5 ou 15 jours, selon les cas. En tout état de cause, la durée maximale de la rétention est de 32 jours. Elle ne prive cependant pas l'étranger de l'exercice des droits dont il dispose en tant qu'individu, comme le droit au recours, par exemple. Le Conseil constitutionnel a en effet considéré que le droit au recours juridictionnel était ouvert à l'étranger quelle que soit sa situation (Cons. const. 13 mars 2003, n° 2003-467 DC, consid. 110). La violation des droits de la défense lors de l'adoption d'une décision de prolongation de la rétention n'entraîne pas l'illégalité de la décision et, *a fortiori*, la levée de la rétention. Le requérant doit démontrer que le non-respect de ses droits a emporté une solution différente de celle qui a été retenue, à savoir la prolongation de la rétention (CJUE 10 sept. 2013, *M. G. et N. R. c/ Staatssecretaris van Veiligheid en Justitie*, aff. C-383/13 PPU). En revanche, pour les étrangers ayant fait l'objet d'une condamnation pénale pour des activités à caractère terroristes, la durée maximale de la rétention administrative est de six mois (conformément à la loi relative à l'immigration, à l'intégration et à la nationalité, examinée par le Conseil constitutionnel dans la décision n° 2011-631 DC du 9 juin 2011).

154. V. en ce sens CE 24 juin 2002, *Préfet de la Haute-Garonne c/ Terzout-Yettou*, *Dr. adm.* 2002, n° 177.

est également prévue dans le cadre de la procédure d'expulsion, par exemple lors de l'exécution de l'obligation de quitter le territoire français. Le Conseil constitutionnel a eu à se prononcer sur la conformité de ce dispositif en 2011 et a estimé qu'il ne constituait pas une mesure privative de liberté au sens de l'article 66 de la Constitution[155]. Par ailleurs, le Conseil constitutionnel a estimé l'assignation à résidence d'un étranger faisant l'objet d'une interdiction de territoire pour une durée illimitée, jusqu'à ce qu'il existe une perspective raisonnable d'exécution de son obligation de quitter le territoire français conforme à la Constitution[156]. Le droit de l'Union européenne a précisé qu'en cas de séjour irrégulier d'un ressortissant d'un État tiers, il fallait prioritairement mettre en place une procédure de retour ou, à défaut, un placement en rétention[157]. Deux remarques peuvent être opérées : en premier lieu, une telle mesure ne peut être prise à l'égard des personnes ayant le statut de réfugié ; en second lieu, cette mesure ne peut toucher que l'étranger se trouvant en situation irrégulière : elle n'est que la conséquence d'un séjour irrégulier. Le cas des ressortissants d'États tiers en situation irrégulière a préoccupé les juges français en 2012. Si le Conseil constitutionnel a constaté la conformité à la Constitution de l'article L. 621-1 du CESEDA[158], la première chambre civile de la Cour de cassation s'est ralliée à la jurisprudence de la Cour de justice, jugeant impossible le placement en garde à vue ou l'incarcération d'un étranger au seul motif de l'irrégularité de son entrée ou de son séjour en France[159]. L'incompatibilité ici mise en évidence entre la disposition du CESEDA et la directive « retour » a conduit les ministres de l'Intérieur et de la Justice à adopter des circulaires afin de préciser cette nouvelle solution.

La loi « Sarkozy II » de 2006, afin de répondre à l'accroissement important du contentieux administratif en matière de reconduite à la frontière, a procédé à la fusion des décisions de refus de séjour et des décisions d'éloignement en créant l'*ordre de quitter le territoire* (OQTF), à l'article L. 511-1 du CESEDA[160]. Jusqu'ici, le refus du droit au séjour s'accompagnait d'une invitation à quitter le territoire. Si à l'expiration du délai d'un mois l'étranger se trouvait encore sur le territoire, il faisait l'objet d'une décision de reconduite à la frontière qui permettait alors l'exécution effective du refus de séjour. Désormais, le refus d'un titre de séjour peut être assorti d'un OQTF qui fixe le pays à destination duquel l'étranger sera renvoyé s'il ne respecte pas le délai de départ. Le refus de séjour est ainsi exécutoire dès sa notification par l'administration. La loi de 2011 relative à l'immigration, à l'intégration et à la nationalité a ensuite unifié la procédure d'éloignement des étrangers en situation de séjours irréguliers et a ainsi achevé le mouvement engagé en 2006 en faisant de l'OQTF la seule mesure applicable.

155. Cons. const. 9 juin 2011, n°n° 2011-631 DC, *Loi relative à l'immigration, à l'intégration et à la nationalité*, consid. 68 : « Consid. que l'article contesté prévoit que l'autorité administrative peut prendre à l'égard d'un étranger qui pourrait être placé en rétention dans des locaux ne relevant pas de l'administration pénitentiaire une mesure d'assignation à résidence si l'exécution de l'obligation de quitter le territoire demeure une perspective raisonnable et s'il présente des garanties de représentation ; qu'une telle mesure ne comportant aucune privation de la liberté individuelle, le grief tiré de la méconnaissance de l'art. 66 de la Constitution est inopérant ».

156. Cons. const. 30 nov. 2017, n° 2017-674 QPC, M. Kamel D. (Assignation à résidence de l'étranger faisant l'objet d'une interdiction du territoire ou d'un arrêté d'expulsion), consid. 12.

157. Dans un avis du 21 mars 2011 (n$^{os}$ 345978 et 346612), le Conseil d'État français a reconnu l'effet direct de la directive 2008/115/CE dite « directive retour » du 16 déc. 2008. Cette dernière a ainsi constitué le fondement d'une condamnation de la France pour avoir infligé une peine d'emprisonnement à un ressortissant arménien séjournant irrégulièrement sur le territoire français depuis plus de trois mois (CJUE 6 déc. 2011, *Achughbabian*, aff. C-329/11).

158. Cons. const. 3 févr. 2012, n° 2011-217 QPC, *M. Mohammed Alki B. (délit d'entrée ou de séjour irrégulier en France)*, *JO* 4 févr. 2012, p. 2076.

159. Civ. 1$^{re}$, 5 juill. 2012, n$^{os}$ 11-30.530, 11-30.371, 11-19.250. La chambre civile s'est conformée à l'avis qu'elle avait sollicité auprès de la chambre criminelle concernant la matière pénale (Crim. avis, 5 juin 2012, n° 9002).

160. V. sur la question de la conformité de la procédure d'éloignement (CESEDA, art. L. 511-1, I, 3°), au droit de l'Union européenne, le Conseil d'État juge que lorsque la décision faisant obligation de quitter le territoire français est prise concomitamment au refus de délivrance d'un titre de séjour, l'obligation de quitter le territoire français découle nécessairement du refus de titre de séjour. De ce fait, le droit d'être entendu n'implique pas que l'administration ait l'obligation de mettre l'intéressé à même de présenter ses observations de façon spécifique sur la décision l'obligeant à quitter le territoire français, dès lors qu'il a pu être entendu avant que n'intervienne la décision refusant de lui délivrer un titre de séjour, CE 4 juin 2014, req. n° 370515.

### b) L'expulsion

**492** L'*expulsion* constitue la sanction qui frappe l'étranger qui présente un danger ou une menace grave pour l'ordre public. Il s'agit d'une mesure administrative prise par le ministre de l'Intérieur. Celui-ci doit préalablement saisir la commission des étrangers qui siège auprès de chaque département dont l'avis ne lie cependant pas le ministre. L'expulsion comporte certaines limites et certaines garanties pour l'intéressé qui peuvent être supprimées ou différées en cas d'*urgence* ou d'*urgence absolue*[161] et lorsqu'elle constitue une nécessité impérieuse pour la sûreté de l'État ou la sécurité publique[162]. Certains étrangers bénéficient de garanties qui les rendent difficilement « expulsables » : les mineurs de moins de 18 ans[163] ou l'étranger marié dont le conjoint possède la nationalité française ou encore de l'étranger qui a régulièrement résidé en France avant d'avoir atteint l'âge de six ans. Les personnes malades seront également plus difficilement « expulsables ». Le Conseil d'État a ainsi estimé dans un arrêt du 7 avril 2010 que « lorsque le défaut de prise en charge risque d'avoir des conséquences d'une exceptionnelle gravité sur la santé de l'intéressé, l'autorité administrative ne peut légalement décider l'éloignement de l'étranger que s'il existe des possibilités de traitement approprié de l'affection en cause dans le pays de renvoi »[164]. La loi de 2011 relative à l'immigration, à l'intégration et à la nationalité a modifié le critère tiré de la possibilité de pouvoir bénéficier effectivement d'un traitement (médical), en faveur de la recherche de l'existence objective d'un moyen de traiter l'affection en cause. Le législateur a également réservé le cas d'une « circonstance humanitaire exceptionnelle » en vue de permettre une appréciation casuistique de l'accessibilité des soins[165]. La loi du 7 mars 2016 relative au droit des étrangers en France retient, en la matière, le critère de l'état de santé qui « nécessite une prise en charge médicale dont le défaut pourrait avoir pour [l'étranger] des conséquences d'une exceptionnelle gravité et si, eu égard à l'offre de soins et aux caractéristiques du système de santé du pays de renvoi, il ne pourrait pas y bénéficier effectivement d'un traitement approprié. »[166]

Le régime juridique de l'expulsion est plus sévère que celui de la reconduite à la frontière. Les effets de l'arrêté d'expulsion ne s'épuisent pas avec le départ de l'étranger du sol national. Tant que l'arrêté n'a pas été abrogé ou rapporté, l'individu visé par cette mesure ne peut accéder régulièrement au territoire national. En cas d'abrogation de la mesure d'expulsion, l'intéressé peut bénéficier d'un visa pour revenir sur le territoire français mais à la condition, notamment, qu'il ne constitue pas une menace pour l'ordre public à la date de l'abrogation. Le Conseil d'État vérifie que l'administration, dans l'évaluation de ce risque pour l'ordre public au regard de faits commis postérieurement à l'abrogation de l'arrêté d'expulsion, ne commet pas d'erreur manifeste d'appréciation[167]. En cas d'annulation de la mesure d'expulsion, l'intéressé ne bénéficie pas nécessairement d'un visa pour retourner sur le territoire français. Les autorités devront apprécier cette possibilité au regard de la situation de droit et de fait à la date de leur décision ainsi que des motifs de l'annulation de l'arrêté d'expulsion[168]. L'expulsion

161. CE 4 mars 1998, *M. Bouechada*, req. n° 157346, *RFDA* 1998. 647 : demande d'annulation du jugement du 4 févr. 1994 par lequel le tribunal administratif de Clermont-Ferrand confirme la décision du ministre de l'Intérieur prononçant une expulsion en urgence. Les moyens invoqués reposaient sur 1/ la nationalité présumée du requérant : ce dernier étant né en France de parents originaire d'Algérie n'a pas accompli les formalités de demande de reconnaissance de nationalité française [...] 2/ l'absence de nécessité de recourir à la procédure d'expulsion en urgence : nécessité légale impérieuse de menace pour l'ordre public inexistante.

162. On remarquera que la condamnation à une peine de prison ferme peut justifier à l'heure actuelle une mesure d'expulsion. Pour les étrangers particulièrement protégés, cette hypothèse n'est pas exclue, mais le seuil de la durée de détention est relevé.

163. Qui sont particulièrement protégés : v. art. 26 nouveau de l'ordonnance du 2 nov. 1945 qui représente le seul cas où un étranger ne peut être expulsé.

164. CE, sect., 7 avr. 2010, req. n° 301640.

165. Cons. const. 9 juin 2011, n° 2011-631 DC, préc.

166. Loi n° 2016-274, 7 mars 2016 relative au droit des étrangers en France, *JO* 8 mars 2016, article 57.

167. *CE 6 mars 2009, req. n° 299035, M. Rachid B ; v, égal. en référé CE 30 août 2022, Iquioussen, req. n° 466554 (sur le contrôle de l'expulsion d'un Imam ayant tenu des propos portant atteinte aux valeurs de la République).*

168. CE 26 janv. 2009, req. n° 310469, *M. Ahmed A.* Dans cette affaire, le Conseil d'État avait estimé que l'administration méconnaissait le droit au respect de la vie privée et familiale de l'intéressé en refusant l'octroi d'un visa après l'annulation de l'arrêté d'expulsion alors que la situation de fait n'avait pas évolué depuis l'exécution de l'arrêté.

se traduit matériellement par le départ de l'étranger soit à destination du pays dont il a la nationalité, soit à destination du pays pour lequel il dispose d'un titre de transport, soit à destination d'un pays où il est régulièrement admissible. La loi du 26 novembre 2003 a cependant ajouté un tempérament important à cette règle de prohibition du retour de l'étranger frappé d'un arrêté d'expulsion. La loi « Sarkozy I » a prévu à l'article 23 de l'ordonnance du 2 novembre 1945 une règle de réexamen systématique des arrêtés d'expulsion tous les cinq ans. Depuis la réforme de 2011, l'OQTF — qui regroupe l'ancienne procédure du même nom et la reconduite à la frontière — s'accompagne d'une interdiction de retour sur le territoire français. Une mesure similaire d'interdiction administrative a été censurée par le Conseil constitutionnel en 1993 en ce qu'elle portait atteinte à l'article 8 de la DDHC[169]. Pour contourner cette difficulté, le législateur a transformé cette mesure : il ne s'agit plus d'une interdiction de plein droit mais d'une faculté donnée à l'administration, contrôlée par le juge administratif. L'interdiction de retour est ainsi désormais une mesure de police administrative et non une peine, conforme à la Constitution[170].

L'article 4 du quatrième Protocole additionnel à la Convention européenne des droits de l'homme prohibe les expulsions collectives[171], de même que l'article 1er du septième Protocole additionnel garantit à l'étranger de ne pouvoir être expulsé qu'en exécution d'une décision prise conformément à la loi[172]. Ces dispositions combinées à la jurisprudence de la Cour européenne des droits de l'homme ont permis d'assortir la procédure d'expulsion d'un certain nombre de garanties dont le juge administratif doit vérifier le respect. Ainsi, la légalité des arrêtés d'expulsion fait l'objet d'un contrôle complet de la décision incluant le contrôle de la proportionnalité de la mesure d'expulsion au regard du but poursuivi, c'est-à-dire à la gravité du trouble à l'ordre public que représente l'étranger[173]. La Cour européenne des droits de l'homme avait antérieurement formulé les mêmes exigences en se fondant sur l'article 8 de la Convention européenne de droits de l'homme garantissant le droit au respect de la vie privée et de la vie familiale[174] sur laquelle le Conseil d'État a pu s'appuyer[175]. Ces deux jurisprudences combinées permettent de réduire sensiblement le sentiment de discrétionnalité qui entoure le prononcé des mesures d'expulsion[176].

---

169. Cons. const. 13 août 1993, n° 93-325 DC, *Loi relative à la maîtrise de l'immigration et aux conditions d'entrée, d'accueil et de séjour des étrangers en France*.

170. Cons. const. 9 juin 2011, n° 2011-631 DC, préc., consid. 52.

171. Le fait que plusieurs personnes soient visées simultanément par plusieurs arrêtés de reconduite à la frontière du même jour n'entraîne pas une violation de cette disposition si chaque arrêté a été pris après examen de chaque cas individuel et ne concerne qu'une personne à la fois ; reconduite à la frontière et art. 4 Protocole 4 de la Conv. EDH : CE 12 févr. 1997, *M. Chooraman*, req. n° 167248 ; CE 12 févr. 1997, *Mme Chooraman*, req. n° 167249, cité *in RFDA* 1998. 1217. V. égal. CEDH, gr. ch., 3 juill. 2014, *Géorgie c/ Russie (I)*, req. n° 13255/07 : l'art. 4 du Protocole 4 de la Conv. EDH interdit l'expulsion collective d'étrangers, qu'ils résident régulièrement ou non sur le territoire.

172. Sur l'invocation de ce texte et sa mise en œuvre par la Conseil d'État : justification de la possibilité d'expulsion CE 30 juill. 1997, *M. Benrachid*, req. n° 169452, cité *in RFDA* 1998. 1218.

173. CE, ass., 19 avr. 1991, *Belgacem*, *RFDA* 1991. 497, concl. R. Abraham ; v. égal. CE 29 juill. 1998, *Ministre de l'Intérieur c/ Chiabani*, *RFDA* 1999. 810 : l'expulsion d'étrangers délinquants ou criminels (en l'espèce auteurs d'actes terroristes) ne porte pas une atteinte disproportionnée au respect de la vie familiale, compte tenu de la menace à l'ordre public, même s'ils peuvent se prévaloir de liens familiaux solides en France.

174. CEDH 18 févr. 1991, *Moustaquim c/ Belgique*, série A, n° 193 ; CEDH 23 sept. 2010, *Bousarra c/ France*, req. n° 25672/07 ; CEDH 28 juin 2011, *Nunez c/ Novège*, req. n° 55597/09 : l'intérêt supérieur des enfants à maintenir une relation avec leur mère a permis aux juges de Strasbourg d'annuler l'expulsion d'une ressortissante dominicaine en situation irrégulière.

175. Le Conseil d'État peut annuler un arrêté d'expulsion lorsque le requérant n'a aucune attache dans son pays d'origine ; CE 19 mars 1997, *M. Soudani*, req. n° 139786 ; CE 24 oct. 1997, *M. Marin*, req. n° 168035, cité *in RFDA* 1998. 1217.

176. Le Conseil d'État rend régulièrement des décisions en ce sens : CE 19 mars 1997, *M. Soudani*, req. n° 139786 ; CE 24 oct. 1997, *M. Marin*, req. n° 168035, *op. cit.* p. 1217. Plus récemment, dans un arrêt rendu le 23 avr. 2009 (req. n° 297638), le Conseil d'État estima qu'au regard de la situation familiale du requérant et des gages de réinsertion qu'il avait fournis, l'arrêté d'expulsion portait une atteinte disproportionnée au respect de la vie privée et familiale de l'intéressé garanti par l'art. 8 de la Conv. EDH. Cependant, cette prise en compte ne signifie pas que le juge annule systématiquement toute mesure d'expulsion parce qu'elle serait contraire à l'art. 8 de la Conv. EDH. Chaque espèce fait l'objet d'une appréciation autonome. Ainsi, en matière d'expulsion l'étranger délinquant ou criminel ne bénéficie que rarement des possibilités offertes par l'art. 8 Conv. EDH du fait de la menace que constitue ce dernier pour l'ordre public français. Cet intérêt prime sur la vie privée et familiale de l'étranger. Même en présence des critères de l'effectivité et de la stabilité de la vie familiale de l'étranger en France et de l'absence d'attaches dans le pays d'origine, ces derniers cèdent face à la gravité des faits commis par l'étranger. V. en ce sens : CE 29 déc. 1997, *M. Karker*, req. n° 168042 (étranger qui était solidement implanté en France, mais dont les activités terroristes ont entraîné l'expulsion sans qu'il y ait une atteinte excessive du droit au respect

L'encadrement de la procédure d'expulsion fait également l'objet d'un important contentieux au regard de l'article 3 de la Convention européenne des droits de l'homme. En effet, le risque encouru pour un étranger de se voir infliger des traitements inhumains ou dégradants dans le pays de destination, suffit à engager la responsabilité de l'État à l'origine de la mesure d'éloignement[177]. On observe une tendance des juges de Strasbourg à élaborer une jurisprudence de plus en plus restrictive à l'égard de ces risques d'insécurité[178], allant même jusqu'à considérer qu'une expulsion peut violer le droit à un procès équitable au regard des risques encourus, dans le pays de destination, d'obtenir des preuves au moyen d'actes de torture[179].

### c) L'extradition

**493** L'*extradition* est une procédure par laquelle un État demande à un autre État de lui livrer l'un de ses ressortissants qui se trouve sur son territoire, afin d'y être jugé ou d'y purger la peine pour laquelle il a été condamné.

À la différence des deux autres procédures, la procédure d'extradition n'est pas exclusivement administrative, même si juridiquement elle est l'œuvre du chef du Gouvernement. Elle fait intervenir une dimension pénale dans la procédure de sortie du territoire. Cette décision est prise par le Premier ministre après avis de la chambre d'accusation[180]. Cet avis lie partiellement le chef du Gouvernement qui ne peut aller à l'encontre d'un avis négatif mais peut refuser l'extradition après un avis positif.

La *mise en œuvre de la procédure d'extradition est soumise à un double contrôle.* D'une part, la *Cour de cassation* peut être saisie pour examiner la régularité formelle de l'avis rendu par la chambre d'accusation[181]. D'autre part, le Conseil d'État est compétent pour examiner la légalité du décret d'extradition. À cet égard, il vérifie la conformité du décret aux dispositions du droit interne et de la Convention européenne des droits de l'homme. Il a ainsi annulé des décrets d'extradition qui méconnaissaient certains droits fondamentaux, comme le risque pour la personne extradée de se voir infliger la peine de mort[182]. La Cour européenne des droits de l'homme peut également être saisie en cas de violation de la Convention comme l'article 3 relatif aux traitements inhumains ou dégradants[183]. Le juge de Strasbourg a ainsi réaffirmé dans un arrêt *Al-Saadoon et Mufdhi c/ Royaume-Uni* que les États parties à la Convention ne peuvent procéder à une extradition vers un État qui n'a pas aboli la peine de mort à moins qu'ils obtiennent de la part des autorités nationales des garanties visant à s'assurer que cette peine ne sera pas appliquée dans le cas présent[184].

---

de la vie privée et familiale) ; CE 30 juill. 1997, *M. Goncalves*, req. n° 168426 (mesure d'expulsion justifiée par les infractions [viols] que le requérant a commises), citées *in RFDA* 1998. 1217.

177. CEDH 7 juill. 1989, *Soering c/ Royaume-Uni*, req. n° 14038/88 : l'espèce concernait une procédure d'extradition, mais le principe a été étendu à toute mesure d'éloignement. V. en matière d'expulsion, CEDH 27 juill. 2005, *N. c/ Finlande*, req. n° 38885/02.
178. V. en ce sens, CEDH 28 juin 2011, *Sufi et Elmi c/ Royaume-Uni*, req. n$^{os}$ 8319/07 et 11449/07 : annulation d'une expulsion au motif d'une situation généralisée d'insécurité dans le pays de destination.
179. CEDH 17 janv. 2012, *Omar Othman c/ Royaume-Uni*, c'est la première fois que la Cour estime qu'une expulsion serait susceptible de violer l'art. 6 de la Convention.
180. Loi du 10 mars 1927 relative à la procédure d'extradition. Il faut également souligner que la procédure d'extradition est soumise à la conclusion préalable d'un accord ou d'une convention d'extradition entre les pays concernés. Cette convention peut revêtir un cadre multilatéral comme la Convention européenne d'extradition du 13 déc. 1957.
181. Crim. 17 mai 1984, *Doré*, *Bull. crim.* n° 183.
182. CE 27 févr. 1987, *Fidan*, *Lebon* 87 ; v. égal. CE 15 oct. 1993, *Joy Davis Aylor*, *AJDA* 1993. 887 ; 8 avr. 1998, *Stacy*, *RFDA* 1999. 802.
183. Art. 3 de la Conv. ; CEDH 7 juill. 1989, *Soering*, commentaire *in* V. Berger, *Jurisprudence de la CEDH* 12$^{e}$ éd., Sirey, 2011, n° 15.
184. CEDH 2 mars 2010, *Al-Saadoon et Mufdhi c/ Royaume-Uni*, req. n° 61498/08. Position confirmée dans l'arrêt : CEDH 17 janv. 2012, *Harkins et Edwards c/ Royaume-Uni*, req. n$^{os}$ 9146/07 et 32650/07 dans lequel les griefs relatifs au risque de peine capitale ont été déclarés irrecevables compte tenu des assurances diplomatiques délivrées par les États-Unis et la peine perpétuelle encourue n'apparaît pas manifestement disproportionnée et dans l'arrêt CEDH 25 sept. 2012, *Rrapo c/ Albanie*, req. n° 58555/10.

Comme pour l'expulsion, les réfugiés[185] ne peuvent pas être extradés[186]. Le Conseil d'État estime en revanche que la qualité d'apatride ne fait pas obstacle à la mise en œuvre d'une procédure d'extradition[187]. Il convient enfin de souligner au sujet de l'extradition la simplification et l'accélération de cette procédure dans le cadre du mandat d'arrêt européen, mis en place par la décision-cadre du 13 juin 2002 (2002/584/JAI) ; celle-ci consiste en une décision judiciaire émise par un État membre en vue de l'arrestation et de la remise par un autre État membre d'une personne recherchée pour l'exercice de poursuites pénales, ou pour l'exécution d'une peine ou d'une mesure de sûreté privative de liberté. Les États membres sont tenus d'exécuter ce mandat, dans le respect des droits fondamentaux de la personne. Néanmoins, la Cour de justice de l'Union européenne est soucieuse de préserver l'effet utile du mandat d'arrêt européen. À ce titre, elle a refusé d'étendre la portée du droit d'être entendu, protégé par les articles 47 et 48 de la Charte des droits fondamentaux de l'Union européenne, à la phase procédurale antérieure à l'émission du mandat d'arrêt, c'est-à-dire devant les autorités judiciaires de l'État d'émission[188]. L'affaire *Stefano Melloni* est sur ce point particulièrement révélatrice. Il était demandé à la Cour de justice, saisie à titre préjudiciel par le Tribunal constitutionnel espagnol, si l'article 53 de la Charte, permettant aux États membres d'appliquer les standards nationaux de protection des droits fondamentaux équivalents ou plus élevés, pouvait être invoqué à l'encontre de l'exécution du mandat d'arrêt dès lors qu'une telle exécution portait atteinte au droit à un procès équitable et aux droits de la défense consacrés par la Constitution d'un État membre. La Cour juge que l'application du standard de protection constitutionnelle ne saurait remettre en cause la primauté, l'unité et l'effectivité du droit de l'Union européenne et, en particulier, des dispositions régissant le mandat d'arrêt européen[189]. Sans conteste, ces deux décisions mettent en exergue les limites de la marge d'appréciation dont disposent les États membres dans ce domaine. Notons, tout de même, que la Cour de justice a jugé que le délai de trente jours dans lequel est enfermée l'autorité judiciaire pour statuer sur la demande d'extension des effets d'un mandat d'arrêt européen à compter de sa réception ne prive pas l'État membre d'instituer un recours suspensif contre la décision de ladite autorité judiciaire[190]. Le Conseil constitutionnel a alors précisé que l'absence d'un tel recours était contraire aux droits et libertés garantis par la Constitution[191].

Enfin, on soulignera que si en principe l'extradition ne concerne que les étrangers, un ressortissant français qui aurait acquis la nationalité par naturalisation et qui se serait réfugié en France pour éviter de faire face à la justice de son pays d'origine pour des crimes alors commis peut être extradé. Cette hypothèse a été illustrée par l'affaire *Mario Sandoval* qui a mis plus d'une décennie à connaître son épilogue. En l'espèce, le requérant était soupçonné et accusé d'avoir commis des crimes durant la dictature argentine de la fin des années 1970. S'étant réfugié en France en bénéficiant de complicité, il avait obtenu la nationalité française et s'appuyait sur cet argument pour échapper à l'extradition. L'ensemble des juridictions françaises (Cour de cassation, Conseil constitutionnel, Conseil d'État) s'est prononcé en faveur d'une mesure d'extradition : les faits reprochés, qualifiés de crimes contre l'humanité avaient été commis, alors même le requérant ne possédait que la nationalité argentine[192].

---

185. CE 1er avr. 1988, *Bereciartua-Echarri*, *Lebon* 135.
186. On relèvera que dans l'art. 36 de la loi du 11 mai 1998, la modification de la loi du 25 juill. 1952 relative à l'asile territorial (nouvel art. 13) vise directement les menaces qui pourraient déboucher sur une violation des dispositions de l'art. 3 de la Conv. EDH : « Dans les conditions compatibles avec les intérêts du pays, l'asile territorial peut être accordé par le ministre de l'Intérieur après consultation du ministre des Affaires étrangères à un étranger si celui-ci établit que sa vie ou sa liberté est menacée dans son pays ou qu'il y est exposé à des traitements contraires à l'article 3 de la Convention européenne de sauvegarde des droits de l'homme et des libertés fondamentales. »
187. CE 11 juin 2010, req. n° 334454.
188. CJUE 29 janv. 2013, *Ciprian Vasile Radu*, aff. C-396/11.
189. CJUE 26 févr. 2013, *Stefano Melloni*, aff. C-399/11.
190. CJUE 30 mai 2013, *Jérémy F c/ Premier Ministre*, aff. C-168/13 PPU.
191. Cons. const. 14 juin 2013, n° 2013-314 QPC, *M. Jérémy F.*
192. Crim. 24 mai 2018, n° 17-86.340 ; CE 24 mai 2019, n° 2019-785 QPC ; CE 11 déc. 2019, *M. Sandoval*.

# III • Le régime juridique de la liberté d'aller et de venir

**494** En raison de son statut, la liberté d'aller et de venir se voit appliquer le régime juridique le plus favorable aux libertés fondamentales : l'absence de réglementation. Si tel est bien le principe, il connaît un certain nombre d'aménagements liés à la conciliation nécessaire des règles et principes de même valeur que la liberté elle-même. On peut décrire le régime juridique de la liberté d'aller et de venir en étudiant ses conditions d'exercice et ses limites.

## A • Les conditions d'exercice de la liberté d'aller et de venir

**495** ***La question de la réglementation de la liberté d'aller et de venir.*** La liberté est ici la règle. Le contentieux, en temps ordinaire, quantitativement faible reflète bien ce régime de liberté. Elle s'exerce donc normalement sans condition particulière. Cela signifie qu'elle ne peut faire l'objet de restrictions telles que la soumission à déclaration ou à autorisation. De nombreux arrêts en témoignent. Il en va ainsi de la réglementation préfectorale interdisant aux prostituées de stationner de manière prolongée aux abords de certains lieux[193], ou encore de l'obligation faite par un maire aux amateurs de courses en montagne, étrangers à la commune, d'effectuer une déclaration en mairie et si nécessaire d'accepter les services d'un guide[194] ou enfin du partage du territoire d'une commune en zones climatique et touristique, interdisant aux malades de se déplacer dans toute une partie de la commune[195]. Les mesures qui restreignent l'exercice de la liberté d'aller et de venir sont *suspectes d'illégalité* : le juge réagit comme s'il existait une présomption de violation de la liberté à l'égard des mesures la limitant. Cette situation s'explique par la protection constitutionnelle et conventionnelle dont bénéficie la liberté. Cela ne signifie pas que la liberté ne puisse faire l'objet d'aucune réglementation, mais que cette *réglementation doit être justifiée* et qu'elle procède — au moins indirectement — d'une habilitation législative. Ainsi, un décret peut parfaitement organiser les manifestations automobiles et motocyclistes sur la voie publique tout en les soumettant à certaines restrictions dès lors que les conditions d'exercice de ces libertés visent à trouver un équilibre entre la liberté d'organiser de telles manifestations et la sécurité des autres usagers[196]. Ceci se vérifie à travers les limites fixées à la liberté d'aller et de venir. De même, on soulignera que la liberté d'aller et de venir se trouve de plus en plus confrontée à des contraintes qu'elles ne rencontraient pas nécessairement auparavant. Ainsi, à titre d'exemple, la préservation de l'environnement et la protection de certains sites menacés peut justifier qu'une restriction, voire une interdiction soit prononcée. Elle reste toutefois soumise au contrôle du juge et doit respecter le principe de proportionnalité.

## B • Les limites assignées à la liberté d'aller et de venir

**496** ***Ces limites se traduisent non pas par la disparition de la liberté mais par sa restriction.*** Deux types d'impératifs de même valeur que la liberté peuvent justifier sa limitation dans des circonstances ordinaires : le maintien de l'ordre public, la protection d'autres libertés. Un troisième

193. Crim. 1er févr. 1956, *Flavien*, *D.* 1956. 365, rapport Ledoux.
194. CE 17 oct. 1952, *Syndicat climatique de Briançon*, *Lebon* 445.V. cependant la situation concernant l'ascension du Mont-Blanc et la règlementation instaurée par le Préfet de la Haute-Savoie en 2019 arrêté du 31 juillet 2019, op.cit.
195. CE 13 mai 1927, *Carrier*, *DH* 1927. 355.
196. CE 7 mai 2008, *Association Collectif pour la Défense des Loisirs Verts*, req. nº 298836, *Lebon T.* 738.

impératif temporaire s'impose en cas d'urgence ou de circonstances exceptionnelles lié à la gravité de la menace.

**497** ***Les limites tenant au maintien de l'ordre public.*** Les restrictions imposées par le maintien de l'ordre public sont les plus nombreuses. L'ordre public au sens traditionnel du terme comprend *la tranquillité, la sécurité et la salubrité publiques*[197]. Sa sauvegarde se traduit par la réglementation de police. À l'égard de la liberté d'aller et de venir ce sont surtout les impératifs de sécurité qui sont le plus souvent avancés[198]. L'exemple le plus probant est certainement celui de la police de la circulation. Que ce soit par air, mer ou terre, la liberté de circulation représente l'emblème le plus visible de la liberté d'aller et de venir. Si le piéton se voit imposer des restrictions minimales, il n'en est pas de même lorsqu'un moyen technique de déplacement est utilisé. Le cas de la circulation automobile est à cet égard le plus flagrant. Si la détention d'un permis de conduire se conçoit pour des raisons de sécurité[199], la mise en œuvre de certaines dispositions du Code de la route confine, par son interprétation maximaliste, à une restriction de fait de la liberté[200]. Ainsi, les professionnels de la route se voient appliquer des restrictions quant aux lieux et horaires de circulation[201]. La liberté de stationnement, corollaire de la liberté d'aller et de venir, est de plus en plus réduite par les interdictions ou les réglementations qui conduisent à limiter les possibilités de stationner[202] ou à réserver certains emplacements[203]. Plus récemment, le Conseil constitutionnel s'est fondé sur l'ordre public pour justifier l'imposition aux conducteurs d'une voiture de transport avec chauffeur de retourner dès la fin de leur prestation soit au lieu d'établissement de l'exploitant soit dans un lieu, hors de la chaussée, où le stationnement est autorisé[204].

Les restrictions à la liberté d'aller et de venir peuvent être prises dans des périmètres spécifiques tels un domaine universitaire. Un président d'université peut ainsi, par arrêté, interdire à un étudiant l'accès aux locaux de l'Université au sein de laquelle il est inscrit et réside, pour une durée de 30 jours, sans méconnaître sa liberté d'aller et venir, dès lors que ce dernier s'est rendu coupable de blocages importants des locaux de ladite Université et a engendré une importante perturbation du service public universitaire[205].

---

197. Notons que les deux autres composantes de l'ordre public d'origine jurisprudentielle — moralité publique et respect de la dignité humaine — sont a priori moins concernées par la liberté d'aller et de venir. Rien n'empêcherait cependant qu'elles puissent être invoquées.

198. V., à ce titre, trois illustrations : le renforcement des pouvoirs de police administrative en cas de grands rassemblements lors de manifestations sportives, validé par le Conseil constitutionnel ; consid. 50 de la décision nº 2011-625 DC du 10 mars 2011, *Loi d'orientation et de programmation pour la performance de la sécurité intérieure*. V. sur ce point CE 12 sept. 2014, req. nº 384457 ou encore CE 5 nov. 2014, req. nº 364085 : les restrictions en cause, prises sur le fondement du maintien à l'ordre public, ne révèlent aucune atteinte manifestement illégale à la liberté d'aller et venir. Égal., l'évacuation d'un campement au motif que des branchements frauduleux font courir des risques d'une gravité telle que cela porte atteinte à la sécurité publique ; CE 5 avr. 2011, *Mme Ciurar et a.*, req. nº 347949. Pour une application, v. CE 17 sept. 2014, req. nº 384387 : le départ des occupants du campement, justifié par les exigences de sécurité publique, ne porte pas une atteinte manifestement illégale à leur liberté d'aller et de venir. Enfin, la privation temporaire de liberté en cas d'ivresse publique a été validée par le Conseil constitutionnel au regard de la protection de la santé des personnes et de l'ordre public ; Cons. const. 8 juin 2012, nº 2012-253 QPC, *M. Mickaël D. (ivresse publique)*. V. égal., concernant la protection de la santé publique, CE 9 juill. 2014, req. nº 373304 : les dispositions litigieuses du Code du sport ne portent atteinte ni à la liberté d'aller et venir, ni à la liberté de circulation garantie par l'article du Protocole 4 Conv. EDH en ce qu'elles s'avèrent être nécessaires et proportionnées aux objectifs d'intérêt général poursuivis par la lutte contre le dopage, notamment la protection de la santé des sportifs.

199. Ainsi par exemple, la loi nº 2014-896 du 15 août 2014 relative à l'individualisation des peines et renforçant l'efficacité des sanctions pénales a prévu, à titre de peine alternative, l'interdiction de conduire, pendant une durée de cinq ans au plus, une voiture non équipée d'un dispositif d'antidémarrage à éthylotest (C. pén., art. 131-6, 5º *bis*).

200. Sur l'applicabilité de la Conv. EDH au retrait de points sur le permis de conduire : CAA Nantes, 30 déc. 1998, *Marande*, *Dr. adm.* 1999, nº 199. Le retrait de points constitue une sanction pénale au sens de l'art. 6 de la Conv. EDH.

201. CE 5 nov. 1980, *Fédération nat. des transporteurs routiers ;* CE 14 nov. 1980, *Sté des transports André Coing*, *AJDA* 1981. 211, note D. Broussolle : sur l'interdiction de circulation des poids lourds à l'intérieur de certaines communes.

202. V. les jurisprudences classiques : CE 22 févr. 1961, *Lagoutte*, *RD publ.* 1961. 6 ; CE 14 mars 1973, *Almela*, *Lebon* 213 ; CE 14 janv. 1981, *Bougie*, *RD publ.* 1981. 787.

203. CE 26 févr. 1969, *Chabrot*, *AJDA* 1969. 318.

204. Cons. const. 22 mai 2015, *Société UBER France SAS et autre*, nº 2015-468/469/472 QPC : « le législateur, poursuivant des objectifs d'ordre public, notamment de police de la circulation et du stationnement sur la voie publique, a ainsi entendu garantir le monopole légal des taxis qui en découle » (consid. 23).

205. CE, ord. réf, 18 janv. 2019, *M.A. B*, nº 426884.

Les restrictions liées au maintien de l'ordre public se retrouvent également (et surtout) dans la mise en œuvre de la liberté à l'égard des étrangers. La majeure partie des restrictions à la liberté d'aller et de venir peut s'appuyer sur des motifs d'ordre public. La particularité tient cependant au fait que les justifications relatives à la sécurité publique sont beaucoup plus larges ; elles permettent à l'autorité administrative d'intégrer dans la protection de l'ordre public des considérations qui peuvent être extra-juridiques. Le juge constitutionnel a cependant posé certaines limites aux restrictions qui peuvent être apportées : dans sa décision du 22 avril 1997[206] relative aux *certificats d'hébergements*, il a estimé que le retrait du passeport à un étranger *ne saurait faire obstacle à l'exercice par l'étranger du droit de quitter le territoire national et de ses autres libertés et droits fondamentaux*. Le juge a de surcroît ajouté que *la retenue du passeport ou du document de voyage ne doit être opérée que pour une durée strictement proportionnée aux besoins de l'autorité administrative*.

L'une des particularités de l'ordre public réside dans la variabilité de ses exigences : ceci permet au législateur puis à l'administration d'y intégrer des éléments autant juridiques que politiques, le tout restant sous le contrôle du juge[207].

**498 Les limites tenant au respect d'autres droits et libertés.** Les restrictions à la liberté d'aller et de venir imposées par la protection d'autres libertés ou principes de même valeur découlent de leur nécessaire conciliation. Il s'agit surtout de limitations parmi lesquelles on peut citer le respect du principe d'égalité. Ce principe va limiter le caractère absolu de la liberté d'aller et de venir. Ainsi, par exemple, est-il invoqué en matière de réglementation du stationnement pour justifier les limitations dans le temps ou le stationnement payant. Parfois, la conciliation des libertés met en confrontation deux expressions de la liberté d'aller et de venir[208]. La liberté de manifestation en est une illustration. Elle permet à ceux qui désirent manifester, d'exercer à la fois leur liberté d'expression et d'aller et de venir. Mais parallèlement, elle limite la liberté d'aller et de venir de ceux qui ne manifestent pas. D'où l'existence d'un régime juridique qui organise cette liberté de façon à ce que soit sauvegardé chaque aspect de la liberté. En revanche, la confrontation de plusieurs droits ou libertés fondamentaux ne peut justifier certaines atteintes à la liberté d'aller et de venir. La question s'est ainsi posée pour les atteintes à la liberté d'aller et de venir au sein de l'entreprise lorsque celle-ci était en grève : lors de certains conflits sociaux, certains salariés grévistes ont séquestré des dirigeants ou des cadres de l'entreprise. Malgré l'existence de droits fondamentaux dans le cadre de conflits collectifs du travail (droit de grève, liberté syndicale...), ces derniers ne peuvent aller jusqu'à porter une atteinte disproportionnée à la liberté d'aller et de venir[209]. La même remarque pourrait être opérée à l'égard de la propriété privée. Celle-ci limite la liberté d'aller et de venir dans la mesure où elle confère au propriétaire un droit exclusif sur le bien. Toutefois, même dans cette hypothèse le droit n'est pas absolu : ainsi, la servitude de passage représente une conciliation entre droit de propriété et liberté d'aller et de venir.

D'une façon générale, il faut ici souligner que nombre de droits et libertés qui s'exercent dans l'espace public entretiennent souvent des relations de complémentarité ou de conflictualité avec la liberté d'aller et de venir. Ce lien a été souligné par le Conseil constitutionnel lors des restrictions à la liberté d'aller et de venir prises durant la crise sanitaire du covid-19. Ainsi considère-t-il par exemple que l'exigence de justification du statut vaccinal limitant *« l'accès à certains lieux, porte atteinte à la liberté d'aller et de venir*

206. Cons. const. 22 avr. 1997, n° 97-389 DC, *RJC* I-707.

207. Pour un exemple de motif politique lié à l'exigence d'ordre public : v. le cas du gouvernement slovaque qui a refusé de laisser entrer sur son territoire le président hongrois. Ce refus a été motivé par une référence historique et politique au Printemps de Prague de 1968, et le souci de préserver l'ordre public. La Cour de justice, saisie par la Hongrie d'un recours en manquement, a souligné que le statut de chef d'État se distingue du statut de citoyen de l'Union en ce qu'il présente la spécificité d'être régi par le droit international. Cette particularité permet à un État membre de l'Union de poser une restriction à la libre circulation de ce citoyen au regard de l'art. 21 TFUE si l'État hôte ne se sent pas capable d'assurer sa sécurité (CJUE, gr. ch., 16 oct. 2012, *Hongrie c/ République Slovaque*, aff. C-364/10).

208. CE 19 févr. 1988, *Assoc. du cingle de Trémolat*, *AJDA* 1988. 418, obs. J. Moreau.

209. V., F. Duquesne, « De l'atteinte à la liberté d'aller et de venir dans l'entreprise en grève », *JCP S* 2009, n° 1435.

*et, en ce qu'elles sont de nature à restreindre la liberté de se réunir, au droit d'expression collective des idées et des opinions »*[210]

**499** ***Les limites temporaires ou géographiques tenant aux circonstances particulières ou exceptionnelles.*** Si les limites tenant à l'ordre public ou à l'existence d'autres libertés demeurent en toutes circonstances, l'existence d'une situation d'urgence particulière liée à une question sécuritaire ou sanitaire peut générer l'adoption d'un régime de restriction à la liberté d'aller et de venir qui peut s'avérer particulièrement contraignant. Ces limites, qui apparaîtraient inacceptables en temps ordinaire, le deviennent en raison des circonstances particulières liées à la gravité de la menace qui pèse[211]. Ceci est particulièrement observable lorsque deux objectifs qui peuvent à la fois être considérés comme des objectifs de valeur constitutionnelle que comme des droits et libertés attachés à l'individu rentrent en conflit. La recherche du juste équilibre devient un exercice délicat : faut-il sacrifier la liberté d'aller et de venir parce qu'il existe un risque d'attentat ? le droit à la santé peut-il justifier une suspension de la liberté d'aller et de venir ? De telles questions n'offrent pas de réponses toutes faites et imposent une analyse casuistique. La seule exigence est celle de leur caractère temporaire : dès que la menace disparaît, la limitation doit également disparaître. Toutefois, il s'agit d'une question qui génère nombre d'interrogations et de critiques lorsque la situation d'urgence perdure et risque de transformer le provisoire en définitif : pourra-t-on affirmer un jour que tous les risques d'attentats terroristes ont disparu ? Les deux régimes d'état d'urgence mis en place depuis 2015 — sécuritaire et sanitaire — regorgent d'illustrations de ces possibles restrictions à la liberté d'aller et de venir donnant parfois le sentiment que ces restrictions justifiées par l'urgence de la situation ont parfois tendance à perdurer plus que de besoin. Un autre phénomène dont l'incidence est plus difficile à mesurer dans le temps concerne les lieux géographiques dans lesquels, compte tenu de leur configuration, des sujétions spéciales peuvent peser sur l'exercice de la liberté d'aller et de venir et des mesures de police pouvant la restreindre. Concrètement, la question s'est posée pour le département ultra-marin de Mayotte devant faire face à une double crise migratoire et sécuritaire à tel point que les autorités nationales ont été contraintes de renforcer sensiblement la présence des forces de sécurité dans le département. La question qui demeure toutefois repose sur la pérennité des restrictions spécifiques pouvant peser sur certaines parties du territoire en raison de leur configuration géographique. Le Conseil constitutionnel dans sa décision QPC n° 2022-1015 évoque directement cette question dans le corps de sa décision[212] (alors même qu'il s'agit d'une donnée factuelle et non abstraite) justifiant que les mesures de contrôle prises à l'égard de la liberté d'aller et de venir s'exercent sur l'ensemble du territoire.

## IV • Le contrôle et les sanctions des atteintes à la liberté d'aller et de venir

**500** Le contrôle de la liberté d'aller et de venir est essentiellement juridictionnel[213]. Il repose sur un partage des compétences entre le juge judiciaire et le juge administratif. Si le juge judiciaire reste le gardien des atteintes à la liberté d'aller et de venir qui sont également constitutives d'atteintes à la

210. Décision n° 2022-835 DC du 21 janvier 2022 Loi renforçant les outils de gestion de la crise sanitaire et modifiant le Code de la santé publique, *op. cit.* § 10

211. V. en ce sens l'ensemble des avis du Conseil d'État liés à la crise sécuritaire et à la crise sanitaire notamment les avis n° 399873 du 18 mars 2020 sur le projet de loi d'urgence pour faire face à l'épidémie de covid-19 ou celui n° 401419 du 20 octobre 2020 sur le projet de loi autorisant la prorogation de l'état d'urgence sanitaire et portant diverses mesures de gestion de la crise sanitaire.

212. V. § 13 de la décis. n° 2022-1025 QPC du 25 nov. 2022, *Mme Anrifati A.*

213. On remarquera cependant que le juge n'est pas le seul à pouvoir se prononcer sur les atteintes à la liberté d'aller et de venir. Ainsi, les autorités administratives indépendantes peuvent également « sanctionner » certains comportements attentatoires à la liberté d'aller et de venir. La CNIL (Commission nationale informatique et liberté) a ainsi estimé que les « passes » de transport anonymes ou nominatifs pouvaient être incompatibles avec le respect de cette liberté : v. « Le passe Korrigo des transports urbains rennais sanctionné par la CNIL », *Gaz. Pal.* 22 oct. 2009, n° 295, p. 11.

sûreté de l'individu, le juge administratif est également amené à se prononcer sur les mesures générales restreignant la liberté de circulation des individus (nationaux et étrangers). À la détermination du juge compétent s'ajoute l'idée selon laquelle le contrôle juridictionnel des atteintes à la liberté s'effectue proportionnellement à la gravité de la menace rencontrée.

## A • La répartition de la compétence juridictionnelle entre le juge judiciaire et le juge administratif

**501** ***L'évolution de la compétence juridictionnelle.*** La compétence juridictionnelle pour connaître des atteintes à la liberté d'aller et de venir a connu une curieuse évolution liée à l'incertitude de son intégration dans le champ de l'article 66 de la Constitution. La jurisprudence constitutionnelle a semblé un temps intégrer la liberté d'aller et de venir dans le champ de protection de la liberté individuelle visée à l'article 66 de la Constitution[214]. Ceci engendrait une compétence exclusive du juge judiciaire pour connaître des atteintes à la liberté individuelle[215]. Ce fondement constitutionnel reléguait en arrière-plan la *théorie de la voie de fait*. Cette théorie engendre en effet la compétence du juge judiciaire en cas de mesures administratives irrégulières manifestement insusceptibles de se rattacher à un pouvoir de l'administration et portant gravement atteinte à une liberté fondamentale[216]. Si certaines juridictions continuent de se référer à cette théorie, elle ne présente plus aujourd'hui le même intérêt que par le passé.

**502** ***Le caractère non-exclusif de la compétence du juge judiciaire.*** La compétence du juge judiciaire à l'égard de la liberté d'aller et de venir n'a jamais été exclusive. Différentes formes d'atteintes à la liberté de circulation ont été, de longue date, portées devant le juge administratif. La conjonction de la protection de la liberté d'aller et de venir et de la protection de la liberté individuelle en termes de compétence exclusive du juge judiciaire n'a, malgré les incertitudes jurisprudentielles, jamais correspondu à la réalité. Le juge administratif a depuis longtemps intégré le contrôle juridictionnel des atteintes à la liberté d'aller et de venir dans le contrôle des mesures de police. Il est nécessaire de distinguer les atteintes effectives des atteintes potentielles. Ceci se retrouve à travers la distinction traditionnelle entre mesures de police administrative (prévention des troubles) et mesures de police judiciaire (répression des troubles). Si le juge judiciaire est naturellement saisi dans le cadre de la commission d'une infraction ou dans l'hypothèse d'une atteinte grave à la liberté d'aller et de venir[217], il n'en sera pas de même lorsqu'il s'agira d'une mesure de prévention de troubles à l'ordre public. Ainsi le juge administratif, juge des opérations de police administrative, sera compétent pour statuer sur les réglementations de police qui s'avéreraient contraires au principe de la liberté d'aller et de venir ou qui aménagent cette liberté, comme les arrêtés municipaux de police. Ceci relativise la compétence traditionnellement reconnue au juge judiciaire qui peut par ailleurs s'appuyer sur les compétences constitutionnelles dont dispose chaque ordre de juridiction[218]. On rappellera de surcroît que le juge judiciaire, notamment le juge pénal peut se transformer occasionnellement en juge administratif chargé d'apprécier la légalité des actes administratifs, notamment lorsque ceux-ci

---

214. V., L. Favoreu et *al.*, *Droit constitutionnel*, *op. cit.* n[os] 1282 s.
215. Crim. 25 avr. 1985, *Bogdan et Vuckovic*, *JCP* 1985. II. 20465 ; L. Favoreu, « La Cour de cassation, le Conseil constitutionnel et l'article 66 de la Constitution », *D.* 1986. Chron. 169.
216. V. T. confl. 27 mars 1952, *Dame de La Murette*.
217. On rappellera ici que le Tribunal des conflits a entériné le 12 février 2018 dans sa décision *M.A.*. (op.cit), l'idée selon laquelle l'atteinte à la liberté d'aller et de venir était indépendante de l'atteinte à la liberté individuelle visée à l'article 66 confiant sa protection au juge judiciaire.
218. V. Cons. const. 23 janv. 1987, n° 86-224 DC, *Conseil de la concurrence*, *GDCC* 6 : cette décision a réservé à chaque ordre juridictionnel un bloc de compétences (annulation et réformation des actes administratifs pour le juge administratif ; matières relevant par nature du juge judiciaire, dont la liberté individuelle) ; des dérogations sont cependant possibles lorsque l'intérêt d'une bonne administration de la justice est en jeu.

portent atteinte aux droits fondamentaux. Ainsi, et même si une telle affaire peut paraître anecdotique, la chambre criminelle de la Cour de cassation a estimé dans un arrêté du 18 novembre 2003 que la réglementation prise par un maire de la pratique de la planche à roulettes sur le parvis de l'hôtel de ville de Roanne ne méconnaissait pas le principe de la liberté individuelle mais visait à assurer le bon ordre ainsi que la sécurité et la sûreté publiques[219]. En revanche, dès lors qu'un texte confie clairement le traitement d'une question à la compétence d'un juge, ce dernier ne peut que le constater et s'y conformer. Ainsi l'appréciation de la légalité du maintien en rétention administrative relève du seul juge administratif[220].

Cette question avait ressurgi lors de la discussion de la loi dite « anticasseurs » par l'Assemblée nationale, en première lecture, le 5 février 2019. Le texte initial prévoyait le prononcé, par le Préfet, d'interdiction administrative de manifester reprenant le modèle des interdictions administratives dites « de stade » (pour les supporters violents). Ce texte confiait donc à l'autorité administrative par une décision motivée — et par voie de conséquence au juge administratif pour tout recours — le pouvoir d'interdire à une personne de manifester si les conditions — strictement définies — étaient réunies. Il fut logiquement censuré par le Conseil constitutionnel dans sa décision du 4 avril 2019[221]. Le débat autour de ce texte aura cependant fait ressortir à nouveau la question de l'exclusivité de compétence du juge judiciaire pour protéger la liberté d'aller et de venir. Il témoigne en tout état de cause et malgré l'évolution très forte de la protection accordée par le juge administratif aux libertés fondamentales de la barrière psychologique qui existe encore en la matière.

La compétence constitutionnelle du juge judiciaire issue de l'interprétation de l'article 66 de la Constitution a donné lieu à plusieurs hésitations jurisprudentielles quant à la répartition des compétences en cas d'atteinte à la liberté individuelle. Aujourd'hui, la ligne de partage semble davantage découler de la présence de plusieurs critères de compétence juridictionnelle dans la protection de la liberté d'aller et de venir. À elle seule, la liberté d'aller et de venir ne génère aucune clause spécifique de compétence au profit du juge judiciaire ou administratif. En revanche, si l'atteinte à cette même liberté est combinée avec d'autres garanties constitutionnelles (sûreté) ou jurisprudentielles, elle pourra aiguiller un critère de compétence particulier. Ainsi, le Tribunal des conflits avait par exemple adopté une position restrictive à l'égard de la compétence judiciaire en réservant l'appréciation de légalité et l'interprétation des actes administratifs portant atteinte à la liberté individuelle à la juridiction administrative[222]. Cette solution fut démentie par le législateur en ce qui concerne le juge pénal[223] mais également par le juge civil qui, dans le respect des principes constitutionnels issus de la décision du Conseil constitutionnel de 1987, *Conseil de la concurrence*, a reconnu qu'il lui appartenait de connaître des conséquences des atteintes à la liberté individuelle[224].

Il en résulte aujourd'hui une compétence partagée de protection de la liberté d'aller et de venir bien que le juge judiciaire en reste le gardien constitutionnel de principe.

La révision constitutionnelle du 23 juillet 2008, puis la loi organique du 10 décembre 2009 ont ouvert une nouvelle voie de droit — la « question prioritaire de constitutionnalité » — permettant la protection des droits et libertés garantis par la Constitution. Cette procédure a donné au juge constitutionnel un rôle actif dans la protection de la liberté d'aller et venir. Il est ainsi notable que, dès le premier jour d'effectivité de cette nouvelle voie de droit, les questions posées concernaient, avec celle de la garde à

219. *D.* 2004. IR 34.

220. Civ. 2e, 24 avr. 2003, *D.* 2003. IR 1264. V. égal S. Slama « Conseil constitutionnel et éloignement des étrangers : un tonneau des Danaïdes constitutionnel » *Titre VII* (Revue du Cons. const.) n° 6 2021 p. 202

221. Cons. const. 4 avr. 2019, n° 2019-780 DC, Loi visant à renforcer et garantir le maintien de l'ordre public lors des manifestations, *op.cit.*

222. T. confl. 16 nov. 1964, *Clément*, *Lebon* 796. Cette solution devait cependant s'appliquer en tenant compte des réserves de compétences reconnues au juge judiciaire par la jurisprudence traditionnelle en ce qui concerne l'interprétation des actes individuels.

223. C. pén., art. 111-5.

224. Paris, 1re ch., 31 mai 1996, *Centre hospitalier spécialisé de Lannemezan et a.*, *D.* 1997. 554. Cette solution a été confirmée par le tribunal des conflits dans T. confl. 17 févr. 1997, *Préfet de la région Île-de-France*, *Lebon* 525.

vue, la question de l'expulsion des gens du voyage. Le Conseil constitutionnel a eu à se prononcer sur la liberté d'aller et de venir au regard des assignations à résidence dans le cadre de l'état d'urgence[225]. À cette occasion, il a renvoyé à la compétence du juge administratif la protection de la liberté d'aller et de venir dans le cadre de mesures de police administrative[226].

## B • L'intensité du contrôle juridictionnel sur les atteintes à la liberté d'aller et de venir

**503** L'aspect paradoxal du contrôle des atteintes à cette liberté tient à la multiplicité des degrés du contrôle exercé. Il existe cependant un dénominateur commun à tous les juges chargés de statuer sur cette liberté liée à l'exercice d'un contrôle de proportionnalité entre la nécessité de l'atteinte et la gravité du trouble à l'ordre public[227].

**504** ***L'exercice du contrôle de proportionnalité.*** La philosophie du contrôle de proportionnalité réside dans le contrôle de la cohérence interne d'un acte entre les moyens employés, la mesure prise et la finalité poursuivie[228]. Cela signifie que l'appréciation de la licéité de l'atteinte à la liberté variera suivant le type d'acte et les circonstances de l'espèce. Ainsi par exemple, une même mesure d'interdiction générale et absolue pourra dans un cas se justifier et être illégale dans un autre. Il suffit pour s'en convaincre de prendre l'exemple des périodes de circonstances exceptionnelles ou d'urgence : la mesure inconstitutionnelle ou illégale en temps ordinaire perd ce caractère lorsque les circonstances sont bouleversées. Il n'est pas besoin d'aller jusqu'à ces extrêmes pour comprendre l'incidence que possèdent les circonstances de l'espèce sur l'atteinte à la liberté[229]. Chaque espèce ne peut se comprendre sans avoir une parfaite connaissance des éléments de fait qui justifient une décision et peuvent permettre au juge d'apprécier le contexte de la décision[230]. En ce sens, et de manière plus légère, les participants d'une émission de téléréalité ont obtenu la requalification du « règlement de participation » à l'émission en contrat de travail et surtout l'octroi de dommages et intérêts en compensation du préjudice résultant de leurs conditions de travail. Pour caractériser ce nouveau préjudice, le juge judiciaire a considéré que les conditions de travail de ces « participants-salariés » les ont privés de leur liberté d'aller et de venir et plus généralement de leur liberté individuelle, en ce que leur passeport leur a été

---

225. Cons. const. 22 janv. 2016, n° 2015-527 QPC, *M. Cédric D.*

226. Cons. const. 22 janv. 2016, n° 2015-527 QPC, préc., consid. 12 ; dans le même sens, Cons. const. 9 juin 2011, n° 2011-631 DC, préc.

227. V. en ce sens : Cons. const. 21 févr. 2008, n° 2008-562 DC, *Loi relative à la rétention de sûreté et à la déclaration d'irresponsabilité pénale pour cause de trouble mental*, not. consid. 11 à 23.

228. V. pour l'illustration de ce contrôle, CEDH 2 déc. 2014, *Battista c/ Italie*, req. n° 43978/09, sur l'application de l'art. 2 Protocole 4 Conv. EDH. Le requérant s'était vu refuser la délivrance d'un passeport et d'une carte d'identité au motif qu'il ne se conformait pas à des décisions de justice qui l'avaient condamné à verser une pension alimentaire au profit de ses enfants. Les restrictions ainsi apportées à la liberté du requérant de quitter le territoire italien étaient fondées sur le risque de le voir se soustraire au paiement de la pension en cas de déplacement à l'étranger. La Cour a estimé qu'il y avait là une violation du principe de proportionnalité. La Cour a également relevé que les autorités n'avaient pas examiné les intérêts concurrents en jeu et qu'elles n'avaient pas non plus cherché à savoir comment il convenait de les mettre en balance.

229. Bien que le contrôle juridictionnel puisse être moins intense en période d'urgence, cela ne signifie pas que le juge renonce à toute forme de contrôle. Il a par exemple ordonné dans le cadre d'un référé-liberté, la suspension d'une mesure visant à imposer le port du masque en extérieur prescrite par le préfet des Yvelines en raison de la trop grande généralité de la mesure : Ord. TA Versailles du 12 janv. 2022 ADC&E, *AJDA* 2022 p. 12

230. CE 1er avr. 1998, *Préfet des Yvelines c/ Mme Nsonde*, req. n° 169280, *RFDA* 1998. 648, note, J.-E. Malabre, 499. Arrêté de reconduite à la frontière, dépourvu d'exécution pendant une durée de 3 ans. La faute d'inexécution était imputable à l'administration. Un changement de situation de fait était intervenu entre-temps du fait de la naissance d'un enfant ayant la nationalité française. L'exécution d'office de reconduite à la frontière ne pouvait pas être fondée sur l'arrêté initial mais devait reposer sur un nouvel arrêté prenant en compte la situation nouvelle. En vertu des dispositions de l'ordonnance de 1945 en application de l'art. 25 (« l'étranger qui est père ou mère d'un enfant français [...] exerçant même partiellement l'autorité parentale... » ne pouvait faire l'objet d'une mesure de reconduite à la frontière). Par suite, la mise en rétention administrative de Mme Nsondé en vue de son éloignement est illégale. V. dans le même sens : Civ. 2e, 12 nov. 1997, *Préfet de Gironde c/ Kaniama*, *RFDA* 1998. 508 et CE, réf., 28 nov. 2007, *M. Ola Kazzim*, req. n° 310877.

retiré à l'arrivée, qu'ils étaient contraints d'agir conformément à ce que souhaitait la production et ne pouvaient vaquer librement à leurs occupations[231].

L'aspect le plus remarquable du contrôle de la liberté d'aller et de venir reste cependant marqué par l'idée que, quelle que soit l'intensité du contrôle, celui-ci reste gouverné par la même démarche juridictionnelle : rechercher s'il y a ou non disproportion dans la mesure édictée[232]. Certes, les formes du contrôle peuvent évoluer suivant le juge saisi et la matière concernée, mais la philosophie du raisonnement reste la même, signe qu'il y a bien recherche d'un même équilibre. Cette attitude est dictée par l'idée selon laquelle la mise en œuvre des libertés conduit nécessairement[233] à les relativiser en fonction du contexte de leur exercice. Ce recours au contrôle de proportionnalité n'est pas le seul fait du juge mais a été renforcé par les textes conventionnels et législatifs. Ainsi, le juge constitutionnel a précisé que la limitation de la liberté de mouvement des étrangers pour des motifs d'ordre public devait être *strictement* proportionnée au but poursuivi[234]. Dans sa décision relative à la loi sur l'accueil et l'habitat des gens du voyage, le Conseil constitutionnel saisi d'une question prioritaire de constitutionnalité, souligne que « les mesures de police administratives susceptibles d'affecter l'exercice des libertés constitutionnellement garanties, au nombre desquelles figure la liberté d'aller et venir [...] doivent être justifiées par la nécessité de sauvegarder l'ordre public et proportionnées à cet objectif »[235]. À cette exigence d'atteinte minimale à la liberté s'ajoutent les nouvelles formes de contrôle qui combinent les dispositions de droit interne et les dispositions conventionnelles. La Convention européenne des droits de l'homme contient nombre de dispositions exigeant le recours au contrôle de proportionnalité pour vérifier le respect des droits garantis. Il en est ainsi de l'article 8 de la Convention qui garantit le respect de la vie privée et familiale, du domicile et de la correspondance. À ce titre, la Cour de Strasbourg a récemment jugé que l'expulsion des gens du voyage était contraire à l'article 8 car elle méconnaissait cette exigence de proportionnalité[236]. Dès lors, le juge est invité à exercer ce contrôle à un double titre : ceci renforce la légitimité de son interprétation et confère une meilleure lisibilité de ses décisions[237].

**505** ***Les degrés du contrôle exercé.*** Les degrés du contrôle des atteintes à la liberté varieront en fonction de plusieurs paramètres déjà envisagés : le bénéficiaire de la liberté (national ou étranger), la nature de l'atteinte (totale ou partielle), les autres impératifs de même valeur mis en cause par l'exercice de la liberté, le caractère préventif ou répressif de l'intervention ayant donné lieu à la méconnaissance de la liberté.

---

231. Soc. 4 avr. 2012, n° 10-28.818 (11 pourvois joints). V. G. Pignarre et L.-F. Pignarre, « Conditions de travail et droits fondamentaux : naissance d'un préjudice spécifique », *RDT* 2012. 297.

232. Ainsi, la Cour de cassation a par exemple considéré que les mesures coercitives dont disposaient les agents douaniers — notamment à l'encontre de la liberté d'aller et de venir — ne méconnaissaient pas de manière disproportionnée l'objectif de valeur constitutionnelle de lutte contre la fraude transfrontalière (Crim. 13 juin 2012, n° 12-90.025). De la même manière, si le Conseil d'État a jugé que l'interdiction faite aux personnes se prévalant de la qualité de supporter lyonnais de circuler aux abords du stade Geoffroy-Guichard lors du match opposant l'Olympique lyonnais et l'Association sportive de Saint-Étienne était justifiée, l'extension de cette interdiction aux personnes appartenant ou ayant appartenu à une association de supporters sans tenir compte de leur comportement « excède manifestement ce qui est nécessaire à la sauvegarde de l'ordre public » (CE, réf., 8 nov. 2013, req. n[os] 373129 et 373170).

233. Hormis pour certaines d'entre elles comme le droit à la vie.

234. Cons. const. 22 avr. 1997, n° 97-389 DC, *Certificats d'hébergement*, *RJC* I-707.

235. Cons. const. 9 juill. 2010, n° 2010-13 QPC, *M. Orient O. et a. (Gens du voyage)*. C'est au regard de l'ensemble des conditions et des garanties prévues par les dispositions législatives contestées ainsi que de l'objectif poursuivi par le législateur que le Conseil estimera que ce dernier « a assuré une conciliation qui n'est pas manifestement déséquilibrée entre la nécessité de sauvegarder l'ordre public et les autres droits et libertés ».

236. CEDH 17 oct. 2013, *Winterstein et a. c/ France*, req. n° 27013/07.

237. CE, sect. avis, 30 nov. 1998, *Berrad*, *RFDA* 1999. 511, concl. F. Lamy, note C. Guettier. Le refus de titre de séjour par l'administration au motif suivant lequel le demandeur (marocain) ne peut présenter un contrat de travail ou un engagement d'embauche porte une atteinte excessive au droit à la vie privée et familiale de l'intéressé (art. 8 Conv. EDH). L'art. 12 *bis* de l'ordonnance de 1945 modifiée issu de la loi du 11 mai 1998 inclut la délivrance d'un titre de séjour à l'étranger qui inclut un « droit à l'exercice d'une activité professionnelle » (avant-dernier al. de l'art. 12 *bis*) « Il suit de là que ne peuvent être opposés à l'intéressé ni la situation de l'emploi ni le fait qu'il n'est pas en mesure de présenter un contrat de travail ou un engagement d'embauche. » Cette utilisation de la Convention pour compléter la législation nationale entraîne un renforcement du pouvoir d'injonction du juge administratif : « l'exécution du jugement prononçant l'annulation du titre de séjour [...] » porte une atteinte excessive au droit à la vie privée et familiale qui « implique normalement que l'administration délivre le titre sollicité ou un titre présentant des garanties suffisantes au regard du droit que l'intéressé tire de l'article 8 de cette Convention ».

Ainsi, le contrôle exercé à l'égard des étrangers, qualifié traditionnellement de « police des étrangers », ne donne-t-il lieu qu'à un contrôle minimum du juge administratif, incluant — il est vrai — le contrôle de l'erreur manifeste d'appréciation[238]. En revanche, les mesures portant atteinte à la liberté de circulation donnent le plus souvent lieu à un contrôle de la nécessité et de la stricte proportionnalité de la mesure, c'est-à-dire à un contrôle maximum. On remarquera à cet égard que sous l'impulsion des droits constitutionnel[239] et conventionnel[240], le juge ordinaire se sent de plus en plus enclin à vérifier la nécessité de la mesure et donc à élargir l'intensité du contrôle de proportionnalité qu'il effectue[241]. Le juge — quel qu'il soit — se réfère de plus en plus fréquemment à une formule incluant le triptyque « adaptation-nécessité et proportionnalité » de la mesure. Ce contrôle en trois étapes, inspiré du contrôle exercé par la Cour constitutionnelle allemande ayant transité par les juridictions européennes, est simple à comprendre dans son essence mais difficile à détecter dans sa mise en œuvre. Les juridictions étrangères développent souvent longuement les raisons qui les poussent à considérer pourquoi telle mesure est adaptée, ou nécessaire ou strictement proportionnée. L'observateur des décisions juridictionnelles françaises a souvent bien du mal à retrouver le développement d'un raisonnement dans les jugements qui mobilisent le contrôle de proportionnalité qui devient alors une formule essentiellement incantatoire.

L'affirmation du contrôle de proportionnalité dans l'évaluation du respect des atteintes portées à la liberté d'aller et de venir et plus généralement aux libertés et droits fondamentaux est ainsi souvent repris comme un *leitmotiv* dans les décisions du juge. Toutefois, la compréhension exacte de l'opération de contrôle n'est pas toujours aisée. Contrairement à ses homologues étrangers, le juge français reste souvent peu disert sur les éléments qu'il mobilise pour apprécier cette proportionnalité. Il en résulte souvent pour le lecteur des décisions une incompréhension, un chaînon manquant d'explication du raisonnement. Or, lorsqu'il s'agit de limiter la liberté d'aller et de venir, plus que la solution elle-même, les requérants ont besoin d'explications qui permettent de comprendre la décision. Affirmer l'existence d'un degré de contrôle ne prouve pas qu'il soit exercé.

**506** ***L'importance croissante du contentieux de l'entrée, du séjour et de la sortie des étrangers***. Dans les périodes ordinaires, les développements jurisprudentiels des dernières décennies (depuis 1995) démontrent une nette orientation du contentieux des atteintes à la liberté d'aller et de venir autour de l'entrée, du séjour et de la sortie des étrangers sur le territoire. Ce contentieux représente aujourd'hui à lui-seul 40 % du contentieux administratif total. Les décisions relatives à la liberté des nationaux demeurent marginales ou anecdotiques alors que celles relatives aux étrangers sont multiples et contrastées. Si les restrictions de déplacement et de séjour restent motivées principalement par les risques de troubles à l'ordre public[242], le contrôle du juge s'est enrichi de façon quasi systématique d'un contrôle de conventionnalité (plus particulièrement de la Convention européenne des droits de l'homme). Le respect de la vie privée et familiale est ainsi venu renforcer la liberté d'aller et de venir à travers le droit de séjourner[243]. Le juge vérifie que la mesure prise (octroi ou retrait de titre de séjour, reconduite à la frontière, expulsion) ne porte pas une atteinte disproportionnée aux droits garantis par la Convention et par répercussion à la liberté d'aller et de venir[244]. Cette dernière a donc bénéficié du

238. CE 2 nov. 1973, *SA Librairie François Maspéro*.

239. V. sur l'emploi du contrôle de proportionnalité Cons. const. 18 janv. 1995, nº 94-352 DC, *Vidéosurveillance*, *JO* 21 janv. 1995, p. 1156.

240. V. not. CEDH 18 févr. 1991, *Moustaquim*, *op. cit.*

241. V. en ce sens CE 19 avr. 1991, *Belgacem et Babas* (2 esp.), *op. cit.*, *RFDA* 1991. 497 ; CE, sect., 10 avr. 1992, *Marzini*, *AJDA* 1992. 372.

242. V. par ex. CE 8 avr. 1998, *El Madhi*, (l'abrogation d'un arrêté d'assignation à résidence et l'adoption d'un arrêté d'expulsion, d'un majeur célibataire sans enfant et auteur d'actes délictueux ne méconnaissent pas l'art. 8 Conv. EDH) ; CE 29 juill. 1998, *Nafouti* ; CE 29 juill. 1998, *Min. Intérieur c/ Chiabani* (actes terroristes) : l'expulsion d'étrangers délinquants ou criminels, ne porte pas une atteinte disproportionnée au respect de la vie familiale, vue la menace à l'ordre public, même s'ils peuvent se prévaloir de liens familiaux solides en France, *RFDA* 1999. 810.

243. Le droit des étrangers au regroupement familial, en tant que composante du droit au respect de la vie privée et familiale, devient un obstacle au refoulement d'une immigrée légalement établie pendant la majeure partie de son enfance (CEDH 14 juin 2011, *Osman c/ Danemark*, req. nº 38058/09).

244. CE 26 mai 1997, *Min. d'État, min. Intérieur et de l'Aménagement du territoire*, req. nº 167885. Le refus de titre de séjour à une personne mariée avec une ressortissante algérienne, titulaire d'un certificat de résidence, et père de deux enfants de nationalité française nés de cette union, porte une

renforcement de la protection d'autres libertés et semble aujourd'hui en mesure d'être mieux protégée au sein du consortium de droits garantissant la liberté individuelle qu'en faisant cavalier seul.

On soulignera également que la protection de la liberté d'aller et de venir ne bénéficie pas uniquement d'un contrôle approfondi de la part du juge. Elle se trouve également protégée aujourd'hui par un certain nombre de mesures procédurales qui permettent de rendre sa protection plus efficiente. À cet égard, il faut mentionner la procédure de référé-liberté (CJA, art. L. 521-2) devant le juge administratif qui permet de saisir ce dernier en urgence lorsque l'administration porte une atteinte grave à une liberté fondamentale. Le Conseil d'État n'a pas tardé à reconnaître ce caractère à la liberté d'aller et de venir[245] et compte tenu de la rapidité de cette procédure (le juge des référés doit se prononcer dans les 48 heures), il y a là une arme de protection non négligeable[246]. On soulignera toutefois que cette procédure de référé-liberté n'est pas applicable aux étrangers dans le cas d'une reconduite à la frontière car ils bénéficient d'une procédure spécifique prévue à l'article 22 *bis* de l'ordonnance du 2 novembre 1945[247]. On notera pour terminer que la loi Hortefeux du 20 novembre 2007, tirant les conséquences d'une jurisprudence de la Cour européenne de Strasbourg[248] et complétée par la loi de 2011 relative à l'immigration, à l'intégration et la nationalité, a inséré dans le Code de justice administrative une nouvelle procédure de recours *en annulation* suspensive de plein droit[249] contre les décisions de refus d'entrée au titre de l'asile. Dans le cadre de cette procédure, qui s'inspire de celle applicable aux arrêtés de reconduite à la frontière, notifiés par voie administrative à l'étranger en situation irrégulière interpellé par les forces de l'ordre (CESEDA, art. 512-2), l'étranger bénéficie de 48 heures pour demander au juge administratif l'annulation de la décision de non-admission, lequel doit statuer dans un délai de 72 heures à compter de la saisine. Jusqu'à ce que le juge ait statué, aucune mesure d'éloignement ne peut être exécutée.

**507** ***La mise en œuvre du contrôle de proportionnalité dans les situations d'urgence.*** Les régimes d'état d'urgence sécuritaire et sanitaire auxquels ont été soumis la population en France durant ces sept dernières années ont démontré que la restriction à la liberté d'aller et de venir qui n'avait été que parcimonieuse jusque-là pouvait s'inviter dans la vie quotidienne des individus et les empêcher d'aller ou de résider où ils voulaient. Le contrôle juridictionnel reste dans ce cas un ultime rempart aux limites qu'il est possible d'imposer en cas d'atteinte à la liberté d'aller et de venir. Le juge ne renonce pas à exercer sa mission et se réfère au contrôle de proportionnalité comme il le fait dans en temps

---

atteinte disproportionnée au droit au respect à la vie familiale de l'intéressée. Le Conseil d'État vérifie également l'effectivité des liens familiaux en France, accordant une importance particulière à l'absence de tout lien de l'étranger avec un autre pays que la France, enfin il s'intéresse au comportement de ce dernier depuis sa dernière condamnation : CE 2 avr. 1997, *Min. Intérieur c/ M. Bensaoud Gaham*, req. n° 158910. Après avoir relevé l'effectivité des liens familiaux que le défendeur avait en France, le Conseil précise que : « même si ce dernier s'était rendu coupable d'infraction [tentative de vol avec port d'arme], l'arrêté du préfet de Loire lui interdisant la délivrance d'un titre de séjour a porté une atteinte disproportionnée à son droit au respect de sa vie familiale, cet arrêté a donc été pris en méconnaissance de l'article 8 de la Conv. EDH », cité *in RFDA* 1998. 1214. Il arrive que le juge se réfère à d'autres moyens de contrôle comme le détournement de pouvoir pour censurer certaines atteintes à la liberté d'aller et de venir. Ainsi, le Conseil d'État a estimé que la garde à vue d'un étranger et sa mise en rétention administrative simultanée en vue de l'empêcher de se marier à une ressortissante française constituaient un détournement de pouvoir : CE 29 juill. 2002, *Préfet du Languedoc-Roussillon, Préfet de l'Hérault*, *Dr. adm.* 2002, n° 176, note V. Tchen.

245. CE, réf., 9 janv. 2001, *Deperthes* : « la liberté d'aller et de venir, laquelle comporte le droit de se déplacer hors du territoire français… constitue une liberté fondamentale au sens de l'article L. 521-2 précité » ; CE, réf., 2 avr. 2001, *Min. Intérieur c/ Consorts Marcel*, retrait de cartes nationales d'identité et de passeport.

246. Le droit d'asile et son corollaire, le droit de solliciter le statut de réfugié, présentant aussi le caractère de liberté fondamentale, le Conseil d'État a admis la recevabilité d'un référé-liberté contestant les conditions matérielles d'accueil des demandeurs d'asile (CE 6 sept. 2013, req. n° 371696).

247. V. en ce sens CE, réf., 30 juill. 2003, *Djelida*, req. n° 256600, *D.* 2003. IR 2342.

248. Dans l'arrêt *Gebremedhin c/ France* du 26 avr. 2007 (req. n° 25389/05), la CEDH a jugé que l'absence d'un recours juridictionnel de plein droit suspensif ouvert aux étrangers dont la demande d'asile à la frontière a été refusée méconnaissait les art. 3 (interdiction des traitements inhumains et dégradants) et 13 (droit à un recours effectif) de la Conv. EDH. En effet, l'introduction d'un référé-liberté n'a pas d'effet suspensif. En outre, il ne s'agit pas dans le cadre de cette procédure d'une annulation de la décision de non-admission, mais d'une simple suspension de celle-ci, ce qui a pour inconvénient de ne pas éteindre la possibilité de déposer un recours en annulation au fond en plus du référé-liberté.

249. La loi « Hortefeux » du 20 nov. 2007 a inséré dans le CJA un nouvel art. L. 777-1, qui renvoie à l'art. L. 213-9 du CESEDA, article lui-aussi nouvellement créé par la loi.

ordinaires mais le seuil de disproportion qu'il exige est beaucoup plus élevé qu'en période ordinaire. Le résultat est ainsi souvent décevant car les atteintes à la liberté d'aller et de venir — parfois patentes — sont justifiées par une situation d'urgence et des impératifs que le juge considère comme une donnée qu'il ne peut remettre en cause ni qu'il ne peut évaluer indépendamment des autorités et des experts qui se sont prononcés avant lui. Le contrôle de proportionnalité est dans ce cas condamné à rester marginal en raison de l'impossibilité matérielle de mesurer avec certitude et compétence la gravité de la situation ou de la menace. Les plus récentes décisions confirment cette tendance du juge à accepter de placer un impératif particulier (lutte contre le terrorisme, protection de la santé) au-dessus de tous les autres et à admettre assez facilement la justification avancée par le législateur ou le pouvoir réglementaire.

Tout ceci permet de comprendre que la liberté d'aller et de venir possède à la fois une place de choix dans le degré de protection que lui accorde le juge mais qu'elle reste soumise à des degrés divers de contrôle en fonction de la gravité de l'atteinte qui lui est portée la suppression de la liberté constituant le stade suprême de la méconnaissance de la liberté… mais cela relève d'un autre aspect de la liberté individuelle : la sûreté.

## BIBLIOGRAPHIE INDICATIVE

D'une façon générale, tous les manuels de Libertés publiques ou fondamentales consacrent des développements à la liberté d'aller et de venir. Plus spécifiquement on consultera :


- F. FINES, « Liberté d'aller et de venir », *J.-Cl. Adm.*, fasc. 204, 2016, mise à jour 2023.
- M. DE VILLIERS, X. MAGNON et T. S. RENOUX, *Code constitutionnel*, 10e éd., Litec, 2021.
- L. FAVOREU et L. PHILIP et P. GAÏA, R. GEVONTHIAN, F. MÉLIN-SOUCRAMANIEN, É. OLIVA, A. ROUX, *Les grandes décisions du Conseil constitutionnel (GDCC)*, 20e éd., Dalloz, coll. « Grands arrêts », 2022.
- L. FAVOREU, P. GAÏA, R. GÉVONTHIAN, J.-L. MESTRE, A. ROUX, O. PFERSMANN, G. SCOFFONI, *Droit constitutionnel*, 24e éd., Dalloz, coll. « Précis », 2022.
- M. LONG, P. WEIL, G. BRAIBANT, B. GENEVOIS, P. DELVOLVÉ, *Les grands arrêts de la jurisprudence administrative*, 23e éd., coll. « Grands arrêts », Dalloz, 2021.
- B. MATHIEU et P. ARDANT, *Institutions politiques et droit constitutionnel*, 33e éd., LGDJ, coll. « Manuel », 2021-2022.
- F. SUDRE, L. MILANO, H. SURREL, B. PASTRE-BELDA *Droit européen et international des droits de l'homme*, 15e éd., PUF, coll. « Droit fondamental », 2021.


Sur la liberté d'aller et de venir lors de la crise sanitaire :


- Conseil d'État, Étude annuelle 2021 « Les États d'urgence : La démocratie sous contraintes », La documentation Française, Paris 2021.
- « Les États d'exception, un test pour l'État de droit », *RD publ.* — Numéro spécial, 2021.
- S. HENNETTE-VAUCHEZ, *La démocratie en état d'urgence : quand l'exception devient permanente*, Seuil, 2022.

## Thème 4

# La liberté de réunion et de manifestation

**Christophe Roux**
*Professeur de droit public*
*Directeur de l'EDPL (EA 666)*
*Université Jean Moulin – Lyon 3*

« La plus cruelle manifestation de désapprobation du public, c'est son absence. Qu'il siffle, mais qu'il vienne ! » (Marcel Achard). Pensé pour les spectacles, l'aphorisme dit sans doute au-delà mais aussi beaucoup des sentiments contradictoires que provoquent les réunions ou manifestations sur la voie publique. Qu'on déplore leur tenue, se drapant en thuriféraire de la démocratie (silencieuse) des urnes ou, à l'inverse, qu'on y participe ou les soutienne en se faisant le chantre d'une démocratie (plus bruyante) de la rue, les manifestations restent, quoi qu'on en dise et souvent sur courant alternatif (au gré des causes défendues), l'un des « marqueurs »[1] d'une société démocratique, aussi parce qu'elles constituent, parfois, des instants de communion et de solidarité sans équivalent. Qu'on en juge, la période contemporaine n'ayant pas été avare d'illustrations. Dans l'hexagone : mouvements contre le CPE ou la réforme des retraites ; « Marche des fiertés », « Nuits debout » ou « Manif pour tous » ; « bonnets rouges », « gilets jaunes » ou très chics « diners en blanc » ; mais aussi Coupe du monde de football et recueillements de foule suite aux attentats terroristes. Hors de nos frontières et parfois sévèrement réprimées, il en fut de même : en Chine (face au confinement sanitaire), en Iran (condition féminine). Pensons encore aux « Printemps arabes », aux « Indignés » en Espagne, aux mouvements « *Occupy* » au Canada ou « *Black lives matter* » aux États-Unis, sans compter les innombrables marches pour le climat qui essaiment à travers le globe...



1. V. en ce sens C. Husson-Rochcongar, « La redéfinition permanente de l'État de droit par la Cour EDH », *Civitas Europa* 2016-2, n° 37, p. 183.

**508** Toujours plus connues dans les faits, toujours aussi peu reconnues juridiquement : tel est cependant le paradoxe qui traverse les libertés de réunion et — plus encore — de manifestation. Paradoxe car chacun décèle instinctivement les liens intenses que ces libertés tissent avec d'autres, à commencer — dans leur versant collectif — par la liberté d'aller et venir et la liberté d'expression, cette « pierre angulaire »[2] (« d'autant plus précieuse »[3]) d'une société démocratique estampillée du sceau du pluralisme, de la tolérance et de l'esprit d'ouverture[4]. L'on mesure également combien celles-ci sous-tendent l'effectivité de la liberté d'association, la liberté syndicale, la liberté religieuse[5] mais aussi le droit de grève, dès lors que du « piquet » originel la grève décide à se mettre en branle, la liberté de défiler des uns impliquant alors souvent — il est vrai — le droit pour les autres de vite se défiler... Comment, encore, douter de leur fondamentalité au regard de leurs accroches sociales et politiques : les réunions publiques d'aujourd'hui ne sont-elles pas les héritières de celles qui se tenaient sur l'Agora ou le Forum, notre « domaine public » actuel n'en formant que l'ancillaire indispensable[6] ? Les manifestations ne constitueraient-elles pas, de leurs côtés, un procédé de démocratie directe, une salutaire opposition citoyenne voire, ailleurs, la quintessence du droit de résistance à l'oppression ? Comment, pour terminer sur un versant prosaïque, admettre qu'elles ne bénéficient pas de la protection la plus absolue qui soit, dans un pays que la réputation peuple de 60 millions de sujets « râleurs » (« sans compter les sujets de mécontentement »[7]) ?

**509** Et pourtant, comme les lignes qui suivent se chargeront de l'étayer, l'on ne se départira que marginalement des constats de la doctrine laquelle, plus particulièrement au sujet de la liberté de manifestation, retient qu'il s'agirait d'une liberté suspecte[8], « marginale »[9], « qui dérange »[10], voire d'un « droit introuvable »[11]. Simples libertés « publiques » pour certains[12], les libertés de réunion et de manifestation resteraient engoncées dans une romantique zone de non-droit, en relevant d'une forme de « tolérance administrative »[13] à laquelle, il faut l'admettre, la Cour européenne des droits de l'Homme continue de prêter parfois le glaive[14]. Sans qu'il soit loisible de lever tous les voiles sur cette équivoque, l'on tentera brièvement de cerner les foyers les plus incandescents expliquant, au moins partiellement, le caractère intrinsèquement explosif de ces libertés et la suspicion corrélative qu'elles ont toujours suscitée.

La première explication tient tout entière dans les propos précédents : traits d'union autant que medium de concrétisation de nombreuses autres[15], les libertés de réunion et de manifestation ont su s'amarrer à des fondements divers et, par là même, jouir d'attaches relativement solides... sans que l'on ait jugé nécessaire, dès lors, de les ancrer dans des ports autonomes. La seconde réside dans le caractère protéiforme

---

2. CEDH, 27 mars 1996, n° 17488/90, *Goodwin* : *AJDA* 1996, p. 1005, chron. J.-F. Flauss.
3. Cons. const., 11 oct. 1984, n° 88-248 DC, « Entreprises de presse », *Rec.* 78 ; *RD publ.* 1986, p. 395, note L. Favoreu ; *Pouvoirs* 1985, n° 33, p. 163, note P. Avril ; *D.* 2009, p. 455, étude L. Favoreu et L. Philiip ; *GADLF*, Dalloz, 3ᵉ éd., 2021, n° 40-41, note X. Bioy.
4. CEDH, 7 déc. 1976, n° 5493/72, *Handyside c/ Royaume-Uni* ; GACEDH, n° 7.
5. V. M. Comte, « La religion dans la rue. Processions et prières de rue », *in* R. Letteron (dir.), *La liberté de manifestation*, Sorbonne essais, 2020, p. 161.
6. Sur cette analogie domaine public — agora, v. entre autres Ch. Lavialle, « Le domaine public : chose publique ou patrimoine public ? », *in Pouvoir et Gestion. Histoire, Gestion. Organisation*, Presses Universitaires de Toulouse, 1997, p. 281.
7. Pour pasticher H. Rochefort : « La France, dit l'Almanach impérial, contient trente-six millions de sujets, sans compter les sujets de mécontentement » (H. Rochefort, *La Lanterne*, 1ᵉʳ juin 1868).
8. M.-R. Tercinet, « La liberté de manifestation en France », *RD publ.* 1979, p. 1009.
9. N. Bouyer, « Sur une marginalisation réaffirmée de la liberté de manifester », *Revue générale du droit*, 2019.
10. Ch. Doubovetzky, « Une liberté qui dérange ? Réflexions sur la liberté de manifestation à partir de l'exemple suisse », *RFDA* 2020, p. 325.
11. T. Guilly, « La liberté de manifestation, un droit introuvable ? », *RFDA* 2015, p. 499.
12. V. X. Bioy, *Droits fondamentaux et libertés publiques*, LGDJ, « Cours », 7ᵉ éd., 2022, spéc. § 400 et s.
13. En ce sens déjà, G. Clémenceau : « Je ne suis pas bien sûr qu'il y ait un droit de manifestation : mais je suis d'avis cependant qu'il peut et qu'il doit avoir une tolérance de manifestation » (Débats parlementaires — Chambre des députés, séance du 21 janv. 1907, *JORF*, 22 janv. 1907).
14. V. s'agissant de la CEDH : « D'autre part, la Cour invite les États à faire « preuve d'une certaine tolérance pour les rassemblements pacifiques, afin que la liberté de réunion pacifique garantie par l'article 11 de la Convention ne soit pas vidée de sa substance » (CEDH, gr. ch., 15 oct. 2015, n° 37553/05, *Kudrevicius et a. c/ Lituanie*, § 158 ; *Dr. soc.* 2016. 697, étude J.-P. Marguénaud et J. Mouly ; *JCP G* 2015, n° 1251, note K. Blay-Grabarczyk, § 150 ; CEDH, 27 nov. 2012, n° 28495/06, *Disk et Kesk c/ Turquie* ; CEDH, 20 nov. 2019, n° 58954/09, *Obote c/ Russie*.
15. En ce sens, v. J. Ferrero, « La liberté de manifestation en droit international : illustration des limites de l'emprise du droit international sur les pratiques nationales », *JusPoliticum* 2017-1, n° 17.

des réunions et manifestations, leur définition autant que leur départ n'ayant jamais été clairement assis. Certains se sont ainsi essayés à la typologie, distinguant les « manifestations-communions » (obsèques ou fêtes nationales…), les « manifestations corporatistes » (sapeurs-pompiers, défilés du 1er mai…), les « manifestations émotionnelles » (Coupe du monde de football, marches blanches…), les « manifestations-protestations » (« Marche des fiertés »…) et, bien entendu, les manifestations à caractère politique[16]. L'on pourrait encore enrichir la gamme en évoquant les rassemblements culturels, musicaux, sportifs ou « motorisés » ; *de facto*, le droit positif ne les appréhende pas sur la même chromatique[17]. Plus ou moins spontanées et organisées, gravitant sur des tonalités (calmes, graves, moqueuses, festives… agressives ou violentes) et des notes bigarrées (*sitting*, *flashmob*, *rave-parties*[18]…), extrêmement hétéroclites dans les revendications qu'elles (sup)portent, leur diversité est telle qu'il semble illusoire de les faire entrer dans un cadre « libertaire » homogène. Au gré de ce caractère insaisissable, l'on comprend mieux l'attention, si ce n'est la méfiance, que les autorités leur ont historiquement accordé : parce qu'il constitue un moyen de pression et marque le plus souvent l'opposition au pouvoir en place ou au courant social dominant, le message que les réunions ou manifestations véhiculent et extériorisent procède de leur déstabilisation. À cet égard, s'il est souvent affirmé que « le gouvernement ne détermine pas sa politique à la longueur des cortèges »[19], on jurerait pourtant qu'il s'arme de tous les centimètres de clairvoyance pour les épier mais aussi j(a)uger de l'épaisseur réelle des prétentions, du soutien de l'opinion autant que la puissance des courroies de transmission. Ici encore, il est en effet beaucoup question d'image[20] et de communication (positive ou négative), le rôle des médias (ces « chiens de garde » de la démocratie[21]) les couvrant faisant l'objet d'une vigilance juridictionnelle — ou d'une répression — soutenue[22]. Il y est encore beaucoup question de chiffres et l'on sait combien les écarts de décompte entre celui du ministère de l'Intérieur et celui des organisateurs frisent le ridicule. L'attention est aussi légitimement de mise dès lors que ces rassemblements sont régulièrement le théâtre de débordements, de dégradations urbaines, d'affrontements avec les forces de police (« Antifas », *black bloc*), voire de pillages en règle en marge des défilés (casseurs), sans compter les propos injurieux ou incitant à la violence (quand bien même, dans le cadre des manifestations, la tolérance serait de mise[23]). Sans doute à mesure que la sociologie des cortèges évolue et se diversifie ; au gré, également, de la perte d'influence de certains corps intermédiaires (syndicats, associations, partis politiques…) dont la « culture manifestante » (les forces de police l'ont toujours admis[24]) présentait quelques gages pour repousser le spectre de « la chienlit ». En bref, et comme put en attester la crise des gilets jaunes, il est un fait que les manifestations représentent un coût économique, social mais aussi sociétal parfois extrêmement élevé[25].

**510** En définitive, les libertés de réunion et de manifestation cristallisent sans doute davantage que d'autres les contradictions parcourant nos sociétés. Catalyseur de ces opinions qui « dérangent, qui choquent voire qui inquiètent »[26] propres aux démocraties, l'appréhension juridique des réunions et manifestations en forme aussi, par métonymie, le bulletin de santé : qu'on tolère (telle une rançon du « vivre ensemble ») ce lourd traitement, malgré leur caractère parfois cathartique et excessif ; ou qu'on

16. J. Robert, « La manifestation de rue », *RD publ.* 2006-4, p. 829.
17. Pour d'amples précisions sur ces réunions ou manifestations « spéciales », v. M. Murbach-Vibert, « Manifestations », *Répertoire de droit pénal et de procédure pénale*, Dalloz, sept. 2022, spéc. § 263 et s.
18. À leur sujet, v. CSI, art. R. 221-27.
19. R. Barre (1924-2007), discours à l'Assemblée nationale, 7 oct. 1976
20. V. J. Siber, « L'image et le manifestant », *Gaz. Pal.*, 24 janv. 2017, n° 4, p. 81.
21. CEDH, 27 mars 1996, n° 17488/90, *Goodwin*, préc.
22. V. au sujet de la censure du schéma national de maintien de l'ordre qui restreignait leur participation et leur rôle : CE, 10 juin 2021, n° 444489, *Synd. national des journalistes* : *JCP A* 2021, n° 2262, note J.-C. Jobart ; *JCP G* 2021, n° 863, p. 1200, note E. Derieux ; *Dr. adm.* 2021, comm. 41, note G. Eveillard ; *Gaz. Pal.*, 19 oct. 2021, n° 36, p. 33, note Ph. Piot.
23. V. S. Lavric, « L'exercice de la liberté d'expression dans les manifestations », *Gaz. Pal.*, 24 janv. 2017, n° 4, p. 77.
24. V. M. Murbach-Vibert, « Manifestations », art. préc., spéc. § 105.
25. V. en ce sens R. Piastra, « À propos du droit de manifester », *AJCT* 2019, p. 161.
26. CEDH, 7 déc. 1976, *Handyside c/ Royaume-Uni*, préc.

le rejette et les musèlent, prétextant lutter alors contre une « tyrannie de la minorité ». Elles témoignent encore des penchants autoritaires observables partout ailleurs, une pénalisation rampante étant à l'œuvre, tandis que le recours à la force pour les contenir fait régulièrement polémique. Textuellement, et la terminologie n'est pas neutre loin s'en faut, il est symptomatique de constater que le droit des manifestations est en France, pour l'essentiel, régi par… le Code pénal et le Code de la sécurité intérieure. Les « états d'urgence » (« terroriste » puis « sanitaire ») successifs n'ont pas adouci le diagnostic, les libertés de réunion et de manifestation faisant partie des plus affectées. En prenant un peu de recul, enfin, ces libertés interrogent la vitalité, la recomposition et les frontières de « l'espace public »[27]. L'on songe à la question du partage de l'assiette domaniale (lors même que l'affirmation du droit de propriété « public » envoie des signaux contradictoires, en ce qu'il postule la faculté d'exclure[28] ; le droit domanial se montre toutefois plutôt favorable à l'effectivité de la liberté de réunion si l'on veut bien songer à la mise à disposition des locaux communaux[29]), certains ayant proposé que le domaine public soit celui « affecté aux libertés publiques »[30]. L'on songe aussi à son virage immatériel, les réunions et manifestations d'aujourd'hui — et certainement de demain, plus encore — se déroulant sur Internet *via* quelques mots d'ordre public (pensons à *#metoo*) renouvelant les doutes quant à la pérennité de nos cadres par trop « matériels et extérieurs »[31]. Le Comité des droits de l'Homme y accorde déjà un œil avisé[32] ; du côté du droit européen des droits de l'homme, la plasticité de la notion (autonome ?[33]) de « réunion » devrait également suffire à prendre le bon tournant.

Il reste toutefois à s'entendre sur les termes du sujet, la clarté toute relative du droit positif étant le reflet des vicissitudes historiques autant que la marque de la défiance continue dont ces libertés furent l'objet[34]. S'agissant des manifestations, le Code de la sécurité intérieure (art. L. 211-1) continue en effet de procéder par tautologie, en soumettant à déclaration préalable « tous cortèges, défilés et rassemblements de personnes, et, d'une façon générale, toutes manifestations sur la voie publique ». C'est à la jurisprudence qu'il revint le soin d'esquisser une définition plus nette, en visant « tout rassemblement statique ou mobile sur la voie publique d'un groupe organisé de personnes aux fins d'exprimer collectivement et publiquement une opinion ou une volonté commune »[35]. De son côté, la réunion a pu être circonscrite à « un groupement momentané de personnes en vue d'entendre l'exposé d'idées ou d'opinions en vue de se concerter pour la défense d'intérêts »[36]. Proches, les notions de réunion et de manifestation se distinguent toutefois au regard d'un critère géographique dès lors que, en vertu de l'article 6 de la loi du 30 juin 1881 (auquel l'article L. 211-1 du CSI renvoie), les réunions « publiques » demeurent interdites sur la voie publique. Il en résulte ainsi une quadruple distinction entre : premièrement, les réunions « privées » dont il ne sera pas question ici, celles-ci relevant précisément de la vie privée et du droit au respect éponyme ; deuxièmement, les réunions « publiques », lesquelles ne se conçoivent alors que dans un lieu clos[37] ; troisièmement, les manifestations à proprement dites, sises sur la voie publique ; quatrièmement enfin, les « attroupements », lesquels (présentés comme spontanés, là où manifestations et réunions seraient « organisées »), pénalement répréhensibles (C. pén.,

27. Sur la thématique, v. O. Bui-Xuan (dir.), *Droit et espace(s) public(s)*, Institut Varenne, 2013 ; H. Avvenire, *Espaces publics et libertés. Contribution à l'étude de la spatialisation du droit*, thèse dactyl., Toulouse-Capitole, 2022.
28. V. Ph. Yolka, « Libertés, domanialité et propriétés publiques », *Revue des droits et libertés fondamentaux* 2017, chron. n° 2.
29. V. CGCT, art. L. 2144-3. V. par ex. au profit de la liberté de culte, CE, 23 sept. 2015, n° 393639, *Association des musulmans de Mantes* ; *BJCL* 2015-10, p. 683, note B. Poujade ; *AJDA* 2016, p. 108, note J.-B. Chevalier.
30. Y. Gaudemet, « Libertés publiques et domaine public », *in Mélanges Jacques Robert*, Montchrestien, 1998, p. 125.
31. M. Hauriou, *Précis de droit administratif et de droit public*, Sirey, 12e éd., 1933, p. 549.
32. V. N. Zimmerman, « La liberté de réunion pacifique, garante d'un espace civique menacé : commentaire en marge de l'observation générale n° 37 du Comité des droits de l'homme », *RTDH* 2021-4, n° 128, p. 829.
33. H. Surrel, note sur CEDH, gr. ch., 15 nov. 2018, n° 29580/12, *Navalny c/ Russie*, *JCP G* 2018, n° 1315.
34. V. F. Fourment, « La notion de manifestation », *Gaz. Pal.*, 24 janv. 2017, n° 4, p. 67.
35. Crim. 9 févr. 2016, n° 14-82.234 ; *Dr. pén.* 2016, comm. 74, note P. Conte ; *JCP S* 2016, II, 1130, note H. Guyot ; *JCP G* 2016, II, 465, note P. Collet.
36. CE, 6 août 1915, Delmotte, *Lebon* 275, concl. Corneille.
37. V. en ce sens X. Bioy, *op. cit.*, § 1401.

art. 431-3) sont définis comme des rassemblements susceptibles de troubler l'ordre public… la ligne de démarcation n'étant assurément pas des plus limpides.

Ces précisions opérées, les libertés de réunion et de manifestation ont fait l'objet d'une fondamentalisation progressive, laquelle reste toutefois en demi-teinte (I). Leur concrétisation se révèle logiquement au diapason, c'est-à-dire en « clair-obscur », la libéralisation de leur régime et l'accentuation du contrôle juridictionnel afférent ne parvenant pas à dissiper des penchants sécuritaires toujours aussi tenaces (II).

# I • La fondamentalisation en demi-teinte des libertés de réunion et de manifestation

Si l'élévation juridique des libertés de réunion et de manifestation ne peut être contestée, elle reste, à bien des égards, confinée à des hauteurs toutes raisonnables, leurs fondements bénéficiant d'une autonomie relative (A), tandis que leurs régimes d'aménagement restent marqués tout à la fois de restrictions intrinsèques et d'équivoques (B).

## A • L'autonomisation relative des fondements

**511** À proprement parler, réunions et manifestations ne constituent pas des phénomènes modernes, en France comme à l'étranger. Les premières étaient de mise déjà sous l'Antiquité ; elles vivoteront ensuite sous assentiment royal et tolérances, avant de connaître leur éphémère acmé durant la période révolutionnaire au sein des clubs (« girondins », « montagnards »). Quant aux secondes, elles prirent au fil du temps des déclinaisons et formes diverses (jacqueries, tumultes, « effrois » paysans ou encore charivari…[38]) avant, selon la plupart des auteurs[39], de prendre leur acception moderne à partir de 1848 sur les ruines d'une Monarchie (de Juillet) défaite par la fameuse campagne des « banquets ». Leur convocation à la vie juridique fut cependant tardive, tumultueuse et étiquetée — toujours aujourd'hui — d'une forme d'incomplétude, dès lors que c'est essentiellement par le biais de la liberté de réunion que la seconde parvint à maturation juridique.

Certes, dès la déclaration des droits de l'Homme, le terme de « manifestation » est employé ; on lit en effet à l'article 10 que nul ne doit être inquiété pour ses opinions, même religieuses, pourvu que « leur manifestation » ne trouble pas l'ordre public établi par la loi. Outre que la liberté d'opinion est définie par la négative, le terme de « manifestation » n'est pas encore reçu dans son sens contemporain, se contentant de renvoyer à une extériorisation au sens général, d'une part ; à la liberté de culte, d'autre part. La Constitution montagnarde du 24 juin 1793 autant que celle du 4 novembre 1848 (art. 8) lui réservèrent fugacement droit de cité, sous réserve de son caractère « paisible » ; elle figurait encore au fronton (art. 16) de la Constitution du 19 avril 1946, laquelle fut rejetée par référendum. Contrairement aux libertés de presse, locales ou syndicales qui tinrent le haut du pavé, la liberté de manifestation ne fit l'objet d'aucune « grande loi » sous la III$^{e}$ République[40] et il fallut attendre son crépuscule, au travers du décret-loi du

38. V. M. Murbach-Vibert, « Manifestations », art. préc., spéc. § 6 et s. V. également J.-F. Dreuille, « Manifestations et réunions publiques », *J.-Cl. Pénal Code*, Fasc. 20, 2019, § 2 et s.

39. V. not. V. Robert, « Aux origines de la manifestation en France (1789-1848) », *in La manifestation*, Presses de la fondation nationale des sciences politiques, 1990, p. 74. V. égal., les contributions de A.-D. Houte (p. 19), A. Lignereux (p. 39) et V. Robert (p. 57), *in* R. Letteron (dir.), *La liberté de manifestation*, *op. cit.*

40. Sur ce constat, A. Boyer, « La liberté de manifestation en droit constitutionnel français », *RFDC* 2000, n° 44, p. 674.

23 octobre 1935[41] (dont les dispositions du CSI sont, « maux pour maux », la reprise), pour qu'elle sorte du « régime de fait »[42] et dispose d'une réglementation dédiée (et réactionnaire, son adoption n'étant que la conséquence des affrontements sanglants du 6 février 1934). Ce bref historique suffit probablement à résumer la réserve qu'elle généra depuis toujours, la perspective (demain) de l'ériger en principe fondamental reconnu par les lois de la République étant d'ailleurs, par là-même, frappée d'inanité.

**512** Cette destinée tranche avec la liberté de réunion, dont le caractère « libre » fut affirmé nettement dès la loi du 30 juin 1881, l'épithète ne devant cependant pas être pris au pied de la lettre puisque son exercice restait assorti d'un régime de déclaration préalable. Il disparut à la suite de l'adoption de la loi du 28 mars 1907. Compte tenu de cette ascendance, on ne s'étonnera pas que seule la liberté de réunion *stricto sensu* ait fait l'objet d'une fondamentalisation expresse ; c'est en effet ce dont témoignent tous les grands textes. Ainsi la DUDH (art. 20) mentionne-t-elle la « liberté de réunion et d'associations pacifiques », le PIDCP (art. 21) évoquant de son côté le « droit de réunion pacifique ». Les formulations sont semblables au niveau régional : la Conv. EDH (art. 11) autant que la Charte des droits fondamentaux de l'Union (art. 12.1) lient les libertés de réunion (pacifique) et d'association, tandis que la Charte interaméricaine des droits de l'Homme (art. 15) et la Charte africaine (art. 11) parlent respectivement du « droit de réunion pacifique et sans armes » et du « droit de se réunir avec d'autres ». Un rapide coup d'œil au droit comparé[43] suffit à confirmer la chose, la liberté de manifestation étant sémantiquement tue au profit de formulations moins abrasives : « réunion en plein air » (Loi fondamentale allemande, art. 8), « réunion en un lieu public » (Constitution italienne, art. 17), la liberté de manifestation étant seulement déduite de la liberté d'expression aux États-Unis[44], de la liberté d'aller et venir au Royaume-Uni[45]. En bref, la liberté de manifestation brille par son absence : elle est le plus souvent rattachée à la liberté de réunion ou déduite de droits « gigogne »[46], telle la liberté d'expression ou la liberté d'aller et venir. L'autonomie de la liberté de réunion, de son côté, reste relative, fréquemment adjointe à la liberté d'association. Enfin, il n'aura échappé à personne que seul le caractère « pacifique » des rassemblements permet de jouir des protections internationales, la distinction hexagonale entre manifestations et attroupements bénéficiant implicitement d'un brevet de conformité.

C'est au fond tardivement que le processus de fondamentalisation des libertés de réunion et manifestation gagna en épaisseur. Le Conseil constitutionnel devait, en catimini, consacrer plus fermement la seconde, sous un « droit d'expression collective des idées et des opinions »[47], lequel bénéficie, à l'instar de la liberté d'expression dont il découle (DDHC, art. 11) d'une protection « d'autant plus précieuse que son exercice est une condition de la démocratie et l'une des garanties du respect des autres droits et libertés »[48]. Avant l'heure, il ouvrait par la même décision originelle les vannes de la QPC, libertés de réunion et de manifestation étant au nombre des « libertés publiques constitutionnellement garanties ». Dès 1979, la CEDH consacra spécifiquement

41. *DP* 1935, 4, p. 367. Sur le sujet T. Guilly, « Les origines juridiques de la liberté de manifestation : le décret-loi du 23 octobre 1935 », *in* R. Letteron (dir.), *La liberté de manifestation*, *op. cit.*, p. 67.
42. R. Berthon, *Le régime des cortèges et des manifestations en France*, thèse Paris, M. Lavergne, 1938.
43. Pour un aperçu complet en droit comparé, v. A. Duffy-Meunier et Th. Perroud, « La liberté de manifestation dans l'espace public en droit comparé », *Juspoliticum* 2017-1, n° 17.
44. J.-E. Branaa, « La manifestation comme élément de la liberté d'expression : les États-Unis », *in* R. Letteron (dir.), *La liberté de manifestation*, *op. cit.*, p. 93.
45. V. A. Dicey, *Introduction to the law of the constitution*, 1902.
46. Comme le droit au respect de la vie privée, v. F. Sudre, « Rapport introductif. La "construction" par le juge européen du droit au respect de la vie privée », *in Le droit au respect de la vie privée au sens de la Convention européenne des droits de l'Homme*, Bruylant, Nemesis, *Droit et justice*, n° 63, 2005, p. 11.
47. Cons. const., 18 janv. 1995, n° 94-352 DC, Loi d'orientation relative à la sécurité, *Rec.* 170 ; *D.* 1997, p. 121, note J. Trémeau ; *RFDA* 1995, p. 1246 et *RFDC* 1995, n° 22, p. 362, note L. Favoreu ; *RTD civ.* 1995-2, p. 448, note C. Jamin ; *RD publ.* 1995-3, p. 575, note F. Luchaire ; *Rev. adm.* 1995, p. 483, note F. Barloy.
48. Cons. const., 4 avr. 2019, n° 2019-780 DC, Loi visant à renforcer et à garantir le maintien de l'ordre public lors des manifestations ; *AJDA* 2019, p. 782 ; *AJ pénal* 2019, p. 259, note R. Letteron ; *RSC* 2019, p. 461, note F. Rousseau ; *Constitutions* 2019, p. 241, note O. Le Bot ; *Gaz. Pal.* 2019, n° 17, p. 44, note F. Fourment ; *Titre VII* 2019, n° 3, p. 70, note E. Cartier ; *Politeia* 2019, n° 36, p. 13, note H. Josefowicz.

la liberté de manifestation, la faisant découler des articles 10 et 11 de la Convention[49], le premier (liberté d'expression) étant depuis lors perçu comme la *lex generalis* au travers de laquelle le second (liberté de réunion) ne constitue qu'une *lex specialis* devant être lue à sa lumière[50]. Aussi paradoxal que cela puisse paraître, c'est le Code pénal qui révèle peut-être le mieux l'ascension normative, l'article 431-1 étant l'unique disposition à faire écho à la « liberté » de manifestation, en punissant (l'hypothèse reste rare en jurisprudence) le délit d'entrave à son exercice[51]. Achevant ce mouvement de fondamentalisation, les libertés de réunion[52] et de manifestation[53] devaient bientôt, chacune, être considérées comme des « libertés fondamentales au sens de l'article L. 521-2 CJA », les portes du référé-liberté leur étant ouvertes (le juge judiciaire lui conférant le même label[54]). Il ne faudra, certes, pas surestimer la chose, lors même que sa recevabilité est subordonnée à des conditions strictes : au-delà de l'urgence, seule une atteinte « grave et manifestement illégale » permet de prospérer. Il ne faudra certainement pas la sous-estimer non plus : le contrôle de légalité objectif, par la voie du recours pour excès de pouvoir, marquait *de facto* son incapacité à protéger effectivement l'exercice de ces libertés, l'annulation ayant des airs de victoire à la Pyrrhus. Dès 1933, le Sieur Benjamin[55] du « grand arrêt » (s'il en est…) éponyme en avait fait les frais (interdit de participer à une réunion, il avait obtenu gain de cause des mois après… mais donc sans jamais n'avoir pu converser !), jusqu'à susciter l'indignation incrédule de tous les « hurons »[56]. Quoique le bilan statistique du référé-liberté ne soit pas flambant, l'on notera quelques interventions chaleureuses du juge de l'urgence[57].

## B • La libéralisation progressive des régimes d'aménagement

**513** Cette fondamentalisation en demi-teinte rejaillit sur les régimes d'aménagement dont les libertés de réunion et de manifestation sont sujettes. Traditionnellement — et en dépit d'une échelle trop schématique pour être honnête — l'on distingue de manière tripartite les régimes dits « répressif » (faux ami, celui-ci est en réalité le plus protecteur puisqu'il présuppose une liberté pleine et entière tant que son exercice ne viole pas la loi, *lato sensu*), « déclaratif » (son exercice étant soumis à déclaration préalable) et « préventif » (où classiquement l'on range les libertés subordonnées à autorisation ou celles qui peuvent être restreintes par le pouvoir de police administrative)[58].

---

49. V. CEDH, 10 oct. 1979, n° 8191/78, *Rassemblement jurassien c/ Suisse* ; CEDH, 5 mars 2009, n° 31684/05, *Baracco c/ France*, spéc. § 39.
50. V. not. CEDH, 26 avr. 1991, *Ezelin c/ France*, n° 11800/25, spéc. § 35 ; CEDH, 2 oct. 2001, n° 29221/95, *Stankov c/ Bulgarie* ; *JCP G* 2002, I, 105, n° 18, chron. F. Sudre ; CEDH, 5 mars 2009, *Baracco c/ France*, préc., spéc. § 27 ; CEDH, 26 sept. 1994, *Vogt c/ Allemagne*, n° 17581/91, spéc. § 64. Sur le traitement conventionnel de la liberté de manifestation, v. F. Sudre, L. Milano, B. Pastre-Belda, A. Schahmaneche, *Droit européen et international des droits de l'Homme*, PUF, 2023, 16e éd, § 562 et s. ; Y. Lécuyer, « L'ambivalence de la liberté de manifestation dans la jurisprudence de la Cour européenne des droits de l'homme », *in* R. Letteron (dir.), *La liberté de manifestation*, *op. cit.*, p. 111 ; J. Fialaire, « L'exercice de la liberté de manifestation en France au prisme du droit européen des droits de l'homme », *JCP A* 2020, n° 2184.
51. V. not. X. Samuel, « Entraves à l'exercice des libertés d'expression, du travail, d'association, de réunion ou de manifestation (…) », *J.-Cl. Pénal Code*, fasc. 20, 2012.
52. CE ord., 19 août 2022, n° 249666, *Front National et IFOREL* ; *AJDA* 2002, p. 1017, note X. Braud.
53. CE ord., 5 janv. 2007, n° 300311, *Assoc. « Solidarité des français »*, *Lebon T.* 1013 ; *AJDA*, 2007, p. 601, note B. Pauvert ; *D.* 2007, p. 307 ; *RTDH* 2007, n° 71, p. 885.
54. CA Toulouse, 28 juin 2004, *CCI Toulouse c/ Union départementale CGT*.
55. CE, 19 mai 1933, n° 174313, *Benjamin*, *Lebon* 541, concl. Michel ; *S.* 1934, III, 1, concl. Michel, note A. Mestre ; *D.* 1933, 3, p. 354, concl. ; *GAJA*, Dalloz, 23e éd., 2021, n° 42 ; v. égal. P.-H. Prélot, « L'actualité de l'arrêt *Benjamin* », *RFDA* 2013, p. 1020.
56. J. Rivero, « Le Huron au Palais-Royal ou réflexions naïves sur le recours pour excès de pouvoir », *D.* 1962, chron. IV, p. 37.
57. V. par ex. CE ord., 31 oct. 2013, n° 1315396/9, *Assoc « DAL » Paris et environs*.
58. Distinction que l'on doit, entre autres, à L. Duguit, *Traité de droit constitutionnel*, de Boccard, 2e éd., 1923, t. 3, p. 603 ; J. Rivero, *Cours de libertés publiques*, Les cours du droit, 1963-1964, p. 158 et s. Pour une reprise, v. X. Bioy, *Droits fondamentaux et libertés publiques*, *op. cit.*, § 514 et s. La doctrine s'en tient parfois à la distinction dualiste « répressif / préventif », en intégrant les systèmes déclaratifs au sein du régime préventif. En ce sens, S. Hénette-Vauchez et D. Roman, *Droits de l'homme et des libertés fondamentales*, Dalloz, « Hyperours », 5e éd., 2022. D'autres lui substituent

C'est au premier (le plus libéral) que l'on range généralement la liberté de réunion. De fait, depuis 1907, leur organisation est libre, celles-ci n'étant plus sous le joug d'une sujétion déclarative. Les réunions n'en doivent pas moins — la pratique peinant à suivre la théorie — normalement être circonscrites dans le temps (pas plus de 23 h), être constituée par un bureau et souffrir, le cas échéant, la présence d'un fonctionnaire de l'ordre administratif ou judiciaire pour surveillance (L. 30 juin 1881, art. 6, 8 et 9). Il reste, bien entendu, à relever que la tenue autant que la teneur des débats pourront être appréhendées par le droit pénal, qu'on y livre des propos injurieux, diffamatoires, incitant à la haine ou à la violence. L'on pourra, encore, s'interroger sur la réponse juridique et juridictionnelle (aux abonnés absents à ce stade…[59]) apportées aux réunions dites « non-mixtes », « racisées », « genrées » ou « intersectionnelles » dont certains sont par définition exclus à raison de leur « non-appartenance », le principe de non-discrimination jouant alors à front renversé pour les justifier. Il reste, surtout, à tempérer le caractère intrinsèquement libéral du régime des réunions, lors même que, en vertu du pouvoir de police administrative général[60], il sera toujours loisible de les interdire si leur survenance venait à troubler la sécurité, la salubrité ou la tranquillité publiques[61] (la convocation de motifs de gestion domaniale étant également envisageable[62]). L'on notera enfin que si tous les sujets — personnes morales de droit privé (et de droit public ?) comprises — en jouissent, certains voient leur liberté tempérée, notamment les prisonniers[63]. On réservera aussi le sort particulier assigné à certains lieux, où l'impératif de neutralité — politique, religieuse, commerciale — exige d'éconduire certaines d'entre elles, comme dans les écoles, collèges ou lycées[64].

**514** La liberté de manifestation ne jouit pas, de son côté, de la même flexibilité puisque, depuis le décret-loi de 1935 jusqu'à notre actuel article L. 211-1 du CSI, celles-ci doivent préalablement faire l'objet d'une déclaration soit en mairie, soit — plus fréquemment — en préfecture (dès lors que la commune est dite « étatisée », c'est-à-dire lorsqu'elle a pour siège une préfecture, une sous-préfecture ou une cité comprenant plus de 20 000 âmes). Dans le détail, cette déclaration devra être opérée *a maxima* 15 jours et *a minima* 3 jours avant la tenue de l'évènement ; le but de la manifestation, le lieu et l'itinéraire qu'il est projeté d'emprunter doivent être mentionnés. Récemment (de manière à encourager cette déclaration préalable qui, dans les faits, n'est pas respectée dans 20 % des cas), ce qui constitue peut-être une défaite du droit devant les faits, la procédure a été simplifiée, un seul organisateur (contre trois auparavant) étant nécessaire pour l'opérer. La déclaration préalable n'est toutefois pas exigée dans l'hypothèse des « sorties sur la voie publique conformes aux usages locaux » (CSI, art. L. 211-1, al. 2), ce qui vise, pour l'essentiel, les processions religieuses, les défilés à caractère corporatiste ou associatif (fanfares, amicales, *etc.*) ou, encore, les manifestations mémorielles (armistice, fête nationale, journées du souvenir…). Inspirée de la jurisprudence antérieure du Conseil d'État, la protection ne vaut en théorie qu'en présence d'un usage ancien, régulier et ininterrompu ; il est toutefois fait preuve de certaines largesses en la matière (salutaires, sans doute[65]). Il reste à relever que si aucune déclaration ne s'imposera dans ce cadre, il ne sera en revanche nullement fait échec à la faculté de les interdire,

---

des distinctions différentes comme « l'aménagement-concrétisation » et « l'aménagement-encadrement » (X. Dupré de Boulois, *Droit des libertés fondamentales*, PUF, 3e éd, 2022).

59. V. par ex. dans une hypothèse semblable, CE ord., 14 août 2017, n° 413354, *M. Dupont-Aignan* ; *AJDA* 2018, p. 754, note D. Tallon.
60. CGCT, art. L. 2212-1 et CE, 8 août 1919, *Labonne*, *Lebon* 737 ; *GAJA*, Dalloz, 23e éd., 2021, n° 33.
61. V. *infra*.
62. V. par ex. CE, 21 mars 1979, *Cne de Tourettes-sur-Loup*, *Lebon* 656.
63. CE, 27 mai 2005, n° 280866, *Section française de l'OIP*, *AJDA* 2005, p. 1579, note A. Rainaud.
64. CE, 8 nov. 1985, *Min. Éduc. nat. c/ Rudent* ; *RFDA* 1986, p. 630, concl. P. Laroque ; *RD publ.* 1986, p. 244, note F. Llorens. Ne présente pas un caractère politique celle à but « civique et moral » : CE, 6 nov. 1991, *Min. Éduc. nat. c/ CNGA*, *RFDA* 1992, p. 163.
65. V. CE, 14 janv. 1949, n° 87708, *Abbé Laurent*, *Lebon* 18 ; CE, 3 déc. 1954, n° 20385, *Rastouil*, *Lebon* 639.

en considération des troubles à l'ordre public qui pourraient survenir, les juges judiciaires et administratif s'accordant sur ce point[66].

La *ratio legis* de ce système déclaratif se doit d'être expliquée. La déclaration permet seule d'anticiper et d'organiser les manifestations en amont, ne serait-ce qu'au niveau sécuritaire pour prévenir la survenance de troubles à l'ordre public ; elle apparaît même, de ce point de vue, comme une garantie de conciliation vis-à-vis de l'exercice des autres droits et libertés, étant entendu que la sauvegarde de l'ordre public elle-même constitue un objectif de valeur constitutionnelle[67]. On pourrait encore la percevoir comme un moyen effectif de garantir son libre-exercice, étant entendu qu'il s'engage dans ce laps de temps, entre les autorités publiques et les organisateurs, un échange en fonction des éléments en présence (nature du message, estimation du nombre de participants, configuration des lieux et projets d'itinéraires[68]), lequel aboutit généralement à un compromis. Les chiffres le démontreraient : ainsi, en 2014 à Paris, seules 5 manifestations sur les 2 046 déclarées furent interdites[69], laissant entendre qu'une issue favorable est presque toujours trouvée.

C'est dire toutefois que la liberté de manifestation demeure « négociée ». Certes, le Conseil d'État se montre alerte, censurant tous les dispositifs qui feraient dériver son exercice vers un système d'autorisation préalable, comme il en fut lors de l'état d'urgence « sanitaire »[70]. La doctrine ne fait pourtant aucun mystère de son scepticisme, estimant que la déclaration ne forme que l'antichambre, voire un cache-misère de l'autorisation[71]. À vrai dire, s'il existe de « vrais » systèmes déclaratifs (comme celui propre aux associations), il semble en aller autrement ici dans la mesure où les manifestations restent sous la menace (immédiate) d'une interdiction aux confins évasés, au gré des nombreuses considérations de police susceptibles de germer. Quoi qu'on en pense, la constitutionnalité et la conventionnalité du système ne semblent pas serties de doutes : en 1995[72], lorsque les Sages constitutionnalisèrent indirectement la liberté de manifestation, ils admirent implicitement la légalité du système déclaratif. Au demeurant, les facettes de la liberté d'expression s'accommodent de régimes divers, sans qu'on les juge infondés : déclaration pour les associations et les manifestations ; autorisation pour la communication audiovisuelle ; régime libéral pour les réunions. Connaissant des systèmes disparates dans les États membres du Conseil de l'Europe, la CEDH, de son côté, s'est toujours satisfaite des systèmes déclaratifs[73]. Quoi qu'il en soit, si une manifestation venait à être interdite par arrêté (CSI, art. L. 211-4), les organisateurs devront en être informés sans délai, la loi du 11 juillet 1979 exigeant par ailleurs que la décision soit motivée en ce qu'elle vient restreindre l'exercice des libertés publiques[74].

66. V. CE, 21 janv. 1966, *Legastelois*, *Lebon* 45 ; *AJDA* 1966, p. 120, note J. Moreau ; *RD publ.* 1966, p. 1173 ; *JCP G* 1966, II, 14568, concl. Galmont ; Crim. 2 avr. 1998, n° 97-81.805 ; *RSC* 1999, p. 95, note B. Bouloc ; *Dr. pén.* 1998, comm. 111, note M. Véron.

67. V. Cons. const., 27 juill. 1982, n° 82-141 DC, *Loi sur la communication audiovisuelle*, § 5 ; *Rev. adm.* 1984, p. 580, note M. de Villiers ; *RD publ.* 1983, p. 333, chron. L. Favoreu ; *Pouvoirs* 1982, p. 179, chron. P. Avril et J. Gicquel.

68. Même si les changements de date, de lieu ou d'itinéraires ne sauraient verser dans l'arbitraire : CEDH, 7 févr. 2017, n° 57818/09, *Lashmankin c/ Russie*).

69. Chiffres cités par M. Murbach-Vibert, art. préc., § 123.

70. V. CE, 15 janv. 2021, n° 441265, *CGT* : *AJDA* 2021, p. 819, note J.-C. Jobart ; CE ord., 6 juill. 2020, n° 441257, *CGT et Association SOS racisme*, *AJDA* 2020, p. 1385 ; *AJCT* 2020, p. 234, note D. Necib. Auparavant déjà : CE, sect., 4 févr. 1938, *Nicolas*, *Lebon* 128.

71. V. Th. Guilly, art. préc ; C. Broyelle, « Le système français ; de la déclaration à l'autorisation ? », *in* R. Letteron, *La liberté de manifestation*, *op. cit.*, p. 133.

72. Cons. const., 18 janv. 1995, n° 94-352 DC, *Loi d'orientation relative à la sécurité*, préc.

73. CEDH, 10 oct. 1979, n° 8191/78, *Rassemblement jurassien c/ Suisse*, spéc. § 3. Il en va de même du Comité des droits de l'homme, semble-t-il : CDH, 10 juin 1994, com. n° 412/1990, *Auli Kivenmaa c/ Finlande*.

74. V. désormais CRPA, art. L. 211-2, 1°.

# II • La concrétisation en clair-obscur des libertés de réunion et de manifestation

L'effectivité d'une liberté ne s'évalue toutefois pas à l'aune des textes qui la consacrent (d'où le concept péjoratif de « libertés formelles »), ni même à la seule mesure de leurs régimes d'aménagement. Comme le relevait Paul Duez, la valeur des droits publics individuels dépendra de deux facteurs : « 1) de l'intention, de la solidité de la croyance politique qui les soutient et qui oriente le législateur, l'administrateur et le juge dans leur définition ; 2) de l'ampleur et de la fidélité avec lesquelles sont appliquées, à la matière, les garanties tirées de la technique juridique »[75]. À ce double prisme, les libertés de réunion et de manifestation apparaissent tout en contraste : indubitablement, elles sortent renforcées par l'intensification et l'enrichissement du contrôle juridictionnel (A). Il n'en va pas de même, en revanche, des orientations — principalement pénales — en marche, le Phénix sécuritaire renaissant sempiternellement de ses cendres (B).

## A • Le renforcement des techniques juridictionnelles de protection

**515** Par esprit de systématisation, deux veines principales irriguent le renforcement du contrôle juridictionnel. La première, classique, emprunte les linéaments du contrôle de proportionnalité ; la seconde réside dans l'accroissement des obligations positives promouvant l'effectivité concrète des libertés en cause. Dans les deux cas, le dialogue avec Strasbourg est… manifeste, la jurisprudence interne y prêtant allégeance sans véritables contrariétés, même si d'aucuns pensent que le standard de censure serait plus élevé au sujet des manifestations, des ingérences dans son exercice étant expressément prévues par l'article 11 de la Conv. EDH.
S'agissant du contrôle de proportionnalité, la cause était entendue depuis longtemps dans l'hexagone, l'arrêt *Benjamin*[76] venant, précisément au sujet de la liberté de réunion, en poser les jalons concernant les mesures de police administrative. Quoique les juridictions internes s'en tiennent souvent à des pétitions de principe (motivationnelles), elles se seraient rangées au triple test de proportionnalité (adéquation, nécessité, proportionnalité *stricto sensu*) en la matière[77], sa mobilisation ayant été perceptible durant la période « sanitaire » ou pendant « la crise » des gilets jaunes[78]. Conformément à ce que l'on connaît ailleurs, le juge — interne comme européen — censurera ainsi les mesures d'interdictions à caractère général et absolu[79] ; l'on note, encore, le souci de vérifier si une mesure moins contraignante n'aurait pas pu être adoptée pour sauvegarder leur exercice[80]. En amont le contrôle de la nécessité

---

75. P. Duez, « Esquisse d'une définition réaliste des droits publics individuels » *in Mélanges Raymond Carré de Malberg*, Paris, Sirey, 1933, p. 115.
76. CE, 19 mai 1933, n° 174313, *Benjamin*, *Lebon* 541, préc.
77. Sur ce dernier, v. C. Roulhac, « La mutation du contrôle des mesures de police administrative. Retour sur l'appropriation du "triple test de proportionnalité" par le juge administratif », *RFDA* 2018, p. 343 ; A. Perrin et O. Renaudie, « L'office du juge en matière de police administrative : évolutions et faux-semblants », *in* J.-F. Lafaix (dir.), *Le renouvellement de l'office du juge administratif*, Berger-Levrault, 2017, p. 151 ; J. Petit, « Le contrôle juridictionnel des mesures de police par le juge administratif », *in* Ch. Vautrot-Schwarz (dir.), *La police administrative*, PUF, Thémis, 2014, p. 205 ; Ch. Roux, « Le juge administratif (contrôle du but, de proportionnalité, des obligations positives) », *in* V. Le Bihan (dir.) *La garantie des droits et libertés : quelles techniques de contrôle par le juge ?*, 2018, publié sur https://transversales.org/.
78. Pour un résumé et de nombreuses illustrations jurisprudentielles, L. Bakir, « Les mutations récentes de la liberté de manifester en France », *RFDA* 2020, p. 319.
79. V. par ex. CEDH, 18 juin 2013, *Gün c/ Turquie*, n° 8029/07, spéc. § 50 ; en droit interne : CE, 1er févr. 1939, *Asso « La lyre mascréenne »*, *Lebon* 50 ; CE, 30 déc. 2003, n° 248264, *Lehembre*, *Lebon T.* ; *AJDA* 2004, p. 888, note O. Le Bot ; *JCP A* 2004, p. 1097, note V. Tchen.
80. CE, 12 nov. 1997, n° 169295, *Min. de l'Intérieur c/. Assoc. Cnté tibétaine en France et ses amis*, *Lebon* 417 ; *D.* 1997, p. 262.

consistera quant à lui à vérifier le caractère suffisamment plausible — voire avéré et grave[81] — du trouble allégué à l'ordre public. Casuistique et appréciée *in concreto*[82], son évaluation s'opère sur le mode indiciaire : le fait que des appels à la violence aient été proférés en amont incitera plutôt à considérer l'interdiction légale[83] ; les précédents seront encore pris en compte[84] (et ceci de manière réversible, si le calme avait été au contraire de rigueur antérieurement[85]), comme en témoigne l'interdiction d'une manifestation projetée par une association anti-IVG à proximité des hôpitaux, les rassemblements du passé ayant été émaillés de violence et d'atteinte au bon fonctionnement du service public (envahissement des hôpitaux ; harcèlement de soignants)[86]. La configuration des lieux en présence[87], l'itinéraire projeté (faute d'être parvenu à une solution alternative en amont ?) tout autant que le « climat » local — parfois jugé déjà suffisamment explosif[88] — constitueront également des juges de paix.

**516** En revanche, le message ou l'opinion relayés lors des réunions et manifestations sont censés être indifférents, comme s'emploie à le répéter la CEDH, y compris au sujet de rassemblements guère défendables[89]. Ainsi, le fait qu'une manifestation puisse fragiliser la politique diplomatique française n'est pas de nature à justifier une interdiction (au sujet de regroupements pro-tibétains lors de la visite du président chinois)[90]. La bascule vers un ordre « immatériel »[91] (et « intérieur », si ce n'est moral) est toutefois parfois à l'œuvre, comme il en fut à chaque fois que la protection de la dignité humaine — composante de l'ordre public général — fut avancée, qu'il s'agisse d'interdire un spectacle (dans la fameuse affaire *Dieudonné*[92]) ou la distribution d'une « soupe aux cochons » excluant les personnes — sans domicile fixe — de confession musulmane ou juive[93]. L'on notera, encore, l'interdiction légale d'une réunion « pro-palestinienne » qui devait se tenir dans les locaux de la prestigieuse ENS, la configuration des lieux autant que l'insuffisance des garanties en matière de sécurité ayant sans doute fait pencher la balance[94]. À cet égard, et c'est peut-être sur ce point que la jurisprudence interne semble la plus fragile, la défense tirée de l'insuffisance des mesures de sécurité et des forces de police paraît en effet gênante[95]. Elle tend, d'abord, à accentuer le phénomène de « privatisation » de la sécurité publique, ce qui constitue un comble autant qu'une inversion du postulat libéral : par contrat social, les personnes publiques sont les garantes de la sécurité publique, condition même d'effectivité des droits et libertés. En pratique, une partie du dispositif sécuritaire repose pourtant souvent sur les organisateurs (soit qu'ils — syndicats — possèdent leur propre service de sécurité ;

---

81. En matière de réunion, v. CE, 23 janv. 1953, *Naud, Lebon* 32 ; CE, 29 déc. 1995, n° 122625, *Guillet.*
82. Ainsi la simple existence d'un risque ne suffit pas à justifier l'interdiction d'une manifestation ; les situations doivent être appréciées de manière concrète et factuelle et l'ampleur des menaces bien évaluée. V. par ex. CEDH, 26 juill. 2007, n° 10509/03, *Bankevitch c/ Russie*, § 33.
83. CE, 12 oct. 1983, *Cne Vertou*, n° 41410, *Lebon* 406 ; *Dr. adm.* 1983, comm. 437.
84. CE ord., 26 juill. 2014, n° 383091, *Pojolat* ; *RFDA* 2015, p. 511, étude T. Guilly. V. s'agissant des manifestations de gilets-jaunes : Crim. 18 mai 2021, n° 20-87.005.
85. V. par ex. CEDH, 2 févr. 2010, n° 25196/04, *Parti populaire démocrate-chrétien c/ Moldova.*
86. CE, 30 déc. 2003, n° 248264, *Assoc. « SOS tout-petits », Lebon T.* 888 ; *AJDA* 2004, p. 888, note O. Le Bot
87. Comme s'agissant, pour une réunion, de locaux dépourvus de moyens de secours contre les incendies : CE, 14 mai 1982, n° 31102, *Assoc. Internationale pour la conscience de Krishna, Lebon* 179.
88. CE, 19 févr. 1954, *Union des syndicats ouvriers de la région parisienne, Lebon* 113 ; *RPDA* 1954, n° 142 ; *Gaz. Pal.* 1954, 1, p. 298 ; CE, 23 juill. 1993, n° 107126, *Saldou.*
89. V. CEDH, 2 oct. 2001, n° 29221/95, *Stankov c/ Bulgarie*, § 79 ; CEDH, 24 juill. 2012, n° 40721/08, *Faber c/ Hongrie*, § 79. Au sujet de l'interdiction systématique de manifestations LGBT : CEDH, 21 oct. 2010, n° 4016/07, *Alekseyev c/ Russie* ; *AJDA* 2011, p. 889, chron. L. Burgorgue-Larsen.
90. CE, 12 nov. 1997, n° 169295, *Assoc. Cnté tibétaine en France et ses amis*, préc.
91. Sur la notion, v. P. Delvolvé, « L'ordre public immatériel », *RFDA* 2015, p. 890 ; J-E. Schoettl, « L'ordre public immatériel », *RFDA* 2017, p. 327
92. CE, ord., 9 janv. 2014, n° 374508, *Min. l'Intérieur c/ Sté Les Productions de la Plume et M. M'bala M'bala, Lebon* 1 ; *AJDA* 2014, p. 129, tribune B. Seiller ; *ibid.* p. 473, tribune C. Broyelle ; *ibid.* p. 866, note J. Petit ; *D.* 2014, p. 200, note D. Maus ; *Dr. adm.* 2014, repère 2, obs. J.-B. Auby ; *ibid.*, comm. 33, note G. Eveillard ; *JCP A* 2014, n° 2014, note C. Tukov ; *LPA* 20 janv. 2014, p. 3, note M.-A. Frison-Roche ; *RFDA* 2014, p. 87, note O. Gohin ; *JCP G* 2014, act. 71, note E. Derieux.
93. CE ord., 5 janv. 2007, n° 300311, *Assoc. « Solidarité des français »*, préc.
94. CE réf., 7 mars 2011, n° 347171, *ENS* ; *D.*, 2011, n° 17, p. 1195, note O. Le Bot ; *AJDA* 2011, p. 1033, note A. Legrand ; *Dr. adm.* 2011, comm. 61, note G. Grand ; *JCP G* 2011, n° 795, note M. Le Roy.
95. Même si en cas de mesures « raisonnables » à adopter, le juge censurera les interdictions : CAA Paris, 7 mars 2009, n° 97PA00133, *Synd. national des officiers de police* ; CAA Bordeaux, 19 juill. 1999, n° 97BX01724, *Assoc. rétaise des amis d'Henri Béraud.*

soit que la protection policière soit facturée au gré de son individualisation, comme dans le cadre de certaines manifestations sportives), leur insuffisance pouvant paradoxalement conduire à l'interdiction des rassemblements. Cette logique de moyen, à l'œuvre également en matière de réunions[96], constitue ensuite un adoucissant juridictionnel sans doute par trop commode pour satisfaire les exigences strasbourgeoises[97].

Certes — et l'on se déporte vers les obligations positives — la CEDH laisse une marge nationale d'appréciation conséquente aux États membres, quant aux moyens à mobiliser ou aux méthodes instrumentalisées pour assurer le bon déroulement des manifestations mais aussi la sécurité des citoyens[98] ; en ce sens, seule une « obligation de moyen »[99] semble exigible. Elle n'en impose pas moins une obligation de prévoir des moyens suffisants pour que les manifestants — voire même les « contre-manifestants »[100] sous réserve que ces derniers ne paralysent pas… la liberté de manifester des premiers[101] — soient protégés et ne craignent pas les brutalités de leurs adversaires[102] : au-delà de l'exigence de « non-ingérence », seules ces obligations permettent selon la Cour « d'assurer la jouissance effective des droits »[103]. Ce faisant, elle n'hésite pas à condamner pour carence les États ne veillant pas au caractère pacifique des manifestations[104], sa vigilance se portant également vers toutes les réactions autoritaires ou sécuritaires.

## B • Le maintien des tendances sécuritaires

**517** « Police partout, justice nulle part ». Attribué à Victor Hugo, le slogan a fait florès au sein des cortèges ; ironiquement, il n'est pas interdit de voir dans la « réponse » aux manifestations l'une de ses illustrations, au moins s'agissant du début de la proposition. De fait, signe révélateur (un de plus) de la haute prévention dont elles font l'objet, les libertés de réunion et (bien plus encore) de manifestation semblent victimes d'une dérive sécuritaire, symbolisée par une judiciarisation croissante, une individualisation des comportements délictueux et, corrélativement, un mouvement de pénalisation à tous crins[105]. Le droit des manifestations s'étant historiquement bâti « en réaction » (à des violences, attroupements, émeutes)[106], l'on ne s'en étonnera guère, la période contemporaine étant marquée par la montée en puissance de « casseurs », de groupuscules ultra-violents mais aussi de manifestants dont les intentions pacifiques (fluorescentes) ne sont pas toujours tombées sous le sens. Le sentiment est encore ravivé — et peut-être un peu déformé — par la succession des épisodes d'état d'urgence, l'article 8 de la loi du 3 avril 1955 (tel qu'amendé par la loi du 21 juillet 2016) autant que l'article L. 3131-15 (état d'urgence « sanitaire ») procédant à des restrictions d'exercice sans précédent[107]. Le Conseil d'État se montra globalement bon élève, censurant les déviations[108] ou neutralisant

96. V. par ex. CE, 29 déc. 1997, n° 164299, *Maugendre* ; CAA Lyon, 30 mai 2006, n° 01LY01853, *Ville de Lyon*.
97. Ch. Roux, « Les moyens dont dispose l'Administration : ébauche et débauche d'un assouplissant », *Dr. adm.* 2021, n° 4, Focus, alerte 44.
98. V. CEDH, 5 déc. 2006, n° 74552/01, *Oya Ataman*, § 35 ; CEDH, 26 juill. 2007, n° 35082/04, *Makhmoudov c/ Russie*, § 63-65 ; CEDH, 18 juin 2013, *Gün et a. c/ Turquie*, préc., § 69 ; CEDH, gr. ch., 15 oct. 2015, *Kudrevicius et a. c/ Lituanie*, préc., § 159
99. CEDH, 21 juin 1998, n° 10126/82, *Plattform Artze für das Leben*, § 32.
100. CEDH, 24 juill. 2012, *Faber c/ Hongrie*, préc.
101. CEDH, 1er déc. 2020, n° 46712/15, *Berkman c/ Russie* : *JCP G* 2020, n° 1464, p. 2341, note F. Sudre. Dans le même sens CEDH, 12 mai 2015, n° 73235/12, *Identoba et a. c/ Géorgie* ; *JCP G* 2015, act. 597.
102. CEDH, 21 juin 1998, *Plattform Artze für das Leben*, préc., spéc. § 31 et 32.
103. CEDH, gr ch., 15 oct. 2015, *Kudrevicius et a. c/ Lituanie*, préc., § 158 : CEDH, 20 févr. 2003, n° 20652/92, *Djavit An c/ Turquie*, § 57, *AJDA* 2003. 603, chron. J.-F. Flauss ; CEDH, 5 déc. 2006, n° 74552/01, *Oya Ataman c/ Turquie*, préc., § 36 ; CEDH, 18 juin 2013, *Gün et a. c/ Turquie*, préc., § 72. V. égal. CEDH, 21 oct. 2010, *Alekseyev c/ Russie*, préc., spéc. § 64 et s.
104. CEDH, 18 juin 2019, n° 74768, *Chernega et a. c/ Ukraine*.
105. V. not. M. Murbach-Vibert, « Manifestations », préc., spéc. § 163 et s.
106. *Ibid.*, § 12.
107. C. Eoche-Duval, « Les "rassemblements sur la voie publique" sous état d'urgence sanitaire », *JCP G* 2021, n° 100, p. 174.
108. CE, 15 janv. 2021, n° 441265, *CGT*, préc.

partiellement les dispositifs[109] ; il ne fut pas magicien non plus, loin s'en faut. *A posteriori* (sans doute — et parce que ? — trop tardivement), cela suscita pour d'autres États (les réponses apportées étant profondément diverses[110]) l'ire de la CEDH[111].

Plus communément, cette dernière focalise son contrôle sur les détentions, arrestations ou interdictions arbitraires[112]. Elle retient encore que, sous réserve de leur caractère « pacifique », les manifestations non déclarées voire interdites puissent se tenir, nul ne devant par principe être condamné pour y avoir participé[113]. Le droit français y répond partiellement, les juges ne condamnant que l'organisation et la participation à des manifestations interdites (C. pén., art. R. 644-4) ; non celles qui n'auraient pas été déclarées[114]. Sans qu'il soit loisible de s'y attarder, ce point reposant sur d'autres chapitres du présent ouvrage, elle s'assurera du recours (légitime) à la force (parfois meurtrière) au prisme du droit à la vie (Conv. EDH, art. 2)[115]. En France, au gré parfois de la diffusion d'images guère reluisantes (et sans doute parfois « tronquées » et « à charge ») des forces de police en action, l'attention est également de mise sur les techniques sécuritaires employées. Après avoir suscité la colère du défenseur des droits[116], celle de « l'encagement » (parcage — plus ou moins — temporaire des manifestants dans un lieu clos dont ils ne peuvent s'extraire) s'est attirée les foudres du Conseil d'État[117], censurant sur ce point le nouveau schéma national relatif au maintien de l'ordre. L'emploi de drones lors des manifestations et en l'absence de cadre légal précis, n'a pas non plus (toujours) supporté le test de légalité[118]. Le Palais-Royal fut en revanche plus clément sur l'usage des lanceurs de balle de défense, validant le *vade-mecum* de leur emploi[119].

**518** Quoi qu'il en soit, le droit des manifestations donne l'impression d'un arsenal répressif impressionnant, que la réponse pénale se loge en amont, pendant ou après le déroulé des événements. De manière préventive, seront ainsi sanctionnés le port et le transport d'armes, véhicules et manifestants pouvant être fouillés avant d'entrer « sur zone » (CSI, art. L. 211-3) ; seront encore incriminés les actes préparatoires en vue de commettre des violences ou des destructions (C. pén., art. L. 222-14-2). En revanche, les interdictions dites « administratives » n'ont pas passé le cap du contrôle de constitutionnalité[120]. Durant la manifestation, plusieurs infractions pourront encore être constatées : la première (C. pén., art. 431-9) viendra appréhender (6 mois d'emprisonnement et 75 000 € d'amende) les organisateurs d'une manifestation non déclarée ou interdite, sachant qu'en pratique les forces de police préfèrent généralement les réguler plutôt que de les disperser, par peur de troubles (plus importants encore) à l'ordre public ; l'article 431-9-1 du Code pénal vient, quant à lui et depuis la loi du 10 avril 2019, réprimer le délit (il ne s'agissait que d'une contravention auparavant) de dissimulation du visage lors de celles-ci. Dispositif compréhensible, notamment au seul « regard » des casseurs et groupes ultra-violents, le plus souvent cagoulés ; réponse sans doute plus problématique dans d'autres

109. V. not. au sujet des réunions électorales durant la période de covid-19 : CE ord., 11 juin 2021, n° 453236, *M^me^ Autain* : *AJDA* 2021, p. 2218, note P. Espuglas-Labatut.

110. V. J. Gonschorek, R. Benichou, D. Barrère, « Perspectives étrangères sur la gestion de la pandémie de covid-19 : l'exemple de la liberté de manifester », *AJDA* 2021, p. 126.

111. CEDH, 15 mars 2022, n° 21881/20, *Cté genevoise d'action syndicale c/ Suisse* ; *JCP G* 2022, act. 395, note B. Pastre-Belda ; *JCP G* 2022, chron n° 827.

112. V. entre autres CEDH, gr. ch., 15 nov. 2018, *Navalny c/ Russie*, préc. ; CEDH, 6 juin 2016, n° 74568/12, *Frumkin c/ Russie* ; *JDI* 2017, p. 1143.

113. CEDH, gr. ch., 15 oct. 2015, *Kudrevicius et a. c/ Lituanie*, préc., § 156.

114. V. not. Crim. 8 juin 2022, n° 21-82.451 ; *Dr. pén.* 2022, comm. 148, note J.-H. Robert.

115. V. s'agissant de l'obligation positive consistant à réglementer — plus durement — l'usage des grenades lacrymogènes lors des manifestations : CEDH, 22 juill. 2014, n° 50275/08, *Ataykaya c/ Turquie*.

116. V. Défenseur des droits, *MDS* 2015-126, 21 mai 2015 ; *MDS* 2015-298, 25 nov. 2015 ; *MDS* 2016-036, 17 févr. 2016.

117. CE, 10 juin 2021, n° 444489, *Synd. national des journalistes*, préc. Le Cons. const., lui, n'y avait trouvé rien à redire : Cons. const., 12 mars 2021, n° 2020-889 QPC, *Marc A.* ; *Gaz. Pal*, 29 juin 2021, n° 24, p. 31. De son côté, la CEDH avait eu à en connaître et l'avait validée, cette jurisprudence casuistique devant être lue avec précaution : CEDH, 15 mars 2012, n° 39692/09, *Austin c/ Royaume-Uni*.

118. CE, 22 déc. 2020, n° 446155, *La Quadrature du Net* ; *Dalloz IP/IT* 2020, p. 573, note L. Archembault et C. Rotily ; *JCP A* 2021, n° 2200, étude B. Pauvert.

119. CE, 24 juill. 2019, n° 427638, *CGT* : *AJDA* 2020, p. 463, note X. Bioy ; *JCP A* 2019, act. 543. Au sujet de certaines grenades, v. CE réf., 17 mai 2019, n° 429738.

120. Cons. const., 4 avr. 2019, n° 2019-780 DC, préc. V. not., R. Letteron, « Les débris de la loi « anticasseurs », *AJ pénal* 2019, p. 259.

circonstances et, peut-être, surtout à l'étranger, où le seul fait de manifester à visage découvert puis d'être identifié peut mener à une répression terrible. En aval, il restera à évoquer l'interdiction judiciaire de manifester, l'actuel article 131-32-1 du Code pénal prévoyant la possibilité, par la seule voie juridictionnelle, de prononcer des interdictions de manifester (dans certains lieux déterminés) pour une durée maximale de trois ans… Symbole itératif d'une liberté qui, dans ses prémisses comme dans ses ultimes sévices, reste définitivement placée « sous surveillance »[121].

## BIBLIOGRAPHIE INDICATIVE


- L. Bakir, « Les mutations récentes de la liberté de manifester en France », *RFDA* 2020, p. 319.
- R. Berthon, *Le régime des cortèges et des manifestations en France*, thèse Paris, M. Lavergne, 1938.
- A. Boyer, « La liberté de manifestation en droit constitutionnel français », *RFDC* 2000, n° 44, p. 674.
- A. Duffy-Meunier et Th. Perroud, « La liberté de manifestation dans l'espace public en droit comparé », *Juspoliticum* 2017-1, n° 17.
- J. Fialaire, « L'exercice de la liberté de manifestation en France au prisme du droit européen des droits de l'homme », *JCP A* 2020, n° 2184.
- F. Fourment, « La notion de manifestation », *Gaz. Pal.*, 24 janv. 2017, n° 4, p. 67.
- T. Guilly, « La liberté de manifestation, un droit introuvable ? », *RFDA* 2015, p. 499.
- O. Le Bot, « La liberté de manifestation en France : un droit fondamental sur la sellette ? », *Rev. dr. homme* 2017-7, n° 11, en ligne.
- R. Letteron, *La liberté de manifestation*, Sorbonne essais, 2020, p. 161.
- M. Murbach-Vibert, « Manifestations », *Répertoire de droit pénal et de procédure pénale*, Dalloz, sept. 2022.
- J. Robert, « La manifestation de rue », *RD publ.* 2006-4, p. 829.
- V. Robert, « Aux origines de la manifestation en France (1789-1848) », *in La Manifestation*, Presses de la fondation nationale des sciences politiques, 1990, p. 74.
- M.-R. Tercinet, « La liberté de manifestation en France », *RD publ.* 1979, p. 1009.
- Ph. Yolka, « Libertés, domanialité et propriétés publiques », *Revue des droits et libertés fondamentaux* 2017, chron. n° 2.
- N. Zimmerman, « La liberté de réunion pacifique, garante d'un espace civique menacé : commentaire en marge de l'observation générale n° 37 du Comité des droits de l'homme », *RTDH* 2021-4, n° 128, p. 829.


## PISTES DE RÉFLEXION

- La pénalisation du droit des manifestations.
- Au regard des libertés de réunion et de manifestation, la distinction des régimes « d'autorisation » et de « déclaration préalable » est-elle toujours pertinente ?
- La contribution des réunions et manifestations publiques à l'avènement effectif d'une « société démocratique ».
- « L'espace public » au prisme des libertés de réunion et manifestation publiques : régulation, partage, reconfiguration.

121. O. Le Bot, « La liberté de manifestation en France : un droit fondamental sur la sellette ? », *RDH* 2017-7, n° 11, en ligne.

# Thème 5
# Le droit à la sûreté

**Didier Thomas**
*Agrégé des facultés de droit,*
*Professeur émérite*
*Faculté de Droit et Science politique*
*Université de Montpellier*

Proclamé à l'article 2 de la Déclaration des droits de l'homme et du citoyen du 26 août 1789, le droit à la sûreté qui interdit toute arrestation et détention arbitraire, constitue à n'en pas douter, le plus précieux de nos libertés et droits fondamentaux. Il ne saurait pour autant occulter la nécessité d'assurer la sécurité de chacun. Or, l'utilisation emblématique du terme « sécurité » remonte à moins d'une quarantaine d'années, avec la loi dite sécurité et liberté du 2 février 1981, puis, il n'a été érigé en droit fondamental et explicitement consacré que depuis la loi du 21 janvier 1995. Le Conseil constitutionnel, depuis sa décision des 19 et 20 janvier 1981, rendue à propos de la loi sécurité et liberté, rappelle régulièrement, la différence fondamentale entre droit à la sûreté et droit à la sécurité et souligne la conciliation qui doit être opérée entre ces deux impératifs.
On comprend aisément qu'une telle conciliation puisse légitimement donner lieu à débats, mais ils ne sauraient se contenter de réponses simplistes. S'il est vrai que le conflit est peut-être plus ancien qu'il n'y paraît, certains voyant dès l'origine, dans la sécurité, une composante de la sûreté, il a incontestablement pris de nos jours une dimension nouvelle. Les récentes – et trop nombreuses – lois en la matière montrent clairement que la recherche d'un véritable équilibre est plus que jamais d'actualité...

**519** ***Définition.*** Ne pas être arrêté ni détenu arbitrairement constitue incontestablement le droit le plus important pour tout individu. Sous le terme quelque peu désuet de « sûreté », il figure en bonne place, entre la propriété et la résistance à l'oppression, dans la liste des droits naturels et imprescriptibles de l'homme que proclame, en son article 2, la Déclaration des droits de l'homme et du citoyen du 26 août 1789. Conquête révolutionnaire qui s'est notamment concrétisée par l'abolition des lettres de cachet de l'Ancien Régime, nourri d'une histoire particulièrement riche, le droit à la sûreté garde de nos jours une valeur symbolique éminente qui le place incontestablement à la tête des droits et libertés fondamentaux. Les bases de la sûreté ont en effet été posées par les Constituants français qui se sont inspirés de la procédure anglaise : l'*habeas corpus* permet à toute personne qui s'estime irrégulièrement détenue, de saisir un juge afin qu'il statue sur la régularité de la détention et ordonne, le cas échéant, la libération immédiate. Les articles 7, 8 et 9 de la Déclaration des droits de l'homme et du citoyen établissent et garantissent la sûreté, en éliminant l'arbitraire de l'Ancien Régime : le dernier affirme l'existence de la présomption d'innocence, fondement des droits de la défense[1], le second définit les principes de la légalité et de la non-rétroactivité de la loi pénale[2], tandis que le premier applique ces principes à la protection de la liberté individuelle : « nul homme ne peut être accusé, arrêté ni détenu que dans les cas déterminés par la loi, et selon les formes qu'elle a prescrites ». Ces textes, comme les autres articles de la Déclaration des droits de l'homme et du citoyen, sont intégrés dans le préambule de la Constitution de la Ve République et font partie du bloc de constitutionnalité. Les mêmes principes ont été également affirmés par la Convention européenne de sauvegarde des droits de l'homme et des libertés fondamentales, principalement par l'article 5.
Appliqué strictement, le droit à la sûreté, conforté par la présomption d'innocence, conduit à refuser toute détention, ne serait-ce qu'une simple rétention, avant qu'un jugement ne soit intervenu. Il ne peut cependant en être toujours ainsi : les nécessités des investigations policières et judiciaires, comme de la préservation de l'ordre public, justifient certaines rétentions, voire privations de liberté… des garanties doivent alors concilier le droit à la sûreté avec la situation de la personne qui, contre son gré, est ainsi retenue (***I.***) ou enfermée (***II.***).

# I • La sûreté de la personne retenue

**520** ***Contrôle d'identité et garde à vue.*** Il y a atteinte au droit à la sûreté lorsque, par une simple décision d'une autorité de police ou de gendarmerie, une personne est retenue pour être contrôlée ou gardée à vue. Il est vrai que dans le premier cas, la gêne est légère pour la personne contrôlée mais la mesure peut être suivie d'une vérification beaucoup plus contraignante (A.). Quant à la garde à vue, elle permet à une autorité non judiciaire de porter directement atteinte à la liberté individuelle, même si les lois des 4 janvier, 24 août 1993, 15 juin 2000 et, plus récemment, la réforme globale du 14 avril 2011, ont accordé des droits, sans cesse plus étendus, à la personne ainsi gardée (B.).

## A • La sûreté de la personne contrôlée

**521** ***Historique des contrôles d'identité.*** Si la légalité des contrôles d'identité réalisés dans le cadre d'opérations de police judiciaire — c'est-à-dire à l'encontre de la personne qui a commis ou s'apprête à commettre une infraction, ou qui est recherchée par la justice — n'est guère contestable, il n'en est pas

1. V. ss 728 s., H. Henrion-Stoffel, « La présomption d'innocence », et v. ss 744 s., C. Ginestet, « Les droits de la défense en procédure pénale ». *Adde*, M. Delmas-Marty (dir.), *Quelle politique pénale pour l'Europe ?*, Economica, 1993, en particulier p. 321 s.
2. V. ss 842 s., D. Rebut, « Le principe de la légalité des délits et des peines ».

de même lorsque les contrôles ont lieu lors d'opérations de simple police administrative, c'est-à-dire à titre préventif. Utiles, aux dires des forces de l'ordre, afin d'assurer la sécurité publique, ces pratiques ne sont pas sans danger pour les droits fondamentaux et les libertés individuelles, en particulier le droit à la sûreté.
Longtemps ignorés du législateur, les contrôles d'identité préventifs, pourtant fréquemment réalisés, ne reposaient sur aucun fondement légal. La jurisprudence avait néanmoins tenté de les justifier et de les limiter en distinguant depuis le célèbre arrêt *Friedel*[3], le contrôle, licite lorsqu'il est motivé par des impératifs d'ordre public et la privation de liberté qui restait toujours interdite. La loi du 2 février 1981 légalisa les contrôles d'identité notamment « pour prévenir une atteinte à l'ordre public », en même temps qu'elle permettait sous certaines conditions, la rétention pour vérification d'identité. Très controversées à l'époque, fruit d'enjeux politiques autant que juridiques, ces dispositions furent modifiées par la loi du 10 juin 1983 qui, interprétée de façon particulièrement restrictive par la jurisprudence[4], aboutissait à rendre quasiment impossible la pratique de contrôles d'identité vraiment préventifs, c'est-à-dire, en dehors de l'imminence d'infraction.
Par la loi du 3 septembre 1986, les contrôles d'identité préventifs retrouvèrent le domaine défini en 1981, mais ces dispositions ne produisirent pas les effets escomptés, la jurisprudence, posant en effet une condition non prévue par le texte, exigea alors qu'il y ait un lien entre le comportement de la personne contrôlée et l'atteinte à l'ordre public[5]. Pour faire sauter ce verrou et élargir la pratique des contrôles d'identité, le législateur intervint, une fois encore, le 10 août 1993. Les nouvelles dispositions facilitent le contrôle lui-même tant il est vrai que cette opération, si elle crée une gêne temporaire, altère peu les libertés individuelles alors qu'elle s'avère utile pour prévenir la commission d'infractions. Au contraire, les opérations de vérification, parce qu'elles entraînent rétention de la personne, affectent davantage le droit à la sûreté, aussi sont-elles entourées de garanties particulières. Ainsi s'explique que l'identité puisse être largement contrôlée (1.), alors qu'elle est, en revanche, étroitement vérifiée (2.).

## 1 • L'identité largement contrôlée

**522** ***Extension de la qualité de contrôleur.*** Pour permettre de procéder plus facilement aux opérations de contrôle, le législateur a reconnu la qualité de contrôleur non seulement aux officiers de police judiciaire de l'article 16 du Code de procédure pénale, mais également, sur l'ordre et la responsabilité de ceux-ci, aux agents de police judiciaire de l'article 20 et aux agents de police judiciaire adjoints de l'article 21-1 du Code de procédure pénale.
Les agents de police municipale visés à l'article 21-2° du Code de procédure pénale, ont, aux termes de l'article 78-6 du Code de procédure pénale, ajouté par la loi n° 99-291 du 15 avril 1999 relative aux polices municipales, le droit de réaliser des relevés d'identité, limités aux contraventions pour lesquelles ils ont compétence pour dresser procès-verbaux, mais ils ne sauraient opérer des vérifications, ni même de véritables contrôles d'identité. Les dispositions de la loi n° 2011-267 du 14 mars 2011 dite LOPPSI 2 (Loi d'orientation et de programmation pour la sécurité intérieure) qui leur reconnaissaient cette dernière compétence ont, en effet, été déclarées contraires à la Constitution au motif que les agents de police municipale qui relèvent des autorités communales, ne sont pas mis à la disposition des officiers de police judiciaire (Cons. const. 10 mars 2011, n° 2011-625 DC, § 57 à 60).
On notera que la loi du 22 janvier 2022 renforçant les outils de gestion de la crise sanitaire et modifiant le Code de la santé publique imposait à l'exploitant d'un lieu dont l'accès est soumis à la présentation d'un passe vaccinal — restaurateurs, cafetiers… — de s'assurer, sous peine de sanctions, que ceux qui

3. Crim. 5 janv. 1973, *D.* 1973. 541, note G. Roujou de Boubée ; *AJDA* 1973. 600, note B. Toulemonde.
4. Crim. 4 oct. 1984, *Kandé*, *Bull. crim.* n° 287 ; *JCP* 1985. II. 20391, note Buisson, *D.* 1985. 54, concl. Dontenwille et note Roujou de Boubée.
5. Crim. 10 nov. 1992, *Dr. pénal* 1993. SC 23 ; *D.* 1993. 36, note D. Mayer.

entrent dans leur établissement, sont bien porteurs du document exigé. Ils pouvaient même, en cas de doute, procéder à une forme de vérification d'identité en comparant le passe vaccinal produit avec un document officiel — carte d'identité, carte vitale, permis de conduire… — comportant une photographie. Il est étonnant que le Conseil constitutionnel (DC n° 2022-835 du 21 janvier 2022) ait validé cette disposition qui reconnaissait à des personnes privées une compétence normalement réservée à des officiers de police judiciaire. Les Sages de la rue de Montpensier ont justifié la validation de ces dispositions en insistant sur leur domaine limité et ils l'ont nuancée en émettant une réserve d'interprétation (§ 46) qui ne permettait de recourir à ces mesures qu'en ne se fondant que « sur des critères excluant toute discrimination de quelque nature que ce soit entre les personnes ». Ajoutons que la vie de ce passe vaccinal aura été de courte durée puisque son application a été suspendue dès le 14 mars 2022 et, depuis le 1er août 2022, les mesures dérogatoires liées au passe sanitaire sont régies par le droit commun

Ont également été multipliés par l'article 78-2 du Code de procédure pénale les cas de contrôle, qu'ils concernent la personne quelconque ou la personne de nationalité étrangère.

**523** ***Contrôle d'identité de la personne quelconque.*** La personne quelconque, c'est-à-dire, celle qu'aucun élément extérieur ne permet de considérer comme étrangère, peut faire l'objet de plusieurs types de contrôle auxquels elle ne saurait se soustraire :

— dans le cadre d'opération de police judiciaire, il est possible de contrôler la personne à l'égard de laquelle existent « une ou plusieurs raisons plausibles de soupçonner » (modification extensive apportée par la loi du 18 mars 2003 sur la sécurité intérieure), qu'elle a commis ou tenté de commettre une infraction, qu'elle se prépare à en commettre une, qu'elle est susceptible de fournir des renseignements utiles à l'enquête judiciaire, ou qu'elle fait l'objet de recherches ordonnées par l'autorité judiciaire. C'est encore le cas, depuis la loi du 3 juin 2016, lorsqu'elle a violé les obligations ou interdictions auxquelles elle est soumise dans le cadre d'un contrôle judiciaire, d'une mesure d'assignation à résidence avec surveillance électronique, d'une peine ou d'une mesure suivie par le juge de l'application des peines.

Dès lors qu'une suspicion de cette nature a été relevée[6], le contrôle d'identité est régulier et, il n'y a pas détournement de procédure même si les forces de l'ordre connaissaient dès l'origine l'identité de la personne contrôlée et pouvaient penser qu'elle commettait une infraction en cherchant, par exemple, à se soustraire à une mesure d'expulsion prise à son encontre par l'autorité administrative[7] ;

— à titre préventif, toute personne peut être contrôlée dans trois cas :

« Pour prévenir une atteinte à l'ordre public notamment à la sécurité des personnes et des biens. » C'est « l'ancien » contrôle d'identité préventif créé par la loi du 2 février 1981, réduit par la loi du 10 juin 1983, puis rétabli dans son domaine antérieur par la loi du 3 septembre 1986. Afin de briser la jurisprudence qui exigeait que « la prévention d'une atteinte à l'ordre public soit directement rattachable au comportement de la personne dont l'identité est contrôlée »[8], la loi du 10 août 1993 précise que la personne peut être contrôlée « quel que soit son comportement ». On a pu craindre que les vœux du législateur ne soient pas comblés. Estimant en effet que « la pratique de contrôles d'identité généralisés

---

6. Constitue ainsi un indice de commission d'une infraction, le fait pour un individu se trouvant dans un secteur où se produisent des agressions, de se lever rapidement à la vue des policiers pour partir dans une direction opposée (Caen 20 juin 1996, *Dr. pénal* 1997. SC 14, 2e arrêt). En revanche, une dénonciation anonyme non corroborée par d'autres éléments d'information ni confortée par des vérifications apportant des éléments précis et concordants ne constitue pas une raison plausible de soupçonner qu'une personne a commis ou tenté de commettre une infraction ; doit donc être annulé le contrôle d'identité réalisé sur le fondement de l'art. 78-2, al. 1er du C. pr. pén. (Civ. 1re 31 mai 2005, *D.* 2005. IR 1657 ; *JCP* 2005. IV. 2619). De même, les services de police qui constatent sur un chantier de construction non clôturé, des manquements caractérisés aux règles sur la sécurité des travailleurs, sont en droit de procéder à un contrôle d'identité en application de l'art. 78-2, al. 1er du C. pr. pén., et, ledit contrôle faisant apparaître des délits flagrants de travail illégal, ils peuvent agir sur le fondement des art. 53 et suivants du même code. Crim. 2 mai 2007, *Bull. crim.* n° 112 ; *AJ pénal* 2007. 328, obs. C. Girault ; *Dr. pénal* 2007, Comm. 120, obs. Maron. La Cour de cassation a même jugé dans un arrêt inédit (Civ. 1re, 17 déc. 2008, n° 07-20.897) que le procès-verbal, qui constate l'existence d'une contravention, et qui fait foi jusqu'à preuve contraire, justifie un contrôle d'identité sur le fondement de l'art. 78-2, al. 1er du C. pr. pén., peu important les suites données à cette contravention.
7. Crim. 16 juill. 1996, *Dr. pénal* 1997. SC 26 ; *Adde* Crim. 1er févr. 1994, *Dr. pénal* 1994. SC 93.
8. Crim. 10 nov. 1992, préc.

et discrétionnaires serait incompatible avec le respect de la liberté individuelle… », le Conseil constitutionnel demandait que l'autorité concernée justifie, « dans tous les cas, des circonstances particulières établissant le risque d'atteinte à l'ordre public qui a motivé le contrôle ». Quant à l'autorité judiciaire, « gardienne de la liberté individuelle », elle devait, selon lui, contrôler les conditions et « la pertinence des raisons ayant motivé les opérations de contrôle et de vérification » et par là même « apprécier, s'il y a lieu, le comportement des personnes concernées »[9].

Après avoir admis la régularité du contrôle simplement motivé par l'insécurité localisée dès lors que le procès-verbal s'appuyait sur la perpétration de « nombreuses infractions récentes » pour caractériser le risque d'atteinte à l'ordre public[10], la chambre criminelle adopte à nouveau une attitude plus restrictive et, refusant toute motivation générale et abstraite, elle exige désormais que le procès-verbal fasse état de circonstances concrètes et précises établissant le risque local d'atteinte à l'ordre public[11].

« Sur réquisitions écrites du procureur de la République » afin de rechercher et de poursuivre des infractions. Les réquisitions doivent préciser les infractions visées, le lieu et la durée de l'opération. Ici, toute personne peut être contrôlée et il est même possible de relever des infractions autres que celles qui étaient visées dans les réquisitions. C'est très précisément le système que nous avions proposé afin de remédier aux insuffisances de la loi du 10 juin 1983[12]. Nous estimions en effet qu'en confiant à une autorité judiciaire — en l'occurrence le procureur de la République — le soin d'ordonner de tels contrôles et d'en fixer les modalités d'exécution, les libertés individuelles ne pouvaient être sérieusement compromises. Pour des raisons similaires, le Conseil constitutionnel reconnaît qu'en raison du contrôle de l'autorité judiciaire, « les garanties attachées au respect de la liberté individuelle… ne sont pas méconnues[13] ».

Le dernier cas, entré en application en même temps que les accords de Schengen, a pour but, dans le cadre de la prévention et la recherche des infractions liées à la criminalité transfrontalière, de permettre dans certains lieux (zones frontalières, ports, aéroports, gares…) de contrôler les titres concernant la circulation des personnes. Là encore, le fait que le contrôle d'identité révèle une infraction autre que celles liées aux titres de séjour ne constitue pas une cause de nullité des procédures incidentes. Les dispositions concernant ce type de contrôle ont été précisées par la loi

9. Déc. 5 août 1993, *JO* 7 août 1993, p. 11193.

10. Crim. 10 oct. 1996, *Dr. pénal* 1997. SC 14.

11. Ainsi, en l'absence d'autres circonstances, a été jugée insuffisante, la référence à « de nombreuses infractions » commises sur le lieu de l'interpellation (Crim. 17 déc. 1996, *Bull. crim.* n° 470 ; *RSC* 1997. 401, obs. Dintillac), ou, encore, la simple « recrudescence de vols… de deux roues » (Crim. 12 mai 1999, *Dr. pénal* 1999, comm. 134). En revanche, la position particulière d'une gare, située près de la frontière franco-suisse et dans laquelle avaient été relevées quasi quotidiennement des interpellations en matière d'entrée et séjour irréguliers en France voire des trafics de stupéfiants, peut justifier le contrôle d'identité d'un voyageur descendu à 8 heures du matin, heure de grande affluence où il est facile de passer inaperçu, d'un train provenant d'une ville helvétique. Pour la Cour de cassation (Crim. 15 janv. 2003), les policiers ont ainsi justifié « parfaitement des circonstances particulières établissant le risque sérieux et actuel d'une atteinte à l'ordre public » ayant motivé le contrôle. Est régulier le contrôle des occupants d'un véhicule, stationné sur la chaussée, portières ouvertes, un seul feu arrière fonctionnant, en raison de la gêne sérieuse représentée par un tel stationnement pour les autres usagers de l'avenue, qui selon le procès-verbal étaient obligés de faire de grands écarts pour les éviter ; pour la Cour de cassation (Civ. 1re, 15 mai 2008, n° 07-15.361), l'entrave à la circulation ainsi constatée caractérise les circonstances particulières établissant le risque d'une atteinte à l'ordre public, notamment à la sécurité des personnes et des biens, justifiant qu'il soit procédé à un contrôle d'identité sur le fondement de l'art. 78-2, al. 3, C. pr. pén. En revanche, la référence au plan Vigipirate et à l'état d'urgence ne permet pas à elle seule de justifier la régularité d'un contrôle d'identité de police administrative, en l'absence de circonstances particulières à l'espèce constitutives d'un risque d'atteinte à l'ordre public (Civ. 1re, 13 septembre 2017, n° 16-22.967).

12. D. Thomas, « Les contrôles d'identité préventifs depuis les arrêts de la chambre criminelle des 4 octobre 1984 et 25 avril 1985 : la nécessité d'une nouvelle réforme », *D.* 1985. Chron. 181.

13. Déc. préc., p. 11193. Le 13 août 2019, le TGI de Paris annulait les réquisitions du procureur de la République relatives aux contrôles d'identité préventifs du samedi 25 mai, en prévision de l'acte 28 des gilets jaunes au motif que les réquisitions étaient trop larges et insuffisamment motivées. Les contrôles préventifs avaient en effet été autorisés dans toute la capitale, y compris dans les zones non concernées par d'éventuels rassemblements (v. A. Coignacle, « Droit de manifester : toujours une liberté ? », *Dalloz actualité*, 20 déc. 2019). Ajoutons que la loi du 10 avril 2019 visant à renforcer et garantir le maintien de l'ordre public lors des manifestations permet désormais au procureur de la République de prendre des réquisitions afin d'autoriser diverses mesures de contrôles (fouilles, palpations, contrôles visuels des bagages) à l'encontre de potentiels manifestants (C. pr. pén., art. 78-2-5).

n° 2006-64 du 23 janvier 2006 afin de faciliter les contrôles sur les autoroutes et lignes ferroviaires internationales. S'agissant de ces dernières, la loi n° 2011-267 du 14 mars 2011, dite LOPPSI 2, afin de satisfaire aux exigences posées par la Cour de justice de l'Union européenne et par la Cour de cassation[14], encadre plus rigoureusement ce dispositif dont la durée ne devait pas excéder six heures consécutives dans un même lieu et ne saurait consister en un contrôle systématique des personnes présentes ou circulant dans les zones contrôlées[15]. À la suite de la tentative d'attentat perpétrée dans le train Thalys, le 21 août 2015, le législateur est intervenu afin de clarifier et d'étendre, en matière de transport ferroviaire de voyageurs, notamment dans les lignes internationales, la compétence du procureur de la République en fonction des gares de départ, d'un arrêt ou d'arrivée (C. pr. pén., art. 78-7, créé par la loi du 22 mars 2016). La France ne pouvant prolonger au-delà de novembre 2017 le rétablissement du contrôle aux frontières qu'elle avait décidé le soir des attentats du 13 novembre 2015, le législateur s'est efforcé d'élargir les dispositifs de contrôle de police de droit commun susceptibles d'être mis en œuvre dans les zones frontalières. Destinée à renforcer « la sécurité intérieure et la lutte contre le terrorisme », comme l'indique son titre évocateur, la loi n° 2017-1510 du 30 octobre 2017 est ainsi clairement marquée par une politique criminelle sécuritaire. S'agissant des contrôles réalisés aux frontières intérieures, le nouveau texte (art. 78-2, al. 9) élargit la zone de contrôle « aux abords » des infrastructures de transport ouvertes au trafic international (et pas seulement dans les « zones accessibles au public », comme auparavant) et porte à 12 heures consécutives la durée des contrôles possibles. Aux frontières extérieures, un nouvel alinéa 10 autorise, dans un rayon de 10 kilomètres et selon les mêmes modalités, les contrôles autour des infrastructures de transport ouvertes au trafic international qui constituent des points de passage frontaliers sensibles « en raison de l'importance de leur fréquentation et de leur vulnérabilité ». Pris en application de ce texte, l'arrêté du 28 décembre 2018 (*JO* 30 déc. 2018, texte n° 96) permet de réaliser des contrôles d'identité dans des zones très larges qui recouvrent ainsi la quasi-totalité des villes de Marseille, Nice, Toulon, Sète, Saint-Malo et le littoral nordiste entre la Belgique et Sangatte.

**524** ***Contrôle d'identité de la personne étrangère.*** La personne de nationalité étrangère est désormais soumise aux articles L. 812-1 et L. 812-2 du Code de l'entrée et du séjour des étrangers et du droit d'asile, créés par l'ordonnance du 16 décembre 2020. Autrefois codifié à l'article L. 611-1 du même code, ces textes reprennent l'article 8 de l'ordonnance du 2 novembre 1945, lui-même modifié par la loi du 24 août 1993. L'instauration d'un régime général des contrôles d'identité en 1981 avait fait naître une controverse à propos du contrôle des étrangers. Ces derniers étaient jusqu'alors soumis à un régime spécifique qui les obligeait à présenter à toute réquisition des agents de l'autorité les documents leur permettant de séjourner en France (Décr. 30 juin 1946, art. 2). Se posait alors la question de savoir si les étrangers pouvaient continuer à voir leurs titres de séjour contrôlés, comme par le passé, sur la base de ce texte particulier, ou s'il fallait, pour exiger une telle présentation, que l'on se trouve dans l'un des cas de contrôle du nouveau régime général[16]. Bien que la jurisprudence ait opté

14. S'appuyant sur l'arrêt rendu le 22 juin 2010 par la Cour de justice de l'Union européenne, la Cour de cassation, le 23 févr. 2011 a déclaré irréguliers les contrôles réalisés sur une ligne ferroviaire internationale au motif que ces opérations n'étaient pas suffisamment encadrées par la loi pour ne pas revêtir un effet équivalent aux contrôles opérés aux frontières. Ajoutons également que la loi n° 97-396 du 24 avr. 1997 prévoit un système de contrôle analogue en Guyane française afin de lutter contre l'immigration clandestine (C. pr. pén., art. 78-2, avant-dernier al.) ; elle organise encore un système particulier de contrôle d'identité dans les entreprises pour rendre plus efficace la recherche des infractions en matière de travail clandestin (C. pr. pén., art. 78-2-1). Enfin, des dispositions, initialement prévues pour cinq ans (C. pr. pén., art. 78-2, dernier al., ajouté par la L. n° 2006-911 du 24 juill. 2006 relative à l'immigration et à l'intégration), puis pérennisées par la loi du 27 juill. 2011, prévoient que l'identité de toute personne peut être contrôlée, selon certaines modalités, en Guadeloupe, à Mayotte, à Saint-Martin et à Saint-Barthélemy, en vue de vérifier le respect des obligations de détention, de port et de présentation des titres et documents prévus par la loi.

15. Civ. 1re, 2 déc. 2015, n° 14-50.075 : dès lors qu'il respecte les conditions posées par l'art. 78-2, al. 8, le contrôle d'identité est régulier, quand bien même serait-il réalisé à proximité d'une association caritative (Les Restaurants du Cœur), sur une personne de nationalité étrangère.

16. Sur les enjeux d'un tel choix, v. notre chronique précitée et D. Mayer note préc. s[s] Crim. 10 nov. 1992.

pour la première interprétation[17], le législateur est intervenu pour clarifier la situation en confirmant la distinction suivante :
— dans le cadre d'un contrôle d'identité effectué en application des articles 78-1 et 78-2 du Code de procédure pénale, l'étranger doit présenter les pièces qui autorisent sa présence sur le territoire français ;
— même en dehors de tout contrôle d'identité, l'étranger doit être en mesure de présenter ces pièces. Comment alors distinguer l'étranger à qui on peut exiger la production de titres de séjour, du français qui ne peut être contrôlé que dans le cadre de procédures prévues par les articles 78-1 et 78-2 du Code de procédure pénale ? Pour éviter le « délit de faciès » que certaines décisions faisaient craindre[18], la jurisprudence exige que la qualité d'étranger résulte d'éléments objectifs, extérieurs à la personne même de l'intéressé[19], tel le fait de circuler dans une voiture immatriculée à l'étranger[20] alors qu'elle refuse un tel caractère à la lecture d'un journal étranger, une diction étrangère ou même une conversation en langue étrangère, la parole étant le prolongement de la personne humaine[21]. Consacrant cette jurisprudence, la loi du 31 décembre 2012 précise que ces contrôles ne peuvent être effectués que si « des éléments objectifs déduits de circonstances extérieures à la personne même de l'intéressé sont de nature à faire apparaître sa qualité d'étranger » (CESEDA, art. L. 812-2,1°et 2°). Pour éviter la multiplication de cette forme de contrôle, la même loi limite la durée à six heures consécutives dans un même lieu et précise que l'opération ne peut consister en un contrôle systématique des personnes présentes ou circulant dans le lieu (art. L. 812-2, 1° du code précité). À propos des contrôles au faciès, la Cour de cassation rappelle qu'un contrôle d'identité discriminatoire engage la responsabilité de l'État et qu'il y a discrimination lorsque le contrôle d'identité est réalisé sur la seule base de caractéristiques physiques associées à une origine réelle ou supposée (Civ 1re, 9 nov. 2016, arrêts nos 1239, 124, 1244, 1245)[22]. Dans le même sens, tout en reconnaissant la constitutionnalité des textes procéduraux en la matière, le Conseil constitutionnel, usant de plusieurs réserves d'interprétation, prend soin d'éviter tout risque de dérive dans leur application (no 2016-606/607 QPC, 24 janv. 2017).

## 2 • L'identité étroitement vérifiée

**525** ***Établissement de l'identité.*** La personne contrôlée peut établir son identité par tout moyen : la présentation d'une carte nationale d'identité ou d'un passeport français en cours de validité suffit à en justifier, comme le précise l'article 1er de la loi no 2012-410 du 27 mars 2012 relative à la protection de l'identité. L'identité peut également être prouvée par tout autre document administratif à caractère officiel ou même témoignages. Cependant, en cas de refus de sa part ou d'impossibilité d'établir l'identité, les officiers de police judiciaire, ici seuls compétents, peuvent procéder à une vérification d'identité, soumise par l'article 78-3, à de strictes conditions dont l'inobservation est sanctionnée par la nullité de la procédure. La personne est alors retenue sur place ou dans un local de police, le temps strictement nécessaire à l'établissement de l'identité sans que la rétention ne puisse excéder quatre heures ou huit heures à Mayotte (C. pr. pén., art. 78-3), cette durée s'imputant sur une éventuelle garde à vue (C. pr. pén., art. 78-4). Notons encore que, sur autorisation du procureur de la République ou du juge d'instruction,

17. Crim. 25 avr. 1985, *Vuckovic et Bogdan*, *D.* 1985. 329, concl. Dontenville.
18. T. corr. Paris, 10 août 1990 ; Paris, 12e ch., 23 janv. 1990.
19. Crim. 25 avr. 1985, préc.
20. Arrêt *Bogdan* préc.
21. V. les décisions citées par A. Maron, *Dr. pénal* 1992, no 50.
22. Un contrôle d'identité fondé sur des caractéristiques physiques associées à une origine réelle ou supposée, sans aucune justification objective préalable, est discriminatoire : il s'agit d'une faute lourde qui engage la responsabilité de l'État. La Cour précise la façon dont la discrimination doit être prouvée ; il s'agit d'un aménagement de la charge de la preuve en trois temps : la personne qui a fait l'objet d'un contrôle d'identité et qui saisit le tribunal doit apporter au juge des éléments qui laissent présumer l'existence d'une discrimination ; c'est ensuite à l'administration de démontrer, soit l'absence de discrimination, soit une différence de traitement justifiée par des éléments objectifs ; enfin, le juge exerce son contrôle.

il est possible de procéder à la prise d'empreintes digitales ou de photographies, lorsque celles-ci constituent l'unique moyen d'établir l'identité d'une personne qui refuse de justifier son identité ou fournit des éléments manifestement inexacts. Quant au refus de se prêter aux prises d'empreintes digitales ou de photographies, il est passible d'un emprisonnement de trois mois et d'une amende de 3 750 euros.
Enfin, lorsque la vérification d'identité ne donne pas lieu à des suites judiciaires, les documents la concernant doivent être détruits dans un délai de six mois sous le contrôle du procureur de la République.
En cas de soupçons permettant de penser que la personne contrôlée ou dont l'identité est vérifiée, est liée à des activités à caractère terroriste, une retenue est désormais possible afin de vérifier sa situation (C. pr. pén., art. 78-3-1, créé par la loi du 3 juin 2016 renforçant la lutte contre le terrorisme).
Informée de ses droits par un officier de police judiciaire, la personne majeure peut faire aviser le procureur de la République de la mesure qui la frappe et prévenir à tout moment sa famille ou toute personne de son choix. Contrairement à la personne placée en garde à vue, non seulement l'officier de police judiciaire ne peut s'opposer à cette communication avec un membre de la famille, mais, si « des circonstances particulières l'exigent », il est lui-même tenu de prévenir la famille ou la personne choisie.
Si la vérification concerne un mineur, le procureur de la République doit être obligatoirement avisé dès le début de la rétention et, sauf impossibilité, le mineur doit être assisté de son représentant légal. L'exception est ici fort compréhensible tant il est difficile de prévenir la famille d'une personne dont l'identité est ignorée.
Ainsi, dans cette phase contraignante, l'intervention d'un magistrat assure la conciliation entre la protection du droit à la sûreté et la nécessité des investigations des autorités de police.

## B • La sûreté de la personne gardée à vue

**526** ***Définition.*** Comme le précise, dans sa nouvelle rédaction issue de la loi n° 2011-392 du 14 avril 2011 relative à la garde à vue, l'article 62-3 du Code de procédure pénale, la garde à vue est une mesure de contrainte décidée par un officier de police judiciaire, sous le contrôle de l'autorité judiciaire, par laquelle un suspect est maintenu à la disposition des enquêteurs dans le cadre d'une enquête préliminaire, de flagrance ou en exécution d'une commission rogatoire dès lors que cette mesure constitue l'unique moyen de parvenir à au moins un des objectifs précisés par le texte.
La garde à vue ne doit pas être confondue avec la rétention qui suit un contrôle d'identité ou avec l'appréhension du suspect que l'article 73 du Code de procédure pénale permet à toute personne d'opérer en cas de flagrance ou avec l'interdiction de s'éloigner, qu'en application de l'article 61 du même Code, l'officier de police judiciaire peut imposer à quiconque se trouve sur les lieux de la flagrance. La garde à vue se distingue également de la détention provisoire : ordonnée par le juge des libertés et de la détention, cette privation de liberté vise en effet une personne qui, ayant été mise en examen, bénéficie pleinement des droits de la défense.
Bien que contestée, en particulier lors de l'enquête préliminaire, la garde à vue a toujours été pratiquée. Elle est, il est vrai, d'une utilité certaine en permettant de recueillir des preuves qui, sans elle, risqueraient de disparaître et des aveux qu'il serait plus difficile d'obtenir à un stade ultérieur de la procédure. Justifiée par l'efficacité policière et la nécessaire préservation de la sécurité publique, véritable nécessité de défense sociale[23], la garde à vue constitue pourtant une atteinte particulièrement grave à la liberté de la personne qui la subit. D'ailleurs, confirmant la jurisprudence antérieure[24], l'article 434-28 du Code pénal considère qu'au regard des règles de l'évasion, la personne gardée à vue a la qualité de « détenue » : c'est ainsi reconnaître qu'elle est bien privée de sa liberté, même si la mesure est de courte durée.

23. G. Denis, *L'enquête préliminaire*, Éditions Police Revue, 1974, n° 321.
24. D. Thomas, « Évasion des détenus ou de prisonniers de guerre », *J.-Cl. Pénal* 2012, art. 237 à 247, n° 18.

Aussi, afin de satisfaire aux exigences posées par la Convention européenne, le législateur français est-il intervenu, par les lois des 4 janvier et 24 août 1993, puis 15 juin 2000, pour protéger le droit à la sûreté. Ces réformes n'ont pas empêché le Conseil constitutionnel, dans sa décision nº 2010-14/22 QPC du 30 juillet 2010 de déclarer inconstitutionnelles les dispositions concernant la garde à vue de droit commun, obligeant le législateur à revoir sa copie avant le 1er juillet 2011. La loi nº 2011-392 du 14 avril 2011 relative à la garde à vue marque l'aboutissement de cette évolution. Définitivement adopté le 12 avril, le texte, promulgué dès le 14 avril, devait s'appliquer à partir du 1er juin, mais l'Assemblée plénière de la Cour de cassation, par quatre arrêts rendus le 15 avril 2011 (Dr. pénal 2011, nº 72, obs. Maron et Haas), en se fondant sur la non-conformité de notre droit interne par rapport aux exigences de la Convention européenne, notamment, le droit à l'assistance d'un avocat, a, ipso facto, précipité l'application immédiate des nouvelles dispositions.
Ce même raisonnement conduisit la chambre criminelle, au détriment du principe de sécurité juridique, à censurer les gardes à vue antérieures à la nouvelle loi, mais qui ne respectaient pas le droit à l'assistance d'un avocat (Crim. 31 mai 2011, nos 10-88.293 et 11-81.412), même si, dans une décision ultérieure (9 nov. 2011, nos 05-87.745, 09-86.381), la même chambre criminelle limite la portée de sa jurisprudence en refusant de recevoir le grief d'inconventionnalité qui n'aurait pas été soulevé antérieurement devant la chambre de l'instruction ou, plus récemment (17 déc. 2013, nos 12-84.297, 13-86.565), en considérant que le défaut de notification du droit de se taire a été sans incidence sur le caractère spontané des propos initiaux de l'intéressé et que la nécessité d'accomplir des recherches immédiates sur les indications du requérant a constitué une raison impérieuse de retarder l'intervention de l'avocat.
Encore faut-il, pour que la requête prospère, que l'irrégularité soit invoquée par la personne même qui a été placée en garde à vue (Crim. 14 févr. 2012, nº 11-84.694 ; Ch. Guéry, « Touche pas à ma garde à vue », *AJ pénal* 2012. 159).
Parce qu'elle porte incontestablement atteinte à sa liberté, la garde à vue constitue une atteinte particulièrement grave à la liberté de la personne qui la subit (1.). Aussi, afin de satisfaire les exigences posées tant par Conseil constitutionnel que la Cour européenne des droits de l'homme, le législateur français est-il enfin intervenu pour protéger le droit à la sûreté de la personne qui est ainsi retenue (2.).

## 1 • L'atteinte à la liberté de la personne gardée à vue

**527** ***Conditions du placement en garde à vue.*** Décidée par un officier de police judiciaire et non par une autorité judiciaire, la garde à vue, quel que soit le type d'enquête, ne peut désormais être utilisée qu'à l'encontre d'un suspect.
Aux termes de la dernière réforme, trois conditions sont requises par l'article 62-2 du Code de procédure pénale, qui ont trait à la gravité de l'infraction soupçonnée, à l'existence d'une suspicion et à la motivation de la mesure.
La gravité de l'infraction : crime ou délit puni d'emprisonnement.
La loi du 14 avril 2011 a le mérite de clarifier les textes et d'éviter une ambiguïté qui favorisait une inflation, maintes fois dénoncée par les médias, dans le recours à la garde à vue. Même si l'utilisation de la garde à vue n'était guère défendue pour les simples contraventions, l'hésitation était permise pour les délits. L'article 62-2 du Code de procédure pénale apporte la précision souhaitée en limitant la garde à vue aux crimes et aux délits punis d'une peine d'emprisonnement. Sont donc désormais exclus les contraventions et les délits punis d'une simple amende. Ainsi, l'étranger en situation irrégulière, n'encourant plus de peine d'emprisonnement, ne peut plus, pour ce seul fait, être placé en garde à vue (Crim. 5 juin 2012, avis nº 9002 qui applique la jurisprudence de la CJUE des arrêts des 28 avr. 2011, *El Dridi*, et 6 déc. 2011, *Achugbabian*). Il relève alors de la nouvelle procédure créée par la loi du 31 décembre 2012 — et modifiée par la loi du 10 septembre 2018 — afin de permettre la retenue pour vérification du droit de circulation ou de séjour sur le territoire français (CESEDA, art. L. 611-1-1, procédure désormais codifiée aux articles L. 813-1 à L. 813-4 du même code).

La suspicion : existence d'une ou plusieurs raisons plausibles.
Dans l'enquête préliminaire, aux termes de l'article 77 du Code de procédure pénale qui renvoie à l'article 62-2 du même code, il faut, en effet, qu'existent à l'encontre de la personne, non plus des indices, mais « une ou plusieurs raisons plausibles de soupçonner qu'elle a commis ou tenté de commettre un crime ou un délit puni d'une peine d'emprisonnement ». Contrairement au droit antérieur, la loi du 4 janvier 1993 interdit de placer en garde à vue le simple témoin, mais celui-ci, lorsqu'il est convoqué par un officier de police judiciaire, est désormais tenu par l'article 78 de comparaître et, comme le rappelle clairement la circulaire du 10 janvier 2002, peut être retenu le temps nécessaire à son audition, impérativement limité à 4 heures par la nouvelle rédaction de l'article 62 du Code de procédure pénale... et, dans ce cas, être entendu par un simple agent de police judiciaire. Loin d'affaiblir l'efficacité policière, la réforme du 4 janvier 1993 l'a renforcée lorsqu'on sait que, sous l'empire de la législation antérieure, le simple témoin n'était pas tenu de comparaître. Aucune mesure de coercition ne pouvait être prise à son égard s'il refusait de déférer à la convocation de l'autorité policière, sauf à requérir l'ouverture d'une information judiciaire.
La même exigence prévaut, depuis la loi du 15 juin 2000, dans l'enquête de flagrance (C. pr. pén., art. 62-2) ou lors de l'exécution d'une commission rogatoire (C. pr. pén., art. 154) où, là encore, seul un suspect peut être placé en garde à vue, alors, qu'antérieurement à la réforme du 15 juin 2000, cette mesure pouvait frapper toute personne se trouvant sur les lieux de la flagrance ou tout témoin entendu dans le cadre d'une commission rogatoire[25].
Si une telle harmonisation des conditions du placement en garde à vue doit être approuvée, on peut douter que notre législation, dans sa nouvelle rédaction, respecte l'esprit comme la lettre de l'article 5, alinéa 1 de la Convention européenne des droits de l'homme qui ne permet de priver un individu de ses libertés sauf « lorsqu'il y a des raisons plausibles de soupçonner qu'il a commis une infraction ou qu'il y a des motifs raisonnables de croire à la nécessité de l'empêcher de commettre une infraction ou de s'enfuir après l'accomplissement de celle-ci ». En n'exigeant pas la pluralité et en se contentant « d'une raison plausible », le législateur français accorde une place trop importante à l'opinion subjective — et difficilement contrôlable — de l'officier de police judiciaire. On ajoutera au surplus que la jurisprudence voit dans le placement en garde à vue une faculté que l'officier de police judiciaire tient de la loi et qu'il exerce, dans les conditions qu'elle définit, sous le seul contrôle du procureur de la République ou, le cas échéant, du juge d'instruction[26].
La motivation de la mesure : l'unique moyen de parvenir à l'un des objectifs précisés par l'article 62-2 du Code de procédure pénale.
Il ne suffit plus, comme antérieurement, d'invoquer « les nécessités de l'enquête », mais de justifier que cette mesure constitue « l'unique moyen de parvenir à au moins un des objectifs suivants qui rappellent les termes utilisés en matière de détention provisoire[27] :
1° Permettre l'exécution des investigations impliquant la présence ou la participation de la personne.

25. On remarquera encore que le témoin entendu lors de l'exécution d'une commission rogatoire doit « prêter serment et déposer » (C. pr. pén., art. 153), à la différence du témoin visé dans les enquêtes policières, tenu seulement de comparaître (C. pr. pén., art. 62, al. 2, 78), depuis que la loi du 4 janv. 1993 a supprimé l'obligation de déposer qui pesait sur le témoin dans l'enquête de flagrance. À défaut de conférer un véritable statut au suspect, le C. pr. pén. reconnaît par là même à la personne entendue lors d'une enquête policière le droit au silence... qui, paradoxalement, jusqu'à la réforme du 15 juin 2000, ne lui était pas expressément formulé lors de l'audition ; l'instruction, au contraire, distingue clairement la personne mise en examen qui bénéficie, parmi les droits de la défense, du droit de se taire afin de ne pas nuire à soi-même et le témoin qui, étranger à l'affaire, ne court pas semblable risque et doit par conséquent déposer pour apporter son concours à la recherche de la vérité, le refus de déposer constituant même, dans certains cas, un délit (C. pén., art. 434-11, 434-12).

26. Crim. 4 janv. 2005, *Bull. crim.* n° 3 ; *D.* 2005. 761, obs. Lennon ; *JCP* 2005. I. 161, obs. Maron ; *AJ pénal* 2005. 160, obs. Leblois-Happe ; *Dr. pénal* 2005, Comm. 49, obs. Maron ; *D.* 2006. Pan. 620, obs. Pradel ; M. Herzog-Evans, « De l'interprétation souveraine des juges du fond à l'interprétation exclusive des OPJ », *AJ pénal* 2005. 409.

27. Lorsque la contrainte n'est pas nécessaire, la personne soupçonnée peut désormais être entendue sous le nouveau statut de « suspect libre », créé par la loi n° 2014-535 du 27 mai 2014 (C. pr. pén. art. 61-1). Elle bénéficie alors notamment du droit de quitter à tout moment les locaux où elle est entendue, du droit de se taire et, sous certaines conditions, du droit à l'assistance d'un avocat.

2° Garantir la présentation de la personne devant le procureur de la République afin que ce magistrat puisse apprécier la suite à donner à l'enquête.
3° Empêcher que la personne ne modifie les preuves ou indices matériels.
4° Empêcher que la personne ne fasse pression sur les témoins ou les victimes ainsi que sur leur famille ou leurs proches.
5° Empêcher que la personne ne se concerte avec d'autres personnes susceptibles d'être ses coauteurs ou complices.
6° Garantir la mise en œuvre des mesures destinées à faire cesser le crime ou le délit ».

**528** ***Durée de la garde à vue.*** En droit commun, la durée[28] de la garde à vue d'un majeur est de vingt-quatre heures, avec possibilité de reconduction pour une durée identique, sur autorisation écrite et motivée du procureur de la République, si l'infraction recherchée est un crime ou un délit puni d'une peine d'emprisonnement supérieure ou égale à un an et si la prolongation de la mesure est l'unique moyen de parvenir à au moins un des objectifs mentionnés à l'article 62-2 du Code de procédure pénale. Dans certaines matières (C. pr. pén., art. 706-73 et 706-88) dont le nombre a été considérablement augmenté par la loi du 9 mars 2004 portant adaptation de la justice aux évolutions de la criminalité, dite « Perben 2 » — trafic de stupéfiants — mais aussi, désormais, délits d'aide à l'entrée, à la circulation et au séjour irréguliers d'un étranger en France commis en bande organisée, certains délits de blanchiment..., quarante-huit heures supplémentaires, sous forme de deux prolongations de vingt-quatre heures ou d'une seule prolongation de quarante-huit heures, peuvent encore être accordées — ce qui portera la durée totale de la garde à vue à quatre jours — par le juge des libertés et de la détention ou, dans le cas où il est saisi, par le juge d'instruction[29]. Enfin, en matière de terrorisme, la garde à vue peut désormais atteindre six jours dès lors qu'il existe un risque sérieux de l'imminence d'une action terroriste (C. pr. pén., art. 706-88 complété par la loi du 23 janvier 2006). Ces durées constituent des limites maximales qui ne sauraient être dépassées même en cas de cumul entre plusieurs types de gardes à vue[30]. Il en va autrement lorsque les procédures ayant donné lieu à la garde à vue concernent des faits distincts : la personne peut alors être soumise à des mesures de garde à vue immédiatement successives et indépendantes l'une de l'autre[31], dans la mesure toutefois où, à l'occasion de ces procédures, elle n'a pas été retenue de manière continue à la disposition des officiers de police judiciaire pendant une période totale excédant la durée maximale de garde à vue autorisée par la loi[32].

Précisons encore que le temps nécessaire au déferrement (transfert de la personne des locaux de police auprès du procureur de la République ou du juge d'instruction) est à présent fixé par le Code de procédure pénale. Aux termes de l'article 803-2 du Code de procédure pénale, ajouté par la loi du 9 mars 2004, il doit en principe avoir lieu le jour même.

---

28. Quant au point de départ du délai de la garde à vue, la chambre criminelle (4 mars 1998, *Dr. pénal* 1998, n° 108, note A. Maron) a jugé « qu'une personne qui se présente sans contrainte aux services de police, peut, au cours d'une enquête préliminaire, être entendue sur les faits qui lui sont imputés, avant d'être placée en garde à vue ». Condamnant la pratique des placements avec effet rétroactif — qui a pour effet de rendre nécessairement tardive la notification des droits — la Cour de cassation considère que le placement en garde à vue ne doit intervenir que lorsque la personne est retenue, malgré elle, par les officiers de police judiciaire. *Adde*, A. Maron, « La garde à vue fait une poussée de barbouille », *Dr. pénal* 1999. Chron. 5 et, dans la partie Commentaires, jurisprudence citée aux n^os^ 30 à 33. V. en ce sens, dans leur nouvelle rédaction, les art. 62, dernier al., et 73, al. 2, du C. pr. pén. Dans son III, l'article 63 consacre désormais cette solution.

29. Bien que figurant alors à l'art. 706-73 du C. pr. pén., le délit d'escroquerie en bande organisée ainsi que le recel, le blanchiment ou l'association de malfaiteurs en vue de commettre ce délit ne sont plus concernés par la prolongation exceptionnelle de la garde à vue, au-delà des 48 heures du droit commun (C. pr. pén., art. 706-88, réd. L. n° 2014-790 du 27 mai 2014). La décision du Conseil constitutionnel du 9 octobre 2014 (n° 2014-420/421), suite, notamment, à une QPC dans l'affaire B. Tapie, allait encore plus loin en déclarant contraire à la Constitution le 8° *bis* de l'article 706-73 du C. pr. pén. et en relevant que la modification de l'article 706-88 C. pr. pén. par la loi du 27 mai 2014 n'avait pas mis fin à cette inconstitutionnalité. Aussi le législateur (loi n° 2015-993 du 17 août 2015) a-t-il déplacé les infractions précitées dans le nouvel art. 706-73-1 qui échappe à ce régime dérogatoire.

30. Crim. 13 févr. 1996, *Dr. pénal* 1996, Comm. 143 ; *JCP* 1996. IV. 1078. Cette solution est confirmée par l'art. 63, III dans sa nouvelle rédaction.

31. Crim. 2 sept. 2004, *D.* 2004. Actu. 2509 ; *Bull. crim.* n° 196.

32. Crim. 17 mars 2004, *D.* 2004. IR 1353, *Bull. crim.* n° 69.

Néanmoins, en cas de nécessité, la personne peut comparaître le jour suivant et peut être retenue à cette fin dans des locaux de la juridiction spécialement aménagés, à la condition que cette comparution intervienne au plus tard dans un délai de vingt heures à compter de l'heure à laquelle la garde à vue a été levée, à défaut de quoi l'intéressé est immédiatement remis en liberté. Cette exception prévue par l'article 803-3 ne s'applique pas lorsque la personne a fait l'objet, en application des dispositions de l'article 706-88 du Code de procédure pénale, d'une garde à vue ayant duré plus de soixante-douze heures. Pour assurer l'effectivité du droit d'être entendu par un juge dans les cas où la garde à vue a été prolongée sans intervention d'un juge du siège, l'article 803-3 exige désormais (alinéa 3, ajouté par la loi du 14 avril 2011) que la personne retenue soit « effectivement présentée à la juridiction saisie ou, à défaut, au juge des libertés et de la détention avant l'expiration du délai de vingt heures ».

La garde à vue des mineurs de moins de seize ans est soumise à un régime dérogatoire par l'article 4 de l'ordonnance du 2 février 1945 (Code de la justice pénale des mineurs, art. L. 413-6 à L. 413-11, créé par Ord. 11 sept. 2019, applicable à partir du 31 mars 2021). Âgés de moins de treize ans, ils ne peuvent être placés en garde à vue, néanmoins, par un curieux euphémisme, la loi du 1er février 1994, modifiée par la loi du 9 septembre 2002, permet de retenir pour les nécessités de l'enquête durant douze heures renouvelables, avec, il est vrai des garanties particulières, les mineurs de plus de dix ans soupçonnés, en raison d'indices graves ou concordants, d'avoir commis un crime ou un délit puni d'au moins cinq ans d'emprisonnement. Les mineurs qui se situent dans la tranche d'âge de treize à seize ans, peuvent être placés en garde à vue pour une durée de vingt-quatre heures, la reconduction n'étant cependant possible qu'en matière criminelle ou correctionnelle lorsque le délit est puni d'au moins cinq ans d'emprisonnement.

C'est encore dans un but de protection des mineurs, quel que soit leur âge, que la loi du 15 juin 2000 ordonne l'enregistrement audiovisuel des interrogatoires (Ord. 2 févr. 1945, art. 4, V), la jurisprudence sanctionnant désormais par la nullité le défaut d'enregistrement qui n'est pas justifié par un obstacle insurmontable[33].

La loi n° 2007-291 du 5 mars 2007 « tendant à renforcer l'équilibre de la procédure pénale », dans son article 14-1, étend cette protection aux auditions des personnes majeures placées en garde à vue pour crime (C. pr. pén., art. 64-1).

## 2 • La protection du droit à la sûreté de la personne gardée à vue

**529** Concourent à protéger la sûreté de la personne gardée à vue, la reconnaissance de droits (a.) et le contrôle opéré par l'autorité judiciaire (b.).

### a) Reconnaissance de droits

**530** ***Droits reconnus.*** La personne placée en garde à vue doit être immédiatement[34] informée de son placement en garde à vue, de la durée de la mesure et de la ou des prolongations dont celle-ci peut

---

33. Crim. 3 avr. 2007, Bull. crim. n° 104.

34. C. pr. pén., art. 63-1, I. Pour la chambre criminelle (30 avr. 1996, *Bull. crim.* n° 182), la notification des droits doit intervenir dès que « la personne retenue se trouve en état d'en être informée ». Ainsi, l'état d'ivresse permet-il de retarder cette information jusqu'au moment où la personne est en état de comprendre et d'apprécier la portée et l'utilité de ses droits (Caen, 14 févr. 1994, *D.* 1994. 513 ; Crim. 10 mai 2000, *Bull. crim.* n° 181. *Adde* Crim. 4 janv. 2005, *D.* 2005. 761, note J.-L. Lennon). La procédure doit en revanche être annulée lorsque le placement en garde à vue et la notification des droits ont été différés au-delà du temps nécessaire au dégrisement (Crim. 4 janv. 1996, *D.* 1996. IR 82 ; *Dr. pénal* 1996, n° 90). Il est néanmoins possible, après dégrisement, d'entendre la personne sans l'avoir placée préalablement en garde à vue (Crim. 28 juin 1995, cité *in Dr. pénal* 1996. Chron. 21), C. Marsat : « l'état d'ébriété est une circonstance insurmontable qui permet de différer la notification des droits », *Dr. pénal* 2001. Chron. 23. Notons que les droits accordés par les art. 63 et suivants du C. pr. pén. aux personnes gardées à vue ne s'appliquent pas à celles qui, en raison de leur état d'ivresse, sont, sur le fondement de l'art. L. 76 du C. déb. boiss., conduites et retenues en chambre de sûreté, cette rétention constituant en effet une mesure de police et non pas de garde à vue. (Crim. 9 sept. 1998, *Dr. pénal* 1999, n° 16). On soulignera que le droit de s'entretenir avec un avocat à l'issue d'un délai de 72 heures dans le cas du régime dérogatoire applicable aux infractions en matière de stupéfiants et de terrorisme, doit être spécialement notifié, même si le gardé à vue s'était vu déjà notifier ses droits dans le cadre du régime de droit commun (Crim. 24 juin 2009, *Bull. crim.* n° 136).

faire l'objet et de ses droits, « dans une langue qu'elle comprend »[35], le cas échéant aux moyens de formulaires écrits qui ne sauraient, néanmoins, dispenser du recours à un interprète. La loi n° 2013-711 du 5 août 2013, en transposant dans notre Code de procédure pénale (art. préliminaire et art. 803-5), la directive 2010/64/UE du Parlement européen et du Conseil du 20 octobre 2010 relative au droit à l'interprétation et à la traduction dans le cadre des procédures pénales, proclame le droit, pour le suspect, à bénéficier d'un interprète.

Le gardé à vue bénéficie désormais, depuis les lois des 4 janvier, 24 août 1993, 15 juin 2000 et 14 avril 2011 relatives à la garde à vue, des droits suivants :

— droit d'être informé de la nature et de la date présumée de l'infraction qu'il est soupçonné avoir commis ou tenté de commettre (C. pr. pén., art. 63-1 modifié par les lois des 15 juin 2000 et 14 avril 2011). S'il y a progrès, force est de constater qu'il est encore insuffisant, la Cour européenne, se prononçant pour une information complète, oblige en effet à indiquer à la personne arrêtée « les raisons juridiques et factuelles de sa privation de liberté »[36]. Sans aller jusqu'à demander une description exhaustive des soupçons qui pèsent sur un individu[37], ni l'obligation de lui communiquer le dossier policier[38], la jurisprudence européenne est vigilante pour contrôler si l'information a été suffisante. Aussi, pour que le droit procédural français atteigne enfin le niveau de garantie exigé par la Convention européenne, il faudrait que lors de son placement en garde à vue, le suspect soit informé, non seulement de la nature juridique de l'infraction recherchée, mais encore de l'existence des indices et autres éléments relevés à son encontre et qui ont motivé la mesure policière[39] ;

— droit de faire prévenir, par téléphone, une personne avec qui il vit habituellement, un parent en ligne directe, un frère ou une sœur ainsi que son employeur (C. pr. pén., art. 63-2, I). Dans ce cas, afin de ne pas nuire au bon déroulement de l'enquête, le législateur n'a pas donné à la personne gardée à vue le droit de téléphoner directement à sa famille. En outre, se fondant sur les nécessités de l'enquête, l'officier de police judiciaire peut rejeter cette demande, mais il doit alors en référer au procureur de la République ou, en cas de prolongation au-delà de 48 heures, au juge des libertés et de la détention, qui tranche.

L'officier de police judiciaire peut désormais (C. pr. pén., art. 63-2, II) autoriser la personne en garde à vue qui en fait la demande, à communiquer, par écrit, par téléphone ou lors d'un entretien, avec un des tiers cités précédemment, s'il lui apparaît que cette communication n'est pas incompatible avec les objectifs de la garde à vue et qu'elle ne risque pas de permettre une infraction. Cette disposition, ajoutée par la loi du 3 juin 2016, semble, malgré les précautions prises[40] par le législateur, poser de sérieuses difficultés d'application, dénoncées par les autorités de police.

S'agissant du placement en garde à vue d'un mineur, l'officier de police judiciaire doit en informer les parents, le tuteur ou le service auquel est confié le mineur. Néanmoins, sur décision du procureur de la République ou du juge chargé de l'affaire, l'information peut — article L. 413-7, Code de la justice

35. Les droits n'étant expressément prévus qu'en matière de garde à vue, la jurisprudence refusait de les étendre à des mesures privatives de liberté qui lui sont pourtant proches, telle la retenue douanière ; Crim. 1er mars 1994, *D.* 1994. Somm. 188, obs. J. Pradel ; M.-J. Arcaute-Descazeaux, « Retenue douanière et garde à vue », *RSC* 1994. 721 s. ; Crim. 25 avr. 2001, *Dr. pénal* 2001, Comm. 108. La loi du 14 avr. 2011 assimile la retenue douanière à la garde à vue (C. douanes, art. 323-2 s.). Si la personne gardée à vue est atteinte de surdité et qu'elle ne sait ni lire ni écrire, elle doit être assistée par un interprète en langue des signes ou par toute personne qualifiée maîtrisant un langage ou une méthode permettant de communiquer avec des sourds. Il peut également être recouru à tout dispositif technique permettant de communiquer avec une personne atteinte de surdité (C. pr. pén., art. 63-1 dû à la loi du 15 juin 2000).

36. Aff. *Fox, Campbell et Hartley c/ Royaume-Uni*, 30 août 1990, série A, n° 182.

37. Commission, Déc. 3 févr. 1971, n° 4220/69, *Annuaire de la Convention européenne des droits de l'homme*, 14, p. 250-278.

38. Commission, Déc. 12 oct. 1983, n° 9614/81, *Décisions et rapports de la Convention européenne des droits de l'homme*, 34, p. 124.

39. V. notre article : « Le suspect en quête d'un statut procédural », *in Mélanges Cabrillac*, Dalloz-Litec, 1999, p. 823 s.

40. C. pr. pén., art. 63-2, II : Afin d'assurer le bon ordre, la sûreté et la sécurité des locaux dans lesquels s'effectue la garde à vue, l'officier ou l'agent de police judiciaire détermine le moment, les modalités et la durée de cette communication, qui ne peut excéder trente minutes et intervient sous son contrôle, le cas échéant en sa présence ou en la présence d'une personne qu'il désigne. Si la demande de communication concerne les autorités consulaires, l'officier de police judiciaire ne peut s'y opposer au-delà de la quarante-huitième heure de la garde à vue.

pénale des mineurs — être différée de douze voire vingt-quatre heures lorsque la garde à vue est susceptible d'être prolongée ;
— droit d'être examiné par un médecin désigné par le procureur de la République ou l'officier de police judiciaire, au moment du placement en garde à vue et lors de la prolongation ordinaire (C. pr. pén., art. 63-3). La demande d'examen médical peut également être faite à tout moment par le procureur de la République ou l'officier de police judiciaire. Enfin, en l'absence d'initiative prise par les personnes précédentes, un membre de la famille a la possibilité de formuler une demande similaire.
En cas de prolongation supplémentaire (C. pr. pén., art. 706-88), la personne gardée à vue est examinée par un médecin qui délivre un certificat médical par lequel il se prononce sur l'aptitude au maintien en garde à vue et elle est informée du droit de demander un nouvel examen médical.
Ce droit ainsi reconnu à la personne retenue ou à ses proches devient une obligation pour les autorités judiciaires lorsque la garde à vue concerne un mineur de seize ans : dès le début de la mesure, le procureur de la République ou le juge chargé de l'information doit en effet désigner un médecin afin de procéder à l'examen médical du mineur.
Qu'il s'agisse d'un majeur ou d'un mineur, le médecin qui examine sans délai la personne, doit, dans le certificat médical, se prononcer sur l'aptitude au maintien en garde à vue et procéder à toutes constatations utiles. Sauf décision contraire du médecin, l'examen médical sera pratiqué à l'abri du regard et de toute écoute extérieurs afin de permettre le respect de la dignité et du secret professionnel.
Remarquons que si la notification des droits doit toujours être immédiate, la loi du 4 mars 2002 (C. pr. pén., art. 63-1, dernier al.) accorde, sauf circonstance insurmontable, un délai de trois heures à l'officier de police judiciaire pour effectuer les diligences concernant l'information des proches et l'examen par un médecin du gardé à vue :
— Droit d'être assisté par un avocat (C. pr. pén., 63-3-1 à 63-4-4 créés par la loi du 14 avril 2011). C'est incontestablement l'apport le plus innovant de la dernière grande réforme en la matière qui crée un véritable droit à l'assistance d'un avocat et en simplifie l'application, notamment en ce qui concerne les régimes dérogatoires.
En droit commun, l'intervention d'un avocat prend, comme par le passé, la forme d'un entretien — qui doit rester confidentiel — limité à trente minutes et qui peut avoir lieu, dès le début de la garde à vue et, le cas échéant, lors du début de la prolongation. On se souvient que le Conseil constitutionnel avait vu dans cet entretien la reconnaissance d'un véritable droit de la défense : « le droit de la personne de s'entretenir avec un avocat au cours de la garde à vue, constitue un droit de la défense qui s'exerce durant la phase d'enquête de la procédure pénale »[41]. La condamnation prononcée par ce même Conseil constitutionnel dans la QPC du 30 juillet 2010 et la jurisprudence en la matière de la Cour européenne des droits de l'homme qui estime que, pour que le droit à un procès équitable demeure suffisamment « concret et effectif », « il faut, en règle générale, que l'accès à un avocat soit consenti dès le premier interrogatoire d'un suspect par la police, sauf à démontrer, à la lumière des circonstances particulières de l'espèce, qu'il existe des raisons impérieuses de restreindre ce droit[42] », ont conduit le législateur à permettre une véritable assistance durant les auditions et confrontations (C. pr. pén., art. 63-3-1,

41. Cons. const. 11 août 1993, *JO* 15 août 1993, p. 11600. Le gardé à vue ne saurait, néanmoins, soulever une nullité, faute — à la suite du refus du juge d'instruction — d'avoir pu être assisté de l'avocat de son choix, dès lors qu'il a accepté d'en choisir un autre et n'a formulé aucune objection, l'irrégularité invoquée n'ayant pas eu pour effet de porter atteinte à ses intérêts (Crim. 3 juin 2008, *Bull. crim.* n° 138).
42. CEDH 27 nov. 2008, *Salduz c/ Turquie*, req. n° 36391/02 ; CEDH 13 oct. 2009 (§ 55). Même lorsque des raisons impérieuses peuvent exceptionnellement justifier le refus de l'accès à un avocat, pareille restriction — quelle que soit sa justification — ne doit pas indûment préjudicier aux droits découlant pour l'accusé de l'art. 6 de la Conv. EDH. Il est en principe porté une atteinte irrémédiable aux droits de la défense lorsque des déclarations incriminantes faites lors d'un interrogatoire de police subi sans assistance possible d'un avocat sont utilisées pour fonder une condamnation. *Adde Dayanan c/ Turquie*, 13 oct. 2009, note H. Matsopoulou, « Plaidoyer pour une redéfinition du rôle de l'avocat pendant la garde à vue », *Gaz. Pal.* 3 déc. 2009, 2, p. 19 s. Dans un arrêt rendu en Grande Chambre le 9 nov. 2018 (req. n° 71409/10, *Beuze c/ Belgique*), la CEDH fait preuve de plus de souplesse en affirmant qu'il faut chercher « pour l'essentiel, à évaluer les effets de la restriction au droit d'accès à un avocat dans le cadre d'un examen de l'équité globale de la procédure dans l'affaire concernée » (§ 153). V. encore, CEDH 11 juill. 2019, req. n° 62313/12, *Olivieri c/ France* qui insiste sur la prise en compte de l'équité globale de la procédure.

63-4-2 à 63-4-4). Le gardé à vue qui, initialement, a renoncé à bénéficier d'un avocat durant sa garde à vue, peut ultérieurement, revenir sur ce refus pour les auditions futures. Il convient alors de satisfaire cette demande, sans attendre la prolongation de la mesure de garde à vue, pour éviter l'irrégularité des actes réalisés (Crim. 5 nov. 2013, n° 13-82.682).

Le gardé à vue se voit enfin reconnaître le droit d'être assisté, durant les auditions, d'un avocat qui a la possibilité de consulter le procès-verbal constatant la notification du placement en garde à vue et des droits qui y sont attachés, le certificat médical, ainsi que les procès-verbaux d'audition de la personne qu'il assiste. La première audition, sauf si elle porte uniquement sur les éléments d'identité, ne peut, en principe, débuter sans la présence de l'avocat choisi ou commis d'office avant l'expiration d'un délai de deux heures[43]. L'avocat peut encore prendre des notes, poser des questions à l'issue de chaque audition et présenter des observations.

Néanmoins, l'avocat n'a toujours pas accès au dossier complet, comme l'a rappelé la Cour de cassation (Crim. 19 sept. 2012), ce qui, pour elle, n'a rien d'inconstitutionnel (Cons. const. 18 nov. 2011, n° 2011-191/194/195/196/197 QPC). La jurisprudence européenne (CEDH 13 oct. 2009, *Dayanan c/ Turquie*, req. n° 7377/03 : *AJ pénal* 2010. 27, étude C. Saas et CEDH 2 mars 2010, req. n° 54729/00, *Adamkiewicz c/ Pologne*, *JCP* 2010, Doctr. 859, obs. F. Sudre) et surtout la directive 2012/13/UE du 22 mai 2012 (que les États membres devaient transposer avant le 2 juin 2014) plaident pour un droit d'accès aux pièces du dossier beaucoup plus large. Aussi peut-on s'étonner que la loi française du 27 mai 2014 qui a transposé la directive précitée, n'ait pas, à ce stade-là, élargi l'accès au dossier, se contentant de reconnaître ce droit de consultation limitée à la personne gardée à vue elle-même. Pour le législateur français, il suffit, pour assurer le respect des droits de la défense, que l'accès à l'intégralité des pièces du dossier soit réalisé avant que la personne ne soit jugée.

À la demande de l'officier de police judiciaire, la présence de l'avocat aux auditions et confrontations peut exceptionnellement être différée pendant une durée ne pouvant excéder douze heures, par décision écrite et motivée du procureur de la République, lorsque cette mesure apparaît indispensable pour des raisons impérieuses tenant aux circonstances particulières de l'enquête soit pour permettre le bon déroulement d'investigations urgentes tendant au recueil ou à la conservation des preuves, soit pour prévenir une atteinte imminente aux personnes.

Lorsque la personne est gardée à vue pour un crime ou un délit puni d'une peine d'emprisonnement supérieure ou égale à cinq ans, la présence de l'avocat lors des auditions peut être différée, au-delà de la douzième heure, jusqu'à la vingt-quatrième heure, par décision écrite et motivée du juge des libertés et de la détention.

Dans les régimes dérogatoires (C. pr. pén., art. 706-88), l'intervention de l'avocat peut être repoussée après l'écoulement d'un délai de quarante-huit heures pour les infractions visées à l'article 706-73 du Code de procédure pénale — association de malfaiteurs, infractions de proxénétisme, enlèvement et séquestration, extorsion de fonds aggravée, vol commis en bande organisée, meurtre en bande organisé, tortures et actes de barbarie, traite des êtres humains, destructions, fausse monnaie, délits en matière d'armes, entrée irrégulière d'étranger, blanchiment —, et même après soixante-douze heures lorsque la garde à vue intervient en matière de trafic de stupéfiants et de terrorisme. Le report n'est plus automatique. Il résulte d'une décision écrite et motivée, prise par le procureur de la République (jusqu'à la vingt-quatrième heure) ou le juge des libertés et de la détention (au-delà de la vingt-quatrième heure), en considération de raisons impérieuses tenant aux circonstances particulières de l'enquête ou de l'instruction, soit pour permettre le recueil ou la conservation des preuves, soit pour prévenir une atteinte aux personnes. S'agissant des infractions en matière de terrorisme, le juge des libertés et de la détention, saisi par le procureur de la République à la demande de l'officier de police judiciaire, (ou le juge

43. Le gardé à vue qui aurait initialement renoncé à cette assistance peut ultérieurement solliciter la présence d'un avocat pour les auditions futures. Il conviendra alors de satisfaire cette demande pour évider l'irrégularité des actes réalisés (Crim. 14 déc. 2011, n° 11-81.329).

d'instruction lorsque la garde à vue intervient au cours d'une instruction), pouvait décider que la personne serait assistée par un avocat désigné par le bâtonnier sur une liste d'avocats habilités (C. pr. pén., art. 706-88-2). Cette curieuse disposition qui réservait ces affaires à des avocats spécialisés, élus par le Conseil national des barreaux, traduisait une méfiance certaine à l'égard de la profession d'avocat. Elle a été abrogée par la décision du Conseil constitutionnel du 17 février 2012 (n° 2011-223 QPC)... On remarquera encore que les mineurs échappent, désormais, aux dispositions exceptionnelles qui repoussent l'intervention de l'avocat au-delà de la quarante-huitième, voire de la soixante-douzième heure, même lorsqu'ils sont soumis aux dispositions prévoyant des gardes à vue prolongées (article L. 413-11 Code de la justice pénale des mineurset article 706-88 du Code de procédure pénale, dans sa nouvelle rédaction).
S'agissant des mineurs de treize ans, l'entretien est même obligatoire : à défaut du choix d'un avocat par le mineur ou ses représentants, le procureur de la République, le juge chargé de l'instruction ou l'officier de police judiciaire doivent, dès le début de la garde à vue, faire désigner un avocat d'office par le bâtonnier.
Ces différentes mesures de protection — et en particulier le droit à l'assistance d'un avocat —, constituent un progrès incontestable. On sait qu'antérieurement aux réformes de 1993, hormis l'exception prévue à l'alinéa 2 de l'article 70 du Code de procédure pénale alors en vigueur[44], l'avocat n'avait pas place dans l'enquête policière. La menace d'un recours devant la Cour européenne des droits de l'homme sur le fondement de l'article 3 de la Convention qui prohibe non seulement les tortures dont l'actualité judiciaire nous rappelle, malheureusement, l'existence, mais encore — et la notion est bien plus large — les traitements inhumains ou dégradants, peut s'avérer particulièrement dissuasive à l'égard de policiers encore trop souvent marqués par la recherche systématique de l'aveu. L'intervention de l'avocat fut à l'origine d'un changement de climat bien perceptible lors du déroulement des gardes à vue. Gageons que la présence de l'avocat durant les auditions va certainement accentuer cette évolution en minimisant la recherche systématique de l'aveu pour privilégier la recherche des preuves scientifiques.
— Droit de se taire (C. pr. pén., art 63-1, 3°). L'information du droit au silence du gardé à vue, clairement affirmée par la loi du 15 juin 2000, puis reformulée de façon plus évasive par la loi du 4 mars 2002, avait finalement disparu, depuis l'entrée en vigueur de la loi du 18 mars 2003 sur la sécurité intérieure. On se réjouira qu'elle ait été rétablie par la loi du 14 avril 2011 sous une formulation très proche de celle retenue par la loi du 4 mars 2002. Il est ainsi indiqué au gardé à vue qu'il a droit, lors des auditions, après avoir décliné son identité, de faire des déclarations, de répondre aux questions qui lui sont posées ou de se taire. Le droit au silence, renommé, d'une façon plus pragmatique et plus juste, droit de se taire, n'est plus ignoré, mais force est de constater qu'il n'apparaît qu'en troisième position, après que l'enquêteur n'aura pas manqué d'insister sur les deux premières propositions qui n'expriment pas de véritables droits puisqu'elles constituent la finalité même de la garde à vue. Interprétant de manière protectrice cette disposition, la chambre criminelle (17 janv. 2012, n° 11-86.797) exige que l'information concernant le droit de se taire intervienne dès le début de la garde à vue, un consentement obtenu ultérieurement ne pouvant y suppléer. Pour, peut-être, limiter les effets de sa jurisprudence, la chambre criminelle vient de juger (24 févr. 2021, n° 20-86.537) que « le défaut d'information du droit de se taire est sans incidence sur la régularité de la décision rendue en matière de mesure de sûreté (§ 18) », mais elle reconnaît néanmoins, qu'« à défaut d'une telle information, les déclarations de l'intéressé ne pourront [...] être utilisées à son encontre par les juridictions appelées à prononcer un renvoi devant la juridiction de jugement ou une déclaration de culpabilité (§ 19) ». En outre, la Cour

44. Dans sa rédaction antérieure à la loi du 9 mars 2004, l'art. 70 du C. pr. pén., en son al. 2, permettait à la personne soumise à un mandat d'amener décerné par le procureur de la République dans l'enquête de flagrance, de se présenter devant ce magistrat, « accompagnée d'un défenseur » et elle ne pouvait alors « être interrogée qu'en présence de ce dernier ».

de cassation, réunie en assemblée plénière (7 nov. 2022, pourvoi n° 21-83-146) vient de juger que le gardé à vue, si on le lui demande, doit révéler le code de déverrouillage de son smartphone, son refus pouvant être passible de l'article 434-15-2 du Code pénal qui réprime le refus de remettre aux autorités judiciaires la convention secrète de chiffrement d'un moyen de cryptologie.

### b) Contrôle de l'autorité judiciaire

**531** ***Modalités de contrôle.*** Le contrôle de l'autorité judiciaire s'exerce déjà durant la procédure de garde à vue. Ainsi, lors du placement, l'officier de police judiciaire doit informer le procureur de la République « dès le début de la garde à vue » Il lui donne connaissance des motifs justifiant ce placement et l'avise de la qualification des faits qu'il a notifiée à la personne. Le procureur de la République peut alors modifier cette qualification dans ce cas, la nouvelle qualification est notifiée à la personne. C'est par la suite encore le procureur de la République[45] ou, lorsqu'il est saisi, le juge d'instruction, qui décidera d'une éventuelle reconduction par une autorisation écrite et motivée (C. pr. pén., art. 63, II, al. 3). Prenant en compte la pratique en la matière, la loi du 23 mars 2019 de programmation 2018-2022 et de réforme pour la justice renverse le principe antérieur et fait de la présentation de la personne devant le procureur de la République l'exception qui peut d'ailleurs être réalisée par l'utilisation d'un moyen de télécommunication audiovisuelle (C. pr. pén., art. 706-71). Pour les mineurs, la présentation demeure obligatoire mais, là encore, cette condition est satisfaite par le recours à un moyen de télécommunication audiovisuelle.

Les éventuelles irrégularités commises durant la garde à vue engagent la responsabilité des auteurs qui les ont commises et ouvrent aux victimes un droit à indemnisation qui peut, en cas d'échec devant les juridictions internes, être porté devant la Cour européenne des droits de l'homme, entraînant ainsi, comme dans l'arrêt *Tomasi*, la condamnation de la France pour traitement inhumain ou dégradant[46], voire sous la qualification même de torture comme ce fut le cas dans l'arrêt *Selmouni*[47]. En limitant les mesures humiliantes (fouille intégrale, investigations corporelles…) les nouveaux articles 63-5 à 63-7 du Code de procédure pénale s'efforcent de préserver la dignité de la personne gardée à vue.

**532** ***Sort des actes annulés.*** Si la constatation d'éventuelles irrégularités est facilitée par les examens médicaux et les procès-verbaux qui doivent être dressés, le sort des actes viciés pose encore problème.

---

45. Dans le cas où la prolongation est décidée par le procureur de la République, on a pu se demander s'il n'y avait pas entorse à l'art. 5, § 3 de la Conv. EDH qui prescrit de traduire la personne arrêtée ou détenue devant « un juge ou un magistrat habilité par la loi à exercer des fonctions judiciaires ». Pour la Cour de cassation, le procureur de la République possédait cette dernière qualité dans la mesure où, magistrat de l'ordre judiciaire, il a pour mission de veiller à l'application de la loi (Crim. 10 mars 1992, *Bull. crim.* n° 105). Pour mettre fin à toute incertitude en ce domaine le législateur a profité de la loi d'adaptation du 16 déc. 1992 pour unifier les procédures permettant une prolongation supplémentaire. Désormais, qu'il s'agisse de terrorisme (comme c'était déjà le cas) ou de trafic de stupéfiants (où la compétence était antérieurement reconnue au procureur de la République), la prolongation supplémentaire de quarante-huit heures accordée au-delà des quarante-huit heures du droit commun, ne peut être autorisée que par un magistrat du siège (juge des libertés et de la détention, juge d'instruction : C. pr. pén., art. 706-23, 706-29). La controverse n'est peut-être pas close. Dans un arrêt retentissant, la Cour européenne des droits de l'homme n'a pas hésité à affirmer que « le procureur de la République n'est pas une “autorité judiciaire” au sens que la jurisprudence de la Cour donne à cette notion […] il lui manque en particulier l'indépendance à l'égard du pouvoir exécutif pour pouvoir être ainsi qualifié » (CEDH, sect. V, 10 juill. 2008, *Medvedyev c/ France*, req. n° 3394/03). Dans sa décision du 29 mars 2010, la Grande chambre devant laquelle l'affaire a été portée rappelle que pour être qualifié d'autorité judiciaire, le magistrat « doit présenter les garanties d'indépendance à l'égard de l'exécutif et des parties », elle condamne ainsi, au moins implicitement, le parquet « à la française » ce qui pourrait remettre en cause le rôle de contrôle du procureur de la République, en particulier durant la garde à vue (dans le même sens : CEDH 23 nov 2010, *Moulin c/ France*). La Cour de cassation (Crim. 15 déc. 2010) rallie cette position lorsqu'elle affirme que « c'est à tort que la chambre de l'instruction a retenu que le ministère public est une autorité judiciaire au sens de l'article 5 § 3 de la Convention européenne des droits de l'homme, alors qu'il ne présente pas les garanties d'indépendance et d'impartialité requises par ce texte et qu'il est partie poursuivante ».

46. CEDH 26 août 1992, *Tomasi c/ France*, A 242 A ; *RUDH* 1993. 15 s., Chron. F. Sudre et *al.* ; *ibid.* 6 ; F. Sudre, 1993. 33. Dans le même sens : *Ribitsch c/ Autriche*, 4 déc. 1995, série A, n° 336.

47. Considérant que « le niveau d'exigence croissant en matière de protection des droits de l'homme et des libertés fondamentales implique, parallèlement et inéluctablement, une plus grande fermeté dans l'appréciation des atteintes aux valeurs fondamentales des sociétés démocratiques », la Cour européenne des droits de l'homme estime que certains actes autrefois qualifiés seulement de « traitements inhumains et dégradants », peuvent désormais recevoir la qualification de torture. Tel était le cas en l'espèce où le requérant avait subi des « violences répétées et prolongées, réparties sur plusieurs jours d'interrogatoires ». Pour la Cour, ces « actes de violence physique et mentale commis sur la personne du requérant, pris dans leur ensemble, ont provoqué des douleurs et des souffrances “aiguës” et revêtent un caractère particulièrement grave et cruel… [ils] doivent être regardés comme des actes de torture au sens de l'article 3 de la Convention » (CEDH 28 juill. 1999, *Selmouni c/ France*, *D.* 2000. Somm. 31, Y. Mayaud).

Le législateur n'ayant pas repris la nullité textuelle instituée par la loi du 4 janvier 1993 en cas de violation des nouveaux droits du gardé à vue, il faut appliquer le droit commun des nullités substantielles qui a donné lieu, en la matière, à une jurisprudence particulièrement sévère. Ainsi, après avoir déclaré irrecevable le moyen tiré d'une violation des articles 64 et 65 du Code de procédure pénale, au motif qu'il était mêlé de fait et de droit[48], elle a ensuite jugé que les règles légales « ne sont pas prescrites à peine de nullité que leur inobservation, si elle engage, même au regard de la loi pénale, la responsabilité personnelle des officiers de police judiciaire qui les aurait méconnus, ne saurait par elle-même entraîner la nullité des actes de la procédure lorsqu'il n'est pas démontré que la recherche et l'établissement de la vérité s'en sont trouvés viciés fondamentalement »[49]. La chambre criminelle étend encore cette solution à la violation des dispositions similaires de la Convention européenne : « l'inobservation des règles légales, comme celle des dispositions de l'article 5 de la Convention européenne des droits de l'homme n'entraîne pas, par elle-même, la nullité des actes de procédure »[50]. Cette jurisprudence impose une preuve particulièrement difficile à rapporter. Il ne suffit pas de démontrer l'existence d'irrégularités, même très graves, il faut encore établir que les dites irrégularités ont entraîné les déclarations faites par la personne. Si un aveu a, par exemple, été obtenu par des procédés douteux, il faudra apporter la preuve que sans ces manœuvres, la personne n'aurait pas avoué ou fait des déclarations différentes ! Or, s'il est aisé de prouver un fait positif — en l'occurrence l'existence d'irrégularités — il est, en revanche, quasiment impossible de démontrer par *a contrario* la situation qui aurait prévalu en l'absence de ce fait, sauf à se contenter de supputations tout aussi contestables.

Divers remèdes ont été proposés : ériger en nullité d'ordre public les atteintes à la liberté réalisées dans le cadre d'une garde à vue[51], renverser la présomption de régularité en obligeant le parquet à démontrer que l'irrégularité n'a pas entravé la recherche de la vérité[52]. C'est d'ailleurs en ce sens que s'oriente la chambre criminelle en créant une présomption d'atteinte aux droits de la personne concernée[53] par l'irrégularité qu'il s'agisse de la notification tardive des droits[54], de la non-information du procureur de la République[55] ou de la prolongation de la garde à vue d'un mineur sans présentation au magistrat habilité[56]. Toutefois, certaines décisions, rendues à propos de notifications tardives des droits, mais qui ont certainement une portée plus large, exigent en outre que l'irrégularité ne soit pas justifiée « par une circonstance insurmontable »[57], elles restreignent surtout les effets de la nullité en y faisant échapper les actes accomplis antérieurement au placement et même, postérieurement, s'agissant d'actes réguliers qui ne trouvent pas leur support nécessaire dans la garde à vue[58].

---

48. Crim. 15 et 22 oct. 1959, *Bull. crim.* n$^{os}$ 435 et 457.
49. Crim. 17 mars 1960, *JCP* 1960. II. 11641, note Chambon ; J. Pradel et A. Varinard, *Grands arrêts*, II, nº 17 ; 10 oct. 1968, *JCP* 1969. II. 15741, note Chambon ; 21 oct. 1980, *D.* 1981. 104, note Mayer ; 22 déc. 1987, *D.* 1989. 323, note J. Laferrière ; 26 févr. 1991, *Bull. crim.* nº 97, *D.* 1992. Somm. 99, obs. Pradel.
50. Crim. 23 avr. 1992, *D.* 1992. Somm. 322, obs. Pradel.
51. J. Pradel, *Procédure pénale,* 1997, nº 340 ; *Procédure pénale,* 2005, nº 548.
52. R. Merle, *Rapport aux XII$^{e}$ journées franco-belgo-luxembourgeoises de droit pénal,* Poitiers, 1970, PUF, 1971, p. 155 ; *D.* 1981. 104, note D. Mayer.
53. J. Pradel, *Procédure pénale,* 2005, nº 550.
54. Crim. 30 avr. 1996, *Bull. crim.* nº 181 ; 3 déc. 1996, *Bull. crim.* nº 443 ; 29 avr. 1998, *Bull. crim.* nº 145 ; 29 févr. 2000, *Bull. crim.* nº 93 ; A. Fossaert-Sabatier, « Le contrôle de la Cour de cassation en matière de garde à vue », *Dr. pénal* 1997. Chron. 10. Néanmoins cette jurisprudence ne s'applique pas en cas d'omission de la notification des droits prévus par l'art. 706-29 (disposition reprise et élargie par l'art. 706-88), en matière de trafic de stupéfiants (droit de demander d'autres examens médicaux que les examens effectués toutes les vingt-quatre heures), dès lors que la notification de droit commun ayant été régulièrement effectuée, la personne avait renoncé à user de ce droit : Crim. 2 déc. 1998, non publié au *Bull.*, mais cité *in Dr. pénal* 1999, comm. 136.
55. Crim. 24 nov. 1998, *D.* 1999. IR 39.
56. Crim. 13 oct. 1998, *JCP* 1999. IV. 1360.
57. Crim. 14 déc. 1999 (2 arrêts), *Bull. crim.* n$^{os}$ 301 et 302.
58. Crim. 6 mars 2001, *Dr. pénal* 2001, comm. 80 ; 2 mai 2001, 17 oct. 2001, 31 oct. 2001 : *Dr. pénal* 2002, comm. 11 ; Crim. 15 janv. 2003 ; Crim. 4 janv. 2005, préc. ; Crim. 14 févr. 2006, qui considère qu'un déferrement tardif n'entraîne pas la nullité de la mise en examen ultérieure, *Bull. crim.* nº 39. La chambre criminelle (14 nov. 2019, arrêt nº 2372) rappelle qu'au vue des articles 174 et 206 du C. pr. pén., lorsque la chambre de l'instruction annule un acte de la procédure, « elle doit également annuler tous les actes de la procédure subséquente qui découlent des actes viciés ». Il s'ensuit qu'un procès-verbal de saisie de clés, pourtant dressé avant la garde à vue, doit être annulé, les clés ayant été conservées dans la fouille et placées sous scellés dans le cadre de la garde à vue.

Reste encore à freiner certaines pratiques policières qui, afin de rendre plus difficiles des rétractations ultérieures, poursuivent les interrogatoires alors que des aveux circonstanciés ont pourtant été obtenus.

Pour éviter de telles pratiques, préjudiciables à la sûreté des personnes concernées, il serait concevable d'étendre aux enquêtes préliminaires et de flagrance les dispositions de l'article 105 du Code de procédure pénale qui interdit d'entendre comme témoin « les personnes à l'encontre desquelles il existe des indices graves et concordants d'avoir participé aux faits ».

Ce texte qui ne vise de toute évidence que le témoin entendu au cours d'une information par le juge d'instruction ou, sur délégation, l'officier de police judiciaire qui exécute une commission rogatoire, a été incontestablement assoupli par la loi du 24 août 1993 dans la mesure où il soumet cette nullité au régime ordinaire des nullités substantielles sans qu'il soit nécessaire, comme l'exigeait l'ancien texte, d'apporter la preuve, particulièrement difficile du « dessein de faire échec aux droits de la défense ». Appliqué aux enquêtes policières, le nouvel article 105 protégerait le témoin, devenu suspect dans les conditions précitées, de tout interrogatoire policier supplémentaire alors que sous le régime actuel, l'officier de police judiciaire peut encore, dans l'enquête préliminaire, comme dans l'enquête de flagrance, poursuivre l'interrogatoire, même après l'obtention d'aveux circonstanciés[59], solution d'autant plus paradoxale qu'il doit cesser ses investigations si la même situation se rencontre dans l'exécution d'une commission rogatoire, soumise quant à elle au jeu de l'article 105.

En rapprochant les règles qui régissent les différents types d'enquêtes, l'extension du domaine d'application de l'article 105 introduirait de façon significative les droits de la défense dans la phase policière, permettant ainsi au témoin lorsqu'il se transforme en suspect, d'attendre sa mise en examen sans que soient déjà compromis ses droits et libertés fondamentaux. Au surplus, en favorisant le raccourcissement de la durée des gardes à vue, une telle réforme protégerait le droit à la sûreté du simple suspect, particulièrement vulnérable lorsqu'il est encore entre les mains des autorités de police[60].

En obligeant de placer en garde à vue la personne qui est retenue par la contrainte et en instaurant un véritable droit à l'assistance d'un avocat, la loi n° 2011-392 du 14 avril 2011 relative à la garde à vue répond, tout au moins partiellement, à ce souhait. Surtout, elle ajoute un nouvel alinéa à l'article préliminaire du Code de procédure pénale, aux termes duquel, « en matière criminelle et correctionnelle, aucune condamnation ne peut être prononcée contre une personne sur le seul fondement de déclarations qu'elle a faites sans avoir pu s'entretenir avec un avocat ou être assistée par lui ». Difficilement concevable en présence d'un avocat, « l'acharnement policier », pratiqué à l'égard d'un gardé à vue privé de toute assistance, ne présente désormais guère d'intérêt, quand bien même aurait-il débouché sur l'obtention d'aveux. On regrettera néanmoins que la loi française, contrairement au droit européen, ne prive pas de toute force probante les déclarations ainsi obtenues, même si la chambre criminelle paraît, en la matière, plus protectrice du gardé à vue en refusant de fonder la condamnation sur des déclarations irrégulières (Crim. 7 févr. 2012, n° 11-83.676) ou incriminantes (v. Crim. 16 déc. 2015, n° 15-81.160, à propos de déclarations recueillies au cours de la garde à vue sans l'assistance d'un avocat et sans la notification du droit de se taire, lorsque les motifs imprécis ne mettent pas la Cour de cassation en mesure de s'assurer que la cour et les jurés ne se sont fondés ni exclusivement ni essentiellement sur lesdites déclarations pour fonder leur condamnation).

---

59. Crim. 17 juill. 1964, *JCP* 1965. II. 14038, note P. C. ; 27 juill. 1964, *JCP* 1964. II. 13941, note Le Clère ; 20 août 1986, *Bull. crim.* n° 247.

60. V. notre article précité : « Le suspect en quête d'un statut procédural ». *Adde* : « Les transformations de l'administration de la preuve pénale », *Arch. pol. crim.* 2004. 113-124.

# II • La sûreté de la personne enfermée

## A • La sûreté de la personne enfermée dans un établissement pénitentiaire

**533** ***Définition.*** Il n'y a certainement pas atteinte à la sûreté lorsque, après un jugement régulier, un condamné est incarcéré pour subir sa peine dans un établissement pénitentiaire. En revanche, tant que la sentence n'est pas prononcée, le prévenu est présumé innocent et devrait donc en principe demeurer libre… vœu pieux lorsqu'on sait que près du tiers des personnes détenues dans les prisons françaises n'ont pas encore été jugées. À maintes reprises et, notamment, par la loi du 30 décembre 1996 et, ultérieurement, par les importantes réformes du 15 juin 2000 et 5 mars 2007, le législateur est intervenu pour s'efforcer de garantir la sûreté en rendant exceptionnel, comme le souligne l'article 137 du Code de procédure pénale, le placement en détention provisoire (1.) et en améliorant les recours reconnus à la personne ainsi privée de sa liberté (2.).

### 1 • Le caractère exceptionnel du placement en détention provisoire

**534** ***Procédure.*** Par la loi du 15 juin 2000, le juge d'instruction a perdu le pouvoir de placer en détention provisoire, mais il a compétence pour saisir, par une ordonnance motivée, le juge des libertés et de la détention d'une demande tendant au placement en détention provisoire de la personne mise en examen (C. pr. pén., art. 145, al. 1). Ce dernier — qui ne joue aucun rôle dans le déroulement de l'information et qui ne pourra plus tard siéger dans la juridiction de jugement — offre, par son statut, toute garantie d'impartialité (C. pr. pén., art. 137-1), un « double regard »[61] est donc désormais nécessaire pour priver une personne de sa liberté alors que la remise en liberté peut être décidée par l'un ou l'autre de ces juges. Aux termes de l'article 145 modifié par la loi n° 2007-291 du 5 mars 2007, la décision initiale de placement en détention provisoire est prise en audience publique, après un débat contradictoire qui peut désormais être public, au cours duquel le juge des libertés et de la détention entend les réquisitions du ministère public, les observations de la personne visée par la mesure et, le cas échéant, celles de son conseil ou de l'avocat commis d'office.

Encore faut-il, aux termes de l'article 143-1, modifié et élargi par la loi du 9 septembre 2002, que soit encourue une peine criminelle ou une peine d'emprisonnement égale ou supérieure à trois ans.

Aucune condition concernant la peine encourue n'est cependant exigée par l'article 141-2 du Code de procédure pénale lorsque le prévenu a failli aux obligations imposées par un contrôle judiciaire ou une assignation à résidence avec surveillance électronique.

L'ordonnance de placement en détention provisoire doit être motivée : elle doit, comme l'exige l'article 137-3 du Code de procédure pénale, comporter l'énoncé des considérations de droit et de fait sur le caractère insuffisant du contrôle judiciaire[62] et le motif de la détention par référence aux seules dispositions des articles 143-1 et 144.

Il est en effet nécessaire que la détention soit justifiée par l'un des sept motifs, plus rigoureusement définis par l'article 144 du Code de procédure pénale, dans une nouvelle rédaction due aux lois des

61. L'art. 137-4 du C. pr. pén., complété par la loi du 9 mars 2004, permet, sous certaines conditions, au procureur de la République de saisir directement le juge des libertés et de la détention.

62. La Cour de cassation n'hésite pas à sanctionner les décisions qui ne précisent pas expressément que les objectifs fixés ne pouvaient être atteints par un placement sous contrôle judiciaire (Crim. 26 févr. 2008, *Bull. crim.* n° 50 ; *D. 2008.* AJ 853, note Allain ; *AJ pénal* 2008. 228, note Nord-Wagner ; *Procédures* 2008, Comm. 155, obs. Buisson ; Crim. 18 juin 2008, *D.* 2008. AJ 2147, obs. M. Léna ; *AJ pénal* 2008. 428).

30 décembre 1996, 15 juin 2000, 12 décembre 2005 et surtout la loi nº 2007-291 du 5 mars 2007, à savoir que la détention constitue « l'unique moyen de parvenir à l'un ou plusieurs des objectifs suivants et ceux-ci ne sauraient être atteints en cas de placement sous contrôle judiciaire ou d'assignation à résidence avec surveillance électronique » : conservation des preuves ou empêcher une pression sur les témoins, les victimes ou leur famille, empêcher une concertation frauduleuse entre la personne mise en examen et ses coauteurs ou complices, garantir la représentation ou la protection de la personne mise en examen, mettre fin à l'infraction ou prévenir son renouvellement, enfin préserver l'ordre public. Si la référence à l'ordre public a été maintenue, la notion est désormais plus strictement délimitée par le législateur qui ne l'admet que lorsque, « en raison de sa gravité, des circonstances de sa commission ou de l'importance du préjudice qu'elle a causé », l'infraction « a provoqué un trouble exceptionnel et persistant à l'ordre public[63] ». On notera que, contrairement aux dispositions plus protectrices issues de la loi du 15 juin 2000, ce dernier motif pouvait, à nouveau, depuis la loi du 9 septembre 2002, justifier la prolongation de la détention provisoire. Aussi, on se réjouira que la loi précitée du 5 mars 2007 « tendant à renforcer l'équilibre de la procédure pénale », après avoir déjà indiqué de façon limitative que ce « trouble ne peut résulter du seul retentissement médiatique de l'affaire », tranche clairement la question en ne permettant plus qu'en matière correctionnelle, le placement ou la prolongation de la détention se fonde sur le motif lié à l'ordre public (C. pr. pén., art. 144, 7º).

On regrettera néanmoins qu'ait été encore conservée la possibilité de placer en détention provisoire la personne mise en examen dans le seul but de la protéger contre la vindicte populaire : curieuse conception de la sûreté qui prive un individu de sa liberté… pour garantir sa sécurité !

**535** ***Durée.*** La détention provisoire ne saurait en principe, en matière correctionnelle, dépasser quatre mois. Elle peut néanmoins être prolongée, mais de manière différente selon le degré de dangerosité présumée de la personne mise en examen, avec, au-delà de huit mois, la nécessité de préciser les indications particulières qui justifient, en l'espèce, la poursuite de l'information[64] et le délai prévisible d'achèvement de la procédure[65], sans pouvoir dépasser deux ans, délai auquel peut désormais s'ajouter une ultime prolongation de quatre mois lorsque les investigations du juge d'instruction doivent être poursuivies et que la mise en liberté de la personne mise en examen causerait pour la sécurité des personnes et des biens un risque d'une particulière gravité (C. pr. pén., art. 145-1 modifié par la loi du 9 septembre 2002)[66]. Les délits relevant du terrorisme sont soumis par l'article 706-24-3 du Code de procédure pénale à un régime plus rigoureux depuis la loi du 3 juin 2016 : par tranches de six mois, la durée totale peut atteindre deux ans et même trois ans en cas de participation à une association de malfaiteurs liée au terrorisme. À cela s'ajoute encore l'ultime prolongation de quatre mois prévue par le dernier alinéa de l'article 145-1 du Code de procédure pénale.

En matière criminelle, la détention provisoire est initialement ordonnée pour une durée limitée à un an. Elle peut être prolongée par tranche de six mois, après organisation d'un débat contradictoire et par une ordonnance spécialement motivée, comportant, en particulier, les exigences de l'article 145-3, sans pouvoir dépasser, selon les cas, deux, trois, voire quatre ans, ces délais pouvant encore faire l'objet de deux

63. Ainsi pour la chambre d'accusation de la cour d'appel de Douai (17 juin 1997, *D.* 1997. 593, note C. Guéry), il ne peut être affirmé que des faits de viols incestueux commis il y a dix-sept ans, occasionnent un trouble « exceptionnel et persistant » à l'ordre public, l'actualité de la souffrance de la victime ne pouvant laisser présumer que le trouble apporté en l'espèce à l'ordre public par les faits — à supposer ce trouble « exceptionnel » — a persisté pendant plus de dix-sept ans au point de ne pouvoir y mettre fin que par la détention provisoire du prévenu.

64. Est ainsi justifiée la prolongation motivée par la nécessité de poursuivre pendant encore plusieurs mois, les investigations pour déterminer les rôles respectifs des personnes mises en cause dans la commission des faits qui leur sont reprochés (Crim. 30 sept. 1997, *Bull. crim.* nº 314 ; *Dr. pénal* 1998, Comm. 59, obs. Maron), alors qu'une motivation ne saurait être retenue si elle ne donne pas des indications particulières justifiant en l'espèce la poursuite de l'information et le délai prévisible d'achèvement de la procédure (Crim. 6 août 1997, *Bull. crim.* nº 281 ; *D.* 1998. Somm. 171, obs. Pradel ; *JCP* 1998. I. 105, Chron. Maron ; Crim. 19 août 1997, *Bull. crim.* nº 283 ; 30 sept. 1997 : *Procédures* 1998, Comm. 50, obs. Buisson ; 28 oct. 1997, *Bull. crim.* nº 355 ; *Procédures* 1998, Comm. 17, obs. Buisson ; 18 nov. 1997, *ibid.* nº 389 ; 10 févr. 1999, *Bull. crim.* nº 16).

65. L'appréciation du délai prévisible d'achèvement de la procédure, par le juge d'instruction qui prolonge la détention provisoire au-delà d'un an en matière criminelle, est une question de pur fait qui échappe au contrôle de la Cour de cassation ; Crim. 28 avr. 1998, *Bull. crim.* nº 143.

66. Pour clarifier un système complexe, on peut, en matière correctionnelle, distinguer trois cas, comme le montre le tableau récapitulatif *in fine.*

ultimes prolongations exceptionnelles de quatre mois chacune[67]. Ces délais courent jusqu'à l'ordonnance de renvoi. Par la suite, encore faut-il que le jugement intervienne promptement : la CEDH rappelle qu'il incombe aux États d'agencer leur système judiciaire de manière à permettre à leurs tribunaux de répondre aux exigences de l'article 5 de la Convention européenne, un délai de près de deux ans, motivé par l'encombrement du rôle de la cour d'assises spéciale de Paris, fut, en l'espèce, jugé excessif (CEDH 26 janv. 2012, *Berasategui c/France,* req. n° 29095/09 ; *Espanza c/ France*, req. n^os^ 29119/09 et 29116/09). Un régime encore plus protecteur, régi par les articles 11 et 11-1 de l'ordonnance du 2 février 1945 (Code de la justice pénale des mineurs, art. L. 334-1 à L. 334-5, créé par ord. 11 sept. 2019, applicable à partir du 31 mars 2021), protège le droit à la sûreté des mineurs.

Autant de complexité, marquée désormais par la présence de délais butoirs particulièrement rigides, s'explique par la volonté du législateur d'inciter le juge à privilégier d'autres mesures, tel le contrôle judiciaire qui, en particulier dans sa forme socio-éducative, pourrait se substituer à bien des incarcérations. Cet espoir a cependant été quelque peu déçu par la pratique judiciaire qui, si elle paraît à présent motiver sérieusement le placement initial, admet encore trop facilement la prolongation de la mesure alors qu'elle devrait, à ce stade-là, montrer une vigilance accrue.

Comme l'exige la Cour européenne des droits de l'homme dans deux arrêts qui ont condamné la France[68], il faut en effet vérifier si persistent non seulement les raisons plausibles qui permettent de soupçonner la personne détenue d'avoir accompli l'infraction — la disparition en cours de procédure de ce motif ne rend plus légitime le maintien de la détention provisoire —, mais encore les motifs pertinents et suffisants qui ont justifié la détention, tels les risques de fuite de la personne poursuivie, de récidive, de collusion ou de pression sur témoins et, plus généralement, d'atteinte à l'ordre public. Or, au fil du temps, ces motifs qui ont justifié le placement initial, s'affaiblissent et ne sauraient, à eux seuls, motiver le maintien de la détention : l'atteinte à l'ordre public s'estompe au fur et à mesure que les mois, voire les années, s'écoulent[69], le risque de fuite diminue en même temps que la détention se prolonge, la personne détenue ayant incontestablement de moins en moins intérêt à se soustraire à la justice[70]. Prolonger dans de telles conditions la privation de liberté accentue le caractère de préjugement de la détention provisoire et porte gravement atteinte à l'une des composantes essentielles du droit à la sûreté qu'est la présomption d'innocence.

Pour tenter d'infléchir cette tendance, la loi du 30 décembre 1996 a introduit dans notre législation la notion de « durée raisonnable » posée par l'article 5 de la Convention européenne de sauvegarde des droits de l'homme et des libertés fondamentales. Comme le proclame désormais l'article 144-1 du Code de procédure pénale, « la détention provisoire ne peut excéder une durée raisonnable, au regard de la gravité des faits reprochés à la personne mise en examen et de la complexité des investigations nécessaires à la manifestation de la vérité ». Conséquence de cette obligation, le juge d'instruction ou, s'il est saisi, le juge des libertés et de la détention doit ordonner la mise en liberté immédiate de la personne placée en détention provisoire dès que les conditions prévues aux articles 144 et 144-1 ne sont plus remplies (art. 144-1, al. 2). On pourrait arguer de l'inutilité d'un texte qui reprend des dispositions similaires de la Convention européenne, déjà applicables dans notre droit interne. La démarche du législateur doit cependant être approuvée : au-delà de son apport juridique, un tel rappel présente une valeur symbolique susceptible de modifier les comportements et pratiques judiciaires.

Remarquons enfin que ce texte, ne visant que deux hypothèses — durée excessive de la détention provisoire ou lorsque la mesure n'est plus justifiée au regard de l'article 144 — n'avait qu'une portée

67. En matière criminelle, quatre cas doivent désormais être distingués, v. tableau récapitulatif *in fine*.
68. CEDH 23 sept. 1998, *IA c/ France*, v. nos obs. *in* « Chronique de la Cour européenne des droits de l'homme : affaires françaises (1998) », *RD publ.* 1999. 862 s. ; CEDH 9 nov. 1999, *Debboub, alias Husseini Ali c/ France*, avec nos obs. *in* « Chronique de la Cour européenne des droits de l'homme : affaires françaises (1999) », *RD publ.* 2000. 705 s.
69. CEDH 26 juin 1991, série A, *Letellier c/ France*.
70. CEDH 27 juin 1966, série A, n° 7, *Wemhoff c/ Allemagne*.

limitée et il ne concernait pas, par exemple, les atteintes à la dignité de la personne détenue, quand bien même elles justifieraient la remise en liberté.
Aussi, le Conseil constitutionnel (2 oct. 2020, n° 2020/858-859 QPC) a-t-il censuré l'alinéa deux de l'article 144-1 du Code de procédure pénale et a demandé au législateur de revoir, avant le 1er mars 2021, la rédaction du texte concerné afin que, devant des atteintes contraires à la dignité de la personne détenue, le juge puisse ordonner sa mise en liberté. C'est désormais chose faite : la loi du 8 avril 2021 a créé dans le Code de procédure pénale l'article 803-8, applicable depuis le 1er octobre de la même année, afin d'offrir aux détenus la possibilité de saisir un juge lorsqu'ils estiment que leurs conditions d'incarcération sont contraires au respect de leur dignité. S'agissant de détenus placés en détention provisoire qui, au demeurant bénéficient encore de la présomption d'innocence, s'ouvre ainsi le droit de saisir le juge des libertés et de la détention qui pourra, le cas échéant, ordonner le transfert dans un autre établissement ou même décider la remise en liberté, avec ou non, le placement sous contrôle judiciaire ou sous assignation à résidence avec surveillance électronique.

## 2 • Les recours de la personne placée en détention provisoire

**536** ***Procédure.*** Pendant son placement en détention provisoire, la personne bénéficie de recours qui lui permettent de faire examiner par une juridiction indépendante la régularité et le bien-fondé de la mesure privative de liberté.
Outre la mainlevée demandée au magistrat instructeur et transmise, en cas de refus de sa part, au juge des libertés et de la détention, un appel peut être porté devant la chambre de l'instruction ou, une fois l'information achevée, devant la juridiction de renvoi, un pourvoi est enfin susceptible d'être formé devant la Cour de cassation. On doit, à ce sujet, regretter que la Haute juridiction se contente de vérifier si les arrêts de la chambre de l'instruction sont motivés et n'opère pas encore — comme l'y invite pourtant la Cour européenne des droits de l'homme — un véritable contrôle du délai raisonnable[71] alors que les juridictions du fond n'hésitent plus à remettre purement et simplement en liberté des prévenus détenus depuis trop longtemps en se fondant sur la Convention européenne[72]. L'introduction dans notre droit interne de la notion de durée raisonnable pourrait conduire la chambre criminelle à opérer un tel contrôle.
**537** ***Délais.*** Des délais particulièrement brefs imposent une réponse rapide de la juridiction saisie, faute de quoi, le prévenu est remis en liberté[73]. Ces recours n'ont toutefois pas d'effet suspensif, et, dans l'attente de la réponse de la juridiction saisie, la privation de liberté subsiste.
Aussi, afin que notre droit respecte l'exigence de promptitude formulée par l'article 5, paragraphe 4 de la Convention européenne, la loi du 24 août 1993 avait créé une procédure dite de « référé-liberté » qui permettait, sous certaines conditions, de rendre suspensif l'appel de la personne placée en détention provisoire. Peu appliquée parce que les prérogatives reconnues au président de la chambre d'accusation étaient trop limitées, cette mesure a été profondément remaniée par la loi du 30 décembre 1996. Aux termes de l'article 187-1 du Code de procédure pénale, la personne mise en examen ou le procureur de la République peut, à condition d'interjeter appel de l'ordonnance de placement en détention provisoire le jour même où celle-ci est rendue ou le jour suivant, demander au président de la chambre de l'instruction d'examiner immédiatement l'appel sans attendre l'audience de la chambre de l'instruction.

71. B. Bouloc, « Les délais de la garde à vue et de la détention provisoire en France au regard des dispositions de la Convention européenne de sauvegarde des droits de l'homme et des libertés fondamentales », *RSC* 1989. 70.
72. Braunschweig, obs. *RSC* 1989. 143.
73. La chambre de l'instruction doit se prononcer dans les 10 jours de l'appel lorsqu'il s'agit d'une ordonnance de placement en détention et dans les 15 jours dans les autres cas (art. 194, al. 3) ou dans les 20 jours en cas d'absence de réponse du juge des libertés et de la détention, ce dernier devant statuer dans les 3 jours ouvrables qui suivent sa saisine par le juge d'instruction, (art. 148, al. 3 et 5). Les autres juridictions, selon qu'elles sont de premier ou de second degré doivent rendre leur décision dans les dix ou vingt jours. Le délai est de deux mois lorsque la personne, déjà jugée par une juridiction du premier degré, est en instance d'appel ; il est porté à quatre mois lorsque la personne qui a été jugée en appel, a formé un pourvoi en cassation (art. 148-2, al. 2, modifié par L. 9 sept. 2002).

L'avocat qui doit avoir la parole en dernier, a la possibilité de présenter des observations lors d'une audience de cabinet. Par une ordonnance non motivée, rendue au plus tard le troisième jour ouvrable suivant la demande, le président de la chambre de l'instruction peut infirmer l'ordonnance de placement : la personne mise en examen est remise en liberté, une mesure de contrôle judiciaire pouvant être substituée à la détention provisoire, la chambre de l'instruction est alors dessaisie.
La personne qui forme le recours, est en droit, désormais, de demander (art. 187-2 dû à la loi du 15 juin 2000) que le référé-liberté soit directement examiné par la chambre de l'instruction dans sa forme collégiale. Il est alors statué au plus tard, au vu des éléments du dossier, le cinquième jour ouvrable suivant la demande. Si la chambre de l'instruction n'infirme pas l'ordonnance, elle doit alors, comme dans le cas de l'article 187-1 renvoyer l'examen de l'appel devant... la chambre de l'instruction, c'est-à-dire, devant elle-même[74] !
Dans le cas, au contraire, où il confirme l'ordonnance, les effets du mandat de dépôt subsistent dans l'attente de l'examen de l'appel par la chambre de l'instruction. En dépit des améliorations apportées par la loi du 30 décembre 1996, le domaine d'application du référé-liberté reste particulièrement étroit puisqu'il ne concerne que la procédure de placement initial en détention provisoire alors que les recours sont souvent formulés après un refus de mainlevée ou une ordonnance de prolongation.
La loi du 9 juillet 1984 ayant abrogé l'alinéa 6 de l'article 186 du Code de procédure pénale, l'appel du parquet n'avait, depuis lors, plus d'effet suspensif : la personne qui était détenue, sortait donc de prison immédiatement, même si le parquet faisait appel de l'ordonnance d'élargissement. En créant le référé-détention (C. pr. pén., art. 148-1-1, 187-3), la loi du 9 septembre 2002 revient sur cette disposition et redonne un effet suspensif à l'appel du procureur de la République, lorsqu'une ordonnance de mise en liberté a été rendue contrairement à ses réquisitions.
On remarquera que cette procédure, incontestablement favorable au parquet, traduit, en revanche, une suspicion certaine tant à l'égard du juge d'instruction que du juge des libertés et de la détention dont les ordonnances d'élargissement pourront ainsi être paralysées dans l'attente de la décision d'appel. On notera aussi que, contrairement au référé-liberté porté devant le président de la chambre de l'instruction, c'est ici le Premier président de la cour d'appel (ou le magistrat qui le remplace) qui est compétent.
**538** ***Conséquences.*** Après le prononcé du jugement, si la personne est reconnue coupable, elle n'a droit à aucune réparation, peu importe qu'il ne soit prononcé aucune peine, une peine non privative de liberté ou une peine privative de liberté d'une durée inférieure à celle de la détention provisoire. Cette dernière situation est d'ailleurs tout à fait exceptionnelle, les tribunaux ayant alors tendance à calquer la peine prononcée sur la durée de la détention provisoire... pratique fort contestable qui accentue le caractère de préjugement de la détention provisoire[75].
Le bénéficiaire d'un non-lieu, d'une relaxe ou d'un acquittement, peut obtenir une indemnisation en prouvant que la détention lui a causé un préjudice, l'article 149 du Code de procédure pénale n'exigeant plus, depuis la modification apportée par la loi du 30 décembre 1996, qu'il soit « manifestement anormal et d'une particulière gravité ». Pareille exigence formulée antérieurement par le même article paraissait en contradiction avec le caractère général du droit à réparation proclamé par l'article 5, paragraphe 5 de la Convention européenne.
Cette réparation, accordée, depuis la loi du 15 juin 2000 (C. pr. pén., art. 149-1 et 149-2), par le Premier président de la cour d'appel (avec recours possible auprès d'une commission nationale d'indemnisation siégeant près la Cour de cassation : C. pr. pén., art. 149-3) porte tant sur le préjudice matériel que moral. Subsistent néanmoins quelques restrictions au demeurant fort compréhensibles : aucune

74. V. en ce sens la circulaire d'application du 20 déc. 2000.
75. La Cour européenne des droits de l'homme ne condamne pas semblable pratique, estimant que lorsque la durée de la détention provisoire a été imputée en entier sur la peine prononcée, il n'y a pas lieu à octroi d'une indemnité, même en cas de dépassement du délai raisonnable au sens de l'art. 5, § 3 (CEDH 26 juin 1991, *JCP* 1992. II. 21931, note Jouve).

indemnisation n'est due lorsque la décision a pour seul fondement la reconnaissance de l'irresponsabilité au sens de l'article 122-1 du Code pénal, une amnistie postérieure à la mise en détention provisoire, ou lorsque la personne a fait l'objet d'une détention provisoire pour s'être librement et volontairement accusée ou laissé accuser à tort en vue de faire échapper l'auteur des faits aux poursuites.

## B • La sûreté de la personne enfermée dans un établissement psychiatrique

**539** ***Historique.*** Réformant la loi Esquirol de 1838 qui, pendant plus de cent cinquante ans, a réglé le sort des aliénés ou, pour reprendre la rédaction utilisée alors par le Code civil, les personnes « en état habituel de démence, fureur ou imbécillité », la loi du 27 juin 1990 prend enfin en compte les progrès accomplis dans le traitement des maladies mentales. Conformément à la Déclaration des droits du déficient mental[76], la nouvelle loi consacre le principe de l'hospitalisation libre fondée sur le consentement du malade chaque fois que cela est réalisable.
L'enfermement dans un établissement psychiatrique, c'est-à-dire l'hospitalisation sans consentement, devient l'exception et, lorsqu'elle est prononcée, des garanties sont reconnues à la personne hospitalisée dont la dignité doit, en toutes circonstances, être respectée, la réinsertion recherchée et les restrictions à la liberté individuelle limitées à celles nécessitées par son état de santé et la mise en œuvre de son traitement. Ce dispositif a été réformé par la loi n° 2011-803 du 5 juillet 2011 relative aux droits et à la protection des personnes faisant l'objet de soins psychiatriques et aux modalités de leur prise en charge. Le nouveau texte substitue à la notion d'hospitalisation, trop proche de l'incarcération, celle, plus large et, surtout plus neutre, « d'admission en soins psychiatriques » ; par ailleurs, des garanties juridiques sont reconnues à la personne faisant l'objet de soins psychiatriques sans consentement. La loi n'a cependant pas échappé à la censure du Conseil constitutionnel en raison des dispositions concernant les modalités de placement en milieu hospitalier des personnes ayant commis des infractions pénales en état de trouble mental ou pour celles admises en unité pour malades difficiles (UMD). Par la QPC du 20 avril 2012 (n° 2012-235), les sages de la rue Montpensier invalident les dispositions précitées, tout en permettant au législateur de remédier à cette inconstitutionnalité avant le 1er octobre 2013. Profitant de ce délai, la loi n° 2013-869 du 27 septembre 2013 réforme globalement la situation des patients admis en soins psychiatriques sans leur consentement. De ce texte, particulièrement large, nous ne retiendrons que les seules dispositions qui affectent le droit à la sûreté en permettant l'hospitalisation complète d'une personne contre sa volonté. Outre son caractère exceptionnel (1.), l'hospitalisation complète sans consentement est assortie d'importantes garanties au profit de la personne qui se voit imposer ce traitement (2.).

### 1 • Le caractère exceptionnel de l'hospitalisation complète sans consentement

**540** ***Admission en soins psychiatriques à la demande d'un tiers ou en cas de péril imminent.*** L'hospitalisation complète sans consentement — article L. 3212-1 du Code de la santé publique — peut être demandée par un tiers — membre de la famille du malade, personne susceptible d'agir dans son intérêt, à l'exclusion des personnels soignants exerçant dans l'établissement d'accueil — dès lors que la personne visée est atteinte de troubles rendant impossible son consentement et que son état impose des soins immédiats assortis d'une surveillance médicale régulière justifiant une prise en charge sous la forme d'une hospitalisation complète. Adressée au directeur de l'établissement

76. Déclaration proclamée par l'Assemblée générale de l'ONU, le 20 déc. 1971. Rés. 2856 (XXVI).

de santé, la demande manuscrite doit être accompagnée de deux certificats[77] datant de moins de quinze jours, circonstanciés et concordants, dont l'un au moins émane d'un médecin extérieur à l'établissement d'accueil. En outre, afin d'éviter que des liens familiaux n'influencent la rédaction des certificats, les médecins ne peuvent être parents ou alliés au quatrième degré inclusivement ni entre eux ni de la personne ayant demandé l'hospitalisation ou de la personne hospitalisée.
Lorsqu'il s'avère impossible d'obtenir une demande émanant d'un tiers et qu'il existe, à la date d'admission, un péril imminent pour la santé de la personne, dûment constaté par un certificat médical établi par un médecin qui n'exerce pas dans l'établissement accueillant la personne malade, la décision est prise par le directeur de l'établissement d'accueil. Il doit alors informer, dans un délai de vingt-quatre heures, sauf difficultés particulières, la famille de la personne qui fait l'objet de soins et, le cas échéant, la personne chargée de la protection juridique de l'intéressé ou, à défaut, toute personne justifiant de l'existence de relations avec la personne malade antérieures à l'admission en soins et lui donnant qualité pour agir dans l'intérêt de celle-ci (CSP, art. L. 3212-1, II, 2° ajouté par la loi du 5 juillet 2011).

**541** ***Admission en soins psychiatriques sur décision du représentant de l'État.*** L'hospitalisation sans consentement peut être décidée d'office — article L. 3213-1 s. du Code de la santé publique — par l'autorité administrative. Sous l'empire de la loi Esquirol, le préfet procédait à l'internement sans certificat médical. Désormais, le placement d'office, décidé à Paris par le préfet de police et, dans les départements par les préfets, est prononcé par un arrêté motivé au vu d'un certificat médical circonstancié, qui ne peut émaner d'un psychiatre exerçant dans l'établissement accueillant le malade.
En cas de danger imminent pour la sûreté des personnes (CSP, art. L. 3213-2), les commissaires de police à Paris et les maires peuvent prendre toutes les mesures provisoires nécessaires et doivent en référer dans les vingt-quatre heures au préfet qui statue sans délai et prononce, s'il y a lieu, un arrêté d'admission en soins psychiatriques. Faute de décision préfectorale, ces mesures sont caduques au terme d'une durée de quarante-huit heures.
On notera que le danger visé par l'article L. 3213-2 du Code de la santé publique ne peut être attesté que par « un avis médical », la possibilité d'y substituer « la notoriété publique », comme c'était le cas dans le passé, vient, en effet, d'être écartée par la décision du Conseil constitutionnel du 6 octobre 2011 (décision n° 2011-174 QPC).
Outre les dispositions destinées à informer les autorités administratives — article L. 3213-3 du Code de la santé publique —, l'admission en soins psychiatriques de la personne, sous la forme d'une hospitalisation complète peut désormais (C. pr. pén., art. 706-135 ajouté par la loi du 25 février 2008 relative à la rétention de sûreté et à la déclaration d'irresponsabilité pénale pour cause de trouble mental, modifié par la loi du 5 juillet 2011) être également prononcée par la chambre de l'instruction ou une juridiction de jugement lorsque, après la déclaration de l'irresponsabilité pénale pour cause de trouble mental, il est établi par une expertise psychiatrique figurant au dossier de la procédure que les troubles mentaux de l'intéressé nécessitent des soins et compromettent la sûreté des personnes ou portent atteinte, de façon grave, à l'ordre public. Cette mesure de sûreté, prise ici par une autorité judiciaire, doit prendre la forme d'une décision motivée.

## 2 • Les garanties reconnues à la personne hospitalisée sans son consentement

**542** ***Des garanties médicales améliorées.*** Aux termes de l'article L. 3211-2-2 du Code de la santé publique, ajouté par la loi du 5 juillet 2011, la personne admise en soins psychiatriques sans son consentement fait l'objet d'une période d'observation et de soins initiale sous forme d'hospitalisation

77. En cas d'urgence (péril imminent pour la santé de la personne), un seul certificat est suffisant (CSP, art. L. 3212-3). Le progrès est imposant par rapport à la loi Esquirol qui, en pareille hypothèse, n'exigeait pas de certificat et qui, en dehors de l'urgence, se contentait d'un seul certificat.

complète. Dans les 24 heures de l'admission, elle doit être examinée par un psychiatre qui établit un certificat médical constatant son état mental et confirmant ou non la nécessité de maintenir les soins. Dans les 72 heures suivant l'admission, un nouveau certificat doit être établi et le psychiatre détermine, si nécessaire, le programme de soins. Est informée de toute décision d'admission en soins psychiatriques, de tout renouvellement de cette décision et de toute décision mettant fin à ces soins, la Commission départementale des soins psychiatriques (CSP, art. L. 3222-5)[78].

**543** ***Renforcement du rôle de l'autorité judiciaire.*** Investi d'un nouveau rôle dans le prolongement de l'enfermement, le juge des libertés et de la détention voit aussi confirmée sa fonction de juge des référés.

— Le prolongement de l'enfermement décidé par le JLD : À la suite de la décision du Conseil constitutionnel (Déc. n° 2010-71 QPC du 26 nov. 2010) qui a condamné notre droit permettant le prolongement de l'enfermement, au-delà de quinze jours sur la simple production de certificats médicaux et la décision d'une autorité administrative, le législateur est intervenu en imposant le recours au juge judiciaire. Désormais, aux termes des articles L. 3211-12-1 à L. 3211-12-6 du Code de la santé publique, ajoutés par la loi du 5 juillet 2011 et modifiés par les lois du 27 septembre 2013 et 14 décembre 2020, l'hospitalisation complète ne peut se poursuivre sans que le juge des libertés et de la détention n'ait statué sur cette mesure dans un délai de douze jours à compter de l'admission. Selon l'avis émis par la Cour de cassation, le 19 janvier 2015 (avis n° 15001) il ressort de l'article L. 3211-12-11 du Code de la Santé publique que le juge des libertés et de la détention doit statuer sur toute décision d'admission en soins psychiatriques sans consentement sous la forme d'une hospitalisation décidée par le représentant de l'État dans le département, et cela, même lorsqu'une décision d'admission intervient dans la continuité d'une précédente admission décidée par le directeur d'un établissement de soins, à la demande d'un tiers ou pour péril imminent.

— Le rôle du JLD en matière de référé : On sait que l'autorité judiciaire avait déjà vu son rôle renforcé par la loi du 27 juin 1990. afin de mettre la législation française en conformité avec l'article 5, paragraphe 4 de la Convention européenne des droits de l'homme qui reconnaît à toute personne « détenue » — ce qui est incontestablement le cas de la personne hospitalisée contre son gré — le droit d'introduire un recours devant un tribunal afin qu'il apprécie la régularité de la privation de liberté. Aussi, à l'instar de l'*habeas corpus* des droits anglo-saxons, l'article L. 3211-12 du Code de la santé publique a-t-il institué une procédure de référé qui permet de saisir par simple requête le juge des libertés et de la détention afin qu'il vérifie la situation de la personne hospitalisée contre son gré et, en cas d'irrégularité, ordonne la sortie immédiate[79]. Ce recours est largement ouvert, que la personne soit hospitalisée dans un établissement public ou privé, qu'il soit formé par le malade lui-même, un proche ou toute personne susceptible d'agir dans l'intérêt du malade, la juridiction ayant même la possibilité de se saisir d'office. L'audience se tient, en principe, dans une salle attribuée au ministère de la Justice, spécialement aménagée sur l'emprise de l'établissement de santé (C. pr. pén., art. L. 3211-12-2) et la personne faisant l'objet de soins psychiatriques est assistée ou représentée par un avocat (C. pr. pén., art. R. 3211-8). Il est regrettable, qu'à l'égard d'une personne particulièrement vulnérable, la jurisprudence fragilise le droit à l'assistance d'un avocat en l'écartant, par exemple, lorsque, en raison d'un mouvement de grève du barreau, aucun avocat n'était présent à l'audience, ce qui, pour le Premier président, constituait un obstacle insurmontable à la désignation d'un avocat commis d'office — alors qu'un renvoi à une audience ultérieure aurait été possible[80].

78. La Commission se compose (CSP, art. L. 3223-2) : 1° De deux psychiatres, l'un désigné par le procureur général près la cour d'appel, l'autre par le représentant de l'État dans le département ; 2° D'un magistrat désigné par le premier président de la cour d'appel ; 3° De deux représentants d'associations agréées respectivement de personnes malades et de familles de personnes atteintes de troubles mentaux, désignés par le représentant de l'État dans le département ; 4° D'un médecin généraliste désigné par le représentant de l'État dans le département.

79. Encore faut-il que l'exigence de « bref délai » imposé par l'art. 5 § 4 de la Conv. EDH soit respectée, sauf à encourir la censure de la Cour européenne (CEDH 18 juin 2002, *Delbec c/ France*, v. nos obs. *in* « Chronique de jurisprudence de la Cour européenne des droits de l'homme : affaires françaises [2002] », *RD publ.* 2003).

80. Civ. 1re, 13 sept. 2017, n° 16-22.819.

**544** ***Conclusion.*** Dès lors que la liberté individuelle paraît menacée, les lois récentes — qu'elles concernent les contrôles et vérifications d'identité, la garde à vue, la détention provisoire ou l'hospitalisation complète sans le consentement de la personne — confèrent au juge judiciaire la garantie du droit à la sûreté. Elles appliquent ainsi le principe énoncé en l'article 66 de notre Constitution, maintes fois rappelé par le Conseil constitutionnel, qui fait de l'autorité judiciaire « la gardienne de la liberté individuelle ». Pourtant les hésitations de la jurisprudence à sanctionner certaines atteintes en matière de liberté font parfois douter de la détermination du juge à assurer cette délicate mission. Comme les autorités qui ont pris la décision initiale, le juge, lorsqu'il est appelé à exercer son contrôle, se trouve en effet confronté à la même difficulté, à savoir tenter une conciliation de plus en plus problématique entre le droit à la sûreté proclamé par les Constituants révolutionnaires et le droit à la sécurité dont l'émergence fut incontestablement l'une des préoccupations essentielles à la fin du XXe siècle[81], mais dont certaines orientations traduisent une dangereuse dérive sécuritaire[82] et une perte des repères[83]. Reculer en matière de protection des libertés, voilà bien la tentation à laquelle on ne doit pas succomber : il faut, au contraire, rester fidèle à la politique criminelle suivie depuis une quarantaine d'années afin de mettre enfin en conformité notre procédure pénale avec les standards européens. Voilà bien l'enjeu essentiel de la future et indispensable réforme de la procédure pénale qui devrait s'attacher à renforcer la lisibilité, la cohérence et la conformité de notre législation par rapport aux exigences européennes et à nos propres principes constitutionnels. Les dernières réformes en la matière ont conduit le Premier président de la Cour de cassation et les Premiers présidents des cours d'appel, à adopter le 1er février 2016, à l'adresse de nos gouvernants, une déclaration commune qui résonne comme un cri d'alarme et un avertissement solennel[84]. La loi de programmation 2018-2022 et de réforme pour la justice ne semble pas à la hauteur des enjeux. Au surplus, la multiplication inquiétante des désordres et violences, à la suite notamment du phénomène dit des « gilets jaunes » et des manifestations infiltrées par les « *black blocs* », ont poussé nos gouvernants à instaurer une nouvelle législation « anticasseurs » : ainsi, afin de « renforcer et garantir le maintien de l'ordre public lors des manifestations », la loi du 10 avril 2019 conduira inévitablement à privilégier la réponse sécuritaire en limitant les libertés individuelles.

Rappelons encore que la crise sanitaire due à la pandémie de covid 19 a conduit nos gouvernants, notamment par les lois des 31 mai 2021 et 22 janvier 2022, à privilégier l'« objectif de valeur

---

81. J.-J. Gleizal, « À propos de la sécurité », *RSC* 1994. 812 s. V. l'art. 1er de la loi du 21 janv. 1995 d'orientation et de programmation relative à la sécurité : « la sécurité est un droit fondamental et l'une des conditions de l'exercice des libertés individuelles et collectives ». *Adde*, M. Delmas-Marty, « Vers un modèle européen du procès pénal », *in* M. Delmas-Marty (dir.), *Procès pénal et droits de l'homme. Vers une conscience européenne*, PUF, coll. « Les Voies du droit », 1992, p. 297, « cette double demande exprime le choix d'une méthode et la maturité d'une société qui entend conjuguer efficacité (ne pas désarmer l'État), avec respect des personnes (donc de l'État de droit) ».

82. C. Lazerges, « La dérive de la procédure pénale », *RCS* 2003. 644 s. ; D. Thomas, « La tentation sécuritaire », *in Mélanges Ottenhof*, Dalloz, 2006, p. 53 s. V., déjà, en ce sens, les lois des 15 nov. 2001 relative à « la sécurité quotidienne », 4 mars 2002 et certaines dispositions de la loi du 9 sept. 2002 d'orientation et de programmation pour la justice qui durcissent le droit pénal des mineurs et rendent plus facile le placement en détention provisoire des majeurs. C'est incontestablement une politique criminelle marquée par des préoccupations trop exclusivement sécuritaires qui inspire la loi sur la sécurité intérieure du 18 mars 2003, la loi du 9 mars 2004 portant adaptation des moyens de la justice aux évolutions de la criminalité, dite loi Perben 2, la loi du 5 mars 2007 relative à la prévention de la délinquance ou la loi du 10 août 2007 renforçant la lutte contre la récidive des majeurs et des mineurs. C'est encore la même orientation qui inspire les lois du 25 février 2008 relatives à la rétention de sûreté, 3 juin 2016 concernant la lutte contre le crime organisé et le terrorisme et, récemment, 30 novembre 2017 renforçant la sécurité intérieure et la lutte contre le terrorisme.

83. P. Conte, P. Maistre du Chambon, préface, *in* V. Malabat, B. de Lamy et M. Giacopelli (dir.), *La réforme du Code pénal et du Code de procédure pénale, Opinio doctorum*, Dalloz, coll. « Thèmes & commentaires », 2009, p. 6.

84. « En ce début du XXIe siècle, la place faite à l'Autorité judiciaire au sein des institutions de la République suscite de légitimes et graves interrogations. Le rôle constitutionnel de l'Autorité judiciaire, gardienne de la liberté individuelle, est affaibli par des réformes et projets législatifs en cours. Les mises en cause répétées de l'impartialité de l'institution et de ceux qui la servent portent atteinte à leur crédit et à la confiance que doivent avoir les citoyens dans leur Justice. La complexité de notre organisation juridictionnelle manque de lisibilité pour nos concitoyens. Sans doute est-il temps que le constituant intervienne pour reconnaître et asseoir effectivement l'Autorité judiciaire dans son rôle de garant de l'ensemble des libertés individuelles, au-delà de la seule protection contre la détention arbitraire ».

constitutionnelle de protection de la santé », comme le reconnaît le Conseil constitutionnel dans sa décision du 21 janvier 2022 (n° 2022-835, § 43), fût-ce au détriment des libertés et droits fondamentaux, même si la loi sanitaire du 30 juillet 2022 marque heureusement le retour au droit commun.

Annoncée par le Garde des sceaux en ce début d'année 2023, la prochaine refonte du Code de procédure pénale ne devrait pas se contenter d'une simple réécriture, purement technique, des innombrables dispositions qui régissent la matière. Ne faudrait-il pas que le législateur saisisse cette opportunité pour mieux définir et approfondir les grands principes directeurs et fondateurs qui permettront de concilier enfin sécurité et sûreté ?

**Durée de la détention provisoire des majeurs**

| Peine encourue | Antécédents | Fréquence du débat contradictoire de prolongation de la détention judiciaire (après débat initial), motivation spéciale + durée totale de la détention |
|---|---|---|
| = à 5 ans d'emprisonnement | **Et, non déjà condamné** pour crime ou délit à plus d'un an sans sursis | Débat contradictoire initial<br>**= maximum 4 mois** |
| Ou > à 5 ans d'emprisonnement | **Ou déjà condamné** pour crime ou délit à plus d'un an sans sursis | Débat contradictoire initial : 4 mois<br>**+ 4 mois** après **débat contradictoire**<br>+ **4 mois** après **débat contradictoire** et **motivation spéciale** de l'art. 145-3<br>= **maximum : 12 mois** |
| – ou, un des faits commis hors du territoire national ou, personne poursuivie pour trafic de stupéfiants, association de malfaiteurs, proxénétisme, extorsion de fonds ou pour une infraction commise en bande organisée et encourt une peine égale à dix ans d'emprisonnement. | Indifférent | Débat contradictoire initial 4 mois<br>**+ 4 mois** après **débat contradictoire**<br>+ **4 mois** après **débat contradictoire**<br>– et **motivation spéciale** de l'art. 145-3<br>+ **4 mois** après **débat contradictoire** et **motivation spéciale** de l'art. 145-3<br>+ **4 mois** après **débat contradictoire** et **motivation spéciale** de l'art. 145-3<br>+ **4 mois** après **débat contradictoire** et **motivation spéciale** de l'art. 145-3<br>= **délai butoir : 2 ans**<br>+ **ultime prolongation de 4 mois, maximum = 2 ans, 4 mois** |
| Délits qualifiés de terrorisme (706-24-3) | Indifférent | Débat contradictoire initial 6 mois + 6 mois après débat contradictoire + tranches de 6 mois après débat contradictoire et motivation spéciale de l'article 145-3.<br>= délai butoir : 2 ans (3 ans pour association de malfaiteurs liée au terrorisme)<br>+ ultime prolongation de 4 mois, maximum = 2 ans, 4 mois (3 ans, 4 mois pour association de malfaiteurs liée au terrorisme) |

| Peine encourue | Antécédents | Fréquence du débat contradictoire de prolongation de la détention judiciaire (après débat initial), motivation spéciale + durée totale de la détention |
|---|---|---|
| Peine criminelle<br>< 20 ans | Indifférent | Débat contradictoire initial. **1 an**<br>+ tranches de **6 mois** après débat contradictoire et **motivation spéciale** de l'art. 145-3<br>= délai butoir = 2 ans<br>**+ 2 ultimes prolongations de 4 mois.**<br>**Maximum = 2 ans et 8 mois** |
| Peine criminelle<br>< 20 ans mais faits commis à l'étranger | Indifférent | Débat contradictoire initial **1 an**<br>+ tranches de **6 mois** après débat contradictoire et **motivation spéciale** de l'art. 145-3<br>**= délai butoir = 3 ans**<br>**+ 2 ultimes prolongations de 4 mois.**<br>**Maximum = 3 ans et 8 mois** |
| Peine criminelle<br>> 20 ans, et faits à l'étranger ou, quelle que soit la durée de la peine criminelle, commission d'infractions de grande criminalité (145-2, al. 2 et 3) | Indifférent | Débat contradictoire initial **1 an**<br>+ tranches de **6 mois** après débat contradictoire et **motivation spéciale** de l'art. 145-3<br>**= délai butoir : 4 ans**<br>**+ 2 ultimes prolongations de 4 mois.**<br>**Maximum = 4 ans et 8 mois** |

**Durée de la détention provisoire des mineurs**

| Peines encourues | Âge : – 13 ans | Âge : 13-16 ans | Âge : + 16 ans |
|---|---|---|---|
| **Emprisonnement**<br>= à 7 ans | **Impossible** | Impossible<br>**Exception** en cas de révocation d'un contrôle judiciaire :<br>– 15 J, renouvelables 1 fois | **1 mois** + 1 prolongation de **1 mois** par ord. motivée<br>**= maximum : 2 mois** |
| **Emprisonnement**<br>**> à 7 ans** | Impossible | Impossible<br>**Exception** en cas de révocation d'un contrôle judiciaire :<br>– 15 J, renouvelables 1 fois<br>– 1 mois, renouvelable 1 fois, si délit passible de 10 ans d'emprisonnement | **4 mois** + **4 mois** par ord. motivée et débat contradictoire.<br>+ **4 mois** par ord. motivée et débat contradictoire<br>**= maximum : 12 mois** |
| **Peine criminelle** | Impossible | **6 mois** + prolongation de **6 mois** par ordonnance motivée.<br>**= maximum : 12 mois** | 1 an + 6 mois après débat contradictoire et ordonnance spécialement motivée de l'art. 145-3<br>+ 6 mois après débat contradictoire et ord. spécialement motivée de l'art. 145-3<br>= maximum : 2 ans |

## BIBLIOGRAPHIE INDICATIVE


**Ouvrages et thèses**

– B. BOULOC, *Procédure pénale*, Dalloz, coll. « Précis », 28e éd., 2021.
– M. DELMAS-MARTY (dir.), *Quelle politique pénale pour l'Europe ?*, Economica, 1993 ; *Procès pénal et droits de l'homme. Vers une conscience européenne*, PUF, coll. « Les Voies du droit », 1992 ; *Libertés et sûreté dans un monde dangereux*, Le Seuil, 2010.
– L. FAVOREU, P. GAÏA, R. GHEVONTIAN et A. PENA, *Droit des libertés fondamentales*, Dalloz, coll. « Précis », 8e éd., 2021.
– R. GASSIN, *La liberté individuelle devant le droit pénal*, Sirey, 1980.
– H. MATSOPOULOU, *Les enquêtes de police*, LGDJ, coll. « Bibliothèque de sciences criminelles », 1996.
– H. OBERDORFF, *Droits de l'homme et libertés fondamentales*, LGDJ, coll. « Manuel », 8e éd., 2021.
– H. OBERDORFF, J. ROBERT, *Libertés fondamentales et droits de l'homme*, LGDJ, coll « CRFPA », 20e éd., 2022.

**Articles et chroniques**

– B. BOULOC, « Les délais de la garde à vue et de la détention provisoire en France au regard des dispositions de la Conv. EDH », *RSC* 1989. 69 s.
– M. DEBENE, « La modernisation de la loi de 1838 sur les aliénés », *AJDA* 1990. 871-883.
– A. FAVOREU, « La constitutionnalisation du droit pénal et la procédure pénale », in Mélanges Vitu, Paris, Cujas, 1989, p. 194 s.
– F. ENGEL, « Les nouvelles frontières de la détention provisoire », *Dalloz actualité*, 9 oct. 2020.
– F. FOURMENT et al., « Les contrôles d'identité », *Gaz Pal,* éd. spéc. Droit pénal et procédure pénale, 13-14 janv. 2012.
– R. GASSIN, « La police judiciaire devant le Code de procédure pénale », *RSC* 1972. 71 s.
– M. GENDREL, « Garde à vue et droits de l'individu. La défense doit-elle commencer dans les locaux de gendarmerie ou de police ? », *Dr. pénal* mars 1992.
– C. GUÉRY, « Touche pas à ma garde à vue », *AJ pénal* 2012. 159.
– M. HERZOG-EVANS, « De l'interprétation souveraine des juges du fond à l'interprétation exclusive des OPJ », *AJ pénal* 2005. 409.
– C. LAZERGES, « La dérive de la procédure pénale », *RSC* 2003. 644 s.
– F. LUCHAIRE, « La sûreté : droit de l'homme ou sabre du prud'homme », *RD publ.* 1989. 609 s.
– H. MATSOPOULOU, « Plaidoyer pour une redéfinition du rôle de l'avocat pendant la garde à vue », *Gaz. Pal.* 3 déc. 2009, p. 19 s. ; « La coordination enquête policière et "nouvelle" instruction », in V. Malabat, B. de Lamy et M. Giacopelli (dir.), *La réforme du Code pénal et du Code de procédure pénale, Opinio doctorum*, Dalloz, coll. « Thèmes & commentaires », 2009, p. 193 à 201 ; « Une réforme inachevée, aperçu rapide à propos de la loi du 14 avril 2011 », JCP 2011. 665.
– D. MAYER, « Évolution de l'attitude de la chambre criminelle de la Cour de cassation française à l'égard de la Convention européenne des droits de l'homme », *in Mélanges Levasseur*, Gazette du Palais, Litec, 1992, p. 239 s.
– G. NICOLEAU, « L'héritière (réflexions à propos de la loi du 27 juin 1990 relative aux droits et à la protection des personnes hospitalisées en raison de troubles mentaux…) », *DS* 1991. Chron. 21 à 36.
– E. PICARD, « Les contrôles d'identité au regard des droits fondamentaux : des régimes inutilement hétéroclites », *RFDA* 1994. 959 à 992.

- P. Pouget, « Les délais en matière de rétention, garde à vue et détention provisoire au regard de la Convention européenne », *RSC* 1989. 78.
- J. Pradel, « La durée raisonnable de la détention provisoire d'un accusé ». Note sous Poitiers, 13 oct. 1998, *D.* 1998. 97 ; « La montée des droits du délinquant au cours de son procès. Essai d'un bilan », *in Mélanges Larguier*, 1993 ; *La protection des droits de l'homme au cours de la phase préparatoire du processus pénal*, éd. Érès, 1989, p. 198 s. ; « Les droits de la personne suspecte ou poursuivie depuis la loi du 24 août 1993 modifiant celle du 4 janvier précédent. Un législateur se muant en Pénélope ou se faisant perfectionniste ? », *D.* 1993. Chron. 299 ; « La procédure pénale française à l'aube du troisième millénaire », *D.* 2000. Chron. 1 ; « Un regard perplexe sur la nouvelle garde à vue », *JCP* 2011. 632.
- D. Thomas, « Les contrôles d'identité préventifs depuis les arrêts de la chambre criminelle des 4 octobre 1984 et 25 avril 1985 : la nécessité d'une nouvelle réforme », *D.* 1985. Chron. 181 ; « Le suspect en quête d'un statut procédural », *in Mélanges Cabrillac*, Dalloz/Litec, 1999, p. 823 s. ; « Le concept de procès pénal », *in Mélanges Couvrat*, PUF, 2001, p. 401 s. ; « La tentation sécuritaire », *in Mélanges Ottenhof*, Dalloz, 2006, p. 53 s. ; « À propos de la loi n° 2011-392 du 14 avril 2011 relative à la garde à vue : les leçons d'une réforme hâtive », *in Mélanges J.-H. Robert*, Dalloz, 2012, p. 771 s.

## PISTES DE RÉFLEXION

- Les réformes intervenues depuis une quarantaine d'années en procédure pénale ont-elles réussi à concilier les droits à la sûreté et à la sécurité ?
- À partir d'exemples que vous choisirez en raison de leur pertinence, vous montrerez comment l'usage des questions prioritaires de constitutionnalité a renforcé la protection du droit à la sûreté.
- Que proposer afin que la prochaine refonte du Code de procédure pénale améliore la protection du droit à la sûreté ?

# Thème 6
# La liberté de pensée, de conscience et de religion

GÉRARD GONZALEZ
*Professeur émérite de l'Université de Montpellier*

Sous cette triple appellation sont visées les libertés de l'esprit consistant à croire ou ne pas croire en un Être suprême et, concernant essentiellement la liberté de religion, à manifester cet attachement sous diverses formes, en public ou en privé. Par son extériorisation, fréquemment, la liberté de religion dérange et ce « dérangement » s'aggrave des manifestations « exotiques » de la religion. L'État qui n'en professe aucune souhaite que la religion demeure autant que possible cantonnée à la sphère privée ; la France laïque en est le meilleur exemple qui s'efforce de réduire autant que faire se peut la visibilité des religions dans certains espaces publics. Quant à l'État qui en chérit une plus que les autres, il admet mal que la concurrence « salvatrice » s'exerce sans retenue sur son territoire sous la forme d'un prosélytisme perçu comme conquérant.



**545** ***Les mots pour le dire.*** La liberté de pensée renvoie essentiellement au for interne. Tant que la pensée ne se traduit pas en actes, le droit s'en désintéresse en tout cas dans les sociétés démocratiques réfractaires à toute police de la pensée. La matérialisation de la pensée concerne surtout la liberté d'expression, autre liberté fondamentale essentielle dans une société démocratique. La liberté de conscience renvoie aux convictions qui peuvent être religieuses, areligieuses ou autres. Par exemple, la Cour européenne des droits de l'homme prend en compte les convictions de requérants qui sont des « opposants éthiques à la pratique de la chasse »[1] ou encore l'adhésion à une philosophie pacifiste et antimilitariste[2] et le Conseil d'État admet à ce titre la volonté d'un défunt que son corps soit conservé par congélation en vue d'un retour possible à la vie grâce aux progrès de la science[3]. Encore faut-il que le requérant démontre que sa conviction atteint « un degré suffisant de force, de sérieux, de cohérence

1. CEDH, gr. ch., 29 avr. 1999, *Chassagnou et a. c/ France*.
2. CEDH 17 juill. 2012, *Tarhan c/ Turquie*.
3. CE 6 janv. 2006, *Rémy Martinot et a.*, *AJDA* 2006.757, note Burgorgue-Larsen.

et d'importance », faute de quoi il ne pourra pas se placer sur le terrain de la violation de sa liberté de conscience[4]. Plus complexe est la liberté de religion qui se décline sous plusieurs formes et protège essentiellement la liberté de croire. Celle de ne pas croire doit plutôt être rattachée à la liberté des convictions, de la pensée ou de la conscience. C'est le droit international des droits de l'homme qui utilise l'expression « Liberté de pensée, de conscience et de religion » dans les articles la consacrant[5]. Libertés de conscience et de religion sont deux sous-ensembles de la liberté de pensée qui se recoupent partiellement. La liberté de conscience concerne le for interne de l'individu qui pourra se manifester le plus souvent de façon négative (objection de conscience) et la liberté de religion s'accompagne de manifestations plus complexes, tant positives que négatives. Le droit français consacre la liberté de religion en utilisant d'autres formules encore. Ainsi, la Déclaration des droits de l'homme et du citoyen du 26 août 1789 concède-t-elle, presque à regret, que « nul ne doit être inquiété pour ses opinions, mêmes religieuses » (art. 10). Quant à la loi du 9 décembre 1905 concernant la séparation des Églises et de l'État, elle proclame dès son article 1er que la « République assure la liberté de conscience » et « garantit le libre exercice des cultes », disposition qui est une composante essentielle du principe de laïcité et, à ce titre, a valeur constitutionnelle[6].

**546** ***Complexité de la liberté de religion***. La variété des concepts employés ne doit pas faire illusion. Tous ces textes ont vocation à garantir la liberté des croyances avant tout religieuses et des manifestations qui y sont associées. Si les convictions areligieuses trouvent parfois à s'y lover, il est plus courant qu'elles trouvent refuge dans la liberté d'expression, cet autre pilier des libertés de l'esprit. Les manifestations généralement associées à la liberté de pensée, de conscience et de religion dans les textes internationaux renvoient essentiellement à la pratique d'une religion qu'il s'agisse notamment du culte, des rites ou de l'enseignement. Il s'agit d'une liberté complexe, à tiroirs. Dans sa dimension la plus intime elle concerne le for interne de l'individu, c'est-à-dire le droit d'avoir une religion ou une conviction, notamment agnostique ou athée, et d'en changer, dimension qui pose le problème de l'apostasie pénalisée dans certains systèmes juridiques fondés sur l'islam. Cette intimité s'accompagne du droit de manifester sa religion seul et en privé. Mais chacun est libre, sous certaines réserves, de manifester ses convictions religieuses en public et collectivement. Ainsi le culte comme les rites renvoient généralement à une manifestation collective de la liberté de religion, le plus souvent dans un lieu dédié et sous une direction sacerdotale. L'enseignement implique également la conjonction d'un ou de plusieurs apprenants et d'un enseignant. Les pratiques renvoient essentiellement à des comportements individuels comme, par exemple, le port d'un vêtement ou signe, le respect d'un régime alimentaire. Dès lors qu'elles prennent une dimension publique et/ou collective, les manifestations de la religion sont susceptibles de recevoir des restrictions nécessaires notamment au maintien de l'ordre public ou au respect des droits des tiers. Mieux protégées dans la sphère privée elles sont néanmoins susceptibles d'ingérence en cas de contraintes ou de pratiques attentatoires à la dignité humaine (refus de soins, violence domestique visant à imposer le port du *niqab* ou voile intégral). La protection de cette liberté complexe passe aussi par l'interdiction des différences de traitement fondées sur la religion, l'article 1er de la Constitution française garantissant notamment que la République « assure l'égalité devant la loi de tous les citoyens sans distinction d'origine, de race ou de religion » et les textes internationaux interdisant les discriminations « fondées notamment sur […] la religion ».

4. Pour la vaccination obligatoire : CEDH, gr. ch., 8 avr. 2021, *Vavr ˇr ˇcka et a. c/ République tchèque*. Tel n'est pas le cas du Pastafarisme : CEDH déc. 9 nov. 2021, *De Wilde c/ Pays-Bas*.
5. Art. 18 de la Déclaration universelle des droits de l'homme du 10 déc. 1948 ; art. 18 du Pacte international sur les droits civils et politiques du 16 déc. 1966 ; art. 9 de la Conv. EDH du 4 nov. 1950 ; art. 10 de la Charte des droits fondamentaux de l'Union européenne ; art. 12 de la Convention américaine des droits de l'homme du 22 nov. 1969 qui évoque la liberté de conscience et de religion tout comme l'art. 8 de la Charte africaine des droits de l'homme et des peuples du 18 juin 1981.
6. Cons. const., n° 2012-297, 21 févr. 2013, *Association pour la promotion et l'expansion de la laïcité*.

# I • Signification de la liberté de pensée, de conscience et de religion

**547** L'utilisation du libre arbitre permet à l'homme de choisir son Dieu et la façon dont il va l'adorer et de changer d'avis autant de fois qu'il le souhaite sans entraves ni contraintes puisqu'il s'agit d'une démarche personnelle relevant du for interne. Et comme « la foi sans les œuvres est morte »[7] tout croyant aspire à donner à voir son attachement aux préceptes de son Dieu, ce qui vaut aussi pour certaines convictions philosophiques.

## A • Le droit d'avoir une conviction religieuse, ou non, et d'en changer

**548** ***Intimité des convictions.*** Cette liberté du for interne, qui relève de la conscience de chacun, ne pose pas de difficultés tant qu'aucune manifestation n'y est associée. Ce qui est rare puisque, comme on l'a vu, toute croyance s'accompagne d'œuvres. Mais même à ce stade purement interne, cette liberté n'est pas sans conséquences. Le juge européen en dégage le droit au respect de l'intimité des convictions religieuses. Parce qu'elles pourraient exposer celui qui a des convictions religieuses minoritaires dans un pays ou qui n'en professe aucune à des traitements discriminatoires, le secret de ces convictions, leur caractère privé et intime, doit être protégé. Ainsi, la Cour européenne considère que viole la Convention la mention de la religion sur un document d'identité, de telles données risquant « d'ouvrir la porte à des situations discriminatoires dans les relations avec l'administration ou même dans les rapports professionnels[8] ». Il s'agit de données sensibles dont le RGPD interdit la collecte sauf exceptions strictement définies[9]. Dans la même logique une prestation de serment présentant obligatoirement une dimension religieuse sans aucune alternative viole le droit d'un avocat, de témoins, de plaignants ou de suspects de ne pas révéler leurs convictions religieuses ou philosophiques[10]. Toujours dans le même esprit, l'État instructeur doit veiller à ne pas imposer de contraintes amenant l'enfant ou ses parents à dévoiler leurs convictions religieuses ou leur athéisme pour obtenir une dispense d'un cours d'éducation religieuse dépassant le cadre de l'enseignement du seul fait religieux au profit d'un enseignement de type confessionnel[11]. L'État se voit donc imposer de fortes obligations négatives liées au respect du caractère absolu de la liberté de choisir sa religion ou de ne pas en avoir et protégeant les individus des préjugés dont ils pourraient être les victimes expiatoires du fait du caractère minoritaire de leur courant de pensée religieuse ou philosophique. L'ensemble des formules sacramentelles des acteurs de justice a été laïcisé parfois tardivement puisque pour les magistrats judiciaires et auditeurs de justice français c'est l'article 10 de la loi organique du 8 août 2016 qui supprime l'emploi du terme « religieusement » dans la formule prononcée. En revanche, ceux qui ne participent pas à l'exercice de fonctions judiciaires demeurent en principe libres d'adapter le serment au respect de leurs convictions personnelles en s'abstenant notamment de prononcer la formule « *je le jure* »[12].

---

7. Évangile de Jacques, chap. 2, verset 26.
8. CEDH 12 déc. 2002, *Sofianopoulos et a. c/ Grèce* ; 2 févr. 2010, *Sinan Isik c/ Turquie*.
9. Règlement (UE) 2016/679 du Parlement européen et du Conseil du 27 avr. 2016 relatif à la protection des personnes physiques à l'égard du traitement des données à caractère personnel et à la libre circulation de ces données (art. 9). Ce règlement est d'applicabilité directe et repris sur le site de la CNIL.
10. 18 févr. 1999, *Buscarini c/ Saint-Marin* ; CEDH 21 févr. 2008, *Alexandridis c/ Grèce* ; 8 janv. 2013, *Dimitras c. Grèce*.
11. CEDH, gd. ch., 29 juin 2007, *Folgero c/ Norvège* ; CEDH 9 oct. 2007, *Zengin c/ Turquie*.
12. Crim. 6 déc. 2000, n° 0082623, *Bull. crim.* N° 365 (un témoin) ; Soc. 1er févr. 2017, n° 16.10.459 (salariée de la RATP, engagée comme stagiaire et devant prêter serment devant un juge pour pouvoir exercer certaines de ses missions de surveillance et de contrôle).

**549** ***Respect des convictions.*** La question du respect des convictions pose la question du blasphème qui est constitué par des outrages ou invectives contre la divinité ou des symboles vénérés. Le délit de blasphème a quasiment disparu des législations des États européens. Absent du droit français depuis la Révolution française, notamment de la loi du 21 juillet 1881 sur la liberté de la presse, il subsistait néanmoins dans le droit local alsacien-mosellan (article 166 du Code pénal local) mais a été abrogé par la loi du 27 janvier 2017 relative à l'égalité et à la citoyenneté. Il existe néanmoins d'autres voies pour sanctionner les critiques exacerbées de la religion ou des croyants. La jurisprudence de la Cour européenne admet que l'injure grossière faite aux croyants soit assortie d'une certaine censure ou de sanctions proportionnées[13]. Toutefois elle ne l'impose pas. En France la pénalisation de l'injure, de la diffamation, de l'incitation à la haine religieuse permet de sanctionner les attaques réunissant les critères de ces infractions contre les croyants. Cependant la liberté d'expression, notamment artistique, l'emporte le plus souvent. Dans l'affaire des caricatures parues dans *Charlie Hebdo* le juge a considéré qu'elles ne visaient pas à offenser les musulmans dans leur ensemble mais les extrémistes islamistes[14]. Seuls les injures et propos outranciers, haineux dirigés contre les adeptes d'une religion sont parfois sanctionnés[15]. Mais la Cour européenne veille comme vient de l'illustrer le constat de violation par la France de la liberté d'expression d'unc Femen qui, exécutant une « performance » poitrine nue dans une église et mimant l'avortement de Jésus devant l'autel, avait été condamnée à une peine de prison avec sursis pour exhibitionnisme[16].

**550** ***Changer de religion.*** Ce droit a suscité des divisions lors de l'adoption de textes internationaux. L'Arabie Saoudite, hostile à la mention du droit de changer de religion dans l'article 18 de la Déclaration universelle des droits de l'homme, s'est abstenue lors de son adoption et le Protocole sur les droits civils et politiques de 1966 ne mentionne que « la liberté d'avoir ou d'adopter une religion ou une conviction de son choix ». Cependant le Comité des droits de l'homme des Nations-Unies, chargé d'interpréter ce texte, affirme clairement que « la liberté d'avoir ou d'adopter une religion ou une conviction implique nécessairement la liberté de choisir une religion ou une conviction, y compris, notamment, le droit de substituer à sa religion ou sa conviction actuelle une autre religion ou conviction ou d'adopter une position athée, ainsi que le droit de conserver sa religion ou sa conviction[17] ». La « liberté de changer de religion ou de conviction » figure d'ailleurs dans tous les autres textes internationaux, notamment régionaux[18]. Dans son arrêt de principe *Kokkinakis*, la Cour européenne juge que la liberté de religion « comporte en principe le droit d'essayer de convaincre son prochain, par exemple au moyen d'un "enseignement", sans quoi du reste "la liberté de changer de religion ou de conviction", consacrée par l'article 9, risquerait de demeurer lettre morte[19] ». Cette conception n'est pas sans conséquences puisqu'elle aboutit à valider le prosélytisme (celui notamment des Témoins de Jéhovah dans le cadre de l'affaire *Kokkinakis*) sauf s'il est abusif, c'est-à-dire s'il use de moyens de contraintes comme un abus d'autorité par exemple de la part d'un supérieur hiérarchique ou qu'il s'exerce dans des lieux dont l'État souhaite préserver la neutralité[20]. Pour certaines religions, celui qui exerce cette liberté d'en changer se rend coupable d'apostasie. Dans certains États c'est un crime passible de peines

---

13. Le manque de respect au Dieu des chrétiens ou à ses symboles : CEDH 20 sept. 1994, *Otto-Preminger-Institut c/ Autriche* ; CEDH 25 nov. 1996, *Wingrove c/ Royaume-Uni*. Au Prophète des musulmans : CEDH 13 sept. 2005, *I.A. c/ Turquie* ; CEDH 25 oct. 2018, *E.S. c/ Autriche*.
14. TGI Paris, 17e ch., 22 mars 2007, *Soc. Des Habous et des lieux saints de l'Islam c/ Philippe Val et soc. Éditions Rotatives*, *D.* 2007.929, F. Romme ; *JCP* 2007.10079, note E. Derieux ; CA Paris, 12 mars 2008, n° 07/02873, *Légipresse* 2008, n° 232, note H. Leclerc.
15. Absence de sanctions : Civ. 2e, 8 mars 2001, *AGRIF*, n° 98-17.574 ; Crim. 15 mars 2011, *AGRIF*, n° 10-82.809 : numéro de *Charlie Hebdo* « spécial pape » préconisant notamment que l'on « redonne les chrétiens à bouffer aux lions ». La Cour déboute les requérants invoquant l'incitation à la haine religieuse. En revanche est sanctionnée l'injure faite aux juifs dans un spectacle de Dieudonné : Crim. 16 oct. 2012, n° 11-82866, *Bull. crim.* 2012 n° 217 ; CEDH 20 oct. 2015, *M'Bala M'Bala c/ France.*
16. CEDH 13 oct. 2022, *Bouton c/ France*
17. Observation générale n° 22, 1993.
18. Art. 9 Conv. EDH ; art. 10 Charte des droits fondamentaux de l'UE ; art. 12 de la Convention américaine des droits de l'homme.
19. CEDH 25 mai 1993, *Kokkinakis c/ Grèce*, § 31.
20. V. plus loin II.

qui peuvent aller jusqu'à la mort. L'expulsion d'un converti au christianisme vers un pays appliquant une telle loi islamique est impossible pour les États ayant ratifié la Convention européenne des droits de l'homme qui, autrement, violeraient l'interdiction de la torture et des traitements inhumains et dégradants, voire du droit à la vie du converti en le renvoyant vers son pays d'origine l'exposant ainsi à des persécutions[21].

**551** ***Les organisations religieuses.*** Les groupements religieux sont fondés à exercer la liberté de religion au nom des fidèles qu'ils représentent. Pour cela ils doivent avoir accès à une personnalité juridique permettant *a minima* de gérer leurs biens et de satisfaire leurs fidèles dès lors qu'aucun motif sérieux ou avéré de trouble à l'ordre public n'est établi. En France cette organisation peut passer par la création d'une association de droit commun de la loi de 1901 ou d'une association cultuelle répondant aux critères de l'article 19 de la loi de 1905, c'est-à-dire avoir « exclusivement pour objet l'exercice d'un culte » et ne pas « porter atteinte à l'ordre public ». L'Église catholique ayant rejeté le cadre de l'association cultuelle de la loi de 1905 a obtenu l'adoption d'une loi spécifique du 2 janvier 1907 concernant l'exercice public du culte sur le fondement de laquelle elle a pu créer des associations diocésaines que l'on pourrait qualifier de « para-cultuelles »[22]. Les associations cultuelles permettent de bénéficier d'avantages (dons et legs, impôts, baux emphytéotiques, garanties d'emprunts). L'État encourage la création des associations cultuelles sur lesquelles il peut exercer un contrôle qui vient d'être renforcé par les dispositions de la loi du 24 août 2021 confortant le respect des principes de la République concernant notamment leur financement et la police des cultes (fermeture des lieux de culte en cas de provocation à la haine ou à la violence)[23]. Le Conseil constitutionnel qui n'avait pas été saisi du contrôle *in abstracto* de la constitutionnalité de ces profondes modifications[24] du régime des associations cultuelles (loi de 1905) et ayant un objet cultuel (loi de 1901), a pu les valider très largement par la réponse apportée à une QPC transmise par le Conseil d'État[25].

## B • Le droit de manifester sa conviction

**552** ***Des manifestations diverses.*** On distingue généralement le culte, les rites, l'enseignement et les pratiques comme manifestations de la liberté de conviction. Toutes ces manifestations relèvent du for externe de la liberté de pensée, de conscience et, essentiellement sinon exclusivement, de religion. À ce titre elles jouissent d'une liberté relative et peuvent être soumises à des restrictions dès lors que celles-ci sont justifiées par un but légitime et ne portent pas une atteinte disproportionnée à la liberté protégée.

**553** ***Le culte.*** Culte, comme « culture » vient du latin *cultus*, dérivatif du verbe *colere* qui signifie cultiver, entourer d'égards, honorer. Le terme désigne l'hommage religieux rendu à Dieu ou à un saint personnage ou encore l'ensemble des pratiques réglées par une religion pour rendre cet hommage. « Culte » est d'ailleurs perçu comme le terme générique rendant compte des pratiques de dévotion propres à une religion et le concept englobe très largement les rites. Au pluriel, l'expression renvoie aux religions elles-mêmes comme dans l'article 1er de la loi de 1905 qui garantit « le libre exercice des cultes », expression généralement comprise comme garantissant la liberté de religion. Le culte est en général rendu à la divinité dans un lieu dédié sous la direction d'un ministre du culte. La loi du 9 décembre 1905 a maintenu le régime de propriété publique des édifices du culte dont les collectivités publiques étaient propriétaires

21. Par ex. l'Iran : CEDH 23 mars 2016, *F.G. c/ Suède* ; CE 17 oct. 2016, Mme A., n° 392238. Aussi l'Afghanistan : CEDH 5 nov. 2019, *A.A. c/ Suisse*.
22. P. Delvolvé, « Les cultes », *RFDA* 2021, p. 856.
23. Le texte adopté vient compléter celui de la loi du 30 oct. 2017 renforçant la sécurité intérieure et la lutte contre le terrorisme. Il élargit la portée de cette sanction au-delà de la seule prévention des actes de terrorisme qui est l'objet de la loi de 2017.
24. Cons. const., n° 2021-823 DC du 13 août 2021, *Loi confortant le respect des principes de la République*.
25. Cons. const., QPC n° 2022-1004, *Union des associations diocésaines de France et a.*, *JO* 23 juill. 2022.

avant la loi de 1905, notamment ceux qui avaient été nationalisés en 1789 (décret du 2 novembre). Les édifices cultuels propriétés des anciens établissements publics cultuels, supprimés par la loi de 1905, devaient revenir aux nouvelles associations cultuelles. Si le transfert est bien opéré vers les associations cultuelles protestantes et israélites, il butte sur le refus de l'Église catholique de se glisser dans le moule de 1905. Selon la loi de 1907 les édifices catholiques anciennement propriété des établissements publics du culte demeurent dans le domaine public avec mise à disposition des fidèles et des ministres du culte catholiques qui n'ont pas ainsi à en assumer l'entretien. Les édifices cultuels construits après 1905 demeurent propriété des associations qui les ont édifiés.

**554** ***Les rites.*** Ils sont souvent associés à l'exercice du culte. Le pluralisme religieux a favorisé l'apparition de rites nouveaux dont la prise en compte peut être problématique comme l'abattage rituel pratiqué par les juifs et les musulmans[26] ou encore les rites funéraires. Bien que le Code général des collectivités territoriales interdise au maire dans l'exercice de son pouvoir de police des inhumations « d'établir des distinctions ou des prescriptions particulières à raison des croyances ou du culte du défunt » (art. L. 2213-9), les carrés confessionnels (d'abord juifs puis, depuis les années 60 musulmans) se sont développés en trouvant appui sur la jurisprudence du Conseil d'État relative au pouvoir du maire de déterminer l'emplacement des concessions[27] et, plus récemment, de circulaires incitant à leur développement[28]. Faute de modifications apportées au Code général des collectivités locales, malgré les préconisations de la commission Machelon[29], cette pratique demeure contraire à la prohibition énoncée à l'article L. 2213-9 CGCT[30]. La neutralité des cimetières communaux ne fait pas obstacle au droit des particuliers de faire apposer des signes religieux sur leur sépulture (art. 28 de la loi de 1905).

**555** ***L'enseignement.*** Selon la Cour européenne des droits de l'homme, la liberté de religion « comporte en principe le droit d'essayer de convaincre son prochain, par exemple au moyen d'un "enseignement"[31] ». Le prosélytisme, du moment qu'il n'use pas de moyens abusifs, est donc partie intégrante de la liberté de religion. Dans les écoles publiques françaises, un enseignement religieux peut être inscrit au programme mais une dispense doit être automatiquement accordée aux élèves qui le souhaitent sans que leur demande ait à être motivée. Dans les écoles confessionnelles privées sous contrat le même principe s'applique[32]. Les établissements privés hors contrat, notamment confessionnels musulmans, se sont multipliés accroissant le danger de servir de creuset au repli communautaire, aux séparatismes. La loi confortant le respect des principes de la République renforce le contrôle de tels établissements par l'autorité administrative qu'il s'agisse d'ordonner leur fermeture ou de sanctionner les directeurs de ces établissements[33].

**556** ***Les pratiques.*** La Cour européenne a souvent rappelé que « le terme "pratiques" ne désignait pas n'importe quel acte motivé ou inspiré par une conviction », ce qui lui permet de rejeter, au regard de la liberté de conviction, certaines prétentions comme par exemple le refus de vaccination[34], l'irrespect des horaires de travail pour motif religieux[35] ou la contestation par un avocat de la fixation d'une audience un jour de fête juive[36]. Le contentieux fait apparaître de nombreuses difficultés liées au port des signes religieux qui constituent la pratique la plus contestée, notamment associée aux exigences pesant, mais pas seulement, sur les femmes musulmanes.

---

26. Encadré par le droit de l'UE qui impose que l'abattage rituel soit pratiqué dans un abattoir agréé (règlement n° 1099/2009 du Conseil).
27. CE 28 janv. 1925, *Vales*, n° 82046, *Rec. Leb.*
28. Circ., 75-603, 28 nov. 1975 ; circ., 91-30, 14 févr. 1991, BOI 91/1, p. 149 ; circ., NOR/INT/A/08/00038/C, 19 févr. 2008.
29. Rapp. « Les relations des cultes avec les pouvoirs publics », 2006, p. 61.
30. Rapp. Pub., « Un siècle de laïcité », *EDCE* 2004.326.
31. *Kokkinakis* préc., § 31.
32. Art. L. 142-3 et R. 442-36 C. éduc.
33. Loi précitée, art. 53-62.
34. CEDH, gr. ch., 8 avr. 2021, *Vavr ˇr ˇcka et a. c/ République tchèque*.
35. CEDH déc. 3 déc. 2006, *Kontinen c/ Finlande* : adventiste arrêtant de travailler le vendredi dès le coucher du soleil.
36. CEDH 3 avr. 2012, *Francesco Sessa c/ Italie*.

**557** ***L'objection de conscience.*** L'article 2 de la Déclaration de 1789 mentionne parmi les droits « naturels et imprescriptibles de l'homme [...] la résistance à l'oppression » qui dans sa forme moderne, peut se traduire par l'objection de conscience qui peut être religieuse ou non[37]. Les acteurs de la santé (médecins, sages-femmes...) bénéficient d'une clause de conscience encadrée leur permettant de refuser certains actes allant à l'encontre de leur conscience, comme un avortement. La première formulation remonte à la loi Veil de 1975 mais son champ s'étend au-delà de la seule IVG. Le Conseil constitutionnel a rappelé, au visa de l'article 10 de la Déclaration des droits de l'homme de 1789 et du 5e alinéa du Préambule de la Constitution de 1946, l'importance qui s'attache au respect de la liberté du praticien relevant de sa « conscience personnelle »[38]. Pour l'IVG ce principe est codifié à l'article L. 2212-8 du Code de la santé publique selon lequel « un médecin n'est jamais tenu de pratiquer une interruption volontaire de grossesse mais il doit informer, sans délai, l'intéressée de son refus et lui communiquer immédiatement le nom de praticiens susceptibles de réaliser cette intervention » et le même droit est reconnu aux sages-femmes, infirmiers et auxiliaires médicaux. Du côté des patients, l'objection à certains actes médicaux peut aussi relever de convictions religieuses ou philosophiques. Le patient doit donner son consentement « libre et éclairé » (art. L. 1111-4, CSP)[39]. Enfin, l'objection de conscience s'efface derrière l'interdiction des discriminations fondées notamment sur l'orientation sexuelle. Tout comportement, fut-il d'abstention, dicté par un rejet dans son principe des relations homosexuelles l'emporte sur la préservation de l'intégrité des convictions religieuses d'un requérant licencié pour avoir refusé de remplir une partie de ses obligations professionnelles afin d'éviter d'agir d'une façon qui pourrait être assimilée à une reconnaissance de l'homosexualité[40]. Cette posture exclut, dans le champ du droit européen des droits de l'homme, toute obligation positive d'instaurer une clause d'objection de conscience dans une telle situation. Est ainsi validée par ricochet l'impossibilité pour les officiers d'état civil en France de s'abstenir de célébrer des mariages entre personnes de même sexe contraires à leurs convictions personnelles[41]. Aux États-Unis, la jurisprudence donne plus de poids à l'objection de conscience fondée sur des convictions religieuses[42].

## C • Diversité des relations États-religions

**558** ***Pluralité de modèles relationnels.*** Selon leur histoire, selon leur culture, selon leur environnement géographique et géopolitique les États entretiennent avec les religions des relations multiformes. Si l'on laisse de côté les États théocratiques, forme de gouvernement incompatible avec la conception

37. La CEDH reconnaît l'objection de conscience religieuse au service militaire (CEDH, gr. ch., 7 juill. 2011, *Bayatyan c/ Arménie*) comme celle qui est basée sur des principes philosophiques comme le pacifisme (CEDH 17 juill. 2012, *Tarhan c/ Turquie*).
38. Décision n° 2001-446 DC du 27 juin 2001, § 15.
39. Le refus de soins constitue selon le CE, une liberté fondamentale ouvrant la possibilité d'un référé liberté (CE ord., 16 août 2002, *Mme Feuillatay*, *AJDA* 2002, p. 717).
40. CEDH 15 janv. 2013, *Eweida e. a. c/ Royaume-Uni* : ne viole pas l'art. 9 le licenciement d'un officier d'état civil, Mme Ladele, refusant pour motif religieux, de marier des couples homosexuels et licenciement d'un employé, M. Mac Farlane, suspecté, compte tenu de ses convictions religieuses, de refuser de prodiguer des conseils aux couples souhaitant surmonter des dysfonctionnements sexuels ou améliorer leur activité sexuelle quelle que soit leur orientation sexuelle.
41. Cons. const., n° 2013-523 QPC, 18 oct. 2013, *M. Franck M. et a.*
42. La Cour suprême a posé le principe selon lequel la liberté constitutionnelle de religion ne permettait pas de justifier une exception à des lois de portée neutre et générale (*Employment Division, Department of Human Resources of Oregon v. Smith*, 494 U. S. 872 (1990). Cependant sa jurisprudence postérieure relativise ce principe : *Burwell v. Hobby Lobby*, 134 S. Ct. 2751 (2014) (une loi fédérale consacrant la liberté de religion autorise une chaîne de magasins de décoration dirigée par une entreprise à connotation religieuse à refuser de souscrire une assurance santé obligatoire, au motif que cette dernière incluait le remboursement de la contraception ; *Fulton v. City of Philadelphia*, 593 U.S. (2021) : une association catholique gérant, dans la cadre d'une convention avec la commune de Philadelphie, un service d'agrément de familles d'accueil refusant pour des motifs religieux d'agréer des couples de même sexe, la commune a refusé de poursuivre sa collaboration avec elle, ce qui constitue, juge la Cour suprême, une atteinte disproportionnée.

dominante de l'État de droit[43], tous les États sont tenus de préserver une certaine neutralité religieuse afin de ne pas entraver le pluralisme religieux notamment sous l'influence de la jurisprudence de la Cour européenne pour qui la liberté de religion « figure [...] parmi les éléments les plus essentiels de l'identité des croyants et de leur conception de la vie, mais elle est aussi un bien précieux pour les athées, les agnostiques, les sceptiques ou les indifférents. Il y va du pluralisme — chèrement conquis au cours des siècles — consubstantiel à pareille société[44] ». Néanmoins les États peuvent continuer à entretenir des relations privilégiées avec la religion dominante du pays[45] sans que cela entraîne de différences de traitement arbitraires. Pour l'Union européenne, l'article 17, § 1er, du TFUE prévoit que « l'Union respecte et ne préjuge pas du statut dont bénéficient, en vertu du droit national, les églises et les associations ou communautés religieuses dans les États membres ». Toutefois, parmi les divers régimes de relations États-Églises observables en Europe, la laïcité par la neutralité qu'elle induit peut faire office de modèle.

**559** ***Éloge de la laïcité.*** La laïcité, « ce mot qui sent la poudre »[46] peut prendre plusieurs formes bien différentes. En Turquie, son objet initial, kémaliste, était de permettre à l'État de contrôler et de soumettre la religion dominante afin de ne pas entraver la modernisation du pays. Aux États-Unis, les rapports entre les Églises et l'État sont régis par le premier amendement à la Constitution et reposent sur deux principes : une clause de non-établissement impliquant une stricte séparation entre les Églises et l'État ; une clause de libre exercice qui interdit de porter atteinte à la liberté religieuse ou d'entraver le libre exercice des cultes, le tout combiné avec une forte religiosité de la société. Enfin, la laïcité française, souvent perçue comme une laïcité de combat, demeure incomprise aux États-Unis et différente par son contexte de celle qui fut à l'œuvre en Turquie[47]. Mais la Cour européenne juge que le principe constitutionnel de laïcité en France est un objectif « conforme aux valeurs sous-jacentes à la Convention »[48]. De fait, la neutralité inhérente au principe de laïcité est *a priori* favorable à l'épanouissement de la liberté de religion, au pluralisme et à la tolérance. Qu'en est-il exactement de la laïcité française ?

**560** ***La laïcité en France.*** La loi du 1er décembre 1905 est généralement présentée comme le texte fondateur de la laïcité française[49] mettant en œuvre la liberté de culte (art. 1er) et la séparation proprement dite (art. 2[50]). La France est proclamée République laïque par l'article 1er de la Constitution du 27 octobre 1946 puis du 4 octobre 1958. Pourtant cette loi de séparation ne s'applique pas sur tout le territoire de la République. Les départements d'Alsace-Moselle[51], celui de la Guyane[52] n'y sont pas soumis. Le Conseil constitutionnel considère que la Constitution, tant de 1946 que de 1958, n'a pas « entendu remettre en cause les dispositions législatives ou règlementaires particulières applicables dans plusieurs parties du territoire de la République[53] ». Ces régimes dérogatoires du principe constitutionnel de laïcité subsistent, rendant ainsi assez complexe sa perception. Selon le Conseil constitutionnel « le principe de laïcité figure au nombre des droits et libertés que la Constitution garantit ;

43. Not. avec la Conv. EDH : CEDH, gr. ch., 13 févr. 2003, *Refah Partisi c/ Turquie*.
44. *Kokkinakis* précité § 31.
45. Par ex. CEDH, gr. ch., 18 mars 2011, *Lautsi c/ Italie* : conventionnalité de l'obligation d'accrocher un crucifix dans les salles de classe.
46. J. Rivéro, *La notion juridique de laïcité*, *D.* 1949, chron. p. 137.
47. Aujourd'hui en très nette perte de vitesse sous l'influence du Président islamo-conservateur Recep Tayyip Erdogan et de son parti l'AKP.
48. CEDH déc. 30 juin 2009, n° 43563/08 et a., *Aktas et a. c/ France*.
49. Qui a pourtant des racines plus profondes ; v. R. Rémond, *L'invention de la laïcité, de 1789 à demain*, Bayard, Paris 2005.
50. « La République ne reconnaît, ne salarie ni ne subventionne aucun culte ».
51. L'Alsace-Moselle demeure régie par le Concordat de 1801 abrogé en 1905 alors que l'Alsace-Moselle était territoire allemand. Il a été maintenu pour ces trois départements en 1919 lors de la restitution à la France, enrichi de dispositions du droit allemand et est toujours en vigueur. Les quatre cultes reconnus sont des services publics et les desservants rémunérés par l'État.
52. Sous ordonnance royale du 27 août 1828. Seul le culte catholique y est reconnu. V. Cons. const., QPC n° 2017-633, 2 juin 2017, Collectivité territoriale de la Guyane ; Mayotte, les territoires d'outre-mer (Polynésie, Wallis-et-Futuna, Saint-Pierre et Miquelon) ne sont pas non plus soumis à la loi de 1905.
53. QPC n° 2012-297, 21 févr. 2013, *Association pour la promotion et l'expansion de la laïcité*.

qu'il en résulte la neutralité de l'État ; qu'il en résulte également que la République ne reconnaît aucun culte ; que le principe de laïcité impose notamment le respect de toutes les croyances, l'égalité de tous les citoyens devant la loi sans distinction de religion et que la République garantisse le libre exercice des cultes ; qu'il implique que celle-ci ne salarie aucun culte[54] ». Le Conseil constitutionnel ne mentionne pas le non-subventionnement des cultes pourtant prévu par l'article 2 de la loi de 1905. Sans doute pour tenir compte de l'évolution de la position du Conseil d'État qui a assoupli sa jurisprudence concernant l'interprétation de cette disposition et admet désormais qu'une collectivité publique accorde des subventions à un culte à la condition que ces décisions répondent à un intérêt public local, qu'elles respectent le principe de neutralité à l'égard des cultes et le principe d'égalité et qu'elles excluent toute libéralité et, par suite, toute aide à un culte[55]. La laïcité n'implique pas que l'État se désintéresse des religions. Il doit en garantir le libre exercice mais en même temps en restreindre les manifestations qui menacent ses soubassements.

## II • Les restrictions à l'exercice de la liberté de pensée, de conscience et de religion

**561** L'État peut restreindre la liberté de manifester les convictions notamment religieuses. La Convention européenne des droits de l'homme soumet toute restriction à un triple test dont les composantes se retrouvent, sous diverses formes, dans le contrôle opéré par les juges nationaux qui sont les juges de droit commun de l'application de la Convention. Premièrement, il faut que l'ingérence ou restriction soit prévue par la loi (entendue au sens large — loi, règlements, jurisprudence) de façon suffisamment claire et prévisible. La France doit son premier constat de violation de la liberté de religion devant la Cour européenne des droits de l'homme à une taxation des dons manuels d'une association religieuse dont le juge européen a relevé qu'elle reposait sur un fondement légal trop imprécis et imprévisible[56]. Prévue par la loi, la restriction doit aussi poursuivre un but légitime. Au premier rang des buts légitimes invoqués par l'État se trouve le maintien de l'ordre public, qui en France est un objectif constitutionnel, tant matériel (au sens de maintien de l'ordre) qu'immatériel comme, par exemple, « les exigences minimales de la vie en société[57] » encore qualifiées de « vivre ensemble[58] » pour justifier l'interdiction de dissimulation du visage dans l'espace public. Le juge administratif considère par exemple que l'interdiction d'accès à une plage de femmes portant le *burkini* ne repose « ni sur des risques avérés de troubles à l'ordre public ni, par ailleurs, sur des motifs d'hygiène ou de décence », portant ainsi atteinte sans but légitime, à la liberté fondamentale de conscience et d'aller et venir[59]. Enfin, la nécessité de la restriction s'apprécie à l'aune du principe de proportionnalité : le juge contrôle que la mesure restrictive adoptée est à la fois appropriée (elle permet de réaliser l'objectif poursuivi), nécessaire (existait-il d'autres solutions pour atteindre l'objectif) et proportionnée *stricto sensu* (la balance proprement dite entre l'atteinte

54. *Ibid.*
55. Par cinq arrêts du même jour : CE 19 juill. 2011, *Commune de Trélazé* (acquisition et restauration d'un orgue) ; *Fédération de la libre pensée et de l'action sociale du Rhône et M.P.* (contribution à la construction d'un ascenseur pour la basilique de Fourvière) ; *Communauté urbaine du Mans — Le Mans métropole* (construction d'un abattoir provisoire pour la fête musulmane de l'Aïd) ; *Commune de Montpellier* (mise à la disposition d'une association musulmane d'une salle polyvalente) ; *Mme V.* (bail emphytéotique cultuel).
56. CEDH 30 juin 2011, *Association les Témoins de Jéhovah c. France*, *JCP G* 2011.943, p. 1557, note G. Gonzalez.
57. Cons. const., décision 2010-613 DC, 7 oct. 2010, *Loi interdisant la dissimulation du visage dans l'espace public.*
58. Sur la même affaire : CEDH, gr. ch., 1er juill. 2014, *SAS c/ France.*
59. CE 26 août 2016, *Ligue des droits de l'homme et a.*, n° 402742 et 40277, Leb., *RFDA* 2016, p. 1227 note P. Bon (rendu dans le cadre d'un référé liberté).

au droit et l'objectif)[60]. Ce contrôle, très prisé des juridictions européennes, n'est pas absent de la jurisprudence du Conseil d'État qui le pratique depuis longtemps, d'abord « discrètement »[61], puis sous la pression des juges européens plus systématiquement dans le domaine des libertés fondamentales[62], ni de celle de la Cour de cassation qui s'y est convertie plus récemment[63].

## A • Des manifestations sous surveillance

**562** ***Symboles religieux et bâtiments publics.*** La laïcité française peine à imposer la neutralité visuelle dans certains espaces publics. Le juge administratif est souvent amené à arbitrer les désaccords entre les interprétations plus ou moins strictes de la laïcité. Concernant les bâtiments publics le feuilleton annuel des crèches de Noël l'illustre. Le Conseil d'État juge que dans les bâtiments publics une crèche de Noël ne peut pas être installée, sauf si des circonstances particulières montrent que cette installation présente un caractère culturel, artistique ou festif ; dans les autres emplacements publics, compte tenu du caractère festif des installations liées aux fêtes de fin d'année, l'installation d'une crèche de Noël est légale, sauf si elle constitue un acte de prosélytisme ou de revendication d'une opinion religieuse[64]. Dans tous les cas il s'agit d'interpréter l'article 28 de la loi de 1905 selon lequel « il est interdit, à l'avenir, d'élever ou d'apposer aucun signe ou emblème religieux sur les monuments publics ou en quelque emplacement public que ce soit, à l'exception des édifices servant au culte, des terrains de sépulture dans les cimetières, des monuments funéraires, ainsi que des musées ou expositions ». Le juge doit s'appuyer sur la temporalité de l'apposition (avant ou après 1905), puis déterminer si l'emblème est apposé sur un monument ou emplacement public, s'il est religieux et s'il entre dans l'une des exceptions prévues par la loi. Dans les édifices publics, les emblèmes religieux comme un crucifix sont par principe interdits[65]. Par ailleurs, s'agissant du domaine public, le Conseil d'État juge contraire à la loi de 1905 l'installation d'une croix en surplomb d'une statue du pape Jean-Paul II érigée sur une place communale[66]. La délibération concernant la statue n'était pas concernée car devenue définitive mais il faudrait considérer que commémorer un homme ou une femme pour sa stature politique, sociale, culturelle, fut-il un personnage religieux, ne devrait pas poser problème[67]. Il en va autrement d'une statue de la Vierge Marie qui ne peut prétendre à une autre destinée que religieuse[68].

**563** ***Signes religieux dans un espace public ou une activité de service public.*** Bien que la France ne soit pas la seule à s'inquiéter de la visibilité accrue des signes religieux notamment vestimentaires elle est le seul État à disposer d'un arsenal législatif aussi large reposant essentiellement, mais pas seulement, sur

60. Les trois temps du contrôle de proportionnalité n'apparaissent pas toujours (en réalité rarement) dans les arrêts rendus tant par les juges européens (CJUE et CEDH) que par les juges nationaux. Si la mesure est inappropriée il n'est pas nécessaire de passer à l'autre étape du contrôle. Si elle l'est mais qu'elle n'apparaît pas nécessaire il est inutile de passer à la troisième étape du contrôle *stricto sensu* de proportionnalité.

61. V. le discours de J-M. Sauvé, Le principe de proportionnalité protecteur des libertés, disponible sur le site du CE ; par ex. en matière de police pour contrôler l'interdiction d'une procession funéraire sur la voie publique : CE 19 févr. 1909, *Abbé Olivier*, Rec. 181.

62. Par ex. CE 10 févr. 2016, *M. A.B.*, n° 385929 : rejet de la demande d'annulation du refus d'un directeur de prison de fournir régulièrement des menus hallal.

63. V. Rapp. de la commission de réflexion sur la réforme de la Cour de cassation, avr. 2017, téléchargeable sur le site de la Cour de cassation, spécialement pp. 158-170 (chap. intitulé : La construction progressive d'une doctrine du contrôle de proportionnalité) ; par ex. Cass., ass., 25 juin 2014, *Bull.* 2014 n° 1 (affaire Baby-Loup) ; sur l'interdiction des signes religieux en entreprise, suite aux arrêts sur question préjudicielle de la CJUE : Soc. 22 nov. 2017, n° 13-19.855, *Bull.* 2017.

64. CE, Ass., 9 nov. 2016, *Fédération départementale des libres penseurs de Seine-et-Marne* ; CE, Ass., 9 nov. 2016, *Fédération de la libre pensée de Vendée.*

65. CAA Nantes, 4 févr. 1999, *Association civique Joué Langueurs, Rec.* p. 498 : il n'est pas possible d'apposer un crucifix dans la salle d'un conseil municipal ou dans la salle des mariages. Pour la CEDH un État est cependant libre d'imposer l'apposition de ce signe passif dans les salles de classe (CEDH, gr. ch., 18 mars 2011, *Lautsi c/ Italie*). Le juge administratif juge néanmoins que, décroché, le crucifix peut être placé dans une vitrine d'exposition au titre du patrimoine historique de la commune (CAA Nantes, 12 avr. 2001, *Guillorel*, n° 00NT01993).

66. CE 25 oct. 2017, *Fédération morbihannaise de la libre pensée et a.*

67. CE 25 nov. 1988, *Dubois, Rec.* p. 422 ; *AJDA* 1989, p. 172, note J.-M. Pontier : délibération passant commande du buste du cardinal Lienard validée compte tenu de l'ensemble des activités exercées et notamment du rôle joué par ce cardinal dans la ville de Lille.

68. CE, 11 mars 2022, *Commune de Saint-Pierre d'Alvey*, Rec. Lebon.

le principe de laïcité. Du principe constitutionnel de laïcité découle une obligation de neutralité « visuelle » des agents publics qui ne peuvent porter de signes religieux. Cette obligation stricte de neutralité, dont la validité a d'abord été affirmée pour les enseignants[69], l'est aujourd'hui pour l'ensemble des agents publics de façon compatible avec la Convention européenne des droits de l'homme[70] et la Cour de cassation juge que « les principes de neutralité et de laïcité du service public sont applicables à l'ensemble des services publics, y compris lorsque ceux-ci sont assurés par des organismes de droit privé[71] » ; elle précise que les personnels de droit privé mis à la disposition des collectivités ou établissements publics « sont soumis aux règles d'organisation et de fonctionnement du service où ils servent et aux obligations s'imposant aux fonctionnaires », notamment à l'obligation de réserve[72]. La loi du 24 août 2021 impose le « respect des principes de laïcité et de neutralité du service public » à tous ceux qui se voient confier l'exécution d'un tel service, qu'il s'agisse d'un organisme de droit public ou de droit privé, obligation intégrée désormais dans le Code de la commande publique[73]. Le juge administratif s'efforce de contenir les dévoiements de l'obligation de neutralité, concernant par exemple le port de la barbe[74] ou encore l'interdiction du burkini sur les plages[75] qui ne peut être validée que pour cause de trouble manifeste de l'ordre public[76] ; en revanche le principe de neutralité des services publics rend difficile son autorisation, fut-elle implicite, par le règlement intérieur des piscines municipales[77]. L'école a été érigée en lieu neutre par la loi du 15 mars 2004 qui prévoit que « dans les écoles, les collèges et les lycées publics, le port de signes ou tenues par lesquels les élèves manifestent ostensiblement une appartenance religieuse est interdit » (article L. 141-5-1 du Code de l'éducation) et dont l'irrespect peut être sanctionné par le renvoi définitif de l'élève, interdiction et sanction validées par la Cour européenne[78]. Le caractère non discriminatoire d'un texte visant tous les signes religieux[79], alors qu'en réalité son principal objet est le voile islamique, a cependant été confirmé par les contentieux concernant des élèves sikhs sanctionnés pour le port du *keski* ou sous-turban[80]. Cet interdit pourrait-il être étendu à l'Université ? Sans doute puisque la loi de 2004 établit la neutralité d'un lieu et non un interdit fondé sur l'âge des intéressés[81]. La mesure ferait néanmoins débat. Il est rare que les usagers soient astreints à la même neutralité que les agents. S'agissant des acteurs de justice (magistrats, personnels pénitentiaires), l'impartialité requise recouvre la neutralité religieuse malgré le silence sur cette dernière des codes de déontologie[82]. En revanche, la question se pose pour les avocats auxquels ne peut s'appliquer le principe de laïcité[83] ; mais la Cour de cassation juge qu'un Conseil de l'ordre, en l'espèce celui de Lille, peut, à défaut de disposition réglementaire édictée par le CNB, édicter dans son règlement intérieur des mesures concernant le port et

69. CE avis 3 mai 2000, *Dlle Marteaux*, n° 217017 ; pour la Cour européenne : déc. 15 févr. 2001, n° 42393/98, *Dahlab c/ Suisse*, *AJDA* 2001, p. 480, note J.-F. Flauss : institutrice.
70. CEDH 26 nov. 2015, *Ebrahimian c/ France*, *JCP G* 2016.97, note G. Gonzalez.
71. Soc. 19 mars 2013, *X. c/ Caisse primaire d'assurance maladie de Seine-Saint-Denis*.
72. Soc. 19 oct. 2022, *Association Mission locale du pays salonais*, *D. actu.* 27 oct. 2022, obs. Sonia Norval-Grivet.
73. Art. 1er de la loi ; art. L. 2 nouveau du C. comm. pub.
74. CE 12 févr. 2020, n° 418299, *M. B… A…*, *JCP G* 2020.670 obs. G. Gonzalez.
75. CE 26 août 2016, *Ligue des droits de l'homme* précité note 59.
76. CAA Marseille 3 juill. 2017 : suite à une violente altercation l'arrêté anti-burkini du maire de la commune de Sisco en Corse est validé ; CE 14 févr. 2018 rejette le recours en cassation contre cet arrêt.
77. CE 21 juin 2022, n° 464648, *commune de Grenoble*, *JCP G*, juill. 2022.803, p. 1292, obs. G. Gonzalez : suspension par le TA de Grenoble validée par le CE de l'art. du règlement intérieur de la piscine municipale de Grenoble autorisant « par dérogation » le port du burkini.
78. Décisions du 30 juin 2009, *Aktas*, *Bayrac*, *Guazal*, *Jasvir Singh* et *Ranjit Singh*, *AJDA* 2009 p. 2077 note G. Gonzalez. Le régime antérieur reposant sur l'avis du CE du 27 nov. 1989 sur le port du foulard islamique à l'école générant des sanctions plus ciblées (trouble à l'ordre public, cours de chimie ou de gymnastique posant un problème de sécurité) avait aussi été validé par la Cour de Strasbourg (CEDH 4 déc. 2008, *Dogru et Kervanci c/ France*).
79. Largement entendu : CE 19 mars 2013, n° 366749, inédit : jeune fille portant « une longue jupe noire couvrant son pantalon et d'un large bandeau masquant une grande partie de ses cheveux ».
80. Javir et Ranjit Singh requérants malheureux devant la CEDH. En revanche le Comité des droits de l'homme des Nations-Unies (qui n'est pas une juridiction mais un comité d'experts chargé de contrôler l'application du PIDCP de 1966) constate que cette application stricte de la loi de 2004 viole la liberté de religion des élèves (constatation du 1er nov. 2012, *Bikramjit Singh c/ France*).
81. La Cour européenne l'a d'ailleurs admis en Turquie : CEDH, gr. ch., 5 nov. 2005, *Leyla Sahin c/ Turquie*.
82. V. E. Untermaier-Kerléo, La portée déontologique du principe de laïcité pour les acteurs de la justice, *JCP Administration et collectivités territoriales* 2018.2202, pp. 28-31.
83. V. sur les différentes justifications possibles : B. Bonnet et J. Ferron, « Le port des signes religieux par les avocats », *JCP Adm. et coll. territ.* 2018.2203, pp. 32-36.

l'usage du costume de la profession, notamment en interdisant le port avec la robe « de tout signe manifestant une appartenance ou une opinion religieuse, philosophique, communautaire ou politique »[84]. Une solution nationale unifiant les réponses des barreaux est attendue de la CNB qui s'est saisi de la question et a confié, en juin 2022, une mission de réflexion à un conseiller d'État spécialiste de la laïcité (Christian Vigouroux) pour une décision de la CNB attendue pour 2023. Pour les usagers-justiciables on doit considérer, là encore en l'absence de règle précise, que le président du tribunal peut faire usage de son droit de faire respecter l'ordre dans certaines limites posées notamment par la Cour de Strasbourg[85]. Si, sur le front de l'interdiction des signes religieux, la posture française par sa généralité fait exception, l'interdiction du voile intégral, *niqab ou burqa*, est plus consensuelle car elle ne repose pas sur le principe de laïcité mais sur la préservation du « vivre ensemble » plus facilement partagée par les États. La loi française de 2010, validée par la Cour européenne[86], est ainsi reprise, à quelques aménagements près, par certains États européens[87] mais condamnée par le Comité des droits de l'homme des Nations-Unies[88].

**564** ***Signes religieux en entreprise.*** Dans les structures privées la jurisprudence Baby-Loup de la Cour de cassation est consolidée par la jurisprudence de la Cour de Luxembourg (CJUE). La Cour de cassation, en assemblée plénière, a décidé finalement que cette éducatrice, vice-directrice d'une crèche, a pu être licenciée pour refus d'ôter son voile islamique en contradiction avec le règlement intérieur de cet établissement imposant le respect du principe de neutralité et au sein duquel elle était en relation directe avec les enfants et leurs parents[89]. La Cour de Luxembourg a délivré un véritable *vade mecum* pour interdire les signes religieux en entreprise, insistant notamment sur la possibilité d'adopter un règlement intérieur établissant l'obligation de neutralité affichée par les salariés en contact avec les clients[90]. Dans son dernier arrêt la Cour explicite les éléments permettant d'apprécier que la mesure prise est « apte à assurer l'objectif poursuivi » tout en se limitant « au strict nécessaire ». Concernant une interdiction générale de tout signe religieux ou autre, il peut être tenu compte « des droits et attentes légitimes des clients et usagers », notamment le droit des parents d'assurer l'éducation de leurs enfants s'agissant d'une association accueillant des enfants, de « l'existence d'un besoin véritable de l'employeur » qui, « compte tenu de la nature de ses activités ou du contexte dans lequel celles-ci s'inscrivent, subirait des conséquences défavorables », enfin cette politique de neutralité doit être poursuivie « de manière cohérente et systématique » et l'interdit se limiter « au strict nécessaire ». Si l'interdiction ne vise que des signes ostentatoires de grande taille, une discrimination directe fondée sur la religion pourra être constatée mais la marge d'appréciation des États leur permet d'élever le seuil de protection de la liberté de religion[91]. La Cour de cassation n'a aucune difficulté à suivre cette jurisprudence[92]. La Cour de Luxembourg supplante sur cette question celle de Strasbourg qui n'a rendu qu'un arrêt significatif sur cette question dans lequel d'ailleurs les dispositions du règlement intérieur n'ont pas empêché la Cour de constater une violation de l'article 9 de la Convention garantissant la liberté de religion[93].

---

84. Civ. 1re, 2 mars 2022, n° 20-20.185, *B.*
85. CEDH 5 déc. 2017, *Hamidovic c/ Bosnie-Herzégovine*. V. G. Gonzalez, « Du pluralisme religieux dans les prétoires », *JCP Adm. et coll. territ.* 2018.2205, pp. 41-43 ; M. Tetu, « Liberté religieuse des justiciables et lois du service public », *JCP Adm. et coll. territ.* 2018.2204, pp. 37-40.
86. V. ci-dessus note 50.
87. Par exemple la Belgique (loi du 1er juin 2011 ; CEDH 11 juill. 2017, *Belcacemi et Oussar c/ Belgique*) ; la Bulgarie (loi 30 sept. 2016) ; le Danemark (loi du 1er août 2018) ; référendum Suisse du 7 mars 2021. En Espagne le Tribunal suprême annule l'interdiction du voile intégral adopté par des autorités municipales sans exclure toutefois la possibilité pour le législateur de se saisir de la question (Tribunal Suprême, 6 févr. 2013 n° 693/2013).
88. CDH, constatation 17 juill. 2018, n° 2747/2016, *Sonia Yaker c/ France.*
89. Cass., ass. plén., 25 juin 2014, n° 13-28.369, *L. c/ Assoc. Baby-Loup*, *Bull.* n° 1, *Dr. soc.*2014.811, note J. Mouly ; *Les grands arrêts du droit des libertés fondamentales*, Dalloz 2021, 3e éd., n° 105.
90. CJUE, gd. ch., 14 mars 2017, *Asma Bougnaoui*, C-188/15 ; gd. ch., 14 mars 2017, *Samira Achbita*, C-157/15 ; gd. ch., 15 juill. 2021, *Wabe eV* et *MH Müller Handels GmbH*, C-804/18 et C-341/19.
91. Affaires jointes *Wabe* et *Müller Handels* précitées. Voir aussi CJUE, 13 octobre 2022, *LF c./SCRL*, C-344/20 qui consolide cette jurisprudence.
92. Soc. 22 nov. 2017, n° 13-19855 (la Cour de cassation était à l'origine de l'une des questions préjudicielles posée à la CJUE — affaire *Bougnaoui*).
93. CEDH 15 janv. 2013, *Eweida e. a. c/ Royaume-Uni* : violation de la liberté de religion de cette hôtesse de l'air sanctionnée pour avoir porté une croix copte par-dessus son uniforme malgré le *dress code* de son entreprise. Le contexte cependant (un signe discret) empêche d'évoquer une jurisprudence contradictoire des deux Cours européennes.

**565** ***Les lieux de culte.*** En période de pandémie, comme tous lieux de rassemblement fermés, les édifices cultuels sont soumis à des restrictions. Le Conseil d'État juge que les restrictions à la liberté de culte, notamment l'interdiction de célébrer des messes, dans un contexte de circulation active du covid-19, apparaissent nécessaires et proportionnées mais doivent être réévaluées en fonction de l'évolution de la situation sanitaire. Concernant les deux premiers épisodes de déconfinement il aura fallu que le Conseil d'État demande au Premier ministre de réviser sa perception de la liberté fondamentale de culte en lui enjoignant de prendre des mesures plus exactement proportionnées[94]. C'est surtout la question des lieux de culte musulmans qui défraye la chronique qu'il s'agisse de leur ouverture[95] ou, plus fréquemment, leur fermeture temporaire notamment lorsque des signes de radicalisation existent. Cette sanction, active pendant les déclarations d'état d'urgence[96], est banalisée d'abord par la loi du 30 octobre 2017 renforçant la sécurité intérieure et la lutte contre le terrorisme qui la fait entrer dans le droit commun, puis par la loi du 24 août 2021 confortant le respect des principes de la République.

**566** ***Les rites d'abattage.*** Pour des raisons sanitaires ces rites sont de plus en plus encadrés notamment par le droit de l'Union européenne qui, à cet objectif, adjoint celui du bien-être animal. Le règlement n° 1099/2009 du Conseil sur la protection des animaux au moment de leur mise à mort impose que l'abattage soit réalisé dans un abattoir agréé et cette obligation ne porte aucune atteinte à la liberté de religion[97]. L'étourdissement préalable des animaux est la règle mais l'exception de l'abattage rituel est maintenue par ce règlement. Les animaux abattus sans étourdissement ne peuvent recevoir le label européen biologique AB[98]. Quant à l'exception à l'obligation d'étourdissement préalable des animaux avant abattage elle peut s'effacer selon la volonté des États de privilégier la réduction de la souffrance animale en imposant un étourdissement réversible qui ne porte pas atteinte à la substance de la liberté de religion[99]. À la différence d'États européens de plus en plus nombreux, la France demeure attachée à l'exception de l'abattage rituel pour lequel elle n'impose aucun étourdissement préalable. Les autorités conservent le contrôle de l'agrément des organismes religieux et des sacrificateurs habilités à procéder à l'abattage rituel dans les abattoirs et le refus d'un tel agrément à une organisation juive ne viole pas la liberté de religion du moment que les membres de cet organisme, partisans d'une pratique orthodoxe stricte de l'abattage rituel, peuvent se fournir en viande sur d'autres marchés européens[100].

## B • Des mouvements religieux sous (hors de ?) contrôle

**567** ***De la lutte contre les sectes aux dérives sectaires.*** L'inquiétude suscitée par la multiplication des nouveaux mouvements religieux et alimentée par certains drames criminels[101], date des années 70. L'engouement est certain auprès des jeunes entraînés par la ferveur manifestée par certains groupes musicaux et/ou stars du grand écran. L'État français s'est voulu à l'avant-garde de la

---

94. CE, ord. 18 mai 2020, *JCP G* 2020.717, obs. G. Gonzalez ; CE, ord. 29 nov. 2020, *Assoc. Civitas, Conf. Des évêques de France*, *JCP G* 2020.1428, obs. G. Gonzalez.
95. Par ex. CE, ord. 9 nov. 2015, *Assoc. Musulmane El Fath*, n° 394333 : injonction sous astreinte de permettre l'ouverture de la mosquée de Fréjus.
96. En application de l'art. 8 révisé de la loi du 3 avr. 1955 sur l'état d'urgence. Par ex. CE, ord. 25 févr. 2016, n° 397153, *M. J. et a.* : valide la fermeture de la mosquée de Lagny. CE, ord. 31 janv. 2018, n° 417332, *Assoc. des musulmans du boulevard national* : validation fermeture provisoire mosquée *As Souna* à Marseille.
97. CJUE 29 mai 2018, *Liga van Moskeeën en Islamitische Organisaties Provincie Antwerpen e.a.*, C-426/16.
98. CJUE, gd. ch., 26 févr. 2019, *Œuvre d'assistance aux bêtes d'abattoirs*, C-497/17.
99. CJUE 17 déc. 2020, *Centraal Israëlitisch Consistorie van België e.a.*, affaire C-336/19.
100. CEDH 27 juin 2000, *Cha'are Shalom Ve Tsedek c/ France*.
101. Des suicides collectifs au Guyana (974 adeptes du Temple du Peuple en 1978), à Waco au Texas (72 adeptes davidiens en 1993), en Suisse, en France et au Québec (plus de 140 adeptes du Temple solaire), en Ouganda (1000 adeptes du « mouvement pour la restauration des Dix Commandements de Dieu »). Des actes criminels comme l'attentat au gaz sarin dans le métro de Tokyo en 1995 par des membres de Aum Shinrikyo et diverses condamnations pour escroquerie (Église de scientologie) ou exercice illégal de la médecine (CA Chambéry, 1er juill. 2004, n° 04/515 condamne l'ex-médecin Hamer Ryke Geerd à 3 ans de prison).

lutte européenne contre les mouvements sectaires mais ses initiatives, souvent désordonnées, n'ont guère reçu l'écho escompté au-delà de ses frontières. À la demande du Premier ministre, un rapport du député Alain Vivien est rendu en 1983 (publié en 1985). Il sera suivi de plusieurs rapports parlementaires en 1995 (rapport de la Commission d'enquête sur les sectes — Gest-Guyard), en 1999 (rapport de la Commission d'enquête sur la situation financière, patrimoniale et fiscale des sectes — Guyard-Brard), en 2006 (rapport de la Commission d'enquête relative à l'influence des mouvements à caractère sectaire et aux conséquences de leurs pratiques sur la santé physique et mentale des mineurs — Fenech-Vuilque) puis en 2013 (rapport de la Commission d'enquête du Sénat sur l'influence des mouvements à caractère sectaire dans le domaine de la santé — J. Mézard). Le rapport Gest-Guyard a été très critiqué en ce qu'il dresse une liste de 173 mouvements qualifiés de sectes sur la base de fiches dressées par les Renseignements généraux (RG) de l'époque. Le risque d'une stigmatisation discriminatoire, la tentation pour les autorités judiciaires ou administratives de se référer à cette « liste », ont entraîné une évolution des pouvoirs publics dans leur perception de la question. Concernant les organes de contrôle du phénomène, la Mission interministérielle de lutte contre les sectes (MILS), organisme public créé en 1998, est devenue en 2002 la Mission interministérielle de vigilance et de lutte contre les dérives sectaires (MIVILUDES). Aujourd'hui, la MIVILUDES a été absorbée par le Comité Interministériel de Prévention de la Délinquance et de la Radicalisation (CIPDR) rattaché au ministère de l'Intérieur (décret n° 2020-867 du 15 juillet 2020). Sur le plan normatif le Parlement a adopté la loi n° 2001-504 du 12 juin 2001 « tendant à renforcer la prévention et la répression des mouvements sectaires portant atteinte aux droits de l'homme et aux libertés fondamentales ». Vidée en partie de sa substance (le délit de manipulation mentale) le texte n'a pas connu d'applications majeures concernant notamment la possibilité de dissolution par voie judiciaire[102]. Selon la jurisprudence, les rapports parlementaires sont dépourvus de valeur juridique et n'ont qu'un caractère informatif. Ils ne font pas grief et ne peuvent donc être contestés, directement[103] ou indirectement[104], devant un juge mais ils ne peuvent pas non plus servir de fondement à une décision administrative. Une circulaire du 27 mai 2005 contre les dérives sectaires (*JORF* du 1er juin 2005), incitant à l'abandon de toute référence à la liste du rapport de 1995, précise qu'il convient « plutôt que de mettre certains groupements à l'index, d'exercer une vigilance particulière sur toute organisation qui paraît exercer une emprise dangereuse pour la liberté individuelle de ses membres afin d'être prêt à identifier et à réprimer tout agissement susceptible de recevoir une qualification pénale ou, plus généralement, semblant contraire aux lois et règlements », c'est-à-dire les dérives sectaires. Parmi les groupements labellisés « secte », le groupement des Témoins de Jéhovah a obtenu l'accès au statut d'association cultuelle de la loi de 1905 qui confère un certain nombre d'avantages notamment fiscaux en échange d'une plus grande transparence[105]. Les religions traditionnelles ne sont pas à l'abri de dérives sectaires. Que penser ainsi des conclusions de la Commission Sauvé qui conclut notamment que « le phénomène des violences sexuelles dans l'Église catholique en France de 1950 à nos jours est massif, en diminution dans le temps mais toujours présent, qu'il repose sur des mécanismes pluriels, clairement identifiés, et présentant un caractère systémique » et dénonce « une attitude de l'Église catholique qui a évolué au cours du temps, mais qui est restée trop centrée sur la protection de l'institution, longtemps sans aucun

102. Not. dans le cadre d'un rocambolesque enchaînement un amendement parlementaire a paralysé l'application de cette disposition à l'égard de l'Église de scientologie condamnée pour escroquerie (CA Paris, 2 févr. 2012, n° 10/00510 ; Crim. 16 oct. 2013, n° 03-83.910, n° 05-82.121, n° 12-81.532), le rétablissement de la disposition relative à la dissolution étant intervenu trop tard (loi du 24 nov. 2009).

103. CEDH déc. 6 nov. 2001, *Fédération chrétienne des Témoins de Jéhovah de France c/France*.

104. CE 18 mai 2005, *Église scientologie d'Ile de France* : demande d'annulation d'une circulaire du ministre de la justice à laquelle était annexée la liste du rapport de 1995 ; pour le CE, ce rapport n'ayant aucune valeur normative, la circulaire est dépourvue de dispositions ayant une telle valeur et le recours est rejeté.

105. CE 23 juin 2000, *Ministre de l'Economie, des Finances et de l'Industrie c. Association locale pour le culte des témoins de Jéhovah de Riom*, n° 215152. Ce groupement a aussi obtenu de nombreux constats de violation de sa liberté de religion devant la Cour européenne.

égard pour les personnes victimes »[106]. Les juges semblent vouloir pallier les défaillances de l'institution puisque récemment, la chambre criminelle de la Cour de cassation a, pour la première fois, prononcé une interdiction d'exercer toute fonction sacerdotale pendant cinq ans à un prêtre convaincu d'abus de faiblesse à l'égard de deux femmes[107].

**568** ***Encadrer l'islam.*** Comme on l'a vu, la visibilité de l'islam dans le paysage notamment français interpelle (voile, burqa, burkini…). L'islam, aujourd'hui deuxième religion de France, est divisé en divers courants (chiites et sunnites, fondamentalistes et réformistes, turc, algérien, marocain…). De plus le développement du terrorisme islamiste nuit à la perception sociale des musulmans trop souvent associés dans leur globalité à ces violences mortifères. Si la question de savoir si l'islam est soluble dans la démocratie[108] est épineuse, celle de sa solubilité dans la laïcité l'est encore plus[109]. Si l'architecture des instances représentatives des cultes catholique, juif et protestant est hiérarchisée selon des critères imposés par les pouvoirs publics au début du XIXe siècle et confirmés en 1905, il n'en va pas de même du culte musulman. Dans de nombreux pays, l'islam est religion d'État ou fortement majoritaire et cette posture a des répercussions sur le statut de l'islam en France. Cette influence est renforcée par la gestion largement consulaire de l'islam en France sur la base d'accords bilatéraux favorisant le détachement d'imams formés dans leur pays d'origine et dotés dans ce pays d'un statut de fonctionnaire. Cette situation nuit à la volonté de générer un cadre juridique favorisant l'intégration des musulmans. Les difficultés d'organisation du culte musulman n'ont pas seulement un caractère religieux (selon les courants réformistes ou non) mais aussi ethno-politique découlant de la volonté de certains États étrangers d'exercer un contrôle sur celle-ci. Depuis l'accord-cadre du 3 juillet 2001 (réformé par l'accord-cadre du 16 décembre 2012) qui a scellé la création du Conseil français du culte musulman (CFCM) et des Conseils régionaux du culte musulman (CRCM) les difficultés s'enchaînent au sein de ces institutions peu hiérarchisées et autonomes sur fond de conflit entre les influences nationales[110]. L'une des clefs de l'émergence d'un islam mieux intégré dans la culture nationale réside dans la formation des imams. Le président de la République en ayant fait une priorité, une Charte des principes de l'islam de France était présentée en janvier 2021, qui devait être complétée par la création d'un Conseil national des imams dont le rôle serait de contrôler le recrutement, la formation, la validation du diplôme d'imam, sa compatibilité avec les valeurs républicaines, le statut de l'imam, sa nomination en mosquées afin d'en finir avec l'influence d'imams venus de l'étranger. Les rivalités internes au CFCM ruinèrent cette mécanique. La Charte est signée par cinq fédérations (Union des mosquées de France, Rassemblement des musulmans de France, Musulmans de France, Grande Mosquée de Paris, Fédération française des associations islamiques d'Afrique, des Comores et des Antilles) mais trois fédérations font défection (Foi et pratique, le Conseil de coordination des musulmans Turcs de France, la communauté islamique Millî Görüs en France). La charte proclame que ni les « convictions religieuses ni toute autre raison ne sauraient supplanter les principes qui fondent le droit et la Constitution de la République » et qu'« aucune conviction religieuse ne peut être invoquée pour se soustraire aux obligations des citoyens » (Préambule). Elle affirme que « la liberté est garantie par le principe de laïcité qui permet à chaque citoyen de croire ou de ne pas croire, de pratiquer le culte de

---

106. Rapp. sur « les violences sexuelles dans l'Église catholique — France 1950-2020 », oct. 2021, p. 39, § 0057 et p. 43.
107. Crim. 4 nov. 2021, n° 21-80.413, *D. actu.* 29 nov. 2021, obs. M. Recotillet. Les victimes étaient, en l'espèce, majeures mais le précédent peut *a fortiori* se révéler effectif lorsque les victimes sont mineures. Le même jour, un imam condamné pour viol et agression sexuelle sur mineure se voit opposer la même peine complémentaire d'interdiction d'exercer la fonction d'imam, fut-elle bénévole (Crim. 4 nov. 2021, n° 21-85.144).
108. Not. au plan international l'adoption de Charte et déclarations des droits de l'homme propre aux États ayant l'islam en partage interroge sur leur conception des droits humains (application de la charia, égalité hommes-femmes, liberté de religion impliquant le droit de changer de religion…). Selon la CEDH un parti politique dont le programme prévoit l'instauration de la charia et un système multijuridique n'est pas compatible avec la notion de société démocratique (CEDH, gr. ch., 13 févr. 2003, *Refah Partisi c/ Turquie*).
109. F. Frégosi, *Penser l'islam dans la laïcité*, Fayard, 2008.
110. Essentiellement l'Algérie qui tente de faire de la Grande Mosquée de Paris le point de ralliement de la diaspora algérienne, le Maroc et la Turquie dotée d'une administration des cultes très puissante (le *Dyanet*).

son choix et de changer de religion » (art. 3), le principe de « l'égalité Femme-Homme est un principe fondamental également attesté par le texte coranique » (art. 4), elle rejette la « promotion de ce qui est connu sous l'appellation 'islam politique' » (art. 6). La division contamine la création du Conseil national des imams (CNI) puisque quatre dissidents créent leur propre CNI[111]. La démarche contractuelle étant en échec, l'État dont la neutralité l'empêche d'imposer une structure spécifique et une union forcée, peut tenter de colmater quelques brèches par la loi.

**569** ***Contre le séparatisme.*** Après un premier discours le 18 février 2020, le président de la République confirme le 2 octobre 2020 la cible du « séparatisme islamiste » contre lequel il convient de lutter autour de quelques axes principaux » (services publics, associations, école, islam de France notamment) que l'on retrouvera dans la loi confortant le respect des principes de la République du 24 août 2021 déjà plusieurs fois évoquée ci-dessus[112]. Sans entrer dans le détail[113] on relèvera quelques mesures destinées à pallier le déficit d'organisation de l'islam de France. Ainsi le secteur associatif sera-t-il mieux contrôlé, chaque association sollicitant une subvention devant signer un « contrat d'engagement républicain » dont la violation entraînera le retrait de la subvention[114]. La loi entend aussi inciter les communautés musulmanes, largement organisées dans le cadre de la loi de 1901, à recourir plus fréquemment au statut d'association cultuelle, plus avantageux sur le plan financier[115] mais aussi mieux contrôlé par les pouvoirs publics, d'autant que la loi rend obligatoire désormais la déclaration de création d'une association cultuelle au préfet qui peut dans les deux mois s'opposer aux bénéfices des avantages prévus par la loi de 1905 pour un motif d'ordre public ; tout financement provenant d'un État étranger supérieur à 10 000 euros est par ailleurs soumis à déclaration (art. 77). L'État peut difficilement aller plus loin que ces mesures incitatives et de contrôle fondées sur le respect de l'ordre public. Pour ce qui est de la formation « nationale » des imams que l'État ne peut prendre en charge[116], il revient aux musulmans de France de s'entendre et de s'organiser.

## BIBLIOGRAPHIE INDICATIVE


- M. Afroukh (dir.), *L'islam en droit international des droits de l'homme*, Institut univ. Varenne, 2019.
- J. Baubérot, *Histoire de la laïcité en France*, PUF, coll. « Que sais-je ? », 8e éd., 2021.
- Y. Ben Achour, *La deuxième Fãtiha– L'islam et la pensée des droits de l'homme*, PUF, 2011.
- V. Fortier (dir.), *Le juge, gardien des valeurs*, CNRS éd., Paris, 2007 ; *La circoncision rituelle– enjeux de droit, enjeux de vérité*, Presses univ. Strasbourg, 2016.
- G. Gonzalez, *Laïcité, liberté de religion et Convention européenne des droits de l'homme*, (dir.), Bruylant, Nemesis, 2006 ; « La liberté de religion à l'épreuve de la jurisprudence de la Cour de Justice de l'UE », *Revue trimestrielle des droits de l'homme (RTDH)* 2020, pp. 103-120 ;


111. La Fédération française des associations islamiques d'Afrique, des Comores et des Antilles ; la Fédération de la Grande Mosquée de Paris ; Musulmans de France, ex-UOIF (mouvance des Frères musulmans) ; le Rassemblement des Musulmans de France (RMF), d'obédience marocaine.
112. Dans lequel le terme séparatisme n'apparaît plus mais qui en sous-tend l'entière structure.
113. V. les dossiers consacrés au nouveau texte : *AJDA* 2021, p. 2071 et s. ; *RFDA* 2021, p. 815 et s. ; *Revue du droit des religions* 2022, n° 13, pp 11-170.
114. Dans une réserve d'interprétation le Cons. const. précise que seules devront être remboursées les sommes perçues postérieurement au manquement au contrat d'engagement (déc. n° 2021-823 DC, pt 25).
115. Not. les associations cultuelles vont pouvoir désormais posséder et administrer des immeubles de rapport acquis à titre gratuit sous certaines conditions.
116. Dans certaines universités, avec le soutien financier de l'État, ont été créés des diplômes universitaires (DU) de formation civique et civile et l'État finance aussi des postes de maîtres de conférences en sciences humaines et sociales de l'islam dans quelques universités. Le projet de faculté de théologie musulmane un temps envisagé à Strasbourg n'a pu voir le jour.

« Identité et/ou liberté de religion dans la jurisprudence de la Cour EDH », *RDLF* 2019, n° 23 (www.revuedlf.com).
- G. HAARSCHER, *La laïcité*, PUF, coll. « Que sais-je ? », 7e éd., 2021.
- F. MESSNER (dir.), *Dictionnaire Droit des religions*, CNRS éd., 2022.
- F. MESSNER, P-H. PRÉLOT, J-M. WOEHRLING (dir.), *Droit français des religions*, LexisNexis, 2e éd., 2013.
- M. PHILIP-GAY, *Droit de la laïcité*, Ellipses, 2016.
- *Revue du droit des religions*, Presses univ. Strasbourg, depuis 2016, disponible gratuitement en ligne, https://journals.openedition.org/rdr ; n° 6 2018, « Les valeurs de la République et l'islam ».
- R. RÉMOND, *L'invention de la laïcité — de 1789 à demain*, Bayard, 2005.
- E. TAWIL, *Cultes et congrégations*, Dalloz, Juris Éditions-Juris Corpus, 2019.
- V. ZUBER, *La laïcité en débat — au-delà des idées reçues*, Le Cavalier Bleu éd., 2017.

## PISTES DE RÉFLEXION

- Peut-on imposer la neutralité religieuse aux salariés des entreprises privées ?
- La France pratique-t-elle une laïcité de combat ?
- L'interdiction des signes religieux, jusqu'où ?
- Peut-on encore parler de sectes dangereuses ?
- Le « séparatisme islamiste », vraie question ou faux problème ?

# Thème 7
# La liberté d'expression

Patrick Wachsmann
*Professeur émérite à l'Université de Strasbourg,*
*Institut de recherches Carré de Malberg*

Des manifestants brandissant une feuille de papier blanc : est-il plus saisissante illustration d'une protestation contrainte d'emprunter cette voie détournée, compte tenu de l'absence de toute liberté d'expression en Chine, y compris sur la politique de lutte contre le covid ? En Russie ou en Iran et dans tant d'autres pays, c'est au péril de leur vie, de leur intégrité physique et de leur liberté que des journalistes ou des internautes relaient des informations. Dans les démocraties libérales, les menaces viennent d'abord de groupes religieux fanatiques, soutenus ou au moins encouragés par des États étrangers, comme l'atteste la tuerie perpétrée le 7 janvier 2015 à l'encontre de la rédaction de l'hebdomadaire *Charlie Hebdo* ou encore la grave agression dont vient d'être victime Salman Rushdie aux États-Unis. Les « procédures-bâillon », par lesquelles de puissants intérêts privés demandent des dommages-intérêts exorbitants et exposent ceux qui les gênent à des procès onéreux, se multiplient par ailleurs. Mais il serait imprudent de penser qu'un libéralisme proclamé offre une garantie contre des atteintes à la liberté d'expression émanant des pouvoirs publics, comme en témoigne la fermeture, en décembre 2022, durant le temps du lancement d'un chantier par le ministre de l'Intérieur, d'une librairie qui affichait des propos hostiles au ministre, de surcroît occultés par des paravents noirs. C'est d'autant plus vrai que nos sociétés font face à des menaces qui suscitent des difficultés multiples : risque de manipulations de l'information, spécialement en période électorale, haine en ligne, cyberharcèlement, utilisation du masque de l'antisionisme pour proférer des propos antisémites, manquements à la déontologie, protection des policiers contre des campagnes haineuses sont autant de raisons avancées à l'appui de projets ou propositions de loi visant à limiter son exercice. Sauf si la loi en vigueur s'avérait incapable de lutter contre des abus manifestes, il est prudent de ne pas multiplier textes et procédures d'exception et de faire confiance à la sagesse des magistrats, sous le contrôle de l'opinion, pour ne pas laisser impunis des propos attentatoires aux valeurs sur lesquelles repose la société française. La liberté d'expression comporte des risques, que beaucoup de nos concitoyens acceptent aujourd'hui de moins en moins facilement : les idées qui « heurtent, choquent ou inquiètent l'État ou une fraction quelconque de la population », pour reprendre les termes de la Cour européenne des droits de l'homme, sont tolérées de plus en plus difficilement. Des campagnes hostiles, violentes et sans nuances, contre de tels propos, notamment sur les réseaux sociaux, emportent des effets redoutables, dont le moindre n'est pas l'autocensure. Tandis que s'affirme une volonté croissante des juridictions françaises de prendre en compte la conception qu'a la Cour européenne des exigences de la liberté d'expression, les arbitrages à réaliser avec le droit au respect de la vie privée se complexifient et les tensions s'exacerbent, témoignant de ce que la matière tend à notre société, à ses contradictions et à ses peurs, un miroir fidèle.

## I. Les modalités de l'ingérence des pouvoirs publics dans l'exercice de la liberté d'expression

### A. Le principe du régime répressif et son évolution

1. Le régime répressif de la loi de 1881
2. La montée en puissance contrariée du droit civil

### B. La persistance de régimes préventifs

1. Les régimes d'interdiction administrative en matière de presse
2. Le régime du cinéma
3. Le régime de la communication audiovisuelle

## II. La définition de l'espace public de libre discussion

### A. Les limites tenant à la protection des droits d'autrui

1. L'incrimination pénale de la diffamation et de l'injure
2. La protection civile de la vie privée
3. Le droit de réponse

### B. Les limites tenant à la sauvegarde de l'ordre public

**570** ***Une liberté fondamentale.*** Dans son arrêt *Cohen v. California*, 403 US 15, 24 (1971), la Cour suprême des États-Unis énonce que la garantie, par le premier amendement, de la liberté de parole et d'expression dérive de « la conviction qu'aucune autre attitude ne serait cohérente avec le principe de la dignité et de la liberté de choix de chaque individu, sur lequel repose notre système politique ». Pareillement, la Commission européenne des droits de l'homme, dans son rapport du 30 novembre 1993, dans l'affaire *Vogt c/ Allemagne*, fait de la liberté d'expression « la pierre angulaire des principes de la démocratie et des droits de l'homme protégés par la Convention ». Quant au Tribunal fédéral suisse, il n'avait pas hésité, en 1961[1], à faire de la liberté d'expression un droit constitutionnel non écrit, à partir de l'article 55 de la Constitution fédérale de 1874 qui ne garantissait à l'époque que la seule liberté de la presse. Il y voyait en effet un élément essentiel de l'ordre démocratique et juridique de la Confédération.

De telles solutions, qu'on trouve également dans la jurisprudence du Conseil constitutionnel français, qui parle « d'une liberté fondamentale, d'autant plus précieuse que son existence est l'une des garanties essentielles du respect des autres droits et libertés et de la souveraineté nationale »[2], montrent bien qu'on ne saurait dissocier la liberté d'expression des valeurs fondamentales de la démocratie libérale. La presse, selon les termes souvent employés par la CEDH, joue un rôle de « chien de garde », en permettant d'alerter le public sur les menaces pesant sur les libertés, qu'elles soient le fait des gouvernants ou d'autres puissances. Pour s'en tenir à quelques exemples, c'est le journalisme « d'investigation » qui a mis au jour les conditions dans lesquelles les services français avaient coulé le navire *Rainbow Warrior* affrété par une association hostile aux essais nucléaires français dans le Pacifique, les écoutes téléphoniques pratiquées en toute illégalité par une « cellule antiterroriste » fonctionnant à l'Élysée sous la présidence de François Mitterrand, les pratiques de la Ville de Paris dans l'attribution à des hommes politiques ou à leurs proches de ses habitations à loyer modéré ou encore les tentatives d'empêcher des initiatives gênantes de l'autorité judiciaire sous la présidence de J. Chirac, des pratiques révélant

1. *RO* 1987. I. 117.
2. Cons. const. 10 et 11 oct. 1984, n° 84-181 DC, loi visant à limiter la concentration et à assurer la transparence financière et le pluralisme des entreprises de presse.

une proximité fâcheuse entre responsables politiques et milieux d'affaires sous celle de M. Sarkozy, les fraudes dont se sont rendus coupables des ministres ou des membres du cabinet présidentiel de M. Hollande, les agissements illégaux d'un collaborateur de M. Macron lors d'une manifestation à Paris ou de nombreux cas de violences policières. À l'inverse, là où les journalistes sont empêchés d'exercer leur métier, par l'intimidation voire par la violence physique, on peut être sûr que sont en péril le sort des libertés en général et la moralité de la société — l'assassinat de la journaliste russe Anna Politkovskaïa, auteur d'enquêtes dévoilant les crimes du pouvoir en Tchétchénie, puis celui en Slovaquie de Jan Kuciak et de sa compagne et celui à Malte de Daphne Caruana Galizia sont venus illustrer cruellement les dangers auxquels expose le journalisme d'investigation. Tout rappelle la justesse de ces lignes de François Mauriac, écrites lors de la déposition par la France du sultan du Maroc : « Je doute s'il existe pour la presse un crime d'indiscrétion. Mais il existe un crime de silence. »

L'importance de la liberté d'expression ne se résume pas à la question de la liberté de l'information. Comme l'a fortement énoncé la CEDH : « Ceux qui créent, interprètent, diffusent ou exposent une œuvre d'art contribuent à l'échange d'idées et d'opinions indispensables à une société démocratique[3]. » De son côté, le Conseil d'État a consacré comme libertés fondamentales, aux fins du référé-liberté, à côté de la liberté d'expression et de la libre communication des idées, « la liberté de création artistique, la liberté d'accès aux œuvres culturelles »[4]. En sens inverse, il serait également dangereux pour la liberté d'expression de faire sortir de son champ des types de discours jugés insuffisamment « nobles » : dans son arrêt du 24 février 1994, *Casado Coca c/ Espagne*, la CEDH a tenu à réaffirmer avec netteté que la liberté d'expression ne faisait pas acception de la nature, lucrative ou non, du but recherché et qu'ainsi elle s'appliquait également à la publicité commerciale. La Cour est même allée jusqu'à étendre au droit d'utiliser le matériel permettant la réception d'émissions radiodiffusées (en l'espèce des émissions de télévision par satellite) la liberté garantie à l'article 10 de la Convention[5]. Dans le même sens, la Cour exige de l'État qu'il assure l'exécution forcée d'une décision de justice prescrivant l'accès de journalistes aux locaux où ils exerçaient leur profession, en raison de « son rôle de garant du pluralisme et de l'indépendance de la presse »[6]. Cette interprétation large procède du désir de doter une liberté aussi essentielle des avant-postes nécessaires à sa protection effective. Enfin, la situation régnant en Turquie a obligé la Cour à préciser que la détention illégale dont ont été victimes des journalistes et éditeurs d'un journal constituait aussi, en l'absence de raisons plausibles de les soupçonner de propagande en faveur d'organisations terroristes, une violation de la liberté d'expression (arrêts *Sabuncu et a. c/ Turquie* du 10 nov. 2020 et *Sik c/ Turquie (n° 2)* du 24 nov. 2020).

Fondamentale, la liberté d'expression est cependant une liberté dont la proclamation s'accompagne immanquablement de limitations : nul ne disconvient qu'il n'appartient à la presse ni de salir injustement l'honneur d'un homme (les imputations mensongères de journaux d'extrême droite à l'encontre de Roger Salengro, ministre de l'Intérieur du Front populaire, qui ont conduit à son suicide en 1936, servent ici d'avertissement) ni de publier les secrets indispensables à la défense nationale. La société

3. CEDH 24 mai 1988, *Müller*, *Les grands arrêts de la Cour européenne des droits de l'homme* (*GACEDH*), p. 709. V. aussi, l'arrêt *Mariya Alekhina et a. c/ Russie* du 17 juill. 2018 appliquant l'art. 10 à une performance provocatrice d'un groupe punk féministe, les *Pussy Riots,* qui avait eu lieu dans une église orthodoxe de Moscou — comp. Crim. 23 janv. 2018, n° 17-80524, adoptant une solution identique à propos d'une intrusion de *Femen*, accompagnée de slogans obscènes dirigés contre l'Église catholique, dans une manifestation hostile à l'extension du mariage aux couples de personnes de même sexe et, en sens contraire, Crim. 10 janv. 2018, n° 17-80.816 et 9 janv. 2019, *Bull. crim.*, n° 6, et la chronique de T. Perroud et A. Tricoire, « Quelle liberté d'expression pour les Femen ? Aucune ! Ce sont des exhibitionnistes pour la Cour de cassation », *Légipresse*, 2019. 144, critiquant les deux derniers arrêts pour avoir refusé de tenir compte du fait que le corps des prévenues avait été délibérément utilisé par elles comme support d'un message politique. De son côté, la Cour européenne des droits de l'homme a conclu à la violation de la liberté d'expression dans cette dernière affaire, en raison du caractère disproportionné de la sanction prononcée — un mois d'emprisonnement avec sursis (arrêt *Bouton c. France* du 13 oct. 2022). La Cour de cassation soutient aujourd'hui en même temps qu'il s'agit d'exhibition sexuelle et que la liberté d'expression est en cause, ce qui peut commander la relaxe des prévenues (Crim. 26 févr. 2020, n° 19-81827, à propos d'une intervention au Musée Grévin devant la statue de cire de M. Poutine).
4. CE, réf. 24 déc. 2020, n° 447900.
5. CEDH 22 mai 1990, *Autronic AG.*
6. CEDH 10 mai 2012, *Frasila et Ciocirlan c/ Roumanie.*

libérale est alors celle qui s'emploie à fixer ces limitations au strict minimum, afin d'éviter tout à la fois l'autoritarisme et la dissolution du lien social — étant entendu que cet équilibre est toujours exposé à des critiques contradictoires (dont la possibilité fait, à son tour, partie des exigences du libéralisme) et qu'il est, par suite, précaire.

**571** ***Protections constitutionnelles.*** Aux termes de l'article 11 de la Déclaration des droits de l'homme et du citoyen du 26 août 1789, à laquelle le préambule de la Constitution du 4 octobre 1958 confère valeur constitutionnelle, « La libre communication des pensées et des opinions est un des droits les plus précieux de l'homme ; tout citoyen peut donc parler, écrire, imprimer librement, sauf à répondre de l'abus de cette liberté dans les cas déterminés par la loi. » La jurisprudence du Conseil constitutionnel a donné à cette disposition la portée la plus large, l'appliquant non seulement à la presse et à la communication audiovisuelle, mais également au choix par chacun des termes exprimant sa pensée (Cons. const. 29 juill. 1994, *loi relative à l'emploi de la langue française*) ou aux manifestations, rattachées au « droit d'expression collective des idées et des opinions » (Cons. const. 18 janv. 1995, *loi d'orientation et de programmation relative à la sécurité*). La décision du 10 juin 2009, *loi favorisant la diffusion et la protection de la création sur internet*, a précisé « qu'en l'état actuel des moyens de communication et eu égard au développement généralisé des services de communication au public en ligne ainsi qu'à l'importance prise par ces services pour la participation à la vie démocratique et l'expression des idées et des opinions, ce droit [proclamé par l'article 11 de la Déclaration] implique la liberté d'accéder à ces services » — « et de s'y exprimer », ajoute la décision du 18 juin 2020, loi visant à lutter contre les contenus haineux sur internet.

Quant au pouvoir dévolu au législateur, il s'exerce sous le contrôle du Conseil constitutionnel. La décision du 27 juillet 1982, intervenue à propos de la loi sur la communication audiovisuelle, précise que la liberté de communication doit être conciliée, en l'état actuel des techniques et de leur maîtrise, avec « d'une part, les contraintes techniques inhérentes aux moyens de communication audiovisuelle et, d'autre part, les objectifs de valeur constitutionnelle que sont la sauvegarde de l'ordre public, le respect de la liberté d'autrui et la préservation du caractère pluraliste des courants d'expression socioculturels auxquels ces modes de communication, par leur influence considérable, sont susceptibles de porter atteinte »[7]. Cela indique que le pouvoir du législateur ne peut s'exercer qu'en vue de finalités bien précises — et dans la seule mesure jugée acceptable par le Conseil constitutionnel au terme d'un contrôle de proportionnalité exigeant[8] — et qu'il ne revêt pas la même ampleur pour toutes les techniques de communication (la rareté des fréquences disponibles dans l'espace hertzien justifie la mise en place d'un régime d'autorisation qui serait, sans cela, prohibé ; dans sa décision du 27 juillet 2000, le Conseil constitutionnel relève « la disponibilité plus grande de la ressource radioélectrique pour la diffusion numérique » pour justifier l'imposition de règles moins contraignantes que celles valant pour la diffusion analogique, tandis que dans celle du 10 juin 2004, *loi pour la confiance dans l'économie numérique*, il estime entachée d'une erreur manifeste d'appréciation la différence de régime qu'entendait instituer la loi entre les messages exclusivement disponibles sur un support informatique et ceux également disponibles sur papier quant au point de départ du délai de prescription et d'exercice du droit de réponse).

La promotion du pluralisme comme objectif de valeur constitutionnelle s'explique par le fait que la liberté de communication bénéficie aux destinataires du message comme au locuteur. Il faut, énonce la décision des 10 et 11 octobre 1984, *loi visant à limiter la concentration et à assurer la transparence financière et le pluralisme des entreprises de presse*, « que les lecteurs qui sont au nombre des destinataires essentiels de la liberté proclamée par l'article 11 de la Déclaration de 1789 soient à même d'exercer

7. S'agissant des quotidiens d'information politique et générale, la décision du 7 janv. 2016, n° 2015-511 QPC, précise que la volonté d'assurer leur distribution de manière à assurer leur pluralisme et leur indépendance correspond à un objectif de valeur constitutionnelle.

8. « Les atteintes portées à l'exercice de cette liberté doivent être nécessaires, adaptées et proportionnées à l'objectif poursuivi », énonce la décision du 10 juin 2009.

leur libre choix sans que ni les intérêts privés ni les pouvoirs publics puissent y substituer leurs propres décisions ni qu'on puisse en faire l'objet d'un marché ». La décision du 10 juin 2009 censure, quant à elles, un dispositif qui permettait à une autorité administrative, même indépendante, de restreindre ou d'empêcher l'accès à internet en cas de méconnaissance des règles instituées en vue d'assurer la protection des droits d'auteur et de droits voisins. Les réserves émises dans la décision du 16 mars 2017, loi relative à *l'extension du délit d'entrave à l'interruption volontaire de grossesse*, permettent, quant à elles, d'assurer que la répression restera bien cantonnée aux cas où une propagande fallacieuse tenterait d'intimider les femmes désireuses d'interrompre leur grossesse en vue de les dissuader de persévérer dans ce projet[9]. La décision du 18 juin 2020, *loi visant à lutter contre les contenus haineux sur internet*, a déclaré contraire à la Constitution une disposition qui exigeait, sous la menace d'une sanction pénale, des éditeurs et hébergeurs qu'ils retirent, à la demande de l'administration, les contenus s'analysant en images pornographiques représentant des mineurs ou en provocation ou apologie d'actes de terrorisme. Le caractère manifeste de l'illicéité de ces contenus n'avait pas été exigé, ce qui revenait à livrer la question à la seule appréciation de l'administration, c'est-à-dire à son arbitraire, compte tenu de l'absence de caractère suspensif du recours prévu et de l'impossibilité d'obtenir une décision du juge dans le délai d'une heure laissé à l'éditeur pour s'exécuter[10]. Il en va de même de l'obligation de retrait dans les vingt-quatre heures des contenus signalés par un tiers pouvant manifestement relever de certaines qualifications pénales énumérées : le Conseil relève l'absence d'intervention préalable d'un juge, l'ampleur de la tâche pouvant incomber à ce titre aux opérateurs visés, la complexité des qualifications à porter et l'indétermination de la seule cause d'exonération prévue par le texte. Est également spécifiquement relevé le risque de censures que la prudence rendrait trop étendues au regard des contenus visés, argument emprunté à la jurisprudence européenne, soucieuse d'éviter que les restrictions instituées n'aient un effet dissuasif qui irait directement à l'encontre de l'idéal de la liberté d'expression. L'essentiel du dispositif prévu par le texte est ainsi frappé d'inconstitutionnalité.

La procédure de la question prioritaire de constitutionnalité fait également sentir ses effets sur ce terrain, comme en témoignent déjà de nombreuses décisions. On citera celle du 20 mai 2011, n° 2011-131 QPC, déclarant entachée d'une généralité excessive et, par suite, contraire à l'article 11 de la Déclaration de 1789 la disposition de la loi sur la presse qui interdisait à la personne poursuivie pour diffamation de rapporter la preuve de la vérité des faits allégués, lorsque ceux-ci remontaient à plus de dix ans. On relèvera que cette décision reprend, sur le terrain constitutionnel, avec l'effet abrogatoire qui y est lié, une solution adoptée par la Cour de Strasbourg sur le terrain conventionnel[11]. Procédant de la même inspiration, la décision du 7 juin 2013, n° 2013-319 QPC, juge contraire à la Constitution l'interdiction de rapporter la preuve de la vérité des faits diffamatoires lorsque l'imputation se rapporte à des faits constituant une infraction amnistiée ou prescrite ou qui a donné lieu à une condamnation effacée par la réhabilitation ou la révision. De même encore, la Cour de cassation lui ayant finalement renvoyé la question, le Conseil constitutionnel a-t-il déclaré conforme à la Constitution la loi Gayssot incriminant le négationnisme, en raison du fait que ce dernier constitue intrinsèquement (ce qui n'est, au contraire, pas le cas pour la négation des génocides en général, comme le rappelle la décision du 26 janvier 2017,

9. En revanche, la décision du 20 déc. 2018, *loi relative à la lutte contre les manipulations de l'information*, à propos de la possibilité donnée au juge des référés de prononcer, en période électorale, des mesures propres à faire cesser la diffusion en ligne de fausses informations susceptibles de porter atteinte à la sincérité du scrutin, se contente de préciser que le caractère inexact ou trompeur des imputations ou allégations en cause doit être manifeste, de même que le risque d'altération de la sincérité du scrutin. Ces indications de fond, pour bienvenues qu'elles soient, ne paraissent pas suffisantes pour écarter les risques que comporte une limitation à l'exercice de la liberté d'expression confiée à un juge unique, astreint à rendre sa décision dans un délai d'une extrême brièveté (48 heures). Pour une première application de ces dispositions, illustrant le caractère cumulatif des conditions posées, qu'avait souligné le Conseil constitutionnel, v. TGI Paris, réf., 17 mai 2019, *Légipresse*, 2019. 304, note B. Ader.

10. Dans le même sens, Cons. constit. 13 août 2022 vérifiant l'existence de garanties suffisantes (précision des définitions des contenus visés et existence de recours juridictionnels adéquats) contre l'arbitraire de l'administration en ce qui concerne l'obligation de retrait de contenus à caractère terroriste en ligne en application d'un règlement européen…

11. CEDH 7 nov. 2006, *Mamère c/ France*, req. n° 12697/03.

*loi relative à l'égalité et à la citoyenneté*) « une incitation au racisme et à l'antisémitisme », solution qui rejoint celle adoptée par la Cour européenne des droits de l'homme dans ses décisions *Garaudy c/ France* du 24 juin 2003 et *Dieudonné M'Bala M'Bala c/ France* du 20 octobre 2015. La fréquence des refus de renvoi ou de transmission des QPC par les juridictions judiciaires[12] n'ôte rien à l'intérêt de cette procédure pour la protection de la liberté d'expression, comme en témoigne encore la décision du 14 mai 2012, n° 243 à 246 QPC, reconnaissant « la nature particulière » du travail des journalistes pour juger conforme au principe d'égalité le régime spécifique de calcul des indemnités de rupture du contrat de travail applicable à la profession[13].

Les atteintes législatives à l'exercice de la liberté de communication des pensées et des opinions doivent satisfaire à la triple exigence de nécessité, d'adaptation et de proportionnalité au regard de l'objectif visé — en une formule qui reprend celle forgée par la Cour constitutionnelle fédérale allemande pour définir le contrôle qu'elle exerce quant au respect des droits fondamentaux. Il faut relever que s'agissant de la libre communication des pensées et des opinions, le Conseil constitutionnel exerce ce contrôle avec rigueur. La décision du 10 février 2017, n° 611 QPC[14], juge que le délit de consultation habituelle de sites faisant l'apologie ou provoquant à la commission d'actes de terrorisme ne satisfaisait à aucun de ces impératifs : compte tenu des nombreux moyens de lutte déjà conférés aux autorités administratives et au juge, cette infraction n'était pas nécessaire ; les dispositions contestées n'exigeaient pas que soient prouvées la volonté de l'auteur de l'infraction de commettre des actes terroristes ni même son adhésion à l'idéologie en cause, alors qu'une peine de deux ans d'emprisonnement était encourue, l'exclusion des consultations faites de bonne foi étant trop imprécise pour assurer la sécurité juridique indispensable en cette matière. La réécriture de cette disposition par la loi du 28 février 2017 relative à la sécurité publique, en dépit de l'ajout de la condition d'une manifestation d'adhésion du prévenu à l'idéologie du site consulté, a donné lieu à une nouvelle déclaration d'inconstitutionnalité par la décision du 15 décembre 2017, n° 682 QPC[15], le Conseil rappelant l'absence de nécessité de l'infraction, encore accentuée par des dispositions législatives ultérieures, et relevant que la volonté de commettre des actes terroristes n'est toujours pas exigée, tandis que l'incertitude quant au « motif légitime » admis par le législateur était également trop grande. Le même raisonnement a conduit à déclarer contraire à l'article 11 de la Déclaration la jurisprudence de la Cour de cassation rendant l'infraction de recel applicable au délit d'apologie d'actes de terrorisme, le résultat obtenu étant identique à celui que condamnaient les décisions précédentes (déc. 19 juin 2020, n° 845 QPC). La protection apportée par ces dernières décisions à la liberté d'expression s'est avérée effective.

**572** ***Jurisprudence de la Cour européenne des droits de l'homme.*** L'article 10 de la Conv. EDH, texte plus récent, s'emploie à réglementer avec davantage de précision les ingérences étatiques dans l'exercice de la liberté d'expression. Au principe de liberté énoncé au paragraphe 1er (il vise « la liberté d'opinion et la liberté de recevoir ou de communiquer des informations ou des idées sans qu'il puisse y avoir ingérence d'autorités publiques et sans considération de frontière » — même formulation à l'article 11 de la Charte des droits fondamentaux de l'Union européenne) s'opposent les exceptions envisagées au second paragraphe. Celles-ci doivent être prévues par la loi (c'est-à-dire par une norme

---

12. V. ainsi Paris, 4 avr. 2012, *Légipresse* 2012. 445, note J.-Y. Dupeux et Civ. 1re, 5 avr. 2012, *Légipresse* 2012. 371, note P. Guerder. Ces décisions témoignent, au demeurant, de l'influence exercée sur ces questions de constitutionnalité par la jurisprudence de la CEDH et de la confusion des registres, constitutionnel et conventionnel, qui s'ensuit.
13. V. aussi en matière de liberté d'expression les décisions du 17 mai 2013, n° 2013-311, du 25 oct. 2013, n° 2013-350 QPC, du 13 déc. 2013, n° 2013-359 QPC, du 16 oct. 2015, n° 2015-492 QPC, du 2 mars 2018, n° 2017-693 QPC, du 18 mai 2018, n° 2018-706 QPC, du 24 mai 2019, n° 2019-786 QPC, du 6 déc. 2019, n° 2019-817 QPC ; du 13 nov. 2020, n° 863 QPC, du 9 avril 2021, n° 2021-896 QPC et du 24 nov. 2021, n° 2021-948 QPC.
14. Cons. const. 10 févr. 2017, n° 2016 — 611 QPC, *Délit de consultation habituelle de sites internet terroristes*, *D.* 2017. 354 ; *AJ pénal* 2017. 237, obs. J. Alix ; *Dalloz IP/IT* 2017. 289, obs. M. Quéméner ; *Constitutions* 2017. 91, Chron. A. Cappello ; *ibid.* 187, Chron.
15. Cons. const. 15 déc. 2017, n° 2017-682 QPC, *Délit de consultation habituelle de sites internet terroristes II*, *AJDA* 2017. 2499 ; *D.* 2018. 97, et les obs., note Y. Mayaud.

générale, écrite ou jurisprudentielle, antérieure aux faits litigieux et satisfaisant à des exigences d'accessibilité et de prévisibilité), viser l'un des buts reconnus comme légitimes par l'article 10, paragraphe 2 (la sécurité nationale, l'intégrité territoriale ou la sûreté publique, la défense de l'ordre ou la prévention du crime, la protection de la santé ou de la morale, la protection de la réputation ou des droits d'autrui, la sauvegarde d'informations confidentielles, la garantie de l'autorité et de l'impartialité du pouvoir judiciaire) et être « nécessaires, dans une société démocratique » à la réalisation de ces buts.

La CEDH a précisé que la société démocratique se caractérisait par « le pluralisme, la tolérance et l'esprit d'ouverture » et qu'en conséquence, la liberté d'expression « vaut non seulement pour les "informations" ou "idées" accueillies avec faveur ou considérées comme inoffensives ou indifférentes, mais aussi pour celles qui heurtent, choquent ou inquiètent l'État ou une fraction quelconque de la population »[16]. L'adjectif « nécessaire » implique, quant à lui, qu'il soit justifié d'un « besoin social impérieux »[17]. S'il appartient d'abord aux autorités nationales, et au premier chef aux tribunaux, d'apprécier ladite nécessité, cette appréciation est soumise à un « contrôle européen », opéré par la Cour. Celui-ci ne revêt pas toujours la même intensité (la protection de la morale, notion dont la Cour estime impossible une définition uniforme au niveau européen, comporte généralement un contrôle restreint[18], à l'inverse de la protection de l'autorité et de l'impartialité du pouvoir judiciaire qui donne lieu à un contrôle plus rigoureux). La jurisprudence de l'ancienne Cour ne faisait pas toujours preuve d'une très grande rigueur dans la détermination de cette intensité du contrôle européen. Ainsi, à quelques jours d'intervalle, la Cour avait-elle soumis à des standards très inégalement exigeants la confiscation judiciaire d'un film jugé blasphématoire, alors même que l'association qui se proposait de le projeter avait clairement appelé l'attention des spectateurs sur le propos de l'œuvre[19] et la condamnation pénale d'un journaliste de télévision ayant donné la parole dans son émission à de jeunes marginaux, qui y avaient tenu des propos racistes d'une particulière violence[20]. De même, dans l'arrêt *Lehideux et Isorni c/ France* du 23 septembre 1998, la condamnation de la France, en raison d'une sanction pénale infligée à des défenseurs de la mémoire du maréchal Pétain pour apologie de crimes ou délits de collaboration avec l'ennemi, ne tenait-elle aucun compte de l'existence d'une marge nationale d'appréciation, pourtant rappelée par la Cour ni du contexte de l'affaire.

La jurisprudence de l'actuelle Cour, issue des dispositions du 11e Protocole, est marquée à cet égard par une plus grande rigueur, cependant non exclusive d'inflexions, voire de contradictions. Est d'abord frappante la très grande latitude reconnue à la presse — mais aussi à des associations privées militant pour une cause[21] — lorsqu'est en jeu un débat d'intérêt public. C'est ainsi que l'arrêt *Du Roy et Malaurie c/ France* du 3 octobre 2000 juge que l'interdiction absolue, résultant d'une loi de 1931, de publier toute information relative à des constitutions de partie civile méconnaît l'exigence de nécessité posée à l'article 10, tandis que l'arrêt *Thoma c/ Luxembourg* du 29 mars 2001 estime contraire aux exigences de cet article la condamnation d'un journaliste pour ne pas s'être distancé des imputations diffamatoires dont il s'était fait l'écho, celles-ci concernant un problème d'intérêt général, et l'arrêt *Colombani et autres c/ France* du 25 juin 2002 condamne comme portant une atteinte disproportionnée à la liberté d'expression le régime dérogatoire de protection qu'accordait aux chefs d'État étrangers l'article 36 de la loi de 1881 (v. aussi les arrêts du 31 janvier 2006, *Giniewski c/ France*, qui se montre particulièrement accueillant envers une opinion critique, et du 15 janvier 2009, *Orban et a. c/ France*, qui juge contraire à l'article 10 la condamnation

16. CEDH 7 déc. 1976, *Handyside*, *GACEDH*, p. 79.
17. *Id.*
18. Celui-ci permet toutefois de censurer une décision nationale condamnant l'éditeur du roman d'Apollinaire, *Les Onze Mille Verges*, en raison du statut de classique acquis par le livre (arrêt *Akdas c/ Turquie* du 16 févr. 2010).
19. CEDH 20 sept. 1994, *Otto-Preminger-Institut c/ Autriche*, non-violation de l'art. 10 décidée par 6 voix contre 3.
20. CEDH 23 sept. 1994, *Jersild c/ Danemark*, violation de l'art. 10 décidée par 12 voix contre 7.
21. V. ainsi l'arrêt *Österreichische Vereinigung zur Erhaltung, Stärkung und Schaffung c/ Autriche* du 28 nov. 2013, qui les caractérise comme des « *social watchdogs* ». De même, l'arrêt *Braun c/ Pologne* du 4 nov. 2014 reproche-t-il aux juridictions nationales d'avoir appliqué à un intervenant au cours d'un débat radiophonique un standard moins protecteur que celui bénéficiant aux journalistes.

pour apologie de crimes de guerre prononcée à l'encontre de l'éditeur d'un livre du général Aussaresses revendiquant la pratique de la torture durant la guerre d'Algérie, en raison de l'importance qui s'attache à la publication du témoignage d'un des protagonistes du conflit). Hautement significative de ce très grand libéralisme dont fait preuve la Cour est la condamnation, par l'arrêt *Société Plon c/ France* du 18 mai 2004, de l'interdiction définitive prononcée par les juges du fond de l'ouvrage publié par l'ancien médecin personnel de François Mitterrand en violation flagrante du secret professionnel auquel il était assujetti : estimant que l'état de santé du président de la République constitue un débat d'intérêt public dans une démocratie, la Cour juge que la grave restriction apportée à la liberté de la presse ne correspondait pas à un besoin social impérieux, une fois écoulé le temps du deuil des proches du défunt. L'arrêt *Eon c/ France* du 14 mars 2013 est également caractéristique, qui conclut à la violation de l'article 10, suite à la condamnation du requérant, qui avait brandi à proximité du cortège officiel du président Sarkozy une pancarte portant l'inscription « Casse toi, pov'con », pour offense au président de la République — la Cour replace le propos, en dépit de son caractère outrageant, dans le contexte politique qui est le sien et indique « la satire est une forme d'expression artistique et de commentaire social qui, de par l'exagération et la déformation de la réalité qui la caractérisent, vise naturellement à provoquer et à agiter »[22].

Mais la jurisprudence de la Cour européenne insiste par ailleurs d'une manière croissante sur les précautions que doivent prendre ceux qui s'expriment pour ne pas porter une atteinte injuste à la réputation des personnes qu'ils mettent en cause. Dans l'arrêt *Chauvy et a. c/ France* du 29 juin 2004, est jugée à l'unanimité conforme aux exigences de l'article 10 la condamnation de l'auteur d'un livre contenant des insinuations graves et infondées à l'encontre de deux anciens résistants. Dans l'arrêt *Pedersen et Baadsgaard c/ Danemark* du 17 décembre 2004, c'est à une voix de majorité que la Grande chambre de la Cour conclut à l'absence de violation de l'article 10, en mentionnant l'obligation de « s'appuyer sur une base factuelle suffisamment précise et fiable qui pût être tenue pour proportionnée à la nature et à la force » de l'allégation litigieuse (v. aussi, dans le même sens, l'exigence d'une « base factuelle solide et convaincante » dans l'arrêt *Barata Monteiro da Costa Nogueira et Patricio Pereira c/ Portugal* du 11 janvier 2011, le rappel du « caractère essentiel de l'exactitude des informations diffusées » dans l'arrêt (gr. ch.) *Couderc et Hachette Filipacchi Associés c/ France* du 10 novembre 2015 et la référence, dans l'arrêt *De Carolis et France Télévisions c/ France* du 21 janvier 2016 aux « normes d'un journalisme responsable » — v. aussi *Medzlis Islamske Zajenidce Brcko et a. c/ Bosnie-Herzégovine (gr. ch.)* du 27 juin 2017 exigeant que soient vérifiés les faits, compte tenu de leur gravité).

Par ailleurs, saisie d'une requête fondée sur l'article 8 de la Convention (droit au respect de la vie privée et familiale), la Cour a fait céder à ce droit les exigences de la liberté d'expression, en estimant que la fille aînée du prince de Monaco n'exerçant aucune fonction officielle dans la principauté, aucun débat d'intérêt général ne justifiait que fussent publiés des photographies et des commentaires se rapportant à la vie privée de la princesse (arrêt *von Hannover c/ Allemagne* du 24 juin 2004[23], à comparer avec l'arrêt *Hachette Filipacchi Associés (« Ici Paris ») c/ France* du 23 juillet 2009 à propos d'un article dénonçant la vente de son image à des fins publicitaires par Johnny Hallyday et avec un deuxième arrêt *von Hannover c/ Allemagne (GC)* du 7 février 2012 admettant la légitimité de la publication d'un cliché mis en relation avec la maladie du prince Rainier, la maladie d'un souverain pouvant être qualifiée « d'événement de l'histoire contemporaine », puis un troisième, du 19 septembre 2013, reliant également la publication litigieuse à une question d'intérêt général qu'il est permis de ne pas trouver prépondérante, en l'espèce un débat sur la tendance des personnalités en vue à mettre leurs résidences secondaires en location…). Ces deux derniers arrêts indiquent qu'à présent la Cour donne à la liberté d'expression un poids plus important dans

22. V. égal. l'arrêt *Perinçek c/ Suisse* du 15 oct. 2015 (gr. ch.) estimant, par 10 voix contre 7, que la condamnation pénale d'une personne qui avait refusé de considérer comme un génocide le massacre des Arméniens par les Turcs en 1915 ne correspondait à aucun besoin social impérieux, les propos tenus n'étant pas analysés comme constitutifs d'un discours de haine et le lien entre la Suisse et ces évènements étant considéré comme trop faible, points que conteste avec force l'opinion dissidente.

23. *GACEDH*, p. 526.

la pesée des intérêts en présence, ce que confirme encore l'arrêt du 10 novembre 2015 (gr. ch.), *Couderc et Hachette Filipacchi c/ France*, jugeant que la révélation de l'existence d'un fils né de la liaison du prince de Monaco et d'une femme qui en faisait le récit pouvait se rattacher à un débat d'intérêt général, compte tenu des particularités d'une monarchie héréditaire. Dans l'arrêt *von Hannover* de 2004, la Cour récusait l'analyse de la Cour constitutionnelle allemande soulignant que de larges fractions du public s'identifient à des personnalités et souhaitent être informées sur leurs faits et gestes pour stigmatiser « la curiosité d'un certain public » quant à l'intimité de la vie privée de celles-ci. C'est donc bien une approche normative de la presse que, pour la première fois, promeuvent certains arrêts rendus en 2004 (l'arrêt de 2012 se réfère, de manière moins stigmatisante, à « des fins de divertissement » — v. les précisions, d'ailleurs fort relatives, que tente d'introduire l'arrêt *Satakunnan Markkinapörssi Oy et Satamedia Oy c/ Finlande (gr. ch.)* du 27 juin 2017 quant aux questions intéressant légitimement le public). La Cour semble vouloir désormais procéder à une analyse plus fine du lien entre propos attentatoires à l'intimité de la vie privée et débat d'intérêt général, de manière à éviter une invocation abusive de ce dernier[24]. Cette volonté de canaliser l'exercice de la liberté d'expression est encore accentuée par les arrêts de Grande Chambre *Lindon, Otchakovsky-Laurens et July c/ France* du 22 octobre 2007[25], imposant l'obligation, sans égard pour la nature romanesque de l'ouvrage, de procéder à des vérifications factuelles et introduisant celle de conserver aux propos tenus « un minimum de modération et de bienséance », y compris à l'égard d'un politicien « controversé », *Stoll c/ Suisse* du 10 décembre 2007[26], insistant sur l'importance du « contrôle du respect de la déontologie journalistique »[27] pour considérer comme justifiée une condamnation pour divulgation de documents diplomatiques confidentiels ou l'arrêt de chambre *Féret c/ Belgique* du 16 juillet 2009 approuvant les autorités nationales d'avoir réprimé, s'agissant d'un tract qui s'en prenait avec vigueur aux immigrés, « une liberté d'expression irresponsable et portant atteinte à la dignité, voire à la sécurité de ces parties ou de ces groupes de la population », solution reprise, s'agissant de propos ironisant lourdement sur un épisode de la vie de Mahomet, par l'arrêt *E.S. c/ Autriche* du 25 octobre 2018.

La Cour exerce également son contrôle sur les restrictions apportées au droit d'accès à Internet, soulignant que ce dernier « est aujourd'hui devenu l'un des principaux moyens d'exercice par les individus de leur droit à la liberté d'expression et d'information : on y trouve des outils essentiels de participation aux activités et débats relatifs à des questions politiques ou d'intérêt public » (arrêt *Ahmet Yildirim c/ Turquie* du 18 déc. 2012, concluant à la violation de l'article 10, la décision bloquant l'accès du requérant à Google Sites ne répondant pas à l'exigence de prévisibilité de la loi et n'ayant pas fait l'objet d'un contrôle de proportionnalité suffisamment soigneux pour éliminer les risques d'abus). La Cour a approuvé les juridictions allemandes, qui avaient refusé de faire droit à une demande d'anonymisation dans les archives de la presse disponibles sur Internet portant sur la condamnation pour assassinat des requérants : l'intérêt du public est jugé prépondérant, la presse étant chargée « de participer à la formation de l'opinion démocratique » à l'aide de ses archives (arrêt *M.L. et W.W. c/ Allemagne* du 28 juin 2018).

Il faut relever l'importance de l'influence qu'exerce aujourd'hui la jurisprudence de la CEDH sur les juridictions françaises[28], rendues sensibles à l'impératif, sous le signe de la proportionnalité[29], de permettre le libre développement de l'information et de la discussion sur les questions d'intérêt

24. V. ainsi les arrêts du 14 janv. 2021, *Société éditrice de Mediapart c/ France* (absence de nécessité de faire figurer sur le site de la publication la retranscription de propos obtenus grâce à une violation flagrante de la vie privée de Liliane Bettencourt) et du 18 nov. 2021, *Marinoni c/ Italie* (distinction entre des allégations gravement diffamatoires relevant de la sphère privée et les recherches historiques menées par l'auteur d'un ouvrage).

25. *RTDH* 2009. 491, note P. Wachsmann.

26. *GACEDH*, p. 731.

27. La Cour insiste sur le fait que le respect d'une telle déontologie s'impose en raison de la multiplication des informations auxquelles l'individu est aujourd'hui confronté (arrêt *NIT S.R.L. c/ République de Moldova* du 5 avr. 2022).

28. Y compris quant à la manière de résoudre les conflits entre la liberté d'expression et le respect de la vie privée ou celui du droit au respect de la présomption d'innocence, les arrêts pertinents de la Cour européenne étant cités dans les attendus : Civ. 1re, 10 oct. 2019, n° 18-21.871 ; 6 janv. 2021, n° 19- 21718, *Légipresse* 2021. 91, note C. Bigot et 8 déc. 2021, n° 20-13560.

29. Crim. 18 mai 2022, *Légipresse* 2022. 487, comm. R. Le Gunehec et A. Pastor à propos de militants écologistes qui avaient décroché d'une mairie le portrait officiel du président de la République.

public[30], tout en restant attentives à maintenir certaines restrictions[31]. Les références précises, dans les motifs eux-mêmes des arrêts, à la jurisprudence européenne sont devenues courantes[32]. Il faut d'ailleurs souligner que l'allégement du contrôle pratiqué par la Cour européenne sur les appréciations portées par les juridictions nationales est subordonné au respect par celles-ci des principes dégagés par sa jurisprudence (v. ainsi les arrêts *von Hannover (n° 2)* ou *Medzlis Islamske Zajenicde Brko*, préc.). Le cadre ainsi tracé au régime juridique de la liberté d'expression par les exigences constitutionnelles et internationales permet de dégager deux séries de questions : celle des modalités de l'ingérence des pouvoirs publics dans l'exercice de la liberté d'expression et celle de la définition de l'espace public de libre discussion qu'appelle la société démocratique.

## I • Les modalités de l'ingérence des pouvoirs publics dans l'exercice de la liberté d'expression

**573** ***Affirmation progressive du régime répressif.*** Le libellé de l'article 11 de la Déclaration de 1789 semble impliquer que la communication des pensées et des opinions doit faire l'objet d'un régime répressif, puisqu'il indique que cette activité est libre, sous la seule réserve des abus auxquels elle donnerait lieu. C'est, en effet, la caractéristique du régime répressif que de permettre le libre exercice d'une activité, à la condition que le comportement en question ne tombe pas sous le coup d'une infraction précédemment définie avec une clarté suffisante par la loi pénale. Contrairement à ce que suggère le terme « répressif », il s'agit là du régime le plus libéral, puisqu'il interdit toute ingérence préalable des pouvoirs publics et confie ensuite aux tribunaux répressifs, c'est-à-dire aux organes dotés de la plus grande indépendance par rapport au pouvoir exécutif, le soin de vérifier, au terme d'une procédure assurant la garantie des droits de la défense, que les faits donnant lieu à poursuite correspondent bien à la définition légale de l'infraction. De fait, tout au long du XIXe siècle, la revendication de la liberté de la presse a revêtu la forme d'un combat contre la censure (entendue comme régime d'autorisation administrative préalable) et pour la mise en place d'un régime répressif. Après les dérives révolutionnaires et l'autoritarisme impérial, c'est sous la Restauration qu'auront lieu à la Chambre des députés les affrontements entre libéraux et conservateurs, marqués par une succession très rapide de lois contraires : la loi libérale, dite loi de Serre, du 9 juin 1819 sera abrogée au bout de quelques mois, suite à l'assassinat du duc de

30. V. ainsi Civ. 1re, 16 mai 2006, *Légipresse* 2006. III. 171, note E. Dreyer, inaugurant une longue série d'arrêts visant l'article 10 de la Convention européenne. — Sur la tendance récente à casser à ce seul visa, coupant ainsi court à tout débat sur des points plus techniques, v. note N. Mallet-Poujol sur Civ. 1re, 16 oct. 2013, *Légipresse* 2014. III. 94. V. aussi la révision de la condamnation pour diffamation de N. Mamère, à la suite d'un arrêt de la CEDH condamnant la France pour violation de la liberté d'expression : Paris, 10 juin 2009, *Légipresse* 2009. III. 230, note B. Ader et celle consécutive à l'arrêt *Morice c/ France* (gr. ch.) du 10 nov. 2015 : Cass., ass. plén., 16 déc. 2016, *Légipresse* 2017. III. 85, note B. Ader, et, sans que l'influence européenne soit mentionnée, la décision précitée du Conseil constitutionnel du 20 mai 2011. — L'importance prise par la notion de débat d'intérêt général est telle qu'elle suscite parfois l'ironie (v. ainsi H. Leclerc, note sous Crim. 25 oct. 2016, *Légipresse* 2017. III. 92, qui écrit de l'article 10 de la Convention que « comme un astre céleste », il attire tout ce qui passe à sa portée). V. également pour une application de l'article 10 aux lanceurs d'alerte, Soc. 30 juin 2016, *Légipresse* 2016. III. 536 ou, pour une atteinte à la vie privée, Civ. 1re, 1er mars 2017, *Légipresse* 2017. III. 210, note C. Mas, Bordeaux, 21 sept. 2017 ; *Légipresse* 2018, III, 28, note H. Leclerc, ou encore Cass., ass. plén., 10 mai 2019 utilisant la jurisprudence de la Cour européenne relative aux articles 6 et 10 pour exclure les poursuites en diffamation engagées par un État, quel qu'il soit.
31. Crim. 8 juin 2010, *Bull. crim.* n° 103 (interdiction de filmer durant les audiences considérée comme justifiée) ; TGI Meaux, 28 nov. 2013, *Légipresse* 2014. III. 163, note H. Leclerc (interdiction de lever le secret du délibéré d'une cour d'assises).
32. V. ainsi, outre les arrêts cités note 27, Crim. 7 janv. 2020, n° 18-85620 (importance des débats d'intérêt général) ; Civ. 1e, 11 mars 2020, n° 19-13716 (référence à *Bédat c. Suisse* pour la résolution du conflit entre liberté d'expression et protection de la vie privée) ; Crim. 1er sept. 2020 (référence à l'arrêt *Magyar Jeti Zrt c. Hongrie* du 4 déc. 2018 sur l'importance des liens hypertexte) ; Civ. 1e 28 sept. 2022, n° 21-13519 (nécessité, pour le juge, de prendre en compte l'éventuel effet dissusasif des mesures restrictives de la liberté d'expressionqu'il ordonne). Ce dernier arrêt comporte également une référence à l'artcicle 11 de la Charte des droits fondamentaux de l'Union européenne et à la jurisprudence de la Cour de justice de l'Union européenne à laquelle il a donné lieu.

Berry qui servira de prétexte au rétablissement de la censure (loi du 31 mars 1820). Ces mouvements contradictoires se poursuivront, à un rythme variable, jusqu'à la loi du 29 juillet 1881 qui, aujourd'hui encore, constitue la base du régime juridique de l'expression et qui fait triompher le régime répressif.

Mais, outre le fait que celui-ci a connu une évolution importante, il n'est pas exclusif de régimes préventifs. Aux auteurs de la saisine qui faisaient valoir que l'article 11 de la Déclaration de 1789 interdisait, après l'abrogation du monopole public de la radiodiffusion, la mise en place d'un régime d'autorisation, la décision du Conseil constitutionnel du 27 juillet 1982 répond par la négative, au nom des contraintes techniques inhérentes aux moyens de la communication audiovisuelle et des conciliations ci-dessus rappelées. Il est clair que le premier élément (la nécessaire régulation *a priori* de l'espace hertzien, qui ne comporte qu'un nombre limité de fréquences) est ici prédominant. La décision des 10 et 11 octobre 1984 le confirme, qui déclare contraire à la Constitution l'attribution, par la loi sous examen, à une autorité administrative indépendante, la commission pour la transparence et le pluralisme de la presse, de pouvoirs de sanction en cas de dépassement, en matière de cumul de plusieurs titres, des seuils fixés par la loi. Le Conseil a estimé que l'ensemble de ces dispositions « produit des effets équivalant à ceux d'un régime d'autorisation préalable ; qu'elles sont, de ce chef, contraires à l'article 11 de la Déclaration de 1789 ; qu'à supposer même qu'elles aient pour objet de réprimer des "abus" au sens dudit article 11, cette répression ne saurait être confiée à une autorité administrative ». Sauf à justifier de contraintes techniques impérieuses, un régime d'autorisation préalable est donc *a priori* inconciliable avec l'article 11 de la Déclaration. On notera cependant que le Conseil constitutionnel n'interdit pas les régimes préventifs en général (*quid*, notamment, des régimes d'interdiction ?) et qu'il stigmatise essentiellement la nature administrative de l'organe investi d'un pouvoir susceptible de s'analyser en un régime d'autorisation, ce qui laisse intacte la possibilité de l'intervention préalable d'un juge[33]. Le monopole du régime répressif en la matière est donc loin d'être assuré.

L'examen, sur ce point, de la jurisprudence de la Cour européenne des droits de l'homme ne conduit pas à des conclusions différentes. Dans son arrêt *Observer et Guardian c/ Royaume-Uni* du 26 novembre 1991, la Cour a précisé « que l'article 10 de la Convention n'interdit pas en elle-même toute restriction préalable à la publication », mais a tenu à ajouter aussitôt que « de telles restrictions présentent pourtant de si grands dangers qu'elles appellent de la part de la Cour l'examen le plus scrupuleux. Il en va spécialement ainsi dans le cas de la presse : l'information est un bien périssable et en retarder la publication, même pour une brève période, risque fort de la priver de toute valeur et de tout intérêt ». La technique de contrôle utilisée est donc la plus exigeante qui soit (elle équivaut à celle de *strict scrutiny* pratiquée par la Cour suprême des États-Unis), puisqu'elle instaure une sorte de présomption d'illicéité de la restriction envisagée, qui sera extrêmement difficile à renverser pour l'État. L'arrêt *Association Ekin c/ France* du 17 juillet 2001 le confirme, qui précise que les restrictions préalables « doivent s'inscrire dans un cadre légal particulièrement strict quant à la délimitation de l'interdiction et efficace quant au contrôle juridictionnel contre les éventuels abus » avant de conclure que le régime français applicable aux publications de provenance étrangère ne présentait pas de telles garanties et revêtait, de surcroît, un caractère discriminatoire.

Si les données constitutionnelles et européennes de la matière amènent à tenir en suspicion les régimes préventifs[34], il faut relever que le droit français est loin de les éliminer, même si on limite l'examen à la période ordinaire.

33. À l'inverse de la solution consacrée, pour la liberté d'association, par la décision du 16 juill. 1971, ainsi que l'avait noté J. Rivero dans son commentaire à l'*ADJA* 1971. 537.
On relèvera que dans sa décision du 20 déc. 2018, *loi relative à la lutte contre la manipulation de l'information*, le Conseil n'a pas objecté à l'intervention du juge des référés en vue de faire cesser la diffusion en ligne de fausses informations susceptibles de porter atteinte à la sincérité du scrutin durant la période de campagne électorale, soit trois mois avant les élections.

34. V. égal. la réticence marquée de la CEDH envers un système de notification préalable à la personne en cause d'informations sur sa vie privée que l'on s'apprête à publier dans l'arrêt du 10 mai 2011, *Mosley c/ Royaume-Uni*.

## A • Le principe du régime répressif et son évolution

### 1 • Le régime répressif de la loi de 1881

**574** ***Particularisme du régime instauré par la loi de 1881.*** Depuis l'intervention de la loi du 29 juillet 1881, le terrain d'élection du régime répressif est la presse (c'est-à-dire, *stricto sensu*, le produit d'une machine à imprimer : parler de « presse écrite » est donc pléonastique). L'article 1er de cette loi dispose : « L'imprimerie et la librairie sont libres », ce qui implique en particulier que « Tout journal ou écrit périodique peut être publié sans déclaration ni autorisation préalable, ni dépôt de cautionnement » (art. 5, dans sa version résultant de la loi du 22 mars 2012).

Reprenant le modèle de la loi de Serre, la loi du 29 juillet 1881 était à l'origine l'illustration même du régime répressif : elle rassemblait l'ensemble des incriminations susceptibles d'intervenir en matière de presse, ce qui permettait de prendre aisément connaissance des limites entre le licite et l'illicite, et contenait de nombreuses précisions quant aux poursuites et à la répression des infractions de presse, marquées d'un net particularisme par rapport à la répression pénale ordinaire, lequel jouait généralement en faveur des personnes poursuivies.

Ce schéma a subi bien des altérations. Ainsi, les infractions de presse ont proliféré en dehors de la loi de 1881, de sorte qu'il est devenu quasi impossible aujourd'hui d'en dresser une liste exhaustive. Il arrive même — et il est de plus en plus souvent question d'étendre ces hypothèses — qu'une infraction soit sortie de la loi sur la presse pour être incorporée au Code pénal (cas de l'outrage aux bonnes mœurs, devenu atteinte à la sensibilité des mineurs avec l'article 227-24 du nouveau Code pénal), ce qui permet de s'affranchir des contraintes procédurales liées à la loi de 1881. Code de la santé publique, lois sur les sondages d'opinion en période électorale, lois portant diverses dispositions d'ordre social accueilleront ainsi des infractions de presse.

Le particularisme procédural de la loi de 1881 était notamment caractérisé par la compétence de la cour d'assises, qui conduisait à de très fréquents acquittements. Depuis l'ordonnance du 6 mai 1944, la plupart des infractions de presse relèvent, en tant que délits, des tribunaux correctionnels.

Subsiste, en revanche, le système dit de la responsabilité en cascade : le responsable principal des infractions de presse est le directeur de la publication ou l'éditeur, ainsi investi d'un « devoir de surveillance et de contrôle[35] », à son défaut l'auteur, à son défaut l'imprimeur, à son défaut les vendeurs, distributeurs ou afficheurs de l'écrit. Ce dispositif est destiné à faciliter la désignation d'un responsable et à susciter la prudence de tous les acteurs de la production et de la diffusion de l'écrit, qui pourront de surcroît toujours être poursuivis comme complices de l'auteur principal[36]. Il faut également mentionner l'absence d'aggravation des peines en cas de récidive (sauf quelques exceptions) et l'existence d'une courte prescription de trois mois (art. 65 de la loi — on notera que la loi du 9 mars 2004 porte ce délai à un an pour quatre infractions marquées d'un caractère raciste) à compter de la publication[37]. Sur le plan procédural, l'obligation faite au ministère public comme au plaignant de qualifier les

---

35. Crim. 13 nov. 2001, *Légipresse* 2002. III. 53, note B. Ader. v. aussi pour un directeur de publication d'un service de communication en ligne, Crim. 3 nov. 2015, *Légipresse* 2016. 108, note N. Verly.
36. Rappelant la possibilité de rechercher la responsabilité d'un complice, à l'exclusion de la personne qui aurait eu la qualité d'auteur principal : Crim. 3 mars 2015, *Légipresse* 2015. III. 366, note B. Ader et 17 mai 2022, n° 21-82949 étendant la solution à la communication audiovisuelle.
37. Cass. 1e civ. 23 nov. 2022, n° 21-22078 : impossibilité de viser un même propos à la fois comme injurieux et comme diffamatoire, cela étant « de nature à créer une incertitude » dans l'esprit de la personne poursuivie. V., B. Ader, « Quelques rappels et réflexions sur la prescription en matière de presse », *Légipresse* 2004. II. 100. Ce délai impose non seulement une réaction en temps utile après la publication, mais également la réitération régulière d'actes de procédure manifestant à l'adversaire l'intention de poursuivre l'instance (Cass., ass. plén., 21 déc. 2006, *Bull. ass. plén.*, n° 15). La Cour de cassation a jugé que cette courte prescription réalisait « un juste équilibre entre le droit d'accès au juge et les exigences de conservation des preuves propres aux faits que réprime » la loi de 1881 et a, en conséquence, refusé de considérer comme sérieuse la QPC dirigée contre la disposition instaurant ce délai (Civ. 1re, 5 avr. 2012, *Légipresse* 2012. 371, note P. Guerder). À noter qu'il y a nouvelle publication lorsque le texte est rendu à nouveau accessible par son auteur au moyen d'un lien hypertexte y renvoyant directement et inséré dans un contexte éditorial nouveau, suite à un acte volontaire, à l'inverse

infractions motivant leur initiative, avec indication des textes dont l'application est demandée (art. 50 et 53 de la loi) dans le réquisitoire introductif ou la citation, emporte interdiction d'une requalification ultérieure des faits[38], comme de qualifications cumulatives ou alternatives[39]. Compte tenu des incertitudes nombreuses quant aux frontières entre diverses infractions réprimées par la loi de 1881 (par ex. entre diffamation et injure, injure ordinaire et injure raciste), une telle obligation peut aboutir à des impunités[40]. Ces contraintes protectrices de celui qui s'exprime doivent aussi recevoir application lorsque la voie civile est préférée à la voie pénale par la personne visée (*cf. infra*). Suite à des arrêts de la Cour de cassation qui avaient paru affaiblir sérieusement la force de ces exigences au civil, un arrêt d'Assemblée plénière a réaffirmé avec netteté l'application exclusive de la loi de 1881 dans cette hypothèse[41]. Il a encore été précisé que les personnes morales n'encourent aucune responsabilité pénale en raison des délits de presse[42].

**575** ***Avantages et inconvénients de la loi sur la presse.*** Depuis longtemps, le particularisme de la loi de 1881 est dénoncé comme trop favorable aux organes de presse, mais sans résultat, nul ne voulant prendre le risque de se les aliéner en remettant en cause frontalement un équilibre plus que centenaire. Ces critiques, au demeurant, nous semblent largement excessives, encore qu'il soit exact que dans certains cas, les chicanes tirées de la loi de 1881 aboutissent à priver les victimes de la réparation qui leur est due. L'idée d'une dépénalisation du droit de la presse avait été relancée par le président Sarkozy, qui avait tenté de la présenter comme un progrès (l'interpellation, accompagnée de nombreuses vexations, le 28 novembre 2008, de M. de Filippis, ancien directeur de la publication de *Libération*, en exécution d'un mandat d'amener émis par le juge d'instruction dans le cadre d'une plainte en diffamation, lui avait fourni un argument en ce sens) et reprise par le rapport Guinchard sur la nouvelle répartition des contentieux (juin 2009). Il serait imprudent de succomber à cette illusion : l'application de la loi pénale comporte des garanties spécifiques, au premier chef celle d'une interprétation restrictive des dispositions d'incrimination[43], comme l'a justement rappelé une tribune publiée

---

de l'hypothèse où la nouvelle mise à la disposition du public du contenu litigieux résulte d'un processus entièrement automatisé : Crim. 2 nov. 2016, 10 janv. 2017, 7 févr. 2017, *Légipresse* 2017. III. 200, note B. Ader et 10 avr. 2018 ; *Légipresse* 2018. III. 332, note G. Beaussonie.

38. Le critère en la matière est celui du respect des droits de la défense : il s'agit d'éviter toute incertitude qui leur serait préjudiciable quant à la qualification que le plaignant entend donner aux différents passages incriminés (Crim. 3 nov. 2020, n° 19-87463).
Cette interdiction de requalifier a été levée par la loi du 27 janvier 2017 relative à l'égalité et à la citoyenneté entre les seules infractions de presse revêtant une dimension raciste.

39. Règle rappelée par Crim. 30 mars 2005, *Bull. crim.* n° 111, par Paris, 15 févr. 2011, *Légipresse* 2011. 292, note P. Guerder et réaffirmée avec éclat par Cass., ass. plén., 15 févr. 2013, *Légipresse* 2013. III. 152, avis J.-C. Marin, note P. Guerder. v. aussi les arrêts de la chambre criminelle et de la 1re ch. civile en faisant application (*Légipresse* 2013. III. 609, note G. Lécuyer) et la décision du Conseil constitutionnel du 17 mai 2013, n° 2013-311 QPC, la déclarant conforme à la Constitution. Plus récemment : Civ. 1re, 4 févr. 2015, *Légipresse* 2015. III. 364.

40. V. ainsi Montpellier 13 sept. 2007, *Légipresse* 2008. III. 7 : ne pouvant être condamné pour injure envers une personne ou un groupe de personnes à raison de leur origine (art. 33, al. 2 de la loi de 1881), l'infraction n'étant pas constituée, G. Frêche ne pouvait être sanctionné pour injure envers des particuliers (al. 2 du même texte), faute de requalification possible, et ce alors même que la Cour indique que les propos tenus par le prévenu à l'encontre des harkis étaient constitutifs de ce dernier délit.
V. cependant l'étude de N. Bonnal, « Les "chausse-trappes" procédurales de la loi de 1881 : mythe ou réalité ? Essai d'étude statistique », *Légipresse* 2011. 665 montrant, à partir de l'ensemble des décisions rendues en 2010 par la 17e chambre du TGI de Paris, spécialisée en la matière, que « moins de 8 % des poursuites de presse échouent sur un motif de procédure », à quoi s'ajoute le fait qu'un tiers des nullités prononcées étaient fondées sur le droit commun (Code de procédure pénale, essentiellement). Cette étude nuance fortement l'image de « formalisme tatillon » attachée à la loi sur la presse.

41. Cass., ass. plén., 15 févr. 2013, *Légipresse* 2013. III. 303, avis J.-C. Marin, note P. Guerder. Sur la controverse tranchée par cet important arrêt, v. Civ. 1re, 8 avr. 2010, *Bull. civ.* I, n° 87 ; *Légipresse* 2010. 88, comm. P. Guerder ; *D.* 2010. 1673 et N. Bonnal, « Les règles processuelles de la loi de 1881 sont-elles toujours applicables devant le juge civil ? », *Légipresse* 2010. 19. La cour d'appel de Paris, quant à elle, avait continué d'appliquer avec rigueur les dispositions procédurales de la loi de 1881 : Paris, 9 sept. 2010, *Légipresse* 2010. 420, note B. Ader et 15 févr. 2011, *Légipresse* 2011. 292, note P. Guerder. Il a été ajouté que l'obligation d'indiquer l'article de la loi de 1881 sur lequel les poursuites sont fondées joue devant la juridiction civile « y compris dans les procédures d'urgence et même dans le cas où l'action est exercée préalablement à toute publication » (Civ. 1re, 26 sept. 2019, n°s 18-18.939, 18-18.944).

42. Crim. 11 juill. 2017, n° 16-84.859.

43. V. ainsi Crim. 12 nov. 2008, *Légipresse* 2009. 12, note G. Tillement (propos critiques sur l'homosexualité tenus par M. Vanneste), 31 mars 2009, *Légipresse*, n° 263, note G. Tillement (confirmant l'arrêt précité de la cour de Montpellier, cet arrêt énonce que « d'une part, la communauté des harkis ne constitue pas un groupe de personnes entrant dans l'une des catégories limitativement énumérées par l'article 33, al. 3, de la loi du 29 juill. 1881 et que, d'autre part, l'interdiction de toute injure envers les harkis posée par l'article 5 de la loi du 23 février 2005 n'est assortie d'aucune sanction pénale »), 27 nov. 2012, *Légipresse* 2013. 10 (la contravention d'injure raciale non publique ne figurant pas au nombre de celles autorisant les associations

par *Le Monde* du 27 janvier 2009. Au demeurant, il suffirait de préciser à l'article 52 de la loi de 1881 que les mandats de comparution ou les mandats d'amener sont également prohibés et de supprimer les peines d'emprisonnement encourues en matière de diffamation. Utilisant les débats portant sur la loi relative à l'égalité et à la citoyenneté, les sénateurs ont plus récemment tenté une nouvelle offensive contre le libéralisme de la loi de 1881, en utilisant le prétexte de la prolifération de fausses informations sur Internet. Cette initiative, qui a suscité de vives protestations (v. *Le Monde*, 6-7 novembre 2016), montre bien la fragilité des conquêtes en matière de liberté d'expression et la vigilance inquiète dont il convient de faire preuve en la matière.

Plus importante serait pourtant la tâche de vérifier, à la lumière des impératifs constitutionnels et internationaux d'aujourd'hui, si chacune des innombrables infractions de presse prévues par nos lois continue d'apparaître nécessaire, dans une société démocratique, à la satisfaction d'intérêts légitimes. Un tel examen conduit à juger obsolètes certaines infractions (pour ne prendre qu'un seul exemple, l'interdiction de rendre compte de certains procès en diffamation prévue à l'article 39 de la loi de 1881), ou trop restrictifs certains moyens de défense offerts au prévenu (ainsi de l'interdiction, en matière de diffamation, de rapporter la preuve de la vérité de faits remontant à plus de dix ans[44] ou encore constitutifs d'une infraction amnistiée ou prescrite, aujourd'hui abrogée à la suite, respectivement, des décisions du Conseil constitutionnel du 20 mai 2011, n° 2011-131 QPC et du 7 juin 2013, n° 2013-319 QPC).

Faute pour le législateur de procéder à un tel examen, c'est aux tribunaux qu'il revient de s'y livrer, en utilisant la procédure de la question prioritaire de constitutionnalité ou directement en application de l'article 55 de la Constitution qui fait prévaloir sur les lois les traités internationaux. Dans un arrêt du 18 septembre 1997, la cour d'appel de Paris[45] n'a pas hésité à écarter l'application de l'article 38, alinéa 3 de la loi de 1881 qui prohibait « la publication, par tous moyens, de photographies, gravures, dessins, portraits ayant pour objet la reproduction de tout ou partie des circonstances » de certains crimes et délits (atteintes à la personne humaine, à l'intégrité physique ou psychique de la personne, atteintes aux mineurs et à la famille). Le ministère public poursuivait, suite à la publication de photographies prises peu après l'attentat perpétré à la station Saint-Michel et représentant certaines victimes encore en état de choc. La cour de Paris, qu'un arrêt de la Cour de cassation du 20 février 2001 a approuvée[46], a confirmé la relaxe en estimant que les dispositions servant de fondement aux poursuites étaient d'une généralité incompatible avec les exigences de la Convention européenne. La thèse du ministère public proposant de limiter l'application de ce texte aux hypothèses d'atteinte à la dignité humaine a été écartée comme ne satisfaisant pas à l'exigence de prévisibilité résultant de la jurisprudence de la Cour européenne. L'article 97 de la loi du 15 juin 2000 renforçant la protection de la présomption d'innocence et les droits des victimes consacre finalement cette thèse, en incriminant désormais la reproduction des circonstances d'un crime ou d'un délit lorsque celle-ci « porte gravement atteinte à la dignité d'une victime et qu'elle est réalisée sans l'accord de cette dernière » — ce qui nous paraît ne pas renforcer sensiblement la prévisibilité de ce texte. Les articles de la loi du 19 juillet 1977 interdisant la publication de sondages électoraux dans la semaine précédant chaque tour de scrutin ont, quant à eux,

---

habilitées à exercer les droits de la partie civile, des poursuites à raison de propos tenus lors d'une manifestation réservée aux militants d'un parti politique ne peuvent prospérer, en dépit de la présence de journalistes), 3 nov. 2015, *Légipresse* 2016. 108, note N. Verly (impossibilité d'ordonner la publication du jugement alors que celle-ci n'est pas une peine complémentaire prévue pour la diffamation envers un particulier. Le même principe d'interprétation s'applique évidemment en droit pénal commun), Crim. 16 mars 2016, *Légipresse* 2016. 275, note I. Soskin (la diffusion de la photographie de l'ancienne compagne du prévenu, la représentant nue et enceinte, ne tombe pas sous le coup de l'article 226-1 du Code pénal, dès lors que l'intéressée avait consenti à être photographiée — l'article 67 de la loi du 7 octobre 2016 pour une République numérique incrimine désormais la diffusion sans accord de la personne d'« images présentant un caractère sexuel »).

44. Dans un jugement du 21 mai 2007, *Légipresse* 2007. 227, note L. François, le TGI de Paris avait affranchi le prévenu de cette interdiction, la jugeant dépourvue de nécessité dans une société démocratique.

45. Confirmant un jugement du TGI de Paris du 10 sept. 1986, *Légipresse* 1997. III. 7, note Derieux.

46. *D.* 2001. 3001, note P. Wachsmann.

vu leur nécessité au regard de l'article 10 de la Conv. EDH faire l'objet d'appréciations divergentes : les juridictions judiciaires[47] l'ont récusée, compte tenu de la large disponibilité de tels sondages à l'étranger et sur le réseau Internet, tandis que le Conseil d'État[48] a estimé ne pouvoir le faire. La Cour de cassation a, par ailleurs, écarté l'application de la loi du 2 juillet 1931, que la CEDH avait jugée contraire aux exigences de la Convention dans son arrêt *Du Roy et Malaurie c/ France*[49]. Quant au délit d'offense envers les chefs d'État étrangers, jugé contraire à la Convention par l'arrêt *Colombani* de la CEDH[50], il a fait l'objet d'une application par la cour d'appel de Paris, qui a cependant veillé à le rapprocher du droit commun en acceptant avec libéralisme la preuve de la bonne foi du prévenu[51]. Toutes ces décisions de justice ont entraîné l'intervention du législateur, dans les deux derniers cas pour procéder à l'abrogation du texte en cause (articles 53 et 52 de la loi du 9 mars 2004), dans le premier pour réduire la durée de la période durant laquelle est interdite la publication des sondages concernés (article 5 de la loi du 19 février 2002). On relèvera cependant que ces abrogations sont opérées *a minima* — c'est ainsi que l'infraction d'offense au chef de l'État français subsistait, alors pourtant qu'elle encourait les mêmes critiques que l'infraction supprimée[52]. Ce n'est qu'à la suite de la condamnation de la France par la Cour européenne des droits de l'homme (arrêt *Eon c/ France* du 14 mars 2013) que l'article 21 de la loi du 5 août 2013 a abrogé l'article 26 de la loi sur la presse définissant cette infraction.

## 2 • La montée en puissance contrariée du droit civil

**576** ***Droit civil contre droit pénal de la presse ?*** Ce qui est, par ailleurs, frappant dans les tendances actuelles du droit de la presse, c'est la volonté de ceux qui le dénoncent de soumettre leurs demandes au juge civil et singulièrement au juge des référés. Ce dessaisissement du juge pénal (que l'article 46 de la loi de 1881 n'interdit que pour les diffamations envers les corps constitués ou envers les dépositaires ou agents de l'autorité publique pris en cette qualité[53]) permet en effet, outre une plus grande discrétion, l'obtention de dommages-intérêts généralement plus élevés que ceux accordés au titre de l'action civile par les tribunaux répressifs et, lorsqu'il s'agit du juge des référés, l'édiction de mesures intervenant très rapidement — voire de mesures préventives.

Au départ confinée à la protection de la vie privée des personnes[54], la saisine du juge des référés s'est ensuite étendue au-delà de ce champ, qui peut d'ailleurs lui-même interférer avec des débats d'intérêt public, comme l'illustre le cas de l'interdiction, pour atteinte à l'intimité de la vie privée du président défunt et de ses proches, du livre du docteur Gubler sur la maladie de François Mitterrand[55]. La saisine du juge des référés en matière de diffamation, suite à la publication dans un hebdomadaire d'un article mettant gravement en cause le comportement de M. Jean-Christophe Mitterrand, à l'époque conseiller pour les Affaires africaines à la présidence de la République, témoigne bien de cette tendance. Dans un arrêt du 5 février 1992[56], la deuxième chambre civile de la Cour de cassation a admis le principe d'une telle action, en dépit des réserves qu'il peut susciter, tout en l'assortissant d'une importante garantie : l'obligation, pour le juge des référés, de respecter le délai de dix jours imparti au défendeur par la loi de

47. TGI Paris, 15 déc. 1998, *Légipresse* 1999. III. 15, note Derieux et Crim. 4 sept. 2001, *Légipresse* 2001. III. 183, note B. Ader, cassant Paris, 29 juin 2000, *Légipresse* 2000. III. 147.
48. CE, sect., 2 juin 1999, *M. Meyet, AJDA* 1999. 629 et 560, Chron. F. Raynaud et P. Fombeur.
49. Crim. 16 janv. 2001, *D.* 2001. Somm. 1067, obs. J.-F. Renucci.
50. *RTDH* 2003. 975, note P. Wachsmann.
51. Paris, 3 juill. 2002, *Légipresse* 2002. III. 163, note H. Leclerc ; comp. TGI Paris, 25 avr. 2001, *Légipresse* 2001. III. 103, note M.-N. Louvet qui avait déclaré ces dispositions contraires aux art. 6 et 10 de la Conv. EDH.
52. V. T. Lévy, note sous Angers, 24 mars 2009, *Légipresse* 2009. III. 172, à propos de la condamnation d'une personne ayant brandi un écriteau portant la mention « Casse toi pov'con » à l'approche du cortège présidentiel à Laval.
53. V. sur les conditions requises pour que puisse s'appliquer cette dernière infraction, Crim. 6 janv. 2015, *Bull. crim.* n° 10.
54. En vertu de l'art. 9 du C. civ. ; v. *infra*.
55. V. *infra*.
56. *D.* 1993. 53, note P. Wachsmann.

1881 (sauf atteinte à la vie privée) pour rapporter la preuve de la vérité des faits diffamatoires. Une telle exigence[57] interdit au juge des référés de prononcer une mesure de saisie à l'encontre de quotidiens ou d'hebdomadaires (après dix jours, une telle mesure n'aurait plus aucune utilité) et limite ses pouvoirs à l'insertion forcée d'un communiqué[58] ou à l'allocation de dommages-intérêts provisionnels. Compte tenu des conditions dans lesquelles statue le juge des référés, cette solution, même si elle limite les atteintes susceptibles d'être portées à la liberté d'expression, ne nous paraît guère opportune : fondée en l'espèce sur un simple titre de compétence d'origine réglementaire (le nouveau Code de procédure civile) particulièrement général, l'intervention du juge des référés autorise des atteintes à une liberté que le législateur de 1881 avait attentivement protégée. Encore plus critiquable est la solution retenant la compétence du juge des référés en dépit de l'incompétence du juge civil statuée par l'article 46 de la loi de 1881 : l'autonomie du référé atteint ici une dimension exorbitante. Il faut ajouter que, en toute hypothèse (même en cas d'atteinte au respect dû à la vie privée)[59], la juridiction des référés ne garantit pas toujours suffisamment le respect de la liberté d'expression, comme l'attestent déjà de nombreux exemples (principe du contradictoire malmené, interdiction de publier un ouvrage non encore rédigé à partir d'un simple synopsis, mesures assorties d'astreintes d'un montant exorbitant ou imposant des contraintes excessives[60]...). Le contrôle exercé sur les décisions de référé par les juridictions supérieures tend, de ce fait, à se renforcer[61], tandis que le caractère exceptionnel d'une intervention *a priori* du juge des référés est affirmé avec une netteté croissante[62], ce qui, pour autant, n'exclut pas toujours l'intervention de mesures préventives décidées dans le cadre, détourné, d'une procédure commerciale non contradictoire[63].

Par ailleurs, un débat très vif s'est engagé sur l'applicabilité à la presse du droit de la responsabilité civile. L'assemblée plénière de la Cour de cassation l'a finalement tranché dans un sens nettement défavorable au grignotage du droit de la presse par le droit civil, solution qui doit, selon nous, être pleinement approuvée, compte tenu de la protection dont le législateur de 1881 a entendu doter la liberté de s'exprimer. S'il est clair qu'aucun inconvénient majeur ne s'attache à l'invocabilité, devant le juge civil, des articles de la loi de 1881 ou des autres textes définissant des infractions de presse, les contraintes liées à ces dispositions restant applicables (v. ss 571 s.), l'introduction de la possibilité de faire jouer la faute de l'article 1240, anc. 1382, du Code civil modifie, en revanche, les limites de la liberté d'expression. À ce titre, une partie de la doctrine estimait que, en matière de presse, l'existence d'une loi spéciale emportait exclusion de la loi générale que constitue l'article 1382 du Code civil[64]. Telle n'a pas été l'interprétation qui a prévalu : l'article 1382 n'a jamais été totalement tenu en échec par la loi de 1881. En revanche, une grande incertitude a régné sur la portée propre que l'article 1382 est susceptible de revêtir en matière de presse, incertitude qui n'est en réalité toujours pas entièrement levée à ce jour, compte tenu des hésitations et oppositions que continue de susciter l'éviction de principe de cette disposition.

La jurisprudence a d'abord semblé en réserver l'application à des hypothèses exceptionnelles que la loi de 1881 interdisait de saisir : déformation par le journaliste des propos tenus par l'intéressé ou

57. Rappelée avec force par Civ. 2e, 14 nov. 2002, *Légipresse* 2003. III. 1, note B. Ader.
58. V. ainsi l'obligation de rappeler le principe de la présomption d'innocence dans un encart à insérer dans le livre de Nadine Trintignant relatif à la mort de sa fille (Paris, 7 oct. 2003, *Légipresse* 2003. III. 167, note E. Derieux) qu'elle avait publié avant le procès à Vilnius de Bertrand Cantat.
59. V. ainsi par analogie, Civ. 1re, 14 juin 2005, *Légipresse* 2006. III. 1, note J.-Y. Dupeux, imposant à la cour d'appel de préciser en quoi la diffusion avant un procès pénal d'un livre écrit par la juge ayant instruit l'affaire porterait atteinte à la présomption d'innocence.
60. V. ainsi TGI Brest, réf., 7 juin 2010, *Légipresse* 2010. III. 296, note A. Chavagnon et J. Lavédrine, imposant l'enlèvement de la mention « Combien de morts ? » de la couverture d'un livre dénonçant les méfaits d'un médicament, le *Mediator*. L'ampleur du scandale mis au jour par ce livre a conduit la cour d'appel de Rennes à lever cette mesure, le 25 janv. 2011, *Légipresse* 2011. III. 182, note A. Chavagnon. L'éditeur déclare avoir perdu 25 000 euros du fait de la décision de première instance (*Le Monde*, 27 janv. 2011).
61. Versailles, 3 mai 2006, *Légipresse* 2006. III. 161, note T. Hassler (« l'interdiction de reproduire les clichés litigieux à l'avenir n'apparaît pas ressortir des pouvoirs du juge des référés »).
62. Paris, 15 déc. 2005, *Légipresse* 2006. III. 168, note B. Ader et Paris, 2 févr. 2006 ; TGI Paris, 10 nov. 2005, *Légipresse* 2006. III. 125 et TGI Paris, 15 juin 2011, *Légipresse* 2011. III. 434.
63. Interdiction faite à *Mediapart* de publier le contenu d'un enregistrement sonore de propos diffamatoires du maire de Saint-Étienne (*Le Monde*, 30 nov. 2022).
64. V. J. Carbonnier, « Le silence et la gloire », *D.* 1951. Chron. 119.

atteinte aux droits fondamentaux de la personne[65], solution que la Cour de cassation a refusée dans un premier temps, estimant que rien ne devait venir limiter la portée générale de l'article 1382[66]. La résistance des cours d'appel à cette solution a conduit à soumettre la question à l'assemblée plénière de la Cour de cassation qui, dans un arrêt du 12 juillet 2000[67], s'est ralliée à la doctrine des juges du fond, en énonçant, fort peu clairement, que « les abus de la liberté d'expression prévus et réprimés par la loi du 29 juillet 1881 ne peuvent être réparés sur le fondement de l'article 1382 du Code civil ». Cette formule imposait de distinguer désormais selon que la faute invoquée devant le juge civil correspond ou non à une incrimination résultant de la loi sur la presse. Dans le premier cas, l'article 1382 ne pouvait jouer et il y avait lieu de faire application exclusive des dispositions de la loi sur la presse : la faute civile ne pouvait que coïncider avec la faute pénale et non la déborder, comme c'était le cas sous l'empire de l'ancienne jurisprudence de la Cour de cassation (par exemple, était fautive toute diffamation dirigée contre la mémoire des morts, alors pourtant que la loi de 1881 ne l'incrimine que lorsqu'elle s'accompagne d'une intention de porter atteinte à l'honneur ou à la considération des héritiers, époux ou légataires universels vivants)[68]. Dans le second cas, il restait à préciser les hypothèses dans lesquelles la faute de l'article 1382 pouvait venir suppléer les lacunes du droit pénal de la presse, étant entendu que le respect dû à la liberté d'expression commande ici une conception restrictive. Un arrêt de la Cour de cassation rendu en 2008 avait pu être interprété comme une régression[69], attestant une incertitude persistante. La tendance paraissait s'affirmer d'une utilisation de l'article 1382 pour réparer les dommages causés par le dénigrement des produits (la loi de 1881 ne protège que les personnes)[70], voire par des mises en cause trop générales pour que puisse jouer la diffamation[71], quitte à importer, non sans contradiction, dans de telles hypothèses les règles régissant l'infraction de diffamation, en particulier celles relatives à l'appréciation de la bonne foi (*cf. infra*).

La Cour de cassation semble avoir définitivement et, cette fois-ci, clairement tranché le débat dans son arrêt d'Assemblée plénière du 15 février 2013[72], encore que celui-ci ne porte que sur une question procédurale. Dans son avis, M. le procureur général Marin indique en effet nettement qu'il s'agit d'affirmer la prééminence de la loi de 1881 en tant que garantie de la liberté d'expression, de « conforter les équilibres posés » par ce texte législatif spécial dont il estime que les principes qu'il pose « gravitent désormais dans une sphère constitutionnelle », c'est-à-dire doivent s'analyser comme des garanties pratiquement indissociables de la liberté d'expression elle-même. Alors que l'on pouvait hésiter sur ce que la Cour de cassation entendait laisser subsister de la fonction de l'article 1382 en matière de presse — éviction totale ou réduction à une fonction complétive dont les contours devraient alors être précisés[73] — c'est

65. Paris, 18 févr. 1992, *Légipresse* 1992. III. 112 : refus de condamner *Le Canard enchaîné* suite à la parution d'un article satirique restant dans les limites permises du genre.

66. Civ. 2e, 5 mai 1993, *Légipresse* 1994. III. 20 : la cour d'appel de Paris avait refusé de condamner l'éditeur d'un mensuel qui avait publié des photographies représentant des jeunes gens revêtus de l'uniforme scout se livrant à des jeux érotiques, en les accompagnant de légendes grivoises parodiant le vocabulaire scout et, sur renvoi, Versailles, 17 mai 1995, *Légipresse* 1995. III. 170 condamnant l'éditeur dans cette affaire ; Civ. 2e, 24 janv. 1996, *D.* 1997. 269, note J. Ravanas et 2 avr. 1997, *Légipresse* 1997. III. 97, note B. Ader.

67. *BICC* 1er nov. 2000, p. 3, concl. Joinet, rapports et note Durieux, confirmé not. par Civ. 2e, 5 févr. 2004, *Légipresse* 2004. III. 137, note B. A., par Civ. 1re, 27 sept. 2005, *Légipresse* 2006. III. 57, note F. Watrin, qui énonce : « les abus de la liberté d'expression envers les personnes ne peuvent être poursuivis sur le fondement de ce texte [l'art. 1382] » et par Civ. 2e, 25 janv. 2007, *Légipresse* 2007. III. 134, note B. Ader.

68. En ce sens, Civ. 1re, 6 mai 2010, *Bull. civ.* I, no 103 : les dommages causés par des propos constitutifs de diffamation « ne peuvent être réparés sur le fondement de l'article 1382 du Code civil ».

69. Civ. 1re, 30 oct. 2008, *JCP* 2009. II. 10006, note E. Dreyer. La Cour estime que « quand l'imputation de la paternité d'une publication en l'absence de propos injurieux ou portant atteinte à l'honneur ou à la considération ne relève pas des dispositions de la loi du 29 juillet 1881 », l'art. 1382 du Code civil s'applique (la cour d'appel avait rejeté la demande en l'analysant comme une accusation de diffamation, en l'espèce non fondée).

70. Mais en sens contraire (refus de faire jouer l'art. 1382), v. Civ. 1re, 25 nov. 2010, *Légipresse* 2011. 101, note G. Tillement.

71. TGI Paris, 19 mai 2010, *Légipresse* 2010. 290, note F. Masure : mise en cause des avocats en général par le représentant d'un syndicat de policiers.

72. Cass., ass. plén., 15 févr. 2013, *Légipresse* 2013. III. 152, avis J.-C. Marin, note P. Guerder.

73. Comme l'indique Me Guillaume Lécuyer (note sous Civ. 1re, 6 oct. 2011, *Légipresse* 2012. 31), l'enjeu est notamment de savoir s'il est possible, ou non, de mettre en œuvre un « délit civil de dénigrement » à l'encontre d'allégations qui ne sont constitutives ni de diffamation, ni d'injure.

le premier parti qui l'emporte nettement — « l'autonomie et l'exclusivité de la loi de 1881 en matière de réparation des délits de presse », pour reprendre les termes du procureur général, s'imposent désormais. Un arrêt de la 1re Chambre civile du 10 avril 2013 va clairement en ce sens[74], alors que certaines décisions semblent cependant à nouveau revenir en arrière, en admettant l'application de l'article 1240 en cas de dénigrement de produits et non de personnes[75], voire même en limitant l'exercice de la liberté d'expression au vu d'autres textes législatifs (loi pour la confiance dans l'économie numérique et Code du travail ont ainsi été invoqués pour interdire la divulgation des détails d'un plan social d'entreprise)[76]. Ces errements jurisprudentiels sont regrettables.
Le régime répressif joue aussi à l'égard d'autres modes d'expression : parole publique et spectacles vivants considérés comme « œuvres de l'esprit[77] » ou encore messages mis en ligne. Pour le reste, en dépit des principes, s'appliquent bel et bien des régimes préventifs.

## B • La persistance de régimes préventifs

**577** Ceux-ci n'épargnent pas la presse ni le cinéma, s'ils trouvent dans la communication audiovisuelle leur terrain privilégié. L'interdiction par des préfets ou des maires, souhaitée par le ministre de l'Intérieur, d'un spectacle de Dieudonné au cours duquel étaient tenus des propos constitutifs d'attaques antisémites tombant sous le coup de la loi pénale et d'ailleurs plusieurs fois sanctionnées à ce titre, a donné lieu à une prise de position du Conseil d'État, statuant au titre du référé-liberté, qui est venue rappeler que le principe de la liberté d'expression n'emporte pas paralysie des pouvoirs de police administrative générale. L'ordonnance du 9 janvier 2014, *Société les Productions de la Plume et M. Dieudonné M'Bala M'Bala*[78], relève l'existence de condamnations pénales déjà prononcées à raison des propos du requérant lors de ce spectacle, celle d'« un risque sérieux que soient de nouveau portées de graves atteintes au respect des valeurs et principes, notamment de dignité de la personne humaine, consacrés par la Déclaration des droits de l'homme et du citoyen et par la tradition républicaine » et en déduit l'absence d'une illégalité grave et manifeste, seule de nature à justifier l'intervention du juge du référé-liberté. Il reste à espérer que ces éléments cantonnent le champ d'application de cette solution à des hypothèses exceptionnelles, telle celle de ces espèces[79].

### 1 • Les régimes d'interdiction administrative en matière de presse

**578** Ils résultaient de deux articles 14, celui rajouté à la loi de 1881 par un décret-loi de 1939 et celui qui a été inséré dans la loi du 16 juillet 1949 sur les publications destinées à la jeunesse : seul ce dernier

74. *Légipresse* 2013. III. 425, note N. Verly. v. aussi Civ. 1re, 29 oct. 2014, *Légipresse* 2014. III. 683, note B. Ader, TGI Paris, réf., 20 nov. 2014, *Légipresse* 2014. III. 685 et Civ. 1re, 17 juin 2015, *Légipresse* 2015. III. 483, note B. Ader.
75. Civ. 1re, 27 nov. 2013, *Légipresse* 2014. III. 155, note B. Ader (l'annotateur relève l'imprévisibilité de cette jurisprudence et dénonce, en conséquence, son incompatibilité avec les exigences de l'article 10 de la Conv. EDH). Il se confirme cependant que le dénigrement des produits peut donner lieu à une action civile en réparation, nonobstant l'absence de son incrimination possible en application de la loi de 1881, mais les règles applicables étant parfaitement identiques à celles qui s'appliquent dans le champ de ces dispositions (Civ. 1re, 6 sept. 2017, *D.* 2018. 208, Chron. E. Dreyer ; 11 juill. 2018 ; *Légipresse* 2018. 562, note G. Lécuyer, et 12 déc. 2018, n° 17-31.758).
76. Civ. 1re, 11 mars 2014, *Légipresse* 2014. III. 289, note C. Bigot.
77. La loi du 18 mars 1999 a étendu à l'ensemble de ces spectacles le régime dont l'ordonnance du 13 oct. 1945 relative aux spectacles ne faisait bénéficier que le théâtre parlé et lyrique, la danse, les concerts symphoniques et autres, le théâtre de marionnettes, les cabarets artistiques, cafés-concerts, music-hall et cirques.
78. Req. n° 374508. v. aussi CE, réf., 10 janv. 2014, req. n° 374528 et 11 janv. 2014, req. n° 374552, mêmes requérants, *AJDA* 2014. 866. v. not. sur ces ordonnances les commentaires et interventions de D. Baranger, *RFDA* 2014. 525 ; C. Broyelle, *RFDA* 2014. 521 ; D. Lochak, *Légipresse* 2014. III. 224 ; J. Petit, *AJDA* 2014. 866 et B. Seiller, *AJDA* 2014. 129. *Adde* le dossier consacré à l'affaire par le n° 2 de la revue *Grief*, Dalloz, 2015, p. 61-109.
79. V. ainsi, à propos d'un autre spectacle du même auteur, CE, ord., 6 févr. 2015, *Commune de Cournon d'Auvergne*, *AJDA* 2015. 1658, note É. Saillant-Maraghni.

subsiste aujourd'hui, compte tenu des graves réserves qu'ils encourent aussi bien quant à leur principe que quant à leurs modalités[80].

**579** ***Le régime naguère applicable aux publications de provenance étrangère.*** Texte de circonstance destiné à lutter contre la propagande ennemie peu avant la guerre, le décret-loi de 1939 a été abrogé par un décret du 4 octobre 2004, sur injonction du Conseil d'État en vertu de l'article 10 de la Conv. EDH[81]. Ayant conservé valeur réglementaire, en l'absence de ratification, ses dispositions avaient jadis été jugées conformes à la loi d'habilitation sur la base de laquelle il avait été pris[82]. Elles autorisaient le ministre de l'Intérieur à interdire la circulation, la distribution ou la mise en vente en France des journaux ou écrits, périodiques ou non, rédigés en langue étrangère et des journaux ou écrits de provenance étrangère rédigés en langue française. Il s'agissait donc d'un régime d'interdiction administrative dont l'utilisation aboutissait à empêcher toute circulation en France de l'écrit concerné. Si l'on se souvient que l'article 10 de la Convention européenne proclame la liberté d'expression sans considération de frontière, ce régime d'exception qui conférait à l'Administration des pouvoirs importants et mal définis ne pouvait qu'être jugé contraire aux principes de la société démocratique. En dépit des conclusions en ce sens de son commissaire du gouvernement, le Conseil d'État avait précédemment jugé que ces dispositions n'étaient pas incompatibles avec les exigences de la Convention, compte tenu du renforcement du contrôle juridictionnel opéré par l'arrêt[83]. La CEDH a infirmé cette appréciation (arrêt *Association Ekin c/ France* du 17 juillet 2001) et a ensuite été suivie par le Conseil d'État et le pouvoir réglementaire.

De surcroît, le juge administratif avait interprété fort largement le texte quant à son champ d'application : étaient concernées non seulement les traductions ou les adaptations de textes parus à l'étranger, mais encore les publications rédigées en français par un auteur étranger, à l'aide d'une documentation étrangère et qui révèlent « une inspiration étrangère[84] ». Le contrôle pratiqué sur les arrêtés ministériels d'interdiction pris en application de ce texte, après une trop longue fixation au stade du contrôle restreint[85], s'était transformé en un contrôle entier portant sur la conciliation entre les intérêts généraux dont le ministre a la charge et le respect dû aux libertés publiques et, notamment, à la liberté de la presse[86]. Cette solution, qui correspond aux exigences de la liberté d'expression, conduisait déjà à envisager avec suspicion une mesure portant par définition une atteinte grave à la liberté de la presse.

**580** ***L'article 14 de la loi du 16 juillet 1949 sur les publications présentant un danger pour la jeunesse.*** Tandis que ce texte soumet celles-ci à des normes fort strictes quant à leur contenu, sans s'écarter cependant du cadre du régime répressif, son article 14, modifié par l'article 46 de la loi du 17 mai 2011 de simplification et d'amélioration de la qualité du droit, vise en réalité, pour les soumettre à un régime préventif, les publications « de toute nature », soit celles qui n'ont ordinairement pas pour destinataires les enfants et les adolescents. Est d'abord statuée l'obligation de mentionner l'interdiction de la mise à disposition des mineurs et de vendre sous film plastique les publications, autres que les livres, « présentant un danger pour la jeunesse en raison de contenus à caractère pornographique ». La loi laisse pleinement subsister le pouvoir du ministre de l'Intérieur d'édicter des restrictions quant à la diffusion et à la commercialisation (interdiction de vente aux mineurs, d'exposition à la vue du public ou de publicité) des publications qui présentent « un danger pour la jeunesse en raison de contenus à caractère pornographique ou susceptibles d'inciter au crime ou à la violence, à la discrimination ou à la

80. V. P. Wachsmann, « Les limitations à l'exercice des droits et l'exercice du contrôle juridictionnel », *RUDH* 1991. 289.
81. CE 7 févr. 2003, *GISTI, Légipresse 2003.* III. 60, note P. Wachsmann ; v. aussi la proposition de réforme faite par le médiateur de la République (Rapport annuel, 2004, p. 64).
82. CE, ass., 2 nov. 1973, SA Librairie François Maspero, *Lebon* 611.
83. CE, sect., 9 juill. 1997, *Assoc. Ekin, Lebon* 309 ; *RD publ.* 1998. 539, note Wachsmann.
84. CE, ass., 30 janv. 1980, *SA Librairie François Maspero, AJDA* 1980. 242, concl. contr. Genevois.
85. CE 17 avr. 1985, *Sté les Éditions des Archers, RD publ.* 1985. 1362, concl. Stirn.
86. Arrêt *Assoc. Ekin*, préc.

haine contre une personne déterminée ou un groupe de personnes, aux atteintes à la dignité humaine, à l'usage, à la détention ou au trafic de stupéfiants ou de substances psychotropes » — la définition des contenus susceptibles de déclencher les pouvoirs d'interdiction du ministre reste pratiquement intacte, mais fait tout de même disparaître la lutte contre les publications « à caractère licencieux ».
Ces dispositions dotent l'Administration de pouvoirs qu'il est tentant pour elle de détourner[87], alors pourtant que la répression pénale ordinaire offre une protection suffisante dans les cas réellement graves. La protection de la jeunesse sert ici de prétexte à un autoritarisme incompatible avec la liberté d'expression, dont la portée est encore aggravée, pour les publications périodiques, par le fait que le prononcé, à leur encontre, d'une mesure d'interdiction d'exposition a pour effet de les soustraire au circuit normal de distribution par les sociétés coopératives de diffusion, ce qui signifie leur disparition en pratique. L'exercice, par le juge administratif, d'un contrôle entier sur les appréciations ministérielles relatives tant au contenu des publications[88] qu'au choix des mesures édictées[89] ne compense que très partiellement les vices inhérents à ce contrôle administratif des publications, assez fréquemment exercé[90] et toujours susceptible d'utilisation. En 1987, la loi de 1949 a été mobilisée par le ministre de l'Intérieur, Charles Pasqua, pour contraindre les revues dites de charme à plus de modération dans le choix des photographies de couverture, ce qui montre que la tentation de l'ordre moral n'est jamais très éloignée en la matière…

## 2 • Le régime du cinéma

**581** ***Un régime d'autorisation préalable.*** Les spectacles « de curiosités », c'est-à-dire ceux qui apparaissaient aux pouvoirs publics dépourvus du niveau culturel nécessaire pour bénéficier du régime de la liberté, restaient théoriquement soumis à l'exigence d'une autorisation préalable du maire (article 13 de l'ordonnance du 13 octobre 1945 relative aux spectacles). Les pouvoirs du maire étaient soumis par le juge administratif à un contrôle entier[91], mais ils connaissaient une certaine désuétude, comme en témoigne l'affaire du « lancer de nains[92] » où c'est sur le fondement de ses pouvoirs de police générale que le maire avait interdit ce spectacle au nom du respect de la dignité de la personne humaine, démarche approuvée par le Conseil d'État. La loi du 18 mars 1999 a abrogé ce régime d'autorisation.
À l'origine, c'est à ce pouvoir d'autorisation municipale qu'a été soumis le cinéma. Dès 1916, se met cependant en place un régime d'autorisation préalable des films au niveau national, que l'article L. 211-1 du Code du cinéma et de l'image animée maintient pour la représentation[93]. Le visa ministériel peut autoriser l'œuvre pour tous publics ou comporter interdiction de la représentation aux mineurs de 18 (depuis 2001), de 16 ou de 12 ans. Les décisions restreignant la distribution étant soumises au contrôle entier du Conseil d'État[94], on peut en déduire l'existence, à ses yeux, d'une liberté d'expression cinématographique, en dépit du régime d'autorisation préalable, solution qu'on ne peut qu'approuver au regard des règles constitutionnelles et internationales précédemment rappelées.
**582** ***Le juge, instrument d'un retour de la censure ?*** L'interdiction totale étant devenue tout à fait exceptionnelle et les restrictions se faisant bénignes, des particuliers ont tenté de la provoquer,

87. Interdiction de vente aux mineurs et d'exposition de la revue *Hara-Kiri* — du sabordage de laquelle est né *Charlie Hebdo* — pour avoir titré d'une manière irrévérencieuse au lendemain de la mort du général de Gaulle et de l'ouvrage d'avant-garde *Éden, Éden, Éden* de Pierre Guyotat en 1970.
88. CE 5 déc. 1956, *Thibault*, *D.* 1957. 20, concl. Mosset. V. aussi, concluant à l'illégalité du refus d'abroger un arrêté de 1962, CE 27 juin 2005, *M. Genka*, *Légipresse* 2005. III. 253, concl. Mitjavile, note E. Derieux.
89. CE, sect., 9 mai 1980, *Veyrier*, *D.* 1980. 416, concl. Genevois.
90. 4 716 publications ont fait l'objet de telles mesures de 1949 à 1989, v. note Gras ss CE 29 juill. 1994, *M. Sidos et M. Roques*, *Légipresse* 1995. III. 7.
91. CE, sect., 11 juill. 1975, *Sieur Clément*, *AJDA* 1975. 581 et 564, Chron. Boyon et Nauwelaers.
92. CE, ass., 27 oct. 1995, *Cne de Morsang-sur-Orge*, *GAJA*, no 95.
93. Ord. du 24 juill. 2009.
94. CE, ass., 24 janv. 1975, *Sté Rome-Paris Films*, *RD publ.* 1975. 286, concl. Rougevin-Baville annulant la décision de refus opposée au film de Jacques Rivette, *Suzanne Simonin, La Religieuse de Diderot*.

par la voie du référé devant les tribunaux judiciaires[95] ou celle du recours pour excès de pouvoir à l'encontre de l'octroi du visa par le ministre, devant la juridiction administrative[96]. Le refus du Conseil d'État de suivre les requérants sur ce terrain est moins net[97] que celui du juge civil des référés, saisi à propos du film de Jean-Luc Godard, *Je vous salue, Marie*[98]. La seconde approche est plus cohérente par rapport au principe de la liberté d'expression, en analysant la représentation cinématographique comme une série de rencontres librement décidées entre deux personnes[99] responsables de leurs choix. Les demandes d'interdiction judiciaire ont ensuite visé les affiches publicitaires assurant la promotion de certains films. Le problème est ici différent, dans la mesure où l'affiche s'impose à la vue d'un public qui n'a pas librement choisi d'y être confronté. Tenant compte de ce facteur, le juge des référés avait ordonné l'enlèvement d'affiches publicitaires pour un film relatif à des sectes religieuses, *Ave Maria*, représentant une jeune femme attachée à une croix, la poitrine nue. Relevant que cette image ne figurait pas dans le film et qu'ainsi elle ne constituait qu'une forme de « raccrochage publicitaire », le tribunal avait estimé que « la représentation du symbole de la Croix, dans des conditions de publicité tapageuse et en des lieux de passage public forcé, constitue un acte d'intrusion agressive et gratuite dans le tréfonds intime des croyances » des passants[100]. On remarquera le caractère circonstancié de cette motivation et, en particulier, l'insistance sur la gratuité de l'image, choisie pour sa force de provocation et non pour sa vertu expressive du propos du film[101]. En revanche, le juge des référés a refusé d'ordonner la saisie de l'affiche destinée à assurer la promotion du film de Forman, *Larry Flint*, représentant un corps féminin vêtu d'un maillot de bain, des genoux au nombril, « contre lequel est adossé un homme ayant une position de crucifié les hanches drapées de la bannière américaine ». Le tribunal note en effet que « si l'acteur qui tient le rôle de Larry Flint figure dans la position d'un crucifié, il ne présente aucune ressemblance physique avec l'image douloureuse du corps affligé de Jésus-Christ dans l'iconographie traditionnelle de la Crucifixion » et que la Croix ne figure pas dans cette image[102]. L'absence d'outrage flagrant aux sentiments religieux des requérants résulte donc d'une forte différence iconographique avec l'espèce précédente — et aussi du fait que cette affiche n'était pas dépourvue de tout lien avec le propos du film[103].

Par ailleurs, des requérants ont obtenu du Conseil d'État qu'il annule l'autorisation d'exploitation assortie d'une interdiction aux mineurs de 16 ans accordée par le ministre au film *Baise-moi*, au motif que celui-ci, « composé pour l'essentiel d'une succession de scènes de grande violence et de scènes de sexe non simulées, sans que les autres séquences traduisent l'intention, affichée par les réalisatrices, de dénoncer la violence faite aux femmes par la société [...] constitue ainsi un message pornographique et d'incitation à la violence susceptible d'être vu ou perçu par des mineurs[104] », c'est-à-dire un film relevant de la catégorie X (v. *infra*) devant, à ce titre, être interdit aux mineurs de moins de

95. TGI Paris, réf., 28 janv. 1985, *D.* 1985. 129, note Lindon.
96. CE 9 mai 1990, *Pichène*, *Rev. adm.* 1990. 431, note Ruiz Fabri.
97. Le rejet du recours intervient après vérification du fait que le film de Martin Scorsese, *La Dernière Tentation du Christ*, ne comporte pas d'atteinte grave aux consciences justifiant son interdiction.
98. Le juge des référés relève que le réalisateur a le droit de « soumettre une œuvre à la critique et à la sanction du spectateur individuel qui prend l'initiative, en payant un billet d'entrée, d'engager un colloque singulier avec ladite œuvre ».
99. Le créateur et le spectateur.
100. TGI Paris, réf., 23 oct. 1984, *D.* 1985. 31, note Lindon.
101. Comp. avec la solution adoptée pour une affiche publicitaire détournant *La Cène* peinte par Léonard de Vinci en y faisant figurer presque exclusivement des personnages féminins pour vanter une ligne de vêtements : la cour d'appel de Paris a confirmé une mesure d'interdiction en prenant en considération l'absence de libre choix des spectateurs face à une représentation jugée, d'une manière d'ailleurs fort discutable, être injurieuse pour les convictions religieuses des catholiques (Paris, 8 avr. 2005, *Légipresse* 2005. III. 143, note H. Leclerc). La Cour de cassation a cassé cette décision par un arrêt du 14 nov. 2006 (*Bull. civ.* I, n° 485).
102. TGI Paris, réf., 20 févr. 1997, *LPA* n° 24, 1997, 10, note Gras.
103. V. égal., dans la même logique, le refus d'interdire la diffusion de l'affiche du film de Costa-Gavras, *Amen*, jugée constituer un reflet fidèle et non provocateur du propos du film : TGI Paris, réf., 21 févr. 2002, *Légipresse* 2002. III. 105.
104. CE, sect., 30 juin 2000, *Assoc. Promouvoir, M. et Mme Mazaudier et a.*, *Lebon* 265, concl. contr. Honorat ; *AJDA* 2000. 674 et 609, Chron. M. Guyomar et P. Collin.

18 ans. Le souci de protéger les mineurs de 16 à 18 ans conduit donc le Conseil d'État à exercer en l'espèce un contrôle particulièrement poussé, dont il faut cependant indiquer qu'il ne concerne que la projection du film en salle[105]. Le refus du Conseil d'État d'adopter une solution identique à l'égard du film *Fantasmes*[106] montre que ce sont essentiellement des considérations d'ordre esthétique qui permettent de différencier films érotiques (relevant du droit commun) et films pornographiques. À la suite de cette affaire, un décret du 12 juillet 2001 a rétabli la possibilité d'interdiction des films aux mineurs de 18 ans, le Conseil d'État continuant d'exercer un contrôle extrêmement approfondi, en référé comme au fond, sur l'opportunité de permettre aux mineurs ayant entre 12 et 16 ans ou 16 et 18 ans de se rendre à la projection d'un film[107].

Il est significatif que subsiste en France un régime d'autorisation préalable, en dépit de la marginalisation de la projection des films en salle. La question de la nécessité d'un tel régime devrait être aujourd'hui posée, alors même qu'un décret du 8 février 2017 en a redéfini les termes. La classification des films doit être « proportionnée aux exigences tenant à la protection de l'enfance et de la jeunesse, au regard de la sensibilité et du développement de la personnalité propre à chaque âge, et au respect de la dignité humaine », formule passablement inutile. Il est, en revanche, précisé que l'interdiction aux mineurs de 18 ans doit être prononcée lorsque le film « comporte des scènes de sexe ou de grande violence qui sont de nature, en particulier par leur accumulation, à troubler gravement la sensibilité des mineurs, à présenter la violence sous un jour favorable ou à la banaliser ». Le Conseil d'État a précisé que ces dispositions impliquaient la prise en compte de l'effet que les scènes de violence « sont destinées à produire sur les spectateurs, notamment de nature à présenter la violence sous un jour favorable ou à la banaliser », de la manière dont elles sont filmées et de la mise à distance suscitée[108]. S'agissant du film *Salafistes,* « l'objectif d'information et de dénonciation » visé a conduit le Conseil à juger illicite l'interdiction de représentation aux mineurs de dix-huit ans qu'avait prononcée le ministre. En toute hypothèse, la persistance du régime d'autorisation témoigne d'un réflexe autoritaire aujourd'hui dérisoire[109] — la Cour constitutionnelle de Corée du Sud a ainsi étendu au cinéma l'interdiction des contrôles préalables posée par la Constitution pour la liberté d'expression en général[110].

Il faut encore signaler que le Conseil d'État a accepté que les maires puissent interdire un film sur le territoire de leur commune, lorsque « la projection est susceptible d'entraîner des troubles sérieux ou d'être, à raison du caractère immoral dudit film et de circonstances locales, préjudiciable à l'ordre public[111] ». La théorie du concours de la police générale exercée par le maire et de la police spéciale confiée au ministre au niveau national entraîne en l'espèce un grave péril pour la liberté d'expression, que la rigueur du contrôle exercé par le juge administratif ne conjure pas suffisamment.

Enfin, les articles 11 et 12 de la loi du 30 décembre 1975 portant loi de finances pour 1976 permettaient au ministre de classer un film dans la catégorie X, lorsqu'il revêtait un caractère pornographique

---

105. V. pour les vidéogrammes l'ord. du CE, réf., 31 janv. 2001, *Assoc. Promouvoir.*

106. CE 4 oct. 2000, *Assoc. Promouvoir, Lebon* 388.

107. CE 30 oct. 2001, *Assoc. Promouvoir, Lebon* 525 ; 4 févr. 2004, *Assoc. Promouvoir, Légipresse* 2004. III. 69, note F. Julien-Laferrière et, plus récemment, TA Paris, 28 janv. 2014, *Assoc. Promouvoir, Légipresse* 2014. III. 169, note M. Le Roy, accordant satisfaction à l'association requérante à propos des deux volets du film de Lars von Trier, *Nymphomaniac ;* CE 1er juin 2015, *Association Promouvoir, AJDA* 2015. 1599, note M. Le Roy, même solution pour le film *Saw 3D, chapitre final* en raison des scènes de très grande violence qu'il contient, et 30 sept. 2015, *Ministre de la culture, AJDA* 2015. 2108, concl. Crépey, pour le film *Love* qui présente des scènes de sexe non simulées. Le film *Salafistes* a également fait l'objet d'un débat qui a débouché sur son interdiction aux mineurs de 18 ans, en raison des scènes de très grande violence qu'il contient, décision qu'a suspendue le juge des référés par ordonnance du 18 févr. 2016 au profit d'une interdiction aux mineurs de 16 ans (*Le Monde* 20 févr. 2016). V. aussi CE 28 sept. 2016, *Ministre de la culture et de la communication, AJDA* 2016. 2278, concl. A. Bretonneau, en revenant, pour le film *La vie d'Adèle*, à une interdiction aux mineurs de 12 ans, la longueur du film étant jugée avoir un effet émollient par rapport à des scènes de sexe au demeurant exemptes de violence et filmées sans intention dégradante.

108. CE 5 avr. 2019, *Société Margo Cinéma, AJDA* 2019. 1761, M. Le Roy.

109. La police du cinéma, écrit Camille Broyelle, est « inapplicable, préjudiciable et inefficace » (« L'indéfendable police du cinéma », *AJDA* 2017. 1488).

110. Arrêt du 4 oct. 1996, *Nouveaux Cahiers du Conseil constitutionnel* 2012, n° 37. V. aussi l'arrêt de la Cour interaméricaine des droits de l'homme du 5 févr. 2001 dans l'affaire « *La dernière tentation du Christ* », Série C, n° 73.

111. CE, sect., 18 déc. 1959, *Sté Les Films Lutétia, GAJA*, n° 72, confirmé par CE 26 juill. 1985, *Ville d'Aix-en-Provence, RFDA* 1986. 439, concl. Genevois.

ou incitait à la violence, décision, sur laquelle le Conseil d'État exerçait un contrôle entier[112]. Ce dispositif, qui confinait l'exploitation des films en question à un circuit spécialisé, a vu sa portée réduite, tandis que le décret du 8 février 2017 prévoit qu'un film interdit aux mineurs de 18 ans en application du critère susmentionné en est normalement justiciable, sauf à être sauvé par « le parti pris esthétique ou le procédé narratif sur lequel repose l'œuvre ».

## 3 • Le régime de la communication audiovisuelle

**583** ***Une libéralisation en demi-teintes.*** L'ordonnance du 23 mars 1945 établissait en France un monopole public de la radiodiffusion (le terme désigne tout procédé de télécommunication visant à transmettre à un public un message sélectionné, ce qui inclut la radiophonie et la télévision), par révocation des concessions antérieurement accordées pour des raisons financières. Ce monopole public allait devenir l'instrument d'une mainmise étatique sur la communication audiovisuelle et, spécialement, sur l'information télévisée, que des réformes successives feront mine de desserrer, sans que le téléspectateur perçoive des différences très significatives (sinon grâce à telle ou telle personnalité). Les années 1970 seront marquées par une forte contestation du monopole public, sur lequel Giscard d'Estaing et Barre refuseront toute concession (« Il peut y avoir un germe puissant d'anarchie dans ce phénomène des radios locales », déclarait le second le 7 septembre 1979).
La victoire de la gauche en 1981 emportera le démantèlement du monopole public : la loi du 9 novembre 1981 autorise la création de radios privées, tandis que celle du 29 juillet 1982 abroge le monopole en proclamant dans son article 1er : « La communication audiovisuelle est libre. » Mais cela ne met pas fin à l'histoire mouvementée de la législation en ce domaine : la loi du 30 septembre 1986 prétend remodeler entièrement les structures antérieures, tandis que celle du 17 janvier 1989 modifie de nombreuses dispositions de la précédente. Ces trois lois mettront successivement en place une autorité administrative indépendante, chargée d'assurer la régulation de l'audiovisuel : Haute autorité de la communication audiovisuelle (1982), Commission nationale de la communication et des libertés (1986), Conseil supérieur de l'audiovisuel (1989), cette dernière — comme la première — étant composée de trois membres nommés par le président de la République, de trois membres nommés par le président de l'Assemblée nationale et de trois membres nommés par le président du Sénat, avant que la loi du 15 novembre 2013 transforme le Conseil supérieur de l'audiovisuel (CSA) en une autorité publique indépendante, dotée à ce titre de la personnalité morale, composée de sept membres, désignés par le président de la République et les présidents des assemblées parlementaires. La loi du 25 octobre 2021 relative à la régulation et à la protection de l'accès aux œuvres culturelles à l'ère numérique modifie une nouvelle fois les choses, donnant naissance à l'Autorité de régulation de la communication audiovisuelle et numérique (ARCAN), autorité publique indépendante issue de la fusion du Conseil supérieur de l'audiovisuel et de la Haute autorité pour la diffusion des œuvres et la protection des droits sur Internet. Celle-ci compte désormais neuf membres, nommés pour six ans. Le président en est désigné par le président de la République après avis des commissions des affaires culturelles des assemblées, celles-ci pouvant bloquer le choix présidentiel si l'addition des votes négatifs émis par elles représente au moins les trois cinquièmes des suffrages exprimés au sein des deux commissions, selon les termes de l'article 13 de la Constitution. Le président de l'Assemblée nationale et celui du Sénat désignent chacun trois membres, avec exigence d'un avis conforme donné à la majorité des trois cinquièmes par la commission des affaires culturelles de l'assemblée qu'ils président. Le vice-président du Conseil d'État et le Premier président de la Cour de cassation désignent également un membre chacun.
Texte complexe, dont la façade seule a été sauvegardée, la loi de 1986 conjugue considérations politiques et contraintes techniques. Chacun de ses articles procède de modifications multiples. Cela ne

112. CE 13 juill. 1979, *Sté Les Comptoirs français du film*, *Gaz. Pal.* 1981. I. 321, concl. Genevois.

doit toutefois pas faire perdre de vue que des tendances lourdes affectent la matière depuis la fin du monopole : coexistence d'un secteur public et d'un secteur privé avec extension continue de ce dernier, soustraction croissante à l'emprise gouvernementale du pouvoir d'accorder les autorisations aux opérateurs privés, renforcement et encadrement juridique des pouvoirs de sanction dévolus à l'autorité indépendante, différenciation du régime juridique applicable selon le mode de diffusion utilisé, pesanteur croissante du marché. La loi organique du 5 mars 2009 retirant à l'instance indépendante le pouvoir de nomination des présidents des sociétés France Télévisions et Radio France et de la société en charge de l'audiovisuel extérieur de la France s'inscrivait comme une régression, même si elle mettait fin à une certaine hypocrisie, l'instance indépendante ayant, à une exception près (celle de M. Guilhaume) nommé des personnalités ayant le soutien du Gouvernement. Elle a été abrogée par la loi organique du 15 novembre 2013. La nomination de R. Pflimlin, avait, de surcroît, révélé les limites du pouvoir ainsi reconquis par le président de la République, dans la mesure où la nomination d'une personnalité trop proche du pouvoir s'était avérée politiquement impossible. La loi du 15 novembre 2013 relative à l'indépendance de l'audiovisuel public a restitué au Conseil supérieur de l'audiovisuel ce pouvoir de nomination, qui s'exerce à la majorité des membres qui le composent par une décision qui doit être motivée au regard de la compétence et de l'expérience du candidat, choisi pour une durée de cinq ans. La nomination de M$^{me}$ Delphine Ernotte-Cunci a également donné lieu à de vives controverses[113], confirmant que l'importance des enjeux rend impossible la sérénité en de telles matières. La loi du 25 octobre 2021 a finalement confirmé le pouvoir de nomination par l'ARCAN des présidents des sociétés nationales de programme France Télévisions et Radio France et de la société en charge de l'audiovisuel extérieur de la France. Le Conseil constitutionnel n'a admis la suppression d'une contribution spécifique destinée au financement du secteur public qu'à la condition que soit garantie à son profit l'allocation de ressources suffisantes, car il s'agit d'un élément de son indépendance (déc. du 12 août 2022, loi de finances rectificative pour 2022).

**584** ***La radio.*** En ce qui concerne la radiophonie par voie hertzienne, qui bénéficia la première de la libéralisation, les restrictions posées initialement ont été rapidement levées, pour l'imposition de la forme associative et l'interdiction du recours à la publicité, ou fortement atténuées, pour la limitation de l'ampleur de la zone de couverture. Les autorisations sont attribuées par l'autorité indépendante qui publie un appel aux candidatures « pour les zones géographiques et les catégories de services qu'elle a préalablement déterminées ». L'impératif constitutionnel de pluralisme doit évidemment guider ses choix, qui sont placés sous le contrôle de la juridiction administrative[114]. L'autorité conclut, au nom de l'État, avec le titulaire de l'autorisation une convention définissant des obligations techniques (implantation et puissance de l'émetteur) et de programmation. Elle dispose d'un pouvoir de sanction, qui ne peut s'exercer qu'après mise en demeure, et qui est destiné à assurer le respect par les opérateurs de leurs obligations légales et conventionnelles. Les sanctions autres que la suspension ne peuvent être prononcées qu'au terme d'une procédure contradictoire. Le recours qui peut être intenté contre cette décision devant le Conseil d'État est un recours de pleine juridiction, ce qui permet notamment au Conseil de modifier, s'il le juge utile, la sanction prononcée. Le juge, comme l'autorité indépendante, veille au maintien d'un équilibre entre respect des obligations imposées aux opérateurs et garantie d'une liberté d'expression aussi étendue que possible. Le président de l'ARCAN peut également demander au président de la section du contentieux du Conseil d'État, statuant en référé, d'ordonner à l'opérateur qui méconnaîtrait les obligations résultant de la loi de 1986 de s'y conformer.

113. V. CE 3 févr. 2016, *Syndicat national de la communication et de l'audiovisuel CFE-CGC*, rejetant le recours intenté contre sa nomination.

114. V. ainsi CE 11 juill. 2008, *Association Renc/ Amitié Radio Gazelle*, *Légipresse* 2008. III. 217, note J. Saint Laurent. V. aussi les exigences européennes de pluralisme énoncées par la CEDH, gr. ch., 7 juin 2012, *Centro Europa 7 S. R. L. et Di Stefano c/ Italie* et 31 août 2021, *Associazione Politica Nazionale Lista Mario Pannella et Radicali italiani c/ Italie*. La Cour a également eu l'occasion d'affirmer l'importance de l'exigence d'un pluralisme interne, en particulier s'agissant de médias occupant une position forte sur le marché (arrêt *NIT S.R.L. c. République de Moldova*, gr. ch. du 5 avril 2022).

**585** ***La télévision.*** La télévision hertzienne connaît un partage du marché encore plus net entre secteur public et secteur privé. Suite aux conditions fort peu transparentes dans lesquelles s'était effectuée l'attribution des cinquième et sixième chaînes à la veille des élections législatives de 1986, c'est désormais l'autorité administrative indépendante qui est compétente en la matière, après appel aux candidatures (depuis la loi du 30 septembre 1986). C'est elle également qui a procédé à l'attribution de TF1 privatisée. La nomination, par cette même autorité, des responsables de l'audiovisuel public n'a pas été, on l'a vu, sans susciter de grandes difficultés. La chaîne culturelle européenne Arte — qui est, à vrai dire, la seule dont les programmes peuvent pleinement se réclamer de l'idée de service public — échappe à ce système, étant issue d'un traité international du 2 octobre 1990. La loi du 1er août 2000 a encore accentué le mouvement de concentration au sein de la télévision publique en créant la société France Télévisions qui détient la totalité du capital des sociétés nationales de programme France 2, France 3 et La Cinquième. Le président du conseil d'administration de la société France Télévisions préside également les conseils d'administration des trois sociétés de programme mentionnées plus haut.

Les cahiers des charges des sociétés nationales de programme (fixés par décret après avis de l'ARCAN) et les conventions passées entre cette dernière et les titulaires d'autorisation prévoient un certain nombre d'obligations, qui s'ajoutent à celles résultant de la loi. Depuis la loi du 1er février 1994, l'autorité indépendante est compétente, sous le contrôle du Conseil d'État, pour prendre des sanctions à l'égard des entreprises du secteur public comme du secteur privé, selon les modalités évoquées plus haut à propos de la radiophonie[115].

Après avoir indiqué selon quelles modalités pouvaient s'effectuer les ingérences des pouvoirs publics dans l'exercice de la liberté d'expression, il convient à présent d'examiner en quoi elles peuvent consister, étant rappelé qu'elles doivent impérativement laisser subsister un espace public de libre discussion aussi large que possible.

## II • La définition de l'espace public de libre discussion

**586** ***Exigences démocratiques et secret des sources journalistiques.*** On a vu que la notion d'un espace public de libre discussion était centrale dans la jurisprudence des instances mises en place par la Conv. EDH. Elle revêt également une grande importance pour la Cour suprême des États-Unis, qui s'exprime ainsi : « Le droit constitutionnel à la liberté d'expression est un remède puissant dans une société aussi diverse et nombreuse que la nôtre. Il est destiné à écarter les limitations par l'État de l'espace de la discussion publique, en remettant largement le pouvoir de décider quelles sont les vues qui s'exprimeront entre les mains de chacun d'entre nous, dans l'espoir que l'utilisation de cette liberté produira en fin de compte des citoyens plus compétents et de meilleures institutions[116]. »

---

115. Pour un exemple, v. CE 19 déc. 2019, *Sté RMC Découverte*, req. n° 426547 : confirmation de la condamnation pour insuffisance de diffusion d'œuvres audiovisuelles d'expression originale européenne et française aux heures de grande écoute. V. égal. l'ordonnance rendue le 20 août 2004, *Conseil supérieur de l'audiovisuel, Lebon* 357, enjoignant de cesser le 30 nov. 2004 la diffusion par satellite des émissions de la chaîne Al Manar, sauf dépôt par celle-ci d'un dossier complet de demande de convention avec le Conseil supérieur de l'audiovisuel, et celle du 13 déc. 2004, *Président du Conseil supérieur de l'audiovisuel, Lebon* 456, enjoignant de faire cesser la diffusion des émissions de cette chaîne dans les quarante-huit heures. Le Conseil d'État exerce sur le principe et la gravité des sanctions prises un contrôle attentif tout à la fois aux exigences de la liberté d'expression et à celle de ne pas permettre d'atteinte aux valeurs fondamentales de la République, telles l'interdiction de la discrimination ou la protection de la dignité des personnes (v. la Chron. de jurisprudence de C. Nicolas et Y. Faure, *AJDA* 2018. 2383 et les arrêts commentés, ainsi que CE 13 nov. 2019, *Sté C8*, req. n° 415396, confirmant la sanction prononcée en raison d'une séquence réduisant une animatrice à un statut d'objet sexuel à la merci des fantaisies du présentateur de l'émission) et 28 avril 2021, req. 451898, confirmant la condamnation à une amende de 200 000 euros de la chaîne CNews en raison de propos, de nature à encourager des comportements discriminatoires, assimilant les mineurs étrangers isolés présents sur le territoire français à des envahisseurs majoritairement délinquants.

116. *Cohen v. California*, 403 US 15, 23 (1971).

La définition des limites de cet espace public ouvert à la contradiction est loin d'aller de soi, comme l'atteste la très grande diversité des solutions adoptées par les différentes démocraties libérales (ainsi, la protection de l'intimité de la vie privée n'est que faiblement assurée face à la presse dans la tradition anglo-saxonne). De surcroît, d'autres questions doivent être prises en compte, notamment celle de l'accès à l'information. Il s'agit là d'un aspect du problème sur lequel la CEDH a été appelée à se prononcer dans son arrêt *Goodwin c/ Royaume-Uni* du 27 mars 1996, à propos d'une injonction judiciaire faite à un journaliste de révéler l'identité de son informateur. La Cour a posé que « la protection des sources journalistiques est l'une des pierres angulaires de la liberté de la presse. [...] L'absence d'une telle protection pourrait dissuader les sources journalistiques d'aider la presse à informer le public sur des questions d'intérêt général. En conséquence, la presse pourrait être moins à même de jouer son rôle indispensable de "chien de garde" et son aptitude à fournir des informations précises et fiables pourrait s'en trouver amoindrie ». S'en suit l'exercice par la Cour d'un contrôle strict sur les mesures restrictives prises par les États à ce niveau. L'arrêt de Grande chambre *Sanoma Uitgevers B.V. c/ Pays-Bas* du 14 septembre 2010 précise les conditions procédurales dans lesquelles il peut être enjoint, à titre exceptionnel, de remettre au juge des informations pouvant conduire à l'identification des sources[117]. On notera que, pour ce qui concerne la France, la loi du 4 janvier 1993 a rajouté à l'article 109 du Code de procédure pénale un alinéa disposant que « tout journaliste, entendu comme témoin sur des informations recueillies dans l'exercice de son activité, est libre de ne pas en révéler l'origine ». La CEDH a également eu l'occasion de déclarer, à l'unanimité, contraire aux exigences de la Convention la jurisprudence de la Cour de cassation admettant la condamnation d'un directeur de publication pour recel de violation du secret professionnel, dans une espèce où *Le Canard enchaîné* avait publié la photocopie des avis d'imposition de J. Calvet[118]. La loi du 4 janvier 2010 relative à la protection du secret des sources des journalistes pose que « Le secret des sources des journalistes est protégé dans l'exercice de leur mission d'information du public », mais se borne à interdire les poursuites pour recel lorsque des productions sont faites « pour les nécessités de la défense » lors d'un procès pour diffamation intenté au journaliste[119]. L'affaire *Bettencourt*, en ses prolongements divers, a donné l'occasion aux juridictions judiciaires de réaffirmer l'importance fondamentale que revêt la protection du secret des sources[120], qui repose désormais sur des principes identiques à ceux définis par la Conv. EDH[121]. La loi du 14 novembre 2016 visant à renforcer la liberté, l'indépendance et le pluralisme des médias prévoyait d'étendre la possibilité d'invoquer le secret des sources journalistiques, mais la décision du Conseil constitutionnel du 10 novembre 2016 a contrecarré cette évolution, relevant qu'« aucune disposition constitutionnelle ne consacre spécifiquement un droit au secret des sources des journalistes » et estimant qu'il était excessif de subordonner l'accès aux sources à une exigence de prévention dans le cadre d'une procédure pénale, la liste des personnes pouvant se prévaloir de l'immunité étant par ailleurs jugée trop large. La décision du 28 octobre 2022, n° 1021 QPC, a confirmé les réticences du Conseil constitutionnel sur ce point.

Quant aux limitations matérielles à la liberté d'expression, elles résultent pour l'essentiel de la loi de 1881 (sous les réserves ci-dessus évoquées). Celle-ci incrimine, dans son chapitre IV, les « crimes et délits commis

117. V. aussi l'arrêt CEDH, gr. ch., 22 nov. 2012, *Telegraaf Media Nederland Landelijke Media B.V. et a. c/ Pays-Bas*.

118. Crim. 3 avr. 1995, *Légipresse* 1995. III. 59, note Grellier. Dans son arrêt du 21 janv. 1999, *Fressoz et Roire c/ France*, la Cour de Strasbourg relève que la reproduction du support de l'information permettait d'en asseoir la crédibilité, conformément à ce qu'impose l'éthique journalistique. Un jugement du tribunal de grande instance de Paris du 14 nov. 2006 (*Légipresse* 2007. III. 16, note B. Ader) a, en conséquence, estimé que la condamnation d'un journaliste pour recel de violation du secret de l'instruction « ne peut pas être considérée comme nécessaire dans une société démocratique », point de vue que la Cour de cassation a, d'une manière très critiquable, refusé de faire sien (Crim. 12 juin 2007, *Légipresse* 2008. III. 1, note L. François). V. aussi, admettant la nécessité de perquisitions réalisées au siège de journaux et au domicile de journalistes, Crim. 30 oct. 2006, *Légipresse* 2007. III. 11, note C. Bigot.

119. V. l'avis de la Commission nationale consultative des droits de l'homme du 25 avr. 2013 sur la réforme de la protection du secret des sources (*JO* 12 juin 2013), le projet de loi renforçant la protection du secret des sources des journalistes (n° 1127) et le commentaire du journal *Le Monde* du 14 juin 2013 — on ne peut que déplorer que ce texte n'ait jamais été inscrit à l'ordre du jour de l'Assemblée.

120. Bordeaux, 5 mai 2011, *Légipresse* 2011. III. 424, note H. Leclerc, confirmé par Crim. 6 déc. 2011, n° 11-83.970, *Bull. crim.* n° 248.

121. Crim. 25 févr. 2014, *Légipresse* 2014. III. 283, notes B. Ader et E. Derieux.

par la voie de la presse ou par tout autre moyen de publication ». La parole prononcée dans un lieu public[122] ou répercutée par la radio ou la télévision[123], comme l'écrit publié, est donc justiciable de la loi sur la presse. L'examen des limites ainsi apportées à la liberté d'expression ne pourra être ici que sommaire. On distinguera selon que ces limites procèdent de la sauvegarde des droits d'autrui ou de celle de l'ordre public.

## A • Les limites tenant à la protection des droits d'autrui

**587** Elles trouvent leur fondement dans le principe d'égalité, qui conduit l'article 4 de la Déclaration des droits de l'homme et du citoyen à définir la liberté comme consistant « à pouvoir faire tout ce qui ne nuit pas à autrui », la loi étant investie de la mission d'arbitrer entre les droits concurrents. On évoquera successivement l'incrimination pénale de la diffamation et de l'injure, la protection civile de la vie privée et l'institution du droit de réponse, qui constituent autant de modes de sauvegarde des droits des personnes par rapport aux organes de presse.

### 1 • L'incrimination pénale de la diffamation et de l'injure

**588** ***Protection de l'honneur des personnes et libre discussion en démocratie.*** Sous l'intitulé « délits contre les personnes », la loi de 1881 punit la diffamation et l'injure, en modulant leur répression selon qu'elles visent des particuliers, des personnes investies de fonctions publiques prises en cette qualité[124], président de la République désormais inclus, ou des corps constitués[125] et en tenant compte

---

122. Pour qu'il y ait infraction, il faut une volonté de l'auteur des propos de les voir portés à la connaissance des tiers (Crim. 14 oct. 2014, n° 13-85.512). V. aussi Crim. 9 déc. 2014, *Bull. crim.* n° 259 : publicité du fait de l'affichage de l'écrit sur un panneau accessible à des tiers étrangers à la communauté formée par les personnels de l'administration pénitentiaire et 23 janv. 2017 ; *Légipresse* 2018. 154, note E. Dreyer : doit être caractérisée la participation personnelle de l'auteur de propos hostiles aux musulmans « au fait de publication sur le territoire national du quotidien étranger et de sa mise en ligne sur le site de ce quotidien ». L'affaire dite du « mur des cons » offre une bonne illustration de la question. Apposé sur un mur des locaux du Syndicat de la magistrature, un tableau constitué de photographies réunissait des personnes ayant tenu des propos jugés hostiles à la magistrature : tant qu'il restait accessible aux seules personnes partageant des convictions syndicales, la publicité n'était pas constituée. Elle ne commence qu'à partir du moment où une personne extérieure à ce cercle, en l'espèce, une équipe de télévision, est introduite dans ce lieu (TGI Paris 31 janv. 2019, *Légipresse* 2019.155, note N. Verly et I. Soskin ; CA Paris 19 déc. 2019, *Légipresse* 2020. 178, note E. Dreyer et Cass. crim. 12 janv. 2021, n° 20-80376, *Légipresse* 2021. 102, note B. Ader).
Inversement, il n'y a pas publicité lorsque des tracts distribués sur la voie publique ne sont remis qu'aux membres du personnel d'une entreprise qui acceptent de les recevoir, ces personnes étant liées entre elles par une communauté d'intérêt (Cass. crim. 5 oct. 2021, n° 20-85396).

123. Quant au réseau Internet, il obéit désormais aux règles définies par la loi du 21 juin 2004 pour la confiance dans l'économie numérique ; v. E. Dreyer, « La responsabilité des internautes et éditeurs de sites à l'aune de la loi pour la confiance dans l'économie numérique », *Légipresse* 2004. II. 91. L'envergure mondiale du réseau rend problématique l'efficacité de mesures ordonnées par des juridictions nationales — v. cependant TGI Paris, réf., 13 juin 2005, *Légipresse* 2005. III. 179, note S. Albrieux, faisant injonction à une dizaine de fournisseurs d'accès d'empêcher l'accès à partir du territoire français à un site diffusant des messages antisémites établi aux États-Unis d'Amérique et la décision du TGI de Paris du 24 janv. 2013 (*Le Monde,* 26 janv.) enjoignant à Twitter de communiquer à des associations de lutte contre le racisme les informations en sa possession sur les auteurs de messages à caractère raciste. Lorsqu'il y a mise en œuvre d'une fonctionnalité opérant des rapprochements au terme d'un « processus purement automatique dans son fonctionnement et aléatoire dans ses résultats » (cas du service *Google Suggest*), la loi de 1881 ne peut, en revanche, s'appliquer, faute de « toute volonté de l'exploitant du moteur de recherche d'émettre les propos en cause ou de leur conférer une signification autonome au-delà de leur simple juxtaposition et de leur seule fonction d'aide à la recherche » (Civ. 1re, 19 juin 2013, *Légipresse* 2013. III. 491, note F. Klein et M. Bourgeois). Le critère réside dans l'existence ou l'absence d'une volonté de diffusion ou de rediffusion des propos litigieux (Crim. 10 avr. 2018, *Bull. crim., n° 71 ; Légipresse* 2018. 332, note G. Beaussonie). L'utilisation des réseaux sociaux pour mener des campagnes haineuses donne désormais lieu à des condamnations judicaires. V. ainsi dans l'affaire de la campagne de cyberharcèlement menée contre la jeune Mila, qui avait exprimé son hostilité à l'islam, T. jud. Paris, 7 juill. 2021, *Légipresse* 2021.581 et, suite à des injures antisémites proférées contre une candidate à l'élection de Miss France, T. jud. Paris 3 nov. 2021, *Légipresse* 2021. 585.

124. Il s'agit de savoir si ont été mis en cause des actes accomplis dans l'exercice de fonctions officielles ou directement rattachables à celles-ci (Paris, 20 sept. 2018 ; *Légipresse* 2018. 632, note S. Detraz), étant précisé qu'il ne peut s'agir que de l'exercice de l'autorité publique française (même décision, s'agissant d'un magistrat français détaché auprès d'un État étranger mais visé en tant que magistrat français). L'organe exécutif d'un établissement public administratif, visé en cette qualité, est ainsi considéré comme exerçant une mission d'intérêt général en exerçant des prérogatives de puissance publique (Crim. 19 févr. 2019, n° 17-85.115).

125. En revanche, ni l'État français ni les États étrangers ne bénéficient d'une telle protection, comme l'a indiqué avec force la Cour de cassation (Crim. 6 févr. 2018 et 27 mars 2018 ; *Légipresse* 2018. 276, note E. Dreyer), en se fondant sur la nécessité de ne pas entraver la libre critique de la politique suivie par les gouvernants et en relevant qu'étaient par ailleurs protégées les personnes titulaires de fonctions officielles. Cette solution a été confirmée par des arrêts rendus en Assemblée plénière le 10 mai 2019.

de leur éventuelle dimension raciste, qui inclut aussi les propos visant les personnes « en raison de leur sexe, de leur orientation sexuelle ou identité de genre ou de leur handicap » (L. 27 janv. 2017). Pour se concilier avec la liberté d'expression, ces infractions devront être entendues de manière à ne pas faire obstacle à l'échange d'idées et d'opinions qui caractérise la société démocratique[126]. S'il est clair qu'on ne peut admettre l'agression injuste ou la violence verbale, il devrait être non moins évident qu'on ne peut faire obstacle à la recherche de la vérité et à la critique, même véhémente, du comportement et du discours d'autrui. À ce dernier titre, le droit à la satire doit être sauvegardé, comme y a veillé récemment la Cour suprême du Canada[127], afin d'éviter la grisaille d'un conformisme bien pensant et la tyrannie des ressentis émotionnels des individus ou des groupes.

Or il est particulièrement malaisé de définir un point d'équilibre entre ces impératifs : les glissements et les amalgames sont difficilement évitables en la matière. Pour se borner à un exemple, l'émotion suscitée par le suicide de Pierre Bérégovoy, imputé — à tort ou à raison — aux révélations de la presse sur les conditions d'acquisition de son appartement, a donné lieu à des attaques violentes contre la presse, illustrées par la phrase du président Mitterrand dans son éloge funèbre : « Toutes les explications du monde ne justifieront pas qu'on ait pu livrer aux chiens l'honneur d'un homme, et, finalement, sa vie, au prix d'un double manquement de ses accusateurs aux lois fondamentales de notre République, celles qui protègent la dignité et la liberté de chacun d'entre nous. » Mais ces explications résident dans la liberté d'expression — qui, comme toute liberté, comporte des risques, parfois terribles — qui est aussi une des lois fondamentales de notre République. La comparaison, que certains ont faite, entre le suicide de Pierre Bérégovoy et celui de Roger Salengro est inacceptable : dans le second cas, certains organes de presse avaient, avec une violence inouïe, mis en cause l'honneur de Salengro, en lançant une accusation fausse[128], alors que, dans le premier, les journaux avaient pu établir que Pierre Bérégovoy avait bénéficié, pour l'achat de son appartement, d'un prêt sans intérêts de Roger-Patrice Pelat, homme d'affaires qui était son ami. La question de savoir si ce prêt avait été ou non remboursé restait controversée. Il faut relever que les articles consacrés à cette affaire étaient restés modérés et n'avaient strictement aucun rapport, dans leur ton, avec ceux qui avaient conduit Roger Salengro à se donner la mort et que la question des rapports entre les hommes politiques et les milieux d'affaires fait légitimement partie des questions d'intérêt public qui suscitent l'intérêt de la presse d'un pays démocratique.

**589** ***Éléments constitutifs de la diffamation.*** L'article 29 de la loi du 29 juillet 1881 dispose : « Toute allégation ou imputation d'un fait qui porte atteinte à l'honneur ou à la considération de la personne ou du corps auquel le fait est imputé est une diffamation. » La différence entre la diffamation et l'injure tient à ce que la première repose sur un fait dont il est, au moins théoriquement, possible de rapporter la preuve[129]. Les choses sont souvent claires[130] mais cette distinction est parfois difficile à faire : ainsi

---

126. La Cour de cassation a rappelé que « les restrictions à la liberté d'expression sont d'interprétation étroite » (Crim. 14 févr. 2006, *Bull. crim.* n° 42 ; *Légipresse* 2006. III. 116, note A. Tricoire) et insisté sur le fait que seules les ingérences nécessaires dans l'exercice de la liberté d'expression pouvaient être admises (v. parmi beaucoup d'autres décisions, Crim. 31 mai 2022, n° 21-82.097).

127. Arrêt du 29 oct. 2021, *Ward c/ Québec*, 2021 CSC 43 : humoriste ayant pris pour cible un handicapé qui était une personnalité publique. Il est relevé que les propos n'incitaient en rien à traiter celui-ci comme un être inférieur, l'exagération et la provocation faisant partie intégrante du genre d'expression en cause.

128. V. sur cette affaire, É. Bonnefous, *Histoire politique de la III^e République*, t. 6, PUF, 1965, p. 66.

129. Il y a, dit la Cour de cassation, « articulation précise de faits de nature à être, sans difficulté, l'objet d'une preuve et d'un débat contradictoire » (Crim. 14 févr. 2006, *Bull. crim.* n° 40). L'arrêt d'Assemblée plénière du 25 juin 2010, *Bull. ass. plén.*, n° 1, relève, pour écarter le délit de diffamation envers les forces de police, « que les écrits incriminés n'imputaient aucun fait précis de nature à être, sans difficulté, l'objet d'une preuve ou d'un débat contradictoire ». Dans un arrêt du 9 déc. 2014, *Bull. crim.* n° 260, la chambre criminelle conclut à l'absence de diffamation « en l'absence d'imputation ou d'allégation de faits suffisamment précis ». La brièveté du propos n'est cependant pas incompatible avec la qualification de diffamation — ainsi la formule « la gégène, c'est dans les gènes des Le Pen » relève-t-elle de la diffamation, car l'existence de propos de Jean-Marie Le Pen légitimant la torture durant la guerre d'Algérie est susceptible de faire l'objet d'un débat sur la preuve de leur vérité (Paris, 12 sept. 2019, *Légipresse* 2019. 593). Lorsque les poursuites portent sur plusieurs passages du même livre ou article, la qualification s'opère, sauf indivisibilité, passage par passage (Crim. 3 nov. 2020, n° 19-87463). Le contexte de la publication permet, comme on vient de le voir, de transformer en diffamation ce qui, normalement, n'eût relevé que de l'injure (*ibid.*).

130. « L'épithète "con" ne renvoie à aucun événement précis et ne renferme l'imputation d'aucun fait », note ainsi TGI Paris, 31 janv. 2019, *Légipresse* 2019. 155, note N. Verly et I. Soskin.

des termes « fasciste » ou « nazi » qui, selon le contexte, peuvent constituer une invective constitutive d'injure[131] ou une affirmation reposant sur une analyse du discours politique tenu par la personne et de ses implications, par analogie avec l'idéologie d'extrême droite de la première moitié du XXe siècle, auquel cas il s'agira d'une diffamation[132] ; ou du terme « irresponsable », naguère considéré, de manière très discutable, comme ne contenant pas l'imputation d'un fait précis, alors même qu'il avait été employé pour critiquer le comportement d'un magistrat dans une affaire bien précise[133], solution que paraît avoir remise en cause un arrêt récent, renvoyant, à propos du terme « criminels » employé par un élu à l'encontre d'opposants à un projet de contournement autoroutier, au contexte dans lequel ce terme a été utilisé[134].
L'atteinte à l'honneur ou à la considération de la personne visée est l'élément constitutif central de l'infraction qui explique tout à la fois son caractère punissable et le régime de sa répression, notamment l'existence d'une présomption d'imputabilité au titre de l'élément moral à l'auteur des propos incriminés[135]. Il importe de distinguer la critique, qui doit être libre, même lorsqu'elle est désagréable à la personne mise en cause, et les imputations comportant le discrédit ou le déshonneur de la personne, qui tombent sous le coup de la loi. Ici encore, la frontière est parfois difficile à tracer : pour prendre un exemple ancien, lorsque Roger Nimier écrivait : « Surprise à Marigny : Jean-Louis Barrault encore plus mauvais que d'habitude », y avait-il diffamation[136] ? Honneur et considération s'apprécient à l'aune de l'opinion commune, indépendamment des conceptions personnelles et subjectives de la personne visée concernant la notion de l'honneur et celle de la considération et abstraction faite de l'image que le public a de cette personne[137]. Le juge est ainsi conduit à prendre en compte l'évolution des mœurs, de sorte que l'imputation à une personne d'une infidélité conjugale cesse d'être diffamatoire[138], tandis que l'imputation d'un comportement pénalement répréhensible est nécessairement attentatoire à l'honneur[139].
Il faut également que la personne visée soit nommée ou du moins aisément identifiable[140] ou que le corps visé soit un de ceux protégés contre la diffamation par l'article 30 de la loi de 1881[141]. Il s'ensuit

131. Le terme nazi employé seul est outrageant et objectivement injurieux (Paris, 18 sept. 2019, *Légipresse* 2019. 520).

132. Dans son arrêt, préc., du 14 févr. 2006, la Cour de cassation estime que le fait de dire d'une personne qu'elle était un « néo-nazi notoire selon le chercheur JYZ » constitue l'expression d'une opinion relevant de l'injure, point de vue qui est fort contestable.

133. Crim. 13 avr. 2010, *Bull. crim.* n° 70. Mêmes difficultés à propos d'accusations de délation : Crim. 10 mai 2017, n° 16-81708.

134. Crim. 17 mai 2022, n° 21-85582 : ce contexte met en présence de « faits suffisamment précis pour faire l'objet d'une preuve et d'un débat contradictoire ».

135. La question prioritaire de constitutionnalité portant sur cette présomption n'est pas renvoyée au Conseil constitutionnel, compte tenu des possibilités de défense par ailleurs offertes au diffamateur (exception de vérité et preuve de sa bonne foi) : Crim. 7 mai 2019, n° 19-81.627.

136. Il est courant d'opposer la critique des produits, qui est légitime, de celle de leur fabricant ou créateur qui ne l'est pas, mais cette distinction est pour le moins malaisée et donne lieu à des jurisprudences flottantes. V. ainsi Civ. 1re, 27 sept. 2005, *Légipresse* 2006. III. 38, note C. Rojinsky et I. Boubekeur, cassant l'arrêt qui avait estimé la diffamation non constituée à l'égard du laboratoire mettant en vente un régime amaigrissant. Pour une critique gastronomique assez vive, mais non qualifiée de diffamatoire en raison des nuances qu'elle comportait néanmoins, v. Dijon 27 janv. 2004, *Légipresse* 2004. III. 115. Comp. Civ. 2e, 22 janv. 2004, *Légipresse* 2004. III. 111 refusant d'entériner le raisonnement de la cour d'appel qui avait estimé admissible un propos critique visant un animateur de télévision, alors que celui-ci était accusé de harcèlement moral à l'encontre d'un de ses collaborateurs. V. aussi Civ. 1re, 27 nov. 2013, *Légipresse* 2014. III. 155, note B. Ader et 29 oct. 2014, *Légipresse* 2014. III. 683, note B. Ader. Accuser un journaliste d'avoir manipulé les témoignages recueillis lors d'une enquête est diffamatoire, dès lors qu'est imputée « une violation de ses obligations déontologiques, manifestement attentatoire à son honneur et à sa considération » (Paris, 4 avr. 2018, *Légipresse* 2018. 515, note E. Derieux). Dans un sens plus favorable à la liberté d'expression, Civ. 1re, 11 mai 2022, n° 21-12063 : « les appréciations, même excessives, touchant les produits, les services ou les prestations d'une entreprise industrielle et commerciale n'entrent pas dans les prévisions de l'article 29 de la loi du 29 juill. 1881 ». Cette solution ne devrait pas rester cantonnée au seul cas des entreprises…

137. Crim. 7 nov. 1989, *Légipresse* 1989. III. 115, note Bilger, à propos de l'allégation qu'un lieutenant parachutiste servant durant la guerre d'Algérie y avait pratiqué la torture.

138. Civ. 1re, 17 déc. 2015, n° 14-29.549.

139. Crim. 15 oct. 2019, n° 18-85.366 et 7 déc. 2021, n° 20-86523.

140. L'identification doit être rendue possible « par les termes du discours ou de l'écrit, ou par des circonstances extrinsèques qui éclairent et confirment cette désignation de manière à la rendre évidente » (Crim. 27 avr. 2011, *Bull. crim.* n° 77). Cette question soulève des difficultés s'agissant de fictions romanesques utilisant des éléments relevant de la vie privée de proches de l'écrivain (v. ainsi TGI Paris, 27 mai 2013 et 22 mai 2013, *Légipresse* 2013. III. 615, note A. Tricoire). V. aussi Civ. 1re, 3 févr. 2016, *Bull. civ.* n° 27., estimant que la constatation d'un écart entre la volonté exprimée par Jacques Lacan à propos de ses dernières années et de ses funérailles et ce qu'il en est advenu ne saurait, « sans se livrer à une interprétation que l'auteur est en droit de contester », s'analyser en une critique visant sa fille.

141. Ainsi, un conseil régional de l'ordre des experts-comptables n'a pas reçu de la loi une portion de l'autorité ou de l'administration publique et ne peut, en conséquence, agir en diffamation (Crim. 18 juin 2019, *Légipresse* 2019. 429, note B. Ader).

que des attaques, même violentes, contre une collectivité n'ouvrent pas d'action en diffamation[142]. En revanche, la forme que revêt l'attaque diffamatoire est indifférente : la loi de 1881 précise que la reproduction[143] d'une imputation diffamatoire, même sous forme dubitative ou par insinuation, est punissable. D'une manière générale, les tribunaux s'emploient à réprimer les négligences ou les habiletés constitutives de diffamation : rédaction d'une légende de photographie ou d'un titre diffamatoire, le contenu même de l'article restant prudent et nuancé, insertion de la photographie d'une personne pour illustrer un article consacré à des pratiques douteuses.

Lorsque les éléments constitutifs de l'infraction sont réunis, la loi offre au prévenu deux moyens de défense : prouver la vérité des faits — parce que, dit le tribunal de grande instance de Paris, « l'expression publique de la vérité est toujours légitime, de quelque imprudence ou animosité qu'elle soit accompagnée »[144] — ou prouver sa bonne foi. Le succès d'un de ces deux moyens — qui sont distincts[145] — aboutit à la relaxe du diffamateur.

**590** ***L'exception de vérité et sa limite.*** Mais la première possibilité, dite exception de vérité, n'est pas toujours ouverte : elle disparaît lorsque l'imputation concerne la vie privée de la personne, ce qui est parfaitement légitime, compte tenu de la protection constitutionnelle et conventionnelle dont celle-ci bénéficie, d'autant que cette exclusion cesse de jouer s'il y a indivisibilité entre les imputations se rapportant à la vie privée et celles visant la personne à raison de ses fonctions ou encore lorsque sont en cause des agressions sexuelles commises contre un mineur ou certaines infractions consistant en la mise en péril d'un mineur. L'exclusion de l'exception de vérité lorsque les faits allégués remontaient à plus de dix années ou lorsqu'ils constituaient une infraction amnistiée[146] ou prescrite ou avaient donné lieu à une condamnation effacée par la réhabilitation ou la révision a été abrogée suite, respectivement, à la décision du Conseil constitutionnel du 20 mai 2011, nº 2011-131 QPC, et à celle du 7 juin 2013, nº 2013-319 QPC.

Lorsqu'elle est admise, la preuve de la vérité des faits est enfermée dans des conditions procédurales particulièrement rigoureuses : le prévenu devra, dans les dix jours après la signification de la citation, faire signifier les faits dont il entend prouver la vérité, la copie des pièces et les noms, professions et demeures des témoins par lesquels il entend faire la preuve (art. 55 de la loi de 1881). La rigueur de ces exigences[147] procède de l'idée que l'atteinte à l'honneur ou à la considération d'une personne suppose une certitude dûment étayée quant aux faits articulés. Elle apparaît cependant excessive au regard de ce qu'implique la liberté d'expression selon la CEDH, les juridictions nationales devant, en toute hypothèse, vérifier si les propos tenus reposaient sur une base factuelle suffisante (v. ainsi l'arrêt *Lacroix c/ France* du 7 septembre 2017[148] : existence d'une telle base factuelle rendant la condamnation pour diffamation contraire à la Convention dans une affaire où des considérations procédurales tenant à une élection de domicile incorrecte avaient conduit à une déchéance du droit de prouver la vérité des faits allégués). La Cour de cassation semble avoir légèrement atténué le formalisme régnant en la matière,

142. Colmar, 27 juin 1983, *D.* 1983. 550, note Koering-Joulin, à propos d'une mise en cause des homosexuels en général par l'évêque de Strasbourg ; v. aussi, à propos des harkis, Crim. 31 mars 2009, *Légipresse* 2009. III. 135, note G. Tillement. De même, le ministre de l'Intérieur ne peut se constituer partie civile pour obtenir réparation des dommages qu'il estime avoir été causés aux fonctionnaires de police (Crim. 2 sept. 2003, *Légipresse 2003*. III. 201).

143. Lorsqu'il y a renvoi, via un lien hypertexte, à un texte diffamatoire, il convient d'apprécier s'il y a eu ou non approbation de ce dernier, compte tenu de la contribution des liens en question à l'accessibilité des informations sur le réseau internet (Civ. 1re, 11 mars 2020, nº 19-13716).

144. TGI Paris, 21 mai 2007, *Légipresse* 2007. III. 227, note L. François.

145. Crim. 7 nov. 1989, *préc.*, et 24 mai 2005, *Bull. crim.* nº 155.

146. Pour un étrange et très critiquable retour de l'exclusion, en application des dispositions particulières d'une loi d'amnistie interdisant toute référence à une condamnation amnistiée en application de ses dispositions : Crim. 12 déc. 2017 ; *Légipresse* 2018. 158, note R. Le Gunehec et M. Tassel.

147. Celle-ci rend rarissime le succès du prévenu, qui doit rapporter la preuve de la vérité des faits de manière parfaite, complète et corrélative aux imputations diffamatoires dans leur matérialité et toute leur portée. v. TGI Paris, 26 avr. 2000, *Légipresse* 2000. III. 126 et Bobigny, 3 juill. 2014, *Légipresse* 2015. III. 550, note B. Ader et, pour un exemple de succès dans la preuve de la vérité des faits, Paris, 19 janv. 2017, *Légipresse* 2017. III. 154. Le Conseil constitutionnel a cependant conclu à la constitutionnalité du délai de dix jours (déc. 13 nov. 2020, nº 863 QPC), au terme d'une analyse très schématique et indifférente aux conséquences pratiques de la disposition examinée.

148. CEDH 7 sept. 2017, *Lacroix c/ France*, req. nº 41519/12, *AJDA* 2017. 1693 ; *D.* 2017. 1763, obs. E. Autier ; *AJCT* 2018. 42, obs. Y. Mayaud.

en retenant comme critère les exigences du procès équitable : elle invoque, pour censurer une solution très restrictive de la cour d'appel, l'impossibilité, pour la partie poursuivante, de se méprendre sur les faits dont le prévenu entendait prouver la vérité[149]. Elle exige des juges du fond une analyse précise des éléments de preuve produits devant eux[150].

**591** ***La bonne foi en matière de diffamation.*** Lorsque le prévenu a échoué à faire la preuve de la vérité des faits ou qu'il n'y a pas été admis, il lui reste la possibilité de prouver sa bonne foi. C'est à lui — toujours parce qu'il a porté atteinte à l'honneur ou à la considération d'une personne — qu'il incombe de rapporter cette preuve[151] : les juges n'ont pas à se prononcer d'office sur la bonne foi[152] ni à provoquer, compléter ou parfaire par des mesures d'instruction qu'ils ordonneraient l'établissement de celle-ci[153]. La Cour de cassation leur impose, de surcroît, d'énoncer les faits sur lesquels ils se fondent et contrôle que ces faits justifient l'exception[154]. Il est difficile de prouver sa bonne foi, quoique les moyens pour le faire soient libres[155] : conformément à l'analyse systématisée par Pierre Mimin[156], la jurisprudence exige cumulativement que l'on ait visé un but légitime (l'information diffamatoire doit être objectivement utile à l'information du public et la critique d'un agissement, d'un propos ou d'une œuvre ne doit pas servir de prétexte à une attaque personnelle)[157], que l'on ait été sincère (c'est-à-dire que l'on ait cru et pu légitimement croire à l'exactitude de l'information publiée) et que l'on ait fait preuve de prudence et d'objectivité (ce qui suppose des vérifications d'une ampleur proportionnée à la portée de l'information en cause, une enquête honnêtement menée et une présentation de l'information qui fasse état des contestations dont elle peut faire l'objet et des réactions de la personne mise en cause). Toutes ces conditions[158] étant cumulatives, la jurisprudence était naguère encore plus riche en refus du bénéfice de la bonne foi qu'en exemples inverses : était imposée aux journalistes et aux intervenants dans le débat public une déontologie stricte, faite de rigueur et de circonspection, empruntée au travail scientifique en tant qu'elle évacue la passion et l'outrance. La société démocratique a beau reposer sur un principe de rationalité, il n'est pas certain qu'elle s'accommode d'une telle édulcoration des discours.

Sous l'influence de la jurisprudence de la CEDH et grâce à la résistance des cours d'appel à une conception de la bonne foi qui refusait tout assouplissement compte tenu du contexte, la chambre mixte de la Cour de cassation a accepté d'envisager la question du point de vue des exigences du débat démocratique. Elle énonce « qu'au regard des dispositions de l'article 10 de la Convention européenne de sauvegarde des droits de l'homme, la protection de la réputation d'un homme politique doit être conciliée avec la libre discussion de son aptitude à exercer les fonctions pour lesquelles il se présente au suffrage des électeurs ; que, par suite, l'intention d'éclairer ceux-ci sur le comportement d'un candidat est un fait justificatif de bonne foi, lorsque les imputations, exprimées dans le contexte d'un débat politique, concernent l'activité publique de la personne mise en cause, en dehors de toute attaque contre sa vie privée, et à la condition que l'information n'ait pas été dénaturée[159] ». Rappelons

149. Crim. 5 avr. 2022, n° 21-83176.
150. Crim. 13 sept. 2022, n° 21-81661.
151. Il lui appartient de démontrer « l'existence de circonstances particulières de nature à le faire bénéficier de la bonne foi » (Crim. 7 mai 2019, n° 19-81.627).
152. Crim. 26 mars 1996, *Bull. crim.* n° 134.
153. Crim. 28 févr. 2012, *Bull. crim.* n° 55.
154. Crim. 17 nov. 2015, *D.* 2016. 55, note A. Serinet. Il appartient aux juges d'analyser les pièces produites par le prévenu et d'énoncer précisément les faits sur lesquels ils fondent leur décision (Crim. 15 oct. 2019, n° 18-83.255).
155. Civ. 1re, 14 juin 2007, *Légipresse* 2007. III. 198, note B. Ader.
156. Note au D. 1939. I. 77.
157. Une cour d'appel ne peut ainsi sans se contredire admettre au bénéfice de la bonne foi un prévenu dont elle relève l'animosité personnelle (Crim. 30 mars 2005, *Légipresse* 2005. III. 111, note B. Ader).
158. Pour un rappel, v. Civ. 2e, 27 mars 2003, *Légipresse* 2003. III. 99.
159. Cass., ch. mixte, 24 nov. 2000, *BICC* 15 janv. 2001, concl. Lucas. V. aussi, s'agissant du rôle joué par un homme politique dans les événements tragiques ayant eu lieu au Cambodge de 1975 à 1979, Crim. 27 avr. 2011, *Bull. crim.* n° 77. En revanche, l'outrance des propos visant un homme politique ne peut être admise de la part d'un préfet, tenu en cette qualité à une obligation de réserve (Crim. 19 juin 2012, *Bull. crim.* n° 153). Une

que la jurisprudence européenne commande d'étendre cette solution à toute discussion d'intérêt général, comme le fait, à propos d'un témoignage portant sur « un sujet d'intérêt général relatif au rachat frauduleux par un organisme bancaire d'une compagnie d'assurances de droit étranger qui avait entraîné la mise à la charge de l'État français, et donc du contribuable, des sommes considérables », un arrêt du 11 mars 2008[160] ou encore, s'agissant d'une enquête portant sur une affaire financière concernant une société luxembourgeoise, un arrêt du 3 février 2011[161]. De même, a-t-il été admis que des doutes, si choquants qu'ils puissent apparaître aux associations demanderesses, soient exprimés sur « une question historique objet de polémique »[162] — en l'espèce, l'enrôlement forcé d'Alsaciens dans la SS. L'influence de la jurisprudence européenne a également conduit la Cour de cassation à exiger, même dans le cadre d'un débat d'intérêt général, que la mise en cause de la personne repose sur une base factuelle suffisante[163]. L'ajustement de solutions traditionnellement peu libérales aux exigences européennes ne va pas toujours sans mal, ainsi que le relève l'arrêt de la CEDH *Reichman c/ France* du 12 juillet 2016 — « La Cour relève qu'en l'espèce, les juridictions internes se sont contentées de caractériser les éléments constitutifs de l'infraction de diffamation, sans procéder à un examen des différents critères mis en œuvre par la Cour dans sa jurisprudence (…) pour apprécier le caractère justifié et proportionné de toute ingérence dans le droit à la liberté d'expression et ce dans une matière dans laquelle la marge d'appréciation de l'État était particulièrement restreinte ». La Cour de cassation n'a pas encore réussi à définir avec précision la portée de l'article 10 en matière de bonne foi : s'agit-il d'un simple éclairage, désormais obligatoire, dans l'appréciation de tous les éléments de la bonne foi ou d'un allègement du nombre des éléments dont il faut justifier, tout au moins lorsqu'un débat d'intérêt général est en cause[164] ? Le sérieux de l'enquête par ailleurs faite par le journaliste peut conduire à admettre qu'il s'appuie sur des propos tenus par un tiers[165]. À la suite de la cour d'appel de Paris, la Cour de cassation a accepté de considérer que, toujours à condition que l'on s'inscrive dans le cadre d'un débat d'intérêt général — en l'espèce la dénonciation d'abus sexuels ou de propos assez lourds envers des femmes — la prudence dans l'expression de la pensée et l'absence d'animosité personnelle pouvaient ne pas être exigées, du moins pas selon les canons traditionnels[166] ? Il faudra, en toute hypothèse, veiller à ce que la légitime écoute des femmes victimes de violence et la nécessité de leur permettre de faire valoir leur témoignage n'aboutissent pas à des lynchages sur les réseaux sociaux ou à la substitution de reportages aux garanties de la justice pénale. On ne peut qu'être frappé par le fait que les propos dénoncés dans la première affaire, s'ils n'eussent certes pas été employés par le duc de Nemours pour séduire la princesse de Clèves, n'étaient pas criminels au sens du droit pénal alors que leur publication sous #balanceton porc avait entraîné des conséquences profession-

---

assez grande incertitude s'attache aux qualifications en la matière, la Cour de cassation jouant le rôle de troisième degré de juridiction, comme le relève à juste titre l'annotateur de deux décisions (Crim. 11 et 25 juin 2013, *Légipresse* 2013. III. 497, note B. Ader).

160. *Légipresse* 2008. III. 130, note B. Ader et Crim. 12 mai 2009, *Légipresse* 2009. III. 225, note B. Ader, à propos de la mise en cause d'un procureur dans l'affaire dite des disparues de l'Yonne, dont il est souligné qu'elle avait eu « un retentissement national ».

161. Civ. 1re, 3 févr. 2011, *Légipresse* 2011. 226, note H. Leclerc.

162. Civ. 1re, 16 oct. 2013, *Légipresse* 2014. III. 94, note N. Mallet-Poujol.

163. Crim. 13 mars 2012, *Légipresse* 2012. 510, note B. Ader ; 11 et 25 juin 2013, *Légipresse* 2013. III. 497, note B. Ader et 15 décembre 2015, *Légipresse* 2016. 216, note E. Tordjman relevant à juste titre la difficulté à satisfaire à cette exigence dans le cadre d'un éditorial. Pour une illustration du succès dans la preuve de sa bonne foi, s'agissant d'une accusation d'avoir manipulé les témoignages recueillis dirigée contre un journaliste : Paris, 4 avr. 2018 ; *Légipresse* 2018. 515, note E. Derieux.

164. En ce sens, Crim. 7 janv. 2020, n° 18-85.620 : la cour d'appel est censurée pour avoir retenu un défaut de prudence et une animosité personnelle « alors qu'elle devait apprécier ces critères d'autant moins strictement que, d'une part, elle constatait, en application de l'article 10 Conv. EDH, tel qu'interprété par la Cour européenne, que les propos s'inscrivaient dans un débat d'intérêt général, d'autre part, il résulte de ce qui précède que son appréciation sur la suffisance de leur base factuelle n'était pas complète », l'animosité personnelle du journaliste étant par ailleurs envisagée à la seule lumière des faits antérieurs à la publication (v. aussi en ce sens, Crim. 3 nov. 2020, n° 19-84.700) : sous couvert de l'analyse traditionnelle s'opère une neutralisation inavouée de certains éléments.

165. Crim. 13 sept. 2022, n° 21-81.655.

166. Civ. 1re 11 mai 2022, n° 21-16.497 et 21-16.156, avis Mallet-Bricout, *Légipresse* 2022. 421, comm. R. Le Gunehec et A. Pastor. Sur cette question, v.. P. Wachsmann, « Les éléments constitutifs de la bonne foi en matière de diffamation et les exigences européennes », Dalloz, 2021. 1727.

nelles et personnelles très graves pour leur auteur et que dans la seconde affaire, les éléments factuels du témoignage sur les attouchements subis du fait d'un ancien ministre durant une représentation d'opéra comportaient des incohérences sérieuses[167]. Le critère de la « base factuelle suffisante », privilégié en conformité à la jurisprudence européenne, soulève des problèmes d'appréciation souvent délicats[168].
La brièveté de l'article ou du propos litigieux rend particulièrement difficile le respect de ces conditions, dans la mesure où elle se prête mal à la nuance. Ainsi, un bref écho publié dans le journal *Actuel* avait fait état de ce qu'un candidat à l'Académie française avait fait preuve d'antisémitisme dans son commentaire du statut de la fonction publique paru à la *Revue de droit public* de 1941 et de ce qu'il avait fait disparaître des bibliothèques les exemplaires de la revue contenant le texte en cause : le tribunal a considéré le but de l'entrefilet comme légitime (la candidature de l'intéressé à l'Académie justifiait le rappel de faits anciens) et la sincérité du journaliste comme établie (une lecture de l'article par un non-spécialiste pouvait accréditer le soupçon pesant sur un auteur qui, à l'époque, collaborait à un journal affichant des opinions antisémites), mais il a estimé que la rubrique où avait été publié cet entrefilet n'était pas « adaptée à l'importance du sujet abordé, qui aurait nécessité des explications circonstanciées » et que l'enquête à laquelle s'était livré le journaliste n'avait pas été complète et objective, faute notamment d'avoir cherché à recueillir, pour en faire état, les explications de l'intéressé[169]. Une telle solution paraît peu compatible avec les exigences européennes. De même, le bénéfice de la bonne foi a-t-il été refusé à l'éditeur d'un dictionnaire des noms propres qui avait imputé à un parti la responsabilité de l'attentat contre le président rwandais Habyarimana en 1994 et des massacres ayant provoqué la guerre civile au Rwanda, sans faire état de ce que ces affirmations étaient controversées[170]. Il convient également de faire la distinction entre la légitimité de l'expression de l'intime conviction d'un juge d'instruction quant à la culpabilité d'une personne finalement acquittée et du compte-rendu qu'en fait un journaliste et le fait de ne pas mentionner cet acquittement, qui constitue un manquement au devoir de prudence et de mesure dans l'expression[171]. La prise en compte du rattachement des propos tenus à un débat d'intérêt général se constate de plus en plus fréquemment, au prix d'un décalage croissant et mal maîtrisé avec les exigences traditionnelles du droit français de la diffamation, qui reste marqué d'une sévérité incompatible avec les exigences libérales de la Convention européenne des droits de l'homme. Une mise au point nette et équilibrée des solutions en la matière reste à l'ordre du jour.

**592** ***Exigences spécifiques du débat portant sur les institutions.*** Comme un signe avant-coureur de l'importance désormais attachée à l'insertion du propos litigieux dans le cadre d'un débat d'intérêt général, il avait été jugé que la manifestation des opinions et doctrines sur le fonctionnement de l'une des institutions de l'État « bénéficie de la liberté attachée à la critique du fonctionnement de ces institutions », selon l'arrêt de la Cour de cassation du 23 mars 1978[172] : un ancien garde des Sceaux s'en était pris avec virulence au Syndicat de la magistrature, qu'il avait accusé de vouloir noyauter l'institution judiciaire mais a été admis au bénéfice de la bonne foi malgré l'absence de prudence dans l'expression de sa pensée, compte tenu de l'objet de son propos.

167. Crim. 5 oct. 2021, n° 20-85.396 : allégation, à l'appui d'une dénonciation de ses méthodes, qu'un directeur des ressources humaines avait été « poussé vers la sortie », alors qu'il avait démissionné de fonctions précédentes, considérée comme conforme à la réalité.
168. Dans les deux affaires jugées le 11 mai 2022, le tribunal judiciaire de Paris avait conclu à l'absence de base factuelle suffisante. V. aussi Crim. 31 mai 2022, n° 21-83.647 ; 28 juin 2022, n° 21-83.735, précisant de surcroît que l'animosité personnelle exclusive de la bonne foi doit être préexistante aux propos litigieux et ne doit pas être connue des lecteurs, et 11 oct. 2022, n° 21-81.866.
169. TGI Paris, 17 nov. 1988, *Légipresse* 1989. III. 10.
170. TGI Paris, 12 avr. 1995, *Légipresse* 1995. III. 178. En revanche, la bonne foi de Google a été admise, en dépit du fait que des recherches associaient le nom d'une personne à des termes tels que « viol », « condamné », « sataniste », « prison », « violeur », dès lors que la fonctionnalité du procédé de recherche « se bornait à renvoyer à des commentaires d'un dossier judiciaire publiquement débattu » (Civ. 1re, 19 févr. 2013, n° 12-12.798).
171. Crim. 17 nov. 2015, *D.* 2016. 55, note A. Serinet.
172. *Bull. crim.* n° 115.

Le problème est que cette jurisprudence libérale est restée très limitée[173], au moins avant que les exigences européennes relatives aux questions d'intérêt général ne fassent sentir leurs effets[174]. La même remarque vaut pour les propos tenus par les avocats[175], même en dehors de l'enceinte des tribunaux[176], et pour le compte-rendu des débats judiciaires : l'article 41 de la loi sur la presse n'exempte que leur « compte rendu fidèle fait de bonne foi », ce qui laisse subsister la possibilité de condamner pour diffamation un journaliste qui avait écrit que la présidente d'une cour d'assises s'était « muée en procureur général[177] » ou l'auteur d'un livre mettant en cause d'une manière inacceptable le magistrat ayant occupé le siège du ministère public lors d'un procès pénal dont il avait fait l'objet[178].
Au total, la répression de la diffamation apporte donc toujours des limites importantes et parfois excessives à la faculté de participer à un espace public de libre discussion qui s'en trouve quelque peu affadi. Il a cependant été admis que la preuve de la bonne foi pouvait être établie à l'aide de pièces couvertes par le secret de l'instruction[179], solution qu'a consacrée la loi du 4 janvier 2010 relative à la protection du secret des sources des journalistes.

**593** ***L'injure.*** L'article 29 de la loi de 1881 définit l'injure comme « toute expression outrageante[180], termes de mépris ou invective qui ne renferme l'imputation d'aucun fait », la gravité des peines encourues variant selon les mêmes facteurs qu'en matière de diffamation. Des assimilations malveillantes peuvent être qualifiées d'injure[181]. La loi prévoit une excuse de provocation, strictement entendue. Quelques décisions ont introduit la notion de bonne foi en matière d'injure, quoique sa prise en compte y soit traditionnellement refusée[182]. Dans l'affaire dite des caricatures de Mahomet, le tribunal a limité le champ de la répression à l'expression « gratuitement offensante pour autrui » et ne contribuant à aucune forme de débat public et a dûment pris en compte le contexte de l'affaire[183]. Des décisions

173. Crim. 12 juin 1978, *Gaz. Pal.* 1979. I. 113 : refus du bénéfice de la bonne foi à une publication d'extrême-gauche qui avait dénoncé le climat régnant à l'époque dans un commissariat de police, à partir d'un certain nombre d'incidents.

174. V. ainsi TGI Paris, 23 mai 2012 et T. corr. Pau, 10 mai 2012, *Légipresse* 2012. 708, note F. Teitgen. La mise en cause, même très véhémente, par M. Guaino des magistrats ayant décidé de mettre en examen M. Sarkozy a également bénéficié de l'immunité accordée aux élus s'exprimant sur un sujet d'intérêt général (TGI Paris, 27 nov. 2014, *Légipresse* 2015. I. 11).

175. Pour une conception large de l'immunité accordée aux avocats (il suffit que leurs propos, quelle qu'en ait été la virulence, ne soient pas étrangers à la cause qu'ils défendent), v. Paris, 5 juill. 2013, Légipresse 2013. III. 560, note B. Ader, ainsi que l'arrêt de la CEDH (gr. ch.) du 23 avr. 2015, *Morice c/ France* et, en conséquence, Cass., ass. plén., 16 déc. 2016, *Légipresse* 2017. III. 85, note B. Ader.

176. TGI Paris, 20 oct. 2010, *Légipresse* 2011. 36, note B. Ader. V. aussi CEDH 15 déc. 2011, *Mor c/ France.*

177. Crim. 10 mai 1994, *Légipresse* 1994. III. 173 ; comp. l'arrêt *Prager et Oberschlick c/ Autriche*, rendu le 26 avr. 1995 par la CEDH, particulièrement compréhensif pour l'État dans une espèce similaire — v. aussi les opinions dissidentes.

178. Crim. 6 févr. 2007, *Bull. crim.* n° 32. Il faut relever que cette solution a été jugée contraire aux exigences de l'art. 10, au nom du droit des justiciables à relater leur propre procès (CEDH 15 juill. 2010, *Roland Dumas c/ France*). Cela est très contestable en l'espèce. V. aussi Civ. 1re, 10 sept. 2015, *Légipresse* 2015. III. 542, note C. Charrière-Bournazel.

179. Crim. 11 juin 2002, *Légipresse* 2002. III. 181, note J.-Y. Dupeux et 11 févr. 2003, *Légipresse* 2003. III. 71, note B. Ader.

180. Pour une interprétation large et contestable de cette expression, v. Paris, 8 avr. 2005, *Légipresse* 2005. III. 143, note H. Leclerc, qui considère comme une représentation injurieuse pour les croyances religieuses des catholiques le détournement à des fins publicitaires de *La Cène* de Léonard de Vinci. Cette décision a été cassée par un arrêt du 14 nov. 2006 (*Bull. civ.* I, n° 485). Elle est nettement contraire à la position ultérieurement prise sur cette question par la CEDH, qui insiste sur l'importance des droits des groupes minoritaires au sein de la société (30 janv. 2018, *Sekmadienis Ltd c/ Lituanie*).

181. V. ainsi Crim. 28 nov. 2017, n° 16-85637, retenant l'injure visant des personnes à raison de leur orientation sexuelle ou identité de genre, un conseiller municipal ayant demandé, lors d'un débat sur l'octroi d'une subvention à un centre LGBT, si l'on envisageait aussi de financer des associations en faveur de la zoophilie ; ou encore Paris, 3 oct. 2019, *Légipresse* 2019. 593, jugeant que le fait, pour M. Le Pen, de regretter l'hommage national rendu à un policier homosexuel tué dans l'exercice de ses fonctions supposait nécessairement qu'à ses yeux, l'orientation sexuelle de l'intéressé justifiait sa mise à l'écart.

182. TGI Paris, 10 avr. 1992, *Légipresse* 1992. III. 93 : relaxe d'un journaliste qui s'était borné à reproduire des propos injurieux tenus la veille à la télévision contre un homme politique ; TGI Nancy, 14 juin 1993, *Légipresse* 1993. III. 108, note Bilger : prise en compte du contexte dans lequel ont été tenus les propos incriminés. La jurisprudence de la CEDH impose effectivement cette recherche du contexte (*Oberschlick c/ Autriche*, n° 2, du 1er juill. 1997 : une condamnation pour avoir traité d'imbécile J. Haider, dirigeant politique d'extrême droite, viole l'art. 10, dès lors que le terme a été utilisé en réaction à un discours prononcé par ce dernier).

183. TGI Paris, 22 mars 2007, *Légipresse* 2007. III. 123, note H. Leclerc. La cour d'appel de Paris (12 mars 2008, *Légipresse* 2008. III. 107, note H. Leclerc) a confirmé ce jugement, en mettant l'accent sur le contexte et sur le fait qu'était visée non la communauté musulmane dans son ensemble, mais la seule fraction de celle-ci qui prétend utiliser la religion pour justifier le terrorisme.

récentes ont choisi de placer l'injure sous l'éclairage de la liberté de création artistique permettant l'expression « du mal-être, du désarroi et du sentiment d'abandon d'une génération », même lorsqu'elle s'exprime sous la forme de propos violemment misogynes menaçant les femmes de se faire « marie-trintigner », au motif qu'une distanciation suffisante s'opère chez les auditeurs d'un rappeur[184] ou sous celui de la satire[185] et d'un contexte polémique, qui permettent de traiter une femme politique de « salope fascisante », de lui attribuer un arbre généalogique en forme de croix gammée, mais non d'imaginer une affiche politique intitulée « la candidate qui vous ressemble » et représentant un étron, parce que cela porterait atteinte à la dignité de la personne visée. Il en va de même pour l'emploi du terme « porc »[186]. On avoue être assez peu convaincu par ces distinctions, insoucieuses de la lutte contre les violences faites aux femmes et des risques de dérive du débat public qui résultent d'une liberté d'insulter poussée ici très loin.

## 2 • La protection civile de la vie privée

**594** ***Une protection spécifique.*** Hormis les cas les plus graves d'atteintes à la vie privée (C. pén., art. 226-1[187]), c'est d'une protection par le juge civil que celle-ci fait l'objet[188]. Autrefois fondée sur l'article 1382 du Code civil, cette protection résulte de l'article 9 du Code civil depuis la loi du 17 juillet 1970 tendant à renforcer la garantie des droits individuels des citoyens[189]. Celui-ci dispose : « Chacun a droit au respect de sa vie privée. Les juges peuvent, sans préjudice de la réparation du dommage subi, prescrire toutes mesures, telles que séquestre, saisie et autres, propres à empêcher ou faire cesser une atteinte à l'intimité de la vie privée ; ces mesures peuvent, s'il y a urgence, être ordonnées en référé. » Il résulte donc clairement de la volonté du législateur — pleinement conforme aux articles 10, paragraphe 2, et 8 de la Conv. EDH[190] — que la vie privée[191] est soustraite à l'espace public de libre discussion, en dépit d'une curiosité croissante du public, attisée par certains médias qui retirent des profits substantiels de la narration illustrée de la vie privée, réelle ou supposée, des personnalités. Il

184. Versailles, 18 février 2016, *Légipresse* 2016. 226, note J. Englebert. Cette approche a été consacrée par la Cour de cassation (v. ainsi, Crim. 11 déc. 2018, n° 18-80.525, *Légipresse* 2019. 219, note L. François, qui tient compte « du langage en usage dans le genre du rap » et rattache les propos poursuivis « pour outranciers, injustes ou vulgaires qu'ils puissent être regardés » à un débat d'intérêt général, en l'espèce la dénonciation du racisme de la société française et les sources de ce phénomène).

185. Crim. 8 janv. 2019, *Légipresse* 2019. 213, note B. Domange et 23 nov. 2021, n° 21-80681, ce dernier relevant que les expressions poursuivies (rien moins que petite bite, carpette, raclure, mange-merde, mortecouille, foutre-cul, crevure, tête de nœud, balai à chiottes, fin de race), « pour outrageantes et grossières qu'elles soient pour la partie civile, critiquaient, sur un mode satirique et provocateur, les décisions d'un homme politique prises dans le contexte d'une élection politique et ne dépassaient ainsi pas les limites admissibles de la liberté d'expression », ceci au nom d'« un certain droit à l'irrespect et à l'insolence en matière politique ».

186. Crim. 31 mai 2022, n° 21-82.097.

187. V. TGI Nanterre, 5 sept. 2017, *Légipresse* 2018. 93, note N. Verly : condamnation du directeur de la publication et de la photographe pour la publication de clichés pris clandestinement et représentant le prince William d'Angleterre et son épouse en maillot de bain au bord d'une piscine dans une propriété privée, avec utilisation de téléobjectif et Crim. 21 avr. 2020, n° 19-81.507 : l'enregistrement de la parole ou de l'image d'une personne placée en garde à vue est susceptible de constituer une atteinte à l'intimité de sa vie privée. La CEDH attache un poids important au fait que des images ou enregistrements diffusés ont été obtenus à la suite d'une atteinte pénalement sanctionnée à la vie privée (arrêt *Société éditrice de Mediapart c/ France* du 14 janv. 2021).

188. Il est cependant significatif que les tribunaux vérifient que l'article 9 du Code civil n'est pas utilisé aux lieu et place de la loi de 1881 pour tenter d'en contourner les dispositions impératives (Versailles, 26 oct. 2017, *Légipresse* 2017. III. 615, note C. Chaillou : utilisation de la protection du droit à l'image par une personne dont la photographie avait été diffusée par erreur comme celle d'un terroriste recherché, la Cour estimant que c'est en réalité d'une atteinte à son honneur et à sa réputation, soit d'une diffamation, que se plaignait le demandeur ; Civ. 1re, 8 nov. 2017, n° 16-23779 et 6 déc. 2017, n° 16-21.679).

189. Le champ de l'article 9 est interprété de manière large, au point que ce dernier emporte parfois l'inapplication d'une disposition de la loi de 1881, en l'espèce celle qui interdit de diffuser des renseignements concernant l'identité d'une victime d'agression sexuelle ou son image (Civ. 1re, 9 sept. 2020, n° 19-16.415).

190. V. ainsi Civ. 1re, 9 juill. 2003, *Bull. civ.* I, n° 172, relevant que « les droits au respect de la vie privée et à la liberté d'expression revêtant, eu égard aux art. 8 et 10 de la Convention européenne et 9 du Code civil, une identique valeur normative, font ainsi devoir au juge saisi de rechercher leur équilibre et, le cas échéant, de privilégier la solution la plus protectrice de l'intérêt le plus légitime ».

191. « Seules les personnes physiques peuvent se prévaloir d'une atteinte à la vie privée au sens de l'article 9 du Code civil » (Civ. 1re, 17 mars 2016, *Bull. civ. I*, n° 67 ; Paris, 14 déc. 2017 ; *Légipresse* 2018. 79, note B. Gleize).

faut rappeler que la société démocratique ne se confond pas avec une transparence universelle, qui caractérise, au contraire, la société totalitaire. L'affrontement entre la liberté d'expression et le droit au respect de la vie privée est réglé en vue de « privilégier la solution la plus protectrice de l'intérêt le plus légitime »[192].

**595** ***Des mesures de protection diverses.*** La jurisprudence judiciaire n'use de la possibilité de saisie qu'avec une modération qui doit être pleinement approuvée : « La liberté de la presse est la règle. La saisie d'une publication est une mesure exceptionnelle que la juridiction des référés n'a le pouvoir d'ordonner qu'en cas d'urgence, c'est-à-dire si l'atteinte portée à la vie privée du demandeur présente un caractère intolérable et cause un dommage que l'allocation ultérieure de dommages-intérêts par le juge du fond ne saurait compenser », énonçait nettement le tribunal de grande instance de Paris[193]. Il n'y aura donc saisie que si la personne concernée est mineure ou s'il s'agit d'une révélation jugée particulièrement choquante. Cette dernière hypothèse est illustrée par l'interdiction du *Grand secret*, livre consacré par l'ancien médecin du président à la maladie de François Mitterrand et à la manière dont celui-ci l'a vécue. La défense faite à l'éditeur de poursuivre la diffusion du livre, en référé[194], puis le maintien de l'interdiction de la diffusion par le juge du fond[195] sont fondés sur ce que beaucoup des faits relatés dans le livre n'ont été publiés qu'en violation du secret médical auquel était assujetti le praticien, même après la mort de son patient (il fut par ailleurs condamné au pénal et radié de l'Ordre des médecins de ce chef). La circonstance qu'un médecin ait trahi la confiance qui lui avait été accordée par le patient et ses proches l'a emporté sur toute autre considération, notamment sur l'intérêt public que présente la question de l'état de santé d'un homme investi de responsabilités publiques écrasantes et qui avait lui-même décidé de rendre la question publique : le dernier jugement cité indique « qu'en effet le secret médical présente un caractère général et absolu qui n'autorise pas un médecin à se transformer en garant du bon fonctionnement des institutions ou en témoin de l'histoire ». Cette affaire constitue certainement un cas limite, où le secret de la vie privée fait obstacle à la contribution du médecin à un débat qui relève de l'espace public de libre discussion[196] : dans son arrêt du 18 mai 2004, *Société Plon c/ France*, la CEDH a estimé conforme à l'article 10 l'intervention de mesures en référé, en ayant égard à la nécessité de respecter le deuil des proches durant la période immédiatement postérieure au décès, tandis qu'elle a jugé excessive la mesure prononcée au fond d'interdiction définitive de l'ouvrage, en insistant sur l'intérêt public qui s'attache à l'état de santé d'un président de la République. N'est pas non plus compatible avec la liberté d'expression l'interdiction de publier un ouvrage non encore écrit, ainsi que l'a rappelé le tribunal de grande instance de Paris dans un jugement du 18 novembre 1998, à propos d'un projet de biographie concernant la vie privée d'Alain Delon[197].

En dehors de la saisie, diverses mesures protectrices de la vie privée peuvent être ordonnées par le juge, notamment la publication d'un communiqué dans le prochain numéro d'un périodique (y compris en

---

192. V. aussi Civ. 1re, 11 mars 2020, n° 19-13.716. L'arrêt souligne, en particulier, le fait que l'information diffusée « n'était pas de nature à nourrir le débat public », quant à la démission du gouvernement de deux personnes dont la liaison amoureuse était révélée. L'appréciation peut aisément être renversée en l'espèce.
La Cour de cassation semble désormais accorder un poids plus important au contexte politique de la révélation de faits intéressant la vie privée, notamment en matière de financement d'une campagne électorale : Civ. 1re 8 déc. 2021, n° 20-13.560.

193. Réf., 21 févr. 1970, *JCP* 1970. II. 16293. v. aussi TGI Paris, réf., 10 août 1999 et Paris, 17 sept. 1999, *Légipresse* 1999. III. 159 et pour le refus d'interdiction de la diffusion d'un reportage ou d'une émission télévisée, TGI Paris, réf., 25 oct. 2000, *Légipresse* 2001. III. 21 et 10 févr. 2006, *Légipresse* 2006. III. 126. V. aussi le rappel du caractère disproportionné que revêtirait une mesure d'interdiction, même provisoire, dans TGI Paris, réf., 11 janv. 2008, *Légipresse* 2008. III. 71, note A. Breguou.

194. TGI Paris, 18 janv. 1996, *Légipresse* 1996, III, 15 ; Paris 13 mars 1996, *Légipresse* 1996, III, 33, note Derieux et Cass. 16 juin 1997, *Légipresse* 1997, III, 137, concl. contr. Le Foyer de Costil.

195. TGI Paris, 23 oct. 1996, *Légipresse* 1997. III. 3 ; Paris, 23 mai 1997, *Légipresse* 1997. III. 100, note E. Derieux et Civ. 1re, 14 déc. 1999, *JCP* 2000. II. 10241, concl. C. Petit.

196. V. Chron. Agostini, *D.* 1996. Chron. 58.

197. *D.* 1999. 462, note D. Rebut.

couverture) ou dans les exemplaires d'un livre, l'occultation ou la suppression lors des réimpressions futures[198] des passages litigieux ou l'octroi de dommages-intérêts. Le montant de ces derniers pose problème : s'il est trop élevé, la liberté d'expression est menacée[199] et les droits de la personnalité font l'objet, de la part de personnages jouant sur une notoriété par ailleurs recherchée, d'une très lucrative exploitation, contradictoire avec leur nature[200], s'il est trop faible, l'atteinte à la vie privée restera rentable pour l'éditeur.

**596** ***Qu'est-ce qui relève de la vie privée ?*** La divulgation d'éléments ressortissant à la vie privée est illicite, quelles que soient par ailleurs la notoriété de la personne et sa tolérance, voire sa complaisance habituelle pour ce type de divulgations : M^me^ G..., énonce la cour d'appel de Paris, était « seule habilitée à fixer les limites de ce qui peut être divulgué sur sa vie privée notamment sentimentale[201] ». En revanche, un élément d'actualité est soustrait au domaine de la vie privée[202], à l'inverse des commentaires, quelle qu'en soit la tonalité, que croit devoir en faire l'organe de presse[203].

Les domaines inclus dans la protection de la vie privée comprennent l'état de santé, la vie sentimentale et sexuelle[204], les relations familiales et, plus généralement, ce qui relève du comportement intime de la personne[205]. La jurisprudence admet cependant que des informations sur le patrimoine ou les revenus, au moins de certaines personnes (chefs d'entreprise), cessent de relever de la vie privée[206].

---

198. V. ainsi, à propos d'un ouvrage romanesque mêlant, d'une manière jugée abusive et attentatoire à la vie privée, réalité et fiction, Paris, 18 déc. 2008, *Légipresse* 2009. III. 83, note A. Tricoire.

199. V. pour des cas de diffamation les arrêts *Tolstoy Miloslavsky c/ Royaume-Uni* du 13 juill. 1995 et *Steel et Morris c/ Royaume-Uni* du 15 févr. 2005, rendus par la CEDH, à comparer avec l'arrêt du 16 juin 2005, *Independent News and Media et Independent Newspapers Ireland Limited c/ Irlande*. v. aussi l'arrêt *MGN Limited c/ Royaume-Uni* du 18 janv. 2011 relevant les conséquences excessives qu'avait comportées, pour la requérante, l'obligation de payer les honoraires de résultat perçus dus à l'avocat adverse (ils s'élevaient à 365 000 £ !).

200. v. en ce sens G. Loiseau, « La "pipolisation" des droits de la personnalité », *Légipresse* 2011. 599.

201. 15 févr. 1994, *Légipresse* 1994. III. 19. V. aussi Civ. 1^re^, 30 mai 2000, *Légipresse* 2000. III. 136.

202. V. ainsi, à propos d'un livre consacré à M^me^ Cécilia Ciganer-Albeniz, qui venait de divorcer de M. Sarkozy, TGI Paris, réf., 11 janv. 2008, *Légipresse* 2008. III. 71, note A. Breguou, relevant que l'ouvrage porte sur des faits d'une portée politique réelle et que le couple avait antérieurement médiatisé certains éléments de sa vie privée, suscitant ainsi lui-même l'intérêt du public sur ce point ; et, à propos de rumeurs concernant le couple présidentiel, l'admission de la révélation de faits de vie privée, à la condition toutefois qu'il s'agisse de faits exacts par TGI Paris, réf., 16 avr. 2010, *Légipresse* 2010. 100, note T. Roussineau.

203. Civ. 1^re^, 23 avr. 2003, *D.* 2003. 1854, note C. Bigot ; 25 nov. 2004, *Légipresse* 2005. III. 17.

204. La révélation de l'homosexualité d'un dirigeant politique par un magazine à grand tirage a donné lieu à des décisions diverses. Elle a d'abord été jugée illicite, quand bien même elle peut relever d'un débat d'intérêt public quant à son éventuelle incidence sur la ligne politique du parti auquel appartient l'intéressé, dès lors que sont révélés de nombreux détails et publiés des clichés attestant qu'il y a eu surveillance du couple durant deux jours lors d'un séjour de celui-ci à Vienne : TGI Paris, réf., 24 déc. 2014, *Légipresse* 2015. I. 14. Pour la Cour de cassation, le lien établi par la publication entre cette révélation et l'évolution de la doctrine du parti en cause sur la question de l'homosexualité faisait relever la première d'un débat d'intérêt général (Civ. 1^re^, 11 juill. 2018, n° 17-22381). Cette position paraît pleinement conforme à l'approche de la CEDH. V. aussi, dans une autre affaire concernant un ouvrage sur le parti en question, Civ. 1^re^, 9 avr. 2015, *Légipresse* 2015. III. 409, note B. Gleize.

205. Par ex. des conversations, tenues à titre privé ou confidentiel, captées par son maître d'hôtel, dans la résidence de M^me^ Bettencourt : Civ. 1^re^, 6 oct. 2011, *Légipresse* 2011. 682, note B. Ader ; 2 juill. 2014, *Légipresse* 2014. III. 551, note H. Leclerc et Bordeaux, 21 sept. 2017 ; *Légipresse* 2018. 28, note H. Leclerc, cette dernière admettant l'état de nécessité où s'était trouvé l'auteur de l'atteinte à la vie privée face aux entreprises du clan qui abusait de l'état de faiblesse de M^me^ Bettencourt. S'agissant d'un roman utilisant des éléments factuels précis se rapportant à une personne considérée comme identifiable, TGI Paris, 27 mai 2013, *Légipresse* 2013. III. 615, note A. Tricoire, relevant que cela « ancre ce récit dans la réalité singulière » de la demanderesse dont un pan entier de la vie « est évoqué dans ses moindres détails, des plus quotidiens aux plus intimes, concernant sa conjugalité — sexualité, maternité, disputes, mode de vie ». Dans TGI Paris, 22 mai 2013, mêmes références, c'est la lumière jetée sur la relation entre un père, écrivain, et son fils qui est jugée attentatoire à la vie privée de ce dernier. Dans le cas d'un ouvrage qui prétendait relater la liaison entre son auteur et un homme politique dont la carrière avait été interrompue par un scandale sexuel, l'ordonnance de référé relève que ces derniers éléments n'étaient plus au cœur de l'actualité et que « s'il est exact que l'ouvrage litigieux peut présenter des aspects relevant d'un sujet d'intérêt général, tel que l'exercice et la conquête du pouvoir ou le dédoublement de la personnalité, il n'en contient pas moins de nombreux passages sans lien direct avec ces questions (santé, vie sexuelle et notamment liaison avec l'auteur du livre) » (TGI Paris, réf., 26 févr. 2013, *Légipresse* 2013. III. 227, note A. Tricoire). V. A. Tricoire, « Fiction et vie privée », *Légipresse* 2014. II. 597, mettant bien en lumière que les tribunaux considèrent que « la fiction doit être pure et ne peut s'inspirer du réel quand ce réel relève de la vie privée ». La jurisprudence se montre particulièrement sourcilleuse lorsque sont mis en cause des mineurs identifiables, même au travers d'une parodie : Civ. 1^re^, 20 mars 2014, *Légipresse* 2014. III. 352, note G. Lécuyer (l'animateur d'une émission de radio avait contrefait la voix d'une petite-fille pour « lui faire tenir des propos imaginaires et caricaturaux à l'encontre de son grand-père et de sa mère », pourtant engagés dans la vie politique).

206. Civ. 1^re^, 20 oct. 1993, *Légipresse* 1993. III. 139 et sur renvoi Versailles 17 mai 1995, *D.* 1996. 409, note Ravanas.

Le critère est, ici encore, la pertinence de l'information au regard d'un débat d'intérêt public[207]. Ainsi peut-il être légitime de consacrer une série de reportages à des affaires criminelles ayant eu un grand retentissement dans le passé, mais pas de fournir, à cette occasion, des renseignements sur la vie quotidienne actuelle d'une personne condamnée lors d'un des procès en question et ayant purgé sa peine, sur sa famille et sur ses habitudes de tous les jours, ceux-ci ne correspondant à aucune « nécessité pour l'information du public[208] ». Les relations intimes entre un probable candidat à l'élection présidentielle et sa conseillère ont été jugées relever d'un débat d'intérêt général[209]ci encore, l'insistance mise par la CEDH sur l'immunité qui doit bénéficier à ceux qui participent à la discussion sur une question d'intérêt général bouscule les solutions traditionnelles et fait reculer la protection de la vie privée[210].

**597** ***Le droit à l'image.*** Généralement lié au droit à la vie privée[211], encore qu'il en soit distinct[212], le droit à l'image implique l'interdiction de publier des clichés pris, sans autorisation de la personne[213], dans des lieux privés[214] ou retirés. Lorsque le cliché est pris dans un lieu public ou au cours d'une manifestation publique, il y a présomption d'autorisation[215], si le cliché est en relation directe avec l'événement[216] mais il s'agit d'une présomption simple et, par ailleurs, la publication du cliché peut devenir illicite en raison de son contexte (cadrage sur une personne déterminée[217], caractère inopportun pour la personne ou ses proches[218] de la publication). La jurisprudence permet également la publi-

---

207. Cet élément est pris en compte de manière croissante : Civ. 1re, 11 mars 2020, n° 19-13716 : la révélation de la relation amoureuse entre deux ministres démissionnaires et de leur séjour commun aux États-Unis « n'était pas de nature à nourrir le débat public » sur cette démission. V. aussi Civ. 1e, 8 déc. 2021, n° 19-24780 et n° 20-13560.

208. TGI Paris, 18 déc. 1991, *Légipresse* 1992. III. 1, note Gras. V. égal., pour la diffusion d'un reportage et de photos se rapportant à la vie sentimentale et aux loisirs d'un homme politique, TGI Nanterre, réf., 28 août 2007, *Légipresse* 2007. III. 241. Sur l'impossibilité d'ordonner la suppression d'articles archivés dans un site Internet, v. Civ. 1re, 12 mai 2016, *Légipresse* 2016. 479.

209. TJ Nanterre, 21 nov. 2022, *Légipresse* 2022. 658.

210. Civ. 1re, 1er mars 2017, *Légipresse* 2017. III. 210, note C. Mas : le contexte (une « affaire financière ayant abouti à la spoliation de l'épargne publique ») dans lequel est publiée une information ressortissant normalement à la vie privée la rend licite et 10 oct. 2019, n° 18-21.871 imposant l'examen de la question de l'insertion de la révélation dans un débat d'intérêt général, en citant l'arrêt *Couderc et Hachette Filipacchi c/ France* de la Cour européenne des droits de l'homme.

211. Civ. 2e, 25 nov. 2004, *Légipresse* 2005. III. 17. Il a également été jugé que « la reproduction d'une photographie illustrant une information illicite de vie privée méconnaît le droit de la personne concernée au respect de son image » (Civ. 1re, 7 mars 2006, *Légipresse* 2006. III. 133, note C. Fabre).

212. Civ. 1re, 10 mai 2005, *Légipresse* 2005. III. 166, note L. Merlet et N. Verly, v. aussi TGI Paris, réf., 5 févr. 2008 (2 ord.), *Légipresse* 2008. III. 66, note A. Hazan, à propos de l'utilisation par la compagnie Ryanair de photographies de M. Sarkozy et de Mme Carla Bruni à des fins publicitaires.

213. V. ainsi, pour un cliché représentant la princesse Diana et Emad Fayed enlacés sur le pont d'un navire, Paris, 2 nov. 2000, *Légipresse* 2001. III. 19. S'agissant de la photographie du cadavre d'une personne, en l'absence d'une volonté particulière exprimée sur ce point par le défunt, il est indispensable de recueillir le consentement de la famille (Crim. 20 oct. 1998, *D.* 1999. 106, note B. Beignier : photographie de François Mitterrand sur son lit de mort).

214. En dépit de l'actualité judiciaire dans laquelle une personne est prise, la publication d'un cliché la montrant « à l'intérieur de son domicile » est illicite « alors que ledit domicile n'a aucun lien avec le lieu où se seraient déroulés les faits, objets de l'actualité judiciaire » (Paris 20 oct. 2010, *Légipresse* 2011. III. 40). V. aussi TGI Nanterre, réf., 18 sept. 2012, *Légipresse* 2012. 582, relevant que les clichés avaient surpris les demandeurs dans leur intimité et étaient dépourvus de tout lien avec leurs activités publiques ou officielles.

215. V. ainsi Versailles 7 déc. 2000, *Légipresse* 2001. III. 35 : rejet de la demande d'une personne photographiée lors d'une manifestation, le 13 mai 1968, juchée sur les épaules d'un ami et brandissant le drapeau vietnamien, compte tenu de l'utilisation du cliché, devenu célèbre, « dans le seul but d'illustrer la mémoire d'événements qui appartiennent à l'histoire » et de l'absence de tout élément dévalorisant et 22 nov. 2001, *Légipresse* 2002. III. 37.

216. Civ. 2e, 11 déc. 2003 et 18 déc. 2003, *Légipresse* 2004. III. 28, note B. Ader et 19 févr. 2004, *Légipresse* 2004. III. 88.

217. Civ. 2e, 18 mars 2004, *Légipresse* 2004. III. 89 : photographies prises au téléobjectif à l'insu des personnes concernées et accompagnées de légendes se rapportant à leur vie privée. V. aussi TGI Nanterre, 26 nov. 2015, *Légipresse* 2016 Actu. 16.

218. Civ. 1re, 5 juill. 2005, *Légipresse* 2005. III. 213, note T. Hassler. La publication de la photographie du préfet Érignac gisant sur la chaussée après son assassinat constitue une profonde atteinte aux sentiments d'affliction de ses proches parents, dès lors qu'elle intervient au cours de la période de deuil (Paris, 24 févr. 1998, *D.* 1998. 225, note B. Beignier). Cette solution a été confirmée par la Cour de cassation sur le fondement de l'atteinte portée par l'image à la dignité de la personne humaine (Civ. 1re, 20 déc. 2000, *D.* 2001. 885 et Chron. J.-P. Gridel, p. 872) et jugée compatible avec les exigences de la Conv. EDH (*Hachette Filippacchi Associés c/ France* du 26 avr. 2007). V. dans le même sens Paris, 28 mai 2009, *Légipresse* 2009. III. 157, note E. Derieux (publication de la photographie d'un jeune homme torturé à mort par ses ravisseurs jugée devoir plus à la recherche de sensationnel qu'au désir d'informer le public), approuvé par Civ. 1re, 1er juill. 2010, n° 09-15.479, relevant que cette publication, contraire à la dignité humaine, constituait « une atteinte à la mémoire ou au respect dû au mort et dès lors à la vie privée de ses proches ». Le raisonnement lie de manière discutable trois éléments différents, mais confirme le poids désormais attaché à la notion de dignité. En revanche, la CEDH, qui a jugé que l'article 10 n'avait pas été méconnu, s'est placée sur le seul terrain de l'atteinte à la vie privée des proches de la victime (*Société de conception de presse et d'édition c/ France* du 25 févr. 2016).

cation de l'image d'une personne prise dans un espace public, pourvu qu'elle ne soit pas ridiculisée ou atteinte dans sa dignité, dans le cadre d'un projet artistique ou dans un but éducatif[219] et à chaque fois qu'il s'agit d'illustrer l'actualité[220]. L'image constituant le prolongement de la personnalité, la jurisprudence réaffirmait sans cesse « que toute personne, quelle que soit sa notoriété, a sur son image et l'utilisation qui en est faite un droit exclusif qui lui permet de s'opposer à sa diffusion sans son autorisation expresse et spéciale[221] », étant précisé qu'une personne qui avait accepté d'être filmée ne peut ensuite prétendre s'opposer à la diffusion du reportage réalisé, dès lors que son image « n'avait pas été détournée du contexte dans lequel elle avait été fixée »[222]. Mais en réalité, ce droit doit céder face aux exigences de la libre expression sur les questions d'intérêt général : « La liberté de la presse et le droit à l'information du public autorisent la diffusion de l'image de personnes impliquées dans un événement d'actualité ou illustrant avec pertinence un débat d'intérêt général, dans une forme librement choisie, sous la seule réserve du respect de la dignité de la personne humaine », indique la Cour de cassation en une formule qui marque un recul spectaculaire du droit à l'image. Par ailleurs, la jurisprudence a refusé de voir dans l'image d'une chose un prolongement de la propriété susceptible de donner lieu à une protection identique : seul un trouble anormal occasionné par l'utilisation de cette image pourrait permettre au propriétaire de s'y opposer[223].
Les limites que le respect de la vie privée impose à la liberté de la presse restent cependant importantes.

## 3 • Le droit de réponse

**598** ***Un droit « absolu », en réalité susceptible d'abus.*** Dans le seul cas des écrits périodiques, l'article 13 de la loi du 29 juillet 1881 prévoit un droit de réponse minutieusement réglementé[224], au profit de toute personne nommée ou désignée dans le journal[225]. La réponse doit être insérée dans les trois jours de sa réception pour les quotidiens, dans le numéro qui suit le surlendemain de sa réception pour les autres périodiques. Sa publication est gratuite. Cette institution est fort mal acceptée par les organes de presse, qui y voient l'intrusion déplaisante d'un tiers dans le contenu de leurs publications[226]. L'essentiel du problème vient ici de ce que le droit de réponse est traditionnellement qualifié

219. TGI Paris, 2 juin 2004 et 14 mai 2003, *Légipresse* 2004. III. 156, note C. Bigot. Certains commentateurs (T. Hassler, note *Légipresse* 2006. III. 96) doutent de la stabilité de cette jurisprudence, alors même que la Cour de cassation a affirmé « le libre choix des illustrations d'un débat général de phénomène de société » *(sic)* (Civ. 2e, 4 nov. 2004, *Bull. civ.* II, no 486) et que la solution a été réaffirmée (TGI Paris, 9 mai et 25 juin 2007, *D.* 2008. 57, note A. Tricoire).

220. Civ. 1re, 10 mai 2005 et 5 juill. 2005, *Légipresse* 2005. III. 166, note L. Merlet et N. Verly ; 16 mai 2006, *Légipresse* 2006. III. 171, note E. Dreyer.

221. Paris, 12 sept. 1995, *Légipresse* 1996. III. 21 : une actrice qui avait accepté de poser nue pour un magazine peut toujours s'opposer à la reproduction du cliché dans un autre journal. v. aussi Civ. 1re, 28 janv. 2010, *Bull. civ.* I, no 21, rappelant que l'autorisation donnée à l'exploitation de son image n'est pas illimitée.

222. Civ. 1re, 9 avr. 2015, *Légipresse* 2015. III. 409, note B. Gleize.

223. Cass., ass. plén., 7 mai 2004, *Légipresse* 2004. III. 117, note J.-M. Bruguière et B. Gleize, et Civ. 1re, 28 juin 2012, *Légipresse* 2013. III. 26, note B. Gleize. Comp. Civ. 1re, 15 mars 2005, *Légipresse* 2005. III. 73, note J.-M. Bruguière, refusant aux auteurs de l'aménagement d'une place le bénéfice du droit d'auteur lorsque la représentation de l'œuvre est « accessoire au sujet traité », qui était l'ensemble architectural constitué par la place des Terreaux, à Lyon.
De son côté, la jurisprudence administrative a nettement posé que « l'image d'un bien du domaine public ne saurait constituer une dépendance de ce domaine » et que « l'utilisation à des fins commerciales de l'image d'un tel bien ne saurait être assimilée à une utilisation privative du domaine public », ce qui exclut la perception de redevances en raison de cette utilisation (CE, ass., 13 avr. 2018, *Établissement public du domaine national de Chambord ; AJDA* 2018. 823). Cette solution a été remise en cause par la L. du 7 juill. 2016 qui met en place un régime d'autorisation, s'agissant de la seule image des immeubles qui constituent les domaines nationaux, susceptible de donner lieu à la perception d'une redevance (C. patr., art. L. 621-42) — v. aussi Cons. const. 2 févr. 2018, no 2017-687 QPC déclarant cette disposition conforme à la Constitution, au terme d'une argumentation sommaire et ne tenant aucun compte du droit à la liberté d'expression.

224. Les précisions du texte ont été complétées par celles de la jurisprudence. Ainsi, peut être refusée une réponse qui met en cause l'honneur du journaliste ou de l'organe de presse, mais à condition que ce soit « de façon disproportionnée au regard de la teneur de l'article initial » (Crim. 3 nov. 2020, no 19-85276, v. aussi 1er sept. 2020, no 19-81448).

225. Ce droit est « strictement personnel et celui qui entend en user ne peut répondre qu'à sa propre mise en cause et non à celle d'un tiers, ce dernier aurait-il été également nommé ou désigné dans la publication suscitant la réponse » (Crim. 3 nov. 2020, préc.).

226. « Le fascisme, disait Roland Barthes, ce n'est pas d'empêcher de dire, c'est d'obliger à dire », *Leçon*, Le Seuil, 1978, p. 14. La Cour de cassation a ainsi interdit de condamner un expert à déclarer authentique un tableau dont il pense qu'il ne l'est pas : Civ. 1re, 22 janv. 2014, *Bull. civ.* I, no 10.

par la jurisprudence de droit général et absolu, ce qui est ouvrir la porte à tous les abus. Tout en maintenant — illogiquement — ces qualificatifs, certaines décisions ont, fort opportunément, encadré le pouvoir discrétionnaire conféré à l'auteur du droit de réponse, de manière à le contenir dans les limites du raisonnable[227], en exigeant que la réponse constitue une véritable réplique à l'article qui l'a provoquée et non une occasion de développer des opinions sans rapport avec celui-ci[228]. Lorsque le Front national a décidé de faire usage du droit de réponse à chaque fois qu'un journal le qualifierait de mouvement d'extrême droite ou le mettrait en cause d'une manière qui lui paraîtrait excessive, l'application de cette dernière jurisprudence a permis de faire échec à une telle tentative[229], caractérisée comme un abus de droit. La chambre criminelle a relevé à juste titre, à l'appui de cette solution, que l'insertion forcée du droit de réponse constitue une ingérence dans l'exercice de la liberté d'expression, soumise à la condition de nécessité dans une société démocratique[230], tout en estimant que l'institution du droit de réponse réalisait un équilibre satisfaisant entre la liberté d'epression et la protection des personnes, de sorte qu'une QPC dirigée contre cette disposition de la loi sur la presse a été écartée comme dénuée de caractère sérieux[231]. Le droit de réponse a été considéré comme applicable également sur un intranet[232].

Le droit de réponse est conçu beaucoup plus strictement dans le secteur de l'audiovisuel : son exercice est subordonné à la diffusion d'une information susceptible de porter atteinte à l'honneur ou à la réputation de la personne concernée (article 6 de la loi du 29 juillet 1982[233]). En revanche, les services de communication au public en ligne ont été soumis, avec quelques variantes, au régime de la presse (article 6 IV de la loi du 21 juin 2004 pour la confiance dans l'économie numérique et décret n° 2007-1527 du 24 oct. 2007).

**599** ***Le cas spécifique de l'atteinte à la présomption d'innocence.*** Il faut encore ajouter que, afin de renforcer la protection de la présomption d'innocence, la loi du 4 janvier 1993 a ajouté au Code civil un article 9-1 permettant au juge, s'il y a lieu en référé, d'ordonner l'insertion d'un communiqué faisant cesser l'atteinte à la présomption d'innocence. L'action en insertion forcée d'un tel communiqué ne peut prospérer que si l'article en cause manifeste un préjugé tenant pour acquise la culpabilité[234]. La juridiction d'instruction qui prononce une décision de non-lieu peut, par ailleurs, sur demande de l'intéressé, ordonner la publication de celle-ci ou l'insertion d'un communiqué en rendant compte, de manière à laver publiquement de tout soupçon la personne concernée. Respect de la vie privée et d'une décision de justice passée en force de chose jugée peuvent par ailleurs se combiner pour interdire la diffusion, à la télévision comme sur Internet, d'une fiction inspirée d'un procès réel à l'issue de laquelle les spectateurs étaient invités à se prononcer sur la culpabilité de l'accusé, pourtant définitivement acquitté[235]. La jurisprudence de la CEDH a, elle aussi, procédé à une revalorisation de la protection due à la présomption d'innocence (arrêt *Bédat c/ Suisse*, gr. ch., du 29 mars 2016) que la Cour de cassation a immédiatement prise en compte[236]. Selon la Cour, il

227. TGI Paris, réf., 27 mai 1988 et Paris, 13 juill. 1988, *JCP* 1988. II. 21079.
228. TGI Paris, 19 janv. 1994, *Légipresse* 1994. III. 97, note Bigot ; Paris, 24 mai 1994, *Légipresse* 1994. III. 181 ; Crim. 16 janv. 1996, *D.* 1996. 462, note Bigot.
229. Versailles, 3 juill. 1996 et Paris, 17 avr. 1996, *Légipresse* 1996. III. 89, note Ader, confirmés par Civ. 2e, 24 juin 1998, *Légipresse* 1998. III. 115 ; Crim. 16 juin 1998, *Légipresse* 1998. III. 129, note E. Derieux et Crim. 3 nov. 1999, *D.* 2000. IR 29.
230. Crim. 16 juin 1998, préc. ; v. aussi TGI Paris, 11 sept. 1996, *Légipresse* 1997. III. 28.
231. Civ. 1re, 13 juill. 2022, n° 22-10.875.
232. Crim. 23 nov. 2021, *Légipresse* 2022.30, comm. E. Dreyer.
233. Il s'agit d'une *lex specialis* par rapport à la loi de 1881, étant cependant précisé que « l'exercice du droit de réponse ne suppose pas que soit caractérisé l'abus commis par le journaliste dans l'exercice de sa liberté d'informer » (Civ. 1re, 29 nov. 2005, *Légipresse* 2006. III. 33, note T. Hassler), ce qui revient à le détacher, contrairement à ce que suggère le texte, des notions de diffamation et d'injure.
234. Civ. 1re, 6 mars 1996, *Légipresse* 1996. III. 58 et 19 oct. 1999, *Légipresse* 1999. III. 161. — v. pour une illustration TGI Paris, réf., 25 août 1997 et 16 sept. 1997, *Légipresse* 1997. III. 151 et 31 oct. 2003, *Légipresse* 2003. III. 204.
235. Civ. 1re, 30 sept. 2015, n° 14-16.273, *Bull.* V. aussi l'article « Le procès de trop », dans le supplément *Télévisions*, *Le Monde*, 9 et 10 mars 2014.
236. Civ. 1re, 6 janv. 2021, n° 19-21718, *Légipresse* 2021. 91, note C. Bigot.

faut distinguer la description d'un état de suspicion envers une personne, qui est légitime, pourvu que le public soit mis en mesure de faire la part des choses et ne puisse se méprendre sur le fait que l'affaire n'avait pas encore été jugée, et le dépassement du seuil de cette suspicion, attentatoire à la présomption d'innocence[237].

## B • Les limites tenant à la sauvegarde de l'ordre public

**600** ***Diversité des dimensions de l'ordre public protégées.*** Les infractions de presse destinées à sauvegarder l'ordre public sont nombreuses et correspondent aux diverses dimensions de cette notion : prévention des infractions (ex. : provocation directe à la commission d'un crime ou d'un délit[238] ; apologie de certaines infractions graves dans les cas prévus par la loi, en raison du fait que de tels propos, en niant la nocivité de ces infractions, en favorisent, au moins psychologiquement, la commission, comme l'apologie publique des actes de terrorisme[239] ainsi que, de manière très contestable, détention de documents provoquant directement à la commission d'actes de terrorisme ou en faisant l'apologie comme caractérisation possible de la préparation de la commission d'une infraction grave intentionnellement en relation avec une entreprise terroriste), sécurité nationale (ex. : reproduction d'un renseignement ou document présentant le caractère d'un secret de la défense nationale), santé publique (ex. : interdiction de la publicité en faveur du tabac et des produits du tabac[240]), sauvegarde de l'autorité et de l'impartialité du pouvoir judiciaire (ex. : interdiction de publier les actes d'accusation et tous autres actes de procédure criminelle ou correctionnelle avant qu'ils aient été lus en audience publique[241]), protection de l'ordre démocratique (ex. : interdiction de publier des sondages d'opinion en rapport avec un référendum ou des élections politiques la veille ou le jour du scrutin), à laquelle se rajoute l'incrimination de l'outrage au drapeau tricolore, dans le cadre d'une manifestation organisée ou réglementée par les autorités publiques (loi du 18 mars 2003) ou plus largement (décret du 21 juillet 2010), protection de la morale (ex. : diffusion d'un message à caractère violent ou pornographique ou de nature à porter gravement atteinte à la dignité humaine lorsque ce message est susceptible d'être vu ou perçu par un mineur).

---

237. Arrêt *RTBF c/ Belgique* (n° 2) du 13 déc. 2022.

238. L'intention de susciter chez les lecteurs un passage à l'acte est déterminante, ce qui permet de sauvegarder la liberté d'opinion, même exprimée en termes excessifs (Versailles, 30 juin 2005, *Légipresse* 2006. III. 19, note B. Ader).

239. Le cadeau à un jeune enfant d'un tee-shirt portant les inscriptions « Z., né le 11 septembre » et « Je suis une bombe » a été analysé comme l'utilisation de celui-ci comme « support d'un jugement bienveillant sur des actes criminels », caractérisant le délit d'apologie, alors même que les inscriptions n'étaient pas normalement visibles (Crim. 17 mars 2015, *Légipresse* 2015. III. 347, note F. Gras), solution que la CEDH a jugée compatible avec l'article 10 en relevant l'instrumentalisation d'un enfant, l'absence de toute volonté de contribuer à un débat d'intérêt général et un contexte français marqué par des attentats terroristes (*Z.B. c/ France*, 2 sept. 2021). V. aussi la condamnation de Dieudonné M'Bala M'Bala pour avoir proclamé « Je me sens Charlie Coulibaly », associant ainsi *Charlie-Hebdo*, au soir des manifestations de solidarité avec les victimes des attentats, et le nom de l'auteur du massacre perpétré dans le supermarché cacher de la porte de Vincennes : cette identification a pour effet de banaliser les actes commis (TGI Paris 18 mars 2015, *Légipresse* 2015. III. 425, note B. Ader). Un comportement que les juges du fond avaient qualifié de « décalé », consistant à s'affirmer solidaire à la fois des victimes et des auteurs d'actes de terrorisme, a été considéré par la Cour de cassation comme manifestant « une égale considération pour des victimes d'actes de terrorisme et l'un de leurs auteurs » auquel s'identifiait le prévenu, ainsi coupable de l'apologie incriminée (Crim. 25 avr. 2017, *Légipresse* 2017. III. 392, note E. Dreyer). Il y a peu de place pour les nuances — et pour l'interprétation stricte des textes répressifs — en période de crise, comme l'atteste aussi la condamnation pour apologie d'un acte de terrorisme d'une personne qui avait qualifié de « courageux » les auteurs de tels actes (Crim. 27 nov. 2018, n° 17-83602, solution jugée conforme à l'article 10 par l'arrêt *Rouillan c. France* de la CEDH du 23 juin 2022). En revanche, il ne peut y avoir apologie lorsque l'auteur des propos ne pouvait que susciter en ses auditeurs des sentiments de crainte et de rejet (Crim. 4 juin 2019, *Légipresse* 2019. 483, note E. Dreyer : la menace, adressée au personnel hospitalier, « je fais partie de Daesch », n'est pas constitutive d'une apologie d'actes de terrorisme).

240. Les tribunaux s'assurent néanmoins qu'il y eut appel manifeste à l'usage du tabac, volonté délibérée de le vanter et veillent heureusement à sauvegarder la publication d'une revue destinée à un cercle restreint d'amateurs (TGI Paris, 13 déc. 2012, *Légipresse* 2013. 13). De même, en l'absence de propos ou d'image faisant la promotion du tabac et de ses produits, le seul fait de montrer des personnes en train de fumer ne saurait tomber sous le coup de la loi pénale (Crim. 21 févr. 2017, *Légipresse* 2017. III. 146, note E. Andrieux).

241. Cette disposition a été jugée conforme aux exigences de l'art. 10 de la Conv. EDH par un arrêt de la CEDH du 24 nov. 2005, *Tourancheau et July c/ France*.

**601** ***De la protection de la morale à celle de la dignité ?*** Cette dernière infraction (C. pén., art. 227-24) a succédé à l'outrage aux bonnes mœurs, lui-même issu du délit d'outrage à la morale publique et religieuse et aux bonnes mœurs institué par la loi de Serre et en vertu duquel, en 1857, fut condamné Baudelaire pour six poèmes des *Fleurs du Mal* (Flaubert, la même année, n'avait échappé que de justesse à la condamnation pour avoir publié *Madame Bovary*). La protection des mineurs sert ici de prétexte commode à l'imposition d'une morale qui n'ose plus s'affirmer telle — car quel est le message qui n'est pas susceptible d'être vu ou perçu par un mineur[242] ? Témoigne également de cette conversion en des termes politiquement plus « corrects » la référence à la dignité humaine qui, de la décision du Conseil constitutionnel sur la bioéthique à celle du Conseil d'État sur le « lancer de nains », semble être devenue le sésame de notre droit. Quelles sont les portes que celui-ci est susceptible d'ouvrir en matière de liberté d'expression ? La juxtaposition de ce concept à la violence et à la pornographie n'augure rien de bon — il s'agit des cibles favorites de la censure depuis longtemps. Notons qu'aux États-Unis, le concept de dignité humaine a été récusé en matière de liberté d'expression comme porteur de risques excessifs de subjectivité[243]. Dans le même sens, l'Assemblée plénière de la Cour de cassation vient de réaffirmer que « la dignité de la personne humaine ne figure pas, en tant que telle, au nombre des buts légitimes énumérés à l'article 10, paragraphe 2, de la Conv. EDH » et qu'en conséquence, elle ne pouvait fonder, à elle seule, une restriction à la liberté d'expression[244].

Une application intéressante de l'idée de dignité humaine a cependant été faite, par le juge civil, à propos d'une campagne publicitaire constituée par trois séries d'affiches représentant, respectivement, un torse humain, un bas-ventre et un fessier nus portant la mention HIV. Le juge a interdit à la société en cause de poursuivre cette campagne et l'a condamnée à verser des dommages-intérêts à des malades du sida qui avaient légitimement pu se sentir agressés par la brutalité de ces images[245]. L'arrêt relève qu'a été utilisée « une symbolique de stigmatisation dégradante pour la dignité des personnes atteintes de manière implacable en leur chair et en leur être, de nature à provoquer à leur détriment un phénomène de rejet, ou de l'accentuer ». On était en présence, dans cette affaire, d'un cas très exceptionnel, où la dignité humaine ne pouvait être relayée par aucune notion plus précise[246]. L'utilisation de la dignité a également conduit à une interdiction de l'exposition de cadavres à des fins commerciales[247]. Dans l'affaire de la « poupée vaudou » représentant M. Sarkozy, la cour d'appel de Paris a estimé que « le fait d'inciter le lecteur à avoir un rôle actif en agissant sur une poupée dont le visage est celui de l'intéressé [...] avec des épingles, piquantes par nature, et alors que le fait de piquer volontairement, que sous-tend l'idée de faire mal physiquement, ne serait-ce que symboliquement, outrepasse à l'évidence les limites admises, constitue une atteinte à la dignité de cette personne sans qu'il soit nullement

242. L'insistance sur l'élément moral que doit présenter l'infraction a heureusement permis de prononcer la relaxe de l'éditeur Léo Scheer, condamné en première instance pour la publication du livre de Louis Skorecki, *Il entrerait dans la légende*, Nîmes, 8 avr. 2004, *Légipresse* 2005. III. 125, note A. Tricoire pourvoi rejeté par Crim. 19 janv. 2005, nº 04-83.049. De même, a-t-il fallu une instruction de neuf ans pour conclure qu'il n'existait pas de charges suffisantes contre les organisateurs d'une exposition d'art contemporain au CAPC de Bordeaux intitulée *Présumés innocents* (Crim. 2 mars 2011, *Légipresse* 2011. 305, note A. Tricoire). Au civil, le FRAC de Lorraine avait été condamné en première instance pour n'avoir pas assez nettement empêché les mineurs d'accéder à une exposition où figurait une œuvre mettant en cause la famille d'une manière volontairement provocante, à travers des messages parodiques adressés à des enfants (TGI Metz, 21 nov. 2013, *Légipresse* 2014. III. 361, note D. Lefranc). La cour d'appel a, en revanche, jugé que violerait la liberté d'expression une décision de justice qui, au nom d'un jugement de valeur, porté sur l'œuvre, prononcerait une condamnation, étant précisé que l'association demanderesse, compte tenu de son objet, n'était pas recevable à invoquer l'article 227-24 du Code pénal (Metz, 19 janv. 2017, *Légipresse* 2017. III. 148, note A. Tricoire, position désapprouvée par Civ. Iʳᵉ, 26 sept. 2018, *Legipresse* 2019.44, note J. Couard).

243. V. Post, *Constitutional Domains*, Harvard UP, 1995, p. 382, qui cite l'arrêt de la Cour suprême *Boos v. Barry*, 485 US 313, 322 (1988).

244. Cass., ass. plén., 25 oct. 2019, nº 17-86.605

245. TGI Paris, 1ᵉʳ févr. 1995, *D.* 1995. 569, note Edelman et Paris, 28 mai 1996, *D.* 1996. 617, note Edelman.

246. « Le principe du respect de la dignité de la personne humaine édicté par l'article 16 du Code civil est un principe à valeur constitutionnelle dont il incombe au juge de faire application pour trancher le litige qui lui est soumis », indique cependant Civ. 1ʳᵉ, 26 sept. 2018, *Légipresse* 2019. 44, note J. Couard, à propos d'une exposition du FRAC de Lorraine, en dépit du risque de censure morale lié à une telle invocation.

247. Civ. 1ʳᵉ, 16 sept. 2010, *Légipresse* 2010. 363, note A. Tricoire.

besoin de se référer à quelque croyance vaudou que ce soit »[248]. Il s'agit, à nos yeux, d'un cas de recours abusif à la notion de dignité, comme l'atteste la mesure que prend la juridiction des référés, c'est à savoir l'apposition sur les coffrets proposés au public d'un bandeau faisant état de la décision prise : seule une interdiction totale eût été compatible avec une authentique atteinte à la dignité. Pareillement, l'introduction de la dignité en matière d'injure, afin de limiter les franchises désormais accordées en matière satirique (v. ss 590) nous paraît porteuse de beaucoup d'incertitudes[249].

**602** ***L'incrimination des propos racistes.*** Dans l'incrimination des propos racistes, c'est l'idée d'égalité qui légitime directement la répression (comp. le nouveau Code pénal qui range les discriminations dans un chapitre intitulé *Les atteintes à la dignité de la personne* et l'assimilation croissante au racisme des attaques dirigées contre les personnes « en raison de leur sexe, de leur orientation sexuelle ou identité de genre ou de leur handicap »). La Convention internationale sur l'élimination de toutes les formes de discrimination raciale, adoptée par l'Assemblée générale de l'Organisation des Nations unies le 21 décembre 1965, oblige les États parties à lutter activement contre le racisme et notamment à « déclarer délits punissables par la loi toute diffusion d'idées fondées sur la supériorité ou la haine raciale, ainsi que tous actes de violence, ou provocation à de tels actes, dirigés contre toute race ou tout groupe de personnes d'une autre couleur ou d'une autre origine ethnique, de même que toute assistance apportée à des activités racistes, y compris leur financement » (art. 4 a). De son côté, la CEDH a affirmé « qu'il importe au plus haut point de lutter contre la discrimination raciale sous toutes ses formes et manifestations »[250].

Lorsqu'on sait que la chancellerie avait estimé plus prudent de ne pas poursuivre M. Le Pen après l'affirmation par celui-ci de sa croyance en l'inégalité des races comme en une évidence, on mesure l'écart qui existe actuellement entre le droit français et les engagements internationaux qu'on a rappelés. De sorte qu'en l'état, comme l'écrit M. Bonnal, « il est abusif, juridiquement en tout cas, sans nier bien sûr le caractère marquant et pédagogique de l'expression, de dire que le racisme est un délit »[251]. Au moment où a été ratifiée la Convention des Nations unies, la législation française se résumait au décret-loi Marchandeau du 21 avril 1939, remis en vigueur à la Libération, d'où l'intervention de la loi du 1er juillet 1972 relative à la lutte contre le racisme. La loi fait d'abord du racisme une circonstance aggravante de la diffamation ou de l'injure (lorsque celles-ci sont commises « envers une personne ou un groupe de personnes à raison de leur origine ou de leur appartenance ou de leur non-appartenance à une ethnie, une nation[252], une race ou une religion déterminée[253] »), ce qui exclut évidemment que puisse être admise la preuve de la vérité de l'affirmation tombant sous le coup de la loi[254] et rend indifférente l'existence d'une volonté délibérée de blesser la communauté concernée, dès lors que l'auteur des propos « ne pouvait qu'avoir conscience » de leur caractère blessant[255]. De même, c'est vainement que l'auteur de propos méprisants envers les Roms cherchera à invoquer un droit à l'humour[256] — Pierre Desproges disait à raison qu'on peut rire de tout, mais pas avec n'importe qui. En revanche, les poursuites dirigées contre *Charlie Hebdo* suite à la publication de certaines des « caricatures de Mahomet », dont la parution dans un journal danois avait provoqué de nombreux actes de violence,

---

248. Paris, 28 nov. 2008, *Légipresse* 2009. III. 16, note L. Merlet et N. Verly.
249. Crim. 20 sept. 2016 (3 espèces), *Légipresse* 2016. 667, note V. Tesnière. V. aussi Crim. 15 oct. 2019, nº 18-85.365.
250. *Jersild c/ Danemark*, 23 sept. 1994.
251. « Poursuites pénales en matière de racisme : la pratique judiciaire », *Légipresse* 2012. 690.
252. V. T. jud. Paris, 3 nov. 2021, *Légipresse* 2021. 585 : injures s'en prenant aux origines israéliennes de Miss Provence,
253. Sur les difficultés à identifier les victimes de la diffamation ou de l'injure raciste, v. Civ. 1re, 12 juill. 2006, *Légipresse* 2006. III. 223 et la note de G. Tillement, *ibid.* Lorsque le propos ne vise qu'une fraction du groupe protégé par la loi, aucune condamnation n'est possible (TGI Paris, 18 févr. 2011, *Légipresse* 2011. 240, note E. Derieux). Sur la distinction entre libre critique du fait religieux et injure visant un groupe de personnes en raison de son origine, v. Cass., ass. plén., 16 févr. 2007, *Bull. ass. plén.*, nº 1.
254. Paris, 28 sept. 1995, *Légipresse* 1996. III. 19.
255. TGI Paris, 29 mars 2012, *Légipresse* 2012. 314, note J.-M. Delas.
256. Crim. 1er mars 2016, *Légipresse* 2016. 279, note B. Domange.

ont donné lieu à des décisions de relaxe[257], compte tenu du caractère d'intérêt public du débat sur la liberté d'expression et de l'absence d'injure contre les musulmans, dont les fanatiques hostiles à la diffusion des caricatures étaient nettement distingués. La distinction entre propos visant l'ensemble d'une communauté et propos ne s'en prenant qu'à une fraction de celle-ci joue en la matière un rôle fondamental[258], ce que l'arrêt *Zemmour c/ France* rendu par la Cour européenne des droits de l'homme le 20 décembre 2022 a jugé pleinement conforme aux exigences de l'article 10.

La loi punit également (L. 1881, art. 24) la provocation « à la discrimination, à la haine ou à la violence à l'égard d'une personne ou d'un groupe de personnes » à raison des mêmes facteurs[259]. C'est ici que la loi pénale française s'avère nettement insuffisante : elle exige une provocation, imposant ainsi une démonstration difficile, au succès aléatoire[260]. Dans l'ensemble, les tribunaux ont interprété très restrictivement ces dispositions : ainsi, une profession de foi raciste a-t-elle été analysée comme la simple manifestation d'une « préférence pour les idéologies refusant le mélange des races », non accompagnée d'une « incitation manifeste » du lecteur à commettre l'un des actes incriminés par la loi[261], les tribunaux insistant particulièrement sur la nécessité de pas entraver la libre discussion sur « la question d'intérêt public relative aux difficultés d'intégration » de certaines communautés[262]. Certaines décisions font du texte une interprétation moins étroite[263], mais la Cour de cassation s'emploie régulièrement à rappeler que l'infraction suppose que soit démontré un appel ou une exhortation à la discrimination, à la haine ou à la violence[264], comme le montre la décision prise suite aux propos de M^me^ Boutin qualifiant l'homosexualité d'abomination[265]. Le législateur n'a jamais souhaité modifier les incriminations

257. TGI Paris, 22 mars 2007, *Légipresse* 2007. III. 123, note H. Leclerc et Paris, 12 mars 2008, *Gaz. Pal.* 2008. J. 952.

258. Il convient ainsi de distinguer selon que l'on s'en prend à un « groupe de personnes pris en raison de leur seule appartenance à une religion déterminée » (Crim. 15 oct. 2019, n° 18-85.366), aux musulmans dans leur globalité (Crim. 17 sept. 2019, n° 18-85.299) ou qu'on ne vise qu'une partie de ceux-ci (Crim. 17 sept. 2019, n° 18-85.306 : seuls étaient visés les musulmans adeptes du djihad). C'est, en application de cette jurisprudence, pour avoir assimilé, par amalgame, l'ensemble des musulmans à des criminels islamistes que M. Zemmour a été condamné pour injure publique et provocation à la haine contre les Musulmans (TGI Paris 25 sept. 2020, *Légipresse* 2020. 534).
La convocation de clichés anti-juifs (influence fantasmée sur le monde de la finance et des médias) et des allusions claires au nazisme (assimilation des juifs à des parasites, évocation des fours crématoires) caractérisent la provocation à la discrimination raciale : il y a bien volonté de mettre en cause la communauté juive dans son ensemble (Cass. crim. 5 oct. 2021, n° 20-87163). Le même arrêt interdit l'habileté consistant à mêler, dans ce contexte, des personnalités non juives à des personnalités juives : les juges doivent rechercher si les premières ne sont pas présentées comme manipulées par les secondes.

259. L'appel au boycott des produits en provenance d'Israël a ainsi été analysé en une provocation à la discrimination (Crim. 20 oct. 2015, Légipresse 2015. III. 661, note E. Derieux), solution jugée, lorsque l'appel émane de personnes non investies d'un mandat public, contraire aux exigences de l'article 10 par CEDH, 11 juin 2020, *Baldassi et a. c/ France*.

260. Il faut que le propos incriminé tende, « tant par son sens que par sa portée » à « inciter le public à la discrimination, à la haine ou à la violence envers une personne ou un groupe de personnes déterminées » (Crim. 29 janv. 2008, *Légipresse* 2008. III. 134, note E. Dreyer. Comme le souligne l'annotateur de cette décision, cela implique que le propos soit adressé à un ou plusieurs tiers et qu'il suscite chez eux une certaine réaction, conditions que ne remplissait pas en l'espèce un propos adressé exclusivement à la personne concernée). Concluant en revanche à l'existence d'une « exhortation ou une incitation explicite à commettre des actes de discrimination ou de violence ou à concevoir des sentiments de haine » et ordonnant le retrait des passages litigieux ou interdisant la vente de la réédition d'écrits antisémites, v. TGI Bobigny, réf., 13 nov. 2013, *Légipresse* 2014. III. 107, note B. Ader.

261. TGI Paris, 12 juill. 1989, *Légipresse* 1989. III. 102.

262. Crim. 7 juin 2011, *Légipresse* 2011. 550, note N. Verly : cassation d'un arrêt qui avait condamné l'auteur de propos soutenant que les Roms étaient impossibles à intégrer dans la communauté française en raison de leur propension à la délinquance et 7 juin 2017, n° 16-80322 : la dénonciation, par l'image d'une Marianne voilée de noir, du poids des musulmans dans la société française est rattachée à la question d'intérêt général que constitue la politique gouvernementale de naturalisation. De telles décisions choisissent d'ignorer le contexte dans lequel ces messages sont diffusés.

263. V. ainsi Crim. 21 mai 1996, *Bull. crim.* n° 210 approuvant l'arrêt ayant condamné *Rivarol* pour avoir assorti la reproduction de propos du président Mitterrand à Alger — « La Nation française ressent profondément l'utilité de la présence d'immigrés chez nous » — de la relation d'une série de faits divers impliquant des personnes d'origine africaine : la cour d'appel avait noté que cet article était « de nature à susciter immédiatement chez le lecteur [...] des réactions de rejet, voire de haine et de violence ». V. égal. la condamnation d'un professionnel des médias qui avait prétendu justifier la pratique des contrôles policiers « au faciès » par le fait que « la plupart des trafiquants sont noirs et arabes, c'est comme ça, c'est un fait » (TGI Paris, 18 févr. 2011, *Légipresse* 2011. 240, note E. Derieux) ; Crim. 17 mars 2015, *Bull. crim.* n° 57 (montée de l'insécurité dans une ville du Sud associée par des textes à l'importance de la communauté musulmane et association à cette allégation de la compagne d'un adjoint au maire de la ville : ces écrits tendent à « susciter un sentiment de rejet ou d'hostilité » à raison de l'appartenance à une religion déterminée) et 1^er^ févr. 2017, *Légipresse* 2017. III. 260, note N. Verly (maire d'une commune ayant regretté que les secours soient arrivés à temps pour sauver des Roms de l'incendie de leur caravane).

264. Crim. 7 juin 2017, *D.* 2017. 1814, note C. Bigot.

265. Crim. 9 janv. 2018, *Légipresse* 2018. 149, note C. Bigot, relevant que « le propos incriminé, s'il est outrageant, ne contient néanmoins pas, même sous une forme implicite, d'appel ou d'exhortation à la haine ou à la violence à l'égard des personnes homosexuelles ». L'annotateur relève, à juste titre, les incohérences de la jurisprudence de la Cour de cassation sur cette question.

édictées, se contentant d'aggraver les peines encourues et d'étendre la répression aux provocations, diffamations et injures non publiques à caractère raciste et discriminatoire[266].

Compte tenu du fait qu'elle procède de visées antisémites, la contestation des crimes contre l'humanité sanctionnés par le Tribunal international de Nuremberg a également été incriminée par la loi du 13 juillet 1990. Reconnue conforme aux engagements internationaux de la France par les instances compétentes (Commission, puis Cour européenne des droits de l'homme[267] ; Comité des droits de l'homme), puis conforme à la Constitution (décision du Conseil constitutionnel n° 2015-512 QPC du 8 janv. 2016), la loi a fait l'objet d'une interprétation restrictive[268], qui ne la rend applicable qu'aux personnes animées d'une intention raciste[269], en l'absence de doute sur la volonté de contester les crimes contre l'humanité perpétrés par les nazis[270]. L'extension d'une telle incrimination à la négation de tous les génocides reconnus par la loi, celui perpétré en 1915 contre les Arméniens étant plus particulièrement visé, avait été décidée par le législateur français. Le Conseil constitutionnel, dans sa décision du 28 février 2012, a énoncé qu'en réprimant ainsi la contestation de l'existence et de la qualification juridique de crimes qu'il aurait lui-même reconnus et qualifiés comme tels, le législateur a porté une atteinte inconstitutionnelle à l'exercice de la liberté d'expression et de communication[271]. Cette opinion aurait gagné à être motivée autrement que par la seule invocation du principe de proportionnalité. La décision du 26 janvier 2017 persiste à trouver abusif le lien automatiquement établi entre la négation d'un génocide et une volonté discriminatoire et estime entachée de trop d'incertitude la possibilité d'incriminer la négation de tout génocide — « le législateur, en réprimant la négation, la minoration et la banalisation de certains crimes n'ayant fait l'objet d'aucune condamnation judiciaire préalable[272], a porté une atteinte à l'exercice de la liberté d'expression qui n'est ni nécessaire ni proportionnée », conclut le Conseil constitutionnel.

## BIBLIOGRAPHIE INDICATIVE

Outre les manuels de libertés publiques et les références citées au texte, *cf.* particulièrement :

- O. BEAUD, *La République injuriée. Histoire des offenses au chef de l'État de la III^e^ à la V^e^ République*, PUF, 2019.
- G. CALVÈS, *Envoyer les racistes en prison ?*, LGDJ/Lextenso, coll. « Exégèses », 2015.
- J.-M. DENQUIN, « Liberté d'expression et droit de mentir », *Politeia*, 2006, p. 117.
- E. DERIEUX, « La loi du 29 juillet 1881 », *RD publ.* 1981. 1501.
- X. GORCE, *Raison et dérision,* Tracts Gallimard, 2021.
- T. HOCHMANN, « Qu'est-ce qu'un "délit d'opinion" ? », Les Cahiers du droit 2012. 793.
- R. MALKA, Le droit d'emmerder Dieu, Grasset, 2021 ; Traité sur l'intolérance, Grasset, 2023.

266. v. E. Dreyer, Chron. *Légipresse* 2017. I. 506.

267. Décision du 24 juin 2003, *Garaudy c/ France*, *RUDH* 2003. 424. V. aussi la décision d'irrecevabilité du 20 oct. 2015, *Dieudonné M'Bala M'Bala c/ France* et, pour une sanction prononcée à l'encontre d'un parlementaire, l'arrêt *Pastörs c/ Allemagne* du 3 octobre 2019.

268. C'est pour injure à caractère raciste, et non pour négationnisme, que l'« humoriste » Dieudonné fut condamné, après l'accueil enthousiaste, au cours d'un de ses spectacles, d'un négationniste notoire (Paris, 17 mars 2011, *Légipresse* 2011. 429, note D. Lefranc).

269. V. J.-P. Feldman, « Le délit de contestation de crimes contre l'humanité et la 17^e^ chambre du tribunal de grande instance de Paris. Sur trois jugements du 27 février 1998 », *D.* 1999. Chron. 8. Comp. avec l'infraction d'apologie de crimes contre l'humanité, constituée, par exemple, dès lors que « le prévenu présente l'entreprise génocidaire du régime nazi sous un jour favorable, comme une action légitime dont on doit souhaiter l'achèvement » (Crim. 7 mai 2018 ; *Légipresse* 2018. 328, note E. Dreyer : la remise d'une décoration en Allemagne à S. et B. Klarsfeld avait donné lieu au commentaire suivant : « Voilà ce qui arrive quand on ne finit pas le boulot ! »).

270. Crim. 23 juin 2009, *Légipresse* 2010. 32 : l'existence d'« énonciations contradictoires » de la part du prévenu impose la relaxe.

271. Cons. const. 28 févr. 2012, n° 2012-647 DC, *JO* 2 mars 2012, p. 3988.

272. La pertinence de la référence à une décision judiciaire a été contestée par T. Hochmann (note sous Crim. 24 mars 2020, *Légipresse* 2020. 362), qui relève, à propos de la loi Gayssot, que la référence au statut du Tribunal de Nuremberg permet de définir les auteurs du crime, non le crime lui-même et qu'il ne s'agit pas d'interdire de contester une décision de justice.

– G. MUHLMANN, E. DECAUX et E. ZOLLER, *La liberté d'expression*, Dalloz, coll. « À savoir », 2016.
– P. WACHSMANN, « Participation, communication, pluralisme », *AJDA* 1998, n° spécial, Les droits fondamentaux, 165 ; « La loi du 16 juillet 1949 et la liberté d'expression », in T. CRÉPIN et T. GRŒNSTEEN (dir.), *On tue à chaque page*, Éditions du Temps, Musée de la bande dessinée, 1999, p. 7 ; « La liberté d'expression et la protection de la vie privée en France », in Y. BLAIS, Droits de la personne : solidarité et bonne foi, Institut canadien d'études pratiques supérieures, 2000, p. 321 ; « La polémique face au droit de la presse », in G. DECLERCQ, M. MURAT et J. DANGEL (dir.), *La parole polémique, Honoré Champion*, 2003, p. 297 ; « Liberté d'expression », *J.-Cl. Libertés*, Fasc. 800, LexisNexis, 2008 ; « La liberté d'expression », in M. HERTIG RANDALL et M. HOTTELIER (dir.), *Introduction aux droits de l'homme*, Éd. Yvon Blais, LGDJ et Schulthess, 2014, p. 753 ; « Liberté d'expression », *Jurisclasseur Europe*, 2016 ; Commentaire de l'article 11, in F. PICOD et S. VAN DROOGHENBROECK (dir.), *Charte des droits fondamentaux de l'Union européenne. Commentaire article par article,* Bruylant, 2e éd., 2019, p. 293.
– E. WURTZBACHER, *La liberté d'expression sur l'Internet — Une approche comparée entre la France et les États-Unis,* thèse dactyl., Institut universitaire de Florence, 2007.
– « La liberté d'expression, une liberté menacée ? », *Annuaire de l'Institut Michel Villey*, vol. 4, Dalloz, 2012.
– « Liberté d'expression », *JCP* 2015, n° 3.

## PISTES DE RÉFLEXION

– Les perturbations du droit français de la presse par la prise en compte de l'intérêt général de l'information en cause
– La liberté de la presse, entre le droit pénal et le droit civil
– Le droit au respect de la vie privée subit-il une régression ?
– Y a-t-il une protection de la morale en matière de liberté d'expression ?
– Les délits liés à la prévention du terrorisme

# Thème 8
# La liberté d'association

STÉPHANIE DAMAREY



## Introduction • La reconnaissance de la liberté d'association

**603** ***Deux régimes distincts.*** La loi du 1er juillet 1901 permet à des personnes de se constituer en association afin de contribuer à la réalisation d'un objet commun selon un format désintéressé.

Ces associations sont souvent identifiées comme des « associations loi 1901 » comme s'il était nécessaire de le préciser. Et pour cause car il existe en France, deux régimes juridiques distincts pour les associations : à côté de la loi de 1901, sont distinguées les associations relevant du droit local alsacien-mosellan communément identifiées comme relevant de la loi de 1908 (Loi d'Empire allemande du 19 avril 1908). Si cette dernière a été abrogée en 2003, ses dispositions ont été reprises, notamment, dans le Code civil local (art. 21 à 79-III).
Cette distinction est importante car selon les dispositions applicables, l'étendue de la liberté d'association n'apparaît pas tout à fait la même. Ainsi avec la loi du 1er juillet 1901, deux personnes suffisent pour créer une association alors qu'en Alsace et en Moselle, la possibilité de créer une association suppose la réunion de sept personnes.
Si la loi de 1901 caractérise la liberté d'association au travers du régime de déclaration qu'elle met en place, elle permet également de se constituer en groupement de fait. Pour ce cas, on évitera d'employer la notion d'association dès lors qu'à cette dernière, est associée la personnalité morale qu'offre la reconnaissance officielle par l'administration, de ce groupement de droit.
Mais quelle que soit la forme juridique revêtue, derrière l'association déclarée ou le groupement de fait — également appelé association non déclarée, se révèle une liberté dont la IIIe République a difficilement accouchée : la liberté d'association.

**604** ***Les associations et les pouvoirs publics.*** Derrière cette liberté, un droit éparpillé entre des règles relevant du droit public et du droit privé. L'association est certes, une personne morale de droit privé, mais dont les conditions d'existence, de sa naissance à sa mort, sont largement tributaires de règles juridiques qui vont tracer le relationnel qui va s'établir entre l'association et les pouvoirs publics. Dès sa naissance, alors qu'elle doit se déclarer en préfecture si elle veut obtenir une personnalité morale lui garantissant l'exercice de droits mais la soumettant également à certaines obligations, jusqu'à sa mort qui peut lui être imposée dans les cas de dissolutions judiciaires ou administratives. À ses différents stades d'existence, l'association va évoluer dans un contexte juridique aux contours ciselés par l'exercice de cette liberté d'association.
Une liberté difficilement conquise, garantie par la loi du 1er juillet 1901 et au-delà par les textes internationaux. Une nécessité alors que certaines dispositions législatives ont pu se présenter comme autant d'atteintes à l'exercice de cette liberté. À l'œuvre pour la défendre, le Conseil constitutionnel, la Cour européenne des droits de l'homme mais également la Cour de justice de l'Union européenne ont contribué à en préserver les expressions les plus essentielles : la liberté de créer une association, d'y adhérer (même si des exceptions ont pu y être apportées) mais également de s'en retirer, la liberté de fonctionnement de l'association… Autant de tonalités contribuant à façonner la liberté d'association.

**605** ***Dérives.*** À la base de cette liberté, cette loi du 1er juillet 1901, un texte court qui est tout à la fois le révélateur et la traduction de cette liberté, mais qui présente également l'inconvénient de son avantage : sa brièveté a permis une interprétation et — finalement — une pratique du texte parfois dévoyée. Dévoiement vers le secteur entrepreneurial avec la possibilité de créer une association en lien et place d'une entreprise — avec notamment les avantages que cela peut offrir au niveau fiscal. Dévoiement également vers le secteur public avec la possibilité pour les administrations d'utiliser le modèle associatif — avec les avantages que peut offrir le droit privé appliqué aux associations au lieu du droit public auquel sont soumises les administrations, en particulier aux règles applicables à la fonction publique, à la compatibilité publique ou encore à la commande publique…
Le modèle associatif offre, en effet, de nombreux avantages dont les entreprises et les administrations ont parfois tenté de bénéficier voire d'abuser.
Ainsi va la liberté d'association, qui s'appuie et existe au travers d'une loi qui se devait d'être brève afin d'en garantir la pleine effectivité. Revers de la médaille, comme l'a souligné Philippe Malaurie, il

« n'existe guère d'autres exemples dans notre droit français de lois à avoir autant échappé aux intentions de ses auteurs[1] »...

Probablement était-ce un mal nécessaire. Pour que la liberté d'association soit réelle et complète, encore fallait-il fixer un cadre juridique adapté et limiter les contraintes préexistantes tout à la fois à la création de l'association et à son bon fonctionnement.

À l'usage, la loi de 1901, est indéniablement un succès. Elle a permis à la liberté d'association de se façonner, d'exister, d'irradier nos démocraties.

**606** ***Un tissu associatif dense.*** La liberté d'association répond aux attentes des citoyens désireux de se réaliser au sein d'une structure adaptable aux différents besoins exprimés : associations sportives, culturelles, philanthropiques, de bienfaisance, de protection, de pensée... et tant d'autres domaines dans lesquels les Français ont la possibilité de « mettre en commun, d'une façon permanente, leurs connaissances ou leur activité dans un but autre que de partager des bénéfices » (Loi 1901, art. 1er).

Ce succès est chiffrable : 70 000 associations sont créées, en moyenne, chaque année — de l'association de pétanque locale à l'association de dimension nationale (comme les Restaurants du Cœur), en passant par les associations de préservation du patrimoine (les Amis des musées de France), les associations de protection de l'environnement, de protection des consommateurs, de défense des animaux, les associations de chasse ou de pêche, les associations culturelles...

La simplicité de la procédure de création de l'association, mise en place et garantie par la loi de 1901, explique ce succès. En effet, l'évolution est notable : avant cette loi, une association devait, pour se constituer et fonctionner, obtenir l'autorisation de l'administration. Avec cette loi, l'association peut se constituer et fonctionner sous la seule réserve d'en avoir fait la déclaration auprès des services de préfecture. Le système a ainsi substitué au régime d'autorisation, un régime de déclaration seul de nature à garantir et à accompagner cette liberté d'association.

Deux items majeurs permettent de caractériser la liberté d'association : celui de la libre création de la structure associative combiné à celui de son libre fonctionnement. Bien évidemment, ces essentiels s'inscrivent dans un cadre juridique laissant sa place à l'exception. Ainsi si la liberté d'association suppose la libre adhésion des membres de l'association, la loi offre des exemples d'obligation d'adhésion qui, parce qu'ils se présentent comme des exceptions à la liberté d'association, doivent être strictement encadrés.

## I • Révélation et préservation de la liberté d'association

**607** C'est le 1er juillet 1901 que se concrétise, avec la loi relative au contrat d'association, la liberté d'association. La conquête de cette liberté est étroitement mêlée à celle de la liberté de réunion : intrinsèquement liées, ces libertés irriguent toute société démocratique et lui sont essentielles.

Des libertés dont il convient de préserver les acquis, qui ne sont jamais à l'abri de remises en cause et qui nécessitent une protection juridique importante. Il est revenu au Conseil constitutionnel le soin de préserver cette liberté d'association laquelle est devenue, en 1971, un principe fondamental reconnu par les lois de la République. Une protection qui s'exerce également au niveau international alors que de nombreux textes ont consacré cette liberté d'association et que les juges internationaux saisis ont œuvré afin de garantir que cette liberté puisse s'exercer sans restriction.

1. P. Malaurie, *Vitalité et crise du contrat d'association*, Mélanges Daublon 2001, Defrénois, p. 180.

## A • La conquête de la liberté d'association

**608** Reconnue avec la loi du 1er juillet 1901, la liberté d'association est le fruit d'un cheminement historique qui trouve sa source dans la crainte que pouvaient susciter les regroupements de personnes. Ceci a permis, pendant longtemps, de justifier une limitation si ce n'est une interdiction de la liberté de réunion. Or cette dernière conditionne nécessairement la première.

### 1 • De la liberté de réunion à la liberté d'association

**609** ***Historique d'une conquête.*** Pendant longtemps, les regroupements de personnes ont été considérablement limités. Philippe Le Bel avait ainsi interdit, sous peine de prison, toute association de plus de cinq personnes en lieux publics ou secrets (1305). Ces regroupements étaient alors perçus avec crainte en raison des risques qu'ils pouvaient représenter pour le pouvoir établi.
C'est avec la Révolution et son printemps associatif (1789-1794) que sont véritablement apparues les prémices de cette conquête, répondant ainsi aux attentes exprimées par les grands penseurs du XVIIIe siècle. C'est ainsi qu'Alexis de Tocqueville présentait « dans les pays démocratiques, la science de l'association » comme « la science-mère ; le progrès de toutes les autres dépend des progrès de celle-là » (De la démocratie en Amérique, Livre II, Partie II, chapitre V).
Une conquête riche en rebondissements. Alors que la Constitution du 3 septembre 1791 entendait garantir « comme droits naturels et civils (...) la liberté aux citoyens de s'assembler paisiblement et sans armes, en satisfaisant aux lois de police » (titre Ier, « Dispositions fondamentales garanties par la Constitution »), le ton se durcit dès 1795 : non seulement cette liberté n'est pas réaffirmée mais à l'inverse, apparaît l'interdiction des associations contraires à l'ordre public (Constitution du 5 Fructidor an III — 22 août 1795, art. 360 et 361).
En 1810, le Code pénal prévoit que « nulle association de plus de vingt personnes, dont le but sera de se réunir tous les jours ou certains jours marqués, pour s'occuper d'objets religieux, littéraires, politiques ou autres, ne pourra se former qu'avec l'agrément du gouvernement et sous les conditions qu'il plaira à l'autorité publique d'imposer à la société » (art. 291).
Avec la IIe République, fut reconnu aux « citoyens (...) le droit de s'associer, de s'assembler paisiblement et sans armes, de pétitionner, de manifester leurs pensées par la voie de la presse ou autrement. L'exercice de ces droits n'a pour limites que les droits ou la liberté d'autrui et la sécurité publique » (Constitution du 4 novembre 1848, art. 8). En l'absence de texte d'application, ces dispositions n'ont pas été appliquées.
Sous la IIIe République, la liberté d'association s'est imposée au rythme des initiatives politiques, plus ou moins couronnées de succès. Ainsi, en décembre 1869, Jules Grévy et Léon Gambetta proposèrent, en vain, l'abrogation de l'article 291 du Code pénal.
Ce fut néanmoins une période faste avec pas moins d'une trentaine de propositions, projets et rapports se succédant jusqu'à l'adoption de la loi de 1901.
Le principal frein à la reconnaissance d'une liberté d'association résidait dans la crainte des pouvoirs publics, qui voyaient dans ces groupements possibles des éléments subversifs. Pourtant, et dans ce même temps, l'intérêt du regroupement associatif pour ces mêmes pouvoirs était régulièrement mis en avant à la faveur de rapports parlementaires et autres propositions de loi. Ces documents présentaient le droit d'association comme la possibilité de décongestionner le gouvernement central (proposition de loi sur le droit d'association présentée par M. Cuneo d'Ornano lors de la séance parlementaire du 13 juin 1898) et l'association comme permettant de se substituer dans certains offices de l'État afin de remplir « à sa place certaines tâches dont la diversité même défie l'initiative de l'État » (M. Viviani, débats parlementaires, 15 janvier 1901).

Ces diverses tentatives vont trouver un aboutissement avec le projet de loi présenté le 14 novembre 1899 par Waldeck-Rousseau, président du Conseil et ministre de l'Intérieur et des Cultes, qui deviendra la loi du 1er juillet 1901.

### 2 • La Loi Waldeck-Rousseau

**610** ***La loi de 1901.*** La loi du 1er juillet 1901 répond également à l'appellation de Loi Waldeck-Rousseau, du nom de cet homme politique à qui l'on attribue la paternité du texte.

Pierre Waldeck-Rousseau est né à Nantes le 2 décembre 1846 et meurt à Corbeil-Essonnes le 10 août 1904. Homme d'État républicain, avocat de formation, il est déjà à l'origine de la loi du 21 mars 1884 légalisant les syndicats.

Lorsque Pierre Waldeck-Rousseau devient président du Conseil en 1899, prenant ainsi la tête du gouvernement, il va, sans surprise, œuvrer afin que la liberté d'association soit consacrée. Il faut se souvenir que de 1871 à 1901, 33 projets, dont un porté par Waldeck-Rousseau, vont précéder l'adoption de la loi de 1901.

Particularité, son cabinet est le plus long qu'a connu la IIIe République : il a duré presque trois ans. Il se distingue par son traitement de l'affaire Dreyfus (révision du procès, épuration de l'administration et de l'armée avec remplacement de juges, de préfets, de chefs militaires), et sa politique économique et sociale (notamment la loi du 30 mars 1900 sur le travail des femmes et des enfants qui abaisse à onze heures la durée du travail journalier et à 60 heures la semaine de travail pour les hommes). C'est également sous ce gouvernement que la profession d'avocat est ouverte aux femmes (1er décembre 1900). Ces avancées majeures témoignent de l'orientation générale du gouvernement mené par Waldeck-Rousseau : la loi de 1901 n'en est qu'une illustration supplémentaire.

L'objectif de Waldeck-Rousseau n'est pas de ressusciter les corporations de l'Ancien-Régime mais de garantir une liberté d'association prenant appui sur la liberté de chacun de se réunir.

Avec les débats parlementaires préalables à la loi de 1901, les discussions portent moins sur le principe de la liberté d'association, qui semble être acquis, que sur le statut des congrégations religieuses. Alors que Waldeck-Rousseau entend placer ces congrégations sur le même schéma de création du modèle associatif, les parlementaires expriment, dans une grande majorité, le souhait que le statut souple envisagé pour les associations ne soit pas appliqué aux congrégations. Ceci explique pourquoi, dans la loi de 1901, un titre spécifique est consacré à ces congrégations et pourquoi ces dernières sont soumises à un régime d'autorisation préalable.

## B • La nécessaire protection de la liberté d'association

**611** La liberté d'association s'exerce dans un contexte juridique désormais bien établi. Elle dispose également de fondements juridiques complémentaires, notamment aux niveaux internationaux, qui constituent autant de garanties permettant d'en préserver les acquis. Il s'agit d'ailleurs là d'une nécessité si l'on songe que le soixante-dixième anniversaire de la loi de 1901 fut perturbé par une tentative de réforme visant à en réduire la portée.

### 1 • La protection internationale de la liberté d'association

**612** ***Une reconnaissance internationale.*** Le droit international a contribué à asseoir le droit des personnes à se regrouper sous un format associatif.

La Déclaration universelle des droits de l'homme de 1948 reconnaît ainsi à toute personne le droit à la liberté de réunion et d'associatif pacifique et précise que nul ne peut être obligé de faire partie d'une association (art. 20).
La Convention européenne de sauvegarde des droits de l'homme et des libertés fondamentales de 1950 a également assis cette liberté, en précisant que toute personne a droit à la liberté de réunion pacifique et à la liberté d'association. Elle ajoute que l'exercice de ces droits ne peut faire l'objet d'autres restrictions que celles qui, prévues par la loi, constituent des mesures nécessaires, dans une société démocratique, à la sécurité nationale, à la sûreté publique, à la défense de l'ordre et à la prévention du crime, à la protection de la santé ou de la morale ou à la protection des droits et libertés d'autrui (art. 11).
Le Pacte international relatif aux droits civils et politiques de 1966 prévoit également que toute personne a le droit de s'associer librement avec d'autres et assortit ce droit des restrictions prévues par la loi et qui sont nécessaires, dans une société démocratique, dans l'intérêt de la sécurité nationale, de la sûreté publique, de l'ordre public ou pour protéger la santé ou la moralité publique ou les droits et libertés d'autrui (art. 22).
La Charte des droits fondamentaux de l'Union européenne de 2000 mentionne, quant à elle, que « toute personne a droit à la liberté de réunion pacifique et à la liberté d'association à tous les niveaux, notamment dans les domaines politique, syndical et civique, ce qui implique le droit de toute personne de fonder avec d'autres des syndicats et de s'y affilier pour la défense de ses intérêts » (art. 12).
Ces dispositions peuvent être invoquées devant les juges, comme l'illustre, plus particulièrement, l'important contentieux porté devant la Cour européenne des droits de l'homme (CEDH) en vue de la préservation de la liberté d'association. Sur la base de ces dispositions, la France a ainsi été condamnée à revoir le dispositif relatif à l'exercice du droit de chasse, qui imposait aux propriétaires dont les terres étaient situées dans le périmètre d'une association communale de chasse agréée, non seulement d'adhérer à cette association mais également d'ouvrir leur propriété aux chasseurs (CEDH 29 avr. 1999, *Chassagnou*[2]).
Plus largement, la CEDH. a rappelé que la possibilité pour les citoyens de former une personne morale afin d'agir collectivement dans un domaine d'intérêt commun, constitue l'un des aspects les plus importants du droit à la liberté d'association, sans quoi ce droit se trouverait dépourvu de toute signification (CEDH 10 juill. 1998, *Sidiropoulos et a. c/ Grèce*, § 40[3]). La préservation de la liberté d'association implique également qu'aucun refus d'enregistrement ne soit opposé à la création d'un organisme sans but lucratif. Ce refus n'est pas envisageable dans une société démocratique et viole l'article 11 de la Convention européenne des droits de l'homme (CEDH 6 oct. 2009, *Özbek et a. c/ Turquie*, n° 35570/02).
En particulier, la CEDH reconnaît que la liberté d'association est importante pour les personnes appartenant à des minorités lesquelles doivent pouvoir se regrouper en association afin d'exprimer et de promouvoir leur identité (CEDH 17 févr. 2004, *Gorzelik et a. c/ Pologne*[4]).
La liberté d'association implique également une liberté d'adhésion[5]. À ce sujet, la CEDH reconnaît que l'obligation faite par la loi au requérant de verser une contribution financière à la Fédération des industries islandaises, organisme de droit privé, à laquelle il n'a pas choisi de s'affilier et qui défend des politiques — notamment l'adhésion à l'Union européenne — contraires à ses propres vues et intérêts politiques, constitue une ingérence dans l'exercice par l'intéressé de son droit de ne pas adhérer à une association. Cette obligation prévue par la loi islandaise, en vue de la promotion de l'industrie

2. *RFDA* 1999. 457 ; *AJDA* 1999. 928, note Priet.
3. *Rec.* 1998-IV.
4. *RFDA* 2005. 991.
5. V. *infra*.

nationale, n'a pas convaincu la CEDH qui a estimé qu'elle n'avait pas suffisamment justifié l'ingérence dans l'exercice par le requérant de sa liberté d'association : les autorités islandaises n'ont pas ménagé un juste équilibre entre le droit de l'intéressé de ne pas adhérer à une association, d'une part, et l'intérêt général relatif à la promotion et au développement de l'industrie islandaise, d'autre part (CEDH 27 avr. 2010, aff. *Vör đur Ólafsson c. Islande*, n° 20161/06).

## 2 • Une liberté à valeur constitutionnelle

**613** ***Le principe constitutionnellement garanti de la liberté d'association.*** La liberté d'association dispose, depuis la décision du Conseil constitutionnel du 16 juillet 1971 (71-44 DC, décision dite *Liberté d'association*), d'une assise constitutionnelle permettant d'en préserver les acquis. Cette décision représente l'aboutissement d'un épisode au terme duquel cette liberté aurait pu être remise en cause. En 1971, le préfet de police de Paris refusa de délivrer le récépissé de déclaration à une association « Les Amis de la cause du peuple », qui n'avait pour but que de procéder à la reconstitution d'un groupe précédemment dissout, celui de la « Gauche prolétarienne ». C'est cette reconstitution, précisément, qui avait motivé le refus préfectoral. Saisi, le tribunal administratif de Paris censura ce dernier (TA Paris, 25 janv. 1971, *Les amis de la cause du peuple*[6]).

Cet épisode est à l'origine du dépôt d'un projet de loi visant à compléter l'article 7 de la loi de 1901 afin de permettre au préfet, « en cas de déclaration faite par une association apparaissant fondée sur une cause ou en vue d'un objet illicite, contraire aux lois, aux bonnes mœurs ou qui aurait pour but de porter atteinte à l'intégrité du territoire national et à la forme républicaine du gouvernement », de reporter de deux mois la délivrance du récépissé. Selon le schéma prévu, si à l'expiration de ce délai, le tribunal saisi par le procureur de la République n'a pas ordonné la fermeture des locaux ou l'interdiction de toute réunion des membres de l'association, le préfet était alors tenu de délivrer le récépissé. Ce dispositif a été censuré par le Conseil constitutionnel, au motif qu'il contrevenait au préambule de la Constitution réaffirmant solennellement les principes fondamentaux reconnus par les lois de la République, au nombre desquels figure la liberté d'association (Cons. const. 16 juill. 1971, *Liberté d'association*, n° 71-44 DC).

Cette décision est la première décision d'importance rendue par le Conseil constitutionnel. Son intérêt réside, bien évidemment, dans cette consécration de la liberté d'association, mais également dans le domaine constitutionnel, dans l'affirmation du contrôle de constitutionnalité des lois opéré par le Conseil. Pour ces raisons, cette décision a été abondamment commentée par les membres les plus autorisés de la doctrine notamment Jacques Robert, éminent universitaire qui a également été membre du Conseil constitutionnel de 1989 à 1998 (*RD publ.* 1971. 1170), ainsi que Jean Rivero (*AJDA* 1971. 537).

Une décision qui a aussi eu un retentissement certain auprès des médias. Jean Rivero relevait ainsi que « les décisions de justice en France — hormis parfois celles du juge pénal — ont rarement dans la grande presse les honneurs de la une. Celle que le Conseil constitutionnel a rendue le 16 juillet 1971 a fait exception à la règle ».

Par la suite, d'autres décisions ont conduit le Conseil constitutionnel à confirmer le « principe constitutionnellement garanti » de la liberté d'association (Cons. const. 15 juill. 1984, *Loi modifiant la loi du 29 juillet 1982 sur la communication audiovisuelle et relative à certaines dispositions applicables aux services de communication audiovisuelle soumis à autorisation*, n° 84-176 DC).

Et de manière explicite, son caractère de principe fondamental reconnu par les lois de la République (Cons. const. 2 août 1991, *Loi relative au congé de représentation en faveur des associations et des mutuelles et au contrôle des comptes des organismes faisant appel à la générosité publique*, n° 91-299 DC).

---

6. *JCP* 1971, II, 16828.

## II • La libre création de la structure associative

À l'origine de la création d'une association, s'exerce une liberté contractuelle qui permet aux fondateurs d'une association de s'associer, selon un cadre juridique précisé par les statuts de l'association, lesquels font office de loi entre les parties.
Par principe, et comme le laisse supposer la brièveté de la loi de 1901, la liberté des parties pour fixer les clauses du contrat et des statuts est grande. Certains impondérables s'imposent néanmoins, aux parties au contrat d'association ainsi qu'à l'objet poursuivi dans le cadre de ce dernier.

### A • La déclaration de la création de l'association

**614** ***Liberté de déclarer une association.*** Sur le principe, et ainsi qu'il résulte de l'article 2 de la loi de 1901, une association peut se former librement sans autorisation ni déclaration préalable. Cette possibilité conduit à distinguer les associations déclarées des associations non déclarées.
En effet, si la déclaration en préfecture est prévue par la loi, elle n'en est pas pour autant une obligation. Un regroupement de personnes peut donc s'effectuer de fait et même répondre à l'appellation d'association, sans toutefois qu'aucune déclaration en préfecture n'ait été réalisée.
Mais parce que non déclarée, une association/un groupement de fait ne pourra pas bénéficier de la capacité juridique dont dispose, *a contrario*, une association déclarée.
Indépendamment, et c'est l'apport essentiel de la loi de 1901, la liberté d'association s'exprime au travers de ce choix offert à ceux qui souhaitent se regrouper en vue de la réalisation d'un objet commun, d'une œuvre commune :
— ils peuvent s'associer et faire le choix de ne pas se déclarer, ils renoncent alors à donner à leur regroupement une personnalité morale ;
— ils peuvent s'associer et faire le choix de se déclarer, offrant alors à leur association, tous les avantages reconnus à une personne morale (droit d'ester en justice, de contracter, d'emprunter, de recevoir des subventions...).
C'est au travers de ce régime de déclaration de la création d'une association que s'exprime la liberté d'association. En effet, la loi de 1901 a permis de substituer au régime d'autorisation préexistant, un simple régime de déclaration. Ce faisant, cette loi a modifié l'exercice des pouvoirs institutionnels : c'est désormais le juge, et non plus l'administration, qui est compétent pour décider de la mort prématurée d'une association.
Avec le régime d'autorisation, la création de l'association était conditionnée par l'autorisation accordée par l'administration. Tant que cette autorisation n'était pas accordée, l'association n'avait pas d'existence juridique. Lorsqu'un refus à la création de l'association était opposé par l'administration, celui-ci pouvait certes être contesté devant le juge administratif mais le pouvoir premier revenait bien à l'administration qui pouvait ainsi limiter d'autant la possibilité pour les citoyens de se regrouper.
La loi du 1er juillet 1901 a remis en cause ce régime d'autorisation et l'a remplacé par un régime de déclaration. En déposant les statuts en préfecture, les membres fondateurs de l'association portent à la connaissance de l'administration leur volonté de se regrouper, sans que l'administration puisse directement s'y opposer. Si elle entend contester la création de l'association, l'administration n'a pas d'autre choix que de saisir le juge judiciaire, seul habilité à dissoudre l'association fraîchement créée.
C'est ce régime de déclaration qui caractérise, de manière essentielle, la liberté d'association acquise avec la loi du 1er juillet 1901.

## B • Les parties au contrat et la liberté d'adhésion

Dans l'exercice de la liberté d'association, les individus ont la liberté de contracter ou non et de déterminer librement le contenu du contrat d'association (les statuts).
Cette liberté de contracter suppose que son exercice ne soit pas conditionné.

### 1 • La qualité des parties au contrat d'association

**615** L'exercice de la liberté d'association implique que chacun soit libre de créer une association, d'y adhérer et de s'en retirer.
Ainsi la nationalité ne peut être retenue comme une condition d'adhésion, elle ne peut pas plus conditionner la création d'une association. Cette possibilité a été rappelée à l'occasion d'une réponse gouvernementale apportée à une question parlementaire : « La loi (...) a permis aux associations composées d'étrangers domiciliés en France, quel que soit leur nombre au sein des associations, quelles qu'y soient également leurs responsabilités, d'acquérir la personnalité juridique par simple déclaration. Elle n'a pas, par ailleurs, fait de distinction entre les ressortissants des pays membres des communautés européennes et ceux des autres pays » (Rép. min. n° 17800, 7 juin 1984, *JO* Sénat Q. 20 septembre 1984, p. 1507). Une position renforcée par le juge européen qui a condamné la Belgique pour avoir exigé la présence de sociétaires belges au sein d'une association s'installant sur son territoire (CJCE 29 juin 1999, n° C-172/98).
Il a également été mis fin aux restrictions concernant les fonctionnaires civils (CE 11 déc. 1908, Association professionnelle des employés civils de l'administration centrale des colonies[7]) qui peuvent, depuis cette jurisprudence, librement adhérer à une association.
Une restriction s'imposait encore aux militaires en application des dispositions de la loi n° 2005-270 du 24 mars 2005 portant statut général des militaires (art. 5), qui leur interdisaient d'adhérer à des associations à caractère politique.
L'affaire *Mattely* a conduit à en revoir les modalités et à reconnaître la possibilité d'adhérer à des associations à caractère professionnel. La loi n° 2015-917 du 28 juillet 2015 portant actualisation de la programmation militaire pour les années 2015 à 2019 a autorisé les militaires à créer une association professionnelle nationale de militaires, à y adhérer et y exercer des responsabilités. Ces associations ont pour objet de préserver et de promouvoir les intérêts des militaires s'agissant de la condition militaire. Elles peuvent se pourvoir et intervenir devant les juridictions compétentes contre tout acte réglementaire relatif à la condition militaire et contre les décisions individuelles portant atteinte aux intérêts collectifs de la profession. Elles doivent exclusivement être constituées de militaires (CE, 26 sept. 2016, n° 396987).
La question a également été posée de la participation des personnes morales de droit public à une association. Sans ambiguïté, le Conseil d'État a rappelé qu'une collectivité pouvait être membre d'une association (CE 8 juin 1994, n° 143272) ; plus largement des collectivités publiques peuvent se regrouper en association. Des limites sont toutefois fixées à la liberté d'association de ces collectivités : le regroupement est, en effet, possible sauf si la loi en décide autrement ou si, par sa nature, l'activité ne peut être confiée à cette association (CAA Douai, 2 févr. 2012, n° 10DA00798).

### 2 • La liberté d'adhérer

**616** La liberté d'association suppose une liberté d'adhésion régulièrement rappelée par les juges comme le corollaire nécessaire de la première : « Hormis les cas où la loi en décide autrement, nul n'est

7. *S.* 1909, III, 49, concl. Tardieu.

tenu d'adhérer à une association (...) ou, y ayant adhéré, d'en demeurer membre » (CE, ass., 21 oct. 1988, n° 78462[8]).
Mais si la liberté contractuelle en matière d'association suppose la liberté d'adhérer, elle suppose également la liberté de refuser l'adhésion d'un membre. Il n'y a, en effet, pas de droit à l'adhésion. L'association peut ainsi émettre des conditions à l'adhésion, sous réserve toutefois que le refus opposé n'obéisse pas à des motifs contraires à l'ordre public. En particulier, le libre choix de ses adhérents doit être reconnu à une association ; ainsi, l'indication selon laquelle une association accepte des nouveaux membres, ne constitue pas une pollicitation l'obligeant à les inscrire (Civ. 1re, 7 avr. 1987, *Mme Pietri / Association Tir Club de Revinco*[9] — à propos d'une association qui avait rejeté une demande d'adhésion au motif du nombre important d'adhérents).
Sous cette réserve, l'association peut donc fixer, dans ses statuts, des règles permettant de restreindre l'accueil de nouveaux adhérents. Ceci permet de justifier que certains clubs soient réservés aux hommes — comme c'est encore le cas à l'Automobile Club de France, situé Place de la Concorde — ou aux femmes ; ou encore que l'âge soit retenu comme critère d'adhésion.

## 3 • L'exception : l'obligation d'adhésion

**617** Par exception, l'adhésion à certaines associations, peut être rendue obligatoire. Dans ces cas, cette obligation d'adhérer doit être prévue par la loi. Pour l'essentiel, il s'agit d'associations poursuivant un but légitime et bénéficiant de prérogatives de puissance publique. Tel est le cas des fédérations de chasseurs auxquelles ces derniers sont tenus d'adhérer pour pratiquer la chasse (C. envir., art. L. 421-8), obligation que l'on retrouve pour la pratique de la pêche (C. envir., art. L. 436-1).
Cette obligation s'impose également dans certains milieux professionnels, comme pour les personnes exerçant à titre de profession habituelle une activité de conseil en investissements financiers, qui sont tenues d'adhérer à l'une des associations professionnelles agréées par l'Autorité des marchés financiers (C. mon. fin., art. L. 541-1).
L'illustration peut également être donnée de ces opérateurs ayant fait le choix de produire des vins destinés à être commercialisés sous une appellation d'origine contrôlée, qui ont l'obligation d'adhérer à un organisme de défense et de gestion selon les modalités prévues par les articles L. 642-17 et s. du Code rural. Une obligation dénoncée par la Confédération paysanne de la Gironde qui estimait que ces dispositions privaient de toute effectivité la liberté d'association dont un producteur est en droit de se prévaloir. Une argumentation rejetée par le Conseil d'État qui a souligné que cette obligation ne s'appliquait qu'aux opérateurs ayant fait le choix de produire des vins destinés à être commercialisés sous une telle appellation (CE 22 juin 2016, n° 387333).
C'est également ce qu'a rappelé la Cour de cassation à propos d'une association créée au sein d'un lotissement en vue de la gestion de ses installations sportives, à laquelle les propriétaires étaient tenus d'adhérer (Cass., ass. plén., 9 févr. 2001[10]).
Saisi d'une question prioritaire de constitutionnalité à propos d'une obligation d'adhésion imposée à des courtiers d'assurance (obligation prévue par les art. L. 513-3 C. assur. et L. 519-11 C. mon. fin.), le Conseil constitutionnel a reconnu la constitutionnalité de cette obligation, estimant qu'elle poursuivait un objectif d'intérêt général de protection des consommateurs[11].
Mais alors même que la loi la prévoit, cette obligation d'adhésion peut être censurée par les juges. Ce fut le cas de l'obligation imposée aux propriétaires terriens d'adhérer à une association communale

8. *D.* 1990. 275, obs. Morange ; *AJDA* 1988. 717, obs. Azibert et de Boisdeffre ; *RFDA* 1989. 124, concl. Faugère ; *RTD Com.* 1989. 90, obs. Alfandari et Jeantin.
9. *Bull. civ.* n° 119 ; *RTD Com.* 1988. 87,
10. *Bull. ass. plén.* n° 3, p. 7 ; *D* 2001, n° 19, p. 1493, note Alfandari.
11. Cons. const., 21 oct. 2022, *Association nationale des conseils diplômés en gestion de patrimoine*, n° 2022-1015 QPC.

de chasse agréée, faisant ainsi apport de leur terre (terrains de moins de 20 hectares) pour la constitution du territoire de chasse[12]. Cette obligation a été sanctionnée par la Cour européenne des droits de l'homme au motif qu'elle méconnaissait tout à la fois le droit de propriété et la liberté d'association (CEDH 29 avr. 1999, *Chassagnou c./ France*[13]).
Cette décision a conduit le législateur français à reconnaître un droit de non-chasse et d'opposition à l'inclusion d'un terrain au sein du périmètre de chasse au profit du propriétaire opposé, par convictions personnelles, à la pratique de la chasse (C. envir., art. L. 422-10).
Selon une logique similaire, la Cour de cassation a prononcé la nullité absolue de la clause d'adhésion obligatoire à une association de commerçants, introduite dans un contrat de bail en vue de l'exploitation d'une boutique au sein d'un centre commercial (Civ. 3e, 12 juin 2003, n° 02-10.778[14]).

## C • La licéité de l'objet associatif

**618** ***Conditions de licéité de l'association.*** Si la liberté d'association s'exprime dans la liberté de créer une association et d'y adhérer, encore faut-il que l'objet associatif soit licite. Cet objet est, en effet, librement déterminé dans le cadre du contrat d'association sous les réserves, toutefois, exprimées par la loi. En effet, l'association se doit d'être à but non lucratif et ne saurait poursuivre un objet illicite.

### 1 • Un but autre que le partage des bénéfices

Les associations sont dites « à but non lucratif ». Sous cette formulation, il faut comprendre qu'une association ne peut partager les bénéfices qu'elle réalise. En revanche, il ne lui est pas interdit de réaliser de tels bénéfices Il s'agit là d'une précision importante, alors que de nombreuses associations se livrent à des activités d'ordre commercial.
Ce point est illustré par la célèbre jurisprudence Caisse rurale de Manigod, dans laquelle une association créée par le curé de la commune, avait pour but d'accorder des prêts à taux réduits à des particuliers. Les bénéfices éventuellement réalisés, étaient destinés à réduire les taux d'intérêt pratiqués les années suivantes. Saisie, la Cour de cassation a défini le bénéfice comme « un gain pécuniaire ou matériel accroissant la fortune des associés » et a confirmé le statut d'association de la Caisse rurale de Manigod en ce que cette dernière, par l'économie qu'elle offre à ses membres, ne réalise pas un bénéfice accroissant leur fortune (Cass., ch. réun., 11 mars 1914[15]).
Rien ne s'oppose donc à la création d'associations exerçant des activités économiques, à la condition que les bénéfices ne soient pas partagés entre les sociétaires (Com. 13 mai 1973, *Comité permanent des fêtes de Lizine*[16]).
L'absence de partage des bénéfices constitue, en effet, l'indice essentiel permettant de distinguer l'association de la société. Bien évidemment, lorsqu'un partage des bénéfices est constaté, l'association perd sa qualité d'association. Tel a été le cas d'une association exploitant un terrain de camping qui avait procédé à une répartition des bénéfices entre ses membres (Crim. 3 janv. 1983, *Direction générale des impôts*[17]). Un dévoiement du modèle associatif qui s'explique, bien souvent, par le régime fiscal plus favorable dont bénéficient les associations. C'est ce que relève le juge lorsqu'il recherche, dans cette

12. Préc.
13. *RFDA* 1999. 457.
14. *D.* 2003. *AJ* 1694, obs. Rouquet ; *D.* 2004, *AJ* 367, note Bénard ; *AJDI* 2003. 663, obs. Blatter ; *Rev. Sociétés* 2003. 880, obs. Coquelet ; *RTD Civ.* 2003. 771, obs. Raynard ; *ibid.* 2004. 280, obs. Mestre et Fages ; *JCP* 2003. 1791, note Boutonnet ; *JCP* 2003. II. 10190, note Fauque ; *Dr. Sociétés* 2003, n° 165, note Lucas.
15. *D* 1914, I, 257, note Sarrut.
16. *D* 1070, p. 664.
17. *D* 1984, p. 615, note Renoux.

même décision, « en se fondant sur tous les moyens de preuve propres à former sa conviction (...), si le prévenu s'est soustrait frauduleusement à l'établissement et au paiement des impôts et a employé l'artifice d'une prétendue association (...) pour omettre de déclarer des revenus commerciaux imposables. En l'espèce, la fondation de l'association n'a été en réalité qu'un stratagème juridique permettant à son président et à son trésorier de faire échapper (...) leur activité commune de caractère manifestement commercial et lucratif au poids, d'une part de l'impôt sur les sociétés, d'autre part de la taxe sur la valeur ajoutée ».

## 2 • Un objet licite

L'article 3 de la loi de 1901 identifie l'objet qui peut être celui de l'association. Celle-ci ne peut être fondée sur une cause ou en vue d'un objet illicite, contraire aux lois, aux bonnes mœurs ou qui aurait pour but de porter atteinte à l'intégrité du territoire national et à la forme républicaine du gouvernement. En pareil cas, cette association doit être reconnue comme nulle et de nul effet.

C'est ainsi qu'est déclarée nulle, une association ayant pour objet de mettre en relation des personnes dans la perspective de conclusion d'un accord de « mère porteuse » moyennant le paiement d'une somme forfaitaire de 60 000 francs (Civ. 1re, 13 déc. 1989, *Association Alma Mater*[18]). De même, une association créée en vue de la pratique du tir à l'arc doit être déclarée nulle en raison du caractère prohibé de la chasse à l'arc (Paris 27 févr. 1989[19]). Une association dont l'objet est d'assurer la distribution d'un produit présenté comme un médicament « en vue du traitement de maladies humaines » et délivré « en fonction de doses individualisées » et dont le montant de la rémunération est proportionnel au nombre des ampoules fournies, est illicite au regard des dispositions de l'article L. 511 du Code de la sécurité sociale lequel prévoit que les médicaments ne peuvent être diffusés par des non pharmaciens (Civ. 1re, 19 janv. 1970, n° 68-12910).

L'atteinte à l'intégrité du territoire national et à la forme républicaine du gouvernement a pu justifier, quant à elle, l'annulation d'une association ayant pour objet le rétablissement de la monarchie par tous les moyens, y compris par la force (CE 4 avr. 1936, Pujo, de Lassus et Réal Del arte[20]). Ce fut également le cas pour l'association Enbata qui s'était donnée pour objet la libération du Pays basque français de la domination de l'État français (CE 8 oct. 1973, *Association Enbata*[21]).

Indépendamment de son objet, l'association peut également avoir été créée dans un intérêt individuel aux fins, par exemple, de contourner l'application de dispositions fiscales. Ainsi, à propos de la création d'une association par un « guérisseur », espérant échapper ainsi à l'application des règles en matière de taxe sur la valeur ajoutée (CE 23 oct. 1989, *Main*[22]).

Lorsque l'association apparaît créée sur un objet illicite, sa dissolution peut être prononcée par voie judiciaire ou administrative. Dans le premier cas, il revient au juge judiciaire de prononcer la dissolution de l'association ainsi que l'illustrent les décisions de la Cour de cassation précitées.

La dissolution administrative est possible depuis la loi du 10 janvier 1936. Avec la loi de 1901, la possibilité pour l'administration de prononcer elle-même la dissolution d'une association avait été exclue. Elle réapparaît à compter de 1936 avec la nécessité de mettre rapidement un terme, aux activités de groupes de combat et de milices privées. Par la suite, cette loi de 1936 a été modifiée à plusieurs reprises, étendant les possibilités de dissolutions administratives des groupements incitant, notamment, à la discrimination, à la haine ou à la violence (loi n° 72-545 du 1er juillet 1972) ainsi qu'à ceux à l'origine d'actes de terrorisme (loi n° 86-1020 du 9 septembre 1986).

18. *D* 1990, p. 273.
19. *D* 1989. IR 119 ; *RTD Com.* 1989. 689, obs. Alfandari et Jeantin ; *JCP* 1990. II. 21526, note Sérieaux
20. *S.* 1936, III, 38, concl. Andrieux.
21. *Lebon* p. 494.
22. *RTD Com.* 1990. 60.

Les associations et groupements à l'origine de violence aux abords des stades peuvent également faire l'objet d'une dissolution administrative depuis la loi n° 2006-784 du 5 juillet 2006.
Très clairement, ces possibilités de dissolutions administratives des associations et groupements s'inscrivent à rebours du cadre juridique établi pour assurer la liberté d'association mais l'atteinte à cette dernière est justifiée par l'illicéité de l'objet associatif combinée à la nécessité d'y mettre un terme immédiat. La dissolution administrative permet cette réponse immédiate, tout en étant soumise au contrôle du juge administratif.
En termes contentieux, le juge administratif retient que l'atteinte qui est nécessairement portée à la liberté d'association par l'exécution d'un décret prononçant la dissolution d'une association ou d'un groupement de fait est, en principe, constitutive d'une situation d'urgence et permet d'obtenir la suspension du décret portant dissolution sous réserve du caractère sérieux des motifs invoqués à l'appui de la requête[23].

## 3 • L'accomplissement d'une mission de service public

**619** ***Une mission d'intérêt général.*** L'objet de l'association peut concourir à l'accomplissement d'une mission de service public. Dans ce cas, l'association apparaît comme le relais de l'administration. La mission de service public peut être confiée par la loi à une association ou résulter, le plus fréquemment, d'une délégation de service public.
L'exemple des fédérations sportives permet d'illustrer le premier cas. Constituées sous la forme d'associations, les fédérations sportives participent à l'exécution d'une mission de service public et bénéficient, à cet effet, d'un agrément ministériel. Dans ce cadre, il leur appartient d'édicter les règles techniques de la pratique sportive, d'organiser les manifestations sportives, de délivrer les titres internationaux, nationaux, régionaux et départementaux, de sélectionner les sportifs compétiteurs et d'exercer un pouvoir disciplinaire sur leurs licenciés.
C'est également le cas des associations sportives créées dans tous les établissements scolaires du second degré conformément aux dispositions de l'article 9, alinéa 1er, de la loi n° 84-610 du 16 juillet 1984 relative à l'organisation et la promotion des activités physiques et sportives.
Dans le second cas, la délégation de service public permet à une personne morale de droit public de confier la gestion d'un service public dont elle a la responsabilité, à un délégataire public ou privé, dont la rémunération est substantiellement liée aux résultats de l'exploitation du service.
Cette possibilité a été précisée pour les collectivités locales. Ainsi qu'a pu le préciser la circulaire du 7 août 1987 relative à la gestion par ces collectivités de leurs services publics locaux : « il n'y a pas d'obstacle de principe à ce qu'un service public administratif soit confié à une personne privée : le caractère administratif d'un service public n'interdit pas à une collectivité territoriale compétente d'en confier l'exécution à des personnes privées ». Toutefois, et rappelant sur ce point l'avis émis par le Conseil d'État du 7 octobre 1986, il ne saurait être question de se départir de missions qui, par nature ou par la volonté du législateur, ne peuvent être assurées que par la collectivité territoriale elle-même. Les collectivités territoriales ne sauraient donc confier à une association l'exécution des tâches qu'elles accomplissent au nom et pour le compte de l'État (état civil, élections…) ou l'exécution de missions relevant de l'exercice même d'une prérogative de puissance publique. Il n'est ainsi pas envisageable de confier à une association une mission de police administrative (CE 10 déc. 1962, *Association de pêche et de pisciculture*[24]). Ainsi en va-t-il de la délégation de prérogatives de police du stationnement sur la voie publique (CE 1er avr. 1994, *Commune de Menton*[25]) ou encore de la délégation de tâches de surveillance de la voie publique (CE 19 déc. 1997, *Commune d'Ostricourt*[26]).

23. CE ord. 29 avr. 2022, n° 462736 et 462982.
24. *Lebon*, p. 675.
25. *Lebon*, p. 175.
26. *Lebon T.*, p. 706.

Dans l'exercice de sa mission de service public, l'association peut être dotée de prérogatives de puissance publique et adopter des actes administratifs, individuels et réglementaires ainsi qu'il ressort de la célèbre jurisprudence FIFAS (CE 22 déc. 1974, *Fédération des industries d'articles de sport*[27]). Le Conseil d'État y précise que le ministre chargé des sports est compétent pour délivrer les agréments aux fédérations sportives qui offrent « à leurs membres, les structures administratives et l'encadrement technique que requiert la pratique à tous niveaux, de disciplines sportives pour lesquelles elles sont constituées ». La mission de service public dont elles sont investies, justifie ainsi qu'elles puissent prendre des actes réglementaires visant à préciser les règles des compétitions sportives ou encore qu'elles soient seules autorisées à agir dans une branche d'activité.
Précisons toutefois que l'attribution de prérogatives de puissance publique n'est pas systématique (T. confl. 6 nov. 1978, *Bernardi c./ Association hospitalière Sainte-Marie*[28]).
L'accomplissement d'une mission de service public par une association établit un relationnel important entre cette dernière et l'administration. Apparaît alors un risque lorsque ce relationnel s'avère trop étroit au point que l'administration s'immisce dans le fonctionnement — voire la création — de l'association. La liberté d'association ne saurait, en effet, admettre que l'administration utilise le modèle associatif pour s'affranchir du respect des règles du droit public. La tentation existe, pourtant, pour l'administration de préférer un modèle associatif en ce qu'il lui permet d'exercer une mission de service public selon un cadre de droit privé avec application du Code du travail pour les salariés de l'association en lieu et place du Code de la fonction publique, avec application des règles de comptabilité privé au lieu des règles de comptabilité publique, et également, pendant longtemps, avec la possibilité d'échapper aux règles de la commande publique et donc à l'obligation de mise en concurrence.
Dans ces différents cas, l'association est présentée comme transparente car à travers elle, c'est en réalité l'administration qui agit. La Cour des comptes a régulièrement dénoncé l'usage de ces « faux-nez » de l'administration qui lorsqu'ils sont détectés, ne sauraient connaitre qu'une issue : leur disparition.
Il faut bien comprendre que lorsqu'une association est qualifiée de transparente, ce n'est pas nécessairement son objet qui est cause mais le cadre juridique dans lequel elle évolue. Ceci explique que lorsqu'un contentieux se noue autour de l'activité de l'association, le juge peut être amené à procéder à des requalifications juridiques qui vont avoir une incidence sur la compétence des juges.
Ainsi lorsqu'un contentieux est engagé contre un acte adopté par une association transparente, le juge compétent sera le juge administratif. Si par principe, l'acte adopté par une association est un acte de droit privé relevant de la compétence du juge judiciaire, il faut comprendre que la transparence de l'association a pour effet de modifier la nature de l'acte : il devient administratif — partant du principe qu'une association transparente n'existe pas, et que c'est finalement l'administration qui a agi à travers elle.
La logique est la même lorsque le juge judiciaire est amené à se prononcer sur la responsabilité d'une association en cas de dommage causé par son activité. En réalité, la responsabilité qui doit être engagée est celle de l'administration et c'est donc le juge administratif qui est compétent.
Il en est de même en matière contractuelle. Si par principe, le juge judiciaire est compétent pour les litiges contractuels concernant une association, le contentieux reviendra en revanche, le plus souvent, au juge administratif lorsque la transparence de l'association est établie. Ainsi le litige consécutif à la rupture du contrat d'accueil d'un enfant dans une crèche gérée par une association transparente relève des juridictions de l'ordre administratif, nous indique le Tribunal des conflits, fréquemment saisi de questions liées à l'activité d'associations (T. confl. 30 juin 2008, *Association socioculturelle de l'École nationale des greffes*[29]).
Une réserve doit toutefois être énoncée en considération des évolutions jurisprudentielles et législatives récentes.

27. *Lebon*, p. 537.
28. *Lebon*, p. 652.
29. *JCP* G 2008, n° 47, II, jurisp. 10188, note Damarey ; *JCP A* 2008, comm. 2284, note Damarey.

Ainsi la loi n° 2010-559 du 28 mai 2010 a permis la création de sociétés publiques locales, c'est-à-dire de sociétés anonymes créées par des collectivités et leurs groupements en vue de la réalisation d'opérations d'aménagement ou de constructions, de l'exploitation de services publics industriels et commerciaux ou de toute autre activité d'intérêt général. Ces sociétés permettent à l'administration de s'inscrire dans un registre de droit privé et, ce faisant de s'affranchir notamment des règles de la fonction publique et de la comptabilité publique.

Alors que l'association a pu être présentée comme le moyen commode utilisé par l'administration pour échapper à certaines règles du droit public, la possibilité de créer une SPL et donc d'échapper à ces mêmes règles, amène à relativiser la pratique des associations transparentes.

Cette loi a permis de transformer des associations en sociétés publiques locales et donc de faire coïncider le cadre juridique à son enveloppe. S'il demeure des associations transparentes susceptibles d'être transformées en SPL, on peut considérer que la possibilité d'un tel cadre juridique constitue un argument sérieux conduisant à relativiser la pratique des associations transparentes. En revanche et très logiquement, ce cadre juridique induit une compétence de principe du juge judiciaire sans requalification possible des actes adoptés par la société publique locale.

Une autre réserve doit être formulée en considération de la jurisprudence européenne concernant la théorie du *in house*. La Cour de justice de l'Union européenne a, en effet, considéré que lorsque l'administration confie une mission de service public à une structure (associative), cette dernière doit s'assurer d'une mise en concurrence suffisante avant l'attribution de tout marché à une entreprise et ce, dès lors que cette administration exerce sur l'association, un contrôle analogue à celui qu'elle exerce sur ses propres services (CJCE 18 nov. 1999, aff. C-107/98[30]).

Cette théorie du *in house* — également appelée théorie de la gestion intégrée a pu être appliquée à l'association chargée de l'organisation du festival d'Aix-en-Provence, exigeant de cette dernière qu'elle s'assure d'une mise en concurrence des entreprises préalablement à toute contractualisation (CE, sect., 6 avr. 2007[31]).

Avec cette affaire, le Conseil d'État n'était pas amené à se prononcer sur le statut associatif et ne l'a donc pas fait. Mais très clairement, l'emploi de la formule selon laquelle l'administration exercerait sur l'association un contrôle analogue à celui qu'elle exerce sur ses propres services, laisse deviner que l'association ne bénéficiait pas de l'autonomie que l'on peut être en droit d'attendre si la loi de 1901 était pleinement respectée.

## III • Le libre fonctionnement de la structure associative

La liberté d'association s'exprime également au travers de son fonctionnement : pour l'essentiel, le cadre juridique fixé par les statuts sera librement fixé par les membres de l'association. Cette dernière s'appuie également, très largement, sur le bénévolat ce qui la distingue très clairement du modèle entrepreneurial. Plus largement, la liberté d'association suppose une liberté de fonctionnement laquelle apparaît comme le nécessaire reflet de la première. Ceci impose une autonomie qui exclut toute immixtion ainsi que toute tentative d'immixtion dans son fonctionnement.

30. *D.* 1999. IR 276.
31. *AJDA* 2007. 775 et 1020, chron. Lenica et Boucher ; *AJDA* 2007. 1153, note Richer ; *JCP Adm.* 2007, n° 2125, note Lindich ; *JCP Adm.* 2007, n° 2128, obs. Pontier ; *JCP Adm.* 2007, n° 2111, note Karpenschif ; *JCP* 2007. II. 10132, note Karpenschif ; *D.* 2007. 1273, et chron. 2917, note Clamour ; *RDI* 2007. 424, obs. Dreyfus ; *RFDA* 2007. 812, concl. Seners, note Douence ; *BJCP* 2007/54, p. 342, note Rapp ; *RLCT* 2007/25, n° 724, note Rouault ; *RDP* 2007. 1367, note Bui-Xuan.

## A • La libre rédaction des statuts

**620** ***La question des statuts et leur encadrement.*** La loi du 1er juillet 1901 n'impose aucun modèle de fonctionnement aux associations, les membres fondateurs sont donc libres d'en fixer les règles au moyen des statuts. La rédaction de ces derniers va alors revêtir une importance capitale car ces statuts vont s'imposer à l'association et à ses membres, si nécessaire jusque devant le juge lequel peut être amené à imposer leur application voire à les interpréter.

Il est bien évidemment possible de saisir le juge lorsque des irrégularités sont constatées dans le fonctionnement de l'association et que les statuts n'ont pas été respectés. Selon les cas, le juge peut prononcer la nullité de la décision adoptée par l'association ou décider d'allouer à la victime des dommages et intérêts. Le juge peut ainsi annuler la convocation d'une assemblée contraire aux dispositions statutaires (Civ. 1re, 14 mars 1995, *Sanselme*[32]).

Le respect des dispositions statutaires peut également conditionner l'action en justice engagée par l'association. La personnalité morale acquise à l'occasion de la déclaration en préfecture de la création de l'association lui permet, en effet, d'ester en justice. Mais cette capacité juridique ne peut s'exercer que dans le respect des statuts et des règles de représentation qui y sont fixées. Ainsi, il appartient au juge, saisi de conclusions contestant la qualité pour agir en justice des représentants de l'association, de rechercher si ceux-ci tiennent, soit des statuts, soit d'un mandat exprès, le pouvoir d'agir en justice (Crim. 16 nov. 2005, n° 04-84.520). En l'absence dans les statuts d'une association, de stipulation réservant expressément à un autre organe la capacité de décider de former une action devant le juge, celle-ci est régulièrement engagée par l'organe tenant des mêmes statuts le pouvoir de représenter en justice cette association (CE, sect., 3 avr. 1998, n° 177962[33]). Plus largement, lorsque les statuts sont muets quant à l'organe habilité à représenter l'association en justice, une délibération de l'assemblée générale est nécessaire (CE 30 janv. 2008, n° 293051[34]).

Très logiquement, l'application des statuts de l'association peut être écartée par le juge lorsque, par ses dispositions et ses modalités de répartition des pouvoirs auxquelles procèdent ces statuts, le fonctionnement démocratique de l'association est méconnu (Paris 2 avr. 1991, *Farre c/ Racing club de France*[35]).

Le respect des dispositions statutaires peut se combiner avec celui du règlement intérieur. Le juge admet qu'il soit possible de se prévaloir d'une disposition du règlement intérieur et même de la faire prévaloir sur les statuts. Ainsi à propos de dispositions contenues dans le règlement intérieur, plus favorables aux droits de la défense dans le cadre d'une procédure disciplinaire (Paris 7 juin 1996, *Association l'Estrier de Claye-Souilly*[36]).

Si pour l'essentiel, les associations sont libres de déterminer le contenu de leurs statuts, certaines restrictions apparaissent lorsque l'association est investie d'une mission de service public, lorsqu'elle sollicite un agrément ou demande à être reconnue d'utilité publique. Dans ces différents cas, il peut être demandé à l'association d'adopter des statuts types et de s'y conformer, sous peine de se voir retirer l'autorisation, l'agrément ou la reconnaissance accordés.

Ainsi, s'agissant des associations reconnues d'utilité publique, elles doivent justifier de la présence de certaines dispositions dans leurs statuts concernant, par exemple, les conditions d'admission et de radiation des membres, les modalités de dissolution de l'association… elles doivent justifier d'un fonctionnement démocratique apprécié, en particulier, en tenant compte de la présence de femmes au sein des organes décisionnels. Ainsi que l'a rappelé le Conseil d'État, amené à instruire ces demandes

32. *RDT Com.* 1995. 810.
33. *D.* 1999, 69, note Boré ; *AJDA* 1998. 413 et 460, chron. Raynaud et Fombeur ; *Gaz. Pal.* 1998, pan. 239.
34. *AJDA* 2008. 895 ; *D.* 2008. 2051.
35. *JCP E* 1991, pan. 508.
36. *RTD Com.* 1996. 492.

de reconnaissance, ces modalités relativement contraignantes ne visent pas « à contrecarrer la liberté d'association » (*Rapport public annuel 2000,* p. 305), même s'il reconnaît, dans ce même rapport, que les conditions pourraient être assouplies afin de permettre à un plus grand nombre d'associations d'obtenir cette reconnaissance. Des statuts qui ont été révisés en 2019 afin de rendre la création d'associations reconnues d'utilité publique, plus simple et plus souple.

## B • Le bénévolat, manifestation de la liberté d'association

**621** ***L'encouragement du bénévolat.*** Pour l'essentiel, les associations fonctionnent grâce à l'action bénévole de leurs membres. Ce bénévolat traduit, là également, la liberté d'association de ces derniers qui contribuent ainsi, par le temps consacré, par leurs connaissances, par leur activité à la réalisation de l'objet statutaire.

Le bénévolat se définit comme le concours apporté par une personne à l'organisation, l'animation ou encore le fonctionnement d'un organisme sans but lucratif, en dehors de tout lien de subordination. Il doit s'agir d'un engagement libre sans contrepartie de quelque nature que ce soit. Le bénévolat se distingue ainsi du volontariat et du salariat.

Expression fonctionnelle de la liberté d'association, le bénévolat est encouragé par les pouvoirs publics. Ainsi, ont été créés plusieurs dispositifs permettant de faciliter l'exercice de cette liberté d'association dans sa démarche bénévole à l'exemple du financement d'actions de formation tournées vers la conduite du projet associatif au bénéfice des responsables associatifs, avec un premier fond de financement créé en 1985, le Fonds de développement de la vie associative.

La démarche bénévole a également été favorisée avec cette mesure retenue dans le cadre de la loi n° 98-657 du 29 juillet 1998 d'orientation relative à la lutte contre les exclusions visant à reconnaître la possibilité pour les demandeurs d'emploi d'exercer une activité bénévole.

Très largement, plusieurs mesures sont venues préciser les possibilités d'obtenir la validation de l'expérience associative aux fins d'accéder à des formations ou d'obtenir des diplômes. Ce dispositif a été utilisé à de nombreuses reprises avec l'arrêté du 17 novembre 1999 relatif à la licence professionnelle, avec la loi n° 2002-73 du 17 janvier 2002 de modernisation sociale, également avec la loi n° 2014-856 du 31 juillet 2014 sur l'économie sociale et solidaire favorisant la validation des acquis de l'expérience bénévole.

Enfin, pour une autre illustration, il est possible d'évoquer la mise en place d'un congé pour l'exercice de responsabilités associatives ouvert à tout salarié du secteur privé ainsi qu'à tout agent public, lui permettant de siéger à titre bénévole au sein des organes d'administration et/ou de direction d'une association ou d'y exercer des fonctions de direction ou d'encadrement (loi n° 2017-86 du 27 janvier 2017 relative à l'égalité et à la citoyenneté).

S'il constitue le fer de lance de la liberté d'association, le bénévolat doit toutefois être encadré car comme pour toute liberté, il existe un risque d'usage dévoyé du bénévolat en particulier lorsque ce dernier se substitue à une activité salariée.

C'est bien évidemment le lien de subordination et, dans une certaine mesure, le salaire versé au salarié qui constituent des indices permettant de distinguer ce dernier du bénévole. Ainsi est considéré comme salarié d'une association, l'accompagnateur d'un stage en montagne ayant bénéficié d'avantages en nature, de nourriture et de logement qui s'apparentent à une rémunération et enlèvent ainsi son caractère bénévole à son activité (Soc. 17 avr. 1985, n° 83-15445[37]).

À propos d'un compagnon d'Emmaüs, la Cour de cassation a pu retenir que cette personne, parce que soumise aux règles de vie communautaire qui définissent un cadre d'accueil comprenant la

37. *Bull. civ.* V, n° 238.

participation à un travail destiné à l'insertion sociale, n'était pas liée par un contrat de travail dès lors que cette participation était exclusive de tout lien de subordination (Soc. 9 mai 2001[38]).
Tout à la fois expression et manifestation de la liberté d'association, le bénévolat se présente comme son nécessaire corollaire. La démarche associative, l'engagement bénévole accompagnent le citoyen dans l'exercice de cette liberté. Un engagement qui doit s'exercer en toute indépendance, renvoyant ici à l'autonomie dont doit disposer l'association pour que la liberté d'association puisse pleinement s'y réaliser.

## C • L'autonomie de fonctionnement de l'association, reflet de la liberté d'association

**622** Personne morale de droit privé, l'association œuvre à la réalisation de son objet statutaire. Cette personnalité suppose qu'elle puisse, en toute autonomie, fonctionner et agir dans le respect de ses statuts.
Une difficulté apparaît lorsque l'association perd cette autonomie — le plus souvent en raison de relations tissées avec son environnement immédiat.
Il peut s'agir du monde entrepreneurial — avec toutes les difficultés liées à l'accomplissement d'activités relevant du secteur commercial et les risques de requalification juridique de l'association en société. Sont également concernées les relations tissées avec les pouvoirs publics. L'association doit, en effet, pouvoir fonctionner sans qu'il soit possible de détecter une influence de ces pouvoirs sur les décisions qu'elle prend et, plus globalement, sur les orientations qu'elle donne à son activité. Si l'autonomie de l'association apparaît compromise par ces relations établies avec les pouvoirs publics, les risques contentieux sont importants.
Ces déviances ont déjà été évoquées dans les précédents développements de cette contribution. Il convient d'en préciser les contingences au travers de l'abondant contentieux qui en résulte, notamment dans le domaine du relationnel établi avec les pouvoirs publics.
Dans ce dernier cas, le risque extrême conduit à considérer l'association comme transparente par rapport à l'administration. C'est le Conseil d'État qui a développé la théorie de l'association transparente en identifiant les critères permettant de sonder l'autonomie d'une association (CE 11 mai 1987, *Divier*[39]) :
— l'autonomie de l'association s'apprécie en tenant compte des modalités de direction de l'association. S'il s'avère que l'association est présidée par un élu local, le juge le voit comme un indice possible de la transparence de l'association ;
— cette autonomie tient compte également du degré de dépendance financière de l'association par rapport à l'administration. Si pour l'essentiel, l'association dépend de subventions publiques, il s'agit là également d'un indice supplémentaire susceptible de conduire le juge à conclure à la transparence de l'association ;
— l'autonomie s'apprécie aussi au travers des modalités générales de fonctionnement de l'association. Si du personnel administratif travaille pour l'association, si l'association a son siège social au sein d'une administration, si elle fonctionne grâce au matériel mis à disposition par l'administration… autant d'indices supplémentaires qui peuvent orienter le juge dans sa décision.
Ces critères sont associés par le juge qui peut en déduire que l'association est transparente, qu'elle n'a donc aucune autonomie par rapport à l'administration et qu'en définitive, à travers elle, c'est bien l'administration qui agit.

38. *Bull. civ.* V, n° 155 ; *Dr. Soc.* 2001. 798, obs. Savatier ; *RDSS* 2001. 818, obs. Alfandari ; *D.* 2002. 1705.
39. *Lebon*, p. 167.

Comme cela a été précédemment évoqué, lorsque le juge conclut à la transparence d'une association, ce sont les règles du droit public qui doivent s'appliquer et se substituer, le cas échéant, à celles du droit privé. C'est également le juge compétent qui est déterminé, l'affaire pouvant être basculée du juge judiciaire au juge administratif, parfois au terme d'une procédure de règlement des conflits d'attribution entre ces juges. Le Tribunal des conflits est ainsi, régulièrement, saisi de litiges pour lesquels il est amené à identifier la transparence de l'association et à en déterminer le juge compétent.
Cette pratique a également été dénoncée par la Cour des comptes qui a pu regretter ces associations administratives de « pure façade[40] » et plus largement, ces démembrements de l'administration[41].
La formule associative présente, en effet, des avantages indéniables dans ses modes de fonctionnement même, au travers de l'application de certaines règles du droit privé. En parallèle, l'administration peut parfois éprouver des difficultés dans l'application de certaines règles du droit public, justifiées par le fait qu'il est question d'employer des fonds publics, pour l'essentiel issus de l'impôt et donc des contribuables. L'emploi de fonds publics légitime le contrôle accru qui peut être exercé sur l'administration pour en vérifier l'emploi régulier et donc, le cadre juridique parfois plus strict qui lui est appliqué (respect du Code de la fonction publique, des règles de la commande publique et de celles de la comptabilité publique…).
C'est pour s'affranchir du respect de ces règles, que certains responsables publics ont fait le choix de recourir au modèle associatif afin de bénéficier du cadre, perçu comme plus souple, du droit privé.
Cette dérive est sanctionnée par le juge comme cela a été signalé précédemment en évoquant la possibilité pour une association d'être investie d'une mission de service public.
Ces possibilités de dévoiement de la loi de 1901 ont conduit certains parlementaires à s'interroger sur « la nécessité de renforcer certaines dispositions de la loi de 1901 qui, si elle présente un avantage en ce qu'elle encadre de nombreuses activités sociales et culturelles en favorisant le maintien d'un tissu social et la notion de solidarité au sein de notre société, permet également, par un jeu subtil de quelques administrateurs, de prendre le contrôle de certaines structures parfois contrairement aux positions de la majorité des membres, notamment en écartant certaines personnes des organes dirigeants ». En réponse, le ministre de la Justice a rappelé que l'article 1er de cette loi définit l'association comme une convention et précise qu'elle est régie, quant à sa validité, par les principes généraux du droit applicables aux contrats et obligations. Les associations sont, par conséquent, soumises au droit commun des contrats et leurs statuts déterminent librement les modalités de leur organisation et de leur fonctionnement internes. Cependant, il est de jurisprudence constante que l'assemblée générale est souveraine : elle exerce un droit éminent de contrôle sur l'association, en approuve les comptes et la gestion, nomme et révoque les administrateurs et peut mettre en cause leur responsabilité. Tout adhérent a, en outre, la faculté de saisir le tribunal judiciaire dans le ressort duquel l'association a son siège social afin de demander l'exécution et le respect des dispositions statutaires. En cas de conflit interne ou d'irrégularités flagrantes dans le fonctionnement de l'association, chaque adhérent peut demander, en référé, la désignation d'un administrateur provisoire qui peut être chargé de gérer l'association ou de convoquer une assemblée générale[42].
Et c'est probablement ce qu'il convient de retenir au terme de cette contribution : la loi de 1901, son contenu, sa brièveté ont été pensés pour donner corps à cette liberté d'association. Cette dernière réside dans l'étendue du champ des possibles en termes de création et de fonctionnement du modèle associatif. Revers de la médaille, ces possibilités sont aussi un terreau fertile pour l'apparition de modèles non autorisés. Mais il serait faux de penser que pour mettre un terme à ces derniers, il faut fixer un cadre juridique plus contraignant pour l'exercice de la liberté d'association.

40. C. comptes, Rapport public annuel 1969, p. 60.
41. C. comptes, Rapport public annuel 1970, p. 68 et Rapport public annuel 1995, p. 245.
42. Rép. min. n° 17472 ; *JOAN Q* 30 juin 2003, p. 5245 ; *BJS* 2003. 842.

Les meilleurs garde-fous de cette liberté, ce sont les juges qui œuvrent, chacun à leur niveau, pour que soit préservée cette liberté et que l'association demeure ce réceptacle de l'activité bénévole de toute société démocratique.

## BIBLIOGRAPHIE INDICATIVE


**Sur les associations en général**

- *Associations, Fondations, Congrégations et Fonds de dotation,* Mémento pratique Francis Lefebvre, 2021.
- E. ALFANDARI (ss. dir. Nardone A.), *Associations et fondations en Europe,* Juris-service, 2e éd., 1994.
- « Les associations et la loi de 1901, cent ans après », Conseil d'État, Rapport, La Documentation française, 2000.
- R. BRICHET, *Associations et syndicats,* Litec, 1992.
- M.-T. CHEROUTRE, *Exercice et développement de la vie associative dans le cadre de la loi du 1er juillet 1901,* Rapport au Conseil économique et social, 1993.
- Code des associations et des fondations, (commentaires et annotations S. Damarey), Dalloz, 14e éd., 2022.
- S. DAMAREY, *Droit et contentieux des associations,* Gualino, 2005.
- S. DAMAREY, *Droit des associations,* Gualino, 2017.
- M. DOUCIN, dir., *Guide de la liberté d'associative dans le monde,* La Documentation française, 2e éd., 2007.
- *Droit des associations et fondations* (dir. Dutheil), Dalloz, 2016.
- Lamy Associations, éd. Lamy.
- M. LONG, *Associations et pouvoirs publics,* LGDJ, 2010.
- J.-F. MERLET, *Une grande loi de la IIIe République : la loi du 1er juillet 1901,* préface de J. Morange, LGDJ, 2001.
- K. RODRIGUEZ, *Le droit des associations, les règles générales,* L'Harmattan, 2004.
- G. SOUSI, *Les associations,* Dalloz, 1985.
- Divers, *La Liberté d'association et le droit,* Actes du colloque du Conseil constitutionnel, 2001.
- *Actes des 7e journées René Savatier,* PUF, 2002.

**Sur la liberté d'association**

- E. ALFANDARI, *La liberté d'association, in Liberté et droit économique,* Actes du colloque de l'AIDE, De Boeck éditeur, 1992.
- E. ALFANDARI, « Les associations : la dérive d'une liberté ? », JCP 1986, *Cahiers de l'entreprise,* n° 5, p. 34.
- J. DUFFAR, « La liberté d'association dans la Convention européenne des droits de l'homme », *LPA* 24 août 1996, p. 41.
- J. MORANGE, *La liberté d'association en droit public français,* PUF, 1977.
- P. NOURRISSON, *Histoire de la liberté d'association en France depuis 1789,* 2 vol., L. Tenin, 1920.
- *Guide de la liberté d'associative dans le monde,* Conseil de la coopération internationale, La Documentation française, 2001.

**Sur Waldeck-Rousseau**

- H. LEYRET, *Waldeck-Rousseau et la Troisième République (1869-1889),* Librairie Charpentier et Fasquelle, 1908.

– P. Reynaud, *Waldeck-Rousseau*, Grasset, 1913.
– P. Sorlin, *Waldeck-Rousseau*, A. Colin, 1966.
– J.-N. Jeanneney, « Waldeck-Rousseau, l'homme qui sauva la République », *L'Histoire* n° 262, févr. 2002, p. 70.

## PISTES DE RÉFLEXION

– La liberté d'association est-elle menacée par les dérives constatées dans la mise en œuvre de la loi de 1901 ?
– Au nom de la liberté d'association, peut-on admettre une liberté totale de gouvernance ?

# Thème 9
# La liberté de créer

**Dany Cohen**
*Professeur des universités à Sciences Po,*
*Membre du LIEPP*
*(Laboratoire interdisciplinaire d'évaluation des politiques publiques)*

Séduisante dans son énoncé, désormais certaine dans son existence, intimement liée à la liberté d'expression mais ne se réduisant pas à celle-ci, la liberté de créer fait assurément question. Dans son principe mais aussi dans son effectivité : à l'entrave classique que représentent les censures d'origines diverses viennent aujourd'hui s'ajouter celle des droits de la personnalité et l'ambivalence des nouvelles technologies. Les conséquences juridiques qu'emporte la création d'une œuvre montrent que le droit privatif de l'auteur, théoriquement renforcé mais concrètement malmené, est à la fois le prolongement de cette liberté, qu'il rend indirectement palpable, et une garantie imparfaite de liberté future – en attendant, bien plus tard, l'appropriation par la collectivité.



**623** Au sens premier du mot, créer n'est rien moins que tirer du néant, donner existence à ce qui n'était pas. C'est déjà beaucoup. Ce fut plus considérable encore et proprement inconcevable lors de la création initiale, c'est-à-dire de la Création, dont les sociétés polythéistes avaient fait plus modestement une œuvre collective. Le modèle du créateur élève l'homme qui crée au rang de démiurge ; même privée de sa majuscule, la création ne perd pas tout à fait son essence divine. L'activité créatrice n'est donc assimilable à aucune autre, quand bien même il ne s'agirait que de faire, de réaliser quelque chose qui n'existait pas auparavant (deuxième sens du mot), et la noblesse que lui confère son mystère intrinsèque s'est soudainement renforcée au cours du XX$^{e}$ siècle, à mesure, peut-être, que les objets d'investigation des sciences, et notamment la Nature, perdaient une partie du leur.

À la question de savoir ce qui, dans tout cela, justifierait un régime juridique particulier, question intéressante mais qui expose à s'écarter par trop du sujet, on préférera substituer une première interrogation : pourquoi évoquer une liberté de créer ? Concevoir à partir de rien, n'est-ce pas justement la liberté suprême ? En vérité, pour qu'ait germé chez les juristes l'idée d'une liberté de créer, il faut nécessairement qu'aient été recensées, voire que subsistent, des tentatives ou au moins la tentation d'apporter à la liberté de créer des entraves distinctes des contingences humainement insurmontables. La question en éveille aussitôt une autre, aussi naïve que logique : pourquoi aurait-on pu vouloir limiter une liberté théoriquement aussi féconde ? Des esprits chagrins diraient que les juristes étaient prédisposés à découvrir la réponse : l'activité créatrice est par définition source permanente de nouveauté, donc de changement, donc de désordre. Quant aux raisons de restaurer une liberté de création mise à mal, elles apparaissent tout aussi clairement — du moins à ceux qui prônent démocratie et respect des libertés individuelles.

Il y a un quart de siècle, la première édition de la présente étude formulait une question : la liberté de créer existe-t-elle et s'agit-il bien d'une liberté fondamentale ? À l'époque, vainement en aurait-on cherché mention dans les grands textes — Déclaration des droits de l'Homme et du citoyen de 1789, préambules des Constitutions de 1946 et 1958, Déclaration européenne des droits de l'homme du 4 novembre 1950. Seul le texte juridiquement le moins effectif sur notre sol, à savoir la Déclaration universelle des droits de l'homme de 1948, comporte, en son article 27, un énoncé susceptible de valoir reconnaissance d'une liberté de créer ainsi que d'un droit à la culture encore hypothétique en France[1]. Quant aux indications prétoriennes, elles étaient rares ou indirectes, la question n'étant guère posée aux tribunaux dans les termes d'une question de principe. La loi du 7 juillet 2016 relative à la liberté de création, à l'architecture et au patrimoine dissipe les doutes qui pouvaient subsister ; l'intitulé du titre I$^{er}$ et celui du chapitre I$^{er}$ comportent tous deux l'expression « liberté de création » et l'article 1$^{er}$ du texte énonce : « La liberté de création artistique est libre. ». Reste une question : qu'est-ce donc que cette liberté ? Comment la caractériser ? Est-elle autre chose que la liberté d'expression, désignée sous un vocable différent ? On se propose de montrer qu'elle s'en distingue, en relevant qu'expression et création ne sont pas synonymes, ce qui n'empêche pas qu'existent entre liberté d'expression, liberté de penser et liberté de créer des liens si étroits et complexes qu'elles ne se conçoivent pas l'une sans l'autre.

Cette façon de suggérer que la liberté de créer constitue une liberté spécifique (***I.***) mène directement à l'examen des restrictions à la liberté conçue comme un préalable à la création (***II.***), d'où il ressort qu'au terme d'une évolution assez banale, la liberté de création suppose en bien des cas une providence étatique ou paraétatique, l'élargissement vertigineux des possibilités techniques de création engendrant pour certains créateurs une dépendance matérielle a priori peu propice à la liberté — étant précisé que l'arrivée de la vidéo, puis des techniques multimédias liées à l'informatique crée une situation contrastée, certaines créations devenant réalisables avec peu de moyens tandis que d'autres, dans les mêmes domaines, nécessiteront de lourds investissements. Relevons au passage que si les créations multimédias faisant appel aux techniques les plus récentes soulèvent en droit bien des questions (existence d'un

1. Art. 27-2° : chacun a droit à la protection des intérêts moraux et matériels découlant de toute production scientifique, littéraire ou artistique dont il est l'auteur.

auteur, part de l'automatisme informatique dans le produit créé, nature de l'œuvre, *etc.*), ces questions n'affectent pas le débat relatif à la liberté de créer.

L'originalité de la liberté de créer tient aussi à ce que l'usage accompli de cette liberté ne met pas, en droit, le point final à la problématique de celle-ci, en sorte que l'étude doit nécessairement englober la période postérieure à la création (***III.***). Car à l'instant même où il naît, le fruit de la création est, simultanément, offert au regard de tous et soustrait à l'appropriation de tous autres que son créateur. Récemment élevées au rang de code, ces règles protectrices impératives, constitutives d'un véritable droit spécial — en prenant le mot droit dans le sens de droit objectif et dans celui de droit subjectif — sont-elles le contraire de la liberté de créer ou la suite logique de celle-ci ? C'est bien sûr uniquement dans cette perspective que sera évoquée la protection. Ceci, joint au fait qu'il n'existe pas un, mais plusieurs régimes protecteurs des créateurs, conduira à limiter étroitement le champ de l'analyse. La propriété industrielle en sera exclue ; car sans nier qu'inventer est une activité créatrice, on a choisi de se limiter ici à la création qui relève de l'imaginaire ou (ce « ou » n'annonçant aucune antinomie) de la pensée ; et sans nier non plus que, si les censures avaient traditionnellement pour cible première ce qui relève de la propriété littéraire et artistique et non de la propriété industrielle, la création du vivant telle que nous l'observons depuis peu en matière biologique en vient elle aussi à être débattue en termes de liberté ou d'absence de liberté[2] ; mais ce débat très spécifique porte sur une liberté d'agir, que cette action débouche sur une création ou non. La remarque est loin d'offrir la même pertinence pour les dessins et modèles, mais le souci de simplification, ajouté à la considération, plus secondaire, qu'ils se situent à la charnière de la production industrielle, conduira à ne pas y puiser d'illustrations. C'est en définitive aux mécanismes de la propriété littéraire et artistique qu'il sera principalement fait référence.

## I • La liberté de créer, liberté spécifique

**624** On peut difficilement nier que la création soit une façon de s'exprimer. Cependant la liberté d'expression n'engendre pas nécessairement une création à chaque usage ; la liberté de créer se présente donc de prime abord comme un sous-ensemble de la liberté d'expression.

Les choses ne sont pourtant pas aussi simples : si la liberté de créer est une espèce particulière au sein du genre liberté d'expression, elle doit emprunter tous les caractères de celle-ci et y ajouter les siens propres. Or il n'est pas sûr qu'il en soit ainsi. Si la possibilité de faire librement connaître ses idées à autrui, autrement dit la libre diffusion des idées, est consubstantielle à la liberté d'expression[3], si l'absence de possibilité de diffuser équivaut à l'absence de liberté d'expression, cela n'est pas vrai de la liberté de créer. Celle-ci n'a pas impérativement besoin d'une diffusion pour exister. Ce n'est pas que la liberté de créer puisse en toutes circonstances et pour toutes les catégories d'œuvres être envisagée indépendamment de la diffusion : en bien des hypothèses, une effective liberté de créer passe par une possibilité de diffuser l'œuvre, voire par une diffusion. Il s'agit seulement de souligner ici que, si l'on parle de la liberté de créer de façon globale, abstraite, sans autre distinction, la possibilité de diffusion n'est pas la condition sine qua non de cette liberté, alors qu'elle entre dans la définition de la liberté d'expression[4]. Les questions que l'on se posera plus loin quant à la diffusion des œuvres de l'esprit (v. ss 636) viendront seulement nuancer ce constat simple, sans le remettre en cause.

2. V. M.-A. Hermitte (dir.), *La liberté de la recherche scientifique et ses limites, approches juridiques*, Romillat, 2001. V. aussi F. Bellivier, *Contrats et vivant*, LGDJ, coll. « Traité des contrats » sous la dir. J. Ghestin, 2006.
3. La liberté d'expression des idées et des opinions est bien une liberté de rapport : elle n'existe que par rapport à l'autre, elle a un contenu social, à peine de disparition.
4. Il convient ici de parler de possibilité de diffuser, car l'absence de diffusion effective d'une pensée n'autorise pas à elle seule à conclure à l'absence de liberté d'expression. Et il y aurait ensuite matière à s'interroger : la possibilité de diffuser existe-t-elle dès lors que la diffusion n'est pas interdite ou

Et comme le fait de porter sa pensée ou ses opinions à la connaissance d'autrui ou de pouvoir le faire est précisément ce qui distingue la liberté d'expression de la liberté de pensée, on est naturellement conduit à se demander si la liberté de créer ne se rattache pas plutôt à la liberté de pensée. Mais, au-delà d'évidentes similitudes, ce sont ici les traits spécifiques de la liberté de créer qui empêchent de la confondre avec la liberté de pensée. Si l'absence de liberté de pensée se concilie difficilement avec la liberté de créer, cette dernière requiert apparemment plus que la liberté de pensée. C'est que la création est une action, soit qui ne s'analyse pas en une pensée (elle peut donner corps à un sentiment), soit qui en est l'expression. Elle extériorise.

Distinctes, ces trois libertés le sont donc. Distinctes mais inséparables. La liberté de créer ne survivrait pas à l'absence de liberté de pensée ou de liberté d'expression. L'interrogation relative à la censure le confirmera (v. ss 622 s.). Réciproquement, la négation de la liberté de créer attenterait à la liberté de pensée, à la liberté d'expression ou aux deux[5]. Statuant en référé contre la décision gouvernementale de fermer les lieux de spectacles pour freiner la propagation du covid-19, le Conseil d'État vient lui aussi de qualifier « la liberté de création artistique » de liberté fondamentale[6].

Enfin, alors que l'usage de la liberté d'expression et celui de la liberté de pensée charrient des opinions ou des idées, voire, au mieux, donnent naissance à des idées, la création engendre par définition une œuvre et apparaît ainsi comme la forme la plus aboutie de l'activité de l'esprit humain. Par le terme œuvre de l'esprit, qui montre combien la terminologie juridique peut être évocatrice, le droit désigne une catégorie juridique bien déterminée induisant l'application d'un régime spécial. Ainsi l'usage effectif de la liberté de créer a-t-il cette extraordinaire particularité de faire naître sur la tête de l'auteur, dans l'instant de la naissance de l'œuvre et parfois même avant cet instant[7], un droit subjectif unique en son genre, le droit d'auteur, droit privatif, exclusif[8], qui survivra soixante-dix ans — presque une vie d'homme — à la mort de son titulaire.

On constate donc que la liberté de créer procède à la fois de la liberté de pensée et de la liberté d'expression mais n'est assimilable ni à l'une ni à l'autre, puisqu'elle traduit plus ou autre chose qu'une pensée, qu'en outre la diffusion n'en est pas nécessairement un élément constitutif et qu'enfin l'usage de cette liberté, en d'autres termes l'acte de créer, fait naître un objet spécifique appropriable et produit par suite des effets de droit (à la manière d'un fait juridique ou d'un acte juridique unilatéral ?).

Savoir comment et dans quelle mesure ce droit subjectif si difficile à faire entrer dans la classification — une société d'auteurs y voit même un droit de l'Homme[9] — peut être mis en relation avec la liberté de créer est une question importante ; mais elle ne se pose véritablement qu'une fois l'œuvre accomplie. Or la liberté de créer préexiste en principe à la création. Ceci oblige à rechercher quelles sont les conditions nécessaires à la possibilité de faire œuvre créatrice, recherche dont l'évolution récente de nos sociétés accroît l'intérêt et la difficulté.

---

faut-il, compte tenu de la place qu'occupe la technologie dans nos sociétés, considérer que la liberté d'expression suppose une possibilité effective de diffusion — ce qui ne fait du reste que déplacer l'interrogation : qu'est-ce qu'une possibilité effective de diffusion (faut-il aller jusqu'à en subordonner l'admission à la mise de moyens à disposition des intéressés, comme on le fait en matière d'enseignement) ?

5. La liberté de création tend de plus en plus à être reconnue, en tant que telle, comme droit fondamental parfois de valeur constitutionnelle (Angola, Autriche, Brésil, Bulgarie, Chine, Espagne, Lettonie, Maroc, Pérou, Turquie), « La liberté de création artistique », note de législation comparée, Sénat, janv. 2016, LC 261.

6. CE, ord. réf. 23 déc. 2020, req. 447698, rejetant les demandes de réouverture, *Dalloz actualité* 7 janv. 2021, obs. M.-Ch. de Montecler.

7. Il a en effet été jugé que le fait de ramasser dans une poubelle les morceaux d'une toile déchirée par son auteur et de reconstituer celle-ci attentait au droit moral de l'auteur, ce qui revient à admettre que ce droit était né alors même que le peintre n'avait manifestement pas entendu donner le jour à une œuvre. T. civ. Seine 15 nov. 1927, *DP* 1928. II. 89, note Nacht ; Paris 6 mars 1931, *DP* 1931. II. 88, note Nacht.

8. V. ss 637 s.

9. Il s'agit de la Société des auteurs et compositeurs dramatiques (SACD), qui tire argument de l'art. 27-2° précité de la Déclaration universelle des droits de l'homme, qui dispose en effet : « Le droit d'auteur est un droit de l'homme ».

# II • La liberté en amont de la création

## A • Censures et liberté de créer

**625** Si l'absence de risque de censure ultérieure est assurément indispensable à la liberté de créer, la problématique traditionnelle de la censure n'épuise sans doute plus la question dans les sociétés postindustrielles : comme la société, la propension à censurer se transforme (tout en étant probablement moins aiguë ou en tout cas moins assumée que jadis).

### 1 • Problématique traditionnelle de la censure appliquée à la liberté de créer

**626** Synonymes d'absence de liberté, l'interdiction, la censure, sont radicalement inconciliables avec la liberté d'expression et l'on conçoit qu'elles soient également de nature à faire disparaître la liberté de créer. Mais cette dernière n'entretient-elle pas avec elles un rapport un peu plus complexe que la liberté de pensée ou tout au moins la liberté d'expression ? Deux nuances viennent spontanément à l'esprit, mais elles ne sont qu'apparentes.

En premier lieu, si la liberté de création musicale ou picturale, par exemple, semble pouvoir coexister avec un régime de censure des opinions politiques, c'est uniquement à la condition que cette censure ne se soucie aucunement d'elles, qu'en somme il n'y ait aucune censure sur la musique ou la peinture. Il ne s'agit donc là ni d'une exception, ni d'une nuance, ce que confirme le fait que les régimes totalitaires ont entendu proscrire l'art « dégénéré » sitôt qu'ils y ont prêté attention.

*A priori* plus intéressante, la seconde nuance consiste à relever, par exemple, l'inventivité dont firent preuve le cinéma espagnol appliqué à contourner la censure du régime franquiste ou encore certains metteurs en scène du Hollywood de l'entre-deux-guerres, désireux de suggérer suffisamment tout en passant sous les fourches caudines des ligues de vertu américaines. Mais que traduit cette remarque, sinon la difficulté d'exercer un contrôle efficace sur des formes d'expression dont l'ellipse, la métaphore, l'ambiguïté et l'illusion sont les instruments privilégiés, et le fait qu'en dernière analyse la censure n'est compatible avec la libre création que dans la mesure où le message dont elle entendait interdire la formulation est néanmoins délivré — qu'en somme cette censure manque son but ? L'objection est essentielle, en ce qu'elle révèle que la thèse de la compatibilité (peu importe à cet égard qu'il soit censé ne s'agir que d'une compatibilité relative) d'une censure et de la liberté de créer renferme une insurmontable contradiction, puisqu'elle n'apparaît soutenable que si la censure ne conduit jamais à censurer aucune œuvre, quel que soit le contenu des œuvres contrôlés… et encore : même en l'absence d'acte de censure effectif, le risque connu de censure attente à la liberté de créateurs en infléchissant leur comportement, de même que le risque d'agression perçu suffit à engendrer l'insécurité pour les individus, indépendamment de la survenance ou non d'une agression. Cette analyse ne perd sa pertinence que si le risque (d'agression ou de censure) est purement imaginaire, donc s'il n'y a pas de censure.

De plus, la thèse d'une possible compatibilité de la censure et de la liberté de créer revient en définitive à prendre la censure pour une des diverses contraintes (formelles ou autres) qui souvent stimulent le génie créateur. Une telle assimilation relève de l'angélisme, puisqu'elle ignore, d'une part, que les contraintes choisies ou subies par l'auteur préexistent à l'œuvre tandis que la censure peut aussi bien frapper une œuvre déjà créée, d'autre part et surtout que la censure d'État, loin d'être anodine, fait peser un danger sur la personne de l'auteur et non pas seulement sur l'œuvre.

On pourrait se demander si la restriction à la liberté de création que constitue la récente ordonnance de référé par laquelle le Conseil d'État a validé l'interdiction du spectacle de Dieudonné au motif qu'il contenait « des propos de caractère antisémites, qui incitent à la haine raciale »[10] ne marque pas une résurgence de l'État censeur, mais cette décision demeure isolée et contredite par l'attitude de la ministre de la Culture dans l'affaire de La vie d'Adèle (v. ss 624). Cette restriction n'en reste pas moins surprenante et critiquable, parce qu'à l'opposé de la jurisprudence traditionnelle de la Haute Assemblée, telle qu'énoncée depuis l'arrêt *Benjamin*. Aussi répulsifs que soient les propos de l'intéressé et le regret qu'il semble afficher de la disparition des chambres à gaz nazies, cette décision d'interdiction *a priori* s'analyse en une restriction apportée à la liberté d'expression et de création. L'argument tiré par l'ordonnance de référé de ce que l'intéressé avait fait l'objet de neuf condamnations pénales ne convainc pas pleinement, dès l'instant où ce dernier affirmait que les propos ayant motivé les condamnations ne seraient pas repris dans son spectacle ; en tenant cette affirmation pour négligeable, le Conseil d'État rend sa décision particulièrement fragile — fragilité singulièrement accrue lorsque l'ordonnance évoque des risques sérieux de troubles à l'ordre public « qu'il serait très difficile aux forces de police de maîtriser », alors que les manifestations tant observées que prévisibles apparaissaient de très faible ampleur, pour ne pas dire microscopiques au regard de ce que le pays a connu par le passé[11].

## 2 • Pouvoirs de censure apparents et censures latentes

**627** Formellement, la censure existe toujours en France en matière cinématographique. L'ancienne Commission de contrôle s'appelle aujourd'hui Commission de classification[12], mais le visa d'exploitation qu'elle délivre[13] demeure requis pour la sortie du film en salles. Ce pouvoir d'interdiction n'a cependant plus été utilisé depuis 1980. Certes, l'instrument existe toujours, de sorte que la situation n'est juridiquement pas exactement la même que s'il ne subsistait aucune possibilité de censurer ; reste qu'il n'y a plus, dans les faits, de censure cinématographique, mais seulement un pouvoir pour ainsi dire symbolique — mais qui pourrait en tout cas juridiquement être réactivé dans l'instant en cas de changement de position du pouvoir politique.

L'initiative des demandes d'interdiction s'est déplacée vers des groupes privés, en l'occurrence des associations qui se sont données pour mission la défense d'intérêts catégoriels (spirituels ou matériels), entraînant un déplacement du pouvoir d'interdire, qui se trouve aujourd'hui entre les mains des juges. Ainsi les décisions judiciaires qui, très rarement mais régulièrement, prononcent de telles interdictions constituent-elles autant de limitations à la liberté de créer. Dans cette perspective, l'interdiction prononcée par le juge des référés parisien (et confirmée en appel) à la requête d'une association catholique dans l'affaire de l'affiche publicitaire imitant la Cène[14] créa un émoi compréhensible avant qu'intervienne, le 14 novembre 2006, un arrêt de cassation. L'ensemble est emblématique du phénomène et de sa problématique.

Pour une marque de vêtements féminins, une publicité avait été réalisée sous forme d'une photo reprenant le tableau de Léonard de Vinci représentant la Cène, les apôtres et le Christ lui-même étant remplacés par des jeunes femmes portant la ligne de vêtements qu'il s'agissait de présenter. L'une de ces femmes, debout, de face, accueille dans ses bras un jeune homme que l'on voit de dos (également debout), torse nu. Aucune de ces femmes n'est si peu dévêtue que ce soit, en sorte qu'il était impossible de déceler dans cette scène, en dépit de la pose alanguie du jeune homme, la plus petite once

10. CE, réf., 9 janv. 2014, *Min. de l'Intérieur c/ Sté Les productions de la Plume et M. Dieudonné M'Bala M'Bala*, *AJDA* 2014. 129, tribune B. Seiller, et 866, note J. Petit ; *AJCT* 2014. 157, obs. G. Le Chatelier.

11. L'arrêt rendu par la CEDH le 10 novembre 2015, toujours à propos de *Dieudonné*, mais dans une affaire où il contestait sa condamnation pour injures raciales, ouvre néanmoins la porte à une analyse différente : pour juger sa requête irrecevable — ce qu'elle a déjà fait par le passé dans des cas semblables, la Cour, à l'issue d'un examen très factuel des réunions organisées par le requérant, les apparente à des meetings politiques, ne relevant dès lors pas de la liberté de création (10 nov. 2015, *AJDA* 2015. 2512, note Bloy).

12. V. Décr. 15 juin 1992 C. ind. cin.

13. Éventuellement assorti d'une interdiction aux moins de 12 ans ou aux moins de 16 ans.

14. TGI Paris, réf., 10 mars 2004 et, sur appel, Paris, 14e B, 8 avr. 2005.

de pornographie. On a même reconnu à cette composition — qui, comme l'énonce l'ordonnance de référé, constitue une œuvre de l'esprit — une certaine qualité artistique.

Aussi peut-on s'étonner que cette image ait été interdite tant par le juge des référés (d'ailleurs contre l'avis du parquet) que par la cour d'appel, même si la motivation des décisions tempérait quelque peu la réticence légitime qu'elles suscitaient. Certes, tant les premiers juges que la cour n'avaient interdit que l'affichage de la publicité, reprenant ainsi la distinction désormais classique entre l'affiche, qui s'impose à la vue des passants, et le film, le journal ou le livre, dont seuls ceux qui ont choisi d'acheter la publication ou une place verront le contenu[15]. La censure ne portait donc que sur un mode de diffusion et laissait subsister les autres. Ensuite, les décisions mettaient en avant le fait qu'il s'agissait d'une publicité et tiraient de ce caractère purement commercial la justification d'une moindre protection de la liberté d'expression et de création[16], puisqu'elles soulignaient que la « nature » de la publicité « ne lui permet pas de s'inscrire dans un débat d'idées »[17]. C'est donc, au total, un mode de création bien circonscrit, celui destiné à l'affichage publicitaire, qui se voyait imposer ces limites de diffusion (sur la prise en considération de la finalité commerciale dans la décision judiciaire, v. ss 625 *in fine*).

Ces décisions n'en appelaient pas moins de sérieuses réserves au regard de la liberté des créateurs. Car ce qui fut ici censuré, c'est une ironie en demi-teinte, qualifiée par les juges de dérision, même si tout donne à penser que c'est la solution opposée qui aurait prévalu s'il ne s'était pas agi d'une publicité ; en sorte que l'on peut se demander si le fait de voir dans une telle image un outrage, une injure caractérisée et, pour reprendre l'expression de l'ordonnance, « une violation manifeste de l'esprit de tolérance » nécessaire aux sociétés démocratiques n'esquissait pas un glissement vers une réprobation plus générale de ce qui, sur certains sujets, verserait dans l'outrance ou la caricature.

C'est cette appréciation que la Cour de cassation a heureusement censurée par l'arrêt précité[18]. La censure mérite d'autant plus attention qu'elle intervint pour violation tant des articles 10 de la Convention européenne des droits de l'homme et 809 du Code de procédure civile que 29 et 33 de la loi sur la presse, qui définissent l'injure. Rappelant que l'injure est une « attaque personnelle et directe dirigée contre un groupe de personnes en raison de leur appartenance religieuse », la Première chambre civile estime avec sagesse que ne mérite pas ce qualificatif « la seule parodie de la forme donnée à la représentation de la Cène », relevant qu'elle « n'avait pas pour objectif d'outrager les fidèles de confession catholique, ni de les atteindre dans leur considération en raison de leur obédience ». On relèvera avec intérêt que le but poursuivi par les auteurs de la création querellée est explicitement pris en considération, ce qui suggère qu'une simple parodie n'est susceptible de dégénérer en injure que si elle procède d'une intention d'outrager ou de stigmatiser.

Le jugement rendu le 22 mars 2007 par la 17$^{e}$ chambre du TGI de Paris, confirmé par la cour d'appel de Paris le 12 mars 2008 dans l'affaire dite des caricatures de Mahomet, reproduites par *Charlie Hebdo*, paraît s'inscrire dans la même ligne.

La traditionnelle protection de la liberté créatrice par les tribunaux est encore illustrée par l'arrêt rendu par la cour d'appel de Versailles, relaxant le rappeur Orelsan, poursuivi en raison des paroles, particulièrement injurieuses et violentes envers les femmes, d'une de ses chansons[19].

---

15. L'argument est moins convaincant pour les journaux et magazines que pour les films, puisque le lecteur n'achète pas ces publications en sachant à l'avance les publicités qu'elles vont renfermer.
16. L'ordonnance énonce par ex. « que l'injure ainsi faite aux catholiques apparaît disproportionnée au but mercantile recherché ».
17. « Seul susceptible d'enlever à la critique la gratuité qui en fait une injure, comme le permet par exemple une œuvre littéraire ou cinématographique », énonce l'ordonnance.
18. Civ. 1$^{re}$, 14 nov. 2006, n° 05-15.822.
19. Versailles, 18 févr. 2016, n° 15/02687 ; v. les intéressantes obs. M. Combet : *Affaire Orelsan* : *l'art à tout prix ?* Juris art 2016, n° 38, p. 36. La Cour écarte l'incrimination d'injures et appel à la haine envers les femmes en énonçant que les paroles ultra misogynes et violentes du chanteur ne doivent pas être regardées comme un message qu'il entend véhiculer et doivent être replacées dans le contexte de l'ensemble de ses compositions, « reflet du malaise d'une génération sans repères », « désenchantée, en proie au mal-être ». Ce qui peut déconcerter le lecteur c'est que, traditionnellement, lorsque la chanson à texte française revêtait un contenu politique, il s'agissait presque toujours pour l'auteur d'en revendiquer le message ou de se l'approprier, souvent avec une puissance d'engagement assumée, comme ce fut le cas pour Brel, Brassens, Barbara, Jean Ferrat, voire pour certaines

À l'inverse, la liberté de création commence de connaître d'inquiétantes remises en cause, qui ces toutes dernières années vont croissant, quoique le mouvement, sinueux, rencontre maints obstacles. C'est ainsi tout d'abord que les commissaires d'une exposition d'art contemporain tenue à Bordeaux furent mis en examen pour corruption de mineurs, ce qui laisse pantois ; cette initiative, qui rappelle les poursuites intentées sous le Second Empire contre Flaubert et Baudelaire, n'a pas abouti,[20] ce qui est heureux, tant elle constituait une recommandation faite aux artistes (et aux commissaires d'expositions) de ne représenter que ce que la majorité de l'opinion juge convenable.
Allant plus loin, le TGI de Metz vient, dans une autre affaire, de condamner le FRAC (Fonds régional d'art contemporain) de Lorraine pour une exposition intitulée « Infamille », montrant notamment vingt « lettres » lapidaires d'un artiste contemporain, en réalité vingt phrases, toutes conçues pour imiter les mots que les parents laissent à leurs enfants et dont voici trois exemples : « Les enfants, nous allons vous défoncer le crâne à coups de marteau, vous êtes notre chair et notre sang, à plus tard, Papa et Maman », « Les enfants, nous allons vous enterrer vivants, vous êtes notre chair et notre sang, à plus tard, Papa et Maman », « Les enfants, nous allons vous sodomiser et vous crucifier, vous êtes notre chair et notre sang, à plus tard, Papa et Maman ». Au motif que l'exposition (qui bien sûr présentait quantité d'autres choses) était, ce qui est la règle pour une manifestation d'institution publique culturelle, ouverte à tous, les juges ont considéré qu'elle constituait le délit de diffusion de messages « de nature à porter gravement atteinte à la dignité humaine », prévu par l'article L. 227-24 du Code pénal… ceci après avoir rappelé « que la liberté de création est plus large que la liberté d'expression en ce sens que, par définition, elle nécessite une liberté accrue de l'auteur qui peut s'exprimer tant sur les thèmes consensuels que sur des sujets qui heurtent, choquent, déplaisent ou inquiètent ».
Ce jugement laisse le lecteur doublement abasourdi : d'abord par son interprétation singulièrement extensive de la loi pénale, car ce que l'article L. 227-24 incrimine, c'est la fabrication ou la diffusion ; or en matière d'œuvres de l'esprit, « diffusion » s'entend d'une transmission au public par un mode technique qui répand à distance (radio, télévision, Internet, projection en salle de cinéma), par opposition à la représentation, dans laquelle l'œuvre est localisée en un lieu fixe, où le public doit impérativement se rendre pour la voir. Le Tribunal a donc qualifié de diffusion ce qui en droit n'en est pas une, tout en jugeant l'artiste non condamnable… alors même que c'est ce dernier qui a conçu et fabriqué l'objet incriminé. Plus surprenant encore est le fait que les juges, après avoir eux-mêmes énoncé qu'« il n'est pas sérieusement contestable que le contenu d'une œuvre ne saurait être apprécié dans un sens qui serait univoque, littéral et prétendument objectif alors que, par définition, elle est polysémique », prennent ensuite dans un sens exclusivement littéral les termes employés par l'artiste, comme s'ils n'en percevaient pas l'ironie et la démesure volontaire[21]. À lire cet effrayant jugement, les institutions culturelles du pays pourraient certes acquérir des œuvres comme bon leur semble, à condition de les garder en réserve sans les montrer au public ou de les exposer mais en interdisant aux mineurs l'accès aux musées concernés. Et il deviendrait impossible de montrer à des adolescents des nus d'Egon Schiele ou des œuvres de Keith Haring, ou de leur laisser lire Sade ou Reiser, ou même Barbe Bleue ! Ce qui est présenté dans la phrase précédente comme une hypothèse, une simple éventualité, a récemment commencé à devenir réalité : désireux d'attirer le public pour la commémoration du centenaire du modernisme viennois, l'office du tourisme de Vienne a adressé deux affiches publicitaires reproduisant

chansons de Ferré, Mouloudji, Renaud, Jeanne Chéral, ou encore (plus rarement) Gainsbourg, Pierre Perret ou même deux chansons d'Aznavour. Aussi est-il contre intuitif et donc déconcertant de regarder des paroles écrites par l'auteur qui les chante comme ne correspondant pas à sa pensée. Il est vrai, à l'inverse, que l'intéressé s'en est expliqué à plusieurs reprises en justice et que sa relaxe voisine avec une autre relaxe, par le Tribunal correctionnel de Paris et une relaxe par ce même Tribunal.

20. Crim. 2 mars 2011, n° 10-82.250.

21. TGI Metz, 21 nov. 2013, RG n° 11/03161. Le plus stupéfiant est que le tribunal condamne en outre le FRAC à verser, au titre de l'art. 700 du C. proc. civ., 3 000 € à l'association d'extrême droite demanderesse, alors que cette dernière avait préalablement tenté d'obtenir pour le même motif de l'argent en s'adressant directement audit FRAC, ce qui constitue le délit de chantage prévu par l'art. 312-10 du C. pén.

chacune une œuvre d'Egon Schiele (fille aux bas oranges et homme assis nu) à des sociétés d'affichage publicitaire à Cologne, Londres et Hambourg. Ces dernières ont refusé de les afficher, sauf à en occulter certaines parties, alors même que les règles d'affichage tant britanniques qu'allemandes n'émettent aucune restriction à cet égard. Ainsi, plus d'un siècle après avoir été peintes, ces œuvres dont l'importance artistique est unanimement reconnue sont jugées susceptibles de choquer (*Le Monde* du 3 févr. 2018). Ces réactions évoquent évidemment la pudibonderie des géants du Net qui, s'ils ne filtrent que peu et de fort mauvaise grâce des contenus orduriers, haineux ou ultra-violents, ont conçu des algorithmes de censure des images à partir d'une certaine surface de peau nue — face auxquels l'*Origine du monde* de Courbet n'avait évidemment aucune chance.

Ces derniers mois, d'aucuns ont entrepris de franchir un nouveau pas dans les restrictions à la liberté de créer, en accusant des auteurs de BD au talent reconnu (et couronné), comme Bastien Vivès ou Riad Sattouf de pédopornographie — non dans leur comportement mais dans leurs œuvres. À l'un on a reproché son album *Petit Paul*, garçonnet de 10 ans pourvu d'un sexe de 80 centimètres et toujours dressé, qui lui cause quantité de mésaventures ; à l'autre, d'avoir, dans *Retour au collège*, dessiné un rêve (ou cauchemar ?) de jeune professeur administrant des coups de badine aux fesses de collégiennes peu complexées. Jusqu'ici les esprits rationnels distinguaient bien d'un côté les actes, les témoignages et récits — qui relatent des *actions survenues* — et de l'autre *l'imaginaire*, la fiction ; ce qui, ici, est nouveau et aussi surprenant qu'inquiétant, c'est qu'on s'attaque désormais à des œuvres de *fiction* en appelant à la condamnation *pénale* de leurs auteurs… pour ce qui est le fruit de leur imagination !

Ces appels à condamnation disent se fonder sur l'article 227-23 du Code pénal, qui punit « Le fait, en vue de sa diffusion, de fixer, d'enregistrer ou de transmettre l'image ou la représentation d'un mineur lorsque cette image ou cette représentation présente un caractère pornographique… ». Autant la condamnation de ceux qui prennent des photos ou font un film pornographique de mineurs est une nécessité impérieuse, autant prétendre que dessiner c'est « fixer » ou « enregistrer » — dès lors bien sûr qu'il ne s'agit pas de croquer une scène réelle — se heurte à deux sérieuses objections : outre que c'est une interprétation extensive de la loi pénale (fixer ou enregistrer suppose en bon français que l'image ou la représentation préexiste, alors que ce qui préexiste au dessin est une page blanche)[22], le but de protection de l'enfant qui fonde l'incrimination fait ici défaut ; car qui est ici la victime, l'enfant utilisé ? Il n'y en a tout simplement pas. Et ce délit requérant un élément intentionnel, il est déconcertant que l'on ne se réfère pas à l'interview, propre à dissiper toute ambiguïté, donnée par Bastien Vivès au *Huffington Post* lorsque *Petit Paul* parut en 2018[23].

Qu'importe, disent les Savonarole[24] du XXIe siècle, ces créations, quoiqu'imaginaires, banalisent la pédophilie. Quoiqu'étrange (a), l'assertion est doublement intéressante (b).

(a) Son étrangeté tient à sa sélectivité et à son caractère gratuit, arbitraire : s'il s'agit d'éviter de « banaliser » par l'écrit, le dessin, la peinture ou le film, les comportements qui heurtent le plus nos valeurs, comment se fait-il que nul ne songe à demander que l'on juge en correctionnelle les auteurs de romans (ou de films) policiers — puisque dans la plupart des pays, dont le nôtre, l'assassin encourt la réclusion criminelle à perpétuité — ou que l'on décroche des cimaises les tableaux de crucifixion, qui

22. V. toutefois l'opinion contraire de V. Malabat, *Répertoire de droit pénal et de proc. pénale*, V° Infractions sexuelles, n° 147 : « Peu importe donc que le mineur ainsi représenté existe réellement ou non : toute représentation d'un mineur peut caractériser le délit. »

23. B.V. : « Ma seule limite a été de ne pas créer d'ambiguïté au niveau des sentiments. Il n'y a jamais de vice selon moi. ». HuffPost : « Vous concevez tout de même qu'il puisse y avoir un sentiment de malaise à la lecture de *Petit Paul* ? », B.V. : « Oui, bien sûr. Mais il était important pour moi que le malaise reste visuel. Qu'il ne soit ni moral, ni intellectuel. Ce sont toujours des accidents loufoques qui arrivent à Petit Paul. Il bande, ce n'est pas de sa faute, ni de la perversion de sa part. On reste toujours de son point de vue, naïf, d'un gamin de 10 ans qui ne pense pas au sexe. […] C'est un équilibre très difficile à tenir, comme la violence dans Tarantino. Au premier degré, c'est évident que Petit Paul est horrible, violent, méchant. Mais ça va tellement loin qu'il faudrait être débile de le prendre au premier degré, non ? » « À la différence d'autres BD, très réalistes ou au contraire très minimalistes, […] j'ai fait un dessin très cartoon et j'y suis allé à fond pour ne pas qu'il y ait de malaise intellectuel et aucune ambiguïté. J'essaie d'exploiter à fond ce medium qu'est la BD. Il est impensable que Petit Paul puisse être autre chose qu'une BD. », *Huffington Post*, 19 sept. 2018.

24. Prédicateur dominicain de la fin du XVe siècle qui institua à Florence un gouvernement théocratique et fit brûler des œuvres (dont des Botticelli) pour « corruption spirituelle ».

représentent un horrible supplice ? Pourquoi la condamnation des auteurs de fiction est-elle demandée pour les seuls délits sexuels et non pour les crimes de sang ?

Les tenants de cette thèse ne donnent malheureusement aucune indication un tant soit peu objective sur cette prétendue banalisation — autrement dit sur une accoutumance du corps social, donc sur une plus grande acceptation de la pédophilie, alors que les enquêtes d'opinion montrent heureusement l'inverse sur les quatre dernières décennies. Il ne viendrait à l'idée de personne d'affirmer que les polars nous rendent assassinats, mutilations et tortures plus acceptables.

(b) Et l'assertion révèle deux choses. *D'abord*, dès lors qu'il n'y a, pour un graphisme issu de l'imagination, aucune victime de chair et d'os, aucun individu lésé, l'atteinte prétendument portée ne peut l'avoir été qu'à la morale publique, à ce que notre ancien Code pénal appelait les bonnes mœurs. Or le raisonnement qui nous est tenu est exactement celui que le célèbre procureur Pinard développa, sous le Second Empire, pour faire condamner *Madame Bovary* et *Les fleurs du mal*. S'il obtint la condamnation de Baudelaire mais non celle de Flaubert, c'est uniquement parce que ce dernier parvint à convaincre les juges qu'il n'avait en rien voulu offenser la morale publique. La voici qui ressurgit aujourd'hui, au diapason d'un certain puritanisme américain. L'accepter conduirait à proscrire, entre autres, des œuvres de Sade, Crébillon, Nabokov, Mishima, Robert Crumb, Louis Malle, Ralph Bakshi, Lenny Bruce, Miriam Cahn[25] *etc.*, outre quantité de mangas. Bref à ressusciter l'Index par lequel, à partir du Concile de Trente, l'Église catholique dressa et mit à jour une liste d'ouvrages prohibés, avant d'y renoncer en 1966. Le jugement de Metz, les mises en cause des auteurs de BD, illustrent le récent renouveau de cette tendance puritaine qui, sous couvert de nobles causes, prône en réalité un art édifiant. On demande *in fine* à l'art de ne pas choquer ; or la plupart des innovations artistiques ont bousculées et choquées[26].

*Ensuite*, ce souci de préserver la morale publique porte en filigrane la vieille hantise du mauvais exemple. Si l'on peut se figurer ce que fut cette crainte pour des esprits d'il y a deux siècles, son schématisme apparaît aujourd'hui incompatible avec les connaissances acquises depuis lors : à le suivre, voir un dessin jugé pédophile ou sexuellement agressif, abusif, exposerait au risque de devenir soi-même pédophile ou agresseur sexuel. Outre qu'il hypertrophie les infractions de provocation[27], on observera au passage que ce lien de causalité supposé, aussi simple que fruste, prête implicitement à ces déviances un caractère puissamment attractif !

Ces dérives, désormais récurrentes[28], montrent qu'un fossé est en train de se creuser entre une certaine opinion et la jurisprudence et notamment avec l'arrêt du Conseil d'État jugeant en 2011 que la vente en supplément au journal *Le Monde* de *La Philosophie dans le boudoir* ne présentait pas pour la jeunesse un danger d'une gravité telle qu'il justifiât des mesures coercitives[29], arrêt qui incite à regarder celui

---

25. Artiste suisse née en 1949. L'exposition que le Palais de Tokyo lui a consacrée en 2023 a conduit une députée RN – qui, il est vrai, lançait son compte Instagram le même jour – a demander que soit décrochée une toile ; n'ayant cure des propos de la peintre (« La répétition des images de violence dans les guerres ne vise pas à choquer, mais à dénoncer »), l'élue flirte avec le concept d'art dégénéré, qui eut son heure de gloire sous le III^e^ Reich. Saisi en référé par des associations extrémistes, qui demandaient que l'on ordonne au Palais de Tokyo de retirer un des tableaux de l'exposition consacrée à cette artiste, le Tribunal administratif de Paris a estimé que l'œuvre visée n'avait rien de pornographique et visait « à dénoncer les horreurs de la guerre » et « la façon dont la sexualité est utilisée comme arme de guerre » et en conséquence a rejeté la requête (Ord. réf. 28 mars 2023, n° 2306193/9).

26. On pourrait d'ailleurs s'interroger : il est indéniable que voir un homme crucifié a de quoi choquer... Mais nul ne demande que l'on ôte les crucifixions des musées, à la fois parce que nous y sommes accoutumés et parce que chacun, même borné, applique ici, d'instinct, la réflexion d'artiste citée à la note précédente.

27. Puisque dans cette vision, le simple fait d'évoquer certaines réalités serait regardé comme une provocation, une incitation, ce qui ne correspond évidemment pas au droit positif. V. sur les provocations en direction des mineurs, P. Bonfils et A. Gouttenoire, *Droit des mineurs*, Dalloz, coll. « Précis », 3^e^ éd., 2021, n^os^ 1302 et s.

28. V. par ex. le décrochage du musée de Manchester, en 2018, d'*Hylas et les nymphes*, tableau de Waterhouse (peintre anglais du XIX^e^ siècle), par un grossier contresens (qualifié de geste stupide par le critique d'art du quotidien *The Guardian*) dû à une totale ignorance de l'épisode de la mythologie grecque qu'est l'enlèvement d'Hylas, qui constitue un des rares cas d'homme-objet, si l'on peut dire (*Slate*, 1^er^ févr. 2018, par C. Levenson ; *Les Inrockuptibles*, 13 févr. 2018 par M. Darbois ; *Valeurs actuelles*, 1^er^ févr. 2018).

29. CE 2 nov. 2001, *Assoc. Promouvoir*, req. n° 341115, *AJDA* 2011. 2494.

rendu dans l'affaire Dieudonné comme une exception ; d'autant qu'un arrêt rendu un mois plus tard dans une affaire identique semble revenir à la jurisprudence traditionnelle, moins restrictive[30].
De même le Conseil d'État a-t-il annulé l'arrêt par lequel la Cour administrative d'appel de Paris avait annulé le visa d'exploitation du film *La vie d'Adèle*. Le visa d'exploitation comportait une interdiction aux moins de 12 ans, outre un avertissement sur l'existence de scènes de sexe, « réalistes » quoique simulées[31]. Précise et claire, la motivation qu'adopte le Conseil d'État s'inscrit dans sa jurisprudence classique[32]. Ceci, joint au fait que cet excellent film d'A. Kechiche obtint la palme d'or à Cannes et une brassée de prix internationaux, confirme que l'arrêt de la Cour administrative d'appel, rendu comme il se doit à la requête d'une association religieuse intégriste, illustre la tendance restrictive évoquée au début du présent paragraphe. En considérant qu'une interdiction du film aux moins de 16 ans eût été préférable — alors qu'en France la majorité sexuelle est à 15 ans — la Cour en arrivait à ce paradoxe qu'un(e) jeune de 15 ans n'a pas le droit de voir ce qu'il a le droit de faire mais a le droit de voir ce qu'il n'est pas autorisé de faire, puisque des films d'une extrême violence ne sont, chez nous, interdits qu'aux moins de 12 ans[33]. Fait révélateur de l'évolution de la société et des dirigeants politiques depuis *La religieuse de Rivette*, la demande d'annulation de l'arrêt de la Cour administrative d'appel fut formée par la ministre de la Culture.
Depuis le début des années 1990, les actions intentées le sont souvent au nom de l'atteinte à la sensibilité de tel ou tel groupe. Ces tentatives, qui pour l'essentiel restent vaines (plus d'une demi-douzaine d'actions accueillies en France sur cette période), prétendent donc faire de l'atteinte à la sensibilité d'autrui, notion éminemment subjective, une limite à la liberté d'expression et de création.
Ce grief d'atteinte censément insupportable a néanmoins fait perdre la vie, le 7 janvier 2015, à des caricaturistes et journalistes de l'hebdomadaire *Charlie Hebdo*.
Ce regain des velléités de censure s'observe aussi, de plus en plus, hors de l'arène judiciaire. Ainsi les photos utilisées pour annoncer deux expositions consacrées respectivement à Sartre et à Tati furent-elles retouchées d'autorité par la RATP pour faire disparaître la cigarette que fumait Sartre et la pipe de Jacques Tati — au motif, déconcertant de stupidité, qu'on inciterait le public à fumer en lui montrant les vraies photos. En refusant ensuite l'affiche de la nouvelle série télévisée d'Arte, Ainsi soient-ils, représentant le dos d'un moine en soutane blanche, ses mains sagement jointes dans le dos, au seul motif qu'apparaissait, également posée sur ce dos en soutane, une main féminine, la RATP franchit un nouveau pas, censurant désormais au nom de la religion et des bonnes mœurs[34].
En 2019, des étudiants et des militants de la cause noire ont empêché une représentation des *Suppliantes*, d'Eschyle, parce que des acteurs portaient un masque sombre ou s'étaient grimés en noir : ils y voyaient une marque... de racisme[35](!) et cet exemple n'est malheureusement pas isolé. Le metteur en scène canadien Robert Lepage a dû annuler les représentations de son spectacle *Kanata*, au seul motif que les acteurs n'étaient pas amérindiens. Ces censures privées sont à la fois une négation du métier d'acteur, donc d'une forme de liberté de créer, et un signe de fermeture, car elle suggère qu'il est impossible de comprendre la pensée ou les émotions de l'autre : un homme ne peut être joué que par un homme, un Amérindien par un Amérindien, une juive par une juive, une lesbienne par une lesbienne, *etc.* Qui trouvera-t-on pour jouer Sammy Davis Jr., qui était noir et devint borgne ?

---

30. CE, réf., 6 févr. 2015, *Commune de Cournon d'Auvergne*, req. n° 341115, publié au *Lebon* ; *AJDA* 2015. 1658, note Saillant-Maraghni ; *D.* 2015. 544, note Quiriny ; CE 6 févr. 2015, *Société Les Productions de la Plume*, req. n° 387757, publié au *Lebon* ; *AJDA* 2015. 1249.
31. CE 10e et 9e ch. réunies, 28 sept. 2016, *Ministre de la Culture et de la communication*, req. n° 395535, *D.* 2016. 2323, note B. Quiriny ; *AJDA* 2016. 2278, concl. A. Bretonneau.
32. « Considérant, toutefois, qu'il ressort des pièces du dossier soumis aux juges du fond que si les scènes de sexe en cause, bien que simulées, présentent un caractère de réalisme indéniable, elles sont, d'une part, exemptes de toute violence, et, d'autre part, filmées sans intention dégradante ; que ces scènes s'insèrent de façon cohérente dans la trame narrative globale de l'œuvre, d'une durée totale de près de trois heures, dont l'ambition est de dépeindre le caractère passionné d'une relation amoureuse entre deux jeunes femmes ; »
33. Par ex. *Blue ruin*, mais on pourrait allonger la liste de ces réalisations qui sont rarement des chefs-d'œuvre...
34. Site de l'Observatoire de la liberté de création de la Ligue des droits de l'homme, 28 sept. 2012.
35. V. l'analyse de M. Guerrin, « Censure à la Sorbonne », Le Monde 30 mars 2019.

Le même type de phénomène inquiétant s'observe hors de nos frontières, étant rappelé que la Cour européenne des droits de l'Homme laissait jusqu'à très récemment aux États — sur le fondement du paragraphe 2, largement entendu, de l'article 10 de la Conv. EDH — une « marge d'appréciation » « à peu près illimitée »[36], quant aux restrictions que la morale autoriserait à apporter à la liberté de création[37]. C'est donc avec soulagement que l'on voit la Cour commencer à infléchir sa doctrine, d'abord dans une affaire autrichienne — la cour d'appel de Vienne ayant interdit à une galerie d'art d'exposer des tableaux où les visages de personnalités politiques étaient placés, en compagnie d'ecclésiastiques, sur des corps en situation explicitement sexuelle, la Cour européenne y a vu une atteinte disproportionnée à l'article 10 de la Convention[38] — ensuite et surtout dans l'affaire *Akdas c/ Turquie* : dans cette espèce, l'éditeur d'une traduction en turc des *Onze Mille Verges* d'Apollinaire s'était vu condamné à une forte amende et à la destruction des exemplaires du livre[39]. Concluant à l'unanimité à une violation de l'article 10, l'arrêt de la Cour marque une avancée, fondée sur « le patrimoine littéraire européen », notion qui apparaît pour la première fois et vient endiguer le recours à la morale par lequel les États justifient leurs interdictions et condamnations. Si l'on ne peut qu'approuver la solution, le concept qui la fonde et plus encore le critère d'appartenance au « patrimoine littéraire européen » retenu par la Cour — à savoir, en l'occurrence, l'entrée d'Apollinaire dans la prestigieuse Bibliothèque de la Pléiade — ne protégera des velléités de censure que les œuvres des écrivains déjà morts ou au mieux des auteurs en toute fin de carrière[40]. Si l'on comprend que la Cour a voulu fonder sa décision sur une référence indiscutable, on se prend à espérer qu'elle n'a formulé ici qu'un premier critère, qu'elle complétera par une série d'autres, aptes à protéger aussi, lorsque nécessaire, des créateurs plus jeunes ou des œuvres non littéraires.

On identifie couramment censure et pouvoir politique, ou à tout le moins appareil d'État si l'on songe à la Justice. Une telle association d'idées est loin d'être absurde[41], mais il en est d'autres. La censure peut également avoir un motif économique, ou plus exactement un motif socioculturel porté, éventuellement de façon contingente, par un intérêt économique suffisamment puissant[42]. La forme principale de cette censure inavouée, la plus quotidienne sans doute, la plus difficilement mesurable enfin, semble aujourd'hui celle qu'engendre le poids économique acquis par la publicité dans les médias et plus précisément la prise en considération des taux d'audience et dans une moindre mesure des opinions des annonceurs, formulées ou supposées, quant au contenu des émissions qui jouxtent leurs messages publicitaires.

Dans ce contexte, la censure ne se présente pas sous la forme qui était traditionnellement la sienne, à savoir celle d'une décision d'autorité ; s'exerçant par le canal de la liberté contractuelle, elle devient difficile à identifier avec certitude, puisqu'elle ne peut plus l'être que par une interprétation du mobile ayant animé l'un des contractants, à l'instar de ce qui s'observe pour certaines pratiques anticoncurrentielles ou pour les discriminations.

---

36. J. P. Marguénaud et B. Dauchez, « Les onze mille verges fondatrices du patrimoine littéraire européen », *D.* 2010. 1051.
37. En témoignent par ex. les affaires *Handyside c/ Royaume-Uni* (7 déc. 1976, *Grands arrêts de la Cour européenne des droits de l'homme*, par F. Sudre, J.-P. Marguénaud, J. Andriantsimbazovina, A. Gouttenoire et M. Levinet, 6e éd., PUF, 2011, n° 7), *V. D. et C. G. c/ France* (23 juin 2006, req. n° 68238/01, rendu à propos de l'interdiction du film *Baise-moi*) et *Müller c/ Suisse* (10 déc. 2007, exposition d'art contemporain dont trois œuvres figuraient des rapports sexuels entre humains et animaux, *Grands arrêts*, *op. cit.*, n° 60), toutes gagnées par les États.
38. CEDH 25 janv. 2007, *Vereinigung Bildender Künstler c/ Autriche*, obs. crit. Labayle et Sudre ; *RFDA* 2008. 737.
39. 16 févr. 2010, *D.* 2010. 1051, avec la note précitée.
40. On n'a d'ailleurs pas manqué d'observer qu'il était intéressant et flatteur qu'une Chambre ne comportant aucun juge français ait regardé la Bibliothèque de la Pléiade comme un temple du patrimoine littéraire européen (J.-P. Marguénaud et B. Dauchez, *op. cit.*).
41. À la fin du XXe siècle, le temps de la censure exercée par le pouvoir politique sur les films et écrits paraissait révolu dans les démocraties. Le XXIe siècle commençant voit surgir de déconcertantes velléités de censure sur le livre (le roman *Rose bonbon*, par ex.) ou le film — ou encore les essais ou témoignage, comme l'illustre le projet d'interdire aux personnes condamnées à certaines peines de publier des ouvrages.
42. La puissance acquise par les chaînes de télévision en fournit l'illustration : ainsi, par ex., sur l'une des grandes chaînes, le président de la Ligue des droits de l'homme n'avait-il jamais été invité en quatre ans. On songe aussi, ces toutes dernières années, aux ingérences de tel ou tel magnat français dans la ligne de médias dont il a pris le contrôle capitalistique. On pourrait ajouter à ces exemples bien connus celui des géants du web, dont la complaisance à l'égard de la violence (voire de l'hyper-violence) contraste avec la censure féroce dont ils font montre pour tout ce qui touche à la nudité, y compris s'agissant de créations artistiques.

Résultant d'une anticipation des goûts prêtés à la majorité du public, elle conduit à décaler en fin, voire en toute fin de soirée (et parfois à proscrire) ce qui s'en écarte trop.
Les formes qu'elle emprunte tirent cette censure incertaine et diffuse hors du champ des affrontements juridiques. Face à cette réalité, légiférer ou édicter une réglementation serait un remède d'une efficacité très médiocre et le contentieux n'est d'aucun secours.

## B • Conflit entre liberté de créer et droits de la personnalité[43]

### 1 • Droit à l'image

**628** Avec le renforcement des droits de la personnalité, dont le caractère fondamental et la montée en puissance ont été soulignés à l'envi, des conflits ont surgi ces dernières années entre la liberté de créer et certains de ces droits, tels que le droit à l'image, le droit au respect de la vie privée ou la présomption d'innocence, voire le droit moral ou le simple droit de propriété. Dans ces affrontements, la liberté de créer est envisagée tantôt sous le vocable plus large de liberté d'expression, tantôt sous l'angle du traitement de l'actualité et du droit du public à l'information. Ce dernier aspect peut bien entendu constituer un des versants de la liberté de créer, mais ce lien n'a rien d'automatique ; c'est pourquoi on s'en tiendra ici à la liberté de créer envisagée sous l'angle de la liberté d'expression[44].
**629** C'est essentiellement le droit à l'image qui est venu limiter la liberté de créer du photographe et du cinéaste, auxquels les tribunaux rappelaient régulièrement que la publication de l'image d'une personne suppose le consentement de celle-ci. Les artistes concernés s'en plaignaient véhémentement, en soulignant, d'une part l'impossibilité dans laquelle ils étaient le plus souvent de retrouver les personnes dont ils avaient saisi le visage, d'autre part leur réticence à solliciter, juste après la prise du cliché, le consentement de la personne photographiée, lorsque cela est matériellement faisable.
Déjà, par deux arrêts remarqués de 2001 et 2003 (le premier de cassation), la première chambre civile avait fait prévaloir le droit du public à l'information et la liberté d'expression (au visa de l'article 10 de la Conv. EDH dans l'arrêt de cassation) sur le droit à l'image, « sous la seule réserve », désormais habituelle, « du respect [de la] dignité » humaine (et le cas échéant de la mémoire des morts) : en sorte que des personnes, reconnaissables sur des photographies, avaient néanmoins été déboutées[45].
Une série de jugements rendus entre 2003 et 2007 par le tribunal de grande instance de Paris[46] et, sur appel, un arrêt de la cour de Paris du 5 novembre 2008[47] ont amorcé une évolution majeure, voire un revirement, si la Cour de cassation venait à rallier la nouvelle position des juges du fond. Dans le premier, un coureur cycliste s'était plaint de trouver dans un manuel scolaire un cliché le représentant en train de courir le Tour de France. Le tribunal le déboute, ce qui revient à étendre aux œuvres à caractère pédagogique la solution adoptée en 2001 par la Cour de cassation pour les seules nécessités de l'information[48]. Encore convient-il de nuancer considérablement cette affirmation, car les juges relèvent que le coureur, dont le nom n'est pas cité, apparaît portant casquette et lunettes de soleil, en

---

43. Pour un conflit entre droit d'auteur et liberté de créer, v. ss 630.
44. S'agissant par ex. de la présomption d'innocence, les décisions rendues ne font généralement aucune référence à la liberté d'expression (*a fortiori* à la liberté de créer) et se bornent à rechercher si l'information était objective, prudente et ne portant pas de jugement. V. par ex. Civ. 1re, 13 nov. 2003, n° 01-11.236, *Bull. civ.* I, n° 335.
45. 20 févr. 2001, *Bull. civ.* I, n° 42, *D.* 2001. 1199, note J.-P. Gridel, *D.* 2001. Somm. 1992, obs. C. Caron, *Légipresse* 2001. III. 52, note E. Derieux ; Civ. 1re, 12 juill. 2001, *D.* 2002. 1380, note C. Bigot ; *CCE* 2001, n° 117, note A. Lepage ; *Dr. et patr.* nov. 2001, § 2952, p. 103, note G. Loiseau.
46. TGI Paris, 14 mai 2003 et 2 juin 2004, *Légipresse* sept. 2004, n° 214, 156, obs. Bigot ; TGI Paris, 17e ch., 9 mai et 25 juin 2007, *D.* 2008. 57, note Tricoire.
47. 5 nov. 2008, *D.* 2009. 470, note Bigot.
48. Peut-être faudrait-il voir dans cette solution un écho lointain au régime de faveur (certes facultatif) que la directive du 22 mai 2001 (Dir. n° 2001/29 sur l'harmonisation du droit d'auteur et des droits voisins dans la société d'information), qui, en son art. 5.3 a), autorise les États à réserver, en matière de droit d'auteur, aux activités pédagogiques.

sorte qu'il est identifiable mais difficilement, que le cliché est pris au cours d'un événement public et que, si la publication « n'illustre pas [...] le fait d'actualité que constitue » le Tour de France, elle est néanmoins « en lien direct » avec celui-ci et qu'enfin « il n'existe aucune dénaturation de l'image et de l'activité du cycliste ».

L'ensemble de ces éléments convergents, joint à la référence explicite à « la liberté de l'information dans un but éducatif », autorise à conclure que ce jugement va moins au-delà de l'arrêt rendu en 2001 par la Cour de cassation qu'il n'y paraît.

Dans ces conditions, le jugement rendu en 2004 n'en est que plus audacieux. Un homme se plaignait de voir figurer, dans un album de photographies, et dans un film, un portrait de lui pris à son insu dans le métro. Bien que l'atteinte au droit à l'image fût caractérisée, le tribunal, au terme d'une longue motivation, le déboute, au motif que le photographe « n'a pas fait un usage fautif de la liberté d'expression ». C'est clairement affirmer que le droit à l'image cède devant la liberté d'expression (toujours sous réserve du respect de la dignité humaine). C'est par cette nouveauté que le jugement nous intéresse ici, mais aussi et davantage encore par le fait que la finalité créatrice, constamment mise en exergue au fil des motifs, fonde la solution. En résumé, lorsqu'elle s'identifie à une liberté de créer, la liberté d'expression acquerrait suffisamment de force pour réduire à peu de chose le droit à l'image.

Tant les deux jugements rendus par le TGI de Paris en 2007 que l'arrêt confirmatif du 5 novembre 2008 font prévaloir la liberté de création du photographe sur le droit à l'image. La première espèce concernait une attachée de presse photographiée sur un banc public, téléphone portable à l'oreille et chien en laisse et la dame soutenait qu'étaient atteints son droit à la vie privée et son droit à l'image. Si l'atteinte à la vie privée semblait difficilement décelable, le droit à l'image, en revanche, était indiscutablement mis en cause. Dans la seconde espèce, le même photographe (Fr.-M. Banier) avait inclus dans un album intitulé *Perdre la tête* des photographies de marginaux passés, pour reprendre l'expression d'une commentatrice, « de l'autre côté du fleuve raison »[49] ; tuteur et curateur des intéressés avaient agi en se plaignant d'une atteinte au droit à l'image. Dans les deux affaires, les demandeurs sont déboutés au terme d'une motivation qui fait clairement prévaloir la liberté de création de l'artiste sur le droit à l'image (réserve étant toujours faite d'une éventuelle atteinte à la dignité humaine, non réalisée en l'occurrence), ce qui revient donc à lui conférer une place éminente dans cette hiérarchie implicite.

Même en l'absence d'arrêt de la Cour de cassation, il demeure que la solution retenue dans ces diverses affaires interroge aussi par la motivation qu'adoptent les juges du fond. On semble en effet y trouver un cheminement parallèle avec la position de la Cour européenne des droits de l'homme, qui — pour attentive qu'elle soit à « la protection de la réputation et des droits d'autrui » — recourt ici à un critère de la contribution de l'œuvre au débat d'idées. Même s'il ne serait pas impossible de prétendre que toute œuvre alimente à sa façon le débat d'idées entendu au sens le plus large du terme, on a justement soulevé la question de savoir si recourir au critère d'une telle contribution ne revenait pas à réduire voire même à dénaturer la démarche artistique, par essence libre et affranchie de toute finalité[50].

## 2 • Vie privée et droit du public à l'information

**630** Lorsqu'est en cause l'image, ou la représentation, plus ou moins ressemblante, d'hommes ou de femmes politiques, leur droit à l'image n'est, on l'imagine bien, pratiquement d'aucun secours[51]. D'autant que de surcroît la démocratie postule la liberté de créer et plus généralement de s'exprimer en caricaturant ou en raillant, comme l'a montré l'affaire dite des « poupées vaudou », qui représentaient, l'une le Président Sarkozy, l'autre Ségolène Royal.

---

49. A. Tricoire, note préc.
50. C. Bigot, note préc., *D.* 2009. 470.
51. On excepte bien sûr le cas où l'image du politicien est utilisée à des fins purement mercantiles, comme pour la publicité d'un produit ou d'un service.

L'acheteur de telles poupées était invité, en fonction de ses griefs envers l'un ou l'autre, de ses opinions politiques ou de son degré de stress, à planter de petites aiguilles dans le corps de la figurine, sur lequel étaient imprimés les slogans utilisés par l'intéressé. M. Sarkozy ayant saisi la justice fut — comme on pouvait, en droit, s'y attendre, mais courageusement — débouté en première instance, au motif que le droit à la vie privée et la liberté d'expression revêtaient, dans la Convention européenne des droits de l'homme, la même valeur normative, en sorte qu'il incombait au juge de rechercher leur équilibre et qu'en l'occurrence les poupées querellées ne constituaient pas des produits purement commerciaux mais véhiculaient des informations et des idées. En appel, la cour de Paris, au terme d'une motivation marquée du sceau de la nuance et de la précaution de langage, a jugé disproportionnée la mesure de saisie et d'interdiction sollicitée ; elle a cependant, tout en rappelant qu'il n'appartenait pas au juge d'apprécier le bon ou le mauvais goût d'un concept présenté comme relevant de l'humour et de la satire, jugé que le procédé invitant à piquer la figurine portait à la dignité de l'intéressé une atteinte qui justifiait seulement l'apposition, sur l'emballage du produit, d'un sticker rappelant cela aux acheteurs potentiels[52]. Même si la nécessité et l'opportunité de la mesure ne sautent pas aux yeux, au moins la liberté de création se voit-elle consacrée, qui plus est face à l'ire du chef de l'État.

Au total, le « contre-droit » que constitue le droit du public à l'information semble gagner lentement tant sur le droit à la vie privée que sur le droit à l'image, comme illustre l'arrêt rendu le 29 mars 2017 dans lequel la Cour de cassation approuve le débouté d'un médecin qui invoquait son droit à l'image pour demander la suppression de son visage, clairement visible dans un reportage télévisé[53].

Devant la Cour européenne des droits de l'homme, la liberté d'expression a semblé primer le droit au respect de la vie privée, il est vrai dans des circonstances étroitement circonscrites, ce qui empêche d'en tirer des conclusions de portée générale.[54]

Le livre *Le Grand Secret*, que le D^r^ Gubler s'apprêtait à faire paraître au lendemain de la mort du président Mitterrand, dont il avait été le médecin, avait été interdit en référé, au triple motif qu'il violait le secret médical et qu'il constituait une atteinte à la vie privée, ainsi qu'à la mémoire du défunt.

La Cour européenne des droits de l'homme juge l'interdiction parfaitement justifiée au regard des limitations que l'alinéa 2 de l'article 10 de la Convention européenne des droits de l'homme permet d'apporter à la liberté d'expression. Elle condamne néanmoins la France, mais uniquement parce que les juridictions françaises statuant au fond ont maintenu, par hypothèse sans limitation dans le temps cette fois, l'interdiction de diffusion du livre prononcée en référé. Ce n'est donc pas le principe de l'interdiction que critique la Cour (ni l'octroi de dommages-intérêts à la famille) ; elle juge seulement excessif le maintien indéfini d'une interdiction de diffusion. Encore cette dernière affirmation est-elle assortie de nuances et rapportée au contexte : la Cour, probablement sensible au secret médical, dont elle approuve, dans le principe, le caractère quasi absolu, prend bien soin d'accumuler les données de fait propres à l'espèce, qui interdiront de généraliser la solution :

— vente de 40 000 exemplaires de l'ouvrage, ayant déjà rendu effectives la violation du secret et la circulation de l'information ;

— nécessaire transparence de la vie politique, notamment quant aux maladies graves pouvant frapper un dirigeant politique de tout premier plan ;

— temps écoulé depuis le décès ;

— nécessaire recherche de la vérité historique ;

— attitude ambivalente du président Mitterrand, paraissant à certains moments ne plus guère se soucier de l'observance du secret par les médecins.

52. TGI Paris, réf., 29 oct. 2008 et, sur appel, Paris, 14e ch., 28 nov. 2008, *JCP* 2009. II. 10026, obs. Derieux.

53. *D.* 2017. 761, note Hauser.

54. CEDH 18 mai 2004, *Plon c/ France*, req. n° 58148/00, *RTD civ.* 2004. 483, obs. J. Hauser.

Au total, l'arrêt apparaît doublement intéressant, d'abord en ce qu'on aurait pu imaginer que la conjonction du secret médical et du respect de la vie privée l'emportât sur la liberté d'expression, ensuite parce que la démarche pragmatique et pour ainsi dire pointilliste de la Cour conduit à des solutions très nuancées et… d'autant moins prévisibles. Les décisions les plus récentes confirment toutefois que si les droits consacrés par les articles 8 et 10 de la CEDH sont *a priori* tenus pour d'égale valeur, la propension à la protection de la vie privée face à l'invocation de la liberté de création et d'information semble plus marquée chez les juges français[55], comme en témoigne la condamnation (à l'unanimité) par la Cour, pour violation de l'art. 10, des décisions française ayant condamné pour atteinte à la vie privée d'Albert de Monaco la révélation de son « fils caché »[56].
Enfin, on peut se demander où situer l'arrêt par lequel la première Chambre civile de la Cour de cassation a, le 16 septembre 2010, approuvé le juge des référés qui avait interdit une exposition « de cadavres humains "plastinés", ouverts ou disséqués, installés, pour certains, dans des attitudes » montrant « le fonctionnement des muscles selon l'effort physique fourni »[57]. L'interdiction avait, là encore, été demandée par des associations[58] (illustration de ce qui a été dit, v. ss 624) soupçonnant les cadavres exposés d'être ceux de chinois condamnés à mort, acquis dans des conditions non élucidées. L'interdiction est motivée par le fait « que l'exposition de cadavres à fins commerciales » contrevient à l'article 16-1-1 du Code civil, qui impose de traiter les restes des morts « avec respect, dignité et décence. » L'absence de toute référence à une œuvre quelconque de l'esprit dit implicitement mais nettement que les juges n'ont vu dans cet « événement » aucune création, la mention explicite des fins commerciales animant l'organisateur de l'exposition semblant jouer, aux yeux de la Cour de cassation, un rôle de confirmation de l'absence de création[59].
Deux questions surgissent à ce stade : on peut d'abord se demander si la limite apportée par l'arrêt résulte vraiment des droits de la personnalité, puisque par hypothèse il n'y a plus de personne — encore que l'article 16-1-1 figure au livre premier « Des personnes », et plus précisément au chapitre II (« Du respect du corps humain ») du titre premier (« Des droits civils ») de ce livre. Ensuite et surtout, il n'est pas certain que la reconnaissance, si elle advenait, qu'une œuvre de l'esprit a été créée à partir d'un cadavre (ou de restes humains) suffirait à rendre licite l'exposition du résultat, en raison de la sacralité que la loi prête aux restes humains. Il est révélateur que, sur un plan selon nous voisin, la première chambre civile se soit démarquée du raisonnement des juges d'appel, qui semblaient faire du consentement que le futur cadavre aurait ou non donné de son vivant un élément décisif.

## 3 • Présomption d'innocence et droit au nom

a) Le film *Grâce à Dieu*, consacré aux actes de pédophilie dont est accusé un prêtre du diocèse de Lyon, a fait l'objet, peu avant sa diffusion en salles début 2019, d'une demande de report de sa sortie jusqu'au jugement (définitif) des membres de l'Église de Lyon mis en cause. Présentée par le prêtre en attente de jugement, cette demande, classique, donna lieu à une ordonnance de référé déroutante[60], pourtant confirmée en appel puis approuvée par la Cour de cassation[61].
Lorsque, comme c'est le cas dans ce film, les personnes mises en cause sont présentées comme indiscutablement coupables, une jurisprudence bien assise diffère la sortie du film jusqu'au moment où

55. V. par ex. Civ. 1re, 30 sept. 2015, n° 14-16.273, *JCP* 2015, n° 1385, obs. Ducoulombier.
56. CEDH, gr. ch., 10 nov. 2015, *Couderc et Hachette Filipacchi Associés c/ France*, req. n° 40454/07, *JCP* 2015. Actu. 1332, obs. H. Surrel.
57. Pourvoi n° 09-67.456.
58. « Ensemble contre la peine de mort » et « Solidarité Chine ».
59. V. les intéressants commentaires de B. Edelman et G. Loiseau s[s] cet arrêt, *D.* 2010. 2750.
60. TGI Paris, réf., 18 févr. 2019, RG n° 19/51499, n° Portalis 352 J-W-B7D-C02FZ.
61. Civ. 1re, 6 janv. 2021, *Dalloz actualité* 18 janv. 2021, obs. S. Lavric.

la justice pénale a statué. Curieusement, c'est la solution inverse qui prévaut ici, alors même que les personnes poursuivies sont désignées dans le film par leurs noms patronymiques[62]. Au soutien de cette solution, l'ordonnance mentionne d'abord la forte médiatisation de l'affaire… suggérant ainsi qu'un fort intérêt manifesté par la presse, spécialement lorsqu'elle estime les accusés coupables, justifierait qu'on écarte la présomption d'innocence.

Tout aussi déconcertante est l'affirmation que l'atteinte à la présomption d'innocence n'est pas « grave » dès lors que le film ne sort pas à la veille de l'audience de jugement mais bien avant : ceci postule, d'une part que ladite présomption, loin de valoir durant toute la procédure pénale, ne revêtirait une réelle importance que devant la juridiction de jugement, d'autre part que les spectateurs, juges ou jurés, auront complètement oublié le film au moment de se prononcer. Quant au rappel, qu'évoque l'ordonnance, de la présomption d'innocence dans un encart précédant le générique de fin, il suit immédiatement un membre de phrase où il est rappelé qu'après tant d'années, le prêtre n'a toujours pas été jugé et fait donc corps avec une considération propre à indigner le spectateur.

Enfin, l'ordonnance met en balance la liberté de création et la présomption d'innocence et fait prévaloir la première vu les « conditions économiques d'exploitation non supportables » que « créerait » un trop long report de sa sortie ou la modification des noms des protagonistes ! Des esprits simples — même aussi favorables à la liberté de créer que l'auteur de ces lignes — s'imagineraient pourtant que la présomption d'innocence est un droit de valeur constitutionnelle (qui plus est rappelé par les articles 11 de la DUDH, 6 § 2 de la Conv. EDH, 14 du Pacte ONU des droits civils et politiques, 47 de la Charte des droits fondamentaux de l'UE et 9-1 du Code civil), auquel il ne pouvait donc être dérogé[63].

b) La demande de la psychologue de l'Église mise en cause dans le film que le personnage la représentant ne soit pas désigné par son nom patronymique à elle a également été rejetée, par une autre ordonnance[64] dont la motivation n'est guère convaincante, car on cherche en vain en quoi le fait, dans un film de fiction, de ne pas présenter un.

## C • Contraintes technologiques et liberté de créer

**631** L'absence de censure est donc la condition indispensable à la liberté de créer. Est-ce la seule ? Si dans les temps anciens (que l'on s'abstiendra de désigner avec plus de précision) une réponse positive globale pouvait raisonnablement être apportée à cette question, il est douteux qu'il en soit encore ainsi. La place prise par la technologie au cours des dernières décennies oblige à introduire des distinctions entre les diverses formes de création. S'il reste vrai que l'absence de censure peut suffire à garantir la liberté de création lorsqu'il s'agit de poésie ou de peinture, l'affirmation apparaît plus discutable pour la sculpture et complètement irréaliste s'agissant des œuvres cinématographiques ou télévisuelles, ou encore de la représentation théâtrale ou lyrique.

Une part importante des sculptures réalisées en France, pour prendre cet exemple, l'est en exécution de commandes publiques. Sans la commande publique, nombre de sculpteurs contemporains seraient dans l'incapacité d'exercer leur activité (la tendance à la monumentalité des œuvres renforçant cette situation). Leur liberté serait intacte en théorie mais privée de contenu pratique ; son usage effectif ne serait pas garanti. Or l'un des progrès majeurs réalisé au cours des dernières décennies a précisément

62. Le réalisateur s'est très habilement placé sur une douteuse ligne de crête : déclarant faire œuvre de fiction, ce qui est son droit et le libère de la contrainte d'une certaine objectivité et de l'exactitude factuelle inhérentes au documentaire, il choisit cependant de désigner les personnes poursuivies par leur nom patronymique, suggérant ainsi qu'il fait œuvre de vérité, sans pour autant assumer les contraintes du documentaire.

63. V. pour une analyse très fine, H. Henrion-Stoffel, La présomption d'innocence, Libertés et droits fondamentaux, 25e éd., Dalloz, 2019.

64. TGI Lyon, réf., 19 févr. 2019, RG n° 19/00312, n° Portalis DB2H-W-B7D-TT6Z.

consisté à ne plus se satisfaire de droits théoriques et à évoluer vers une conception effective des droits et libertés fondamentaux.

La chose est plus nette encore pour la création audiovisuelle, qu'il s'agisse des films, des disques audio ou des vidéogrammes : sans moyens techniques et financiers conséquents, il n'est pas de liberté de créer. La catégorie du poète maudit, créant seul et sans argent, n'a pas d'équivalent dans l'audiovisuel. Or les moyens matériels indispensables à la création ne sont plus à la portée du créateur. Le fait que les mécanismes d'aides financières à la création soient ici indissociables de la liberté de créer mais que par ailleurs nul ne puisse se prévaloir d'un droit au financement pose l'épineuse question, que l'on se bornera à mentionner pour mémoire, de l'incidence des critères, pour partie[65] nécessairement subjectifs, d'attribution des concours financiers sur la liberté de création.

Les difficultés que connaît le cinéma (en raison notamment de la baisse, à la vérité discontinue et même démentie en 2011, de la fréquentation des salles et de la part prépondérante prise en France par les chaînes de télévision dans le financement des films) font peut-être de la création cinématographique l'exemple le plus frappant. Parallèlement aux voies ordinaires du financement de la production, le mécanisme étatique de l'avance sur recettes (une commission attribue, après examen du projet en particulier lecture du scénario, une aide qui ne sera remboursable à l'État que si l'exploitation du film se révèle bénéficiaire), mais aussi la taxe prélevée sur les recettes des chaînes de télévision et la taxe sur les cassettes vidéo préenregistrées constituent des compléments devenus indispensables pour boucler le budget d'un film : peu de gens sont en mesure de produire un film sans ces concours financiers[66]. En ce domaine, l'abstention de l'État ne suffit plus à maintenir la liberté de créer ; à quelques très rares exceptions près, celle-ci perd toute réalité si les moyens de son exercice effectif ne sont pas fournis. Elle requiert donc une action de la collectivité ; c'est dans cette mesure qu'elle peut s'apparenter aux libertés économiques et sociales.

Est-ce à dire que la liberté de créer aurait changé de nature ? La réponse est assurément négative ; aux caractères initiaux de cette liberté, qui demeurent, s'en est simplement ajouté un de plus. Cette situation n'est du reste pas propre à la liberté de créer. Pour ne prendre qu'un exemple, la liberté de la presse, composante majeure de la liberté d'expression, serait sérieusement restreinte dans les faits si les mécanismes d'aide à la presse écrite venaient à disparaître. Ceci montre que si la liberté de créer ne se confond pas avec la liberté d'expression (v. ss 621 s.), l'une comme l'autre appellent, tantôt une simple abstention de l'État, tantôt une action positive, selon le type d'expression mis en œuvre.

On pourrait également, sur un autre registre, se demander si la part de l'informatique dans les créations multimédias faisant appel aux techniques les plus récentes (images de synthèse, *etc.*) ne vient pas amputer la part de liberté laissée au créateur ; mais cette supposition, qui consiste à tenir implicitement informatique pour synonyme d'automatisme, semble infirmée par ce que disent les créateurs œuvrant dans ce domaine, qui voient dans l'informatique un simple outil, menant, à technique égale, à des résultats qui varient selon la personnalité de celui qui les manie. Quant aux limites, apportées ou envisagées, à la liberté de créer pour ce qui concerne spécifiquement l'Internet, elles ne seront pas abordées ici, puisqu'une des contributions du présent ouvrage est consacrée aux droits de la personnalité confrontés à l'Internet, ce qui est bien sûr plus large que la liberté de créer mais englobe celle-ci.

65. Certaines aides sont attribuées automatiquement en fonction des résultats des œuvres antérieures en termes de diffusion.

66. À quoi s'ajoute l'aide indirecte que l'État procure en consentant des avantages fiscaux aux entreprises et aux particuliers qui investissent dans le cinéma (par le canal des sociétés de financement du cinéma et de l'audiovisuel, dites SOFICA).

## III • La protection en aval de la création

**632** L'exercice effectif de la liberté de créer engendre en principe une œuvre de l'esprit et par là même un droit d'auteur. Ce droit exclusif confère à l'auteur la faculté discrétionnaire de divulguer l'œuvre (le fameux droit de divulgation) et un monopole d'exploitation de ladite œuvre, monopole qui par définition fait disparaître la liberté de tous autres que l'auteur d'utiliser l'œuvre. Avec l'apparition d'un droit privatif, ne sort-on pas du champ des libertés publiques pour entrer dans une dialectique qui s'apparente à celle de la propriété privée ? Car même s'il n'est pas certain qu'il faille voir dans le droit de l'auteur sur son œuvre un véritable droit de propriété[67], l'expression consacrée — propriété littéraire et artistique — est néanmoins significative. En réalité, pour que la problématique nouvelle induite par l'apparition du droit de l'auteur se substituât complètement à l'approche en termes de libertés publiques, il faudrait que le régime de ce droit fût sans lien avec la liberté de créer. Tel n'est pas le cas. Ce régime est à maints égards conçu en considération de la liberté du créateur et pour préserver celle-ci.
Surtout, la dialectique de la propriété oppose le propriétaire à tous les autres — c'est la caractéristique première du droit de propriété que d'être opposable à tous — à tous ces tiers vécus comme potentiellement menaçants. En outre, la propriété s'accompagne ordinairement de la possession ; il n'est donc pas étonnant que la possession fasse présumer la propriété. La situation créée par le droit d'auteur est plus subtile. On y retrouve, à la base, la dialectique du droit de propriété : le droit de l'auteur de l'œuvre est opposable à tous ; mais cette similitude majeure ne rend que partiellement compte de la réalité. À cet égard, le droit de l'auteur manifeste son originalité sur deux points essentiels, le premier étant moins difficile à cerner que le second.
En premier lieu, le droit de l'auteur diffère de la propriété proprement dite en ce qu'il s'émancipe de la possession, qui plus est d'une façon qui varie selon la nature de l'œuvre. Pour les œuvres qui s'incorporent dans un objet matériel — en un mot les œuvres d'art : peinture, sculpture, voire architecture, *etc.* — la propriété artistique peut parfaitement coexister avec le droit de propriété d'un tiers sur l'objet corporel, sans que l'on ait affaire pour autant à une copropriété ni à une quelconque « propriété » partagée. Phénomène d'autant plus frappant que la dichotomie admise par tous entre le droit de l'artiste et celui du propriétaire de la chose est physiquement impraticable et ne peut s'effectuer que dans l'abstrait, par une représentation intellectuelle[68]. La propriété artistique, si c'en est une, est à ranger parmi les propriétés incorporelles.
Et pour les autres œuvres (littéraires *lato sensu*, musicales, cinématographiques, chorégraphiques, informatiques, *etc.*), celles qui ne s'incorporent pas dans un objet matériel — lequel, lorsqu'il existe, n'est que le support permettant de prendre connaissance de l'œuvre — la possession, au sens où l'entend le droit des biens, ne se conçoit pas. Le langage commun le dit bien : posséder un texte ne signifie nullement en être l'auteur. Le fruit de la création n'est décidément pas un objet comme les autres. Ceci appelle quelques précisions quant aux relations entre l'œuvre et le tiers au regard de la liberté de créer (A.).
En second lieu, la qualification de tiers ne rend qu'incomplètement compte du rapport que peuvent entretenir avec l'œuvre ceux qui n'en sont pas les auteurs. Il est exact que ces personnes sont des tiers et les qualifier ainsi permet de signifier qu'étant étrangères à l'œuvre, elles sont sans droit sur celle-ci. Mais certains de ces tiers endossent de surcroît un autre rôle : celui du public. À l'inverse de la logique binaire du droit de propriété, on peut ici être tiers et plus que cela, en sorte que la catégorie

67. Les choses deviennent plus complexes avec l'apparition de ce que l'on appelle les droits voisins (par ex., ceux reconnus aux artistes-interprètes). Sur ces droits, v. not. P.-Y. Gautier, *Propriété littéraire et artistique*, 11e éd., PUF, coll. « Droit fondamental », 2019, nos 90 s.

68. Il arrive bien sûr que la propriété artistique et la propriété matérielle soient réunies dans la même main : c'est le cas tant que le peintre ou le sculpteur n'a pas cédé l'œuvre ; mais force est d'admettre que le destin le plus courant pour une œuvre divulguée consiste à devenir la propriété d'un tiers.

des penitus extranei comprend un sous-ensemble. Et il semble difficile de faire abstraction des liens que ce phénomène propre aux œuvres de l'esprit que constitue le public peut entretenir avec la liberté de créer (B.).

## A • L'œuvre et les tiers

### 1 • Le droit d'auteur, prolongement de la liberté de créer

**633** On a souvent présenté le droit de propriété comme un prolongement de la personne. À ce titre au moins, l'analogie avec le droit d'auteur est justifiée : l'œuvre est, comme son nom l'indique, née de l'esprit de l'auteur et de la liberté de création laissée à ce dernier. L'originalité, condition indispensable à la qualification d'œuvre de l'esprit, est précisément caractérisée, selon les tribunaux, par l'empreinte de la personnalité de l'auteur. Alors que la liberté d'expression a vocation à véhiculer des idées, qui ne sont pas protégeables — ce serait d'ailleurs une entrave au développement de la liberté d'expression qu'elles le fussent — l'œuvre est une réalisation. La liberté de créer n'a cependant pas suffi à la faire naître ; elle n'en a été que la condition nécessaire. Il a fallu que s'y ajoute la capacité créatrice d'un individu ; c'est cette activité féconde, ce labeur, voire ce génie qui mérite la protection concrétisée par les prérogatives que la loi reconnaît à l'auteur[69].

On n'entreprendra pas l'analyse de ces prérogatives, puisqu'il ne s'agit pas ici d'étudier le droit d'auteur, mais seulement de chercher si des enseignements peuvent être tirés du fait que l'usage de la liberté de créer engendre, lorsqu'il aboutit effectivement à une création, un droit exclusif. Il n'est pas sûr qu'il faille voir là un paradoxe, que la vigueur variable des prérogatives de l'auteur aurait d'ailleurs tôt fait de tempérer.

Trois aspects (parmi d'autres) des relations entre l'auteur et les tiers peuvent alimenter la réflexion, une fois rappelé que sa qualité d'auteur investit le créateur d'un droit à deux composantes :

— d'une part, des droits pécuniaires destinés à éviter que l'auteur ne soit spolié des produits qu'engendre sa création[70] ; droits pécuniaires qui ont conduit la Cour européenne des droits de l'homme à juger à juste titre que la liberté de créer trouvait une limite légitime dans les droits de chacun sur sa propre création : dans une affaire où trois photographes invités à des défilés de mode avaient mis en ligne (sans autorisation et avec accès payant) leurs clichés des créations de couturiers, elle a jugé que le droit d'auteur de ces derniers sur leurs modèles interdisait aux photographes d'invoquer la liberté de créer pour se protéger et justifiait qu'ils fussent condamnés pour contrefaçon[71] ; la Cour de cassation a toutefois jeté récemment un pavé dans la mare en cassant un arrêt de la cour de Paris, lequel condamnait — très classiquement — pour contrefaçon un peintre qui avait utilisé pour ses tableaux trois photos (œuvres protégées) ; prononcée au visa de l'art. 10 § 2 de la Conv. EDH (limites permises à la liberté d'expression), la censure reproche aux juges d'appel de s'être abstenu d'« expliquer de façon concrète en quoi la recherche d'un juste équilibre entre les droits en présence commandait la condamnation » semble génératrice d'imprévisibilité des solutions, en mettant en balance le droit de l'auteur de l'œuvre initiale au nom de la liberté de créer des autres[72] ;

— d'autre part et du point de vue qui nous intéresse ici surtout, de ce que l'on appelle le droit moral, qui lui-même recouvre plusieurs attributs.

---

69. V. en ce sens, T. Revet, *La force de travail*, Litec, coll. « Bibl. dr. entr. », 1992, qui rattache la protection au fait que l'œuvre résulte « d'une activité révélant l'existence et la mise en œuvre des facultés créatrices de l'auteur » (n° 542).

70. En particulier en assurant à l'auteur une rétribution proportionnelle aux recettes retirées de l'exploitation de ses œuvres, qu'il s'agisse du droit de représentation, du droit de reproduction ou du droit de suite. V. sur ces points P.-Y. Gautier, *op. cit.*, p. 185 s.

71. CEDH 10 janv. 2013, *Ashby Donald et al. c/ France*, req. n° 36769/08.

72. Civ. 1re, 15 mai 2015, n° 13-27.391 ; *contra* « La balance des intérêts… enfin », obs. approbatives de M. Vivant, *CCE* n° 10, oct. 2015, étude 17.

**634** Le premier d'entre eux, à savoir l'entière liberté laissée à l'auteur de divulguer ou non sa création, prolonge la liberté de créer et en explicite la portée, en montrant qu'elle consiste aussi dans la liberté de ne pas créer, ou, ce qui en pratique revient au même, qu'elle n'aboutit pas à l'obligation de montrer ce que l'on a créé.

**635** Une fois l'œuvre divulguée, le conflit susceptible de surgir entre cette composante majeure du droit moral que constitue le droit au respect de l'œuvre et tel ou tel autre droit confirme que, comme d'autres libertés publiques, celle de créer est limitée. Mis en balance avec le droit de propriété, le respect de l'œuvre ne s'impose pas toujours, loin s'en faut. Ainsi semble-t-il admis, même s'il peut exister des décisions contraires, que le droit de l'architecte au respect de son œuvre n'interdit pas au maître d'ouvrage, propriétaire du bâtiment, de modifier celui-ci contre le gré du créateur[73]. Que l'on justifie la solution par une primauté intrinsèque d'un droit sur l'autre ou plus raisonnablement par le fait que cette prééminence est implicitement incluse dans le contrat d'architecte, il reste que le droit de propriété portant sur la chose corporelle l'emporte en l'occurrence sur le droit moral de l'auteur (sans parler de l'hypothèse, caricaturale, des tags, pour lesquels la sanction de l'atteinte au droit de propriété l'emporte évidemment sur toute autre considération). S'ils n'ont pas donné lieu jusqu'ici à des solutions aussi radicales, les droits respectifs de l'auteur et du propriétaire de l'œuvre s'agissant des décisions à prendre pour la restauration des œuvres d'art contemporain fournissent aussi matière à débat : qui, de l'auteur ou du tiers devenu propriétaire, est habilité à dire si l'œuvre doit être maintenue dans son aspect visuel initial ou si le respect de cette œuvre postule au contraire de laisser s'opérer la dégradation — autant dire la modification — due au temps[74] ?

On peut hésiter à voir dans l'arrêt rendu le 20 juin 2018 par la chambre criminelle de la Cour de cassation[75] un pur conflit entre le droit moral et le droit de propriété : l'auteur de panneaux dessinés servant à la décoration d'un café était en même temps employé de ce café. Un litige avec son employeur avait conduit ledit auteur à apposer sur ces panneaux (inspiré par Keith Haring ?) des dessins de sexes masculins.

Rappelant qu'il était devenu propriétaire de l'objet matériel (les panneaux), le cafetier avait assigné l'auteur pour dégradations ; ce dernier avait fait valoir qu'il n'avait pas cédé la propriété intellectuelle sur les panneaux en cause. L'arrêt qui se fonde sur cette dernière considération pour le relaxer est cassé, au motif que les surcharges opérées portaient atteinte au droit de propriété du cafetier sur l'objet matériel. La solution était prévisible et logique. Elle montre néanmoins (en demi-teinte, vu les circonstances de l'espèce) que l'idée selon laquelle les droits de l'auteur prévalent ceux propriétaire de l'objet matériel mérite d'être nuancée.

**636** Il n'est pas rare que le droit moral d'un auteur soit utilisé (souvent par les ayants droit de l'auteur disparu) pour limiter la liberté de création d'un autre : par exemple, que telle mise en scène (de théâtre, d'opéra, *etc.*) qui en soi constitue une création, porte atteinte à l'intégrité de l'œuvre mise en scène. En d'autres termes, le metteur en scène se voit accusé de trahir — par les inflexions ou modifications qu'il apporte — les intentions de l'auteur du texte ou de la partition. Ainsi le metteur en scène du *Dialogue des Carmélites*, de Bernanos (sur une musique de Poulenc) s'est-il vu reprocher par les héritiers de ces deux auteurs d'avoir dénaturé l'œuvre par ses choix (et donc porté atteinte à l'intégrité de celle-ci). La cour d'appel qui avait accueilli cette prétention se voit censurée, notamment au visa de l'article 10, § 2 de la Conv. EDH, par un arrêt qui réaffirme la liberté de création du metteur en scène[76].

Remarquons aussi que dans toutes ces situations, la création s'est donné libre cours. La remise en cause intervient *a posteriori*, conduisant à jeter un regard rétrospectif sur la liberté de créer.

---

73. TGI Paris, 29 sept. 1989, *Gaz. Pal.* 1990. 1, J. 140, note Huet ; Paris 15 mai 1990, *RIDA* 1991. 311 ; Civ. 1re, 7 janv. 1992, *RIDA* 1992. 194. Cette solution prétorienne n'est d'ailleurs pas propre à la France : v., en Suisse, T. fédéral. 25 avr. 1991, *S. Peter Baumatin c/ SBB, KP Luzern & 2.*
74. V. le colloque organisé par l'École nationale du patrimoine, *Restauration des œuvres d'art contemporain*, Paris, ENP, 1992.
75. *Gaz. Pal.* 2018, n° 334, p. 52, note Dreyer.
76. Civ. 1re, 22 juin 2017, n° 15-28.467 ; *Gaz. Pal.* 2017, n° 27, p. 40, note Berlaud — sur renvoi : Versailles, 30 nov. 2018.

## 2 • Le droit d'auteur, garantie de la liberté de créer

**637** Reconnaître à chaque auteur un droit exclusif sur son œuvre apporte à celui-ci au moins deux garanties essentielles pour sa liberté de création future.

D'abord, en offrant à l'auteur la possibilité (qui n'est pas une obligation, le recours à l'anonymat ou au pseudonyme demeurant toujours possible) d'affirmer sa paternité sur chacune de ses œuvres et d'exiger qu'elle soit systématiquement mentionnée, le droit moral l'aide à assurer puis à maintenir sa notoriété. Si la possibilité légale d'affirmer sa paternité faisait défaut, il serait évidemment impossible à l'auteur d'acquérir cette notoriété. Il est banal d'observer que le fait d'être en mesure d'associer un nom à une ou plusieurs œuvres permettra, d'une part à ceux qui en ont le pouvoir de faire ultérieurement appel à cet auteur, d'autre part à ceux qui les ont appréciées de choisir de lire, aller voir, entendre, les prochaines créations de celui-ci. C'est une condition indispensable à sa liberté de création ultérieure.

Ensuite, les recettes procurées par la cession ou l'exploitation d'une œuvre contribueront, dans des proportions éminemment variables, tantôt seulement à assurer la subsistance de l'auteur, tantôt à le doter des moyens de financement de ses œuvres futures ou du moins de la capacité de trouver ce financement — et l'on a souligné l'importance primordiale que, pour certaines catégories d'œuvres, la place prise par la technologie a conféré aux moyens matériels.

Ces remarques confirment que la liberté de créer n'est pas ce que l'on pourrait appeler une liberté instantanée, qu'en d'autres termes son existence à un instant t ne suffit sans doute pas à la constituer. La durée est pour ainsi dire un de ses éléments constitutifs.

Elles achèvent également de faire comprendre que le maintien de cette liberté suppose, non pas seulement des règles juridiques — il en faut pour toute liberté — mais un système de protection des « usagers » de cette liberté envisagés comme constituant une catégorie juridique spécifique, ce qui revient quasiment à les doter d'un statut légal, ce qui à tout le moins n'est pas le cas général s'agissant des libertés publiques. C'est que la création est susceptible de constituer à la fois l'exercice d'une liberté et une activité professionnelle — les choses étant compliquées par le fait que la frontière entre l'activité créatrice non professionnelle et celle qui présente un caractère professionnel est loin de s'imposer d'emblée. Ce caractère professionnel se rencontre également, mutatis mutandis, pour la liberté de la presse (avec des problèmes similaires de tracé de la frontière entre l'activité professionnelle et celle qui ne l'est pas), mais il a précisément engendré un système de statut catégoriel protecteur qui n'est pas si éloigné des constatations faites pour le droit d'auteur.

Reste que la nécessaire protection du droit d'auteur risque d'être parfois bousculée par la liberté d'expression ou par la liberté de créer d'autres que l'auteur protégé. Si diverses affaires, portées devant la CEDH[77] ou la Cour de cassation[78], avaient ravivé la discussion, la CJUE énonce, par trois importants arrêts de grande chambre rendus le 29 juillet 2019, qu'il ne peut être apporté au droit d'auteur d'autres exceptions que celles prévues par la directive du 22 mai 2001 sur certains aspects du droit d'auteur et des droits voisins[79], ce qui paraît justifié, notamment par le double souci d'harmonisation des législations et de sécurité juridique. Mais comme le relève M. Varet, elle semble dans le même temps inviter les juges nationaux à rechercher un équilibre prenant en considération la Charte des droits fondamentaux de l'Union européenne, en mettant en balance les intérêts entre droit d'auteur (ou droits voisins) et liberté de création… ce qui n'augure pas d'une grande prévisibilité des solutions.

---

77. 10 janv. 2013, *Ashby Donald c/ France*, D. 2014, note Sirinelli, Propr. intell. 2013. 216, obs. Bruguière ; 19 févr. 2013, *Neij c/ Suède*, RTD com. 2013. 274, obs. Pollaud-Dulian.
78. Civ. 1re, 15 mai 2015, Klasen, D. 2015. 1672, note Bensamoun et Sirinelli, Propr. intell. 2015. 281, obs. A. Lucas, JAC 2015, n° 26, p. 6, obs. Treppoz, CCE oct. 2015, obs. Vivant, *JCP* 2015. 965, note Geiger.
79. CJUE, gr. ch., 29 juill. 2019, aff. C-469/17, Funke Medien, aff. C-516/17, *Spiegel Online* (*D.* 2019. 1605) et Pelham, aff. C-476-17 (D. 2019. 1742, note Querzola) et le commentaire des 3 arrêts par V. Varet, Légipresse 2019, p. 542.

Dans cette perspective, le téléchargement illégal d'œuvres de l'esprit sur Internet constitue, de fait, une remise en cause de grande ampleur des droits des auteurs. La chute spectaculaire des ventes de disques, spécialement en France, a des chances d'être bientôt suivie d'une baisse des ventes de DVD. Il est cependant trop tôt pour analyser les conséquences législatives de ce nouvel état de fait. Certes, après l'échec d'un premier texte, le Gouvernement soumis au Parlement un deuxième projet, devenu la loi, dite Hadopi, du 12 juin 2009, dont le versant répressif fut en grande partie censuré par le Conseil constitutionnel, au double motif qu'il portait atteinte au « droit de s'exprimer et de communiquer librement » et à la présomption d'innocence[80]. Une nouvelle loi du 28 octobre 2009 (dite « Hadopi II ») est donc venue amender le dispositif ; il reste difficile de porter un jugement sur l'efficacité du système en termes de protection des droits des auteurs, même s'il apparaît que l'Hadopi (Haute autorité pour la diffusion des œuvres et la protection des droits sur Internet — nom de cette autorité créée pour lutter contre les téléchargements illégaux) a disposé de moyens matériels insuffisants au regard de sa mission ; et a fait montre d'une singulière frilosité : à août 2018, alors qu'avaient été adressés aux internautes 10 millions de mails de première mise en garde et 920 000 seconds avertissements (quand l'Hadopi est saisie de nouveaux faits dans les six mois de la première mise en garde), seuls 3 000 dossiers ont été transmis au Parquet depuis l'origine[81], aboutissant à moins de 1 500 condamnations pour contravention, France entière.
On pourrait prolonger la réflexion en s'arrêtant sur les sites Internet, d'accès gratuit, qui reproduisent, le plus souvent avec l'aval de l'auteur, des œuvres de l'esprit. La gratuité d'accès implique généralement qu'aucune rémunération n'est versée à l'auteur pour la mise en ligne de son œuvre. Or, puisque ces sites fonctionnent grâce aux recettes procurées par les bannières publicitaires, que les recettes sont évidemment fonction de la fréquentation du site, laquelle résulte du contenu intellectuel ou artistique mis en ligne, la logique voudrait que revînt aux auteurs une fraction des recettes publicitaires qui sans eux eussent été moindres ou inexistantes. C'est ce qui commence à se faire, certains de ces sites ayant passé des conventions avec des sociétés d'auteurs, même si la part des recettes ainsi rétrocédées auxdites sociétés reste faible, tout en engendrant un coût de répartition élevé.

## B • L'œuvre et son public

**638** Le rapport de l'œuvre au public — il faudrait dire : au public auquel on la destine, puisqu'il y a des publics censément déterminés — est une dimension essentielle et pourtant presque insaisissable de la liberté de création. Dans un premier temps se pose la question de la diffusion de l'œuvre, qui révèle une subtilité de plus de la matière, dans la mesure où la coexistence du droit exclusif du créateur et la diffusion vers le public ne sont pas choses antagonistes. Dans un second temps, plusieurs décennies plus tard, le créateur étant mort depuis des lustres, l'œuvre est abandonnée au public en même temps qu'aux créateurs potentiels.

### 1 • Diffusion de l'œuvre

**639** Consubstantielle à la liberté d'expression, la diffusion ne l'est pas à la liberté de créer. Un peintre ou un poète peuvent créer librement leur vie durant et leur œuvre n'être pas connue de leur vivant sans que cela attente nécessairement à leur liberté créatrice. Et cependant affirmer que la diffusion de l'œuvre est indifférente à la liberté de créer serait hasardeux.

80. Cons. const. 10 juin 2009, n° 2009-580 DC.
81. Dernier rapport d'activité de l'Hadopi. V. également https://www.phonandroid.com/hadopi-10-ans-bilan-loi-anti-piratage.html

Sans doute est-ce là un des aspects de la liberté de créer les plus difficiles à caractériser juridiquement. D'autant que si la diffusion est couronnée de succès, elle confortera la position de l'auteur, ce qui est normalement de nature à accroître sa liberté. Un échec peut au contraire obérer gravement ses possibilités effectives de création à nouveau, chacun de ces phénomènes étant de surcroît difficile à quantifier et surtout très différent d'une forme de création artistique à une autre. Alors qu'il sera parfois extrêmement difficile à un metteur en scène de cinéma de pouvoir tourner à nouveau après l'échec commercial d'un film, il est maints exemples d'écrivains (en sera-t-il encore ainsi à l'avenir ?) qui malgré le faible intérêt manifesté par le public de leur vivant n'ont pas cessé d'écrire.

Ne peut-on plus généralement considérer qu'une fois divulguée, l'œuvre est faite pour être connue, en sorte qu'une absence de diffusion serait une mauvaise chose en soi ? Les politiques d'encouragement à la création menées, avec des dotations souvent conséquentes, par la collectivité, ne le sont jamais dans une totale indifférence à la diffusion et montrent que celle-ci est aussi regardée comme étant de l'intérêt général. La liberté de créer est-elle complète lorsque, comme cela s'est produit à diverses reprises, un film qui a réuni les concours financiers nécessaires à sa réalisation ne sort dans aucune salle de cinéma ?

## 2 • Entrée de l'œuvre dans le domaine public

**640** Le droit privatif engendré par la création survit à la mort du créateur, pour se transmettre à ses héritiers — selon les règles ordinaires de la dévolution successorale, dit la Cour de cassation[82]. Cette situation appelle plusieurs remarques. On relèvera pour mémoire que le droit reconnu aux créateurs n'est en effet pas un vrai droit de propriété : alors que le droit de propriété ne s'éteint pas, le droit moral de l'auteur va s'éroder lentement après la mort du créateur, avant que le droit d'auteur tout entier ne disparaisse quelques décennies après le décès de l'auteur[83], par un phénomène d'appropriation collective, proche d'une expropriation automatique sans indemnité (et néanmoins admis de tous), qui serait étrange si l'on avait affaire à un droit de propriété. Ce droit susceptible d'extinction est cependant plus vigoureux que tel droit réel, comme l'usufruit, qui ne survit pas à son titulaire.

Si la mort n'entame pas les droits pécuniaires, elle ne laisse pas intact le droit moral désormais soumis à un contrôle judiciaire. L'érosion limitée de ce droit commence précisément lorsque le créateur n'est plus, comme pour suggérer que c'est désormais davantage une question de mémoire des morts que de protection de la liberté de quelqu'un qui ne créera plus. Plus précisément, le juge contrôle que les ayants droit ne font pas un usage abusif du droit moral dont ils ont hérité[84].

Enfin, soixante-dix ans après la mort de l'auteur — durée uniformément adoptée pour toutes les œuvres dans tous les pays de l'Union européenne par la directive communautaire du 30 octobre 1993, transposée en droit interne français par la loi du 16 mars 1998 — ce qui en maintes hypothèses revient à dire un siècle environ après la naissance de l'œuvre, celle-ci tombe dans le domaine public, ce qui scelle la disparition de tout droit d'auteur. L'intérêt public l'emporte : la liberté de tous est désormais totale, tandis que l'œuvre ne peut plus être appropriée par personne ; elle devient le bien commun, puisque la distance chronologique qui nous sépare de la création atteint une échelle historique, faisant passer l'auteur initial du rang d'individu à celui de référence désincarnée. La voici pleinement offerte, en tant qu'œuvre à son destinataire ultime, le genre humain, et en tant que simple matériau aux créateurs futurs.

---

82. Civ. 1re, 11 janv. 1989, *Bull. civ.* I, n° 10 ; *D.* 1989. 308, note Edelman.
83. La durée de protection *post mortem* des œuvres, fixée à l'origine à 50 années par la législation française (et par d'autres) et par la Convention de Berne relative à la protection internationale du droit d'auteur, a été portée à 70 ans par la transposition dans notre droit interne de la directive européenne du 29 oct. 1993.
84. Encore faut-il que le juge caractérise un « abus notoire » : ainsi fut-il jugé que le refus de réaliser un album des œuvres du peintre Foujita opposé par sa veuve à un éditeur ne constituait pas un tel abus, dès lors que 2 ou 3 ans plus tard, Mme Foujita accordait le droit de publier à un autre éditeur. Civ. 1re, 28 févr. 1989, *Bull. civ.* I, n° 101 ; *D.* 1989. 557, note Durrande.

## BIBLIOGRAPHIE INDICATIVE

**Ouvrages généraux**

- P.-Y. GAUTIER, *Propriété littéraire et artistique*, PUF, coll. « Droit fondamental », 11e éd., 2019.
- A. LUCAS, *Propriété littéraire et artistique*, Dalloz, coll. « Connaissance du droit », 5e éd., 2015.
- A. LUCAS, C. BERNAULT ET A. LUCAS-SCHLOETTER, *Traité de la propriété littéraire et artistique*, Litec, 5e éd., 2017.
- F. POLLAUD-DULIAN, *Le droit d'auteur*, Economica, coll. « Corpus », 2e éd., 2014.
- M. VIVANT, J.-M. BRUGUIÈRE, *Droit d'auteur et droits voisins*, Dalloz, coll. « Précis », 4e éd., 2019.

**Articles, thèses et monographies**

- D. COHEN, « Le droit à », *in L'avenir du Droit, Mélanges F. Terré*, Dalloz, 1999.
- B. EDELMAN, « L'œuvre ne meurt jamais », *D.* 2011. 1708.
- P.-Y. GAUTIER, « Du droit applicable dans le village planétaire au titre de l'usage immatériel des œuvres », *D.* 1996. Chron. 131.
- I. PIGNARD, *La liberté de création*, thèse, Nice, 2013.
- R. POSNER, *Droit et Littérature*, PUF, 1997.
- E. TREPPOZ, « Pour une attention particulière du droit à la création : l'exemple des fictions littéraires », *D.* 2011. 2487.

V. aussi le numéro spécial que la revue *Propriétés intellectuelles* (n° 2 de l'année 2002) a consacré à la directive du 22 mai 2001 relative à l'harmonisation du droit d'auteur, ainsi que l'Observatoire en ligne de la liberté de création sur le site de la Ligue des droits de l'homme : www.ldh-france.org.

## PISTES DE RÉFLEXION

- Faut-il, et si oui sur quel(s) critère(s), restreindre le pouvoir des États d'interdire l'exposition ou la diffusion de certaines œuvres ?
- Droit à l'image et droit au respect de la vie privée doivent-ils limiter la liberté du créateur et, dans l'affirmative, dans quelle mesure et de quelle(s) façon(s) ?
- Les sommes versées par le consommateur internaute qui par le biais de partage de fichiers télécharge (de façon légale) des œuvres de l'esprit le sont aux fournisseurs d'accès et non aux créateurs. Le droit doit-il — et si oui, de quelle façon — se saisir de cette situation nouvelle ? On supposera que vous avez le pouvoir de légiférer.

# Partie 4

# LE JUSTICIABLE

## Thème 1
# L'accès au droit et l'accès à la justice

ROMAIN BOFFA
*Professeur à l'Université Paris — Est Créteil (Paris 12),*
*Directeur de l'Institut d'études judiciaires*

MUSTAPHA MEKKI
*Professeur à l'Université Paris 13,*
*Directeur de l'Institut de recherches pour un droit attractif (IRDA)*

L'accès au droit et à la justice se trouve au cœur de la protection des droits fondamentaux. Sans cette garantie, les autres droits ne seraient que des vœux pieux, faute de pouvoir être mis en œuvre devant la justice. Cela explique que les deux premiers chapitres de loi n° 2016-1547 du 18 novembre 2016 de modernisation de la justice du XXIe siècle, dite loi J21, soient destinés à « renforcer la politique d'accès au droit » et à « faciliter l'accès à la justice ». Cela se traduit notamment par la création d'un service d'accueil unique du justiciable. Il faut dire que l'accès au droit et l'accès à la justice entretiennent un lien dialectique. La garantie de l'un est assurée par la garantie de l'autre, et inversement. L'accès à la justice permet de s'assurer de la protection effective des droits en mettant à la disposition des justiciables un juge auprès duquel ils pourront faire valoir leurs prétentions. Cette garantie est assurée tant par la consécration d'un véritable droit à l'accès à la justice, rapproché de ou assimilé au droit au juge, que par la mise en place, en toile de fond, d'exigences se rapportant à l'égalité, à la gratuité et à la proximité. L'accès au droit, en retour, est une garantie de l'accès à la justice. Il paraît illusoire de mettre à la disposition des sujets de droit un juge afin de garantir l'effectivité de leurs droits, si ceux-ci ne peuvent ni accéder ni comprendre les droits dont ils sont les titulaires. Pour agir, il faut comprendre. Cependant, l'accès au droit et l'accès à la justice ont un coût. Les enjeux économiques de la question ne peuvent être ignorés. Le droit français et le droit européen s'efforcent de trouver, à ce titre, un juste équilibre entre la protection des droits et les impératifs budgétaires au nom d'une pleine et entière effectivité des droits. Cet équilibre est-il aujourd'hui remis en cause, avec l'adoption de la loi n° 2019-222 du 23 mars 2019 « de programmation 2018-2022 et de réforme pour la justice », qui fusionne les tribunaux d'instance et les tribunaux de grande instance au profit des tribunaux judiciaires ? D'aucuns ont pu craindre la disparition de la justice de proximité et la création de déserts judiciaires. De manière générale, le texte se caractérise par un retrait du rôle du juge, confirmant le mouvement de déjudiciarisation de la justice (suppression de la conciliation dans le divorce, de l'homologation du changement de régime matrimonial, renforcement de la médiation...). Le Conseil constitutionnel a validé l'essentiel des dispositions de la loi par une décision du 21 mars 2019. La création du tribunal judiciaire est entrée en vigueur le 1er janvier 2020. Malgré ces réformes successives, la justice reste en crise : allongement des délais, manque de moyens matériels et humains, crise de confiance des citoyens (v. sur le constat et les propositions de réforme, le dernier rapport du comité Sauvé sur les États généraux de la justice, remis au Président de la République le 8 juillet 2022).

**I. L'accès à la justice au service de l'accès aux droits**

**A. La consécration d'un droit d'accès à la justice**

1. La consécration d'un droit fondamental à l'accès à la justice
2. La relativité du droit d'accès à la justice

**B. Les garanties d'un accès effectif à la justice**

1. L'égalité
2. La gratuité
3. La proximité

**II. L'accès au droit au service de l'accès à la justice**

**A. L'accessibilité du droit**

1. Les lieux de l'accès au droit
2. Les acteurs de l'accès au droit
3. Les soutiens d'ordre financier

**B. L'intelligibilité du droit**

1. La simplification
2. La justification

**641** ***Loi J21 : consécration du service public de la justice.*** Un lien inextricable existe entre État de droit, accès au droit et accès à la justice[1]. L'État de droit ne se réduit plus à l'attribution de droits. Il exige également la garantie d'une mise en œuvre effective des droits encourageant davantage une forme de justice procédurale. L'accès au droit et l'accès à la justice se présentent comme de simples moyens au service d'une fin : la Justice. Cette Justice passe nécessairement par une garantie de l'effectivité des droits[2]. À cette fin, l'accès au droit et l'accès à la justice entretiennent un lien dialectique, un lien circulaire[3]. L'un s'épanouit par l'autre et inversement. La loi nº 2016-1547 du 18 novembre 2016 de modernisation de la justice du XXIe siècle, dite loi J21, consacre ce lien prégnant entre l'accès au droit et à l'accès à la justice. Ainsi, l'article 1er de la loi modifie l'article L. 111-2 du Code de l'organisation judiciaire, qui disposait jusqu'à présent que « la gratuité du service de la justice est assurée selon les modalités fixées par la loi et le règlement » (COJ, art. L. 111-2 ancien ; ord. nº 2006-673, 8 juin 2006, *JO* 9 juin 2006, p. 8710). L'article L. 111-2 dispose désormais que « Le service public de la justice concourt à l'accès au droit et assure un égal accès à la justice. Sa gratuité est assurée selon les modalités fixées par la loi et le règlement » (L. nº 2016-1547, art. 1, I, 1 ; COJ, art. L. 111-2 mod.). Le texte consacre la notion de service public de la justice. L'intitulé du Titre IV du livre Ier et l'article L. 111-4, alinéa 1 *in fine* du Code de l'organisation judiciaire sont également modifiés afin d'intégrer cette notion (L. nº 2016-1547, 1, I, 2º). Il faut savoir qu'au gré des navettes parlementaires, la question de la consécration du service public de la justice a été débattue. Ses détracteurs faisaient valoir que la justice n'est pas un service public au sens du droit administratif. Spécialement, il était craint que soit remise en cause la spécificité de l'autorité judiciaire, dotée d'une indépendance constitutionnelle, qui la rend irréductible à un service administratif de l'État. Mais il faut y voir essentiellement une consécration

---

1. M.-A. Frison-Roche, « Le droit d'accès à la justice et au droit », *in* R. Cabrillac, M.-A. Frison-Roche, Th. Revet (dir.), *Libertés et droits fondamentaux*, 18e éd., Dalloz, 2012, p. 535 s., spéc. nº 632 ; v. également, M. Mekki, « Le droit d'accès à la justice et au droit », *in* R. Cabrillac, *Libertés et droits fondamentaux*, 22e éd., Dalloz, 2016.
2. Sur cette question, v. J. Rochfeld, « Les droits subjectifs », *in Les grandes notions du droit privé*, 3e PUF, 2022, spéc. p. 181 s. V. spéc. pour les droits de l'homme, V. Champeil-Desplats, D. Lochak (dir.), *À la recherche de l'effectivité des droits de l'homme,* PU Paris X, 2008.
3. J. Ribes, « L'accès au droit », *in Libertés. Mélanges J. Robert*, Montchrestien, 1998, p. 415 s.

symbolique : l'idée sous-jacente est que la Justice transcende les intérêts catégoriels et s'inscrit dans le bien commun, dans l'utilité publique. Assurer l'accès au droit et l'accès à la justice devient officiellement une charge d'utilité publique que l'État doit assumer.

**642** ***L'indéfinissable accès à la justice.*** L'accès à la justice est une notion difficile à cerner. Le concept d'accès à la justice s'est affiné avec le temps et constitue aujourd'hui un thème fondamental des droits et libertés fondamentaux. Devenu un véritable droit, il est désormais au cœur de tous les rapports et projets de réforme[4]. Aux États-Unis[5], il prend la forme d'un *right to be heard in Court* et constitue un droit à valeur constitutionnelle reposant sur les principes originels de justice naturelle[6]. En droit anglais, le *right of access to the courts* constitue un droit fondamental[7] à valeur constitutionnelle et indérogeable[8]. L'accès à la justice, de manière générique, regroupe des vocables tels que l'accès à un tribunal, l'accès au juge, le droit au recours, le droit d'être entendu ou le droit au contradictoire. À dire vrai, les notions se rapprochent mais ne se confondent pas, illustrant toute la difficulté qu'il y a à dessiner précisément les contours de l'accès à la justice. Tout d'abord, l'absorption de l'accès à la justice par la notion de « droit au recours » constitue déjà une approche plus concrète de l'accès à la justice abordé sous l'angle de sa mise en œuvre[9]. Ce droit au juge ou la garantie d'accès à un tribunal peut être défini comme « le droit pour toute personne physique ou morale, française ou étrangère, d'accéder à la justice pour y faire valoir ses droits »[10]. Le droit à un tribunal semble lui-même plus large que l'accès à la justice. Le droit à un tribunal renvoie non seulement au droit de saisir un tribunal mais aussi aux garanties procédurales qui entourent le procès équitable, celles du fameux article 6 § 1 de la Convention européenne des droits de l'homme[11]. Selon l'arrêt *Golder c/ Royaume-Uni* du 21 février 1975, le droit de saisir un tribunal « ne constitue qu'un aspect » du droit à un tribunal. Le droit au juge se distingue lui-même du droit au recours[12]. Formellement, d'ailleurs, les textes fondamentaux ne les confondent pas. Ainsi du Pacte international relatif aux droits civils et politiques qui traite du recours « utile » dans son article 2 § 3 et du « droit à un juge » au sein de l'article 14 § 1. Ainsi en est-il également de la Convention européenne des droits de l'homme qui aborde le droit au juge sous l'angle du procès équitable de l'article 6 § 1 et consacre un droit au recours au sein de l'article 13. Le Conseil constitutionnel, lui-même, distingue un « droit au recours » absolu par rapport au droit d'accès au juge plus relatif. Dans ce contexte, il convient, du moins à titre provisoire, d'entendre l'accès à la justice au sens le plus large recouvrant l'ensemble de ces déclinaisons.

**643** ***Le caractère fondamental du droit d'accès à la justice.*** Le caractère fondamental du droit à un tribunal est consacré de manière commune en droit international et en droit interne. Sur le plan international, l'article 8 de la Déclaration universelle des droits de l'homme prévoit que « Toute personne a droit à un recours effectif devant les juridictions nationales compétentes contre les actes violant les droits fondamentaux qui lui sont reconnus par la Constitution ou par la loi ». L'article 14, § 1 du Pacte international relatif aux droits civils et politiques, dans le même esprit, affirme que « Toute personne a droit à ce que sa cause soit entendue par un tribunal… »[13].

---

4. Les rapports Magendie, Guinchard, Darrois et Guinchard et Tony abordent tous l'accès à la justice en connexion avec l'effectivité des droits.
5. En droit américain, A. Garapon, I. Papadopoulos, *Juger en Amérique et en France*, O. Jacob, 2003, p. 173 s. En droit anglais, v. A. Le Sueur, « Access to Justice *in* the UK », *EHRL Rev.* 2000, p. 457 s.
6. Aff. *Windsor v/ Meveigh*, 93, US, 274, 1876. Il est également consacré par la Cour suprême dans l'affaire *Bounds v/ Smith*, 430, US, 817, 1977.
7. *Raymond v/ Honey* (1983), 1 AC (HL).
8. *Bremer Vulkan Schiffbau v/ South India Shipping Corp.* (1981) A All ER 289 (HL).
9. V. T. Renoux, « Le droit au recours juridictionnel », *JCP* 1993. I. 3675.
10. L. Favoreu, T. Renoux, « Le contentieux constitutionnel des actes administratifs », *in Rép. contentieux administratif*, Sirey, 1992, spéc. p. 90.
11. CEDH 21 févr. 1975, *Golder c/ Royaume-Uni*, Série A, n° 18, § 36.
12. J. Rideau (dir.), *Le droit au juge dans l'Union européenne*, LGDJ, 1998.
13. Il est vrai cependant que l'art. 4, § 2, n'a pas formellement inclus l'art. 14 parmi les droits auxquels les États ne peuvent déroger mais le Comité des droits de l'homme de l'ONU semble consacrer le caractère indérogeable du droit à un juge, v. Affaires de condamnation à mort en Jamaïque, aff. *Anthony Currie c/ Jamaïque*, n° 377/1989, *in Rapport du Comité*, 1994, A/49/40, vol. 1, p. 83.

Ce droit d'accès à la justice est également garanti sur un plan régional. Par l'arrêt *Golder c/ Royaume-Uni* du 21 février 1975, en matière civile, et par l'arrêt *Deweer c/ Belgique* du 27 février 1980, en matière pénale, la Cour européenne des droits de l'homme consacre un droit au juge au fondement de l'article 6 § 1 Conv. EDH[14]. Ce droit va bien au-delà de la matière civile ou pénale. Une victime d'un décret de nationalisation de l'un de ses biens a le droit de porter son action devant un juge, selon les termes d'un arrêt *Brumarescu c/ Roumanie* du 28 octobre 1999[15]. Cette extension se poursuit à la lecture de l'arrêt *Devlin c/ Royaume-Uni* du 30 octobre 2001 par lequel la CEDH affirme que « le souci de protection de la sécurité publique dans le cadre du recrutement d'un fonctionnaire n'autorise pas un État à annihiler toute voie de recours pour en contester l'issue lorsque des pratiques discriminatoires sont avancées »[16]. Le droit de l'Union européenne a consacré un tel droit de manière progressive, d'abord, par la jurisprudence de la Cour de justice des Communautés européennes[17], devenue la Cour de justice de l'Union européenne, puis par l'article 47 de la Charte des droits fondamentaux de l'Union européenne.

En droit interne, la Constitution ne consacre pas formellement un droit au juge[18]. Cependant le Conseil constitutionnel a, tout d'abord, reconnu la valeur constitutionnelle du droit à un recours administratif dans sa décision du 13 août 1993[19]. Ensuite, par une décision du 21 janvier 1994[20], un droit au juge est consacré au fondement de l'article 16 de la Déclaration des droits de l'homme de 1789 qui fonde la « garantie des droits ». Enfin, un droit à un recours juridictionnel effectif est affirmé par une décision du 23 juillet 1999[21]. Dans la continuité, le Conseil d'État, dans son arrêt *Magerand* du 22 avril 2005, se réfère au « principe constitutionnel du droit pour les personnes intéressées d'exercer un recours devant une juridiction »[22], principe qu'il rapporte aux articles 6 § 1 et 13 de la Conv. EDH. L'accès au juge constitue une liberté fondamentale pouvant en cette qualité être protégée au moyen du référé-liberté de l'article L. 521-2 CJA[23]. Les consécrations du caractère fondamental du droit d'accès à un tribunal par la Cour de cassation sont également légion. Par un arrêt rendu en Assemblée plénière du 30 juin 1995, la Cour de cassation a jugé, à propos du droit à l'assistance d'un avocat, que l'« exercice effectif [du droit à un avocat] exige que soit assuré l'accès de chacun [...] au juge chargé de statuer sur sa prétention »[24]. Par la suite, elle s'est fondée expressément sur l'article 6 § 1 de la Conv. EDH dans un arrêt rendu en Assemblée plénière le 7 avril 2006 : « si l'article 6 § 1 de la Convention européenne de sauvegarde des droits de l'homme et des libertés fondamentales permet à l'État de limiter le droit d'accès à un tribunal dans un but légitime, c'est à la condition que la substance même de ce droit n'en soit pas atteinte et que, si tel est le cas, les moyens employés soient proportionnés à ce but »[25].

**644** ***Les considérations extra-juridiques de l'accès à la justice.*** La question de l'accès à la justice n'est pas proprement juridique ou technique. Elle relève également de problématiques économiques et budgétaires. En toile de fond, le budget de la justice, la LOLF, le coût de la justice pour les justiciables, la gratuité du service public de la justice, le dogme du marché et l'assurance de protection

---

14. CEDH 21 févr. 1975, *Golder c/ Royaume-Uni*, Série A, n° 18, § 36 ; CEDH 27 févr. 1980, *Deweer c/ Belgique*, Série A, n° 35. Pour une étude d'ensemble, P. Lambert, *Le droit d'accès à un tribunal dans la Convention EDH*, colloque Bordeaux, Bruylant, 2001, p. 57 s.
15. CEDH 28 oct. 1999, *Brumarescu c/ Roumanie*, *JCP* 2000. I. 203, n° 10, obs. F. Sudre. Dans le même sens, CEDH 21 mai 2002, trois arrêts, *Hodos et al.*, *Surpaceanu* et *Vasiliu c/ Roumanie*.
16. CEDH 30 oct. 2001, *Devlin c/ Royaume-Uni*, *Europe*, févr. 2002, n° 72, obs. V. Lechevallier.
17. « Toute personne a droit à un recours effectif devant une juridiction compétente », CJCE 15 mai 1986, *Marguerite Johnston*, aff. 222-84, *Rec.* p. 1651 : le silence des textes primaires du droit communautaire a amené la CJCE à se fonder sur les art. 6 et 13 de la Conv. EDH.
18. T. Renoux, « La constitutionnalisation du droit au juge en France », *in Le droit au juge dans l'Union européenne*, LGDJ, p. 109 s.
19. Cons. const. 13 août 1993, n° 93-325 DC, *Maîtrise de l'immigration*, *RFDA* 1993. 871, note B. Genevois.
20. Cons. const. 21 janv. 1994, n° 93-335 DC, consid. 4, *Justices* 1995, n° 1, p. 204, obs. N. Molfessis. *Adde*, Cons. const. 9 avr. 1996, n° 96-373 DC, 9 avr. 1996, *Autonomie de la Polynésie française*, consid. 85, *RD publ.* 1996. 953, note F. Luchaire.
21. Cons. const. 23 juill. 1999, n° 99-416 DC, *Loi portant création d'une couverture maladie universelle*, Rec. Cons. const. 100.
22. CE 22 avr. 2005, *Magerand*, *JCP* 2005. II. 10107, note Lemaire.
23. CE, ord., 30 juin 2009, *JCP* 2009. Actu. 139, obs. M.-C. Rouault.
24. Cass., ass. plén., 30 juin 1995, n° 94-20.302, *D.* 1995. 513, concl. Jéol, note R. Drago.
25. Cass., ass. plén., 7 avr. 2006, *Bull. ass. plén.*, n° 3.

juridique, sont autant de données à prendre en compte dans l'encadrement juridique de l'accès à la justice[26]. L'importance de l'accès à la justice est également étroitement liée à des considérations sociologiques. La judiciarisation de la société amenant à dresser le spectre de la société contentieuse[27], la place accordée à la démocratie dialogique et discursive relayée par une forme de « démocratie judiciaire », explique la place centrale qui est attribuée au juge et, par voie de conséquence, à l'accès au juge[28]. Enfin, le mouvement de fondamentalisation du droit accorde, par nécessité, un rôle plus actif au juge qu'il s'agisse du juge ordinaire, se chargeant d'opérer le contrôle de conventionnalité et de communautarité des lois, ou des juges tels que le Conseil constitutionnel, la CEDH ou la CJUE. Les droits fondamentaux sont avant tout un droit des juges. L'idée fait progressivement son chemin selon laquelle il ne peut y avoir d'État de droit et de démocratie digne de ce nom sans accès à la justice. L'accès à la justice absorbe tous les autres droits. Tel est le principe qui se dégage de la décision du Conseil constitutionnel du 9 avril 1996 où il est affirmé que sans recours effectif à un juge, c'est la Constitution elle-même qui serait menacée[29]. La CEDH est également en ce sens lorsqu'elle rapporte au « principe fondamental d'une société démocratique », l'obligation pour les États de faire respecter le droit et d'assurer l'exécution des décisions de justice[30]. Par l'accès à la justice, en quelque sorte, est garanti l'accès au droit[31], notion qu'il convient également de mieux cerner.

**645** ***De l'accès à la justice à l'accès au droit.*** L'accès au droit, apparu plus tardivement que l'accès à la justice, est plus difficile encore à définir. L'accès au droit s'adressait au départ aux plus démunis[32]. Par un phénomène de « démocratisation », ce droit s'étend aujourd'hui à tous les sujets de droit. L'accès au droit relève de l'idée de « droit au droit », selon l'analyse de Jean-Marc Varaut[33] ou celle de Laurent Cohen-Tanugi[34]. Le droit au droit est la traduction des mutations dont la société civile a été l'objet : un individualisme exacerbé, l'émergence de l'État de droit, une société contractualisée. Au premier abord, il peut paraître surprenant de défendre le principe d'un accès au droit. À partir du moment où un individu est doté de la personnalité juridique, ce qui est le cas en principe dès la naissance d'une personne viable, chaque personne physique est capable juridiquement et a accès au droit. La question de l'accès au droit ne devrait alors concerner que des cas singuliers tels que le fœtus ou le cadavre. Dans cette acception purement subjective de l'accès au droit, une donnée nouvelle devrait aujourd'hui cependant être prise en considération. Il existe désormais des objets, sorte de « centres d'intérêt » selon le concept de Gérard Farjat, supports d'intérêts généraux sans être dotés de la personnalité juridique[35]. Ainsi en est-il de la nature ou des « générations futures » où la question de l'accès au droit afin de les protéger pourrait renouveler le débat[36]. Surtout, aujourd'hui, cette conception subjectiviste est dépassée par une conception dite « matérialiste », selon l'expression de Marie-Anne Frison-Roche[37]. Dans cet esprit, c'est

26. V. not., B. Cerbeau, « Aide juridictionnelle et assurance de protection juridique : la mise en œuvre du principe de subsidiarité », *Gaz. Pal.* 3-4 avr. 2009, 2.
27. L. Cadiet, « Le spectre de la société contentieuse », *in Droit civil, procédure, linguistique juridique. Écrits en hommage à G. Cornu*, PUF, 1994, p. 29 s.
28. L. Cadiet, « Justice démocratique *versus* démocratie judiciaire ? », *in Justice et démocratie. Actes du colloque, Limoges*, 21-22 nov. 2002, *3e Entretiens d'Aguesseau*, textes réunis par Simone Gaboriau et Hélène Pauliat, Limoges, PULIM, 2003, p. 507.
29. Cons. const. 9 avr. 1996, n° 96-373 DC, *Autonomie de la Polynésie française*, consid. 85, *RD publ.* 1996. 953, note F. Luchaire.
30. CEDH 21 janv. 2010, *R.P. c/ France*, req. n° 10271/02, *Procédures*, mars 2010, p. 15, note N. Fricero.
31. Pour une étude d'ensemble, v. D. d'Ambra, F. Benoît-Rohmer, C. Grewe (dir.), *Procédure(s) et effectivité des droits*, Bruylant, coll. « Droit et Justice », 2004.
32. V.Y. Desdevises, *v°* « Accès au droit/Accès à la justice », *in* L. Cadiet (dir.), *Dictionnaire de la justice*, PUF, 2004, p. 1 s.
33. J.-M. Varaut, *Le droit au droit. Pour un libéralisme institutionnel*, PUF, coll. « Libre échange », 1986, p. 85 s. et 123 s. : l'auteur rapproche le droit au droit du droit au juge et ajoute dans la suite de sa réflexion que l'existence d'une société contractuelle suppose une société contradictoire.
34. L. Cohen-Tanugi, *Le droit sans l'État. Sur la démocratie en France et en Amérique (1985)*, préf. Stanley Hoffmann, PUF, coll. « Quadrige », 1992. Sur les liens entre rôle croissant du juge et société contractuelle, v. spéc. p. 86 s. : l'auteur relativise le phénomène de « gouvernement des juges ».
35. G. Farjat, « Entre les personnes et les choses, les centres d'intérêt. Prolégomènes pour une recherche », *D.* 2002. 221 s.
36. V. not. M.-A. Hermitte, « Le concept de diversité biologique et la création d'un statut de la nature », *in L'homme, la nature et le droit*, C. Bourgois éditeur, 1988.
37. M.-A. Frison-Roche, « Le droit d'accès à la justice et au droit », *in* R. Cabrillac, M.-A. Frison-Roche, Th. Revet (dir.), *Libertés et droits fondamentaux*, *op. cit.*, spéc. n° 642.

le contexte qui justifie la pertinence du droit au droit, de l'accès au droit ? En raison d'une inflation normative galopante, d'une enflure normative toujours plus importante, d'une complexité juridique croissante, d'une globalisation omniprésente, de formes d'inégalités grandissantes, d'une fondamentalisation des droits toujours plus pressante, l'accès au droit est devenu un pilier du combat pour l'effectivité des droits. Il faut alors penser à des mécanismes permettant de recréer un lien social et un lien entre les citoyens et leur droit[38]. Entrent alors dans cette dynamique les droits d'accès à… qui se multiplient, spécialement au sein de la Charte des droits fondamentaux de l'Union : droit d'accès à l'éducation et à la formation (art. 14), aux services de placement (art. 29), aux prestations sociales (art. 34), à la santé (art. 35), aux services d'intérêt général (art. 36), à l'information et aux documents (art. 27 ; art. 42)[39]. L'accès au droit désigne surtout la connaissance et la compréhension de leurs droits par les citoyens. C'est dans ce contexte que s'imposent les objectifs à valeur constitutionnelle que sont l'accessibilité et l'intelligibilité de la loi, les politiques de simplification du droit ou les processus de codification du droit. L'objectif de l'accès au droit est de permettre aux sujets de droit et aux citoyens, dans une société de droit, de connaître le Droit et leurs droits et d'en comprendre la teneur pour pouvoir les faire valoir devant un tiers impartial et désintéressé[40]. Là se rejoignent l'accès au droit et l'accès à la justice dans une relation dialectique : l'accès à la justice est un moyen pour les justiciables et sujets de droit de garantir l'effectivité de leurs droits et contribue à leur accès effectif au droit ou à leur accès à un droit effectif. En retour, l'accès au droit est destiné à faire connaître et à faire comprendre, première étape indispensable pour pouvoir faire valoir ses droits devant un juge. Ce lien inextricable entre l'accès à la justice et l'accès au droit peut d'ailleurs être observé au sein même des différents rapports publics que sont le rapport *Magendie*[41], le rapport *Guinchard*[42], le rapport *Darrois*[43] et le rapport *Delmas-Goyon*[44] qui tentent tous d'améliorer l'accès à la justice et de rendre plus rapide la satisfaction des droits.

**646** ***L'effectivité des droits et État de droit.*** Finalement, ce qui réunit l'accès au droit et l'accès à la justice est l'effectivité des droits. Tous deux sont également orientés vers l'État qui, au nom du droit au droit et du droit au juge, a à sa charge des obligations positives en vertu desquelles il doit tout mettre en œuvre pour instaurer ou restaurer cet accès au droit et à la justice[45]. En définitive, l'accès au droit et l'accès à la justice sont de simples moyens de contribuer à la mise en place d'une véritable citoyenneté[46]. L'accès au droit et l'accès à la justice sont les bases d'une véritable démocratie[47]. Ce lien est fait de longue date par le Conseil constitutionnel[48], et par la CEDH qui en fait les bases d'une société démocratique[49]. Cela est d'autant plus vrai que le procès est devenu une arme ; arme du droit permettant d'utiliser le procès comme une tribune, comme lieu de débats démocratiques. Ce détournement du procès n'est pas toujours souhaitable et à la démocratie judiciaire, premier stade

38. E. Jeuland, « L'énigme du lien de droit », *RTD civ.* 2003. 455.
39. V. A. Supiot, « Cinq questions pour la constitution d'une société européenne », *D.* 2003. Chron. 289.
40. Sur le critère du droit ramené à la présence du tiers impartial et désintéressé, v. A. Kojève, *Esquisse d'une phénoménologie du droit. Exposé provisoire*, Gallimard, coll. « Nrf », 1981, spéc. § 13 s., p. 69 s.
41. J.-C. Magendie (dir.), *Célérité et qualité de la justice devant la cour d'appel*, La Documentation française, 2008.
42. S. Guinchard (dir.), *L'ambition raisonnée d'une justice apaisée*, La Documentation française, 2008.
43. J.-M. Darrois (dir.), *Vers une grande profession du droit. Rapport de la commission présidée par Me Jean-Michel Darrois*, La Documentation française, avr. 2009.
44. P. Delmas-Goyon, « Le juge du XXIe siècle. Un citoyen acteur, une équipe de justice », déc. 2013.
45. W. Leisner, « L'État de droit, une contradiction ? », *in Mélanges Ch. Eisenmann*, 1977, p. 65 s.
46. Cette « citoyenneté » dite active figure ainsi dans la plupart des lois et rapports sur l'accès au droit, v. not. J.-L. Warsmann (dir.), *Simplifions nos lois pour guérir un mal français. Rapport au premier ministre*, La Documentation française, 2009. V. par ex., le chapitre Ier de la loi du 17 mai 2011 relatif aux « dispositions tendant à améliorer la qualité des normes et des relations des citoyens avec les administrations » ; L. n° 2000-321, 12 avr. 2000 relative aux droits des citoyens dans leurs relations avec les administrations.
47. « L'accès à la connaissance du droit et de la règle est l'un des fondements de la démocratie, au même titre que le droit de vote », discours prononcé par Michel Sapin, ministre de la Fonction publique, à l'occasion de l'installation du groupe de travail interministériel sur la qualité de la réglementation le 28 mars 2001.
48. Cons. const. 16 déc. 1999, n° 99-421 DC, *JO* 22 déc. 1999, p. 19041.
49. CEDH 21 janv. 2010, *R.P. c/ France*, req. n° 10271/02, *Procédures* mars 2010, p. 15, note N. Fricero.

de la société contentieuse, il faut plutôt lui préférer une justice démocratique, selon l'expression de Loïc Cadiet[50].

**647** ***Dialectique entre l'accès à la justice et l'accès au droit.*** Accès à la justice et accès au droit constituent les moteurs de l'effectivité des droits, objectif fondamental dans un État de droit. Ce lien inextricable qui unit accès à la justice et accès au droit empêche d'aborder l'un indépendamment de l'autre. L'effectivité des droits passe par l'un et par l'autre, voire l'un par l'autre. Ce lien entre l'accès au droit et l'accès à la justice est consacré en droit positif par l'article 53 de la loi n° 91-647 du 10 juillet 1991, qui envisage « l'aide à l'accès au droit » en ces termes : « 1° L'information générale des personnes sur leurs droits et obligations ainsi que leur orientation vers les organismes chargés de la mise en œuvre de ces droits ; 2° L'aide dans l'accomplissement de toute démarche en vue de l'exercice d'un droit ou de l'exécution d'une obligation de nature juridique et l'assistance au cours des procédures non juridictionnelles ; 3° La consultation en matière juridique ; 4° L'assistance à la rédaction et à la conclusion des actes juridiques ». On le voit, pour que l'accès au droit soit réalisé, il faut mettre en œuvre de manière concrète un accès des justiciables à la justice.

Cette dialectique naturelle entre accès à la justice et accès au droit oblige à penser l'ensemble des mesures destinées à renforcer la citoyenneté active des justiciables et sujets de droit sous ces deux angles[51]. Ainsi si l'accès à la justice sert l'accès aux droits dont il garantit l'effectivité, spécialement dans une société de droit qui se veut de plus en plus contentieuse, l'accès au droit est également mis au service de l'accès à la justice. L'accès à la justice est au service de l'accès aux droits (***I.***). L'accès au droit est réciproquement au service de l'accès à la justice (***II.***).

# I • L'accès à la justice au service de l'accès aux droits

**648** Permettre aux justiciables d'accéder à un tribunal, d'accéder à la justice, c'est avant tout leur garantir une protection effective de leurs droits subjectifs ou de leurs droits fondamentaux. La protection de l'accès à la justice au service de l'accès aux droits passe par la consécration d'un droit d'accès à la justice (**A.**) dont l'effectivité est garantie (**B.**).

## A • La consécration d'un droit d'accès à la justice

**649** L'accès à la justice est progressivement devenu un droit fondamental à part entière (*1.*), même s'il peut lui être opposé certaines limites (*2.*).

### 1 • La consécration d'un droit fondamental à l'accès à la justice

**650** ***Un caractère fondamental dérivé.*** Devant la pulvérisation des droits subjectifs et la fondamentalisation du droit, l'accès à la justice a progressivement changé de visage. Alors que les exigences d'égalité, de gratuité et de proximité construisaient un contexte adapté à l'accès à la justice, ce dernier est lui-même devenu un objet de droit. Il est désormais question de droit au juge, de droit à un tribunal ou encore de droit au recours. S'impose désormais un droit à l'accès à la justice. Le droit d'accès est fondamental par un effet réflexe, par accessoire. De manière dérivée, il tire son caractère fondamental

50. L. Cadiet, « Justice démocratique *versus* démocratie judiciaire ? », *in Justice et démocratie. Actes du colloque, Limoges*, 21-22 nov. 2002, *3e Entretiens d'Aguesseau*, textes réunis par Simone Gaboriau et Hélène Pauliat, Limoges, PULIM, 2003, p. 507.

51. V. not. dès 1804, A. Desrayaud, « De la sûreté à la citoyenneté du Code civil de 1804 », *RTD civ.* 2012. 677 s., spéc. p. 686 s.

des droits fondamentaux dont il assure l'effectivité. Cette consécration d'un droit d'accès à la justice existe au sein même des textes fondamentaux. L'article 8 de la Déclaration universelle des droits de l'homme et l'article 13 de la Convention européenne des droits de l'homme fondamentalisent le droit d'agir en justice. À ce titre, toute personne, physique ou morale, est en droit d'agir en justice « contre les actes violant les droits fondamentaux », selon la DUDH, ou « contre les droits et libertés reconnus par la Convention ». Le lien entre les droits substantiels et l'action en justice est ainsi établi : *pas de droit sans action*, pour reprendre la formule de droit romain. L'action en justice est une garantie de l'effectivité des droits fondamentaux substantiels et se rapporte à l'exigence de sécurité juridique[52]. Le Conseil constitutionnel veille également à l'effectivité des droits en garantissant un droit au recours. La Cour européenne des droits de l'homme s'appuie sur le droit au procès équitable de l'article 6, § 1, pour remonter vers l'accès à la justice. Le droit au procès équitable serait la concrétisation du droit d'accès à la justice[53]. Se fondant sur l'article 6, § 1, qui vise la matière civile et pénale, la Cour européenne des droits de l'homme a dernièrement considéré que la suspension d'un membre du Conseil supérieur de la magistrature (CSM) relevait de l'article 6, dès lors qu'il s'agissait d'un « litige professionnel », peu important que la personne exerce des fonctions au sein d'une institution constitutionnellement indépendante : il s'ensuit que viole le droit d'accès au tribunal, garanti par l'article 6, la mesure de suspension prise sans que la personne concernée ne puisse la contester devant une juridiction[54]. Le droit d'accès à la justice est un moyen de faire valoir ses droits. Il est une condition de l'effectivité des droits fondamentaux. Il est le droit des droits[55]. Le droit à l'accès à la justice devient le noyau dur d'une série de droits satellitaires : le droit au jugement, le droit d'être jugé dans un délai raisonnable, le droit à l'exécution de ce jugement[56]... La CEDH, dans l'arrêt *Henrioud c/ France* du 5 novembre 2015 (req. n° 21444/11), a condamné la France pour violation de l'article 6 en raison d'un arrêt de la Cour de cassation qui disait irrecevable un pourvoi provoqué au motif que l'acte de signification de la décision n'a pas été déposé dans le délai prescrit. La France aurait imposé un formalisme excessif[57]. L'article 979 du C. pr. civ. qui exige qu'« à peine d'irrecevabilité du pourvoi prononcée d'office, doivent être remises au greffe dans le délai de dépôt du mémoire : une copie de la décision attaquée et de ses actes de signification ; une copie de la décision confirmée ou infirmée par la décision attaquée », est considéré comme trop formaliste.

**651** ***Un caractère fondamental à titre principal.*** Le droit d'accès à la justice n'est pas seulement un moyen de garantir l'effectivité des droits. On peut se demander s'il n'est pas devenu un droit fondamental à part entière. La première traduction de ce droit est le droit d'agir en justice qualifié de droit processuel fondamental par H. Motulsky[58]. La deuxième traduction, plus controversée, renvoie aux voies de recours. Existe-t-il un droit aux voies de recours ? La polémique a surtout existé à propos de l'appel et de l'exécution provisoire. En vertu de l'exécution provisoire, la personne qui a perdu le procès doit exécuter le jugement malgré l'effet suspensif du délai des voies de recours ordinaires et de leur exercice. Cette exécution provisoire avait été encouragée par le rapport de la commission Magendie qui préconisait une exécution provisoire de plein droit au nom du droit d'accès à la justice. Le décret n° 2005-1678 du 28 décembre 2005 a inséré un article 526 dans le Code de procédure civile qui autorise, au contraire, le Premier président à radier l'appel formé contre un jugement ayant fait l'objet

52. Sur ce lien, v. CEDH 21 janv. 2010, *R.P. c/ France*, préc.
53. CEDH 21 févr. 1975, *Golder*, préc.
54. CEDH 20 juill. 2021, n° 79089/13, *Loquifer c/ Belgique*, *Procédures 2021*, n° 10, 256, obs. N. Fricero ; v. également CEDH 1er juill. 2021, n° 56176/18 et a., *Ass. BURESTOP 55 et a. c/ France*, pour le droit d'agir en justice des associations de protection de l'environnement.
55. V. déjà, L.-E. Petiti, « Les droits de l'homme et l'accès à la justice », *RIDH* 1990. 25 s.
56. V. CEDH 28 sept. 1995, *Scollo*, *RTD civ.* 1996. 1021, obs. J.-P. Marguénaud ; 19 mars 1997, *Hornby*, *JCP* 1997. II. 22949, note O. Dugrip et F. Sudre. Comp. Civ. 2e, 4 janv. 2012, *Gaz. Pal.* 28 févr. 2012, p. 14 et 15, obs. C. Brenner. À rapprocher du devoir de l'administration de prêter son concours à l'exécution des décisions de justice, CE 30 nov. 1923, *Couiteas*, *DP* 1923. 3. 29.
57. Fr. Mélin, *Dalloz Actualité* 18 nov. 2015.
58. H. Motulsky, « Le droit subjectif et l'action en justice », *in Le droit subjectif*, Sirey, coll. « Archives de philosophie du droit », 1964, p. 215 s.

d'une exécution provisoire qui n'a pas été respectée[59]. Ce décret permet d'affirmer, au nom d'une plus grande effectivité des droits et d'un droit à l'exécution du jugement, qu'il n'y a pas de droit à être jugé deux fois[60]. Cependant, il faut observer que priver parfois un justiciable d'un appel peut porter atteinte au droit d'accès au juge et par voie de conséquence aux droits dont il garantit l'effectivité. C'est dans ce souci également que lorsque le législateur n'a pas prévu de voie de recours, la Cour de cassation a parfois créé le recours-nullité, que ce soit en matière de procédures collectives ou en matière d'arbitrage. Pour ce faire, il faut, d'une part, un texte ayant expressément supprimé le second degré de juridiction et, d'autre part, un excès de pouvoir.
Le droit d'accès au juge, comme la plupart des droits fondamentaux, n'a rien d'absolu. Il existe ainsi un certain nombre de limites.

## 2 • La relativité du droit d'accès à la justice

**652** ***Atteinte justifiée et proportionnée.*** En cas de restrictions apportées à l'exercice du droit d'accès à la justice, la Cour européenne des droits de l'homme, la Cour de justice de l'Union européenne[61] et le Conseil constitutionnel[62] se livrent à un contrôle de proportionnalité. La limite au droit d'accès à la justice doit être justifiée par un motif légitime, les moyens doivent être proportionnés au but poursuivi et, en tout état de cause, il ne doit pas y avoir d'atteinte à la substance même du droit. Un délai trop bref, par exemple, pourrait être jugé comme une atteinte excessive au droit d'accès à la justice car il rend l'action impossible ou trop difficile[63]. L'immunité pure et simple de certaines personnes est aussi un obstacle à l'accès au droit qui peut être validé[64]. L'immunité est ainsi validée par la Cour européenne des droits de l'homme si les restrictions tendent à un but légitime et s'il existe un rapport raisonnable de proportionnalité entre les moyens employés et le but[65]. Il a de même été récemment jugé par la Cour de cassation dans un arrêt du 25 mai 2016, s'agissant d'une immunité d'exécution dont bénéficiait une banque centrale étrangère en vertu d'un accord conclu avec la France[66]. Il en va ainsi en matière de délais de prescription, qui ont pour effet de fermer l'accès au juge. Pour ne donner qu'un exemple, par un arrêt du 20 avril 2022, la Cour de cassation a jugé que « la réduction du délai de prescription par la loi nº 2013-504 du 14 juin 2013, qui a substitué à la prescription quinquennale de l'article 2224 du Code civil, relatif aux actions personnelles ou mobilières, une prescription biennale prévue à l'article L. 1471-1 du Code du travail, selon lequel toute action portant sur l'exécution ou la rupture du contrat de travail se prescrit par deux ans à compter du jour où celui qui l'exerce a connu ou aurait dû connaître les faits lui permettant d'exercer son droit, ne constitue pas une atteinte disproportionnée au droit d'accès au juge dès lors que ce délai a pour finalité de garantir la sécurité juridique en fixant un terme aux actions du salarié dûment informé des voies et délais de recours qui lui sont ouverts devant la juridiction prud'homale »[67]. On peut, enfin, aborder la question des

59. Ph. Hoonakker, « Dernières réformes de l'exécution provisoire », *D.* 2006. 754 s. ; J. Villacèque, « À propos du décret du 28 décembre 2005 réformant la procédure civile : perspectives et regrets », *D.* 2006. Chron. 539 s.
60. J. Séveno, « Vers la fin du droit à être jugé deux fois ? », *Gaz. Pal.* 30 oct. 2005, p. 6 s.
61. V. not. CJCE 13 juill. 2006, *Manfredi*, aff. C-295 et 298/04.
62. Cons. const. 21 janv. 1994, nº 93-335 DC, *JO* 26 janv. 1994, p. 1382, Rec. Cons. const. 40.
63. CEDH 10 juill. 2001, *Tricard c/ France*, *JCP* 2002. II. 10034, note Di Raimondo ; Cons. const. 9 avr. 1996, nº 96-373 DC, *Statut de la Polynésie française*, préc.
64. R. de Gouttes, « L'évolution de l'immunité de juridiction des États étrangers », *in Rapport de la Cour de cassation de 2003*, La Documentation française, 2004, p. 249 s.
65. CEDH 21 nov. 2001, *Fogarty c/ Royaume-Uni*, § 33, *Rec.* 2001-XI ; *D.* 2003. 1246, note Flauss ; *JCP* 2002. I. 105, Chron. Sudre.
66. Civ. 1re, 25 mai 2016, pourvoi nº 15-18.646 : « le justiciable, qui se voit opposer le caractère absolu de l'immunité d'exécution d'une organisation internationale, dispose, par la mise en œuvre de la responsabilité de l'État, d'une voie de droit propre à rendre effectif son droit d'accès à un tribunal, de sorte que le seul fait de ne pouvoir saisir les fonds de la BEAC, en France, ne constituait pas, au préjudice de M. X..., une restriction disproportionnée à ce droit, au regard du but légitime poursuivi par l'accord garantissant une immunité d'exécution à cette banque centrale pour faciliter l'accomplissement de ses missions, la cour d'appel a violé le texte susvisé ».
67. Soc. 20 avr. 2022, nº 19-17.614.

filtrages. Parfois l'accès à la justice est conditionné. La responsabilité de l'État pour fonctionnement défectueux du service public de la justice ne peut être engagée qu'en cas de faute lourde ou déni de justice. Ayant assoupli la conception de la faute lourde et du déni de justice, ce filtre est aujourd'hui considéré comme légitime par la Cour de cassation[68] qui juge cette limite conforme à l'article 6 § 1. Un rapport remis en mai 2015 par Jean-Paul Jean fait remarquer que la procédure de sélection des pourvois des articles 1014 du C. pr. civ. et 567-1 du C. pr. pén. ne permettent pas un réel mécanisme de sélection des pourvois. Le rapport envisage deux voies : soit instaurer une vraie procédure d'admission du pourvoi sur la base de cinq critères de « non-admission » (ex. absence de violation d'un principe fondamental, absence de question juridique de principe…) ; soit « réduire les délais de traitement de certains pourvois, en créant une véritable procédure d'admission », à l'instar de ce qui se fait au Conseil d'État[69]. L'autorité de la chose jugée, depuis l'affaire *Césaréo* du 7 juillet 2006[70], limite là encore l'accès à la justice. Cependant, cette obligation « de présenter dès l'instance relative à la première demande l'ensemble des moyens de droit qu'il estime de nature à fonder celle-ci », a été jugée conforme au droit d'accès au juge par la Cour de cassation. Le filtrage des pourvois en cassation, par la procédure d'admission des pourvois, a aussi posé question mais le procédé est également jugé conforme au droit d'accès au juge[71].

## B • Les garanties d'un accès effectif à la justice

**653** Les garanties d'un accès effectif à la justice renvoient à la mise en place d'un environnement favorable à l'accès à la justice. Ces garanties peuvent être résumées à trois exigences ou objectifs : l'égalité (*1.*), la gratuité (*2.*) et la proximité (*3.*).

### 1 • L'égalité

**654** ***Égalité devant la loi, égalité devant la justice et accès à la justice.*** Le droit d'accès à la justice est étroitement lié au fonctionnement du service public de la justice. Cette mission de service public de la justice a été expressément consacrée par le Conseil constitutionnel dans une décision du 19 février 1998[72]. Parmi les principes du service public se trouve en bonne place le principe d'égalité. Il existe un droit égal à être jugé. La Cour européenne des droits de l'homme a reconnu ce droit à l'égalité des justiciables, droit de faire valoir leur différend devant un tribunal étatique[73]. Ce principe d'égalité, qui se situe en toile de fond du droit d'accès à la justice, a également été consacré par le Conseil constitutionnel dans sa décision du 23 juillet 1975 qui intègre le principe d'égalité devant la justice au principe d'égalité devant la loi proclamé par la Déclaration des droits de l'homme de 1789[74]. En vertu de ce principe, tous les justiciables dans une situation identique ont le droit d'être jugés par les mêmes tribunaux. En outre, les règles aussi bien substantielles que processuelles doivent être identiques[75]. Dans cet esprit, pour être jugé de manière égale par les juges du fond, une juridiction supérieure doit être mise en place afin d'assurer l'unité du droit. Telle est l'une des fonctions du Conseil d'État, pour les juridictions administratives, et de la Cour de cassation, pour les juridictions judiciaires.

68. Cass., ass. plén., 23 févr. 2001, *Cts Bolle-Laroche*, *Bull. ass. plén.*, n° 5.
69. M. Babonneau, « Filtrage des pourvois : la Cour de cassation espère retrouver sa "mission normative" », *Dalloz Actualité* 17 juin 2015.
70. Cass., ass. plén., 7 juill. 2006, *BICC* 15 oct. 2006, p. 37 s., rapp. Charruault, note Koering-Joulin, avis Benmakhlouf.
71. C. pr. civ., art. 1014. Pour une vue d'ensemble, v. G. Canivet, « La procédure d'admission des pourvois en cassation. Bilan d'un semestre d'application de l'article L. 131-6 du Code de l'organisation judiciaire », *D.* 2002. 2195 s.
72. Cons. const. 19 févr. 1998, n° 98-396 DC, *JO* 26 févr.
73. CEDH 26 avr. 1979, série A n° 30 § 55.
74. Cons. const. 23 juill. 1975, n° 75-56 DC, Rec. Cons. const. 22.
75. L. Cadiet, J. Normand, S. Amrani-Mekki, *Théorie générale du procès*, 1re éd., PUF, 2010.

Par sa décision du 16 décembre 1999[76], le Conseil constitutionnel établit clairement ce lien entre intelligibilité, accessibilité et égalité. La connaissance du droit et des droits permet de garantir aux citoyens et aux sujets de droit le respect des principes constitutionnels d'égalité devant la loi (DDH, art. 6). Ce principe d'égalité implique l'accessibilité et l'intelligibilité de la loi, objectifs à valeur constitutionnelle[77].

**655** ***Égalité et action de groupe.*** Les inégalités économiques, intellectuelles ou sociales, peuvent être la source d'une inégalité dans la protection des droits. Pour faciliter un accès égal à la justice, certaines mesures spécifiques ont pu être prises. L'une d'entre elles est l'objet d'un débat passionné : l'action de groupe. L'action en représentation conjointe n'a pas eu en France l'effet escompté. En dehors du cas spécial de l'action en représentation conjointe[78], le législateur a multiplié les habilitations législatives permettant aux associations d'agir dans un intérêt collectif et la jurisprudence a de son côté assoupli les conditions de recevabilité[79]. Mais ces actions ne suffisent pas à protéger efficacement le droit des victimes, notamment dans le domaine de la consommation. Certains préconisent alors, depuis quelques années, la transposition en France d'une « class action » inspirée du droit américain. Notamment, depuis 2005, les projets de réforme se succèdent afin d'instaurer une action de groupe qui permettrait aux consommateurs d'obtenir réparation des dommages causés au moyen d'une procédure collective et simplifiée. L'action serait engagée sans avoir reçu mandat des consommateurs. La loi Hamon n° 2014-344 du 17 mars 2014 et son décret d'application n° 2014-1081 du 24 septembre 2014 ont introduit en France l'action de groupe[80]. L'article L. 623-1 du Code de la consommation dispose ainsi qu'« une association de défense des consommateurs représentative au niveau national et agréée en application de l'article L. 811-1 peut agir devant une juridiction civile afin d'obtenir la réparation des préjudices individuels subis par des consommateurs placés dans une situation similaire ou identique et ayant pour cause commune un manquement d'un ou des mêmes professionnels à leurs obligations légales ou contractuelles ». L'action de groupe a été étendue par la loi n° 2016-41 du 26 janv. 2016 aux produits de santé[81]. Consacrant définitivement la montée en puissance des actions de groupe dans notre système juridique, la loi J21 crée un socle commun pour les actions de groupe[82]. Ce nouveau socle concerne cinq actions de groupe dans le domaine de la santé, des discriminations, des discriminations au travail, de l'environnement et du traitement des données personnelles numériques. Ces différentes actions sont soumises à des règles communes définies par la loi. Notamment, l'article 63 de la loi prévoit que « seules les associations agréées et les associations régulièrement déclarées depuis cinq ans au moins dont l'objet statutaire comporte la défense d'intérêts auxquels il a été porté atteinte peuvent exercer l'action mentionnée à l'article 62 ».

L'accès à la justice suppose l'instauration d'une certaine égalité qui va de pair avec une certaine gratuité.

## 2 • La gratuité

**656** ***Gratuité de la justice.*** L'égalité appelle la gratuité car l'inégalité économique est un obstacle majeur à l'égalité d'accès à la justice[83]. Pour garantir l'effectivité des droits et garantir un droit effectif au juge, il faut gommer les inégalités économiques en mettant en place un système permettant la prise

76. Cons. const. 16 déc. 1999, n° 99-421 DC, préc.
77. M.-A. Frison-Roche, W. Baranès, « Le principe constitutionnel de l'accessibilité et d'intelligibilité de la loi », *D.* 2000. 253 s.
78. C. consom., art. L. 622-1 s. L'association de consommateurs peut engager une action, en vertu d'un mandat par lequel elle va représenter les consommateurs ayant subi un préjudice identique causé par le fait d'un même professionnel.
79. Il suffit que l'intérêt entre dans l'objet social de l'association : Civ. 1re, 2 mai 2001, n° 99-10.709, *JCP* 2008. II. 10020, note B. Parance ; *D.* 2001. 1973, note J.-P. Gridel ; Civ. 2e, 27 mai 2004, n° 02-15.700, *Bull. civ.* II, n° 239 ; *JCP* 2004. IV. 2467 ; *D.* 2004. 2931, obs. E. Lamazerolles ; Civ. 1re, 18 sept. 2008, *Bull. civ.* I, n° 201 : « même hors habilitation législative, et en l'absence de prévision statutaire expresse quant à l'emprunt des voies judiciaires, une association peut agir en justice au nom d'intérêts collectifs dès lors que ceux-ci entrent dans son objet social ».
80. Sur cette loi et son décret, S. Amrani Mekki, « Action de groupe : mode d'emploi », *Procédures* déc. 2014, n° 12. Étude 16.
81. S. Amrani-Mekki, « Action de groupe santé. Un nouveau modèle pour de nouveaux préjudices », *JCP* 2016, n° 146 ; du même auteur, « L'action de groupe du XXIe siècle, un modèle réduit et réducteur », *JCP* 2015. Actu. 1196.
82. S. Amrani-Mekki, « Le socle commun procédural de l'action de groupe de la loi de modernisation de la justice du XXIe siècle », *JCP* 2016, n° 50, p. 2310 et s.
83. Sur la place de l'analyse économique, B. Deffains, « L'analyse économique de la résolution des conflits juridiques », *Rev. fr. éco.*, 1997, n° 3, p. 57 s.

en charge des frais de justice[84]. Le principe de gratuité a été consacré par les lois des 16 et 24 août 1790 dont l'article 11 dispose que « les juges rendront gratuitement la justice ». Ce principe a été généralisé par la loi n° 77-1469 du 30 décembre 1977 qui impose la gratuité des actes de justice devant les juridictions civiles et administratives. Cette gratuité est de plus en plus problématique face aux nouvelles technologies entraînant un coût de plus en plus élevé des mesures d'instruction[85]. À vrai dire, la gratuité suppose surtout de résoudre la question du coût des auxiliaires de justice. En principe, les justiciables prennent en charge les frais et dépens[86]. Si la justice étatique est gratuite, la justice arbitrale est coûteuse pour les parties. Est-ce que l'impécuniosité de l'une des parties est alors de nature à remettre en question l'application d'une clause conférant compétence à un arbitre pour statuer sur le litige (clause compromissoire) ? Par un arrêt du 28 septembre 2022, la Cour de cassation a jugé qu'une cour d'appel « a retenu à bon droit, sans méconnaître le droit d'accès au juge, que l'invocation par les demandeurs de leur impécuniosité n'était pas, en soi, de nature à caractériser l'inapplicabilité manifeste des clauses compromissoires »[87].

**657** ***Financement public et financement privé.*** Pour garantir au mieux l'accès à la justice conformément au principe de gratuité, la loi a mis en place une aide juridique au sein de laquelle l'aide juridictionnelle occupe une place dominante. En raison des problèmes budgétaires, rappelés par le dernier rapport de la Cour des comptes du 28 octobre 2014 sur les « frais de justice depuis 2011 »[88], le financement n'est pas seulement public mais également d'origine privée par le biais de l'assurance de protection juridique.

**658** ***Aide juridictionnelle.*** L'aide juridictionnelle a été mise en place par la loi n° 91-647 du 10 juillet 1991 (art. 2 à 52-1). Le but de l'aide juridictionnelle est de permettre aux justiciables aux « revenus modestes de mieux accéder aux ressources d'un système juridique de plus en plus perfectionné sans avoir à supporter, totalement ou partiellement, les frais occasionnés par la mise en œuvre d'une procédure »[89]. Cette institution de l'aide juridictionnelle fait partie des obligations positives pesant sur les États. En l'absence d'une aide juridictionnelle, l'État est sanctionné par la Cour européenne des droits de l'homme qui juge que l'absence injustifiée d'aide peut constituer une atteinte au droit d'accès au juge[90]. Il existe désormais un véritable droit fondamental à l'aide juridictionnelle[91]. Comme nous l'avons vu, le droit à l'accès au juge est un droit fondamental garanti par la Conv. EDH et la Constitution. Son exercice effectif exige que soit assuré l'accès de chacun, avec l'assistance d'un défenseur, au juge chargé de statuer sur sa prétention. Dans cette perspective, la mise en place de l'aide juridictionnelle est destinée à l'assurer auprès des personnes les plus pécuniairement démunies. Il implique le droit à l'assistance d'un avocat, choisi par le bénéficiaire de l'aide ou à défaut désigné par le bâtonnier. Et qu'advient-il lorsque l'avocat désigné au titre de l'aide juridictionnelle refuse finalement d'assister son client ? Le juge ne saurait alors statuer, à peine de méconnaître le droit à l'assistance d'un avocat, qui doit être effectif et concret[92]. Dans le même esprit, la Cour européenne des droits de l'homme a jugé que l'absence d'aide juridictionnelle, à propos d'un contentieux qui ne suppose pourtant pas obligatoirement la représentation par un avocat, pouvait constituer une atteinte au droit d'accès au juge en raison de la technicité du litige qui vient alors affaiblir le justiciable privé de conseil[93]. Ce système a

84. Pour une vue d'ensemble, *Rapport du Conseil d'État. Le principe d'égalité*, La Documentation française, 1997.
85. V. Sénat, Rapport sur la mise en œuvre de la LOLF, 2005 ; *Procédures* 2005. Alerte 80.
86. J.-C. Woog, « L'indemnité de l'article 700 du Nouveau Code de procédure civile, indicateur sociologique », *Gaz. Pal.* 1er juill. 1998, p. 6. *Adde*, L. Cadiet, E. Jeuland, *Droit judiciaire privé*, 7e éd., LexisNexis, 2011, nos 46 s., p. 43 s.
87. Civ. 1re, 28 sept. 2022, n° 21-21.738, *D.* 2022, p. 2022, note N. Dissaux.
88. Cl. Engelhard, « Les frais de justice. Une adaptation nécessaire au droit budgétaire et comptable contemporain », *JCP* 2014, n° 1204.
89. L. Cadiet, E. Jeuland, *op. cit.*, n° 53, p. 48.
90. CEDH 29 juill. 1998, *Aerts*, *D.* 1998. Somm. 364.
91. J. Bougrab, « L'aide juridictionnelle : un droit fondamental », *AJDA* 2001. 1016 ; G. Marchesini, « Le droit à l'aide juridictionnelle. Réflexion sur l'effectivité d'un droit fondamental », *RRJ* 2003. 77 s.
92. Crim. 22 mars 2017, n° 16-83.928, *AJ pénal* 2017. 292, obs. J. Gallois.
93. CEDH 9 oct. 1979, *Airey*, *in* V. Berger, *Jurisprudence de la Cour européenne des droits de l'Homme*, 9e éd., Sirey, p. 164 s.

été complété par des règles propres aux litiges transfrontières dans l'Union européenne[94]. Le rapport *Le Bouillonnec* du 9 octobre 2014, intitulé « Financement et gouvernance de l'aide juridictionnelle. À la croisée des fondamentaux. Analyse et propositions d'aboutissement », fait des propositions pour améliorer le financement de l'aide juridictionnelle, notamment en défendant une implication plus importante des avocats[95].

Pour 2011, l'aide juridictionnelle totale est possible pour les revenus mensuels inférieurs à 929 euros et pour les revenus inférieurs à 1 393 euros par mois pour une prise en charge partielle. Le problème du financement de l'aide juridictionnelle est récurrent en Europe même si le budget qui lui est consacré augmente régulièrement[96]. Une évolution récente a suscité une polémique. Un droit de timbre de 35 euros avait été créé par la loi de finances 2012 pour le financement de l'aide juridictionnelle[97] et constituait une condition de recevabilité de la demande. Le décret n° 2013-1280 du 29 décembre 2013 a supprimé cette contribution qui figurait à l'article 1635 Q du Code général des impôts. Ces dispositions entrent en vigueur pour les instances introduites à compter du 1er janvier 2014. La loi de finance de 2015 précise que le montant du droit fixe d'appel dû par les parties lorsque la constitution d'avocat est obligatoire est passé à compter du 1er janvier 2015 de 150 à 225 euros, la durée de perception de ce droit étant prolongée jusqu'au 31 décembre 2026[98].

Le financement de la collectivité est aujourd'hui relayé par des financements privés[99], l'assurance de protection juridique[100], témoin d'une belle conciliation entre solidarité et marché[101].

**659** ***Assurance de protection juridique.*** La loi du 31 décembre 1989 a modifié le Code des assurances en y introduisant l'article L. 127-1 qui définit l'assurance de protection juridique comme « toute opération consistant, moyennant le paiement d'une prime ou d'une cotisation préalablement convenue, à prendre en charge des frais de procédure ou à fournir des services découlant de la couverture d'assurance, en cas de différend ou de litige opposant l'assuré à un tiers, en vue notamment de défendre ou représenter en demande l'assuré dans une procédure civile, pénale, administrative ou autre contre une réclamation dont il est l'objet ou d'obtenir réparation à l'amiable du dommage subi ». Ces contrats ne doivent ainsi pas être confondus avec les garanties défense-recours qui protègent un défendeur contre une action en responsabilité en raison d'un fait dommageable dont il serait l'auteur. Le législateur a enfin pris conscience de la complémentarité entre aide juridique de l'État et protection juridique des assurances[102] et entérine celle-ci dans le décret n° 2008-1324 du 15 déc. 2008 qui précise le régime de la prise en charge au titre de l'aide juridictionnelle des frais non couverts par un dispositif de protection juridique, décret qui a été complété par un arrêté du 27 février 2009 fixant le modèle de la décision de prise en charge ou de non prise en charge de l'assureur de protection juridique[103]. À cet égard, dans le cadre d'une assurance de protection juridique, une décision de la CJUE du 7 novembre 2013 a jugé que le libre choix de l'avocat par l'assuré, de portée générale et obligatoire, ne peut être limité aux seules

94. L. 10 juill. 1991, art. 3-1 et 61, ajoutés par L. n° 2005-750, 4 juill. 2005, art. 1er, *JCP* 2005. I. 183, n° 18, obs. E. Jeuland. Cette loi transpose la directive du 27 janv. 2003.
95. Fl. G'sell, « Quel avenir pour les "avocats des pauvres" ? À propos du rapport Le Bouillonnec », *JCP* 2014, n° 1067.
96. Les crédits de l'aide juridictionnelle sont passés de 233 M€ à 271 M€ (+ 16 %), *JCP* 2012, n° 1078. *Adde*, « L'aide juridictionnelle : réformer un système à bout de souffle. Synthèse du rapport d'information du sénateur Roland de Luart », *Gaz. Pal.* 19-20 oct. 2007, p. 36 s.
97. CGI, art. 1635, *bis* Q. Ce droit n'a pas à être payé par ceux qui bénéficient de l'aide juridictionnelle.
98. V. M. Attal, « Le prix de l'accès à la justice en appel », *JCP* 2014, n° 1167.
99. Sur le financement des procès par les tiers, v. not. le rapport du Club des juristes, sur ce point, S. Menétrey, « Financement du procès par les tiers. À propos du rapport du Club des juristes », *JCP* 2014, n° 836.
100. B. Cerveau, « Aide juridique et protection juridique : l'assurance au secours de l'État », *Gaz. Pal.* 1992. 2. 622.
101. J. Courrouy, « Réflexions sur quelques aspects de l'assurance de protection juridique », *D.* 1992. 169 s. ; B. Cerveau, D. Tribondeau, *L'assurance de protection juridique, un moyen moderne d'accès à la justice*, éd. Argus, 1991.
102. Sur l'avenir de cette collaboration, Ministère de la justice, FFSA et GELMA, v. communiqué du 5 avr. 2011, *D.* 2011. 1012.
103. B. Cerbeau, « Aide juridictionnelle et assurance de protection juridique : la mise en œuvre du principe de subsidiarité », *Gaz. Pal.* 3-4 avr. 2009, p. 2 s.

situations dans lesquelles l'assureur décide qu'il faut faire appel à un conseil externe. L'arrêt ajoute que le caractère obligatoire ou non de la représentation n'a pas d'incidence sur la liberté de choix de l'avocat par l'assuré[104].

**660** ***Gratuité et low cost.*** Signe de *l'ubérisation* du droit, la question des services juridiques en ligne, services *low cost*, est au cœur de nombreuses polémiques[105]. Ainsi, des plateformes numériques proposent désormais des services juridiques dématérialisés et automatisés à moindre coût. Le développement des *legaltechs* introduit un traitement numérique et automatisé d'un dossier, grâce à l'utilisation des algorithmes, toutes les fois où la représentation par avocat n'est pas obligatoire (conseil de prud'hommes, chambre de proximité du tribunal judiciaire,...). Les avocats invoquent une concurrence malsaine, qui nuit tant à leur corps qu'à celui des justiciables, au regard de la qualité douteuse de l'information juridique pourvue. Dans ce cadre, la loi n° 2014-344 du 17 juin 2014 autorise désormais les avocats à recourir à la publicité et à la sollicitation personnalisée, dans les conditions fixées par décret en Conseil d'État, et renforce les sanctions pénales du démarchage juridique prohibé ainsi que celles de l'exercice illégal du droit et de la profession d'avocat[106]. La loi J21 a étendu à toutes les professions juridiques et judiciaires cette possibilité de sollicitation numérique. Ainsi, l'article 3-III de la loi prévoit que les huissiers de justice, les notaires, les commissaires-priseurs judiciaires, les avocats, les commissaires aux comptes et les experts-comptables « peuvent recourir à la sollicitation personnalisée, notamment par voie numérique, et proposer des services en ligne. Les conditions d'application du présent III, notamment les adaptations nécessaires aux règles déontologiques applicables à ces professions dans le respect des principes de dignité, de loyauté, de confraternité et de délicatesse, sont fixées par décret en Conseil d'État ». La libéralisation de la publicité pour les professionnels du droit les protégera-t-elle du spectre de *d'ubérisation* du droit ? Seul l'avenir nous le dira. À l'égalité et à la gratuité s'ajoute une exigence de proximité.

## 3 • La proximité

**661** L'accès au droit n'est pas seulement une question d'ordre intellectuel ou économique mais aussi d'ordre géographique. Il faut rapprocher le justiciable de ses juges, renforcer la proximité. C'est à ce titre qu'il convient d'évoquer les juges de proximité, la carte judiciaire, l'apport des nouvelles technologies et enfin la création par la loi J21 d'un guichet unique[107].

**662** ***Les juges de proximité.*** La loi organique n° 2002-1138 du 9 septembre 2002 instaurant les juges de proximité illustrait parfaitement l'importance du dialogue dans les rapports entre les justiciables et leurs juges[108]. Le juge de proximité n'était pas un magistrat professionnel mais un citoyen qualifié recruté pour sept ans, non renouvelables. Ce juge était censé symboliser l'ancien juge de paix, historiquement juge d'instance, supprimé en 1958, juge plus accessible, même si cette accessibilité est contestée[109]. À l'origine, ces juges devaient s'occuper des « petits litiges » et la loi n° 2004-510 du 20 janvier 2005 avait augmenté leurs prérogatives en ce sens. Ils connaissaient, selon la loi de 2005, des actions personnelles ou mobilières intentées par des personnes physiques ou morales pour les besoins de leur vie professionnelle ou non-professionnelle. Leur existence a pourtant été contestée au regard de l'enchevêtrement des compétences entre juridictions de proximité et tribunal d'instance et le rapport *Guinchard* relatif à la répartition des contentieux du 30 juin 2008 a même préconisé leur suppression.

104. *Dalloz actualité*, 13 nov. 2013, obs. A. Portmann.
105. « Accessibilité des services juridiques : un marché à conquérir pour les avocats », *JCP* 2014, n° 708.
106. Le CNB a créé un incubateur juridique le 1er janvier 2014, sorte de *think tank* pour moderniser la profession et améliorer l'accès au droit et à la justice.
107. Il aurait pu également être évoqué le développement des procédures orales qui contribuent à renforcer cette proximité.
108. L. n° 2002-1138, 9 sept. 2002 ; L. org. n° 2003-153, 26 févr. 2003 ; Décr. n° 2003-542, 23 juin 2003 (COJ, art. L. 331-1 à L. 331-9).
109. M. Véricel, « Pour une véritable justice de proximité en matière civile », *JCP* 2003. I. 114. *Adde, Les juridictions et juges de proximité. Leur rôle en matière d'accès à la justice des petits litiges*, Étude du CERCRID de l'Université de Saint-Étienne, *JCP* 2009. I. 106.

Après avoir été repoussée à de nombreuses reprises, la suppression des juges de proximité a été finalement actée par la loi organique n° 2016-890 du 8 août 2016, et ce à compter du 1er juillet 2017. Désormais, les litiges de moins de 4 000 euros relevaient tous de la compétence du tribunal d'instance. Il faut souligner que si la juridiction de proximité disparaît, le statut même de juge de proximité est anéanti. Ce juge est remplacé par le statut de magistrat temporaire, qui avait été instauré en 1995. Ces magistrats, qui sont membres de la société civile, peuvent siéger comme juges au tribunal d'instance ou être assesseurs au sein du tribunal de grande instance. Il est enfin assez piquant d'observer que la loi du 23 mars 2019, en supprimant les tribunaux d'instance, risquait d'éloigner considérablement le justiciable de la justice. C'est pourquoi la loi crée des « chambres de proximité » au sein des tribunaux judiciaires, dans les petites communes, qualifiées de tribunaux de proximité. La proximité revient donc sur le devant de la scène, même s'il n'existe plus une juridiction de proximité autonome, mais une chambre détachée des tribunaux judiciaires. Par où l'on voit que l'objectif de simplification recherché par la création d'une juridiction unique apparaît en trompe l'œil, dès lors que subsistent des tribunaux de proximité pour les petits litiges de la vie quotidienne, ce qui correspond à l'ancienne compétence des tribunaux d'instance.

**663** ***La carte judiciaire.*** L'accès à la justice est étroitement lié à la question de la carte judiciaire. L'éloignement trop important des lieux de justice peut venir menacer l'effectivité du droit au juge. La réforme de la carte judiciaire achevée par le décret du 31 décembre 2010 a entraîné une réduction du nombre de juridictions, mesure qui amène à s'interroger sur son impact sur l'accès à la justice. Cette réforme fait l'objet d'un accueil mitigé. Certains considèrent qu'elle est un recul de l'accès à la justice éloignant physiquement le juge des justiciables. À vrai dire, cette réforme renforce l'accès à la justice par une concentration et une rationalisation des moyens au plus grand profit des justiciables qui seront mieux traités grâce, notamment, à un personnel plus important mis à leur disposition[110]. La fusion des tribunaux d'instance et des tribunaux de grande instance au profit des tribunaux judiciaires, réalisée par la loi de programmation pour la justice du 23 mars 2019 soulève les mêmes inquiétudes, même si ces inquiétudes ont été communes où n'existaient que des tribunaux d'instance.

**664** ***Les nouvelles technologies.*** La proximité est également encouragée par le développement des nouvelles technologies. Ces nouvelles technologies pourraient ainsi prendre le relais des juridictions supprimées. En même temps, elles pourraient permettre une plus large diffusion, et à moindre coût, de l'information. L'impulsion est encore européenne qui incite à la création de procédures simplifiées électroniques notamment pour les « petits litiges ». La visioconférence pourrait aussi contribuer à rapprocher les justiciables de la justice. Elle est déjà présente en matière pénale et permet une économie importante. Cette visioconférence est cependant contestable car elle se fait, malheureusement, au prix d'un sacrifice des droits de la défense. La justice de demain pourrait être démocratique[111] et électronique[112]. Il est certain que le développement du numérique conduira à une réforme en profondeur du procès civil : dématérialisation des audiences, automatisation de la saisine du juge, recours aux *blockchains* au stade de l'exécution[113]. La « transformation numérique » était d'ailleurs l'un des cinq chantiers de réforme de la justice qui ont été annoncés par le gouvernement le 6 octobre 2017, aux côtés de « l'amélioration et la simplification de la procédure pénale », de « l'amélioration et la simplification de la procédure civile », de « l'adaptation de l'organisation judiciaire » et du « sens et de

110. V. sur ce point, CE 19 févr. 2010, req. n° 322407, rapp. M. Guyomar.

111. À propos du rapport de juin 2012 du Club des juristes par L. Cadiet, *Pour une administration au service de la justice* (www.leclubdesjuristes.com), v. L. Raschel, « Administration de la justice : la réforme est en marche ! », *Procédures* 2012. Alerte 37.

112. Arr. 28 août 2012, *JCP* 2012. Actu. 955, obs. J.-P. Teboul. *Adde*, N. Fricero, « Une justice efficace et de qualité pour 800 millions d'Européens, c'est possible ! À propos du rapport de la CEPEJ du 20 septembre 2012 », *JCP* 2012, n° 1031. Sur les difficultés possibles, v. Fr. Gleitz-Winterstein et M. Attal, « Communication électronique *versus* libre accès à la justice par l'avocat », *JCP* 2014, n° 498.

113. V. sur cette question, N. Fricero, « Plaidoyer pour un procès civil disruptif et pour une mutation anthropologique des acteurs judiciaires », *JCP G*, 2017, n° 1305.

l'effectivité des peines ». Après une importante phase de consultation et de concertation, le projet de loi devrait être déposé en septembre 2018. Le groupe de travail désigné par le gouvernement, qui a remis ses travaux en janvier 2018, propose d'encourager la médiation numérique pour les litiges de la vie quotidienne, de mettre en place un dossier numérique unique en matière civile et pénale dès le début d'une procédure et de s'appuyer sur le réseau associatif pour prévenir toute fracture numérique[114]. Cette volonté s'est notamment traduite par la dématérialisation de la procédure d'injonction de payer, réalisée par la loi du 23 mars 2019 de programmation de la justice, réforme qui a finalement été abandonnée[115]. Il faut dire que la dématérialisation peut constituer une entrave au droit d'accès au juge, lorsque la saisine de la juridiction par voie numérique constitue la seule voie possible[116]. Au-delà de la numérisation, les nouvelles technologies permettent, grâce à la constitution d'immenses bases de données et aux algorithmes, de recourir à ce que l'on dénomme la « justice prédictive ». Il s'agit, grâce à un calcul informatique, d'anticiper sur les chances de succès d'une action devant telle juridiction avec telle ou telle stratégie. On peut craindre une déshumanisation de la justice : il conviendra à l'avocat de demain de démontrer ce qu'apporte un être fait de chair et de sang par rapport à la machine : le raisonnement, l'intuition, la délicatesse, et plus généralement, l'humanisme. Il faut à cet égard noter que la loi pour la République numérique du 7 octobre 2016 crée un *open data* des décisions de justice, c'est-à-dire la mise à disposition du public des décisions de justice. Cette base de données, accessible et gratuite, constitue un véritable trésor de guerre pour le développement de la justice prédictive. La loi du 23 mars 2019 de programmation de la justice 2018-2022 vient encore renforcer le mouvement, avec l'anonymisation généralisée de toutes les personnes physiques mentionnées dans les décisions (préalable à la publication généralisée), ce qui rend leur compréhension beaucoup plus complexe[117]. La décision de justice n'est plus vraiment publique, ni vraiment humaine : elle devient une donnée qui vient nourrir les algorithmes. Cette mise en ligne a été mise en œuvre par un décret n° 2020-797 du 29 juin 2020 qui confie la publication des décisions de justice aux deux juridictions supérieures : la Cour de cassation pour l'ordre judiciaire et le Conseil d'État pour l'ordre administratif. Un portail internet (« Portalisé ») placé sous la responsabilité du garde des Sceaux permettra ensuite l'accès du public aux décisions des juges du fond.

**665** ***Loi J21 : Guichet unique.*** La loi J21 a entendu rapprocher la justice de ses citoyens en généralisant le système du guichet unique, qui avait été expérimenté dans quelques tribunaux de grande instance (devenu tribunal judiciaire) depuis 2014. Il est créé un service d'accueil unique du justiciable (SAUJ) dont la mission est de recevoir les justiciables et recevoir les actes afférents aux procédures auxquelles ils sont parties. L'idée phare du dispositif est d'offrir aux justiciables la possibilité de se rendre dans un lieu, proche de leur domicile, constituant l'unique point d'entrée dans le système judiciaire. Dans cette perspective, l'article L. 123-3 du Code de l'organisation judiciaire dispose qu'« il est institué un service d'accueil unique du justiciable dont la compétence s'étend au-delà de celle de la juridiction où il est implanté ». Ainsi, les greffes des différents tribunaux de première instance (tribunaux judiciaires et Conseil des prud'hommes pour l'heure) centraliser leurs informations, afin de permettre

114. V. pour une critique de ce rapport, C. Brenner « La réforme de la procédure civile : un chantier de démolition ? », *D.* 2018. 361

115. V. sur cette loi, K. Lemercier, « La dématérialisation de l'accès à la justice », *Lexbase Hebdo 2021*, n° 316. Il s'agissait de crée une juridiction unique, accessible uniquement par voie numérique, compétente en matière d'injonction de payer. La réforme a finalement été abandonnée, la saisine des juridictions civiles se faisant toujours par format papier (v. en matière commerciale, depuis 2019, la plateforme tribunaldigital.fr créé à l'initiative des greffiers des tribunaux de commerce, qui dématérialise la saisine et l'accès aux tribunaux de commerce).

116. *V. CEDH 9 juin 2022, n° 155567/20, X.L. c/ France, à propos du recours en annulation contre une décision arbitrale, qui doit se faire par voie numérique, conformément à l'art. 1495 du C. pr. civ., qui renvoie à l'art. 930-1 relatif à la procédure d'appel. Dans le cadre de son contrôle de proportionnalité in concreto à propos d'un recours déclaré irrecevable par la Cour de cassation car non formé par cette voie, la Cour européenne énonce qu'« en faisant prévaloir le principe de l'obligation de communiquer par voie électronique pour saisir la cour d'appel sans prendre en compte les obstacles pratiques auxquels s'est heurté le requérant pour la respecter, la Cour de cassation a fait preuve d'un formalisme que la garantie de la sécurité juridique et de la bonne administration de la justice n'imposait pas et qui doit, dès lors être regardé comme excessif. ». Elle conclut que « le requérant s'est vu imposer une charge disproportionnée qui rompt le juste équilibre entre, d'une part, le souci légitime d'assurer le respect des conditions formelles pour saisir les juridictions et d'autre part le droit d'accès au juge ».*

117. P.-Y. Gautier et N. Blanc, « Contre l'anonymisation des décisions de justice », *D.* 2019. 1648.

à un greffe du tribunal judiciaire de Créteil de recevoir un acte qui relève de la compétence du tribunal instance d'Avignon. 348 SAUJ ont été implantés sur le territoire depuis le 31 décembre 2017. La loi prévoit à cet égard que les agents de greffe du SAUJ peuvent, sous réserve d'avoir été habilités à cette fin dans des conditions fixées par décret en Conseil d'État, accéder, pour les besoins de fonctionnement du service, aux données enregistrées par le bureau d'ordre national automatisé des procédures judiciaires (« Cassiopée ») visé à l'article 48-1 du Code de procédure pénale (L. n° 2016-1547, art. 2, II ; C. pr. pén., art. 48-1 mod.).

**666** ***Accès à la justice et crise sanitaire.*** La crise sanitaire a sérieusement mis à l'épreuve l'accès des justiciables à la justice : comment organiser des audiences quand la population est confinée ou tenue de respecter une distanciation sociale ? Lors du premier confinement, en mars 2020, trois avocats ont publiquement reproché à la justice d'être à l'arrêt, les magistrats ayant selon eux « déserté » les tribunaux. Cette assertion publiée sur Mediapart a conduit Madame Chantal Arens, première présidente de la Cour de cassation, et M. François Molins, procureur général, à publier le 23 avril 2020 un communiqué rappelant que la justice avait continué d'exercer ses fonctions essentielles. Au-delà de cette polémique, il est incontestable que la crise sanitaire a mis en lumière le retard pris par le service public de la justice dans l'usage des nouvelles technologies, beaucoup de services de greffes ayant été débordés (un retard d'environ six mois a été pris sur les affaires pendantes). Afin d'assurer la continuité du service public de la justice en dépit du confinement, une ordonnance n° 2020-304 du 25 mars 2020 a permis en son article 8, pendant l'état d'urgence sanitaire, au juge d'imposer aux parties la suppression de l'audience devant les juridictions civiles de première instance et d'appel. Il s'agit là d'une atteinte majeure à la publicité des débats, qui a été toutefois déclarée conforme à la Constitution, dans le cadre d'une QPC par le Conseil constitutionnel qui a relevé que « les dispositions contestées visent à favoriser le maintien de l'activité des juridictions civiles, sociales et commerciales malgré les mesures d'urgence sanitaire prises pour lutter contre la propagation de l'épidémie de covid-19 et que « ces dispositions poursuivent ainsi l'objectif de valeur constitutionnelle de protection de la santé et contribuent à la mise en œuvre du principe constitutionnel de continuité du fonctionnement de la justice » (déc. n° 2020-866 QPC du 19 nov. 2020). La procédure est alors exclusivement écrite. Cette faculté d'imposer une procédure écrite aux parties, limitée au premier état d'urgence, n'a toutefois pas été reprise dans l'ordonnance du 18 novembre 2020 prise dans le cadre du nouvel état d'urgence sanitaire (ord. 2020-1400 du 18 novembre 2020). Une alternative à la suppression de l'audience est le recours à la visioconférence, qui peut être décidé par le juge, dès lors que sont garanties l'identité des parties et la qualité de la transmission et la confidentialité des échanges entre les parties et leurs avocats. Mais toute personne ayant assisté à des visioconférences aura pu remarquer que la qualité des débats s'en trouve très amoindrie. Il se trouve que cette faculté a été ouverte en matière pénale par une ordonnance du 18 novembre 2020, ce qui a été critiqué par les avocats dans le procès aux assises contre les auteurs des attentats de Charlie, où il était question d'auditionner un accusé contaminé par le SARS-CoV-2 en visioconférence. L'ordonnance a été suspendue en référé par le Conseil d'État en matière criminelle, en raison d'« une atteinte grave et manifestement illégale aux droits de la défense et au droit à un procès équitable » (CE, ord. 27 nov. 2020, n$^{os}$ 446712, 446724, 446728, 446736, 446816). L'ordonnance n'a toutefois pas été suspendue en matière correctionnelle, en raison des contraintes sanitaires. On le voit, la crise sanitaire a donc ébranlé le déroulement normal du procès civil et pénal et notamment l'accès physique au juge, renforçant le sentiment de déshumanisation de la justice.

L'accès à la justice garantit ainsi un accès effectif aux droits. Cependant, l'existence d'un droit de plus en plus dense et de plus en plus complexe pourrait devenir un obstacle majeur à l'accès à la justice et partant à l'effectivité des droits. C'est pourquoi l'accès au droit peut aussi contribuer à garantir un meilleur accès à la justice.

# II • L'accès au droit au service de l'accès à la justice

**667** Par l'accès au droit, il s'agit d'offrir aux sujets de droit et aux justiciables les meilleurs moyens de faire valoir leurs droits. Il n'est pas question de construire une société d'assistés mais de responsabiliser des citoyens capables de se prendre eux-mêmes en charge. Il faut mettre en place une véritable « culture du droit »[118]. Se construit progressivement un « droit à connaître et à comprendre le droit » dont la décision du Conseil constitutionnel du 16 décembre 1999 constitue la première pierre, en faisant de l'accessibilité et de l'intelligibilité de la loi un objectif à valeur constitutionnelle[119]. Notons cependant que cet objectif s'adresse au législateur et qu'il ne peut être invoqué en tant que tel devant un juge ordinaire. Cette autonomie des sujets de droit suppose non seulement qu'ils puissent accéder à l'information mais aussi qu'ils puissent comprendre les contours du droit et de leurs droits. Cet ensemble se rapporte à une considération plus générale à laquelle toutes les juridictions veillent : la sécurité juridique[120]. En vertu de ce principe, le droit doit être prévisible et de qualité et ce, au-delà de la seule loi. Pour appréhender au mieux les contours de l'accès au droit au service d'un meilleur accès à la justice, il convient d'étudier, d'une part, l'accessibilité du droit (**A.**) et, d'autre part, l'intelligibilité du droit (**B.**).

## A • L'accessibilité du droit

**668** L'accessibilité du droit est un idéal. L'inaccessibilité du droit est un fait[121]. Partant de cet état de fait et devant la complexité croissante du droit, tout est mis en œuvre pour faciliter l'accessibilité du droit et compenser le mythe selon lequel « nul n'est censé ignorer la loi »[122]. Est à cette fin mis en place un ensemble de relais permettant aux sujets de droit d'avoir un accès simplifié au droit et de pouvoir faire valoir leurs droits de manière effective. Ces relais se composent de lieux (*1.*), de personnes (*2.*) et de soutiens financiers (*3.*).

### 1 • Les lieux de l'accès au droit

**669** ***Les codes.*** Pour faciliter l'accès au droit, il faut que le sujet de droit soit au plus près du droit. L'essentiel des informations recherchées doit pouvoir être retrouvé dans un lieu sinon unique, du moins le moins dispersé possible. Le processus de codification satisfait à ces objectifs. Le premier d'entre eux, le Code civil, est conçu comme un « lieu de mémoire » selon l'expression du doyen Jean Carbonnier[123]. Le Code civil privilégiait l'unité à l'hétérogénéité de l'Ancien droit. Ainsi de l'article 7 de la loi du 30 ventôse an XII consacrant la naissance d'« un seul corps de lois ». Dès cette époque, la codification, celle du Code civil, était destinée à faciliter la connaissance du droit[124]. Selon Portalis, la

118. Rapport de la commission de réforme de l'accès au droit et à la justice, La Documentation française, 2001, spéc. p. 42 s.
119. Sur cette décision, v. M.-A. Frison-Roche, W. Baranès, « Le principe constitutionnel de l'accessibilité et de l'intelligibilité de la loi », *D.* 2000. Chron. 361 s. ; N. Molfessis, « Les illusions de la codification à droit constant et la sécurité juridique », *RTD civ.* 2000. 186 s. *Adde*, v. G. Koubi, « Lire et comprendre : quelle intelligibilité de la loi ? », *in* G. Fauré, G. Koubi (dir.), *Le titre préliminaire du Code civil*, Economica, coll. « Études juridiques », n° 16, 2003, p. 215 s.
120. Sur le lien entre sécurité juridique, accessibilité et intelligibilité, v. N. Molfessis, « Les illusions de la codification à droit constant et la sécurité juridique », art. préc., spéc. p. 186 s.
121. G. Nicolau, « Inaccessible droit ! », *RRJ* 1998. 15 s. *Adde*, F. Terré, « Le rôle actuel de la maxime Nul n'est censé… », *in Travaux et recherche de l'institut de droit comparé*, t. nouveau, 1966, p. 91 s. La question est d'ordre sociologique, v. not. J. Faget, « Regard sociologique sur l'accès au droit », *in* F. Ledud (dir.), *L'accès au droit*, Publications de l'Université François Rabelais, 2002.
122. P. Deumier, « La publication de la loi et le mythe de sa connaissance », *LPA* 6 mars 2000, p. 6 s.
123. J. Carbonnier, « Le Code civil des Français dans la mémoire collective », *in 1804-2004. Le Code civil. Un passé, un présent, un avenir*, Dalloz, 2004, p. 1045 s.
124. A. Desrayaud, « De la sûreté à la citoyenneté : l'accessibilité du Code civil de 1804 », *RTD civ.* 2012. 677 s.

loi ne devait plus être un « mystère »[1]. L'accessibilité à l'époque se limitait à la loi et reposait principalement sur la publicité. Accéder à la loi écrite, supposait d'en assurer la publicité[2], publication à laquelle était symboliquement consacré l'article premier du Code[3]. Il fallait connaître la loi pour lui obéir. Dans une démarche plus active, aujourd'hui, il n'est plus seulement question d'une mise à disposition passive de la loi en en assurant sa publicité. L'accessibilité renvoie davantage à une démarche active consistant à multiplier les moyens permettant aux sujets de droit et aux justiciables de prendre connaissance du droit[4]. Il faut connaître la loi pour pouvoir faire valoir ses droits. L'accès à la loi devient un véritable service public, au service du public[5]. Devant l'inflation législative[6] et l'enflure normative[7] la connaissance du droit est menacée. On le sait *Et corruptissima republica plurimae leges*, la plus mauvaise République est celle qui a le plus de lois[8]. Cette situation a justifié le développement d'une nouvelle forme de codification : la codification à droit constant[9]. Ce remède s'est avéré plus dévastateur que le mal[10] et au pullulement des lois a succédé un pullulement des codes[11]. À la différence du Code civil, la codification à droit constant est un corps de lois sans âme, une compilation sans Idée, une forme sans fond. Elle est une « demi-mesure »[12] car, selon G. Rousset, il faut simplifier pour codifier et non l'inverse[13].

Cette accessibilité au droit par la codification, elle-même au service de l'accès à la justice, trouve une belle illustration dans le Code de procédure civile[14]. L'exemple est topique car la matière est organisée autour de deux codes de nature radicalement différente. Un premier code, le Code de procédure civile, est un code créateur, un code constructif alors que le deuxième code, le Code de l'organisation judiciaire (ord. n° 2006-673 du 8 juin 2006 portant refonte du Code de l'organisation judiciaire), est un code-compilation, un simple « regroupement formel de textes préexistants »[15].

**670** ***Sites internet et maisons du droit.*** Au-delà de la codification, les « lieux » du droit mis en place au service de l'accès au droit sont si nombreux qu'ils ne pourraient faire l'objet que d'une simple énumération. Si on se limite aux cas les plus typiques, beaucoup de ces lieux, tout d'abord, profitent des nouvelles technologies qui sont aujourd'hui mises au service de l'accès au droit. Internet est en ce sens un lieu de connaissance. Légifrance, « le service public de la diffusion du droit », contribue à rendre la loi et la jurisprudence plus facile d'accès. Les différents sites des ministères contribuent aussi à faciliter cet accès à l'information. Surtout, dans le cadre de la loi J21, les pouvoirs publics ont lancé le site justice. fr, qui est un portail unique du justiciable pour connaître ses droits et s'informer. Il est accessible en continu et permet à tout citoyen d'accéder à une information fiable et gratuite sur des

1. J.-E.-M. Portalis, *Corps législatif*, 4 ventôse an XI/23 févr. 1803, Arch. Parlem., 2/4/13/1.
2. Sur ce lien, v. G. J. Guglielmi, « Distinguer la promulgation de la publication », *in* G. Fauré, G. Koubi (dir.), *Le titre préliminaire du Code civil, op. cit.*, p. 59 s., spéc. p. 66-67.
3. Art. modifié par l'Ord. n° 2004-164 du 20 févr. 2004, *JCP* 2004. III. 20024 (ordonnance et rapport du Gouvernement au président de la République).
4. Sur ce passage, v. D. Bourcier, « De la publicité à la connaissance des lois. Un changement de perspective », *in* G. Fauré, G. Koubi (dir.), *Le titre préliminaire du Code civil, op. cit.*, p. 81 s.
5. En ce sens, *ibid.*, p. 82.
6. Circ. 26 août 2003 relative à la maîtrise de l'inflation normative et à l'amélioration de la qualité de la réglementation, *JO* 29 août 2003, p. 14720 ; Circ. 30 sept. 2003 relative à la qualité de la réglementation, *JO* 2 oct. 2003, p. 16824.
7. V. C. Thibierge (dir.), *La densification normative*, Bruylant, 2013.
8. *Annales, 3, 27, 3*, Tacite, cité par J. Carbonnier, « L'inflation des lois », *in Essais sur les lois*, 2e éd., Répertoire du notariat Defrénois, 1995, p. 307, note 2. *Adde*, selon Montesquieu, il faut faire preuve de modération : « L'esprit de modération doit être celui du législateur. Le bien politique comme le bien moral se trouve toujours entre deux extrêmes », *De l'Esprit des lois, in Œuvres complètes*, t. II, Gallimard, coll. « La Pléiade », 1966, XXI, I.
9. N. Molfessis, « Les illusions de la codification à droit constant et la sécurité juridique », art. préc., p. 186.
10. N. Molfessis, « Deux figures législatives en vogue : l'abrogation par mégarde et la résurrection fortuite », *RTD civ.* 2001. 688 s.
11. N. Molfessis, « Le Code civil et le pullulement des codes », *in 1804-2004. Le Code civil. Un passé, un présent, un avenir, op. cit.*, p. 309 s., spéc. nos 12 s., p. 319 s.
12. G. Rousset, *De la rédaction et de la codification rationnelles des lois ou méthodes et formules suivant lesquelles les lois doivent être rédigées et codifiées*, Cotillon, Libraire du Conseil d'État, 1856, p. 7.
13. *Ibid.*, p. 9.
14. G. Cornu, *La codification de la procédure civile en France. L'art du droit en quête de sagesse*, PUF, 1998, p. 385 s.
15. L. Cadiet, E. Jeuland, *op. cit.*, spéc. n° 27, p. 18.

droits et permettra à terme un suivi en ligne de son affaire : on ne peut mieux illustrer que l'accès au droit est mis au service de la justice. Enfin, des maisons de justice et du droit ont été créées par la loi du 29 octobre 2001. Elles renforcent l'idée de proximité et contribuent à améliorer l'accès au droit au service d'un meilleur accès à la justice[16]. Des permanences sont organisées autour des thèmes de la vie quotidienne : droit de la famille, des majeurs protégés (tutelle, curatelle), du logement, du travail, de la consommation, de l'accès à la nationalité française, droit des étrangers, lutte contre les discriminations. Ces permanences juridiques sont assurées par des avocats, des associations spécialisées, des huissiers de Justice, et des consultants d'accès au droit.

L'accès au droit, première étape vers un accès à la justice, ne renvoie pas uniquement à des lieux mais aussi à des acteurs.

## 2 • Les acteurs de l'accès au droit

**671** ***La multiplication des acteurs-relais.*** L'objectif est de permettre aux sujets de droit de s'adresser à quelqu'un qui sera à leur écoute. Plusieurs acteurs ont pour mission d'assister ceux qui peuvent avoir besoin d'être orientés dans leur démarche qu'elle soit juridique ou judiciaire. Outre les administrations tenues d'une obligation générale envers les usagers[17], il s'agit de l'important tissu associatif dont les missions très variées consistent notamment à servir de relais, d'appui, que ce soit dans le domaine marchand ou non marchand. À ce tissu associatif, il convient d'ajouter la création de nombreuses autorités administratives indépendantes telles que la HALDE par exemple, en matière de lutte contre toute forme de discrimination, aujourd'hui absorbée par le Défenseur des droits prévu à l'article 71-1 de la Constitution et créé par la loi organique nº 2011-333 du 29 mars 2011. Il existe également les conseils départementaux de l'accès au droit créés en 1999 qui sont des groupements d'intérêt public qui associent « les collectivités publiques, les juridictions et les professions juridiques et judiciaires en vue d'engager et de coordonner des actions destinées à fournir aux intéressés des informations, conseils et concours nécessaires à la connaissance et au respect de leurs droits ». La loi J21 renforce leurs prérogatives, en leur permettant notamment de participer « à la mise en œuvre d'une politique locale de résolution amiable des différends ». Il faudrait ajouter à ce tableau le travail des professionnels du droit et, spécialement, des notaires et des avocats[18]. La loi J21 a d'ailleurs mis en place l'interopérabilité des réseaux numériques des professions réglementées. Ainsi, l'article 3, I de la loi prévoit que « Les huissiers de justice, les notaires, les commissaires-priseurs judiciaires, les avocats, les avocats au Conseil d'État et à la Cour de cassation, les commissaires aux comptes et les experts-comptables proposent à leur clientèle une relation numérique dans un format garantissant l'interopérabilité de l'ensemble des échanges ». Il s'agit de permettre aux professions concernées ayant mis en place des réseaux privés virtuels de les connecter les uns aux autres, afin de faciliter les échanges d'informations. La liste n'est pas exhaustive mais pour prendre conscience de la multiplication des intermédiaires mis à la disposition des sujets en vue de faciliter leur connaissance du droit et de pouvoir envisager de manière éclairée

16. www.//vosdroits.service-public.fr, « Maisons de justice et de droit ».

17. Art. 1er de la loi d'orientation relative à la lutte contre les exclusions du 29 juill. 1998, codifiée à l'art. L. 115-2 CASF : « l'État, les collectivités territoriales, les établissements publics, les organismes de sécurité sociale ainsi que les institutions sociales et médico-sociales prennent des dispositions nécessaires pour informer chacun de la nature et de l'étendue de ses droits pour l'aider… ».

18. Dans une certaine mesure, le juge doit lui aussi contribuer à cet accès au droit. Ainsi en est-il lorsque la loi nº 2008-3 du 3 janv. 2008 pour le développement de la concurrence au service des consommateurs a introduit dans le Code de la consommation un nouveau texte, l'art. L. 141-4, qui dispose que le juge peut soulever d'office toutes les dispositions du présent code dans les litiges nés de son application. Mais le juge judiciaire aurait pu en faire davantage si un arrêt rendu en Assemblée plénière le 21 déc. 2007 n'avait pas jugé que : « Si, parmi les principes directeurs du procès, l'article 12 du nouveau Code de procédure civile oblige le juge à donner ou restituer leur exacte qualification aux faits et actes litigieux invoqués par les parties au soutien de leurs prétentions, il ne lui fait pas obligation, sauf règles particulières, de changer la dénomination ou le fondement juridiques de leurs demandes » (*D.* 2008. 229, note L. Dargent).

l'opportunité d'une action en justice, deux cas peuvent être approfondis : les victimes d'infraction et les consommateurs.

**672** ***Le cas des victimes d'infraction.*** Depuis près de quarante ans, la place de la victime a été améliorée. Les causes de cette évolution sont multiples : rejet du fatalisme et apparition de la « victimologie », individualisme exacerbé, relais des médias. Cette politique d'aide aux victimes a débuté par la réalisation d'une série de rapports : rapport Peyrefitte relatif aux « Réponses à la violence » de 1977, rapport P. Milliez en 1982, rapport J. Gortais sur l'aide psychologique aux victimes de 1991, rapport M.-N. Lienemann « Pour une nouvelle politique publique d'aide aux victimes » publié en 1999. Ces rapports soulignent que les enjeux du statut des victimes d'infractions pénales ne sont pas exclusivement d'ordre juridique. Ils sont également d'ordre extra-juridique : dignité humaine (souffrances des victimes directes, de leurs proches voire de l'auteur lui-même), enjeux d'ordre psychosocial, enjeux d'ordre professionnel (formation et sensibilisation de tous les acteurs judiciaires, médicaux, sociaux). La victime est reconnue par la consécration de différents droits destinés à rendre effective la réparation du dommage aussi bien dans son aspect indemnitaire que dans son aspect psychologique et social. Cependant, l'augmentation des droits de la victime peut être une menace pour ceux de la personne poursuivie et/ou condamnée. Les autorités publiques tentent de trouver un équilibre entre la trop forte répression, en son temps dénoncée par M. Foucault, et la victimisation à outrance. L'ensemble de l'arsenal juridique français tente d'instaurer un équilibre entre les droits des parties, équilibre qui se trouve au sein même de l'alinéa 1er de l'article préliminaire du Code de procédure pénale. L'objectif affiché est également de mettre en place une culture de la victime. Il s'agit d'éduquer les citoyens et de former les acteurs judiciaires, para-judiciaires et non judiciaires sur le sort et sur le statut des victimes[19]. Cette politique s'est accélérée avec le soutien des instances européennes comme en atteste la directive n° 2012/29/UE du 25 octobre 2012 établissant des normes minimales concernant les droits, le soutien et la protection des victimes de la criminalité et remplaçant la décision-cadre 2001/220/JAI du Conseil[20]. La directive détermine les droits minimaux dont jouissent les victimes, quel que soit l'endroit où elles se trouvent dans l'Union en révisant et complétant les principes définis dans la décision-cadre 2001/220/JAI. Elle a pour objet « de garantir que les victimes de la criminalité reçoivent des informations, un soutien et une protection adéquats et puissent participer à la procédure pénale »[21].

Ces relais existent aussi au profit des consommateurs.

**673** ***Les consommateurs.*** Une grande variété d'acteurs est également destinée à améliorer la connaissance du droit et de leurs droits par les consommateurs[22]. L'un des organismes les plus puissants et les plus représentatifs du travail ainsi réalisé en vue d'améliorer l'accès au droit des consommateurs est l'Institut national de la consommation. Cet institut publie un mensuel célèbre, *60 millions de consommateurs*, et a pour mission de renseigner les consommateurs sur leurs droits, ce qu'elle fait notamment au moyen de son site internet. L'abonnement permet également aux consommateurs de bénéficier de certaines prestations telles que la mise à disposition de lettres-types. L'Union fédérale des consommateurs et son magazine *UFC Que choisir* est également un relais fondamental. De manière plus générale, certaines associations sont habilitées à fournir des prestations juridiques[23]. À cela, il faut ajouter le rôle actif de la Direction générale de la concurrence, de la consommation et de la répression

---

19. Pour un état des lieux, v. www.assemblee-nationale.fr/14/budget/plf2013/a0258-tvii.asp.
20. *JOUE* 14 nov. 2012.
21. Sur le plan international, v. M. Pena, « Un accès effectif à la justice ? La mise en œuvre des droits des victimes devant la Cour pénale internationale », *AJ pénal* 2013. 251 s.
22. Pour une vue d'ensemble, O. Gout, « L'accès au droit des consommateurs », *LPA* 30 mai 2008, p. 20 s.
23. Art. 63 de la L. n° 71-1130 du 31 déc. 1971 portant réforme de certaines professions judiciaires et juridiques et modifiée par L. n° 97-308, 7 avr. 1997. Pour une étude d'ensemble du rôle de ces associations, v. *Le rôle des associations d'information sur le droit dans le règlement des petits litiges des particuliers*, recherche dirigée par le professeur Marc Véricel et réalisée avec le soutien de la mission de recherche Droit et justice, CERCRID, 2002.

des fraudes (DGCCRF) qui communique par sa revue *Concurrence et consommation* et par son site internet[24] et qui assure une permanence téléphonique ou physique au profit des consommateurs. L'accessibilité du droit suppose enfin un soutien financier.

## 3 • Les soutiens d'ordre financier

**674** L'accessibilité juridique exige une accessibilité financière. L'étude de l'assistance financière révèle que l'accès au droit n'est pas seulement un préalable à l'accès à la justice, mais le plus souvent une alternative.

**675** ***L'accès au droit, préalable à l'accès à la justice.*** Il faut aider financièrement les sujets de droit afin que l'accès au droit soit effectif. Parmi les moyens financiers mis en place, le plus important reste l'aide juridique au sens large, créée par la loi n° 91-647 du 10 juillet 1991, qui dépasse la seule aide juridictionnelle. Selon l'article 1er de la loi, modifiée par la loi n° 99-515 du 23 juin 1999, « L'aide juridique comprend l'aide juridictionnelle, l'aide à l'accès au droit et l'aide à l'intervention de l'avocat au cours de la garde à vue et en matière de médiation pénale et de la composition pénale ». À cette fin, l'article 54 de la loi du 10 juillet 1991 a créé dans chaque département un conseil départemental de l'aide juridique (CDAJ). Aux termes de l'article 60 de la loi n° 91-647 du 10 juillet 1991, « L'aide à la consultation permet à son bénéficiaire d'obtenir : 1. Des informations sur l'étendue de ses droits et obligations ; 2. Des conseils sur les moyens de faire valoir ses droits ; 3. Une assistance en vue de l'établissement d'un acte juridique ». Dans cette hypothèse, le soutien financier à l'aide juridique prépare l'accès à la justice. Cependant, de plus en plus souvent, l'aide financière à l'accès au droit se présente comme une alternative à l'accès à la justice. On peut ajouter la loi n° 2015-1785 du 29 décembre 2015 de finances pour 2016 étend l'aide juridique à la médiation (L. n° 91-647, 10 juill. 1991, art. 64-5) en distinguant selon que la médiation est judiciaire ou conventionnelle.

**676** ***L'accès au droit, alternative à l'accès à la justice.*** La loi n° 98-1163 du 18 décembre 1998, relative à l'accès au droit et à la résolution amiable des conflits, qui a modifié la loi du 10 juillet 1991 (L. 10 juill. 1991, art. 53 à 64-2, mod. L. 18 déc. 1998, art. 9 à 12), a fait le lien pour la première fois entre l'accès au droit et les modes amiables de règlement des conflits. Dans le cadre de l'aide juridique est désormais intégrée la prise en charge de l'aide aux personnes engagées dans des procédures non juridictionnelles pour lesquelles l'assistance d'un avocat sans être obligatoire est nécessaire. Cette aide juridique existe ainsi pour les recours non contentieux exercés devant les commissions de surendettement des particuliers, devant les commissions chargées de régler les difficultés des agriculteurs ou devant les commissions de conciliation des loyers. Même si les enjeux économiques sont importants, l'encouragement des modes alternatifs de règlement des conflits est surtout motivé par un souci de légitimité. Une résolution des conflits est censée être mieux acceptée et mieux comprise[25]. La contractualisation de la justice est un « état d'esprit »[26]. La résolution amiable du conflit renforce l'idée que les procès civil, pénal et administratif sont aussi des espaces de discussion[27]. La solution négociée permet de restaurer le lien social[28]. Dans le procès administratif, les solutions amiables sont également destinées à rapprocher l'administration des usagers[29]. Dans le

24. Site qui fournit également des fiches d'information, www.finances.gouv.fr/DGCCRF/.
25. C'est la raison pour laquelle elle est encouragée par la plupart des rapports tels que le rapport Guinchard.
26. Qualification empruntée à L. Cadiet à propos des MARC, « Une justice contractuelle, l'autre », *in Le contrat au début du XXIe siècle. Études offertes à J. Ghestin*, LGDJ, 2001, p. 177 s., spéc. n° 4, p. 187. Dans le même sens, J. Joly-Hurard, *Conciliation et médiation judiciaires*, Thèse Paris II, 2 vol., 2002, n° 7, p. 12.
27. En ce sens, v. J.-P. Bonafé-Schmitt, « La médiation : du droit imposé au droit négocié ? », *in* Ph. Gérard, Fr. Ost, M. van de Kerchove (dir.), *Droit négocié, droit imposé ?*, Facultés universitaires Saint-Louis, n° 72, 1996, p. 419 s., spéc. p. 419.
28. *Ibid.*, p. 420 s.
29. S. Lopez, « Le cas de la juridiction administrative », *in Le conventionnel et le juridictionnel dans le règlement des différends*, Economica, coll. « Études juridiques », n° 10, 2001, p. 83 s., spéc. p. 89 s.

procès pénal, le dialogue entre les parties — victimes et délinquants — et entre les autorités — procureur de la République et juge — et les parties[30], est aussi encouragé. Dans le procès civil, enfin, la résolution amiable constitue moins un moyen de réduire le temps du procès civil qu'un moyen de légitimer le temps de celui-ci. Le législateur français poursuit depuis de nombreuses années une politique en faveur du règlement amiable des conflits[31]. Il s'agit de faire accepter le temps du procès par les parties et de le rendre plus prévisible. S'impose aujourd'hui un temps négocié du procès civil[32]. Cet essor du dialogue amène certains auteurs, tels que S. Guinchard, à en faire un principe directeur commun à tous les types de procès[33]. Ce qui importe finalement, ce n'est pas la Vérité, mais une vérité subjective, acceptée par les parties[34]. Il est presque moins question d'accès au droit que de résolution du conflit hors le droit.
L'accès au droit ne se réduit pas à une question quantitative mais également qualitative. Le droit doit être accessible mais aussi intelligible.

## B • L'intelligibilité du droit

**677** L'intelligibilité complément direct de l'accessibilité s'attache à rendre le droit compréhensible. Pour comprendre, il faut simplifier (*1.*) ; pour se faire comprendre, il faut justifier (*2.*).

### 1 • La simplification

**678** ***Simplification et Code civil de 1804.*** Dès 1804, l'intelligibilité de la loi est dans les esprits des rédacteurs du Code civil[35]. Cambacérès affirmait en ce sens : « Portons dans le corps de nos lois le même esprit que dans notre corps politique […] ; que ce soit un mot par le petit nombre des textes que nous arrivions à cette unité harmonique qui fait la force du corps social, qui en dirige tous les mouvements dans un accord merveilleux, à peu près comme les lois simples de la création président à la marche et à l'harmonie de l'univers »[36]. Il fallait privilégier, selon la pensée newtonienne de l'époque, des principes simples et faciles à mémoriser[37]. Au début du XIXe siècle, l'intelligibilité du droit en général et de la loi en particulier renvoie déjà au style[38]. En ce sens, le Code civil est un modèle de rédaction par l'esthétisme et la clarté de son style[39]. Selon Portalis, avant le Code civil « les mots ne désignaient plus les choses ». Le langage était « avili et corrompu »[40]. Au sein du Code civil, le ton devient à la fois

30. V. S. Guinchard, « Les métamorphoses de la procédure à l'aube du troisième millénaire », *in Clés pour le siècle. Droit et science politique, information et communication, sciences économiques et de gestion*, Université Panthéon-Assas (Paris II) — Dalloz, 2002, n° 1236 s., p. 1135 s., spéc. n° 1290 s., p. 1188 s.
31. V. le livre V du Code de procédure civile consacré aux modes amiables, décr. n° 2012-66, 20 janv. 2012 relatif à la résolution amiable des différends. *Adde*, ord. n° 2011-1540, 16 nov. 2011 portant transposition de la directive 2008/52/CE du Parlement européen et du Conseil du 21 mai 2008 sur certains aspects de la médiation en matière civile et commerciale, *JCP* 2012, n° 148, étude N. Nevejans. Concernant les tribunaux de commerce, v. Décr. n° 2010-1165, 1er oct. 2010 relatif à la conciliation et à la procédure orale en matière civile, commerciale et sociale. À cet ensemble, il faut ajouter la création de la convention de procédure participative assistée par avocat, *JCP* 2011, n° 1097, étude F. Rongeat-Oudin.
32. S. Amrani-Mekki, *Le temps et le procès civil*, Dalloz, 2002, spéc. n° 289, p. 278 : « La négociation permet la prévisibilité du temps de la procédure et sa meilleure acceptation. De plus, elle établit un équilibre consenti entre les différents impératifs en cause ».
33. S. Guinchard, « Les métamorphoses de la procédure à l'aube du troisième millénaire », art. préc. *et loc. cit.*
34. En ce sens en matière pénale, v. X. Pin, « La privatisation du procès pénal », *RSC* 2002. 245, spéc. p. 247.
35. Sur le souci de clarté lors des travaux préparatoires, v. le recensement de V. Lasserre-Kiesow, *La technique législative. Étude sur les Codes civils français et allemand*, préf. M. Pédamon, LGDJ, coll. « Bibliothèque de droit privé », t. 371, 2002, Annexe n° 10, p. 448 s.
36. Cité par M. X. Martin, Mythologie du Code Napoléon. Aux soubassements de la France moderne, Dominique Martin Morin, 2003, p. 131, note 17.
37. *Ibid.*, p. 131 s.
38. Sur l'importance du style du Code civil, v. J. Ray, *Essai sur la structure logique du Code civil français*, Félix Alcan, « Bibliothèque de philosophie contemporaine », 1926, p. 23 s. : l'auteur insiste sur la technicité inévitable du Code civil dans l'esprit des rédacteurs. *Adde*, v. les précieuses pages de G. Rousset, *op. cit.*, p. 99 s.
39. Sur le lien entre le fond et la forme, G. Cornu, « L'art d'écrire la loi », *Pouvoirs* 2003, n° 107, p. 5 s.
40. J.-E.-M. Portalis, *De l'usage et de l'abus de l'esprit philosophique durant le XVIIIe siècle* (écr. 1798-1800 ; publ. 1820. 1827), 2 vol., 1834, t. II, p. 391.

populaire et savant[41] et son style est concret[42]. L'intelligibilité de la loi n'est donc pas une préoccupation contemporaine. Elle prend cependant une coloration nouvelle en raison d'un contexte particulier.

**679** ***Intelligibilité et crise du droit.*** Les lois sont devenues de plus en plus obscures. Elles sont écrites dans l'urgence et mal pensées. Sous l'influence du droit communautaire, elles sont devenues « techniciennes ». Selon la formule de Ph. Malaurie et P. Morvan, « La IVe puis la Ve Républiques ont adopté une langue technique, obscure, imprécise, verbeuse et vétilleuse où les renvois pullulent »[43]. Depuis la décision du Conseil constitutionnel du 16 décembre 1999, un véritable droit à l'intelligibilité de la loi a été consacré. L'intelligibilité va bien plus loin que l'accessibilité. Il ne s'agit pas seulement de connaître le droit mais de le comprendre. Dans ce but, s'est engagée depuis quelques années une politique de simplification du droit[44]. Les lois sur la simplification du droit se multiplient[45] et un site Internet (« simplifions la loi ») est mis à la disposition des sujets de droit. Pour rapprocher le droit de ses destinataires, il faut rendre le langage juridique moins opaque et plus accessible intellectuellement[46]. Les premiers pas de l'intelligibilité, du moins dans l'esprit du Conseil constitutionnel, ont donc été de rendre le langage juridique moins technique[47]. Pour faciliter le dialogue, il faut en quelque sorte parler la même langue. Cette simplification a d'abord été limitée aux relations entre administration et usagers avec la loi n° 2000-321 du 12 avril 2000 relative aux droits des citoyens dans leurs relations avec les administrations qui prévoit que les administrations doivent permettre aux usagers de comprendre les règles qui leur sont appliquées ou imposées[48]. Par la suite, cet impératif de simplification s'est étendu à toutes les branches du droit[49]. La loi n° 2003-591 du 2 juillet 2003 poursuit en ce sens en tentant de simplifier le droit par voie d'ordonnances[50]. Une dernière vague de simplification a été lancée par le projet de loi du 27 novembre 2013 relatif à la modernisation et à la simplification du droit et des procédures dans les domaines de la justice et des affaires intérieures[51]. On peut également citer la réforme du droit des obligations, réalisée par l'ordonnance du 10 février 2016, dont l'objectif essentiel était de rendre plus intelligible cette matière.

Le Conseil constitutionnel, de son côté, précise que la loi doit être claire[52]. Le Conseil constitutionnel va progressivement peaufiner le principe d'intelligibilité en y adjoignant un principe de proportionnalité ou de nécessité. Le législateur ne doit user de la complexité que dans la stricte mesure du nécessaire par rapport au but poursuivi. Grâce à la mise en place de la question prioritaire de constitutionnalité (QPC), nombreuses sont les dispositions qui se voient contester leur intelligibilité devant le Conseil constitutionnel[53]. Pour que la loi puisse continuer à assurer sa fonction pédagogique[54], selon l'expression du doyen Jean Carbonnier, la langue du droit doit être simplifiée et le contenu du droit doit être expliqué. Le langage législatif n'est pas la seule cible de la politique de simplification. Le langage

41. G. Cornu, « L'art d'écrire la loi », art. préc., spéc. p. 9. Comp. G. Rousset, *op. cit.*, p. 92, pour qui la loi doit être une formule mathématique : « Du style de l'écrivain au style du législateur, il y a l'épaisseur de la table d'airain qui supporte la société, son avenir et sa fortune ; la loi n'est donc pas une pensée vulgaire, elle ne peut être une phrase : c'est l'expression exacte, mathématique, si je puis ainsi dire, d'un rapport [...] ».
42. Pour un ensemble d'exemples, v. V. Lasserre-Kiesow, th. préc., p. 59 s.
43. Ph. Malaurie, P. Morvan, *Introduction générale*, *op. cit.*, n° 248, p. 169-170.
44. V. www. assemblée-nationale. fr.
45. N. Molfessis, *RTD civ.* 2000. 661 s.
46. Pour une vue d'ensemble, v. P. Lerat, J.-L. Sourioux, *Le langage du droit*, PUF, 1975.
47. Sur cette idée et son lien avec l'accès au droit, G. Lebreton, « Langue française et accès au droit », *RRJ* 2003. 1157 s.
48. B. Delaunay, « Les réformes tendant à améliorer les relations des citoyens avec les administrations », *AJDA* 2011. 1180.
49. N. Molfessis, « Simplification du droit et déclin de la loi », *RTD civ.* 2004. 155 s.
50. Il faut ajouter la L. n° 2004-237 du 18 mars 2004 (*JO* 19 mars 2004, p. 5311) autorisant le gouvernement à prendre par ordonnances les dispositions législatives nécessaires à la transposition d'un nombre de directives et des mesures d'adaptation de la législation liées à cette transposition dans divers domaines (économie et finance, consommation, transports, environnement...). Même le symbolique art. 1er du Code civil a été modifié par une ord. n° 2004-164 du 20 févr. 2004, *JCP* 2004. Actu. 128.
51. Le champ est large : droit des obligations, incapacités, procédure civile d'exécution, communication électronique en matière pénale...
52. Cons. const. 12 janv. 2002, n° 2001-455 DC. Pour une vue d'ensemble, V. Lasserre-Kiesow, th. préc., p. 221 s.
53. V. par ex. TGI Nanterre, 16 déc. 2010, n° 10/02750, *Gaz. Pal.* 16 févr. 2011, p. 13.
54. J. Carbonnier, *Flexible droit. Pour une sociologie du droit sans rigueur*, 10e éd., LGDJ, 2001, p. 155 s.

judiciaire est également l'objet d'une importante réflexion afin de savoir jusqu'où le langage peut-il être « vulgarisé »[55].

**680** ***La simplification n'est pas la simplicité.*** Au XIX^e^ siècle déjà, la loi est conçue comme un idéal de perfection jamais atteint[56]. En ce sens, la simplification n'est pas la simplicité[57]. Selon Robespierre, « Nous faisons des lois pour un peuple dont les mœurs sont loin de cette simplicité qui rapproche l'homme de la nature ; son Code civil ne peut être que très compliqué »[58]. Aujourd'hui encore la simplification est un objectif réaliste, alors que la simplicité reste un idéal[59]. La simplification doit rester un moyen et non une fin, à la différence de certains systèmes d'évaluation qui font de la simplicité et de l'efficacité des droits du créancier les valeurs fondamentales d'un « bon » système juridique. Que l'on songe, par exemple, aux différents rapports *Doing Business*. Le rapport *Doing Business* est une étude publiée sous la responsabilité de la Banque mondiale. L'objet de ce programme est d'analyser chaque année l'environnement juridique dans lequel les entreprises exercent leurs activités. Il s'agit *a priori* d'une méthode explicative. De manière plus audacieuse, ce programme a pour ambition d'évaluer ces différents systèmes, méthode du *benchmarking* (méthode d'évaluation de choses semblables), de les classer et de les hiérarchiser, hiérarchie censée orienter les investisseurs dans le monde[60]. Le programme prend pour postulat qu'il faut avant toute autre chose encourager le développement économique et favoriser les droits du créancier notamment par un droit simplifié[61]. L'utopie de la simplicité, qui n'est pas un critère d'évaluation, permet d'être dubitatif sur le sérieux des conclusions des rapports *Doing Business*. Quant au langage judiciaire, la vulgarisation à outrance n'est pas non plus souhaitable : « cette mise à distance par la langue apaise le conflit et facilite l'acceptation par le profane d'une décision de justice rédigée sous une forme syllogistique dans une langue épurée [...] »[62].

**681** ***Le savoir ne se réduit pas à l'information.*** Le souci d'accessibilité et d'intelligibilité du droit et, spécialement, de la loi est destiné à renforcer l'autonomie du sujet de droit et à le responsabiliser. Mais il serait faux de croire que le sujet de droit peut se passer des professionnels du droit, argument justifiant notamment le maintien d'un langage technique indispensable et relayé par des professionnels du droit. On assiste pourtant à un effet pervers de l'accès au droit : « l'autojuridication », selon la belle formule de Nicolas Molfessis[63]. Les usagers du droit confondent souvent « l'information et le savoir » et pensent pouvoir se passer des professionnels du droit. Or, le droit n'est pas un marché comme les autres. Est-il d'ailleurs réellement un marché[64] ? La technicité par nécessité du langage juridique justifie le rôle crucial qui doit être conservé par les professionnels du droit.

L'intelligibilité n'est pas seulement affaire de simplification, elle est aussi une question de justification ou d'explication.

---

55. C. Robin, *v*° « Langage et langue judiciaires », *in* L. Cadiet (dir.), *Dictionnaire de la justice*, *op. cit.*, p. 811 s. *Adde*, du même auteur, *La langue du procès*, LGDJ, PU Clermont-Ferrand, 2000.
56. Fr. Ost, « L'amour de la loi parfaite », *in L'amour des lois. La crise de la loi moderne dans les sociétés démocratiques*, Presses de l'Université Laval, L'Harmattan, 1996, p. 53 s. La doctrine se montre également critique au fond comme dans la forme, sur ce point, v. D. Bureau, « Les regards doctrinaux sur le Code civil », *in 1804-2004. Le Code civil. Un passé, un présent, un avenir*, *op. cit.*, p. 171 s., spéc. n° 11, p. 178.
57. En ce sens, D. Gutmann, « L'objectif de simplification du langage législatif », *in* N. Molfessis (dir.), *Les mots de la loi*, avant-propos F. Terré, Economisa, coll. « Études juridiques », 1999, p. 73 s. Pour une vue historique, X. Martin, *Mythologie...*, *op. cit.*, p. 133 s.
58. Cité par A. Esmein, « L'originalité du Code civil », *in Le Code civil, 1804-1904, Livre du Centenaire*, Société d'études législatives, A. Rousseau, 1904, p. 5 s., spéc. p. 8, note 5.
59. Sur ce point, v. D. Gutmann, « L'objectif de simplification du langage législatif », art. préc., spéc. p. 73-74.
60. *Doing Business*, 2004, préface, p. IX.
61. Pour une vue critique, M. Grimaldi (dir.), *Les droits de tradition civiliste en question*. À propos des rapports Doing Business de la Banque mondiale, Association Henri Capitant, Société de législation comparée, vol. 1, 2006 ; B. du Marais (dir.), *Des indicateurs pour mesurer le droit ? Les limites méthodologiques des rapports Doing Business. Études du programme « attractivité économique du droit »*, La Documentation française, 2006.
62. C. Robin, *v*° « Langue et langage judiciaires », *in op. cit.*, p. 812.
63. N. Molfessis, « Autojuridication. Comment et pourquoi les justiciables se passent de plus en plus des professionnels du droit », *JCP* 2012. Doctr. 1292.
64. L. Mompert, « La libéralisation (sans limite ?) du marché juridique », *JCP* 2013, n° 41, concl. : « Présenter la libéralisation du marché juridique comme la voie du salut est un leurre : il ne faut pas confondre la démocratisation de l'accès au droit, et l'abaissement du droit au rang de marchandise ».

## 2 • La justification

**682** ***Motivation et accès au droit.*** Afin que les sujets de droit puissent accéder pleinement au droit et à leurs droits, encore faut-il qu'ils en comprennent le sens. En ce sens, la motivation des actes juridiques contribue à cette meilleure compréhension des destinataires de la règle[65]. Cette motivation existe certes en matière législative mais elle se rapporte principalement aux actes juridiques individuels. Pour que le destinataire puisse comprendre et, partant, accepter l'acte juridique qui lui est adressé, celui-ci doit être motivé. « Justification, explication, défense ou promotion d'un acte, elle participe des relations que son auteur établit avec autrui relativement à cet acte »[66].

**683** ***Motivation des décisions de justice.*** On ne cesse aujourd'hui de reprocher aux décisions de justice leur manque de motivation, spécialement en matière pénale[67]. Bertrand Louvel a mis en place depuis septembre 2015 une commission de réflexion pour améliorer la motivation des décisions de justice[68], réflexion qui a conduit à un changement notable de la motivation des arrêts rendus par la Cour de cassation. Alors que ses arrêts étaient auparavant très elliptiques, la Cour régulatrice fait aujourd'hui preuve de pédagogie, en expliquant, par exemple, les raisons d'un revirement de jurisprudence[69] ; que toutefois cette solution a eu pour effet de priver les organes de la procédure collective de la possibilité de contester l'opposabilité de la déclaration d'insaisissabilité à la procédure ; qu'en outre, par un arrêt du 2 juin 2015, B IV, n° 94 (pourvoi n° 13-24.714), la chambre commerciale, financière et économique de la Cour de cassation a jugé que les organes de la procédure collective avaient qualité à agir pour la protection et la reconstitution du gage commun des créanciers ; qu'il apparaît donc nécessaire de modifier la solution résultant de l'arrêt du 13 mars 2012 et de retenir désormais que, la déclaration d'insaisissabilité n'étant opposable à la liquidation judiciaire que si elle a fait l'objet d'une publicité régulière, le liquidateur, qui a qualité pour agir au nom et dans l'intérêt collectif des créanciers, est recevable à en contester la régularité à l'appui d'une demande tendant à reconstituer le gage commun des créanciers. Progressivement, la motivation est devenue, dans la jurisprudence de la CEDH, une composante du droit à un procès équitable[70]. Autrefois considérée comme un rempart contre l'arbitraire des juges, elle est surtout aujourd'hui intégrée au droit d'être entendu et au droit au recours[71]. De nouveau, par une meilleure motivation des décisions de justice, il s'agit de faire comprendre voire de faire accepter[72]. C'est en ce sens qu'il faut lire l'arrêt *Taxquet c/ Belgique* rendu par la CEDH le 13 janvier 2009. Par cette décision, « Conçue initialement comme un moyen d'éviter l'arbitraire judiciaire, elle devient un outil permettant aux justiciables de comprendre voire d'accepter une décision pouvant leur être défavorable. Animé par une recherche de transparence judiciaire, l'arrêt *Taxquet* tend donc à dépasser le rôle originel de la motivation des

---

65. E. Jeuland, *v°* « Motivation », *in Dictionnaire de la justice*, PUF, 2004.
66. Th. Revet, « L'obligation de motiver une décision contractuelle unilatérale, instrument de vérification de la prise en compte de l'intérêt de l'autre partie », *RDC* 2004. 579.
67. V. déjà, A. Touffait, A. Tunc, « Pour une motivation plus explicite des décisions de justice, notamment de celles de la Cour de cassation », *RTD civ.* 1974. 487. V. égal. R. Libchaber, *RTD civ.* 2000. 679.
68. P. Deumier, « Repenser la motivation des arrêts de la Cour de cassation ? Raisons, identification, réalisation », *D.* 2015. 2022.
69. V. pour un exemple topique, Com. 15 nov. 2016, pourvoi n° 14-26.287 : Attendu que cette décision était conforme à la jurisprudence alors applicable (Com. 13 mars 2012, B IV, n° 53, pourvoi n° 11-15. 438).
70. V. not. L. Berthier, A.-B. Caire, « La motivation des décisions de justice et la Convention européenne des droits de l'homme. De l'intime conviction des jurys d'assises à la conviction des destinataires des décisions de justice. Réflexions autour de l'arrêt *Taxquet c/ Belgique* », 13 janv. 2009, req. n° 926/05, *RFDA* 2009. 677.
71. S. Gjidara, « La motivation des décisions de justice, impératifs anciens et exigences nouvelles », *LPA* 26 mai 2004, p. 7 : « Motiver une décision de justice ne peut consister uniquement à montrer que la décision est conforme aux exigences légales. Si la décision de justice tire une partie de sa légitimité de sa conformité au droit, elle doit, en outre, être rationnellement acceptable par ses destinataires, c'est-à-dire apparaître dénuée d'arbitraire et exempte de tout subjectivisme. Pour éviter l'impression d'arbitraire, le jugement doit alors porter la marque du raisonnement du juge, seul de nature à emporter la conviction de ceux auxquels il s'adresse. L'effectivité de la motivation suppose par conséquent une argumentation juridiquement et rationnellement convaincante, pour la rendre acceptable par les parties ».
72. V. not. P. Texier, « Jalons pour une histoire de la motivation des sentences », *in La motivation*, Travaux de l'Association Henri Capitant, t. III, LGDJ, 2000, p. 5.

décisions de justice, pour en faire un élément de légitimation alors favorable à la compréhension et à la qualité de la justice »[73]. La motivation renforce la légitimité de la décision et satisfait davantage l'attente des justiciables[74], ce qui est spécialement vrai en matière pénale[75]. C'est dans ce contexte qu'il faut resituer le débat sur les arrêts des cours d'assises à propos desquels l'arrêt *Taxquet* avait été rendu. À la question débattue de l'opportunité de motiver les décisions des cours d'assises, le rapport *Léger* proposait de répondre par l'exigence d'une motivation suffisante des décisions rendues en cour d'assises[76]. Finalement, le Conseil constitutionnel, dans une décision du 1er avril 2011, a confirmé la conformité des articles 349 et suivants du Code de procédure pénale à la Constitution[77] et c'est le législateur français qui a finalement imposé, par la loi n° 2011-939 du 10 août 2011, la motivation des décisions des cours d'assises sur la culpabilité du prévenu[78]. Par une décision du 2 mars 2018, le Conseil constitutionnel a également imposé la motivation de la peine (déc. n° 2017-694 QPC du 2 mars 2018).

La motivation des décisions de justice devient un des principaux outils de l'accès au droit et de l'accès à la justice. « Entendue plus spécifiquement non plus comme un outil pour le juge, ni même comme une garantie du justiciable contre l'arbitraire de ce dernier, mais plutôt comme un instrument au service d'une logique plus pédagogique, l'exigence de motivation prend une nouvelle dimension et conforte en cela la logique plus générale de transparence animant et relégitimant l'activité des services publics »[79]. Motiver les décisions de justice c'est plus largement renforcer la légitimité de la justice[80]. Ce mouvement a dernièrement conduit la Cour de cassation à réformer la manière de rendre ses arrêts, en abandonnant le recours à l'ellipse et aux attendus pour un style direct et une motivation enrichie, sur le modèle des arrêts de la Cour européenne des droits de l'homme.

L'accès au droit qui se traduit par un objectif d'accessibilité et d'intelligibilité du droit en général et de la loi en particulier prépare en amont les justiciables à un meilleur accès à la justice. L'accès au droit est en ce sens au service de l'accès à la justice. En retour, et de manière dialectique, l'accès à la justice est également un moyen pour les justiciables de pouvoir protéger de manière effective leurs droits par une garantie de l'accès au juge.

**684** ***Conclusion.*** La dialectique de l'accès au droit et de l'accès à la justice est directement mise au service de l'effectivité des droits. Ce droit au droit est le signe d'une société où l'État prend progressivement ses distances et met en place un environnement favorable à l'autonomie des sujets de droit. Les sujets de droit et les justiciables sont responsabilisés dans une société plus individualiste où les individus se définissent par leurs droits et leur capacité à les faire valoir efficacement.

---

73. L. Berthier, A.-B. Caire, *op. cit.*
74. J.-P. Jean, « La qualité de la justice face aux attentes du justiciable », *in L'éthique des gens de justice*, actes du colloque organisé à Limoges les 19 et 20 oct. 2000, PULIM, 2000 ; B. François, « Les justiciables et la justice à travers les sondages d'opinion », *in* L. Cadiet, L. Richer (dir.), *Réforme de la justice, réforme de l'État*, PUF, 2003, p. 41.
75. V. C. Sévely-Fournié, « Répression et motivation. Réflexions sur la motivation des arrêts et jugements des juridictions répressives », *RSC* 2009. 783.
76. *Rapport du comité de réflexion sur la justice pénale*, dit rapport Léger, remis le 1er sept. 2009 au garde des Sceaux ; dossier « Le rapport Léger : analyse des propositions », *AJ pénal* 2009. 385 s. ; H. Matsopoulou, « À propos du rapport du Comité de réflexion sur la justice pénale », *JCP* 2009, n° 14.
77. Cons. const. 1er avr. 2011, n° 2011-113/115 QPC.
78. E. Vergès, « La justice pénale citoyenne : derrière une volonté politique, l'élaboration d'une catégorie juridique », *RSC* 2011. 667. La motivation comprend les « principaux éléments à charge qui, pour chacun des faits reprochés à l'accusé, ont convaincu la cour d'assises » et ont été repris au cours des délibérations qui précèdent le vote.
79. L. Berthier, A.-B. Caire, *op. cit.*
80. *Ibid.*

## BIBLIOGRAPHIE INDICATIVE

Ouvrages

- L. Cadiet, J. Normand, S. Amrani-Mekki, *Théorie générale du procès*, 3e éd., PUF, 2020.
- J.-P. Cassia, *L'accès des personnes physiques ou morales au juge de la légalité des actes communautaires*, Dalloz, coll. « Nouvelle bibliothèque de thèses », 2002.
- L. Milano, *Le droit à un tribunal au sens de la Convention européenne des droits de l'homme*, préf. F. Sudre, Dalloz, coll. « Nouvelle bibliothèque de thèses », 2006.
- J. Rideau (dir.), *Le droit au juge dans l'Union européenne*, LGDJ, 1998.

Articles

- S. Amrani-Mekki, « Le socle commun procédural de l'action de groupe de la loi de modernisation de la justice du XXIe siècle », *JCP* 2016, n° 50, p. 2310 s.
- « L'action de groupe du XXIe siècle. Un modèle réduit et réducteur ? », *JCP* 2015, n° 1196.
- M. Bandrac, « L'action en justice, droit fondamental », *in Mélanges R. Perrot*, Dalloz, 1995, p. 1 s.
- N. Blanc et P.-Y. Gautier, « Contre "l'anonymisation" des arrêts publiés : décadence des références de jurisprudence », *D.* 2019.1648.
- T. Boyer et J. Griset, « Réflexions sur une justice sans accès au juge », *JCP G* 2020, n° 23, 686.
- C. Blumann, « Le juge national, gardien menotté de la protection juridictionnelle effective en droit communautaire » (sous CJCE 13 mars 2007, *Unibet*), *JCP* 2007. I. 175.
- L. Cadiet, « Le spectre de la société contentieuse », *in Mélanges G. Cornu*, PUF, 1995, p. 29 s. ; « L'accès à la justice. Réflexions sur la justice à l'épreuve des mutations contemporaines de l'accès à la justice », *D.* 2017. 522 s.
- G. Cohen-Jonathan, « Le droit au juge », *in Mélanges J. Waline*, Pédone 2002, p. 471 s.
- J.-P. Costa, « Le droit à un tribunal et ses limites selon la jurisprudence de la CEDH », *in Mélanges J. Buffet*, *LPA* 2004. 159 s.
- Y. Desdevises, « Accès au droit/Accès à la justice », *in* L. Cadiet (dir.), *Dictionnaire de la justice*, PUF, 2004, p. 1 s.
- L. Favoreu, « Résurgence de la notion de déni de justice et droit au juge, Gouverner, administrer, juger », *in Liber amicorum Jean Waline*, Dalloz, 2002, p. 513 s.
- N. Fricero, « Le droit au juge devant les juridictions civiles », *in* J. Rideau (dir.), *Le droit au juge dans l'Union européenne*, LGDJ, 1998, p. 11 s. ; « Plaidoyer pour un procès civil disruptif et pour une mutation anthropologique des acteurs judiciaires », *JCP* 2017, n° 1305.
- C. Grewe, « L'accès au juge : le droit processuel d'action », *in* D. D'Ambra, F. Benoit-Rohmer, C. Grewe, *Procédure(s) et effectivité des droits*, Bruylant, 2004, p. 29 s.
- J. Pradel, « Le droit au juge dans la procédure pénale française », *in* J. Rideau (dir.), *Le droit au juge dans l'Union européenne*, LGDJ, 1998, p. 23 s.
- T. Renoux, « Le droit au recours juridictionnel », *JCP* 1993. I. 3675 ; « Le droit au recours juridictionnel en droit constitutionnel français », *in Mélanges J. Velu*, t. I, Bruylant, 1992, p. 307 s. ; « La constitutionnalisation du droit au juge en France », *in* J. Rideau (dir.), *Le droit au juge dans l'Union européenne*, LGDJ, 1998, p. 109 s.
- P. Terneyre, « Le droit constitutionnel au juge », *LPA* 4 déc. 1991, n° 145, p. 4 s.

- J.-B. Thierry, « La loi nº 2019-222 du 23 mars 2019, loi de réforme pour la justice numérique », *JCP* 2019. 932 s.
- R. Vandermeeren, « Permanence et actualité du droit au juge », *AJDA* 2005. 1002 s.
- M. Vericel, « La disparition de la justice de proximité », *D.* 2019. 1772 s.

## PISTES DE RÉFLEXION

- Accès au juge et crise sanitaire
- Dématérialisation des procédures et accès au juge
- L'anonymisation des décisions de justice.
- Accès à la justice et fusion des TI et des TGI dans la loi du 23 mars 2019 de programmation 2018-2022 et de réforme de la justice
- Quels sont les apports de la loi J21 sur l'accès au droit et à la justice ?
- La méthode de l'analyse économique peut-elle et doit-elle aider à faire évoluer les règles relatives à l'accès au droit et à la justice ?
- Les nouvelles technologies peuvent-elles contribuer à améliorer l'accès au droit et l'accès à la justice ?
- Comment financer l'accès au droit et à la justice face à la diminution du budget de la justice ?
- L'accès aux modes alternatifs de règlement des conflits n'est-il pas plus un accès au non-droit qu'un accès au droit ?
- Si le droit est un nouveau marché, n'est-ce pas une menace pour l'avenir de l'accès au droit et à la justice ?
- Un meilleur accès au droit et à la justice ne risque-t-il pas d'avoir pour effet pervers l'essor de l'« autojuridication » et l'émergence d'une « société contentieuse » ?
- La consécration d'un droit à l'accès à la justice ne constitue-t-elle pas le signe d'un déclin ?
- En quoi égalité, gratuité et proximité peuvent-elles constituer la nouvelle devise de la justice ?
- Dans quelle mesure l'action de groupe « à la française » permettrait-elle de garantir un meilleur accès au droit et à la justice ?
- L'accessibilité et l'intelligibilité de la loi ne constituent-elles pas une utopie législative ?
- Faut-il libéraliser l'accès à la justice ?
- Publicité et démarchage des avocats : vice ou vertu ?

# Thème 2
# Le droit à un procès équitable

Yves Strickler
*Professeur à l'Université Côte d'Azur*
*Centre d'études et de recherches en droit des procédures*
*(CERDP — EPR 1201)*

La recherche de l'équilibre est une constante de nos civilisations et le droit y échappe d'autant moins avec l'importance désormais prise par le principe de proportionnalité. Selon la belle définition de la Justice qu'en proposent les *Institutes* de Justinien, il s'agit de rendre « à chacun ce qui lui revient ». Dans cette perspective, quand un procès oppose des personnes dont on ignore, en début de procédure, qui a raison et qui a tort, l'autorité qui organise la Justice doit faire en sorte de traiter les diverses parties de la manière la plus conforme à cet idéal. La recherche du procès équitable fonde en grande partie l'œuvre de la Convention européenne des droits de l'homme et sa mise en œuvre.



**685** ***Problématique.*** Les diverses procédures, distinctes les unes des autres en ce qu'elles portent sur des objets différents, affichent néanmoins des standards communs. Le principe de la contradiction, qui irrigue toute procédure, en est l'exemple fondamental. Mais il en est d'autres, tels celui du droit d'accès à un tribunal ou l'exigence d'indépendance comme d'impartialité de la juridiction appelée à statuer. Le tout permet de dégager les principes communs aux divers contentieux, tant internes que comparés dans la mesure où l'internationalisation du droit influe nécessairement sur les procédures internes. L'ensemble permet de dévoiler ce qui structure les principes d'un procès équitable[1]. Il n'est pas indifférent à cet égard de relever que de très nombreux arrêts rendus par la Cour européenne des droits de l'homme visent le droit à un procès équitable, « critère majeur de tout État de droit »[2] Un auteur note que si la France compte pour moins de 6 % des arrêts rendus par la Cour de Strabourg depuis la création, de cette dernière les condamnations qui ont été prononcées à l'encontre de notre pays l'ont été « très majoritairement pour violation du droit au procès équitable et le droit à la sûreté »[3]. L'État de droit se mesure aussi à la clarté et à la cohérence des règles qui s'appliquent sur le territoire considéré. Il en résulte que l'absence d'unité dans la jurisprudence dans l'application de la loi entre dans l'approche du procès équitable. En effet, si la Cour de Strasbourg estime n'être pas compétente pour mettre en cause l'interprétation de la législation interne par les juridictions nationales et rappelle que l'éventualité de divergences de jurisprudence est naturellement inhérente à tout système judiciaire de sorte que cela ne saurait, en soi, être jugé contraire à la Convention, l'atteinte aux exigences du procès équitable est constituée quand il existe « des divergences profondes et persistantes » dans la jurisprudence d'une juridiction suprême et que la législation interne ne prévoit pas ou ne met pas en œuvre des mécanismes permettant de supprimer ces incohérences (par ex. CEDH, 2e sect., 9 février 2021, req. n° 62318/09, SA *Ahmet Nihat Özsan c/ Turquie*). De même, lorsque la jurisprudence évolue et procède à « l'application immédiate d'une règle de procédure, résultant d'une interprétation nouvelle de la Cour de cassation, non prévisible pour la partie civile, [cette interprétation novatrice] doit être écartée dès lors qu'elle aboutit à la priver d'un procès équitable, en lui interdisant l'accès au juge »[4]. Il est à relever que dans le volume des décisions rendues, les condamnations prononcées le sont spécialement au regard de la durée des procédures[5]. L'attention, du point de vue des droits de l'homme, porte principalement sur ces dimensions procédurales : si la procédure est un droit servant du droit substantiel, elle est ce qui doit permettre à chacun de donner son assentiment à la solution qui ressort de la procédure suivie parce que celle-ci a su organiser le processus de manière objective et réalisant l'idéal de la justice : qu'elle soit rendue par un tiers impartial et indépendant. La Convention de sauvegarde forme ainsi un remarquable outil de construction de principes communs d'une justice des États européens. Mais au-delà, ce qui est protégé, c'est le droit fondamental à la Justice[6]. Le droit est porteur de valeurs et la procédure n'est pas un simple effet de mécanique ; c'est pourquoi la garantie d'un procès équitable occupe une place éminente dans toute société démocratique[7]. Il se peut toutefois qu'un droit reconnu à une personne au titre de la Convention soit confronté à un droit qu'une autre personne tire également de cette Convention. Dans une telle occurrence, une marge d'appréciation importante est reconnue au bénéfice de l'État membre ; c'est ainsi que la Cour a retenu que la société Sanofi, condamnée à indemniser une élève infirmière atteinte de sclérose en plaques à la suite de l'injection d'un vaccin contre l'hépatite B, a bénéficié d'un procès équitable alors que le cours de la prescription de l'action en responsabilité délictuelle ne débute qu'après dix années à compter de la date de la consolidation[8]. Or, dans l'espèce, la pathologie était par nature insusceptible d'une telle consolidation, rendant ainsi quasiment imprescriptible, selon le requérant, l'action en réparation (v. arrêt, § 14), ce qui heurte sa sécurité juridique. La CEDH relève qu'entre le droit à la sécurité juridique de la requérante et le droit

1. Des guides ont été établis par la CEDH (à jour août 2020), tant sous son angle pénal (https://www.echr.coe.int/documents/guide_art_6_criminal_fra.pdf) que civil (https://www.echr.coe.int/documents/guide_art_6_fra.pdf).
2. J.-F. Renucci, Manuel de droit européen des droits de l'homme, 6e éd., LGDJ, 2015, n° 346 ; M. Fabre, « Le droit à un procès équitable », *JCP* 1998. I. 157.
3. X. Bioy, Droits fondamentaux et libertés publiques, 7e éd., Lextenso, 2022, n° 601.
4. Cass. crim., 15 févr. 2022, n° 20 86486, publié au Bulletin criminel.
5. *Rapport d'information sur la Cour européenne des droits de l'homme* de MM. J.-P. Michel et P. Gélard, Commission des lois, n° 705 (2011-2012), 25 juill. 2012, p. 39. V. dernièrement CEDH, 1re sect., 21 nov. 2019, *Papargyriou c/ Grèce*, req. n° 55846/15.
6. S. Guinchard, « Le procès équitable : droit fondamental ? », *AJDA* 1998. 191, n° spéc. « Les droits fondamentaux ».
7. CEDH 9 oct. 1979, *Airey c/ Irlande*, req. n° 6289/73, § 24. *Adde* CEDH 21 févr. 1975, req. n° 4451/70, *Golder c/ Royaume-Uni* (sur le droit d'accès au juge : en « matière civile la prééminence du droit ne se conçoit guère sans la possibilité d'accéder aux tribunaux »).
8. CEDH, 5e sect., 13 févr. 2020, req. n° 25137/16, *Sanofi Pasteur c/ France*.

à un tribunal de la victime, « la mise en balance des intérêts contradictoires des uns et des autres est difficile à faire, ce qui plaide en faveur de la reconnaissance d'une marge d'appréciation importante au bénéfice de l'État » (§ 57) et considère que la France a su mettre les juridictions internes en position, « en appliquant les règles de procédure pertinentes, [d'] éviter à la fois un excès de formalisme[9], qui porterait atteinte à l'équité de la procédure, et une souplesse excessive, qui aboutirait à supprimer les conditions de procédure établies par les lois ». La procédure a ainsi respecté le droit de la société requérante à un procès équitable. Le pendant de cette confrontation des droits est la recherche de l'égalité des parties. La Cour de cassation a eu l'occasion de dire récemment que « la volonté d'un barreau d'imposer à ses membres, lorsqu'ils se présentent devant une juridiction pour assister ou représenter un justiciable, de revêtir un costume uniforme contribue à assurer l'égalité des avocats et, à travers celle-ci, l'égalité des justiciables, élément constitutif du droit à un procès équitable, qu'afin de protéger leurs droits et libertés, chaque avocat, dans l'exercice de ses fonctions de défense et de représentation, se doit d'effacer ce qui lui est personnel et que le port du costume de sa profession sans aucun signe distinctif est nécessaire pour témoigner de sa disponibilité à tout justiciable »[10]. Pour renforcer l'efficacité du système européen, le protocole additionnel n° 15 amendant la Convention (entré en vigueur le 1er août 2021) fait notamment référence au principe de subsidiarité afin de rappeler, d'une part, que les droits de l'homme sont une responsabilité partagée des États membres et, d'autre part, que lesdits États jouissent d'une marge d'appréciation… sous le contrôle de la Cour de Strasbourg. Ce Protocole vise aussi à réduire à quatre mois (actuellement, six) le délai de saisine de la Cour après une « décision nationale définitive » (Conv. EDH, art. 35) et à amender le critère de recevabilité concernant le « préjudice important » en supprimant la seconde condition empêchant le rejet d'une affaire qui n'a pas été dûment examinée par un tribunal interne. Quant au Protocole n° 16[11], il permet aux hautes juridictions des États parties, d'adresser des demandes d'avis consultatif à la Cour[12].

**686** ***Sens de l'expression de « procès équitable ».*** Avec les mots « Droit à un procès équitable » l'équité que vise la Convention de sauvegarde ne renvoie pas au concept de « juste » mais à celui d'« équilibre » : l'équité de l'article 6 § 1er est en effet une exigence d'équilibre. Ce texte comporte trois paragraphes. Le premier contient le socle sur lequel s'est construite la théorie de ce droit au procès équitable et contient des garanties d'ordre institutionnel. Le second pose le principe de la présomption d'innocence. Le dernier vient lister un certain nombre de garanties qui participent de la mise en œuvre du droit lors de l'exercice de l'action.

La Charte des droits fondamentaux de l'Union européenne, qui énonce en son article 47 le droit à ce que sa cause soit entendue équitablement, intitule pour sa part ce texte : « Droit à un recours effectif et à accéder à un tribunal impartial ».

**687** ***Plan.*** Le droit fondamental à un procès équitable doit disposer d'un domaine d'application étendu. Et en effet, ce dernier est en constante augmentation (***I.***). Le droit à un procès équitable s'appuie sur des garanties variées permettant d'assurer les droits de la défense. Si certaines d'entre elles sont directement unies à la dimension institutionnelle de l'intervention du juge, d'autres se révèlent plus directement liées à l'exercice de la défense et on les qualifiera, pour cette raison, de garanties fonctionnelles (***II.***).

---

9. Sur ce critère du formalisme qui peut se révéler excessif, v. CEDH, 5e sect., 9 juin 2022, *Xavier Lucas c/ France*, req. n° 15567/20, où la Cour a rappelé, concernant l'obligation de communiquer par voie électronique pour saisir la cour d'appel qui a été appliquée par les juges nationaux sans prendre en compte dans l'espèce les obstacles pratiques auxquels s'était heurté le requérant pour la respecter, que « les tribunaux doivent éviter, dans l'application des règles de procédure, un excès de formalisme qui porterait atteinte à l'équité du procès ».

10. Cass. 1re civ., 2 mars 2022, n° 20-20.185, publié au Bull. civ. et au Rapport annuel de la Cour.

11. La France a été le dixième pays, attendu, à ratifier le texte. Pour la liste des pays signataires (où s'applique désormais le Protocole n° 16), v. : https://www.coe.int/en/web/conventions/full-list/-/conventions/treaty/214/signatures?p_auth=uWAKcSFg

12. C'est en 2021 que le Conseil d'État a pour la première fois sollicité la Cour EDH sur les critères pertinents pour apprécier la compatibilité avec la convention européenne d'une disposition législative relative à la chasse, qui limite la possibilité pour les associations de propriétaires de retirer leurs terrains du territoire d'une association communale de chasse agréée : Cons. d'État, 6e - 5e ch. réunies, 15 avr. 2021, req. n° 439036.

# I • Un domaine d'application du droit à un procès équitable en constante augmentation

**688** ***Division.*** L'article 6 de la Convention de sauvegarde est le socle sur lequel repose l'obligation fondamentale faite aux États d'assurer le respect d'une procédure équitable. Son premier paragraphe en dessine le domaine (**A.**) et indique un certain nombre de garanties que l'on qualifiera d'institutionnelles (**B.**) en raison de la dimension qui est la leur :
Art. 6 § 1er : « Toute personne a droit à ce que sa cause soit entendue équitablement, publiquement et dans un délai raisonnable, par un tribunal indépendant et impartial, établi par la loi, qui décidera, soit des contestations sur ses droits et obligations de caractère civil, soit du bien-fondé de toute accusation en matière pénale dirigée contre elle. Le jugement doit être rendu publiquement, mais l'accès de la salle d'audience peut être interdit à la presse et au public pendant la totalité ou une partie du procès dans l'intérêt de la moralité, de l'ordre public ou de la sécurité nationale dans une société démocratique, lorsque les intérêts des mineurs ou la protection de la vie privée des parties au procès l'exigent, ou dans la mesure jugée strictement nécessaire par le tribunal, lorsque dans des circonstances spéciales la publicité serait de nature à porter atteinte aux intérêts de la justice. »

## A • Le domaine du droit à un procès équitable

**689** ***Une obligation positive à la charge des États membres.*** La marge d'appréciation des États est particulièrement réduite en la matière : « Sauf cas exceptionnel relevant de l'article 15 [dérogation en cas d'état d'urgence], l'État doit prendre toutes les mesures nécessaires pour assurer une bonne justice »[13]. La Cour de Strasbourg a même admis la possibilité d'un nouveau recours devant elle après qu'une affaire a donné lieu, dans l'État membre, à réouverture du procès après violation de la Convention[14]. Le bénéficiaire de cette obligation est toute personne, physique ou morale, relevant de la juridiction des Hautes Parties contractantes à la Convention de sauvegarde. Il faut pour cela que les contestations soulevées portent sur des droits et obligations de caractère civil (*1.*) ou sur le bien-fondé d'une accusation pénale (*2.*).

### 1 • Contestations sur des droits et obligations de caractère civil

**690** ***Une expression autonome.*** L'expression qui résulte du texte de l'article 6 a une portée propre. Elle est entendue largement par la Cour de Strasbourg. De sorte que ce qui pouvait apparaître comme constituant une garantie d'ordre formel se révèle former un véritable droit substantiel[15]. Parfois même, ce droit s'autoalimente : tel est le cas lorsque la Cour crée de nouvelles garanties, implicitement voire explicitement rattachées au droit à un procès équitable, comme le principe de l'égalité des armes[16].
Pour que la contestation existe, il faut qu'elle soit réelle et sérieuse[17], et qu'elle soit présente dans une procédure qui se révèle déterminante pour les droits et obligations concernées[18]. C'est pourquoi les procédures disciplinaires, qui ne remettent pas en cause de façon directe le droit de continuer à exercer

13. J.-F. Renucci, *Traité de droit européen des droits de l'homme*, 2e éd., LGDJ, 2012, n° 415, spéc. p. 430.
14. CEDH, gr. ch., 5 févr. 2015, *Bochan c/ Ukraine* (n° 2), req. n° 22251/08.
15. S. Guinchard, « Le procès équitable, garantie formelle ou droit substantiel ? », *in Mél. Farjat*, éd. Frison-Roche, 1999, p. 39.
16. CEDH 27 oct. 1993, *Dombo-Beheer c/ Pays-Bas*, Série A, n° 274. Sur cette démonstration, J.-F. Renucci, *op. cit.*, nos 416 s., 495 s.
17. CEDH 23 sept. 1982, *Sporrong et Lönnroth c/ Suède*, req. n° 7151/75, § 81.
18. CEDH 16 juill. 1971, *Ringeisen c/ Autriche*, req. n° 2614/65, § 94.

sa profession car cela exige l'intervention d'une autre procédure, ne répondent pas à ce qualificatif de « déterminante » au sens de l'article 6[19].

Cette contestation doit aussi porter sur des droits et obligations de caractère civil. L'expression n'est pas limitée par les catégories internes. Ce qui compte, c'est qu'un droit dont une personne prétend être titulaire soit invoqué et que l'intéressé montre que la contestation portée devant le juge a un effet à son égard. Il s'ensuit qu'un particulier qui agit contre une autorité publique relève du champ d'application du texte[20] ; de manière générale et lorsque l'on raisonne sur le contentieux de droit public, seuls sont écartés du domaine du texte les cas qui relèvent de la souveraineté publique, c'est-à-dire les situations dans lesquelles celle-ci est absolue.

**691** ***Fonction et droit publics.*** La jurisprudence européenne avait initialement déclaré l'article 6 inapplicable à tout ce qui ressort du « noyau dur des prérogatives de la puissance publique »[21] et spécialement à la fonction publique de même qu'au contentieux fiscal[22] et ce, en dépit des effets patrimoniaux que ce dernier domaine a nécessairement sur la situation des contribuables[23]. Cependant l'importance des droits concernés conduit à faire légèrement bouger les lignes[24] et la Cour de justice de l'Union a récemment estimé que, en matière de taxe sur la valeur ajoutée, le respect des droits de la défense et l'article 47 de la charte des droits fondamentaux de l'Union européenne imposent à l'administration fiscale de faire connaître à l'assujetti les éléments de preuve, y compris ceux provenant de ces procédures administratives connexes, sur la base desquels elle entend prendre une décision, et que cet assujetti puisse avoir accès pendant cette procédure à l'ensemble des éléments recueillis sur lesquels ladite administration entend fonder sa décision ou qui peuvent être utiles à l'exercice des droits de la défense, sauf objectifs d'intérêt général contraires qui pourraient restreindre cet accès[25].

Par ailleurs, depuis l'arrêt *Pellegrin c/ France*[26], la Cour admet que le fonctionnaire relève de l'application de l'article 6, du moins, pour peu qu'il ne soit pas question de prérogatives discrétionnaires de l'administration. Le fonctionnaire est alors considéré comme se trouvant dans une situation comparable à celle d'un salarié du privé. La solution contraire suppose la démonstration d'un « lien spécial de confiance et de loyauté » entre l'intéressé et l'État employeur, et un objet du litige lié à l'intérêt de l'État »[27].

En parallèle, s'agissant du délai raisonnable, le Conseil d'État, dans sa décision *Magiera*[28], s'est expressément référé à l'article 6 § 1er pour affirmer que c'est en vertu « des principes généraux qui gouvernent le fonctionnement des juridictions administratives, que les justiciables » peuvent obtenir réparation du dommage qui leur a été causé par le fonctionnement défectueux du service public de la justice. C'est là, pour la CEDH la marque d'un recours effectif à l'encontre de la violation alléguée[29].

19. CEDH 23 mai 2017, *Marušic' c. Croatie*, req. n° 79821/12 ; 7 janv. 2020 *Morawska c. Pologne*, req. n° 3508/12, § 72.
20. CEDH 28 juin 1978, *König c/ Allemagne*, req. n° 6232/73, § 88 s.
21. V. contra M.-C. Bergerès, « Une nouvelle garantie pour le contribuable : le litige fiscal doit être jugé dans un délai raisonnable », *LPA* 2003, n° 73, p. 9.
22. V. encore récemment : Cons. d'État, 9e ch., 9 déc. 2021, req. n° 436709, § 8 : « La majoration de 25 % prévue par le 7 de l'article 158 du Code général des impôts ne résulte ni d'une accusation en matière pénale ni d'une contestation portant sur des droits et obligations de caractère civil et n'institue ni une incrimination, ni une peine, ni une sanction. Par suite, M. A.. ne peut utilement se prévaloir, à l'encontre de ces dispositions, des stipulations de l'article 6 de la convention européenne de sauvegarde des droits de l'homme et des libertés fondamentales. »
23. CEDH 12 juill. 2001, *Ferrazzini c/ Italie*, req. n° 44759/98, § 29. V. spéc. V. Berger, « L'obligation de déclaration de comptes ouverts à l'étranger et le droit à un procès équitable », Dr. fiscal n° 8, 23 févr. 2017, 163.
24. Atténuation : 21 févr. 2008, *Ravon c/ France*, req. n° 18497/03 (perquisitions par application des règles fiscales). Pour le contentieux disciplinaire, relevant aussi de l'art. 6, v. par ex. CEDH 20 janv. 2011, *Payet c/ France*, req. n° 19606/08 (où le critère tiré de « la nature et le degré de sévérité de la sanction imposée au requérant » a cependant conduit, car jugés insuffisants en l'espèce, à exclure l'application de l'art. 6 : § 94-99). *Adde* Civ. 1re, 10 sept. 2014, n° 13-21.762, *Bull. civ.* I, n° 147 et n° 14-10.111 ; 28 oct. 2015, n° 14-19.017 : *RTD civ.* 2016. 176, obs. Cayrol (une juridiction disciplinaire de première instance ne peut pas être partie au recours contre ses propres décisions).
25. CJUE, Aff. C-189/18, 5e ch., 16 oct. 2019 (demande de décision préjudicielle du Fvárosi Közigazgatási és Munkaügyi Bíróság — Hongrie).
26. CEDH, gr. ch., 8 déc. 1999, req. n° 28541/95.
27. CEDH, gr. ch., 19 avr. 2007, *Vihlo Eskelinen et a. c/ Finlande*, req. n° 63235/00.
28. CE, ass., 28 juin 2002, *Garde des Sceaux, min. de la Justice c/ Magiera, D.* 2003. 23, note V. Holderbach-Martin ; *RFDA* 2002. 756, concl. F. Lamy.
29. CEDH 26 mars 2002, *Lutz c/ France*, req. n° 48215/99 ; 21 oct. 2003, *Broca et Tixier-Micault c/ France*, req. n° 27928/02, § 19.

Concernant les autorités administratives (en l'occurrence, un conseil disciplinaire ayant condamné une notaire pour le transfert d'un terrain de l'État classé), lorsqu'une telle autorité est chargée d'examiner des contestations portant sur des « droits et obligations de caractère civil », elle se doit en principe de respecter les exigences de l'article 6 § 1er ; mais si elle devait ne pas les remplir toutes, il n'y aurait violation de la Convention que si la procédure devant cet organe ne peut faire l'objet du contrôle ultérieur d'un organe judiciaire de pleine juridiction présentant, lui, les garanties du procès équitable. Il s'ensuit que les défauts structurels ou de nature procédurale présents dans la procédure devant une autorité administrative sont corrigés dans le cadre du contrôle ultérieur par un organe judiciaire doté de la pleine juridiction[30].

**692** ***Cours constitutionnelles.*** Même les cours constitutionnelles peuvent relever du champ d'application du texte : « D'après une jurisprudence bien établie de la Cour, une instance devant une cour constitutionnelle entre en ligne de compte pour calculer la période à examiner lorsque son résultat peut influer sur l'issue du litige débattu devant les juridictions ordinaires »[31]. Et, au sein de toutes les juridictions, le concept de « tribunal établi par la loi » permet de traquer les irrégularités dans l'élection ou la nomination d'un juge au titre du droit à un procès équitable[32]. Dans la dernière décision citée, la Cour a vérifié si le processus de nomination des juges internes a respecté les règles pertinentes de droit interne en la matière (§ 209) ce qui s'articule nécessairement avec les principes d'indépendance et d'impartialité (§ 235).

**693** ***Plainte avec constitution de partie civile.*** La même solution vaut pour la personne qui dépose une plainte avec constitution de partie civile devant un juge répressif[33]. La mise en mouvement de l'action publique n'est ici qu'indirecte et ce n'est qu'une modalité d'exercice de l'action civile qui est alors à l'œuvre.

**694** ***Limites des prérogatives de puissance publique.*** Certains aspects du droit public demeurent pourtant hors du champ du droit au procès équitable. Il en est ainsi pour le contentieux relatif à l'interdiction du territoire[34]. Toutefois, ces restrictions du champ d'application matériel de l'article 6 § 1er de la Convention ne concernent que l'objet du litige et, la Cour de Strasbourg rappelle « qu'indépendamment du statut de la personne concernée, elle a admis l'applicabilité de l'article 6 § 1er de la Convention à des litiges relatifs à l'hébergement social (*Tchokontio Happi c/ France*, n° 65829/12, 9 avril 2015, et *Fazia Ali c/ Royaume-Uni*, n° 40378/10, §§ 56-60, 20 octobre 2015) ou à des prestations sociales (*Deumeland c/ Allemagne*, 29 mai 1986, §§ 59-74, série A n° 100), même non contributives (*Salesi c/ Italie*, 26 février 1993, § 19, série A n° 257-E) » ; c'est dans ces conditions qu'elle retient que l'octroi ou le refus d'une place en hébergement d'urgence ne saurait être regardé comme une décision relative à l'immigration, à l'entrée, au séjour ou à l'éloignement des étrangers mais constitue un droit civil qui s'apparente aux droits reconnus dans le cadre du droit au logement opposable ou des prestations d'aide sociale[35].

Le principe de l'exclusion des prérogatives de puissance publique est affirmé de même lorsqu'est en question le droit de siéger dans une Assemblée législative[36]. Dans ces situations, les prérogatives en cause ne sauraient relever que de l'appréciation propre des États.

**695** ***Un domaine très étendu.*** Le droit au procès équitable vise alors le droit privé au sens large du terme, en passant des droits patrimoniaux aux droits extrapatrimoniaux, jusqu'au droit à l'instruction

30. CEDH, 1re sect., 5 mars 2020, *Peleki c/ Grèce*, req. n° 69291/12, § 58 ; v. déjà *Ramos Nunes de Carvalho e Sá c/ Portugal*, req. n° 55391/13, § 132.
31. CEDH 23 juin 1993, *Ruiz-Mateos c/ Espagne*, req. n° 12952/87, § 35.
32. CEDH, 7 mai 2021, *Xero Flor w Polsce sp. z o.o. v. Poland*, req. n° 4907/18 et gd. ch., 1er déc. 2020, *Guðmundur Andri Ástráðsson c. Islande*, req. n° 26374/18.
33. CEDH 12 févr. 2004, *Perez c/ France*, req. n° 47287/99, § 62 s.
34. Par ex. CEDH, gr. ch., 5 oct. 2000, *Maaouia c/ France*, req. n° 39652/98, § 40.
35. V. CEDH 8 déc. 2022, 5e sect., *M/.K. et autres c. France*, req. nos 34349/18, 34638/18 et 35047/18, §§ 106, 116-117.
36. Comm. EDH, 7 déc. 1978, *X. c/ Royaume-Uni*, DR 16/162.

primaire[37] ou encore, à l'affirmation d'un droit à un environnement sain[38]. Tout le droit privé n'est pourtant pas couvert : la procédure d'aide juridictionnelle[39] est en dehors du champ de la protection qu'instaure le texte. En revanche, l'article 6 ne se limite pas à l'instance entendue sous son seul aspect juridictionnel. C'est ainsi que le droit à la présomption d'innocence joue au-delà des limites du judiciaire[40] et ce, même l'instance terminée, puisque depuis l'arrêt *Hornsby c/ Grèce*[41], le principe de la prééminence du droit intègre les questions liées à l'exécution effective d'une décision de justice[42]. L'exécution effective, qui participe ainsi du droit à un procès équitable peut cependant trouver une assise sur un texte autre de la Convention que celui de l'article 6 § 1er : tant l'article premier du protocole additionnel n° 1 protégeant le droit aux biens que l'article 8 relatif au respect de la vie privée et familiale, peuvent servir d'appui.

**696** ***Extension à l'arbitrage et question de la matière contractuelle.*** Le droit à un procès équitable a vocation à s'étendre à l'arbitrage, tant quand il est obligatoire que lorsqu'il est laissé au choix des parties privées. Dans le premier cas, c'est l'État qui l'impose et, dans le second, le fait pour les justiciables de se tourner vers des arbitres privés n'exclut pas toute intervention du juge de l'État[43] spécialement lorsqu'il est question d'accorder l'exequatur. C'est pourquoi il est difficile de penser que l'on puisse exclure les garanties d'une bonne justice alors même que l'État est tenu, positivement, de l'assurer. Il conserve un pouvoir de contrôle et la responsabilité de l'équilibre du tout. Il a été jugé que la Convention s'appliquait aux sentences arbitrales[44]. La question touche plus fondamentalement à l'essence contractuelle des règles qui président à la situation des parties. Hors arbitrage et dans le domaine du contrat, précisément, la Cour de cassation avait jugé que l'article 6 § 1er de la Convention de sauvegarde n'était pas applicable aux organes des groupements examinant la violation d'engagements contractuels[45]. Il en est de même de la conciliation préalable à l'arbitrage du bâtonnier en cas de litige né à l'occasion d'un contrat de collaboration libérale, ou de l'accord conclu entre les parties à un différend au titre de la conciliation[46]. Le principe de la liberté contractuelle commande ; il faut toutefois ajouter que, lorsqu'il est question de justice, indépendamment de l'organe qui officie, l'application des mêmes principes fondamentaux commande afin qu'ils conduisent aux mêmes solutions, le cas échéant en se fondant sur la bonne foi contractuelle[47] ou en recourant aux principes fondamentaux comme l'impartialité du tiers, ou l'égalité des armes, présentes aussi en ce domaine !

**697** ***Extension aux mesures provisoires.*** L'arrêt *Micallef c/ Malte*[48] marque un revirement positif en la matière : la Cour note qu'il ressort des éléments dont elle « dispose sur la législation de bon nombre d'États membres du Conseil de l'Europe qu'il existe un large consensus quant à l'applicabilité des garanties de l'article 6 aux mesures provisoires, y compris les procédures d'injonction » et que par ailleurs et en parallèle, l'article 47 de la Charte des droits fondamentaux de l'Union européenne garantit le droit à un

37. CEDH 16 mars 2010, *Orsus et a. c/ Croatie*, req. n° 15766/03.
38. CEDH 10 nov. 2004, *Taskin c/ Turquie*, req. n° 46117/99, § 13.
39. CEDH 12 juin 2003, *Gutfreund c/ France, req.* n° 45681/99, *D.* 2003. Somm. 2268, obs N. Fricero.
40. CEDH 10 févr. 1995, *Allenet de Ribemont c/ France*, req. n° 15175/89 (conférence de presse du ministre de l'Intérieur présentant une personne comme l'auteure d'une infraction). La Cour admet cependant l'intervention préalable d'organismes administratifs ne remplissant pas les conditions que pose le texte dès l'instant qu'un contrôle par un organe respectant le droit à un procès équitable, peut intervenir ultérieurement : J.-F. Renucci, *op. cit.*, n° 439, p. 466.
41. CEDH 19 mars 1997, *Hornsby c/ Grèce*, req. n° 18357/91. Depuis et par ex. : 11 janv. 2001, *Lunari c/ Italie, RTD civ.* 2001. 447 ; 28 févr. 2006, *Plasse-Bauer c/ France, RTD eur.* 2007. 510 s. ; 13 mars 2018, *C.M. c/ Belgique*, req. n° 67957/12.
42. CEDH 9 avr. 2015, *T. H. c. France*, req. n° 65829/12 : attribution judiciaire d'un logement à une famille qui, trois années après, n'était pas encore relogée.
43. Y. Strickler et J.-B. Racine, *L'arbitrage. Questions contemporaines,* L'Harmattan, 2012.
44. CEDH 3 avr. 2009, *Regent Company c/ Ukraine*, req. n° 773/03, spéc. § 54 à § 56 Rev. arb. 2009. 797, note J.-B. Racine.
45. Civ. 1re 21 nov. 2006, n° 05-14.630, *Bull. civ.* I, 2006, n° 494 ; 16 mars 2004, n° 02-17.707, *Bull. civ.* I, 2006, n° 83.
46. *Cf.* Cass. 1re civ., 10 nov. 2021, n° 19-25911.
47. Nouvel article 1104 du Code civil français : « *Les contrats doivent être négociés, formés et exécutés de bonne foi.* » Rappr. Civ. 1re, 27 févr. 2013, n° 11-29.039 ; 17 mars 2011, n° 10-14.124 ; 14 déc. 2004, n° 02-11.127, *Bull. civ.* I, n° 308.
48. CEDH, gr. ch., 15 oct. 2009, req. n° 17056/06.

procès équitable sans limiter ce droit comme le fait l'article 6 de la Convention à des « droits et obligations de caractère civil » ou « accusations en matière pénale » ou encore, en renvoyant à des décisions relatives à de telles contestations. De sorte que les garanties doivent aussi s'appliquer aux décisions provisoires (§ 78)[49]. La discussion semble cependant encore ouverte lorsqu'il est question de mesures purement conservatoires, puisque dans l'arrêt *Micallef*, il était question de procédure d'injonction, et que la Cour, au § 83 de son arrêt, dit que « toutes les mesures provisoires ne tranchent pas de tels droits et obligations [de caractère civil] ; l'applicabilité de l'article 6 dépend donc du respect de certaines conditions », dont celle liée à l'analyse de « la nature, l'objet et le but de la mesure provisoire, ainsi que ses effets sur le droit en question » (§ 85). En outre, la Cour admet que dans des cas exceptionnels — urgence —, « il peut se révéler impossible de respecter dans l'immédiat toutes les exigences prévues à l'article 6 » (§ 86). Le critère d'application de l'article 6 est celui du caractère déterminant de la mesure provisoire pour le droit ou l'obligation de caractère civil en jeu, et ce quelle que soit la durée pendant laquelle elle a été en vigueur[50].

### 2 • Bien-fondé d'une accusation en matière pénale

**698** ***Une vision extensive partagée.*** À l'instar de l'approche des droits et obligations de caractère civil, la jurisprudence a opté, ici aussi, pour une vision extensive de l'article 6, assurance d'une protection amplifiée des droits de l'homme. Si, dans une définition étroite, l'accusation est « la notification officielle, émanant de l'autorité compétente, du reproche d'avoir accompli une infraction pénale »[51], lorsqu'il est question de la liberté d'une personne, l'article 5 § 3 de la Convention montre que le délai court non à compter de la date à laquelle une juridiction est saisie d'une demande de mise en liberté, mais à compter de celle à laquelle la personne a été arrêtée ou détenue[52]. L'analyse européenne porte donc tant sur les phases d'arrestation, d'enquêtes policières, de mise en examen, et jusqu'à la phase de l'exécution[53], étant signalé que dans ce dernier cas, l'État dispose d'une marge d'appréciation. Ainsi, lorsqu'il refuse une expulsion pour des considérations tirées de la préservation de l'ordre public, il ne se met pas en défaut au regard du droit issu de la Convention[54].
En outre, la notion étant autonome, les juges européens ne sont pas tenus par les qualifications de droit interne. Ce n'est pas parce qu'un État qualifie un fait d'« infraction administrative », que celle d'infraction pénale ne saurait être retenue à Strasbourg. Le danger pour les droits de l'homme aurait été conséquent et la Cour l'avait perçu très tôt[55].

## B • Les garanties institutionnelles

**699** ***Division.*** Les garanties institutionnelles peuvent paraître proches de celles fonctionnelles dans la mesure où elles touchent au déroulement de la procédure. Mais qu'il soit question de publicité de la justice, de célérité ou d'indépendance comme d'impartialité du tribunal, ces diverses garanties doivent être approchées sous leur dimension d'organisation du service public de la justice et donc, de l'activité juridictionnelle. Nous les parcourrons successivement. Il faut néanmoins rappeler que la procédure n'est jamais éloignée du fond du droit, et que la confiance du public dans le système judiciaire « est l'une des composantes fondamentales de l'état de droit ». De sorte que la clarté de la règle, sous cet

49. V. CJCE 21 mai 1980, *Bernard Denilauler c/ SNC Couchet Frères*, aff. C-125/79.
50. CEDH 18 mai 2010, *Udorovic c/ Italie*, req. n° 38532/02.
51. CEDH 27 févr. 1980, *Deweer c/ Belgique*, req. n° 6903/75, § 46.
52. Crim. 23 déc. 1986, *Bull. crim.* n° 386.
53. CEDH 19 mars 1997, *Hornsby c/ Grèce*, préc.
54. V. CEDH 12 oct. 2010, *Sté Cofinfo c/ France*, req. n° 23516/08.
55. CEDH 8 juin 1976, *Engel et a. c/ Pays-Bas*, req. n° 5100/71, § 81. Les sanctions fiscales n'échappent pas davantage à l'application de l'art. 6, du moins sous son angle pénal (v. CEDH 4 mars 2014, *Grande Stevens et a. c/ Italie*, req. n° 18640/10…).

aspect, participe aussi du droit à un procès équitable ; la conséquence de cette idée, est notamment que le principe de sécurité juridique impose d'éviter la persistance de décisions de justice divergentes[56]. Ceci étant, ces exigences ne consacrent pas un droit acquis à une jurisprudence constante[57], ce qui serait contraire à la nécessaire adaptation du droit aux évolutions sociales.

## 1 • La cause doit être entendue publiquement

**700** ***Un principe ancien.*** La Convention permet à toute personne d'assister à n'importe quelle audience. Ce principe se rencontre de la Grèce antique, où les procès se déroulaient en place publique, à l'iconographie de Saint Louis rendant justice sous un chêne du bois de Vincennes. Imposer la publicité rend la Justice transparente, ce qui contribue à renforcer la confiance des justiciables en elle[58] tout en les protégeant contre le risque d'arbitraire[59].

En droit français, la publicité de la Justice a été affirmée par la Constitution du 5 fructidor an III (22 août 1795), principe rappelé par le Conseil d'État[60]. Évidemment, la publicité n'a pas à être présente dans tous les aspects de la procédure et spécialement, la confidentialité des communications entre les personnes suspectes et leurs avocats constitue un autre aspect tout aussi « essentiel du droit à un procès équitable »[61].

**701** ***Le principe de la publicité des audiences est relatif.*** Il connaît un certain nombre d'exceptions. Les débats peuvent parfois se tenir hors la présence du public, en « Chambre du conseil » ou « à huis clos ».

Ces exceptions, qui peuvent prospérer « pendant la totalité comme une partie seulement du procès », résultent tantôt du texte de l'article 6 et poursuivent des raisons d'intérêt général tenant à « la moralité […] l'ordre public ou […] la sécurité nationale dans une société démocratique », voire à l'intérêt de la Justice elle-même, comme des intérêts privés en protégeant la vie privée des parties au procès, tantôt elles ont été dégagées par la jurisprudence, soit que les parties renoncent à la publicité de l'audience[62], soit que les intérêts des mineurs l'exigent (v. C. pr. pén., art. 400). La décision d'interdire à la presse comme au public d'assister à certaines parties de la procédure pour des raisons de sécurité nationale, peut ainsi ne pas rendre le procès inéquitable, surtout si la demande de huis clos a été examinée et débattue par la juridiction[63].

## 2 • La cause doit être entendue dans un délai raisonnable

**702** ***Une « condition sans laquelle la justice n'est plus véritablement au service du justiciable »***[64]. Le temps du procès est souvent perçu comme étant trop long par le justiciable ; le temps pour le procès est quant à lui indispensable sauf à sombrer dans une justice sommaire. Le délicat équilibre à instaurer entre cette attente et cette exigence a toujours suscité débats et caricatures : qui ne connaît le mot de La Bruyère selon lequel « le devoir des juges est de rendre la justice, leur métier, de la différer » ? Si la qualité attendue de l'œuvre de Justice suppose du temps, seul le temps nécessaire est admissible.

---

56. CEDH, 2e sect., 9 févr. 2016, n° 582/05, *Çelebi et a. c/ Turquie* (jurisprudence contradictoire de la Cour de cassation relative au point de départ de la prescription).
57. CEDH 18 déc. 2008, *Unedic c/ France*, req. n° 20153/04 ; CEDH 12 juill. 2018, *Allègre c/ France*, req. n° 22008/12 ; 22 mai 2018, *Juresa c/ Croatie*, req. n° 24079/11.
58. CEDH 8 déc. 1983, *Axen c/ Allemagne*, req. n° 8273/78.
59. CEDH 24 nov. 1997, *Werner c/ Autriche*, req. n° 14104/88, Série A, n° 245-C.
60. CE 4 oct. 1974, *Dame David, D.* 1975. 369 ; *JCP* 1975. II. 17967 ; *Gaz. Pal.* 1975. 1. 117 ; *RTD civ.* 1975. 174 et 354.
61. V. not. Directive n° 2013/48/UE du Parlement européen et du Conseil du 22 oct. 2013.
62. CEDH 23 juin 1981, *Le Compte, Van Leuven et De Meyere c/ Belgique*, req. n° 6878/75, § 59.
63. CEDH 16 janv. 2020, *Yam c/ Royaume-Uni*, req. n° 31295/11.
64. J. Normand, « Les facteurs d'accélération de la procédure civile », *in Mél. P. Drai*, Dalloz, 2000, spéc. p. 428 ; J. Andriantsimbazovina, « Délai raisonnable du procès, recours effectif ou déni de justice ? De l'arrêt Kudla de la CEDH à l'arrêt Magiera du Conseil d'État », *RFDA* 2003. 85.

Parmi les critères utilisés pour dépister le délai déraisonnable de jugement, se trouvent des éléments aussi variés que les faits de l'espèce et surtout la complexité de l'affaire, le comportement du requérant et celui des autorités compétentes, ainsi que l'enjeu du litige pour l'intéressé[65], voire le type de procédure en cause. Mais la responsabilité de l'État ne peut être engagée lorsque celui-ci n'y est pour rien dans le temps perdu : si les causes des lenteurs constatées sont extérieures à l'État (en particulier l'attitude du requérant), il ne peut se voir reprocher le dépassement du délai raisonnable[66].
Inversement, certains délais peuvent apparaître courts et sont parfois contestés pour cette raison. Tel a été le cas dans un dossier concernant des détenteurs de titres dans un groupe de bancassurance qui estimaient qu'un délai de 10 jours dont ils avaient disposé à compter de la décision rendue à leur encontre avait été trop court pour étudier convenablement le document établi par le ministre des finances. La Cour de Strasbourg a rejeté la requête en jugeant que la durée réduite de ce délai se justifiait par la nécessité d'une intervention urgente dans un domaine touchant à l'économie nationale[67].
Selon la Cour de cassation, la méconnaissance de ce droit ne constitue pas la violation d'une règle d'ordre public et, pas davantage, la violation d'une règle de forme prescrite par la loi à peine de nullité, ni l'inobservation d'une formalité substantielle de la loi. Elle retient qu'en effet le dépassement du délai « ne compromet pas en [lui]-même les droits de la défense, ses éventuelles conséquences sur l'exercice de ces droits devant en revanche être prises en compte au stade du jugement au fond »[68].

## 3 • La cause doit être entendue par un tribunal indépendant et impartial

**703** ***L'indépendance « fait la force principale de la justice »***[69]. La juridiction doit juger par elle-même et ne pas abandonner son pouvoir d'appréciation au profit d'une autre autorité. En d'autres termes, un juge doit exercer sa mission en liberté[70]. Ainsi comprise, l'indépendance recouvre deux éléments : d'une part, le juge ne doit pouvoir recevoir d'ordres de personne, ce qui tient à son statut et impose une indépendance objective à l'égard de l'État qui l'emploie, de ses collègues, des parties au litige comme des tiers qui interviennent au procès[71], d'autre part, un juge ne peut être véritablement indépendant que s'il apparaît comme tel aux yeux du justiciable[72]. Cette exigence d'ordre plus subjectif est l'application d'un dictum de Lord Hewart[73] : « Justice should not only be done but should manifestly and undoubtedly be seen to be done » (« la justice ne doit pas seulement être rendue, mais il doit être manifestement et indubitablement visible qu'elle a été rendue »). Dans ce cadre, il faut vérifier si le justiciable pouvait légitimement éprouver des doutes quant à l'indépendance organique du juge[74].
**704** ***Approche de l'impartialité.*** Puisque la partialité est l'état de celui qui prend parti pour ou contre une personne sans souci de justice ou de vérité, est impartial celui qui apprécie ou juge une

65. V. CEDH 6 avr. 2000, *Comingersoll S.A. c/ Portugal*, req. n° 35382/97, § 19.
66. V. not. CEDH 21 mars 2000, *Gergouil c/ France*, req. n° 40111/98, § 19 ; 22 oct. 1997, *Papageorgiou c/ Grèce*, req. n° 24628/94, § 46 ; 17 janv. 2001, *Wloch c/ Pologne*, § 149.
67. CEDH 17 mars 2015, *Adorisio et a. c/ Pays-Bas*, req. n° 47315/13, § 51.
68. V. Cass. crim., 9 nov. 2022, n° 21-85.655.
69. G. Cornu, J. Foyer, *Procédure civile*, PUF, 1960, p. 2.
70. J.-D. Bredin, « Qu'est-ce que l'indépendance du juge ? », *Justices*, 1996, p. 161 s.
71. CEDH, 5e sect., 28 nov. 2019, *Mustapha c/ Bulgarie*, req. n° 1230/17 : le statut des juges militaires et les règles procédurales en droit bulgare étaient très proches du dispositif applicable aux juges civils, mais des éléments, comme « la soumission des juges militaires à la discipline militaire, leur appartenance formelle au corps militaire, ainsi que le statut des jurés du tribunal militaire, qui sont par définition des officiers de l'armée, font supposer que les juridictions militaires en droit bulgare ne peuvent pas être considérées comme équivalentes aux juridictions ordinaires », ce qui a conduit la Cour à considérer que ces caractéristiques « sont de nature à soulever certains doutes quant à leur indépendance et à leur impartialité ».
72. CEDH 29 avr. 1988, *Belilos c/ Suisse*, req. n° 10328/83 ; 25 févr. 1997, *Findlay c/ Royaume-Uni*, req. n° 22107/93. *Adde* CEDH 1er déc. 2020, *Danilov c/ Russie*, req. n° 88/05 (certains des membres du jury pénal étaient titulaires d'une habilitation de sécurité d'État).
73. Dans R. v Sussex Justices ex parte Mc Carthy [1924] 1 K.B. 256.
74. Il a été jugé que tel n'avait pas été le cas quand un président de la République se constituait partie civile dans le procès (CEDH 18 oct. 2018, *Thiam c/ France*, req. n° 80018/12).

personne sans parti pris favorable ou défavorable. Ce nécessaire effort de dépersonnalisation de la justice est retracé par sa représentation sous la forme d'une femme aux yeux bandés[75].
Dans l'arrêt *Piersack c/ Belgique* du 1er octobre 1982, la Cour européenne des droits de l'homme a considéré que « si l'impartialité se définit par l'absence de préjugé, elle peut s'apprécier de diverses manières. On peut distinguer entre une démarche subjective, essayant de déterminer ce que tel juge pensait dans son for intérieur en telle circonstance, et une démarche objective amenant à rechercher s'il offrait des garanties suffisantes pour exclure à cet égard tout doute légitime ». La Cour parle parfois et respectivement d'impartialité « personnelle » et « fonctionnelle ». Il faut cependant ajouter, comme le dit d'ailleurs la Cour elle-même, qu'il « n'y a pas de distinction étanche entre l'impartialité subjective et objective »[76]. Dans une affaire[77], le requérant estimait qu'un juge qui avait déjà connu d'un procès contre lui, ne pouvait siéger dans un second procès qui avait des liens avec le premier. Au regard de l'approche subjective, la Cour s'est dite non convaincue que ledit juge ait montré un quelconque parti pris personnel contre la personne poursuivie lors du second procès ; et du point de vue objectif, elle relève que le juge avait tenté de se déporter, non pas tant en raison d'un doute quant à son impartialité mais à titre de mesure de précaution (mais cette initiative avait été refusée par une décision motivée). On remarquera qu'un autre juge qui était dans la même situation, avait été écarté du second procès, notamment en raison du fait que cette personne avait exprimé un avis sur la deuxième affaire.
Comme en matière d'indépendance, la Cour de Strasbourg attache une importance à l'apparence d'impartialité : le juge doit non seulement être impartial ; il doit aussi sembler l'être aux yeux du justiciable.

**705** ***Transition.*** Il vient d'être remarqué que la Convention prévoyait un certain nombre de garanties institutionnelles. Mais la portée extensive du droit protégé se mesure aux droits que contiennent les garanties plus proprement fonctionnelles qui y sont également posées, spécialement au paragraphe troisième du texte[78].

## II • Les garanties fonctionnelles du droit à un procès équitable

**706** Selon l'article 6 § 3 :
« Tout accusé a droit notamment à :
a) être informé, dans le plus court délai, dans une langue qu'il comprend et d'une manière détaillée, de la nature et de la cause de l'accusation portée contre lui[79] ;
b) disposer du temps et des facilités nécessaires à la préparation de sa défense[80] ;
c) se défendre lui-même ou avoir l'assistance d'un défenseur de son choix et, s'il n'a pas les moyens de rémunérer un défenseur, pouvoir être assisté gratuitement par un avocat d'office, lorsque les intérêts de la justice l'exigent ;

75. V. aussi Ch.-N. Robert, *La Justice, vertu courtisane et bourreau*, Georg éditeur, 1993, p. 90.
76. CEDH 6 nov. 2018, *Otegi Modragon et a. c/ Espagne*, req. n° 4184/15 (…), § 59. Ceci étant, quand le président du tribunal avait déjà été déclaré partial à l'égard du premier requérant dans le cadre d'une procédure pénale antérieure, l'absence de preuve de partialité personnelle à l'encontre des requérants dans le cadre de la deuxième procédure pénale ne retire pas le constat que l'impartialité objective ne peut être, alors, retenue.
77. CEDH 4 févr. 2020, *Alexandru Marian-Iancu c/ Roumanie*, req. n° 60858/15.
78. On rappelle que l'art. 6 § 2 affirme le principe de la présomption d'innocence.
79. V. récemment : CEDH 28 août 2018, *Vizgirda c/ Slovénie*, req. n° 59868/08.
80. V. récemment : CEDH 26 juill. 2018, *Dridi c/ Allemagne*, req. n° 35778/11.

d) interroger ou faire interroger les témoins à charge et obtenir la convocation et l'interrogation des témoins à décharge dans les mêmes conditions que les témoins à charge[81] ;
e) se faire assister gratuitement d'un interprète, s'il ne comprend pas ou ne parle pas la langue employée à l'audience. »

**707** ***Division.*** Visant à assurer l'effectivité du principe proclamé dans la mise en œuvre même du droit d'action, ces garanties de la défense au sens le plus large du terme, touchent tant à la possibilité de prendre part utilement à l'audience (**A.**) qu'au régime des preuves (**B.**).

## A • La possibilité de prendre utilement part à l'audience

**708** ***Importance de l'information et des droits de la défense.*** Pouvoir utilement prendre part à l'audience suppose d'être averti de sa tenue et de pouvoir y participer personnellement ou par l'intermédiaire d'un défenseur[82]. Chaque partie doit pouvoir exposer sa cause et donc, faire connaître à l'adversaire et au juge les éléments qui sont nécessaires au succès de sa prétention, autrement dit : pouvoir se défendre.

**709** ***Moyens nouveaux et pourvoi en cassation.*** Le droit d'exposer sa cause emporte-t-il le droit de présenter des moyens nouveaux à tous les stades de la procédure ? La Cour de Strasbourg semble le considérer puisque le droit à un procès équitable englobe le droit des parties à présenter des observations qu'elles estiment pertinentes, y compris devant les juridictions supérieures, serait-ce pour la première fois[83]. En se référant à la notion d'erreur manifeste d'appréciation, les juges européens ont, à l'unanimité, sanctionné un mal-jugé de la Cour de cassation[84]. La bonne application de la règle de droit fait partie des exigences du procès équitable.

### 1 • Les informations à communiquer

**710** ***Deux types d'informations doivent principalement être communiqués aux parties.*** Tout d'abord, dès l'introduction de l'instance, chaque partie doit être informée du procès qui lui est fait. Dans *Le Procès* de Franz Kafka, M. K. ne sait jamais pourquoi on l'accuse et finalement, pourquoi il est condamné à mort. La Cour énonce expressément que le droit à un procès équitable implique le droit d'être informé de la nature et de la cause de l'accusation[85]. Cette exigence est étendue et se matérialise en matière pénale dès l'audition devant la police judiciaire : dans cette situation d'asymétrie structurelle dans laquelle la personne entendue se trouve nécessairement placée à l'égard des enquêteurs et des autorités chargées de l'interroger, s'il existe des raisons plausibles de soupçonner qu'elle a commis des faits répréhensibles, elle doit être regardée comme un accusé au sens de la Convention de sauvegarde. Dès cet instant, les exigences d'une procédure équitable s'impose[86]. Cette information, qui doit être détaillée, doit être faite dans le plus court délai, peu important sa forme, écrite ou orale.

81. La Cour a cependant pu juger que ce fait pouvait ne pas entraîner la violation de la convention quand l'appréciation globale de la procédure la rendait équitable dans son ensemble (ce qui a été contesté par l'opinion dissidente d'un des juges ayant statué dans l'espèce concernée) : CEDH 11 févr. 2020, *Atamanchuk c/ Russie*, req. n° 4493/11. Le jeu de l'appréciation globale permet à la Cour de ne pas s'ériger « en juge de quatrième instance » (CEDH, 3e sect., 8 mars 2022, *Tonkov c/ Belgique*, req. n° 41115/14, § 49.
82. Pour une réduction jugée excessive du délai pour former le pourvoi en cassation (prise en compte de la date de notification inscrite sur l'arrêt et non celle de l'envoi effectif attesté par la poste) : CEDH 5e sect., 9 janv. 2014, req. n° 71658/10, *Viard c/ France.*
83. 21 mars 2000, *Dulaurans c/ France, JCP* 2000. II. 10344 ; *RTD civ.* 2000. 349. Depuis : 14 nov. 2000, *Annoni di Gussola et Debrodes et Omer c/ France, D.* 2001. Somm. 1061.
84. J.-F. Burgelin, « La Cour de cassation en question », *D.* 2001. Point de vue 932. Pour J.-P. Marguénaud, les juges strasbourgeois ont tendance à se comporter « en juges d'appel » de la Cour de cassation (*RTD civ.* 2000. 439).
85. CEDH 12 oct. 1992, *T. c/ Italie*, req. n° 14104/88.
86. CEDH 28 avr. 2022, *Wang c/ France*, req. n° 83700/17.

En matière civile, l'article 14 du C. pr. civ. français pose que « nulle partie ne peut être jugée sans avoir été [...] appelée ».
Il existe cependant des hypothèses dans lesquelles la partie ne sera pas informée du procès qui lui est fait : avec la procédure sur requête, un plaideur peut, le cas échéant, obtenir du juge une décision contre son adversaire sans que celui-ci ait été mis en mesure de faire valoir sa défense (C. pr. civ., art. 493). Le président de la juridiction peut ainsi prononcer une décision à l'insu d'une partie chaque fois que l'efficacité de la mesure sollicitée suppose un effet de surprise. L'exemple classique est celui du constat d'adultère.
Une autre hypothèse relève de la procédure par défaut : lorsque le défendeur, qui n'a pas été cité à personne ne comparaît pas et que l'affaire est jugée en premier et dernier ressort, le juge est néanmoins en droit de rendre sa décision. Le défendeur non avisé personnellement pourra, par le biais d'un recours spécifique (l'« opposition »), faire rétracter le jugement rendu par défaut en remettant en question, devant la même juridiction, les points déjà jugés afin qu'il soit statué à nouveau en fait et en droit (C. pr. civ., art. 571). Dans un arrêt récent[87], la Cour de Strasbourg a rappelé qu'en matière de condamnation pénale menée par contumace ou par défaut, un déni de justice est généralement constitué quand une personne condamnée par défaut ne peut obtenir ultérieurement qu'une juridiction statue à nouveau, après l'avoir entendu, alors qu'il n'est pas établi qu'elle ait renoncé à son droit de comparaître et de se défendre ou qu'elle ait eu l'intention de se soustraire à la justice. En revanche, il ne saurait être question d'obliger un accusé à se constituer prisonnier pour bénéficier du droit à être rejugé : ce serait, en effet, subordonner l'exercice du droit à un procès équitable à une sorte de caution que la Cour déclare « insupportable : la liberté physique de l'intéressé »[88].
Une interrogation moderne concerne les techniques de visioconférence. Le Conseil constitutionnel avait pu affirmer leur validité, sous quelques réserves[89] : ainsi, en cas de demande de mise en liberté, l'intéressé ne peut s'opposer au recours à un moyen de télécommunication audiovisuelle pour la tenue de l'audience, ceci dans le souci d'« éviter les difficultés et les coûts occasionnés par les extractions judiciaires [dans un objectif de] bonne administration de la justice et [de] bon usage des deniers publics, étant entendu que, d'une part, le juge peut toujours décider de la comparution physique de l'intéressé devant lui, d'autre part, que l'avocat doit pouvoir s'entretenir avec la personne poursuivie de façon confidentielle, en utilisant le même procédé audiovisuel. Enfin, en matière criminelle, lorsqu'il est question de décision initiale de placement en détention provisoire ou de prolongation, « l'intéressé a le droit de s'opposer au recours à un moyen de télécommunication audiovisuelle »[90] sauf si le transport de la personne détenue crée des risques graves de troubles à l'ordre public ou d'évasion (C. pr. pén., art. 706-71, al. 4)[91]. Pour faire face à l'épidémie de covid-19, le gouvernement avait voulu autoriser l'utilisation de la visioconférence devant l'ensemble des juridictions pénales autres que criminelles sans accord des parties, mais saisi par la Cour de cassation d'une question prioritaire de constitutionnalité, le Conseil constitutionnel a, le 15 janvier 2021, censuré l'ensemble de ce dispositif dérogatoire[92].

**711** ***L'accès aux pièces de la procédure.*** Le « droit à une procédure contradictoire implique, pour une partie, de prendre connaissance des observations ou pièces produites par l'autre, ainsi que de les discuter [...]. Peu importe, à cet égard, que l'affaire relève du contentieux civil, car il ressort de la jurisprudence en la matière [...] que les exigences découlant du droit à une procédure contradictoire sont

87. CEDH 23 juill. 2020, *Chong Coronado c/ Andorre*, req. n° 37368/15§ 29, rappelant les principes généraux établis dans l'arrêt *Sejdovic c. Italie* (gr. ch., req. n° 56581/00, §§ 81-95).
88. *Cf.* aussi CEDH 13 févr. 2001, *Krombach c. France*, req. n° 29731/96, § 87.
89. Cons. const. 20 sept. 2019, n° 2019-802 QPC, *Dalloz actualité* 25 sept. 2019, obs. D. Goetz ; *JCP* 2019. 1011.
90. Cons. const. 20 sept. 2019, 2019-802 QPC.
91. Sur la question, v. J. Bossan, « La visioconférence en procédure pénale après la loi du 23 mars 2019 », *RSC* 2019. 567.
92. Cons. const. 15 janv. 2021, déc. n° 2020-872 QPC, *M. Krzystof B.*

en principe les mêmes au civil comme au pénal »[93]. C'est pourquoi le fait d'opposer le secret défense peut constituer une atteinte à la Convention (la juridiction avait, en vain, spécifiquement indiqué au gouvernement qu'il pouvait rédiger les documents pour répondre aux problèmes de confidentialité qu'il invoquait)[94]. Cependant, quand des pièces communiquées par une partie sont irrecevables car tardives, et ont à ce titre été écartées, ce jeu de la procédure, légitime, ne conduit pas à une violation du droit à un procès équitable[95].

**712** ***Le droit de se défendre.*** Se retrouve ici le droit à la contradiction, qui peut se situer dans les éléments de fait et de droit produits par l'adversaire, comme par le juge : l'élément déterminant est dans ce dernier cas « la question de savoir si une partie a été "prise au dépourvu" par le fait que le tribunal a fondé sa décision sur un motif invoqué d'office »[96]. Le propos permet aussi de rappeler que la notion de procès équitable, associée au principe de la prééminence du droit, « s'opposent, sauf pour d'impérieux motifs d'intérêt général, à l'ingérence du pouvoir législatif dans l'administration de la justice dans le but d'influer sur le dénouement judiciaire du litige »[97], ce qui met en jeu, sous l'angle du droit à une procédure contradictoire, la question de l'application rétroactive d'une loi. Plus largement, le droit de se défendre, qui appartient à chaque partie, peut s'exercer tant à titre personnel que par l'intermédiaire d'un avocat.

Sous le premier angle, toute personne doit pouvoir intervenir dans la procédure afin d'exposer sa cause et réfuter les arguments avancés par son adversaire. Il en découle le droit à être autorisé à comparaître personnellement à son procès[98] comme celui de pouvoir prendre la parole à l'audience. Par exception, un État peut refuser à la partie de comparaître en personne dans les instances de cassation, dans la mesure où seul le droit y est jugé[99].

Sous le second angle, le droit d'être défendu par un avocat existe dans tous les contentieux[100]. La partie qui souhaite être défendue par un avocat doit pouvoir l'être par simple représentation, autrement dit, sans qu'elle ait à comparaître personnellement. En effet, un plaideur ne perd pas le bénéfice du droit d'être défendu par un avocat « du seul fait de son absence aux débats »[101]. Elle doit surtout pouvoir bénéficier de cette assistance de manière utile à la défense de ses droits, spécialement en matière pénale où il n'est pas admis que des restrictions au droit d'accès à un avocat soient tellement importantes qu'elles ont conduit la personne suspectée, qui n'a pas été suffisamment informée de son droit de garder le silence, à faire des déclarations circonstanciées au cours de la garde à vue et durant l'instruction[102].

**713** ***Une liste qui ouvre sur d'autres droits.*** Pour que la participation à l'audience ait un sens, encore faut-il assurer d'autres droits, tel le droit, pour chaque personne qui en rencontre la nécessité, à un interprète[103] comme à la traduction des actes de procédure[104] ou le droit à ne pas contribuer à sa propre incrimination[105]. En outre, la stabilité des situations exige le respect du principe *non bis in*

93. CEDH 24 nov. 1997, *Werner c/ Autriche*, req. n° 138/1996/757/956, § 65 et § 66.
94. CEDH 1er déc. 2020, *Danilov c/ Russie*, req. n° 88/05.
95. Civ. 2e, 23 juin 2016, n° 15-10.831.
96. CEDH, 4e sect., 3 mai 2016, *Alexe c/ Roumanie*, req. n° 66522/09.
97. CEDH 28 oct. 1999, *Zielinski et Pradal et Gonzalez et autres c/ France*, req. nos 24846/94 et 34165/96 à 34173/96, § 57.
98. CEDH 12 févr. 1985, *Colozza c/ Italie*, Série A, n° 89 ; 23 févr. 1994, *Stanford c/ Royaume-Uni*, Série A, n° 282-A ; 5 oct. 2006, *Viola c/ Italie*, *Rev. pénit.* 2006. 900.
99. CEDH 19 févr. 1996, *Botten c/ Norvège*, *RSC* 1997. 476 ; 18 oct. 2006, *Hermi c/ Italie*, *JCP* 2007. II. 10050.
100. CEDH 13 oct. 2009, *Dayanan c/ Turquie*, *JCP* 2009, p. 24.
101. CEDH 23 nov. 1993, *Poitrimol c/ France*, req. n° 14032/88 ; 23 mai 2000, *Van Pelt c/ France*, req. n° 31070/96 ; 13 févr. 2001, *Krombach c/ France*, req. n° 29731/96.
102. CEDH, gr. ch., 9 nov. 2018, *Beuze c/ Belgique*, req. n° 71409/10.
103. Art. 6 § 3 de la Convention, ce qui en fait une garantie explicite, mais sous-jacente au droit à un procès équitable.
104. CEDH 28 nov. 1978, *Luedicke, Belgacem et Koc c/ Allemagne*, Série A, n° 29. *Adde* 19 déc. 1989, *Kamasinski c/ Autriche*, req. n° 9783/82 : ce droit se limite aux seules pièces substantielles de la procédure.
105. V. cep. CEDH 19 mars 2015, *Corbet et a. c/ France*, req. n° 7494/11, où la Cour vérifie si l'utilisation de déclarations des requérants « a eu un impact sur le verdict de culpabilité ou les peines prononcées » (§ 38).

*idem*[106]. Plus tard, au stade de la compréhension du jugement[107], l'exigence de motivation du jugement[108], mais aussi la réalité de son exécution[109], s'imposent encore à l'esprit.

**714** ***Transition.*** Ce vaste ensemble contribue à l'encadrement d'un procès équitable qui, dès cet instant, apparaît comme un procès équilibré[110]. D'où l'idée sous-jacente d'une procédure qui se doit d'assurer l'égalité des armes entre les parties qui s'opposent.

## 2 • L'égalité des armes

**715** ***Un principe d'équilibre entre des intérêts également protégés.*** Si l'égalité des armes a d'abord été définie comme donnant à la défense une « entière égalité de traitement par rapport à l'accusation et à la partie civile »[111], ce qui aurait pu laisser penser à une égalité purement arithmétique, la conception finalement retenue est plus souple : l'égalité des armes implique « la possibilité raisonnable d'exposer sa cause au tribunal, y compris ses preuves, dans des conditions qui ne la placent pas dans une situation de net désavantage par rapport à son adversaire »[112].

**716** ***Égalité des armes et principe de la contradiction.*** Les notions d'« égalité des armes » et de « contradictoire », proches, ne sauraient pourtant être confondues. Il peut en effet arriver que dans une même affaire, un principe soit respecté et pas l'autre : il n'y a pas méconnaissance du principe de l'égalité des armes lorsqu'aucune des parties au litige n'a eu communication du moyen que la Cour de cassation entendait soulever d'office et n'a pu présenter d'observations[113]. Pour la Cour de Strasbourg, le principe de l'égalité des armes « est l'un des éléments de la notion plus large de procès équitable »[114]. En réalité, l'égalité des armes suppose la comparaison de la situation des parties durant l'instance, alors que la contradiction s'attache à l'appréciation de la situation de chaque partie prise individuellement. Dans le premier cas, on se demande si une partie est ou non désavantagée par rapport à l'autre ; dans le second, si une partie a ou non pu faire connaître les éléments ou avoir connaissance des éléments nécessaires à l'exercice de sa défense.

**717** ***Applications.*** C'est par application du concept d'égalité des armes qu'un texte qui prévoyait que « Le procureur général peut faire appel de tous les jugements rendus en matière de police » (C. pr. pén., art. 546, dernier al.) a été supprimé par une loi de 1999. Le fait qu'il s'agisse du procureur général ne changeait rien à l'affaire : il suffisait qu'il puisse apparaître comme un adversaire objectif du défendeur[115]. Le procureur général dispose aujourd'hui du droit d'appel dans les mêmes cas que les autres parties (C. pr. pén., art. 546).

---

106. Sur ce principe, v. spéc. CEDH, gr. ch., 10 févr. 2009, *Sergueï Zolotoukhine c/ Russie*, req. n° 14939/03.
107. Sur ce droit, v. CEDH 10 janv. 2013, *Agnelet c/ France*, req. n° 61198/08 ; 17 févr. 2015 (3 arrêts), *Devriendt c/ Belgique*, req. n° 32001/07 (§ 26), *Kurt c/ Belgique*, req. n° 17663/10 (§ 30) et *Maillard c/ Belgique*, req. n° 23530/08 (§ 30).
108. CEDH, gr. ch., 23 févr. 2017, *Moreira Ferreira c/ Portugal (n° 2)*, req. n° 19867/12, § 85 (une décision de justice peut être qualifiée d'« arbitraire » au point de nuire à l'équité du procès lorsqu'elle est « dépourvue de motivation ou si cette motivation est fondée sur une erreur de fait ou de droit manifeste commise par le juge national qui aboutit à un "déni de justice" »). CEDH 2 oct. 2014, *Hansen c/ Norvège*, req. n° 15319/09 (rejet d'un appel fondé sur l'absence de toute chance qu'il puisse aboutir n'est pas une motivation suffisante) ; CEDH 17 avr. 2018, *Uche c/ Suisse*, req. n° 12211/09 (absence de réponse à un grief étayé de manière suffisamment claire et précise dans le mémoire de recours). Le droit à un procès équitable ne peut être considéré comme effectif si les demandes n'ont pas été « dûment examinées par le tribunal » (CEDH, 28 mai 2020, *Farzaliyev contre Azerbaïdjan*, req. n° 29620/07, §§ 35-36 ; *Carmel Saliba c. Malte*, 29 nov. 2016, req. n° 24221/13, § 65) ou si elles l'ont été dans des termes qui révèlent non une motivation mais un parti pris du juge (Cass. 1re civ., 1er déc. 2021, n° 20-17892) !
109. CEDH 19 mars 1997, *Hornsby c/ Grèce*, préc.
110. Étymologie du mot : latin « equus », « équilibre ».
111. CEDH 23 nov. 1976, *Engel et a.*, req. n° 5100/71.
112. CEDH 27 oct. 1993, *Dombo-Beheer c/ Pays-Bas*, Série A, n° 274. *Adde* 23 oct. 1996, *Ankerl c/ Suisse*, *Rec.* 1996-V, § 38. F. et J.-P. Mélin-Scroumanien, « Le principe d'égalité des armes », *RRJ* 1993. 489 s. ; G. Cohen-Jonathan, « L'égalité des armes selon la Cour européenne des droits de l'homme », *LPA* 2002, n° 11, p. 21 s. ; R. Kœring-Joulin et J.-F. Seuvic, « Droits fondamentaux et droit criminel », *AJDA* 1998. 127 : ce concept renvoie à une égalité imparfaite des armes offertes à l'accusé et donc à l'exigence d'un procès équitable.
113. CEDH 13 oct. 2005, *Clinique des Acacias et a. c/ France*, *JCP* 2005. I. 109.
114. CEDH 24 avr. 2003, *Yvon c/ France, req. n° 44962/98, § 31.*
115. CEDH 30 oct. 1991, *Borgers c/ Belgique*, Série A, n° 214 ; J.-F. Burgelin, *in Rapport C. cass.* 1996, p. 47. Et Crim. 6 et 21 mai 1997, *Bull. crim.* nos 170 et 191.

Une autre illustration de l'application de ce principe résulte de la communication du rapport établi par le conseiller rapporteur devant la Cour de cassation[116] : la pratique actuelle de la Cour consiste à communiquer à la fois aux parties et au ministère public uniquement la première partie du rapport comprenant une étude de l'affaire et l'examen objectif de la question juridique, tandis que la seconde partie comportant l'avis personnel du rapporteur n'est communiquée ni aux parties ni à l'avocat général. Ceci est conforme à la jurisprudence européenne. Toutefois, dans une espèce, le gouvernement avait soutenu que même s'il n'y avait pas eu communication de la première partie du rapport au requérant, il n'y aurait pas eu rupture de l'égalité des armes. Une telle affirmation revient à admettre ce défaut de communication et à maintenir au détriment du requérant un déséquilibre qui ne s'accorde pas avec les exigences du procès équitable, ce qui viole la Convention[117]. Pourtant, la Cour de Strasbourg, dans un dossier concernant le Conseil d'État, marque une possible évolution : le requérant s'était plaint de ne pas s'être vu communiquer, contrairement au rapporteur public, le projet de décision du conseiller rapporteur. La Cour répond qu'en éclairant le projet de décision qui lui a été transmis, le rapporteur public, membre du Conseil d'État qui ne se distingue de ses collègues de jugement « que par les fonctions particulières qui leur sont confiées de façon temporaire [...] permet aux justiciables de saisir la réflexion de la juridiction pendant qu'elle s'élabore » et participe, ainsi, d'une justice de qualité[118].

## B • Le régime des preuves

**718** ***Annonce.*** L'article 6 de la Convention de sauvegarde en ce qu'il garantit le droit à un procès équitable, n'édicte toutefois aucune règle sur « l'admissibilité des preuves ou leur appréciation, matière qui relève dès lors au premier chef du droit interne et des juridictions nationales »[119]. Ceci étant, le droit de présenter librement ses preuves implique que chaque partie puisse librement discuter les preuves qui lui sont opposées par l'adversaire (*1.*). Mais dans cette discussion, seules les preuves obtenues loyalement devraient pouvoir être présentées au juge (*2.*).

### 1 • La libre discussion des preuves

**719** ***Le pouvoir de discuter les preuves rapportées par l'adversaire.*** Dans tout procès, il revient à chacun de pouvoir apprécier la valeur des preuves produites et ce, dans le cadre d'un débat contradictoire. C'est ainsi que la Cour de cassation admet que les juges peuvent admettre que soient annexés à une procédure pénale des éléments issus d'une autre procédure, dès que cette production de pièces est susceptible de les éclairer ; mais s'impose la seule condition que la jonction ainsi opérée « ait un caractère contradictoire » et que les actes communiqués puissent être soumise « à la discussion de toutes les parties »[120].

Il en résulte, d'une part, que chaque partie doit pouvoir rapporter des preuves contraires à celles présentées par l'adversaire. À cet égard, l'existence de présomptions irréfragables, qui ne peuvent être renversées par la preuve contraire, suppose qu'elles répondent à un intérêt général établi. Tel est le cas de l'autorité attachée par l'article 1341 du Code civil à la chose jugée et aux décisions de justice.

116. Pour une application de l'idée au premier degré, v. Com. 17 nov. 2015, n[os] 14-17.607 et 14-22.222, à paraître au *Bull.* : doute sur la communication des conclusions écrites du ministère public intervenant en qualité de partie principale (cassation).
117. CEDH 2 nov. 2004, X... *c/ France, BICC* 15 janv. 2005, n° 611.
118. CEDH, 5e sect., 4 juin 2013, *François Marc-Antoine c/ France*, req. n° 54984/09, § 32.
119. CEDH, gd. ch., *Garcia Ruiz c/ Espagne*, 21 janv. 1999, req. n° 30544/96, § 28 ; *Schenk c/ Suisse*, 12 juill. 1988, req. n° 10862/84, §§ 45-46.
120. Cass. crim., 16 mars 1981, n° 80-95343, Bull. crim. n° 91.

Il en résulte, d'autre part, que chaque partie doit pouvoir interroger les témoins et donc être confrontée à ses accusateurs à un moment ou un autre de la procédure[121]. La notion de témoin est cependant autonome et c'est ainsi qu'un agent infiltré dont les révélations ont permis d'exercer les poursuites et qui n'est pas venu déposer à la barre, est considéré comme un témoin[122].

Le droit d'interroger les témoins cède toutefois quand le juge national estime que l'interrogatoire demandé n'est pas opportun. Le refus doit alors être justifié par un intérêt légitime (par ex. la volonté de préserver les intérêts du témoin mineur).

En revanche, lorsqu'il est constaté que des témoignages incohérents, qui émanent d'amis de la victime, ont permis comme principaux éléments de preuve d'aboutir à la condamnation de la personne poursuivie, il y a atteinte à l'exigence d'équité et donc, violation de l'article 6 § 1er de la Convention[123].

**720** ***Particularité du témoignage anonyme.*** Admise par la loi française lorsque le témoin risque des représailles de la part de ceux qu'il met en cause, la technique consiste à ne pas indiquer l'identité de la personne auditionnée par le juge d'instruction (C. pr. pén., art. 706-58). Pour la Cour de Strasbourg, le témoignage anonyme n'est pas nécessairement contraire au droit à un procès équitable[124], à condition toutefois de ne pas constituer la preuve principale et déterminante fondant la culpabilité[125], et que la défense soit autorisée à le discuter. L'expression que retient la Cour est : « l'occasion adéquate et suffisante de contester un témoin à charge »[126]. En outre, l'interrogatoire du témoin doit être réalisé par un juge et non par un agent public tel un policier et, quand la défense souhaite interroger ce témoin, seul un juge peut être l'intermédiaire entre le témoin et la défense[127].

## 2 • La loyauté des preuves

**721** ***Concept de preuve déloyale.*** Le droit à un procès équitable implique que seules les preuves loyales soient produites en justice[128]. Il s'agit par cette exigence d'insuffler à la recherche de la preuve une exigence de moralité et de conduire les parties à adopter un comportement intègre lors de la recherche et de la collecte des éléments destinés à appuyer leurs prétentions.

À cet égard, n'est pas une preuve loyale celle qui a été fabriquée de toutes pièces par la partie qui l'invoque[129]. Il en est de même que la preuve obtenue par violence, fraude ou ruse, voire de manière illégale.

À cet égard, c'est sur le fondement de l'article 8 de la Convention (vie privée) que la Cour de cassation a retenu, s'agissant d'une saisie de données par les enquêteurs de l'Autorité des marchés financiers lors d'une visite domiciliaire, que « seuls sont saisissables les documents et supports d'information qui appartiennent ou sont à la disposition de l'occupant des lieux, soit la personne qui occupe, à quelque

---

121. CEDH 13 avr. 2006, *Vaturi c/ France*, req. n° 75699/01, § 58. V. dern., CEDH 6 sept. 2018, *Dadayan c/ Arménie*, req. n° 14078/12 (non-comparution de témoins essentiels, ce qui a substantiellement affecté les droits de la défense, et a abouti à la violation du droit à un procès équitable). V. cep. et rappr. *supra*, note 64 *in fine*.

122. CEDH 15 juin 1992, *Lüdi c/ Suisse*, Série A, n° 238. Sur la question de l'assimilation de l'expert à un témoin, J.-F. Renucci, « L'expertise pénale et la Convention européenne des droits de l'homme », *JCP* 2000. I. 227.

123. CEDH 13 nov. 2018, *Zhang c/ Ukraine*, req. n° 6970/15, § 62.

124. CEDH 20 nov. 1989, *Kostovski c/ Pays-Bas*, Série A, n° 166 ; 19 déc. 1990, *Delta c/ France*, Série A, n° 191 ; 15 juin 1992, *Lüdi c/ France*, Série A, n° 238. *Adde* J.-F. Renucci, « Les témoins anonymes et la Convention européenne des droits de l'homme », *Rev. pénit.* 1998. 3 ; B. de Smet, « La défense face aux témoins anonymes et les exigences du procès équitable dans la jurisprudence de la Cour européenne des droits de l'homme », *RID pén.* 1998. 7.

125. V. aussi Cass. com., 11 mai 2022, n° 19-22242, publié au Bulletin civil : « le juge ne peut fonder sa décision uniquement ou de manière déterminante sur des déclarations anonymes ».

126. CEDH 19 déc. 1990, *Delta c/ France*, Série A, n° 191. *Adde* 28 févr. 2006, *Krasniki c/ République tchèque*, req. n° 51277/99, § 75 : « an adequate and proper opportunity to challenge and question a witness against him, either when he makes his statements or at a later stage ».

127. Rappr. CEDH 28 févr. 2006, *Krasniki c/ République tchèque*, préc.

128. CEDH 6 déc. 1988, *Barbera, Massegue et Jabordo c/ Espagne*, Série A, n° 146. V. M.-E. Boursier, *Le principe de loyauté en droit processuel*, Dalloz, 2003 ; R. Martin, « La loyauté dans la recherche de la preuve », *Rev. huiss.* 1991. 760 ; contra : L. Miniato, « L'introuvable principe de la loyauté en procédure civile », *D.* 2007. 1035 s.

129. C. Mouly-Guillemaud, « La sentence "nul ne peut se constituer de preuve à soi-même" ou le droit de la preuve à l'épreuve de l'unilatéralisme », *RTD civ.* 2007. 253.

titre que ce soit, les locaux dans lesquels la visite est autorisée, à l'exclusion des personnes de passage au moment de la visite domiciliaire, ce passage serait-il attendu » (Com., 14 oct. 2020, n° 18-15.840 et 18-17.174, Rev. soc. 2021, p. 524, note M. Lassalle).

**722** ***Rejet des provocations policières, admission des techniques de constatation.*** Ce sont les preuves obtenues à la suite de provocations policières qui ont été condamnées au titre de l'obligation de loyauté, consacrée dans la réunion policière des preuves[130]. Aujourd'hui, « l'équité du procès est étroitement liée à sa loyauté »[131]. Ainsi, les stratagèmes destinés à provoquer la commission de l'infraction ne peuvent être pris en compte par le juge. Le droit à un procès équitable s'applique à toute forme de criminalité, de la plus simple à la plus complexe ! En revanche, le policier qui tient fictivement un rôle d'intermédiaire en s'insérant dans un processus infractionnel (en l'occurrence une entreprise de chantage) « n'a en aucune manière provoqué à la commission de l'infraction » ; « seul est proscrit le stratagème qui, par un contournement ou un détournement d'une règle de procédure, a pour objet ou pour effet de vicier la recherche de la preuve en portant atteinte à l'un des droits essentiels ou à l'une des garanties fondamentales de la personne suspectée ou poursuivie »[132]. De sorte que si les provocations policières sont contraires au droit à un procès équitable, les infiltrations policières peuvent être admises au titre de ce droit[133]. En effet, les agents infiltrés se contentent de surveiller l'activité délictueuse de la personne, de manière purement passive et sans jamais l'influencer[134]. Constitue également de simples infiltrations policières le fait pour des policiers de se présenter comme des consommateurs auprès de revendeurs de stupéfiants[135]. Tel est encore le cas du fait, pour des policiers, d'observer de loin, à la jumelle, les alentours d'un lieu[136].

**723** ***Réception des preuves déloyales en matière pénale.*** En revanche, la Chambre criminelle a jugé qu'aucune disposition légale ne permettant au juge répressif d'écarter les moyens de preuve produits au seul motif qu'ils auraient été obtenus de façon illicite ou déloyale, il appartient seulement à ce juge d'en apprécier la valeur probante après les avoir soumis à la discussion contradictoire[137]. L'espèce concernait la pratique du *testing*, qui consiste, sous constat d'huissier, pour de simples particuliers d'origines différentes, ici à se présenter à l'entrée d'une discothèque, là, à postuler à un emploi, ou encore, à solliciter un logement pour vérifier si la sélection opérée n'est pas discriminatoire[138]. Cette pratique n'est pas une provocation puisqu'aucun stratagème actif n'est utilisé, les personnes ne font que se présenter à l'entrée de l'établissement, postuler à un emploi ou solliciter un logement. Elle a été validée compte tenu de la difficulté de preuve du mobile discriminatoire[139]. Certains la contestent, car si la finalité est incontestablement positive (lutter contre le racisme), un État de droit peut-il « admettre que la fin puisse justifier les moyens, surtout en matière probatoire »[140] ? La loyauté semble sacrifiée sur l'autel de l'efficacité des procédures[141]. Il est toutefois possible de considérer que la recherche de la vérité peut l'emporter sur l'exigence de la loyauté, pour peu qu'il n'en résulte pas une atteinte intolérable à la liberté de la personne concernée. Il est à relever que si l'autorité publique participe à

130. CEDH 9 juin 1998, *Teixeira de Castro c/ Portugal*, req. n° 44/1997/828/1034 ; gr. ch., 27 oct. 2004, *Edward et Lewis c/ Royaume-Uni, Rec.* 2004-X ; 15 déc. 2005, *Vanyan c/ Russie,* req. n° 53203/99 ; gr. ch., 11 juill. 2006, *Jalloh c/ Allemagne*, req. n° 54810/00. V. égal. Crim. 11 mai 2006, *D.* 2006. IR 1772 ; 7 févr. 2007, *D.* 2007. 2012.

131. J.-F. Renucci, *Droit européen des droits de l'homme. Droits et libertés garantis par la CEDH*, LGDJ, 5e éd., 2013, n° 415.

132. Cass., ass. plén., 9 déc. 2019, n° 18-86.767.

133. C. pr. pén., art. 706-80. *Adde* Crim. 22 avr. 1992, *D.* 1995. 59 ; CEDH 23 oct. 2018, *Guerni c/ Belgique*, req. n° 19291/07 (absence de provocation).

134. CEDH, gr. ch., 5 févr. 2008, *Ramanauskas c/ Lituanie*, req. n° 74420/01, *RSC* 2008. 694.

135. Crim. 17 oct. 1991, *Gaz. Pal.* 28 mars 1992.

136. Crim. 23 août 1994, *Dr. pénal* 1995, n° 49.

137. Crim. 11 juin 2002, *LPA* 6 janv. 2003, p. 1 ; *RSC* 2002. 879. Visa de l'art. 427 du C. pr. pén., qui admet « tout mode de preuve ».

138. J. Lasserre Capdeville, « Le testing », *AJ pénal* 2008. 310.

139. L. Collet-Askri, « La Chambre criminelle valide le testing comme mode de preuve, serait-il déloyal… », *D.* 2003. Chron. 1309.

140. J.-F. Renucci, « La loyauté des preuves et les procédés dit de "testing" », *RSC* 2002. 879.

141. E. Molina, « Réflexion critique sur l'évolution paradoxale de la liberté de la preuve des infractions en droit français contemporain », *RSC* 2002. 263.

l'administration d'une preuve obtenue de façon illicite ou déloyale par une partie privée, l'atteinte aux principes sera constituée[142].

**724** ***Matière civile et preuve illégale ou déloyale.*** En matière civile, un procédé déloyal ou illicite rend la preuve qu'il a contribué à constituer irrecevable[143]. Ainsi, l'employeur qui lit des messages personnels de ses salariés, même échangés via leur ordinateur professionnel, porte atteinte à une liberté fondamentale (Soc., 12 oct. 2004, n° 02-40.392, *Bull. civ.* V, n° 245). Est nécessairement teintée de déloyauté la preuve qui a été obtenue en violation des prescriptions légales. En effet, la loyauté exige *a minima* le respect de la légalité ! L'article 9 du Code de procédure civile montre qu'il faut prouver les faits que l'on allègue « conformément à la loi ». De sorte qu'une preuve qui serait obtenue par la commission de la violation d'une norme établie est exclue.

**725** ***Procédure civile de divorce.*** En matière civile, dans le cadre d'une procédure de divorce, un époux ne peut verser aux débats un élément de preuve qu'il aurait obtenu par violence ou par fraude (C. civ., art. 259-1)[144].

**726** ***L'exception tirée des droits de la défense.*** Une dérogation au principe de l'irrecevabilité de la preuve illicite ou déloyale en droit civil se rencontre toutefois : le salarié qui, au procès qui l'oppose à son employeur, entend produire des documents de l'entreprise qu'il a soustraits à son employeur, pourra le faire[145] à la double condition que lesdits documents soient utilisés pour sa défense et uniquement à cette fin, et que le salarié en ait eu connaissance dans l'exercice de ses fonctions. Ainsi, un salarié est justifié dans le vol de documents qui peuvent l'aider à démontrer la cause illégitime du licenciement dont il est l'objet[146]. Inversement, quand l'employeur a des motifs légitimes de suspecter un comportement nuisible à son activité et contraire aux obligations nées du contrat de travail par son employé, le premier peut solliciter du juge toutes mesures nécessaires et proportionnée à la protection de ses droits[147]. Tout est, ici comme ailleurs, une question d'équilibre. De sorte que l'employeur qui recourt à un détective privé pour faire suivre son salarié à son insu et avec une dimension de forte atteinte à la vie privée, dévoie le système probatoire[148] ; au contraire, quand le contrôle est réalisé sur le lieu de travail et par un service interne de l'entreprise, il est admis[149]. De même, est admis qu'une transaction homologuée, qui contient une reconnaissance des faits par les salariés, puisse servir de preuve à leur encontre sans qu'il y ait méconnaissance de l'article 6 de la Convention européenne[150].

**727** ***Sanction du procès inéquitable.*** Si la Convention de sauvegarde prévoit « une satisfaction équitable », qu'énonce son article 41, le système de chaque État a toujours la possibilité de prévoir une procédure permettant de rejuger le dossier. Tel est le cas de la France tant en matière pénale, où l'article 622-1 du Code de procédure pénale permet le réexamen d'une décision pénale définitive, qu'en matière civile par les articles L. 452-1 et suivants du Code de l'organisation judiciaire et les articles 1031-8 à 1031-23 du Code de procédure civile. Mais à défaut de texte interne en ce sens, « la Convention ne garantit pas le droit à la réouverture d'une procédure »[151].

---

142. Crim. 20 sept. 2016, n° 16-80.820, publié au *Bull. crim.*
143. Cass., ass. plén., 7 janv. 2011, n$^{os}$ 09-14.316 et 09-14.667, *Bull. ass. plén.*, n° 1 (enregistrement d'une communication téléphonique, à l'insu de la personne).
144. Il faut tout de même parvenir à prouver la fraude : Civ. 2$^{e}$, 29 janv. 1997, n° 95-15.255, *Bull. civ.* II, n° 28, admission de la production d'un journal intime dans une procédure de divorce. Comp. Metz 11 mai 2004, les photocopies n'ont pu, selon la cour, qu'être réalisées à l'insu de l'épouse.
145. Soc. 2 déc. 1998, D. 1999. 431.
146. Soc. 31 mars 2015, n° 13-24.410, *Bull. civ.* V, à paraître ; *Juris-Data* n° 2015-007003.
147. Soc. 23 mai 2007, n° 05-17.818, *Bull. civ.* V, n° 84 ; Civ. 2$^{e}$, 6 mai 2010, n° 09-15.199. V. aussi Com. 15 mai 2007, n° 06-10.606, *Bull. civ.* IV, n° 130.
148. Soc. 26 nov. 2002, n° 00-42.401, *Bull. civ.* V, n° 352.
149. Soc. 5 nov. 2014, n° 13-18.427, *Bull. civ.* V, n° 255.
150. CEDH, gr. ch., 17 oct. 2019, *López Ribalda et a. c/ Espagne*, req. n$^{os}$ 1874/13 et 8567/13.
151. CEDH 6 sept. 2018, *Kontalexis c/ Grèce* (n° 2), req. n° 29321/13.

## BIBLIOGRAPHIE INDICATIVE


- M. Fabre, « Le droit à un procès équitable », *JCP* 1998. I. 157.
- S.-M. Ferrié, « Les algorithmes à l'épreuve du droit au procès équitable », *Procédures* n° 4, avr. 2018.
- N. Fricero, « Procès civil équitable et juge judiciaire », *in Mél. P. Julien*, Edilaix, 2003.
- S. Guinchard, « Le procès équitable : droit fondamental ? », *AJDA* 1998. 191, n° spécial « Les droits fondamentaux » ; « Le procès équitable, garantie formelle ou droit substantiel ? », *in Mél. Farjat*, éd. Frison-Roche, 1999, p. 39.
- É. Le Quellenec, « Procès équitable et vidéo-audiences : enjeux et retours d'expériences en France », *RLDI*, n° 177, 1er janv. 2021.
- J.-F. Renucci, *Traité de droit européen des droits de l'homme*, LGDJ, 2e éd., 2012, nos 415-552, p. 428-591 ; *Manuel de droit européen des droits de l'homme*, LGDJ, 6e éd., 2015, nos 345 à 464.
- J.-L. Sainte-Rose et M. Domingo, « L'avocat général à la Cour de cassation va-t-il enfin sortir du purgatoire "conventionnel" qui lui a été imposé ? », *JCP* 2014. I. 1193.


## PISTES DE RÉFLEXION

- Quelles sont les garanties du droit à un procès équitable ?
- Le domaine du droit à un procès équitable
- Le droit à un procès équitable, fonds commun des procédures
- La place respective du ministère public et du rapporteur public au regard du droit à un procès équitable
- L'intelligence artificielle est-elle un risque pour les garanties du procès équitable ?
- Parmi les éléments du procès équitable, analyser ceux qui sont les plus régulièrement mobilisés : impartialité des juridictions ; délai raisonnable de jugement.

Thème 3

# La présomption d'innocence

**Hervé Henrion-Stoffel**
*Président du tribunal judiciaire de Vesoul,*
*docteur en droit, ancien Conseiller juridique*
*à la Commission nationale consultative des droits de l'Homme*[1]

L'actualité juridique de ces dernières années est fortement marquée par les multiples évocations de la présomption d'innocence, qui est l'un de ces marronniers fleurissant au gré des réformes successives du Code de procédure pénale français. Ce principe, est tantôt honoré par les défenseurs des droits de l'homme, tantôt ébranlé, vilipendé voire « malmené »[2], notamment par les tenants d'une vision sécuritaire de la procédure pénale. En bref, la présomption d'innocence ne laisse pas indifférent et ce phénomène n'est pas proprement français, comme en témoignent des études de droit comparé[3]. Si l'existence même de ce grand principe n'est nullement contestée, ce sont ses applications et son étendue qui font souvent l'objet de débats parfois virulents[4], même en littérature[5] ou encore en matière d'œuvres artistiques ou de fiction[6].
En effet, les difficultés à garantir la présomption d'innocence sont considérables[7]. Plusieurs désastres judiciaires en ont été et en sont parfois encore une dramatique illustration à tel point que certains évoquent son abolition de fait[8]. Pourtant, le lien est étroit entre droit à la présomption d'innocence et droit à la sûreté, dont la garantie concrète et effective est une obligation imposée à l'autorité judiciaire par la Constitution (art. 66, Const. 1958). Si tout homme est présumé innocent, c'est en vertu de son droit à la sûreté, lequel interdit de lui infliger, au cours du procès pénal, toute contrainte qui ne serait ni nécessaire, ni adéquate, ni proportionnée (articles 2 et 9 de la Déclaration de 1789). Aussi, la présomption d'innocence est-elle résolument un droit « défensif » en ce qu'elle est, comme l'affirme la Cour constitutionnelle fédérale allemande, destinée à « la protection de l'individu contre l'État conçu comme potentiellement tout-puissant et arbitraire »[9]. Par ailleurs, les garanties du droit à la présomption d'innocence se doivent d'être effectives avant, pendant et même après le procès pénal, ce qui suppose que toute personne mise en cause puisse se défendre dès qu'elle est, directement ou indirectement, aux prises avec la justice[10]. Dans ce

---

1. L'auteur tient à remercier très chaleureusement Mesdames Christine Lazerges et Renée Koering-Joulin pour leur aide précieuse, leurs conseils et leur soutien indéfectible au cours de la préparation de cette contribution.
2. E. Guigou (dir.), *La présomption d'innocence : un défi pour l'État de droit. Rapport du groupe de travail sur la présomption d'innocence*, oct. 2021, 13 s.
3. C.-F. Stuckenberg, *Untersuchungen zur Unschuldsvermutung*, Walter de Gruyter, 1998 ; H. Henrion, *La nature juridique de la présomption d'innocence*, Mon éditeur.com, Bibliothèque des thèses de l'Université de Montpellier I, Tome 3, 2006.
4. V. *Le Monde* du 30 sept. 2020, p. 12. V. également D. Soulez-Larivière, « Affaire Daval, Mathieu Gallet, Gérard Darmanin… La présomption d'innocence à l'échafaud », *JDD* du 5 févr. 2018.
5. V. J.-B. Thierry, « Vanessa Springora, Le Consentement, Grasset, 2020 », *AJ pénal* 2020. 437. *Le Monde* du 16 févr. 2021, Tribune de H. Témime, M. Dosé, C. Lasek, D. Meillet, C. Saint-Palais, D. Soulez-Larivière, dans le contexte et à propos de « l'affaire Berry » ; Y. Turbet Delof, « Juger les choses humaines. Quand la littérature rend justice », *Cah. Just.* 2021, 541 s.
6. V. Civ. 1re, 6 janv. 2021, n° 19-21.718, *D. actu.*, 18 janvier 2021, obs. S. Lavric
7. E. Guigou (dir.), Rapport préc, 13 s.
8. P. Férot, *La présomption d'innocence : Essai d'interprétation historique*, Les éditions Ovadia, 2016.
9. C'est ainsi que la Cour constitutionnelle fédérale allemande définit cette notion (v. BVerfG 19 déc. 1951, *Recueil*, Tome 1, p. 97 et 104).
10. V. J. Delga, *Manuel de l'innocent, de l'atteinte à la présomption d'innocence*, Eska, 2008.

sens, la présomption d'innocence, intimement liée aux droits de la défense[11], est le « symbole même du procès équitable »[12], la CEDH estimant qu'il y est porté atteinte si, « sans établissement légal de la culpabilité d'un prévenu, et notamment sans que ce dernier ait eu l'occasion d'exercer les droits de la défense, une décision judiciaire le concernant reflète le sentiment qu'il est coupable »[13]. Ainsi, la présomption d'innocence est-elle devenue un droit « offensif » destiné à protéger toute personne contre le préjugement, même si celui-ci ne prend pas la forme d'un constat formel[14], et plus généralement contre toute opinion préconçue sur sa culpabilité, qu'elle soit le fait d'un organe de l'État[15] — participant ou non à l'établissement de la culpabilité — ou d'une personne privée[16].



**728** La présomption d'innocence désigne, comme l'écrit magistralement Renée Koering-Joulin, « l'état à la fois provisoire et ambigu de celui qui, qu'on le veuille ou non, n'est plus tout à fait un innocent, mais n'est pas encore un coupable ».[17] Elle trouve d'une part à s'appliquer, en cas « d'accusation pénale » au sens de l'article 6 de la Conv. EDH, c'est-à-dire, à partir du moment où une personne se voit officiellement notifier de la part de l'autorité compétente le soupçon ou les charges existant à son encontre et faisant état de ce qu'elle a pu commettre une infraction pénale[18]. Dans ce

---

11. V. X. Pin, « L'évolution des droits de la défense depuis le Code d'instruction criminelle », *Saarbrücker Studien zum Internationalen Recht* n° 44 (2010), p. 159 s. Cet auteur constate au demeurant que l'histoire de la présomption d'innocence suit de près celle des droits de la défense.
12. R. Koering-Joulin, « La présomption d'innocence, un droit fondamental ? Rapport introductif », *in* Centre Français de droit comparé/Ministère de la Justice, *La présomption d'innocence en droit comparé. Colloque du 16 janvier 1998*, Société de Législation Comparée, 1998, p. 20. La Cour européenne des droits de l'homme considère d'ailleurs que la présomption d'innocence « figure parmi les éléments du procès équitable » (CEDH 23 avr. 1998, *Bernard c/ France*, *JCP* 1999. I. 105, n° 37, obs. F. Sudre ; *RSC* 1999. 404, obs. R. Koering-Joulin).
13. CEDH 25 mars 1983, *Minelli c/ Suisse*, Série A n° 62, § 37.
14. F. Sudre, *Droit européen et international des droits de l'homme*, 11e éd., PUF, 2012, n° 275, p. 470.
15. CEDH 10 févr. 1995, *Allenet de Ribemont c/ France*, *RTDH* 1995. 657, note D. Spielman ; *Justice* 1996-3, note J.-F. Flauss.
16. CEDH 29 août 1997, *Worms c/ Autriche*, req. n° 22714/93.
17. R. Koering-Joulin, art. préc., p. 19.
18. V. CEDH 10 déc. 1982, *Foti & autres c/ Italie*, Série A n° 56 ; CEDH 21 févr. 1984, *Öztürk c/ RFA*, Série A n° 73, *etc.* Seront considérées comme une notification officielle d'avoir commis une infraction : l'arrestation, l'ouverture d'une enquête, le placement en garde à vue, la mise en examen ou encore le renvoi devant une juridiction de jugement.

cas, elle « régit l'intégralité de la procédure pénale »[19] « indépendamment de l'issue des poursuites »[20], en jouant au profit du mis en cause jusqu'à l'établissement définitif de sa culpabilité[21]. Certains se demandent même si elle n'aurait pas vocation à s'appliquer au stade de la phase post-sententielle de l'application des peines[22]. De son côté, la CEDH a considéré que l'article 6-2 de la Conv. EDH régit « l'ensemble de la procédure pénale (...) et non le seul examen du bien-fondé de l'accusation »[23]. C'est dire, comme l'écrit très justement Jean Pradel, que la présomption d'innocence « n'imprègne pas que la preuve »[24].

En effet, la présomption d'innocence est, d'autre part, invocable, en dehors de l'existence d'une accusation pénale[25], en cas d'anticipation sur la culpabilité d'une personne par un organe n'ayant pas forcément compétence pour notifier une telle accusation[26]. L'on relèvera cependant que la jurisprudence européenne demeure attachée au principe d'autonomie des procédures administratives disciplinaires et pénales, en l'absence de « lien manifeste » entre celles-ci[27]. Les personnes privées, notamment les journalistes[28], ont également l'obligation de ne pas anticiper la culpabilité d'une personne mise en cause. La qualité de justiciable n'est donc pas la condition *sine qua non* pour bénéficier de la présomption d'innocence qui, du fait de son effet horizontal, peut, le cas échéant, être mise en œuvre dans des rapports de droit privé, aux fins, comme le précise la CEDH, de protection de la réputation de l'intéressé et la manière dont celui-ci est perçu par le public ou encore aux fins de protection des droits d'autrui[29]. Pour sa part, la jurisprudence nationale est extrêmement fluctuante. Dans le cadre des relations de travail, par exemple, la présomption d'innocence ne peut être invoquée pour contester un licenciement, que lorsque des poursuites pénales ont été déclenchées à l'encontre d'un salarié[30]. En matière de contentieux des affaires familiales, elle n'a, selon la Cour de cassation, pas vocation à s'appliquer dans le cadre de la procédure d'ordonnance de protection, dès lors que le juge se cantonne à apprécier la potentielle dangerosité (et non la culpabilité) du conjoint violent, de sorte que les mesures qu'il est amené à prononcer, ayant pour seul objet de prévenir la commission de faits de violence, ne constituent pas des peines ou sanctions ayant le caractère d'une punition[31]. L'extension de la portée de la présomption

19. V. par ex. CEDH 21 sept. 2006, *Pandy c/ Belgique*, req. n° 13583/02.
20. V. par ex. CEDH 13 déc. 2016, *Kolomenskiy c/ Russie*, req. n° 27287/07.
21. V. par ex. Crim. 29 janv. 2020, n° 19.82.263, *RSC* 2020, p. 670, note S. Detraz ; Crim. 9 sept. 2020, n° 19-82.263, *Dalloz actualité* 14 oct. 2020, note J. Gallois. La confiscation de capitaux prévue à l'article L. 152-4 II du Code monétaire et financier ne viole aucunement la présomption d'innocence, dès lors qu'une telle sanction fiscale n'est encourue qu'en cas de déclaration préalable de culpabilité du chef de transfert de capitaux sans déclaration, dont les éléments constitutifs doivent être établis par l'autorité poursuivante.
22. V. Y. Carpentier, « Le clair-obscur de l'application des peines. Réflexions à propos de la décision QPC du 10 novembre 2017 du Conseil constitutionnel », *Droit pénal* n° 1, janv. 2018, étude n° 1.
23. CEDH 25 mars 1983, *Minelli c/ Suisse*, préc.
24. J. Pradel, *Procédure pénale*, 20e éd., Cujas, 2019, n° 56, p. 96.
25. Dans ce sens CEDH 31 janv. 2017, *Société Edelweiss gestion et Christian Pire c/ France*, req. n° 6193/12, *Dalloz actualité* 15 mars 2017, obs. E. Autier : « si le principe de la présomption d'innocence figure parmi les éléments du procès pénal équitable exigé par l'article 6 § 1, il ne se limite pas à une garantie procédurale en matière pénale ».
26. Comm. EDH, avis, 3 oct. 1978, *Petra Krause c/ Suisse*, req. n° 7986/77 : « le principe de la présomption d'innocence garantit à tout individu que les représentants de l'État ne pourront le traiter comme coupable d'une infraction avant qu'un tribunal compétent ne l'ait établi selon la loi » ; CEDH 10 févr. 1995, *Allenet de Ribemont c/ France*, préc., § 37 : « le champ d'application de l'article 6-2 ne se limite pas à la seule hypothèse d'une atteinte à la présomption d'innocence provenant d'une autorité judiciaire, mais également aux atteintes provenant d'autres autorités publiques » (propos publics d'un ministre de l'Intérieur en exercice accusant une personne politique connue d'avoir commandité un meurtre, alors même que cette dernière n'était pas mise en examen). Cette solution a été plusieurs fois confirmée.
27. V. J.-B. Sibileau, « Préservation de la présomption d'innocence en cas de cumul de poursuites administratives et pénales », *AJDA* 2019. 1711 s.
28. CEDH 29 août 1997, *Worms c/ Autriche*, préc. V. également TJ Paris 11 mars 2021, n° 21/51017, *D. actu.*, 16 mars 2021, obs. P.-A. Souchard
29. V. CEDH 1er juin 2017, *Giesbert et autres c/ France*, req. nos 68974/11, 2395/12 et 76324/13, *JCP* 10 juill. 2017, n° 28, Doctr. 804, obs. F. Sudre.
30. Soc. 13 déc. 2017, n° 16-17.193 : « le droit à la présomption d'innocence qui interdit de présenter publiquement une personne poursuivie pénalement comme coupable, avant condamnation, d'une infraction pénale n'a pas pour effet d'interdire à un employeur de se prévaloir de faits dont il a régulièrement eu connaissance au cours d'une procédure pénale à l'appui d'un licenciement à l'encontre d'un salarié qui n'a pas été poursuivi pénalement ». V. F. Desprez, « Comment concilier le pouvoir disciplinaire de l'employeur avec la présomption d'innocence ? », *RDT* 2018. 416 s. ; C. Mathieu, « La place de la présomption d'innocence en droit disciplinaire », *RDT* 2018. 278 s.
31. Civ. 1re, 16 sept. 2021, n° 21-40.012, *AJ Famille 2021*, p. 630, obs. A. Sannier.

d'innocence ne doit pas faire oublier qu'elle est avant tout le principe cardinal du procès pénal[32]. En se référant à la théorie du procès de Luhmann, l'on peut même théoriquement soutenir la thèse de la consubstantialité de la présomption d'innocence au concept de procès, dès lors que, pour cet auteur, une procédure se caractérise par l'incertitude de son issue tout au long de son déroulement[33]. Si un processus ne sert plus l'absorption de l'incertitude (« *Absorption von Ungewissheit* ») et le prononcé d'une décision (« *Entscheidungsfindung* ») y mettant un terme, mais la représentation d'une décision préalablement déterminée, il ne constitue pas un procès mais un rituel[34]. La présomption d'innocence, inhérente au concept de procès, empêche que celui-ci ne dégénère en rituel où les « jeux sont faits à l'avance », en raison d'une anticipation sur la fin du processus[35]. Par conséquent, la fonction de la présomption d'innocence est avant tout de protéger l'individu « par la procédure », qui, dans son organisation et sa mise en œuvre, doit impérativement tendre à faire perdurer l'incertitude sur la culpabilité jusqu'à son issue[36]. « Si l'on vous dit que c'est un grand principe, n'allez pas le croire, ou pas trop vite » affirme Claude Lombois à propos de la présomption d'innocence[37], et, toujours à son sujet, Robert Badinter, évoque la « course-poursuite entre une procédure pénale vouée à la découverte de la vérité et à la protection de l'ordre social et un principe dont la vocation n'a pas toujours réussi à garantir le respect[38] ». L'histoire lui donne largement raison, dès lors que cette « course-poursuite » dure depuis près d'un millénaire[39]. La période allant du XII^e^ au XVII^e^ siècle est marquée par une rationalité pénale reposant sur la formule : « sera puni selon la qualité de la personne »[40]. Les écrits des post-glossateurs (la *Glossa Ordinaria* d'Accurse datant d'environ 1234), le texte de la constitution criminelle de Bamberg (*Constitutio Criminalis Bambergensis*, 1507), ainsi que la tristement célèbre Caroline (*Constitutio Criminalis Carolina*, 1532) nous apprennent que la présomption d'innocence — sous la forme d'une présomption de bonté (*praesumptio bonitatis*) — constitue en droit romano-germanique un mode de preuve, à savoir une présomption intégrée dans la théorie des preuves légales. Selon ce mécanisme probatoire, la bonté de l'individu (objet de la présomption) est déduite de la teneur de son état social et/ou moral (base de la présomption). Dans les textes datant de 1507 et 1532, le juge met cette présomption en balance avec des indices à charge au moment où il envisage de prononcer une sentence de torture. Des Docteurs imprégnés de théologie catholique vont progressivement bouleverser cette conception de la présomption de bonté, en abordant la bonté non plus comme une réalité factuelle, mais comme un concept philosophique irriguant le droit canonique[41]. Saint Thomas d'Aquin insiste dans sa *Somme théologique* sur l'inclination de l'homme à rechercher le bien en agissant conformément à sa raison qui participe de la raison divine[42]. À partir du XVI^e^ siècle, il sera repris et cité par de nombreux auteurs à la recherche d'un fondement pour la présomption de bonté (*praesumptio bonitatis*), la bonté étant celle du chrétien baptisé, par-là, lavé de la souillure du péché originel[43]. Le lien établi entre la bonté de l'homme baptisé et la présomption de bonté sert ainsi à fonder les règles de détermination du fardeau de la preuve. Plus précisément, comme le prévenu doit être *a priori* considéré comme un homme bon, la charge de la preuve de sa culpabilité incombe à l'accusation.

---

32. V. M. Delmas-Marty (dir.), *Procédures pénales d'Europe*, PUF 1995, p. 470.
33. N. Luhmann, *Legitimation durch Verfahren*, 4^e^ éd., Suhrkamp, 1997, p. 51.
34. *Ibid.*, p. 38-39 et 51-52.
35. V. K. Marxen, *Straftatsystem und Strafprozess*, Duncker & Humblot, 1984, p. 345.
36. Dans ce sens, C.-F. Stuckenberg, *op. cit.*, p. 535.
37. C. Lombois, « La présomption d'innocence », *Pouvoirs* 1990, n° 55, p. 81 s.
38. R. Badinter, « La présomption d'innocence, histoire et modernité », *in Mélanges Catala*, Litec, 2001 ; v. égal. C. Lazerges, « La présomption d'innocence en Europe », *Arch. pol. crim.* n° 26, p. 127 s.
39. Pour plus de détails sur l'histoire de la présomption d'innocence, v. P. Férot, *op. cit.* ; H. Henrion, *op. cit.*, p. 87 s. ; R.-J. Köster, *Die Rechtsvermutung der Unschuld. Historische und dogmatische Grundlagen*, thèse, Bonn, 1979.
40. F. Tulkens et M. van de Kerchove, *Introduction au droit pénal. Aspects juridiques et criminologiques*, Story-scientia, Bruxelles 1991, p. 62.
41. Pour plus de détails, v. H. Henrion, « La présomption d'innocence en droit canonique », *in Mélanges en l'honneur de Christine Lazerges*, Dalloz, 2014, p. 663 s.
42. Saint Thomas D'Aquin, *Somme théologique*, I a, II ae, q. 94, art. 2.
43. J.-M. Carbasse, « Secret et justice, les fondements historiques du secret de l'instruction », *in* Université Panthéon-Assas, *Clefs pour le siècle. Droit et science politique, information et communication, sciences économiques et de gestion*, Dalloz, 2000, n° 1357, p. 1263.

La consolidation de l'État à partir des XVIe et XVIIe siècles avec la monopolisation de la contrainte entraîne progressivement une mutation de la conception de la culpabilité. C'est le rapport du Roi à ses sujets, et non plus les qualités morales ou sociales de l'individu, qui ouvre ou ferme l'espace du procès pénal[44], si bien que la culpabilité correspond à la désobéissance au Souverain. Aux alentours de 1670, Menochius sépare clairement la présomption d'innocence de la présomption de bonté et « signe l'acte de naissance » de la première. La présomption d'innocence devient l'expression sécularisée de l'ancienne présomption de bonté. Elle émerge à un moment où le Pouvoir se centralise et où l'innocence (la non-culpabilité) commence à être comprise comme l'absence d'établissement procédural et probatoire de la violation d'une norme « étatique ». Cela explique sans doute que la présomption d'innocence soit parfois considérée comme un principe purement laïc ayant émergé dans la philosophie des Lumières[45], comme en témoignent les écrits de Kant, Pufendorf, Rousseau ou encore Beccaria[46]. Cette évolution atteint son paroxysme avec la consécration de la présomption d'innocence à l'article 9 de la Déclaration de 1789 en tant que droit subjectif défensif destiné à préserver une sphère de liberté de l'individu menacée par les possibles excès de la contrainte étatique. Elle est devenue, ainsi que cela a déjà été évoqué, un droit de l'homme découlant du droit à la sûreté. Cet article 9, dont l'histoire prouvera qu'il était nécessaire mais très insuffisant, est directement issu du *Traité des délits et des peines* de Cesare Beccaria qui affirmait, dès 1764, que « la justice doit respecter le droit que chacun a d'être cru innocent » et qu'« un homme ne peut être considéré comme coupable avant la sentence du juge ; et la société ne peut lui retirer la protection publique qu'après qu'il est convaincu d'avoir violé les conditions auxquelles elle lui avait été accordée... »[47].

Le XIXe peut être considéré comme un siècle de transition. Ni la loi, ni la jurisprudence ne la mettent en œuvre, très vraisemblablement parce que l'esprit du temps (*Zeitgeist*), sensible aux thèses de la criminologie naissante[48], ne lui était pas favorable. Une partie de la doctrine lui est toutefois restée fidèle en qualité de concept philosophique, dans la continuité de la pensée des Lumières[49]. Redécouverte au XXe siècle[50], elle apparaît, après le second conflit mondial, en droit international[51], ce qui explique que l'époque contemporaine ne soit pas avare d'instruments de protection de la présomption d'innocence :

— article 11 de la Déclaration universelle des droits de l'homme ;
— article 14 du Pacte des Nations unies sur les droits civils et politiques ;
— article 6-2 de la Conv. EDH ;
— article 47 de la Charte des droits fondamentaux de l'Union européenne.

Tous ces textes protecteurs des droits fondamentaux réaffirment avec force le principe de la présomption d'innocence.

Cet arsenal juridique assorti d'une abondante jurisprudence de la CEDH, du Conseil constitutionnel et de la Cour de cassation demeurait cependant insuffisant, incomplet[52]. C'est ainsi que la loi n° 93-2 du 4 janvier 1993 portant réforme de la procédure pénale introduisit dans le Code civil, un article 9-1 consacrant le « droit au respect » de la présomption d'innocence et en tira des conséquences nouvelles découlant de sa consécration en tant que droit subjectif de la personnalité[53]. Par ailleurs et surtout, la

44. V. D. Salas, *Du procès pénal*, PUF, 1991, p. 70.
45. Dans ce sens, R. Merle et A. Vitu, *Traité de droit criminel, Tome II. Procédure pénale*, Cujas, 2001, n° 144, p. 183 s. ; G. Bernard, « Les critères de la présomption d'innocence au XVIIIe siècle : de l'objectivité des preuves à la subjectivité du juge », *Revue de l'Institut de Criminologie de Paris* 2003-2004 (vol. 4), p. 48.
46. J. Hruschka, « Die Unschuldsvermutung *in* der Rechtsphilosophie der Aufklärung », *ZStW* 2000, p. 285 s.
47. V. C. Beccaria, *Des délits et des peines*, rééd., GF-Flammarion, 1991, p. 96.
48. V. L. Mucchielli, *Histoire de la criminologie française*, L'Harmatan, 1995.
49. V. C.-F. Stuckenberg, *op. cit.*, p. 38.
50. E. Guilhermont, *La présomption d'innocence dans le discours doctrinal*, thèse Perpignan, 2006.
51. V. H. Henrion, « La présomption d'innocence dans les travaux préparatoires au XXe siècle », *Arch. pol. crim.* n° 27, p. 276 s.
52. V. J.-P. Feldman, « La présomption d'innocence et la réforme des institutions », *in* Guy Millière, J.-P. Feldman, P. Simon et J.-P. Delsol, *Avancer vers l'État de droit. Droit et présomption d'innocence*, Cheminements, 2008, p. 73 s. ; S. Guinchard et J. Buisson, *Procédure pénale*, 12e éd., LexisNexis 2019, n° 376 s., p. 312 s., n° 410 s., p. 340 s.
53. V. R. Koering-Joulin, art. préc., p. 21, qui estime pour sa part que ces dispositions auraient dû être intégrées dans le Code de procédure pénale.

loi « refondatrice »[54] n° 2000-516 du 15 juin 2000 renforçant la protection de la présomption d'innocence et les droits des victimes, a scellé de multiples évolutions de grande importance pour mettre la France en conformité avec les standards européens[55], à savoir notamment : l'entretien avec l'avocat dès la première heure de garde à vue ; la notification du droit au silence avant l'interrogatoire de garde à vue ; la clarification des statuts procéduraux en fonction des paliers de la vraisemblance (simple témoin, suspect, témoin assisté, mis en examen) ; la création d'un juge des libertés et de la détention ; la possibilité pour l'avocat de procéder à des demandes d'actes lors de l'instruction ; la possibilité pour les avocats et le ministère public de poser directement des questions aux témoins, experts et parties sans passer par l'intermédiaire du Président, sous réserve de son pouvoir de police ; l'appel des décisions rendues par les cours d'assises ; la juridictionnalisation de l'application des peines ; la création d'une procédure de réexamen à la suite d'une condamnation de la France par la CEDH. Autre apport non moins important : l'introduction d'un article préliminaire en tête du Code de procédure pénale énonçant les principes directeurs du procès, dont celui de la présomption d'innocence, dans les termes suivants : « Toute personne suspectée ou poursuivie est présumée innocente tant que sa culpabilité n'a pas été établie. Les atteintes à sa présomption d'innocence sont prévenues, réparées et réprimées dans les conditions prévues par la loi. » Manquait encore la consécration de la présomption d'innocence par le droit dérivé de l'Union européenne. C'est désormais chose faite avec la publication de la Directive (UE) 2016/143 du Parlement européen et du Conseil du 9 mars 2016 portant renforcement de certains aspects de la présomption d'innocence et du droit d'assister à son procès dans le cadre des procédures pénales (ci-après Directive « présomption d'innocence »). Il est à espérer que la transposition en droit français de ce texte, ayant pour objet la définition de règles minimales communes (*cf.* art. 1^er^)[56], renforcera les garanties découlant de la présomption d'innocence.

Au regard de ce qui précède, il s'avère difficile de contester la nature de droit fondamental de la présomption d'innocence[57]. En effet, un droit fondamental est par définition inscrit dans le droit positif[58] et « traverse » tout l'ordre juridique[59], ce qui suppose sa reconnaissance à un niveau élevé de la hiérarchie des normes — c'est-à-dire au moins au niveau constitutionnel ou international — afin qu'il soit protégé contre le pouvoir exécutif et le pouvoir législatif[60]. Pourtant, le Conseil constitutionnel n'a jamais qualifié la présomption d'innocence de droit fondamental, il se contente de l'intégrer dans la catégorie juridique des principes constitutionnels[61]. Dans le même sens, les juridictions administratives évoquent le « principe de la présomption d'innocence » énoncé à l'article 9 de la Déclaration de 1789[62] ou le « principe constitutionnel de la présomption d'innocence »[63]. Le Conseil d'État a néanmoins

54. Dans ce sens S. Guinchard et J. Buisson, *op. cit*, n° 53, p. 44.

55. Sur l'élaboration de cette loi, v. C. Lazerges, « Le projet de loi renforçant la protection de la présomption d'innocence et les droits des victimes », *RSC* 1999. 166 s. ; « Le renforcement de la protection de la présomption d'innocence et des droits des victimes : histoire d'une navette parlementaire presque achevée », *Arch pol. crim.* n° 22, p. 53 s. ; « Le renforcement de la protection de la présomption d'innocence et des droits de victimes : histoire d'une navette parlementaire », *RSC* 2001. 7 s.

56. V. P. Beauvais et M. Benlolo-Carabot, « Chronique Droit pénal de l'Union européenne — L'Union européenne adopte trois nouvelles directives en 2016 relatives aux droits procéduraux fondamentaux en matière pénale », *RTD Eur.* 2016, p. 787 s.

57. V. R. Koering-Joulin, art. préc., p. 20 s. ; E. Tophinke, *Das Grundrecht der Unschuldsvermutung. Aus historischer Sicht und im Lichte der Praxis des schweizerischen Bundesgerichts, der EMRK-Organe und des UNO Menschenrechtsausschusses*, Stämpfli Verlag AG Bern, 2000.

58. Dans ce sens, K. Stern, *Das Staatsrecht der Bundesrepublick Deutschland.* Band III / 1. *Allgemeine Lehren der Grundrechte,* Beck, 1988, § 58 ; E. P. Haba, « Droits de l'homme, libertés individuelles et rationalité juridique (quelques remarques méthodologiques) », *Arch. philo. dr.* 1980, p. 332 s. Comp. E. Picard, « L'émergence des droits fondamentaux en France », *AJDA*, 1998 (n° spécial), p. 9 s. Cet auteur estime que la « fondamentalité » est « hors norme », c'est-à-dire extérieure au droit.

59. R. Badinter et B. Genevois, « Normes de valeur constitutionnelle et degré de protection des droits fondamentaux », *RFDA* 1990. 317.

60. L. Favoreu, « Droit de la Constitution et constitution du droit », *RFC Const.*, 1990, p. 81 s.

61. Cons. const. 8 juill. 1989, *JCP* 1990. II. 21409 ; Cons. const. 12 janv. 2002, *JORF* 18 janv. 2002, p. 1053 ; Cons. const. 29 août 2002, *JO* 10 sept. 2002, p. 14953.

62. V. par ex. : CE 25 sept. 1996, req. n° 160374 ; CE 26 oct. 1998, req. n° 182763 ; CAA Nancy 25 févr. 1999, req. n° 95NC01926 ; CE 20 mars 2000, req. n° 200387 ; CE 18 déc. 2001, req. n° 213931 ; CE 30 juill. 2003, req. n° 249077 ; CAA Nancy 15 déc. 2003, req. n° 00NC00548 ; CE 18 févr. 2004, req. n° 250908.

63. CE 30 nov. 1994, req. n° 143107.

qualifié la présomption d'innocence de « liberté fondamentale »[64], afin qu'elle puisse être invoquée au soutien d'un référé liberté (CJA, art. L. 521-2). Quant aux juridictions de l'ordre judiciaire, il leur arrive d'énoncer que la présomption d'innocence est un droit fondamental[65]. Pour sa part, la Cour de cassation renvoie parfois au « principe constitutionnel de la présomption d'innocence »[66] ou mentionne parallèlement les articles 9 de la Déclaration de 1789 et 6-2 de la Conv. EDH[67]. Pour autant, elle se contente, la plupart du temps, de viser le « principe de la présomption d'innocence », sans référence directe à sa valeur constitutionnelle, dès lors que la décision se fonde sur l'article 6-2 de la Conv. EDH[68] ou sur ce dernier texte combiné avec l'article préliminaire du Code de procédure pénale[69].
Sa nature de droit fondamental met la présomption d'innocence en concurrence avec d'autres droits ou objectifs de valeur constitutionnelle (le droit à la sécurité, la liberté d'information, *etc.*), ce qui implique un effort constant de pondération et fait dire à certains qu'elle n'est pas pleinement respectée[70]. Un point d'équilibre semblait pourtant avoir été atteint avec la loi précitée nº 2000-516 du 15 juin 2000, mais aujourd'hui est-ce bien encore le cas ? Durant ces quinze dernières années, un grand nombre de réformes d'importance sont venues modifier voire bouleverser notre conception « garantiste » de la procédure pénale, qui voit ses principes cardinaux « aller à la dérive »[71] car toujours plus affaiblis par la mise en œuvre de politiques pénales sécuritaires, notamment destinées à renforcer l'efficacité de la lutte contre le terrorisme ou, plus largement, la criminalité organisée. Certains voient dans ce mouvement l'émergence d'un droit pénal dit de l'ennemi, où l'établissement légal de la culpabilité imposé par la présomption d'innocence cède lentement la place à la neutralisation de l'ennemi du fait de sa dangerosité[72]. Dans ce contexte, l'affirmation forte de la présomption d'innocence en tant que droit défensif (***I.***) et en tant que droit offensif (***II.***) prend tout son sens.

## I • La présomption d'innocence, un droit défensif

**729** En tant que droit défensif, la présomption d'innocence est enserrée dans le droit à la sûreté (**A.**), mais fragilisée par le droit à la sécurité (**B.**).

### A • La présomption d'innocence enserrée dans le droit à la sûreté

**730** La consécration de la présomption d'innocence à l'article 9 de la Déclaration de 1789 a entraîné un double mouvement : la consolidation du principe de mesure de la contrainte (*1.*) et, concomitamment, l'effritement de la présomption d'innocence envisagée en tant que règle de preuve (*2.*).

64. CE, ord., 14 mai 2005, *Dr. pénal,* mai 2005, p. 28, note A. Maron.
65. V. notamment Toulouse 5 juill. 1993, *D.* 1994, jurisp., p. 382, note J. Ravanas.
66. Crim. 4 déc. 1985, nº 85-92.707.
67. V. Crim. 20 nov. 1990, nº 89-18.267 ; Crim. 6 déc. 1995, *JurisData.* nº 004126.
68. V. notamment Crim. 27 mars 2002, nº 02-80.264 ; Crim. 15 mai 2002, nº 02-81.512 ; Crim. 12 juin 2002, nº 01-88.337 ; Crim. 25 sept. 2002, nº 01-88.111 ; Crim. 11 févr. 2003, nº 02-81.918 ; Crim. 1re avr. 2003, nº 02-86.365 ; Crim. 21 oct. 2003, nº 03-84.498 ; Civ. 2e, 20 nov. 2003, nº 01-17.713 ; Crim. 16 déc. 2003, nº 03-85.902 ; Crim. 6 janv. 2004, nº 03-86.264.
69. Crim. 11 avr. 2012, nº 11-83.816.
70. J.-Ph. Feldman, art. préc., p. 130.
71. C. Lazerges, « La dérive de la procédure pénale », *RSC* 2003. 644 s.
72. O. Cahn, « Cet ennemi de l'intérieur, nous devons le combattre. Le dispositif français, une manifestation du droit pénal de l'ennemi », *Arch. pol. crim.* nº 38, p. 93 s. ; C. Lazerges et H. Henrion, « Le déclin du droit pénal : l'émergence d'une politique criminelle de l'ennemi », *RSC* 2016. 649 s.

## 1 • La consolidation de la présomption d'innocence en tant que principe de mesure de la coercition

**731** Selon l'article 9 de la Déclaration de 1789, « Tout homme étant présumé innocent jusqu'à ce qu'il ait été déclaré coupable, s'il est jugé indispensable de l'arrêter, toute rigueur qui ne serait pas nécessaire pour s'assurer de sa personne doit être sévèrement réprimée par la loi ». La simple lecture de cette disposition montre que la présomption d'innocence constitue en France un droit subjectif défensif concrétisant dans le cadre spécifique du procès pénal le droit à la sûreté de l'article 2 de la Déclaration de 1789. Il s'agit d'un droit dont l'objet est de protéger l'individu face à l'État en garantissant que toute forme de contrainte soit proportionnée, nécessaire et adéquate. Les applications législatives et jurisprudentielles sont multiples et il n'est pas possible de les développer toutes dans le détail. Mentionnons simplement l'exigence d'indices suffisants de commission d'une infraction pour justifier d'un placement en garde à vue (C. pr. pén., art. 63 al. 1), les délais de garde à vue, (C. pr. pén., art. 63 II.), les droits du gardé à vue (C. pr. pén., art. 63-1 s.), l'instauration d'un juge des libertés et de la détention, l'affirmation du caractère exceptionnel et subsidiaire du recours à la détention provisoire (C. pr. pén., art. 137 et 144), l'exigence — à peine de nullité — de la réunion de charges suffisantes pour pouvoir placer une personne en détention provisoire (C. pr. pén., art. 80-1)[73], l'exigence de contrôle par le juge des libertés et de la détention de l'existence d'indices graves ou concordants lors du prononcé d'une mesure de sûreté (détention provisoire, ARSE, contrôle judiciaire)[74], la définition d'une liste limitative des motifs de placement en détention provisoire (C. pr. pén., art. 144)[75], l'obligation de les caractériser pour placer ou maintenir un mis en examen en détention provisoire[76]. À cet égard, la présomption d'innocence interdit de motiver la détention provisoire en se fondant sur la culpabilité de la personne mise en cause. La chambre criminelle énonce ainsi dans un attendu de principe que « si les juridictions d'instruction, lorsqu'elles se prononcent sur une demande de mise en liberté, sur la prolongation de la détention provisoire ou le maintien en détention d'une personne mise en examen, ne sauraient présenter la personne détenue comme étant coupable des faits qui lui sont reprochés, il leur appartient, pour motiver concrètement la nécessité de la détention et l'insuffisance d'autres mesures de sûreté, de se référer aux indices, éléments de preuve et faits constants relevés dans la procédure à l'égard de la personne concernée, sans contrevenir au principe de la présomption d'innocence, tel que réaffirmé, notamment, par l'article préliminaire du Code de procédure pénale et par la directive européenne 2016/343 du Parlement européen et du Conseil du 9 mars 2016 »[77]. Ce dernier principe fonde également l'allégement des exigences relatives à la motivation des décisions ordonnant une remise en liberté[78], ou encore les délais butoirs de détention provisoire (C. pr. pén., art. 144-1, 145-1 et 145-2). Pour sa part, le Conseil constitutionnel a énoncé de manière générale que « si le principe de la présomption d'innocence ne fait pas obstacle à ce que l'autorité judiciaire soumette à des mesures restrictives ou privatives de liberté avant toute déclaration de culpabilité une personne à l'encontre de laquelle il existe des indices suffisants quant à sa participation à la commission d'un crime ou d'un délit (...) c'est à la condition que ces mesures soient prononcées selon une procédure respectueuse

73. Cons. const. 29 août 2002, n° 2002-461 DC : « le principe de présomption d'innocence (...) ne fait pas obstacle à ce que l'autorité judiciaire soumette à des mesures restrictives ou privatives de liberté, avant toute déclaration de culpabilité, une personne à l'encontre de laquelle existent des indices suffisants quant à sa participation à la commission d'un délit ou d'un crime. »
74. Crim. 14 oct. 2020, n° 20-84.886 ; Crim. 27 janv. 2021, n° 20-85.990.
75. V. Crim. 19 sept. 2001, n° 01-84.736 : l'énoncé des motifs qui fondent le recours à la détention provisoire ne porte aucune atteinte au principe de la présomption d'innocence.
76. V. Crim. 7 févr. 2017, n° 16-86.877.
77. Crim. 11 déc. 2018, n° 18-85.460, *Bull. crim.* n° 208 ; *Dalloz actualité* 10 janv. 2019, obs. Goetz ; *JCP* 11 févr. 2019. 137 s., obs. J.-B. Perrier.
78. V. Crim. 28 mars 2017, n° 17-80.136 : « il ne saurait être imposé au juge qui ordonne une mise en liberté, fût-ce contrairement aux réquisitions du ministère public, de constater l'absence des conditions qui, selon les articles 137 et 144 du Code de procédure pénale, pourraient autoriser une mesure de détention provisoire, laquelle ne peut être prononcée qu'à titre exceptionnel, la liberté demeurant la règle ».

des droits de la défense et apparaissent nécessaires à la manifestation de la vérité ou au maintien de ladite personne à la disposition de la justice, à sa protection, à la protection des tiers ou à la sauvegarde de l'ordre public »[79]. La garde à vue des mineurs illustre parfaitement ce rôle défensif de la présomption d'innocence. Le Conseil constitutionnel a fixé, en référence à l'article 9 de la Déclaration de 1789, le cadre dans lequel le législateur doit enfermer la contrainte étatique, s'agissant de la garde à vue d'un mineur : une telle mesure de contrainte ne doit concerner que des enfants à partir d'un âge minimum, être exceptionnelle (c'est-à-dire ne concerner que des infractions graves), être décidée et contrôlée par un magistrat spécialisé dans la protection de l'enfance et être assortie de garanties particulières[80]. Ce contrôle de proportionnalité marque l'établissement d'un seuil de protection de la liberté individuelle s'imposant au législateur. C'est ainsi que le juge constitutionnel a censuré un article modifiant l'article 4 de l'ordonnance du 2 février 1945 prévoyant que « le mineur de 13 ans peut être placé en garde à vue en cas de crime ou de délit puni d'une peine supérieure ou égale à cinq ans d'emprisonnement avec l'accord préalable du procureur de la République ou, dans le cadre de l'exécution d'une commission rogatoire, du juge d'instruction ou du juge des enfants » et mentionnant que « la durée de la garde à vue du mineur de treize ans ne peut excéder 4 heures, aucune prolongation ne pouvant intervenir ». Pour le haut Conseil, le législateur a privé de garanties légales un principe constitutionnel[81], les dispositions invalidées étant au-dessous du seuil de protection de la liberté individuelle, dont la définition découle du standard de nécessité de l'article 9 de la Déclaration de 1789.

## 2 • L'effritement de la présomption d'innocence en tant que règle probatoire

**732** L'article 9 de la Déclaration de 1789 consacrant la présomption d'innocence est totalement silencieux sur la preuve pénale. Cette disposition, qui ne concerne que la proportion de la contrainte étatique lors des arrestations, signifie clairement que la présomption d'innocence a une fonction autre que seulement probatoire. Telle n'a pas toujours été la position défendue par la Cour de cassation, sans doute attachée à la nature juridique de présomption de la présomption d'innocence. Dans une décision du 29 mai 1980 la chambre criminelle énonce, après avoir visé l'article 1315 du Code civil (aujourd'hui C. civ., art. 1353), que « tout prévenu étant présumé innocent, la charge de la preuve de la culpabilité incombe au ministère public »[82]. Cette position est partagée par une partie de la doctrine[83]. Elle révèle que la présomption d'innocence peut faire double emploi avec la règle *actori incumbit* (C. civ., art. 1353)[84]. Dans un arrêt du 22 février 1993, la Cour de cassation vise l'article 1315 du Code civil (aujourd'hui C. civ., art. 1353) avant d'affirmer dans un chapeau que « la charge de la preuve de la culpabilité incombe à la partie poursuivante »[85]. Dès lors qu'il n'y a dans

79. Cons. const. 17 déc. 2010, n° 2010-80 QPC, *Rev. pénit.* 2011, p. 148 s., obs. T. Renoux et X. Magnon.
80. Cons. const. 11 août 1993, *RFD const.* 1993, p. 848, note T. Renoux.
81. V. par exemple Cons. const. 29 juill. 1986, *Rec.* 110 ; Cons. const. 9 janv. 1990, *Rec.* 12.
82. Crim. 29 mai 1980, *Bull. crim.* n° 164.
83. Dans ce sens C. Ambroise-Castérot, « Présomption d'innocence », *Rép. pén. Dalloz*, oct. 2013, n° 22 ; S. Detraz, « La prétendue présomption d'innocence », *Dr. pénal*, mars 2004, Chron. 3 ; H. Donnedieu de Vabres, *Traité de droit criminel et de législation pénale comparée*, 3e éd., Sirey, 1947, n° 1239, p. 713 s. ; J. Larguier et A.-M. Larguier, « La protection des droits de l'homme dans le procès pénal dans le sens de la protection des personnes suspectes ou poursuivies depuis l'enquête jusqu'à la fin du procès », *RIDP* 1966. 133 ; R. Merle et A. Vitu, *op. cit.*, n° 148, p. 188 ; J. Pradel, *op. cit.*, n° 58 s., p. 97 s. Sans référence à *actori incumbit*, v. F. Desportes et L. Lazerges-Cousquer, *Traité de procédure pénale*, 4e ed. Economica, 2015, n° 237, p. 139 s. ; S. Guinchard et J. Buisson, *op. cit.*, n° 487, p. 445 ; E. Vergès, G. Vial, O. Leclerc, *Droit de la preuve* : PUF, 2015, n° 220 ; D. Roets, *La présomption d'innocence*, Dalloz, 2019, p. 19 s.
84. V. cependant Versailles, 1re ch., 2de sect., 17 janv. 2017, Rép. gén. n° 15/06971 qui affirme que la présomption d'innocence est un principe fondamental commun aux procès civil et pénal.
85. Crim. 22 févr. 1993, *Bull. crim.*, n° 84. V. déjà Crim. 28 oct. 1992, *Bull. crim.*, n° 351, qui énonce, sans mentionner la présomption d'innocence, que la partie poursuivante doit rapporter la preuve de tous les éléments constitutifs de l'infraction.

cette décision aucune référence à la présomption d'innocence, l'attribution du fardeau de la preuve dans le cadre du procès pénal est exclusivement fondée sur la règle « *actori incumbit...* »[86]. Enfin, dans un arrêt du 11 avril 2012, la chambre criminelle énonce, après avoir visé l'article préliminaire du Code de procédure pénale et l'article 6-2 de la Conv. EDH, qu'il résulte de ces textes que « tout prévenu étant présumé innocent, la charge de la preuve de sa culpabilité incombe à la partie poursuivante »[87]. Elle a, dans cette dernière décision, sanctionné des juges du fond qui avaient inversé la charge de la preuve[88]. Plus récemment, la chambre criminelle a pu sanctionner un tel renversement de la charge de la preuve sans viser ou mentionner la présomption d'innocence[89]. Pour autant, ces mouvements sont, selon nous, le signe d'un indéniable effritement de la dimension probatoire de la présomption d'innocence, qui n'est plus le fondement juridique exclusif pour la détermination de la charge de la preuve[90].

Un second signe de l'affaiblissement de la dimension probatoire de la présomption d'innocence réside dans l'admission de la validité des présomptions légales de culpabilité[91]. À la suite de la CEDH[92], la Cour de cassation a posé que « l'article 6. 2 de la Conv. EDH, (...) ne fait pas obstacle aux présomptions de fait ou de droit instituées en matière pénale, dès lors que lesdites présomptions (...) prennent en compte la gravité de l'enjeu et laissent entiers les droits de la défense »[93]. Aussi, la Cour s'attache-t-elle à vérifier rigoureusement que les présomptions laissent au juge une liberté d'appréciation de la culpabilité[94] et à la défense la possibilité d'apporter la preuve contraire[95]. Par exemple, en matière de dénonciation calomnieuse, une présomption de fausseté du fait dénoncé « résulte nécessairement de la décision, devenue définitive, d'acquittement, de relaxe ou de non-lieu, déclarant que le fait n'a pas été commis ou que celui-ci n'est pas imputable à la personne dénoncée » (C. pén., art. 226-10). Pour la chambre criminelle, cette présomption (d'élément matériel) n'empêche pas les juges d'apprécier souverainement la mauvaise foi de la personne poursuivie pour caractériser l'infraction[96]. Leur liberté d'appréciation est certes sauve, mais l'établissement de la preuve de la culpabilité considérablement facilité[97]. Un autre exemple d'allégement du fardeau de la preuve réside dans l'application au délit d'initié (C. mon. fi., art. L 465-1) de la preuve par faisceau d'indices[98]. Dans toutes ces affaires, la présomption d'innocence est fragilisée, sans toutefois être atteinte dans sa substance même[99], la culpabilité devant impérativement être établie au-delà de tout doute raisonnable.

---

86. La doctrine se prononce parfois dans le même sens (v. P. Cuche, *Précis de droit criminel,* 5ᵉ éd., Dalloz, 1932, nᵒ 380, p. 323 s.).
87. Crim. 11 avr. 2012, nᵒ 11-83.816, *Bull. crim.*, nᵒ 95.
88. C'est ainsi que les règles de preuve de la discrimination en droit du travail, favorables aux salariés, ne peuvent être mises en œuvre pour établir la preuve du délit de discrimination en matière pénale, dès lors que cela aboutit à renverser la charge de la preuve. Autre exemple d'un tel renversement : l'hypothèse dans laquelle un juge pénal, pour déclarer la culpabilité d'un propriétaire de véhicule du chef d'excès de vitesse, énonce que « force est de constater que la preuve n'est pas rapportée qu'il ne serait pas l'auteur de l'infraction » (Crim. 3 mai 2007, *Gaz. Pal.* 6 sept. 2007, note Lyon et Cottin).
89. Crim. 10 sept. 2019, nᵒ 18-80.373, *RDI* 2019. 570, obs. G. Roujou de Boubée.
90. V. CJUE 28 nov. 2019, aff. C-653/19 PPU, *Spetsializirana prokuratura*, CJUE 5 déc. 2019, aff. C-671/18, Z.P., *Centraal Justitieel Incassobureau, RTD Eur.* 2020, p. 338, note F. Benoît-Rohmer. Pour la CJUE, les articles 6 et 47 de la Charte des droits fondamentaux de l'Union européenne ne sont pas applicables à la répartition de la charge de la preuve dans le cadre d'une procédure de détention provisoire.
91. Dans ce sens v. par ex. J. Pradel, *op. cit.*, nᵒ 79, p. 122, qui y voit « l'atteinte la plus importante » à la présomption d'innocence.
92. Par ex. CEDH 7 oct. 1988, *Salabiaku c/ France*, Série A, nᵒ 141-A ; CEDH 30 juin 2011, *Klouvi c/ France*, req. nᵒ 30754/03.
93. Crim. 10 févr. 1992, nᵒ 90-83.278.
94. E. Verges, *J. Cl. Proc. Pén.*, Art. préliminaire, Fasc. nᵒ 50, § 5.
95. V. not. Crim. 14 sept. 2021, nᵒ 21-82.012 ; Crim 12 oct. 2021, nᵒ 21-80.196.
96. Crim. 10 févr. 1992, nᵒ 90-83.278.
97. C'est la préservation du pouvoir d'appréciation du juge qui a motivé l'absence de violation de la présomption d'innocence s'agissant de la réitération aggravante instituée à l'article L. 3136-1 du Code de la santé publique (Cons. const. 26 juin 2020, nᵒ 2020-846/847/848 QPC, *AJDA* 2020, p. 1321 obs. Léa ZAOUI). La Cour de cassation applique un raisonnement similaire s'agissant des articles L. 121-1 et L. 121-3 du Code de la route (Crim. 12 oct. 2021, préc.).
98. Crim. 15 déc. 2021 et 30 mars 2022, nᵒ 21-83.500, *RTD com.* 2022, p. 339, note N. Rontchevski.
99. Pour un constat similaire en droit suisse, v. P.-H. Bolle, « Origine et destin d'une institution menacée. La présomption d'innocence », *Mélanges offerts à Jean Pradel*, Cujas 2006, p. 49 s.

De son côté, le Conseil constitutionnel a énoncé à plusieurs reprises dans un considérant de principe : « à titre exceptionnel, de telles présomptions peuvent être établies (…) dès lors qu'elles ne revêtent pas de caractère irréfragable, qu'est assuré le respect des droits de la défense et que les faits induisent raisonnablement la vraisemblance de l'imputabilité »[100]. Ont été ainsi invalidées des dispositions de la loi Hadopi, qui instituaient une présomption de culpabilité à l'égard du titulaire d'un abonnement Internet par l'intermédiaire duquel des actes de piratage informatique étaient réalisés. Le haut Conseil a également censuré une loi qui permettait « de punir le représentant légal à raison d'une infraction commise par le mineur », car cette loi avait « pour effet d'instituer, à l'encontre du premier, une présomption irréfragable de culpabilité »[101]. Ces censures ne doivent pas faire oublier que le juge constitutionnel peut, au cas par cas, reconnaître la validité d'une présomption de culpabilité[102], alors même qu'un tel mécanisme a pour objet de mettre à la charge de la personne poursuivie la preuve de son innocence au motif qu'elle est la mieux placée pour apporter les justifications nécessaires à son exonération[103]. Un exemple parlant à cet égard : l'article 324-1-1 du Code pénal établit, en matière de blanchiment, une présomption d'illicéité de l'origine d'un bien lorsque les conditions d'une opération « ne peuvent avoir d'autre justification que de dissimuler l'origine ou le bénéficiaire effectif » de celui-ci. Pour la chambre criminelle le jeu de cette présomption suppose certes de caractériser une opération de blanchiment et la finalité dissimulatrice de l'origine ou du bénéficiaire de cette opération, mais il aboutit à faire peser sur le mis en cause la charge d'apporter la preuve de la licéité de l'opération sans que cela ne viole la présomption d'innocence[104]. Il n'en demeure pas moins, comme l'affirme très justement Jean-Philippe Feldman, que « l'expression sonne comme un oxymoron et qu'elle ne devrait pas trouver sa place dans un État de droit »[105]. En bref, le principe ne devrait jamais souffrir la moindre exception[106], et ce d'autant que l'article 6-1 de la Directive « présomption d'innocence » ne semble pas tolérer d'exception lorsqu'il impose aux États membres de veiller à ce que l'accusation supporte la charge de la preuve de la culpabilité. Pourtant, le législateur a, dans la nouvelle qualification autonome de viol commis par un majeur sur un mineur de 15 ans issue de la loi n° 2021-478 du 23 avril 2021 (C. pén., art. 222-23-1), présumé irréfragablement l'absence de consentement de ce dernier à l'acte sexuel[107], alors même que le Défenseur des droits et la Commission Nationale Consultative des Droits de l'Homme ont, dans le cadre des débats ayant précédé l'adoption du texte, affirmé leur opposition à une telle présomption irréfragable[108].

Un troisième signe de l'affaissement de la dimension probatoire découle de ce que la CEDH énonce que l'équité de l'article 6 de la Conv. EDH, notion davantage procédurale que probatoire ne peut être dissociée du respect dû à la présomption d'innocence qui constitue l'un des principes les plus fondamentaux du procès pénal[109]. La Cour rappelle que « pour déterminer si la procédure a été équitable dans son ensemble, il faut rechercher si les droits de la défense ont été respectés. Il y a lieu de se

100. V. not. Cons. const. 16 juin 1999, n° 99-411 DC ; Cons. const. 10 juin 2009, n° 2009-580 DC.

101. Cons. const. 10 mars 2011, n° 2011-625 DC.

102. Pour davantage de détails, voir M. Pouit, *Les atteintes à la présomption d'innocence en droit pénal de fond*, Univ. Européenne, 2014.

103. J. Buisson, « Les présomptions de culpabilité », *Procédures* 1999. Chron. 15, p. 3 ; S. Guinchard et J. Buisson, *op. cit.*, n° 502 s., p. 451 s. ; J. Pradel, *op. cit.*, n° 80 s., p. 122 s.

104. Crim 18 déc. 2019, n° 18-12496, *AJ pénal* 2020, p. 132 note J. Goldszlagier. V. également Crim. 4 déc. 2019, n° 19-82469.

105. J.-Ph. Feldman, « Le Conseil constitutionnel, la loi "Hadopi" et la présomption d'innocence », *JCP* 6 juill. 2009. 101.

106. J.-Ph. Feldman, « La présomption d'innocence et la réforme des institutions », *in Avancer vers l'État de droit. Droit et présomption d'innocence*, Éd. Cheminements, 2008, p. 55 s.

107. Dans ce sens J.-B. Perrier, « Le renforcement de la répression des infractions sexuelles contre les mineurs », *RSC* 2021, 454 s.

108. V. Défenseur des droits, Avis n° 17-13 du 30 novembre 2017 relatif aux infractions sexuelles commises à l'encontre des mineurs, en ligne sur www.defenseurdesdroits.fr. ; CNCDH 20 nov. 2018, *Avis relatif aux violences sexuelles : une urgence sociale et de santé publique, un enjeu de droits fondamentaux*, *JORF* n° 0273 du 25 nov. 2018, texte n° 66, § 46.

109. CEDH 24 juill. 2008, *Melich et Beck c/ République tchèque*, n° 35450/04, § 47 ; CEDH 28 juin 2022, *Boutaffala c/Belgique*, n° 20762/19, § 89, *AJ Pénal* 2022, 434.

demander en particulier si le requérant a eu la possibilité de contester l'authenticité des preuves et de s'opposer à leur utilisation. Il faut également prendre en compte la qualité des preuves et notamment vérifier si les circonstances dans lesquelles elles ont été obtenues jettent le doute sur leur crédibilité ou leur exactitude. Si un problème d'équité ne se pose pas nécessairement lorsque la preuve obtenue n'est pas corroborée par d'autres éléments, il faut noter que lorsqu'elle est très solide et ne prête à aucun doute, le besoin d'autres éléments à l'appui devient moindre. À ce propos, la Cour attache de l'importance au point de savoir si l'élément de preuve en question a exercé une influence décisive sur l'issue de l'action pénale (*Gäfgen*, précité, § 164) »[110]. Partant, la Cour a, dans une affaire récente, jugé que la condamnation d'un prévenu pour rébellion fondée uniquement sur les témoignages de policiers, dont ceux lui ayant infligé des traitements dégradants reconnus par le gouvernement, est contraire à la présomption d'innocence et par conséquent au droit à un procès équitable[111]. La fonction défensive de la présomption d'innocence supplante sa fonction probatoire, son rôle premier étant de protéger l'individu contre le risque d'arbitraire et de lutter contre le déséquilibre dans le rapport de force[112].
La présomption d'innocence est également fragilisée par le droit à la sécurité.

## B • La présomption d'innocence fragilisée par le droit à la sécurité

**733** Sous le choc du terrorisme et d'une demande croissante de sécurité, l'intérêt des victimes tend à passer avant celui du présumé innocent (*1.*) et, sur un plan plus technique, l'établissement de la culpabilité cède la place au pronostic dangerosité (*2.*).

### 1 • L'intérêt des victimes au lieu et place de celui du présumé innocent

**734** Parler communément de la « victime » est à notre avis maladroit, dès lors qu'il n'est pas certain que la partie civile soit réellement une victime au cours de la procédure. Elle ne le devient éventuellement qu'à son issue[113] et n'est dès lors auparavant qu'une victime présumée. Les articles 85, 418 et 420-1 du Code de procédure pénale relatifs aux constitutions de partie civile évoquent pertinemment la personne « qui se prétend lésée » par une infraction. D'ailleurs, le Conseil constitutionnel a récemment rappelé qu'il n'y a pas d'atteinte à la présomption d'innocence lorsque le législateur évoque la « victime partie civile », car ces termes désignent la « partie civile ayant déclaré avoir subi les faits poursuivis ». Il ne s'en déduit pas une présomption de culpabilité de l'accusé (cons. 9)[114]. De son côté, la Cour de cassation énonce que la référence faite à l'obligation de ne pas trahir les intérêts de la victime (et non de la victime présumée) dans le serment des jurés de la cour d'assises (C. pr. pén., art. 304) ne viole pas la présomption d'innocence, dès lors que ce même serment leur rappelle « que l'accusé est présumé innocent, que le doute doit lui profiter et qu'ils doivent se décider d'après les charges et les moyens de défense avec impartialité »[115]. Cela étant, la consécration de la notion de victime est la conséquence d'une longue évolution, à savoir la montée du principe d'efficacité de la répression actuellement conjugué au droit à la sécurité, dont la doctrine la plus autorisée évoque

110. CEDH 28 juin 2022, *Boutaffala c/Belgique*, préc., § 87.
111. *Ibid.*
112. V. M. Recotillet, « La CEDH rappelle que le doute profite à l'accusé », *D. actu.* du 9 sept. 2022.
113. Dans ce sens H. Jung, « Die Stellung des Verletzten im Strafprozess », *ZStW* 1981, p. 1149 ; P. Couvrat, « La protection des victimes d'infractions. Essai d'un bilan », *RSC* 1983. 579.
114. Cons. const. 21 juill. 2017, nº 2017-645 QPC, *D.* 2017. 1533 ; *Constitutions* 2017. 498.
115. Crim. 28 juill. 2021, nº 21-81.311.

aujourd'hui la « fondamentalisation »[116]. Ce droit a été conceptualisé dès les années 70 par la Cour constitutionnelle fédérale, alors que l'Allemagne connaissait à cette époque une vague d'attentats terroristes. Ainsi, en vertu de son droit à la sécurité, tout individu peut exiger de l'État d'être protégé contre toute atteinte à ses biens juridiques (*Rechtsgüter*) d'origine extra-étatique[117]. Ce droit ne considère pas l'État comme une menace pour la liberté individuelle — comme c'est le cas avec le droit à la sûreté —, mais comme le garant de la protection des citoyens contre des risques de violations de leurs droits par d'autres individus ou groupes d'individus (terroristes, *etc.*)[118]. Aussi, le droit à la sécurité implique-t-il une protection étatique contre des dangers ou menaces d'envergure liés à certains types de criminalité (terrorisme, criminalité organisée), ce qui justifie qu'il soit le fondement de restrictions apportées aux droits et libertés fondamentaux[119]. Dans ce nouveau paradigme, d'une part, chaque citoyen est considéré comme une « victime potentielle » pouvant à tout moment être lésée dans ses droits par la commission d'une infraction. D'autre part, toute amélioration du statut procédural des personnes présumées innocentes est soupçonnée d'exprimer un défaut d'empathie à l'endroit des victimes potentielles. À cet égard, les dernières réformes des dispositions spéciales relatives au terrorisme ou à la criminalité organisée sont symptomatiques d'une telle approche, la prise en compte des intérêts de la victime s'opérant « contre » celle des intérêts de la personne suspectée ou poursuivie, présumée innocente[120].

Cela s'observe en droit français avec l'extension continue des régimes dérogatoires qui bouleversent totalement la procédure pénale de droit commun par le biais de voies de contournement destinées à restreindre les garanties procédurales consacrées à l'article préliminaire du Code de procédure pénale. L'on évoquera à ce propos ce que l'on peut appeler la « procédure pénale *bis, ter, quatro, etc.* »[121]. L'évolution récente du régime relatif à la criminalité organisée est symptomatique. Le recours à cette procédure dérogatoire repose sur la notion extrêmement floue de « bande organisée », circonstance aggravante critiquée par la Commission nationale consultative des droits de l'homme[122] et par la doctrine[123] tant sur le plan juridique que sur le plan criminologique, comme le fut et l'est encore celle d'association de malfaiteurs, incrimination dont la définition (C. pén., art. 450-1l) est identique à celle de bande organisée (C. pén., art. 132-71)[124]. La chambre criminelle ne partage malheureusement pas cette opinion[125].

À cela s'ajoute que le régime de la criminalité et de la délinquance organisées est tentaculaire, dès lors que la liste des infractions en relevant est longue, fluctuante et peu cohérente (C. pr. pén., art. 706-73, 706-73-1 et 706-74)[126]. L'article 25 de la loi n° 2016-731 du 3 juin 2016 renforçant la lutte contre le crime organisé, le terrorisme et leur financement, et améliorant l'efficacité et les garanties de la

---

116. V. C. Lazerges, « Les enjeux politiques de la fondamentalisation du droit à la sécurité », *in Actes du colloque (22 janv. 2016) sur « Le Code de la sécurité intérieure, trois ans après : artisan d'un nouvel ordre ou semeur de désordre »*, Dalloz, à paraître. Crit. P. Poncela, « Les naufragés du droit pénal », *Arch. pol. crim.* n° 38, p. 15 s.
117. V. par exemple BVerfG 25 févr. 1975, *Recueil*, Tome 39, p. 1 ; BVerfG 16 oct. 1977, *Recueil*, Tome 46, p. 160.
118. W. Hassemer et J. P. Reemtsma, *Verbrechensopfer : Gesetz und Gerechtigkeit*, Beck, 2002, p. 60.
119. *Ibid.*, p. 60/61.
120. Dans ce sens D. Salas *La volonté de punir. Essai sur le populisme pénal*, Hachette, 2005, p. 93 s.
121. V. C. Lazerges, « Le dédoublement de la procédure pénale », *Mélanges Bernard Bouloc*, Dalloz, 2007, p. 573 s.
122. CNCDH 27 mars 2003, *Avis sur l'avant-projet portant adaptation des moyens de la justice aux évolutions de la criminalité*, en ligne sur : www.cncdh.fr.
123. V. B. de Lamy, « La loi n° 2004-204 du 9 mars 2004 portant adaptation de la justice aux évolutions de la criminalité (Crime organisé — Efficacité et diversification de la réponse pénale) », *D.* 2004. 1912 s. ; B. de Lamy, « L'avancée de la conception matérielle de la légalité criminelle », *D.* 2004. 2756 ; C. Lazerges, « Le Conseil constitutionnel acteur de la politique criminelle. À propos de la décision 2004-492 DC du 2 mars 2004 », *RSC* 2004. 725.
124. « *...tout groupement formé ou toute entente établie en vue de la préparation, caractérisée par un ou plusieurs faits matériels...* », « *d'une ou de plusieurs infractions* » (C. pén., art. 132-71l) ou bien « *d'un ou plusieurs crimes ou d'un ou plusieurs délits punis d'au moins cinq ans d'emprisonnement* » (C. pén., art. 450-1).
125. Sur l'affirmation que les composantes de l'infraction et de la circonstance aggravante sont distinctes, v. Crim. 8 juill. 2015, n° 14-88.329, *Bull. crim.* n° 172, *D.* 2015. 2541, note R. Parizot.
126. B. de Lamy, art. préc., p. 1912 s.

procédure pénale a encore ajouté à cette liste plusieurs délits en matière d'armes et de produits explosifs. Quant à l'article 28 de cette même loi, il complète l'article 706-73-1 par le délit d'atteinte aux systèmes de traitement automatisé de données à caractère personnel mis en œuvre par l'État et par le délit d'évasion. En définitive, les articles 706-73, 706-73-1 et 706-74 ne définissent pas un comportement incriminé, mais désignent un inventaire d'infractions dont le seul point commun est d'être commises en bande organisée[127]. Pour toutes ces raisons, l'on peut craindre, à l'instar de la Commission nationale consultative des droits de l'homme[128], que l'extension du champ de la criminalité organisée ne crée la possibilité juridique d'une éviction du droit commun par une extension des restrictions apportées aux garanties procédurales découlant de la présomption d'innocence. Pourtant, plus l'infraction est grave, plus la protection du présumé innocent s'impose. Dans ces conditions, la question du maintien des régimes dérogatoires se pose inévitablement[129].

La libération de la parole des victimes présumées sur les réseaux sociaux s'opère également « contre » les intérêts du présumé innocent. En effet, l'équilibre est particulièrement difficile à trouver entre la « présomption de sincérité de la parole de la victime » (réalité sociologique) et la présomption d'innocence (principe juridique), surtout en matière d'infractions sexuelles ou de violences intra-familiales[130]. Les réseaux sociaux qui regorgent d'accusations, de rumeurs infondées, de condamnations péremptoires, d'individus s'improvisant journalistes, enquêteurs ou même juges, portent en eux le risque d'atteintes répétées à la présomption d'innocence[131] : « Celles-ci sont d'autant plus pernicieuses qu'elles s'abritent souvent derrière l'écran de l'anonymat ou du pseudonyme qui favorise la propagation d'anathèmes plutôt que l'exposé d'opinions raisonnées et argumentées. Puis, la suite s'enchaîne, ces idées toxiques sont ensuite relayées et rediffusées grâce à des algorithmes qui accentuent la visibilité des opinions propices à la surenchère et l'emballement des émotions et qui entraînent le plus grand nombre de réactions d'internautes et bénéficient d'une diffusion instantanée ; enfin, elles sont alimentées par le carburant que constitue l'appât de ressources publicitaires dont le montant dépend, non seulement, de l'audience du message, mais aussi des réactions qu'il a suscitées »[132]. Souvent cela se produit avant même le déclenchement de poursuites pénales ou en dehors de tout procès pénal, donc à un moment où le respect de la présomption d'innocence s'avère en pratique illusoire et inefficace. Pour tenter de discipliner la communication sur les réseaux sociaux, il est absolument nécessaire de rompre avec le sentiment d'impunité qu'entretient la difficulté de contraindre les grandes plateformes d'Internet à coopérer avec l'autorité judiciaire[133]. Il est primordial en effet de rendre effective la mise en œuvre de « toutes les mesures utiles » que peut prendre le juge contre les plateformes qui hébergent les réseaux sociaux en lui donnant les moyens de les contraindre à coopérer à la suppression des messages attentatoires, et à l'identification de leurs auteurs[134]. Le groupe de travail préparatoire au rapport *Guigou* recommande à ce titre l'élargissement du champ d'application de l'article 6-I-7 de la loi pour la confiance dans l'économie numérique aux atteintes à la présomption d'innocence, en se fondant notamment sur l'article 48 de la Charte des droits fondamentaux de l'UE[135]. Cela

127. C. Lazerges, « La dérive de la procédure pénale », *RSC* 2003, 644.
128. CNCDH 17 mars 2016, *Avis précité sur le projet de loi renforçant la lutte contre le crime organisé, le terrorisme et leur financement, et améliorant l'efficacité et les garanties de la procédure pénale*, *JORF* nº 0129 du 4 juin 2016, texte nº 69, § 18.
129. V. déjà CNCDH 10 juin 2010, *Avis sur la réforme de la procédure pénale*, en ligne sur : www.cncdh.fr, § 18 ; CNCDH 6 janv. 2011, *Avis sur le projet de loi relatif à la garde à vue*, en ligne sur : www.cncdh.fr, § 29 ; CNCDH 29 avr. 2014, *Avis sur la refondation de l'enquête pénale*, *JORF* nº 0108 du 10 mai 2014, texte nº 84, § 46.
130. J. Karsenti, « Violences faites aux femmes : la présomption d'innocence ne peut être piétinée au nom d'une morale de l'intime lorsque la justice a tranché ou n'est pas saisie », *Le Monde* du 8 déc. 2022, p. 27.
131. P. Lemoine, « La présomption d'innocence, métaphore de civilité », *AJ pén.*, 2022, 176 qui cite Elisabeth Gigou.
132. *Ibid.*
133. B. Ader, « La protection civile de la présomption d'innocence », *AJ pén.* 2022, 183.
134. *Ibid.*
135. *Ibid.*

est destiné à permettre d'engager une action en référé sur le fondement de l'article 9-1 du Code civil afin de supprimer ou de corriger un message portant atteinte à la présomption d'innocence en identifiant préalablement son auteur. La conception défensive de la présomption d'innocence est clairement dépassée. Seul un droit de la personnalité permet dans une telle hypothèse une protection concrète et effective (v. *infra*).

## 2 • Le pronostic de dangerosité en lieu et place de l'établissement de la culpabilité

**735** La procédure pénale est traditionnellement rétrospective, dès lors que l'établissement légal de la culpabilité exigé par la présomption d'innocence a pour objet d'établir la vérité d'un fait passé. Elle devient pourtant lentement prospective, car gouvernée par une logique prédictive[136]. C'est le cas lorsque le juge des libertés, saisi d'une demande de placement en détention provisoire, est conduit à apprécier le risque de renouvellement de l'infraction (C. pr. pén., art. 144 6°). Cela montre en filigrane que la privation de liberté, outre qu'elle soit fondée sur des indices graves et concordants de culpabilité, l'est également sur des indices de dangerosité[137]. Un autre exemple est issu de l'article 1er de la récente loi n° 2016-731 du 3 juin 2016 qui prévoit la possibilité d'ordonner, dans des locaux d'habitation, des perquisitions de nuit dans le cadre d'une enquête préliminaire ou d'une instruction « afin de prévenir un risque d'atteinte à la vie ou à l'intégrité physique ». En raison de leur rédaction extrêmement vague, la mise en œuvre de ces nouvelles dispositions reposera vraisemblablement sur un diagnostic de dangerosité et un pronostic de passage à l'acte par définition aléatoires[138]. Le périmètre exact des personnes concernées par la mesure n'est pas défini avec précision, ce qui, en pratique, est de nature à porter une atteinte disproportionnée à l'article 6-2 de la Conv. EDH.

Par ailleurs et surtout, le Conseil constitutionnel a considéré, à propos de la rétention de sûreté, que la présomption d'innocence ne pouvait faire obstacle à ce que soit prise à l'encontre d'une personne une mesure privative de liberté, indépendamment de tout établissement de sa culpabilité, dès lors que cette mesure s'analyse en une mesure de sûreté dont l'objet n'est pas de sanctionner une infraction, mais d'empêcher la récidive de l'intéressé à l'issue de l'exécution de sa peine en raison de sa dangerosité[139]. Dans cette décision très controversée[140], où, « par un tour de prestidigitation » l'établissement de la culpabilité cède la place au pronostic de dangerosité[141], la garantie effective de la présomption d'innocence est réduite à néant. Michaël Foessel résume parfaitement la philosophie qui émerge de cette décision et de la législation examinée plus haut lorsqu'il écrit que la dangerosité exclut « par vigilance » la présomption d'innocence, avant d'ajouter : « En regard des dangers potentiels, nul n'est à l'abri d'un faux pas ou d'une erreur d'appréciation. Un monde dangereux substitue à la présomption d'innocence la présomption d'innocuité. Aux partages idéalistes entre le bien et le mal ou le juste et l'injuste, on préfère la différence objective entre le dangereux et l'inoffensif »[142]. La conception de la présomption d'innocence issue des Lumières s'éteindrait-elle lentement ? La question mérite certes d'être posée, même si, par ailleurs, elle ne saurait faire oublier qu'elle devient en même temps et progressivement un droit offensif.

136. V. M. Foessel, *État de vigilance. Critique de la banalité sécuritaire,* Seuil 2016, p. 52 s.
137. V. M. Delmas-Marty, *Les grands systèmes de politique criminelle*, PUF, 1992, p. 204 s.
138. CNCDH 17 mars 2016, préc., § 19.
139. Cons. const. 21 févr. 2008, n° 2008-562 DC.
140. V. C. Lazerges, « La rétention de sûreté : le malaise du Conseil constitutionnel du 21 février 2008 », *RSC* 2008. 705 s. ; *JCP* 2008. 10077, note crit J.-Ph. Feldman.
141. V. M. Delmas-Marty, *Libertés et sûreté dans un monde dangereux*, Seuil, 2010, p. 48 s.
142. M. Foessel, *op. cit.*, p. 53.

# II • La présomption d'innocence, un droit offensif

**736** Le caractère offensif de la présomption d'innocence découle de l'essor d'une conception participative de celle-ci (**A.**) et de sa consécration en tant que droit de la personnalité (**B.**).

## A • L'essor d'une conception « participative » de la présomption d'innocence

**737** La conception « participative »[143] de la présomption d'innocence signifie qu'elle se mue peu à peu en un « élément du procès équitable »[144], la matrice de prérogatives procédurales destinées à permettre au mis en cause d'influencer le cours et l'issue de la procédure[145]. Il dispose ainsi du droit de prendre part activement à l'élucidation du soupçon puis des charges et contribue par son savoir et son vouloir à peser sur l'orientation du procès[146]. Cette fonction de la présomption d'innocence s'est développée à partir de deux autres garanties : celle de l'égalité des armes (*1.*), et celle du droit au silence (*2.*)

### 1 • La présomption d'innocence, matrice de l'égalité des armes

**738** La doctrine n'hésite pas à appréhender l'égalité des armes à travers le prisme de la présomption d'innocence[147]. La jurisprudence se prononce dans le même sens. La chambre criminelle envisage l'égalité des armes en se référant à la présomption d'innocence[148] et le Conseil constitutionnel rappelle, après avoir visé l'article 9 de la Déclaration de 1789, l'exigence d'une procédure juste et équitable garantissant l'équilibre des droits des parties[149]. Plus précisément, les juridictions françaises font clairement de la présomption d'innocence la matrice de l'égalité des armes, en fondant ce dernier principe soit sur l'article 6-2 de la Conv. EDH[150], soit sur la combinaison des articles 6-1 et 6-2 de la Conv. EDH[151], soit sur l'article 6 de la Conv. EDH, sans distinction entre ses différents paragraphes[152]. En vertu de l'égalité des armes, toute partie à une action doit avoir une possibilité raisonnable de préparer et de présenter sa défense dans des conditions qui ne la désavantagent pas de manière appréciable par rapport à la partie adverse[153]. Il est donc ici question d'une égalité souple des prérogatives et charges procédurales des acteurs du procès.
Quatre exemples topiques seront présentés. En premier lieu, la comparution d'un prévenu dans un box sécurisé est contraire à l'égalité des armes, dès lors que l'entrave que constitue un tel dispositif est intrinsèquement dégradante[154], du fait de ses « marqueurs de culpabilité »[155]. Si tel n'est pas la position

143. V. M. Delmas-Marty (dir.), *Procédures pénales d'Europe*, *op. cit.*, p. 483 qui évoque les « droits de participation ».
144. V. par ex. CEDH 12 juill. 2013, *Allen c/ Royaume-Uni*, req. n° 25424/09.
145. Eg. Müller, « Der Grundsatz der Waffengleichheit im Strafverfahre », *NJW* 1976, p. 1063 s.
146. Eg. Müller, art. préc., p. 1066 s.
147. V. R. Badinter, art. préc., p. 143.
148. Crim. 6 mai 1997, *Bull. crim.*, n° 170.
149. Cons. const. 2 févr. 1995, *RJC* 1995. I, p. 632.
150. Rouen, 5 févr. 2001, *JurisData*, n° 170294, qui affirme que l'égalité des armes est posée par l'article 6-2 de la Conv. EDH.
151. Crim. 6 mai 1997, préc. ; Rouen, 25 oct. 1999, *JurisData*, n° 114376. Remarquons que certains arrêts de rejet appliquent le principe de l'égalité des armes après avoir mentionné que le moyen renvoie aux articles 6-1 et 6-2 de la Conv. EDH (v. Crim. 10 juill. 1996, *Bull. crim.*, n° 289 ; Crim. 12 nov. 1997, *Bull. crim.*, n° 380).
152. Crim. 9 nov. 1999, *Bull. crim.*, n° 251.
153. CEDH 27 oct. 1993, *Dombo Beheer c/ Pays-Bas*, req. n° 14448/88. Dans le même sens Crim. 26 juin 2000, *D.* 2000. IR, p. 221 ; Paris, 19 mai 2000, *JurisData* 125447 ; Paris, (11e ch. A) 4 avr. 2001, *D.* 2001. IR, p. 1773.
154. CEDH 17 avr. 2018, *Karachentsev c/ Russie*, req. n° 23229/11.
155. R. Parizot, « Présomption d'innocence *versus* marqueurs de culpabilité », *RSC* 2019. 127 s. R. Parizot, « Box vitrés : feu de tout bois au nom de la présomption d'innocence », *RSC* 2021, 120 s.

du tribunal de grande instance de Paris[156] ni de la Chambre criminelle[157], il n'en demeure pas moins que la doctrine la plus autorisée estime le recours à un box sécurisé contraire à l'article 318, C. pr. pén., aux termes duquel l'accusé comparaît libre et seulement accompagné de gardes pour l'empêcher de s'évader[158]. En deuxième lieu, ayant à trancher la question de la contestabilité de la preuve des contraventions par procès-verbal, la jurisprudence souligne que l'article 537 du Code de procédure pénale — qui dispose que les contraventions sont prouvées soit par procès-verbaux ou rapports, soit par témoins, et que la preuve contraire ne peut être rapportée que par écrit ou témoins — n'est pas incompatible avec le principe conventionnel de l'égalité des armes, dès lors qu'il impose à chacune des parties au procès pénal les mêmes modes de preuve[159] et qu'aucun déséquilibre au détriment de la défense ne peut résulter de la valeur probante particulière attachée aux procès-verbaux de constatation des infractions en ce qu'ils ne créent pas une présomption irréfragable de culpabilité, la loi autorisant la preuve contraire[160]. En effet, celle-ci peut être apportée par écrit ou témoins lors de l'audience et les dispositions légales imposent les mêmes modes de preuve à chacune des parties[161]. Le mis en cause dispose en outre du droit de contester l'ensemble des éléments de l'infraction devant les agents verbalisateurs et de leur demander d'acter ses dires[162]. De son côté, le ministère public ne peut invoquer le caractère probant des procès-verbaux que dans les limites de l'article 429 du Code de procédure pénale[163]. En troisième lieu, la Cour de cassation[164] n'a pas censuré une cour d'appel qui écarte l'argumentation d'un prévenu invoquant une méconnaissance de l'article 6-1 Conv. EDH et l'irrecevabilité de l'appel du parquet car l'article 505 du Code de procédure pénale ouvre au procureur général un délai d'appel plus long que celui accordé aux autres parties par l'article 498 du même code. Elle estime que la juridiction du fond retient à juste titre que le prévenu, qui disposait d'un droit d'appel, ne peut invoquer aucune atteinte au principe de l'égalité des armes. En quatrième lieu, la cour d'appel de Paris[165] a posé que, si le droit au procès équitable de l'article 6 de la Conv. EDH implique une égalité des armes, ceci n'empêche pas une différence entre les parties tant qu'il n'y a pas de déséquilibre dans le traitement qui leur est fait : la position surélevée du ministère public à l'audience n'est pas révélatrice d'un tel déséquilibre.

L'examen de cette casuistique montre que la conception ainsi retenue de l'égalité des armes n'est pas arithmétique. En effet, l'absence de déséquilibre manifeste entre les acteurs du procès résulte d'une comparaison approximative de leurs prérogatives et charges procédurales. Il en découle que la présomption d'innocence serait totalement vidée de sa substance en cas de désavantage manifeste au profit de la partie poursuivante. Un tel désavantage ferait perdre au mis en cause sa qualité de sujet du procès pouvant en tant que tel exercer une influence sur le cours et l'issue de la procédure le concernant. C'est à travers ce prisme que l'on peut interpréter les dernières évolutions du droit de la garde à vue, notamment l'augmentation des prérogatives de l'avocat, depuis la loi n° 2011-392 du 14 avril 2011 relative à la garde à vue[166], qui lui confère la faculté de consulter le procès-verbal de notification du placement en garde à vue et des droits y afférents (C. pr. pén., art. 63-4-1), de consulter le procès-verbal d'audition du gardé à vue (C. pr. pén., art. 63-4-1), d'assister aux auditions et confrontations (C. pr. pén., art. 63-4-2), ou encore celle de poser des questions à l'issue de chaque

156. TGI Paris, 12 févr. 2018, n° 17/15785, *JurisData* 2018-001533 ; *Dalloz actualité* 12 févr. 2018, obs. T. Coustet.
157. Crim. 10 avr. 2019, n° 18-83.053, *AJ pénal*, p. 335, obs. A. Taleb-Karlsson ; Crim. 18 nov. 2020, n° 20-84.893.
158. V. R. Parizot, « Procédure pénale — Cages de verre, Acte I », *JCP* 26 févr. 2018. 243 ; R. Parizot, art. préc., p. 127 s. ; D. Roets, *op. cit.*, p. 64.
159. Crim. 10 juill. 1996, préc. ; Crim. 12 nov. 1998, préc.
160. Rouen, 25 oct. 1999, préc. ; Rouen, 5 févr. 2001, préc.
161. Rouen, 25 oct. 1999, préc.
162. Rouen, 25 oct. 1999, préc. ; Rouen, 5 févr. 2001, préc.
163. Rouen, 25 oct. 1999, préc.
164. Crim. 27 juin 2000, *Bull. crim.*, n° 243 ; Crim. 27 juin 2000, n° 99-84.854.
165. Paris, 4 avr. 2001, *D.* 2001. IR, p. 1773.
166. V. J. Alix, « Les droits de la défense au cours de l'enquête de police après la réforme de la garde à vue : état des lieux et perspectives », *D.* 2011. 1699 s. ; « La (lente) réception en France des acquis de l'Union Européenne en matière de droits de la défense », *Arch. pol. crim.* n° 37, p. 27 s.

audition ou confrontation (C. pr. pén., art. 63-4-3). Reste à trancher la question épineuse du principe et des modalités de l'accès immédiat et intégral au dossier d'enquête que l'égalité des armes combinée à la présomption d'innocence devrait enfin permettre au suspect (gardé à vue ou faisant l'objet d'une audition libre), au moins sous certaines conditions[167]. En effet, la loi précitée nº 2016-731 du 3 juin 2016 a adopté une position trop « minimaliste »[168] au regard de ces exigences en se contentant de permettre à cette personne de demander, après un délai d'un an suivant la première de ces mesures, de consulter le dossier de la procédure afin de formuler des observations (C. pr. pén., art. 77-2 II, 1º). La loi nº 2021-1729 du 22 décembre 2021 *pour la confiance dans l'institution judiciaire* a étendu cette possibilité au cas où une perquisition a été réalisée chez le suspect il y a plus d'un an (C. pr. pén., art. 77-2 II, 2º). Surtout, cette même loi octroie ces mêmes prérogatives procédurales à une personne ayant fait l'objet d'une mise en cause par le biais d'un moyen de communication public portant atteinte à sa présomption d'innocence (C. pr. pén., art. 77-2 II 3º).

## 2 • La présomption d'innocence, matrice du droit au silence

**739** Le Conseil constitutionnel considère qu'il « découle de l'article 9 de la Déclaration de 1789 que nul n'est tenu de s'accuser »[169] dont découle le droit de se taire[170]. Quant à la CEDH, elle a reconnu le droit au silence sur le fondement des articles 6-1 et 6-2 de la Conv. EDH. Elle le subsume ainsi sous la notion de procès équitable[171] et le rattache parallèlement à la présomption d'innocence[172], à laquelle il est intimement lié. La Cour de cassation a, quant à elle, consacré le droit de ne pas contribuer à sa propre incrimination en tant que principe autonome en le mentionnant dans un visa de principe[173]. Ce droit, quelle que soit sa dénomination, constitue un rempart contre d'éventuels excès dans la recherche de l'aveu[174] et intervient par conséquent dans le cadre des auditions et interrogatoires à tous les stades du procès pénal. Il permet à la personne suspectée ou poursuivie, elle seule pouvant l'invoquer[175], de se cantonner dans un rôle de contestation purement passive de sa culpabilité[176] et seulement de celle-ci[177]. La consécration du droit au silence ou droit de se taire dans le Code de procédure pénale n'a pas été une chose aisée. Il fut introduit à l'article 63-1 du Code de procédure pénale par amendement en première lecture à l'Assemblée nationale dans le projet de loi renforçant la protection de la présomption d'innocence. Le consensus sur cette question ne pouvait être plus fort, trois amendements identiques ayant été déposés sur ce sujet, l'un par la gauche parlementaire, les deux autres par la droite. Ce consensus parlementaire n'ayant pas suffi, l'énoncé du droit de garder le silence fut, après l'adoption de la loi précitée nº 2000-516 du 15 juin 2000, très vite stigmatisé comme entravant le travail d'enquête lors des gardes à vue.

---

167. Dans ce sens CNCDH 25 avril 2014, préc., § 45.
168. V. J.-B. Perrier, « Les garanties de la procédure pénale dans la loi du 3 juin 2016 : entre illusion(s) et désillusion », *D.* 2016. 2134 ; E. Vergès, « La procédure pénale à son point d'équilibre (À propos de la loi nº 2016-731 du 3 juin 2016 renforçant la lutte contre le crime organisé, le terrorisme et leur financement, et améliorant l'efficacité et les garanties de la procédure pénale) », *RSC* 2016. 551 s.
169. Cons. const. 2 mars 2004, nº 2004-492 DC.
170. Cons. const. 4 mars 2021, nº 2020-886 QPC.
171. V. par exemple, CEDH 17 déc. 1996, *Saunders c/ Royaume Uni*, *JCP* 1997. I. 4000, nº 18, obs. F. Sudre ; CEDH 8 févr. 1996, *John Murray c/ Royaume-Uni*, *Rec.* 1996-1, § 45.
172. V. CEDH 17 déc. 1996, *Saunders c/ Royaume-Uni*, préc.
173. Cass., ass. plén., 6 mars 2015, nº 14-84.339.
174. CEDH 8 févr. 1996, *John Murray c/ Royaume-Uni.*, préc., § 45.
175. Crim. 26 oct. 2022, nº 21-85850. Il ressort de cet arrêt que la partie civile est sans qualité pour se prévaloir du défaut de notification à la personne qui comparaît devant la chambre de l'instruction de son droit de faire des déclarations, de répondre aux questions ou de se taire.
176. V. C. Girard, *Culpabilité et silence en droit comparé*, L'Harmattan, 1997.
177. Dans ce sens, Cons. const. 30 mars 2018, nº 2018-696 QPC qui a considéré que ne viole pas la présomption d'innocence et le droit au silence l'article 434-15-2, C. pén., sanctionnant le refus pour une personne suspectée de remettre aux autorités judiciaires ou de mettre en œuvre à leur demande une clé de déchiffrement cryptologique. En effet, ces dispositions n'ont pas pour objet l'obtention d'aveux et n'emportent ni reconnaissance ni présomption de culpabilité, mais permettent seulement le déchiffrement des données cryptées (§ 8).

L'appel au législateur s'étant fait pressant, ce dernier, par la loi nº 2002-307 du 4 mars 2002 complétant la loi nº 2000-516 du 15 juin 2000 *renforçant la protection de la présomption d'innocence et les droits de victimes*, supprima l'énoncé même du droit au silence dans le premier alinéa de l'article 63-1 du Code de procédure pénale et substitua dans le dernier alinéa de cet article à la formule : « la personne a le droit de ne pas répondre aux questions qui lui seront posées par les enquêteurs », une formule plus ouverte : « la personne a le choix de faire des déclarations, de répondre aux questions qui lui seront posées ou de se taire ».
L'énoncé du droit au silence sous cette dernière forme paraissait alors pouvoir résister à de nouvelles critiques. Pourtant l'article 19 de la loi nº 2003-239 du 18 mars 2003 *pour la sécurité intérieure* supprima, à l'article 63-1 du Code de procédure pénale, l'information sur le droit de faire des déclarations ou de se taire. Le texte de l'article 19, inclus dans un chapitre intitulé « Dispositions relatives aux investigations judiciaires » est laconique : « la dernière phrase du premier alinéa de l'article 63-1 du Code de procédure pénale est supprimée ». La notification du droit au silence a donc été balayée d'un trait de plume.
Le droit au silence ou le droit de se taire est redevenu d'une brûlante actualité le 14 octobre 2010 avec la condamnation de la France par la CEDH dans les termes suivants[178] : « Le droit de ne pas contribuer à sa propre incrimination et le droit de garder le silence sont des normes internationales généralement reconnues qui sont au cœur de la notion de procès équitable (...) La personne gardée à vue a le droit d'être assistée d'un avocat dès le début de cette mesure ainsi que pendant les interrogatoires, et ce *a fortiori* lorsqu'elle n'a pas été informée par les autorités de son droit de se taire ». La loi précitée nº 2011-392 du 14 avril 2011 réintroduit en conséquence : « le droit, lors des auditions, après avoir décliné son identité, de faire des déclarations, de répondre aux questions qui sont posées ou de se taire ». Puis, l'on doit à la loi du nº 2014-535 du 27 mai 2014 *portant transposition de la directive 2012/13/UE du Parlement européen et du Conseil, du 22 mai 2012, relative au droit à l'information dans le cadre des procédures pénales* d'avoir étendu la notification du droit de se taire dans le cadre de l'audition libre en enquête préliminaire (C. pr. pén., art. 61-1), aux auditions des témoins assistés (C. pr. pén., art. 113-4), aux mises en examen et interrogatoires devant le juge d'instruction (C. pr. pén., art. 116), aux interrogatoires de l'accusé devant la cour d'assises et par le président du tribunal correctionnel (C. pr. pén., art. 328). Nouveau rebondissement en 2021, avec six décisions d'inconstitutionnalité rendues par le Conseil constitutionnel à l'occasion de l'examen de questions prioritaires de constitutionnalité et imposant l'exigence de notification du droit au silence à différentes phases du procès pénal[179]. Très logiquement, la loi précitée du 22 décembre 2021 *pour la confiance dans l'institution judiciaire* a fait du droit de se taire un principe général en l'énonçant au paragraphe III de l'article préliminaire du Code de procédure pénale[180]. Cette même loi a consacré l'exigence de sa notification au cours du débat devant le juge des libertés et de la détention saisi d'une demande de placement en détention provisoire (C. pr. pén., art. 145), lors de

178. CEDH 14 oct. 2010, *Brusco c/ France*, req. nº 1466/07.

179. Cons. const. 4 mars 2021, nº 2020-886 QPC (devant le juge des libertés et de la détention en cas de comparution immédiate) ; Cons. const. 9 avr. 2021, nº 2021-894 QPC (lorsqu'un mineur est entendu par la PJJ dans le cadre du recueil de renseignements socio-éducatifs) ; Cons. const. 9 avr. 2021, nº 2021-895.902/903 QPC (devant la chambre de l'instruction) ; Cons. const. 18 juin 2021, nº 2021-920 QPC (devant les juridictions saisies d'une demande de mainlevée du contrôle judiciaire et devant celles saisies d'une demande de mise en liberté) ; Cons. const. 30 sept. 2021, nº 2021-934 QPC (devant le juge des libertés et de la détention saisi pour statuer sur des mesures de contrôle judiciaire ou d'assignation à résidence dans le cadre de la procédure de convocation par procès verbal), *AJ Pénal* 2021, p. 540, obs. S. Fucini ; Cons. const. 30 sept. 2021, nº 2021-935 QPC (devant le juge des libertés et de la détention saisi pour statuer sur une mesure de détention provisoire dans le cadre d'une information judiciaire). V. également A. Botton, « Le droit de se raire, un grief efficace », *RSC* 2022, 419 s.

180. « En matière de crime ou de ddélit, le droit de se taire sur les faits qui lui sont reprochés est notifié à toute personne suspectée ou poursuivie avant tout recueil de ses observations et avant tout interrogatoire, y compris pour obtenir des renseignements sur sa personnalité ou pour prononcer une mesure de sûreté, lors de sa première présentation devant un service d'enquête, un magistrat, une juridiction ou toute personne ou tout service mandaté par l'autorité judiciaire. Aucune condamnation ne peut être prononcée sur le seul fondement de déclarations faites sans que ledit droit ait été notifié ».

l'examen par ce même juge d'une demande de mainlevée de contrôle judiciaire ou d'une demande de mise en liberté (C. pr. pén., art. 148-2), lors des audiences devant la chambre de l'instruction (C. pr. pén., art. 199 al. 4), lors du débat devant le juge des libertés et de la détention précédant une comparution immédiate (C. pr. pén., art. 396 al. 2) et lors de l'audience devant le juge des libertés et de la détention saisi dans le cadre d'une convocation par procès verbal (C. pr. pén., art. 394). La loi prévoit désormais explicitement que l'exercice par une personne mise en cause de son droit au silence ne saurait être retenu contre elle comme un soupçon, un élément à charge voire une preuve de sa culpabilité[181]. L'effectivité de ce droit commande que son exercice n'ait d'incidence ni sur le recours à une mesure de coercition ni sur le jugement de la personne concernée. À ce dernier propos, la chambre criminelle a récemment rappelé que le silence ne peut à lui seul fonder une déclaration de culpabilité[182].

La violation du droit de se taire doit être sanctionnée par la nullité substantielle des actes de procédure supports de l'interrogatoire ou de l'audition de la personne suspectée ou poursuivie, le mis en cause étant dispensé de démontrer l'existence d'un grief[183]. En ce sens, la chambre criminelle a sanctionné le fait pour des policiers d'avoir dressé un procès-verbal des déclarations spontanées faites par un gardé à vue hors procès-verbal d'audition alors qu'il se trouvait seul avec les enquêteurs dans un véhicule[184]. Pour autant, jusqu'à très récemment, une prestation du serment de dire la vérité pouvait en pratique être imposée à un suspect en garde à vue dans le cadre d'une commission rogatoire. En effet, aux termes de l'article 153 du Code de procédure pénale, « le fait que les personnes gardées à vue aient été entendues après avoir prêté serment ne constitue pas une cause de nullité de la procédure ». Saisi d'une question prioritaire de constitutionnalité, le Conseil constitutionnel a considéré qu'une telle prestation de serment « peut être de nature à faire croire à la personne gardée à vue qu'elle ne dispose pas du droit de se taire ou de nature à contredire l'information qu'elle a reçue concernant ce droit ». Il a donc estimé la fermeture de l'action en nullité prévue par l'article 153 du Code de procédure pénale contraire à la Constitution[185]. Ainsi, la prestation de serment d'un suspect et, à plus forte raison, l'absence de notification de son droit de se taire, doivent pouvoir conduire à annuler les actes servant de support à son interrogatoire ou à son audition. Cette décision du haut Conseil rappelle en creux le principe selon lequel la personne suspectée ou poursuivie n'est pas tenue de collaborer à la recherche de la vérité, contrairement aux parties d'un procès civil (C. pr. civ., art. 11). Par voie de conséquence, si la question du droit au mensonge se pose, le bon sens commande néanmoins de rappeler qu'un tel droit, dont l'efficacité est discutable en termes de stratégie de défense[186], n'emporte jamais celui d'être cru[187].

## B • L'essor de la présomption d'innocence en tant que droit de la personnalité

**740** Il conviendra d'étudier la protection civile du droit au respect de la présomption d'innocence et ses répercussions sur le procès pénal (*1.*), avant d'envisager les incidences de la protection pénale de ce droit subjectif (*2.*).

181. Crit. J. Hennebois, « Du droit au silence à l'encouragement à se taire », *AJ Pénal* 2021, 407 s.
182. Crim. 26 oct. 2022, n° 21-84.618.
183. Crim. 8 juill. 2015, n° 14-85.699 ; Crim. 14 mai 2019, n° 19-81.408 ; Crim 16 oct. 2019, n° 18-86.614, *AJ pénal* 2019. 616, obs. C.-A. Val-Fernandez.
184. Crim. 25 avr. 2017, n° 16-87.518, *AJ pénal* 2017. 352, obs. D. Brach-Thiel.
185. Cons. const. 4 nov. 2016, n° 2016-594 QPC.
186. D. Soulez Larivière, *Face aux juges. Ce que tous les honnêtes gens doivent savoir*, Albin Michel, 2017, p. 107 s.
187. C. Lombois, art. préc., p. 94.

## 1 • Les incidences de la protection civile du droit au respect de la présomption d'innocence

**741** L'article 9-1 du Code civil consacre la présomption d'innocence en tant que droit de la personnalité jouant dans des rapports de droit privé[188]. Ce droit subjectif bénéficie à toute personne présentée publiquement comme coupable de faits faisant l'objet d'une enquête ou d'une instruction judiciaire[189], en lui ouvrant la voie procédurale d'une action en référé aux fins de faire cesser les atteintes à la présomption d'innocence dont elle fait l'objet, et ce, aux frais des personnes, physiques ou morales, responsables de ces atteintes. Toutes mesures, sans préjudice de la réparation du dommage subi, peuvent être prises à cet effet, telles que l'insertion d'une rectification ou la diffusion d'un communiqué. Les décisions faisant application de l'article 9-1 du Code civil, mettent le plus souvent en cause des organes de presse[190]. L'aboutissement de cette action en référé, peu usitée en pratique[191], suppose que plusieurs conditions cumulatives soient réunies : 1/ l'existence d'une procédure pénale en cours n'ayant pas donné lieu à une condamnation pénale irrévocable[192], 2/ l'imputation péremptoire et publique à une personne identifiée d'une culpabilité présentée comme définitivement acquise[193] pour des faits dont elle est poursuivie, 3/ la connaissance par celui qui reçoit cette affirmation que le fait ainsi imputé fait l'objet d'une procédure pénale en cours[194]. Par ailleurs, l'article 9-1 du Code civil consacre un droit de la personnalité autonome bénéficiant d'une protection particulière[195]. C'est ainsi que les règles contraignantes de fond et de procédure prévues par loi du 29 juillet 1881 pour régir les abus de la liberté d'expression ne s'appliquent pas aux atteintes à la présomption d'innocence[196], à l'exception de l'article 65-1 relatif à la prescription trimestrielle[197].

Le respect du droit à la présomption d'innocence entre en concurrence avec la liberté d'expression, ce qui implique un contrôle de proportionnalité que la Cour de cassation applique depuis un arrêt du 6 janvier 2021[198]. Pour sa part, le Conseil constitutionnel a considéré que la protection de la présomption d'innocence fonde l'interdiction faite aux journalistes et aux tiers d'être présents lors d'une perquisition (C. pr. pén., art. 11)[199]. Cette jurisprudence se démarque de celle de la CEDH qui fait parfois de la liberté d'expression (Conv. EDH, art. 10) un droit prééminent[200], à tel point que certains estiment que la présomption d'innocence lui est « sacrifiée »[201]. Ces fluctuations jurisprudentielles s'expliquent par la nécessaire pondération de principes concurrents consacrés au même niveau de la hiérarchie des normes, pondération aboutissant à la prévalence de l'un ou l'autre de ces principes en

---

188. V. SDER, *La jurisprudence civile sur les atteintes à la présomption d'innocence*, version du 2 nov. 2021.
189. Civ. 1re, 6 mars 1996, n° 93-20.478, *Bull. civ.* I, n° 123 ; Civ. 1re 30 oct. 2013, n° 12-28.018.
190. Il peut s'agir aussi d'un particulier procédant à un affichage (Civ. 1re 10 avr. 2013, n° 11-28.406) ou d'enquêteurs diffusant une lettre de plainte (Civ. 1re 10 juill. 2013, n° 12-23.158).
191. J. Danet, « Sur l'article 9-1 du Code civil », *AJ pén.* 2022, 179.
192. V. Civ. 1re, 30 oct. 2013, préc.
193. Civ. 1re, 19 oct. 1999, *Bull. civ.,* n° 286 ; Ass. Plén. 21 déc. 2006, n° 00-20.493. À noter que lorsque l'expression litigieuse ne consiste qu'en une « hypothèse de culpabilité » ou une « impression manifeste de culpabilité », cela ne suffit pas à caractériser des conclusions tenant pour acquises la culpabilité (Civ. 1re, 6 mars 1996, n° 93-20.478 ; Civ. 1re, 12 juill. 2001, n° 98-21.337).
194. Pour des exemples pédagogiques de mise en œuvre de ces trois conditions, v. CA Caen, 18 déc. 2018, RG n° 17/00852, *JurisData* n° 024184 ; *JCP* 18 mars 2019. 285 s., obs. G. Raoul-Cormeil. ; CA Paris 25 mai 2022, n° 21/20759, *M. X. c/ Sté France Télévisions*, *Legipresse* 2022, 404.
195. Il ne s'agit pas d'une forme particulière de diffamation.
196. Civ. 1re, 8 nov. 2017, no 16-23.779, D. 2017. 2303 ; Gaz. Pal., 13 févr. 2018, no 6, p. 21 s., note F. Fourment.
197. V. Ass. Plén. 21 déc. 2006, préc.
198. Civ. 1re 6 janv. 2021, n° 19-21.718.
199. Cons. const. 2 mars 2018, n° 2017-693 QPC ; *Procédures* n° 4, avr. 2018, Comm. 128, obs. J. Buisson ; *Dalloz actualité* 14 mars 2018, obs. P. Januel.
200. V. A. Buchet, « La présomption d'innocence au regard de la Convention européenne des droits de l'homme et des libertés fondamentales », *in* Centre Français de Droit Comparé/Ministère de la Justice, *op. cit.*, p. 32 s.
201. Sur ce point, v. Y. Mayaud, « La présomption d'innocence bafouée par la Cour européenne des droits de l'homme ? », *Mélanges en l'honneur de Renée Koering-Joulin*, Némésis, 2014, p. 595 s.

fonction des circonstances de l'espèce et d'une balance des intérêts[202]. L'impression de fragilité donnée par la présomption d'innocence est donc inévitable[203]. De plus et surtout, dès lors que personne n'est jamais protégée contre l'exercice raisonnable de la liberté d'expression et d'information[204], les conséquences de sa mise en cause publique peuvent, en pratique, s'avérer désastreuses pour elle en cas de manquement d'un journaliste à son obligation de prudence[205]. Il n'y a, comme le dit très bien l'adage populaire, « jamais de fumée sans feu ».

La Cour de cassation préserve l'autonomie du mécanisme de l'article 9-1 du Code civil. Elle a pu décider que lorsqu'une atteinte à la présomption d'innocence émane d'une personne extérieure à la procédure, qui présente publiquement la personne suspectée ou poursuivie comme coupable, une telle atteinte, certes contraire à l'article 9-1 du Code civil, n'est cependant pas de nature à entacher la procédure pénale d'une irrégularité[206], sauf si cette irrégularité affecte dans le même temps l'impartialité des magistrats ou des enquêteurs[207]. À ce dernier propos, l'on peut se demander si le droit au respect de la présomption d'innocence, envisagé en tant que droit de la personnalité, n'irradie pas le procès pénal en imposant une déontologie à tous ses acteurs (magistrats, policiers, experts, *etc.*) qui, dans l'exercice de leur mission, se doivent toujours de prendre en considération l'innocence potentielle de la personne suspectée ou poursuivie. La conduite du procès doit ainsi toujours être animée par le doute, et c'est la présomption d'innocence qui objective cette « culture du doute »[208], quitte à privilégier la thèse de l'innocence en cas de doute indépassable. L'on peut comprendre ainsi l'adage *in dubio pro reo*[209], éthique de la prise de décision, qui explique la consécration d'une minorité de faveur au profit de l'accusé en cour d'assises (C. pr. pén., art. 359 et 362) et prescrit de relaxer/d'acquitter le prévenu/l'accusé en cas de persistance du doute à l'issue des débats[210]. Cette dernière règle devrait être étendue aux étapes du procès précédant la phase de jugement, comme l'y invite l'article 6-2 de la Directive « présomption d'innocence ».

---

202. La Grande chambre de la CEDH a rappelé que le droit d'informer le public et le droit du public de recevoir des informations se heurtent à des intérêts publics et privés de même importance protégés par l'interdiction de divulguer des informations couvertes par le secret de l'instruction, à savoir l'autorité et l'impartialité du pouvoir judiciaire, l'effectivité de l'enquête pénale et le droit du prévenu à la présomption d'innocence et à la protection de sa vie privée (CEDH 29 mars 2016, *Bédat c/ Suisse*, req. n° 56925/08, *RSC* 2016. 592 s. obs. J.-P. Marguénaud). Dans cette même affaire, la CEDH a énoncé six critères afin de guider les autorités nationales dans la mise en balance des intérêts en cause : la manière dont l'intéressé est entré en possession des informations litigieuses, la teneur de la publication, sa contribution à un débat d'intérêt général, son influence sur la conduite de la procédure pénale concernée, l'atteinte à la vie privée du prévenu et la proportionnalité de la sanction infligée (v. également CEDH 1er juin 2017, *Giesbert et autres c/ France*, préc. avec les obs. de F. Sudre). Quant à la Cour de cassation, elle énonce dans le même sens que « le droit à la présomption d'innocence et le droit à la liberté d'expression ayant même valeur normative, il appartient au juge saisi de mettre ces droits en balance en fonction des intérêts en jeu et de privilégier la solution la plus protectrice de l'intérêt le plus légitime. Cette mise en balance doit être effectuée en considération notamment de la teneur de l'expression litigieuse, sa contribution à un débat d'intérêt général, l'influence qu'elle peut avoir sur la conduite de la procédure pénale et la proportionnalité de la mesure demandée » (Civ. 1re, 6 janv. 2021, préc.).
203. V. cependant CEDH 29 juin 2010, *Karadad c/ Turquie*, req. n° 12976/05. Dans le cadre de cette affaire la CEDH a constaté une violation de l'article 6-2 de la Conv. EDH dans le fait pour une fiction télévisée de ne laisser planer aucun doute sur la culpabilité d'une personne pour des faits de meurtre.
204. Dans l'affaire précitée *Allenet de Ribemont c/ France*, la Cour européenne des droits de l'homme énonce que « la liberté d'expression garantie par l'article 10 de la Conv. EDH comprend celle de recevoir ou de communiquer des informations. L'article 6 par. 2 ne saurait donc empêcher les autorités de renseigner le public sur les enquêtes pénales en cours, mais il requiert qu'elles le fassent avec toute la discrétion et toute la réserve que commande le respect de la présomption d'innocence ».
205. V. par ex. Crim. 14 mars 2017, n° 16-80.209, estimant que viole la présomption d'innocence un article de presse laissant entendre que la partie civile a participé à des faits pénalement répréhensibles alors qu'elle a bénéficié d'une décision de non-lieu.
206. Crim. 11 juill. 2012, n° 11-85.220.
207. Dans ce sens F. Desportes et L. Lazerges-Cousquer, *op. cit.*, n° 244, p. 147.
208. Dans ce sens, M. Delmas-Marty « La preuve pénale », *Droits* 1996 (n° 23), p. 58 s. ; C. Lombois, art. préc., p. 84.
209. Pour davantage de détails sur cette règle v. M. C. Nagouas-Guérin, *Le doute en matière pénale*, Dalloz, 2002.
210. Reims 22 mai 2019, *D.* 2019. 1176 s., obs. Y. Bisiou (relaxe au bénéfice du doute d'un vendeur qui commercialisait des produits à base de cannabidiol contenant de faibles concentrations de THC, le dossier ne permettant pas d'établir que le produit avait été extrait de façon illicite). Dans un autre registre, s'agissant d'une espèce qui concernait des faits de viols pour lesquels l'action publique était prescrite et des faits d'agression sexuelle pour lesquels elle n'était pas prescrite, les juges du fond s'étaient fondés sur les déclarations des témoins concernant le viol pour corroborer l'accusation d'agression sexuelle. Cette décision a été censurée sur le fondement de la présomption d'innocence, au motif que les juges s'étaient fondés sur des faits pour lesquels la culpabilité du prévenu n'avait pas été établie (Crim. 23 mai 2012, n° 11-83.456).

Non contente d'imposer une éthique de la décision, la présomption d'innocence fait peser une obligation de prudence, *pendant* l'instance, sur tous les acteurs du procès, sans exception[211]. C'est ainsi qu'un magistrat du siège ne doit en aucun cas partir de la conviction ou de la supposition que la personne mise en cause a commis l'acte incriminé[212]. Il lui est interdit de s'adresser oralement à un prévenu ou à un accusé en laissant entendre qu'il le croit déjà coupable (v. C. pr. pén., art. 328 al. 2)[213]. L'exigence d'impartialité trouve donc en partie ses racines dans la protection de la présomption d'innocence[214]. Dans le même sens, les questions posées au jury d'assises doivent être formulées, sans qu'elles puissent révéler une opinion préconçue sur l'issue de la procédure[215]. Ou encore, la Cour de cassation refuse qu'une juridiction du fond (en l'occurrence un tribunal de police) puisse considérer que l'absence du prévenu à l'audience « laisse présumer » qu'il n'a rien à objecter sur sa culpabilité[216]. Autre exemple : en cas de pluralité de personnes poursuivies, il est prohibé, si l'une d'elles accepte de plaider coupable en échange d'une réduction de peine, de conclure à l'établissement de la culpabilité des personnes impliquées qui ne reconnaissent pas la leur[217]. En revanche, la lecture à l'ouverture de l'audience d'assises de l'arrêt de mise en accusation par le président ne viole pas la présomption d'innocence, dès lors que cet arrêt « se borne à constater l'existence de charges justifiant la saisine de la cour qui conserve son entière liberté pour en apprécier la valeur après débats contradictoires »[218]. Quant au ministère public, il lui est également interdit d'anticiper publiquement la culpabilité d'une personne suspectée ou poursuivie[219]. Les magistrats du parquet doivent s'astreindre à la plus grande prudence, lorsqu'ils font des déclarations sur une affaire pénale dans le cadre des « fenêtres de publicité » (C. pr. pén., art. 11 al. 3)[220], même s'il est chargé d'exercer les poursuites pénales. Dans un tel cas de figure, s'il est difficile de sanctionner une anticipation sur la culpabilité par une nullité de procédure, une réparation civile sur le fondement de l'article 9-1 du Code civil est toujours envisageable[221].

Pour ce qui est des autres autorités publiques, l'ancienne Commission européenne des droits de l'homme a affirmé dès 1967 que « les autorités nationales doivent se montrer très prudentes lorsqu'elles font des déclarations publiques sur des questions en cours d'instruction et sur les personnes qui en font l'objet, afin d'éviter, autant que possible, que ces déclarations soient mal interprétées par le public et conduisent à mettre en question l'innocence du requérant avant même qu'il ait été jugé »[222]. Par conséquent, il est interdit aux policiers et aux gendarmes d'anticiper sur la culpabilité en n'enquêtant qu'à charge[223] ou par le biais de déclarations aux médias par exemple[224]. Cette même obligation

211. Dans ce sens, S. Guinchard et J. Buisson, *op. cit.*, n° 380, p. 315.

212. Comm. EDH, rapport du 30 mars 1963, *Autriche c/ Italie*, § 179 ; Comm. EDH décision du 13 déc. 1983, req. n° 8945/80, DR, vol. 39. Comp. D. Roets, *op. cit.*, p. 30 s., qui estime que la présomption d'innocence est une « composante » du principe d'impartialité.

213. Par ex., Crim. 14 juin 1956, *Bull. crim.*, n° 476, à propos d'un président d'assises s'écriant « quel que soit le mobile, l'accusé a commis deux crimes odieux et abominables ». V. également Crim. 20 août 1997, *Bull. crim.*, n° 288 ; Crim. 8 mars 2000, *Bull. crim.*, n° 110. Dans ces deux dernières affaires, la chambre criminelle a sanctionné des manifestations publiques d'opinion sur la culpabilité d'un accusé par un président de cour d'assises, au motif qu'elles portent atteinte à la présomption d'innocence et aux droits de la défense.

214. F. Desportes et L. Lazerges-Cousquer, *op. cit.*, n° 234, p. 135. La CEDH estime parfois que les qualités d'indépendance et d'impartialité découlent de l'article 6-2 Conv. EDH (CEDH 31 janv. 2017, *Société Edelweiss et Christian Pire c/ France*, préc.).

215. V. Crim. 16 oct. 1996, n° 95-82.274.

216. Crim. 19 mars 1986, n° 85-93.231.

217. CJUE 5 sept. 2019, aff. n° C-377/18.

218. Crim. 13 nov. 1996, *Bull. crim.*, n° 401.

219. V. CEDH 31 janv. 2019, *Maslarova c/ Bulgarie*, req. n° 26966/10, § 43 ; CEDH 29 janv. 2019, *Strimanov c/ Russie*, req. n° 31816/08, § 48. V. également E Dreyer, « Un an de droit de la convention européenne des droits de l'homme en matière pénale », *Dr. pénal* avr. 2019, chron. 4.

220. Pour un exemple de manquement à l'obligation de prudence du ministère public, v. T. corr. Guyane 30 mai 2017, *Dalloz actualité* du 13 juin 2017, obs. M. Babonneau. Sur cette question v. également : J. Pradel et C. Amunzatéguy, « La communication judiciaire des affaires criminelles. Une pratique conforme à la loi, mais source de bien des difficultés », *D.* 2019. 1945 s.

221. F. Desportes et L. Lazerges-Cousquer, *op. cit.*, n° 234, p. 136.

222. Comm. EDH, déc. du 7 févr. 1967, req. n° 2343/64.

223. Crim. 14 mai 2008, *Bull. crim.*, n° 115 ; *AJ pénal* 2008. 328, obs. G. Roussel. L'absence d'impartialité des enquêteurs est soumise à la preuve d'un grief pour entraîner la nullité.

224. CEDH 2 juin 2009, *X c/ Slovaquie*, req. n° 24528/02 ; CEDH 31 mars 2016, *Alex Petrov c/ Bulgarie*, req. n° 30336/10.

s'impose au porte-parole d'une juridiction, comme cela existe dans certains pays[225], ou encore aux hommes politiques qui doivent s'abstenir de tenir en public des propos affirmatifs sur la culpabilité d'une personne, que celle-ci soit ou non suspectée ou poursuivie[226]. S'agissant enfin des experts, il est inadmissible qu'un psychiatre s'autorise, en violation des exigences de la présomption d'innocence, à prendre position sur la culpabilité d'une personne dans son rapport ou lors de la comparution de cette dernière devant une juridiction de jugement[227].

La garantie de la présomption d'innocence joue également *après* le procès pénal[228]. En premier lieu, son respect s'impose en l'absence d'établissement légal de la culpabilité. Par exemple, il est interdit à une juridiction civile d'évoquer la culpabilité d'un individu, dont les poursuites pénales ont été suspendues[229] ou prescrites[230], ou encore à une juridiction pénale, statuant en appel sur les seuls intérêts civils, de considérer, sans équivoque, la culpabilité d'une personne établie, alors même que les poursuites à l'encontre de celle-ci sont éteintes du fait de son décès[231]. Quant au ministère public, la Cour de Strasbourg a pu décider que la prescription de l'action publique interdit à l'un de ses membres de publier une ordonnance mettant en doute l'innocence d'une personne, en l'absence d'établissement de sa culpabilité[232]. De même, l'on peut se demander si le fait d'ouvrir une enquête sur des faits prescrits constitue une atteinte à la présomption d'innocence (v. *Le Monde* du 16 févr. 2021, tribune préc.).

En deuxième lieu, la présomption d'innocence impose le respect de l'innocence définitivement établie. À défaut, les garanties de l'article 6-2 de la Conv. EDH risqueraient de devenir théoriques et illusoires[233]. La chambre criminelle a précisé qu'une cour statuant sur appel de la partie civile peut certes caractériser une « faute civile » à l'encontre d'un individu relaxé ou acquitté, mais elle ne doit, sous peine de violation de la présomption d'innocence, rechercher dans le cadre de ses appréciations si les éléments constitutifs de l'infraction ayant fait l'objet de la poursuite sont réunis[234]. Cela étant, la Cour de cassation ne détache pas totalement la faute civile de l'infraction pénale objet de la relaxe[235], dès lors qu'elle exige parfois que ladite faute civile entre « dans les prévisions » de l'infraction initialement poursuivie[236], ce qui aboutit à entretenir une suspicion (rétrospective) de culpabilité en dépit de la relaxe[237]. Autre exemple : il a été décidé qu'un juge viole la présomption d'innocence, lorsque, saisi par une personne acquittée d'une demande d'indemnisation d'une détention provisoire injustifiée, il la

---

225. V. CEDH 21 juill. 2015, *Neagoe c/ Roumanie*, req. n° 23319/08.

226. V. CEDH 10 févr. 1995, *Allenet de Ribemont c/ France*, préc. ; CEDH 10 nov. 2015, *Slavov & autres c/ Bulgarie*, req. n° 58500/10. V. également CEDH 28 avr. 2020, *ATV Zrt c/ Hongrie*, req. n° 61178/14 (la prescription de l'action publique à l'encontre d'un magistrat entraîne la préservation de sa présomption d'innocence, dès lors qu'elle fait obstacle à l'établissement de sa culpabilité Il est donc interdit aux autorités politiques d'anticiper publiquement la culpabilité de l'intéressé).

227. V. A. Blanc, « Le juge et l'expert psychiatre : qui dit et qui fait quoi ? », *AJ pénal* 2014. 514 ; A. Coche, « Quand les experts psychiatres ou psychologues condamnent l'accusé », *AJ pénal* 2014. 504. Comp. CEDH 23 avr. 1998, *Bernard c/ France*, préc. (pas d'atteinte à la présomption d'innocence dans le fait pour deux experts de présenter l'accusé, dans leurs rapports présentés devant une cour d'assises, comme l'auteur des crimes et ce alors même que l'accusé avait nié les faits pendant toute la durée de l'instance).

228. V. D. Roets, *op. cit.*, p. 73 s.

229. CEDH 28 août 2012, *Fazli Diri c/ Turquie*, req. n° 4062/07.

230. CEDH 4 juin 2013, *Teodor c/ Roumanie*, req. n° 46878/06.

231. CEDH 12 avr. 2012, *Lagardère c/ France*, req. n° 18851/07, *D.* 2012. 1708, note J.-F. Renucci.

232. CEDH 28 oct. 2014, *Peltereau-Villeneuve c/ Suisse*, req. n° 60101/09.

233. CEDH 12 juill. 2013, *Allen c/ Royaume-Uni*, préc.

234. V. par ex. Crim. 5 févr. 2014, n° 12-80.154, *Bull. crim.*, n° 35, *D.* 2014, 807, note L Saenko ; *AJ pénal* 2014. 422, obs. C. Renaud-Duparc ; *Dr. penal* 2014, n° 46, note Maron et Haas ; *D.* 2014. 1673, note S. Détraz (arrêt dans lequel la Cour de cassation énonce que c'est à tort que, pour allouer des dommages et intérêts à la partie civile, l'arrêt attaqué retient que le prévenu pouvait se voir imputer des faits représentant la matérialité de l'abus de confiance) ; Crim. 13 oct. 2015, *Bull. crim.*, n° 276 (saisi du seul appel d'un jugement de relaxe formé par la partie civile, le juge répressif ne peut énoncer que les faits qui lui sont déférés constituent une infraction pénale, sans méconnaître le principe de la présomption d'innocence) ; V. également Crim. 17 févr. 2016, n° 15-80.634 (arrêt dans lequel la Cour de cassation approuve les juges du fond pour ne pas avoir fait droit à la demande d'indemnisation de la partie civile, seule appelante d'un jugement de relaxe, en raison d'un doute raisonnable quant à l'élément intentionnel de l'infraction) ; Crim. 19 mai 2016, n° 15-81.491 (les juges d'appel ne peuvent, pour fonder la demande en réparation d'une partie civile, seule appelante d'un jugement de relaxe, retenir contre le prévenu des faits non visés dans la poursuite).

235. Dans ce sens D. Roets, *op. cit.*, p. 76.

236. Crim. 11 mars 2014, *Bull. crim.*, n° 70 ; Crim. 28 févr. 2018, n° 16-85.518.

237. D. Roets, *op. cit.*, p. 77.

rejette au motif que le demandeur aurait pu être condamné si une autre qualification pénale avait été retenue[238]. En effet, la CEDH souligne que l'article 6-2 de la Conv. EDH — qui n'autorise pas même la formulation d'un doute sur l'innocence d'une personne lorsqu'une décision de relaxe ou d'acquittement est définitive[239] — est violé en cas d'absence de réparation[240]. Autre exemple d'une telle violation, une personne placée en détention provisoire bénéficiant d'un non-lieu se voit refuser l'indemnisation de son incarcération injustifiée, au motif qu'elle ne rapporte pas la preuve de son innocence[241]. Ici l'anticipation sur la culpabilité découle d'un renversement injustifié de la charge de la preuve[242]. Dernier exemple, l'administration fiscale et les juridictions administratives se doivent de ne jeter aucun doute sur le bien-fondé d'un acquittement. La CEDH a donc sanctionné le fait d'avoir permis d'engager et de poursuivre une procédure d'exécution fiscale en considérant pour établi certains éléments de l'abus de confiance fiscal, alors même que la juridiction pénale, les ayant estimés non prouvés, avait antérieurement acquitté l'intéressé[243]. Viole également l'article 6-2 de la Conv. EDH, la juridiction administrative qui inflige une amende pour contrebande, alors que les personnes concernées avaient fait l'objet d'une relaxe au pénal[244]. La Cour veille ainsi à « faire respecter l'innocence de l'intéressé relativement à toute accusation dont le bien-fondé n'a pas été prouvé »[245].

Enfin, l'innocence définitivement établie s'impose-t-elle également à la victime ? La question s'est posée en 2014 lorsque le législateur a envisagé d'élargir — sans que cela ait abouti — la procédure de révision des condamnations pénales (C. pr. pén., art. 622 s.) aux relaxes et acquittements définitifs. À cette occasion, il a été soutenu, au regard de l'article 9 de la Déclaration de 1789, que l'innocence définitivement reconnue impose l'intangibilité des décisions définitives de relaxe et d'acquittement[246].

## 2 • Les incidences de la protection pénale du droit au respect de la présomption d'innocence

**742** Le renforcement de la protection de la présomption d'innocence et le souci du respect de la dignité des personnes se déclinent de façons diverses et supposent la conciliation nécessaire avec d'autres principes, d'autres droits parmi lesquels celui d'informer librement, qui a sans doute posé les problèmes les plus aigus. Guidés par l'impératif de préserver la dignité humaine, le Gouvernement et le législateur ont estimé qu'il fallait incriminer, mais à des conditions très précises, l'atteinte à l'image du suspect, au titre de la présomption d'innocence, et l'atteinte à l'image de la victime, au nom de la protection de la personne.

Selon les dispositions de la loi précitée n° 2000-516 du 15 juin 2000, la protection pénale de l'image du suspect est assurée par l'interdiction, sans l'accord de la personne concernée, identifiée ou identifiable, de la diffusion de son image, faisant apparaître soit qu'elle porte des menottes ou des entraves soit qu'elle est placée en détention provisoire (loi 29 juill. 1881, art. 35 *ter*). La peine alors encourue est de 15 000 euros d'amende.

Les textes existants étaient apparus insuffisants au législateur : à l'évidence, le port des menottes est beaucoup trop systématique. La célèbre photo diffusée du « guide des Orres » en fut un exemple aussi saisissant que désolant. Ainsi, ni l'article 803 du Code de procédure pénale, issu de la loi précitée

238. CEDH 9 nov. 2004, *Del Latte c/ Pays-Bas*, req. n° 44760/98. V. déjà CEDH 11 févr. 2003, *O. c/ Norvège*, *JCP* 2003. I. 160, n° 8, obs. F. Sudre.
239. CEDH 1er mars 2007, *Goerings c/ Pays-Bas*, *JCP* 2007. I., 182, n° 5, obs. F. Sudre.
240. V. CEDH 16 févr. 2016, *Vlieeland, Boddy & Marcelo Lanni c/ Espagne*, req. n° 53465/11 et 9634/12.
241. CEDH 13 janv. 2005, *Capeau c/ Belgique*, *JDI* 2006-3, p. 1107, obs. O. Bachelet.
242. Dans ce sens S. Guinchard et J. Buisson, *op. cit.*, n° 391, p. 325.
243. CEDH 23 oct. 2014, *Melo Tadeu c/ Portugal*, req. n° 27785/10.
244. CEDH 30 avr. 2015, *Kapetanios & autres c/ Grèce*, req. n° 3453/12, 42941/12 et 9028/13.
245. CEDH 30 avr. 2015, *Kapetanios & autres c/ Grèce*, préc.
246. V. C. Lazerges et H. Henrion-Stoffel, « Les avis de la Commission nationale consultative des droits de l'homme », *in* X. Pin (dir.), *L'erreur judiciaire. Apprendre à douter pour lutter contre les erreurs judiciaires*, L'Harmattan, 2015, p. 116.

nº 93-2 du 4 janvier 1993, qui dispose que le port des menottes doit être réservé aux personnes considérées comme dangereuses pour autrui ou pour elles-mêmes, ou susceptibles de tenter de prendre la fuite, ni la circulaire d'application de la loi du 1er mars 1993 disposant que toutes les mesures utiles doivent être prises pour empêcher qu'une personne escortée ou entravée ne fasse l'objet de photographies ou d'un enregistrement cinématographique ou audiovisuel, n'ont réussi à empêcher la commission de tels abus. Mais de quelles sanctions assortir l'usage abusif des menottes par les forces de l'ordre, hormis dans les situations de non-danger caractérisé ? Comme certains l'ont observé, avec amertume, à défaut de pouvoir sanctionner la police, on sanctionnait la presse.

La loi précitée nº 2000-516 du 15 juin 2000 n'a fait que reprendre l'une des propositions de la commission Truche[247]. Dans l'article nouveau qui devait à l'origine être intégré dans le Code pénal, le Gouvernement, l'Assemblée nationale et le Sénat ont souhaité marquer par une nouvelle incrimination, non pas la fonction répressive de la loi pénale, mais sa fonction expressive et pédagogique[248]. Le texte se veut un appel à une déontologie plus ferme chez certains journalistes. La levée de boucliers survenue dans une grande partie de la presse a eu deux conséquences au fil de la navette parlementaire. D'une part, elle a conduit à insérer l'incrimination nouvelle dans la loi sur la presse et, d'autre part, elle a entraîné la réduction du champ de l'infraction à la faveur de la seconde lecture à l'Assemblée nationale. Deux verrous ont été instaurés : en premier lieu, l'infraction n'est constituée que si la diffusion est réalisée sans l'accord de l'intéressé ; en second lieu, les poursuites ne peuvent être déclenchées que sur plainte de la victime[249].

Tout en se félicitant que les deux verrous limitent les occasions de poursuite, les organes de presse ont continué à poser — et continuent pour certains de le faire — la question de l'utilité de la pénalisation de comportements pouvant être qualifiés d'atteinte à la présomption d'innocence, et déférés comme tels devant le juge des référés au titre de l'article 9-1 du Code civil. Le choix de la pénalisation ne se justifie-t-il pas par la volonté de signifier symboliquement la gravité que peut revêtir pour une personne suspectée ou poursuivie la diffusion de son image « menottée », sans accord de sa part ?

Dans le conflit entre renforcement du droit à la présomption d'innocence et protection du droit à l'information, c'est le maintien, malgré les critiques de certains parlementaires et surtout d'une partie de la presse, d'une infraction pénale strictement définie pour pouvoir être strictement interprétée, qui a été retenu. Pour autant, il est à espérer que la mise en œuvre de ces incriminations ne sera pas sanctionnée par la CEDH sur le fondement de l'article 10 de la Conv. EDH, ce qui fragiliserait considérablement la garantie effective de la présomption d'innocence.

L'article 38 de la loi du 29 juillet 1881 réprime, quant à lui, le fait de publier des actes d'accusation et tous actes de procédure criminelle ou correctionnelle avant qu'ils n'aient été lus en audience publique. Dans le cadre de la mise en œuvre de ces dispositions, la Cour de cassation veille à ce que les juges du fond vérifient systématiquement l'incidence de la publication litigieuse, dans son contexte, sur le droit de l'intéressé au respect de la présomption d'innocence.[250] Par conséquent, la seule appréciation de l'absence d'ingérence disproportionnée dans l'exercice du droit à la liberté d'expression s'avère insuffisante. Quant à l'article 38 *ter* de cette même loi, interdisant l'enregistrement du son et de l'image pendant les audiences pénales, il a été déclaré conforme à la Constitution, au motif qu'il a notamment pour objet de prévenir tout risque de trouble au cours des débats et de respecter le droit à la présomption d'innocence[251]. Ce dernier principe a cependant été mis en balance avec celui de la liberté d'expression et de communication, le Conseil constitutionnel estimant que les dispositions de

247. P. Truche, *Rapport de la commission de réflexion sur la justice*, La Documentation française, 1997.
248. Sur ces concepts, v. C. Lazerges, « À propos des fonctions du nouveau Code pénal », *Arch. pol. crim.* nº 17 (1995), p. 7 s.
249. Civ. 1re, 20 déc. 2000, *VSD et Paris Match c/Veuve Érignac*, *Bull. civ.* I, nº 341 ; J.-P. Gridel, « Retour sur l'image du préfet assassiné : dignité de la personne humaine et liberté de l'information d'actualité », *D.* 2001. Chron., p. 885 ; Civ. 1re, 20 févr. 2001, *Paris Match c/ Mme Bruno*, *Bull. civ.* I, nº 42.
250. Crim. 28 janv. 2014, nº 12-88.430.
251. Cons. const. 6 déc. 2019, nº 2019-817 QPC.

l'article 38 *ter* ne privent pas le public qui assiste aux audiences, en particulier les journalistes, de la possibilité de rendre compte des débats par tout autre moyen, y compris pendant leur déroulement, sous réserve des pouvoirs de police du président de la juridiction pénale[252]. Implicitement, cela conduit à autoriser le live-tweet et les procédés similaires[253].
Enfin, il est utile de rappeler que la jurisprudence de la CEDH a reconnu, sur le fondement de l'article 10 de la Conv. EDH la légitimité du débat d'intérêt général en matière de diffamation[254]. Aussi, la liberté de prendre part à un tel débat peut-elle, le cas échéant, se trouver mise en balance avec le respect d'un acquittement ou d'une relaxe prononcé(e) par une juridiction pénale. Comme on l'a vu, la loi protège certes la personne présumée innocente au cours de toutes les phases du procès pénal. Mais, comme l'affirme pertinemment Alexandra Serinet, « admettrait-on que, lorsque la présomption s'est transformée en certitude de non-culpabilité, aucune garantie ne subsiste et que l'acquittement puisse être passé sous silence, voire remis en cause, par voie de presse ? La vérité d'*un* juge comme celle d'*un* journaliste n'est pas la vérité *du* jugement. La liberté d'exprimer la première trouve sa limite dans le devoir d'observance de la seconde[255] ». L'établissement définitif de l'innocence impose donc le respect total et absolu de celle-ci.

# Conclusion

**743** À l'heure où les droits de l'homme sont en procès[256], la présomption d'innocence apparaît, à bien des égards, comme un « colosse au pied d'argile »[257]. D'une part, parce qu'elle est entachée d'une contradiction interne : « c'est le procès pénal qui la fait naître, mais c'est le procès pénal par sa mise en œuvre qui la blesse et la tue »[258]. D'autre part, parce qu'en tant qu'expression d'une valeur philosophique consacrée au plus haut degré de la hiérarchie des normes, elle entre inévitablement en collision avec d'autres valeurs de même rang. Sa garantie effective ne peut donc être qu'optimale. C'est pour cette raison que, depuis près de 1 000 ans, elle a sa place dans le paysage juridique, tel le roseau de La Fontaine, pliant sans jamais rompre. Cela étant, notre époque est indéniablement marquée par un consensus sur les enjeux sécuritaires, dont il ne peut être contesté qu'ils soient réels. L'on regrettera cependant qu'ils entravent bien souvent la possibilité d'un débat démocratique de qualité : tout se passe comme si la simple invocation d'une plus grande efficacité pouvait justifier l'adoption, trop souvent sous le coup de l'émotion et sans aucune discussion, de mesures de plus en plus attentatoires aux droits et libertés fondamentaux[259] et donc à la présomption d'innocence. Il est aujourd'hui plus que nécessaire de développer une « culture de la présomption d'innocence » en éduquant mieux, en formant mieux et en expliquant mieux le sens et la portée de ce grand principe[260].

252. *Ibid.*
253. V. M. Babonneau, « Le Conseil constitutionnel reconnaît implicitement le droit de live tweeter les audiences », *Dalloz actualité* 9 déc. 2019.
254. V. L. François, « Le débat d'intérêt général dans la jurisprudence de la Cour européenne des droits de l'homme », *Légipresse* 2014. 339.
255. A. Serinet, « Diffamation : le juge et l'acquitté », *D.* 2016. 55.
256. J. Lacroix et J.-Y. Pranchère, *Le procès des droits de l'Homme : Généalogie du scepticisme démocratique*, Seuil 2016.
257. V. J. Pradel, « La présomption d'innocence, un colosse aux pieds d'argile ? Droit de la France et droits d'ailleurs », *Mélanges J.-H. Robert*, Lexis Nexis, 2012, p. 605 s.
258. R. Koering-Joulin, art. préc., p. 26.
259. V. P. Berthelet, *Crimes et châtiments dans l'État de sécurité. Traité de criminologie politique*, EPU, 2015, p. 652 s. ; C. Lazerges et H. Henrion-Stoffel, « La mutation du droit pénal et de la procédure pénale sous le choc du terrorisme », *Cahiers de la sécurité et de la justice* n° 35-36 (2016), p. 38.
260. Pour des pistes de réflexion, E. Guigou (dir.) Rapport préc., 28 s.

## BIBLIOGRAPHIE INDICATIVE


Ouvrages généraux

- C. AMBROISE-CASTEROT et P. BONFILS, *Procédure pénale*, 3e éd., PUF, 2021.
- B. BOULOC, *Procédure pénale*, Dalloz, coll. « Précis », 28e éd., 2021.
- F. DESPORTES et L. LAZERGES-COUSQUER, *Traité de procédure pénale,* Economica, 4e éd., 2015.
- F. FOURMENT ET E. CAMOUS, *Procédure pénale*, Paradigme, 15e éd., 2021.
- S. GUINCHARD et J. BUISSON, *Procédure pénale*, LexisNexis, 15e éd., 2022.
- J. LEROY, *Procédure pénale*, 7e éd., LGDJ, 2021.
- R. MERLE et A. VITU, *Traité de droit criminel, Tome II. Procédure pénale*, Cujas, 2001.
- J. PRADEL, *Procédure pénale*, Cujas, 20e éd., 2019.
- E. VERGES, G. VIAL, O. LECLERC, *Droit de la preuve*, PUF, 2015.

Ouvrages spéciaux, thèses, monographies, rapports

- Centre français de droit comparé/Ministère de la Justice, *La présomption d'innocence en droit comparé. Colloque du 16 janvier 1998*, Société de législation comparée, 1998.
- M. J. ESSAÏD, *La présomption d'innocence*, thèse, Éditions La Porte, 1971.
- P. FEROT, *La présomption d'innocence : Essai d'interprétation historique*, Les éditions Ovadia, 2016.
- E. GUIGOU (dir.), La présomption d'innocence, un défi pour l'État de droit. Rapport du groupe de travail sur la présomption d'innocence, oct. 2021.
- E. GUILHERMONT, *La présomption d'innocence dans le discours doctrinal*, thèse, Perpignan, 2006.
- H. HENRION, *La nature juridique de la présomption d'innocence*, Monéditeur. com, Bibliothèque des thèses de la faculté de droit de Montpellier, t. 3-2006.
- C. LAZERGES (dir.), *Les grands avis de la Commission nationale consultative des droits de l'homme*, Dalloz, coll. « Grands textes », 2016.
- D. INCHAUSPE, *L'innocence judiciaire*, PUF, 2012.
- G. MILLIERE, J.-Ph. FELDMAN, P. SIMON et J.-Ph. DELSOL, *Avancer vers l'État de droit. Droit et présomption d'innocence*, Éditions Cheminements, 2008.
- F. PICOD et S. VAN DROOGHENBROECK (dir.), *Charte des droits fondamentaux. Commentaire article par article*, Bruylant, 2018.
- M. POUIT, *Les atteintes à la présomption d'innocence en droit pénal de fond*, Univ. européenne, 2014.
- *Protéger la présomption d'innocence*, Dossier spécial, *AJ Pénal* 2022, p. 175 s.
- D. ROETS, *La présomption d'innocence,* Dalloz, 2019.
- Service de Documentation, des Études et du Rapport de la Cour de cassation, La jurisprudence civile sur les atteintes à la présomption d'innocence. Article 9-1 du Code civil/loi sur la liberté de la presse de 1881, Version du 2 novembre 2021.
- C.-F. STUCKENBERG, *Untersuchungen zur Unschuldsvermutung*, Walter de Gruyter, 1998.

Articles, chroniques

- C. AMBROISE-CASTEROT, « Présomption d'innocence », *Rép. pén. Dalloz,* oct. 2013.
- R. BADINTER, « La présomption d'innocence, histoire et modernité », *in Mélanges CATALA*, Litec, 2001, p. 133 s.

- P.-H. BOLLE, « Origines et destin d'une institution menacée : la présomption d'innocence », *in Mélanges PRADEL*, Cujas, 2006, p. 43 s.
- B. BULAK, « Grandeur ou décadence de la présomption d'innocence », *RTDH* 2015, p. 623 s.
- S. DETRAZ, « La prétendue présomption d'innocence », *Dr. pén.* 2004, n° 3, chron. 3.
- E. GUILHERMONT, « Qu'appelle-t-on présomption d'innocence ? », *Arch. Pol. crim.* n° 29 (2007), p. 41 s.
- W. JEANDIDIER, « La présomption d'innocence ou le poids des mots », *RSC* 1991. 49 s.
- C. LAZERGES, « Le projet de loi renforçant la protection de la présomption d'innocence et les droits des victimes », *RSC* 1999. 166 s.
- C. LAZERGES, « Le renforcement de la protection de la présomption d'innocence et des droits des victimes : histoire d'une navette parlementaire presque achevée », *Arch pol. crim.* n° 22 (2000), p. 53 s.
- C. LAZERGES, « Le renforcement de la protection de la présomption d'innocence et des droits de victimes : histoire d'une navette parlementaire », *RSC* 2001. 7 s.
- C. LAZERGES, « La présomption d'innocence en Europe », *Arch. pol. crim.* n° 26 (2004), p. 127 s.
- C. LOMBOIS, « La présomption d'innocence », *Pouvoirs,* n° 55 (1990), p. 81 s.
- E. MATHIAS, « De la présomption d'innocence à l'innocence des présomptions : le procès pénal dans l'ère de la post-vérité ? », *Dr. pén.* 2020, n° 01, étude 3.
- Y. MAYAUD, « La présomption d'innocence bafouée par la Cour européenne des droits de l'homme ? », *in Mélanges en l'honneur de Renée Koering-Joulin*, Némésis, 2014, p. 589 s.
- S. NEUVILLE, « Juger dans le doute », *D.* 2020. 1481
- R. PARIZOT, « Présomption d'innocence versus marqueurs de culpabilité : quel équilibre ? », *RSC* 2019. 127 s.
- R. PARIZOT, « Box vitrés : feu de tout bois au nom de la présomption d'innocence », *RSC* 2021, 120 s.
- X. PIN, « Le glas de la religion de l'aveu a sonné… », *JCP* 2011. 1366 s.
- J. PRADEL, « La présomption d'innocence, un colosse aux pieds d'argile ? Droit de la France et droits d'ailleurs », *in Mélanges J.-H. ROBERT*, Lexis Nexis, 2012, p. 605.
- D. ROETS, « Des effets post-mortem de l'égalité des armes et de la présomption d'innocence », *RSC* 2012. 695 s.


## PISTES DE RÉFLEXION

- Les prérogatives procédurales de l'avocat pendant les auditions en garde à vue sont-elles une entrave à l'efficacité des investigations ?
- Comment garantir le droit au respect de la présomption d'innocence en cas d'atteinte sur les réseaux sociaux?
- Le droit au respect de la présomption d'innocence interdit-il aux journalistes de live-tweeter au cours des audiences correctionnelles ?
- Comment mieux éduquer et mieux former au respect de la présomption d'innocence ? Le développement d'une « culture de la présomption d'innocence » permet-il d'en prévenir les atteintes ?

Thème 4

# Les droits de la défense en procédure pénale

CATHERINE GINESTET
*Professeur à l'Université Toulouse 1 — Capitole*

Les droits de la défense sont consubstantiels à la procédure pénale. Leur caractéristique essentielle est sans nul doute leur extension permanente, aussi bien dans leur contenu que dans leur domaine d'application. En dépit de leur consécration au plan constitutionnel et supranational, ils ne sont pas aisés à appréhender, ni à définir. Répertoriés à chaque étape de la procédure, pour les actes les plus importants et les institutions les plus sensibles, l'étude des droits de la défense ne peut se ramener à celle de quelques grands principes, fussent-ils aussi essentiels que celui du contradictoire. De sorte que l'actualité de ce thème est constante, renouvelée par chaque texte significatif intéressant la procédure pénale. L'équilibre de la procédure pénale tient à l'efficacité de la répression et à l'effectivité des droits de la défense tout au long du procès, y compris dans la phase d'exécution. L'institution emblématique de la garde à vue suffit à s'en convaincre, qui même réformée, suscite toujours des interrogations. Plus largement, la loi du 3 juin 2016 a déçu pour ne pas avoir ménagé les équilibres. L'attention se porte aujourd'hui sur la loi de programmation 2018-2022 et de réforme de la justice du 23 mars 2019 qui comporte un important volet pénal, mais aussi sur la loi du 22 décembre 2021 pour la confiance dans l'institution judiciaire.



**744** ***Définition.*** Les droits de la défense sont consubstantiels à la procédure pénale et pourtant, est-il une notion plus difficile à définir ? La plupart des traités et des manuels de procédure pénale ne consacrent, en effet, aucun développement spécifique aux droits de la défense et n'en donnent pas davantage de définitions. Faut-il s'en étonner ? Non sans doute, *omnis definitio periculosa… (toute définition est dangereuse…)*.

Pourtant, les contours de la notion parviennent à se dessiner à partir de la longue liste des droits qui les composent et qui, elle, est mieux connue. Ces droits sont nombreux, au premier rang desquels se trouvent les plus emblématiques[1], comme le droit d'être assisté d'un avocat, le droit d'avoir accès au dossier, le

1. V. à titre d'exemple le nouvel art. 696-129 C. pr. pén., issu de la loi n° 2020-1672 du 24 décembre 2020 relative au parquet européen, à la justice environnementale et à la justice pénale spécialisée.

droit d'être informé de la procédure tout au long du procès ou encore le droit de bénéficier du temps et des facilités nécessaires pour préparer sa défense, notamment du droit d'être assisté par un interprète. Relèvent également des droits de la défense, le droit de prendre la parole en dernier ou à l'inverse, le droit de se taire et de ne pas s'auto-incriminer. La liste n'est pas exhaustive et tend d'ailleurs à augmenter. Mais il ressort que ce sont les droits, que toute personne possède pour se protéger de la menace, que constitue pour elle, le procès pénal. On pourrait alors légitimement s'attendre à retrouver cette liste, si ce n'est la définition, dans l'article préliminaire du Code de procédure pénale qui fixe les caractères principaux que notre procédure doit respecter. Ici encore, les espoirs sont très vite déçus, curieusement en effet, parmi ces caractères principaux ne figure pas le respect des droits de la défense en tant que tel, seulement le respect de certaines prérogatives qui s'y rattachent — comme le droit pour la personne poursuivie d'être informée des charges retenues contre elle ou le droit d'être assistée d'un défenseur. Dernièrement, le droit de se taire s'est généralisé avec son introduction dans l'article préliminaire[2].

**745 *Esprit.*** De cette définition, il résulte que les droits de la défense ont un esprit particulier : ce sont des droits qui prennent corps face à un danger bien spécifique. Le paradoxe tient au fait que les droits de la défense s'opposent à l'effectivité du droit lui-même. En effet, non seulement les droits de la défense entravent la répression, mais encore leur violation engendre des nullités qui anéantissent la répression[3], même si la jurisprudence tente de limiter les effets de l'annulation aux actes postérieurs à l'irrégularité procédurale.

Mais contre quel danger les droits de la défense protègent-ils celui qui en bénéficie ? Contre le danger né du comportement de l'adversaire et son avocat, puisqu'il doit le faire perdre, pour lui-même triompher ! Mais contre le juge aussi, qui par nature est un danger pour la personne poursuivie puisqu'il a un rôle actif dans la recherche des preuves.

C'est pourquoi la procédure pénale inquisitoire a toujours lié loyauté de la preuve et droits de la défense[4]. Ceux-ci sont donc liés à la vulnérabilité intrinsèque de la personne poursuivie[5]. À cet égard, le « droit de se taire » est l'exemple parfait d'un droit de la défense, car il exprime le droit de ne pas collaborer à sa propre condamnation, le droit de nuire ouvertement à la recherche de la vérité. En outre, le juge détient la puissance de condamner. Aux comportements incriminés par la matière pénale peuvent correspondre encore aujourd'hui des sanctions extrêmement lourdes contre lesquelles la personne menacée doit pouvoir se défendre, même si l'efficacité de la répression en pâtit[6]. En effet, la garantie ne doit pas diminuer en raison de la gravité du fait reproché, même s'il s'agit d'un crime contre l'humanité, ou en raison de la culpabilité quasi certaine de l'intéressé. Au contraire, elle doit être d'autant plus forte que le danger encouru par l'intéressé est grand. À l'inverse, pour les infractions moins graves, le bénéfice des mêmes droits doit être octroyé. Sous ce rapport, les articles 495-7 et suivants du Code de procédure pénale suscitent la perplexité. Ces textes inscrivent dans notre droit la notion anglo-saxonne de « plaider coupable » ou, plus exactement, de comparution sur reconnaissance préalable de culpabilité dont la loi du 13 décembre 2011 relative à la répartition des contentieux et à l'allégement de certaines procédures juridictionnelles étend le champ d'application. Le débat judiciaire tel qu'il est traditionnellement conçu est tout simplement évacué. Plaider coupable, c'est renoncer à se défendre sur le terrain, pourtant essentiel en matière pénale, de la culpabilité. Le plus grand danger est, on le

2. Avec la loi n° 2021-1729 du 22 déc. 2021 pour la confiance dans l'institution judiciaire.
3. Pour le contrôle d'actes réalisés dans une procédure distincte, v. Crim. 31 janv. et 8 juin 2006, *Dr. pénal* 2006, n° 93 et 115. M. Guerrin, « Les changements opérés par la loi relative à la présomption d'innocence sur les nullités de procédure dans la phase préalable au jugement pénal », *RSC* 2000. 135.
4. Mais aujourd'hui la distinction faite par la Cour de cassation entre autorités publiques et parties privées s'obscurcit. V. Cass., ass. plén., 10 nov. 2017, n° 17-82.028 et Crim. 26 sept. 2016, n° 16-80.820 ; O. Décima, « De la loyauté de la preuve pénale et de ses composantes », *D.* 2018. 103. Pour une sécurisation des procédures, V. Cass., ass. plén., 9 déc. 2019, n° 18-86.767.
5. Sur la question du renforcement des droits de la défense lorsque la personne en cause est par ailleurs vulnérable, notamment lorsqu'il s'agit d'un enfant, v. T. Fossier, « Droits de la défense et personnes vulnérables », *RSC* 1998. 57.
6. *Contra*, P. Decheix, « Droits de la défense et défense des droits », *LPA* 3 avr. 1995 ; G. Bolard, « Principes de procédure et efficacité », *JCP E* 1993, *suppl.* n° 5, p. 38 s.

voit, constitué par l'institution de la justice elle-même, et par l'État qui la soutient. C'est pourquoi, il ne faut pas s'étonner que les droits de la défense soient pleinement consacrés.

**746** ***Consécration.*** S'ils ne figurent pas expressément dans l'article préliminaire du Code de procédure pénale, les droits de la défense ont connu une ascension considérable au sein de la hiérarchie des normes puisqu'ils constituent un principe général du droit et qu'ils ont acquis une valeur constitutionnelle et supranationale.

— *La qualification de principe général*, d'abord dégagée à l'occasion du contrôle des actes administratifs de sanction[7], s'est ensuite développée dans le contentieux pénal. À ce titre, il est de jurisprudence constante aujourd'hui qu'il « se déduit des dispositions de l'article 199 du Code de procédure pénale et des principes généraux du droit » que devant la chambre de l'instruction, l'avocat du mis en examen doit avoir la parole en dernier[8]. L'article précité ne le précise pourtant pas expressément, mais les droits de la défense l'exigent, visés au travers des principes généraux du droit.

— *La valeur constitutionnelle* des droits de la défense est établie depuis 1976[9]. Le principe du respect des droits de la défense est l'un des principes fondamentaux reconnus par les lois de la République[10]. Ce n'est pourtant qu'en 2006 que le Conseil constitutionnel l'adosse à l'article 16 de la Déclaration des droits de l'homme et du citoyen de 1789[11]. Mais l'affirmation excède largement le domaine formellement pénal pour s'étendre au droit administratif répressif. Dans la longue série de décisions, celle du 10 juin 2009 rendue sur la loi dite Hadopi[12] en est un bon exemple. Il est vrai que ce contentieux de type administratif appartient, on l'a dit, à ce que le droit européen des droits de l'homme qualifie de « matière pénale », impliquant l'applicabilité des droits de la défense à ce titre. Par ailleurs, les sages ont eu l'occasion de préciser que « le principe constitutionnel des droits de la défense s'impose à l'autorité administrative sans qu'il soit besoin pour le législateur d'en rappeler l'existence »[13]. Une évidence en somme. Complétant ce dispositif, le Conseil constitutionnel a plusieurs fois précisé que les droits de la défense peuvent être invoqués à l'appui d'une question prioritaire de constitutionnalité (QPC)[14].

— *La valeur supranationale* des droits de la défense résulte tout à la fois de leur affirmation dans la Convention européenne des droits de l'homme et dans la Charte des droits fondamentaux de l'Union européenne (art. 48.2) mais aussi, du contrôle étroit opéré par la Cour européenne des droits de l'homme sur la procédure pénale interne. En cela, la valeur supranationale des garanties fondamentales constitue en elle-même une garantie, équivalente à celle engendrée par la valeur constitutionnelle des principes[15]. La création par la loi constitutionnelle du 23 juillet 2008 de la QPC, pose aujourd'hui la question de savoir s'il est plus judicieux — et dans quels cas — de recourir au contrôle de constitutionnalité par les sages ou au contrôle de conventionalité par la Cour de Strasbourg. À cela s'ajoute la part de plus en plus importante prise par les directives du Parlement européen et du Conseil de l'Union européenne, notamment celle du 9 mars 2016 (2016/343) renforçant certains aspects de la présomption d'innocence et du droit d'assister à son procès dans le cadre des procédures pénales dont l'objectif est de renforcer la confiance dans les systèmes de justice pénale.

**747** ***Plan.*** Eu égard à l'importance des droits de la défense pour la personne poursuivie et pour le respect des valeurs de l'État de droit, leur histoire est celle d'une lente conquête. De ce point de vue, l'évolution entre le Code d'instruction criminelle de 1808 et le Code de procédure pénale aujourd'hui

---

7. CE 31 oct. 1980, *D.* 1991. IR 111, obs. P. Delvolvé.
8. Crim. 2 mars 2010, nº 09-88.452, *Bull. crim.* nº 42. Crim. 18 janv. 2017, nº 16-80.164 précise que l'avocat des parties ou des témoins assistés peut présenter des observations, pas celui des simples mis en cause.
9. 2 déc. 1976, nº 76-70 DC (consid. 2).
10. Pour la procédure pénale, 19-20 janv. 1981, nº 81-127 DC (consid. 52).
11. 30 mars 2006, nº 2006-533 DC (consid. 24).
12. 10 juin 2009, nº 2009-580 DC (consid. 14 et 16).
13. 22 avr. 1997, nº 97-389 DC (consid. 32).
14. 30 juill. 2010, nº 2010-14/22 QPC (consid. 21) ; 26 nov. 2010, nº 2010-69 QPC (consid. 4) notamment.
15. L.-E. Pettiti, « L'évolution de la défense et du droit de la défense à partir de la Déclaration universelle des droits de l'homme », *RTDH* 2000. 5 s.

applicable est considérable. Si le premier ne prévoyait l'intervention de l'avocat qu'à l'audience de jugement, l'extension des droits de la défense a commencé avec la loi Constans du 8 décembre 1897, laquelle a admis l'assistance de l'inculpé, par son avocat, au cours des interrogatoires de l'instruction. Cette extension ne cesse de se poursuivre pour la personne poursuivie, comme pour la partie civile[16]. Au-delà du droit pénal, les droits de la défense sont l'apanage de toute procédure. Ils appartiennent plus largement au droit processuel. Ils se retrouvent dans le procès civil et par le biais du concept de matière pénale, ils ont atteint le droit administratif répressif, le droit disciplinaire, les procédures applicables devant les Autorités publiques ou administratives indépendantes telles que l'Autorité des marchés financiers ou encore l'Autorité de la concurrence. Selon le Conseil constitutionnel, le principe du respect des droits de la défense s'impose dès lors « qu'est en cause une sanction ayant le caractère d'une punition ». Or, ne serait-ce que dans le cadre circonscrit du procès pénal, l'irréversible extension des droits de la défense ne peut qu'être constatée (***I.***). Pourtant, et l'on pourrait y voir un paradoxe, l'armature protectrice de ces droits a sans doute une efficacité variable. Il est indéniable que l'intervention ponctuelle de l'avocat au cours de l'enquête n'a pas la même efficacité que celle du défenseur devant une juridiction de jugement ou même une juridiction d'instruction. C'est au fond tout le sens de la discussion autour de la garde à vue, même après la réforme du 14 avril 2011. Le caractère variable de l'efficacité des droits de la défense est donc une autre constante à ne pas négliger (***II.***).

# I • L'irréversible extension des droits de la défense dans le procès pénal

**748** L'image d'un procès pénal tronqué, dans lequel les premières phases seraient inquisitoires et la dernière accusatoire, appartient désormais à l'histoire du droit pénal[17]. Tout d'abord parce que le procès pénal compte quatre phases, de l'enquête à l'exécution des décisions, ensuite parce qu'il n'y a plus un modèle de procès, mais plusieurs. De sorte qu'il était impératif pour le législateur, tenu par les exigences constitutionnelles et conventionnelles, de faire progresser les droits de la défense. L'extension se réalise donc à tous les stades du procès pénal (**A.**) et pour toutes les formes de procès pénal (**B.**).

## A • Extension à toutes les phases du procès pénal

**749** Conformément au modèle inquisitoire sur la base duquel se sont construites l'enquête et l'instruction, la recherche de l'efficacité a longtemps freiné le développement des droits de la défense, qui au contraire pouvaient s'exercer pleinement au moment du jugement typiquement accusatoire. Aujourd'hui, par rapport à ce temps clef qu'est le jugement, les droits de la défense progressent aussi bien en amont qu'en aval.

**750** ***Le jugement, paroxysme des droits de la défense.*** Au stade du jugement, le modèle procédural le plus complet est assurément celui qui s'applique devant la cour d'assises[18]. C'est devant elle

16. Parce qu'il constituait une restriction injustifiée aux droits de la défense de la partie civile, l'art. 575 du C. pr. pén. a été déclaré contraire à la Constitution : Cons. const. 23 juill. 2010, n° 2010-15/23 QPC.

17. J.-M. Carbasse, *Histoire du droit pénal et de la justice pénale*, PUF, coll. « Droit fondamental », 2e éd., 2006, spéc. nos 93 s.

18. Laissée ici de côté, la procédure applicable à la cour criminelle départementale généralisée à partir du 1er janvier 2023 avant que l'expérimentation introduite par la loi n° 2019-222 sur la réforme de la justice ne se soit terminée remet en cause les règles les plus classiques du procès criminel. V. « La nouvelle procédure criminelle » *in Quelles mutations pour la justice du XXIe siècle ?*, dir. S. Pellé, Dalloz, coll. « Thèmes et commentaires », 2020, p. 135. V° « Cour criminelle départementale : bilan positif, généralisation hâtive ? », *D. actu.*, 21 nov. 2022.

que la menace pour la personne poursuivie est la plus grande. C'est donc devant elle que la procédure doit être la plus exemplaire en termes de respect des garanties de l'accusé. Les droits de la défense s'y manifestent de plusieurs façons. Par dérogation au principe selon lequel on ne choisit pas son juge, l'accusé peut au moment de la composition de la juridiction, récuser quatre jurés en première instance et cinq en appel (C. pr. pén., art. 297 s.). N'ayant pas à donner de motif, il dispose d'un pouvoir de récusation discrétionnaire qui doit être souligné. Durant les débats, la comparution personnelle de la personne poursuivie est en principe indispensable, ainsi que celle, à ses côtés, de son avocat (C. pr. pén., art. 317 et 410) et éventuellement celle d'un interprète s'il ne parle pas suffisamment la langue française ou est atteint de surdité. Si l'accusé refuse de comparaître, et s'il n'y a pas été contraint, le procès-verbal des débats lui est communiqué à l'expiration de chaque audience (C. pr. pén., art. 320). Le droit à l'information de l'accusé est donc respecté. L'avocat de l'accusé peut demander le renvoi de l'affaire à une prochaine session (C. pr. pén., art. 343), il peut poser directement des questions aux témoins et à toutes les personnes appelées à la barre (C. pr. pén., art. 312), il peut déposer des conclusions sur lesquelles la Cour est tenue de statuer (C. pr. pén., art. 315), il doit être entendu sur tous les incidents de procédure (C. pr. pén., art. 316 al. 1). Enfin, l'accusé doit avoir la parole en dernier (C. pr. pén., art. 346 al. 3) ; il se voit ainsi reconnaître le droit de faire la dernière impression, sorte de droit de la dernière éloquence… Sous réserve de quelques particularités[19], les mêmes principes s'appliquent devant le tribunal correctionnel, la chambre des appels correctionnels, le tribunal de police.

**751** ***Le développement des droits de la défense pendant l'instruction***. Depuis la loi Constans, ils ne cessent de s'étendre. Leur place est importante, aussi bien s'agissant des pouvoirs d'investigation, que de contrainte.

La promotion des droits de la défense se manifeste tout d'abord par l'information que l'intéressé doit recevoir tout au long de la procédure. La loi impose, en effet, lors de la convocation de la personne devant le juge (C. pr. pén., art. 80-2), ou lors de l'interrogatoire de première comparution lui-même (C. pr. pén., art. 116, al. 2), d'informer l'intéressé de chacun des faits sur lesquels porte l'instruction, de leur qualification et de son droit à l'assistance d'un avocat qui pourra, dès son arrivée, communiquer librement avec la personne poursuivie et avoir accès au dossier. Il est tout à fait important de noter que les obligations contenues dans l'article 116 sont observées à peine de nullité de l'interrogatoire, mais aussi de la procédure subséquente. Pour les autres interrogatoires, l'article 114 du Code de procédure pénale prévoit, en effet, que « les parties ne peuvent être entendues, interrogées ou confrontées, à moins qu'elles n'y renoncent expressément, qu'en présence de leurs avocats ou ces derniers dûment appelés ». Et le texte ajoute que l'avocat doit être convoqué au moins cinq jours ouvrables à l'avance et que le dossier de la procédure est mis à sa disposition au moins quatre jours ouvrables avant l'interrogatoire. D'ailleurs, après la première comparution, le dossier est mis à tout moment à la disposition de l'avocat. Ce dernier ou la partie peut se faire délivrer copie de tout ou partie des pièces du dossier. Et la jurisprudence décide qu'en cas de versement de nouvelles pièces au dossier, le juge doit en informer la personne poursuivie et son conseil avant tout nouvel interrogatoire[20]. L'avocat qui s'est fait communiquer le dossier de la procédure peut, sous conditions, remettre une copie des pièces pénales à son client[21]. Qu'il s'agisse de la première comparution ou des interrogatoires ultérieurs, la personne poursuivie bénéficie encore du droit au silence. Ce droit montre l'autonomie de la notion de droits de la défense par rapport

19. Devant le tribunal correctionnel et de police, le prévenu peut se défendre seul. Dans ce cas, les dispositions conventionnelles garantissent à la personne le droit de bénéficier de toutes les facilités nécessaires pour assurer sa défense, notamment en accédant à son dossier. V. en ce sens, concernant la juridiction de proximité, Crim. 28 mars 2012, *Dr. pénal* 2012, n° 109 ; Crim. 12 avr. 2012, *Dr. pénal* 2012, n° 108 ; *Procédures* 2012, n° 228 (sur le droit à l'assistance d'un avocat).

20. Crim. 20 févr. 1990, *Bull. crim.* n° 86.

21. Interdiction est cependant faite au client de communiquer à son tour les pièces du dossier à des tiers (C. pr. pén., art. 114-1). Par ailleurs, la Chambre criminelle a précisé que « la possibilité de se faire délivrer une copie des pièces du dossier… n'est ouverte à l'avocat de la personne concernée qu'après sa première comparution en qualité de personne mise en examen ou de sa première audition comme partie civile », Crim. 25 oct. 2011, n° 11-81.677.

au principe du contradictoire. La CEDH considère toutefois que la juridiction de jugement ne peut tirer des conséquences défavorables du silence opposé par l'accusé. Elle a ainsi inclus le droit de se taire dans les droits de la défense par l'arrêt *Funke* du 25 février 1993[22], maintes fois confirmé. La loi, quant à elle, affine le système en offrant à la personne le choix de se taire ou de faire des déclarations. Ce dispositif peut donner lieu à des solutions sévères, comme celle de l'arrêt *Stojkovic* du 27 octobre 2011[23] où la CEDH reproche aux autorités françaises de n'avoir pas remédié à l'atteinte causée aux droits de la défense d'une personne, entendue par les autorités belges, sous-commission rogatoire internationale. La loi renforce également le caractère contradictoire des expertises. Destinataires de la décision qui ordonne l'expertise, le parquet et les parties privées[24] disposent en principe d'un délai de dix jours pour présenter des observations, demander au juge d'instruction de préciser les questions posées, ou encore d'adjoindre à l'expert désigné par le magistrat instructeur un autre expert judiciaire (C. pr. pén., art. 161-1). Enfin, les experts peuvent communiquer leur rapport définitif aux officiers de police judiciaire (OPJ), mais aussi au parquet et aux avocats des parties (C. pr. pén., art. 166 et 167) avec l'accord du juge d'instruction.

S'agissant des *pouvoirs de contrainte*, les droits de la défense ont enregistré des progrès sensibles en ce qui concerne la mise en examen notamment. C'est l'étape décisive de l'instruction préparatoire où le juge impute officiellement des charges à la personne poursuivie, à raison des indices laissant présumer qu'elle a participé à l'infraction pour laquelle il est saisi. En dépit des éléments qui s'accumulent contre lui, le mis en examen reste présumé innocent et bénéficie de la plénitude des droits de la défense[25]. Devenant partie à la procédure, il doit être informé des actes réalisés, il est assisté et a accès au dossier. Il peut demander la réalisation de certains actes d'instruction. Il est informé de la fin de l'instruction. Toutefois, dans son désir de mettre en œuvre une mise en cause graduelle de la personne, le législateur a accordé, au témoin assisté, des droits jadis réservés au mis en examen. Ce tiers à la procédure dispose de droits importants, celui d'être assisté d'un avocat et d'avoir accès au dossier (C. pr. pén., art. 113-3) comme du droit de se taire (C. pr. pén., art. 113-4). Il peut aussi soulever une nullité, mais la Cour de cassation ne lui reconnaît pas qualité pour se pourvoir en cassation[26]. L'ambiguïté de son statut est alors évidente, de même que l'extension des droits de la défense à une personne qui n'a pas la qualité de partie.

**752** ***La timide contagion des droits de la défense aux enquêtes.*** Les enquêtes préliminaires et de flagrances ont en commun d'être empreintes d'un caractère inquisitoire prononcé et de donner lieu à des mesures spécifiquement réglementées dans lesquelles les droits de la défense n'apparaissent que ponctuellement, lorsque les atteintes aux droits des individus sont graves. Ainsi, en matière de perquisition, le Code de procédure pénale prescrit expressément à l'officier de police judiciaire « de provoquer préalablement toutes mesures utiles pour que soit assuré le respect du secret professionnel et des droits de la défense » (art. 56, al. 3). Mais la réalité est sensiblement différente dans la mesure où les garanties qui entourent la mesure de perquisition (présence et assentiment de principe de l'intéressé, respect des heures légales…) répondent plutôt au souci de protéger l'intimité et le domicile de la personne concernée[27], qu'au désir d'accorder à l'individu des droits proprement défensifs pouvant

22. *JCP* 1993. II. 22073, note R. et A. Garnon. Cela n'interdit bien sûr pas une condamnation ultérieure, si les preuves sont par ailleurs réunies, comme le rappelle l'arrêt de la Cour *Murray* du 8 févr. 1996 (*RSC* 1997. 476, note R. Kœring-Joulin).
23. CEDH 27 oct. 2011, *Stojkovic c/ France et Belgique*, *Procédures* 2011, n° 368.
24. Cons. const. 23 nov. 2012, n° 2012-284 QPC (consid. 4), où les Sages suppriment la référence « aux avocats » des parties pour éviter « une différence de traitement […] entre les parties selon qu'elles sont représentées ou non par un avocat… » ; *Procédures* 2013, n° 22.
25. C. pr. pén., art. 116 al. 4. Il a été jugé toutefois que le refus d'indiquer son identité et la langue comprise n'empêche pas la mise en examen dès lors qu'il existe des indices graves ou concordants rendant vraisemblable la participation de l'intéressé à la commission de l'infraction dont le juge d'instruction est saisi : Crim. 30 mars 2004, *AJ pénal* 2004. 248, obs. Leblois-Happe.
26. Crim. 21 juin 2005, *Procédures* 2005, n° 238. Autre illustration de sa qualité de tiers, Crim. 14 déc. 2011, n° 11-85.753.
27. Voire le secret professionnel pour les avocats, ou le secret des sources pour les journalistes. V. A. Chavagnon, « La protection des sources des journalistes : la décevante loi n° 2010-1 du 4 janvier 2010 », *D.* 2010. 275.

faire, le cas échéant, obstacle à la manifestation de la vérité. La loi pour la confiance dans l'institution judiciaire a augmenté les garanties lors de perquisitions réalisées dans le cabinet ou au domicile de l'avocat. L'article 56-1 décrit minutieusement la procédure et précise notamment que seul un magistrat peut y procéder, en présence du bâtonnier, sur décision écrite et motivée du juge des libertés et de la détention, saisi par ce magistrat. Aucun document relevant de l'exercice des droits de la défense ne doit être saisi[28]. En matière de géolocalisation, la loi du 28 mars 2014 admet, contrairement à la Cour de cassation en octobre 2013 (*cf.* n° 13-81.949), que cette mesure est utilisable dès l'enquête, même si elle requiert une certaine gravité des infractions (C. pr. pén., art. 230-32). La décision est alors prise par le Procureur pour les quinze premiers jours et n'a jamais de caractère juridictionnel. Face à ce que la chambre criminelle qualifiait d'ingérence dans la vie privée dont la gravité imposait selon elle le contrôle d'un juge, la loi ne fait intervenir le JLD qu'à l'issue du délai susmentionné, pour ce qui n'est qu'un renouvellement pour la personne concernée. Quelques garanties sont consenties mais qui ne relèvent donc pas des droits de la défense, largement absents de l'enquête. La même remarque peut être faite pour l'enquête sous pseudonyme de l'article 230-46, initialement conçue pour la criminalité organisée et étendue au droit commun par la loi du 23 mars 2019.

L'acte le plus grave reste sans nul doute la *garde à vue* qui pose précisément depuis longtemps la question de la préservation des droits de la défense. Dès 1993, le Conseil constitutionnel déclarait que « le droit de la personne à s'entretenir avec un avocat au cours de la garde à vue, constitue un droit de la défense qui s'exerce pendant la phase d'enquête de la procédure pénale »[29], chose qui n'allait pas de soi à l'époque. Il a cependant fallu attendre l'avènement de la question prioritaire de constitutionnalité pour que soient stigmatisées, par le Conseil constitutionnel[30], de nombreuses critiques au sujet de cette mesure gravement attentatoire aux libertés de celui qui n'est, malgré tout, qu'un suspect. Un peu tardivement, la Chambre criminelle de la Cour de cassation[31] lui a emboîté le pas, condamnant elle aussi certains textes sur le fondement des exigences européennes. En dehors de la question discutée de l'application différée des nouvelles dispositions, l'Assemblée plénière a adopté le 15 avril 2011 la règle selon laquelle « la personne gardée à vue [peut] bénéficier de l'assistance d'un avocat dès le début de la mesure et pendant les interrogatoires »[32]. L'entrée en vigueur concomitante de la réforme n'a cependant pas résolu tous les problèmes. L'encre à peine sèche, plusieurs QPC sont remontées au Conseil constitutionnel qui a rendu une déclaration de conformité[33] en dépit du dispositif peu clair de l'audition libre, décrié dès l'avènement du texte. Sur ce point, la loi du 27 mai 2014 transposant la directive du 22 mai 2012 relative au droit à l'information dans le cadre des procédures pénales a modifié les règles sans parvenir à résoudre toutes les difficultés[34] (v. ss 761). Par ailleurs, le droit de ne pas contribuer à sa propre incrimination a servi, au côté du principe de loyauté, de fondement à la condamnation par l'Assemblée plénière des sonorisations des cellules de garde à vue[35]. L'intérêt de l'arrêt est d'avoir confirmé le caractère autonome du principe de loyauté par rapport à celui de légalité. La loi du 22 décembre 2021 élargit un peu plus l'empreinte des droits de la défense au stade de l'enquête en réécrivant l'article 77-2 (C. pr. pén.). Le Procureur peut, sous conditions, mettre le dossier de la procédure à disposition de la personne mise en cause notamment, lui permettant ainsi de formuler des observations.

---

28. Saisi par le CE et la Cour de cass., le Cons. const. a déclaré conformes à la Constitution les dispositions contestées des art. 56-1 et 56-1-2, Cons. const. 19 janv. 2023, n° 2022-1030 QPC, v. spéc. § 9 et 21.
29. Cons. const. 11 août 1993, n° 93-326 DC (consid. 12).
30. Cons. const. 30 juill. 2010, n° 2010-14/22 QPC, *Dr. pénal* 2010, n° 113, obs. Maron et Haas.
31. Crim. 19 oct. 2010 ; v. « La garde à vue sous contrôle judiciaire », dossier spécial *Dr. pénal* 2010, n° 11 (nov.).
32. Cass., ass. plén., 15 avr. 2011, n[os] 10-17.049 et 10-30.316. L'arrêt affirme aussi que « les États [...] sont tenus de respecter les décisions de la CEDH sans attendre d'être attaqués devant elle, ni d'avoir modifié leur législation ». La généralité de la règle vaut pour toute question et est une incitation de plus à hâter le travail législatif lorsqu'il s'impose.
33. Cons. const. 18 nov. 2011, n° 2011-191/194/195/196/197 QPC (consid. 20).
34. J.-B. Perrier, « La transposition tardive de la notification du droit du suspect libre à l'assistance d'un avocat », *D.* 2014. 1160.
35. Cass., ass. plén., 6 mars 2015, *Dr. pénal* 2015, n° 58, obs. Maron et Hass.

**753** ***L'extension des droits de la défense après le jugement.*** Que l'influence des droits de la défense soit très nette au stade de l'exercice des voies de recours n'est que l'effet du double degré de juridiction. Cette garantie du procès équitable permet de mettre en œuvre une seconde fois toutes les prérogatives qui ont pu l'être en première instance. Mais, lorsque la décision de condamnation est devenue définitive, le condamné est pris en charge par l'Administration pénitentiaire. Or, pendant de nombreuses années, le sort du condamné a été, sinon abandonné au bon vouloir de l'Administration pénitentiaire, du moins dominé par un régime purement administratif. Le législateur y avait prêté son concours en qualifiant les décisions prises par le juge d'application des peines (JAP) de mesures d'administration judiciaire, comme telles insusceptibles de recours. Pour autant, sous l'influence des normes européennes, s'est progressivement mis en place un mouvement de judiciarisation de l'application des peines. Ce mouvement a trouvé un aboutissement très remarqué dans la loi du 15 juin 2000 dont l'orientation a été reprise et amplifiée par la loi Perben II et la loi du 23 mars 2019.

L'un des traits saillants de la loi du 15 juin 2000 a été d'instituer devant le JAP, ce qui est désormais un procès à part entière[36] et de considérer que toutes les décisions prises par ce magistrat ne sont pas des mesures d'administration judiciaire. Ainsi, le placement à l'extérieur, la semi-liberté, le fractionnement et la suspension de peines, la détention à domicile sous surveillance électronique et la libération conditionnelle donnent-ils désormais lieu à des décisions de nature juridictionnelle. Elles ne peuvent donc être décidées en principe qu'après un débat contradictoire au cours duquel le JAP doit entendre les réquisitions du parquet, recueillir les observations du condamné et celles de son avocat (C. pr. pén., art. 712-6). La loi du 9 mars 2004 a poursuivi ce mouvement de judiciarisation de l'application des peines qui se double d'un net progrès des droits de la défense. Là où il y a débat judiciaire, il y a représentation de la défense. En effet, aux côtés du JAP est créé un tribunal de l'application des peines (TAP) compétent en matière de libération conditionnelle, de suspension de peine ou de relèvement de la période de sûreté. Ce tribunal statue après débat contradictoire au cours duquel sont recueillies les observations du condamné et de son avocat (C. pr. pén., art. 712-7). Les décisions du JAP et celles du TAP sont susceptibles d'appel devant la chambre de l'application des peines de la cour d'appel, qui statue après débat contradictoire au cours duquel est entendu l'avocat du condamné. Le progrès des droits de la défense au stade de l'exécution des peines est donc très net. Toutefois, des limites persistent pour des droits pourtant en pleine expansion. Ainsi, le droit de se taire applicable devant les juridictions pénales n'est pas applicable devant les juridictions de l'application des peines qui ne se prononcent que sur les modalités d'exécution d'une sanction[37].

Cette extension à toutes les phases du procès, se double d'une extension à toutes les formes de procès pénal.

## B • Extension à toutes les formes de procès pénal

**754** Dans de très nombreuses hypothèses, le procès pénal ne se déroulera pas sur le mode classique des quatre phases. Eu égard au contexte, la personne poursuivie pourra se voir appliquer des règles permettant l'accélération de la procédure, ou encore des alternatives au procès classique. Chaque fois, la place des droits de la défense doit y être scrutée, tout comme lorsque la personne ne souhaite pas comparaître.

**755** ***Les droits de la défense dans les procédures rapides.*** Si les droits de la défense ne doivent pas diminuer à raison de la gravité des faits, peuvent-ils être moindres, voire inexistants pour les affaires de faible gravité ne présentant aucune complexité ? À l'exclusion des crimes, lorsque les faits

36. S. Mail-Fouilleul, « Les droits de la défense et le juge de l'application des peines », *Dr. pénal* 2001. Chron. 7.

37. Crim. 14 sept. 2022, n° 21-86.796 concernant C. pr. pén., art. 712-6 et 712-13 et Crim. 17 nov. 2021, n° 21-80.567 concernant C. pr. pén., art. 406.

sont simples et établis, deux procédures peuvent être utilisées à l'occasion desquelles les droits de la défense sont très largement évincés, il s'agit de la procédure judiciaire d'ordonnance pénale et de la procédure administrative d'amende forfaitaire. La première permet au ministère public, pour certains délits augmentés par la loi du 23 mars 2019 (C. pr. pén., art. 495 s.), ou contraventions (C. pr. pén., art. 524 s.), de saisir directement le président du tribunal en lui communiquant le dossier de la poursuite et ses réquisitions. S'il estime que l'audition de la personne poursuivie n'est pas nécessaire[38], le président statue de façon non contradictoire et sans débat, au moyen d'une ordonnance pénale. Les droits de la défense sont totalement absents de la procédure elle-même. Mais ils apparaissent dans la suite qui y est donnée. En effet, l'ordonnance pénale est notifiée au condamné qui peut former opposition. S'ouvre alors, devant le même juge, une procédure ordinaire faisant place aux droits de la défense[39]. La seconde procédure d'amende forfaitaire, longtemps réservée aux contraventions dont la liste est fixée en Conseil d'État (C. pr. pén., art. 529 s.), est introduite en matière délictuelle par la loi du 18 novembre 2016 de modernisation de la justice du XXIe siècle (C. pr. pén., art. 495-17 s). Là encore, les droits de la défense sont totalement absents. Si dans les deux hypothèses, l'action publique est éteinte par le paiement de l'amende dont il s'agit, les procédures sont différentes. Dès lors, les droits de la défense n'apparaissent qu'en cas de poursuites engagées par le parquet, à l'encontre du contrevenant, en raison de l'absence de paiement dans le délai, ou du rejet de la demande d'exonération présentée par l'auteur des faits (C. pr. pén., art. 529-2 pour les contraventions et art. 495-21 pour les délits). En dépit de ses particularités, la procédure d'amende forfaitaire contraventionnelle a été déclarée conforme à l'article 6 de la Convention européenne des droits de l'homme[40].

Par ailleurs, les procédures accélérées de comparution, plus largement applicables, sont quant à elles, plus protectrices des droits de la défense. S'il relève de la libre appréciation du parquet de choisir ou non, en matière correctionnelle, la comparution par procès-verbal ou la comparution immédiate, c'est à la condition que la personne déférée soit informée des faits qui lui sont reprochés, du droit à l'assistance d'un avocat qui peut consulter le dossier sur le champ et communiquer librement avec elle[41]. La convocation par procès-verbal[42] qui invite le prévenu à comparaître devant le tribunal doit ménager un délai compatible avec la préparation de la défense (C. pr. pén., art. 394, al. 1), elle contient des précisions relatives à l'information de l'avocat et au fait qu'il peut « à tout moment, consulter le dossier ». Quant à la comparution immédiate, plus dangereuse encore, puisqu'elle permet, sous conditions supplémentaires, la comparution du prévenu le jour même, elle suppose l'accord exprès du prévenu, recueilli en présence de son avocat (C. pr. pén., art. 397). Il s'agit de compenser, en quelque sorte, l'absence de temps pour préparer la défense ; ce qui peut se concevoir par exemple en présence d'un délit flagrant où les faits sont avérés. Le caractère dangereux de ces procédures exige l'existence de droits de la défense spécifiques, mais aussi la multiplication de garanties telles que l'exclusion pure et simple du recours à ces techniques pour les délits commis par les mineurs par exemple ou pour les délits en matière de presse. La loi du 23 mars 2019 a introduit une nouvelle procédure accélérée : la comparution à délai

38. Dans le cas contraire, le renvoi à la procédure ordinaire est possible, C. pr. pén., art. 495-1 pour les délits et 525 pour les contraventions.

39. D'où l'extension de l'ordonnance pénale délictuelle, par la loi n° 2011-1862 relative à la répartition des contentieux et à l'allégement de certaines procédures juridictionnelles, suivant en cela les préconisations du rapport Guinchard, « L'ambition raisonnée d'une justice apaisée », 2008, 61e proposition.

40. Crim. 16 juin 1999, *Bull. crim.* n° 138.

41. Le Conseil constitutionnel estime par ailleurs que si le déferrement prévu à l'art. 393 du C. pr. pén. autorise le ministère public à recueillir les déclarations, si la personne en fait la demande, cela « ne saurait sans méconnaître les droits de la défense, l'autoriser à consigner les déclarations… dans le procès-verbal mentionnant les formalités de la comparution », 6 mai 2011, n° 2011-125 QPC (consid. 13). V. C. Girault, *Dalloz actualité* 18 mai 2011. La Cour de cassation a jugé le 18 oct. 2022 (n° 22-81.934) que cette décision ne saurait s'imposer à l'interprétation des dispositions entrées postérieurement en vigueur, le texte ayant évolué plusieurs fois depuis. Elle précise d'ailleurs « qu'aucune disposition législative ou conventionnelle n'interdit au procureur de la République, après avoir informé la personne de ses droits, d'interroger celle-ci et de retranscrire ses déclarations si elle souhaite en faire… ».

42. À ne pas confondre avec la convocation par OPJ de l'art. 390-1 du C. pr. pén. qui ménage aussi les droits de la défense. Elle peut être mise en œuvre simultanément à une comparution sur reconnaissance préalable de culpabilité selon l'art. 495-15-1, dont les sages ont décidé qu'il ne portait pas atteinte aux droits de la défense. V. 10 déc. 2010, n° 2010-77 QPC (consid. 6).

différé (C. pr. pén., art. 397-1-1). À partir de conditions spécifiques, contrôle judiciaire ou détention provisoire sont possibles, de sorte que des droits sont octroyés comme l'assistance d'un avocat, l'accès au dossier ou la demande d'actes.

**756** ***Le plaider coupable, ou la place originale de la défense.*** La comparution sur reconnaissance préalable de culpabilité a fait couler beaucoup d'encre, puisque son essence même est, au fond, de renoncer à se défendre, de renoncer au débat judiciaire. Le dispositif prévoit sans doute des garanties en amont : présence de l'avocat pendant toute la durée de la procédure et notamment lors de la reconnaissance par le prévenu de sa culpabilité, accès de l'avocat au dossier, entretien libre du prévenu avec l'avocat hors la présence du procureur de la République, possibilité pour le prévenu de demander un délai de réflexion de dix jours. Mais, l'instance prévue par l'article 495-9 du Code de procédure pénale aura pour seul objet l'homologation de l'accord intervenu avec le parquet. Et le texte prescrit seulement au juge de vérifier « la réalité des faits et leur qualification juridique », non la culpabilité du prévenu, acquise sans débat. Le Conseil constitutionnel a cependant ajouté, on le sait, une réserve d'interprétation soulignant « qu'il pourra refuser l'homologation s'il estime que la nature des faits, la personnalité de l'intéressé [...] justifient une audience correctionnelle ordinaire »[43], réserve reprise aujourd'hui par la loi (C. pr. pén., art. 495-11-1). À contre-courant de notre vision classique, cette alternative au procès a gagné la reconnaissance du monde judiciaire pour deux raisons essentielles : l'aspect consensuel de la procédure — n'oublions pas que le Procureur peut aussi recourir à la procédure à la demande de l'intéressé — et la présence obligatoire de l'avocat, pour laquelle il est expressément prévu qu'aucune renonciation n'est possible (C. pr. pén., art. 495-8, al. 5). Aussi, la place faite aux droits de la défense a-t-elle paru suffisante pour étendre la procédure à tous les délits, quelle que soit la peine, sous réserve de quelques exclusions précises[44]. L'extension du recours possible à cette procédure passe aussi par la création de passerelles d'une procédure à une autre. Ainsi, la loi du 22 décembre 2021 prévoit-elle sous conditions -dont la reconnaissance des faits — au Procureur qui l'estime opportun de basculer d'une citation directe par exemple vers une comparution sur reconnaissance préalable de culpabilité, ce qui rend alors l'acte de saisine du tribunal correctionnel caduc (C. pr. pén., art. 495-15, al. 1er).

**757** ***Les droits de la défense dans les procédures* in absentia.** Pour une meilleure recherche de la vérité, notre droit exige en principe la comparution de la personne poursuivie. Pourtant, il fallait bien prendre en considération les hypothèses dans lesquelles le jugement était rendu en son absence. Après avoir longtemps considéré que celui qui s'était soustrait à la justice, ne pouvait bénéficier de la protection accordée à celui qui y faisait face, l'évolution s'est faite, là encore, dans le sens d'un élargissement des droits de la défense, afin de se mettre en conformité avec la jurisprudence européenne. Après quelques avancées, réalisées au coup par coup par la Cour de cassation, la loi du 9 mars 2004 a largement réformé le défaut délictuel, instauré le défaut criminel et généralisé la place de l'avocat dans ces procès d'un type particulier. Le défaut correctionnel est circonscrit à l'hypothèse dans laquelle la personne ne comparaît pas, alors que la citation ne lui a pas été délivrée et qu'il n'est pas établi qu'elle en a eu connaissance. Au-delà de la question de savoir quelle est la nature du jugement (contradictoire, contradictoire à signifier ou par défaut) conditionnant l'admission de telle ou telle voie de recours[45], notons que, quelles que soient les circonstances, l'avocat qui se présente pour défendre le prévenu doit être entendu, s'il en fait la demande (C. pr. pén., art. 412). La chambre criminelle durcit pourtant le dispositif puisqu'elle considère que le prévenu qui ne comparaît pas, sans être représenté, ne peut régulièrement déposer de conclusions au sens de l'article 459. Se défendre seul suppose donc d'être présent à l'audience[46].

---

43. 2 mars 2004, nº 2004-492 DC (consid. 107 et 111). La réserve d'interprétation a été réitérée *in* 8 déc. 2011, nº 2011-641 DC (consid. 16 et 17), eu égard à l'élargissement du domaine d'application de la mesure.

44. V. C. pr. pén., art. 495-7 tel qu'issu de la loi du 13 déc. 2011 reprenant le rapport Guinchard dans sa 62e proposition.

45. Le Conseil Constitutionnel a admis que l'irrecevabilité de l'opposition contre une condamnation par défaut, lorsque la peine est prescrite, porte atteinte aux droits de la défense et au droit à un recours juridictionnel effectif : Cons. const. 8 juin 2018, nº 2018-712 QPC.

46. Crim. 16 juin 2011, *Procédures* 2011, nº 275 ; Crim. 22 nov. 2011, nº 11-82.826.

Prenant acte de la condamnation de la procédure de contumace par la CEDH en 2001, le législateur a conçu une procédure plus respectueuse des droits de la défense, le défaut criminel (C. pr. pén., art. 379-2 s.). Même s'il reste des vestiges de l'ancienne procédure, comme le mécanisme de la purge de la contumace, l'apport fondamental des nouveaux textes réside dans la présence de l'avocat. Sous l'empire des anciennes dispositions, le contumax ne pouvait jamais être défendu. Aujourd'hui, la présence du défenseur de l'accusé, par hypothèse absent, provoque deux conséquences majeures. La plus évidente sera d'accepter le dépôt des conclusions, de l'entendre, pour assurer la protection de ses intérêts. Mais le texte va beaucoup plus loin, en ce sens qu'il écarte alors le défaut criminel, pour conduire à la mise en œuvre d'une procédure ordinaire. C'est admettre par-là même, la représentation en matière criminelle et faire du défaut criminel une procédure très exceptionnelle[47].
Sous l'égide du procès équitable et en dépit de quelques particularités soulignées, l'extension des droits de la défense est donc généralisée et semble irréversible. Toutefois, l'existence des droits est une chose, leur effectivité en est une autre. La CEDH n'a de cesse de rappeler que les droits et garanties des justiciables ne doivent pas rester théoriques et illusoires, de sorte qu'il faut maintenant essayer de mesurer l'efficacité de la protection dont bénéficie la personne poursuivie en particulier.

## II • L'efficacité variable des droits de la défense dans le procès pénal

**758** Pour être généralisés, les droits de la défense ne sont pas pour autant uniformément protecteurs. Ils sont plus ou moins développés et plus ou moins efficaces selon les phases du procès et les actes contre lesquels ils garantissent la personne poursuivie. Toute la question est celle de l'équilibre des pouvoirs des autorités de poursuites ou judiciaires face aux droits des individus. De ce point de vue, des différences manifestes apparaissent entre les procédures. Le déficit de défense dans les procédures dérogatoires (**B.**) répond au fragile équilibre dans la procédure de droit commun (**A.**).

### A • Le fragile équilibre dans la procédure de droit commun

**759** Les droits de la défense connaissent des limites aux justifications diverses, liées aux actes réalisés, mais aussi aux objectifs de la procédure. Elles se manifestent soit par le nombre, le choix des prérogatives octroyées (assistance de l'avocat et/ou accès au dossier par exemple), soit par les conséquences qui découlent de telles ou telles règles du procès. Ces limites, dont certaines sont peut-être irréductibles, existent de l'enquête au jugement.
**760** ***Les droits de la défense avant le déclenchement de l'action publique.*** N'est-il pas anachronique de se poser la question de l'existence des droits de la défense avant le déclenchement de l'action publique ? Y a-t-il matière à se défendre en effet ? Sans doute, puisque la potentialité des poursuites suffit à faire courir un risque à la personne et que certains mécanismes dits de justice consensuelle peuvent, s'ils échouent, permettre l'utilisation d'une réponse pénale plus classique. À cet égard, le nouveau dispositif de l'avertissement pénal probatoire en est une parfaite illustration (C. pr. pén.,

47. La procédure est exclue en appel quand le recours est formé par l'accusé absent sans excuse valable, C. pr. pén. art. 379-7.

art. 41-1)[48]. La question se pose toujours de savoir si les alternatives aux poursuites en sont vraiment[49]. Le dispositif s'est pourtant diversifié avec la loi du 8 avril 2021 améliorant l'efficacité de la justice de proximité et la réponse pénale.

Ainsi observera-t-on que, dans le cadre d'une composition pénale, alternative aux poursuites qu'il ne faut pas confondre avec la comparution sur reconnaissance préalable de culpabilité, le législateur pose un certain nombre de garanties procédurales, auxquelles il adjoint l'un des droits les plus symboliques de la défense. L'article 41-2, al. 5 (C. pr. pén.) dispose en effet que « la personne à qui est proposée une composition pénale est informée qu'elle peut se faire assister d'un avocat avant de donner son accord à la proposition du procureur ». L'on peut voir plusieurs raisons à cela. Même si l'exécution de la composition éteint l'action publique, il n'est pas anodin de signaler que le casier judiciaire en garde une trace, que les mesures de composition ressemblent à s'y méprendre à des peines et que depuis la loi de réforme pour la justice, la validation n'est pas systématiquement nécessaire. De sorte que cet accord est lourd de conséquence pour celui qui le donne.

Durant les enquêtes enfin, priorité est donnée à l'efficacité des investigations, au point d'envisager depuis quelques années de se passer purement et simplement de la phase d'instruction, tant les pouvoirs des autorités de poursuites sont larges. Ces deux enquêtes qui ne déboucheront peut-être jamais sur des poursuites judiciaires sont donc par nature hermétiques aux droits de la défense. Pour les *auditions* (C. pr. pén., art. 78), les *contrôles d'identité et les relevés d'identité* (C. pr. pén., art. 78-1), la protection des personnes qui y sont soumises ressort davantage des garanties posées par les textes résultant du principe de la présomption d'innocence, que des prérogatives normalement attachées aux droits de la défense. Il en va ainsi de la règle selon laquelle la personne ne peut être retenue que le temps nécessaire à son audition ou à l'établissement de son identité, la rétention ne pouvant excéder quatre heures (C. pr. pén., art. 62 al. 2 et 78-3 al. 3). Si les actes de la police sont encadrés, le suspect ne bénéficie de véritables droits de la défense que face à des mesures liberticides, même si le droit de se taire se généralise avec son introduction dans l'article préliminaire. La CEDH affirme pourtant que l'accès à l'avocat est un droit applicable « dès qu'il existe une *accusation en matière pénale* » au sens de l'article 6 de la Conv. EDH, et « en particulier, dès l'arrestation d'un suspect, indépendamment du fait que l'intéressé ait ou non été interrogé… »[50].

**761** ***La problématique des droits de la défense pendant la garde à vue***. Cette mesure de contrainte illustre on ne peut mieux la difficulté qu'il y a à trouver un équilibre dans la procédure, puisque, s'il est admis qu'il s'agit d'une contrainte souvent nécessaire, il n'en demeure pas moins qu'elle doit s'accompagner de garanties appropriées.

Le Code de procédure pénale réglemente, de longue date, les conditions du placement en garde à vue, la durée de la mesure et les modalités de son éventuelle prolongation. Mais, il laisse aussi quelques questions en suspens, et non des moindres, comme le fait de savoir dans quel contexte la garde à vue est obligatoire, ce qui revient à se demander jusqu'où peut aller l'audition libre, le statut de suspect instauré par la loi du 27 mai 2014 n'étant pas des plus clairs. Pendant les enquêtes, s'il existe des raisons plausibles de soupçonner la personne d'avoir commis une infraction, sans qu'il soit fait usage de la contrainte, cette dernière ne peut être entendue qu'après avoir été informée de ses droits (qualification de l'infraction, droit de quitter les locaux, droit de se taire et dans certains cas, droit d'être assisté d'un avocat pendant les auditions et les confrontations, *etc.*, C. pr. pén., art. 61-1). Elle peut également demander à ce que son avocat l'assiste lors d'une reconstitution d'infraction par exemple (C. pr. pén.,

---

48. Il remplace l'ancien « rappel à la loi » jugé inefficace, quand bien même il ne faisait pas obstacle à l'ouverture de l'action publique, alors qu'il avait eu un « impact positif ». Crim. 21 juin 2011, *AJ pén.* 2011. 584

49. C. Ginestet, « Médiation pénale et justice restaurative », *in Pour un droit du règlement amiable des différends — Des défis à relever pour une justice de qualité*, Lextenso, LGDJ, 2018, p. 163.

50. CEDH 9 nov. 2018, Beuze c/Belgique, § 124 ; *Dalloz actualité* 22 nov. 2018, obs. Fucini. Ce droit doit être apprécié à l'aune de « l'équité globale de la procédure ». V. déjà, CEDH 12 mai 2017, Simeonovi c/Bulgarie, § 112 s.

art. 61-3). Pourtant, obliger l'officier de police judiciaire (OPJ) à placer une personne en garde à vue au cas de contrainte ou de raisons plausibles de soupçonner, n'a d'autre but que d'encadrer son action et plus largement de protéger les droits de la personne. Tous ne relèvent pourtant pas, *stricto sensu*, des droits de la défense. En ce sens, si le droit pour l'intéressé d'avertir un proche ou de se faire examiner par un médecin, participe des garanties de la procédure, il ne permet absolument pas de réagir contre l'exercice de l'action publique. Au gré des réformes, plusieurs textes sont venus préciser, augmenter ces droits (mention des motifs justifiant la décision par ex. ou dispositif de l'article 63-4-3-1) qui, quoique réels, sont jugés insuffisants encore aujourd'hui[51].

Les critiques récurrentes ont pris une importance sans précédent sous la double influence des condamnations par la CEDH et de la question prioritaire de constitutionnalité. Si les fondements juridiques sont différents, le but poursuivi est identique : équilibrer les rapports de force entre les autorités de poursuites et la défense. S'appuyant sur les règles du procès équitable, la CEDH rappelle dans son arrêt *Dayanan c/ Turquie* du 13 octobre 2009, « le droit de tout accusé à être effectivement défendu ». C'est également sur le fondement de l'article 6 de la Convention européenne des droits de l'homme que l'Assemblée plénière décide le 15 avril 2011 de rendre *immédiatement* « effectif et concret » le droit à l'assistance de l'avocat. Dans sa fameuse décision du 30 juillet 2010, le Conseil constitutionnel déclare quant à lui le dispositif contraire à la Constitution, mettant en avant les restrictions condamnables aux droits de la défense, en méconnaissance des articles 9 et 16 de la Déclaration des droits de l'homme et du citoyen de 1789 (consid. 29). En dépit de ces avancées réelles, la décevante loi du 14 avril 2011, pourtant validée par le Conseil constitutionnel (v. ss 752), n'est sans doute pas de nature à instaurer l'équilibre recherché. Deux remarques suffiront à le prouver. Le gardé à vue peut demander à être assisté d'un avocat lors des auditions et des confrontations et le refus d'informer l'avocat choisi porte nécessairement atteinte à ses intérêts (Crim. 21 oct. 2015, n° 15-81.032), mais par ailleurs les « nécessités de l'enquête », alliées à des « raisons impérieuses » peuvent exceptionnellement justifier une audition hors la présence de l'avocat (C. pr. pén., art. 63-4-2, al. 3 s.). En outre, l'article 63-4-1 n'organise pas l'accès à l'entier dossier mais uniquement au procès-verbal de garde à vue, ce que la Chambre criminelle ne trouve pas incompatible avec l'article 6 § 3 de la Convention européenne[52]. Bien sûr, la notification du droit au silence est rétablie et l'avocat peut, après audition, poser des questions et présenter des observations écrites jointes à la procédure. Mais ceci suffira-t-il à compenser les larges possibilités données aux autorités judiciaires ? Sans occulter le débat autour du ministère public, pour lequel la CEDH n'hésite plus à affirmer que son manque d'indépendance à l'égard de l'exécutif ne permet pas de le qualifier d'autorité judiciaire[53] et qui contrôle pourtant toujours la garde à vue.

**762** ***Le caractère formel de certains droits pendant l'instruction.*** On l'a dit, l'instruction devient de plus en plus contradictoire et les droits de la défense ont progressé. Pourtant, incontestablement, il est des circonstances dans lesquelles ces droits rayonnent moins fort, notamment au moment de la mise en examen et lorsque des mesures coercitives vont être utilisées.

Sous l'empire d'anciens textes, afin de retarder l'irruption des droits de la défense dans la phase d'instruction, la pratique des inculpations tardives s'était développée chez certains juges. Cette pratique consistait à entendre, comme témoin, une personne contre laquelle existaient des charges précises et concordantes et à ne l'inculper que lorsqu'elle avait suffisamment parlé… La logique de la répression

51. V. S. Pellé, « Garde à vue : la réforme de la réforme (acte I) », *D.* 2014. 1580 ; Roujou de Boubée, « La réforme de la garde à vue… », *D.* 2011. 1570 ; C. Mauro, « Réflexions sur la garde à vue, à propos de l'arrêt *Brusco c/ France* de la CEDH du 14 octobre 2010 », *Dr. pénal* 2010. Étude 29.
52. Crim. 19 sept. 2012, *Dr. pénal* 2012, n° 151.
53. CEDH 23 nov. 2010, *Moulin c/ France* ; J. Pradel, « Quel(s) magistrat(s) pour contrôler et prolonger la garde à vue ?… », *D.* 2011. 338. V. Rapport Nadal, « Refonder le ministère public », nov. 2013. Pourtant, la CJUE, 12 déc. 2019, aff. C-566/19, interprète « l'article 6, § 1 de la décision-cadre 2002/584 en ce sens que relèvent de la notion "d'autorité judiciaire d'émission", au sens de cette disposition, les magistrats du parquet d'un État membre, chargés de l'action publique et placés sous la direction et le contrôle de leurs supérieurs hiérarchiques, dès lors que leur statut leur confère une garantie d'indépendance, notamment par rapport au pouvoir exécutif, dans le cadre de l'émission du mandat d'arrêt européen ».

l'emportait sur celle de la défense. Pour mettre un terme à ces errements, la loi du 24 août 1993 a, d'une part, lié la mise en examen à l'existence d'indices graves *ou* concordants laissant présumer la participation aux faits et, d'autre part, interdit d'entendre comme simple témoin la personne contre laquelle il existe des indices graves et concordants (C. pr. pén., art. 105). L'efficacité concrète du mécanisme est, toutefois, atténuée par deux considérations. D'une part, c'est le juge d'instruction qui apprécie, seul, l'existence de ces indices[54]. La chambre criminelle affirme ainsi que « le magistrat instructeur a la faculté de ne mettre en examen une personne déterminée qu'après s'être éclairé, notamment, en faisant procéder à son audition en qualité de témoin, sur sa participation aux agissements incriminés ». Faisant une application scrupuleuse des textes, tout en étant fidèle à la philosophie du mécanisme, cette solution a néanmoins pour conséquence de différer l'arrivée de l'avocat. D'autre part, la violation de l'article 105 ne fait l'objet d'aucune nullité textuelle[55]. Sans doute peut-on recourir à la théorie des nullités substantielles, mais il faut alors démontrer l'existence d'un grief, c'est-à-dire une atteinte effective aux droits de la défense. Voilà comment un mécanisme, pensé pour être protecteur de la personne poursuivie, peut au fond retarder l'octroi des droits de la défense.

Par ailleurs, les mandats de recherche, de comparution, d'amener ou d'arrêt, dont dispose le juge d'instruction, font peu de place aux droits de la défense qui s'exerceront *a posteriori* (*contra*, C. pr. pén., art. 133-1). Pour le mandat de dépôt, relevant du juge des libertés et de la détention (JLD), l'absence de l'avocat s'explique, puisque le mandat fait suite à une décision de placement en détention provisoire qui a donné lieu à débat contradictoire entre le parquet et la défense. Le JLD peut d'ailleurs, à la demande de la personne poursuivie, différer ce débat, ce qui permet de bénéficier d'un délai pour préparer sa défense (C. pr. pén., art. 145 al. 4). Bien sûr, il a été souligné, que le JLD, totalement extérieur au dossier, aura tendance à s'en remettre au juge d'instruction et force est de constater que le nombre des détentions provisoires n'a pas diminué de ce fait. La création du JLD pouvait donc apparaître comme une fausse bonne idée[56]. Le législateur a pourtant innové avec la loi pénitentiaire du 24 novembre 2009 en introduisant une gradation des mesures, inédite jusqu'alors. Partant du principe que la liberté est de règle, le recours à la détention provisoire n'est permis que si « les obligations du contrôle judiciaire ou [l'assignation] à résidence avec surveillance électronique » s'avèrent insuffisantes (C. pr. pén., art. 137). La privation de liberté devrait ainsi céder le pas devant la restriction de liberté, qui ne peut être décidée qu'après débat contradictoire en principe (C. pr. pén., art. 137, al. 3 ; art. 142-6, al. 1er).

Enfin, les droits de la défense prévus ne sont pas toujours octroyés de manière automatique. Un certain nombre de textes permettent à la personne qu'ils sont censés protéger, de renoncer à les mettre en œuvre. Ainsi, l'article 114, alinéa 1er donne-t-il par exemple la possibilité aux parties d'être entendues, interrogées ou confrontées, après renonciation expresse, hors la présence de leur avocat. C'est un choix qui peut s'avérer dangereux pour la personne, c'est pourquoi il doit être dépourvu de toute équivoque. Quelle est l'économie de cette règle ? D'autant que la communication du dossier d'instruction ne peut être effectuée qu'au profit d'un avocat, selon une jurisprudence constante de la chambre criminelle, conforme au droit conventionnel. Ne serait-il pas plus protecteur des droits de la défense et des intérêts de la personne, de supprimer cette option ? Rappelons également, à partir du même texte par exemple, que le Code se contente parfois que l'avocat ait été « dûment appelé » ou « dûment convoqué » (C. pr. pén., art. 84-1)… Les droits seront alors théoriques, mais la procédure ne pourra être attaquée si l'avocat, ayant fait défaut en pratique, a été sollicité selon les exigences légales. Par ailleurs,

---

54. Crim. 18 juin 1998, *Bull. crim.* n° 200 ; Crim. 21 janv. 2004, n° 02-88.194. v° pourtant, Crim. 14 oct. 2020, n° 20-82961, où la Cour admet « qu'il se déduit de [l'article 5 1 c de la Convention européenne des droits de l'homme] que la chambre de l'instruction, à chacun des stades de la procédure, doit s'assurer que les conditions légales de la détention provisoire sont réunies et notamment de l'existence d'indices graves ou concordants… ».
55. Crim. 14 janv. 2003, n° 02-87.062, *Bull. crim.* n° 6.
56. B. de Lamy, « Le juge des libertés et de la détention : un trompe-l'œil », *Dr. pénal* 2007. Étude 13.

la chambre criminelle[57] a eu l'occasion de préciser que, l'avocat, qui assiste son client pendant un interrogatoire de première comparution, doit faire savoir au juge d'instruction qu'il souhaite présenter des observations, avant notification de la mise en examen. Il n'a pas à être sollicité par le magistrat, auquel on ne peut reprocher de ne pas lui avoir donné la parole : la timidité sied mal à la défense ! En dernier lieu, s'il est admis par la Cour de cassation que le droit de se taire peut être exercé tout au long de la procédure, « aucun texte ne fait obligation au magistrat instructeur de renouveler, à l'occasion de chaque acte, l'avertissement du droit de se taire » (nº 20-84046), qui sera donc utilement rappelé par l'avocat à son client, solution qui pourrait évoluer.
Au fond, il y a bien des hypothèses où les droits de la défense seront purement formels, mais un tel état de choses ne pourra avoir de conséquence procédurale que s'il est imputable aux autorités judiciaires.
**763** ***Rendre les droits pleinement effectifs devant la juridiction de jugement.*** Cette effectivité peut être obtenue de plusieurs façons en pratique. Un premier exemple concerne l'article 417 (C. pr. pén.) relatif au jugement des délits, faisant de l'assistance de l'avocat une simple faculté pour le prévenu. Au-delà, le texte a longtemps admis, sans plus de précision, que si la personne n'avait pas choisi un avocat avant l'audience, le président du tribunal en commettait un d'office sur demande. Très protectrice et anticipant peut-être une QPC, la Cour de cassation considérait que ce droit ne pouvait être effectif que si le président avait préalablement informé le prévenu de cette faculté[58]. Frappée au coin du bon sens, la solution est depuis consacrée par la loi, à l'alinéa 2 du texte. C'est un pas non négligeable vers l'acquisition de droits effectifs. Il a également été décidé que les juges ne peuvent, sans le motiver, refuser le renvoi de l'affaire sollicité par le prévenu en raison de l'absence de son avocat (Crim. 20 janv. 2015, nº 14-82.468). Plus récemment, les juges du droit ont affirmé que « la garantie de l'effectivité du droit de garder le silence impose donc de proscrire qu'une déclaration de culpabilité soit fondée exclusivement ou essentiellement sur le silence de l'accusé ou son refus de répondre aux questions » (Crim. 26 oct. 2022, nº 21-84.618). Dans un autre domaine, la chambre criminelle (Crim. 9 nov. 2022, nº 21-85.655) précise cependant que la méconnaissance du droit à être jugé dans un délai raisonnable « ne compromet pas en elle-même les droits de la défense, ses éventuelles conséquences sur l'exercice de ces droits devant en revanche être prise en compte au stade du jugement au fond ». Ainsi doivent être appréciés au regard de la durée excessive de la procédure, la valeur probante des éléments de preuve, la nature et le quantum de la peine prononcée notamment.

## B • Le déficit de défense dans les procédures dérogatoires

**764** La répression de certaines infractions particulièrement graves répond à la logique de l'efficacité renforcée. La complexité des faits, l'internationalisation de la criminalité dans certains domaines, alliées à la volonté de briser les réseaux criminels, justifient l'application de règles dérogatoires, par nature plus sévères. Même les textes se proposant d'équilibrer répression et garanties n'atteignent pas toujours leurs objectifs[59]. Pourtant, quels que soient les faits reprochés, chacun a droit à un procès équitable où les droits de la défense vont pouvoir s'exercer. Aussi les actes d'investigation sont sous contrôle et le jugement ne peut se fonder sur n'importe quel élément de preuve.
**765** ***Les gardes à vues dérogatoires en question.*** En marge du droit commun, la garde à vue obéit à des règles dérogatoires en matière de criminalité organisée (C. pr. pén., art. 706-88), applicables au trafic de stupéfiants ou au terrorisme. Pourtant, contrairement aux apparences, le régime n'est pas

57. Crim. 2 juin 2010, *Procédures* 2010, nº 350, obs. Chavent-Leclere.
58. Crim. 24 nov. 2010, nº 10-82.772, la Cour censurait notamment au visa de l'art. 16 de la Déclaration de 1789 et de l'art. 6 § 3 Conv. EDH.
59. J.-B. Perrier, « Les garanties de la procédure pénale dans la loi du 3 juin 2016 : entre illusion(s) et désillusion(s) », *D.* 2016. 2134 ; A. Botton, « Entre renforcement et érosion des garanties de la procédure pénale — À propos du titre II de la loi nº 2016-731 du 3 juin 2016 », *JCP G* 2016, nº 27, 777.

unitaire, des spécificités existent, réservées principalement au terrorisme (C. pr. pén., art. 706-88-1). Sans reprendre le détail du dispositif, le régime de la garde à vue est, on le sait, bien plus sévère sur les deux points fondamentaux que sont la durée de la mesure de contrainte et le moment de l'intervention de l'avocat. Si l'on cumule toutes les « prolongations exceptionnelles », la garde à vue pour terrorisme peut-être très longue, soit un maximum de six jours. De son côté, l'intervention de l'avocat est retardée, dans le meilleur des cas, à l'issue de la soixante-douzième heure et son rôle est tout aussi limité que dans le régime de droit commun. Critiquées, ces gardes à vue dérogatoires ont été reformées par la loi du 14 avril 2011 qui pouvait prendre appui soit sur l'analyse du Conseil constitutionnel, soit sur celle de la Cour de cassation pour faire évoluer les textes.

Le Conseil constitutionnel a, en effet, affirmé la constitutionnalité du régime de garde à vue dérogatoire dans sa décision, rendue sur question prioritaire de constitutionnalité, le 22 septembre 2010[60]. Après avoir rappelé que les alinéas 1 à 6 avaient été déclarés conformes à la Constitution dans sa décision du 2 mars 2004 relative à la lutte contre la criminalité organisée[61], il a constaté la conformité des alinéas 7 à 10, en s'appuyant sur le fait que les garanties posées par le législateur respectaient « le principe, découlant de l'article 9 de la Déclaration des droits de l'homme et du citoyen de 1789, selon lequel la liberté individuelle ne saurait être entravée par une rigueur qui ne soit nécessaire… ». Remarquons tout de même que la validation des gardes à vue dérogatoires ne se fondait pas sur l'article 16 de la Déclaration de 1789, ni par conséquent sur la préservation des droits de la défense qui s'y adossent.

La Cour de cassation développait une autre analyse dans trois arrêts du 19 octobre 2010. Se fondant sur la restriction au droit d'être assisté par un avocat, dès le début de la garde à vue, elle considérait que l'article 706-88 alinéa 6 ne satisfaisait pas aux exigences de l'article 6 de la Conv. EDH. Elle approuvait les juges du fond d'avoir souligné que le gardé à vue s'était incriminé à l'occasion des interrogatoires, réalisés pour l'essentiel avant l'intervention de son avocat, et qu'il n'avait pu préparer sa défense ni être informé de son droit de garder le silence. La chambre criminelle jugeait donc le dispositif incompatible avec la Convention européenne des droits de l'homme.

Dans sa quête d'équilibre, le législateur a donc prévu que de manière générale en matière de criminalité organisée, l'intervention de l'avocat ne peut être différée qu'en considération « de raisons impérieuses tenant aux circonstances particulières de l'enquête » notamment et pour une durée maximale de quarante-huit heures (art. 706-88 al. 6). Si dans tous les cas, la décision doit être écrite et motivée, l'effectivité de la protection ne se mesurera qu'au contrôle plus au moins strict dont ces dispositions feront l'objet. Notons tout de même que les motifs de report de l'intervention de l'avocat sont particulièrement larges et donc *a priori* peu protecteurs de la défense.

**766** ***Les droits de la défense face aux autres techniques d'investigation.*** Pour renforcer la lutte contre la criminalité organisée, la loi du 9 mars 2004 a introduit dans le code, des techniques d'investigations dont certaines sont intrusives.

Qu'il s'agisse de la *surveillance* (C. pr. pén., art. 706-80) ou de l'*infiltration* (C. pr. pén., art. 706-81 s.), il convient de préciser que ces mesures n'emportent, par nature, aucun droit pour la personne poursuivie. Les *écoutes téléphoniques* et plus largement les interceptions de communications électroniques ne valent, de leur côté, qu'en raison de leur caractère secret eu égard à celui qui les subit. Autant dire que les droits de la défense se trouvent reportés. C'est, par exemple, à l'issue de la transcription des écoutes qu'ils trouveront à s'appliquer sous forme de l'accès aux procès-verbaux rendant possible leur discussion. Les procès-verbaux d'écoutes ne doivent contenir que la correspondance strictement nécessaire à la manifestation de la vérité. En ce sens, l'article 100-5 du Code de procédure pénale frappe d'une nullité textuelle la transcription des correspondances avec l'avocat relevant de l'exercice des droits de

60. 22 sept. 2010, n° 2010-31 QPC (consid. 5).
61. 2 mars 2004, n° 2044-492 (consid. 21 à 25). Cette décision a aussi affirmé la constitutionnalité de l'art. 63-4, dernier al. — avec réserve d'interprétation —, en soulignant que « s'il modifie les modalités d'exercice des droits de la défense, (il) n'en remet pas en cause le principe » (consid. 32).

la défense et couvertes par le secret professionnel de la défense et du conseil. Les juges doivent, le cas échéant, relever d'office cette nullité. Mais, par une dérogation constante, la transcription des conversations avec l'avocat est possible lorsque leur contenu fait présumer la participation de cet avocat à une infraction. L'enregistrement des correspondances électroniques fait l'objet depuis la loi du 3 juin 2016 de dispositions spécifiques pour la criminalité organisée et des garanties sont prévues (C. pr. pén., art. 706-95 s.).

En matière de criminalité organisée, la loi autorise le juge d'instruction à faire procéder à la *sonorisation ou à la fixation d'images* de certains lieux ou véhicules. Le dispositif de captation de l'image ou du son sera, bien évidemment, installé sans le consentement de l'intéressé, ce qui constitue une atteinte caractérisée à l'intimité et à la vie privée. Le délit ainsi commis est toutefois justifié puisque le texte donne au JLD ou au juge d'instruction le pouvoir d'autoriser l'introduction dans le véhicule ou le lieu privé, y compris en dehors des heures légales de perquisition (C. pr. pén., art. 706-96 s.), afin d'installer les systèmes requis. Une fois les enregistrements obtenus, ils sont transcrits comme en matière d'écoutes téléphoniques. Là encore, les droits de la défense se trouvent repoussés en aval, mais la chambre criminelle veille à ce que cette mesure ne soit pas utilisée en dehors de son contexte[62].

Dans sa recherche d'efficacité de la procédure, la loi du 23 mars 2019 a conçu des dispositions communes applicables aux techniques spéciales d'enquête pouvant être utilisées dans le cadre des seuls articles 706-73 et 706-73-1 (C. pr. pén., art. 706-95-11 s.)[63]. Il en ressort que seul un magistrat du siège peut les autoriser. Enfin, il est désormais précisé que les mesures portant atteinte à la vie privée doivent être nécessaires à la manifestation de la vérité et proportionnées à la gravité de l'infraction (C. pr. pén., art. prélim. III, al. 6).

**767** ***La preuve et les droits de la défense.*** Si les autorités judiciaires peuvent aller assez loin dans les techniques d'investigation, le Code se montre aussi, dans des cas précis, soucieux de la protection des droits de la personne poursuivie. Deux exemples suffiront à le démontrer, lesquels concernent surtout *a priori* des crimes d'une certaine gravité. En France, le témoin doit toujours être identifié en principe ; pourtant, depuis 2001 et sous l'influence de la jurisprudence de la CEDH, le témoignage anonyme est admis. En dehors des nombreuses conditions qui l'entourent, cette mesure comporte des restrictions, singulièrement lorsque « l'identité de la personne est indispensable à l'exercice des droits de la défense » (C. pr. pén., art. 706-60, al. 1er). Il y a donc là une limite — au moins théorique — à l'utilisation de cette procédure particulière. Si pourtant l'anonymat n'est pas levé, la personne renvoyée devant la juridiction de jugement peut demander à être confrontée avec le témoin, *via* un dispositif technique particulier, rendant sa voix non identifiable. Le témoin est certes protégé, mais il peut aussi être interrogé par l'avocat de la défense par le même moyen.

Par ailleurs, un peu dans le même esprit, le Code admet que l'OPJ, sous la direction duquel s'est déroulée une infiltration, peut être entendu comme témoin, toutefois, « aucune condamnation ne peut être prononcée sur le seul fondement des déclarations » faites par l'OPJ infiltré (C. pr. pén., art. 706-87). Ici deux règles s'y opposent, le fait que l'identité du témoin n'est pas connue, mais aussi parce que toute l'opération procède d'une provocation qui, pour être une provocation à la preuve, n'en est pas moins une technique d'investigation agressive, interdite en dehors du champ d'application des articles 706-73 et 706-73-1 du Code de procédure pénale (*contra*, C. pr. pén., art. 230-46 al. 2).

**768** ***Conclusion.*** Sur de très nombreux points, les droits de la défense ont réalisé d'incontestables et importants progrès. Ils trouvent aujourd'hui un terrain d'élection privilégié avec la QPC, au point que l'on peut se demander si « la procédure pénale est soluble dans la Constitution »[64] !

---

62. Crim. 1er mars 2006, *Bull. crim.* n° 59 ; Crim. 21 mars 2007, *Procédures* 2007, n° 201 ; Crim. 27 mai 2009, *Dr. pénal* 2009, n° 114 ; Crim. 22 nov. 2011, *Procédures* 2012, n° 18.
63. Cons. const. 21 mars 2019, n° 2019-778 DC, § 164, qui condamne l'extension à tous les crimes, des techniques conçues pour la criminalité organisée, eu égard à leur caractère particulièrement intrusif.
64. Expression empruntée à A. Maron et M. Haas, *in Dr. pénal* 2010, n° 87.

Les droits de la défense sont le point d'ancrage de la procédure pénale tout entière, les premiers des droits processuels, avec bien sûr au préalable le droit d'accès à la justice sans lequel ils ne peuvent s'exprimer. Pourtant, leur concrétisation au jour le jour, dans chaque procédure, n'est pas toujours acquise et ne se révèle pas avec la même force. L'évolution a montré que des droits de la défense se sont diversifiés, se sont propagés, reste maintenant à en assurer une effectivité plus constante.

## BIBLIOGRAPHIE INDICATIVE


- C. AMBROISE-CASTEROT, « Droits de la défense et secret de l'instruction », *in Mélanges S. Guinchard*, Dalloz, 2010, p. 887 s.
- G. BOLARD, « Les juges et les droits de la défense », *in Mélanges P. Bellet*, Litec, 1991, p. 49 s.
- G. CANIVET, « La procédure de sanction administrative des infractions boursières à l'épreuve des garanties fondamentales », *RJDA* 1996. 423 s.
- E. DAOUD, A. JACQUIN, « La loi renforçant la sécurité intérieure ou la pérennisation de la défense empêchée », *AJ pénal* 2017. 482 s.
- G. FLÉCHEUX, « Le droit d'être entendu », *in Mélanges P. Bellet*, Litec, 1991, p. 149 s.
- R. KOERING-JOULIN, « La chambre criminelle et les droits reconnus par la Convention européenne des droits de l'homme à l'"accusé" avant jugement », *in Mélanges G. Levasseur*, Gazette du Palais/Litec, 1992, p. 205 s.
- J. LÉAUTÉ, « Les principes généraux relatifs aux droits de la défense », *RSC* 1953. 47 s.
- R. MERLE, « La défense pénale », *in La justice pénale*, *Justices* 1998, n° 10, p. 91-97.
- N. NICOLOPOULOS, « La procédure devant les juridictions répressives et le principe du contradictoire », *RSC* 1989. 1 s.
- J. PRADEL, « La montée des droits du délinquant au cours de son procès », *in Mélanges J. Larguier*, Presses Universitaires de Grenoble, 1993, p. 223 s.
- F. SAINT-PIERRE, « Nature juridique des droits de la défense dans le procès pénal », *D.* 2007. 260.
- V.-O. DERVIEUX, « La salle d'audience, cluster perdu des droits de la défense », *D. actu.*, le droit en débats, 22 sept. 2020.


## PISTES DE RÉFLEXION

- Quels droits de la défense pour le gardé à vue ?
- Les droits de la défense dans la jurisprudence du Conseil constitutionnel
- Les droits de la défense à l'épreuve de la reconnaissance des faits par leur auteur
- Absence et défense
- Droits de la défense et urgence sanitaire
- Les avancées des droits de la défense dès l'enquête

Thème 5

# La protection de la personne poursuivie en cas de modification de la législation pénale

MARIE-CHRISTINE SORDINO
*Professeur à l'Université de Montpellier,*
*Directrice de l'Équipe de droit pénal et sciences forensiques de Montpellier (EDPFM)*

Le droit pénal et la procédure pénale connaissent de profonds bouleversements depuis une vingtaine d'années. Les textes se multiplient et sont modifiés quelques mois à peine après leur entrée en vigueur. Par conséquent, la jurisprudence en charge de les interpréter doit s'adapter au mieux dans un délai de plus en plus court. Dans ces conditions, le risque d'insécurité juridique est fort pour le justiciable. Les enjeux sont d'autant plus graves que le droit pénal et la procédure pénale portent en eux-mêmes des potentialités d'atteintes aux libertés individuelles, alors que leur fonction n'est pas seulement sanctionnatrice mais se doit, dans le même temps, d'assurer la protection du citoyen par le biais du respect des droits de la défense. Les problèmes juridiques soulevés par la création d'une rétention de sûreté destinée aux délinquants demeurés dangereux postérieurement à l'exécution de la peine privative de liberté à laquelle ils ont été condamnés illustre tout l'intérêt de ce questionnement. Afin de limiter au maximum le risque d'insécurité juridique, ne serait-il pas possible de proposer une piste de réflexion consistant à appliquer à la personne poursuivie la norme (au sens large) la plus favorable au jour du jugement ?

**769** Comment assurer la protection[1] des justiciables dès lors qu'une loi pénale nouvelle entre en vigueur, abroge une incrimination, crée une nouvelle catégorie de peine ou modifie la procédure pénale ?

La question est d'importance face à l'inflation des textes, que la doctrine dénonce[2] depuis des années. À l'évidence, toute succession de lois pénales n'entraîne pas nécessairement de conflit. Le choix entre le texte ancien et le nouveau texte ne devra être effectué que dès lors que des actes incriminés ont été commis sous l'empire de celui-là, mais ne sont pas encore jugés ou, du moins pas de manière définitive, au moment de l'entrée en vigueur de celui-ci. Sur ce dernier point, encore convient-il de prendre garde aux lois qui, de manière de plus en plus fréquente, déterminent elles-mêmes le moment de l'entrée en vigueur de leurs propres dispositions, n'hésitant pas à prévoir un échelonnement sur plusieurs mois[3]. De surcroît, il s'avère que le délai pendant lequel une disposition pénale demeure en vigueur peut être très bref. L'actualité législative illustre tout l'intérêt du débat. C'est ainsi que, dans le courant de l'année 2002, la loi nº 2000-516 du 15 juin 2000 consacrée à la présomption d'innocence et aux droits des victimes a été réformée par deux fois, à peine une année après l'entrée en vigueur de la plupart de ses articles[4]. La loi nº 2004-204 du 9 mars 2004, portant adaptation de la justice aux évolutions de la criminalité, modifie profondément le régime applicable à des infractions commises « en bande organisée ». Le régime légal de la récidive a également subi des modifications importantes par les lois des 12 décembre 2005, 10 août 2007 et 10 mars 2010. La création d'une rétention de sûreté par la loi du 25 février 2008 a soulevé de multiples questions relatives à son éventuelle application vis-à-vis de personnes condamnées pour des faits commis avant l'entrée en vigueur du texte[5]. Et, de manière encore plus récente, le Conseil constitutionnel a abrogé l'article 222-33 du Code pénal incriminant le délit de harcèlement sexuel, par une décision QPC en date du 4 mai 2012, qui se fonde sur la violation portée au principe de la légalité des délits et des peines par ledit article, les éléments constitutifs de l'infraction n'étant pas « suffisamment définis »[6]. Cette abrogation s'est vue conférer un effet immédiat, ouvrant ainsi la voie à un risque d'insécurité juridique que le législateur a souhaité combler le plus rapidement possible, par le vote accéléré d'un texte qui a débouché sur la loi nº 2012-954 du 6 août 2012 relative au harcèlement sexuel.

---

1. La protection des justiciables renvoie à l'impératif de sécurité juridique, situation dans laquelle est assurée « sans surprise la bonne exécution des obligations » et où est exclue « l'incertitude dans la réalisation du droit » (G. Cornu, *Vocabulaire juridique*, Assoc. H. Capitant, 10e éd., PUF, coll. « Quadrige », 2014). Le Conseil constitutionnel fonde la nécessité de respecter la sécurité juridique sur l'art. 16 de la Déclaration des droits de l'homme et du citoyen de 1789, v. not., Cons. const. 7 nov. 1997, nº 97-391 DC ; 18 déc. 1998, nº 98-404 DC ; 16 déc. 1999, nº 99-421 DC ; 13 janv. 2000, nº 00-423 et B. Mathieu, « La sécurité juridique : un principe constitutionnel clandestin mais efficient », *in Mélanges P. Gélard, Droit constitutionnel*, Monchrestien, 2000, p. 302 ; J. de Clausade « Sécurité juridique et complexité du droit : considérations générales du Conseil d'État », *D.* 2006. Tribune 737, à propos du Rapport public 2006 du Conseil d'État, La Documentation française ; v. égal. CE, ass., 24 mars 2006, req. nº 288460 et a., *JCP Adm.* 2006. Actu. 290 : le Conseil d'État annule le décret du 16 nov. 2005 relatif au Code de déontologie des commissaires aux comptes, pour défaut de prévision de mesures transitoires applicables aux contrats en cours.
2. V. not., R. Savatier, « L'inflation législative et l'indigestion du corps social », *D.* 1977. I. 43 ; J. Carbonnier, *Essais sur les lois*, Defrénois, 1979, p. 271 ; F. Terré, « La "crise" de la loi », *Arch. phil. dr.* 1980. 17 ; M. Delmas-Marty, « L'enjeu d'un Code pénal. Réflexions à propos de l'inflation des lois pénales en France », *in Mélanges offerts à R. Legros*, Bruxelles, 1985 ; A. Viandier, « La crise de la technique législative », *Droits* 1986, nº 475 ; F. Debove, « L'overdose législative », *Dr. pénal* 2004. Étude 6 ; G. Roujou de Boubée, « Réformer ? oui — Bouleverser ? non », *D.* 2006. Point de vue 740.
3. Il arrive également qu'une loi nouvelle abroge une disposition et prévoit expressément la date de prise d'effet de celle-ci, par ex. après publication d'un décret dont elle détermine elle-même le délai dans lequel il doit intervenir, Crim. 16 janv. 2002, *Dr. pénal* 2002, nº 56.
4. La Commission des lois de l'Assemblée nationale avait décidé de mettre en place une mission d'information chargée d'évaluer les conditions de mise en œuvre de la loi du 15 juin 2000 et confiée à Mme Lazerges (*Les Documents d'information de l'Assemblée nationale* 2001, nº 3501). Le 27 nov. 2001, le Premier ministre a confié à M. Julien Dray la rédaction d'un rapport concernant les conséquences de l'entrée en vigueur du texte. Après la présentation du bilan sur l'application de cette loi le 19 déc. 2001, une proposition de loi a été déposée afin d'aménager une série d'adaptations rapides. Elle a débouché sur le vote et la promulgation de la loi nº 2002-307 du 4 mars 2002. La loi du 15 juin 2000 a été à nouveau modifiée par la loi d'orientation et de programmation pour la justice du 9 sept. 2002 ; le droit pénal a également connu de profondes modifications par les lois des 18 mars 2003 sur la sécurité intérieure (C. Lazerges et D. Rousseau, « Commentaire de la décision du Conseil constitutionnel du 13 mars 2003 », *RD publ.* 2003. 1147) et 9 mars 2004.
5. V. ss 792.
6. Cons. const. 4 mai 2012, nº 2012-240 QPC, *JCP* 2012, nº 23, 662, p. 1094, note A. Lepage ; *Rev. pénit.* 2012. 389, note V. Malabat ; *D.* 2012. 1372, note S. Detraz ; G. Roujou de Boubée, « Harcèlement sexuel : Valmont doit-il aller en prison ? », *ibid.* 1344.

Aussi, poser un critère de solution aux conflits de lois pénales qui se succèdent chronologiquement semble devenir plus complexe. Face à ces difficultés techniques apparentes, l'essentiel ne doit pas être perdu de vue. Ce sont les libertés individuelles qui sont en cause dans le procès pénal. En conséquence, seul le recours aux principes fondamentaux qui gouvernent le droit pénal et la procédure pénale est de nature à garantir la fonction de protection de ces libertés individuelles. Le principe de la légalité des incriminations et des peines[7] constitue le rempart le plus ancien et le plus solide contre l'arbitraire, lorsque sont respectés les impératifs d'accessibilité et de prévisibilité[8], voire d'intelligibilité[9] de la disposition. Le législateur doit en effet prévenir avant de sanctionner, chaque fois qu'une peine est estimée nécessaire[10] au regard de la violation de valeurs protégées au sein du groupe social donné. Par conséquent, lorsqu'il importe de choisir entre deux lois pénales en conflit susceptibles de s'appliquer à une infraction, le critère classique de solution dicté par le principe de la légalité commande d'opter pour la loi la plus favorable à la défense. La prééminence de la faveur accordée au texte contenant le régime le moins sévère ne se limite pas au domaine judiciaire, puisque le droit administratif s'y montre de plus en plus sensible[11].

C'est dire la force de l'application de la loi pénale la plus favorable (***I.***), que, d'ailleurs, en dernier lieu, la Charte des droits fondamentaux de l'Union européenne du 18 décembre 2000 exprime à travers son article 49, aux termes duquel « nul ne peut être condamné pour une action ou une omission qui, au moment où elle a été commise, ne constituait pas une infraction d'après le droit national ou le droit international. De même il n'est infligé aucune peine plus forte que celle qui était applicable au moment où l'infraction a été commise. Si, postérieurement à cette infraction, la loi prévoit une peine plus légère, celle-ci doit être appliquée ».

Cependant, la force du critère ne signifie pas pour autant qu'il présente un caractère absolu. Bien qu'il ait vocation à régir le plus grand nombre de conflits, l'accélération de la production des textes, la complexité de leur contenu et l'existence en droit pénal de situations spécifiques découlant de son autonomie sont parfois de nature à imposer sa mise à l'écart, constituant ainsi des limites à l'application de la loi pénale la plus favorable (***II.***).

## I • La force de l'application de la loi pénale la plus favorable

**770** L'application à la personne pénalement poursuivie de la loi la plus favorable constitue un facteur de protection des droits de la défense. Elle puise sa force dans des fondements solides (**A.**) et bénéficie d'un domaine étendu (**B.**).

7. D. Rebut, « Le principe de la légalité des délits et des peines », cet ouvrage ; M.-C. Sordino, *Droit pénal général*, 5e éd., Ellipses, coll. « Universités », 2013, p. 29 s.
8. L'accessibilité signifie que le citoyen dispose de « renseignements suffisants, dans les circonstances de la cause, sur les normes juridiques applicables » et la prévisibilité suppose que tout membre du corps social soit à même de prévoir les conséquences de ses agissements, v. not., CEDH 26 avr. 1979, *Sunday Times ;* 2 août 1984, *Malone* et 24 avr. 1990, *Kruslin et Huvig*.
9. L'obligation de rendre la disposition intelligible est qualifiée d'objectif de valeur constitutionnelle par le Conseil constitutionnel dans un domaine non pénal toutefois, en se fondant sur l'art. 16 de la Déclaration des droits de l'homme et du citoyen de 1789, Cons. const. 16 déc. 1999, nº 99-421 DC, *D.* 2000. 361, note M.-A. Frison-Roche et W. Baranès ; Cons. const. 12 janv. 2002, nº 2001-455 DC, *D.* 2003. SC 1129, obs. L. Gay.
10. D. Rebut, *op. cit. ;* G. Stéfani, G. Levasseur et B. Bouloc, *Droit pénal général,* 23e éd., Dalloz, coll. « Précis », 2013, nos 134 s.
11. CE 9 oct. 1996, *D.* 1996. IR 237.

## A • Des fondements solides

**771** L'application de la loi la plus favorable s'appuie sur des fondements tant doctrinaux (*1.*) que textuels (*2.*).

### 1 • Les fondements doctrinaux

**772** L'application de la loi la plus favorable constitue le résultat inéluctable de réflexions doctrinales, dont l'examen des origines met en exergue les intérêts.

**773** ***Arguments doctrinaux.*** Les origines de l'application de la loi pénale la plus favorable à la défense empruntent aussi bien aux théories concernant les conflits de lois dans le temps, qu'aux écoles de pensée consacrées au droit pénal.

Au début du XXe siècle, le doyen Roubier[12] a proposé une analyse nouvelle, qualifiée de « moderne », destinée à régir les conflits de textes dans le temps quelle que soit la branche du droit considérée. Le raisonnement s'articule autour de la notion de situation juridique. Si une situation juridique est en cours, c'est-à-dire qu'elle naît avant l'entrée en vigueur d'une loi nouvelle et que ses effets se prolongent postérieurement, ces derniers doivent y être soumis car, par principe, un texte nouveau est réputé meilleur que l'ancien. En revanche, la loi nouvelle ne peut s'appliquer aux effets d'une situation juridique terminés avant son entrée en vigueur, sous peine d'engendrer une rétroactivité préjudiciable à la sécurité juridique des citoyens[13].

En droit pénal, la situation juridique visée ne peut désigner strictement la commission de l'acte[14]. L'accomplissement des faits litigieux ouvre un processus jusqu'au jugement définitif du délinquant qui constitue la pièce maîtresse de l'édifice. Tant qu'une décision définitive n'a pas été rendue, la situation juridique est en cours. C'est donc le texte en vigueur au jour du jugement qui doit être appliqué, sauf dans le cas où ledit texte serait plus sévère. La loi ancienne survit ainsi le temps de l'instance.

À travers l'exposé de cette analyse, apparaissent les deux principes fondamentaux, dont la combinaison permet seule de parvenir au résultat le plus favorable envers la défense. Il s'agit d'une part, du principe de non-rétroactivité de la loi plus sévère et, d'autre part, du principe de rétroactivité *in mitius* de la loi plus douce.

Le raisonnement est conforme à l'analyse de l'école classique qui préconisait de « punir pas plus qu'il n'est utile, pas plus qu'il n'est juste »[15]. Dès lors que le législateur exprime la volonté du peuple français d'ériger en interdit la violation de certaines valeurs, il ne saurait être reproché à un citoyen d'avoir enfreint le pacte social, si le comportement ne constituait pas une infraction au moment de sa réalisation[16]. Comme ce qui n'est pas prohibé par la loi peut être accompli, la justice impose de ne pas punir dans cette situation, dans laquelle d'ailleurs la sanction pénale ne présenterait aucune utilité[17].

**774** ***Arguments d'opportunité.*** Les intérêts de la prééminence accordée au jour du jugement à la loi la plus favorable sont doubles.

Sur le plan individuel, le prévenu est assuré de se voir appliquer le texte le moins sévère, avant ou pendant le procès. Il ne peut être rétroactivement inquiété sur le fondement d'une infraction qui

---

12. P. Roubier, *Les conflits de lois dans le temps*, 1929-1933, publié à nouveau sous le titre *Le Droit transitoire*, Y. Blais, 1993.
13. V. C. civ., art. 2, aux termes duquel « La loi ne dispose que pour l'avenir : elle n'a point d'effet rétroactif ».
14. Pour une analyse différente, considérant que la situation juridique pénale est entièrement définie au jour de la consommation de l'infraction et que le jugement n'est pas constitutif mais déclaratif, v. not., R. Merle et A. Vitu, *Traité de droit criminel*, t. 1, 7e éd., Cujas, 1997, no 245 ; quel que soit le raisonnement adopté, il semble que la doctrine s'accorde sur le fait que, lorsqu'une décision de justice est devenue irrévocable, la loi nouvelle ne peut s'appliquer.
15. Les deux idées de justice et d'utilité de la peine sont développées par Beccaria, Des délits et des peines, 1764, Flammarion, 1991, préf. R. Badinter, p. 72 s., spéc. p. 76.
16. On retrouve l'idée d'antériorité du texte, qui a été consacrée par l'art. 8 de la Déclaration des droits de l'homme et du citoyen de 1789, v. ss 772.
17. Cette analyse a été battue en brèche par l'école positiviste du XIXe siècle, mais sans succès concret sur cette question, en droit français.

n'existait pas jusqu'alors. En revanche, il peut bénéficier de l'application immédiate d'une loi plus douce. L'équité[18] commande cette solution.
Pour la société, la loi nouvelle est présumée être meilleure que l'ancienne[19]. En conséquence, cette dernière ne correspond plus aux besoins du corps social et n'a plus à être appliquée car elle est trop sévère.

## 2 • Les fondements textuels

**775** Appliquer la loi la plus favorable à la défense au jour du jugement constitue le fruit de la combinaison du principe de la non-rétroactivité de la loi plus sévère et du principe de rétroactivité *in mitius* de la loi plus douce. Tous deux puisent leurs sources dans des textes.

**776** ***Fondements du principe de non-rétroactivité de la loi pénale plus sévère.*** Le principe de non-rétroactivité de la loi pénale plus sévère est apparu de manière expresse à travers l'article 8 de la Déclaration des droits de l'homme et du citoyen de 1789, aux termes duquel « la loi ne peut établir que des peines strictement et évidemment nécessaires et nul ne peut être puni qu'en vertu d'une loi établie et promulguée antérieurement au délit et légalement appliquée ».
Le texte, de valeur constitutionnelle[20], confère au principe une grande portée[21], dont le rayonnement s'est encore accru depuis lors, tant en droit interne que dans des conventions internationales.
En droit interne, l'article 4 du Code pénal (de 1810) issu de la codification post-révolutionnaire, a exposé le principe pendant plus d'un siècle[22], en rappelant que « nulle contravention, nul délit, nul crime, ne peut être puni de peines qui n'étaient pas prononcées par la loi avant qu'ils fussent commis ». Depuis la réforme du Code pénal en 1992, le principe est désormais inscrit plus précisément et plus clairement à l'article 112-1 du Code pénal, qui dispose respectivement dans ses deux premiers alinéas, que « sont seuls punissables les faits constitutifs d'une infraction à la date à laquelle ils ont été commis » et que « peuvent seules être prononcées les peines légalement applicables à la même date », posant ainsi, en premier lieu la non-rétroactivité des incriminations et, en second lieu, la non-rétroactivité des peines.
Le principe de non-rétroactivité de la loi pénale plus sévère s'appuie également sur le texte des conventions internationales les plus importantes. Il en est ainsi des articles 11, paragraphe 2 de la Déclaration universelle des droits de l'homme de 1948 (« Nul ne sera condamné pour des actions ou omissions qui, au moment où elles ont été commises, ne constituaient pas un acte délictueux d'après le droit national ou international. De même, il ne sera infligé aucune peine plus forte que celle qui était applicable au moment des faits »), art. 7, paragraphe 1 de la Conv. EDH (« Nul ne peut être condamné pour une action ou une omission qui, au moment où elle a été commise, ne constituait pas une infraction d'après le droit national ou international. De même il n'est infligé aucune peine plus forte que celle qui était applicable au moment où l'infraction a été commise ») et art. 15, paragraphe 1 du Pacte international relatif aux droits civils et politiques de 1966 (« Nul ne sera condamné pour des actions ou omissions qui ne constituaient pas un acte délictueux au moment où elles ont été commises. De même, il ne sera infligé aucune peine plus forte que celle qui était applicable au moment où l'infraction a été commise »). La Cour de justice des Communautés européennes analyse ce principe comme un principe général du droit communautaire[23].

---

18. Sur les fonctions de l'équité, C. Albiges, *De l'équité en droit privé*, LGDJ, « Bibl. dr. privé », t. 329, 2000, préf. R. Cabrillac, spéc. n^os^ 417 s.
19. V. not., J. Ortolan, *Éléments de droit pénal*, t. 1, 5^e^ éd., 1886, 586.
20. Puisqu'il fait partie du « bloc de constitutionnalité », v. not., Cons. const. 19-20 janv. 1981, n° 80-186 DC, *D.* 1982. 441, note A. Dekeuwer ; Cons. const. 3 sept. 1986, n° 86-215 DC : dans cette dernière décision, le Conseil a censuré l'art. 19, al. 2 de la loi du 9 sept. 1986, votée pour répondre à l'émotion suscitée par des attentats terroristes, afin d'empêcher l'application d'une période de sûreté de trente ans à des infractions commises avant son entrée en vigueur.
21. Le principe de non-rétroactivité de la loi pénale plus sévère s'étend à « toute sanction ayant le caractère d'une punition », Cons. const. 30 déc. 1982, n° 82-155 DC, Rec. Cons. const. 88.
22. L'art. 4 du Code pénal de 1810 exprimait dans une formule unique le principe de non-rétroactivité de la loi plus sévère et le principe de la légalité des incriminations et des peines.
23. CJCE 3 mai 2005, *JCP* 2006. II. 10020, note O. Dubos.

Sur le fondement imposant des textes internes et supranationaux, le juge judiciaire français ne peut, sous peine de censure par la Cour de cassation, appliquer de manière rétroactive une loi pénale plus sévère[24]. La CEDH statue également en ce sens[25].
Pour pouvoir faire bénéficier le prévenu du texte pénal le plus favorable, encore convient-il de combiner l'application du principe de non-rétroactivité de la loi plus sévère avec celui de l'immédiateté de la loi plus douce.
**777** ***Fondements du principe de rétroactivité*** **in mitius.** Le principe de rétroactivité *in mitius* signifie que la loi pénale plus douce doit s'appliquer aux faits commis avant son entrée en vigueur et non définitivement jugés ainsi qu'aux actes déjà jugés pour lesquels subsistent des voies de recours. Son origine semble pouvoir se situer au Moyen Âge[26], sous forme d'une coutume.
Puis, le principe s'est progressivement installé sur le fondement de dispositions internes et internationales. Pendant très longtemps, le principe n'a été consacré en droit interne que par des textes de portée limitée[27] et n'a survécu que grâce à l'œuvre de la jurisprudence qui a contribué à le pérenniser[28]. Il a pourtant acquis une force considérable depuis que le Conseil constitutionnel lui a conféré une valeur constitutionnelle, en se fondant de manière indirecte sur l'article 8 de la Déclaration des droits de l'homme et du citoyen de 1789 par une décision des 19 et 20 janvier 1981[29] : si « la loi ne peut établir que des peines strictement et évidemment nécessaires », lesdites peines ne sont plus justifiées dès lors qu'un texte nouveau adoucit la répression. L'impératif de nécessité des sanctions pénales n'est plus respecté[30]. Le Conseil constitutionnel a poursuivi son raisonnement en énonçant que le législateur n'a pas le droit de retarder l'entrée en vigueur d'une loi répressive plus douce[31].
Suivant le mouvement initié par le Conseil, l'article 112-1, alinéa 3 du Code pénal lui offre en 1992 un fondement textuel exprès : « Les dispositions nouvelles s'appliquent aux infractions commises avant leur entrée en vigueur et n'ayant pas donné lieu à une condamnation passée en force de chose jugée lorsqu'elles sont moins sévères que les anciennes. »
Au plan international, l'article 15, paragraphe 1 du Pacte international relatif aux droits civils et politiques de 1966 prévoit *in fine* que « … Si, postérieurement à cette infraction, la loi prévoit l'application d'une peine plus légère, le délinquant doit en bénéficier ».
De plus, la Cour de justice des Communautés européennes (désormais Cour de justice de l'Union européenne), après avoir estimé que les règles du droit communautaire ne s'opposaient pas à ce principe, le consacre désormais de manière expresse, depuis sa décision du 3 mai 2005[32], aux termes de laquelle elle le hisse au rang des « principes généraux du droit communautaire » que le juge national doit respecter.
Le 17 septembre 2009, le principe de rétroactivité *in mitius* a été consacré par la Cour européenne des droits de l'homme, en se fondant sur l'article 7 de la Conv. EDH, qui, pourtant, ne contient pas

24. V. not., Crim. 21 avr. 1982, J. Pradel et A. Varinard, *Les grands arrêts du droit pénal général*, 10e éd., Dalloz, 2016, no 9, à propos de l'application de la loi du 23 déc. 1980 consacrée au crime de viol.
25. V. not., CEDH 25 mai 1993, *Kokkinakis c/ Grèce*, Série A, no 260-A, *JCP* 1994. I. 3742, no 26, obs. F. Sudre.
26. Le doyen Roubier (*op. cit.*) évoque des citations du principe datant du XIVe siècle.
27. V. not. le Code des 25 sept. et 6 janv. 1791 pour la police criminelle.
28. V. not. Crim. 1er oct. 1813, *S.* 1814. I. 16 ; 14 janv. 1876, *S.* 1876. I. 433, note M. Villey, qui pose de manière générale le principe selon lequel la loi plus douce publiée antérieurement à l'examen d'un pourvoi en cassation s'applique immédiatement.
29. Cons. const. 19-20 janv. 1981, no 80-186 DC, *op. cit.*
30. Sur le contrôle de la nécessité des peines, v. not. Cons. const. 3 sept. 1986, no 86-215 DC, *op. cit.*; Cons. const. 15 mars 1999, no 99-410 DC ; Cons. const. 25 févr. 2010, no 2010-604 DC, à propos de la loi renforçant la lutte contre les violences de groupes et la protection des personnes chargées d'une mission de service public, le Conseil répondant à un grief fondé sur un défaut de proportionnalité par le respect, en l'espèce, par le législateur, de la nécessité des peines ; le Conseil constitutionnel affirme également la constitutionnalité de l'art. L. 235-1, al. 1er, C. route prévoyant que « toute personne qui conduit un véhicule ou qui accompagne un élève conducteur alors qu'il résulte d'une analyse sanguine qu'elle a fait usage de substances ou plantes classées comme stupéfiants est punie de deux ans d'emprisonnement et de 4 500 € d'amende » au regard de la nécessité des peines, Cons. const. 9 déc. 2011, no 2011-204 QPC ; de manière plus générale, sur le principe de nécessité des peines, v. not., *La nécessité des peines*, Étude par les étudiants du Master 2 Recherche droit pénal de Bordeaux, *Dr. pénal* 2011. Étude 17 ; comp. M.-C. Sordino, « De la proportionnalité en droit pénal », *Mélanges J.-H. Robert*, LexisNexis, 2012, p. 711 s.
31. Cons. const. 21 févr. 1992, no 92-305 DC.
32. CJCE 3 mai 2005, *S. Berlusconi*, aff. C-387/02, § 69 et 8 mars 2007, *Campina GmbH & Co*, aff. C-45/06, § 32.

de référence expresse audit principe[33]. L'affaire concerne un citoyen de nationalité italienne, poursuivi pour la consommation de plusieurs crimes, ayant opté pour une procédure abrégée débouchant, en cas de condamnation, sur une réduction de peine. Lors de la commission des faits, la réduction d'une peine de réclusion criminelle à perpétuité était exclue. Cependant, lors de l'instruction du dossier, la législation devait évoluer, permettant de réduire la peine de réclusion criminelle à perpétuité à la peine de 30 ans de réclusion, en cas de procédure abrégée. Le requérant est ainsi condamné à une peine de 3 ans de réclusion criminelle. Cependant, un texte entré en vigueur le jour même du jugement élève les peines encourues en cas de procédure abrégée, n'autorisant la faveur que de la réclusion criminelle à perpétuité avec isolement diurne à la peine perpétuelle simple. Le premier jugement de condamnation ayant été cassé, le justiciable italien est condamné à la réclusion à perpétuité.
Le raisonnement de la Cour européenne se décompose en deux étapes avant de parvenir à la conclusion. D'abord, elle rappelle le contenu textuel et jurisprudentiel de l'article 7 de la Conv. EDH, selon lequel ledit texte ne prévoit pas le droit de se voir appliquer une loi pénale plus favorable.
Ensuite, elle relève qu'un consensus est apparu entre les États quant au niveau de protection souhaitable du justiciable à propos de la rétroactivité de la loi pénale plus douce. C'est ainsi que de nombreux instruments internationaux et régionaux y font référence (le Pacte de New York, la Charte des droits fondamentaux de l'Union européenne, le statut de la Cour pénale internationale), de même que la jurisprudence (de la CJCE et, de manière plus surprenante… la Cour de cassation française !), de sorte que la rétroactivité *in mitius* apparaît comme un principe fondamental du droit pénal. Sa démarche, annonçant le revirement, est désormais bien connue.
Enfin, elle en conclut que « l'article 7 § 1 de la Convention ne garantit pas seulement le principe de non-rétroactivité des lois pénales plus sévères, mais aussi, et implicitement, le principe de rétroactivité de la loi pénale plus douce ». En conséquence, en l'espèce, l'État italien est condamné car il a infligé au requérant une peine plus forte que celle prévue par la loi qui, « parmi les lois qui ont été en vigueur durant la période comprise entre la commission de l'infraction et le prononcé du jugement définitif, lui était la plus favorable ».
Si l'application de la norme pénale la plus favorable s'appuie sur des fondements solides et, depuis peu, encore renforcés, force est de constater qu'elle bénéficie également d'un domaine étendu.

## B • Un domaine étendu

**778** Lorsqu'il est question de privilégier l'application du texte le plus favorable au prévenu, encore convient-il de déterminer ce caractère selon des critères fiables. L'examen de la sévérité des lois est réalisé grâce à une comparaison de leurs dispositions, méthode habituellement mise en œuvre par les juges du fond, ce qui contribue à la délimitation classique du domaine de la prééminence de la norme la moins sévère (*1.*). La conduite de réflexions modernes liées à la volonté de garantir au maximum la sécurité juridique des justiciables a engendré au profit dudit domaine des extensions nouvelles (*2.*).

### 1 • La délimitation classique

**779** La décision d'appliquer le texte le plus doux apparaît claire dans son principe. Sa mise en œuvre concrète, plus difficile et bien souvent conduite de manière empirique, met en exergue le domaine qui lui est assigné dans son application. Traditionnellement, tout dépend du caractère simple ou complexe de la loi nouvelle[34].

33. CEDH 17 sept. 2009, *Scoppola c/ Italie*, req. n° 10249/3, § 106.
34. Cette distinction est souvent utilisée par la doctrine et a le mérite d'offrir, sous une forme synthétique, un résumé de situations disparates, v. not., J. Pradel et A. Varinard, *Les grands arrêts du droit pénal général*, *op. cit.*, n° 11.

**780** ***Loi nouvelle simple.*** Une loi est simple lorsque les dispositions qu'elle contient s'orientent vers un unique sens qui est celui de la sévérité ou celui de la mansuétude. La définition englobe les lois consacrées aux incriminations et aux peines et le Conseil d'État applique également le principe de rétroactivité *in mitius* à une loi contenant une sanction administrative, lorsqu'il est saisi d'un pourvoi en cassation et lorsque cette loi est intervenue postérieurement à la décision frappée de pourvoi[35]. En conséquence, le principe de non-rétroactivité de la loi plus sévère s'oppose à l'application d'un texte qui crée une incrimination nouvelle[36] ou qui élargit le domaine d'une incrimination existante en supprimant certaines conditions jusque-là exigées[37] à des faits commis antérieurement. Inversement, une loi nouvelle abrogeant une infraction[38], décriminalisant certains actes[39] ou ajoutant des conditions dans la qualification de l'incrimination[40] est plus douce et a vocation à s'appliquer immédiatement aux faits non jugés définitivement[41]. Un exemple peut être apporté à propos des ressortissants roumains qui bénéficient, au sein de l'Union européenne, depuis le 1er janvier 2014, de la même liberté de circulation que leurs homologues européens au regard de la réglementation sociale, de sorte qu'aucune autorisation de travail n'est plus requise pour exercer une activité professionnelle. La Roumanie étant devenue membre de l'Union européenne le 1er janvier 2007, la totalité des restrictions à l'accès au marché du travail a été levée pour les ressortissants de cet État à compter du 1er janvier 2014 et, en conséquence, l'infraction d'emploi d'un étranger non muni d'une autorisation de travail a perdu son caractère punissable[42].

Les mêmes principes concernent également les lois qui modifient le *quantum*[43] et la nature[44] des peines, l'application de la rétroactivité *in mitius* devant s'étendre aux lois plus douces concernant les majorations de droits pour mauvaise foi, au sens de l'article 1729-1 du Code général des impôts[45]. Lorsque le Code pénal est entré en vigueur le 1er mars 1994, l'application dans le temps de la nouvelle peine de trente ans de réclusion criminelle a été soumise à des modalités de raisonnement identiques, approuvées par la Cour de cassation. Si une cour d'assises est fondée à prononcer la peine de trente ans de réclusion criminelle qui s'est substituée à une peine de réclusion criminelle à perpétuité pour des faits antérieurs au 1er mars 1994, elle ne peut en revanche appliquer immédiatement le nouveau plafond de

35. CE, sect., 7 oct. 2022, n° 443476, D. Actualités Administratif, 20 oct. 2022, obs. JM. Pastor.
36. V. not., Crim. 19 févr. 1985, *D.* 1986. IR 105, obs. G. Roujou de Boubée ; 23 févr. 2000, *Bull. crim.* n° 85.
37. V. not., Crim. 14 mai 1957, *D.* 1957. 543.
38. Crim. 28 mars 2017, n° 14-87.597, à propos de l'abrogation du délit d'exploitation d'un établissement d'activité physique et sportive sans déclaration préalable par la loi n° 2014-1545 du 20 décembre 2014 relative à la simplification de la vie des entreprises et portant diverses dispositions de simplification et de clarification du droit et des procédures administratives.
39. La loi n° 85-98 du 25 janv. 1985 a ainsi décriminalisé la plupart des faits qui constituaient un délit de banqueroute simple, M.-C. Sordino, *Le délit de banqueroute*, Litec, coll. « Bibl. dr. de l'entreprise », t. 34, 1996, préf. M. Cabrillac, spéc. nos 36 s., 200 s. ; il convient toutefois de prêter garde à ce que le comportement reproché dont l'incrimination a été abrogée expressément ne puisse tomber sous le coup d'une qualification différente, Crim. 12 janv. 2000, *Bull. crim.* n° 21, pour la simulation d'enfant ; Crim. 16 déc. 2009, applique le principe de rétroactivité *in mitius* à un prévenu poursuivi sur le fondement de l'art. L. 128-5 C. com. contenant la sanction de la violation de l'interdiction de gérer, alors que cette dernière a été abrogée par la loi du 4 août 2008 de modernisation de l'économie.
40. Crim. 6 juin 1974, *Bull. crim.* n° 207 ; 30 nov. 1994, *Bull. crim.* n° 391, à propos du démarchage à domicile.
41. L'application de la loi du 10 juill. 2000 relative à la définition des délits non intentionnels a donné lieu à de nombreuses décisions de réexamen des affaires sur le fondement du principe d'application immédiate de la loi plus douce, car ses dispositions sont plus favorables aux prévenus, v. not., Crim. 29 mai 2001 ; 9 oct. 2001.
42. Crim. 3 nov. 2015, n° 14-84.459, inédit, par voie de cassation sans renvoi.
43. Crim. 12 oct. 1999, *Bull. crim.* n° 215, à propos de l'application dans le temps de la loi n° 96-603 du 5 juill. 1996, abaissant le maximum de l'amende à celui prévu par l'ancienne loi du 30 déc. 1906 relative aux ventes au déballage ; sur les amendes et le passage à l'euro, v. not., L. n° 2000-517 du 15 juin 2000 (*JO* 16 juin 2000, p. 9063) et Ord. n° 2000-916 du 19 sept. 2000 (*JO* 22 sept. 2000, p. 14877) et V. Dervieux, « Euro : conversion des amendes pénales », *Dr. pénal* 1999. Chron. 10.
44. V. not., Civ. 2e, 20 déc. 2000, *D.* 2001. IR 406 : l'incapacité électorale de plein droit résultant de l'art. L. 7 C. électoral est une sanction de nature pénale qui, en tant que telle, obéit au principe de non-rétroactivité de la loi pénale plus sévère ; V. depuis l'abrogation de cet article, Cons. const. 11 juin 2010, n° 2010-6/7 QPC.
45. CE, avis, 5 avr. 1996, n° 176611, *JCP* 1996. IV. 1754, pour lequel ces sanctions sont soumises à l'art. 8 de la Déclaration des droits de l'homme et du citoyen de 1789, donc au principe de nécessité des peines ; une solution identique est préconisée pour les contraventions de grande voirie, CE, avis, 23 avr. 1997, nos 183689, 183970 et 183971, *Gaz. Pal.* 1997. 2. 201.

trente ans fixé jusque-là à vingt ans pour une réclusion criminelle à temps[46]. La Chambre criminelle de la Cour de cassation[47] a considéré que l'alinéa 3 de l'article 132-24 du Code pénal, issu de la loi pénitentiaire du 24 novembre 2009, plus favorable à la défense car il préconise de ne prononcer une peine d'emprisonnement ferme sur motivation spéciale que dans le cas où toute autre peine serait manifestement inadéquate, devait s'appliquer immédiatement, au visa de l'article 112-1 du Code pénal.

La loi n° 2014-896 du 15 août 2014 relative à l'individualisation des peines et renforçant l'efficacité des sanctions pénales a abrogé les peines planchers. La Cour de cassation a fait très rapidement application du principe de rétroactivité *in mitius* et en a tiré une conséquence, qui est l'impossibilité de prononcer une peine minimale dans le cas d'une infraction commise avant l'entrée en vigueur du nouveau texte et n'ayant pas donné lieu à une condamnation passée en force de chose jugée[48]. Dans une autre espèce, rendue à propos de l'application dans le temps des dispositions de la loi du 15 août 2014, il est question de l'aménagement des peines. L'article 132-19 du Code pénal, dans sa dernière rédaction issue de la loi du 15 août 2014, est plus exigeant quant à la motivation du défaut de recours à l'aménagement des peines. Si, comme dans la législation antérieure, l'absence de recours à un aménagement de la peine doit être motivée par la personnalité, la situation du condamné ou une impossibilité matérielle, le texte, dans sa nouvelle rédaction, impose désormais l'exigence d'une motivation spéciale fondée sur les faits de l'espèce, la personnalité ainsi que la situation matérielle, familiale et sociale de la personne lorsque le tribunal correctionnel prononce une peine d'emprisonnement non assortie de sursis ou dépourvue d'aménagement. La disposition apparaît donc comme étant plus douce et devrait être appliquée de manière immédiate à des faits commis antérieurement au 1er octobre 2014 et non définitivement jugés. Or, dans un arrêt du 8 octobre 2014[49], la Chambre criminelle de la Cour de cassation a fondé la cassation d'une décision des juges du fond ayant condamné l'auteur d'une escroquerie à une peine d'emprisonnement sans sursis pour ne pas s'être prononcés sur l'aménagement de ladite peine, au visa de l'article 132-24 du Code pénal dans sa rédaction en vigueur au moment des faits, c'est-à-dire antérieurement à l'entrée en vigueur de la loi du 15 août 2014. Si les conséquences de cet arrêt sur la situation de la personne condamnée vont dans un sens favorable et ne lui sont pas préjudiciables, le fondement retenu appelle, tout de même, une réserve, au regard du domaine et de la valeur constitutionnelle et conventionnelle du principe de rétroactivité *in mitius*.

La loi du 15 août 2014 a également modifié l'article 122-1, alinéa 2, du Code pénal : celui-ci prévoit désormais une réduction du tiers de la peine encourue par les personnes dont le discernement était altéré au moment des faits. La Cour de cassation a récemment précisé qu'il s'agissait d'une disposition plus favorable, applicable aux procès en cours[50].

De manière surprenante, la Haute Juridiction a, par ailleurs, analysé la création de la contrainte pénale comme une disposition plus favorable, pouvant être appliquée à des faits commis antérieurement à l'entrée en vigueur de la loi du 15 août 2014[51].

---

46. Crim. 10 juill. 1996, 23 juill. 1996, 16 oct. 1996 et 20 nov. 1996, *Dr. pénal* 1997, n° 35, obs. M. Véron ; Crim. 3 sept. 2003, n° 03-81.545, inédit ; de même, les juges ne peuvent appliquer de manière rétroactive l'art. 132-9 C. pén. entré en vigueur le 1er mars 1994. C'est ainsi que, lorsqu'une personne est condamnée en état de récidive par application d'une loi nouvelle, le principe de sécurité juridique commande que le délai légal de récidive ne soit pas déjà échu en vertu de la précédente loi. En l'espèce, la CEDH relève que la première infraction fut commise alors que la loi prévoyait une période de récidive de cinq ans et que la deuxième infraction relève de l'art. 132-9 du C. pénal qui fixe une période de récidive de dix ans. Conformément au régime légal alors applicable, la première période de récidive a légalement pris fin le 12 juill. 1991, soit cinq ans après que le requérant a purgé sa peine. La nouvelle période de récidive de dix ans n'est quant à elle apparue en droit français que près de trois ans après cette date, avec l'entrée en vigueur du nouveau Code pénal, à savoir le 1er mars 1994, CEDH 19 oct. 2005, *Achour c/ France*. La grande chambre de la CEDH estime que « pour que l'état de récidive soit juridiquement constitué, encore est-il nécessaire que, à la date de la seconde infraction, celle-ci entrât dans le champ temporel du délai légal de récidive, tel que fixé par les textes pertinents alors en vigueur » dans la même affaire (CEDH, gr. ch., 29 mars 2006, *Achour c/ France*, *contra* CEDH 10 nov. 2004, *D.* 2005. 1203, note D. Roets).
47. Crim. 22 sept. 2010, n° 09-88.011.
48. Crim. 14 oct. 2014, n° 13-85.779 ; *RSC* 2014. 800, obs. D. Boccon-Gibod.
49. Crim. 8 oct. 2014, n° 14-80.633.
50. Crim. 15 sept. 2015, n° 14-86.135, FS+B+I, *Dalloz actualité*, 22 sept. 2015, obs. S. Fucini.
51. Crim. 14 avr. 2015, nos 15-80.858 et 14-84.473, *Dalloz actualité*, 24 avr. 2015, obs. S. Fucini ; *D.* 2015. 1307, note S. Detraz.

**781** La Cour de Cassation a récemment tiré les conséquences de l'entrée en vigueur de la loi nº 2016-1691 du 9 décembre 2016, relative à la transparence, à la lutte contre la corruption et à la modernisation de la vie économique, créant un statut unifié de lanceur d'alerte (Crim. 17 oct. 2018, nº 17-80.485 ; M.-C. Sordino, « Lanceur d'alerte : rétroactivité *in mitius* de l'article 122-9 du Code pénal », *AJ pénal* 2018. 574 et 575). Ainsi, elle annule un arrêt des juges du fond qui avait condamné une inspectrice du travail ayant diffusé des courriels qui lui avaient été transmis anonymement, au motif « que la situation de la prévenue n'a pas été examinée au regard de l'article 7 de la loi du 9 décembre 2016 susvisée, qui a institué, à compter du 11 décembre 2016, une nouvelle cause d'irresponsabilité pénale au bénéfice de la personne ayant, dans certaines conditions, porté atteinte à un secret protégé par la loi ». L'arrêt est rendu au visa de l'article 7 de ladite loi qui prévoit le nouvel article 122-9 du Code pénal et de l'article 112-1 alinéa 3, du Code pénal qui pose le principe de rétroactivité *in mitius* des lois pénales nouvelles plus douces. L'application immédiate de l'article 122-9 du Code pénal à des faits non définitivement jugés entraîne l'annulation subséquente de l'arrêt de la cour d'appel de Chambéry, afin qu'il soit à nouveau statué sur le fond. Cette solution est logique au regard du caractère plus doux de la nouvelle disposition[52].

**782** ***Loi nouvelle complexe.*** Une loi est complexe lorsqu'elle contient à la fois des dispositions plus sévères et plus douces. Dans cette situation, la jurisprudence propose d'examiner le texte afin d'en déduire sa divisibilité ou son indivisibilité.

Une loi est divisible[53] si ses dispositions sont détachables (domaines d'application ou objets distincts, modifications à la fois des incriminations et des sanctions). L'exemple le plus classique de divisibilité appelant une application distributive est emprunté à l'entrée en vigueur de la loi du 23 décembre 1980 relative au crime de viol. Ladite loi définissait l'incrimination de viol de manière plus étendue que par le passé, incluant des actes qui tombaient jusqu'alors sous la qualification d'attentat à la pudeur. Cette dernière infraction se trouvait dans le même temps correctionnalisée. Les juges, retenant la norme la plus favorable à la défense, ont appliqué immédiatement aux affaires en cours les peines correctionnelles plus douces, mais ont refusé de faire rétroagir les dispositions nouvelles plus sévères consacrées à l'élargissement de la définition du crime de viol[54].

Une loi dont les dispositions ne peuvent être détachées est indivisible. La jurisprudence recherche alors la disposition principale dont le sens déterminera l'application immédiate ou non du texte entier[55] ou examine l'ensemble de la loi afin d'en dégager la tendance dominante[56]. Quelle que soit la méthode utilisée, le but est toujours le même : sélectionner la loi la plus douce et en faire bénéficier le prévenu.

## 2 • Les extensions nouvelles

**783** Le domaine de l'application de la loi la plus favorable à la défense a subi des extensions dans deux directions, à partir du moment où sont prises en compte d'une part les lois de forme et d'autre part la jurisprudence. Une troisième extension, procédant d'une analyse audacieuse, a également été préconisée.

**784** ***Les lois de forme.*** Classiquement, les solutions apportées aux conflits de textes pénaux dans le temps ont été élaborées par référence aux lois de fond, qui sont relatives aux incriminations et aux peines, à l'exclusion des lois de forme. Elles n'étaient d'ailleurs absolument pas visées par l'ancien

52. Sur le statut du lanceur d'alerte et sa protection, v. Loi nº 2022-400 du 21 mars 2022 et Loi nº 2022-401 du 21 mars 2022 ; M.-C. Sordino, « Réflexions sur le nouveau droit applicable aux lanceurs d'alerte : quand transposition devrait rimer avec précaution », *in Mélanges offerts au Professeur Frédéric Stasiak*, Presses Universitaires de Lorraine, 2023, à paraître.
53. Certains auteurs contestent le caractère complexe d'une loi dont les dispositions sont divisibles, v. not., M. Puech, *Droit pénal général*, Litec, 1988, p. 107.
54. Crim. 21 avr. 1982, *Bull. crim.* nº 99, *Les grands arrêts du droit pénal général*, *op. cit.*, nº 9.
55. Crim. 6 mai 1942, *JCP* 1942. II. 1909.
56. Crim. 5 juin 1971, *JCP* 1972. II. 17039, note A. Vitu.

article 4 du Code pénal et la doctrine[57]. Alors que la jurisprudence est venue préciser leur régime, le Code pénal entré en vigueur le 1er mars 1994, n'a pas entièrement intégré les solutions qu'elle proposait, pour s'orienter vers une extension du régime des lois de fond aux lois de forme, consacrées à l'organisation de la procédure (modalités des poursuites et formes de la procédure[58]), à la compétence des tribunaux, à l'exécution et l'application des peines[59], à l'exercice des voies de recours et aux règles de prescription.

Le rapprochement des régimes a été justifié par l'argument selon lequel une loi de forme, plus encore qu'une loi de fond, est présumée meilleure que l'ancienne, dans le but d'assurer une bonne administration de la justice. La disposition de procédure est ainsi analysée comme une réponse à un souci d'améliorer les règles de fonctionnement du procès pénal.

Désormais, l'application immédiate prévaut et trouve son fondement dans les articles 112-2, 112-3 et 112-4 du Code pénal.

Toutefois, le Code pénal écarte parfois de manière expresse l'application immédiate de la loi de procédure dans des cas où la situation de la personne poursuivie serait rendue moins favorable. C'est ainsi que l'article 112-2.1° du Code pénal exclut l'application immédiate de la loi de compétence et d'organisation judiciaire dès lors qu'un jugement au fond a été rendu en première instance.

Dans un sens identique, l'article 112-2, 3° du Code pénal rend la loi relative au régime d'exécution et d'application des peines applicable aux seuls faits commis postérieurement à son entrée en vigueur si elle engendre une sévérité accrue des peines prononcées par la décision de condamnation. La chambre criminelle de la Cour de cassation précise cependant que cette réserve doit être écartée lorsque la loi en dispose expressément de manière contraire. C'est ainsi que l'article 41 de la loi n° 2005-1549 du 12 décembre 2005 impose l'application immédiate de nouvelles modalités de calcul de réduction de peines pour les récidivistes, aux condamnations mises à exécution après l'entrée en vigueur de ladite loi, bien que l'effet produit puisse être plus sévère pour les condamnés[60]. À la suite de l'entrée en vigueur de la loi n° 2014-896 du 15 août 2014, la Chambre criminelle de la Cour de cassation a décidé que l'obligation de motivation spéciale de toute peine d'emprisonnement ferme constituait une loi de forme d'application immédiate[61]. De même, l'abaissement à un an du plafond permettant l'aménagement *ab initio* d'une peine d'emprisonnement ferme, issu de la loi du 23 mars 2019, n'est applicable qu'aux faits commis à compter du 24 mars 2020, date de son entrée en vigueur, au regard de l'article 112-2.3° du Code pénal[62].

L'application immédiate des lois porteuses de modifications des voies de recours est également bornée par l'article 112-3 du Code pénal.

Dans le prolongement de ce raisonnement, la Chambre criminelle de la Cour de cassation fait preuve d'une grande hésitation à propos de l'application dans le temps de la procédure d'irresponsabilité

57. De nombreux auteurs présentent encore la question de l'application de la loi pénale dans le temps en faisant la distinction entre les lois de fond et les lois de forme, v. not., G. Stéfani, G. Levasseur et B. Bouloc, *op. cit.*, n° 148.

58. V. sur le fondement de l'art. 112-2 2° C. pén., Crim. 20 juin 2001, *JCP* 2001. IV. 2798, à propos du délai de présentation d'une demande tendant à l'annulation d'une procédure de garde à vue et Crim. 19 sept. 2001, *Bull. crim.* n° 184, pour une demande tendant à l'annulation d'un interrogatoire de première comparution.

59. V. sur le fondement de l'art. 112-2.3° C. pén., Crim. 24 oct. 2000, *JCP* 2001. IV. 1458, à propos de la révocation d'un sursis avec mise à l'épreuve ; 28 juin 2000, *JCP* 2000. II. 10375, note F. Desportes : par cette décision de principe (cassation sans renvoi), la Cour de cassation considère que l'abrogation au 1er mars 1994 de la peine accessoire d'interdiction légale (interdiction des droits civils et de famille en matière criminelle) met obstacle à son exécution, même dans le cas où la condamnation est antérieure à cette date.

60. Crim. 9 avr. 2008, *D.* 2008. AJ 1556, obs. M. Léna ; cet arrêt est fidèle à la position de la jurisprudence de la CEDH, v. not., CEDH 10 juill. 2003, *Gravac c/ Italie*, *RSC* 2004. 165, obs. F. Massias. Un raisonnement identique, faisant le départ entre lois concernant la peine d'une part et relative aux modalités d'exécution de la peine, permet également de faire prévaloir l'application immédiate du placement sous surveillance électronique mobile dans le cadre d'une surveillance judiciaire aux personnes déjà condamnées, Cons. const. 8 déc. 2005, n° 2005-527 DC, *D.* 2006. 966, note F. Rouvillois.

61. Crim. 31 mars 2015, n° 14-86.584, *Dalloz actualité*, 4 mai 2015, obs. C. Fonteix.

62. Crim. 20 oct. 2020, F-P+B+I, n° 19-84.754, *Dalloz actualité*, 19 nov. 2020, obs. J. Gallois.

pénale pour cause de trouble mental créée par la loi du 25 février 2008[63]. Elle en a d'abord refusé l'application immédiate, en se fondant sur le principe de non-rétroactivité des lois de fond : pour la Haute juridiction, les mesures contraignantes prévues par l'article 706-136 du Code de procédure pénale ne sont pas des mesures de sûreté, mais bien des peines, ce qui impose en conséquence de leur faire subir le régime, non des lois de forme, mais des lois de fond[64]. Puis, par un revirement intervenu très rapidement, le 16 décembre 2009, elle considère que les dispositions consacrées à la non-rétroactivité des lois de fond relatives à la pénalité ne concernent pas les mesures de sûreté prévues par les articles 706-135 et 706-136 du Code de procédure pénale[65] ! Elle soustrait ainsi les mesures de sûreté de l'article 706-136 du Code de procédure pénale du domaine de l'article 112-1 du Code pénal, donc au régime des lois de fond et soumet les dispositions à l'application immédiate des lois de procédure de l'article 112-2 du Code pénal.

En revanche, l'article 72 de la loi du 9 mars 2004 a modifié l'article 112-2, 4° du Code pénal[66]. Jusqu'alors, les lois de prescription étaient d'application immédiate, sauf lorsqu'elles avaient pour résultat l'aggravation de la situation de l'intéressé. Désormais, toutes les lois de prescription relatives, soit à l'action publique, soit aux peines, sont applicables aux procès en cours, y compris lorsqu'elles sont plus sévères. C'est ainsi que la nouvelle rédaction de l'alinéa 2 de l'article 8 du Code de procédure pénale résultant de la loi du 9 mars 2004 qui allonge le délai de prescription pour des infractions graves de nature sexuelle commises à l'encontre de mineurs est d'application immédiate.

**785** ***Jurisprudence.*** Le principe d'application de la loi pénale la plus favorable a vu son domaine élargi, dès lors que la réflexion sur la notion de loi est menée *lato sensu*, incluant la jurisprudence.

Il est d'usage de souligner, depuis quelques années, l'internationalisation du droit pénal français[67]. Ainsi, l'influence grandissante de la Conv. EDH ne peut être passée sous silence, dès lors qu'est revisitée par la Cour européenne, tenant compte de la coexistence des pays de *common law*, la notion même de droit (*law*), qui englobe tant le droit écrit que le droit non écrit, c'est-à-dire les solutions jurisprudentielles. La conception de la loi déborde donc du cadre strict que lui assignaient les pères fondateurs du principe de la légalité criminelle et, au-delà la vision française tout entière[68]. La loi est la norme telle qu'elle est interprétée par la jurisprudence[69]. Elle forme une règle de droit unique. En conséquence, la Cour européenne la soumet à des exigences identiques à celles qu'elle a dégagées à propos de la loi *stricto sensu* : il est indispensable qu'elle présente les caractères d'accessibilité et de prévisibilité dans tous ses éléments.

Dès lors, la question de l'éventuelle rétroactivité des décisions jurisprudentielles se pose avec acuité[70]. Les enjeux d'une telle interrogation sont considérables et ont donné lieu à rédaction

63. Ce débat porte en réalité sur la distinction, parfois difficile, entre peine et mesure de sûreté, v. ss 792.
64. Crim. 21 janv. 2009, *Dr. pénal* 2009. Étude 9, note F. Rousseau.
65. S. Detraz, « Rétroactivité des mesures de sûreté applicables en cas de trouble mental », *JCP* 2010, n° 15.
66. V. sur cet élément la circulaire Crim. 04-16-E8 du 14 mai 2004 présentant les dispositions de procédure pénale immédiatement applicables de la loi n° 2004-204 du 9 mars 2004 portant adaptation de la justice aux évolutions de la criminalité ; pour une application de l'art. 112-2.4° dans sa rédaction issue de la loi du 10 juill. 1989, Crim. 5 janv. 2005, n° 04-82.582, inédit.
67. V. not., F. Debove, Le renouvellement des normes répressives françaises par le droit européen, thèse, Paris II, 1995.
68. R. Koering-Joulin, « De l'art de faire l'économie d'une loi », *D.* 1990. I. 187.
69. CEDH 24 avr. 1990, *Kruslin*, *D.* 1990. 353, note J. Pradel ; 15 nov. 1996, *Cantoni*, *Dr. pénal* 1997, n° 11, obs. J.-H. Robert ; *JCP* 1997. I. 4000, n° 31, obs. F. Sudre.
70. La doctrine est sensible à cette question, v. not., C. Mouly « Comment rendre les revirements davantage prévisibles ? », *LPA* 18 mars 1994 ; « Comment limiter la rétroactivité des arrêts de principe et de revirement ? », *LPA* 4 mai 1994 ; « Le revirement pour l'avenir », *JCP* 1994. I. 3776 ; Rapport sur les revirements de jurisprudence de la Cour de cassation, *in L'image doctrinale de la Cour de cassation*, La Documentation française, 1994, p. 123 ; T. Bonneau, « Brèves remarques sur la prétendue rétroactivité des arrêts de principe et des arrêts de revirement », *D.* 1995. I. 24 ; P. Puig, « Hiérarchie des normes : du système au principe », *RTD civ.* 2001. 749, spéc. 760 et 761 ; P. Morvan, « Le revirement de jurisprudence pour l'avenir : humble adresse aux magistrats ayant franchi le Rubicon », *D.* 2005. Chron. 247 ; pour une opinion plus critique, W. Dross, « La jurisprudence est-elle seulement rétroactive ? (à propos de l'application dans le temps des revirements de jurisprudence) », *D.* 2006. Chron. 472 ; X. Lagarde, « Jurisprudence et insécurité juridique », *D.* 2006. Chron. 678 ; en droit pénal spécialement, G.-X. Bourin, « Échec aux conséquences funestes des revirements en droit pénal ? », *Gaz. Pal.* 1995. 1. 599.

et publication d'un important rapport remis au Premier président de la Cour de cassation en novembre 2004, sous la présidence du professeur Nicolas Molfessis[71]. Toutes les branches du droit sont concernées par l'impact des effets des revirements de jurisprudence[72]. Une décision de jurisprudence s'applique toujours de manière rétroactive, puisqu'elle concerne des faits nécessairement antérieurs.

Mais en droit pénal la question revêt un relief tout particulier, bien que le débat dans cette discipline ait longtemps été dissimulé par une conception du principe de la légalité des incriminations et des peines fondée sur le seul texte de la loi[73]. La sécurité juridique des justiciables est en cause dès lors qu'il serait possible d'appliquer à des actes commis antérieurement des solutions plus sévères, pour la défense ou pour la partie civile. *A priori*, l'article 7, paragraphe 1er de la Conv. EDH s'oppose à une telle rétroactivité, qui conduirait à rejeter l'application de la norme pénale la plus favorable à la défense.

Au-delà de cette observation, une analyse plus précise peut être conduite, en se fondant sur la combinaison de deux critères qui sont au départ le caractère équivoque ou univoque des solutions jurisprudentielles, puis le caractère prévisible ou imprévisible du revirement.

Dans le cas où la tendance jurisprudentielle est équivoque, il sera difficile au prévenu de se retrancher derrière la survenance d'un revirement, prévisible ou imprévisible, afin de bénéficier d'une exonération de responsabilité pénale. Puisque les solutions jurisprudentielles ne s'inscrivent pas dans un sens unique et constant[74], il appartient au justiciable de se renseigner. Si le juge, qui doit se prononcer sous peine de déni de justice, donne une interprétation plus sévère d'un texte, le débat se déplace : il s'agit davantage d'une question liée à l'interprétation stricte de la loi pénale, dont le principe est posé par l'article 111-4 du Code pénal et qui prohibe le raisonnement par voie d'analogie, tout en autorisant la téléologie. Cette dernière modalité d'interprétation permet de conférer à un texte sa pleine mesure, sans toutefois aller au-delà de ses prévisions. Dans cette situation, l'exonération du prévenu apparaît délicate à obtenir, la mission du juge étant l'interprétation lorsque la loi est obscure.

Une reconnaissance implicite des possibilités de survenance d'un défaut de sécurité juridique des citoyens a pris toutefois la forme, en droit interne, de l'admission d'une erreur sur le droit sur le fondement de l'article 122-3 du Code pénal, au profit d'une salariée prévenue de vol par photocopies de documents appartenant à son employeur, en raison des divergences de solutions rendues par deux formations de la Cour de cassation, respectivement la chambre sociale et la chambre criminelle[75]. Cependant, la Cour de cassation a censuré ce raisonnement le 11 mai 2004, au motif que l'erreur sur le droit n'était pas invincible[76]. Dans le cas du vol par photocopies commis par la salariée, la Haute juridiction préfère rapprocher les positions respectives de la chambre sociale et de la chambre criminelle en créant une nouvelle possibilité d'exonération dès lors qu'elle reproche à la cour d'appel de ne pas avoir recherché si la prévenue « a eu connaissance de ces documents dans l'exercice de ses fonctions et si leur production était strictement nécessaire à l'exercice des droits de sa défense dans le cadre du litige l'opposant à son employeur ». Elle accepte sur le principe l'existence d'un fait justificatif, mais réduit immédiatement son champ d'application, en prenant le soin de poser deux conditions cumulatives, d'une part, la connaissance des documents litigieux

71. *Les revirements de jurisprudence*, rapport remis à M. le Premier président Guy Canivet, Litec, 2005.

72. V. not. Civ. 2e, 8 juill. 2004, *D.* 2004. 2956, qui refuse d'appliquer immédiatement une nouvelle règle de prescription de l'action civile en cas d'atteinte à la présomption d'innocence ; Soc. 17 déc. 2004, no 03-40.008 à propos de l'application immédiate de l'exigence d'une contrepartie financière à la clause de non-concurrence dans un contrat de travail ; CE, ass., 11 mai 2004, *Dr. adm.* 2004, no 115, qui confie au juge administratif le pouvoir d'apprécier l'opportunité d'une modulation dans le temps des effets d'une annulation qu'il prononce.

73. V., D. Rebut, « Les revirements de jurisprudence en matière pénale », rapport *op. cit.*, p. 95 s., spéc. p. 96 et 97.

74. Encore convient-il de s'interroger sur la notion même de « constance » de la jurisprudence, v. not., F. Zenati, *La jurisprudence*, Dalloz, 1999, p. 164 s.

75. Paris 9 nov. 2000, *Dr. pénal* 2001, no 57, obs. M. Véron.

76. *Bull. crim.* no 113.

dans l'exercice des fonctions et, d'autre part, le caractère strictement nécessaire desdits documents à l'exercice des droits de la défense dans le litige avec l'employeur[77]. L'adjonction de l'adverbe « strictement » au sein de cette dernière condition semble signifier que la production des pièces écrites doit être le seul moyen pour le salarié d'assurer le respect des droits de la défense. La Cour de cassation a restreint le domaine du fait justificatif au seul litige prud'homal[78], mais l'a élargi au délit d'abus de confiance[79].

La Cour de cassation préfère donc faire référence à un fait justificatif fondé sur le respect des droits de la défense plutôt qu'admettre le caractère inévitable de l'erreur lorsqu'elle résulte d'une divergence de points de vue de deux de ses chambres. Certains auteurs sont toutefois favorables à son admission lorsque le revirement est imprévisible[80]. Quant aux juridictions du fond, elles se montrent divisées lorsqu'il est question de faire bénéficier un gérant de supermarché d'une relaxe du chef d'exercice illégal de la pharmacie pour avoir vendu un médicament, sur le fondement d'une erreur sur le droit inévitable, lorsque la qualification du produit litigieux « était, à la date de la constatation des faits reprochés si controversée que le prévenu avait cru pouvoir légitimement vendre » ledit produit[81].

Dans le cas où la tendance jurisprudentielle est univoque, il convient d'affiner l'analyse en introduisant le critère de prévisibilité ou d'imprévisibilité des revirements. Le recours à ce critère soumet le droit d'origine jurisprudentielle au même impératif qui pèse sur les textes, ce qui est également une conséquence du passage d'une légalité strictement formelle à une légalité davantage matérielle.

Les illustrations empruntées au droit interne sont nombreuses en droit pénal[82].

La plupart du temps, les revirements porteurs de risque d'insécurité juridique sont brutaux et imprévisibles, par rapport à une solution qui paraissait assise et non appelée à changer. Ils prennent la forme de l'exemple pittoresque de faits de duel non susceptibles de qualification pénale pendant des années en vertu d'une jurisprudence constante de la Cour de cassation puis, soudainement qualifiés d'assassinat par la même formation[83]. Plus récemment, la disparition des délits matériels à l'occasion de la réforme du Code pénal a donné naissance à des solutions inattendues. La Cour de cassation a approuvé une

77. Depuis quelques années, une divergence d'appréciation est apparue entre les chambres criminelle et sociale de la Cour de cassation sur le vol par photocopies du salarié. Pour la chambre criminelle, le vol est constitué car la soustraction frauduleuse réalisée par le salarié est caractérisée, quel que soit le mobile qui a inspiré son auteur (Crim. 8 déc. 1998, *Bull. crim.* n° 336 ; 16 mars 1999, *JCP* 1999. II. 10166). Pour la chambre sociale, le salarié est légitimement fondé à produire les documents pour assurer sa défense dans le procès qui l'oppose à son employeur lorsqu'il en a eu connaissance dans l'exercice de ses fonctions (Soc. 2 déc. 1998, *JCP* 1999. II. 10166) et il ne peut donc être condamné du chef de vol. La solution retenue par l'arrêt du 11 mai 2004 érige un fait justificatif qui impose le caractère « strictement » nécessaire de la production des documents, ledit caractère n'étant pas jusqu'alors imposé par la chambre sociale de la Cour de cassation.

78. M.-C. Sordino, « Précisions sur le domaine du fait justificatif fondé sur les droits de la défense au profit du salarié », à propos de Crim. 9 juin 2009, *Dr. pénal* 2010. étude 6.

79. Crim. 16 juin 2011, n° 10-85.079, *Dalloz actualité,* 6 juill. 2011, obs. B. Ines : la Cour précise également que le salarié peut recueillir les documents alors qu'il vient d'être avisé du projet de l'employeur de le licencier, l'instance prud'homale n'étant pas encore introduite.

80. F. Desportes et F. Le Gunehec, *Le nouveau droit pénal,* 16e éd., Economica, 2009, n° 685 : ces deux auteurs ajoutent que l'erreur sur le droit est véritablement invincible dès lors que le revirement est total et imprévisible et va dans le sens d'une plus grande sévérité.

81. Crim. 15 oct. 2002, *Dr. pénal* 2003, n° 23, obs. J.-H. Robert : en l'espèce, le prévenu vendait de l'alcool camphré dans une grande surface et s'était appuyé devant la cour d'appel d'Aix-en-Provence sur la profonde division de la jurisprudence qui régnait au moment de la commission des faits (v. not., J.-P. Delmas-Saint-Hilaire, *RSC* 1990. 563 et *RSC* 1992. 571). La cour d'appel d'Aix-en-Provence a été sensible à cette argumentation et a relaxé le prévenu pour erreur sur le droit (E. Fouassier et G. Viala, « Tests de grossesse et monopole pharmaceutique : du droit de la santé au droit constitutionnel », *D.* 2003. Chron. 81), alors que la chambre criminelle de la Cour de cassation a cassé l'arrêt au motif que le gérant aurait dû « s'entourer de conseils appropriés ».

82. En droit des obligations et, plus spécialement, à propos de l'exercice de l'action de l'acquéreur en délivrance d'une chose non conforme ou en garantie des vices cachés contre le vendeur, la première chambre civile de la Cour de cassation, le 21 mars 2000, justifie les revirements de jurisprudence et leur application rétroactive, car « la sécurité juridique invoquée ne saurait consacrer un droit acquis à une jurisprudence figée, l'évolution de la jurisprudence relevant de l'office du juge dans l'application du droit » (*D.* 2000. 593, note C. Atias ; *RTD civ.* 2000. 666, obs. N. Molfessis) ; Civ. 1re, 9 oct. 2001, considère que la responsabilité civile d'un médecin peut être recherchée pour inexécution d'une obligation d'information, alors même qu'à l'époque des faits, à savoir en 1974, la jurisprudence n'exigeait pas l'accomplissement d'un tel devoir, *JCP* 2002. II. 10045, note O. Cachard ; *JCP E, Cah. dr. entr.* 2002. 27, note B. Pitcho ; C. Clément, *LPA* 6 déc. 2001. V. égal. Civ. 1re, 18 oct. 2005.

83. Exemple prenant place au XIXe siècle, cité *in* J.-P. Doucet, *Le jugement pénal,* Litec, 1991, p. 121.

qualification intentionnelle pour les délits de vente sans facture[84] ou de construction sans permis[85], alors que l'article 339 de la loi du 16 décembre 1992, dite loi « d'adaptation du Code pénal », préconisait leur transformation en délits d'imprudence ou de négligence[86]. Dans un sens plus clément vis-à-vis de la défense, mais plus sévère pour la partie civile, la chambre criminelle de la Cour de cassation a, de manière totalement imprévue, admis l'extension de l'exonération du chef d'entreprise par une délégation de pouvoirs dans le domaine économique, alors qu'elle le restreignait jusqu'alors au droit du travail[87]. Elle a également justifié la commission du délit d'abus de biens sociaux au sein d'un groupe de sociétés, en érigeant en fait justificatif l'existence d'un intérêt de groupe[88]. Dans un sens identique, la chambre criminelle de la Cour de cassation a récemment opéré un revirement spectaculaire en déclarant irrecevable la constitution de partie civile de l'actionnaire d'une société victime d'un abus de biens sociaux ou de pouvoirs en cas de dépréciation des titres ou de dévalorisation du capital social[89]. Ce faisant, la chambre criminelle met sa solution en accord avec celle de la chambre commerciale de la Cour de cassation[90].

Face à ces exemples, il importe de préciser les différences entre un revirement prévisible et un revirement imprévisible en droit pénal.

Des éléments de réponse sont apportés par la position de la Commission européenne[91]. Il semble que pour elle la prévisibilité d'un revirement s'apprécie par rapport à l'interprétation du texte qui fonde la poursuite. Le juge dispose du pouvoir de préciser les éléments constitutifs de l'infraction contenus dans ledit texte.

Le revirement est prévisible lorsque le juge raisonne par voie de téléologie afin d'adapter l'interprétation au contexte actuel. C'est ainsi que la CEDH a considéré que le viol entre époux devait être réprimé et ce de manière rétroactive, puisque, l'article 7 de la Conv. EDH ne proscrit pas « la clarification graduelle des règles de la responsabilité pénale par l'interprétation judiciaire d'une affaire à l'autre, à condition que le résultat soit cohérent avec la substance de l'infraction et raisonnablement prévisible ». En l'espèce, le revirement de jurisprudence britannique admettant la sanction pénale en cas de relations sexuelles imposées entre époux était prévisible car la solution était conforme « à une notion civilisée du mariage »[92]. La CEDH a récemment précisé que, si une évolution de la jurisprudence n'est pas en soi contraire à une bonne administration de la justice[93], un revirement de jurisprudence dans l'ordre interne doit être justifié par une motivation plus étayée[94].

En revanche, le juge ne peut pas, sous peine d'opérer un revirement imprévisible, bouleverser les éléments constitutifs de l'infraction dans un sens défavorable au prévenu. D'ailleurs, dans cette situation, le prévenu pourrait exciper d'une violation du principe de la légalité visé par les articles 111-3 du Code pénal et 7 paragraphe 1er de la Conv. EDH, car la condition tenant à la nécessaire existence préalable d'un texte incriminateur ferait défaut.

De même, à propos d'une affaire de délit de construction sans permis, la CEDH est séduite par l'argument d'un requérant aux termes duquel un « renversement » de jurisprudence qualifiant rétroactivement

84. Crim. 25 mai 1994, *Bull. crim.* n° 203.
85. Crim. 12 juill. 1994, *Bull. crim.* n° 280.
86. Cette jurisprudence s'explique dès lors que l'on se place sur le terrain probatoire. Il est en effet parfois plus facile de démontrer la mauvaise foi plutôt que la faute d'imprudence ou de négligence.
87. Crim. 11 mars 1993, 5 arrêts, *Dr. pénal* 1994, n° 39, obs J.-H. Robert.
88. Encore convient-il de nuancer ce point en remarquant que la partie civile face à un abus de biens sociaux est la société elle-même, considérée comme victime de l'infraction, Crim. 4 févr. 1985, *Rozenblum*, *Rev. sociétés* 1985. 648 ; *JCP* 1985. II. 14164, note W. Jeandidier, suivant T. com. Paris 16 mai 1974, *D.* 1975. 37 ; T. com. Lyon 20 juin 1985, *BCNCC* mars 1987, p. 64 ; Paris 29 mai 1986, *BCNCC* déc. 1986, p. 391.
89. Crim. 12 déc. 2000 et 13 déc. 2000 (2 arrêts), *Dr. pénal* 2001, n° 47, obs. J.-H. Robert ; *Bull. Joly* 2001. 497 s., note J.-F. Barbiéri.
90. Com. 1er avr. 1997, *RTD com.* 1997. 647, obs. B. Petit et Y. Reinhard.
91. D. Roets, « L'application de la loi pénale dans le temps et la Convention européenne des droits de l'homme », *D.* 2004. Chron. 1991.
92. Le requérant qui avait été condamné pour viol sur la personne de son épouse à la suite du revirement de jurisprudence des juridictions anglaises a vu ses prétentions rejetées par la CEDH, *W. c/ Royaume-Uni*, 22 nov. 1995.
93. CEDH 14 janv. 2010, *Atanasovski c/ « l'ex-République yougoslave de Macédoine »*, req. n° 36815/03, *AJDA* 2010. 997, Chron. J.-F. Flauss.
94. CEDH 30 août 2011, *Boumaraf c/ France*, req. n° 32820/08, *Dalloz actualité*, 30 sept. 2011, obs. C. Demunck.

des faits de manière délictuelle réalise une violation dudit article 7[95]. Elle considère que, même pour un professionnel pouvant avoir recours à des conseils, « il était difficile, voire impossible, pour le requérant de prévoir le revirement de jurisprudence de la Cour de cassation et donc de savoir que, au moment où il les a commis, ses actes pouvaient entraîner une sanction pénale ». La décision est importante car elle conduit à refuser l'application de la rétroactivité à un revirement défavorable. Selon la Cour « le manque de jurisprudence préalable » empêche l'interprétation du texte d'être « accessible et raisonnablement prévisible ». Ce faisant, hormis le fait que, fidèle à sa position, elle assimile la jurisprudence au droit écrit, elle place la prévisibilité raisonnable au cœur du raisonnement. Le défaut de jurisprudence préalable constitue donc un des cas de « revirement »[96] engendrant une absence de prévisibilité raisonnable.

La CEDH a récemment illustré une situation dans laquelle elle considère qu'un revirement défavorable non raisonnablement prévisible n'est pas compatible avec l'article 7 Conv. EDH. En l'espèce, les faits concernent le report de la date de remise en liberté définitive d'une personne condamnée pour terrorisme, en application d'une jurisprudence du Tribunal suprême espagnol, dénommée « doctrine Parot », intervenue après sa condamnation. La requérante avait été condamnée sur le fondement de plusieurs infractions liées à des attentats terroristes commis entre 1982 et 1987, à 3 000 ans de peines privatives de liberté. En application du Code pénal espagnol, la peine a été réduite à 30 ans et, en tenant compte des remises de peines, la date de libération était fixée au 2 juillet 2008. Cependant, entre-temps, le Tribunal suprême espagnol avait opéré un revirement de jurisprudence à propos des remises de peine. Appliqué au cas d'espèce, ce revirement a eu pour effet de reporter au 27 juin 2017 sa date de remise en liberté définitive, soit près de neuf ans plus tard. La requérante contesta devant la Cour européenne l'application rétroactive du revirement de jurisprudence, arguant d'une violation de l'article 7 de la Conv. EDH. Dans un premier arrêt rendu le 10 juillet 2012[97], la troisième section de la Cour juge qu'il y a bien eu violation dudit article, car « la requérante ne pouvait à l'époque des faits prévoir à un degré raisonnable que la durée effective de sa privation de liberté se prolongerait de presque neuf ans ». Elle ajoute « qu'elle ne pouvait pas prévoir, au moment où toutes ses peines ont été cumulées, que la méthode de calcul de ces remises de peine ferait l'objet d'un revirement jurisprudentiel en 2006 et que ce revirement lui serait appliqué de façon rétroactive ».

L'affaire a été renvoyée, par la suite, devant la Grande chambre de la CEDH, à la demande du gouvernement espagnol. Le 21 octobre 2013[98], la Cour confirme que l'application rétroactive d'un revirement jurisprudentiel imprévisible défavorable méconnaît le principe de légalité criminelle, donc, l'article 7 de la Conv. EDH. L'arrêt est important, dans ses deux facettes. La Cour s'attache d'abord à déterminer le champ d'application de l'article 7 de la Conv. EDH. Seules les peines relèvent de son domaine, les mesures relatives aux « modalités d'exécution » étant exclues. Ainsi, aux termes de l'arrêt *Kafkaris c/ Grèce*[99], « lorsque la nature et le but d'une mesure concernent la remise d'une peine ou un

95. CEDH 10 oct. 2006, *D.* 2007. 124, note D. Roets ; cette affaire a connu un épilogue le 13 févr. 2009 par un arrêt de l'assemblée plénière de la Cour de cassation (*Dr. pénal* 2009, n° 54, obs. J.-H. Robert). La question juridique revient à s'interroger sur la possibilité de qualifier pénalement la continuation de travaux en dépit d'un sursis à exécution d'un permis de construire sans avoir obtenu préalablement un permis. Au-delà, une question plus générale consiste à se demander si une condamnation pénale peut être prononcée sur le fondement d'une interprétation jurisprudentielle de la définition des éléments constitutifs de l'infraction inconnue au moment de la commission des faits. L'assemblée plénière de la Cour de cassation casse sans renvoi l'arrêt de la cour d'appel d'Aix-en-Provence au visa des art. 111-4 C. pén. et L. 480-4 C. urb., car « la loi pénale est d'interprétation stricte ; qu'il s'ensuit que la poursuite de travaux malgré une décision de la juridiction administrative prononçant le sursis à exécution du permis de construire n'est pas constitutive de l'infraction de construction sans permis prévue par le second de ces textes ». En l'espèce, s'agit-il véritablement d'un revirement ou d'une précision apportée à une interprétation jurisprudentielle ?

96. On peut noter que le requérant visait lui un « renversement » de jurisprudence et non expressément un revirement. Il ne semble toutefois pas que le terme utilisé emporte une différence fondamentale au regard de l'analyse.

97. CEDH, sect. III, 10 juill. 2012, *Del Rio Prada c/ Espagne*, req. n° 42750/09.

98. V. Peltier, « CEDH, *Del Río Prada c/ Espagne*, ou les bouleversements apportés au droit conventionnel de la peine sans revirement de jurisprudence… », *Dr. pénal* 2014. Étude 2.

99. CEDH, gr. ch., 12 févr. 2008, req. n° 21906/04.

changement dans le système de libération conditionnelle, cette mesure ne fait pas partie intégrante de la "peine" au sens de l'article 7 ».
Cependant, si des mesures adoptées par le législateur postérieurement au prononcé d'une peine définitive conduisent à une redéfinition ou à une modification de « la portée de la peine » infligée par le juge qui l'a prononcée, celles-ci sont soumises à l'interdiction de la rétroactivité des peines prévue par l'article 7 de la Conv. EDH. En l'espèce, se livrant à une appréciation *in concreto*, les juges européens estiment que les nouvelles modalités d'imputation des remises de peine n'ont pas modifié les seules « modalités d'exécution » de la peine infligée mais en ont aussi modifié la « portée »[100].
Une fois l'applicabilité de l'article 7 établie dans l'affaire concernée, la Cour recherche, ensuite, si le revirement jurisprudentiel défavorable était raisonnablement prévisible par la requérante, c'est-à-dire s'il pouvait s'inscrire dans une tendance jurisprudentielle ou s'il pouvait être perçu comme s'inscrivant dans une évolution. Cela n'est pas le cas en l'espèce pour la CEDH et la conséquence du revirement étant la modification, au détriment de la requérante, de la portée de la peine, la violation de l'article 7 s'imposait.
Si, bien qu'imprévisible, un revirement de jurisprudence peut se révéler favorable à la personne poursuivie, le caractère imprévisible de la nouvelle interprétation n'est plus analysé comme portant une atteinte à la sécurité juridique. Tout au contraire, la décision plus récente qui adoucit la répression devrait bénéficier de manière immédiate au prévenu. C'est ainsi qu'a été appliqué immédiatement le revirement de jurisprudence qui a restreint le domaine du délit de recel, en excluant les acquéreurs de bonne foi d'un bien mobilier[101].
La chambre criminelle de la Cour de cassation semble très prudente quant à l'extension du domaine de l'application de la loi la plus favorable à la défense à la jurisprudence qui interprète celle-ci, afin de former une norme pénale unique, sous l'influence de l'internationalisation du droit pénal.
Une illustration peut en être fournie à travers un arrêt rendu le 30 janvier 2002[102]. En l'espèce, un citoyen néerlandais importe en France des capitaux pour un montant élevé dans le courant de l'année 1996. Il est poursuivi et condamné du chef du délit de non-respect de l'obligation pour les « personnes physiques » de déclaration de capitaux pour une somme supérieure à 50 000 francs sur le fondement de l'article 464 du Code des douanes. Or, si la Chambre criminelle de la Cour de cassation a considéré en 1998[103] que l'obligation de déclaration ne s'imposait qu'aux résidents français, cette décision a été réformée en 2000 sur opposition de l'Administration des douanes[104]. Le prévenu soutient en conséquence qu'il lui a été fait application d'un revirement de jurisprudence plus sévère et qu'ont ainsi été violés les principes de non-rétroactivité de la loi pénale plus sévère et de la légalité des délits et des peines, la « loi » visant à la fois le texte écrit et son interprétation donnée par les tribunaux.
Rejetant le pourvoi, la Haute juridiction retient « qu'en l'absence de modification de la loi pénale, [...] le principe de non-rétroactivité ne s'applique pas à une simple interprétation jurisprudentielle ». C'est dire qu'en l'espèce, aucun courant de jurisprudence ne s'était formé sur la détermination du domaine subjectif de l'obligation de déclaration posée par l'article 464 du Code des douanes. Il ne pouvait donc être question de revirement. Ce faisant, la Cour de cassation laisse intact le débat sur leur éventuelle rétroactivité.
La Haute juridiction maintient depuis lors cette solution. Elle rejette ainsi le 5 mai 2004 le pourvoi formé contre une décision des juges du fond qui avait déclaré irrecevable la constitution de partie civile de la société X du chef des abus de biens sociaux commis au préjudice de la société Y par son dirigeant,

---

100. Cette décision soulève des difficultés en droit de la peine, en élargissant le domaine de l'art. 7 Conv. EDH et en se démarquant par rapport aux solutions affirmées par le droit conventionnel de la peine, v. Peltier, *op. cit.*
101. D. Rebut, « Les revirements de jurisprudence en matière pénale », rapport *op. cit.*, p. 98 et les références citées.
102. Crim. 30 janv. 2002, *Dr. pénal* 2002, n° 43, obs. J.-H. Robert.
103. Crim. 25 juin 1998, *Dr. pénal* 1998, n° 145, obs. J.-H. Robert.
104. Crim. 29 mars 2000, *Dr. pénal* 2000, n° 103, obs. J.-H. Robert.

car « le principe de non-rétroactivité ne s'applique pas à une simple interprétation jurisprudentielle »[105]. Elle applique donc de manière immédiate le revirement de jurisprudence qui ouvre désormais à la société seule le droit d'exercer l'action civile en cas d'abus de biens sociaux[106].

L'examen des espèces qui ont donné lieu à ces décisions montre que la chambre criminelle de la Cour de cassation prône une conception étroite de la loi qui peut être en décalage avec la position de la CEDH. Elle refuse de donner à la jurisprudence une place au côté du texte écrit, qu'elle a pour mission d'interpréter. Ce faisant, en voulant protéger la légalité conçue de manière stricte, elle peut s'en écarter lorsqu'elle refuse d'appliquer à un revirement défavorable au prévenu le principe de non-rétroactivité de la loi plus sévère. En ce cas, il s'agit bien d'une véritable atteinte au principe de la légalité. En cas de revirement défavorable le justiciable ne bénéficie plus des garanties qui constituent le fondement de ce principe.

Afin de remédier à des conflits de normes, la Cour de cassation a dû se résoudre à prendre une position dont les effets ne joueraient que pour l'avenir dans trois espèces, le 19 octobre 2010[107]. La chambre criminelle s'est en effet trouvée face à une situation juridique inédite, à propos de la législation applicable en matière de garde à vue. Confrontée à une non-conformité des dispositions relatives à la garde à vue, d'abord à l'article 6 de la Conv. EDH[108] et ensuite à la Constitution par la décision du Conseil constitutionnel en date du 30 juillet 2010 par le truchement de deux saisines au titre d'une question prioritaire de constitutionnalité[109], elle a fixé un effet différé dans le temps à l'application de la règle nouvelle. Elle a ainsi considéré que la solution nouvelle ne prendrait effet que lors de l'entrée en vigueur de la loi devant, conformément à la décision du Conseil constitutionnel du 30 juillet 2010, modifier le régime juridique de la garde à vue, ou, au plus tard, le 1er juillet 2011. Il s'agit là d'une véritable prise de position « pour l'avenir ». Cependant, l'Assemblée plénière de la Cour de cassation, par quatre arrêts du 15 avril 2011[110], a opté pour une autre solution, en retenant une application immédiate des nouvelles règles de la garde à vue, les États adhérents étant « tenus de respecter les décisions de la Cour européenne des droits de l'homme sans attendre d'être attaqués devant elle ni d'avoir modifié leur législation », alors que l'article 26 de ladite loi prévoyait de manière expresse que le texte nouveau n'entrerait en vigueur que le 1er juin 2011. Et la Chambre criminelle de la Cour de cassation a franchi une étape en visant directement l'article 6 § 3 de la Conv. EDH tel qu'il est interprété par la CEDH, afin d'annuler, sans cassation, les gardes à vue effectuées antérieurement au 15 avril 2011 sans l'assistance de l'avocat[111]. Cette solution apparaît comme un écho plus favorable aux exigences européennes, en comparaison avec la position que cette même chambre avait adoptée moins d'un an auparavant[112]. Le Conseil constitutionnel, quant à lui, saisi de plusieurs questions prioritaires de constitutionnalité, vient de déclarer les dispositions de la loi du 14 avril 2011 conformes à la Constitution[113]...

105. Crim. 5 mai 2004, n° 03-82.801, inédit.

106. V. p. 382, note 7.

107. *BICC* n° 736, 15 févr. 2011, jur., nos 164 s. ; v. égal. Crim. 27 oct. 2010, *D.* 2010. 2912 ; Crim. 4 janv. 2011, *AJ pénal* 2011. 83, obs. J. Danet ; Crim. 18 janv. 2011, *Dalloz actualité*, 21 févr. 2011.

108. V. not., CEDH 27 nov. 2008, *Salduz c/ Turquie*, req. n° 36391/02, *AJDA* 2009. 872, Chron. J.-F. Flauss ; 13 oct. 2009, *Dayanan c/ Turquie*, req. n° 7377/03, *Gaz. Pal.*, 2-3 déc. 2009, p. 19, note H. Matsopoulou ; v. égal. 24 sept. 2009, *Pishchalnikov c/ Russie*, req. n° 7025/04 ; 19 nov. 2009, *Kolesnik c/ Ukraine*, req. n° 17551/02 ; 27 oct. 2011, *Stojkovic c/ France et Belgique*, req. n° 25303/08.

109. Décision n° 2010-14/22 QPC, *AJDA* 2010. 1556, obs. S. Brondel.

110. Cass., ass. plén., 15 avr. 2011, nos 10-17.049, 10-30.242, 10-30.313 et 10-30.316.

111. Crim. 31 mai 2011, 4 arrêts, *Gaz. Pal.* 5-7 juin 2011, p. 7, note O. Bachelet.

112. H. Matsopoulou, « Garde à vue : la Cour de cassation partagée entre conventionnalité et constitutionnalité — À propos des arrêts de la Chambre criminelle du 19 octobre 2010 », *JCP* 2010, n° 45, 1104.

113. V. Cons. const. 18 nov. 2011, n° 2011-191/194/195/196/197 QPC, v. H. Matsopoulou, « Les dispositions de la loi du 14 avril 2011 sur la garde à vue déclarées conformes à la Constitution », *D.* 2011. 3034 : plusieurs questions prioritaires de constitutionnalité ont été transmises au Conseil constitutionnel par le Conseil d'État et la Chambre criminelle de la Cour de cassation, à propos de la conformité du régime de « l'assistance effective de la personne gardée à vue par un avocat » prévu par les art. 62 et 63-4-1 à 63-4-5 du Code de procédure pénale. Le Conseil déclare ces dispositions conformes à la Constitution et assortit d'une réserve d'interprétation l'al. 2 de l'art. 62 du Code de procédure pénale, mais précise que celle-ci est « applicable aux auditions réalisées postérieurement à la publication de la présente décision », afin de se prémunir contre d'éventuels effets rétroactifs.

C'est dire l'importance de la place théorique et pratique qu'occupe la détermination de la norme à privilégier au moment du procès lorsqu'il existe un chevauchement dans le temps[114].

**786** ***Extension du domaine de l'article 112-1 alinéa 3.*** Récemment, une troisième extension de l'application de la loi la plus favorable à la défense a fait son apparition. Là, il n'est pas question de s'attacher à la norme en vigueur au jour du jugement, mais d'étendre le domaine de la rétroactivité *in mitius* à des situations passées en force de chose jugée. La proposition est osée car elle ne respecte pas la lettre de l'article 112-1 alinéa 3 du Code pénal qui exclut expressément du champ d'application de la loi nouvelle plus douce les infractions commises ayant donné lieu « *à une condamnation passée en force de chose jugée* ». Cependant, elle a été retenue par des décisions, d'abord de manière implicite par la chambre criminelle de la Cour de cassation, puis de manière directe par des juridictions du second degré.

La chambre criminelle de la Cour de cassation s'est ainsi prononcée le 19 septembre 2007[115] à propos de l'interdiction de gérer, automatique, en vertu du décret-loi du 8 août 1935 qui a été abrogé par l'ordonnance du 6 mai 2005. Lorsque la personne condamnée à une escroquerie sous l'empire du premier texte a désiré obtenir le relèvement de cette peine accessoire, alors que le second texte était en vigueur, la Haute juridiction répond que la peine principale prononcée pour escroquerie n'emporte plus l'interdiction de gérer et que la requête n'a plus d'objet.

La cour d'appel de Versailles poursuit le raisonnement par 3 arrêts en date du 18 décembre 2008[116]. La question est identique et porte à nouveau sur l'interdiction d'exercer le commerce. La loi du 4 août 2008 modifie cette peine en la faisant passer de peine accessoire (dont la durée est déterminée à l'avance) à peine complémentaire, dont la durée est décidée par le tribunal correctionnel. Les juges du second degré considèrent que le texte est plus doux et décident de le faire rétroagir afin de lui faire produire des effets sur des condamnations devenues définitives antérieurement à son entrée en vigueur.

La solution, hardie, peut paraître étonnante, tant elle élargit le domaine de la rétroactivité *in mitius et* menace l'autorité de la chose jugée. Cependant, alors que l'alinéa 2 de l'article 112-4 du Code pénal dispose que « *la peine cesse de recevoir exécution quand elle a été prononcée pour un fait qui, en vertu d'une loi postérieure au jugement, n'a plus le caractère d'une infraction pénale* », un auteur s'interroge sur le point de savoir s'il ne serait pas opportun, pour le législateur, d'ajouter un nouvel alinéa qui prévoirait cette fois, non l'abrogation de l'incrimination, mais l'abrogation de la peine attachée à une infraction, postérieurement à la condamnation définitive[117]. Au regard de l'exigence de nécessité des peines contenue dans l'article 8 de la Déclaration des droits de l'homme et du citoyen de 1789, l'interrogation mérite en effet d'être posée. Puisque désormais l'étape consacrée à l'exécution de la peine est juridictionnalisée, ne doit-elle pas également être soumise audit article 8 dont la substance a valeur constitutionnelle,

---

114. Rappr. du contentieux à propos d'irrégularités qui affectent le tableau d'amortissement devant assortir des offres de prêt, susceptibles d'entraîner la déchéance du droit aux intérêts pour le prêteur. L'intervention du législateur afin de réputer régulières lesdites offres de prêt a consisté à « limiter, pour l'avenir, la portée d'une interprétation jurisprudentielle », v. not., Civ. 1re, 20 juin 2000, *JCP* 2001. II. 10454, note A. Gourio et Civ. 1re, 9 juill. 2003, inédit, nº 99-12.031, au motif qu'« obéit à d'impérieux motifs d'intérêt général l'intervention du législateur destinée à aménager les effets d'une jurisprudence nouvelle de nature à entraîner, par l'importance de ses conséquences sur les établissements de crédit, des risques considérables pour l'équilibre financier du système bancaire dans son ensemble et, partant, pour l'activité économique générale ». Depuis lors, l'assemblée plénière de la Cour de cassation maintient le refus de l'application d'une loi (même interprétative) aux instances en cours car « le principe de prééminence du droit et la notion de procès équitable s'opposent, sauf pour d'impérieux motifs d'intérêt général, à l'ingérence du pouvoir législatif dans l'administration de la justice afin d'influer sur le dénouement judiciaire des litiges » (23 janv. 2004, *D.* 2004. 1108, note P.-Y. Gautier) ; dans l'affaire du « tableau d'amortissement », la CEDH considère qu'il y a eu violation de l'art. 1er du Protocole nº 1 de la convention garantissant le droit de propriété, car l'intervention législative en l'espèce n'était pas justifiée par d'impérieux motifs d'intérêt général (il s'agissait de la loi du 12 avr. 1996), CEDH 14 févr. 2006, *JCP E* 2006, nº 2062, note J. Raynaud.

115. Crim. 19 sept. 2007, nº 06-87.355, inédit.

116. V. les pertinentes observations du professeur H. Matsopoulou, « la portée de la peine accessoire d'interdiction commerciale résultant de condamnations antérieures à la loi du 4 août 2008 », *Dr. pénal* 2009. Études 10 s. ; v. égal., Nîmes 8 janv. 2009, nº 08-02.151, publié par le service de documentation de la Cour de cassation.

117. H. Matsopoulou, *op. cit.*

de sorte que, si la peine n'est plus strictement nécessaire au regard de sa nature ou sa durée, la conséquence réside en son abrogation ?

Si la force de l'application de la loi la plus clémente à la défense n'est apparemment pas contestée et apparaît solidement ancrée en droit interne et en droit issu des conventions internationales, il reste qu'elle cède parfois la place à des limites.

# II • Les limites de l'application de la loi pénale la plus favorable

**787** Il peut paraître surprenant que le droit pénal positif s'interroge sur l'opportunité de l'admission d'atténuations à l'application de la loi pénale la plus favorable à la défense, en raison de la force des arguments qui militent en sa faveur. Pourtant, l'existence de situations particulières soulève des interrogations qui font douter de son caractère absolu. L'admission de possibles dérogations aux deux principes fondamentaux de non-rétroactivité de la loi pénale plus sévère et d'application immédiate de la loi pénale plus douce est source de controverses au sein de la doctrine et de la jurisprudence depuis des années. Les débats s'ouvrent à nouveau dès qu'une espèce spécifique pose une question juridique en ce sens. De leur analyse, il semble que, parmi les limites dont il est fait état, certaines ne soient qu'apparentes (**B.**), alors que d'autres, en revanche, sont bien réelles (**A.**).

## A • Les limites réelles

**788** La préférence conférée à la disposition la plus favorable au prévenu cesse parfois face à l'application rétroactive (*1.*) ou à la survie (*2.*) de la loi plus sévère.

### 1 • L'application rétroactive de la loi plus sévère

**789** Le principe de non-rétroactivité de la loi plus sévère peut subir deux tempéraments qui sont, d'une part, l'existence de dispositions expressément rétroactives et, d'autre part, la prise en compte d'intérêts supérieurs.

**790** ***Les lois expressément rétroactives.*** Le principe de non-rétroactivité de la loi plus sévère ayant une valeur constitutionnelle en matière pénale, le législateur ne devrait pas pouvoir, de sa seule initiative, y déroger. Pourtant, il arrive qu'un texte nouveau contienne de manière expresse des dispositions rétroactives et les juges ne peuvent que les appliquer en l'absence de pouvoir de contrôle de leur constitutionnalité[118].

Ces tempéraments au principe sont peu fréquents et, en général, procèdent d'une volonté délibérée, guidée par des motifs juridiques ou d'opportunité.

Une illustration de la première situation peut être empruntée au droit pénal des procédures collectives. Les juges ont ainsi rétroactivement appliqué l'article 85 de la loi du 30 décembre 1985 qui définit le délit de malversation, sur le fondement de l'article 94 de ladite loi, prévoyant que la nouvelle infraction avait vocation à régir les actes accomplis antérieurement à son entrée en vigueur[119]. Le but poursuivi était de pallier les incohérences nées d'une accumulation de difficultés

118. Sauf dans le cas où les juges se fonderaient sur l'art. 7, § 1 Conv. EDH, sans recourir à son équivalent au sein des principes constitutionnels.
119. Crim. 12 juin 1989, *D.* 1989. II. 585, note F. Derrida.

juridiques : s'étaient ainsi succédé l'annulation par le Conseil constitutionnel de la disposition incriminant l'infraction de malversation dans la loi du 25 janvier 1985, l'impossibilité technique d'assurer l'entrée en vigueur de la loi du 30 décembre 1985 le 1er janvier 1986, comme cela était prévu pour l'ensemble du droit des entreprises en difficulté, et la cessation d'effet du texte d'incrimination du délit de malversation contenu dans la loi du 13 juillet 1967 au 1er janvier 1986. Sans une application rétroactive du nouvel article, certains faits commis antérieurement au 1er janvier 1986 n'auraient pu être réprimés.

À titre d'exemple de la seconde situation, des motifs d'opportunité liés à une politique criminelle répressive contre des comportements estimés très dangereux justifient la rétroactivité d'ordonnances de 1944 punissant des actes de collaboration avec l'ennemi sur le fondement du crime d'indignité nationale et celle de l'article 50 de la loi du 17 juin 1998 consacrée aux infractions sexuelles contre les mineurs et allongeant certains délais de prescription[120].

Quel que soit le but recherché par le législateur, l'entrée en vigueur d'une telle disposition est de plus en plus souvent conditionnée par le contrôle de constitutionnalité exercé par le Conseil constitutionnel.

Toutefois, depuis quelques années, il est possible de noter la création d'une zone floue de partage entre lois de fond et lois de forme, notamment en ce qui concerne les lois relatives à la peine et celles qui sont consacrées à l'application des peines. En effet, en traitant les dispositions comme si elles ne s'intéressent qu'à l'application des peines et non à une norme de fond, le législateur parvient à faire appliquer immédiatement un texte plus sévère par le biais d'une disposition expresse en ce sens. Il en est ainsi notamment pour le placement sous surveillance judiciaire qui peut être ordonné à l'encontre d'une personne condamnée pour un crime ou un délit pour lequel le suivi sociojudiciaire était encouru alors même que l'infraction fondant la poursuite a été commise avant l'entrée en vigueur du suivi sociojudiciaire[121]. Il en est de même de l'article 12 de la loi n° 2007-1198 du 10 août 2007 qui prévoit que les dispositions relatives à l'expertise psychiatrique sont applicables immédiatement aux condamnés exécutant une peine privative de liberté pour une infraction désormais punissable du suivi sociojudiciaire, même si celui-ci n'existait pas au moment de la commission des faits[122].

**791** ***La prise en compte d'intérêts supérieurs.*** La prise en compte d'intérêts supérieurs peut également constituer un facteur de création de règles pénales plus sévères rétroactives. C'est ainsi que, postérieurement à la Seconde Guerre mondiale et en l'absence de lois spécifiques réprimant les crimes contre l'humanité, il est apparu nécessaire de combler ce vide. Les articles 15, paragraphe 2 du Pacte international relatif aux droits civils et politiques et 7, paragraphe 2 de la Conv. EDH prévoient que l'acte reproché peut être poursuivi et puni si, au moment de sa commission, il était criminel « d'après les principes généraux de droit reconnus par les nations civilisées » et ce, bien que la législation interne du pays où il a pris place (ou du pays où il est poursuivi) ne l'ait pas expressément incriminé à cette époque. Ces dispositions autorisent en conséquence une application rétroactive de l'incrimination des crimes contre l'humanité. La rétroactivité repose sur le fondement de textes internationaux (notamment le Tribunal militaire international de Nuremberg annexé à l'accord de Londres du 8 août 1945), consacrant des principes d'origine coutumière[123].

120. L'art. 50 de la loi du 17 juin 1998 dispose qu'il est « applicable aux infractions non encore prescrites ». L'exposé de l'amendement (Ass. nat., 20 janv. 1998, n° 99) qui a abouti à l'adoption de ce texte explique en effet « qu'il convient d'éviter que les nouvelles règles de prescription concernant les infractions sexuelles commises sur des mineurs instituées par le présent projet ne soient applicables, conformément aux dispositions de l'art. 112-2.4° du Code pénal, qu'aux faits commis après l'entrée en vigueur de la loi ».

121. Crim. 21 janv. 2009, *Dalloz actualité*, 25 févr. 2009.

122. Crim. 2 sept. 2009, n° 09-80.591, inédit.

123. Toutefois, les art. 211-1 à 212-3 du Code pénal qui répriment les crimes contre l'humanité ne s'appliquent pas aux faits commis avant la date de leur entrée en vigueur, le 1er mars 1994, car « les principes de légalité des délits et des peines et de non-rétroactivité de la loi pénale plus sévère, énoncés par les art. 8 de la Déclaration des droits de l'homme et du citoyen, 7-1 de la Conv. EDH, 15-1 du Pacte international relatif aux droits civils et politiques, 111-3 et 112-1 C. pénal » s'y opposent, Crim. 17 juin 2003, *Dr. pénal* 2003, n° 96, obs. M. Véron.

## 2 • La survie de la loi plus sévère

**792** En matière économique, les politiques publiques sont soumises à des contraintes d'origines interne et internationale. La nécessité d'adapter les règles s'ensuit, en fonction d'impératifs urgents. Aussi, les dispositions ont-elles tendance à se succéder sur un rythme rapide, créant et abrogeant à la suite des conditions relatives à des infractions, voire des incriminations tout entières.

La plupart du temps, sont en cause des textes de nature réglementaire, mais la question peut être étendue à chaque situation dans laquelle des dispositions ont vocation à connaître une application limitée dans le temps[124].

Si un texte nouveau, plus doux, est appliqué immédiatement en vertu du principe de rétroactivité *in mitius*, il bénéficie de manière fort peu opportune à des prévenus qui ont eu le temps d'organiser des manœuvres dilatoires, afin d'échapper à toute poursuite ou d'obtenir une ordonnance de non-lieu. Le système répressif risque ainsi de perdre toute efficacité dans sa fonction dissuasive.

En réaction à ces enjeux importants de politique criminelle, la jurisprudence a construit une réponse, dont le constat de la pérennité rend nécessaire l'examen de la pertinence.

**793** ***La position jurisprudentielle.*** La réponse jurisprudentielle au débat portant sur l'application du principe de rétroactivité *in mitius* dans le domaine économique a connu plusieurs étapes.

Dans un premier temps, au début du XX$^{e}$ siècle, la tendance majoritaire a consisté à rejeter toute application immédiate de textes plus doux, consacrés à la taxation des prix[125], au droit fiscal[126] ou au droit des transports[127]. En 1970, un arrêt de principe de la chambre criminelle de la Cour de cassation devait généraliser cette solution, en posant « qu'il est de principe que les textes réglementaires en matière économique ou fiscale ne rétroagissent pas à moins de dispositions contraires formellement exprimées »[128]. L'article 9, alinéa 2 de l'avant-projet définitif de Code pénal de 1978 poursuivait en ce sens et proposait de refuser l'application immédiate dans le cas d'infraction à une « disposition déclarée applicable ou applicable par nature pendant un temps limité ».

Après l'affirmation de la valeur constitutionnelle du principe de rétroactivité *in mitius* par le Conseil constitutionnel en 1981, une telle position législative n'est plus possible et, désormais, aucune disposition du Code pénal entré en vigueur en 1994 ne fait référence à une quelconque dérogation audit principe[129]. La jurisprudence en a également tiré des conséquences et a nuancé sa position, en fonction de la nature du texte abrogé. Si un règlement d'application d'une loi est abrogé, le principe de rétroactivité *in mitius* ne produit pas d'effet sur les actes antérieurs, dès lors que la loi qui porte l'incrimination demeure en vigueur[130].

Lorsqu'une loi est abrogée, la loi nouvelle plus douce « même de nature économique » s'applique immédiatement aux faits commis antérieurement et non définitivement jugés, que ces faits aient été incriminés sur le fondement de ladite loi abrogée ou de ses règlements d'application, « en l'absence de dispositions contraires expresses »[131]. Des concessions en faveur du principe de rétroactivité *in mitius*

---

124. Sur l'application des lois « de circonstance », v. not., G. Stefani, G. Levasseur et B. Bouloc, *op. cit.*, n° 158 ; sur les conflits de lois instituant des régimes transitoires en droit pénal de l'environnement, Crim. 16 oct. 1996, *Dr. pénal* 1997, n° 23, obs. J.-H. Robert.
125. Crim. 15 juin 1944, *D.* 1944. 116 ; 18 juill. 1952, *RSC* 1953. 299.
126. Crim. 18 mars 1965, *Bull. crim.* n° 83.
127. Crim. 6 févr. 1963, *Bull. crim.* n° 69.
128. Crim. 10 nov. 1970, *D.* 1971. 509, note J. Mazard.
129. Il reste que tout doute n'est pas levé puisque la circulaire du 14 mars 1993 (n° 9) précise que « contrairement à l'avant-projet de 1978, le nouveau Code pénal ne règle pas expressément le cas des textes temporaires et celui des règlements économiques, fiscaux et douaniers. Les solutions dégagées par la jurisprudence dans ces hypothèses particulières conservent bien entendu toute leur valeur ».
130. La jurisprudence exige toutefois qu'un acte au moins de poursuite ait eu lieu sous l'empire du règlement ancien pour écarter l'application immédiate du texte nouveau, v. not., Crim. 12 nov. 1986, *D.* 1988. 39, note A. Dekeuwer ; 22 janv. 1990, *Bull. crim.* n° 36 ; 7 juin 1990, *Bull. crim.* n° 232 ; 12 déc. 1996, *Dr. pénal* 1997, n° 80, obs. J.-H. Robert ; 19 févr. 1997, *Dr. pénal* 1997, n° 111, obs. J.-H. Robert ; 26 janv. 2005, inédit, n° 04-82.542 concernant le délit prévu par l'art. 432-14 C. pén.
131. À propos de l'application de l'ordonnance du 1$^{er}$ déc. 1986, v. not., Crim. 16 et 23 févr. 1987, *D.* 1988. 39, note A. Dekeuwer ; en droit douanier, Crim. 4 janv. 1988, *Bull. crim.* n° 4 et 25 janv. 1988, *JCP* 1989. II. 21174, note J. Pannier ; pour le droit des marchés publics, Crim. 28 janv. 2004, *JCP* 2004. II. 10084, note F. Linditch ; 7 avr. 2004, *Bull. crim.* n° 93 ; pour une illustration portant sur un délit de tromperie relatif à la fabrication du roquefort, Crim. 15 juin 2004, inédit, n° 03-84.925.

sont ainsi perceptibles, mais ces décisions expriment des réserves, notamment lorsque la chambre criminelle de la Cour de cassation approuve les juridictions du fond dans leur recherche d'absence de dispositions législatives contraires audit principe.

Depuis lors, la Haute juridiction n'est pas revenue sur ce point. Dans de nombreux arrêts rendus en matière douanière à propos de l'entrée en vigueur de l'unification du marché européen, l'application immédiate de la loi pénale plus douce est subordonnée une nouvelle fois au défaut de « dispositions contraires expresses », que la disposition moins sévère soit d'origines interne[132] ou communautaire[133]. Parfois, la Haute juridiction prend le soin de relever, pour refuser l'application immédiate de la loi plus douce, que la loi contenant la disposition expresse contraire (en l'espèce, l'article 110 de la loi du 17 juillet 1992) n'a eu d'incidence « *que sur les modalités de contrôle du respect de l'octroi "d'aides" et non sur l'existence de l'infraction ou la gravité des sanctions* »[134]. En conséquence, les juges du fond, sauf à utiliser désormais la procédure de la question prioritaire de constitutionnalité, ne pourraient refuser d'assurer la survie du texte ancien plus sévère, en présence d'une disposition prévoyant expressément le maintien des poursuites après l'entrée en vigueur du nouveau texte. Cette analyse a été confirmée par l'Assemblée plénière de la Cour de Cassation pour qui, à propos de l'application de l'article 110 de la loi du 17 juillet 1992, « il ne résulte d'aucun texte ou principe général du droit de l'Union européenne ni d'une jurisprudence bien établie de la Cour de justice de l'Union européenne que le principe de l'application rétroactive de la peine plus légère fait obstacle à ce que soient poursuivies et sanctionnées les fausses déclarations en douane ayant pour but ou pour effet d'obtenir un avantage quelconque attaché à des importations intracommunautaires commises antérieurement à la mise en place du marché unique, de sorte que l'application par la Cour de cassation de l'article 110 de la loi du 17 juillet 1992 ne contrevenait pas au droit de l'Union »[135].

**794** ***La portée de la jurisprudence.*** La construction jurisprudentielle proposée appelle des remarques quant à sa pertinence. Hormis le fait que les domaines économique, fiscal et douanier ne soient pas forcément faciles à borner de manière claire, la critique majeure repose sur la contradiction entre l'exigence posée par la Cour de cassation[136] et la valeur juridique du principe de rétroactivité *in mitius*, consacrée par l'article 112-1 du Code pénal, le Conseil constitutionnel, l'article 15, paragraphe 1 du Pacte international relatif aux droits civils et politiques et, désormais, l'article 7 de la Conv. EDH. Si le texte nouveau adoucit la répression, cela montre que la répression ancienne plus sévère n'est plus nécessaire. Or, la jurisprudence s'affranchit de ces exigences, en privilégiant la survie de la loi antérieure. D'ailleurs, la formulation retenue, à savoir, « l'absence de dispositions expresses contraires », semble exprimer le souhait d'aller plus loin et d'inciter le législateur à déroger audit principe. Une partie de la doctrine a fait part de son désaccord face à cette tendance jurisprudentielle[137].

Il est exact que, sur le terrain de l'opportunité, limiter l'application de la loi la plus favorable présente un intérêt indéniable dans le contexte en cause. Cela permet de ne pas avantager les individus, souvent

132. Crim. 28 nov. 1996, *Bull. crim.* n° 436 ; 6 févr. 1997, *D.* 1997. II. 615, note P. Conte ; 20 mars 1997, *Bull. crim.* n° 116 ; 5 mai 1997, *Gaz. Pal.* 26-27 sept. 1997, p. 15.

133. Lorsque la loi pénale française s'appuie sur une norme communautaire qui est adoucie, la jurisprudence française conditionne l'application immédiate de la disposition plus douce, qui a « une valeur supérieure à la loi », à l'absence de dispositions contraires expresses, v. not., Crim. 12 déc. 1996, *Bull. crim.* n° 466 ; 26 mars 1998, *Bull. crim.* n° 116 ; Crim. 29 mars 2000, *JCP E* 2000. 1065, à propos de la suppression du caractère de marchandise prohibée du saumon de l'Atlantique en provenance des îles Féroé.

134. Crim. 19 sept. 2007, *Bull. crim.* n° 215.

135. Cass., ass. plén., 18 nov. 2016, n° 15-21.438, *AJ pénal* mars 2017, note M.-C. Sordino ; v. également Crim. 7 juin 2017, n° 15-87.214 et CJUE 6 oct. 2016, *Paoletti et a.*, aff. C-218/15.

136. Les juges du fond résistent parfois à cette analyse et prônent une application sans condition du principe de rétroactivité *in mitius*, y compris en matière économique, v. not., Colmar 18 oct. 1991, *D.* 1992. Somm. 37, obs. J. Pannier.

137. J. Huet, « Une méconnaissance du droit international : à propos de la rétroactivité *in mitius* », *JCP* 1987. I. 3293 et « La rétroactivité *in mitius* des textes réglementaires en matière économique (dissonances sur une question simple) », *JCP* 1989. I. 3378 ; A. Dekeuwer, « La rétroactivité *in mitius* en droit pénal. Un principe encore et toujours contesté ! », *JCP* 1997. I. 4065 et les références citées.

des professionnels[138], tentés de frauder, attendant de « gagner du temps » jusqu'à la prochaine et certaine abrogation de leurs forfaits.

Cependant, du point de vue juridique, une telle atténuation est plus difficile à justifier[139].

Le point de départ du raisonnement consiste à distinguer entre les lois concernant les peines et les lois consacrées aux incriminations, en s'appuyant sur la formulation retenue à la fois par le Conseil constitutionnel et par l'article 15-1 du Pacte international relatif aux droits civils et politiques. Le principe de rétroactivité *in mitius* ne s'appliquerait sans condition que dans le cas de lois adoucissant les peines[140]. Un arrêt de la chambre criminelle de la Cour de cassation en date du 6 octobre 2004 adopte ce raisonnement. Ainsi, « le prévenu ne saurait faire grief à l'arrêt attaqué d'avoir jugé que l'article 110 de la loi du 17 juillet 1992, selon lequel les dispositions de cette loi n'ont pas d'effet rétroactif sur les infractions commises avant son entrée en vigueur, n'est pas contraire à l'article 15-1 du Pacte international sur les droits civils et politiques, dès lors que ce dernier texte ne concerne que les sanctions et non les incriminations »[141].

Dans un sens opposé, une décision du tribunal correctionnel d'Évry considère, à propos de l'application immédiate de l'article L. 442-2 du Code de commerce consacré au délit de revente à perte, que ledit article 15-1 doit s'entendre, non seulement dans le cas d'une peine moins forte, mais également dans la situation où la loi nouvelle supprime une incrimination ou certains éléments de l'incrimination[142]. Le Comité des droits de l'homme des Nations unies adopte une position allant également dans ce sens : si l'article 15-1 du Pacte international relatif aux droits civils et politiques « vise le principe de rétroactivité d'une loi prévoyant une peine plus légère, il doit être entendu comme visant *a fortiori* une loi prévoyant une suppression de peine pour un acte qui ne constitue plus une infraction »[143].

L'interrogation est d'importance. En effet, cela entraîne la nécessité d'opérer un départ entre les raisons qui conduisent à l'adoucissement du texte. Si la loi nouvelle diminue la peine, elle devrait s'appliquer immédiatement, alors que, dans le cas où le caractère plus doux proviendrait de l'abrogation de l'incrimination ou de sa modification dans le sens d'une plus grande mansuétude, la rétroactivité *in mitius* ne s'imposerait pas de manière automatique. La seconde situation semble relever plutôt d'un fondement tiré du principe de la légalité des délits et des peines, l'incrimination commandant la sanction. Le législateur pourrait alors conserver expressément la base légale nécessaire aux poursuites futures d'actes commis antérieurement.

Les conséquences de cette analyse conduisent à examiner alors la position du législateur. S'il est bien débiteur d'une obligation tenant à assurer le respect de la légalité, il peut néanmoins en délimiter le champ d'application, en déterminant lui-même les comportements qui doivent entrer ou non dans la nécessité de la répression[144].

Ainsi, d'une part, est-il possible de distinguer entre les textes en conflit, selon qu'ils modifient la politique criminelle ou traduisent uniquement une adaptation de la législation, sans opérer de véritable changement dans la volonté de répression des pouvoirs publics[145]. Certaines modifications seraient en

---

138. Une présomption de mauvaise foi est, de plus, souvent retenue à leur encontre, Crim. 6 févr. 1997, *op. cit.*

139. Bien que le principe de rétroactivité *in mitius* soit affirmé par le Conseil constitutionnel comme étant complémentaire, mais autonome par rapport au principe de non-rétroactivité de la loi plus sévère, l'économie de l'art. 112-1 du Code pénal semble présenter celui-là comme une exception de celui-ci, ce qui peut entretenir des doutes quant à son autorité. En réalité, les deux principes doivent plutôt être entendus comme étant situés sur un même plan.

140. A. Dekeuwer, *op. cit.*, spéc. n^os^ 19 s.

141. Crim. 6 oct. 2004, *Dr. pénal* 2005, comm. n° 9, obs. J.-H. Robert.

142. Trib. corr. Évry, 26 juin 2007, *RJDA* 2007, n° 1157 ; *Lettre distrib.* oct. 2007, p. 1, obs. J.-M. Vertut ; v. déjà Paris, 5 déc. 1990, *Gaz. Pal.* 1991. 1, 147.

143. Déc. 21 oct. 2010, v. A. Huet, « La France, le Comité des droits de l'homme de l'ONU et la rétroactivité de la loi pénale plus douce », *D.* 2010. 2865.

144. Des auteurs distinguent entre la nécessité des peines découlant de l'art. 8 de la Déclaration des droits de l'homme et du citoyen de 1789 et la nécessité de l'incrimination fondée sur les art. 4 et 5 de cette même déclaration, la loi n'ayant le droit de défendre que les actions nuisibles à la société, T. S. Renoux et M. de Villiers, *Code constitutionnel*, Litec, 2011, p. 66 s. ; v. égal. M.-C. Sordino, « De la proportionnalité en droit pénal », *in Mélanges J.-H. Robert*, LexisNexis, 2012.

145. Sur la distinction entre les dispositions-buts et les dispositions-moyens, R. Vienne, « Le principe de la rétroactivité de la loi pénale plus douce doit-il être considéré comme absolu ? », *JCP* 1947. I. 618.

effet purement techniques, détachées de toute considération liée au fond, de sorte que l'incrimination elle-même ne serait pas affectée, bien qu'en apparence le texte soit plus sévère. La comparaison de la sévérité des dispositions successives ne s'imposerait plus, les dispositions nouvelles ne constituant que des adaptations indispensables[146].

D'autre part, en s'appuyant sur l'article 8 de la Déclaration des droits de l'homme et du citoyen de 1789 il est possible d'en déduire que, dès lors que la nécessité de la répression constitue le fondement de l'application immédiate de la loi plus douce, il est des cas objectifs dans lesquels la nécessité commande d'aménager la survie de la loi ancienne plus sévère dans un souci d'efficacité et de poursuite d'individus présentant un potentiel de dangerosité[147]. Dans ce cas, le maintien de la disposition antérieure s'avère utile et justifié, au regard même de l'article précité.

Le 3 décembre 2010, le Conseil constitutionnel a statué sur une question prioritaire de constitutionnalité relative à la conformité à la Constitution des dispositions du paragraphe IV de l'article 47 de la loi n° 2005-882 du 2 août 2005 consacré aux conditions d'application, avant le 31 décembre 2006, des textes réprimant le délit de revente à perte[148]. Le débat prend naissance autour de la question juridique de la détermination du seuil de revente à perte, qui évolue en fonction des impératifs économiques. La loi du 2 août 2005 a ainsi modifié l'article L. 442-2 du Code de commerce, abaissant le seuil de la revente à perte et rendant de ce fait moins nombreuses les situations dans lesquelles l'infraction est constituée donc sanctionnable. Les entreprises faisant l'objet de poursuites pénales en cours ont souhaité bénéficier du principe de rétroactivité *in mitius*, en dépit de la présence d'une disposition de la loi de 2005, son article 47, excluant expressément l'application immédiate dudit article. Le Conseil constitutionnel, après avoir relevé la force du principe de rétroactivité *in mitius*, considère qu'il peut être écarté lorsque la répression antérieure plus sévère est « inhérente aux règles auxquelles la loi nouvelle s'est substituée ». En l'espèce, la définition de nouvelles modalités de fixation du prix d'achat effectif est inséparable du régime économique antérieur et l'article litigieux ne porte pas atteinte à l'article 8 de la Déclaration des droits de l'homme et du citoyen. Il s'agit d'une illustration de la volonté du législateur d'adapter des règles techniques dans le domaine économique. S'agit-il réellement d'une loi pénale plus douce ? On peut s'interroger sur cet élément car la loi en l'espèce prend appui sur une modification de règles avant tout d'ordre économique, ce qui est attesté par l'esprit du texte révélé par les travaux parlementaires. La conséquence de nature pénale, c'est-à-dire le rétrécissement du champ de la revente à perte, ne constitue pas l'objet principal de la réforme. Tout au contraire, le législateur montre, par la prévision d'une disposition expresse, qu'il n'entend pas faire évoluer la politique criminelle suivie en la matière. Un arrêt de la CJUE rendu le 6 octobre 2016[149] précise que l'application de la loi pénale plus favorable suppose l'existence d'une succession de lois dans le temps et repose sur la constatation que le législateur a changé d'avis, soit sur la qualification pénale des faits, soit sur la peine à appliquer. Dans cette affaire, la Cour estime que le fait qu'après leur entrée illégale, des citoyens roumains soient devenus citoyens de l'Union européenne n'est pas susceptible d'influencer le déroulement des procédures contre les personnes ayant apporté leur aide à leur immigration illégale. Il n'est donc pas question d'un changement d'avis du législateur en ce qui concerne la qualification et la peine. La nécessité de la répression commande parfois la mise à l'écart de l'application de la norme pénale la plus favorable à la défense en dépit de la valeur constitutionnelle et supranationale du principe de rétroactivité *in mitius*.

En 2016 toujours, la Cour de cassation interroge la CJUE via une question préjudicielle pour savoir si le principe de la rétroactivité de la loi pénale plus douce disparaît en présence d'une réglementation

146. Crim. 7 déc. 1999, *Bull. crim.* n° 293, cité *in* J. Pradel et A. Varinard, *Les grands arrêts du droit pénal général*, *op. cit.*, n° 12.

147. J.-H. Robert, obs. sous Crim. 12 déc. 1996 et 6 févr. 1997, *Dr. pénal* 1997, n° 80 ; F. Desportes et F. Le Gunehec, *Le nouveau droit pénal*, 16e éd., Economica, 2009, n° 343.

148. N° 2010-74 QPC.

149. *Gianpaolo Paoletti*, aff. C-218/15.

économique[150]. Les juges du fond relaxent un prévenu, en ne retenant pas contre lui les fausses déclarations ayant pour but ou pour effet d'obtenir, en tout ou partie, un remboursement, une exonération, un droit réduit ou un avantage quelconque attaché à l'importation ou à l'exportation, du 4° de l'article 426 du Code des douanes : il a obtenu des restitutions à l'exportation pour des morceaux de bœuf situés à l'avant des animaux, qui ne pouvaient en bénéficier, mais, postérieurement aux faits, ces morceaux peuvent en bénéficier à la suite d'un changement de la réglementation communautaire, de nature économique.

La Cour de justice de l'Union européenne rappelle une nouvelle fois, le 7 août 2018[151], que « l'application de la loi pénale plus douce implique nécessairement une succession de lois dans le temps et repose sur la constatation que le législateur a changé d'avis soit sur la qualification pénale des faits soit sur la peine à appliquer à une infraction ». En l'espèce, ni la qualification pénale, ni la sanction dudit article 426, n'ont été modifiées : les fausses déclarations ou les manœuvres ayant pour effet d'obtenir un avantage attaché à l'exportation demeurent donc pénalement répréhensibles de la même manière qu'à la date des faits litigieux.

La modification intervenue dans le cadre de la réglementation de l'Union concerne certes l'introduction d'une restitution particulière à l'exportation pour adapter cette réglementation, ce qui implique une « appréciation purement économique et technique de la situation du marché global de la viande ». Cependant, cette modification ne vise pas à remettre en question la qualification pénale ou l'appréciation, par les autorités nationales compétentes, de la peine à appliquer à des comportements ayant pour effet d'obtenir indûment des restitutions particulières, tels que les fausses déclarations ou les manœuvres reprochées à l'opérateur. De plus, cette modification n'a pas modifié les éléments constitutifs de l'infraction : celle-ci concerne des fausses déclarations ou des manœuvres ayant pour effet d'obtenir des restitutions particulières à l'exportation et la circonstance que, postérieurement aux faits, les marchandises pour lesquelles ces restitutions ont été demandées soient devenues éligibles à ce bénéfice n'affecte pas le caractère pénalement répréhensible des fausses déclarations ou manœuvres.

Poursuivant ce raisonnement, la chambre criminelle de la Cour de Cassation retient le 19 janvier 2019[152] qu'il résulte des articles 112-1 du Code pénal et 49 de la Charte des droits fondamentaux de l'Union européenne, tel qu'interprété par la Cour de justice de l'Union européenne dans son arrêt du 7 août 2018[153], que le principe de l'application immédiate de la loi pénale plus douce ne trouve pas à s'appliquer lorsque les poursuites ont été engagées à raison d'un comportement qui reste incriminé et que les sanctions encourues n'ont pas été modifiées dans un sens moins sévère. Méconnaît ce principe la cour d'appel qui, pour relaxer des prévenus poursuivis pour de fausses déclarations leur permettant d'obtenir des restitutions à l'exportation de quartiers de bœufs, relève que le règlement (CEE) n° 1964/82 du 20 juillet 1982 arrêtant les conditions d'octroi des restitutions particulières à l'exportation pour certaines viandes bovines, applicable au moment des faits, a été modifié puis abrogé par le règlement (CE) n° 1359/2007 du 21 novembre 2007 instituant des dispositions moins sévères devant être appliquées, alors que, d'une part, selon l'arrêt de la Cour de justice de l'Union européenne susmentionné, le choix du législateur européen de modifier les critères d'éligibilité aux restitutions de marchandises s'est fondé sur une appréciation économique de la situation du marché de la viande et ne visait pas à remettre en question la qualification pénale ou l'appréciation, par les autorités nationales, de la peine à appliquer à des comportements ayant pour effet d'obtenir indûment des restitutions particulières à l'exportation, d'autre part, le texte législatif national qui constitue le support de l'incrimination n'a pas été modifié, et qu'ainsi, les dispositions nouvelles, bien qu'issues d'une norme communautaire, ne s'appliquent pas aux infractions commises avant leur entrée en vigueur.

150. Crim. 23 nov. 2016, n° 15-82.333, *Bull. crim.*, n° 308.
151. Clergeau e.a., aff. n° C-115/17.
152. *Bull.crim.*, n° 19.
153. *Op.cit.*

## B • Les limites apparentes

**795** Certains textes sont parfois présentés comme relevant d'un régime dérogatoire par rapport aux principes fondamentaux de non-rétroactivité de la loi pénale plus sévère et d'application immédiate de la loi pénale plus douce. Parfois, il ne s'agit que de dispositions qui aménagent l'application dans le temps de certains textes, afin d'éviter des chevauchements. C'est le cas pour l'article 4 de la loi n° 2017-242 du 27 février 2017 **portant réforme de la prescription en matière pénale,** qui dispose que « la présente loi ne peut avoir pour effet de prescrire des infractions qui, au moment de son entrée en vigueur, avaient valablement donné lieu à la mise en mouvement ou à l'exercice de l'action publique à une date à laquelle, en vertu des dispositions législatives alors applicables et conformément à leur interprétation jurisprudentielle, la prescription n'était pas acquise ». Par une décision n° 2021-926 QPC **du 9 septembre 2021, le Conseil Constitutionnel a décidé que cette disposition ne fixe pas les règles relatives à la prescription de l'action publique, mais se contente d'organiser l'application de la loi dans le temps.**
Dans d'autres situations, l'application de la disposition la plus favorable à la personne poursuivie pourrait être écartée lorsque sont envisagées, d'une part les lois créant de nouvelles mesures de sûreté (*1.*) et, d'autre part, les lois interprétatives (*2.*). Ces deux séries de lois constituent-elles de véritables atténuations à la faveur accordée à la défense en cas de conflit dans le temps ?

### 1 • Les lois créant de nouvelles mesures de sûreté

**796** ***Spécificités des mesures de sûreté.*** Les mesures de sûreté puisent leur origine dans les travaux de l'école positiviste[154]. La jurisprudence française répugnait classiquement à les dénommer ainsi, préférant l'expression plus consensuelle de « mesures de police et de sécurité », avant d'adhérer depuis peu à cette formulation par un arrêt remarqué[155].
Le point central du raisonnement justifiant l'existence de telles mesures repose sur la constatation chez certains sujets de la présence d'un état dangereux, susceptible de durer dans le temps, contre lequel la société doit se protéger[156]. Le potentiel de dangerosité d'une personne apparaît souvent lors de la consommation d'une infraction, mais il est préexistant à celle-ci et se caractérise par sa permanence. En conséquence, les pouvoirs publics sont dans l'obligation d'adapter la réponse. Alors qu'habituellement cette dernière prend la forme d'une peine, des mesures particulières axées sur une fonction de prévention individuelle et collective s'imposent dans ce genre de situations[157].
Traditionnellement, la doctrine distingue entre les mesures de sûreté, dépourvues de but rétributif et de conséquence infamante, orientées vers l'avenir et les peines, prenant en compte le passé, à savoir l'infraction commise. Celles-ci sont soumises sans contestation aux principes fondamentaux du droit pénal, mais la question se pose en revanche pour celles-là. Si le principe de la légalité leur est applicable, doctrine et jurisprudence émettent des doutes quant à l'affranchissement possible au principe de non-rétroactivité de la loi pénale plus sévère. Les tenants de l'école positiviste s'étaient prononcés en ce sens, mettant l'accent sur la pérennisation de l'état dangereux au-delà de l'entrée en vigueur d'un texte nouveau[158], imposant leur application immédiate, au besoin de manière rétroactive[159].

154. H. Matsopoulou, « Le renouveau des mesures de sûreté », *D.* 2007. Chron. 1607.
155. Crim. 26 nov. 1997, *D.* 1998. II. 495, note critique D. Rebut.
156. V. not., E. Ferri, *Sociologie criminelle*, 4e éd., Paris, 1905, p. 653 ; sur cette base, le Code pénal italien consacre expressément l'application immédiate de toutes les mesures de sûreté.
157. H. Matsopoulou, « Le nouveau régime des incapacités commerciales », *Dr. pénal* 2008. Chron. 24.
158. Un raisonnement voisin, fondé sur la connaissance par le délinquant des « risques » que lui fait encourir son comportement délictueux, justifie l'application immédiate d'une loi nouvelle, pour les infractions continues (Crim. 11 févr. 1998, *Dr. pénal* 1998, n° 65, obs. M. Véron) et la circonstance aggravante de récidive (Crim. 29 févr. 2000, *Dr. pénal* 2000. Chron. 37, C. Marsat). Dans ces deux situations, il n'existe donc pas de véritable atteinte à l'application de la loi la plus favorable au prévenu.
159. Jusqu'à l'affirmation de la constitutionnalisation du droit pénal au début des années 1980, la jurisprudence fondait l'application rétroactive de ces mesures sur la volonté du législateur, Crim. 18 janv. 1950, *Bull. crim.* n° 20, à propos de la mise en œuvre de la loi du 30 août 1947.

L'idée a été maintenue en France à l'époque contemporaine. Mais le débat demeure ouvert car la CEDH considère que l'existence d'une peine s'apprécie au regard de son prononcé lors de la condamnation d'une personne pour une infraction, en tenant compte de la gravité ainsi que de la nature et du but de la mesure[160]. Or, la mesure de sûreté présente un haut degré de gravité car elle frappe le condamné à une infraction dans l'exercice de ses droits. Elle est en pratique très handicapante lorsqu'elle a pour résultat de priver un professionnel de la faculté de continuer à exercer. Elle est alors ressentie de manière cruelle et stigmatisante pour la personne contre laquelle elle est prononcée. Toutefois, les critères de la nature et du but de la mesure de sûreté prêtent davantage à réflexion car la doctrine française majoritaire persiste à considérer que ladite mesure ne peut être une autre peine qui s'ajouterait à la peine principale[161]. Aussi, la jurisprudence met depuis longtemps en pratique l'idée selon laquelle les mesures de sûreté ne présenteraient pas un caractère pénal et échapperaient donc au principe de non-rétroactivité de la loi pénale plus sévère, ainsi qu'au principe de proportionnalité des peines[162].

La décision la plus célèbre concerne l'application immédiate à un mineur de certaines mesures contenues dans l'ordonnance du 2 février 1945 pour des actes commis antérieurement à son entrée en vigueur[163]. Alors qu'il avait été condamné en première instance à six mois d'emprisonnement, la juridiction de second degré préféra prononcer le placement dans un établissement d'éducation surveillée pour une durée de deux ans, alors que la mesure n'était pas légalement prévue au moment de la commission des faits délictueux. La Cour de cassation rejeta le pourvoi formé contre cette décision, semblant admettre une limite au principe de non-rétroactivité de la loi pénale plus sévère pour les mesures de sûreté et, par-là, à la prééminence accordée à la loi plus douce en cas de conflit.

Cependant, l'atteinte ainsi constituée n'est-elle pas plus apparente que réelle ?

En l'espèce, le régime de responsabilité des mineurs mis en œuvre par l'ordonnance de 1945 est unanimement analysé comme plus favorable aux mineurs que le système antérieur. La tendance dominante du texte est indiscutablement tournée vers la clémence. En conséquence, bien que la durée de la mesure soit supérieure à celle de la peine d'emprisonnement, le nouveau texte est plus doux que l'ancien et cela ne peut être expliqué exclusivement par le soi-disant caractère non pénal de ladite mesure[164].

Mais il serait contraire à la fois à la Constitution[165] ainsi qu'à l'article 7 de la Conv. EDH et, en conséquence dangereux, de rendre cette solution automatique, l'application rétroactive d'une mesure de sûreté pouvant avoir pour conséquence l'aggravation du sort du prévenu[166].

---

160. CEDH 9 févr. 1995, *Welch c/ Royaume-Uni.*

161. V. not. C. Lombois, *Droit pénal général*, Hachette, coll. « Les Fondamentaux », 1994, spéc. p. 117, qui analyse les interdictions découlant de plein droit de la décision de condamnation comme des indignités et non des peines. Pour cet auteur, le mécanisme de l'interdiction consiste non à adjoindre une sanction pénale à la peine principale mais à priver le coupable de la jouissance d'un de ses droits en raison de sa condamnation.

162. V. not., CE 17 déc. 2008, *Sect. fr. Observatoire des prisons*, *JCP* 2009. II. 10049, note J. Mérenne, qui considère que les décisions de placer un détenu à l'isolement constituent des mesures de sûreté, en conséquence non soumises à la proportionnalité des peines.

163. Crim. 11 juin 1953, *JCP* 1953. II. 7708, note J. Brouchot.

164. En ce sens, v. not., F. Desportes et F. Le Gunehec, *op. cit.*, n° 331 ; J.-H. Robert, *op. cit.*, p. 172 et 186.

165. Cons. const. 30 déc. 1982, n° 82-155 DC, *op. cit.*, qui soumet toute sanction sans distinction au principe de non-rétroactivité de la loi plus sévère.

166. Ceci est discuté à propos des interdictions professionnelles. La jurisprudence se montre hésitante quant à leur qualification en mesure de sûreté ou peine complémentaire (ou accessoire, ce qui est encore discuté, H. Matsopoulou, « Le renouveau des mesures de sûreté », *op. cit. et* « Réflexions sur la faillite personnelle et l'interdiction de gérer », *D.* 2007. Chron. 104) mais semble opter pour leur application rétroactive la plupart du temps : en dernier lieu, Crim. 26 nov. 1997, *op. cit.*, à propos de la profession d'agent immobilier, pour laquelle l'incapacité attachée à certaines condamnations constitue une mesure de sûreté applicable rétroactivement. Après une controverse relative à la nature de la contrainte par corps (mesure d'exécution forcée pour la chambre criminelle de la Cour de cassation non soumise aux textes régissant les réductions de peine, Crim. 24 sept. 1996, *Bull. crim.* n° 328 ; 29 janv. 2003, *Bull. crim.* n° 20 ou peine pour la CEDH 8 juin 1995, *Jamil*, *D.* 1996. Somm. 197, obs. J.-F. Renucci et pour la chambre commerciale de la Cour de cassation, 16 mai 2000, *D.* 2000. IR 163), la loi du 9 mars 2004 apporte une clarification en substituant la contrainte judiciaire à la contrainte par corps et précise que le juge d'application des peines peut ordonner ladite contrainte judiciaire « consistant en un emprisonnement » dont la durée maximale est déterminée par la loi en fonction du montant de l'amende impayée (v. l'art. 749 C. pr. pén. qui est entré en vigueur le 1er janv. 2005). La chambre criminelle de la Cour de cassation a également considéré que l'inscription au fichier judiciaire national automatisé d'une condamnation pour des agressions sexuelles aggravées commises antérieurement à l'entrée en vigueur de la loi du 9 mars 2004 constituait non une peine mais « une mesure ayant pour seul objet de prévenir le renouvellement des infractions sexuelles et de faciliter l'identification de leurs auteurs », ce qui autorise sa rétroactivité, Crim. 31 oct. 2006, *Dr. pénal* 2007, n° 15, obs. M. Véron.

Pourtant, un renouveau législatif des mesures de sûreté est perceptible. Récemment, la distinction entre les notions de peine et de mesure de sûreté au regard de l'application dans le temps a trouvé un nouvel écho au travers de la discussion de la loi du 25 février 2008 « relative à la rétention de sûreté et à la déclaration d'irresponsabilité pénale ». La rétention de sûreté apparaît désormais dans l'article 706-53-13 du Code de procédure pénale comme le placement d'une personne au sein d'un centre « socio-médico-judiciaire de sûreté » afin que lui soit proposée une prise en charge médicale, sociale et psychologique. Elle a pour fonction de répondre à la situation d'un condamné en fin de peine qui présente une « particulière dangerosité » et pour lequel aucun autre dispositif de prévention de la récidive n'est suffisant.

Trois conditions cumulatives sont exigées.

D'abord, le sujet doit avoir été condamné par une cour d'assises pour des infractions très graves, commises avec violence ou de nature sexuelle, sur des victimes mineures ou majeures[167]. Ensuite, la peine prononcée doit être une réclusion criminelle d'une durée égale ou supérieure à 15 ans. Enfin, la cour d'assises doit avoir expressément prévu dans sa décision de condamnation que la situation du condamné soit réexaminée à la fin de l'exécution de sa peine en vue d'une éventuelle rétention de sûreté.

La question de l'application dans le temps de la rétention de sûreté dépend, à l'évidence, de sa nature. Si elle est une peine, elle ne saurait être appliquée à des délinquants déjà condamnés pour des faits commis antérieurement à l'entrée en vigueur du texte qui la crée. En revanche, si elle apparaît comme une mesure de sûreté, elle pourrait donner lieu à une application immédiate[168].

Le Conseil constitutionnel s'est prononcé le 21 février 2008[169] et a rejeté l'application immédiate de la rétention de sûreté à des personnes déjà condamnées ou qui seront condamnées postérieurement à l'entrée en vigueur de la loi pour des faits commis antérieurement. Pourtant, il reconnaît que la rétention de sûreté présente les caractéristiques de la mesure de sûreté, s'il est tenu compte de quatre critères[170].

En premier lieu, la rétention de sûreté repose sur la constatation d'un état dangereux, mis en lumière par les tenants de la doctrine positiviste au XIXe siècle. La mesure de sûreté est justement conçue pour faire face à ce degré élevé de risque de récidive et ne vise pas une fonction punitive.

En deuxième lieu, la rétention de sûreté n'est pas prononcée par la juridiction de jugement qui n'envisage que la possibilité d'un réexamen de la situation du condamné à l'issue de l'exécution de la peine de réclusion criminelle. En effet, dans cette situation, aucune infraction ne vient d'être commise. Aux termes de l'article 706-53-15 du Code de procédure pénale, c'est la juridiction régionale de rétention de sûreté qui sera compétente pour prononcer ladite rétention.

En troisième lieu, la mesure est mise en œuvre après l'exécution de la peine.

En dernier lieu, le but de la mesure est de prévenir la récidive de personnes souffrant d'un trouble grave de la personnalité.

En conséquence, la rétention de sûreté apparaît davantage comme une mesure de sûreté que comme une peine.

Cependant, au regard des effets particulièrement puissants de la mesure de rétention, à savoir la privation de liberté pour un an, avec une possibilité de renouvellement non limité dans le temps, le Conseil constitutionnel a préféré écarter son application immédiate.

---

167. V. la nouvelle rédaction de l'art. 706-53-13 du Code de procédure pénale issue de la loi du 10 mars 2010.

168. Sur la compatibilité de la rétention de sûreté avec la Conv. EDH, D. Roets, « La rétention de sûreté à l'aune du droit européen des droits de l'homme », *D.* 2008. Chron. 1840.

169. Y. Mayaud, « La mesure de sûreté après la décision du Conseil constitutionnel n° 2008-562 DC du 21 février 2008 », *D.* 2008. Chron. 1359 ; Pan. 2025, obs. V. Bernaud et L. Gay ; *RSC* 2008. 731, obs. C. Lazerges.

170. En vertu de critères identiques, le Conseil constitutionnel avait, de même, refusé de qualifier de peine le placement sous surveillance électronique mobile dans sa décision n° 2005-527 DC du 8 déc. 2005, lors de l'examen de la constitutionnalité de la loi du 12 déc. 2005.

En revanche, la rétention de sûreté pourra s'appliquer rétroactivement à des personnes qui méconnaîtraient les obligations qui leur ont été imposées dans le cadre de la surveillance de sûreté[171]. Dans ce cas, elles peuvent présenter une particulière dangerosité et être placées dans un établissement hospitalier affecté à l'accueil des personnes incarcérées[172]. La justification de cette application immédiate à des personnes condamnées pour des faits commis antérieurement à l'entrée en vigueur de la loi peut être recherchée dans le fait que lesdites personnes connaissaient les obligations qui pesaient sur elles, la surveillance de sûreté prolongeant notamment les obligations contenues dans la surveillance judiciaire des personnes dangereuses.

Il semble donc désormais que le régime des mesures de sûreté au regard de leur application dans le temps puisse être décliné en fonction de caractéristiques propres. Il existerait dès lors des mesures de sûreté classiques pouvant rétroagir et des mesures de sûreté davantage « punitives » obéissant à un régime spécial en raison de leur ressemblance avec les effets de la peine.

Au sein de la même loi du 25 février 2008, les dispositions consacrées à la procédure de déclaration d'irresponsabilité pénale pour cause de trouble mental alimentent également le débat, à propos de leur application dans le temps, alors que le législateur les qualifie expressément de mesures de sûreté. La chambre criminelle de la Cour de cassation a ainsi considéré dans un premier temps que l'article 706-36 du Code de procédure pénale prévoit des peines (ce qui peut être choquant au regard de l'aliénation du condamné emportant une absence de l'élément moral), avant d'opérer une volte-face et de considérer quelques mois plus tard que ledit article (auquel elle joint l'article 706-35 du Code de procédure pénale) vise des mesures de sûreté[173]...

L'on ne peut nier que l'hospitalisation d'office est bien liée à un état dangereux portant une atteinte grave à l'ordre public. Le traitement proposé au sujet vise un objectif tout à la fois curatif et préventif, tourné vers l'avenir. La qualification de mesure de sûreté paraît en conséquence adaptée. Mais qu'en est-il des autres « mesures de sûreté » visées par l'article 706-136 du Code de procédure pénale, telles que la suspension du permis de conduire ou l'interdiction d'entrer en relation avec la victime ? Le Code pénal les considère comme des peines alternatives à l'emprisonnement et elles revêtent un caractère de punition. Dès lors, l'hésitation du juge pénal est compréhensible, car si le législateur les a bien qualifiées de mesures de sûreté, il aurait été pertinent qu'il en définisse plus précisément leur régime[174].

Au regard du droit interne de pays voisins tels que l'Allemagne, le doute est également entretenu sur la nature de cette mesure et son application dans le temps. Le droit allemand connaît en effet une détention de sûreté, dont l'application dans le temps est soumise à de nombreuses péripéties juridiques. Quatre décisions de la CEDH remettent en lumière cette interrogation[175]. En effet, dans les trois premières espèces, les requérants sont placés en détention de sûreté après avoir purgé une peine privative de liberté. Cette mesure est prolongée à plusieurs reprises et dépasse le seuil de dix ans, durée maximale déterminée par les dispositions en vigueur au moment de la commission des faits. Cette situation est justifiée par l'entrée en vigueur d'un nouveau texte du Code pénal allemand qui prévoit rétroactivement que la durée d'une première période de détention de sûreté d'un condamné puisse être prolongée pendant une durée illimitée. Dans l'une des affaires, la cour d'appel met logiquement fin à la détention de sûreté, en application de la solution contenue dans l'arrêt de la CEDH en date du 17 décembre 2009[176], qui avait considéré que l'application rétroactive de dispositions défavorables au condamné était contraire à la Conv. EDH, à propos de la détention de sûreté. En revanche, une autre

171. Pour la surveillance de sûreté, le réexamen de l'état du condamné n'a pas à être expressément prévu dans la décision de la cour d'assises, à la différence de la rétention de sûreté.
172. CSP, art. L. 6141-5 et 6147-66.
173. Crim. 21 janv. 2009 et 16 déc. 2009, *op. cit.*
174. H. Matsopoulou, « L'application non rétroactive des "peines" frappant désormais les délinquants aliénés », *D.* 2009. Chron. 1111.
175. CEDH 13 janv. 2011, req. n[os] 7792/07, 20008/07, 27360/04 et 6587/04.
176. CEDH 17 déc. 2009, req. n° 19359/04, *AJ pénal* 2010. 129, étude J. Leblois-Happe.

cour d'appel refuse de mettre fin à la mesure, en estimant qu'il revenait au législateur de transposer en droit interne les exigences conventionnelles. Dans les trois premiers arrêts[177], la CEDH conclut à une violation de l'article 7 § 1 Conv. EDH car l'allongement de la durée de la détention de sûreté doit s'analyser comme l'application rétroactive d'une peine, contraire, en conséquence, au principe de légalité des délits et des peines[178]. Deux décisions postérieures de la CEDH confortent cette solution[179].

## 2 • Les lois interprétatives

**797** ***Rétroactivité des lois interprétatives.*** Une loi est interprétative lorsqu'elle vient préciser le sens de dispositions incluses dans un texte antérieur, sans en altérer le contenu. Un caractère rétroactif lui est classiquement attribué : la loi n'est pas réellement nouvelle et se voit conférer un champ d'application dans le temps identique au texte interprété car elle fait corps avec lui. En conséquence, elle entre en vigueur à la même date[180].

La solution ainsi dégagée semble *a priori* déroger au critère de règlement des conflits de lois pénales dans le temps[181]. Elle appelle cependant des remarques nuancées.

Lorsque la loi nouvelle présente effectivement un caractère interprétatif, rendant claire une disposition qui ne l'était pas jusqu'alors dans la loi antérieure, le débat se déplace. En amont de la question de l'application rétroactive de la disposition nouvelle, transparaît le non-respect par le législateur des obligations d'assurer la clarté et la précision des lois pénales[182]. C'est le principe de la légalité des incriminations et des peines qui, dès lors, n'est plus respecté par une insuffisance qualitative du texte ancien et qui engendre la nécessité d'un éclaircissement[183]. Si la disposition postérieure se borne à éclairer la signification du texte obscur, elle n'est pas nouvelle et ne peut contenir un régime plus sévère que ce que le législateur entendait mettre en œuvre à travers le texte précédent. Il n'existe donc pas vraiment de conflit dans le temps entre les deux dispositions.

---

177. Dans la dernière affaire, le requérant est placé en détention de sûreté pour une durée illimitée, quelques jours avant la fin de l'exécution de sa peine, sur le fondement d'une loi bavaroise entrée en vigueur postérieurement à la commission des faits. Saisie d'un recours formé par le requérant, la Cour constitutionnelle allemande estime que cette loi est inconstitutionnelle, les *Länder* allemands ne disposant pas du pouvoir d'adopter des lois consacrées au placement des criminels en détention. Néanmoins, sur le fondement de la nécessaire protection de l'ordre public, elle considère que la loi bavaroise doit rester applicable pendant une période de transition. Pour la CEDH, une considération fondée sur l'ordre public est toutefois impuissante à neutraliser les exigences rendues nécessaires pour le respect des règles conventionnelles.

178. Dans les quatre arrêts du 13 janv. 2011, la CEDH considère qu'il existe également une violation de l'art. 5 § 1 de la Conv. EDH car le maintien en détention ne correspond pas aux privations de liberté visées par cette disposition. En effet, les dix premières années de détention de sûreté constituent une « détention après condamnation par un tribunal » prévue par l'art. 5 § 1 a) de la Conv. EDH, mais le maintien de cette mesure au-delà de ce délai, qui était la conséquence de textes nouveaux, ne présentait pas un lien de causalité suffisant avec les condamnations initiales. Elle ajoute que la détention de sûreté n'entre pas dans le champ d'application de l'art. 5 § 1 e) de la Conv. EDH consacré aux malades présentant un trouble mental. Il convient d'en conclure qu'en France la rétention de sûreté ne saurait, de même, être fondée sur l'art. 5 § 1 e) de la Conv. EDH, car il existe un régime spécifique pour les personnes atteintes d'un trouble psychiatrique.

179. CEDH 5e sect., 24 nov. 2011, *Schönbrod c/ Allemagne*, req. nº 48038/06 et CEDH 5e sect., 24 nov. 2011, *O. H. c/ Allemagne*, req. nº 4646/08, *Dalloz actualité* 9 déc. 2011, obs. O. Bachelet. Toutefois, si la substance de la solution demeure identique, le raisonnement utilisé pour y parvenir présente des différences. Si la Cour admet que le requérant a bien bénéficié d'aménagements du régime de détention auquel il est soumis, en raison du trouble dont il est atteint, ces « petites différences… par rapport à un prisonnier ordinaire purgeant sa peine… ne peuvent… occulter le fait qu'il n'y avait pas de différence substantielle entre l'exécution d'une peine d'emprisonnement et la détention de sûreté ». Cela laisse-t-il supposer que, dès lors qu'existeraient entre les deux régimes des différences plus conséquentes, une application rétroactive de dispositions nouvelles plus sévères relatives à la détention de sûreté serait envisageable ?

180. Crim. 21 oct. 1943, *S.* 1944. 1. 29, note H. Mazeaud ; l'art. 15 de la loi du 17 juin 1998 consacrée à la répression des infractions sexuelles, qui précise que l'obligation de dénoncer les mauvais traitements infligés à un mineur de quinze ans s'applique en cas d'atteintes sexuelles et a été considéré comme interprétatif, Crim. 12 janv. 2000, *Dr. pénal* 2000, nº 71, obs. M. Véron ; il en est de même pour l'art. 227-15 al. 2 C. pén.

181. Une analyse identique est conduite pour les lois déclaratives (dont l'illustration la plus connue est la loi du 26 déc. 1964 constatant l'imprescriptibilité des crimes contre l'humanité), c'est-à-dire qui constatent une règle préexistante, sans ajouter à son contenu, ni même l'interpréter, F. Desportes et F. Le Gunehec, *op. cit.*, nº 330.

182. Cons. const. 18 janv. 1985, nº 84-183, *D.* 1986. II. 425 ; CEDH 15 nov. 1996, *Cantoni*, *Dr. pénal* 1997, nº 11, obs. J.-H. Robert.

183. Si le texte obscur a fait naître chez les citoyens la croyance dans la légitimité de l'acte et que l'erreur ainsi commise était bien inévitable, le prévenu pourrait tenter de s'exonérer de sa responsabilité pénale en se fondant sur l'erreur sur le droit visée à l'art. 122-3 du Code pénal, mais les chances d'admission de celle-ci sont minces, en raison de la méfiance de la chambre criminelle à son égard.

Si, en revanche, par le recours déguisé à un texte interprétatif[184], le législateur modifie le contenu des dispositions d'une loi antérieure, les règles de conflit dans le temps doivent reprendre leur empire. Une loi plus sévère ne devrait pas rétroagir[185], mais une loi plus douce pourrait bénéficier au prévenu[186].

En conclusion, l'application de la loi la plus favorable est parfois écartée face à des impératifs liés à la dangerosité de certains individus ou à des contraintes économiques, mais sa force ne saurait être sérieusement contestée. Elle est en effet alliée au principe de la légalité des incriminations et des peines dans la poursuite d'une politique criminelle juste et équitable. Si la loi pénale ne peut contenir que des « peines strictement et évidemment nécessaires », la répression doit cesser dès lors que certains comportements ne blessent plus « les états forts »[187] des valeurs fondamentales du groupe social. En ce sens, la faveur ainsi accordée au régime le plus doux en cas de conflit de textes constitue, à côté des droits de la défense en matière pénale[188] affirmés expressément par les textes internes et internationaux, un facteur supplémentaire de protection des justiciables.

## BIBLIOGRAPHIE INDICATIVE

– A. DEKEUWER, « La rétroactivité *in mitius* en droit pénal. Un principe encore et toujours contesté », *JCP* 1997. I. 4065.
– J. HUET, « Une méconnaissance du droit international : à propos de la rétroactivité *in mitius* », *JCP* 1987. I. 3293 ; « La rétroactivité *in mitius* des textes réglementaires en matière économique (dissonances sur une question simple) », *JCP* 1989. I. 3378.
– G. LEVASSEUR, « Opinions hétérodoxes sur les conflits de lois répressives dans le temps », *in Hommage à J. Constant*, Liège, 1971, p. 189.
– A. MARTY, « À propos de la prétendue rétroactivité des lois pénales plus douces », *in Mélanges Magnol*, 1948, p. 297.

## PISTES DE RÉFLEXION

– Les revirements de jurisprudence en matière pénale
– L'application dans le temps des mesures de sûreté
– L'apport de la procédure de question prioritaire de constitutionnalité aux principes régissant les conflits de lois pénales dans le temps

184. Sur les critères de distinction entre les lois pénales interprétatives et les lois pénales rectificatives, J. Pradel et A. Varinard, *op. cit.*, p. 129.
185. La situation serait alors identique à celle d'une loi expressément rétroactive, v. ss 785.
186. Crim. 8 nov. 1977, *D.* 1978. IR 109, obs. M. Puech.
187. Selon l'expression empruntée à E. Durkheim, qui évoque la notion de conscience collective, *Les règles de la méthode sociologique*, 15e éd., PUF, 1963, p. 35.
188. C. Ginestet, « Les droits de la défense en procédure pénale », cet ouvrage, v. ss 740 s.

Thème 6

# Le principe de la légalité des délits et des peines

MAXIME BRENAUT
*Agrégé de droit privé et de sciences criminelles*
*Professeur à l'Université de Bordeaux*

Héritage de 1789, le principe libéral selon lequel, devant les tribunaux pénaux, il ne saurait y avoir d'infraction reprochable et de peine prononçable qui n'aient été prévues comme telles par la loi pénale, est consacré par de multiples sources. Rouage de la séparation des pouvoirs et garantie contre l'arbitraire, cette règle fondamentale n'en est pas moins mise à mal : le monopole concédé au législateur a fait long feu, le droit pénal contemporain faisant la part belle à des normes extra-légales (et notamment réglementaires) ; la quantité excessive des lois et leur qualité douteuse ne favorisent pas les vertus d'accessibilité, de clarté, d'intelligibilité et de prévisibilité dont pourrait se targuer un droit pénal vraiment soumis au principe de légalité ; enfin, l'arbitraire du juge n'est plus aussi efficacement conjuré qu'avant, soit qu'il s'affranchisse de la légalité en interprétant trop largement les textes qu'il devrait se borner à appliquer, soit qu'il la neutralise à l'occasion de contrôles de conformité de la norme pénale aux principes de valeur supra-législative.

**798** ***Rupture avec l'Ancien droit.*** *Nullum crimen nulla poena sine lege* ; pas d'infraction, pas de peine, sans loi. Qu'il soit formulé en français ou en latin de cuisine, le principe de légalité des délits et des peines tient lieu, depuis plus de deux siècles, de cœur battant au droit pénal français — au point que son déclin, difficilement contestable, inquiète une grande part de la doctrine, éplorée comme au chevet d'un droit pénal malade ou *a minima* affaibli. Figurant en bonne place parmi les « idées nouvelles » du XVIIIe siècle — et devant beaucoup à la diffusion en France de l'ouvrage de Cesare Beccaria, *Des délits et des peines*, qui payait lui-même son tribut à la pensée de Montesquieu —, ce principe cardinal de légalité, riche de corollaires (au premier rang desquels le principe de non-rétroactivité *in pejus*[1]), est l'une des premières pierres de l'édifice juridique du Grand Mouvement de 1789 et l'une des manifestations les plus spectaculaires de la rupture opérée avec l'Ancien droit. Oubliés, la « légalité coutumière »[2], le rôle majeur car prescripteur de la doctrine, « l'équité des Parlements » et l'arbitraire pénal propres à l'État de justice (ou à sa légende noire) : car c'est précisément contre cet arbitraire, contre cette équité, contre cette place prépondérante de la jurisprudence que les Révolutionnaires ont entendu offrir une protection aux citoyens.

**799** ***Garantie contre l'arbitraire.*** Voilà pourquoi, désormais, c'est à cette œuvre supposément rationnelle et démocratique par excellence qu'est la loi qu'il incomberait de fixer, par avance, la liste des comportements pouvant déclencher la répression étatique (afin que le justiciable n'ait pas la mauvaise surprise de se voir reprocher, *a posteriori*, une conduite dont il ignorait en l'adoptant qu'elle relèverait de la catégorie des infractions : la loi pénale prévient avant de frapper) et de déterminer la mesure de cette répression qu'encourent ceux qui braveraient l'interdit pénal (afin que l'on sache précisément, par avance, le « tarif » punitif que pourrait coûter la commission de l'infraction : la loi pénale prévient de l'intensité avec laquelle elle peut frapper). Les humeurs ou l'imagination répressive du juge doivent demeurer étrangères au sort du délinquant, l'office de la juridiction pénale étant ici réduit, selon le mot de Montesquieu, au simple rôle de « bouche qui prononce les paroles de la loi » pénale, c'est-à-dire qui l'applique sans rien y ajouter. Quinze ans après la Déclaration des droits de l'Homme et du Citoyen, Portalis ne dira pas autre chose dans son discours préliminaire : « en matière pénale, il faut des lois précises et point de jurisprudence ». Mais cette lutte contre l'arbitraire du juge ne saurait faire oublier une autre menace, celle de l'arbitraire du pouvoir exécutif, peut-être pire encore, et que le principe de légalité doit également conjurer[3].

**800** ***Connaissance de la loi par le délinquant.*** C'est en connaissance de cause que le délinquant doit avoir agi : des conditions auxquelles pourrait être retenue sa culpabilité et des modalités de sa répression, il aura été, en amont de la commission de l'acte pour lequel il sera jugé, d'ores et déjà averti, au même titre que n'importe quel justiciable, par ce média solennel entre tous qu'est la loi — cette loi que nul n'est censé ignorer, et d'autant moins qu'elle est facilement accessible et a vocation à s'appliquer sans distinction à tous ceux auxquels elle s'adresse.

**801** ***Légalité et égalité.*** À cet égard, la légalité sert l'égalité — autre obsession de 1789 — dans la mesure où, la loi pénale s'imposant à l'intégralité des justiciables sur tout le territoire français, la crainte d'un traitement différencié indexé sur la subjectivité de tel ou tel juge n'a plus lieu d'être : le principe de légalité, en privant les juridictions pénales de leur marge de manœuvre, permet de déduire, de façon quasi-automatique, l'égalité des citoyens devant la justice de l'égalité des citoyens devant la loi. Abandon des privilèges, fin des singularités répressives locales, coup d'arrêt porté aux créations prétoriennes des Parlements, uniformisation du droit pénal sur tout le territoire par la monopolisation

---

1. V., dans cet ouvrage, M.-Ch. Sordino, « La protection de la personne poursuivie en cas de modification de la législation pénale ».
2. A. Laingui et A. Lebigre, *Histoire du droit pénal*, Cujas, p. 6.
3. L'arbitraire du juge peut à cet égard avoir été analysé en progrès : Garçon explique ainsi que le « juge criminel eut d'abord un pouvoir arbitraire. Sans doute, c'était déjà beaucoup d'avoir substitué cet arbitraire judiciaire à l'arbitraire du pouvoir », d'autant qu'il était « limité par certaines coutumes jurisprudentielles » (É. Garçon, « De la méthode du droit criminel », *in* H. Berthélémy et a., *Les méthodes juridiques*, Éd. Giard & Brière, 1910, p. 197 s.).

du droit pénal par l'État… Les causes principales des inégalités judiciaires ayant été combattues, il n'y a plus de droit pénal à géométrie (ou plutôt géographie) variable qui tienne.

**802** ***Liberté individuelle de l'*homo oeconomicus**. Égalitaire, le principe de légalité est aussi libéral et ce, à au moins deux titres : d'abord parce que, dans la mesure où n'est punissable que ce qui est prévu comme tel par la loi pénale et selon les modalités prévues par elle, le principe de légalité sert la subsidiarité du droit pénal, qui donne à la liberté force de principe, les interdits punissables demeurant des exceptions ponctuelles et exhaustivement prévues par la loi[4] ; ensuite parce qu'il fait la part belle à une vision de l'homme chère à bon nombre de libéraux, celle d'un *homo oeconomicus* qui agirait rationnellement en procédant au calcul coût/avantage de ses actes et qui, pleinement conscient du risque qu'il prendrait à commettre un délit, assumerait ledit risque par le truchement de la responsabilité pénale, en étant condamné selon les modalités prévues par la loi. Quelles que soient les réserves philosophiques ou scientistes qu'inspire le libre-arbitre, ce postulat a pour lui d'exiger, pour établir la culpabilité d'un homme, qu'il ait sciemment commis un acte illicite — à telle enseigne, d'ailleurs, que, bien sûr, l'abolition du discernement exclut la culpabilité, mais aussi qu'après des siècles de primat absolu donné à la maxime « nul n'est censé ignorer la loi », le Code pénal de 1992 aura explicitement fini par admettre, parmi les causes d'irresponsabilité pénale, l'erreur de droit, c'est-à-dire une petite fenêtre de tir pour renverser la présomption de connaissance de la loi : « n'est pas pénalement responsable la personne qui justifie avoir cru, par une erreur sur le droit qu'elle n'était pas en mesure d'éviter, pouvoir légitimement accomplir l'acte »[5]. C'est dire derechef que la connaissance de la loi est une condition essentielle de la responsabilité pénale, d'où l'importance capitale du principe de légalité (sans lequel il serait aberrant de présumer ladite connaissance de la loi).

**803** ***Consécration textuelle « fondamentale » de la légalité : bloc de constitutionnalité***. Si le principe de légalité est explicitement consacré par la loi (les articles 1 et 4 du Code pénal napoléonien jadis, les articles 111-2[6] et 111-3[7] du Code pénal depuis 1992), il a surtout acquis une valeur supra-législative du fait de sa consécration dans la Déclaration des droits de l'Homme et du Citoyen, rattachée à l'actuel bloc de constitutionnalité — d'où l'étude du principe, dans le présent ouvrage, au titre des libertés et droits fondamentaux. Trois articles au moins de la Déclaration de 1789 permettent de lui conférer cette valeur constitutionnelle :

– l'article 5 qui pose le principe de subsidiarité (la liberté est le principe, et seule la loi peut y déroger en posant une exception à ce principe) ;

– l'article 7 (qui circonscrit les accusations, arrestations et détentions aux seuls « cas déterminés par la loi et selon les formes qu'elle a prescrites » — ce qui signifie que la procédure pénale doit être pareillement soumise au principe de légalité si l'on veut bien rapprocher cet article 7 de l'article 34 de la Constitution de 1958, mais il est vrai que la pratique des actes d'investigation innommés[8] semble avoir encore de beaux jours devant elle…) ;

– et surtout l'article 8 (dont le Conseil constitutionnel induit le principe de légalité proprement dit et qui dispose que « la loi ne doit établir que des peines strictement et évidemment nécessaires, et nul ne peut être puni qu'en vertu d'une loi établie et promulguée antérieurement au délit, et légalement

---

4. Garçon (*ibid*), encore lui, considère que « la loi, dans son impartialité et son impassibilité sereine, a seul le droit d'incriminer un fait », de sorte que, en réalité, les codes pénal et d'instruction criminelle « sont moins des menaces qu'une protection de la liberté civile ». Le Professeur Robert, rappelle quant à lui que « la répression peut exister sans droit pénal, comme le prélèvement fiscal peut être accompli sans droit fiscal : on est alors dans un État arbitraire. Le droit pénal n'est donc pas l'instrument de la répression mais son frein, son régulateur. Dès lors que le droit pénal existe, il est par nécessité d'essence libérale puisqu'il apporte une limite aux prérogatives des pouvoirs » (J.-H. Robert, *Droit pénal général*, PUF, 6e éd., 2005, p. 53).
5. C. pén., art. 122-3.
6. « La loi détermine les crimes et délits et fixe les peines applicables à leurs auteurs […] ».
7. « Nul ne peut être puni pour un crime ou pour un délit dont les éléments ne sont pas définis par la loi […]. Nul ne peut être puni d'une peine qui n'est pas prévue par la loi, si l'infraction est un crime ou un délit […] ».
8. V. B. Drevet, « Les actes d'investigation non réglementés : la relative légalité procédurale », *Dr. pén.* 2023, étude n° 7.

appliquée » — opérant ainsi le lien entre le principe de nécessité, le principe de légalité et ses conséquences en droit transitoire).

**804** ***Consécration textuelle « fondamentale » de la légalité : normes supra-nationales*.** L'ordre juridique supra-national consacre également, à sa façon, la légalité en proclamant explicitement la non-rétroactivité *in pejus*, corollaire de la règle *nullum crimen* : ainsi, l'article 7 de la Convention européenne de sauvegarde des droits de l'Homme et des libertés fondamentales[9], l'article 49 de la Charte des droits fondamentaux de l'Union européenne[10] ou encore l'article 15 du Pacte de protection des droits civils et politiques de l'ONU[11] témoigneraient de la vitalité du principe. Encore faut-il observer que, dans le corps[12] de ces textes internationaux — sans doute pour qu'ils soient applicables à des pays de traditions différentes, dont les pays de *common law* —, ce n'est pas tant de *loi* que de *droit*[13] que l'on parle, de sorte que la légalité telle que nous la connaissons dans le principe du même nom en sort peut-être affadie[14].

**805** ***Justification politique du principe de légalité*.** Car la légalité « à la française » s'est longtemps entendue d'une légalité *stricto sensu*, c'est-à-dire non seulement matérielle (il faut que les incriminations et les peines encourues soient clairement définies par le droit avant que le juge ait à les appliquer) mais aussi et surtout formelle (il ne faut pas n'importe quelle norme : il faut une loi). Le principe de légalité tel que pensé en 1789 offrait au législateur un monopole dans la création du droit pénal (singularité qui n'est pas reprise dans les textes internationaux précités). Ce monopole avait pour lui d'assurer une nette séparation des pouvoirs en droit pénal, au profit d'un corps législatif nimbé de l'aura démocratique dont ses membres étaient oints par l'élection et ce, quelles que soient par ailleurs les réserves que puissent inspirer le principe même de la représentation ou le mode de scrutin. Beccaria lui-même pensait le principe de légalité comme l'institution d'un monopole puisque, selon lui, « les lois seules peuvent décréter les [...] délits, et [...] cette autorité ne peut résider qu'en la personne du législateur qui représente toute la société unie par un contrat social ». La légalité répressive a été conceptualisée comme le contraire de l'opportunité répressive, ou plutôt comme le fait que cette opportunité (qui a beaucoup à voir avec la nécessité qu'évoque l'article 8 de la Déclaration) soit tranchée, par avance, de façon générale et abstraite — et non sur le vif, pour un cas concret et particulier. Le processus législatif de fabrication de la norme, avec la nécessité de faire débattre puis voter les parlementaires, est structurellement plus long que les modes de fonctionnement du juge ou de l'Exécutif dans la prise de décision et, comme tel, offre une garantie supplémentaire aux citoyens. Si opportunité il y a au moment de l'adoption de la loi, du moins chasse-t-elle l'opportunité (l'opportunisme) pour l'avenir en prévenant le justiciable et en imposant ladite loi comme cadre aux autorités administratives et judiciaires qui ne sauraient s'en affranchir (l'article 7 de la Déclaration de 1789 prévoit d'ailleurs explicitement que « ceux qui sollicitent, expédient, exécutent ou font exécuter des ordres arbitraires, doivent être punis »).

---

9. « Nul ne peut être condamné pour une action ou une omission qui, au moment où elle a été commise, ne constituait pas une infraction d'après le droit national ou international. De même, il n'est infligé aucune peine plus forte que celle qui était applicable au moment où l'infraction a été commise ».

10. « Nul ne peut être condamné pour une action ou une omission qui, au moment où elle a été commise, ne constituait pas une infraction d'après le droit national ou le droit international. De même, il n'est infligé aucune peine plus forte que celle qui était applicable au moment où l'infraction a été commise. Si, postérieurement à cette infraction, la loi prévoit une peine plus légère, celle-ci doit être appliquée ».

11. « Nul ne sera condamné pour des actions ou omissions qui ne constituaient pas un acte délictueux d'après le droit national ou international au moment où elles ont été commises. De même, il ne sera infligé aucune peine plus forte que celle qui était applicable au moment où l'infraction a été commise. Si, postérieurement à cette infraction, la loi prévoit l'application d'une peine plus légère, le délinquant doit en bénéficier ».

12. La référence à la légalité est moins ambiguë dans l'intitulé de ces articles : ainsi de l'article 7 de la Convention européenne (« Pas de peine sans loi ») ou de l'article 49 de la Charte de l'Union (« Principes de légalité et de proportionnalité des délits et des peines »).

13. Et même lorsque les textes parlent de loi, comme dans l'article 8 de la Convention européenne, relatif au droit au respect de la vie privée et familiale, la CEDH considère alors que « le mot “loi” englobe à la fois le droit écrit et le droit non écrit » (arrêts *Sunday Times* du 26 avr. 1979).

14. Mais l'insuffisance apparente du texte international peut être palliée par l'interprétation authentique qu'en donne une juridiction instituée à cet effet ; par exemple, sur l'article 7 de la Convention européenne, la CEDH vient préciser que cette disposition « consacre notamment le principe de la légalité des délits et des peines (*nullum crimen, nulla poena sine lege*) et celui qui commande de ne pas appliquer la loi pénale de manière extensive au détriment de l'accusé, notamment par analogie » (CEDH, 15 nov. 1996, *Cantoni c/ France*, § 29).

**806** ***Intérêt de la légalité pour les (autres) droits fondamentaux***. Le principe de légalité sert donc : la liberté (tout ce qui n'est pas formellement prohibé pénalement par la loi ne saurait relever du droit pénal) ; l'égalité (en réduisant considérablement la marge de manœuvre du juge, on assure que, selon que vous serez puissant ou misérable, la loi pénale et son application seront la même) ; la sûreté (toute arrestation, toute privation de liberté hors cadre légal sont réputées arbitraires — ce qui limite considérablement les velléités liberticides de l'Exécutif, soumis à la loi) ; la prévisibilité du droit (la connaissance de l'interdit pénal est à la portée de tous, personne n'est puni par surprise) ; les droits de la défense (le juge doit s'en tenir rigoureusement aux prévisions du législateur et, soumis à la loi, est tenu à un devoir de juste qualification) ; et donc, au bout du compte, il garantit la tranquillité individuelle du citoyen face au Léviathan (tranquillité d'action hors le périmètre des incriminations, sauf à relever d'autres branches du droit qui ont pour elle de ne pas mettre en œuvre ces lourdes atteintes volontaires aux droits fondamentaux que sont les peines ; tranquillité d'esprit du fait de la prédéfinition du champ de l'interdit pénal et du sentiment de sécurité juridique qui s'en dégage).

**807** ***Constat de déclin***. Un tel portrait idyllique prête évidemment à sourire pour qui observe, même fugacement, l'état actuel des libertés, des lois pénales, du principe de légalité lui-même. C'est peu dire que le constat du déclin de celui-ci est devenu banal : les alarmes ont été sonnées, depuis longtemps, et n'ont pas suffi à endiguer une évolution inquiétante, mais peut-être inévitable du fait des multiples facteurs pouvant l'expliquer : crise de la démocratie représentative, passage de l'État légal à l'État de droit (dans lequel le juge a un rôle prépondérant[15]), inflation législative emportant primat de la quantité sur la qualité, internationalisation des rapports juridiques invitant à intégrer des réflexes issus de systèmes essentiellement prétoriens, émergence des doctrines et écoles de pensée davantage favorables à la prévention qu'à la répression… De tout cela, le principe de légalité ne pouvait sortir qu'affaibli — ou *a minima* tellement « renouvelé » qu'on peinerait à le reconnaître —, et avec lui son cortège de corollaires ainsi qu'une certaine idée, libérale, du droit pénal qui continue d'être enseignée dans les amphithéâtres à défaut d'être mise en pratique au Parlement et devant les cours, les garde-fous mis en œuvre pour le protéger n'ayant pas tenu leurs promesses. Les deux grands moments ponctuant la chronologie des normes pénales — leur création (I) et leur application (II) — se trouvent affectés par de telles évolutions.

## I • Le déclin du principe de légalité dans la création de la norme pénale

**808** ***Légalité formelle et légalité matérielle : le déclin est double***. Le principe de légalité implique que, lors de sa confection, la norme pénale soit parée de certaines qualités tenant à sa forme et à sa substance, ce pourquoi l'on évoque usuellement la « légalité formelle[16] » et la « légalité matérielle » : au titre de la première, la norme d'incrimination et de pénalité doit avoir, formellement, pour vecteur un texte écrit — et pas n'importe lequel : une loi — ; au titre de la seconde, cette loi doit répondre à un standard minimum de nécessité (pour cantonner le droit pénal à sa vocation subsidiaire) et d'intelligibilité (pour, par la prévisibilité, assurer l'efficacité du principe de légalité à l'aune de la fin

15. À propos de l'État de droit, le Professeur Krynen écrit que « son fonctionnement dépend du pouvoir juridictionnel », que « centrale y est la place du juge » et que, « à bien y regarder, un tel système redessine chez nous les traits fondamentaux de l'État de justice, qui avait caractérisé l'Ancien Régime » (J. Krynen, *L'État de justice ; France, XIII^e^-XX^e^ siècle — t. 2 : L'emprise contemporaine des juges*, Gallimard, coll. « Bibliothèque des Histoires », 2012, p. 415).
16. Et l'on sait avec Ihering que la forme est sœur jumelle de la liberté.

qu'il doit servir, à savoir : chasser l'aléa répressif, c'est-à-dire l'arbitraire du juge). Quant à ces qualités théoriques, la pratique contemporaine se montre peu exigeante : d'abord parce que, formellement, la loi *stricto sensu* a perdu son monopole dans l'expression de la norme pénale (A), ensuite parce que, substantiellement, ladite norme pénale souffre de malfaçons qui limitent considérablement la portée du principe de légalité (B).

## A • La fin du monopole de la loi en matière pénale

**809** ***Diversification des « auteurs » du droit pénal.*** Le droit pénal contemporain se caractérise par la diversité croissante de ses sources, c'est-à-dire *in fine* par la pluralité de ses auteurs ou de ses inspirateurs — quand le principe de légalité dans son acception classique avait précisément pour objet de confier l'édiction du droit pénal à un auteur unique (qui, à l'heure du culte de la démocratie représentative, ne pouvait être que le Parlement). La défiance à l'égard du parlementarisme manifestée par les pères de la Vᵉ République explique que, dès 1958, un rôle très important a été conféré au pouvoir exécutif dans l'élaboration du droit pénal de fond (1) ; la supplantation progressive de la théorie de l'État légal par celle de l'État de droit explique, à côté, l'incidence croissante des normes de rang supra-législatif dans la confection des lois pénales (2).

### 1 • Au profit de l'Exécutif

**810** ***Installation constitutionnelle du pouvoir réglementaire dans son rôle créateur de droit pénal : le domaine contraventionnel.*** La répartition des compétences entre pouvoir législatif et pouvoir réglementaire opérée par la Constitution de 1958, a, quant au droit pénal de fond (lois d'incrimination et de pénalité), cantonné le monopole de la loi *stricto sensu* aux seuls crimes et délits[17], ce dont il a été immédiatement déduit que les contraventions, non visées par l'article 34, relèvent de la compétence de droit commun du pouvoir réglementaire autonome, dans la mesure où, aux termes de l'article 37 de la Constitution, « les matières autres que celles qui sont du domaine de la loi ont un caractère réglementaire ». Ce n'est pas dire, toutefois, que le législateur se désintéresse totalement des contraventions : d'une part, le Conseil constitutionnel se refuse à censurer[18] le Parlement lorsqu'il choisit d'incriminer lui-même une contravention au moyen d'une loi — ce qui explique, par exemple, que l'incrimination des contraventions de recours à la prostitution ou d'outrage sexiste (*sic*) trouve sa source dans la partie législative du Code pénal[19] — ; d'autre part, c'est cette même partie législative du Code pénal qui fixe un cadre au pouvoir réglementaire quant aux peines d'amende maximales qu'il fera encourir aux contrevenants et quant aux peines complémentaires dont la peine principale pourra être assortie[20]. Cette nouvelle répartition des pouvoirs, pour être tolérable, s'est accompagnée d'une exclusion de l'emprisonnement comme peine pouvant punir un contrevenant : la privation de liberté, plus haut degré de violation des droits fondamentaux qu'une peine puisse atteindre, doit demeurer du domaine de la loi. Reste que, même en cantonnant la répression contraventionnelle aux peines pécuniaires ou restrictives de liberté, c'est un pan gigantesque de la répression qui a été soustrait au processus démocratique d'élaboration de la norme — et d'autant plus gigantesque que le pouvoir réglementaire autonome lui-même a comme délégué

17. L'article 34 confie également au monopole du législateur l'amnistie, ce qui permet en théorie d'éviter tout ingérence de l'administration pour soustraire à la répression pénale un justiciable, serait-il un ami du Pouvoir.
18. V. par exemple Cons. const., 30 juill. 1982, nº 82-143 DC, § 11.
19. Respectivement aux articles 611-1 et 621-1.
20. C. pén., art. 111-2 : « le règlement détermine les contraventions et fixe, dans les limites et selon les distinctions établies par la loi, les peines applicables aux contrevenants ».

aux autorités locales (municipales ou préfectorales) une part du pouvoir qu'il tient de l'article 37 de la Constitution, en décidant que « la violation des interdictions ou le manquement aux obligations édictées par les décrets et arrêtés de police sont punis de l'amende prévue pour les contraventions de la 2e classe »[21].

**811** ***Installation légale du pouvoir réglementaire dans son rôle créateur de droit pénal : la délégation opérée par le Parlement lui-même***. Cela ne semble pas chagriner le pouvoir législatif outre mesure, qui va même plus loin que les prévisions constitutionnelles relatives aux contraventions, en n'hésitant pas, pour les matières relevant de son monopole, à ériger le pouvoir exécutif en co-auteur de la loi pénale. Sans même évoquer les questions institutionnelles d'initiative de la législation (bien plus de projets de loi, portés par le Gouvernement, que de propositions de loi, portées par les parlementaires eux-mêmes), sans même s'épouvanter du droit pénal que pourrait produire une application de l'article 16 de la Constitution, il faut constater que, dans la pratique, le Parlement a concédé bien du terrain au règlement pour la définition des incriminations, soit en l'habilitant à passer par voie d'ordonnance (ce qui n'est pas tout à fait nouveau, le premier XXe siècle ayant connu des décrets-lois en matière pénale), soit en érigeant en délit la violation d'une norme réglementaire extra-pénale — c'est donc le règlement qui a, comme par avance, dessiné les contours de l'infraction officiellement créée par le législateur —, soit encore en restant suffisamment flou dans la loi d'incrimination ou de pénalité pour qu'un complément, par le règlement, s'avère nécessaire (certaines lois pénales sont même paralysées dans l'attente d'un règlement d'application). Voilà qui affaiblit un peu plus le monopole conféré à la loi pénale, mais avec la bénédiction de celui qui était censé jouir de ce monopole. L'on en vient presque à voir se dessiner, à côté du « vrai » droit pénal, par définition « dur », un droit répressif « souple » : ainsi, pour savoir ce qu'est la mesure de « mise en conformité » prévue par le législateur en matière de corruption[22], soit à titre de peine, soit pour assortir une convention judiciaire d'intérêt public faisant échapper une personne morale à une condamnation pénale en bonne et due forme, il est plus qu'utile de consulter les « lignes directrices » édictées en 2019 par le procureur de la République financier et l'Agence française anti-corruption à laquelle la loi a confié le contrôle d'une telle « mise en conformité », complétées depuis lors par d'autres « lignes directrices » édictées par le Parquet national financier en 2023. Œuvre administrative, ces lignes directrices sont un pas de plus vers le partage de compétences et le mélange des genres dans la fabrication de la norme pénale, fût-ce par ricochet (quand la loi pénale, pour être comprise, doit être complétée par la lecture d'une norme administrative).

## 2 • Au profit des normes supra-législatives

**812** ***Incidence du droit supra-national sur la fabrication du droit pénal***. Concurrencé « par le bas », le législateur l'est aussi « par le haut » : il peut être amené à créer ou modifier des textes d'incrimination ou de pénalité pour permettre à la France de respecter ses engagements internationaux. Mais, au-delà des classiques traités visés par l'article 55 de la Constitution qui peuvent avoir pour ambition de lutter contre le blanchiment, la traite des êtres humains, *etc.*, c'est surtout à l'échelon européen qu'une telle inspiration forcée du législateur français se fera ressentir, pour deux raisons : d'abord parce que, même si elle en use avec parcimonie, la CEDH peut, au titre des obligations positives des États signataires aux fins de protection des droits fondamentaux, les contraindre à adapter leur législation pénale (dans un sens répressif ou dans un sens libéral, selon que la norme pénale devra protéger le droit fondamental en question ou au contraire cesser de le malmener) ; ensuite parce que, dans l'autre ordre juridique européen qu'est l'Union européenne, le

21. C. pén., art. R. 610-5. De 1994 à 2022, cette disposition soumettait les arrêtés de police au régime des contraventions de la première classe : mais depuis un décr. nº 2022-185 du 15 févr. 2022, la répression de ces infractions a été alourdie.

22. Ou pour savoir comment se mettre soi-même en conformité avant que la justice pénale vienne l'exiger de vous, puisque la « compliance » est aussi une gigantesque entreprise d'auto-discipline pour dissiper le risque pénal.

Traité de Lisbonne a constitué une avancée considérable avec la reconnaissance d'une compétence pénale autonome de l'Union (TFUE, art. 83) — et c'est peu dire que, depuis lors, le droit dérivé ne s'est pas privé de s'ingérer dans les législations pénales. Et même lorsque le législateur français a pris les devants et satisfait d'ores et déjà aux désidérata répressifs de l'Union (comme en matière de lutte pénale contre la cybercriminalité, par exemple), il perd néanmoins toute possibilité de revenir en arrière : avoir satisfait par avance à l'obligation d'incriminer préserve de la nécessité de créer une infraction (le travail est déjà fait) mais soumet néanmoins le Parlement à une interdiction de dépénaliser, le privant de son « droit de ne pas punir »[23].

**813** ***Le Conseil constitutionnel, co-auteur de la loi pénale sous réserve d'interprétation*.** Quant à ce mouvement de dilution du monopole législatif en matière pénale, les normes supra-législatives à l'échelon national ne sont pas en reste : le Conseil constitutionnel est ainsi devenu une sorte de co-auteur innommé de la loi pénale. Outre qu'il peut abroger un texte de loi démocratiquement adopté (et même promulgué et publié, depuis l'institution de la question prioritaire de constitutionnalité), il multiplie également les « sauvetages » de lois en complétant-rectifiant de lui-même, sans renvoyer sa copie au législateur, le texte problématique au moyen d'une « réserve d'interprétation » qui fera corps avec ledit texte. En faisant l'économie d'une censure, le Conseil prend lui-même la plume et porte un peu plus atteinte à ce monopole du législateur dans l'édiction de la loi pénale.

## B • La malfaçon croissante de la norme pénale

**814** ***Soumission du législateur au principe de légalité*.** Le principe de légalité oblige le législateur : il ne le protège pas seulement, au titre de la séparation des pouvoirs, des velléités d'empiètement des deux autres pouvoirs sur son pré-carré, il lui impose aussi d'être à la hauteur de sa mission. Lorsque l'on évoque l'idée d'une « légalité substantielle » ou « matérielle », il est toujours question de lutte contre l'arbitraire : d'une part, il s'agit d'éviter que le législateur lui-même ne cède abusivement à l'arbitraire en incriminant à tort et à travers ; d'autre part, il s'agit de favoriser l'efficacité de la loi pénale à l'aune de la fin que le principe de légalité lui a confiée, à savoir limiter tout risque d'arbitraire du juge. Soit faire en sorte que la loi se conforme au principe de nécessité pour ne pas verser dans le tout pénal, et la rédiger de façon suffisamment claire et précise pour que les citoyens ne doutent pas des contours de leur liberté dans le maquis des infractions, sans quoi le juge trouverait dans l'obscurité de la loi un terreau opportun pour faire fructifier son arbitraire. Là encore, le constat est pessimiste quant au droit positif : tant la nécessité (1) que la clarté et donc la prévisibilité (2) sont mises à mal par le législateur contemporain.

### 1 • La nécessité galvaudée

**815** ***Banalisation du recours au droit pénal*.** De l'article 8 de la Déclaration de 1789, le Conseil constitutionnel induit un principe de nécessité des lois pénales, aussi bien en matière d'incrimination que de pénalité. Ce principe de nécessité, au fond, est la traduction à l'échelle de chaque loi pénale du principe plus général de subsidiarité qui doit présider à l'intégralité du droit pénal. Pour que force demeure au principe de liberté, les exceptions que sont les incriminations doivent demeurer exceptionnelles. Las, « l'envie du pénal » fustigée par Muray[24] fait des ravages, la répression se révélant un champ

23. D. Zerouki-Cottin, « L'obligation d'incriminer imposée par le juge européen, ou la perte du droit de ne pas punir », *RSC* 2011, p. 575 et s.
24. Ph. Muray, « L'envie du pénal », *Essais*, Les Belles Lettres, 2010, p. 741 et s.

d'expression à la fois dangereux et privilégié de l'inflation législative[25]. Ainsi que le déplorait le Doyen Lombois, « l'outrance répressive procède d'une erreur stratégique qui, voulant donner de l'importance à trop de valeurs, les démonétise toutes. [Le législateur] prostitue son autorité en l'escortant, à tout propos, de la menace. Banalisée, la règle pénale devient triviale, alors qu'elle devrait être majestueuse. [...] Un pouvoir qui a toujours la menace à la bouche infantilise les citoyens au lieu de les responsabiliser »[26]. Chaque fait divers ou débat médiatique semble désormais devoir justifier, aux yeux d'un Parlement peu avare en incriminations, une intervention, fût-elle symbolique, quitte à multiplier les textes inutiles, les infractions doublons compliquant l'exercice judiciaire de qualification[27] et, plus largement, à étendre la répression au-delà de son domaine « naturel » (celui qui se confond avec la *common decency* de l'homme de la rue), jusqu'à l'artifice. Le primat de la liberté perd en force dans la mesure où, « lorsque l'on renonce à la subsidiarité du droit pénal, c'est la discontinuité de ce droit que l'on remet en cause »[28].

**816** ***Contrôle minimaliste de la nécessité d'incriminer***. Malgré la constitutionnalisation du principe de nécessité, le contrôle qu'opère le Conseil constitutionnel conduit très rarement à une censure des excès non nécessaires de pénalisation, au motif que « l'article 61 de la Constitution ne [lui] confère pas [...] un pouvoir général d'appréciation et de décision de même nature que celui du Parlement »[29], sauf cas exceptionnel d'une erreur manifeste d'appréciation. Il est vrai qu'un contrôle plus poussé caractériserait une ingérence supplémentaire de la part du Conseil constitutionnel[30] et risquerait, au nom de la légalité « matérielle », d'abîmer un peu plus la légalité « formelle ».

## 2 • La prévisibilité malmenée

**817** ***Clarté, précision, accessibilité, prévisibilité***. Il ne sert à rien d'imposer le truchement d'une loi pour assurer la connaissance, par tous, de l'interdit pénal en amont de l'acte punissable si ladite loi, mal écrite, est obscure ou inintelligible (favorisant ainsi un interventionnisme du juge au moment de son application). Aussi, depuis longtemps, le Conseil constitutionnel exige-t-il que « le législateur [doit] définir les infractions en termes suffisamment clairs et précis pour exclure l'arbitraire »[31] quand la Cour européenne des droits de l'Homme insiste sur le fait « qu'une infraction doit être clairement définie par la loi »[32] et que le principe *nullum crimen nulla poena sine lege* « implique des conditions qualitatives, entre autres celles de l'accessibilité et de la prévisibilité »[33].

**818** ***Définitions imprécises et multiplication des renvois***. Si le législateur contemporain malmène particulièrement la légalité matérielle, ses devanciers n'étaient pas en reste : dès le Code pénal napoléonien, de nombreux textes d'incrimination étaient à ce point imprécis qu'ils ont offert une voie d'expression à la jurisprudence. Sans doute le phénomène s'est-il aggravé, depuis lors, du fait de la multiplication des normes, la quantité augmentant au détriment de la qualité. Une mode légistique, notamment, rend difficile la connaissance immédiate de la loi pénale : celle qui consiste à opérer, dans un texte d'incrimination ou de pénalité, un renvoi à un autre texte, qui lui-même peut renvoyer à une troisième norme (pénale ou non, légale ou non, de droit interne ou non...), *ad libitum*.

---

25. Déjà dans les années 1950, Léauté déplorait que « les textes se [soient] multipliés ; [que] les incriminations foisonnent ; [que] les qualifications s'enchevêtrent. [Que] la sobriété d'antan [ait] fait place au débordement » (J. Léauté, « Le changement de fonction de la règle "*nullum crimen sine lege*" », *Mélanges Hamel*, 1959, p. 81 et s.).
26. C. Lombois, *Droit pénal général*, Economica, Hachette, 1994, p. 11.
27. Sur lesquelles v. V. Malabat, « Les infractions inutiles. Plaidoyer pour une production raisonnée du droit pénal », *La réforme du Code pénal et du Code de procédure pénale. Opinio doctorum*, Dalloz, coll. « Thèmes et commentaires », 2009, p. 71 et s.
28. E. Dreyer, « La subsidiarité du droit pénal », *Mélanges Jacques-Henri Robert*, p. 248.
29. V. par ex., au sujet de la loi « confortant le respect des principes de la République », Cons. const., 13 août 2021, n° 2021-823 DC, § 59.
30. Dont la composition demeure, quant à sa légitimité démocratique et à l'expertise juridique de ses membres, l'objet de bien compréhensibles polémiques.
31. Cons. const., 19 et 20 janv. 1981, n° 80-127 DC.
32. CEDH, 15 nov. 1996, *Cantoni c/ France*, § 29.
33. *Ibid.*

**819** ***Individualisation de la peine : prévisibilité réduite***. Enfin, il faut rappeler que, loin de l'éphémère système de peines fixes de 1791 (où peines encourue et prononcée étaient identiques), les lois de pénalité contemporaines laissent une très grande marge de manœuvre au juge pénal dans le choix des sanctions : modulation du quantum en-dessous du plafond encouru, sursis à exécution, nombreuses peines complémentaires, peines alternatives, dispense de peine… Le législateur lui-même a rendu la répression imprévisible, sauf la limite du maximum énoncé. L'individualisation ayant été érigée en principe de valeur constitutionnelle, cette imprévisibilité se trouve pérennisée, le Conseil constitutionnel censurant, au visa dudit principe, les lois qui priveraient, au moyen de peines automatiques, le juge pénal de sa marge de manœuvre. En matière de peines, la légalité est donc affaiblie, le législateur étant prié d'offrir un cadre très large au sein duquel le juge exercera sa liberté (son arbitraire[34] ?).

## II • Le déclin du principe de légalité dans l'application de la norme pénale

**820** ***S'affranchir de la légalité***. Le juge, dans son office d'application de la loi pénale, est en principe soumis à la légalité (qui a été inventée à cette fin). Mais le juge contemporain dispose d'outils pour s'en affranchir, soit en usant de son pouvoir d'interprétation pour contourner la loi (A), soit en neutralisant celle-ci à la faveur d'un des contrôles de conformité qui lui sont confiés (B).

### A • Le contournement de la loi par interprétation du juge

**821** ***Interprétation ou création ?*** Parce que l'interprétation peut confiner à la création prétorienne, l'immédiat corollaire du principe de légalité a entendu enserrer le pouvoir d'interprétation du juge lorsqu'il applique la loi. Ce garde-fou classique qu'est le principe dit « d'interprétation stricte » de la loi a pourtant montré ses limites, faute de contrôle suffisant (1), la jurisprudence étant par ailleurs peu à peu intégrée à la légalité (2).

#### 1 • L'effectivité très relative du principe d'interprétation stricte

**822** ***Subsidiarité théorique de l'interprétation stricte***. Lorsque la loi est parfaitement claire et précise, il n'y a pas lieu à interprétation ; c'est dire que l'interprétation stricte n'a qu'une vocation subsidiaire, trouvant à s'appliquer dans les hypothèses où la loi ne serait pas « auto-suffisante ». L'interprétation stricte vient pondérer les velléités du juge pénal d'échapper à l'emprise de la loi sur lui : la séparation des pouvoirs implique qu'il ne puisse pas trahir l'œuvre législative ; la subsidiarité du droit pénal et le primat de la liberté excluent l'interprétation extensive d'un texte pour soumettre à sa charge répressive une situation qui ne correspond pas parfaitement à ses prévisions — d'où la prohibition classique du raisonnement par analogie. Rouage essentiel du légalisme pénal, l'interprétation stricte s'est vu conférer une valeur constitutionnelle[35] et la CEDH elle-même reconnaît l'importance de corseter la marge d'interprétation des textes pénaux par le juge[36].

---

34. Sur ce sujet, v. M. Brenaut, « La motivation de la peine, entre mythe et réalité — Propos introductifs », Actes du colloque « La motivation de la peine » (dir. F. Safi), *Revue du Centre Michel de l'Hospital*, n° 25, 2022.
35. Cons. const., 16 juill. 1996, déc. n° 96-377 DC.
36. CEDH, 24 mai 2007, *Dragotoniu et Militaru-Pidhorni c/ Roumanie*.

**823** ***Contrôles limités du caractère strict de l'interprétation***. Les failles de la légalité matérielle ont toujours offert aux juges maintes occasions d'interprétation, notamment téléologique pour restituer ce qu'ils considèrent avoir été l'intention d'un législateur ayant peiné à l'exprimer. Lors, il faut vérifier que l'interprétation est demeurée « stricte ». C'est à la Cour de cassation qu'il échoit de contrôler que les juges du fond n'ont pas, sous couvert d'interprétation, violé le principe de légalité et méconnu le sens et la portée de telle ou telle loi pénale. Mais c'est également la Cour de cassation qui va fixer les interprétations à retenir, de sorte qu'elle-même doit se soumettre au principe d'interprétation stricte. Longtemps, elle a agi sans aucun contrôle mais l'institution de la question prioritaire de constitutionnalité a semblé changer la donne : une QPC peut porter sur une disposition légale telle qu'interprétée, de sorte que, en théorie, le Conseil constitutionnel a les moyens de briser une jurisprudence et restituer à la loi sa force première. Pourtant, en pratique, d'une part, le Conseil sera plus enclin à censurer une loi telle qu'interprétée par la Cour de cassation si des droits et libertés constitutionnellement garantis autres que le bénéfice du principe de légalité sont mis à mal par cette jurisprudence ; d'autre part, encore faut-il en amont que la chambre criminelle de la Cour de cassation ait accepté de transmettre la QPC au Conseil. N'est-elle pas juge et partie lorsqu'elle apprécie le caractère sérieux d'un grief d'inconstitutionnalité critiquant son interprétation d'un texte ? Il lui arrive même, plus souvent qu'à son tour, de considérer irrecevable une QPC critiquant « la conformité de la jurisprudence de la Cour de cassation avec le libellé du texte législatif en cause »[37]. En somme, le grief de méconnaissance des principes de légalité et d'interprétation stricte, pourtant constitutionnellement garantis, est exclu par la Cour de cassation qui organise ainsi sa possible soustraction à tout contrôle, même (surtout ?) quand l'interprétation litigieuse est *contra legem*.

**824** ***Dénaturation de la fonction du principe d'interprétation stricte***. Cela peut s'expliquer par un changement de rôle du principe d'interprétation stricte, que révèle l'étude du contrôle, par le Conseil constitutionnel, du respect de la légalité matérielle par le législateur. Certes, il lui arrive de déclarer contraire au principe de légalité un texte d'incrimination dont les éléments constitutifs seraient insuffisamment définis : ainsi de l'ancien article 222-33 du Code pénal qui incriminait le harcèlement moral et que le Conseil n'a pas hésité à abroger[38]. Mais il est devenu commun que le Conseil s'abstienne d'une déclaration d'inconstitutionnalité, soit qu'il préfère compléter lui-même le texte imparfait au moyen d'une réserve d'interprétation, soit qu'il déclare conforme à la Constitution une loi d'incrimination ou de pénalité imprécise au motif qu'elle définit un délit ou une peine « dans des conditions qui permettent au juge, auquel le principe de légalité impose d'interpréter strictement la loi pénale, de se prononcer sans que son appréciation puisse encourir la critique d'arbitraire »[39]. La Cour de cassation s'engouffre dans la brèche ainsi ouverte, pour refuser de transmettre certaines QPC par lesquelles les plaideurs fustigeraient le manque de clarté et précision d'une loi pénale qu'on entend leur appliquer, la Chambre criminelle préférant reprendre la main dessus au titre de son pouvoir d'interprétation[40]. En somme, l'interprétation stricte de la loi ne vient plus assurer l'effectivité du principe de légalité en contraignant le juge, mais semble au contraire l'affaiblir, devenant un opportun sauf-conduit permettant de « sauver » de la censure un texte imprécis au prétexte que le juge pourra combler une telle imprécision[41] — soit une trahison à peu près totale de la légalité criminelle[42]. Cela revient peu ou prou à faire du juge un correcteur, donc un quasi-co-auteur, de la loi pénale.

---

37. V. par ex. Crim., 19 mai 2021, n° 21-90.006.
38. Cons. const. 4 mai 2012, n° 2012-240 QPC.
39. V. par ex. Cons. const., 16 juill. 1996, n° 96-377 DC.
40. V. par ex. Crim. 18 juin 2019, n° 19-90.014 : « la question posée ne présente pas, à l'évidence, un caractère sérieux, dès lors que [...] les termes [de la loi] qui définit [l'infraction] sont suffisamment clairs et précis pour que l'interprétation de ce texte, qui entre dans l'office du juge pénal, puisse se faire sans risque d'arbitraire ».
41. L'ordre européen, sans surprise, fait sienne pareille conception qui considère que la légalité matérielle est satisfaite « lorsque le justiciable peut savoir, à partir du libellé de la disposition pertinente et au besoin à l'aide de l'interprétation qui en est donnée par les tribunaux, quels actes et omissions engagent sa responsabilité pénale » (CEDH, 29 oct. 2013, *Varvara c/ Italie*).
42. V. en ce sens Ph. Conte, « Principe de la légalité criminelle : quelques airs nouveaux sur des paroles anciennes », *Dr. pén.* 2020, étude 17 ; M. Brenaut et F. Safi, « Un an de QPC en matière pénale », *Dr. pén.* 2020, chron. 9, § 5.

## 2 • Le rattachement de la jurisprudence à la légalité

**825** ***La portée de certains « principes généraux de droit »***. La légalité, même à entendre largement la notion de loi en y intégrant le règlement, impliquait à tout le moins un principe de « textualité » : le caractère écrit de la norme pénale était incontournable. Pourtant cette certitude tend, elle aussi, à s'effriter, dans la mesure où l'œuvre prétorienne est, sous l'influence de la CEDH, désormais intégrée au « droit » protégé par le principe *nullum crimen nulla poena sine lege*. Cependant, il n'a pas été besoin d'attendre l'émergence d'une théorie des obligations positives pour que l'ordre européen des droits de l'Homme vienne relativiser le principe de légalité : ainsi, dans le texte même de la Convention, au second alinéa de l'article 7, il est précisé que le principe légaliste et son corollaire, la non-rétroactivité *in pejus*, consacrés au premier alinéa ne porteront « pas atteinte au jugement et à la punition d'une personne coupable d'une action ou d'une omission qui, au moment où elle a été commise, était criminelle d'après les principes généraux de droit reconnus par les nations civilisées ». Les principes généraux du droit pour pallier le silence du droit national textuel : soit le silence du législateur analysé non pas en interstice pour le principe de liberté mais en « vide juridique » à combler, fût-ce par de très flous et imprévisibles principes généraux, « découverts » par les juges. Les articles 15 du Pacte de 1966 et 49 de la Charte de l'Union ont repris ce mécanisme, sans doute parce qu'il a été pensé pour « sauver » Nuremberg et ses suites (certaines poursuites pour crime contre l'humanité) de la critique légaliste — mais les textes sont rédigés de telle façon que cette inclusion des principes généraux du droit (c'est-à-dire de ce que le juge considère tels) dans la légalité peut parfaitement s'appliquer à d'autres événements, pour l'avenir.

**826** ***La jurisprudence, source de droit pénal ?*** Par-delà ces principes généraux, l'ordre européen assume plus largement une reconnaissance du « droit non-écrit », donc de la jurisprudence elle-même, comme source de droit pénal : on juge ainsi, à Strasbourg, qu'il ne faut pas « forcer la distinction entre pays de *common law* et pays "continentaux" [...]. Dans un domaine couvert par le droit écrit, la "loi" est le texte en vigueur tel que les juridictions compétentes l'ont interprété en ayant égard, au besoin, à des données techniques nouvelles »[43] — d'où la surprenante mais docte affirmation selon laquelle il serait « solidement établi dans la tradition juridique du Royaume-Uni comme des autres États parties à la Convention que la jurisprudence, en tant que source du droit, contribue nécessairement à l'évolution progressive du droit pénal »[44]. L'extension du champ de la règle *nullum crimen* revient à ruiner la légalité formelle et à confier pour large partie au juge la tâche de la légalité matérielle. Le principe de non-rétroactivité *in pejus* devient l'alpha et l'omega de la légalité criminelle puisque c'est la règle du « précédent » qui peut, dans les systèmes prétoriens, endiguer le risque d'arbitraire. La CEDH exige à cet égard qu'un revirement de jurisprudence plus sévère, pour être d'application immédiate voire rétroactive, ait été « raisonnablement prévisible »[45] — mais cet adverbe « raisonnablement » n'est pas lui-même gage de prévisibilité. L'avantage d'une vraie « légalité » au sens français classique tenait précisément à ce que la prévisibilité du revirement n'avait pas à être raisonnable ou déraisonnable puisqu'elle n'avait pas sa place dans le débat, faute pour le juge d'être co-auteur de la norme pénale. Si le rattachement de l'œuvre prétorienne à la légalité peut, à première vue, rassurer, en ce qu'il tente de dompter la jurisprudence, il doit surtout inquiéter tant il offre à ladite jurisprudence une autorité que le principe *nullum crimen* avait précisément pour objet de lui dénier. En somme, en phagocytant la légalité, la jurisprudence la dénature et ruine pour partie son utilité.

---

43. CEDH, 24 avr. 1990, *Huvig c/ France*.
44. CEDH, 22 nov. 1995, *SW c/ Royaume-Uni*.
45. *Ibid.*

## B • La neutralisation de la loi par contrôle du juge

**827** ***Neutralisation définitive ou ponctuelle***. Le développement du contrôle de conventionnalité a conféré au juge un pouvoir de neutralisation, au moins ponctuel, des lois pénales. Adoptée, promulguée, publiée, la loi peut encore être écartée — ce qui ajoute de l'imprévisibilité au sort des justiciables. Si la neutralisation définitive d'un texte demeure exceptionnelle (1), la neutralisation ponctuelle devient plus fréquente, à l'issue d'un contrôle de proportionnalité ayant mis en balance les différents intérêts en présence (2).

### 1 • La neutralisation durable d'une loi en elle-même contraire à une norme supra-législative

**828** ***Loi incompatible avec une norme conventionnelle***. Il arrive qu'un texte d'incrimination ou de pénalité soit jugé contraire à un principe de valeur conventionnelle : ainsi, la Cour de cassation a déjà admis la neutralisation d'une loi pénale[46] qui punissait la publication de sondages dans la semaine précédant une élection, en considérant que ce texte instaurait « une restriction à la liberté de recevoir et de communiquer des informations [non] nécessaire à la protection des intérêts légitimes énumérés par l'article 10-2 de la Convention » européenne de sauvegarde des droits de l'Homme et des libertés fondamentales et « qu'étant incompatibles avec ces dispositions conventionnelles », cette loi pénale ne saurait « servir de fondement à une condamnation pénale »[47]. La portée très générale[48] d'une telle déclaration d'inconventionnalité promettait cette loi pénale à l'oubli : même en demeurant formellement dans l'ordonnancement juridique faute de dépénalisation par le législateur, elle ne serait plus appliquée par les juges, ce pourquoi certains auteurs ont évoqué une « abrogation judiciaire »[49].

**829** ***Loi incompatible avec une norme constitutionnelle***. En 2010, l'avènement de la QPC a également permis aux plaideurs d'obtenir, à l'occasion d'une procédure pénale, l'abrogation — en bonne et due forme, cette fois-ci — d'une loi pénale que les autorités judiciaires entendaient leur appliquer ; toutefois son pouvoir de modulation permet au Conseil constitutionnel d'écarter du bénéfice de l'éventuelle censure le justiciable qui a soulevé le grief d'inconstitutionnalité (on appliquera donc au mis en cause un texte jugé inconstitutionnel — curieuse conception de la légalité, décidément).

### 2 • La neutralisation ponctuelle d'une loi au titre d'un contrôle de proportionnalité *in concreto*

**830** ***Imprévisibilité de l'issue d'un contrôle* in concreto**. Enfin, et surtout, sur le modèle du raisonnement-type mené par la CEDH, le contrôle de conventionnalité qu'exercent les juges consiste de plus en plus en un contrôle de proportionnalité (la nécessité au regard des fins poursuivies par la loi pénale étant, la plupart du temps, présumée). C'est bien l'éventuelle disproportion de l'application, au cas particulier d'une espèce, de la loi pénale au regard des droits fondamentaux qui s'en trouveraient bafoués qui entre en ligne de compte. Les moyens en ce sens sont devenus communs (l'on ne compte plus les pourvois en matière pénale qui charrient leur lot d'invocations de la Convention à chaque branche de chaque moyen) : ce contrôle de compatibilité entre normes, et plus précisément de conformité de l'application fidèle de la norme pénale législative à la norme qui lui est supérieure, permet

46. L. n° 77-808 du 19 juill. 1977.
47. Crim. 4 sept. 2001, n° 00-85.329.
48. Cela est dû au fait que, longtemps, « la Cour de cassation, conformément à l'esprit du droit français, a [eu] une conception plus mécanique du respect de la Convention, considérée comme supérieure au droit interne : une règle nationale [était] ou [n'était] pas, et invariablement, conforme à la Convention » (J.-H. Robert, « Abrogation judiciaire d'une loi », *Dr. pén.* 2001, comm. 91).
49. *Ibid.*

au juge judiciaire de neutraliser ponctuellement un texte d'incrimination national. La légalité perd ici de sa superbe, et en tout cas ne permet plus de garantir la prévisibilité du droit puisque, à l'issue d'un contrôle de proportionnalité *in concreto* (dont l'issue est structurellement imprévisible), une loi d'incrimination ou de pénalité, dont on croyait qu'elle dicterait la solution judiciaire rendue par le juge saisi de l'action publique, sera mise à l'écart — soit que l'on écarte le chef de poursuite, soit que l'on juge trop sévère la peine retenue. Les nombreuses affaires d'exhibition sexuelle mettant en cause les militantes féministes du groupe Femen illustrent parfaitement cette ambiguïté, ayant donné lieu à une jurisprudence contrastée : la Cour de cassation, parfois, donne quitus aux juges du fond d'une relaxe au motif que « le comportement de la prévenue s'inscrit dans une démarche de protestation politique, et que son incrimination, compte tenu de la nature et du contexte de l'agissement en cause, constituerait une ingérence disproportionnée dans l'exercice de la liberté d'expression »[50], mais, en d'autres espèces, elle a considéré que les juges du fond avaient parfaitement caractérisé l'infraction[51] — ce qui n'a pas empêché, alors, la CEDH de condamner la France, jugeant que la condamnation à une peine d'emprisonnement avec sursis emportait violation disproportionnée du droit à la liberté d'expression[52]. Ainsi, dans une même affaire, selon que l'on contrôle la conventionnalité de la déclaration de culpabilité ou de la condamnation (peine prononcée), l'issue de ce contrôle (conformité ou violation) ne sera pas la même. Imprévisible est la répression lorsque devient elle-même imprévisible l'application d'une loi qui avait pourtant la prétention de prévoir clairement, précisément, intelligiblement une dérogation au principe de liberté.

## BIBLIOGRAPHIE INDICATIVE


- P. BEAUVAIS, « Droit pénal de l'Union européenne », *RTD eur.* 2010, p. 721 et s.
- O. CAHN, « Le principe de nécessité en droit pénal — thèse radicale », O. CAHN et K. PARROT (dir.), *Le principe de nécessité en droit pénal, Actes de la Journée d'Études Radicales*, Lextenso, coll. « LEJEP », 2013, p. 17 et s.
- G. CHOISEL, « L'origine de la notion d'insécurité juridique — Approche française », G. CERQUEIRA H. FULCHIRON et N. NORD (dir.), *« Insécurité juridique » : l'émergence d'une notion ?*, 2022, p. 19 et s.
- C. CLAVERIE-ROUSSET, « La légalité criminelle », *Dr. pén.* 2011, n° 9, étude 16.
- Ph. CONTE, « Le droit n'est plus le tennis — Un juge vous le dira », *JCP* 2016, n° 52, 1405.
- Ph. CONTE, « Principe de la légalité criminelle : quelques airs nouveaux sur des paroles anciennes », *Dr. pén.* 2020, étude 17.
- Ph. CONTE, « La distinction de la légalité formelle et de la légalité matérielle : ses dits et non-dits », *Dr. pén.* 2020, étude 23.
- B. DREVET, « Les actes d'investigation non réglementés : la relative légalité procédurale », *Dr. pén.* 2023, étude n° 7.
- E. DREYER, « La subsidiarité du droit pénal », *Mélanges Jacques-Henri Robert*, LexisNexis, 2012.
- A. GIUDICELLI, « Le principe de la légalité en droit pénal français. Aspects légistiques et jurisprudentiels », *RSC* 2007. 509.


50. Pour une exhibition dans un musée : Crim., 26 févr. 2020, n° 19-81.827.
51. Pour une exhibition dans une église : Crim. 9 janv. 2019, n° 17-81.618.
52. CEDH, 13 oct. 2022, *Bouton c/ France*.

- J. LEAUTÉ, « Le changement de fonction de la règle "*nullum crimen sine lege*" », *Mélanges Hamel*, 1959, p. 81 et s.
- P. MAISTRE DU CHAMBON, « Le déclin du principe de la légalité », *Mélanges Decottignies*, PUG, 2003, p. 209 et s.
- V. MALABAT, « Les infractions inutiles. Plaidoyer pour une production raisonnée du droit pénal », *in La réforme du Code pénal et du Code de procédure pénale. Opinio doctorum*, Dalloz, coll. « Thèmes et commentaires », 2009, p. 71 et s.
- V. MALABAT, « Les sources du droit pénal : la loi, toute la loi, rien que la loi… ou presque », *Revue de droit d'Assas*, févr. 2012, p. 83 et s.
- J.-H. ROBERT, « Abrogation judiciaire d'une loi », *Dr. pén.* 2001, comm. 91.
- J. C. SOYER, « La loi nationale et la Convention européenne des droits de l'homme », *Mélanges Foyer*, PUF, 1996, p. 125 et s.
- M. TOUILLIER, « L'interprétation stricte de la loi pénale et l'article 7 de la Convention européenne de sauvegarde des droits de l'homme et des libertés fondamentales », *RDLF* 2014, chron. n° 8.
- A. VITU, « Le principe de légalité et la procédure pénale », *RI crim. et pol. techn.*, 1967, vol. XXI.
- D. ZEROUKI-COTTIN, « L'obligation d'incriminer impose par le juge européen, ou la perte du droit de ne pas punir », *RSC* 2011, p. 575 et s.

## PISTES DE RÉFLEXION

- La jurisprudence est-elle aujourd'hui une source de droit pénal ?
- La nécessité de la loi pénale

Thème 7

# Les droits fondamentaux spécifiques au procès civil

**Natalie Fricero**
*Professeur des Universités,*
*Ancien membre du Conseil supérieur de la magistrature*

**Philippe Pédrot***
*Professeur à l'Université de Toulon,*
*Directeur honoraire de l'Institut d'études judiciaires*

Le procès civil est un mode de réalisation des droits qualifié de droit de l'homme par la Convention européenne de sauvegarde des droits de l'homme et des libertés fondamentales et la Charte des droits fondamentaux de l'Union européenne, et de droit à valeur constitutionnelle par le Conseil constitutionnel. À ce titre, l'organisation du procès civil est encadrée par des principes fondamentaux qui garantissent l'égalité entre les parties, l'effectivité des droits de la défense, la loyauté des comportements processuels. Ces droits spécifiques résultent des principes directeurs définis par le Code de procédure civile. Sous l'influence des exigences du procès équitable prévues par l'article 6 § 1 de la Convention européenne, comme des principes constitutionnels issus de l'article 16 de la Déclaration des droits de l'homme et du citoyen de 1789, les principes nationaux ont évolué et de nouveaux droits sont apparus, comme celui de l'égalité des armes. Le contrôle de proportionnalité permet aux juges d'adapter les règles nationales aux exigences européennes : ils peuvent mettre à l'écart, dans un cas d'espèce, une règle de droit nationale qui constitue une entrave disproportionnée à un droit garanti par la Convention européenne, ou l'interpréter en lui donnant un sens conforme aux exigences européennes. Les objectifs de la modernisation de l'action publique et de simplification de l'accès au juge ont aussi contribué à une relecture de ces principes : les lois récentes, comme la loi de modernisation de la justice du XXIe siècle du 18 novembre 2016, la loi du 23 mars 2019 portant réforme de la justice et la loi **nº 2021-1729 du 22 décembre 2021 pour la confiance dans l'institution judiciaire,** en constituent des illustrations notables. De nouveaux enjeux démocratiques, tels que l'intégration du numérique et des modes amiables de résolution des litiges, entraînent des bouleversements importants, que différents rapports suggèrent[1]. Les travaux menés dans le cadre des États généraux de la justice et le rapport du Comité rendu public le 8 juillet 2022 donneront lieu à des réformes destinées à surmonter les importantes difficultés auxquelles la justice est confrontée : insuffisance notoire des moyens, complexification des procédures, insatisfaction des justiciables... La justice civile comme la justice pénale sont concernées, et les réformes devront porter, à la fois, sur l'organisation et le fonctionnement des juridictions. Une loi « justice » est attendue pour 2023.

* Philippe Pédrot fut le rédacteur de cette contribution dès la première édition de l'ouvrage en 1994. Depuis 2002, Natalie Fricero a pris en charge, la mise à jour ainsi que l'évolution de cette contribution.

1. F. Agostini et N. Molfessis, *Amélioration et simplification de la procédure civile ;* J.-F. Beynel et D. Casas, *Transformation numérique ;* Ph. Houillon et D. Raimbourg, *Adaptation du réseau des juridictions*, rapports remis au garde des Sceaux le 15 janvier 2018 ; rapport du groupe de travail sur les délais de jugement piloté par Peimane Ghaleh-Marzban, 3 mai 2021.

**831** ***Principes d'organisation du procès.*** Le procès civil conduit à l'élaboration de structures et de processus destinés à résoudre les conflits inhérents à la vie en commun, et au prononcé d'un jugement à l'issue d'une succession d'actes accomplis dans certains délais et selon certaines formes[2]. Il se situe au carrefour d'une multitude d'intérêts parfois contradictoires, qui opposent les enjeux du service public et la logique économique privée, et met en cause de nombreux droits et libertés fondamentaux : la démarche procédurale, dont l'analyse historique montre le caractère intemporel[3], ne saurait être détachée des principes fondamentaux qu'elle met en œuvre. On observe que ces principes font l'objet d'importantes évolutions dues aux exigences de la « bonne administration de la justice » (reconnue par le Conseil constitutionnel comme un objectif de valeur constitutionnelle[4] par une décision nº 82-141 du 27 juillet 1982[5]) : en période de contraintes budgétaires, les autorités publiques doivent rechercher les conditions permettant l'efficience économique du fonctionnement des tribunaux et des procédures, dans le respect des finalités spécifiques de la justice, de la recherche de qualité et de célérité[6]. Ces raisons ont conduit à d'importantes réformes, dont la fusion au sein du tribunal judiciaire des anciens tribunaux de grande instance et d'instance et la rationalisation de la procédure civile applicable (loi nº 2019-222 du 23 mars 2019 et les décrets d'application). Le « service d'accueil unique du justiciable » (SAUJ) informe le justiciable sur les procédures qui le concernent et reçoit de sa part les actes afférents à ces procédures, afin de rendre la justice civile plus accessible (COJ, art. L. 123-3). En outre, toutes les réformes insistent sur la nécessité de « déjudiciariser » (comme ce fut le cas dans le divorce par consentement mutuel par acte d'avocats enregistré par un notaire) et de proposer une justice plurielle en développant les modes alternatifs de résolution des différends[7]

2. S. Guinchard et *al.*, *Droit processuel*, 10e éd., Dalloz, coll. « Précis », 2019, nos 290 s.
3. S. Guinchard et *al.*, *op. cit.*, nos 11 s.
4. Les objectifs de valeur constitutionnelle sont des orientations dégagées par le Conseil constitutionnel à l'intention du législateur, distincts des principes à valeur constitutionnelle dont le respect s'impose au législateur comme aux autres organes de l'État.
5. « Considérant qu'ainsi il appartient au législateur de concilier, en l'état actuel des techniques et de leur maîtrise, l'exercice de la liberté de communication telle qu'elle résulte de l'article 11 de la Déclaration des droits de l'homme, avec, d'une part, les contraintes techniques inhérentes aux moyens de la communication audiovisuelle et, d'autre part, les objectifs de valeur constitutionnelle que sont la sauvegarde de l'ordre public, le respect de la liberté d'autrui et la préservation du caractère pluraliste des courants d'expression socioculturels auquel ces modes de communication, par leur influence considérable, sont susceptibles de porter atteinte »
6. L. Cadiet, J.-P. Jean et H. Pauliat, *Mieux administrer pour mieux juger*, IRJS, 2014 ; S. Guinchard, *Le Code de procédure civile : entre son passé et son avenir. 40e anniversaire du Code de procédure civile (1975-2015)*, éd. Panthéon Assas, janv. 2016, p. 41.
7. Loi nº 2016-1547 du 18 nov. 2016, art. 4, mod. Loi nº 2021-1729 du 22 décembre 2021, tentative de conciliation obligatoire avant toute demande inférieure ou égale à 5 000 € et en matière de trouble anormal de voisinage devant le tribunal judiciaire ; art. 6, tentative de médiation à peine d'irrecevabilité de certaines demandes en matière familiale devant des TJ spécialement désignés ; art. 229-1 et s. C. civ., divorce par consentement mutuel par acte sous signature privée contresigné par avocats, déposé au rang des minutes d'un notaire…

à toutes les phases des procédures. Le garde des Sceaux, ministre de la justice a lancé le chantier de l'amiable le 13 janvier 2023 : il s'agit de modifier la culture des acteurs judiciaires pour permettre au justiciable de s'approprier la résolution de son litige[8]. Des réformes sont annoncées : audiences de règlement amiable avec un juge conciliateur ; césure de certains procès, le juge statuant sur la question juridique et laissant aux parties le soin de trouver une solution amiable pour tirer les conséquences du jugement ; regroupement des textes épars sur les modes amiables dans une partie cohérente du Code de procédure civile… De nombreuses dispositions favorisent déjà les modes amiables et, dans l'avenir, il faudra définir des principes fondamentaux des processus amiables[9]. À cet égard, pour garantir que les modes amiables en ligne respectent les principes fondamentaux, les pouvoirs publics ont pris le parti de réguler les plateformes de médiation ou de conciliation en ligne[10]. Une nouvelle approche du traitement procédural des affaires résulte de la création d'une mise en état conventionnelle (lors de l'audience d'orientation, le président de la chambre saisie demande aux avocats s'ils ont conclu une convention de procédure participative de mise en état, C. pr. civ., art. 776, décr. n° 2019-1333, 11 déc. 2019), qui permet d'externaliser cette phase de l'instance en la confiant aux avocats. Le traitement algorithmique (jurimétrie) des décisions de justice mises à disposition du public gratuitement dans le cadre de l'*open data*, nommé imparfaitement « justice prédictive », est soumis à des limites garantissant la protection des droits fondamentaux des personnes (notamment, le profilage des magistrats est interdit, comme la recherche des éléments d'identification des personnes physiques parties à la décision).

**832** ***Sources des principes fondamentaux.*** Ces principes, inspirés par les travaux de Motulsky, sont inscrits en tête du Code de procédure civile, et rassemblent des règles écrites propres aux procès civils, quelles que soient les juridictions saisies, de droit commun ou d'exception.

L'exposé des « principes directeurs du procès » dans un texte de droit positif, définissant un ordre public procédural, ont marqué un véritable tournant dans l'histoire de la procédure civile. Loin d'être une simple norme technique, la règle de procédure civile acquiert le statut de règle fondamentale, impliquant des présupposés théoriques se rattachant à l'organisation de la cité. Nombre de ces principes sont issus d'un droit processuel constitutionnel qui s'est construit au gré des lois soumises au contrôle de constitutionnalité[11]. Par l'intégration dans « le bloc de constitutionnalité » du préambule de la Constitution de 1958, de la Déclaration des droits de l'homme de 1789 et des principes fondamentaux reconnus par les lois de la République, le Conseil constitutionnel a en effet érigé de nombreux droits et libertés fondamentaux en normes constitutionnelles[12] : on y trouve, notamment, l'égalité devant la loi et devant la justice, l'impartialité et l'indépendance des juges, les droits de la défense et le droit de recourir à un juge. Les principes constitutionnels connaissent un développement important avec la question prioritaire de constitutionnalité, particulièrement en ce qui concerne le droit au juge consacré sur le fondement de l'article 16 de la Déclaration des droits de l'homme et du citoyen de 1789. Tout justiciable peut en effet soulever devant les juridictions judiciaires et administratives un moyen tiré de ce qu'une disposition législative porte atteinte aux droits et libertés garantis par la Constitution[13].

---

8. V. le site Internet du ministère de la Justice.
9. Principes qui pourraient être issus du droit des contrats ? « Les nouvelles figures contractuelles relatives au procès », acte de coll., *JCP G.*, 12 déc. 2022, suppl. n° 49 ; N. Fricero, « Le droit à un mode amiable équitable », *in Mél. Cohen Jonathan, Libertés, justice tolérance*, Bruylant, 2004.
10. Décr. n° 2019-1089 du 25 octobre 2019 met en place les conditions et modalités de certification des services en ligne de conciliation, médiation et arbitrage ; décr. n° 2020-1682 du 23 déc. 2020 relatif à la procédure d'accréditation des organismes certificateurs délivrant la certification des services en ligne fournissant des prestations de conciliation, de médiation et d'arbitrage ; arrêté du 23 déc. 2020 portant approbation du référentiel d'accréditation des organismes certificateurs et du référentiel de certification des services en ligne de conciliation, de médiation et d'arbitrage.
11. L. Favoreu, « La constitutionnalisation du droit », *in Mélanges R. Drago*, Economica, 1996, p. 25 ; T. Renoux, *Le Conseil constitutionnel et l'autorité judiciaire*, Economica, 1984.
12. S. Guinchard et *al.*, *op. cit.*, n$^{os}$ 155 s.
13. Par ex. Civ. 2$^{e}$, 26 janv. 2012, n° 11-40.108 QPC, et CE 3 févr. 2012, req. n$^{os}$ 354663 et 354475, portant sur l'art. 1635 *bis* Q CGI instaurant le timbre de 35 euros pour la recevabilité de toute demande en justice, abrogé depuis.

Mais l'encadrement moderne de notre procédure civile par un certain nombre de principes que l'on peut qualifier de « fondamentaux » provient également de sources européennes ou de conventions internationales dont l'autorité, en vertu de l'article 55 de la Constitution de 1958, est supérieure à celle des lois. C'est ainsi que la Convention européenne de sauvegarde des droits de l'homme et des libertés fondamentales du 4 novembre 1950, directement applicable par les tribunaux français, a contribué à irriguer depuis de nombreuses années, la procédure civile française[14] : le procès civil tend à se conformer à un modèle universel de procès équitable prévu par l'article 6, paragraphe 1, conforme aux exigences d'une société démocratique et à la prééminence du droit[15]. La jurisprudence de la Cour de Luxembourg, en matière de droits fondamentaux, constitue aussi une autre source d'irrigation de la procédure qui, avec l'entrée en vigueur du traité d'Amsterdam, et du traité de Lisbonne (ratifié par la loi n° 2008-125 du 13 févr. 2008), redessine les principes fondamentaux spécifiques au procès civil[16]. Les principes du procès équitable se retrouvent en effet dans les dispositions de l'article 47 de la Charte des droits fondamentaux de l'Union européenne qui assurent le droit à un recours effectif devant un tribunal impartial pour toute personne dont les droits et libertés garantis par le droit de l'Union ont été violés (al. 1er), et qui définissent la garantie que toute personne soit entendue équitablement, quelle que soit la nature de la contestation ou du droit dont elle réclame la sanction. On observe également que les droits fondamentaux reconnus par les textes européens exercent une influence sur les principes directeurs du procès : ainsi, la liberté d'expression consacrée à l'article 10 de la Convention européenne des droits de l'homme peut conforter la liberté de parole de l'avocat, la protection de la vie privée et des données personnelles a certainement une influence sur l'anonymisation des jugements dans le cadre de l'open data…

Les droits fondamentaux propres au contentieux civil peuvent être étudiés en distinguant ceux qui sont issus des principes directeurs du procès (***I.***) de ceux qui proviennent du modèle universel du procès équitable (***II.***).

## I • Les droits fondamentaux issus des principes directeurs

**833** ***Définition du droit d'agir.*** Chacun est libre de saisir un juge pour faire respecter ses droits et intérêts légitimes, ou de recourir à d'autres modes de résolution du litige[17]. L'article 30 du Code de procédure civile définit l'action en justice comme « le droit pour l'auteur d'une prétention d'être entendu sur le fond de celle-ci afin que le juge la dise bien ou mal fondée. Pour l'adversaire, l'action est le droit de discuter le bien-fondé de cette prétention ». Cette liberté fondamentale qu'est le droit d'accès à la justice est une liberté publique qui a valeur constitutionnelle sur le fondement de l'article 16 de la Déclaration des droits de l'homme et du citoyen du 26 août 1789, et qui peut être qualifiée de droit

14. S. Guinchard (dir.), *Droit et pratique de la procédure civile*, Dalloz, coll. « Dalloz Action », 2020-2021, spéc. N. Fricero, « Les garanties d'une bonne justice », nos 211.00 s.

15. L'article 6, § 1, ne s'applique pas à toutes les procédures : CEDH, gr. ch., 22 déc. 2020, *Affaire Gestur Jónsson et Ragnar Halldór Hall c/ Islande*, req. n° 68273/14 et 68271/14, pour le refus d'appliquer le contradictoire à la condamnation d'un avocat à une amende

16. J. Rideau et J.-F. Renucci, « Dualité de la protection juridictionnelle des droits fondamentaux : atout ou faiblesse de la sauvegarde des droits de l'homme », *Justices* 1997, n° 6, p. 95.

17. Sur les perspectives de déjudiciarisation, Rapport Guinchard, *L'ambition raisonnée d'une justice apaisée*, La Documentation française, coll. « Rapports officiels », août 2008. Dir. du Parlement européen et du Conseil n° 2008/52/CE du 21 mai 2008 sur certains aspects de la médiation en matière civile et commerciale ; Ord. n° 2011-1540 du 16 nov. 2011 portant transposition de la directive ; Décr. n° 2012-66 du 20 janv. 2012 relatif à la résolution amiable des différends. Rapport Delmas-Goyon, *Le juge du XXIe siècle*, déc. 2013. Rapport M. Juston et S. Gargouillaud, *Coparentalité et médiation familiale*, 2014. Rapport de la Commission au Parlement européen, au Conseil et au Comité économique et social européen, sur l'application de la directive 2008/52/CE 26 août 2016.

de l'homme et de liberté fondamentale, par application des dispositions de l'article 14 du pacte international relatif aux droits civils et politiques du 19 décembre 1966, et de l'article 6-1 de la Convention européenne de sauvegarde des droits de l'homme et des libertés fondamentales. La Cour de justice de l'Union européenne a toujours considéré le contrôle juridictionnel comme « l'expression d'un principe général du droit qui se trouve à la base des traditions constitutionnelles communes aux États membres »[18], alors que le droit à un tribunal indépendant et impartial résulte de nos jours de l'article 47 de la Charte des droits fondamentaux de l'Union européenne, à laquelle le traité de Lisbonne donne force contraignante.

**834** ***Enjeux.*** L'organisation du droit d'action en matière civile repose sur des principes essentiels, qui traduisent les finalités du procès civil. Comme il s'agit de trancher un conflit d'intérêts privés, les parties doivent pouvoir disposer de leur litige (**A.**). Mais la recherche de la solution la plus juste possible conduit à contraindre chaque partie à respecter les prérogatives de son adversaire, dans la garantie des droits de la défense (**B.**). Toutes ces prérogatives doivent être examinées à l'aune des enjeux d'une bonne administration de la justice, ce qui a parfois conduit la jurisprudence à leur conférer une nouvelle portée. L'idée est d'instaurer un principe de **proportionnalité procédurale** : les modalités de traitement des affaires doivent optimiser le fonctionnement de la justice tout en étant adaptées aux caractéristiques de l'affaire et aux besoins des justiciables. Certaines affaires complexes méritent une mise en état plus longue, d'autres justifient un circuit court, certaines n'imposent pas une représentation par avocat et doivent être simplifiées, pour d'autres, un règlement amiable est plus approprié. Dans tous les cas, les acteurs de la justice doivent tous coopérer afin que le justiciable obtienne un jugement dans un délai raisonnable.

## A • Le droit à la maîtrise de la matière litigieuse

**835** ***Conséquences du principe dispositif.*** Selon le principe dispositif, appliqué à la matière du procès, c'est aux parties que revient le pouvoir de déterminer les éléments de la contestation. Dès lors que les colitigants ont décidé de saisir un juge, ils définissent l'objet de leur prétention ainsi que les moyens de fait, et de droit, sur lesquels il devra être statué : l'article 5 du Code de procédure civile impose au tribunal de statuer sur tout ce qui a été demandé, et seulement sur ce qui a été demandé, alors que l'article 4 précise que l'objet du litige est déterminé par les prétentions respectives des parties, conformément à un principe de neutralité du juge. Ce sont également les parties qui prouvent les faits nécessaires au succès de leurs prétentions.

### 1 • L'allégation et la détermination des prétentions

**836** ***Charges procédurales des parties.*** Les parties ont le droit et le devoir d'alléguer des prétentions. L'article 4 du Code de procédure civile précise que « l'objet du litige est déterminé par les prétentions respectives des parties ». C'est sur ce fondement que la Cour de cassation interdit au juge de modifier la hiérarchie des prétentions formulées par les parties[19]. Elles doivent également préciser les moyens en fait et en droit à l'appui de ces prétentions. La charge d'allégation incombe aux auxiliaires de justice **dans les procédures écrites** avec représentation obligatoire : ainsi, l'assignation devant le tribunal judiciaire doit énoncer, à peine de nullité pour vice de forme, l'objet de la demande et elle vaut conclusions (C. pr. Civ., art. 54 et 56) ; les conclusions doivent formuler expressément les prétentions dans le dispositif et énoncer les moyens en fait et en droit à leur soutien (C. pr. Civ., art. 768). À cet

18. Aff. 222/84, *RFDA* 1988. 691, note L. Dubouis ; v. aussi CJCE 3 déc. 1992, aff. C-97/91, *Rec. CJCE* I-6314.
19. Civ. 3e, 11 mai 2011, nos 10-14.651 et 10-15.000.

égard, d'importantes réflexions entourent la modélisation des écritures[20]. Il en va de même lorsque la procédure est orale mais que les parties sont assistées ou représentées par un avocat : par exemple, devant le conseil des prud'hommes, les conclusions des avocats qui assistent les parties doivent définir les prétentions, et énoncer les moyens en fait et en droit et viser les pièces[21]. Mais elle incombe également aux parties **dans les procédures orales**. Par exemple, le décret n° 2018-928 du 29 octobre 2018 organise la procédure orale devant les TJ spécialement désignés dans le contentieux de la sécurité sociale et de l'aide sociale : la requête qui saisit le tribunal doit comporter les mentions prévues à l'article 57 du Code de procédure civile et un exposé sommaire des motifs de la demande, et elle doit être accompagnée des pièces que le demandeur souhaite invoquer à l'appui de ses prétentions ; ces pièces sont énumérées sur un bordereau qui lui est annexé (CSS, art. R. 142-10-1). Devant le TJ en procédure orale ordinaire, une saisine par requête est possible si le montant de la demande n'excède pas 5 000 euros (C. pr. civ., art. 750) : la requête expose l'objet de la demande et un exposé sommaire des motifs, et doit être accompagnée des pièces invoquées (C. pr. civ., art. 57, 54 et 757). Dans le même ordre d'idées, dans une procédure orale, lorsque toutes les parties sont assistées ou représentées par avocats et que le juge organise les échanges, l'article 446-2 du Code de procédure civile, prévoit que les conclusions des avocats doivent formuler expressément les prétentions ainsi que les moyens en fait et en droit sur lesquels chacune des prétentions est fondée. Lorsque les parties acceptent que la procédure orale se déroule sans audience (C. pr. civ., art. 828, mod. décr. n° 2020-1452 du 27 nov. 2020) devant le tribunal judiciaire, elles formulent leurs prétentions et leurs moyens par écrit. Devant la cour d'appel, l'effet dévolutif est déterminé par la déclaration d'appel (C. pr. civ., art. 562) qui doit indiquer les chefs du jugement expressément critiqués auquel l'appel est limité et l'objet de la demande, à savoir la réformation ou l'annulation du jugement (C. pr. civ., art. 901, pour la procédure contentieuse avec représentation obligatoire, qui renvoie à C. pr. civ., art. 57, al. 5, et à C. pr. civ., art. 54-2° et 3° ; aux termes de l'article 901 du C. pr. civ. (mod. décr. n° 2022-245 du 25 févr. 2022, complété par l'arrêté du 25 févr. 2022 mod. l'arrêté du 20 mai 2022), l'avocat peut ajouter un fichier qu'il joint à sa déclaration d'appel pour énoncer les chefs du jugement critiqués).

**837** ***Indisponibilité du litige pour le juge.*** Le principe d'indisponibilité du litige, nommé également parfois « immutabilité du litige », contraint le juge à respecter les limites fixées par les parties à leurs prétentions : ce principe est toujours affirmé, alors que de nombreuses atténuations doivent y être apportées[22]. Il ne signifie pas que les termes du débat sont fixés une fois pour toutes au début de l'instance ! En effet, les parties peuvent encore, dans les limites fixées par le code, modifier leurs prétentions ainsi que les moyens (jusqu'à l'ordonnance de clôture de l'instruction en principe, art. 802, C. pr. civ. pour le TJ ; dans des délais stricts en appel, art. 910-4 C. pr. civ. devant la cour d'appel, les prétentions doivent être concentrées à peine d'irrecevabilité, dans les premières conclusions, alors que les moyens peuvent être invoqués jusqu'à l'ordonnance de clôture ; mais cette règle ne fait pas obstacle à l'examen d'office par le juge du caractère abusif d'une clause contractuelle[23]). L'examen du principe dispositif et de l'indisponibilité du litige suppose de distinguer les faits du droit. En effet, s'agissant **des faits du débat**, il est prévu que les parties ont la charge de les alléguer à l'appui de leurs prétentions (C. pr. civ., art. 6). Le juge ne saurait, même dans le cadre de son office d'application du droit, fonder sa décision sur des faits que les parties n'auraient pas invoqués, spécialement ou non (C. pr. civ., art. 7).

S'agissant des **règles de droit** qui sont applicables au litige, l'office du juge est prévu à l'article 12 du C. pr. civ. Certes, le rôle des parties est actif : elles parties doivent, lorsque leur demande prend la

20. Charte de présentation des écritures, 30 janv. 2023, signée par les chefs de la Cour de de cassation, et les représentants des magistrats et des avocats (CNB, conférence des Bâtonniers...).

21. C. trav., art. R. 1453-5.

22. V. Bolard, « La mutabilité du litige à l'aune des principes directeurs du procès », *Journal des tribunaux — Luxembourg*, n° 53, 5 oct. 2017, doct. p. 133.

23. Civ. 1re, 2 févr. 2022, n° 19-20.640

forme d'une assignation (C. pr. civ., art. 56), exposer au juge les « moyens en fait et en droit » sur lesquels les prétentions sont fondées. Lorsque la demande prend la forme d'une requête le demandeur doit indiquer l'objet de sa demande et, le plus souvent, exposer sommairement les motifs sur lesquels elle repose[24]. La difficulté consiste à déterminer l'étendue des prérogatives des parties, au regard de la qualification des faits. La Cour de cassation a décidé en assemblée plénière le 21 décembre 2007[25] que « si, parmi les principes directeurs du procès, l'article 12 du Code de procédure civile oblige le juge à donner ou à restituer leur exacte qualification aux faits et actes litigieux invoqués par les parties au soutien de leurs prétentions, il ne lui fait pas obligation, sauf règles particulières, de changer la dénomination ou le fondement juridique de leurs demandes ». L'office respectif du juge et des parties peut se résumer ainsi. Si les parties proposent au juge une qualification juridique, le juge a l'obligation de faire application de la règle de droit invoquée, de contrôler la qualification proposée sans s'arrêter à ce que les parties suggèrent et, le cas échéant, disqualifier les faits et les requalifier ; il doit en contrôler les conditions d'application et, le cas échéant, débouter le demandeur si la règle de droit invoquée n'est pas adéquate pour aboutir au bien-fondé de ses prétentions. Mais le juge n'a pas alors l'obligation de rechercher une autre règle de droit qui permettrait, le cas échéant, de donner gain de cause au demandeur, il peut rester sur le terrain juridique qui lui est proposé. Néanmoins, le juge a la faculté de faire application d'office d'une autre règle de droit, d'un autre fondement juridique : il doit proposer aux parties ce nouveau fondement juridique et susciter leurs observations sur les moyens en fait et en droit qui en découlent. Si le juge exerce ce pouvoir de proposer un autre fondement juridique, c'est sous réserve de respecter le principe dispositif (C. pr. civ., art. 4 et 5), c'est-à-dire qu'il ne peut pas modifier l'objet de la prétention (par exemple, le juge saisi d'une demande de cessation d'une activité ne peut pas ordonner la poursuite de l'activité moyennant des aménagements). De plus, le juge ne peut pas introduire des faits que les parties n'auraient pas invoqués dans le débat (C. pr. civ., art. 7). Il doit aussi respecter le contradictoire et soumettre le fondement juridique à la discussion des parties, qui vont lui proposer des moyens en fait et en droit en considération du nouveau fondement juridique (C. pr. civ., art. 16). La décision de l'assemblée plénière du 21 décembre 2007 pose en principe que l'article 12 du Code de procédure civile confère au juge la faculté de modifier le fondement juridique. Mais certaines décisions récentes semblent s'orienter dans le sens d'une obligation de mettre dans le débat la règle de droit appropriée. Ainsi, lorsque la règle de droit applicable au litige est d'ordre public, et que le demandeur ne l'invoque pas, la Cour de cassation a pu décider dans un arrêt du 5 juillet 2018 (Civ. 2e, n° 17-19.738) que le juge doit, au besoin d'office, faire application des dispositions d'ordre public de la loi n° 85-677 du 5 juillet 1985 relative à la réparation des préjudices causés par l'implication d'un véhicule terrestre à moteur.

Si, à l'inverse, les parties n'ont proposé aucune qualification juridique, et se sont contentées de moyens en fait, le juge doit alors statuer en droit, et procéder à une opération de qualification en recherchant lui-même la règle appropriée.

Les parties peuvent faire échec à ce pouvoir d'appliquer d'office la règle de droit appropriée et lier le juge par une qualification et par les points de droit auxquels elles entendent limiter le débat (C. pr. civ., art. 12, al. 3 ; art. 1546-3-2° : un acte de procédure contresigné par avocats peut déterminer les points de droit auxquels les parties entendent limiter le débat, dès lors qu'ils portent sur des droits dont elles ont la libre disposition).

---

24. C. pr. civ., art. 57, 757 ; C. trav., art. R. 1452-2, mod. décr. 11 déc. 2019 : La requête est faite, remise ou adressée au greffe du conseil de prud'hommes. Elle comporte les mentions prescrites à peine de nullité à l'article 57 du Code de procédure civile. En outre, elle contient un exposé sommaire des motifs de la demande et mentionne chacun des chefs de celle-ci. Elle est accompagnée des pièces que le demandeur souhaite invoquer à l'appui de ses prétentions. Ces pièces sont énumérées sur un bordereau qui lui est annexé. La requête et le bordereau sont établis en autant d'exemplaires qu'il existe de défendeurs, outre l'exemplaire destiné à la juridiction.
25. *JCP* 2008. II. 10006, note L. Weiller ; *Gaz. Pal.* 19 janv. 2008, concl. R. De Gouttes.

**838** ***Extension du principe de concentration et limites au principe dispositif***

Dans le cadre de la procédure devant le tribunal judiciaire, les parties doivent **concentrer les incidents et fins de non-recevoir devant le juge de la mise en état,** à peine d'être irrecevables après le dessaisissement de ce juge (C. pr. civ., art. 789 ; il en va de même en appel devant le conseiller de la mise en état, C. pr. civ., art. 914). D'une façon générale, s'agissant du premier degré de juridiction, la Cour de cassation[26] a posé le principe selon lequel le demandeur doit présenter dès la première instance la totalité des moyens de droit pertinents : le non-respect de cette nouvelle exigence dite de « **concentration des moyens** », applicable au demandeur comme au défendeur, est sanctionné par le biais de l'irrecevabilité d'une seconde demande, fondée sur l'autorité de la chose jugée. Après le jugement sur la 1re demande, la partie est irrecevable à saisir le même tribunal du 1er degré en se fondant sur un autre moyen de droit. La notion de cause de la demande, au sens de l'article 1355 du Code civil, recouvre donc l'ensemble des faits existants lors de la demande, et la carence, ou la stratégie du plaideur, qui se réserve de former une autre demande ayant le même objet, en se fondant sur les mêmes faits avec d'autres moyens de droit, est combattue par une fin de non-recevoir prétorienne[27].

Les contours de cette fin de non-recevoir ne sont pas toujours très nets : ainsi, lorsqu'une caution est poursuivie en paiement par le créancier, elle doit concentrer lors de cette instance tous les moyens de défense inhérents au cautionnement, mais aussi, selon la chambre commerciale[28] et les première et deuxième chambres civiles[29], la prétention qui tend au versement de dommages et intérêts en raison de l'octroi abusif de crédit. La Cour européenne des droits de l'homme a considéré que ce principe poursuit un but légitime, et a validé son application à une instance en cours[30]. Dans l'affaire *Glykantzi c/ Grèce*, elle a également fait référence aux effets positifs sur le délai raisonnable des procès civils, de la caducité de la déclaration d'appel (C. pr. civ., art. 908) et de l'irrecevabilité des conclusions de l'intimé en appel (C. pr. civ., art. 909)[31]. Le principe de concentration est conforme à l'article 6 § 1 de la Convention européenne (Civ. 2e, 11 avr. 2019, n° 17-31.181).

D'après le Code de procédure civile, les parties conservent une liberté limitée pour fixer l'objet de leurs prétentions **en appel** : elles peuvent compléter leurs prétentions initiales en présentant les demandes qui constituent l'accessoire, le complément ou la conséquence écessaire des demandes initiales[32]. De très nombreuses charges procédurales pèsent sur les parties. Si l'appelant ou l'intimé ne respecte pas le délai prévu pour remettre ses conclusions à la cour d'appel, des sanctions telles que la caducité de la déclaration d'appel ou l'irrecevabilité[33] privent les parties de la possibilité d'obtenir un arrêt sur le fond de leurs prétentions ou de leur appel incident. La réforme opérée par le décret n° 2017-891 du 6 mai 2017 a en outre consacré un principe de « **concentration des appels** », la partie dont l'appel a été déclaré irrecevable ou dont la déclaration d'appel a été déclarée caduque ne peut plus former un appel principal contre le même jugement à l'égard de la même partie (C. pr. civ., art. 911-1[34]). Elle a également instauré un principe de **concentration temporelle des prétentions** sur le fond, que les parties doivent soulever dans les premières conclusions à peine d'irrecevabilité (C. pr. civ., art. 910-4 ; voir le rapport *Magendie*[35]).

---

26. Cass., ass. plén., 7 juill. 2006, *Dr. et proc., EJT* 2006, comm. Fricero ; *D.* 2006. 2135, note L. Weiller ; *Procédures* 2006. Repère 1, H. Croze ; *Procédures* 2006, n° 201, R. Perrot ; *RTD civ.* 2007. 724, n° 5.
27. Civ. 2e, 15 nov. 2018, n° 17-18.656 : la 2e chambre civile a opéré un revirement en ce sens que la partie qui n'utilise par l'art. 470-1 du Code de procédure civile devant le juge pénal peut ensuite agir au civil en réparation du préjudice, sans se heurter à l'autorité de la chose jugée.
28. Com. 25 oct. 2011, n° 10-21.383.
29. Civ. 1re, 1er juill. 2010, n° 09-10.364 ; Civ. 2e, 1er juill. 2021, n° 20-11706.
30. CEDH 26 mai 2011, *Legrand c/ France*, req. n° 23228/08, *Procédures* 2011, n° 229, N. Fricero.
31. CEDH 30 oct. 2012, *Glykantzi c/ Grèce*, req. n° 40150/09.
32. C. pr. civ., art. 564 s. ; depuis la réforme du 9 déc. 2009 la cour d'appel peut relever d'office le caractère nouveau et irrecevable d'une prétention en appel. Les art. 566 et s. du Code de procédure civile ouvrent la possibilité de présenter les prétentions qui sont l'accessoire, le complément ou la conséquence nécessaire des prétentions initiales.
33. C. pr. civ., art. 908 et 909, mod. décr. 28 déc. 2010.
34. N. Fricero, « Panorama procédure civile », *D.* 2015. 287.
35. *Célérité et qualité de la justice*, La Documentation française, coll. « Rapports officiels », déc. 2004, p. 51 s. ; *Célérité et qualité de la justice devant la cour d'appel*, La Documentation française, coll. « Rapports officiels », août 2008, p. 43 s.

### 2 • La preuve des faits

**839** ***Charge (ou risque) de la preuve.*** Le principe dispositif conduit à laisser aux parties la charge de la preuve des faits concluants (C. pr. civ., art. 9). Le succès de chaque prétention nécessite que les faits coïncident avec l'effet juridique de la norme invoquée : tout auteur d'une prétention doit prouver ces éléments et cette coïncidence, essentiellement si l'adversaire les conteste. Néanmoins, le juge peut venir en aide aux parties : ainsi, à la demande de l'un des plaideurs, il peut enjoindre à un tiers de produire un élément de preuve qu'il détient ; il peut ordonner l'exécution d'une mesure d'instruction, au besoin d'office. La Cour de cassation a consacré un « droit à la preuve », sur le fondement des articles 9 du Code de procédure civile, 9 du Code civil, 6 § 1 et 8 de la Convention européenne : le justiciable peut apporter aux débats une preuve obtenue en violation de la vie privée et du secret des correspondances, pourvu que la production litigieuse soit indispensable et proportionnée aux intérêts antinomiques en présence[36]. Par le biais de la proportionnalité, les juges peuvent limiter la recevabilité de certaines preuves, par exemple celles qui violent le secret professionnel intangible du notaire[37] ou qui ont été obtenues à l'issue d'un stratagème. Souvent, la preuve repose sur des documents écrits, en application des dispositions substantielles relatives à la preuve (C. civ., art. 1353 s., ord. n° 2016-131 du 10 févr. 2016) : toute assignation doit contenir l'indication des pièces sur lesquelles la demande est fondée (C. pr. civ., art. 56 : les pièces sont énumérées dans un bordereau annexé à peine de nullité pour vice de forme) ; de la même manière, les conclusions doivent comporter en annexe un bordereau énumérant les pièces justifiant les prétentions (C. pr. civ., art. 768). Si la demande est formée par requête, le requérant doit également indiquer les pièces sur lesquelles la demande est fondée (C. pr. civ., art. 54) et devant le TJ, il doit joindre ces pièces à sa requête, en autant de copies que de personnes dont la convocation est demandée (C. pr. civ., art. 757). L'article 954 du Code de procédure civile prévoit que les conclusions d'appel, doivent formuler expressément les moyens en fait et en droit sur lesquels chacune des prétentions est fondée « avec indication pour chaque prétention des pièces invoquées et de leur numérotation » : ces indications améliorent la lisibilité des conclusions et rendent plus effectif et loyal l'exercice des droits de la défense ! Il en est de même devant le tribunal judiciaire (C. pr. civ., art. 768). La Cour européenne a déclaré conforme à l'article 6 § 1 la règle de procédure civile permettant au juge de ne pas prendre en compte des éléments de preuve qui n'ont pas été concentrés dans les dernières écritures[38]. Par ailleurs, l'article 906 du Code de procédure civile impose aux avocats de se communiquer les conclusions et les pièces simultanément en appel : à défaut, selon l'avis de la Cour de cassation du 25 juin 2012, les pièces sont écartées des débats, à condition que le juge constate une atteinte aux droits de la défense par application de l'article 15 du Code de procédure civile[39]. En outre, l'article 912 du Code de procédure civile précise que « les dossiers, comprenant les copies des pièces visées dans les conclusions et numérotées dans l'ordre du bordereau récapitulatif, sont déposés à la cour dans les 15 jours avant la date fixée pour l'audience des plaidoiries ».

## B • Le droit au respect de la défense

**840** ***Contenu des droits.*** La notion moderne des droits de la défense dans le procès civil recouvre plusieurs aspects, et doit être distinguée du principe du contradictoire. En effet, le justiciable a droit à une procédure juste et équitable offrant les garanties essentielles à sa défense, ce qui englobe une série

36. Civ. 1re, 5 avr. 2012, n° 11-14.177 ; G. Lardeux, *D.* 2012. 1596 ; *RTD civ.* 2012. 506, J. Hauser ; le juge doit contrôler la proportionnalité des intérêts en présence lorsqu'il ordonne une mesure d'instruction sur le fondement de l'art. 145 C. pr. civ., Civ 2e, 25 mars 2021, n° 20-14309.
37. Civ. 1re, 4 juin 2014, n° 12-21.244. Pour le contentieux administratif, CE 16 juill. 2014, req. n° 355201, obs. M.-L. Guinamant, « Principe de loyauté, droits civil, pénal et administratif comparés », *JCP* 2014. 1847.
38. CEDH, 1re sect., 19 nov. 2020, n° 53221/14, Affaire *Efstratiou et autres c/ Grèce*, *Procédures*, mars 2021, Fricero.
39. Civ. 2e, 30 janv. 2014, n° 12-24.145.

de droits fondamentaux qui irriguent la totalité du déroulement du procès et concernent toutes les parties. On y trouve le droit au respect de la contradiction, le droit à un juge indépendant et impartial, le droit d'être assisté d'un conseil (la Cour de cassation considère en effet que la défense constitue pour toute personne un droit fondamental à caractère constitutionnel, que son exercice effectif exige que soit assuré l'accès de chacun, avec l'assistance d'un défenseur, au juge chargé de statuer sur sa prétention[40]), le droit à la loyauté des débats[41], à la liberté et l'immunité de la défense, le droit à un jugement motivé, le droit d'exercer des recours… Sous l'influence du procès équitable, les prérogatives des parties en matière de défense ne cessent de s'étendre. Notamment, le droit à l'assistance d'un avocat se trouve renforcé[42], comme le droit à l'aide juridictionnelle[43].

**841** ***Renforcement du contradictoire.*** Les droits de la défense issus des principes directeurs recouvrent essentiellement la contradiction, dont les règles sont actuellement précisées par les articles 14 à 17 du Code de procédure civile. Ces principes tendent également au respect de la personne des parties : la loyauté envers l'adversaire impose des échanges réguliers, faits en temps utile. À cet égard, la première chambre civile de la Cour de cassation, dans un arrêt du 7 juin 2005[44] a affirmé le principe selon lequel le juge est tenu de respecter et de faire respecter la loyauté des débats, au visa des articles 3 du Code de procédure civile et 10 du Code civil. Ce principe de loyauté pourrait être intégré aux principes directeurs par les réformes à venir, afin de justifier que des sanctions puissent être prises par le juge lorsqu'une des parties recourt à des stratégies dilatoires et dissimule les preuves[45]. Les droits de la défense tendent aussi à la recherche de la vérité : la discussion entre les parties et avec le juge permet l'élaboration d'un syllogisme judiciaire dont la conclusion aura le plus de chance de coïncider avec la réalité. La Cour européenne des droits de l'homme, en se fondant sur l'article 6, paragraphe 1 de la Convention, considère que la contradiction « implique, pour une partie, la faculté de prendre connaissance des observations et pièces produites par l'autre, ainsi que d'en discuter[46] ». Il importe peu, à cet égard, que la pièce ou l'observation ait été présentée au juge par une partie ou par un magistrat du parquet[47].

**842** ***Diversité des manifestations du contradictoire.*** Les manifestations du respect de la contradiction peuvent être observées tout au long du procès.

Toute personne a le droit d'être informée de l'existence d'une procédure engagée contre elle, puisque « nulle partie ne peut être jugée sans avoir été entendue ou appelée » (C. pr. civ., art. 14). La convocation des parties obéit à des règles dont l'objectif est de ménager un temps suffisant pour préparer une défense (notamment, un délai de comparution de quinze jours au moins avant l'audience). La chambre commerciale de la Cour de cassation a considéré que la méconnaissance de l'article 14 par le juge constitue un excès de pouvoir, susceptible d'ouvrir un recours-nullité[48] : même si l'article 14

40. Cass., ass. plén., 30 juin 1995, *D.* 1995. 513.
41. S. Guinchard, « Vers une démocratie procédurale », *Justices* 1999, n° 1, p. 91.
42. CEDH 27 oct. 2011, *Stojkovic c/ France et Belgique*, req. n° 25303/08, *Procédures* 2011, n° 368, N. Fricero, pour une commission rogatoire en matière pénale.
43. Loi n° 2020-1721 du 29 décembre 2020 de finances pour 2021 (1) (art. 234 s.) ; Décr. n° 2020-1717 du 28 décembre 2020 portant application de la loi n° 91-647 du 10 juillet 1991 relative à l'aide juridique et relatif à l'aide juridictionnelle et à l'aide à l'intervention de l'avocat dans les procédures non juridictionnelles ; Arrêté du 30 décembre 2020 relatif au contenu du formulaire de demande d'aide juridictionnelle et à la liste des pièces à y joindre.
44. *Dr. et proc.* 2006. 35, obs. Fricero.
45. Rapport F. Agostini et N. Molfessis, *Amélioration et simplification de la procédure civile*, proposition 23 : consacrer un principe de loyauté procédurale. M.E. Boursier, *Le principe de loyauté en droit processuel*, Dalloz, thèse, 2003 — Y. Strickler, « Loyauté processuelle », *Mél. J.-F. Burgelin*, Dalloz 2008, p. 355.
46. CEDH 23 juin 1993, *Ruis Mateos c/ Espagne*, série A, n° 262.
47. CEDH 30 oct. 1991, *Borgers c/ Belgique*, série A, n° 214 ; CEDH 20 févr. 1996, *Vermelen c/ Belgique*, req. n° 58/1994/505/587 ; CEDH 20 févr. 1996, *Lobo Machado c/ Portugal*, *Rec.* 1996, 1, vol. 3, 210 ; *AJDA* 1996. 1028, obs. Flauss ; *RTD civ.* 1996. 1028, obs. Marguénaud ; *ibid.* 1997. 992, obs. R. Perrot et 1006, obs. Marguénaud ; v. aussi CEDH 25 juin 1997, *Van Orshoven c/ Belgique*, *Rec.* 1997. III, vol. 39, 1039 ; CEDH 27 mars 1998, *KD. B. c/ Pays-Bas*, série A, n° 202 ; N. Fricero, « Le droit à une procédure civile contradictoire dans la jurisprudence de la Cour européenne des droits de l'homme », *RTDH* 2016, à paraître.
48. Com. 16 juin 2009, n° 08-13.656.

du Code de procédure civile se situe dans la section relative à la contradiction, dont la violation ne constitue jamais un excès de pouvoir, cette solution est justifiée, parce que la convocation du justiciable est le préalable nécessaire à l'exercice de la contradiction, et pose une question d'accès au tribunal !
La communication par voie électronique (C. pr. civ., art. 748-1 s.) se généralise dans les procédures imposant une représentation obligatoire par avocat et elle facilite l'exercice du contradictoire : c'est le cas en appel (C. pr. civ., art. 930-1) et devant le tribunal judiciaire (C. pr. civ., art. 850). Tous les actes de procédures doivent être remis à la juridiction à peine d'irrecevabilité par voie électronique, sauf cause étrangère à celui qui transmet l'acte. La Cour de cassation adopte une définition stricte de la cause étrangère[49] dont la preuve permet de remettre l'acte sur support papier ou de l'envoyer par lettre recommandée avec demande d'avis de réception.
— L'information doit porter sur la totalité des éléments du procès. L'identité des parties doit être mentionnée dans les actes de la procédure (on retrouve la maxime « nul ne plaide par procureur »). Conformément aux propositions du rapport *Coulon*[50], le décret du 28 décembre 1998[51] impose aux parties de nouvelles exigences qui améliorent la contradiction, tout en allégeant la tâche du juge : les éléments factuels et juridiques doivent être précisés dans l'assignation, qui doit également indiquer les pièces sur lesquelles la demande est fondée, celles-ci étant énumérées sur un bordereau annexé (C. pr. civ., art. 56) ; le décret du 20 mai 2016 modifie le Code du travail pour imposer les mêmes exigences en matière prud'homale, lorsque les parties sont assistées d'un avocat (C. trav., art. R. 1453-2) ; les diverses conclusions échangées au cours du procès, qu'elles émanent du défendeur ou du demandeur, doivent aussi contenir les moyens en fait et en droit (C. pr. civ., art. 768 et 954 : on parle de conclusions qualificatives), le décret n° 2017-892 du 6 mai 2017 a ajouté ces mêmes exigences dans les procédures orales lorsque les parties ont toutes un avocat et que le juge organise les échanges (C. pr. civ., art. 446-2).
— L'accès aux éléments fournis par l'adversaire, qui permet la discussion, est garanti par de nombreuses dispositions organisant une communication en temps utile à chaque partie[52]. La transparence imprègne l'instance : les conclusions doivent être signifiées à l'adversaire avant leur dépôt au greffe devant le tribunal judiciaire ; elles doivent être présentées dans un délai suffisant avant le prononcé de l'ordonnance de clôture de l'instruction ; les pièces doivent être communiquées spontanément et, à défaut, peuvent faire l'objet d'une injonction de communication par le juge ou d'un rejet d'office des débats ; en cas de saisine du tribunal judiciaire par requête, les pièces doivent être jointes à la requête (C. pr. civ., art. 757).
— L'administration judiciaire de la preuve implique également le respect du contradictoire[53]. De nombreuses exigences procédurales relatives aux mesures d'instruction sont fondées sur le respect des droits de la défense : l'expert doit convoquer les parties à chaque réunion, répondre à leurs observations ; le juge qui procède à des vérifications personnelles doit appeler les parties…
— La contradiction doit être mise en œuvre à toutes les phases de la procédure, y compris lors des débats. Chaque partie doit avoir la possibilité de présenter sa défense : si, après la clôture des débats, les notes en délibéré sont interdites, elles deviennent recevables lorsque les parties entendent répondre au ministère public qui a pris la parole en dernier, ou si elles n'ont pas été à même de s'expliquer

49. Civ. 2e, 10 juin 2021, n° 20-10522 pour une panne de la box ; Civ. 2e, 2 déc. 2021, N° 20-18.732, « circonstance non imputable au fait de la partie et qui revêt pour elle un caractère insurmontable ».
50. *Réflexions et propositions sur la procédure civile*, rapport de J.-M. Coulon, La Documentation française, coll. « Rapports officiels », 1997.
51. Décr. n° 98-1231 du 28 déc. 1998 modifiant le COJ et le C. pr. civ., *JO* 30 déc. 1998, p. 19904 ; S. Guinchard, « L'ambition d'une justice civile rénovée » : comm. du décret n° 98-1231 du 28 déc. 1998 et de quelques aspects de la loi n° 98-1163 du 18 déc. 1998, *D.* 1999. 65 ; G. Bolard, « Les écritures qualificatives », *JCP* 22 mars 2000, p. 515.
52. Sur les modalités de communication entre avocats, *Avocat, Le Guide*, éd. Lamy, 2011, spéc. p. 470, « La confidentialité des communications entre avocats », J.-M. Braunschweig.
53. La loyauté de la preuve en matière civile, commerciale, pénale et administrative, coll. TJ Paris, 15 oct. 2015, *Journal spécial des sociétés*, 7 nov. 2015, n° 47.

contradictoirement sur les éclaircissements de droit ou de fait qui leur ont été demandés (C. pr. civ., art. 445). En se fondant sur le principe de loyauté des débats, la première chambre civile de la Cour de cassation a admis la recevabilité d'une pièce en délibéré, en constatant que l'adversaire la détenait depuis plusieurs mois mais qu'il ne l'avait pas fournie aux débats, et que cette pièce pouvait modifier l'opinion des juges : au visa des articles 3 du Code de procédure civile et 10 du Code civil, la Cour de cassation a introduit un nouveau principe directeur de loyauté, déjà suggéré par la doctrine[54]. Par application du principe de l'oralité de la procédure, les éléments de droit et de fait du litige doivent être présentés à l'audience : le juge doit alors veiller à ce que la contradiction puisse s'exercer immédiatement et, le cas échéant, ordonner un renvoi à une audience ultérieure ; il peut également, depuis le décret du 1<sup>er</sup> octobre 2010, proposer aux parties un calendrier des échanges qui rend plus effectif l'exercice de la contradiction (C. pr. civ., art. 446-2 ; si les parties sont assistées ou représentées par avocat, les échanges prennent la forme de conclusions modélisées) et permet d'écarter des débats les éléments qui n'ont pas été communiqués avant les délais prévus, sans motif légitime et dont la tardiveté porte atteinte aux droits de la défense.

**843** ***Sanctions du non-respect du contradictoire.*** Le juge doit « faire observer » le principe du contradictoire. À cet égard, il est doté d'importants pouvoirs de sanction. La volonté des rédacteurs du Code de procédure civile est d'adapter la sanction à la méconnaissance constatée, à la phase de la procédure concernée. Ainsi, le juge du tribunal judiciaire peut déclarer irrecevables des conclusions communiquées trop peu de temps avant l'ordonnance de clôture de l'instruction, rejeter des pièces communiquées tardivement, annuler une opération d'expertise qui s'est déroulée sans contradiction[55], écarter des débats les prétentions ou moyens non communiqués dans le calendrier de la mise en état, en l'absence de motif légitime et s'il y a entrave aux droits de la défense (C. pr. civ., art. 446-2, dans les procédures orales actuelles où il n'existe pas d'ordonnance de clôture). La chambre mixte de la Cour de cassation, le 3 février 2006, a renforcé le pouvoir du juge d'écarter des débats des pièces non communiquées en temps utile en décidant que le juge du fond dispose d'un pouvoir souverain pour apprécier le caractère tardif et déclarer le rejet des pièces, sans être tenu de caractériser les circonstances particulières qui auraient empêché le respect du principe de la contradiction[56], alors même qu'il doit motiver l'atteinte au contradictoire qui ne peut résulter de la seule proximité des dates de communication des pièces et de l'ordonnance de clôture[57]. Le juge de la mise en état, devant le tribunal judiciaire, peut demander aux avocats de mettre leurs conclusions en conformité avec les exigences légales (notamment leurs conclusions récapitulatives, C. pr. civ., art. 782).

Le strict respect du contradictoire traduit l'approche économique du procès. Il est évident que les parties exploitent les règles de procédure pour mettre en place une stratégie économique (les procès en droit des affaires en constituent des exemples topiques) : la « rétention d'informations », leur absence de communication ou leur communication tardive doit être combattue pour rétablir une certaine égalité des armes, et une régulation loyale de la procédure. La mise en œuvre du contradictoire incitera les parties à plus de transparence et à la révélation d'informations nécessaires au prononcé d'un jugement de qualité…

**844** ***Respect du contradictoire par le juge.*** Le juge « doit, en toutes circonstances, […] observer lui-même le principe de la contradiction »[58]. Cela signifie en particulier qu'il ne peut fonder sa décision

---

54. Civ. 1<sup>re</sup>, 7 juin 2005, *Dr. et proc.* 2006. 35, obs. Fricero ; M.-E. Boursier, *Le principe de loyauté en droit processuel*, Dalloz, coll. « Nouvelle bibliothèque de thèses », 2003.
55. Cass., ch. mixte, 28 sept. 2012, n° 11-11.381 : le non-respect du contradictoire est sanctionné par une nullité.
56. Cass., ch. mixte, 3 févr. 2006, *Gaz. Pal.* 17-18 févr. 2006, p. 5, avis av. gén. Lafortune.
57. L. Mayer, « L'énigmatique nature du contrôle exercé sur la motivation du rejet des pièces et conclusions de dernière heure », *Gaz. Pal.* 9 févr. 2016, p. 56, obs. s/ Com. 17 nov. 2015, n° 14-15.270.
58. G. Bolard, « Les juges et les droits de la défense », *in Mélanges Bellet*, p. 19 s. ; P. Raynaud, « L'obligation pour le juge de respecter le principe de la contradiction. Les vicissitudes de l'article 16 », *in Mélanges P. Hébraud*, 1981, p. 174 ; M.-A. Frison-Roche, *Généralités sur le principe de la contradiction en droit processuel*, thèse, Paris II, 1988.

sur des moyens de droit qu'il a relevés d'office sans avoir, au préalable, invité les parties à présenter leurs observations. Cette règle s'applique alors même que les moyens que le juge envisage de soulever seraient d'ordre public ; elle doit être étendue à tous les moyens de droit et de fait décisifs pour le débat. C'est en se fondant sur le principe de la contradiction que la Cour de cassation oblige le juge à inviter les parties à s'expliquer sur l'absence au dossier des pièces qui figurent sur le bordereau de pièces annexé aux dernières conclusions, et dont la communication n'a pas été contestée[59]. Pour la Cour européenne, la violation de l'article 6 § 1 par la Cour de cassation résulte du fait que le juge doit respecter lui-même la contradiction, en particulier lorsqu'il prononce la déchéance d'un pourvoi pour motif d'irrecevabilité retenu d'office[60]. Dans le même ordre d'idées, si le juge ne peut pas refuser d'examiner des documents soumis aux débats contradictoires, il ne peut pas fonder sa décision exclusivement sur une expertise « amiable » non contradictoire[61]. En procédure orale, le respect de la contradiction fait l'objet d'une présomption de régularité ; mais la jurisprudence a posé une limite : il ne peut être présumé qu'un moyen relevé d'office par le juge a été débattu contradictoirement, dès lors qu'une partie n'était pas présente à l'audience[62].

**845** ***Rétablissement du contradictoire.*** Lorsque la contradiction ne peut pas être instaurée, le Code de procédure aménage des instruments procéduraux de rétablissement d'une discussion. On peut citer deux exemples topiques. Si l'efficacité d'une mesure nécessite parfois le recours à une procédure unilatérale dite « sur requête », l'article 17 prévoit que « lorsque la loi permet ou la nécessité commande qu'une mesure soit ordonnée à l'insu d'une partie, celle-ci dispose d'un recours approprié contre la décision qui lui fait grief », afin que les droits de la défense soient garantis[63]. De même, si le défendeur fait défaut de comparution, quelles que soient les raisons de l'absence de débat contradictoire, un recours spécifique lui est ouvert : l'opposition, qui permet de revenir devant le même juge pour présenter ses moyens.

Ces diverses mesures conduisent déjà à restaurer une certaine égalité entre les parties, égalité que l'on retrouve dans le principe d'équité du procès.

## II • Les droits fondamentaux issus du principe d'équité

**846** ***Nouvelles exigences inhérentes à l'équité.*** Le droit de tout justiciable à ce que sa cause soit entendue « équitablement » devant un tribunal qui statue sur un droit ou une obligation de nature civile, consacré par l'article 6, paragraphe 1 de la Conv. EDH, conduit à imposer aux autorités publiques, pouvoirs législatif, exécutif et autorités judiciaires, l'obligation d'offrir aux justiciables des droits fondamentaux diversifiés, et dont le contenu, précisé par la Cour européenne, n'est pas exhaustif. Certains de ces droits fondamentaux ont été définis par les textes internes de procédure : l'application directe de la Convention européenne, son interprétation extensive par la Cour européenne, ont conduit à un renforcement de ces prérogatives (**A.**). D'autres droits ne figurent ni dans les principes directeurs, ni même dans les autres dispositions du Code de procédure civile (c'est le cas de « l'égalité des armes ») : en les imposant, la Cour européenne a étendu le contenu des prérogatives des parties dans le procès civil (**B.**).

59. Civ. 2e, 11 janv. 2006, *D.* 2006. IR 252, *D.* 2006. 1149, note Fricero.
60. 13 oct. 2005, *Clinique des Acacias et a. c/ France*, nos 65399, 65405 et 65406, 65407/01, *Dr. et proc.* 2006, n° 2, rubrique « Droit et proc. internationales », p. 14, obs. Fricero.
61. Cass., ch. mixte, 28 sept. 2012, n° 11-18.710 ; l'expertise doit être corroborée par une autre preuve, le rapport d'expertise participative a valeur d'expertise judiciaire, art. 1554 C. pr. civ.
62. Civ. 1re, 26 mai 2021, n° 20-12.512
63. Référé rétractation, C. pr. civ., art. 496.

## A • Le renforcement des garanties préexistantes

**847** ***Contenu des garanties relatives au juge et à la procédure.*** Le dispositif interne de procédure civile n'a jamais ignoré les principes substantiels du procès équitable. On y retrouve des exigences universelles concernant les caractéristiques du tribunal appelé à trancher (indépendance, impartialité) et les droits fondamentaux de nature procédurale (publicité, contradictoire, motivation des décisions). Mais l'applicabilité directe de l'article 6, paragraphe 1 de la Convention européenne, et la hardiesse de la jurisprudence de la Cour européenne et des juridictions françaises, notamment par l'introduction d'un contrôle de proportionnalité[64] ont permis une nouvelle approche de ces droits, qui a parfois conduit à la censure des textes du Code de procédure civile.

### 1 • Le droit à un tribunal indépendant et impartial

**848** ***Garantie d'indépendance.*** Le justiciable a droit à un juge indépendant, c'est-à-dire, pour la Cour européenne, à un juge qui bénéficie d'un statut organisé lui permettant d'être à l'abri de pressions provenant des pouvoirs extérieurs (pouvoirs publics, groupes de pression et parties), et qui dispose de pouvoirs et d'une compétence protégés, qu'il exerce sans immixtion des pouvoirs extérieurs. La Cour européenne exerce un contrôle sur les conditions de nomination des juges, qui doivent garantir leur indépendance par rapport au pouvoir exécutif[65]. L'indépendance des juges du siège est constitutionnellement affirmée (Constitution du 4 octobre 1958, art. 64) : elle comporte des garanties organiques (notamment par l'inamovibilité, qui est l'un des critères retenus par la Cour européenne pour déterminer s'il y a ou non apparence d'indépendance[66]) et fonctionnelles (ni le pouvoir législatif, ni le pouvoir exécutif, ne peuvent s'immiscer dans la fonction juridictionnelle[67]). La révision constitutionnelle, issue de la loi du 23 juillet 2008, a encore accru ces garanties, notamment en modifiant la composition et le rôle du Conseil supérieur de la magistrature (Constitution, art. 65). Le Conseil constitutionnel a jugé à l'occasion de plusieurs QPC que « les principes d'indépendance et d'impartialité sont indissociables de l'exercice des fonctions juridictionnelles »[68]. La loi organique n° 2016-1090 du 8 août 2016 relative aux garanties statutaires, aux obligations déontologiques et au recrutement des magistrats ainsi qu'au Conseil supérieur de la magistrature accroît les garanties d'indépendance des magistrats, notamment lors de la procédure d'avancement. La Cour européenne a renforcé cet impératif en sanctionnant l'État français à travers la pratique des lois rétroactives, qui constituent des immixtions interdites si elles permettent d'avantager l'État en modifiant l'issue des procès[69]. C'est surtout à propos de lois nouvelles applicables immédiatement aux instances en cours que la Cour européenne a sanctionné l'État français : en modifiant l'issue prévisible du procès, alors que la loi antérieure ou la jurisprudence permettaient aux plaideurs de fonder légitimement une « espérance légitime » de réparation, ou de créance, l'État méconnaît les exigences de sécurité juridique et d'égalité des armes (lorsqu'il favorise l'État, une autorité publique ou un particulier) inhérentes à l'article 6, § 1, ou viole le droit au respect des biens prévu par l'article 1er du Protocole 1[70]. Statuant sur les

---

64. S. Guinchard, T. Moussa et F. Ferrand, « Une chance pour la France et le droit continental : la technique de cassation, vecteur particulièrement approprié de contrôle de conventionnalité », *D.* 2015. 278. Civ. 1re, 4 déc. 2013, n° 12-26066 : la Cour de cassation fait application d'office du contrôle de proportionnalité. Mémento du contrôle de conventionalité au regard de la convention de sauvegarde des droits de l'homme et des libertés fondamentales, déc. 2018, site internet de la C. cass ; *Revue Justice et actualités, ENM,* « Le contrôle de proportionnalité », déc. 2020, qui analyse le contrôle in abstracto et le contrôle in concreto.
65. CEDH, gr. ch., 1er déc. 2020, no 26374/18, *Gudmundur Andri Astradson c/ Islande*, rev. Procédures mai 2021, comm. N. Fricero
66. 22 oct. 1984, *Sramek c/ Autriche*, série A, n° 84, Berger, *Jurisprudence de la CEDH* 12e éd., Sirey, 2011, n° 75.
67. Cons. const. 22 juill. 1980, n° 80-119 DC, Rec. Cons. const. 46 ; P. Gaïa et *al.*, *Les grandes décisions du Conseil constitutionnel*, 18e éd., Dalloz, 2016, n° 7.
68. 4 mai 2012, QPC n° 2012-241 sur les tribunaux de commerce.
69. 28 oct. 1999, *Zielinski, Pradal, Gonzalez et a. c/ France*, *D.* 2000. Somm. 184, obs. Fricero.
70. CEDH 11 févr. 2010, *Javaugue c/ France*, req. n° 39730/06, pour une loi nouvelle entrée en vigueur en cours d'instance, après la clôture de l'instruction devant le Conseil d'État ; CEDH, 3 févr. 2022, *N.M. et a. c/France*, req. n° 66328/14.

caractéristiques de l'autorité judiciaire devant lequel toute personne arrêtée doit être aussitôt traduite, au sens de l'article 5 de la Convention, la Cour a jugé que le parquet français ne répond pas aux exigences d'indépendance[71]. La Cour européenne impose donc l'intervention d'un juge du siège dans un délai bref après l'arrestation (trois ou quatre jours), mais non une modification du statut du ministère public[72]. Néanmoins, compte tenu du rôle de plus en plus important du parquet, une réforme constitutionnelle a été envisagée à plusieurs reprises, pour accroître l'indépendance de ces magistrats (notamment, pour que le Conseil supérieur de la magistrature donne un avis conforme aux nominations, et pour que la section compétente du CSM prononce la sanction disciplinaire).

**849** ***Appréciation rigoureuse de l'impartialité du juge.*** Le justiciable a également droit à un tribunal impartial (COJ, art. L. 111-5), c'est-à-dire à un juge qui puisse se prononcer sans parti pris, sans opinion préconçue, en se référant uniquement aux éléments de fait et de droit obtenus à l'issue d'un débat contradictoire. Les causes de partialité sont définies par le Code de l'organisation judiciaire (COJ, art. L. 111-6 auquel renvoie l'art. 341 du C. pr. civ.). Certaines sont personnelles au juge, comme les liens particuliers qu'il entretient avec l'une des parties (lien de parenté ou d'alliance, lien de subordination, lien d'amitié ou d'inimitié notoire, lien d'ordre patrimonial). D'autres sont fonctionnelles : le juge peut être amené à statuer plusieurs fois sur la même affaire (comme juge du premier degré, puis juge d'appel), ce qui peut l'amener à avoir un préjugé sur le fond (COJ, art. L. 111-6-5° : si le juge a précédemment connu de l'affaire, il peut être récusé). Sous la pression européenne, la garantie d'impartialité a été renforcée : elle figure expressément à l'article L. 111-5 du Code de l'organisation judiciaire, depuis l'ordonnance du 8 juin 2006, aux termes duquel « l'impartialité des juridictions est garantie par les dispositions du présent code… ». La loi n° 2015-990 du 6 août 2015 a créé un article L. 1421-1 du Code du travail qui précise que « les conseillers prud'homaux exercent leurs fonctions en toute indépendance, impartialité, dignité et probité et se comportent de façon à exclure tout doute légitime à cet égard ». On retrouve cette même exigence à propos des juges des tribunaux de commerce (C. com., art. L. 723-3) : « les juges des tribunaux de commerce exercent leurs fonctions en toute indépendance, impartialité, dignité et probité et se comportent de façon à prévenir tout doute légitime à cet égard ». L'article L. 723-32 du Code de commerce précise également que le juge « veille à prévenir et à faire cesser immédiatement des situations de conflit d'intérêts ». Les articles 7-1 et suivants de l'ordonnance n° 58-1270 du 22 décembre 1958 (complétés par les articles 11-1 et s. décr. n° 93-21 du 7 janv. 1993 créés par le décr. n° 2017-898 du 9 mai 2017), créés par la loi organique du 8 août 2016 imposent au magistrat de remettre une déclaration exhaustive, exacte et sincère des intérêts au chef de la juridiction, portant essentiellement sur les activités susceptibles de faire naître un conflit d'intérêts (situation d'interférence entre un intérêt public et des intérêts publics ou privés qui est de nature à influencer ou à paraître influencer l'exercice indépendant, impartial et objectif d'une fonction). La circulaire du 31 octobre 2017 du ministre de la Justice précise les modalités d'application de cette déclaration d'intérêts[73].

D'abord, la Cour de cassation a admis que les hypothèses définies par l'article L. 111-6 du Code de l'organisation judiciaire (auquel renvoie l'art. 341 du Code de procédure civile) n'épuisent pas toute la notion d'impartialité prévue par l'article 6, paragraphe 1 de la Convention européenne : le justiciable peut donc récuser le juge pour des situations non prévues par la loi et le règlement[74]. Ainsi, lorsqu'un magistrat a rendu une ordonnance de référé pour accorder une provision sur une obligation non sérieusement contestable, il ne peut plus siéger au fond du litige afférent à cette obligation[75]. Mais le

71. Un projet de loi organique n° 660 a été présenté au Sénat le 31 juill. 2015, relatif à l'indépendance et l'impartialité des magistrats et à l'ouverture de la magistrature sur la société, afin d'améliorer le processus de la nomination des magistrats du parquet.

72. CEDH 23 nov. 2010, *Moulin c/ France*, req. n° 37104/06, *D.* 2011. 277, obs. J.-F. Renucci, et les réf. citées.

73. Circ. n° NOR, JUSB17311434C, BOMJ n° 2017-11, 30 nov. 2017 — Les magistrats ont jusqu'au 4 novembre 2018 pour l'effectuer.

74. Civ. 1re, 28 avr. 1998, *Bull. civ.* I, n° 155 ; *D.* 1998. IR 131.

75. C. Goyet, « Remarques sur l'impartialité du tribunal », *D.* 2000. 328 ; Cass., ass. plén., 6 nov. 1998, *Sté Bord Na Mona ;* M.-A. Frison-Roche, « L'impartialité du juge », *D.* 1999. Chron. 53.

seul fait d'apprécier deux fois les mêmes faits n'est pas, en soi, suffisant : il faut que l'on puisse objectivement trouver des éléments (motivation de la décision antérieure, prise d'une décision sur les mêmes faits, contre les mêmes parties…) permettant de suspecter légitimement que le magistrat a pu se forger une opinion sur l'affaire. Par exemple, le fait d'ordonner des mesures purement conservatoires, ou des mesures de simple instruction de l'affaire, n'entraîne aucun préjugé[76] ; de même, il résulte des articles L. 111-8 du Code de l'organisation judiciaire et 6, § 1, de la Convention de sauvegarde des droits de l'homme et des libertés fondamentales que la seule circonstance pour une juridiction de fixer à une même audience des affaires mettant en cause une même partie, mais portant sur des litiges différents, et de se prononcer sur celles-ci, n'est pas, en elle-même, de nature à porter atteinte à son impartialité[77].
Dans l'arrêt *Le Stum c/ France* du 4 octobre 2007, la Cour européenne décide que le juge-commissaire n'est plus impartial dès lors qu'il a été amené à se forger une opinion sur les fautes commises par le dirigeant, même s'il ne s'est pas prononcé sur cette question. La même extension du domaine de l'impartialité peut être observée à propos des voies de recours : la Cour de cassation considère comme contraire à l'exigence d'impartialité le fait qu'un même magistrat siège sur le fond, puis dans la formation qui examine un recours contre la décision (que ce soit en appel, ou sur un déféré[78]). L'ordonnance du 8 juin 2006 a modifié les articles L. 111-5 et suivants du Code de l'organisation judiciaire pour prévoir précisément cette situation. Ainsi, ne peut faire partie d'une formation de jugement du second degré le juge qui a précédemment connu de l'affaire en premier ressort. Cette règle s'impose également en cassation : ne peut faire partie d'une formation de jugement de la Cour de cassation, le juge qui a précédemment connu de l'affaire en premier ou en dernier ressort (COJ, art. L. 111-9).
Ensuite, la mise en œuvre de l'exigence d'impartialité fait l'objet d'une approche restrictive. Certes, la Cour européenne, comme la jurisprudence interne, posent à juste titre le principe d'une présomption simple d'impartialité du juge. Il appartient au plaideur qui se prétend victime d'un procès partial d'en rapporter la preuve. Dans cette démarche probatoire, la théorie des apparences vient au secours du justiciable : la Cour estime que certains éléments, objectivement considérés, peuvent légitimement générer un soupçon dans l'esprit du plaideur quant à l'impartialité de son juge. Il en est ainsi de la saisine d'office par le juge civil, que le Conseil constitutionnel juge contraire au principe d'impartialité fondé sur l'article 16 de la Déclaration des droits de l'homme et du citoyen de 1789, sauf si elle est entourée de garanties[79].
Mais la Cour européenne ne se contente pas de cette approche purement objective : dans l'arrêt *Micallef c/ Malte* du 15 octobre 2009[80], elle admet qu'il est difficile de distinguer une impartialité objective d'une impartialité subjective, ce qui signifie que le requérant devra démontrer, à l'aide des éléments objectifs (par ex., les motifs d'une décision rendue antérieurement sur les mêmes faits), que le juge peut avoir une opinion préconçue sur son affaire. Mais la seule participation du même juge successivement à plusieurs phases de la procédure, ou à deux instances différentes sur les mêmes faits, n'est pas suffisante pour justifier sa récusation[81].
Afin d'éviter les manœuvres dilatoires, la Cour de cassation limite la faculté de soulever le grief de partialité : elle impose au justiciable de récuser le juge dans les conditions de l'article 342, c'est-à-dire dès la révélation de la cause de récusation, et avant la clôture des débats, sous peine d'être déclaré irrecevable. En n'invoquant pas le grief de partialité du juge dans les délais, le justiciable est présumé avoir renoncé à la condition d'impartialité. Cette exigence est appliquée quelle que soit la cause de partialité invoquée, même si elle est fondée sur l'article 6, paragraphe 1 de la Convention européenne. Les seules

76. CEDH 6 juin 2000, *Morel c/ France*, *D.* 2001. Somm. 1062, obs. Fricero, à propos du juge commissaire devant le tribunal de commerce.
77. Civ. 2e, 25 mars 2021, n° 19-23142
78. Civ. 2e, 6 mai 1999, *Bull. civ.* II, n° 77, *JCP* 1999. IV. 2149 ; *Procédures* 1999, n° 201, obs. R. Perrot ; *RTD civ.* 1999. 704, obs. R. Perrot.
79. 7 déc. 2012, n° 2012-286 QPC ; C. com., art. L. 631-5, sauf si elle est assortie de garanties suffisantes.
80. CEDH 15 oct. 2009, req. n° 17056/06.
81. CEDH 22 avr. 2010, *Chesne c/ France*, req. n° 29808/06.

exceptions résultent d'une impossibilité de connaître la composition de la juridiction : par exemple, si la procédure se déroule sans représentation obligatoire par avocat, et si le plaideur ne peut se rendre à l'audience pour motif légitime, la jurisprudence admet qu'il peut alléguer la partialité d'un juge après le prononcé du jugement, et obtenir l'annulation de la décision en appel ou sur pourvoi en cassation.

## 2 • Les droits de nature procédurale

**850** ***Publicité des débats, garante du contrôle par le public.*** La transparence de la justice est un gage du procès équitable, en ce sens qu'elle permet aux citoyens de contrôler la régularité du déroulement du procès. Le principe de publicité de la justice concerne donc les débats comme le prononcé du jugement. Il résulte des dispositions du Code de procédure civile (art. 433 et art. 11-1 et 11-2 de la loi nº 72-626 du 5 juill. 1972, mod. par la loi nº 2019-222 du 23 mars 2019) et de l'article 6, paragraphe 1 de la Convention européenne que toute personne peut entrer dans une salle d'audience, pour entendre les débats ou le prononcé du jugement[82]. De nombreuses exceptions sont néanmoins prévues. Certaines tendent à la sauvegarde d'autres droits fondamentaux : ainsi, le huis clos peut se justifier en présence d'un risque d'atteinte à la vie privée, au secret professionnel, pour la protection des mineurs ou encore dans les matières mettant en cause le secret des affaires (C. com., art. L. 153-1). D'autres se justifient par la protection de l'ordre public ou des mœurs : ainsi, les débats ont lieu en chambre du Conseil en cas d'atteinte à la sérénité de la justice. Enfin, la publicité peut être écartée par la volonté des parties, qui demandent des débats à huis clos, ou qui renoncent à la publicité (la Cour européenne des droits de l'homme admet la renonciation formulée de manière expresse ou tacite[83], à la condition qu'elle ne se heurte à aucun intérêt public important et supérieur[84]).
La nécessaire transparence de la justice a conduit à une réforme de la loi du 29 juillet 1881 par la loi nº 2021-1729 du 22 décembre 2021 pour la confiance dans l'institution judiciaire : l'article 38 quater permet sous des conditions restrictives, et par dérogation au premier alinéa de l'article 38 *ter*, **l'enregistrement sonore ou audiovisuel d'une audience,** pour un motif d'intérêt public d'ordre pédagogique, informatif, culturel ou scientifique, en vue de sa diffusion. La demande d'autorisation d'enregistrement et de diffusion est adressée au ministre de la justice. Le décret nº 2022-462 du 31 mars 2022 précise les modalités de cet enregistrement et de sa diffusion (très encadrée pour garantir les droits fondamentaux des personnes). La question de la publicité fait l'objet d'une nouvelle approche avec l'instauration de la **visioconférence**, prévue en matière civile par l'article L. 111-12 du Code de l'organisation judiciaire. Pour la tenue des débats en audience publique, chacune des salles reliées directement par un moyen de télécommunication audiovisuelle doit être ouverte au public[85]. Afin de faciliter **l'audition des personnes par le juge**, la **loi du 22 décembre 2021** a prévu que, par dérogation à l'article L. 111-12 du COJ (sans préjudice du Code de la santé publique et du Code de l'entrée et du séjour des étrangers et du droit d'asile) le président de la formation de jugement peut**, devant les juridictions statuant en matière non pénale, pour un motif légitime**, autoriser une partie, un témoin, un expert ou toute autre personne convoquée et qui en a fait expressément la demande à **être entendu par un moyen de communication audiovisuelle au cours de l'audience ou de l'audition** (art. L. 111-12-1 COJ). Lorsqu'une personne demande expressément à être entendue par un moyen de communication audiovisuelle, le président de la formation de jugement l'y autorise s'il

82. Le principe de publicité est un principe général du droit, CE 4 oct. 1974, *Dame David*, *Lebon* 464, *D.* 1975. 79, note Auby ; *JCP* 1974. II. 17967, note Drago ; *RTD civ.* 1975. 354, obs. Normand.
83. CEDH 23 juin 1981, *Le Compte, Van Leuven et De Meyere c/ Belgique*, série A, nº 43.
84. CEDH 25 févr. 1992, *Pfeifer et Planki c/ Autriche*, série A, nº 227.
85. F. Desprez, « Réforme de la carte judiciaire et visioconférence : d'une proximité physique à une proximité virtuelle », *Procédures* 2008. Focus 2 ; S. Lavric, « La visioconférence : le procès de demain ? », *AJ pénal* 2007. 464 ; Cons. const. 20 nov. 2003, nº 2003-484 DC, *JO* 27 nov. 2003, p. 20154, spéc. cons. 82 et 83.

estime que son audition à distance est compatible avec la nature des débats et le respect du principe du contradictoire (R. 111-7-1 COJ, Décr. nº 2022-79 du 27 janvier 2022).

**851** ***Procédure sans audience***. Pour faciliter le prononcé dans des délais raisonnables des jugements, la loi du 23 mars 2019 a prévu que l'ensemble des parties à l'instance peuvent accepter expressément une procédure sans audience devant le tribunal judiciaire, en procédure écrite comme en procédure orale (COJ, art. L. 212-5-1). Dans ce cas, en procédure écrite, le juge de la mise en état déclare l'instruction close, fixe la date pour le dépôt des dossiers au greffe de la chambre et le président de la chambre informe les parties du nom des juges de la chambre qui seront amenés à délibérer et de la date à laquelle le jugement sera rendu (C. pr. civ., art. 806). En procédure orale, le juge organise les échanges écrits entre les parties qui communiquent par lettre RAR ou notification entre avocats ; il fixe la date avant laquelle les parties doivent communiquer au greffe leurs prétentions, moyens et pièces ; à cette date, le greffe informe les parties de la date à laquelle le jugement sera rendu, celui-ci sera contradictoire (C. pr. civ., art. 828).Le juge peut décider de tenir une audience s'il estime qu'il n'est pas possible de rendre une décision au regard des preuves écrites ou si l'une des parties en fait la demande.

**852** ***Publicité du jugement selon des modalités diversifiées.*** La publicité concerne également le jugement, qui peut être **mis à la disposition des parties** au greffe de la juridiction à une date que le président doit indiquer ou être lu en audience publique par l'un des juges qui l'ont rendu. La lecture publique peut se limiter au dispositif, mais elle est exigée même si les débats ont eu lieu en chambre du Conseil (sauf pour les décisions gracieuses). **La diffusion du jugement** est également assurée par la possibilité pour tout tiers intéressé d'obtenir du greffe copie de la décision prononcée publiquement (C. pr. civ., art. 1440 et COJ, art. L. 111-14) ; par des formalités de publication qui intéressent certaines matières (incapacités, procédures collectives…) ou sont prononcées à titre de sanction. L'article L. 111-14 du COJ (mod. L. 23 mars 2019) limite les possibilités pour les tiers de prendre copie des jugements : le greffe de la juridiction peut refuser de répondre aux demandes abusives, en particulier par leur nombre ou par leur caractère répétitif ou systématique ; en outre, les éléments d'identification des personnes physiques mentionnées dans la décision, lorsqu'elles sont parties ou tiers, sont occultés si leur divulgation est de nature à porter atteinte à leur sécurité ou au respect de la vie privée de ces personnes ou de leur entourage[86].

**L'ouverture au public des décisions de justice** prévue par la loi du 6 octobre 2016 pour la République numérique va considérablement modifier les règles applicables ! Le rapport de la mission présidée par Loïc Cadiet (nov. 2017) énonce les préconisations nécessaires pour protéger la vie privée et les données personnelles des différents acteurs (parties, magistrats, procureur, greffiers, avocats) et préconise une régulation des entités qui réutiliseront les décisions ainsi diffusées en recourant à des algorithmes (l'ouverture publique des décisions favorisera ce que l'on appelle la justice « prédictive » ou prévisionnelle, ou encore « jurimétrie », en permettant aux intéressés de prévoir uneissue possible de leur litige grâce à l'intelligence artificielle[87]). L'article L. 111-13 du Code de l'organisation judiciaire (mod. L. 23 mars 2019) complété par les articles R. 111-10 et suivants du COJ prévoit que si les décisions rendues par les juridictions judiciaires sont mises à la disposition du public à titre gratuit sous forme électronique, les nom et prénoms des personnes physiques mentionnées dans la décision, lorsqu'elles sont parties ou tiers, sont occultés préalablement à la mise à la disposition du public. Lorsque sa divulgation est de nature à porter atteinte à la sécurité ou au respect de la vie privée de ces personnes ou de leur entourage, est également occulté tout élément permettant d'identifier les parties, les tiers, les magistrats et les membres du greffe. Un arrêté du 28 avril 2021

86. Circulaire, NOR JUSB1833465N, 19 déc. 2018. ; voir le décret nº 2020-797 du 29 juin relatif à la mise à disposition du public des décisions des juridictions judiciaires et administratives.

87. CNIL, « Comment permettre à l'homme de garder la main ? Les enjeux éthiques des algorithmes et de l'intelligence artificielle », *synthèse du débat public*, déc. 2017. CNIL, *rapport d'activité 2016*, « Protéger les données personnelles, accompagner l'innovation, préserver les libertés individuelles », La Documentation française

a fixé les dates de mise en application (avril 2022 pour les arrêts des cours d'appel, 2025 pour les décisions de 1re instance).

Afin de limiter **l'analyse algorithmique des décisions diffusées**, les données d'identité des magistrats et des membres du greffe ne peuvent faire l'objet d'une réutilisation ayant pour objet ou pour effet d'évaluer, d'analyser, de comparer ou de prédire leurs pratiques réelles ou supposées[88]. La violation de cette interdiction est punie des peines prévues aux articles 226-18, 226-24 et 226-31 du Code pénal, sans préjudice des mesures et sanctions prévues par la loi n° 78-17 du 6 janvier 1978 relative à l'informatique, aux fichiers et aux libertés. L'objectif est de mettre le dispositif en conformité avec le règlement de l'Union européenne relatif à la protection des données personnelles[89], transposé par la loi n° 2018-493 du 20 juin 2018.

**853** ***Motivation du jugement.*** La motivation des jugements est pour la Cour européenne une exigence substantielle du procès équitable. Elle permet au justiciable de vérifier qu'il a bien été entendu par le juge, qui a examiné ses moyens contradictoirement. Elle autorise un contrôle de la décision dans le cadre de l'exercice de recours (c'est sur ce fondement que la Cour européenne a critiqué l'absence de motivation des jugements correctionnels dans l'arrêt *Baucher c/ France* du 24 juill. 2007, req. n° 53640/00). Le Code de procédure civile affirme cet impératif dans les dispositions de l'article 455, et les rares exceptions sont justifiées par le souci de sauvegarder d'autres droits fondamentaux (comme la vie privée, pour les jugements d'adoption plénière, les jugements de divorce). La Cour de cassation se fonde sur l'article 6 § 1 pour annuler des jugements dans deux séries de circonstances : soit le jugement est motivé, mais le juge a recours à des termes injurieux incompatibles avec l'exigence d'impartialité[90], soit le jugement ne comporte qu'une apparence de motivation, qui génère un soupçon légitime de partialité et de violation de l'égalité des armes[91].

Le juge doit donc répondre à tous les moyens pertinents, susceptibles d'exercer une influence sur la solution du litige ; il ne peut fonder sa décision sur des motifs insuffisants, dubitatifs ou contradictoires. Dans l'affaire *Dulaurans c/ France*[92], la Cour européenne a étendu son contrôle en sanctionnant la motivation de la Cour de cassation qui reposait sur une erreur manifeste d'appréciation (n° 34553/97, l'arrêt déclarait un moyen de droit irrecevable comme nouveau, alors qu'il ressortait des actes des procédures antérieures que ce moyen avait été soulevé devant les juges du fond). Généralement, la Cour européenne refuse de contrôler le défaut de motivation des jugements internes, parce qu'elle n'a pas pour tâche de se substituer aux juridictions nationales, et qu'elle considère que le requérant dispose de moyen de recours pour contester le défaut de motivation. La Cour de cassation a mis en place une motivation développée de ses arrêts[93].

## B • L'instauration de nouvelles garanties

**854** Le dispositif de l'article 6, paragraphe 1, de la Convention européenne conduit à la découverte de nouveaux droits fondamentaux du justiciable civil. L'égalité des armes et le droit d'obtenir le prononcé et l'exécution du jugement dans un délai raisonnable en constituent les illustrations.

---

88. Art. 8, loi n° 78-17 du 6 janv. 1978 relative à l'informatique, aux fichiers et aux libertés, mod. loi n° 2018-493 du 20 juin 2018 relative à la protection des données personnelles.
89. Règl. (UE) n° 2016/679 du Parlement européen et du Conseil, 27 avr. 2016, *protection des personnes physiques à l'égard du traitement des données à caractère personnel et à la libre circulation de ces données.*
90. Civ. 2e, 14 sept. 2006, n° 04-20.524.
91. Civ. 3e, 18 nov. 2009, n° 08-18.029, *La Lettre des procédures collectives*, janv. 2010, note N. Fricero.
92. CEDH 17 janv. 1970, *Delcourt c/ Belgique*, série A, n° 11 ; CEDH 30 oct. 1991, *Borgers c/ Belgique*, série A, n° 214.
93. Note relative à la structure des arrêts et avis et à leur motivation en forme développée, site internet de la C. cass., déc. 2018 — Guide des nouvelles règles relatives à la structure et à la rédaction des arrêts, juin 2019, site internet de la C. cass., avec de nombreux ex.

## 1 • Le droit à l'égalité des armes

**855** ***Droit d'exposer sa cause sans être désavantagé.*** Par référence au sens étymologique du terme « équité » (du latin *aequitas*, égalité), la Cour européenne des droits de l'homme considère que toute partie doit avoir une possibilité raisonnable d'exposer sa cause au tribunal, dans des conditions qui ne la désavantagent pas d'une façon appréciable par rapport à la partie adverse[94]. L'équité a ainsi donné naissance à l'exigence d'égalité des armes, ignorée en tant que telle par le droit interne, mais qui doit inspirer la démarche processuelle dans son entier. Elle se réalise sous le contrôle étroit du juge qui, même dans le cadre d'une procédure accusatoire, doit être doté d'attributions lui permettant de restaurer une égalité certaine entre les plaideurs.

**856** ***Manifestations de l'égalité des armes.*** Le contenu de l'égalité des armes n'est pas défini de façon exhaustive. Il s'agit plutôt pour la Cour européenne d'un principe substantiel qui doit conduire à l'aménagement de règles de procédure.

Ainsi, dans l'administration de la preuve, les parties doivent disposer de possibilités égales. Elles doivent pouvoir présenter leurs éléments de preuve au juge, et contester les éléments fournis par leur adversaire. La question d'une éventuelle rupture d'égalité résultant du pouvoir du juge d'ordonner d'office des mesures d'instruction (C. pr. civ., art. 10), ou de soulever d'office un moyen de droit (C. pr. civ., art. 12) a été posée[95]. En tout état de cause, l'égalité des plaideurs ne doit pas être absolue, et le pouvoir d'office du juge est parfaitement justifié par le souci d'aboutir à un jugement le plus juste possible.

## 2 • Le droit au prononcé et à l'exécution d'un jugement dans un délai raisonnable

**857** ***Enjeux de la célérité.*** Les justiciables ont droit à ce que leur affaire soit jugée dans un délai raisonnable[96]. Une justice lente ne remplit aucun de ses objectifs : d'un point de vue économique, social, la solution des conflits doit être trouvée dans un temps utile, sous peine de discréditer le service public de la justice. Aucune durée précise n'a été fixée par la Cour européenne : chaque procédure est appréciée concrètement, en fonction des critères établis par la Cour, relatifs à la complexité de l'affaire, la nature du litige, au comportement du requérant et à celui des autorités publiques. Si le droit à une durée raisonnable du procès n'est pas propre au procès civil, on doit néanmoins observer certains traits spécifiques à la matière. L'ordonnance du 8 juin 2006 a ajouté un article L. 111-3 au Code de l'organisation judiciaire, précisant que « les décisions de justice sont rendues dans un délai raisonnable ».

**858** ***Diligences particulières des autorités.*** La célérité des procédures est parfois soumise à des exigences accrues. Ainsi, lorsque l'enjeu du procès met en cause la réparation d'une atteinte à l'intégrité physique (réparation des victimes de transfusions sanguines contaminantes, ou d'accidents corporels), les conditions de vie du plaideur (réparation des conséquences d'un licenciement, litiges en droit du travail en général), ou les relations familiales (procès en divorce, relatifs à l'autorité parentale[97]), la Cour européenne contraint les États à une diligence particulière. Le délai raisonnable est alors réduit et une diligence exceptionnelle s'impose dans le traitement de la procédure.

**859** ***Principe d'initiative et office du juge.*** Le déroulement temporel de l'instance civile doit être envisagé sous l'angle du principe d'initiative : les parties ont le droit de conduire l'instance, et disposent

94. R. Martin, « L'article 6-1 de la Convention européenne contre l'article 12 du NCPC », *D.* 1996. Chron. 20 ; CEDH 24 oct. 1989, *H. c/ France*, série A, n° 162-A qui décide que l'art. 10 du C. pr. civ. n'est pas contraire à l'art. 6-1 de la Convention ; E. Jeuland, *Droit processuel*, LGDJ, coll. « Manuel », 2007, p. 218 s.

95. V. not. CEDH 26 avr. 2001, *Meftah c/ France*, *D.* 2002. Somm. 687, obs. Fricero.

96. CEDH 31 mars 1992, *X c/ France*, série A, n° 234 ; CEDH 26 avr. 1994, *Alain Vallée c/ France*, série A, n° 289.

97. CEDH 4 nov. 2008, *Dinu c/ Roumanie et France*, req. n° 6152/02, *Procédures* 2008, n° 333, Fricero, pour le délai raisonnable d'une procédure d'*exequatur* d'un jugement condamnant au paiement d'une pension alimentaire.

d'une maîtrise certaine dans l'accomplissement des actes de la procédure (C. pr. civ., art. 2), sous réserve des charges qui leur incombent. Mais la Cour européenne insiste sur le rôle du juge dans le respect du délai raisonnable : l'État doit doter le tribunal du pouvoir de fixer des délais, et d'en assurer le respect par les parties, même si la procédure civile est fondée sur un principe « dispositif », selon lequel « le procès est la chose des parties »[98]. De nombreuses dispositions du droit interne remplissent cette exigence : le juge peut lutter contre les atermoiements des plaideurs en prononçant la radiation de l'affaire, la clôture partielle de l'instruction (C. pr. civ., art. 800), en constatant la caducité de la demande, en prononçant d'office la péremption de l'instance… Il peut accélérer le déroulement de l'instruction, en fixant des délais pour le dépôt du rapport d'expertise, en veillant à l'échange régulier des conclusions, en fixant un calendrier de procédure. Le décret du 28 décembre 2005 a pris en compte cet impératif en conférant au juge de la mise en état, devant le tribunal judiciaire et la cour d'appel, la possibilité de fixer un calendrier de la mise en état, avec l'avis des avocats, pour prévoir le nombre prévisible et la date des échanges de conclusions, la date de la clôture, celle des débats et celle du prononcé du jugement (C. pr. civ., art. 781) ; le décret du 1er octobre 2010 introduit le calendrier des échanges dans les procédures orales (C. pr. civ., art. 446-2). Les différentes réformes de la procédure d'appel ont intégré cette exigence de célérité en réduisant les délais d'accomplissement des actes de la procédure et en multipliant les sanctions d'irrecevabilité et de caducité prononcées, même d'office, par le juge. La Convention européenne impose une obligation de diligence au juge qui ne doit pas être à l'origine d'un ralentissement de la procédure, par des périodes d'inaction injustifiée (la surcharge des rôles n'est pas un argument pertinent, puisque les États doivent prendre les mesures pour qu'une justice rapide soit rendue), sous peine d'engager la responsabilité de l'État (la Cour européenne rappelle que l'engorgement des juridictions, pénales notamment, n'est pas une circonstance exonératoire de la responsabilité de l'État[99]). Dans l'arrêt pilote *Glykantzi c/ Grèce* du 30 octobre 2012, la Cour européenne se réfère au « droit à une audience dans un délai raisonnable » : elle considère que le maintien d'une procédure en instance pour une période excessive est susceptible de porter atteinte même au droit d'accès à un tribunal. En particulier, l'absence injustifiée de décision par la juridiction saisie pour une période particulièrement prolongée peut par la force des choses s'assimiler à un déni de justice.

**860** ***Sanctions d'une durée excessive.*** La sanction d'un procès civil d'une durée déraisonnable présente des originalités, tant au plan interne que devant les instances européennes.

Devant les juridictions internes, le grief tiré de l'exigence du délai raisonnable, fondé sur la violation de l'article 6, paragraphe 1, ne peut jamais entraîner l'annulation de la procédure, mais donne seulement lieu à réparation[100]. La chambre criminelle l'a rappelé dans un arrêt du 9 novembre 2022 (nº 21-85-655) : la méconnaissance du délai raisonnable et ses éventuelles conséquences sur les droits de la défense sont sans incidence sur la validité des procédures, mais elle peut avoir des conséquences sur la valeur des preuves ainsi que sur le choix de la peine. De plus, comme la méconnaissance d'un délai est un moyen mélangé de fait et de droit, le plaideur ne peut pas l'invoquer pour la première fois devant la Cour de cassation. La réparation de la lenteur de la justice civile est fondée sur les articles L. 141-1 et L. 141-2 du Code de l'organisation judiciaire, depuis que la jurisprudence admet que le fait pour une juridiction de tarder à rendre un jugement constitue un déni de justice.

Devant la Cour européenne des droits de l'homme, il est admis que le requérant ne peut invoquer le grief que s'il a épuisé toutes les voies de recours internes contre la décision, depuis l'arrêt *Kudla c/ Pologne* du 26 octobre 2000[101] (l'épuisement des recours internes est une condition de recevabilité de la requête prévue par l'article 35 de la Convention). Il est admis que, sur le fondement de l'article 13 de

98. CEDH 3 févr. 2009, *Poelmans c/ Belgique*, req. nº 44807/06, *Procédures* 2009, nº 81, Fricero.
99. CEDH 23 janv. 2007, *Cretello c/ France*, req. nº 2078/04, *Dr. et proc.*, *EJT* mars 2007, *Cah. dr. intern.*, obs. Fricero.
100. Crim. 19 nov. 1987, *Bull. crim.* nº 420 ; *Gaz. Pal.* 1988. 1. 334, obs. M. R.
101. CEDH 26 oct. 2000, *Kudla c/ Pologne*, req. nº 30210/96.

la Convention, les États doivent offrir aux justiciables un recours effectif permettant d'obtenir réparation de la lenteur de la justice. À cet égard, le recours à la responsabilité de l'État sur le fondement des articles L. 141-1 et L. 141-2 du Code de l'organisation judiciaire est un recours utile, et la Cour européenne impose logiquement son exercice préalable au plaideur victime[102], sous peine d'irrecevabilité de la requête. Mais si la réparation accordée par l'État est insuffisante, un recours européen est ouvert[103]. Depuis la loi du 5 mars 2007, l'article 48-1 de l'ordonnance du 22 décembre 1958 portant statut de la magistrature prévoit que la décision de condamnation de l'État, qu'elle soit rendue par une juridiction nationale ou internationale, est communiquée aux magistrats intéressés et au chef de cour. Une poursuite disciplinaire est envisageable, si le manquement peut s'analyser en une faute disciplinaire.

**861** ***Droit à l'exécution du jugement.*** Le justiciable a également le droit à l'exécution du jugement dans un délai raisonnable. Depuis l'arrêt *Hornsby c/ Grèce* qui affirme que « l'exécution d'un jugement ou arrêt de quelque juridiction que ce soit, doit donc être considérée comme faisant partie intégrante du "procès" au sens de l'article 6 », la Cour européenne rappelle que l'État doit garantir aux citoyens une justice effective, et remplir ses obligations positives afin que les titres exécutoires que constituent les jugements ne restent pas lettres mortes, ce qui est d'ailleurs contraire au principe de sécurité juridique et ne contribue pas à la prééminence du droit[104]. Le Conseil constitutionnel a rappelé à plusieurs reprises que « le droit à un recours juridictionnel effectif comprend celui d'obtenir l'exécution des décisions juridictionnelles »[105]. Si l'État est lui-même condamné, il doit mettre en œuvre des mesures aptes à assurer une exécution rapide de la décision. Si le jugement met en cause des intérêts privés, l'État doit mettre à la disposition des gagnants des instruments juridiques performants pour que la condamnation soit effective. Un délai raisonnable pour l'exécution s'impose : les agents d'exécution, comme les huissiers de justice (commissaires de justice à partir du 1er juillet 2022), doivent être diligents, sous peine d'engager la responsabilité internationale de l'État[106]. Le décret nº 2019-1333 du 11 décembre 2019 modifie le droit de l'exécution (C. pr. civ., art. 514 s.) en affirmant le principe selon lequel toutes les décisions rendues en première instance sont exécutoires de droit à titre provisoire. Des exceptions légales sont prévues (les jugements des conseils de prud'hommes, les décisions du juge aux affaires familiales qui mettent fin à l'instance...). Le juge peut écarter cette exécution de droit s'il l'estime incompatible avec la nature de l'affaire (sauf s'il s'agit d'une ordonnance de référé toujours exécutoire). La partie qui bénéficie de l'exécution d'une décision exécutoire de droit doit réparer les conséquences dommageables de cette exécution si la décision est ultérieurement infirmée en appel, sur le fondement de l'article L. 111-10 du Code des procédures civiles d'exécution[107]. L'exécution des décisions rendues en matière d'autorité parentale a été améliorée par les dernières réformes : en effet, le JAF peut assortir sa décision d'une astreinte et lorsqu'un parent fait délibérément obstacle de façon grave et renouvelée à l'exécution de la décision, le juge peut le condamner à une amende civile d'un montant de 10 000 euros maximum (C. civ., art. 373-2-6). Toutes ces mesures accroissent l'effectivité des décisions de justice.

102. CEDH 12 juin 2001, *Giummarra c/ France*, req. nº 61166/00 ; *CR c/ France*, 3 déc. 2002, *D.* 2003. Somm. 592, obs. N. Fricero ; pour l'Italie, 6 sept. 2001, *Brusco c/ Italie*, *D.* 2002. Somm. 685, obs. Renucci ; pour la justice administrative, l'exigence de célérité est fondée sur l'art. 6 § 1 de la Convention et sur les principes généraux du droit, CE 28 juin 2002, *Magiera*, sur lequel se fonde la Cour européenne pour décider que le recours en réparation contre l'État doit être épuisé, CEDH 21 oct. 2003, *Broca et Texier-Micault c/ France*, req. nº 27928/02 et req. nº 31694/02, *D.* 2004. Somm. 1061, obs. N. Fricero.

103. CEDH 11 janv. 2007, *Quattrone c/ Italie*, req. nº 67785/01 : la Cour estime que la réparation accordée est égale à 20 % de ce qu'elle octroie.

104. CEDH 22 sept. 2011, *Tetu c/ France*, req. nº 60983/09, *Procédures* 2011, nº 338, N. Fricero, pour une procédure de liquidation judiciaire ayant duré plus de 20 ans !

105. Cons. const. 6 mars 2015, nº 2014-555 QPC. — Cons. const. 10 nov. 2017, nº 2017-672, QPC.

106. CEDH 11 janv. 2001, *Platakou c/ Grèce*, *Dr. et proc.* 2001. 233, obs. Marguénaud ; N. Fricero, « Le droit européen à l'exécution des jugements », *Dr. et proc.* 2001. 6 ; CEDH 20 déc. 2007, *Kocsis c/ Roumanie*, *Dr. et proc.*, *EJT*, *Cah. dr. intern.* mars 2008, note Fricero.

107. 24 févr. 2006, *Dr. et proc.*, *EJT*, 2006, p. 159, obs. Fricero.

## BIBLIOGRAPHIE INDICATIVE


- J.-F. RENUCCI, *Droit européen des droits de l'homme*, LGDJ, coll. « Manuel », 8e éd., 2019.
- N. FRICERO, *Droit et pratique de la procédure civile*, Dalloz Action, 2021-2022, spéc. nos 211 s., « Les garanties d'une bonne justice » ; *Procédure civile*, Gualino, coll. « Mémento », 17e éd., 2022-2023.
- S. GUINCHARD et al., *Droit processuel, droits fondamentaux du procès*, Dalloz, coll. « Précis », 12e éd., 2023 ; *Procédure civile*, Dalloz, coll. « Précis », 36e éd., 2022.
- E. JEULAND, *Droit processuel général*, Montchrestien, coll. « Domat droit privé », 5e éd., 2022.
- F. SUDRE, J. ANDRIANTSIMBAZOVINA, A. GOUTTENOIRE, G. GONZALEZ, F. MARCHADIER, L. MILANO, A. SCHAHMANECHE, H. SURREL, D. SZYMCZAK, *Les grands arrêts de la Cour européenne des droits de l'homme*, PUF, coll. « Thémis », 10e éd., 2022.


## PISTES DE RÉFLEXION

- Quelles seraient les conséquences de l'introduction de la loyauté dans les principes directeurs du procès civil ?
- Quelles sont les incidences de l'exigence d'impartialité dans la motivation des jugements ?
- Le principe de concentration des moyens est-il conforme au principe dispositif ?
- La saisine d'office du juge civil est-elle conforme aux exigences du procès équitable ?
- Quelles sont les incidences de la bonne administration de la justice sur les principes directeurs du procès ?
- En quoi les instruments procéduraux (caducité, péremption, irrecevabilité) peuvent-ils permettre la régulation des flux ?
- Quels sont les risques d'une diffusion de la totalité des décisions de justice (*open data*) ?
- Le numérique va-t-il transformer les principes directeurs du procès civil ?
- La nouvelle organisation judiciaire permet-elle de garantir l'accès au juge ?
- Quelles sont les incidences du principe de proportionnalité procédurale ?

Thème 8

# Les grands principes du procès administratif

**Florian Poulet**
*Agrégé des facultés de droit*

Tout en intégrant progressivement les standards du procès équitable dégagés, notamment, par la Cour européenne des droits de l'homme (CEDH), le procès administratif continue d'obéir à des règles spécifiques issues des textes et de la jurisprudence internes. Il se déroule devant une juridiction composée de membres spécifiquement formés au métier de juger l'Administration. Si peu d'actes échappent encore au contrôle du juge administratif, il n'intervient de plus en plus souvent qu'après une phase préalable de recours administratif ou de médiation. Les nouvelles procédures de référé, synonymes d'oralité, ont tempéré les rigueurs de la procédure écrite. Saisi à fin soit d'annulation, soit de réformation, soit encore, depuis peu, d'abrogation de la décision administrative, le juge du principal dispose de pouvoirs d'injonction vis-à-vis de l'Administration qu'il met en œuvre couramment. Enfin, pour répondre à l'objectif de sécurité juridique, il module à présent les effets dans le temps aussi bien de ses décisions d'annulation que de ses changements de jurisprudence.

## 1 • Tendances

**862** ***Renouvellement de la matière.*** Peu de domaines de l'activité juridictionnelle ont connu durant les vingt-cinq dernières années autant de changements que le procès administratif, en raison d'un décalage croissant qui s'était instauré au fil des décennies entre les pratiques du juge administratif et les attentes et exigences de la société. Ce mouvement de rattrapage, en l'absence duquel l'existence même d'une juridiction administrative eût pu être menacée, a été amplifié et accéléré par la pénétration croissante du droit issu de la Conv. EDH.

Cette évolution constitue une accélération de la construction de l'ordre juridictionnel administratif entrepris depuis plus de deux cents ans. On sait en effet que le procès administratif tire sa substance même d'un privilège de juridiction bénéficiant, depuis la Révolution, à l'Administration, et d'où découle l'existence d'un ordre juridictionnel propre, élevée par le Conseil constitutionnel au rang de principe fondamental reconnu par les lois de la République[1] et consacrée par la Cour de cassation qui vise « la valeur constitutionnelle de la compétence et de l'indépendance de la juridiction administrative »[2], ainsi que d'un corpus de règles touchant le statut des juges, l'organisation des juridictions et, bien entendu, les questions procédurales aujourd'hui regroupées dans un Code de justice administrative (CJA) et enfin de pratiques jurisprudentielles consacrées.

**863** ***Enrichissement de la matière.*** Le titre préliminaire du CJA entré en vigueur le 1er janvier 2001[3] comprend onze articles de nature législative, de portée inégale : outre des précisions quant au champ d'application du Code, y figurent l'exigence de la collégialité sauf si la loi en dispose autrement, l'absence d'effet suspensif des requêtes sauf si la juridiction en décide autrement, le caractère contradictoire de l'instruction, aménagé le cas échéant pour tenir compte de l'urgence, du secret de la défense nationale et de la protection de la sécurité des personnes, la publicité des audiences, le rôle dévolu au rapporteur public (anciennement « commissaire du gouvernement »), le secret du délibéré, la motivation, la publicité et le caractère exécutoire des jugements. Le CJA a ainsi assimilé des normes déjà reconnues par le Conseil d'État soit comme principes généraux du droit[4] soit comme règles générales de procédure.

---

1. Cons. const. 23 janv. 1987, n° 86-224 DC, *Conseil de la concurrence*, Rec. Cons. const. 8.
2. Civ. 1re, 8 mars 2012, n° 11-24.638.
3. D. Labetoulle *in J.-Cl. Adm.* 2003 et « Le titre préliminaire du CJA : retour sur un objet juridique à identifier », C. Baillon-Passe, *LPA* 31 déc. 2004, n° 262, p. 6.
4. CE, ass., 2 juill. 1982, *Huglo*, *Lebon* 257, pour le caractère non suspensif des requêtes ; CE, ass., 4 oct. 1974, *David*, *Lebon* 464, pour la publicité des audiences ; CE 17 nov. 1922, *Légillon*, *Lebon* 849, pour la publicité des audiences et la motivation des jugements ; CE, ass., 23 janv. 1948, *Bech*, *Lebon* 33, pour la publicité des jugements et la mention du nom des juges ; CE 12 oct. 2009, *M.P.*, req. n° 311641, *Lebon 367*, d'où il résulte que la publicité peut être assurée non seulement par la lecture publique, mais aussi par tout moyen approprié tel que la possibilité de consulter le jugement au greffe de la juridiction.

Ne figurent dans cet exergue ni l'exigence d'impartialité, ni le caractère essentiellement écrit de la procédure, ni l'interdiction d'adresser des injonctions à l'Administration hormis les cas où la loi l'autorise, ni l'exigence de la liaison préalable du contentieux par une décision administrative, alors qu'il s'agit bien, sinon de principes généraux du droit, à tout le moins de règles générales de procédure, voire de règles expresses. Est de même absente la distinction cardinale entre les pouvoirs du juge selon que le litige qui lui est soumis relève de l'excès de pouvoir (pouvoir d'annulation ou d'abrogation) ou du plein contentieux (pouvoir d'annulation ou d'abrogation certes, mais aussi de réformation, d'injonction ou encore de condamnation à des dommages-intérêts). Mais ces principes ou ces règles, s'ils sont absents de l'énumération liminaire du CJA, y trouvent leur application dans de nombreuses dispositions. Tel n'est pas le cas en revanche de l'exigence d'un délai raisonnable de jugement. C'est dire que la spécificité du procès administratif ne se résume pas aux règles ou principes énoncés dans le titre préliminaire du CJA. Mais l'existence même de ce Code illustre avec éclat ce que le Conseil d'État, sans y être le moins du monde tenu par une règle écrite, a affirmé depuis près d'un siècle : le caractère administratif d'une juridiction entraîne, par principe, la mise à l'écart des règles de la procédure civile.
On doit signaler que l'arrêt *KPMG* du 24 mars 2006[5] érige la sécurité juridique au rang de principe du droit interne alors que, jusqu'à présent, ce concept d'origine communautaire n'était applicable en droit interne que dans les litiges où le juge national était conduit à faire application du droit de l'Union européenne. En vertu de ce principe, il a été jugé que, par exception à la règle selon laquelle le rejet d'une requête en annulation d'un acte dont l'exécution a été suspendue par le juge des référés a pour conséquence que cet acte retrouve aussitôt application, le juge peut d'office apprécier s'il convient de reporter à une date ultérieure qu'il détermine la prise d'effet de sa décision en tant qu'elle met fin à la suspension initialement ordonnée[6]. La théorie des espérances légitimes, issue de l'article 1er du 1er Protocole additionnel à la Conv. EDH reconnaissant le droit au respect de ses biens, est également reconnue par le juge administratif comme par le juge constitutionnel.
Récemment, la procédure juridictionnelle administrative a fait l'objet d'une importante réforme, issue du décret du 2 novembre 2016 dit « justice administrative de demain »[7], lui-même inspiré du rapport *Piérart*. Le sens général de la réforme est celui d'une diminution des contentieux, au prix peut-être, selon certains, de difficultés procédurales accrues pour les justiciables.

## 2 • Compétence

**864** ***Compétence de la juridiction administrative.*** Tous les litiges nés d'une décision prise par une administration ou un organisme de droit public ne ressortissent pas à la compétence du juge administratif. Si le Conseil constitutionnel (23 janv. 1987, préc.) a rangé au nombre des principes fondamentaux reconnus par les lois de la République « celui selon lequel, à l'exception des matières réservées par nature à l'autorité judiciaire, relève en dernier ressort de la compétence de la juridiction administrative l'annulation ou la réformation des décisions prises, dans l'exercice des prérogatives de puissance publique, par les autorités exerçant le pouvoir exécutif, leurs agents, les collectivités territoriales de la République ou les organismes publics placés sous leur autorité ou leur contrôle », cette règle connaît de nombreuses exceptions. Celles-ci conduisent parfois à soumettre au juge judiciaire des pans entiers de l'action administrative (que l'on songe au contentieux douanier, par exemple) ou, à tout le moins, à organiser, pour un même domaine, un partage de compétence entre les deux ordres de juridiction, selon une frontière qui peut se révéler obscure ou complexe : tel est le cas du contentieux du recouvrement des impôts[8] ou de celui des étrangers en situation irrégulière, à moins que le

5. CE, ass., *KPMG et a.*, req. nos 288460, 288465, 288474 et 288485, *Lebon* 154.
6. CE, sect., 27 oct. 2006, *SA Techna et a.*, *Lebon* 451.
7. Décr. n° 2016-1480 du 2 nov. 2016 portant modification du CJA, *AJDA* 2016. 279, note F. Poulet.
8. V. T. confl. 13 déc. 2004, *Chessa*, req. n° C3411, *Lebon* 321 et *Legasse*, req. n° C3421.

législateur ne tente de démêler l'écheveau, ce qui risque de soulever des questions constitutionnelles. Le Tribunal des conflits est chargé de résoudre les problèmes de compétence entre les deux ordres de juridiction, suivant les règles initialement posées par l'article 34 du décret du 26 octobre 1849[9], par exemple pour apprécier si l'Administration a commis une voie de fait, dont cette juridiction a d'ailleurs restreint le champ, la voie de fait ne jouant désormais plus qu'en cas d'atteinte à la liberté individuelle ou d'extinction d'un droit de propriété[10], comme l'a récemment rappelé la Cour de cassation dans son très remarqué arrêt du 28 juin 2019, rendu en un temps record, à propos de l'affaire *Vincent Lambert*[11]. Ainsi, dans six décisions remarquées, le Tribunal des conflits a confié le monopole du contentieux des installations radioélectriques au juge administratif, laissant au juge judiciaire une compétence résiduelle dans la limite où son intervention n'est pas de nature à interférer avec l'action des autorités de police[12]. Une autre limite à la compétence du juge administratif, considéré comme juge français, tient à l'autorité qui s'attache aux arrêts rendus à titre préjudiciel par la Cour de justice de l'Union européenne (CJUE) en matière d'interprétation des textes du droit de l'Union européenne : initialement limitée aux seules questions soumises à la Cour[13], elle est à présent reconnue à toute interprétation donnée par la Cour même lorsqu'elle ne fait pas l'objet du renvoi[14]. Qui plus est, le Conseil d'État a jugé[15] que, dans le cas où est contestée la légalité d'un décret transposant une directive européenne au regard d'un principe constitutionnel trouvant son équivalent dans le droit primaire de l'Union européenne, il y a lieu de saisir la Cour de justice d'une question préjudicielle si la conformité de la directive aux traités ou aux principes généraux du droit de l'Union soulève une difficulté sérieuse. Mais si le principe constitutionnel invoqué n'a pas d'équivalent en droit de l'Union européenne, il appartient au Conseil d'État d'examiner directement la constitutionnalité des dispositions réglementaires attaquées. Cette méthode dite de la « translation » peut être également mise en œuvre par le juge à l'initiative du défendeur, c'est-à-dire de l'Administration, lorsque cette dernière cherche à protéger une règle de droit national pourtant contraire au droit de l'Union. Ainsi, dans le cas où l'application d'une directive ou d'un règlement européen(ne), tel qu'interprété(e) par la CJUE, aurait pour effet de priver de garanties effectives une exigence constitutionnelle qui ne bénéficierait pas, en droit de l'Union, d'une protection équivalente, à l'instar de la nécessaire libre disposition de la force armée ou de la sauvegarde des intérêts fondamentaux de la Nation, le juge administratif, saisi d'un moyen de défense en sens, doit l'écarter dans la stricte mesure où le respect de la Constitution l'exige[16].
En revanche, si les États s'engagent à se conformer aux arrêts définitifs de la CEDH, ces derniers ne sont pas un obstacle au caractère exécutoire des jugements rendus par la juridiction administrative[17]. L'entière exécution d'un arrêt de la CEDH constatant une violation de la Convention ne peut pas conduire à la remise en cause d'une décision de justice passée en force de chose jugée et n'emporte pas l'obligation pour l'Administration de reconsidérer la décision à l'origine de cette violation[18].
Dans le prolongement de cette limite impliquée par l'intégration européenne, la compétence du juge administratif peut également se trouver amoindrie par celle du juge judiciaire. Si, en principe,

9. Si ce texte a été abrogé par le décr. n° 2015-233 du 27 févr. 2015 relatif au Tribunal des conflits et aux questions préjudicielles, ce dernier en a repris les dispositions les plus importantes en les modernisant quelque peu.
10. T. confl. 17 juin 2013, *Bergoend*, n° C3911, confirmant cette acception restrictive de la voie de fait, v. T. confl. 12 févr. 2018, *Ndary G.*, n° C4110, qui décide que l'atteinte à la liberté d'aller et venir n'est pas susceptible de caractériser une voie de fait.
11. Cass., ass. plén., 28 juin 2019, *Agent judiciaire de l'État et a.*
12. T. confl. 14 mai 2012, *Sté Orange France*, req. n° 3844 et a.
13. CE, sect., 26 juill. 1985, *ONIC*, req. n° 42204, *Lebon* 233.
14. CE, ass., 11 déc. 2006, *Sté De Groot en Slot Allium BV*, req. n° 234560, *Lebon* 512.
15. CE, ass., 8 févr. 2007, *Arcelor Atlantique et Lorraine*, req. n° 287110, *Lebon* 55.
16. CE, ass., 21 avr. 2021, *Association French Data Network et a.*, req. n° 393099 et a., *Lebon* 62 et CE, ass., 17 déc. 2021, *M. Q.*, req. n° 437125.
17. CE, sect., 4 oct. 2012, *Baumet*, req. n° 328502.
18. CE, ass., 30 juill. 2014, *Vernes*, req. n° 358564.

l'appréciation de la légalité des actes administratifs était réservée au seul juge administratif[19], cette règle ne s'applique plus lorsqu'est en cause, dans le cadre d'un litige soumis à bon droit au juge judiciaire, un moyen tiré de la non-conformité d'un acte administratif au droit de l'Union européenne ainsi que lorsque l'illégalité de l'acte administratif apparaît « manifestement, au vu d'une jurisprudence établie »[20]. Par symétrie, le Conseil d'État a étendu la compétence des juridictions administratives pour apprécier par voie d'exception, dans les mêmes conditions, la légalité d'actes de droit privé[21].
Enfin, dernière limite importante à la compétence du juge administratif : ce dernier ne saurait connaître de décisions constitutives d'actes de gouvernement. Justifiée par le principe de séparation des pouvoirs (DDHC, art. 16), la théorie des actes de gouvernement conduit à reconnaître une immunité juridictionnelle à un certain nombre de décisions prises par les pouvoirs publics français. Échappent ainsi au juge, notamment administratif, les actes se rattachant à la conduite des relations internationales de la France (par exemple, la reprise des essais nucléaires[22]) ou les actes impliquant les pouvoirs constitutionnels (par exemple, la décision de mettre en œuvre l'article 16 de la Constitution sur les pouvoirs exceptionnels du président de la République[23] ; la décision de suspendre le droit d'un ancien parlementaire à la pension qu'il percevait en cette qualité[24] ; ou encore la décision du président de la République de consulter les électeurs de collectivités territoriales d'outre-mer en vertu de l'article 73 de la Constitution ou leurs rapports réciproques[25]). Il s'agit bien là d'une hypothèse d'incompétence du juge.
Si l'on croyait la catégorie des actes de gouvernement en net déclin ces dernières années, force est de constater qu'elle connaît un réel regain dans la jurisprudence. Ainsi, quand bien même le juge, saisi d'un recours contre un décret publiant un traité ou un accord international, se reconnaît à présent compétent pour apprécier si est remplie la condition de réciprocité figurant à l'article 55 de la Constitution pour qu'un traité ou un accord ait une autorité supérieure à celle des lois[26], il se refuse à étendre son contrôle sur la conformité du traité ou de l'accord à la Constitution[27] et sur la validité des réserves émises, le cas échéant, par la France à l'endroit de certaines clauses[28]. De même, le Conseil d'État s'est déclaré incompétent pour connaître des recours dirigés contre : l'élection par l'Assemblée nationale des deux députés européens dont elle bénéficie depuis l'entrée en vigueur du traité de Lisbonne[29] ; la décision par laquelle le gouvernement français s'oppose à la tenue, sur le territoire français, d'opérations permettant aux ressortissants d'un État étranger qui résident en France de voter à un scrutin politique organisé par les autorités de ce pays[30] ; la décision du gouvernement français de reconnaître le statut diplomatique à une institution étrangère[31] ; le refus du Premier ministre de suspendre les licences d'exportation d'armes à destination de pays membres de la coalition impliquée dans la guerre au Yémen[32] ; ou encore le refus du ministre de l'Europe et des Affaires étrangères d'organiser le rapatriement de ressortissants français retenus dans des camps de prisonniers au Nord-Est de la Syrie[33]. Sur ce dernier point, le fait, pour le

19. T. confl. 16 juin 1923, *Septfonds*, *Lebon* 498.
20. T. confl. 17 oct. 2011, *SCEA du Chéneau*, req. n[os] 3828 et 3829 : Civ. 1re, 24 avr. 2013, *C[ne] Sancoins*, n° 12-18.180.
21. CE, sect., 23 mars 2012, *Fédération Sud Santé sociaux, req. n° 331805.*
22. CE, ass., 29 sept. 1995, *Greenpeace France*, req. n° 171277, *Lebon* 348.
23. CE, ass., 2 mars 1962, *Rubin de Servens*, *Lebon* 143.
24. CE, ass., 4 juill. 2003, *Papon*, req. n° 254850, *Lebon* 308.
25. CE, sect., 4 déc. 2003, *Feler*, *Lebon* 491.
26. CE, ass., 18 déc. 1998, *SARL du parc d'activités de Blotzheim*, req. n° 181249, *Lebon* 483.
27. CE 8 juill. 2002, *C[ne] de Porta*, req. n° 239366, *Lebon* 260.
28. CE, ass., 12 oct. 2018, *SARL Super Coiffeur*, req. n° 408567.
29. CE 22 mai 2012, *Dupré et a.*, req. n° 354917.
30. CE 23 mai 2014, *M[me] B.*, req. n° 380560.
31. CE 30 déc. 2015, *Dupin*, req. n° 384321 : l'injusticiabilité d'une telle décision n'est pas contraire à la Convention européenne des droits de l'homme.
32. CE 27 janv. 2023, Assoc. « Action sécurité éthique républicaines », n° 436098.
33. CE 23 avr. 2019, *M. et Mme A. et a.*, req. n° 429668.

Conseil d'État, d'avoir opposé aux requérants la théorie des actes de gouvernement a été à l'origine d'une condamnation remarquée de la France par la Cour européenne des droits de l'homme à la fin de l'été 2022[34].

En revanche, ne constituent pas, en tout cas plus aujourd'hui, des actes de gouvernement : les marchés passés par l'une des chambres du Parlement[35] ; le refus du Premier ministre de prendre un décret pour mettre le droit national en harmonie avec le droit de l'Union européenne[36] ; les décrets déclarant l'état d'urgence[37] ; ni le refus du Premier ministre de notifier à la Commission européenne une mesure susceptible de constituer une aide d'État[38].

Insusceptible de recours en légalité, l'acte de gouvernement ne peut pas davantage être discuté sur le terrain de la responsabilité de l'État, comme cela a été jugé récemment au sujet des opérations militaires[39] ou de l'absence de rapatriement des anciens supplétifs de l'armée française et de leurs familles[40].

En tant qu'elle constitue une limite importante à l'effectivité du droit à un recours juridictionnel, la théorie des actes de gouvernement est régulièrement décriée. Dernier exemple en date, plusieurs députés ont, le 21 janvier 2020, enregistré à l'Assemblée nationale une proposition de loi n° 2604 visant à créer une voie de droit à l'encontre des actes de gouvernement ayant une incidence sur les droits fondamentaux. Selon cette proposition, il s'agirait d'introduire, au sein du CJA, un article L. 311-5-1, aux termes duquel « Le Conseil d'État est compétent pour connaître, en premier et dernier ressort, des recours dirigés contre tous les actes pris par le Gouvernement ou le Président de la République se rattachant à la conduite des relations diplomatiques ou internationales et ayant une incidence sur la situation de leurs destinataires au regard de la protection des droits fondamentaux reconnus par la Constitution, la Convention européenne des droits de l'Homme et des libertés fondamentales, les traités internationaux et tout accord ou convention ratifié par l'État ».

**865** ***Compétence au sein de la juridiction administrative.*** Un décret n° 2010-464 du 22 février 2010 est venu, sur ce point, apporter des modifications substantielles au CJA. Il redéfinit de manière limitative les compétences de premier ressort du Conseil d'État de manière à éviter que le Conseil soit systématiquement saisi de recours pour lesquels aucun tribunal administratif ne serait compétent. Il diversifie les formations de jugement du Conseil d'État comme celles des tribunaux et des cours, créant notamment une formation intermédiaire entre la formation de droit commun et la formation la plus élevée. Le décret modifie également la procédure contentieuse, permettant au président d'une formation de jugement d'inviter une partie à déposer un mémoire récapitulatif (en pareil cas, les conclusions et moyens non repris seront réputés abandonnés). Les procédures de constat et d'expertise sont elles aussi revues.

Le décret n° 2013-730 du 13 août 2013 qui comporte de nombreuses dispositions issues des propositions des groupes de travail présidés par J. Arrighi de Casanova sur « les compétences de premier et dernier ressort des cours administratives d'appel » et par A. Schilte sur « le magistrat statuant seul et les contentieux sociaux » étend les domaines dans lesquels un magistrat statue seul, réduit le domaine de l'appel et adapte les règles applicables aux contentieux sociaux.

Au-delà des questions de compétence, il apparaît que l'accès au procès administratif est devenu un droit des justiciables cependant que le droit du procès administratif s'élabore.

---

34. CEDH, gr. ch., 14 sept. 2022, *H. F. et autres c/ France*, req. n° 24384/19 et n° 44234/20.
35. CE, ass., 5 mars 1999, *Président de l'Assemblée nationale*, req. n° 163328, *Lebon* 42.
36. CE, sect., 3 déc. 1999, *Assoc. ornithologique et mammologique*, *Lebon* 379.
37. CE, ass., 24 mars 2006, *Rolin et Boisvert*, req. n$^{os}$ 286834 et 278218, *Lebon* 171, sol. impl.
38. CE, ass., 7 nov. 2008, *Comité national des interprofessions des vins à appellation d'origine*, req. n° 282920, *Lebon* 399 ; mais échappe au juge une décision de notifier une même mesure, non détachable de la procédure d'examen par la Commission.
39. CE 23 juill. 2010, *S$^{té}$ Touax*, req. n° 328757.
40. CE 3 oct. 2018, *M.A.*, req. n° 410611.

# I • Le droit au procès administratif

**866** Fruit des exigences posées de longue date par le droit interne et renouvelées par l'article 6 § 1 de la Conv. EDH reconnaissant le droit à un procès devant un tribunal indépendant et impartial, le procès administratif est subordonné à des règles de recevabilité des recours et d'impartialité des juridictions.

## A • La recevabilité des recours

**867** Les requérants attaquent soit des décisions administratives soit des décisions juridictionnelles. Les recours contre les décisions administratives — qui seront étudiés à titre principal ici, les voies de recours contre les décisions juridictionnelles étant envisagées *supra* dans l'étude de la contestation du jugement — sont placés sous la dépendance de plusieurs conditions tenant au requérant, au recours ou à l'acte attaqué.

### 1 • Conditions de recevabilité tenant au requérant

**868** ***Intérêt à agir.*** La saisine de la juridiction administrative n'est pas assimilée à une *actio popularis* et le juge vérifie avec soin de quel intérêt pour agir se prévaut le demandeur, en particulier dans le contentieux de l'excès de pouvoir où est en cause la légalité objective. L'intérêt, qu'il soit personnel ou collectif, doit être légitime, suffisant, en rapport avec la mesure attaquée et atteint par celle-ci. Traditionnellement apprécié de manière de plus en plus large avec le temps depuis l'arrêt *Casanova*[41] pour assurer la primauté effective du principe de légalité[42], cet intérêt souffre cependant quelques limitations : ainsi, un parlementaire, qui se prévaut de cette seule qualité, ne justifie pas d'un intérêt suffisant pour former un recours contre une ordonnance, prise sur le fondement de l'article 38 de la Constitution, alors même qu'il fait valoir qu'elle porte atteinte aux droits du Parlement en méconnaissant le champ de l'habilitation conférée au Gouvernement et que les dispositions qu'elle abroge étaient issues d'une loi dont il a été le rapporteur à l'Assemblée nationale[43] ; de même, une commune qui se limite à invoquer son appartenance au ressort territorial dans lequel une association agréée pour la protection de l'environnement exerce son activité ne justifie pas d'un intérêt suffisamment direct lui permettant de contester l'arrêté portant agrément de cette association[44] ; de même encore, une association de militaires tombant sous le coup de la prohibition des groupements à caractère syndical édictée à l'article L. 4121-4 du Code de la défense n'est pas recevable à attaquer des décrets relatifs à des avantages indemnitaires[45] ; enfin, un fonctionnaire qui obtient l'annulation de la décision l'ayant évincé d'un emploi unique bénéficie d'un droit à réintégration dans cet emploi sans que l'employeur puisse opposer la nomination d'un successeur et dès lors n'a pas intérêt à agir contre la nomination de ce dernier, du moins lorsque les deux décisions sont divisibles[46].
Au stade de l'appel, l'intérêt s'apprécie normalement par rapport au dispositif du jugement attaqué, ce qui interdit au défendeur de contester un jugement de rejet sauf s'il s'agit d'un jugement d'incompétence[47].

41. CE 29 mars 1901, *Lebon* 333.
42. Ainsi, une association militant pour les droits de la vie justifie d'un intérêt suffisant pour demander la suspension de l'exécution d'une autorisation d'importation de cellules humaines embryonnaires : CE 13 nov. 2002, *Assoc. Alliance pour les droits de la vie*, req. n° 248310, *Lebon* 393.
43. CE 31 déc. 2020, *Potier*, req. n° 430925.
44. CE, sect., 13 déc. 2006, *Cne d'Issy-les-Moulineaux*, req. n° 264115, *Lebon* 556.
45. CE 11 déc. 2008, *ADEFDROMIL*, req. n° 306962, *Lebon* 452.
46. CE 8 avr. 2009, *Chambres des métiers et de l'artisanat de la Moselle*, req. n° 289314, *Lebon* 138.
47. CE 17 juill. 2009, *Min. de l'Économie c/ Becker*, req. n° 288559, *Lebon* 283.

**869** ***Ministère d'avocat.*** Devant les tribunaux administratifs, le recours à un avocat est en principe facultatif sauf lorsque les conclusions de la demande tendent au paiement d'une somme d'argent, à la décharge ou à la réduction de sommes dont le paiement est réclamé au requérant ou à la solution d'un litige né de l'exécution d'un contrat (CJA, art. R. 431-2).
Devant les cours administratives d'appel, il est en principe obligatoire sauf pour le contentieux des contraventions de grande voirie et celui relatif à l'exécution d'un jugement ou d'un arrêt (CJA, art. R. 811-7).
Depuis 2016, la dispense d'avocat est étendue à l'ensemble des contentieux sociaux.
Devant le Conseil d'État, les règles sont variables mais il est constant que lorsque le recours à un avocat s'impose, les parties sont tenues de faire appel à un avocat au Conseil d'État et à la Cour de cassation. S'il est saisi en premier ressort, le ministère d'avocat est obligatoire sauf pour les recours pour excès de pouvoir, les recours en appréciation de légalité, les litiges en matière électorale, les litiges relatifs aux pensions ou encore les contentieux concernant la mise en œuvre des techniques de renseignement et des fichiers intéressant la sûreté de l'État. S'il est saisi en appel, le ministère d'avocat est obligatoire sauf pour les litiges électoraux. S'il est saisi en cassation, le ministère d'avocat est obligatoire sauf s'agissant des pourvois formés contre les décisions des juridictions de pension.
**870** ***Action de groupe (CJA, art. L. 77-10-1 s.).*** Réunissant plusieurs personnes placées dans une situation similaire en présence d'un dommage dont l'origine se trouve dans un manquement de même nature aux obligations légales ou contractuelles imputables à une personne publique ou un organisme privé chargé d'une mission de service public, l'action de groupe peut être formée dans quatre types de domaine : la lutte contre les discriminations (y compris celles imputables à un employeur), la défense de l'environnement, la sauvegarde de la santé publique et la protection des données personnelles. Pour prévenir la formation d'une association *ad hoc*, créée dans le but unique d'exercer une action en justice, seules les associations agréées et les associations régulièrement déclarées depuis cinq ans au moins et dont l'objet statutaire comporte la défense d'intérêts auxquels il a été porté atteinte peuvent l'exercer. Une procédure préalable de mise en demeure de cessation ou de réparation, assortie d'un délai de quatre mois avant la saisine du juge, est obligatoire. Le succès de ce dispositif demeure encore relatif : depuis l'entrée en vigueur de la loi du 18 novembre 2016 qui l'institue, seule une douzaine d'actions de groupe ont été entreprises[48].

## 2 • Conditions de recevabilité tenant au recours

**871** ***Décision préalable.*** Le recours doit être exercé contre une décision de l'Administration prenant position sur une demande. C'est la règle de la décision préalable — permettant la liaison du contentieux — qui s'applique en toutes matières même en matière de travaux publics depuis le décret du 2 novembre 2016 dit « justice administrative de demain »[49]. On sait que l'Administration, dans la mesure où elle est chargée dans l'intérêt général d'appliquer et de faire respecter la loi, dispose du privilège du préalable qui l'autorise à prendre unilatéralement des mesures modifiant la situation juridique des individus sans l'intervention d'un juge ainsi qu'à les exécuter ou les faire exécuter de plein droit, alors même qu'elles seraient contestées devant le juge. Dans de telles situations, l'existence d'une décision va de soi. Cependant, dans certains cas, c'est l'administré qui devra provoquer la naissance d'une décision : par exemple, en sollicitant du Gouvernement l'abrogation d'un texte dont la légalité, pour cause de délais, ne peut plus être contestée. C'est dans le contentieux de la responsabilité que l'exigence de la décision préalable est la plus contraignante : l'administré victime d'un préjudice doit mettre l'Administration en position de lui refuser toute indemnisation pour pouvoir saisir le juge[50].

48. Selon la liste de toutes les actions de groupe en cours, proposée par le Conseil d'État sur son site Internet et consultée en janvier 2023.
49. Décr. n° 2016-1480 du 2 nov. 2016 portant modification du CJA.
50. CE 21 févr. 1997, *Quille*, *RFDA* 1997. 422.

Dans un souci de bienveillance, le Conseil d'État admet néanmoins, lorsque le requérant a saisi le juge avant d'obtenir une décision préalable de l'Administration, que l'intéressé puisse régulariser sa requête en cours d'instance[51].

**872** ***Recours administratifs préalables obligatoires (RAPO).*** Dans certaines hypothèses, le recours juridictionnel doit être obligatoirement précédé d'un recours administratif. Devant l'engorgement persistant des juridictions administratives et en vue de favoriser les modes alternatifs de résolution des conflits, s'accroissent les contentieux dans lesquels joue une règle spécifique qui est celle de la réclamation préalable à l'Administration dont l'effet est de rendre irrecevable toute saisine du juge non précédée de cette étape[52], cet effet étant toutefois limité aux personnes expressément énumérées par le texte instituant le recours préalable[53]. Il est vrai que cette formule a fait ses preuves dans le contentieux de l'impôt, véritable contentieux de masse : toutes juridictions (judiciaires et administratives) et tous niveaux (1er degré, appel et cassation) confondus, à peine 20 000 affaires sont portées chaque année devant le juge, alors que, dans le même laps de temps, l'Administration fiscale reçoit plus de 4 millions de réclamations chaque année. Le contentieux de l'exécution des marchés publics est un autre domaine d'élection de la réclamation préalable, consacrée par les cahiers des clauses administratives générales. L'exigence de la réclamation préalable soumise à une commission *ad hoc* a été étendue au contentieux des refus de visas d'entrée en France, qui relève de la compétence en premier ressort du tribunal administratif de Nantes[54]. De son côté, la loi du 30 juin 2000 (art. 23) a prévu que, dans des conditions à déterminer par décret, les litiges relatifs à la situation personnelle des fonctionnaires et des militaires (sauf pour le recrutement et la discipline) seraient également soumis à une telle procédure de recours administratif préalable obligatoire. C'est chose faite pour les militaires[55]. En revanche, même lorsque l'annulation d'une décision ne peut être directement sollicitée du juge, il est admis qu'on peut en demander la suspension en référé sous la seule condition d'avoir déposé une réclamation préalable et sans attendre que l'Administration ait statué[56]. Un recours administratif préalable obligatoire a finalement été mis en œuvre, à titre expérimental, au sein de la fonction publique d'État en ce qui concerne la situation personnelle des agents civils[57]. Mais la loi n° 2016-1547 du 18 novembre 2016 de modernisation de la justice du XXIe siècle a remplacé ce dispositif par un système de médiation préalable obligatoire (art. 5)[58] : d'abord institué à titre expérimental, celui-ci a été pérénisé par la loi n° 2021-1729 du 22 décembre 2021 pour la confiance dans l'institution judiciaire. Depuis lors, le Code de justice administrative prévoit le principe d'une médiation préalable obligatoire pour les litiges « formés contre les décisions individuelles qui concernent la situation de personnes physiques et dont la liste est déterminée par décret en Conseil d'État » (art. 27)[59]. Actuellement, c'est le décret n° 2022-433 du 25 mars 2022 qui définit les litiges effectivement couverts par ce dispositif : sont concernés, pour l'heure, certains contentieux de la fonction publique et certains contentieux sociaux.

Dans le contentieux de l'excès de pouvoir, lorsque la loi soumet l'exercice d'un recours juridictionnel à un recours administratif préalable, la décision prise sur ce recours se substitue à la décision initiale, ce qui interdit d'en demander utilement l'annulation et rend inopérants les moyens dirigés contre les vices propres dont elle a pu être entachée[60], à charge pour le juge de réorienter les conclusions visant la

---

51. CE, sect., avis cont., 27 mars 2019, *Rollet*, req. n° 426472, *AJDA* 2019. 1088, note F. Poulet.
52. CE, sect., 13 juin 1958, *Sieur Esnault*, *Lebon* 343.
53. CE, sect., 10 mars 2006, *Sté Leroy-Merlin*, req. n° 278220, *Lebon* 118, revenant, sauf pour le contentieux des décisions administratives prises par les instances ordinales, sur une décision CE 28 sept. 2005, *Louis*, req. n° 266208.
54. Décr. n° 2000-1093 du 10 nov. 2001 et arrêté du 16 nov. 2001.
55. Décr. n° 2001-407 du 7 mai 2001.
56. CE, sect., 12 oct. 2001, *Sté Produits Roche*, req. n° 237376, *Lebon* 463.
57. Décr. n° 2012-765, 10 mai 2012 : *JO* 11 mai 2012 et circ. 5 oct. 2012.
58. Décr. n° 2018-101, 16 févr. 2018 : *JO* 17 févr. 2018 et arrêté 2 mars 2018.
59. CJA, art. L. 213-11 et s.
60. CE 29 déc. 2004, *Sté Laboratoire GlaxoSmithkline*, req. n° 259085, *Lebon* 469.

décision initiale contre la décision prise sur recours[61]. Même lorsqu'il n'est pas obligatoire, le recours préalable interrompt le délai de recours juridictionnel. Mais deux nuances s'imposent : a) il existe des exceptions, par exemple s'agissant des décisions visées à l'article L. 514-6 du Code de l'environnement en matière d'installations classées[62] ou de celles prises en application de la loi sur l'eau[63] ; b) il n'est pas possible en cas d'échec d'un premier recours administratif (par exemple, auprès de l'auteur de la décision) d'interrompre à nouveau le délai avec un second recours administratif (par exemple, auprès du supérieur hiérarchique de l'auteur de la décision). Le Conseil d'État considère que la recevabilité du recours juridictionnel suivant un recours administratif préalable obligatoire est subordonnée au fait que ce recours administratif ait été exercé par celui-là même qui présente le recours juridictionnel[64].
Par dérogation au principe introduit par la loi du 12 novembre 2013, selon lequel le silence de l'Administration vaut décision implicite d'acceptation, « le silence gardé par l'Administration pendant deux mois vaut décision de rejet lorsque la demande présente le caractère d'une réclamation ou d'un recours administratif » (CRPA, art. L. 231-4).

**873** ***Délai de recours.*** Le principe est que la personne qui s'estime lésée par une décision ou une action administrative ou qui dispose d'un intérêt lui donnant qualité pour contester la légalité d'un acte administratif doit saisir le juge dans un délai de deux mois. S'agissant du délai raisonnable de recours contre une décision individuelle irrégulièrement notifiée, le Conseil d'État a jugé qu'une décision administrative notifiée sans indication des voies et délais de recours ne peut être contestée au-delà d'un délai raisonnable qui sera, en règle générale, d'un an pour les décisions individuelles expresses[65]. Cette jurisprudence a été étendue aux recours administratifs[66].

**874** ***Suppression de la contribution pour l'aide juridique.*** Résurgence de l'ancien droit de timbre, et symbole d'une « juridiction à péage » (René Chapus), une contribution pour l'aide juridique d'un montant de 35 euros avait été instaurée par la loi du 29 juillet 2011 après avoir existé par le passé. Bien que ne méconnaissant ni le droit au recours ni les droits de la défense et ainsi conforme à la Constitution[67], elle a été supprimée depuis le 1er janvier 2014 par le décret du 29 décembre 2013. La question du retour à un droit de timbre, quelle qu'en soit la dénomination, est régulièrement posée dans un contexte de paupérisation croissante du service public de la justice.

## 3 • Conditions de recevabilité tenant à l'acte

**875** ***Contentieux des actes administratifs unilatéraux.*** Après avoir franchi les obstacles à l'accès au juge, l'administré peut se heurter à de nouvelles barrières, purement jurisprudentielles et qui tiennent au fait que toutes les décisions de la puissance publique ne constituent pas nécessairement des décisions « administratives » relevant du juge et tous les actes administratifs ne constituent pas des décisions. Il y a lieu de regarder au cas par cas : par exemple, le Conseil d'État a reconnu l'existence d'une décision du Premier ministre de restreindre le champ d'application du dispositif d'encadrement des loyers, révélée par des déclarations publiques, et l'a annulée pour illégalité, illustrant l'extension du contrôle juridictionnel de l'action du pouvoir exécutif[68].
Plus généralement, depuis les années 1990, la tendance est à la réduction des catégories d'actes administratifs échappant à tout contrôle. Malgré tout, certains actes restent encore insusceptibles de recours.

61. CE 19 déc. 2008, *Mellinger, épouse Praly*, req. n° 297187, *Lebon* 478.
62. CE 3 déc. 2003, *Roels*, req. n° 242115, *Lebon* 874 et 905.
63. CE 21 déc. 2007, *Groupement d'irrigation des prés de la forge*, req. n° 280195, *Lebon* 543.
64. CE, sect., 28 juin 2013, *SAS Coutis*, req. n° 355812.
65. CE, ass., 13 juill. 2016, *Czabaj*, *RFDA* 2016. 927, concl. O. Henrard ; *AJDA* 2016. 1629, chron. L. Dutheillet de Lamothe et G. Odinet.
66. CE, sect., 31 mars 2017, req. n° 389842, *Min. des Finances et des Comptes publics c/ Amar*, *AJDA* 2017. 717 ; *AJ fam.* 2017. 268, obs. S. Paillard.
67. Cons. const. 13 avr. 2012, n° 2012-231/234 QPC, *Stéphane C. et a.*
68. CE 15 mars 2017, req. n° 391654, *Assoc. « Bail à part, tremplin pour le logement »*, *Dr. adm.* sept. 2017, p. 75, note J.-S. Boda.

876 ***Réduction des catégories d'actes insusceptibles de recours***. Échappent au juge administratif, en effet, les mesures préparatoires[69] telles que l'ouverture d'une enquête publique[70] ou les mesures d'ordre intérieur s'agissant particulièrement, selon l'heureuse formule du professeur Chapus, « des prisons, de l'école et de la caserne ». Tel est aussi le cas d'avis en matière disciplinaire, même lorsque, dans certaines circonstances, leur sens peut lier l'autorité investie du pouvoir de sanctionner[71]. Il en va de même de certaines circulaires et instructions administratives. Dans la jurisprudence issue de l'arrêt *Institution Notre-Dame du Kreisker*[72], le recours contre une circulaire purement interprétative était toujours irrecevable, faute que la circulaire « fasse grief », à l'inverse de la solution retenue pour les circulaires réglementaires, susceptibles d'annulation pourvu qu'elles fussent illégales (leur illégalité commandant ainsi, de façon contre-intuitive, la recevabilité du recours...). Dans le dernier état de la jurisprudence[73], c'est le caractère impératif d'une circulaire qui commande la recevabilité du recours : une circulaire dépourvue de dispositions impératives à caractère général ne fait jamais grief, quel que soit le bien-fondé du recours dirigé contre elle ; en revanche, le recours contre une circulaire à caractère impératif est désormais recevable, ce qui conduit plus logiquement le juge à examiner dans un second temps, selon que la circulaire est illégale ou non, si le recours est fondé ou non.

Le droit pénitentiaire est devenu le domaine d'élection de l'avancée du juge à cet égard. Constituent aujourd'hui des décisions susceptibles de recours : une punition de cellule infligée à un détenu ou de jours d'arrêt à un militaire[74], la décision de placer à l'isolement un détenu contre son gré[75], puis toute mesure de mise à l'isolement[76] ce qui relativise une décision précédente selon laquelle le placement à titre préventif d'un détenu en cellule disciplinaire demeure une mesure d'ordre intérieur[77]. La distinction entre mesures d'ordre intérieur et mesures susceptibles de recours a été explicitée en matière pénitentiaire par deux importantes décisions du 14 décembre 2007[78]. Ainsi peuvent être contestés : le transfèrement d'un détenu d'un établissement pour peines à une maison d'arrêt, mais non l'inverse, un changement d'affectation entre établissements de même nature[79], l'inscription d'un détenu au registre des détenus particulièrement signalés (DPS)[80] ou encore la décision soumettant un détenu au régime différencié « portes fermées »[81].

Par ailleurs, la situation des actes des autorités de régulation, qui n'était pas des plus nettes à l'origine, a récemment été clarifiée par le Conseil d'État. Dans une importante décision d'Assemblée, il a rompu le lien unissant classiquement acte faisant grief et décision administrative. Désormais, peuvent faire l'objet d'un recours pour excès de pouvoir les actes de droit souple (avis, recommandations, mises en garde et autres prises de position) adoptés par une autorité de régulation dès lors qu'ils sont de nature à produire des effets notables ou ont pour objet d'influer sur le comportement des personnes auxquelles ils s'adressent, et ce alors mêmes que ces actes ne sont pas des décisions[82]. Le choix a ainsi été fait non pas d'inventer une voie de droit *ad hoc* contre ces actes mais d'ouvrir à leur encontre le recours pour excès de pouvoir pourtant créé et développé à l'origine pour contrôler les décisions administratives. Dans la ligne de cette jurisprudence, le Conseil d'État admet un recours pour excès de pouvoir contre

69. CE, sect., 30 mars 2016, *Molinier*, req. n° 383037.
70. CE 27 oct. 1948, *Cazaubon*, *Lebon* 393.
71. CE, ass., 2 avr. 2003, *Gosset*, req. n° 220687, *Lebon* 169.
72. CE, ass., 29 janv. 1954, *Lebon* 64.
73. CE, ass., 18 déc. 2002, *Mme Duvignères*, req. n° 233618, *Lebon* 463.
74. CE, ass., 17 févr. 1995, deux décisions : *Marie et Hardouin*, concl. P. Frydman, *Lebon* 82 à 98.
75. CE 30 juill. 2003, *Garde des Sceaux c/ Remli*, req. n° 252712, *Lebon* 366.
76. CE, sect., 31 oct. 2008, *Section française de l'Observatoire international des prisons*, req. n° 293785, *Lebon* 374.
77. CE 12 mars 2003, *Garde des Sceaux c/ Frérot*, req. n° 237437, *Lebon* 121.
78. CE, ass., *Planchenault*, req. n° 290420 ; *Min. c/ Boussouar*, req. n° 290730, *Lebon* 474 et 495, *JCP* 2008. I. 120, § 17, note A. Maron.
79. CE 27 mai 2009, *M.*, req. n° 322148, *Lebon* 209.
80. CE 30 nov. 2009, *Garde des Sceaux c/ Kehli*, req. n° 318589, *Lebon* 480.
81. CE 28 mars 2011, *Garde des Sceaux, Min. de la Justice c/ Bennay*, *AJDA* 2011. 1364, Chron. Domino et Bretonneau.
82. CE, ass., 21 mars 2016, *Fairvesta International GmbH* et *autres* et *Sté Numéricable*, *JCP G* 2016. 623, obs. T. Perroud.

une délibération du Conseil supérieur de l'audiovisuel (CSA) estimant qu'un message télévisuel n'a pas sa place dans des écrans publicitaires, alors même qu'elle ne produit par elle-même aucun effet de droit[83]. Le délai de recours contre un acte de droit souple d'une autorité de régulation court, pour les professionnels du secteur, à compter de sa mise en ligne sur le site internet de l'autorité. Les justiciables disposent de la faculté de demander l'abrogation de cet acte s'ils ne l'ont pas contesté dans le délai de droit commun de deux mois[84].

Initialement élaborée pour les seules autorités de régulation, cette jurisprudence *Fairvesta et Numéricable* a été étendue à d'autres autorités administratives, à l'instar de la Haute autorité pour la transparence de la vie publique dont les appréciations accompagnant les déclarations de situation patrimoniale qui lui sont transmises sont de nature à produire, sur la personne du responsable politique ou public qu'elles concernent, des effets notables, notamment en termes de réputation, de même qu'elles sont susceptibles d'avoir une influence sur le comportement des individus, en particulier des électeurs, auxquelles elles s'adressent[85].

Finalement, à la faveur d'une décision *GISTI* du 12 juin 2020, le Conseil d'État, synthétisant ses multiples jurisprudences en la matière, est venu affirmer que, d'une façon générale, les documents de portée générale émanant d'autorités publiques, matérialisés ou non, tels que les circulaires, instructions, recommandations, notes, présentations ou interprétations du droit positif peuvent être déférés au juge de l'excès de pouvoir lorsqu'ils sont susceptibles d'avoir des effets notables sur les droits ou la situation d'autres personnes que les agents chargés, le cas échéant, de les mettre en œuvre[86]. Ont notamment de tels effets ceux de ces documents qui ont un caractère impératif ou présentent le caractère de lignes directrices.

Du reste, récemment, le recours pour excès de pouvoir, impossible en principe dans ce cas de figure, a été ouvert, sous certaines conditions, contre le rescrit fiscal (prise de position de l'Administration sur la situation de fait d'un contribuable) « lorsque la prise de position de l'Administration, à supposer que le contribuable s'y conforme, entraînerait des effets notables autres que fiscaux et qu'ainsi, la voie du recours de plein contentieux devant le juge de l'impôt ne lui permettrait pas d'obtenir un résultat équivalent. Il en va ainsi, notamment, lorsque le fait de se conformer à la prise de position de l'Administration aurait pour effet, en pratique, de faire peser sur le contribuable de lourdes sujétions, de le pénaliser significativement sur le plan économique ou encore de le faire renoncer à un projet important pour lui ou de l'amener à modifier substantiellement un tel projet »[87].

On mentionnera enfin que, pour les actes et décisions dont il contrôle la légalité, le juge administratif, s'il examine toujours l'erreur de fait, l'erreur de droit et le détournement de pouvoir, peut parfois n'exercer qu'un « contrôle restreint » sur le bien-fondé de la décision, se contentant de censurer une erreur manifeste d'appréciation, au lieu de peser les avantages et inconvénients de la décision, comme il le fait en matière d'expropriation ou d'environnement. Mais le contrôle restreint à l'erreur manifeste d'appréciation tend à s'effacer au profit d'un contrôle normal, comme en matière de sanctions disciplinaires infligées aux agents publics[88].

**877 *Contentieux des contrats.*** Traditionnellement, les tiers à un contrat administratif n'étaient pas admis à attaquer le contrat devant le juge chargé de régler les litiges nés de celui-ci. Toutefois, le droit leur avait été reconnu d'attaquer, par la voie du recours pour excès de pouvoir, les actes qualifiés de « détachables » du contrat, par exemple la délibération d'un conseil municipal autorisant le maire à conclure un marché. Mais l'annulation d'un tel acte laissait subsister le contrat, sauf à ce que les deux

83. CE 10 nov. 2016, *Marcilhacy et a*, n° 384691.
84. CE, sect., 13 juill. 2016, *Sté GDF Suez*, req. n° 388150.
85. CE, ass., 19 juill. 2019, *Le Pen*, req. n° 426389, *Lebon*.
86. CE, sect., 12 juin 2020, *GISTI*, req. n° 418142.
87. CE, sect., 2 déc. 2016, *Min. de l'Économie et des Finances c/ Sté Export Press*, req. n° 387613.
88. CE, ass., 13 nov. 2013, *Dahan*, req. n° 347704, renversant CE 9 juin 1978, *Lebon, req.* n° 05911.

parties s'entendent pour une résiliation amiable ou à ce que l'une d'elles en sollicite la nullité devant le juge du contrat. Par une décision *Société Tropic Travaux Signalisation*[89], le Conseil d'État a ouvert aux concurrents évincés le droit de former un recours de pleine juridiction contestant la validité du contrat, assorti le cas échéant de conclusions indemnitaires, dans les deux mois suivant l'accomplissement des formalités de publicité appropriées. Par son arrêt *Département de Tarn-et-Garonne*, il a ensuite permis aux tiers d'attaquer directement le contrat et abandonné ainsi presque complètement la théorie des actes détachables en matière de formation du contrat[90]. Désormais, les actes unilatéraux qui ont concouru à la formation du contrat ne sont plus susceptibles de recours pour excès de pouvoir de la part des tiers ; seuls les contrats de droit privé continuent à pouvoir être critiqués par cette voie. Du reste, le Conseil d'État a également admis qu'un tiers à un contrat administratif susceptible d'être lésé dans ses intérêts de façon suffisamment directe et certaine par une décision refusant de faire droit à sa demande de mettre fin à l'exécution du contrat, est recevable à former devant le juge du contrat un recours de pleine juridiction tendant à ce qu'il soit mis fin à cette exécution[91].

Mais c'est l'office même du juge du contrat qui a été revu par l'importante décision *Commune de Béziers I*[92] : lorsqu'il est saisi par les parties et qu'il constate un vice, le juge doit d'abord vérifier que les irrégularités invoquées sont de celles que les parties peuvent, eu égard à l'exigence de loyauté des relations contractuelles, soulever en justice. Puis, il doit apprécier l'importance et les conséquences de l'irrégularité compte tenu de l'objectif de stabilité des relations contractuelles. En fonction de la nature et de la portée de l'irrégularité, il pourra décider soit la poursuite du contrat au bénéfice le cas échéant d'adaptations, soit la résiliation du contrat, avec effet différé si besoin est. Il pourra également annuler le contrat, éventuellement d'office, mais seulement en raison d'une irrégularité tenant au caractère illicite du contrat ou d'un vice particulièrement grave du consentement. Dans la décision *Commune de Béziers II*[93], le Conseil d'État affirme qu'« il incombe au juge du contrat, saisi par une partie d'un recours de plein contentieux contestant la validité d'une mesure de résiliation et tendant à la reprise des relations contractuelles, lorsqu'il constate que cette mesure est entachée de vices relatifs à sa régularité ou à son bien-fondé, de déterminer s'il y a lieu de faire droit, dans la mesure où elle n'est pas sans objet, à la demande de reprise des relations contractuelles, à compter d'une date qu'il fixe, ou de rejeter le recours, en jugeant que les vices constatés sont seulement susceptibles d'ouvrir, au profit du requérant, un droit à indemnité ».

**878** ***Contentieux de la responsabilité.*** Dans le contentieux de la responsabilité des personnes morales de droit public et lorsque celle-ci est recherchée sur le fondement de la faute, la jurisprudence manifeste des réserves pour abandonner l'exigence d'une faute « lourde » : ainsi, par exemple, le Conseil d'État a censuré un arrêt admettant que la responsabilité de l'État, liée aux missions exercées par la commission bancaire, puisse être engagée en cas de faute simple[94] ; plus récemment, il a affirmé que seule une faute lourde est de nature à engager la responsabilité de l'État à l'égard des victimes d'actes de terrorisme à raison des carences des services de renseignement dans la surveillance d'un individu ou d'un groupe d'individus[95].

Toutefois, le mouvement qui tend à l'extension de la faute simple n'en est pas moins palpable : ainsi, une commune qui s'abstient de prendre des mesures pour lutter contre le bruit s'expose à ce que sa responsabilité soit engagée pour faute simple, même si cette lutte soulève des difficultés[96]. De même, la responsabilité de l'État du fait de l'exécution d'opérations se rattachant aux procédures d'établissement

89. CE, ass., 16 juill. 2007, req. n° 291545, *Lebon* 360, *JCP E* 2007, n° 2164.
90. CE, ass., 4 mars 2014, *AJDA* 2014. 1035, Chron. Bretonneau et Lessi.
91. CE, sect., 30 juin 2017, req. n° 398445, *Syndicat mixte de promotion de l'activité transmanche*.
92. CE, ass., 28 déc. 2009, req. n° 304802, *Lebon* 509.
93. CE, sect., 21 mars 2011.
94. CE, ass., 30 nov. 2001, *Min. de l'Économie c/ Kechichian et Hamod*, req. n° 219562, *Lebon* 587.
95. CE 18 juill. 2018, *M. I. et autres*, req. n° 411156.
96. CE 28 nov. 2003, *Cne de Moissy-Cramayel*, req. n° 238849, *Lebon* 464.

et de recouvrement de l'impôt peut désormais être engagée pour faute simple, sans qu'il y ait lieu d'évaluer l'existence de difficultés particulières dans ces opérations[97].
Dans un ordre d'idées voisin, la responsabilité de l'État législateur peut être engagée, non seulement sur le fondement traditionnel de l'égalité devant les charges publiques[98] mais également dans les cas où une loi est intervenue en méconnaissance des engagements internationaux de la France[99] ou, comme l'a récemment jugé le Conseil d'État, en méconnaissance de la Constitution[100]. En revanche, la responsabilité pour faute du fait de promesses non tenues n'est pas invocable à l'encontre du législateur[101].
Récemment, en liaison avec les attentats terroristes ayant frappé la France, le Conseil d'État a été conduit à préciser le régime applicable aux perquisitions menées dans le cadre de l'état d'urgence. En particulier, l'illégalité d'un ordre de perquisition peut être sanctionnée par l'annulation de ce dernier (motivation ou bien-fondé) mais également donner lieu à l'engagement de la responsabilité de l'État pour faute pour les personnes visées par la perquisition et sans faute pour les tiers[102].

## B • L'impartialité des juridictions

**879** Principe général du droit, l'impartialité de la juridiction administrative, « indissociable de l'exercice de fonctions juridictionnelles », signifie l'absence de préjugé. Elle présuppose d'abord l'indépendance des juges administratifs.
**880** ***Indépendance des juges administratifs.*** Celle-ci est acquise : pour le Conseil d'État, c'est le fruit d'une longue tradition dans laquelle se mêlaient, *de facto*, inamovibilité et avancement à l'ancienneté ; pour les juridictions inférieures, la garantie d'inamovibilité a été consacrée par une loi du 6 janvier 1986. Ces règles statutaires, où d'ailleurs des interdictions et incompatibilités nombreuses voisinent avec les garanties, sont aujourd'hui codifiées dans le CJA : articles L. 121-1 à L. 121-8, L. 131-1 à L. 137-1 pour les membres du Conseil d'État ; articles L. 231-1 à L. 236-7 pour les magistrats des tribunaux administratifs et des cours administratives d'appel. En outre, la règle de la collégialité (sauf dans les cas où la loi en dispose autrement) constitue un rempart supplémentaire contre les influences extérieures. Le Conseil supérieur des tribunaux administratifs et des cours administratives d'appel (CSTACAA) est chargé de gérer l'avancement et la discipline des magistrats administratifs. Le juge administratif est issu de la fonction publique, c'est-à-dire du corps même dont il doit apprécier le comportement à l'aune du principe de légalité. La question de savoir si, par leurs origines et en particulier leur formation commune avec les agents de l'Administration active ou par les possibilités qu'ils ont d'être détachés de leur corps pour exercer des fonctions d'administration et d'y revenir, les magistrats administratifs seraient intellectuellement ou sociologiquement « trop » proches de l'Administration est posée depuis longtemps.
En outre, une charte de déontologie des membres de la juridiction administrative, rendue publique le 12 janvier 2012, s'adresse à la fois aux membres du Conseil d'État et aux magistrats des tribunaux administratifs et des cours administratives d'appel. Elle se décline en six chapitres : principes généraux ; indépendance et impartialité ; prévention des conflits d'intérêts dans l'exercice des fonctions ; devoir de réserve dans l'expression publique ; secret et discrétion professionnels ; obligation d'exclusivité et activités accessoires. Chacun de ces chapitres rappelle les principes législatifs et réglementaires applicables avant de les développer sous l'intitulé « bonnes pratiques ».

97. CE, sect., 21 mars 2011, *Krupa, req. n° 306225.*
98. CE, ass., 14 janv. 1938, *Sté la Fleurette*, req. n° 51704, *Lebon* 25.
99. CE, ass., 8 févr. 2007, *Gardedieu*, n° 279522, *Lebon* 78.
100. CE, ass., 24 déc. 2019, *Sté hôtelière Paris Eiffel Suffren*, req. n° 425983 et a., *Lebon.*
101. CE 27 juin 2016, *M. C.*; *AJDA* 2017. 67, note A. Jacquemet-Gauché.
102. CE, ass., avis cont., 6 juill. 2016, *Napol et autres*, *RFDA* 2016. 943, note O. Le Bot.

Enfin, le statut des juges administratifs a été revu par deux récentes ordonnances qui renouvellent les organes de concertation et apportent de nouvelles garanties disciplinaires[103].

**881** ***Impartialité personnelle et impartialité fonctionnelle.*** C'est une autre façon de distinguer l'impartialité subjective qui traduit un préjugé que nourrit le juge dans son for intérieur et l'impartialité objective qui recouvre les hypothèses dans lesquelles les différentes fonctions exercées par le juge donnent à penser qu'il a préjugé de l'affaire avant la tenue du procès.

De longue date, la jurisprudence a fixé des règles pour éviter que le soupçon de partialité ne pèse sur les décisions des juridictions : impossibilité pour un juge de participer au jugement d'une décision dont il est l'auteur ou prise par un organisme collégial dont il était membre[104] ou prise après le simple avis d'un organisme consultatif tel qu'une commission départementale des impôts ; interdiction à un juge de siéger en appel sur une affaire dans laquelle il est intervenu en première instance[105], y compris comme commissaire du gouvernement[106] ; ou encore, plus récemment, impossibilité pour un magistrat administratif choisi ou désigné comme médiateur, en application de l'article L. 213-1 du Code de justice administrative, de participer à la formation de jugement chargée de trancher le différend soumis à la médiation ou de conclure comme rapporteur public dans ce litige[107]. La jurisprudence admet en outre à présent que l'irrégularité de la composition d'une formation de jugement puisse, quel que soit son fondement, être soulevée à toute étape de la procédure, y compris devant le juge de cassation, malgré l'existence d'une procédure de récusation[108]. Pour autant, le défaut d'impartialité d'un juge administratif ne saurait être présumé : il doit être établi, ce qui impose de rapporter la preuve que le juge en question a déjà eue, dans le cadre de ses fonctions antérieures, à connaître des faits objets du litige dans des conditions telles qu'il aurait déjà pris parti sur l'issue du contrôle[109].

Malgré les règles de prudence existantes, l'impartialité peut apparaître à certains comme sujette à caution pour différentes raisons.

## 1 • L'exercice successif de fonctions administratives et juridictionnelles

**882** Le juge manifeste une réticence à écarter *in abstracto* certaines personnes de la fonction de juger en raison de leur qualité et s'attache à vérifier *in concreto*, au cas par cas, si la participation de telle ou telle catégorie de personnes enfreint le principe d'impartialité.

**883** ***Fonctionnaires participant à une instance juridictionnelle.*** La participation de fonctionnaires à une juridiction ne peut, par elle-même, être de nature à jeter un doute objectivement justifié sur l'impartialité de celle-ci. En revanche, la présence de fonctionnaires en activité au sein de services chargés de l'aide sociale faisait obstacle à ce qu'ils pussent siéger dans la commission centrale d'aide sociale, ancien organisme juridictionnel, supprimé en 2018, statuant sur les litiges relatifs aux prestations sociales[110]. Le Conseil constitutionnel a confirmé ces vues à propos des anciennes commissions départementales d'aide sociale, supprimées en 2018 également et qui étaient composées d'élus locaux membres de collectivités territoriales défenderesses[111], ainsi qu'au sujet de la commission centrale d'aide sociale[112]. De même, est contraire à la Constitution la formation d'un ordre professionnel,

103. Ord. n° 2016-1365, 13 oct. 2016 portant dispositions statutaires concernant le Conseil d'État et n° 2016-1366 portant dispositions statutaires concernant les magistrats des tribunaux administratifs et des cours administratives d'appel.
104. CE, sect., 2 mars 1973, *Arbousset*, *Lebon* 190.
105. CE 24 oct. 1997, *Pinto*, *Lebon* 1125.
106. CE 30 nov. 1994, *SARL Étude ravalement constructions*, *Lebon* 1022.
107. CE 29 déc. 2022, *Sté GEMCO*, req. n° 459673.
108. CE 12 oct. 2009, *M. P.*, req. n° 311641, *Lebon* 367.
109. CE 7 oct. 2016, *Sté Lyonnaise des eaux*, req. n° 392351.
110. CE, ass., 6 déc. 2002, *Trognon*, req. n° 240028, *Lebon* 427.
111. Cons. const. 25 mars 2011, n° 2010-110 QPC, *Jean-Pierre B.*, *JCP Adm.* 2011. 2150, note B. Fleury.
112. Cons. const. 8 juin 2012, n° 2012-250 QPC, *Christian G.*

statuant en matière disciplinaire, composée notamment de fonctionnaires[113]. Il en va autrement si des garanties appropriées assurent l'indépendance du fonctionnaire : ainsi, un inspecteur du travail, fonction dont l'indépendance est garantie par la loi, peut siéger dans une commission départementale des handicapés[114].

**884** ***Juridictions ayant pris antérieurement position sur l'affaire.*** Lorsque la juridiction a, avant de statuer, pris publiquement position sur l'affaire, en tant qu'autorité administrative, elle se trouve en principe disqualifiée pour se prononcer à titre juridictionnel. Il en a ainsi été de la Cour des comptes dans le cas où la publication du rapport annuel pouvait laisser croire qu'une affaire déterminée était en réalité préjugée[115]. La France a ainsi été condamnée par la CEDH pour défaut d'impartialité de la Cour des comptes lorsque les mentions faites dans le rapport public ont pu faire naître dans le chef du requérant des craintes objectivement justifiées d'un défaut d'impartialité de la Cour des comptes lors de la fixation de la ligne de compte[116].

Il en va également ainsi pour les chambres régionales des comptes[117], dans le cas où le magistrat rapporteur avait déjà connu de l'affaire à l'occasion d'une vérification de gestion, et pour la Cour de discipline budgétaire et financière[118] dans le cas où cette Cour comprenait un membre de la Cour des comptes ayant déjà eu à connaître à ce titre des faits reprochés au fonctionnaire.

**885** ***Cumul des fonctions consultative et juridictionnelle au Conseil d'État.*** Ce cumul n'a été condamné par la Cour EDH que dans un cas où l'effectif de l'institution conduisait inéluctablement le Conseil d'État luxembourgeois à ce que les mêmes personnes connaissent d'une même affaire aux deux stades (consultatif puis juridictionnel)[119]. La Cour a jugé en revanche que le Conseil d'État néerlandais échappait à cette critique[120]. Si elle a confirmé, dans le cas du Conseil d'État français, que ce cumul n'était pas condamnable dans son principe, en revanche elle a retenu une violation de l'article 6 § 1 dans le cas où siégeait, dans une formation de jugement appelée à trancher un litige auquel le ministre de l'Économie était partie, un conseiller d'État qui, une semaine après la lecture de l'arrêt, avait été nommé secrétaire général du ministère de l'Économie[121]. Dans ces conditions, il a paru nécessaire[122] de séparer davantage, au sein du Conseil d'État, les fonctions consultatives et juridictionnelles : en particulier, les formations de jugement ne comportent plus de membres représentant ès qualités les formations administratives et un membre du Conseil d'État ne peut participer au jugement d'un recours contre un acte pris après avis du Conseil s'il a pris part à la délibération de cet avis[123]. Afin d'assurer le respect de cette dernière règle, le requérant qui en fait la demande peut se faire communiquer la liste des membres ayant pris part à la délibération de l'avis[124]. Ce dispositif a été jugé conforme aux exigences du procès équitable[125].

On ajoutera que, depuis le décret du 23 décembre 2011, il est interdit aux membres du Conseil d'État participant au jugement d'un recours contre un acte pris après avis du Conseil de prendre connaissance de cet avis s'il n'a pas été rendu public[126].

113. Cons. const. 20 mars 2015, n° 2014-457 QPC, *Conseil national de l'Ordre des pharmaciens.*
114. CE, ass., 6 déc. 2002, *Aïn-Lhout*, req. n° 221319, *Lebon* 430.
115. CE, ass., 23 févr. 2000, *Labor Métal*, *Lebon* 83, *RFDA* 2000. 435.
116. CEDH 6 oct. 2016, *Beausoleil c/ France*, n° 63979/11.
117. CE, sect., 17 oct. 2003, *Dugoin*, req. n° 237290, *Lebon* 408.
118. CE, ass., 4 juill. 2003, *Dubreuil*, req. n° 234353, *Lebon* 313.
119. CEDH 28 sept. 1995, *Procola c/ Luxembourg*, *AJDA* 1996. 383.
120. CEDH 6 mai 2003, *Kleyn c/ Pays-Bas*, req. n° 39343/98.
121. CEDH 9 nov. 2006, *Sacilor-Lormines c/ France*, req. n° 65411/01.
122. Décr. n° 2008-225 du 6 mars 2008.
123. CJA, art. R. 122-21-1.
124. CJA, art. R. 122-21-2.
125. CEDH 30 juin 2009, *UFC Que choisir Côte d'Or*, req. n° 39699/03.
126. CJA, art. R. 122-21-3.

## 2 • L'exercice successif de fonctions juridictionnelles

### a) Exercice successif de fonctions juridictionnelles en référé et au fond

**886** ***Jurisprudence judiciaire.*** La Cour de cassation[127] a édicté des règles à l'usage des juges qui ont connu d'une affaire au stade du référé et qui seraient appelés à en connaître à nouveau au fond : soit le juge est entré dans le cœur du litige, comme c'est le cas lorsqu'en matière de provision, il doit déterminer si une obligation est ou non sérieusement contestable : il ne peut plus siéger au fond ; soit il s'est borné à prendre de pures mesures conservatoires, ordonnant une expertise par exemple et il pourra siéger au fond. Selon la même logique, la Cour a ultérieurement jugé que les membres du Conseil de la concurrence (devenu Autorité de la concurrence) qui avaient participé à une décision comportant des mesures conservatoires à l'égard de pratiques peut-être prohibées, ne pouvaient ensuite participer à la décision au fond[128].

**887** ***Jurisprudence administrative.*** De son côté, le Conseil d'État a décidé que le juge du référé-suspension, lequel ne statue qu'à titre provisoire et conservatoire, par une ordonnance dépourvue de l'autorité de la chose jugée, peut siéger au fond, hormis le cas où « allant au-delà de ce qu'implique nécessairement son office, il aurait préjugé de l'issue du litige »[129]. Sous la même réserve, il a été admis que le magistrat qui a statué sur une demande d'aide juridictionnelle peut ensuite statuer comme juge des référés sur la requête pour la présentation de laquelle l'aide avait été demandée[130]. Il en résulte que la solution retenue par un arrêt de la CAA de Paris[131] selon lequel il n'est pas contraire aux exigences d'impartialité et il est même conforme à celles d'une bonne administration de la justice que les mêmes magistrats, ayant ordonné le sursis à exécution d'une décision, se prononcent ensuite sur le fond, ne peut plus être regardée comme exclusivement liée aux conditions particulières d'organisation et de fonctionnement des juridictions d'outre-mer.

**888** ***Jurisprudence constitutionnelle.*** Pour ce qui le concerne, le Conseil constitutionnel a jugé qu'en prévoyant que la décision de prolonger une assignation à résidence au-delà de douze mois est prise après autorisation du juge des référés du Conseil d'État, alors même que la contestation de cette décision est susceptible de relever du contrôle juridictionnel de ce dernier, l'article 6 de la loi du 3 avril 1955 relative à l'état d'urgence, dans sa rédaction résultant de la loi de prorogation du 19 décembre 2016, a méconnu le principe d'impartialité[132]. Pour parvenir à une telle conclusion, le Conseil constitutionnel a notamment considéré que compte tenu des critères fixés par le législateur et du contrôle qu'il lui appartient d'exercer sur une mesure de police de cette nature, la décision du juge a une portée équivalente à celle susceptible d'être ultérieurement prise par le juge de l'excès de pouvoir saisi de la légalité de la mesure d'assignation à résidence. Du reste, la décision d'autorisation ou de refus d'autorisation que prend le juge des référés du Conseil d'État lorsqu'il statue sur le fondement des dispositions contestées ne revêt pas un caractère provisoire. Il s'ensuit que, lorsqu'il se prononce sur le fondement des dispositions litigieuses, le juge des référés du Conseil d'État statue par une décision qui excède l'office imparti au juge des référés par l'article L. 511-1 du CJA selon lequel ce juge ne peut décider que des mesures provisoires et n'est pas saisi du principal.

### b) Exercice successif de fonctions juridictionnelles au fond

**889** ***Connaissance de l'opinion du juge.*** L'impartialité est méconnue lorsque l'opinion du juge est, quant à elle, connue du fait de l'exercice d'une fonction juridictionnelle antérieure. Il en va ainsi

---

127. Cass., ass. plén., 6 nov. 1998, deux arrêts, *Sté Bord Na Mona* et *Guillotel*, *JCP* 1998. II. 10198.
128. Com. 9 oct. 2001, *Ste Umbeton*, *D.* 2001. AJ 3530.
129. CE, avis cont., 12 mai 2004, *Cne de Rogerville*, n° 265184, *Lebon* 223 ; solution étendue à la séquence sursis à exécution-fond : CE 26 nov. 2010, *Sté Paris Tennis*, req. n° 344505.
130. CE 12 mai 2004, *Hakkar*, req. n° 261826, *Lebon* 224.
131. CAA Paris, 21 oct. 1999, *Territoire de la Polynésie française*, *AJDA* 2000. 233 et 275.
132. Cons. const. 16 mars 2017, n° 2017-624 QPC, *M. Sofiyan I.*, cons. 8 à 12.

lorsque le magistrat connaît en appel d'une affaire qu'il a jugée en premier degré[133], lorsqu'un magistrat s'est prononcé sur le recours en rectification d'erreur matérielle dirigé contre une ordonnance dont il était l'auteur[134] ou lorsque la fonction du rapporteur, présent au délibéré, est comparable à celle d'un procureur ou d'un juge d'instruction au pénal[135].

**890** ***Renvoi après annulation.*** Il a été jugé en outre que le principe d'impartialité ne s'oppose pas, en l'absence de dispositions législatives contraires (telles que l'article L. 821-2 CJA, concernant la composition de la cour administrative d'appel statuant après cassation et renvoi), à ce qu'un tribunal administratif, statuant sur renvoi après annulation de son jugement par la cour administrative d'appel, siège à nouveau dans la même formation[136].

**891** ***Cumul des fonctions d'instruction et de jugement.*** En ce qui concerne les fonctions successivement exercées au cours d'une seule et même procédure, a été admise la possibilité, pour un rapporteur, de cumuler les fonctions d'instruction et de jugement. Cette solution, dégagée dans des affaires concernant le Conseil des marchés financiers[137] (prédécesseur de l'Autorité des marchés financiers), la section disciplinaire du Conseil national de l'ordre des médecins[138], la Chambre supérieure de discipline des vétérinaires[139] et la Commission nationale de l'informatique et des libertés (CNIL)[140], a permis au Conseil d'État de prendre une certaine distance avec la jurisprudence de la Cour de cassation issue de son arrêt *Oury*[141]. On notera que la Cour européenne des droits de l'homme, saisie par M. Didier, n'a pas invalidé la position du Conseil d'État[142]. La Cour de Strasbourg a pu récemment considérer que le droit actuel aménage une séparation claire et étanche entre les différentes étapes de la procédure, l'indépendance des membres de la Commission des sanctions de l'AMF (et de son rapporteur) étant garantie[143].

**892** ***Cumul des fonctions de poursuite et de jugement.*** Dans une décision QPC du 2 décembre 2011, *Banque populaire Côte d'Azur*, le Conseil constitutionnel a censuré le cumul des fonctions de poursuite et de jugement[144]. Dans cette affaire, des dispositions du Code monétaire et financier, qui ne sont plus en vigueur depuis 2010, étaient relatives à la Commission bancaire à laquelle a succédé l'Autorité de contrôle prudentiel. Elles organisaient la Commission bancaire sans séparer en son sein, d'une part, les fonctions de poursuite des éventuels manquements des établissements de crédit aux dispositions législatives et réglementaires qui les régissent et, d'autre part, les fonctions de jugement des mêmes manquements qui peuvent faire l'objet de sanctions disciplinaires. Le Conseil constitutionnel a considéré que cette confusion des fonctions méconnaissait le principe d'impartialité et a donc déclaré les dispositions contestées contraires à la Constitution. Cette déclaration d'inconstitutionnalité a pris effet à compter de la publication de la décision et a pu être invoquée dans les instances non définitivement jugées à cette date.

**893** ***Autosaisine.*** En principe, aucune juridiction ne dispose de la faculté de s'autosaisir. Le Conseil d'État admet toutefois cette éventualité à condition que l'acte d'autosaisine ne donne pas à penser que les faits visés sont d'ores et déjà établis ou que leur caractère répréhensible au regard des règles ou principes à appliquer est d'ores et déjà reconnu[145]. Il a ainsi été jugé que le pouvoir de l'Agence française

---

133. CE 30 nov. 1994, *Pinto*, *Lebon* 1125.
134. CE 22 juin 2005, *Hespel*, req. n° 261847, *Lebon* 248.
135. CE, ass., 6 avr. 2001, *SA Entreprise Razel Frères*, *AJDA* 2001. 456, *Lebon* 176.
136. CE, sect., 11 févr. 2005, *Cne de Meudon*, req. n° 258102, *Lebon* 55.
137. CE, ass., 3 déc. 1999, *Didier*, req. n° 207434, *Lebon* 399.
138. CE, sect., 3 déc. 1999, *Leriche*, req. n° 195512, *Lebon* 402.
139. Cons. const. 25 nov. 2011, n° 2011-199 QPC, *Michel G.*
140. CE, ass., 3 déc. 1999, *Caisse de crédit mutuel de Bain-Tresboeuf*, req. n° 197060, *Lebon* 397.
141. Cass., ass. plén., 5 févr. 1999.
142. CEDH 27 août 2002, req. n° 58188/00, décision d'irrecevabilité.
143. CEDH 1er sept. 2016, *X et Y c/ France*, req. n° 48158/11.
144. Cons. const. 2 déc. 2011, n° 2011-200 QPC, *Banque populaire Côte d'Azur*.
145. CE, sect., 20 oct. 2000, *Sté Habib Bank Ltd*, *Lebon* 433, concl. F. Lamy.

de lutte contre le dopage de se saisir d'office était compatible avec l'article 6 § 1 Conv. EDH[146]. En revanche, la CEDH exige des garanties substantielles dans la mise en œuvre de l'autosaisine et elle a condamné le cumul des fonctions d'accusation et de jugement[147].

**894** ***Transmission d'une QPC.*** S'agissant de l'impartialité des juridictions suprêmes, le Conseil d'État, en se fondant sur le rôle de filtre que lui reconnaît l'article 61-1 de la Constitution, estime qu'il peut statuer en toute impartialité sur une demande de transmission d'une question prioritaire de constitutionnalité portant sur un texte législatif qu'il a interprété[148].

# II • Le droit du procès administratif

**895** ***Rapprochement des contentieux.*** La nature des contentieux est, pour une large part, déterminée par la nature du litige soumis au juge et les pouvoirs qui, en conséquence, lui sont reconnus : contentieux de l'excès de pouvoir, dans lequel le juge ne peut en principe qu'annuler en tout ou en partie la décision contestée, se plaçant normalement à la date d'édiction de cette dernière ; plein contentieux ou contentieux de pleine juridiction dans lequel le juge peut non seulement annuler mais réformer la décision administrative, voire prendre lui-même la décision, parfois en se plaçant (comme en matière d'installations classées pour la protection de l'environnement, par exemple) à la date à laquelle il statue. Toutefois, cette distinction n'est plus aussi absolue que par le passé, en particulier depuis que le Conseil d'État a reconnu au juge de l'excès de pouvoir, à titre exceptionnel il est vrai, la faculté de moduler dans le temps les effets d'une annulation ou de prendre en considération, pour apprécier la légalité de la décision qui lui est déférée, des éléments de droit ou de fait postérieurs à la date de son édiction. De même, le contentieux des sanctions administratives est devenu, en grande partie, un contentieux de pleine juridiction imposant au juge de se placer à la date à laquelle il statue et non à celle de la décision de sanction, lui permettant ainsi de substituer sa décision à celle de l'administration, sous réserve de l'application éventuelle de la loi nouvelle plus douce[149]. De la même manière, le déféré préfectoral dirigé contre un contrat[150] et l'opposition à la prescription quadriennale[151] sont aujourd'hui des recours qualifiés de pleine juridiction.

## A • Les procédures ordinaires

**896** Une fois la requête déposée, le procès s'engage. L'instance est ouverte et le litige n'est tranché que par le jugement.

### 1 • Le litige

#### a) Immutabilité du litige

**897** En première instance, le demandeur qui est en règle générale l'administré liera le juge et se liera lui-même par les prétentions présentées dans ce délai. Cette restriction vaut pour l'objet de la demande (les conclusions) mais aussi pour ses fondements (les causes juridiques) et, dans une certaine mesure,

146. CE 9 nov. 2011, *Benzoni*, req. n° 341658.
147. CEDH 11 juin 2009, *Dubus c/ France*, req. n° 5242/04.
148. CE 12 sept. 2011, *C^ne^ de Megève*, req. n° 347444.
149. CE, ass., 16 févr. 2009, *S^té^ ATOM*, req. n° 274000, *Lebon* 25.
150. CE 23 déc. 2011, *Min. de l'Intérieur, de l'Outre-mer, des Collectivités territoriales et de l'Immigration*, req. n^os^ 348647 et 348648.
151. CE 15 nov. 2012, *C^ne^ de Cavalaire-sur-Mer*, req. n° 355755.

pour l'argumentation venant à son soutien (les moyens). Selon la nature du contentieux, les moyens se classent dans des catégories (les causes juridiques), par exemple en excès de pouvoir, la légalité externe et la légalité interne. Le demandeur qui, dans le délai de recours en annulation d'une décision, n'a soulevé que des moyens de légalité externe, n'est plus recevable à invoquer — passé ce délai — des moyens de légalité interne : cela résulte de l'arrêt *Sté Intercopie*[152] rendu en matière de cassation, mais dont la portée a été étendue au contentieux de légalité en général[153]. En plein contentieux, constituent des causes juridiques distinctes, dans la lignée de la jurisprudence issue de l'arrêt *Jourda de Vaux*[154], la responsabilité contractuelle et la responsabilité extracontractuelle ; à l'intérieur de la responsabilité extracontractuelle, la faute, le risque et la rupture d'égalité devant les charges publiques constituent aussi des causes juridiques distinctes. En contentieux électoral, chaque moyen ou presque se rattache à une cause distincte.

Cependant, il existe des tempéraments importants à cette rigueur.

— Doivent être réservés, par exemple, les moyens d'ordre public qui peuvent être soulevés à tout moment par les parties comme par le juge, celui-ci ayant toutefois l'obligation d'informer préalablement celles-là lorsqu'il entend fonder son jugement sur un moyen d'ordre public ressortant du dossier, sous peine de voir annuler sa décision pour irrégularité (CJA, art. R. 611-7). À titre d'aperçu, sont ainsi d'ordre public les moyens relatifs à la compétence (de l'auteur de l'acte administratif ou de la juridiction) ; à la recevabilité ; au champ d'application de la loi[155] ce qui s'entend *ratione materiae* ou *temporis ;* dans le contentieux de la responsabilité, la responsabilité sans faute de l'Administration doit être examinée d'office. On signalera cependant que ni la prescription ni surtout, sauf rares exceptions (comme pour les conventions fiscales bilatérales), la violation d'une norme internationale par la loi interne ne se soulèvent d'office[156] même lorsqu'il s'agit, s'agissant de la violation d'un traité international, de la régularité de la composition d'une juridiction[157] alors qu'en droit interne, cette question est d'ordre public. Enfin, certains moyens d'ordre public ne jouent qu'en faveur de l'Administration : par exemple, les juridictions doivent d'office interdire et s'interdire toute condamnation d'une personne morale de droit public à payer une somme qu'elle ne doit pas[158]. Quoi qu'il en soit, lorsque, postérieurement à la clôture de l'instruction, le juge informe les parties, en application de l'article R. 611-7 du CJA, que sa décision est susceptible d'être fondée sur un moyen relevé d'office, cette information n'a pas, par elle-même, pour effet de rouvrir l'instruction, pas plus que la communication par le juge, à l'ensemble des parties, des observations reçues sur ce moyen relevé d'office[159].

— De même, doit être mentionnée la substitution de base légale qui est à présent autorisée dans le contentieux de l'excès de pouvoir : lorsqu'il constate que la décision contestée devant lui aurait pu être prise, sur le fondement d'un autre texte que celui dont la méconnaissance est invoquée, le juge peut substituer ce fondement à celui qui a servi de base légale à la décision attaquée sous réserve que l'intéressé ait disposé des garanties dont est assortie l'application du texte de substitution ; il peut même y procéder d'office si le dossier le permet, mais à la condition d'avoir préalablement mis les parties en mesure de présenter leurs observations sur ce point[160].

— Toujours dans le contentieux de l'excès de pouvoir, la substitution de motifs est également admise[161] alors qu'elle était jadis cantonnée aux cas où l'Administration avait compétence liée pour

152. CE, sect., 20 févr. 1953, *Lebon* 88.
153. CE 15 juill. 1954, *Sté des aciéries et forges de Saint-François*, *Lebon* 482.
154. CE 16 mai 1924, *Jourda de Vaux*, *Lebon* 483.
155. CE, sect., 21 mars 1958, *Delteil*, *Lebon* 189.
156. CE, sect., 11 janv. 1991, *Sté Morgane*, *Lebon* 9.
157. CE, ass., 6 déc. 2002, *Maciolak*, req. n° 239540, *Lebon* 426.
158. CE, sect., 19 mars 1971, *Mergui*, *Lebon* 235.
159. CE, sect., 25 janv. 2021, *Lebret et a.*, req. n° 425539.
160. CE, sect., 3 déc. 2003, *Préfet de la Seine-Maritime c/ El Bahi*, req. n° 240267, *Lebon* 481.
161. CE, sect., 6 févr. 2004, *Hallal*, req. n° 240560, *Lebon* 48.

prendre une décision déterminée. La substitution de motifs a également été admise à l'occasion d'un référé-suspension[162] avec les mêmes conditions que dans le contentieux de l'annulation, adaptées pour tenir compte de l'évidence et de l'urgence qui caractérisent cette voie de droit. Cependant, à l'inverse de la substitution de base légale, la substitution de motifs doit toujours être demandée par l'une des parties au litige : elle ne saurait être opérée d'office par le juge administratif.
— Dans le contentieux des étrangers, une dérogation importante doit être signalée, qui concerne les litiges relatifs à l'éloignement (dans lesquels est contestée une obligation de quitter le territoire français) : lorsque le litige est soumis à l'urgence (un délai de 48 heures s'applique), l'expiration du délai de recours n'interdit pas au requérant de soulever des moyens nouveaux, quelle que soit la cause juridique à laquelle ils se rattachent (CJA, art. R. 776-5).
— Dans le contentieux de pleine juridiction qu'est le contentieux fiscal (qui figure, avec le contentieux des étrangers et les contentieux sociaux, parmi les postes d'activité les plus importants dans les juridictions du fond), le législateur a écarté l'application de la règle de l'irrecevabilité attachée aux moyens nouveaux : issu de la loi Aicardi du 8 juillet 1987, l'article L. 199 C du Livre des procédures fiscales autorise le contribuable, en première instance comme en appel (mais non en cassation), à soulever tout moyen nouveau jusqu'à la clôture de l'instruction sous les réserves que soient en cause des impositions (et non d'autres prélèvements) et l'assiette (et non le recouvrement). Cette novation, restée isolée, a constitué une application anticipée de l'égalité des armes : elle était justifiée par la faculté reconnue de longue date à l'Administration par le juge de l'impôt de procéder, fût-ce en appel, à une substitution de base légale de l'imposition contestée sans être tenue de reprendre la procédure à son début[163], sous les seules réserves qu'une telle substitution soit demandée par l'Administration et ne prive le contribuable d'aucune des garanties inhérentes à la nouvelle base légale invoquée par l'Administration[164]. Ce « privilège » était justifié par le postulat, reposant à la fois sur le principe de légalité et sur des considérations budgétaires, que l'Administration ne peut pas renoncer au bénéfice de la loi fiscale. Il n'allait pas de soi que cette faculté pût être étendue aux pénalités : c'est pourtant ce qui a été fait, sous réserve que la pénalité invoquée par substitution porte sur les mêmes faits que ceux visés par la sanction initialement retenue[165]. En dehors de la matière fiscale, la jurisprudence se montre très protectrice des droits des organismes sociaux dans les litiges mettant en cause la responsabilité des établissements publics de santé. Par un arrêt *M.S.*[166], le Conseil d'État a jugé que les spécificités de l'action en responsabilité des caisses de sécurité sociale justifiaient une dérogation aux règles de droit commun de recevabilité des appels et a ainsi admis que, lorsque la victime a fait régulièrement appel du jugement écartant la responsabilité de l'auteur de l'accident, une caisse de sécurité sociale, régulièrement mise en cause en première instance, est recevable, y compris au-delà de l'expiration du délai d'appel, à contester ce jugement et à reprendre ses conclusions à fin de remboursement des prestations versées.
Cette extension, il est vrai, ne doit pas être interprétée comme un retour à l'inégalité des armes au détriment des administrés ; elle manifeste essentiellement l'accroissement des pouvoirs reconnus au juge de plein contentieux afin que ce dernier soit en mesure de purger définitivement le litige dont il est saisi. Ce mouvement ne se limite pas à la substitution de base légale et atteint depuis peu la substitution de motifs, initialement exclue en dehors des cas de compétence liée de l'Administration[167] : désormais, le juge, saisi d'un recours de pleine juridiction contre une décision infligeant une amende, peut substituer au motif retenu initialement un autre motif de droit ou de fait relatif au même manquement, sous trois conditions : que la substitution ait été demandée par l'Administration devant le juge, que le

162. CE 15 mars 2004, *C^ne^ de Villasavary*, req. n° 261130, *Lebon* 132.
163. CE 27 juill. 1936, *Min. des Finances*, *Lebon* 871.
164. CE, sect., 21 mars 1975, *Sieur X*, *Lebon* 215.
165. CE, sect., 1^er^ oct. 1999, *Assoc. pour l'unification du christianisme mondial*, req. n° 170598, *Lebon* 286.
166. CE 1^er^ juill. 2005, req. n° 234403, *Lebon* 300.
167. CE, sect., 16 nov. 1962, *S^té^ industrielle de tôlerie*, *Lebon* 608.

contrevenant ait été mis en mesure de présenter ses observations et que le montant de l'amende ne soit pas accru[168].

— Dans le plein contentieux de la responsabilité de la puissance publique, le Conseil d'État a admis que lorsque le juge, saisi d'un litige engagé sur le terrain de la responsabilité contractuelle, est conduit à constater, le cas échéant d'office, la nullité du contrat, les cocontractants peuvent poursuivre le litige qui les oppose en invoquant, y compris pour la première fois en appel, un moyen tiré de la faute consistant, pour l'un d'eux, à avoir passé un contrat nul, bien que ce moyen, qui n'est pas d'ordre public, repose sur une cause juridique nouvelle[169].

— Du reste, il convient de noter qu'en vertu de la loi organique n° 2009-1523 du 10 décembre 2009 relative à l'application de l'article 61-1 de la Constitution, le moyen tiré de ce qu'une disposition législative porte atteinte aux droits et libertés garantis par la Constitution « peut être soulevé pour la première fois en cause d'appel » (art. 1er). Il ne s'agit pas, pour autant, d'un moyen d'ordre public dès lors qu'« il ne peut être relevé d'office » par le juge.

Par ailleurs, le décret JADE du 2 novembre 2016 instaure la possibilité, pour le juge, de cristalliser les moyens des parties à une date qu'il fixe par avance (faculté existant jusqu'alors au contentieux de l'urbanisme seulement). Ainsi, le juge administratif peut-il déterminer par voie d'ordonnance une date à laquelle les parties ne pourront plus invoquer de moyens nouveaux[170]. La date ainsi fixée doit être notifiée par ordonnance au moins un mois à l'avance. Ce pouvoir de cristallisation des moyens est limité à l'instance pendante devant la juridiction qui la prononce : l'ordonnance de cristallisation perd son objet et cesse de produire ses effets avec la clôture de l'instruction dans le cadre de cette instance, ce qui signifie qu'en cas d'appel, l'usage fait en première instance d'un tel pouvoir est sans incidence sur la recevabilité des moyens que peuvent soulever les parties à l'appui de leurs conclusions d'appel[171].

### b) Instruction du litige

**898** Les juridictions semblent parfois hésiter à exercer pleinement leurs pouvoirs d'instruction : en premier lieu, la procédure qui est en théorie inquisitoriale, loin d'être toujours effectivement dirigée par le juge rapporteur, est parfois laissée à la diligence des parties, ce qui fait regretter l'absence sinon de juge de la mise en état, du moins d'audience de mise en état et l'inexistence, sauf exceptions, d'accord préalable entre les parties et le juge sur le calendrier de la procédure. Ignorance ou autocensure des requérants, la mise en œuvre de l'article R. 611-11 du CJA qui permet au président de la formation de jugement de fixer, dès l'enregistrement de la requête, la date à laquelle l'instruction sera close, est rarement sollicitée par les parties. En second lieu, lorsqu'il s'agit d'obtenir la communication de documents administratifs, s'il est parfaitement normal que le juge soustraie, au moins provisoirement, aux exigences du contradictoire les documents dont la communication constitue l'objet même du litige[172] afin précisément d'apprécier s'ils sont ou non communicables, en revanche depuis les décisions d'Assemblée *Moon* du 6 novembre 2002 du Conseil d'État[173] et s'agissant de renseignements contenus dans des fichiers informatisés, il appartient désormais au juge d'ordonner le cas échéant à la CNIL de lui communiquer (pour versement au dossier de l'instruction écrite contradictoire) tous éléments utiles, notamment relatifs aux vérifications auxquelles elle s'est livrée, quitte pour la CNIL, si elle devait refuser la communication de certains documents ou informations, à verser au dossier de l'instruction tous éléments appropriés sur la nature des pièces retenues et les raisons de cette rétention et pour le

168. CE, ass., 9 nov. 2001, *Cie nationale Air France*, req. n° 195550, *Lebon* 576.
169. CE, sect., 20 oct. 2000, *Sté Citécable Est*, req. n° 196553, *Lebon* 457.
170. Décr. n° 2016-1480, 2 nov. 2016, art. 16 ; instaurant art. R. 611-7-1, CJA.
171. CE, avis cont., 13 févr. 2019, *Sté Active Immobilier et EURL Donimmo*, req. n° 425568.
172. CE, sect., 23 déc. 1988, *Banque de France c/ Huberschwiller*, *Lebon* 464 ; CE 16 avr. 2010, *Association Aides et a.*, req. n° 320196, à propos d'un décret créant un traitement de données à caractère personnel ; faisant l'objet d'une dispense de publication.
173. CE, ass., 6 nov. 2002, *Moon*, req. nos 194295-219587 et nos 194296-219588, *Lebon* 380.

juge, en cas de refus de toute demande d'information, à joindre cet élément de décision à l'ensemble des données fournies par le dossier. Plusieurs décisions rendues en 2010 ont précisé les conditions de constitution et de conservation des fichiers[174].

Le décret JADE précité prévoit, dans la conduite de l'instruction, que les greffiers sont autorisés à « proposer toutes mesures utiles pour la mise en état des dossiers » et chargés « de la mise en œuvre et du suivi des mesures retenues par le magistrat ». Ils peuvent « signer à cette fin les courriers en informant les parties »[175]. Par ailleurs, le juge peut inviter une partie à produire des éléments ou pièces en vue de compléter l'instruction, et ce postérieurement à la clôture de celle-ci[176].

On notera, enfin, que si la procédure ordinaire d'instruction, hors référés urgents, est essentiellement écrite, le décret du 18 novembre 2020 est venu introduire devant le Conseil d'État, à titre expérimental pour une durée de 18 mois, la possibilité, pour une formation chargée de l'instruction, d'organiser une séance orale d'instruction et, pour une formation de jugement, de tenir une audience d'instruction[177]. Or, cette expérimentation a été pérénisée et généralisée à toutes les juridictions administratives générales par le décret nº 2023-10 du 9 janvier 2023 relatif aux procédures orales d'instruction devant le juge administratif. Désormais, les articles R. 625-1 (pour les séances orales d'instruction) et R. 625-2 (pour les audiences publiques d'instruction) du Code de justice administrative fixent le régime applicable à ces nouvelles formes d'oralité, bienvenues dans le procès administratif de droit commun.

**899** ***Désistement.*** Depuis une décision *Rigat* du 1er octobre 2010 et contrairement à la jurisprudence précédente, le principe est désormais que le désistement est d'instance et non pas d'action, sauf si les écritures du requérant démontrent sans ambiguïté qu'il entend se désister de l'action elle-même. Le pouvoir réglementaire a récemment introduit deux nouveaux cas de désistement d'office. D'une part, le juge administratif peut fixer un délai à l'issue duquel, à défaut d'avoir produit le mémoire récapitulatif que lui réclame la juridiction, la partie est réputée s'être désistée de ses demandes[178]. D'autre part, le juge administratif peut « inviter le requérant à confirmer expressément le maintien de ses conclusions » s'il constate que « l'état du dossier permet de s'interroger sur l'intérêt que la requête conserve pour son auteur ». L'absence de réponse dans le délai fixé, qui ne peut être inférieur à un mois, signera un désistement de conclusions[179].

Ces deux cas récents s'ajoutent à l'hypothèse traditionnelle du désistement d'office auquel s'expose le requérant qui, après avoir annoncé dans sa requête sommaire la production à venir d'un mémoire complémentaire, s'abstient toutefois de produire ce dernier dans le délai imparti[180]. Le Conseil d'État a récemment précisé que lorsque l'avocat qui a formé la requête sommaire annonçant la production d'un mémoire complémentaire a été, avant l'expiration du délai imparti pour cette production, suspendu par décision du conseil de l'Ordre des avocats, une telle mesure de suspension a, par application de l'article R. 634-1 du CJA, pour effet de suspendre le cours du délai de production dudit mémoire complémentaire[181]. Après constitution d'un nouvel avocat, il appartient alors au juge de fixer un nouveau délai de production de ce mémoire.

**900** ***Transaction.*** La transaction tend à se développer en droit administratif, y compris dans des domaines où on le l'attendait pas nécessairement. Ainsi, il a été jugé, par exemple, qu'aucune disposition

174. CE 16 avr. 2010, *Associations Aides et a.*, req. nº 320196.
175. Décr. nº 2016-1480, 2 nov. 2016, art. 5 ; modifiant CJA, art. R. 226-1. — et *id.*, art. 18 ; modifiant CJA, art. R. 611-10.
176. Décr. nº 2016-1480, 2 nov. 2016, art. 21 ; créant CJA, art. R. 613-1-1.
177. Décr. nº 2020-1404, 18 nov. 2020, art. 1 à 7.
178. Décr. nº 2016-1480, 2 nov. 2016, art. 17 ; modifiant CJA, art. R. 611-8-1.
179. Décr. nº 2016-1480, 2 nov. 2016, art. 20 ; créant CJA, art. R. 612-5-1.
180. CJA, art. R. 611-22 pour ce qui concerne le Conseil d'État ; art. R. 612-5 pour ce qui concerne les tribunaux administratifs et les cours administratives d'appel. Dans le contentieux des obligations de quitter le territoire français, par exception, justifiée par les brefs délais de jugement pesant sur le juge, le mémoire complémentaire annoncé le cas échéant par le requérant doit être produit dans un délai de quinze jours à compter de la date à laquelle la requête a été enregistrée (CJA, art. R. 776-12).
181. CE 31 déc. 2019, *M.A.*, req. nº 426831, *Lebon* T.

législative ou réglementaire applicable aux agents de la fonction publique, ni aucun principe général du droit, ne fait obstacle à ce que l'administration conclue avec un fonctionnaire, ayant fait l'objet d'une décision l'admettant à la retraite pour invalidité non imputable au service, une transaction par laquelle les parties conviennent de mettre fin à l'ensemble des litiges nés de l'édiction de cette décision ou de prévenir ceux qu'elle pourrait faire naître, incluant la demande d'annulation pour excès de pouvoir de cette décision et celle qui tend à la réparation des préjudices résultant de son éventuelle illégalité[182]. La possibilité, pour l'administration, afin de prévenir ou d'éteindre un litige, de conclure un protocole transactionnel, sous réserve de la licéité de l'objet de ce dernier, de l'existence de concessions réciproques et équilibrées entre les parties et du respect de l'ordre public, est désormais consacrée par l'article L. 423-1 du Code des relations entre le public et l'administration (CRPA).

Peut-on demander au juge, en l'absence de tout litige devant une juridiction, d'homologuer une transaction, normalement exécutoire de plein droit ? En principe, non. Le Conseil d'État a néanmoins admis des exceptions (notamment pour les marchés publics) en définissant les conditions qui doivent être préalablement remplies (approbation par l'organe délibérant de la collectivité publique concernée, transmission au contrôle de légalité), la mission du juge (vérifier la licéité de la transaction et l'absence de libéralité de la part de la collectivité publique) et les conséquences d'un refus d'homologation : la nullité de la transaction[183]. La faculté de demander l'homologation a été admise au stade de la cassation[184]. Elle est, aujourd'hui, largement encouragée dans le cadre de la médiation administrative, l'article L. 213-4 du CJA, issu de la loi du 18 novembre 2016 de modernisation de la Justice du XXI$^{e}$ siècle, prévoyant que, saisie de conclusions en ce sens, la juridiction peut, dans tous les cas où un processus de médiation a été engagé, homologuer et donner force exécutoire à l'accord finalement obtenu entre les parties.

Notons, pour finir, qu'un protocole transactionnel conclu par l'administration afin de prévenir ou d'éteindre un litige relevant de la compétence de la juridiction administrative constitue un contrat administratif et présente le caractère d'un document administratif communicable dans les conditions définies par le CRPA[185]. Lorsqu'un tel contrat vise à éteindre un litige porté devant la juridiction administrative, sa communication est toutefois de nature à porter atteinte au déroulement de la procédure juridictionnelle engagée : elle ne peut, dès lors, intervenir, sous réserve du respect des autres secrets protégés par la loi tel notamment le secret en matière commerciale et industrielle, qu'après que l'instance en cause a pris fin[186].

### c) Le rapporteur public

**901** L'intervention du commissaire du gouvernement a soulevé de nombreuses interrogations et frustrations. Son titre, maintenu par fidélité à la tradition, était une source constante d'ambiguïté en France comme à l'étranger. Le nouveau titre de rapporteur public qui a été donné à la fonction par le décret du 7 janvier 2009 a au moins le mérite de ne plus le faire apparaître comme un porte-parole de l'exécutif. Le Conseil d'État a théorisé cette fonction par un arrêt *Gervaise*[187] puis à nouveau par un arrêt *Esclatine*[188], lorsque la menace d'un arrêt défavorable de la CEDH s'est précisée : ce membre de la juridiction, qui donne publiquement et en toute indépendance ses conclusions, lesquelles peuvent n'être qu'orales, participe à la fonction de juger, alors même qu'il est privé du droit de vote pour avoir fait connaître publiquement son point de vue avant le jugement. Les critiques faites à cette institution visaient : a) l'accès du

182. CE 5 juin 2019, *Centre hospitalier de Sedan*, req. n° 412732.
183. CE, ass., avis cont., 6 déc. 2002, *Synd. intercommunal des établissements de 2nd cycle du 2nd degré du district de L'Haÿ-les-Roses*, req. n° 249153, *Lebon* 433.
184. CE, ass., 11 juill. 2008, *Sté Krupp Hazemag*, req. n° 287354, *Lebon* 273.
185. Art. L. 300-1 à L. 311-2, et art. L. 311-5, 2°, f).
186. CE 18 mars 2019, *Min. de l'Économie et des Finances*, req. n° 403465.
187. CE 10 juill. 1957, *Gervaise*, *Lebon* 466.
188. CE 29 juill. 1998, *Esclatine*, *AJDA* 1999. 69, *Lebon* 320.

commissaire du gouvernement aux travaux préalables de la formation de jugement, notamment à ceux du rapporteur ; b) sa présence ou sa participation au délibéré ; c) et l'impossibilité de lui répliquer, l'instruction d'une affaire étant close lorsqu'il commence à prononcer ses conclusions. Par son arrêt *Kress c/ France* du 7 juin 2001, la CEDH qui, contrairement à l'affaire *Reinhardt et Slimane Kaïd c/ France*[189] dans laquelle était en cause le rôle de l'avocat général près la Cour de cassation, n'était pas saisie du premier point, a jugé que le principe de l'égalité des armes résultant du droit au procès équitable n'était pas méconnu par l'impossibilité de prendre la parole après le commissaire du gouvernement, dès lors qu'il était admis que toute partie pouvait présenter à la juridiction une note en délibéré, pouvant conduire dans certains cas à la radiation et au renvoi de l'affaire après réouverture de l'instruction. En revanche, se fondant sur la théorie des apparences, elle a décidé que la « participation » du commissaire du gouvernement au délibéré constituait une violation de l'article 6 de la Convention. Pour dissiper toute ambiguïté sur le terme « participation », elle a précisé, dans son arrêt *Slimane Kaïd c/ France*[190], puis dans un arrêt *Loyen*[191], que la « présence » du commissaire au délibéré du Conseil d'État était contraire à l'article 6 § 1. On pouvait s'attendre à ce que le CJA fut modifié pour tenir compte de l'arrêt *Kress*. Mais, dans un premier temps, c'est la jurisprudence seule qui s'est chargée d'en tirer les conséquences. Ainsi est-il désormais exigé du juge qu'il prenne connaissance de la note en délibéré avant le prononcé de la décision ; il est tenu de rouvrir l'instruction si la note contient soit un élément de fait dont l'auteur de la note n'était pas en mesure de faire état antérieurement et que le juge ne pourrait ignorer sans fonder sa décision sur des faits inexacts, soit une circonstance de droit nouvelle ou que le juge devrait relever d'office[192]. Dans le même ordre d'idées, il a été admis dans le contentieux de l'éloignement des ressortissants étrangers en situation irrégulière et lorsqu'un mémoire est produit non seulement après la clôture de l'instruction, mais après audience, que le juge a toujours la faculté de tenir compte de ce mémoire, mais qu'il n'en a l'obligation que si le mémoire contient une circonstance de fait dont on ne pouvait faire état avant la clôture de l'instruction écrite et que le juge ne peut ignorer sans fonder sa décision sur des faits inexacts ou une circonstance de droit nouvelle ou à relever d'office, à charge bien entendu pour le juge de rouvrir par tout moyen le débat contradictoire[193]. Puis, le CJA a été modifié[194] pour consacrer, dans les textes et non plus seulement la jurisprudence, la possibilité pour les parties de déposer, après le prononcé des conclusions, une note en délibéré[195]. Enfin, la jurisprudence a étendu à toute production postérieure à la clôture de l'instruction les prescriptions énoncées par la décision *Leniau* pour la note en délibéré[196], avec obligation pour la juridiction de viser expressément cette note dans la décision rendue[197]. Le décret JADE est venu prendre acte de cette solution, en affirmant, d'une façon générale, que les mémoires produits après la clôture de l'instruction ne donnent pas lieu à communication, sauf réouverture de l'instruction[198].

Mais par un arrêt *Martinie c/ France*[199], la CEDH a confirmé sa jurisprudence *Kress* : la seule présence du commissaire du gouvernement au délibéré constitue une violation du droit au procès équitable. En conséquence, le CJA a été à nouveau modifié[200] : mais une distinction a été établie entre les juridictions de première instance et d'appel (le commissaire du gouvernement ne peut plus assister au

189. CEDH 31 mars 1998, *Reinhardt et Slimane Kaïd c/ France ; D.* 1999. 281.
190. CEDH 27 nov. 2003, *Slimane Kaïd c/ France*, req. n° 48943/99.
191. CEDH 5 juill. 2005, *Loyen c/ France*, req. n° 55929/00.
192. CE 12 juill. 2002, *Leniau*, req. n° 236125, *Lebon* 278.
193. CE 27 févr. 2004, *Préfet des Pyrénées orientales c/ Abounkhila*, req. n° 252988, *Lebon* 93.
194. Décr. n° 2005 1586, 19 déc. 2005.
195. CJA, art. R. 731-3.
196. CE 28 déc. 2005, *Ville de Dôle c/ Rigaud*, req. n° 264418, *Lebon* 1041.
197. CE 13 juill. 2012, *Latrasse*, req. n° 352116.
198. CJA, art. R. 613-3.
199. CEDH, gr. ch., 12 avr. 2006, *Martinie c/ France*, req. n° 58675/00.
200. Décr. n° 2006-964 du 1er août 2006.

délibéré) et le Conseil d'État (le commissaire du gouvernement assiste — sans y participer — au délibéré sauf opposition d'une partie)... En même temps qu'il rebaptisait la fonction qui est désormais celle de rapporteur public, le décret du 7 janvier 2009 a prévu que les parties ont le droit de connaître à l'avance le sens des conclusions[201], ce qui n'était qu'un simple usage lequel interdisait déjà au rapporteur public de changer d'avis sans les informer[202]. Aujourd'hui, l'entrave mise au droit d'accès des parties au sens des conclusions est de nature à vicier la procédure[203]. En revanche, la communication des éléments essentiels de la motivation du dispositif, si elle ressort bien de l'obligation de motivation posée par le code, n'est pas assortie d'une sanction[204]. Par ailleurs, les parties sont invitées à présenter de brèves observations après l'audition des conclusions et l'ordre des interventions est désormais inversé, le rapporteur public parlant en premier, les parties lui répondant ensuite, si elles le souhaitent.

La Cour de Strasbourg s'est par la suite prononcée sur l'accès du rapporteur public aux travaux d'instruction réalisés en amont de l'audience par le rapporteur, comme elle l'avait fait pour l'avocat général près la Cour de cassation. Elle a admis que la communication du rapport au seul rapporteur public n'était pas contraire à la Convention européenne des droits de l'homme[205].

Il faut ajouter que depuis le décret du 23 décembre 2011[206], le CJA détermine précisément les matières dans lesquelles le rapporteur public peut désormais être dispensé de prononcer des conclusions à l'audience : permis de conduire ; refus de concours de la force publique pour exécuter une décision de justice ; naturalisation ; entrée, séjour et éloignement des étrangers, à l'exception des expulsions ; taxe d'habitation et taxe foncière sur les propriétés bâties afférentes aux locaux d'habitation et à usage professionnel au sens de l'article 1496 du CGI ainsi que contribution à l'audiovisuel public ; prestation, allocation ou droit attribués au titre de l'aide ou de l'action sociale, du logement ou en faveur des travailleurs privés d'emploi[207].

## 2 • Le jugement

### a) Délai raisonnable de jugement

**902** L'exigence du délai raisonnable inhérente au procès équitable a valu à la France de fréquentes condamnations devant la CEDH, mais aussi devant les juridictions nationales[208] expressément invitées par la Cour de Strasbourg sur la base de l'article 13 de la Convention à sanctionner elles-mêmes les délais déraisonnables, y compris lorsqu'ils pénalisent le défendeur ou une collectivité publique[209].

L'appréciation du caractère raisonnable du jugement s'effectue à la fois de manière globale et au stade de chaque instance de la procédure[210]. Ainsi, par exemple, dans l'appréciation du caractère raisonnable de la durée globale d'une procédure, il doit être tenu compte de la durée excessive d'un recours administratif préalable obligatoire[211].

Pour des raisons de bonne administration de la justice, le contentieux des actions en responsabilité dirigées contre l'État pour durée excessive de la procédure devant la juridiction administrative est désormais confié au Conseil d'État, statuant alors en premier et dernier ressort[212].

201. CJA, art. R. 711-3.
202. CE 5 mai 2006, *Mullerhof*, req. n° 259957, *Lebon* 232. Pour une application récente : CE 4 mai 2016, *Delay, req. n° 380548.*
203. CE 2 févr. 2011, *Marchesini*, *AJDA* 2011. 743, concl. S.-J. Liéber.
204. CE, sect., 21 juin 2013, *Communauté d'agglomération du pays de Martigues*, req. n° 352427.
205. CEDH 4 juin 2013, *Marc-Antoine c/ France*, req. n° 54984/09.
206. Décr. n° 2011-1950, *JO* 27 déc., p. 22294.
207. CJA, art. R. 732-1-1.
208. CE, ass., 28 juin 2002, *Min. de la Justice c/ Magiera*, req. n° 239575, *Lebon* 247.
209. CE 17 juill. 2009, *Ville de Brest*, req. n° 295653, *Lebon* 286.
210. CE 6 mars 2009, *Le Helloco*, *RFDA* 2009. 546, concl. R. Keller et 551, note B. Delaunay.
211. CE 6 avr. 2016, *Sté Stud'Arts*, req. n° 374489.
212. CJA, art. R. 311-1-7° issu du décr. n° 2005-911 du 28 juill. 2005.

Du reste, afin de favoriser la célérité du règlement des litiges par le juge administratif, des délais de jugement sont de plus en plus souvent prévus par les textes : au-delà des procédures d'urgence, l'on peut ainsi mentionner le contentieux des étrangers[213] et, plus récemment, le contentieux de l'urbanisme[214].

### b) Laconisme du jugement

**903** Depuis l'origine, le juge administratif cultive la concision, non sans une certaine coquetterie qui voulait, jusqu'à il y a peu encore, qu'un jugement ou un arrêt ne se composât que d'une seule phrase ouverte par « Vu » (la requête) et se terminant par « Décide » (le dispositif). Au début des années 2010, néanmoins, le Conseil d'État a entrepris un travail approfondi de réflexion sur la rédaction des décisions de la juridiction administrative, avec pour objectif de moderniser les pratiques du juge en la matière. Mise en œuvre de façon progressive à la suite du rapport *Martin* rendu public en avril 2012, cette réforme a conduit le juge administratif, notamment, à simplifier son vocabulaire, numéroter les paragraphes de ses décisions et à abandonner la rédaction selon des « considérants », qui étaient pourtant devenus l'un des symboles des décisions de la justice administrative, à l'exception d'un « considérant ce qui suit » qui ouvre les motifs. Il reste que les anciennes habitudes rédactionnelles ont la vie dure. Qui plus est, ce juge sait aussi cultiver l'implicite, au risque de réserver à de rares initiés la compréhension immédiate d'un arrêt de principe : exemplaire à cet égard est la rédaction de l'arrêt *Nicolo*[215] par lequel, quatorze ans après la Cour de cassation, le Conseil d'État admet, dans une phrase apparemment anodine, la supériorité du traité international sur la loi postérieure. Toutefois et c'est là le problème, cette recherche de la concision allait de pair avec ce qu'on appelle encore l'économie de moyens : il faut entendre par là une méthode de rédaction, plus que de raisonnement, consistant, en particulier dans le contentieux de légalité et lorsqu'une décision semble vouée à l'annulation pour plus d'un motif, à n'en faire apparaître qu'un seul dans la décision, sous le célèbre chapeau « sans qu'il soit besoin d'examiner les autres moyens de la requête ». Cette méthode présente toutefois l'inconvénient de laisser l'Administration et l'administré dans la plus parfaite ignorance de ce qu'a pensé le juge des « autres moyens » et d'exposer les deux parties au risque d'annulation d'une nouvelle décision pour un motif soulevé dans le premier litige mais dont le juge s'était dispensé de relever le bien-fondé.

Ce risque a fini par paraître excessif, notamment en matière d'urbanisme et de décisions d'occupation du sol, telles que les permis de construire, fréquemment contestés par les tiers avec une grande richesse de moyens de procédure comme de fond. Le législateur est ainsi intervenu[216] pour exiger du juge qu'il se prononce expressément sur tous les moyens, pas seulement l'un d'eux, susceptibles de conduire soit à l'annulation, soit à la suspension de l'exécution de la décision d'occupation du sol. Mais la jurisprudence a atténué la rigueur de cette exigence : l'absence de mention, dans les motifs du jugement, des moyens autres que ceux retenus pour annuler ou suspendre l'exécution d'un acte d'urbanisme n'entache pas la régularité de ce jugement, le juge étant réputé les avoir implicitement écartés[217]. On signalera qu'au stade de l'appel, cette exigence est interprétée différemment selon que le juge confirme ou infirme le ou les motifs retenus par le premier juge : dans le premier cas, le juge d'appel peut se dispenser de réexaminer les autres moyens de première instance ; dans le second cas, il devra les examiner et faire apparaître dans son arrêt le résultat auquel il parvient[218]. Au nom de la sécurité juridique, on ne peut qu'approuver cette initiative du législateur.

213. Par ex., dans les contentieux des obligations de quitter le territoire français (OQTF), v. CJA, art. R. 776-13 et R. 776-13-3.
214. V. C. urb., art. R. 600-3 s'agissant des permis de construire un bâtiment comportant plus de deux logements ou des permis d'aménager un lotissement.
215. CE, ass., 20 oct. 1989, *Lebon* 190, concl. P. Frydman, *RFDA* 1989. 771.
216. L. n° 2000-1208 du 13 déc. 2000 relative à la *solidarité et au renouvellement urbains*, art. 37, repris à l'art. L. 600-4-1 C. urb.
217. CE 8 avr. 2009, *Cne de Banon*, req. n° 307515, *Lebon* 156.
218. CE, sect., 28 mai 2001, *Cne de Bohars*, req. n° 218374, *Lebon* 249.

Néanmoins, en dehors des cas où un texte l'exclut expressément, la technique de l'économie des moyens peut être librement mise en œuvre par le juge, ainsi que l'a rappelé le Conseil d'État dans son important arrêt *Société Eden* : « sauf dispositions législatives contraires, le juge de l'excès de pouvoir n'est en principe pas tenu, pour faire droit aux conclusions à fin d'annulation dont il est saisi, de se prononcer sur d'autres moyens que celui qu'il retient explicitement comme étant fondé »[219].

De façon générale, la modernisation et la simplification de la rédaction des décisions du juge administratif sont à saluer. L'objectif constitutionnel de clarté et d'intelligibilité de la norme, jugé opérant par le Conseil d'État à l'encontre d'un décret[220], doit en effet conduire ce dernier à s'interroger sur la clarté et l'intelligibilité de ses propres décisions et de sa jurisprudence, sauf à priver les justiciables d'une garantie essentielle dans l'accès à la justice et au droit.

### c) Portée du jugement

**904** ***Principe de l'effet rétroactif de l'annulation contentieuse.*** En toute rigueur, l'annulation d'un acte réglementaire impliquait la disparition rétroactive de celui-ci, réputé n'avoir jamais existé[221]. D'où des situations inextricables dont l'Administration, notamment dans le contentieux de la fonction publique, ne pouvait sortir qu'au prix de reconstitutions fictives et hasardeuses ou, en désespoir de cause, de validations législatives[222].

**905** ***Dérogation : modulation des effets de l'annulation dans le temps.*** Au même moment, d'autres juridictions, en particulier la Cour de justice des communautés européennes, se sont autorisées à limiter — avec parcimonie — les effets de leurs arrêts, non seulement dans le contentieux de l'annulation, mais aussi dans le contentieux en manquement d'État et le contentieux de l'interprétation[223]. Finalement, après quelques avancées ponctuelles[224], le Conseil d'État a franchi le Rubicon : désormais, lorsque l'effet rétroactif de l'annulation risque d'emporter des conséquences manifestement excessives du point de vue de la sécurité juridique, le juge administratif peut, moyennant le respect du contradictoire et à titre exceptionnel, limiter les effets dans le passé d'une décision d'annulation et même déterminer une date ultérieure à laquelle prendra effet l'annulation[225].

Une telle solution se révèle précieuse lorsque l'annulation prononcée par le juge aurait pour effet de créer un vide juridique. Mais elle s'avère également particulièrement commode dans le cas où l'annulation de l'acte attaqué aurait comme effet de faire revivre une situation et des règles heurtant frontalement le droit de l'Union européenne en matière de concurrence[226] ou de remettre en cause la création de pôles de l'instruction avec le risque que les actes pris par les juges affectés dans ces pôles soient frappés de nullité[227]. La modulation dans le temps a par ailleurs été étendue aux actes non réglementaires, lorsque leur annulation risquait d'entraîner des conséquences excessives : a ainsi été modulée l'annulation, par exemple, de la nomination de membres du Conseil supérieur de la fonction publique de l'État[228], du décret de nomination d'un procureur de la République[229] ou encore d'une décision du CSA autorisant un service de télévision[230].

219. CE, sect., 21 déc. 2018, *Sté Eden*, req. n° 409678.
220. CE 8 juill. 2005, *Féd. des synd. gén. de l'Éducation nat. et de la recherche publique*, req. n° 266900, *Lebon* 708.
221. CE 26 déc. 1925, *Rodière*, *Lebon* 1065.
222. Sur un cas discuté en doctrine, v. Cons. const. 24 févr. 2012, n° 2011-224 QPC, *Coordination pour la sauvegarde du bois de Boulogne*.
223. CJCE 8 avr. 1976, *Defrenne c/ Sabena*, aff. 43/75.
224. CE, ass., 29 juin 2001, *Vassilikiotis*, *Lebon* 303, décision par laquelle, après avoir annulé un acte réglementaire, le juge édicte à l'intention de l'Administration des obligations transitoires en attendant une nouvelle réglementation.
225. CE, ass., 16 mai 2004, *Assoc. AC ! et a.*, req. nos 255886 s., *Lebon* 197.
226. CE, sect., 25 févr. 2005, *France Télécom*, req. n° 247866, *Lebon* 86.
227. CE 19 déc. 2008, *Kierzkowski-Chatal*, req. n° 312553, *Lebon* 467.
228. CE 21 déc. 2006, *Union synd. solidaires Fonctions publiques*, req. n° 287812, *Lebon* 576.
229. CE 12 déc. 2007, *Sire*, req. n° 296072, *Lebon* 471, *JCP* 2008. Actu. 14.
230. CE 5 mars 2008, *Stés NRJ 12 et TF1*, req. n° 281451 et 286273, *Lebon* 79.

On rappelle ici que le juge s'est également reconnu le droit de limiter dans le temps les effets de ses changements de jurisprudence[231].

En d'autres termes, le juge administratif a désormais le choix entre une pluralité de techniques : annulation pure et simple avec son plein effet rétroactif qui reste le principe[232], annulation partielle, annulation assortie d'un délai de grâce accordé à l'Administration pour régulariser la situation, annulation non rétroactive ou partiellement rétroactive. À quoi s'ajoutent, le cas échéant, des injonctions d'agir dans un sens déterminé.

Des limites sont toutefois imposées par la Cour de justice au juge national dans l'usage de son pouvoir de modulation dans le temps des effets d'une annulation, s'agissant de dispositions jugées contraires au droit de l'Union européenne[233].

**906** ***Innovation : les conclusions subsidiaires à fin d'abrogation.*** Comme un aboutissement de sa jurisprudence relative à ce pouvoir de modulation, éprouvée depuis le début des années 2000, le Conseil d'État a récemment ouvert la possibilité de saisir le juge administratif de conclusions tendant non pas seulement à l'annulation (disparition rétroactive), mais encore à l'abrogation (disparition pour l'avenir seulement) de l'acte litigieux dans le cas où ce dernier revêt une portée générale[234]. Suivant cette récente jurisprudence, lorsqu'il est saisi de conclusions tendant à l'annulation d'un acte réglementaire, le juge de l'excès de pouvoir apprécie la légalité de cet acte à la date de son édiction. S'il le juge illégal, il en prononce l'annulation. Néanmoins, ainsi saisi de conclusions à fin d'annulation recevables, le juge peut également l'être, à titre subsidiaire, de conclusions tendant à ce qu'il prononce l'abrogation du même acte au motif d'une illégalité résultant d'un changement de circonstances de droit ou de fait postérieur à son édiction, afin que puissent toujours être sanctionnées les atteintes illégales qu'un acte réglementaire est susceptible de porter à l'ordre juridique. Le juge statue alors prioritairement sur les conclusions à fin d'annulation. Mais dans l'hypothèse où il n'y ferait pas droit et où l'acte n'aurait pas été abrogé par l'Administration compétente depuis l'introduction de la requête, il appartient au juge, dès lors que l'acte continue de produire des effets, de se prononcer sur les conclusions subsidiaires. Il doit alors statuer au regard des règles applicables et des circonstances prévalant à la date de sa décision. S'il constate, au vu des échanges entre les parties, un changement de circonstances tel que l'acte est devenu illégal, le juge en prononce l'abrogation. Il peut d'ailleurs, eu égard à l'objet de l'acte et à sa portée, aux conditions de son élaboration ainsi qu'aux intérêts en présence, prévoir dans sa décision que l'abrogation ne prend effet qu'à une date ultérieure qu'il détermine.

#### d) Exécution du jugement

**907** Toute personne peut demander au juge qui a statué de veiller à l'exécution de sa décision ; en cas d'appel, la demande d'exécution est adressée à la juridiction d'appel. Ce pouvoir d'exécution se heurte toutefois à une limite : que le litige résultant de l'inexécution soit bien le même que celui sur lequel la juridiction a statué. Dès qu'il apparaît qu'il peut s'agir d'un litige distinct, bien qu'étroitement lié au litige d'origine, le juge de l'exécution sera tenté de renvoyer l'administré devant le juge du principal : une telle situation est fréquente dans les litiges de fonction publique comportant obligation de réintégrer un agent licencié à tort, lorsque la collectivité publique réintègre l'agent mais dans des conditions telles qu'on peut s'interroger sur la réalité de la réintégration. Un autre exemple de la limite du pouvoir d'injonction a été donné par la décision *Bour*[235] rendue en matière de préemption : après avoir annulé une décision de préemption urbaine prise par une commune, le juge, saisi par l'acquéreur évincé d'une

231. *Sté Tropic Travaux Signalisation*, préc. ; CE 6 juin 2008, *Conseil départemental de l'ordre des chirurgiens-dentistes de Paris c/ Banon*, req. n° 283141, *Lebon* 204.
232. CE 12 oct. 2005, *Placoplâtre*, req. n° 277300, *Lebon* 1032.
233. CE 3 nov. 2016, *France nature environnement*, req. n° 360212.
234. CE, sect., 19 nov. 2021, *Association des avocats ELENA France et a.*, req. n° 437141.
235. CE, sect., 26 févr. 2003, req. n° 231558, *Lebon* 59.

demande d'exécution, recherchera d'abord si la collectivité fautive a revendu le bien préempté ; si tel est le cas, il ne pourra que rejeter, comme se rattachant à un litige distinct, les conclusions tendant à la remise en cause de la revente ; si la revente n'a pas eu lieu, le juge ordonnera à la collectivité d'arrêter toute démarche tendant à la revente et de proposer le bien préempté à l'acquéreur évincé. Point de timidité en revanche pour reconnaître la compétence du juge administratif et enjoindre à un maire, sur le fondement de l'article L. 521-3 du CJA (référé « mesures utiles »), de faire usage du pouvoir qu'il tient des articles L. 480-1 et 2 du Code de l'urbanisme pour faire constater par procès-verbal (qui a le caractère d'un acte de procédure pénale) une infraction aux règles d'urbanisme et en transmettre copie au procureur de la République[236]. Point de timidité non plus pour enjoindre au pouvoir réglementaire de prendre dans un délai de six mois, sous peine d'astreinte de 1 500 euros par jour de retard, les mesures d'application de la loi du 27 janvier 2002 de modernisation sociale[237]. Plus récemment, le Conseil d'État, constatant que le Gouvernement n'avait toujours pas, nonobstant une première décision rendue en juillet 2017 par le juge administratif suprême, pris les mesures pour réduire la pollution de l'air dans huit zones en France, a prononcé une astreinte de 10 millions d'euros par semestre de retard, soit le montant le plus élevé qui ait jamais été imposé pour contraindre l'État à exécuter une décision prise par la juridiction administrative[238]. Cette astreinte a déjà fait l'objet de plusieurs décisions de liquidation provisoire[239].

Le Conseil d'État a, par ailleurs, précisé l'étendue des pouvoirs conférés au préfet par l'article 1er de la loi du 16 juillet 1980, pour faire exécuter une décision juridictionnelle passée en force de chose jugée condamnant une collectivité publique au paiement d'une somme d'argent[240].

**908** ***Injonctions.*** En revanche, il s'est refusé à reconnaître au juge administratif le pouvoir d'adresser à l'Administration des injonctions de faire ou de ne pas faire, faisant de cette interdiction une règle d'ordre public[241]. Cette jurisprudence reposait sur une conception extensive du principe de séparation des pouvoirs : le juge ne doit pas se faire administrateur ; or, adresser une injonction, c'est se substituer à l'Administration. Elle tolérait un faible nombre d'exceptions : pour la protection du domaine public[242] ; en matière d'installations classées pour la protection de l'environnement[243] ; en matière de marchés et par voie de référé[244].

La situation a, cependant, été modifiée en profondeur :

Pour ce qui est du contenu même des jugements et arrêts, la loi du 8 février 1995 a donné au juge le pouvoir d'adresser à l'Administration une injonction, assortie le cas échéant d'une astreinte, lorsque la décision qu'il s'apprête à rendre implique nécessairement soit que l'Administration (ou même une personne privée chargée de la gestion d'un service public) prenne une mesure d'exécution dans un sens déterminé, soit qu'elle prenne à nouveau une décision après une nouvelle instruction[245]. La difficulté est de savoir ce qu'implique « nécessairement » une décision de justice, surtout d'annulation d'un refus, en particulier dans le contentieux des étrangers[246] : délivrance du titre demandé ou simple réexamen de la situation du demandeur ? Le pouvoir d'injonction dont dispose le juge administratif est encadré : la mesure qu'il peut prescrire doit être nécessairement guidée par la décision juridictionnelle rendue[247].

---

236. CE 6 févr. 2004, *Masier*, req. n° 256719, *Lebon* 45.
237. CE 27 juill. 2005, *Synd. nat. des pharmaciens hospitaliers et praticiens hospitaliers universitaires*, req. n° 270327, *Lebon* 722.
238. CE 10 juill. 2020, *Assoc. Les amis de la terre France et a.*, req. n° 428409.
239. V. CE 4 août 2021, *Assoc. Les amis de la terre France et a.*, req. n° 428409 et CE 17oct. 2022, *Assoc. Les amis de la terre France et a.*, req. n° 428409.
240. CE 22 avr. 2005, *Sté fermière de Campoloro et a.*, req. n° 271898.
241. CE 17 avr. 1963, *Faderne*, *Lebon* 224.
242. CE 22 mars 1961, *Ville de Charleville*, *Lebon* 204.
243. CE 15 déc. 1989, *Spechinor*, *Lebon* 254.
244. CJA, art. L. 551-1 et s. et L. 551-13 et s.
245. CJA, art. L. 911-1 et s.
246. CE, sect., 22 févr. 2002, *Dieng*, req. n° 224496, *Lebon* 54.
247. CE 11 janv. 2012, *GISTI*, req. n° 354907.

Initialement, le juge administratif, pour pouvoir prononcer une injonction à l'égard de l'Administration, devait être nécessairement saisi de conclusions en ce sens par le requérant. Toutefois, depuis la loi du 23 mars 2019 de programmation 2018-2022 et de réforme pour la justice[248], qui est venue modifier l'article L. 911-1 du CJA, « La juridiction peut également prescrire d'office cette mesure ». Dans un tel cas, elle doit en informer les parties avant la séance de jugement et fixer le délai dans lequel elles peuvent, sans qu'y fasse obstacle la clôture éventuelle de l'instruction, présenter leurs observations[249].
On notera qu'à la différence de ce qui était admis pour le sursis à exécution et qui l'est encore pour le nouveau référé-suspension, on a pu considérer dans un premier temps que le juge, lorsque les conditions exigées par la loi étaient réunies, ne pouvait s'abstenir de prononcer l'injonction nécessairement impliquée par sa décision pour des motifs d'opportunité ou d'intérêt général[250] ; mais cette solution a été pour le moins nuancée à l'occasion d'un litige dans lequel les juges du principal avaient annulé une autorisation de construire une ligne électrique mais refusé, au stade de l'exécution, d'en ordonner la destruction. Dans sa décision *Syndicat départemental de l'électricité et du gaz des Alpes Maritimes*[251], le Conseil d'État a prescrit au juge de l'exécution, en pareille hypothèse, de rechercher si une régularisation appropriée est possible et dans la négative, d'apprécier en rapprochant les intérêts en présence si la démolition n'entraîne pas une atteinte excessive à l'intérêt général.
À la faveur d'un récent arrêt, le Conseil d'État a explicité, avec une rare pédagogie, l'office du juge de l'excès de pouvoir saisi de plusieurs moyens pouvant justifier l'annulation de la décision et, le cas échéant, l'injonction demandée par le requérant[252]. Il confirme que lorsque le juge de l'excès de pouvoir annule une décision administrative alors que plusieurs moyens sont de nature à justifier cette annulation, il lui revient, en principe, de choisir de fonder l'annulation sur le moyen qui lui paraît le mieux à même de régler le litige, au vu de l'ensemble des circonstances de l'affaire. Mais, lorsque le requérant choisit de présenter, outre des conclusions à fin d'annulation, des conclusions à fin d'injonction tendant à ce que le juge enjoigne à l'Administration de prendre une décision dans un sens déterminé, il incombe au juge de l'excès de pouvoir d'examiner prioritairement les moyens qui seraient de nature, étant fondés, à justifier le prononcé de l'injonction demandée. Il en va ainsi que les conclusions à fin d'injonction soient présentées à titre principal sur le fondement de l'article L. 911-1 du CJA ou à titre subsidiaire sur le fondement de l'article L. 911-2.

### e) Contestation du jugement

**909** ***Appel.*** L'encombrement des cours administratives d'appel a conduit le pouvoir réglementaire, au travers d'un important décret du 24 juin 2003[253], à restreindre les conditions d'accès à ces cours. D'une part, il a tout bonnement supprimé cette voie de recours dans la plupart des matières où le jugement de première instance peut être rendu par un juge unique, même s'il a été rendu par une formation collégiale[254], ce qui couvre un assez vaste domaine : entre autres, les litiges relatifs aux prestations, allocations ou droits attribués au titre de l'aide ou de l'action sociale, du logement ou en faveur des travailleurs privés d'emploi ; les litiges en matière de consultation et de communication de documents administratifs ou d'archives publiques ; les litiges relatifs aux refus de concours de la force publique pour exécuter une décision de justice ; les litiges relatifs aux impôts locaux et à la contribution à l'audiovisuel public (à l'exception des litiges relatifs à la contribution économique territoriale) ; les requêtes contestant les décisions prises en matière fiscale sur des demandes de remise gracieuse ; les litiges relatifs au permis de conduire ; les litiges en matière de pensions de retraite des agents publics ; ou encore,

248. L. n° 2019-222, art. 40, *JO* 24 mars.
249. CJA, art. R. 611-7-3.
250. CE, sect. avis, 30 nov. 1998, *Berrad*, req. n° 188350, *Lebon* 451.
251. CE, sect., 29 janv. 2003, req. n° 245239, *Lebon* 21.
252. CE, sect., 21 déc. 2018, *Sté Eden*, préc.
253. Décr. n° 2003-543 du 24 juin 2003, art. 11, modifiant art. R. 811-1 CJA.
254. CJA, art. R. 222-13.

les actions indemnitaires, sauf en matière de contrat de la commande publique et sauf si la demande initiale, mesurée hors intérêts et frais irrépétibles, porte sur une somme excédant 10 000 euros. On signalera que le périmètre des jugements qui désormais ne sont plus susceptibles que d'un pourvoi en cassation[255] ne coïncide pas exactement avec le périmètre de compétence du juge unique[256] : l'appel demeure en effet possible pour les jugements — rendus par un juge unique — dans les litiges relatifs à la notation, à l'évaluation professionnelle et à la répression des agents publics ainsi que dans les litiges relatifs aux bâtiments menaçant ruine ou aux immeubles insalubres. On signalera également qu'une requête indemnitaire non chiffrée ne peut être regardée comme tendant au versement d'une somme supérieure au seuil de 10 000 euros, sauf dans le cas où le requérant a sollicité une expertise pour déterminer l'étendue de son préjudice et par conséquent de son droit à réparation[257].
D'autre part, le même décret a rendu obligatoire la présentation de l'appel par ministère d'avocat[258] sauf deux exceptions : les requêtes dirigées contre les jugements statuant sur les recours pour excès de pouvoir formés quant à leur situation personnelle par les agents publics et les litiges en matière de contravention de grande voirie. Mais le décret JADE du 2 novembre 2016 est finalement revenu sur ces deux exceptions. L'obligation de ministère d'avocat vaut aussi pour les mémoires en défense, mais on rappelle que l'État, appelant ou intimé, est dispensé d'avocat devant les cours administratives d'appel[259].
Ces mesures portent leurs fruits : en 2022, les 9 cours administratives d'appel ont jugé près de 32 000 affaires et le délai moyen de jugement est d'un peu moins d'un an. On notera qu'un traitement privilégié est réservé à l'Administration dans l'introduction et l'instruction du litige. Est ainsi critiqué au regard du pacte de New York de 1966 comme de la Conv. EDH — mais vainement[260] — le délai de quatre mois ouvert au ministre pour faire appel des jugements favorables aux contribuables, alors que ces derniers ne disposent que du délai de droit commun de deux mois.

**910** ***Cassation.*** On se bornera ici à deux remarques. D'une part, les pourvois en cassation, qui requièrent l'intervention d'un avocat aux Conseils, à la seule exception de ceux dirigés contre les décisions des juridictions de pension, n'est mis à l'instruction qu'après admission préalable[261]. D'autre part, lorsque le Conseil d'État casse un arrêt, il a la faculté de régler lui-même l'affaire au fond comme juge d'appel et ce, sans rouvrir l'instruction, comme c'est la règle en cas de renvoi[262] restreignant ainsi sérieusement la possibilité pour les parties d'ajuster leur argumentation et d'en débattre contradictoirement.

## B • Les procédures spéciales

### 1 • Les procédures de référé

#### a) Consécration législative de l'urgence

**911** L'administré aux prises avec le temps peut accélérer le cours de la justice administrative en saisissant le juge d'une procédure de référé, voie de droit accélérée et s'exerçant parallèlement à un recours principal. Cette procédure permet d'obtenir le prononcé par le juge de mesures provisoires. Jusqu'en 2000, il existait certes des procédures de sursis à exécution des décisions administratives subordonnées à deux conditions, l'existence de moyens de nature à entraîner l'annulation de la décision attaquée et le risque

255. CJA, art. R. 811-1.
256. CJA, art. R. 222-13.
257. CE, sect., 5 mai 2006, *Bisson*, req. n° 280223, *Lebon* 231.
258. Décr. n° 2003-543 du 24 juin 2003, art. 10, modifiant art. R. 811-7 du CJA.
259. CJA, R. 811-10.
260. CE 3 juin 1991, *Bernstein*, *RJF* 1991. 8/9. 1141 ; CE 29 sept. 2000, *Le Diberder*, *RJF* 2000. 12. 1457.
261. CJA, art. L. 822-1.
262. CJA, art. L. 821-2.

(démontré) que l'exécution de la décision entraîne un préjudice difficilement réparable. Cependant, les juridictions administratives, à l'exemple du Conseil d'État, en avaient fait un usage restrictif : ainsi, elles renvoyaient fréquemment l'examen du sursis à l'examen du fond, répugnaient à prononcer le sursis à exécution d'une décision de rejet[263], assimilaient moyen de nature à entraîner l'annulation d'une décision et moyen fondé, se refusaient quasi systématiquement à qualifier un préjudice réparable en argent de préjudice difficilement réparable, s'autorisaient à ne pas prononcer le sursis, les conditions en fussent-elles réunies[264] et enfin se refusaient, hormis dans certaines situations très limitées, à adresser des injonctions à l'Administration. Cette situation pouvait d'autant moins perdurer que le Conseil constitutionnel faisait du sursis à exécution une garantie essentielle des droits de la défense[265].

La persistance de cet état de fait a conduit le législateur, à l'initiative du Conseil d'État lui-même, à définir un authentique régime de l'urgence administrative, confié pour l'essentiel aux tribunaux de première instance, comportant trois procédures de référé (suspension, injonction et conservatoire) susceptibles d'offrir aux administrés des garanties équivalentes à celles procurées par le référé civil. Ce dispositif, issu de la loi du 30 juin 2000 relative au référé devant la juridiction administrative, est aujourd'hui codifié aux articles L. 511-1 à L. 523-1 du CJA. Il est entré en vigueur le 1er janvier 2001.

La procédure propre à ces nouveaux référés se distingue radicalement de la procédure de droit commun devant le juge administratif : l'oralité y prend — enfin — une large place, sous la seule réserve que la demande ne soit pas rejetée par ordonnance au stade du « tri » qu'autorise l'article L. 522-3 du CJA ; mais si le juge a entamé la procédure contradictoire et fixé une date d'audience, il ne peut plus revenir en arrière et rejeter la demande par ordonnance et sans audience[266] ; le juge des référés est un juge statuant seul, sans rapporteur public, sauf lorsque la nature ou la difficulté de l'affaire justifie un renvoi devant une formation composée de trois juges des référés ou devant une autre formation de jugement dans les conditions de droit commun[267] ; les voies de recours s'exercent uniquement devant le Conseil d'État, statuant comme juge d'appel (référé-liberté) ou comme juge de cassation (référé-suspension et référé conservatoire). On notera que si les cours administratives d'appel sont exclues en tant que telles de ce dispositif, il est parfaitement possible dans le cadre d'un litige pendant devant une cour et lorsque l'urgence apparaît à ce stade, de demander une suspension ou une mesure conservatoire[268] au juge des référés de la cour qui statuera, dans cette hypothèse, comme premier juge. C'est déjà le cas pour les litiges fiscaux.

Autre trait distinctif des nouveaux référés, tout du moins du référé-liberté : le juge y dispose d'un pouvoir d'injonction qui ne connaît pas d'autre limite que ce qui est nécessaire pour mettre fin à une atteinte grave et manifestement illégale portée par l'Administration à une liberté fondamentale, alors que ce pouvoir ne s'exerce, hors référés, que dans les seules hypothèses prévues par la loi. Le référé-suspension peut également déboucher sur une injonction, en particulier lorsqu'est suspendue l'exécution d'une décision de refus de titre ou d'autorisation, le juge pouvant enjoindre à l'Administration de statuer à nouveau et à bref délai sur la demande dont elle a été saisie.

On notera cependant que, pour des raisons tenant à la fois à la rédaction du texte et à l'intention du législateur, le juge des référés, même lorsque les conditions de la suspension sont remplies, est libre d'apprécier — à titre il est vrai exceptionnel — s'il convient de ne pas l'ordonner[269].

Les constatations qu'on peut faire après presque vingt années d'application sont positives pour ce qui est de l'équilibre entrées-sorties et des délais de jugement. Le large développement des référés nouveaux n'a pas compromis les efforts de réduction des délais de jugement qui, il n'y a pas si longtemps,

263. CE, ass., 23 janv. 1970, *Amoros*, *Lebon* 51.
264. CE, ass., 13 févr. 1976, *Assoc. de sauvegarde du quartier Notre-Dame*, *Lebon* 100.
265. Cons. const. 23 janv. 1987, n° 86-224 DC, *Conseil de la concurrence*, *Rec. Cons. const.* 8.
266. CE, sect., 26 févr. 2003, *Sté Les Belles Demeures du Cap Ferrat*, req. n° 249264, *Lebon* 65.
267. CJA, art. L. 511-2.
268. Mais non un référé-liberté : CE 29 mars 2002, *M. Bonny*, req. n° 244523, *Lebon* 119.
269. CE 15 juin 2001, *Sté Robert Nioche*, req. n° 230637, *Lebon* 1120.

excédaient en certaines matières et dans certains tribunaux cinq ans, sachant que ces délais ne retraçaient que la phase juridictionnelle d'un litige parfois vieux des deux ou trois ans qu'il aura fallu à l'Administration pour répondre à la réclamation préalable.

Preuve de ce que ces différentes procédures d'urgence constituent, aujourd'hui, un outil efficace, témoignant de la réactivité du juge administratif, la loi du 23 mars 2019 de programmation 2018-2022 et de réforme pour la justice a instauré un nouveau référé en matière de secret des affaires[270]. Dans le but de prévenir une atteinte imminente ou de faire cesser une atteinte illicite à un secret des affaires, il est possible de demander au juge des référés de prescrire toute mesure provisoire et conservatoire proportionnée, y compris sous astreinte[271]. Le juge administratif peut notamment ordonner l'ensemble des mesures mentionnées à l'article R. 152-1 du Code de commerce (par exemple, interdire la réalisation ou la poursuite des actes d'utilisation ou de divulgation d'un secret des affaires ; interdire les actes de production, d'offre, de mise sur le marché ou d'utilisation des produits soupçonnés de résulter d'une atteinte significative à un secret des affaires, ou d'importation, d'exportation ou de stockage de tels produits à ces fins ; ou ordonner la saisie ou la remise entre les mains d'un tiers de tels produits, y compris de produits importés, de façon à empêcher leur entrée ou leur circulation sur le marché).

### b) Appréciation jurisprudentielle de l'urgence

**912** Quant au fond, la grande question était celle de la définition de l'urgence, à défaut de laquelle les référés sont voués à l'échec. La concentration des voies de recours dans les mains du Conseil d'État a permis de dégager rapidement une définition[272] : dans le cas où il s'agit d'obtenir la suspension de l'exécution d'une décision administrative, il y a urgence lorsque cette exécution porterait atteinte de manière suffisamment grave et immédiate à un intérêt public, à la situation du requérant ou aux intérêts qu'il entend défendre ; le juge doit apprécier concrètement, compte tenu des justifications fournies par le requérant, si les effets de l'acte litigieux sont de nature à caractériser une urgence justifiant que sans attendre le jugement au fond, l'exécution de la décision soit suspendue ; également, l'urgence s'appréciant objectivement et compte tenu de l'ensemble des circonstances de chaque cas, le juge doit faire apparaître dans sa décision tous les éléments qui l'ont conduit, face à l'argumentation des parties, à estimer que la suspension demandée revêtait un caractère d'urgence. Bref, le juge doit peser les intérêts en présence et ne peut se contenter d'une perception unilatérale de l'urgence. Ce qui n'exclut pas l'existence de situations dans lesquelles l'urgence sera présumée (refus de renouveler un titre de séjour ou décision accordant un permis de construire, par exemple). Le Conseil d'État a ainsi pu juger qu'il y avait urgence dans l'hypothèse d'un texte réglementaire qui expose les pilotes maritimes à un risque financier et porte atteinte aux intérêts de la profession dont le syndicat requérant assure la défense[273]. De même, il y a urgence à suspendre l'exécution d'une décision s'opposant à l'installation d'une antenne-relais[274].

Juge de cassation des ordonnances de référé-suspension des premiers juges, le Conseil d'État a précisé les limites inhérentes à l'office du juge des référés. Ainsi, un moyen tiré de l'inconventionnalité d'une disposition législative ne peut pas entraîner la suspension de l'exécution d'un acte pris sur son fondement, sauf si cette inconventionnalité est certaine[275]. Mais l'application du droit de l'Union européenne, qui bénéficie du principe de primauté, ne souffre pas la même restriction[276].

270. L. n° 2019-222, art. 41, repris à l'art. L. 77-13-1 du CJA.
271. CJA, art. R. 557-3.
272. CE, sect., 19 janv. 2001, *Conféd. des radios libres*, req. n° 228815, *Lebon* 28 ; CE, sect., 28 févr. 2001, *Préfet des Alpes-Maritimes*, req. n° 229563, *Lebon* 109.
273. CE 28 déc. 2010, *Fédération française des syndicats professionnels de pilote maritime*, req. n° 344754.
274. CE 21 oct. 2013, *Sté Orange France, req. n° 360481.*
275. CE 30 déc. 2002, *Min. de l'Aménagement du territoire et de l'Environnement c/ Carminati*, req. n° 240430, *Lebon* 510.
276. CE 3 mars 2004, *Sté Ploudalmézeau*, req. n° 259001, *Lebon* 123.

En revanche, estimant que le juge des référés est d'abord un juge de la vraisemblance, à défaut de l'évidence, il exerce sur leurs décisions un contrôle plus léger que sur les jugements rendus au fond[277], allant jusqu'à admettre qu'un juge ne commet pas d'erreur de droit en constatant un doute sérieux au vu du moyen tiré de ce qu'un maire ne peut pas se fonder sur l'article L. 111-6 du Code de l'urbanisme pour refuser le raccordement d'une caravane au réseau électrique[278] et qu'un autre juge n'en commet pas davantage en écartant tout doute sérieux face au même moyen[279].
S'agissant du référé-liberté, le demandeur doit établir que l'Administration a porté, dans l'exercice de ses pouvoirs, une atteinte grave et manifestement illégale à une « liberté fondamentale ». D'ores et déjà, il apparaît que les seuils de gravité et d'illégalité manifeste sont élevés : plus encore que le juge de la suspension, le juge du référé-liberté est le juge de l'évidence. On signalera que relève de l'évidence la suspension de l'exécution d'un arrêté d'expulsion visant un étranger qui avait obtenu de la CEDH une décision sur le fondement de l'article 39 de son règlement indiquant qu'il convenait que la France n'exécute pas la mesure pendant la durée de la procédure[280]. Quant au concept de liberté fondamentale, il prend corps d'un savant syncrétisme de droit constitutionnel, de droit conventionnel et de principes généraux du droit[281]. Quelques exemples : constituent des libertés fondamentales, au sens du référé-liberté, la présomption d'innocence[282] ; la liberté d'aller et venir[283] ; la libre administration des collectivités territoriales[284] ; le droit de se marier[285] ; le droit de grève[286] ; le droit de propriété[287] ; la liberté de culte[288] ; le droit de solliciter le statut de réfugié, corollaire du droit d'asile[289] ; le droit à la vie[290]. Au travers du référé-liberté, le juge administratif rend parfois des décisions de grande importance telle l'affaire *Dieudonné* dans laquelle le Conseil d'État admet qu'il est possible à l'autorité de police administrative d'interdire l'organisation d'un spectacle dans lequel devaient être tenus des propos portant atteinte, notamment, à la dignité de la personne humaine[291]. L'affaire *Vincent Lambert*, du nom de cette personne tétraplégique qui a été l'objet d'une procédure d'interruption de soins, a également donné lieu à l'intervention du juge du référé-liberté[292]. À cette occasion, le Conseil d'État a jugé que le moyen tiré de ce qu'une disposition législative française est incompatible avec la Convention européenne des droits de l'homme peut être utilement invoqué à l'appui d'un référé-liberté formé dans le cadre du contentieux de la fin de vie. Pour ce qui concerne le droit de l'Union européenne, la haute juridiction administrative considère qu'un moyen tiré de l'incompatibilité de la loi française avec ce droit n'est de nature à être retenu par le juge du référé-liberté, eu égard à son office, qu'en cas de méconnaissance manifeste des exigences qui découlent du droit de l'Union[293]. Enfin, il convient de rappeler le rôle tout particulier qu'a joué le référé-liberté durant l'état d'urgence sécuritaire, actionné entre 2015 et 2017, puis, surtout, au cours de l'état d'urgence sanitaire, institué en 2020 pour faire face à l'épidémie provoquée par la covid-19 : à propos de cette épidémie, précisément, ce sont plusieurs

277. CE 22 nov. 2002, *Communauté d'agglomération de Saint-Étienne*, req. n° 244727, *Lebon* 421.
278. CE 12 déc. 2003, *Cancy*, req. n° 257794.
279. CE 5 avr. 2004, *C^ne de Pertuis*, req. n° 261009, *Lebon* 156.
280. CE 30 juin 2009, *Min. de l'Intérieur c/ M. B.*, req. n° 328879, *Lebon* 240.
281. CE, ass., 30 oct. 2001, *Tliba*, req. n° 238211, *Lebon* 523, *AJDA* 2001. 1054, concl. I. de Silva, *RFDA* 2002. 2.
282. CE 14 mars 2005, *Gollnisch*, req. n° 278435, *Lebon* 103.
283. CE 9 janv. 2001, *Deperthes*, req. n° 228928.
284. CE, sect., 18 janv. 2001, *C^ne de Venelles*, req. n° 229247, *Lebon* 18.
285. CE 13 janv. 2003, *Bena*, req. n° 253216, *Lebon T.* 928.
286. CE 9 déc. 2003, *Aiguillon*, req. n° 262186, *Lebon* 497.
287. CE 2 juill. 2003, *S^té Outremer Finance*, req. n° 254536, *Lebon* 706.
288. CE 25 août 2005, *C^ne de Massat*, req. n° 284307, *Lebon* 307.
289. CE 17 sept. 2009, *Min. de l'Immigration c/ Salah*, req. n° 331950, *Lebon* 354.
290. CE, sect., 16 nov. 2011, *Ville de Paris, req. n° 353172.*
291. CE, ord., 9 janv. 2014, *Min. Intérieur c/ S^té Les Productions de la Plume et Dieudonné M'Bala M'Bala*, req. n° 374508 ; CE 6 févr. 2015, *C^ne de Cournon d'Auvergne*, req. n° 387726.
292. CE, ass., 24 juin 2014, *Lambert*, req. n° 375081.
293. CE 16 juin 2010, *Diakité*, req. n° 340250.

centaines de procédures qui ont ainsi été engagées sur le fondement de l'article L. 521-2 du CJA, aux fins de contester, en urgence, la plupart des mesures de police décidées par les autorités centrales ou locales (confinement, fermeture des commerces non essentiels, port obligatoire du masque, restrictions apportées à la liberté de manifester ou à la liberté de culte, *etc.*)[294].

Le référé-conservatoire ou « mesures utiles » de l'article L. 521-3 du CJA a trouvé un terrain d'élection dans les demandes d'expulsion du domaine public. Outre l'urgence, l'utilité et l'interdiction de faire obstacle à l'exécution d'une décision administrative qui résultent expressément du texte, une autre condition est exigée pour le prononcé d'une mesure d'expulsion : qu'elle ne se heurte à aucune contestation sérieuse et le juge du référé doit, à cet effet, examiner la nature et la pertinence des moyens soulevés contre la décision d'expulsion[295]. Au demeurant, le référé « mesures utiles » ne peut être utilisé pour obtenir la communication d'un document administratif utile à la solution d'un litige dans le cas où un recours au fond a déjà été formé[296].

## 2 • La procédure de la question prioritaire de constitutionnalité

**913** Jusqu'au 1er mars 2010, s'il n'appartenait pas au juge administratif d'apprécier la conformité d'un texte législatif aux dispositions constitutionnelles en vigueur à la date de sa promulgation, il lui revenait néanmoins, depuis l'arrêt *Ministre des Affaires sociales, du Travail et de la Solidarité*[297], de constater l'abrogation, fût-elle implicite, de dispositions législatives qui découle de ce que leur contenu est inconciliable avec un texte qui leur est postérieur, que celui-ci ait valeur législative ou constitutionnelle. Cependant, c'est une vraie révolution qui s'est produite avec l'entrée en vigueur, le 1er mars 2010, de la question prioritaire de constitutionnalité[298] (QPC). Depuis lors, tout justiciable peut remettre en cause la constitutionnalité d'une loi qui lui est appliquée en tant qu'elle porterait atteinte aux droits et libertés que la Constitution garantit et la juridiction saisie doit, sous certaines conditions, transmettre la question au Conseil d'État ou à la Cour de cassation qui jouent le rôle de filtre à l'égard du Conseil constitutionnel à qui revient la compétence de déclarer, le cas échéant, la loi inconstitutionnelle et de l'abroger.

D'après le bilan des dix ans de la QPC réalisé par le Conseil constitutionnel en 2020, entre 2010 et 2020, le Conseil d'État a transmis 404 QPC et la Cour de cassation 467. Le délai moyen de jugement d'une QPC, par le Conseil constitutionnel, s'est établi à 74 jours (pour un délai légal est de trois mois). Sur l'ensemble des saisines, le Conseil constitutionnel a rendu 499 décisions de conformité, 158 décisions de non-conformité totale et 69 de non-conformité partielle. Il a formulé des réserves d'interprétation dans 120 décisions et décidé de différer dans le temps les effets de l'abrogation qu'il a pu, le cas échéant, retenir dans 86 décisions.

Pour rappel, la QPC est le droit reconnu à toute personne qui est partie à un procès de soutenir qu'une disposition législative porte atteinte aux droits et libertés que la Constitution garantit (Constitution, art. 61-1).

Des précisions importantes ont déjà été apportées. Une QPC peut être soulevée devant le juge des référés saisi sur le fondement tant de l'article L. 521-1 que de l'article L. 521-2 du CJA[299]. En ce qui

294. En ce sens, v. not. B. Lasserre, « Le Conseil d'État face à la crise sanitaire du covid-19 », journées juridiques et administratives franco-croates, Split, 17 sept. 2020. v. égal. « Un an de recours en justice liés à la covid-19 », bilan publié sur le site Internet du Conseil d'État en avril 2021 : entre mars 2020 et mars 2021, ce sont ainsi près de 650 procédures d'urgence, tous types de référé confondus, qui ont été soumises rien qu'au Conseil d'État.
295. CE, sect., 16 mai 2003, *SARL Icomatex*, req. nº 249880, *Lebon* 229.
296. CE 20 févr. 2012, *Valéry*.
297. CE, ass., 16 déc. 2005, req. nº 259584 et 259753, *Lebon* 570.
298. Art. 61-1 de la Constitution résultant de la loi constitutionnelle du 23 juill. 2008 et loi organique du 13 déc. 2009 prise pour son application ; CJA, art. R. 771-3 s.
299. CE 16 juin 2010, *Diakité*, préc.

concerne la notion de « disposition applicable au litige », il a été jugé, dans le contentieux de la « décristallisation » des pensions des anciens combattants originaires des territoires autrefois placés sous la souveraineté française, que tel était le cas d'une disposition ouvrant un droit dont le requérant n'avait pu bénéficier, en violation selon lui du principe d'égalité. En revanche, une loi autorisant la ratification d'un traité et dont c'est le seul objet n'est pas une disposition applicable au litige au sens des textes régissant la QPC.

À propos de la notion de « disposition législative », le Conseil constitutionnel a, par sa décision du 3 juillet 2020, décidé que les dispositions d'une ordonnance de l'article 38 qui relèvent du domaine législatif entrent, dès l'expiration du délai d'habilitation, dans les prévisions de l'article 61-1 de la Constitution et que leur conformité aux droits et libertés que la Constitution garantit ne peut ainsi être contestée que par une QPC[300]. Il suit de là que, lorsque le délai d'habilitation est expiré, la contestation, au regard des droits et libertés que la Constitution garantit, des dispositions d'une ordonnance relevant du domaine de la loi n'est recevable qu'au travers d'une QPC qui doit être transmise au Conseil constitutionnel si les conditions fixées par les articles 23-2, 23-4 et 23 5 de l'ordonnance du 7 novembre 1958 sont remplies. Pour autant, conformément au but poursuivi par la révision constitutionnelle du 23 juillet 2008, qui entendait accorder aux citoyens des droits nouveaux et faire progresser l'État de droit en prévoyant la sortie de vigueur des dispositions déclarées inconstitutionnelles à cette occasion, la circonstance qu'une QPC puisse, dans une telle hypothèse, être soulevée, ne saurait cependant faire obstacle à ce que le juge ordinaire, notamment administratif, annule l'ordonnance dont il est saisi par voie d'action ou écarte son application au litige dont il est saisi, si elle est illégale pour d'autres motifs, y compris du fait de sa contrariété avec d'autres règles de valeur constitutionnelle que les droits et libertés que la Constitution garantit[301].

Enfin, une question préjudicielle posée par la Cour de cassation a permis à la CJUE de préciser les conditions dans lesquelles la législation relative à la QPC est compatible avec le droit de l'Union après que le Conseil constitutionnel et le Conseil d'État se sont eux-mêmes prononcés sur cette délicate question[302].

***

**914** Tout en apportant des solutions efficaces au problème des délais, la justice administrative a subi ces dernières années des transformations profondes dans sa composition, dans ses pouvoirs, dans ses règles de procédure. Là où s'appliquait la rigueur (anéantissement rétroactif de l'acte annulé, impossibilité de substituer devant le juge une base légale ou un motif corrects à la base et au motif initialement retenus, refus de surseoir à l'exécution d'une décision négative ou de refus), une souplesse a été introduite. On ne peut qu'être frappé par les convergences soit avec le procès civil (les nouveaux pouvoirs du juge des référés qui le placent sur un pied d'égalité avec le juge judiciaire, juge de la voie de fait) soit avec le procès pénal (séparation des fonctions de poursuites et de jugement). Mais ce mouvement d'uniformisation par rapport à des standards européens, même s'il n'est pas achevé, n'a pas affecté le cœur de la spécificité du procès administratif : l'Administration, les personnes morales de droit public d'une manière générale, en raison même de leurs missions et de leurs obligations, ne sont toujours pas une partie comme les autres.

300. Cons. const. 3 juill. 2020, n° 2020-851/852 QPC, *Sofiane A. et a.*
301. CE, ass., 16 déc. 2020, *Fédération CFDT des Finances et a.*, req. n° 440258.
302. CJUE 22 juin 2010, *Melki*, aff. C-188/10 ; Cons. const. 12 mai 2010, n° 2010-605 DC ; CE 14 mai 2010, *M. R.*, req. n° 312305.

## BIBLIOGRAPHIE INDICATIVE

– C. Barray et P.-X. Boyer, *Contentieux administratif*, Gualino, 4e éd., 2022.
– F. Blanco, *Contentieux administratif*, PUF, 2019.
– J.-C. Bonichot, P. Cassia et B. Poujade, *Les grands arrêts du contentieux administratif*, Dalloz, 8e éd., 2022.
– C. Broyelle, *Contentieux administratif*, LGDJ, 10e éd., 2022.
– P. Cassia, *Les grands textes de procédure administrative contentieuse*, Dalloz, 6e éd., 2021.
– D. Chabanol, *La pratique du contentieux administratif*, LexisNexis, 13e éd., 2020.
– R. Chapus, *Droit du contentieux administratif*, Montchrestien, 13e éd., 2008.
– A. Courrèges et S. Daël, *Contentieux administratif*, PUF, 4e éd., 2013.
– D. Costa, *Contentieux administratif*, LexisNexis, 2e éd., 2014.
– O. Gohin et F. Poulet, *Contentieux administratif*, LexisNexis, 11e éd., 2023.
– M. Guyomar et B. Seiller, *Contentieux administratif*, Dalloz, 6e éd., 2021.
– O. Le Bot, *Contentieux administratif*, Larcier, 9e éd., 2022.
– B. Pacteau, *Manuel de contentieux administratif*, PUF, 3e éd., 2014.

## PISTES DE RÉFLEXION

– Quels sont les actes qui échappent au contrôle du juge administratif ?
– Quelle est la place de la prise en compte de l'urgence par le juge administratif ?
– Dans quelle mesure le service public de la justice administrative est-il au service des justiciables ?
– En quoi le juge administratif est-il l'un des gardiens des libertés fondamentales ?
– Quelles ont été, ces vingt-cinq dernières années, les grandes évolutions ayant affecté l'office du juge administratif ?
– La juridiction administrative et les états d'urgence

# Thème 9
# Le droit des victimes

ANNE D'HAUTEVILLE
*Professeur honoraire à l'Université de Montpellier*

Le « droit » français des victimes d'infraction pénale est un droit qui bouscule les frontières entre droit pénal et droit civil tant sur le plan de la procédure que sur le plan des concepts et des fonctions des deux disciplines.

Si traditionnellement on présente le droit pénal comme un droit sanctionnateur d'un acte illicite ayant troublé l'ordre public et le droit civil comme un droit réparateur d'un intérêt privé lésé par l'infraction, le « droit des victimes » faisant appel aux deux disciplines, contribue aujourd'hui à faire aussi du droit pénal un droit réparateur des préjudices subis par les victimes et de la justice pénale une justice restauratrice du lien social compromis par l'infraction.

Les développements législatifs de la politique criminelle en faveur des victimes (initiée dans les années 1980), avec la création d'un juge délégué aux victimes (le JUDEVI)[1], la présence d'un bureau d'aide aux victimes au sein de chaque tribunal (le BAV), l'introduction dans le Code pénal de nouvelles peines alternatives à la peine de prison telles que la sanction-réparation ou la contrainte pénale et la reconnaissance par le Code de procédure pénale de diverses mesures de justice « restaurative » conduisent à s'interroger sur une nouvelle justice pénale marquée à la fois par l'importance donnée à la victime et par la recherche de nouvelles modalités de lutte contre la récidive.

La volonté politique de prise en considération des victimes a été également affirmée au niveau européen. La directive 2012/29/UE du 25 octobre 2012 a établi en effet des normes minimales concernant les droits, le soutien et la protection des victimes de la criminalité, normes qui ont été intégrées dans notre droit par la loi du 17 août 2015[2].



1. Le Conseil d'État a partiellement annulé les dispositions règlementaires du C. pr. pén. instituant le JUDEVI qui a ainsi perdu l'ensemble de ses attributions d'administration judiciaires. (déc. du 13 nov. 2007) et qui semble etre tombé en désuétude.
2. Après la directive 2012/13/UE qui a créé un véritable régime juridique du suspect, cette nouvelle directive donne cette fois à la victime un véritable statut dans le cadre d'un « renouvellement européen de la procédure pénale ». La directive garantit aux victimes quatre séries de droits : information, soutien, protection et participation à la procédure pénale. V. É. Vergès, « Un *corpus juris* des droits des victimes : le droit européen entre synthèse et innovations », Chron. législative, *RSC* 2013. 121. Ces droits sont aujourd'hui reconnus par la loi n° 2015-993 du 17 août 2015 portant adaptation de la procédure pénale au droit de l'Union européenne. V. G. Beaussonie, « L'installation de la victime dans le procès pénal », *AJ pénal* 2015. 526 s.

**915** ***La complexité de la demande de « réparation » des victimes de la criminalité.*** « Tout fait quelconque de l'homme qui cause à autrui un dommage oblige celui par la faute duquel il est arrivé à le réparer » (C. civ., ancien art. 1382 devenu art. 1240). Cette formule célèbre de notre Code civil porte en elle l'idée dominante de tous les systèmes juridiques : la personne lésée a droit à la réparation de son dommage de la part de l'auteur de ce dommage. Mais l'infraction pénale n'est pas un « fait quelconque » et les droits des victimes de la criminalité ont bien une spécificité particulière. Ces droits doivent leur être présentés dès leur dépôt de plainte lors de leur audition par les autorités policières ou judiciaires. Ainsi toutes les victimes doivent être informées de leurs droits dès la phase policière, y compris celles qui choisissent de rester à l'écart du judiciaire en ne se constituant pas partie civile. Pour éviter toute victimisation supplémentaire, l'article 10-5 du C. pr. pén. introduit par la loi du 17 août 2015 a en outre posé le principe que toutes les victimes fassent l'objet d'une évaluation personnalisée afin de déterminer si elles ont besoin de mesures de protection au cours de la procédure pénale.

Pour ces victimes, la reconnaissance du droit à réparation est recherchée par l'exercice de l'action civile qui « appartient à tous ceux qui ont personnellement souffert du dommage directement causé par l'infraction » (C. pr. pén., art. 2).

Mais leur demande ne se réduit pas à la seule compensation financière de leurs dommages. Dans le langage courant, « réparer » c'est à la fois « effacer, remettre en état ce qui a été endommagé, ce qui est détérioré et expier, racheter une faute »[3].

Ainsi, l'action civile de réparation que la victime d'une infraction pénale peut, en droit français, engager devant les juges répressifs, présente le double visage[4] d'une action vindicative recherchant par la participation à l'action publique de répression le prononcé d'une culpabilité, d'une responsabilité et d'une peine, et d'une action indemnisatrice sollicitant en application des règles du droit civil la reconnaissance d'une responsabilité civile et le dédommagement des préjudices subis.

Nous examinerons successivement les prérogatives de nature pénale de la victime avec le droit de se constituer partie civile devant le juge répressif (***I.***) et ses prérogatives de nature civile avec le droit d'obtenir réparation de ses dommages (***II.***).

---

3. *Nouveau Petit Robert*. F. Hélie le constatait dans son traité de l'instruction criminelle : « l'action civile a souvent pour mobile principal la punition même de l'infraction, l'application de la peine, car la peine seule venge l'injure ou rassure la victime » (1re éd., 1848, 11, 179).
4. F. Boulan, « Le double visage de l'action civile exercée devant la juridiction répressive », *JCP* 1973. 1. 2563. Cette action « innomée » interroge toujours la doctrine. V. P. Bonfils, « La participation de la victime au procès pénal, une action innomée », *Mél. J. Pradel*, Cujas, 2006, p. 179 s.

# I • Les prérogatives de nature pénale : le droit d'être partie au procès pénal

**916** ***Le système français dit « de la partie civile ».*** La constitution de partie civile est une particularité forte du droit français[5] qui peut s'expliquer historiquement. En effet, pendant très longtemps, responsabilité civile et responsabilité pénale sont restées confondues et la distinction de la réparation et de la répression est demeurée incertaine. Ainsi, lorsque l'ancien droit permit de canaliser la vengeance privée vers une vengeance contrôlée par l'autorité sociale puis vers une justice étatique, la composition pécuniaire imposée à l'auteur (ou son groupe) au profit de la victime (ou de son groupe) conservait la double nature de peine et de dédommagement. Rapidement, le pouvoir central imposa à la victime de partager avec elle ce prix de l'offense.
Sur le plan de la procédure, le droit d'option reconnu à la victime entre la voie civile et la voie pénale pour présenter sa demande de réparation apparaît comme un vestige du système accusatoire.
La reconnaissance « officielle » de la place de partie au procès pénal de la victime par la loi française date des années 1980 (loi du 8 juill. 1983), elle a été renforcée en 2000 (loi du 15 juin 2000) et la protection de la victime partie civile a été étendue à toute l'Union européenne par la loi du 17 août 2015, qui a affirmé le principe de reconnaissance mutuelle des décisions de justice prononçant des interdictions à l'encontre des personnes mises en cause ou condamnées pour une infraction pénale dommageable pour les victimes. On peut souligner que la loi de 2015 parachève la reconnaissance légale des droits des victimes dans la procédure pénale française en ajoutant un sous-titre 3 intitulé « Droits des victimes » dans le Code de procédure pénale.
L'importance des prérogatives pénales de la victime, constituée partie civile, explique l'appréciation restrictive faite par la jurisprudence des conditions de la constitution de partie civile (A.) et la recherche par le législateur d'un équilibre dans ses effets (B.).

## A • L'appréciation par la jurisprudence des conditions de recevabilité de l'action civile

**917** ***Le droit d'être partie au procès pénal, droit exceptionnel ?*** L'article 2 du Code de procédure pénale ne reconnaît le droit de porter l'action civile de réparation devant le juge pénal qu'à « tous ceux qui ont personnellement souffert du dommage directement causé par l'infraction ». Pour l'étude de ces conditions (préjudice personnel et préjudice direct), tant pour les victimes personnes physiques que pour les personnes morales, nous renvoyons le lecteur aux manuels de procédure pénale. Nous limiterons nos réflexions à la reconnaissance d'une dualité d'intérêts présentés par la victime ayant choisi la voie pénale et à la situation particulière des proches de la victime directe, appelés souvent « victimes par ricochet ».

### 1 • Le double intérêt de l'action civile exercée devant le juge pénal

**918** L'intérêt le plus évident présenté par la victime est la recherche de la réparation de ses dommages (par l'allocation de dommages et intérêts qui « indemnisent » la victime). L'action civile n'existe et la constitution de partie civile n'est recevable qu'à la condition que les préjudices existent et soient la

5. La directive du 25 oct. 2012 n'impose pas le système français et donc ne reconnaît pas à la victime la qualité de partie au procès pénal.

conséquence certaine et directe de l'infraction poursuivie[6]. Mais un autre intérêt, moins avoué, est pris en compte par les juges ; c'est l'intérêt d'être présent au procès pénal pour corroborer l'action publique de répression.

La question s'est posée de savoir si ce seul intérêt vindicatif suffisait pour déclarer recevable la constitution de partie civile de la victime. La jurisprudence l'a admis dans l'hypothèse où le juge répressif est incompétent pour statuer sur le problème de réparation[7] ou encore dans celle où la victime a été préalablement et intégralement indemnisée par un fonds[8]. La Cour de cassation reconnaît même la spécificité, voire l'autonomie de l'action civile à fin seulement vindicative (c'est-à-dire sans demande d'indemnisation) en considérant que cette action exercée devant le juge répressif ne peut interrompre la prescription de l'action en dédommagement présentée ultérieurement au juge civil[9].

**919** ***Le procès pénal peut-il être réparateur pour la victime ?*** L'intérêt reconnu peut être très concrètement la volonté de faire entendre sa voix, de participer à la recherche de la vérité[10], de défendre son honneur[11] ou d'obtenir une décision de culpabilité de l'accusé[12] mais aussi la volonté de dénoncer l'infraction si le ministère public n'exerce pas lui-même les poursuites. Ceci explique que le pouvoir pénal de la victime n'ait été admis par le juge qu'avec prudence et réserves. La doctrine est partagée sur cette question, mais les témoignages de victimes sont nombreux sur leur attente d'un procès pénal participant à leur « réparation » morale, d'une justice pénale « restaurative ».

Un exemple de l'attitude restrictive de la jurisprudence, aujourd'hui presque historique, nous est donné avec les infractions dites « d'intérêt général ».

Dans un arrêt du 25 juillet 1913, la Cour de cassation affirmait en effet que « le délit d'outrages aux bonnes mœurs ne lèse que la généralité des citoyens en s'attaquant exclusivement à la morale publique » et en déduisit qu'« il n'appartient… qu'au ministère public de poursuivre ce délit… s'il l'avait jugé à propos »[13]. Cet arrêt fut le point de départ d'une importante jurisprudence qui écarta du prétoire répressif les victimes ne justifiant pas de dommage précis si ce n'est que celui d'être victime d'un acte interdit par la loi pénale, d'une « incrimination d'intérêt général ».

Cette jurisprudence qui s'explique par le souci des juges d'éviter que les victimes ne s'érigent en « procureur *bis* », tend aujourd'hui à disparaître. Il est utile en effet, pour la société que les victimes puissent pallier l'inaction ou l'ignorance du parquet dans l'exercice des poursuites pénales[14].

L'intérêt vindicatif est également celui du groupement qui agit sur la base d'une atteinte à un intérêt collectif dont il a la charge. Rappelons ici seulement que l'action civile des syndicats professionnels a d'abord été admise par la jurisprudence[15] avant d'être reconnue par la loi du 12 mars 1920 (C. trav.,

---

6. En cas de relaxe du prévenu, la victime constituée partie civile a le droit de faire appel sur ses intérêts civils seulement. En appel, le principe de la présomption d'innocence interdit au juge répressif de rechercher si les faits déférés constituent une infraction pénale. La victime doit alors démontrer que ces mêmes faits objet de la relaxe constituent néanmoins une faute civile engageant la responsabilité civile de son auteur innocenté sur le plan pénal. V. Crim. 5 févr. 2014, n° 12-80.154, *Dalloz actualité*, 28 févr. 2014, obs. F. Winckelmuller. Il s'agit d'un revirement de jurisprudence confirmé à plusieurs reprises : Crim. 11 mars 2014, n° 12-88.131, note J. Pradel, *JCP* 2014. 1116 ; Crim. 24 juin 2014, n° 13-84. 478, *Dalloz actualité*, 9 juill. 2014, obs. L. Priou-Alibert.
7. Crim. 8 juin 1971, *D.* 1971. 500, note J. Maury. En matière de terrorisme, c'est désormais le cas, les juridictions pénales sont incompétentes pour l'indemnisation des victimes qui relève de la seule JIVAT. Loi Belloubet du 23 mars 2019.
8. Crim. 20 oct. 1993, *D.* 1994. 280, note A. d'Hauteville.
9. Civ. 1re, 25 janv. 2000, *D.* 2001. 1348, note H. Matsopoulou.
10. Crim. 10 mai 1994. *Bull. crim.* n° 165.
11. Crim. 19 oct. 1982. *Bull. crim.* n° 222.
12. C. assises du Gard, 20 mai 1985, *D.* 1986. IR 117, obs. J. Pradel.
13. Crim. 25 juill. 1913, *D.* 1915. I. 150, note M. Nast ; Pradel et Varinard, *Les grands arrêts de la procédure pénale*, 9e éd., Dalloz, 2016, n° 10.
14. v. Aix-en-Provence, 1er déc. 1997, *Dr. pénal* 1998, n° 136 qui a admis la recevabilité de la constitution de partie civile d'une association de consommateurs dans les poursuites exercées sur la base du délit de « risque grave causé à autrui », appelé également « mise en danger d'autrui » prévu par l'art. 223-1 du C. pén. v. aussi Crim. 5 févr. 2003, *Bull. crim.* n° 25 à propos du délit de fraude électorale par minoration des comptes de campagne, *Les grands arrêts de la procédure pénale*, 9e éd., Dalloz, 2016, n° 10.
15. Ch. réun., 5 avr. 1913, *D.* 1914. 1. 65, *Les grands arrêts de la procédure pénale*, *op. cit.*, n° 12.

art. L. 411-11) alors que l'action des associations fut d'abord écartée par la Cour suprême[16] avant d'être admise cas par cas par le législateur lorsque l'action paraît socialement utile[17].
L'action civile de ces différentes personnes morales présente plus le visage d'une action en répression qu'une action en réparation avec l'allocation d'un euro symbolique à titre de dommages et intérêts.

## 2 • La situation particulière des victimes par ricochet

**920** L'existence de préjudices subis par les proches de la victime première n'a jamais été mise en doute. Mais désirant restreindre le cercle des victimes admises au prétoire pénal (par crainte de leur pouvoir pénal), la jurisprudence a longtemps rejeté les constitutions de partie civile des « proches », conjoints, compagnons, ascendants ou descendants, par la raison même que leurs préjudices n'étaient pas directement causés par l'infraction mais subis par ricochet des souffrances de la victime « directe ». Les seuls dommages réparables par l'exercice de l'action civile au pénal, sont ceux qui sont envisagés dans le texte d'incrimination, c'est-à-dire les atteintes à la personne même de la victime directe ou les atteintes à ses biens. De très nombreux arrêts ont affirmé que cet exercice est « un droit exceptionnel qui, en raison de sa nature, doit être strictement renfermé dans les limites fixées par le Code »[18].
Mais par un revirement de jurisprudence salué par la doctrine, la chambre criminelle a admis la demande présentée par l'épouse, pour elle-même et pour ses enfants mineurs, « en réparation du dommage moral que leur causait le spectacle de graves blessures infligées à leur mari et père considérablement diminué sur le plan physique et intellectuel »[19]. Les proches peuvent subir des préjudices personnels qui découlent directement des faits objets de la poursuite et en demander réparation au juge pénal.
Cette situation de fait ne doit pas être confondue avec deux situations voisines :
— si la victime directe est décédée immédiatement au jour de l'infraction, les proches éprouvent personnellement des préjudices directement causés par l'infraction et peuvent demander au juge pénal réparation de leurs préjudices (préjudice moral, préjudices économiques). La jurisprudence l'a toujours admis ;
— si la victime directe décède ultérieurement, ses droits sont recueillis par ses héritiers qui peuvent alors exercer l'action civile du défunt à titre d'ayants cause[20] en plus de leur propre action de « proches », victimes par ricochet. Mais les ayants cause n'héritent que du droit à indemnisation de nature civile et non du droit de mettre en mouvement l'action publique. Ils ne peuvent présenter l'action civile au nom de leur auteur, la victime directe décédée, au juge pénal que si l'action publique a été mise en mouvement par le parquet ou par la victime directe de son vivant[21].
Notons que la directive européenne du 25 octobre 2012 est un peu en retrait par rapport au droit français en ce qui concerne les « victimes par ricochet » puisque sa protection n'est étendue aux membres de la famille de la victime directe qu'en cas de décès de celle-ci.

16. Crim. 18 oct. 1913, *S.* 1920. 1. 321, *Les grands arrêts de la procédure pénale*, *op. cit.*, n° 12.
17. v. C. pr. pén., art. 2-1 à 2-21 ; C. fam., art. 3 ; C. rur., art. L. 252-1 s. ; C. consom., art. L. 411-1 s. ; C. déb. boiss., art. 96.
18. Par ex., v. Crim. 11 déc. 1969, *D.* 1970. 156 ; 7 juin 1983, *Bull. crim.* n° 172 ; 9 nov. 1992, *Bull. crim.* n° 361 mais surtout Cass., ass. plén., 12 nov. 1979 ; *JCP* 1980. 11. 19335, note E. Cartier.
19. Crim. 9 févr. 1989, *D.* 1989. 614, note Bruneau ; *Les grands arrêts de la procédure pénale*, *op. cit.*, n° 9.
20. Même pour la réparation du *pretium doloris* subi par la victime directe avant sa mort : v. Cass., ch. mixte, 30 avr. 1976, 2 arrêts, *D.* 1977. 185, *RTD civ.* 1976. 556.
21. Jurisprudence initiée par Crim. 17 avr. 2004, *Bull. crim.* n° 96, *JCP* 2004. II. 10157, note Boré de Bruneton, *RSC* 2004. 904, obs. Commaret, et confirmée par Cass., ass. plén., 9 mai 2008, 2 arrêts, *D.* 2008. AJ 1415, obs. M. Léna.

## B • La recherche par le législateur d'un équilibre dans les effets de la constitution de partie civile

**921** ***Procès équitable et droits de la partie civile ?*** En raison du fort pouvoir pénal conféré à la victime par la constitution de partie civile, le législateur a recherché à maintenir un équilibre dans l'accusation entre parquet et victime, et à l'instance entre auteur et victime[22] : l'article préliminaire introduit dans le Code de procédure pénale par la loi du 15 juin 2000 renforçant tant la présomption d'innocence que les droits des victimes énonce désormais les principes directeurs du procès pénal garants de cet équilibre : « I — La procédure pénale doit être équitable et contradictoire et préserver l'équilibre des droits des parties [...] II — L'autorité judiciaire veille à l'information et à la garantie des droits des victimes au cours de toute procédure pénale ».

### 1 • Un équilibre dans l'accusation

**922** En ce qui concerne le déclenchement de l'action publique[23], la victime constituée partie civile apparaît comme un agent de la répression, au même titre que le ministère public. En effet, la constitution de partie civile, dite « par voie d'action », permet soit la saisine du juge de jugement lorsque l'instruction n'est pas obligatoire (citation directe d'un auteur connu, C. pr. pén., art. 388, 392 et 531), soit la saisine du juge d'instruction lorsque l'instruction est obligatoire ou nécessaire. Mais, depuis la loi du 5 mars 2007 tendant à renforcer l'équilibre de la procédure pénale, la plainte avec constitution de partie civile devant le doyen des juges d'instruction n'est recevable qu'à la condition que le parquet ait rendu une décision de classement sans suite ou qu'un délai de trois mois se soit écoulé depuis le dépôt de la plainte devant un service de police judiciaire (C. pr. pén., art. 85).

Craignant des excès dans l'exercice de ce droit « d'action », le législateur a institué quelques barrières : outre la réforme opérée par la loi du 5 mars 2007, on peut citer l'obligation de déposer au greffe du tribunal une consignation si la partie civile n'a pas obtenu l'aide juridictionnelle (C. pr. pén., art. 88 et 392-1, al. 1) ou la procédure sanctionnatrice que le parquet peut engager *a posteriori* en cas de non-lieu ou de relaxe du prévenu (C. pr. pén., art. 392-1, al. 2) à l'encontre de la partie civile ayant exercé une action civile « abusive ou dilatoire » (C. pr. pén., art. 91, al. 1)[24].

La loi du 15 juin 2000 a également permis au juge d'instruction qui a rendu une ordonnance de non-lieu à l'issue d'une information ouverte sur constitution de partie civile de prononcer contre la partie civile une amende civile dont le montant ne peut pas excéder 15 000 euros. Sa décision doit être rendue sur réquisition du procureur de la République et doit être motivée (C. pr. pén., art. 177-2).

Au contraire, le législateur a encouragé les constitutions de partie civile par « voie d'intervention » sur une action publique déjà engagée par le ministère public en simplifiant les procédures : la victime peut intervenir, sans se déplacer, par lettre recommandée avec avis de réception[25] ou télécopie ou par le moyen d'une communication électronique (C. pr. pén., art. 420-1), ou verbalement en venant à l'audience (jusqu'à la clôture des débats).

---

22. V. A. d'Hauteville, « Le point de vue des victimes dans le procès pénal : quel équilibre ? » *in Mél. C. Lazerges. Politique(s) criminelle(s)*, Dalloz, 2014, p. 649 s.
23. Depuis l'arrêt *Laurent Atthalin*, Crim. 8 déc. 1906, aff. *Placet Thirion*, *D.* 1907. 1. 207 ; Pradel et Varinard, *Les grands arrêts de la procédure pénale*, *op. cit.*, n° 7.
24. Une autre limite était apportée par l'article 575 C. pr. pén., qui interdisait par principe à la partie civile de se pourvoir en cassation contre les arrêts de la chambre de l'instruction en l'absence de pourvoi du ministère public, sauf quelques exceptions énumérées. Sur une question prioritaire de constitutionnalité invoquant une atteinte au principe d'égalité devant la loi et la justice et au droit à un recours effectif et aux droits de la défense, cet article a été déclaré contraire à la Constitution. V. C. Lacroix, « Les parties civiles à l'assaut de la chambre criminelle de la Cour de cassation », *D.* 2010. 2686 ; *RSC* 2011. 193, Chron. C. Lazerges.
25. Cette procédure peut être utilisée quel que soit le montant de la demande de la victime : réforme de la loi du 15 juin 2000 renforçant la présomption d'innocence et les droits des victimes.

En ce qui concerne la répression de l'acte délictueux, la victime n'a, en principe, aucune prérogative. Certes, la qualification des faits peut dépendre de l'importance des dommages subis par la victime et même souvent de la qualité même de la personne de la victime[26]. Mais le choix de la sanction et de ses modalités d'application appartient aux seuls juges, juges de jugement et juges de l'application des peines qui doivent néanmoins prendre en compte les intérêts des victimes, constituées parties civiles ou pas, et faire respecter leurs droits, droit à la sécurité, droit à l'information si elles le souhaitent et droit à réparation (*cf. infra*)[27].
La réalité est souvent différente. Dans des affaires sensibles pour l'opinion publique, le juge tient parfois compte de la personnalité ou du nombre des victimes, et du retentissement de l'affaire sur l'opinion publique.

## 2 • Un équilibre à l'instance

**923** L'analyse du Code de procédure pénale montre que les droits de la victime, partie civile, sont calqués sur ceux de l'auteur, plus précisément du mis en examen lorsqu'une instruction a été ouverte. Ainsi la partie civile a le droit à l'assistance d'un avocat[28] qui aura accès au dossier d'instruction, le droit à participer à la recherche des preuves en présentant au juge d'instruction une demande motivée des mesures d'investigation (audition, confrontation, interrogatoire, remise de pièces, C. pr. pén., art. 82-1 et 89-1). Ces droits ont été renforcés par la loi du 15 juin 2000 qui permet désormais à la partie civile de demander un transport sur les lieux, l'audition d'un témoin ou d'une autre partie civile ou encore l'interrogatoire de la personne mise en examen (C. pr. pén., art. 82-2). Cette loi a étendu également à la partie civile l'obligation faite au juge d'instruction de remettre aux avocats des parties, à leur demande, une copie de l'intégralité du rapport d'expertise (C. pr. pén., art. 167 modifié).
Les victimes (ou association regroupant plusieurs victimes) doivent désormais être avisées de l'état d'avancement de l'information selon un rythme prévu par l'article 90-1 du C. pr. pén.
La loi du 25 février 2008 sur les criminels dangereux a répondu à la demande des victimes de supprimer les « non-lieux » du juge d'instruction ou les relaxes ou acquittements des juridictions de jugement ayant retenu l'irresponsabilité pénale de l'auteur pour troubles mentaux (C. pén., art. 122-1, al. 1). Désormais, ces différentes juridictions d'instruction et de jugement pourront déclarer « qu'il existe des charges suffisantes contre la personne d'avoir commis les faits qui lui sont reprochés » (imputabilité matérielle, *cf.* C. pr. pén., art. 706-125) avant de déclarer l'irresponsabilité pénale (imputabilité psychologique ou morale inexistante, *cf.* C. pr. pén., art. 706-125, 2°). La chambre de l'instruction comme les juridictions de jugement pourront alors prononcer des mesures de sûreté (C. pr. pén., art. 706-136) à l'encontre de cet auteur, pourtant déclaré pénalement irresponsable, y compris une hospitalisation d'office (C. pr. pén., art. 706-135).
Par contre, la procédure de comparution sur reconnaissance préalable de culpabilité, couramment appelée « le plaider coupable », instituée par la loi du 9 mars 2004 ne permet pas à la victime d'être présente lors de la première phase de la procédure au cours de laquelle le procureur de la République peut proposer une peine à la personne qui reconnaît les faits qui lui sont reprochés (C. pr. pén., art. 495-7 s.). La victime, informée de la mise en œuvre de cette procédure « sans délai » n'est invitée à comparaître, et donc à faire valoir ses droits, que dans la deuxième phase de la procédure à l'audience

26. Le C. pén. de 1992 a créé des circonstances aggravantes liées à la personne de la victime : personnes particulièrement vulnérables ou personnes détentrices d'autorité, v. C. pén., art. 221-2, 221-4 et 221-5.
27. V. loi du 9 mars 2004 relative à l'exécution des peines privatives de liberté et loi du 12 déc. 2005 relative à la récidive.
28. L. 22 mars 1921 ; C. pr. pén., art. 114, al. 1. V. aussi la loi du 9 sept. 2002 qui permet d'accorder l'aide juridictionnelle sans condition de ressource aux victimes des crimes les plus graves tels que meurtres, empoisonnements, actes de tortures et de barbarie, violences graves, viols et actes de terrorisme. D'après la nouvelle rédaction de l'art. 114 du C. pr. pén. issue de la loi n° 2014-535 du 27 mai 2014, la représentation par avocat n'est plus obligatoire pour qu'une partie civile obtienne copie des pièces du dossier.

d'homologation, devant le président du tribunal judiciaire ou le juge délégué par lui (C. pr. pén., art. 495-13), de l'accord intervenu entre le procureur et le prévenu. Si la victime n'a pu exercer son droit de se constituer partie civile et d'être présente à l'audience d'homologation, l'auteur pourra être cité devant le tribunal correctionnel qui statuera alors sur les seuls intérêts civils présentés par la victime constituée partie civile (C. pr. pén., art. 495-13, in fine).
La reconnaissance de ces différents droits de la victime dans le cadre de la procédure pénale traduit le souci que porte le législateur moderne à la victime. Ce souci a d'abord été un souci intéressé : la victime pouvait ainsi collaborer à la recherche de l'auteur, à l'élucidation des faits, et à l'explication du fameux passage à l'acte. Déjà au XVIII^e siècle, Jousse écrivait que « la victime concourt à la punition du crime »[29].
Ce n'est que dans les années 1980 qu'un autre regard a enfin été porté par les pouvoirs publics sur les victimes de la criminalité. Des enquêtes de « victimisation » ont mis en évidence les difficultés rencontrées par la victime pendant son parcours judiciaire et l'inefficacité de la décision rendue par les juges sur la demande de réparation[30].
Aussi, la France s'est-elle engagée dès 1982 dans une politique « résolue » d'aide aux victimes, présentée comme le complément indispensable de la politique de prévention de la délinquance[31].
Afin de tenir les engagements de la politique publique de l'aide aux victimes, le législateur a institué un mécanisme de financement reposant sur des contributions financières que les juges répressifs peuvent imposer aux condamnés : une majoration de 10 % peut être ajoutée à toute peine d'amende contraventionnelle, correctionnelle ou criminelle, y compris en cas d'infractions au Code de la route et d'infractions douanières.[32]

**924** ***Le rôle des associations d'aide aux victimes.*** Un réseau associatif d'aide aux victimes[33] fut créé et participe aujourd'hui aux différentes politiques étatiques menées pour rendre la justice plus proche des justiciables[34]. L'existence de ce réseau est mentionnée dans le Code de procédure pénale : l'article 41 du Code de procédure pénale modifié par la loi du 15 juin 2000 dispose en effet que « le procureur de la République peut également recourir à une association d'aide aux victimes ayant fait l'objet d'un conventionnement de la part des chefs de la cour d'appel afin qu'il soit porté aide à la victime de l'infraction ».[35]

29. *Traité de justice criminelle en France*, 1771. Au lendemain de la Seconde Guerre mondiale, H. Von Hentig (*Le criminel et sa victime*, 1948) utilisant le premier le terme de *victimology* présente cette nouvelle discipline comme un outil pour le criminologue, suggérant l'influence de la victime dans la genèse du crime. La victimologie est alors « la réplique en miroir » de la criminologie. Elle recherche « le rôle de la victime dans le passage à l'acte » allant jusqu'à poser la question « la victime est-elle coupable ? ». V. E.-A. Fattah, « Le rôle de la victime dans le passage à l'acte », *RICPT* 1973 ; v. aussi *Déviance et Société*, 198 1. Sur cette évolution, v. R. Cario, *Victimologie, de l'effraction du lien intersubjectif à la restauration sociale*, L'Harmattan, coll. « Sciences criminelles ».
30. V. « Une politique criminelle fondée sur la victimologie et sur l'intérêt des victimes », *RSC* 1981. 895-907. M. Baril, *L'envers du crime*, L'Harmattan, coll. « Sciences criminelles », 2002. V. les enquêtes de victimation réalisées par le département de l'observatoire national de la délinquance et des réponses pénales, v. publications « Grand Angle » de l'Institut national des hautes études de sécurité et de la justice (INHESJ).
31. R. Badinter, « Quelques aspects nouveaux du droit pénal français ». Intervention liminaire au VII^e congrès de l'Association française de droit pénal, nov. 1983, *RICPT* 1984, n° 4. Cette politique a été inspirée par le rapport de la commission Milliez qui a déclaré « avoir pensé aux victimes humainement, humblement, non pour satisfaire la soif de vengeance que certains leur supposent, ce qui est loin d'être toujours vrai, mais simplement en se penchant sur leur détresse, en cherchant les meilleurs moyens de les secourir, de les aider à faire valoir leurs droits, de leur assurer la réparation aussi totale que possible du préjudice qui leur a été causé. Elle a observé que la cause des victimes n'entrait pas en conflit avec l'action qui a été menée en France depuis la Seconde Guerre pour assurer la réinsertion sociale des condamnés et qui s'est traduite par le grand principe de l'individualisation des peines et la création d'institutions comme le juge de l'application des peines, le sursis avec mise à l'épreuve, l'assistance aux libérés de prison, les comités de probation » (p. 122). — Une délégation interministérielle à l'Aide aux Victimes (DIAV) a été créée par le décret du 7 août 2017, et placée auprès du garde des Sceaux afin de coordonner l'action des différents ministères en matière d'aide aux victimes. Le décret du 3 août 2016 modifié par le décret du 25 avril 2017 a institué dans chaque département des comités locaux d'aide aux victimes. (CLAV). Leur composition a été modifiée par le décret du 3 mai 2018.
32. Loi renforçant la lutte contre le crime organisé, le terrorisme et leur financement, et améliorant l'efficacité et les garanties de la procédure pénale, du 3 juin 2016 qui a ajouté un troisième alinéa à l'article 132-20 du Code pénal. V. C. Lacroix, « La sur amende "victime" ou la victime en contrepoint de la sanction », *in Mélanges en l'honneur du professeur Yves Mayaud*, Dalloz, juin 2017. Dans la pratique judiciaire, cette sur-amende n'est jamais prononcée.
33. Fédéré par France Victimes, ancien Institut national d'aide aux victimes et de médiation, 27 avenue Parmentier, 75011 Paris.
34. Avec notamment les objectifs d'une justice de proximité et de rétablissement de la paix sociale pour « la politique de la ville ».
35. Introduit par la loi du 8 avril 2021 améliorant l'efficacité de la justice de proximité et de la réponse pénale, l'article 41-1, 10 du CPP crée une nouvelle mesure alternative aux poursuites qui permet au parquet de demander à l'auteur des faits de s 'acquitter d'une contribution citoyenne auprès d'une association d'aide aux victimes mentionnée aux articles 10-2 et 41 CPP (maximum de 3 000 €)

Ces associations d'aide (qui ne doivent pas être confondues avec les associations de défense des victimes habilitées par le législateur à se constituer partie civile, *cf. supra*) apportent aux victimes toute l'information nécessaire pour comprendre les difficultés des parcours judiciaires. En plus de leurs permanences dans leurs locaux associatifs, les associations animent les bureaux d'aide aux victimes (ou BAV) existants au sein de chaque tribunal judiciaire (décr. 7 mai 2012). Les principaux droits reconnus aux victimes sont regroupés dans le nouvel article 10-2 du C. pr. pén. créé par la loi du 17 août 2015, avec quatre nouveautés : un droit plus large à l'information sur les mesures de protection, le droit à la traduction et à l'interprétariat, le droit d'être accompagnée à tous les stades de la procédure par un tiers majeur de son choix et le droit d'élire domicile chez un tiers de son choix. Ces informations doivent également être données aux victimes par les services de police et de gendarmerie dans le cadre de l'enquête préliminaire, par le juge d'instruction et par les juges de jugement. Ces derniers doivent informer les victimes de la possibilité de saisir la Commission d'indemnisation des victimes ou CIVI, ainsi que le Service d'aide au recouvrement des dommages et intérêts ou SARVI lorsqu'ils condamnent l'auteur de l'infraction sur le plan civil à indemniser la ou les parties civiles (*cf. infra*).
Ainsi, peu à peu le fossé qui séparait le droit de demander réparation du droit d'obtenir réparation s'est comblé : en plusieurs étapes, le législateur français a considérablement renforcé la protection des victimes d'infractions, rendant moins aléatoire le droit d'obtenir une effective réparation.

## II • Les prérogatives de nature civile : le droit d'obtenir réparation

**925** Le principe affirmé dans tous les systèmes juridiques est celui d'une réparation à la charge de l'auteur des dommages en application des règles de la responsabilité civile (A.). Le droit de la victime est alors lié à la personne de l'auteur et à ses capacités financières. Mais de plus en plus, en raison de l'exigence d'une réparation effective, le droit à réparation de la victime se détache de la personne de l'auteur pour être garanti par la collectivité (B.).

### A • La réparation à la charge de l'auteur des dommages

**926** Il ne peut être question de rappeler ici les règles fondamentales de notre droit de la responsabilité civile ainsi que les principes du droit de la réparation[36]. Nous préciserons seulement la mesure de la réparation due par les responsables puis les moyens de pression mis par la loi à la disposition du juge pénal pour contraindre le prévenu déclaré responsable à exécuter son obligation de réparation.

#### 1 • La mesure de la réparation

**927** ***La réparation par équivalent financier.*** L'indemnisation due à la victime par l'auteur obéit au principe de la « réparation intégrale » ou de « l'équivalence entre dommage et réparation »[37]. C'est la jurisprudence qui depuis le début du XIX^e^ siècle a dégagé, sur la base du principe de réparation

36. Si la victime a choisi la voie pénale pour demander la réparation de ces dommages en se constituant partie civile, elle doit démontrer le lien de causalité entre l'infraction et ses dommages. Mais en cas de relaxe du prévenu, la victime partie civile peut faire appel sur ses intérêts civils seulement et doit alors prouver au juge pénal d'appel que les faits qui ont été l'objet de la poursuite pénale mais qui n'ont pas été qualifiés d'infraction par les premiers juges constituent néanmoins une faute civile engageant la responsabilité civile de leur auteur. V. p. 778, note 1.

37. V. G. Viney, Responsabilité : *effets*, LGDJ, n^os^ 57 s. ; Y. Lambert-Faivre, S. Porchy-Simon, *Le droit du dommage corporel*, 8^e^ éd., Dalloz, coll. « Précis », 2015, n^os^ 88 s.

intégrale, les règles applicables à l'évaluation des indemnités : l'auteur responsable doit réparer « tout le préjudice subi » mais « rien que le préjudice ».

La Cour de cassation rappelle fréquemment que « le propre de la responsabilité civile est de rétablir, aussi exactement que possible l'équilibre détruit par le dommage et de replacer la victime dans la situation où elle se serait trouvée si l'acte dommageable n'avait pas eu lieu »[38]. Au sein de la Haute juridiction, le groupe de travail présidé par J.-P. Dintilhac a proposé une nomenclature précise des différents chefs ou postes de préjudices susceptibles d'être créés par les atteintes aux personnes des victimes[39].

Les juges du fond disposent d'un pouvoir souverain d'appréciation pour individualiser au mieux leur décision : les dommages et intérêts mis à la charge du responsable doivent se mesurer à l'étendue des préjudices et non à la gravité de faute commise par l'auteur de l'infraction.[40]

Cette affirmation n'est pas toujours exacte, notamment lorsqu'il s'agit d'indemniser des préjudices moraux par nature irréparables (atteintes aux sentiments ou à la personnalité pour les victimes directes, spectacle de la souffrance d'autrui, ou perte d'un être cher pour les proches)[41]. Pour la victime, les indemnités allouées ont un rôle plus « satisfactoire » que réparateur et vis-à-vis du responsable, elles jouent le rôle de peine privée[42].

La réparation n'est pas toujours ordonnée par « équivalent », c'est-à-dire en termes financiers. Le mode de réparation en nature se justifie pour des dommages matériels de faible gravité causés par des mineurs ou des majeurs[43].

## 2 • Les moyens contraignant l'auteur à réparer

**928** Le législateur, prenant acte des difficultés rencontrées par les victimes d'infraction pénale à être effectivement indemnisées par l'auteur, a conféré au juge pénal quelques armes juridiques pour convaincre, sinon contraindre, l'auteur à réparer les dommages causés, le plus souvent par le versement des dommages et intérêts auxquels il a été condamné.

**929** ***La réparation, alternative aux poursuites ?*** En suivant les différentes étapes de la procédure pénale, on peut citer tout d'abord, au stade des poursuites, la médiation pénale que peut ordonner le procureur de la République, directement ou par délégation, « préalablement à sa décision sur l'action publique » (C. pr. pén., art. 41-1, 5°), avec la promesse, (sous-entendue), d'un classement sans suite si la mesure a permis « d'assurer la réparation du dommage causé à la victime ». Cette mesure de médiation pénale, mesure de « justice restaurative » qui permet la rencontre entre l'auteur et sa victime, s'applique surtout aux infractions de faible gravité commises dans le cadre d'une délinquance urbaine (conflits de

---

38. Civ. 2e, 4 févr. 1982. *JCP* 1982. II. 19894, note J.-F. Barbieri.

39. V. La Documentation française et circ. n° CIV/05/07 du ministère de la Justice du 22 févr. 2007 ; J.-P. Dintilhac, « Pour une nomenclature unique », *Gaz. Pal.* 18 avr. 2008, p. 60. V. P. Pierre, « La nomenclature : une dynamique ? », *Gaz. Pal.* 24-27 déc. 2014, p. 11 s. En plus des postes de préjudices énumérés et définis pour les victimes directes et pour les victimes indirectes, la nomenclature laisse aux magistrats la possibilité d'en reconnaître de nouveaux s'ils sont « exceptionnels ». Ainsi des juridictions ont reconnu l'existence d'un préjudice « d'angoisse et d'attente » dans le cadre de catastrophes collectives. En matière de terrorisme, ces nouveaux préjudices d'angoisse de mort imminente et d'attente et d'inquiétude des proches sont également reconnus depuis septembre 2017. N'ayant pas de caractère autonome, ils sont intégrés dans un autre poste de préjudice (souffrances endurées, préjudice d'affection du proche de la victime en l'absence d'expertise médicale, *etc.*). *Cf.* S. Porchy-Simon, « Vers l'indemnisation des préjudices d'angoisse et d'attente », *D.* 2017. 696. La jurisprudence a consacré la notion de dommage psychique et pris en compte les préjudices résultants de ces dommages sans les intégrer dans les préjudices moraux. *Cf.* Crim. 16 nov. 2010, n° 09-87.211 qui a précisé le caractère autonome du « traumatisme psychique » subi par les victimes directes et indirectes.

40. Mais le juge civil peut doser la responsabilité civile des coauteurs poursuivis et condamnés différemment par le juge pénal en appréciant la faute génératrice de chaque coauteur : Civ. 2e, 13 sept. 2018, n° 17-14.654.

41. V. G. Viney, *Responsabilité : effets*, *op. cit.*, n° 146, p. 202 qui estime que « s'agissant des préjudices qui, par définition n'ont pas d'incidence économique et qui sont donc intraduisibles en termes monétaires dire qu'on les "répare" par le paiement d'une somme d'argent est déjà inexact mais affirmer que la réparation doit être mesurée à l'ampleur réelle du préjudice est, à notre avis, vide de sens ».

42. V. S. Carval, La responsabilité civile dans sa fonction de peine privée, thèse Paris I, LGDJ, 1995.

43. L'obligation de réparer « en nature » des dégradations de biens peut faire l'objet d'une mesure à fin éducative « d'aide et de réparation à l'égard de la victime » (Ord. 2 févr. 1945, art. 12-1), cette mesure peut aussi être ordonnée à titre de « sanction éducative » (L. 9 sept. 2002). La peine de sanction-réparation instituée par la loi du 5 mars 2007 peut aussi être exécutée en nature avec l'accord de la victime et du condamné : v. *infra*, C. pén., art. 131-8-1, al. 3.

voisinage entraînant des dégradations matérielles ou des injures, conflits familiaux réciproques sur le droit de visite ou le paiement des pensions. La médiation pénale est prohibée en matière de violences conjugales par la loi du 30 juillet 2020) et a l'ambition de rétablir la paix sociale en « mettant fin au trouble résultant de l'infraction » et de « contribuer au reclassement de l'auteur de l'infraction ». On peut citer aussi le versement par l'auteur d'une contribution citoyenne, plafonnée à 3 000 € qui est une nouvelle alternative aux poursuites à la disposition des parquets créée par la loi du 8 avril 2021. (*Cf supra* note 60)

**930** ***La réparation, alternative à la privation de liberté ?*** Le juge d'instruction peut astreindre le « mis en examen » à fournir des garanties de l'indemnisation de la victime au moyen d'un cautionnement ou de sûretés (C. pr. pén., art. 142).

Enfin, en matières correctionnelle et contraventionnelle, le juge de jugement peut ajourner le prononcé de la peine (C. pén., art. 132-60 s.) donnant à l'auteur reconnu coupable l'espoir d'une dispense de peine (C. pén., art. 132-59 s.) s'il répare effectivement les dommages causés à la victime. La décision d'ajournement peut imposer à titre de mise à l'épreuve, la réparation des dommages (C. pén., art. 132-64).

Dans le même esprit, le prononcé de la peine avec sursis peut exiger à titre d'épreuve, l'obligation « de réparer en tout ou partie, en fonction de ses facultés contributives les dommages causés par l'infraction, même en l'absence de décision sur l'action civile » (C. pén., art. 132-45, 5°). *Cette obligation peut être aussi imposée dans le cadre de la nouvelle peine correctionnelle de contrainte pénale*[44].

Brouillant encore plus les frontières entre droit pénal et droit civil, la loi du 5 mars 2007 relative à la prévention de la délinquance a créé la peine de « sanction-réparation » qui peut être prononcée en matière correctionnelle comme alternative à la privation de liberté (ou à l'amende pour les contraventions de la 5e classe) ou à titre de peine complémentaire (C. pén., art. 131-8-1)[45].

Enfin la loi du 15 août 2014 introduisant dans le Code de procédure pénale les mesures de justice restaurative[46] a ajouté parmi les droits de la victime au stade post sentenciel la possibilité de se voir proposer une telle mesure. (C. pr. pén., art. 707).

À travers ces différentes institutions, il est intéressant de constater que le législateur a fait de l'indemnisation des victimes par l'auteur une condition des mesures d'individualisation de la peine et d'amélioration du sort du condamné. Le choix de la sanction pénale par le juge de jugement, ou l'aménagement de la peine décidé par le juge de l'application des peines, tient compte de la volonté de réparation manifestée par l'auteur.

Mais, et c'est l'envers de la médaille, ces mesures dépendent des capacités financières de l'auteur et ne sont envisageables que si la réparation est à la mesure de ces capacités, en d'autres termes, seulement pour des dommages de faible gravité. « La charge trop lourde de la réparation risque de contrarier la réinsertion sociale de l'auteur »[47] qui est également l'objectif recherché par le législateur moderne à travers ces modes d'individualisation de la sanction pénale. Or, une simple faute pénale d'imprudence peut entraîner des dommages considérables. Dans ce type de situation, seule la collectivité peut garantir à la victime le respect du principe de la réparation intégrale.

## B • La réparation recherchée auprès de la collectivité

**931** Devant la multiplication des situations à risques et l'exigence d'indemnisation soutenue par l'opinion publique, le droit a été contraint de s'adapter en créant des catégories de victimes « objectives »,

---

44. La peine de contrainte pénale instaurée par la loi du 15 août 2014 relative à l'individualisation des peines et renforçant l'efficacité des sanctions peut aussi avoir pour objectif la protection de la victime en interdisant au condamné d'entrer en relation avec sa victime. Pour une appréciation critique de la peine de « sanction-réparation », v. M. Giacopelli, « Libres propos sur la sanction-réparation », *D.* 2007. 1551 s.
45. Un service d'aide au recouvrement des dommages-intérêts dus par l'auteur, condamné civilement à indemniser la victime est proposé aux victimes depuis le 1er octobre 2008 et est géré par le Fonds de garantie des victimes (v. site Internet du SARVI).
46. Les mesures de justice restaurative peuvent être proposées à tous les stades de la procédure.
47. M. Ancel, « Le problème de la victime dans le droit pénal positif et la politique criminelle moderne », *RI crim. et pol. techn.* 1980. 136.

c'est-à-dire indemnisables sur le seul fondement du risque et en transférant la charge des indemnisations sur la collectivité. Ainsi s'expliquent le formidable développement des assurances de responsabilité et les créations récentes de fonds d'indemnisation.

## 1 • La réparation garantie par l'assureur du responsable

**932** Le mécanisme de l'assurance de responsabilité permet de supprimer deux conséquences inacceptables de la mise en œuvre judiciaire de la règle de la réparation intégrale.

En effet, pour la victime, obtenir la reconnaissance d'un droit par la condamnation d'un insolvable équivaut à un « déni de justice » et pour l'auteur, être condamné à réparer intégralement des dommages corporels lourds peut apparaître comme une sanction tout à fait disproportionnée par rapport à la faute commise, une sanction qui le conduirait dans un « enfer de sévérité »[48].

Mais l'assurance a ses propres limites. Elle ne peut garantir que des comportements aléatoires et exclut par conséquent en toute hypothèse la faute intentionnelle de l'assuré[49] (C. assur., art. L. 113-1), faute qui se distingue de la faute lourde et de la faute inexcusable et même de l'intention du droit pénal. L'exclusion légale de la faute intentionnelle se reconnaît à la disparition de l'aléa, condition de l'assurance : l'auteur a volontairement causé le dommage subi effectivement par la victime rendant ainsi certaine la réalisation du dommage[50].

Les lacunes de la responsabilité civile dans sa fonction réparatrice et les limites de l'assurance de responsabilité peuvent laisser ainsi de nombreuses victimes sans indemnisation. C'est alors à l'État, responsable de l'ordre public, de trouver les solutions permettant, par la solidarité, de secourir ceux qui ont eu le malheur de subir le risque de société qu'est la délinquance.

## 2 • La réparation versée par un fonds d'indemnisation

**933** Un rappel de l'évolution législative est utile pour expliquer l'hétérogénéité des systèmes mis en place[51]. Les procédures d'indemnisation seront ensuite exposées.

La possibilité de demander à l'État d'indemniser les victimes de la criminalité a été reconnue par le législateur français dès 1977, mais la loi du 3 janvier 1977 n'a pu recevoir qu'une application limitée en raison des conditions extrêmement rigoureuses imposées au requérant. Cette idée n'est pas nouvelle : formulée par Jérémy Bentham dès 1829, défendue par Enrico Ferri[52], elle fut approuvée par le Mouvement de défense sociale nouvelle[53].

Sur le plan international, elle fut formulée par le Conseil de l'Europe dans sa résolution de 1977 (77-27), et précisée en 1983 dans la Convention européenne sur le dédommagement des victimes d'infractions pénales puis affirmée par la déclaration de l'ONU de 1985, déclaration des principes fondamentaux de justice relatifs aux victimes de la criminalité et aux victimes d'abus de pouvoir (art. 12 et 13). La philosophie mise en œuvre dans ces différents textes était fondée sur l'idée de secours de l'État aux victimes les plus défavorisées en cas de carence du responsable : il ne s'agissait que d'une aide financière plafonnée, accordée par l'État à la double condition que la victime ait épuisé toute autre voie de droit pour obtenir réparation (condition de subsidiarité) et qu'elle

---

48. V. G. Viney, *Responsabilités : effets*, *op. cit.*, n° 58, p. 84.
49. Mais l'assureur reste garant de toutes les fautes même intentionnelles des personnes dont l'assuré est civilement responsable (enfants, préposés…) : C. assur., art. L. 121-2.
50. V. H. Groutel, « L'appréciation de l'aléa et de la faute intentionnelle dans le contrat d'assurance », *RCA* nov. 2000, Chron. n° 24. V. Crim. 2 mai 2001, *RGDA* 2001. 685, note E. Fortis ; v. aussi A. d'Hauteville, « Retour sur la distinction faute intentionnelle ou dolosive exclue de l'assurance et infraction pénale intentionnelle », *in Mél. offerts au Professeur J. Bigot*, LGDJ, 2010.
51. V. le rapport des sénateurs C. Béchu et Ph. Kaltenbach sur l'indemnisation des victimes enregistré au Sénat le 30 oct. 2013.
52. E. Ferri, *Sociologie criminelle*, n° 88.
53. M. Ancel, « La défense sociale devant le problème de la victime », *RSC* 1978. 179 s.

soit, du fait de l'infraction, dans une situation matérielle grave (avec, en outre, une condition de ressources).

En 1981, le législateur français permit (aux mêmes conditions rigoureuses), aux victimes de vols, d'abus de confiance et d'escroqueries, de solliciter la même aide.

Sous la pression d'événements dramatiques, l'étape législative suivante a concerné les victimes d'actes de terrorisme : la loi du 9 septembre 1986 a permis l'indemnisation des atteintes aux biens en interdisant aux assureurs d'exclure ces dommages de leurs garanties et a ordonné la réparation intégrale des atteintes aux personnes par une procédure transactionnelle directement diligentée auprès du fonds de garantie créé à cet effet[54]. Avec cette réforme, les deux verrous qui limitaient l'indemnisation des victimes sautaient pour les victimes du terrorisme : la réparation devint intégrale et la condition de subsidiarité disparut.

Deux régimes juridiques inégaux et donc inéquitables coexistaient alors selon que l'auteur des dommages était un terroriste ou un délinquant de droit commun. Cette discrimination unanimement critiquée disparut avec la loi du 6 juillet 1990[55] qui, cette fois, dépassant les exigences de la Convention européenne de 1983 et de la Déclaration de l'ONU de 1985, a reconnu aux victimes de la délinquance ayant subi des atteintes graves dans leur personne le droit d'obtenir la réparation intégrale de leurs préjudices sans avoir à exercer préalablement des recherches auprès des responsables.

Avec la suppression de la condition de subsidiarité, l'indemnisation des victimes s'est détachée totalement de la personne de l'auteur, tout en conservant un lien évidemment nécessaire avec les faits infractionnels. L'auteur est absent de ces procédures nouvelles, même si, dans un deuxième temps à la demande du fonds, il peut être condamné par la justice à supporter le poids de ses fautes.

Les procédures d'indemnisation diffèrent selon les régimes applicables. En effet, le fonds « des victimes des actes de terrorisme et des autres infractions », n'intervient pas, malgré l'unité de son appellation, suivant les mêmes procédures pour les deux catégories de victimes.

Pour les victimes d'attentats terroristes, il s'agit d'une procédure amiable transactionnelle organisée par la loi de 1986[56] sur le modèle de la loi du 5 juillet 1985 sur les accidents de la circulation. Des provisions doivent être versées aux victimes dont les blessures ne sont pas consolidées. L'offre d'indemnisation du fonds doit indiquer l'évaluation retenue pour chaque chef de préjudice, quelle que soit la gravité des atteintes à la personne de la victime sur la base de la règle de la réparation intégrale[57].

Les litiges contre le FGTI sont portés devant un juge civil spécialisé qui n'est pas tenu de surseoir à statuer si une procédure pénale (avec constitution de partie civile de la victime) est en cours[58].

Pour les victimes de la délinquance de droit commun, la procédure est judiciaire. La requête est présentée à la Commission d'indemnisation des victimes d'infractions (CIVI)[59] dès la réalisation « des faits volontaires ou non qui présentent le caractère matériel d'une infraction » (C. pr. pén., art. 706-3, al. 1er) et « dans le délai de trois ans à compter de l'infraction ou lorsque des poursuites pénales sont exercées, le délai est prorogé et n'expire[60] qu'un an après la décision de la juridiction qui a statué définitivement

54. FGTI, 64 rue Defrance, 94682 Vincennes cedex.

55. V. A. d'Hauteville, « L'esprit de la loi du 6 juillet 1990 », *RSC* 1991. 149 ; P. Couvrat, « L'indemnisation des victimes d'infractions, un ensemble encore chaotique », *in Mél. J. Savatier*, PUF, 1992.

56. On trouve les dispositions de cette loi dans le C. pr. pén. (art. 706-10 s.) pour la partie qui renforce l'efficacité des poursuites diligentées à l'encontre du terrorisme et dans le C. assur. pour l'indemnisation des victimes (art. L. 126-1, L. 126-2 et 422-1 à L. 422-3).

57. Le fonds est pour les victimes d'attentat un organisme décideur et payeur.

58. Il s'agit du « juge de l'indemnisation des victimes d'attentats terroristes, le JIVAT » institué au sein du TGI de Paris par le décret du 31 mai 2019 pris en application de la loi de programmation 2018-2022, loi Belloubet, du 23 mars 2019. La loi Belloubet a aussi créé le parquet national anti-terroriste qui remplace la section anti-terroriste du Parquet de Paris. Désormais tout le contentieux de l'indemnisation des victimes d'actes de terrorisme relève de ces juridictions spécialisées, art. 706-16-1 et s. du C. pr. pén.

59. Juridiction civile attachée à chaque tribunal judiciaire dont la composition obéit aux règles de l'échevinage (C. pr. pén., art. 706-4 et R. 50-1 à R. 50-3).

60. L'ordonnance d'incompétence du juge d'instruction est le point de départ du délai d'un an prévu par l'article 706-5 C. pr. pén. Cass. 2e Civ., 1er avril 2021, n° 20-11-122. La requête tardive peut être relevée de forclusion par la commission pour « motif légitime », C. pr. pén., art. 706-5, *in fine*.

sur l'action publique » à condition que cette juridiction ait informé la partie civile de l'existence de la CIVI (si cet avis n'est pas donné, le délai d'un an ne peut commencer à courir) (C. pr. pén., art. 706-5 modifié par la loi du 15 juin 2000). Le demandeur peut être de nationalité française ou, s'il s'agit d'un étranger, il suffit que les faits aient été commis sur le territoire national (C. pr. pén., art. 706-3, 3°, réd. L. 5 août 2013). Il doit être une personne physique et non une personne morale bien que l'article 706-3 C. pr. pén. utilise l'expression « toute personne ». La loi « Belloubet » du 23 mars 2019 a ajouté « y compris tout agent public ou tout militaire » afin de donner à ces fonctionnaires le choix entre l'indemnisation par le fonds de garantie ou par les services liés à leur fonction.

La procédure a été modifiée par la loi du 9 mars 2004 qui a introduit la possibilité d'une transaction directe entre la victime et le fonds. Selon l'article 706-5-1 du Code de procédure pénale, la demande d'indemnité de la victime accompagnée de ses pièces justificatives est transmise au fonds de garantie qui doit, dans un délai de deux mois à compter de la réception de cette demande, présenter à la victime une offre d'indemnisation. Si la victime accepte cette offre, le fonds de garantie transmet le constat d'accord au président de la commission aux fins d'homologation. En cas de refus motivé du fonds, ou de désaccord de la victime sur l'offre qui lui est faite, la procédure contradictoire se poursuit devant la commission qui, après avoir pris connaissance de l'avis du fonds de garantie et entendu les conclusions du ministère public, évalue librement l'indemnité qui compensera les préjudices subis par la victime[61] et qui sera réglée par le fonds[62]. Sa décision est rendue à charge d'appel.

L'indemnité doit correspondre à la réparation intégrale des préjudices en cas d'atteintes graves à la personne c'est-à-dire en cas de mort, ou d'une incapacité permanente (quel que soit le taux), ou d'une incapacité totale de travail personnel égale ou supérieure à un mois. Cette exigence relative au taux d'incapacité a été supprimée pour les victimes d'agressions sexuelles ou de la traite des êtres humains, ou pour les personnes réduites en esclavage ou victimes de travail forcé ou de réduction en servitude (C. pr. pén., art. 706-3, réd. L. 5 août 2013).

Lorsque les dommages ne répondent pas à cette condition de gravité, la victime est renvoyée au système de secours mis en place en 1977 et étendu aux victimes de vol, d'abus de confiance et d'escroquerie en 1981 et aux victimes d'extorsion de fonds, de destruction, de dégradation ou de détérioration d'un bien appartenant à la victime par la loi du 15 juin 2000 et enfin en cas d'incendie de voitures par la loi du 1er juillet 2008 (C. pr. pén., art. 706-14-1) ; une aide financière plafonnée peut être accordée seulement à ceux qui justifient de faibles ressources[63], qui se trouvent à la suite des faits dommageables dans une « situation matérielle ou psychologique grave » et qui prouvent « n'avoir pu obtenir à un titre quelconque une réparation ou une indemnisation effective et suffisante de son préjudice » (C. pr. pén., art. 706-14).

Pour des indemnisations ne pouvant relever du système de la CIVI, l'exécution de la décision du juge pénal condamnant de façon définitive l'auteur à indemniser la victime peut être confiée par la victime créancière au service d'aide au recouvrement (SARVI) créé par la loi du 1er juillet 2008 et géré par le fonds de garantie FGTI (habilité par la loi à exercer un recours subrogatoire contre le condamné débiteur). Le fonds de garantie pourra ainsi allouer à la partie civile une provision ou la totalité (jusqu'à 3 000 €) des dommages et intérêts qui lui ont été accordés par une décision de justice pénale ayant acquis un caractère définitif.

Le renforcement des droits des victimes d'infractions pénales dans le cadre du procès pénal constitue une ligne de force remarquable des politiques criminelles législatives et gouvernementales de ces trente dernières années. La problématique de la place de la victime dans un processus pénal largement

61. Pour la Cour de cassation, les CIVI mettent en œuvre un système d'indemnisation autonome « par application de règles qui leur sont propres », Civ. 2e, 18 juin 1986, *Bull. civ.* II, n° 93 ; 9 juin 1993, *RRSA* nov. 1993 n° 337. La commission n'est pas tenue par l'évaluation préalable de dommages-intérêts par une autre juridiction civile ou pénale.

62. Dans un délai d'un mois à compter de la notification de la décision de la commission (C. pr. pén., art. 50-24). Le fonds n'est ici qu'organisme payeur.

63. Référence aux conditions de l'obtention de l'aide juridictionnelle partielle.

entendu est au cœur des débats doctrinaux, mais aussi politiques et polémiques parfois, sur la justice pénale du XXIe siècle.

Certains s'en inquiètent, dénonçant la transformation de la nature même du procès pénal qui ne serait plus seulement le procès de l'auteur par la société mais qui se privatiserait à l'excès en devenant le lieu et le temps de la réparation morale et psychologique de la victime.[64]

D'autres se félicitent de cette évolution, constatant les progrès réalisés pour conférer au procès pénal un caractère restauratif[65] pour les victimes comme pour les auteurs et pour mettre en œuvre une réparation globale qui ne se limite pas à une réparation patrimoniale mais qui comprend également une réparation « processuelle » et sociale[66].

## BIBLIOGRAPHIE INDICATIVE


### Ouvrages

- R. Cario, S. Ruiz-Vera, *Droit(s) des victimes. De l'oubli à la reconnaissance*, L'Harmattan, 2015.
- R. Cario, P. Mbanzouluo (dir.), *Justice restaurative, une utopie qui marche ?*, L'Harmattan, 2010.
- Y. Lambert Faivre, S. Porchy-Simon, *Droit du dommage corporel, systèmes d'indemnisation*, 8e éd., Dalloz, coll. « Précis », 2015.
- N. Pignoux, *La réparation des victimes d'infractions pénales*, thèse Pau, 2007, L'Harmattan, 2008.
- M. Le Roy, J.-D. Le Roy, F. Bibal, *L'évaluation du préjudice corporel*, 21e éd., Lexis-Nexis, 2018.

### Rapports

- Rapports du Conseil national de l'aide aux victimes, CNAV, publications du ministère de la Justice.
- Rapport du groupe de travail dirigé par J.-P. Dintilhac chargé d'élaborer une nomenclature des préjudices corporels, BICC n° 633, févr. 2006, sur le site Internet de la Cour de cassation.
- Rapport de Françoise Rudetski pour la création d'un centre de ressources et de résilience pour les victimes, 8 févr. 2017.
- Rapport de la professeure Stéphanie Porchy-Simon sur les préjudices d'angoisse et d'attente, 6 mars 2017.
- Rapport de la mission sur l'amélioration du dispositif d'indemnisation des victimes du préjudice corporel en matière de terrorisme, dir. C. Bussière, Ministère de la Justice, mars 2018.


64. Les recours à un fonds d'indemnisation, FGTI ou autres, permettent de séparer le processus d'indemnisation des préjudices en cas de dommage corporel des procès en recherche de responsabilités pénale et civile. Cette dissociation pourrait être un argument en faveur d'un procès pénal exclusivement répressif distinct du procès civil à objet indemnitaire. La singularité des règles régissant la réparation du dommage corporel pourrait être renforcée.

65. v. C. pr. pén., art. 10-1 (L. n° 2014-896 du 15 août 2014 relative à l'individualisation des peines et renforçant l'efficacité des sanctions pénales) qui donne aux mesures de « justice restaurative » une reconnaissance législative permettant « à l'occasion de toute procédure pénale et à tous les stades de la procédure, y compris lors de l'exécution des peines [de proposer] à la victime et à l'auteur d'une infraction, sous réserve que les faits aient été reconnus [...] une mesure de justice restaurative ».

66. V. N. Pignoux, *La réparation des victimes d'infractions pénales*, thèse Pau, nov. 2007 ; A. d'Hauteville, « Faut-il parler d'indemnisation ou/et de réparation des préjudices subis par les victimes d'infraction pénale ? », revue en ligne, *RISEO, risques, études et observations*, 2015, n° 1, p. 105 s.

Articles

- R. Cario, « Terrorisme et droits des victimes », *in Terrorisme, victimes et responsabilité pénale internationale*, ouvrage collectif réalisé par l'association SOS Attentats, Calmann-Lévy, 2003 ; dossier « Les droits des victimes : état des lieux », *AJ pénal* 2004. 425.
- F. Chopin, « Vers un nouveau modèle de justice pénale ? », *in Mélanges Gassin,* PUAM, 2007, p. 135 s.
- A. d'Hauteville, « L'esprit de la loi du 6 juillet 1990 », *RSC* 1991. 149 ; « Un nouvel élan est donné aux politiques publiques d'aide aux victimes », *RSC* 1999. 647 s. ; « Étude de la loi du 15 juin 2000 renforçant les droits des victimes », *RSC* 2001. 107 s. ; « L'évolution des droits des victimes dans le procès pénal », *Cahiers de la sécurité* n° 23, mars 2013 p. 57 s. ; « Le point de vue des victimes dans le procès pénal : quel équilibre ? », *in Mélanges C. Lazerges. Politique(s) criminelle(s),* Dalloz, 2014, p. 649 s. ; « Faut-il parler d'indemnisation ou/et de réparation des préjudices subis par les victimes d'infraction pénale ? », revue en ligne, *RISEO*, risques, études et observations, 2015, n° 1, p. 105 s.
- M. Herzog-Evans, « Les victimes et l'exécution des peines. En finir avec le déni et l'idéologie », *AJ pénal* 2008. 356.
- C. Lazerges, « Le renforcement des droits des victimes par la loi du 15 juin 2000 », *Arch. pol. crim.* 2002, n° 24.
- X. Pin, « Le renforcement des droits des victimes par la loi du 15 juin 2000 », *Arch. pol. crim.* 2006, n° 28.
- D. Salas, « Présence de la victime dans le procès et sens de la peine », *AJ pénal* 2004. 430 ; « Sisyphe devant ses juges, souci des victimes et recomposition de la justice », *in Notre Justice*, coord. D. Soulez Larivière et H. Dalle, R. Laffont, 2002.
- B. Sayous, R. Cario, « La justice restaurative dans la réforme pénale : de nouveaux droits pour les victimes et les auteurs d'infractions pénales », *AJ pénal* 2014. 461 s.


## PISTES DE RÉFLEXION

- La présence de la victime transforme-t-elle le procès pénal ?
- Le juge pénal doit-il être aussi un juge civil de l'indemnisation des dommages subis par les victimes ?
- Procès équitable et système de la « partie civile »
- La victime et l'exécution des peines
- Les différentes voies de droit permettant à la victime d'obtenir la réparation de ses dommages
- La justice restaurative

# Thème 10
# L'exécution des décisions de justice

CHRISTINE HUGON
*Professeur à l'Université de Montpellier*

L'inexécution d'une décision de justice ne peut que frustrer la partie en faveur de laquelle elle a été rendue. En rattachant la question de l'exécution des décisions de justice au droit à un procès équitable, la Cour européenne des droits de l'homme lui a conféré rang de droit fondamental. Toutefois, même parée de cette aura, l'exécution des décisions de justice n'est pas pour autant assurée. Elle peut être entravée par de nombreux obstacles juridiques et pratiques. L'objectif de cette contribution est d'apprécier la manière dont le créancier et le débiteur de la décision de justice peuvent chacun solliciter les droits et libertés fondamentaux pour défendre leurs intérêts respectifs.



**934** ***Le poids de la faculté de contraindre.*** « Le droit est lié à la faculté de contraindre[1]. » Le fait que la plupart des décisions soient exécutées spontanément par le perdant ne doit pas masquer l'importance de la phase d'exécution. . Le contenu de la formule exécutoire qui doit normalement être apposée sur la décision suffit à lui seul à révéler son pouvoir de contrainte : « La République française mande et ordonne à tous huissiers de justice, sur ce requis, de mettre ledit arrêt (ou ledit jugement, *etc.*) à exécution, aux procureurs généraux et tous procureurs de la République près les tribunaux de grande

1. Kant, *Métaphysique des mœurs,* 1re partie, *Doctrine du droit*, 1797, trad. A. Philonenko, préface M. Villey, Vrin, 1993, p. 105.

instance d'y tenir la main, à tous commandants et officiers de la force publique de prêter main-forte lorsqu'ils en seront légalement requis. »

Parce qu'elle peut impliquer un recours à la force, la phase d'exécution est l'une des étapes du procès la plus révélatrice de la puissance de la justice. C'est à ce stade plus qu'ailleurs que se vérifie l'assertion de Kelsen selon laquelle « Le droit ne peut exister sans la force, mais il n'est pas identique à la force… Le droit est un certain ordre, une certaine organisation de la force »[2]. Le procès suffit à assurer la prééminence du droit sur la force brute mais la décision qui en résulte pourra, si le besoin s'en fait sentir, être exécutée par la force… publique, c'est-à-dire une force organisée par le droit et pour le droit. L'exécution se présente donc comme le nécessaire prolongement du procès.

C'est d'ailleurs ainsi que l'entend la Cour européenne des droits de l'homme lorsqu'elle rattache l'exécution des décisions de justice au droit à un procès équitable[3] et en déduit l'existence d'un « droit fondamental à l'exécution des jugements ».

Elle confirme ainsi son souci de retenir une interprétation pragmatique, utilitariste de la Convention[4]. La plupart des plaideurs n'ont, en effet, que faire d'une décision dont ils ne peuvent pas obtenir l'exécution. Le créancier ne court après un titre exécutoire que parce qu'il est le moyen d'obtenir l'exécution que son débiteur lui refuse. La victime d'un accident de la circulation agit en justice pour obtenir une indemnisation. Le bailleur impayé réclame au minimum la possibilité de récupérer son logement. La décision de justice, même si elle peut parfois procurer une satisfaction morale, est donc le plus souvent recherchée comme le moyen d'obtenir la concrétisation d'un droit. Or celle-ci passe par l'exécution. L'inexécution des décisions de justice génère pour la partie qui l'a emporté un sentiment d'injustice d'autant plus exacerbé qu'elle n'aura parfois obtenu cette décision qu'à la suite d'un procès long et onéreux.

Malheureusement cette situation n'est pas rare ; bon nombre de décisions de justice restent lettre morte. Il est fréquent qu'un créancier après avoir obtenu un titre exécutoire n'obtienne jamais l'exécution du fait de l'insolvabilité de son débiteur ; il n'est pas exceptionnel non plus que la force publique, tenue de prêter son concours à l'exécution des jugements, se dérobe. À l'évidence, ces situations portent une atteinte grave, essentielle, au caractère exécutoire des décisions passées en force de chose jugée car il s'agit justement de s'accommoder plus ou moins de l'absence d'exécution.

L'importance de l'atteinte conduit à s'interroger sur ses raisons d'être. L'insolvabilité, par exemple, se révèle une notion complexe, autant juridique que matérielle. Elle ne se résume pas à une absence de biens à saisir. Il est désormais largement admis dans la plupart des législations que le débiteur puisse conserver un minimum de biens, parfois même de revenus pour son usage personnel et celui de sa famille. Il s'agit en outre d'une notion relative, une personne insolvable pour un créancier ordinaire, ne le sera pas complètement pour un créancier d'aliments. Dans un autre domaine, le refus de l'Administration de prêter son concours à l'exécution d'une décision de justice se fonde généralement sur le danger qu'elle ferait courir à l'ordre public.

En consacrant expressément « un droit à l'exécution des décisions de justice », la Cour de Strasbourg a, à l'évidence, entendu que soient tirées des conséquences pratiques de sa position, mais la pluralité des difficultés soulevées par la mise en œuvre des décisions de justice conduit à penser que même élevé au rang de droit fondamental (***I.***), le droit d'obtenir l'exécution des jugements devra être concilié avec d'autres droits tout aussi fondamentaux (***II.***).

---

2. *H. Kelsen, Théorie pure du droit*, trad. C. Eisenmann, Dalloz, 2e éd., 1962, p. 289.
3. 19 mars 1997, *Hornsby c/ Grèce*, req. n° 107/1995/613/701, *JCP* 1997. 22949, note O. Dugrip et F. Sudre ; D. 1998. 74, note N. Fricero ; *RTD civ.* 1997. 1009, obs. J.-P. Marguénaud ; *Immobiliare Saffi c/ Italie*, 28 juill. 1999, *D.* 2000. Somm. 187, obs. N. Fricero.
4. W. Baranès et M.-A. Frison-Roche, « Le souci d'effectivité du droit », *D.* 1996. Chron. 301.

# I • Le droit à l'exécution du jugement affirmé comme un droit fondamental

**935** ***Place dans la hiérarchie des normes.*** Le perdant récalcitrant peut être contraint à l'exécution car il est de l'essence du jugement d'être exécuté. Ceci ressort expressément de la plupart des législations internes, mais, en règle générale, les règles gouvernant l'exécution ont seulement valeur législative. Aucun texte interne a valeur supralégislative, aucune décision du Conseil constitutionnel n'a, comme cela a été fait pour l'accès à la justice[5], pour l'instant, expressément élevé le droit à l'exécution au rang de droit fondamental[6]. Pas plus que les textes internes, la Convention européenne des droits de l'homme ne mentionne l'exécution parmi les garanties fondamentales du droit processuel. En rattachant l'exécution au droit à un procès équitable, la Cour de Strasbourg lui a pourtant conféré cette valeur. Le Conseil de l'Europe, à travers sa recommandation (2003)17 du Comité des ministres aux États membres en matière d'exécution des décisions de justice a repris le même rattachement. Il convient de s'interroger sur les raisons de ce rattachement (A.) et sur ses conséquences (B.).

## A • Les raisons du rattachement de l'exécution au droit à un procès équitable

**936** La Cour a inclus l'exécution des décisions de justice parmi les droits fondamentaux processuels au moyen d'un raisonnement en deux temps. Elle déduit d'abord du principe de la prééminence du droit une nécessité d'effectivité (1.) qui, elle-même, exige ensuite que soit assurée l'exécution des décisions rendues par les juridictions (2.).

### 1 • La prééminence du droit exige l'effectivité du droit

**937** ***La prééminence du droit.*** Le concept de prééminence du droit est à la base de tout système démocratique. On le retrouve sous la notion d'État de droit forgée par Rousseau qui « appelle [...] République tout État régi par des lois, sous quelque forme d'administration que ce puisse être[7] ». La règle de droit est alors conçue comme un rempart contre l'arbitraire des gouvernants mais aussi des juges : « La loi est antérieure à la justice et non pas la justice à la loi[8]. » Nul ne peut invoquer devant un tribunal un droit qui ne serait consacré par la loi, entendue au sens large. Le Conseil constitutionnel français a ainsi expressément affirmé que « les droits de l'homme », solennellement déclarés, n'ont d'autre valeur juridique que celle que leur confère le texte qui les énonce[9].

La prééminence du droit doit alors être d'abord comprise comme la prééminence du droit objectif, mais elle s'étend naturellement aux droits subjectifs qui en découlent. La condition d'altérité pour reprendre l'expression de Jean Dabin[10], c'est-à-dire l'opposabilité du droit aux tiers, implique la protection juridique du droit subjectif. Cette protection est assurée par l'action en justice car « sans l'action en justice par laquelle la société assure la sécurité des droits, ceux-ci seraient inefficaces donc

5. Cons. const. 9 avr. 1996, n° 96-373 DC, *Statut de la Polynésie française, AJDA* 1996. 371, obs. Schrameck ; *LPA* 4 sept. 1996, obs. B. Mathieu et M. Verpeaux.
6. Cependant pour une consécration implicite, 29 juill. 1998, n° 98-403 DC, § 46.
7. *J.-J. Rousseau, Le contrat social*, Gallimard, coll. « La Pléiade », L. II, ch. 6, p. 379.
8. J.-J. Rousseau, *Discours sur l'économie politique, article de l'encyclopédie*, t. III, p. 248.
9. Cons. const. 15 janv. 1975, *JCP* 1975. II. 18030, note E.-M. Bey ; D. 1975. 529, note L. Hamon ; *Gaz. Pal.* 1976. 1. 25, note Pellet.
10. J. Dabin, *Le droit subjectif*, 1952, p. 93.

incomplets »[11]. C'est dans cette logique que la Cour de Strasbourg considère que le droit à un procès équitable « consacre le principe fondamental de la prééminence du droit »[12] ce qui la conduit à affirmer que l'article 6 a pour première finalité d'assurer l'application effective de la règle de droit[13].

Certes, le droit dogmatique enseigne que l'effectivité n'appartient pas à la règle de droit, que le seul fait qu'un texte émane d'un organe constitutionnellement compétent et ait été régulièrement promulgué suffit à lui assurer son caractère de règle de droit ; l'inapplication de la règle ne révélant qu'une carence, soit du pouvoir exécutif, soit du pouvoir judiciaire. Mais cette conception de la règle de droit se révèle trop artificielle. Quelle serait en effet l'utilité de lois destinées à rester lettre morte ? Trop théorique, cette approche de la règle de droit découvre ses limites à l'épreuve du droit d'action c'est-à-dire de la possibilité pour le justiciable qui fonde, à juste titre, ses prétentions sur une norme juridique, d'obtenir leurs consécrations.

La notion d'effectivité revêt en droit processuel un caractère particulier. Il ne s'agit pas, comme en sociologie juridique, de s'interroger sur l'effectivité statistique, mais de veiller à ce que le non-respect de la règle puisse être sanctionné, peu importe que, dans les faits, il ne le soit pas si la non-application de la règle satisfait la totalité des acteurs juridiques. Il s'agit donc d'une effectivité potentielle. Le justiciable lésé par la non-application spontanée de la norme juridique doit avoir le pouvoir d'en exiger l'application. La Cour européenne des droits de l'homme tire de l'exigence d'effectivité du droit un certain nombre de conséquences. Dans un premier temps, elle a fait découler du droit à un procès équitable, seul expressément visé dans l'article 6, le droit d'accès à un tribunal[14] car seul l'accès au juge permettra d'obtenir l'application forcée de la règle. Elle a, dans la même logique, achevé son raisonnement en considérant que l'effectivité du droit implique que soit aussi garantie l'exécution de la décision judiciaire car l'exécution du jugement est, tout autant, nécessaire à l'effectivité du droit.

## 2 • L'exécution du jugement nécessaire à l'effectivité du droit

**938** ***L'effectivité du droit.*** Le procès a pour finalité d'assurer l'effectivité du droit, de garantir la restauration de la règle bafouée. Jhering n'affirmait-il pas : « Dans les procès où il s'agit pour le demandeur de résister à une outrageante mésestime de son droit, il ne lutte pas pour le misérable objet du litige, mais pour un but idéal : la défense de sa personne même et de son sentiment du droit, d'une lésion personnelle »[15] ? L'inexécution de la décision de justice conduit à une non-application du droit qui devient alors un droit fantôme, un droit virtuel, un droit trompeur. On peut, dès lors, en déduire que l'exécution, comme l'action en justice, a pour finalité d'assurer, de garantir l'application du droit et que la non-exécution conduit à un déni de justice lequel ne peut générer chez les justiciables qui en sont victimes qu'un sentiment d'injustice, de frustration, de non-droit.

Tel est le cas lorsque l'Administration refuse de prêter son concours à une expulsion ordonnée par décision de justice ou encore lorsqu'elle persiste à ne pas tirer les conséquences qui s'imposent de l'annulation d'une de ses décisions. C'est exactement ce qui se passait dans l'affaire *Hornsby c/ Grèce*[16]. Le ministère de l'Éducation nationale grec avait refusé à deux ressortissants britanniques l'autorisation d'ouvrir une école privée de langues étrangères au motif que la législation nationale réservait cette possibilité aux seuls ressortissants grecs. Dans une décision *Commission c/ République hellénique*[17], la CJCE estima cette législation contraire à la liberté d'établissement affirmée par l'article 52 du traité

11. J. Ghestin et G. Goubeaux, *Traité de droit civil, introduction générale,* LGDJ, 4e éd., 1994, no 191, p. 143.
12. CEDH 26 avr. 1979, *Sunday times*, série A 30, § 55.
13. En ce sens v. not., W. Baranès et M.-A. Frison-Roche, « Le souci de l'effectivité du droit », *D.* 1996. Chron. 301.
14. *CEDH*, 21 févr. 1975, *Golder c/ Royaume-Uni*, série A 18.
15. *R. von Jhering, La lutte pour le droit,* trad. française O. de Meulenaere, 1890, p. 22.
16. Préc. note 3
17. CJCE 15 mars 1988.

CEE. Se conformant à l'arrêt de la CJCE, le Conseil d'État grec annula les décisions par lesquelles les autorisations avaient été refusées mais malgré leurs demandes réitérées, les deux ressortissants britanniques ne purent obtenir de l'Administration les autorisations nécessaires. Ils saisirent la Commission européenne des droits de l'homme au motif qu'en les leur refusant, l'Administration grecque violait l'article 6. La Cour affirma que « l'exécution d'un jugement ou arrêt, de quelque juridiction que ce soit, doit donc être considérée comme faisant partie intégrante du "procès" au sens de l'article 6 » puis, estima qu'« en s'abstenant pendant cinq ans de prendre les mesures nécessaires pour se conformer à une décision de justice définitive et exécutoire, les autorités nationales ont, en l'occurrence, privé les dispositions de l'article 6, paragraphe 1 de la Convention de tout effet utile ».

L'exécution se présente donc bien comme le prolongement normal du procès ; mais peut-on aller plus loin et, comme l'affirme la Cour, en déduire qu'elle fait encore partie du procès ? Traditionnellement, la phase d'exécution apparaît séparée des phases judiciaires. La plupart des ouvrages consacrés au droit du procès n'abordent pas la phase d'exécution tant et si bien que le procès paraît, en théorie, s'achever sur la décision passée en force de chose jugée. Ce phénomène s'explique pourtant simplement par le fait que son examen est inclus dans l'étude des voies d'exécution généralement examinées à part de la procédure civile. Cette division n'est en réalité pas très heureuse car elle masque le fait que les voies d'exécution sont en réalité au cœur du procès. Il suffit pour s'en convaincre d'examiner le rôle du juge dans les procédures d'exécution ou le rôle de l'exécution dans le déroulement du procès. Le juge peut, dans de multiples hypothèses, venir infléchir l'exécution. C'est le cas lorsque l'exécution provisoire a été ordonnée par les juges du premier degré, elle peut être suspendue par le premier président de la cour d'appel[18]. C'est aussi le cas lorsque dans le cadre d'une procédure de règlement d'une situation de surendettement, le juge vient suspendre le jeu normal des voies d'exécution. En outre, lorsque des difficultés surviennent en cours d'exécution, elles sont tranchées par le juge de l'exécution.

L'exécution, elle-même, peut jouer un rôle dans le déroulement du procès. Par exemple, la non-exécution par le perdant de la décision des juges du fond peut entraîner la radiation de l'affaire du rôle de la juridiction chargée d'examiner le recours, ce qui revient à paralyser son exercice. Tout ceci confirme que l'exécution doit être comprise comme un élément du procès.

Cette idée avait d'ailleurs déjà été concrétisée par la Cour européenne. Dans plusieurs décisions, elle avait considéré qu'il convenait de tenir compte de la phase d'exécution pour déterminer la durée de la procédure[19] ; par l'arrêt *Hornsby* du 19 mars 1997, elle a simplement confirmé et renforcé son analyse au terme d'un raisonnement qui domine toutes ses interprétations de l'article 6. Les circonstances de l'espèce, ajoutées à la généralité des termes employés, font qu'il est désormais possible d'y voir un droit fondamental à l'exécution des décisions de justice dont il convient d'examiner les conséquences.

## B • Les conséquences du rattachement de l'exécution au droit à un procès équitable

**939** ***Le poids de la jurisprudence européenne.*** L'autorité des arrêts de la Cour européenne se limite, en principe, à la chose jugée. L'État n'est tenu que « de prendre des mesures individuelles corrigeant la violation dans le cas d'espèce »[20] et il conserve, en outre, « le choix des moyens à utiliser dans son ordre juridique interne pour s'acquitter de l'obligation qui découle pour lui de l'article 53 »[21].

18. C. pr. civ., art. 524.
19. CEDH, 26 sept. 1996, *Di pede c/ Italie et Zappia c/ Italie, Rec. CEDH* 1996-IV.
20. F. Sudre, *Droit international et européen des droits de l'homme,* PUF, coll. « Droit fondamental », 5e éd., n° 240, p. 339 ; plus généralement sur la question de la portée des arrêts de la Cour, v. F. Sudre, *op. cit.*, nos 239 s.
21. CEDH 26 mai 1988, *Pauwels c/ Belgique*, série A, n° 135.

C'est ce que rappelle la Cour lorsqu'elle observe qu'elle n'est pas appelée à examiner si l'ordre juridique interne de l'État est apte à garantir l'exécution des décisions prononcées par les tribunaux ; il appartient en effet à chaque État contractant de se doter d'un arsenal juridique adéquat et suffisant pour assurer le respect des obligations qui lui incombent[22]. Son rôle se limite à examiner si, dans une espèce donnée, les mesures adoptées par les autorités de l'État contractant ont été adéquates et suffisantes. Toutefois, nul n'ignore que l'ensemble de ses décisions constituent la jurisprudence de la Cour dont la portée normative est incontestable d'autant plus que la Cour, elle-même, paraît vouloir imposer un effet direct à ses arrêts lorsqu'elle considère que sa décision s'impose au juge national dès lors qu'il a statué sur un point qu'elle a déjà examiné[23]. Dès lors, c'est principalement sous l'angle de la jurisprudence de la Cour qu'il convient d'examiner les conséquences du rattachement de l'exécution à l'article 6, § 1, de la Convention. Il est intéressant d'observer que ces conséquences diffèrent selon que l'exécution est poursuivie contre une autorité étatique ou contre une personne privée.

## 1 • L'exécution poursuivie contre les autorités étatiques

**940** ***Une « obligation de résultat ».*** La Cour européenne est extrêmement sévère à l'égard de personnes morales de droit public tenues d'exécuter une décision de justice. Elle rappelle régulièrement que la protection effective du justiciable et le rétablissement de la légalité impliquent l'obligation pour l'Administration de se plier à un jugement ou un arrêt prononcé par une juridiction[24] et ce quelle que soit la nature du contentieux. Avec le pragmatisme qui caractérise son interprétation de la Convention européenne des droits de l'homme, elle observe qu'en introduisant un recours en annulation devant la plus haute juridiction administrative de l'État, le justiciable vise à obtenir non seulement la disparition de l'acte ou de l'omission litigieux, mais aussi et surtout la levée de ses effets[25]. Lorsque la décision met à la charge de l'Administration une obligation de faire et que l'Administration fait preuve d'une inertie prolongée, la cour en déduit que celle-ci « engage la responsabilité de l'État […] sur le terrain de l'article 6, § 1[26] ». C'est cette démarche qui a conduit la Cour européenne à condamner la France pour ne pas avoir exécuté un jugement octroyant un logement dans le cadre de la loi DALO (droit au logement opposable). L'absence d'exécution du jugement avait bien conduit, comme le prévoit le dispositif très original, à la liquidation et au versement de l'astreinte, mais la juridiction européenne considéra que celle-ci étant remise à un fonds étatique, elle n'avait pas de vocation compensatoire pour le créancier du jugement et ne pouvait donc être assimilée à son exécution[27].

La sévérité de la Cour s'étend naturellement aussi aux condamnations pécuniaires au travers notamment l'affirmation selon laquelle « une autorité de l'État ne saurait prétexter d'un manque de ressources pour ne pas honorer une dette fondée sur une décision de justice[28] ».

Le pragmatisme de la Cour se retrouve dans le choix d'une appréciation fonctionnelle de la notion d'autorité de l'État. Pour décider si le débiteur de l'obligation d'exécuter le jugement est une autorité étatique, la Cour ne s'arrête pas à la nature de la personne morale débitrice, mais s'intéresse à son mode de financement et aux fonctions qui lui sont confiées. C'est ainsi qu'elle a pu juger qu'une association de droit français, régie par la loi de 1901, devait être assimilée à cet égard à une autorité de l'État dès lors qu'elle était financée par des fonds publics et se voyait confier des missions par les autorités étatiques[29].

---

22. CEDH 17 juin 2003, *Ruianu c/ Roumanie*, req. n° 34647/97, § 66 ; CEDH 3 févr. 2005, *Fociac c/ Roumanie*, req. n° 2577/02, § 69.
23. CEDH 22 nov. 1991, *Vermeire*, série A, 214 ; 22 févr. 1994, *Vallée*, série A, n° 289.
24. V., not., CEDH 19 mars 1997, *Hornsby c/ Grèce*, préc., § 40 s. ; CEDH 11 déc. 2003, *Karahalios c/ Grèce*, req. n° 62503/00, § 29 ; CEDH 10 nov. 2004, *Taskin et a. c/ Turquie*, req. n° 46117/99, § 124.
25. CEDH 18 nov. 2004, *Zazanis c/ Grèce*, req. n° 68138/01, § 37.0.
26. CEDH 28 sept. 1995, *Scollo c/ Italie*, série A, n° 315-C, § 44.
27. CEDH 9 avr. 2015, *Tchokontio Happi c/ France*, n° 65829/12.
28. CEDH 7 mai 2002, *Bourdov c/ Russie*, req. n° 59498/00, § 35 ; CEDH 26 sept. 2006, *Campoloro c/ France*, req. n° 57516, *D.* 2007. 545, note C. Hugon.
29. CEDH 28 févr. 2006, *Plasse-Bauer c/ France*, req. n° 21324/02, § 102.

La même démarche conduit la Cour à considérer qu'« il n'est pas opportun de demander à un individu qui a obtenu une créance contre l'État à l'issue d'une procédure judiciaire, de devoir par la suite engager une procédure d'exécution forcée afin d'obtenir satisfaction[30] ».
La question qui doit alors retenir l'attention est celle de savoir si l'arsenal législatif français est apte à satisfaire les exigences de la jurisprudence européenne. L'impossibilité de mettre en œuvre les voies d'exécution de droit commun à l'encontre des personnes publiques[31], ajoutée au principe selon lequel le juge ne peut s'immiscer dans le fonctionnement de l'Administration, suggère une réponse négative. Cependant, la brutalité de ces principes a été largement atténuée par le pouvoir, désormais largement reconnu aux juges, de prononcer des astreintes à l'encontre des personnes morales de droit public[32]. Parallèlement, les règles relatives aux paiements publics semblent, en l'état actuel des pratiques et hormis quelques situations exceptionnelles, suffisantes pour assurer le respect des décisions de justice[33]. Il le faut d'ailleurs car la Cour est plus draconienne à l'égard des personnes publiques tenues d'exécuter quelles que soient les circonstances qu'à l'égard des personnes privées vis-à-vis desquelles l'État n'est tenu dans la phase d'exécution que d'une obligation de moyens.

## 2 • L'exécution poursuivie contre les personnes de droit privé

**941** ***Une obligation de moyens.*** L'obligation faite aux dépositaires de l'autorité publique de prêter leur concours à l'exécution des décisions de justice doit en principe suffire à assurer l'exécution qu'elle soit poursuivie contre la personne ou contre ses biens[34]. La Cour européenne considère, en effet, qu'« en principe, l'État membre n'est pas tenu de rembourser les dettes des acteurs privés et (que) ses obligations se limitent à apporter le concours nécessaire aux créanciers dans l'exécution des décisions de justice en cause, par exemple, par le biais d'un service d'huissiers ou de procédures de faillite »[35]. Celle-ci étant assurée par le droit de gage général qui permet au créancier impayé de faire saisir les biens du débiteur pour se payer sur leur prix de vente, il semble donc que le droit interne offre suffisamment de moyens pour assurer l'exécution contre les personnes privées. Pourtant, un examen plus attentif révèle que l'exécution est fréquemment difficile, voire impossible, soit que l'autorité publique refuse au nom d'un intérêt supérieur d'intervenir, soit que le créancier se heurte à l'insolvabilité réelle ou juridique du débiteur.
La carence de l'autorité publique constitue un des obstacles les plus remarqués à l'exécution. Il est admis de longue date que lorsque l'exécution forcée d'une décision de justice risque, par les réactions qu'elle générera, de porter un trouble grave à l'ordre public, l'autorité administrative puisse en dépit de la formule exécutoire refuser le concours de la force publique. La Cour européenne l'admet, elle aussi, mais dans une moindre mesure, uniquement dans des circonstances exceptionnelles et seulement sous la forme d'un sursis à l'exécution limité au temps strictement nécessaire pour trouver une solution satisfaisante aux problèmes d'ordre public[36].
Par ailleurs, la Cour reconnaît que l'attitude du débiteur, et notamment son insolvabilité, peut constituer un obstacle de nature à empêcher l'exécution. Le devoir des autorités étatiques en matière d'exécution contre les personnes privées se limitant à l'obligation d'adopter des mesures adéquates et suffisantes[37],

30. CEDH 27 mai 2004, *Metaxas c/ Grèce*, req. n° 8415/02, § 19 ; CEDH 26 sept. 2002, *Karahalios c/ Grèce*, req. n° 62503/00.
31. T. confl. 9 déc. 1899, *Assoc. synd. du canal de Gignac*, *S.* 1900. 3. 49, note M. Hauriou ; Civ. 1re, 21 déc. 1987, *Bureau de recherches géologiques et minières*, *CJEG* 1988. 107, note L. Richer, *JCP* 1989, n° 21183, note B. Nicod, *RFDA* 1988. 771, concl. Charbonnier ; *RTD civ.* 1989. 145, obs. Perrot.
32. En ce sens, O. Dugrip et F. Sudre, note ss CEDH 19 mars 1997, préc ; T. Disperati et J. Cl. Escarras, « La rénovation de la procédure d'exécution des décisions du Conseil d'État et des juridictions administratives spécialisées, une recherche de l'effectivité du droit au juge », *Dr. adm.* 2017, n° 12, étude 18.
33. CEDH, *Campoloro c/ France*, préc.
34. C. pr. exéc., art. L. 153-1.
35. CEDH 18 juin 2002, *Shestakou c/ Roumaie* (déc), req. n° 48757/99.
36. CEDH 28 juill. 1999, *Immobiliare Saffi c/ Italie*, req. n° 22774/93, § 69.
37. CEDH 17 juin 2003, *Ruianu c/ Roumanie*, req. n° 34647/97, § 66.

le refus du débiteur d'exécuter ne peut, selon la Cour, être imputé à l'État dès lors que celui-ci a fait preuve de diligence[38]. Ce sera fréquemment sur un obstacle législatif que buttera l'exécution contre une personne privée.

Certains biens échappent traditionnellement aux saisies car ils sont nécessaires à la survie du débiteur et de sa famille ou encore à son travail. Déjà le Code Napoléon tolérait que le débiteur rural puisse conserver « une vache et trois brebis ou deux chèvres ». La protection englobe actuellement un minimum vital conçu plus généreusement[39].

Ces obstacles de plus en plus nombreux à l'exécution révèlent l'évolution du droit des voies d'exécution en faveur d'une plus grande prise en considération non seulement des difficultés rencontrées par le débiteur, mais aussi du désir de sauvegarder ses droits fondamentaux tels le droit au logement, à la dignité, au travail quitte à paralyser temporairement ou définitivement l'exécution.

## II • Le droit à l'exécution du jugement limité par d'autres droits fondamentaux

**942** La dimension humaine des intérêts en jeux conduit le législateur à rechercher des solutions de compromis entre l'exécution nécessaire à l'effectivité des décisions de justice et la protection des plus faibles. Le fait que le droit à l'exécution se soit vu conférer valeur de droit fondamental n'interdit pas la recherche d'un équilibre (A.) mais devrait autoriser un contrôle des solutions retenues (B.).

### A • L'équilibre recherché

**943** L'équilibre, symbole de la justice et de l'équité, doit irriguer la phase d'exécution du jugement qu'il s'agisse de la question de plus en plus sensible de l'exécution à titre provisoire (1) ou de la mise en œuvre des procédures civiles d'exécution (2).

#### 1 • La délicate question de l'exécution provisoire

Sans doute parce que le jugement constitue la forme la plus violente dont l'État démocratique dispose contre la personne[40], la Cour considère que le droit à l'exécution ne peut être invoqué qu'à l'appui, selon ses termes, des décisions définitives et obligatoires ; ce qui exclut, notamment de son domaine, les décisions assorties de l'exécution provisoire, ainsi que précise-t-elle, les décisions « qui peuvent être soumises au contrôle des plus hautes instances et éventuellement infirmées[41] ». Dans le même esprit, elle considère que le droit à l'exécution ne doit pas avoir pour effet d'entraver l'exercice de voies de recours prévues par le droit interne. C'est ainsi que, très fermement, la Cour a affirmé en matière pénale que le fait de ne pas se mettre en état ne devait pas priver le justiciable de son droit à recours[42].

---

38. CEDH 3 févr. 2005, *Fociac c/ Roumanie*, req. n° 2577/02, § 69.
39. C. pr. exéc., art. R. 112-2.
40. En ce sens, J.-F. Burgelin, J.-M. Coulon et M.-A. Frison-Roche, « L'office de la procédure », in *Le juge entre deux millénaires. Mélanges offerts à P. Drai*, Dalloz, 2000, p. 253, spéc. p. 256, n° 11.
41. CEDH 18 avr. 2002, *Ouzounis c/ Grèce*.
42. CEDH 29 juill. 1998, *Poitrimol, Omar et Guérin c/ France, RD publ.* 1999. 881 ; 14 déc. 1999, *Kalfaoui c/ France, RD publ.* 2000. 723 ; 23 mai 2000, *Van Pelt c/ France, RD publ.* 2001. 675.

En matière civile, le jugement devient exécutoire à partir du moment où il passe en force de chose jugée autrement dit n'est plus susceptible d'un recours suspensif d'exécution[43], à moins que le débiteur ne bénéficie d'un délai de grâce ou le créancier de l'exécution provisoire[44]. Le poids du droit fondamental à l'exécution des jugements exécutoires va donc varier en fonction de plusieurs facteurs dont l'existence de recours suspensifs ou non et de la nature exécutoire de la décision, à titre provisoire ou non. Traditionnellement, il est admis que la partie qui demande l'exécution d'une décision de justice à titre provisoire le fasse à ses risques[45]. Dans ces hypothèses, il lui appartient d'apprécier, à l'aune de ses propres intérêts, l'équilibre entre l'avantage qu'il peut avoir à demander l'exécution forcée d'une décision non encore définitive et le risque qu'il prend.
En matière civile, les justiciables, à l'appui de l'exécution forcée d'une décision susceptible d'un recours, disposent aussi, depuis quelques années, d'un outil puissant : la radiation du rôle pour inexécution. Celle-ci paralyse l'examen du recours tant que son auteur n'a pas exécuté la décision que son recours critique. Considérée comme poursuivant un but légitime celui de l'exécution des décisions de justice, la radiation ne doit cependant pas porter une atteinte disproportionnée au droit d'accès de l'auteur du recours, ce qui est, par exemple, le cas lorsque la situation de précarité de celui-ci empêche toute tentative d'exécution Il appartient alors au juge d'apprécier le risque d'un éventuel déséquilibre entre les droits des parties en présence.
C'est toujours cette recherche d'une situation d'équilibre qui irrigue la mise en œuvre des procédures civiles d'exécution.

## 2 • La mise en œuvre des procédures civiles d'exécution

L'équilibre entre le droit à l'exécution des décisions de justice et les autres droits fondamentaux peut, parfois, être recherché en amont de l'exécution forcée du titre exécutoire (a), mais il l'est plus systématiquement en aval (b).

### a) L'équilibre recherché en amont

**944** ***Les délais de grâce du Code civil.*** Traditionnellement, il est admis que la partie puisse obtenir des délais. L'article 1343-5 du Code civil donne en effet au juge le pouvoir « compte tenu de la situation du débiteur et des besoins du créancier » de « reporter ou de rééchelonner le paiement des sommes dues ». Les modalités de l'exécution sont alors organisées par le juge de manière à prévenir, autant que faire se peut, d'éventuelles difficultés. Les versements étant normalement compatibles avec les revenus du débiteur, celui-ci devrait être en mesure de payer ce qu'il doit, donc, d'exécuter.
**945** ***Les obstacles à l'obtention du titre exécutoire.*** Un autre moyen, *a priori* plus contestable, consiste à… ne pas ordonner l'exécution, c'est-à-dire à mettre en place une législation destinée à compliquer, voire paralyser l'obtention du titre exécutoire nécessaire à l'exécution. C'est une des solutions retenues pour lutter contre les expulsions de locataires. La loi multiplie les formalités (mise en demeure, information du préfet), les délais (deux mois entre l'envoi de la mise en demeure et la saisine du juge aux fins de résiliation) et surtout permet au juge d'accorder des délais de paiement sur trois ans s'il considère que le locataire est en situation d'apurer sa dette[46].
On retrouve cette tendance dans la législation relative aux règlements des situations de surendettement. L'ouverture d'une procédure donne d'abord au juge le pouvoir de suspendre les voies d'exécution[47].

43. C. pr. civ., art., 500.
44. C. pr. civ., art. 501.
45. C. pr. civ., art. L.111-10.
46. Art. 24 de la loi n° 89-462 du 6 juill. 1989 tendant à améliorer les rapports locatifs.
47. C. consom., art. L. 721-4.

Elle permet aussi grâce à des rééchelonnements, des réductions d'intérêts, des moratoires et parfois même des effacements de dettes, d'éviter le pire c'est-à-dire l'exécution forcée[48].

**946** ***L'insaisissabilité de la résidence principale de l'entrepreneur individuel et la séparation de ses patrimoines.*** Non seulement la résidence de l'entrepreneur individuel est, en principe, insaisissable par ses créanciers professionnels[49], mais il dispose aussi désormais de deux patrimoines distincts ; l'un personnel, l'autre professionnel. Cette séparation des patrimoines a pour objectif de limiter les hypothèses de saisie par les créanciers professionnels de biens non affectés à l'activité professionnelle.

### b) L'équilibre recherché en aval

Cette recherche se retrouve tout autant dans le contentieux de l'expulsion que dans les procédures de saisies.

**947** ***Les délais de grâce postérieurs à la décision d'expulsion.*** Ordonnée par une décision de justice, l'exécution peut buter sur une disposition spéciale ou sur la mauvaise volonté de l'Administration. La législation relative aux expulsions tente de concilier le droit à l'exécution et le droit au logement. Les incessantes retouches législatives soulignent la difficulté de l'exercice. Le droit positif se caractérise par une procédure complexe dont l'unique objectif est de permettre la mise en place de solutions de relogement. C'est ainsi que l'expulsion d'un local constituant l'habitation principale de la personne ne peut avoir lieu moins de deux mois après le commandement (le juge pouvant toutefois réduire ou supprimer ce délai)[50]. Dans le cas où l'expulsion constituerait une mesure « d'une exceptionnelle dureté », le juge peut, en outre, proroger ce délai pour une durée maximale de trois mois[51]. De plus, depuis 1998 « à peine de suspension du délai avant l'expiration duquel l'expulsion ne peut avoir lieu, l'huissier doit avertir le préfet du département afin qu'une mesure de relogement puisse être prise en considération » et depuis 2014, informer le ménage locataire de la possibilité de saisir la commission de médiation en vue d'une demande de relogement au titre du droit au logement opposable[52]. Dans le cas où le relogement ne pourrait avoir lieu dans des conditions normales, le juge des référés ou le juge de l'exécution peut accorder des délais excédant trois ans[53]. Cependant, aucun délai ne peut être accordé lorsque les personnes sont entrées dans les lieux par voie de fait ou s'il s'agit d'un immeuble frappé d'un arrêté de péril ou lorsque la procédure de relogement effectuée en application de l'article L. 442-4-1 du Code de la construction n'a pas été suivie d'effet du fait du locataire. En outre, aucune expulsion ne peut avoir lieu dans la période qui va du 1er novembre au 31 mars[54].

**948** ***Les ventes amiables favorisées dans le droit de la saisie immobilière.*** Si le droit de la saisie immobilière est relativement sévère pour le saisi en ce sens que le jugement d'adjudication vaut titre d'expulsion, le traumatisme de la vente forcée de l'immeuble peut être évité grâce à une vente amiable. L'ordonnance du 27 juillet 2006 modernisant la saisie immobilière avait permis au saisi de demander au juge de l'exécution, lors de l'audience d'orientation, l'autorisation de vendre son bien amiable dans un délai de quatre mois. Depuis la loi du 23 novembre 2019, l'immeuble peut aussi être vendu de gré à gré entre la date de l'audience d'orientation et le début des enchères avec l'accord de tous les créanciers[55].

L'importance accordée à la protection des droits fondamentaux du saisi est, en revanche, plus marquée dans l'examen des biens mobiliers insaisissables laquelle illustre le souci de la CEDH de garantir

48. C. consom., art. L. 733-1 et s.
49. C. com., art. L. 526-1 et s.
50. C. pr. exéc., art. L. 412-1.
51. C. pr. exéc., art. L. 412-2.
52. C. pr. exéc., art. L. 412-5.
53. C. pr. exéc., art. L. 412-3 s.
54. C. pr. exéc., art. L. 412-6.
55. C. pr. exéc., art. L-322-1.

« un juste équilibre entre les exigences de l'intérêt général et les impératifs de la sauvegarde des droits fondamentaux du saisi »[56].

**949** ***Les biens mobiliers insaisissables.*** La liste des biens mobiliers insaisissables inclut les objets nécessaires à la conservation, à la préparation et à la consommation des aliments, les animaux d'appartement ou de garde et même depuis 1997 « un poste téléphonique permettant l'accès au service téléphonique fixe »[57]. Depuis la loi du 12 mai 2009, lorsqu'un compte bancaire fait l'objet d'une saisie, il doit être automatiquement laissé au débiteur personne physique dans la limite du solde créditeur au jour de la saisie une somme à caractère alimentaire d'un montant égal pour une personne seule au montant forfaitaire du revenu garanti par le revenu de solidarité active[58].

**950** ***Les objectifs poursuivis.*** L'insaisissabilité des biens nécessaires à l'alimentation touche au droit à la santé, de même que l'insaisissabilité du matériel médical. L'interdiction de toucher aux objets d'enfant participe du droit à mener une vie familiale normale, de même que l'insaisissabilité des animaux de compagnie. La protection des livres et objets nécessaires à la poursuite des études ou à la formation, ainsi qu'à l'activité professionnelle du débiteur, relève du droit au travail. La gravité des atteintes que ces saisies porteraient aux droits fondamentaux est telle que l'exécution est purement et simplement exclue.

Il est d'autres exemples qui révèlent des compromis plus subtils. C'est le cas de la priorité donnée aux saisies-attributions sur les saisies à fin de vente[59], c'est-à-dire aux saisies de sommes d'argent sur celle des biens meubles corporels. Cette priorité, qui ne concerne que les petites créances (inférieures à 535 euros), traduit elle aussi la préoccupation du législateur de protéger dans la mesure du possible la vie familiale du débiteur tout en sauvegardant les intérêts du créancier. Le système tend à éviter l'intrusion des représentants de la force publique au sein du logement familial en exigeant du créancier qu'il emprunte initialement un mode de saisie moins traumatisant, une saisie de compte bancaire ou de rémunération, mais en cas d'échec de celle-ci, le créancier retrouve la possibilité de recourir aux saisies-ventes pour obtenir le paiement de sa créance.

**951** ***Le refus du concours de la force publique.*** L'exécution peut encore être paralysée par l'attitude de l'Administration. Il arrive que l'exécution de certaines décisions de justice implique un recours à la force, pour une expulsion par exemple. Le créancier qui ne peut lui-même employer la force doit obtenir le concours de la puissance publique laquelle est garante du respect des droits fondamentaux du débiteur[60]. Les juridictions administratives admettent que le préfet puisse refuser son concours s'il estime l'exécution inopportune en termes de sécurité ou d'ordre public. Néanmoins son refus engage sa responsabilité : « Considérant que le justiciable, nanti d'une sentence judiciaire, dûment revêtue de la formule exécutoire, est en droit de compter sur la force publique pour l'exécution du titre qui lui a ainsi été délivré ; que si le Gouvernement a le droit d'apprécier les conditions de cette exécution et de refuser le concours de la force armée, tant qu'il estime qu'il y a danger pour l'ordre et la sécurité, le préjudice qui résulte de ce refus ne saurait, s'il excède une certaine durée, être une charge incombant normalement à l'intéressé, qu'il appartient au juge de déterminer la limite à partir de laquelle il doit être supporté par la collectivité[61]. » L'équilibre réside ici dans la possibilité laissée au bénéficiaire du titre exécutoire de prétendre à une indemnisation. Par exemple, en cas de refus d'expulsion du locataire, le propriétaire peut réclamer le paiement des loyers qu'il aurait perçu si l'expulsion avait eu lieu à la date sollicitée[62].

56. CEDH 5 nov. 2009, *Thaleia Karidy c/ Grèce*.
57. Décr. n° 97-375 du 17 avr. 1997.
58. Art. 20 de la loi n° 2009-526 du 12 mai 2009 de simplification et de clarification du droit.
59. C. pr. exéc., art. L. 221-2.
60. Art. 12 de la Déclaration des droits de l'homme et du citoyen : « La garantie des droits de l'homme et du citoyen nécessite une force publique : cette force est instituée pour l'avantage de tous, et non pour l'utilité particulière de ceux auxquels elle est confiée. »
61. CE 30 nov. 1923, Couitéas, *DP* 1923. 3. 59, concl. Rivet ; *S.* 1923. 3. 57, note Hauriou ; CE 27 janv. 2010, n° 320642, 21 janv. 2011, n° 339647 ; J.-M. Pontier, « Le refus du concours de la force publique pour l'exécution d'une décision de justice », *JCP A* 2015. 2131.
62. CE 3 nov. 1967, *Gaz. Pal.* 1968. 1. 226.

Concilier l'exécution et les autres droits fondamentaux est un exercice par nature délicat du fait de l'importance des intérêts en jeu. Il implique un contrôle de la conformité des solutions retenues en droit interne au droit conventionnel.

## B • L'équilibre contrôlé

### 1 • L'objectif du contrôle

**952** ***L'objectif.*** Le contrôle est principalement assuré par la Cour européenne des droits de l'homme. Il ressort de sa jurisprudence que l'exigence d'exécution qui poursuit, en elle-même, un objectif légitime, ne peut justifier ni une atteinte prématurée, ni une atteinte excessive à d'autres droits fondamentaux. Il est significatif d'observer que, par exemple, les deux parties à la procédure d'exécution, celle qui la demande, comme celle qui en subit les effets, peuvent toutes deux se réclamer des droits et libertés fondamentaux garantis par la convention européenne et notamment de l'article 6 § 1 et de l'article 1er du Protocole 1.

Dans cette logique et en faveur du créancier, la Cour de cassation a, par exemple, estimé que « les dispositions relatives au désendettement des expatriés installés dans une profession non salariée, organisant, sans l'intervention du juge, une suspension automatique des poursuites, d'une durée indéterminée, portent atteinte, dans leur substance même, aux droits des créanciers, privés de tout recours »[63].

Si l'on regarde du côté de l'article 1er du Protocole 1, il est révélateur d'observer qu'il peut être invoqué par les deux parties à la procédure d'exécution. En effet, si la Cour de Strasbourg juge que le créancier peut fonder sa demande en exécution forcée sur la protection de sa créance, analysée comme un bien protégé par l'article 1er du Protocole 1, elle a aussi admis qu'il n'était pas exclu « que la vente forcée d'un bien par adjudication à la demande d'un créancier du propriétaire emporte violation de l'article 1er du Protocole 1 lorsque […] la vente judiciaire aboutit à la cession de celui-ci à vil prix »[64]. Le même article est alors invoqué en faveur du débiteur saisi. Toute la difficulté est, en conséquence, d'arbitrer entre les droits fondamentaux en conflit. La Cour européenne utilise plusieurs facteurs pour réaliser les équilibres adéquats. C'est ainsi par exemple qu'elle tient compte du caractère définitif ou non de la décision ou encore du poids des intérêts en jeu, comme, lorsqu'une partie peut se réclamer utilement du droit au logement.

Plus récemment, elle est venue confirmer que la vente aux enchères d'un bien constitue une ingérence dans le droit au respect des biens du saisi devant s'analyser en une privation de propriété au sens de l'article 1er du Protocole 1. Elle observe que celle-ci doit en conséquence ménager un juste équilibre entre les intérêts en présence et qu'il doit exister un rapport raisonnable de proportionnalité entre les moyens employés et le but visé par toute mesure privant une personne de sa propriété[65].

Cette recherche d'une proportionnalité se retrouve lorsqu'il s'agit de concilier le droit à l'exécution avec le droit au logement.

### 2 • Un exemple de contrôle à l'aune du droit au logement

**953** ***La prise en compte du droit au logement.*** Il n'est pas rare que le poids humain du droit au logement vienne peser d'une manière particulière dans l'appréciation des intérêts en conflit.

63. Cass., ass. plén., 7 avr. 2006, n° 05-11.519, *Bull. ass. plén.*, n° 3 ; D. Mouralis, « Constitution, Convention européenne des droits de l'homme et dispositif de protection des rapatriés : une nouvelle lecture », *Dr. et proc.* 2006, n° 4, p. 193.
64. CEDH 27 juin 2006, *Mazelie c/ France*, req. n° 5356/04.
65. CEDH 5 nov. 2009, *SA Thalia Karydi Axte c/ Grèce*, req. n° 44769/07, § 34 s.

Plusieurs décisions ont révélé que, pour la Cour européenne, la gravité des conséquences de la saisie du logement sur la vie du débiteur et de sa famille devait être prise en considération lors de l'appréciation de la proportionnalité de l'atteinte apportée à son droit de propriété[66].

Elle avait fait de même dans le passé à l'occasion du contentieux né du refus des autorités étatiques de prêter le concours de la force publique à l'exécution de décisions d'expulsion. Sa jurisprudence s'était principalement construite à travers une série remarquée d'arrêts contre l'Italie[67]. En réaction aux graves difficultés de logement rencontrées dans les centres urbains, le législateur italien avait mis en place un système de suspension des expulsions. La Cour avait, à cette occasion, affirmé que « si on peut admettre que les États contractants, dans des circonstances exceptionnelles et dans le cadre de la marge d'appréciation dont ils jouissent en matière de réglementation de l'usage des biens, interviennent dans une procédure d'exécution d'une décision de justice, pareille intervention ne peut avoir pour conséquence ni d'empêcher, invalider ou encore retarder de manière excessive l'exécution, ni, encore moins, de remettre en question le fond de cette décision ».

Ces décisions, qui furent pour la Cour, après l'arrêt *Hornsby*, le moyen de réaffirmer son attachement à l'exigence d'exécution, lui donnèrent aussi celle d'affiner sa jurisprudence sur cette question. L'examen de cette série de décisions et plus particulièrement de son arrêt de principe, *Immobiliare Saffi*, révèle en effet le souci de la Cour de concilier l'exécution avec les autres droits fondamentaux et notamment le droit au logement. Saisie pour violation du Protocole n° 1 et de l'article 6, paragraphe 1, la Cour de Strasbourg a, avant de condamner, apprécié la conventionnalité du système mis en place. Les étapes de son raisonnement sont intéressantes. La Cour a, d'abord, affirmé au regard du Protocole n° 1 que la « législation contestée poursuivait un but conforme à l'intérêt général… et que ces mesures législatives pouvaient raisonnablement passer pour convenables pour atteindre le but légitime poursuivi, étant donné la nécessité de ménager un juste équilibre entre les intérêts de la communauté et le droit des propriétaires ». Elle a, ensuite, condamné l'Italie au motif que le système mis en place ne prévoyait pas suffisamment de garanties de procédure et présentait un caractère arbitraire, spécialement en ce que « la société requérante ne peut utilement réclamer devant les tribunaux italiens une quelconque compensation pour cette attente prolongée assortie de l'impossibilité de vendre ou de louer son appartement ». Au regard plus spécialement de l'article 6, la Cour a considéré que si « l'exécution d'une décision de justice ne peut être retardée de manière excessive… un sursis à l'exécution… pendant le temps strictement nécessaire à trouver une solution satisfaisante aux problèmes d'ordre public peut se justifier dans des circonstances exceptionnelles ».

De manière plus radicale mais pourtant assez prévisible, la Cour européenne a condamné le système du « droit au logement opposable » (DALO) imaginé par le législateur français au profit, cette fois, des personnes mal logées[68]. En l'espèce, la commission de médiation de Paris avait, en février 2010, constaté que la requérante et ses proches vivaient dans des locaux indécents et insalubres. Par un jugement du 28 décembre 2010 le tribunal administratif de Paris avait ordonné son relogement sous une astreinte qui, conformément au système mis en place par la loi de 2007, était au bénéfice, non pas de la requérante mais du fonds d'aménagement urbain d'Île-de-France. Un an plus tard, faute d'exécution du jugement, l'astreinte fut liquidée au profit du fonds. La Cour européenne considéra que, faute d'être versée à la requérante, l'astreinte n'avait aucune fonction compensatoire et portait atteinte au droit de celle-ci d'obtenir l'exécution de la décision de relogement rendue en sa faveur. L'astreinte a pour fonction d'inciter les personnes morales à construire des logements sociaux, mais la

66. *Rousk v. Sweden*, 25 juill. 2013, n° 27183/04, § 124 et 125 ; *Mindek v. Croatia*, 30 août 2016, n° 6169/13 ; *Ljashaj v. Croatia*, 20 déc. 2016, n° 58630/11 ; *Vaskrsic v. Slovania*, 25 avr. 2017, n° 31371/12.

67. CEDH 28 juill. 1999, *Immobiliare Saffi c/ Italie*, req. n° 22774/93 ; CEDH 30 nov. 2000, *Eduardo Palumbo c/ Italie*, req. n° 15919/89 ; CEDH 11 janv. 2001, *Lunari c/ Italie*, req. n° 21463/93.

68. CEDH 9 avr. 2015, *Tchokontio Happi c/ France*, req. n° 65829/12, *Gaz. Pal.* 2015, n° 254, p. 15, obs. J. Andriantsimbazovina ; *JCP A* 2017. 16, p. 34, obs.

décision de justice avait été rendue au bénéfice d'une personne privée de logement adapté. La Cour européenne a cependant admis que le recours interne en responsabilité de l'État.

**954** ***Conclusion.*** L'originalité du contrôle opéré résulte, croyons-nous, de la place du droit à un procès équitable parmi les droits fondamentaux. La Cour considère, nous l'avons vu, que le droit à un procès équitable se présente comme la garantie des autres droits. Il leur est, à la fois nécessaire et subordonné : nécessaire car sans lui leur violation ne serait pas sanctionnée et subordonné car il est à leur service. Ce dernier caractère ne doit pas être oublié lorsqu'il s'agit d'apprécier la portée du droit à l'exécution. Le droit fondamental à l'exécution est au service de la règle de droit dont le jugement assure le respect. Il ne peut donc avoir pour effet de conférer au droit en question une valeur supérieure à celle du droit subjectif dont l'action a assuré la mise en œuvre. Ceci justifie qu'il ne puisse être invoqué au secours d'une exécution provisoire. Tant que la décision n'est pas définitive, le droit subjectif demeure fragile. Ceci explique aussi qu'il puisse être efficacement entravé par une disposition de droit interne à la condition que celle-ci tire sa légitimité d'un droit fondamental. Or la plupart des obstacles à l'exécution mis en place par le législateur afin de préserver la dignité des perdants, de sauvegarder un minimum vital, de reloger les personnes victimes d'une expulsion, poursuivent des buts légitimes. Dès lors, sous réserve de respecter l'exigence de proportionnalité, ils ne devraient pas avoir à redouter le contrôle de la Cour de Strasbourg[69]. Il serait en effet tout de même passablement paradoxal que ce soit en vertu d'une jurisprudence de la Cour européenne des droits de l'homme que la justice de Créon l'emporte sur celle d'Antigone[70].

## BIBLIOGRAPHIE INDICATIVE


D'une façon générale, tous les manuels de voies d'exécution et de contentieux administratif ainsi que les ouvrages consacrés à la jurisprudence de la Cour européenne des droits de l'homme dont notamment :

- G. COUCHEZ, D. LEBEAU, O. SALATI, *Procédures civiles d'exécution,* Sirey, coll. « Université », 13e éd., 2021.
- M. DONNIER, *Voies d'exécution,* Litec, coll. « Manuel », 10e éd., 2020.
- O. DUGRIP et F. SUDRE, note ss CEDH 19 mars 1997, *JCP* 1997. II. 22949.
- N. FRICÉRO, note ss CEDH 19 mars 1997, *D.* 1998. 74 ; « Le droit européen à l'exécution des jugements », *Dr. et proc.* janv. 2001, n° 1, p. 6.
- Ph. HOONAKKER, *Procédures civiles d'exécution,* Larcier, 11e éd., 2023.
- M. LONG, P. WEIL, G. BRAIBANT, P. DEVOLVÉ, B. GENEVOIS, *Les grands arrêts de la jurisprudence administrative,* Dalloz, coll. « Grands arrêts », 23e éd., 2021.
- J.-P. MARGUÉNAUD, « Extension des exigences du droit à un procès équitable à la phase d'exécution de la décision », *RTD civ.* 1997. 1009.
- F. SUDRE, *Droit européen et international des droits de l'homme,* PUF, coll. « Droit fondamental », 15e éd., 2021.
- F. SUDRE (dir.), *Les grands arrêts de la Cour européenne des droits de l'homme,* PUF, 11e éd., 2023.

Ainsi que W. BARANÈS et M.-A. FRISON-ROCHE, « Le souci de l'effectivité du droit », *D.* 1996. Chron. 301.


69. *Immobiliare Saffi c/ Italie, Eduardo Palumbo c/ Italie, Lunari c/ Italie,* préc.

70. Ce travail a bénéficié d'une aide de l'État gérée par l'Agence nationale pour la recherche au titre du programme « investissements d'Avenir » portant la référence ANR-10-LABX-11-10.

Avec plus spécialement sur le droit fondamental à l'exécution :
- C. Brenner, *Procédures civiles d'exécution,* Dalloz, coll. « Cours », 11e éd., 2021.
- A. Leborgne, *Droit de l'exécution,* Dalloz, coll. « Précis », 3e éd., 2019.

## PISTES DE RÉFLEXION

- Le saisi peut-il invoquer la protection de l'article 1er du Protocole 1 de la Conv. EDH ?
- Peut-on parler d'un droit fondamental à l'exécution des décisions de justice ? Quels en seraient les fondements ?

# Partie 5

# L'ACTEUR ÉCONOMIQUE ET SOCIAL

Thème 1

# La propriété, droit fondamental

RÉMY LIBCHABER
*Professeur à l'Université Panthéon-Sorbonne (Paris 1)*

Plus nous sortons de l'empreinte idéologique de la seconde moitié du XXe siècle, et mieux nous comprenons à quel point la propriété individuelle est nécessaire à l'homme pour accomplir sa destinée sociale. Loin que l'appropriation s'opère au détriment d'une collectivité frustrée, elle constitue le cap avancé de la pénétration de l'individu dans l'espace social. Avec d'autres institutions inhérentes aux libertés, la propriété assure la médiation entre les besoins individuels et la vie en société, en empêchant celle-ci de devenir oppressive. Parce que nos sociétés résultent d'équilibres délicats, précaires, il ne faut pas considérer avec désinvolture le régime juridique que le droit civil a patiemment forgé pour elle : c'est en le préservant dans ses articulations essentielles que l'on respectera l'équilibre naturel entre l'homme et la société.



**955** ***L'étude de la propriété a-t-elle sa place dans un recueil consacré aux droits et libertés fondamentaux ?*** La propriété nous paraît aujourd'hui constitutive de l'Avoir, bien davantage que de l'Être, alors qu'elle devrait être consubstantielle à la nature humaine ou à l'organisation de toute société, pour relever de ce recueil. Est-elle un droit de l'homme, c'est-à-dire un droit directement émané de sa nature même, en ce qu'elle a de spécifique ? À la recherche de sa généalogie, il s'est toujours trouvé des auteurs pour rattacher la propriété à l'invention de la société, ce qui fait de l'appropriation foncière un événement tardif, succédant à un véritable communisme originaire. Selon le message biblique, la terre fut primitivement donnée à tous les hommes : l'appropriation privative constituerait donc un événement de nature sociale, à la dignité secondaire. Benjamin Constant devait l'exprimer en termes remarquables : « la propriété n'est point antérieure à la société : car sans l'association, qui lui donne une garantie, elle ne serait que le droit du premier occupant, en d'autres mots, le droit de la force, c'est-à-dire un droit qui n'en est pas un. La propriété n'est point indépendante de la société, car un état social, à la vérité très misérable, peut être conçu sans propriété, tandis qu'on ne peut imaginer de propriété sans état social[1] ». Ce qui est perdu sur le terrain des droits de l'homme ne pourrait-il être

1. B. Constant, *Principes de politique*, Hachette, coll. « Pluriel », 1997, p. 176.

regagné sur celui des droits fondamentaux : si la propriété apparaît avec la société, ne pourrait-on dire qu'elle lui est inhérente et donc, au moins en cela, fondamentale ? Cette seconde avancée ne serait pas plus convaincante, tant il est vrai que des doctrines nombreuses ont proposé l'abandon de la propriété privée, que certains systèmes ont d'ailleurs réalisé au XXe siècle — au moins pour la propriété privée des moyens de production. Abstraction faite de leur destinée, l'existence même de ces systèmes rend plus contingent encore le statut de la propriété : née avec la société qui la garantit, elle en est tout de même dissociable, et se présente au mieux comme une variable sociale aux manifestations aléatoires. Ni droit de l'homme ni droit fondamental, on serait tenté de souscrire à la remarque de Marx selon laquelle il s'agit là d'un droit du citoyen bourgeois[2] qui, en tant que tel, ne mériterait pas l'honneur d'être élevé au rang des droits essentiels à l'idée d'humanité.

**956** ***La propriété dans les déclarations de droit.*** Ces réflexions achoppent néanmoins sur une constatation d'évidence : il n'est presque aucune proclamation des droits de l'homme ou du citoyen qui n'ait fait une place notable à la propriété, jusqu'au milieu du XXe siècle. C'est d'abord manifeste pour la grande Déclaration de 1789, dont l'article 2 place la propriété au cœur même des raisons d'être de toute société — « le but de toute association politique est la conservation des droits naturels et imprescriptibles de l'homme. Ces droits sont la liberté, la propriété, la sûreté et la résistance à l'oppression » —, disposition que l'article 17 vient *in fine* actualiser avec éclat : « la propriété étant un droit inviolable et sacré, nul ne peut en être privé, si ce n'est lorsque la nécessité publique, légalement constatée, l'exige évidemment, et sous la condition d'une juste et préalable indemnité »[3]. Sur cette voie, la déclaration française à vocation universelle avait été précédée des déclarations des droits des premiers États d'Amérique, qui avaient presque tous reconnu la propriété parmi les droits qu'ils garantissaient, à égalité avec le droit à la liberté, au bonheur et à la sûreté[4]. L'insertion de la propriété parmi les droits essentiels ne devait pas se démentir dans la suite de l'évolution institutionnelle française, même si l'on ressent de mieux en mieux l'influence de la montée des contestations à son endroit.

Le ton change assurément avec la seconde guerre mondiale, et la montée en puissance de l'idéologie communiste. La Déclaration universelle des droits de l'homme, proclamée par l'ONU en 1948, fera, elle aussi, droit à la propriété dans son article 17, même si c'est d'une façon ambiguë : « toute personne, seule ou en collectivité, a droit à la propriété. Nul ne peut être arbitrairement privé de sa propriété ». Contemporaine, la Convention européenne de sauvegarde des droits de l'homme la reconnaîtra à son tour dans l'article 1er du Protocole additionnel de 1952 : « toute personne physique ou morale a droit au respect de ses biens. Nul ne peut être privé de sa propriété que pour cause d'utilité publique et dans les conditions prévues par la loi et les principes généraux du droit international… », ce qui est assez dire qu'elle n'avait pu figurer dans la déclaration elle-même deux ans auparavant, faute d'accord. On observera enfin que les deux Pactes décisifs de l'ONU de 1966, pourtant conçus dans le sillage de la Déclaration de 1948, ne font pas mention de la propriété[5].

N'exagérons pas le caractère mitigé de ce bilan. Avec le reflux de l'idéologie communiste depuis les années quatre-vingt-dix du siècle précédent, avec la montée en puissance d'un individualisme partout perceptible, on peut penser que la propriété a de beaux jours devant elle — même si les Déclarations de droit sont désormais rares, le monde en étant saturé[6]. Tout de même, l'Union européenne a établi, à son tour, une Charte des droits fondamentaux, signée le 7 décembre 2000 et dotée de force

---

2. K. Marx, *La question juive*, *in Philosophie*, Éd. M. Rubel, Folio, 1997, p. 74.
3. J. Morange, « La Déclaration et le droit de propriété », *Droits* n° 8, p. 101 ; la reconnaissance de la propriété n'est pas séparable de préoccupations fiscales : J.-J. Bienvenu, « Impôt et propriété dans l'esprit de la déclaration », *Droits* n° 8, p. 135.
4. v. S. Rials, *La Déclaration des droits de l'homme et du citoyen*, 1988, annexes n° 8 pour la déclaration de Virginie (art. I et VII), n° 9 pour celle de Pennsylvanie (art. I, VIII et XI), n° 10 pour celle du Delaware (art. X).
5. Du coup, la protection de la propriété exercée par le Comité des droits de l'homme de l'ONU n'a pu s'exercer que dans le cadre très limité de l'interdiction de toute discrimination.
6. F. Sudre, *Droit européen et international des droits de l'homme*, avec la participation de L. Milano et H. Surel, 14e éd., PUF, coll. « Droit fondamental », 2019.

contraignante depuis 2009, dont l'article 17 garantit la propriété des biens corporels, puis la propriété intellectuelle dans un second alinéa[7]. Le texte n'en est guère original, mais confirme que la page de la contestation de la propriété individuelle est désormais tournée, qui fut si active au milieu du XXe siècle. La propriété est revenue au premier plan de nos préoccupations — même s'il arrive, en France notamment, que la propriété publique vienne la concurrencer dans les préoccupations juridiques.
Cet ensemble de déclarations est impressionnant, et témoigne de ce que la propriété privée n'a jamais cessé d'être considérée comme un droit essentiel, dont la protection est poursuivie comme un objectif fondamental par la plupart des systèmes. N'y a-t-il pas une certaine contradiction dans le fait de contester le caractère essentiel d'un droit, alors qu'on le considère par ailleurs comme fondamental ? On peut risquer l'hypothèse selon laquelle la contestation et l'exaltation ne s'attacheraient pas à la même chose : dans son principe, la possibilité d'une appropriation privative est consubstantielle à la vie de l'homme en société (***I.***) ; ce qui n'empêche pas le contenu de la propriété de varier en fonction de contraintes propres, qui en modifient le régime sans toucher à la notion (***II.***).

# I • Le rôle fondateur de la propriété

**957** Il n'est pas possible de s'attacher au rôle fondateur de la propriété sans évoquer quatre séquences historiques primordiales qui en ont exalté l'importance, et qui, chacune pour son compte, témoignent du rôle que joue la propriété dans l'histoire des droits de l'homme (A.), dans l'élaboration du droit civil français (B.), dans la construction de ses libertés constitutionnelles (C.) ou dans l'édification du corpus européen (D.).

## A • La propriété dans l'école du droit naturel classique

**958** ***La propriété est-elle une institution de droit naturel ?*** L'affirmation a toujours été contestée par les tenants d'un communisme primitif, au sein duquel la propriété privée serait apparue par un véritable coup de force[8]. C'est au génie littéraire de Rousseau que l'on doit la formulation la plus saisissante de cette idée, dont la seconde partie du *Discours sur l'origine et les fondements de l'inégalité parmi les hommes* débute par ces phrases fameuses : « le premier qui, ayant enclos un terrain, s'avisa de dire : Ceci est à moi, et trouva des gens assez simples pour le croire, fut le vrai fondateur de la société civile. Que de crimes, de guerres, de meurtres, que de misères et d'horreurs, n'eût point épargnés au genre humain celui qui, arrachant les pieux ou comblant le fossé, eût crié à ses semblables : gardez-vous d'écouter cet imposteur ; vous êtes perdus, si vous oubliez que les fruits sont à tous, et que la Terre n'est à personne. Mais il y a grande apparence qu'alors les choses en étaient déjà venues au point de ne plus pouvoir durer comme elles étaient ; car cette idée de propriété, dépendant de beaucoup d'idées antérieures qui n'ont pu naître que successivement, ne se forma pas tout d'un coup dans l'esprit humain. Il fallut faire bien des progrès, acquérir bien de l'industrie et des lumières, les transmettre et les augmenter d'âge en âge, avant que d'arriver à ce dernier terme de l'état de nature. »[9]

---

7. L'art. 17 dispose : « 1. Toute personne a le droit de jouir de la propriété des biens qu'elle a acquis légalement, de les utiliser, d'en disposer et de les léguer. Nul ne peut être privé de sa propriété, si ce n'est pour cause d'utilité publique, dans des cas et conditions prévus par une loi et moyennant en temps utile une juste indemnité pour sa perte. L'usage des biens peut être réglementé par la loi dans la mesure nécessaire à l'intérêt général. 2. La propriété intellectuelle est protégée ».
8. Sur la préhistoire de la propriété comme droit de l'homme, v. P. Garnsey, *Penser la propriété. De l'Antiquité jusqu'à l'ère des révolutions*, Les Belles Lettres 2013, chap. VIII, p. 237.
9. J.-J. Rousseau, *Discours sur l'origine et les fondements de l'inégalité parmi les hommes*, Garnier-Flammarion, 1992, p. 222.

En dépit de son pouvoir de séduction, cette ligne d'analyse n'est pas la plus convaincante pour notre propos. Sans doute se réclame-t-elle de grands auteurs, et d'une généalogie qui n'est pas plus imaginaire que toutes les autres — car toutes recherchent des origines à partir d'un état de nature reconstitué sur la base d'une rêverie rationnelle[10]. Mais on peut lui opposer que l'idée d'une collectivité originaire prend son point de départ dans une analyse en termes fonciers : source de toutes richesses, la terre a été donnée aux hommes : c'est cette terre qu'il faut réserver à tous, sauf à priver la plupart d'un droit essentiel à la subsistance. Or, la terre apparaît à bien des égards comme le plus particulier des biens, à l'aune duquel on ne devrait former aucun raisonnement général. Comme les physiocrates l'avaient mis en évidence, le sol est d'abord une source absolue de richesses : il est cause de la génération des végétaux, garant de la vie des animaux sauvages, et gardien des richesses minérales. De plus, cette source de richesses est limitée dans son étendue, et en grande partie inappropriable, car cette étendue conditionne l'exercice effectif de la liberté d'aller et venir. Productrice de richesses, limitée par sa nature, la terre est enfin un donné naturel obtenu par les hommes en dehors de tout travail de création. Il sort de là que la terre est le type même du bien commun : cela rend injuste l'idée d'une appropriation privative, fût-ce de certaines portions seulement. Dans le même temps, cette communauté originaire justifie que l'appropriation ne puisse se concevoir que dans le cadre d'une société organisée, tard venue dans une reconstitution de l'histoire de l'humanité.

On peut ainsi défendre l'idée que la terre doit être à tous, qu'il est concevable d'étendre aux moyens de production en général, fussent-ils élaborés par les hommes. Il reste qu'aux dires de Rousseau lui-même, si la terre n'est à personne, les fruits en sont à tous. Dans cette dernière affirmation, on trouve l'essence même d'une propriété modeste, ordonnée aux besoins premiers de l'individu.

**959** ***La propriété dans les conceptions chrétiennes.*** Avant d'évoquer Rousseau, il importe d'inscrire sa réflexion dans un cadre intellectuel plus vaste. Dès le xiiie siècle, les penseurs chrétiens avaient réfléchi à l'incertaine légitimité d'une appropriation par l'homme d'un environnement qui, manifestement, lui préexiste[11]. Comment l'homme pourrait-il se considérer comme le propriétaire d'une nature qui lui était antérieure, et asservie à des fins plus nombreuses et diverses qu'à sa seule jouissance ? La réponse de ces auteurs consistera en deux propositions. La première tient en ce que le domaine de toutes choses — au sens romain du terme —, ne peut relever que de leur créateur : le monde appartient à Dieu par cela seul qu'il l'a créé. On peut être surpris de voir le créateur du monde ramené à la figure banale, bourgeoise même, du propriétaire ; mais il ne faut pas oublier la contiguïté qui a pu alors exister entre théologie et droit, les théologiens pensant volontiers en termes juridiques des situations que nous analyserions aujourd'hui sous l'angle du sacré. Reste la seconde proposition, finement articulée à la précédente : le domaine des choses relève de Dieu, qui a fait l'homme à son image : d'où la participation de sa créature au domaine des choses divines, et l'existence d'un droit naturel à leur propriété, conçu comme par décalque. Bien avant Locke, la réflexion théologique avait donc élaboré l'idée d'une propriété de droit naturel, mais sur des bases religieuses que les auteurs de l'école du droit naturel tenteront de remplacer par un fondement laïc. Pour autant, la leçon de la scolastique ne sera jamais tout à fait perdue : comment comprendre autrement que l'article 17 de la Déclaration de 1789 ait considéré la propriété comme un droit « sacré » ?

**960** ***L'importance conceptuelle de Locke.*** C'est tout de même Locke[12] qui, dans un cadre laïque et originaire, devait proposer une explication du caractère naturel de la propriété, qui allait faire date. Il semble qu'il ait été le premier à voir que pour saisir son caractère de droit naturel, il ne fallait pas

10. Ce que Rousseau est néanmoins l'un des rares à avouer expressément : « Il ne faut pas prendre les recherches, dans lesquelles on peut entrer sur ce sujet, pour des vérités historiques, mais seulement pour des raisonnements hypothétiques et conditionnels ; plus propres à éclaircir la nature des choses, qu'à en montrer la véritable origine… » (Rousseau, *op. cit.*).
11. M.-F. Renoux-Zagamé, « Du droit de Dieu au droit de l'homme : sur les origines théologiques du concept moderne de propriété », *Droits* n° 1, p. 17.
12. J. Locke, *Traité du gouvernement civil*, Éd. S. Goyard-Fabre, Garnier-Flammarion, 1992.

penser la propriété à partir du sol mais l'interroger au plus près des besoins immédiats de l'homme. Dans l'état de nature, l'homme ne saurait avoir d'autres impératifs que d'assurer sa propre conservation. Ce qui lui est facile, puisqu'il lui suffit de cueillir les fruits pendants ou de chasser le gibier disponible. En vertu de quel droit ce qui est disponible pour tous, et donc par nature commun, pourrait-il être consommé par un seul ? La nécessité y pourvoit pour une part : si chacun devait demander à tous l'autorisation de se nourrir, l'humanité se serait bientôt éteinte. Mais la nécessité n'est pas tout : si l'on peut se nourrir de ce que l'on cueille ou chasse, c'est aussi parce que l'acte de cueillir ou de chasser constitue en soi un travail — travail qui extirpe les produits de la nature de leur communauté originaire. Motivée par le besoin et justifiée par le travail, la propriété est ce qui permet à l'homme d'assurer sa propre conservation, en même temps que d'exprimer ce qu'il y a en lui de plus spécifique. Car si le travail permet l'appropriation des choses, c'est par réitération d'une appropriation première et plus fondamentale, celle de l'homme par lui-même : « car cette peine et cette industrie étant sa peine et son industrie propre et seule, personne ne saurait avoir droit sur ce qui a été acquis par cette peine et cette industrie, surtout s'il reste aux autres assez de semblables et d'aussi bonnes choses communes »[13]. Pour le dire en termes plus modernes, la propriété apparaît comme le lien tendu par Locke entre l'essence de l'homme et son existence.

La propriété de soi débouche sur celle des choses ; par un même effet d'engendrement, la propriété des choses débouche sur celle du sol. Car si le travail de perception justifie l'appropriation des choses, le travail de culture justifie celle de la terre. Non seulement le travail fait sortir la chose de sa communauté d'origine, mais il multiplie la richesse d'ensemble, une terre cultivée produisant plus que si elle était demeurée inculte. C'est ainsi que le travail justifie aussi bien le principe de l'appropriation que la quantité appropriée — cela seul qu'un homme peut lui-même cultiver. C'est encore ainsi que la propriété se justifie par son résultat : l'enrichissement de tous par le supplément de production obtenu, inutile à la seule conservation du travailleur[14].

C'est donc à Locke que l'on doit d'avoir mis la question de la propriété au principe de la notion d'homme, ce qui ne sera jamais perdu de vue par la suite[15]. Par une véritable prescience juridique, il montrait encore que la question de la justification de la propriété ne devait pas s'envisager à partir de l'appropriation du sol, mais en se fondant sur les besoins de l'individu. Ces idées allaient avoir une destinée intellectuelle fastueuse, mais trouver leur première vraie réalisation avec la Révolution française.

## B • Le droit civil de la propriété

**961** ***Propriété et Révolution.*** En renversant un ordre féodal déjà pour une large part aboli dans les faits — notamment sur le plan foncier[16] —, il appartenait à la Révolution de faire advenir les conceptions de Locke sur la propriété en l'organisant comme une relation d'appartenance, c'est-à-dire comme la relation la plus étroite entre une personne et un bien. Il est difficile d'affirmer que cette reconstruction du système a été pensée et voulue comme telle. Il n'en reste pas moins qu'en simplifiant et en rationalisant ce qui existait auparavant, le droit intermédiaire puis le Code civil ont mis en œuvre et généralisé la propriété dans son essence même.

---

13. Locke, *op. cit*, chapitre V.
14. Locke, *op. cit.*
15. Sur les ambivalences de la réception des idées de Locke, v. Garnsey, *op. cit.*, p. 256 et s. Signe des temps, les nouvelles contestations de la propriété aboutissent à des tentatives de relecture de Locke. V. par ex. P. Crétois, *La part commune. Critique de la propriété privée*, Éditions Amsterdam 2020, et les références à la philosophie anglo-saxonne.
16. A. de Tocqueville, *L'Ancien Régime et la Révolution*, livre II, chapitre I ; sur l'état du régime féodal à la veille de la Révolution, v. M. Garaud, *La Révolution et la propriété foncière*, Sirey, 1959.

**962 *La propriété révolutionnaire dans son cadre conceptuel.*** L'émergence de la propriété n'est pas compréhensible sans les évolutions qui l'accompagnent et lui donnent toute sa cohérence, du côté des personnes comme du côté des choses.

L'ancien droit avait élaboré des statuts individuels fort nombreux, constitutifs de hiérarchies devenues complexes avec le temps : le droit civil y substitue la notion uniforme de personne, apte à être titulaire de droits et d'obligations. Dans le même ordre de pensées, la féodalité avait laissé à la France un héritage confus en matière de biens : l'idée que toutes les utilités d'une terre puissent être réunies n'y avait pas cours ; au contraire, les terres n'étaient vues que comme des supports de droits variés, intriqués et complémentaires, qui permettaient une utilisation maximale du sol par la complémentarité des usages et des utilisateurs. Une page de Marc Bloch lève le voile sur cette situation mal connue[17] : « aussi bien le mot de propriété, appliqué à un immeuble, eût-il été à peu près vide de sens. Ou du moins aurait-il fallu dire propriété ou saisine de tel ou tel droit sur le fonds. Sur presque toute terre, en effet, et sur beaucoup d'hommes, pesait, en ces temps, une multiplicité de droits, divers par leur nature, mais dont chacun, dans sa sphère, paraissait également respectable. Aucun ne représentait cette rigide exclusivité, caractéristique de la propriété, du type romain. Le tenancier qui — de père en fils généralement —, laboure et récolte ; son seigneur direct, auquel il paie redevances et qui, en certains cas, saura remettre la main sur la glèbe ; le seigneur de ce seigneur et ainsi de suite, tout le long de l'échelle féodale : que de personnages qui, avec autant de raison l'un que l'autre, peuvent dire "mon champ" ! Encore est-ce compter trop peu. Car les ramifications s'étendaient horizontalement aussi bien que de haut en bas et il conviendrait de faire place aussi à la communauté villageoise, qui ordinairement récupère l'usage de son terroir entier, aussitôt celui-ci vide de moissons ; à la famille du tenancier, sans l'assentiment de laquelle le bien ne saurait être aliéné ; aux familles des seigneurs successifs... Une pareille compénétration des "saisines" sur une même chose n'avait rien pour heurter des esprits assez peu sensibles à la logique de la contradiction et, peut-être, pour définir cet état de droit et d'opinion, le mieux serait-il, empruntant à la sociologie une formule célèbre, de dire : mentalité de "participation" juridique »[18]. Le travail de la Révolution passera sur ses « saisines », supprimées au profit de la notion de bien, cet apport capital qui conditionnera les contours de la propriété française. Il n'y aura plus dorénavant de pouvoirs partiels sur des choses, mais un regroupement de toutes leurs utilités concevables sous la notion juridique de bien.

Le monde du Code civil commence alors à émerger, sous la forme d'une chimie simple faite d'atomes et de relations entre eux. D'un côté : des personnes animées de désirs — qui disposent d'une capacité de principe qui les rend juridiquement aptes à les satisfaire —, et des biens qui sont l'objet même des désirs des personnes. D'un autre côté, la relation de base entre les personnes et les biens, qui n'est autre que la propriété pleine et entière, renouvelée de la propriété quiritaire du droit romain.

**963 *Épure de la propriété.*** Pour la Révolution, comme pour le Code civil, la propriété n'est guère que la relation par laquelle une personne peut assouvir le désir qu'elle a d'un bien. En cela, elle est le lien le plus étroit qui puisse unir une personne à un bien, ou, pour le dire dans les termes qu'employait le droit romain, elle est une *plena in re potestas*. L'article 544 du Code civil l'exprimera à sa façon, en énonçant que la propriété est « le droit de jouir et disposer des choses de la façon la plus absolue »[19].

La jouissance ne doit pas être entendue comme une modalité de l'usage de la chose, mais d'abord comme une conséquence de son état : si les biens existent dorénavant en tant que totalités, c'est pour

---

17. V. néanmoins l'approche très utile de A.-M. Patault, *Introduction historique au droit des biens*, *op. cit.*

18. M. Bloch, *La société féodale*, Albin Michel, coll. « L'évolution de l'humanité », 1978, p. 174.

19. La tradition doctrinale, fondée sur les romanistes et non sur le droit romain, explicitera la propriété par une triade fonctionnelle : l'*usus*, le *fructus* et l'*abusus*. C'est là une caractérisation en trompe-l'œil : non content de n'être pas compatible avec la lettre de l'art. 544 qui ne parle que du droit de « jouir et disposer », elle repose sur des prérogatives floues, impossibles à décrire sans chevauchements. Aussi sera-t-elle ici abandonnée au profit d'une description d'un autre type. On en trouvera le modèle dans : F. Zenati, *Essai sur la nature juridique de la propriété. Contribution à la théorie du droit subjectif*, thèse Lyon, 1981.

être objets d'appropriation. De cet état découlent les prérogatives du propriétaire : soumettant le bien à son seul profit, il est libre à son endroit, au plein sens du terme qui inclut la durée, puisque la propriété est considérée comme imprescriptible[20]. On ne pourrait pas décrire par le détail cette relation, la liberté étant par nature rétive à toute définition qui la restreint. La propriété ouvre à son titulaire une véritable souveraineté sur la chose, qui est presque de l'ordre du non-droit en ce qu'elle se soustrait largement à l'empire d'un droit qui se borne à la constater[21]. Mais cette souveraineté n'est pas pour autant omnipotence : le propriétaire ne peut profiter que des utilités disponibles de la chose, que des règles positives ou des conventions peuvent restreindre, et parfois accroître ; la propriété ne tient donc pas dans une liste prédéfinie de pouvoirs, mais dans la vocation du propriétaire à bénéficier de ces utilités à mesure qu'elles redeviennent disponibles[22]. D'où une réalité à double face, synthétisée par l'idée d'exclusivisme : dans la relation à la chose, la propriété exclusive est liberté de faire ce que l'on veut d'une chose pour autant que cela ne soit pas interdit ; dans la relation aux autres, la propriété est encore exclusive au sens où le propriétaire peut exclure les tiers de la jouissance de sa chose, ce qui garantit juridiquement l'efficacité de sa propriété[23].

La propriété va au-delà de la seule jouissance : le droit de disposer est aussi évoqué par l'article 544, qui est le droit de modifier la structure juridique du bien. En effet, les prérogatives jusqu'ici attribuées au propriétaire lui permettaient uniquement d'altérer l'état matériel du bien, mais non d'attenter à sa constitution juridique. D'où les habilitations données par l'article, explicitées par de nombreuses autres dispositions, qui tiennent en quelques principes. Le propriétaire a la possibilité de transférer la propriété du bien ; de faire des remises temporaires de la chose à des tiers, par le biais de contrats précaires, supposant restitution ; de concéder certaines utilités du bien à d'autres, par la constitution de droits réels à durée limitée ; il a enfin la possibilité de faire cesser l'appropriation de la chose en renonçant à la propriété, prérogative incontestable dans son principe mais dangereuse dans son application[24]. L'article 537 du Code civil l'avait dit : « les particuliers ont la libre disposition des biens qui leur appartiennent... » ; cette libre disposition s'actualise par l'entier système mis en place par le Code civil, de circulation ou de partage des utilités des biens ; le moins que l'on puisse dire est qu'elle repose sur la propriété.

Les deux aspects complémentaires de l'article 544 ne constituent pas deux prérogatives cumulées, mais deux types d'identification. Par le biais de la jouissance, la propriété s'incarne dans l'exclusivisme, à l'endroit de la chose comme au regard des tiers. Par l'intermédiaire de la disposition, la propriété ouvre à son titulaire des possibilités d'atteinte juridique, dont les conséquences tiendront dans la circulation du bien et le partage de ses utilités.

---

20. La Cour de cassation est ainsi amenée à rappeler de temps à autres que l'action en revendication ne s'efface pas avec le temps (Civ. 1re, 2 juin 1993, nº 91-10.971, *Bull. I*, nº 197 ; Civ. 3e, 5 juin 2002, nº 00-16.077, *Bull. III*, nº 129 ; Civ. 3e, 1er juill. 2014, nº 12-21.485, Inédit). V. récemment : Civ. 3e, 21 févr. 2019, nº 17-25.733, *RTD civ.* 2019. 372, obs. W. Dross, où la Cour énonce que « l'action engagée en vue de faire cesser une atteinte au droit de propriété et d'en revendiquer l'ensemble des attributs est, par nature, imprescriptible ». Pour un meuble : Civi. 1, 25 mai 2022, nº 21-10.250, F-PB.

21. Portalis le disait clairement : « Le principe du droit (de propriété) est en nous ; il n'est point le résultat d'une convention humaine ou d'une loi positive ; il est dans la constitution même de notre être, et dans nos différentes relations avec les objets qui nous environnent », P.-A. Fenet, *Recueil complet des travaux préparatoires du Code civil*, t. XI, Paris 1836, p. 113.

22. Marquis de Vareilles-Sommieres, « La définition et la notion juridique de la propriété », *RTD civ.* 1905. 443.

23. Cette spécificité de la notion de propriété s'est trouvée parfaitement mise en évidence dans un arrêt inaugural (Civ. 1re, 10 mars 1999, *D.* 1999. 319, concl. J. Sainte-Rose, et note E. Agostini ; *JCP* 1999. II. 10078, note P.-Y. Gautier ; *RTD civ.* 1999. 859, obs. F. Zenati), à propos du droit d'exploiter l'image d'un immeuble célèbre, conféré au propriétaire qui « a seul le droit d'exploiter son bien, sous quelque forme que ce soit ». La position du droit français est désormais fixée par une décision incontestée : Cass., ass. plén., 7 mai 2004, nº 02-10.450, *Bull. ass. plén.*, nº 10, p. 21, *RTD civ.* 2004. 528, obs. Th. Revet : « le propriétaire d'une chose ne dispose pas d'un droit exclusif sur l'image de celle-ci ; qu'il peut toutefois s'opposer à l'utilisation de cette image par un tiers lorsqu'elle lui cause un trouble anormal ». Pour une application récente, v. Com. 31 mars 2015, nº 13-21.300, *Bull. civ.* IV, nº 60.

24. Civ. 3e, 5 nov. 2015, nº 14-20.845, publié au *Bull.*, *RTD civ.* 2016. 150, obs. W. Dross, où la Cour évoque des « actes manifestant sans équivoque leur volonté de renoncer à leur droit de propriété ». La possibilité d'abandonner une parcelle avait déjà été reconnue par : Civ. 3e, 18 juin 2003, nº 01-01.758, *Bull. civ.* III, nº 129, p. 115. Il ne faut pas confondre l'abandon de la propriété immobilière, toujours incertaine en pratique, avec le délaissement des terres vaines et vagues au profit d'une commune, prévu par l'article 1401 CGI (Pour un exemple : Civ. 3, 23 septembre 2021, nº 20-16.856, Inédit, *RTDciv* 2022.165, obs. W. Dross),

**964** ***Propriété et personnalité.*** En actualisant dans le droit positif la propriété comme une relation d'appartenance, la Révolution la renvoyait à une modalité de l'existence individuelle que Locke avait illustrée sur le plan spéculatif. Cette propriété participe de la nature de l'homme en ce qu'elle est le mode même de l'épanouissement des désirs individuels ; mais elle lui permet aussi une sorte de prolongement de sa personnalité par l'intermédiaire des biens appropriés. De plus, la propriété devient l'épine dorsale du régime des biens, puisque l'appropriation est la condition de leur insertion dans le juridique, et la garantie de leur circulation ou de celle de leurs utilités. C'est là une leçon qui ne sera pas oubliée, au moment même où les vents de la contestation souffleront le plus contre la propriété.

## C • Le droit constitutionnel de la propriété

**965** ***La propriété saisie par la Constitution.*** La Constitution de la V^e^ République n'évoque pas la propriété, mais elle y a fait une référence implicite par le renvoi opéré par son préambule à la Déclaration des droits de l'homme de 1789, préambule intégré au bloc de constitutionnalité par le Conseil constitutionnel dans sa décision du 16 juillet 1971, relative à la liberté d'association. Mais quelle valeur fallait-il positivement attacher aux articles 2 et 17 ? On ne le saura qu'après 1981, puisque la majorité socialiste parvenue au pouvoir fut désireuse d'effectuer d'importantes nationalisations, et que la loi les prévoyant fut déférée à la censure du Conseil constitutionnel. Quelle résistance la propriété, envisagée comme droit essentiel, pouvait-elle opposer à la volonté du législateur ? La décision rendue par le Conseil le 16 janvier 1982[25] témoigne de la vigueur maintenue de ce droit fondamental qu'est la propriété : si la volonté de nationaliser a été reconnue, la propriété a pesé de tout son poids de principe dans la décision du Conseil, au point de susciter la naissance d'une sorte de droit constitutionnel de la propriété[26].

Après avoir rappelé l'importance des articles 2 et 17 de la Déclaration de 1789, le Conseil ajoute que « les principes mêmes énoncés par la Déclaration des droits de l'homme ont pleine valeur constitutionnelle tant en ce qui concerne le caractère fondamental du droit de propriété dont la conservation constitue l'un des buts de la société politique et qui est mis au même rang que la liberté, la sûreté et la résistance à l'oppression, qu'en ce qui concerne les garanties données aux titulaires de ce droit et les prérogatives de la puissance publique ». Déclaration de principe importante à un moment où l'on pouvait douter du statut de la propriété : en soi, la nationalisation s'oppose à l'idée même de propriété privée en ce qu'elle en réduit évidemment le domaine d'ensemble ; elle s'y oppose plus encore en ce qu'il ne saurait y avoir de propriété publique dans la rigueur des principes — ce qui est propre s'opposant à ce qui est commun. De plus, les affaiblissements du statut idéologique de la propriété depuis la Seconde Guerre mondiale conspiraient à ce qu'il soit tenu pour quantité presque négligeable : une prérogative de possédant, davantage qu'un besoin individuel. L'affirmation du statut fondamental de la propriété par le Conseil constitutionnel témoigne du maintien au moins apparent d'une analyse qui remonte à l'école du droit naturel, et qui ne se dément pas malgré le passage du temps et l'étiolement des prérogatives du propriétaire. C'est assez dire le rôle fondateur de la propriété pour l'ordre social qui est le nôtre[27].

Il reste que les nationalisations seront tout de même admises, mais sur le fondement de l'alinéa 9 du préambule de la Constitution de 1946 qui, prolongeant la « nécessité publique légalement constatée »

---

25. Déc. n° 81-132 DC du 16 janv. 1982 et n° 82-139 du 11 févr. 1982, *D.* 1983. 169, note L. Hamon ; *JDI* 1982. 275, note B. Goldman ; F. Terré et Y. Lequette, *Les grands arrêts de la jurisprudence civile*, t. I, 13^e^ éd., Dalloz, 2015, n° 2, p. 12 ; P. Gaïa et *al.*, *Les grandes décisions du Conseil constitutionnel*, Dalloz, 17^e^ éd., 2013, n° 30, p. 366.
26. H. Pauliat, *Le droit de propriété dans la jurisprudence du Conseil constitutionnel et du Conseil d'État*, préf. J. Morange, PUF, 1994.
27. V. le commentaire lumineux et profond de la décision que propose F. Zenati, « Sur la constitution de la propriété », *D.* 1985. 171.

évoquée par l'article 17 de 1789, énonce que « tout bien, toute entreprise dont l'exploitation a ou acquiert le caractère d'un service public national ou d'un monopole de fait doit devenir la propriété de la collectivité ». Méconnaissance de la propriété ? Certes non, mais reconnaissance de la nécessité publique de l'article 17 : les nationalisations étaient supposées permettre aux pouvoirs publics de « faire face à la crise économique, promouvoir la croissance et combattre le chômage ».

Reconnaissance également de ce que le Conseil protège bien davantage la propriété dans son principe, que les droits du propriétaire, à la vérité sacrifiés sans scrupule en cas de besoin[28]. Le Conseil l'énoncera plus nettement encore par la suite : le droit de propriété n'est pas violé tant que les limitations qui affectent les conditions de son exercice n'ont pas « un caractère de gravité telle que l'atteinte au droit de propriété dénature le sens et la portée de celui-ci et soit par suite contraire à la Constitution »[29]. Le Conseil semble avoir désormais distribué les rôles : l'article 17 garantit la protection de la propriété contre les entreprises de privation, qui sont rares ; en revanche, les hypothèses de limitation relèvent de l'article 2, qui admet de fréquentes atteintes dès lors qu'elles sont « justifiées par un motif d'intérêt général et proportionnées à l'objectif poursuivi »[30]. On notera que si l'indemnisation est de principe en cas de privation de la propriété, ce n'est pas le cas quand il y a simplement limitation aux pouvoirs du propriétaire : l'indemnité peut être prévue, mais n'est pas nécessaire[31].

**966** ***Hésitations sur le caractère fondamental de la propriété.*** Cette reconnaissance de la propriété en tant que principe a pu être contestée par ceux qui considéraient qu'elle n'était guère plus qu'un droit fondamental de seconde catégorie, malgré la contradiction des termes[32]. Il n'empêche que l'attitude du Conseil constitutionnel paraît s'être maintenue, avec cette particularité qu'elle protège une propriété redéfinie, tout en abandonnant parfois les propriétaires aux vicissitudes de la décision politique[33]. Quelques décisions aggravant leur sort donneront le sentiment que la position adoptée en 1982 n'était qu'un trompe-l'œil, avant qu'un changement soudain de cap ne laisse augurer d'un retour à cette source.

Une décision du 25 juillet 1989[34] était de nature à faire douter de cette constance : reprenant la considération des articles 2 et 17 de la Déclaration de 1789, le Conseil rappelait que le droit de propriété avait subi des limitations depuis cette date — ce qui était déjà exprimé dans la décision de 1982 —, mais ajoutait que « c'est en fonction de cette évolution que doit s'entendre la réaffirmation par le préambule de la Constitution de 1958 de la valeur constitutionnelle du droit de propriété ». Renversant la perspective de 1982 qui annonçait la protection de la propriété en dépit de ses limitations concrètes, la décision de 1989 plaçait cette protection dans la dépendance de ces limitations, ce qui pouvait aboutir à une protection nulle.

Plus inquiétante encore, au moins par le commentaire qui en était proposé[35], une décision du 19 janvier 1995 affirmant l'objectif constitutionnel du droit à un logement décent a pu faire penser que ce droit ne pourrait s'exercer de façon effective qu'au détriment de la propriété immobilière, faute que ces droits

---

28. N. Molfessis, *Le Conseil constitutionnel et le droit privé*, préf. M. Gobert, LGDJ, 1997, p. 47 s. On trouve parfois des décisions protectrices du propriétaire : v. par ex. Décision nº 2015-718 DC, du 13 août 2015, qui censure une disposition législative qui tendait à déclarer incessibles les immeubles qui n'avaient pas fait l'objet d'une rénovation énergétique.
29. Déc. nº 84-172 DC du 26 juill. 1984, *D.* 1985. IR 360, note L. Hamon ; et déc. nº 85-189 DC du 17 juill. 1985, *AJPC* 1985. 415, note B. Genevois.
30. Cons. const. 13 janv. 2012, nº 2011-208 QPC, § 4. Cette position est reprise par le Conseil d'État, qui a par exemple récemment estimé que : « il est loisible au législateur d'apporter aux conditions d'exercice du droit de propriété des personnes privées, protégé par l'article 2 de la Déclaration des droits de l'homme et du citoyen de 1789 […] des limitations liées à des exigences constitutionnelles ou justifiées par l'intérêt général, à la condition qu'il n'en résulte pas d'atteintes disproportionnées au regard de l'objectif poursuivi » (CE, 28 septembre 2020, nº 430951).
31. Cons. const. 14 oct. 2011, nº 2011-201 QPC, § 7.
32. R. Savy, « La Constitution des juges », *D.* 1983. 105 ; v. néanmoins la réfutation de J.-L. Mestre, « Le Conseil constitutionnel, la liberté d'entreprendre et la propriété », *D.* 1984. 1. V. égal. l'avis tranché de L. Favoreu, « La jurisprudence du Conseil constitutionnel et le droit de propriété dans la Déclaration de 1789 », *La Déclaration des droits de l'homme et du citoyen et la jurisprudence*, PUF, 1989, p. 123.
33. J.-F de Montgolfier, « Le Conseil constitutionnel et la propriété des personnes privées », *Cah. Cons. const.* 2011, nº 31.
34. Déc. nº 89-256 DC du 25 juill. 1989 ; v. P. Bon, « Le statut constitutionnel du droit de propriété », *RFDA* 1989. 1009, avec le texte de la décision, p. 1023.
35. H. Pauliat, « L'objectif constitutionnel de droit à un logement décent : vers le constat de décès du droit de propriété », *D.* 1995. 283.

puissent être autrement conciliés. L'atteinte au droit de propriété aurait été indirecte, procédant d'une harmonisation entre des droits fondamentaux que leur nature même rend contradictoires[36].
On retrouve le même sentiment de médiocre considération dans une décision relative à l'utilisation par les SAFER des terrains qu'elles ont préemptés[37]. Pour justifier l'atteinte à la propriété, la loi exige que les terres soient utilisées dans le délai de cinq ans — sans qu'une sanction ait été prévue en cas de conservation du terrain par l'organisme. Sollicité par QPC sur la constitutionnalité de cette absence de sanction, le Conseil considère que le risque d'abus n'étant qu'éventuel, le silence de la loi n'aboutit à aucune inconstitutionnalité. Ce qui laisse les coudées franches aux SAFER, quand bien même elles ne respecteraient pas les conditions légales présidant à ce pouvoir exorbitant qu'est le fait de préempter.
Une décision du 29 juillet 1998 semble néanmoins en nette rupture avec cette accumulation de menaces pesant sur les destinées constitutionnelles de la propriété[38]. C'est elle qui fixe le véritable cap du Conseil. On y retrouve l'expression du principe selon lequel le fait de porter atteinte aux droits du propriétaire n'aboutit pas à restreindre la propriété dans son principe, ce qui vaut réaffirmation du rôle fondamental de la propriété, clef de voûte de l'organisation des biens. De là que si la réquisition des logements vacants n'est pas considérée comme une atteinte d'une « gravité telle qu'elle dénature le sens et la portée du droit de propriété », c'est tout de même sous la réserve d'interprétation que la réquisition ne puisse jamais déboucher pour son bénéficiaire sur un titre d'occupation régulier. Cette réserve est d'une importance réelle, car le Conseil constitutionnel garantit ainsi le système de la propriété tel qu'il sort de la Révolution, qui s'offusquerait de voir reconstituer un domaine divisé par superposition de droits permanents sur un même bien, c'est-à-dire par le cumul d'un titre de propriété et d'un titre d'occupation susceptible de se pérenniser[39]. La décision est encore de grand principe en ce qu'elle vient confirmer l'importance du principe de libre disposition des biens dans l'économie d'ensemble du système de la propriété : ce principe était déjà apparu à quelques auteurs comme un des fondements de l'analyse constitutionnelle de la propriété, sur la foi d'une décision du 4 juillet 1989[40] ; la présente décision le confirme, refusant qu'un créancier saisissant puisse être rendu malgré lui adjudicataire du bien vendu en justice.
Que faut-il penser de cette inflexion de la position du Conseil constitutionnel dans une direction plus favorable à la propriété[41] ? Il est sans doute trop tôt pour pronostiquer l'avenir des décisions du Conseil, d'autant que le changement de cap pressenti demande à être confirmé, et que la jurisprudence en matière de propriété est tout de même rare. Il semble néanmoins que les principes qui entrent ainsi en application soient plus protecteurs des équilibres du droit privé que ceux des dernières années. D'où l'on pourrait augurer un avenir plus favorable pour ce vieux droit de propriété, malgré tout bien malmené. Du reste, l'accroissement des saisines du Conseil constitutionnel par la procédure dite de QPC semble montrer que la ligne ouverte du Conseil demeure assez stable[42].

**967 *Bilan constitutionnel.*** Il ne faut pas trop rapidement constater l'effacement du droit de propriété. De façon notable, par voie de QPC, le Conseil a estimé que « l'article 544 du Code civil, qui

36. À propos du caractère contradictoire des différents droits, considérés comme également fondamentaux en leur nature, v. les sarcasmes de M. Villey, *Le droit et les droits de l'homme*, PUF, 1983, p. 12 s. ; v. égal. les efforts d'organisation un peu pathétiques de G. Drago, « La conciliation entre principes constitutionnels », *D.* 1991. 265.
37. Cons. const. 25 mai 2018, n° 2018-707 QPC ; *D.* 2018. 1772, obs. N. Reboul-Maupin.
38. Cons. const. 29 juill. 1998, n° 98-403 DC, *JO* 31 juill. 1998, p. 11710, *RTD civ.* 1998. 799, obs. N. Molfessis et 1999. 132 et 136, obs. F. Zenati.
39. Il ne faut tout de même pas aller trop loin dans cette direction : de tels cumuls existent clairement en matière de bail commercial ou de bail rural (on parle alors de propriété commerciale, plus rarement culturale), où ils sont tolérés.
40. Cons. const. 4 juill. 1989, n° 89-254 DC, *D.* 1990. 209, note F. Luchaire ; v. surtout l'analyse de F. Zenati, *RTD civ.* 1990. 519.
41. C'est ainsi que l'article 376 du Code des douanes, qui prévoit l'impossibilité pour les propriétaires de revendiquer les objets saisis ou confisqués, porte au droit de propriété « une atteinte disproportionnée au but poursuivi » (Cons. const. 13 janv. 2012, n° 2011-208 QPC, § 8). C'est encore ainsi que le droit de rétention prévu par l'ancienne loi du 23 juin 1941, qui permettait à l'État de retenir puis approprier une œuvre d'art en cas de transfèrement par son propriétaire à l'étranger, a été jugée contraire à la constitution (Cons. const. 14 nov. 2014, n° 2014-426 QPC, *D.* 2014. 2305, § 6 et 7).
42. C. Nivard, « Le régime du droit de propriété », *RFDA* 2012. 632, qui insiste sur la comparaison avec le contrôle de conventionnalité ; R. Noguellou, « Le droit des propriétés publiques, aspects constitutionnels récents », *AJDA* 2013. 986, qui s'attache avant tout au statut des propriétés publiques.

définit le droit de propriété, ne méconnaît par lui-même aucun droit ou liberté que la Constitution garantit »[43]. Si le Conseil l'a toujours protégé dans son principe, il ne le confond certainement pas avec les droits du propriétaire, dont il admet plus facilement le sacrifice. À condition toutefois que les limitations de ces prérogatives n'aboutissent pas à dénaturer le sens et la portée de ce droit, cette dénaturation étant la pierre de touche des pouvoirs législatifs[44]. Le Conseil distingue ainsi nettement la privation de propriété, qui doit être justifiée par la nécessité publique et aussitôt compensée, des simples limitations qui doivent être justifiées par des motifs d'intérêt général[45]. On retrouve l'image végétale de François Luchaire, estimant qu'aux yeux du Conseil, le droit de propriété s'apparentait à l'artichaut, qui reste lui-même si on lui ôte une série d'attributs, mais qui disparaît si l'on en touche le cœur[46].
Il reste que cet équilibre est difficile à tenir, qui suppose que la propriété puisse être dissociée des pouvoirs du propriétaire, ce qui demeure à prouver. Cet équilibre est encore délicat en ce que la protection d'un principe peut être de pure façade, et servir de paravent à des atteintes irréversibles à la propriété. Si l'on a tenté de défendre la jurisprudence constitutionnelle en lui prêtant une position intellectuellement subtile, on pourrait également, *in fine*, soutenir l'idée qu'au total, le Conseil n'a pas fait autre chose que d'aller de reculades en reculades, en tentant de camoufler ces dérobades par le principe acide dégagé par Jean Rivero : filtrer le moustique, tout en laissant passer le chameau[47]. Malgré tout, et peut-être malgré le Conseil constitutionnel lui-même, les décisions qu'il a rendues peuvent servir d'illustration à l'idée juste selon laquelle la propriété est un principe d'organisation du droit privé, permettant la libre circulation des biens. En quoi la propriété est fondatrice de notre ordre juridique, et constitue un droit fondamental. Il reste que l'aspect subjectif ne saurait être éliminé : la propriété ne peut pas être totalement dissociée des pouvoirs du propriétaire, qui ont subi d'incontestables atteintes dont certaines sont peu négligeables. Mais il n'est pas sûr qu'elles soient de nature à justifier les discours alarmistes : les réductions de pouvoir des propriétaires ne modifient pas le principe même de ces pouvoirs, en quoi réside la vision subjective de la propriété.

## D • Les transformations de la propriété par le droit européen

**968** ***Les embarras de la défense de la propriété dans la Convention européenne des droits de l'homme.*** La Convention européenne de sauvegarde des droits de l'homme et des libertés fondamentales s'inscrit assez bien dans le cadre tracé jusqu'à présent. D'abord, parce qu'elle témoigne de la difficulté de la propriété à s'imposer ou même à se justifier après la seconde guerre mondiale : absente de la Convention signée en 1950, faute d'accord sur les termes de sa reconnaissance, la propriété n'apparaîtra dans le dispositif qu'en 1952, avec le Premier Protocole additionnel. Et de façon limitée : « toute personne physique ou morale a droit au respect de ses biens. Nul ne peut être privé de sa propriété que pour cause d'utilité publique et dans les conditions prévues par la loi et les principes généraux du droit international ». Encore était-il précisé que ces garanties ne faisaient pas obstacle aux droits d'intervention des différents États parties à la Convention, qu'il s'agisse de « réglementer l'usage des biens conformément à l'intérêt général ou d'assurer le paiement des impôts ou d'autres contributions ou des amendes ». Non seulement l'énoncé du droit se trouvait limité, mais l'affirmation de possibles restrictions venait diminuer encore l'impact de cette reconnaissance. Et l'on peut dire que par sa pratique, la Cour a maintenu cette ligne de conduite équivoque tout comme la juridiction constitutionnelle en France : protection de la propriété en tant que principe, certes ; mais admission constante de différentes restrictions aux pouvoirs des

43. Cons. const. 30 sept. 2011, n° 2011-169 QPC, § 9, *D.* 2012. 2128, obs. Mallet-Bricout et Reboul-Maupin.
44. Montgolfier, *eod. loc.*, n° I. 2.1.
45. Montgolfier, *eod. loc.*, n° II. 1.1.
46. L. Favoreu, *in La Déclaration des droits de l'homme et du citoyen et la jurisprudence*, PUF, 1989, p. 138.
47. J. Rivero, « Autour de la loi Sécurité et Liberté », *AJDA* 1981. 275, et spéc. 277.

propriétaires, dès lors qu'elles étaient mises en œuvre par des procédures légales. Et si l'on a le sentiment que la sensibilité européenne est en train de changer, ce n'est pas à l'évolution des textes qu'on le doit, mais à la nouvelle sensibilité libérale qui porte les États depuis la fin du communisme en Europe de l'Est.

**969** ***Défense des biens, plutôt que de la propriété.*** Ce que la pratique de la Cour a apporté de plus important à la notion de propriété, elle l'a fait par la bande : en élargissant notablement la sphère des biens protégés. Fidèle à une conception pragmatique de son office, la Cour s'est attachée au « respect des biens » davantage qu'à la protection d'un mot contesté dans son enceinte — celui de propriété. Dans la perspective classique issue du droit civil, la propriété porte d'abord sur les biens corporels ; si les biens incorporels y ont été admis, c'est avec réticence, et quand la réalité économique était trop frappante pour demeurer ignorée. La Cour délaisse ces vieilles idées au profit d'une conception autonome et extensive. Tout d'abord, elle admet la propriété des droits et autres biens incorporels : les créances bien sûr[48], les droits de chasse[49], mais aussi les clientèles, les prestations sociales, les sûretés, et même une absence d'obligation[50]. Au-delà encore, elle pousse le respect des biens jusqu'à garantir les intérêts économiques : ainsi d'une habitation de fortune au sein d'un bidonville[51] ! La seule limite posée par la Cour tient au fait que les créances futures doivent, pour être protégées, pouvoir prétendre à une « espérance légitime »[52] : un droit d'ores et déjà condamné par l'absence d'exercice ne saurait prétendre à protection[53]. Dans cette perspective, elle considère que toute espérance légitime raisonnablement fondée peut être protégée par le biais de la notion de biens, sans pour autant élargir démesurément le contenu de la catégorie[54]. À la vérité, le recours à cette notion protège moins des biens, *stricto sensu*, qu'il ne permet de déjouer les ingérences illégitimes des États dans la sphère économique, quand elles tendent à supprimer des droits sur lesquels les individus pouvaient compter. Il n'empêche que par ce biais, la Cour s'est par exemple donné les moyens de contrôler la fiscalité des États — ce que le Conseil constitutionnel se refuse à faire de façon sérieuse dans l'ordre interne.

Peu importe l'instrumentalisation de la notion de bien : en agissant ainsi, c'est bien la propriété qui est protégée, mais dans un sens si fondamental que nul n'aurait plus osé en défendre la conception. Ce que la Cour garantit ainsi, c'est tout ce qui fait corps avec l'individu, qui ne peut en conséquence lui être ôté ; et si une cabane dans un bidonville paraît être bien peu de chose, elle est pourtant ce minimum sans quoi la personne ne peut plus exister en tant que telle.

**970** ***Garantie des procédures, plutôt que défense de la propriété.*** Conformément au mouvement positif général concernant la propriété, le droit européen n'a pas cherché à la garantir de façon absolue. Le Premier Protocole additionnel à la Conv. EDH admettait des privations de propriété, ou des réglementations variées de son usage, dès lors qu'elles étaient prévues par la loi et répondaient à des considérations d'intérêt général. Avec ses outils qui ne sont pas ceux du droit interne, la Cour a veillé à ce que les États n'abusent pas des prérogatives qui leur étaient ainsi laissées : si elle a toléré les exceptions, c'est néanmoins dans le cadre d'un principe général de protection de la propriété qu'elle a largement construit sur la base des textes[55], principe lui-même garanti par le respect du principe de proportionnalité[56].

---

48. CEDH 9 déc. 1994, *Raffineries grecques c/ Grèce*, § 59 à 61.
49. CEDH 29 avr. 1999, *Chassagnou c/ France*, *RTD civ.* 1999. 913, obs. J.-P. Marguénaud, 2000. 360, obs. T. Revet ; la question du droit français de chasse est reprise par : CEDH 4 oct. 2012, *Chabauty c/ France*, *RTD civ.* 2012. 703, obs. J.-P. Marguénaud, 2013. 151, obs. W. Dross.
50. Civ. 1re, 17 févr. 2016, n° 15-12.805 ; *JCP G* 2016. 396, note J. Knetcsh, où la Cour estime, sur les brisées de la CEDH, qu'une absence d'obligation à garantie constitue un bien aux yeux d'un assureur de responsabilité.
51. CEDH 30 nov. 2004, *Oneryildiz c/ Turquie*, § 129.
52. CEDH 18 nov. 2010, *Richet et Le Ber c/ France*, § 89, *AJDA* 2011. 1265, note Caumes, *D.* 2011. 2694, obs. Trébulle, *RTD civ.* 2011. 150, obs. T. Revet.
53. CEDH 7 juin 2012, *Centro Europa 7 SRL et Di Stefano c/ Italie*, § 172.
54. La Cour de cassation paraît influencée par cette conception, qui a récemment considéré comme un bien, aux yeux d'un assureur de responsabilité, une « absence d'obligation à garantie », résultant de la jurisprudence (Civ. 1re, 17 févr. 2016, n° 15-12.805, *Bull. civ.* I, *JCP* 2016. 396, note J. Knetsch).
55. CEDH 23 sept. 1982, *Sporrong et Lönnroth c/ Suède*, § 61.
56. Ce qui n'a pas empêché la Cour d'approuver la confiscation des biens pour corruption, dès lors que la loi allait dans le sens d'une réglementation nationale plus efficace (CEDH 12 mai 2015, *Gogitidzé et autres c/ Géorgie*, § 96 et s.).

Pour dire les choses simplement, cela signifie que la Cour peut admettre des restrictions aux droits d'un propriétaire — ou pire encore en cas de privation —, mais exige le respect du principe de la propriété privée en contrôlant l'existence de justifications réelles à ces restrictions. Les modes de contrôle mis en œuvre sont si peu habituels pour le droit français qu'il convient d'en illustrer le détail. Tout d'abord, il s'agit pour la Cour de faire le point sur l'existence des procédures manifestant l'empiétement, étatique ou individuel, pour s'assurer qu'elles étaient suffisantes, et qu'elles ont été respectées. Au-delà, il s'agit pour elle de vérifier que l'entrave au principe de la propriété est proportionnée aux intérêts collectifs que la loi préserve : libre aux États d'attenter aux biens individuels, pourvu qu'ils le fassent sur le fondement d'une justification assurée, et qu'ils n'aient pas eu d'autres moyens d'action aussi efficaces. Enfin, si ces restrictions aux droits du propriétaire sont admises, il faut sauvegarder le droit de propriété lui-même : d'où l'exigence que ces restrictions soient assorties de compensations pécuniaires effectives, qui font partie intégrante du droit de propriété[57].

On le voit, la protection de la propriété se déplace dans ses exigences et ses objets. La Cour fait le compte des atteintes à la propriété, des restrictions des droits des propriétaires, mais ne cherche pas à les interdire par principe. En revanche, elle mobilise d'autres moyens de protection pour garantir indirectement la propriété, en la préservant par la bande. Contrôle des motifs, des procédures, des indemnisations : autant de façon de s'assurer que les États ne toucheront pas à la légère aux composantes effectives de la propriété.

**971** ***Une propriété défendue de façon pragmatique.*** En quoi l'examen des règles européennes se révèle instructif. L'âge idéologique est derrière nous, et nul ne se soucie plus d'un combat frontal pour ou contre la propriété. Peut-être les débats idéologiques reviendront-ils demain, avec la promotion des communs ; il reste qu'un certain consensus semble s'être établi sur la légitimité de la propriété individuelle — pourvu qu'elle ne paralyse pas les exigences de solidarité inhérentes à l'État-providence, forme qui tend à s'imposer dans la plupart des pays du Conseil de l'Europe. Mais l'histoire comme la forme des textes européens expliquent le doigté à l'œuvre dans les techniques de protection de la propriété. En garantissant les biens des individus, en exigeant des procédures particulièrement encadrées pour que les États puissent y porter atteinte et des indemnisations utiles, la Cour réalise une protection d'autant plus efficace de la propriété qu'elle ne dit pas son nom ! Défendre une réalité sans tomber dans les combats pour les principes — sans doute un peu vains, par nature —, c'est là une forme de protection pragmatique des institutions que la France connaît mal, mais qui devrait être d'autant plus instructive à ses yeux. Si l'œuvre de la CEDH est souvent critiquée par les juristes français, il ne semble pas que cela doive s'étendre à la défense de la propriété. En pratiquant d'autres découpages des biens que ceux qui ont cours dans l'ordre interne, la Cour a protégé l'institution contre la cupidité des États, et a plus encore garanti les droits des propriétaires dans ce qu'ils avaient de fondamental : tel est bien le fondement des droits de l'homme.

**972** ***Perspectives d'avenir sur les méthodes : La proportionnalité.*** Il est une autre influence de la Convention européenne qui commence de produire ses effets sur la propriété, alors qu'elle n'était pas directement concernée au départ. Dans ses méthodes, la Cour européenne use d'un raisonnement qui avait peu les faveurs du droit français : là où ce dernier désirait appliquer la loi telle qu'elle était formulée, la Cour se demande désormais si cette application, fût-elle parfaitement régulière, n'emporte pas des inconvénients qui la rendraient illégitime au regard des droits de l'homme, ce qui devrait conduire à en refuser la mise en œuvre. Partie de la juridiction européenne, cette conception nouvelle est en train de toucher la Cour de cassation qui s'y montre de plus en plus sensible[58], et elle pourrait venir modifier la perception française de la propriété.

57. CEDH 21 févr. 1986, *James c/ Royaume-Uni*, § 54.

58. V. par ex., M. Béhar-Touchais, « La proportionnalité conquérante », *JCP G* 2016. 51, note ss Civ. 3e, 15 oct. 2015, no 14-23.612. Sur ce raisonnement, v. plus généralement T. Marzal, « La Cour de cassation à "l'âge de la balance" », *RTD civ.* 2017.789

C'est ce que l'on constate dans diverses affaires de réfugiés ayant occupé un immeuble laissé à l'abandon. Le propriétaire demandait l'expulsion des occupants, sur le fondement de son droit de propriété. La Cour de cassation l'a refusée dans les premières affaires, en considérant que celle-ci était disproportionnée par rapport au droit au domicile des occupants, protégé par l'article 8 de la Conv. EDH[59]. On retrouve la même tentation à propos de la construction d'une maison sur le terrain d'autrui : alors que la cour d'appel avait ordonné la démolition au profit du propriétaire revendiquant, la Cour de cassation estimait qu'elle constituerait une ingérence dans le droit au respect du domicile de l'occupant, déjà évoqué[60].
Il ne faut pas aller trop loin pour autant, puisque l'on verra qu'en matière d'empiétement, la Cour paraît maintenir sa jurisprudence traditionnelle[61], qui sanctifie l'absolutisme du propriétaire[62].

## II • Le contenu effectif de la propriété

**973** De la part des commentateurs de la jurisprudence constitutionnelle, c'est une thématique récurrente que de stigmatiser l'abandon du propriétaire aux rigueurs de la loi. Faut-il s'en émouvoir ? Peut-être pas, tant il est vrai que les réductions des pouvoirs du propriétaire se constatent avant tout sur le terrain immobilier, qui n'est plus aussi important qu'il le fut (A.), et que ce que les pouvoirs du propriétaire perdent en intensité, ils le gagnent en extension par la conquête de nouveaux territoires (B.).

### A • Les restrictions aux droits du propriétaire

**974** ***L'abaissement des droits du propriétaire.*** C'est une antienne de la doctrine de droit privé que de déplorer un abaissement constant du droit de propriété, tout au long du XX^e^ siècle[63]. D'un droit individualiste — c'est-à-dire ordonné aux seules jouissances égoïstes du propriétaire —, on serait passé à une sorte de fonction sociale, selon la prédiction de Léon Duguit[64]. La propriété n'est plus alors prise dans la perspective de l'épanouissement individuel qu'elle permet, mais considérée dans le prolongement de l'intérêt social : c'est ce qui justifiera les nombreuses restrictions que la législation imposera peu à peu aux prérogatives du propriétaire.
Le point de départ de cette conception est certain, en matière immobilière tout du moins, où la description de l'évolution des droits du propriétaire prend bien vite une allure de décadence, au sens où

59. Civ. 3e, 22 oct. 2015, nos 14-11.776 et 14-21.515, et Civ. 3e, 17 déc. 2015, no 14-11.776. La Cour tranche en sens inverse dans une décision plus récente (Civ. 3e, 21 déc. 2017, no 16-25.469), mais seulement parce qu'il s'agissait d'un litige procédural portant sur la compétence du juge des référés, qui n'avait rien à voir avec la propriété en soi ; mais le juge d'appel, statuant par erreur au fond, avait repris l'orientation de la décision de 2015. La Cour est récemment revenue à sa première inspiration en considérant que « l'expulsion étant la seule mesure de nature à permettre au propriétaire de recouvrer la plénitude de son droit sur le bien occupé illicitement, l'ingérence qui en résulte dans le droit au respect du domicile de l'occupant ne saurait être disproportionnée eu égard à la gravité de l'atteinte portée au droit de propriété » (Civ. 3e, 28 nov. 2019, no 17-22.810, *RTD civ.* 2020.156, obs. W. Dross ; Civ. 3e, 4 juill. 2019, no 8-17.119, *D.* 2019.2163, note R. Boffa). On pourrait considérer cette position comme assise, si la Cour ne s'ingéniait pas à brouiller les pistes (Civ. 3e, 16 janv. 2020, no 19-10.375).
60. Civ. 3e, 7 mai 2018, no 16-15.792, *JCP* 2018. 1356, note J. Laurent.
61. Pour un bilan provisoire de ces tendances, v. W. Dross, « Propriété et proportionnalité : nouveaux épisodes », *RTD civ.* 2018. 158.
62. V. tout de même, mais pour un problème de servitude, un arrêt possiblement annonciateur qui estime qu'une décision de démolition doit être censurée pour l'avoir pas « recherché, comme il le lui était demandé, si la mesure de démolition n'était pas disproportionnée au regard du droit au respect du domicile » (Civ. 3e, 19 déc. 2019, no 18-25.113, FS-PBI, *D.* 2020. 1092, note R. Boffa, *RTD civ.* 2020.416, obs. W. Dross).
63. E. Agostini, « L'étiolement du droit de propriété en France (1804-1985) », *Mélanges G. Flattet*, p. 3 ; J. Carbonnier, « Le droit de propriété depuis 1914 », *Flexible droit ;* G. Morin, « Le sens de l'évolution contemporaine du droit de propriété », *Études G. Ripert*, t. 2, p. 5 ; P. Ourliac, « Propriété et droit rural : l'évolution du droit français depuis 1945 », *Quaderni Fiorentini* 1976-1977.723 ; A. Rouast, « Problème de l'évolution du droit de propriété », travaux de l'association Capitant 1947, p. 110 ; F. Terré, « L'évolution du droit de propriété depuis le Code civil », *Droits* no 1, p. 33 ; M. Vasseur, « L'évolution du droit de propriété », *in Divisia*, Dupin et Roy, *À la recherche du franc perdu*, annexe I, p. 89.
64. L. Duguit, *Les transformations générales du droit privé depuis le Code Napoléon*, 1912, p. 156.

l'État impose des contraintes de plus en plus lourdes au propriétaire. On verra que le constat n'est pas inexact, mais que la limitation de ses prérogatives ne se constate qu'en présence de l'intérêt public. Dans les relations entre personnes privées, la propriété demeure protégée de façon ferme, notamment en cas d'empiétement de constructions sur le terrain voisin. Dans cette hypothèse, la destruction des ouvrages excessifs demeure la règle[65], ce qui traduit le maintien de l'absolutisme de la propriété dans les relations privées, même si cet absolutisme peut être critiqué[66].

Il ne faut pour autant pas déduire à une altération fondamentale de la nature même de la propriété. On peut d'abord y objecter que le sentiment d'une décadence suppose, derrière l'article 544 du Code civil, une liste préétablie de prérogatives qui aurait été peu à peu réduite. Rien n'est moins exact que cette conception, qui fait de la propriété un cumul de prérogatives[67], plutôt que de voir en elle une vocation absolutiste du propriétaire. Ce qui le constitue en propriétaire, c'est de pouvoir profiter de toutes les utilités disponibles de la chose, comme l'article 544 l'illustre qui n'accorde de droits au propriétaire que sous la réserve qu'il « n'en fasse pas un usage prohibé par les lois ou par les règlements ». On peut encore y objecter que la propriété immobilière n'est pas toute la propriété, même si elle a été jusqu'à présent particulièrement à l'honneur. Et du reste, il nous est déjà apparu que l'on ne réfléchit jamais si mal à la notion de propriété que lorsqu'on la prend dans sa teneur foncière ou immobilière : la terre est une chose trop fondamentale à tous égards, pour pouvoir jamais faire l'objet d'une soustraction totale à l'intérêt collectif. Idée banale, au reste, qui était contenue dans le Code civil dès 1804 : les altérations des prérogatives du propriétaire ne sont guère que l'épanouissement progressif des limitations qui étaient en germe dans la propriété[68].

L'erreur fondamentale chez ceux qui s'alarment des empiétements sur les droits du propriétaire tient à la représentation qu'ils se font de l'institution. De bonne ou de mauvaise foi, ils considèrent que l'article 544 caractérise la propriété comme une institution que des intérêts individualistes imposeraient de vive force au droit objectif. D'où l'image d'un propriétaire souverain, véritable despote de sa chose qu'aucune règle de droit ne pourrait limiter sans risquer de la faire dégénérer. Mais cette idée d'une propriété hors-la-loi ne résiste pas plus à l'examen qu'en matière contractuelle, l'ancienne doctrine de l'autonomie de la volonté qui mettait semblablement les contractants à l'abri des exigences concrètes du droit. L'accroissement des règles impératives en matière contractuelle a modifié le mode de réglementation des contrats, mais n'a pas supprimé cette institution qu'est le contrat. De la même façon, les restrictions apportées aux pouvoirs du propriétaire marquent un accroissement de la pression juridique, sans supprimer le concept de propriété.

**975** ***Mais un abaissement compatible avec les conceptions du Code civil.*** La conception que le Code civil se fait de la propriété est-elle vraiment individualiste ? Il faut concentrer toute son attention sur la seule première partie de l'article 544 pour le croire. Si l'on considère plutôt le système de la propriété dans son ensemble, il est clair que l'intérêt du propriétaire a toujours été balancé par la considération de son environnement. C'est apparent dans l'article 544, dont la seconde partie prévoit la possibilité de restrictions introduites par les lois ou les règlements, et donc motivées par un intérêt général selon les conceptions en vigueur en 1804. Cet intérêt général réapparaît immédiatement après, à l'article 545,

---

65. Trois arrêts du même jour incarnent le maintien d'une jurisprudence aussi traditionnelle que contestée : Civ. 3e, 10 nov. 2016, nos 15-19.561, 15-21.949 et 15-25.113, *Bull. civ.* III, *RTD civ.* 2017. 191, obs. W. Dross. La Cour persiste d'ailleurs sans désemparer malgré les critiques, mais en renforçant le fondement de sa décision : Civ. 3e, 21 déc. 2017, no 16-25.406, *Bull. civ.* III ; *D.* 2018. 1772, obs. N. Reboul-Maupin, où la Cour justifie sa position par sa conformité au premier protocole additionnel de la Conv. EDH, en ce que l'ouvrage construit méconnaît le droit au respect des biens de la victime de l'empiétement.

66. On peut se demander si un raisonnement en termes de proportionnalité ne devrait pas réduire cette rigidité excessive : J. Dubarry, « Empiètement et proportionnalité : point d'équilibre ou de rupture ? », *JCP* 2016. 1271.

67. Considérer la propriété comme un amoncellement de prérogatives, c'est se replacer dans l'esprit du domaine divisé, qui voyait des saisines là où nous voyons des biens. Parmi bien d'autres raisons, cela conduit à récuser la tripartition célèbre de la propriété en *usus*, *fructus* et *abusus*, par laquelle les romanistes conceptualisaient la division du droit coutumier en la projetant sur le droit romain. Comme on a essayé de le montrer, le C. civ. a évité cet écueil par deux prérogatives d'ordre différent : jouissance et disposition.

68. G. Ripert, *Les forces créatrices du droit*, 2e éd., LGDJ, 1955, no 90, p. 230.

puisque si « nul ne peut être contraint de céder sa propriété », il peut y avoir exception « pour cause d'utilité publique ». Il en ressort que la propriété n'est une prérogative solitaire que dans la mesure où l'intérêt général ne serait pas concerné, ce qui restreint la perspective individualiste — sinon la supprime. Elle est plus encore entamée par la considération des « servitudes qui dérivent de la situation des lieux », énoncées à partir de l'article 640 : on y découvre que ce propriétaire foncier — que l'on feint de présenter comme le seigneur de son domaine —, est astreint à considérer et subir l'existence des autres propriétés qui l'entourent. Rien de moins égoïste que ce propriétaire obligé de composer avec les intérêts environnants, qui ne peut monopoliser les eaux de pluie non plus que les rejeter à sa guise (art. 640), ni détourner les eaux courantes de son fond « au préjudice des usagers inférieurs » (art. 643) ; qui ne peut profiter des sources qu'à condition de ne pas « en user de manière à enlever aux habitants d'une commune, village ou hameau, l'eau qui leur est nécessaire (art. 642) ; qui doit tenir compte de l'intérêt des autres, au point qu'en cas de contestation à propos de ces eaux, les tribunaux doivent concilier l'intérêt de l'agriculture avec le respect dû à la propriété » (art. 645), sans préjudice d'autres limitations nombreuses.

On objectera peut-être que ces dérogations aux droits du propriétaire sont justifiées par un ancrage rural, qui n'est plus d'actualité — sauf à ce que ces préoccupations soient relancées par le souci de préserver l'environnement[69]. L'important est plutôt qu'elles trouvent une justification : pour modeste que puisse être leur impact actuel, elles valent toujours comme symptômes d'une propriété foncière qui n'a jamais été conçue comme individualiste, au sens où elle ne profiterait qu'à l'individu, en dehors de tout ancrage social. Dès lors, quoi d'étonnant à ce que d'autres limitations soient apparues, justifiées par de plus concrètes considérations d'environnement[70] ?

**976** ***Application des limites de la propriété.*** Une grande partie des limitations progressives aux droits des propriétaires doit recevoir la même justification que celles que connaissait le Code en 1804. L'esprit du droit coutumier des biens l'illustre avec évidence : c'est en réalisant un équilibre entre des fonds diversement appropriés que l'on permet à chaque propriétaire de retirer le plus grand profit du sien. Le fil de cet enseignement sera bientôt retrouvé par la jurisprudence et par la loi.

Deux constructions prétoriennes distinctes permettront à la jurisprudence de retrouver une harmonie entre des fonds dont l'équilibre a été rompu. La théorie des troubles du voisinage renouvelée du droit coutumier[71,72] qui oblige chaque propriétaire à subir les inconvénients normaux du voisinage mais lui permet de s'insurger contre les inconvénients qui dépasseraient cette norme[73]. Distincte, la théorie de l'abus de droit[74] aboutit au même effet, qui met en cause la responsabilité du propriétaire qui a volontairement porté préjudice à son voisin par l'utilisation qu'il a faite de son fonds. Aucune de ces deux constructions n'a d'ailleurs abouti à réduire les prérogatives du propriétaire, quand elles ne sont pas expressément condamnées[75]. On observe ainsi que la dernière ne peut se comprendre que comme

---

69. C'est ainsi que la loi n° 2016-1087, du 8 août 2016, a prévu la possibilité de créer une obligation réelle environnementale, par un contrat initié par le propriétaire actuel : N. Reboul-Maupin et B. Grimonprez, « Les obligations réelles environnementales : chronique d'une naissance annoncée », *D.* 2016. 2074.
70. En revanche, les empiètements sur la propriété qui ne sont pas fondés sur des considérations environnementales mais sur des objectifs de régulation administrative sont bien plus choquants. Pendant longtemps, le droit français s'est accommodé de l'occupation sans titre des locaux d'habitation : la loi Besson du 31 mai 1990 estimait que « garantir le droit au logement constitue un devoir de solidarité pour l'ensemble de la nation ». La perception change quand on met à la charge du propriétaire dépossédé une obligation d'entretien de l'immeuble qu'il ne peut pas récupérer (Civ. 2e, 15 sept. 2002, n° 19-26.249, Inédit ; N. Reboul-Maupin, « Du droit de propriété au devoir d'assumer sa propriété squattée », *D.* 2022.1917). Le sentiment d'iniquité qui frappe est peut-être ce qui explique les velléités nouvelles de lutte contre cette occupation sans titre.
71. Qui prend sa source dans Civ. 27 nov. 1844, *DP* 1845. 1. 13.
72. A.-M. Patault, « La propriété absolue à l'épreuve du voisin au XIXe siècle », *Mélanges Jean Imbert*, p. 457.
73. Il semble que la Cour de cassation ait récemment changé le fondement de la solution : alors que du point de vue de sa prescription, l'action était considérée comme une action réelle immobilière, elle penche désormais pour une responsabilité civile extra-contractuelle (Civ. 3e, 16 janv. 2020, n° 16-24.352, FS-PBI, *D.* 2020. 466, note N. Rias). Il serait plus juste de dire qu'elle fluctue, puisqu'elle a récemment reconnu un fondement réel aux troubles du voisinage, comme elle l'avait fait dans le passé (Civ. 3, 16 mars 2022, n° 18-23.954).
74. Req. 10 juin 1902, *DP* 1902. 1. 454 ; l'illustration la plus saisissante remonte à l'arrêt *Clément-Bayard*, Req. 3 août 1915, *DP* 1917. 1. 79.
75. Un arrêt récent refusant de transmettre une QPC a ainsi estimé, de façon peu compréhensible, que « la défense du droit de propriété, défini par l'article 544 du C. civ. comme le droit de jouir et disposer des choses de la manière la plus absolue, pourvu qu'on n'en fasse pas un usage prohibé

une reconnaissance de l'absolutisme de la propriété : seuls les droits absolus peuvent être susceptibles d'abus, les autres étant toujours déjà contraints par leurs conditions d'exercice.
Mais ces deux constructions jurisprudentielles pèseraient peu dans le bilan des réductions des droits du propriétaire, si de très nombreuses réglementations ne s'étaient mises de la partie pour quadriller la propriété immobilière d'une façon bien moins supportable. On peut vite passer sur les réglementations particulières concernant tous les biens socialement précieux. Dans une perspective autoritaire qui contraste avec le libéralisme du Code civil, Napoléon ne « souffrait pas qu'un particulier frappât de stérilité vingt lieues de terre dans un département fromenteux, pour s'en former un parc »[76]. En application de cette conception, la loi du 16 septembre 1807 devait imposer des procédures drastiques de dessèchement des marais appartenant aux particuliers, celle du 8 mars 1810 réglementer l'expropriation pour cause d'utilité publique, celle du 21 avril 1810 prévoir des modalités de surveillance de l'exploitation des mines, réglementées de façon rigide le 3 janvier 1813, sans préjudice des règles concernant la houille blanche, c'est-à-dire l'énergie hydraulique. Par ailleurs, on éprouve de la peine à faire le compte des servitudes d'utilité publique, qui sont peu à peu venues infléchir la propriété foncière pour la rendre compatible avec le phénomène urbain. Servitudes de voirie et d'urbanisme ; servitudes liées à l'organisation de travaux publics ou justifiées par la protection d'ouvrages publics ou privés ; servitudes établies dans l'intérêt des transmissions ou de la distribution : autant de règles qui viennent canaliser l'utilisation de son fonds par le propriétaire, au bénéfice d'une meilleure gestion de l'espace public.
Toutes ces restrictions sont considérables, que l'on s'épuiserait à vouloir détailler. On peut aussi bien les voir sous leur aspect positif : ce que les propriétaires ont perdu en termes de libre disposition, et qui est incontestable, ils l'ont souvent regagné par l'accession de leurs fonds à un certain confort, par son adaptation aux exigences de la vie moderne. Le propriétaire de bureaux peut sans doute s'irriter de ce qu'on ne le laisse pas les convertir en logements en cas de besoin ; mais l'autorisation qu'il doit solliciter poursuit l'objectif supérieur d'organiser un développement urbain, autrement anarchique, et qui par contrecoup nuirait à son fonds. De la même façon, presque toutes ces restrictions ont été justifiées par le refus que chaque propriétaire se comporte de façon autiste, c'est-à-dire par la nécessité d'équilibrer les relations entre les fonds. Dès la promulgation du Code civil, ces règles étaient présentes au cœur même de la propriété. Rien d'étonnant à ce qu'elles y aient trouvé un terrain favorable à leur développement.

**977** ***Les dangers surmontés du XX^e^ siècle.*** Une autre influence a pu peser dans l'évolution des prérogatives du propriétaire : le besoin de maximiser l'usage des fonds par le partage. Le premier visage de l'organisation du partage se retrouve en cas de réquisition d'immeubles inoccupés. Une telle tentation est apparue après la guerre, pour pallier les conséquences des destructions, puis de la crise du logement[77] ; on en retrouve le désir aujourd'hui, pour essayer de faire pièce au développement du phénomène des « sans-abri »[78]. Dans leur principe, ces mesures portent bien moins atteinte aux prérogatives du propriétaire, qu'elles ne visent à satisfaire des objectifs individuels considérés comme temporairement supérieurs.
La mise en œuvre d'un partage porte davantage atteinte à la propriété, si on l'envisage sous son autre visage : la multiplication des droits au renouvellement dans les baux. Qu'il s'agisse du bail rural, commercial, ou même simplement d'habitation, le législateur s'est ingénié à systématiser le droit au renouvellement au profit du locataire, mais au détriment du propriétaire. D'où un privilège de

par les lois ou par les règlements, n'est pas susceptible de dégénérer en abus de droit » (Civ. 3e, 15 déc. 2016, n° 16-40.240, *RTD civ.* 2017. 423, obs. W. Dross).

76. J.-G. Locre, *La législation civile, commerciale et criminelle de la France*, Paris 1827-1832, t. IX, p. 405.
77. Ord. du 11 oct. 1945, complétée par de nombreux textes réglementaires, qui a été intégrée au CCH (art. L. 641-1 s.).
78. La loi n° 98-657 du 29 juill. 1998, dite loi contre l'exclusion, renforce les possibilités de réquisition de logements vacants (art. 52), et prévoit une taxe pour leurs propriétaires (art. 51), ainsi qu'un droit de préemption urbain des locaux où sont logées des personnes nécessiteuses.

l'exploitant qui peut compter sur la durée de sa jouissance — puis de l'utilisateur dans le cas de l'habitation —, directement prélevé sur les droits d'un propriétaire dépossédé d'autant. La preuve en est que la pratique rend compte de ces phénomènes en évoquant la propriété commerciale du commerçant, plus rarement la propriété culturale du preneur à bail rural, qui leur permettent de monnayer leur droit au bail en cas de cession[79]. Non sans exagération, on a pu parler à ce propos de renaissance du domaine divisé en ce que deux « propriétaires » cumuleraient leurs droits sur une même chose, alors que leurs droits ne sont pas indivis. L'image est saisissante, qui dévoile brusquement la dépossession du propriétaire. Il ne faut peut-être pas y sacrifier trop vite. Si l'on a le sentiment que les locataires grignotent peu à peu le domaine du propriétaire, c'est parce que l'on mesure leurs prérogatives naturelles à l'aune du statut de contractant qui devrait être le leur. Si on les voyait plutôt comme des titulaires de droits réels — ce que l'organisation du Code civil contredit, mais qui a clairement existé dans l'ancien droit —, notre sentiment serait tout autre. Il n'est pas besoin de faire ici le compte des raisons d'analyser le bail en une constitution de droit réel[80], mais de signaler que ce que l'on impute aux restrictions de la propriété, relève peut-être davantage d'une conception fautive de la nature juridique des droits du preneur à bail.

**978** ***Les dangers nouveaux du XXI<sup>e</sup> siècle, aspects juridiques.*** Au XXe siècle, c'est par la diminution des droits du propriétaire que le principe même de la propriété a pu paraître attaqué. Il est aujourd'hui en butte à de nouvelles rivalités, notamment en ce que le caractère individualiste de l'institution paraît menacé, dramatiquement. Non par la montée en puissance d'une idéologie collectiviste, mais par des formes stabilisées de propriété collective ou simultanée, qui n'entretiennent plus guère de relations avec les conceptions fondamentales du Code, héritées d'un lointain passé.

La première manifestation de dérèglement se trouve dans une forme de propriété collective pratiquée de longue date : l'indivision. Connue depuis le droit romain, celle-ci se trouve évoquée par le Code civil à propos des successions, dont elle est une composante nécessaire encore qu'indésirable. En cas de décès, il est inévitable que les héritiers du *de cujus* se trouvent en indivision pendant une petite période — sauf à revoir totalement notre conception de la dévolution successorale. Mais cet état avait été conçu de façon plus que précaire en 1804, puisque l'indivision n'était évoquée par le Code qu'à travers sa disparition : l'article 815 du Code civil prévoyait que nul n'était tenu de demeurer dans l'indivision, ce qui soumettait le maintien de l'indivision à l'intervention d'un désaccord quelconque entre les indivisaires ; et quand ces derniers décidaient d'en sortir, le principe de l'effet déclaratif du partage en effaçait les traces après coup, puisque l'indivision était réputée ne jamais avoir existé entre eux, qui tenaient directement leurs droits du *de cujus*. Simplement tolérée en 1804, l'indivision fut organisée par une importante loi du 31 décembre 1976, qui lui donnait enfin, sur les brisées de la jurisprudence, un encadrement réglementaire efficace. Cette loi commençait d'ailleurs de stabiliser l'institution : sans la pérenniser véritablement, elle en soumettait le maintien temporaire à l'existence d'un intérêt collectif — un véritable *affectio communionis* —, qui en justifiait tout à la fois l'organisation, la gestion et éventuellement la prorogation. Mais c'est au XXIe siècle que des réformes ont définitivement changé le visage de l'indivision, jusque-là tiraillée entre les intérêts contraires de la collectivité et de l'indivisaire — de chaque indivisaire. La réforme des successions du 23 juin 2006, la loi pour la simplification du droit du 12 mai 2009, ont commencé de poser en principe que les destinées de l'indivision pouvaient être soumises à une majorité des deux tiers, que ce soit pour des actes d'administration ou même pour des actes de disposition. On peut d'ailleurs penser que les limites qui encadrent encore cet intérêt collectif céderont avec le temps. C'est donc un tout nouveau visage

79. Au vrai, l'expression de propriété commerciale ne dérive pas des droits au renouvellement du bail, mais de ce que le commerçant, partie au contrat de bail, est également propriétaire de son fonds de commerce, où figure le droit au bail. Le commerçant a donc deux casquettes à l'égard du bail : il y est partie, en même temps que propriétaire d'une universalité où il figure. Nul doute qu'il ne préfère se présenter comme propriétaire…

80. V. l'ouvrage classique de J. Derruppé, *La nature juridique du droit du preneur à bail et la distinction des droits réels et des droits de créance*, préf. J. Maury, Dalloz, 1952 ; v. aussi la mise au courant par l'auteur : « Souvenirs et retour sur le droit réel du locataire », *Mélanges Louis Boyer*, p. 169.

qui apparaît désormais : celui d'une propriété collective stabilisée dans le temps, entre des indivisaires de rencontre, qui forment en quelque manière un groupement organisé, mais dénué de personnalité morale. Par contrecoup, il apparaît désormais que la propriété individuelle ne règne plus sans partage en droit français !

Le second risque de déstructuration de la propriété tient à la renaissance de formes de propriétés simultanées, bannies du droit français avec le Code civil et la disparition de la division des domaines. Ce risque s'est manifesté avec la loi du 19 février 2007, prévoyant l'entrée de la fiducie en droit français, et la réglementant aux articles 2011 et suivants du Code civil. Inspirée du trust, la création de cette fiducie a porté le fer au cœur même de la notion traditionnelle de propriété, en suscitant une « propriété fiduciaire » dont les contours précis sont actuellement impossibles à saisir — ni même le rattachement à l'idée de propriété. L'institution permet en effet à un constituant de transférer un ensemble de biens à un fiduciaire, que ce soit pour qu'il les gère ou qu'il garantisse l'effectivité d'un paiement, dans une fonction de sûreté. Quel est le lien entre les biens affectés et le fiduciaire, tant qu'il les conserve entre les mains ? Pour certains, il est inévitable qu'il en soit propriétaire, en raison de l'onction législative. Séparant le principe de la propriété de ses attributs traditionnels, ils estiment qu'il est possible que les droits d'un propriétaire soient strictement encadrés par l'acte constitutif de la fiducie, que sa propriété soit limitée dans le temps, et que ces biens-là ne fassent pas partie de son patrimoine, sans qu'il cesse d'en être considéré comme propriétaires. Pour d'autres, la propriété est une institution certes complexe, qui réside toute dans les pouvoirs du propriétaire, et la privation de certaines prérogatives décisives fait sortir du concept même de propriété, au moins telle qu'il est entendu depuis la propriété quiritaire du droit romain. C'est ainsi qu'ils ne parviennent pas à voir la composante de propriété qu'il y aurait dans une détention aux pouvoirs strictement comptés, et par nature précaire. Un consensus mou pourrait être trouvé, consistant à évoquer une « propriété fiduciaire » qui ne serait pas la propriété, tout en étant tout de même une propriété… Peu importent ces accommodements : entre celui qui doit récupérer les biens au terme de la fiducie, et le fiduciaire qui en est investi pendant, il y a un conflit si violent qu'il suffit à faire renaître les propriétés divisées du droit médiéval, cet état où diverses personnes pouvaient légitimement prétendre à la propriété d'une même chose, parce qu'ils la concevaient sous des utilités différentes.

Il reste qu'à l'occasion des débats occasionnés par l'analyse de la fiducie, la propriété s'est trouvée questionnée comme elle ne l'avait sans doute plus été depuis le XVII^e^ siècle. On peut toutefois regretter que la pression économique à l'origine de la promotion de la fiducie n'ait pas laissé suffisamment de place au débat juridique, d'autant que depuis 2007, le nombre de fiducies pratiquées en France semble médiocre, ce qui est étonnant pour une institution sans laquelle le monde économique ne pouvait paraît-il plus vivre ! Il reste que le coup porté à la propriété paraît s'être traduit, de façon inattendue, dans la jurisprudence de la Cour de cassation. Par des arrêts récents, la Cour a paru admettre la constitution volontaire de droits réels perpétuels, sans considérer qu'un démembrement d'une telle nature portait un coup fatal à la propriété[81] — ce que certains auteurs contestent[82]. Ce n'est du reste pas l'objet de ces droits qui soulève des difficultés : le droit français est très largement revenu sur l'idée du caractère limitatif des droits réels, qui avait longtemps empoisonné le droit des biens. Dès lors, on peut très bien accepter de construire un droit réel à partir d'une utilité particulière de la chose, qui n'est pas figée dans un droit réel nommé. En admettant ainsi que tous les droits réels peuvent être créés volontairement, sans support législatif, il reste à en déterminer la durée de vie. Sur ce point, les arrêts de la Cour ont inquiété dans un premier

81. Civ. 3^e^, 23 mai 2012, *D.* 2012. 1934, note L. d'Avout, et 2128, obs B. Mallet-Bricout, *JCP* 2012. II. 930, note W. Dross, *RTD civ.* 2012. 553, obs. Th. Revet. Civ. 3^e^, 31 oct. 2012, *D.* 2013. 53, note A. Tadros, et note L. d'Avout et Bl. Mallet-Bricout, *JCP* 2012. II. 1400, note Fr.-X. Testu, *RTD civ.* 2013. 141, obs. W. Dross, *RDC* 2013. 584, obs. R. Libchaber et 627, obs. J.-B. Seube.

82. Sur le mouvement ainsi initié, v. G. Lardeux, « Qu'est-ce que la propriété ? Réponse de la jurisprudence récente éclairée par l'histoire », *RTD civ.* 2013. 741, qui paraît admettre que la propriété ne soit qu'un mot, un titre, parfaitement détaché de ses utilités concrètes.

temps, parce qu'ils semblaient admettre qu'il n'y avait pas de limite imposée à cette durée. La Cour est ensuite revenue à plus de rectitude juridique, en posant que le droit de jouissance ne pouvait pas être perpétuel[83], encore que sa durée doive être fixée par les parties. Faute de stipulation, il lui est arrivé d'estimer qu'à défaut de prévision des parties, ces droits suivaient la durée légale de l'usufruit, qui doit ainsi servir de modèle aux droits d'usage[84] ; mais il n'est pas certain que cet arrêt incarne la position actuelle de la Cour[85].

**979** ***Les dangers nouveaux du XXIe siècle, aspects environnementaux.*** Ce qui pourrait le mieux influer sur les conditions de la propriété dans les années qui viennent, ce sont les perspectives environnementales. Notre société est désormais sensibilisée à l'existence de dérèglements climatiques, comme à l'urgence de les combattre en développant par exemple les énergies non fossiles[86]. On ne sait pas encore comment cette sensibilité nouvelle se répercutera sur le droit des biens, mais le Conseil constitutionnel a d'ores et déjà considéré que « la protection de l'environnement, patrimoine commun des êtres humains, constitue un objectif de valeur constitutionnelle »[87]. En tout cas, il est fort possible que la propriété soit touchée, non dans son principe mais à travers une répulsion nouvelle pour la figure du propriétaire — cet être cupide, égoïste, qui détourne dans son seul intérêt une propriété bonne à tous. Plus la sensibilité à l'environnement s'accroît, moins on admettra la souveraineté du propriétaire sur sa chose, qui est un des piliers de l'article 544 du Code civil.

C'est ainsi qu'un risque de déstructuration de la propriété commence de se manifester avec la percée des communs dans le droit français. Depuis le droit romain, on connaît la catégorie des « choses communes », les *res communes* : celles qui ne peuvent pas faire l'objet d'une appropriation, au moins dans leur totalité. Pour le droit romain, l'explication tenait à ce que l'appropriation par un individu se prétendant propriétaire était impossible : il ne pouvait pas davantage s'approprier l'air qu'il respirait, que les eaux qui tombent du ciel en pluie, celles de la mer, ou la lumière du soleil. Dans sa reprise de la notion, le Code civil a inversé la polarité sans l'exprimer clairement[88]. À partir de 1804, ces choses ne sont plus déclarées communes parce qu'il est impossible de les approprier, mais parce qu'une telle appropriation n'est pas souhaitable : la volonté de refuser l'appropriation l'emporte sur la nature des choses. Du fait du progrès des techniques, d'une révolution industrielle alors en marche, le Code a dû modifier la frontière sans bouleverser les anciens partages. Au-delà du contenu d'origine, nous avons désormais tendance à placer dans cette catégorie les choses qui doivent profiter à tous parce qu'il n'y a pas de raisons qu'elles ne profitent qu'à certains. Nous y rangeons aussi bien les découvertes, l'information, ou les œuvres incorporelles tombées dans le domaine public[89]. Faut-il aller au-delà pour étendre la catégorie ? L'actualité nous répond d'une façon qui dépasse nos attentes et perturbe nos conceptions : cette catégorie des choses communes vivait paisiblement dans le droit français, à bas bruit ; elle a été relancée par les débats contemporains sur les commons — les *communs*, en mauvais

83. Civ. 3e, 8 sept. 2016, no 14-26.953 ; *D.* 2017. 134, note L. d'Avout et Bl. Mallet-Bricout ; *RTD civ.* 2016. 854, obs. W. Dross.
84. 28 janv. 2015, pourvoi no 14-10.013, *D.* 2015. 599, note Bl. Mallet-Bricout, *RTD civ.* 2015. 413, obs. W. Dross.
85. En tout cas, il ne faut déduire aucun enseignement sur ce point de Civ. 3e, 7 juin 2018, no 17-17.240 ; *D.* 2018. 1577, note F. Masson, où le droit de jouissance reconnu s'inscrivait dans le cadre d'une copropriété, ce qui implique une réglementation tout autre puisqu'en la matière, un droit de jouissance privative sur une partie commune a pu être considéré comme perpétuel (Civ. 3e, 4 mars 1992, no 90-13.145 ; Civ. 3e, 24 oct. 2007, no 06-19.260).
86. V. par ex. Civ. 3e, 17 sept. 2020, no 19-16.937, Inédit, où la Cour marque une certaine faveur au développement des éoliennes en observant à titre de principe que « nul n'a un droit acquis à la conservation de son environnement et que le trouble du voisinage s'apprécie en fonction des droits respectifs des parties », de sorte qu'il suffit pour éviter tout trouble de voisinage causé par une éolienne de constater que « le volume des émissions sonores générées par les éoliennes, de nouvelle génération, était, de jour comme de nuit, inférieur aux seuils prévus par la réglementation en vigueur ». L'arrêt n'est pas publié, mais on rappelle que la Cour avait précédemment retenu que « le respect des dispositions légales n'exclut pas l'existence éventuelle de troubles excédant les inconvénients normaux du voisinage » (Civ. 3e, 12 oct. 2005, no 03-19.759, *Bull. III*, no 195, p. 177).
87. Cons. const. 31 janv. 2020, déc. no 2019-823 QPC, *D.* 2020. 1159, note B. Parance et S. Mabile.
88. M.-A. Chardeaux, *Les choses communes*, Préf. Gr. Loiseau, LGDJ 2006.
89. W. Dross, *Les choses*, LGDJ 2012, nos 318 s., p. 573.

français —, qui sont suscités par des considérations de développement durable[90]. On peut résumer ainsi un aspect particulier d'un débat bien plus vaste : faut-il admettre une propriété privée qui est par nature gaspilleuse de ressources, au risque de sacrifier l'avenir au présent ? Si ces préoccupations devaient se développer en trouvant un relai juridique, ce qui n'est pas encore réalisé, on risquerait de rencontrer une nouvelle limite à la propriété — qui serait cette fois radicale puisqu'elle ferait obstacle à la figure même de la propriété. Si l'on suit les promoteurs de cette idée, les biens seraient mieux exploités par des coalitions de personnes intéressées, quel que soit leur titre, que par un individu monopolisant toutes les utilités. On déboucherait ainsi sur une forme de propriété collective originale, qui n'est pas une indivision mais plutôt une communauté d'intérêts variés, existant entre des personnes qui ne sont pas toutes propriétaires mais qui souhaitent ensemble faire produire un meilleur rendement aux choses[91].

Le passage des *res communes* aux communs d'aujourd'hui pourrait ainsi aboutir à un refus de l'appropriation pour toutes les ressources susceptibles d'être mises en commun, à tout le moins à des modalités d'appropriation très différentes de ce qu'elles sont aujourd'hui. Il est difficile de faire le tour des choses qui seraient concernées[92], mais il est certain que l'on quitterait le monisme dans le rapport aux choses pour des regroupements d'intérêts diversifiés, qui n'ont pas encore de nom. On n'en est sans doute pas encore là, mais il n'est pas impossible que cette nouvelle conception n'en vienne à contester la propriété dans ce qu'elle a de plus fondamental : l'égoïsme du propriétaire, qui n'est que le revers de sa souveraine liberté — la meilleure des choses en ce qu'elle assure la plénitude de ses satisfactions, la pire si elle devait aboutir au saccage de la planète.

Dans la ligne de la pensée des communs, certains auteurs tendent désormais à délégitimer le statut de propriétaire au profit des objets de la propriété : ce que l'on appelle parfois les *capabilités*[93]. Si l'on peut avoir les mêmes profits par la location que par l'acquisition, ne faut-il pas renoncer à une propriété désormais inutile en faveur de l'usage des choses ? Les traductions juridiques de ce passage de la propriété à la location sont encore très limitées : vélos, scooters, musiques, films… On peut tout de même se demander si l'on n'a pas là l'amorce d'une translation qui, dans les faits, pourrait aboutir à une mise en cause de la propriété, d'autant plus radicale qu'elle ne s'exprime pas par une contestation de son principe mais en la vidant de son contenu.

**980** ***Un bilan mitigé.*** Les atteintes ainsi portées à la propriété sont incontestables[94]. Elles sont d'autant plus inquiétantes qu'elles se trouvent relayées par des phénomènes effectifs de désappropriation, c'est-à-dire de refus d'approprier ce qui l'était traditionnellement. La question de l'animal nous confronte ainsi à une perte de propriété en voie de réalisation, ce qui est une nouveauté troublante[95]. Dans la tradition juridique ouverte par le Code civil de 1804, l'animal était incontestablement un bien : c'était un meuble puisqu'il était déplaçable, et même un meuble spécial, apte à se mouvoir par ses

---

90. La discussion est partie d'un article connu, qui avait stigmatisé le faible rendement de la gestion des biens communs (G. Hardin, « The tragedy of commons », *Science*, vol. 162, 1968, p. 1243). M^me^ Oström a repris la discussion pour montrer que les prémisses de l'auteur étaient contestables (E. Oström, *La gouvernance des biens communs : pour une nouvelle approche des ressources naturelles*, 2010, Bruxelles [édition américaine 1990]). Depuis, le thème des communs commence de s'imposer comme une thématique de la discussion en matière des biens (v. par ex. B. Parance et J. de Saint Victor (dir), *Repenser les biens communs*, CNRS Éditions, 2014).

91. B. Coriat (dir), *Le retour des communs. La crise de l'idéologie propriétaire*, Les liens qui libèrent 2015.

92. M. Cornu, F. Orsi et J. Rochfeld, *Dictionnaire des biens communs*, PUF, 2017.

93. M. Nussbaum, *Capabilités : Comment créer les conditions d'un monde plus juste ?*, Flammarion, 2012.

94. On n'aborde pas ici la formidable atteinte portée à la propriété par la fiscalité. On a déjà signalé que dès la Déclaration des droits de l'homme, la perspective fiscale avait été inséparable de la question de la propriété. Mais cela n'aurait pas suffi à justifier que l'État finisse par apparaître comme un véritable propriétaire éminent du territoire français. On sait que la Cour de cassation, sous l'impulsion de Troplong, a refusé la reconnaissance de principe de ce domaine éminent ; il n'empêche que toute propriété foncière est le siège d'impôts, en soi et lors des mutations et des transmissions successorales, sans compter les droits de préemption et d'expropriation. Le domaine éminent a-t-il jamais été autre chose que la réunion des actuels pouvoirs de l'État, notamment sur le plan fiscal ?

95. Là où la discussion sur les *communs* n'est que spéculative, les évolutions sont déjà engagées dans la loi pour l'animal. Certes, il faut distinguer les acquis législatifs qui sont encore modestes, et d'ailleurs tout à fait comparables à ce qui existe dans la plupart des droits européens, des projections de ceux qui estiment qu'il faut aller bien plus loin.

propres moyens. Au surplus, l'animal sauvage était l'incarnation de la chose sans maître, qui ne devenait un bien que par la capture. Or l'évolution contemporaine des idées, que la France partage avec nombre de pays dans le monde, conduit aujourd'hui à vouloir protéger l'animal en le mettant à l'abri de l'égoïsme du propriétaire, prétendument titulaire du droit de le maltraiter. Le Code pénal s'était déjà emparé de la question, pour prévoir une protection efficace de l'animal à l'encontre de la cruauté de ses maîtres. Et il ne serait pas difficile d'élaborer des protections objectives de l'animal, domestique ou d'élevage, pour contribuer à son bien-être : beaucoup de règles existent déjà en ce sens, qui pourraient être renforcées[96]. La loi nº 2015-177 du 16 février 2015 était beaucoup plus ambitieuse dans ses intentions, quoiqu'elle n'ait conduit qu'à une transformation symbolique de la place de l'animal dans le Code civil — pour le moment[97]. À sa suite, l'animal se trouve comme en apesanteur dans le Code civil, en ce qu'il ne figure plus à l'intérieur de la distinction des biens[98] : le nouvel article 515-14 le fait intervenir en préalable à cette distinction, par deux propositions. D'une part, « les animaux sont des êtres vivants doués de sensibilité » : si ce sont des êtres vivants, c'est que ce ne sont plus des choses, et donc *a priori* plus des biens. D'autre part, mais de façon peut-être transitoire, « sous réserve des lois qui les protègent, les animaux sont soumis au régime des biens » — et certains voudraient que cela ne dure pas, pour que se développe un régime spécifique de l'animal qui rompe toutes les amarres avec le droit des biens[99]. C'est ainsi qu'une loi nº 2021-1539 du 30 novembre 2021 vise à lutter contre la maltraitance animale et conforter le lien entre les animaux et les hommes, qui n'en est encore qu'aux premiers et modestes décrets d'application[100]. Pour les promoteurs de l'animal, ce n'est là qu'une situation d'attente, puisque leur désir est que demain, l'animal sorte totalement du régime des biens. Pour devenir quoi ? Une personne selon certains, qui souhaitent une rupture totale avec le passé ; mais ils sont loin d'être majoritaires. Sans aller jusque-là, de nombreuses voix s'élèvent pour qu'il échappe désormais à toute forme de propriété individuelle, devenant une catégorie tierce entre les personnes et les biens[101].

Ces atteintes à la propriété ne doivent pas pour autant être surestimées — si on laisse de côté la question de la durée des droits réels, en passe d'être surmontée. Même si le propriétaire immobilier subit des contraintes qui n'étaient pas prévues en 1804, il continue d'être propriétaire au sens où l'immeuble lui est propre, retiré à l'usage collectif : ses prérogatives peuvent être diminuées sans que sa vocation à bénéficier de toutes soit entamée. En ce sens, le propriétaire ne cesse pas plus d'être maître de son domaine, que la propriété d'être l'épine dorsale du droit des biens. Il en irait autrement si les arrêts de 2012, 2013 et 2016 marquaient une modification durable de la perception juridique. Car on reviendrait à une situation où l'exclusivisme ne serait plus une caractéristique de la propriété individuelle, c'est-à-dire à une situation de propriétés simultanées.

Dans son principe, la propriété sort donc intacte de l'évolution, pour l'heure. Ce qui est heureux, tant il est vrai que le droit civil demeure le modèle de raisonnement en la matière : même s'il existe une propriété publique, qui devient très présente dans la jurisprudence du Conseil constitutionnel, c'est toujours le droit civil qui informe la matière. Gageons que les atteintes actuelles se résorberont, d'autant qu'elles ne concernent guère que les immeubles ; pour peu que l'on déplace son regard sur les autres biens, le panorama est tout autre.

---

96. Sur les forces qui poussent l'animal : R. Libchaber, « La souffrance et les droits. À propos d'un statut de l'animal », *D.* 2014. 380.

97. Les affirmations sont plus nettes du côté des droits fondamentaux. Par un arrêt récent, le CE a proclamé le « droit à la vie » d'un chien dans le cadre d'un référé-liberté (CE, 1er déc. 2020, nº 446808).

98. Ce qui n'empêche pas de le considérer comme un bien en cas de besoin : une décision récente reconnaît le droit de rétention sur des juments poulinières, et considère les poulains nés (foals) comme relevant du fructus, devant être retenus puis rendus après paiement (Civ. 1re, 24 mars 2021, nº 19-20.962, *F-P*).

99. J.-P. Marguenaud, « Une révolution théorique : l'extraction masquée des animaux de la catégorie des biens », *JCP* 2015. 305.

100. La loi prévoit un certificat d'engagement et de connaissance des besoins spécifiques de l'espèce à laquelle appartient l'animal, qui a commencé d'être exigé notamment pour les équidés. On n'en est ainsi aux premiers pas des permis de détention de l'animal domestique.

101. En ce sens, v. par ex. L. Boisseau-Sowinski, *La désappropriation de l'animal*, Préf. J.-P. Marguénaud, PULIM 2013.

## B • La conquête des nouveaux territoires

**981** ***La propriété immobilière n'est pas la propriété.*** Le diagnostic alarmiste sur l'évolution de la propriété prend sa source dans une double réduction, par laquelle on limite la propriété aux seuls biens corporels, en même temps que l'on exalte la propriété immobilière au point d'en faire l'archétype de la propriété. Si l'on regarde les choses de plus loin, il ne semble pas que ces déplacements successifs se justifient. Tout au contraire, la propriété étant définie comme le lien le plus étroit qui unisse une personne aux possibles objets de son désir, des choses très diverses dans leur nature physique peuvent faire l'objet d'une appropriation. La notion de propriété demeure constamment identique à elle-même, tandis que le régime juridique concret qu'elle épouse se diversifie en conséquence des variations dans son objet.

**982** ***La diversité des biens : la propriété corporelle.*** On peut mettre en évidence quatre types d'objets de la propriété. La première distinction importante est celle qui sépare les biens incorporels de ceux qui ont une apparence matérielle, ceux qui, comme disait le droit romain, peuvent se toucher (*quæ tangi possunt*). Cette différence va peser d'un grand poids sur le régime de la propriété, de part et d'autre : l'évidence des biens corporels — c'est-à-dire le caractère identifiable de leur corpus —, les soumet immédiatement aux pouvoirs du droit, sans besoin d'une délimitation supplémentaire ; à l'inverse, les biens incorporels ne peuvent émerger à la conscience du droit qu'à condition de faire l'objet de déterminations assez précises, de sorte que l'identification du bien soit certaine.

Dans le cadre des biens corporels, la distinction classique passe entre les meubles et les immeubles, c'est-à-dire entre les biens déplaçables, et ceux qui ont pour singularité de rendre indisponible la portion d'espace qu'ils occupent. Parce que l'immeuble a été jugé essentiel à la stabilité de l'ordre social, le régime immobilier a adopté le constant parti de protéger le propriétaire contre toute mésaventure. Quatre traits de régime contribuent à l'établissement de cette protection : l'organisation progressive de la publicité immobilière, qui garantit la circulation des biens[102] ; la réduction au minimum des effets acquisitifs de la possession, grâce aux très longues durées exigées pour qu'elle induise une translation de propriété[103] ; l'efficacité de l'action en revendication, qui sauvegarde les droits du propriétaire dépossédé sur la seule preuve de son titre ; la diversité enfin des droits réels immobiliers, qui permettent au propriétaire de tirer le meilleur parti de son immeuble en distribuant ses utilités de façon optimale[104]. Ces traits s'inversent pour peu que l'on passe au régime de la propriété mobilière, dont la disposition fondamentale a précisément pour effet d'abandonner le propriétaire aux rigueurs de son sort[105]. En posant, à l'article 2276 nouveau du Code civil, que : « en fait de meubles, la possession vaut titre », le Code a choisi de protéger la circulation mobilière contre les intérêts du propriétaire. Toutes les fois qu'il se dépossède volontairement entre les mains d'un tiers, le propriétaire prend le risque de perdre la propriété de son bien ; et quand la dépossession est involontaire, perte ou vol, il est à peine mieux protégé, et encore est-ce à la condition de réagir vivement. D'où une inversion des perspectives, par laquelle les effets de

102. Sur l'histoire de la publicité foncière, v. M. Gobert, « La publicité foncière, cette mal-aimée », *Études Jacques Flour*, p. 207.

103. L'usucapion est soit trentenaire (C. civ., art. 2262), soit comprise entre dix et vingt ans (C. civ., art. 2265), dans l'hypothèse où le possesseur est de bonne foi, et dispose d'un juste titre.

104. La liste des droits réels s'est étendue depuis le C. civ. : non seulement des droits plus anciens ont été consacrés après sa promulgation, mais il semble que l'idée du caractère limitatif des droits réels, fondé sur l'art. 543 du C. civ., ne résiste pas à l'examen, notamment en vertu de l'autorisation générale de création des droits accordée par l'arrêt *Caquelard* (Req. 13 févr. 1834, *DP* 1834. 1. 218, *S.* 1834. 1. 205). Pour le dernier état de la question : Bl. Mallet-Bricout, « Le *numerus clausus* des droits réels : la fin d'un mythe », 19ᵉ conférence Albert-Mayrand, Les éditions Thémis 2015.

105. Cette affirmation est néanmoins tempérée par la communauté des règles applicables à la preuve de la propriété : au terme d'une évolution contrastée, la Cour de cassation considère aujourd'hui de façon indifférenciée que « la propriété d'un bien se prouve par tous moyens » (Civ. 1re, 11 janv. 2000, *Bull. civ.* I, n° 5 ; *RDI* 2000. 145, obs. M. Bruschi).

la possession deviennent considérables, tandis que les résultats de l'action en revendication se révèlent médiocres : la faveur en général accordée au propriétaire est ainsi battue en brèche au profit du possesseur de meubles[106].

Les régimes de propriété mobilier et immobilier sont donc tout à fait différents, voire étrangers l'un à l'autre. L'assomption de la propriété immobilière a longtemps laissé dans l'ombre les spécificités de la propriété mobilière. Le droit commercial semble de mieux en mieux en découvrir les séductions, ce qui rééquilibre le statut comparé des biens corporels.

**983** ***La diversité des biens : la propriété incorporelle.*** Les biens incorporels forment la seconde division des régimes de propriété, encore qu'ils attendent encore la rationalisation, la simplification et la systématisation que les biens corporels ont reçues du Code civil. Que les objets incorporels puissent être des biens se passe de discussion ; que ces biens doivent être reliés aux personnes par un lien de propriété, c'est un acquis si certain de la construction du droit civil[107] que cette conséquence devrait être tirée sans examen de leur régime positif[108]. On sait pourtant les réticences qui ont accueilli les travaux de Ginossar[109], et le refus manifesté par une grande partie des auteurs de reconnaître que les propriétés incorporelles spécialement réglementées ne sont guère que des manifestations de l'idée de propriété, des variations sur un thème unique et constant.

Pourtant, les biens incorporels qui ont été jusqu'à présent réglementés — c'est-à-dire notamment les œuvres de l'esprit dans le cadre de la propriété littéraire et artistique, ainsi que les inventions techniques dans celui de la propriété industrielle —, donnent lieu à une véritable jouissance du propriétaire, ainsi qu'à un pouvoir de disposition. Celui dont le bien émane est libre d'en profiter comme il l'entend, au point parfois d'en refuser la divulgation ; mais tous sont cessibles et démembrables par l'usufruit et le gage — seuls droits réels à être ouverts aux meubles —, et peuvent faire l'objet de remises précaires, notamment pas les contrats de licence. Dans cette jouissance, dans ce droit de disposer, il n'y a rien qui n'aille de soi : après tout, ce sont des biens et il est normal qu'ils soient traités comme tels ! Une partie de la doctrine est libre de considérer le mode de relation qui les unit aux personnes comme relevant d'autre chose que de la propriété ; mais cette autre chose lui est si semblable, que l'on finit par être en présence d'un décalque porteur d'une autre appellation. Certes, c'est une propriété dont le régime doit être aménagé, parce qu'il ne peut s'aligner sur celui des biens corporels : par la nécessaire délimitation de ces biens, par les possibilités de les reproduire sans altérer le modèle originel, par la diversité des utilisations fragmentées qu'ils permettent, ces biens appellent un régime spécifique qui n'existe aujourd'hui qu'à l'état d'ébauche, par quelques linéaments repérables. Il reste qu'une adaptation du régime ne suppose pas nécessairement, en amont, une fondamentale différence de nature[110].

Si l'on voulait décrire adéquatement le monde des biens incorporels, il conviendrait d'y distinguer les biens objectivables de ceux qui sont tissés de personnalité : droits au nom, à l'image ou à la voix ;

---

106. La règle de l'art. 2279 du C. civ. semble être apparue dans la jurisprudence du Châtelet de Paris au début du XVIIIe siècle. Bigot de Préameneu s'y réfère dans les travaux préparatoires du C. civ. : « Le droit français a [...] même regardé le seul fait de la possession comme un titre ; on n'en a pas ordinairement d'autres pour les choses mobilières. Il est d'ailleurs plus souvent impossible d'en constater l'identité et de les suivre dans leur circulation de main en main. Il faut éviter des procédures qui seraient sans nombre et qui le plus souvent excéderaient la valeur des objets de la contestation. Ces motifs ont dû faire maintenir la règle générale suivant laquelle "en fait de meubles possession vaut titre" » (P.-A. Fenet, *op. cit.*, t. XV, p. 600). Il semble que l'on soit là en présence d'une véritable coutume mobilière.

107. Les biens incorporels font aussi l'objet d'une protection pénale de plus en plus nette. Pour le principe, v. G. Beaussonie, *La prise en compte de la dématérialisation des biens par le droit pénal*, Préf. B. de Lamy, LGDJ 2012.

108. F. Zenati, « Pour une rénovation de la théorie de la propriété », *RTD civ.* 1993. 305.

109. S. Ginossar, *Droit réel, propriété et créance. Élaboration d'un système rationnel des droits patrimoniaux*, LGDJ, 1960.

110. Il reste que certains traits de la propriété des biens incorporels diffèrent notablement de la propriété corporelle : la possible réquisition, et le caractère temporel. Mais aucune de ces deux particularités ne peut servir de pierre de touche à une différence de nature : la réquisition, parce qu'elle est également habituelle en matière corporelle, notamment immobilière ; le caractère temporaire, parce que la propriété temporaire existe aussi en matière corporelle — assez rarement, il est vrai —, et que la perpétuité n'est qu'une forme de l'absolutisme de la propriété dans le temps, qui peut être réduite puisque l'absolutisme a souvent été combattu sur le terrain positif.

force de travail ; œuvres d'art ; ou, de façon plus incertaine, clientèles civiles. Il résulte de ce lien personnel que la propriété de ces biens est marquée de caractéristiques particulières, qui s'expriment par deux traits essentiels : l'incessibilité, faute qu'une part de la personne demeure enchaînée dans le transfert de propriété, et objecte par là au principe d'inaliénabilité de la personne ; et une sorte de droit moral qui, aux risques et périls de la personne, lui permet de revenir sur les contrats qui les ont pris pour objet. Ces derniers biens nous conduisent aux bords extrêmes de la propriété, puisque leur circulation n'est pas garantie. On peut néanmoins penser que, loin d'attenter à la notion de propriété, ces restrictions sont la rançon d'une patrimonialisation de biens qui, par nature, tendaient vers l'extra-patrimonialité.

La propriété conquiert donc des territoires nouveaux, dans la perspective civile. Car il est notable que les protections constitutionnelles, européennes ou communautaires saisissent la propriété intellectuelle comme une forme de la propriété, qui mérite la même protection. En s'attachant aux divers régimes juridiques spéciaux des biens incorporels qui vont actuellement se multipliant, on prend de mieux en mieux conscience de ce que la propriété s'est reconstituée autour d'eux.

**984** ***Des propriétés nouvelles.*** Sur la lancée de ces biens tissés d'aspects personnels, comment ne pas évoquer le mouvement actuel d'affaiblissement de la distinction des personnes et des choses, qui conduit à voir le corps humain comme un composé de produits sur lesquels la personne disposerait d'une sorte de droit de propriété[111]. Sur son versant négatif, le principe de l'intangibilité du corps humain établit, sinon une propriété *stricto sensu* de l'homme sur lui-même, du moins une maîtrise effective à laquelle se joint la possibilité d'exclure tout autre des utilités éventuelles de ces produits. On retrouve alors l'essence même de la propriété.

Longtemps, les produits ou les parties du corps humain n'ont eu d'utilité qu'*in situ*, faute que leur conservation en dehors du corps soit possible. Depuis le premier quart de ce siècle les moyens se sont multipliés de les prélever, de les conserver pendant d'assez longues périodes, de les réutiliser enfin, au point que l'on soit parvenu à une sorte d'ingénierie corporelle. Mais si les produits du corps humain deviennent autonomes, il faut en conclure à une possible qualification de biens. Ce qui ne signifie évidemment pas que cela soit déjà positivement le cas, ni *a fortiori* que l'on puisse en faire n'importe quoi : de la constatation de l'existence possible d'un bien encore en devenir, à l'idée qu'il est de libre parcours, il y a un espace considérable. On peut ainsi relever que si les produits du corps humain touchent à la catégorie des biens[112], l'article 16-1, alinéa 3, du Code civil leur accorde un statut particulier en énonçant que : « le corps humain, ses éléments et ses produits ne peuvent faire l'objet d'un droit patrimonial ». Encore la portée de cette extra-patrimonialité est-elle mal définie, ces produits n'étant pas intransmissibles, mais ne pouvant être transmis qu'à titre gratuit. Cette gratuité dans la transmission des produits du corps humain est-elle compatible avec une qualification de bien ? Il semble que rien ne l'interdise, et que ce soit bien en ce sens qu'il faille s'orienter : si la gratuité est protectrice de la personne, elle n'empêche pas les produits du corps humain, une fois prélevés et traités, d'être des biens comparables à beaucoup d'autres.

On peut déplorer cette patrimonialisation du corps humain, la fin de la distinction rigide des personnes et des choses, et l'abaissement du principe d'intangibilité du corps humain. Encore ne faut-il pas oublier que cette réification limitée est encore la meilleure réaction que le droit puisse opposer aux dangers créés par le développement des techniques médicales. Les principes éthiques du passé ne conduisent qu'à jeter le voile sur la réalité des transactions qui prospèrent à l'ombre du droit. L'introduction de la propriété de chacun sur soi est, par nature, protectrice de l'individu : parce qu'il

111. Th. Revet, « Le corps humain est-il une chose appropriée ? », *RTD civ.* 2017. 587.

112. Il faut être très prudent selon les choses considérées. Ainsi, par la voix de sa grande Chambre, la CEDH a récemment estimé que « les embryons humains ne sauraient être réduits à des biens » (CEDH 27 août 2015, *Parillo c/ Italie*, § 215, *RTD civ.* 2015. 830, obs. J.-P. Marguénaud, *RDC* 2016. 111, obs. F. Bellivier et Chr. Noiville).

lui appartient de considérer ce qu'il veut faire de son bien, dans le cadre des possibilités laissées par le droit ; mais aussi parce que sortant du non-droit, les transactions humaines peuvent être bien mieux contrôlées qu'elles ne le sont actuellement. On retrouve ainsi le caractère éminemment protecteur de la propriété, ce qui illustre, dans une perspective renouvelée de Locke, qu'elle est essentielle à la meilleure conservation de l'homme pris en tant que tel.

On peut évoquer le défrichement actuel d'un nouveau territoire, qui n'est pas encore stabilisé. Pendant longtemps, les biens à valeur vénale négative ont été placés hors du droit des biens ; il est pourtant manifeste qu'ils sont de plus en plus souvent attirés vers ce monde de la patrimonialisation, ce qui conduit à les traiter comme des biens[113]. L'ordonnance du 10 février 2016 semble faire un pas de plus dans cette direction nouvelle en réglementant, à l'article 1327 du Code, la cession de dette comme une contrepartie à la cession de créance (art. 1321), et plus lointainement à la cession de contrat (art. 1216). Certes, le terme de cession n'est pas adapté au nouveau régime, qui se rapproche de ce que l'on connaissait autrefois sous le nom de reprise de dette. Il n'empêche : on se retient mal de penser que le mouvement est lancé, c'est-à-dire que les biens à valeur négative commencent d'être considérés comme une nouvelle catégorie des biens, à la cohérence de mieux en mieux affirmée.

## Conclusion

**985** Le bilan de toutes ces évolutions n'est pas facile à dresser. Si les traits fondamentaux de la propriété demeurent stables pour peu que l'on en adopte une conception ouverte, les objets de la propriété successivement mis à l'honneur sont variables. Unique sur le plan de la notion, la propriété s'adapte dans son régime au fur et à mesure qu'elle conquiert des territoires nouveaux. Chaque avancée nouvelle est néanmoins l'occasion de relancer ce vieux débat fondamental : pourquoi y a-t-il de la propriété privée, là où une mise en commun serait plus profitable ? À cette question cent fois posée, et qui témoigne d'une tension forte concernant les interactions entre les personnes et le monde extérieur, il semble que l'on doive toujours répondre de la même façon : ce que la propriété retire à la collectivité, elle l'ajoute à l'individu en lui permettant de résister aux agressions que la société fait subir. Loin de devoir être conçue comme une avancée illégitime sur le domaine des choses communes, la propriété apparaît comme un mode de réalisation de l'individu, comme l'expression de sa souveraineté sur les choses du monde, c'est-à-dire comme une défense avancée de son for intérieur. La propriété recouvre l'homme d'une enveloppe protectrice, où s'exprime son être même : la terre, les richesses mobilières, les idées économiquement exploitables, le corps peut-être, ne sont pas des étapes successives d'une propriété conquérante qui détruirait sur son passage les droits de la collectivité, mais les moyens d'une réalisation individuelle qui passe notamment par l'appropriation. Hegel justifiait d'emblée la propriété en disant que « la personne doit se donner une sphère extérieure pour sa liberté, pour exister comme Idée »[114] ; l'analyse des évolutions de la propriété en droit, considérée comme droit fondamental, ne montre pas autre chose.

113. D. Chilstein, « Les biens à valeur vénale négative », *RTD civ.* 2006. 663.
114. G.W.F. Hegel, *Principes de la philosophie du droit*, Gallimard, coll. « Idées », 1973, n° 41, p. 88.

## BIBLIOGRAPHIE INDICATIVE

Proposition d'articles (outre ceux qui sont en note de bas de page, qui sont les articles essentiels) :

- J. CARBONNIER, *Le droit de propriété depuis 1914,* LGDJ, coll. « Flexible droit », 10e éd., 2001, p. 352.
- P. DELVOLVÉ, « Droit de propriété et droit public », *in Mél. G. Braibant,* p. 149.
- W. DROSS, « Une approche structurale de la propriété », *RTD civ.* 2012. 419.
- S. GINOSSAR, *Droit réel, propriété et créance. Élaboration d'un système rationnel des droits patrimoniaux,* LGDJ, 1960.
- J.-M. MOUSSERON, J. RAYNARD et Th. REVET, « De la propriété comme modèle », *in Mélanges A. Colomer,* Litec, 1993, p. 281.
- F. TERRÉ, « L'évolution du droit de propriété depuis le Code civil », *Droits* n° 1, 1985, p. 33.
- M. de VAREILLES-SOMMIÈRES, « La définition et la notion juridique de la propriété », *RTD civ.* 1905. 443.
- M. XIFARAS, *Propriété et justice. Recherche sur les modes de conceptualisations de la propriété chez les commentateurs du Code Napoléon au XIXe siècle,* PUF, 2004.
- F. ZÉNATI, « Pour une rénovation de la théorie de la propriété », *RTD civ.* 1993. 305.
- F. ZÉNATI-CASTAING, « La propriété, mécanisme fondamental du droit », *RTD civ.* 2006. 445.

## PISTES DE RÉFLEXION

- N'est-ce pas une contradiction dans les termes que d'évoquer une « propriété collective » ?
- Dans la Déclaration de 1789, pourquoi la propriété a-t-elle été garantie deux fois, aux articles 2 et 17 ?
- Le droit de propriété est-il un droit ordinaire, alors qu'il s'exerce sur une chose tandis que la plupart des droits garantis sont opposés à des hommes ?
- L'analyse de la propriété civile, après les arrêts admettant la perpétuité des droits réels
- L'animal dans le droit français : bien, personne ou catégorie intermédiaire ?

Thème 2

# La liberté contractuelle

**Mélanie Jaoul**
*Maîtresse de conférences à l'Université de Montpellier*

**Marie-Laure Mathieu**
*Professeur émérite à l'Université de Montpellier*

Le contrat représente une des techniques principales de l'activité juridique des individus. Cela vaut tant pour les sujets de droit privé que pour les sujets de droit public, à propos desquels la « contractualisation » est d'une grande actualité. À la diversification des figures du contrat, s'oppose la remarquable permanence des principes généraux, au premier rang desquels se trouve la liberté contractuelle, ferment essentiel de la création juridique individuelle.

**986** « Liberté contractuelle » : l'expression est si familière que l'on oublie, souvent, de s'interroger sur les contours exacts des notions auxquelles elle renvoie. Le plus souvent, on explique que la « liberté contractuelle » découle du « principe » d'autonomie de la volonté, lequel trouvait sa source dans le célèbre article 1134 alinéa premier du Code civil qui énonçait que « Les conventions légalement formées tiennent lieu de loi à ceux qui les ont faites. » Or, à y regarder de plus près, cette explication se révèle insuffisante.

Du grec *autos* (de lui-même) et *nomos* (loi), l'autonomie désigne l'aptitude à se gouverner par ses propres lois. La volonté de l'homme serait autonome dès lors qu'elle est juridiquement apte à engendrer ses propres normes, cette aptitude lui étant reconnue par la règle objective : la convention doit être légalement formée, pour tenir lieu de loi à ceux qui l'ont faite.

Dès lors, on conçoit que la liberté ne peut s'exercer que dans les limites que la loi assigne au pouvoir de la volonté individuelle, dans l'intérêt général ; d'ailleurs l'article 6 du Code civil ne dit pas autre chose lorsqu'il dispose : « On ne peut déroger, par des conventions particulières, aux lois qui intéressent l'ordre public et les bonnes mœurs », ce que reprend, comme en écho, l'article 1387 relatif aux conventions matrimoniales, qui pose un principe de liberté des époux, mais réserve les bonnes mœurs et les règles impératives[1].

Le projet de loi présenté par le Gouvernement, relatif à la modernisation et à la simplification du droit et des procédures ne disait pas autre chose : l'article 3 de ce projet visait à mettre en œuvre, par voie d'ordonnance, la réforme du droit des obligations, et notamment à « aborder à titre liminaire les principes directeurs et définitions qui gouvernent le droit des contrats [...] et [à] consacrer dans la loi le principe de la liberté contractuelle, et ses limites, ainsi que celui de la bonne foi en droit des contrats »[2]. Cet article 3 avait cependant été supprimé par le Sénat le 23 janvier 2014. Le texte définitif adopté par l'Assemblée nationale le 25 janvier 2015 reprenait toutefois, dans son article 8-1°, cette volonté d'affirmer « les principes généraux tels que la bonne foi et la liberté contractuelle ». On notera simplement l'inversion de l'ordre des principes énoncés[3]... L'ordonnance n° 2016-131 du 10 février 2016 portant réforme du droit des contrats, du régime et de la preuve des obligations[4] est venue réaffirmer le principe de liberté puisque désormais, l'article 1102 du Code civil, tel qu'il résulte de cette réforme dispose :

« Chacun est libre de contracter ou de ne pas contracter, de choisir son cocontractant et de déterminer le contenu et la forme du contrat dans les limites fixées par la loi.

La liberté contractuelle ne permet pas de déroger aux règles qui intéressent l'ordre public. »

Une simple lecture de ces textes révèle que la norme objective intervient toujours, dès lors qu'il est question de l'ordre public, la volonté individuelle trouvant sa limite nécessaire dans les règles impératives, édictées dans l'intérêt de la collectivité. Une première question surgit alors : celle de la place laissée à la liberté individuelle face aux contraintes de l'ordre public.

Mais l'interrogation ne peut se limiter à ce seul aspect ; encore faut-il se demander de quelle liberté il est question : on ne peut manquer d'observer qu'à l'appui de la liberté contractuelle, on invoque des textes qui traitent des conventions, (et même désormais des seuls contrats) ce qui, tout de même, a de quoi surprendre un juriste attentif. Tout contrat est une convention, certes, mais toute convention n'est pas un contrat, loin s'en faut[5]... Pourtant, la réforme du droit des contrats ne s'embarrasse pas de cette distinction, ce que l'on peut regretter... S'agit-il de liberté contractuelle, ou de liberté conventionnelle ?

---

1. C. civ., art. 1387 : « La loi ne régit l'association conjugale, quant aux biens, qu'à défaut de conventions spéciales que les époux peuvent faire *comme ils le jugent à propos*, pourvu qu'elles ne soient pas contraires aux bonnes mœurs ni aux dispositions qui suivent. »
2. Projet de loi relatif à la modernisation et à la simplification du droit et des procédures dans les domaines de la justice et des affaires intérieures, enregistré à la présidence du Sénat le 27 nov. 2013, n° 175.
3. Assemblée nationale, 25 janv. 2015, texte n° 467.
4. Sur la question de la « réforme de la réforme », v. le dossier très complet *in AJ Contrats* n° 11, nov. 2017.
5. Sur cette question, on consultera avec profit les explications très claires de J.-L. Aubert et E. Savaux, *Introduction au droit et thèmes fondamentaux du droit civil*, 18e éd., 2020, Sirey, coll. « Université », n° 215, p. 260.

En outre, une convention est certes un acte juridique, mais tout acte juridique n'est pas une convention[6] : la liberté de tester, par exemple, fait-elle partie de ce que l'on appelle « liberté contractuelle » ? Il paraît de bonne méthode de s'interroger au préalable sur le domaine exact de ce qu'il est convenu de désigner par « liberté contractuelle », la question du domaine étant d'ailleurs inséparable de celle du fondement de cette liberté (***I.***), dont la valeur s'affirme de jour en jour, depuis ces dernières années (***II.***), même si, naturellement, cette liberté connaît, comme toutes les autres, d'inéluctables limitations (***III.***).

# I • Domaine et fondement de la liberté « contractuelle »

**987** Une réflexion préalable sur l'objet de ce qu'il est convenu d'appeler liberté « contractuelle » laisse entrevoir que la question ne se limite pas aux seuls contrats (A.) comme en témoignent d'ailleurs les fondements proposés au soutien de cette liberté (B.).

## A • Objet de la liberté « contractuelle »

**988** Si dans la pratique le contrat constitue une figure très répandue, il ne constitue qu'un cas particulier d'acte juridique : non seulement c'est une convention, mais en outre c'est une convention créatrice d'au moins une obligation, à la charge de l'une des parties.

**989** ***Sens étroit : liberté de contracter.*** Entendue dans un sens strict, la liberté contractuelle serait donc la liberté de créer, par la rencontre de deux volontés au moins[7], une ou plusieurs obligations. Ce qui impliquerait donc la liberté de se lier volontairement, pour le débiteur, et de lier autrui, pour le créancier de l'obligation.

La liberté de se lier apparaît éminemment paradoxale : comment pourrait-on envisager d'être libre et en même temps de se lier, d'aliéner une part de sa liberté ? L'apparente contradiction est levée si l'on observe attentivement les expressions utilisées : « se lier » désigne une action, « être libre » (ou lié) renvoie à un état. Et c'est l'état de liberté qui permet d'exercer cette action consistant à aliéner, au moins pour un temps, sa liberté, parce qu'on en a ainsi décidé[8].

***Liberté de s'obliger.*** Dans ces conditions, il ne serait pas absurde d'envisager qu'on puisse se lier unilatéralement, la liberté dite « contractuelle » se résumant alors à la liberté de s'obliger[9]. L'avant-projet de réforme du droit des obligations des professeurs Terré et Cornu ne permettait à l'acte unilatéral (qui ne doit pas être confondu avec l'engagement unilatéral) de produire des effets de droit que « dans les cas

---

6. Même si, étonnamment, l'art. 1367 du C. civ. (L. n° 2000-230, 13 mars 2000), prévoit que « La signature nécessaire à la perfection d'un *acte* juridique identifie celui qui l'appose. Elle manifeste le consentement *des parties* aux *obligations* qui découlent de cet acte », confondant en un saisissant raccourci l'acte juridique avec la convention d'une part (puisqu'il est fait référence à « des parties »), et la convention et le contrat, d'autre part, puisqu'il est question d'obligations ! La réforme du droit des obligations a corrigé cette confusion (que nous avons souvent soulignée) puisque désormais, l'art. 1100-1 du Code civil définit les actes juridiques comme des « manifestations de volonté destinées à produire des effets de droit. Ils peuvent être conventionnels ou unilatéraux ». Par ailleurs, l'art. 1101 a été reconduit, pour l'essentiel en ce qui concerne notre propos puisqu'après consultation et abandon du triptyque d'obligations (donner, faire et ne pas faire), il énonce désormais que « Le contrat est un accord de volonté entre deux ou plusieurs personnes destiné à créer, modifier, transmettre ou éteindre des obligations ».
7. Sur cet aspect, v. M.-L. Izorche « Une troisième personne bien singulière », *RTD civ.* 2003. 51.
8. Sur cette ambivalence, la construction historique dans le Code civil est passionnante : v. D. Deroussin, « Le contrat à travers le Code civil des français », Histoire de la justice 2009/1 [n° 19], pp. 247-289, spéc. n° 17 s..
9. v. not. M.-L. Izorche, *L'avènement de l'engagement unilatéral en droit privé contemporain*, thèse 1989, PUAM 1995, préf. J. Mestre ; É. Dockès, « L'engagement unilatéral de l'employeur », *Dr soc.* 1994. 227 ; S. Jean, *L'acte unilatéral de l'employeur*, thèse Paris I, 1999, dactyl. ; C. Grimaldi, *Quasi-engagement et engagement en droit privé — Recherches sur les sources de l'obligation*, préf. Y. Lequette, Defrénois, 2006 ; F.-L. Simon, La spécificité du contrat unilatéral, *RTD Civ.* 2006. 209.

admis par la loi ou par l'usage », et fournit une illustration de « permission » légale, dans l'article 1105-4, lequel prévoyait que l'offre de contracter, clairement qualifiée d'acte unilatéral par l'article 1105-1, puisse obliger son auteur : « lorsque l'offre adressée à une personne déterminée comporte l'engagement de la maintenir pendant un délai précis, ni sa révocation prématurée ni l'incapacité de l'offrant ni son décès ne peut empêcher la formation du contrat. Il s'agit, clairement, d'un engagement unilatéral.

Aux termes de la réforme opérée en 2016, il est clair que l'engagement unilatéral n'est jamais qu'un acte juridique particulier, susceptible de lier son auteur puisque selon l'article 1100-1 du Code civil, « Les actes juridiques sont des manifestations de volonté destinées à produire des effets de droit. Ils peuvent être conventionnels ou unilatéraux ».

« Ils obéissent, en tant que de raison, pour leur validité et leurs effets, aux règles qui gouvernent les contrats ».

***Liberté d'obliger autrui.*** Si l'on considère l'autre versant de la liberté contractuelle au sens strict, on se doit d'envisager aussi la question de la liberté d'obliger autrui. Il est clair qu'on ne saurait obliger quelqu'un contre son gré, et là, l'acte unilatéral serait impuissant à produire un tel effet. Il n'est nullement question pour un individu de mettre une obligation à la charge d'une personne contre son gré. Le législateur est investi de ce pouvoir, le juge également lorsque la loi l'y autorise, mais un individu ne saurait obliger un autre individu sans son consentement. Du point de vue du créancier de l'obligation, la liberté « de lier » ne peut donc reposer que sur le consentement de l'obligé : en d'autres termes, cet aspect de la liberté ne peut s'exercer que dans un cadre conventionnel.

S'agissant de l'effet juridique particulier consistant dans la création d'obligations, les individus sont libres de se lier eux-mêmes (par convention ou par acte unilatéral), mais ils ne sont libres de lier autrui que par convention. Dans les deux cas, ce qui importe est donc le consentement de l'obligé. D'ailleurs l'ancien article 1108, qui déterminait les conditions essentielles à la validité d'une convention, plaçait au premier rang le consentement et la capacité de la partie qui s'oblige, ce qui révèle une fois de plus la confusion entre le genre (convention) et l'espèce (contrat). Les dispositions actuelles reprennent la même exigence, puisque l'existence du consentement est la première condition de validité envisagée par l'article 1128 du Code civil.

**990** ***Liberté de faire des actes juridiques.*** La volonté individuelle est susceptible d'engendrer d'autres effets que la création d'obligations : l'acte juridique (unilatéral ou conventionnel, selon les cas) peut être abdicatif, ou créateur de droits réels, pour ne prendre que deux exemples. À ce sujet, il nous semble nécessaire de préciser que la création de droits réels doit être distinguée de la constitution de droits réels déjà prévus par la loi, tels qu'un usufruit par exemple. Malgré le fameux arrêt *Caquelard* du 13 février 1834, certains auteurs affirmaient que la liste des droits réels telle que prévue par la loi était close, si bien qu'il n'était pas possible, pour la volonté individuelle (contractuelle ou non), de créer de nouveaux droits réels. Dans le même sens, l'avant-projet de réforme du droit des biens, prévoyait, dans sa version initiale de 2008, un article 516 du Code civil disposant : « Les articles du présent livre sont d'ordre public, sauf disposition contraire ». L'ensemble du Livre II du Code civil aurait ainsi été soustrait à la liberté contractuelle. L'arrêt *Maison de la poésie* rendu par la troisième chambre civile de la Cour de cassation du 23 mai 2012 a affirmé exactement l'inverse, consacrant ainsi de manière éclatante la liberté de création des droits réels[10].

---

10. Civ. 3e, 23 mai 2012, n° 11-13.202, *D.* 2012. 1934, note L. d'Avout, et 2128, obs. B. Mallet-Bricout ; *RTD civ.* 2012. 553, obs. T. Revet ; *JCP* 2012. 930, note W. Dross ; *LPA* 2012, n° 213, p. 12, note J.-J. Barbiéri ; *Defrénois* 2012. 1057, obs. F. Danos ; *D.* 2013. 53, note L. d'Avout et B. Mallet-Bricout. L'absence de *numerus clausus* des droits réels a, par ailleurs, été réaffirmée depuis : Civ. 3e, 28 janv. 2015, n° 14-10.013, RTD civ. 2015. 413, obs. W. Dross, Defrénois 2015, n° 11906, p. 419, obs. L. Andreu et N. Thomassin, D. 2015. p. 1863 et s., n° 2, obs. N. Reboul-Maupin, *RD imm.* 2015, p. 175, obs. J.-L. Bergel ; Civ. 3e, 8 sept. 2016, n° 14-26.953 ; *D.* 2017. 134, note L. d'Avout et B. Mallet-Bricout ; *D.* 2016. 2237, Chron. A.-L. Méano, V. Georget et A.-L. Collomp ; *D.* 2017. 375, obs. M. Mekki ; *D.* 2017. 1789, obs. L. Neyret et N. Reboul-Maupin ; *RDI* 2016. 598, obs. J.-L. Bergel ; *RTD civ.* 2016. 894, obs. W. Dross ; *Defrénois* 2016. 1119, note H. Périnet-Marquet ; *JCP* 2016. 1692, note S. Milleville ; *JCP* 2016. 2021, note J. Laurent ; *JCP* 2016. 2054, obs. H. Périnet-Marquet ; *JCP N* 14 oct. 2016. 27, note J. Dubarry et V. Streiff ; *LPA* 4 nov. 2016, p. 11, note J.-F. Barbieri — Civ. 3e, 7 juin 2018, n° 17-17.240 ; *D.* 2018. 1577 note F. Masson ; *RTD civ.* 2018. 712, obs. W. Dross ; *RDI* 2018. 448, obs. J.-L. Bergel ; *Dalloz Actualité* 19 juin 2018, obs. N. Kilgus ; *Gaz. Pal.* 17 juill. 2018. 17, note F. Vern ; *JCP* 2018. 1523, note L. Jariel ; *JCP* 2018. 1526, obs. H. Périnet-Marquet ; *LPA* 21 août 2018, p. 10, note J.-F. Barbièri ; *RDC* 2018. 436, obs. F. Danos ; *Lexbase Hebdo* 2018, éd. privée générale, n° 748, obs. F. Bayard-Jammes, *Lexbase Hebdo* 2018, éd. privée générale, n° 749, obs. S. Jean S. et J. Laurent.

Le juge ne fait en réalité que confirmer ce que l'on pouvait déjà prévoir, puisque la loi reconnaît aux individus le libre exercice de leur volonté, du moins lorsque cette volonté s'exprime dans le cadre d'une convention, si on s'en tient à la lettre des articles 1162 (ancien art. 6) et 1103 du Code civil, successeur du célèbre article 1134. Mais il est évident que la volonté individuelle trouve largement à s'exprimer à travers des actes unilatéraux, et la réforme du droit des successions, par la loi du 23 juin 2006, en témoigne : le législateur fait la part belle à l'expression de la volonté individuelle, qui peut se traduire soit par des conventions (donations notamment) soit par des actes unilatéraux, au premier rang desquels on trouve le testament.
Il n'y a donc aucune raison, *a priori*, de limiter le thème de la « liberté contractuelle » aux seuls contrats : en réalité, il s'agit de la liberté, pour les individus, de faire des actes juridiques, c'est-à-dire de créer des effets de droit, dans les limites permises par la loi. La « liberté contractuelle » serait alors la liberté de faire des actes juridiques, conventionnels ou non, créateurs d'obligations ou non… Et le fondement de cette liberté très générale se trouverait dans l'autonomie de la volonté.

## B • Fondement de la liberté « contractuelle »

**991** L'autonomie, comprise comme aptitude à se gouverner par ses propres normes, signifierait alors l'aptitude à se « donner des lois », des règles de conduite à soi-même : non pas à s'obliger[11] envers autrui, mais à se contraindre soi-même par des normes de comportement auxquelles on aurait voulu donner une force obligatoire, et que, par conséquent on serait tenu de respecter, sous peine de contredire sa propre volonté.
La théorie de l'autonomie de la volonté, souvent présentée comme fondement de la « liberté contractuelle », aurait donc vocation à expliquer la liberté de faire un acte juridique quelconque et on devrait en principe garder présente à l'esprit l'ampleur du domaine à explorer.
Seulement, en pratique, les questions se posent essentiellement à propos des conventions, et plus spécialement encore des contrats. Nous nous limiterons, dès lors, à ces questions, mais, et c'est essentiel, en ayant conscience du fait que bien des explications et des illustrations que nous fournirons ont vocation à rendre compte des actes juridiques « en général », qu'ils engendrent ou non des obligations, et qu'il faudrait systématiquement se poser la question de la généralisation des explications et arguments proposés… Il nous a paru pertinent, à cet égard, de recenser rapidement les éléments nécessaires à la description de cette théorie (1.) afin de mesurer son influence véritable sur le Code civil (2.).

### 1 • Présentation de la théorie de l'autonomie de la volonté

**992** Cette théorie est traditionnellement rattachée à la philosophie individualiste de la fin du XVIIIe siècle, et au libéralisme économique.
L'homme, essentiellement libre, ne peut être assujetti à des obligations que par sa propre volonté (au plan collectif, le contrat social) ; l'acte juridique devient alors la principale source de droit, l'intervention d'une autorité extérieure à celle des individus devant demeurer exceptionnelle. D'ailleurs, même les situations juridiques légales (régime matrimonial, succession ab intestat, par ex.), sont censées refléter la volonté de l'individu.
Par ailleurs la liberté économique, supposée assurer la justice, notamment la justice contractuelle, permet de préserver aussi bien les intérêts individuels que l'intérêt collectif (Fouillée : « Qui dit contractuel dit juste[12] »).

11. Au sens « obligationnel » : sur la distinction entre force obligatoire (des conventions…) et le contenu obligationnel (des contrats), v. P. Ancel, « Force obligatoire et contenu obligationnel du contrat », *RTD civ.* 1999. 771.
12. Ce qui signifie « tout ce qui est contractuel est juste » : un bon contre-exemple réside dans l'admission, par le C. civ., de la lésion…

Si on l'applique au régime juridique du contrat, la théorie de l'autonomie de la volonté conduit à postuler trois grands principes dérivés :
— la liberté contractuelle : l'individu est libre de contracter ou non, de choisir son cocontractant, de déterminer le contenu et la durée du contrat… Le consentement est l'élément essentiel, si bien que le formalisme doit rester exceptionnel, et que la loi doit demeurer, en principe, supplétive de volonté, ou interprétative, la règle impérative ne devant intervenir que dans les cas où elle s'avère absolument indispensable[13] ;
— la force obligatoire du contrat : on la présente comme un corollaire de l'autonomie de la volonté (ce qui n'a rien d'évident)[14], lorsqu'on commente l'article 1103 (anciennement 1134, alinéa 1 du Code civil). Si les parties ont voulu forger une norme, elles demeurent tenues par cette norme ; la « volonté » dont il faut tenir compte est celle qui a existé lors de l'échange des consentements, et non celle, versatile, qui évolue par la suite (sous réserve d'un nouvel échange des consentements qui « abroge » la loi contractuelle). Affirmer le contraire serait nier le pouvoir qui est reconnu à la volonté d'engendrer une loi ; pour cette même raison, le contrat s'impose au juge, puisqu'il est la loi des parties ;
— l'effet relatif des conventions[15] : chacun étant libre de créer sa propre norme, et ne pouvant être tenu par celle-ci que s'il l'a voulu, nul ne saurait être assujetti à une « loi » à laquelle il n'aurait pas souscrit. La convention, et spécialement le contrat ne doivent donc pas nuire aux tiers, et même ne doivent leur profiter que s'ils l'acceptent.

## 2 • L'influence de la théorie sur le Code civil

**993** La théorie de l'autonomie de la volonté n'apparaît pas comme l'unique source ayant inspiré le Code civil. Il suffit, pour s'en convaincre, d'étudier quelques-uns de ses articles (dont on pourrait utilement compléter la liste) (a.), ce qui montre que cette théorie, d'ailleurs explicitée bien après 1804, est sans doute davantage le fruit d'une interprétation volontariste du Code, que le reflet de la réalité (b.).

### a) Les sources et l'esprit du Code civil

**994** L'étude des sources permet de percevoir que le Code de 1804 n'a pas été une transposition, à l'état pur, des principes dégagés ci-dessus.
— On sait que le législateur de 1804 s'est partiellement inspiré du droit romain, qui, en matière contractuelle, était objectif et formaliste. Le contrat consensuel était exceptionnel[16]. En reprenant certaines solutions du droit romain, les rédacteurs du Code civil ont du même coup écarté certaines conséquences attachées à la théorie de l'autonomie de la volonté : par exemple, ils ont maintenu certains contrats réels, tels que le prêt (art. 1875 et 1892), le dépôt (art. 1919) et le gage (ancien art. 2071). On pourra rechercher d'autres — rares — contrats non consensuels.
Cependant, il faut reconnaître que le Code de 1804 a écarté bon nombre de solutions du droit romain, telles que l'exigence de la tradition (ancien art. 1138, al. 1), et, surtout, la distinction entre les contrats nommés et les contrats innomés (art. 1105 actuel), ouvrant toutes grandes les portes de la liberté contractuelle.

13. Par exemple, la Cour de cassation a décidé que, même dans le cas où le contrat (en l'espèce un bail à construction), est soumis à une réglementation d'ordre public, la liberté contractuelle reste intacte dans le champ qui n'est pas couvert par la règle contraignante : puisque les art. L. 251-1 à L. 251-9, CCH, opèrent une distinction entre les dispositions supplétives de volonté et celles qui, déclarées d'ordre public, s'imposent aux parties nonobstant toute stipulation contraire, la liberté contractuelle reste intacte, à l'exception des dispositions visées par l'art. L. 251-8 (Civ. 3e, 7 avr. 2004, *D.* 2004. IR 1210). De même, la Cour de cassation a considéré que les organisations syndicales et patronales représentatives pouvaient prévoir dans un accord relatif à la complémentaire santé et à la prévoyance d'entreprise des stipulations qui ne sont pas directement prévues par les dispositions légales. Ainsi, au nom de la liberté contractuelle, la chambre sociale a admis l'introduction d'un système de mutualisation du financement et la gestion de prévoyance sociale même en l'absence de dispositions légales en ce sens considérant qu'aucune disposition d'ordre public ne les interdisaient (Soc., 9 oct. 2019, nº 18-13.314, *Dalloz actualité*, 27 oct. 2019, obs. L. de Montvalon).

14. Sur ce point, v. J. Ghestin, *op. cit.*, nº 60.

15. C. civ., art. 1119 : on ne peut, en général, *s'engager*, ni stipuler en son propre nom, que pour soi-même.

16. V. H. Roland, L. Boyer, *Adages du droit français*, 3e éd., Litec, 1992, adage *Ex nudo pacto non nascitur actio*, nº 124.

— Par ailleurs, les emprunts à l'ancien droit sont souvent relevés : la force obligatoire du contrat ne serait rien d'autre qu'un aspect du respect de la parole donnée ; l'exigence de moralité de la cause, la théorie de la lésion, s'inspirent davantage de la morale des canonistes que de la toute-puissance de la volonté.

Le Code civil de 1804 apparaît ainsi comme un compromis entre diverses tendances, parmi lesquelles la tendance volontariste. Deux passages du discours préliminaire sont éloquents à cet égard[17]. L'article 1134 lui-même, si souvent cité à l'appui de la thèse volontariste, exigeait déjà que la convention soit légalement formée : la source de la force obligatoire du contrat est peut-être la volonté, (et sans doute pas la seule : *cf.* ancien art. 1135, abrogé), il n'en reste pas moins que la volonté individuelle ne produit d'effet que sous le contrôle de la loi, ce que prévoit, par ailleurs, l'article 6 du Code civil, dont la réforme, qui ne l'a pas abrogé, n'a fait que reprendre la substance dans l'article 1162. La large place donnée par le législateur de 1804 aux vices du consentement est certes un hommage rendu à la volonté, mais la seule présence de textes relatifs à la lésion montre que tout ce qui est contractuel n'est pas nécessairement juste, même dans l'esprit des rédacteurs du Code : donc, la liberté contractuelle doit être limitée ; de même, si l'article 1131 laisse supposer un contrôle social minimal (la cause doit exister et être licite), l'ancien article 1133 (abrogé) ouvrait déjà la voie à un contrôle plus large, fondé sur les bonnes mœurs et l'ordre public. Il serait possible de multiplier les exemples permettant de montrer que le Code de 1804 ne repose qu'en partie sur le « dogme » de l'autonomie de la volonté. Il apparaît, dès lors, que c'est davantage l'interprétation qui en a été faite, que le Code lui-même, qui a mis en avant cette théorie, et que la liberté contractuelle n'a jamais existé pleinement.

### b) L'interprétation volontariste du Code civil

**995** Un auteur[18] a montré que l'expression « autonomie de la volonté » n'est apparue qu'à la fin du XIXe siècle. Il est intéressant de remarquer (et l'observation mérite sans doute d'être transposée à d'autres libertés fondamentales), que la doctrine a commencé à conceptualiser et à nommer l'autonomie de la volonté au moment même où sa principale conséquence, la liberté contractuelle, était menacée, avec l'apparition des premières contraintes pesant sur le contrat de travail : la réglementation de ce contrat fut ressentie comme une atteinte aux principes traditionnels, demeurés jusqu'alors implicites et, par réaction, le besoin se fit sentir d'expliciter ces principes.

Par réaction, c'est-à-dire soit pour s'opposer aux atteintes à la liberté contractuelle, soit au contraire, pour les accompagner, afin de lutter contre une conception jugée trop individualiste du contrat. C'est le cas notamment de la célèbre thèse de Gounot[19], qui systématise les principes issus de la théorie pour mieux les limiter : le titre même de la thèse est éloquent…

L'idée d'autonomie de la volonté a été mise en avant par les internationalistes, à la fin du siècle dernier (nous en avons conservé l'expression « loi d'autonomie » pour désigner la loi applicable au contrat international, en principe choisie par les parties[20]), et l'expression fut reprise par les ouvrages de droit civil à partir du début du XXe siècle, généralement pour dénoncer les excès auxquels pourrait conduire un individualisme juridique absolu[21]. Ainsi, en forçant le trait, et en exagérant l'inspiration volontariste du Code civil, au point de la faire passer pour exclusive, on rendait la critique beaucoup plus aisée.

---

17. « En général, les hommes doivent pouvoir traiter librement sur tout ce qui les intéresse… Il n'y a point de législation dans le monde qui ait pu déterminer le nombre et fixer la diversité des conventions dont les affaires humaines sont susceptibles […] la liberté de contracter ne peut être limitée que par la justice, par les bonnes mœurs, par l'utilité publique » (*Naissance du Code civil, travaux préparatoires du Code civil*, Flammarion, 2004, p. 78). « On gouverne mal, quand on gouverne trop. Un homme qui traite avec un autre homme, doit être attentif et sage […] L'office de la loi est de nous protéger contre la fraude d'autrui, mais non pas de nous dispenser de faire usage de notre propre raison. S'il en était autrement, la vie des hommes, sous la surveillance des lois, ne serait qu'une longue et honteuse minorité ; et cette surveillance dégénérerait elle-même en inquisition » (*ibid.*, p. 82).
18. V. Ranouil, *L'autonomie de la volonté. Naissance et évolution d'un concept*, Travaux de l'université de Paris II, 1980.
19. E. Gounot, *Le principe de l'autonomie de la volonté en droit privé. Contribution à l'étude critique de l'individualisme*, thèse Dijon, 1912.
20. V. à ce sujet l'article 3-1 du Règlement (CE) n° 593/2008 du Parlement européen et du Conseil du 17 juin 2008 sur la loi applicable aux obligations contractuelles (Rome I) *JOUE* 4.7.2008, L. 177/6 fr : « Le contrat est régi par la loi choisie par les parties. Le choix est exprès ou résulte de façon certaine des dispositions du contrat ou des circonstances de la cause. Par ce choix, les parties peuvent désigner la loi applicable à la totalité ou à une partie seulement de leur contrat. »
21. Sur ce point, on pourra utilement consulter l'exposé très complet de J. Ghestin, *op. cit.*, n[os] 43 s.

Or nous avons vu que le Code de 1804 n'a pas « consacré », dans son absolue rigueur, la théorie de l'autonomie de la volonté, pas plus qu'il n'a laissé aux contractants (et plus généralement aux auteurs d'actes juridiques) une totale liberté… Paradoxalement les partisans de l'individualisme tiennent un discours qui prend également pour point de départ l'adhésion du Code de 1804 à la théorie de l'autonomie, mais cette fois dans le but conscient ou non, d'accentuer le « déclin », et d'exacerber les regrets que ce déclin peut leur inspirer.

De nos jours, le débat s'est renouvelé, avec la résurgence de la thèse du « solidarisme contractuel », qui s'oppose à la théorie individualiste de l'autonomie de la volonté. Nous ne pouvons ici que renvoyer à l'excellente étude de M. Jean Cedras, publiée dans le *Rapport annuel* 2003 de la Cour de cassation[22].

En réalité, si le droit positif s'inspire de la nécessité de protéger la partie « faible » du contrat, en imposant un ordre public de protection, la liberté est toujours bien vivante, et tend de plus en plus à s'affirmer comme une valeur fondamentale.

## II • La liberté contractuelle comme valeur fondamentale

**996** Ces dernières années ont vu éclore peu à peu la liberté contractuelle, au rang de liberté fondamentale. En moins de dix ans, le juge constitutionnel est passé d'une attitude de refus sans appel (A.) à l'admission implicite (B.) puis à l'affirmation sans équivoque de la valeur constitutionnelle de la liberté contractuelle (C.). Cette dernière observation conduit naturellement à envisager la liberté contractuelle sous le prisme de la question prioritaire de constitutionnalité (D.).

### A • La négation de la valeur constitutionnelle

**997** Une décision du Conseil constitutionnel intervenue le 20 mars 1997, à propos de la loi créant les plans d'épargne retraite[23] a marqué le point de départ de l'évolution. Dans cette décision, le juge constitutionnel affirmait clairement « que le principe de liberté contractuelle n'a pas en lui-même valeur constitutionnelle ; que sa méconnaissance ne peut être invoquée devant le Conseil constitutionnel que dans le cas où elle conduirait à porter atteinte à des droits et libertés constitutionnellement garantis […] qu'il ne résulte ni de l'article 4 de la Déclaration des droits de l'homme et du citoyen ni d'aucune autre norme de valeur constitutionnelle un principe constitutionnel dit de l'"autonomie de la volonté"… »

La liberté contractuelle ne serait alors, dans ces conditions, qu'un moyen, un instrument au service des libertés fondamentales, et ne mériterait protection que dans la mesure où l'atteinte à la liberté contractuelle menacerait des droits et libertés de valeur constitutionnelle : un moyen de protéger les droits et libertés fondamentaux, dont elle serait elle-même exclue… En outre, le Conseil refusait de reconnaître le fameux « principe » d'autonomie de la volonté. La ferme position du Conseil semblait ne laisser aucun espoir d'évolution…

---

22. « Le solidarisme contractuel en doctrine et devant la Cour de cassation » par M. Jean Cedras, avocat général à la Cour de cassation en service extraordinaire, *Rapport annuel 2003*.
23. Cons. const. 20 mars 1997, n° 97-388 DC, *JO* 26 mars 1997, p. 4661, *RTD civ.* 1998. 99, note N. Molfessis ; *JCP* 1997. I. 4039, note M. Fabre-Magnan ; *Dr soc.* 1997. 416, note X. Prétot ; *LPA* 17 oct. 1997, p. 13, Chron. B. Mathieu et M. Verpeaux ; *D.* 1999. Somm. 234, obs. L. Favoreu. En revanche, et depuis longtemps, le Conseil d'État a affirmé que la liberté contractuelle était un principe fondamental au sens de l'art. 34 de la Constitution : CE 5 mai 1967, *Lebon* 348.

## B • La référence à la « liberté découlant de l'article 4 »

**998** Un changement significatif intervint dès l'année suivante, à propos de la loi sur les 35 heures[24]. Le Conseil déclara que « le législateur ne saurait porter à l'économie des conventions et contrats légalement conclus une atteinte d'une gravité telle qu'elle méconnaisse manifestement la liberté découlant de l'article 4 de la Déclaration des droits de l'homme et du citoyen de 1789 ». Cette motivation, reprise par la suite dans d'autres décisions[25], mettait toutefois l'accent d'une part sur la gravité de l'atteinte à l'économie de la convention, telle que déterminée par les parties, et d'autre part sur le caractère manifeste de la méconnaissance de la liberté « découlant de l'article 4 », qui n'était pas expressément désignée. Dans une remarquable décision du 13 janvier 2000[26], concernant la loi relative à la réduction négociée du temps de travail, le Conseil constitutionnel a accepté d'examiner l'éventuelle atteinte portée par cette loi à la « liberté contractuelle » : il a considéré que certaines clauses des accords conclus en application de la loi du 13 juin 1998, qui « n'étaient contraires à aucune disposition législative en vigueur et ne méconnaissaient pas les conséquences prévisibles de la réduction de la durée du travail décidée par le législateur de 1998 » ne pouvaient être remises en cause par la loi nouvelle. Il en a déduit que, « sauf à porter à ces conventions une atteinte contraire aux exigences constitutionnelles sus-rappelées, il [le législateur] ne pouvait, dans les circonstances particulières de l'espèce, remettre en cause leur contenu que pour un motif d'intérêt général suffisant ». Si la « liberté » contractuelle n'est pas encore proclamée, le principe d'intangibilité des conventions, quant à lui, semble bien avoir acquis une tout autre dimension, avec cette décision, fondée ici sur l'article 4 de la Déclaration des droits de l'homme et du citoyen de 1789, et le huitième alinéa du préambule de la Constitution de 1946, textes porteurs de l'idée d'autonomie.

## C • La reconnaissance de la valeur constitutionnelle

**999** Ce n'est qu'à partir d'une décision du 19 décembre 2000[27] que le Conseil va reconnaître la valeur constitutionnelle de la liberté contractuelle, le Conseil déclarant, dans l'attendu n° 37 que la mesure critiquée « inspirée par des motifs d'intérêt général, n'apporte pas à la liberté contractuelle qui découle de l'article 4 de la Déclaration des droits de l'homme et du citoyen une atteinte contraire à la Constitution ». Cette formule, faisant de la liberté contractuelle une conséquence nécessaire de l'article 4 de la Constitution, a été reprise depuis, dans une décision du 17 janvier 2013[28], relative aux limitations que le législateur peut apporter à l'exercice du droit de propriété et à la liberté contractuelle, dès lors que l'intérêt général le justifie. On pourrait assimiler à ce courant la censure par le Conseil constitutionnel de la fameuse loi « Florange », le 27 mars 2014, même si c'est la liberté d'entreprendre qui est explicitement visée, aux côtés de la protection de la propriété[29].

24. Cons. const. 10 juin 1998, n° 98-401 DC, *RTD civ.* 1998. 796, note N. Molfessis ; *LPA* 2 déc. 1998, p. 18, Chron. B. Mathieu et M. Verpeaux ; *D.* 2000. Somm. 60, obs. L. Favoreu ; *AJDA* 1998. 495, obs. J.-E. Schoettl.
25. Cons. const. 23 juill. 1999, n° 99-416 DC, *AJDA* 1999. 700, note J.-E. Schoettl ; *LPA* 20 oct. 1999, p. 23, Chron. B. Mathieu et M. Verpeaux ; Cons. const. 7 déc. 2000, n° 2000-436 DC, *AJDA* 2001. 18, obs. J.-E. Schoettl ; *BJDU* 2001. 146, note J. Trémeau.
26. Cons. const. 13 janv. 2000, n° 99-423, *JO* 20 janv. 2000, p. 992.
27. Cons. const. 19 déc. 2000, n° 2000-437 DC, *RTD civ.* 2001. 229, note N. Molfessis ; *LPA* 20 août 2001, p. 21 ; obs. B. Mathieu et C. de la Mardière ; *RD publ.* 2001. 267, note J.-E. Spitz ; *Dr soc.* 2001. 270, note X. Prétot ; *RFDC* 2001. 1766, note L. Philip.
28. Cons. const. 17 janv. 2013, n° 2012-660 DC : « Considérant qu'il est loisible au législateur d'apporter aux conditions d'exercice du droit de propriété des personnes privées, protégé par l'article 2 de la Déclaration des droits de l'homme et du citoyen de 1789, et à la liberté contractuelle, qui découle de son article 4, des limitations liées à des exigences constitutionnelles ou justifiées par l'intérêt général, à la condition qu'il n'en résulte pas d'atteintes disproportionnées au regard de l'objectif poursuivi ». On notera qu'une fois encore le Conseil souligne que droit de propriété est directement protégé par l'art. 2 de la DDHC, alors que la liberté contractuelle ne l'est qu'indirectement, par le biais de l'art. 4.
29. Cons. const. 27 mars 2014, n° 2014-692 DC, *Économie réelle.*

Par la suite, de nouvelles décisions sont intervenues, visant plus ou moins explicitement la valeur constitutionnelle de la liberté contractuelle : ainsi, par exemple, le Conseil a déclaré en janvier 2003 que « le législateur ne saurait porter aux contrats légalement conclus une atteinte qui ne soit pas justifiée par un motif d'intérêt général suffisant sans méconnaître les exigences des articles 4 et 16 de la Déclaration des droits de l'homme et du citoyen de 1789, ainsi que, s'agissant de la participation des travailleurs à la détermination collective de leurs conditions de travail, au huitième alinéa du préambule de la Constitution de 1946 »[30]. Depuis, le juge constitutionnel s'est régulièrement exprimé sur le sujet. Il a ainsi examiné en 2003, même s'il l'a repoussé, l'argument tiré du principe de liberté contractuelle à propos de la loi instituant un « contrat insertion — revenu minimum d'activité » (CIRMA) estimant que l'article 43 de cette loi ne méconnaissait ni la liberté personnelle, ni la liberté contractuelle des futurs titulaires de tels contrats, ceux-ci conservant la possibilité de s'opposer à l'inclusion du CIRMA dans leur contrat d'insertion[31]. Dix ans plus tard, les sages de la rue Montpensier ont considéré qu'une loi ne pouvait porter à la liberté contractuelle « une atteinte d'une nature telle que l'entreprise soit liée avec un cocontractant déjà désigné par un contrat négocié au niveau de la branche et au contenu totalement prédéfini », ce qui est remarquable[32]. Dans une décision de 2018, le Conseil constitutionnel a déclaré conformes à la Constitution les dispositions de l'article L. 442-6, I, 2° du Code de commerce qui sanctionnent le fait de « soumettre ou tenter de soumettre un partenaire commercial à des obligations créant un déséquilibre significatif entre les droits et obligations des parties », et dont l'interprétation donnée par la Cour de cassation permet « au juge d'exercer un contrôle sur les prix ». Les sages rappellent que le législateur a toujours la possibilité de limiter la liberté d'entreprendre et la liberté contractuelle sous réserve de les justifier « par l'intérêt général » et qu'il n'en résulte pas « d'atteintes disproportionnées » au regard de l'objectif poursuivi. Ils relèvent alors que le texte soumis à leur contrôle poursuivait précisément un objectif d'intérêt général en cherchant à rétablir un équilibre des rapports entre partenaires commerciaux, lequel passait nécessairement par une appréciation du prix[33].

Au gré de ses décisions, le Conseil constitutionnel a précisé le contenu de la liberté contractuelle. Cette liberté s'exprime de deux manières. D'abord — et c'est là le sens classique — la liberté contractuelle est conçue comme interdisant au législateur de limiter l'accès au contrat (c'est la liberté contractuelle telle que posée par l'article 1102 du Code civil). Ensuite, la liberté contractuelle est envisagée sur un plan « temporel » comme excluant la possibilité — sauf motif d'intérêt général — pour le législateur de

30. Cons. const. 13 janv. 2003, n° 2002-465 DC ; *LPA* 20 janv. 2003, n° 14, p. 11, obs. J.-E. Schoettl ; *LPA* 2 avr. 2003, n° 66, p. 18 ; *D.* 2003. Chron. 638, note B. Mathieu, *Gaz. Pal.* 17 janv. 2003, p. 2, obs. F.-J. Pansier et C. Charbonneau ; *Cah. soc. barreau de Paris* 2003, n° 153, p. 386. La loi déférée au Conseil constitutionnel était relative aux salaires, au temps de travail et au développement de l'emploi. La question de l'articulation entre la loi nouvelle et les conventions collectives existantes avait déjà été soulevée, de manière un peu différente, dans la décision précitée du 13 janv. 2000. Si, en l'espèce, la loi déférée a échappé à la censure, c'est parce qu'elle améliore la situation des travailleurs et trouve son fondement dans un motif d'intérêt général suffisant ; ainsi, « la disposition critiquée… ne porte pas une atteinte inconstitutionnelle à l'économie des contrats légalement conclus [et] n'est pas contraire aux *exigences constitutionnelles sus-rappelées* ». En revanche, en se fondant sur la même formule exactement, le Conseil a déclaré inconstitutionnel un texte de loi qui prévoyait que toutes les entreprises appartenant à une même branche professionnelle puissent se voir imposer non seulement le prix et les modalités de la protection complémentaire mais également le choix de l'organisme de prévoyance : les dispositions de ce texte, selon le Conseil, « méconnaissent la liberté contractuelle et la liberté d'entreprendre ».

31. Cons. const. 18 déc. 2003, n° 2003-487 DC, *JO* 19 déc. 2003, p. 21686, consid. 28 ; *AJDA* 2004. 216, note J.-E. Schoettl ; X. Prétot, *Dr soc.* 2004. 245 ; *D.* 2004. Somm. 1274, obs. A. Duffy.

32. Cons. const. 13 juin 2013, n° 2013-672 DC.

33. Cons. Const. 30 nov. 2018, n° 2018-749 QPC : Ainsi, selon les sages, « Il est loisible au législateur d'apporter à la liberté d'entreprendre et à la liberté contractuelle, qui découlent de l'article 4 de la Déclaration de 1789, des limitations liées à des exigences constitutionnelles ou justifiées par l'intérêt général, à la condition qu'il n'en résulte pas d'atteintes disproportionnées au regard de l'objectif poursuivi » (point 10). Le législateur a « opéré une conciliation entre d'une part, la liberté d'entreprendre et la liberté contractuelle et, d'autre part, l'intérêt général tiré de la nécessité de maintenir un équilibre dans les relations commerciales » (point 13), ce dont il déduit que « l'atteinte portée à ces deux libertés par les dispositions contestées n'est donc pas disproportionnée au regard de l'objectif poursuivi » (point 14). Le Conseil constitutionnel (Cons. const., 6 oct. 2022, n° 2022-1011 QPC) s'est prononcé également en ce sens plus récemment sur la conformité du 1° de ce même article L. 442-1, I du Code de commerce. Le Conseil a considéré que le législateur n'avait pas porté à la liberté contractuelle et à la liberté d'entreprendre une atteinte disproportionnée au regard de l'objectif poursuivi à savoir préserver l'ordre public économique, réprimer certaines pratiques restrictives de concurrence et assurer un équilibre des relations commerciales.

soumettre les contrats déjà formés aux nouveaux textes. Ces deux aspects de la liberté contractuelle ont, comme le souligne le Professeur Gahdoun, pour objectif de préserver « l'impulsion contractuelle » d'abord, et la « pérennité contractuelle » ensuite[34]. Toutes les décisions rendues par les Sages s'inscrivent dans la protection d'au moins une de ces deux aspects.
La cause est entendue : la liberté contractuelle fait désormais partie des droits et libertés de valeur constitutionnelle[35]. Mais elle doit, naturellement se conjuguer avec les autres droits et libertés, avec lesquels elle peut entretenir des rapports de convergence, auquel cas elle les conforte, ou des rapports de divergence, et il faut alors trouver un équilibre, tâche délicate qui incombe au législateur comme au juge.

## D • Liberté contractuelle et QPC

**1000** La liberté contractuelle ayant été érigée en liberté de valeur constitutionnelle, il fallait s'attendre à ce qu'elle soit invoquée dans le cadre de la question prioritaire de constitutionnalité (QPC). Elle l'est parfois d'une manière que l'on osera qualifier de fantaisiste, et dans ce cas, le filtre de la Cour de cassation, comme celui du conseil d'État, fonctionne pleinement. Ainsi la haute juridiction a-t-elle jugé en janvier 2011 qu'il n'y avait pas lieu à renvoi devant le Conseil constitutionnel dans une affaire où un assureur reprochait au législateur de n'avoir pas suffisamment précisé les conditions de mise en œuvre du droit de rétractation au profit du souscripteur d'une assurance sur la vie. La loi prévoit que, faute pour l'assureur de remettre au souscripteur une note d'information distincte, le délai de rétractation est automatiquement prorogé. La Cour de cassation a rejeté sa prétention, estimant que le dispositif prévu par la loi est « destiné à garantir le plus large accès aux produits d'assurance », et a pour objet de protéger le consommateur en lui permettant « d'obtenir les informations nécessaires pour choisir le contrat correspondant le mieux à ses besoins ». En d'autres termes, c'est la liberté contractuelle du consommateur qui est ici protégée, une liberté qui se réduit, d'ailleurs, à choisir entre divers contrats d'adhésion… Notons qu'en l'espèce, le juge a pris soin de préciser, au passage, que « l'assureur peut à tout moment faire courir ce délai en respectant ses obligations » : on ne peut dès lors s'étonner du rejet de la demande[36]. Tout aussi surprenante et légitimement écartée par la Cour de cassation est la QPC relative aux articles L. 1242-12 et L. 1245-1 du Code du travail dans leur rédaction antérieure à l'ordonnance n° 2017-1718 du 20 décembre 2017, tels qu'interprétés par la jurisprudence constante de la Cour de cassation. En l'espèce, les requérants estimaient que l'interprétation jurisprudentielle qui déduit de la combinaison de ces textes que l'absence ou l'insuffisance, dans un contrat à durée déterminée de remplacement, de la mention relative à la qualification professionnelle de la personne remplacée, entraîne nécessairement la requalification du dit contrat en contrat à durée indéterminée, portait une atteinte disproportionnée à la liberté contractuelle. La chambre sociale rappelle que ces dispositions, prisent dans un souci d'égalité des salariés, ne portent pas une atteinte disproportionnée à la liberté contractuelle car elles sont justifiées par un motif d'intérêt général de lutte contre la précarité pouvant résulter du recours abusif à l'emploi à durée déterminée. Pour la Cour, la requalification du contrat ne prive pas l'employeur de sa liberté contractuelle qui demeure entière. Ces dispositions ont pour objectif d'éviter d'une part, l'abus dans le recours à ce type de contrats précaires et d'autre part, à garantir le principe d'égalité de traitement entre les salariés en contrat à durée déterminée et ceux en contrat à durée indéterminée tel qu'instauré par les dispositions précises et inconditionnelles de la clause 4 de l'accord cadre CES, UNICE et CEEP sur le travail à durée déterminée repris par

34. P.-Y. Gahdoun, « Fasc. 20 : Libertés », J-Cl. Civil, déc. 2019, n° 162 s..
35. Sur cette importante question, v. P.-Y. Gahdoun, *La liberté contractuelle dans la jurisprudence du juge constitutionnel*, Thèse Montpellier I, dactyl. 2006.
36. Civ. 2e, 13 janv. 2011, n° 10-16.184.

la directive 1999/70/CE du Conseil du 28 juin 1999[37]. Ici encore, l'employeur est tout à fait libre de recourir à un contrat déterminé s'il respecte ses obligations, et le juge écarte légitimement sa prétention dans un raisonnement proche de celui développé à l'égard de l'assureur.

Le Conseil constitutionnel[38] a également eu à se prononcer sur le principe de la liberté contractuelle en matière de contrats « de travail » dans la fonction publique territoriale. Plus précisément, le Conseil a été saisi d'une relative à la conformité aux droits et libertés que la Constitution garantit de l'article 47 de la loi n° 2019-828 du 6 août 2019 de transformation de la fonction publique. En vertu du premier alinéa de l'article 7-1 de la loi du 26 janvier 1984, les collectivités territoriales fixent les règles relatives à la définition, à la durée et à l'aménagement du temps de travail de leurs agents dans les limites applicables aux agents de l'État, en tenant compte de la spécificité des missions exercées par ces collectivités. Par dérogation, le dernier alinéa de ce même article a permis aux collectivités de maintenir les régimes de temps de travail qu'elles avaient mis en place avant l'entrée en vigueur de la loi n° 2001-2 du 3 janvier 2001. C'est cette dérogation qu'est venu abroger l'article 47 de la loi du 6 août 2019 imposant aux collectivités territoriales qui en ont fait usage, de fixer les règles relatives au temps de travail de leurs agents dans les limites applicables à ceux de l'État (1607 h) par une délibération prise dans le délai d'un an à compter du renouvellement de leurs assemblées délibérantes. Le texte a été déclaré conforme car par ce texte, le législateur a entendu contribuer à l'harmonisation de la durée du temps de travail au sein de la fonction publique territoriale ainsi qu'avec la fonction publique de l'État afin de réduire les inégalités entre les agents et faciliter leur mobilité. Ce faisant, le législateur a poursuivi un objectif d'intérêt général. La liberté contractuelle ne peut avoir pour effet de créer des inégalités injustifiées. Les sages soulignent d'ailleurs que les collectivités territoriales restent relativement libres malgré la suppression de la dérogation. En effet, les dispositions contestées se bornent, en matière d'emploi, d'organisation du travail et de gestion de leurs personnels, à encadrer la compétence des collectivités territoriales pour fixer les règles relatives au temps de travail de leurs agents. Par ailleurs, les collectivités territoriales qui avaient maintenu des régimes dérogatoires demeurent libres, comme les autres collectivités, de définir des régimes de travail spécifiques pour tenir compte des contraintes liées à la nature des missions de leurs agents.

Deux autres décisions de la Cour de cassation sont intervenues à propos du plafonnement des loyers des baux commerciaux, refusant de transmettre au Conseil la question de savoir si l'article L. 145-34 du Code de commerce méconnaissait la liberté contractuelle. Pour la Cour, la règle du plafonnement, prévue par ce texte pouvant être exclue par les parties lors de la conclusion du contrat[39], « la question posée ne présente pas de caractère sérieux »[40]. On peut en tirer un principe général : une règle supplétive, en matière contractuelle, ne saurait porter atteinte à la liberté contractuelle, ce qui semble tout à fait conforme… au bon sens ! Toujours en matière de bail mais rural cette fois-ci, la Cour de cassation a également refusé de transmettre une QPC relative à l'article L. 411-4 du Code rural et de la pêche maritime. La Cour considère que les exigences formelles posées par le texte quant à l'établissement d'un bail rural ne portent pas une atteinte disproportionnée à la liberté contractuelle. Là encore, la Haute juridiction considère que les conditions posées ont, d'une part, un rôle probatoire et d'autre part, se justifient par l'intérêt général tenant à l'organisation de la production des preneurs[41].

---

37. Soc. 18 mars 2020, n° 19-21.535, n° 19-21.536, n° 19-21.537, n° 19-21.538, n° 19-21.540, n° 19-21.543, n° 19-21.545, n° 19-21.546, n° 19-21.547, et n° 19-21.549 ; *BJT* mai 2020, n° 113q2, p. 27, note G. Duchange.

38. Cons. Constit., 29 juillet 2022, n° 2022-1006 QPC, Commune de Bonneuil-sur-Marne et autres [Suppression des régimes de temps de travail dérogeant à la durée de droit commun dans la fonction publique territoriale] ; L. Clouzot, Le juge constitutionnel, la libre administration et les 1607 heures dans la fonction publique territoriale, *Droit administratif*, déc. 2022, n° 12, p. 38.

39. D'ailleurs, toujours relativement à l'article L. 145-34 du Code de commerce dans sa rédaction issue de la loi Pinel du 18 juin 2014, la Cour de cassation a rendu un avis précisant que l'étalement du déplafonnement du loyer n'étant pas un dispositif d'ordre public, les parties pouvaient choisir de l'exclure (Civ. 3e, 9 mars 2018, n° 17-70.040, avis).

40. Civ. 3e, 13 juill. 2011, n° 11-11.072, et 28 sept. 2011, n° 11-13.879.

41. Civ. 3e, 3 juin 2020, n° 20-40.004, *Dalloz actualité* 8 juill. 2020, obs. S. Prigent ; *Gaz. Pal.* 13 juill. 2020, n° 382c2, p. 38, note C. Berleau.

La Cour de cassation a refusé de renvoyer devant le Conseil constitutionnel une question relative à l'article 1124, alinéa 2 du Code civil issu de l'ordonnance du 10 février 2016. La question portait ainsi sur le régime des promesses unilatérales de vente et notamment il était demandé à la Haute juridiction de se prononcer sur les conséquences de la rétractation du promettant avant la fin du délai d'option. La troisième chambre civile considère que les dispositions visées ne sont pas contraires au principe de liberté contractuelle et au droit de propriété. En effet, dès lors que selon ce texte, le promettant donne son consentement à un contrat dont les éléments essentiels sont déterminés, et pour la formation duquel ne manque que le consentement du bénéficiaire, la formation du contrat promis en dépit de la révocation de la promesse ne porte pas atteinte à la liberté contractuelle. Les hauts magistrats considèrent alors que la question n'est pas ni nouvelle, ni ne présente un caractère sérieux[42]. Ainsi, dans son arbitrage sur cette question attendue, la Cour de cassation fait primer la force obligatoire de l'engagement souscrit par le promettant sur sa liberté contractuelle — qui lui a permis de se lier en tout état de cause.

Le Conseil constitutionnel a enfin été saisi d'une QPC[43] par le Conseil d'État posant la question de la liberté contractuelle. La question transmise portait sur l'article L. 2261-32, paragraphes I et V, du Code du travail, dans sa rédaction résultant de la loi n° 2018-771 du 5 septembre 2018 pour la liberté de choisir son avenir professionnel, et les articles L. 2261-33 et L. 2261-34 du même Code, dans leur rédaction issue de la loi n° 2016-1088 du 8 août 2016 relative au travail, à la modernisation du dialogue social et à la sécurisation des parcours professionnels. Ces dispositions permettent au ministre du travail de fusionner le champ d'application des conventions collectives d'une branche professionnelle avec celui d'une branche de rattachement présentant des conditions sociales et économiques analogues. Pour contrôler ces dispositions, le Conseil constitutionnel a jugé qu'en matière de négociation collective, la liberté contractuelle découle des sixième et huitième alinéas du Préambule de la Constitution de 1946 et de l'article 4 de la Déclaration de 1789. Le Conseil souligne alors que le législateur, peut apporter des limitations à la liberté contractuelle en matière de négociation collective en vertu d'exigences constitutionnelles ou pour des raisons d'intérêt général, sous réserve qu'il n'en résulte pas d'atteintes disproportionnées au regard de l'objectif poursuivi. Ce faisant, les Sages ont donc censuré la disposition permettant au ministre du Travail de « fusionner plusieurs branches afin de renforcer la cohérence du champ d'application des conventions collectives » (C. trav., art. L. 2261-32 préc.). En effet, il a estimé que le législateur n'avait pas déterminé au regard de quels critères cette cohérence pourrait être appréciée et qu'il avait ainsi laissé à l'autorité ministérielle une latitude excessive dans l'appréciation des motifs susceptibles de justifier la fusion.

Plus délicate est la question de l'application rétroactive d'une réglementation à une opération contractuelle déjà conclue. À propos du mécanisme d'inclusion rétroactive d'une propriété dans un lotissement, le Conseil a jugé que la disposition contestée par le requérant ne portait « en elle-même aucune atteinte aux contrats légalement conclus », ce qui peut paraître discutable, si la portée de la rétroactivité dans le temps n'est pas définie[44]. Pourtant, le Conseil raisonne en termes de liberté contractuelle même lorsque cette question n'est pas soulevée, comme en témoigne une décision du 13 mai 2011[45], ce qui semble indiquer une certaine vigilance sur ce point. De son côté, la Cour de cassation ne se prive pas de viser explicitement, à côté des textes, le « principe de liberté contractuelle » à l'appui d'un arrêt de cassation…[46]

42. Civ. 3e, 17 oct. 2019, n° 19-40.028 ; *Dalloz actualité* 3 déc. 2019, obs. A. Gailliard ; *Gaz. pal.* 10 déc. 2019, n° 43, p. 19, note S. Farhi.
43. Cons. Const. 29 nov. 2019, n° 2019-816 QPC ; D. 2019, p. 2306 ; RDT 2020, p. 200, obs. S. Nadal ; RJS 2/2020, no 104 ; Dr. ouvrier 2020. 85, note L. Thomas ; JSL 2020, n° 490-3, obs. H. Nisom-Tissandier ; *JCP* S 2019. 1350, obs. A. Bugada ; SSL 2019, n° 1886, p. 2 ; v. Rapport d'activité du Conseil constitutionnel 2020, p. 72.
44. Cons. const. 7 oct. 2011, n° 2011-177 QPC.
45. Cons. const. 13 mai 2011, n° 2011-126 QPC.
46. Com. 30 mai 2012, n° 11-18.024, NP.

# III • Les limites de la liberté contractuelle

**1001** La liberté de faire des actes juridiques en général, et la liberté de contracter en particulier, ne se conçoivent pas en dehors de toute limite, car ces libertés se heurtent évidemment à des contraintes juridiques, économiques ou sociales liées au droit interne. S'il est incontestable que de nos jours il pèse sur le contrat des contraintes qui n'existaient pas en 1804, ces contraintes n'ont pas fait disparaître pour autant le principe de liberté (A.). D'ailleurs, on peut observer qu'une grande partie des interventions législatives et judiciaires tend à restaurer, sur un autre plan, les conditions d'un équilibre des forces, et, par conséquent, d'une optimisation des volontés en présence (B.). Toutefois, la question des limites de la liberté contractuelle mérite d'être posée, dans un autre cadre, bien plus général, qui est celui de la nécessaire conciliation de cette liberté avec d'autres droits et libertés fondamentaux (C.).

## A • Le renforcement des contraintes extérieures

**1002** Ce renforcement se manifeste par une extension considérable du contrôle exercé sur le contrat (1.), ce qui retentit nécessairement, dans un sens négatif, sur la liberté des contractants (2.).

### 1 • Le développement du contrôle

**1003** Le législateur de 1804, en visant l'ordre public (C. civ., art. 6), permettait déjà le contrôle des conventions, mais ce contrôle était restreint, car l'ordre public lui-même était limité à la protection de quelques valeurs essentielles (individu, famille, État). Avec l'apparition d'un ordre public économique et social, qui ne se limita plus à interdire, mais qui imposa désormais certains comportements, les données furent bouleversées. Pour protéger l'un des contractants, jugé plus faible, le législateur a réglementé certains contrats (travail, assurance, bail, transport, crédit…). Afin de diriger l'économie, dans un sens jugé favorable à la collectivité, la loi a imposé certaines contraintes (taxation des prix, réglementation des clauses d'indexation…).
Désormais, les lois impératives, précédées ou relayées par une jurisprudence interventionniste, soucieuse de l'intérêt de la partie « faible », se sont multipliées, sans compter l'abondante production normative communautaire et européenne, si bien que l'autonomie des contractants se trouve réduite[47].

### 2 • Les conséquences de ce développement

**1004** Ces conséquences se manifestent essentiellement (mais pas uniquement) au plan de la liberté contractuelle. De nos jours, l'acte de contracter consiste très souvent à exercer un choix (recouvrant fréquemment plusieurs degrés de liberté, toutefois) entre des statuts prédéterminés. Il peut être utile, à cet égard, de dresser une liste (non limitative, ici, et qu'il serait judicieux de compléter…) de libertés élémentaires constituant la liberté contractuelle : la liberté de contracter ou non (a.), la liberté de choisir sa position précontractuelle (b.), de choisir son partenaire (c.), de fixer le prix (d.), de déterminer la durée du contrat (e.), de fixer la destination de la chose objet du contrat (f.), de prévoir les sanctions de l'inexécution (g.), de formaliser ou non l'accord des parties (h.)… Chacune de ces libertés peut être, isolément ou cumulativement, restreinte, voire supprimée.

47. Pour un listing détaillé de toutes les mesures législatives encadrant la liberté contractuelle, v. P.-Y. Gahdoun, « Fasc. 20 : Libertés », *J-Cl. Civil*, déc. 2019, n° 95 s. L'auteur, avec le concours de F. Youta, dresse l'inventaire des textes encadrant la liberté contractuelle dans les différents codes. Il est intéressant de relever que pour le seul Code civil, on dénombre pas moins de 120 dispositions qui limitent ou encadrent la liberté contractuelle soit 5 % des dispositions dudit code !

Ainsi, la liberté de contracter ou non[48] (a.), est nulle en ce qui concerne l'assurance-automobile (loi du 27 févr. 1958, C. assur., art. L. 211-1) ; ce n'est d'ailleurs pas le seul exemple tiré du droit des assurances[49]. Exemple plus frappant encore, l'exercice d'une activité aussi innocente que… la colombophilie suppose l'adhésion obligatoire à une association dont le statut est réglementé[50]. Dans ces deux cas on est tenu de contracter[51] à tel point que l'on peut se demander s'il est encore question de contrat, comme lorsque, par exemple, le législateur prévoit que dans certaines conditions « le droit d'exploitation d'une œuvre […] est, dès sa création, cédé à l'État »[52] !

À l'inverse, il est parfois interdit de contracter, relativement à certains objets[53], l'interdiction se restreignant parfois à certains contrats, relatifs à un objet déterminé[54].

Notons cependant que, de ce point de vue, la liberté contractuelle peut se trouver confortée par d'autres libertés fondamentales, telles que la liberté d'association[55], ce qui ressort d'une remarquable décision de la CEDH du 29 avril 1999, condamnant la position de la France, à propos de l'adhésion forcée à une association de chasse agréée[56].

La même observation vaut pour d'autres aspects de la liberté contractuelle, qui s'appuient sur, ou confortent d'autres libertés et droits fondamentaux ; ainsi, un arrêt d'Assemblée plénière a rappelé avec éclat que « hormis les cas où la loi en décide autrement, nul n'est tenu d'adhérer à une association régie par la loi du 1er juillet 1901, ou, y ayant adhéré, d'en demeurer membre »[57] alors qu'il était soutenu que l'adhérent (forcé) de l'association gérant les installations sportives d'un lotissement était libre de se retirer… à condition de céder son lot : ici, la liberté de rompre le contrat entre en parfaite résonance avec le droit fondamental de propriété.

Le choix de la position précontractuelle (b.) n'est pas toujours libre non plus : il n'existe pas pour le prêteur, qui est nécessairement offrant dans le cas du crédit à la consommation (C. consom., art. L. 312-14), comme l'est l'assureur en matière d'accidents de la circulation (C. assur., art. L. 211-9).

Le choix du contractant (c.) est également entravé, par exemple pour le propriétaire qui envisage de vendre l'immeuble occupé par son locataire, puisqu'il doit d'abord proposer à celui-ci de lui vendre le local qu'il occupe, et que le locataire peut se substituer à un éventuel acquéreur ayant agi en fraude de ses droits (art. 10 loi du 31 déc. 1975). Notons que la loi sur l'habitat a renforcé la protection du locataire puisque, désormais, le nouvel article 15-II de la loi du 6 juillet 1989 prévoit en ce cas la nullité de la vente et non plus une simple substitution de contractant[58]. Un tel droit de préemption existe

48. O. Barret, « Variations autour du refus de contracter », *in Mélanges J.-L. Aubert,* 2005, p. 5 s.

49. Une loi du 10 août 1943 avait imposé l'assurance scolaire obligatoire. Le législateur est intervenu à de nombreuses reprises, par la suite, pour imposer la souscription d'une assurance aux chasseurs (en 1989, puis en 1991 : C. rur., art. L. 223-13 s. ; depuis la loi n° 2016-1087 du 8 août 2016 posée aux C. envir., art. L. 423-16 s.), aux adeptes de la pêche sous-marine de loisirs en 1986, aux groupements sportifs en 1993, aux locataires de locaux à usage d'habitation ou mixte en 1989, aux particuliers qui accueillent à leur domicile des personnes âgées en 1989…, imposant même ce que le droit de la concurrence sanctionnerait au titre des « ventes liées », par exemple en matière de catastrophes naturelles (C. assur., art. L. 125-1, al. 1). Sur les contrats imposés, v. not. F. Chénédé, F. Terré, P. Simler et Y. Lequette, *Les obligations*, 12e éd., Dalloz, coll. « Précis », 2018, n° 268.

50. Art. 1er, L. n° 94-508, 23 juin 1994, abrogé par Ord. n° 2000-500, 15 juin 2000 et remplacé par C. rur., art. L. 211-31 (issu de Ord. n° 2010-460, 6 mai 2010, art. 2).

51. Sur les obligations légales de contracter, v. J. Joly-Hurard, *Conciliation et médiation judiciaires*, thèse Paris II, 2002, 515 P. dactyl., dir. S. Guinchard, nos 178 s.

52. CPI, art. L. 131-3-1 tel qu'il résulte de la loi n° 2006-691 relative au droit d'auteur et aux droits voisins dans la société de l'information, à propos des créations intellectuelles des agents de l'État…

53. Par ex., C. civ., art. 16-7 relatif à la procréation ou la gestation pour le compte d'autrui.

54. Par ex., la loi n° 98-567 du 29 juill. 1998, loi d'orientation relative à la lutte contre les exclusions, interdit au bénéficiaire d'un bail d'habitation conclu par l'attributaire d'un local réquisitionné de céder son contrat, ou de sous-louer le logement (CCH, art. L. 624-25).

55. Pour une illustration sur les interactions entre liberté d'association et liberté contractuelle : Civ. 3e, 11 oct. 2018, n° 17-23.211, *JCP E.* 2018. 1627, obs. N. Dissaux.

56. CEDH 29 avr. 1999, *D.* 1999. Chron. 389, par G. Charollois. V. égal. *D.* 2000. Chron. 141, par É. Alfandari.

57. Cass., ass. plén., 9 févr. 2001, *Bull. civ.* n° 3, Rapport annuel p. 385 ; *D.* 2001. 1493, note Alfandari ; *Defrénois* 2001. 795, obs. Atias ; *JCP N* 2001. 1301, note Thioye ; *AJDI* 2001. 611, obs. Giverdon.

58. Art. 15, L. n° 94-624, 24 juill. 1994, *D.* 1994. 378.

également à l'endroit du preneur dans le bail commercial (C. com., art. L. 145-46-1 modifié par loi nº 2022-217 du 21 févr. 2022). De même, les SAFER bénéficient sous certaines conditions d'un droit de préemption en cas d'aliénation à titre onéreux de biens immobiliers à usage agricole et de biens mobiliers qui leur sont attachés ou de terrains nus à vocation agricole (C. rur., art. L. 143-1 modifié par la loi nº 2020-1525 du 7 déc. 2020).
Toutefois, le juge veille à préserver la liberté de choisir son contractant : c'est ce qui ressort par exemple d'un arrêt qui affirme qu'un « concédant a le droit de traiter avec le cocontractant de son choix, qu'il n'est pas tenu de motiver sa décision ni de communiquer les critères selon lesquels ce choix est exercé », en réponse à un pourvoi selon lequel « le principe de la liberté de choix du partenaire dans les contrats conclus *intuitu personae* ne peut avoir ni pour objet ni pour effet de soustraire un constructeur automobile à l'application des dispositions d'ordre public de l'ordonnance du 1er décembre 1986 » interdisant notamment les pratiques discriminatoires[59].
Il se peut même que le prix (*d.*) soit plafonné par l'autorité publique : ainsi, l'article 6 de la loi ALUR avait-il modifié la loi du 6 juillet 1989, et prévoyait que dans certaines zones, « le loyer est *fixé librement* entre les parties [...] *dans la limite* du loyer de référence majoré », qui est lui-même déterminé par le préfet[60]... Les arrêtés préfectoraux nécessaires à l'application de l'encadrement des loyers de Lille et Paris ayant fait l'objet d'annulation[61], le législateur est venu modifier les textes issus de la loi ALUR grâce à la loi ELAN[62]. Le texte permet l'encadrement des loyers dans certaines zones géographiques, dites zones tendues[63], en se basant sur un loyer de référence[64] dans une fourchette comprise entre un loyer de référence minoré (30 % du loyer de référence) et un loyer de référence majoré (20 %). Ces éléments de références sont alors fixés par arrêtés préfectoraux, sous réserve de remplir les conditions posées et d'en faire la demande dans les deux années d'entrée en vigueur du nouveau dispositif[65].
La durée du contrat (e.) peut également être limitée soit par un maximum (par ex. l'art. L. 330-1 C. com. limite à dix ans la validité des clauses d'exclusivité dans certains contrats ; l'art. L. 581-25, C. envir., limite strictement à six ans la durée de louage d'emplacement publicitaire), soit par un minimum (par ex., l'art. 10 de la loi du 6 juillet 1989 sur les baux d'habitation impose une durée minimale de trois ans[66]). D'ailleurs, si la contrainte est ici explicitement posée, il arrive qu'elle prenne l'aspect d'une ferme incitation : ainsi, certains règlements communautaires d'exemption subordonnent-ils leur applicabilité au fait que le contrat soit conclu pour une durée (minimale, ou maximale, selon le cas) qu'ils déterminent. Il n'en reste pas moins que la liberté reste le principe : si, dans le cadre d'une convention de droit commun, les parties ont décidé qu'à l'issue d'une période déterminée elles pourraient renouveler le contrat d'un commun accord, l'une d'elles peut « en vertu de la liberté

59. Com. 7 avr. 1998, *Bull. civ.* IV, nº 126.
60. L. nº 2014-366 du 24 mars 2014, art. 6-II, *JO* 26 mars 2014.
61. TA Lille, 17 oct. 2017, nos 1504219 et 1610304 ; TA Paris, 28 nov. 2017, nos 1511828, 1513696, 1514241, 1612832 et 1711728 confirmée par CAA Paris, 3e ch., 26 juin 2018, req. nos 17PA03805, 17PA03808, 18PA00339 et 18PA00340, Inédit au Rec.
62. L. nº 2018-1021, 23 nov. 2018, art. 140, *JO* 24 nov. 2017, portant évolution du logement, de l'aménagement et du numérique.
63. La loi ALUR a opéré un alignement de la définition des zones concernées par l'encadrement des loyers sur celle des zones où s'applique la taxe sur les logements vacants (CGI, art. 232 ; Décret nº 2013-392 du 10 mai 2013 (*JO* 12 mai) relatif au champ d'application de la taxe annuelle sur les logements vacants instituée par l'article 232 du CGI).
64. Dans cette perspective, l'article 17-1 de la loi nº 89-462 du 6 juillet 1989 prévoit que la révision des loyers doit se fonder sur la variation d'un indice de référence des loyers publié par l'INSEE.
65. Sur l'application de l'encadrement des loyers, voir les décrets d'application : Décret nº 2017-1198 du 27 juillet 2017 (*JO* 29 juill.) relatif à l'évolution de certains loyers dans le cadre d'une nouvelle location ou d'un renouvellement de bail applicable du 1er août 2020 au 31 juillet 2021, pris en application de l'article 18 de la loi nº 89-462 du 6 juillet 1989 ; Décret nº 2019-437 du 13 mai 2019 (*JO* 14 mai) relatif aux modalités d'application de la mise en demeure en cas de non-respect du dispositif expérimental d'encadrement du niveau des loyers et au recouvrement des amendes administratives dans le cadre des rapports locatifs.
66. Comp. le dispositif de la loi de lutte contre les exclusions précitées ; l'art. L. 642-22 CCH impose une durée minimale d'un an, ou moins si la durée de réquisition est inférieure : il s'agit ici de concilier le droit au logement du bénéficiaire, et le droit de jouissance du propriétaire dont le logement a été réquisitionné.

contractuelle [...] le refuser aux termes du contrat initial »[67] : ce n'est jamais que l'application de la loi des parties...

La destination de la chose (f.) subit également de fortes contraintes[68] : ainsi, le juge a-t-il estimé que la clause d'un contrat de bail d'habitation ne peut, en vertu de l'article 8-1 de la Convention européenne des droits de l'homme, avoir pour effet de priver le preneur de la possibilité d'héberger ses proches[69] ; de même a-t-il été jugé, un temps, que le prêteur d'un logement qui n'aurait pas stipulé de terme ne pourrait reprendre son bien tant que l'emprunteur en aurait encore besoin[70]. Cette solution, excessive, a toutefois été infirmée par la suite[71]. La destination de la chose peut même être redéfinie par une autorité extérieure, comme c'est le cas en matière de location immobilière : ainsi, le fait de louer un local meublé destiné à l'habitation « de manière répétée » pour de courtes durées à une clientèle de passage qui n'y élit pas domicile constitue un changement d'usage au sens de l'article L. 631-7, CCH applicable à certaines grandes agglomérations, ce qui implique pour le bailleur l'obligation de solliciter une autorisation administrative[72]. C'est dans cet esprit que la Mairie de Paris a mis en place une obligation d'enregistrement, permise par l'article 51 de la « loi numérique »[73] et sanctionnée par une amende conséquente (50 000 € par logement) et une astreinte de 1 000 € par jour et par mètre carré[74].

Les sanctions de l'inexécution (g.) ne sont pas entièrement libres non plus : ainsi le législateur est-il intervenu en 1975 afin de permettre au juge de modifier la clause pénale, puis en 1978 et en 1995 pour lui permettre de « gommer » une clause abusive et en 1991 pour interdire les stipulations tendant à faire échec au pouvoir du juge d'accorder des délais de grâce[75], ce qui pourrait mettre en péril l'efficacité des clauses résolutoires... La crise de la covid-19 est venue apporter aussi des limites à la liberté contractuelle des parties notamment sur la mise en œuvre de clauses relatives à l'exclusion de la force majeure ou de l'imprévision. En effet, les parties au contrat peuvent décider d'écarter les effets de la force majeure[76] par le jeu d'une stipulation contractuelle qui prévoit des frais et pénalités liées au dédit d'une partie malgré tout. La loi d'urgence sanitaire qui a notamment organisé le confinement de toute la France[77] et de nombreux textes[78] pour faire face à la crise depuis deux ans sont venus neutraliser les conséquences de telles clauses[79].

Ainsi, l'article 4 de l'ordonnance du 25 mars 2020 est venu paralyser les effets d'un certain nombre de clauses — limitativement visées[80] — en instaurant un report de terme. Ces clauses sont alors « réputées

67. Civ. 1re, 6 mai 2010, n° 09-66.969. v. sur ce point, une illustration relative au louage d'emplacement publicitaire. Se fondant sur la liberté contractuelle, la Cour de cassation énonce que l'article L. 581-25 du C. envir. n'interdit pas aux parties de conclure un nouveau contrat, respectueux des dispositions légale — notamment celles relatives à la durée — à la suite d'un précédent contrat qui s'est éteint.
68. Contraintes accentuées, en matière de locaux d'habitation, par la loi n° 2000-1208 du 13 déc. 2000 (dite « SRU »), *D.* 2001. 47, not. dans ses art. 74 et 187.
69. Civ. 3e, 6 mars 1996, *Bull. civ.* III, n° 60 ; *D.* 1997. 167, note B. de Lamy ; *D.* 1996. Somm. 379 et les obs. On notera, toutefois, que la contrainte exercée sur l'une des parties l'est au nom d'une liberté fondamentale de l'autre...
70. Civ. 1re, 19 nov. 1996, *Bull. civ.* I, n° 407 ; *D.* 1997. 145, note A. Benabent ; M.-L. Izorche, *CCC* 1997. Chron 8.
71. Civ. 1re, 12 nov. 1998, *CCC* 1999, n° 22, note. L. Leveneur ; *Defrénois* 1999. 802, note A. Benabent ; *RTD civ.* 1999. 128, obs. P.-Y. Gautier — Comp. Civ. 3e, 4 mai 2000, *CCC* 2000, n° 141, note L. Leveneur.
72. Civ. 3e, 18 févr. 2021, n° 19-13.191, n° 17-26.156, n° 19-11.462 ; : la Cour de cassation a validé, après une question préjudicielle à la CJUE (CJUE 22 sept. 2020, aff. C-724/18 et C-727/18, Dalloz actualité, 30 sept. 2020, obs. par M. Ghiglino), le mécanisme d'autorisation municipale de changement de destination. Elle considère que les conditions posées par la ville de Paris était justifié, proportionné, transparent et accessible. V. égal. Civ. 3e, 24 sept. 2020, FS-P+B+I, n° 18-22.142, Dalloz actualité, 30 oct. 2020, obs. C. Dreveau.
73. L. n° 2016-1321, 7 oct. 2016 pour une République numérique, *JO* 8 oct., n° 1.
74. www.paris.fr/meubles-touristiques (FAQ).
75. C. civ., art. 1343-5.
76. C. civ., art. 1218.
77. Loi n° 2020-290 du 23 mars 2020 d'urgence pour faire face à l'épidémie de ccovid-19.
78. Ord. n° 2020-306, 25 mars 2020 (*JO* 26 mars) ; Circ. 26 mars 2020, NOR : JUSC2008608C ; Ord. n° 2020-427, 15 avr. 2020 (*JO* 16 avr.).
79. A. Sée, Les libertés économiques en période de crise sanitaire : un premier état des lieux, RDLF 2020 chron. n° 21 [En ligne] ; D. Houtcieff, Régime dérogatoire d'exécution des contrats dans le cadre de la crise sanitaire : exécuter ou ne pas exécuter ?, La lettre juridique Lexbase n° 820 du 9 avril 2020 :covid-19 ; L. Landivaux, Coronavirus : un cas de force majeure ? », Dalloz actualité, 20 mars 2020.
80. Sont visées les astreintes, les clauses pénales, les clauses résolutoires ou encore les clauses prévoyant une déchéance, lorsqu'elles ont pour objet de sanctionner l'inexécution d'une obligation dans un délai déterminé.

n'avoir pas pris cours ou produit effet, si ce délai a expiré pendant (l'état d'urgence sanitaire) ». Les limitations à la liberté contractuelle en temps d'urgence sanitaire ont été nombreuses avec une volonté de préserver la viabilité des entreprises quoi qu'il en coûte au nom de l'intérêt général.
Enfin, le formalisme (h.) connaît, on le sait, une renaissance spectaculaire allant parfois jusqu'à permettre d'imposer des règles de fond ; on observe à cet égard plusieurs degrés de contrainte : le législateur se contente souvent d'exiger un écrit, laissant la détermination du contenu aux parties, mais il lui arrive également d'obliger les parties à préciser certains points, en leur laissant toutefois une relative liberté quant au contenu (par ex., le contrat de bail d'habitation, ou de vente à construire : CCH, art. L. 261-11). Un exemple plus actuel est fourni par l'article 1127-1 du Code civil qui réglemente le contenu de l'offre formulée par un professionnel. On peut ajouter à ce titre la loi ALUR précitée qui prévoit un contrat type, très détaillé[81]... Plus récemment, le règlement général sur la protection des données (RGPD)[82] est venu imposer à tous les responsables de traitement qui ont recours à un sous-traitant de signer un contrat écrit qui doit énoncer obligatoirement les obligations qui pèsent sur le sous-traitant en matière de protection des données à caractère personnel. Le texte prévoit un certain nombre de clauses obligatoires. Dans cette perspective, l'article 28, § 7, que la Commission européenne ainsi que les autorités de contrôle (en France, la CNIL) peuvent établir des clauses contractuelles types permettant au responsable de traitement de respecter ses obligations. En outre, il précise que le contrat doit définir « l'objet et la durée du traitement, la nature et la finalité du traitement, le type de données à caractère personnel et les catégories de personnes concernées, les obligations et les droits du responsable du traitement » (art. 28, § 3).
Dans une hypothèse extrême, sous couvert de formalisme, la loi dicte le contenu du contrat : c'était déjà le cas de la loi du 31 décembre 1989, qui a modifié les lois Scrivener, en matière de cautionnement de crédit immobilier et de crédit à la consommation (C. consom., art. L. 314-15[83]), ça l'est, de façon encore plus marquée, depuis la loi du 1er août 2003 pour l'initiative économique, dont l'article 11 a généralisé le dispositif à tout cautionnement souscrit par une personne physique au profit d'un « professionnel », et, par le biais du formalisme, restreint considérablement les hypothèses de cautionnements illimités[84][85]. Si ces textes ont été abrogés depuis le 1er janvier 2022, l'ordonnance n° 2021-1192 du 15 septembre 2021 prévoit un régime unique, élargi mais simplifié, qui relèvera du seul article 2297 Code civil[86] et qui encadre encore le formalisme du cautionnement[87].
De la même façon, la force obligatoire du contrat est altérée, notamment grâce aux dispositifs plus généraux qui permettent au juge de s'immiscer dans le contrat au nom de l'intérêt de l'une des parties et d'en modifier les équilibres, comme l'article 1343-5 du Code civil[88] ou, plus nettement encore, les dispositions relatives au surendettement et à la procédure de rétablissement personnel (C. consom., art. L. 741-1 s.).
Les parties ne sont d'ailleurs plus en mesure de maîtriser la portée de leur convention, puisque la jurisprudence a fait produire des effets à leurs stipulations au-delà de la sphère contractuelle, par le biais de

81. L. du 24 mars 2014, art. 3.
82. Règlement (UE) 2016/679 du Parlement européen et du Conseil du 27 avril 2016, relatif à la protection des personnes physiques à l'égard du traitement des données à caractère personnel et à la libre circulation de ces données, et abrogeant la directive 95/46/CE (RGPD).
83. Ord. n° 2016-301, 14 mars 2016. Abrogé par ord. n° 2021-1192 du 15 septembre 2021, entrée en vigueur le 1er janvier 2022.
84. L. n° 2003-721, 1er août 2003 pour l'initiative économique, *D.* 2003. 2055, art. 11 ; C. consom., art. L. 341-2 s.
85. En la matière, le ministère de la Justice a soumis à consultation publique jusqu'au 31 janvier 2021 son avant-projet d'ordonnance portant réforme du droit des sûretés lequel prévoit d'unifier, dans le Code civil, l'ensemble des dispositions relatives au cautionnement. Le nouveau régime envisagé est prévu aux articles 2288 et suivants du Code civil et vient refondre largement la matière notamment sur le formalisme. http://www.textes.justice.gouv.fr/textes-soumis-a-concertation-10179/reforme-du-droit-des-suretes-avant-projet-dordonnance-33667.html
86. Ainsi, l'alinéa 1 du texte énonce que « A peine de nullité de son engagement, la caution personne physique appose elle-même la mention qu'elle s'engage en qualité de caution à payer au créancier ce que lui doit le débiteur en cas de défaillance de celui-ci, dans la limite d'un montant en principal et accessoires exprimé en toutes lettres et en chiffres. En cas de différence, le cautionnement vaut pour la somme écrite en toutes lettres ».
87. Pour la mise à jour sur ce point : M. Cabrillac, Ch. Mouly, S. Cabrillac, Ph. Pétel, *Droit des sûretés*, Lexisnexis, coll. « Manuels », 11e éd., 2022 ; Ch. Albigès, M.-P. Dumont, *Droit des sûretés*, Dalloz, coll. « Hypercours », 8e éd., 2022.
88. Ord. n° 2016-131, 10 févr. 2016, art. 2.

stipulations pour autrui implicites, ou encore en consacrant les actions directes « contractuelles » dans les chaînes de contrats, permettant par exemple à un sous-acquéreur d'agir en responsabilité contre un fabricant avec lequel il n'avait pas contracté, mais sans qu'il puisse opter entre les deux ordres de responsabilités…[89]

Pour autant, la liberté contractuelle n'a pas disparu ; par exemple, les parties peuvent exercer leur liberté en décidant de se soumettre à un régime prédéterminé par la loi, auquel elles n'étaient pas, *a priori*, assujetties[90].

De la même façon, elles peuvent, pourvu que ce soit sans fraude, échapper à une législation aussi contraignante que la loi du 1er septembre 1948, par le biais de la qualification du contrat[91]. Seulement, bien souvent ce choix n'existe pas car, en raison des caractéristiques de l'opération qu'elles veulent réaliser (la vente d'un immeuble à construire, par ex.), les parties sont automatiquement soumises à un régime légal ; au mieux elles ont le choix entre quelques « modèles » légaux (régimes matrimoniaux, par ex.). Dans cette dernière hypothèse, leur situation n'est pas pire que celle des parties à un contrat international, qui ont à choisir entre plusieurs lois étatiques. Cependant, est-ce encore être libre que d'exercer un choix entre plusieurs modèles contractuels « préfabriqués » par le législateur, et, au sein d'un de ces modèles, de déterminer les clauses dont il a bien voulu nous laisser la disposition ? Que reste-t-il de l'autonomie, au sens étymologique du terme ? Nous serions tentés de répondre par une boutade : tout le reste !

## B • Le développement de la liberté intérieure

**1005** Cette expression peut s'entendre de diverses manières. Elle peut signifier, tout d'abord, qu'en dépit des contraintes pesant sur les contrats, le domaine contractuel est *a priori* illimité, il est « élastique », si bien que les sujets peuvent toujours créer de nouvelles figures contractuelles non encore réglementées : la liberté se développe, alors, à l'intérieur de l'ensemble des contrats, toujours renouvelé grâce à l'imagination créatrice des sujets (1.). Par ailleurs, la liberté intérieure peut s'entendre aussi de la place laissée à l'expression de la volonté à l'intérieur de chaque relation contractuelle, liberté qui est assurée au prix de certaines contraintes pesant sur l'une des parties, au profit de l'autre, ou des autres (2.).

### 1 • Liberté à l'intérieur de l'ensemble des contrats

**1006** Le champ immense des contrats innomés offre un inépuisable réservoir de liberté : dans tous les domaines non encore explorés par le législateur, l'imagination de la pratique se renouvelle sans cesse,

89. Comp. le régime de responsabilité du fait des produits défectueux institué par la loi n° 98-389 du 19 mai 1998, qui ne tient pas compte de l'existence d'un lien contractuel entre le producteur et la victime : C. civ., art. 1386-1.

90. Civ. 1re, 6 juill. 1988, *D.* 1988. IR 212 et Somm. 405, obs. J.-L. Aubert ; Civ. 1re, 30 mars 1994, *D.* 1994. IR 129 ; Civ. 1re, 1er juin 1999, *CCC* 1999, n° 168, obs. G. Raymond. Deux décisions plus récentes sont venues préciser la portée de la soumission volontaire du contrat à un statut prédéterminé : alors que la troisième chambre civile de la Cour de cassation avait estimé que la soumission conventionnelle au statut des baux commerciaux ne faisait pas échec aux dispositions d'ordre public de la loi écartée (Civ. 3e, 7 nov. 2001, *Bull. civ.* III, n° 122 ; *D.* 2001. 3535, obs. Y. Rouquet ; *Defrénois* 2002. 779, obs. Libchaber ; *AJDI* 2002. 134, obs. Blatter ; *Rev. Loyers* 2002. 40, note Canu ; *JCP E* 2002. 1166-1293), l'Assemblée plénière a décidé ultérieurement que ce statut devait s'appliquer intégralement : « Attendu qu'en cas de soumission conventionnelle au décret du 30 septembre 1953 relatif au bail commercial, sont nulles les clauses contraires aux dispositions impératives du texte susvisé relatives à la forme du congé » (Cass., ass. plén., 17 mai 2002, *Bull. ass. plén.*, n° 1, p. 1 ; *JCP* 2002. II. 10131, note J. Monéger ; *Defrénois* 2002. 1324, obs. Libchaber ; *Loyers et copr.* 2002, n° 174, note Brault et Pereira-Osouf ; *AJDI* 2002, obs. Blatter ; *D.* 2003. 333, note S. Becque-Ickowitz).

91. Le juge a admis que « par application du principe d'autonomie de la volonté », l'on puisse échapper à la loi de 1948, dès lors que le bailleur peut se prévaloir d'un motif légitime (en l'espèce l'intention de vendre les locaux) l'ayant conduit à conclure une convention d'occupation précaire, même renouvelée à plusieurs reprises (Paris 30 mai 1989, *D.* 1990. Somm. 313, obs. P. Bihr). Comp toutefois Civ. 3e, 2 juin 1999, *Bull. civ.* III, n° 123 ; *RDI* 1999. 466, obs. F. Collart-Dutilleul. *Adde* S. Beaugendre, « L'ordre public dans les rapports locatifs », *D.* 2000. 733.

et la liberté trouve à s'exercer. Certes, le juge ou le législateur finissent généralement par intervenir, si l'avance prise par les « créateurs » individuels engendre des effets jugés nuisibles : à ceux-ci de respecter la justice contractuelle…

Il arrive que le législateur tente de proposer des contrats qu'il confectionne de toutes pièces, mais il ne rencontre pas toujours un grand succès (par ex., loi du 16 décembre 1964 sur le bail à construction[92], loi du 30 décembre 1967 sur la concession immobilière). Cela s'explique aisément : un modèle de contrat ne rencontrera de succès que s'il est efficace, or les praticiens sont bien placés pour mesurer l'utilité des contrats qu'ils élaborent, parfois au prix de plusieurs essais et erreurs. Seulement cette efficacité devrait être maximisée pour chacun des contractants, ou du moins équitablement répartie, ce qui n'est pas toujours le cas : le plus souvent, l'utilité se développe essentiellement au profit d'un seul qui est en position de force. Le contrat devient alors excessivement déséquilibré et c'est la raison pour laquelle l'autorité extérieure (le juge ou le législateur) intervient, après avoir laissé se développer une pratique, lorsqu'elle engendre des abus (un exemple typique en est la loi de 1975 sur la clause pénale, après le succès du contrat de crédit-bail).

Si donc les parties veulent conserver la liberté que leur laisse le contrat « sans nom », il leur faut se souvenir que ce contrat n'est jamais « sans loi » (idée à rapprocher du contrat sans loi en droit international privé), car le droit commun des obligations trouve toujours à s'appliquer. Si elles exercent leur liberté « raisonnablement », dans le cadre de ce droit commun très stable depuis 1804, elles pourront probablement éviter une réaction législative contraignante. En d'autres termes, elles doivent éviter de créer de trop grands déséquilibres, sous peine de voir l'autorité extérieure intervenir, dans le but de permettre à chacun des contractants de conserver ou de retrouver un minimum de liberté à l'intérieur de la relation contractuelle considérée.

## 2 • Liberté à l'intérieur de la relation contractuelle

**1007** De nos jours, le retour à l'équilibre s'opère à travers un double mouvement, assez paradoxal en apparence ; s'agissant de l'ordre public économique de direction, on assiste globalement à une diminution des contraintes, notamment depuis l'ordonnance du 1er décembre 1986 qui a consacré le retour à la liberté des prix et de la concurrence (C. com., art. L. 410-2).

S'agissant de l'ordre public de protection, au contraire, les initiatives législatives se sont multipliées, mais bien souvent pour créer les conditions d'un retour à la « majorité » contractuelle chère à Portalis. Partant du constat que le postulat de l'égalité des parties est erroné, le législateur a développé deux séries d'initiatives : dans une première direction, que l'on pourrait qualifier d'objective, il s'efforce de protéger le contractant le plus faible, en lui donnant plus de « poids » dans la balance contractuelle, afin de rétablir un équilibre préalable à la négociation (a.). Dans une deuxième direction, plus subjective, il tend à restaurer les conditions d'un consentement libre et réfléchi (b.). De son côté le juge a apporté une importante contribution, dans la recherche des grands équilibres, dont il a montré que le point d'application mérite d'ailleurs plus ample réflexion (c.).

### a) La restauration de l'équilibre objectif des forces en présence

**1008** Deux techniques complémentaires permettent de tendre vers cet objectif : le regroupement des « faibles », et le contrôle des « forts ».

Le regroupement des « faibles » n'est pas nouveau : en 1884, le législateur rétablissait la liberté d'association professionnelle, écartée en 1791, permettant ainsi le retour à une certaine liberté contractuelle, puisque les grands syndicats ouvriers ont pu se constituer, et négocier avec les employeurs, dans de

92. CCH, art. L. 251-1 s. (issu de L. n° 90-449, 31 mai 1990, art. 11 qui a abrogé la L. n° 64-1247, 16 déc. 1964 ; mod. par L. n° 2006-872, 13 juill. 2006, art. 31-I).

meilleures conditions, des conventions collectives[93]. Ce regroupement en a d'ailleurs provoqué un autre, celui des employeurs, à partir de 1919, si bien que dès lors, la liberté contractuelle s'est déplacée sur un plan collectif. On est donc passé d'un schéma contractuel symétrique (individu/individu) à un schéma intermédiaire dissymétrique (individu/groupement) pour aboutir à un schéma comparable au premier, mais d'une autre nature (groupement/groupement), dans lequel le rapport des forces redevient à peu près équilibré.

On a assisté à une évolution analogue avec les associations de consommateurs, le législateur étant intervenu à plusieurs reprises, depuis la loi dite « Royer » du 27 décembre 1973, pour leur conférer des droits de plus en plus étendus (lois du 5 janvier 1988 et du 18 janvier 1992), un projet ayant même vu le jour de transposer en droit français la *class action* du droit anglo-saxon… La loi « Hamon » du 17 mars 2014 a même consacré l'action de groupe[94]… Dans cette optique, il s'agit de restaurer la liberté par le nombre. Mais le retour vers la liberté peut également s'effectuer grâce à une certaine forme de contrainte, au plan individuel. Il s'agit alors de limiter la liberté du « plus fort ».

Le contrôle des « forts » revêt diverses modalités : la sanction des ententes, ou des abus de position dominante (C. com., art. L. 420-1 et L. 420-2, 1° ; art. 101 et 102 du TFUE), le contrôle des concentrations (C. com., art. L. 430-1, et règlement CE du 21 déc. 1989), la sanction des abus de dépendance économique (C. com., art. L. 420-2, al. 2), la généralisation de la sanction de l'abus de faiblesse (C. pén., art. 223-15-2), et, plus récemment, la création d'un cadre juridique des négociations des relations commerciales des agriculteurs avec le secteur de la grande distribution (Loi n° 2021-1357, 18 oct. 2021 (*JO* 19 oct.) visant à protéger la rémunération des agriculteurs, dite « Loi EGalim 2 ») sont autant de manifestations du souci de contrôler les contractants « forts », en limitant certes leur liberté, mais en permettant par-là l'exercice, par leurs partenaires, de leur propre liberté contractuelle. On soulignera, en outre, la forte influence des notions issues du droit de la concurrence, au sein du droit des contrats, comme la figure de l'agent « ayant une influence significative sur le marché », et qui, en tant que tel, est assujetti à certaines obligations à l'égard de ses partenaires contractuels[95].

Cependant, cette liberté ne peut s'exercer que si l'on donne aussi au contractant « faible » les moyens de s'informer, et de réfléchir, autrement dit, selon le vœu de Portalis, de faire usage de sa « propre raison ». Car les deux techniques précédentes ne sont qu'un pis-aller : la contrainte paraît être un bien curieux instrument au service de la liberté et une vision plus optimiste conduit à restaurer la liberté « de l'intérieur ».

### b) Vers la restauration du libre consentement

**1009** Cette volonté de restaurer le consentement est très nette dans la législation moderne : certes, cet effort a son prix, qui consiste en la diminution contractuelle de l'une des parties, mais il contribue à augmenter la liberté de l'autre. On peut donc penser que l'on évolue dans un système où la liberté totale tend à se conserver et où l'équilibre tend à se réaliser.

C'est ainsi que le « professionnel », face à son partenaire contractuel, se voit contraint d'informer[96] celui-ci, que ce soit lors de la phase précontractuelle (exemple : formulation de l'offre de crédit à la consommation), ou que ce soit en cours d'exécution du contrat (ex. : l'ancien art. 48 de la loi du 1er mars 1984[97] sur la prévention des difficultés des entreprises, imposant à l'établissement financier une obligation d'information annuelle de la caution), ce qui permet au partenaire de choisir, en connaissance

93. Cet exemple est à méditer, d'un point de vue méthodologique : il serait utile de rechercher d'autres types de *relations entre deux ou plusieurs libertés fondamentales ;* ici, c'est la restauration de la liberté syndicale qui permet dans un domaine précis, le retour d'une certaine liberté contractuelle. La question du conflit entre la liberté contractuelle et les autres droits et libertés fondamentaux fera l'objet d'une étude spécifique (v. ss 1004).
94. L. n° 2014-344 du 17 mars 2014, *JO* 18 mars 2014.
95. La loi n° 2004-669 du 9 juill. 2004 relative aux communications électroniques et aux services de communication audiovisuelle était déjà éloquente, à cet égard.
96. Sur l'évolution jurisprudentielle relative au devoir d'information et de conseil, v. not. L. Leveneur, *CCC* 1997, n° 11, p. 3.
97. Ce texte a été codifié depuis : C. mon. fin., art. L. 313-22.

de cause, d'entrer dans le lien contractuel, ou d'en sortir, le cas échéant. Le développement de l'obligation d'information est considérable, de nos jours, et s'il contraint l'une des parties, il est destiné à permettre à l'autre de donner un consentement éclairé : il suffit pour en prendre la mesure de cette évolution, d'observer la jurisprudence en matière médicale, l'obligation d'information du médecin n'allant pas, toutefois, jusqu'à l'obligation de « réussir à convaincre son patient » des dangers de l'intervention[98]. Parfois même, c'est le législateur qui informe, à titre préventif, le partenaire supposé « faible » (exemple en matière de cautionnement, C. consom., art. L. 314-15 et L. 314-16 anc.)[99]. L'aboutissement de cette évolution, pour les consommateurs, se trouve dans la loi du 17 mars 2014, qui consacre explicitement l'obligation générale d'information précontractuelle, qui est assortie, pour les contrats conclus hors établissement, de sanctions pénales[100]. Ce mouvement jusqu'alors cantonné dans des matières spécifiques où l'on considérait qu'une partie souffrait d'un déséquilibre informationnel (le consommateur, le patient), trouve désormais un écho au cœur même du Code civil. Le législateur, avec l'ordonnance n° 2016-131 du 10 février 2016, a édicté un devoir général d'information précontractuelle consacré à l'article 1112-1 du Code civil pesant sur chaque partie à la négociation[101]. Il est d'ailleurs notable que bien que la réforme opérée par l'ordonnance ait vocation à être supplétive, l'article 1112, alinéa 5 dispose que les parties ne peuvent ni limiter ni exclure cette obligation d'information précontractuelle et ce faisant consacre son caractère d'ordre public.

Afin de permettre à la partie « faible » de prendre connaissance de l'information qui lui est fournie, de faire jouer la concurrence (la liberté de la concurrence contribuant à la liberté contractuelle du client), et de réfléchir avant de s'engager, la loi impose parfois un délai de réflexion[102], ou un délai de rétractation[103] (lois sur le crédit, lois du 22 déc. 1972 sur le démarchage à domicile, du 6 janv. 1988 sur le téléachat, du 23 juin 1989 sur le démarchage téléphonique... désormais intégrées dans le Code de la consommation)[104], et ayant tendance à s'allonger comme le montre la loi « Hamon », de nombreuses dispositions analogues existant en droit communautaire. Toutefois, l'inflexion imposée, dans le processus de formation du contrat, afin de préserver la liberté de l'une des parties, reste soumise au contrôle de légalité, précisément à l'aune du principe de liberté contractuelle[105]...

Toutes ces dispositions sont destinées à permettre à la partie « faible » de choisir librement de s'engager ou non dans les liens du contrat, comme l'a rappelé clairement la Cour de cassation dans la décision précitée, à propos du souscripteur d'une assurance sur la vie[106] : finalement, ce n'est pas l'existence de la liberté qui a changé depuis 1804, mais le rôle qu'on lui assigne. Si, à l'aube du XIX$^{e}$ siècle, la liberté

---

98. Civ. 1re, 18 janv. 2000, *Bull. civ.* I, n° 13 ; *D.* 2001. 3559, note M.-L. Mathieu-Izorche ; *JCP* 2001. 371, concl. A. Dorsner-Dolivet. Sur l'obligation d'information en matière médicale : F. Chabas, « L'obligation médicale d'information en danger », *CCC* 2000. Chron. 8.

99. Abrogé par ord. n° 2021-1192 du 15 septembre 2021. À compter du 1er janvier 2022, appliquer le régime posé à l'article 2297 du Code civil.

100. L. 17 mars 2014, préc., art. 6 et chap. 2, sous-section 8. V. C. consom., art. L.131-1 s.

101. Sous l'empire des anciens textes, la jurisprudence fondait ce devoir d'information pré-contractuelle sur l'article 1135 du C. civ. Sur la portée et l'interprétation de ce texte : A.-S. Choné-Grimaldi, *in* T. Douville (dir.), *La réforme du Droit des contrats — Commentaire article par article*, Gualino, 2e éd., 2018, p. 58.

102. Par exemple, en matière de crédit immobilier, l'emprunteur ne peut accepter l'offre que 10 jours après qu'il l'ait reçu (C. conso, art. L. 313-34). Le nouveau statut de l'entrepreneur individuel issu de la loi n° 2022-172 du 14 février 2022 prévoit également un délai de réflexion de sept jours dans le cas où celui-ci renonce à la dérogation prévue au quatrième alinéa de l'article L. 526-22, pour un engagement spécifique dont il doit rappeler le terme et le montant, qui doit être déterminé ou déterminable. Cette renonciation doit respecter, à peine de nullité, des formes prescrites par décret (C. com., art. L. 526-25).

103. A titre d'illustrations, en matière de crédit à la consommation, l'emprunteur peut se rétracter sans motifs dans un délai de quatorze jours calendaires révolus à compter du jour de l'acceptation de l'offre de contrat de crédit (C. conso, art. L. 312-19). Le délai est également de quatorze jours en matière de contrats d'utilisation de biens en temps partagés (C. conso, art. L. 224-79) ou de démarcharge téléphonique (C. conso, art. L. 221-18). En matière de courtage matrimonial, le client de l'agence matrimonial a un délai de sept jours pour se rétracter sans indemnités (C. conso, art. L. 224-91). Le délai de rétractation est de trente jours calendaires révolus à compter du moment où une personne est informée que le contrat d'assurance sur la vie ou de capitalisation a éré conclu (C. ass., art. L. 132-5-1).

104. V. M.-L. Izorche, « Contrats conditionnels et définitifs », *RTD com.* 1998. 521.

105. CE 27 avr. 1998, *D.* 1998. IR 182 ; *Gaz. Pal.* 1998. 2, 715, concl. Maugüé ; *CCC* 1999, n° 15, note Raymond (illégalité, pour atteinte à la liberté contractuelle, d'un arrêté ministériel imposant un délai de réflexion en matière de chirurgie esthétique).

106. Civ. 2e, 13 janv. 2011, n° 10-16.184.

individuelle était perçue comme une donnée, elle apparaît de nos jours comme un but à atteindre. Et si le but était atteint, on devrait assister à un retour de la confiance *a priori* en la liberté de contracter, l'essentiel étant alors de n'intervenir qu'*a posteriori*, uniquement en cas d'abus de liberté. Cependant, il est possible d'envisager un contrôle *a priori* de l'exercice de la liberté contractuelle, du moins lorsqu'elle risque de mettre péril d'autres droits et libertés fondamentaux. La question se pose alors de la nécessaire conciliation entre l'une et les autres.

## C • La question du conflit avec les autres libertés et droits fondamentaux

**1010** La question a déjà été suggérée à quelques reprises dans cette étude, du rapport que pouvait entretenir la liberté contractuelle avec les droits fondamentaux.

Tout d'abord, on pourrait envisager cette question sous l'angle d'un droit au contrat[107], droit qui existe dans quelques domaines tels que l'assurance[108] et la banque[109]. En de tels cas, la liberté contractuelle de l'un des partenaires est nulle puisque l'autre a le droit à la conclusion du contrat. Cependant, le Conseil constitutionnel a eu à se prononcer sur l'existence d'une telle obligation de contracter dans une décision « Fédération nationale des activités de dépollution[110] ». Le Conseil constitutionnel a été saisi d'une QPC posée par la fédération nationale des activités de dépollution, portant sur la conformité aux droits et libertés que la Constitution garantit de l'article L. 541-30-2 du Code de l'environnement, dans sa rédaction issue de la loi n° 2020-105 du 10 février 2020 relative à la lutte contre le gaspillage et à l'économie circulaire. Ici, la liberté contractuelle était écartée sur le fondement de l'objectif à valeur constitutionnelle de protection de l'environnement. En l'état du texte, le législateur avait posé une obligation de réception et de traitement des déchets ultimes trop large et pas assez précise dans ses modalités. Par ailleurs, dans un contexte de saturation des capacités de stockage existantes, cette obligation de réception mise à la charge des exploitants pouvait les conduire à devoir refuser le traitement des autres déchets considérés comme non prioritaires, en méconnaissance des contrats préalablement conclus avec leurs apporteurs. Le Conseil constitutionnel accueille l'argumentaire et déclare le texte inconstitutionnel « sur le fondement de la pérennité contractuelle[111] ». Ainsi, le droit au contrat des uns ne doit pas porter atteinte à la liberté contractuelle des autres et priver le contractant de pouvoir exécuter ses engagements contractuels.

Mais ce n'est pas sous l'angle du droit au contrat que nous allons envisager la question, car le domaine législatif du droit au contrat est restreint, alors qu'il se développe depuis plusieurs années une jurisprudence abordant le problème d'un éventuel conflit[112] entre la liberté de contracter de l'un des sujets, et les droits fondamentaux de l'autre. Cette jurisprudence avait d'ailleurs inspiré la rédaction de l'article 1002, al. 2 du projet de réforme du droit des contrats selon lequel « la liberté contractuelle ne permet pas de déroger aux règles qui intéressent l'ordre public, ou de porter atteinte aux droits et libertés fondamentaux reconnus dans un texte applicable aux relations entre personnes privées,

107. On peut lire sur le sujet : J. Raynaud, « L'impact des droits fondamentaux sur le contrat… dans les manuels de droit des obligations », *RDLF* 2019, chron. n° 01. http://www.revuedlf.com/droit-civil-patrimonial/limpact-des-droits-fondamentaux-sur-le-contrat-dans-les-manuels-de-droit-des-obligations/ ; A.-A. Hyde, « Contrats et droits fondamentaux : propos critiques sur le « membre fantôme » de l'article 1102 al. 2 nouveau du Code civil », *RDLF* 2016, chron. n° 20, [En ligne]. http://www.revuedlf.com/droit-civil-patrimonial/contrats-et-droits-fondamentaux-propos-critiques-sur-le-membre-fantome-de-larticle-1102-al-2-nouveau-du-Code-civil

108. C. assur., art. L. 212-1 s.

109. C. mon. fin., art. L. 312-1 s. Le Code fait explicitement référence à un « droit au compte ».

110. Cons. Constit. 11 févr. 2022, n° 2021-968 QPC ; C. Geynet-Dussauze, Une nouvelle mise à l'épreuve pour l'objectif de valeur constitutionnelle de protection de l'environnement », *Dalloz* 2022, p. 780.

111. P.-Y. Gahdoun, « Victoire en demi-teinte pour la liberté contractuelle », *AJDA* 2022, p. 1049.

112. V. ss 998 pour une convergence.

à moins que cette atteinte soit indispensable à la protection d'intérêts légitimes et proportionnée au but recherché ». Il convient donc de retracer ce cheminement jurisprudentiel, dont le projet de réforme a constitué l'aboutissement.

Notons cependant que cette référence aux droits fondamentaux a disparu de l'article 1102 du Code civil, tel qu'il résulte de l'ordonnance n° 2016-131 du 10 février 2016. Ce texte dispose simplement « Chacun est libre de contracter ou de ne pas contracter, de choisir son contractant et de déterminer le contenu et la forme du contrat dans les limites fixées par la loi. La liberté contractuelle ne permet pas de déroger aux règles qui intéressent l'ordre public ». On peut regretter cette disparition, qui s'explique sans doute par l'orientation très pragmatique, et relativement étroite, de notre nouveau droit des contrats...

Vers la fin des années 1990, lorsqu'elle était saisie d'un conflit entre liberté contractuelle et droits fondamentaux, la Cour de cassation a tout d'abord adopté une position de principe consistant résoudre la question en hiérarchisant purement et simplement les deux éléments en conflit.

Par exemple, dès 1996, elle a décidé, au visa de l'article 8 Conv. EDH, que la clause d'un contrat de bail stipulant clairement que les locaux ne pouvaient être occupés que par le locataire et ses enfants, ne pouvait interdire l'hébergement de proches parents du preneur, cette solution étant réaffirmée par le juge en mars 2006[113]. Le législateur n'a pas tardé à prendre en compte cette jurisprudence : en effet, depuis une loi du 13 juillet 2006[114], l'article 4, *n)* de la loi n° 89-462 du 6 juillet 1989 répute non écrite « la clause qui interdit au locataire d'héberger des personnes ne vivant pas habituellement avec lui », ce qui est beaucoup plus large. La liberté contractuelle s'incline alors systématiquement devant le respect de la vie privée.

De même, la Cour de cassation a estimé, à propos de l'indemnisation par l'assureur du vol subi par l'assuré, que la liberté contractuelle ne pouvait faire échec à la liberté de preuve des faits juridiques, et contrevenir ainsi au droit fondamental à un procès équitable prévu par l'article 6-1 Conv. EDH[115].

Cependant la hiérarchisation a été opérée à deux reprises au profit de la liberté contractuelle, s'agissant du libre exercice d'une religion, protégé par l'article 9 Conv. EDH. La première décision, connue sous le nom d'affaire des digicodes, et abondamment commentée, date de 2002[116]. Les preneurs, de religion juive, faisaient valoir que pendant le sabbat et les fêtes, ils ne pouvaient utiliser le système de fermeture électrique de l'immeuble qu'avait mis en place le bailleur, et le juge du fond avait estimé que le refus, de la part de ce dernier, de leur donner accès à l'immeuble au moyen de serrures mécaniques leur causait un trouble manifestement illicite. La réponse de la Cour de cassation, située sur un plan abstrait, fut très ferme : « les pratiques dictées par les convictions religieuses des preneurs n'entrent pas, sauf convention expresse, dans le champ contractuel du bail, et ne font naître à la charge du bailleur aucune obligation spécifique ». Entre l'article 1134 du Code civil (précisé par les dispositions de l'article 3 de la loi du 6 juillet 1989), et l'article 9 Conv. EDH, l'arbitrage était clair. La même rigueur a été appliquée à des requérants invoquant la liberté d'exercice du culte afin de pouvoir construire, sur leur balcon, des cabanes provisoires pendant une semaine, à l'occasion d'une fête religieuse, alors que le règlement de copropriété (qui est une convention, faut-il le rappeler...) prohibait de tels ouvrages. Selon la Haute

113. Civ. 3e, 6 mars 1996, n° 93-11.113, *Bull. civ.* III, n° 60 ; *JCP* 1996. I. 3958, n° 1, obs. Ch. Jamin ; *RTD civ.* 1996. 897, obs. J. Mestre. En l'espèce, la locataire avait hébergé le père de ses enfants, ainsi que sa sœur. Dans le même sens, Civ. 3e, 22 mars 2006, n° 04-19.349, *LPA* 2006, note E. Garaud. En l'espèce, la clause d'habitation personnelle prohibait toute sous-location, cession et mise à disposition gratuite de l'appartement. Au visa de l'art. 8-1 Conv. EDH, la Cour de cassation réaffirme que la clause d'un bail ne « saurait avoir pour effet de priver le preneur de la possibilité d'héberger ses proches », le proche en question étant la fille (majeure) de la locataire.

114. Loi n° 2006-872 du 13 juill. 2006, art. 84, *JO* 16 juill. 2006.

115. Civ. 2e, 10 mars 2004, n° 03-10.154, *RDC* 2004. 938, obs. Ph. Stoffel-Munck ; *RCA* 2004, n° 20, obs. D. Noguéro ; *RTD civ.* 2005. 133, obs. J. Mestre et B. Fages. En l'espèce, un assureur tentait de limiter l'indemnisation de l'assuré, à la suite d'un vol de son véhicule, en invoquant les clauses du contrat d'assurance qui exigeaient la preuve de l'effraction, mais aussi d'éléments aussi précis que le forcement de la direction ou de son antivol, et la modification des branchements électriques ayant permis le démarrage du véhicule.

116. Civ. 3e, 18 déc. 2002, n° 01-00.519, *Bull. civ.* III, n° 262 ; *RDC* 2004. 231, note J. Rochfeld ; *RJPF* 2003/4, p. 13, note E. Garaud ; *RTD civ.* 2003. 290, obs. J. Mestre et B. Fages ; *ibid.* 383, obs. J.-P. Marguénaud ; *ibid.* 575, obs. R. Libchaber.

juridiction, « la liberté religieuse, pour fondamentale qu'elle soit, ne pouvait avoir pour effet de rendre licites les violations des dispositions d'un règlement de copropriété »[117].

Toujours en restant sur un terrain abstrait, au plan des droits et libertés fondamentaux, et de leur valeur respective, la Cour de cassation, a prononcé, au visa de l'article 11 Conv. EDH protégeant la liberté d'association, la nullité absolue d'une clause obligeant le preneur à bail à adhérer pendant toute la durée de celui-ci à une association de commerçants[118] : cette fois, c'est la liberté d'association, qui, radicalement, tient la liberté contractuelle en échec[119].

Dans toutes les affaires évoquées jusqu'ici, et qui furent jugées entre 1996 et 2006, le juge se limitait à situer les droits et libertés fondamentaux par rapport à la liberté contractuelle qui selon les cas, l'emportait ou, au contraire, devait s'incliner. Il s'agissait d'une simple « mise en ordre », ce qui constitue un instrument assez rudimentaire, un droit (ou une liberté) étant abstraitement jugé globalement supérieur à l'autre.

Par la suite le juge a affiné son analyse, et s'est attaché à interpréter la clause contractuelle confrontée à un droit fondamental, afin de vérifier si l'atteinte était bien constituée. Une telle démarche avait été initié par la Cour de Strasbourg, dans le très remarqué arrêt *Pla et Puncernau c/ Andorre*, en 2004[120], dans lequel le juge européen n'avait pas hésité à affirmer, dans le § 55, que « certes, la Cour n'est pas appelée, en principe, à régler des différends purement privés. Cela étant, dans l'exercice du contrôle européen qui lui incombe, elle ne saurait rester inerte lorsque l'interprétation faite par une juridiction nationale d'un acte juridique, qu'il s'agisse d'une clause testamentaire, d'un contrat privé, d'un document public, d'une disposition légale ou encore d'une pratique administrative, apparaît comme étant déraisonnable, arbitraire ou, comme en l'espèce, en flagrante contradiction avec l'interdiction de discrimination établie à l'article 14 et plus largement avec les principes sous-jacents à la Convention ». En l'espèce, il s'agissait d'un testament excluant de la succession un enfant adoptif, mais la Cour européenne a clairement annoncé qu'elle entendait étendre son contrôle à toutes sortes d'actes, y compris les contrats.

La Cour de cassation s'est inscrite dans cette démarche, notamment en analysant la clause d'un bail interdisant de sous-louer ou céder le bail, mais aussi de prêter le logement à un tiers sans le consentement exprès du bailleur. Selon la Haute juridiction cette clause, qui était licite, n'interdisait pas l'hébergement des membres de la famille du preneur (et en cela elle était conforme à l'article 8 Conv. EDH), mais prohibait seulement « qu'il mette les locaux à la disposition d'un tiers, quel qu'il soit si lui-même n'occupait plus effectivement les locaux », ce qui était le cas en l'espèce. Le bailleur pouvait donc, sans qu'on lui reproche une violation du droit au respect de la vie privée, se fonder sur ce prêt interdit pour résilier le bail[121]. De même la clause du contrat de bail interdisant le prêt du logement à des tiers quels qu'ils soient, n'a pas été jugée attentatoire au droit fondamental au respect de la vie privée, parce qu'elle interdisait le prêt mais non l'hébergement des proches du preneur. Dans une décision plus récente, relative à des faits semblables, le juge du fond avait refusé la résiliation du bail, au motif que la clause litigieuse faisait obstacle à l'hébergement des membres de la famille du preneur, portant ainsi atteinte à la vie privée de ce dernier. L'arrêt fut censuré, au visa de l'article 455 C. pr. civ., car le contrat n'interdisait nullement l'hébergement de tiers, mais seulement le prêt du logement[122].

117. Civ. 3e, 8 juin 2006, n° 05-14.774, *Bull. civ.* III, n° 140.
118. Civ. 3e, 12 juin 2003, n° 02-10.778, *Bull. civ.* III, n° 125.
119. Comp. Civ. 1re, 6 avr. 2016, n° 15-13.736, P.
120. 13 juill. 2004, *Pla et Puncernau c/ Andorre*, req. n° 69498/01, § 62, *CEDH* 2004-VIII. Cette décision, abondamment commentée, a fait l'objet d'une analyse très éclairante intitulée « Avis de tempête européenne sur l'interprétation des testaments et des contrats privés », *RTD civ.* 2004. 804, par J.-P. Marguénaud, qui met en évidence la reconnaissance de l'effet horizontal de l'art. 14 Conv. EDH. V. aussi J.-F. Flauss, *AJDA* 2004. 1809.
121. Civ. 3e, 10 mars 2010, n° 09-10.142, *Bull. civ.* III, n° 57.
122. Civ. 3e, 18 févr. 2015, n° 13-26.875, NP.

Au-delà même de la seule interprétation des clauses, la Cour de cassation a entrepris d'apprécier la proportionnalité de l'atteinte portée par le contrat à un droit fondamental ; ainsi dans un arrêt du 12 janvier 1999, elle a posé un principe très net : le libre choix du domicile constituant un des attributs du droit fondamental au respect de la vie privée, un employeur ne saurait y apporter de restriction qu'à la condition que celle-ci soit indispensable à la protection des intérêts légitimes de l'entreprise, et proportionnée au but recherché, compte tenu de l'emploi occupé et du travail demandé. On ne peut s'empêcher de faire le rapprochement avec les « mesures nécessaires dans une société démocratique » admises par la Conv. EDH. En l'espèce, une clause du contrat de travail obligeait le salarié à changer de domicile dans les six mois de sa nouvelle affectation. Le juge du fond avait admis le licenciement fondé sur le non-respect de cette clause, et l'arrêt fut cassé, au visa de l'article 8 Conv. EDH, pour défaut de base légale. Autant dire que la Cour de cassation entend établir un strict contrôle de la motivation opérée par les juges du fond, afin d'être en mesure de juger de la nécessité et de la proportionnalité de l'atteinte par le contrat (de travail, du moins), à un droit fondamental[123]. On ne peut s'empêcher de rapprocher de cette décision l'actuel article L. 1121-1 du Code du travail selon lequel « nul ne peut apporter aux droits des personnes et aux libertés individuelles et collectives de restrictions qui ne seraient pas justifiées par la nature de la tâche à accomplir ni proportionnés au but recherché ». Cet article ayant été mis en œuvre récemment par la Cour de cassation à propos d'un licenciement prononcé par l'employeur contre un salarié qui avait émis des messages de caractère religieux[124].

Plus récemment encore[125], la Cour de cassation s'est attachée précisément aux comportements des sujets pour vérifier si l'atteinte était constituée du fait de la rupture d'un contrat : ainsi a-t-elle décidé, à la suite d'une analyse très fine de la situation de fait, que la fermeture d'une salle par le propriétaire, qui l'avait prêtée pour le culte musulman, ne constituait pas une atteinte à leur liberté religieuse, au motif que ce prêt « n'avait aucun terme convenu ni prévisible », ce qui lui permettait d'y mettre fin sans avoir besoin de justifier d'un besoin pressant et imprévu, à condition de respecter un délai raisonnable… En effet, le juge du fond avait constaté que les requérants pouvaient pratiquer leur religion sans utiliser cette salle « qui facilite seulement » leur pratique religieuse, si bien que la fermeture, de celle-ci, afin de procéder à des travaux de modernisation et de sécurisation, ne portait pas atteinte à une liberté fondamentale.

Plus récemment, c'est la Cour de justice de l'Union européenne[126] qui a eu à se prononcer sur le sujet au travers des offres *zero rating*[127] que les opérateurs téléphoniques proposaient dans leurs contrats. En question, la neutralité du net consacrée comme principe par le Règlement européen 2015/2120 du 25 novembre 2015 sur l'Internet ouvert[128]. Le principe de « neutralité des réseaux impose aux fournisseurs d'accès à internet de garantir que les mesures de gestion de trafic des services d'accès à internet traitent de manière égale tous les contenus, applications ou services fournis aux utilisateurs finals »[129]. La question était de savoir si ces offres étaient conformes à la neutralité d'Internet. Par cette décision la CJUE a érigé la neutralité du net au rang de droit fondamental bénéficiant à tout utilisateur, particulier ou professionnel, du réseau. La Cour, en affirmant ce droit fondamental, décide de le faire primer sur la liberté de contracter ou non ainsi que sur la liberté du commerce et de l'industrie. Ainsi, la CJUE a

123. Soc. 12 janv. 1999, n° 96-40.755, *Bull. civ.* V, n° 7 ; *D.* 1999. 645, obs. J.-P. Marguénaud et J. Mouly ; *RTD civ.* 1999, obs. J. Mestre.

124. Soc. 1er juill. 2015, n° 14-13.871, NP.

125. Civ. 1re, 30 sept. 2012, n° 14-25.709, P.

126. CJUE, gr. ch., 15 sept. 2020, *Telenor*, aff. jtes C-807/18 et C-39/19 ; *Dalloz actualité*, 21 sept. 2020, obs. C. Chrichton.

127. Il s'agit d'offres groupées faites par des fournisseurs d'accès à internet par lesquelles des mesures de blocage ou de ralentissement du trafic sont appliquées sauf pour certains services ou applications (dont le flux n'est pas décompté du forfait et se trouve ainsi illimité). Par exemple, l'opérateur propose un forfait internet illimité en haut débit mais annonce qu'au-delà de 20 Go, le débit sera ralenti. Une offre en « zero rating » conduit l'opérateur à exclure du débit comptabilisé les données consommées sur certaines plateformes vidéo, streaming, jeux ou sites avec lesquelles elle a conclu un accord et qui sont alors automatiquement compris dans le pack du client. Un tel pack et le caractère incitatif à l'utilisation de ces contenus précis porte alors atteinte à la neutralité du net.

128. Règlement applicable au sein des États membres de l'Union européenne depuis le 30 avril 2016.

129. C. Chrichton, Neutralité du net : la Cour de justice rend son premier arrêt, *Dalloz actualité*, 21 sept. 2020.

écarté la liberté contractuelle — en excluant la possibilité de stipuler ces offres de « zero rating » — au profit de la neutralité du net érigé en droit fondamental « suprême » par le juge. Cependant on peut nuancer l'atteinte à la liberté contractuelle. Si l'on regarde du côté de l'opérateur, offrant, on constate effectivement une restriction de sa liberté contractuelle pour garantir la neutralité du net. Mais si l'on regarde du côté du consommateur du réseau, grâce à la neutralité du net, on lui assure — dans une certaine mesure — sa liberté contractuelle notamment dans son choix d'installer et utiliser certains services et applicatifs. Il s'agit alors d'un arbitrage et d'une question d'équilibre. En conclusion, il est possible de retenir qu'en matière contractuelle, la volonté individuelle s'exerce toujours, même si son point d'application a changé. Si l'autonomie absolue est un mythe, volontairement entretenu par les détracteurs de l'individualisme, pour mieux en critiquer les excès, le déclin de l'autonomie de la volonté et de la liberté contractuelle n'est sans doute pas aussi marqué qu'on a bien voulu le dire. Mais les rédacteurs de contrats doivent tenir compte d'un nombre grandissant de paramètres, et faire preuve de mesure, pour ne pas dire de « bonne foi », car il ne saurait exister de contrat sans liberté…

## PISTES DE RÉFLEXION

- La liberté contractuelle permet-elle de modifier la nature juridique des biens ?
- La liberté contractuelle est-elle consacrée au plan supranational ?
- Dans quelle mesure la rupture du contrat relève-t-elle de la liberté contractuelle ?
- Comment concilier la liberté contractuelle et les autres droits et libertés fondamentaux ?
- La prostitution relève-t-elle de la liberté contractuelle et de la liberté d'entreprendre[130] ?
- Le développement croissant du formalisme en matière contractuelle annonce-t-il la fin de la liberté contractuelle ?
- La liberté contractuelle permettant d'exclure la révision pour imprévision ou les cas de force majeure peut-elle être combattue en temps de crises ?
- La liberté contractuelle peut-elle être écartée dans le cadre de l'urgence climatique et environnementale ?

130. Cons. Const. 1er févr. 2019, Déc. n° 2018-761 QPC, *Association Médecins du monde et autres* : Le Conseil constitutionnel juge conformes à la Constitution le premier alinéa de l'article 225-12-1 et l'article 611-1 du C. pén., dans leur rédaction résultant de la loi n° 2016-444 du 13 avril 2016 visant à renforcer la lutte contre le système prostitutionnel et à accompagner les personnes prostituées. Le Conseil constitutionnel juge que le législateur a assuré une conciliation qui n'est pas manifestement déséquilibrée entre, d'une part, l'objectif de valeur constitutionnelle de sauvegarde de l'ordre public et de prévention des infractions et la sauvegarde de la dignité de la personne humaine et, d'autre part, la liberté personnelle. Il décide également que les dispositions contestées ne méconnaissent pas le principe de nécessité des peines, la liberté d'entreprendre et la liberté contractuelle.

Thème 3

# La liberté du commerce et de l'industrie

**Nicolas Ferrier**
*Professeur de l'Université de Montpellier*

**Didier Ferrier †**
*Professeur émérite de l'Université de Montpellier*

La liberté du commerce et de l'industrie a été affirmée dans un dispositif de 1791 encore en vigueur. Cette pérennité est d'autant plus remarquable que le principe a toujours subi des atteintes, particulièrement celles liées au développement de l'interventionnisme public, et nourri des interrogations sur sa valeur (législative, constitutionnelle, de principe général du droit) comme sur son contenu (libre accès aux activités professionnelles, libre exercice de l'activité professionnelle).

Aujourd'hui, la liberté du commerce et de l'industrie est confortée par le mouvement de libéralisation économique provoqué au plan supranational avec l'ouverture des marchés (suppression de « économique ») et par la compétition qui en résulte entre législations nationales pour attirer les entreprises en allégeant les contraintes pesant sur leur création et leur activité.

Mais le rôle et la finalité strictement économiques de cette liberté justifient qu'elle demeure limitée et qu'elle soit conciliée avec d'autres libertés ou valeurs, notamment pour éviter la domination, de plus en plus forte et de moins en moins discutée, de l'ordre économique sur toute autre exigence sociale.

**1011** La liberté du commerce et de l'industrie, dont la reconnaissance est attribuée à la Révolution française[1], est traditionnellement considérée comme le fondement du libéralisme économique.

**1012** ***Domaine.*** La liberté du commerce et de l'industrie est ainsi comprise comme la liberté d'exercer une activité professionnelle[2], commerciale ou industrielle, et donc d'accéder à ces activités.

On a étendu son domaine aux activités libérales et de manière encore plus large aux autres activités professionnelles mais, celles-ci ne pouvant toutes être placées dans le champ du « commerce » ou de l'« industrie », on évoque souvent à leur propos la liberté d'établissement, la liberté d'entreprendre ou liberté d'entreprise qui viennent ainsi compléter, voire concurrencer[3], la notion classique de liberté du commerce et de l'industrie.

**1013** ***Plan.*** L'imprécision dans la définition du domaine de la liberté du commerce et de l'industrie explique peut-être que l'étude de cette liberté soit généralement plutôt focalisée sur les multiples atteintes, les limitations, les restrictions qu'elle subit, et sur la question corrélative de savoir si elle constitue toujours un principe ou désormais une exception[4].

Toutefois, s'il est vrai qu'une liberté, quel que soit son objet, ne peut être absolue et trouve sa limite dans le respect de la liberté des autres ou de l'intérêt général, la seule considération de cette limite ne saurait pour autant être privilégiée, alors surtout que la liberté du commerce et de l'industrie est le plus souvent invoquée pour défendre l'initiative privée, notamment contre l'interventionnisme en matière économique des autorités publiques internes ou européennes[5].

La présentation de la liberté du commerce et de l'industrie commande donc d'exposer autant, de manière positive, le principe de la liberté (***I.***) que, de manière négative, ses limitations (***II.***).

# I • Le principe de la liberté du commerce et de l'industrie

**1014** Le contenu du principe de la liberté du commerce et de l'industrie est diversement défini (**B.**) selon le fondement qui lui est reconnu (**A.**).

---

1. V. cependant déjà en février 1776, à l'initiative de Turgot renvoyé par Louis XVI en mai suivant, l'édit abolissant « *les communautés d'art et métiers* » nées dans les villes au XI^e siècle, S. L. Kaplan, *La fin des corporations*, Fayard, 2001. Au demeurant, la liberté affirmée en 1791 fut vite contrariée par des mesures comme la loi sur la taxation du pain et de la viande (L. 19-22 juill. 1791), la loi du maximum aménageant une fixation autoritaire des prix par l'État (Décr. 29 sept. 1793), l'interdiction de la constitution de sociétés par actions, la suppression des sociétés financières (R. Szramkiewicz, *Histoire du droit des affaires et des institutions commerciales*, t. I, « Les cours du droit », 1981).
2. Sur celle-ci, F. Fouvet, *Le principe de libre excercice d'une activité professionnelle*, préf. A. Jeammaud, LGDJ, coll. « Bibl. de droit social », t. 74, 2018.
3. Sur l'équivalence entre liberté du commerce et de l'industrie et liberté d'entreprendre, v. J.-B. Racine, « L'ordre concurrentiel et les droits de l'homme », *in L'ordre concurrentiel. Mélanges en l'honneur d'A. Pirovano*, éd. Frison-Roche, 2003, p. 430 ; L. d'Avout, « La liberté d'entreprendre au bûcher ? », *D.* 2014. 1287, spéc. n° 6. V. cep. S. Nicinski, Actualité du droit de la concurrence et de la régulation, *AJDA* 2020, p. 620 qui distingue la liberté d'entreprendre de la liberté du commerce et de l'industrie en ce que la première a une valeur constitutionnelle alors que la seconde n'est qu'un principe général du droit (v. infra, n° 1027), mais qui rapporte la position du Conseil d'État selon lequel la liberté du commerce et de l'industrie serait une composante de la liberté d'entreprendre (v. infra, n° 1026). Sur l'équivalence entre liberté d'entreprendre et liberté d'entreprise, v. P. Delvolvé, « Les libertés économiques », *RFDA* 2017. 33.
4. À l'exception de J. Mestre et M.-E. Pancrazi, I. Arnaud-Grossi, L. Merland, N. Taglarimo-Vignal, *Droit commercial*, 30^e éd., LGDJ, coll. « Manuel », 2016, p. 70, n^os 90 s. ; M. Pédamon et H. Kenfack, *Droit commercial*, 4^e éd., Dalloz, coll. « Précis », 2015, n^os 137 s., qui insistent sur le contenu de la liberté du commerce et de l'industrie, la plupart des auteurs développent abondamment l'examen des limitations sans s'étendre sur le contenu même de la liberté, Ripert et Roblot, L. Vogel, *Traité de droit des affaires*, 21^e éd., LGDJ, 2020, t. I, n° 80 ; Y. Reinhard, S. Thomasset-Pierre et C. Nourissat, *Droit commercial*, Litec, coll. « Manuel », 2012, n° 131 ; v. tout particulièrement l'étude de Y. Guyon, « Que reste-t-il du principe de la liberté du commerce et de l'industrie ? », *in Dix ans de droit de l'entreprise*, 1978, 5 et M. Kdhir, « Le principe de la liberté du commerce et de l'industrie : mythe ou réalité », *D.* 1994. Chron. 30 ; P. Neau-Leduc, « Rapport introductif », *in Entreprise et liberté*, Journées nat. Assoc. H. Capitant, t. X, Montpellier, Dalloz, coll. « Thèmes & commentaires », 2007.
5. Déjà, pour une invocation du principe de la liberté du commerce et de l'industrie contre les exigences tenant à la protection de l'environnement, P. Thieffry, « La protection de l'environnement, la liberté du commerce et de l'industrie », *CDE* 1994. 18.

## A • Le fondement du principe

**1015** ***Origine du principe.*** Le principe de la liberté du commerce et de l'industrie a été formulé dans le décret d'Allarde des 2-17 mars 1791 qui avait essentiellement pour objet d'instituer un nouvel impôt[6], et dont toutes les dispositions ont été depuis abrogées à l'exception précisément de l'article 7 aux termes duquel « il sera libre à toute personne de faire tel négoce ou d'exercer telle profession, art ou métier qu'elle trouve bon »[7].

Le dispositif fut conforté par la loi Le Chapelier des 14-17 juin 1791 qui, en supprimant les groupements professionnels et coalitions, libéra non seulement l'accès à toute profession mais également l'exercice de l'activité professionnelle choisie.

Ce principe du libre exercice d'une activité professionnelle, qui a été et demeure communément désigné comme celui de la liberté du commerce et de l'industrie bien que l'article 7 du décret d'Allarde vise de manière générale la liberté d'exercer une activité professionnelle et non de manière particulière « la liberté du commerce et de l'industrie »[8], est aujourd'hui affirmé par le droit européen et confirmé en droit interne[9].

### 1 • L'affirmation du principe en droit européen

**1016** ***Affirmation par les textes.*** En droit européen, le principe de la liberté du commerce et de l'industrie se trouve affirmé à travers les dispositions du Traité de fonctionnement de l'Union européenne consacrant la liberté d'établissement et d'accès aux activités non salariées (TFUE, art. 49) ainsi que la liberté de circulation des marchandises (TFUE, art. 34), des personnes (TFUE, art. 45), des services (TFUE, art. 56 et 57)[10].

Au demeurant, ce principe découle directement de la conception libérale de l'activité économique qui imprègne depuis l'origine l'ensemble des dispositifs européens[11]. La Charte des droits fondamentaux de l'Union européenne du 18 décembre 2000 énonce ainsi que « la liberté d'entreprise est reconnue conformément au droit communautaire et aux législations et pratiques nationales » (art. 16).

**1017** ***Application par les juges.*** La Cour de justice de l'Union européenne se réfère régulièrement au « libre exercice des activités économiques », à la « libre entreprise », au « libre exercice du commerce » ou la « liberté d'entreprendre »[12]. Ainsi, s'agissant de l'activité juridique, elle a été conduite à faire respecter la liberté d'établissement, notamment dans l'arrêt *Reyners* intéressant un juriste néerlandais qui se voyait refuser son installation comme avocat en Belgique, puis dans l'arrêt

---

6. « La patente », devenue en 2010 la contribution économique territoriale.
7. L'opinion selon laquelle le dispositif de 1791 serait désormais dépassé est exprimée par J. Azéma, *Droit de la concurrence*, PUF, coll. « Thémis », 1989, p. 27.
8. On peut, au demeurant, entendre par « industrie » : toute activité professionnelle, et par « entreprendre » : l'accès à l'activité comme l'exercice de celle-ci. V. la référence à la liberté du commerce et de l'industrie pour assurer la liberté de choix d'un notaire, Amiens, 1re ch., 12 févr. 2009, *JCP N* 2009. 1132.
9. Il est curieux que le Code de commerce dans sa version de 2000 n'ait pas proclamé cette liberté, D. Bureau et N. Molfessis, « Le nouveau Code de commerce ? Une mystification », *D.* 2001. 363.
10. J. Cavallini, « Liberté du commerce et de l'industrie et libertés de circulation en Europe », *in Le Code de commerce. 1807-2007. Livre du bicentenaire*, Dalloz-Paris II, 2007, p. 651, considère qu'« un processus d'absorption de la liberté du commerce et de l'industrie par les libertés de circulation s'est réalisé », p. 673 ; CJUE 27 nov. 2008, *Société Papillon*, aff. C-418/07, *Dr. fisc.* 2008. Actu. 353, obs. A. Maitrot de la Motte sur la compatibilité entre le régime français de l'intégration fiscale et la liberté d'établissement ; en matière d'autorisation de création de grande surface commerciale, R. Vandermeeren, « Le régime de l'urbanisme commercial : vers la fin d'une exception française ? », *in Mélanges Y. Jegouzo*, Dalloz, 2009, p. 777.
11. On en trouve l'expression dans le traité de Rome, puis dans l'Acte unique européen, le traité de Maastricht, le traité d'Amsterdam, le traité de Nice, le traité de Lisbonne.
12. CJUE, 6 oct. 2021, aff. C-613/20, *Eurowings* ; CJUE, 31 janv. 2013, McDonagh, C-12/11 ; CJCE 22 avr. 1999, *KernkraftwerkeLiffe-Ems*, *Rec. CJCE* I-2057 ; CJCE 21 févr. 1991, *Zuckerfabrik*, *Rec. CJCE* I-415 ; CJCE 14 mai 1974, *Nold*, *Rec. CJCE* 491.

*Van Binsbergen* intéressant un conseil juridique néerlandais qui, après s'être installé en Belgique, se voyait refuser le droit de poursuivre son activité en Hollande[13].

Par ailleurs, les normes européennes concernant les diverses libertés rattachées à la liberté du commerce et de l'industrie étant d'application directe, le juge national doit assurer leur plein effet et, le cas échéant, faire prévaloir le principe de droit européen sur la règle de droit interne[14].

## 2 • La confirmation du principe en droit interne

**1018** En droit interne, depuis 1791, le principe de la liberté du commerce et de l'industrie a été réaffirmé par le législateur et son fondement a été précisé par les autorités juridictionnelles.

**1019** ***Affirmations légales du principe.*** Le Code civil évoquait déjà le principe à travers l'article 544 sur le droit de propriété, les articles 6 et ancien article 1134 (devenu art. 1103) sur la liberté contractuelle, les articles 7 et 8 sur l'égalité de jouissance des droits civils[15].

Le législateur l'a reformulé depuis de manière directe : entre autres[16], dans la loi d'orientation du commerce et de l'artisanat, dite « loi Royer », du 27 décembre 1973, dont l'article 1er dispose que « la liberté et la volonté d'entreprendre sont les fondements des activités commerciales et artisanales », la loi sur les libertés des collectivités locales, du 22 juillet 1982, imposant « le respect de la liberté du commerce », la loi sur le dialogue social et la continuité du service public dans les transports terrestres, du 21 août 2007, dont l'article 1er attribue à la liberté du commerce et de l'industrie la valeur de « principe constitutionnel », la loi du 6 août 2015 visant à « libérer l'activité » ; ou de manière indirecte : en particulier, dans la loi du 31 décembre 1990 dont l'article 7, précisé par le décret du 27 novembre 1991, affirme la liberté d'établissement des avocats, montrant bien au passage que les activités professionnelles intellectuelles ou les professions libérales sont également concernées par la liberté du commerce et de l'industrie »[17].

**1020** ***Reconnaissance par le juge judiciaire.*** La Cour de cassation a relevé que le droit d'exercer librement une activité professionnelle est une liberté fondamentale[18] que la voie de fait peut contribuer à protéger[19].

**1021** ***Reconnaissance par le juge administratif.*** Le Conseil d'État a d'abord appliqué le principe de la liberté du commerce et de l'industrie en visant précisément l'article 7 du décret d'Allarde.

Il reconnaît maintenant cette liberté comme une liberté publique[20] dont la protection relève du domaine législatif de l'article 34 de la Constitution et la considère comme une « composante » de la liberté

---

13. CJCE 21 juin 1974, *Reyners*, *Rec. CJCE* 631, *RTD eur.* 1975. 561, *Grands arrêts du droit des affaires*, Dalloz, 1995, obs. M.-L. Izorche. CJCE 3 déc. 1974, *Van Binsbergen*, *Rec. CJCE* 1299, *RTD eur.* 1975. 577, *Gaz. Pal.* 1975. 2. 554, application des art. 49 et 50. Les autorités nationales sont, de leur côté, tenues de reconnaître les titres ou diplômes équivalents délivrés dans un autre État membre et donc d'examiner les connaissances et qualifications attestées par ces diplômes : CJCE 7 mai 1991, *Vlassopoulou*, *Rec. CJCE* I-2357, avocat grec travaillant comme collaborateur en Allemagne et souhaitant accéder à la profession d'avocat en Allemagne ; Civ. 1re, 3 juill. 2008, *D.* 2008. 2086. Rapp. Admission de l'accès à la profession d'avocat de personnes ayant exercé certaines fonctions en France et non à l'étranger, Cons. const. 6 juill. 2016, n° 2016-551, QPC, *JCP A* 2016. 409.
14. La solution a été affirmée pour la première fois par la Cour de cassation dans l'arrêt *Jacques Vabre* du 24 mai 1975 (*D.* 1975. 497, concl. Touffait), rappelée par la Cour de justice européenne le 9 mars 1978 (arrêt *Simmenthal*, *Rec. CJCE* 269) et reprise par le Conseil d'État depuis l'arrêt *Nicolo* du 20 oct. 1989 (*D.* 1990. 57, note R. Kovar ; rapp. CE 24 sept. 1990, *Boisdet* et CE 28 févr. 1992, *Philip Morris*, obs. C. Gavalda et G. Parléani, *in Traité de droit communautaire des affaires*, Litec, 1992, n° 190-6). Solution renforcée en matière d'application du droit de la concurrence par le Règl. CE du 16 déc. 2002, *JOCE* 14 janv. 2003 concernant l'application des art. 101 et 102 du TFUE.
15. J.-L. Mestre, « Le Conseil constitutionnel, la liberté d'entreprendre et la propriété », *D.* 1984. Chron. 1 ; F. Luchaire, « Les fondements constitutionnels du droit civil », *RTD civ.* 1982. 263 s. ; Ripert et Roblot, L. Vogel, *Traité de droit des affaires*, 21e éd., LGDJ, 2020 n° 80.
16. V. une recension de dispositions récentes par P. Delvolvé, « Les libertés économiques », *RFDA* 2017. 33.
17. G. Clamour et P.-Y. Gahdoun, *vo* « Commerce et industrie », *Rép. com. Dalloz*, 2019, n° 69.
18. Soc. 20 juill. 2002, *JCP* 2002. II. 10162.
19. Civ. 1re, 1er avr. 1991, *Bull. civ.* I, n° 142 ; Civ. 1re, 22 nov. 1993, *Bull. civ.* I, n° 277.
20. « Libertés publiques au nombre desquelles figure la liberté du commerce et de l'industrie », CE 28 oct. 1960, *de Laboulaye*, *AJDA* 1961. 20, *Lebon* 570, *Dr. soc.* 1961. 141, concl. Heumann ; CE 9 nov. et 16 déc. 1988, *D.* 1990. 201, note F. Llorens et P. Soler-Couteaux ; CE 26 août 2016, *SARL Rapid'apéro*, req. n° 402376.

d'entreprendre[21] ; et précise qu'elle constitue, comme la liberté d'entreprendre, une liberté fondamentale au sens de l'article L. 521-2 du Code de l'organisation judiciaire[22].

**1022** ***Reconnaissance par le Conseil constitutionnel.*** Le Conseil constitutionnel reconnaît également la liberté du commerce et de l'industrie comme une liberté publique[23]. Il n'a cependant pas affirmé sa valeur constitutionnelle ; on a même relevé qu'il aurait exprimé une opinion contraire en énonçant, dans une décision du 29 juillet 1994, que la liberté du commerce et de l'industrie serait de valeur constitutionnelle « selon les requérants »[24].

En revanche, il a reconnu en 1982 une valeur constitutionnelle à la liberté d'entreprendre, en décidant que « la liberté qui, aux termes de l'article 4 de la Déclaration des droits de l'homme et du citoyen, consiste à pouvoir faire tout ce qui ne nuit pas à autrui, ne saurait elle-même être préservée si des restrictions arbitraires ou abusives étaient apportées à la liberté d'entreprendre »[25]. Il en résulte, comme cela a été souligné, que « l'institution de la question prioritaire de constitutionnalité pourrait être porteuse d'une meilleure efficacité des libertés économiques en ce que les régimes restrictifs d'origine législative sont désormais susceptibles, au moins en principe, d'être contestés sur le fondement de la liberté d'entreprendre »[26].

La liberté d'entreprendre se voit ici reconnaître une valeur supérieure à la liberté du commerce et de l'industrie comme à d'autres libertés pouvant leur être rattachées : la liberté de la concurrence[27], la liberté du travail[28] ou la liberté contractuelle[29].

21. CE 10 janv. 1964, *Lebon* 20 ; CE 12 nov. 2001, *Dr. adm.* 2002, nº 41, obs. M. Lombard ; CE 22 mai 2013, *AJDA* 2013. 1077, souligne que la liberté du commerce et de l'industrie « découle » de la liberté d'entreprendre ; v. une synthèse de jurisprudence du Conseil d'État, S. Nicinski, *AJDA* 2015. 2494 ; J.-P. Kovar, « Où en est la liberté du commerce et de l'industrie ? », *Dr. adm.* 2007, nº 12 ; F. Dreyfus, *La liberté du commerce et de l'industrie*, Berger-Levrault, 1973, p. 110 ; rapp. en matière de référé-liberté, art. L. 521-2 CJA qui permet au juge d'imposer à une personne morale de droit public ou un organisme privé chargé de gérer un service public le respect d'une liberté fondamentale, N. Jacquinot, « La liberté d'entreprendre dans le cadre d'un référé-liberté : un cas à part ? », *AJDA* 2003. 658.

22. CE 31 oct. 2019, nº 435435, *Société Diderot éducation campus.*

23. En relevant qu'elle fait partie des libertés « qui ne peuvent s'exercer que dans le cadre d'une réglementation instituée par la loi », décis. 27 juill. 1982, *RD publ.* 1983. 333, obs. L. Favoreu.

24. Cons. const. 29 juill. 1994, nº 94-345 DC, § 3, *RJC* I-595, *AJDA* 1994. 721, note P. Wachsmann, *RD publ.* 1994. 1663, note J.-P. Camby, obs. crit. T. Revet, art. préc., nº 3 ; comp. la position nuancée adoptée dans la décis. du 20 mars 1997, *JCP* 1997. I. 4066, nº 17, note B. Mathieu et M. Verpeaux ; même réserve à l'encontre de la liberté de la concurrence, Cons. const. 11 juill. 2011, nº 2001-450 DC, *Loi portant diverses dispositions d'ordre social, éducatif et culturel, D.* 2002. 1949, obs. D. Ribes. Pour des éléments de discussion sur la valeur constitutionnelle de la liberté du commerce et de l'industrie, *cf.* G. Clamour et P.-Y. Gahdoun, *vº* « Commerce et industrie », *Rép. com. Dalloz*, 2019, nº 41 et s.

25. Cons. const. 16 janv. 1982, *D.* 1983. 169, note Hamon ; *JCP* 1982. II. 19788, note N. Quoc Vinh et C. Franck ; Cons. const. 12 janv. 2002, nº 2001-455 DC, pt 43 s., « sur le grief tiré de l'atteinte portée à la liberté d'entreprendre par l'art. 107 de la loi de modernisation sociale ». Cons. const., nº 2004-509 DC, *Loi de programmation pour la cohésion sociale*, pt 23 admet que le législateur concilie le droit de chacun d'obtenir un emploi et la liberté d'entreprendre à laquelle la réintégration de salariés licenciés est susceptible de porter atteinte : pour une application, v. Soc. 11 janv. 2006, *D.* 2006. 385, note P. Langlois ; *JCP* 2006. 1310, note P. Morvan. Cons. const. 13 juin 2013, nº 2013-672 DC, *Loi sur la sécurisation de l'emploi*, pt 6, *RDC* 2013. 1285, obs. C. Peres. La référence à la Déclaration des droits de 1789 est opérée à travers le préambule de la loi constitutionnelle du 27 oct. 1946 auquel renvoie le préambule de la Constitution du 4 oct. 1958. — « L'entreprise et le droit constitutionnel », *RLDA* déc. 2010, nº spécial, not. G. Carcassonne, « La liberté d'entreprendre » et N. Molfessis, « Le contrat » ; G. Drago, « Droit de propriété et liberté d'entreprendre dans la jurisprudence du Conseil constitutionnel : une relecture », *CRDF* nº 9, 2011, p. 31 s. ; sur la portée de la liberté d'entreprendre, v. l'opposition entre J.-P. Chazal, « Propriété et entreprise, le Conseil constitutionnel, le droit et la démocratie », *D.* 2014. 1101, et L. d'Avout, « La liberté d'entreprendre au bûcher ? », préc.

26. S. Nicinski, « Actualité de droit de la concurrence et de la régulation », *AJDA* 2011. 650 ; Cons. const. 17 juill. 2015, nº 2015-476 QPC, *D.* 2015. 1537, sur l'inconstitutionnalité des dispositions de l'art. L. 29-10-3 du Code de commerce relatives à l'information de salariés ; Cons. const. 18 oct. 2010, nº 2010-55 QPC et 3 déc. 2010, nº 2010-73 QPC, à propos de la législation des jeux et courses, *AJDA* 2011. 651, note M. Lombard.

27. Le principe de libre concurrence pourrait lui-même être considéré comme constitutionnel mais les décisions le concernant sont ambiguës, Cons. const. 16 janv. 2001, nº 2000-439 DC, relative à la loi sur l'archéologie préventive, préc., Cons. const. 11 juill. 2001, nº 2001-450 DC, relative à la loi portant diverses dispositions d'ordre social et économique.

28. V. Champeil-Desplats, « De quelques usages récents de la liberté d'entreprendre », *RDT* 2018. 666, relève que le Conseil constitutionnel fait prévaloir ici une conception libérale et marchande ; P. Ollier, *in Les libertés publiques propres aux travailleurs*, *Dr. soc.* 1982. 436, estime que la liberté du travail est un aspect particulier d'une liberté plus générale d'entreprendre dont la liberté du commerce et de l'industrie serait l'autre aspect, rapp. L. Dutheillet de Lamothe, « la liberté du commerce et de l'industrie est une composante de la liberté d'entreprendre », *RFDA* 2018. 728.

29. V. ss 1019.

## B • Le contenu du principe

**1023** Le contenu du principe de la liberté du commerce et de l'industrie est classiquement ramené à deux libertés définies comme la liberté d'entreprendre et la liberté d'exploiter auxquelles est aujourd'hui rattachée la liberté de la concurrence.
Sans entrer dans le débat sur le classement hiérarchique de la liberté d'entreprendre et de la liberté du commerce et de l'industrie[30], il apparaît que les libertés d'entreprendre et d'exploiter, comme la liberté de la concurrence, sont liées à la liberté du commerce et de l'industrie[31].

### 1 • Les libertés d'entreprendre et d'exploiter

**1024** ***Liberté d'entreprendre : manifestations.*** La liberté d'entreprendre, au sens commun d'accéder à l'activité indépendante souhaitée, emporte la possibilité pour toute personne qu'elle soit physique ou morale[32] de s'installer en créant, en acquérant[33] et en organisant une entreprise[34], et d'exercer ainsi l'activité de son choix[35].
À cet égard, il n'existe pas, en droit français, une détermination limitative des types et modes d'activités commerciales ou industrielles et de manière plus large économiques qui seraient autorisées, et les opérateurs privés ne peuvent voir, en principe, leur activité économique limitée ou empêchée par des décisions de personnes publiques[36].
Pour les personnes publiques, en revanche, le principe est qu'elles ne disposent pas de la liberté du commerce et de l'industrie. En conséquence, hors le cas d'autorisation légale (Constitution, art. 34), leur intervention ne peut être admise, au regard « de la liberté du commerce et de l'industrie », que si elle répond « à une réelle légitimité ». L'appréciation a fait l'objet d'une évolution favorable à l'intervention de la personne publique, avec initialement l'exigence d'une justification par des circonstances qualifiées d'exceptionnelles[37] ou d'extraordinaires[38], puis l'exigence d'une justification par des circonstances particulières de temps et de lieu tenant notamment à l'insuffisance de l'initiative privée, ainsi que par un intérêt public[39]

---

30. V. ss 1023, *La liberté du commerce et de l'industrie est généralement privilégiée*, J.-Y. Chérot, *Droit public économique*, 2e éd., Economica, coll. « Corpus », 2007, p. 57, n° 37 ; H.-G. Hubrecht, *Droit public économique*, Dalloz, 1997, p. 86 ; J.-P. Colson et P. Idoux, *Droit public économique*, 9e éd., LGDJ, coll. « Manuel », 2018 ; D. Linotte et P. Romi, *Services publics et droit public économique*, Lexis, 2001, p 134 ; comp. P. Bon, « La liberté d'entreprendre », *in* O. Duhamel et Y. Meny (dir.), *Dictionnaire constitutionnel*, 1993, p. 582. Comp. CE, sect., 18 janv. 2001, *Cne de Venalles et Morbelli*, req. n° 229247 et Conseil constitutionnel, décisions préc. qui placent au premier rang la liberté d'entreprendre, X. Bioy, *Droits fondamentaux et libertés publiques*, 6e. éd. Montchrestien, 2020 et P. Delvolvé, *Droit public de l'économie*, Dalloz, 1998, p. 105 s., pour qui ce serait la liberté du commerce et de l'industrie qui prolongerait la liberté d'entreprendre ; la solution procède d'un choix sémantique : faut-il retenir « entreprendre » au sens étroit d'accéder à l'activité ou au sens large de l'exploiter, et « industrie » au sens étroit d'activité industrielle ou au sens large d'activité professionnelle… ?
31. En ce sens, S. Nicinski, *Droit public des affaires*, Montchrestien, 7e éd., 2019, n° 56, pour qui ces libertés sont souvent utilisées l'une pour l'autre ; rapp. CE 16 oct. 2013, *Électricité de Tahiti*, *AJDA* 2013. 2057, obs. E. Glaser.
32. N. Mathey « Les droits et libertés fondamentaux des personnes morales de droit privé », *RTD civ.* 2008. 2005 ; G. Drago, « Pour une définition positive de la liberté d'entreprendre », *in Les libertés économiques*, éd. Panthéon-Assas, 2003, p. 31.
33. Sur l'opposition entre la liberté d'installation des professions juridiques réglementées et le régime particulier du droit de présentation des notaires : M.-L. Dussart, « Privilège d'exercice et liberté d'entreprendre », *D.* 2015. 1166 ; rapp la liberté de transfert d'un office notarial dans une zone de libre installation ne saurait être contestée par ceux qui y sont déjà installés, dès lors que le fait de devoir faire face à une concurrence accrue n'est pas contraire à la liberté d'entreprendre, L. Dutheillet de Lamothe, « Officiers publics et ministériels : tirage au sort et limite d'âge », *RFDA* 2018. 728.
34. F.-X. Lucas, « Les libertés d'organisation et de transmission » et M. Grimaldi, « La liberté patrimoniale du chef d'entreprise », *in Entreprise et liberté*, préc., p. 73 s. et 91 s. Cons. const. 7 déc. 2000, n° 2000-436 DC, Loi SRU, *D.* 2001. 1840, note L. Favoreu, *ibid.* 1841, note M. Fretin-Rouge ; Cons. const. 11 oct. 2004, n° 84-181 DC, *Entreprises de presse ;* CJUE 27 mars 2014., aff. C-134/12, *UPC Telekabel Wien*, *RTD eur.* 2014. 283, obs. J.-P. Jacqué.
35. CE 23 juin 1963, *Synd. du personnel soignant de la Guadeloupe*, *Lebon* 386 : « le Gouvernement ne peut porter atteinte au libre accès par les citoyens de toute activité professionnelle n'ayant fait l'objet d'aucune limitation légale ». La règle s'applique aux personnes privées : D. Truchet, « Les personnes publiques françaises disposent-elles en droit français de la liberté d'entreprendre ? », *D. Affaires* 1996. 731.
36. CE, ass., 22 juin 1951, deux décisions : *Fédération nationale des photographes-filmeurs* et *Daudignac*, *Lebon* 362, *D.* 1951. 589, concl. Grazier.
37. CE 29 mars 1901, *Casanova et a.*, *Lebon* 333.
38. CE 20 janv. 1901, *Agent d'assurances de Belfort*, *Lebon* 82.
39. CE 30 mai 1930, *Chambre syndicale du commerce en détail de Nevers*, *Lebon* 583, *S.* 1931. 3. 73, note R. Alibert ; *Les grands arrêts de la jurisprudence administrative*, 20e éd., Dalloz, 2015, n° 42.

lequel pouvait également résulter de la carence de l'initiative privée[40], pour en arriver à la reconnaissance d'un domaine d'intervention naturel dans lequel l'initiative publique peut librement s'exprimer[41]. Il a été avancé que « le principe de la liberté du commerce et de l'industrie n'interdit plus aux personnes publiques d'exercer une activité qui pourrait l'être par une personne privée ; elle ne leur interdit que d'exercer une activité qui, parce qu'elle est totalement étrangère à l'intérêt général, ne peut l'être par une personne publique »[42].

**1025** ***Liberté d'entreprendre : incitations.*** Si l'accès aux activités professionnelles est souvent favorisé par les pouvoirs publics à travers des mesures incitatives de nature financière : subvention, prêt accordé par l'État et les collectivités locales[43], ou de nature fiscale : exonération d'impôt pour les entreprises nouvellement créées, pour les entreprises en zone rurale, on ne saurait y voir l'unique objectif d'encourager d'une manière générale l'exercice de la liberté d'entreprendre.

En effet, ces mesures sont d'abord inspirées par la considération d'intérêts particuliers d'ordre économique et social : survie du petit commerce, aménagement du territoire, soutien de certaines activités, aide à l'emploi... Elles se trouvent au demeurant souvent discutées en ce qu'elles fausseraient précisément la libre concurrence et porteraient ainsi atteinte à la liberté du commerce et de l'industrie[44].

**1026** ***Liberté d'exploiter : manifestations.*** La liberté d'exploiter complète la liberté d'entreprendre, en permettant à tout entrepreneur de gérer son entreprise à sa guise[45] : droit de choisir sa politique ou sa stratégie commerciale[46], de choisir ses partenaires[47] — fournisseurs, distributeurs[48] ou clients, de s'autofinancer ou de s'endetter[49], de choisir ses salariés[50], voire d'aménager les relations au sein de l'entreprise[51].

Ces libertés s'exercent dans le respect mais aussi dans le confort de la liberté de la concurrence[52].

---

40. CE 31 mai 2006, *Ordre des avocats au barreau de Paris*, *RLC* 2006, n° 641, note G. Clamour, *Concurrences* 2006. 167, note B. Du Marais ; J.-P. Kovar, « Où en est la liberté du commerce et de l'industrie ? », *Dr. adm.* 2007. Étude 18, n[os] 12 s.
41. S. Nicinski, « Les services sociaux devant le Conseil d'État : la construction d'une exception française », *AJDA* 2008. 185 ; J.-D. Dreyfus et F. Latullaire, « SEML et SPL, les conditions de prise en charge d'une activité économique », *AJCT* 2011. 77 ; CE 5 juill. 2010, *Synd. nat. des agences de voyages*, *JCP Adm.* 2010, n° 42, 2304 ; rapp. CE 3 mars 2010, *Dpt. de la Corrèze*, *RDSS* 2010. 800, obs. V. Donier ; *JCP Adm.* 2010, n° 2203, P. Idoux ; G. Clamour, « Qui peut le plus, peut le moins ! Ou la liberté économique de fait des personnes publiques », *JCP Adm.* 2007, n° 2286.
42. G. Pellissier, *RJEP* 2010, n° 678, comm. 44 : l'auteur estime qu'« il en résulte peut-être l'affaiblissement de la fonction du principe de la liberté du commerce et de l'industrie ». *Cf.* Y. Fernandez, « Les centres hospitaliers peuvent-ils laver leur linge sale en famille ? », *AJDA* 2018. 1730, comm. s[s] CAA, Nancy, 10 avr. 2018, la liberté du commerce et de l'industrie était invoquée au soutien du développement de l'activité mais la solution, contraire, est fondée sur le principe de spécialité.
43. M. Guibal, « La liberté d'action de l'entreprise face à l'administration », *in Entreprise et liberté*, préc., p. 66.
44. CE 11 juin 2014, req. n° 362878, *Société Sogelink*, *AJDA* 2014. 22-25, à propos d'un décret autorisant la mise à disposition gratuite d'outils dématérialisés, par l'Institut national de l'environnement industriel et des risques, à certaines entreprises ; Cons. const. 5 déc. 2014, n° 2014-434 QPC, *AJDA* 2014. 2393, à propos de dispositions aménageant un tarif de faveur pour les laboratoires médicaux lorsqu'ils sont intégrés aux établissements de santé.
45. Le Conseil constitutionnel souligne que la responsabilité du chef d'entreprise dans les choix de gestion de l'entreprise est un corollaire de la liberté d'entreprendre, v. obs. L. Gay, sous Cons. const. 2 janv. 2002, *D.* 2003. 1129 ; Cons. const. 30 nov. 2012, n° 2012-285 QPC ; dans le même sens CJUE 30 juin 2016, n° C-134/15, Rev. Europe, n° 8, p. 35, note S. Roset.
46. Par exemple la liberté de faire de la publicité, TGI Paris 8 janv. 2008 et Paris 13 févr. 2008, *CCC* 2008. Étude 6 ; J.-M. Bruguière et P. Deprez, « Publicité des alcools sur Internet », spéc. n° 8. Et la liberté de protéger cette stratégie, Cons. const. 8 déc. 2016, n° 2016-741, DC, *JCP E* 2016. 1008, note M. Danis et M. Valentini, à propos de « reporting » fiscal.
47. D. Mainguy, « La liberté de l'entreprise face à ses partenaires », *in Entreprise et liberté*, préc., p. 21.
48. Ainsi, est notamment visé le principe de la liberté du commerce et de l'industrie pour justifier qu'en droit des contrats, le promoteur de réseau de distribution sélective ne soit pas tenu de sélectionner ses distributeurs sur le fondement de critères définis et objectivement fixés ni d'appliquer ceux-ci de manière non-discriminatoire (Com., 27 mars 2019, n° 17-22.083) et, corrélativement, que le distributeur sélectionné ne dispose d'aucun droit acquis à la poursuite indéfinie d'un contrat de distribution sélective sous prétexte qu'il remplirait toujours ces critères (Paris, 31 juill. 2019, req. n° 16/20683). Sur cette question, N. Ferrier, « La liberté de sélectionner dans la distribution sélective », *JCP E* 2017. 1678).
49. P. Pétel, « La liberté de l'entreprise face à ses créanciers », *in Entreprise et liberté*, préc., p. 83 ; C. Galokho, « Les atteintes à la liberté du commerce et de l'industrie résultant de la prévention et du traitement des difficultés des entreprises », *RTD com.* 2014. 489.
50. Cons. const. 20 juill. 1988, n° 1988-244 DC, *Dr. soc.* 1988. 762, note X. Prétot.
51. Liberté d'organiser le déplacement des salariés à l'intérieur de l'entreprise, Soc. 13 juill. 2004, *JCP E* 2005. 35, note F. Petit ; liberté de leur fournir certaines informations, Cons. const. 17 juill. 2015, n° 2015-476, QPC, préc. note 21.
52. Sur le lien entre la liberté d'entreprendre et la liberté de la concurrence, v. à propos de la législation sur les jeux : Cons. const. 18 oct. 2010, n° 2010-55 QPC et 3 déc. 2010, n° 2010-73 QPC, *AJDA* 2011. 649, Chron. S. Nicinski, M. Lombard et E. Glaser.

## 2 • La liberté de la concurrence

**1027** ***Liberté de la concurrence face à la liberté du commerce et de l'industrie.*** La liberté de la concurrence suppose la préexistence de la liberté d'entreprendre et d'exploiter[53]. Elle a été formellement consacrée après celle du commerce et de l'industrie dont elle assure en principe[54] la protection, en permettant l'exercice de l'activité dans une compétition ouverte[55]. Pour autant la liberté du commerce et de l'industrie « ne comporte pas aujourd'hui le droit à ce que les autorités publiques favorisent directement ou indirectement, par des mesures positives ou négatives, une libre et égale concurrence »[56].

Le Conseil d'État après avoir déclaré que la liberté du commerce et de l'industrie impliquait non seulement la liberté d'exercer une activité professionnelle mais aussi la liberté de l'exercer dans un système de libre concurrence en se référant au dispositif des 2-17 mars 1791[57], tend maintenant à viser le principe de libre concurrence sans même se référer à une source textuelle[58].

**1028** ***Liberté de la concurrence : manifestations.*** La liberté de la concurrence emporte le droit pour l'entrepreneur de mettre en œuvre les moyens, loyaux évidemment[59], qui lui paraissent les plus appropriés pour exercer une activité et attirer vers lui la clientèle potentielle.

Elle emporte le droit pour l'entrepreneur d'être protégé contre toute perturbation du libre jeu de l'offre et de la demande sur le marché, postulé par les dispositions des articles L. 410-1 et suivants du Code de commerce relatifs à « la liberté des prix et de la concurrence ».

Elle peut même être invoquée à l'encontre d'un acte administratif mais uniquement s'il en résulte de manière immédiate, exclusive et directe une atteinte à la concurrence[60].

Le droit de la concurrence conforte ainsi la liberté du commerce et de l'industrie, d'abord en affirmant le principe de la libre fixation des prix des produits ou services : « Les prix des biens, produits

---

53. J.-B. Blaise et R. Desgorces, *Droit des affaires*, 8e éd., LGDJ, coll. « Manuel », 2015, n° 572 : « le droit de la concurrence s'inscrit dans le cadre de la liberté d'entreprendre ». La liberté de la concurrence est ainsi considérée comme « *une liberté dérivée* », J. Mestre et M.-E. Pancrazi, I. Arnaud-Grossi, L. Merland, N. Taglarimo-Vignal, *Droit commercial*, 30e éd., LGDJ, coll. « Manuel », 2016, n° 93, ou un « *corollaire nécessaire* », J. Azéma, *Le droit français de la concurrence*, 2e éd., PUF, 1989, n° 15 ; dans le même sens, P. le Tourneau, « Liberté, égalité, fraternité dans les droits de la concurrence », *Gaz. Pal.* 1991. 2. Doctr. 348.
54. V. cependant le conflit entre les objectifs de concurrence et la liberté du commerce et de l'industrie, CE 16 oct. 2013, préc.
55. J.-L. Dewost, B. Lasserre, R. Saint-Esteben, « L'entreprise, les règles de concurrence et les droits fondamentaux : quelle articulation ? », *Cah. Cons. const.* 2012. 187.
56. N. Boulouis, concl. CE 20 mai 2012, préc.
57. CE 6 mars 1914, *Synd. de la boucherie*, *Lebon* 308 ; CE 22 nov. 2000, *D.* 2001. 2110, note N. Albert, vise « la liberté du commerce et de l'industrie et les règles de concurrence ».
58. CE 20 avr. 2003, *Synd. prof. des exploitants indépendants des réseaux d'eau et d'assainissement*, *Dr. adm.* 2003, n° 123, obs. M. Bazex et S. Blozy ; L. Idot, « La liberté de la concurrence en France », *LPA* 2000, n° 59, p. 8. Not. pour permettre la mise en concurrence des marchés publics, CE 27 juill. 2001, *CAMIF*, *Contrats Marchés publ.* 2001, n° 14, obs. F. Llorens ; rapp. D. Linotte pour qui le principe de libre concurrence a valeur constitutionnelle car il « n'est rien d'autre qu'un avatar de la combinaison des principes de liberté et d'égalité tous deux reconnus et appliqués aux entreprises par le Conseil constitutionnel » : « Existe-t-il un principe général du droit de la libre concurrence ? », *AJDA* 2005. 1549. V. cep. CE 6 nov. 2019, n° 415947, *Société nationale d'exploitation industrielle des tabacs et allumettes*, qui considère que la libre concurrence n'est pas affectée dès lors que la liberté d'entreprendre ne l'est pas, suggérant ainsi une forme d'assujettissement de la première à la seconde.
59. D'où la condamnation des pratiques commerciales déloyales à l'encontre des consommateurs (Direct. n° 2005/29/CE 11 mai 2005, *JOCE* L 149, transposée en droit français aux art. L. 120-1 s. du C. consom.) et plus largement de la concurrence déloyale définie comme « l'abus de la liberté du commerce causant volontairement ou non, un trouble commercial » (Com. 22 oct. 1985, *Bull. civ.* IV, n° 245 ; rapp. art. 10 *bis* Convention de Paris de 1983 : « tout acte de concurrence contraire aux usages honnêtes en matière civile et commerciale ») et du parasitisme commercial, qui doit être considéré non comme une limitation apportée à la liberté du commerce et de l'industrie (Com. 5 juill. 2016, n° 14-10.108 admettant le parasitisme au nom de la liberté du commerce et de l'industrie) mais comme la sanction de comportements fautifs, sur la question *v.* Y. Serra (dir.), *La concurrence déloyale*, Dalloz, coll. « Thèmes & commentaires », 2001. M. Malaurie-Vignal, « Les principes de liberté du commerce et de l'industrie et de la concurrence à l'épreuve du dénigrement », *Rev cons. conc. Consom.*, mai 2018 : l'interdiction faite à une société coupable de dénigrement, de tout démarchage des clients qui étaient concernés, que ce démarchage s'accompagne ou non d'acte de concurrence déloyale, constitue une atteinte disproportionnée à la liberté du commerce et de l'industrie.
60. CE 3 mars 2010, *Dpt de la Corrèze*, *Lebon* 652, *AJDA* 2010. 957, concl. N. Boulouis ; CE 5 juill. 2010, *Synd. nat. des agences de voyages*, *Lebon* 240, *AJDA* 2011. 18, S. Nicinski, E. Glaser ; CAA Bordeaux, 29 nov. 2016, *JCP Adm.* 2017. 2023, obs. C. Roux, contestation pour atteinte à la liberté du commerce et de l'industrie, d'un refus d'autorisation domaniale.

et services… sont librement déterminés par le jeu de la concurrence » (C. com., art. L. 410-2)[61], ensuite en condamnant les comportements d'entente ou d'abus de position dominante de nature à entraver le libre jeu de la concurrence sur le marché européen (TFUE, art. 101 et 102), ou sur le seul marché national (C. com., art. L. 420-1, L. 420-2 et L. 420-5)[62], et même des comportements limitant les capacités concurrentielles d'un acteur économique sans pour autant affecter le jeu de la concurrence sur le marché, tel que l'imposition par un fournisseur à un revendeur du prix de revente devant être pratiqué par ce dernier (C. com., art. L. 442-6).

**1029** ***Liberté de la concurrence face à l'intervention économique des personnes publiques.*** La liberté de la concurrence ne saurait être comprise comme impliquant l'interdiction pour toute personne publique, d'intervenir directement sur le marché[63]. Il faut cependant distinguer du principe de l'intervention déjà considéré[64], les modalités d'intervention.

S'agissant des modalités d'intervention, si l'opérateur public et l'opérateur privé interviennent tous deux dans les mêmes conditions et si « l'égalité des chances est assurée » entre eux, le principe de la liberté de la concurrence ne saurait être invoqué pour empêcher l'entreprise publique d'exercer une activité industrielle ou commerciale[65]. L'article 345 du traité sur le fonctionnement de l'Union européenne, en disposant que « le traité ne préjuge en rien le régime de la propriété dans les États membres », commande de laisser librement intervenir les opérateurs publics, dans la mesure où ils n'utilisent pas des prérogatives ou privilèges exorbitants du droit commun pour fausser, sans justification économique, le jeu de la concurrence. À cet égard, l'article L. 410-1 du Code de commerce prévoit d'ailleurs formellement que le droit de la concurrence s'applique à l'opérateur public comme à l'opérateur privé.

**1030** ***Liberté de l'industrie face à la liberté du commerce***. Le droit de la concurrence a curieusement conduit à établir une hiérarchie entre la liberté de l'industrie entendue au sens strict d'activité de production et la liberté du commerce. Il ressort de la jurisprudence et de la pratique décisionnelle des autorités de concurrence que, en cas de conflit entre elles, la liberté pour le commerçant d'acquérir et de revendre comme il l'entend les produits mis sur le marché devrait être préférée à la liberté pour l'industriel de vendre et de faire revendre comme il le veut les produits qu'il a fabriqués.

Une hiérarchie, probablement inspirée par la plus forte contribution du commerce à l'ouverture des marchés à la concurrence[66], s'établit ainsi, subtilement et subrepticement, au sein de la liberté du commerce et de l'industrie qui était traditionnellement perçue comme homogène. La liberté du commerce vient primer la liberté de l'industrie, laissant apparaître l'idée qu'il n'y aurait non pas une, mais deux libertés soumises à un régime distinct : la liberté du commerce et celle de l'industrie, la seconde pouvant plus facilement être limitée, dans son exercice tout au moins, que la première[67].

---

61. Lorsque la régulation est possible, elle ne saurait excéder son domaine : par exemple en matière de prestations assurées par des gestionnaires des réseaux de distribution d'électricité, CE 25 sept. 2015, req. n° 386077.
62. Pour une illustration, à propos d'une clause statutaire entravant l'exercice de la concurrence, Com. 30 mai 2012, *D.* 2012. 2717, obs. A. Constantin et Aut. conc., avis n° 10-A-26, 7 déc. 2010, *D.* 2011. 544.
63. Sur les notions d'activité économique et d'activité hors marché, v. F. Tesson, « La notion d'activité économique des personnes publiques », *AJDA* 2013. 1675.
64. V. ss 1024.
65. CJCE 19 mars 1991, *France c/ Commission, Rec. CJCE* I-1223, p^t 51 ; D. Linotte, « Principes d'égalité, de liberté du commerce et de l'industrie et droit de la concurrence », *in Droit public de la concurrence*, Economica, 1987, p. 10 ; S. Destours, *La soumission des personnes publiques au droit interne de la concurrence*, Litec, coll. « Bibl. dr. entreprise », 2001 ; B. Faure, « Remarques sur les mutations du principe de la liberté du commerce et de l'industrie », note s^s CE 23 mai 2003, *Communauté des communes Artois-Lys*, *RFDA* 2004. 299, évoque l'établissement d'une « coexistence pacifique de l'administration et de l'économie ». Un argument à l'encontre de l'intervention d'une personne publique est la méconnaissance du droit applicable aux marchés publics, v. P. Soler-Couteaux, obs. sous CE 4 mars 2009, *Contrats Marchés publ.* 2009, n° 120.
66. D. Ferrier, « Les appréciations de la distribution sélective en droit interne et communautaire », *Cah. dr. entr.* 1991-1.
67. Une illustration en est donnée par le traitement défavorable aux producteurs et favorable aux distributeurs de la vente sur Internet, CJUE 13 oct. 2011, aff. C-439/08 ; Paris 31 janv. 2013, *D.* 2013. 887, obs. D. F. ; v. égal. Cons. const. 17 sept. 2015, n° 2015-480, estimant inconstitutionnelle la suspension de fabrication et d'exportation de produits contenant du bisphénol A, non commercialisables en France, car ils sont commercialisables dans les pays étrangers.

# II • Les limitations à la liberté du commerce et de l'industrie

**1031** La liberté du commerce et de l'industrie, comme toute liberté, peut se voir imposer des limites légales (**A.**) mais aussi conventionnelles (**B.**).

## A • Les limitations légales

**1032** ***Conditions des limitations légales.*** Après avoir affirmé que toute personne bénéficiait du régime de la liberté du commerce et de l'industrie, l'article 7 du décret d'Allarde ajoutait : « mais elle sera tenue de [...] se conformer aux règlements de police qui pourront être faits ».

Le Conseil constitutionnel a ainsi jugé que la liberté du commerce et de l'industrie relève de ces libertés qui « ne sont ni générales, ni absolues » et qui « ne peuvent s'exercer que dans le cadre d'une réglementation instituée par la loi »[68].

Si la liberté du commerce et de l'industrie est soumise à l'encadrement du législateur, ce dernier ne pourra, toutefois, la restreindre de manière abusive ou arbitraire et devra non seulement invoquer à cette fin des considérations tenant à l'intérêt général : impératifs de santé[69], sécurité ou moralité publique, exigences d'ordre public économique de direction ou de protection[70], mais encore faire en sorte que les atteintes soient proportionnées à l'objectif poursuivi[71].

Le législateur a, ainsi, sous diverses inspirations économiques, sociales, environnementales..., multiplié des limitations légales, sous forme d'interdiction ou de réglementation, tant à la liberté d'entreprendre qu'à la liberté d'exploiter, en ignorant ou, au contraire, en sollicitant à cette fin le principe de la liberté de la concurrence[72]. Le législateur, en principe seul habilité à prendre des dispositions affectant une liberté publique, confie parfois ce pouvoir aux autorités administratives[73] tenues à la même exigence de proportionnalité[74].

---

68. Cons. const. 27 juill. 1982, *RD publ.* 1983. 333, obs. L. Favoreu ; Cons. const. 16 janv. 2001, n° 2000-439 DC, *LPA* 12 févr. 2001, obs. J.-E. Schoettl.
69. Cons. const. 16 juill. 2009, n° 2009-584 DC, *D.* 2010. 1508, obs. L. Gay ; T. Tauran, « La sécurité sociale et les limitations apportées à la liberté d'entreprendre », *JCP S* 2017. 1240, conclut : « en matière de couverture sociale, les impératifs de solidarité (CSS art. L. 111-1) ont donc pris le pas sur les préoccupations entrepreneuriales ». *Adde* dans le contexte de la crise sanitaire liée au covid-19, Cons. const., 5 août 2021, n° 2021-824 : AJCA 2021, p. 606, obs. S. Nicinski, qui considère que les obligations de contrôle des passes sanitaires imposées aux professionnels ne portent pas une atteinte excessive à la liberté d'entreprendre, dès lors « qu'elles se limitent à imposer à l'exploitant d'un lieu ou d'un établissement ou au professionnel responsable d'un événement de contrôler la détention par ses clients d'un « passe sanitaire », sous format papier ou numérique » et que « s'il peut en résulter une charge supplémentaire pour les exploitants, la vérification de la situation de chaque client peut être mise en œuvre en un temps bref ».
70. Crim. 8 avr. 1992, *Gaz. Pal.* 1993. 1. 8, note P. Doucet ; CJCE 14 oct. 2004, *Omega*, *JCP* 2004. II. 10199, note C. Zarka ; M. Delmas-Marty, « La mondialisation du droit : chance et risque », *D.* 1999. Chron. 43, évoque le besoin de « conjuguer économie et droit de l'homme ».
71. Cons. const. 12 janv. 2002, n° 2001-455 DC, pt 46 : « pour poser les règles propres à assurer au mieux... le droit pour chacun d'obtenir un emploi, [le législateur] peut apporter à la liberté d'entreprendre des limitations liées à cette exigence constitutionnelle, à la condition qu'il n'en résulte pas d'atteinte disproportionnée au regard de l'objectif poursuivi » ; Cons. const. 18 oct. 2010, préc. : « le législateur a adopté des mesures propres à assurer une conciliation qui n'est pas manifestement déséquilibrée entre le principe de la liberté d'entreprendre et l'objectif de valeur constitutionnelle de sauvegarde de l'ordre public » ; CJUE 30 juin 2016, aff. C-134/15, *Lidl*, *RTD eur.* 2017. 370, obs. F. Benoît Rohmer : est proportionnée l'obligation de faire figurer une information en matière de prix, alors même qu'elle est susceptible d'avoir un impact sur l'organisation de l'entreprise.
72. Par ex. pour assurer l'équilibre des relations commerciales, Cons. const. 13 mai 2011, n° 2011-126 QPC, *D.* 2012. 577, obs. D. F.
73. Not. aux autorités décentralisées, par ex. : le maire, CGCT, art. L. 2212-2, voire à des organismes professionnels ou des autorités de régulation ; CE 28 juill. 2017, req. n° 411454, *Sté Élever*, sur les pouvoirs de la commission de régulation de l'énergie, *Énergie, Environnement, Infrastructures*, 2017, com. 70, J.-S. Boda.
74. V. Champeil-Desplats, « La liberté d'entreprendre au pays des droits fondamentaux », *RDT* 2007. 19 ; CE 22 nov. 2000, req. n° 223645, *Dr. adm.* 2001, n° 5 : « dès lors que l'exercice de pouvoirs de police administrative est susceptible d'affecter des activités de production, de distribution ou de services, la circonstance que des mesures de police ont pour objectif la protection de l'ordre public..., n'exonère pas l'autorité investie de ces pouvoirs de police de l'obligation de prendre en compte également la liberté du commerce et de l'industrie et les règles de concurrence ». CE 23 mai 2012, *RATP*, *AJDA* 2012. 1146, M. Lombard, S. Nicinski et E. Glaser ; CE 22 juin 1963, *Gaz. Pal.* 1963. 2. 451 ; l'exercice de pouvoirs de police ne saurait en particulier entraîner l'édiction d'une interdiction générale d'exercice d'une profession ou d'une limitation des professionnels pouvant la pratiquer, CE 22 juin 1951, *Daudignac*, *D.* 1951. 589, concl. J. Gazier ; M. Pédamon, « La liberté d'entreprendre et l'intervention des autorités publiques », *RJC*, n° spécial, 1983. 13 ; CJUE 26 oct. 2017, aff. C-534/16, *Rev. Europe*, 2017, com. 447, F. Gazin, loi fiscale slovaque sur la TVA affectant la liberté d'entreprendre, critiquée au regard du principe de proportionnalité.

Selon une formule souvent employée par le Conseil constitutionnel, et reprise par le Conseil d'État[75], « il est loisible au législateur d'apporter à la liberté d'entreprendre et à la liberté contractuelle, qui découlent de l'article 4 de la Déclaration de 1789, des limitations liées à des exigences constitutionnelles ou justifiées par l'intérêt général, à la condition qu'il n'en résulte pas d'atteintes disproportionnées au regard de l'objectif poursuivi »[76].

## 1 • Les limitations légales à la liberté d'entreprendre

**1033** ***Typologie des limitations.*** La liberté d'entreprendre souffre de nombreuses limitations inspirées par le souci de protéger des intérêts généraux notamment la politique économique de l'État contre le développement d'activités ou de formes d'activité non souhaitées par l'autorité publique, mais aussi des intérêts particuliers tels que celui des incapables contre le risque que leur ferait courir l'exercice de certaines activités, ou celui des agents économiques contre les agissements d'entrepreneurs indélicats ou inaptes.

Des mesures préventives sont prises pour imposer à des acteurs économiques des conditions préalables à l'exercice d'une activité professionnelle, et notamment :

— déclaration requise avant l'exercice de certaines activités telles que : activités libérales, bancaires, d'assurance, de débit de boisson, de presse…[77] ;

— autorisation requise pour l'exercice ou l'implantation de certaines activités telles que : pharmacie, entreprise de transport, laboratoire d'analyse, agence de voyages, activités de nature à porter atteinte à l'environnement[78], grandes surfaces de vente[79], réseau de communication[80] ;

— qualification requise pour l'exercice de certaines activités afin de contrôler une aptitude ou la conformité à certaines normes destinées à protéger d'autres acteurs économiques et notamment les consommateurs[81].

---

75. Par ex. CE 7 mars 2019, n° 426336, Société Viagogo Entertainment Inc.
76. Cons. const., 21 oct. 2022, n° 2022-1016 QPC ; Cons. const. 27 juill. 2000, n° 2000-433 ; Cons. const. 30 nov. 2018, n° 2018-749 QPC, *JO* 1er déc.
77. L'exigence d'une telle déclaration n'est pas une limitation de la liberté d'entreprendre lorsqu'elle a pour finalité de faire connaître l'intention d'agir de l'administré ; en effet, « la déclaration peut se trouver aussi bien aux confins de l'autoritarisme que de la liberté totale », P. M. Martin, « La déclaration préalable à l'exercice des libertés publiques », *AJDA* 1975. 436 ; T. M'Saidié, « La déclaration administrative préalable à l'exercice d'une activité », *AJDA* 2013. 514. On peut en rapprocher l'imposition de certaines obligations préalables à l'exercice de l'activité, par exemple l'élaboration d'un plan préventif de redressement et de résolution bancaires, *RD banc. fin.* 2017, n° 6, étude 27, C. Galakho.
78. Parfois argument d'un *numerus clausus* : CSP, art. L. 571 s. : officines de pharmacie ; C. déb. boiss., art. L. 27 s. : débits de boissons ; L. n° 95-66, 20 janv. 1995 et décr. n° 2013-1251 du 27 déc. 2013 : taxis ; L. 27 ventôse, an VIII, art. 93 : huissiers de justice ; CAA Nantes, 2e ch., 29 juin 2010, *JCP Adm.* 2010, n° 43, 2317 : entreprises dispensant des stages de sensibilisation à la sécurité routière.
79. Régime allégé et simplifié par ord. n° 2015-1682 du 17 déc. 2015. En matière d'autorisation d'implantation de grande surface de vente : A. Laguerre, « Le commerce intégré dans l'urbanisme, la liberté du commerce menacée. À propos d'une proposition de loi », *JCP Adm.* 2011, n° 2056 ; P. Soler-Couteaux, « Le droit de l'urbanisme : sous la règle, quelle liberté ? », *RDI* 2009. 208 ; rapp. Cons. const. 7 déc. 2000, n° 2000-436 DC, Rec. Cons. const. 176 censurant un manquement à la liberté d'entreprendre à propos de la loi SRU ; Cons. const. 12 mars 2019, n° 2019-830-QPC, qui considère que l'article 166 de la loi ELAN réformant l'article L. 752-6 du Code de commerce en exigeant que chaque commission départementale d'aménagement commercial doit désormais prendre en considération un critère supplémentaire d'implantation tenant à « la contribution du projet à la préservation ou à la revitalisation du tissu commercial du centre-ville… » ne porte pas une atteinte excessive à la liberté d'entreprendre car elle répond de manière proportionnée à un objectif d'intérêt général de lutte contre « le déclin des centres-villes ». Dès lors qu'un régime d'autorisation relève de la seule compétence du législateur, un maire ne peut subordonner l'exercice de l'activité à la délivrance préalable d'une autorisation ; à propos de marchand ambulant, Crim. 30 janv. 1991, *D.* 1992. Somm. 215, note D. Maillard Desgrées du Loû.
80. L. n° 2019-810 du 1er août 2019, visant à préserver les intérêts de la défense et de la sécurité nationale de la France dans le cadre de l'exploitation des réseaux radioélectriques mobiles, pour laquelle le Cons. const. a considéré que le nouveau régime d'autorisation instauré en vue de l'exploitation du réseau 5G ne porte pas une atteinte excessive à la liberté d'entreprendre au regard de l'exigence constitutionnelle inhérentes à la sauvegarde des intérêts fondamentaux de la Nation en matière de défense et de sécurité nationale (Cons. const. 5 févr. 2021, n° 2020-882, QPC : *AJDA* 2021, p. 606, obs. S. Nicinski).
81. Pour les ventes volontaires de meubles aux enchères publiques (C. com., art. L. 320-2), il a ainsi été jugé que l'exigence de qualification « ne porte pas atteinte à la liberté d'entreprendre », CE 17 avr. 2015, req. n° 373589 ; rapp. CE 30 déc. 2011, *Assoc. pour le droit à l'initiative économique*, *RLC* 2012, n° 2046, obs. G. Clamour. Pour les avocats aux conseils, après le décret n° 2016-652 du 20 mai 2016 modifiant les conditions d'accès à la profession, J.-S. Boda, Sur la validité du monopole des avocats au Conseil d'État et à la Cour de cassation, *JCP A* 2016. 623.

Des mesures prohibitives ou limitatives sont prises pour empêcher l'exercice même d'activités professionnelles ou de certaines conditions d'activité, et notamment :
— interdiction inspirée par la sauvegarde de l'ordre public et des bonnes mœurs contre les entreprises immorales : prostitution[82], maison de jeux[83], entreprise de contrebande... ou contre les entrepreneurs indésirables, frappés d'une interdiction ou de déchéance (C. pén., art. 131-27 s.)[84] ;
— interdiction dictée par la protection de certaines personnes, avec un régime d'incapacité pour tenir compte de leur faiblesse : mineur, majeur en tutelle ou en curatelle (C. civ., art. 488, 495 et 510), ou un régime d'incompatibilité pour les soustraire à la compromission et au simple soupçon : fonctionnaire, officier ministériel, parlementaire, membre d'une profession libérale organisée en ordre professionnel ;
— interdiction liée à l'établissement de monopoles : monopole d'État justifié par l'intérêt général, comme celui des poudres ou de certains services postaux, sous réserve de sa création par la loi et de sa validation, au demeurant de moins en moins acquise, par le droit européen[85] ; monopole d'importation et de commercialisation[86] ou monopole de marché tel que le marché d'intérêt national en matière de commerce de gros (C. com., art. L. 761-1), ou le monopole légal des taxis[87] ; et même un monopole d'exploitation, résultant de droit privatif accordé par la loi au créateur (droit de propriété littéraire ou artistique), à l'inventeur ou à l'investisseur en recherche-développement ou en publicité (droit de propriété intellectuelle et industrielle)[88] ;
— interdiction, de plus en plus fréquente, liée à la protection de l'environnement[89] ;

82. Ainsi, l'interdiction de solliciter, d'accepter ou d'obtenir des relations de nature sexuelle d'une personne qui se livre à la prostitution, y compris de façon occasionnelle, en échange d'une rémunération, d'une promesse de rémunération, de la fourniture d'un avantage en nature ou de la promesse d'un tel avantage n'est pas contraire à la liberté d'entreprendre, car cette interdiction se justifie par la nécessité de sauvegarder la dignité de la personne humaine contre ces formes d'asservissement et poursuit l'objectif de valeur constitutionnelle de sauvegarde de l'ordre public et de prévention des infractions (Cons. const. 1er févr. 2019, n° 2018-761 QPC, *JO* 2 févr.).

83. Sur la contestation du régime d'exclusivité des paris hippiques hors hippodromes, J.-P. Thiellay, « Le monopole du Pari Mutuel Urbain et la liberté de prestation de services », *RFDA* 2008. 1043 ; J.-L. Clergerie, « La prudence du Conseil d'État face au monopole du PMU », *D.* 2008. 1869.

84. Civ. 1re, QPC, 8 juin 2017, n° 16-25.844, *Gaz. Pal.* 4 juill. 2017, obs C. Berlaud, liberté d'entreprendre invoquée par un avocat se voyant refuser l'inscription au tableau d'un ordre.

85. TFUE, art. 37 ; v. par ex. L. n° 2000-108 du 10 févr. 2000 limitant le monopole d'EDF en matière de fourniture d'électricité, conformément à la directive n° 96/92/CE du 19 déc. 1996 — abrogée par direct. n° 2009/72/CE 13 juill. 2009, et L. n° 2006-1357 du 7 déc. 2006, rapp J.-S. Boda, « Nouvelle censure d'une prestation annexe, pour atteinte aux libertés économiques », *Rev. énergie, environnement, infrastructures*, août 2018, l'extension d'un monopole à des prestations annexes constitue une atteinte à la liberté du commerce et de l'industrie ; par ailleurs l'entreprise d'État doit supporter la concurrence d'entreprises privées, lorsqu'elle n'assure pas un service d'intérêt général, art. 106 TFUE, v. J.-L. Sauron, « L'ouverture des services publics à la concurrence », *D. Affaires* 1997. 588 ; F. Mallol, « Divorce à l'européenne ? Ou l'épineuse question des services publics », *JCP* 1996. I. 3963 ; R. Kovar, « Droit communautaire et service public », *RTD eur.* 1996. 215 et 493 ; D. Linotte, « Principes d'égalité, de liberté du commerce et de l'industrie et droit de la concurrence », *in Droit public de la concurrence*, préc., p. 20 ; « Monopole de vente au détail des tabacs manufacturés : pas de renvoi de la QPC », obs. ss Crim. 28 janv. 2011, *D. actualité*, 16 févr. 2011, obs. C. Fleuriot.

86. Cons. const. 22 juin 2012, n° 2012-258 QPC ; parfois institué de manière indirecte, pour un exemple récent, v. CE 12 janv. 2017, req. n° 400298, *RGDA* mai 2017, n° 5, obs L. Sophie, contestation du traitement automatisé des données du fichier Ficovie, en ce qu'il favoriserait les notaires.

87. Les interdictions corrélatives d'information sur la localisation et la disponibilité des voitures de transport avec chauffeur ne portent pas une atteinte manifestement disproportionnée à leur liberté d'entreprendre, Cons. const. 22 mai 2015, n° 2015-488 s. QPC, *Sté Uber France SA.* Th. Piazzon, note sous Cons. const. 15 janv. 2016, n° 2015-516 QPC, *Nouv. Cah. Cons. const.* 2016, n° 52, sur la liberté d'accès des chauffeurs de taxi à l'activité de VTC ; F. Chaltiel, Les voitures de transport avec chauffeur, le droit constitutionnel et le droit européen, *LPA* 2016, n° 97.

88. La liberté du commerce et de l'industrie semble cependant de plus en plus souvent appelée à limiter la portée des droits de propriété intellectuels et industriels : M. Dhemme, « La prescription des actions en nullité des titres de propriété industrielle à la lumière de la liberté du commerce et de l'industrie », *Rev propriété industrielle*, juin 2018 ; R. Raffray, « Affaire Caudalie contre premiers crus. Faiblesse ontologique des mentions traditionnelles vitivinicoles ou protection exacerbée de la liberté du commerce », *Rev dr. patr.*, n° 286, déc. 2018.

89. Cons. const. 11 oct. 2013, n° 2013-346 QPC, *Société Schuepbach Énergie*, *JO* 13 oct. 2013, p. 16905, à propos de la loi du 13 juill. 2011 interdisant la « fracturation hydraulique » ; en revanche, censure de dispositions imposant des contraintes dans l'utilisation de matériaux en bois pour certaines constructions, Cons. const. 24 mai 2013, n° 2013-317 QPC, *Syndicat français de l'industrie cimentière*, *JO* 29 mai 2013, p. 8854 ; Cons. const. 25 oct. 2018, n° 2018-771 DC, *JO* 1er nov., à propos de l'article L. 541-10-5 du Code de l'environnement, qui met fin à la mise à disposition des gobelets, verres et assiettes jetables de cuisine pour la table en matière plastique, sauf ceux compostables en compostage domestique et constitués, pour tout ou partie, de matières biosourcées, considéré comme ne portant pas une atteinte injustifiée et disproportionnée à la liberté d'entreprendre des personnes produisant et commercialisant les ustensiles visés par cette interdiction dans la mesure où cette disposition poursuit un but de protection de l'environnement et de la santé publique. *Adde.* Cons. const. 31 janv. 2020, n° 2019-823 QPC, *Union des industries de la protection des plantes* : D. 2020, p. 1159, note B. Parance et S. Mabile, qui souligne l'exigence d'une conciliation, qui ne doit pas être manifestement déséquilibrée, entre, d'une part, les objectifs à valeur constitutionnelle de protection de l'environnement et de la santé et, d'autre part, la liberté d'entreprendre.

— limitations d'activité inspirées par des préoccupations aussi nombreuses que variées, par exemple la déontologie professionnelle[90], l'utilisation du domaine public pour une activité commerciale[91], la santé publique[92]...

Toutes ces mesures doivent être appréciées de manière restrictive en raison de l'atteinte qu'elles portent à la liberté d'entreprendre[93]. Par exemple, s'agissant des mesures résultant de l'exercice des pouvoirs de police, le Conseil d'État a souligné : « Dès lors que [leur] exercice [...] est susceptible d'affecter les activités de production, de distribution et de services, la circonstance que les mesures ont pour objectif la protection de l'ordre public ou la sauvegarde d'intérêts spéciaux n'exonère pas l'autorité investie de ces pouvoirs de prendre en compte également la liberté du commerce et de l'industrie et les règles de concurrence »[94]. Dans le même esprit, les mesures limitant l'accès à une activité réglementée, en ce qu'elles restreignent la liberté d'entreprendre, peuvent faire l'objet d'un contrôle de proportionnalité[95].

## 2 • Les limitations légales à la liberté d'exploiter

**1034** La liberté d'exploiter se trouve également affectée par le jeu de nombreuses dispositions visant essentiellement la protection de l'économie ou des acteurs économiques.

**1035** ***Protection de l'économie.*** La protection de l'économie a été pendant longtemps recherchée dans le respect d'objectifs économiques fixés par la puissance publique, à travers notamment la réglementation des prix[96] devenue toutefois marginale depuis l'affirmation du principe de la liberté des prix[97].

---

90. Dans l'exercice de la profession d'avocat : CE 9 nov. 2015, req. n° 386296 : l'encadrement par le pouvoir réglementaire des conditions dans lesquelles les avocats peuvent recourir à la publicité et à la sollicitation personnalisée ne constitue pas en soi une atteinte à la liberté d'entreprendre ; CE 9 nov. 2015, req. n° 384728 : l'interdiction par le Conseil national des barreaux de l'utilisation d'un nom de domaine générique pour le site Internet d'un avocat ne constitue pas une atteinte disproportionnée à la liberté d'entreprendre.

91. CE 29 janv. 1932, *Sté des autobus antibois*, *S.* 1933. III. 65, note P. L ; Crim. 4 avr. 2006, *JCP E* 2006. 2405, obs. G. Decocq ; S. Nicinski, « Les conditions d'accès à un ponton au risque des règles de concurrence », *AJDA* 2004. 2210 ; Rapp. L'interdiction de construire sur le domaine public maritime n'est pas contraire à la liberté d'entreprendre ni à la liberté du commerce et de l'industrie, CE 6 oct. 2010, *RJEP* 2011, n° 683, comm. 10, B. Delaunay. Le droit de priorité reconnu aux communes dans l'attribution de concession de plage « ne méconnaît ni le principe de la liberté d'entreprendre ni celui de la liberté du commerce et de l'industrie qui en découle », CE 22 mai 2013, *Assoc. synd. des résidences du port de Mandelieu La Napoule*, n° 366750, *Contrats Marchés publ.* 2013, n° 193, G. Eckert ; *AJDA* 2013. 1976, note Ph. Chrestia ; Une décision prise par l'autorité publique dans l'usage de son pouvoir réglementaire de gestion domaniale, même si elle crée une discrimination entre concurrents, ne porte en elle-même aucune atteinte au principe de la liberté du commerce et de l'industrie, v. P. Soler-Couteaux, « Occupation du domaine public-Liberté du commerce et de l'industrie, discrimination et concurrence », *Rev CMP*, oct. 2018, note ss CAA Paris, 10 juill. 2018.

92. Cons. const. 21 oct. 2016, n° 2016-593 QPC, *Constitutions*, 2016. 655, obs. L. Domingo, restrictions à l'implantation territoriale de laboratoires de biologie médicale.

93. Une illustration récente est donnée par le régime applicable à l'exploitation à des fins commerciales de l'image d'un immeuble relevant du domaine domanial, « Exploitation de l'image du domaine public : où placer la frontière entre le sacré et le profane », à propos de CE, ass., 13 avr. 2018, n° 397047 ; M. Monot-Fouletier, « La gestion de l'image des domaines nationaux : de la consécration d'un régime juridique quasi domanial à la reconnaissance d'un droit réel spécial », *Rev dr. pub.*, nov. 2018.

94. CE 26 janv. 2007, *Synd. prof. de la géomatique*, *CCC* 2007, n° 127, M. Bazex ; CE 15 mai 2009, *Cie des bateaux-mouches*, *AJDA* 2009. 1812, obs. S. Nicinski ; CAA Nantes, 4 mai 2010, S. Dugommier, « Liberté du commerce et de l'industrie et gestion des musées », *AJDA* 2010. 1475 ; v. les décisions récentes en matière de règlementation dans les territoires ultramarins : E. Akoun, « Liberté du commerce et de l'industrie et contrôle des lois du pays », *RLC* 2014. 75 et du même auteur, « L'intervention publique en Nouvelle-Calédonie », *RFDA* 2014. 231, à propos de l'importation et de la distribution de produits de grande consommation. Constitue une atteinte disproportionnée l'interdiction par le maire de Paris des dispositifs de chauffage au gaz sur les terrasses de café : CAA Paris 1er juin 2015, req. n° 13PA01166. J.-C. Videlin, Exploitation commerciale de la voirie et droit de la concurrence, *JCP A* 2016. 2218.

95. CE, ass., 18 mai 2018, *Louvion et a.*, req. n° 400675, *Lebon*, v. G. Clamour et P.-Y. Gahdoun, *v°* « Commerce et industrie », préc., n° 94.

96. Ord. 30 juin 1945, art. 1er, abrogée par ord. 1er déc. 1986 ; mais l'art. L. 410-2 du C. com. permet encore au Gouvernement de fixer les prix, par voie de décret, lorsque des perturbations d'ordre structurel ou conjoncturel affectent le jeu de la concurrence sur le marché. *Adde*. Décr. n° 2019-1426 du 20 déc. 2019, qui plafonne la rémunération des intermédiaires immobiliers intervenant dans le cadre de vente de logement neuf soumis à la loi dite Pinel, afin d'éviter un détournement par ces derniers de l'avantage fiscal mis en place par cette loi. Contrairement à ce qui était prétendu par certains professionnels de l'immobilier, le Cons. const. a considéré que, même si ce dispositif porte atteinte à la liberté de fixer les prix, il ne restreint pas de manière disproportionnée la liberté d'entreprendre (Cons. const. 15 oct. 2020, n° 2020-861 DPC).

97. Ord. n° 86-1243 du 1er déc. 1986 relative à la liberté des prix et de la concurrence. L'encadrement légal des prix peut alors être discuté sur le fondement de la liberté d'entreprendre (V. par ex. Cons. const. 12 août 2022, n° 2022-843 DC, *Loi portant mesures d'urgence pour la protection du pouvoir d'achat* : AJDA 2022 p. 1878, obs. S. Nicinski, qui considère que l'instauration d'un prix plancher légal de cession de l'électricité ne porte pas une atteinte disproportionnée à la liberté d'entreprendre dès lors qu'il vise à assurer un fonctionnement concurrentiel du marché de l'électricité et garantir une stabilité des prix sur ce marché, poursuivant ainsi un objectif d'intérêt général.

Aujourd'hui, l'interventionnisme lié à la direction de l'économie revêt de nouvelles formes à travers le droit de la concurrence, indépendamment du contrôle du comportement de l'entreprise en position dominante sur le marché[98]. Est ainsi réalisé un contrôle des structures à travers, d'une part, le contrôle de la concentration économique c'est-à-dire du rapprochement qui serait projeté entre des entreprises indépendantes (C. com., art. L. 430-1 et s.) et, d'autre part, le contrôle de l'organisation du marché auquel se prête de plus en plus souvent l'Autorité de la concurrence sous couvert du contrôle du libre jeu de la concurrence[99].

**1036** ***Protection des acteurs économiques.*** La protection des acteurs économiques a pendant longtemps été essentiellement focalisée sur les salariés. La liberté d'exploiter de l'entreprise-employeur s'est trouvée ainsi contrariée par de nombreuses dispositions de droit social. On évoquera à titre d'exemple la réglementation des horaires de travail[100] dont une implication, aujourd'hui discutée, est le principe de la fermeture dominicale des commerces au demeurant lui-même soumis à de plus en plus d'exceptions (C. trav., art. L. 3132-29)[101].

Cette protection joue de manière systématique depuis 1970 en faveur des consommateurs[102], avec la réglementation des méthodes de vente pouvant les placer en situation de vulnérabilité face aux professionnels : vente en solde (C. com., art. L. 310-2), vente au déballage (C. com., art. L. 310-3), vente à domicile (C. consom., art. L. 121-1), vente à distance (C. consom., art. L. 121-16)..., ainsi que les nombreuses réglementations d'origine interne ou européenne portant sur les produits et services mis sur le marché (C. consom., art. L. 221-1 et C. civ., art. 1245), sur les relations contractuelles, en particulier les conventions comportant des clauses abusives (C. consom., art. L. 132-1 ; directive n° 93-13, 5 avr. 1993), celles concernant des opérations de crédit (C. consom., art. L. 311-1 s. ; directive n° 87-102, 22 déc. 1986) ou les services d'intermédiation en ligne (Règl. 2019/1150, 20 juin 2019)[103]...

Le souci de protection de la concurrence combiné à celui de protection des consommateurs conduit aussi les autorités de concurrence à limiter la liberté d'exploiter des entrepreneurs en soumettant les décisions et comportements concertés « pouvant avoir pour effet de fausser le jeu de la concurrence » à un bilan économique qui met en balance, d'une part, l'apport économique résultant de telles décisions ou comportements et l'avantage qui en est retiré par le consommateur, d'autre part, les restrictions de concurrence emportées par ces décisions ou comportements tant au regard de l'objectif poursuivi (contrôle de proportionnalité entre ces restrictions et les apports et avantages relevés) qu'au regard de la concurrence sur le marché (TFUE, art. 101, § 3 ; C. com., art. L. 420-4).

La protection des acteurs économiques conduit enfin à encadrer les relations entre professionnels, en prévenant ou sanctionnant les abus de puissance de négociation, à travers le droit de la transparence tarifaire et le droit des pratiques restrictives de concurrences (ou des pratiques commerciales déloyales entre professionnels), tant en droit interne (Livre IV du Titre T. IV du Code de commerce) qu'en droit européen désormais (Dir. n° 2019/633, 17 avr. 2019 sur les pratiques commerciales déloyales dans les relations interentreprises au sein de la chaîne d'approvisionnement agricole et alimentaire).

---

98. TFUE, art. 102 ; C. com., art. L. 420-2 ; les conditions d'exploitation de l'entreprise seront rigoureusement appréciées pour éviter qu'elle profite de sa position de force pour gêner le développement ou l'apparition d'une concurrence, ainsi, des décisions d'exploitation qui seraient tolérées d'une entreprise en situation de concurrence effective pourront, venant d'une entreprise en position dominante, être condamnées en tant qu'abus de domination ; C. Prieto, « L'entreprise et ses concurrents », *in Entreprise et liberté*, préc., p. 43. V. condamnation de l'octroi, par une entreprise en position dominante, de remises à certains acheteurs, Com. 6 avr. 1999, *Bull. civ.* IV, n° 79.
99. L. Vogel, J.-P. Viennois et C. Nourissat, Colloque Lyon mai 2015, « De la protection du marché à la régulation de la concurrence », *Rev. Concurrences* 2016, n° 1, suppl. p. 28 s.
100. En particulier du travail de nuit : C. trav., art. L. 3122-32 ; Cons. const. 4 avr. 2014, n° 2014-373 QPC, *Séphora*, *D.* 2014. 828, *RFDA* 2014. 589, note A. Roblot-Troizier et G. Tusseau.
101. Cons. const. 5 août 2011, n° 2011-157 QPC, *Société Somodia*, *LPA* 18 nov. 2011, n° 230, p. 8, note M. Verpeaux.
102. S. Amrani-Mekki, « La liberté de l'entreprise face à son client », *in Entreprise et liberté*, préc., p. 9.
103. Rappr. Cons. const. 21 oct. 2022, n° 2022-1016 QPC, qui considère que ne méconnaissent pas la liberté d'entreprendre les dispositions de l'art. L. 521-3-1 du C. consom. permettant à la DGCCRF d'enjoindre aux opérateurs de déréférencer, afin de faire cesser des pratiques commerciales frauduleuses, les adresses électroniques des interfaces dont les contenus présentent un caractère manifestement illicite.

Cet encadrement des relations commerciales s'opère, notamment, à travers l'interdiction d'obtenir de l'autre partie un avantage ne correspondant à aucune contrepartie ou manifestement disproportionné au regard de la valeur de la contrepartie consentie et l'interdiction de le soumettre à des conditions créant un déséquilibre significatif entre les droits et obligations (C. com., art. L. 442-1, I, 1° et 2°), ces deux dispositions autorisant en particulier un contrôle du prix qui, selon le Conseil constitutionnel, ne porte pas une atteinte disproportionnée à la liberté d'entreprendre[104].

## B • Les limitations conventionnelles

**1037** À la question de savoir si la liberté du commerce et de l'industrie peut être restreinte par des conventions particulières, une réponse positive est depuis longtemps apportée, sous réserve que ces conventions n'affectent pas le libre jeu de la concurrence sur le marché et notamment qu'elles « n'impliquent pas une interdiction généralement absolue »[105].
Le contrôle sera plus sévère pour les clauses portant atteinte à la première liberté, la liberté d'entreprendre, que pour celles limitant la liberté d'exploiter.

### 1 • Les limitations conventionnelles à la liberté d'entreprendre

**1038** ***Engagement de non-concurrence tenant à l'objet de l'activité.*** La liberté d'entreprendre est souvent contrariée par des conventions qui interdisent à un ancien partenaire ou à un intervenant potentiel d'entreprendre une activité déterminée[106].
Parfois, ces conventions sont considérées comme le prolongement d'une obligation légale pesant sur le débiteur ; ainsi, l'engagement de non-rétablissement du cédant d'un fonds de commerce a été rapproché de l'obligation légale de garantie d'éviction (C. civ., art. 1626) ou de délivrance (C. civ., art. 1604) pesant sur le vendeur. Mais même déduites de la garantie légale d'éviction, les restrictions à la liberté d'établissement sont soumises au principe de proportionnalité[107].
Le plus souvent, elles sont considérées comme un instrument particulier de protection du professionnel contre la captation de sa clientèle ou la reprise de ses salariés par un concurrent potentiel : engagement de non-installation, ou de non-concurrence ou de non-sollicitation[108] à la charge du

---

104. Pour l'article L. 442-1, I, 1°, *cf.* Cons. const. 6 oct. 2022, n° 2022-1011 QPC qui considère que par ce dispositif, « le législateur n'a pas porté à la liberté contractuelle et à la liberté d'entreprendre une atteinte disproportionnée au regard de l'objectif poursuivi ». Pour l'article L. 442-1, I, 2°, *cf.* Cons. const. 30 nov. 2018, n° 2018-749 QPC, *JCP E* 2018. 1638, note M. Behar-Touchais ; *AJCA* 2019. 29, note F. Buy ; *D.* 2019. 787 obs. N. Ferrier « *le législateur a opéré une conciliation entre, d'une part, la liberté d'entreprendre et la liberté contractuelle et, d'autre part, l'intérêt général tiré de la nécessité de maintenir un équilibre dans les relations commerciales. L'atteinte portée à ces deux libertés par les dispositions contestées [l'ancien article L. 442-6, I, 2° recodifié à l'article L. 442-1] n'est donc pas disproportionnée au regard de l'objectif poursuivi* ».

105. P. Reuter, « À propos des ententes industrielles et commerciales », *Dr. soc.* 1953. 1 : « L'autonomie de la volonté trop largement entendue est un obstacle à la liberté du commerce et de l'industrie » ; déjà : Civ. 23 mars 1928, *DP* 1930. 1. 145, note Pic. Not. lorsqu'il s'agit d'ententes professionnelles : Paris 4 nov. 1959, *JCP* 1960. II. 11488, note R. Plaisant : « si étendus que soient les pouvoirs conférés à un syndicat professionnel par ses statuts pour la défense des intérêts de la profession, celle-ci ne saurait conduire à l'élimination de cette profession (même contre indemnité) de certains membres pour sauvegarder les conditions de travail des autres, sans porter atteinte à la liberté du commerce et de l'industrie ».

106. Sur la question, v. Y. Serra, *La non-concurrence*, Dalloz, 1991 ; C. Champalaune, *Le principe de la liberté du commerce et de l'industrie et de la libre concurrence, cinq ans de jurisprudence de la chambre commerciale*, Rapport de la Cour de cassation pour 2001, Doc. fr., 2002, p. 83. 180.

107. Com. 10 nov. 2021, n° 21-11.975 « si la liberté du commerce et de l'industrie et la liberté d'entreprendre peuvent être restreintes par l'effet de la garantie d'éviction à laquelle le vendeur de droits sociaux est tenu envers l'acquéreur, c'est à la condition que l'interdiction pour le vendeur de se rétablir soit proportionnée aux intérêts légitimes à protéger ».

108. Bien que la Cour de cassation ait affirmé que la clause de non-sollicitation « ne constitue pas une clause de non-concurrence dont elle n'est ni une variante ni une précision de celle-ci » (Com. 11 juill. 2006, n° 04-20.552), elle l'a plus récemment soumise au même principe de proportionnalité (Com. 27 mai 2021, n° 18-23.261, qui, après avoir énoncé « une stipulation contractuelle qui porte atteinte aux principes de liberté du travail et de liberté d'entreprendre n'est licite que si elle est proportionnée aux intérêts légitimes à protéger compte tenu de l'objet du contrat », reproche aux juge du fond de ne pas avoir recherché « si l'atteinte portée par la clause de non-sollicitation conclue entre entreprises concurrentes, à la liberté du travail des personnes contractuellement liées à ces entreprises ainsi qu'à la liberté d'entreprendre de ces dernières, était proportionnée aux intérêts légitimes que la clause était censée protéger »).

salarié[109], du franchisé, de l'associé..., pendant l'exécution du contrat et parfois même après son extinction. Ce type d'engagement est généralement admis sous condition que sa portée soit limitée dans le temps et l'espace[110] cumulativement[111], qu'il réponde à un intérêt légitime[112] et qu'il soit proportionné à l'objectif poursuivi. Le contrôle s'opère parfois au visa explicite de la liberté d'entreprendre[113]. En revanche, le débiteur de l'engagement n'est pas, en principe, fondé à revendiquer un droit à indemnité[114]. Il est parfois condamné ; ainsi est réputée non écrite, dans l'un des contrats mentionnés à l'article L. 341-1 du Code de commerce, toute clause ayant pour effet, à l'issue du contrat, de restreindre la liberté d'exercice de l'activité commerciale d'un exploitant[115].

**1039** ***Engagement de non-concurrence tenant à la localisation de l'activité.*** La liberté d'entreprendre est également souvent contrariée par des conventions qui interdisent l'exploitation d'une activité dans certains lieux afin de protéger les acteurs économiques qui y sont déjà implantés[116]. Ces stipulations sont admises dès lors qu'elles n'apportent pas une atteinte disproportionnée, là encore, au regard des intérêts légitimes à protéger[117].

Toutefois une protection particulière de la liberté d'entreprendre est assurée contre de telles limitations en matière de copropriété où il est interdit de stipuler une clause de non-concurrence dans le règlement de copropriété (L. 10 juill. 1965, art. 8), et en matière de bail commercial où il est interdit de faire obstacle à une déspécialisation partielle de l'activité en cause (C. com., art. L. 145-47 s.).

## 2 • Les limitations conventionnelles à la liberté d'exploiter

**1040** ***Engagement de non-concurrence tenant aux conditions de l'activité.*** La liberté d'exploiter peut être contrariée par des engagements plaçant leur débiteur dans la dépendance économique du cocontractant et l'empêchant de gérer comme il l'entend son activité. Ce type d'engagement apparaît dans les clauses d'exclusivité d'achat, d'exclusivité de fourniture, de réalisation de quota, d'application de normes commerciales... stipulées notamment dans les contrats d'achat exclusif, d'assistance et de fourniture, de concession, de franchise, de production...[118]

L'article 1103 du Code civil commande que ces engagements, dès lors qu'ils sont librement consentis, soient exécutés[119], mais certaines dispositions légales en atténuent la portée ; à titre d'exemple, l'article L. 330-1 du Code du commerce limite à dix ans la durée maximale des engagements d'exclusivité d'achat, l'article L. 341-2 du Code de commerce répute non écrite la clause ayant pour effet, après la

---

109. L'ancien salarié étant libre de démarcher la clientèle de son ancien employeur dans la mesure où il ne commet pas à cette occasion d'acte déloyal : Com. 12 juin 2012, n° 11-19.373.
110. Dans la durée, la localisation, les produits ou services concernés, sans être « disproportionné au regard de l'objet du contrat », Com. 4 janv. 1994, *Bull. civ.* IV, n° 4. À propos d'un agent commercial Com. 11 mai 2017, n° 15-12.872, *CCC* 2017, com. 180, d'un associé, Com. 4 juill. 2006 n° 03-19.900 ; d'un locataire-gérant, Com. 3 oct. 2006 n° 04-16.679.
111. Com. 12 févr. 2013, n° 12-13.726 : D. 2013, p. 2812, obs. Y. Picod ; Com. 4 mars 2020, n° 17-21.764 : RTD civ. 2020. 630, obs. H. Barbier, D. 2020, p. 2421, obs. M. Gomy ; Com., 30 mars 2022, n° 19-25.794.
112. Paris 25 oct. 1996, Somm. 241, obs. Y. Serra ; rapp. en droit social, Soc. 7 avr. 1998, Dr. soc. 1998. 546.
113. Com., 30 mars 2022 et 4 mars 2020, préc.
114. Com. 12 janv. 1988, *Bull. civ.* IV, no 21 qui rejetait, sur le fondement précisément de la loi Le Chapelier, une telle prétention d'un ex-franchisé à l'encontre de son ancien franchiseur bénéficiaire de l'engagement de non-concurrence. Comp., en droit social, l'exigence d'une contrepartie financière posée par Soc. 10 juill. 2002, Dr. soc. 2002. 954, obs. R. Vatinet, renforcée par Soc. 4 juin 2008, *JCP 2008*. 1565, note E. Letombe ; Com. 19 mars 2013, *JCP* 2013, n° 640, note R. Mortier.
115. C. com., art. L. 341-2, sauf si la clause est indispensable à la protection d'un savoir-faire délivré pendant l'exécution du contrat, ce qui en particulier la franchise ; D. Ferrier, « Les réseaux de distribution commerciale », *in* « Loi du 6 août 2015 », *JCP* 2015, suppl. n° 44.
116. En particulier dans les regroupements commerciaux, F. Chatelain et S. Gautier-Le Chatelier, « La concurrence dans les centres commerciaux », *JCP* 1981. II. 13643.
117. Paris 3 juill. 2013, n° 11/17161, *JCP E* 2013, n° 1656, note V. Marx : locataire au sein d'un centre commercial.
118. V. clause d'adhésion obligatoire à une association, sanctionnée sur le fondement de la liberté d'association alors qu'elle intéresse plutôt la liberté du commerce et de l'industrie, comme le relèvent F. Deboissy et G. Wickers, Civ. 20 mai 2010, *JCP* 2010. 1993, n° 5.
119. Pour ce qui concerne les limites de l'opposabilité de ces engagements à des tiers se prévalant de la liberté du commerce, v. N. Ferrier et L. Sautonie-Laguionie, « La distribution parallèle à l'épreuve de l'opposabilité du réseau », *RTD civ.* 2011. 225 s.

fin d'un contrat en réseau de distribution « de restreindre la liberté d'exercice de l'activité commerciale de l'exploitant ».

Le droit de la concurrence, surtout, en contrôle la portée dès lors que de tels engagements sont de nature à affecter le libre jeu du marché par le fait d'une entente ou d'un abus de domination. On retrouve ici l'appréciation qui peut être portée par l'autorité de concurrence à travers le bilan économique de l'article L. 420-4 du Code du commerce ou de l'article 101, paragraphe 3 du Traité de fonctionnement de l'Union européenne (avec les règlements d'exemption par catégorie qui le prolongent) en vue d'exempter de la condamnation, au titre de pratique anticoncurrentielle, les atteintes conventionnelles à la liberté d'exploiter, sous condition qu'elles produisent des effets bénéfiques non seulement pour l'économie en général mais également pour le consommateur[120].

Certains auteurs en ont déduit que si l'entrepreneur est le bénéficiaire premier de la liberté du commerce et de l'industrie, le consommateur en serait le bénéficiaire ultime[121].

**1041** ***Évolution.*** Ainsi, le principe de la liberté du commerce et de l'industrie, par-delà sa reconnaissance solennelle dans notre droit, fait de plus en plus l'objet d'une application mesurée.

La mesure de cette application apparaît traditionnellement dans les innombrables limitations tant légales que conventionnelles qui affectent l'exercice de cette liberté. Parfois si gravement, que l'on peut s'interroger sur sa réalité dans certaines de ses manifestations comme la liberté d'établissement. Il a même été avancé que la liberté du commerce et de l'industrie s'effacerait désormais derrière le droit au commerce et à l'industrie[122] ; la liberté d'établissement devenant un droit, par nature conditionné, à s'établir.

La mesure de l'application du principe de la liberté du commerce et de l'industrie apparaît aussi aujourd'hui dans la façon dont le droit de la concurrence à la fois limite et protège la liberté du commerce et de l'industrie. Il peut être alors soutenu que si cette liberté doit être limitée parce qu'elle participe à l'organisation de l'activité économique et en conséquence doit s'ordonner aux exigences supérieures de l'ordre économique, elle doit, par ailleurs, être protégée non seulement contre les pratiques abusives réalisées au nom de la liberté d'entreprendre mais aussi contre les contraintes excessives imposées au nom de l'ordre économique[123].

## BIBLIOGRAPHIE INDICATIVE


- L. D'AVOUT, « La liberté d'entreprendre au bûcher ? », *D.* 2014. 1287.
- D. DE BÉCHILLON, « Le volontarisme politique contre la liberté d'entreprendre », *Nouv. cah. Cons. const.* 2015, no 49, p. 7.
- X. BIOY, *Droits fondamentaux et libertés publiques,* Montchrestien, 6e éd., 2020.
- C. CHAMPALAUNE, *Le principe de la liberté du commerce et de l'industrie et de la libre concurrence, cinq ans de jurisprudence de la chambre commerciale, Rapport de la Cour de cassation pour 2001,* La Documentation française, coll. « Rapports officiels », 2002.
- V. CHAMPEIL-DESPLATS, « La liberté d'entreprendre au pays des droits fondamentaux », *RDT* 2007. 19.


120. V. ss 1036.
121. V. J. Calais-Auloy et Y. Serra (dir.), *Concurrence et consommation*, Dalloz, coll. « Thèmes & commentaires », 1994.
122. T. Revet relève une mutation de la liberté en un droit-créance, « Les qualifications artisanales (loi du 5 juill. 1996) au regard de la liberté du commerce et de l'industrie », *D. Affaires* 1998, n° 100, p. 51 s. : « la liberté du commerce et de l'industrie offerte à tous [deviendrait] un droit au commerce et à l'industrie qui serait réservé à certains seulement ».
123. D. de Béchillon, « Le volontarisme politique contre la liberté d'entreprendre », *Nouv. Cah. Cons. const.* 2015, n° 49, p. 7, avec une critique de la « régulation » qui opère un retour à l'économie administrée.

- G. Clamour, « Qui peut le plus, peut le moins ! ou la liberté économique de fait des personnes publiques », *JCP A* 2007, n° 2286.
- G. Clamour et P.-Y. Gahdoun, « Commerce et industrie », *Rép. com. Dalloz*, 2019.
- P. Delvolvé, « Les libertés économiques », *RFDA* 2017. 33.
- X. Desjeux, « Le droit de la responsabilité civile comme limite au principe de la liberté du commerce et de l'industrie », *JCP E* 1985. I. 14490.
- F. Dreyfus, *La liberté du commerce et de l'industrie*, Berger-Levrault, 1973.
- N. Ferrier et L. Sautonie-Laguionie, « La distribution parallèle à l'épreuve de l'opposabilité du réseau », *RTD civ.* 2011. 225.
- M. Kdhir, « Le principe de la liberté du commerce et de l'industrie : mythe ou réalité », *D.* 1994. Chron. 30.
- J.-P. Kovar, « Où en est la liberté du commerce et de l'industrie ? », *Dr. adm.* 2007. Étude 18.
- D. Linotte, « Principes d'égalité, de liberté du commerce et de l'industrie et droit de la concurrence », in *Droit public de la concurrence*, Economica, 1987.
- J.-L. Mestre, « Le Conseil constitutionnel, la liberté d'entreprendre et la propriété », *D.* 1984. Chron. 1.
- S. Nicinski, *Droit public de la concurrence*, LGDJ, 2005 ; *Droit public des affaires*, Montchrestien, 6e éd., 2018.
- M. Pédamon, « La liberté d'entreprendre et l'intervention des autorités publiques », *RJC*, n° spéc., 1983. 13.
- O. Renard-Payen, « Le principe de la liberté du commerce et de l'industrie », *J.-Cl. Com.* fasc. 127.
- Y. Serra (dir.), *La concurrence déloyale*, Dalloz, coll. « Thèmes & commentaires », 2001.
- D. Truchet, « Les personnes publiques disposent-elles en droit français de la liberté d'entreprendre ? », *D. Affaires*, 1996. 731.
- *Entreprise et liberté*, ouvrage collectif, Journées nat. Assoc. H. Capitant, t. X, Montpellier, Dalloz, coll. « Thèmes & commentaires » 2007.
- « Vers un nouveau droit de la concurrence ? », Colloque Lyon mai 2015, *Rev. Concurrences* 2016, n° 1, suppl. p. 1 et s.


## PISTES DE RÉFLEXION

- La liberté du commerce et de l'industrie peut-elle être invoquée pour justifier l'exposition de cadavres à des fins commerciales (Civ. 1re, 16 sept. 2010, *D.* 2010. 2750, note G. Loiseau) ?
- Le monopole institué au profit de la société Française des jeux et des « casinotiers » (L. 12 juill. 1983, art. 2) porte-t-il atteinte à la liberté du commerce et de l'industrie (Crim. 16 juill. 2010, nos 09-88.580 et 10-80.853) ?
- La liberté du commerce et de l'industrie pourrait-elle être invoquée par une compagnie aérienne pour justifier l'interdiction faite à une agence de voyages en ligne de proposer à la vente dans le cadre de sa propre activité professionnelle les billets d'avion qu'elle vend directement (Paris 23 mars 2012, RG n° 10/11168) ?
- La liberté du commerce et de l'industrie peut-elle être invoquée pour contester le recours au passe sanitaire (Cons. const. 31 mai 2021, n° 2021-819 et 5 août 2021, n° 2021-824) ?

Thème 4

# Les droits fondamentaux des personnes morales

Xavier Dupré de Boulois
*Professeur à l'Université Paris 1 Panthéon-Sorbonne*
*(ISJPS-UMR 8103)*

Alors que les droits de l'homme sont pensés comme des droits de la personne humaine, les personnes morales se sont vues reconnaître le bénéfice de nombreux droits fondamentaux en droit français et en droit européen. La raison en est que les entités personnifiées sont des formes juridiques mises à la disposition des individus afin d'exercer collectivement certains droits fondamentaux (liberté d'entreprendre pour la société commerciale, liberté syndicale pour le syndicat, *etc.*) et qu'il convient donc de les mettre en mesure de réaliser leur objet social à travers la reconnaissance de droits fondamentaux. Cette circonstance explique aussi que les personnes morales ne jouissent pas toutes des mêmes droits fondamentaux. Elles bénéficient des seuls droits nécessaires à la réalisation de leurs objets sociaux respectifs. Il est alors possible d'en proposer une classification. Cette reconnaissance est aussi porteuse de menaces compte tenu de la puissance économique de certaines entités personnifiées (multinationales par ex.). Plusieurs mécanismes sont susceptibles d'être mobilisés pour prévenir les abus dans la mobilisation des droits de l'homme pas ces personnes surhumaines.

**1042** ***Précision liminaire (I) : titularité et invocabilité des droits.*** La présente contribution s'attache à l'étude des droits fondamentaux des personnes morales et non de ceux de ces droits dont elles peuvent soulever la violation devant les différentes juridictions. Il arrive en effet que des personnes morales soient recevables à invoquer des droits dont elles ne sont pas titulaires en propre, au soutien de leurs requêtes. Il en est ainsi dans le cadre des recours de nature objective telle la question prioritaire de constitutionnalité. Le requérant est alors susceptible de soulever une violation de l'ensemble des droits et libertés que la Constitution garantit. Ainsi, une société exploitant une banque de stockage de cellules-souches a pu invoquer la violation de la liberté personnelle de la femme enceinte, du droit à la protection de la santé et du principe d'égalité entre les membres d'une même fratrie au soutien de sa requête contre une disposition du Code de la santé publique qui affectait ses intérêts économiques[1]. Or, il est bien évident que la société en question n'était pas elle-même titulaire des droits constitutionnels en question. Par ailleurs, les associations bénéficient du droit d'agir en justice pour assurer la défense d'intérêts collectifs qui font parfois écho à des droits fondamentaux : lutte contre les discriminations, protection des détenus ou des étrangers, *etc.* Pour autant, une association fondée à agir pour assurer la défense d'un droit fondamental conformément à ses statuts n'est pas titulaire de ce droit par ce seul fait. Ainsi, lorsqu'une association catholique invoque l'article 2 de la Conv. EDH au soutien d'un recours contre un arrêté ministériel autorisant la distribution de la pilule abortive, elle ne doit pas être considérée comme étant elle-même titulaire du droit à la vie[2].

**1043** ***Précision liminaire (II) : exclusion des personnes publiques.*** La question de la reconnaissance de droits fondamentaux aux personnes morales de droit public ne sera pas abordée ici. Elle semble incontestable en droit positif. Toutefois, au regard de la nature particulière des missions assurées par ces personnes morales et des prérogatives qui leur sont accordées à cet effet, elle pose des difficultés particulières que le format du texte ne permet pas d'aborder[3].

**1044** ***Discrétion des textes supra-législatifs.*** Les textes constitutionnels et conventionnels relatifs aux droits de l'homme sont pour l'essentiel silencieux quant à la possibilité pour les différentes personnes morales, telles les associations et les sociétés civiles ou commerciales, d'être titulaires des droits qu'elles proclament. Il n'est guère que l'article 1er du protocole 1er de la Conv. EDH et l'article 11 du PIDESC qui soient explicites à cet égard en tant qu'ils stipulent respectivement que « toute personne physique ou morale a droit au respect de ses biens » et que les syndicats ont le droit d'exercer librement leur activité. Certains auteurs ont aussi souligné que les textes internationaux et européens (Conv. EDH, pactes des Nations Unies) recourant souvent au terme « personne » pour désigner le titulaire des droits qu'ils garantissent, cela impliquerait de ne pas exclure les personnes morales de leur bénéfice[4]. Certains arrêts de la Cour infirment cette interprétation[5]. Par ailleurs, et s'agissant de la Conv. EDH, son article 34 précise que la Cour de Strasbourg peut être saisie d'une requête par « toute organisation non gouvernementale ou tout groupe de particuliers qui se prétend victime d'une violation » de la Convention ce qui peut se comprendre comme une reconnaissance implicite d'un tel bénéfice[6].

1. Cons. const. 16 mai 2012, n° 2012-249 QPC, *Soc. Cryo-Service France.*
2. CE, ass., 21 déc. 1990, *Confédération nationale des associations familiales catholiques, Rec.* 369. Également, Crim. 8 sept. 2020, n° 19-85004, *Bull crim.*
3. v. X. Dupré de Boulois, « Les droits fondamentaux des personnes publiques », *Défendre les libertés publiques. Mélanges en l'honneur de Patrick Wachsmann*, Dalloz, 2021, p. 203.
4. M.-A. Essen, « Discussion », *in La protection internationale des droits de l'homme dans le cadre européen,* Travaux du colloque organisé par la Faculté de droit et des sciences politiques et économiques de Strasbourg, 14-15 nov. 1960, Dalloz 1961, p. 199.
5. CEDH, décis. 27 avr. 1999, *O.I.J. c/ République tchèque*, n° 41080/98 : l'art. 2 du Protocole n° 4 qui affirme le droit de toute personne de quitter un pays ne s'applique qu'aux personnes physiques.
6. H. Golsong, « La Convention européenne des droits de l'homme et les personnes morales », *in Les droits de l'homme et les personnes morales*, Bruylant, 1970, p. 15.

**1045** ***Consécration juridictionnelle.*** Quelles qu'aient été les intentions des rédacteurs de ces différents textes, il est évident que les personnes morales sont aujourd'hui titulaires de droits fondamentaux. Les droits européens ont joué un rôle précurseur dans cette reconnaissance. Les grands arrêts qui ont jalonné l'affirmation puis l'affermissement de la protection des droits fondamentaux en droit de l'Union européenne mettaient pour la plupart d'entre eux en cause des sociétés commerciales[7]. Ce constat ne surprend pas puisque le projet de l'Union repose d'abord sur la construction d'un grand marché économique au sein duquel les marchandises, les services et les capitaux circulent librement. Elle a été suivie par la Cour européenne des droits de l'homme qui a, dès 1979, reconnu le droit d'une personne morale (en l'occurrence l'Église de scientologie) de se prévaloir de la liberté religieuse[8]. De son côté, la Cour de cassation a très tôt reconnu le bénéfice de certains droits de la personnalité aux entités personnifiées et en particulier le droit à l'honneur[9].

**1046** ***Premier recensement.*** Il ressort des jurisprudences des différentes juridictions françaises et européennes que les personnes morales ou du moins certaines d'entre elles, sont titulaires de la liberté d'expression[10], de la liberté religieuse[11], de la liberté d'association[12], de la liberté syndicale[13], de la liberté de réunion[14] et de la liberté d'entreprendre[15]. Il en est de même du principe d'égalité et du droit à la non-discrimination[16] et des droits en rapport avec le procès équitable tels le droit au recours[17], le droit à un tribunal impartial et indépendant[18], le droit à un délai raisonnable de jugement[19] et le droit à l'exécution des décisions de justice[20]. Enfin, leur ont également été reconnus des droits qui sont souvent présentés comme dérivant du droit au respect de la vie privée à savoir le droit à la protection de la réputation[21], des locaux[22], des correspondances[23] et des données stockées sur un serveur informatique[24].

**1047** ***Plan.*** Le propos s'ordonnera en trois temps. Il convient d'abord de revenir sur le principe même de la reconnaissance de droits fondamentaux à des entités abstraites qui demeure discuté (I). Il s'agira ensuite d'exposer les modalités et l'étendue de cette reconnaissance. Il est bien évident que les personnes morales ne sauraient être titulaires de l'ensemble des droits fondamentaux (II). Il n'est pas indifférent d'attribuer des droits fondamentaux à des entités surhumaines. Se pose alors la question des limites nécessaires à leur déploiement (III).

---

7. CJCE 17 déc. 1970, *Internationale Handelsgesellschaft*, aff. n° 11/70 ; CJCE 14 mai 1974, *Nold*, aff. n° 4/73.
8. Com. EDH, déc., 5 mai 1979, *Church of Scientology c/ Suède*, D.R. 16, p. 75.
9. Crim. 12 juin 1956, *Bull. crim.* n° 461.
10. Cass., ass. plén., 12 juill. 2000, *Soc. Citroën*, *Bull. ass. plén.*, n° 7; CEDH 22 mai 1990, *Autronic AG*, série A n° 178 ; Civ. 1re, 4 juin 2014, n° 13-16.794, *Bull. civ.* I, n° 106 ; CJUE 4 mai 2016, *Philip Morris Brands SARL*, aff. C-547/14.
11. Com. EDH, déc., 5 mai 1979, *X / Suède*, D.R. 16, p. 75.
12. Civ. 3e, 12 juin 2003, *Soc. Arlatex*, *Bull. civ.* III, n° 125 ; CE, ord., 30 mars 2007, *Ville de Lyon*, req. n° 304053.
13. CE 31 mai 2007, *Synd. CFDT Interco 28*, *Rec.* 222.
14. CE, ord., 19 août 2002, *Front National*, *Rec.* 311.
15. CE, ord., 26 mai 2006, *SYCIM*, *Rec.* 265.
16. Civ. 1re, 4 juill. 2014, n° 12-16784, *Bull. civ.* I, n° 80 ; CEDH 31 juill. 2008, *Religionsgemeinschaft der Zeugen Jehovas c/ Autriche*, req. n° 40825/98.
17. Com. 8 juill. 2003, *Banque internationale pour le commerce et l'industrie de Guinée*, *Bull. com.* IV n° 121 ; CJUE 27 oct. 2014, *Olainfarm AS c/ Lettonie*, aff. C-6104/13.
18. CEDH 9 nov. 2006, *Sacilor Lormines c/ France*, req. n° 65411/01.
19. CJUE 17 déc. 1998, *Baustahlgewebe GmbH c/ Commission*, aff. C-185/95 ; CE 6 avr. 2016, *Soc. Stud'Arts*, req. n° 374489.
20. CEDH 28 juill. 1999, *Immobiliare Saffi c/ Italie*, req. n° 22774/93.
21. CEDH 16 févr. 2016, *Ärztekammer für Wien and Dorner c/ Autriche*, req. n° 8895/10.
22. CEDH 16 avr. 2002, *Soc. Colas c/ France*, *Rec.* 2002-III ; CE, sect., 6 nov. 2009, *Soc. Inter-Confort*, n° 304300 ; Com. 12 oct. 2010, *Soc. Alternance*, req. n° 09-70740.
23. CJUE 17 déc. 2015, *WebMindLicenses Kft. c/ Nemzeti Adó*, aff. C-419/14.
24. CEDH 14 mars 2013, *Bernh Larsen Holding AS et autres c/ Norvège*, req. n° 24117/08.

# I • Principe de la titularité

## A • Une reconnaissance en débat

### 1 • Une reconnaissance incongrue ?

**1048** ***Des droits de la seule personne humaine ?*** La reconnaissance de droits fondamentaux aux personnes morales peut surprendre au regard de leur fondement et de leur nature. Le bénéfice de ces droits n'est pas lié à la qualité de personne juridique mais à celle de personne humaine et à l'égale dignité reconnue à chaque individu. Le préambule de la Déclaration universelle des droits de l'homme de 1948 s'ouvre par l'affirmation selon laquelle « la reconnaissance de la dignité inhérente à tous les membres de la famille humaine et de leurs droits égaux et inaliénables constitue le fondement de la liberté, de la justice et de la paix dans le monde ». Dans le même sens, les explications de la Charte des droits fondamentaux de l'Union européenne élaborées sous la responsabilité du *praesidium* de la Convention qui l'a élaborée rappellent que « la dignité de la personne humaine n'est pas seulement un droit fondamental en soi, mais constitue la base même des droits fondamentaux ». Le déploiement des droits fondamentaux des personnes morales évoque donc une dénaturation du concept de droits de l'homme, confirmant le constat opéré par Jean Rivero il y a près de quarante ans : « le paradoxe majeur du destin des droits de l'homme depuis deux siècles est sans doute le contraste entre le dépérissement de leurs racines idéologiques et le développement de leur contenu et de leur audience à l'échelle universelle »[25].

**1049** ***Un contexte français hostile.*** La reconnaissance de droits fondamentaux aux personnes morales jure également avec la tradition française de défiance à l'égard des groupes. On sait que la Révolution a été marquée par une politique hostile à l'égard des corps intermédiaires soupçonnés d'interférer dans l'exercice de la liberté individuelle et l'expression de la volonté générale. « Il n'y a plus que l'intérêt particulier de chaque individu et l'intérêt général. Il n'est permis à personne d'inspirer aux citoyens un intérêt intermédiaire, de les séparer de la chose publique par un esprit de corporation » affirmait ainsi Isaac Le Chapelier devant la Constituante dans son rapport relatif à l'adoption de la loi du 14 juin 1791 d'abolition des corporations qui porte son nom. Cette méfiance a perduré bien au-delà de la Révolution, l'État craignant l'émergence de puissances économiques, religieuses ou politiques concurrentes. L'affirmation de la liberté de création des groupements sera donc tardive en France : la loi du 24 juillet 1867 pour la société anonyme, la loi du 21 mars 1884 pour les syndicats et la loi du 1er juillet 1901 pour les associations.

### 2 • Une reconnaissance critiquée

**1050** ***Critiques.*** L'affirmation des droits fondamentaux des personnes morales a fait l'objet de critiques sévères à l'instar de la reconnaissance de droits de la personnalité à ces mêmes entités[26]. Il est parfois dénoncé une dérive anthropomorphique qui conduirait à assimiler de manière abusive personne morale et personne humaine[27]. Cette critique fait écho aux débats relatifs à la responsabilité pénale[28] et au préjudice moral[29] des personnes morales. Ont également été pointés les dangers d'une

---

25. « Les droits de l'homme : droits individuels ou droits collectifs ? Rapport général introductif », *in* Les droits de l'homme : *droits collectifs ou droits individuels*, LGDJ, 1980, p. 17.
26. H. Martron, *Les droits de la personnalité des personnes morales de droit privé*, LGDJ, 2011, nos 43 s.
27. V. Wester-Ouisse, « dérives anthropomorphiques de la personnalité morale : ascendances et influences », *JCP* 2009. I. 137. De la même auteure, « La jurisprudence et les personnes morales. Du propre de l'homme aux droits de l'homme », *JCP* 2009. I. 121.
28. E. Picard, « La responsabilité pénale des personnes morales de droit public », *Rev. Soc.* 1993. 261.
29. Ph. Stoffel-Munck, « Le préjudice moral des personnes morales », *in Mélanges en l'honneur de Philippe le Tourneau*, Dalloz 2007, p. 959 ; Ch. Broche, « Faut-il en finir avec le dommage moral des personnes morales ? », *RLDC* 2013. 104.

telle reconnaissance qui serait de nature à saper le principe de primauté de l'individu au sein du système juridique et la méconnaissance des fonctions anthropologiques des classifications et des qualifications juridiques. Grégoire Loiseau a relevé en ce sens que « la primauté de la personne n'a de sens que si l'ordre juridique fait de la catégorie des personnes humaines une catégorie hiérarchisante qui se traduit par la jouissance et l'exercice de droits qui leur sont propres »[30]. Enfin, il a aussi été souligné que cette évolution participe de « la marchandisation de la nature humaine » en ce que « le marché s'est incarné dans des personnes morales qui présentent les caractères d'une personne physique » et qu'il a ainsi pris « forme humaine »[31].

## B • Justification

Justifier l'attribution de droits fondamentaux aux personnes morales suppose à la fois de revenir sur la nature de la personne morale et de comprendre le contexte dans lequel cette évolution s'est inscrite.

### 1 • La personne morale comme instrument de la réalisation des droits de l'individu

**1051** ***Proposition.*** La notion de personne morale est ambiguë puisqu'elle renvoie à la fois à une qualité juridique (le sujet de droit) et le plus souvent à une réalité sociale (une collectivité humaine agissante). Le débat sur les droits fondamentaux des personnes morales est pollué par cette ambiguïté. Il conduit souvent à situer la réflexion relative aux droits fondamentaux de la personne morale sur le terrain du sujet de droit et donc autour du masque plutôt que sur ce qui se cache derrière le voile social. L'origine de ce tropisme s'explique probablement par la place centrale de la controverse académique entre fiction et réalité dans la réflexion sur la personnalité morale. Elle est d'abord une controverse technique sur la notion de sujet de droit. Or, les droits fondamentaux ne sont pas des attributs liés à la personnalité juridique mais à la qualité d'être humain. Le regard doit alors se porter sur la réalité sociale, ou pour être plus précis, sur le substrat humain de l'entité personnifiée. Il est désormais courant d'analyser la personnalité morale comme une forme juridique qui permet aux individus de déployer collectivement une activité lucrative ou non[32]. Elle peut ainsi être pensée comme un moyen pour les individus d'exercer collectivement différentes libertés fondamentales. L'objet social de la personne morale rend compte des libertés que sa constitution est censée servir : la liberté d'entreprendre pour la société commerciale, la liberté religieuse pour l'association cultuelle ou encore liberté syndicale et le droit à la participation pour le syndicat.

**1052** ***Fiction contre réalité technique.*** La controverse académique entre fiction et réalité fait écho à cette définition de la personnalité morale. Son véritable enjeu à la fois juridique, politique et social a été celui de la liberté pour les groupements humains d'accéder à une forme juridique et ainsi à la qualité de sujet de droit ou autrement dit celui de la liberté de création des personnes morales. La théorie de la fiction qui valorise le rôle de l'État dans l'attribution de la personnalité juridique est fondamentalement autoritaire. À l'inverse, la théorie de la réalité technique défendue par Léon Michoud est un discours de liberté. Il n'est pas indifférent de constater qu'elle a émergé dans un contexte d'intense conflit autour de la liberté de création des personnes morales. La liberté d'association n'a été consacrée que par la loi du 1er juillet 1901. Cette loi n'est toutefois guère complaisante avec les congrégations religieuses qui demeurent soumises à un régime d'autorisation (art. 13). La construction de Léon Michoud est donc

30. G. Loiseau, « Des droits humains pour personnes non humaines », *D.* 2011. 2558.

31. B. Edelman, « La Cour européenne des droits de l'homme et l'homme du marché », *D.* 2011. 897.

32. S. Marcus-Helmons, « Les personnes morales et le droit international », in *Les droits de l'homme et les personnes morales*, Bruylant, 1970, p. 35.

une promotion de la liberté d'association, et de manière sous-jacente, de la liberté religieuse. L'octroi de la personnalité juridique ne doit donc pas être pensé comme une concession discrétionnaire de l'État et de la loi, elle procède, — sous-entendu elle doit procéder —, du seul constat de l'existence d'une entité poursuivant un intérêt distinct des intérêts individuels de ses membres et dotée d'une organisation capable de dégager une volonté collective qui puisse représenter et défendre cet intérêt[33].

**1053** ***Un droit à la personnalité juridique ?*** Si elle est une construction libérale, la théorie de la réalité technique n'a pas conduit ses promoteurs à formuler un véritable droit des groupements humains à jouir de la personnalité juridique. Il n'est pas douteux qu'un tel droit est aujourd'hui reconnu à certaines collectivités humaines en particulier dans la jurisprudence de la CEDH. Cette dernière a eu l'occasion à plusieurs reprises d'opérer un lien entre liberté d'association (art. 11 Conv. EDH) et reconnaissance de la personnalité juridique : « La possibilité pour les citoyens de former une personne morale afin d'agir collectivement dans un domaine d'intérêt commun constitue un des aspects les plus importants du droit à la liberté d'association, sans quoi ce droit se trouverait dépourvu de toute signification »[34]. Aussi a-t-elle été amenée à stigmatiser des mesures de privation de la personnalité juridique frappant des églises[35] ou des partis politiques[36]. Plus récemment, elle a dégagé à la charge de l'État « l'obligation positive de mettre en place un système de reconnaissance facilitant l'acquisition de la personnalité juridique par les communautés religieuses »[37].

## 2 • Une reconnaissance inhérente aux mutations du système juridique

**1054** ***Subjectivisation et « fondamentalisation » du système juridique.*** Depuis une trentaine d'années, notre système juridique a connu à un double phénomène de subjectivisation et de « fondamentalisation ». La subjectivisation renvoie à la « pulvérisation du droit en droits subjectifs » évoquée jadis par Jean Carbonnier[38]. La situation des individus au sein du système juridique est désormais largement déterminée à travers l'allocation et la mise en œuvre de droits subjectifs[39]. Cette évolution dans les modes d'énonciation du droit est une expression de l'individualisme moderne et traduit l'affaiblissement de la transcendance d'intérêts collectifs dont les institutions et les statuts assuraient l'expression. La « fondamentalisation » exprime la construction d'une filiation directe par la médiation des textes constitutionnels et conventionnels entre les droits subjectifs et les valeurs qui sont censées fonder le système juridique. La plupart des prérogatives et des intérêts des individus ont été « fondamentalisés » de telle sorte qu'ils trouvent tous une assise et une protection au sein de la galaxie des droits de l'homme.

**1055** ***« Fondamentalisation » des intérêts des personnes morales.*** Parce qu'elles sont des instruments au service de l'exercice collectif des droits et libertés fondamentaux, les personnes morales doivent être mises en mesure d'assurer la réalisation de leur objet social sans entraves excessives. Or, au regard des évolutions décrites ci-dessus, cette promotion suppose désormais que les entités personnifiées soient titulaires de droits fondamentaux. Il apparaît en effet qu'un sujet de droit dépourvu de droits fondamentaux ne serait pas aujourd'hui en mesure de déployer son activité dans un univers juridique saturé de tels droits. La prise en compte de leurs intérêts serait ainsi quasiment impossible devant le Conseil constitutionnel et les juridictions européennes puisque seuls les intérêts « constitutionnalisés » ou « conventionnalisés » ont voix au chapitre devant eux. Il en serait de même dans le contentieux

33. *La théorie de la personnalité morale et son application au droit français*, LGDJ, T1, 1906, n° 53.
34. CEDH 17 févr. 2004, *Gorzelik c/ Pologne*, req. n° 44158/98 ; Également, CEDH 10 juill. 1998, *Sidiropoulos c/ Grèce*, req. n° 26695/95.
35. CEDH 5 avr. 2007, *Église de scientologie de Moscou c/ Russie*, req. n° 18147/02.
36. CEDH 17 févr. 2004, *Gorzelik c/ Pologne*, préc.
37. CEDH 8 avr. 2014, *Magyar Keresztény Mennonita Egyház c/ Hongrie*, req. n° 70945/11, § 90.
38. *Droit et passion du droit sous la Vᵉ République*, Flammarion, 1996, p. 121.
39. Par ex., A.-Cl. Aune, *Le phénomène de multiplication des droits subjectifs en droit des personnes et de la famille*, PUAM, 2007.

ordinaire puisque les personnes morales se trouveraient confrontées à des personnes physiques bardées de droits fondamentaux. Que pèserait le droit de propriété d'une société bailleresse face au droit au logement invoqué par le locataire ? De même, quel serait le sort des secrets d'affaire d'une entreprise confrontée à liberté d'expression d'un journaliste ? Dès lors que l'on entend leur permettre de réaliser leur objet social, expression des droits fondamentaux des individus qui les ont instituées, la reconnaissance de droits fondamentaux aux différentes catégories de personnes morales est devenue inévitable. En ce sens, la CEDH a relevé que l'autonomie des communautés religieuses « présente un intérêt direct non seulement pour l'organisation de la communauté en tant que telle, mais aussi pour la jouissance effective par l'ensemble de ses membres actifs du droit à la liberté de religion [et] que si l'organisation de la vie de la communauté n'était pas protégée par l'article 9 de la Convention, tous les autres aspects de la liberté de religion de l'individu s'en trouveraient fragilisés »[40].

# II • Construction des droits fondamentaux des personnes morales

## A • Principes généraux

Autant il convient de partir de leur substrat humain pour justifier la reconnaissance de droits fondamentaux aux personnes morales autant il faut s'en écarter pour déterminer les conditions de cette jouissance.

**1056** ***Réfutation de la référence à la personne humaine.*** Cette démarche part d'abord du constat que le bénéfice de certains droits fondamentaux serait réservé par nature à la personne humaine. Cette idée est notamment illustrée par l'article 19 al. 3 de la loi fondamentale allemande qui dispose que « les droits fondamentaux s'appliquent également aux personnes morales nationales lorsque leur nature le permet ». Il en résulte qu'*a contrario* les personnes morales ne sauraient être titulaires des droits en rapport avec la dignité de la personne humaine et qui, à ce titre, protègent la vie et l'intégrité physique et morale de la personne humaine (droit à la vie et le droit de ne pas subir de traitements inhumains et dégradants). Il en est de même des droits des salariés (droit de grève, droit à la participation) et encore des droits de solidarité (droit à l'emploi, droit à la protection de la santé, droit au logement). De manière positive, les personnes morales seraient donc titulaires des autres droits reconnus à la personne humaine. Certaines jurisprudences sont toutefois venues brouiller cette référence à une supposée nature des entités personnifiées. Il a déjà été vu que leur ont été reconnus différents droits qui protègent la vie privée (droit au respect du domicile et des correspondances) voir le droit au respect de la vie privée lui-même[41]. De même, les juridictions judiciaires assurent la protection de la considération et de l'honneur des entités personnifiées au titre des droits de la personnalité depuis longtemps[42]. Les personnes morales bénéficient aussi d'un droit au compte en vertu du Code monétaire et financier (art. L. 312-1) alors qu'il relève plutôt de la catégorie des droits de solidarité. Il est bien évident que cette démarche n'a pas été inspirée par un anthropomorphisme grossier qui conduirait à reconnaître une intimité ou des sentiments aux entités personnifiées. Ces dernières sont titulaires de ces droits par analogie[43]. La difficulté de la démarche par référence à la personne humaine est qu'elle ne facilite pas

40. CEDH 26 oct. 2000, *Hassan et Tchaouch c/ Bulgarie*, req. n° 30985/96.
41. Trib. UE, ord., 11 mars 2013, *Pilkington Group Ltd*, aff. T-462/12 ; CE sect., 7 oct. 2022, *Association Anticor*, n° 443826, Rec.
42. Crim. 12 oct. 1976, *Bull. crim.* n° 287.
43. Sur la démarche analogique, v., P. Kayser, « Les droits de la personnalité. Aspects théoriques et pratiques », *RTD civ.* 1971. 445.

la systématisation des droits fondamentaux des personnes morales puisqu'en définitive, elles sont susceptibles d'être titulaires des mêmes droits que la personne humaine soit par nature soit par analogie. Cette confusion est particulièrement nette au sujet du droit au respect de la vie privée. S'inscrivant dans la perspective essentialiste, la CJUE a jugé dans un premier temps que l'objet de la protection de l'article 8 de la Conv. EDH concerne « le domaine d'épanouissement de la liberté personnelle de l'homme et ne saurait donc être étendu aux locaux commerciaux »[44]. De même, la Cour de cassation estime que « seules les personnes physiques peuvent se prévaloir d'une atteinte à la vie privée au sens de l'article 9 du Code civil »[45]. À l'inverse, les juridictions européennes[46] et le juge administratif[47] développent une démarche analogique lorsqu'elles affirment que les personnes sont titulaires d'un tel droit.

**1057** ***Construction par référence à l'objet social.*** Il a été vu que la considération de l'objet social de l'entité personnifiée permet d'identifier le ou les droits fondamentaux de ses fondateurs ou membres dont elle est censée permettre la réalisation. Elle contribue aussi à définir les droits fondamentaux dont elle est titulaire en propre. La personne morale a en effet vocation à être titulaire des droits fondamentaux qui lui sont nécessaires pour assurer la réalisation de son objet social. Ni plus ni moins. Cette démarche emporte deux conséquences. La première est que les droits en question ne doivent pas être pensés comme le simple décalque des droits reconnus aux personnes physiques. Ils n'ont donc pas forcément la même signification. Ainsi, les personnes morales bénéficient d'un droit à protection de leur réputation et de leur honneur. Il n'y a pas lieu de déduire de ce constat qu'une telle entité se verrait reconnaître des sentiments[48]. Protéger sa réputation vise en réalité à saisir les comportements qui sont susceptibles de nuire à la réalisation de l'objet social de l'entité : la capacité d'une association caritative à drainer des dons, l'aptitude d'une société commerciale à conserver et à développer ses parts de marchés[49], *etc.* Le préjudice moral de l'entité personnifiée ne s'apprécie donc pas de la même manière que celui de la personne humaine[50]. De même, la référence à la vie privée des personnes morales ne signifie pas que le droit positif leur reconnaîtrait une intimité mais simplement qu'il assure la protection de son organisation et de son fonctionnement interne contre diverses intrusions notamment des autorités publiques (perquisitions, saisies *etc.*). La seconde conséquence est que, comme on le verra plus loin, toutes les personnes morales n'ont pas nécessairement vocation à bénéficier des mêmes droits fondamentaux. Une partie des droits dont elles sont titulaires varie en fonction de leurs objets sociaux respectifs. À l'universalité des droits fondamentaux de la personne humaine répond donc une variété des droits reconnus aux personnes morales.

## B • Classification des droits fondamentaux des personnes morales

Cette classification peut être ordonnée autour de trois catégories[51]. Si les deux premières sont plutôt homogènes en ce que les droits qu'elles agrègent sont reconnus à l'ensemble des personnes morales, la troisième est soumise à des variations importantes en considération de l'objet social poursuivi par les personnes morales.

---

44. CJCE 21 sept. 1989, *Hoechst AG c/ Commission des Communautés européennes*, aff. n^os 46/87 et 227/88, § 18.
45. Civ. 1^re, 17 mars 2016, n° 15-14.072, *Bull. civ.* I, n° 1060 ; Civ. 1^re, 16 mai 2018, n° 17-11.210.
46. CJCE 14 févr. 2008, *Varec c/ Belgique*, aff. C-450/06, § 48 ; TPI, ord., 11 mars 2013, *Pilkington Group Ltd*, préc., § 44.
47. CE, sect., 7 oct. 2022, *Association Anticor*, préc.
48. CEDH, 30 juin 2020, *Petro Carbo Chem. SE c/ Roumanie*, req. n° 21768/12, § 73 ; CEDH, 8 sept. 2020, *OOO Regnum c/ Russie*, req. n° 22649/08, § 66.
49. Crim. 10 juill. 2019, n° 18-12.213.
50. En ce sens, M. Houssin, « Critique de la reconnaissance du préjudice moral des personnes morales », *D.* 2018. 366. Ex. : Crim., 8 juin 2022, n° 21-84.493.
51. Pour d'autres classifications, v. R. Pierre, *Les droits fondamentaux des personnes morales de droit privé*, Th. Limoges, 2010, p. 219 et s. ; L. Dumoulin, « Les droits de la personnalité des personnes morales », *Rev. Soc.* 2006. 1 ; H. Martron, *Les droits de la personnalité des personnes morales de droit privé*, LGDJ, 2011, n^os 132 s.

## 1 • Les droits fondamentaux liés à la qualité de personne juridique

**1058** ***Sujet de droit.*** Comme il a déjà été signalé, il résulte de la jurisprudence de la CEDH que le refus d'enregistrement ou d'immatriculation d'une association constitue une ingérence dans la liberté d'association en ce qu'elle prive « les intéressés de toute possibilité de poursuivre collectivement ou individuellement les buts qu'ils fixaient dans les statuts de l'association et d'exercer ainsi ledit droit »[52]. Elle laisse ainsi entendre que le bénéfice de la personnalité juridique est indispensable pour permettre à une collectivité de réaliser son objet social. Elle l'est parce qu'elle conditionne l'accès au statut de sujet de droit c'est-à-dire à l'aptitude à être titulaire de droits et d'obligations et à ester en justice. Elle lui permet aussi de bénéficier d'un patrimoine propre. Selon l'expression un peu surannée, le groupement est alors en mesure en tant que tel de participer au commerce juridique. Les différents attributs liés à la personnification juridique renvoient désormais à plusieurs droits fondamentaux qui se situent donc dans sa dépendance : le droit de propriété (ou droit au respect des biens), le droit au juge et au-delà les droits en rapport avec le procès équitable et la liberté contractuelle. Ce lien « intime » entre personnalité juridique et certains droits fondamentaux explique que les personnes morales fondatives (par opposition aux personnes morales corporatives) bénéficient de droits fondamentaux, alors même qu'elles ne reposent pas sur une collectivité humaine.

## 2 • Les droits fondamentaux qui assurent la protection de la personne morale en tant qu'organisation

La réalisation de l'objet social de la personne morale repose en principe sur une organisation, c'est-à-dire un ensemble de moyens humains et matériels affectés à sa finalité. La reconnaissance de certains droits fondamentaux se justifie par la nécessité d'assurer la protection de cette organisation. Elle se déploie sur deux plans.

**1059** ***Autonomie de la personne morale.*** Léon Michoud évoquait déjà en son temps l'existence d'un droit d'autonomie de la personne morale, ce droit étant celui « de régler elle-même ses propres affaires, de développer sa personnalité dans le cercle d'action tracé par la loi »[53]. Cette autonomie est aujourd'hui assurée à travers la reconnaissance d'un droit de l'entité à la protection de ses locaux[54], de ses informations confidentielles et ses secrets d'affaires[55] et encore de ses correspondances[56]. De même, il résulte de différentes jurisprudences que les personnes morales doivent être en mesure de déterminer librement les modalités de leur organisation interne et que leur fonctionnement ne doit pas faire l'objet d'ingérences excessives de la part de l'État. Ce type de solution est particulièrement net pour les associations religieuses qui, par exemple, doivent pouvoir déterminer librement les modalités d'admission de nouveaux membres, les critères d'adhésion et les procédures d'élection des instances dirigeantes[57]. Dans le même sens, la liberté d'entreprendre fonde l'autonomie de gestion de l'entreprise et notamment le libre choix de ses collaborateurs[58].

**1060** ***Identité de la personne morale.*** L'identité renvoie à ce qui particularise la personne morale dans le commerce juridique et dans l'espace public. Son respect est assuré notamment par la reconnaissance d'un droit à la protection du nom[59] et de la réputation[60]. Dans un registre particulier, les jurispru-

---

52. CEDH 10 juill. 1998, *Sidiropoulos c/ Grèce*, préc. § 31.
53. Ouvrage préc., t 2, 1909, n° 304.
54. Crim. 23 mai 1995, *Bull. crim.* n° 193.
55. CJCE 14 févr. 2008, *Varec c/ Belgique*, préc.
56. CEDH 28 juin 2007, *Ekimdjev c/ Bulgarie*, req. n° 62540/00.
57. CEDH 14 juin 2007, *Sviato-Mykhaïlivska Parafiya c/ Ukraine*, req. n° 77703/01.
58. Cons. const. 20 juill. 1988, n° 88-244 DC, *Loi d'amnistie*, *Rec.* 119.
59. Civ. 1re, 17 mars 2016, préc.
60. Civ. 2e, 5 mai 1993, *Bull. civ.* II, n° 167.

dences européenne et françaises relatives aux entreprises de tendance s'inscrivent dans la même veine. Il s'agit d'entités personnifiées, — généralement des associations —, fondées sur une éthique religieuse ou philosophique et qui, pour cette raison, sont en droit d'exiger une loyauté renforcée de la part de leurs salariés. Elle peut emporter pour ces derniers des ingérences dans leur droit au respect de la vie privée et familiale relatives par exemple à leur situation matrimoniale[61].

## 3 • Les droits fondamentaux liés à la réalisation de l'objet social de la personne morale

Les droits fondamentaux sont ici liés à la réalisation de l'activité assignée à l'entité personnifiée par ses fondateurs et ses membres de telle sorte qu'ils sont d'une grande variété. Plusieurs droits sont toutefois uniformément reconnus.

**1061** ***Variété des droits.*** Les objets sociaux des personnes morales sont d'une grande diversité. Aussi leur réalisation n'implique pas la mobilisation des mêmes droits fondamentaux. Ils sont donc inégalement répartis entre elles. Une société commerciale est titulaire de la liberté d'entreprendre[62] ; un parti politique est en droit de se prévaloir de l'article 3 du protocole n° 1 de la Conv. EDH en tant qu'il garantit le droit de se présenter à une élection et au droit de vote[63] ; une association religieuse bénéficie de la liberté religieuse[64], *etc.* Inversement, une société commerciale n'est pas titulaire de la liberté religieuse[65]. Un parti politique pas plus qu'un syndicat de salariés et une association religieuse, ne sont en mesure d'invoquer la liberté d'entreprendre.

**1062** ***Droits également répartis.*** Nonobstant la diversité des fonctions qui leur sont assignées, certains droits sont reconnus à l'ensemble des personnes morales parce qu'ils peuvent être mis au service de n'importe quel objet social. Il en est ainsi de la liberté d'expression. Il ressort des différentes jurisprudences que les messages de toute nature sont protégés au titre de cette liberté, y compris la publicité commerciale[66]. Une société commerciale est donc en droit de s'en prévaloir[67] au même titre qu'un organe de presse ou un parti politique. Le même constat s'impose au sujet du principe d'égalité et de non-discrimination puisqu'il joue au bénéfice tant des sociétés commerciales[68], que des syndicats[69] et des communautés religieuses[70]. Il ne s'applique en principe qu'entre personnes morales poursuivant des finalités de même nature[71]. Cette solution est logique puisque la signification du principe d'égalité et de non-discrimination varie en considération de l'objet social des entités concernées. Pour la société commerciale, une atteinte à l'égalité est susceptible de constituer une entrave à son action sur le marché et partant une restriction anticoncurrentielle. Elle évoque la discrimination religieuse voire une atteinte au principe de laïcité lorsque sont en cause des communautés religieuses. Il n'existerait donc guère d'intérêt à comparer les situations respectives d'une société commerciale et d'une association cultuelle[72].

---

61. CEDH 12 juin 2014, *Fernández Martínez c/ Espagne*, req. n° 56030/07 ; Cass., ass. plén., 19 mai 1978, *Roy c/ Cours Sainte Marthe*, req. n° 76-41211, *Bull. ass. plén.*, n° 1.
62. CE 2 juin 2006, *STRMN*, req. n° 293843.
63. CEDH 11 janv. 2007, *Parti conservateur russe des entrepreneurs c/ Russie*, req. n° 5506/00.
64. CEDH 26 oct. 2000, *Hassan et Tchaouch c/ Bulgarie*, préc.
65. Com. EDH, déc., 15 avr. 1996, *Kustannus Oy Vappa Ajattelija AB c/ Finlande*, DR n° 85-B, p. 29.
66. CEDH 27 févr. 1994, *Casado Coca c/Espagne*, req. n° 15450/89.
67. CEDH 11 déc. 2003, *Krone Verlag GmbH et autres c/ Autriche* (n° 3), req. n° 39069/97.
68. CEDH 20 sept. 2011, *OAO Neftyanaya Kompaniya Yukos c/ Russie*, req. n° 14902/04.
69. Civ. 1re, 4 juill. 2014, n° 12-16.784, *Bull. civ.* I, n° 80 ; CEDH 27 oct. 1975, *Syndicat national de la police belge*, req. n° 4464/70.
70. CEDH 31 juill. 2008, *Religionsgemeinschaft der Zeugen Jehovas c/ Autriche*, req. n° 40825/98.
71. En ce sens, Civ. 3e, 7 juill. 2022, n° 22-10.447, Bull.
72. En ce sens, Civ. 3e, 7 juill. 2022, n° 22-10.447, *B.*

# III • Cantonnement des droits fondamentaux des personnes morales

**1063** ***Danger.*** Si la reconnaissance de droits fondamentaux aux personnes morales assure la promotion des libertés collectives, elle n'a pas une signification univoque. Les entités personnifiées, à commencer par les sociétés commerciales, disposent souvent d'une puissance bien supérieure aux seuls individus. L'action de ces entités surhumaines, de ces pouvoirs économiques privés[73], est de nature à menacer les droits et libertés des individus (ex. : procédures dîtes « bâillons » ou *slapping*) ou des intérêts publics éminents (ex. : environnement, santé). Il n'est donc pas indifférent de leur reconnaître le bénéfice de droits fondamentaux. Jean Rivero a eu des termes très forts au sujet de l'affirmation des droits des groupes : « Sur les droits des collectivités, la fumée des fours crématoires projette la plus grande des menaces, car leur reconnaissance risque de donner le sceau de la justice à la domination du fort sur le faible »[74]. Ce danger peut être conjuré de différentes manières.

## A • La hiérarchisation des droits fondamentaux

La première piste consiste à moduler la protection des droits fondamentaux en considération de la nature de leurs titulaires. Il s'agit donc de privilégier les droits fondamentaux de l'être humain aux dépens de ceux des personnes morales. Cette modulation joue de deux manières.

**1064** ***Personne morale contre personne humaine.*** Cette modulation est susceptible de se donner à voir dans l'hypothèse d'un conflit entre individu et entité personnifiée. La hiérarchisation intervient alors pour rétablir l'équilibre entre adversaires d'inégale puissance. Il s'agit concrètement d'accorder une considération particulière aux droits de la personne physique dans l'opération de conciliation des droits opérée par le juge. Une auteure a relevé en ce sens que « le statut de personne morale pourrait influencer le poids du droit en conflit dans le sens d'une protection moindre quand la situation révèle une inégalité entre les titulaires qui découle de la nature de personne morale de l'une des parties »[75]. Il apparaît qu'*a minima*, la CEDH n'est pas indifférente aux inégalités de fait ou de condition, souvent économiques, entre les intérêts en conflit[76]. Dans une affaire qui mettait en cause l'action en diffamation engagée par une grande société multinationale (McDonald's) contre deux citoyens britanniques, la Cour a ainsi estimé que les dommages-intérêts accordés en l'espèce à la multinationale étaient disproportionnés et a condamné le Royaume-Uni pour violation de l'article 10 de la Conv. EDH (liberté d'expression), après avoir relevé que les dommages et intérêts auxquels les intéressés avaient été condamnés étaient très substantiels si on les comparait à leurs revenus et leurs moyens, des plus modestes, et que les sociétés plaignantes étaient de puissantes sociétés commerciales.

**1065** ***Intensité de la protection des droits fondamentaux.*** La différence de nature entre personne physique et personne morale influe sur la construction des droits fondamentaux des personnes morales. Elle n'est pas non plus sans conséquence sur l'intensité de la protection des droits fondamentaux. De nombreuses décisions évoquent l'éventualité d'une protection moindre de tel ou tel droit lorsqu'une personne morale s'en prévaut. Cette solution est logique puisque, comme cela a été évoqué précédemment, ces droits n'ont pas la même signification selon qu'ils ont des particuliers ou des personnes morales pour

73. G. Farjat, « Les pouvoirs privés économiques », in *Souveraineté étatique et marchés internationaux à la fin du XX^e^ siècle, Mélanges Ph. Kahn*, Litec, 2001, p. 661.
74. Art. préc.
75. P. Ducoulombier, *Les conflits de droits fondamentaux devant la Cour européenne des droits de l'homme*, Bruylant, 2011, n° 971.
76. CEDH 15 févr. 2005, *Steel et Morris c/ Royaume-Uni*, req. n° 68416/01 ; CEDH 30 août 2007, *J. A. Pye (Oxford) Ltd c/ Royaume-Uni*, req. n° 44302/02.

titulaires. La CEDH[77] et la CJUE[78] estiment ainsi que les locaux commerciaux et professionnels peuvent être moins protégés que les locaux d'habitation dans le cadre de perquisitions menées par les autorités publiques. De même, la Cour de Strasbourg a souligné que la différence de nature entre la réputation commerciale d'une société et la réputation d'une personne physique est susceptible d'être prise en compte au stade de l'évaluation de l'atteinte invoquée par le requérant[79]. Enfin, il peut être relevé que le principe de personnalisation des peines issu de l'article 6 § 2 de la Conv. EDH, des articles 8 et 9 de la DDHC[80], le droit à une aide juridictionnelle déduit de l'article 6 § 1[81] et le droit au silence résultant des articles 47 et 48 de la Charte des droits fondamentaux de l'Union européenne[82] reçoivent une application nuancée lorsqu'ils sont invoqués par des personnes morales.

## B • La spécialité des personnes morales

**1066** ***Un principe de limitation.*** Le principe de spécialité signifie que la personne morale ne peut agir que pour la réalisation et dans les bornes d'un objet social lui-même limité en vertu de la loi et de ses statuts. Il constitue donc un principe de limitation intrinsèque de l'étendue des droits fondamentaux des personnes morales puisque ces dernières ne sont titulaires que des seuls droits en rapport avec cet objet social. Léon Michoud pouvait donc en déduire qu'aucune personne morale n'absorbe en entier la vie individuelle de ses membres[83]. Cette « hémiplégie » contribue à canaliser la puissance des entités personnifiées qui ne peuvent, contrairement aux individus, se prévaloir de l'ensemble des droits fondamentaux.

**1067** ***Un principe menacé ?*** La spécialité des personnes morales est menacée à différents égards de telle sorte que celles-ci pourraient se voir reconnaître des droits fondamentaux au-delà de leur objet social initial. Il en est ainsi, par exemple, pour les droits politiques. Le concept managérial d'entreprise citoyenne a popularisé l'idée qu'une société commerciale pourrait être le cadre de la réalisation d'intérêts altruistes aux côtés de son objet à but lucratif. Aussi, a-t-il été évoqué la perspective d'une reconnaissance de la qualité de citoyen et de droits politiques aux personnes morales[84]. Les sociétés commerciales interviennent déjà largement dans le champ politique à travers le financement des campagnes électorales, le lobbying, *etc.* L'établissement d'un cadre juridique en la matière pourrait constituer un prodrome de la reconnaissance de droits politiques à ces entités. En ce sens, la Cour suprême américaine a estimé que le premier amendement (liberté d'expression) protège le droit des sociétés commerciales de participer au financement des campagnes politiques[85]. Par ailleurs, une autre jurisprudence se développe aux États-Unis qui reconnaît la possibilité pour des sociétés commerciales de se prévaloir de la liberté religieuse. Une société vendant des stores a pu échapper à l'obligation fédérale de couvrir les dépenses de leurs salariées concernant des pilules contraceptives auxquelles elle imputait des vertus abortives[86]. Elle agissait ainsi conformément aux choix éthiques (chrétiens) de ses actionnaires hostiles à l'avortement. De même, la Cour suprême a jugé illégale une procédure visant à stigmatiser le refus d'une boulangerie gérée sous forme de SARL de confectionner des pâtisseries pour des

---

77. CEDH 16 déc. 1992, *Niemietz c/ Allemagne*, req. n° 13710/88, § 31.
78. CJUE 18 juin 2015, *Deutsche Bahn c/ Commission*, aff. C-583/13.
79. CEDH 19 juill. 2011, *Uj c/ Hongrie*, req. n° 23954/10, § 22.
80. CE 17 déc. 2008, *Société Oddo & C^ie^*, req. n° 316000 ; CEDH 1^er^ oct. 2019, *Carrefour France c/ France*, req. n° 37858/14. V. I. M. Barsan, « La personnalité des peines appliquée aux personnes morales en cas de fusion », *Rev. Soc.* 2018. 156.
81. CEDH 26 août 2008, *VP Diffusion SARL c/ France*, req. n° 14565/04 ; CJUE 22 déc. 2010, *DEB Deutsche Energiehandels-und Beratungsgesellschaft mbH*, aff. C-279/09.
82. CJUE, 2 févr. 2021, *DB c/ Consob*, Aff. C-481/19.
83. Ouvrage préc., t. 2, n° 243.
84. F.-G. Trébulle, « Personnalité morale et citoyenneté, considérations sur l'entreprise citoyenne », *Rev. soc.* 2006. 41.
85. Cour suprême, 21 janv. 2010, *Citizens United v/ Federal Election Commission*, 558 U.S. 310 (2010).
86. Cour suprême, 30 juin 2014, *Secretary of Health and Human Services et al., v/ Hobby Lobby Stores, Inc. et al.*, n^os^ 13-354 et 13-356.

mariages homosexuels[87]. Ces solutions évoquent l'entreprise de tendance connue en droit européen en particulier. L'originalité est ici que la liberté religieuse ne fonde pas seulement des ingérences dans la vie privée des salariés de la société. Elle se déploie dans l'espace public pour contrecarrer l'application d'un dispositif fédéral (*Obamacare*) ou les sollicitations d'une clientèle.

## BIBLIOGRAPHIE INDICATIVE


- *Les droits de l'homme et les personnes morales*, Université catholique de Louvain, Centre d'études européennes, Bruylant, 1970.
- L. Dumoulin, « Les droits de la personnalité des personnes morales », *Rev. Soc.* 2006. 1.
- X. Dupré de Boulois, « Les droits fondamentaux des personnes morales », *RDLF* 2011 chro. n° 15 et n° 17 et *RDLF* 2012 chro. n° 1 (revuedlf.com)
- B. Faure, « Les droits fondamentaux des personnes morales », *RDP* 2008. 235.
- K. H. Koki, *Les droits fondamentaux des personnes morales dans la Convention européenne des droits de l'homme*, L'Harmattan, t. 2, 2014.
- G. Loiseau, « Des droits humains pour personnes non humaines », *D.* 2011. 2558.
- H. Martron, *Les droits de la personnalité des personnes morales de droit privé*, Presses universitaires juridiques Université de Poitiers, LGDJ, 2011.
- N. Mathey, « Les droits et libertés fondamentaux des personnes morales de droit privé », *RTD civ.* 2008. 205.
- L. Michoud, *La théorie de la personnalité morale et son application au droit français*, LGDJ, t. 2, 1906-1909.
- R. Pierre, *Les droits fondamentaux des personnes morales de droit privé*, Thèse Limoges, 2010.
- V. Wester-Ouisse, « La jurisprudence et les personnes morales. Du propre de l'homme aux droits de l'homme », *JCP* 2009. I. 121.


## PISTES DE RÉFLEXION

- L'anthropomorphisme dans le droit
- La nature de la personnalité morale
- La responsabilité sociale de l'entreprise

87. Cour suprême, 4 juin 2018, *Masterpiece Cakeshop, Ltd et al. v/ Colorado civil rights commission et al.*, n° 16-111.

# Thème 5
# La liberté du travail

**Pascal Lokiec**
*Professeur à l'École de droit de la Sorbonne (Paris 1)*

**Pierre-Yves Verkindt**
*Professeur émérite de l'École de droit de la Sorbonne (Paris 1)*

La liberté du travail plonge ses racines aux sources du droit contemporain tel qu'il se construit depuis la fin de la Révolution française. L'image qu'elle présente est cependant très ambivalente. Elle traduit en même temps une nette option libérale sur un plan économique — puisqu'elle est présentée comme assurant la plus grande fluidité du marché du travail —, et le souci de permettre à chacun de se procurer par son activité professionnelle, les revenus nécessaires à sa vie et à la réalisation de ses projets personnels. La dimension juridique de la liberté du travail porte en maints endroits les stigmates de cette contradiction interne à la notion.



**1068** ***Liberté, liberté du travail, liberté d'entreprendre et liberté du commerce et de l'industrie : première approche***. Il en va de la liberté du travail comme de la liberté en général. Elle traduit une revendication d'autonomie et la conviction que chaque individu doit être reconnu comme pleinement capable de choisir son destin. Elle peut aussi justifier l'ascendant et la domination d'une personne sur une autre si la liberté de l'une et de l'autre ne s'ancrent pas dans une égalité réelle. On connaît la phrase attribuée à Lacordaire selon laquelle « Entre le fort et le faible, entre le riche et le pauvre, entre le maître et le serviteur, c'est la liberté qui opprime et la loi qui affranchit » (1848). Plus tard, Léon XIII pointera dans l'Encyclique *Rerum Novarum* (1891), les limites de la liberté telle que la théorise le libéralisme économique triomphant. « Si, écrit-il, contraint par la nécessité ou poussé par la crainte d'un mal plus grand, l'ouvrier accepte des conditions dures, que d'ailleurs il ne peut refuser parce qu'elles lui sont imposées par le patron ou par celui qui fait l'offre du travail, il subit une violence contre laquelle la justice proteste ». Ainsi, l'affirmation de la liberté (de travailler) ne dit-elle rien du respect de l'exigence de justice, ou de la qualité du travail. La question vaut d'être posée de cette « liberté du travail » dans un contexte économique où le chômage se fait endémique et dans un contexte juridique où le salariat se forge dans la subordination. Pour autant, sous des expressions variées, la référence à la liberté du travail reste bien présente. C'est ainsi que le visa « vu le principe fondamental de libre exercice d'une activité professionnelle... », revient désormais régulièrement dans les arrêts de la Cour de cassation, notamment dans les contentieux relatifs aux clauses de non-concurrence ou d'exclusivité[1]. L'expression « liberté du travail » apparaît encore dans des arrêts récents relatifs à la validité des clauses de confidentialité ou de discrétion[2] ou rendus dans le cadre de conflits collectifs de travail[3]. Loin d'avoir disparu, la problématique de la liberté du travail et de la liberté d'exercice d'une activité professionnelle est toujours bien vivace dans le droit français du travail. Elle plonge ses racines dans le droit post-révolutionnaire français et ses fondements philosophiques et juridiques doivent être mis en évidence avant d'aborder ses expressions contemporaines puis les mécanismes qui assurent aujourd'hui sa protection.

# I • Les fondements de la liberté du travail

**1069** La liberté est « l'état de celui qui fait ce qu'il veut et non ce que veut un autre que lui »[4]. Serait donc libre celui qui ne subit aucune contrainte, qui peut agir conformément à sa volonté et qui, de ce fait, n'est pas asservi. À lire cette définition, chacun pressent la difficulté d'appliquer la notion de liberté au travail et l'obligation de distinguer la liberté *dans* le travail et la liberté *du* travail. La liberté *dans* le travail renvoie à l'autonomie du travailleur. Il faut alors constater qu'elle est toute relative si le travail dont il est question ici, est le travail subordonné sur un plan économique et sur un plan juridique. Tout contrat de prestation de services donne naissance à un lien d'obligation qui vient nécessairement contraindre la volonté des contractants et notamment celle du prestataire. Quant au salarié, il est par définition juridiquement subordonné, c'est-à-dire « sous les ordres » de l'employeur. Cette subordination juridique est d'ailleurs ce qui permet de caractériser l'existence d'un contrat de travail. Même si le salarié peut parfois disposer d'une certaine liberté dans l'exécution de sa prestation de travail voire d'une véritable autonomie dans l'organisation de son temps de travail lorsqu'il l'exécute, comme le font aujourd'hui nombre de cadres, en forfait jours, il y a une antinomie fondamentale entre l'affirmation

1. P.-Y. Verkindt, « Le principe fondamental de libre exercice d'une activité professionnelle », *in* B. Teyssié (dir.), *Les principes dans la jurisprudence de la chambre sociale de la Cour de cassation*, Dalloz, coll. « Thèmes & commentaires », 2008, p. 68 s. F. Fouvet, *Le principe de libre exercice d'une activité professionnelle*, LGDJ 2018, Soc. 26 oct. 2010, n° 09-41.002 ; Soc. 29 janv. 2014, n° 12-22.116, *Bull. civ.* V, n° 35 ; Soc. 3 déc. 2014, n° 13-10.795, non publié ; encore dans un arrêt concernant la situation des gérants non salariés de succursales de commerce de détail alimentaire, Soc. 5 oct. 2016, n° 15-22730, publié.
2. Soc. 15 oct. 2014, n° 13-11.524, *Bull. civ.* V, n° 240, *RJS* 2014, n° 825.
3. Soc. 8 oct. 2014, n° 13-18.873, *Bull. civ.* V, n° 223, *RJS* 2014, n° 890.
4. A. Lalande, *Vocabulaire technique et critique de la philosophie*, PUF, Quadrige, *v°* « Liberté ».

de la liberté dans le travail et le travail salarié. La liberté *du* travail renvoie à l'idée qu'une personne devrait pouvoir choisir de travailler ou non, et, si elle décide de travailler, de choisir sa profession ainsi que la façon dont elle l'exerce. Sur ce dernier point, le débat est en partie ramené à la question précédente relative à la liberté dans le travail. Mais, même la liberté du travail comme liberté de travailler ou de ne pas travailler doit être relativisée. Ne serait-ce que parce que la survie de l'individu dans la société contemporaine passe par l'accès à un revenu minimum que le travail permet d'atteindre. En d'autres termes, l'affirmation de la liberté du travail vient buter sur la réalité économique et sociale et s'inscrit ainsi nécessairement dans une philosophie sociale.

## A • Les fondements historiques et les interrogations philosophiques

**1070** ***Liberté du travail et liberté économique.*** La liberté du travail entretient avec le libéralisme économique une relation ancienne. Elle s'analyse comme une déclinaison de la liberté révolutionnaire, elle-même au cœur de la devise républicaine. Elle a, sous cet angle, une filiation commune avec la liberté du commerce et de l'industrie et comme elle, a fourni ses assises idéologiques au capitalisme naissant. Cette liberté du commerce et de l'industrie apparaît très tôt dans la législation révolutionnaire (auparavant dans l'Édit de Turgot de 1776) puisque selon l'article 7 du décret d'Allarde des 2-17 mars 1791 « il sera libre à toute personne de faire tel négoce ou d'exercer telle profession, art ou métier qu'elle trouve bon »[5]. L'affirmation vise à l'époque très clairement la suppression des corporations perçues comme autant d'entraves au libre fonctionnement des marchés — que confortera quelques semaines plus tard la loi Le Chapelier[6].

La finalité du décret d'Allarde était de libérer l'activité humaine en mettant fin à l'organisation professionnelle et corporative de l'Ancien Régime, caractérisée par un étroit encadrement des activités économiques, de fermes restrictions dans l'accès aux métiers et un fort cloisonnement desdits métiers[7]. La liberté du travail vient légitimer la libre négociation de l'activité humaine, toute réglementation extérieure (légale ou corporative) apparaissant comme un frein au libre développement de l'industrie. La liberté du travail et la liberté professionnelle permettent par ailleurs, de placer le rapport de travail sous l'empire de la liberté contractuelle. La place réservée par le Code civil de 1804 au louage de services est tout à fait révélatrice des conceptions du travail qui s'installent alors. Seuls deux articles (1780 et 1781) lui sont consacrés. Le premier affirme le caractère nécessairement temporaire du louage ce qui justifiera rapidement le droit de résiliation unilatérale de chacune des parties. Le second instaure un mode de preuve particulièrement favorable au « patron » en matière de salaires et de gages. Pour le reste, la loi du rapport de travail est celle « des parties » ; la liberté du travail et la liberté contractuelle agissent de conserve et puisent leurs origines à la même source[8].

**1071** ***Liberté du travail et centralité de la personne humaine.*** La liberté du travail met en jeu le droit de la personne d'engager son activité, sa personne et son corps dans le procès de travail. Elle pose ainsi et tout naturellement la question de l'objet du contrat de travail. Certains ne furent pas loin de penser que le travail humain ne pouvait faire l'objet d'un contrat. Ainsi Ripert, pour qui « le travail

5. *Cahiers de l'IRT*, Aix-Marseille, n° 8-1999, p. 12 s. V. l'arrêt rendu par la chambre sociale le 19 nov. 1996 (n° 94-19404, *Bull. civ.*, V, n° 392) sous le visa suivant « Vu l'article 7 de la loi des 2 au 17 mars 1791 et le principe constitutionnel de la liberté du travail » ; F. Fouvet, *ibid.*, n$^{os}$ 15, 24 et 151 s.
6. La loi des 14-17 juin 1791 interdit notamment les groupements intermédiaires, qu'ils prennent la forme de coalitions (regroupements temporaires) ou de corporations (regroupements pérennes).
7. J. Savatier, *v°* « Liberté du travail », *Rép. trav.*, Dalloz, 2005 ; P.-Y. Verkindt, « Le principe fondamental de libre exercice d'une activité professionnelle », *loc. cit.* ; F. Fouvet, *loc. cit.*
8. J. Pélissier, *op. cit.*, p. 20 ; T. Revet, *La force de travail*, préf. F. Zenati, Litec, 1992, n$^{os}$ 72 s. V. cep. les analyses de Cl. Didry, *L'Institution du Travail*, La Dispute, 2016.

c'est l'homme même, dans son corps et dans son esprit, et il n'y a pas là l'objet possible d'un contrat »[9]. Pour justifier le contrat de travail, d'autres dissocièrent le travail et la personne, développant l'argument selon lequel le contrat de travail a pour objet le travail, posé comme extérieur à la personne[10]. Cette question renvoie à des conceptions philosophiques et à la notion même de personne[11]. On considère aujourd'hui qu'il est possible de séparer la personne humaine (laquelle est en principe, hors du commerce juridique) et la force de travail dont elle est le support. Cette force de travail peut être qualifiée de « chose » ou de « bien » entrant dès lors dans le commerce juridique. La liberté du travail vient au soutien de la démonstration, puisque cette liberté de s'engager dans le rapport de travail apparaît comme une modalité particulière de la liberté dont l'article 4 de la Déclaration des droits de l'homme et du citoyen de 1789 nous dit qu'elle est « La liberté [de] pouvoir faire tout ce qui ne nuit pas à autrui… ». Pour le dire autrement, si le travail est extérieur à la personne humaine, la liberté du travail peut être analysée comme la liberté de vendre ou de louer ce travail et se présente comme une forme particulière de la liberté du commerce et de l'industrie. On sent bien cependant que le travail ne peut se réduire à une marchandise échangeable sur un marché de biens et services. Partant de là, la liberté du travail ne pourra être appréhendée abstraction faite de l'humanité propre du travailleur.

## B • Les bases juridiques de la liberté du travail

**1072** Rarement utilisée dans des textes de droit interne à valeur législative[12], la notion de « liberté du travail » est peu évoquée de façon directe et explicite par les textes internationaux et européens. Elle n'en est pas moins présente. Le Rapport du comité chargé de définir les principes essentiels du droit du travail (rendu en janvier 2016)[13] propose en ce sens un article 11 ainsi formulé « Chacun est libre d'exercer l'activité professionnelle de son choix ».

### 1 • Droit international et droit européen

**1073** ***Liberté du travail et droit international.*** L'article 6 § 1 du Pacte relatif aux droits économiques, sociaux et culturels dispose que les États parties au Pacte reconnaissent le droit au travail « qui comprend le droit qu'a toute personne d'obtenir la possibilité de gagner sa vie par un travail librement choisi ou accepté ». Le juge français dans une décision du 16 décembre 2008 a pu considérer que cette disposition s'appliquait directement en droit interne et s'opposait à ce qu'un salarié tenu par une obligation de non-concurrence puisse être privé de toute contrepartie pécuniaire au motif qu'il aurait commis une faute grave[14]. Par ailleurs, l'interdiction du travail forcé est explicitement posée par les conventions OIT n° 29 (1930) et n° 105 (1957). La première a fait l'objet d'un Protocole en 2014 et d'une Recommandation n° 203 sur des mesures complémentaires en vue de la suppression effective du travail forcé (juin 2014). Elle fait partie du bloc des huit conventions fondamentales de l'OIT constitué en 1998. La loi n° 2016-372 du 30 mars 2016 a autorisé la ratification du Protocole relatif à la Convention OIT n° 29 (1930).

**1074** ***Liberté du travail et droit européen.*** L'article 4 de la Convention européenne de sauvegarde des droits de l'homme et des libertés fondamentales pose l'interdiction de l'esclavage et du travail

9. G. Ripert, *Les forces créatrices du droit*, LGDJ, 1955, n° 109, p. 275.
10. *Cf.* not. J. Rivero, « Les libertés publiques dans l'entreprise », *Dr soc.* 1982. 423 ; J. Savatier, « La liberté dans le travail », *Dr soc.* 1990. 51 ; aussi A. Supiot, *Critique du droit du travail*, 1994, rééd. PUF, Quadrige, 2007, spéc. p. 45 s.
11. T. Revet, *loc. cit.*
12. C. trav., art. L. 2141-1 (« liberté individuelle du travail ») et C. pén., art. 431-1.
13. Rapport au Premier ministre (Comité Badinter), janv. 2016.
14. Soc. 16 déc. 2008, n° 05-40.876, *Bull. civ.* V., n° 251. *Rapp.* Soc 3 avr. 2019, n° 16-20490, P, JS Lamy, 2019, n° 477-1, note V. Nivelles ;

forcé[15]. Sur cette base, la France a été condamnée par la CEDH pour violation de son obligation de mettre en place un cadre juridique permettant de lutter efficacement contre les formes contemporaines de servitude ou de travail forcé[16]. Le texte a parfois été invoqué devant les juridictions françaises[17].
En droit de l'Union européenne, la question de la liberté du travail fut longtemps mal distinguée de celles de la liberté de circulation et de la liberté d'établissement. Cependant, les articles 5 et 15 de la Charte des droits fondamentaux de l'Union européenne (v. Traité UE, art. 6) visent pour le premier, l'interdiction du travail forcé et pour le second, la liberté professionnelle laquelle s'analyse comme le droit « d'exercer une profession librement choisie ou acceptée ». Il importe de signaler ici la nécessité de combiner l'article 15 et les articles 14 (accès à la formation professionnelle), 29 (accès aux services de placement) et 30 (protection contre le licenciement injustifié).

## 2 • Droit français

**1075** En droit français, le juge, s'appuyant sur l'ensemble des normes existantes et en les combinant, a su donner à la liberté du travail une consistance qui a irradié dans l'ensemble du droit applicable à la relation de travail.

**1076** ***Liberté du travail, Constitution et législation du travail.*** Le Conseil constitutionnel n'a jamais directement consacré le principe de liberté du travail, autrement que comme un objectif de valeur constitutionnelle. Ainsi, dans la décision n° 83-156 DC du 28 mai 1983[18], le juge constitutionnel a-t-il répondu à la prétention des requérants selon laquelle les dispositions législatives interdisant le cumul emploi-retraite méconnaissaient « le principe de la liberté professionnelle en limitant les possibilités d'exercer un emploi », que c'était « sans violer aucun principe ou règle de valeur constitutionnelle [que] la loi soumise à examen [avait pu interdire] le cumul de pensions de retraite et de certaines activités »[19]. L'absence de consécration par le juge constitutionnel[20] est néanmoins compensée par la jurisprudence de la Cour de cassation dont il a été relevé *supra* qu'elle n'hésite pas à se référer expressément au caractère constitutionnel de la liberté du travail[21]. La dynamique créée par les développements de la question prioritaire de constitutionnalité (QPC) modifie progressivement la donne. C'est ainsi que la question a été posée au Conseil de la conformité à la Constitution de l'article L. 1237-5 du Code du travail aux motifs que la mise à la retraite d'office serait une discrimination fondée sur l'âge et une atteinte au droit d'obtenir un emploi. Le Conseil constitutionnel s'est prononcé en faveur de la conformité à la Constitution du texte entrant dans le champ de compétence du législateur[22]. En revanche, quoique ne s'appuyant pas directement sur la liberté du travail, le Conseil a considéré contraire à la Constitution l'article L. 3132-24 du Code du travail dans sa rédaction antérieure à la loi n° 2015-990

---

15. V. Sur le rapport de l'interdiction du travail forcé et du nécessaire respect de la dignité de la personne au travail, SS Lamy, suppL n° 1213, Esclavage économique, (dir. Chr. Willmann) ; *JCP* G suppl. N° 19-20, 6 mai 2013, « La traite des êtres humains. Quels enjeux ? Quelles attentes ? » ; E. Decaux, Les formes contemporaines de l'esclavage ; Ac de droit international de La Haye 2009 P.-Y. Verkindt, *La dimension civile de la dignité, in Notions et normes en droit du travail,* éd. Panthéon Assas, 2016, n^os^ 4 et s., p. 13 ; sur la protection pénale, A. Martinel, *ibid.*, n^os^ 20 et s., p. 25.
16. CEDH 11 oct. 2012, req. n° 67724/09 ; v. aussi CEDH 26 juill. 2005 *in* V. Berger, *Jurisprudence de la Cour européenne des droits de l'homme*, 13^e^ éd., Dalloz, 2014, n° 33. Parmi les décisions récentes CEDH 18 juill. 2019, req. 40311/10 et CEDH 25 févr. 2020, req. 60561/14 (ces deux décisions portent à titre principal sur la prostitution).
17. CE 3 mai 2005, *RJS* 2005, n° 858 (en l'espèce la CFTC contestait devant le juge administratif la fixation de la journée de solidarité au lundi de Pentecôte).
18. Rec. Cons. const. 1983. 41 ; *DR* 1984. 159, note L. Hamon ; AJ 1983. 619, note R.-F. Lebris ; F. Fouvet, *op. cit.* n^os^ 174 s.
19. *Cf.* aussi la décision n° 94-345 DC du 29 juill. 1994.
20. « Le droit du travail dans la jurisprudence du Conseil constitutionnel », *La légitimité de la jurisprudence du Conseil constitutionnel*, Economica, coll. « Études juridiques », dir. N. Molfessis, 1999.
21. Soc. 19 nov. 1996, *Dr soc.* 1997. 95, obs. G. Couturier. *Adde*, Soc. 8 déc. 1997, *Dr soc.* 1998. 194, obs. J. Savatier ; Soc. 28 févr. 2001, Soc. 24 avr. 2001, *JCP* 2001. I. 352, § 48, B. Mathieu et M. Verpeaux, et surtout, Soc. 10 juill. 2002 (3 arrêts), *D.* 2002. 2491, Y. Serra ; *JCP* 2002. 1868, F. Petit, *JCP E* 2002. 1562, S. Beal ; B. de Lamy, « Les principes constitutionnels dans la jurisprudence judiciaire », *RD publ.* 2002. 781.
22. Cons. const. 4 févr. 2010, n° 2010-98 QPC, *Sem. soc. Lamy* 2010, n° 1479, p. 6. V. aussi pour des décisions de non-transmission, Soc. 11 juill. 2012, QPC n° 12-40.041 et 10 mai 2012, QPC n° 12-40.018, *Bull. civ.* V, n° 142.

du 6 août 2015 à l'occasion d'une question prioritaire de constitutionnalité. Pour l'entreprise à l'origine de la QPC le texte en cause méconnaissait « la liberté du travail, la liberté d'entreprendre, l'objectif de valeur constitutionnelle d'accessibilité et d'intelligibilité de la loi, la sécurité juridique et le principe de légalité des délits et des peines »[23].

Le Code du travail comporte encore de nombreuses dispositions visant les droits et libertés individuelles et collectives dans le travail qui sont protégés contre toute intervention non proportionnée et non justifiée de l'employeur. L'expression « liberté du travail » n'apparaît cependant jamais explicitement[24] ce qui explique le rôle déterminant du juge en la matière.

**1077** ***Rôle du juge.*** Aujourd'hui, la liberté du commerce et de l'industrie constitue pour la Cour de cassation un principe fondamental[25] et le Conseil d'État y voit un principe et une liberté « qui, par ailleurs, n'est ni générale ni absolue, et peut être restreinte en cas de nécessité d'ordre public »[26]. Contrairement à la liberté d'entreprendre[27], que le Conseil constitutionnel considère comme un principe constitutionnel dérivé de l'article 4 de la Déclaration des droits de l'homme et du citoyen, la liberté du commerce et de l'industrie ne s'est jamais vue reconnaître cette valeur. Dès lors, la liberté du travail qui en est déduite, a subi le même sort, même si la Cour de cassation nous dit parfois qu'elle est « garantie par la Constitution »[28] et n'hésite pas à viser explicitement, et depuis longtemps, « le principe constitutionnel de la liberté du travail »[29]. Néanmoins, la formulation qui paraît s'imposer désormais dans les arrêts de la Chambre sociale de la Cour de cassation se réfère au « principe fondamental de libre exercice d'une activité professionnelle »[30].

## II • Les expressions de la liberté du travail

**1078** La liberté du travail est d'abord la liberté de travailler ou de ne pas travailler (ou éventuellement le droit de refuser un emploi ou de cesser le travail). La question ressurgit régulièrement, sur un ton souvent polémique, notamment à propos de l'obligation faite aux demandeurs d'emploi d'accepter les emplois que leur propose Pôle Emploi. Elle ressort également dans le cadre du droit de grève, certes protégé constitutionnellement mais qui ne doit pas entraver la liberté du travail des non grévistes[31]. Mais la liberté du travail, c'est aussi, plus largement, le droit de choisir une profession ou un métier. Dans les deux cas, chacun mesure intuitivement combien la liberté dont il est ici question, peut être formelle, d'autant plus formelle que le salariat fait du travail une condition de la survie de la personne et de sa famille.

23. Cons const. 4 avr. 2014, n° 2014-374 QPC (le texte annulé sera modifié par la loi du 6 août 2015).
24. V. en revanche, dans le Code pénal l'article L. 431-1 (R. Salomon et A. Martinel, *Droit pénal social*, Economica, 2014, n° 366 s. ; A. Coeuret, E. Fortis, *Droit pénal du travail*, LexisNexis, 5e éd., nos 664 s. et *infra*, n° 1111).
25. Com. 24 oct. 2000, n° 98-19.774 : « … en vertu du principe de la liberté du commerce et de l'industrie, le démarchage de la clientèle d'autrui est libre, dès lors [qu'il] ne s'accompagne pas d'un acte déloyal », F. Fouvet, *op. cit.*, nos 171 s.
26. CE 8 nov. 2010, req. n° 343711 ; v. aussi parmi les décisions récentes visant le « principe » ; CE 5 juill. 2010, req. n° 308564.
27. Sur la liberté d'entreprise, A. Lyon-Caen, « Le droit du travail et la liberté d'entreprendre », *Dr soc.* 2002. 258.
28. Soc. 20 oct. 2004, n° 02-41.860.
29. Soc. 19 nov. 1996, n° 94-19.404, *Bull. civ.* V, n° 392, *Dr soc.* 1997. 95 (« Vu l'article 7 de la loi des 2-17 mars 1791 et le principe constitutionnel de la liberté du travail ;… Attendu, cependant, qu'ayant pour effet d'apporter une restriction au principe de la liberté du commerce et de l'industrie, posé par l'article 7 de la loi des 2-17 mars 1791, et à la liberté du travail garantie par la Constitution… »). Dernièrement, Soc. 9 avr. 2015, n° 13-25.847, publié, *RJS* 2015, n° 409, visant le « principe fondamental de libre exercice d'une activité professionnelle ». J. Pélissier, « La liberté du travail », *Dr soc.* 1990. 19 ; A. Supiot, « Le travail, liberté partagée », *Dr soc.* 1993. 715.
30. Soc. 21 oct. 2020, n° 19618928, NP ; F. Fouvet, *Le principe de libre exercice d'une activité professionnelle*, Bibl. de droit social, LGDJ, 2018.
31. Soc. 14 sept. 2017, n° 16-16.069

## A • L'interdiction du travail forcé et la prohibition des engagements perpétuels

### 1 • L'interdiction du travail forcé

**1079** ***Prohibition du travail forcé et de l'esclavage.*** Le droit de refuser un travail se justifie d'abord par la prohibition de toute forme de travail forcé. On en déduit que personne ne sera tenu de répondre à une offre d'emploi, *a fortiori* d'émettre une offre de services. Le droit commun des contrats vient conforter l'idée en ce que serait annulée toute convention conclue sous la contrainte[32]. Il reste que l'utilisation par l'employeur de la nécessité (individuelle ou familiale) pour le salarié de travailler caractérise rarement une violence morale[33].

Parce que le travail (au sens d'activité) est consubstantiel à la personne, sa fourniture implique fortement l'individu. Toute obtention forcée du travail porte donc une atteinte majeure à l'intégrité physique et psychique du sujet. Certes, le contrat de travail instaure, par nature, une certaine forme de contrainte sur la personne. Cette contrainte est cependant à la fois *justifiée* par l'objet du contrat de travail (la force de travail ne pouvant être contractuellement engagée que si la personne est subordonnée) et *cantonnée* par les normes du droit du travail.

Différents textes supranationaux prohibent le travail forcé[34], défini par certains d'entre eux comme « tout travail ou service exigé d'un individu sous la menace d'une peine quelconque et pour lequel ledit individu ne se sera pas offert de son plein gré »[35]. Il en va ainsi lorsqu'une personne, mineure à l'époque des faits, a travaillé contre son gré, durant des années, pour le compte d'un couple, et n'a perçu pour cela aucune rémunération, alors qu'elle était en situation irrégulière dans un pays étranger, et craignait d'être arrêtée par la police, le couple entretenant d'ailleurs cette crainte et lui faisant espérer une régularisation de sa situation[36]. Le droit pénal interne français relaie ces principes spécialement aux articles 225-13 à 225-16. Ces textes constituent la section 3 (« Des conditions de travail et d'hébergement contraires à la dignité de la personne, du travail forcé et de la réduction en servitude ») du chapitre consacré par le Titre II du Livre II du Code pénal et relatif à la répression des atteintes à la dignité de la personne. On attirera l'attention sur l'article 225-14-1 qui définit le travail forcé comme « le fait, par la violence ou la menace, de contraindre une personne à effectuer un travail sans rétribution ou en échange d'une rétribution manifestement sans rapport avec l'importance du travail accompli » et qui fixe la sanction à sept ans d'emprisonnement et 200 000 € d'amende[37]. Un arrêt du 3 avril 2019 a clairement rappelé que la victime d'une situation de travail forcé ou placée dans un état de servitude a droit à la réparation intégrale de son préjudice tant moral qu'économique, préjudice aggravé par l'âge de la victime[38].

Il arrive que la prohibition du travail forcé cède devant des intérêts considérés comme supérieurs. Les textes internationaux interdisant le travail forcé excluent souvent cette qualification dans des hypothèses où l'intérêt collectif légitime des contraintes ou des sanctions lorsqu'un service est refusé : service

---

32. C. civ., art. 1112 dans sa version antérieure à la réforme opérée par l'ordonnance n° 2016-131 du 10 févr. 2016. Pour une analyse de la violence après la ratification opérée par la loi n° 2018-287 du 20 avril 2018, F. Chénédé, *Le nouveau droit des obligations et des contrats*, Dalloz, 2018, n[os] 123-150 s.
33. V. toutefois T. civ. Nantes 6 janv. 1956, *Gaz. Pal.* 1956. I. 161.
34. Conv. OIT n° 29 (1930) ; Conv. OIT n° 105 (1957) ; Conv. EDH (1950) ; Pacte intern. relatif aux droits civils et politiques (ONU, 1966), art. 83 et 1278-3°.
35. Conv. OIT, n° 29, art. 2-1°.
36. CEDH 2e sect., 26 juill. 2005, *X c/ France*, req. n° 73316/01, *JCP* 2005. II. 10142, note F. Sudre. Soc. 3 avr. 2019, n° 16-20490, *op cit.*
37. Sur la problématique du « travail décent », v. « Protection sociale et travail décent », *Sem. soc. Lamy* 2006, suppl. n° 1272 (dir. A. Supiot) et « L'esclavage économique », *Sem. soc. Lamy* 2005, n° 1213 (dir. Ch. Willman).
38. Soc. 3 avr. 2019, n° 16-20.490, *RJS* 2019, n° 339. Dans un arrêt du 5 déc 2018 (n° 17-11.407), la question du travail forcé avait été évoquée à propos d'un salarié à qui avait été dénié du droit de partir plus tôt en retraite à l'instar de ses collègues féminines mères de famille. La Cour de cassation ne répond pas sur ce point ayant à sa disposition les textes relatifs à l'interdiction des discriminations.

militaire ; guerres ; sinistres ; force majeure, condamnation pénale[39], *etc.* On notera enfin que sous le contrôle du juge administratif et sous certaines conditions, l'autorité administrative peut réquisitionner du personnel gréviste afin d'assurer la continuité du service public. Encore faut-il que la mesure de réquisition soit proportionnée[40]. Le Code pénal sanctionne aussi « le fait, sans motif légitime, de refuser ou de négliger de répondre soit à une réquisition émanant d'un magistrat ou d'une autorité de police judiciaire agissant dans l'exercice de ses fonctions soit, en cas d'atteinte à l'ordre public ou de sinistre ou dans toute situation présentant un danger pour les personnes, à une réquisition émanant d'une autorité administrative compétente »[41].

## 2 • Le droit de mettre fin unilatéralement à une relation de travail subordonnée

**1080** ***Le droit de cesser de travailler.*** Parce que le travail doit être librement fourni, chacune des parties au contrat dispose du droit de s'extraire de la relation de travail. Il existe pourtant une différence entre celui qui refuse de travailler et celui qui refuse de continuer à travailler : contrairement au premier, le second est contractuellement engagé. Ne faut-il donc pas admettre quelque entorse à la liberté de ne pas travailler de celui qui s'y est (librement) obligé ? L'obligation de respecter un préavis lors de la démission et les restrictions au droit de rompre unilatéralement un contrat à durée déterminée apportent une réponse affirmative. Mais celui qui s'est engagé à travailler ne peut être contraint à poursuivre la relation de travail : en cas de rupture irrégulière, il ne s'expose qu'au paiement de dommages-intérêts.

Le droit de ne plus travailler se justifie, aussi, par la nécessité de limiter la subordination juridique du salarié : du fait de l'engagement de la personne, la licéité de la subordination dépend de sa relativité (matérielle et temporelle), si bien que la subordination ne saurait être ni totale (d'où la vigilance du juge en matière de séparation de la vie personnelle et de la vie professionnelle) ni définitive (d'où l'affirmation du droit de se dégager de la relation de travail sans possibilité de renonciation par avance à ce droit). Le Code civil de 1804 l'énonçait déjà : « On ne peut engager ses services qu'à temps, ou pour une entreprise déterminée »[42], disposition expressément présentée comme un rempart contre la transformation en esclave du « travailleur »[43]. Le contrat de travail est donc nécessairement temporaire — conclu pour une durée (pré) déterminée ou pour une durée indéterminée implicitement mais nécessairement assortie d'une faculté unilatérale de résiliation. La règle est d'ordre public, au nom même de la liberté du travail et toute disposition, notamment contractuelle, qui viendrait restreindre, fût-ce de façon indirecte, le droit du salarié de rompre le contrat, serait nulle et de nul effet.

**1081** ***La liberté de démissionner.*** En raison de ses conséquences (absence d'indemnisation, exclusion du bénéfice des prestations de l'assurance chômage), la démission fait l'objet d'une surveillance particulière des juridictions et l'on peut considérer que le champ de la démission comme mode de rupture du contrat de travail à durée indéterminée par le salarié s'est réduit comme peau de chagrin au cours des dernières années. La démission ne peut être reconnue qu'en présence d'une volonté claire

39. Jusqu'à la loi du 22 juin 1987, le Code de procédure pénale posait le principe d'une astreinte au travail pour les condamnés à des peines privatives de liberté qualifiés crimes ou délit — art. 720, anc. al. 1er ; depuis lors, le travail n'est plus qu'une faculté — art. 720, al. 2. Quant au prononcé d'une peine de travail d'intérêt général, il suppose l'accord du prévenu. Sur l'ensemble, *cf.* S. Lorvellec, « Travail et peine », *in Le travail en perspectives*, LGDJ, 1998, p. 247. Sur la problématique plus générale du travail en prison, v. P. Poncela, *Droit de la peine*, PUF, Thémis, 1995, p. 363 ; Comptrasec, *Bull. dr. comp. du trav. et de la sec. soc.* 2007. Surtout, v. Cons. const., Déc. QPC 2013-320 et 321 du 14 juin 2013, selon laquelle l'absence de contrat de travail du détenu travailleur n'est pas contraire à la Constitution.

40. R. Weclawiak, « Sécurité civile et réquisition », *RDP* 2003. 1023. Pour un exemple de réquisition écartée par le juge dans le domaine hospitalier, CE 9 déc. 2003, *Mme Aguillon*, req. n° 262186.

41. C. pén., art. R. 642-1. Sur la problématique particulière de la réquisition des grévistes, v. *RDT* 2011. 9.

42. C. civ., art. 1780.

43. V. Fenet, t. XIV, p. 318 : « Il serait étrange qu'un domestique, un ouvrier pussent engager leurs services pour toute leur vie. La condition d'homme libre abhorre toute espèce d'esclavage ».

et non équivoque du salarié de mettre fin à la relation de travail[44]. Mais une fois cette volonté établie, les contraintes notamment procédurales qui pèsent sur le salarié sont très faibles, le législateur ayant de longue date brisé le parallélisme entre la rupture par l'employeur (licenciement) et la rupture par le salarié (démission). Tout au plus le salarié pourrait-il être condamné à indemniser le préjudice subi par son employeur du fait d'une utilisation abusive de son droit de démissionner. À vrai dire, les exemples jurisprudentiels sont rarissimes et désormais anecdotiques. Bien plus, s'agissant d'une rupture avant terme d'un contrat à durée déterminée, ce parallélisme est totalement abandonné par le législateur lui-même[45].

**1082** ***Limites au droit de cesser le travail.*** Le droit du salarié de cesser le travail peut parfois être contredit par des clauses contractuelles. C'est ainsi que l'insertion d'une clause de dédit-formation dans le contrat de travail peut par ricochet venir entraver la liberté du salarié de cesser le travail. Une telle clause oblige en effet un salarié ayant bénéficié d'une formation financée facultativement par son employeur à rembourser à ce dernier tout ou partie des frais exposés, s'il démissionne avant l'expiration d'un certain délai — correspondant au temps d'« amortissement » desdites dépenses. Sa licéité a été discutée car, par le prix qu'elle affecte à la démission, elle pourrait neutraliser la liberté du travail des salariés. Selon la Cour de cassation cependant, « les clauses de dédit-formation sont licites si elles constituent la contrepartie d'un engagement pris par l'employeur d'assurer une formation entraînant des frais réels au-delà des dépenses imposées par la loi ou la convention collective, si le montant de l'indemnité de dédit est proportionné aux frais de formation engagés et si elles n'ont pas pour effet de priver le salarié de la faculté de démissionner »[46]. La validité de ces clauses dépend donc de l'effet qu'elles produisent sur la liberté du travail du débiteur. Si elles la restreignent, la clause est valable ; si elles la paralysent, elles sont nulles. D'une façon générale, la jurisprudence tend à cantonner les effets de telles clauses et veille à ce qu'elles n'entament pas la liberté du travail comme en témoigne l'arrêt du 9 février 2010[47]. Plus récemment, la Cour de cassation a eu l'occasion de rappeler que l'engagement du salarié de suivre une formation à l'initiative de son employeur, et en cas de démission, d'indemniser celui-ci des frais qu'il a assumés, doit faire l'objet d'une convention particulière conclue avant le début de la formation qui précise la date, la nature, la durée de la formation et son coût réel pour l'employeur, ainsi que le montant et les modalités du remboursement à la charge du salarié[48]. L'imprécision de la clause permet par ailleurs d'écarter son application[49].

## B • Droit au travail et devoir de travailler

**1083** Dans quelle mesure une personne peut-elle exercer librement son droit de ne pas travailler ? La question n'est pas théorique et la polémique revient régulièrement à l'occasion des remises en cause des mécanismes de l'État Providence. Existe-t-il une obligation ou un devoir de travailler ou de rechercher un travail ? Le devoir de travailler irait-il jusqu'à permettre de contraindre la personne à accepter

44. Sur la démission et son champ sans cesse réduit, v. G. Auzero, E. Dockès, *Droit du travail*, 30e éd., Dalloz, coll. « Précis », 2016, nos 380 s. Sera ainsi requalifiée en licenciement (sans cause réelle et sérieuse), la démission donnée par un salarié sous la pression (ou la menace) d'une procédure disciplinaire ou d'une plainte pénale (Soc. 18 déc. 2013, no 12-28.788). Sur le maintien d'une jurisprudence très restrictive, Soc. 20 oct. 2015, no 13-26.890, *RJS* 2016, no 11 ; v. cep. Soc. 23 janv. 2019, no 17-26794, non publié, et la synthèse présentée par J.-Y. Frouin, *in* Frs F. Lefebvre, 4/2019, p. 27.

45. Comp. C. trav., art. L. 1243-3 (pour la rupture du contrat par le salarié) et L. 1243-4 (pour la rupture anticipée non légitime par l'employeur).

46. Soc. 21 mai 2002, *Bull. civ.* V, no 169.

47. Soc. 9 févr. 2010, no 08-44.477 ; pour d'autres exemples, Soc. 6 janv. 2011, no 09-68.130 ; Soc. 6 oct. 2010, no 07-42.023 (à propos des clauses de dédit stipulées dans le football professionnel). Parmi les décisions récentes relatives à la validité des clauses de dédit-formation, Soc. 23 oct. 2013, no 11-26.318 et no 11-16.032 ; Soc. 20 nov. 2013, no 12-15.405.

48. Soc. 6 nov. 2013, no 11-12.869.

49. Soc. 20 nov. 2013, no 12-15.405 ; Soc. 23 oct. 2013, no 12-15.003. Soc. 5 oct 2016, no 15-17.127 qui sanctionne le juge du fond pour n'avoir pas recherché alors même que cela lui était demandé si le coût total de la formation visé par la clause de dédit-formation comprenait le paiement de la rémunération du salarié.

n'importe quel travail ? Faut-il conditionner l'accès aux aides, à un travail ou à une recherche de travail, au nom d'une volonté de lutter contre ce que d'aucuns appellent parfois l'« assistanat » ? La question n'est pas seulement théorique. Elle a été posée très récemment au Conseil d'État à propos de la légalité d'une délibération du conseil départemental du Haut Rhin tendant à conditionner l'accès au RSA à la fourniture d'un certain d'heures de bénévolat[50]. Au-delà cette question, c'est plus largement celle de la liberté du travail qui est posée chaque fois qu'un dispositif paraît conditionner l'accès à un droit à la justification d'une activité de travail (qu'il s'agisse d'un travail salarié ou non, ou encore d'un travail bénévole et gratuit). C'est en partie cette interrogation sur le droit ou le devoir de travailler qui explique la difficulté et parfois la rudesse des débats sur la promotion d'un revenu universel de base (quel que soit le nom qu'on lui donne)[51]. Dans ces débats, la référence au préambule de la Constitution prend tout son sens lorsqu'il proclame, parmi les principes particulièrement nécessaires à notre temps, que « Chacun a le devoir de travailler et le droit d'obtenir un emploi ». La formule est connue, maintes fois citée, mais fait l'objet d'interprétations contradictoires dans un contexte où la réalité économique et sociale mène la vie dure à la double affirmation.

## 1 • Un droit au travail ?

**1084** ***Absence d'un droit subjectif d'obtenir un emploi.*** Dans une culture dominée par le travail, celui-ci participe de la dignité de la personne humaine[52], notamment en contribuant à la défense du droit à la vie[53]. L'accès à l'emploi est, pour cette raison, très lié à la rémunération et à l'exigence d'un revenu décent[54].

Pour autant, l'énonciation constitutionnelle du « droit d'obtenir un emploi » n'a pas créé une véritable prérogative subjective qui serait le « droit au travail »... car il n'y a ni débiteur, au sens juridique, ni procédure permettant d'en obtenir l'exécution en nature ou par équivalent[55].

**1085** ***Droit à l'emploi et politiques publiques d'emploi.*** Le droit à l'emploi constitue ce qu'on dénomme parfois un « droit-créance », traduisant un appel solennel à « l'intervention active de l'État

50. CE 15 juin 2018, nº 411630. La réponse qu'apporte le Conseil d'État est nuancée. Selon la Haute juridiction, rien n'empêche que le contrat conclu entre le bénéficiaire du RSA et le département prévoit des activités de bénévolat « à la condition qu'elles puissent contribuer à une meilleure insertion professionnelle du bénéficiaire et restent compatible avec la recherche d'un emploi, ainsi que le prévoit l'article L. 5425-8 du Code du travail ».

51. Sur ce débat, parmi de nombreuses références, P.Y. Verkindt, « Le revenu universel, une question de et pour la Philosophie sociale », *RDSS* 2020. 229.

52. T. Revet « La dignité de la personne humaine en droit du travail », *in La dignité de la personne humaine*, Economica, coll. « Études juridiques », 1999. La commission Badinter (janv. 2016, *loc. cit.*) pose au titre des principes essentiels du droit du travail que « Toute personne a droit au respect de sa dignité dans le travail » (art. 2). Sur la dignité du travailleur, v. P.-Y Verkindt, *loc. cit.* — Pour une approche plus générale de la question du respect de la dignité de la personne, P. Cassia, Dignité(s), Dalloz, coll. « Les sens du droit », 2016.

53. « Est-il vrai, oui ou non, que tous les hommes apportent en naissant un droit à la vie ? Est-il vrai, oui ou non, que le pouvoir de travailler est le moyen de réalisation du droit de vivre ? Est-il vrai, oui ou non, que si quelques-uns parviennent à s'emparer de tous les instruments de travail, à s'accaparer le pouvoir de travailler, les autres seront condamnés, par cela même, à se faire esclaves des premiers ou à mourir ? Est-il juste que, tout en ayant apporté, en naissant, le droit à la vie, le pouvoir de réaliser ce droit soit concentré aux mains de quelques-uns, de telle sorte que l'espèce humaine se trouve divisée en deux classes d'hommes dont les uns vendent la vie que les autres sont réduits à acheter ? » (Louis Blanc, cité par F. Tanghe, « Le droit au travail en 1848 », *in Le droit au travail, Institution des sciences du travail,* dossier nº 13, Université catholique de Louvain, nov. 1991).

54. D'où le lien étroit entre droit au travail et droit à une rémunération minimale. *Cf.* Déclaration universelle des droits de l'homme (ONU, 10 déc. 1948), art. 23, 3 : « Quiconque travaille a droit à une rémunération équitable et satisfaisante, lui assurant, ainsi qu'à sa famille, une existence conforme à la *dignité humaine* et complétée, s'il y a lieu, par tous autres moyens de protection sociale » ; Pacte international relatif aux droits économiques, sociaux et culturels (ONU, 16 déc. 1966) art. 7, *a), ii)* : « Les États parties au présent pacte reconnaissent le droit qu'a toute personne de jouir de conditions de travail justes et favorables, qui assurent notamment la rémunération qui procure, au minimum, à tous les travailleurs [...] une *existence décente* pour eux et leur famille... » ; Charte communautaire des droits sociaux fondamentaux des travailleurs (9 déc. 1989), art. 5, al. 2 : « Tout emploi doit être justement rémunéré. Il convient à cet effet que, selon les modalités propres à chaque pays, soit assurée aux travailleurs une rémunération équitable, c'est-à-dire une rémunération suffisante pour leur permettre d'avoir un *niveau de vie décent* ». P.-Y. Verkindt, « Vivre dignement de son travail : entre salaire et revenu garanti, », *Dr soc.* 2011. 18. La commission Badinter (*loc. cit.*) fait du droit à une rémunération assurant les conditions d'une vie digne, un principe essentiel du droit du travail (art. 30).

55. F. Rangeon, « Droits-libertés et droits-créances : les contradictions du préambule de la Constitution de 1946 », *Le préambule de la Constitution de 1946, Antinomies juridiques et contradictions politiques*, CURAPP, PUF, 1996, p. 182. Comp. M. Pichard, *Le droit à*, thèse, Paris II, 2004 (dir. M. Gobert), Economica, 2006.

ou des services publics » en vue de favoriser l'obtention d'un résultat digne de considération sociale[56]. Comme l'énonce le Conseil constitutionnel, le droit à l'emploi invite les pouvoirs publics à créer les conditions permettant au plus grand nombre de ceux qui sont dépourvus de travail d'en acquérir un[57]. Pour ses bénéficiaires, l'action de la puissance publique peut alors s'apparenter à une prestation. Mais il y a là plus une image qu'une qualification : techniquement, comme tous les droits-créances, le droit d'obtenir un emploi vient seulement justifier des restrictions apportées à des prérogatives « véritables » dans le but de favoriser l'accès du plus grand nombre à un travail[58]. Ce qui est la marque d'un objectif de valeur constitutionnelle[59]. Le premier effet du droit à l'emploi est donc de légitimer l'interventionnisme étatique destinée à favoriser l'accès du plus grand nombre au travail. Et, de fait, l'action des pouvoirs publics depuis le dernier quart du XXe siècle a eu de plus en plus pour finalité l'accès, le maintien et le retour à l'emploi de telle ou telle catégorie de la population (jeunes, femmes, chômeurs de longue durée, salariés en général...), parfois de tous les actifs : du droit de la formation aux emplois-jeunes, des contrats particuliers aux exonérations de charges sociales, des aides publiques à l'encadrement du licenciement, *etc.*[60] De même, un certain nombre des décisions les plus remarquables et les plus audacieuses de la chambre sociale de la Cour de cassation s'inscrivent dans la réalisation du droit à l'emploi[61] — : de l'obligation faite à l'employeur d'adapter les salariés à l'évolution de leur emploi[62] ou de les reclasser[63], à l'annulation du licenciement économique en cas d'absence ou d'insuffisance du plan social[64], en passant par l'admission du maintien de l'emploi comme avantage susceptible d'être déclaré plus favorable que tel ou tel droit acquis[65].

**1086** ***Incidences juridiques du droit à l'emploi.***[66] Il est également possible de rattacher au « droit » d'obtenir un emploi les priorités d'embauchage ou de réembauchage conférées à certaines catégories de travailleurs — handicapés, pères de famille, licenciés économiques[67]... ; elles constituent même, selon certains auteurs, l'expression la plus « achevée » du « droit » d'accéder à un travail[68]. Participent encore d'une reconnaissance d'un droit à l'emploi, la découverte par le juge (aujourd'hui consacrée par

56. F. Rangeon, *op. cit.*, p. 182.L'actualité sociale récente montre qu'après l'épuisement des techniques traditionnelles des politiques d'emploi, les pouvoirs publics sont à la recherche de nouvelles pratiques innovantes. L'exemple de l'expérimentation Territoires Zéro Chômeurs de Longue Durée (TZCLD)issue de la loi n° 2016-231 du 29 févr. 2016 est sur ce point emblématique. Centré sur la personne en recherche d'emploi, le dispositif est destiné à permettre à tout chômeur de longue durée de retrouver un emploi à durée indéterminée (sur cette expérimentation, v. A.-S. Ginon et P.-Y. Verkindt, « Protection sociale, emploi et territoire(s) », *RDSS* 2019.1116).
57. Cons. const. 28 mai 1983, n° 83-156 DC, Rec. Cons. const. 41 ; *Dr soc.* 1984. 159, note L. Hamon ; AJ 1983. 619, note RF Lebris ; Cons. const. 16 janv. 1986, n° 84-200 DC, *Dr soc.* 1986. 372, note Y. Gaudemet ; Cons. const. 10 juin 1998, n° 98-401 DC, *JO* 14 juin, p. 9033 ; *RTD civ.* 1999. 796, obs. N. Molfessis.
58. V. les décisions du Cons. const., citées à la note précédente. Les restrictions doivent être proportionnées au but recherché.
59. B. Faure, « Les objectifs de valeur constitutionnelle », *RFDC* 1995. 47 s ; N. Molfessis, *Justices* 1996, n° 3, p. 327 s.
60. Cons. const. 25-26 juin 1986, n° 86-207 DC ; Cons. const. 7 juill. 2005, n° 2005-516 DC ; Cons. const. 25 janv. 1985, n° 94-357 DC ; Cons. const. 18 déc. 2003, n° 2003-487 DC. En dernier lieu v. Cons. const. 30 mars 2006, n° 2006-535 DC, *Loi pour l'égalité des chances* (*JO* 2 avr. 2006, p. 4964), dans laquelle le Conseil constitutionnel a jugé non contraire à la Constitution le contrat de première embauche (CPE) créé par l'art. 8 de la loi n° 2006-396 du 31 mars 2006 pour l'égalité des chances (*JO* 2 avr. 2006), sur les motifs suivants : d'une part, « compte tenu de la précarité de la situation des jeunes sur le marché du travail, et notamment des jeunes les moins qualifiés, le législateur a entendu créer un nouveau contrat de travail ayant pour objet de faciliter leur insertion professionnelle ; qu'ainsi, par sa finalité, l'article 8 tend à mettre en œuvre, au bénéfice des intéressés, l'exigence résultant du cinquième alinéa du préambule de la Constitution de 1946 ; que le Conseil constitutionnel ne dispose pas d'un pouvoir général d'appréciation et de décision de même nature que celui du Parlement ; qu'il ne lui appartient donc pas de rechercher si l'objectif que s'est assigné le législateur pouvait être atteint par d'autres voies, dès lors que les modalités retenues par la loi déférée ne sont pas manifestement inappropriées à la finalité poursuivie ; d'autre part, la faculté donnée à l'employeur de ne pas expliciter les motifs de la rupture du "contrat première embauche", au cours des deux premières années de celui-ci, ne méconnaît pas l'exigence résultant du cinquième alinéa du préambule de la Constitution de 1946 ».
61. Ce qu'elle hésite manifestement à faire, *cf.* Cass., ass. plén., 8 déc. 2000, *Dr soc.* 2001. 126, concl. P. de Caigny, note A. Cristau.
62. Soc. 25 févr. 1992, *Dr soc.* 1992. 379.
63. Soc. 8 avr. 1992, *JCP E* 1992. II. 360, note J. Savatier.
64. Soc. 13 févr. 1997, *Dr soc.* 1997. 255, concl. P. de Caigny, note G. Couturier.
65. Soc. 19 févr. 1997, *Bull. civ.* V, n° 345 ; *Dr soc.* 1997. 432, note G. Couturier.
66. V. G. Lyon-Caen, « La jurisprudence du Conseil constitutionnel intéressant le droit du travail », *D.* 1990. Chron. 290 (quoiqu'ancien, l'article de G. Lyon-Caen mérite d'être relu). D. Baugard, « Le droit à l'emploi », *Dr soc.* 2014. 332.
67. C. trav., art. L. 5212-2 s ; L. 3142-60 ; L. 1235-45 ; L. 1225-67.
68. V. J. Savatier, préc., n° 30.

le législateur à l'article L. 6321-1 du Code du travail) de l'obligation d'adaptation du salarié à l'évolution de son emploi et le durcissement des obligations de reclassement pesant sur l'employeur tant en matière de licenciement économique qu'en matière de rupture du contrat de travail pour inaptitude médicale. C'est ainsi que la construction jurisprudentielle du régime juridique de l'inaptitude médicale au poste de travail peut être comprise comme la traduction d'un droit à l'emploi du salarié dont l'état de santé est affecté[69].

**1087** ***La dynamique du droit à l'emploi.*** Indépendamment de ses effets juridiques directs, la référence au droit à l'emploi offre une clé de lecture du droit du travail contemporain s'agissant de la construction du régime du reclassement. Elle permet aussi de mettre en tension, voire en contradiction le droit de résiliation unilatérale du contrat de travail dont dispose l'employeur et les impératifs de la politique sociale. Sans pour autant caractériser un droit à l'emploi au sens strict, le développement des obligations de rechercher le reclassement du salarié (en cas de licenciement pour motif économique ou en cas d'inaptitude médicale) ainsi que le devoir d'adapter le salarié à l'évolution de son emploi qui pèse sur l'employeur participent d'un souci de maintenir le salarié dans son emploi ou dans un emploi.

## 2 • Un devoir de travailler

**1088** ***Devoir de travailler.*** Le devoir de travailler n'existe pas en tant qu'obligation juridique[70]. Il n'est d'ailleurs personne pour soutenir, fût-ce en invoquant la lettre du préambule de la Constitution de 1946, que chacun serait juridiquement tenu de travailler : sur ce point, le texte se situe sur le plan de la morale sociale et non du droit[71].

L'affirmation du devoir de travailler n'exprime donc que l'importance sociale du travail et l'idée que la fourniture par « chacun » de son travail est socialement aussi impérieuse que la protection de la propriété ou la promotion de l'égalité. Travailler n'est pas une obligation juridique mais l'affirmation peut être nuancée si l'on examine les dispositifs assurantiels qui conditionnent l'accès aux droits qu'ils instaurent au moins à la recherche d'un emploi.

**1089** ***Obligation d'accepter un emploi et obligation de rechercher un emploi.*** Le droit au revenu de remplacement servi aux personnes à la recherche d'un emploi s'éteint ou se réduit selon les cas mentionnés à l'article L. 5412-1[72]. S'il est toujours possible de refuser un emploi objectivement conforme à ses aptitudes et à sa situation, ce refus entraîne des conséquences financières dont la perspective est de nature à exercer une pression certaine sur la volonté. En témoigne la question de l'offre raisonnable d'emploi visée aux articles L. 5411-6, L. 5411-6-2, L. 5411-6-3 et L. 5412-1 du Code du travail et L. 262-35 du Code de l'action sociale et des familles[73]. En pareille hypothèse, tout en usant de l'adjectif « raisonnable », le législateur paraît vouloir s'en réserver le contrôle ou la maîtrise. Après avoir posé les trois paramètres d'une « offre raisonnable » que sont la nature et les caractéristiques de l'emploi, la zone géographique et la rémunération[74], il fixe un certain nombre de limites. Depuis le 1er janvier 2019, le demandeur d'emploi n'est ainsi pas obligé d'accepter (a) un niveau de salaire inférieur au salaire normalement pratiqué dans la région et pour la profession concernée, sans préjudice des autres dispositions légales et des stipulations conventionnelles en vigueur, notamment celles relatives au SMIC, (b) un emploi à temps partiel, lorsque le projet personnalisé d'accès à l'emploi prévoit

69. M. Caron et P.-Y. Verkindt, « Inaptitude, invalidité, handicap : l'image du "manque" en droit social », *RDSS* 2011. 873.
70. Il faut entendre ici le « devoir » de s'engager dans une activité salariée ou non salariée. Rappelons cependant, qu'une fois conclu, le contrat de travail engendre pour le salarié l'obligation de fournir une prestation de travail.
71. V. not. J. Savatier, *v°* « Liberté du travail », *Rep. trav.* Dalloz, 2005.
72. C. trav., art. L. 5426-2.
73. Ce texte concerne le revenu de solidarité active (RSA).
74. C. trav., art. L. 5411-6-2 dans sa rédaction issue de la L. n° 2008-758 du 1er août 2008 : « La nature et les caractéristiques de l'emploi ou des emplois recherchés, la zone géographique privilégiée et le salaire attendu, tels que mentionnés dans le projet personnalisé d'accès à l'emploi, sont constitutifs de l'offre raisonnable d'emploi ».

que le ou les emplois recherchés sont à temps complet ; (c) un emploi qui ne soit pas compatible avec ses qualifications et ses compétences professionnelles[75]. Si le demandeur d'emploi refuse deux offres raisonnables d'emploi, en l'absence de motif légitime, il peut être sanctionné, suivant un système progressif, par la suppression de ses allocations et la radiation de la liste des demandeurs d'emploi[76]. La liberté de ne pas travailler et la liberté de ne pas chercher d'emploi viennent ainsi buter sur une contrainte forte liée au risque de perte du revenu de remplacement. La volonté, en soi légitime, de lutter contre les fraudes (et par là même de protéger l'intérêt général) conduit ainsi à une mise sous contrôle des chômeurs dont les effets stigmatisants sont particulièrement inquiétants.

**1090** ***Droit à la paresse ?*** Nul texte ne le proclame, et chacun sait l'importance du travail comme élément structurant de la société et sans doute de l'individu. L'idée d'un véritable droit à la paresse apparaît dès lors utopique mais a pu être théorisée par P. Lafargue dans son *Droit à la paresse* (1880) dans lequel on peut lire « Une étrange folie possède les classes ouvrières des nations où règne la civilisation capitaliste. Cette folie traîne à sa suite des misères individuelles et sociales qui, depuis des siècles, torturent la triste humanité. Cette folie est l'amour du travail, la passion moribonde du travail, poussée jusqu'à l'épuisement des forces vitales de l'individu et de sa progéniture. Au lieu de réagir contre cette aberration mentale, les prêtres, les économistes, les moralistes, ont sacro-sanctifié le travail ». Pour autant, si le droit à la paresse n'est, en aucune façon, juridiquement reconnu, certaines dispositions reconnaissent le droit de ne pas travailler ou en tout cas le droit de ne pas travailler à n'importe quelles conditions. Peuvent être rattachés à ce droit, la prérogative donnée au salarié de se retirer d'une situation dont il a un motif raisonnable de penser qu'elle présente un danger grave et imminent pour sa vie ou sa santé (c'est le droit de retrait de l'article L. 4131-1 du Code du travail)[77] ainsi que la possibilité de prendre acte de la rupture du contrat de travail et de faire juger cette rupture sans cause réelle ni sérieuse en présence d'un manquement de son employeur à ses obligations (non-paiement de la rémunération, violation des règles de sécurité, *etc.*).

## C • Le libre choix de son activité professionnelle

**1091** ***Le principe du libre choix.*** Le droit de choisir librement son activité participe d'une logique libérale tant sur le plan économique que sur le plan politique. Économiquement, il ouvre par principe le marché (du travail) et l'érige en lieu décisif pour la mobilisation des forces de travail. Il implique l'élimination des règles et autres conditions restreignant la libre rencontre (et concurrence) entre employeurs et salariés. Ce fut autrefois l'abolition des métiers, jurandes, corporations[78]. C'est aujourd'hui la volonté de cantonner strictement l'intervention de l'État à l'organisation dudit marché. Politiquement, le droit de choisir librement son activité est perçu comme l'une des libertés individuelles essentielles dans un système démocratique. Il justifie les dispositions prohibant les discriminations en matière d'emploi (race, religion, opinion, croyances, sexe, situation de famille, mœurs…[79]) ; choisir son activité c'est, notamment, être recruté sur la seule considération de ses compétences et aptitudes professionnelles[80]. Certaines des limitations de la liberté de travailler et de choisir son activité trouvent leur source dans la loi et obéissent à des préoccupations d'ordre public. D'autres ont pour origine le contrat et leur justification apparaît plus discutable.

75. Art. L. 5411-6-4 C. trav.
76. D. nº 2018-1335, 28 déc. 2018 , *JO*, 30 déc.
77. On notera cependant que se retirant de la situation de travail dangereuse, le salarié reste néanmoins à la disposition de son employeur.
78. Mais le marché vient également prohiber tout droit à l'obtention d'un emploi : en vertu de sa liberté d'entreprendre, l'employeur est doté du droit de choisir ses collaborateurs, Cons. const. 20 juill. 1988, nº 88-244 DC (§ 22), *AJDA* 1988. 753, note P. Wachsmann.
79. C. pén., art. 225-1 et 225-2 ; C. trav., art. L. 1142-1, 1142-2 et 1144-1 ; L. 1132-1 à 4, 1134-1 à 4 et 1133-1 à 3 ; L. 1141-5.
80. J. Savatier, *op. cit.*, nº 33.

**1092** ***Les limites au libre choix fondées sur l'intérêt général.*** Le décret d'Allarde prévoyait déjà la possibilité de restreindre, par des règlements de police, la liberté de choisir son activité. Aujourd'hui encore, des restrictions d'accès au travail ou d'accès à certains emplois sont prévues par des textes spéciaux. Le Code du travail fixe ainsi un âge minimum d'accès au travail[81], de nombreuses dispositions légales établissent les conditions d'entrée, de séjour et d'autorisation de travail des étrangers non ressortissants communautaires[82]. On ne fera qu'évoquer ici les normes relatives à l'exigence d'un diplôme, la possession d'un titre, l'obtention d'un agrément ou d'une habilitation administrative... Exceptions au principe du libre accès au travail, ces conditions ne devraient être instaurées qu'avec prudence, et solidement justifiées par des considérations supérieures, rattachables à l'intérêt général — santé, salubrité, sécurité publique. Il faut cependant constater qu'avec le temps, et la tentation toujours présente du corporatisme, ces conditions ont une nette tendance à se multiplier — du monopole de la consultation juridique à celui de maintes activités artisanales[83]. Indépendamment de ce contrôle d'accès à l'emploi, le droit français connaît aussi de façon plus radicale des interdictions professionnelles. Celles-ci sont justifiées par des motifs d'intérêt général lorsqu'elles accompagnent une sanction pénale principale, leur but étant alors de prévenir une récidive lorsque l'activité professionnelle a constitué l'occasion, le cadre ou le moyen de l'infraction réprimée. Leur développement contemporain résulte de divers facteurs : accroissement de la délinquance professionnelle ; élargissement de la gamme des sanctions ; augmentation de l'importance sociale du travail[84]... Enfin, l'intérêt général peut expliquer l'interdiction de principe du cumul d'un emploi public et d'une activité privée, et d'une façon générale d'ailleurs les multiples restrictions de source déontologique apportées à l'exercice de plusieurs activités par un professionnel libéral[85]. D'une autre nature sont les atteintes à la liberté du travail prenant leur source dans une volonté privée et tout spécialement dans le contrat.

**1093** ***Les limites contractuelles à la liberté du travail.*** Le contrat de travail et, dans une certaine mesure, la convention collective viennent parfois cantonner la liberté du travail. C'est ainsi que la convention collective, parce qu'elle organise les relations de travail (dans l'entreprise, dans le groupe, dans la branche, *etc.*) exerce nécessairement des contraintes normatives sur les employeurs et les salariés entrant dans son champ d'application. Plus nettement encore, une fois conclu, le contrat de travail engendre pour les parties des obligations parmi lesquelles celles de l'employeur de fournir un travail et de payer la rémunération et celle du salarié d'exécuter sa prestation de travail dans les conditions posées par son employeur. Dans le cadre de l'exécution du contrat, la liberté du salarié est doublement limitée puisqu'il lui appartient de respecter les consignes qui lui seront données et qu'il ne peut, par une activité extérieure, concurrencer son employeur. D'une façon plus générale encore, le salarié est débiteur d'une obligation de loyauté, déclinaison de la « bonne foi » parfois analysée comme une notion « régulatrice des relations de travail »[86]. Le texte central est en la matière l'article L. 1121-1 du Code du travail aux termes duquel « Nul ne peut apporter aux droits des personnes et aux libertés individuelles et collectives qui ne seraient pas justifiées par la nature de la tâche à accomplir ni proportionnées au but recherché ». Le principe ainsi posé par le législateur en 1992 aura en définitive tenu toutes ses promesses car il s'est affirmé au fil du temps comme le rempart contre toutes les formes d'atteintes aux libertés dans l'entreprise, parmi lesquelles la liberté du travail dans toutes ses déclinaisons.

---

81. C. trav., art. L. 4153-1 à 3, L. 4153-5 et R. 4153-6.
82. C. trav., art. L. 5221-2 s.
83. L. n° 96-603, 5 juill. 1996 relative au développement du commerce et de l'artisanat, art. 16 (*JO* 6 juill. 1996, p. 10199 ; *RTD civ.* 1996. 1005). Y. Guyon, « Que reste-t-il du principe de la liberté du commerce et de l'industrie ? » *in Dix ans de droit de l'entreprise*, Litec, 1978, p. 5 s.
84. Ces interdictions peuvent également constituer la sanction infligée à titre disciplinaire.
85. V. L. Casaux, *La pluriactivité*, préf. M. Despax, LGDJ, 1993.
86. Le fondement de l'obligation de non-concurrence en cours d'emploi peut être trouvé dans l'art. 1135 du Code civil et plus généralement dans l'obligation de loyauté du salarié. V. Guislain, « La bonne foi, notion-cadre régulatrice des relations de travail », *JS Lamy* 2014, 358-1 ; Ch. Vigneau, « L'impératif de bonne foi dans l'exécution du contrat de travail », *Dr soc.* 2004. 708 ; A. Teissier, « Loyauté et contrat de travail, quelques idées reçues », *JCP S* 2005, n° 1217.

Concrètement, la question de la liberté du travail du travailleur se situe à deux niveaux. Elle est d'abord de savoir si le contrat de travail (et, le cas échéant, la convention collective) peut, par une clause particulière, venir limiter l'activité professionnelle d'un salarié *après* son départ de l'entreprise. C'est la problématique des **clauses de non-concurrence**. Elle est ensuite de savoir si, indépendamment de toute concurrence, l'employeur peut exiger du salarié qu'il lui consacre l'exclusivité de son activité. C'est la problématique des **clauses d'exclusivité**.

**1094** La fonction des **clauses de non-concurrence** est de protéger l'entreprise contre des actes de concurrence que pourraient réaliser ses anciens salariés. Certes, l'employeur a toujours la possibilité, en l'absence de toute clause contractuelle, d'engager la responsabilité civile d'un ancien salarié qui se livrerait à des actes de concurrence déloyale préjudiciables à l'entreprise (captation de clientèle, dénigrement, débauchage de personnel, *etc.*)[87]. Néanmoins, les aléas propres à des telles actions judiciaires ainsi que les exigences probatoires ont amené les employeurs à tenter de se prémunir contre de tels comportements par la stipulation de clauses contractuelles de non-concurrence. Ces clauses appelées à déployer leurs effets à l'expiration du contrat, viennent directement mettre en question la liberté du travail du salarié à l'issue de son contrat de travail[88] comme le rappelle régulièrement la Cour de cassation pour qui elles portent atteinte « au principe fondamental de la liberté du travail »[89].

L'obligation de non-concurrence au sens strict résulte d'une stipulation contractuelle[90] ou d'une disposition conventionnelle[91]. Dans ce dernier cas, il y a lieu de distinguer plusieurs situations. Il arrive que le texte conventionnel interdise purement et simplement la stipulation de clauses contractuelles de non-concurrence. Les parties au contrat doivent se soumettre à la prohibition. Parfois, la convention collective se contente d'en prévoir la possibilité : le silence des parties au contrat conduit à considérer qu'il n'y a pas de clause de non-concurrence. Dans le cas où le texte conventionnel impose une clause de non-concurrence, les contrats qui sont conclus postérieurement ne doivent pas nécessairement comporter une clause écrite pour que la clause soit applicable. Il faut cependant veiller à ce que le salarié ait été correctement informé de l'existence et du contenu du texte conventionnel. Les exigences de sécurité juridique conduisent néanmoins à proposer l'insertion d'une clause contractuelle conforme à la clause conventionnelle[92].

Bien qu'elle altère la liberté du travail de son débiteur — en le contraignant à s'abstenir d'exercer un type d'activité professionnelle durant une période et sur un territoire donnés —, cette obligation n'est pas illicite — sauf cas particulier, tel celui des avocats[93]. Pour autant, parce qu'elle contredit la liberté du travail, la Cour de cassation a été amenée à cantonner la validité et l'usage de la clause de non-concurrence. Pareille clause est d'abord nécessairement d'interprétation stricte[94] puisqu'elle est une dérogation à un principe fondamental. Elle ne peut donc être étendue au-delà de ses prévisions[95].

---

87. Soc. 3 nov. 2011, n° 09-42.572, non publié, dans une hypothèse où la clause de non-concurrence avait été considérée nulle ; Soc. 31 oct. 2012, n° 11-16.988, non publié, pour une concurrence déloyale commise avant la fin du contrat de travail. Pour des actes de concurrence déloyale commis par un VRP, Soc 22 mai 2019, n° 17-27.795, NP et pour le constat d'une activité concurrentielle exercée par le salarié en cours d'emploi, Soc. 23 oct. 2019, n° 18-10.085. On relèvera ici que les circonstances permettent parfois de caractériser une faute lourde du salarié (Soc. 17 avr. 2019, n° 17-20.733) mais on sait le caractère rarissime de la reconnaissance de la faute lourde du salarié.
88. Soc. 11 juill. 2012, n° 11-19.433, NP.
89. Soc. 20 oct. 2013, n° 12-16.050, NP. Soc. 21 oct. 2020, n° 19-18928 NP. La décision est rendue au visa du « principe fondamental de libre exercice d'une activité professionnelle ».
90. La clause peut être stipulée en cours d'emploi ; elle constitue alors une modification du contrat qui doit être acceptée par le salarié. Elle peut trouver place dans tout type de contrat même si certaines conventions collectives l'interdisent dans des contrats à vocation de formation (contrat en alternance).
91. Ainsi par ex. à l'art. 17 de l'accord national interprofessionnel des VRP (Soc. 26 sept. 2012, n° 11-14.989). Soc. 30 sept. 2020, n° 18-18266, P.
92. En ce sens, P.-H. Antonmattéi, *Les clauses du contrat de travail*, 2e éd., Liaisons, 2009, p. 97. La Cour de cassation a par ailleurs jugé que devait être réputée non écrite (à distinguer de la nullité) la clause conventionnelle prévoyant une réduction de la contrepartie financière de la clause en cas de rupture à l'initiative du salarié (Soc 14 avr. 2016, n° 14-29679).
93. L. 31 déc. 1971, art. 7, al. 5 (réd. L. 31 déc. 1990) : « Le contrat de collaboration ou le contrat de travail ne doit pas comporter de stipulation limitant la liberté d'établissement ultérieur du collaborateur ou du salarié ». Ce qui, selon la Cour de cassation, rend illicite la clause conférant à l'ancien employeur un droit de contrôle préalable sur le choix des clients de son ancien salarié (Civ. 1re, 9 mai 1996, *D.* 1996. IR 20). *Idem* s'agissant de la clause du règlement intérieur d'un barreau (Civ. 1re, 14 oct. 1997, *JCP* 1998. II. 10011, note R. Martin).
94. Soc. 29 juin 1999, n° 97-40.082. Elle requiert une acceptation claire et sans équivoque de la part du salarié : Soc. 1 avr. 2020, n° 18-24 472, NP.
95. Soc. 26 mai 2010, n° 08-43.105, non publié.

Dans son dernier état, la jurisprudence estime qu'« une clause de non-concurrence n'est licite que si elle est indispensable à la protection des intérêts légitimes de l'entreprise, limitée dans le temps et dans l'espace, qu'elle tient compte des spécificités de l'emploi du salarié et comporte l'obligation pour l'employeur de verser au salarié une contrepartie financière »[96].

Ainsi, la validité d'une telle clause[97] requiert-elle la réunion de plusieurs conditions cumulatives, sous peine de nullité invocable par le seul salarié concerné[98]. Elle doit tenir compte des caractéristiques de l'emploi du salarié[99] et être conforme aux intérêts légitimes de l'entreprise[100]. Il faut ensuite qu'elle soit limitée dans le temps et dans l'espace. Elle doit donc permettre à l'intéressé d'exercer une activité professionnelle — et même son activité professionnelle —, d'une façon certes plus difficile mais néanmoins réelle. La limitation spatiale et temporelle de la clause s'apprécie au cas par cas[101]. À ces conditions anciennes, la Cour de cassation a ajouté en 2002, l'exigence d'une contrepartie financière[102]. Comme l'exprime sans ambiguïté la Cour de cassation, « l'exigence d'une contrepartie financière à la clause de non-concurrence répond à l'impérieuse nécessité d'assurer la sauvegarde et l'effectivité de la liberté fondamentale d'exercer une activité professionnelle »[103]. Au surplus, les parties ne peuvent décider de réduire la contrepartie pécuniaire en fonction du mode de rupture décidé[104]. D'une façon plus générale et en application du droit commun des contrats, une clause purement potestative est nulle[105].

Au stade de la mise en œuvre de la clause, plusieurs situations peuvent se présenter selon que la clause est reconnue ou non licite.

Si la clause est licite[106], le salarié doit la respecter au risque d'être condamné à indemniser l'employeur. En pareil cas, il faut rappeler d'une part que l'exercice par le salarié de l'activité interdite ne concerne que lui et qu'en aucune manière la clause pourrait venir entraver la liberté du travail d'un proche[107], d'autre part que la charge de la preuve de la violation pèse sur le seul employeur[108]. Toute clause

---

96. Soc. 10 juill. 2002, préc. ; la formule est reprise en permanence.
97. Soc. 14 mai 1992, *Dr soc.* 1992. 976 ; Soc. 15 janv. 2002, n° 99-43.987.
98. Soc. 28 sept. 2011, n° 09-68.537. La Cour de cassation considère en l'espèce qu'une convention collective postérieure ne saurait couvrir ladite nullité. L'employeur ne peut par ailleurs se prévaloir de la nullité de la clause pour tenter d'échapper à ses obligations (Soc. 30 sept. 2020, n° 18-18266, P).
99. Soc. 19 nov. 1996, préc., reliant directement le caractère indispensable de la clause de non-concurrence pour la protection des intérêts légitimes de l'entreprise et la licéité d'une atteinte à la liberté du travail garantie par la Constitution. La Cour de cassation ajoute désormais une référence directe à l'art. L. 1121-1 du Code du travail.
100. Une illustration en droit commercial : Com. 15 mars 2011, n° 10-13.824. ; en droit social : Soc. 18 janv. 2012, n° 10-19.179, non publié.
101. Est illicite la clause qui porte une atteinte disproportionnée à la liberté du travail en ce qu'elle interdisait au salarié sans justification de travailler dans une zone bien plus étendue que celle où il exerçait ses fonctions (Soc. 26 sept. 2018, n° 17-10.859 ; v. aussi, Soc. 26 sept. 2018, n° 17-16.020).
102. Soc. 10 juill. 2002, préc. La même exigence s'applique au profit des gérants non salariés de succursales de maisons d'alimentation (C. trav., art. L. 7322-1) comme le rappellent deux décisions : Soc. 8 déc. 2009, n°s 08-42.089 et 08-46.090. Sur l'application de l'art. 6-1 du Pacte international relatif aux droits économiques, sociaux et culturels : Soc. 16 déc. 2008, n° 05-40.876, *RDT* 2009. 239, obs. R. de Quenaudon. Cette contrepartie a la nature d'une indemnité compensatrice de salaire et doit donc être intégrée dans l'assiette des cotisations sociales (Civ. 2e, 20 sept. 2018, n° 17-23.096). La contrepartie pécuniaire est considérée comme absente lorsqu'elle est dérisoire (Soc. 20 févr. 2019, n° 17-22.679, non publié). Il convient cependant de relever d'une part que la contrepartie financière n'est pas due d'une part lorsque le salarié ne respecte pas la clause (Soc. 18 sept 2019, n° 16-13.392) et d'autre part lorsque la période de non concurrence stipulée a expiré (Soc 12 sept. 2018, n° 17-10.853).
103. Cette contrepartie pécuniaire a, selon la Cour de cassation, la nature d'une indemnité compensatrice de salaire (Soc. 4 nov. 2020, n° 18-20210, P) ce qui la conduit à considérer qu'elle entre dans le calcul des droits du salarié en matière d'indemnité de congés payés.
104. Soc. 9 avr. 2015, n° 13-25847, publié, *RJS* 2015, n° 409. Une telle modulation contractuelle est réputée non écrite mais elle ne met pas en cause l'existence et la validité de la clause de non concurrence elle-même (Soc 29 mai 2015 ; *JCP S* 2015. 1276 ; *RJS* 2015, n° 409 ; Soc. 21 oct. 2020 ; à propos d'une clause dans la convention collective, Soc 14 avr. 2016, n° 14-29679, *RJS* 2016, n° 414). Si le contrat prévoyait une contrepartie d'un montant inférieur à la contrepartie imposée par la convention collective, la clause contractuelle de non concurrence ne pourrait être annulée que si elle présentait un montant dérisoire (Soc 28 janv. 2016, n° 14-18836 non publié, *RJS* 2016, n° 245).
105. Soc. 25 nov. 2020, n° 19-14897 NP.
106. Pour un exemple de licéité reconnue, Soc. 31 oct. 2012 (n° 11-23.251) : « Mais attendu qu'après avoir constaté que les fonctions du salarié au service de son ancien employeur, qui, ne se limitant pas à la maintenance d'installations de lignes de production mais s'étendant à la mise en œuvre et au développement de telles installations, lui permettaient de connaître des procédés de fabrication et de production essentiels, la cour d'appel a relevé que ces fonctions n'étaient pas exclusivement réservées à la boulangerie industrielle, de sorte qu'il pouvait travailler dans d'autres secteurs ; qu'elle a pu ainsi, sans excéder ses pouvoirs, retenir que la validité de la clause de non-concurrence, laquelle répondait à la protection indispensable des intérêts de l'entreprise, était limitée dans le temps et l'espace, et constituait une atteinte proportionnée à la liberté de travailler du salarié, ne se heurtait à aucune contestation sérieuse ».
107. Soc. 4 juin 1998, n° 95-43.133... qui vise conjoint, parents ou alliés.
108. Soc. 11 janv. 2012, n° 10-30.308.

contraire serait nulle et de nul effet. Le droit du travail permet à l'employeur de renoncer à la clause dans un délai donné si une clause du contrat l'y autorise. Cette renonciation, qui aura pour effet de le dispenser du versement de la contrepartie pécuniaire, doit résulter d'une manifestation claire et sans équivoque et respecter le cas échéant les dispositions conventionnelles applicables[109]. En tout état de cause, une telle renonciation doit intervenir dans le délai contractuellement ou conventionnellement prévu ; à défaut l'employeur sera tenu au versement de la contrepartie pécuniaire[110]. Encore faut-il que la formulation de la clause par laquelle l'employeur pourrait renoncer à la clause de non-concurrence ne soit pas telle qu'elle laisse le salarié dans l'incertitude de sa liberté de travailler[111]. Conformément à la finalité attribuée à la clause, la renonciation de l'employeur ne peut pas intervenir unilatéralement en cours d'exécution du contrat[112].

Si la clause est illicite, le salarié (et lui seul) peut en demander la nullité, demande à laquelle il associera une demande de dommages-intérêts[113]. La jurisprudence considère que le salarié qui a respecté une clause de non-concurrence illicite en l'absence de contrepartie financière, peut prétendre à des dommages-intérêts[114]. Après avoir considéré que le respect par le salarié d'une clause de non-concurrence par ailleurs illicite, constituait nécessairement un préjudice pour le salarié, la Cour de cassation est revenue à une plus grande orthodoxie juridique au cours de l'année 2016[115].

Le contournement de ce régime restrictif ne saurait être obtenu par le « déguisement » de la clause de non-concurrence en clause de « non-captation de clientèle » faisant interdiction à un ancien salarié, durant une période déterminée, d'entrer en relation, directement ou indirectement, selon quelque procédé que ce soit, avec la clientèle qu'il avait démarchée lorsqu'il était au service de son ancien employeur : la chambre sociale de la Cour de cassation qualifie cette stipulation de clause de non-concurrence et la soumet par conséquent à son régime[116].

**1095** ***Les clauses d'exclusivité*** s'inscrivent dans un contexte différent même si un certain nombre de contrats voient coexister une clause d'exclusivité et une clause de non-concurrence[117]. On sait qu'en

109. Soc. 29 janv. 2003, *JCP* 2003. IV. 1516 ; Soc. 4 nov. 2003, nº 01-45.100 ; Soc. 25 févr. 2004, nº 02-41.306 ; Soc. 17 déc. 2004, nº 03-40.008, Soc. 28 mars 2007, nº 06-40 29 ; Soc 21 mars 2018, nº 21021 ; Soc. 2 févr. 2019, nº 17-27188, non publié.

110. Le point de départ du délai de renonciation est la date d'envoi de la lettre de rupture, Soc. 30 mars 2011, nº 09-41.583. Cette faculté de renonciation au bénéfice de la clause fait l'objet d'une jurisprudence abondante. Au regard de la liberté d'exercice d'une activité professionnelle, elle s'analyse comme une restitution au salarié de cette liberté (Soc. 12 avr. 2012, nº 10-27.075 ; Soc. 7 mars 2012, nºs 10-17.712, 10-20.513, 10-20.293 ; Soc. 15 févr. 2012, nº 10-16.025 ; Soc. 16 févr. 2012, nº 10-26.542).

111. Soc. 2 déc. 2015, nº 14-19029 « Mais attendu qu'ayant relevé que la clause réservait à l'employeur la faculté de renoncer à tout moment, avant ou pendant la période d'interdiction, aux obligations qu'elle faisait peser sur le salarié, la cour d'appel qui a retenu que ce dernier avait été laissé dans l'incertitude quant à l'étendue de sa liberté de travailler, en a exactement déduit que cette clause devait être annulée en son ensemble ; que le moyen n'est pas fondé ».

112. Soc. 2 oct. 2019, nº 18-19.741, NP, qui s'inscrit dans une jurisprudence constante.

113. La réparation du préjudice du salarié en cas de nullité de la clause peut aller jusqu'à celle de la perte de son emploi lorsque l'invocation de la clause nulle par son précédent employeur lui a fait perdre son nouvel emploi (Soc. 3 nov. 2010, nº 09-42.572).

114. Soc. 30 mars 2011, nº 09-70.306.

115. Soc 25 mai 2016, nº 14-20578, (Soc. 12 déc. 2012, nº 11-21.924) pour une illustration jurisprudentielle de la position désormais abandonnée. Au surplus, cette indemnité n'est pas une indemnité compensatrice de salaire (Soc 6 juill. 2016, nº 15-10987).

116. Sur la question de la qualification de la clause, P.-H. Antonmattéi, *op. cit.*, p. 94-96 ; Soc. 20 déc. 2006, nº 05-45.365, *Dr soc.* 2007. 372, obs. J. Mouly ; Soc. 13 juin 2007, nº 06-41.753 ; Soc. 19 mai 2009, nº 07-40.222 ; Soc. 2 juill. 2008, nº 07-40.618 ; Soc. 10 déc. 2008, nº 07-43.371 ; Soc. 19 mai 2009, nº 07-40.222 ; Soc. 27 oct. 2009, nº 08-41.501 (à propos d'une clause appelée « clause de clientèle ») ; Soc. 15 févr. 2012, nº 10-21.328 (clause dite de « respect de clientèle ») ; Soc. 19 sept. 2012, nºs 11-15.319 et 11-15.381 (clause « de protection de clientèle »). En revanche, n'est pas assimilée à une clause de non-concurrence la clause de « non-sollicitation », par laquelle les clients d'un employeur s'engagent à ne pas embaucher les salariés de ce dernier (Com. 11 juill. 2006, nº 04-20.438) ni la stipulation qui ne fait qu'interdire à un VRP la représentation en direct des fournisseurs de son ancien employeur (Soc. 26 nov. 2008, nº 07-42.364). À propos de la situation des avocats salariés, v. L. 31 déc. 1971, art. 7 al. 5 ; à propos d'une clause de non-concurrence insérée dans un pacte d'actionnaires, Com. 15 mars 2011, nº 10-13.824, *Bull. civ.* IV, nº 39.

117. Soc. 15 mai 2019, nºs 17-28.943 et 17-31.105, NP. En l'espèce, seul était discuté le respect par le salarié de la clause d'exclusivité (« Qu'en statuant ainsi, alors qu'il résultait de ses constatations que le salarié avait, en violation d'une clause d'exclusivité et en concertation avec un autre salarié et alors qu'il était encore au service de son employeur, eu recours à un montage juridique permettant de dissimuler la création d'une entreprise dont l'activité était concurrente de celle de son employeur et avait débuté avant la rupture de leurs relations contractuelles, et que le salarié avait détourné de la clientèle et débauché un salarié de l'employeur en sorte que l'intention de nuire était caractérisée, la cour d'appel, qui n'a pas tiré les conséquences légales de ses constatations, a violé le texte susvisé »). Sur la distinction qui reste nécessaire entre clause de non-concurrence et clause d'exclusivité, Soc. 18 mars 2020, nº 18-25096, NP.

principe, le cumul d'emplois privés est autorisé, sauf cas particuliers d'interdiction, et sous réserve du respect par le salarié de son obligation de loyauté[118]. Il arrive néanmoins que l'employeur souhaite se réserver l'exclusivité de l'activité professionnelle du salarié et il lui est alors possible d'insérer dans le contrat de travail une clause spéciale. *A priori*, une telle clause d'exclusivité, dont la Cour de cassation nous dit qu'elle doit être écrite et donc expresse, constitue une atteinte directe à la liberté du travail et c'est la raison pour laquelle tout en en reconnaissant la validité, la chambre sociale de la Cour de cassation s'emploie à l'encadrer de façon stricte[119]. Elle décide ainsi, au visa du préambule de la Constitution de 1946 et de l'article L. 1121-1 du Code du travail, que « la clause [n'est] valable que si elle est indispensable à la protection des intérêts légitimes de l'entreprise, et si elle est justifiée par la nature de la tâche à accomplir et proportionnée au but recherché »[120]. C'est pour la même raison qu'elle considère que « la clause d'un contrat de travail par laquelle un salarié s'engage à travailler pour un employeur à titre exclusif et à temps partiel ne peut lui être opposée et lui interdire de se consacrer à temps complet à son activité professionnelle »[121]. Lorsque la clause d'exclusivité est jugée valide, sa violation par le salarié peut être constitutive d'une faute grave[122]. Encore faut-il que puisse être constatée une atteinte effective à l'obligation d'exclusivité laquelle ne peut résulter d'actes préparatoires à l'exercice d'une autre activité professionnelle[123].

En réalité, toutes les clauses contractuelles peuvent s'avérer attentatoires *en fait* à la liberté du travailleur. La jurisprudence se montre très vigilante à l'égard de telles situations comme en témoigne le traitement judiciaire des clauses dites de dédit-formation[124].

## III • La protection juridique de la liberté du travail

**1096** La liberté du travail est juridiquement protégée, y compris par des dispositions pénales mais comme on l'a vu, c'est principalement par le contrôle judiciaire renforcé de l'organisation contractuelle de la relation de travail que la protection de la liberté du travail du salarié est assurée.

### A • La protection pénale de la liberté du travail

**1097** ***Un arsenal pénal ancien.*** La répression des atteintes à la liberté du travail est ancienne et l'on peut la faire remonter la législation révolutionnaire. Il s'agissait en effet à l'époque pour le législateur d'éviter par l'édiction de lois de police, la renaissance des corporations et autres corps intermédiaires. C'est alors la même philosophie juridique qui inspire la répression des coalitions pérennes (associations et syndicats) ou temporaires (coalitions et grèves) et celle des atteintes à la liberté du travail. La dépénalisation de la grève (1864), la légalisation du syndicat (1884) et celle du droit d'as-

118. Sur la question des cumuls irréguliers d'emplois, C. trav., art. L. 8261-1 s. Sur l'interdiction de la concurrence déloyale même en l'absence de clause d'exclusivité, Soc. 2 déc. 2020, n° 19-19352, NP.

119. Soc. 19 janv. 2012, n° 10-20.826, dont il ressort que la violation par le salarié de la clause constitue une faute grave mais non une faute lourde qui justifierait l'engagement de sa responsabilité civile. Soc. 16 déc. 2020, n° 17-22 302, NP ; Soc. 4 mars 2020, n° 19-13316, P, qui montre que l'exclusivité exigée du salarié peut devenir un élément conduisant à la caractérisation de la subordination.

120. Soc. 11 juill. 2000, n° 98-43.240. La clause doit être suffisamment précise pour que le salarié puisse connaître les limites de la restriction et pour que le juge puisse en apprécier la conformité au regard de l'article L. 1121-1 du C. trav. *Adde* Soc 21 nov. 2018, n° 16-28513.

121. Soc. 25 févr. 2004, n° 01-43.392, *Bull. civ.* V, n° 64.

122. Soc. 23 oct. 2013, n° 12-15.893, non publié.

123. Tels que l'élaboration des statuts d'une société et sa seule immatriculation ; en ce sens, Soc. 19 juin 2013, n° 12-19.097, non publié.

124. V. *supra* ss 1074 à propos de la liberté de cesser le travail. Pour des illustrations récentes, v. Soc. 20 nov. 2013, n° 12-15.405 ; Soc. 23 oct. 2013, n° 11-26.318 et n° 11-16.032.

sociation (1901) allaient pourtant laisser intacts les textes du Code pénal réprimant les atteintes à la liberté du travail qui, quoique modifiés, sont toujours présents dans la législation pénale contemporaine. Comme le relèvent pertinemment A. Cœuret, E. Fortis et F. Duquesne[125], « le délit d'entrave à la liberté du travail est le témoin de l'ambivalence du droit pénal du travail » dans la mesure où, désormais visé à l'article 431-1 du Code pénal, il garde la trace de ses origines post-révolutionnaire et des articles 414 et 415 du Code pénal d'alors. À vrai dire, la lecture de l'article 431-1 du Code pénal montre que le législateur réprime plus les moyens illicites (menaces, coups, violences, voies de fait, destructions, dégradations) d'entraver le travail que la simple atteinte à la liberté du travail. Le délit, qui figure dans une section du Code pénal réprimant « les atteintes à l'exercice des libertés d'expression, du travail, d'association, de réunion ou de manifestation » est un délit intentionnel puni de peines différentes selon qu'il résulte de simples menaces (431-1, al. 1) ou de violences physiques et d'atteintes aux biens caractérisées (431-1, al. 2). On ne peut s'empêcher de relever que l'usage des textes répressifs est devenu rarissime[126].

## B • Le strict encadrement des restrictions contractuelles à la liberté du travail

**1098** ***Liberté du travail* vs *liberté contractuelle.*** Dans la mesure où la liberté du travail est un droit fondamental reconnu au niveau international et où la Cour de cassation n'hésite pas à la rattacher à la Constitution, il faut considérer que la volonté individuelle (dans le cadre du contrat de travail) ou les volontés collectives (dans le cadre des conventions et accords collectifs) ne peuvent venir la contrarier. De fait, comme on l'a vu, les clauses contractuelles qui par leurs effets, seraient de nature à venir restreindre cette liberté, fût-ce par ricochet, sont strictement encadrées par la jurisprudence comme le montrent les solutions dégagées par la Cour de cassation en matière de clauses de non-concurrence, de non-sollicitation de clientèle[127], de d'exclusivité ou encore de dédit-formation. Les conditions posées à la validité de ces clauses et les règles applicables à leur mise en œuvre convergent pour en limiter la force. Perçues comme des dérogations à la liberté du travail, elles font l'objet d'une interprétation restrictive par le juge[128] et ce quelles que soient les clauses contractuelles en cause. On remarquera néanmoins qu'en la matière comme souvent en droit du travail, la jurisprudence est en tension permanente entre la volonté d'assurer le respect du contrat conclu en toutes ses dispositions et le souci de tenir compte des conditions réelles de conclusion dudit contrat. Cette tension éclaire la position adoptée par la Cour de cassation notamment en matière de clause de non concurrence dans le contexte plus général de la liberté du travail ou du libre exercice d'une activité professionnelle. Il s'agit parfois de sauver le contrat (en invalidant la clause litigieuse sans que cette invalidation puisse mettre en cause le contrat dans son ensemble). Il s'agit parfois de réputer non écrite telle ou telle composante

---

125. A. Coeuret, E. Fortis, F. Duquesne, *Droit pénal du travail,* LexisNexis, 6e éd., 2016, no 664 ; R. Salomon, A. Martinel, *Droit pénal social,* Economica, 2014, nos 366 s.
126. V. cep., Crim. 3 juill. 2008, no 07-80.079, *Bull. crim.*, no 135, *D.* 2009. 269, note E. Dreyer ; Crim. 15 mars 2011, *Dr soc.* 2011. 733, obs. F. Duquesne ; sur la question, J. Pradel, « Au confluent des relations de travail et du droit pénal : l'exemple du délit d'entrave à la liberté du travail », *Dr soc.* 1990. 37. Sur l'approche du droit européen des rapports entre le droit de grève et les libertés économiques et notamment à propos des arrêts *Viking* (CJCE 11 déc. 2007, aff. C-438/05) et *Laval* (CJCE 18 déc. 2007, aff. C-341/05), v. M. Miné, *Le droit social international et européen,* Eyrolles, 2e éd., 2013, p. 201 s. ; B. Teyssié, *Droit européen du travail,* 5e édit. 2013, Lexis Nexis, not. nos 1102 s.
127. Com. 27 mai 2021, no 18-23.261, expressément fondé sur la liberté du travail.
128. Pour d'autres exemples récents relatifs à la mise en œuvre de la clause de dédit-formation, Soc. 10 avr. 2019, no 17-24.210, NP ; Soc. 14 nov. 2018, no 17-18.890 qui approuve le rejet par le juge du fond d'une demande de remboursement de différents frais liés à la formation par l'employeur (« la cour d'appel en a exactement déduit, sans modifier l'objet du litige ni…, violer le principe de la contradiction, que la demande en remboursement devait être rejetée »).

de la clause pour sauver la clause elle-même comme le montre l'arrêt du 21 octobre 2020[129]. On y voit le juge considérer comme non écrites dans la clause, certaines dispositions (en l'occurrence il s'agissait de dispositions modulant le montant de la contrepartie pécuniaire en fonction du mode de rupture du contrat de travail) pour pouvoir la valider et en tirer toutes ses conséquences).

Plus largement, ce qui semble bien être en cause derrière les considérations techniques relatives aux aménagements contractuels ou conventionnels, c'est l'ambivalence propre de la notion de liberté du travail. Comme le relevait J.-P. Le Crom en 2006[130], « l'évolution du concept de liberté du travail témoigne de sa grande élasticité. Au XXe siècle, sa signification initiale s'est peu à peu transformée pour intégrer le droit au travail [tandis que reculait la liberté du commerce et de l'industrie]. En ce début de XXIe siècle, elle est de nouveau employée dans son sens ancien [au nom d'une libération du marché du travail] »[131].

## BIBLIOGRAPHIE INDICATIVE


- P.-H. ANTONMATTÉI, *Les clauses du contrat de travail*, 2e éd., Liaisons, 2009.
- V. BERNAUD, « Le Conseil constitutionnel, la Cour de cassation et les questions prioritaires de constitutionnalité relatives au droit du travail », *Dr soc.* 2011. 141.
- D. BAUGARD, « Le droit à l'emploi », *Dr soc.* 2014. 332.
- F. CANUT, « Les clauses de dédit-formation : de la nullité des clauses illicites à la nullité des clauses excessives », *JS Lamy* 26 janv. 2005, p. 4.
- N. CHAIGNOT, *Esclavages et modernités. La servitude volontaire comme problématique du capitalisme contemporain,* Thèse IUE, Florence, 2010 ; version publiée sous le titre : *La servitude volontaire aujourd'hui*, PUF, 2012.
- C. DAVICO HOARAU, « Actualité jurisprudentielle de la clause de non-concurrence », *JS Lamy* 2012, n° 329-1.
- L. DARDAHLON, « Droit constitutionnel et droit social. La liberté du travail devant le Conseil constitutionnel et la Cour de cassation », *RFDC* 2005. 755.
- E. DECAUX, *Les formes contemporaines de l'esclavage*, Martinus Nijhoff, Académie de droit international de La Haye, Cours, 2009.
- F. FOUVET, *Le principe de libre exercice d'une activité professionnelle*, Bibl. de droit social, LGDJ, 2018.
- J.-Y. FROUIN et B. MATHIEU, « Le juge social et la Constitution », *in Soixantième anniversaire de la chambre sociale de la Cour de cassation*, La Documentation française, 2000, p. 137.
- N. GUERRERO, « Variations sur la clause de non-concurrence », *JS Lamy* 2012, n° 320-1.
- Y. GUYON, *Que reste-t-il du principe de la liberté du commerce et de l'industrie ? Dix ans de droit de l'entreprise*, Litec, 1978, p. 5 s.
- E. JEANSEN, Y. PAGNERRE, *Guide des clauses du contrat de travail*, LexisNexis, 2014 (v. not. « Clause de non-concurrence », fiches 33 et 35).
- J.-P. LE CROM, « La liberté du travail en droit français. Essai sur l'évolution d'une notion à usages multiples », *HAL*, archives-ouvertes.fr.


129. Soc. 21 oct. 2020, n° 19-18928, NP.
130. *La liberté du travail en droit français. Essai sur l'évolution d'une notion à usages multiples*, HAL, archives-ouvertes.fr.
131. De même, une clause de convention collective qui viendrait réserver l'accès à un emploi dans une branche ou une entreprise, aux seuls salariés adhérents aux syndicats signataires du texte conventionnel serait en France frappée de nullité (*close shop* ou *union shop*) en ce qu'elle porterait atteinte en même temps à la liberté syndicale (dans le cas présent dans sa dimension négative) et à la liberté du travail.

- G. LYON-CAEN, « Les clauses de restriction de la liberté du travail (clauses de non-concurrence ou clauses de non-réembauchage) », *Dr soc.* 1963. 88 ; « La liberté du travail et le droit français du travail », *in La liberté du travail,* Université de Liège, 1969, p. 26 ; « Les principes généraux dans le droit du travail », *in Études G.-H. Camerlynck,* Dalloz, 1978, p. 35 ; « Le droit au travail », *in Les sans-emploi et la loi,* Calligrames, 1988, p. 203 ; « La jurisprudence du Conseil constitutionnel intéressant le droit du travail », *D.* 1990. Chron. 289.
- J. PÉLISSIER, « La liberté du travail », *Dr soc.* 1990. 19 s. ; « Pour un droit des clauses du contrat de travail », *RJS* 2005. 499.
- L.-F. PIGNARRE, « Contrepartie financière de la clause de non-concurrence et droit des obligations », *RDT* 2009. 151.
- X. PRÉTOT, « De la liberté d'entreprendre au droit à un emploi, ou les bases constitutionnelles du droit du licenciement », *Dr soc.* 2005. 371 s.
- T. REVET, « La dignité de la personne humaine en droit du travail », *in La dignité de la personne humaine,* Economica, coll. « Études juridiques », 1999 ; « Le droit du travail dans la jurisprudence du Conseil constitutionnel », *in La légitimité de la jurisprudence du Conseil constitutionnel,* Economica, coll. « Études juridiques », 1999.
- A. ROUAST, « Liberté du travail et droit au travail », *Travaux et recherches de l'Institut de droit comparé,* XV, 1959, p. 181.
- J. RIVERO, « Les libertés publiques dans l'entreprise », *Dr soc.* 1982. 421 s.
- R. SALAIS, « Libertés du travail et capacités : une perspective pour la construction européenne », *Dr soc.* 1999. 467.
- L. SAUTONIE-LAGUIONIE et *al.,* « Table ronde sur les clauses de non-concurrence », *JCP S* 2013. 1445.
- Y. SERRA, « *Tsunami* sur la clause de non-concurrence en droit du travail », *D.* 2002. 2491 ; « Hiérarchie des conditions de validité de la clause de non-concurrence en droit du travail », *D.* 2002. 3229.
- B. SILHOL, « Droit à l'emploi : brèves réflexions sur la jurisprudence récente du Conseil constitutionnel », *RDT* 2007. 390.
- A. SUPIOT, « Le travail, liberté partagée », *Dr soc.* 1993. 715.
- P. WAQUET, *L'entreprise et les libertés du salarié,* Liaisons, 2004 ; (avec Y. Struillou et L. Pécaut-Rivolier), *Pouvoirs du chef d'entreprise et libertés du salarié,* Liaisons, 2014 (spéc. p. 69 s.)

***Numéros ou dossiers spéciaux***

- « Liberté du travail, droit à l'emploi et obligation de travail », *Dr. Soc.* 2020, p. 384 s.
- *Cahiers de la recherche sur les droits fondamentaux,* n° 10/2012 « Esclavage et travail forcé »
- *Semaine sociale Lamy,* Supplément n° 1213, mai 2005 « Esclavage économique » (dir. Chr. Willmann)
- *JCP G,* n° 19-20 mai 2013, Supplément « La traite des êtres humains. Quels enjeux ? Quelles attentes ? »

## PISTES DE RÉFLEXION

- Liberté du travail et liberté dans le travail
- L'obligation de rechercher un emploi constitue-t-elle une atteinte à la liberté du travail ?
- Comparer la clause d'exclusivité et la clause de non-concurrence

Thème 6

# Les droits sociaux

François Gaudu †
Raymonde Vatinet
*Professeur à l'Université Panthéon-Assas (Paris 2)*

Les « droits sociaux » évoquent les devoirs de la collectivité vis-à-vis de l'individu. Ils ont un sens plus politique que technique et leur finalité est de tempérer la brutalité du pouvoir économique lorsqu'il s'exerce sur les plus faibles[1]. En ce sens, le droit à l'assistance, que concrétise aujourd'hui l'institution du revenu de solidarité active, constitue un exemple de droit social : la société prend le relais de l'individu, incapable de subvenir lui-même à ses propres besoins. L'idée de revenu universel défendue principalement par des courants de pensée libéraux repose sur la conviction d'une raréfaction prochaine du travail, en raison de l'évolution des technologies et de la robotisation, qui ne laisserait plus place qu'à un travail très qualifié. Il s'agirait alors d'assurer aux laissés pour compte de la société postmoderne un revenu de subsistance. Ces théories pèchent sans doute par manque d'imagination, de nouvelles formes d'emploi étant susceptibles d'apparaître ; elles ignorent surtout la fonction d'intégration sociale du travail, que la société s'engageait à garantir à chacun en proclamant le droit au travail. Quoi qu'il en soit, le droit social prend en considération les situations d'inégalité économique et sociale et, pour y remédier, prend des mesures correctrices.

Dans la présentation classique, les droits sociaux correspondent à la mise en œuvre de « droits fondamentaux de seconde génération ». Alors que la Révolution de 1789 avait conduit à la proclamation de droits de l'homme dans une perspective individuelle, voire individualiste, la mise en application du programme du Conseil national de la résistance conduit, après la Seconde Guerre mondiale, à l'affirmation de « principes particulièrement nécessaires à notre temps ». Il s'agit de prérogatives à dimension collective (droit de grève, droit à la négociation collective...) ou de « droits-créances » (droit à l'emploi, droit à l'éducation...).

La globalisation de l'économie, en mettant en concurrence les législations nationales, rend plus difficile le développement de droits sociaux pays par pays. On a cru pendant un temps que les sources internationales des droits sociaux de la seconde génération pourraient y remédier. Toutefois, la crise sanitaire en a révélé les limites et a conduit de nombreux observateurs à désigner l'État Nation comme le meilleur garant des droits sociaux.

Au demeurant, le coût d'un grand nombre de droits sociaux fondamentaux et la nécessité d'assurer un équilibre de leurs modes de financement passent désormais au premier plan des préoccupations des pouvoirs publics. Des données financières sous-tendent la plupart des réformes adoptées récemment ou en cours d'examen, comme les réformes de l'assurance chômage et celle des retraites.

1. Gorges Gurvitch, *La déclaration des droits sociaux*, 1946, réédition 2009, Dalloz, Préf. C. Miguel Herrera

**1099** Les remarques qui précèdent conduisent à envisager successivement les sources des droits sociaux (***I.***), puis, en fonction de leur nature et de leur contenu, les droits sociaux du citoyen (***II.***) et ceux de la personne subordonnée (***III.***).

# I • Les sources des droits sociaux

## A • Les sources nationales

**1100** ***Sources constitutionnelles.*** La tradition constitutionnelle, en la matière, est ancienne (art. 21 de la Constitution du 24 juin 1793[2], préambule de la Constitution du 4 novembre 1848) ; mais c'est naturellement le préambule de la Constitution du 27 octobre 1946, auquel renvoie la Constitution de 1958, qui constitue la source fondamentale. Celui-ci proclame un certain nombre de droits économiques et sociaux qualifiés de « particulièrement nécessaires à notre temps » parmi lesquels « le devoir de travailler et le droit d'obtenir un emploi », le droit syndical, le droit de grève, le droit de participation des salariés, le droit à la protection de la santé, la garantie donnée à « tout être humain qui, en raison de son âge, de son état physique ou mental, de la situation économique, se trouve dans l'incapacité de travailler (…) d'obtenir de la collectivité des moyens convenables d'existence », le droit d'accès à l'instruction et à la formation professionnelle…

2. « Les secours publics sont une dette sacrée. La société doit la subsistance aux citoyens malheureux, soit en leur procurant du travail, soit en assurant les moyens d'exister à ceux qui sont hors d'état de travailler. »

Au reste, la Déclaration des droits de l'homme de 1789, intégrée au bloc de constitutionnalité, est fréquemment sollicitée pour conforter la garantie des droits sociaux, notamment en ce qu'elle proclame une égalité des droits Il en va de même des « principes fondamentaux reconnus par les lois de la République » visés par le préambule de 1946.
L'institution de la question prioritaire de constitutionnalité (QPC) a donné une vigueur particulière aux sources constitutionnelles des droits sociaux[3]. Il faut souligner que le Conseil constitutionnel s'attache à garantir les libertés économiques fondamentales des entreprises (droit de propriété, liberté d'entreprendre) autant que les droits fondamentaux des salariés[4]. Les droits sociaux sont ainsi confrontés aux libertés économiques fondamentales selon la méthode de la mise en balance et du contrôle de proportionnalité[5].
Le juge judiciaire joue lui-même un rôle important dans le contrôle du respect des droits garantis par la Constitution française par les partenaires sociaux et par les employeurs. Le contrôle de la validité des accords collectifs et des actes unilatéraux de l'employeur, voire des contrats individuels de travail autorise un contrôle judiciaire de constitutionnalité de ces actes juridiques privés (comme en témoigne, par exemple, le contrôle de validité des clauses de non-concurrence).

**1101** ***Méthodes nationales de mise en œuvre des droits sociaux.*** La réalisation des droits sociaux suppose le plus souvent une action spécifique de l'État. Elle peut passer par une réglementation particulière. C'est ainsi que l'organisation des rapports collectifs de travail (droit syndical, institution des comités d'entreprise) contribue à la réalisation du droit à la négociation collective et du droit de participation à la gestion. Dans d'autres cas, le recours à la technique du service public permet à l'État de prendre en charge lui-même la satisfaction des besoins. Certains services publics, comme le service de l'emploi, voient cependant leur rôle réduit sous l'influence du droit européen qui impose l'ouverture de leurs activités au secteur privé concurrentiel. C'est ce qui a conduit à la création en 2008 d'une nouvelle institution, Pôle emploi, qui, tout en assurant une mission de service public (le placement des demandeurs d'emploi autrefois assuré par l'ANPE), se trouve, pour certaines de ses activités, en concurrence avec des opérateurs privés (que Pôle emploi peut d'ailleurs solliciter lui-même).
Au demeurant, dans la réalisation des droits sociaux, la compétence des régions ne cesse d'être renforcée, ce qui risque d'être un facteur d'inégalités entre les travailleurs nationaux.
Il importe encore de souligner que la mise en œuvre d'un grand nombre de droits sociaux est désormais du ressort des partenaires sociaux. Depuis longtemps, la technique des conventions collectives a été adaptée au droit de l'emploi, par exemple pour la mise en œuvre du régime d'assurance chômage, ainsi qu'au droit de la protection sociale (régimes de retraite). Le recours à la négociation collective est encouragé pour la réalisation d'un grand nombre d'objectifs sociaux comme l'égalité professionnelle ou la prévention des risques psychosociaux…
Il en résulte une complexité croissante des méthodes de mise en œuvre des droits sociaux. On constate une individualisation et une contractualisation des méthodes qui viennent concurrencer les procédés classiques de l'ordre public, expression de politiques publiques. Le processus de réformes des retraites, débuté en septembre 2017 avec la nomination d'un Haut-Commissaire à la réforme des retraites suivie d'une période de concertation aussi longue qu'inutile, témoigne de cette complexité, de même que la réforme de l'indemnisation du chômage

3. La richesse des QPC soulevées en matière sociale est notamment révélée par les chroniques « Actualité des questions prioritaires de constitutionnalité » publiées périodiquement par la revue *Droit social*.
4. V. not. Cons. const. 27 mars 2014, n° 2014-692 DC.
5. V. Cons. const. 4 avr. 2014, n° 2014-373 QPC, à propos de l'encadrement législatif du travail de nuit.

## B • Les sources internationales et européennes

**1102** ***Sources internationales.*** Les sources internationales complètent l'œuvre constitutionnelle : l'Organisation internationale du travail (OIT), créée par le traité de Versailles (1919) et relancée par la déclaration de Philadelphie (1944)[6], élabore des projets de conventions internationales : la France en a ratifié un grand nombre. Alors que dans la plupart des États liés par ces conventions le contrôle de leur respect est très mal assuré, en France beaucoup d'entre elles sont directement appliquées par les juges, même dans des litiges opposant des personnes privées (employeur/salarié) et elles sont susceptibles de l'emporter sur des règles nationales jugées contraires[7].

**1103** ***Les droits sociaux et l'Union européenne***[8]***.*** En 1957, le traité de Rome assignait à la Communauté européenne deux objectifs sociaux fondamentaux : élever le niveau d'emploi et égaliser « dans le progrès » les conditions de vie et de travail des salariés. Ces objectifs semblent avoir été oubliés au profit des nécessités du libre fonctionnement des marchés. L'élargissement de l'Union à de nouveaux États qui ne partagent pas la tradition sociale de l'Europe de l'Ouest a freiné toute tentative d'égalisation dans le progrès social. L'ouverture des marchés met en concurrence les systèmes nationaux, au détriment de ceux — Allemagne, France, Suède... — qui assurent aux salariés la protection la plus importante. La Charte communautaire des droits sociaux fondamentaux a pu, en raison de sa portée limitée, susciter une appréciation réservée. La Charte des droits fondamentaux de l'UE, proclamée à Nice le 7 décembre 2000, comprend d'importantes dispositions consacrées aux droits économiques et sociaux. Elle a acquis force contraignante en France avec l'entrée en vigueur du traité de Lisbonne (1er déc. 2009)[9].

Dès lors que leur respect est contrôlé par la CJUE, les droits fondamentaux reconnus par la Charte des droits fondamentaux de l'UE se trouvent confrontés aux libertés économiques fondamentales dont la Cour garantit également le respect. La CJUE entend opérer une conciliation entre les droits fondamentaux des travailleurs, tels que le droit de grève ou le droit à la négociation collective, avec ces libertés économiques (liberté d'établissement, libre prestation de services...)[10]. Les droits sociaux peuvent sortir affaiblis de cette confrontation[11].

**1104** ***Les droits sociaux garantis par les traités du Conseil de l'Europe.*** La Charte sociale européenne donne une liste très riche de droits et de principes relatifs aux droits de seconde génération et à la relation de travail salariée. Le Comité européen des droits sociaux est l'organe de contrôle de cette charte. La procédure de saisine est cependant complexe et les décisions de ce comité ne sont pas exécutoires, bien qu'elle soit publique. Une résolution du Comité des ministres doit intervenir pour exercer une pression sur l'État concerné afin qu'il se mette en conformité avec les obligations de la Charte. La jurisprudence du Comité européen n'a donc pas de portée obligatoire ; elle peut exercer une influence en alimentant la réflexion des pouvoirs publics et les débats judiciaires. Le Comité européen des droits sociaux reconnaît une marge de manœuvre importante aux États dans l'adaptation des droits sociaux à la situation économique nationale, comme en témoignent ses décisions relatives aux réformes mises en œuvre en Grèce. La réception de la Charte sociale européenne par les juridictions françaises est encore marquée d'une très grande ambiguïté. Bien que la Cour de cassation se réfère à

6. A. Supiot, *L'esprit de Philadelphie. La justice sociale face au marché total*, Seuil, 2010.
7. Sur le fondement de la Convention n° 158 de l'OIT relative au licenciement, la Cour de cassation a soumis le « contrat nouvelles embauches » au droit commun du licenciement, contrairement aux dispositions de l'ord. du 2 août 2005, entre-temps abrogée par la loi du 25 juin 2008 (Soc. 1er juill. 2008, *Bull. civ.* V, n° 146) ; v. aussi, Soc. 26 mars 2013, n° 11-25.580.
8. Sur l'ensemble des principes et droits fondamentaux reconnus par le droit de l'Union européenne, v. P. Rodière, *Droit social de l'Union européenne*, 2e éd., LGDJ, 2014.
9. V. J. Cavallini, « L'invocabilité des principes de la Charte des droits fondamentaux de l'Union européenne », *JCP S* 2014. 1232.
10. CJCE 11 déc. 2007, *Viking*, aff. C-438/05 ; 18 déc. 2007, *Laval*, aff. C-341/05 ; CJUE 15 juill. 2010, *Commission c/ Allemagne*, aff. C-271/08.
11. V. A. Supiot, « Voilà "l'économie communiste de marché" », *Le Monde* 25 janv. 2008 ; P. Rodière, « L'impact des libertés économiques sur les droits sociaux dans la jurisprudence de la CJCE », *Dr soc.* 2010. 573.

ses dispositions dans certains de ses visas, elle n'en consacre pas pleinement l'effet direct. Elle l'utilise comme un accessoire du droit de l'Union européenne, ce dernier devant être interprété à la lumière de ses dispositions[12].

La Convention européenne de sauvegarde des droits de l'homme, bien qu'elle contienne peu de dispositions se rapportant directement au droit social, a très vite joué un rôle non négligeable en matière de reconnaissance de la liberté syndicale[13], du droit de grève[14] ou de la liberté d'expression des salariés[15]. Ce rôle n'a cessé de s'accroître, la CEDH exploitant toutes les ressources de la Convention, au prix d'un forçage de certaines de ses dispositions, pour s'auto-ériger en une juridiction des droits sociaux[16]. Ainsi étend-elle la notion de vie privée, dont le respect est garanti par l'article 8 de la Convention, à la vie sociale de l'individu, son « identité sociale » englobant l'ensemble de sa vie professionnelle et de ses droits sociaux. Faisant preuve du même « dynamisme interprétatif », elle étend l'application du Premier Protocole additionnel à la Convention, qui garantit le droit de propriété, à « l'espérance légitime » de percevoir le paiement d'une créance de prestation sociale[17]. Une application combinée du Protocole n° 1 et de l'article 14 de la Convention prohibant les discriminations a pu la conduire à contrôler les conditions dans lesquelles certaines prestations sociales sont servies à des étrangers à l'UE. Ainsi la CEDH impose-t-elle une conception de l'égalité de traitement beaucoup plus poussée que celle de la CJUE, qui considère pour sa part qu'en matière de prestations sociales, l'égalité de traitement n'est imposée qu'entre ressortissants de l'Union. La CEDH est ainsi en capacité de contrôler l'ensemble du droit de l'emploi et de la protection sociale et de remettre en cause la cohérence des politiques sociales nationales, d'autant qu'elle ne se limite pas à combiner les unes avec les autres les dispositions de la Conv. EDH *stricto sensu*, puisqu'il lui arrive de se saisir très librement d'autres conventions internationales (conventions de l'OIT) ou traités européens pour éclairer ses interprétations.

En France, l'influence de la Convention européenne de sauvegarde des droits de l'homme est d'autant plus importante qu'elle est fréquemment invoquée devant les juridictions nationales qui en font une application directe. Au reste, la chambre sociale de la Cour de cassation se réfère volontiers à la jurisprudence de la cour de Strasbourg, à laquelle elle donne ainsi une autorité supérieure à celle que les textes lui reconnaissent[18]. La Conv. EDH a pu être invoquée pour contester l'impartialité de la juridiction prud'homale[19], la durée des procédures dans le contentieux social ou l'application des lois de validation aux instances en cours[20]. Les articles 6 (procès équitable), 8 (vie privée) et 14 (non-discrimination) sont parmi les plus sollicités dans les contentieux nationaux.

Au total, la multiplication des sources et des juridictions compétentes pour en connaître peut être facteur de confusion et d'incertitudes, d'autant que les textes définissant les droits sociaux sont toujours assez « flous » et sujets à des interprétations divergentes. D'ores et déjà des divergences d'interprétation sont apparues entre la CJUE et le Comité européen des droits sociaux à propos du droit de grève[21]. Le risque est grand de voir l'ensemble des droits sociaux nationaux soumis à un droit prétorien

12. V. Soc. 29 juin 2011, n° 09-71.107, *Bull. civ.* V, n° 181.
13. Conv. EDH, art. 11-1.
14. Le droit de grève étant conçu comme un mode d'exercice de la liberté syndicale est dès lors lui-même protégé par les dispositions de l'art. 11.
15. J.-P. Marguénaud et J. Mouly, « La jurisprudence sociale de la CEDH : bilan et perspectives », *Dr soc.* 2010. 883.
16. R. Vatinet, « La Cour européenne des droits de l'homme et le droit du travail », *in* B. Teyssié (dir.), *La norme transnationale et les relations de travail, op. cit.*, p. 89.
17. V not. CEDH 16 sept. 1996, *Gaygüsüz, D.* 1998. 438, note J.-P. Marguénaud et J. Mouly ; 30 sept. 2003, *Koua Poirrez c/ France, RJS* 2004. 19 ; 9 janv. 2007, *Aubert et autres c/ France.*
18. Seule une autorité relative de la chose jugée est reconnue aux décisions de la CEDH par l'article 46 de la Convention. La Cour de cassation n'hésite cependant pas à intégrer les interprétations données par la Cour à ses visas, v. not. Soc. 13 juin 2007, *D.* 2007. 2439, note C. Pérès.
19. Soc. 19 déc. 2003, *RJS* 2004, n° 338 ; 18 sept. 2008, *RJS* 2008, n° 1118.
20. Cass., ass. plén., 24 janv. 2003, *Dr soc.* 2003. 430, obs. X. Prétot et 473, rapp. Merlin.
21. V. A. Lyon-Caen, « Deux Europe », *RDT* 2014. 1 ; K. Chatzilaou, « La réponse de la CEDH aux arrêts *Viking* et *Laval* », *RDT* 2014. 160.

supranational tentaculaire, confus et très imprévisible[22]. La part prise par le droit international dans la résolution des litiges fragilise les entreprises françaises face à la concurrence internationale dès lors que l'application directe des normes internationales par le juge interne dans les litiges entre particuliers n'est pas aussi largement admise à l'étranger[23].

## II • Les droits sociaux du citoyen

**1105** ***A priori,*** la société laisse le citoyen gagner sa vie sans assistance. Toutefois, elle lui garantit, et elle garantit à la famille, un « droit au minimum » (**A.**). Elle aide en outre le citoyen à trouver l'activité économique qui lui permettra de subvenir à ses besoins (**B.**).

### A • Les protections minimales garanties

**1106** ***Minima garantis.*** « La Nation assure à l'individu et à la famille les conditions nécessaires à leur développement. Elle garantit à tous, notamment à l'enfant, à la mère et aux vieux travailleurs, la protection de la santé, la sécurité matérielle, le repos et les loisirs. Tout être humain qui, en raison de son âge, de son état physique ou mental, de la situation économique, se trouve dans l'incapacité de travailler a le droit d'obtenir de la collectivité des moyens convenables d'existence. »

Ces dispositions du préambule de 1946 (al. 10 et 11) constituent le fondement de l'aide sociale à l'enfance, du revenu de solidarité active (RSA) et de l'allocation de solidarité spécifique versés par les Assedic ; de l'allocation aux adultes handicapés[24] ; de l'allocation de solidarité aux personnes âgées[25] ; des allocations familiales et de l'aide sociale aux familles[26].

La solidarité nationale doit-elle s'exercer indépendamment de la solidarité familiale, ou ne jouer par rapport à celle-ci qu'un rôle subsidiaire ? L'idée de subrogation, qui autorise la collectivité à recourir contre les tiers débiteurs d'aliments défaillants, est fréquemment présente en droit de la Sécurité sociale et de l'aide sociale[27].

Sous réserve des dispositifs d'incitation à la reprise d'emploi, l'ensemble des prestations familiales et de l'aide sociale ont en commun d'être versées en considération des besoins de l'individu ou de la famille, et non en considération d'un travail[28].

En raison de la crise sanitaire, des lois d'urgence et des décrets sont venus prolonger dans le temps ou/et assouplir les conditions du bénéfice de certains droits sociaux (comme l'indemnisation des demandeurs d'emploi en fin de droits, l'indemnisation du chômage partiel) et créer des aides exceptionnelles accordées aux individus (aide exceptionnelle de solidarité) ou aux entreprises (notamment au titre du dispositif du fonds de solidarité)[29].

---

22. V. J.-F. Akandji-Kombé, « Droit constitutionnel, droit international et droit européen des droits de l'homme : concurrence, confusion, complémentarité ? », *Dr soc.* 2014. 301. S. Robin-Olivier, « Questions posées par la multiplication des normes internationales, européennes et nationales et les rapports entre juridictions », *Dr soc.* 2017. 419.
23. V. not. S. Robin-Olivier, *op. cit.*
24. CSS, art. L. 821-1 s.
25. CSS, art. L. 815-1 s. (Ord. nº 2004-605 du 24 juin 2004).
26. CSS, art. L. 511-1 s.
27. V. CSS, art. L. 581-1 s.
28. Ch. Willmann, « Politiques de l'emploi, prestations sociales : existe-t-il un modèle vertueux ? À propos de la "conditionnalité" des revenus de remplacement et autres minima sociaux », *Dr soc.* 2012. 79 ; J.-P. Chauchard, « Les nécessaires mutations de l'État-Providence : du risque social à l'émergence d'un droit-besoin », *Dr soc.* 2012. 135.
29. V. not *Le droits social à l'épreuve du Covid — 19*, Dossiers-numéros spéciaux, Revue Droits social Juillet-Aout 2020 et Septembre 2020

**1107** ***Sécurité sociale***. Selon les termes de l'article L. 111-1 du Code de sécurité sociale, « La sécurité sociale est fondée sur le principe de solidarité nationale ». Elle assure une mission de service public, qui consiste à couvrir la population française contre les risques maladie, maternité et vieillesse. La loi constitutionnelle du 22 juillet 1996, en instituant les « lois de financement de la sécurité sociale », conforte cette analyse, tout comme la création par la loi du 27 juillet 1999 d'une « couverture maladie universelle ».

Les alinéas 10 et 11 du préambule de la Constitution sont à l'origine de l'obligation d'affiliation des travailleurs non-salariés et de l'interdiction du recours à une assurance privée de substitution. Le monopole ainsi reconnu aux organismes de sécurité sociale n'a pas été remis en cause par la CJUE qui préserve l'obligation d'affiliation aux régimes légaux[30]. En France, l'intervention du secteur privé dans le domaine de la santé est donc limitée aux assurances complémentaires et aux risques non couverts par les régimes obligatoires[31].

Avec le développement du contentieux constitutionnel, le droit de la Sécurité sociale est progressivement passé au crible. L'élévation de l'âge de la retraite n'a heurté aucun principe constitutionnel[32]. Au demeurant, la substitution d'un régime universel de retraite aux 42 régimes actuels, telle qu'elle est envisagée par la réforme en cours, devrait garantir une plus grande égalité des salariés, tout en préservant les singularités professionnelles et en prenant en compte la pénibilité de certains métiers

En revanche, l'ancien système de réparation des accidents du travail et des maladies professionnelles, en limitant la réparation due aux victimes en cas de faute inexcusable de l'employeur, portait une atteinte disproportionnée au principe d'égalité entre les victimes d'actes fautifs et à leur droit au recours juridictionnel[33]. Les victimes ou leurs ayants droit peuvent donc demander la réparation d'un plus grand nombre d'éléments du préjudice subi[34].

Le principe de proportionnalité est l'instrument privilégié pour s'assurer de la conformité d'une mesure tant à la Constitution qu'aux textes internationaux.

## B • Les droits économiques du citoyen

**1108** ***Droit à l'instruction et à la formation professionnelle.*** « La Nation garantit l'égal accès de l'enfant et de l'adulte à l'instruction, à la formation professionnelle et à la culture. L'organisation de l'enseignement public gratuit et laïc à tous les degrés est un devoir de l'État. » (al. 13, préambule de 1946).

La portée de cette disposition va bien au-delà des « droits sociaux ». Elle se rattache cependant à ceux-ci, dans la mesure où l'éducation, et spécialement la formation professionnelle, conditionne l'emploi. L'instruction publique et la formation professionnelle constituent, comme la réalisation du plein-emploi, des missions constitutionnelles de service public.

**1109** ***Droit à l'emploi et devoir de travailler.*** « Chacun a le devoir de travailler et le droit d'obtenir un emploi. » Cette disposition constitutionnelle (al. 5, préambule de 1946) ne donne pas aux individus un droit subjectif contre l'État (le chômeur ne peut pas poursuivre l'État à raison de la non-réalisation de son droit à l'emploi). Elle n'en est pas pour autant privée de force juridique. Suivant le Conseil constitutionnel en effet, « il appartient à la loi de poser les règles propres à assurer au mieux le droit

30. CJCE 5 mars 2009, *Kattner Stahlbau GmbH*, aff. C-350/07.
31. V. S. Le Fischer, « L'obligation d'affiliation des travailleurs indépendants aux régimes légaux de sécurité sociale est-elle conforme à la Constitution ? », Rapport sur une question prioritaire de constitutionnalité, *Dr soc.* 2016. 81 et Civ. 2e, 22 oct. 2015, n° 15-16.312.
32. Cons. const. 9 nov. 2010, n° 2010-617 DC, *JO* 10 nov. 2010, p. 20056.
33. Cons. const. 18 juin 2010, n° 2010-8 QPC, *JO* 19 juin 2010, p. 11149.
34. V. CSS, art. L. 452-3. L'absence de réparation intégrale n'engendre pas d'inégalité prohibée par la Convention EDH : *RDT* 2017. 426.

pour chacun d'obtenir un emploi »[35]. Le droit à l'emploi constitue donc le fondement constitutionnel de la politique de l'emploi et donne naissance à une autre mission constitutionnelle de service public, l'État devant chercher, autant que faire se peut, à réaliser le plein-emploi[36].

À la fin des années 1950, les partenaires sociaux ont mis en place un système d'assurance-chômage dont la fonction principale était de verser aux demandeurs d'emploi un revenu de remplacement. Il a été renégocié en 2001 et réformé par le législateur en 2005, 2011 et novembre 2022. L'indemnisation du demandeur d'emploi est subordonnée à la condition de recherche effective d'un emploi, le refus réitéré d'une proposition de CDI peut être sanctionné et les droits des chômeurs sont susceptibles d'être modulés en fonction du niveau de taux de chômage[37].

**1110** ***Discriminations positives.*** La politique de l'emploi donne naissance à des discriminations d'une nature particulière, qui visent à réinsérer sur le marché du travail ceux qui paraissent les moins bien armés dans le jeu économique. Pour faciliter le placement des personnes en difficulté, (jeunes, chômeurs de longue durée, femmes qui cherchent à reprendre un emploi après une période d'interruption d'activité, seniors…), le droit positif recourt aux discriminations positives : obligation d'emploi de travailleurs handicapés[38], incitations financières[39] à l'embauche de membres de catégories défavorisées ou crée en leur faveur des types particuliers de contrat de travail. Les partenaires sociaux sont invités à négocier des plans de mesures destinées à favoriser l'égalité et la diversité dans les entreprises, ce qui pourrait conduire à la généralisation de mesures de discriminations positives et à la mise en place de quotas.

Néanmoins, pour l'heure, les discriminations positives « à la française », diffèrent profondément de celles d'outre-Atlantique, car elles s'adressent aux personnes en raison de leur situation objective, et non de leur prétendue appartenance à une communauté. Aussi le Conseil constitutionnel, dans une décision du 15 novembre 2007, a-t-il refusé le principe de traitements de données fondées sur « l'origine ethnique ou la race »[40].

## III • Les droits sociaux de la personne subordonnée

**1111** Le travailleur subordonné cherche sa subsistance sur un marché du travail où il se trouve en général, surtout en période de fort chômage, en position de faiblesse. Certains droits sociaux limitent la liberté contractuelle afin d'éliminer les effets les plus néfastes du fonctionnement du marché (**A**). Le travailleur subordonné se trouve exposé aux risques de la subordination (**B.**). L'égalité des volontés individuelles du dirigeant et du subordonné étant assez largement fictive, le droit cherche à recréer celle-ci en plaçant les rapports de travail sur un plan collectif (**C.**) L'ensemble de cet édifice est désormais profondément remis en cause par les nouvelles formes d'activité professionnelle qui se déploient à la frontière du travail salarié et du travail indépendant, notamment en raison du développement des activités du numérique (D).

---

35. Cons. const. 28 mai 1983, *DS* 1984. 159, note L. Hamon.
36. Les dispositions des conventions internationales et du droit communautaire vont dans le même sens (Conv. OIT n° 122 ; directive communautaire n° 74-121 du 18 févr. 1974, art. 1er).
37. F. Fontaine et L. Joly, « La réforme de l'assurance chômage, acte de décès de la flexisécurité à la française? », *RDT* 2022, p. 619 ; S. Tournaux, « La profonde déstabilisation du droit du chômage », *RDSS* 2022, p. 147 ; L. Joly, « Le financement de l'assurance chômage : un facteur d'insécurité sociale », *Dr. social* 2022, p. 1033.
38. C. trav., art. L. 5212-2 et s.
39. Primes à l'embauche, prise en charge partielle du salaire par l'État, exonérations de cotisations sociales, non-prise en compte dans les effectifs salariés qui déterminent certaines obligations de l'entreprise, *etc.*
40. Cons. const. 15 nov. 2007, n° 2007-557 DC.

## A • Les droits sociaux de la personne subordonnée et le marché

1112 ***SMIC.*** Celui qui a travaillé a droit à un salaire[41]. La loi impose le respect d'un salaire minimum, le SMIC. Le droit au SMIC est constitutif, d'après la jurisprudence du Conseil d'État, d'un principe général du droit[42]. Aussi les agents publics non-fonctionnaires, encore que leur emploi ne soit pas soumis au Code du travail, ont-ils droit au SMIC. Les seuls contrats de travail qui permettent une dérogation au SMIC sont ceux dans lesquels l'employeur s'engage à donner une formation substantielle au salarié (contrat d'apprentissage, contrat de professionnalisation).

1113 ***Égalité salariale.*** L'une des discriminations les plus difficiles à combattre est celle qui a trait au salaire. Le principe constitutionnel d'égalité trouve son prolongement dans le Code du travail (art. L. 3221-2 s.). Pendant longtemps, le résultat de l'application de ces règles a été mince.

Le droit communautaire a donné une impulsion nouvelle à l'évolution du droit, pour ce qui a trait à l'égalité entre les hommes et les femmes[43] en étendant aux hommes le bénéfice de prérogatives autrefois réservées aux femmes. Le principe d'égalité ne s'oppose cependant pas à la prise en compte des données physiologiques de la maternité[44].

Depuis 1996, la chambre sociale de la Cour de cassation a dégagé un nouveau principe général du droit, « à travail égal, salaire égal », qui interdit l'établissement d'un traitement différent *entre salariés de même sexe*, sauf justification objective[45]. L'individualisation des salaires est désormais limitée par la nécessité pour les parties au contrat de fournir des justifications objectives. Pour ce qui est de la négociation collective, la chambre sociale de la Cour de cassation a opéré un important revirement le 27 janvier 2015 en considérant que les différences de traitement entre catégories professionnelles opérées par voie de conventions ou d'accords collectifs sont présumées justifiées[46]. Une transposition rigide à l'entreprise privée et à la matière salariale du principe d'égalité des citoyens devant la loi est sans doute l'un des facteurs du gel des salaires constaté depuis quelques décennies dans le secteur privé, à l'instar du secteur public, et elle est à l'origine de stratégies d'évitement, avec la multiplication des modes de rémunérations variables, générateurs de risques psychosociaux, et de modes d'intéressement aux profits essentiellement destinés aux cadres au détriment des catégories de salariés les plus modestes. Depuis que l'invocation du principe d'égalité est venue limiter la liberté contractuelle, les inégalités salariales, loin de diminuer, se sont au contraire aggravées ; en matière de droits sociaux plus qu'en toute autre matière le mieux est souvent l'ennemi du bien.

## B • Les droits sociaux face aux risques de la subordination

1114 Les droits et libertés de la personne subordonnée peuvent subir, du fait même des prérogatives reconnues à l'employeur, des atteintes excessives. L'article L. 1121-1 du Code du travail limite ces atteintes, en interdisant les restrictions aux droits des personnes et aux libertés individuelles qui ne seraient pas « justifiées par la nature de la tâche à accomplir ni proportionnées au but recherché ». Par là même — c'est toute l'ambivalence du principe de proportionnalité —, il admet la validité de principe des atteintes aux droits fondamentaux lorsqu'elles sont conformes à l'intérêt légitime de l'entreprise et proportionnées à celui-ci. Ainsi les droits sociaux sont-ils confrontés aux libertés économiques.

41. Cette règle s'applique parfois, alors même que le contrat de travail est nul : ainsi l'employeur d'un étranger dépourvu d'autorisation de travail doit-il verser le salaire (C. trav., art. L. 8252).
42. CE 23 avr. 1982, *Dr ouvr.* 1983. 202.
43. En effet, l'art. 119 du traité de Rome et la directive n° 75-117 du 10 févr. 1975 ont amené la CJCE à se prononcer fréquemment.
44. Soc. 21 mars 2000, *Bull. civ.* V, n° 110.
45. V. Soc. 29 oct. 1996, *Dr soc.* 1996. 1013, obs. A. Lyon-Caen (« l'employeur est tenu d'assurer l'égalité de la rémunération entre tous les salariés, de l'un ou l'autre sexe, pour autant que les salariés en cause sont placés dans une situation identique »).
46. Pourvoi n° 13-22.179.

## 1 • Protection du corps de la personne soumise à l'autorité d'autrui

**1115** ***Hygiène et sécurité.*** La subordination juridique met la force de travail du travailleur subordonné à la disposition de son employeur. La personne du travailleur subordonné, impliqué dans un processus de production qui échappe à son contrôle, peut dès lors se trouver exposée à des risques physiques. C'est pourquoi le chef d'entreprise se trouve assujetti au respect d'une réglementation technique contraignante, doit respecter les durées maximales du travail prévues par la réglementation et laisser au salarié un temps minimal de repos.

Plus généralement, le chef d'entreprise est soumis à une obligation de sécurité de résultat permettant d'engager sa responsabilité non seulement en cas d'accident du travail ou de maladie professionnelle mais aussi en cas de réalisation de tout risque psycho-social (comme un harcèlement moral). Personnellement tenu de ces obligations, l'employeur ne peut se décharger en prétendant qu'il était absent des lieux de travail au moment où une éventuelle infraction a été commise, ni en invoquant la faute du salarié. Il doit en effet veiller personnellement au respect des prescriptions légales et réglementaires en matière d'hygiène et de sécurité. À défaut, il engage sa responsabilité, civile et pénale.

Néanmoins, depuis 2015, la jurisprudence tempère la rigueur de l'obligation de sécurité en permettant à l'employeur de s'exonérer de sa responsabilité civile en justifiant avoir pris toutes les mesures de prévention nécessaires et adaptées pour éviter que le dommage ne se réalise[47]. Désormais, on est donc en présence d'une obligation de résultat allégée (ou d'une obligation de moyens renforcée).

Quant à sa responsabilité pénale, qui suppose une infraction matériellement établie, l'employeur ne peut s'en exonérer qu'en prouvant une délégation de pouvoir consentie à une personne disposant de la compétence, de l'autorité et des moyens requis.

De nombreux agents de prévention (inspection du travail, médecine du travail, représentants du personnel) concourent à la protection de la personne du travailleur contre les risques professionnels. Au reste, le salarié a le droit de se retirer d'une situation de travail dont il a un motif raisonnable de penser qu'elle présente un danger grave et imminent pour sa vie ou pour sa santé[48], à condition qu'il ne crée pas ainsi pour autrui une nouvelle situation de risque grave et imminent[49].

C'est encore pour prévenir tout risque psychosocial lié au développement des nouvelles technologies que l'article L. 2242-17 du Code du travail consacre un « droit à la déconnexion » et impose la mise en place de dispositifs de régulation de l'utilisation des outils numériques, dont les modalités doivent être définies par accord collectif ou, à défaut, par des mesures prises unilatéralement par l'employeur, afin d'assurer le respect des temps de repos et de congés et l'équilibre entre vie professionnelle et vie personnelle et familiale.

## 2 • Protection des droits et libertés de la personne subordonnée contre un abus des pouvoirs de l'employeur

**1116** ***Contrôle du pouvoir réglementaire de l'employeur.*** Responsable de la sécurité et de la bonne marche de l'entreprise, l'employeur peut organiser l'activité de celle-ci par un règlement intérieur. Cet acte unilatéral de l'employeur ne peut traiter que d'hygiène, de sécurité et de discipline. La loi protège les salariés en énonçant que ce règlement ne peut comporter de clause contraire aux normes hiérarchiquement supérieures (lois, règlements et conventions collectives) et qu'il ne peut apporter aux droits des personnes et aux libertés individuelles et collectives des restrictions qui ne seraient pas justifiées par la tâche à accomplir ni proportionnées au but recherché[50].

47. Soc. 25 nov. 2015, n° 14-24.444 : Bull. Civ. V, n° 840
48. C. trav., art. L. 4131-1.
49. C. trav., art. L. 4132-1.
50. C. trav., art. L. 1321-3, 2°.

**1117** ***Contrôle du pouvoir disciplinaire de l'employeur.*** Le règlement intérieur définit « la nature et l'échelle des sanctions que l'employeur peut prendre ». S'il existe ainsi un principe de « légalité des peines » — d'ailleurs imparfait —, il n'existe en revanche pas, en droit disciplinaire, de principe de légalité des délits. En effet, constitue une sanction « toute mesure, autre que les observations verbales, prise par l'employeur à la suite d'un agissement considéré par lui comme fautif[51] ». Cette conception large de la sanction permet au salarié de contester des mesures qui constituent des sanctions indirectes ou déguisées. Elle permet aussi à l'employeur de réprimer des comportements qui n'ont pas été prohibés par le règlement intérieur.

La contestation d'une sanction doit être portée devant le conseil de prud'hommes qui contrôlera la régularité de la procédure (entretien préalable), l'existence de la faute et la proportionnalité de la sanction à celle-ci. Le doute profite au salarié (ce n'est ici qu'une transposition de la présomption d'innocence).

**1118** ***Principe de non-discrimination.*** Indépendamment des mesures disciplinaires auxquelles il se trouve exposé, le travailleur subordonné voit toute sa carrière (embauchage, affectation, mutation, promotion, licenciement...) déterminée par les décisions du détenteur de l'autorité hiérarchique. C'est pourquoi l'affirmation du principe de non-discrimination, s'affirme avec une particulière netteté. L'article L. 1132-1 prohibe les sanctions et les licenciements discriminatoires. Les mesures qui violent la prohibition sont nulles[52] ; il en résulte que le salarié irrégulièrement licencié peut obtenir sa réintégration. L'article 225-1 du Code pénal prévoit en outre des sanctions pénales.

Le régime de la preuve de la discrimination a été aménagé par la loi du 16 novembre 2001, qui a transposé la directive communautaire n° 97/80/CE du 15 décembre 1997 relative aux discriminations fondées sur le sexe, afin de faciliter l'action exercée par le salarié qui se prétend victime d'une mesure discriminatoire. Les nouvelles règles de preuve sont applicables, sur le plan civil, à toutes les hypothèses de discrimination sanctionnées par l'article L. 1132-4 du Code du travail[53].

La question de la discrimination à raison de l'âge, autrefois négligée, est d'autant plus d'actualité que la réforme des retraites requiert de plus longues durées de cotisation. La Cour de cassation a jugé que la « mise à la retraite » d'un salarié qui n'avait pas droit à une retraite à taux plein, qualifiée de licenciement à raison de l'âge, était un acte nul[54]. Néanmoins, conformément aux prévisions de la directive 2000/78, l'article L. 1133-2 du Code du travail autorise les différences de traitement fondées sur l'âge lorsqu'elles sont justifiées par un but légitime, favoriser l'emploi notamment. La CJUE fait une interprétation libérale de cette faculté, laissant une importante marge d'appréciation aux droits nationaux[55].

**1119** ***Du harcèlement sexuel sur les lieux de travail au harcèlement « tout court ».*** Au dispositif traditionnel de prévention des risques professionnels, s'ajoutent désormais des règles tendant à la lutte contre le harcèlement sexuel sur les lieux de travail[56] ainsi que contre le harcèlement moral[57]. Le thème du harcèlement moral tend à prendre une ampleur particulière au point que l'invocation de ce grief vient fréquemment s'ajouter à tout contentieux individuel du travail, sans doute en raison des contraintes que les nouvelles technologies et la recherche d'une productivité indéfiniment accrue font peser sur les salariés.

---

51. C. trav., art. L. 1331-1.
52. C. trav., art. L. 1132-4.
53. C. trav., art. L. 1134-1. La loi suit en cela la Cour de cassation : « il appartient [à celui-ci]... de soumettre au juge des éléments de fait susceptibles de caractériser une atteinte au principe d'égalité de traitement et... à l'employeur, s'il conteste le caractère discriminatoire de la mesure, d'établir que la disparité de situation est justifiée par des éléments objectifs étrangers à toute discrimination » (Soc. 23 nov. 1999 et 28 mars 2000, *Bull. civ.* V, n° 447 ; *DS* 2000. 593 ; *RJS* 2000, n° 498).
54. Soc. 21 déc. 2006, *Liaisons soc.* 10 janv. 2007, Bref social.
55. CJUE 5 juill. 2012, *Hörnfeldt*, aff. C-141/11, *Liaisons soc. Europe* 12 juill. 2012, n° 308.
56. C. pén., art. 222-33 s.
57. C. trav., art. L. 1152-1 s.

## C • L'affirmation de droits sociaux collectifs

**1120** L'organisation collective des salariés est favorisée. La participation des salariés à la gestion des entreprises longtemps demeurée embryonnaire, tend à se concrétiser. Le développement de la négociation collective est plus net encore, au renfort de laquelle vient le droit de grève.

### 1 • Droit à la représentation et à l'organisation collective

**1121** ***Droit syndical.*** « Tout homme peut défendre ses droits et ses intérêts par l'action syndicale et adhérer au syndicat de son choix. » Pour renforcer la légitimité des organisations syndicales, la loi du 20 août 2008 a redéfini la notion de représentativité syndicale. Les conditions « qualitatives » de la représentativité[58] ont peu changé, même si la référence désuète à l'« attitude patriotique pendant l'occupation » a été remplacée par le « respect des valeurs républicaines ». En revanche, une condition quantitative nouvelle a fait son apparition. Pour être représentatifs, les syndicats doivent avoir une audience électorale minimale : 10 % des voix au niveau de l'entreprise, 8 % aux niveaux supérieurs. Pour la signature des accords d'entreprise présentant le plus de risques pour les salariés[59], le principe majoritaire (50 % des voix requis des signataires) l'emporte.

**1122** ***Représentation élue du personnel.*** La représentation du personnel concourt à la réalisation des droits sociaux, tant individuels que collectifs, des salariés. Tel est le fondement constitutionnel du statut protecteur dont bénéficient les représentants du personnel[60]. L'ordonnance 2017-1386 du 22 septembre 2017 « relative à la nouvelle organisation du dialogue social et économique dans l'entreprise » présente le mérite d'avoir créé une instance unique de représentation du personnel, le comité social et économique, qui se substitue aux anciens délégués du personnel, comité d'entreprise et CHSCT, et recueille l'ensemble de leurs attributions. Cette clarification et cette simplification de l'organisation de la représentation du personnel ne pourront que contribuer à en améliorer l'efficacité.

### 2 • Participation à la gestion des entreprises

**1123** « Tout travailleur participe, par l'intermédiaire de ses délégués, à la gestion des entreprises » (alinéa 8 du préambule de 1946). Ce principe est consacré de diverses manières, principalement par le développement du droit de la négociation collective, par les attributions économiques du comité d'entreprise et par les dispositifs d'intéressement et de participation aux profits et au capital.

**1124** ***Droit à la négociation collective et obligations de négocier.*** Pendant longtemps, le droit de la négociation collective s'est surtout intéressé à la convention collective, acte qui en est le résultat. Contrat au moment de sa formation, la convention collective est traitée comme un règlement au stade de l'application. Aussi la Cour de cassation contrôle-t-elle sa bonne application. À l'instar du droit américain, la loi française multiplie les obligations de négocier : obligations annuelles de négocier les salaires réels, la durée effective et l'organisation du temps de travail ; obligation quinquennale de négocier, au niveau des branches, les salaires et les classifications… En raison des nouveaux champs de compétence reconnus à la négociation collective, on assiste à un double mouvement. D'une part, la négociation se déplace de la branche (où la négociation est très pauvre en raison de la généralité excessive des accords de branche, mal adaptés à la diversité des entreprises) vers l'entreprise, étant observé que les accords d'entreprise majoritaires (signés par des organisations syndicales qui rassemblent au moins 50 % des suffrages exprimés lors des élections professionnelles, au lieu de 30 % voire 10 %)

58. C. trav., art. L. 2121-1.
59. Comme les accords de performance collective ou les PSE négociés.
60. Cons. const. 20 juill. 1988, n° 88-244 DC, *D.* 1989. 269, note Luchaire.

deviennent progressivement la règle. D'autre part, la négociation nationale interprofessionnelle a pris une portée toute particulière puisque, sauf urgence, il est fait obligation au gouvernement de faire précéder tout projet de réforme d'une concertation préalable susceptible de donner lieu à l'ouverture d'une négociation puis à la conclusion d'un accord national interprofessionnel.

**1125** ***Comité social et économique.*** Le CSE, présidé par l'employeur et composé d'élus des salariés, exerce une forme de participation à la gestion dans toutes les entreprises. Il remplace le comité d'entreprise (dans les entreprises de plus de 50 salariés), ainsi que les délégués du personnel (dans les entreprises de plus de 10 salariés) et le CHSCT. Les prérogatives du CSE, dans l'ordre économique, sont essentiellement consultatives. Le droit français a développé à l'extrême la théorie de l'information du comité. Dans les sociétés commerciales, et particulièrement dans les sociétés par actions, les comités se sont vus reconnaître nombre de pouvoirs d'initiative identiques à ceux qui sont reconnus aux associés minoritaires, comme le droit d'alerte, le droit de demander une expertise judiciaire de gestion ou la convocation d'une assemblée générale, ou encore le droit de présenter des résolutions aux assemblées générales.

L'employeur doit verser au comité social et économique une subvention de fonctionnement qui s'ajoute à la subvention destinée aux activités sociales et culturelles. Le comité peut de surcroît se faire assister d'experts aux frais de l'entreprise dans plusieurs hypothèses… Enfin, il est désormais soumis à des obligations comptables plus ou moins contraignantes suivant sa taille et l'importance de ses budgets.

Lorsque l'entreprise fait l'objet d'une procédure collective, le comité dispose d'un droit d'intervention dans le cours de la procédure notamment en étant consulté par le tribunal de commerce et les organes de la procédure ou en exerçant des voies de recours.

**1126** ***Participation financière et représentation dans les organes de gestion ou de surveillance***. La participation des salariés prend aussi souvent la forme d'une participation au capital. C'est ainsi que, dans les sociétés par actions, l'actionnariat salarié s'est considérablement développé au cours de ces dernières années grâce à différents dispositifs comme les augmentations de capital réservées aux salariés ou l'utilisation de la réserve de participation via des plans d'épargne entreprises investis en actions. Désormais, dans les sociétés cotées, lorsque plus de 30 % du capital est détenu par des salariés actionnaires, ceux-ci doivent être représentés au conseil d'administration ou au conseil de surveillance.

La loi du 14 juin 2013 (modifiée par la loi Macron du 17 août 2015) a franchi une étape importante dans la participation des salariés à la gestion en imposant qu'ils soient représentés en tant que tels (indépendamment de la représentation des salariés actionnaires) dans les conseils d'administration ou les conseils de surveillance des sociétés par actions qui emploient — en leur sein ou au sein du groupe qu'elles contrôlent — au moins 1 000 (si les sociétés employeurs sont françaises) ou au moins 5 000 salariés (au sein d'un groupe international)[61].

## 3 • Droit de grève

**1127** ***La grève, liberté individuelle exercée collectivement.*** Dans de nombreux pays occidentaux, la grève, le droit syndical, le droit à la négociation collective, constituent des libertés collectives. En droit allemand par exemple, le droit de grève et le droit à la négociation collective dérivent de l'article 9, alinéa 3 de la Loi fondamentale, qui proclame la liberté de coalition. Corrélativement, le syndicat est le détenteur du droit de grève et du droit à la négociation collective (« conception organique ») : par ailleurs, comme la liberté de coalition est bilatérale (elle vise aussi les coalitions patronales), les droits dérivés sont bilatéraux. Au nom de l'« égalité des armes », le droit allemand considère le *lock-out* comme licite.

61. C. com., art. L. 225-27-1.

En France, les droits sociaux collectifs sont d'abord considérés comme des libertés individuelles. Il en est ainsi du droit de grève. La grève, pour être licite, n'a pas besoin de l'aval du syndicat, ni d'ailleurs de l'accord de la majorité du personnel. La Cour de cassation considère qu'une convention collective ne peut avoir pour effet de limiter ou de réglementer pour les salariés l'exercice du droit de grève[62].
La grève, sauf faute lourde, ne rompt pas le contrat de travail. Elle le suspend. Les licenciements prononcés en violation de cette disposition étant nuls de plein droit[63], le gréviste licencié alors qu'il n'a pas commis de faute lourde est en droit de demander sa réintégration.
Avant la Seconde Guerre mondiale, le principe de continuité du service public conduisait à priver les fonctionnaires du droit de grève et de la liberté syndicale. Le préambule de 1946 a fait prévaloir la solution inverse. Toutefois, le droit de grève dans le secteur public est réglementé. Plusieurs catégories d'agents publics sont tenues de respecter un service minimum. Le débat sur l'extension du service minimum est régulièrement relancé. La loi « sur la continuité du service public dans les transports terrestres » du 21 août 2007, sans instituer de service minimum, cherche à prévenir les conflits et à limiter leur impact. À cette fin, elle astreint notamment les personnels concernés à informer le chef d'entreprise de leur intention de prendre part à la grève au moins 48 heures à l'avance. L'objectif est de faciliter l'information des usagers et l'utilisation rationnelle des moyens qui demeurent disponibles. Des dispositifs semblables ont été adoptés dans d'autres secteurs comme le transport aérien.

## D. Le salariat remis en cause ?

1128 **a) Fragilité des frontières du travail salarié et du travail indépendant.** Le droit du travail salarié est mis en cause par les nouvelles formes d'activité professionnelles qui se déploient à la frontière du travail salarié et du travail indépendant. L'auto-entreprenariat est ainsi encouragé par les économistes libéraux. Cette tendance est accentuée par le développement des activités du numérique, qui modifient profondément les relations de travail. Sous l'influence anglo-américaine un encouragement est donné à de nouvelles formes de travail « indépendant » qui placent le travailleur dans une situation de grande dépendance économique en le privant de la protection réservée au salariat. Les dérives possibles et les risques encourus par ces travailleurs ont été très bien illustrés par le film du réalisateur britannique Ken Loach, *Sorry, we missed you* (2018).
1129 **b) Les voies envisageables.** Pour l'heure, deux voies sont expérimentées pour appréhender ces nouvelles relations de travail : d'une part, la création de statuts particuliers de salarié comme celui du travailleur porté ou celui du télétravailleur, salariés à part entière, par détermination de la loi, mais dotés de droits et de devoirs spécifiques[64] et d'autre part, la création d'un statut particulier de travailleurs indépendants pour ceux qui « ont recours, pour l'exercice de leur activité professionnelle, à une ou plusieurs plateformes de mise en relation par voie électronique »[65]. Sans être salariés, ces derniers bénéficient de droits inspirés du droit du travail, ce qui pourrait être la préfiguration d'un droit commun de l'activité professionnelle.
Il apparaît néanmoins que cette idée d'un tiers-statut n'est pas satisfaisante. Elle ne parviendra à atténuer ni l'insécurité juridique actuelle (et les contentieux en requalification) ni les risques encourus par les travailleurs des plateformes. La jurisprudence se prononce au cas par cas, en recherchant si les critères de la subordination juridique sont ou non réunis. La recherche doit être rigoureuse et la Chambre sociale de la Cour de cassation ne semble pas prête à admettre trop aisément la requalification de la

62. Soc. 12 mars 1996, *Liaisons soc.* 1996, Jurispr. 498. Il en résulte que les clauses de préavis avant grève sont inopposables aux salariés.
63. C. trav., art. L. 2511-1.
64. C. trav., art. L. 1222-9 et s.
65. C. trav. art. L. 7341-1.

relation de travail *via* une plateforme numérique en un contrat de travail[66], pas plus que la Chambre criminelle n'y voit nécessairement un cas de travail dissimulé[67].

Un important rapport a été remis le 2 décembre 2020 au Premier ministre par Jean-Yves Frouin : *Réguler les plateformes numériques de travail*[68]. Ce rapport formule des recommandations relatives au statut des travailleurs des plateformes, tendant à renforcer le socle de leurs droits sociaux. Le rapport propose une solution qui consisterait à salarier certains travailleurs des plateformes par le biais de coopératives d'activité d'emploi ou de sociétés de portage auxquelles feraient appel les opérateurs[69]. Ainsi une évolution du salariat pourrait-elle être assurée, tenant compte de l'évolution de la vie commerciale et des échanges économiques sans conduire à de nouvelles formes de paupérisation et à une nouvelle question sociale.

## BIBLIOGRAPHIE INDICATIVE


- Rapport remis au Gouvernement par Jean-Yves Frouin, 2 déc. 2020, *Réguler les plateformes numériques de travail* : www.gouvernement.fr.
- S. TOURNAUX, « La profonde déstabilisation du droit du chômage », *RDSS* 2022, p. 147.
- L. JOLY, « Le financement de l'assurance chômage : un facteur d'insécurité sociale », *Dr. social* 2022, p. 1033.


## PISTES DE RÉFLEXION

- Les coûts et sources de financement des droits sociaux.
- La santé au travail et les risques psychosociaux
- Les droits sociaux à l'ère du numérique

66. Soc. 13 avr. 2022, n° 20-14.870, FS-B., *RJS* 2022, n° 343.
67. Crim. 5 avr. 2022, n° 20-81.775, FS-B., *RJS* 2022, n° 318
68. Rapport — Réguler les plateformes numériques de travail : www.gouvernement.fr. Présentation des principales mesures, *JCP S* 2020, Act. 530. Entretien avec J-Y Frouin, *JCP S* 2020, Act. 531 — v. aussi V. Bonin, « Subordinations d'hier et d'aujourd'hui. Le pouvoir dans la relation de travail sous l'effet de la numérisation » : *RJS*, Chronique, janvier 2023
69. v. Entretien avec J-Y Frouin, *op. cit.* F. Champeaux, « Le rapport Frouin préconise le recours au portage et aux coopératives pour salarier les travailleurs des plateforme », *JSL* 7 déc. 2020, n° 1932.

Thème 7

# Le droit à la santé

LISE CASAUX-LABRUNÉE
*Professeure à l'Université Toulouse Capitole,*
*Faculté de droit et science politique*

Les questions de santé sont d'actualité permanente : épidémies, pandémies, accidents sanitaires, responsabilité médicale, accès aux soins, maîtrise des dépenses de santé, progrès de la science pour contrer des maladies déjà connues ou faire face à des risques nouveaux... Nombre de textes internationaux, ainsi que le préambule de la Constitution de 1946 en droit interne, affirment l'existence d'un « droit à la santé » sur lequel il est essentiel de s'interroger aujourd'hui. Comme beaucoup de « droits à », ce droit essentiel souffre d'un défaut d'effectivité. L'étude souligne le décalage entre l'autorité du principe, particulièrement élevée, et son insuffisance d'activation, la protection de la santé étant en réalité l'affaire de tous.

« *La santé peut paraître à la longue un peu fade ;*
*Il faut, pour la sentir, avoir été malade* ».
(J.-F. Collin d'Harleville, *L'optimiste*, acte I, scène 1)



**1130** Sujet universel s'il en est, la santé concerne et préoccupe chacun de nous, à des degrés divers. En témoignent ces scènes de la vie quotidienne où l'on s'enquiert de son prochain : « Bonjour ! Comment va ? ». La réponse dépendra surtout du tempérament de la personne rencontrée. Un « Bof... » suivi d'un lamento, ne correspondra pas toujours à une altération grave de la santé, tandis qu'un : « Bien, merci… » traduira parfois réserve et pudeur face à une maladie ou une souffrance que l'on préfère taire. Révélateurs aussi, l'usage des vœux : « Bonne année, bonne santé ! » Qui n'a reçu ou adressé la formule, enfilant avec générosité, bonheur, joies diverses, prospérité et santé bien sûr, souvent en premier, parce que sans la santé…

**1131** ***Qu'est-ce que la « santé » ?*** La plus célèbre définition est certainement celle de l'Organisation mondiale de la santé (OMS) créée lors de la conférence internationale de la santé de New York le 22 juillet 1946 dans le but « d'amener tous les peuples au niveau de santé le plus élevé possible » (article 1er de sa Constitution). Vaste objectif auquel correspond une définition ambitieuse : la santé n'y est pas seulement définie comme l'absence de maladie ou d'infirmité, mais comme un « état de complet bien-être physique, mental et social ». Une conception aussi extensive, subjective, si ce n'est utopique « ne contribue guère à l'intégration de la santé dans les concepts dotés de valeur juridique »[1]. Mais tel n'est peut-être pas son objectif. L'OMS a surtout pour objet d'aider les gouvernements à renforcer leurs services de santé, informer, conseiller, favoriser l'amélioration de la nutrition et de l'hygiène, promouvoir la coopération entre groupes scientifiques et professionnels, proposer des conventions et accords internationaux, stimuler et guider la recherche, établir des normes internationales pour les aliments, les produits biologiques et pharmaceutiques. La santé visée par elle est bien plus un objectif destiné à guider un programme d'actions qu'une notion à contenu normatif. Elle ne traduit rien d'autre qu'un objectif élevé et digne de l'être. La santé peut-elle être définie autrement qu'en termes subjectifs ? Au-delà de l'approche, sans doute restrictive, qui considère la santé comme une absence de maladie ou d'infirmité, des efforts sont réalisés en médecine pour tenter de mieux distinguer santé « observée » et santé « perçue », de dissocier regard des soignants et vécu des patients. Peut-être aussi, en raison des contraintes inhérentes à notre système de protection sociale, allons-nous vers une conception de la santé « normalisée », qui n'est pas sans danger, se traduisant notamment par la limitation de la prise en charge des soins à ce qui aura été jugé nécessaire au traitement de telle ou telle affection. Santé subjective, santé objective… Santé relative aussi : l'individu habitué au confort et celui qui vit dans la précarité ne la conçoivent sûrement pas de la même façon. Finalement, la recherche d'une définition unique du mot « santé » paraît vaine. Au demeurant, il n'est pas sûr qu'une telle définition soit nécessaire pour étudier le « droit à la santé ». Combien de droits donnent vie à des concepts dont la définition est plurielle, si ce n'est fuyante : la liberté, l'égalité, la sûreté, la dignité ? En pratique, c'est souvent la mise en œuvre des droits qui permet d'affiner les concepts, quitte parfois, selon les besoins, à en adopter des définitions différentes.

**1132** ***La santé au cœur des préoccupations contemporaines.*** Les questions de santé tiennent une place majeure dans la vie des individus comme dans celle de la Nation. Celle-ci apparaît comme la résultante d'un certain nombre de données individuelles (le « capital » reçu par chacun à sa naissance) mais aussi scientifiques, environnementales, économiques (contraintes financières liées aux politiques de santé). Selon les progrès accomplis dans tel ou tel domaine, des motifs d'espoir alternent avec des motifs d'inquiétude. La situation sanitaire actuelle, forte de l'extraordinaire amélioration en un siècle de l'état de santé de la population, est marquée par des perspectives prometteuses mais également par des inquiétudes : « Au nom des progrès en cours on en vient parfois à espérer que tout soit techniquement possible, ce qui aurait pour corollaire juridique l'extension quasi illimitée de la responsabilité des professionnels de santé. Mais au nom des incertitudes qui demeurent, voire des régressions qui menacent dans certains domaines tels que celui des maladies infectieuses, il faut admettre que la réalité est beaucoup plus aléatoire et que, par suite, le droit doit évoluer avec prudence[2] ». Espoir mais aussi inquiétudes face aux répercussions sur la santé publique de l'environnement économique et social (les effets de la précarité sont notamment sous-estimés) ou encore face à la dégradation de l'écosystème ou à l'usage impru-

1. V. Saint-James, « Le droit à la santé dans la jurisprudence du Conseil constitutionnel », *RD publ.* 1997. 460.
2. *Réflexions sur le droit de la santé*, CE, Rapport public 1998, La Documentation française, p. 235.

dent de nouvelles technologies, à l'irresponsabilité ou l'inconscience de certains acteurs de l'économie. Pollutions atmosphériques, intoxications alimentaires, contamination par virus… L'actualité récente est malheureusement riche de ces événements-là. Sans que son origine exacte soit encore clairement explicitée, en décembre 2019, une épidémie à pneumopathie éclate ainsi en Chine, avec de premiers patients atteints de symptômes attribuables au SARS-CoV-2. Le virus covid-19 se propageant à une vitesse sans précédent, l'épidémie est déclarée urgence de santé publique de portée internationale par l'OMS le 30 janvier 2020. La crainte d'une installation durable de l'épidémie au niveau mondial se confirme quelques semaines plus tard. Le directeur général de l'OMS déclare alors que « la covid-19 peut être qualifiée de pandémie »[3]. Début 2022, le monde n'en finit pas de traverser cette crise sanitaire inédite.

**1133** ***Un « droit à » essentiel.*** La loi n° 98-657 du 29 juillet 1998 garantit « l'accès effectif de tous aux droits fondamentaux dans les domaines de l'emploi, du logement, de la protection de la santé, de l'éducation, de la formation et de la culture… » (art. 1er). Droit au travail, droit au logement, droit à la santé, droit à l'instruction… Ces quatre « droits à » rapprochés ici de façon significative, désignent un certain essentiel au-dessus duquel on peut certainement placer, chapeautant l'ensemble, le fameux principe de dignité de la personne humaine[4]. Peut-être, peut-on trouver là les quatre points cardinaux de « l'état complet de bien-être physique, moral et social » visé par l'OMS, les bases d'un bien-être minimal, commun à tous, quel que soit son âge, sa religion, sa nationalité…

**1134** ***Un principe essentiel.*** Le « droit à la santé » prend source en droit interne dans le préambule de la Constitution du 27 octobre 1946 : « La Nation… garantit à tous, notamment à l'enfant, à la mère et aux vieux travailleurs, la protection de la santé, la sécurité matérielle, le repos et les loisirs » (al. 11). Au-delà du phénomène parfaitement décrit de « pulvérisation du droit en droits subjectifs »[5] où chacun tente de revendiquer ce à quoi il pense avoir droit, l'époque contemporaine a permis de redécouvrir les vertus protectrices et structurantes des « grands principes » notamment les « principes politiques, économiques et sociaux particulièrement nécessaires à notre temps » du préambule de la Constitution du 27 octobre 1946 dont fait partie le « droit à la santé ». D'autres se sont hissés au rang de norme constitutionnelle par la voie du Conseil constitutionnel doté d'un « talent remarquable pour faire éclore de fertiles ramifications de principes préexistants »[6]. Mais l'affirmation des droits fondamentaux ne suffit pas. C'est à leur « activation » qu'il faut procéder, laquelle suppose une réflexion préalable sur l'autorité (***I.***) et l'effectivité (***II.***) de chacun.

# I • L'autorité du principe

**1135** L'autorité d'un principe, son aptitude à s'imposer et servir de référence, se mesure d'abord à l'aune de ses fondements, des textes qui en supposent ou affirment l'existence. Un principe fondamental ne s'invente pas. Seule la lecture des textes qui lui donnent naissance permet d'en discerner les premiers contours, d'en approcher le sens, d'en apprécier la valeur. Le sujet étant universel, le droit « fondamental »[7], l'on ne s'étonnera pas d'en trouver la marque à la fois dans l'ordre international et européen (A.) et dans l'ordre interne (B.).

---

3. B. Perrier, *Sars-CoV-2. Aux origines du mal*, Belin, 2021.
4. Cons. const. 27 juill. 1994, n° 94-343/344 DC ; M.-L. Pavia et T. Revet (dir.), *La dignité de la personne humaine*, Economica, coll. « Études juridiques », 1999.
5. J. Carbonnier, *Droit et passion du droit sous la Ve République*, Flammarion, 1996, p. 121 s.
6. N. Molfessis, « Les sources constitutionnelles du droit des obligations », Travaux Capitant, *Le renouvellement des sources du droit des obligations*, LGDJ, 1997, p. 70.
7. V. Champeil-Desplats, « La notion de droit "fondamental" et le droit constitutionnel français », *D.* 1995. Chron. 323 ; J. Favard, « Le labyrinthe des droits fondamentaux », *Dr soc.* 1999. 215.

## A • En droit international et européen

**1136** ***Proclamations internationales.*** C'est au lendemain de la Seconde Guerre mondiale, fécond pour les droits fondamentaux, qu'un droit relatif à la santé, à l'échelle internationale, s'est trouvé à diverses reprises solennellement proclamé[8]. Selon la Déclaration universelle des droits de l'homme, adoptée par l'Assemblée générale des Nations unies le 10 décembre 1948 : « Toute personne a droit à un niveau de vie suffisant pour assurer sa santé, son bien-être et ceux de sa famille, notamment pour l'alimentation, l'habillement, le logement, les soins médicaux ainsi que pour les services sociaux nécessaires » (art. 25-1). Celle-ci ne consacre qu'indirectement un « droit à la santé », posant surtout le droit à un niveau de vie décent permettant d'accéder à la satisfaction des besoins essentiels (alimentation, habillement, logement…). La puissance de l'affirmation ne doit pas dissimuler sa fragilité dans l'ordre juridique : l'on admet en effet, si importante soit elle, que cette Déclaration qui ne constitue qu'une recommandation, ne crée pas d'obligations à la charge des États et ne peut être considérée comme une véritable source de droits[9]. Un droit à la santé est plus clairement affirmé dans le Pacte relatif aux droits sociaux, économiques et culturels ouvert à la signature des États par les Nations unies en 1966, auquel la France a adhéré en 1980 : « Toute personne a le droit de jouir du meilleur état de santé physique et mental qu'elle est capable d'atteindre » (art. 12-1). Cette fois, la source est bel et bien créatrice d'obligations. Se pose alors la question du contrôle du respect des engagements pris par les États, qui n'est pas ici juridictionnel. Les États s'engagent seulement à présenter des rapports sur les mesures adoptées et les progrès accomplis par eux en vue d'assurer le respect des droits reconnus. Enfin, selon le préambule de la constitution de l'OMS (1948) : « La possession du meilleur état de santé qu'il est capable d'atteindre constitue l'un des droits fondamentaux de tout être humain, quelle que soit sa race, sa religion, ses opinions politiques, sa conduite économique »[10].

**1137** ***Conseil de l'Europe.*** La Charte sociale européenne du 18 octobre 1961, ratifiée par la France en 1972, affirme pour toute personne : « le droit de bénéficier de toutes les mesures lui permettant de jouir du meilleur état de santé qu'elle puisse atteindre » (art. 11). Là encore, la valeur juridique de la convention et des principes qu'elle contient, doit être appréciée au regard des mesures qui permettent d'en assurer la mise en œuvre. De ce point de vue, la conférence ministérielle sur les droits de l'homme qui s'est tenue à Rome le 5 novembre 1990, a souligné la nécessité de donner à la Charte sociale européenne une nouvelle impulsion. La charte « révisée », signée à Strasbourg le 3 mai 1996, précise ainsi pour chaque droit affirmé les mesures destinées à en assurer un exercice effectif[11]. Elle prévoit également dans son protocole additionnel un « système de réclamations collectives » par lequel des partenaires sociaux et des organisations non gouvernementales se voient reconnaître le droit de faire des réclamations au cas d'application non satisfaisante de la charte, pouvant donner lieu après rapport d'un comité d'experts indépendants, à des recommandations adoptées en Comité des ministres. Le point faible de cette charte sociale reste de ne pas permettre les recours individuels devant la Cour européenne des droits de l'homme, à la différence de la Convention européenne des droits de l'homme[12].

**1138** ***Union européenne.*** Les États membres, au moment du traité d'Amsterdam signé le 2 octobre 1997 ont seulement confirmé « leur attachement aux droits sociaux fondamentaux tels que définis dans

8. M. Bélanger, « Origine et histoire du concept de santé en tant que droit de la personne », *JIB* 1998, vol. 9, n° 3, p. 57.
9. F. Terré, *Introduction générale au droit*, 8e éd., Dalloz, 2009, p. 224.
10. Depuis 1948, ce droit a été réaffirmé dans des résolutions ultérieures de l'OMS (1970, 1977) tandis qu'en 1978, la déclaration d'Alma-Ata a permis d'expliciter l'objectif résultant du « nouvel ordre sanitaire international » (NOSI) concept « santé pour tous » adopté en 1975. M. Bedjaoui, « Le droit à la santé : espoirs, réalités, illusions », *JIB* 1998, vol. 9, n° 3, p. 34 ; J. Breilh, M.-W. Ho, A. Katz, *La santé pour tous ! Se réapproprier Alma-Ata*, éd. du CETIM, 331 p., 2007.
11. Décr. n° 2000-110 et 111 du 4 févr. 2000, portant publication de la Charte sociale européenne révisée et du Protocole additionnel, *D.* 2000. 158 s.
12. N. Valticos, « La Charte sociale européenne, sa structure, son contenu, le contrôle de son application », Dr soc. 1963. 466 ; P. Laroque, « La Charte sociale européenne », Dr soc. 1979. 100.

la Charte sociale européenne, signée à Turin le 18 octobre 1961, et dans la Charte communautaire des droits sociaux fondamentaux des travailleurs de 1989 » (préambule du traité de Maastricht du 7 févr. 1992). Si la double référence contribue à déterminer le programme d'actions de la Communauté, le doute est permis sur sa valeur juridique réelle. Les auteurs prudents lui reconnaissent simple valeur déclaratoire, sans doute au regard du caractère peu contraignant de la Charte de 1961, et non contraignant de celle de 1989[13]. La même question se pose encore s'agissant de la Charte des droits fondamentaux de l'Union européenne, proclamée à Nice le 18 décembre 2000, laquelle consacre spécifiquement dans son article 35 le droit à la protection de la santé : « Toute personne a le droit d'accéder à la prévention en matière de santé et de bénéficier de soins médicaux dans les conditions établies par les législations et pratiques nationales. Un niveau élevé de protection de la santé humaine est assuré dans la définition et la mise en œuvre de toutes les politiques et actions de l'Union ».

Les textes supranationaux montrent qu'un droit fondamental relatif à la santé humaine existe au-delà des frontières, « composé complexe de droit "programmatoire" et de droit obligatoire ». Ces normes posent surtout la question de leur valeur juridique réelle et celle, bien sûr, de leur effectivité.

**1139** ***Un droit fondamental pour de nombreux États membres.*** Au sein même de l'Union européenne, la santé apparaît comme une préoccupation partagée. Sous des formulations diverses, elle est consacrée comme droit fondamental dans différents pays dont la Belgique (art. 23 Constitution du 17 février 1994), l'Italie (art. 32 Constitution du 27 décembre 1947), le Luxembourg (art. 11 Constitution du 17 octobre 1868) les Pays-Bas (art. 22 Constitution du 17 février 1983). Les textes constitutionnels les plus précis sont incontestablement ceux de l'Espagne et du Portugal. La Constitution du royaume d'Espagne du 27 décembre 1978 (article 43) reconnaît ainsi le droit à la protection de la santé en précisant qu'« il incombe aux pouvoirs publics d'organiser et de protéger la santé publique par des mesures préventives et les prestations et services nécessaires ». Contrairement à d'autres qui l'affirment de façon laconique, le droit à la santé est ici envisagé à titre à la fois préventif et curatif. De plus, la santé n'y apparaît pas seulement comme un engagement des pouvoirs publics envers les citoyens : « La loi établira les droits et les devoirs de tous à cet égard ». La Constitution de la République portugaise du 2 avril 1976 repose sur la même idée tout en se distinguant des autres par la façon dont elle introduit ce droit dans son ordre juridique, ajoutant un véritable programme d'actions à la proclamation solennelle du principe selon laquelle « chacun a droit à la protection de sa santé et le devoir de la préserver et de l'améliorer » : un service national de santé universel et général qui tendra à la gratuité en tenant compte de la situation économique et sociale des citoyens, des conditions économiques, sociales et culturelles qui puissent garantir la protection de l'enfance, de la jeunesse et de la vieillesse, l'amélioration systématique des conditions de vie et de travail, la promotion de la culture physique et sportive, scolaire et populaire, le développement de l'éducation sanitaire du peuple (art. 64).

## B • En droit interne

**1140** En droit français, la suprématie du fondement constitutionnel du droit à la santé invite à une réflexion sur le sens (1.) la valeur (2.) et la portée de ce principe (3.).

### 1 • Le sens du principe

**1141** ***Droit à la protection de la santé.*** Donner sens au droit à la santé révèle des difficultés quel que soit l'organe qui entend le faire respecter, y compris le Conseil constitutionnel[14]. Une seule

13. S. Robin-Olivier, « La référence aux droits sociaux fondamentaux dans le traité d'Amsterdam », *Dr soc.* 1999. 609.
14. V. Saint-James, *op. cit.*, *RD publ.* 1997. 465-466.

certitude : le texte du préambule ne garantit pas la santé, mais la « protection de la santé », ce qui est bien différent[15]. Le « droit à la santé » n'existe donc pas.

**1142** ***« Droit à la santé » et droit à la sécurité sociale.*** Le « droit à la protection de la santé » est évidemment la formule la plus juste, à condition de ne pas le confondre avec le droit à la sécurité sociale. Si la Déclaration universelle des droits de l'homme (art. 22 et 25), la Charte sociale européenne (art. 11 et 13) ou encore diverses Constitutions étrangères (Espagne, Portugal, Italie…) affirment séparément droit à la santé et droit à la sécurité sociale, la confusion est plus grande en droit français où l'un et l'autre trouvent fondement, cependant de façon différente, dans l'alinéa 11 du préambule de la Constitution de 1946. En effet, si le droit à la protection de la santé résulte directement du préambule de 1946, le droit à la sécurité sociale n'y figure pas, à moins de déduire son existence du « droit à la sécurité matérielle » affirmé par le même texte. Ce dernier est plutôt issu de plusieurs décisions retentissantes du Conseil constitutionnel (22 janvier 1990, 16 janvier 1991, 29 juillet 1991…) ayant donné une portée nouvelle au onzième alinéa du préambule, ce qui explique pourquoi le droit à la protection de la santé est souvent présenté comme la source du droit à la sécurité sociale[16]. Ces deux droits sont indiscutablement liés. Le droit à la protection de la santé suppose que chaque individu soit à même de faire face au coût de l'accès aux soins. Le droit à la sécurité sociale n'est autre, lorsque la santé a un coût, qu'une condition d'effectivité du droit à protection de la santé. Seulement, le droit à la protection de la santé ne se réduit pas à la sécurité sociale, pas plus que la sécurité sociale n'intéresse exclusivement la protection de la santé, les risques pris en charge par elle n'étant pas uniquement ceux affectant la santé.

**1143** ***« Droit à la santé » et droit de la santé.*** La distinction est plus délicate entre « droit à la santé » et « droit de la santé ». Le vocabulaire des juristes oscille entre les deux pour s'arrêter le plus souvent sur le « droit de la santé » avec l'argument qu'une trop grande incertitude conceptuelle pèse sur le mot « santé » pour donner sérieusement corps à un « droit à la santé », référence faite à la définition extensive de l'OMS, avec la crainte en arrière-fond d'une santé indéfinie qui ouvrirait la voie, dangereuse et insensée, au droit à une « santé parfaite »[17]. « La santé en effet, est un don ou un prêt de Dieu ou de la nature, selon que l'on est croyant ou non. Aucun texte, aucun tribunal national ou international ne peut donner ce qui ne peut pas être donné et garantir « l'ingarantissable ». Il faut donc parler plutôt d'un droit de la santé… »[18]. Il existe certainement entre droit à la santé et droit de la santé, la même relation qu'entre droit au travail et droit du travail, droit à l'emploi et droit de l'emploi. Rien de comparable *a priori* : le premier vise un principe doté d'une valeur juridique constitutionnelle, l'autre est une discipline, un corpus de règles poursuivant un même objectif : « Le droit de la santé est l'ensemble des règles applicables aux activités dont l'objet est de restaurer la santé humaine, de la protéger et d'en prévenir les dégradations[19] ». En réalité, il n'y a pas tant lieu de les opposer que de rendre à chacun sa juste finalité. Il reste en revanche au « droit de la santé » à trouver sa bonne place au sein des divisions ou subdivisions du droit objectif, déjà bien emmêlées, et à affirmer sa spécificité au regard de disciplines voisines telles le droit social, qui traite aussi et depuis longtemps de questions de santé. Le droit de la santé, qui emprunte autant au droit privé qu'au droit public, appelle après d'autres le renouvellement de la réflexion sur les divisions du droit[20].

## 2 • La valeur du principe

**1144** ***Une valeur essentielle.*** Déterminer la valeur d'un principe, c'est mettre en avant les qualités qui lui permettent le cas échéant d'être invoqué ou défendu en tant que tel. C'est mesurer dans l'ordre juridique sa force, son efficacité.

15. J. Moreau, « Le droit à la santé », *AJDA* 1998. 186.
16. Y. Chauvy, « Les normes supérieures du droit de la sécurité sociale », *RD publ.* 1996. 991.
17. L. Sfez, *La santé parfaite, critique d'une nouvelle utopie*, Seuil, 1995.
18. J.-L. Baudouin, *op. cit.*
19. J.-M. De Forges, *Le droit de la santé*, PUF, coll. « Que sais-je ? », n° 2308, p. 7.
20. F. Grua, « Les divisions du droit », *RTD civ.* 1993. 59.

La santé en elle-même est une valeur. En vue de la Déclaration universelle des droits de l'homme du 10 décembre 1948, l'UNESCO avait créé un comité préparatoire chargé de réfléchir aux fondements théoriques des droits de l'homme. Par « droit », il faut entendre une « situation ou condition sans laquelle l'homme, quelle que soit l'époque historique, ne peut pas donner le meilleur de lui-même comme membre de la communauté parce qu'il est privé des moyens de se réaliser en tant qu'être humain ». Qui peut nier que la santé est l'une de ces conditions, si ce n'est la condition par excellence, sans laquelle précisément l'homme ne peut pas donner le meilleur de lui-même, sans laquelle il est privé des moyens de se réaliser en tant qu'être humain ? La santé est, au même titre que la vie, une condition essentielle de la jouissance des autres droits de l'homme. La santé est une valeur et elle mérite bien un principe. Quelle est la valeur de ce principe dans l'ordonnancement juridique ? Comment le situer dans l'optique éventuelle d'un conflit de normes ?

**1145** ***Un principe constitutionnel.*** Le principe a assurément valeur constitutionnelle (v. *supra*). Au-delà du préambule de 1946, le Conseil constitutionnel a toujours considéré le « droit à la protection de la santé », parfois largement entendu (notamment sous l'angle de la protection sociale) comme un principe constitutionnel[21]. La question des fondements du droit à la santé divise la doctrine. Alors que certains prennent acte de la « remarquable continuité de la jurisprudence du Conseil constitutionnel »[22], d'autres mettent l'accent sur la « singularité constitutionnelle du droit à la santé »[23] liée au fait que le Conseil constitutionnel a parfois pris quelque liberté en affirmant la valeur constitutionnelle du principe sans le relier expressément au préambule de 1946[24]. La chambre sociale de la Cour de cassation quant à elle, dans sa jurisprudence relative aux conventions de forfait-jours, vise régulièrement l'alinéa 11 du préambule de la Constitution de 1946, en affirmant « que le droit à la santé et au repos est au nombre des exigences constitutionnelles »[25].

**1146** ***Un objectif à valeur constitutionnelle.*** Plus précisément, le Conseil constitutionnel considère la protection de la santé comme un « objectif à valeur constitutionnelle »[26]. Cette notion à vocation fonctionnelle a été inventée pour limiter la portée de droits fondamentaux défendant des intérêts particuliers qui viendraient contrarier des fins d'intérêt général poursuivies par le législateur, permettant de justifier l'atteinte qu'une loi visant l'intérêt général porterait à des droits constitutionnels[27]. La notion intéresse directement les conflits de normes[28] et au-delà, les rapports entre loi et Constitution. Le Conseil constitutionnel, dans des décisions du 8 et du 16 janvier 1991 et dans celle du 13 août 1993, pose deux objectifs : l'un de « protection de la santé publique », l'autre de « maîtrise de l'évolution des dépenses de santé ». L'interrogation porte alors sur le lien existant entre objectifs à valeur constitutionnelle et texte constitutionnel, l'alinéa 11 du préambule permettant l'éclosion de différents objectifs qui peuvent ne pas recouvrir entièrement le principe qui y est exprimé. Le principe constitutionnel, transformé en « objectif à valeur constitutionnelle », est-il toujours le même ou bien en ressort-il édulcoré, réduit aux dimensions raisonnables d'un objectif, faute de pouvoir être entièrement satisfait, avec les atténuations qu'il devrait supporter ? Y a-t-il, entre le principe et l'objectif, la même distance

21. Cons. const. 18 janv. 1978, n° 77-92 DC, *Contre-visite médicale ;* 22 juill. 1980, n° 80-117 DC, *Protection des matières nucléaires ;* 22 janv. 1990, n° 89-269 DC, *Conventionnement des médecins libéraux et étrangers ;* 8 janv. 1991, n° 90-283 DC, *Lutte contre le tabagisme et l'alcoolisme ;* 16 janv. 1991, n° 90-287 DC, *Santé publique et assurances sociales ;* 29 juill. 1991, n° 91-296 DC, *Maîtrise des dépenses de santé ;* 13 août 1993, n° 93-325 DC, *Maîtrise de l'immigration (protection sociale) ;* 27 juill. 1994, n° 94-343 DC, *Bioéthique*. V. P. Gaïa et *al., Les grandes décisions du Conseil constitutionnel*, pour références relatives à chacune de ces décisions.

22. J. Moreau, *op. cit.*, p. 186.

23. V. Saint-James, *op. cit.*, p. 465.

24. Cons. const. 18 janv. 1978, n° 77-92 DC, *Contre-visite médicale ;* 22 juill. 1980, n° 80-117 DC, *Protection des matières nucléaires.*

25. Soc. 29 juin 2011, n° 09-71.107 ; Soc. 31 janv. 2012, n° 10-19.807 ; Soc. 17 déc. 2014, n° 13-23.230.

26. Cons. const. 27 juill. 1982, n° 82-141 DC, Rec. Cons. const. 48 ; B. Faure, « Les objectifs de valeur constitutionnelle », *RFDC* 1995. 47 s.

27. N. Molfessis, *Le Conseil constitutionnel et le droit privé*, t. 287, LGDJ, 1997, coll. « Bibl. dr. privé », n^os^ 51 s.

28. Le droit de propriété et la liberté d'entreprendre se sont ainsi inclinés face aux exigences de santé publique (Déc. du 8 janv. et du 16 janv. 1991). Une première fois, avant formalisation de la notion, la « protection de la santé et de la sécurité des personnes et des biens » avait tenu en échec le droit de grève (déc. du 22 juill. 1980).

qu'entre obligation de résultat et obligation de moyens : dans le premier cas réussir, dans l'autre, faire simplement de son mieux ? La « protection de la santé » est-elle condamnée à n'être qu'un simple objectif, ou bien peut-elle être « garantie », ainsi que l'affirme le préambule ? La formulation imprécise de l'alinéa 11 du préambule explique à elle seule la variété des décisions rendues par le Conseil constitutionnel, et le fait que le principe et les objectifs visés ne soient pas toujours, sur le fond, exactement les mêmes. Le principe est de toute façon protéiforme : protection de la santé, sécurité sociale, protection sociale, aide sociale… Agencer, ordonner ces différents éléments paraît nécessaire, pour que le principe garde, à défaut d'unité, une certaine cohérence.

## 3 • La portée du principe

**1147** La portée d'un principe, c'est son aptitude à produire des effets, juridiques ou non, qui traduiront au mieux le principe solennellement énoncé. Cette portée dépend d'abord de son contenu, de ce qu'exprime le principe, de ce que l'on peut ou veut lui faire dire si son énoncé est trop général (a.). La portée d'un principe dépend aussi de la nature du droit qui en résulte, qui permettra de mesurer son exigibilité (b.).

### a) La teneur du droit à la santé

**1148** ***Un principe à déclinaisons multiples.*** Les « droits à » sont souvent décrits en termes très généraux : « C'est une énonciation, tout au plus une description et non une définition que l'on rencontre dans les textes. Ceci conduit nécessairement le juge à participer à la détermination du contenu même du droit à »[29]. Concernant la protection de la santé, les juges de l'ordre administratif ou judiciaire se saisissent encore rarement du principe en tant que tel, probablement trop général pour fonder utilement leurs décisions. En réalité, c'est surtout le Conseil constitutionnel qui décline et aide à concrétiser le « droit à la protection de la santé » au fil des textes soumis à son contrôle : accès à un système de soins, droit aux prestations sociales, interdiction de la détention sans contrôle de matières nucléaires, contrôle de l'accès des professions médicales, interdiction ou restriction de la publicité relative aux produits jugés nocifs pour la santé… De fait, la portée du principe est souvent cantonnée à tel ou tel aspect, sans doute pour en faciliter l'appréhension : aspect « santé publique » par exemple, ou encore aspect « droit aux prestations ». Du fait de sa formulation générale, il mérite d'être envisagé dans toutes ses dimensions : individuelle et collective, préventive et curative.

**1149** ***Dimension individuelle et dimension collective.*** « La santé a toujours été une affaire à la fois individuelle et collective. Les règles de la pratique médicale, techniques et déontologiques, fixées par Hippocrate de Cos (env. 460-380 av. J.-C.) sont individualistes : c'est l'origine du "colloque singulier" entre le médecin et le malade, mais aussi de la relation personnelle entre le médecin et son élève. Parallèlement, l'importance des institutions hospitalières de l'Antiquité gréco-romaine et du Moyen Âge chrétien révèle l'aspect communautaire de la médecine. Cette double conception s'est perpétuée jusqu'à nos jours. L'aspect collectif l'emporte parfois, soit parce que l'efficacité de la prévention dépend du recours à l'action si ce n'est à la contrainte publique (isolement des personnes contagieuses vaccinations obligatoires pour les soignants comme l'a encore montré récemment la crise pandémique liée à la covid-19) soit en raison du coût élevé des dispositifs de protection sanitaire (budget des hôpitaux). L'aspect individuel l'emporte à son tour au moment des progrès de la médecine curative qui mettent l'accent sur l'acte thérapeutique ou lorsque la philosophie libérale remplace le concept de ministère médical, fondé sur l'idée de service (*ministerium*) par la référence à un contrat passé entre un professionnel (médecin ou autre) et un client[30].

---

29. D. Cohen, « Le droit à… », *in L'avenir du droit. Mélanges en hommage à F. Terré*, Dalloz, 1999, p. 397.
30. J.-M. de Forges, *Le droit de la santé*, PUF, 1997, p. 3.

**1150** ***Un droit pour chacun et pour tous.*** La formule du préambule garantit « à tous » la protection de la santé, mais rien n'indique si ce « tous » vise la collectivité dans son ensemble ou les individualités qui la composent, s'il s'adresse à tous ensemble ou à tout un chacun. Le Conseil constitutionnel a mis en œuvre les deux dimensions. La majorité de ses décisions concernent cependant l'aspect « santé publique », notamment lorsqu'il s'agit de cerner les restrictions qu'il est souhaitable d'imposer aux intérêts particuliers, au nom de la santé de tous, ou encore pour cibler le contenu des politiques de santé publique. La décision nº 2022-835 DC du 21 janvier 2022 en constitue un parfait exemple, dans laquelle les sages de la rue de Montpensier se sont prononcés sur la loi renforçant les outils de gestion de la crise sanitaire, qui subordonne l'accès à certains lieux, établissements, services ou événements à la présentation d'un « passe vaccinal ». Selon cette décision, après avoir rappelé l'objectif de valeur constitutionnelle de protection de la santé issu du onzième alinéa du Préambule de la Constitution de 1946, le Conseil décide qu'il appartient au législateur d'assurer la conciliation entre cet objectif de valeur constitutionnelle et le respect des droits et libertés constitutionnellement garantis. Parmi ces droits et libertés figurent la liberté d'aller et de venir, composante de la liberté personnelle protégée par les articles 2 et 4 de la Déclaration des droits de l'homme et du citoyen de 1789, le droit au respect de la vie privée garanti par cet article 2, ainsi que le droit d'expression collective des idées et des opinions résultant de l'article 11 de cette déclaration. À cette aune, le Conseil décide qu'en adoptant les dispositions contestées, le législateur a entendu permettre aux pouvoirs publics de prendre des mesures visant à lutter contre l'épidémie de covid-19 par le recours à la vaccination. Il a ainsi poursuivi l'objectif de valeur constitutionnelle de protection de la santé.

Si le droit à la protection de la santé « s'inscrit dans la longue tradition de la police sanitaire en application de laquelle les pouvoirs publics ont un devoir de protéger collectivement les populations contre les risques qui pourraient menacer leur santé », la dimension individuelle du principe ne doit pas être négligée. Elle mérite en revanche être précisée. Il ne s'agit pas en effet d'affirmer l'existence d'un « droit individuel à vivre en bonne santé, qui autoriserait chacun à s'en prévaloir et, le cas échéant, à exiger réparation dans tous les cas où la jouissance de ce droit serait perturbée ». « Les prédispositions naturelles et les hasards de l'existence rendent illusoire toute prétention à l'égalité en ce domaine »[31]. Il ne s'agit pas non plus d'ouvrir grand la porte du contentieux : « Les contentieux de plus en plus nombreux entrepris par des patients ou leurs familles dans le but de faire juger qu'une faute a été commise dans l'acte de soins et que le médecin ou l'institution hospitalière doit être condamné à réparation ou, en l'absence de faute, que la solidarité nationale doit compenser le risque subi, illustrent cette progression de l'idée d'un droit à la santé. On peut aisément comprendre, face aux répercussions personnelles, familiales ou professionnelles d'une grave altération de la santé, une telle exigence de résultat. Plus la science progresse, moins ses échecs en ce domaine sont admis. Il demeure cependant que ni la solidarité, ni la compassion à l'égard des victimes ne peuvent écarter les fortes objections au principe même d'un droit à la santé défini d'une manière aussi ambitieuse, voire chimérique »[32]. Le droit individuel à la santé n'est pas un droit à une santé parfaite. Il est seulement un droit à la protection, à la sauvegarde de l'état de santé que chacun est en mesure d'atteindre. Que cet état de santé puisse être affecté par « la nature des choses », c'est le lot de tous (Montesquieu n'avait déjà plus que deux affaires en tête : l'une de savoir être malade et l'autre de savoir mourir).

**1151** ***Un droit à visée préventive et curative.*** *Primum non nocere* : d'abord ne pas nuire. Le précepte est aussi ancien que la médecine et le serment d'Hippocrate le rappelle. Le « droit à la santé » n'est pas seulement un droit à prestations, un droit à visée curative. Il a fondamentalement une dimension préventive. La lettre du texte est en ce sens : « *La Nation garantit… la protection de la santé* ». Or « protéger », c'est préserver, sauvegarder, mettre à l'abri du danger, de ce qui peut nuire. Protéger

31. CE, Rapport public 1998, *Réflexions sur le droit de la santé*, La Documentation française, p. 238.
32. CE, rapport préc., p. 235.

la santé, c'est d'abord et avant tout faire en sorte au plus possible qu'il n'y soit pas porté atteinte. Le droit à la santé comporte bien deux aspects : l'un lié à la conservation du capital-santé dont chacun hérite, l'autre au rétablissement de cet état en cas d'atteinte ; l'un de protection contre les dommages potentiels, l'autre d'accès aux ressources curatives. La question qui se pose alors est celle de la traduction concrète de ces deux dimensions. La dimension « curative » est connue : accès aux soins, financement des soins… La dimension préventive est plus délicate à cerner. Au demeurant, la frontière entre prévention et soins n'est pas toujours aisée en raison notamment de l'essor des soins et traitements à visée préventive.

**1152** ***Nécessité de la prévention.*** « Bien avant la Révolution, on agissait ainsi, comme le montre l'arrêt du Conseil d'État du roi du 14 septembre 1720 ordonnant l'isolement de la ville de Marseille où s'était déclarée une épidémie de peste. Sous la Révolution, la loi des 16-24 août 1790 sur le nettoiement des bâtiments insalubres ou celle des 11-19 septembre 1792 sur l'assèchement des marais témoignent du même état d'esprit. La prévention sanitaire a pris alors une importance croissante et s'est constituée comme une branche des pouvoirs de police attachés à l'exercice de l'autorité publique. Le mouvement hygiéniste qui naît au XVIII^e^ siècle, mais ne s'impose qu'au milieu du siècle suivant (avec le décret du 18 décembre 1848 qui pose les premiers éléments d'une politique de la santé publique en France) relève de la même idée. Cependant, dès la fin du XIX^e^ siècle, ce mouvement amorce son déclin et tout au long du XX^e^ siècle, la médecine préventive (Pasteur applique pour la première fois le vaccin à l'homme en 1881) puis curative (découverte de la pénicilline en 1936) suppléent progressivement l'hygiène comme fondement de la politique de santé. L'opinion publique, souvent encouragée en cela par les milieux médicaux, est portée à croire que l'extraordinaire amélioration en un siècle de l'état de santé de la population est principalement le fruit des progrès de la médecine curative. Ces mérites sont incontestables mais cette amélioration spectaculaire doit d'abord être attribuée aux progrès de l'hygiène »[33].

La prévention en matière de santé n'appartient pas qu'au passé. Les inquiétudes contemporaines liées à l'évolution de certaines maladies infectieuses et parasitaires, ou aux limites éprouvées de certains moyens thérapeutiques, obligent à redécouvrir ses vertus et à lui redonner une place substantielle dans les politiques de santé publique. L'épidémie de covid-19 a ainsi permis à la population mondiale de redécouvrir les vertus essentielles d'une bonne hygiène des mains, la nécessité d'une distance minimale entre individus pour éviter les infections… et de généraliser le port des masques respiratoires.

**1153** ***Politique de prévention.*** Selon l'article L. 1411-1 du Code de la santé publique, modifié par la loi n° 2019-774 du 24 juillet 2019 relative à l'organisation et à la transformation du système de santé : « La Nation définit sa politique de santé afin de garantir le droit à la protection de la santé de chacun. La politique de santé relève de la responsabilité de l'État. Elle tend à assurer la promotion de conditions de vie favorables à la santé, l'amélioration de l'état de santé de la population, la réduction des inégalités sociales et territoriales et l'égalité entre les femmes et les hommes et à garantir la meilleure sécurité sanitaire possible et l'accès effectif de la population à la prévention et aux soins ». Celle-ci implique un ensemble de mesures tournées vers la surveillance et l'anticipation des risques : épidémiologie, actions d'« éco-vigilance » (analyses de l'environnement, variations de l'écologie, surveillance des pollutions)[34]…

Le Conseil constitutionnel a affirmé plusieurs fois l'exigence de prévention dans les objectifs de santé publique, notamment dans sa décision du 8 janv. 1991, *Lutte contre le tabagisme et l'alcoolisme* : « Considérant que les restrictions apportées par le législateur à la propagande ou à la publicité en faveur des boissons alcooliques ont pour objectif d'éviter un excès de consommation d'alcool, notamment chez les jeunes ; que de telles restrictions reposent sur un impératif de protection de la santé publique, principe de valeur constitutionnelle ».

---

33. CE, rapport préc., p. 231 s.
34. V. *infra*, n° 1209.

**1154** ***Sécurité sanitaire.*** « On peut définir la sécurité sanitaire comme la sécurité des personnes contre les risques thérapeutiques de toute nature, risques liés aux choix thérapeutiques, aux actes de prévention, de diagnostic ou de soins, à l'usage de biens et produits de santé comme aux interventions et décisions des autorités sanitaires. La sécurité sanitaire a pour objectif de réduire les risques iatrogènes, les accidents et les incidents liés aux traitements, aux actes de diagnostic comme aux actions de prévention »[35]. La sécurité sanitaire met en avant la prévention rendue nécessaire parce que l'acte médical dont la finalité est de soigner comporte lui-même parfois un risque pour la santé. Illustrent parfaitement la notion : la loi n° 98-535 du 1er juillet 1998 relative au renforcement de la veille sanitaire et du contrôle de la sécurité sanitaire des produits destinés à l'homme ; la mise en place depuis 1992 de diverses autorités sanitaires dotées par la loi de pouvoirs de police sanitaire (Agence du médicament, Agence française du sang, Établissement français des greffes, Office de protection contre les rayons ionisants…) ; la lutte contre les maladies nosocomiales…

**1155** ***Santé et protection de l'environnement.*** La prévention en matière de santé est plus que jamais à l'ordre du jour et des liens évidents sont établis aujourd'hui qui ne l'étaient pas hier : « La protection de l'environnement, entendue dans sa dimension touchant la sauvegarde de la santé individuelle et collective est devenue un élément important du droit de la santé et ira probablement en s'accroissant. C'est peut-être en cette matière que, de façon contemporaine, on assiste le plus à un déploiement d'efforts au plan international, surtout depuis la Déclaration des Nations unies de 1972, dite Déclaration de Stockholm qui a formellement opéré le lien entre la sauvegarde de l'environnement, la protection de la santé et la dignité humaine »[36]. La Conférence sur les changements climatiques organisée à Paris en décembre 2015 (COP21), et les réactions suscitées par le retrait largement médiatisé des États-Unis de l'accord signé à cette occasion, ont été l'occasion de rappeler les rapports étroits qu'entretiennent santé et climat[37]. En novembre 2021, à Glasgow, lors de la Conférence des Nations Unies sur le climat (COP26) face aux preuves toujours plus nombreuses de l'impact des changements climatiques sur la santé des populations, un groupe de 50 pays s'est engagé à instaurer des systèmes de santé résilients aux changements climatiques et à faible émission de carbone[38].

**1156** ***Santé et principe de précaution.*** « Les inquiétudes soulevées par un ensemble d'évolutions et d'accidents qui ont touché la vie et la santé humaines ou l'environnement rejaillissent maintenant plus globalement sur la perception des techniques et des sciences en diffusant un doute sur la contribution de ces dernières au progrès de la société : sont-elles systématiquement positives ? N'avons-nous pas à encadrer leur développement, à prendre quelques distances vis-à-vis de leur déploiement ? N'avons-nous pas à accorder la plus grande attention à tous les risques que l'invention technique et l'essor économique imposent aux hommes et aux êtres vivants ? Ce sont ces interrogations que cristallise la référence nouvelle à ce qu'il est convenu d'appeler le principe de précaution »[39]. La précaution va au-delà de la prévention, elle constitue un pas de plus en direction de la protection, une moindre acceptation des risques. Tandis que la prévention s'attache à contrôler les risques avérés, la précaution vise à limiter les risques encore hypothétiques ou potentiels[40]. Le lien entre droit à la protection de la santé et principe de précaution est évident. Un meilleur rapprochement entre un principe de valeur constitutionnelle et un

---

35. D. Tabuteau, *La sécurité sanitaire*, Berger-Levrault, 1994.
36. J.-L. Baudouin, *op. cit.*, p. 74.
37. L'OMS a, entre autres, en nov. 2015, lancé un appel à protéger la santé par la prévention des changements climatiques, estimant à 7 millions le nombre de décès liés à la pollution de l'air. « L'OMS appelle les pays à protéger la santé des changements climatiques ». www.who.int/mediacentre/news/statements/2015/climate-change/fr/.
38. https://www.who.int/fr/news/item/09-11-2021-countries-commit-to-develop-climate-smart-health-care-at-cop26-un-climate-conference
39. O. Godard, *in Le principe de précaution dans la conduite des affaires humaines*, éd. de la Maison des sciences de l'homme, INRA, 1997, p. 24.
40. « Le principe de précaution définit l'attitude que doit observer toute personne qui prend une décision concernant une activité dont on peut raisonnablement supposer qu'elle comporte un danger grave pour la santé ou la sécurité des générations actuelles ou futures, ou pour l'environnement. Il s'impose spécialement aux pouvoirs publics qui doivent faire prévaloir les impératifs de santé et de sécurité sur la liberté des échanges entre particuliers et entre États », P. Kourilsky et G. Viney, *Le principe de précaution*, Rapport au Premier ministre, 2000, La Documentation française

concept qui fait chaque jour la preuve de sa nécessité serait souhaitable, le premier donnant au second en matière de santé un peu plus de force et de légitimité.
Individuel et collectif, préventif et curatif : voilà bien les quatre piliers sur lesquels repose substantiellement le principe du « droit à la santé ».

### b) La nature du droit à la santé

**1157** ***Droit-créance ou droit-liberté ?*** Le préambule de la Constitution du 27 octobre 1946 est souvent présenté comme le texte symbole de l'affirmation des droits-créances. « Sans être clairement conceptualisée, la distinction droits-libertés/droits-créances est implicite dans le préambule. Alors que les droits-libertés reconnus en 1789 (liberté d'opinion et de conscience, droit de propriété…) reposent sur une logique de défense des libertés individuelles face aux empiétements du pouvoir, les droits proclamés en 1946 se fondent au contraire sur une logique d'intervention étatique. Il ne s'agit plus seulement de protéger des libertés, mais aussi de fournir des prestations aux individus »[41].
Le droit à protection de la santé est-il un droit-créance ou un droit-liberté ? Si l'on retient le principe de la distinction, il est certainement un droit-créance. Mais il ne l'est peut-être pas exclusivement. Sans doute, les droits-créances n'ont-ils juridiquement ni le même statut ni la même portée que les droits-libertés, les premiers se réalisant indirectement à travers l'accomplissement par le débiteur d'une prestation (intervention active de l'État ou des services publics notamment) tandis que les seconds sont des pouvoirs directs de la personne qui se réalisent immédiatement sans passer par un intermédiaire. Cependant, la distinction est loin d'être absolue. D'une part, elle ne recoupe qu'imparfaitement la distinction droits civils et politiques/droits économiques et sociaux (le droit de grève par exemple est un droit-liberté bien plus qu'un droit-créance) et surtout de nombreux droits fondamentaux sont à la fois, de façon indissociable, des droits-créances et des droits-libertés (par ex. droit d'accès aux services publics). Les droits-créances supposent enfin, dans bien des cas, la participation active des bénéficiaires à la mise en œuvre de leurs droits. Le « droit à la santé » paraît bien relever d'une catégorie mixte, qui n'exclut pas une certaine part de liberté, même s'il présente fondamentalement la nature d'un droit-créance.

**1158** ***Un droit subjectif ?*** Le droit à la santé est-il un droit subjectif, une prérogative individuelle reconnue et sanctionnée par le droit objectif qui permet à son titulaire de faire, d'exiger ou d'interdire quelque chose dans son propre intérêt ou parfois dans l'intérêt d'autrui ? Là encore, le principe se prête mal à une réponse générale sans nuance. Oui il l'est pour partie, mais il n'est pas que cela. En réalité, la question ne consiste pas tant à se demander si le « droit à la santé » est en lui-même un droit subjectif, question à laquelle se prête mal un principe à facettes multiples, que de savoir si l'énoncé solennel du principe trouve son prolongement dans des droits subjectifs, constituant autant de prérogatives sanctionnées par le droit objectif. La réponse alors s'impose davantage, à condition de préciser les déterminants de ces droits subjectifs : débiteurs, titulaires des droits, sanctions. Que la nature du droit soit envisagée sous l'angle constitutionnel (droit-créance) ou qu'elle le soit sous l'angle civil (droit subjectif, droit de créance) les deux analyses se rejoignent sur une même difficulté : celle de l'identification du débiteur. « Qu'est-ce qu'un droit subjectif ? Un pouvoir de vouloir, un intérêt juridiquement protégé, répondaient autrefois les théoriciens du droit… Le risque, c'est que tout besoin demande à être reconnu comme droit subjectif. Ce sera un faux droit si, en vis-à-vis, n'est pas défini un débiteur qui y satisfasse. Beaucoup de droits économiques et sociaux de la seconde génération ont échoué sur cet écueil »[42].

**1159** ***Débiteurs.*** « La Nation garantit à tous… la protection de la santé ». Voilà le principal débiteur du « droit à la santé » identifié par le texte : la Nation… et non l'État. Une théorie existe en droit français

41. F. Rangeon, « Droits-libertés et droits-créances : les contradictions du préambule de la Constitution de 1946 », *in Le préambule de la Constitution de 1946. Antinomies juridiques et contradictions politiques*, PUF, 1996, p. 169.
42. J. Carbonnier, *Droit et passion du droit sous la Ve République*, Flammarion, 1996, p. 125.

qui assimile l'État à la Nation, et partant du principe de la souveraineté nationale, affirme que les prérogatives dont l'État est le sujet ne sont que les droits et pouvoirs de la Nation elle-même. La formule est connue : « L'État est la personnalisation juridique de la Nation » (Carré de Malberg, *Contribution à la théorie générale de l'État*). En 1946 cependant, les constituants n'ont pas tranché entre les deux interprétations de la souveraineté, nationale ou populaire, d'où le compromis : « La souveraineté nationale appartient au peuple français[43] ». Poser d'emblée l'équation Nation = État, est donc abusif, restrictif. S'il n'en existe pas d'acception universelle, du moins peut-on admettre que la Nation constitue « la collectivité des individus qui forment un même peuple et sont soumis à l'autorité d'un même gouvernement ; la communauté généralement fixée sur un territoire déterminé dont la réalité résulte de caractéristiques ethniques, linguistiques, culturelles… tous facteurs qui développent un sentiment d'appartenance et des aspirations politiques trouvant leur manifestation essentielle dans la volonté de s'ériger en corps politique souverain au regard du droit international » (G. Cornu, *Vocabulaire juridique*). Cette conception de la Nation ouvre le champ des possibles en même temps qu'elle introduit l'idée d'une solidarité qui unit les individus dans leur volonté de vivre ensemble. Il résulte de cette collectivité que le « droit à la santé » ne sollicite pas un seul débiteur, mais qu'il va dans l'intérêt de tous attribuer à chacun la part qui lui revient, en regard de l'objectif que l'on cherche à atteindre.
Partant de là, les débiteurs du « droit à la santé » sont au moins au nombre de quatre :
— L'État dans toutes ses composantes, l'État-providence… Selon le préambule de la Constitution de l'OMS : « les gouvernements ont la responsabilité de la santé de leurs peuples ; ils ne peuvent y faire face qu'en prenant les mesures sanitaires et sociales appropriées ». En France, la loi n° 2016-41 du 26 janvier 2016 de modernisation du système de santé a souligné explicitement la responsabilité de l'État en matière de politique de santé publique, ainsi que le rôle du Parlement dans ce domaine, suivie de la loi n° 2019-774 du 24 juillet 2019 relative à l'organisation et à la transformation du système de santé : « La Nation définit sa politique de santé afin de garantir le droit à la protection de la santé de chacun. La politique de santé relève de la responsabilité de l'État » (CSP, art. L. 1411-1) ;
— Les professionnels de santé, lesquels ne se limitent pas aux seuls médecins ;
— Les entreprises, à double titre : d'abord, en tant que producteurs de biens et de services. N'est-ce pas la santé que l'on cherche à protéger lorsqu'est posée la responsabilité de tout producteur qui intervient d'une façon ou d'une autre dans la mise sur le marché d'un produit « qui n'offre pas la sécurité à laquelle on peut légitimement s'attendre » (art. 1386-4, devenu 1245-3 du C. civil)[44] ? Ensuite en tant qu'employeurs : l'imposante réglementation sociale relative à l'hygiène et à la sécurité dans l'entreprise n'est que la traduction d'un droit à la protection de la santé spécialement aménagé pour les salariés qui mettent leur force de travail à disposition d'un employeur (C. trav., art. L. 4121-1 s.) ;
— L'individu enfin : si la catégorie n'existe pas, elle est peut-être à inventer. Le « droit à la santé » est aussi un droit-créance sur soi-même… à moins qu'il ne s'agisse de liberté. Ce « droit à la santé » ne peut entièrement reposer sur autrui dès lors qu'il a pour objet l'individu lui-même, son propre corps. Le « droit à » a ceci de dangereux qu'il peut inciter à n'exiger la prestation que d'autrui, alors que le sujet lui-même, parfois en premier, peut contribuer à la satisfaction de l'objectif recherché. C'est bien cet aspect du droit qui est sous-entendu dans la Déclaration universelle des droits de l'homme (toute personne a droit à un niveau de vie suffisant pour assurer sa santé) tandis que certaines Constitutions étrangères y insistent plus nettement : « Chacun a droit à la protection de sa santé, et le devoir de la préserver et de l'améliorer » (art. 64 de la Constitution de la République portugaise du 2 avr. 1976) ce qui n'est pas le cas du droit français. Certains vont jusqu'à évoquer un « devoir de santé » qui renvoie à la responsabilité individuelle en soulignant l'existence de comportements personnels à risques (touchant l'hygiène de vie, la consommation d'alcool ou de drogues… ou la négligence face à des signaux

43. P. Ardant, *Institutions politiques et droit constitutionnel*, LGDJ, 1996, p. 172.
44. Civ 1re, 21 oct. 2020, n° 19-18689, *Monsanto Agriculture France.*

d'alarme tels que l'obésité, l'hypertension…). Devoir de santé ou liberté ? D'autres insistent sur le risque de déresponsabilisation de l'individu : « Le droit subjectif apparaît ainsi, et de plus en plus, revendiqué comme réparation des conséquences d'un traumatisme, d'une agression subie… Plus les autres sont coupables, et plus il devient compréhensible que je sois une victime, que mes malheurs viennent de l'extérieur de moi, et que cela me donne des droits. Où l'on peut voir la matière d'une excellente définition de l'irresponsabilité, aussi problématique pour le sujet individuel que pour la société entière : je ne suis pour rien dans ce qui (m')arrive »[45]. Le « droit à la santé » apparaît ainsi comme un droit-créance tout à fait particulier puisque parmi les débiteurs qu'il sollicite, on pourrait considérer, selon l'ordre naturel des choses, et à titre préventif, que le titulaire du droit vient en premier.

**1160** ***Un droit-créance collectif ?*** SI le droit à la santé traduit d'abord un droit subjectif, une aspiration de chaque individu à jouir du meilleur état de santé possible, ce droit peut aussi, sous l'angle de la santé publique, être considéré comme un droit collectif, un objectif social. Si le droit est collectif, peut-il encore être qualifié de « subjectif » ? Un droit-créance peut-il être collectif ? Dans une conception renouvelée, certains auteurs font valoir que les droits-créances tracent plus « une perspective d'action collective engageant l'ensemble des protagonistes de la vie sociale, qu'ils ne définissent une prérogative individuelle au profit de chacun, prérogative qu'on pourrait faire jouer contre la puissance publique réduite alors à un simple débiteur. À une relation duale et univoque opposant créancier et débiteur, ayant droit et prestataire, ces nouveaux dispositifs substituent en réalité un complexe d'échanges, de dons et de contre-dons, d'engagements réciproques qui pour n'être pas simples à exprimer juridiquement et surtout à réaliser pratiquement, n'en profilent pas moins un renouvellement tout à la fois de l'action sociale et du droit qui l'organise »[46]. Le « droit à la santé » serait un droit fortement marqué de solidarité, supposant dans son essence l'interpellation de l'ensemble du groupe social. Un « contrat de tous avec tous » pour reprendre l'expression de R. Capitant à propos de la démocratie sociale, reposant sur la participation et le consentement de l'ensemble des citoyens, et leur imposant un devoir de solidarité réciproque. En ce sens, la loi n° 2002-303 du 4 mars 2002 relative aux droits des malades et à la qualité du système de santé, a innové en jetant les bases d'une nouvelle « démocratie sanitaire » où la personne malade est perçue à la fois comme personne titulaire de droits fondamentaux, mais aussi comme citoyen à part entière, consciente de ses devoirs vis-à-vis de la collectivité et du système de soins.

**1161** ***La santé est l'affaire de tous.*** L'on se prend alors à rêver d'une société solidaire où la santé de chacun serait prise en compte en même temps que celle du groupe, une société où chacun serait responsable de sa propre santé et de celle des autres, où les efforts porteraient non seulement sur la gestion du risque survenu, mais aussi sur la prévention et sur l'anticipation des risques. Cette conception de la protection de la santé n'est peut-être pas utopique.

La protection de la santé physique a toujours constitué, dans tous les pays industriels, la pierre angulaire du droit du travail. Élargi à la protection sociale, à visée à la fois préventive et curative, celui-ci insiste autant sur la nécessité de prévenir les risques professionnels que sur celle d'assurer la réparation la plus complète possible des accidents et maladies professionnelles dont peuvent être victimes les salariés. Aujourd'hui, face au développement des risques psychosociaux en entreprise, la protection de la santé mentale des salariés est également l'objet de toutes les attentions[47]. Le droit du travail pose le principe de la responsabilité de l'employeur pour tout dommage survenu par le fait ou à l'occasion du travail (C. trav., art. L. 4121-1 s. ; CSS, art. L. 411-1 s.) et déduit du contrat de travail une ferme obligation de sécurité pour prévenir et favoriser la réparation la plus complète possible (via la qualification de faute inexcusable) des maladies professionnelles contractées par le salarié (Soc. 28 févr. 2002,

45. D. de Béchillon, « Irresponsabilité ou culpabilité : la peste ou le choléra », *Le Monde*, 19 nov. 1999.
46. R. Lafore, « Les nouveaux modes de régulation juridique, l'exemple des politiques d'insertion », *in L'État à l'épreuve du social*, Syllepse, 1998, p. 46.
47. H. Lanouzière, « Risques psychosociaux : la prévention du point de vue du Code du travail », *Sem. soc. Lamy*, n° 1480, 21 févr. 2011.

arrêts *Amiante*) et des accidents du travail (Soc. 11 avr. 2002). Mais il impose également à chaque salarié une obligation individuelle : « Il incombe à chaque travailleur de prendre soin, en fonction de sa formation et selon ses possibilités, de sa sécurité et de sa santé, ainsi que de celle des autres personnes concernées du fait de ses actes ou de ses omissions au travail » (C. trav., art. L. 4122-1). La récente loi n° 2021-1018 du 2 août 2021 pour renforcer la prévention en santé au travail s'inscrit dans un mouvement continu qui tend à « déplacer le centre de gravité de la protection de la santé des travailleurs vers la prévention »[48]. La sécurité est l'affaire de tous : la formule est connue et souligne que seuls les efforts conjugués du chef d'entreprise, des représentants du personnel[49], du médecin du travail, des syndicats, de chaque salarié… sont de nature à faire reculer le nombre encore trop important d'accidents du travail et maladies professionnelles. La santé aussi est l'affaire de tous.

## II • L'effectivité du principe

**1162** ***Manque d'effectivité***. L'effectivité questionne la réalité des principes. Elle permet de pointer l'insuffisance de mise en œuvre dont souffrent trop souvent des droits fondamentaux solennellement proclamés. De façon paradoxale, ces principes très haut placés du point de vue de la hiérarchie des normes internes, avec souvent un écho international, se trouvent souvent bridés, privés d'effet. S'il est essentiel de s'interroger sur la signification de chacun, il l'est plus encore de questionner l'effectivité à laquelle chacun peut prétendre. À défaut, le risque est grand de voir se développer la méfiance, la défiance, vis-à-vis de principes qui seraient aussi magnifiquement énoncés qu'inefficaces.

**1163** ***De l'affirmation à l'activation du principe.*** « La Nation garantit […] la protection de la santé ». Garantir, c'est assurer l'exécution d'une obligation, prendre un engagement en ce sens. Tandis que le préambule de la Constitution garantit la protection de la santé, la loi du 29 juillet 1998 relative à la lutte contre les exclusions franchit un pas de plus en garantissant l'accès effectif à la protection de la santé : « La présente loi tend à garantir sur l'ensemble du territoire l'accès effectif de tous aux droits fondamentaux dans les domaines de l'emploi, du logement, de la protection de la santé… » (art. 1). Dans le même sens, les articles de la partie II de la Charte sociale européenne révisée signée à Strasbourg le 3 mai 1996, commencent invariablement par la formule : « En vue d'assurer l'exercice effectif…[50] ». Pour passer de l'existence à l'effectivité, de l'affirmation à l'activation du principe, il faut questionner les conditions de cette effectivité (A.) tout en mesurant ses limites (B.).

### A • Conditions de l'effectivité

**1164** La question posée est celle de l'intégration ou infiltration dans le droit positif « ordinaire » de ces principes à haute densité normative. Deux voies principales permettent de traduire la norme primaire en normes secondaires, de rapprocher le principe fondamental des sujets de droit qu'il vise : la loi d'abord, le juge ensuite.

---

48. S. Fantoni-Quinton et P.-Y. Verkindt, La loi n° 2021-1018 du 2 août 2021 : évolution ou révolution ? *Dr. soc.* 2021, p. 870.
49. H. Lanouzière, « Du CHSCT au CSE », *Sem. soc. Lamy* n° 1793, 4 déc. 2017, p. 5.
50. « En vue d'assurer l'exercice effectif du droit à la protection de la santé, les parties s'engagent à prendre, soit directement, soit en coopération avec les organisations publiques et privées, des mesures appropriées tendant notamment : 1. À éliminer, dans la mesure du possible, les causes d'une santé déficiente ; 2. À prévoir des services de consultation et d'éducation pour ce qui concerne l'amélioration de la santé et le développement du sens de la responsabilité individuelle en matière de santé ; 3. À prévenir, dans la mesure du possible, les maladies épidémiques, endémiques et autres, ainsi que les accidents » (art. 11).

## 1 • L'effectivité par la loi

**1165** ***Du principe à la loi.*** La décision du Conseil constitutionnel du 22 janv. 1990 (déc. n° 89-269 DC) rendue à propos du droit à la santé invite la loi à s'inscrire directement dans le prolongement des principes constitutionnels, lui reconnaissant, ainsi qu'au règlement, une fonction de mise en œuvre de ces principes, chacun dans leurs domaines de compétence. Ces principes sont directeurs de l'action législative, la loi ultérieure devant leur être conforme. La loi, s'agissant de mettre en œuvre un principe fondamental, « ne peut en réglementer l'exercice qu'en vue de le rendre plus effectif ou de le concilier avec celui d'autres règles ou principes de valeur constitutionnelle » (déc. du 11 oct. 1984). Le Conseil constitutionnel applique ici sa jurisprudence dite « du cliquet ». Les droits fondamentaux sont un peu comme les directives communautaires, ils nécessitent « transposition », ce qui est le cas de la plupart des droits issus du préambule perçus à l'époque comme des « droits à effectivité relative, conditionnée par une confirmation législative ultérieure »[51]. En réalité, les concrétisations législatives et réglementaires du droit à la protection de la santé sont nombreuses, sans que le lien entre ces textes et le principe soit toujours formellement établi. Il faut parfois rétablir les filiations. Quelques exemples permettent de montrer comment le principe constitutionnel très généralement énoncé dans le préambule de 1946 infiltre les normes de valeur inférieure.

**1166** ***Transpositions.*** Le droit du travail met ainsi directement en œuvre le principe du « droit à la santé », spécialement en matière d'hygiène, sécurité et conditions de travail. Les règles relatives aux repos, congés, durées maximales de travail... répondent à la même préoccupation : protéger la santé du salarié placé dans un lien de subordination et éviter les abus qui pourraient en résulter. Le droit de la sécurité sociale transpose aussi le principe. La protection de la santé ne suppose pas seulement une organisation du système de santé permettant de répondre techniquement aux besoins sanitaires. Elle requiert, pour être effective, que chaque membre de la collectivité puisse financer les traitements susceptibles de lui être dispensés. La Sécurité sociale vise à assurer pour ses bénéficiaires l'effectivité du droit aux prestations de santé, également constitutionnel (déc. du 22 janvier 1990 à propos du système de conventionnement des médecins libéraux).

**1167** ***Assurance-maladie et financement de la sécurité sociale.*** Le législateur s'efforce tant bien que mal de gérer le déficit financier chronique de la sécurité sociale, notamment celui de l'assurance-maladie. Tandis que la loi de financement de la sécurité sociale pour 2021 prévoyait un déficit de 49,0 milliards d'euros, celui s'établit finalement à environ 38,6 milliards d'euros, en dégradation de 36,6 milliards d'euros par rapport à 2019 (qui avait enregistré un déficit de 1,9 milliard d'euros). Cette dégradation brutale et sans précédent, conséquence de la crise sanitaire et économique, conduit au déficit le plus élevé jamais enregistré dans l'histoire de la sécurité sociale.

Le législateur a également abordé la question du « droit à la santé » sous l'angle des comportements des assurés sociaux et des professionnels de santé qu'il cherche à responsabiliser. En 2004, un dossier médical personnel a été institué, destiné à rassembler, dans des conditions de stricte confidentialité, les données médicales propres à chaque patient. Comme l'invitation faite à chacun de choisir un médecin traitant (médecin « référent » dans la précédente réforme) la mesure a pour objet d'assurer une meilleure continuité et cohérence des soins, tout en cherchant à éviter la multiplication des examens de santé et l'« abus de consommation médicale » (mise en place du parcours de soins coordonné)[52]. En 2021, la numérisation des services de santé permet la création d'un dossier médical partagé (DMP) pour tous les assurés qui ne l'auront pas encore activé eux-mêmes ou avec l'aide d'un professionnel de santé. Début 2022, un nouveau service sécurisé « Mon espace santé », qui donnera accès au DMP ainsi qu'à une messagerie sécurisée, à un agenda de santé et à un catalogue d'applications référencées par l'État, est mis en place avec l'objectif de permettre à chacun d'être acteur de sa santé au quotidien.

---

51. F. Rangeon, *op. cit.*, p. 180.
52. L. n° 2004-810 du 13 août 2004 relative à l'assurance-maladie ; P.-L. Bras, « Notre système de soins sera-t-il mieux gouverné ? », *Dr soc.* 2004. 967.

**1168** ***Accès aux soins et lutte contre les exclusions.*** Le droit à la protection de la santé suppose l'accès aux soins, la qualité des soins et leur prise en charge. Sans le droit à la sécurité sociale, le principe du droit à la santé est condamné, au moins dans sa dimension curative à n'être pas effectif ou bien à engendrer des inégalités, les soins étant alors réservés à ceux dont la situation économique le permet. Le « droit à la santé » supporte mal de contredire cet autre principe constitutionnel qu'est le principe d'égalité. Les inégalités d'accès aux soins, pour différentes raisons, sont pourtant nombreuses (frais laissés à la charge des patients, localisation géographique des offres de soins…)[53]. La loi du 29 juillet 1998 relative à la lutte contre les exclusions consacre un chapitre entier à l'accès aux soins : « L'accès à la prévention et aux soins des personnes les plus démunies constitue un objectif prioritaire de la politique de santé. Les programmes de santé publique mis en œuvre par l'État ainsi que par les collectivités territoriales et les organismes d'assurance-maladie prennent en compte les difficultés spécifiques des personnes les plus démunies » (art. 67 de la loi). La loi du 27 juillet 1999 portant création de la couverture maladie universelle (CMU) est venue compléter les dispositions de la précédente en généralisant le principe d'une couverture sociale de base pour tous, et en assurant une couverture complémentaire aux personnes les plus démunies. Avancée sociale remarquable, elle instaure : « une couverture maladie universelle qui garantit à tous une prise en charge des soins par un régime d'assurance-maladie, et aux personnes dont les revenus sont les plus faibles, le droit à une protection complémentaire et à la dispense d'avance de frais » (art. 1er )[54]. La loi de financement de la sécurité sociale pour 2016 (L. nº 2015-1702, 21 déc. 2015) a renforcé l'effectivité de l'accès aux soins en simplifiant la prise en charge des assurés sociaux, l'affiliation à la protection universelle maladie (en remplacement de la CMU) se faisant désormais sur le critère unique du travail ou de la résidence stable et régulière en France. C'est également pour permettre l'accès aux soins du plus grand nombre que la loi nº 2013-504 du 14 juin 2013 relative à la sécurisation de l'emploi a prévu la généralisation de la complémentaire santé pour tous les salariés du secteur privé à compter du 1er janvier 2016 (CSS, art. L. 911-7).

**1169** ***Veille sanitaire.*** La veille sanitaire peut être définie comme « l'observation permanente de l'état de santé de la population, la détection de tout événement qui l'altère et l'analyse rapide des causes de cet événement »[55]. De nombreux textes traduisent cette préoccupation : la loi du 1er juillet 1998 relative au renforcement de la veille sanitaire et du contrôle de la sécurité sanitaire des produits destinés à l'homme, a largement modifié le Code de la santé publique pour prévenir l'extension de certaines maladies, organiser une meilleure détection des accidents médicaux, identifier plus rapidement les effets imprévus ou indésirables résultant de l'utilisation des biens médicaux, évaluer l'efficacité des systèmes d'intervention sanitaire[56] ; la loi du 4 janvier 1993 relative à la sécurité en matière de transfusion sanguine et de médicament ; le décret nº 94-68 du 24 janvier 1994 organisant l'hémovigilance ; l'article L. 421-3 du Code de la consommation selon lequel : « Les produits et les services doivent, dans des conditions normales d'utilisation ou dans d'autres conditions raisonnablement prévisibles par le professionnel, présenter la sécurité à laquelle on peut légitimement s'attendre et ne pas porter atteinte à la santé des personnes »… La loi nº 2011-2012 du 29 décembre 2011 a renforcé quant à elle le système de sécurité sanitaire des produits de santé (à la suite de l'affaire du *Mediator*) pour concilier sécurité des patients et accès au progrès thérapeutique, en donnant à l'Agence nationale de sécurité du médicament et des produits de santé (ANSM) des missions et pouvoirs de sanction plus étendus. Plus

53. G. Johanet, « L'égalité d'accès aux soins », Conseil d'État, Rapport public 1998, p. 429 ; J.-S. Cayla, « L'accès aux soins et la politique de santé publique », *RDSS* 1999. 409 ; P.-Y. Verkindt, « La santé des personnes les plus démunies et le rôle des organismes sociaux », *RDSS* 1999. 416 ; G. Koubi, « Réflexions sur la gratuité dans le droit de la santé », *RDSS* 1999. 1.
54. « La couverture maladie universelle », *Dr soc.* nº spécial, janv. 2000.
55. J. Bonneau, « Examen critique de la loi du 1er juill. 1998 relative à la veille sanitaire », *Gaz. Pal.* 23-24 oct. 1998, 35.
56. P.-Y. Verkindt, « Sécurité sociale et sécurité sanitaire : bref retour sur la loi du 1er juill. 1998 relative au renforcement de la veille sanitaire », *RDSS* 1999. 37. 2280.

récemment, l'épidémie de covid-19 a donné lieu à un nombre impressionnant de textes et mesures destinés à assurer une veille sanitaire et éviter une propagation du virus qui mettrait à mal les capacités d'accueil hospitalières. Citons en dernier lieu, la loi n° 2021-1465 du 10 novembre 2021 portant diverses dispositions de vigilance sanitaire.

**1170** ***Droits des malades, responsabilité médicale.*** Codifié par l'importante loi du 4 mars 2002 relative aux droits des malades et à la qualité du système de santé, modifié par la loi n° 2022- 217 du 21 février 2022, l'article L. 1110-1 du Code de la santé publique énonce : « Le droit fondamental à la protection de la santé doit être mis en œuvre par tous moyens disponibles au bénéfice de toute personne. Les professionnels et les établissements de santé, les organismes d'assurance maladie ou tous autres organismes ou dispositifs participant à la prévention, aux soins ou à la coordination des soins, et les autorités sanitaires contribuent, avec les collectivités territoriales et leurs groupements, dans le champ de leurs compétences respectives fixées par la loi, et avec les usagers, à développer la prévention, garantir l'égal accès de chaque personne aux soins nécessités par son état de santé et assurer la continuité des soins et la meilleure sécurité sanitaire possible ». La loi du 4 mars 2002 abordait des questions essentielles : solidarité envers les personnes handicapées (c'est elle qui brise la jurisprudence *Perruche*) démocratie sanitaire, réparation des conséquences des risques sanitaires (régime des infections nosocomiales)… faisant également du patient un acteur responsable de sa santé (conditions du consentement libre et éclairé à l'acte médical, droit à la transparence financière par rapport au coût des actes qui prolonge le droit à l'information et à la transparence thérapeutique, accès direct au dossier médical…). Elle a également fixé le droit sur des questions sensibles de responsabilité médicale, réaffirmant avec force le principe de la responsabilité pour faute[57] : les professionnels comme les établissements de santé « ne sont responsables des conséquences dommageables d'actes de prévention, de diagnostic ou de soins qu'en cas de faute » (CSP, art. L. 1142-1). L'obligation de sécurité de moyens reste le principe dans le contrat médical. L'exception, l'obligation de sécurité de résultat, n'est prévue que dans deux hypothèses : dommage causé par un produit (humain ou non) ou par un matériel, et dommages résultant d'infections nosocomiales, sauf preuve d'une cause étrangère[58].

La loi tranche aussi la question de l'indemnisation des victimes d'aléa thérapeutique[59] : est-ce au patient d'assumer ce risque ? Est-ce aux médecins ou aux établissements de soins, même en l'absence de faute, ou faut-il faire appel à la solidarité nationale ? Le principe est désormais acquis : en l'absence de responsabilité du professionnel, un accident médical, une affection iatrogène ou une infection nosocomiale due à une cause étrangère, ouvre droit à réparation du patient au titre de la solidarité nationale (Office national d'indemnisation des accidents médicaux, art. L. 1142-22 du CSP) lorsqu'ils sont directement imputables à des actes de prévention, de diagnostic ou de soins, et qu'ils ont eu pour le patient des conséquences anormales au regard de l'état de santé comme de l'évolution prévisible de celui-ci et présentent un caractère de gravité fixé par décret (CSP, art. L. 1142-1, II).

**1171** ***Politique de santé.*** Les lois n° 2004-806 du 9 août 2004 relative à la politique de santé publique et n° 2016-41 du 26 janvier 2016 de modernisation du système de santé ont affirmé la responsabilité de l'État en matière de politique de santé et imposé un cadre de référence clair pour guider l'action

---

57. « Il se forme entre le médecin et son client un véritable contrat comportant, pour le praticien, l'engagement, sinon, bien évidemment, de guérir le malade… du moins de lui donner des soins, non pas quelconques mais consciencieux, attentifs et, réserves faites de circonstances exceptionnelles, conformes aux données acquises de la science » (arrêt *Mercier* : Civ., 20 mai 1936, *DP* 1936. 88, rapp. Josserand, concl. Matter, qui a donné son assise contractuelle à la relation médecin/patient).

58. Responsabilité disciplinaire (règles déontologiques notamment) et responsabilité pénale peuvent également traduire/sanctionner le droit à la protection de la santé sur le fondement des infractions d'« atteintes involontaires à la vie » (C. pén., art. 221-6) ou à l'intégrité de la personne (C. pén., art. 222-19 à 21), anciennement, homicide et blessures involontaires, ou encore celle de « mise en danger d'autrui » (C. pén., art. 223-1).

59. E. Gouesse, « Réflexions sur l'aléa thérapeutique », *LPA* 25 janv. 2000, p. 10 ; C. Larroumet, « L'indemnisation de l'aléa thérapeutique », *D.* 1999. Chron. 33 ; P. Sargos, « L'aléa thérapeutique devant le juge judiciaire », *JCP* 2000. I. 202.

des pouvoirs publics dans ce domaine. L'objectif est d'éviter que les multiples acteurs opèrent dans un contexte caractérisé par la dispersion des efforts et une faible efficacité d'ensemble, liée à l'insuffisance de l'évaluation des actions de santé publique. La politique de santé définie à cette occasion est ambitieuse (CSP, art. L. 1411-1, modifié en dernier lieu par la loi nº 2019-774 du 24 juillet 2019 relative à l'organisation et à la transformation du système de santé). Elle comprend :
1º La surveillance et l'observation de l'état de santé de la population et l'identification de ses principaux déterminants, notamment ceux liés à l'éducation et aux conditions de vie et de travail…
2º La promotion de la santé dans tous les milieux de vie, notamment dans les établissements d'enseignement et sur le lieu de travail, et la réduction des risques pour la santé liés à l'alimentation, à des facteurs environnementaux et aux conditions de vie susceptibles de l'altérer ;
3º La prévention collective et individuelle, tout au long de la vie, des maladies et de la douleur, des traumatismes et des pertes d'autonomie, notamment par la définition d'un parcours éducatif de santé de l'enfant, par l'éducation pour la santé, par la lutte contre la sédentarité et par le développement de la pratique régulière d'activités physiques et sportives à tous les âges ;
4º L'animation nationale des actions conduites dans le cadre de la protection et de la promotion de la santé maternelle et infantile… ;
5º L'organisation des parcours de santé. Ces parcours visent, par la coordination des acteurs sanitaires, sociaux et médico-sociaux, en lien avec les usagers et les collectivités territoriales, à garantir la continuité, l'accessibilité, la qualité, la sécurité et l'efficience de la prise en charge de la population, en tenant compte des spécificités géographiques, démographiques et saisonnières de chaque territoire, afin de concourir à l'équité territoriale ;
6º La prise en charge collective et solidaire des conséquences financières et sociales de la maladie, de l'accident et du handicap par le système de protection sociale ;
7º La préparation et la réponse aux alertes et aux crises sanitaires[60] ;
8º La production, l'utilisation et la diffusion des connaissances utiles à son élaboration et à sa mise en œuvre ;
9º La promotion des activités de formation, de recherche et d'innovation dans le domaine de la santé ;
10º L'adéquation entre la formation initiale et continue des professionnels de santé et l'exercice de leurs responsabilités ;
11º L'information de la population et sa participation, directe ou par l'intermédiaire d'associations, aux débats publics sur les questions de santé et sur les risques sanitaires et aux processus d'élaboration et de mise en œuvre de la politique de santé.

**1172** ***Action de groupe.*** La loi du 26 janvier 2016 de modernisation de notre système de santé contribue également à rendre le droit à la protection de la santé effectif en créant une action de groupe originale. Des personnes ayant subi des dommages corporels du fait d'un manquement d'un producteur, fournisseur ou d'un prestataire utilisant des produits de santé pourront désormais se joindre à une action intentée par une association d'usagers du système de santé (CSP, art. L. 1143-2). Dans le cadre de cette action, le juge pourra charger un médiateur de proposer aux parties une convention d'indemnisation amiable, après une mission pouvant aller jusqu'à trois mois, renouvelable une fois (CSP, art. L. 1143-6 s.).

## 2 • L'effectivité par le juge

**1173** ***Protection* a posteriori.** Lorsque le juge intervient dans la mise en œuvre du droit à la protection de la santé, il est souvent trop tard. La santé est endommagée et il s'agit alors d'obtenir réparation et/ou condamnation des auteurs du dommage. Le juge n'en contribue pas moins à l'effectivité du

60. Concernant la crise sanitaire actuelle, v. https://www.vie-publique.fr/covid-19-les-textes-publies-au-journal-officiel

principe. National ou européen, administratif ou judiciaire, il s'efforce au gré des contentieux de mieux cerner les obligations de chaque débiteur et d'influencer par là même les comportements[61].

**1174** ***Droit communautaire.*** En 1996, la crise dite de « la vache folle » a conduit la Cour de justice des Communautés européennes à prendre plusieurs décisions accordant une place prépondérante à la protection de la santé : « Lorsque des incertitudes subsistent quant à l'existence ou à la portée de risques pour la santé des personnes, les institutions peuvent prendre des mesures de protection sans avoir à attendre que la réalité et la gravité de ces risques soient pleinement démontrées. Cette approche est corroborée par l'article 130-R, paragraphe 1 du traité de la Communauté européenne selon lequel la protection de la santé des personnes relève des objectifs de la politique de la communauté dans le domaine de l'environnement » (arrêts rendus le 5 mai 1998). Ces décisions mettent directement en œuvre un droit à la protection de la santé, par le biais du principe de précaution qui trouve ainsi reconnaissance en droit communautaire de sa valeur normative. Elles sont d'autant plus remarquables que le droit à la santé sur lequel elles portent est étranger au domaine que désigne spécialement l'article 130-R du traité de Maastricht : l'environnement.

**1175** ***Droit interne.*** En droit de l'environnement, le juge administratif peut s'appuyer, pour favoriser la prévention, sur l'article L. 200-1 du Code rural et des principes qu'il énumère (principe de précaution, principe d'action préventive, principe pollueur-payeur, principe de participation). Dans le domaine de la santé publique, aucun texte équivalent n'existe. Ceci ne l'empêche pas, encouragé par un fort mouvement d'opinion, d'adopter en matière de santé publique une position sécuritaire résolument tournée vers la prévention des risques, plus encore vers la précaution[62] : « Compte tenu des précautions qui s'imposent en matière de protection de la santé publique [...] la fabrication, l'importation, la mise sur le marché et l'utilisation du produit X, contenant du collagène bovin et utilisé sur le corps humain, devaient être suspendues pour une durée d'un an... »[63]. La position sera confirmée à l'occasion d'un autre recours pour excès de pouvoir dirigé contre un décret interdisant l'emploi alimentaire de certains produits d'origine bovine susceptibles, sans certitude, de provoquer l'ESB : « En décidant, eu égard aux mesures de précaution qui s'imposent en matière de santé publique, d'édicter les interdictions faisant l'objet du décret attaqué qui s'appliquent à des aliments destinés à des enfants en bas âge ainsi qu'à des compléments alimentaires qui peuvent contenir des quantités élevées des tissus en cause, le Premier ministre n'a pas commis d'erreur manifeste d'appréciation »[64]. Des auteurs s'interrogent sur la nécessité de faire évoluer le droit de la responsabilité afin qu'il ne soit pas seulement un droit de la réparation des dommages passés, mais favorise l'évitement des dommages graves et irréversibles touchant à la santé, à la sécurité humaine ou encore à l'environnement, pour lesquels l'idée de réparation perd sens dès lors qu'ils sont de nature à compromettre le bien-être des générations futures. L'idée d'une responsabilité préventive est avancée[65]. « Ces réflexions conduisent à penser que la mise en œuvre du principe de précaution paraît souhaitable en tant que nouveau standard de comportement des responsables de la politique de santé publique. Un exemple de ce nouveau comportement, caractéristique d'un certain retour à l'idée de prévention, a été donné par la réglementation relative au désamiantage des immeubles et à la protection des travailleurs contre les poussières d'amiante »[66].

---

61. La Cour européenne des droits de l'homme, saisie à propos du « droit à la santé » des détenus, a condamné la France pour traitement inhumain et dégradant en raison du maintien en détention du requérant portant atteinte à sa dignité : CEDH 14 nov. 2002, *D.* 2003. 303, note H. Moutouh. La santé d'une personne privée de liberté est donc un facteur à prendre en compte dans les modalités de l'exécution de sa peine d'emprisonnement. En droit interne, le Conseil d'État a cependant décidé que le droit à la santé d'un détenu victime de tabagisme passif, ne constituait pas une liberté fondamentale au sens de l'art. L. 512-2 du CJA. CE, réf., 8 sept. 2005, req. n° 284803, M. Herzog-Evans, « Tabagisme passif : protéger la santé d'un détenu n'est pas une liberté fondamentale », *AJ pénal* 2005. 377.
62. P. Lascoumes, « La précaution, un nouveau standard de jugement », *Esprit*, nov. 1997.
63. CE 21 avr. 1997, *Barbier*, req. n° 180274.
64. CE 24 févr. 1999, *Pro-Nat*, req. n° 192465. Position réitérée dans un arrêt *Germain* du 30 juin 1999, à propos d'un arrêté ayant interdit la commercialisation de médicaments homéopathiques fabriqués à partir de souches d'origine humaine.
65. C. Thibierge, « Libres propos sur l'évolution du droit de la responsabilité (vers un élargissement de la fonction de la responsabilité civile ?) », *RTD civ.* 1999. 561 ; P. Kourilski et G. Viney, rapport préc., p. 131 s.
66. « L'évolution du droit de la responsabilité », Conseil d'État, *Rapport public 1998*, p. 260.

En matière d'accidents du travail et maladies professionnelles, on relève également, depuis le début des années 2000, une politique très volontariste des magistrats de la chambre sociale de la Cour de cassation, déterminés à rendre effectif le droit à la protection de la santé des salariés dans l'entreprise (autant à titre préventif que pour favoriser la réparation intégrale des accidents et maladies professionnels). En témoignent des condamnations remarquables d'entreprises pour manquement à l'obligation de sécurité de l'employeur avant même que l'accident n'ait lieu, (Soc. 5 mars 2008, *Snecma*). En ce sens également, des décisions qui suggèrent un meilleur encadrement des conventions de forfait-jours, directement rendues au visa de l'alinéa 11 du préambule de la Constitution du 27 octobre 1946 (Soc. 29 juin 2011, n° 09-71.107 : « Attendu que le droit à la santé et au repos est au nombre des exigences constitutionnelles ; qu'il résulte [...] des directives de l'Union européenne que les États membres ne peuvent déroger aux dispositions relatives à la durée du temps de travail que dans le respect des principes généraux de la protection de la sécurité et de la santé du travailleur »). La logique préventive prend ainsi le pas sur la logique réparatrice. L'évolution est si marquée que la Cour de cassation semble aujourd'hui mettre en œuvre une obligation renforcée de prévention des risques professionnels plus proche de la lettre et de l'esprit des dispositions des articles L. 4121-1 et suivants du Code du travail, et de la directive-cadre de 1989 visant à promouvoir l'amélioration de la santé et de la sécurité au travail par la mise en œuvre de principes généraux de prévention.

**1176** ***Rôle du juge.*** Le rôle du juge est essentiel, qu'il s'agisse d'appliquer la loi, de pallier ses lacunes, ou même parfois d'anticiper ou de suggérer les évolutions du droit. Il l'est tout autant lorsqu'il s'agit d'harmoniser des solutions divergentes, entre jurisprudence administrative et judiciaire, sur des problématiques pourtant communes. Ainsi, l'obligation d'information due par le médecin à son patient, où la jurisprudence du Conseil d'État a rejoint celle de la Cour de cassation[67]. En matière d'aléa thérapeutique, des divergences ont longtemps subsisté entre le Conseil d'État admettant la responsabilité de l'hôpital pour risque[68], et la Cour de cassation refusant pour les médecins libéraux ce glissement de la faute au risque, en dehors des cas où le dommage est causé par un dispositif médical ou une infection nosocomiale[69]. L'importante loi du 4 mars 2002 a réglé la difficulté par recours à la solidarité nationale[70].

## B • Limites de l'effectivité

**1177** ***Un principe peu discutable.*** Le principe même du droit à la protection de la santé est rarement discuté. Il est de l'intérêt de tous, intérêt général et intérêts particuliers réunis, que la santé soit protégée contre les atteintes autres que celles, irrémédiables, résultant du cours naturel de l'existence. Il ne heurte pas d'emblée d'autres principes, comme le droit de propriété qui s'oppose parfois au droit au logement, comme le droit de grève qui s'oppose parfois à l'exigence de continuité du service public.

---

67. Lorsque l'acte médical envisagé, même accompli dans les règles de l'art, comporte des risques connus de décès ou d'invalidité, le patient doit en être informé dans des conditions qui permettent de recueillir son consentement libre et éclairé. Si cette information n'est pas requise en cas d'urgence, d'impossibilité ou de refus du patient d'être informé, la seule circonstance que les risques ne se réalisent qu'exceptionnellement ne dispense pas les praticiens de leur obligation. Soc. 25 févr. 1997, *JCP* 1997. IV. 880 ; Soc. 14 oct. 1997, *JCP* 1997. II. 22942, rapp. P. Sargos ; Soc. 7 oct. 1998, *JCP* 1998. II. 10179, concl. J. Sainte-Rose, note P. Sargos ; CE, sect., 5 janv. 2000, *Assistance publique-Hôpitaux de Paris*, req. n° 198530 ; CE, sect., 5 janv. 2000, *Cts Telle*, req. n° 181899, *JCP* 2000, n° 4, p. 130.

68. « Lorsqu'un acte médical nécessaire au diagnostic ou au traitement du malade présente un risque dont l'existence est connue mais dont la réalisation reste exceptionnelle et dont aucune raison ne permet de penser que le patient y soit particulièrement exposé, la responsabilité du service public hospitalier est engagée si l'exécution de cet acte est la cause directe de dommages sans rapport avec l'état initial du patient comme avec l'évolution prévisible de cet état, et présentant un caractère d'extrême gravité » CE 9 avr. 1993, *Bianchi*, *JCP* 1993. II. 22061, note J. Moreau. CE 3 nov. 1997, *Hôpital Joseph-Imbert d'Arles*, *JCP* 1997. II. 10016, note J. Moreau ; CE 27 oct. 2000, *D.* 2000. IR 288.

69. Civ. 1re, 8 nov. 2000 : « La réparation des conséquences de l'aléa thérapeutique n'entre pas dans le champ des obligations dont un médecin est contractuellement tenu à l'égard de son patient », *D.* 2000. IR 292 ; Y. Lambert-Faivre, « La réparation de l'accident médical, obligation de sécurité : oui ; aléa thérapeutique : non », *D.* 2001. Chron. 570.

70. V. *supra*, n° 1208.

Il s'impose avec une certaine évidence, si ce n'est la précision déjà formulée (v. *supra* n° 1141) qu'il ne consacre pas un droit chimérique à une santé parfaite, mais seulement le droit à une protection.

**1178** ***Limites du principe.*** Le principe connaît cependant quelques limites. Celle du hasard d'abord, lorsqu'un patient est victime d'un aléa thérapeutique, encore que la distinction entre faute et aléa puisse être parfois difficile à opérer, ou encore lorsque le défaut d'un produit qui a causé dommage ne pouvait être décelé au moment de son utilisation en raison de l'état des connaissances scientifiques et techniques[71]. Dans ces cas cependant, un système d'indemnisation adapté permet de dénouer le conflit d'intérêts opposant la victime qui réclame indemnisation au professionnel qui refuse d'assumer la charge d'une faute qu'il n'a pas commise. Le principe se heurte aussi aux limites des capacités humaines, notamment celles du professionnel de santé : compétent et consciencieux, il n'est pas raisonnable d'exiger de lui plus qu'il ne peut (« Pour être médecin, il n'en est pas moins homme »). Les véritables limites du principe tiennent moins à son contenu qu'aux débiteurs de la créance qu'il institue : l'État qui peut imposer des limites de nature collective pour des raisons économiques ; l'individu lui-même.

## 1 • Limites collectives

**1179** ***Maîtrise des dépenses de santé.*** Le « droit à la santé » ne peut être un droit à engager sans limite les finances publiques[72]. Sa mise en œuvre est nécessairement dépendante de la situation économique et des disponibilités financières de la collectivité. La question de la maîtrise des dépenses de santé est suffisamment importante pour que le Conseil constitutionnel, dans sa décision du 16 janvier 1991, en ait fait un « objectif de valeur constitutionnelle », ouvrant ainsi la porte à des restrictions justifiées par l'intérêt général qui pourraient être apportées à d'autres principes constitutionnels. L'objectif consistant à « assurer l'accès aux soins tout en développant une politique de maîtrise des dépenses de santé supportées par la collectivité » permet ainsi de légitimer des différences de traitement dans le remboursement des soins, en fonction des liens de l'établissement avec l'assurance-maladie (participation ou non au service public hospitalier, établissement conventionné ou non). Le Code de la sécurité sociale traduit la même préoccupation : après un article L. 162-2 CSS qui pose les principes de libre choix du médecin par le malade, de liberté de prescription du médecin… l'article L. 162-2-1 précise que les médecins sont tenus, dans tous leurs actes et prescriptions « d'observer, dans le cadre de la législation et de la réglementation en vigueur, la plus stricte économie compatible avec la qualité, la sécurité et l'efficacité des soins ». Le Code de la santé publique vise par ailleurs « à garantir une prescription de médicaments la plus adéquate possible, à la fois sur le plan thérapeutique et financier » ; les mesures récentes favorisant le recours à des médicaments génériques s'inspirent de la même idée (CSP, art. L. 601-6). Ces impératifs suscitent inévitablement des tiraillements entre pouvoirs publics et médecins qui voient là une atteinte au principe de la libre prescription et un contrôle peu compatible avec l'indépendance professionnelle qui caractérise leur déontologie.

**1180** ***Conflit d'objectifs.*** L'objectif de maîtrise des dépenses de santé ne risque-t-il pas de s'opposer par moments à la « protection de la santé publique » (déc. du 8 janvier 1991, Tabagisme et alcoolisme) ? Le Conseil constitutionnel, dans une formule classique, applique sa jurisprudence du « cliquet » : il est loisible au législateur « d'adopter pour la réalisation ou la conciliation d'objectifs de nature constitutionnelle, des modalités nouvelles dont il lui appartient d'apprécier l'opportunité et qui peuvent comporter la modification ou la suppression de dispositions qu'il estime excessives ou inutiles ; que cependant, l'exercice de ce pouvoir ne saurait aboutir à priver de garanties légales des

71. Le « risque de développement » est cause d'exonération conditionnelle du producteur (C. civ., art. 1245-10) sauf dommage causé par un élément du corps humain ou par les produits issus de celui-ci (art. 1245-11).

72. Une loi constitutionnelle du 22 févr. 1996, modifiant l'art. 34 de la Constitution charge le Parlement de fixer les objectifs de dépenses de la Sécurité sociale, notamment ceux de l'assurance-maladie.

exigences de caractère constitutionnel »[73]. Selon le Conseil d'État, « Le principe constitutionnel du droit à la santé exige que l'objectif prévisionnel des dépenses médicales soit fixé à un niveau compatible avec la couverture des besoins sanitaires de la population » (CE 27 avr. 1998, *Conféd. des synd. médicaux de France*).

La maîtrise des dépenses de santé est une limite à l'effectivité du « droit à la santé » en ce sens qu'elle interdit d'être un droit pour chacun à la prise en charge illimitée de ses dépenses de santé. Des contraintes budgétaires existent, des choix doivent être faits, il faut souhaiter qu'ils se fassent toujours en regard du principe initial, sans nuire à une véritable protection de la santé. Ces choix sont guidés par la Haute Autorité de santé qui évalue le service rendu par les produits de santé (CSS, art. L. 161-37). La maîtrise des dépenses de santé peut aussi être considérée comme une garantie de son effectivité, dès lors qu'elle apparaît comme une nécessité permettant de préserver le système de protection sociale tout en assurant l'égalité des droits et l'accès au droit.

**1181** ***Sanction.*** L'effectivité du principe connaît une autre limite qui tient à la nature de l'obligation qui pèse sur l'État en tant que débiteur du « droit à la santé » et à la difficulté parfois d'en revendiquer la sanction devant les tribunaux judiciaires et administratifs. Les « droits créances » donnent lieu à des obligations souvent de moyens qui « n'assurent en réalité que l'accès à des médiations institutionnelles qui produisent des services et délivrent des prestations pour tendre à la réalisation du droit proclamé »[74]. Dans l'hypothèse d'une carence de la puissance publique, c'est généralement l'absence de procédure contentieuse qui est la plus à même de réduire à néant les droits consacrés par le préambule. Les temps changent cependant. Pour la première fois en 2004, le Conseil d'État dans sa plus haute formation, a reconnu la responsabilité de l'État du fait de ses carences dans la prévention des risques liés à l'exposition des travailleurs aux poussières d'amiante. Le caractère nocif des poussières d'amiante était connu depuis le début du XX^e^ siècle et le caractère cancérigène de celles-ci avait été mis en évidence dès le milieu des années 1950. Pour autant, les autorités publiques n'avaient entrepris avant 1977 aucune recherche « afin d'évaluer les risques pesant sur les travailleurs exposés aux poussières d'amiante, ni pris de mesures aptes à éliminer ou tout au moins, à limiter les dangers liés à une telle exposition »[75].

## 2 • Limites individuelles

**1182** ***Santé* vs *liberté.*** L'individu peut être l'artisan de sa propre santé comme il peut en être le fossoyeur. Son corps lui appartient et il est libre d'en disposer : libre d'adopter un comportement et des habitudes conformes à une bonne hygiène de vie, libre d'entretenir son corps et son esprit de façon à trouver une certaine harmonie[76]. Libre aussi de nuire à sa santé si bon lui semble, de refuser des soins ou de préférer tel type de médecine à telle autre jugée plus conforme à ses convictions, libre de dire non à un acharnement thérapeutique, qui soulève la difficile question de l'euthanasie, libre même de choisir sa mort. Chacun mène sa vie comme il l'entend. Excepté le salarié en situation de travail, il n'existe pas d'obligation individuelle de protection de sa propre santé.

Telle est la leçon tirée de l'affaire *Seita* (renommée société *Altadis*) condamnée par le tribunal de Montargis en 1999, non pour avoir mis en danger la santé d'autrui, mais pour ne pas avoir informé le grand public des dangers du tabac. D'où la mention par la suite imposée « L'abus de tabac nuit gravement à la santé », jusqu'à la formule choc : « Le tabac tue ». Informé et averti par écrit des dangers du

73. Cons. const. 29 juill. 1986, n° 86-210 ; 16 janv. 1991, n° 287 DC ; 29 juill. 1991, n° 296 DC ; 13 août 1993, n° 325 DC ; 18 déc. 1997, n° 393 DC ; 23 juill. 1999, n° 416 DC.
74. R. Lafore, *op. cit.*, p. 44.
75. CE 3 mars 2004, *D.* 2004. 973, *Amiante* : la responsabilité de l'État est enfin reconnue par le Conseil d'État, note H. Arbousset. Confirmation de CAA Marseille, 18 oct. 2001, qui avait décidé que l'inaction de l'État (insuffisance de réglementation préventive, retard dans la transposition de normes européennes) constituait une faute susceptible d'engager sa responsabilité, alors qu'il ne pouvait ignorer les risques engendrés par l'exposition de travailleurs aux poussières d'amiante.
76. B. Beignier, « Respect et protection du corps humain », *J.-Cl. civil*, fasc. 70-72, 1997.

tabac, l'individu peut librement en abuser et nuire à sa santé : « Richard X gros fumeur depuis l'âge de treize ans […] était seul à pouvoir prendre les décisions qui s'imposaient ; si l'avertissement sanitaire légal pouvait influencer un fumeur récent […] il était improbable que Richard X qui avait assisté au décès par cancer du poumon d'un membre de sa famille, qui avait été lui-même atteint d'un cancer en 1988 sans cesser de fumer, eût été influencé par ce message, même s'il n'était pas rigoureusement conforme à la loi ; […] Richard X n'aurait pas eu alors une attitude différente et le dommage se serait produit de toutes façons »[77]. Pourtant, si le tabac est le produit dangereux que l'on présente dans les campagnes d'information, comment ne pas envisager la question sous l'angle de la « mise en danger d'autrui » de la part de ceux qui fabriquent, vendent, perçoivent des taxes sur ces produits ?

Il faut enfin se garder d'ignorer que le tabac est une drogue et qu'il ne suffit pas d'avoir conscience du danger pour réussir à l'éviter. L'obligation d'information, nécessaire, ne change rien au fait qu'un comportement nuisible à sa propre santé, tabac ou autre, n'est que le reflet d'un malaise plus profond, de priorités qui ne sont pas satisfaites, matérielles ou affectives. Cette « liberté » n'en est donc peut-être pas une, ou alors elle n'est que relative. La même remarque vaut pour le droit de disposer de son corps, dont on dit qu'il donne le droit de décider sa propre mort. Pour d'autres, « si le suicide n'est pas interdit, ce n'est pas parce que la personne humaine a un droit sur son corps, c'est parce que son acte est l'expression ultime, irremplaçable de la liberté individuelle »[78]. Cette liberté est un piège si elle n'est pas le reflet d'une décision pleinement maîtrisée.

« Il est essentiel que le droit puisse être dit publiquement, que le licite soit défini, et que chacun, personne ou institution, reçoive à l'intérieur de sa société des repères et des limites sur lesquels régler ses décisions et ses actes »[79]. Si l'activation du « droit à la protection de la santé » peut conduire à sanctionner ses débiteurs dans l'hypothèse d'un non-respect, elle doit surtout permettre de rendre ce droit plus effectif d'un point de vue préventif, contribuer à ce que chacun règle ses actes pour une véritable protection de la santé, pas seulement pour obtenir réparation lorsque le mal est fait si tant est qu'il soit réversible. Face aux valeurs économiques et financières actuelles, la santé de tout un chacun mérite d'être reconnue comme un objectif à part entière. La santé qui a besoin de médecins, a aussi besoin d'avocats.

## BIBLIOGRAPHIE INDICATIVE


- B. Apollis et D. Truchet, *Droit de la santé publique,* Dalloz, coll. « Mémentos », 10e éd., 2020.
- C. Bergoignan-Esper et P. Sargos, *Les grands arrêts du droit de la santé,* Dalloz, 3e éd., 2020.
- X. Bioy, A. Laude, D. Tabuteau, *Droit de la santé,* PUF, coll. « Thémis Droit », 2020.
- M. Borgetto et R. Lafore, *Droit de la sécurité sociale,* Dalloz, coll. « Précis », 19e éd., 2019.
- J. Breilh, M. Ho, A. Katz et al., *La santé pour tous ! Se réapproprier Alma-Ata,* Éditions du CETIM, 2007.
- M.- F. Callu, M. Girer, G. Rousset, *Dictionnaire de droit de la santé,* Lexisnexis, 2021.
- A. Dubuis, *Droit de la santé,* LexisFac Droit, Bréal by Studirama, 2021.
- D. Duval-Arnould, *Droit de la santé 2019/2020 — Prise en charge des patients et réparation des dommages liés aux soins,* Dalloz Références, 2019.


77. Civ. 2e, 20 nov. 2003, *D.* 2003. 2902, « *Tabagisme* : responsabilité juridique et responsabilité morale », concl. R. Kessous et note L. Grynbaum ; *D.* 2004. Somm. 1346, obs. D. Mazeaud ; Civ. 1re, 8 nov. 2007 qui retient également l'irresponsabilité de la SEITA dans la mort des fumeurs, *D.* 2008. 50, note J. Revel.
78. F. Terré et D. Fenouillet, *Les personnes, la famille, les incapacités,* 7e éd., Dalloz, coll. « Précis », 2005, no 91.
79. H. Nakajima, *JIB* 1998, vol. 9, no 3, p. 11.

- N. Duvous et N. Vezinat, *La santé sociale*, PUF, 2022.
- J.-M. de Forges, *Le droit de la santé*, PUF, coll. « Que sais-je ? », n° 2308, 2012.
- D. Grandguillot, *L'essentiel du droit de la sécurité sociale, Gualino*, 21e éd., 2022.
- M.-A. Moreau, « Pour une politique de santé dans l'entreprise », *Dr soc.* 2002. 817.
- V. Saint-James, « Le droit à la santé dans la jurisprudence du Conseil constitutionnel », *RD publ.* 1997. 457.
- C. Sauvat, *Réflexions sur le droit à la santé*, préf. A. Leborgne, PUAM, coll. « Centre Pierre-Kayser », 2004, p. 538.
- D. Truchet, A. Leca, M. Bélanger, P. Villeneuve, *La protection de la santé publique*, *RGDM*, n° spécial, sept. 2005.
- « La santé observée », *RFAS* 1993, n° hors-série.
- CE, *Rapport public 1998, Réflexions sur le droit de la santé,* La Documentation française.
- « Droits de l'homme, bioéthique et santé », *JIB* 1998, vol. 9, n° 3.
- « Demandes de santé et choix politiques », *Revue Projet,* n° 263, automne 2000.
- *Le droit à la santé,* Éditions du CETIM, 2006.


## PISTES DE RÉFLEXION

- L'individu : créancier ou débiteur du droit à santé ?
- Comment améliorer l'effectivité du « droit à la santé » ?
- Le droit à la protection de la santé des personnes vulnérables
- Le droit à la protection de la santé au travail.
- Droit à la santé et protection des libertés individuelles
- Le « droit à la santé » à l'épreuve de l'épidémie de covid-19

Thème 8

# Le droit au logement

**Christophe Albiges**
*Professeur à l'Université de Montpellier*

La loi n° 2007-290 du 5 mars 2007 a renouvelé l'attrait susceptible d'être exercé par le droit au logement, alors qualifié de droit opposable. Ce qualificatif n'occulte pas pour autant toute l'ambiguïté du sujet, liée notamment à sa diversité de mises en œuvre. Le droit au logement est susceptible d'être source de prérogatives individuelles, entre cocontractants qui ont conclu au préalable un contrat de bail, ou entre membres d'une même famille, comme l'illustre le droit au logement du conjoint survivant. Au-delà d'une relation personnelle, le droit au logement prend une place désormais essentielle en matière de politique sociale, l'aide au logement des personnes démunies, sans logis ou menacées d'expulsion, étant devenue l'un des objectifs prioritaires des pouvoirs publics.

**1183** ***Références au logement en droit interne.*** Le Rapport public rendu par le Conseil d'État en 2009[1], était intitulé : *Droit au logement, droit du logement.* Cette publication n'est qu'une illustration supplémentaire de l'attrait manifeste conféré au logement en particulier, ainsi qu'aux différents droits qui le concernent de manière plus générale. Le « logement » a d'ailleurs pour caractéristique d'intéresser différentes matières juridiques, qu'il s'agisse du droit civil avec notamment le contrat de bail ou la protection du logement familial, du droit du travail lorsque le salarié peut exiger de son employeur un logement en raison de la profession exercée ou de la nature de l'activité — le logement constituant parfois un instrument indispensable à l'exécution du travail — ou du droit pénal avec le délit spécifique de violation illicite de domicile, prévu à l'article 226-4 du Code pénal[2], mais aussi du droit administratif lors du concours de l'État pour le financement de logements locatifs ou enfin du droit constitutionnel avec les diverses décisions du Conseil constitutionnel qui ont déterminé la valeur conférée au droit au logement. En raison de la diversité des domaines concernés, ces multiples références au logement ont contribué, de manière progressive, à l'élaboration d'un « droit au logement » dominé par une constante : les références au concept de logement ont essentiellement pour finalité d'assurer la protection des intérêts du bénéficiaire, effectif ou potentiel, de celui-ci.

**1184** ***Le logement en droit comparé et droit européen.*** De tels intérêts sont parfois expressément sauvegardés par la Constitution de certains États membres de l'Union européenne. En Espagne, l'article 47 de la Constitution du 27 décembre 1978 consacre « le droit de disposer d'un logement digne et approprié », mais aussi en Belgique, l'article 23 de la Constitution en date du 17 février 1994 proclame que la loi doit garantir le « droit à un logement décent »... Au Portugal, la Constitution du 2 avril 1976 énonce à l'article 65-1 que « chacun a droit, pour soi et pour sa famille, à un logement de dimension convenable, qui réponde aux normes de l'hygiène et du confort »[3]. Enfin, à titre d'illustration, la Constitution de la République d'Afrique du Sud, en date du 18 décembre 1996, prévoit à l'article 26-1 que « chacun a droit d'avoir accès à un logement adéquat ».

À l'inverse, la singularité française réside dans l'absence d'une proclamation expresse d'un droit au logement au sein de la Constitution du 4 octobre 1958, du préambule de celle de 1946 ou encore de la Déclaration des droits de l'homme et des citoyens du 26 août 1789. Il en est de même au niveau international : les textes qui effectuent une référence au logement ne consacrent pas prioritairement sa protection juridique. L'article 25-1 de la Déclaration universelle des droits de l'homme du 10 décembre 1948 prévoit que « toute personne a droit à un niveau de vie suffisant pour assurer sa santé, son bien-être et ceux de sa famille, notamment... pour le logement ». L'article 11 du Pacte des Nations unies relatif aux droits économiques, sociaux et culturels du 19 décembre 1966 énonce que les États contractants reconnaissent le droit de toute personne à un logement suffisant comme corollaire du « droit à un niveau de vie suffisant ».

Cette absence d'une proclamation expresse peut également être constatée en droit européen. Certes, une première disposition, l'article 8, paragraphe 1 de la Convention européenne de sauvegarde des droits de l'homme, affirme que « toute personne a droit au respect de sa vie privée et familiale, de son domicile », a été invoquée par la Cour européenne des droits de l'homme[4], mais aussi la Cour de cassation[5] pour consacrer certaines protections ponctuelles en matière de logement dès lors qu'un intérêt

1. Conseil d'État, *Droit au logement, droit du logement*, Rapport public 2009, La Documentation française, coll. « Rapports officiels », 2009.
2. Sur le cas particulier du « squat », v. ss 1184 et 1220.
3. Sur ces illustrations, J.-C. Oderzo, « Le droit au logement dans les Constitutions des États membres », *RIDC* 2001. 919-920.
4. Pour une reconnaissance de l'ingérence dans le droit au respect du domicile lors d'une mesure judiciaire d'expulsion d'un locataire, ce qui tend à lui consacrer un droit au logement, CEDH 18 févr. 1999, *JCP* 2000. I. 203, n° 20, obs. F. Sudre. Pour une limitation du droit à l'exécution des décisions de justice au nom de la protection du logement, CEDH 12 oct. 2010 ; *JCP* 2011. I. 203, n° 8, obs. F. Sudre.
5. Au bénéfice des proches, la clause d'un bail d'habitation ne pouvant priver le preneur de la possibilité de les héberger, Civ. 3e, 6 mars 1996, *RTD civ.* 1996. 580, obs. J. Hauser ; *ibid.* 897, obs. J. Mestre ; *ibid.* 1024, obs. J.-P. Marguénaud ; *JCP* 1996. I. 3958, obs. C. Jamin ; *JCP* 1997. II. 22764, note Nguyen Van Tuong ; *D.* 1997. 167, note B. de Lamy. Pour une réaffirmation ultérieure, sous le même visa, Civ. 3e, 22 mars 2006, *RDC* 2006. 1149, obs. J.-B. Seube ; *RTD civ.* 2006. 722, obs. J.-P. Marguénaud.

personnel est lésé[6]. Un second texte, l'article premier du Protocole additionnel nº 1 à la Convention européenne, dispose que « toute personne physique ou morale a droit au respect de ses biens. Nul ne peut être privé de sa propriété que pour cause d'utilité publique et dans les conditions prévues par la loi et les principes généraux du droit international ». Conformément à cet article, la Cour européenne des droits de l'homme a énoncé que même si un particulier occupe irrégulièrement un terrain, « la tolérance des autorités de l'État » peut conduire à lui reconnaître « un intérêt patrimonial relatif à son habitation » suffisant pour constituer un « bien » au sens du Protocole additionnel nº 1. En d'autres termes, le fait d'avoir construit sur une décharge publique un logement pendant plusieurs années confère un droit de propriété sur la construction en raison de la « satisfaction d'un besoin humain fondamental »[7]. En dépit de ces deux articles, il n'existe pas, dans le cadre de la Convention européenne, de protection spécifique au logement.

On a pu relever cette absence de toute référence à la formule de « droit au logement » dans la Charte des droits fondamentaux de l'Union européenne du 18 décembre 2000, même si le terme même de « logement » est présent à l'article 34-3 : « afin de lutter contre l'exclusion sociale et la pauvreté, l'Union reconnaît et respecte le droit à une aide sociale et à une aide au logement destinées à assurer une existence digne à tous ceux qui ne disposent pas de ressources suffisantes, selon les modalités établies par le droit communautaire et les législations et pratiques nationales ». Ce n'est pas réellement un droit au logement, mais la périphrase de l'aide sociale et l'aide au logement « destinées à assurer une existence digne » caractérise les critères de l'exigence solidariste qui gouvernent l'esprit de la disposition[8]. Néanmoins, la Charte sociale européenne[9], révisée le 3 mai 1996, prévoit à l'article 31 qu'« en vue d'assurer l'exercice effectif du droit au logement, les parties s'engagent à prendre les mesures destinées : — à favoriser l'accès au logement d'un niveau suffisant ; — à prévenir et à réduire l'état de sans-abri en vue de son élimination progressive ; — à rendre le coût du logement accessible aux personnes qui ne disposent pas de ressources suffisantes ».

**1185** ***Plan.*** Certaines dispositions législatives ont affirmé l'existence d'un droit fondamental à l'habitat ou au logement, mais aussi ultérieurement un droit à un logement décent. Ces affirmations solennelles ne doivent pas laisser penser qu'existe une uniformité de conceptions de ce « droit au logement »[10]. Certains textes ont eu pour objectif de déterminer les relations spécifiques qui régissent le logement, notamment celles entre bailleur et preneur ou celles qui concernent les relations familiales. Ils confèrent ainsi des prérogatives individuelles aux bénéficiaires de ce droit (***I.***).

De plus, la protection du logement a été consacrée au sein d'une réglementation à caractère social et pour laquelle le critère pris en considération réside dans la reconnaissance, par les pouvoirs publics, d'un droit à une aide pécuniaire de la collectivité. L'objectif est de permettre l'accès à un logement à ceux qui n'en ont pas les moyens, le droit au logement apparaissant comme la manifestation d'une politique sociale. Ces affirmations législatives ont bénéficié des précisions apportées par le Conseil constitutionnel pour constituer, de manière progressive, une conception nouvelle du droit au logement (***II.***).

---

6. Non application de l'art. 8 invoqué par un propriétaire qui conteste une décision de démolition d'un bâtiment au nom du droit au domicile, faute de vivre dans les locaux concernés, donc à défaut d'un intérêt personnel et de qualité à agir, Civ. 3e, 4 mars 2021, nº 20-11.726, *D.* 2016. 1107, obs. N. Damas

7. CEDH 30 nov. 2004, *Oneryildiz c/ Turquie*, *AJDA* 2005. 550, Chron. J.-F. Flauss ; *RTD civ.* 2005. 422, obs. T. Revet ; *JCP Adm.* 2006. 1002, P. Yolka ; F. Sudre, J.-P. Marguénaud et *al.*, *Les grands arrêts de Cour européenne des droits de l'homme*, 9e éd., PUF, 2019, nº 66. Plus largement sur le thème, A. Gouttenoire, « Le logement et la Convention européenne des droits de l'homme », *in* M. Barré-Pépin et C. Coutant-Lapalus (dir.), *Logement et famille : des droits en question*, Dalloz, coll. « Thèmes & commentaires », 2005, p. 37 s.

8. F. Benoît-Rohmer, « La Charte des droits fondamentaux de l'Union », *D.* 2001. Chron. 1483 ; G. Braibant, *Charte des droits fondamentaux de l'Union européenne*, Le Seuil, 2001, p. 195. À cet égard, le projet de Constitution pour l'Europe n'affichait aucune référence à la notion de « logement ».

9. Ainsi que le Comité européen des droits sociaux qui contrôle l'application de la Charte sociale et apprécie la protection du droit au logement notamment, sur lequel, J.-P. Marguénaud et J. Mouly, « La quête d'effectivité européenne du droit au logement », *RDSS* 2015. 207.

10. Sur la diversité d'approches du droit au logement, comme droit au centre de la problématique des droits fondamentaux, H. Pauliat, « Droit au logement », *in Dictionnaire des droits de l'homme*, ouvrage collectif, PUF, 2008, p. 664 ; E.-P. Guiselin, « Droit au logement », *in* D. Chagnollaud et G. Drago (dir.), *Dictionnaire des droits fondamentaux*, Dalloz, 2006, p. 537.

# I • Le droit au logement, générateur de prérogatives individuelles

**1186** Des prérogatives individuelles, fondées sur le droit au logement, se manifestent non seulement en matière de relation bailleur-preneur, dans le cadre de l'exécution d'un contrat de bail (**A.**), mais aussi au sein d'un couple (**B.**).

## A • Le droit au logement conféré au preneur

**1187** L'élaboration de dispositions relatives au logement (*1.*) s'accompagne d'un certain nombre de conséquences à l'égard des parties au contrat de bail (*2.*).

### 1 • L'affirmation législative d'un droit au logement

**1188** ***Affirmation du caractère « fondamental » du droit au logement.*** Lors de l'adoption de deux textes, les articles 1ers des lois n° 82-526 du 22 juin 1982 et n° 89-462 du 6 juillet 1989, le législateur a affirmé respectivement le « droit à l'habitat » et, de manière plus classique, le « droit au logement » comme « droit fondamental ». Ces affirmations préalables, s'imposant « dans le cadre des lois qui le régissent », sont néanmoins circonscrites à la seule relation entre bailleurs et preneurs qui ont au préalable conclu un contrat de bail. Elles ont été complétées par une nouvelle exigence, également à forte connotation idéologique, énoncée à l'article 1er, alinéa 3, de la loi n° 86-1290 du 23 décembre 1986 : les « droits et obligations réciproques des bailleurs et des locataires doivent être équilibrés dans leurs relations individuelles comme dans leurs relations collectives ». Cette recherche d'équilibre, caractérisant les réformes des baux d'habitation, ne constituait qu'une manifestation plus générale de l'influence consumériste de la matière au bénéfice du « consommateur de logement »[11]. La volonté législative, essentiellement moralisatrice, se limitait à la recherche d'un tel équilibre au sein d'une situation considérée comme excessivement déséquilibrée au détriment des preneurs.
**1189** ***Droit au logement et discrimination.*** Le critère déterminant n'était pas, comme pour les réformes ultérieures, celui de la situation de personne défavorisée, mais celui de cocontractant qui dispose, à l'inverse, de revenus suffisants et pour lequel des règles protectrices ont toutefois été adoptées. Ces règles ont même désormais vocation à s'appliquer en toutes hypothèses, sans aucune discrimination possible : selon les termes de l'article 158 de la loi n° 2002-73 du 17 janvier 2002 de modernisation sociale, qui a inséré deux alinéas à l'article 1er de la loi du 6 juillet 1989, « aucune personne ne peut se voir refuser la location d'un logement pour un motif discriminatoire défini à l'article 225-1 du Code pénal », conformément aux termes de l'alinéa 2 modifiés par la loi n° 2014-366 du 24 mars 2014, pour l'accès au logement et un urbanisme rénové (dite « loi ALUR »). Ces dispositions ne précisent pas les sanctions susceptibles d'être prononcées en cas de discrimination exercée par un propriétaire à l'encontre d'un locataire.
Le principe même d'une mise en œuvre de la responsabilité civile du bailleur est toutefois envisageable dès lors que le refus de conclure un contrat de bail ne se révèle pas justifié. De plus, des sanctions pénales pourraient être prononcées dès lors qu'est constatée une discrimination qui suppose, selon les termes de l'article 225-1 du Code pénal « toute distinction opérée entre les personnes physiques

11. J. Calais-Auloy, H. Temple et M. Dépincé, *Droit de la consommation*, 10e éd., Dalloz, coll. « Précis », 2020, n° 407. Sur le mouvement de « consumérisation » du bail d'habitation, J.-B. Seube, « La loi du 6 juillet 1989 et le droit commun », *AJDI* 2019. 756.

à raison de leur origine, de leur sexe, de leur situation de famille, de leur grossesse, de leur apparence physique, de leur patronyme, de leur état de santé, de leur handicap, de leurs caractéristiques génétiques, de leurs mœurs, de leur orientation sexuelle, de leur âge, de leurs opinions politiques, de leurs activités syndicales, de leur appartenance ou de leur non-appartenance, vraie ou supposée, à une ethnie, une Nation, une race ou une religion déterminée ».

**1190** ***Droit au logement et considérations pécuniaires.*** En premier lieu, la prise en compte des intérêts pécuniaires du locataire se manifeste dès lors que sont analysées les différentes dispositions relatives à la fixation des loyers. Cette dernière, si elle était effectuée avec un montant prohibitif, aurait pour effet d'écarter toute faculté, pour le locataire, d'obtenir un logement ou même de rester dans l'appartement loué. Ceci justifie que soit réglementée la détermination du montant du loyer. Avant la réforme en date du 24 mars 2014, le principe de la liberté contractuelle s'imposait pour le secteur dit libre, lorsque le logement était neuf ou vacant mais rénové. À l'inverse, pour le secteur dit de liberté surveillée, lorsque les locataires se succédaient sans amélioration apportée au logement, l'article 17-b de la loi du 6 juillet 1989 indiquait que le loyer devait être fixé « par référence aux loyers habituellement constatés dans le voisinage pour des logements comparables ». Depuis l'entrée en vigueur de la loi « Alur » précitée du 24 mars 2014, il convient de distinguer les modalités de détermination des loyers en fonction des zones concernées. Certaines sont qualifiées de zones « tendues », « d'urbanisation continue de plus de 50 000 habitants où il existe un déséquilibre marqué entre l'offre et la demande de logements, entraînant des difficultés sérieuses d'accès au logement sur l'ensemble du parc résidentiel existant », selon les termes de l'article 17-I de la loi du 6 juillet 1989. Il appartient alors au représentant de l'État dans le département de fixer chaque année par arrêté un loyer de référence susceptible majoré ou minoré, un décret de « blocage » des loyers pouvant être pris. À l'inverse, en dehors des zones tendues, la fixation du loyer des logements mis en location est libre selon l'article 17-III de la loi précitée. De telles dispositions tendent donc à conférer une protection pécuniaire aux locataires et assurer l'effectivité du droit « fondamental » au logement, sans que pour autant soit affectée la prépondérance du droit de propriété.

**1191** ***Droit au logement, renouvellement du contrat de bail et expulsion.*** En second lieu, après avoir reconnu dans la loi du 1er septembre 1948 un droit au maintien dans les lieux au bénéfice des locataires d'immeubles construits avant cette date, les législations ultérieures, l'article 10 de la loi du 6 juillet 1989 en particulier, ont consacré un *droit au renouvellement* du contrat de bail, texte qui permet la continuation de la relation contractuelle dans des conditions susceptibles d'être modifiées. Les intérêts du preneur sont pris en considération car le bailleur doit respecter certaines exigences pour effectuer cette modification : depuis l'adoption de la loi du 24 mars 2014, l'article 17-2-II de la loi du 6 juillet 1989 énonce qu'en dehors des zones « tendues », le bailleur ne peut proposer une augmentation du loyer que s'il est « manifestement sous-évalué ». Il appartient au bailleur d'adresser au locataire une proposition de renouvellement avec un nouveau loyer fixé par référence aux loyers habituellement constatés dans le voisinage pour des logements comparables. En cas de désaccord ou à défaut de réponse du locataire quatre mois avant l'échéance du bail, la Commission départementale de conciliation doit au préalable être saisie par l'une des parties, et ce n'est qu'à défaut de conciliation que le juge pourra être saisi. Pour les zones dites « tendues », une action en diminution du loyer peut être engagée si le montant de ce loyer, fixé au contrat, est supérieur au loyer de référence minoré selon l'article 17-2-I. Il est de plus prévu la possibilité pour le locataire de contester l'action en réévaluation de loyers.

Le preneur d'un bail d'habitation exclusivement[12] bénéficie d'une protection supplémentaire, un droit à la conservation du logement, dont l'objectif est de limiter les mises en œuvre de procédures d'expulsion en

---

12. Sur la non-application de ce droit au renouvellement pour les contrats de location mixte, à usage d'habitation et professionnel. Par application de la loi du 22 juin 1982, Cass., ass. plén., 2 févr. 1996, *D.* 1996. 189, note J.-L. Aubert ; *RDI* 1996. 423, note F. Collart-Dutilleul ; mais aussi de la loi du 6 juill. 1989, Civ. 3e, 18 juill. 2001, *Loyers et copr.* 2001, n° 253, obs. B. Vial-Pedroletti.

cas de non-paiement des loyers, en favorisant la saisine de services sociaux à titre préventif. L'article 62 de la loi du 9 juillet 1991 avait déjà prévu qu'une telle mesure d'expulsion ne puisse intervenir qu'après l'écoulement d'un délai de deux mois qui suit le commandement de quitter les lieux[13], le juge bénéficiant de plus de la faculté de proroger ce délai si l'expulsion engendrait, pour la personne concernée, des conséquences d'une exceptionnelle dureté, en raison singulièrement de la période de l'année ou des circonstances atmosphériques. À cet égard, l'ancien article L. 613-3 du Code de la construction et de l'habitation, désormais codifié à l'article L. 412-6 alinéa 1er du Code des procédures civiles d'exécution, précise que l'expulsion est exclue entre le 1er novembre et le 31 mars[14], à moins que le relogement des intéressés puisse être assuré « dans des conditions suffisantes respectant l'unité et les besoins de la famille ». Conformément à la jurisprudence de la Cour de cassation[15], la loi n° 2018-1021 du 23 novembre 2018 portant évolution du logement, de l'aménagement et du numérique, dite « loi Elan », a toutefois modifié cette disposition en précisant, à l'alinéa 2 du texte précité, qu'aucun sursis à exécution n'est applicable pendant la trêve hivernale en cas d'introduction par voie de fait dans le domicile d'autrui, notamment lorsque des squatteurs ont pénétré un domicile. Enfin, l'article L. 412-5 alinéa 1er du Code des procédures civiles d'exécution a renforcé cette protection des locataires en imposant notamment la notification au préfet, à la diligence du commissaire de justice, des assignations aux fins de constat de la résiliation du bail et des commandements d'avoir à libérer les lieux, afin que le préfet puisse saisir la commission de coordination des actions de prévention des expulsions locatives. Cette même disposition énonce également qu'il appartient au commissaire de justice d'informer le ménage locataire de la possibilité de saisir la commission de médiation en vue d'une demande de relogement au titre du droit au logement opposable[16].

**1192** ***Objectif du législateur.*** L'ensemble de ces textes illustre bien la volonté des autorités de protéger, au nom de dispositions relevant du droit au logement, les intérêts du preneur, tout en respectant le droit à l'exécution des propriétaires. Les considérations pécuniaires, ainsi que la préservation du droit à la dignité des occupants, contribuent à l'effectivité du droit au logement affirmé par diverses dispositions, affirmation dont les conséquences doivent être étudiées.

## 2 • Les conséquences des affirmations textuelles

**1193** ***Reconnaissance d'une protection du preneur en droit interne.*** Cette volonté d'obtenir un équilibre entre les droits des cocontractants au contrat de bail a constitué un guide au cours de l'adoption de ces textes et devait s'imposer automatiquement lors de leur application en limitant de manière substantielle les prérogatives du propriétaire. La réalisation effective de ce nouveau « droit fondamental » à l'habitat ou au logement, de valeur législative, supposait, au préalable, le respect d'un tel équilibre, complété par le principe de liberté pour toute personne du choix de son mode d'habitation[17]. Or non seulement la jurisprudence, qui est restée vigilante en contrôlant rigoureusement l'application du droit de reprise au bénéfice du propriétaire prévu par la loi du 6 juillet 1989 qui suppose l'habitation de locaux à titre principal et non comme résidence secondaire[18], mais aussi

13. Délai de deux mois qui toutefois ne s'applique pas lorsque l'occupation illicite du logement est due à une entrée par voie de fait, donc sur l'initiative de squatteurs selon l'article L. 412-1 du Code des procédures civiles d'exécution, modifié par la loi n° 2018-1021 du 23 novembre 2018. Sur le refus de transmettre au Conseil constitutionnel une QPC relative à cette disposition qui tend à assurer une conciliation entre le droit de propriété et le droit à un logement décent, Civ. 3e, 20 juin 2019, n° 19-40.010, *JCP* 2019. 1133, n° 1, obs. H. Périnet-Marquet, *D.* 2019. 1801, obs. Y. Strickler.

14. La Loi n° 2014-366 du 24 mars 2014 a allongé la trêve hivernale de quinze jours car il est sursis à toute mesure d'expulsion non exécutée jusqu'au 31 mars et non plus jusqu'au 15 mars.

15. Sur la possibilité d'expulser des squatteurs pendant cette période, la disposition étant conforme à la Constitution car elle tend à assurer la nécessaire conciliation entre le droit de propriété et la possibilité pour toute personne de disposer d'un logement décent, Civ. 2e, 19 janv. 2017, QPC, n° 19-01-2017 ; *AJDI* 2017. 217. Sur le recours à une mesure d'expulsion des squatteurs en tant qu'occupants sans titre, v. *infra*, n° 1227.

16. Sur lequel, v. ss 1210 et s.

17. À propos de cet équilibre entre droits fondamentaux en présence, A. Leborgne, *Droit de l'exécution*, Dalloz, 3e éd., 2019, n° 2490.

18. Supposant une habitation à titre principal et non secondaire. Civ. 3e, 31 janv. 2001, *D.* 2002. Somm. 1725, obs. CRDP Nancy ; *AJDI* 2001. 341, obs. Y. Rouquet ; solution ultérieurement confirmée. Civ. 3e, 4 nov. 2003, n° 02-16.391.

le législateur, en établissant un régime très protecteur pour le preneur, ont pu contribuer à l'introduction d'un nouveau déséquilibre au bénéfice de ce dernier. Comme le souligne un auteur, le dirigisme étatique du XXe siècle a apporté des « restrictions de plus en plus importantes qui font ressembler la propriété contemporaine davantage à celle de l'Ancien droit qu'à celle de 1804 » caractérisée par son absolutisme[19].

**1194** ***Le droit au logement du preneur, droit personnel ou droit réel ?*** C'est au nom de la consécration d'une réelle protection du logement du preneur qu'un droit subjectif spécifique a été introduit, susceptible de s'opposer au droit de propriété du bailleur. L'objet des deux réformes de 1982 et 1989 était de réglementer, en priorité, les modalités d'occupation d'un logement dans le cadre de la relation bailleurs-preneurs. Elles ont permis de conférer, au bénéfice de ces derniers, des prérogatives garanties par l'État, illustrant l'expansion des droits subjectifs, soumise néanmoins à une exigence préalable : l'existence d'un lien contractuel générateur d'obligations à la charge du propriétaire.

L'une des difficultés intervient dans la détermination de la nature de ce droit subjectif conféré au preneur : est-il constitutif d'un droit réel exercé directement sur l'immeuble loué ou d'un droit personnel, d'un droit de créance qui permet au preneur d'exiger du bailleur une prestation ? Comme des auteurs ont pu à juste titre le relever, « le caractère réel des droits du preneur a augmenté dans les divers statuts spéciaux contemporains »[20]. Il convient toutefois, pour répondre à cette question, de déterminer la qualification du contrat de bail qui doit être retenue. Certains ont pu considérer que ce contrat, permettant l'utilisation matérielle de la chose, était générateur d'un droit réel[21]. Tel semble être également la conception retenue par le Conseil d'État qui a affirmé d'une manière quelque peu surprenante que « le droit de propriété a, comme son corollaire qu'est le droit pour le locataire de disposer librement d'un bien pris à bail, le caractère d'une liberté fondamentale »[22].

La doctrine majoritaire souligne à l'inverse que le preneur, en principe, ne reçoit qu'un droit personnel, un droit de créance qui lui permet d'exiger du propriétaire la simple jouissance de la chose prévue par les diverses réformes[23]. Ces dernières, même si elles affirment de manière solennelle, l'existence d'un droit *au* logement, consacrent davantage la constitution d'un droit *du* logement, contribuant manifestement à une pulvérisation du droit objectif en une diversité de droits subjectifs[24]. Le Rapport public du Conseil d'État souligne à cet égard que « si le droit "au" logement est d'affirmation récente, il lui a préexisté un droit "du" logement, abondant et touchant plusieurs pans du droit »[25].

**1195** ***Le droit du preneur à un logement décent.*** La singularité des textes a ainsi résidé dans la reconnaissance d'atteintes potentielles apportées au droit de propriété au nom de ces nouvelles prérogatives conférées au preneur en matière de droit au logement. L'affirmation solennelle d'un « droit fondamental à l'habitat » en 1982 s'imposait en raison de la reconnaissance à la même époque, par le Conseil constitutionnel, du « caractère fondamental de la propriété »[26]. C'est la quête d'une résolution de ce conflit d'intérêts entre bailleur d'une part, preneur d'autre part, qui a motivé diverses interventions législatives constitutives d'atteintes potentielles aux droits des propriétaires.

---

19. J.-L. Thireau, « La propriété du Code civil : modèles et anti-modèles », *in* T. Revet (dir.), *Code civil et modèles, des modèles du Code au Code comme modèle*, LGDJ, 2005, p. 172, n° 28.
20. P. Malaurie, L. Aynès et M. Julienne, *Les biens*, 9e éd., Defrénois, coll. « Droit civil », 2021, n° 161
21. J. Derruppé, « Souvenirs et retour sur le droit réel du locataire », *in Mélanges dédiés à L. Boyer*, Université des sciences sociales de Toulouse, 1996, p. 169, auteur favorable à cette thèse, avec les références citées.
22. CE 29 mars 2002, *SCI Stéphaur et a.*, *JCP* 2002. II. 10179, note J.-C. Zarka, *D.* 2003. 1115, note R. Martin, *RFDA* 2003. 386, note Y. Lequette ; T. Pez, « Le droit de propriété devant le juge administratif du référé-liberté », *RFDA* 2003. 370 s.
23. Not. W. Dross, *Droit des biens*, Montchrestien, coll. « Domat », 5e éd., 2021, n° 144. Sur les exceptions de baux conférant un droit réel, L. Leveneur et S. Mazeaud-Leveneur, *Droit des biens*, LexisNexis, 2021, n° 388 et s.
24. J. Carbonnier, *Droit et passion du droit*, Flammarion, 1996, p. 121 s.
25. Conseil d'État, *Droit au logement, droit du logement*, *op. cit.*, p. 91.
26. Cons. const. 16 janv. 1982, n° 81-132 DC, *D.* 1983. 169, note L. Hamon ; F. Terré et Y. Lequette, *Les grands arrêts de la jurisprudence civile*, t. I, 13e éd., Dalloz, 2015, n° 2, p. 12. Sur l'influence de cette décision et la protection de la propriété, N. Molfessis, *Le Conseil constitutionnel et le droit privé*, thèse, Paris II, préf. de M. Gobert, LGDJ, coll. « Bibl. dr. privé », t. 287, 1997, n[os] 59 s.

À titre d'illustration, l'article 187 de la loi sur la solidarité et le renouvellement urbains du 13 décembre 2000, qui a modifié l'article 1719, 1°, du Code civil et l'article 6 de la loi du 6 juillet 1989, a consacré le droit d'un locataire de logement loué à titre de résidence principale — dans le parc privé ou HLM — d'obtenir un logement décent, qui ne laisse pas apparaître de risques manifestes pouvant porter atteinte à la sécurité physique et à la santé, et qui soit doté d'éléments le rendant conforme à l'usage d'habitation, la transgression, par le propriétaire, des normes de décence du logement pouvant néanmoins conduire le juge à réduire le montant du loyer.

Ces mesures, nécessairement circonscrites aux seuls locataires[27], ont été considérées, par les auteurs de la saisine du Conseil constitutionnel, comme constitutives d'une atteinte aux prérogatives du propriétaire car il allait être dans l'impossibilité de maîtriser l'étendue de la nature des travaux et les délais pour les accomplir rendaient indisponible l'immeuble, constituant une atteinte intolérable au droit de propriété. Le Conseil constitutionnel n'a pas retenu ces arguments, estimant, à l'inverse, que les obligations à la charge du bailleur ne « dénaturent pas le sens et la portée du droit de propriété ». L'exigence de la délivrance d'un logement décent et les critères d'une telle décence, dominés par l'exigence de sécurité et de santé[28], ont été ultérieurement précisés par le décret du 30 janvier 2002. Ce texte prévoit que le logement doit respecter trois catégories de critères liés au respect des normes de sécurité, des règles en matière d'équipement et de confort[29] et également des normes de contenance du local loué[30]. Conformément aux dispositions prévues par la loi du 6 juillet 1989, le non-respect de cette décence doit être sanctionné, en principe, par la possibilité pour le locataire de demander au propriétaire une mise en conformité, sans qu'il soit porté atteinte à la validité du contrat. À défaut d'accord entre les parties, la Commission départementale de conciliation peut être saisie et lorsque le contentieux persiste, il appartient enfin au juge de déterminer la nature des travaux à réaliser, ainsi que les délais pour les accomplir[31].

De tels impératifs, réaffirmés et simplifiés par la loi n° 2015-992 du 17 août 2015 relative à la transition énergétique[32], ainsi que la loi n° 2021-1104 du 22 août 2021 portant lutte contre le dérèglement climatique et renforcement de la résilience face à ses effets qui a fait évoluer les critères de décence du logement selon la classe énergétique de ce dernier aux termes du diagnostic de performance énergétique, ont fait l'objet d'applications non seulement par les juges du fond[33], mais aussi par la Cour de cassation : « l'exigence de la délivrance d'un logement décent impose son alimentation en eau courante », même pour ceux soumis à la loi de 1948[34]. Ultérieurement, la Cour de cassation a expressément affirmé que le bailleur était tenu de remettre au locataire un logement décent ne laissant pas apparaître de risques manifestes pouvant porter atteinte à la sécurité physique ou à la santé et doté de tous les éléments le rendant conforme à l'usage d'habitation, sans possibilité, pour le bailleur, de se dispenser de cette obligation[35]. C'est à ce titre que des bailleurs ont été sanctionnés pour non-respect

27. Textes non applicables à un locataire devenu occupant sans droit ni titre, Montpellier 7 juin 2004, *Loyers et copr.* 2004, n° 202, obs. Vial-Pedroletti.
28. Sur lesquels, M.-H. Pero Augereau-Hue et O. Boudeville, « Décence du logement : points à vérifier, pièges à éviter », *AJDI* 2016. 357.
29. Pour une application à propos d'un chauffage insuffisant, Paris, 15 févr. 2011, *Loyers et copr.* 2011, n° 141, obs. Vial-Pedroletti.
30. M. Ghiglino, « La délivrance d'un logement décent », *AJDI* 2019. 761.
31. Obligation non respectée avec la proposition d'un relogement, Civ. 3e, 15 déc. 2004, *JCP* 2005. II. 10573, avis A. Gariazzo ; *D.* 2005. IR 109, obs. Y. Rouquet ; J. Monéger, « À propos de délivrer un logement décent » ; *D.* 2005. Tribune 305 ; *RDC* 2005. 746, obs J.-B. Seube.
32. La qualification de logement décent étant désormais également conditionnée à la performance énergétique du bien loué, J. Sénéchal, « Impact de la loi du 17 août 2015 relative à la transition énergétique sur le droit de la construction », *RDI* 2015. 456.
33. Logement jugé indécent en raison d'une surface habitable insuffisante, de la présence d'humidité, de la vétusté de la fenêtre, du faible éclairage naturel et de la présence de plomb, Paris, 21 mars 2006, n° 2004/12808, *AJDI* 2006 p.572 ; ou encore qui présente des désordres en matière d'isolation, d'étanchéité et qu'il existe des problèmes d'humidité et de moisissures, Montpellier, 19 févr. 2019, n° 16/08115 ; ou enfin logement doté d'une luminosité insuffisante et absence d'ouvrants donnant à l'air libre, traces d'humidité et développement de moisissures en bas du mur, Douai, 21 mars 2013, n° 12/02440.
34. Civ. 1re, 15 déc. 2004, préc. Sur la portée de cette décision, v. not. R.-N. Schütz, « Les droits fondamentaux du locataire de l'immeuble à usage d'habitation », *Dr et proc.* janv. -févr. 2008, n° 44, p. 17.
35. Civ. 3e, 3 févr. 2010, *D.* 2010. 1192, note F. Niboyet. Sur l'application de l'exigence d'un logement décent en matière de bail commercial, Civ. 3e, 14 oct. 2009, *Loyers et copr.* janv. 2010, Comm. 14, obs. Ph. H. Brault.

de leur obligation de délivrer un logement décent, d'ordre public, pour avoir loué des lieux dépourvus d'appareil de chauffage[36] ou doté d'une surface habitable inférieure à 9 $m^2$[37]. Des sanctions pénales ont même ponctuellement été prononcées à l'encontre de propriétaires jugés négligents, au titre de la mise en danger du preneur, en l'occurrence l'exposition d'un enfant au risque de saturnisme[38], *a fortiori* lorsque le locataire est considéré comme une personne vulnérable protégée[39]. Enfin, plus récemment, conformément l'article 198 de la loi nº 2018-1021 du 23 novembre 2018 précitée, l'ordonnance nº 2020-1144 du 16 septembre 2020 relative à l'harmonisation et à la simplification des polices des immeubles, locaux et installations, a modernisé et simplifié les différentes procédures de lutte contre les habitats indignes, en particulier les prérogatives des préfets et des maires confrontés à des logements insalubres. Les solutions prononcées par les juridictions ainsi que les différentes mesures adoptées par les pouvoirs publics, illustrent un rapprochement opéré entre d'une part une notion désormais essentielle en matière de droit au logement, le logement décent, d'autre part un domaine qui ne concerne que les prérogatives du preneur dans le cadre de ce droit au logement avec, de manière corrélative, l'obligation de délivrance du bailleur.

**1196** ***Reconnaissance d'une protection du preneur en droit européen.*** Ce rapprochement entre le mouvement à caractère social de la matière et la prise en considération des prérogatives individuelles du preneur, susceptibles d'affecter le droit de propriété du bailleur, se manifestait déjà au niveau européen. La Cour européenne des droits de l'homme a en effet reconnu, certes indirectement, l'existence d'un droit à la protection du logement. Elle a admis qu'il existait un juste équilibre entre la limitation des droits du propriétaire et l'exigence d'intérêt général qui justifiait, en raison de la pénurie de logement, la suspension des décisions de justice imposant l'expulsion des locataires pour loyers impayés[40]. Un constat similaire peut désormais être établi en droit interne non seulement dans la relation bailleur-preneur, mais aussi lorsque l'on étudie l'influence du logement au sein des membres de la famille.

## B • Le droit au logement conféré à un membre du couple

**1197** ***Plan.*** Certaines prérogatives exercées sur le logement affectent directement les personnes, indépendamment de la conclusion d'un contrat de bail. Il existe une protection spécifique, prévue par le Code civil, au bénéfice du logement de l'incapable majeur. Il ne peut être conclu un acte concernant ce logement sans l'autorisation expresse du juge des tutelles et l'avis du médecin traitant selon l'article 426 du Code civil[41]. Diverses dispositions, consacrant des règles en matière de droit au logement, sont de plus dominées notamment par la volonté d'assurer une protection des membres d'un couple, avant (*1.*) comme après sa dissolution (*2.*).

### 1 • Le logement avant la dissolution du couple

**1198** Deux dispositions du Code civil ont plus spécialement vocation à protéger le logement du couple.

**1199** ***Protection du logement et cotitularité du bail.*** L'article 1751 du Code civil, depuis la loi du 4 août 1962, a d'abord consacré le principe d'une cotitularité du droit au bail. Quel que soit

36. Civ. 3e, 4 juin 2014, nº 13-17.289, *RDC* 2014. 648, obs. J.-B. Seube ; *AJDI* 2014. 872, obs. N. Damas.
37. Civ. 3e, 17 déc. 2015, nº 14-22.754, *D.* 2016. 1107, obs. N. Damas. Le locataire a même pu, en l'occurrence, obtenir la restitution des loyers payés.
38. À titre d'illustration, Crim. 20 nov. 2012, nº 11-88.059, *Dr pénal* 2013. Comm. 38, obs. M. Véron ; *D.* 2013. 2713, obs. G. Roujou de Boubée, T. Garé, M.-H. Gozzi, S. Mirabail et T. Potaszkin. F.-X. Roux-Demare, « La réponse pénale contre l'habitat dégradé », AJ *Pénal* 2016, p. 63.
39. Sur cette hypothèse, F. Safi, Hébergement contraire à la dignité — La répression des marchands de sommeil, *Droit pénal* juin 2019, étude 15.
40. CEDH 28 sept. 1995, *JCP* 1996. I. 3910, nº 41, obs. F. Sudre ; *RTD civ.* 1996. 1021, obs. J.-P. Marguénaud.
41. N. Peterka, « La sécurisation de l'opération immobilière en présence d'un majeur protégé », *AJDI* 2013. 833.

le régime matrimonial, le bail du local d'habitation de la famille est commun, « réputé appartenir à l'un et l'autre époux », même s'il n'a été signé que par un seul des époux ou avant le mariage. Cette règle, protectrice des intérêts du conjoint pendant le mariage, a pour conséquence immédiate l'impossibilité de résilier le contrat sur l'initiative d'un seul des époux. Elle a toutefois été écartée, de manière ponctuelle, notamment en raison du manquement par un seul des époux à l'obligation de jouissance paisible[42], le conjoint n'ayant plus la faculté d'invoquer son titre locatif pour rester dans les lieux.
La Cour de cassation a enfin précisé, dans diverses solutions, que le congé délivré à un seul des époux était inopposable à l'autre[43]. Les propriétaires ont alors vu certains contrats maintenus sans pouvoir invoquer leur ignorance que le locataire était marié. Ceci a justifié une intervention législative, la loi du 21 juillet 1994 ayant introduit dans la loi du 6 juillet 1989 un article 9-1 qui prévoit que « nonobstant les dispositions de l'article 1751 du Code civil, les notifications ou significations faites en application du présent titre par le bailleur sont de plein droit opposables au conjoint du locataire si son existence n'a pas été préalablement portée à la connaissance du bailleur ». Ce texte a vocation à protéger les propriétaires, en dérogeant à une autre protection prévue au bénéfice des preneurs à l'article 1751 : le congé délivré au preneur est désormais opposable au conjoint dès lors que le bailleur n'a pas eu connaissance de la situation matrimoniale. Cette mesure a par ailleurs été modifiée par la loi du 13 décembre 2000 qui l'a étendue aux locataires signataires d'un Pacte civil de solidarité.

**1200** ***Protection du logement des couples mariés.*** L'article 215, alinéa 3, depuis la loi du 13 juillet 1965, a ensuite affirmé le principe de cogestion des droits des époux sur le logement à titre principal[44] dont ils sont non seulement locataires, mais aussi propriétaires : ils « ne peuvent l'un sans l'autre disposer des droits par lesquels est assuré le logement de la famille, ni des meubles meublants dont il est garni ». La loi du 15 novembre 1999 relative au Pacte civil de solidarité n'a pas étendu aux partenaires le domaine d'application de l'article 215 du Code civil, le législateur n'abordant que de manière secondaire la « résidence commune » des partenaires, mentionnée à l'article 515-3, alinéa 1er du Code civil pour déterminer le lieu de la déclaration conjointe du pacte. À l'inverse, le consentement des époux s'est alors imposé pour tout acte juridique susceptible d'affecter directement le logement familial. Cette exigence a concerné en particulier la vente ou la donation[45], consentie sur l'initiative d'un seul des époux, ainsi que la conclusion d'un contrat de bail[46].

**1201** ***Domaine d'application de la protection.*** Ces deux dispositions du Code civil permettent de réglementer le statut juridique du logement au couple, marié ou non, déjà titulaire d'un tel logement. Elles n'ont pas vocation à en conférer un à une famille qui n'en a pas. Leur mise en œuvre consacre de réelles protections du logement, génératrices de prérogatives individuelles au sein du couple qui a déjà un logement et à l'égard duquel un membre souhaiterait le conserver. Cette observation s'impose également après la dissolution du couple.

---

42. Dijon 18 mars 1999, *Loyers et copr.* janv. 2000, n° 1, obs. Vial-Pédroletti.
43. Civ. 3e, 10 mai 1989, *Bull. civ.* III, n° 103 ; Civ. 3e, 27 janv. 1993, *Bull. civ.* III, n° 11.
44. Disposition qui ne concerne pas la résidence secondaire, Civ. 1re, 19 oct. 1999, *JCP* 2000. I. 245, n° 4, obs. G. Wiederkehr ; *Defrénois* 2000. 37145, p. 437, obs. G. Champenois. De plus, la loi du 15 nov. 1999 relative au Pacte civil de solidarité n'étend pas aux partenaires le domaine de l'art. 215 du Code civil, le texte n'abordant que de manière secondaire la « résidence commune » des partenaires, mentionnée à l'art. 515-3, al. 1er du Code civil pour déterminer le lieu de la déclaration conjointe du pacte.
45. Sous réserve de la possibilité de donner la nue-propriété seul, sans le consentement du conjoint, car l'usage et la jouissance du logement ne sont pas affectés, Civ. 1re, 22 mai 2019, n° 18-16.666, *RTD civ.* 2019. 641, obs. B. Vareille ; *AJ fam.* 2019. 413, obs. N. Levillain ; *D.* 2019. 2216, obs. S. Godechot-Patris et C. Grare-Didier. Solution confirmée, Civ. 1re, 22 juin 2022, n° 20-20.387, *AJ fam.* 2022. 413, obs. J. Casey ; *D.* 2022. 2063, obs. S. Godechot-Patris et C. Grare-Didier.
46. Civ. 2e, 16 mai 2000, *RTD civ.* 2001. 416, obs. Vareille ; *Dr fam.* 2001, n° 2, obs. B. Beigner. Plus généralement, M. Grimaldi, « Le logement et la famille », Le droit au logement, *op. cit.*, p. 434 ; T. Garé, « Le logement de la famille-ménage », *in* J. Rubellin-Devichi (dir.), *Droit du logement, droits au logement et stratégies familiales*, PU de Lyon, 1988, p. 38 ; J. Rubellin-Devichi, « La famille et le droit au logement », *RTD civ.* 1991. 253.

## 2 • Le logement après la dissolution du couple

**1202** Il convient de distinguer les mesures existantes en fonction des causes de la dissolution : la séparation ou le décès d'un des époux.

### a) La dissolution du couple en raison d'une séparation

**1203** ***Le logement pendant l'instance en divorce et après son prononcé.*** La détermination de l'occupation du logement familial au cours de l'instance en divorce constitue un point essentiel abordé lors de l'audience de conciliation[47]. Pendant cette instance, les liens du mariage existent toujours, ce qui suppose l'éventuelle application des articles 1751 et 215, alinéa 3, du Code civil et engendre l'impossibilité pour les époux de disposer seuls du logement familial : a été jugé que le mari n'avait pas la faculté de résilier, seul, le contrat d'assurance de ce logement, sous le visa de l'article 215, alinéa 3[48]. La Cour de cassation a précisé[49] que le logement de la famille ne perdait pas cette qualité lorsque sa jouissance a été attribuée, à titre provisoire, à l'un des époux pour la durée de l'instance en divorce. Est ainsi nulle la vente sans le consentement de l'épouse.

Le juge peut toutefois prendre certaines mesures prévues à l'article 255, 4° du Code civil comme prononcer une résidence séparée et même attribuer au mari ou à la femme la jouissance du logement familial. La loi n° 2004-439 du 26 mai 2004 relative au divorce, entrée en vigueur le 1er janvier 2005, impose également au juge d'indiquer le caractère gratuit ou onéreux de la jouissance du logement et du mobilier, sans que pour autant ce même juge ne puisse fixer lui-même le montant de l'indemnité d'occupation, la primauté étant attribuée à l'accord des époux en la matière notamment. De telles décisions, provisoires donc limitées à la durée de l'instance, n'affectent pas les droits du bailleur : celui-ci peut, jusqu'à la transcription du jugement de divorce en marge des registres de l'état civil[50], demander le paiement du loyer à l'un ou l'autre des époux tenus solidairement, quel que soit l'époux qui habite dans le logement concerné. Cette solution s'impose même si une séparation des conjoints a été autorisée par le juge et a été portée à la connaissance du bailleur[51], la solidarité étant toutefois écartée dès lors que le bail a été conclu après l'ordonnance de non-conciliation autorisant les époux à résider séparément[52].

Lors du prononcé du divorce, le juge dispose à nouveau de certaines prérogatives pour imposer aux ex-époux un logement déterminé. L'article 1751, alinéa 2 du Code civil lui permet d'attribuer à l'un ou l'autre le logement familial « en considération des intérêts sociaux ou familiaux en cause », ce qui concerne plus précisément celui avec lequel les enfants résident. La Cour de cassation a précisé que si la transcription du jugement de divorce mettait un terme à la cotitularité du bail, elle avait également pour incidence d'emporter extinction de la solidarité conventionnelle convenue entre les ex-époux, au détriment des intérêts du bailleur et de la force obligatoire des contrats[53]. De plus, selon l'article 285-1 du même code, le juge peut imposer à un ex-époux, qui a en bien propre le logement familial, de consentir un bail sur ce logement au bénéfice de son ex-conjoint qui exerce seul ou en commun l'autorité parentale, dès lors

47. Sur ce constat, L. Gebler, « L'occupation du logement pendant l'instance en divorce », *AJ fam.* 2011. 461.
48. Civ. 2e, 10 mars 2004, *D.* 2004. Somm. 2257, obs. V. Brémond et Somm. 2963, obs. D. Vigneau ; *RTD civ.* 2004. 538, obs. B. Vareille, et 270, obs. J. Hauser ; *Dr fam.* 2004, n° 64, obs. V. Larribau-Terneyre.
49. Civ. 2e, 26 janv. 2011, n° 09-13.138 ; *RTD civ.* 2011. 330, obs. J. Hauser ; *Dr fam.* 2011, n° 52, obs. V. Larribau-Terneyre.
50. Civ. 1re, 13 oct. 1992, *JCP* 1993. II. 22047, note J. Hauser ; *Defrénois* 1993. 35490, p. 380, obs. G. Champenois.
51. Civ. 3e, 2 févr. 2000, *Dr fam.* 2000, n° 41, obs. B. Beignier ; *Defrénois* 2000. 1777, art. 37242, obs. A. Bénabent ; *JCP* 2000. I. 245, n° 8, obs. G. Wiederkehr ; *D.* 2001. Somm. 168, obs. CRDP Nancy ; Caen 26 mai 2005, *Dr fam.* 2005, n° 192, obs. B. Beignier ; Civ. 1re, 31 mai 2006, *RTD civ.* 2006. 812, obs. B. Vareille ; *D.* 2006. 2777, note N. Damas.
52. Civ. 2e, 24 nov. 1999, *JCP* 2000. I. 245, n° 8, obs. G. Wiederkehr ; *JCP* 2000. II. 10284, note J. Casey. Solution ultérieurement confirmée, Civ. 1re, 27 avr. 2004, *Dr fam.* 2004, n° 94, obs. V. Larribau-Terneyre. Pour une exclusion de l'article 1751 pour un logement au sein duquel l'autre conjoint n'avait jamais vécu, Aix-en-Provence, 21 janv. 2016, *Loyers et copr.* avr. 2016, n° 83, obs. Vial-Pédroletti.
53. Civ. 1re, 22 oct. 2015, n° 14-23.726, *D.* 2015. 2616, note T. Lakssimi ; AJ *Fam.* 2015, p. 682, note Fr. Bicheron *Loyers et copr.* 2015, n° 241, obs. Vial-Pédroletti ; *RTD civ.* 2016. 433, obs. B. Vareille ; *RTD civ.* 2016. 90, obs. J. Hauser.

que les enfants vivent avec ce dernier et que leur intérêt commande une telle solution selon les exigences apportées par la loi du 26 mai 2004[54]. L'unique modification apportée par cette réforme réside dans la suppression du deuxième cas d'application de l'article 285-1 du Code civil, lorsque le divorce avait été prononcé pour rupture de la vie commune. Enfin, si le logement était un bien commun, il appartient au juge d'effectuer une attribution préférentielle du bien[55] à l'un des ex-conjoints, en prenant en considération les intérêts de chacun, mais aussi et surtout le lieu de résidence des enfants : la cour d'appel de Paris a ainsi accepté l'attribution préférentielle du logement au mari, lieu où résidaient les enfants[56].

Il convient d'observer que ces différentes dispositions avaient initialement vocation à s'appliquer aux seuls couples préalablement mariés qui vont dès lors divorcer. Or la loi n° 2014-366 du 24 mars 2014 pour l'accès au logement et un urbanisme rénové a intégré une nouvelle disposition, l'article 1751-1 du Code civil, au terme de laquelle la dissolution d'un pacte civil de solidarité permet que l'un des partenaires puisse saisir le juge compétent en matière de bail aux fins de se voir attribuer le droit au bail du logement du couple pacsé. À l'inverse, les concubins, dès lors qu'ils se séparent, ne peuvent invoquer le bénéfice des règles limitées aux personnes mariées. Ils ont toutefois la possibilité, en toute logique et en fonction des circonstances de la rupture[57], de s'entendre sur le sort du bail, en déterminant celui qui demeurera titulaire de la qualité de preneur.

### b) La dissolution du mariage liée à un décès

**1204** ***Domaine d'application des textes.*** Les réformes du droit des successions ont profondément modifié la matière en conférant des droits spécifiques au conjoint survivant. Il convient de préciser à quel titre le logement familial était détenu.

**1205** ***Location du logement.*** S'il s'agissait d'un contrat de bail, le conjoint survivant pouvait bénéficier de la cotitularité du contrat et rester dans le logement familial après le décès, conformément au transfert du bail prévu en cas de décès du locataire à l'article 14 de la loi du 6 juillet 1989. Cette règle a été confirmée par la loi du 3 décembre 2001 dont l'article 14 a permis l'introduction d'un nouvel alinéa à l'article 1751 alinéa 3 du Code civil qui dispose : en cas de décès d'un des époux, mais aussi du partenaire lié par un pacte civil de solidarité depuis l'entrée en vigueur de la loi n° 2014-366 du 24 mars 2014, le conjoint ou le partenaire survivant, cotitulaire du bail, « dispose d'un droit exclusif sur celui-ci sauf s'il y renonce expressément »[58]. Il faut toutefois que le bénéficiaire de cette disposition formule une demande de transfert du bail, la Cour de cassation ayant écarté toute automaticité d'un tel transfert[59]. De plus, la loi du 23 juin 2006 a prévu que le partenaire d'un pacte civil de solidarité pouvait désormais se voir reconnaître des nouveaux droits sur le logement constitutif de la résidence principale lors du décès du partenaire.

**1206** ***Propriété du logement.*** Certaines difficultés ont pu apparaître dès lors que le logement familial n'était pas loué, mais résultait d'un titre de propriété. Avant la loi du 3 décembre 2001, deux situations devaient être distinguées. En premier lieu, si le conjoint survivant avait la qualité de propriétaire de l'immeuble pour le tout, mais aussi en partie, une demande d'attribution préférentielle de la part de propriété du défunt sur le bien était alors nécessaire, par application de l'article 832, alinéa 6 du Code civil. La mise en œuvre de cette attribution imposait que ce conjoint apporte la preuve que l'immeuble concerné constituait son lieu de résidence lors du décès. La difficulté résidait, en second lieu, dans

54. Pour un tempérament à l'atteinte au droit du propriétaire liée au bail forcé : la Cour de cassation a précisé que la demande fondée sur l'art. 285-1 du Code civil ne pouvait pas être formulée après le prononcé du divorce, Civ. 2e, 28 mars 2002, *Dr fam.* 2002, n° 113, obs. H. Lécuyer ; *LPA* 26 sept. 2002, p. 20, note J. Massip.

55. Attribution prévue aux art. 832, 1476 et 1542 du Code civil ; sur ces différentes hypothèses, R. Le Guidec, « Le sort du logement en cas de désunion », *in Logement et famille : des droits en question*, *op. cit.*, p. 211 s. ; G. Pitti, Le logement et la rupture du couple, *AJ fam.* 2011. 464.

56. Paris 18 sept. 2003, *Dr fam.* 2003, n° 99, obs. V. L. Terneyre.

57. Sur ces circonstances, M. Barré-Pépin, *La protection du logement en droit privé*, Litec, coll. « Droit immobilier », 2009, n° 438 s. ; C. Coutant-Lapalus, « Le sort du logement de la famille en cas de séparation », *AJ fam.* 2008. 364.

58. Renonciation qui ne peut, en toute logique, intervenir qu'après le décès et non avant, Civ. 3e, 18 mai 2011, n° 10-13.853 ; *RTD civ.* 2011. 518, obs. J. Hauser ; *Dr fam.* 2011, n° 131, obs. S. Lambert.

59. Civ. 3e, 10 avr. 2013, n° 12-13.225, *D.* 2013. 997, obs. Y. Rouquet ; *AJDI* 2014. 205, obs. N. Damas ; *AJ fam.* 2013. 313, obs. N. Levillain.

l'hypothèse inverse qui supposait que le défunt était le seul propriétaire du logement familial. Ce dernier pouvait certes effectuer une libéralité portant sur l'usufruit du logement familial au bénéfice de son conjoint, mais les droits de ce conjoint n'étaient pas garantis.

Or cette situation a été modifiée par la réforme de décembre 2001 considérée comme un prolongement à l'évolution plus large de la notion de droit fondamental au logement[60] : que ce dernier soit propre au défunt ou commun aux époux, de nouvelles dispositions confèrent des prérogatives spécifiques au conjoint qui occupe, à titre d'habitation principale, le logement. Il bénéficie d'une part d'un droit temporaire d'ordre public, d'un an, à la jouissance gratuite de ce logement familial, l'éventuel loyer à payer étant remboursé par la succession (C. civ., art. 763), d'autre part de la faculté de solliciter la mise en œuvre d'un droit viager d'habitation du logement familial (C. civ., art. 764), dès lors que le défunt ne l'a pas privé de l'exercice de ce droit par testament conclu devant notaire[61] et qu'une demande est formulée dans le délai d'un an à partir du décès pour manifester la volonté de bénéficier d'un tel droit, conformément aux exigences énoncées à l'article 765-1 du Code civil[62]. La Cour de cassation a de plus précisé que ce droit viager ne pouvait porter que sur le logement effectivement occupé à titre d'habitation principale par le conjoint survivant à l'époque du décès, et ce sans extension à un logement indépendant et non attenant[63]. Si le conjoint survivant opte pour ce droit viager, il devra l'imputer sur les droits successoraux qu'il est susceptible de recueillir.

Le conjoint survivant, mais aussi désormais le partenaire d'un pacte civil de solidarité avec certaines nuances[64], bénéficie donc d'un droit d'habitation d'origine légale sur le logement occupé effectivement au moment du décès, ce qui révèle l'influence des prérogatives individuelles au sein du « droit au logement du conjoint survivant »[65], matière également influencée par une politique sociale du logement.

## II • Le droit au logement, manifestation d'une politique sociale

**1207** ***Affirmation d'une politique sociale.*** Diverses dispositions, introduites à partir de 1990, ont modifié la conception de l'exigence d'un logement. La loi n° 90-449 du 31 mai 1990, dite « loi Besson », représente une étape essentielle : elle illustre une nouvelle volonté des gouvernants de ne plus limiter la protection du logement liée à la seule qualité de cocontractant, fondé sur la relation entre bailleur et preneur, ou en fonction de relations spécifiques au sein d'un couple, mais dans le but d'assurer, en priorité, une protection fondée sur des considérations d'ordre sociale et économique au bénéfice de personnes défavorisées. Un tel objectif a pris la forme de plusieurs affirmations d'une politique sociale spécifique à la matière (**A.**), dont les incidences doivent être appréciées (**B.**).

60. B. Beignier, « La loi du 3 décembre 2001 : achèvement du statut du logement familial », *op. cit.*, p. 4 ; P. Lipinski, « Le sort du logement en cas de décès », *in Logement et famille : des droits en question*, *op. cit.*, p. 232.

61. Plus généralement sur le rôle du notaire dans de telles circonstances, V. Bouchard, « Le logement du conjoint survivant au bon vouloir des époux », *JCP N* 2018. 1318.

62. Sur la reconnaissance d'une volonté tacite, le conjoint survivant s'étant maintenu dans les lieux après le décès, confirmant ainsi son intention de bénéficier du droit viager au logement, corroboré par une assignation d'un cohéritier et d'un projet d'acte de notoriété, Civ. 1re, 13 févr. 2019, n° 18-10.171, *JCP N* 2020. 1053, n° 2, obs. R. Le Guidec ; *AJ fam.* 2019. 352, note N. Levillain. Solution confirmée avec un refus de reconnaissance d'une volonté tacite et d'un maintien dans les lieu, faute de manifestation de volonté du conjoint survivant, Civ. 1re, 2 mars 2022, n° 20-16.674, *RTD civ.* 2022. 439, obs. M. Grimaldi ; *AJ fam.* 2022. 233, obs. N. Levillain.

63. Civ. 1re, 25 sept. 2013, n° 12-21.569, *RTD civ.* 2013. 874, obs. M. Grimaldi ; *AJ fam.* 2013. 654, obs. N. Levillain.

64. Sur ces nuances, J.-F. Sargaut, « Le logement après le décès », *AJ fam.* 2008. 368.

65. S. Piedelièvre, « Le droit au logement du conjoint survivant », *in Mélanges en l'honneur du doyen R. Decottignies*, PU Grenoble, 2003, p. 274 ; B. Pays, « Du droit d'usage et d'habitation au droit au logement », *AJDI* 2002. 745 ; N. Levillain, « Le droit au logement temporaire du conjoint survivant », *JCP N* 2002. 1440 ; du même auteur, « Le droit viager au logement du conjoint survivant », *JCP N* 2003. 1043.

## A • Les affirmations d'une politique sociale en matière de logement

**1208** ***Plan.*** Contrairement aux dispositions antérieures (*1.*), la loi du 5 mars 2007, instituant un nouveau droit au logement qualifié d'« opposable », a grandement modifié la perception qu'il convient d'avoir à l'égard de la politique sociale d'aide au logement (*2.*).

### 1 • Les affirmations d'une politique sociale antérieure à la loi du 5 mars 2007

**1209** Les consécrations d'un droit au logement dans le cadre d'une politique sociale émanent d'une pluralité d'initiatives du législateur (*a.*), soumise à l'appréciation des magistrats (*b.*).

#### a) Le fondement législatif du droit au logement

**1210** ***Diversité des textes.*** La loi du 31 mai 1990, qui avait pour objet « la mise en œuvre du droit au logement », affirmait de manière solennelle dans son article 1er : « garantir le droit au logement constitue un devoir de solidarité pour l'ensemble de la Nation. Toute personne ou famille éprouvant des difficultés particulières, en raison notamment de l'inadaptation de ses ressources ou de ses conditions d'existence a droit à une aide de la collectivité, dans les conditions fixées par la présente loi, pour accéder à un logement décent et indépendant et s'y maintenir ». L'adoption de ce texte a constitué une évolution d'un droit fondamental, d'origine législative, visant à protéger les particuliers en matière de logement : contrairement aux réformes de 1982 et 1989, le critère déterminant n'est pas la qualité de cocontractant, le locataire bénéficiant d'un rééquilibrage de ses rapports avec le bailleur, mais la volonté politique d'aider financièrement toute personne « éprouvant des difficultés particulières, en raison notamment de l'inadaptation de ses ressources ou de ses conditions d'existence » et ce au nom d'un « devoir de solidarité » selon les termes de l'article 1er de la loi du 31 mai 1990.

À titre d'exemple, l'article 7 de cette loi instaure un fonds de solidarité pour le logement, cofinancé par l'État et le département, qui doit permettre d'accorder des aides financières aux personnes et familles défavorisées qui ont des difficultés pour assumer le respect de leur charge locative et d'enrayer ainsi le processus d'exclusion en favorisant la concertation entre partenaires[66]. De tels objectifs ont ultérieurement justifié la mise en œuvre de diverses mesures visant notamment à favoriser l'accès au logement aux personnes surendettées, victimes de chômage ou de maladie comme le prévoient certaines dispositions de la loi du 29 juillet 1998 ou le recours à une solidarité financière imposée aux communes pour le financement de logements sociaux depuis la loi du 13 décembre 2000.

De même, l'article 28 de la loi du 31 mai 1990 a prévu l'obligation mise à la charge de toutes communes de plus de 5 000 habitants d'aménager un terrain destiné à permettre le stationnement des gens du voyage, exigence complétée par les lois nº 2000-547 du 5 juillet 2000 relative à l'accueil et l'habitat des gens du voyage et nº 2017-86 du 27 janvier 2017 relative à l'égalité et à la citoyenneté. Sont notamment réglementées les modalités d'attribution de terrains familiaux locatifs[67]. C'est d'ailleurs à l'égard de gens du voyage que la Cour européenne des droits de l'homme[68] a condamné la France, au nom de l'insuffisance d'un habitat adapté, la Cour indiquant notamment, sous le visa

66. J.-M. Stébé, *Le logement social en France*, PUF, coll. « Que sais-je », 2019, p. 107 et s.
67. Sur lesquelles, F. Aumond, « Le statut des gens du voyage saisi par la loi Égalité et citoyenneté », *AJDI* 2017. 991.
68. CEDH 17 oct. 2013, *Winterstein c/ France*, req. nº 27013/07, *AJDA* 2013. 2061 ; J.-P. Marguénaud et J. Mouly, « Délogement et relogement des Roms : la France dans le collimateur de la CEDH », *D.* 2013. 2678.

de l'article 8 de la Convention européenne[69], que « la perte d'un logement est une atteinte des plus graves au droit au respect du domicile ». Une telle décision, certes plus récemment nuancée par la Cour européenne elle-même toujours à propos des gens du voyage[70], a manifestement constitué une source d'inspiration pour la Troisième Chambre civile de la Cour de cassation à propos d'un contentieux portant sur des faits identiques relatifs à une occupation de terrains par la communauté des gens du voyage. Ces derniers avaient installé des caravanes et implanté des constructions modulaires et des cabanons de jardin sur une parcelle qui leur appartenait en infraction aux dispositions du plan local d'urbanisme. La commune avait assigné en référé les familles occupantes pour obtenir l'enlèvement de ces installations. La cour d'appel de Versailles avait considéré que l'installation irrégulière, contraire aux règles d'urbanisme, était constitutive d'un trouble manifestement illicite et écarte l'application de l'article 8 de la Convention européenne. À l'inverse, la Cour de cassation[71] exige du juge des référés qu'il évalue la proportionnalité des mesures prises à l'encontre des occupants pour faire cesser le trouble au regard de l'atteinte portée au droit fondamental au respect de leur vie privée et de leur domicile. Cette décision illustre, parmi d'autres, le développement, parfois contesté[72], d'un tel recours au critère de proportionnalité pour apprécier la résolution judiciaire d'un contentieux.

**1211** ***Objectif poursuivi par le législateur.*** L'objectif, qui a gouverné ces différentes dispositions introduites, était de contribuer au développement d'une certaine « socialisation » du domaine étudié[73], fondée sur une conception solidariste des relations. Cette évolution, essentiellement d'origine législative, se manifeste de manière ponctuelle dans les termes retenus par certains textes. À titre d'illustration, l'article 1er du décret du 22 octobre 1999, relatif aux plans départementaux d'action pour le logement des personnes défavorisées et aux fonds de solidarité pour le logement, a prévu le recours à ce plan en consacrant certaines mesures qui doivent « permettre d'aider les personnes et familles à accéder à un logement décent et indépendant ou à s'y maintenir, alors qu'elles éprouvent des difficultés particulières en raison notamment de l'inadaptation de leurs ressources ou de leurs conditions d'existence ». L'ensemble de ces dispositions devait contribuer au développement de logements sociaux et illustrer l'une des manifestations de l'État providence en droit interne. Ultérieurement, la loi n° 2013-61 du 18 janvier 2013, relative à la mobilisation du foncier en faveur du logement, complétée par deux décrets publiés le 26 juillet 2013[74], prévoit l'obligation de production de logements sociaux désormais de 20 % à 25 % pour les communes de plus de 3 500 habitants.

### b) L'appréciation par le Conseil constitutionnel des affirmations législatives

**1212** ***Le droit au logement, un objectif à valeur constitutionnelle.*** La décision du Conseil constitutionnel rendue le 19 janvier 1995[75] à propos de la loi n° 95-74 du 21 janvier 1995 a permis d'affirmer que « la possibilité pour toute personne de disposer d'un logement décent est un objectif à valeur constitutionnelle », formule depuis réitérée à diverses reprises : lors du prononcé de la décision relative

69. Sur lequel, v. *supra*, n° 1184.

70. À propos d'une évacuation d'un camp de Roms installés illicitement dans la région parisienne, dans des buts légitimes de protection de la santé et de la sécurité publique, ainsi que le droit de propriété, le droit au logement que « les intimés invoquent et dont seul l'État est débiteur ne saurait ôter au trouble que constitue, dans les circonstances de l'espèce, leur occupation sans droit ni titre, son caractère manifestement illicite », CEDH 8 déc. 2022, req. n° 13561/15 ; *AJDA* 2022. 2444, obs. E. Maupin.

71. Civ. 3e, 17 déc. 2015, n° 14-22.095, *D.* 2016. 1028, Chron. A.-L. Méano, V. Georget et A.-L. Collomp ; *RTD civ.* 2016. 398, obs. W. Dross ; *RTD civ.* 449, obs. N. Cayrol.

72. F. Chénedé, « Contre-révolution tranquille à la Cour de cassation ? », *D.* 2016. 796 ; P.-Y. Gautier, « Contrôle de proportionnalité subjectif, profitant aux situations illicites : "l'anti-Daguesseau" », *JCP* 2016. 189.

73. D. Grillet Ponton, « Le droit de bail d'habitation à l'épreuve de la réglementation locative : une nouvelle désacralisation de la propriété ? », *JCP* 2000. I. 240, n° 1.

74. F. Zitouni, « Un pacte anticrise : foncier public contre construction de logements », *JCP Adm.* 2013, n° 2082 ; du même auteur, « Réalisation de logements sociaux et très sociaux : des obligations modulées et renforcées », *JCP Adm.* 2014, n° 2006.

75. Cons. const. 19 janv. 1995, n° 94-359 DC, *D.* 1997. Somm. 137, note P. Gaïa ; *LPA* 12 janv. 1996, p. 14, note F. Zitouni ; *AJDA* 1995. 455, note B. Jorion.

à la loi sur l'exclusion le 29 juillet 1998[76] et au cours de l'appréciation de la loi SRU du 7 décembre 2000[77]. Cette qualification du droit au logement est essentielle dans la mesure où antérieurement, par la décision en date du 22 mai 1990[78] relative à l'appréciation de la « loi Besson », les juges constitutionnels avaient considéré, de manière plus générale, que le logement des personnes défavorisées constituait une « exigence d'intérêt national ».

**1213** ***La référence à un logement qualifié de « décent ».*** L'une des spécificités de ces décisions réside dans les fondements retenus. Celle en date du 19 janvier 1995 s'inscrivait dans la volonté de permettre à toute personne de disposer d'un « logement décent » conformément aux termes des alinéas 10 — « la Nation assure à l'individu et à la famille les conditions de leur développement » — et 11 — la Nation « garantit à tous, notamment à l'enfant, à la mère et aux vieux travailleurs, la protection de la santé, la sécurité matérielle, le repos et les loisirs » — du préambule de la Constitution de 1946. Ce même critère de la décence du logement sera repris ultérieurement par le législateur, lors de l'adoption de la loi du 13 décembre 2000, au bénéfice des preneurs qui peuvent désormais l'imposer.

**1214** ***Droit au logement, au nom de la dignité de la personne humaine.*** Mais le fondement invoqué par le Conseil en 1995 était aussi et surtout celui de la protection de la dignité de la personne humaine. L'action publique, visant à conférer un logement, était dès lors motivée par cette quête d'une dignité offerte plus spécialement aux personnes dans une situation de précarité. Le recours à ce concept de « sauvegarde de la dignité de la personne humaine », contre toute forme de dégradation, n'est qu'une illustration supplémentaire de la vitalité de la notion. Ce fondement a été parfois critiqué car considéré comme « surabondant »[79]. Or c'est par le biais de la dignité qu'a pu s'opérer un renversement pour les bénéficiaires de ce droit au logement, certes qualifié d'objectif par le Conseil constitutionnel, mais qui devient désormais « surdéterminant »[80].

Telle est la conception également retenue par le Conseil constitutionnel dont la saisine a donné lieu à la décision rendue le 29 juillet 1998 : la possibilité de disposer d'un logement décent est directement liée à la sauvegarde de la dignité de la personne humaine. Un rapprochement entre la dignité et le droit à un hébergement a enfin été consacré, sur l'initiative du législateur en matière pénale : l'article 225-14 du Code pénal prévoit que « le fait de soumettre une personne, en abusant de sa vulnérabilité ou de sa situation de dépendance, à des conditions de travail ou d'hébergement incompatibles avec la dignité humaine est puni de cinq ans d'emprisonnement et de 150 000 euros d'amende ». La Chambre criminelle de la Cour de cassation a précisé les modalités d'application de cette disposition à l'égard de trois ressortissants marocains dépourvus de titre de séjour et d'autorisation de travail en France, hébergés dans des conditions indignes. Cette application ne devant être conditionnée qu'au constat d'une atteinte de la dignité de la personne concernée, l'article 225-14 précité ne subordonne pas la caractérisation de l'indignité desdites conditions d'hébergement à la preuve de la violation d'une norme d'hygiène et de sécurité imposée par une disposition légale ou réglementaire spéciale.[81]

**1215** ***Droit au logement, non lié à la dignité de la personne humaine.*** Toutefois, en ce qui concerne plus particulièrement le raisonnement retenu par le Conseil constitutionnel, l'une des singularités réside dans l'évolution du fondement. Si la protection du droit au logement a bénéficié initialement du recours à la notion de « dignité », les décisions ultérieurement rendues par le Conseil,

---

76. Cons. const. 29 juill. 1998, n° 98-403 DC, *JCP* 1998. I. 171, n° 3, obs. H. Périnet-Marquet ; *D.* 1999. 272, note W. Sabete ; *JCP* 1999. I. 141, n° 17, obs. B. Mathieu et M. Verpeaux ; *RTD civ.* 1999. 132, obs. F. Zenati ; *D.* 2000. Somm. 61, obs. J. Trémeau.
77. Cons. const. 7 déc. 2000, n° 00-436 DC, *D.* 2001. Somm. 1840, note L. Favoreu ; *ibid.* 1841, note M. Fatin-Rouge ; *RFDC* 2001. 346, note F. Mélin-Soucramanien ; J.-É. Schoettl, « Le Conseil constitutionnel et la loi relative à la solidarité et au renouvellement urbains », *AJDA* 2001. 18.
78. Cons. const. 29 mai 1990, n° 90-274 DC, *RFDC* 1990. 497, note L. Favoreu.
79. B. Mathieu, « La dignité de la personne humaine : quel droit ? quel titulaire ? », *D.* 1996. Chron. 282.
80. M.-L. Pavia, « La découverte de la dignité de la personne humaine », *in* M.-L. Pavia et T. Revet (dir.), *La dignité de la personne humaine*, Economica, coll. « Études juridiques », 1999, p. 19.
81. Crim. 22 juin 2016, n° 14-80.041, *D.* 2016. 2430, obs. Th. Garé.

le 7 décembre 2000, mais aussi celle du 12 août 2004, lors de l'adoption de la loi relative aux libertés et responsabilités locales[82], ont écarté à l'inverse cette mention. L'esprit reste identique : assurer la protection des plus démunis, au nom d'une obligation positive prenant la forme d'une exigence de solidarité[83]. Cette dernière s'impose à la collectivité, sans que pour autant soit en dernier lieu effectuée la moindre référence au concept de sauvegarde de la dignité de la personne humaine. L'absence d'une telle mention consacre, d'une certaine façon, l'autonomie désormais conférée à l'objectif constitutionnel d'un droit au logement décent.

**1216** ***Portée du droit au logement, objectif à valeur constitutionnelle.*** Une autre particularité du droit au logement, à la lecture des décisions du Conseil constitutionnel, peut être illustrée par la qualification adoptée qui confère une valeur spécifique à ce droit : celui-ci correspond à un « objectif à valeur constitutionnelle » et non à un « droit fondamental » ou un « principe à valeur constitutionnelle ». Ce qualificatif, également retenu en matière de protection de la santé notamment, n'a pas pour objet de conférer des prérogatives de nature individuelle susceptibles d'être invoquées par les particuliers. Il s'agit seulement, selon la terminologie spécifique au Conseil, d'une finalité assignée au législateur tenu de prendre en considération des droits contradictoires susceptibles d'être affectés au nom de l'intérêt général[84]. Le législateur est habilité à « apporter certaines limitations aux droits fondamentaux afin de les concilier entre eux », le Conseil constitutionnel devant contrôler le respect de cette finalité et la conciliation de ces droits.

Au nom des exigences liées à cet objectif à valeur constitutionnelle, le législateur doit contribuer à ce que toute personne ait un logement décent, en consacrant un élément essentiel de la politique sociale. Ceci suppose que soit écartée, dans le cadre de cette politique sociale du logement, toute assimilation de cette exigence à un droit subjectif reconnu expressément par les juges de la rue Montpensier, mais aussi au concept de droit fondamental au logement comme l'enseignent certains auteurs : il n'existe pas « de droit fondamental au logement protégé par un principe ou règle de valeur constitutionnelle mais un simple « objectif à valeur constitutionnelle » qui est assigné aux pouvoirs publics »[85]. On ne devrait pas, en principe et avant toute mise en œuvre de la loi du 5 mars 2007 qui demeure soumise à un domaine d'application spécifique, pouvoir invoquer devant les tribunaux le droit au logement, tel qu'il a été affirmé par la loi du 31 mai 1990 et précisé par le Conseil constitutionnel : cette formule ne consacre qu'un objectif qui ne peut et ne doit affecter que les pouvoirs publics en tant qu'illustration d'un droit-créance[86], alors que le juge n'est pas lié par cet objectif.

Un auteur a relevé à juste titre que le choix du Conseil constitutionnel de ne pas retenir la qualification de « *droit à* » était directement lié à la volonté d'éviter le développement d'un contentieux alors fondé sur un « droit fondamental au logement devant le juge judiciaire »[87]. L'absence de tout effet horizontal, et donc l'impossibilité pour toute personne d'obtenir, sans condition, un logement, a également été ponctuellement rappelée par les juges du fond[88], conformément au droit en vigueur avant que soit retenue une autre méthode par le législateur : rendre le droit au logement non pas fondamental, mais opposable.

---

82. Cons. const. 12 août 2004, n° 2004-503 DC, *JCP* 2005. I. 192.

83. Pour une application de la formule « objectif à valeur constitutionnelle », à propos du droit au relogement imposé aux personnes publiques, même au bénéfice des personnes en situation irrégulière, sans que pour autant soit constatée une atteinte disproportionnée au droit de propriété, au regard de l'objectif poursuivi, Cons. const. 5 oct. 2016, n° 2016-581 QPC, *JCP* 2017. 65, n° 8, obs. B. Mathieu.

84. B. Faure, « Les objectifs de valeur constitutionnelle, une nouvelle catégorie juridique ? », *RFDC* 1995. 47 ; B. Genevois, « La jurisprudence du Conseil constitutionnel, principes directeurs », *STH* 1998, n° 342, p. 205.

85. L. Favoreu et *al.*, *Droit des libertés fondamentales*, 8e éd., Dalloz, coll. « Précis », 2021, n° 357. *Contra* S. Dion, « Le droit à l'habitat du pauvre, une application du principe de dignité de la personne humaine », *LPA* 22 avr. 1996, n° 49, p. 11.

86. Sur la distinction entre droit-créance et droit de créance lors du commentaire de la loi du 29 juill. 1998, T. Revet, *RTD civ.* 1998. 992.

87. M. Pichard, *Le droit à. Étude de législation française*, préf. M. Gobert, Economica, 2006, n° 235, p. 305. Sur un tel constat, J. Rochfeld, *Les grandes notions du droit privé*, PUF, 2011, p. 209.

88. TA Versailles 31 mai 1996, *JCP* 1997. I. 4066, n° 33, obs. B. Mathieu et M. Verpeaux.

## 2 • L'affirmation d'une politique sociale consacrée par la loi du 5 mars 2007 : le droit au logement opposable

**1217** ***Droit au logement opposable antérieur à la loi du 5 mars 2007.*** Différentes propositions ont, au préalable, été favorables à la reconnaissance d'un droit au logement qualifié d'« opposable », susceptible d'être invoqué devant les juridictions pour contraindre les instances publiques à proposer une solution. Un rapport en date du 13 janvier 2004, rendu par le Conseil économique et social intitulé « Accès au logement, droit et réalité », était favorable à la mise en place d'un droit au logement opposable à l'État : « les personnes pouvant prouver qu'elles ne disposent toujours pas d'un logement décent, alors qu'elles en ont fait la demande depuis un délai anormalement long, qu'elles ne pourraient se loger sans l'aide de la collectivité et qu'elles résident et travaillent sur le territoire depuis un certain temps doivent pouvoir former un recours amiable puis éventuellement contentieux à l'encontre de l'autorité responsable de la mise en œuvre de ce droit ».
De même, le Haut comité pour le logement des personnes défavorisées, institué par le décret n° 92-1339 du 22 décembre 1992 afin de formuler toute proposition utile sur les questions relatives au logement des personnes défavorisées, a remis un rapport en octobre 2006, proposant que soit rendu opposable à une autorité politique le droit au logement, l'objectif étant de garantir sa mise en œuvre. Le Haut comité apportait également des précisions relatives aux conditions à respecter pour mettre en œuvre cette opposabilité en consacrant une responsabilité de l'État : les particuliers auraient désormais un droit au logement contre l'État et la possibilité d'exercer d'éventuelles voies de recours devant une instance juridictionnelle chargée de traiter les demandes contentieuses de citoyens pour garantir le droit au logement.
L'application de ces propositions permettrait de considérer les pouvoirs publics comme de véritables garants du droit au logement en autorisant les recours exercés contre les pouvoirs publics au nom du droit au logement. Tel était le cas du droit écossais qui reconnaît, depuis une loi votée en 2003, la possibilité, pour les catégories prioritaires, de réclamer aux collectivités locales leur droit au logement. Il appartient à ces collectivités d'apprécier le bien-fondé des demandes, en fonction de différents critères tels que l'âge, l'incapacité constatée. Tel est désormais le cas en droit interne, depuis la loi du 5 mars 2007 instituant le droit au logement opposable, applicable dans certains cas particuliers.

**1218** ***Droit au logement opposable prévu depuis la loi du 5 mars 2007.*** L'article 1er de la loi du 5 mars 2007, codifié à l'article L. 300-1 alinéa 1er du Code de la construction et de l'habitation, énonce que le droit à un logement décent « est garanti par l'État à toute personne qui, résidant sur le territoire français de façon régulière et dans des conditions de permanence définies par décret en Conseil d'État, n'est pas en mesure d'y accéder par ses propres moyens ou de s'y maintenir ». Il s'agit d'une nouvelle proclamation de principe qui complète les autres dispositions, mais avec une approche différente : elle consacre, de manière réelle et potentiellement, effective le droit *au* logement en permettant à certaines personnes d'obtenir une aide de l'État, par l'intermédiaire d'une action en justice, ce qui est nouveau. Ce texte, qui contribue à une prise de conscience des difficultés liées au logement[89], devrait s'appliquer au bénéfice notamment[90] des sans-abris et des familles avec enfants mineurs dont le logement est indécent ou suroccupé, ainsi qu'aux personnes en instance d'expulsion. Le Conseil d'État[91] a précisé que ce dispositif devait bénéficier non seulement aux citoyens de l'Union européenne, mais aussi aux étrangers non ressortissants d'un État européen, contrairement aux exigences prévues à

89. Sur un tel constat, R. Noguellou, « Faut-il étendre la technique des droits opposables ? », *AJDI* 2011. 854.
90. Pour une application du dispositif au bénéfice d'un demandeur préalablement relogé par ses propres moyens, qui peut rester prioritaire si son logement ne répond manifestement pas à ses besoins, excède notablement ses capacités financières ou présente un caractère précaire, CE 4 nov. 2016, n° 387292.
91. CE 11 avr. 2012, *GISTI, Fédération des associations pour la promotion et l'insertion par le logement*, req. n° 322326, *RTD civ.* 2012. 487, obs. P. Deumier ; *D.* 2012. 1712, note B. Bonnet ; *RFDA* 2012. 547, concl. G. Dumortier ; *JCP Adm.* 2012, n° 2171, note A. Minet.

l'article 1er du décret n° 2008-908 du 8 septembre 2008 relatif aux conditions de permanence de la résidence des bénéficiaires du droit à un logement décent et indépendant. Ce texte conditionnait la possibilité d'invoquer le droit au logement opposable aux ressortissants non communautaires qui devaient satisfaire l'une des deux conditions suivantes : « être titulaire d'une carte de résident ou tout autre titre de séjour conférant des droits équivalents » ou bien « justifier d'au moins deux années de résidence ininterrompue en France ». Ces exigences ont été jugées source de discriminations par application de l'article 6-1 de la Convention internationale du travail sur les travailleurs migrants, disposition qui prévoit que les États signataires s'engagent « à appliquer, sans discrimination de nationalité, de race, de religion ni de sexe, aux immigrants qui se trouvent légalement dans les limites de son territoire, un traitement qui ne soit pas moins favorable que celui qu'il applique à ses propres ressortissants » en ce qui concerne certaines matières telles que le logement. Enfin, ultérieurement, le Conseil d'État a jugé qu'un demandeur d'asile ne pouvait se voir refuser un hébergement au titre du droit au logement opposable au seul motif qu'il n'avait pas présenté une demande d'hébergement dans un centre d'accueil pour demandeurs d'asile[92]. À l'inverse, la commission de médiation peut légalement refuser de reconnaître un demandeur au droit au logement comme prioritaire dès lors que des membres de son foyer ne séjournent pas en situation régulière sur le sol français ou que leur résidence permanente n'est pas en France[93].

En ce qui concerne la procédure de mise en œuvre du droit au logement opposable, il appartient à des commissions de médiation, préalablement saisies conformément à l'article L. 441-2-3 du Code de la construction et de l'urbanisme, de prendre en considération le comportement du demandeur pour apprécier sa bonne foi[94] et de désigner les demandeurs prioritaires dont la demande « doit être satisfaite d'urgence » selon les termes de l'article 9 de la loi[95]. Le préfet ou le délégataire des droits à réservation de celui-ci doit ensuite désigner un organisme bailleur et fixer le délai dans lequel le demandeur prioritaire devra être logé. Le demandeur, déclaré prioritaire par la commission de médiation, qui n'a pas obtenu de logement dans un délai fixé par voie réglementaire, pourra saisir le juge administratif, qui aura la possibilité d'ordonner sous astreinte le logement, le relogement ou l'accueil en structure adaptée[96]. L'action sera donc menée contre l'État, garant de l'effectivité du droit au logement, sauf dans le cas où existe une convention de délégation du contingent préfectoral au profit d'une commune ou d'un établissement public de coopération intercommunale. Elle n'est ouverte, à compter du 1er décembre 2008, qu'aux personnes sans logement, très mal logées ou en instance d'expulsion, qui peuvent faire valoir tout élément, même nouveau, de nature à démontrer le caractère impérieux du motif justifiant un refus du logement proposé[97]. Au 1er décembre 2012, le recours a été ouvert à tous les demandeurs de logement social n'ayant pas reçu de réponse dans un délai déterminé par le préfet, jugé anormalement long. Le Conseil d'État a précisé les conséquences d'absence de proposition, par un préfet, d'un relogement à un bénéficiaire du Dalo : il a été jugé[98] que le préfet qui n'effectuait pas une telle proposition, dans le délai fixé par le jugement du tribunal administratif enjoignant de faire une telle proposition, commettait alors une faute engageant la responsabilité de l'État.

---

92. CE 1er août 2013, *Nazari*, req. n° 345130, *JCP Adm.* 2013. Actu. 706, obs. L. Erstein.
93. CE, 29 nov. 2022, n° 460679, *JCP Adm.* 2022. Actu. 756, obs. M. Touzeil-Divina, *AJDA* 2022. 2330, obs. J.-M. Pastor.
94. Sur le comportement de bonne foi du demandeur, CE 17 juill. 2013, req. n° 349315, *JCP Adm.* 2013. Actu. 682, obs. Ch.-A. Dubreuil. Critère de la bonne foi soumis à l'appréciation souveraine des juges du fond, CE 13 mai 2019, req. n° 417190.
95. C. Bugnon et G. Iacono, « Les critères d'éligibilité au droit à l'hébergement opposable » *AJDI* 2011. 843. Plus particulièrement à propos de la procédure de médiation, J.-Ph. Brouant, « Le fonctionnement des commissions de médiation : vers une juridictionnalisation ? », *AJDI* 2011. 847.
96. Sur un avis du Conseil d'État qui a précisé les pouvoirs des commissions de médiation, CE, avis, 21 juill. 2009, *JCP Adm.* 2009, n° 2277, note F. Zitouni ; ainsi que la condamnation au versement d'une astreinte conforme à l'effectivité du recours prévu dans le cadre du droit au logement opposable, CE, avis, 2 juill. 2010, *JCP Adm.* 2010, n° 2305, note F. Zitouni.
97. CE 1er oct. 2014, req. n° 364055, *RTDI* 2014, n° 4, p. 72, obs. B. Kan-Balivet.
98. CE 16 déc. 2016, n° 384500 et n° 383111, *JCP Adm.* 2017, n° 2117, obs. R. Mulot.

Le « comité de suivi de la mise en œuvre du droit au logement opposable », instauré par la loi du 5 mars 2007, a publié plusieurs statistiques le 4 mars 2016 relatives à mise en œuvre du droit au logement opposable en 2015 et exprime à cette occasion ses plus vives inquiétudes sur la situation d'un tel droit, liées notamment aux interprétations de plus en plus restrictives des critères d'accès retenus par les commissions de médiations. Ultérieurement, ce même comité a rendu public son onzième rapport le 26 octobre 2017, remis au président de la République, et a constaté qu'il convenait d'assurer l'effectivité de la loi DALO, un nombre important de ménages, en l'occurrence 55 000 ménages, n'ayant pas reçu d'offre de logement dans les délais légaux. Est de plus, à nouveau, contestée, l'interprétation particulièrement restrictive des critères de la loi par les Commissions de médiation chargées d'étudier les dossiers. Certaines exigences sont préconisées pour remédier à la situation, notamment offrir un hébergement à toute personne en détresse ou encore mettre en œuvre un plan d'urgence pour reloger les ménages prioritaires dans les zones tendues. Il apparaît dès lors indispensable de mobiliser l'ensemble de la société et l'État afin de garantir cette effectivité, mobilisation jugée insuffisante par un rapport rendu par deux sénateurs, qui a relevé le paradoxe du droit au logement opposable, lié aux écarts entre les objectifs fixés par la loi et les résultats sur le terrain[99]. À ce titre, la loi n° 2017-86 « Égalité et citoyenneté » en date du 27 janvier 2017[100] a pu être considérée comme une avancée positive pour le droit au logement opposable : les obligations d'attribution d'un logement pesant sur l'État ont été élargies aux collectivités et au patrimoine propre des bailleurs sociaux qui doivent réaliser 25 % de leurs attributions à des publics prioritaires, plus particulièrement les ménages reconnus au titre de la loi DALO.

Tel que le texte avait été prévu avant le vote de l'Assemblée nationale, la doctrine[101], ainsi que les premières enquêtes menées[102], ont pu relever les différentes incertitudes liées aux conséquences juridiques, mais aussi certaines difficultés pratiques lors de sa mise en œuvre. Ce sentiment a été confirmé avec la loi du 5 mars 2007, singulièrement en raison des doutes concernant la nature du droit désormais consacré. Il ne s'agit pas, au sens strict, d'un véritable droit subjectif susceptible d'être invoqué contre tous tiers, mais plus précisément de la possibilité, pour certaines catégories de personnes déterminées, de saisir une juridiction pour demander au préfet le bénéfice d'une réglementation qui leur est favorable. Comme il a pu être relevé avec raison[103], le dispositif introduit par la loi du 5 mars 2007 ne consacre pas réellement un nouveau droit subjectif ou un nouveau droit fondamental effectif, mais plus certainement la possibilité de faire respecter une procédure administrative complétée d'un recours *ad hoc* afin que soit sanctionnée une éventuelle inaction du préfet.

La publication des premières décisions[104] appliquant cette nouvelle approche du droit au logement et les différentes appréciations doctrinales[105], ainsi que la condamnation de la France par la Cour européenne des droits de l'homme, démontrent toutes les difficultés de mise en œuvre du texte adopté, dont les modalités d'application ont été également précisées. À ce titre, la Cour a considéré

---

99. Sur ce rapport plus spécialement, F. Zitouni, « Les paradoxes du droit au logement opposable », *JCP Adm.* 2012, n° 2276.

100. B. Wertenschlag et J. Berger, « La loi du 27 janvier 2017 relative à l'égalité et à la citoyenneté : vers un droit à la mixité », *AJDI* 2017. 246.

101. J. Monéger, « Regards sur le projet de loi relatif au droit opposable au logement », *JCP* 2007. Actu. 40.

102. R. Eleta-De Filippis, « La mise en œuvre du droit au logement opposable : une observation de terrain », *RDSS* 2011. 950.

103. C. Wolmark, « L'opposabilité du droit au logement », *D.* 2008. Chron. 106 ; R. Piastra, « Observations sur le droit au logement "opposable" », *D.* 2007. Point de vue 809 ; B. Mallet-Bricout, « Droits fondamentaux : vrai ou "faux droit" au logement opposable ? », *Dr et patr.* mars 2008, p. 85 ; E. Sales, « Droit constitutionnel et droit social. La dualité du "droit au logement opposable" », *RFDC* 2009. 601.

104. TA Paris 20 mai 2008, *RJPF* 2008-9/13, obs. E. Putman ; TA Paris 20 nov. 2008, *AJDA* 2009. 128, obs. P. Nguyên-Duy. Sur un tel constat, F. Zitouni, « Droit au logement opposable : entre gestion de crise et régulation des rapports de solidarité », *JCP Adm.* 2009, n° 2095. Sur l'indemnisation d'une personne reconnue prioritaire dans le cadre du droit au logement opposable (DALO) et non relogée, fixée en fonction du nombre de personnes composant le foyer pendant toute la période de responsabilité de ltat et non seulement à la date de la décision de la commission de médiation, CE 24 juill. 2019, req. n° 421189.

105. M. Thioye, « Focus sur le droit au logement opposable », *Dr fam.* 2011, étude 8 ; D. Roman, « Le juge et les droits sociaux : vers un renforcement de la justiciabilité des droits sociaux ? », *RDSS* 2010. 793 ; S. Joubert, « Le droit au logement *versus* loi DALO : enseignements contentieux pour la justiciabilité des droits sociaux », *RDSS* 2010. 823.

que l'État français avait l'obligation d'exécuter une décision d'un tribunal administratif qui avait enjoint l'administration à loger d'urgence un demandeur dans le cadre de la loi DALO conformément à la décision de la Commission de médiation, la requérante ne s'étant pas vue proposée de logement adapté à ses besoins et capacités trois ans et demi après le jugement[106]. En raison de ces difficultés rencontrées et de la situation matérielle délicate dans laquelle se trouvent certaines personnes concernées, le Conseil d'État[107] a précisé les prérogatives conférées au juge habilité à statuer en matière de droit au logement opposable. Il a été jugé que ce magistrat avait la possibilité d'ordonner que, dans l'attente de l'attribution d'un logement, le demandeur soit pourvu d'un accueil temporaire dans une structure d'hébergement, un établissement ou logement de transition, un logement-foyer ou une résidence hôtelière à vocation sociale. La situation précaire du demandeur a ainsi pu légitimer un tel accueil.

En l'état actuel du droit positif interne — complété par le décret n° 2008-1227 du 27 octobre 2008 qui précise les délais, les formalités et conditions du jugement du recours contentieux dans le cadre du droit au logement opposable, la loi n° 2014-363 du 24 mars 2014 pour l'accès au logement et un urbanisme rénové qui apporte certaines précisions pour la mise en œuvre de ce droit et la loi 2020-1525 du 7 décembre 2020 d'accélération et de simplification de l'action publique qui opère la création du Haut Comité pour le Droit au Logement[108], issu du regroupement du Haut Comité pour le logement des personnes défavorisées et du Comité de suivi du droit au logement opposable —, le droit au logement a certes bénéficié d'un renouveau législatif, mais ses applications effectives demeurent limitées comme l'atteste notamment un récent rapport de la Cour des comptes[109], alors même les incidences d'une politique sociale en matière de logement s'avèrent essentielles.

## B • Les incidences d'une politique sociale en matière de logement

**1219** Dès lors qu'est affirmée par le législateur, sous différentes formes, l'existence d'un droit au logement, la mise en œuvre d'une telle politique sociale, génératrice de conflit d'intérêts (*1.*), a vocation à assurer la protection des plus démunis (*2.*).

### 1 • Une politique sociale génératrice de conflits d'intérêts

#### a) Le constat de conflits d'intérêts

**1220** ***Équilibre entre droit de propriété et droit au logement.*** Les différentes consécrations législatives d'un droit au logement imposent immédiatement la présence et l'appréciation d'intérêts et de droits opposés. La recherche d'un équilibre entre ces intérêts se manifeste lors de l'adoption d'une disposition législative et justifie par là même le contrôle exercé par le Conseil constitutionnel. Depuis la décision du 21 janvier 1995 qui consacrait « la possibilité pour toute personne de disposer d'un logement décent », une conciliation a été systématiquement recherchée entre le droit au logement et le droit de propriété, ce dernier ayant été consacré comme un droit à caractère fondamental depuis la

106. CEDH 9 avr. 2015, req. n° 65829/12, *Tchokontio Happi (Mme) c/ France ; Dr soc.* 2016. 697, note J.-P. Marguénaud et J. Mouly ; *RDSS* 2015. 651, note D. Tharaud ; *AJDI* 2016. 667, obs. F. Zitouni. Sur cette décision, V. Donnier, Les droits de procédure, une voie étroite en faveur de l'effectivité du droit au logement, *Mélanges en l'honneur de F. Sudre,* LexisNexis, 2018, p. 173 et s.

107. CE 9 déc. 2016, n° 394766, *AJDI* 2018. 97, obs. F. Zitouni.

108. Le Haut Comité pour le Droit au Logement est l'auteur d'un rapport, publié en avr. 2022, intitulé : « 15 ans après la loi DALO, un nécessaire rappel à la loi », https://www.hclpd.gouv.fr.

109. Rapport de la Cour des comptes, janv. 2022, intitulé : « Le droit au logement opposable. Une priorité à restaurer », A. Fuchs-Cessot, « 15 ans de droit au logement opposable : la Cour des comptes dresse un bilan mitigé », *RDI* 2022. 162.

décision prononcée par le Conseil constitutionnel relative aux nationalisations rendues le 16 janvier 1982. Il appartient au législateur de respecter systématiquement cet équilibre entre intérêts divergents, sous peine d'invalidation de la loi par le Conseil constitutionnel. Ceci se révèle parfois délicat à respecter car l'existence d'un droit au logement affecte par essence directement les prérogatives des propriétaires. La doctrine, commentant la décision rendue par le Conseil constitutionnel le 21 janvier 1995, a relevé une certaine priorité conférée au droit à un logement décent sur le droit de propriété, frappé non par un réel « constat de décès »[110], mais plus certainement par un affaiblissement des prérogatives du propriétaire.

Il en fut ainsi, à titre d'exemple, avec l'instauration d'une taxe annuelle sur les logements vacants prévue à l'article 51 de la loi du 29 juillet 1998 : le Conseil constitutionnel a admis la mise en place d'une telle taxe à compter du 1er janvier 1999, dans les communes appartenant initialement à des zones urbanisées de plus de 200 000 habitants, désormais de plus de 50 000 habitants, dès lors qu'existe un fort déséquilibre entre l'offre et la demande de logements. Alors même que les auteurs de la saisine du Conseil avaient invoqué que cette mesure constituait une atteinte manifeste au droit de propriété, précisément au principe de libre disposition de leur bien, le Conseil a estimé qu'il s'agissait, avec cette disposition, d'une sanction à la non-exploitation d'un bien. Ceci justifie le recours aux réserves d'interprétation émises à l'égard de cette taxe qui ne peut concerner que les logements « habitables, vacants et dont la vacance tient à la seule volonté de leur détenteur »[111], l'objectif du législateur étant d'inciter les propriétaires à mettre en location leurs biens immobiliers susceptibles d'être loués[112].

**1221** ***Appréciation du Conseil constitutionnel.*** Le rôle du Conseil constitutionnel s'est alors révélé fondamental pour garantir l'équilibre des droits et assurer, par ailleurs, une protection des intérêts des propriétaires. Les droits de ces derniers ont pu être affectés lors de l'instauration, à l'article 52 de la loi du 29 juillet 1998, d'une procédure de réquisition, le Conseil rappelant l'impératif de ne pas porter une atteinte excessive au droit de propriété. Certes les auteurs de la saisine du Conseil affirmaient que cette réquisition engendrait la privation du droit de propriété. Le Conseil estima qu'il n'existait pas en l'espèce cette atteinte et indiqua également que la limitation du droit d'usage n'était possible que si elle ne dénaturait pas, par sa gravité, le sens et la portée du droit de propriété. Cette solution révèle bien la présence d'un « seuil au-delà duquel le droit de propriété est atteint dans sa substance »[113], ce qui suppose toutefois une atteinte non excessive au droit de propriété qui doit être retenue par les auteurs du texte.

Le Conseil constitutionnel a confirmé sa position dans le cadre de deux questions prioritaires de constitutionnalité. Une première, en date du 30 septembre 2011[114], était relative à la possibilité pour un propriétaire d'obtenir en référé l'expulsion d'occupants sans titre, au nom du caractère absolu du droit de propriété, possibilité susceptible de porter atteinte notamment au droit au logement. Le Conseil constitutionnel a réaffirmé, au préalable, que la possibilité pour toute personne de disposer d'un logement décent constituait un « objectif de valeur constitutionnelle ». Le Conseil a toutefois précisé que s'il appartient au législateur de mettre en œuvre cet objectif et s'il lui est loisible d'apporter « au droit de propriété les limitations qu'il estime nécessaires, c'est à la condition que celles-ci n'aient pas un

110. H. Pauliat, « L'objectif constitutionnel de droit à un logement décent : vers le constat de décès du droit de propriété », *D.* 1997. Chron. 283.

111. Not. Cons. const. 29 déc. 2012, n° 2012-662 DC.

112. Sur le constat d'une telle atteinte au droit de propriété au nom du droit au logement, H. Moutouh, « Le propriétaire et son double — Variations sur les articles 51 et 52 de la loi du 29 juill. 1998 », *JCP* 1999. I. 146 ; B. Vial-Pedroletti, « La loi sur l'exclusion : les dispositions relatives au logement », *op. cit.*, p. 1688 ; A.-F. Zattara, *La dimension constitutionnelle et européenne du droit de propriété*, thèse, La Réunion, préf. R. Cabrillac, t. 351, LGDJ, coll. « Bibl. dr. privé », 2001, n° 174, p. 158.

113. B. Mathieu et M. Verpeaux, *JCP* 1999. I. 141. Pour la procédure de réquisition, v. *infra*, n° 1244.

114. Cons. const. 30 sept. 2011, n° 2011-169 QPC, *Dr et patr.* déc. 2011, 98, obs. J.-B. Seube ; *JCP* 2011. I. 1298, n° 1, obs. H. Périnet-Marquet ; *D.* 2012. 2128, obs. B. Mallet-Bricout et N. Reboul-Maupin ; N. Le Rudulier, « La définition du droit de propriété est constitutionnelle », *AJDI* 2011. 885 ; B. Mallet-Bricout, « QPC et immeuble », *in* C. Albiges, C. Hugon (dir.), *Immeuble et droit privé*, Lamy, coll. « Axe Droit », 2012, p. 60.

caractère de gravité tel que le sens et la portée de ce droit en soient dénaturés ». Une seconde décision, rendue le 27 septembre 2019[115] à propos de l'accueil des gens du voyage, portait sur l'interdiction de stationnement hors des aires d'accueil et l'évacuation qui peut en résulter, sans porter atteinte à aucun principe constitutionnel, au nom de la protection du droit de propriété.
De tels raisonnements illustrent bien la recherche d'un équilibre entre le droit de propriété et l'objectif de valeur constitutionnelle que constitue le droit au logement. Il ne s'agit que d'une manifestation, parmi d'autres, de l'admission d'une atteinte ponctuelle à l'exercice des prérogatives du propriétaire, sans que pour autant, dans son principe, la titularité de ce droit ne soit affectée. Comme ont pu le souligner deux auteurs, la recherche d'un tel objectif doit supporter certaines restrictions : elle ne permet qu'une limitation des prérogatives du propriétaire et ne justifie pas « des atteintes au droit de propriété qui par leur gravité dénatureraient le sens et la portée du droit de propriété »[116]. L'étude des décisions du Conseil montre donc la difficulté de considérer qu'existe une préférence conférée au droit à un logement sur le droit de propriété. Les juges de la rue Montpensier sont manifestement animés d'un esprit d'équilibre qui justifie l'absence de vainqueur ou vaincu dans cette opposition d'intérêts[117], constat qui concerne le juge judiciaire et administratif.

#### b) La résolution par le juge des conflits d'intérêts

**1222** ***Un principe : la recherche d'un équilibre entre droit de propriété et droit au logement.*** C'est cette quête d'équilibre entre droit au logement et droit de propriété, liée à la qualification d'objectif à valeur constitutionnelle du droit au logement, qui a fortement influencé les décisions des juges judiciaire et administratif après 1995. Leur objectif n'est pas seulement de concilier des droits contradictoires, mais aussi et surtout d'opérer un raisonnement non « syllogistique, mais évaluatif. Ainsi, dans le cadre du droit au logement, à propos de la protection des droits, il [le juge] médiatise la relation entre deux personnes par une chose : c'est-à-dire un bien immobilier »[118]. Le juge s'octroie un pouvoir d'appréciation pour équilibrer un double rapport avec la chose : celui qui bénéficie d'un titre de propriété, jouissant d'un droit absolu sur la chose, et celui qui ne dispose que d'un droit au logement, qualifié d'occupant sans titre. Avant la décision du Conseil, la jurisprudence, recherchant cet équilibre, était essentiellement marquée par la diversité de solutions et de fondements retenus : les concepts de dignité et la reconnaissance du droit au logement comme principe général du droit consacré par la Constitution avaient été invoqués.

**1223** ***Prépondérance ponctuelle conférée au droit au logement.*** Au lendemain de la décision du Conseil du 19 janvier 1995, un mouvement d'alignement des juges du fond a été opéré, avec certaines nuances. Un arrêt de la cour d'appel de Paris du 15 septembre 1995 a expressément affirmé que le droit au logement constituant « un objectif à valeur constitutionnelle », un délai de grâce devait être accordé à des occupants d'un immeuble sans titre. De même, la cour d'appel d'Orléans s'est référée à la décision du 19 janvier 1995 posant comme principe fondamental le droit pour toute personne de disposer d'un logement décent afin de confirmer le sursis à statuer à l'exécution d'une décision d'expulsion décidée en première instance[119]. Enfin, les magistrats effectuent ponctuellement une référence à « l'objectif constitutionnel du droit au logement décent » pour apprécier si une commune respecte ses obligations en matière d'aire d'accueil au bénéfice des gens du voyage : a ainsi été condamnée une mairie qui mettait à leur disposition un terrain non stabilisé sur lequel étaient en cours des

115. Cons. const. 27 sept. 2019, n° 2019-805 QPC, *JCP* 2019. I. 1133, n° 3, obs. H. Périnet-Marquet.
116. B. Mathieu et S. Monnier, « Le droit au logement : un droit subjectif ? », *in Logement et famille : des droits en question*, *op. cit.*, p. 29.
117. E. Pie-Guiselin, « L'accès à un logement décent et le droit de propriété : ni vainqueur, ni vaincu », *LPA* 13 mars 2000, n° 51, p. 6.
118. M.-L. Pavia, « La liberté d'association est-elle un droit constitutionnel et fondamental ? », *LPA* 21 déc. 2001, p. 26. Sur ce constat, E. Sales, *Le droit au logement dans la jurisprudence française*, thèse, Montpellier I, 2001, p. 175.
119. Orléans 19 juin 1996, *JCP* 1996. IV. 1479.

travaux lourds, terrain dépourvu de sanitaires et de délimitation, situé à proximité immédiate d'une rocade d'autoroute, donc impropre à l'habitation[120], une indemnisation étant parfois mise à la charge de communes de plus de 5 000 habitants qui ne respectent pas l'obligation d'aménager un terrain destiné à permettre le stationnement[121].

La finalité de telles solutions réside dans la volonté d'assurer une priorité à la protection du logement, au bénéfice de personnes dans le besoin, mais au détriment de celles titulaires du droit de propriété. Effectuant une application scrupuleuse de l'interprétation donnée par le Conseil constitutionnel du droit au logement, le tribunal administratif de Versailles[122] a également considéré ce principe comme celui selon lequel « la Nation assure à l'individu et à la famille les conditions nécessaires à leur développement » et qu'il devait concilier avec d'autres droits fondamentaux, notamment le droit de propriété. Ces diverses solutions s'inscrivent dans un contexte de solidarité qui a pour finalité d'assurer la protection des besoins essentiels de l'homme, réellement placé au centre des préoccupations juridiques, ce qui justifie que puissent être ponctuellement affectées certaines prérogatives du propriétaire, au nom de l'intérêt social.

Un tel raisonnement est confirmé par la Cour européenne des droits de l'homme[123] qui a dû apprécier la portée d'un refus des autorités françaises, pendant plusieurs années, de prêter leur concours à une procédure d'expulsion qui concernait seize familles démunies avec trente-neuf enfants en bas âge et sans solution de relogement. Il a été précisé, en l'espèce, que le refus de ces autorités ne viole l'article 6 de la Convention européenne des droits de l'homme que si la Cour considère que les droits du propriétaire ont subi une charge disproportionnée au regard de l'importance des considérations sociales et d'ordre public ayant motivé ce refus.

**1224** ***Divergence entre les juridictions de l'ordre judiciaire et celles de l'ordre administratif.*** En raison des termes de la décision du Conseil constitutionnel en 1995, réitérée par la suite, une question s'impose désormais de manière ponctuelle : les personnes sans logement peuvent-elles, au nom du droit au logement, en tant qu'objectif à valeur constitutionnelle, invoquer cet objectif devant un juge afin d'obtenir un tel logement ? Des limites ont été, à juste titre, apportées par les tribunaux de l'ordre judiciaire, une occupation considérée illégale ne pouvant « constituer un moyen licite de mettre en œuvre le droit au logement » comme l'a relevé la cour d'appel de Paris[124]. De même, ultérieurement, la Cour de cassation[125] a jugé, à propos de plusieurs familles installées sous des tentes dressées sur une aire de jeux, qu'il s'agissait d'une occupation sans droit ni titre d'un immeuble appartenant à autrui, constitutive en elle-même un trouble manifestement illicite. Alors même que la juridiction d'appel avait considéré qu'en l'absence de violence, l'atteinte au droit de propriété ne devait pas permettre le prononcé d'une mesure d'expulsion, l'arrêt de la Cour de cassation considère à juste titre, sous le visa de l'article 544 du Code civil, que le droit de propriété doit être préservé, l'atteinte à ce droit constituant un trouble illicite auquel les juges, dans le cadre d'une procédure de référé, sont tenus de mettre fin avec le prononcé d'une mesure d'expulsion de tels occupants. Enfin, plus récemment, également au nom d'une atteinte au droit de propriété, la Cour de

---

120. TGI Montauban 3 mai 2002, *JCP* 2003. I. 146, n° 53, obs. B. Mathieu et M. Verpeaux.

121. Pour une illustration, CAA Nancy 4 déc. 2003, *JCP* 2005. I. 192, n° 51, obs. B. Mathieu et M. Verpeaux ; *LPA* 13 juin 2005, p. 12, note P. Tifine.

122. TA Versailles 31 mai 1996, préc.

123. CEDH 12 oct. 2010, *Sté Cofinfo c/ France*, req. n° 23516/08, *D.* 2010. 2843, obs. C. de Gaudemont ; *AJDI* 2011. 153, obs. J. Raynaud ; *D.* 2011, obs. B. Mallet-Bricout.

124. Paris 26 nov. 1997, *D.* 1998. IR 6. Sur cette décision, F. Cohet-Cordet, « Le droit au logement et le droit de propriété sont-ils conciliables ? », *AJDI* 1998. 598 ; plus généralement, V. Godfrin, « Le droit au logement, un exemple de l'influence des droits fondamentaux sur le droit de propriété », *in Éthique, droit et dignité de la personne. Mélanges C. Bolze*, Economica, 1999, p. 148-149.

125. Civ. 3e, 20 janv. 2010, n° 08-16.088, *D.* 2010. 326, obs. G. Forest ; *AJDI* 2010. 544, obs. N. Damas ; *AJDI* 2011. 421, obs. F. Zitouni ; *JCP* 2010. I. 1162, n° 10, obs. H. Périnet-Marquet ; *Dr et patr.* août 2010. 85, obs. J.-B. Seube. Solution ensuite confirmée, Civ. 3e, 21 déc. 2017, n° 16-25.469 ; *JCP* 2018. 404, n° 1, obs. H. Périnet-Marquet ; *RLDC* mars 2018, p. 32, obs. V. Perruchot-Triboulet ; *Dr et patr.* janv. 2019, n° 45, obs. J.-B. Seube ; *RTD civ.* 2018. 158, obs. W. Dross ; *D.* 2018. 1772, obs. L. Neyret et N. Reboul-Maupin.

cassation a considéré qu'une démolition et une expulsion devaient être ordonnées. De telles mesures qui certes constituent en l'occurrence une ingérence au droit au respect du domicile, ne sauraient être disproportionnées à la gravité de l'atteinte portée au droit de propriété, les juges ayant fait droit aux demandes permettant au propriétaire de « recouvrer la plénitude de son droit sur le bien occupé illicitement »[126].

Le Conseil d'État, dans un premier temps[127], a affirmé qu'une association ne pouvait obtenir l'annulation d'une ordonnance du tribunal administratif par laquelle il avait refusé de prendre des mesures telles que la réquisition de logements inoccupés en vue d'assurer l'hébergement immédiat de familles de réfugiés. Selon les termes retenus en l'espèce par la décision, si le Conseil constitutionnel a « qualifié d'objectif à valeur constitutionnel la possibilité pour toute personne de disposer d'un logement décent, il n'a pas consacré l'existence d'un droit au logement ayant rang de principe constitutionnel », solution qui permet également de relever que le droit au logement ne présente pas « le caractère d'une liberté fondamentale ». De même, le 23 mars 2009[128], il a été jugé que le droit au logement, même s'il constitue un objectif à valeur constitutionnelle, n'est pas une liberté fondamentale au sens de l'article L. 521-2 du Code de justice administrative, texte qui permet au juge des référés de prononcer toutes mesures nécessaires à la sauvegarde d'une liberté fondamentale à laquelle une personne morale de droit public ou un organisme de droit privé, chargé de la gestion d'un service public, aurait porté une atteinte grave et manifestement illégale.

Toutefois, dans un second temps, la jurisprudence administrative a nuancé sa position : il a ainsi été jugé que le logement devait être intégré dans les exigences de « conditions matérielles d'accueil décentes » auxquelles ont droit les demandeurs d'asile[129], le droit à l'hébergement étant considéré comme une implication de ce droit d'asile. Enfin, le Conseil d'État a même affirmé que le non-respect du droit à l'hébergement constitue une « atteinte grave et manifestement illégale à une liberté fondamentale »[130]. Cette décision a pu être interprétée[131] comme une mise en œuvre du droit au logement opposable, permettant à une personne sans logement d'obtenir, en référé, un hébergement quand les circonstances le justifient. Le juge a en l'occurrence constaté une « carence caractérisée » dans la mission de l'État, au bénéfice d'un sans-abri dans une situation de grande détresse après l'incendie de l'immeuble où il vivait précédemment. Il semble toutefois qu'existent deux catégories de recours soumis à deux procédures différentes : l'un devant le juge administratif, en référé, afin d'obtenir un hébergement d'urgence, l'autre selon la procédure spécifique[132] du droit au logement opposable, afin d'obtenir un lieu d'habitation stable.

La présence de bénéficiaires d'un droit au logement tend potentiellement, avec cette dernière évolution jurisprudentielle, à occulter le maintien de la titularité du droit de propriété. Il appartient au juge d'assurer un équilibre entre ces intérêts divergents, même si la protection des plus démunis demeure l'une des priorités dans le cadre de la recherche de cet équilibre.

---

126. Civ. 3e, 17 mai 2018, nº 16-16.792 ; *JCP* 2018. 790, note J. Laurent ; *RLDC* juill.-août 2018, p. 46, obs. V. Perruchot-Triboulet ; *D.* 2018. 1772, obs. N. Reboul-Maupin ; *RDC* 2018. 452, obs. A. Tadros ; *RTD civ.* 2018. 708, obs. W. Dross ; *Dr et patr.* janv. 2019, nº 43, obs. J.-B. Seube ; *D.* 2019. 2163, note R. Boffa.

127. CE, réf., 3 mai 2002, *Assoc. de réinsertion sociale du Limousin et a.*, *LPA* 26 sept. 2002, p. 15, note P. Jan ; *JCP* 2002. I. 182, nº 37, obs. B. Mathieu et M. Verpeaux ; *AJDA* 2002. 820, note E. Deschamps. Les requérants sollicitaient notamment l'application de l'art. 21 de la Convention de Genève du 28 juill. 1951 qui prévoit qu'« en ce qui concerne le logement, les États contractants accorderont, dans la mesure où cette question tombe sous le coup des lois et règlements ou est soumise au contrôle des autorités publiques, aux réfugiés résidant régulièrement sur leur territoire un traitement aussi favorable que possible ».

128. CE, réf., 23 mars 2009, *Min. Immigration, Intégration, Identité nat. et Dév., Solidarité c/ Gaghiev*, *JCP* 2009. I. 601, nº 38, obs. B. Mathieu et M. Verpeaux.

129. CE, réf., 17 sept. 2009, *Min. Immigration c/ Salah*, req. nº 331950, *JCP Adm.* 2009, nº 2262, note L. Fernaud.

130. CE, ord., 10 févr. 2012, *Fofana*, req. nº 356456, *AJDA* 2012. 716, note A. Duranthon ; *AJDI* 2012. 411, étude R. Piastra.

131. Not. R. Piastra, obs. sous CE, ord., 10 févr. 2012, préc.

132. Sur laquelle, v. ss 1211.

## 2 • Une politique sociale protectrice des personnes démunies

**1225** Les diverses dispositions déjà relevées confèrent des protections juridiques qui affectent les droits des propriétaires, dans deux circonstances plus particulièrement.

**1226** ***Réquisition de logements vacants.*** En matière de *réquisition* de logements vacants, de nouvelles dispositions ont eu vocation à faire face au manque de logement d'une part, à l'existence d'habitations non occupées d'autre part. La réforme de la procédure de réquisition effectuée par la loi du 29 juillet 1998 participe à ce mouvement législatif. La réquisition correspond justement à une opération par laquelle les autorités exigent d'une personne ultérieurement indemnisée « l'abandon de la jouissance d'un immeuble en vue d'assurer le fonctionnement des services publics ou la satisfaction de besoins publics »[133]. Les articles L. 641-1 et R. 641-1 et suivants du Code de la construction et de l'habitation ont été modifiés par l'article 52 de la loi du 29 juillet 1998, en instituant plus particulièrement une nouvelle procédure de réquisition avec attributaire prévue aux articles L. 642-1 et suivants. Il s'agit d'une mesure qui affecte spécialement les personnes morales propriétaires d'immeubles vacants depuis plus de douze mois[134], qui font l'objet d'une réquisition par le préfet dans les communes où existe un déséquilibre entre l'offre et la demande de logement au « détriment de personnes à revenus modestes et de personnes défavorisées ». L'attributaire, qui peut être notamment l'État, une collectivité territoriale ou un organisme d'habitations à loyer modéré, réalise les travaux de mise aux normes minimales de confort et d'habitabilité. Il doit de plus verser mensuellement une indemnité au propriétaire du local, tout en déduisant le montant des travaux nécessaires. La finalité de cette nouvelle procédure est expressément formulée à l'article L. 642-5 alinéa 1er du Code de la construction et de l'habitation : l'attributaire s'engage à ce que les locaux soient « donnés à bail aux personnes justifiant de ressources inférieures à un plafond fixé par décret et désignées par le représentant de l'État dans le département en raison de leurs mauvaises conditions de logement ». Cette nouvelle mesure porte un coup réel à l'exclusivité et à l'absolutisme du droit de propriété[135], le propriétaire ne pouvant exercer librement les prérogatives de son droit car il n'a plus la faculté de conférer à l'immeuble l'utilisation qu'il désire.

**1227** ***Expulsion d'occupants sans titre.*** Les dispositions relatives à *l'expulsion* prennent également en considération les intérêts de l'occupant et supposent l'intervention du juge judiciaire, plus précisément désormais du juge des contentieux de la protection[136], pour apprécier les circonstances. Il en est ainsi dès lors que cette mesure concerne une personne qui ne bénéficie que de cette qualité d'occupant, sans être locataire de l'immeuble[137]. Il s'agit d'un squatter à l'égard duquel l'expulsion peut être, en principe, immédiatement sollicitée, quelle que soit la période de l'année, la protection au nom d'un droit au logement ne pouvant être invoquée. Si l'article L. 412-6, alinéa 1er, du Code des procédures civiles d'exécution, prévoit certes que l'expulsion ne peut intervenir entre le 1er novembre et le 31 mars, l'alinéa 2 de ce texte précise que la disposition ne s'applique pas pour les squatters auteurs d'une voie de fait[138]. C'est à ce titre que la Cour de cassation[139] a considéré qu'à la suite d'une occupation illégale de terrain par des caravanes, l'expulsion des occupants constituait l'unique mesure de nature

---

133. G. Cornu (dir.), *Vocabulaire juridique*, 14 éd., PUF, 2022, *v°* « Réquisition ».
134. Depuis l'adoption de la loi du 18 janv. 2013, F. Zitouni, « Un pacte anticrise : foncier public contre construction de logements », *op. cit.*, 52.
135. H. Moutouh, « Le propriétaire et son double — Variations sur les articles 51 et 52 de la loi du 29 juillet 1998 », *op. cit.*, n° 18, p. 1178.
136. À propos de la nouvelle compétence de ce juge au sein des tribunaux judiciaires, D. Guérin, Vulnérabilité et contentieux des baux et des expulsions, *Droit de la famille,* mai 2020, dossier 12. Sur les modalités procédurales de l'expulsion, N. Cayrol, *Droit de l'exécution*, Domat, 3e éd., 2019, nos 357 s. Le juge administratif demeure toutefois compétent pour obtenir, par un référé-liberté, la suspension de l'exécution de l'arrêté d'un préfet accordant le concours de la force publique pour ordonner l'expulsion, pour une illustration d'une telle procédure, CE 5 nov. 2014, n° 385431, *RDSS* 2015. 170, note V. Donier ; *AJDI* 2016. 667, obs. F. Zitoumi.
137. Sur l'hypothèse de l'expulsion du locataire, v. ss 1183.
138. Sur l'hypothèse inverse pour l'application de ce texte, v. *supra,* n° 1191. À propos d'un refus de transmission pour QPC concernant l'alinéa 2, Civ. 2e, 19 sept. 2019, n° 19-40.023, *Loyers et copr.* 2019, n° 187, obs. B. Vial-Pedroletti.
139. Civ. 3e, 4 juill. 2019, n° 18-17.119, *JCP* 2019. 1133, n° 2, obs. H. Périnet-Marquet ; *D.* 2109. 2163, note R. Boffa ; *D.* 2020. 1148, obs. N. Damas ; D. 2020, 1761, obs. Y. Strickler ; *AJDI* 2020. 139, obs. N. Le Rudulier ; Defrénois 30 janv. 2020, p. 29, obs. L. Tranchant.

à permettre « au propriétaire de recouvrer la plénitude de son droit sur le bien occupé illicitement, l'ingérence qui en résulte dans le droit au respect du domicile de l'occupant, protégé par l'article 8 de la convention de sauvegarde des droits de l'homme et des libertés fondamentales, ne saurait être disproportionnée eu égard à la gravité de l'atteinte portée au droit de propriété ». La même Troisième chambre civile a également précisé qu'il importait peu que l'expulsion prononcée soit ensuite de nature à « compromettre l'accès aux droits, notamment en matière de prise en charge scolaire, d'emploi et d'insertion sociale, de familles ayant établi sur les terrains litigieux leur domicile »[140], le droit de jouir et de disposer des choses étant privilégié au droit au domicile invoqué par des occupants sans titre. Certains magistrats ont néanmoins admis de manière ponctuelle que les personnes démunies puissent, sur le fondement de l'état de nécessité[141], occuper des locaux d'autrui, l'argument ayant été soit réaffirmé[142], soit à l'inverse contesté : un arrêt de la cour d'appel de Paris[143] a jugé que l'occupation sans droit ni titre d'un logement justifiait l'expulsion, « seule mesure de nature à permettre au propriétaire de recouvrer la plénitude de son droit sur le bien occupé illicitement », aucune pièce ne justifiant la réalité de l'état de nécessité. De plus, tout en écartant une référence au concept d'état de nécessité, l'article L. 412-3 du Code des procédures civiles d'exécution prévoit une procédure protectrice au bénéfice de tels « habitants » en conférant au juge la possibilité d'apprécier les circonstances qui justifient le recours immédiat, ou non, à l'expulsion. Ce texte permet en effet au juge d'accorder, sous certaines conditions, un délai aux occupants de locaux lorsque leur relogement ne pourra avoir lieu dans des conditions normales, sans qu'ils aient pour autant à justifier d'un titre à l'origine de l'occupation[144]. Si une telle disposition permet d'assurer une véritable protection au bénéfice de l'occupant sans droit, il n'en demeure pas moins que les prérogatives des propriétaires sur son immeuble doivent être également préservées dès lors qu'une violation illicite du domicile est constatée[145]. À ce titre, la loi nº 2020-1525 du 7 décembre 2020 d'accélération et de simplification de l'action publique, modifiant l'article 38 de la loi du 5 mars 2007, a étendu la possibilité pour un propriétaire d'un logement occupé sans titre de demander au préfet de mettre en demeure l'occupant de quitter les lieux, qu'il s'agisse désormais ou non de sa résidence principale[146]. Le préfet doit mettre en demeure l'occupant dans les quarante-huit heures de la demande formulée par la personne dont le domicile est occupé. Tout éventuel refus d'une mise en demeure ne peut être motivé que par l'existence d'un motif impérieux d'intérêt général. Enfin, le texte précise que si la mise en demeure de quitter les lieux n'a pas été suivie d'effet dans le délai fixé par le préfet, ce dernier doit procéder sans délai à l'évacuation forcée du logement, au nom de la préservation des prérogatives du propriétaire. Dans le même esprit, la Cour de cassation a réaffirmé avec raison le caractère imprescriptible de l'action en expulsion[147] : l'action en expulsion d'un occupant sans droit ni titre, qui concernait en l'occurrence un salarié qui avait conservé son logement de fonction en dépit du terme de son contrat de travail, pouvait être exercée, fondée sur l'action en revendication du propriétaire non soumise à une prescription, au nom de la prépondérance du droit de propriété.

140. Civ. 3e, 28 nov. 2019, nº 17-22.810, *D.* 2020. 1148, obs. N. Damas ; *Légipresse* 2020. 64, étude G. Loiseau ; *RTD civ.* 2020. 156, obs. W. Dross ; *D.* 2020, 1761, obs. Y. Strickler.

141. T. corr. Colmar 27 avr. 1956, *JCP* 1957. II. 10041, note Aussel ; T. corr. Dijon 27 févr. 1968, *D.* 1968. 738, note Bouzat.

142. TGI Paris 28 nov. 2000, *D.* 2001. 512, note T. Garé ; *JCP* 2001. II. 10573, note C. Ginestet. Décision rendue sous le visa de l'art. 122-7 du Code pénal qui consacre l'état de nécessité : « n'est pas pénalement responsable la personne qui, face à un danger actuel ou imminent qui menace elle-même, autrui ou un bien, accomplit un acte nécessaire à la sauvegarde de la personne ou du bien, sauf s'il y a disproportion entre les moyens employés et la gravité de la menace ».

143. Paris 26 sept. 2019, RG nº 19/02229. Plus généralement sur les différentes approches, A. Dorange, « La gestion procédurale du squat : la protection du domicile contre l'occupation sans droit ni titre », *RSC* 2011. 371.

144. Pour une application ponctuelle à des squatters, Paris 2 mars 2000, *D.* 2000. IR 103

145. Infraction sanctionnée par le Code pénal à l'article 226-4 « L'introduction dans le domicile d'autrui à l'aide de manœuvres, menaces, voies de fait ou contrainte, hors les cas où la loi le permet, est puni d'un an d'emprisonnement et de 15 000 euros d'amende ».

146. A. Cheynet de Beaupré, « Squatter n'est pas jouer », *Rev. Loyers* déc. 2020, p. 468 ; N. Damas, Expulsion des squatteurs : vers plus d'efficacité ?, D. 2020. 2512 ; B. Vial-Pedroletti Procédure d'expulsion des squatteurs : une amélioration… relative, *Loyers et copr.* mars 2021, alerte 2.

147. Civ. 3e, 25 mars 2021, nº 20.10-947, RDI 2021. 348, obs. J.-L. Bergel ; D. 2021. 1509, obs. Y. Strickler ; D. 2021. 1048, obs. N. Damas ; Defrénois 23 sept. 2021, p. 31, obs. L. Tranchant ; *JCP* 2021. 560, nº 1, obs. Périnet-Marquet ; antérieurement, Civ. 3e, 10 sept. 2020, nº 19-13.130 Civ. 3e, 10 sept. 2020, nº 19-13.130.

## BIBLIOGRAPHIE INDICATIVE


- M. BARRÉ-PÉPIN, *La protection du logement en droit privé*, Litec, coll. « Droit immobilier », 2009.
- C. BUGNON et G. IACONO, « Les critères d'éligibilité au droit à l'hébergement opposable » *AJDI* 2011. 843.
- V. BOUCHARD, « Le logement du conjoint survivant au bon vouloir des époux », *JCP N* 2018. 1318.
- A. CHEYNET DE BEAUPRÉ, « Squatter n'est pas jouer », *Rev. Loyers* déc. 2020, p. 468.
- F. COHET-CORDET, « Le droit au logement et le droit de propriété sont-ils conciliables ? », *AJDI* 1998. 598 s.
- P. DELVOLVÉ, « Droit de propriété et droit au logement », *Administrer* déc. 2001. 22 s.
- V. GODFRIN, « Le droit au logement, un exemple de l'influence des droits fondamentaux sur le droit de propriété », *in Mélanges C. Bolze*, Economica, 1999, p. 137 s.
- N. LE RUDULIER, « La définition du droit de propriété est constitutionnelle », *AJDI* 2011. 885.
- H. MOUTOUH, « Le propriétaire et son double — Variations sur les articles 51 et 52 de la loi du 29 juillet 1998 », *JCP* 1999. I. 146.
- H. PAULIAT, « L'objectif constitutionnel de droit à un logement décent : vers le constat de décès du droit de propriété », *D.* 1997. Chron. 283 s.
- E. PIE-GUISELIN, « L'accès à un logement décent et le droit de propriété : ni vainqueur, ni vaincu », *LPA* 13 mars 2000, n° 51, p. 6 s.
- J. RUBELLIN-DEVICHI (dir.), *Droit du logement, droits au logement et stratégies familiales*, Presses universitaires de Lyon, 1988 ; « La famille et le droit au logement », *RTD civ.* 1991. 245 s.
- R. SAVATIER, « La protection civile du logement de la famille dans le concept juridique d'habitation familiale », *in Mélanges offerts à P. Hébraud*, Université des sciences sociales de Toulouse, 1981, p. 799 s.
- R.-N. SCHÜTZ, « Les droits fondamentaux du locataire de l'immeuble à usage d'habitation », *Dr et proc.* 2008. 7 s.
- C. WOLMARK, « L'opposabilité du droit au logement », *D.* 2008. Chron. 104 s.
- *Le droit au logement, Travaux de l'Association Henri Capitant*, t. nouveau III, 1982.


## PISTES DE RÉFLEXION

- Le droit au logement, un droit fondamental ?
- Le droit au logement, mythe ou réalité ?

# BIBLIOGRAPHIE GÉNÉRALE SUR LES LIBERTÉS ET DROITS FONDAMENTAUX

## CULTURE JURIDIQUE GÉNÉRALE


- D. ALLAND et S. RIALS, *Dictionnaire de la culture juridique*, PUF, 2003.
- R. CABRILLAC, *Introduction générale au droit*, Dalloz, coll. « Cours », 15e éd., 2023.
- O. CAYLA et J.-L. HALPERIN, *Dictionnaire des grandes œuvres juridiques*, Dalloz, 2010.
- P. DEUMIER, *Introduction générale au droit*, LGDJ, 6e éd., 2021.
- P. MALAURIE, *Anthologie de la pensée juridique*, Cujas, 2e éd., 2011.
- W. MASTOR, J. BENETTI, P. ÉGÉA, X. MAGNON, *Les grands discours de la culture juridique*, Dalloz, 2e éd., 2020.
- F. TERRÉ, N. MOLFSSIS, *Introduction générale au droit*, Dalloz, coll. « Précis », 13e éd., 2021.


## LIBERTÉS ET DROITS FONDAMENTAUX


- J. ANDRIANTSIMBAZOVINA, *Code des droits de l'homme et des libertés fondamentales*, LexisNexis, éd. 2021.
- V. BARBÉ, *L'essentiel du droit des libertés fondamentales 2021-2022*, Gualino, coll. « Carrés Rouge », 12e éd., 2021.
- R. BERNARD-MENORET (dir.), *Le grand oral, les droits et libertés fondamentaux*, Ellipses, 2e éd., 2021.
- X. BIOY, *Droits fondamentaux et libertés publiques*, LGDJ, Lextenso, coll. « Cours », 5e éd., 2020.
- X. BIOY, P. DEUMIER, E. DREYER, X. DUPRÉ DE BOULOIS, A. MARTINON, R. TINIÈRE, *Les grands arrêts du droit des libertés fondamentales*, Dalloz, coll. « Grands arrêts », 2e éd., 2019.
- K. BLAY-GRABARCZYK, L. MILANO (COLLECTIF), *Le nouveau cadre législatif de la lutte contre le terrorisme à l'épreuve des droits fondamentaux*, Institut universitaire Varenne, coll. « Colloques et Essais », 2017.
- V. CROUZATIER-DURAND, *Fiches de libertés publiques et droits fondamentaux*, Ellipses, 4e éd., 2021.
- DALLOZ (COLLECTIF), *Code de l'entrée et du séjour des étrangers et du droit d'asile 2021*, Dalloz, 11e éd., 2021.
- DALLOZ (COLLECTIF), *Code constitutionnel et des droits fondamentaux 2021*, Dalloz, 10e éd., 2021.
- E. DECAUX et N. BIENVENU, *Les grands textes internationaux des droits de l'homme*, La Documentation française, 2016.
- C. DENIZEAU, *Droit des libertés fondamentales 2019/2020. Tout le cours*, Vuibert, coll. « Dyna'Sup », 8e éd., 2019.
- L. FAVOREU et *al.*, *Droit constitutionnel*, Dalloz, coll. « Précis », 24e éd., 2022.
- L. FAVOREU, L. PHILIP et *alii*, *Les grandes décisions du Conseil constitutionnel*, Dalloz, coll. « Grands arrêts », 18e éd., 2018.
- C. GAUTHIER, S. PLATON et D. SZYMCZAK, *Droits européens des droits de l'homme*, Sirey, 2016.
- S. HENNETTE-VAUCHEZ, D. ROMAN, *Droits de l'Homme et libertés fondamentales*, Dalloz, coll. « Hypercours », 5e éd., 2022.
- X. LATOUR et B. PAUVERT, *Manuel de libertés publiques et droits fondamentaux*, Studyrama, 9e éd., 2021.

- C. Lazerges (dir.), *Les grands avis de la Commission nationale consultative des droits de l'homme*, Dalloz, coll. « Grands textes », 2016.
- Y. Lecuyer, *Régimes des libertés et droits fondamentaux, Les points clés juridique, historique, politique et idéologique de chaque liberté et droit*, Gualino, coll. « En poche », 3e éd., 2018.
- Y. Lecuyer, *Libertés et droits fondamentaux, Les points clés de la mise en œuvre de la protection des libertés et droits fondamentaux*, Gualino, coll. « En poche », 4e éd., 2020.
- Y. Lecuyer, *Jurisprudence de la Cour européenne des droits de l'homme*, Hachette supérieur, coll. « Les fondamentaux », 2e éd., 2018.
- J.-P. Marguénaud, *La Cour européenne des droits de l'homme*, Dalloz, coll. « Connaissance du droit », 7e éd., 2016.
- L. El Makki, N. Wolff, *Des hommes, des femmes, nos libertés*, Dalloz, 2022.
- F. Melin-Soucramanien, *Libertés fondamentales*, Dalloz, coll. « Mémentos », 4e éd., 2021.
- H. Oberdorff, *Droits de l'homme et libertés fondamentales*, LGDJ, coll. « Manuels », 8e éd., 2021.
- H. Oberdorff, J. Robert, *Libertés fondamentales et droits de l'homme. Recueil de textes français et internationaux*, LGDJ Lextenso, 19e éd., 2021.
- J.-F. Renucci, *Droit européen des droits de l'homme. Droits et libertés fondamentaux garantis par la CEDH*, LGDJ, coll. « Manuels », 9e éd., 2021.
- D. Soldini, *Les grands textes des libertés et droits fondamentaux*, Dalloz, coll. « Grands textes », 7e éd., 2022.
- B. Stirn, *Les libertés en question*, Montchrestien, coll. « Clefs », 12e éd., 2021.
- F. Sudre, *Droit européen et international des droits de l'homme*, PUF, coll. « Droit fondamental », 15e éd., 2021.
- F. Sudre, J.-P. Marguénaud, J. Andriantsimbazovina, G. Gonzalez, A. Gouttenoire, L. Milano, H. Surrel, *Les grands arrêts de la Cour européenne des droits de l'homme*, PUF, coll. « Thémis », 10e éd., 2022.
- P. Wachsmann, *Libertés publiques*, Dalloz, coll. « Cours », 9e éd., 2021.

# Index alphabétique

* Les chiffres renvoient aux numéros de paragraphes

## Q



## R



## S



## T

## U



## V

## Partie 3
## LE CITOYEN ........ 347

Certifié PEFC
Ce produit est issu de forêts gérées durablement, de sources recyclées et contrôlées
PEFC/18-31-280
www.pefc-france.org

722360 (I) OSB – P 60 – NOR – (HCH)
Achevé d'imprimer en avril 2023
Dépôt légal : mai 2023
Imprimé en Italie par LEGO S.p.A.